Historisches Wörterbuch
der Rhetorik

Historisches Wörterbuch der Rhetorik

Herausgegeben von Gert Ueding

Mitbegründet von Walter Jens

In Verbindung mit

Wilfried Barner, Joachim Dyck, Hans H. Eggebrecht, Ekkehard Eggs,
Manfred Fuhrmann, Konrad Hoffmann, Joachim Knape, Josef Kopperschmidt,
Friedrich Wilhelm Korff, Egidius Schmalzriedt, Konrad Vollmann

Unter Mitwirkung von mehr als 300 Fachgelehrten

Max Niemeyer Verlag
Tübingen

Historisches Wörterbuch der Rhetorik

Herausgegeben von Gert Ueding

Redaktion:
Gregor Kalivoda
Heike Mayer
Franz-Hubert Robling
Thomas Zinsmaier

Band 3: Eup–Hör

Max Niemeyer Verlag
Tübingen 1996

Die Redaktion wird mit Mitteln der Deutschen Forschungsgemeinschaft
und der Universität Tübingen gefördert.

Wissenschaftliche Mitarbeiter des Herausgebers:

Bernd Steinbrink (bis 1987)
Peter Weit (seit 1985)
Lavinia Keinath (seit 1996)

Mitarbeiter der Redaktion:

Till Gronemeyer, Andreas Hettiger,
Roger Jacob, Julia Jansen,
Jan Dietrich Müller, Guido Naschert,
Matthias Schatz, Thilo Tröger

Anschrift der Redaktion:

Historisches Wörterbuch der Rhetorik
Wilhelmstraße 50
D-72074 Tübingen

Die Deutsche Bibliothek – CIP-Einheitsaufnahme

Historisches Wörterbuch der Rhetorik / hrsg. von Gert Ueding.
Mitbegr. von Walter Jens. In Verbindung mit Wilfried Barner ...
Unter Mitwirkung von mehr als 300 Fachgelehrten. –
Tübingen: Niemeyer.
  NE: Ueding, Gert [Hrsg.]
Bd. 3. Eup–Hör. – 1996

ISBN 3-484-68100-4 (Gesamtwerk)
ISBN 3-484-68103-9 (Band 3)

© Max Niemeyer Verlag GmbH & Co. KG, Tübingen 1996
Das Werk einschließlich aller seiner Teile ist urheberrechtlich geschützt. Jede Verwertung außerhalb der engen Grenzen des Urheberrechtsgesetzes ist ohne Zustimmung des Verlages unzulässig und strafbar. Das gilt insbesondere für Vervielfältigungen, Übersetzungen, Mikroverfilmungen und die Einspeicherung und Verarbeitung in elektronischen Systemen.
Printed in Germany.
Satz und Druck: Gulde-Druck GmbH, Tübingen.
Einband: Heinr. Koch, Tübingen.

Vorwort

Das Historische Wörterbuch der Rhetorik hat sich schon mit seinen beiden ersten Bänden einen eigenen Platz unter den geisteswissenschaftlichen Nachschlagewerken erworben, obgleich das Projekt von Anfang an mit besonderen Schwierigkeiten zu rechnen hatte. Sie liegen vor allem darin begründet, daß es wirklich vergleichbare Vorgängerwerke für das Sachgebiet der Rhetorik nicht gibt, daß die Fortschritte der Forschung auf den verschiedenen Teilgebieten sehr unterschiedlich sind und daß die Entscheidung, was unentbehrlich und was weniger erheblich ist, was ein eigenes Stichwort verdient und was einem umfassenderen Begriff zuzuordnen ist, schwierig und notwendig subjektiv bleibt. In den meisten Fällen hat sich die lebhafte kritische Diskussion über das HWR und seine Voraussetzungen als sehr hilfreich für unsere Arbeit erwiesen, und es ist angebracht, an dieser Stelle den Kritikern und Rezensenten, den Kollegen und vielen Benutzern Dank für die Hinweise und Beobachtungen zu sagen, die wesentlich dazu beitragen, Fehler zu erkennen, deren Quellen zu beseitigen, Anfangsmängel zu überwinden und das Werk insgesamt zu vervollkommnen.

Wie alle geistes- und kulturwissenschaftlichen Lexika stützt sich auch ein rhetorisches Nachschlagewerk dieser Art auf ein Korpus von Begriffen, die naturgemäß (also von der Sache her, die sie bearbeiten) einen beträchtlichen Anteil an nur intuitiv erfaßbarem Material darzustellen haben und so auf besondere Weise von Offenheit und Wandelbarkeit, von Bedeutungsbreite und Bedeutungskomplexität geprägt sind. Im Interesse der Lehre hat die Rhetorik sich zwar seit der Antike bemüht, ihre Gegenstände begrifflich zu fixieren (die sogenannte ‹Schulrhetorik›), doch ihre praktische Verpflichtung, ihre Bindung an das Tagesgeschehen, an Orientierung, Entscheidung und Handlung, ihr – in der politischen Rede ausdrücklicher – Zukunftsbezug lassen Begriffsbildungen oft nur im modellhaft vorläufigen Sinne zu, als Aussagen über prozessuale Fortbildungen, die selbst immer auch als bewegende Formen am geschichtlichen Wandel mitgewirkt haben. Eine Schwierigkeit, die sich bei der Erläuterung von Realien oder ganzen Sachbereichen potenziert, ohne die ein rhetorisches Lexikon aber nicht auskommt – beide Bezeichnungen in jenem umfassenden Sinne genommen, der Sachdarstellung ebenso wie Begriffs- und Worterklärungen in sich begreift. (Vgl. dazu G. Ueding: Das Historische Wörterbuch der Rhetorik. In: Archiv für Begriffsgeschichte, Bd. XXXVII, 1994; F.-H. Robling: Probleme begriffsgeschichtlicher Forschung beim «Historischen Wörterbuch der Rhetorik». In: a.a.O., Bd. XXXVIII, 1995.) Gerade jene Sachgegebenheiten, die den wissenschaftlichen und kulturellen Einfluß der Rhetorik dokumentieren und ihren interdisziplinären Status begründen, sind heute rhetorisch besonders erheblich, auch wenn sich die Sach- und Begriffsfelder hier häufig schwer gegeneinander abgrenzen lassen. Das gilt auch für die Gebietskategorien der Disziplinen und Epochen und ebenso für die Relationskategorien der Rhetorik, in welchen ihre Beziehung zur Praxis, ihr ‹Sitz im Leben›, und ihr Verhältnis zu den Nachbardisziplinen gefaßt sind. Hier handelt es sich um sachgemäß notwendige Inhomogenitäten; es gibt auch noch subjektiv bedingte, in der Perspektive des Autors und in seinem wissenschaftlichen Interesse liegende Unterschiede. Durch Strukturvorgaben und die Artikel-Konzeptionen der Redaktion, durch vielfältige Kontakte und Gespräche zwischen Herausgeber, Redaktion, Fachberatern und Autoren, die bis zur Planung und Ausführung gemeinsamer Symposien reichen, schließlich durch die redaktionelle Bearbeitung aller Artikel ist aber jenes Maß an Homogenität garantiert, das ein Benutzer von einem Lexikon auch dann erwarten darf, wenn mehrere hundert Autoren an ihm beteiligt sind.

Ihnen an dieser Stelle ausdrücklich zu danken, möchte ich nicht versäumen. Die zahlreichen älteren und jüngeren Mitarbeiter aus dem In- und Ausland haben sich als verläßliche Partner, kompetente Fachleute und geduldige Adressaten unserer Wünsche erwiesen, nicht wenige von ihnen haben für die Arbeit am Lexikon eigene Projekte vernachlässigen oder zurückstellen müssen, andere sind in letzter Minute «eingesprungen», um unvermutete Ausfälle oder Verhinderungen zu kompensieren.

Der besondere Dank des Herausgebers gilt der Deutschen Forschungsgemeinschaft, die das Werk durch die Bereitstellung der Personal- und Sachmittel überhaupt ermöglicht, der Universität Tübingen und dem Max Niemeyer Verlag für gute Kooperation und unkonventionelle Hilfe bei der Lösung von personellen und organisatorischen Problemen sowie für die Beteiligung an der Förderung des Projekts. Mein Dank gebührt auch den Gutachtern der DFG und unseren Fachberatern, die uns in Zweifelsfällen unterstützt, Artikel begutachtet, Autoren vermittelt haben und darüber hinaus für alle speziellen Fragen stets bereitwillig zur Verfügung standen: auf ihre kritische Solidarität konnten wir uns verlassen.

Zum Abschluß der Redaktionsarbeit an diesem 3. Band des HWR haben wir Frau Heike Mayer verabschiedet, mit großem Bedauern und dem Dank, der einer zuverlässigen, im Qualitätsanspruch ebenso wie in den Terminabsprachen unbestechlichen Mitarbeiterin zukommt; an ihre Stelle tritt Frau Lavinia Keinath. Seit Juni 1994 verstärkt Herr Dr. Thomas Zinsmaier die Redaktion vor allem auf den Gebieten Antike bis Frühe Neuzeit.

Tübingen, im Frühjahr 1996   Gert Ueding

Euphemismus (auch: Charientismus, Transumption; griech. εὐφημισμός, euphēmismós; lat. euphemismus; dt. Ersatzwort, Deckwort, Glimpfwort; engl. euphemism, auch euphemismus; frz. euphémisme, auch euphémie; ital. eufemismo)

A. Def. – B. I. Antike. – II. Mittelalter. – III. Renaissance. – IV. Barock. – V. 18., 19. Jahrhundert. – VI. 20. Jahrhundert.

A. Der E., nach H. Lausberg kurz der «Ersatz eines durch Tabu verbotenen Wortes»[1], läßt sich allgemeiner definieren als eine sprachliche (im weiteren Sinne auch nichtsprachliche) Ausdrucksform, mit der «für den Sprecher oder Hörer unangenehme Dinge oder Sachverhalte mildernd ausgedrückt werden bzw. solche Dinge und Sachverhalte, die der Sprecher dem Hörer nicht in ihrer vollen Wahrheit mitteilen will, verschleiernd weitergegeben werden.»[2]

Grundsätzlich ist zwischen zwei Arten von E. zu unterscheiden: verhüllende E. und verschleiernde E.[3] *Verhüllende E.* sind E. im Tabu-Bereich.[4] Sie stellen die – oft unbewußte – Reaktion des Einzelnen auf die Tabuisierung eines bestimmten Ausdrucks in der Gesellschaft dar. Durch sie gelingt es auszusprechen, was nach allgemeiner Übereinkunft nicht ausgesprochen werden soll.[5] Inhaltlich umfassen verhüllende E. zunächst den Bereich des Religiösen und des Aberglaubens. Die hier gültigen Sprachtabus resultieren aus einer Identifikation von Wort und Ding, und damit aus der Furcht, durch das Aussprechen des Namens die Gottheit oder überirdische Macht zu rufen bzw. zu beleidigen. Hierzu gehören u. a. Versuche, den Namen Gottes oder des Teufels zu vermeiden, auch die griech. Bezeichnung ‹Eumeniden› (die Wohlgesinnten) für die Erinnyen. Manche E., die ursprünglich auf abergläubische Furcht zurückzuführen sind, werden heute nicht mehr als solche erkannt, so z. B. ‹Bär› (der Braune) für lat. ‹ursus›; andere werden heute eher aus Scham oder Taktgefühl angewandt, so euphemistische Umschreibungen für ‹ich›[6], v. a. aber E. im Bereich des Todes, der körperlichen und geistigen Krankheiten, auch der Geburt und der Sexualität.[7] Rücksicht auf die Gefühle und Wertvorstellungen der Gesprächsteilnehmer und «Scheu vor Scham und Ekel»[8] sind die Ursache für verhüllende E. aus dem Bereich der Verdauung, der Körperteile und mancher Kleidungsstücke, der Laster bzw. des gesellschaftlichen Fehlverhaltens, der körperlichen oder geistigen Nachteile, der Rasse, des sozialen Status usw. Hierzu gehören auch E., die an sich unanstößige Worte ersetzen, da sie ähnlich klingen wie bestimmte Tabu-Worte, so z. B. engl. ‹ass› (Esel), im 18. Jh. ersetzt durch ‹donkey›.[9] Wird ein Wort wegen rein akustischer Unschönheit ohne eine semantische Assoziation ersetzt, liegt kein E., sondern Euphonie vor.

Verschleiernde E. werden vom Sprecher bewußt eingesetzt zur Täuschung oder Beeinflussung des Hörers und v. a. in der Politik, z. T. auch im Bereich der Wirtschaft und Werbung angewandt. Anders als bei verhüllenden E. übt hier nicht die Gemeinschaft (durch Tabuisierung) Druck auf den Einzelnen aus, sondern das Individuum nimmt Einfluß auf die Gemeinschaft, indem es ihre Meinungsbildung lenkt.[10] Solche E. grenzen oft an Lüge. Sie bleiben zumeist adhoc-Bildungen und gehen selten in den festen Sprachgebrauch (langue) ein.

Die euphemistische Wirkung eines sprachlichen Ausdrucks ist in der Regel kontextbedingt, d. h. zumeist stehen euphemistische und wörtliche Bedeutung eines Ausdrucks nebeneinander, und nur der pragmatische Kontext gibt Aufschluß darüber, welche der beiden Bedeutungen gültig ist. Bei mangelnder Kontext- oder Sprachkenntnis des Hörers vermag dies zu Mißverständnissen, oder wenn dies vom Sprecher beabsichtigt ist, zur Täuschung zu führen. Grundsätzlich kann also jeder sprachliche Ausdruck ein E. sein, jedoch eignen sich bestimmte Bildungsweisen besonders für E.:

(1.) *Periphrase* oder *Substitution* des zu vermeidenden Ausdrucks durch harmlose Synonyme oder durch Ausdrücke mit allg. Bedeutung (Bsp.: ‹Ding›; ‹es›), durch vage oder mehrdeutige Ausdrücke (Bsp.: ‹Sonderbehandlung› für ‹Tötung›), durch Abstraktionen bzw. Erweiterungen des Begriffs (Bsp.: ‹Gewächs› für ‹Krebs›), Metonymie oder Sinnesstreckung[11] (Bsp.: ‹mit jdm. ins Bett gehen›; ‹supponere› (unterlegen) für ‹schlachten›); Umschreibung durch abschwächenden Komparativ (Bsp.: eine ‹ältere› Frau) oder Litotes (z. T. ironisch gebraucht). Die direkte Nennung eines Begriffs kann ferner umgangen werden durch Allusionen wie Synekdoche oder Aspektbetonung (Bsp.: ‹Bau› für ‹Gefängnis›; ‹Sitzgestell›) oder auch lautlicher Anklang (Bsp.: ‹den heiligen Ulrich anrufen› für ‹erbrechen›), durch Metaphern, seltene Wörter, Wechsel der Stilebene und Fremdwörter, auch beziehungslose Fremdwörter (Bsp.: ‹quoniam› für ‹Scheide›). An Wortspiel oder Rätsel grenzen Rückübersetzungen aus dem Lateinischen (Bsp.: ‹Kunst› bzw. ‹lat. ars› für ‹Arsch›). Zumeist ironisch wirkt die euphemistische Umschreibung durch Antiphrase (Bsp.: ‹Du kannst mich gern haben›); seltener sind Oxymora, die z. T. als versteckte Lüge verstanden werden. An Auslassungen grenzen euphemistische Umschreibungen, die ausschließlich die Peinlichkeit des Ausdrucks bezeichnen (Bsp.: ‹Scham›, ‹Heimlichkeit›).

Zahlen-E. (als eine Sonderform der Substitution) beruhen in der Regel auf lautlicher oder inhaltlicher Beziehung (Bsp.: ‹00› für ‹Toilette›; ‹Tausend› für ‹Teufel›; ‹175iger› für ‹Homosexueller›).

(2.) *Entstellung* des zu vermeidenden Ausdrucks durch Abkürzung (Bsp.: ‹BH›, ‹WC›), Akronym (Bsp.: ‹JC› für ‹Jesus Christus›), Aneinanderreihung von Silben und Wortanfängen (Bsp.: ‹er ist rips› für ‹gestorben› (requiescat in pace sempiterna)), Apokope (Bsp.: ‹Po› for ‹podex›; ‹Clo› für ‹Closett›), z. T. verbunden mit Reduplikation (Bsp.: ‹Popo› für ‹podex›; ‹Pipi› für ‹piss›), oder Setzen von Strichen und Pünktchen (Bsp.: ‹Sch...›). Abkürzungen, bei denen ein Wort an einer Stelle durch einen Punkt verfrüht beendet wird (nur in geschriebener Sprache), bilden den Übergang zur Geheimsprache. Auf Kürzungen beruhen auch euphemistische Wortschöpfungen durch blend word (Bsp.: engl: ‹gezunda› für ‹Nachttopf›, abgeleitet von ‹goes under (the bed)›), Diminutivbildungen (Bsp.: engl.: ‹Heinie› für ‹podex›, abgeleitet von ‹hind end›) oder backforming (Bsp.: engl.: ‹burgle› für ‹rob›, abgeleitet von ‹burglar›; Einbrecher). Weitere Möglichkeiten der Wortentstellung sind Buchstabentrennung (Bsp.: ‹p. o. p. o.›), Anagramm (meist satirisch, Übergang zum Wortspiel) (Bsp.: ‹dexpo› für ‹podex›), Veränderung einzelner Buchstaben im Wort (Bsp.: ‹Deiwel› für ‹Teufel›; ‹verflixt› für ‹verflucht›). Oft gehen Buchstabenmanipulationen einher mit Hinweisen auf das Hinzufügen oder Weglassen eines Buchstabens (Bsp.: ‹Uhr mit H› für ‹Hure›): Hier wird der Übergang zum Rätsel deutlich. – Verwandt damit sind auch verblümte euphemistische Ausdrücke, oft humoristisch verwendet (Bsp.: ‹Borneo ist sein Vaterland› für ‹er ist borniert›).

(3.) Vermeidung bzw. Auslassung des Ausdrucks:

Nulleuphemismen: Beschreibung zwischen den Zeilen, Aposiopese; Abbiegen, nachdem deutlich ist, welches Wort folgen soll; Auslassungen von einem oder mehreren Wörtern (Bsp.: ‹ein bißchen zuviel haben›). – Die entgegengesetzte Möglichkeit sind E. durch Hinzufügen von Worten (Bsp.: ‹die sogenannte DDR›).

E. können durch häufigen Gebrauch selbst zu anstößigen Worten werden: *Dysphemismen*. [12] Sie werden dann erneut durch E. ersetzt; es entstehen Ketten wie z. B. engl. ‹mad› → ‹crazy› → ‹insane› → ‹lunatic› → ‹mentally deranged› → ‹mental›. [13] Verblaßte E. können aber auch umgekehrt wieder ihre ursprüngliche wörtliche Bedeutung zurückerlangen (Bsp.: ‹Dame› nicht mehr für ‹Hure› [14]). Dysphemismen und manche E. (v. a. im Bereich des Sexuellen), die weniger verhüllen als das Umschriebene voll zu visualisieren, lassen sich oft von *Vulgarismen* nicht trennen. [15] Dem Vulgarismus im Tabu-Bereich entspricht im Bereich der politischen Rede der *Kakophemismus*. Kakophemismen werden v. a. von der politischen Opposition gebraucht. Im Idealfall liegt die Wahrheit genau in der Mitte zwischen E. und Kakophemismus. [16] – Nach Nyrop beruhen Kakophemismen ursprünglich auf der abergläubischen Furcht, schöne Bezeichnungen könnten Unglück bringen. Überreste davon seien in Kosenamen zu finden, die aus Schimpfwörtern hervorgegangen sind (Bsp.: ‹Gauner›). [17]

In der *Rhetorik* ist der E. als Form der uneigentlichen Rede den Tropen zugeordnet. Überschneidungen des Begriffs ‹E.› mit anderen Tropen, insbesondere der Metapher, Allusion und Periphrase, sind v. a. semantischer Natur; intentional läßt sich der E. als Mittel der Verhüllung oder Verschleierung von diesen abgrenzen. In der *Poetik* dienen E. als Mittel zur Bewahrung einer bestimmten Stilhöhe, bei wechselndem Einsatz zur stilistischen und damit sozialen Charakterisierung einzelner Figuren (v. a. bei Jane Austen). [18] Im Trivialroman dienen E. außerdem zur Erzeugung von Scheinrealität [19], im Witz zur Pointenbildung. [20] Ein bedeutender Gegenstand der *Linguistik* sind E. insbesondere im Bereich der Wortbildung und der Semantik, v. a. des Bedeutungswandels und der Kontextdetermination. Als Ausdruck der Zugehörigkeit zu einer bestimmten sozialen Gruppe oder Schicht, die ein bestimmtes Tabu wahrt, sind E. außerdem wichtig im Bereich der Sozio- und Psycholinguistik.

B. I. *Antike*. In der antiken Dichtung (u. a. bei ARISTOPHANES [21], SOPHOKLES [22] und HORAZ [23]) finden sich wiederholt Belege für den Gebrauch des Wortes ‹εὐφημεῖν›, euphēmeín› in seiner eigentlichen Bedeutung, als Aufforderung, Worte guter Vorbedeutung zu sprechen bzw. andächtig zu schweigen. Insbesondere im Kontext von Opferritualen stehen Appelle der Priester an die Menge, kein unglückbringendes Wort zu sprechen: «Euphēmeíte, euphēmeíte». [24] Bei SENECA heißt es: «Imperatur silentium ut rite peragi possit sacrum, nulla voce mala obstrepente» (Man befahl zu schweigen, damit der Opferritus ohne die Störung eines unheilbringenden Wortes durchgeführt werden könne). [25]

Schon THUKYDIDES aber beschreibt den Gebrauch von Sprachneuerungen und Euphemismen als Propagandamittel im Peloponnesischen Krieg. [26] ARISTOTELES spricht von der Möglichkeit, «jedes Ding von seinen Qualitäten her immer von der besten Seite her [zu] nehmen»; diesen beschönigenden Worten schenke die Menge Glauben. [27] Er gebraucht dabei allerdings nicht den Begriff ‹E.›, sondern bezeichnet diese beschönigende, lobende ebenso wie die ihr entgegengesetzte tadelnde Namensgebung als Formen der Metapher. [28]

In deutlicher Opposition gegen die Forderung der STOA nach offener Ausdrucksweise in allen Angelegenheiten spricht sich CICERO für E. im Tabu-Bereich aus. Er verwendet dafür die Begriffe ‹verecundia› (Zurückhaltung) und ‹verba tecta› (bedeckte Worte). Nicht die Worte oder die Sachen an sich seien anstößig, sondern «in verbis honestis obscena ponimus» (wir sind es, die unanstößigen Worten einen anzüglichen Sinn unterlegen). Cicero beobachtet auch, daß ursprünglich euphemistische Ausdrücke durch häufigen Gebrauch selbst zu Tabu-Worten werden; er illustriert dies am Begriff ‹penis›. [29]

Bei QUINTILIAN erscheinen die E. nicht als selbständige Tropen, sondern als verschiedene Unterarten der Allegorie, genauer der Ironie. Er bezeichnet diese Formen der Allegorie mit den griechischen Namen σαρκασμός, sarkasmós; ἀστεϊσμός, asteïsmós; ἀντίφρασις, antíphrasis; παροιμία, paroimía. Ihr Zweck sei, «ut tristia dicamus mollioribus verbis urbanitatis gratia aut quaedam contrariis significemus aut [...]» (Unerfreuliches aus großstädtischer Höflichkeit mit weniger harten Worten auszudrücken oder manches durchs Gegenteil zu bezeichnen oder [...]). [30] Quintilian wendet ein, daß diese Formen der Allegorie von manchen auch als selbständige Tropen angesehen werden.

II. *Mittelalter*. Der Begriff E. ist im Mittellat. nicht belegt. BEDA (wie auch Julian und später Alexander Neckam [31]) spricht von ‹charientismos› als einer Unterart der Allegorie: «Charientismos est tropus quo dura dictu gratius proferuntur» (Charientismos ist ein Tropus, mit dem Hartes milder ausgedrückt wird). [32] Daneben aber unterteilt Beda den Tropus Periphrase in zwei Unterarten, von denen die zweite wiederum als E. verstanden werden kann: «Perifrasis est circumlocutio, quae fit ut aut breuitatem splendide describat et producat aut foeditatem circuitu euitet.» (Periphrase ist eine Umschreibung, die dazu dient, entweder etwas Geringes großartig und reich zu beschreiben, oder Abscheuliches zu umgehen). [33]

Die von SNORRI STURLUSON beschriebenen altnordischen/altenglischen Metaphernformen ‹Kenning› und ‹Kendheiti› werden zuweilen als frühe Formen volkssprachlicher E. interpretiert. Allerdings können Kennings wie altengl. ‹heaðuswat› (‹Schlachtschweiß›) für ‹Blut› oder ‹lindplega› (‹Schilderspiel›) für ‹Schlacht› oder Kendheiti wie ‹helmberend› (‹Helmträger›) für ‹Krieger› nur dann euphemistische Wirkung besitzen, wenn das Begriffsfeld des Kampfes negativ bewertet wird. Was heute wie ein E. wirkt, dürfte zu altengl. Zeit nur eine poetische Ausschmückung gewesen sein.

Anders verhält es sich mit Umschreibungen und Ersetzungen im Bereich des Todes oder der Latrine, die zweifelsohne E. sind, z. B. altengl. ‹ellorsið› (‹Reise anderswohin›) für ‹Tod›, altengl. ‹gang› oder mittelengl. ‹pryvee› für ‹Latrine›; Solche E. finden sich in allen mittelalterlichen Sprachen, selten aber ist ihr Gebrauch reflektiert. [34]

Der bewußte Gebrauch von E. zu Propagandazwecken zeigt sich deutlich bei BERNHARD VON CLAIRVAUX, der in ‹De laude novae militiae› die Tötung Andersgläubiger lobt mit den Worten: «Sane cum occidit malefactorem, non homicida, sed, ut ita dixerim, malicida [...] reputatur.» (Tatsächlich wird der, der einen Übeltäter tötet, nicht als Mörder an Menschen, sondern, wie ich sagen möchte, Mörder am Übel angesehen). [35] Die

Formulierung «ut ita dixerim» macht den E. als solchen kenntlich.

Eine besondere Form euphemistischer Metaphern bildet sich in der mittellat. Satire des letzten Viertels des 12. Jh. heraus: Grammatisch-rhetorische Kunstausdrücke werden als Metaphern für die Bezeichnung von Liebesfreuden und Untugenden verwendet. Einem reflektierten E.-Gebrauch kommt hier eine Formulierung des MATTHAEUS VON VENDÔME am nächsten, der von einem hartherzigen Vater sagt, er könne nur ‹per antiphrasin› Vater heißen. [36]

In den *artes poeticae* des 12. und 13. Jh. wird der E. als Form der *amplificatio* behandelt. GALFRED VON VINOSALVO spricht von zwei grundsätzlichen Formen der *amplificatio*: *descriptio* (Beschreibung) und *circumlocutio* (Umschreibung). Die Umschreibung ist das Vermeiden des direkten Ausdrucks, um den man sich stattdessen mit zahlreichen Worten gleichsam in Kreisen bewegt («quasi in circuitu ambulamus»). Dabei können Namen, Prädikate oder ganze Sätze umschrieben werden. Alle Beispiele, die Galfred für die Umschreibung von Prädikaten anführt, sind E. für den Ausdruck ‹mortuus est› (er ist gestorben). Den Zweck der Umschreibung aber nennt er nicht; man kann daher bei Galfred nicht von einer Problematisierung des E. sprechen. [37] EBERHARD VON BREMEN schreibt unter der Überschrift ‹amplificatio›: «Pulchro circuitu rem vilem vito, decoram dedico: periphrasis ista peritia petit sic qui mentitur non verum dicis; veracem dictis dicis amare Deum.» (in einer schönen Umschreibung meide ich Schändliches und verleihe Zier: die Periphrase verfährt so, daß man den Lügner ‹nicht wahrhaftig› nennt; von denen, die die Wahrheit sagen, sagt man, sie lieben Gott.) [38] – Ähnlich wie bei Galfred zeigt sich auch hier, daß die *ars poetica* keinen grundsätzlichen Unterschied macht zwischen der *amplificatio* eines positiven und der euphemistischen Aufbesserung eines negativen Sachverhalts.

III. *Renaissance*. T. GRESHAM (1515–1579) formuliert ein linguistisches Gesetz, das in die heutige E.-Forschung als ‹Greshams Gesetz› eingegangen ist: Negative Bedeutungen oder Assoziationen von Worten tendieren dazu, konkurrierende positive Bedeutungen zu verdrängen. [39] – Eine ähnliche Beobachtung zur Pejoration von Wortbedeutungen findet sich auch in SHAKESPEARES ‹Heinrich IV.›. [40] – Von E. ist allerdings nicht die Rede.

In der englischen Renaissance erhält der Begriff ‹E.› eine neue Bedeutung, abgeleitet von der wörtlichen Bedeutung von ‹euphēmeín›: ‹Worte guten Omens gebrauchen›. Erstmals erwähnt ist er bei G. BLOUNT, definiert als «a good or favourable interpretation of a bad word» (die gute oder vorteilhafte Interpretation eines schlechten Wortes). [41] Was damit gemeint ist, wird deutlicher bei H. PEACHAM, der in seiner 2. Auflage (1593) des ‹Garden of Eloquence› ‹euphemismus› als eine ‹figure of moderation› bezeichnet und übersetzt als ‹boni ominis captatio›, ‹prognostication of good›, Vorhersage von Gutem. E. ist hier die Interpretation eines unsicheren Gegenstandes zum Guten hin oder die Prophezeiung eines guten Ausgangs. Als Beispiele führt er Segensprophezeiungen in der Bibel an. Peacham vergleicht E. mit Himmelszeichen als positive Omen; sie dienen wie diese zur Ermutigung, zum Trost und Stiftung von Hoffnung. Gleichzeitig warnt Peacham vor Fehlern im Gebrauch von E., die zu Fehlverhalten führen können, und vor Mißbrauch des E. zur Täuschung und Verführung. [42] Peachams Definition von E. ist bei Myers/Simms erhalten unter dem Stichwort ‹euphemismus› im Gegensatz zu ‹euphemism›. [43] Eine weitere Form des indirekten Ausdrucks bildet sich im 16. Jh. in England heraus: der *Euphuismus*, erstmals erwähnt bei G. HARVEY 1592. Es handelt sich um einen manieristischen Prosastil, benannt nach J. LYLYS Roman ‹Euphues: The Anatomy of Wyt›. Der Euphuismus dient dazu, einen Text auf die höchste Stilebene zu heben, er soll aber nicht wie der E. Unschönes verdecken. [44]

IV. *Barock*. Im Barock wird der E. in Anlehnung an die klassische Rhetorik zu den Tropen gezählt. Bei VOSSIUS ist er definiert als «figura res odiosas ingratasque designans nominibus non ingratis» (Figur, die verhaßte und ungern gesehene Dinge mit angenehmen Worten bezeichnet). Ein E. kann entweder das Gegenteil des Gemeinten bezeichnen oder aber nur einen anderen, nicht gegenteiligen Namen verwenden, er muß damit keine Ironie enthalten. Nicht nur Substantive und Verben, auch Adverbien können euphemistische Bedeutung tragen. [45] Bei FABRICIUS ist der E. eine Unterart des Tropus ‹simile›, d. h. der Metapher. Er ist definiert als eine Metapher, die «einen gelindern concept» vermittelt als die Sache selbst. [46]

Als Reaktion auf den Manierismus lehnt S. WERENFELS sämtliche Tropen der uneigentlichen Rede, darunter auch den E., ab als «Meteors of Stile». Er propagiert einen «erhabenen» Stil: «Words [...] shou'd be equal to the Image, and the Image to the Thing» (Worte sollten mit der Vorstellung, und die Vorstellung mit dem Gegenstand deckungsgleich sein). [47]

V. *18. und 19. Jahrhundert*. In N. BAILEYS ‹Dictionarium Britannicum› von 1730 findet sich den Begriff ‹euphémism›, definiert als «good name, reputation, and honourable setting fourth one's praise» (guter Ruf, respektable Beförderung des Ansehens). Auffälligerweise fehlt hingegen der Begriff ‹E.› in D. JOHNSONS ‹Dictionary of the English Language› von 1755, das auf dem ‹Dictionarium Britannicum› basiert. [48]

Im späteren 18. und frühen 19. Jh. findet die Diskussion des E. zunehmend Eingang in die Literatur. In LESSINGS ‹Minna von Barnhelm› wie in GOETHES ‹Wilhelm Meisters Lehrjahre› [49] wird der euphemistische Gebrauch französischer Worte diskutiert. Er dient bei Lessing zur Abschwächung von Vorwürfen und Beruhigung des Gewissens, bei Goethe umgekehrt zur Überwindung einer Hemmschwelle im Sprecher. JEAN PAUL definiert E. als «den Schleier weicher Umschreibungen und Namen», den die Griechen «um die Widerlichkeit mancher Gegenstände» hüllten; «diese schöne Namenmilde haben die Franzosen wenigstens für sittliche Widrigkeiten, besonders des Geschlechtes, nachgeahmt und dadurch sich und andern sündliche Häßlichkeiten ungemein verschönt.» Diese «Wort- und Namenmilde» sei besonders nötig bei der Bezeichnung der Lüge, um den Vorwurf der Lüge zu mildern und damit allzu heftige Reaktionen auf Seiten des Beschuldigten zu verhindern. [50] Neben dieser Funktion des E. als Entschärfung von Vorwürfen und mildernde Bezeichnung von Vergehen, die dadurch fast akzeptabel werden, beschreibt Jean Paul auch die täuschende Funktion der «Dichterhülle» in politischer Rede: «Ein Morgenstern – eine Wachtel – ein Schuß von Tauben – eine Todtenorgel – wie liebliche Bilder. Wie weich kleiden sie das Erschlagen und Erschießen ein.» [51] Auch hier geht es darum, «die Widerlichkeit mancher Gegenstände» zu verhüllen und dadurch die Reaktionen der Hörer zu lenken.

Im englischen und amerikanischen Raum ist in der

1. Hälfte des 19. Jh., d. h. schon vor dem Beginn der Viktorianischen Ära, ein deutlicher Anstieg im Gebrauch von E. zu bemerken. T. BOWDLER reinigt in seinen Shakespeare-Editionen von 1807 und 1818 den Klassiker von «those words and expressions [...] which cannot with propriety be read aloud in a family» (den Worten und Ausdrücken, die um der Moral willen nicht laut in einer Familie vorgelesen werden können). [52] In ähnlicher Weise ‹reinigt› N. WEBSTER 1833 die Bibel. [53]

VI. 20. Jahrhundert. Auch im frühen 20. Jh. finden sich Interpretationen des Begriffs ‹E.› gemäß seiner wörtlichen Bedeutung ‹Worte guten Omens sprechen›: K. J. GRIMM findet bei einer Untersuchung der Schlußworte der Psalmen und Prophetenbücher des AT positive Nachsätze, die negativen, unheilverheißenden Schlußworten nachgestellt werden. Grimm nennt sie «euphemistic liturgical appendixes» gemäß ihrem Zweck, ein Heraufbeschwören von Unheil durch negative Schlußsätze zu verhindern. [54]

K. NYROP hingegen definiert E. als «sprachliche Rücksichtnahme», verwendet für die verschiedensten Dinge, das «Höchste so gut wie [...] das Niederste», aus den verschiedensten Gründen: «Ehrfurcht vor dem Erhabenen, [...] abergläubische Furcht vor bösen Mächten, [...] Scham und Schicklichkeitsrücksichten, oder Vorsicht, Bescheidenheit, Nachsicht, oder aber der Wunsch, das Häßliche und Unangenehme zu bemänteln, das Geringe hervorzuheben, oder endlich Ziererei und Unnatur schlichtweg.» [55] Der Vorwurf «preziöser Unnatur» [56] und die Gefahr der Beruhigung des Gewissens durch das «elegante Wort» sind Nyrops Haupteinwände gegen den Gebrauch von E. [57]

J. SAHLGREN bestimmt den E. als Ersatzvokabel für ein Tabu-Wort hauptsächlich unter soziologischen Gesichtspunkten. Er spricht von «Noawörtern»; wer sie kennt, gehört ‹dazu›. Dabei beobachtet er, daß es «feinsinniger» ist, das Noawort auszusprechen als es schlicht auszuklammern (d. h. der der Situation und Umgebung angemessene E. ist einem Nulleuphemismus vorzuziehen). [58]

J. SCHÄCHTER bezeichnet den E. als Sonderfall der Übertragung. «Darunter werden Übertragungen zusammengefaßt, die einen gemeinsamen Grund haben: Aus Scheu, das übliche Material zu gebrauchen, trifft man die Übereinkunft, ein anderes zu gebrauchen.» [59]

E. LEINFELLNER zählt E. und Kakophemismus neben Ironie, Metapher, understatement und (als Grenzfall) Lüge zu den Tropen der uneigentlichen Redeweise. [60] Sie trennt grundsätzlich zwischen politischen, religiösen und alltagssprachlichen E. Im Gegensatz zu den eigentlichen E., die aus einer Manipulation bereits etablierter Bedeutungen hervorgehen, bezeichnet sie E., die das Ergebnis konventioneller Namensgebung sind, als Codewörter. [61] Neben der pejorativen Entwicklung alltagssprachlicher E. beschreibt Leinfellner eine «pseudoeuphemistische» Sprachentwicklung: Ein Ausdruck, der ursprünglich zur Bezeichnung eines nichtanstößigen Tatbestandes verwendet wird, kann, wenn sich die Einstellung der Gesellschaft gegenüber dem Tatbestand ändert, die Rolle eines E. einnehmen. [62] S. LUCHTENBERG ersetzt Leinfellners Trennung zwischen politischen und alltagssprachlichen E. durch die Unterscheidung zwischen ‹verhüllenden› und ‹verschleiernden› E. Sie betont, daß politische E. keine Sonderstellung einnehmen. [63]

J. DUBOIS bezeichnet E., Allegorie und Ironie als Metalogismen der Immutation. Während bei der Allegorie eine vollständige Substitution vorliegt, liegt diese beim E. nur teilweise vor. «Die Form des Euphemismus kann variieren. Er kann eine Litotes oder eine Hyperbel sein. Er kann mehr oder weniger sagen, meist aber sagt er mehr und weniger gleichzeitig, d. h. er tilgt aus einer für objektiv geltenden Aussage Seme, die störend oder überflüssig erscheinen und substituiert ihnen neue Seme.» E. und Ironie können formal zusammenfallen, wenn eine Substitution durch die Antithese stattfindet. Der innere Abstand der Ironie zu den Tatsachen ist jedoch größer als der des E. [64]

H. MORIER betrachtet den E. unter psychologischem Aspekt. Der E. ist für ihn eine gedankliche Figur, deren Aufgabe es ist, einen als zu brutal oder zu bitter beurteilten Gedanken zu lindern. Zugrundegelegt ist die Theorie, daß eine Modifikation der Form mit einer Veränderung des Sinns einhergeht. Der E. drückt nach Morier zum einen abergläubische Angst aus, zum anderen eine durch Erziehung und Gewöhnung bedingte psychologische Hemmung. Er ist damit keine bewußt gewählte sprachliche Figur, sondern eine Reaktion auf ein Tabu, die sich weitgehend im Unterbewußtsein abspielt. [65]

B. DUPRIEZ hingegen unterstreicht die linguistische Bedeutung des E. als wichtiger Faktor der semantischen Pejoration. [66] Statt des Begriffs ‹Kakophemismus› verwendet Dupriez ‹contre-euphémisme›. Er definiert ihn als die Wahl eines pejorativen Ausdrucks, um Unheil abzuwehren, das durch einen meliorativen Ausdruck heraufbeschworen werden könnte. [67]

H. RAWSON unterscheidet zwischen zwei Arten von E.: ‹Positive E.› lassen das Umschriebene bedeutender erscheinen als es wirklich ist *(amplificatio)*; ‹negative E.› sind defensiver Natur, sie verhüllen und mindern die Kraft tabuisierter Ausdrücke. [68] E. werden nach Rawson entweder bewußt oder unbewußt verwendet; bewußte E. bilden eine Art sozialen Code. Daneben weist Rawson auch auf die mögliche Verwendung von E. als politische Waffe hin. [69] Wie Dupriez legt Rawson großen Wert auf die Rolle des E. im Sprachwandel. Er verbindet Greshams Gesetz mit dem ‹Law of Succession›, wonach ein E., der sich zum Dysphemismus entwickelt hat, notwendig durch einen neuen E. ersetzt wird. [70] Als eine neue Entwicklung der Euphemismusforschung stellt Rawson den ‹FOP-Index› vor (Fog or Pomposity Index), der auf der These basiert, daß ein E. je länger umso besser sei. Die Länge des E. wird mit der Länge des ersetzten Ausdrucks verrechnet nach der Formel: (Zahl der Buchstaben des E. + Zahl der hinzugefügten Silben + Zahl der hinzugefügten Worte) ÷ (Zahl der Buchstaben des ersetzten Ausdrucks). Bsp.: ‹limb› für ‹leg›: FOP 4 ÷ 3 = 1,3. Aber: ‹lower extremity› für ‹leg›: FOP (14 + 5 + 1) ÷ 3 = 20 ÷ 3 = 6,6. [71]

1985 führt A. BURGESS den Begriff *‹euglots›* ein als Bezeichnung für das (verschleiernde) euphemistische Vokabular bestimmter die Meinungsbildung beeinflussender Gruppen (v. a. der Politik). Euglots sollen zu einer «rosaroten Weltsicht» führen. [72].

R. M. ADAMS und M. DERWENT weiten in ihren gemeinsam in D. J. Enrights Sammelband ‹Fair of Speech› erschienenen Untersuchungen den Euphemismusbegriff auf nichtsprachliche Phänomene aus. Neben fiktionalen Auslassungen bestimmter Sachverhalte und Handlungen in der Literatur und im Film nennt Adams als Beispiele nichtsprachlicher E. Gesten, höflichen Applaus; in der bildenden Kunst übernehmen z. B. Feigenblätter euphemistische Funktion. Auch Preise wie £ 9.99 nennt Adams E. [73] Selbst Personen können E.

sein, wenn sie für etwas anderes vorgeschoben werden, wie etwa Petrarca Laura weitgehend als E. für poetischen Ruhm verwendete. Für ‹lebende E.› verwendet Adams auch das Synonym «stuffend shirt». [74] Derwents Untersuchung zu E. in den Medien zeigt, daß verbale E. in den Medien häufig mit visuellen E. einhergehen: Bestimmte Dinge werden nicht oder anders gezeigt. [75]

Anmerkungen:
1 H. Lausberg: Elemente der lit. Rhet. ([10]1990) § 177, Anm. 2. – 2 S. Luchtenberg: Unters. zu E. in der dt. Gegenwartssprache (1975) 296. – 3 ebd. 23. – 4 J. Griffin: Euphemisms in Greece and Rome, in: D. J. Enright (Hg.): Fair of Speech. The Uses of Euphemism (Oxford/New York 1985) 32–43, 38. – 5 L. Makkensen, Verführung durch Sprache. Manipulation als Versuchung (1973) 135. – 6 Luchtenberg [2] 135. – 7 J. S. Neaman, C. G. Silver: A Dict. of Euphemisms (London 1983) 3. – 8 G. Melzer: Das Anstößige in der dt. Sprache (1932) 2. – 9 H. Rawson: Wicked Words (New York 1989) 5. – 10 E. Leinfellner: Der E. in der polit. Sprache (1971) 69; J. Orr: Le rôle de l'euphémisme, in: J. Orr (Hg.): Essais d'étymologie et de philol. françaises (Paris 1963) 25. – 11 W. Havers: Neuere Lit. zum Sprachtabu (1946) 140. – 12 R. M. Adams: Soft Soap and the Nitty-Gritty, in: D. J. Enright [4] 44–55, 44. – 13 H. Rawson: A Dict. of Euphemisms and Other Doubletalk (New York 1981) 5. – 14 Melzer [8] 13. – 15 Neaman, Silver [7] viiif. – 16 Leinfellner [10] 60. – 17 K. Nyrop: Das Leben der Wörter (1903) 55f. – 18 P. Beer: Elizabeth Bennet's Fine Eyes, in: Enright [4] 108–121, 112ff. – 19 Luchtenberg [2] 222–255; 372–378. – 20 ebd. 178–221; 360. – 21 Aristophanes, Thesmophoriazusai 39. – 22 Sophokles, Trachiniai 177. – 23 Horaz, Oden III, 14. 11. – 24 Aristophanes, Acharnes 241. – 25 Seneca, De vita beata 26. – 26 Griffin [4] 41. – 27 Arist. Rhet. I, 9, 29. – 28 ebd. III, 2, 6–14. – 29 Cicero an Paetus, in: H. Kasten (Hg.): M. Tulli Ciceronis Ep. ad Familiares Lib. 16 (1964) IX, 22, p. 544–551. – 30 Quint. VIII, 6, 57f. – 31 Alexander Neckam: Prorogationes Promethei, f. 8a. – 32 Beda Venerabilis: De Schematibus et tropis II: De tropis, in: Corpus Christianorum. Series Latina 123A, 1 (1975) 151–171, 163. – 33 ebd. 157. – 34 R. Burchfield: An Outline History of Euphemisms in English, in: Enright [4] 13–31, 21f.; L. Arbusow: Colores Rhetorici ([2]1963) 89. – 35 Bernhard von Clairvaux: De laude novae militiae ad milites templi lib., in: ML CLXXXII 921–939. – 36 E. R. Curtius: Europ. Lit. und lat. MA ([10]1984) 416. – 37 Galfred von Vinosalvo: Documentum de arte versificandi, II, 2, 11–16, in: E. Faral (Hg.): Les Arts Poétiques du XIIe et du XIIIe siècle (Genf/Paris 1924; ND 1982) 273f. – 38 Eberhard von Bremen: Laborintus, in: ebd. 305. – 39 Rawson [13] 4. – 40 Shakespeare: Henry IV, II, 2, 4. – 41 Thomas Blount: Glossographia, zit. nach: Neaman, Silver [7] 4; Burchfield [34] 13. – 42 H. Peacham: The Garden of Eloquence (1577/1593; ND Gainesville, Flo. 1954) 89–90. – 43 J. Myers, M. Simms (Hg.): Longman Dict. and Handbook of Poetry (New York/London 1985) 106. – 44 W. Bond: Euphues and Euphuism, in: ders. (Hg.): The Complete Works of John Lyly I (Oxford 1902) 119–175. – 45 G. J. Vossius: Commentariorum rhetoricorum sive oratoriarum institutionum lib. 6 (1630; ND 1974) IV, ix 186–192. – 46 J. A. Fabricius: Philos. Oratorie (1724; ND 1974) 188. – 47 S. Werenfels: A Diss. concerning Meteors of Stile, or False Sublimity (1711; ND New York 1980) 193. – 48 Burchfield [34] 13. – 49 Lessing: Minna von Barnhelm IV, 2; Goethe: Wilhelm Meisters Lehrjahre V, 16. – 50 Jean Paul: Vorschlag eines neuen, mildern Wortes für Lüge, das sowohl in frz. als dt. Sprache gut zu gebrauchen ist, in: ders.: Sämtliche Werke I, 18, hg. von E. Berend (1963) 165–168. – 51 J. C. Thöming: Bildlichkeit, in: H. L. Arnold, V. Sinemus (Hg.): Grundzüge der Lit.- und Sprachwiss. I ([7]1983) 187–199, 191. – 52 Burchfield [34] 14. – 53 Neaman, Silver [7] 8. – 54 K. J. Grimm: Euphemistic Liturgical Appendixes in the Old Testament (Leipzig/Baltimore 1901) 96. – 55 Nyrop [17] 2. – 56 ebd. 12. – 57 ebd. 29f. – 58 Mackensen [5] 135. – 59 J. Schächter: Prol. zu einer krit. Grammatik (1935; ND 1978) II.i.13.7. – 60 Leinfellner [10] 30. – 61 ebd. 37. – 62 ebd. 35. – 63 Luchtenberg [2] 75. – 64 J. Dubois u. a.: Allg. Rhet. (1974) 79 u. 227–231. – 65 H. Morier: Dict. de poétique et de rhétorique (Paris [2]1975) 445. – 66 B. Dupriez: Gradus. Les procédés littéraires (Ottawa 1977) 205. – 67 ebd. 206. – 68 Rawson [13] 1. – 69 ebd. 3f. – 70 ebd. 4f.; Neaman, Silver [7] 12–14. – 71 Rawson [13] 10f. – 72 K. Wales: A Dict. of Stylistics (London/New York [2]1990) 159. – 73 Adams [12] 50. – 74 ebd. 54. – 75 M. Derwent: Euphemisms and the Media, in: Enright [4] 122–134, 123 u. 127.

Literaturhinweise:
L. Vié: L'Euphemisme (Paris 1905). – J. Lawrence: Unmentionables and other euphemisms (London 1973). – M. K. Adler: Naming and Addressing. A sociolinguistic study (1978). – E. Radtke: Sonderwortschatz und Sprachschichtung: Materialien zur sprachl. Verarbeitung des Sexuellen in der Romania (1981). – V. Noble: Speak softly: euphemisms and such (Sheffield 1982). – R. W. Holder: A Dict. of American and Brit. E. (Bath 1987). – J. McDonald: A Dict. of Obscenity, Taboo and E. (London 1988). – R. W. Holder: The Faber dict. of euphemisms (London/Boston [2]1989). – K. Allan: Euphemism & dysphemism: Language used as shield and weapon (New York 1991). – J. S. Neaman: Kind words: a thesaurus of euphemisms (New York [2]1991). – R. A. Spears: Slang and euphemism. A dict. of oaths, curses etc. (New York [2]1991). – H. Beard: The official politically correct dict. and handbook (New York 1992).
C. Dietl

→ Angemessenheit → Anspielung → Asteismus → Charientismos → Euphonie → Ironie → Litotes → Metapher → Periphrase → Sarkasmus → Tropus

Euphonie (griech. εὐφωνία, euphōnía; lat. sonoritas, vocalitas, vocis dulcedo; dt. Wohlklang; engl. euphony, sonority; frz. sonorité; ital. eufonia)
A. Def. – B. I. Antike. – II. MA – III. 16. Jh., Barock, Klassik. – IV. 19. Jh. bis Gegenwart. – C. E. in der Musik. – I. MA, Renaissance, Barock. – II. 18. Jh.

A. E. bezeichnet die Eigenschaft von Lauten oder Lautverbindungen, wohlklingend zu sein oder sich angenehm artikulieren zu lassen. Der Begriff ist somit durchaus mehrdeutig: aus sprachwissenschaftlich/dialektologischer Perspektive bildet sich E. im Zuge der Sprachentwicklung heraus, z. B. durch Lauteinschiebung (beispielsweise ‹ander-t-halb›, während die Poetik (etwa in bezug auf Erscheinungen wie Assonanz, Alliteration etc.) wie auch die Rhetorik (hier v. a. erreicht durch Rhythmus, harmonische Lautfügung, symmetrische Wortanordnung usw.) E. als Ergebnis eines aktiv-schöpferischen Prozesses des sich artikulierenden Individuums kennen.

Innerhalb des Systems der Rhetorik ist die E. der *pronuntiatio* zuzurechnen. Im Rahmen des *aptum* besitzt sie eine Schmuckfunktion. Ihr Gegensatz ist die *Kakophonie* (Dissonanz).

E. ist in sämtlichen Bereichen der theoretischen Auseinandersetzung mit sprechsprachlichen Erscheinungen eine zentrale Kategorie, ohne daß sie als Begriff ins Zentrum rückt und ohne jeweils genaue Bestimmung dessen, was ‹schön› klingt. Vielmehr tritt der Befund ‹euphoniae causa› (um des Wohlklangs willen) meist dort auf, wo sprachliche Phänomene mit den zur Verfügung stehenden Mitteln – Terminologie, Regelwerk, Anweisungen – nicht hinreichend zu erklären sind. Mit dem Hinweis auf E. ist demnach in aller Regel das gleichsam natürliche Beurteilungsempfinden angesprochen, das an die Stelle einer Erklärung tritt bzw. dieser nicht zu bedürfen scheint. Insofern sind Begriff und Sache der E. hauptsächlich aus dem jeweiligen Kontext abzulesen, in dem der Rekurs auf sie eine Rolle spielt.
S. Umbach

B. I. *Antike.* Mitunter werden die Begriffe εὐφωνία (euphōnía) und εὐφημία (euphēmía) gleichgesetzt. So behandelt z. B. Ernesti unter euphēmía die euphōnía mit. [1] Diese Begriffsvermischung wird durch die Schreibweise in den Handschriften gefördert, wo euphōnía schnell zu euphēmía bzw. umgekehrt verschrieben oder verlesen werden kann. Hinzu kommt, daß bereits der antike Gebrauch eine Bedeutungsüberschneidung nahelegt, die leicht zu einer Verwechslung, Gleichsetzung oder Verschmelzung führen kann; denn euphēmía steht für ‹Worte guter Vorbedeutung›, und der antike Begriff der euphōnía umfaßt auch einen inhaltlichen, assoziativen Wohlklang, wenngleich ursprünglich unter entgegengesetzten Vorzeichen.

Im akustisch-klanglichen Bereich bezeichnet E. neben dem Wohlklang der *Musikinstrumente* [2] v. a. den der *menschlichen Stimme.* Bei ihr unterscheidet man die gute Stimme, im Sinn von schön, angenehm, wohlklingend und die gute Stimme, im Sinn von kräftig, laut. Kräftig muß sie beim Herold sein [3], schön beim Sänger [4] und Redner. Eine wohlklingende Stimme gehört in besonderem Maße zu den Überzeugungsmitteln des guten Redners. [5] Daher «pflegte er [Isocrates] auch zu seinen Freunden zu sagen, daß er selbst für 10 Minen lehre, aber dem, der ihn Kühnheit und Wohlklang [der Stimme] lehre, 10 mal 1000 [Minen] schenken würde». [6]

Die E. spielt in der Rhetorik für einen Teil der *pronuntiatio* bzw. *actio* (ὑπόκρισις, hypókrisis; Vortrag), den ‹sonus vocis›, in mehrfacher Weise eine wichtige Rolle: 1. im akustisch-klanglichen Bereich. Dazu gehören außer dem Klang der Stimme des Redners der akustische Klang des Buchstabens (γράμμα, grámma; lat. littera), des Einzelwortes (ὄνομα, ónoma; lat. verbum singulum), der Wortverbindung (σύνθετα ὀνόματα, sýntheta onómata; lat. verba coniuncta) und die Satzmelodie, der Rhythmus (ῥυθμός, rhythmós; lat. numerus). 2. im inhaltlich-klanglichen Bereich der Wortbedeutung. Um über diese Dinge zum Zeitpunkt der *pronuntiatio* verfügen zu können, muß man ihnen bereits zuvor im Arbeitsstudium der *elocutio* Aufmerksamkeit schenken. Das bedeutet, v. a. für den *ornatus*, im Rahmen des *aptum* bei den Einzelwörtern, bei den Figuren (σχήματα, schémata; lat. *figurae*) und in der Wortfügung (σύνθεσις bzw. ἁρμονία, sýnthesis bzw. harmonía; lat. *compositio* bzw. *structura*) die Gesetze des Wohlklangs zu beachten.

Die unterschiedliche Klangwirkung des Gesprochenen auf das Ohr beruht 1. auf der «Natur der Buchstaben, aus denen der Klang zusammengefügt ist» und 2. auf dem «Geflecht der Silben, das sich vielfältig gestaltet». [7] So klingt z. B. von den langen Vokalen ‹a› am Schönsten. [8] Von den Einzelwörtern muß man die auswählen, die gut klingen, so «daß man unter zwei Wörtern, die dasselbe bezeichnen und gleich viel gelten, das vorzieht, das besser klingt». [9] Diese auf den Klang des Einzelworts begrenzte Definition QUINTILIANS wird vielleicht schon von ihm selbst weiter gefaßt [10], sicher aber bezieht sich der Begriff ‹E.› nach antikem Verständnis auch auf die Wortverbindungen. «Ich [Dionysius von Halicarnassus] meine also, daß derjenige, der eine schöne Sprachform bei der Zusammenstellung der Klänge schaffen will, alle Wörter zusammenführt, die Sprachschönheit, Großartigkeit und Würde umfassen». Da man aber nicht immer nur schöne Wörter verwenden kann, «muß man versuchen, durch Verflechtung und Mischung und Nebeneinanderstellen die Natur der schlechteren [Wörter] unsichtbar zu machen». [11] Wortanfang und -ende sollen deshalb so miteinander verbunden sein, daß sie angenehm klingen, d. h. der Zusammenstoß der Vokale, der *Hiat*, möglichst vermieden wird. [12] CICERO bestimmt: «Überhaupt sind es zwei Dinge, welche die Rede würzen: die Ergötzlichkeit der Wörter und der Rhythmen.» [13] Die Definition THEOPHRASTS kennt neben dem akustischen Wohlklang auch den der Wortbedeutung: «Die Schönheit eines Wortes ist das, was für das Gehör oder den Blick angenehm ist, oder das, was durch seine Bedeutung in Ansehen steht.» [14] DEMETRIUS verwendet hier nicht den Begriff ‹E.› jedoch weiter unten, wo er je ein Beispiel für Gehör und Wortbedeutung anführt. In der Handschrift stand an dieser Stelle ‹euphēmían›, was Galeus durch ‹euphōnían› ersetzte. Die Verbindung von akustischer und gedanklich assoziativer Bedeutung der E. zeigt hier besonders deutlich ihre Nähe zur euphēmía: «Vielleicht dürfte aber auch der sogenannte Euphemismus an der Redegewandtheit teilhaben, die nämlich Übelgesagtes zu Wohlgesagtem macht». [15]

Anmerkungen:
1 vgl. ‹euphēmía› in: J. C. T. Ernesti, Lex. technologiae Graecorum rhetoricae (1795) 146f. – **2** Aristoteles, Metaphysica 1019b 15. – **3** Xenophon, Historia Graeca II, 4, 20. – **4** Plutarch, De musica, in: Moralia 1132 a–b. – **5** Cic. Or. 55.; vgl. Quint. XI, 3, 9–14.154; Demosthenes, De falsa legatione, Orationes 19, 126. – **6** Plutarch, Isocrates, in: ders., Moralia 838 e (eig. Übers.). – **7** Dionysius von Halicarnassus, De compositione verborum 66 (eig. Übers.). – **8** ebd. 75. – **9** Quint. I, 5,4 (eig. Übers.); vgl. Cic. Or. 162, 80. – **10** Quint. VIII, 3, 16f. – **11** Dionysius von Halicarnassus, De compositione verborum 100f. (eig. Übers.). – **12** Demetrius, De elocutione, in: Demetrius on Style, griech. und engl., hg. von W. R. Roberts (1969) 68ff.; Cic. Or. 149ff. Quint. IX, 4, 33ff. – **13** Cic. Or. 185 (eig. Übers.). – **14** Demetrius [12] 173 (eig. Übers.); vgl. Arist. Rhet. 1405b. – **15** Demetrius [12] 175 und 281 (eig. Übers.); vgl. 284.

R. Riedl

II. *Mittelalter.* Das vierte Kapitel von AUGUSTINUS' ‹De doctrina christiana› (frühes 5. Jh.) überführt zwar die antike Rhetoriktradition in den christlichen Kontext, doch manifestiert sich der Gegensatz zwischen den ‹antiqui› und den ‹moderni› v. a. im Bereich der Rede- bzw. Dichtungsinhalte – als Standardwerke zur Vermittlung der formal-theoretischen Grundlage von Vers- und Prosakomposition bleiben das gesamte Mittelalter hindurch CICERO sowie der AUCTOR AD HERENNIUM maßgebend. Mithin gelten auch zur Erreichung der E. weiterhin die von den antiken Vorbildern bereitgestellten Empfehlungen. Davon losgelöste Reflexionen über die Klanggestalt der Dichtung begegnen nur vereinzelt und sind zudem der Auseinandersetzung mit den religiösen Gegenständen untergeordnet. Augustinus zeigt sich etwa von Inhalt und Wohlklang der Hymnen seines Lehrers Ambrosius zu Tränen gerührt: «Wie sehr habe ich geweint über deinen Hymnen und Liedern, heftig bewegt von den Tönen deiner süß klingenden Kirche [suave sonantis ecclesiae]. Diese Töne flossen in meine Ohren und Wahrheit ergoß sich in mein Herz». [1]

Gegenstand des mittelalterlichen Grammatikunterrichts waren vor allem die Schriften PRISCIANS und DONATS. Bei Priscian dient E. vorwiegend der Erklärung grammatischer Phänomene, die aus den formulierten morphologischen Prinzipien nicht zufriedenstellend abzuleiten sind. «Dennoch findet sich, vor allem bei Eigennamen manches, das sich aufgrund der Autorität der Alten oder wegen des Wohlklanges [euphoniae causa] nicht an die obengenannten Regeln hält». [2] Werden Aussagen über lautliche Erscheinungen getroffen, so sind diese zumeist nur auf die bestehende/überlieferte Sprachgestalt bezogen, nicht darauf, wie Sprache (etwa rhetorisch) anzuwenden sei. Indes finden sich vereinzelt Aussagen mit klarem Anweisungscharakter. Donat befürwortet mitunter gar die Verletzung grundlegender Lehrsätze der Grammatik um des Wohlklanges willen.

In der wissensenzyklopädischen mittelalterlichen Literatur wird ‹E.› vorwiegend als musikwissenschaftlicher Terminus verwendet, dessen rhetorische Entsprechungen *sonoritas* und – weniger gebräuchlich – *vocalitas* sind. ISIDOR VON SEVILLA (um 600) rechnet die E. nicht der Rhetorik, sondern der Musik zu, die ihrerseits gemäß einer Einteilung, die auf BOETHIUS zurückgeht, als «disciplina quae de numeris loquitur» (Wissenschaft, die sich in Zahlen ausspricht) [3] bereits von CASSIODOR der Mathematik zugeordnet wird. Im Rahmen dieser quadrivialen Zuordnung rechnet Isidor das Phänomen des Wohlklangs der musikalischen Harmonielehre zu. [4]

Dementsprechend verfahren noch die spätmittelalterlichen nach Sachgruppen geordneten Glossare und Vokabularien, die den Begriff E. nur vereinzelt und als Substitut für gebräuchlichere Termini verwenden, in musikwissenschaftlichen Abschnitten sind dies ‹melodia›, ‹symphonia› und ‹(h)armonia›, zur Beschreibung von allgemeinen Sinneswahrnehmungen ‹sonoritas› bzw. ‹bonus sonus›. Der ‹Vocabularius optimus› (1. Hälfte 14. Jh.) definiert E. als ‹sueßgesang›, was prinzipiell mit ‹melodia› gleichgesetzt wird, doch findet das Stichwort erst in späteren Redaktionen Eingang in das Werk und läßt sich nur in einer Handschrift aus dem Jahr 1436 nachweisen. [5] Der ‹Liber ordinis rerum› (15. Jh.) führt E. mit der Entsprechung ‹bonus sonus› nicht als eigenes Lemma auf; vielmehr kommt dem Terminus eine untergeordnete Bedeutung als Interpretament seines Gegenbegriffs (‹absurdus/ouel horich›, ‹vbellautig› u. ä.) zu. [6]

Mit der Anwendung antiker Rhetorik auf die Volkssprache im deutschen Humanismus gewinnt das Kriterium Wohlklang neue Bedeutung, indem hieraus Maßstäbe zur Bewertung der einzelnen deutschen Sprachlandschaften abgeleitet werden. F. RIEDERER etwa kommt in seinem auf Cicero und dem ‹Auctor ad Herennium› fußenden ‹Spiegel der waren Rhetoric› (1493) zu dem sprachästhetischen Befund, daß «swåbisch zung ettwas breiti vnd grobheit erzögt». [7] Wie bei seinen antiken Vorbildern läßt sich bei Riederer der Stellenwert der E. im Rahmen des rhetorischen Systems nach wie vor zuallererst aus Warnungen vor Verstößen gegen das nicht näher bestimmte Ideal des «wolhellend getön» erschließen. So sei im Rahmen der *compositio* unbedingt zu bevorzugen, «wenn wir fliehend empsigen zesamenlouff der worten silben vnnd bůchstaben die ein vngefüg vnlieplich stimm geberend». [8] Den Anforderungen der E. in vollem Umfang gerecht zu werden, setze allerdings eine hörerbezogene Perspektive und das Bemühen um eine verständnisfördernde rhythmische Gestaltung des mündlichen Vortrags voraus (vgl. hierzu bes. das Kapitel ‹Von punctierender maß›, in dem Riederer sein Interpunktionssystem erläutert, Bl. 48^V–49^V).

III. *16. Jahrhundert, Barock, Klassik.* Im Rahmen der Geschichte des deutschsprachlichen Unterrichts kommt dem 16. Jh. eine besondere Bedeutung zu. Es entstehen erstmals Schriften, die die deutsche Sprache neben dem Lateinischen in den Rang eines Unterrichtsgegenstands erheben. Da die Erschließung der Volkssprache in Ermangelung theoretischer Grundlagen zunächst eher auf eine sprachbeschreibende denn -bewertende Perspektive verwiesen ist, folgen die paradigmatischen Lese- und Orthographielehren etwa von V. ICKELSAMER, P. JORDAN, J. GRÜSSBEÜTEL u. a. [9] weniger sprachästhetischen Kriterien, sondern sind bemüht, aus bloßer Beobachtung der lautphysiologischen Gestalt der Sprache didaktisch verwertbare Beschreibungsansätze für den elementaren Schreibleseunterricht vermittels Buchstabier- und Lautiermethode zu gewinnen.

Im 15. und 16. Jh. bilden sich wesentliche Grundlagen zu einer überregionalen einheitlichen deutschen Schriftsprache heraus, die auf verschiedenen regionalen Schreib-, Kanzlei- und Druckersprachen basiert. Bezüglich der Verwendung des E.-Begriffes findet nunmehr ein Perspektivenwechsel statt. E. dient nicht mehr der bloßen Beschreibung/Erklärung lautlicher Phänomene, sondern wird zu einer wesentlichen Rechtfertigungskategorie sprachverändernder Bestrebungen in jeweils wechselnden Kontexten.

F. FRANGK, Zeitgenosse Luthers und Autor einer ‹Orthographia› [10], betont bereits in deren ersten Paragraphen die Unterscheidung in Hoch- und Niederdeutsch. Ersteres, das jedoch in keiner deutschen Region vollständig korrekt gebraucht wird, ist die regelgebundene Sprache, die Frangk sich zu lehren anschickt, wobei er sich keineswegs auf Orthographie, auf Schriftsprache allgemein, beschränkt, sondern auch konkrete Aussprachehinweise erteilt. Frangk hält es allerdings für möglich, daß dem provinziell Beschränkten die regulierte Aussprache «in seinen ohrn nicht klůng» [11], womit die Wechselwirkung der angestrebten Normierung der Schriftsprache mit der gesprochenen Sprache und deren klanglichen Merkmalen herausgestellt wird. Zur Hochlautung nimmt Frangk insofern Stellung, als er auf dialektfreies Sprechen großen Wert legt: er gibt konkrete Hinweise, wie die durch Schrift symbolisierten Laute rein ausgesprochen werden sollen. Darüber hinausgehende sprachästhetische Festlegungen überläßt Frangk «der Redkůndiger schule» [12] (d. i. die Rhetorik).

Mit der Herausbildung der deutschen Hochsprache im Zuge der Emanzipation der deutschen Nationalsprache treten nicht zuletzt durch Bestrebungen von humanistischer Seite sprachgestalterische Ansätze auf. ‹Hohe Teutsche Sprach› ist geschriebene und gesprochene Sprache, ihre Aneignung und ihr Gebrauch dienen der Hebung der Qualität von Dichtung und Rede. Dabei wird dem Wohlklang der Rede eine wesentliche Bedeutung beigemessen. Trägt LUTHER in besonderer Weise zur Herausbildung, Verbreitung und Durchsetzung einer ausgleichssprachlichen deutschen Schriftsprache bei, so gewinnt im 17. Jh. die Arbeit an einer neu zu schaffenden Hochsprache an Bedeutung, was seinen Ausdruck in der Gründung der Sprachgesellschaften findet. Im Gegensatz zur Schriftsprache Luthers beschränkt sich die Pflege jener Hochsprache auf einen Kreis von Gelehrten und Adligen.

Wenn OPITZ in seinem ‹Buch von der Deutschen Poeterey›, in dem er die Richtlinien für eine neue Kunstdichtung aufstellt, konstatiert, Verse müßten nun nach Akzenten gedichtet werden – vor ihm war der Akzentfall der Silben metrisch irrelevant –, so begründet er diesen Paradigmenwechsel mit einer objektiven Notwendigkeit. Als Kriterium solcher Notwendigkeit nimmt Opitz die Tatsache, daß «es gar einen ueblen Klang hat» [13], wenn die Verse wie bislang den gleichmäßigen Akzentfall nicht beachteten. Der Kategorie des Wohlklangs kommt hier – abermals ex negativo – die Funktion zu, die gesamte Breite jenes weitreichenden Umschlags in der Metrik argumentativ abzusichern.

In HARSDÖRFFERS ‹Poetischem Trichter›, der als praktische Anleitung für den Laien gedacht ist, steht die Verskunst im Zentrum. Zur Erreichung des richtigen ‹Versverstandes› sind für Harsdörffer zwei poetologische Hauptgrundsätze unabdingbar: Metrik und *aptum*. Metrik wird hierbei gemäß dem im Barockzeitalter in sämtlichen Künsten (auch der Musik) etablierten Ideal der rechten Maßverhältnisse als Meß- bzw. Maßkunst verstanden. Harsdörffer führt dazu aus: «Wie nun das Aug von dem Gemähl urtheilt / also richtet das Ohr von dem Wohlklang eines Verses. Die Mißstimmung ist dem Poetischen Gehör zu wider. Ich sage nicht nur von dem Inhalt und dem Wortlaut der Reimung / sondern von dem Gebände und der Sylben Zahl / welche sonder Nachtheil der Redart und deß richtigen Verstandes gleich abgemessen sein muß.» [14] Mithin beruht E. im metrischen Denken Harsdörffers und anderer (vgl. etwa auch die Pegnitzschäfer KLAJ und BIRKEN) auf jenen Maßverhältnissen, wobei gemäß der Aptumforderung das richtige Versmaß (Jambus, Trochäus, Dactylus usw.) je nach der zu erzielenden Gemütsbewegung zu variieren sei.

GRIMMELSHAUSEN überspitzt und ironisiert die Vorschläge von seiten der Sprachgesellschaften (vgl. dazu etwa FÜRST LUDWIG VON ANHALT-KÖTHEN oder ZESEN als Vertreter der Fruchtbringenden Gesellschaft), wenn er mit folgender Sprachreform aufwartet: anstatt die Sprache mit einer Unzahl von Neubildungen zu beschweren, sollten sich die «Sprachhelden» vielmehr darauf besinnen, «daß der Teutschen Sprach aigne Art ist / beynahe alle ihre Grund- oder Stamm-Wörter (so sonsten bey keiner andern Sprach in der Welt befindlich) nur mit einer Sylbe darzugeben» und vermittels konsequenter Einsparung des Buchstaben E nicht nur die Weltgeltung der Muttersprache zu erhöhen («Da werden wir dann mit dem Reichthum und Adel unserer Heldensprach prangen / wann wir den Ausländern weisen / daß wir aus dem eintzigen E / dem allergebräuchlisten aus den fuenff Stimm-Buchstaben (die doch so schwer zu entbehren) sovil 100 hinweg zu werffen haben!»), sondern auch dem Wohlklang förderlich zu sein; denn es werde gewiß besser klingen, «sich mehr solcher einsylbigen Wörter / als ihrer [der Sprachreformer] neuerfundenen Fratzen zu gebrauchen» und etwa «Fenstr vor Tagleuchter» zu schreiben. Letztlich wird der Satiriker Grimmelshausen mit dem Entwurf seines «Simplicianischen Stylo» wohl eher beabsichtigt haben, sprachreformerischen Übereifer zu geißeln, als praktikable Anweisungen zu geben, was seinen Ausdruck darin findet, daß ein erwünschter Nebeneffekt des vorgeschlagenen Verfahrens sei, daß «alsdann [...] die gute Haußhälter mit dem Papyr auch besser hinauslangen moegen!» [15]

FRIEDRICH II. VON PREUSSEN hat sich im Rahmen der zeitgenössisch stark beachteten (und reichlich kommentierten) Abhandlung ‹De la littérature allemande› [16] ausführlich – aber meist abfällig – zu klanglichen Merkmalen der deutschen Sprache geäußert und sich nicht gescheut, konkrete Verbesserungsvorschläge zur Aussprache anzubringen: «Es wird viel schwieriger sein, die harten Klänge zu mildern, die in den meisten Wörtern unserer Sprache im Überfluß vorhanden sind. Die Vokale bereiten dem Ohr Vergnügen; zu viele aufeinanderfolgende Konsonanten beleidigen es, weil sie schwerer auszusprechen sind und es ihnen an Wohlklang [sonore] fehlt: wir haben unter den Hilfs- und Vollverben eine große Zahl, deren letzte Silben dumpf und unangenehm sind, wie sagen, geben, nehmen. Setzt man ein a am Ende dieser Worte hinzu und macht daraus sagena, gebena, nehmena, so werden diese Klänge dem Ohr schmeicheln.») [17] Des weiteren kritisiert der König die Provinzialismen der deutschen Sprache: «Ich finde eine Sprache halbbarbarisch, die sich in ebensoviele Dialekte untergliedert, wie Deutschland Provinzen aufweist.» [18] Aufgrund der Stellung des Autors fand die Schrift große Beachtung und wurde 1780/81 in zahlreichen Rezensionen gewürdigt. In der anschließenden Diskussion, an der sich neben Wezel, Gleim und Wieland unter anderem auch Goethe und Klopstock beteiligt haben, wird erneut deutlich, daß E. als ein dem ‹natürlichen› Beurteilungsempfinden zugeordnetes Kriterium nicht nur objektive Bewertungsmaßstäbe zu ersetzen hat, sondern im Rahmen sprach-‹verbessernder› Anstrengungen selbst zur Regel avanciert.

Im Gegensatz zu Friedrich II. orientiert sich KLOPSTOCK in seinem Bestreben, die deutsche Orthographie zu reformieren, strikt an der klanglichen Gestalt des gesprochenen Wortes: die Rechtschreibung sei «ein Ding fürs Ohr, und nicht fürs Auge». [19] Er formuliert: «Der Zweck der Rechtschreibung ist: Das Gehörte der guten Aussprache nach der Regel der Sparsamkeit zu schreiben». [20] Dies Gehörte sei «der deutschen, nicht landschaftlichen Aussprache» [21] gemäß niederzuschreiben, die es freilich als landschaftlich übergreifende Hochsprache noch immer nicht gab, so daß eine phonetisch orientierte Orthographie nach wie vor in landschaftlich verschiedene Schreibungen zerfällt. Während SEUME die Aussprache des Bühnenschauspielers als Norm postuliert, betont Klopstock für eine ‹gute Aussprache› die Rolle der im Rahmen öffentlicher Vorträge und Lesungen gepflegten Lautung; die Sprechweise des guten Redners sei Vorbild, vorausgesetzt, er behandle ernste Gegenstände. Klopstocks Annahme, da es eine einheitliche Orthographie gebe, müsse auch eine allgemeingültige Aussprache existieren, erwies sich als nicht haltbar. Man denke an die stark dialektal geprägte Aussprache führender Schriftsteller der Epoche – nach zeitgenössischen Berichten grausten Schillers Lesungen seine Zuhörerschaft oftmals regelrecht: durch seine schwäbische Aussprache und die Art seiner Deklamation. Klopstocks Beiträge zur Metrik weisen der E. eine Inhalt und Rhythmus untergeordnete Stellung zu. Während der Inhalt auch vom Schriftdeutsch vermittelt werden könne, seien Rhythmus und Wohlklang nur am gesprochenen Wort erfahrbar. Der Rhythmus sei höher zu bewerten als die euphonische Qualität, da diese ornamentalen Charakters sei, jener aber die gebundene Rede erst zu dem werden lasse, was sie ist. Das gängige Vorurteil, der deutschen Sprache als solcher mangele es an Wohlklang, hat Klopstock bekämpft. Indessen stimmt er aber in zumindest einem Punkt mit Friedrich II. überein, wie sich in seinem mit ‹Der Wohlklang› überschriebenen ‹Dritten Grammatischen Gespräch› zeigt: «Gr[ammatik].: Warum stehet denn der Wohlklang so traurig da? Wohlkl[ang].: Ich nicht trauren? und ich habe außer dem E alle schließenden Selbstlaute verloren. Die alten Deutschen machten das besser, sie endigten ihre Wörter oft mit Selbstlauten; und die Italiener und die Spanier waren klüger als die späteren Deutschen, welche dieß abhanden kommen ließen. Jene nahmen die Endlaute ihrer Besieger in ihre Sprachen auf.» [22]

C. H. VON AYRENHOFF, Offizier und Verfasser vielbeachteter Lustspiele, schickte sich an, Friedrich II. in dessen lautlichen Reformplänen sogar noch zu übertreffen. Er pflichtet dem Vorschlag des Königs bei, alle Verben um ein ‹a› zu verlängern, möchte jedoch auch sämtliche ‹-en›-Endungen beseitigt wissen und Adjektiv und Substantiv auf ‹a› enden lassen. Des weiteren führt er aus: «man lasse uns überdem von unserem schreyenden Sch das ch wegwerfen und Suster, Sneider, Simpf [...] anstatt Schuster, Schneider, Schimpf schreiben.» [23] Klopstocks Orthographiereform lehnt er ab, da die deutsche Sprache durch sie noch rauher klänge.

J. K. WEZEL knüpft ebenfalls an Friedrichs Schrift an; er setzt sich zunächst mit dessen Anmerkungen zum Klang der deutschen Sprache auseinander und weiß noch weitere Mängel des Deutschen zu nennen, etwa die seiner Meinung nach zu große Häufigkeit des ‹r›. Doch auch die französische Sprache hält er für unvollkommen und bestreitet zudem die gängige Behauptung, das Griechische sei wohllautend; anhand der schriftlichen Überlieferung lasse sich dies nicht verifizieren. «Aber rauh oder lieblich, hart oder wohlklingend! unsere Sprache ist nun einmal, was sie ist, und wir können eben so wenig ihren Charakter, als unseren eigenen, umschmelzen!» [24] Dem zum Trotz macht auch Wezel konkrete Vorschläge zur Klangverbesserung, will «Konsonanten ausmerzen und Vokalen zurückrufen», das ‹rer› in ‹Lehrer› und ‹Hörer› als kakophon abschaffen [25] usf.

L. MEISTER hingegen geht davon aus, daß die Wandlung der Sprache automatisch vor sich gehe, eine Reform mithin nicht notwendig sei; «quäkende, knurrende» Laute verschwänden von selbst. Dialekte lehnt Meister konsequent ab. Einer einheitlichen deutschen Sprache stehe nichts entgegen, zumal «das Geklaffe des Pöbels nicht in seiner Sprache, sondern in seiner Denkungsart» begründet sei. [26]

In seinen ‹Regeln für Schauspieler› hat GOETHE konkrete Hinweise zur Aussprache gegeben: «§ 11. Alle Endsilben und Endbuchstaben hüte man sich besonders, undeutlich auszusprechen; vorzüglich ist diese Regel bei m, n und s zu merken, welche das Hauptwort regieren, folglich das Verhältnis anzeigen, in welchem das Hauptwort zu dem übrigen Satze steht, und mithin durch sie der eigentliche Sinn des Satzes bestimmt wird.» [27] Ganz besonders warnt Goethe, nicht von ungefähr im ersten Paragraphen seiner Schrift, vor dem dialektalen Sprechen: «§ 1. Wenn mitten in einer tragischen Rede sich ein Provinzialismus eindrängt, so wird die schönste Dichtung verunstaltet und das Gehör des Zuschauers beleidigt. [...] Kein Provinzialismus taugt auf der Bühne! Dort herrsche nur die reine deutsche Mundart, wie sie durch Geschmack, Kunst und Wissenschaft ausgebildet und verfeinert worden.» [28]

Besondere Hervorhebung verdienen die Anmerkungen HERDERS, der mit viel Engagement für die deutsche Sprache eintritt und an ihr zahlreiche klanglich angenehme Eigenheiten zu entdecken vermag: «laß es sein, daß unsere härtliche Sprachwerkzeuge auf ihre langsame Art Silben hervorarbeiten, die andern Völkern nicht so geläufig sind; ist dies uns zum Nachteile? Eben dies gibt unserer Sprache einen abgemessenen sicheren Ton, einen vollen Klang, den vernehmlichen festen Schritt, der nie über und über stürzt, sondern mit Anstand schreitet wie ein Deutscher». [29] Ob Friedrich II. von Herders Polemik angesprochen war, sei dahingestellt. «Unsere Sprache ist stark und zurückprallend, nicht aber rauh und unaussprechlich; tapfer, wie das Volk, das sie spricht, und nur Weichlingen furchtbar und schrecklich; nicht unwirtbar gegen Fremde, aber Landstreichern oder zu entlegenen Nationen unfreundlich anzuschauen». [30] Herder gesteht den Kritikern die von ihnen behauptete Konsonantenhäufung zwar zu, hält diese aber für kompensiert: «Damit sich aber unsere Laute nicht unter diese gehäufte Konsonanten verlören, haben wir mehr Doppellauter und stärkere Vokale». [31]

IV. 19. Jahrhundert bis Gegenwart. Im 19. Jh. finden sprecherzieherische Inhalte Eingang in den schulischen – vor allem gymnasialen – Lehrplan, wozu auch Ausspracheübungen zählen. Insbesondere wird Wert auf deutliches Sprechen und lautreine Aussprache gelegt, wobei vom Lehrer eine vorbildhafte Artikulation gefordert wird. Zeitgenossen – so etwa NIETZSCHE [32] – haben insbesondere den negativen Einfluß des ‹Offiziersdeutsch› kritisiert, dessen Lautung absichtsvoll ins Kakophone gezogen wurde, um einen gewollt brutalentschlossenen Eindruck zu machen.

Neben der hohen Bewertung, die der freie Gedichtvortrag im 19. Jh. gewinnt, werden verstärkt schulische Ausspracheübungen gefordert, was nicht zuletzt damit zusammenhängt, daß das Hochdeutsche als allgemeine Schulschriftsprache und Ausspracheform sich auch nach der Reichsgründung erst allmählich durchsetzt. Denn die Entwicklungen des 19. Jh. vollziehen sich vor dem Hintergrund eines immer noch nicht vollendeten Prozesses der Normierung der deutschen Hochsprache in Laut und Schrift. 1880 veröffentlicht DUDEN sein Rechtschreibwörterbuch, 1901 wird durch eine Reichskonferenz die Orthographie geregelt. Gleichzeitig soll der deutschen Schriftsprache eine verbindliche Aussprache zugeordnet werden, was zunächst VIETOR mit seinem Werk ‹Die Aussprache des Schriftdeutschen› (1885) versucht. Die bedeutendste Unternehmung in dieser Beziehung stellt jedoch die 1898 in Berlin abgehaltene Konferenz über die deutsche Bühnensprache dar. Als Ergebnis der Beratung erscheint noch im selben Jahr SIEBS ‹Deutsche Bühnenaussprache› (ab 1922 ‹Deutsche Bühnenaussprache. Hochsprache›, ab 1961 (18. Aufl.) ‹Deutsche Hochsprache. Bühnenaussprache›, ab 1969 (19. Aufl.) ‹Deutsche Hochlautung›). Im Titel schlägt sich nieder, daß über einen langen Zeitraum die Aussprache des Schauspielers als vorbildhaft und daher schulungsbedürftig betrachtet wird. Da, wie gezeigt, in der Verbreitung der deutschen hochsprachlichen Norm das geschriebene stets dem gesprochenen Wort vorausgeht, bleiben gewisse Spielräume zur willkürlichen Normsetzung, die sich oftmals am Kriterium der E. orientieren, mit der auf der Bühne hinreichend experimentiert werden konnte. Als Beispiel mag gelten, daß lange Zeit das Zungenspitzen-r als lautrecht angesehen wurde, was nicht zuletzt darauf zurückgeht, daß ihm ein ‹dramatischerer› Klang als dem ‹trockenen› Zäpfchen-r beigelegt wurde. Mittlerweile ist das Zungenspitzen-r aus dem Rundfunk und von der Bühne weitgehend verschwunden, da sich die öffentliche Meinung über seinen Wohlklang – man denke an die von Hitler praktizierte Aussprache dieses Konsonanten – offenbar gewandelt hat.

Das Bemühen um eine nicht zuletzt wohllautende allgemeine Aussprachenorm impliziert für die um die Jahrhundertwende Tätigen jedoch nicht die Existenz objektiv meßbarer E. Im Gegenteil führt Meyers Konversationslexikon von 1906 aus: «Der sogen. Wohllaut, von dem sich der Laie gewöhnlich die Lautveränderungen abhängig denkt, spielt bei diesen tatsächlich nur eine verschwindend kleine Rolle. Der Wohllaut ist etwas durchaus Subjektives. Jeder hält das für wohlklingend, für euphonisch, womit er durch langjährige Gewohnheit vertraut ist, und der Hottentotte ist ebenso fest von dem Wohlklang seiner Schnalzlaute überzeugt wie wir von der Schönheit unsrer Konsonanten». [33] Woraus der Schluß gezogen wird, daß die diesbezüglichen Empfindungen Ergebnis komplexer psychosozialer Vorgänge und fortwährendem Wandel unterworfen seien, dessen genaue Auseinanderlegung jedoch den Rahmen eines Konversationlexikons sprenge.

H. TESMER hat 1933 ‹Experimentelle euphonische Untersuchungen einzelner Vokale und Silben in der deutschen Sprache› zum Gegenstand seiner Dissertation gemacht. Sein Ziel ist es «zu untersuchen, welche Empfindungen euphonisch sind, auf welchen Reizeigenschaften diese Euphonie beruht». [34] Tesmer knüpft damit an entsprechende empirisch orientierte Unternehmungen im angelsächsischen Sprachraum an. Gestützt auf Befragungen von Versuchspersonen stellt er Hypothesen über die Grundlagen der durch den Klang eines Vokales oder einer Silbe hervorgerufenen ästhetischen Empfindungen an, wie etwa: «Die positive bzw. negative Gefühlsbetonung von Vokalen und Silben kann oft durch die Einwirkung von Assoziationen (auch latenten), durch die Schwierigkeit bzw. Leichtigkeit der Aussprache, durch den Fremdheits- bzw. Vertrautheitscharakter der Silben erklärt werden.» [35]

E. JÜNGER hat in einer kleineren ästhetischen Schrift das ‹Lob der Vokale› unternommen. Er kommt u. a. zu der Schlußfolgerung, «daß den Goetheschen Balladen eine tiefere Ruhe innewohnt als denen Schillers, bei denen der konsonantische Effekt zuweilen sogar stört». [36] Wir besitzen zahlreiche literarische Zeugnisse über die komplexen sinnlichen Assoziationen, die mit dem Klang bestimmter Laute, Wörter usw. verknüpft werden. Rimbaud hat in einem Gedicht, darauf weist Jünger explizit hin, jedem Vokal eine Farbe zugeordnet (a schwarz, e weiß, i rot, o blau, u grün).

Nicht unterschätzt werden darf die normative Wirkung des Rundfunks und des Fernsehens. Im 20. Jh. kommt insbesondere dazu, daß die möglichst fehlerfreie Aussprache der überregional gültigen Hochsprache mit einem hohen Sozialprestige verbunden ist, was ihr das Vorurteil einträgt, sie allein sei wohlklingend. Die konstitutive Kraft dieser sprachsoziologischen Tatsache hat dazu geführt, daß das Klangbild des Dialektes noch stärker als in früheren Jahrhunderten negative Assoziationen hervorrufen kann, etwa als automatische Zuordnung des Sprechers zur sozialen Unterschicht. Der Dialekt wird daher in folkloristische Zusammenhänge abgedrängt, was sich auch im Bereich des Rundfunks zeigt, wo es als selbstverständlich gilt, von den Sprechern eine tadellose hochdeutsche Aussprache zu fordern. Mundartliche Sendungen haben gewöhnlich keine ‹ernsten› Gegenstände zum Inhalt. Euphonie/Kakophonie als vom Medienkonsumenten dem im Rundfunk Gehörten spontan zugeordnetes Kriterium, wird vor diesem Hintergrund bedeutsam, wenn man bedenkt, daß die Reichweite der Sender das Verbreitungsgebiet eines Dialektes weit übertrifft. Es zeigt sich, daß fremde Mundarten, wenn sie den falschen Adressaten, also den ihrer nicht mächtigen Hörer, erreichen, von diesem eher als unangenehm bis unverständlich klingend bezeichnet werden.

In der Bundesrepublik Deutschland hat es mehrere repäsentative Untersuchungen zur Frage gegeben, wie die Befragten den Klang verschiedener deutscher Mundarten empfinden. Regelmäßig wird das Sächsische als besonders unangenehm dargestellt, wobei allerdings nicht ausgeschlossen werden kann, daß die Identifikation des Sächsischen mit der ehemaligen DDR eine Verstärkung dieses Eindruckes bewirkt hat.

Anmerkungen:
1 Augustinus, Confessiones IX, 6 (eig. Übers.). – 2 Priscian, Institutionum Grammaticarum II 63, in: Gramm. Lat. II (1855) 82 (eig. Übers.). – 3 Cassiod. Inst. II. V (De Musica 4.) 144 (eig. Übers.). – 4 vgl. C. [1]. – 5 Vocabularius optimus, Bd. 2 (1990) 380. – 6 Liber ordinis rerum, Bd. I (1983) 472, 10.1. – 7 F. Riederer; Spiegel der waren Rhet. (1493). Bl. 52^r. – 8 ebd. Bl. 45^r. – 9 H. Fechner (Hg.): Vier seltene Schriften des sechzehnten Jh. (1882; ND 1972). – 10 F. Frangk: Orthographia Dt. (1531; ND 1979). – 11 ebd. Bl. A iij^v. – 12 ebd. Bl. A iiij^r. – 13 M. Opitz: Buch von der Dt. Poeterey (1624), hg. von C. Sommer (1986) VII, 49. – 14 G. P. Harsdörffer: Poet. Trichter, (1647–1653; ND 1969) 92f. – 15 J. J. Grimmelshausen: Teutscher Michel (1673; ND 1976) 57 und 59. – 16 Friedrich der Große: De la littérature allemande (1780), übers. von W. v. Dohm (^{2}1902). – 17 ebd. 18f. (eig. Übers.) – 18 ebd. 4 (eig. Übers.). – 19 F. Klopstock: Die dt. Gelehrtenrepublik, in: ders.: Sämtl. Werke Bd. 8 (1856) 175. – 20 ders.: Über die dt. Rechtschreibung, in: ebd. Bd. 8 (1839) 330. – 21 ders.: Grundsätze und Zweck unserer jetzigen Rechtschreibung, in: ebd. Bd. 9 (1857) 405. – 22 ebd. 50. – 23 C. H. von Ayrenhoff: Schreiben an den Herrn Grafen Max von Lamberg, in: ders.: Sämtl. Werke Bd. 3 (1889) 378. – 24 J. C. Wezel: Ueber Sprache, Wiss. und Geschmack der Teutschen (1778), in: ders.: Krit. Schr. Bd. 3 (1975) 80. – 25 ebd. 87 und 97. – 26 L. Meister: Über die teutsche Litteratur, Ihre Gebrechen und die Ursachen derselben (1787), zit. nach: E. Kästner: Friedrich der Große und die dt. Lit. (1972) 55. – 27 J. W. von Goethe: Regeln für Schauspieler in: ders.: Werke (Hamburger Ausg.). Bd. 12, 252. – 28 ebd. 253. – 29 J. G. Herder: Über die neuere dt. Lit.: Fragmente, in: ders.: Schriften zur Lit. 1, hg. von R. Otto (1985) 387. – 30 ebd. 388. – 31 ebd. – 32 F. Nietzsche: Vom Klange der dt. Sprache, in: ders.: Die fröhliche Wiss. (^{2}1887), Werke V$_2$ (1973) 136–138. – 33 Art. ‹Lautlehre›, in: Meyers Großes Konversations-Lexikon. Bd. 12 (^{6}1905) 261. – 34 H. Tesmer: Experimentelle euphonische Unters. einzelner Vokale und Silben in der dt. Sprache (Diss. 1933) 3. – 35 ebd. 111. – 36 E. Jünger: Lob der Vokale, in: ders.: Sämtl. Werke, 2. Abt., Bd. 12 (1979) 16.

S. Umbach

C. E. in der Musik. ‹E.› stellt keinen musiktheoretischen Fachbegriff im engeren Sinne dar; dennoch begegnet der Begriff im Schrifttum häufig, wobei zwei Funktionen zu unterscheiden sind: im Bereich der mittelalterlichen Kompositionslehre als ‹Wohlklang› (Gegensatz *diaphonia* oder *kakophonia*) sowie in den Instrumentalschulen seit dem 18. Jh. als Teilbereich der musikalischen Aufführung.

I. *Mittelalter, Renaissance, Barock.* In den mittelalterlichen Musiktraktaten wird E. oft im ursprünglichen Wortsinn verwendet und bezeichnet allgemein Wohlklang, eine wohlklingende Satzfügung bzw. einen gut klingenden satztechnischen Anschluß. So heißt es bei ISIDOR VON SEVILLA (7. Jh.): «Euphonia est suavitas vocis» (E. ist die Süße des Klangs). [1] E. dient hier als allgemeiner Oberbegriff für Wohlklang, während ‹symphonia› bei Isidor eher die konsonanten Intervallklassen bezeichnet. [2] AURELIAN VON REOMÉ erörtert im 9. Jh. bei der Behandlung der Differenz *(diffinitio, divisio)* die Frage nach dem Zusammenwirken von satztechnischer Notwendigkeit und entbehrlich scheinendem Wohlklang: «Manche bestreiten, daß man mehr als eine [divisio] bräuchte, nämlich *Circumdederunt me*, mit der Begründung, daß der Zusatz am Ende des Verses nicht aus Notwendigkeit angebracht werde, sondern wegen des Wohlklangs [euphonia]. Ihre Gegner sagen jedoch, diese Melodie erfolge nicht wegen des Wohlklangs, sondern notwendigerweise. Denn geschehe dies nur aus Wohlklang, dann müßte es in allen Eingängen der Tonart erfolgen. Doch dafür gebe es kein Beispiel außer den Antiphon *Ecce deus adiuvat me*, wo nicht Wohl-, sondern Mißklang [diaphonia] resultiere, und daher bevorzugen sie zwei *divisiones*.» [3] Deutlich wird der Gegensatz von E. und Diaphonie, dem Mißklang, an anderer Stelle desselben Traktats ausgeführt: «Tatsächlich gibt es manche Sänger, die im vierten Abschnitt jenes Verses die *modulatio* der vierten Silbe vor der letzten mehr als nötig ausführen und so statt Wohlklang Mißklang erzeugen, weil sie "sanguine" mit verkürzter Mittelsilbe aussprechen müssen. Dies geschieht meist aus Unerfahrenheit.» [4] Zum Umgang mit Wohl- und Mißklang gehört also eher praktische Erfahrung als theoretisches Wissen.

Einen festeren semantischen Kern als terminus technicus, etwa in Abgrenzung zu verwandten Begriffen wie ‹symphonia› oder ‹consonantia›, erhält ‹E.› in der einschlägigen mittelalterlichen Literatur nicht. So begegnet er noch in der Contrapunktus-Lehre des 14./15. Jh. als allgemeiner Oberbegriff für wohlklingende, ‹stimmige› Stimmführung: die Akzidentiensetzung und das Zurückführen des Note-gegen-Note-Satzes auf Konsonanzen wird «propter euphoniam» begründet. [5]

In die inhaltlich genauer fixierte Terminologie der musikalischen Figuren- und Affektenlehre im späten 16. und 17. Jh. findet der Begriff ‹E.› keinen Eingang. [6] Sein Gebrauch wird marginal.

II. *18. Jahrhundert.* Im Bereich der Instrumentalschulen ab Mitte des 18. Jh. kommt dem Begriff des ‹Wohlklangs› eine neue Qualität zu. Er bezeichnet nun nicht mehr nur kompositions- bzw. satztechnische Phänomene, sondern auch Probleme des musikalischen Vortrags, der *pronuntiatio*. Dies reflektiert den Emanzipationsprozeß der (wortlosen) Instrumentalmusik, der nun die Frage eines überzeugenden, wohlklingenden Vortrags als ein Problem bewußt wird, das sich der text- und affektgebundenen Vokalmusik früherer Jahrhunderte kaum stellte. Der ‹Wohlklang› steht so im Kontext der neuen musikalischen ‹Ausdrucks›-Ästhetik, die die Doktrin der *imitatio* (noch bei DUBOS oder BATTEUX) ablöst. [7]

In Deutschland knüpft die neue Vortragslehre an GOTTSCHEDS Definition des Vortragsbegriffs an, bei der «Vortrag» nicht mehr wie bisher der rhetorischen *propositio* [8], sondern der *pronuntiatio* zugeordnet wird. [9] So referiert J. J. QUANTZ 1752 in seinem «Hauptstück Vom guten Vortrage» nach der Feststellung, «Der musikalische Vortrag kann mit dem Vortrage des Redners verglichen werden», in § 3 nahezu wörtlich (wenngleich ungenannt) Gottscheds Forderungen an den guten Vortrag des Redners. Anschließend überträgt er diese auf die Musik: Der musikalische Vortrag müsse «rein und deutlich», «rund und vollständig», «leicht und fließend», «mannigfaltig», «ausdrückend, und jeder vorkommenden Leidenschaft gemäß seyn» [10]; «Man muß suchen, den Klang so schön als möglich herauszubringen». [11] Ähnlich äußern sich C. P. E. BACH, L. MOZART und J. F. AGRICOLA. [12] Während hier die Suche nach ‹Wohlklang› nur ein Aspekt unter vielen ist, wird die «Schönheit» des musikalischen Vortrags bereits bei J. A. P. SCHULZ als eine der drei «Haupteigenschaften» definiert: «Deutlichkeit», «Ausdruck» und «Schönheit» machen den guten Vortrag aus. [13] Zur Schönheit gehören: «schöner Ton», «Ungezwungenheit und Leichtigkeit des Vortrags», «anständige Stellung oder Bewegung des Körpers» sowie die Kunst der freien Verzierung. Ähnlich definiert D. G. TÜRK in seiner Klavierschule. [14] Die musikalische Vortragslehre des 18. Jh. bindet den ‹Wohlklang› jedoch immer an das Ziel einer «vollkommenen Darstellung des Charakters und Ausdrucks des Stücks». [15] Erst im *19. Jh.* verselbständigen sich Klangschönheit und subjektiver Ausdruckswillen des schöpferischen Interpreten, wovor C. G. KRAUSE schon 1753 warnte: Der Wohlklang im musikalischen Vortrag sei nur da sinnvoll, wo er nicht «mit der Natur der Sachen und Gedanken streitet, sondern sie vielmehr unterstützet». [16]

Anmerkungen:
1 Isid. Etym. III, 20, 3 f. (eig. Übers.). – **2** vgl. F. Reckow: Art. ‹Diaphonia›, in: Handwtb. der musikal. Terminologie, hg. von H. H. Eggebrecht (1971 ff.) 2 f. – **3** Aurelianus Reomensis, Musica disciplina, in: Scriptores ecclesiastici de musica, hg. v. M. Gerbert (1784) Bd. I, 49a. (eig. Übers.). – **4** ebd. 56a f.; vgl. ebd. 34b, 50b, 51b. (eig. Übers.). – **5** vgl. K. J. Sachs: Der Contrapunktus im 14. und 15. Jh. (1974) 98; ders.: Die Contrapunktus-Lehre im 14. und 15. Jh., in: Gesch. der Musiktheorie, hg. von F. Zaminer, Bd. 5: Die mittelalterliche Lehre von der Mehrstimmigkeit (1984) 208. – **6** vgl. z. B. D. Bartel: Hb. der musikal. Figurenlehre (1985). – **7** vgl. N. K. Baker: Art. ‹Expression›, in: The New Grove Dictionary of Music and Musicians, Bd. 6 (London 1980) 324ff. – **8** so noch bei J. Mattheson: Der vollkommene Capellmeister (1739) 38. – **9** J. C. Gottsched: Ausführl. Redekunst (1736; ND 1973). – **10** J. J. Quantz: Versuch einer Anweisung, die Flöte traversière zu spielen XI. Hauptstück (1752, ³1789; ND 1952) 104 ff. – **11** ebd. 104. – **12** C. P. E. Bach: Versuch über die wahre Art das Clavier zu spielen (1753/1756; ND 1981) Bd. I, 115–133, Bd. II, 242–259; L. Mozart: Versuch einer gründlichen Violinschule (1756; ND 1983) 264; J. F. Agricola: Anleitung zur Singekunst (1757). – **13** J. A. P. Schulz: Artikel ‹Vortrag›, in: J. G. Sulzer: Allg. Theorie der Schönen Künste (1771 ff.). – **14** D. G. Türk: Clavierschule, oder Anweisung zum Clavier-spielen (1789) 332 ff. – **15** Schulz [13] 592. – **16** C. G. Krause: Von der Musikal. Poesie (1753; ND 1973) 190, vgl. 215 f.

J. Krämer

Literaturhinweise:
A. Krumbacher: Die Stimmbildung der Redner im Altertum bis auf die Zeit Quintilians (1920). – E. Norden: Die antike Kunstprosa (⁹1983). – L. P. Wilkinson: Golden Latin Artistry (Cambridge 1963). – W. B. Stanford: The Sound of Greek (Berkeley 1967).

→ Angemessenheit → Betonung → Concinnitas → Epenthese → Hiat → Kakophonie → Musik → Pronuntiatio → Rhythmus → Vortrag

Euphuismus (engl. euphism; frz. euphuisme; ital. eufuismo)

A. ‹E.› ist die Bezeichnung für einen preziösen Prosastil *(ornatus)*, der Ende des 16. Jh. in England zu großer Popularität gelangte. Der Name leitet sich her von JOHN LYLYS (1554–1606) didaktischer Erzählung ‹Euphues: The Anatomy of Wit› (1578) und deren Fortsetzung ‹Euphues and His England› (1580). Das griechische Wort εὐφυής (euphyés; schöngewachsen, wohlbegabt) entlehnte Lyly R. ASCHAMS ‹Scholemaster› (1570), wo es definiert wird als «he, that is apte by goodness of wit, and appliable by readiness of will, to learning, having all other qualities of the mind and parts of the body, that must another day serve learning» (derjenige, der durch seinen Verstand befähigt und durch seinen Willen geneigt ist zur Gelehrsamkeit und dabei all die geistigen und körperlichen Qualitäten besitzt, die einmal dem Studium dienlich sein sollen). [1]

Der E. zeichnet sich durch den konsequenten Einsatz rhetorischer Mittel aus. Seine spezifische Form ergibt sich aus den zwei Hauptmerkmalen Lylyscher Prosa, der inhaltlichen Analyse («anatomy») und der amplifikatorischen Illustration.

B. I. *Form.* Typisch für den euphuistischen Stil [2] sind auf der *syntaktischen* Ebene parallele und antithetische Konstruktionen. Lyly bevorzugt einen zweigliedrigen, ‹abwägenden› Satzaufbau. Er verfährt dabei nach dem Prinzip der Koordination gleichlanger Satzeinheiten *(Isokolon)*, was zu Parallelismen führt, oft parisonischer Art: «Be bold to speake and blush not; thy sore is not so angry but I can salve it, the wound not so deep but I can search it; thy grief not so great but I can ease it» (Habe Mut, zu sprechen, und erröte nicht; deine Wunde ist nicht so schlimm, daß ich sie nicht behandeln könnte, die Verletzung nicht so tief, daß ich sie nicht untersuchen könnte, dein Schmerz nicht so groß, daß ich ihn nicht lindern könnte). [3]

In Verbindung mit den argumentativen, analytischen Inhalten entstehen oft antithetische Konstruktionen: «Why didst thou leave Athens, the nurse of wisdom, to inhabit Naples, the nourisher of wantonness?» (Warum hast du Athen verlassen, die Amme der Weisheit, um in Neapel zu wohnen, der Wiege der Liederlichkeit?) [4] Gelegentlich nehmen diese chiastische Formen an: «in the disposition of the mind either virtue is overshadowed with some vice or vice overcast with some virtue» (in jeder Geisteshaltung wird die Tugend entweder von einem Laster verdunkelt, oder die Lasterhaftigkeit wird von einer Tugend getrübt). [5]

Zur Strukturierung der Rede werden auch – gelegentlich polyptotische – Wortwiederholungen eingesetzt: «in that you bring in the example of a beast to confirm your folly, you show therein your beastly disposition which is ready to follow such beastliness» (indem du das Beispiel eines vernunftlosen Tieres zitierst, um deinen Widersinn zu rechtfertigen, legst du eine unvernünftige Haltung an den Tag, die solcher Unvernunft zu folgen bereit ist). [6]

Auf der lautlichen Ebene setzt Lyly euphonische Mittel ein. Er bedient sich dabei vor allem der Alliteration (einfach oder alternierend oder in chiastischer Form). Neapel ist z. B. ein Ort «of more *p*leasure than *p*rofit, and yet of more *p*rofit than *p*iety» (ein Ort, dem Vergnügen zuträglicher als dem Vorteil, und doch dem Vorteil zuträglicher als der Frömmigkeit). [7] Oder: «Although *h*itherto [...] I have *sh*rined thee in my *h*eart for a *t*rusty *f*riend, I will *sh*un thee *h*ereafter as a *t*rothless *f*oe [...]» (Obwohl ich dich bislang als einen vertrauenswürdigen Freund in meinem Herzen bewahrt habe, werde ich dich hinfort als einen treulosen Feind meiden). [8]

Lyly verwendet des weiteren Assonanz: «Is it not far better to abhor sins by the *remembrance* of others' faults than by *repentance* of thine own follies?» (Ist es nicht viel besser, Sünden zu verabscheuen durch Besinnung auf die Fehler anderer als durch Bedauern deiner eigenen Eseleien?) [9] und Konsonanz: «Aye, but Euphues hath greater per*fection*; aye, but Philautus hath deeper af*fection*» (Ja, aber Euphues ist vollkommener. Ja, aber Philautus ist verliebter). [10] Letztere kann sich dem Reim annähern: «I will to Athens, there to toss my *books*, no more in Naples to live with fair *looks*» (Ich geh' nach Athen, dort Bücher zu wälzen, bleib' nicht in Neapel, um vor hübschen Blicken zu schmelzen). [11]

Auch Wortspiele *(annominatio)* werden eingesetzt, etwa wenn Neapel als Ort eher «for a graceless *lover* than for a godly *liver*» (für einen gottlosen Liebhaber als einen gottesfürchtigen Menschen) [12] bezeichnet wird.

Ein weiteres kompositionelles Mittel Lylys, besonders in den dramatischen Passagen des ‹Euphues›, die aus langen Monologen und ausführlichen Debatten bestehen, ist die gelegentliche Reihung rhetorischer Fragen: «Do you not know that [...] black will take no other colour? [...] That fire cannot be forced downward? [...] Can the Aethiop change or alter his skin, or the leopard his hue? It is possible to gather grapes of thorns, or figs of thistles, or to cause anything to strive against nature?» (Wißt Ihr nicht, daß Schwarz keine andere Farbe annimmt? [...] Daß man Feuer nicht nach unten brennen lassen kann? [...] Kann der Äthiopier seine Hautfarbe ändern oder der Leopard seine Flecken? Kann man Trauben von Dornen ernten oder Feigen von Disteln oder irgendetwas wider die Natur veranlassen?) [13] Auch Apostrophen werden in affektbetonender Weise häufig verwendet: «O ye Gods, have ye ordained for every malady a medicine, for every sore a salve, for every pain a plaster, leaving only love remediless?» (Oh Ihr Götter, haltet Ihr für jede Krankheit eine Arznei bereit, für jede wunde Stelle eine Salbe, für jede Pein ein Pflaster und laßt nur die Liebe ohne Linderung?) [14]

Es ist wichtig anzumerken, daß der E. nicht durch eine exzessive Metaphorik gekennzeichnet ist. Seine rhetorische Überformung des Inhalts bedient sich weitgehend der *schemata verborum*, nicht so sehr der Tropen. Auch ist der E. bemerkenswert frei von Fremdwörtern, wie sie sich in anderen manieristischen Stilen häufig finden.

II. *Inhalt.* Wie schon an vielen der gewählten Beispiele ablesbar wird, ist der E. inhaltlich ein sentenzhafter Stil. Im Sinne der *copia/amplificatio* macht Lyly zudem in starkem Maße von illustrierenden und schmückenden Vergleichen und Analogien Gebrauch. Hierzu bemüht er einerseits historische bzw. mythologische Anspielungen: «[...] assure yourself that Damon to his Phintias, Pilades to his Orestes, Titus to his Gysippus, [...] was never found more faithful than Euphues will be to Philautus» (Sei versichert, daß Damon seinem Phintias, Pylades seinem Orest, Titus seinem Gysippus [...] niemals ein treuerer Freund war als Euphues seinem Philautus sein wird). [15]

Andererseits zitiert Lyly häufig (z. T. phantastische) Beispiele aus der tradierten ‹Naturkunde› (aus Plinius, mittelalterlichen Bestiarien, usw.), d. h. aus den Kompendien der vormodernen Naturwissenschaft: «Too true it is that, as the sea-crab swimmeth always against the stream, so wit always striveth against wisdom; and as the bee is oftentimes hurt with her own honey, so is wit not seldom plagued with his own conceit» (Es ist nur zu wahr, daß so, wie der Krebs immer gegen den Strom schwimmt, die Gewitztheit sich immer gegen die Weisheit sträubt; und wie der Biene oft ihr eigener Honig nicht bekommt, so leidet der Witz oft an seiner eigenen Erfindungskraft). [16] Es ist dieses letztere Merkmal, das zu Lylys Lebzeiten als das spezifische des E. aufgefaßt wurde.

Inhaltlich vielleicht am interessantesten ist Lylys Faszination durch paradoxe Sachverhalte [17]: «in the coldest flint there is hot fire, the bee that hath honey in her mouth hath a sting in her tail, the tree that beareth the sweetest fruit hath a sour sap, yea the words of men though they seem smooth as oil yet their hearts are as crooked as the stalk of ivy» (im kältesten Flint ist das heißeste Feuer, die Biene, die Honig im Munde trägt, hat einen Stachel in ihrem Hinterteil, der Baum mit den süßesten Früchten besitzt einen sauren Saft, ja, wenn auch die Worte der Menschen glatt wie Öl erscheinen, so sind ihre Herzen doch so verbogen wie die Stengel des Efeu). [18]

Negativ ist zu vermerken, daß Lyly seine Mittel weder sparsam noch flexibel einzusetzen versteht. Die ständige Betonung rhetorischer Schulgelehrsamkeit in formaler wie inhaltlicher Hinsicht zusammen mit der didaktischen Tendenz der beiden Erzählungen wirken heutzutage sehr bald ermüdend.

Lyly besitzt jedoch das historische Verdienst, dem Prosastil der englischen Renaissance als einer der ersten eine dezidierte Form gegeben zu haben. Viele der von ihm verwendeten rhetorischen Stilmittel finden sich zwar schon früher in der Lyrik, doch das stilistische Repertoire der tradierten volkssprachlichen Prosa, die sich bis dahin weitgehend mit der katalogisierenden Reihung von Synonymen und gelegentlichen Alliterationen begnügte, erweiterte Lyly beträchtlich.

Dabei erschöpft sich das spezifisch euphuistische Stilbewußtsein nicht im Ornamentalen, sondern dient durchaus argumentativen, jedoch nur begrenzt narrativen Zielsetzungen. [19]

C. I. *Vorläufer und Nachahmer.* Lyly hat die Form der euphuistischen Kunstprosa nicht erfunden, ihr aber auf jeden Fall das Etikett verliehen. Fragen nach ihren Ursprüngen führten einzelne Forscher bis zu GORGIAS VON LEONTINOI und ISOKRATES [20] zurück, doch spielt auch die mittelalterliche Predigttradition eine Rolle [21] sowie generell die Wiederentdeckung der antiken Rhetorik in der englischen Renaissance. Italienische Einflüsse sind ebenfalls nicht auszuschließen. [22] Als spezifisches Vorbild wurde in der Forschungsliteratur einige Zeit A. DE GUEVARA und dessen *alto estilo* angenommen. [23] Speziell Sir T. NORTHS englische Übersetzung von Guevaras ‹Libro llamado relox de príncipes› (‹Diall of Princes›, 1557) soll entscheidend auf Lylys Stil gewirkt haben. Als weiterer Vorläufer des E. gilt insbesondere J. RAINOLDS und dessen in den 70er Jahren des 15. Jh. in Oxford, allerdings auf Latein, gehaltene Vorlesungen, die Lyly möglicherweise besucht hat. [24] Ein direktes literarisches Vorbild könnte G. PETTIE gewesen sein [25], der 1576 ‹A Petite Pallace of Pettie His Pleasure› veröffentlichte, eine Sammlung von Novellenadaptationen, in der ausgiebig euphuistische Stilmittel eingesetzt werden, die Alliteration z.T. mit noch größerer Konsequenz als bei Lyly.

Lylys literarischer Erfolg veranlaßte andere Autoren, in seiner Manier zu schreiben. So imitierten etwa R. GREENE in seinen Romanzen [26] oder T. LODGE ‹Rosalynde›; ‹Euphues' Golden Legacy›, 1590; ‹Euphues Shadow›, 1592 offensichtlich Lylys Stil. Auch in SHAKESPEARES Dramen lassen sich einige (allerdings parodistische) Bezugnahmen auf den E. nachweisen. Eine zunehmende Rhetorisierung der Prosa ist aber in der elisabethanischen Zeit allgemein festzustellen.

II. *Literaturgeschichtliche Abgrenzung.* Der E. ist sicher anderen europäischen literarischen Erscheinungsformen des manieristischen Stils zuzuordnen. Allerdings sollte man auch die grundlegenden Unterschiede, etwa zur englischen ‹metaphysical poetry› des 17. Jh., erkennen. Die dieser Bewegung zuzurechnenden Autoren neigten zum tropischen Ausdruck in Form des *conceits* und strebten eine verdichtende Synthese in der dichterischen Aussage an (im Gegensatz zum extrem analytischen Stil des E.); hierzu benutzten sie oft einfache sprachliche Formen. Nichts könnte daher der Lylyschen Preziosität ferner sein als etwa A. MARVELLS Zeilen: «The Mind [...] creates [...] / Far other Worlds, and other Seas; / Annihilating all that's made / To a green Thought in a green Shade» (Der Geist [...] erschafft [...] ganz andre Welten, andre Meere, / löst alles, was ist, auf / zu einem grünen Gedanken in einem grünen Schatten). [27] Der E. erschöpft sich hingegen in der sehr bald monoton wirkenden Anwendung rhetorischer Stilfiguren.

Gelegentlich werden Marinismus und Gongorismus als europäisches Äquivalent des E. genannt. Man sollte sich jedoch bewußt sein, daß G. MARINI zur Zeit der Erstpublikation des ‹Euphues› erst neun Jahre alt war. L. de Gongora y Argote war zu diesem Zeitpunkt zwar etwas älter (siebzehn Jahre), er entwickelte den für ihn typischen Stil aber erst zu Beginn des 17. Jh. Es ist daher durchaus nicht unproblematisch, den E. zum literarischen Barock zu zählen. [28]

III. *Wertung.* Der E. war nicht nur ein literarisches sondern auch ein soziales Phänomen. Die Popularität des ‹Euphues› hatte zur Folge, daß der E. für ca. zehn Jahre zum Maßstab des ‹guten Tons› in höfischen Kreisen wurde. Noch 1632 erinnert sich E. BLOUNT, daß «all our ladies were then his [i.e. Lylys] scholars, and that Beauty in court which could not parley Euphuism was as little regarded as she which now there speaks no French» (all unsre Damen studierten ihn damals, und diejenige Schönheit bei Hof, die sich nicht euphuistisch auszudrücken verstand, war so wenig geachtet wie diejenige, die heute kein Französisch spricht). [29] Schon 1581 lag ‹The Anatomy of Wit› in der fünften Auflage vor und die Fortsetzung der Erzählung in der vierten. 1640 waren 25 Ausgaben der beiden Werke gedruckt und 4 Auflagen eines Doppelbands.

Eine Zeit lang genoß Lyly auch die Wertschätzung der Literaturkritik. W. WEBBE etwa stellte 1586 in seinem ‹Discourse of English Poetry› Lyly aufgrund seiner «singular eloquence and brave composition of apt words and sentences» (einzigartigen Beredsamkeit und treffenden Wahl angemessener Worte und Sentenzen) in eine Reihe mit Demosthenes und Cicero. [30] Allerdings wurde der E. auch kritisiert. G. HARVEY ist der nachweisbar erste, der 1593 in seinem Pamphlet gegen T. NASHE, ‹Advertisement for Paphatchet›, dem Begriff einen pejorativen Beigeschmack gab, weil ihn die ausgeprägte Preziosität des E. störte. Aber immerhin erschienen nach Harveys Attacke noch über zehn Auflagen des ‹Euphues›, was dessen andauernde Popularität, wenn auch möglicherweise nicht mehr in tonangebenden literarischen Zirkeln, belegt. Als vorbildlich fand der E. ab den 90er Jahren des 16. Jh. Eingang vornehmlich in Florilegien *(commonplace books).* [31]

Literaturgeschichtlich ist der E. eine Modeerscheinung, aber ein vielleicht notwendiger rhetorischer Exzeß, um der englischen Literatursprache den Weg zu derjenigen Vielgestaltigkeit und Flexibilität zu bereiten, die sie in der Folge entfalten sollte.

Anmerkungen:
1 R. Ascham: Whole Works, vol. III (London 1864–65) 106. – **2** vgl. F. Landmann: Der E., sein Wesen, seine Quelle, seine Gesch. (1881); C.G. Child: John Lyly and Euphuism (1894); R.W. Bond: Euphues and Euphuism, in: The Complete Works of John Lyly, vol. I (Oxford 1902) 119–175. – **3** J. Lyly: Euphues, in: P. Salzman (Hg.): An Anthology of Elizabethan Prose Fiction (Oxford 1987) 116. – **4** ebd. 145. – **5** ebd. 89. –

6 ebd. 144. – 7 ebd. 90. – 8 ebd. 137. – 9 ebd. 94. – 10 ebd. 110. – 11 ebd. 146. – 12 ebd. 90. – 13 ebd. 96. – 14 ebd. 113. – 15 ebd. 103. – 16 ebd. 113. – 17 vgl. J. A. Barish: The Prose Style of John Lyly, in: English Literary History 23 (1956) 14–35. – 18 Lyly [3] 128f. – 19 vgl. Barish [17]. – 20 vgl. T. K. Whipple: Isocrates and Euphuism, in: Modern Language Review 11 (1916) 15–27, 129–135. – 21 vgl. M. W. Croll: The Sources of the Euphuistic Rhetoric, in: Croll: Style, Rhetoric, and Rhythm (Princeton 1966) 241–295. – 22 vgl. V. M. Jeffery: John Lyly and the Italian Renaissance (Paris 1928). – 23 vgl. Landmann [2] 65–81. – 24 vgl. W. Ringler: The Immediate Source of Euphuism, in: Publications of the Modern Language Association of America 53 (1938) 678–686. – 25 vgl. J. Swart: Lyly and Pettie, in: English Studies 23 (1941) 9–18. – 26 vgl. R. B. Heilman: Greene's Euphuism and Some Congeneric Styles, in: G. M. Logan (Hg.): Unfolded Tales. Essays on Renaissance Romance (Ithaca 1989) 49–73. – 27 A. Marvell: The Garden, in: H. Gardner (Hg.): The Metaphysical Poets (Harmondsworth 1980) 257. – 28 vgl. Z. Vancura: Euphuism and Baroque Prose, in: Casopis pro Moderni Filologii 18 (1932) 291–296. – 29 zit. in G. K. Hunter: John Lyly. The Humanist as Courtier (London 1962) 72. – 30 W. Webbe: A Discourse of English Poetrie, in: G. G. Smith (Hg.): Elizabethan Critical Essays, vol. I (Oxford 1904) 256. – 31 vgl. Landmann [2] 97–101.

Literaturhinweise:
A. Feuillerat: John Lyly (Cambridge 1910). – W. G. Crane: Wit and Rhetoric in the Renaissance (New York 1937). – G. Williamson: The Senecan Amble (Chicago 1951). – W. N. King: John Lyly and Elizabethan Rhetoric, in: Studies in Philology 52 (1955) 149–161. – R. A. McCabe: Wit, Eloquence, and Wisdom in ‹Euphues: The Anatomy of Wit›, in: Studies in Philology 81 (1984) 299–324.

H.-P. Mai

→ Amplifikation → Alliteration → Angemessenheit → Anspielung → Antithese → Apostrophe → Assonanz → Chiasmus → Concetto → Copia → Euphonie → Figurenlehre → Florilegium → Frage, rhetorische → Gongorismus → Isokolon → Latinismus → Literatur → Manierismus → Marinismus → Metapher → Ornatus → Paradoxon → Parallelismus → Polyptoton → Prosa → Reim → Renaissance → Sentenz → Sprichwort → Stil → Tropus → Wortspiel

Evangelium (griech. εὐαγγέλιον, euangélion; lat. evangelium; dt. gute Nachricht, frohe Botschaft; engl. gospel; frz. évangile; ital. vangelo)
A. Def. – B. Geschichte und Wirkungsgeschichte des Begriffs und der Erzählform.

A. 1. *Griechischer Terminus:* Der latinisierte Begriff E. entspricht dem seit HOMER belegten, meist im Plural gebrauchten griech. ‹euangélion›, das bezeichnet sowohl die freudige(n) Nachricht(en) als auch den Botenlohn für deren Überbringung. Zur Wortfamilie gehört das Verb evangelisieren (gute Nachricht bringen oder Gutes verkünden) ebenso wie der Verkünder (Evangelist, auch als Titel heidnischer Priester belegt). Im römischen Kaiserkult gewinnt der Begriff im Plural besondere Bedeutung: hier sind mit E. Freudenbotschaften von der heilvollen Bedeutung eines einzelnen Menschen für die ganze Welt anläßlich seiner Geburt oder Thronbesteigung gemeint.
2. *Begriff christlicher Sondersprache:* E. wird im frühen Christentum in zwei religiösen Ausprägungen benutzt. Die eine Ausprägung hat vorwiegend kerygmatischen Charakter: eine einzelne, pointierte Botschaft (wie die vom nahen Gottesreich oder die von der Heilsbedeutung des Todes und der Auferweckung Jesu) wird als E. verkündet. Die andere Ausprägung ist narrativ: hier gilt die Verkündigung und Geschichte Jesu in ihrer erzählten Gesamtheit als frohe Botschaft. Das kerygmatische E. verkündet Gottes Sache als Heilsbotschaft, vor allem im Blick auf Jesu Tod und Auferweckung. Das narrative E. verkündet erzählend Gottes Sohn, und es erkennt in ihm rundum – nicht erst oder fast nur in der Interpretation seines Kreuzestodes und seiner Auferweckung – die Sache Gottes. Die beiden Ausprägungen von E. sind nicht voneinander ableitbar, stehen aber in gegenseitiger Beziehung, wie Apg 10,36–43 zeigt. Beiden gemeinsam ist ein alttestamentlich vorgeprägtes Bild von Gott, der durch Jesus die Distanz der Menschen zu ihm vergebend, helfend, heilend und befreiend überwindet, um Lebensfülle aus neu ermöglichter Nähe heraus zu schenken. Die Unterschiede der beiden Ausprägungen von E. werden in der Folge verwischt, bis das Wort zum undifferenzierten Sammelbegriff für die gesamte, in verschiedensten Formen weitergegebene christliche Glaubensbotschaft wird.

B. Geschichte und Wirkungsgeschichte des Begriffs.
1. *Alttestamentlicher Hintergrund:* Die für das Verständnis des neutestamentlichen Wortgebrauchs wichtigsten Aussagen des Alten Testamentes finden sich im Kontext des hebräischen Verbs ‹bissar›, eine Freudenbotschaft verkündigen (z. B. 1 Kön 1,42; Jer 20,15; Jes 60,6), das in der Septuaginta (3. Jh. v. Chr.) mit ‹euangelizomai› übersetzt wird. Dieses Verb bezeichnet an einigen Stellen (z. B. Jes 40,9; 52,7; Ps 96,2) die Ankündigung eines neuen, machtvollen Erscheinens Gottes und seiner (kommenden) Herrschaft als König. Bei Dtjes fällt dem ‹Freudenboten› die besondere Rolle zu, im Zusammenhang mit der Botschaft «Dein Gott ist König!» Frieden und Heil zu verkündigen (Jes 52,7). Eine alttestamentliche Verwendung des dem Verb ‹bissar› entsprechenden Substantivs im Sinn von E. fehlt allerdings. Erst in späteren jüdischen Schriften bekommt der Gebrauch des Substantivs spezifische Bedeutung als gute oder bedrohliche Prophetenbotschaft.
2. *Griechischer Wortgebrauch:* Trotz des profanen Charakters von E. in den meisten griechischen Quellen könnten zwei Aspekte auch für seine neutestamentliche Verwendung von Bedeutung gewesen sein. Zum einen hat die gute Nachricht öffentlichen Charakter wie bei den von PLUTARCH erwähnten E.-Überbringern, die an lorbeerumwundenen Lanzenspitzen für jedermann sofort erkennbar sind [1]; andererseits kommt immer wieder ein – gelegentlich sogar künstlich erzeugtes – Moment der Überraschung zum Ausdruck. [2] Im übrigen werden Freudenbotschaften häufig mit einem anschließenden Opfermahl gefeiert. Wichtigster Beleg für den Gebrauch von E. im Kaiserkult ist die ‹Inschrift von Priene› über Augustus, wo es unter anderem heißt: «Die Vorsehung hat diesen Mann mit solchen Gaben erfüllt, daß sie ihn uns und den kommenden Geschlechtern als Retter gesandt hat [...] Der Geburtstag des Gottes hat für die Welt die mit ihm verbundenen Freudenbotschaften beginnen lassen [...].» [3] Gerade im Gegenüber zur alttestamentlichen Prophetenbotschaft hat der Gebrauch von E. im Kaiserkult eine Herausforderung dargestellt, auf die das ntl. E. überbietend antwortet.
3. *E. als pointierte Heilsbotschaft (kerygmatische Ausprägung):* Jesus hat das Prophetenwort Jes 61,1f. nach Lk 4,16ff. auf sich bezogen: «Der Geist des Herrn ist auf mir, weil er mich gesandt hat, den Armen das E. zu verkündigen (Verb) [...]» (Lk 4,18f.). Auch in der Antwort auf die Täuferanfrage weist er laut Lk 7,22 bzw. Mt 11,5 darauf hin, daß «den Armen das E. verkündigt

(Verb)» wird. In Mk 1,15 wird der Begriff E. (Substantiv) ebenfalls im Munde Jesu genannt und als Botschaft vom nahen Gottesreich konkretisiert. Unabhängig von der offenen Frage, inwieweit ein entsprechender Wortgebrauch tatsächlich auf Jesus zurückgeht, ist erkennbar, daß hier ein einzelner Sachverhalt (Nähe der Gottesherrschaft) Kern einer Heilsbotschaft einschließlich der besonderen Rolle des Boten für ihre Verkündigung ist.

In den Augen der ersten Christen hat Jesus nicht nur diese frohe Botschaft verkündet, sondern er verkörpert sie selbst in vielfacher Hinsicht. Dabei wird besonders die Auferweckung Jesu zum Ausgangspunkt der Überzeugung, daß Gottes Handeln durch ihn und an ihm auch für sein Volk und alle Menschen als rettendes Handeln von universaler Reichweite wesentlich ist. Diese in verschiedenen Interpretationsmodellen entfaltete und in der Mission verkündete urchristliche Grundüberzeugung wird E. genannt und spiegelt sich besonders deutlich in den Briefen des Paulus, der sie zur programmatischen Basis seiner Verkündigung gemacht (Röm 1,1ff.; 1 Kor 15,1ff.) und mit seiner Rechtfertigungslehre verknüpft hat (Gal).

4. *Verkündigung und Geschichte Jesu als E.:* Die Eröffnungswendung «Anfang des E.» in Mk 1,1 entspricht antiken Konventionen, nach denen mit dem Stichwort Anfang bzw. anfangen der erste Abschnitt von (meist historiographischen und biographischen) Schriften gekennzeichnet wird.[4] Ein solcher Anfangsabschnitt einer Erzählung mit einer Überschrift, in der Name und Herkunft einer Person genannt werden, leitet nach damaligen Konventionen eine antike Biographie ein. Diese Einordnung läßt sich für die E. anhand vieler weiterer konventioneller Merkmale belegen.[5] Das gesamte – wie in anderen antiken Biographien vor allem öffentliche – Leben Jesu ist also hier frohe Botschaft; er hat nicht nur das «E. Gottes» (Mk 1,14) verkündigt, sondern er verkörpert es selbst in allen seinen Aspekten: als Helfer und Heiler, als Sündenvergeber, als Lehrer und Prediger eines Lebens auf das Gottesreich hin und nicht zuletzt in seinem Leidensweg und seiner Auferweckung und Erhöhung, in all dem aber als allein maßgebender Sohn Gottes. Das E. hat universalen Charakter und wird in Spannung zu bestehenden Formen von Herrschaft (13,9: Bezeugen vor Gerichten, Synagogen, Statthaltern und Königen, vgl. Kaiserpropaganda) «unter allen Völkern» (13,10) und «in aller Welt» (14,9) verkündigt. Unter den übrigen Evangelien kennt anscheinend auch Mt die Selbstbezeichnung der Jesus-Erzählung als E. (Mt 24,14; 26,13), und alle E. sind schon bald in nachträglichen Überschriften entsprechend «E. nach xy» genannt worden. Das entspricht der Tatsache, daß sie wie Mk die Funktion haben, das eine E. jeweils biographisch-theologisch als Frohbotschaft von Jesus zu erzählen. Die Aspekte des Wortgebrauchs von E. variieren innerhalb der synoptischen Evangelien (bei Lk nur Verb), während bei Joh, wo die Begriffe Zeugnis/zeugen vergleichbar grundlegende Bedeutung haben, die gesamte Wortfamilie fehlt.

5. *Redeintention, Textsorten und Darstellungsmittel des erzählten E.:* Die E. sind epideiktische Texte, also solche, die den Leser durch Erzählen und Beschreiben beeindrucken und zu Bewunderung (oder Abscheu) bewegen wollen. Als antike Biographien haben sie dabei zugleich die spezielle Funktion, die Präsenz eines in bestimmter Weise exemplarischen Menschen im eigenen Leben geradezu als eine Art «Zusammenleben» (PLU-TARCH, Aemilius 1) zu bewirken. Der starke erzählerische Eindruck soll zu einer inneren Bindung an den geschilderten Menschen und die durch ihn verkörperten Werte führen. Die durch Jesus verkörperten, auf Gott selbst weisenden Werte «Reich Gottes» (Synoptiker) und «bleibendes Leben» (Joh) wollen die E. durch eine Art von Bindung vermitteln, die in den synoptischen E. implizit und im Johannes-E. explizit als Glauben an die Identität Jesu als Sohn Gottes (Joh 20,31) gekennzeichnet ist. Die Konsequenz eines solchen Glaubens besteht in Nachfolge, sein Ziel im durch Jesu Leben, Passion und Auferweckung eröffneten Zugang zum Reich Gottes bzw. zum Leben.

Dieser übergeordneten Intention der E. dienen epideiktische Untergattungen antiker Biographien, die das Wesen der Hauptperson und ihre Botschaft in Taten und Worten offenbaren sollen. Zu den wichtigsten dieser Erzählelemente gehören u. a.: die ‹epideixis› als Schilderung einer Tat, die Staunen hervorruft (Heilungen, Exorzismen und andere Taten, in denen die ‹Vollmacht› Jesu zum Ausdruck kommt), die ‹synkrisis› als Personenvergleich zugunsten der Hauptperson, die Zeichenhandlung, die Konflikterzählung, der Visionsbericht, die ‹chreia› als situationsbezogenes Wort des kompetenten Lehrers, die metaphorische Rede (Metapher, Gleichnis, Allegorie), die Sentenz und der Märtyrerbericht.[6]

Die episodisch (ARISTOTELES, Poetik 1455a.b) aufgebauten E. sind weitgehend in einfacher Schriftsprache verfaßt. Durch erzählerische Mittel wie Antizipation, summarische Berichte, zeitliche Dehnung und Komprimierung, auktorialen Stil und dramatische Steigerung wird deutlich, daß die einzelnen Teile einem Gesamtaufbau unterliegen und als Teil dieses Ganzen verstanden werden wollen. Es handelt sich nicht um aus vermeintlich reinen mündlichen Formen allmählich gewachsene Gemeinde-Folklore, sondern um anonyme Autorenschriften, in denen, wie in anderen antiken Biographien, ebenso mündliches wie schriftliches Material (spätestens bei Mt u. Mk nach der sog. Zwei-Quellentheorie nachweisbar) verwendet wurde (vgl. PHILO, Vita Mosis I,4 u. Lk 1,1–4).

6. *Die weitere Verwendung des Begriffs in altkirchlicher Zeit:* In nachneutestamentlicher Zeit hat zunächst der kerygmatische Wortgebrauch dominiert. Didache 15,3 (wo das E. Fragen der Gemeindeordnung klären soll) weist aber auf eines der schriftlichen, erzählenden E. Noch eindeutiger heißt es dann im 2. Klemensbrief 8,5: «Der Herr sagt im E. [...].» E.-Schriften im Plural werden von JUSTIN[7] und THEOPHILUS von Antiochien[8] erwähnt. Während beide Ausprägungen des Begriffes also weitergewirkt haben (die narrative später als die kerygmatische?), kommt es andererseits zu einer Verallgemeinerung. So erwähnt EUSEBIOS[9] einen anonymen Antimontanisten, der um 190 vom ganzen NT spricht, das das E. enthalte, und bei IRENÄUS[10] wird das ganze NT «Evangelien» genannt. Auch die Bezeichnung der vier E. gemeinsam als «das Evangelium» ist belegt.[11] Diese Tendenz verstärkt sich im Zuge einer Theologie der «Erfüllung» des AT, bis Christus als E.-Verkörperung sogar das AT zum E. machen kann.[12]

Von den vielen bei den Kirchenschriftstellern erwähnten sog. *apokryphen E.* ist nur weniges erhalten. Ein Teil dieser gegenüber dem NT späten, großenteils legendarischen und fiktiven Schriften stellt eine Spezialisierung gegenüber dem Gesamtaufriß der *kanonischen E.* dar (Redenstoff im Thomasevangelium; eine ausschmückende Neuerzählung bestimmter Abschnitte des Lebens

Jesu in Kindheits-E. und Gesprächen des Auferstandenen mit seinen Jüngern). Ein anderer Teil hatte vielleicht Ähnlichkeit mit den *synoptischen E.*, ist aber nur fragmentarisch bezeugt. Und ein dritter Teil, der sich unter den Texten von Nag Hammadi findet, benutzt den Begriff E. offensichtlich nur noch als Chiffre für einen Anspruch auf Wahrheitsgehalt ohne ausführlichen Erzählstoff von Jesus. Die noch im 2. Jh. verfaßte *Evangelienharmonie* TATIANS, das sog. ‹Diatessaron›, ist der erste einer langen Reihe von Versuchen, die vier E. zu einer Gesamtdarstellung zu vereinheitlichen. Im Lauf der Zeit wird einerseits der Wert der E. als Ersatz für die Anwesenheit Jesu immer bewußter, andererseits führt die Verallgemeinerung des Begriffs im Sinn der gesamten neutestamentlichen oder biblischen Botschaft dazu, daß Wendungen wie «Wort Gottes» oder «Offenbarung» synonym gebraucht werden können und den Begriff ersetzen.

7. *Weitere Wirkungsgeschichte:* Durch diese Verallgemeinerung und Verflachung spielt der Begriff ‹E.›, anders als in der Theologie des Paulus oder Markus, im Mittelalter keine herausragende Rolle mehr. Auch der Bezug auf die E. als Jesus-Erzählungen ist gegenüber speziellen theologischen Fragestellungen von untergeordneter Bedeutung. Humanismus und Reformation sorgen zwar dafür, daß das NT im Zuge verschiedener Bemühungen «zurück zu den Quellen» (ERASMUS: ad fontes) nun, u. a. durch bessere Übersetzungen aus dem Griechischen ins Lateinische (Erasmus) und Deutsche (LUTHER), neu zum Bezugspunkt wird. Aber indem Luther für sich das paulinische E. mit seiner Verbindung zur Rechtfertigungslehre als theologisches Zentrum entdeckt, versteht er zugleich E. generalisierend in kerygmatischer Ausprägung, so daß ein angemessenes literarisches und theologisches Verständnis der Erzählform auf lange Sicht unterbleibt. Diese Tendenz wird durch die der Aufklärung folgende historische Kritik und eine daraus folgende anachronistische Abwertung der E. (sie genügen nicht den neuen Maßstäben historischer Geschichtsschreibung und Persönlichkeitsdarstellung) verstärkt. Nach der entsprechenden falschen Einordnung der E. durch die ältere Formgeschichte (erste Hälfte des 20. Jh.) als mündliche, analog zu Folklore-Traditionen allmählich gewachsene Erweiterungen eines angeblichen urchristlichen Grundkerygmas setzt sich erst in jüngster Zeit die Einsicht durch, wie sehr die E.-Autoren an schriftlich belegten Erzählformen, Sprachkonventionen und geschichtlichen Perspektiven ihrer Zeit in kreativer Weise Anteil hatten. Gerade so haben sie ein eigenes sprachliches und theologisches Profil in ihren Jesus-Erzählungen entfaltet, das zu neuer Wirkung drängt.

Anmerkungen:
[1] Plutarch, Pompejus 41. – [2] ders., Agesilaos 17; ders., Pompejus 41; ders., Cicero 22; ders., Sertorius 11. – [3] W. Dittenberger (Hg.): Orientis Graeci Inscriptiones selectae II 458 (1906) 37ff. – [4] G. Arnold: Mk 1,1 und Eröffnungswendungen in griech. und lat. Schr., in: ZS für die neutestamentliche Wiss. 68 (1977) 123–127; dort z. B. Polybios I,5,1; Josephus, Bellum Judaicum 1,18 u. 1,30; Tacitus, Historien I,1,1; zusätzlich: Philon von Alexandria, Vita Mosis I,2; Ps.-Kallisthenes, Vita Alexandri Magni L, 1,2. – [5] P. L. Shuler: A Genre for the Gospels (Philadelphia 1982); K. Berger: Formgesch. des NT (1984) 346ff.; D. E. Aune: The New Testament in Its Literary Environment (Cambridge 1987) 17ff.; R. A. Burridge: What are the Gospels. A comparison with Graeco-Roman Biography (Cambridge 1992). – [6] Näheres zu den jeweiligen Stichworten bei Berger [5]. – [7] Justin, Apologie I,56,3. – [8] Theophilus von Antiochien, Ad Autolycum 3,12. – [9] Eusebios, Historia Ecclesiastica V, 19,3. – [10] Irenaeus, Adversus Haereses 2,27,2. – [11] Eusebios [9] 5,24,6. – [12] Origines, Commentarium in Joh I,6,32/36.

Literaturhinweise:
A. v. Harnack: E. Gesch. des Begriffs in der ältesten Kirche, in: ders.: Entstehung und Entwicklung der Kirchenverfassung und des Kirchenrechts in den ersten zwei Jh. (1910) 199–239. – G. Gillet: E. Stud. zur urchrist. Missionssprache (Diss. masch., Heidelberg 1919). – K. L. Schmidt: Die Stellung der E. in der allgemeinen Literaturgesch., in: Eucharisterion, FS H. Gunkel (1923) 50–134. – J. Schniewind: Euangelion. Ursprung und erste Gestalt des Begriffs E. I-II (1927/31). – G. Friedrich: Art. ‹euangélion›, in: Theol. Wtb. zum NT 2 (1935) 718–34. – O. Michel: Art. ‹E.›, in: Reallex. für Antike und Christentum 6 (1966) 1107–60. – G. Strecker: Art. ‹euangélion›, in: Exegetisches Wtb. zum NT II², 176–186. – P. Stuhlmacher: Art. ‹E.›, in: Ev. Kirchenlex., Neuaufl. I³, Sp. 1217–21. – H.-T. Wrege: Wirkungsgesch. des E. (1981). – H. Frankemölle: E., Begriff und Gattung. Ein Forschungsber. (1988). – D. Dormeyer: E. als lit. und theol. Gattung (1989).

D. Frickenschmidt

→ Accessus ad auctores → Ars praedicandi → Bibelrhetorik → Christliche Rhetorik → Gleichnis, Gleichnisrede → Homiletik → Kerygma → Predigt → Schriftauslegung → Schriftsinn

Evasio
A. Die rhetorische Figur der E. (von lat. ‹evadere›, dt. ‹hervorgehen› bzw. ‹ausweichen›, ‹sich entziehen›) gehört in den Bereich der affektischen Figuren. Es handelt sich um eine gedankliche *expolitio*. Sie besteht darin, daß ein Thema kurz angesprochen, dann aber nicht weiter verfolgt wird.
B. Die E. ist in den gängigen Rhetorik-Lehrbüchern meist nicht verzeichnet. Als rhetorischer Terminus ist der Begriff ‹E.› nur in SCALIGERS Poetik nachweisbar. Ausdrücklich verbucht Scaliger das Verdienst der Benennung und Beschreibung dieser Figur für sich: «[..] primi nos et agnovimus, et nominavimus Evasionem» (die wir als erste erkannt und mit dem Namen E. bezeichnet haben). [1] Bei ihm wird die E. unter dem Aspekt der *tractatio*, der stilistischen Bearbeitung der Rede, behandelt. Scaliger nennt als Beispiel die Schlußszene der Aeneis. Turnus erkennt seine Niederlage an und ist bereit zu sterben: «utere sorte tua» (nütze dein Glück) [2], doch führt er diesen Gedanken nicht aus, sondern bringt im folgenden neue Gesichtspunkte ins Spiel.

Enge Zusammenhänge sieht Scaliger mit den Figuren der *celeritas* und der *perstrictio*. [3] Wie diese ist die E. «figurierte Brevitas», wie jene «umfaßt sie vieles, das sie aber nicht erläutert» (Multa enim comprehendit Evasio, quae non explicat). [4] Die verwandte *omissio (paralipse)* ordnet Scaliger dagegen den *figurae per detractionem* zu. [5]

Anmerkungen:
[1] J. C. Scaliger: Poetices libri septem (Lyon 1561; ND 1964, ²1987) lib. III, c. XLV. – [2] Vergil, Aeneis XII, 932. – [3] Scaliger [1] lib. III, c. XLVf. – [4] ebd. – [5] ebd. lib. III, c. LXXVII.

K. Geus

→ Abruptus, Abruptio → Brevitas → Expolitio → Figurenlehre → Renaissance

Evidentia, Evidenz (griech. 1. ἐνάργεια, enárgeia, ὑποτύπωσις, hypotýpōsis, διατύπωσις, diatýpōsis, 2. ἐνέργεια, enérgeia, φαντασία, phantasía; lat. auch demonstratio, illustratio, sub oculos subiectio , visio; dt. Augenscheinlichkeit, Anschaulichkeit, Einsichtigkeit, Offenkundigkeit; engl. self-evidence, evidence; frz. évidence; ital. evidenza)
A. Def. – B. Verwendungsbereiche: I. Philosophie. – II. Rechtswesen. – III. Rhetorik. – C. Gesch.: I. Antike. – II. Renaissance. – III. 18. Jh. – IV. 20. Jh.

A. ‹E.› (im folgenden E. = Evidenz) heißt die unmittelbare Gewißheit des anschaulich Eingesehenen oder notwendig zu Denkenden. Das Wort *evidentia* ist eine Ableitung von *e-videri* ‹herausscheinen, hervorscheinen› und bezeichnet dasjenige, was ein-leuchtet, weil es gleichsam aus sich herausstrahlt. Die Schöpfung des Wortes geht auf CICERO zurück[1], der *evidentia* zu *videor* nach *eluceo*, *elucens* ‹hervorleuchten› bildet, um so das griechische ἐνάργεια, enárgeia, ins Lateinische zu übersetzen.[2] Enárgeia bezeichnet ebenfalls eine offenkundige Präsenz, insbesondere im Bereich der sinnlichen Wahrnehmung, und leitet sich über die Adjektivform ἐναργής, enargés ‹klar, deutlich sichtbar› von ἐναργός, enárgos her, was soviel bedeutet wie: mit ἀργός, árgos ‹Glanz› dabei, von Glanz umgeben, aus sich selbst leuchtend.[3] In der Rede stellt solche Präsenz sich ein, wenn der Redner eine Sache so klar und deutlich, so lebendig und anschaulich darzulegen vermag, daß der Hörer sie gleichsam mit eigenen Augen zu sehen glaubt.[4] – Als Terminus ist E. vornehmlich in den Fachsprachen von Philosophie, Rechtswesen und Rhetorik gebräuchlich, hat aber von dort aus auch Eingang in die gehobene Sprache des Alltags gefunden.

In allen genannten Bereichen wird E. in drei verschiedenen Funktionen verwendet. Erstens dient E. deskriptiv zur Bezeichnung derjenigen Eigenschaft von Aussagen, die den Inhalt dieser Aussagen als unmittelbar einleuchtend und deshalb unzweifelhaft wahr erscheinen läßt. Zweitens fungiert E. präskriptiv, wenn jene Eigenschaft als Ziel und Aufgabe formuliert wird, die derjenige, der überzeugen will, jedenfalls für diejenigen seiner Aussagen zu verwirklichen habe, auf die er seine Argumentation letztlich stützt. Drittens bezeichnet E. deskriptiv und präskriptiv diejenigen Mittel und Verfahrensweisen, die geeignet sind, diese Aufgaben zu erfüllen. Die Ausarbeitung des Begriffs in den erwähnten Disziplinen unterscheidet sich jedoch erheblich: während die Philosophie besonders die erstgenannte Funktion thematisiert, diskutieren Rechtswissenschaft und Rhetorik vorwiegend die an dritter Stelle aufgeführte Bestimmung. Diese unterschiedlich Gewichtung und aus ihr folgende Differenzierungen spiegeln sich auf dem Niveau der gehobenen Sprache des Alltags direkt nur in der englischen Sprache wider. Seit Ende des 18. Jh. wird dort E. als gegeben vorgefundene Eigenschaft basaler Sätze und Annahmen mit ‹self-evidence› bezeichnet, E. als Ziel und Mittel rednerischer Bemühung in und außerhalb einer Gerichtssituation hingegen ‹evidence› genannt. Als Terminus philosophisch-theologischer Abhandlungen ist ‹self-evidence› bereits seit 1658 nachweisbar.[5] Mit der Verbreitung dieser Neubildung über die Fachliteratur hinaus hat die ältere Fassung des Begriffes an Kontur verloren: ‹evidence› vermag seither jedes Mittel der Bestätigung und Rechtfertigung einer Annahme und alles, was «Grundlage einer Meinung» [6] ist, zu bezeichnen. Im Deutschen wird der englische Sprachgebrauch gelegentlich nachgebildet, doch ist es üblicher, Selbst-E. und E. wie in den romanischen Sprachen mit Hilfe von Umschreibungen und Synonyma zu unterscheiden.

Anmerkungen:
1 Cicero: Academici Libri II (Lucullus) 17. – 2 A. Walde: Evidentia, in: Walde-Hofmann: Lat. Etym. Wtb. Bd. I (4.1965) 423. – 3 H. Frisk: Griech. Etym. Wtb. Bd. I (1960) 510. – 4 R. Volkmann: Rhet. der Griechen und Römer (²1885; ND 1963) 442. – 5 J. A. Simpson, E. S. C. Weiner (Ed.): The Oxford English Dictionary (Oxford 1989) Vols. V, 469; XV, 920. – 6 T. Reid: Essays on the intellectual powers of man (Edinburgh 1785) 270.

B. *Verwendungsbereiche.* **I.** *Philosophie.* In der Philosophie begegnet der Begriff E. vor allem in erkenntnistheoretischen Zusammenhängen und dient, synonym mit ‹Einsichtigkeit, Einsicht›, als Inbegriff gesicherter Erkenntnis überhaupt. Gegenstand der E. sind regelmäßig Urteile. Urteile können wahr oder falsch sein. Als gesichert, als ‹Einsicht› darf ein Urteil daher erst dann gelten, wenn es nicht mehr sinnvoll bezweifelt werden kann. Zweck dieser Auszeichnung ist die Sicherstellung von Wahrheit für das der Irrtumsmöglichkeit unterworfene Erkenntnissubjekt.[1] «Wenn eine Behauptung für eine gegebene Person evident ist, dann ist es eine Behauptung, die zu glauben die Person gerechtfertigt ist, und auf die sie vernünftigerweise ihre Entscheidungen stützt.»[2] Ob die Einsichtigkeit der Behauptung bzw. des Urteils ausdrücklich festgestellt oder stillschweigend vorausgesetzt wird, ist unerheblich. Das letztere ist sogar die Regel, weshalb leicht übersehen wird, daß auch ein diskursiv, durch Beweis und Erklärung gewonnenes Urteil darauf angewiesen bleibt, daß der vorgetragenen Beweisführung Einsichtigkeit zuerkannt wird. «Ihre Stille täuscht ihre Überflüssigkeit vor, ihre Selbstverständlichkeit ist ihre Verborgenheit.»[3] Das Problem der E. stellt sich, so gesehen, für jedes Urteil.[4] In einem gesteigerten Maße stellt es sich jedoch dort, wo ein Urteil nicht methodisch, sondern kraft unmittelbarer Gewißheit begründet wird, und auf diesen Fall wird die Erörterung der E. zumeist reduziert. E. steht dann zu diskursiver Erkenntnis in Gegensatz und bedeutet ‹Einsicht ohne methodische Vermittlungen›.

Als solche wird sie teils als objektive Form der Wahrheitsfindung (E. als ‹Sich-Zeigen› eines Sachverhalts, als objektiver Grund für das subjektive Gewißsein), teils als subjektive Form der Wahrheitsanerkennung eingestuft (E. als ‹Sehen› eines Sachverhalts, als subjektive Faßlichkeit dessen, was objektiv gewiß ist).[5] Im ersten Falle bildet den Bezugspunkt der E.-Annahme allein der Sachverhalt in seiner *objektiven* Gegebenheit. Beispiele für solche Sachverhalte bieten die rein formalen Grundsätze der Logik und Geometrie, die, wie ARISTOTELES sagt, «nicht erst durch anderes, sondern durch sich selbst glaubhaft sind».[6] Zur Vermeidung eines unendlichen Regresses im Beweisen muß eine apodeiktische Wissenschaft (ἐπιστήμη, epistḗmē) von unbeweisbaren Grundsätzen (ἀρχαί, archaí) ausgehen[7], die zugleich wahr, unvermittelt und früher sind als der Schlußsatz.[8] Darin unterscheidet sie sich von Dialektik und Rhetorik, in denen lediglich aus wahrscheinlichen, das heißt aus anerkannten oder scheinbar anerkannten Sätzen geschlossen wird.[9] Die Selbstevidenz der Axiome apodeiktischer Wissenschaft gründet nach der aristotelischen Tradition im Verständnis der den Grundsatz bildenden Begriffe oder Termini. Deren Prädikation voneinander leuchtet als wahr ein, weil bei den Axiomen das Prädikat notwendig vom Subjekt ausgesagt wird, da es in seiner Definition eingeschlossen oder notwendige Wesenseigentümlichkeit des Subjektes ist. [10] In diesem Sinne gilt als evident, daß Gleiches von Gleichem abgezogen Gleiches ergibt [11] oder daß Feuer brennt. Deutet man E. hingegen als *subjektive* Form der Wahrheitsanerkennung, verschiebt sich der Bezugspunkt der E.-Annahme: maßgeblich ist dann die subjektive Faßlichkeit des Sachverhalts in Sinneswahrnehmung oder Bewußtsein des Urteilenden; weshalb in diesem Falle auch, im Gegensatz zur eben erörterten ‹logischen› E., von ‹Sinnes-E.› oder ‹Bewußtseins-E.› gesprochen wird. E. hat hier der erlebte Sachverhalt beziehungsweise alle erlebten Sachverhalte, in denen eine Gegebenheit A zu einer Gegebenheit B in einer unmittelbar einsehbaren Beziehung steht. In diesem Sinne ist zum Beispiel evident, daß blau nicht rot ist, beide aber ‹Farbe› sind; evident ist auch, daß jedes normal veranlagte Lebewesen Lust sucht und Schmerz meidet. [12] Vorausgesetzt wird dabei meist, daß die Wahrnehmung als solche schlechthin unwiderleglich und unfehlbar sei, sofern man sich nur strikt auf das beschränkt, was den Sinnen tatsächlich und klar und deutlich gegeben ist. Sobald wir darüber hinausgehen, lebt das Risiko des Irrtums wieder auf. [13] Nicht nur aus diesem Grunde ist die Frage, ob aus der Einsichtigkeit eines Urteils auf dessen Wahrheit geschlossen werden kann, seit jeher umstritten. Gegen die Tauglichkeit der E. als Wahrheitskriterium wird vor allem eingewandt, daß auch irrtümliche Annahmen auf der Basis von Einsicht erfolgen und somit Schein-E. von echter E. nicht zu unterscheiden sind. [14] Weiter wird bemerkt, daß die Annahme eines besonderen Wahrheitskriteriums in einen Zirkel führt, denn es bedarf wiederum einer wahren Erkenntnis, um das Kriterium zu erkennen. F. BRENTANO schlug deshalb vor, E. nicht als Kriterium, sondern als Definiens von Wahrheit zu verstehen. [15] Ob man E. als Wahrheitskriterium interpretiert oder in anderer Weise, ändert nichts daran, daß E. nicht durch Angabe von Gründen gesichert, noch bestritten werden kann, sondern Sache eines Glaubens bildet. [16]

Innerhalb der philosophischen Tradition ist der Begriff E. seit hellenistischer Zeit präsent, wo ihm in den Erkenntnislehren EPIKURS und der STOA als Wahrheitskriterium eine zentrale Stellung zukommt. [17] Für die Rhetorik leistet die philosophische Erforschung der E. wichtige Vorarbeit für die Ausbildung eines korrespondierenden rhetorischen Begriffs von E., der aufweist, in welchen sprachlichen Gestalten E. sich zeigen kann. In der Neuzeit dagegen zählt die philosophische Orientierung an E. zu den wesentlichen Ursachen des Niederganges der Rhetorik, denn die Bedingung dafür, auf Rhetorik verzichten zu können, ist gerade der Besitz der Wahrheit, wie ihn Philosophie und Wissenschaft versprechen. [18] Die neuzeitliche Diskussion der E. nimmt ihren Ausgang bei R. DESCARTES, der, ohne eine neue begriffliche Bestimmung von E. zu geben, die E.-Thematik doch mit einem grundsätzlich neuen Akzent versieht, indem er die Fundierung aller Erkenntnis in klarer und deutlicher Anschauung (clara et distincta perceptio) postuliert. [19] Die E. der Intuition wird so der Wahrheit vorgeordnet und zum Leitbegriff eines Wissenschaftsprogramms erhoben [20], das dem streng nach methodischen Regeln voranschreitenden Subjekt eine Wissensbildung ganz aus eigener Erkenntniskraft ermöglichen will. [21] Das cartesianische Ideal eines auf E. gegründeten und universal gültigen Wissens läßt Topik und Rhetorik keinen Raum; umgekehrt wächst deren Bedeutung

jedoch wieder, wenn sich ein Bereich der E. entzieht. [22] Insofern gilt: «Alles, was diesseits der Evidenz übrigbleibt, ist Rhetorik.» [23] – E. ist in erster Linie ein Konzept der theoretischen Philosophie. Gleichwohl gibt es gelegentlich Versuche, eine der theoretischen E. ebenbürtige Gewißheit auch im Bereich des Praktischen aufzuweisen. Im ethischen Intuitionismus des 20. Jh. wird dazu ausdrücklich zwischen ‹Beobachtungs-E.› und ‹Wert-E.› unterschieden. Während Beobachtungs-E. auf theoretische Aussagen, insbesondere Wahrnehmungen, bezogen ist und Wahrheit im theoretischen Sinne anzeigt, bezieht sich Wert-E. auf normative Aussagen, insbesondere Wertannahmen, und bezeugt die normative Richtigkeit des sittlichen Urteils. [24] In einer pluralistischen Welt, in der Wert-E. vielfach divergieren, wird für die Herstellung intersubjektiver Verbindlichkeit eine Berufung auf E. allein jedoch selten genügen; desto mehr liegt an rhetorischer Bemühung.

Anmerkungen:
1 A. Kulenkampff: Evidenz, in: H. Krings, H. M. Baumgartner, C. Wild (Hg.): Hb. philos. Grundbegriffe, Bd. 1 (1973) 425f. – **2** R. M. Chisholm: Evidenz, in: J. Speck (Hg.): Hb. wissenschaftstheoretischer Begriffe, Bd. 1 (1980) 197. – **3** W. Stegmüller: Metaphysik, Wiss., Skepsis (Wien 1954) 98. – **4** ebd. 102. – **5** J. Mittelstraß: Evidenz, in: J. Mittelstraß (Hg.) Enzyklop. Philos. und Wiss.theorie, Bd. 1 (1980) 609. – **6** Aristoteles: Topik I, 1, 100 b 18ff. – **7** Aristoteles: Analytica Posteriora, I, 3, 72 b 18ff. – **8** ebd. I, 2, 71 b 20ff. – **9** Aristoteles [6] 100 b 22ff. – **10** L. Oeing-Hanhoff: Axiom, in: HWPh, Bd. 1 (1971) 743. – **11** Aristoteles [7] I, 10, 76 b 14. – **12** Cicero: De finibus bonorum et malorum I, 30. – **13** Epikur: Epistula ad Herodotum, 50ff.; Ratae sententiae 22ff; Lukrez: De rerum natura, IV, 379ff.; M. Hossenfelder: Die Philos. der Antike 3, Stoa, Epikureismus und Skepsis, in: W. Röd (Hg.): Gesch. der Philos., Bd. III (1985) 129. – **14** Sextus Empiricus, Adversus mathematicos VII 164f., 402ff.; M. Schlick: Allg. Erkenntnislehre (1918) 135ff. – **15** F. Brentano: Wahrheit und E. (1930) S. 63ff. – **16** Stegmüller [3] 123. – **17** M. Hossenfelder [13] 47, 71ff., 127ff. – **18** H. Niehues-Pröbsting: Überredung zur Einsicht (1987) 22. – **19** R. Descartes: Principia philosophiae (1644) I § 45. – **20** W. Halbfass: E., in: HWPh II (1972) 829–832, 830f. – **21** C. Schildknecht: Descartes oder die monologische Form der Philos., in: dies.: Philos. Masken (1990) 54–84, 68ff. – **22** C. Perelman: L'empire rhétorique. Rhétorique et argumentation (Brüssel 1977) 161. – **23** H. Blumenberg: Anthropologische Annäherung an die Rhet., in: ders.: Wirklichkeiten, in denen wir leben (1981) 104–136, 111. – **24** F. Brentano: Vom Ursprung sittlicher Erkenntnis ([4]1955) 64ff.

Literaturhinweise:
E. Husserl: Logische Unters. II (1900). – M. Scheler: Der Formalismus in der Ethik und die materiale Wertethik (1913). – C. Isenkrahe: Zum Problem der E. (1917). – N. Hartmann: Metaphysik der Erkenntnis (1923). – H. Hartmann: Gewißheit und Wahrheit. Der Streit zwischen Stoa u. akad. Skepsis (1927). – C. Mazzantini: La lotta per l'evidenza (Rom 1929). – P. Wilpert: Das Problem der Wahrheitssicherung bei Thomas von Aquin (1931). – J. Geyser: Wahrheit und E. (1937). – E. Husserl: Cartesianische Meditationen (Den Haag 1950). – R. M. Chisholm u. R. Firth, Symposium: The Concept of Empirical E., in: J. of Philos. 53 (1956) 722–739. – W. Halbfass: Descartes' Frage nach der Existenz der Welt (1968). – L. Wittgenstein: Über Gewißheit. On Certainty. (Oxford 1969). – P. Weiss: First Considerations. An Examination of Philosophical E. (Carbondale 1977). – G. Picht: Der Begriff der Natur und seine Gesch. (1989). – R. M. Chisholm: Die erste Person. Eine Theorie der Referenz u. der Intentionalität (1992).

II. *Rechtswesen.* Der juristische Gebrauch des Begriffes E. ist von regionalen Unterschieden geprägt. Auf dem europäischen Kontinent (a) folgt er traditionell den philosophischen Bestimmungen ‹Offenkundigkeit, Eindeutigkeit, Gewißheit›, ohne dabei einen eigenständig rechtlichen Gehalt zu gewinnen. Im anglo-amerikanischen Rechtskreis dagegen (b) dient E. innerhalb des Verfahrensrechts als Fachbezeichnung für das gesamte Beweisrecht ‹law of evidence›.

a) Daß durch Berufung auf E. etwas gezeigt werde, ist bereits bei den Juristen der römischen Kaiserzeit eine geläufige Vorstellung. So verwenden sie in Anlehnung an den philosophischen Sprachgebrauch, jedoch ohne auf bestimmte philosophische Positionen Bezug zu nehmen, die Ausdrücke *evidens / evidenter*, wo Faktisches, etwa ein bestimmter Parteiwille, oder Rechtliches, wie die Bedeutung oder Geltung von Rechtssätzen, unzweifelhaft erscheint. [1] Wann ein Sachverhalt oder eine Rechtsnorm evident erscheinen, läßt sich nach römischer Vorstellung immer nur konkret, im Blick auf den einzelnen Fall entscheiden, nicht aber abstrakt und allgemein angeben. [2] Entsprechend findet sich der Bezug auf E. zwar in zahlreichen Wortverbindungen, wie *aequitas evidens* (offenbare Gleichheit), *utilitas evidens* (offenbarer Nutzen) nicht aber als Allgemeinbegriff: Das Substantiv *evidentia* wird in der Rechtssprache der Römer nicht verwendet. [3] Es tritt erst in nachantiken Wendungen auf und bezeichnet dann, wie in der Parömie «Nulla est maior probatio quam evidentia rei» (Es gibt keinen besseren Beweis als den Augenschein) die Augenscheinlichkeit eines Sachverhaltes im beweisrechtlichen Sinne. [4] Solcher Wortgebrauch, der unter E. lediglich das Mittel faßt, zu Einsicht zu gelangen, nicht aber diese selbst, hat sich jedoch auf dem europäischen Kontinent nicht durchgesetzt. Vorherrschend ist hier ein Sprachgebrauch geblieben, der E. synonym mit ‹fraglos, eindeutig, gewiß› beziehungsweise ‹keines Beweises bedürftig› benutzt; die Gesetze der Bundesrepublik Deutschland verwenden anstelle des Wortes ‹evident› die Termini ‹offenbar› [5], ‹offensichtlich› [6] und ‹offenkundig›. [7] Von der Ausarbeitung einer allgemeinen Theorie der Offenkundigkeit hat die Rechtswissenschaft bis heute abgesehen; wann etwas als offenkundig gilt, bestimmt sich daher wie in römischer Zeit nach den Umständen des Einzelfalles. [8] Bedeutung hat diese Frage zunächst für die Beweiserhebung im Prozeß. Als keines Beweises bedürftig gelten dort nach einhelliger Meinung sowohl allgemeinkundige als auch nur gerichtsbekannte Tatsachen. [9] «E. und Beweisverfahren schließen sich also gegenseitig aus.» [10] Schwieriger zu beurteilen ist die E. schwerwiegender Fehlerhaftigkeit eines Verwaltungsakts [11], der dadurch nichtig wird [12] oder die E. der Unbegründetheit von Anträgen bei Gericht, die deshalb abgewiesen werden können. [13] – Wo hingegen von der E. einer bestimmten Norminterpretation gesprochen wird, hat diese Redeweise nur noch die Aufgabe rhetorischer Verstärkung. Treffend wird damit der ideale Erfolg eines juristischen Gutachters ausgezeichnet, dem es gelingt, seine Auslegung über jeden Zweifel zu erheben. Dies wird jedoch, wenn überhaupt, nur in Ausnahmefällen möglich sein [14], so daß solcher Sprachgebrauch meist eine ideologische Funktion erfüllt: die Willkürlichkeit einer bestimmten Interpretation soll so verschleiert und ihr Inhalt zugleich festgeschrieben werden. Die naive oder zynische Behauptung abschließender Interpretation hat ihre Parallele in der sogenannten *sens-clair-doctrine*, die lehrt, es sei möglich, Normen so klar und eindeutig zu fassen, daß für den Richter kein Interpretationsspielraum mehr übrig bleibt. [15] Auch im anglo-amerikanischen Rechtskreis ist diese, noch aus dem römischen Recht [16] stammende Doktrin weit verbreitet. [17] – Schließlich ist im Anschluß an den neuzeitlichen Rationalismus, etwa in der Vernunftrechtslehre der Aufklärung, eine E. der tragenden Grundsätze des Rechts angenommen worden. Diese Vorstellung hat wesentlich zur Durchsetzung der Idee vorstaatlich bestehender Menschenrechte beigetragen und in politischen Erklärungen und gesetzlichen Bestimmungen unmittelbar Ausdruck gefunden. Bekannt sind die Eingangsworte der Unabhängigkeitserklärung der Vereinigten Staaten von Amerika von 1776; aber auch § 16 des Allgemeinen Bürgerlichen Gesetzbuchs Österreichs ist hier als Beispiel zu nennen, der konstatiert: «Jeder Mensch hat angeborene, schon durch die Vernunft einleuchtende Rechte, und ist daher als Person zu betrachten.» Die Versuche von Intuitionismus und Phänomenologie, im 20. Jh. Recht aus unmittelbarer Einsicht zu begründen [18], scheinen dagegen Episode geblieben; seit etwa den siebziger Jahren hat sich das Schrifttum weitgehend von ihnen abgewendet. [19]

b) Eine prägnante juristische Bestimmung erhält E. im Übergang zur Neuzeit in England. Dort ist ‹evidence› mit der Bedeutung ‹significant appearance› im 13. Jh. erstmals nachweisbar, im 14. Jh. auch mit der Bedeutung ‹ground for belief›. Es beginnt in der Rechtssprache etwa um 1500 das angestammte ‹witness› zu ersetzen und bezeichnet seither ‹information, given in a legal inquiry, tending to establish fact›. [20] Damit stimmt ‹evidence› begrifflich mit dem deutschen Wort ‹Beweis› überein, während der nach Ansicht des Gerichts gelungene Nachweis einer Tatsache ‹proof of a fact› genannt wird. Als Inbegriff des Beweises gilt der Augenschein, der daher auch ‹real evidence› heißt. Soweit erkennbar, hat sich diese Begriffsentwicklung jedoch ohne Bezugnahme auf die rhetorische Figur der E. vollzogen. – Das *law of evidence* bildet heute das System der Regeln des Beweisrechts und hat sich im ganzen anglo-amerikanischen Rechtskreis zu einem eigenen, komplizierten Rechtsgebiet entwickelt, das sowohl regelt, welches Material zum Zwecke der Tatsachenfeststellung vor Gericht zugelassen ist, als auch die Art und Weise bestimmt, in der solches Material dem Gericht vorgelegt werden darf. [21] Damit garantiert das law of evidence dasjenige Maß an Rechtssicherheit, dessen eine fallbezogene Rechtsordnung bedarf, wann immer sie in fallrechtsfreien Raum vordringt. [22]

Anmerkungen:
1 z. B. Digesta Iustiniani 24, 3, 49; 31, 14 (Paulus ad Vitellium); 31, 86, 1; 34, 2, 27; Codex Iustinianus 6, 30, 49. – **2** T. Mayer-Maly: Aequitas evidens, in: FS U. v. Lübtow (1970) 339–352, 351. – **3** O. Gradenwitz, B. Knebler, E. T. Schulze: Vocabularium iurisprudentiae Romanae II (1933) 617f.; R. Mayr: Vocabularium Codicis Iustiniani I (Prag 1923) 1027f. – **4** D. Liebs: Lat. Rechtsregeln und Rechtssprichwörter (³1983) N 156. – **5** § 42 Verwaltungsverfahrensgesetz (VwVfG); §§ 84 Abs. 1, 118 Abs. 1 Verwaltungsgerichtsordnung (VwGO). – **6** § 24 Bundesverfassungsgerichtsgesetz (BVerfGG); § 349 Abs. 2 Strafprozeßordnung (StPO). – **7** §§ 291, 727 Abs. 1 Zivilprozeßordnung, § 2356 Abs. 3 Bürgerl. Gesetzbuch; § 244 Abs. 1 StPO; § 44 Abs. 1 VwVfG. – **8** F. Müller: Juristische Methodik (⁴1990) 158f., 190; D. Schmalz: Methodenlehre für das juristische Studium (²1990) 27. – **9** N. Achterberg: Die E. als Rechtsbegriff, in: Die Öffentliche Verwaltung 8 (1963) 331–339, 335. – **10** ebd. 336. – **11** T. Quidde: Zur E. der Fehlerhaftigkeit, in: Die Öffentliche Verwaltung 8 (1963) 339–341; W. Thieme: Entgegnung, ebd. 341–342. – **12** § 44 Abs. 1 VwVfG. – **13** § 24 BVerfGG; § 84 Abs. 1 VwGO. – **14** E. Betti: Interpretazione

della legge (Mailand 1949) 170, 182ff. – **15** Nachweise und Kritik bei J. Esser: Grundsatz und Norm in der richterlichen Fortbildung des Privatrechts (1956) 177ff. – **16** Digesta Iustiniani 32, 25, 1. – **17** A. Sutherland: Statutes and Statuary Construction, Vol. 2 (New York ²1943) § 4702. – **18** M. Scheler: Der Formalismus in der Ethik und die materiale Wertethik (1913); A. Reinach: Zur Phänomenologie des Rechts (1953). – **19** M. Kriele: Theorie der Rechtsgewinnung (1967) 212ff.; R. Alexy: Theorie der juristischen Argumentation (1978) 58ff.; H.J. Koch, H. Rüßmann: Juristische Begründungslehre (1982) 359ff. – **20** C.T. Onions (Ed.): The Oxford Dictionary of English Etymology (Oxford 1966); E. Weekley: An Etymological Dictionary of Modern English (London 1921). – **21** M.N. Howard, P. Crane, D.A. Hochberg: Phipson on E. (London ¹⁴1990) Rz. 1-01. – **22** W. Fikentscher: Methoden des Rechts in vergleichender Darstellung Bd. 2 (1975) 71f.

Literaturhinweise:
J. Wigmore: E. in Trials at Common Law (Boston 4.1961). – H. Clauss, K. Clauss: Zum Begriff ‹eindeutig›, in: Juristenzeitung 21 (1961) 660–664. – M. Kaser: Zur Methode der römischen Rechtsfindung, in: Nachr. der Akad. d. Wiss. Göttingen, philol.-hist. Klasse 2 (1962) 49–61. – W. Waldstein: Vorpositive Ordnungselemente im römischen Recht (1967). – T. Mayer-Maly: Der Jurist und die E., in: FS A. Verdross (1971) 259–270. – U.E. Bücker: Mündliche und schriftliche Elemente und rechtsgesch. Hintergründe im engl. Erkenntnisverfahren (1978). – R. Cross: E. (London ¹⁵1979). – O. Hartwieg: Die Kunst des Sachvortrags im Zivilprozeß. Eine rechtsvergleichende Studie zur Arbeitsweise des engl. Pleading-Systems (1988).

III. *Rhetorik.* Wo E. als Selbst-E. von Sachaussage oder Werturteil bereits vorhanden ist, ist jede Argumentation überflüssig. Erst ein Mangel an E. ruft die Rhetorik auf den Plan: «Evidenzmangel und Handlungszwang sind die Voraussetzungen der rhetorischen Situation.» [1] Gleichwohl hat die Rhetorik sich gerne des Ansehens bedient, das die E. als Inbegriff höchster Überzeugungskraft genießt, und sich entsprechende, an E. gerichtete Erwartungen zunutze gemacht. So wird von Seiten der Rhetorik immer wieder suggeriert, rhetorische Verfahren könnten, wo E. unmittelbar fehlt, E. zumindest mittelbar herstellen. Tatsächlich ist jedes Argumentieren darauf gerichtet, von bestehender, gemeinsamer E. zu neuer, bis dahin nicht geteilter E. zu führen, so daß, wenn dies gelingt, sich weiteres Zureden erübrigt. Insofern tritt Rhetorik stets an, sich selbst überflüssig zu machen. Ob aber ein Gesprächspartner oder Publikum zur Einsicht gelangt, entzieht sich planmäßiger Herstellung: E. zeigt sich lediglich, stellt sich ein oder bleibt aus, wie die anschauliche Gewißheit, die eine lebendige Schilderung vermittelt. Die Verfahren der rhetorischen E. können darum nur indirekt wirken, und die erzeugte E. ist überdies fiktiv: ein Augenschein, eine Augenscheinlichkeit wird fingiert, wo Augenschein real gerade fehlt. Was sich rhetorisch ‹Einsicht› nennt, hat also lediglich Als-Ob-Struktur. Dabei ist Rhetorik wohlverstanden «nicht nur die Technik, solche Wirkung zu erzielen, sondern immer auch, sie durchschaubar zu halten: sie macht Wirkungsmittel bewußt, deren Gebrauch nicht eigens verordnet zu werden braucht, indem sie expliziert, was ohnehin schon getan wird». (2) Rhetorisches Bemühen um Einsicht ist nicht die wählbare Alternative zu einer Gewißheit, die man auch haben könnte, sondern zu einer Gewißheit, die man nicht oder noch nicht, jedenfalls hier und jetzt als Mensch nicht haben kann. [3]

Als *terminus technicus* der klassischen Rhetorik bezeichnet *evidentia* ausschließlich Mittel, die auf nicht-diskursive Weise, nämlich im Wege der Veranschaulichung, zur Einsicht führen. Dabei benennt E. meist keine einzelne Figur, sondern dient als Oberbegriff für eine ganze Reihe von Techniken des Vor-Augen-Stellens [4] und wird besonders dort verwendet, wo eine Darstellung auf ihre Erlebnisqualität hin ausgezeichnet werden soll. Im einzelnen sind zu unterscheiden: (1) Verfahren der Verlebendigung (im Anschluß an Aristoteles' *enérgeia*), der Vergegenwärtigung des Abwesenden, indem es gleichsam lebendig vorgeführt wird und so für alle in Erscheinung tritt; Beispiele hierfür sind lebendige Metaphern, die *subiectio sub oculos*, *phantasia* und *visio*. (2) Verfahren der Detaillierung (*enárgeia*; im Anschluß vor allem an die stoische Philosophie): ausmalende Beschreibung, plastische Ausprägung und Modellierung; Beispiele sind hier *hypotyposis*, *diatyposis*, *illustratio*, *demonstratio* mit den Unterformen *effictio*, *conformatio*, *descriptio*, *topographia*. Aufgrund der lautlichen und der graphematischen Ähnlichkeit der griechischen Termini enérgeia und enárgeia sind sowohl diese Leitbegriffe als auch die ihnen nachgeordneten Figuren oftmals verwechselt und vermischt worden. Tatsächlich liegen den Leitbegriffen beider Gruppen zwei grundverschiedene Sprachkonzepte zugrunde: im Falle der en*érgeia* das ontologisch-dynamische Sprachverständnis des Aristoteles, im Falle der en*árgeia* eine repräsentationslogisch-statische Sprachauffassung, wie sie für die römisch-hellenistische Rhetorik kennzeichnend war. [5]

Systematisch gilt die *evidentia* als *virtus elocutionis* [6]; welcher Ort ihr innerhalb der einzelnen virtutes zukommt, wird unterschiedlich beurteilt. Insofern durch die E. ein Sachverhalt deutlich wird, weil er nicht nur ausgesagt, sondern gleichsam vorgeführt wird, kann die *evidentia* zur *perspicuitas* gerechnet werden. [7] Wird jedoch mehr vorgeführt, als für die Durchsichtigkeit des Sachverhaltes notwendig ist, oder tendiert die Veranschaulichung sogar dazu, sich zu verselbständigen, ist ein Grad an Steigerung erreicht, der als Schmuckform der Rede einzustufen ist und deshalb dem *ornatus* angehört. [8] Funktion dieser Steigerung ist, über die Ansprache des Verstandes hinaus Phantasie und Affekte der Hörer zu erregen, so daß sie das Dargestellte selbst zu erleben glauben. [9] Das Gegenteil der affekterregenden E. bilden daher die rein intellektuellen Figuren des treffenden Ausdrucks, *percussio*, und der Kennzeichnung, *significatio*, die mehr bedeuten will, als man sagt, sowie die konzise Kürze, *brevitas*, und die Verkleinerung, *extenuatio*. [10] – Innerhalb der Rede kommt die *evidentia* vor allem in der Erzählung, *narratio*, die den Sachverhalt berichtet, zum Einsatz. [11] Im Rahmen der Textproduktion schließlich ist sie schon auf der Stufe der Stoffsammlung, *inventio*, zu berücksichtigen. Der Redner muß zunächst Klarheit darüber gewinnen, was seinen Hörern bereits evident erscheint. Erst da, wo es an Einsicht fehlt, bedarf es der Erzählung und Beweisführung; den Evidenzmängeln in Bezug auf das Redeziel entspricht das jeweilige Beweisprogramm. Soll dabei nicht nur begründet, sondern auch gezeigt werden, kommen die oben aufgeführten Mittel der rhetorischen E. in Betracht. Ihr Gebrauch fordert den Redner nicht nur rational, in Beobachtung und Analyse, sondern auch emotional: da, wo er nicht selbst erlebt hat, muß der Redner erst einmal in eigener Vorstellung durchleben oder leiden, was er hernach vor Augen führen will. Denn nur wer selbst der Sache wie ein Augenzeuge gegenübersteht, vermag sie so deutlich, lebendig oder detailliert zu schildern, daß alle sich als Augenzeugen fühlen. [12] «Pectus est enim, quod disertos facit, et vis mentis.» (Unser Inneres ist es nämlich, was beredt macht, und die geistige Kraft in uns.) [13]

Anmerkungen:
1 H. Blumenberg: Anthropologische Annäherung an die Rhet., in: ders.: Wirklichkeiten, in denen wir leben (1981) 104–136, 117. – 2 ebd. 112. – 3 ebd. 111f. – 4 Quint. VIII, 3, 63. – 5 R. Campe: Affekt und Ausdruck (1990) 230. – 6 Cic. Or. 139; Quint. IV, 2, 63f. – 7 Quint. IV, 2, 64. – 8 ebd. VIII, 3, 61. – 9 Quint. VI, 2, 32; Ps.-Long. De subl. 15, 2. – 10 Cic. De or. III, 53, 202. – 11 Quint. IV, 2, 63ff. – 12 Cic. De or. II, 45, 189; Quint. VI, 2, 29–36. – 13 Quint. X, 7, 15.

C. *Geschichte.* **I.** *Antike.* Die Geschichte der rhetorischen Kunstgriffe des Vor-Augen-Stellens beginnt nach dem derzeitigen Stand der Überlieferung bei ARISTOTELES. Im III. Buch seiner ‹Rhetorik›, das Gestaltung und Gliederung der Rede behandelt, erörtert er als besonders wirkungsvolles Stilmittel das Vor-Augen-Führen (πρὸ ὀμμάτων ποιεῖν, pró ommátōn poieín). [1] ‹Vor-Augen-Führen› nennt Aristoteles eine Darstellungsweise, die, was sie darstellt, lebendig darstellt; was gelingt, wenn das je Dargestellte energetisch, als in Wirksamkeit *(enérgeia)* begriffen beschrieben wird. Exemplarisch zeigen dies die Metaphorik HOMERS, die Unbeseeltes zu Beseeltem macht, und Wendungen wie die folgenden: «daß vorne die Brust das stürmende Erz ihm durchbohrte» [2] oder: «da sprangen auf ihre Füße Hellas' Männer all» [3], weil hier die Dinge und Menschen als in Erscheinung tretend dargestellt sind. Gewonnen wird durch solche Gestaltung eine maximale Aktivierung der Phantasie der Hörer. [4] – Auch das Verfahren der Detaillierung, als Steigerung der Rede und ihres Gegenstandes durch Beschreibung seiner Einzelheiten, ist bereits bei Aristoteles greifbar. [5] Es erscheint schon im Rahmen des I. Buches bei den Techniken der politischen Rede und soll zeigen, wie man bei einer Schilderung die Sache größer erscheinen lassen kann [6]; mit dem Vor-Augen-Führen wird es an keiner Stelle in Verbindung gebracht. – Etwas verkürzt findet sich die aristotelische *enérgeia* im ersten nachchristlichen Jahrhundert bei DEMETRIUS, der sie, ungeachtet seiner Berufung auf Aristoteles, auf die Kategorie der ‹energetischen Metapher› reduziert, die immer dann gegeben sei, wenn Unbeseeltes gleich Beseeltem wirksam dargestellt werde. [7] Die Schrift des sonst unbekannten Autors Demetrius ist das einzig überlieferte Beispiel einer grundlegenden Stiluntersuchung aus hellenistischer Zeit. [8]

Schon bei Anbruch dieser Epoche, um 300 v. Chr., beginnt der Terminus *enérgeia* aufzukommen, der später Cicero als Vorlage seiner Wortschöpfung dient. Auch dieser Begriff entstammt wohl dem Sprachgebrauch des alten Peripatos [9]; eine prägnante Fassung erhält er jedoch erst bei Epikureern und Stoikern, die ihn in ihren Erkenntnistheorien zum Wahrheitskriterium erheben. Die rhetorische Begriffsbildung hat sich vor allem an der stoischen Lehre orientiert. Ausgehend von der Annahme, die menschliche Seele habe eine körperliche Existenz, dachte die STOA die menschliche Vorstellung ebenso materiell: als τύπωσις ἐν ψυχῇ, týpōsis en psychē (Abdruck in der Seele) wie den Abdruck, den ein Siegelring in Wachs hinterläßt. [10] Der Abdruck entsteht durch die Einwirkung, die die Dinge selbst auf unsere Sinne haben, und je einprägsamer der Sinneseindruck, desto ausgeprägter unsere Vorstellung. Zu einer Erkenntnis aber wird die unwillkürlich aufgenommene Vorstellung erst durch die Zustimmung, die die Vernunft denjenigen Vorstellungen erteilt, die sie als zutreffend erachtet. Kriterium dieses Urteils bildet die *enárgeia*, die Klarheit und Deutlichkeit, mit der eine vollkommen getreue, nach allen Einzelheiten detaillierte Abbildung sich ein- und ausprägt. Nur eine Vorstellung, «die von etwas Wirklichem ausgeht und entsprechend dem Wirklichen selbst eingeknetet und eingestempelt ist, in einer Eigenart, wie sie von etwas Nichtwirklichem nicht entstünde» [11], besitzt *enárgeia*. Was sich solchermaßen zeigt, erscheint uns unmittelbar gewiß und bedarf keines weiteren Beweises. [12] – Es ist wahrscheinlich, daß diese Gedanken bald auch in der Rhetorik rezipiert worden sind; in der rhetorischen Literatur griechischer Sprache ist der Begriff jedoch erst zweihundertfünfzig Jahre später bei DIONYSIOS VON HALIKARNASSOS anzutreffen. Dionysios bezeichnet mit *enárgeia* die Eigenart einer Darstellung, die mustergültig in den Gerichtsreden des *Lysias* zu finden sei. Sie bestehe in Lysias' «Vermögen, die Dinge, die er beschreibt, den Sinnen der Zuhörer zu vermitteln», die Dionysios zurückführt auf Lysias' «Fähigkeit, die Einzelheiten eines Ereignisses zu erfassen.» Die Hörer erleben das erzählte Geschehen dadurch so, als seien die Ereignisse mitsamt den Personen, die der Redner darin auftreten läßt, unmittelbar gegenwärtig. [13] Die detaillierende Darstellung, die anders bereits bei Aristoteles begegnet war, hat somit unter dem Einfluß der Stoiker eine Neubestimmung erfahren: nunmehr mit dem Moment sinnlicher Gegenwärtigkeit verknüpft, ist sie zur unmittelbar einleuchtenden Darstellung avanciert, die jede Frage erübrigt. [14]

In der *römischen Rhetorik* erscheint der Begriff *enárgeia* zunächst nicht. Von Beginn an findet sich jedoch der Ausdruck ‹Vor-Augen-Stellen›; zuerst bei jenem Anonymus, der als AUCTOR AD HERENNIUM in die Geschichte eingegangen ist. Seine C. Herennius gewidmete und um 84. v. Chr. entstandene Schrift ‹De ratione dicendi› nennt das Vor-Augen-Stellen *demonstratio* und bestimmt es als diejenige Figur, bei der die Sache in Werden, Folgen und Umständen so beschrieben wird, daß sie den Hörern geradezu «ante oculos esse», vor Augen zu sein scheint. [15] Die Bezeichnung ‹demonstratio› wird indes von den nachfolgenden Autoren nicht weiter verwendet. CICERO etwa wählt stattdessen die Begriffe *subiectio sub oculos* und *illustratio*. Mit *illustratio* bezeichnet er den Abschnitt einer Rede, in dem das Vor-Augen-Stellen Anwendung findet [16], mit *subiectio* dagegen die Gedankenfigur selbst. In seinen Ausführungen dazu verbindet Cicero diesen Ausdruck mit dem schon von Aristoteles bekannten, aber dort getrennt behandelten Motiv der Aufwertung des Gesagten: «Denn sowohl das Verweilen bei einem Gegenstand macht starken Eindruck wie auch die deutliche Darlegung (industris explanatio) und das gleichsam Vor-Augen-Stellen (sub aspectum paene subiectio), wie wenn wir die Dinge miterlebten, eine Wirkung, die sowohl bei der Darstellung des Sachverhaltes sehr viel ausmacht als auch zur Verdeutlichung des Dargelegten und zu seiner Steigerung, so daß den Hörern das Gesteigerte so bedeutend erscheint, wie es die Rede bedeutend zu machen vermag.» [17] Daneben kennt Cicero auch den Begriff *enárgeia*, den er mit *evidentia* übersetzt, einer eigenen Wortschöpfung: «Nihil esset clarius ἐναργεία, ut Graeci, perspicuitatem aut evidentiam nos, si placet, nominemus.» (Nichts einleuchtender als *enárgeia*, wie es die Griechen, ‹Klarheit› oder ‹Evidenz›, wenn es gefällt, wir es nennen.) [18] Doch verwendet er den neuen Ausdruck und davon abgeleitete Formen nur in philosophischen Zusammenhängen [19], von einer Ausnahme abgesehen: in seiner ‹Topik› zählt Cicero die E. der Darstellung unter die Zwecke der Erzählung. «Itemque narrationes ut ad suos fines spectent, id est ut planae sint, ut breves, ut evidentes, ut credibiles, ut moderatae, ut cum dignitate.» (Ebenso müssen die Erzählungsteile auf ihren Zweck hin abgestellt sein, das heißt, daß sie leicht verständlich sind, kurz, einleuchtend, glaubhaft, angemessen und ernsthaft nachdrücklich.) [20] Das Verhältnis dieser Zwecke zueinander wird nicht weiter erläutert; doch als Zweck aufgezählt, dürfte ‹evidentes› auch hier im philosophischen Sinne zu lesen sein, und nicht als Verweis auf das rhetorische Mittel, das von seinem Zweck eben zu unterscheiden ist. Offenbar hat Cicero den Begriff *evidentia* noch nicht zur Terminologie der Rhetorik gezählt.

Die Übernahme der Termini *enárgeia* und *evidentia* in den Begriffsapparat der römischen Rhetorik geht möglicherweise auf AULUS CORNELIUS CELSUS, einen Gelehrten aus der Zeit des Kaisers Tiberius und Verfasser einer Enzyklopädie der Künste, zurück, der anstelle von Ciceros Begriff der *subiectio* den Begriff *evidentia* verwendet haben soll, um damit die entsprechende Gedankenfigur zu bezeichnen [21]; doch sind die der Rhetorik gewidmeten Bände jener Enzyklopädie verschollen. Zum festen Bestand der rhetorischen Begrifflichkeit gehört die *evidentia* dann bei QUINTILIAN, der in der Antike die bei weitem ausführlichste Untersuchung rhetorischer E. vorlegt. Gemäß der philosophischen Tradition und unter ausdrücklicher Bezugnahme auf Cicero [22] benutzt Quintilian den Ausdruck *enárgeia* beziehungsweise *evidentia*, wo es um E. als Qualität von Aussagen und Darstellung geht. Das Prädikat «evidens» kann eine Sachverhaltserzählung [23] ebenso wie eine Beweisführung [24] auszeichnen, sofern durch sie etwas vor Augen gestellt und damit unmittelbar einsichtig wird. Systematisch ist die *evidentia* als Vorzug der Gestaltung (virtus elocutionis) klassifiziert, zu dessen Realisierung verschiedene Verfahren führen können, die alle auf eine Steigerung der emotionalen Wirkung zielen und dem Prinzip der Detaillierung folgen. [25] Als sprechendes Beispiel führt Quintilian folgende Aussage an: «So wächst auch das Gefühl des Jammers bei der Einnahme von Städten. Zweifellos erfaßt schon derjenige, der sagt, die Gemeinde sei erobert worden, alles, was ein solcher Schicksalsschlag enthält, jedoch dringt es wie eine knappe Nachricht zu wenig tief ein in unser Gefühl. Wenn du dagegen das entfaltetest, was alles das eine Wort enthielt, dann wird das Flammenmeer erscheinen, das sich über die Häuser und Tempel ergossen hat, das Krachen der einstürzenden Dächer und das aus den so verschiedenen Lärmen entstehende eine Getöse, das ungewisse Fliehen der einen, die letzte Umarmung, in der andere an den Ihren hängen, das Weinen der Kinder und Frauen und die unseligerweise bis zu diesem Tag vom Schicksal bewahrten Greise; dann die Plünderung der geweihten und ungeweihten Stätten, die Beute, die die Eroberer wegschleppen, deren Umhereilen, um sie einzutreiben, die Gefangenen, die jeder Sieger in Ketten vor sich hertreibt, die Mutter, die versucht, wenigstens ihr eigenes Kind festzuhalten, und, wo es sich um größeren Beuteanteil handelt, der Wettstreit unter den Siegern. Mag auch das Wort ‹Zerstörung› all das, wie gesagt, umfassen, so ist es doch weniger, das Ganze auszusprechen, als alles.» [26] Im gleichen Zusammenhang streift Quintilian ferner noch die aristotelische *enárgeia*, «deren eigentümlicher Vorzug darin liegt, daß das, was gesagt wird, nicht müßig wirke». [27] Eine Verbindung dieses Schmuckmittels zu den Mitteln der Veranschaulichung zieht Quintilian nicht in Betracht. Wo er die Veranschaulichung aber rein rhetorisch als *Gedankenfigur* faßt und kennzeichnen möchte, was Cicero ‹subiectio› nennt und der *enárgeia* als sprachliches Muster zugrundeliegt, verweist er auf den Begriff *hypotyposis*, der wörtlich übersetzt ‹Eindruck, Abbild› bedeutet. Semantisch bildet dieses Wort das genaue Gegenstück zu enárgeia: während diese das Moment der Ausprägung hervorhebt, bezeichnet jene eher die Einprägung, aus der die Ausprägung hervorgeht. Eine Hypotypose pflegt dann einzutreten, «wenn ein Vorgang nicht als geschehen angegeben, sondern so, wie er geschehen ist, vorgeführt wird, und nicht im Ganzen, sondern in seinen Abschnitten. [...] Und nicht nur, was geschehen ist, oder geschieht, sondern auch was geschehen wird oder geschehen sein würde, malen wir bildhaft gegenwärtig». [28] Doch hat die Figur bei übertriebener Anwendung etwas gar zu Handgreifliches, merkt Quintilian kritisch an; es ist dann nicht mehr, als ob die Dinge erzählt, sondern als ob sie selbst aufgeführt würden. [29]

Im *griechischen* Schrifttum der römischen Kaiserzeit deutet der ebenfalls während des 1. Jh. n. Chr. wirkende Autor PS.-LONGINOS das Vor-Augen-Stellen als besonderen Fall der *phantasia* (Vergegenwärtigung), «wenn man, fortgerissen von Begeisterung und Leidenschaft, das zu erblicken scheint, was man schildert, und es vor die Augen der Zuhörer stellt.» [30] Anders als die meisten rhetorischen Untersuchungen zur E. konzentriert die Schrift des Ps.-Longinos ihre Betrachtung jedoch auf den Aspekt der *inventio*. Die phantasia erscheint hier als notwendige Fähigkeit des Redners zur gedanklichen Konzeption des Erhabenen und trägt folgende Züge: Immer strebt die Vergegenwärtigung danach, die Hörer zu erregen und mitzureißen; doch während sie in der Dichtung auf Erschütterung zielt und dabei zu Übertreibungen neigt, die in das Reich der Fabel gehören und alles Glaubwürdige überschreiten, ist sie in der Rede an Wirklichkeit und Wahrheit gebunden, und ihre Aufgabe besteht hier darin, der Darstellung E. zu geben (ἐν λόγοις ἐνάργεια, en lógois enárgeia). [31] Die rhetorische Vergegenwärtigung erreicht ihr Wirkungsoptimum dort, wo sie in eine sachliche Argumentation verwoben wird. Der Redner hat dann etwas sachlich bewiesen und zugleich vergegenwärtigt und so die Grenze des bloßen Überzeugens überschritten: «Wohl von Natur hören wir in allen diesen Fällen jeweils das Stärkere; vom logischen Beweis werden wir fortgezogen zu dem, was uns in der Vergegenwärtigung überwältigt, wodurch der bloße Tatbestand verhüllt und überstrahlt wird. Und das geschieht nicht von ungefähr; wenn man zwei Körper zu einem verbindet, so reißt jeweils der stärkere die Kraft des anderen zu sich herüber.» [32] In den folgenden Jahrhunderten wird die E. bei den Rhetoren ALEXANDROS, TIBERIOS und PHOIBAMMON unter dem Stichwort *diatyposis* abgehandelt, das als Synonym zu hypotyposis fungiert; doch fügen diese Autoren in der Sache nichts Neues hinzu. [33] Der ANONYMUS SEGUERIANUS schließlich, ein griechischer Rhetor des 5. Jh. n. Chr. verwendet wieder den Begriff *enárgeia*, den er als einen von sieben Gesichtspunkten der Erzählung (τόποι διηγήσεως, tópoi diēgéseōs) anführt und im übrigen der Überzeugungskraft (πειθώ, peithṓ) unterordnet. [34] Beide Zuordnungen bestätigen noch einmal und führen zusammen, was schon bei Cicero angelegt war: E. als eine von mehreren

Aufgaben der Erzählung und als Vorzug der Gestaltung zu begreifen. [35]

II. *Renaissance.* Während die energetische Variante des Vor-Augen-Stellens in römisch-antiker Zeit von der enargetischen weitgehend überlagert worden war, gewinnt sie im 16. Jh., nach der Neuausgabe der aristotelischen Rhetorik [36], wieder an Bedeutung und tritt gleichmächtig neben ihre Schwester. Beide Traditionslinien werden nun in bald verwirrender, bald befruchtender Weise neben- und durcheinander rezipiert: von enérgeia und enárgeia heißt es abwechselnd, sie führten in Worten etwas so anschaulich vor Augen, daß dieses nicht tot, sondern lebendig, nicht abwesend, sondern gegenwärtig, nicht erzählt, sondern gleichsam handelnd vorgeführt erscheine, so daß Hörer wie Leser zu fiktiven Zuschauern werden. [37] Aus solcher Zusammenschau ergeben sich auch neue, filigrane Einteilungen, die von den vielfältigen Bemühungen um die Effektivität rhetorischer Diktion künden. So erweitert JOHANNES SUSENBROTUS das Spektrum der hypotyposis, indem er sie in folgende ekphrastische Figuren auffächert: *effictio* (Beschreibung der körperlichen Erscheinung), *conformatio*, auch *prosopopoeia*, *fictio personae* (Beschreibung oder Einführung von Stimme, direkter Rede oder Gedanken einer anderen Person), *descriptio* (Beschreibung), *topographia* (Beschreibung der örtlichen Verhältnisse), *topothesia* (Einführung eines Phantasieortes), *chronographia* (Beschreibung der zeitlichen Umstände). [38] Als wegweisend für eine Systematisierung der alternativen Traditionen der Veranschaulichung erweist sich der Aristoteles-Kommentar des PETRUS VICTORIUS (Pietro Vettori), der enérgeia konsistent mit *actus*, und enárgeia mit *evidentia* und *perspicuitas* übersetzt. [39] Auf diese Weise schafft Victorius die Voraussetzung für eine genaue Unterscheidung von anschaulichem Bildstil (enárgeia) und dynamischen Bewegungsstil (enérgeia). [40] – Begriffsgeschichtlich bemerkenswert ist schließlich, infolge der Erweiterung des Geltungsbereiches der Rhetorik auf nicht-verbale Darstellungen, die Übertragung von enérgeia und hypotyposis in die musikalische Poetik. [41] Dabei wird dem Komponisten die Aufgabe zugewiesen, durch die musikalische Notation dem in jedem Fall vorrangigen Text Energie zu verleihen, und durch geschickte Anwendung der hypotyposis das *aptum* zwischen Text und Musik herzustellen. [42]

III. *18. Jahrhundert.* Die Lehrbuchliteratur der ersten Hälfte des 18. Jh. erschließt die rhetorische E. über die synonym verstandenen Termini *praefiguratio*, *descriptio*, *demonstratio* und *hypotyposis*, mit denen durchweg Redefiguren bezeichnet werden. Fast immer werden dabei das Vor-Augen-stellen, mehrheitlich Ausmalung und Ausführlichkeit, gelegentlich auch die Lebendigkeit als Merkmale genannt. [43] Eine Erweiterung ist die Anleitung zur Vortragsweise, die J. C. GOTTSCHED in seinem ‹Handlexicon: Kurzgefaßtes Wörterbuch der schönen Wissenschaften und freyen Künste› anbietet. «Descriptio oder Hypotyposis: die Beschreibung, ist eine Figur in ganzen Sprüchen, darinnen man eine lebhafte und ausführliche Abbildung von einer Sache giebt, und sie dem Zuhörer gleichsam vor Augen machet. Bey der Aussprache dieser Figur muß ein Redner dieses beobachten, daß er bey dem Anfange jedes Theiles, die Stimme gewissermaßen erhebe oder verändere; damit es der Zuhörer wahrnehme, wie vielerley er zu merken habe. Doch muß er mehr langsam und gelassen, als hurtig fortreden.» [44] Auffallend ist, daß die Begriffe enárgeia und *evidentia* auf dem europäischen Festland im 18. Jh. nur noch in historisch orientierten Darstellungen verwendet werden, wie dem ‹Lexicon Technologiae Graecorum et Latinorum Rhetoricae› von J. C. ERNESTI. [45] – In Großbritannien hingegen wagt sich der Schotte G. CAMPBELL im Rahmen seiner ‹Philosophy of Rhetoric› an die Begründung einer philosophisch-rhetorischen E.-Lehre, die mit der figural orientierten Tradition bricht und stattdessen in philosophisch-juristischer Manier eine Einteilung nach E.-Quellen vornimmt. [46]

IV. *Im 20. Jahrhundert* ergibt sich folgendes Bild: In Deutschland greifen historisch orientierte Lehrbücher zur Rhetorik seit H. LAUSBERG [47] den Begriff *evidentia* wieder auf, um damit Stilprinzip und affektische Figur der *evidentia* zu kennzeichnen. [48] – Die populäre Ratgeberliteratur gebrauchte E. hingegen nur in der Bedeutung ‹Selbstverständlichkeit, Gewißheit›. [49] – Die Lehrbücher englischer Sprache schließlich verwenden in Anlehnung an die englische Rechtssprache den Ausdruck E. synonym mit ‹Beweismittel› [50]; sofern die rhetorische Figur *evidentia* zur Sprache kommt, wird der Ausdruck ‹hypotyposis› gewählt und mit «lively description» (lebendige Beschreibung) übersetzt. [51]

Anmerkungen:

1 Arist. Rhet. 1411 b 24ff. – **2** Homer, Ilias XV 542. – **3** Euripides, Iphigenie in Aulis V.80. – **4** H. F. Plett: Rhet. der Affekte (1975) 190. – **5** Arist. Rhet. 1365 a 13ff. – **6** R. Volkmann: Die Rhet. der Griechen u. Römer (^{2}1885; ND 1963) 443. – **7** Demetrius: De elocutione II, 81. – **8** P. Kroh: Lex. der antiken Autoren (1972) 159. – **9** P. Costil: L'esthétique littéraire de Denys de Halicarnasse (Paris 1949) 311. – **10** M. Hossenfelder: Stoa, Epikureismus und Skepsis, in: W. Röd (Hg.): Gesch. der Philos. Bd. III (1985) 70. – **11** SVF II, 65, Z. 65ff. – **12** H. Hartmann: Gewißheit und Wahrheit. Der Streit zwischen Stoa und akad. Skepsis (1927) 16. – **13** Dionysios v. Halikarnassos, Lysias 7, 1f. – **14** ebd. 7, 3. – **15** Auct. ad Her. IV, 55, 68. – **16** Cicero, Partitiones oratoriae 6, 19f. – **17** Cic. De or. III, 53, 202. – **18** Cicero, Academici libri II (Lucullus) 17. – **19** Academici libri II, 17; Laelius 27; De finibus 1, 30–31. – **20** Cicero, Topica 26, 97. – **21** Quint. IX, 2, 40. – **22** Quint. IV, 2, 64 (Cic. [20]); Quint. VI, 2, 32 (Cic. [16]). – **23** ebd. – **24** Quint. V, 10, 7. – **25** Quint. VIII, 3, 61ff. – **26** ebd. 67–69. – **27** ebd. 89. – **28** Quint. IX, 2, 40–44. – **29** ebd. 43. – **30** Ps.-Long. De Subl. 15, 1. – **31** ebd. 15, 2; 15, 8. – **32** ebd. 15, 11f. – **33** Alexandros, Perí schēmátōn I, 24, in: Rhet. Graec. Sp. III, 25, 13; Tiberios, Perí schēmátōn 43, ebd. 79, 16; Phoibammon, Perí schēmátōn rhētorikón II, 2, ebd. 51, 18. – **34** Anonymus Seguerianus rhetor, Téchnē toú politikoú lógou, in: Rhet. Graec. Sp. I, 439, 9. – **35** vgl. [20] und Cic. Or. 139. – **36** publiziert in Venedig 1508/09. – **37** Plett [4] 135f. – **38** J. Susenbrotus: Epitome troporum ac schematum et grammaticorum et rhetorum (Zürich 1541) 86. – **39** P. Victorius: P. Victorii Commentarii in tres libros Aristotelis de arte dicendi (Florenz ^{2}1589) 645. – **40** Plett [4] 187. – **41** J. Burmeister: Musica poetica (1606; ND 1955) 62. – **42** H. H. Unger: Die Beziehungen zwischen Musik und Rhet. (1941; ND 1969) 16, 81, 114ff. – **43** J. Schröter: Gründliche Anweisung zur deutschen Oratorie (1704) IV, 18; E. Uhse: Wohlinformierter Redner (1709/12) 37; J. A. Fabricius: Philos. Oratorie (1724) 197; J. C. Gottsched: Ausführliche Redekunst (1736) 283; D. Peucer: Anfangsgründe der deutschen Oratorie (1739) 307. – **44** J. C. Gottsched: Handlex. (1760; ND 1970) 519f. – **45** J. C. Ernesti: Lex. Tech. Graec. Rhet. (1795; ND 1962) 106; ders.: Lex. Tech. Lat. Rhet. (1797; ND 1962) 151. – **46** G. Campbell: The Philos. of Rhet. (London 1776; ND Carbondale 1963) 35–61. – **47** H. Lausberg: Hb. der lit. Rhet. (^{3}1990) §§ 810–819. – **48** H. F. Plett: Einf. in die rhet. Textanalyse (1971) 27; H. Schlüter: Grundkurs der Rhet. (1974) 43ff., 307; G. Ueding, B. Steinbrink: Grundriß der Rhet. (^{2}1986) 293ff.; K. H. Göttert: Einf. in die Rhet. (1991) 61. – **49** R. Neumann: Zielwirksam reden (1978; ^{5}1985) 162; D. und W. Allhoff: Rhet. und Kommunikation (^{8}1989) 159. – **50** A. C. Baird: Argumentation, Discussion and Debate (New York 1950) 90–114; G. R. Capp, T. R. Capp: Principles of Argumentation and Debate (Englewoods Cliffs 1965) 102–121; J. R. Andrews: The Practice of Rhet. Criticism (White Plains ²1990) 50ff. – **51** R. E. Hughes, P. A. Duhamel: Rhet., Principles and Usage (Englewood Cliffs 1963) 442.

Literaturhinweise:
D. Liebs: Römische Rechtsgutachten und ‹Responsorium libri›, in: G. Vogt-Spira (Hg.): Strukturen der Mündlichkeit in der röm. Lit. (1990) 83–94. – A. Sohlbach: E. und Erzähltheorie. Die Rhet. anschaulichen Erzählens in der Frühmoderne und ihre antiken Quellen (1994).

A. Kemmann

→ Argumentation → Augenzeugenbericht → Beweis, Beweismittel → Figurenlehre → Gerichtsrede → Juristische Rhetorik → Literatur → Perspicuitas → Philosophie

Excitatio (griech. διέγερσις, diégersis; dt. Ermunterung, Erregung)
A. ‹E.› ist abgeleitet vom lateinischen Verb ‹excitare›, das wörtlich soviel bedeutet wie ‹jemanden aufjagen›, ‹anfachen›, ‹etwas hervorrufen›. [1] Als eigenständiger rhetorischer Terminus mit der doppelten Bedeutung ‹Appell an die Gefühle des Zuhörers› und ‹Belebung der Rede› kommt der Begriff ‹E.› in der klassischen Rhetorik nicht vor. Jedoch sind semantischer Wert und begriffliche Funktion dieses Ausdrucks bereits in der antiken Theoriebildung allgegenwärtig und überschneiden sich – z. T. bis zur völligen Übereinstimmung – mit den rhetorisch-affektiven Hilfsmitteln, die den argumentativen Prozeß vermitteln und unterstützen.
B. Schon bei CICERO wird die zentrale Rolle, die die antike Rhetorik neben dem informativen und dem unterhaltenden Moment (*docere* und *delectare*) der Erregung von Gefühlen zuschreibt (*movere* bzw. *concitare*, das etymologisch verwandt ist mit ‹excitare›), deutlich erkennbar: «Wer wüßte denn nicht, daß die Wirkung eines Redners sich vor allem darin zeigt, daß er das Herz der Menschen sowohl zum Zorn, Haß oder Schmerz antreiben wie auch von diesen Regungen in eine Stimmung der Milde und des Mitleids zurückversetzen kann?» [2] Hierzu lassen sich zahlreiche prägnante Belege für die Verwendung des Begriffs ‹excitare› im Werk Ciceros finden, der sich häufig auf ‹intensivierende› oder ‹abschwächende› Elemente oder Funktionen bezieht, ohne diese näher zu erläutern. [3]
In derselben Weise wird das Wort in der griechischen Rhetoriktradition – und zwar in Form des entsprechenden Verbs διεγείρειν (diegeírein; aufwecken, erregen) bezogen auf die Zuhörer [4] – und von QUINTILIAN benutzt, wobei sich die Autoren aber der spezifischen Bedeutung und der redetechnischen Funktion stärker bewußt sind. Quintilian zufolge umfaßten die Redefiguren bei CORNELIUS CELSUS, dem Enzyklopädisten der Tiberianischen Epoche, auch das «excitare iudicem» (Aufstacheln des Richters). [5] Der Übergang zur Herausbildung der E. als eigenständige Figur mit einem spezifischen engen Bezug zur Ausschmückung und stilistischen Ausarbeitung *(elocutio)* der Rede vollzieht sich in den Abhandlungen des DIONYSIOS VON HALIKARNASSOS und Quintilians, die den Begriff ‹excitare› nicht nur auf den Zuhörer und dessen Gefühle, sondern auch auf den Stil und die expressive Gestaltung der Rede im Sinne einer stilistischen Verbesserung und Belebung beziehen. Dionysios spricht davon, «den Ausdruck [zu] heben, einen Schwung [zu] geben, wodurch er sich über den gewöhnlichen, alltäglichen Vortrag erhebt» [6] und Quintilian hält es für angebracht, die Rede «mit passenden Gedanken zu beleben und mit Metaphern zu verschönern». [7]
Ebenfalls in Bezug auf die *elocutio* und die Stilarten findet man den Begriff bei AQUILA ROMANUS und bei FORTUNATIANUS. [8]
Die völlige Anerkennung der E. als stilistische Figur im Bereich der *tractatio* und nunmehr in einem ausschließlich literarischen Kontext kann man aus folgendem Passus der ‹Poetices libri› von SCALIGER ableiten: «Excitatio, quam διέγερσις dicunt Graeci: quotiens languentem auditoris animum, aut taedio affectum excitamus» [9], d. h. die E. rüttelt den ermüdeten und gelangweilten Geist des Zuhörers auf.
In der modernen Rhetorik kann die E. zum Teil mit der emotionalen Funktion der Sprache gleichgesetzt werden, wie sie von der *funktionalen Linguistik* der Prager Schule und R. JAKOBSON, im Rückgriff auf das Organon-Modell K. BÜHLERS, definiert worden ist. [10]

Anmerkungen:
1 vgl. K. E. Georges: Ausführl. Lat.-Dt. Handwtb. (¹¹1962) Sp. 2524ff. – **2** Cic. De or. I, 53. – **3** vgl. ebd. I, 17; 46; 202; II, 208); vgl. auch ders., De finibus IV, 7, 18. – **4** vgl. Dionysios von Halikarnassos, Lysias 28. – **5** Quint. IX, 2, 104; vgl. ebd. IX, 3, 66. – **6** Dionysios von Halikarnassos, Epistula ad Pompeium 2; vgl. J. C. Ernesti: Lex. technologiae Graecorum rhetoricae (1795; ND 1962) 85. – **7** Quint. VI, 1, 2; ebd. VI, 3, 19; IX, 2, 29; IX, 3, 10; XII, 10, 49. – **8** Aquila Romanus, De figuris sententiarum 30, in: Rhet. Lat. min. 31; Fortunatianus, Ars rhetorica III, 7, in: Rhet. Lat. min. 125. – **9** J. C. Scaliger, Poetices libri septem (1561) III, LXI. – **10** vgl. R. Jakobson, M. Halle: Fundamentals of language (Den Haag 1956); vgl. E. Holenstein: Roman Jakobsons phänomenolog. Strukturalismus (1975) 159f.; vgl. K. Bühler: Sprachtheorie (1934; ND 1965).

R. Valenti / A. Ka.

→ Affektenlehre → Appell, rhetorischer → Emphase → Exclamatio → Figurenlehre → Movere

Exclamatio (griech. ἐκφώνησις, ekphónēsis; dt. Ausruf; engl. exclamation; frz. exclamation; ital. esclamazione)
1. *Rhetorik.* **A.** ‹E.› bezeichnet einen rhetorisch effektvoll gestalteten Ausruf, der eine (mehr oder minder starke) Gefühlserregung zum Ausdruck bringt. Dies geschieht z. B. durch die Verwendung emotional besetzter Begriffe oder Formulierungen (etwa NIETZSCHES Rekurs auf das biblische ‹Ecce homo!› [1]) oder durch das Einflechten von Interjektionen («O tempora, o mores!»). [2] Ein Ausruf ist außerdem charakterisiert durch das Heben der Stimme und eine nachdrückliche Betonung *(pronuntiatio)*, im Schriftlichen durch das Hinzusetzen eines Ausrufezeichens. [3] Die Verwendung der E. birgt eine «Entladung der höchst gesteigerten Affekte, Freude, Trauer, Zorn und Bewunderung» [4], im Hinblick auf die Wirkungsabsicht ist dabei jedoch entscheidend, daß der Redner von seinen Gefühlen nicht wirklich beherrscht wird, sondern einen Affekt vielmehr vortäuscht, um diesen beim Zuhörer selbst hervorzurufen.
Die E. wird zumeist als Gedankenfigur aufgefaßt, doch gelingt es nicht immer, sie eindeutig von anderen Gedankenfiguren abzugrenzen. Die ἀποστροφή (apostrophé) etwa, die Abwendung des Redners von seinem Publikum zum Zweck der Ansprache eines zweiten Publikums, geht oft mit einer E. einher. Lausberg zufolge unterscheiden sich beide Figuren dadurch, daß

die Apostrophe eine «Figur der Publikumszugewandtheit» sei, die vor allem dem intensiven Kontakt des Redners zum Publikum diene, während die E. zu den «schwerpunktmäßig affektischen Figuren» zähle. [5] Diese theoretische Unterscheidung läßt sich jedoch in der rednerischen Praxis oft nicht aufrechterhalten. [6]

In ihrer Verwendung ist die E. an das Pathos der hohen Stillage gebunden, nicht dagegen an eine bestimmte rhetorische oder literarische Gattung; sie tritt überall auf, wo an die Affekte der Zuhörer oder Leser appelliert werden soll. Ihre starke Expressivität macht sie zu einem bevorzugten Stilmittel der Dramensprache. Gerade der Einsatz der E. innerhalb des *genus deliberativum*, in der politischen Rede ebenso wie in der Predigt, erinnert aber daran, daß das *movere* nicht Selbstzweck dieser Figur ist, sondern daß sie als Darstellungsmittel für eine Behauptung dient. Der Affekt fungiert dabei als eine Art Beweismittel.

B. Der Begriff ‹E.› ist seit der römischen *Antike* als rhetorischer Terminus geläufig. [7] Der AUCTOR AD HERENNIUM verwendet ihn zunächst allerdings, um die Apostrophe, die er den Wortfiguren zurechnet, zu bestimmen: «Exclamatio est quae conficit significationem doloris aut indignationis alicuius per hominis aut urbis aut loci aut rei cuiuspiam conpellationem» (Der Ausruf ist das Stilmittel, welches die Bezeichnung irgendeines Schmerzes oder irgendeiner Empörung bewirkt durch die Anreden eines Menschen, einer Stadt, eines Ortes oder irgendeiner Sache). [8] Obwohl diese Definition das Phänomen der E. nicht eigentlich trifft, hat sie sich das Mittelalter hindurch bis in die Neuzeit als Fundament zur Bestimmung der E. gehalten. [9] Für die rednerische Praxis rät der Auctor ad Herennium zu einem sparsamen und angemessenen Gebrauch der Figur, dann könne man bei der Zuhörerschaft soviel Empörung wecken wie man wolle («ad quam volemus indignationem animum auditoris adducemus»). [10] Auch CICERO sieht die E., einen Ausruf der Bewunderung oder der Klage («exclamatio vel admirationis vel questionis»), als Wortfigur an; mit ihr könne man der Rede großen Glanz verleihen («quasi lumina magnum afferunt ornatum orationi»). [11] Dabei rät auch er zu einem grundsätzlich sparsamen Gebrauch rednerischen Schmucks; entscheidend sei es, diesen in der jeweiligen Situation angemessen zu gebrauchen. [12] QUINTILIAN, der die Ausführungen Ciceros vollständig zitiert [13], kann diesem einzig in der Einordnung der E. unter die Wortfiguren nicht zustimmen: Die E. sei vielmehr ein Gefühlsausdruck («adfectus enim est») und daher als *Gedankenfigur* anzusehen. [14] Dabei betont Quintilian besonders, daß nicht jeder beliebige Ausruf eine Figur sei, vielmehr will er nur die vorgetäuschten («simulata») und künstlich gebildeten («arte composita») Ausrufe als Figuren gelten lassen: [15] «Denn wir *stellen uns*, als ob wir zürnten, uns freuten, fürchteten, wunderten, Schmerz empfänden, erbittert seien, etwas wünschten und dergleichen mehr». [16] Weitere Belegstellen für die Antike sind das anonyme Lehrgedicht ‹Carmen de figuris vel schematibus› und der spätantike Autor MACROBIUS (Anfang 5. Jh.). Obwohl letzterem immerhin das Verdienst zukommt, das griechische Synonym ἐκφώνησις (ekphōnēsis) eingeführt zu haben, sind beide Autoren wirkungsgeschichtlich ohne erkennbare Bedeutung geblieben. [17]

Die *mittelalterlichen* Poetiken und Figurentraktate (z.B. von JOHANNES VON GARLANDIA, GALFRED VON VINOSALVO, MARBOD VON RENNES, EBERHARD DEM DEUTSCHEN oder ONULF VON SPEYER) stellen in aller Regel Umarbeitungen der ‹Rhetorica ad Herennium› dar. Die E. wird aus diesem Grunde in den «mittelalterlichen Poetiken öfters mit der Apostrophe gleichgesetzt». [18]

Die Poetiken und Rhetoriken der *frühen Neuzeit und des Barock* zeichnen sich dadurch aus, daß sie die E. nach ihren spezifischen Wirkungsabsichten feiner untergliedern, z.B. in *obtestatio* (Beschwörung), *ominatio* (Weissagung), *adhortatio* (Ermahnung) und *imprecatio* (Verwünschung). [19] Einige zeitgenössische Theoretiker (R. SHERRY, H. PEACHAM) gestehen diesen Unterarten den Status eigenständiger Figuren zu [20], aber nicht alle Autoren schließen sich dieser Meinung an. [21] Im Rahmen zeitgenössischer Bestrebungen, eine eigene vulgärsprachliche Rhetorikterminologie zu entwickeln, kommt G. PUTTENHAM zu der Bezeichnung «outcry», während J. M. MEYFART ‹E.› mit «RuffFigur» übersetzt. [22] Das rhetorische Prinzip der emotionalen Überzeugung fließt während der Barockzeit in die Poetik ein, und es kommt zu einer charakteristischen Verquickung von Schmuckfunktion und Gefühlserregung in der Literatur. [23]

Vom *17. Jh.* an erlangt die E. in zweierlei Hinsicht besondere Wertschätzung: Zum einen werden E., *apostrophé*, *imprecatio* (Verwünschung) und *interrogatio* (‹rhetorische› Frage) von den Theatertheoretikern der französischen Klassik (z.B. D'AUBIGNAC) als ‹grandes figures› bezeichnet, die im Drama in besonderer Weise geeignet seien, Emotionen beim Publikum zu wecken. [24] In den Tragödien RACINES etwa wird deshalb oft die Interjektion ‹ah› eingesetzt:

Junie: Ah! Prince!

Brittanicus: Vous pleurez! Ah, ma chère Princesse! [25]

Zum anderen wird die E. Paradigma für eine wesentlich affektorientierte Auffassung der Rhetorik, wie sie B. LAMY vertritt. Er führt die im Redner selbst aufsteigenden Gefühle als Ursache und treibende Kraft dafür an, daß dieser sich beim Sprechen bestimmter Sprachfiguren bedient. Von der im Rückgriff auf die cartesianische Physiologie begründeten ‹Natürlichkeit› figürlichen Sprechens gibt er am Beispiel der E. eine detaillierte Beschreibung: «Der Ausruf muß, meiner Meynung nach, zuerst gesetzt werden, weil in der Rede die Leidenschafften durch ihn zu erst kenntlich werden. Der Ausruf ist eine mit Nachdruck erhobene Stimme. Wenn die Sele von einer gewaltsamen Bewegung ist beunruhiget worden, so laufen die Lebensgeister durch alle Theile des Leibes, treten in Uiberfluß in die Muscelen, welche sich gegen dem Gange der Stimme zu breiten, und sie auftreiben. Wenn nun diese Gänge sich zusammen gezogen haben, so geht die Stimme mit vieler Geschwindigkeit und Heftigkeit auf einmal der Leidenschafft nach, von welcher derjenige, welcher redet, gerühret wird.» [26] Lamys Ausführungen zur E. sind in Deutschland im *18. Jh.* maßgeblich geworden, etwa für GOTTSCHED, der die E. an den Anfang seiner Erörterung der rhetorischen Figuren setzt, «weil diese die natürlichste ist, und in vielen Affecten zuerst hervorbricht». [27] Auch J.C. ADELUNG verfährt in entsprechender Weise: da die E. «der erste und gewöhnliche Ausdruck einer jeden Gemüthsbewegung [ist], so bald sie nur einige Stärke hat», setzt auch er sie an die Spitze seiner Auflistung Figuren «für die Gemüthsbewegungen und Leidenschaften. [28]

Mit Adelung findet die E. Eingang in die entstehenden nationalsprachlichen Stilistiken, wo sie in der deutschen

Übersetzung ‹Ausruf› bis heute vorkommt. [29] Allerdings wird die E. heute zunehmend als Zeichen eines allzu gefühlvollen Stils empfunden, der «nicht mehr hoch im Kurs» stehe, «nicht mehr recht in unsere Zeit» passe oder allenfalls in der Werbung verwendet werde, und darum «aus dem guten Stil ausgeperrt» sei – so jedenfalls urteilt der Duden zum Thema ‹Wie schreibt man gutes Deutsch?› [30]

Zeitgenössische Versuche einer Erneuerung der rhetorischen Figurenlehre auf der Grundlage der strukturalen Linguistik thematisieren die E. in aller Regel nicht. [31] Eine Ausnahme bildet T. TODOROV, der die E. als eine Figur der ‹Syntaxe› erklärt. Diese Figuren verstoßen nach Todorov nicht gegen eine Regel des Sprachsystems («ne s'oppose pas à règle»), sondern gegen Regeln des Diskurses («mais à un discours»), den man allerdings nicht beschreiben könne («qu'on ne sait pas décrire»). [32]

R. BARTHES kommt noch einmal auf die Auffassung B. Lamys zurück. Bei den rhetorischen Figuren, die als «'morphème' de la passion» (‹Morpheme› der Leidenschaft) aufgefaßt werden können, steht auch bei ihm an erster Stelle der Ausruf. «L'exclamation correspond au rapt brusque de la parole, à l'aphasie émotive» (der Ausruf entspricht dem plötzlichen Entzug des Sprechens, der emotiven Aphasie). [33]

Anmerkungen:
1 F. Nietzsche: Ecce Homo. Krit.-Studienausg., hg. von G. Colli und M. Montinari, Bd. 6 (^{2}1988) 255. – 2 Cicero: In L. Catilinam Oratio, in: Cicero: Orationes I (Oxford 1905; ND 1961) 1, 2; übers. v. M. Fuhrmann: Cicero: Sämtl. Reden, Bd. 2 (1970) 229. – 3 H. F. Plett: Einf. in die rhet. Textanalyse (^{8}1991) 65f.; vgl. Duden, Bd. 4 (Grammatik) (^{4}1984) § 1291; H. Brinkmann: Die dt. Sprache (^{2}1971) 513; H. Lausberg: Hb. der lit. Rhet. (^{3}1990) § 809. – 4 J. Martin: Antike Rhet. (1974) 282; vgl. Lausberg [3] § 809. – 5 Lausberg [3] § 758; §§ 808f.; vgl. Plett [3] 66. – 6 vgl. A. W. Hallsall: Art. ‹Apostrophe›, in: HWR Bd. 1 (1992) Sp. 830–836. – 7 vgl. Thesaurus Linguae Latinae, Bd. 5,2,2 (1973) Sp. 1263f., s. v. ‹exclamatio›. – 8 Rhet. ad Her. IV, 15, 22; vgl. IV, 13, 18; vgl. Halsall [6] 830. – 9 vgl. J. C. T. Ernesti: Lex. technologiae Latinorum rhetoricae (1797; ND 1962) 152ff. – 10 Rhet. Ad. Her. IV, 15, 22. – 11 Cic. Or. 39, 134f. – 12 Cic. De or. III, 212. – 13 Quint. IX, 1, 26ff. (zit. Cic. De Or. III, 201ff.); Quint. IX, 1, 37ff. (zit. Cic. Or. 39, 134f.). – 14 Quint. IX, 3, 97; Bezug auf Cic. Or. 39, 135. – 15 Quint. IX, 2, 27; vgl. Quint. IX, 2, 26. – 16 Quint. IX, 2, 26 (Hervorhebung von D. T.). – 17 Carmen de figuris vel schematibus, in: Rhet. Lat. min. 66, v. 9ff.; Macrobius: Saturnalia, ed. J. Willis (1970) IV, 6, 17f.; vgl. J. C. T. Ernesti: Lex. technologiae Graecorum rhetoricae (1795; ND 1962) s. v. ‹ἐκφώνησις›. – 18 L. Arbusow: Colores Rhetorici (^{2}1963) 49; Belegstellen: Johannes von Garlandia: Parisiana Poetria, ed. T. Lawler (New Haven-London 1974) 76, V. 385f., 114, V. 97; vgl. 259 (Anm.); ders.: Poetria nova, in: E. Faral (ed.): Les arts poétique du XIIe et du XIIIe siècle (Paris 1924; ND 1962) 231; vgl. Galfred von Vinosalvo: Documentum de arte versificandi, II, 2, in: Faral 276, 25; ders.: De coloribus rhetorices, in: Faral 323; Marbod: De ornamentis verborum, VI, in ML 171 (1854; ND 1978) 1659 A–B; Eberhard der Deutsche: Laborintus, 501f., in: Faral 352; Onulf von Speyer: Colores rhetorici, ed. W. Wattenbach, in: Sber. Preuss. Akad. Wiss. 20 (1894) 371; vgl. Art. ‹Apostrophe› [6] 831ff. – 19 P. Melanchthon: Elementa rhetorices (1542) 115; vgl. dazu P. Mosellanus: Tabulae in schemata et tropos (1543) Ordo secundus; A. Talaeus: Rhetorica, e P. Rami regii professoris praelectionibus observata (1577) 43ff.; J. Susenbrotus: Epitome troporum ac schematum et Grammaticorum et Rhetorum (1566) fol. 37^r; G. Puttenham: The Arte of English Poesie (1589; ND Menston 1968) 177f.; A. Fraunce: The Arcadian Rhetorike (1588; ND Oxford 1950) 63ff. – 20 R. Sherry: A Treatise of Schemes and Tropes (1550; ND Gainesville 1961) 50; H. Peacham: The Garden of Eloquence (1577; ND 1971) 64ff.; – 21 J. C. Scaliger: Poetices libri septem. Sieben Bücher über die Dichtkunst. Hg. von L. Deitz. Bd. II (1994) 399ff.; G. J. Vossius: Commentariorum Rhetoricorum sive oratoriarum institutionum libri sex (1606; ND 1974) 417ff.; C. Soarez: De arte rhetorica libri tres (1590) 130. (entspr. Rhet. Ad. Her. IV, 15, 22.) – 22 Puttenham [19] 177; J. M. Meyfart: Teutsche Rhetorica oder Redekunst (1634; ND 1977) 347ff.; vgl. J. Smith: The Mysterie of Rhetorique unvail'd (1657; ND 1973) 140ff.; T. Wilson: The Arte of Rhetorique (1585; ND Oxford 1908) 205. – 23 Vgl. J. Dyck: Ticht-Kunst. Dt. Barockpoetik und rhet. Trad. (^{3}1991) 87ff. – 24 P. France: Racine's Rhetoric (Oxford 1965) 27, 167ff., Register. – 25 J. Racine: Britannicus V, i, 1547ff. – 26 B. Lamy: De l'art de parler (Paris 1676), übers. von J. C. Messerschmidt (1753; ND 1980) 111. – 27 J. C. Gottsched: Versuch einer crit. Dichtkunst (^{4}1751; ND 1962) 316f.; vgl. ders.: Ausführl. Redekunst (1736; ND 1973) 286.; vgl. ders.: Handlex. oder kurzgefaßtes Wtb. der schönen Wiss. und freyen Künste (1760; ND 1970) 168 s. v. ‹Ausruf›. – 28 J. C. Adelung: Über den dt. Styl (1785; ND 1974) 458ff. – 29 C. F. Falkmann: Pract. Rhet. oder: vollständiges Lehrbuch der dt. Redekunst (1835) Bd. 3 (Stilistik) 198; K. F. Becker: Der dt. Stil (1848; ND 1977) § 98; E. Riesel: Stilistik der dt. Sprache (Moskau 1959) § 113. – 30 W. Seibicke: Wie schreibt man gutes Deutsch? (1969) 21f. – 31 J. Dubois et al.: Rhétorique générale (Paris 1970) 49 (Tabelle); H. F. Plett: Die Rhet. der Figuren, in: ders. (Hg.): Rhet. (1977) 127ff. – 32 T. Todorov: Littérature et signification (Paris 1967) 114 (Tabelle) 111ff. – 33 R. Barthes: L'ancienne rhétorique. Aide-mémoire, in: Communications 16 (1970) 222, übers. von D. Hornig, in: R. Barthes: Das semiolog. Abenteuer (1988) 93.

2. *Musik.* Aus der Rhetorik wird die E. in die musikalische Figurenlehre übernommen, wo sie sowohl eine musikalische (auf die Melodie bezogene) als auch rhetorische (auf den Text eines Liedes bezogene) Figur bezeichnen kann. Im musikalisch-rhetorischen Schrifttum taucht die E. erst im 18. Jh. auf: Zuerst ist sie unter dem griechischen Terminus ἐκφώνησις (ekphṓnēsis) bei M. VOGT nachzuweisen, schließlich setzt sich die lateinische Bezeichnung ‹E.› durch (z. B. bei J. MATTHESON oder im ‹Musikalischen Lexikon› von J. G. WALTHER). Dabei läßt sich aber schon in Gregorianischen Chorälen eine besondere musikalische Gestaltung der Satzzeichen nachweisen. [1]

Anmerkung:
1 nach D. Bartel: Hb. d. musikal. Figurenlehre (1985) 167ff.; J. Vogt: Conclave thesauri magnae artis musicae (Prag 1719), nach Bartel 168; J. Mattheson: Der vollkommene Kapellmeister (1739; ND 1954) 193ff.; J. G. Walther: Musikal. Lex. (1732; ND 1953) 233.

D. Till

→ Affektenlehre → Apostrophe → Exsecratio → Figurenlehre → Gedankenfigur → Interjektion → Musikalische Figurenlehre → Pronuntiatio → Stimme

Exclusio
A. Der Begriff ‹E.› ist abgeleitet vom lat. ‹excludere› und bedeutet soviel wie ‹ausschließen›, ‹verhindern›. Als rhetorischer Terminus bezeichnet er ein affektisches Mittel zur Erlangung der Aufmerksamkeit *(attentum parare)*. [1] SCALIGER [2] ordnet die E. unter der *excitatio* ein und versteht sie als einen Sonderfall der *detractio*, die als verneinende oder leugnende Figur der bekräftigenden Mahnrede *(parainesis)* gegenübersteht. Der Redende nimmt in seiner Mahnung *(admonitio)* eher einen Nachteil in Kauf, als seinem Gegner einen Vorteil einzuräumen.
B. Als rhetorische Figur ist die E. nur in Scaligers Poetik zu finden. Sie kommt zustande, «wenn wir wol-

len, daß nicht von uns ein Übel, sondern vom Gegner ein Gut weggenommen wird» («si non à nobis malum, sed ab adversariis bonum ablatum volumus»). Als Beispiel zitiert Scaliger aus der Rede des Turnus im elften Buch der ‹Aeneis›: «nec Drances potius, sive est haec ira deorum, morte luat, sive est virtus et gloria, tollat.» (Soll doch ja nicht ein Drances, wenn Götterstrafe dies ist, durch Tod sie verbüßen, wenn Mannheit und Ruhm, für sich das gewinnen). [3] Der Tod seines Widersachers Drances ist für Turnus von minderer Bedeutung als die Gefahr, daß dieser Ruhm und Ehre erringt.

Anmerkungen:
1 vgl. L. A. Sonnino: A Handbook to Sixteenth-Century Rhet. (London 1968) 89 und 254. – 2 J. C. Scaliger: Poetices libri septem (Lyon 1561; ND 1964, ²1987) lib. III, c. LXI. – 3 Vergil, Aeneis XI, 443f.

K. Geus

→ Attentum parare → Excitatio → Figurenlehre → Gedankenfigur → Paränese → Renaissance

Excusatio (lat. auch concessio, venia; griech. συγγνώμη, syngnōmē; dt. Entschuldigung, Einräumung, Zugeständnis; engl. concession; frz. excuse; ital. scusa, concessione)

A. Die E. hat ihren logischen Ort in der Statuslehre innerhalb des *status qualitatis*. Ziel des *status qualitatis* ist es, die Tat (das *factum*) adverbial zu qualifizieren, indem der Redner auf die Frage *an iure fecerit* (dt. ob er es mit Recht getan hat) mit der Alternative *iure / non iure* antwortet. Dabei lassen sich zwei Fälle unterscheiden: die unproblematische *qualitas absoluta*, bei der die Tat als rechtskonform dargestellt wird und somit keiner Verteidigung bedarf, und die verschiedene Grade der Verteidigung zulassende *qualitas assumptiva*, bei welcher die Tat nicht aus sich selbst, sondern durch Heranziehung entfernterer Tatsachen gerechtfertigt wird. Soll die Tat aus ihren Motiven heraus *(ex causis facti)* gerechtfertigt werden, so bedient sich der Redner der *relatio* oder der *comparatio*. Schwächere Formen der Verteidigung liegen hingegen vor, wenn die Tat selbst als Unrecht anerkannt werden muß und sie entweder verkleinert *(status quantitatis)* oder aber durch die Verteidigung des Täters als Person entschuldigt werden soll. Dies geschieht durch die Mittel der *remotio* und der E. Während die *remotio* zwar die Tat als Unrecht anerkennt, die Schuld jedoch auf eine andere Person abwälzt, erkennt die E. die Unrechtmäßigkeit der Tat und die Verantwortlichkeit des Beschuldigten grundsätzlich an und versucht die Tat durch schwächere Gründe zu entschuldigen. Dies erfolgt entweder in Form der stärkeren, der *remotio* nahekommenden *purgatio*, die den guten Willen des Täters behauptet und für die Ausführung der Tat widrige Bedingungen verantwortlich macht, oder in Form der schwächeren *deprecatio*, welche auf die Verteidigung der Tat völlig verzichtet und statt dessen den Angeklagten unter Verweis auf allgemeine persönliche Vorzüge in Schutz nimmt. [1]

B. War die E. in der *Antike* als Verteidigungsstrategie im *status qualitatis* weitgehend beschränkt auf die Gerichtsrede *(genus iudiciale)*, so taucht sie im Manierismus der *Spätantike* (4. bis 6. Jh. n. Chr.) verstärkt als Unfähigkeitsbeteuerung zum Zweck der *captatio benevolentiae* am Beginn von Texten auf (diese Verwendung war sporadisch bereits bei CICERO und QUINTILIAN vorgeprägt und wird nun generalisiert [2]). Der Gebrauch der E. als Exordialtopos erfolgt im rhetorischen Virtuosentum jener Zeit mit derartiger Selbstverständlichkeit, daß sie in dieser Funktion selbst bei patristischen Autoren wie HIERONYMUS gelegentlich zu finden ist. Auf diesem Wege, vermittelt durch das doppelte Vorbild der spätantiken Rhetoriker und der Kirchenväter, findet die E. als Topos schließlich Eingang in die Literatur des *Mittelalters*, wo am Beginn literarischer wie historiographischer Texte Bekundungen affektierter Bescheidenheit häufig verwendet werden. Die E. als Bescheidenheits- und Unfähigkeitstopos ist also heidnisch-antiken Ursprungs und nicht zu verwechseln mit Devotionsformeln christlicher Herkunft, wie sie in der *intitulatio* mittelalterlicher Urkunden als Zusatz zu Namen und Titel des Ausstellers zu finden sind, der damit seine gottgesetzte Autorität bekräftigt. [3]

Im *Barock* taucht die E. im Kontext der Kunst des *Complimente*-Machens bei C. WEISE auf. Komplimente sind eine ritualisierte und stark formalisierte Form des höflichen und respektvollen Umgangs unter Ehrenleuten. Eine wichtige Funktion haben sie u. a. im Zusammenhang mit Bittgesuchen, z. B. Bitten um Recommendationsschreiben. Im folgenden Beispiel entschuldigt der Bittsteller die Kühnheit, die im Vortrag seiner Bitte besteht, indem er die Insinuation (oder Schmeichelei), die den Hörer für die Person des Sprechers einnehmen soll, als E. an den Anfang stellt: «E. Hoch-Adel. Excell. wollen dero Diener Hochgeneigt zu gute halten /daß ich dieselbe so kühne umb eine sonderbare Wolthat ansprechen darff.» [4] Die Technik des Komplimente-Machens kommt auch in der Kunst des Briefschreibens zur Anwendung, so daß die E. auch dort als Exordialtopos zu finden ist. [5]

Ein später literarischer Reflex auf die Tradition der E. als exordialer Bescheidenheitstopos findet sich am Anfang von T. MANNS Roman ‹Doktor Faustus› (1947), wo der Erzähler S. Zeitblom die der Biographie seines Freundes, des Komponisten A. Leverkühn, vorangestellten Informationen über sich selbst entschuldigt, indem er versichert, nicht seine «Person in den Vordergrund» schieben, sondern lediglich den Leser über das «Wer und Was des Schreibenden» in Kenntnis setzen zu wollen. Diese Bescheidenheitsgeste wird sodann durch den «Zweifel» überboten, «ob ich meiner ganzen Existenz nach der rechte Mann für eine Aufgabe bin, zu der vielleicht mehr das Herz als irgendwelche berechtigende Wesensverwandtschaft mich zieht». [6] Die Bescheidenheits- und Unfähigkeitsbekundungen des Anfangs werden freilich durch den von beachtlicher stilistischer und literarischer Meisterschaft zeugenden Roman eindrucksvoll widerlegt. Weitere Beispiele für die E. finden sich unter dem Stichwort ‹Entschuldigung› bei GRIMM (‹Deutsches Wörterbuch›, Bd. 3), wo u. a. die E. auch als Textsorte *(literae excusatoriae*, Entschuldigungsbrief) dokumentiert ist.

Anmerkungen:
1 H. Lausberg: Hb. der lit. Rhet. (³1990) §§ 171–196; vgl. Quint. VII, 4, 14; Auct. ad Her. II, 23–26. – 2 E. R. Curtius: Europ. Lit. und lat. MA (²1954) 93. – 3 ebd. 93–95, 410–415. – 4 C. Weise: Polit. Redner (1683; ND 1974) 212f. – 5 ebd. 241. – 6 T. Mann: Doktor Faustus, Kap. 1 (1947) 9.

Literaturhinweise:
J. Martin: Antike Rhet. (1974) 238–240. – L. Arbusow: Colores rhetorici (²1963) 104–106.

T. Klinkert

→ Captatio benevolentiae → Concessio → Deprecatio → Exordium → Gerichtsrede → Plädoyer → Purgatio → Rechtfertigung → Statuslehre

Exempelsammlungen

A. Der Begriff ‹E.› wird in der Forschung recht diffus verwandt, da er häufig auch thematisch eingegrenzte Kompilationsliteratur sowie theologische und naturwissenschaftliche Traktate mit einer hohen Anzahl narrativer Belegmaterien einbezieht. Definiert man das *exemplum* als eine ausschließlich kontextgebundene narrative Einheit unterschiedlicher Ausführlichkeit, die – als rhetorischer Kunstgriff – ausschließlich funktionalen Charakter besitzt (z. B. *utilisatio, persuasio, moralisatio, demonstratio*), sich jedoch außerhalb eines Kontextbezugs in unterschiedliche erzählerische Genres wie *Memorabile, Sage, Legende, Novelle, Kurzgeschichte* auflöst, dann bedeutet ‹E.› im strengen Wortsinn eine (Muster-) Sammlung von Beispielgeschichten, die nach unterschiedlichen inneren Ordnungskriterien, versehen teilweise mit rhetorischen Anleitungen, dem Benutzer für die Erstellung eines konkreten Texts, etwa einer Predigt oder einer wissenschaftlichen Disputation, narrative wie nichtnarrative Beispiele (z. B. *historia, res gesta, fabula, Zitat*) zur Verfügung stellt. [1]

Von solchen Sammlungen im engeren Sinne wie dem mittelalterlichen ‹Speculum Exemplorum› (spätes 15. Jh., Ed. princeps Deventer 1481) oder dem (früh-)neuzeitlichen ‹Magnum Speculum Exemplorum› des Johannes Maior (ed. princeps Douai 1603) sind thematisch spezifizierte Zusammenstellungen, wie sie etwa für die Reformationszeit kennzeichnend sind, ferner naturgeschichtliche und naturwissenschaftliche Kompendien sowie religiös-erbauliche und unterweisende Schriften zu trennen, die zahllose *exempla* enthalten und Fachautoren wie Homileten als Fundgrube für narrative Belege dienten. So handelt es sich bei dem zwischen 1219 und 1223 niedergeschriebenen ‹Dialogus miraculorum› des Caesarius von Heisterbach, einer der beliebtesten Exempelquellen des Mittelalters, um ein Lehrgespräch zwischen dem antwortenden Novizenmeister *(monachus)* und dem fragenden Novizen *(novitius interrogans)*, in dem die ‹ereignete Geschichte› *(res gesta)*, untermauert durch *auctoritates* sowohl der literarischen Tradition wie der mündlichen, durch die Ehrwürdigkeit der Erzählenden abgesicherten Überlieferung, ein zentrales Medium der Überzeugung darstellt. Ähnlich handelt es sich bei Kompilationen wie den ‹Gesta regum Anglorum› des Wilhelm von Malmesbury (1140) oder dem ‹Policraticus› des Johannes von Salisbury (um 1190) um historische, dem ‹Liber moralium dogmatis philosophorum› des Wilhelm von Conches (um 1150) um moralische Traktate. Dies trifft auch auf Mirakelbücher (z. B. Petrus Venerabilis, gest. 1156), Legendensammlungen (z. B. ‹Legenda aurea› des Jakobus de Voragine), naturkundliche Schriften wie ‹De proprietatibus rerum› des Franziskaners Bartholomaeus Anglicus, dem ‹Liber de natura rerum› des Thomas von Cantimpré (beide 2. Viertel 13. Jh.) oder Johannes Bonifacius Bagattas ‹Admiranda orbis Christiani› (Augsburg/Dillingen 1695) zu.

B. I. *Antike, Mittelalter.* Seit der Antike stellte man *exempla* «für den vielfältigen kontextuellen Wiedergebrauch» [2] systematisch zusammen. Da sich ihr rhetorischer Sinn auf die *persuasio* bezieht und sie vom Redner in überzeugender Form anzuwenden sind, hat er (oder der Schriftsteller) nicht nur die verwendbaren Denkbilder und Bedeutungsträger, sondern auch die nützlichen Konnotationen zu kennen. Dem entspricht die Forderung nach der *copia exemplorum*. Quintilian betonte das Ansammeln möglichst vieler Einzelgeschichten; dem Rhetor sollten Beispiele «aus alter wie aus neuer Zeit in solcher Menge zur Verfügung stehen», daß er «nicht nur all das kennen muß, was in den Geschichtsschreibern steht oder was in mündlicher Unterhaltung gleichsam von Hand zu Hand gereicht wird und was täglich geschieht, sondern sogar, was von berühmteren Dichtern erdichtet worden ist». [3] Zum Inbegriff des antiken wie später zum Leitbegriff für den mittelalterlichen wie auch neuzeitlichen Exemplumgebrauch wurde die in der ersten Hälfte des 1. Jh. n. Chr. entstandene, insbesondere Cicero u. Livius exzerpierende, bereits nach inhaltlichen Kriterien (außerrömische/römische Belege, Religion, virtutes usw.) geordnete, Kaiser Tiberius gewidmete Sammlung historischer *exempla*, die ‹Facta et dicta memborabilia› des Valerius Maximus.

Auszüge aus diesem für den Unterricht in den Rhetorenschulen konzipierten Handbuch wurden noch im 4. und 9. Jh. verfertigt; die bis heute bekannt gewordenen annähernd 350 vollständigen Handschriften gewährleisteten die Überlieferung ins Mittelalter, dessen Exempeltradition mit Valerius Maximus zusammenfällt: Im 11. Jh. wurde das Werk metrisch, im 14. Jh. in deutscher Sprache bearbeitet, die ‹editio princeps› erfolgte 1470, ihre mittelalterliche, vor allem aber nachmittelalterliche Beliebtheit verdankte die E. der Loci-Einteilung und moralisierenden Grundhaltung, die der christlich-humanistischen Auffassung von Geschichte entsprachen. Zudem leistete die humanistische Antikenrezeption ihren Beitrag sowohl zu den zahlreichen Auflagen überall in Europa seit Beginn des 16. Jh. wie zu den Übersetzungen ins Französische, Italienische, Spanische und Deutsche (seit dem letzten Viertel des 15. Jh.); so wurde 1489 die von 1369 stammende freie Übertragung des Heinrich von Mügeln in Augsburg gedruckt. Diesen Editionen schlossen sich Bearbeitungen an, deren Beliebtheit bis ins 19. Jh. ungebrochen fortbestand; der ‹Valerius Maximus› wurde zum Markenzeichen und Gattungsbegriff, wie Balthasar Exners ‹Valerius Maximus Christianus, hoc est Dictorum et Factorum Memorabilium [...] Libri novem› (Hannover 1620) verdeutlicht. [4] Läßt man den ‹Dialogus Miraculorum› und die ‹Libri octo miraculorum› (um 1225) des Caesarius von Heisterbach einmal außer acht, dann nehmen E. nach 1250 auffällig zu. Von 46 E., die J. T. Welter namhaft machte und die keinesfalls den gesamten Umfang dieser Literaturgattung repräsentieren, [5] entstanden 34 in der Zeit zwischen 1250 und 1350 [6] und stammten vorwiegend von Angehörigen des Dominikaner- und Franziskanerordens. Nach 1350 nahmen hingegen die vor allem für die Benutzung durch Prediger bestimmten Sammlungen wiederum ab.

Um 1275 fanden die ersten Systematisierungsversuche statt, die ein rasches Auffinden der Erzählmaterien *(inventio)* gewährleisten sollten. Ein wichtiges Ordnungskriterium bildete hier zum einen die Anordnung der *exempla* in alphabetischer Reihenfolge. Zu den Vertretern dieser Gruppe gehören der zweite Teil ‹De rebus inferioribus› des ‹Liber exemplorum ad usum praedicantium› eines anonymen englischen Franziskaners (letztes Drittel 13. Jh.), die franziskanische ‹Tabula exemplorum secundum ordinem alphabeti› (um 1270/80), das ‹Speculum laicorum› (englisch, zwischen 1279 und 1292) oder das dominikanische ‹Alphabetum narrationum› des ARNOLD DE LIEGE (um 1308–1310), ferner die ‹Scala celi› des JOHANNES GOBII JUNIOR (frühes 14. Jh.), die ‹Summa predicantium› des JOHN BROMYARD (spätes 14. Jh.), das ‹Promptuarium exemplorum› des JOHANNES HEROLT (Discipulus; 2. Viertel 15. Jh.) und das ‹Speculum exemplorum› (nach 1495, hier jedoch nur Teil 9). Handelte es sich bei Editionen wie VINZENZ' VON BEAUVAIS ‹Speculum historiale› (um 1247–1260) um keine ausdrücklichen E., so konnten alphabetische Indices zu den narrativen Materien das Auffinden der *exempla* erleichtern. [7]

Zum anderen schloß die alphabetische Reihung die Einbettung in einen systematisch-inhaltlichen Rahmen nicht aus. So hatte bereits ARNOLD DE LIEGE in seinem ‹Alphabetum narrationum› jedem *exemplum* einen Hinweis für den *modus excerpendi* angefügt («hoc eciam valet ad») und damit nicht nur die Rubrikenbildung begünstigt, sondern auch auf die Möglichkeit der variablen Anwendung der Beispielmaterie in unterschiedlichen Kontext-, Bedeutungs- und Argumentationszusammenhängen hingewiesen.

Eine weitere Entwicklung, die zugleich auch eine inhaltliche Perfektionierung bedeutete, vertreten systematisch aufgebaute Exempel-Handbücher wie STEPHANS VON BOURBON ‹Tractatus de diversis materiis praedicabilibus› (Mitte 13. Jh.), vor allem aber das von einem anonymen, im späten 15. Jh. in Deventer tätig gewesenen Franziskaner zusammengestellte ‹Speculum exemplorum› (Editio princeps Deventer 1481), das zehn durch einen alphabetischen *Index rerum* zu erschließende *distinctiones* (abstinentia, accidia usw.) enthält.

II. *Renaissance, Barock.* Der Typ der E. überlebte das Mittelalter sowohl in den humanistischen und reformatorischen wie in den gegenreformatorischen Kompendien. Trotz augenfälliger äußerer, z. B. in der humanistischen Kompilations- und Historienliteratur sichtbarer, und innerer Entwicklungen (Anordnungen der Beispiele nach dem *Loci communes*-Prinzip im Einklang mit dem melanchthonischen Geschichtsbegriff) stand der traditionelle Bedeutung des *exemplum* als eines konkretisierenden Bestandteils der Rede, etwa der Predigt, oder der religiös unterweisenden und erbauenden wie der wissenschaftlichen *argumentatio* und *demonstratio* nicht in Zweifel. Zudem war man sich zumindest noch zu Beginn des 16. Jh. der mittelalterlichen Vorbilder bewußt; besonderer Wertschätzung erfreute sich vor allem das ‹Promptuarium Discipuli› des Dominikaners JOHANNES HEROLT, das sogar der ältesten und wirksamsten protestantischen E., dem ‹Promptuarium exemplorum› des ANDRES HONDORFF (Leipzig 1568 u. ö.) den Namen gab. Der Gebrauch von Historie und Allegorie fügte sich nahtlos in die humanistischen Vorstellungen von Geschichtsschreibung ein.

Andererseits aber ist der Einfluß religiöser, sozialer und mentalitätsgeschichtlicher Entwicklungen unübersehbar. Hatten bereits im Mittelalter thematisch bezogene Sammlungen wie der von Bernhard Pez in seiner Wiener Edition von 1731 BOTO VON PRÜFENING (um 1105–um 1170) zu Unrecht zugeschriebene ‹Liber de miraculis Sanctae Dei Genitricis Mariae›, die Marienwunder (zwischen 1218 und 1228) des GAUTIER DE COINCI [8] oder PETRUS DAMIANIS ‹De variis miraculosis narrationibus› [9] sensibel auf die Entstehung neuer und den Wandel traditioneller Frömmigkeitsbezüge und -inhalte reagiert, so traten nun neben «klassische» Vertreter der E. wie HONDORFF, ZACHARIAS RIVANDER (‹Ander Theil Promptuarii›, Frankfurt a. M. 1581 u. ö.) oder CASPAR TITIUS (‹Loci Theologiae Historici, oder Theologisches Exempelbuch›, Wittenberg 1633 u. ö.) spezielle theologische, magiologische und naturkundliche Sammlungen, die Berichte über Himmelszeichen und -erscheinungen enthielten (z. B. JOB FINCEL: ‹Wunderzeichen›, Jena 1556 u. ö.; KASPAR GOLTWURM: ‹Wunderwerck und Wunderzeichen Buch›, Frankfurt a. M. 1557) oder das dämonologische Wissen zusammenstellten (z. B. JOHANNES WEYER: ‹De praestigiis daemonum›, Basel 1583); ihre Bedeutung als Ausgangspunkt für Erzählüberlieferungen ist ebensowenig umstritten wie ihr Wert als Indiz für zeitgenössische Endzeitängste und -vorstellungen.

Der protestantischen Produktion von Exempelbüchern im 16. Jh. hatte die katholisch verbliebene Hemisphäre bis zum Abschluß des Konzils von Trient (1545–1563) und den nun einsetzenden Rekatholisierungsmaßnahmen nur wenig entgegenzusetzen. Die ersten Ausgaben von E. blieben an der Wende vom 16. zum 17. Jh. auf den Universitäts- und Verlagsort Douai in den spanischen Niederlanden einerseits, auf Drucke mittelalterlicher Sammlungen andererseits wie der ‹Libri miraculorum› des PETRUS VENERABILIS (1595), des ‹Liber apum› des THOMAS VON CANTIMPRÉ (1597), des ‹Dialogus miraculorum› des CAESARIUS VON HEISTERBACH (1601) oder JOHN BROMYARDS ‹Summa predicantium› (1614) beschränkt. Erst mit dem Beginn des 17. Jh. gelangten auch Neubearbeitungen sowie vollständig neu zusammengestellte Werke auf den Buchmarkt; hierbei nahmen jesuitische Autoren eine führende Stellung ein. Die zwei wohl bedeutendsten, da in ihrer Wirkung nachhaltigsten Vertreter der gegenreformatorischen Exempelliteratur waren die ‹Flores Exemplorum, siue Catechismus Historialis› des französischen Jesuiten ANTOINE D'AVEROULT (Köln 1624) sowie die weit über Mitteleuropa hinausreichende, bis ins 19. Jh. als Vorbild wirksame, ursprünglich nur als Neuausgabe des ‹Speculum exemplorum› geplante, durch JOHANNES MAIOR aber zur 6. Auflage von 1618 – im buchstäblichen Wortsinn – umfangmäßig zum ‹Magnum Speculum Exemplorum› bearbeitete, nach alphabetisch geordneten Stichwörtern sortierte Kompilation. [10]

Ein weiteres inneres Anordnungsprinzip, das die Bildungsabsichten unschwer erkennen läßt, kategorisierte die *exempla* nach dem Katechismus, wobei sich hier gegenreformatorische Autoren wie D'AVEROULT, PHILIPPE D'OUTREMAN (‹Paedagogus Christianus›, 1625; deutsch Köln 1664), GEORG VOGLER (‹Catechismus in Außerlesenen Exempeln›, Würzburg 1625) [11] oder MARTIN PRUGGER (‹Lehr- und Exempel-Buch›, Augsburg 1724) [12] an protestantische Beispielkatechismen anlehnen konnten.

Daneben entstanden, ähnlich wie im Mittelalter, monographische Sammlungen zu speziellen, für die kontroverstheologische Auseinandersetzung mit protestantischen Lehren bedeutsame Sammlungen. Sie waren etwa wie TILMAN BREDENBACHS ‹Collationum sacrarum libri octo› (Köln 1584) nach Kapiteln (Eucharistie, Maria, Bilderverehrung, Heiligenkult usw.) angelegt oder griffen ein Theologem systematisch auf. Zu solchen Editionen zählten im 17. Jh. neben Mirakelbüchern unterschiedlichster Art und Heiligenlegenden vor allem mariologische Werke wie JOHANNES BONIFATIUS' ‹De Divae Virginis Mariae vita et miraculis libri quinque› (Paris 1605; Köln 1610 u. ö.) oder GIOVANNI RHOS und CAROLO BOVIOS ‹Marianischer Gnaden- und Wunderschatz› (Rom 1655/1692; deutsch Augsburg 1737). [13] Erhebliche Breitenwirkung erzielten vor allem die Schriften MARTIN VON COCHEMS, so z. B. das unter dem Einfluß von VALENTIN LEUCHTS ‹Viridarium Regium illustrium miraculorum et historiarum› (Köln 1614) konzipierte ‹Außerlesene History-Buch› (Dillingen 1687), das auch eine innovative, das Problem der Rezeption durch die einzelnen Bildungsschichten formulierende *exemplum*-Theorie enthält. [14]

III. *18. u. 19. Jh.* Während sich im protestantischen Bereich mit dem 18. Jh. das Ende der E. anbahnte und sich systematische Zusammenstellungen von Historien entweder, wie bei CHRISTIAN STOCKS ‹Homiletischem Real-Lexikon› (Jena 1725) auf Sekundär- und Anleitungsliteratur für Prediger, oder, wie im Falle von JOHANN JACOB OTHO's ‹Evangelischem Krancken-Trost› (Nürnberg 1671 [¹1655] u. ö.) [15], auf die religiös-erbauliche Hausväterliteratur reduzierten, trugen katholische E. die gegenreformatorische Apologetik durch Neuauflagen in die erste Hälfte des 18. Jh. hinein; hierfür steht insbesondere MARTIN VON COCHEMS erstmals 1669 und 1670 in Dillingen erschienenes ‹Lehrreiches History und Exempelbuch nach dem Alphabet beschrieben›. Noch 1852 bearbeitete JOSEPH GABLER mit der Sammlung ‹Der große Spiegel. Ein katholisches Beispiellexikon› (Regensburg 1852) das ‹Magnum Speculum Exemplorum› des JOHANNES MAIOR, aus dem er 541 Geschichten übernahm, das Werk jedoch mit 136 neuen *exempla* auf den Stand der Zeit brachte. Allerdings läßt sich für die katholische Handhabung nur schwer übersehen, daß sich inzwischen Beispielsammlungen auf die Form der unterweisenden Familienlektüre (z. B. Ludwig Mehler: ‹Beispiele zur gesammten christkatholischen Lehre›, Regensburg 1849) oder auf Predigthilfen eingeschränkt hatten. [16]

IV. *20. Jh., Jüdische E.* Sicherlich im Zusammenhang mit dem national(istisch)en Charakter der Literatur- und Kulturwissenschaften seit dem 19. Jh. sowie mit dem kollektiven Antijudaismus und Antisemitismus ist der Umstand zu sehen, daß die Exemplumforschung bis heute die Entwicklung vergleichbarer jüdisch-europäischer Sammlungen nicht zur Kenntnis nahm. Dabei verliefen die Entwicklungen parallel. Neben Kompilationen mit zahlreichen Erzählbeispielen, die von späteren Autoren immer wieder ausgeschrieben wurden, so dem ‹Sefer Chassidim› des JEHUDA BEN SAMUEL HE-CHASSID VON REGENSBURG (verfaßt zwischen 1190 und 1215) [17] oder frühneuzeitlichem Schrifttum wie dem jüdischdeutschen ‹Brantshpigl› (Basel 1602) stand etwa mit dem bis weit ins 19. Jh. vielfach aufgelegten und bearbeiteten, von CHRISTOPH HELVICUS unter dem Titel ‹Jüdische Historien› (Gießen 1611/12) in Auszügen übersetzten und tendenziös kommentierten ‹Ma'aseh Bukh› (Basel 1602) eine beliebte E. zur Verfügung. [18] Die hohe Erzählfreudigkeit theoretischer, theologischer und normativer Schriften hat MOSES GASTER in seinen ‹Exempla of the Rabbis› (1924) verdeutlicht. Im 19. Jh. entstand ähnlich wie mit der protestantischen und katholischen Erbauungsliteratur mit dem jüdischen Familienschrifttum eine neue Form der E.; so stellte J. H. KOHNS ‹Bibel- und Talmudschatz› (⁷1883) zahlreiche biblische und talmudische Erzählstoffe zusammen. Nahezu selbstverständlich wurden nach der – umstrittenen – Einführung der volkssprachigen Predigt in den synagogalen Gottesdienst Anleitungen und E. für die Homileten verfaßt (z. B. F. KANTER: ‹Gleichnisse für Reden über jüdische Angelegenheiten›, 1911; ders.: ‹Neue Gleichnisse. Gleichnisse und Erzählungen aus dem jüdischen Schrifttume für das jüdische Leben›, 1921; ders.: ‹Mishle Ya'kov. Gleichnisse und Erzählungen, zeitgemäße Betrachtungen zu allen Fest- und Feiertagen des Jahres›, 1929). [19]

V. Der inhaltlich zumeist auf religiöse, häufig wunderbare Historien, funktional auf den theologischen und homiletischen Argumentationsgebrauch eingeschränkte Exemplumbegriff führte innerhalb der Forschung zum Ausschluß anderer – profaner – Erzählmaterien. Hier heißt es in Zukunft etwa auch die technologische Fach- und Anweisungsliteratur seit dem 16. Jh. mit ihrem hohen, bis heute völlig übersehenen Bestand an narrativen Beispielen systematisch aufzuarbeiten. [20]

Anmerkungen:
1 vgl. C. Daxelmüller: Zum Beispiel. Eine exemplarische Bibliogr., in: Jb. f. Volkskunde N.F. 13 (1990) 218–244; ebd. N.F. 14 (1991) 215–240; Teil 3 im Druck. – **2** P. v. Moos: Gesch. als Topik (1988) 45. – **3** Quint. XII, 4, 1–2; vgl. Cic. De or. I, 6, 20. – **4** vgl. C. Bosch: Die Quellen des Valerius Maximus (1929); W. Brückner: Volkserzählung und Reformation (1974) 86–87. – **5** J. T. Welter: L'exemplum dans la littérature religieuse et didactique du moyen age (Paris/Toulouse 1927). – **6** C. Bremond, J. Le Goff, J.-C. Schmitt: L'«Exemplum» (1982) 59. – **7** vgl. M. Chesnutt: Exempelsammlungen 1 (Mittelalter), in: Enzyklop. des Märchens, Bd. 4, Lfg. 2/3 (1983) 592–604. – **8** Les miracles de notre Dame, Vol. 1–3 (1955–1956). – **9** ML 145, 571–590. – **10** vgl. R. Alsheimer: Das Magnum Speculum Exemplorum als Ausgangspunkt populärer Erzähltraditionen. Stud. zu seiner Wirkungsgesch. in Polen und Rußland (1971). – **11** W. Metzger: Beispielkatechese der Gegenreformation. Georg Voglers ‹Catechismus in Außerlesenen Exempeln›. Würzburg 1625 (1982). – **12** L. Hofmann: Martin Pruggers Lehr- und Exempelbuch als Quelle zur Erzählforschung (Mag. Arbeit 1985). – **13** W. Brückner: Erzählende Kurzprosa des geistlichen Barock. Aufriß eines Forschungsprojektes am Beispiel der Marienlit. des 16.–18. Jh., in: Österreichische ZS für Volkskunde, N. S. 37 [86] (1983) 101–147. – **14** C. Daxelmüller: Exemplum und Fallbericht. Zur Gewichtung von Erzählstruktur und Kontext religiöser Beispielgeschichten und wiss. Diskursmaterien, in: Jb. für Volkskunde N. F. 5 (1982) 149–159. – **15** W. Beck: Protestantischer Exempelgebrauch am Beispiel der Erbauungsbücher Johann Jacob Othos. Versuch einer methodischen Anleitung, in: Jb. für Volkskunde N.F. 3 (1980) 75–88. – **16** W. Brückner: «Narrativistik». Versuch einer Kenntnisnahme theol. Erzählforsch., in: Fabula 20 (1979), 18–33. – **17** vgl. u. a. J. Dan: Rabbi Juda the Pious and Caesarius of Heisterbach. Common Motifs in their Stories, in: Studies in Aggadah and Folk-Literature, hg. v. J. Heinemann und D. Noy (1971) 18–27; ders.: The Hebrew Story in the Middle Ages (1974, hebräisch). – **18** vgl. C. Daxelmüller: Die Entdeckung der jüdischen Erzähllit. Rezeption und Bewertung populärer jüdischer Erzählstoffe in der Ges. des 17. und 18. Jh, in: Rheinisches Jb. für Volkskunde 26 (1985/86) 7–36. – **19** vgl. C. Daxelmüller: Erzähler auf der Kanzel: Das Exemplum in jüdischen Predigten des 19. und 20. Jhs., in: Fabula 32 (1991), S. 33–66. – **20** vgl. C. Daxelmüller: Erzählen über Technik (im Druck).

Literaturhinweis:
W. Haug, B. Wachinger (Hg.): Exempel und E. (1991).
C. Daxelmüller

→ Aeraria Poetica → Anthologie → Beispiel → Blütenlese → Exemplum → Florilegium → Formelbücher → Kollektaneen

Exemplum (griech. παράδειγμα, parádeigma; dt. Beispiel, Exempel; engl. example; frz. exemple; ital. esempio)
A. Def., Verwendungsweisen. – B. I. Antike. – II. Mittelalter. – III. Renaissance, Humanismus, Barock. – IV. 18. Jh., Aufklärung. – V. 20. Jh.

A. Mit E. wird ein bestimmter ‹Fall a› (insbesondere ein Geschehnis, eine Tat, ein Werk oder eine Person) bezeichnet, insofern dieser Fall erstens eine Konkretisierung eines allgemein(er)en Sachverhalts, einer Gattung oder eines Typus A darstellt und/oder zweitens zum jeweiligen Redegegenstand a in einem Analogie-, Vorbild- oder Kontrast-Verhältnis – letzteres als ‹Gegenbeispiel› – steht. Das E. wird in unterschiedlichen, manchmal einander überlagernden Funktionen und in verschiedenen Bereichen verwendet, wobei die Schwerpunkte im Laufe der Rhetorikgeschichte wechseln: 1. in argumentativer Funktion als Beweismittel oder Beleg, vornehmlich im *genus iudiciale* (Gerichtsrede) und *genus deliberativum* (Rede vor der Rats- oder Volksversammlung); 2. in erläuternder Funktion als ‹Erklärung am Beispiel›, vornehmlich in belehrenden Texten, vor allem für ein Publikum mit geringer Bildung und/oder ohne Fachkenntnisse; 3. in ästhetischer Funktion als Schmuck (*ornatus*) – sei es in Form einer bloßen Anspielung, sei es als Erzähl-Einlage – vornehmlich im *genus demonstrativum* bzw. *laudativum* (Festrede), im rhetorischen Schulbetrieb von den Deklamationen der Antike bis zu den Schulreden des Barock – und vor allem in der Poesie; 4. in lebenspraktischer Funktion als Orientierungshilfe mit Autoritätsanspruch; diese Funktion des E. erfährt in der klassischen Rhetorik vor allem zwei Ausprägungen: a) E. als mustergültiges (Kunst-)Werk, das als Grundlage von Nachahmung (μίμεσις, mímesis; *imitatio*) und auch von Schulübung *(exercitatio)* verwendet wird; b) E. als Person mit (ethisch) vorbildlicher Lebensführung. In dieser Funktion wird E. vor allem verwendet in Lobreden und panegyrischen Texten *(genus laudativum)*, später – christlich gewendet – in der Legenden- und Heiligenliteratur, in der Predigt und in allen Formen religiös-moralisch-lehrhafter Literatur. In diesen Kontexten erscheint neben dem E. als Vorbild auch das abschreckende negative E.

B. I. *Antike.* Die Hauptfunktion des E. ist in der griechischen und der frühen lateinischen Rhetorik die eines ‹technischen›, d. h. durch die Redekunst zu erbringenden Beweismittels in der Gerichtsrede und in der politischen Beratungsrede. So wird es schon von dem pseudoaristotelischen Auctor ad Alexandrum, den manche mit Anaximenes identifizieren, eingeordnet. [1] Er empfiehlt die Verwendung des E. vor allem dann, wenn das Vorbringen von Sachverhalten, die in der Regel gelten (εἰκός, eikós), allein die Hörer nicht überzeugt; dann könne der Redner durch das Beispiel die Aussage für die Hörer klarer und überzeugender machen, indem er ihnen für eine andere, dem verhandelten Sachverhalt ähnliche Tat zeigt, daß dort das Gleiche geschehen sei. [2]

Aristoteles verknüpft das E. (parádeigma) als rhetorisches Beweismittel explizit mit der Logik. Für ihn ist es die rhetorische Variante der logischen Schlußform der Induktion (ἐπαγωγὴ ῥητορική, epagōgē rhētorikḗ = rhetorische Induktion).

In Aristoteles' System der Beweisarten bildet es die zweite Hauptklasse neben dem Enthymem, d. i. die meist alltagssprachlich verkürzte rhetorische Variante des Syllogismus – wobei im Syllogismus vom Allgemein(er)en auf das Besondere bzw. weniger Allgemeine geschlossen wird. [3] Er unterteilt die E. in historische und erfundene (fiktionale). Die fiktionalen E. werden nochmals in Parabeln (Gleichnisse) und Fabeln differenziert. [4] Für die Fabeln gilt in besonders hohem Maße, was Aristoteles für das induktive Argumentieren überhaupt meint: Es sei im Vergleich mit den syllogistischen Beweisarten, in denen das Schließen ausschließlich mit generellen Sachverhalten operiert, der volkstümlichere, «der Menge vertrautere» Argumentationstyp. [5] Diese Kennzeichnung und Einteilung der E. durch Aristoteles wird von vielen späteren Autoren übernommen.

In den Empfehlungen für die Redepraxis behandelt Aristoteles das E. als zweitrangig: Nur wenn der Redner zu einem Thema keine Enthymeme bilden kann, mag er sich mit einem E. begnügen. Ansonsten sollte er das E. in Kombination mit Enthymemen verwenden. Dabei sollten die Enthymeme in die Vorderposition und die E. in die Hinterposition gestellt werden, weil E. dann wirken würden wie «Zeugnisse [...]; ein Zeuge aber wird jederzeit zur Vermittlung der Glaubhaftigkeit akzeptiert». Bei umgekehrter Reihenfolge sei man gezwungen, etliche E. «anzuführen, als Schlußwort jedoch genügt schon eins». [6]

Im ältesten erhaltenen römischen Rhetorik-Lehrbuch, der pseudo-ciceronischen ‹Rhetorica ad Herennium›, wird das E. als Stilfigur, und zwar als *figura sententiae* (= den Redesinn betreffende Schmuckfigur) behandelt. [7] Vier Funktionen spricht der Auctor ad Herennium dem E. zu: «Es schmückt die Sache aus, wenn es einzig zum Zweck der Schönheit angeführt wird; es verdeutlicht, wenn es das, was etwas dunkel ist, mehr ins Klare setzt; es erhöht die Wahrscheinlichkeit, wenn es die Sache glaubwürdiger macht; es veranschaulicht, wenn es alles deutlich ausdrückt, so daß die Sache sozusagen mit der Hand gegriffen werden kann.» [8] In dieser Funktion stimmt das E. überein mit dem Gleichnis *(simile)*, das hier, anders als bei Aristoteles, nicht mehr als Subtypus des E. sondern als dem E. nebengeordnete eigene Kategorie behandelt wird. In der Herennius-Rhetorik haben E. und Gleichnis insofern einen argumentativen Status, als sie zum – u. U. entbehrlichen – vierten Teil des fünfgliedrigen Schemas der vollständigen Argumentation gehören, der «Ausschmückung» *(exornatio)*. [9] Dementsprechend werden die Fehler bei der Verwendung von Beispielen zu den Argumentationsfehlern *(argumentationis vitia)* gerechnet [10], wobei drei Fälle unterschieden werden: «Ein Beispielfehler liegt vor, wenn das Beispiel nicht stimmt, so daß es (als unzutreffend) gerügt wird, oder wenn es (in moralischer oder geschmacklicher Hinsicht) schlimm ist, so daß es nicht nachgeahmt werden darf, oder wenn der Fall, der als Beispiel herangezogen wird, eine größere oder eine kleinere Dimension besitzt, als der Sachverhalt erfordert» (Exemplum vitiosum est, si aut falsum est, ut reprehendatur, aut inprobum, ut non sit imitandum, aut maius aut minus, quam res postulat). [11]

Neben den genannten inhaltsbezogenen Funktionen können exemplarische Formen wie historische Anekdoten, Fabeln, Vergleiche – neben anderen Kniffen – auch dem psychologischen Zweck dienen, ein ermüdetes Publikum wieder zur Aufmerksamkeit, eventuell auch zum Lachen zu bringen. [12]

Eine umfangreiche Auseinandersetzung führt der Auctor ad Herennium um die Frage, ob man als Autor eines Rhetorik-Lehrbuchs die zur Erörterung der Stilmittel notwendigen E. selber bilden solle – wofür er plädiert –, oder ob man, wie es die Griechen halten, auf E. aus den Texten klassischer Autoren zurückgreifen soll. [13]

In Ciceros rhetorischen Schriften spielt der Begriff ‹E.› eine untergeordnete Rolle. In ‹De inventione› wird das E. innerhalb der Wahrscheinlichkeitsbeweise *(argu-*

mentatio probabilis) als eine Unterklasse der Wahrscheinlichkeitsbeweise aus dem Vergleichbaren *(comparabile)* behandelt – neben Ebenbild *(imago)* und Gegenstück *(collatio)*. E. wird dort definiert als ein Argument, das die Sache, um die argumentiert wird, stärkt oder schwächt durch Berufung auf das Vorbild oder den Fall einer Person oder eines Sachverhalts («Exemplum est, quod rem auctoritate aut casu alicuius hominis aut negotii confirmat aut infirmat»). [14] Darin läßt sich eine Verwandtschaft mit dem historischen Beispiel bei Aristoteles erkennen [15] und damit gleichzeitig eine Begriffsverengung gegenüber anderen Autoren. Was diese unter dem Begriff ‹E.› (z.B. Quintilian) bzw. ‹Paradigma› (z.B. Aristoteles) behandeln, thematisiert Cicero in semantisch-inhaltlicher Hinsicht unter den Begriffen ‹Ähnlichkeit› *(similitudo)* [16] und ‹Vergleichbares› *(comparabile)* [17] und in logischer Hinsicht unter dem Begriff des ‹induktiven Arguments› *(inductio)*. Dabei zieht der Redner «ein außerhalb des Sachverhaltes stehendes Beispiel heran». [18] Es wird ein Schluß gezogen, «der von einem oder mehreren Einzelbeispielen induktiv eine allgemeine Aussage abstrahiert, die dann in einer deduktiven Folgerung auf einen neuen Einzelfall angewendet wird.» [19]

In ‹De oratore› wird das E. unter die Gedankenfiguren gezählt und neben der *similitudo* (Gleichnis) als das rednerische Mittel bezeichnet, das die Hörer besonders stark zu emotionalisieren vermag *(maxime movent)*. [20]

QUINTILIAN behandelt das E. ausführlich als ‹technisches› Beweismittel [21] und weist dabei hin auf den Zusammenhang und auch auf die kommunikationstypbedingte Differenz zwischen der ‹Hinführung› (*epagōgē*; *inductio*) von analogen Einzelfällen zu einer effektvollen Schlußfolgerung im Sokratischen Dialog einerseits und der argumentativen Verwendung von Einzelfällen als E. in einer zusammenhängenden Rede andererseits. [22] Als Beweismittel stellt Quintilian die E. neben die Indizien *(signa)* und die (deduktiven) Argumente *(argumenta* mit den Unterkategorien Enthymem, Epicheirem und Apodeixis). [23] Unter dem Stichwort ‹E.› behandelt er neben dem Beispiel auch den Vergleich *(similitudo; collatio)* [24], den er auch unter die Wortfiguren *(figurae verborum)* zählt [25], sowie den Autoritätsbeweis *(auctoritas)* in Form des Hinweises auf respektable Auffassungen «anderer Stämme, Völker, weiser Männer, berühmter Mitbürger und bedeutender Dichter». [26]

Die E. findet der Redner nicht im behandelten Fall *(causa)* selbst vor, sondern er muß sie von außen *(extrinsecus)* holen. [27] Die Verknüpfung mit dem Fall erfolgt über die Ähnlichkeitsrelation *(simile)*. Deshalb muß darauf geachtet werden, ob bzw. wie weit Ähnlichkeit zwischen Redegegenstand und E. tatsächlich vorliegt. [28] Quintilian warnt allerdings vor haarspalterischer Betrachtungsweise. [29] Die Ähnlichkeitsrelation hat drei Grade *(gradus)*: 1. die Ähnlichkeit *(simile)* – mit den Varianten völlige Ähnlichkeit bzw. Gleichheit *(totum simile)*, proportionale Analogie zwischen Größerem und Kleinerem *(ex maioribus ad minora)* und umgekehrt zwischen Kleinerem und Größerem *(ex minoribus ad maiora)* [30]; 2. die Unähnlichkeit *(dissimile)* und 3. der Gegensatz *(contrarium)*. [31]

Die Kategorie der Ähnlichkeit und ihre Ausprägungen werden von Quintilian, ebenso wie von Cicero, nicht nur zu den Beweismitteln, sondern auch zu den *loci* (Fundstellen für Argumente) gezählt. [32] Für die Verwendung der Ähnlichkeitsrelation in der Wortschmuckfigur des Vergleichs bzw. Gleichnisses *(similitudo)* empfiehlt Quintilian, daß der zum Vergleich herangezogene Sachverhalt den Hörern bekannt sein solle; denn was zur Erklärung dienen soll, müsse selbst klarer sein als das Erklärte. [33] Spätere Autoren wie MINUKIAN und APSINES erheben diese Forderung auch für das E. i. e. S. [34]

In inhaltlicher Hinsicht findet sich bei Quintilian die aristotelische Einteilung in historische oder quasi-historische E. *(res gestae aut ut gestae)* [35] und in – mit weniger Beweiskraft ausgestattete [36] – fiktionale E., die wiederum in dichterische Erzählungen *(fabulae)* und Fabeln *(fabellae)* im Stil Aesops untergliedert werden. [37] Bei der Verwendung von E. kann je nach Situation und Bekanntheit der Beispiele gewählt werden zwischen vollständiger Darstellung und bloßem Hinweis. [38]

Wie Cicero [39] betont auch Quintilian, daß der Redner über einen großen Fundus von E. aus Geschichte und Mythologie verfügen müsse. [40]

Als Vorbilder – E. im Sinne von ‹Mustern› – für den richtigen Gebrauch von E. in der Rede zitiert Quintilian immer wieder vor allem aus Ciceros Reden. Ausführlich erörtert er das Problem der Orientierung des Redners am E. (= Vorbild) großer Redner und Autoren. [41] Dabei wendet er sich gegen eine allzu enge Nachahmung *(imitatio)* und plädiert für eine Mischung aus sorgfältig ausgewählter *imitatio* und der Entfaltung von eigenem *ingenium* und eigener *inventio*, *vis*, *facilitas* (Talent, Erfindungsgabe, Formulierungskraft und Gewandtheit im Ausdruck). [42]

In der wichtigsten schriftlichen Textsorte im antiken Schulbetrieb, der Chrie, soll – nach dem Lehrbuch des APHTHONIOS, ‹Progymnasmata› – das E. im Anschluß an die Pro- und Contra-Argumentation den fünften Teil des achtgliedrigen Chrien-Schemas bilden. Funktion des E. ist dabei die Illustration des argumentativ Ausgeführten. [43]

II. *Mittelalter.* Seit der Spätantike – beschleunigt durch die Ausbreitung des Christentums mit seiner Heilsgewißheit, seiner gegenüber jedem Zweifel entzogenen Heiligen Schrift und mit der Predigt als vorherrschender öffentlicher Redeform – verliert die Beweis- bzw. Argumentationslehre ihre zentrale Stellung innerhalb der Rhetorik. [44] Auch wo die antike Systematik der Beweismittel noch erkennbar ist wie in ISIDORS VON SEVILLA ‹Etymologiarum sive originum libri XX›, bleibt es bei knapper Erwähnung. Dort bilden die – dem E. nahe verwandte – *inductio* und die (deduktive) *ratiocinatio* die beiden Hauptklassen der rhetorischen Argumentationsarten. [45] Bis zum Beginn der Aufklärung ist Rhetorik vor allem Lehre vom Redeschmuck *(ornatus)*. Schon bei der Auctor ad Herennium hatte das E. als eine *figura sententiae* dem Redeschmuck zugeordnet. Diese Zuordnung wird im Mittelalter dominant. Die Funktion des E. als Schmuck ist im Mittelalter primär nicht ästhetisch, sondern religiös, moralisch und didaktisch: Es ist vor allem Mittel zum Zweck der Veranschaulichung und/oder zur Hervorhebung gedanklich-abstrakter, oft lehrhafter Inhalte.

Als *ornatus*-Element wird das E. in der Vielzahl der Rhetorik-, Poetik- und Predigt-Lehrbücher Bestandteil unterschiedlicher, oft verwirrender Systematisierungsversuche. So taucht das E. in der ‹Poetria Nova› des GALFRED VON VINOSALVO in der Lehre von der sequentiellen Ordnung *(ordo)* des Textes auf, wo von den acht ‹künstlichen›, d.h. nicht dem ‹natürlichen› Nacheinander der berichteten Geschehnisse folgenden Anordnungen *(ordines artificiales)* drei durch durch die Verwendung von E. gekennzeichnet sind: E. am Anfang, E. in der Mitte und E. am Ende des Textes. [46] In JOHANNES' VON GARLANDIA ‹De arte prosayca, metrica et rithmica› wird das E. als ‹Fundstelle› *(locus)* innerhalb einer *loci*-Gruppe «Sprichwörter und Personen» aufgeführt. [47] In RICHARDS VON THETFORD – früher fälschlicherweise dem Bonaventura zugeschriebener – weitverbreiteter ‹Ars dilatandi sermones› aus dem 13. Jh., einem Spezial-Lehrbuch innerhalb des hoch- und spätmittelalterlichen Genres der Predigt-Lehrbücher *(artes praedicandi)*, das Hinweise für die breite Ausgestaltung *(dilatatio, amplificatio)* von Predigtthemen gibt, werden E. und Induktion – neben Syllogismus und Enthymem – als Spielarten der Argumentation genannt. Argumentation bzw. Beweis ist hier aber nicht mehr Kernstück der rhetorischen Textkonstitution wie bei den antiken Klassikern, sondern bloßes Amplifikationsmittel neben sieben weiteren. [48]

In den Aufbauschemata für Predigten heißt der Hauptteil bezeichnenderweise nicht mehr *argumentatio*, wie in der Dispositionslehre der antiken Rhetorik, sondern *tractatio* (= Themenbehandlung). Als Normal-Schema ergibt sich aus den zahlreichen Predigt-Lehrbüchern folgender Aufbau der mittelalterlichen Predigt: 1. Anrufung Gottes, 2. Lesung einer Bibelstelle *(lectio)*, 3. Benennung der Frage(n), um die es geht *(expositio, divisio)*, 4. Hörerbezogener Einstieg in die Themenbehandlung *(exordium, prothema)*, 5. Themenbehandlung *(tractatio)*, 6. Appell, das Gehörte zu beherzigen *(admonitio)*, 7. Gebet. Vor allem die *tractatio* soll E. bzw. *narrationes* (Beispielerzählungen) enthalten – neben den *ratio(cinatio)nes* bzw. *argumenta* (Vernunftgründe) und der (letztlich ausschlaggebenden) *auctoritas*, d.i. die Berufung auf die Hl. Schrift als oberste Autorität oder – mit geringeren Autoritätsgeraden – auf Kirchenväter und eventuell auch Philosophen und Dichter. Dabei können E. entweder konstitutive Elemente der Argumentation sein (wenn der Gedankengang in E. selbst dargestellt wird), Erläuterungen und Verdeutlichungen der Thesen des Predigers oder – ohne engeren Bezug zum Thema – Mittel zur Erregung der Aufmerksamkeit. [49]

Begünstigt durch das mittelalterliche Analogie-Denken werden das E. und verwandte Formen wie die Parabel – letztere in der Tradition der biblischen Gleichnisse – mehr noch als in der Antike zu festen Bestandteilen nahezu aller literarischen und religiösen Textgattungen – von den christlichen Heiligen in der Legenden- und Predigtliteratur über die Darstellung antiker «Kulturheroen und Beispielfiguren» [50] in allegorischer Theologen-Dichtung wie dem ‹Anticlaudianus de Antirufino› des ALANUS AB INSULIS aus den 80er Jahren des 12. Jh. bis zur Stilisierung von Hauptfiguren in der höfischen Dichtung als exemplarische Gestalten, die auf vorbildliche Weise bestimmte Ideale realisieren, z.B. bei GOTTFRIED VON STRASSBURG Tristan und Isolde als Muster grenzenloser Minne für eine – vom Autor postulierte – Gemeinde der «edelen herzen».

Auch die Gattungen der Rhetorik-, Poetik- und Predigt-Lehrbücher des Mittelalters selbst machen von E. – als Muster für die Benutzer – noch exzessiver Gebrauch als ihre antiken Vorläufer: «As is usual in medieval manuals, the space given to examples outweighs the description which the examples illustrate.» (Wie in mittelalterlichen Handbüchern üblich, nehmen die Beispiele weitaus mehr Raum ein als die Beschreibungen, die mit ihnen illustriert werden.) [51]

Neben der Verwendung von E. als Teile von Texten kennt das Mittelalter den Begriff ‹E.› auch als eigenständige – allerdings auch in größere Texte integrierbare – literarische Kleinform, die selten mehr als 40 Zeilen umfaßt. Theoretische Überlegungen dazu finden sich – entsprechend der Bedeutung des E. für die Predigt – vor allem in den Predigtbüchern im Anschluß an die ‹Summa de arte praedicatoria› des Alanus ab Insulis. Zweck des E. ist die Veranschaulichung und Konkretisierung abstrakter Lehrinhalte. Drei Elemente gehören zum E.: 1. eine knappe Erzählung oder Beschreibung, 2. der Hinweis auf die moralische Maxime und/oder die religiöse Lehre, 3. die Nutzanwendung, die sich für das menschliche Verhalten ergibt.

Vorläufer sind die E. in den Werken der Kirchenväter, auch die vier Evangelien mit ihren Gleichnissen und den Episoden-Erzählungen des vorbildlichen Lebens Jesu, die Heiligen- und Märtyrerliteratur (z.B. PALLADIUS: ‹Historia Lausiaca› oder GREGOR DER GROSSE: ‹Dialogi de vita et miraculis patrum Italicorum›) und schließlich die antike Erzählüberlieferung, wie sie etwa in den ‹Oratorum et rhetorum sententiae divisiones colores› von SENECA D. Ä. oder in den ‹Gesta Romanorum› dem Mittelalter als beliebte Quellen zur Verfügung standen.

E. Neumann zählt unter den Aspekten des Inhalts und der Quellen folgende Typen des mittelalterlichen E. auf: «1. das biblische E.; 2. das fromm-erbauliche E. (aus Kirchenvätern und Kirchenschriftstellern, Vitae Patrum u. dgl.); 3. das hagiographische E. (aus Heiligenlegenden, Marienmirakeln, eucharistischen Wundergeschichten, Visions- und Erscheinungsberichten); 4. das Visions-E.; 5. das profane E.; 6. das historische E.; 7. das sagenhafte und legendäre E.; 8. das tiergeschichtliche (Fabel-)E.; 9. das naturgeschichtliche und geographische E.; 10. das persönliche Erlebnis- und Erfahrungs-E.» [52]

Im deutschsprachigen Raum beeinflußt das – prototypisch lateinische – E. vor allem das ‹bîspel› als sein volkssprachliches – allerdings weniger theologisch gefärbtes – Pendant [53], darüber hinaus aber auch die Motivik der späteren deutschen Literatur sowie Märchen und Sagen.

Die zentrale Bedeutung des E. in der mittelalterlichen Literatur und Predigt führt dazu, daß vor allem im 13. und 14. Jh. zahlreiche E.-Sammlungen (z.B. STEPHAN VON BOURBON: ‹Tractatus de diversis materiis praedicabilibus› mit knapp 3000 E., MAGISTER HUMBERTUS: ‹De dono timoris›, MARTINUS VON TROPPAU: ‹Promptuarium exemplorum›) und Predigtsammlungen mit vielen E. (z.B. CAESARIUS VON HEISTERBACH: ‹Dialogus miraculorum libri XII›, JAKOB VON VITRY: ‹Sermones vulgares› und ‹Sermones communes›) entstehen.

III. *Renaissance, Humanismus, Barock.* Vom 15. Jh. an erschöpft sich das E. als literarische Gattung. «Alle Wiederbelebungsversuche erzielen nur ein künstliches Nachleben der alten Formen (in Sammlungen und Predigtwerken), ohne daß man über mechanisches Nachahmen oder farblosen Abklatsch hinausgelangt. Schließlich erliegt das E. den Angriffen der Humanisten und der Strenge des reformatorischen Geistes.» [54] Die Tradition der E.-Sammlungen für Predigtzwecke wird vor allem im katholischen Bereich bis ins 20. Jh. fortgesetzt, im deutschsprachigen Raum z.B. G. STENGEL: ‹Vis et virtus exemplorum› (1634), M. PRUGGER: ‹Lehr- und Exempelbuch› (1761), S. KIEPACH: ‹Fastenexempelpredigten› (1805), A. SCHERER: ‹Exempellexikon für Prediger und Katecheten› (4 Bd. 1871–1888, 2. Aufl. 1906–1909).

Auch für Luther haben E. und Gleichnisse eine wichtige Funktion in der Predigt. In den ‹Tischreden› fordert er den logisch-dialektisch und rhetorisch kompetenten Prediger und skizziert dabei einen Predigtaufbau, der, verglichen mit dem Gliederungsschema der mittelalterlichen Lehrbücher, den Gedanken der *argumentatio* wieder stärker in die Predigt hineinholt:

«Ein Prediger soll ein Dialecticus und Rhetor sein, das ist, er muß können lehren und vermahnen. Wenn er nu von einem Dinge oder Artikel lehren will, soll ers erstlich unterscheiden, was es eigentlich heißet; zum Andern definieren, beschreiben und anzeigen, was es ist; zum Dritten soll er die Sprüche aus der Schrift dazu führen und damit beweisen und stärken; zum Vierten mit Exemplen ausstreichen und erklären; zum Fünften mit Gleichnissen schmücken; zu letzt die Faulen ermahnen und munter machen, die Ungehorsamen, falsche Lehre und ihre Stifter mit Ernst strafen, also doch, daß man sehe, daß es aus keinem Widerwillen, Haß oder Neid geschehe, sondern allein Gottes Ehre und der Leute Nutz und Heil suche.» [55]

Humanistische Rhetorik dient allerdings im wesentlichen nicht theologischen Zwecken, sondern steht im Kontext der Poetik und zielt vor allem auf poetische Kompetenz. Einerseits orientiert man sich genauer als das Mittelalter an den originalen Texten der antiken Rhetorik, andererseits ist man aber ganz an der Stil- und kaum an der Argumentationslehre interessiert. Das E. wird dabei in den Lehrbüchern manchmal überhaupt nicht behandelt, z.B. in MELANCHTHONS ‹Elementorum rhetorices libri duo› oder nur knapp als Gedankenfigur *(figura sententia)*. So bezeichnet ERASMUS VON ROTTERDAM das E. als eine Form des rhetorischen Beweises, die vor allem der Amplifikation, der Ausgestaltung und Ausschmückung diene und das Publikum auf induktive Weise von der Richtigkeit der Position des Redners überzeugen soll. [56] Während bei Erasmus die Herkunft des E. aus der Beweislehre noch deutlich wird, beschränken Autoren wie H. PEACHAM und T. WILSON sich darauf, das E. als Redefigur zu bezeichnen, bei der das Publikum durch Erzählung eines historischen oder fiktiven Vorfalles überzeugt werden soll. Wilson weist zusätzlich noch darauf hin, daß E., die mit der behandelten Sache im Kontrast stehen, besonders wirksam seien. [57]

Im 17. Jh. erscheinen die ersten rhetorischen Lehrbücher in deutscher Sprache. B. KINDERMANN, der in ‹Der Deutsche Redner› (1660) Empfehlungen und Muster in erster Linie für Reden im privaten bürgerlichen Leben, in zweiter Linie auch für Reden am Hofe gibt, verwendet die Kategorie des E. (in der Wortform ‹Exempel›), ohne sie zu definieren oder zu erläutern. Aus den Verwendungskontexten ergibt sich, daß sie bei Festreden in ästhetischer Hinsicht zur Ausschmückung, bei Kondolenzreden in emotionaler Hinsicht als Trost und bei Mahnreden in moralischer Hinsicht zur Darstellung von Vorbildern dienen sollen. [58] Auch der Gymnasiallehrer C. WEISE, der neben ‹Complimenten›, ‹Bürgerlichen Reden› und ‹Hofreden› vor allem die ‹Schul-Oratorie›, d.i. die Rede eines Lehrers oder Schülers zu einem schulischen Anlaß, zum Gegenstand seiner rhetorischen Arbeiten macht, verwendet den Begriff ‹Exempel› ohne Definition und ohne theoretische Reflexion. Er weist dem E. einen Platz innerhalb der Chrie zu.

Weise löst sich vom starren Schema der aphthonischen Chrie und präsentiert die Chrie als eine Argumentationsform in mehreren Varianten. Er hält sie für das zentrale Aufbauelement vor allem der Schul-Oratorie, insofern «daß eine Oration nichts anderes in sich begreifft als lauter also genannte Chrias, welche artig an einander gefasset werden.» [59]

Das E. ist auch hier vor allem ein Mittel der Amplifikation [60], das in «Digressiones» (ausschmückende kleine Exkurse) eingesetzt wird, in denen «a Regula ad Exemplum» (von der allgemeinen Regel zum konkreten Einzelfall) weiter ausgeholt wird. [61]

Nicht zuletzt, um immer über einen reichen E.-Schatz verfügen zu können, empfiehlt Weise die langfristige und systematische Anlage eines Vorrats bemerkenswerter («curieuser») Geschichten und Gedanken, vor allem aus der Literatur, sog. ‹Kollektaneen›.

IV. *18. Jh., Aufklärung.* Die Aufklärung bringt eine Annäherung von Logik/Dialektik und Rhetorik mit sich: Reden und Schreiben soll philosophisch möglichst fundiert sein, und philosophisches Denken und seine Ergebnisse sollen – mit Blick auf die aufklärerischen Ziele – publikumsgerecht und damit rhetorisch formuliert werden. Symptomatisch dafür ist der Titel von J.A. FABRICIUS' Schrift ‹Philosophische Oratorie. Das ist: Vernünftige Anleitung zur gelehrten und galanten Beredsamkeit› (1724). Die Argumentations- und Beweislehre tritt nun wieder in den Vordergrund rhetorischen Interesses. Man versucht – wenn auch nicht bei allen Autoren auf gleichem Niveau – die verwendeten Kategorien zu definieren, ihren logischen Status, ihre argumentative Potenz und ihre Funktion in der Rede zu reflektieren.

Vielfach werden die *argumenta* eingeteilt in ‹Beweisgründe› *(argumenta probantia)*, ‹Erläuterungsgründe› *(argumenta illustrantia)* und ‹Bewegungsgründe› *(argumenta pathetica)*, z.B. von G.P. MÜLLER, J.A. FABRICIUS und J.M. WEINRICH. [62] Das E. soll vor allem als ‹Erläuterungsgrund› verwendet werden. Fabricius begründet diese Zuordnung mit den wesentlichen Eigenschaften des E.: «Exempel sind species oder individua, das ist, mehr sinnliche als abstracte begriffe, welche ich mit denen abstractis, darunter sie stehen, gegen einander halte, damit aus dieser zusammenhaltung, die sache den sinnen näher komme, und nach meinen absichten, desto leichter und deutlicher begriffen werde. Sie werden aus der historie und erfahrung hergenommen, und wohl erstlich an und für sich nach ihren umständen erläutert und bewiesen, hernach aber auf das fürhabende obiectum appliciret, oder auch nur kurz in wenig worten, ohne application fürgetragen.» [63]

Als ‹Beweisgründe› sind sie streng genommen ungeeignet; denn «Exempel beweisen an und vor sich nichts als ob nur die möglichkeit eines dinges.» [64] Dennoch lassen sie sich gegenüber bestimmten Hörern/Lesern wie ‹Beweisgründe› verwenden: «[...] und endlich so werden exempel und fabeln, eins wie das ander, bey leuten die wahrheit und möglichkeit unterscheiden, keine abstracta begreiffen können, sinnlich gewöhnet sind, sich vom studio imitandi und aemulatione führen lassen, und sonst in vorurtheilen stecken oder affecten haben, für tüchtige beweiß=gründe passiren.» [65]

Etliches von dem, was in der klassischen Rhetorik unter Kategorien der *amplificatio* oder des *ornatus* eingeordnet wurde und in seiner argumentativen Funktion undeutlich blieb, wird in den Rhetoriklehrbüchern der Aufklärung unter der Kategorie der ‹Erläuterungsgründe› behandelt.

Bei J.C. GOTTSCHED kommt dem E. und seinen Varianten («Gleichnisse», «ähnliche Fälle» und «Wiederspiel») gleichzeitig eine ästhetische Funktion (Ausschmückung) und eine kognitive Funktion (Steigerung der Plausibilität oder der Erklärungskraft durch veranschaulichende Konkretisierung von Abstrakt-Allgemeinem) zu. [66] Auch in den Katalogen der – von den meisten Rhetorikern der Aufklärung allerdings nicht geschätzten – Loci begegnet das E. [67] offenbar als Folge der Tatsache, daß in den Loci-Katalogen Ciceros und Quintilians die Kategorie der Ähnlichkeit *(similitudo)* mit ihren Varianten enthalten ist. Das Popularisierungsstreben der Aufklärung führt dazu, daß die – in der Antike als niederste, nur für die Ansprüche der gänzlich Ungebildeten empfohlene – Unterkategorie des E., die Fabel, sich im 18. Jh. als literarische Gattung großer Beliebtheit erfreut. Für LESSING stellt sie ein «Exempel der practischen Sittenlehre» dar. [68]

In den deutschsprachigen Rhetoriklehrbüchern wird bis Ende des 18. Jh. fast ausschließlich der Ausdruck ‹Exempel› verwendet, der im Deutschen seit dem 13. Jh. belegt ist. Die aus dem 17. Jh. stammende Neubildung ‹exemplarisch› ist eine Ableitung von dem ebenfalls im 13. Jh. aus dem Lateinischen in der Bedeutung ‹Vorbild› entlehnten Wort ‹exemplar›. [69] Der Ausdruck ‹Beispiel›, eine neuhochdeutsche Weiterentwicklung des mhd. ‹bíspel›, verdrängt ab Ende des 18. Jh. in der Rhetorik ebenso wie in der Standardsprache mehr und mehr den Ausdruck ‹Exempel›, der heute – außer als (historischer) Fachbegriff der Rhetorik – mit Ausnahme der festen Wendung «ein Exempel statuieren» kaum noch verwendet wird.

Von der allgemeinen, auch gegen Ende des 18. Jh. vorhandenen Tendenz, die Ausdrücke ‹Exempel› und ‹Beispiel› synonym zu verwenden, weicht KANT ab: «Woran ein Exempel nehmen und zur Verständlichkeit eines Ausdrucks ein Beispiel anführen, sind ganz verschiedene Begriffe. Das Exempel ist ein besonderer Fall von einer praktischen Regel, sofern diese die Thunlichkeit oder Unthunlichkeit einer Handlung vorstellt. Hingegen ein Beispiel ist nur das Besondere (concretum), als unter dem Allgemeinen nach Begriffen (abstractum) enthalten vorgestellt, und blos theoretische Darstellung eines Begriffes.» [70] Dieser Versuch, den Kant in seinem eigenen Sprachgebrauch nicht konsequent beibehält [71], bleibt sprach- und terminologiegeschichtlich eine Singularität. Danach tritt – mit dem Sieg der Nationalsprachlichkeit in den Wissenschaften – im deutschen Sprachraum ‹Beispiel› auch im wissenschaftlichen Sprachgebrauch uneingeschränkt die Nachfolge von lat. ‹exemplum› an.

V. *20. Jahrhundert.* Der Bedeutungsverlust, den die Rhetorik zwischen dem Ende des 18. und der Mitte des 20. Jh. erleidet, führt u. a. dazu, daß die Kategorie des E. – ebenso wie viele andere rhetorische Kategorien – entweder ausschließlich im Rekurs auf antike Klassiker, vor allem Quintilian, Auctor ad Herennium und Cicero erläutert werden oder – meist unter der Bezeichnung ‹Beispiel› – im Vertrauen auf die ausreichende Verständlichkeit des standardsprachlichen Ausdrucks verwendet werden ohne Definition und ohne logische, semantische oder pragmatische Analyse. Dies gilt vor allem für die Gebrauchsrhetoriken, die in den letzten Jahrzehnten den Markt überschwemmen und die sich im Hinblick auf das E. weitgehend darauf beschränken, es zum Erzielen größerer Anschaulichkeit zu empfehlen. [72]

Anmerkungen:
1 Auct. ad Alex. 7, 2, 1428a 17f. und 20. – 2 ebd. 8, 1, 1429a 22ff. – 3 Arist. Rhet. I, 2, 1356b 5. – 4 ebd. II, 20, 1393a 27 – 1394a 9. – 5 Aristoteles, Topica I, 12, 105a 17ff. – 6 Arist. Rhet. II, 20, 1394a 9 – 16. – 7 Auct. ad Her. IV, 64, 62. – 8 ebd. IV, 49, 62. – 9 ebd. II, 18, 28; II, 19, 30 und II, 29, 46. – 10 ebd. II, 20, 31. – 11 ebd. II, 29, 46. – 12 ebd. I, 6, 10. – 13 ebd. IV, 1, 1 – IV, 7, 10. – 14 Cic. De inv. I, 30, 49. – 15 S. Schweinfurth-Walla: Stud. zu den rhet. Überzeugungsmitteln bei Cicero und Aristoteles (1986) 147. – 16 Cic. De inv. I, 30, 46f. – 17 ebd. I, 30, 49. – 18 Schweinfurth-Walla [15] 147. – 19 ebd. 154. – 20 Cic. De or. III, 53, 205. – 21 Quint. V, 11. – 22 ebd. V, 11, 2 – 5. – 23 ebd. V, 9, 1 und V, 10, 1. – 24 ebd. V, 9, 1f. – 25 ebd. VIII, 3, 72 – 81. – 26 ebd. V, 11, 36. – 27 ebd. V, 11, 1. – 28 ebd. V, 11, 27 – 29. – 29. ebd. V, 11, 30f. – 30 ebd. V, 11, 9. – 31 ebd. V, 11, 5 – 7. – 32 ebd. V, 10, 73f.; Cic. De inv. I, 28, 41f. – 33 Quint. VIII, 3, 73. – 34 Minucius, Peri epicheirematon, in: Rhet. Graec. Sp., vol. I, cur. C. Hammer (1894) p. 341, 20ff.; Apsines, Techne rhetorike, in: ebd. p. 281, 1ff. – 35 Quint. V, 11, 6. – 36 ebd. V, 11, 17. – 37 ebd. V, 11, 17 – 19. – 38 ebd. V, 11, 15f. – 39 Cic. De or. I, 18. – 40 Quint. XII, 4. – 41 ebd. X, 2. – 42 ebd. X, 2, 12. – 43 vgl. H. I. Marrou: Gesch. der Erziehung im klass. Altertum (1957) 255f. – 44 vgl. J. Klein: Art. ‹Beweis, Beweismittel›, in: HWR, Bd. 1 (1992) Sp. 1528 – 48. – 45 vgl. J. J. Murphy: Rhetoric in the Middle Ages (Berkeley/Los Angeles/London 1974) 75. – 46 ebd. 171. – 47 ebd. 179. – 48 ebd. 327. – 49 M. Hansen: Der Aufbau der mittelalterl. Predigt unter besonderer Berücksichtigung der Mystiker Eckhard und Tauler (1972) 24ff. – 50 E. R. Curtius: Europ. Lit. und lat. MA (1948) 130. – 51 Murphy [45] 159. – 52 E. Neumann: Art. ‹E.›, in: RDL[2], Bd. 1 (1958) 414. – 53 vgl. J. Klein: Art. ‹Beispiel›, in: HWR, Bd. 1 (1992) Sp. 1430 – 35. – 54 Neumann [52] 416. – 55 M. Luther: Tischreden (WA) Bd. 2, Nr. 2216; 368. – 56 D. Erasmus: De duplici copia verborum ac rerum commentarii duo (Basel 1521), translated by D. B. King, H. D. Rix (Milwaukee 1963) 76ff. – 57 H. Peacham (the elder): The Garden of Eloquence (London 1577), 2. Aufl. 1593 ed. W. G. Crane (Gainsville, Fla. 1954) 186f.; T. Wilson: The Arte of Rhetorique (London 1560) ed. by G. H. Mair (Oxford 1909) 190f. – 58 B. Kindermann: Der Dt. Redner (1660; ND 1974) 166ff., 450ff., 639. – 59 C. Weise: Politischer Redner (1683; ND 1974) 24. – 60 ders.: Neu-Erleuterter Politischer Redner (1684) 80. – 61 ebd. 174, 216f. – 62 G. P. Müller: Idea eloquentiae nov-antiquae (1717) 85ff.; J. A. Fabricius: Philos. Oratorio, Das ist: Vernünftige Anleitung zur gelehrten und galanten Beredsamkeit (1724; ND 1974) 49; J. M. Weinrich: Erleichterte Methode die humaniora mit Nutzen zu treiben ... I. Die vornehmsten Grund-Reguln der genuinen eloquence ... (1721) 167. – 63 Fabricius [62] 109f. – 64 ebd. 83. – 65 ebd. 84. – 66 J. C. Gottsched: Ausführliche Redekunst (1736; ND 1973) 133 – 159. – 67 R. Klassen: Logik und Rhet. der frühen dt. Aufklärung (1974) 135. – 68 G. E. Lessing: Sämtl. Schr., hg. von K. Lachmann ([3]1877 – 1924) Bd. 7, 443. – 69 vgl. F. Kluge: Etym. Wtb. der dt. Sprache ([19]1963). – 70 I. Kant: Metaphysik der Sitten, Akad.-Ausg. Bd. 6, 479f. – 71 vgl. G. Buck: Art. ‹Beispiel, Exempel, exemplarisch›, in: HWPh, Bd. 1 (1971) 820f. – 72 vgl. A. Bremerich-Vos: Populäre rhet. Ratgeber (1991).

Literaturhinweise:
J. T. Welter: L'exemplum dans la litteratur religieuse et didactique du Moyen age (Paris/Toulouse 1927). – S. Battaglia: L'esempio medievale, in: La coscienza letteraria del medievo (1965) 447 – 485. – L. A. Sonnino: A Handbook of Sixteenth-Century Rhetoric (London 1968). – J. B. Schneyder: Die kath. Predigt (1969). – J. Martin: Antike Rhet. Technik und Methode (1974).
J. Klein

→ Argumentatio → Argumentation → Auctoritas → Autor → Beispiel → Beweis → Chrie → Descriptio → Exempelsammlungen → Gedankenfigur → Imitatio → Induktion/Deduktion → Literatur → Lobrede → Musterrede → Narratio → Ornatus → Similitudo

Exercitatio (griech. ἄσκησις, áskēsis; μελέτη, melétē; γυμνασία, gymnasía; dt. Übung; engl. practice, exercise; frz. exercices; ital. esercizio, esercitazione)

A. Def. – B. I. Antike. – II. 1. Byzantinisches Mittelalter. – 2. Lateinisches Mittelalter. – III. Renaissance, Humanismus, Reformation. – IV. Barock. – V. Aufklärung, 18. Jh. – VI. 19. Jh. – VII. 20. Jh.

A. Unter E. versteht man die praktische Einübung der Anwendung des rhetorischen Regelsystems unter Anleitung eines Lehrers oder in selbständiger Betätigung. Neben Naturanlage (φύσις, phýsis; *natura, ingenium*) und theoretischem Lehrgebäude (τέχνη, téchnē; *ars, doctrina*) bildet die E. die dritte Grundvoraussetzung für die Entwicklung zum perfekten Redner. [1] Ihr Ziel ist die sichere Fertigkeit (*firma facilitas*; griech. ἕξις, héxis) in der praktischen Handhabung der Technik [2] sowie die Verfügbarkeit und Erweiterung des rednerischen Schatzes an Gedanken und sprachlichen Ausdrucksmitteln (*copia rerum ac verborum*). [3] Als Mittel zur Erreichung dieses Zieles dient die Gewöhnung durch beständigen Umgang (*usus, consuetudo*). [4] Daher muß die Übung unbedingt stetig und beharrlich erfolgen. [5] Die E. unterscheidet sich einerseits von der *ars* durch ihre praktische Ausrichtung, andererseits (als E. im engeren Sinne) von der ernsthaften rhetorischen Praxis, auf die sie vorbereitet, durch ihren spielerischen und risikolosen Charakter. [6] In einem weiteren Sinne verstanden schließt der Begriff der E. jedoch auch die reale Praxis mit ein. Zumindest größtmögliche Realitätsnähe ist auch für die schulische E. als Mimesis und Vorbereitung des Ernstfalles zu fordern. [7] Im Verhältnis zur *natura* wirkt die E. fördernd oder korrigierend, schafft bei intensiver Übung durch Gewöhnung sogar eine Art zweiter Natur. [8] Die E. erstreckt sich auf alle fünf Aufgaben bzw. Arbeitsstadien (*officia*) des Redners (*inventio, dispositio, elocutio, memoria, actio/pronuntiatio*) [9], wobei ihr Anteil gegenüber *natura* und *ars* aber jeweils verschieden ausfällt (eher gering bei der *inventio*, besonders groß z. B. bei *memoria* und *actio* [10]). In der antiken Rhetorik hat sich ein umfassendes und detailliertes Regelsystem für die E. herausgebildet. [11] Man unterscheidet drei Realisierungsweisen der E.: *scribendo* (schriftliche Übungen), *legendo* bzw. *audiendo* (Lesen und Hören), *dicendo* (mündliche Redeübungen) [12]; die Methode des Lesens/Hörens basiert auf der aufmerksamen Rezeption vorbildhafter Mustertexte (παραδείγματα, paradeígmata; *exempla*) und ihrer aktiven Nachahmung (μίμησις, mímēsis; *imitatio*). [13] Gelegentlich wird die *imitatio* aber auch als eigenständige Voraussetzung der Rednerbildung getrennt von der E. angesehen oder gar der *ars* zugeordnet. [14] Neben der theoretischen Unterweisung (*doctrina, praecepta*), die ihr didaktisch vorausgeht [15], ist die E. fester und obligatorischer Bestandteil jedes Rhetorikunterrichts. Sie stellt die intensivste Form der Zusammenarbeit von Schüler und Lehrer dar [16], wobei die produktive Tätigkeit auf seiten des Schülers liegt, während der Lehrer als kritisch beurteilende und verbessernde Instanz fungiert und so einerseits das normative Regelsystem der *ars* und andererseits mimetisch den Adressaten des Ernstfalles vertritt. Die rhetorische E. der Antike ist schließlich zum konstitutiven Element des europäischen Bildungssystems geworden und so – zum Teil in modifizierter Form – bis heute aktuell geblieben (z. B. im schulischen Aufsatzunterricht).

Anmerkungen:
1 Plat. Phaidr. 269 d; Isocr. Or. XIII, 14f.; XV, 187; Arist. bei Diogenes Laertios, De clarorum philosophorum vitis V, 18; Cic. De inv. I, 1, 2; Brut. 6, 25; Quint. III, 5, 1; Iulius Victor, Ars rhetorica c. 25, in: Rhet. Lat. Min. 443. – **2** Quint. X, 1, 1; 5, 1; 7, 8; XII, 9, 20; Plinius, Epistulae II, 3, 4. – **3** Cic. De inv. II, 15, 50; Quint. X, 1, 5; VIII prooem. 28. – **4** Auct. ad Her. I, 2, 3; Cic. De or. II, 87, 358. – **5** Auct. ad Her. I, 1, 1; III, 24, 40; IV, 56, 69; Iulius Victor [1] 443; vgl. Cic. Brut. 95, 327. – **6** Cic. De or. I, 32, 147. – **7** Quint. II, 10, 4; Iulius Victor [1] 445. – **8** ebd. 444. – **9** ebd. 443. – **10** Auct. ad Her. III, 11, 20; 24, 40; Cic. De or. I, 32, 145; 34, 156; Quint. XI, 2, 40f.; Mart. Cap. V, 538. – **11** H. Lausberg: Hb. der lit. Rhet. (³1990) 528–549, § 1092–1150; vgl. Cic. De or. I, 32, 147–34, 159; Quint. I, 9; II, 4–10; X; Iulius Victor [1] 443–446. – **12** Quint. X, 1, 1; I prooem. 27; vgl. Cic. Brut. 89, 305. – **13** Cic. De or. II, 21, 88–23, 98; Quint. X, 2. – **14** vgl. Isocr. Or. XIII, 17f.; Auct. ad Her. I, 2, 3 (ohne natura); Quint. III, 5, 1. – **15** Quint. X, 7, 12; II, 10, 1. – **16** Isocr. Or. XV, 188.

B. I. *Antike.* Die Ausbildung zum überzeugenden Redner gehört im Griechentum seit frühesten Zeiten zum Erziehungsprogramm der adeligen Jugend. [1] Daß «alles Übung» sei, ist ein Ausspruch, der PERIANDER VON KORINTH (6. Jh. v. Chr.), einem der Sieben Weisen, zugeschrieben wurde und der sich wohl auch auf die Erlernung der Redekunst bezieht. [2] Ein förmlicher Rhetorikunterricht läßt sich jedoch erst im späten 5. Jh. v. Chr. in Athen nachweisen, angeboten von den *Sophisten* (PROTAGORAS, GORGIAS, PRODIKOS, HIPPIAS, ANTIPHON u. a.), die dezidiert mit dem Anspruch auftreten, Redekunst schulmäßig lehren zu können. Von ihrer Unterrichtsmethode weiß man wenig; offenbar bestand sie weitgehend im wiederholten Vortrag kunstvoller Musterreden (ἐπιδείξεις, epideíxeis) durch den Lehrer, die von den Schülern auswendig gelernt wurden. [3] Sie basierte also noch gänzlich auf dem Prinzip der *imitatio*. Beispiele solcher Modellreden sind etwa im ‹Lob der Helena› und der ‹Verteidigungsrede für Palamedes› des Gorgias [4] und in den ‹Tetralogien› des Antiphon erhalten. [5] Behandelt werden mythische (Gorgias), aber auch fingierte zeitgenössische Fälle (Antiphon), in den ‹Tetralogien› Anklage und Verteidigung in derselben Sache vertreten. Der stark praktische Charakter dieser Unterrichtsform mag PLATON mit dazu veranlaßt haben, der sophistischen Rhetorik den Rang einer Kunst (τέχνη, téchnē) oder Wissenschaft (ἐπιστήμη, epistḗmē) überhaupt abzusprechen und sie als bloße Erfahrung (ἐμπειρία, empeiría) und Routine (τριβή, tribḗ) einzustufen [6], wogegen Gorgias sie gerade als téchnē zu erweisen suchte. Der damit ausgelöste Streit über den wissenschaftstheoretischen Status der Rhetorik hat das ganze Altertum hindurch fortgedauert. [7] Bei Protagoras findet sich aber auch der älteste Beleg für die Dreiheit von Naturanlage, Lehre und Übung. [8] Zudem lassen sich Spuren einer sophistischen Reflexion über den hohen Wert der Übung (melétē) nachweisen. [9] In der Synonymik des Prodikos sind ferner Ansätze zu Wortschatzstudien zu erkennen. [10]

Eingehender äußert sich erstmals der Gorgiasschüler ISOKRATES zur Rolle der E. in der Rednerausbildung. In der Programmrede ‹Gegen die Sophisten› wie im späten Rechenschaftsbericht der ‹Antidosis-Rede› nimmt er ausführlich zu den pädagogischen Prinzipien seiner um 390 gegründeten Rhetorenschule Stellung. Voraussetzung ist für ihn die gute Naturanlage, die aber durch Lehre und Übung noch wesentlich vervollkommnet werden kann und muß; dabei weist er der Übung (als geistigem Analogon zum Körpertraining des Athleten) geradezu eine dominierende Stellung zu. [11] Isokrates denkt hierbei bereits an aktive Übungen der Schüler; dennoch behalten auch Musterreden des Lehrers in seiner Konzeption ihren Platz. [12] Die bloß imitatorische Methode der Sophisten freilich lehnt er ebenso ab wie eine reine Lehrbuchrhetorik. Gegen Isokrates, der alle seine Reden schriftlich abfaßt und pedantisch ausfeilt, verficht sein Zeitgenosse ALKIDAMAS mit Vehemenz die Technik der *Stegreifrede* und legt deshalb das Hauptgewicht noch eindeutiger auf die praktische Schulung des Redners durch E. [13]

Ihr praktisches Exempel finden die Theorien über die Effektivität der E. in der Biographie des DEMOSTHENES. Obgleich von Natur zum Redner denkbar schlecht begabt (er hatte eine schwache, unschöne Stimme, einen kurzen Atem, eine undeutliche Artikulation, einen Sprachfehler und die Angewohnheit, beim Reden ständig die Schulter hochzuziehen), vermochte dieser nämlich durch rigoroses und konsequentes Training seine körperlichen Gebrechen zu überwinden und zu einem der gewaltigsten Redner des Altertums zu werden. Von den zahlreichen antiken Berichten über die Atem-, Sprech- und Vortragsübungen des Demosthenes verdienen freilich nur diejenigen volles Vertrauen, die auf Demetrios von Phaleron als Quelle zurückgehen: Demnach übte Demosthenes Zunge, Stimme und Atmung durch lautes Deklamieren mit Kieselsteinen im Munde, beim Laufen oder Bergsteigen, kontrollierte seine Gestik vor einem großen Spiegel und bekämpfte womöglich das Hochziehen der Schulter, indem er über ihr ein Schwert aufhängte. [14] Spätere Autoren haben diese Berichte durch zahlreiche anekdotische Erweiterungen (Reden bei tosender Meeresbrandung, monatelanges Einschließen in ein unterirdisches Studiergewölbe, Verwendung von Öl als Stimmpflegemittel u. ä.) zu einem regelrechten «Demosthenesroman» ausgestaltet und so diesen Redner für die Nachwelt zum protreptischen Exemplum der Wirksamkeit rhetorischer E. schlechthin stilisiert. [15] Demosthenes, der den Vortrag zur wichtigsten Aufgabe des Redners erklärte, soll darin auch Unterricht bei Schauspielern genommen haben. [16] Die Vortragsübungen der Schauspieler und Theaterchöre hatten ja bereits seit dem 5. Jh. eine gewisse Tradition. [17]

Die Rhetoriklehrbücher der Zeit gehen dagegen auf die E. kaum ein. ARISTOTELES erwähnt sie in der ‹Rhetorik› nur einmal beiläufig [18], behandelt im übrigen nur die dialektischen Übungen ausführlicher, besonders im 8. Buch der ‹Topik›. [19] Nur vereinzelte Bemerkungen bietet auch die in der sophistischen Tradition stehende, meist ANAXIMENES VON LAMPSAKOS (Mitte des 4. Jh.) zugeschriebene ‹Rhetorik an Alexander›. [20]

In der Epoche des *Hellenismus* bildet sich dann aber in der gesamten griechischen Welt ein dreistufiges öffentliches Schulsystem heraus: [21] Auf den Elementarunterricht (Lesen und Schreiben) beim γραμματιστής (grammatistés) folgt die Unterweisung in der Literatur (Lektüre und Analyse der klassischen Dichter und Schriftsteller) beim γραμματικός (grammatikós) und schließlich als höchste Stufe die Ausbildung in der Redekunst beim ῥήτωρ (rhḗtōr) oder σοφιστής (sophistḗs). Die mit der Entwicklung zur monarchischen Staatsform einhergehende Einschränkung der Möglichkeit öffentlicher Redepraxis bedingt dabei zwangsläufig eine steigende Bedeutung der innerschulischen E. Tatsächlich spricht vieles dafür, daß gerade in dieser Zeit die wesentlichen Übungsformen der antiken Rhetorenschule entstanden

sind, die für uns freilich erst später in den erhaltenen Dokumenten der Kaiserzeit inhaltliche Kontur gewinnen. Das betrifft zunächst vor allem die *Schuldeklamation*, also die vollständig ausgeführte, mündlich vorgetragene Übungsrede über ein gestelltes Thema, als fortgeschrittenste Form der E. [22] Die (spätere) griechische Bezeichnung dafür ist μελέτη (melétē; eigtl. «Übung»). [23] Sie tritt in den beiden Erscheinungsformen der Beratungsrede (lat. *suasoria*; *genus deliberativum*) und der Gerichtsrede (lat. *controversia*; *genus iudiciale*) auf. [24] Eigene melétai aus dem *genus demonstrativum* hat es dagegen offenbar nicht gegeben. [25] Behandelt werden in solchen Übungsreden keine realen Fälle, sondern entweder Ereignisse aus Mythos und Geschichte [26] oder aber völlig frei erfundene Fallkonstruktionen, die mit einem festen Repertoire stereotyper Figuren auskommen und abenteuerlich-phantastischen Charakter haben (Tyrannen und Tyrannenmörder, Piraten, geraubte und geschändete Jungfrauen, enterbte Söhne, Giftmischer und Ehebrecher sind die Standardfiguren dieses Typus von Deklamationen [27]), wie überhaupt der hellenistische Rhetorikunterricht durch einen gewissen Verlust an Wirklichkeitsnähe gekennzeichnet ist. Quintilian datiert die Einführung fiktiver Deklamationsthemen in die Zeit des DEMETRIOS VON PHALERON (4./3. Jh.), vermag aber nicht sicher zu sagen, ob dieser selbst dafür verantwortlich war. [28] Nach Philostrat hätte bereits AISCHINES, der ab 330 in Rhodos lehrte, stereotype Figuren neben historischen Sujets verwendet. [29] Auch mythologische Themen kennt man schon im 4. Jh. [30] Die Beliebtheit von Alexander- und Demosthenesthemen in griechischen Deklamationen späterer Zeit weist ebenso auf eine Entstehung dieses Themenrepertoires im frühen Hellenismus wie die Ähnlichkeit der stereotypen Figuren der fiktiven Sujets mit den Charakteren der Neuen Komödie etwa Menanders. Direkter Einfluß der Komödie ist denkbar. [31] Frühe Vorläufer kann man aber bereits bei Gorgias, Antiphon, Antisthenes, Andokides, Lysias und anderen finden. [32] Auch die philosophische Thesis (θέσις; argumentative Erörterung einer allgemeinen, nicht ethischen Frage; z. B. «soll man Seefahrt betreiben?», «soll man heiraten?») kommt als mögliche Vorform in Frage. [33] E. Norden sieht sogar eine Verbindung zur kynischen Diatribe. [34] Von der allgemeinen, infiniten Thesis unterscheidet sich jedoch die Deklamation durch die Spezifikation auf den Einzelfall (z. B. «soll Alexander nach Eroberung Asiens übers Meer segeln?», «soll Cato Marcia heiraten?»). Eine solche finite Themafrage heißt ὑπόθεσις (hypóthesis). Als erster soll HERMAGORAS VON TEMNOS (Mitte 2. Jh.) klar zwischen thésis (lat. *quaestio, propositum*) und hypóthesis (lat. *causa*) unterschieden haben. [35] Der größte Teil der Information über die hellenistische Schuldeklamation stammt indes aus viel späteren Quellen. Aus der Epoche selbst sind nur wenige Papyrusfragmente erhalten. [36]

Hellenistische Entstehung ist auch für die zweite Hauptgruppe antiker rhetorischer Schulübungen anzunehmen, jene gestufte Reihe von Vorübungen zu einzelnen Teilen und Elementen einer Rede, die später *Progymnasmata* (προγυμνάσματα) genannt werden. Diese Vorübungen sind grundsätzlich schriftlich und bereiten auf die vollständige mündliche Deklamation vor. [37] Die genaue Entstehungszeit dieses Kanons von Übungen ist unsicher. Man hat an das 2. Jh. v. Chr. gedacht. [38] Wahrscheinlicher ist eine graduelle Entwicklung im Laufe des Hellenismus [39], wobei einzelne

Übungen zum Teil weit zurückreichende Wurzeln haben. Das vollständige System dürfte im 1. Jh. v. Chr. vorhanden gewesen sein, tritt aber erst in kaiserzeitlichen Dokumenten zutage.

Abgerundet wird das Bild der hellenistischen Schulrhetorik noch durch die Entwicklung der *Statuslehre* durch Hermagoras von Temnos, mit der auch die *inventio* festen Regeln unterworfen und so einer systematischen E. erst zugänglich gemacht wird. [40] Ein kategoriales Inventar für die schulmäßige *inventio* bieten auch die antiken *Topiken* (Aristoteles, Cicero). [41]

Von der ersten Hälfte des 2. Jh. v. Chr. an findet das dreistufige hellenistische Schulsystem samt seinen Übungsformen auch in Rom Eingang in der Stufenfolge von *magister ludi* (bzw. *litterator*), *grammaticus* (bzw. *litteratus*) und *rhetor*. [42] Bis in die Zeit des Älteren Cato (234–149) waren römische Redner ausschließlich ihrem *ingenium* gefolgt, hatten weder theoretische Unterweisung noch E. benötigt. Erst dann begannen sie langsam, griechische Vorbilder zu imitieren und sich rhetorische Theorie anzueignen. [43] Der Unterricht bei griechischen Rhetoriklehrern [44] steht aber noch lange Zeit in Konkurrenz zu altrömischen Bildungstraditionen und einem mehr ethisch als technisch definierten Redenrideal. [45] Noch 161 v. Chr. werden die griechischen Rhetoren durch Senatsbeschluß vorübergehend aus der Stadt verwiesen. [46] Auch die altrömische Rednerausbildung folgt zunächst ganz dem *imitatio*-Prinzip: Bis zum Ende der Republik ist die politisch-juristisch-rhetorische Lehrzeit *(tirocinium fori)*, in der ein junger Mann sich einem namhaften Redner anschließt und ihn bei allen seinen Unternehmungen begleitet, noch selbstverständlich geübte Praxis. [47] Als aber 93 v. Chr. die sogenannten *rhetores Latini* um L. PLOTIUS GALLUS professionelle Rhetorenschulen griechischen Typs auch in lateinischer Sprache eröffnen, regt sich erneut konservativer Widerstand: Der junge Cicero z. B. darf diese Schulen nicht besuchen [48], schon 92 werden sie durch ein zensorisches Edikt geschlossen [49] und erst 81 wieder zugelassen. Beanstandet wird die einseitige Betonung technischer E. bei mangelnder ethischer Bildung. [50]

In dem von der Tradition der *rhetores Latini* beeinflußten Lehrbuch des AUCTOR AD HERENNIUM (ca. 86–83 v. Chr.) begegnet schon beständig der Hinweis auf die Notwendigkeit der E.; ja «E.» ist buchstäblich das letzte Wort dieser Schrift. [51] In seinen Beispielen ist das Werk ein Spiegel der zeitgenössischen Praxis der E.: Man findet alle Arten von Deklamationsthemen (mythische, historische, fiktive), dazu vieles aus den Progymnasmata, darunter das älteste Muster einer vollständig ausgearbeiteten Chrie. [52]

Auch CICERO, der neben dem *tirocinium fori* auch eine griechische Rednerschulung durchlaufen hat [53] und sich mit dem Repertoire der Rhetorenschule bestens vertraut zeigt (vgl. die Beispiele im Frühwerk ‹De inventione›, 84–82 v. Chr.), kennt Wert und Wirkung der E., ordnet sie jedoch in ein philosophisch-rhetorisches Gesamtkonzept ein. [54] In diesem Sinne läßt er in ‹De oratore› (55) Crassus (den Zensor von 92!) die E. als eine der Voraussetzungen der Redekunst im Rahmen eines enzyklopädischen Rednerbildungsideals darstellen [55]: formaler Drill wird verworfen, dem Stegreifvortrag die ausgearbeitete Rede vorgezogen, der schriftlichen Übung höchster Rang gesprochen [56]; als Elementarübungen begegnen Textparaphrasen und Übersetzungen aus dem Griechischen; Gedächtnis und Vortrag werden besonders der E. empfohlen; auch die *imitatio* erhält ihren Platz. Gefordert wird aber die baldige Ersetzung der Schulstube durch die Realität des Forums. Auch in der systematischen Darstellung des 2. und 3. Buches ist die Vertiefung durch E. ständig im Blick. [57] Im ‹Brutus› (46) geht Cicero auch auf die E. der großen Redner der Vergangenheit ein. [58] Im ‹Orator› (46) wird schließlich sogar der Prosarhythmus der E. unterworfen. [59]

Die schon beim Auctor ad Herennium und bei Cicero in der Stilbildung eine wichtige Rolle spielende Methode der *imitatio* wird im 1. Jh. v. Chr. in der klassizistischen Bewegung des *Attizismus* (KAIKILIOS VON KALE AKTE, DIONYSIOS VON HALIKARNASSOS u. a.) zum literarästhetischen Programm. [60]

Die griechischen Übungsformen, Progymnasmata und Deklamationen, werden in Rom fast bruchlos übernommen. Nur differenzieren die Römer bei den Deklamationen deutlicher zwischen *suasoriae* (fingierten Beratungsreden) und *controversiae* (fingierten Gerichtsreden), wobei letztere als schwierigere und fortgeschrittenere Übungsstufe gelten. [61] Historische Themen bleiben in Rom fast ganz auf die Suasorien beschränkt, umfassen dafür aber auch Ereignisse aus der jüngeren und jüngsten Geschichte. [62] Für die Kontroversien werden frei erfundene, möglichst komplizierte Rechtsfälle (oft nach fingierten Gesetzesgrundlagen) bevorzugt.

Problematisch sind die Nachrichten über die Frühgeschichte der Deklamation in Rom. SENECA D. Ä. unterscheidet drei Stadien: Vor Cicero habe man nur in Form von *théseis* deklamiert; Cicero selbst habe schon private Deklamationen betrieben, die er *causae* («Gerichtsfälle») nannte; die eigentlichen *controversiae* aber seien jung und erst zu Lebzeiten Senecas aufgekommen. [63] SUETON wiederum spricht von «älteren Deklamationen», deren Themen «ex historiis» (aus Geschichte und Mythos) oder «ex veritate ac re» (aus der zeitgenössischen Realität) entnommen gewesen seien, von denen er offenbar eine jüngere (rein fiktive?) Form unterscheidet. [64] Doch scheinen schon der Auctor ad Herennium und der junge Cicero auch diesen späteren Typus zu kennen. [65] Sicher ist, daß die Übungen anfangs in griechischer Sprache erfolgten. Noch Cicero hat bei Molon griechisch deklamieren gelernt und dies lange beibehalten; erst im Alter deklamiert er privat auch lateinisch. [66] Entsprechend spät hat sich die lateinische Terminologie herausgebildet: *declamatio/declamare* (ursprünglich Bezeichnungen einer reinen Stimm- und Vortragsübung [67]) sind zur Benennung einer Übungsrede nicht vor Cicero belegt. [68] Auch dieser verwendet sie erst zögernd und despektierlich, spricht lieber von *commentatio/commentari*. [69] Sein Zeitgenosse C. LICINIUS CALVUS unterscheidet zwischen häuslicher Übung *(declamatio)* und echtem öffentlichem Auftreten *(dictio)*. [70] Erst augusteisch ist die Bezeichnung der forensischen Übungsrede als *controversia* [71] (bei Cicero noch der «Streitpunkt» einer Gerichtsrede [72]). Für *suasoria* wird Ähnliches gelten. Noch jünger ist der Name *scholastica* («Schulrede»). [73]

An schriftlichen Elementarübungen nennt Sueton für die älteste Zeit: variierende Wiedergabe von *dicta*, Kürzung und Ausdehnung von Erzählungen, Lob und Tadel von Personen und Institutionen, Beweis und Widerlegung von Fabelgeschichten sowie (als wichtigste römische Erweiterung) Übersetzungen aus dem Griechischen. [74]

Fließend ist in Rom die Abgrenzung der Aufgaben zwischen *grammaticus* und *rhetor*. Die älteren Grammatiker lehren meist gleichzeitig auch Rhetorik. [75] M. ANTONIUS GNIPHO und ein gewisser PRINCEPS z. B. betreiben neben der Grammatik auch die Deklamation. [76] Als sich in augusteischer Zeit die beiden Lehrberufe institutionell trennen, bilden die Grammatiker zunächst eigene propädeutische Übungsformen aus [77], usurpieren aber bald Zug um Zug den gesamten, von den Rhetoren in ihrer Fixierung auf das reizvollere Feld der Deklamationen (besonders der juristisch interessanten Kontroversien) mehr und mehr freiwillig aufgegebenen Bereich der rhetorischen Progymnasmata, zum Teil sogar der Suasorien. Diese spezifisch römische Entwicklung, die in Griechenland keine Parallele hat, findet einen ihrer schärfsten Kritiker in Quintilian, der wieder die Zuständigkeit des Rhetors praktisch für den gesamten Übungskanon fordert. [78]

Die rhetorischen Schulübungen gewinnen rasch Popularität über den Bereich der Schule hinaus. Bedeutende Redner und Politiker wie Calvus, Cicero, Pompeius, Marcus Antonius, Augustus und Nero deklamieren im Privatkreis, um in Übung zu bleiben. [79] Auch die Schulübung in der (griechischen) thésis betreibt Cicero bis ins Alter. [80] Schon früh werden Musterdeklamationen auch veröffentlicht. [81] Den größten Aufschwung aber verzeichnen die Übungen der Rhetorenschule unter den veränderten politischen Bedingungen der Kaiserzeit. Neben die echte Übungsdeklamation von Schule und Privatzirkel tritt nun die öffentliche oder halböffentliche virtuose Prunkdeklamation der arrivierten Redner. Für die augusteische Zeit gibt die von SENECA D. Ä. besorgte Exzerptsammlung einen Eindruck von der Praxis dieser Schaudeklamation. [82] Als Deklamatoren begegnen darin die renommiertesten Rhetoriklehrer der Zeit (MARULLUS, M. PORCIUS LATRO, ARELLIUS FUSCUS u.v.a.m. [83]), aber auch namhafte Politiker wie C. ASINIUS POLLIO [84] und literarische Persönlichkeiten wie OVID. [85] Stereotyp ist der äußere Ablauf einer solchen Veranstaltung: Nachdem sich das Publikum versammelt hat, wird ein Thema (thema, materia) – bei Kontroversien ferner ein bis zwei zugrundezulegende Gesetze – nebst den einzuhaltenden Rahmenbedingungen vereinbart. Nach einer sitzend vorgetragenen Einleitung (praelocutio), in der er die Grundzüge seiner Rede exponiert, vor allem, für welche Seite er sprechen werde (oft plädiert derselbe Redner nacheinander für beide Parteien), erhebt sich sodann der Deklamator zum Vortrag der eigentlichen Rede, die nach den Regeln der dispositio gebaut, aber meist mit Digressionen, Beschreibungen und anderen Schmuckelementen ausgestattet ist. Beifall oder Kritik von Publikum und Konkurrenten schließen sich an. [86] Auf das Aufkommen dieser epideiktischen Sonderform, deren Ziel nicht Übung, sondern Selbstdarstellung und Wettstreit ist, mag sich Senecas Dictum von der späten Entstehung der Deklamation in Rom beziehen. [87] Weitere Sammlungen solcher Deklamationen liegen vor in den Exzerpten aus CALPURNIUS FLACCUS [88] und den pseudoquintilianischen ‹Declamationes maiores› [89] (2. Jh.).

Von der Praxis der echten Schuldeklamation ist dagegen nur aus Quintilians Anweisungen in der ‹Institutio oratoria› [90] und aus dem erhaltenen Teil der ebenfalls Quintilian zugeschriebenen, immerhin wohl dem Betrieb seiner Schule entstammenden ‹Declamationes minores› [91] ein Bild zu gewinnen. Den 15- bis 20jährigen Schülern gibt der Rhetor neben dem Thema noch eine kurze Erläuterung (sermo), die mindestens die Gliederung, besonders bei Anfängern aber oft auch detaillierte Argumentationsstrategien und Stillagen vorgibt. [92] Auf dieser Grundlage arbeiten die Schüler schriftlich ihre Deklamationen aus. Anders als in der Prunkdeklamation wird in der Regel nur für eine Partei plädiert, die Position der Gegenseite aber argumentativ mitberücksichtigt. [93] Nach Korrektur durch den Lehrer (der auch wohl eine eigene Modellrede beisteuert) werden die Arbeiten meist memoriert und mündlich vorgetragen.

Im Zuge der Literarisierung der Rhetorik wird auch die Deklamation zu einem wichtigen Faktor im kaiserzeitlichen Literaturbetrieb. Ihre Denkschemata und der sentenziöse, pointierte Stil besonders der Prunkform sind von größtem Einfluß z. B. auf OVID und die Literatur der Silbernen Latinität (SENECA D. J., TACITUS, PLINIUS D. J., LUCANUS, STATIUS, IUVENAL, MARTIAL u. a.). [94] Literarisch relevant ist auch das ethopoietische Element: In Kontroversien wie Suasorien hat der Redner die Wahl, entweder als die betroffene Person selbst oder als Anwalt bzw. Berater zu sprechen; er muß daher eine andere Person verkörpern, deren Denk- und Redeweise annehmen können. [95] Die systematische Übung in dieser Fähigkeit, vorbereitet im Progymnasma der Ethopoiie, hat Einfluß auf die Rollendichtung (z. B. Ovids ‹Heroides›) und geht nahtlos in die literarische Fälschung über (vgl. die pseudosallustischen ‹Briefe an Caesar› und die ‹Invektive gegen Cicero› [96]).

Ihrer hohlen Theatralik und ihrer wirklichkeitsfremden Themen wegen wird die Deklamation im 1. Jh. n. Chr. aber auch heftig kritisiert und als Dekadenzerscheinung gebrandmarkt. [97] Redner wie CASSIUS SEVERUS und VOTIENUS MONTANUS halten sie zur wahren Rednerausbildung für ungeeignet [98], zeitkritische Literaten wie PETRON, PERSIUS oder IUVENAL zeichnen satirische Karikaturen [99], und im ‹Dialogus de oratoribus› des TACITUS erblickt Messalla, für den wahre E. sich aus den Fachkenntnissen (artes, scientia) von selbst ergibt, in der Ablösung des tirocinium fori durch die weltfremden Deklamationen der Rhetorschule einen Hauptgrund für den Niedergang der Redekunst. [100] Moderater ist die Kritik QUINTILIANS, dessen verlorenes Werk ‹Von den Gründen des Verfalls der Beredsamkeit› dem Problem gewidmet war. Er verurteilt lediglich die Auswüchse, fordert größtmögliche thematische Wirklichkeitsnähe und rasche Ersetzung durch reale Praxis, empfiehlt unter diesen Bedingungen aber die Deklamation ausdrücklich als nützliches Mittel der E. [101] Dennoch bleibt ihr praktischer Wert umstritten. Auch der oft behauptete Nutzen der Kontroversien für die juristische Ausbildung [102] wird durch Verwendung griechischer, obsoleter und fiktiver Gesetze relativiert und aufs Formale beschränkt. Immerhin ist mit PLINIUS D. J. aus Quintilians Schule ein namhafter Gerichtsredner hervorgegangen. [103]

Das vollständigste Gesamtkonzept kaiserzeitlicher E. bietet ebenfalls Quintilian, dessen ‹Institutio oratoria› Theorie und Übung programmatisch verbindet. Dem Grammatiker gesteht dieser nur wenige Elementarübungen zu [104]: Tierfabel, Prosanacherzählung von Dichtung, Sentenz, Chrie (zur rein grammatischen Bearbeitung in der declinatio [105]) und Aitiologie. [106] Alle übrigen Progymnasmata (Erzählung, Beweis und Widerlegung einer Geschichte, Lob, Tadel und Vergleich von Personen, Gemeinplatz, Thesis, Lob und Tadel von Gesetzen) bleiben dem Rhetor vorbehalten [107], dem auch die Redner- und Historikerlektüre [108] und die Deklamation [109] obliegen. Methodisch wird – zur Verbesserung von Wortschatz und Stil – der Lektüre (mit umfangreichem Lektürekanon) und *imitatio* breiter Raum gegeben. [110] Nachdrücklich empfohlen wird auch die schriftliche Stilübung durch Übersetzungen, Textumformungen und variierende Bearbeitung *(pluribus modis tractare)* von Progymnasmata. [111] Höchstes Ziel ist die Übung in der mündlichen Stegreifrede. [112] Der Gedächtnisschulung durch häufiges Auswendiglernen wird die auf den Dichter Simonides zurückgeführte Mnemotechnik zugrundegelegt. [113] Bei der Übung von Vortrag und Gebärdenspiel helfen Schauspieler und Turnlehrer; besonders trainiert werden Stimme und Atemtechnik. [114] Die Stimmpflege professioneller Stimmbildner *(phonasci)*, wie sie Augustus und Nero ständig beizogen, wird aber als unnatürlich abgelehnt. [115]

Die Stilschulung durch richtig ausgewählte (griechische) Lektüre empfiehlt auch DION VON PRUSA (1./2. Jh.). [116]

Die ‹Zweite Sophistik› des 2. Jh. n. Chr. bringt durch die öffentlichen Vorlesungen und melétai der (nun staatlich besoldeten) Rhetoren eine neue Hochblüte der *griechischen Deklamation*. Was sich aus Philostrats ‹Sophistenleben› und Lukians ironischem ‹Rhetoriklehrer› über den virtuosen Charakter und die (oft klassizistisch-historische [117]) Thematik dieser Darbietungen und den schauspielerhaften Vortragsstil entnehmen läßt, wird bestätigt durch erhaltene Stücke von LESBONAX VON MYTILENE, POLEMON VON LAODIKEIA, HERODES ATTIKOS, ADRIANOS VON TYROS, LUKIAN und AILIOS ARISTEIDES. Bedeutend sind ferner ISAIOS DER ASSYRER, SKOPELIANOS, LOLLIANOS VON EPHESOS, MARKOS VON BYZANZ und PROKLOS VON NAUKRATIS. [118] Deklamiert wird über vom Publikum gewählte Themen, teils aus dem Stegreif, teils nach Vorbereitung. Vorangehen kann auch hier eine allgemeine Betrachtung oder Exposition (διάλεξις, diálexis; (προ)λαλιά, (pro)laliá; (προ)θεωρία, (pro)theōría). [119] Den theoretischen Hintergrund (v. a. Statuslehre) liefern MINUKIANOS und HERMOGENES VON TARSOS, später APSINES VON GADARA (3. Jh.), SOPATROS (4. Jh.) und SYRIANOS (5. Jh.). [120] PSEUDO-DIONYSIOS VON HALIKARNASSOS (2./3. Jh.) untersucht typische Fehler in Deklamationen. [121]

Auch in *Spätantike* und *frühbyzantinischer Zeit* bleiben die Deklamationen bestimmendes Element der höheren Schule und werden von allen namhaften Rednern gepflegt, so im 4. Jh. von LIBANIOS, HIMERIOS und SOPATROS [122] (nicht erhalten sind neben melétai des PALLADIOS, APHTHONIOS, EUSEBIOS VON EMESA und MAXIMOS VON ALEXANDRIA [123] auch die des APSINES und NIKOLAOS VON MYRA) und noch im 6. Jh. besonders in der Schule von Gaza (PROKOPIOS, CHORIKIOS). Trotz gelegentlicher Kritik am sinnleeren Deklamationsbetrieb der Schulen (z. B. bei BASILEIOS DEM GROSSEN und SYNESIOS VON KYRENE [124]) stehen selbst die griechischen Kirchenväter noch fest auf dem Boden dieser rhetorischen Bildungstradition. Eine epideiktische Etude ist z. B. des Synesios ‹Lob der Kahlköpfigkeit› (402) [125] wie schon sein Vorbild, das ‹Lob des Haupthaares› des Dion von Prusa oder auch dessen verlorene Enkomien auf Papagei und Mücke.

Über Autoren wie SULPICIUS VICTOR (4. Jh.) beeinflußt griechische Theorie auch den lateinischen Bereich, wo Rhetorenschule und Deklamation besonders in den Provinzen (Gallien, Afrika) sogar den Fall Roms überleben, wie Beispiele bei ENNODIUS (5./6. Jh.) und DRACONTIUS (5. Jh.) zeigen. [126]

Große Bedeutung erlangen im Schulbetrieb der Kaiserzeit die *Progymnasmata* (lat. *praeexercitationes/praeexercitamina*). [127] Das älteste erhaltene griechische Handbuch stammt von AELIUS THEON, einem Zeitgenossen Quintilians, mit dessen Behandlung der Materie es Berührungspunkte aufweist. Das gelehrte und detaillierte Werk, das eher für Lehrer als Schüler gedacht ist, wird aber bald verdrängt von moderneren Kompendien: dem knappen Lehrbuch des HERMOGENES (2. Jh.) und dem um Beispiele ergänzten des APHTHONIOS (4. Jh.). Erhalten sind auch noch die Progymnasmata des NIKOLAOS VON MYRA (5. Jh.). [128] Die reiche Produktion vervollständigen im 2. Jh. PAULOS VON TYROS und MINUKIANOS (kommentiert im 3. Jh. von MENANDROS VON LAODIKEIA), im 4. Jh. EPIPHANIOS VON PETRA, ONASIMOS VON KYPROS, ULPIANOS VON EMESA, SIRIKIOS VON NEAPOLIS und SOPATROS, im 5. Jh. SYRIANOS. [129] Um 500 werden die Progymnasmata des Hermogenes von PRISCIANUS auch ins Lateinische übersetzt. [130]

Die Progymnasmata (bis ins 4. Jh. einfach gymnásmata genannt [131]) leisten die schrittweise Hinführung vom Grammatik- zum Rhetorikunterricht und werden am Ende zu Vorübungen für die Deklamation. Die Reihenfolge der Übungen wird bestimmt durch wachsenden Schwierigkeitsgrad und Zuordnung zu den drei Redegenera (das *genus demonstrativum* wird sogar nur in Progymnasmata geübt). [132] Nikolaos ordnet sie auch den fünf Redeteilen zu und unterscheidet Übungen, die für sich stehen können, von nur unselbständig vorkommenden. [133] Bei Theon lautet die ursprüngliche Reihenfolge noch: Chrie, Fabel, Erzählung; Gemeinplatz, Beschreibung, Prosopopoiie, Lob und Tadel, Vergleich; Thesis, Gesetzesbeurteilung; ein verlorener Abschnitt behandelte die formalen Übungen Lesung, Anhörung, Paraphrase, Ausarbeitung und Gegenrede. [134] Kanonisch wird aber seit Hermogenes und Aphthonios die Reihung: Fabel (μῦθος, mýthos; *fabula*), Erzählung (διήγημα, diégēma; *narratio*), Chrie (χρεία, chreía; *chria*, *usus*), Sentenz (γνώμη, gnómē; *sententia*), Widerlegung (ἀνασκευή, anaskeué; *refutatio*) und Bestätigung (κατασκευή, kataskeué; *confirmatio*), Gemeinplatz (κοινὸς τόπος, koinós tópos; *locus communis*); Lob (ἐγκώμιον, enkómion; *laus*) und Tadel (ψόγος, psógos; *vituperatio*), Vergleich (σύγκρισις, sýnkrisis; *comparatio*), Ethopoiie (ἠθοποιία, ēthopoiía; *adlocutio*), Beschreibung (ἔκφρασις, ékphrasis; *descriptio*); Thesis (θέσις, thésis; *positio*), Gesetzesantrag (νόμου εἰσφορά, nómou eisphorá; *legis latio*). [135] Auch für die schriftliche Ausarbeitung ((ἐξ)εργασία, (ex)ergasía; *expolitio, operatio*) der Übungen gibt es genaue Vorschriften, so besonders für die Chrie: Während Theon noch acht Bearbeitungsmodi aufzählt (bloße Wiedergabe, Deklination durch alle Kasus und Numeri, erweiternde Zustimmung, Ablehnung, Ausdehnung, Kürzung, Widerlegung, Beweis), findet sich seit Hermogenes nur noch ein festes achtteiliges Gliederungsschema (Lob des Urhebers, umschreibende Wiedergabe, Begründung, Gegenposition, Vergleich, Beispiel, Zitate älterer Autoritäten, Schlußsatz). [136] Ähnliches gilt für die anderen Übungen. Ganze Sammlungen solcher ausgeführter Progymnasmata gibt es im 4./5. Jh. z. B. von LIBANIOS, SEVEROS VON ALEXANDRIA und einem NIKOLAOS. [137] Gewisse Eigenbedeutung erlangt die Ethopoiie (fingierte Rede einer anderen, z. B. mythischen oder historischen Person), die auch im lateinischen Bereich bis in späteste Zeit (ENNODIUS, DRACONTIUS) belegt ist, und der noch EMPORIOS (5./6. Jh.) eine kurze Schrift widmet. [138]

Die E. begegnet auch bei den lateinischen Handbuchautoren der Spätzeit: CHIRIUS FORTUNATIANUS (4. Jh.) hebt ihre Rolle bei der Erweiterung der *copia verborum* hervor, und IULIUS VICTOR (4. Jh.) kompiliert die Grundaussagen Ciceros und Quintilians über die E. [139] Für AUGUSTINUS schließlich sind für die Predigerausbildung Lektüre und E. weit wichtiger und effektiver als alle Theorie. [140]

Anmerkungen:
1 Homer, Ilias IX, 442f. – 2 Test. 10, 7, 1 in: VS Bd. I, 65. – 3 Arist., Sophistici elenchi 183b–184a; Plat. Phaidr. 228a–b. – 4 Gorgias, Frg. B 11. 11a, in: VS Bd. II, 288–303. – 5 G. A. Kennedy: Classical Rhetoric and Its Christian and Secular Tradition from Ancient to Modern Times (London 1980) 26–31. – 6 Plat. Gorg. 462a–463b; Phaidr. 260e; 270b. – 7 J. Martin: Antike Rhet. Technik u. Methode (Hb. der Altertumswiss. II 3) (1974) 4–6. – 8 Protagoras, Frg. B 3, in: VS Bd. II, 264. – 9 Protagoras, Frg. B 10, ebd. 268; Kritias Frg. B 9, ebd. 380; Demokrit, Frg. B 242, ebd. 193; Euenos von Paros, Frg. 9 Diehl. – 10 H. Mayer: Prodikos von Keos und die Anfänge der Synonymik bei den Griechen (1913). – 11 Isocr. Or. XIII, 14f. 17f.; XV, 187f. 191f. 209f. 295f.; A. Burk: Die Päd. des Isokrates (1923) 94–98; Kennedy [5] 32–34. – 12 Or. XIII, 18. Erhaltene Beispiele: Or. X. XI. – 13 Alkidamas, Über die Sophisten, in: L. Radermacher (Hg.): Artium scriptores. Reste der voraristotelischen Rhet. (Wien 1951) 135–141. – 14 Plutarch, Demosthenes c. 11; Dionysios von Halikarnassos, Demosthenes c. 53; Cic. De or. I, 61, 260f.; De divinatione II, 46, 94; Quint. I, 11, 5; XI, 3, 54. 68. 130; A. Krumbacher: Die Stimmbildung der Redner im Altertum bis auf die Zeit Quintilians (1920) 24–29. – 15 E. Drerup: Demosthenes im Urteile des Altertums (1923) 49ff. – 16 Quint. XI, 3, 7; Plutarch [14] c. 7; Krumbacher [14] 23f.; Drerup [15] 79f. u. 170f. – 17 Platon, Gesetze II, 665e; Ps.-Arist., Problemata XI 22, 901a35ff.; Krumbacher [14] 81–86. – 18 Arist. Rhet. III 10, 1410b8. – 19 Z. B. Topik VIII 14, 163a29 u. öfter. Gedächtnisübungen: De memoria c. 1, 451a12. – 20 Auct. ad Alex. c. 2, 1422b21; 37, 1444a19 u. 29. – 21 H.-I. Marrou: Gesch. der Erziehung im klass. Altertum (1955) 141–334; M. L. Clarke: Rhetoric at Rome. A Historical Survey (London 1962) 7. – 22 W. Hofrichter: Stud. zur Entwickelungsgesch. der Deklamation von der griech. Sophistik bis zur röm. Kaiserzeit (1935) 1–15; Marrou [21] 298–303; D. A. Russell: Greek Declamation (Cambridge 1983) 1–20. – 23 Hofrichter [22] 11–13; Sueton, De grammaticis et rhetoribus 25, 9 (σύνταξις, sýntasis) ist textlich korrupt. – 24 Marrou [21] 299–301; Russell [22] 10. – 25 Russell [22] 10 nach Menander Rhetor, in: Rhet. Graec. Sp. III, 331, 16. – 26 H. Kohl: De scholasticarum declamationum argumentis ex historia petitis (1915); Russell [22] 106–128. – 27 Marrou [21] 299; Russell [22] 18 u. 21–39. – 28 Quint. II, 4, 41f. – 29 Philostratos, Vitae sophistarum I prooem. u. 18. – 30 Arist. Rhet. I 3, 1359a3f. – 31 Quint. X, 1, 70f. Zu Roman, Mimos, Fabel: Russell [22] 38f. – 32 Russell [22] 16f. – 33 Cic. Or. 14, 46; H. Throm: Die Thesis. Ein Beitr. zu ihrer Entstehung u. Gesch. (1932); S. F. Bonner: Roman Declamation in the Late Republic and Early Empire (Liverpool 1949) 2–11; anders Hofrichter [22] 4f. – 34 E. Norden: Die antike Kunstprosa (^{2}1909; ND 1974) Bd. I, 129–131 u. 309. – 35 Cic. De inv. I, 6, 8; Quint. II, 21, 21; III, 5, 5–17; Aug. Rhet. 5. – 36 Pap. Hibeh 15; Pap. Berol. 9781 (beide 3. Jh.); Russell [22] 4 u. 107; Hofrichter [22] 59–62. – 37 Marrou [21] 252–257 u. 297f. – 38 K. Barwick: Die Gliederung der narratio in der rhet. Theorie u. ihre Bedeutung für die Gesch. des antiken Romans, in: Hermes 63 (1928) 261–287, hier 282f.; W. Stegemann: Theon, in: RE Bd. V A 2 (1934) 2037–2054, hier 2048. Der erratische Beleg von ⟨προγύμνασμα⟩ Auct. ad Alex. c. 28, 4, 1436a25 besagt wenig und ist vielleicht interpoliert. – 39 S. F. Bonner: Education in Ancient Rome (London 1977) 250f.; R. F. Hock, E. N. O'Neil: The Chreia in Ancient Rhetoric, Vol. I: The Progymnasmata (Atlanta 1986) 10. – 40 D. L. Clark: Rhetoric in Greco-Roman Education (Westport 1957; ND 1977) 73; Bonner [33] 12–16. – 41 J. A. R. Kemper: Topik in der antiken rhet. Techne, in: D. Breuer, H. Schanze (Hg.): Topik. Beitr. zur interdisziplinären Diskussion (1981) 17–32. – 42 A. Gwynn: Roman Education From Cicero to Quintilian (Oxford 1926) 34–41. – 43 Cic. De or. I, 4, 14f.; Brut. 15, 61–18, 69. – 44 G. Boissier: Introduction de la rhétorique grecque à Rome, in: Mélanges Perrot (Paris 1903) 13–16; C. Barbagallo: Stato, scuola e politica in Roma repubblicana, in: Rivista di Filologia 38 (1910) 481–514; Gwynn [42] 37ff.; anders P. L. Schmidt: Die Anfänge der institutionellen Rhet. in Rom. Zur Vorgesch. der augusteischen Rhetorenschulen, in: E. Lefèvre (Hg.): Monumentum Chiloniense. FS E. Burck (Amsterdam 1975) 183–216, hier 190–194. – 45 Quint. I prooem. 9; XII, 1, 1; 2, 1. – 46 Sueton [23] 25,1; Gellius, Noctes Atticae XV, 11. – 47 Cicero, Laelius 1, 1; Brut. 89, 306; De or. II, 21, 89; III, 20, 74; Sueton, Augustus 26; Quint. X, 5, 19; XII, 11, 6; Tac. Dial. 34; J. Marquardt, A. Mau: Das Privatleben der Römer (1886) 123–134; Gwynn [42] 11–21; Bonner [39] 84f.; J. Regner: Tirocinium fori, in: RE Bd. VI A 2 (1937) 1450–1453. – 48 Sueton [23] 26,1. – 49 wie [46]; Schmidt [44]. – 50 Cic. De or. III, 24, 93–95. – 51 Auct. ad Her. I, 1, 1; 2, 3; 8, 12f.; II, 4, 7; 8, 12; III, 7, 14; 11, 20; 15, 27; 21, 34; 24, 39f.; IV, 5, 7; 20, 27; 44, 58; 56, 69. – 52 ebd. IV, 43, 56–44, 58. – 53 Cic. Brut. 89, 305–91, 316; 93, 321. – 54 R. Weidner: Ciceros Verhältnis zur griech.-röm. Schulrhet. seiner Zeit (Diss. 1925); Gwynn [42] 79–122; H. K. Schulte: Orator. Unters. über das ciceronianische Bildungsideal (1935). – 55 Cic. De or. I, 32, 147–34, 159. – 56 ebd. I, 33, 150–153; vgl. I, 60, 256f. – 57 Z. B. ebd. II, 22, 90; 23, 96; 27, 119; 86, 354–88, 360; III, 16, 59f.; 21, 78–80; 27, 105–107; 30, 121; 31, 125; 50, 194. – 58 Z. B. Cic. Brut. 27, 105; 31, 119; 41, 151; 64, 230; 71, 249; 88, 303–89, 304; 94, 324; 95, 327; 97, 331f. – 59 Cic. Or. 59, 200; 69, 229. – 60 Dionysios von Halikarnassos, De imitatione; De oratoribus veteribus; De compositione verborum c. 26; H. Flashar: Die klassizistische Theorie der Mimesis, in: ders. (Hg.): Le classicisme à Rome aux Iers siècles avant et après J.-C. (Vandoeuvres 1978) 79–97; T. Gelzer: Klassizismus, Attizismus u. Asianismus, ebd. 1–41. – 61 Quint. II, 1, 3; Tac. Dial. 35, 4. – 62 Russell [22] 106; Bonner [39] 277–287. – 63 Seneca d. Ä., Controversiae I praef. 12; Bonner [33] 1f.; M. Winterbottom: Roman Declamation (Bristol 1980) 77f. – 64 Sueton [23] 25, 9; Bonner [33] 18–20. – 65 vgl. auch Cicero, Ep. ad Quintum fratrem III, 3, 4. – 66 Plutarch, Cicero c. 4; Sueton [23] 25, 3. – 67 Auct. ad Her. III, 11–12, 20; Bonner [33] 21f. – 68 Seneca [63] I praef. 12. – 69 Cic. De or. I, 16, 73; Brut. 27, 105; 71, 249; 78, 272; 90, 310; Or. 15, 47. – 70 Seneca [63] I praef. 12. – 71 ebd. – 72 Cic. Or. 14, 45; Topica 25, 95–26, 96. – 73 Seneca [63] I praef. 12. – 74 Sueton [23] 25, 8. – 75 ebd. 4, 6. – 76 ebd. 7, 3. – 77 ebd. 4, 7; Quint. II, 1, 4–6. – 78 Quint. II, 1; I, 9. – 79 Sueton [23] 25, 3–6; Seneca [63] I praef. 11f. – 80 Cicero, Ep. ad Atticum IX, 4; Quint. X, 5, 11. – 81 Sueton [23] 25, 7 u. 9. – 82 J. Fairweather: The Elder Seneca and Declamation, in: H. Temporini, W. Haase (Hg.): Aufstieg u. Niedergang der röm. Welt II, 32.1 (1984) 514–556. – 83 H. Bornecque: Les déclamations et les déclamateurs d'après Sénèque le père (Lille 1902) 35–37 u. 143–201. – 84 Seneca [63] IV, 6, 3; VII, 1, 4. – 85 ebd. II, 2, 8–12. – 86 Bonner [33] 51–70. – 87 Clarke [21] 85f.; Winterbottom [63] 78. – 88 Calpurnii Flacci Declamationum excerpta, ed. L. Håkanson (1978). – 89 Declamationes XIX maiores Quintiliano falso ascriptae, ed. L. Håkanson (1982); C. Ritter: Die quintilianischen Declamationen (1881); L. Håkanson: Die quintilianischen Deklamationen in der neueren Forschung, in: Temporini, Haase [82] II, 32.4 (1986) 2272–2306. – 90 Quint. II, 6.7.10; IV, 2, 4; VII, 1, 4; IX, 2, 81–92; X, 5, 14–23. – 91 The Minor Declamations Ascribed to Quintilian, ed. with Comm. by M. Winterbottom (1984); J. Dingel: Scholastica materia. Unters. zu der Declamationes minores u. der Institutio oratoria Quintilians (1988). – 92 Quint. II, 6; Winterbottom [63] 18; Dingel [91] 11–13. – 93 Dingel [91] 13–16. – 94 Bonner [33] 149–167; Winterbottom [63] 59–70; Kennedy [5] 108–114. – 95 Bonner [33] 52f.; Russell [22] 11f. u. 87–105. – 96 C. Becker: Sallust, in: H. Temporini (Hg.): Aufstieg u. Niedergang der röm. Welt I, 3 (1973) 720–754, bes. 742–754. Zu griechischen Parallelen: Russell [22] 111f. – 97 Bonner [33] 71–83; K. Heldmann: Antike Theorien über Entwicklung und Verfall der Redekunst (1982) 213–293. – 98 Seneca [63] III praef., IX praef., IV praef. 2. – 99 Petron, Satyrica 1–5; Persius, Satiren 3, 44–47; Iuvenal, Satiren 7,

150ff.; 10, 166f. – **100** Tac. Dial. 33–35. – **101** Quint. II, 10; V, 12, 17–23; 13, 42–46; X, 5, 14–23. – **102** P. E. Parks: The Roman Rhetorical Schools as a Preparation for the Courts under the Early Empire (Baltimore 1945); Bonner [33] 44–48; 84–132; Bonner [39] 309–327. – **103** ebd. 326f. – **104** Quint. I, 9. – **105** F. H. Colson: Quintilian I 9 and the ‹Chria› in Ancient Education, in: The Classical Review 35 (1921) 150–154; Hock, O'Neil [39] 134f.; Marrou [21] 256f. u. 412; vgl. Theon, Prog., in: Rhet. Graec. Sp. II, 101–103; Diomedes, in: Gramm. Lat. I, 310. – **106** Hock, O'Neil [39] 122–126. – **107** Quint. II, 4. – **108** ebd. II, 5. – **109** ebd. II, 6.10. – **110** ebd. X, 1–2. – **111** ebd. X, 3–5, 13; H. Lausberg: Hb. der lit. Rhet. (³1990) 529–533. – **112** Quint. X, 7; XII, 9, 20f. – **113** ebd. I, 1, 36; II, 7; XI, 2; vgl. Auct. ad Her. III, 16, 28–24, 40; Cic. De or. II, 85, 350–90, 367; H. Blum: Die antike Mnemotechnik (1969); F. A. Yates: The Art of Memory (London 1966). – **114** Quint. I, 11; XI, 3, 19–29 u. 54; vgl. Auct. ad Her. III, 11, 19–15, 27; Cic. De or. III, 56, 213–61, 227; Or. 17, 55–18, 60. – **115** Quint. XI, 3, 19–24; vgl. Sueton, Augustus 84, 2; Nero 25, 3; Tacitus, Annalen XIV, 15; Krumbacher [14] 100f. – **116** Dion v. Prusa, Or. XVIII. – **117** Kohl [26]; Russell [22] 106–128. – **118** Philostratos [29] I 20–25; II 1.9f.21; Lukian, Rhetorum praeceptor; G. W. Bowersock: Greek Sophists in the Roman Empire (Oxford 1969); Russell [22] 4f. – **119** Russell [22] 74–86. – **120** ebd. 40–73. – **121** Ps.-Dionysios, Ars rhetorica c. 10f., in: Opuscula, ed. H. Usener, L. Radermacher, Bd. 2 (1904) 359–387. – **122** Libanios, Opera, ed. R. Foerster, Bd. 5–7 (1909–13); Himerios, Orationes 1–6, ed. A. Colonna (Roma 1951); Sopatros, Dihaíresis zētēmátōn, in: Rhet. Graec. W. VIII, 1–385; Russell [22] 5–7; G. A. Kennedy: Greek Rhetoric under Christian Emperors (Princeton 1983). – **123** Photios, Bibliothek 132–135. – **124** Basileios d. Gr., Gegen Eunomios II, 1, in: MG 29, 273 B; Synesios, Über Träume 19f., in: MG 66, 1317–1320. – **125** Synesios, Lob der Kahlköpfigkeit, in: MG 66, 1167–1206. – **126** Ennodius, Dictiones 14–23, in: ML 63, 288–304; Dracontius, Romulea 5 u. 9, in: Poetae Latini Minores Bd. 5, ed. F. Vollmer (1914); vgl. Sidonius Apollinaris, Epistulae V, 5, 2; VIII, 3, 3; 11, 3; IX, 13, 2. – **127** G. Reichel: Quaestiones progymnasmaticae (Diss. 1909); J. Penndorf: Progymnasmata. Rhet. Anfangsübungen der alten Griechen u. Römer (Progr. Plauen 1911); Stegemann [38]; Marrou [21] 252–257 u. 412; Clark [40] 177–212; Bonner [39] 250–276; Hock, O'Neil [39] 9–22. – **128** Theon, Prog., in: Rhet. Graec. Sp. II, 59–130; Hermog., Prog., in: Opera, ed. H. Rabe (Rhet. Graec. VI) (1913) 1–27 (zur Echtheitsfrage: Hock, O'Neil [39] 158f.); Aphthonios, Prog., ed. H. Rabe (Rhet. Graec. X) (1926); Nikolaos, Prog., ed. J. Felten (Rhet. Graec. XI) (1913); alle auch in: Rhet. Graec. W. I. – **129** Frg. in: Aphthonios [128] 52–70. – **130** Priscianus, Praeexercitamina, in: Rhet. Lat. Min. 551–560; in: Gramm. Lat. III, 430–440. – **131** Hock, O'Neil [39] 12–15. – **132** Reichel [127] 35; Stegemann [38] 2042. – **133** Nikolaos [128] 5, 15–18; 36, 6–14; 34, 4–21. – **134** Theon [128] 64, 29–65, 25; Penndorf [127] 5–21; Stegemann [38] 2043f. – **135** Penndorf [127] 21–26; Stegemann [38] ebd.; Lausberg [111] 533–546. – **136** Theon [128] 101, 3–105, 22; Hermog. [128] 7, 10–8, 13; Aphthonios [128] 4, 12–6, 19; Nikolaos [128] 24, 4–22; Lausberg [111] 539f. – **137** Libanios [122] Bd. 8 (1915) 1–571; Nikolaos, in: Rhet. Graec. W. I, 266–420; Severos, ebd. 537–548. – **138** Ennodius, Dictiones 24–28, in: ML 63, 304–308; Dracontius, Romulea 4; Emporios, De ethopoeia, in: Rhet. Lat. Min. 561–563. – **139** Fortun. Rhet. III 3, in: Rhet. Lat. Min. 121f.; Iulius Victor, Ars rhetorica c. 23–25, ebd. 440–446. – **140** Aug. Doct. IV, 3, 4f.

Literaturhinweise:
P. Schäfer: De Aphthonio sophista (Diss. 1854). – O. P. Hoppichler: De Theone Hermogene Aphthonioque progymnasmatum scriptoribus (Diss. 1884). – J. Brzoska: Aphthonios, in: RE I 2 (1894) 2797–2800. – E. Jullien: Les professeurs de littérature dans l'ancienne Rome (Paris 1895). – H. Gomperz: Sophistik und Rhet. (1912). – W. Stegemann: Nikolaos, in: RE XVII 1 (1936) 424–457. – A. D. Leeman: Orationis ratio. The stylistic theories and practice of the Roman orators, historians and philosophers, 2 Bde. (Amsterdam 1963). – G. A. Kennedy: The Art of Rhet. in the Roman World (Princeton 1972). – H.-T. Johann (Hg.): Erziehung und Bildung in der heidnischen und christlichen Antike (1976). – J. Fairweather: Seneca the Elder (Cambridge 1981). – H.-I. Marrou: Augustinus und das Ende der antiken Bildung (1981). – J. R. Butts: The ‹Progymnasmata› of Theon. A New Text with Translation and Commentary (Diss. Claremont 1987). – I. H. Henderson: Quintilian and the Progymnasmata, in: Antike und Abendland 37 (1991) 82 – 99. – G. Anderson: The Second Sophistic. A cultural phenomenon in the Roman Empire (London 1993). – G. A. Kennedy: A New History of Classical Rhet. (Princeton 1994).

II. 1. *Byzantinisches Mittelalter.* Im Mittelalter ergibt sich eine deutliche Trennung zwischen lateinischem Westen und griechischem Osten. In Byzanz wird das antike Schulsystem bis ins 15. Jh. weitgehend beibehalten. [1] Entsprechend werden auch die rhetorischen Übungsformen der Antike weiterhin gepflegt. Die Beschäftigung mit der *Deklamation* hat in mittelbyzantinischer Zeit freilich eher rezeptiven Charakter. Der Patriarch PHOTIOS (9. Jh.) etwa liest Deklamationen des 4. Jh. [2] Ein eigener Versuch mit einer Kontroversie ist nur für NIKEPHOROS BASILAKES (12. Jh.) bekannt. Erst die spätbyzantinische Epoche bringt wieder eine begrenzte eigenständige Produktion, die von GREGORIOS KYPRIOS (13. Jh.) über GEORGIOS PACHYMERES, THOMAS MAGISTROS und NIKEPHOROS GREGORAS (13./14. Jh.) bis zu Kaiser MANUEL II. PALAIOLOGOS (14./15. Jh.) reicht. [3] Alle diese Versuche sind mehr oder weniger stark vom Streben nach Imitation (*mímēsis*) der antiken Vorbilder geprägt.

Eine beherrschende Stellung nehmen in der byzantinischen Schule die antiken *Progymnasmata* ein. Daß dabei gerade das Handbuch des Aphthonios kanonischen Status erhält und alle anderen verdrängt, verdankt es neben seiner übersichtlichen Anlage der Tatsache, daß es seit dem 6. Jh. fest mit dem in Byzanz höchste Autorität genießenden Schriftencorpus des Hermogenes verbunden ist und als Einführung zu diesem fungiert. [4] Die Wirkung des Aphthonios ist immens: JOHANNES SARDIANUS (9. Jh.), JOHANNES GEOMETRES (10. Jh.) und JOHANNES DOXAPATRES (11. Jh.) verfassen umfangreiche Kommentare zu seinen ‹Progymnasmata› [5]; hinzu kommen Einführungen (Prolegomena) von JOHANNES ARGYROPULOS (15. Jh.) und einigen Anonymi [6], mehrere Sammlungen von Scholien, darunter eine vielleicht von MAXIMOS PLANUDES (13. Jh.) [7], schließlich Auszüge (Epitomai) von MATTHAIOS KAMARIOTES (15. Jh.) und anderen [8]. Johannes Doxapatres versteht die Progymnasmata explizit als Vorstudien zu vollständigen Übungsreden (*gymnásmata*). [9] Mustersammlungen ausgearbeiteter Progymnasmata gibt es von JOHANNES GEOMETRES (10. Jh.), NIKEPHOROS BASILAKES (12. Jh.), NIKEPHOROS CHRYSOBERGES (12./13. Jh.), GREGORIOS KYPRIOS (13. Jh.), GEORGIOS PACHYMERES (13./14. Jh.), NIKEPHOROS KALLISTOS XANTHOPULOS (13./14. Jh.) und einem Anonymus; darin werden (etwa bei Basilakes) neben antiken auch biblische und andere christliche Stoffe bearbeitet. Literarische Gestaltungen einzelner progymnasmatischer Stücke begegnen ferner in der gesamten byzantinischen Hochliteratur von THEOPHYLAKTOS SIMOKATTES (7. Jh.) über MICHAEL PSELLOS (11. Jh.), THEODOROS METOCHITES (13./14. Jh.) und andere bis DEMETRIOS und MANUEL CHRYSOLORAS (14./15. Jh.). [10] Prägenden und zum Teil gattungsbildenden Einfluß auf die Literatur gewinnen in byzantinischer Zeit besonders die Übungen Enkomion (Lob), Synkrisis (Vergleich), Ethopoiie (vor allem in der Epistolographie) und Ekphrasis (Beschreibung). [11]

Die Wirkung der antiken Progymnasmata reicht im Osten bis *Armenien*, wo eine armenische Übersetzung des Theon (6. Jh.) und eine fälschlich MOSES CHORENAZI zugeschriebene armenische Bearbeitung des Aphthonios (7. Jh.) als Schulbücher Verwendung finden. [12]

Anmerkungen:
1 A. Dolch: Lehrplan des Abendlandes (³1971) 156–160. – 2 Photios, Bibliothek 132–135. 165. 243. – 3 H. Hunger: Die hochsprachliche profane Lit. der Byzantiner, Bd. 1 (Hb. der Altertumswiss. XII, 5, 1) (1978) 94 (mit Stellenangaben). – 4 R. F. Hock, E. N. O'Neil: The Chreia in Ancient Rhetoric, Vol. I: The Progymnasmata (Atlanta 1986) 212–214; G. L. Kustas: Studies in Byzantine Rhetoric (Thessaloniki 1973) 5–26. – 5 Johannes Sardianus, Comm. in Aphthonii Prog., ed. H. Rabe (Rhet. Graec. XV) (1928); Johannes Doxapatres, in: Rhet. Graec. W. II, 81–564; Kustas [4] 23–26. – 6 Prolegomenon Sylloge, ed. H. Rabe (Rhet. Graec. XIV) (1931) 156–158; 73–80; 158–170. – 7 Rhet. Graec. W. I, 257–262; II, vi–xx; 1–68 (Planudes?); 565–684. – 8 ebd. II, 121–126; 127–136. – 9 ebd. II, 128, 21–129, 1. – 10 A. R. Littlewood: The Prog. of Johannes Geometres (Amsterdam 1972); Nikephoros Basilakes, in: Rhet. Graec. W. I, 423–525; F. Widmann: Die Prog. des Nikephoros Chrysoberges, in: Byzant.-neugriech. Jb. 12 (1935–36) 12–41; Gregorios Kyprios, ed. S. Eustratiades (Alexandreia 1910) 215–230; Georgios Pachymeres, in: Rhet. Graec. W. I, 551–596; J. Glettner: Die Prog. des Nikephoros Kallistos Xanthopulos, in: Byzant. Zs. 33 (1933) 1–12; Anonymus, in: Rhet. Graec. W. I, 597–648; Kustas [4] 22; Hunger [3] 94–120. – 11 Kustas [4] 44–61; Hunger [3] 104–117; 120–145; 170–188; 201. – 12 A. Baumgärtner: Über das Buch «Die Chrie», in: Zs. der dt. morgenländischen Ges. 40 (1886) 457–515; P. N. Akinian: Moses Chorenaçi, in: RE Suppl. VI (1935) 534–541, hier 540.

Literaturhinweise:
K. Krumbacher: Gesch. der byzant. Lit. (²1897) 450–497. – O. Schissel v. Fleschenberg: Rhet. Progymnasmatik der Byzantiner, in: Byzant.-neugriech. Jb. 11 (1934) 1–10. – L. Bréhier: L'enseignement classique et l'enseignement religieux à Byzance, in: Rev. d'Histoire et de Philos. religieuses 21 (1941) 34–69. – G. Buckler: Byzantine Education, in: H. N. Baynes, H. S. L. B. Moss (Hg.): Byzantium. An introduction to East Roman Civilization (Oxford 1948) 200–220. – H. G. Beck: Das lit. Schaffen der Byzantiner (Wien 1974). – G. L. Kustas: The Function and Evolution of Byzantine Rhet., in: Viator 1 (1970) 55–73.

2. *Lateinisches Mittelalter.* Im lateinischen Westen kommt das antike weltliche Schulsystem und damit die Tradition der antiken E. mit Beginn des Mittelalters völlig zum Erliegen. Die gleichzeitig allmählich entstehenden *Klosterschulen* bieten dafür kaum Ersatz; sie dienen fast ausschließlich der Heranbildung des Klerus und beschränken sich auf die Vermittlung von Lesen und Schreiben, lateinischer Sprache und Bibelkenntnis. Rhetorik nimmt in ihnen kaum einen Platz ein. Die Gelegenheiten zu öffentlicher Ausübung von Redekunst sind im Frühmittelalter ohnedies sehr begrenzt. [1] Einzige Ausnahme bildet die christliche *Predigt*; doch gerade für diesen Bereich weisen einflußreiche Autoritäten wie Papst GREGOR DER GROSSE («Cura pastoralis», 591) die artifizielle Schulrhetorik der Spätantike entschieden zurück. [2] Wie schon AUGUSTINUS setzt aber auch Gregor für die Predigtlehre weniger auf Regeln als vielmehr auf *exempla*, die er selbst in großer Vielfalt anbietet.

Reste theoretischen Wissens um die antiken Formen der E. bleiben jedoch auch im Frühmittelalter präsent, vermittelt vor allem über die enzyklopädischen Kompendien der *artes liberales*, in denen antikes Bildungsgut überlebt. MARTIANUS CAPELLA (5. Jh.) betont den Vorrang der E. gegenüber den *praecepta* bei der Gedächtnisbildung [3] und erörtert im Rahmen der Statuslehre ein klassisches Kontroversienthema. [4] ISIDOR VON SEVILLA (ca. 570–636) definiert und erläutert kurz die Progymnasmata *sententia*, *chria*, *catasceua/anasceua*, *prosopopoeia*, *ethopoeia* und *thesis* (in Abgrenzung zur *hypothesis*) [5], führt im Abschnitt ‹De lege› als Beispiele typische Deklamatorengesetze an [6] und differenziert im deliberativen Genus zwischen *suasoria* (Rede eines Beraters) und *deliberativa* (Rede der betroffenen Person). [7] Da aber jeder Hinweis auf praktische E. fehlt, bleibt das Ausmaß des Eingangs antiker Übungstechniken in das mittelalterliche Lehrprogramm schwer bestimmbar. Deutlich überschätzt wird zweifellos von E. R. Curtius und anderen der Einfluß der ‹Praeexercitamina› des Priscianus. [8] Zwar zählt dieser im Frühmittelalter als Hauptautorität in der das Trivium dominierenden Grammatik zu den meistgelesenen Schriftstellern, doch bleibt dies weitgehend auf die ‹Institutio de arte grammatica› beschränkt; die ‹Praeexercitamina› dagegen haben offenbar kaum nennenswerte Verbreitung gefunden. [9] Auch eine direkte Abhängigkeit der mittelalterlichen *accessus-ad-auctores*-Literatur von antiker Progymnasmatik hat sich nicht erweisen lassen. [10] Die Wirkung der antiken technischen E. auf das Mittelalter ist somit eher gering zu veranschlagen, wenngleich nicht auszuschließen ist, daß mancherorts einzelne Übungsformen auf dem Wege mündlicher Tradition in das mittelalterliche Curriculum gelangt sind. [11] Die antike Einheitlichkeit ist jedenfalls verlorengegangen.

Die Rückbesinnung auf die Antike, die, von Irland ausgehend, im 7./8. Jh. zunächst den angelsächsischen Bereich (ALDHELM, BEDA) [12] und im späten 8. Jh. mit der Bildungsreform Karls des Großen auch das Frankenreich erfaßt, beeinflußt auch Grammatik- und Rhetorikunterricht. Zum erstenmal begegnen lateinische *Schülergespräche* als Übungsvorlagen in der Grammatik. [13] In der als Lehrdialog stilisierten ‹Disputatio de rhetorica et virtutibus› fordert ALKUIN (gestützt auf Iulius Victor) tägliche Übung für alle Arbeitsstadien des Redners, besonders aber für *memoria* und *actio*; E. sei stärker als Naturbegabung und wirksamer als Vorschriften, nur sie verleihe Sicherheit für den Auftritt vor der Masse. [14] Wie solche Forderungen jedoch in der Hofschule Karls des Großen im einzelnen praktisch umgesetzt wurden, ist nicht feststellbar. [15] Neben die Theorie der *artes*-Tradition treten nun zunehmend die antiken Autoren selbst als stilistische Vorbilder. Alkuins Schüler HRABANUS MAURUS wiederholt in ‹De institutione clericorum› (819) wörtlich die Sätze des Augustinus über den hohen Wert von Lektüre und *imitatio* für die Predigerschulung. [16] Auch GERBERT VON AURILLAC (10. Jh.) setzt gänzlich auf *imitatio*, läßt seine Rhetorikschüler zur Vorbereitung ausgiebig lateinische Dichter lesen [17]; er selbst übt seinen Stil schon durch intensive Lektüre der Reden Ciceros, die er eifrig sammelt. [18] Eine ähnliche Rolle spielt in Frankreich schon im 9. Jh. LUPUS VON FERRIÈRES. [19] Die frühmittelalterliche E. beruht also im wesentlichen auf Lektüre *(lectio)*, der Bücherknappheit wegen zumeist in Form der *Vorlesung*, und auf Nachahmung *(imitatio)*. Große Teile der *elocutio* (z. B. Figurenlehre, Rhythmus) werden zu dieser Zeit ohnehin der Grammatik zugerechnet und im Rahmen der Dichtererklärung *(enarratio poetarum)* eingeübt. Die Vorbildfunktion paganer Autoren bleibt freilich noch lange Zeit ein Streitthema, so daß die *auctores* sich erst langsam gegen den abstrakten Reduktionismus der *artes* durchsetzen können. [20]

Nach einer Phase mit zum Teil heftiger Ablehnung heidnisch-antiken Bildungsgutes in der Epoche der großen Klosterreformen (z. B. bei Petrus Damiani, 11. Jh., u. a. [21]) folgt im 12. Jh. ein Neubeginn. Wibald von Corvey († 1158) rügt die Praxisferne der Klosterschulen, unter deren Bedingungen wahre Beherrschung der Redekunst nicht zu erreichen sei. [22] Tatsächlich beginnen zu dieser Zeit besonders in Frankreich und England die seit dem 11. Jh. entstehenden und in größeren Bischofsstädten (Paris, Chartres, Tours u. a.) angesiedelten *Kathedralschulen* mit Kanonikern als Schulhäuptern *(scholastici)* den klösterlichen Schulen den Rang abzulaufen. Gleichzeitig übernimmt aber unter dem Eindruck des Bekanntwerdens von ‹Analytiken›, ‹Topik› und ‹Sophistischen Widerlegungen› des Aristoteles *(logica nova)* nun die Dialektik bzw. Logik die Führungsposition im Trivium und ordnet sich die Rhetorik unter (so bei Hugo von St. Victor und Dominicus Gundissalinus [23]). Aber auch das rhetorikpädagogische Konzept Quintilians wird jetzt wiederentdeckt. [24] Eine neue Wertschätzung der E. ist die Folge. «Usus facit magistrum» (Übung macht den Meister) und «usus magister optimus» (Übung ist der beste Lehrmeister) sind im Hochmittelalter beliebte Sprichwörter. [25] Die Praxis der E. in den Schulen dieser Epoche ist gekennzeichnet durch eine enge Verflechtung von Grammatik, Rhetorik und Dialektik. [26] Eine bei Hugo von St. Victor († 1141) geschilderte Unterrichtsszene zeigt grammatische Elementarübungen (Sprechübungen, Rezitieren und Memorieren, Schreibübungen) neben ersten Versuchen im Disputieren. [27] Ausführlich beschreibt Johannes von Salisbury 1159 das deutlich von quintilianischer Pädagogik geprägte grammatisch-rhetorische Übungsprogramm seines Lehrers Bernhard von Chartres: auch hier bildet den Ausgangspunkt die Lektüre und genaue Erklärung der *auctores*; über Gedächtnisübungen (tägliches Abfragen des am Vortag Gelesenen) und tägliche intensive Grammatikübung *(declinatio* genannt) werden die Schüler durch Ermahnungen oder Strafen schließlich zur Nachahmung vorbildhafter Reden und Dichtungen angehalten, wobei auf Stilökonomie geachtet und jedes Plagiat bestraft wird; jeden Tag verfassen die Schüler so eigene Prosastücke und Gedichte und üben sich in Disputationen untereinander. [28] Auch Johannes selbst, der das Konzept seines Meisters übernimmt, betont gerne die Notwendigkeit von *usus* und E. zur Verbesserung der Naturanlagen. [29] Von Disputationsübungen (auch Wettkämpfen zwischen Schülern verschiedener Londoner Schulen) sowie dichterischen Vorübungen berichtet um 1170 auch William Fitzstephen. [30] Beispiele solcher den antiken Progymnasmata nicht unähnlicher literarischer Schülerübungen sind in einem Codex des 13. Jh. erhalten. [31] Übungen im Versifizieren bezeugt anekdotisch das 163. Stück der ‹Gesta Romanorum›. [32] In den Schulen des Hochmittelalters wird also «die sprachliche Ausdrucksfähigkeit gefördert durch eine geschickte Kombination aus Lektüre und Analyse von Mustertexten, Lernen der Regeln (sogar Auswendiglernen), Nachahmung von Mustertexten, eigenem Verfassen schriftlicher und mündlicher Texte, Rezitation vor der Klasse und Beurteilung durch Klassenkameraden und Lehrer. Wenn alles gut ging, konnte dabei ein Abälard oder ein Becket herauskommen.» [33]

Auffälligerweise findet speziell die antike Praxis der Deklamation im Mittelalter keine direkte Fortsetzung. Das hängt mit der zunehmenden Verschriftlichung der rhetorischen Disziplinen ebenso zusammen wie mit der allgemeinen Vernachlässigung der säkularen, vor allem der gerichtlichen Redekunst. Schon Wibald von Corvey beklagt das Fehlen systematischer Vorübungen für Gerichtsredner aus dem Laienstand: «in populo Germaniae rara declamandi consuetudo» (In der Bevölkerung Deutschlands ist die Gewohnheit des Deklamierens selten). [34] Eine Ausnahme bildet freilich Italien, wo die Rhetorik von Anfang an eng mit dem Studium der Rechte verbunden wird und stärker als andernorts antike Traditionen fortwirken. [35] Hier bezeichnet Anselm von Besate gegen 1050 seine ‹Rhetorimachia› (eine Invektive in Form eines fiktiven Rechtsstreits) selbst als *controversia* [36]; hier entwickeln Irnerius und Bulgarus an ihrer Bologneser Rechtsschule die antiken Deklamationen angenäherte Übungsform der *quaestio disputata*. [37] Aber auch im lothringischen Toul werden Anfang des 11. Jh. im Rahmen des Triviums noch Gerichtsreden *(forenses controversiae)* geübt. [38] Das sonstige Fehlen einer deklamatorischen Tradition im Hoch- und Spätmittelalter ist umso bemerkenswerter, als die Deklamationssammlungen des Seneca und (Pseudo-)Quintilian (unter den Titeln ‹Declamaciones›, ‹De causis› oder ‹De controversiis›) zu dieser Zeit durchaus bekannt sind. [39] Jedoch werden sie nicht als Übungsreden aufgefaßt, sondern als Repertorien erbaulicher Novellen und moralischer Exempla, womit sie freilich indirekt neuerdings für die E. nutzbar werden. [40] Unter den Werken des Hildebert von Lavardin (wenngleich wohl nicht von seiner Hand) finden sich Versifikationen zweier Kontroversien aus den ‹Declamationes maiores›. [41] Eine misogyne Tirade in Suasorienform ist die ‹Dissuasio Valerii ad Rufinum philosophum ne uxorem ducat› aus Walter Maps Anekdotensammlung ‹De nugis curialium›. [42] Moralisierende Auslegungen des Seneca bieten Anfang des 14. Jh. die Engländer Nicholas Trevet (‹Declamaciones Senece reducte ad moralitatem›) und Robert Holcott (‹Liber in declamaciones Senece moralizatas›). [43] Und selbst in die ‹Gesta Romanorum› (13./14. Jh.) finden novellenhafte Bearbeitungen von 15 Deklamationsthemen aus Seneca Eingang. [44]

Die Funktion der fehlenden Deklamation wird seit dem 12. Jh. ausgefüllt durch die typische Übungsform der Scholastik, die *Disputation*. [45] Diese stellt ein förmliches Streitgespräch zwischen zwei Parteien über ein bestimmtes Thema dar. Erwähnt schon in Anselms von Canterbury († 1109) ‹De grammatico› als «E. disputandi» [46], weiterentwickelt vor allem in der Schule von Laon [47], wird sie bei Hugo von St. Victor im ‹Didascalion› (vor 1137) in bewußter Abgrenzung von antiker Eristik prinzipiell als Mittel der Wahrheitsfindung begründet. [48] Trotz manchen äußeren Ähnlichkeiten zur Deklamation ist ihre klassische Form nicht aus dieser, sondern aus der Begegnung mit der Aristotelischen ‹Topik› Mitte des 12. Jh. und der daraus erwachsenden scholastischen Dialektik hervorgegangen. [49] Den entscheidenden Übergang markiert Johannes von Salisbury, der im ‹Metalogicon› (1159) aus dem Quintilianischen Bildungsprogramm gerade die Erörterung der *declamatio* übergeht und stattdessen die neue Logik der Aristotelischen Schriften preist, womit er «den Weg öffnet für die neue Strömung dialektischer Genauigkeit, die es ermöglichte, daß die *disputatio* die *oratio* als zentrales Element des Bildungsprozesses ablöste.» [50]

Disputationen über einfachere Fragen werden bereits in den Schulen geübt. Ihr Hauptwirkungsfeld findet die scholastische *disputatio* jedoch an den mittelalterlichen

Universitäten. [51] Sowohl an den theologischen Fakultäten als auch an den Artistenfakultäten, in denen die *artes liberales* nun im Sinne eines Propädeutikums für alle Studienrichtungen zusammengefaßt werden, ist der Lehrbetrieb ganz auf die beiden Grundformen der *lectio* (Vorlesung autoritativer Texte mit Erläuterungen) und der *disputatio* gegründet. [52] Schon im 12. Jh. bezeichnet der Pariser Theologe PETRUS CANTOR Vorlesung, Disputation und Predigt bildlich als Fundament, Wand und Dach des theologischen Studiums. [53] Verhalten sich die Studenten und Baccalaurei in den *lectiones* rein rezeptiv, so kommen sie in den *disputationes* selbst zu Wort. Das wichtigste und bis in die Barockzeit verbreitete Lehrbuch dafür ist der als Werk des ALBERTUS MAGNUS geltende ‹Pulcerrimus tractatus de modo opponendi et respondendi›. [54] Eröffnet wird eine Disputation mit der Vorlage der Problemstellung *(quaestio)* durch den präsidierenden Magister. Die Auseinandersetzung selbst wird geführt zwischen einem Verteidiger *(defendens, respondens)*, der eine mögliche Lösung der Ausgangsfrage unterbreitet und argumentativ stützt, und einem Gegner *(opponens)*, der sie zu Fall zu bringen sucht bzw. eine Gegenthese vertritt. In knapper, reaktionsschneller und logisch scharfer Form werden von den Kontrahenten Gründe und Gegengründe gegeneinander geschleudert, ehe abschließend der Vorsitzende in der *determinatio* autoritativ die richtige bzw. beste Lösung präsentiert. [55] Die Disputation schult Auffassungsgabe, sprachliche Ausdrucksfähigkeit, Urteilssicherheit und logische Einsicht, stachelt aber auch den rhetorischen Ehrgeiz der Studierenden an und dient der öffentlichen Präsentation der Universität. «Es eignete den Disputationen auch ein gewisses dramatisches Interesse. Sie waren eine Art Turnier, ein Wett- und Zweikampf mit den Waffen des Geistes. Das Hin- und Herwogen dieses Kampfes, die allmähliche Entwicklung und Verwicklung des Problems, die Schlag auf Schlag aufeinander folgenden Einwände und Lösungen, Fragen und Antworten, Distinktionen und Negationen, die Sophismen und Fallen, in welche man den Widerpart locken wollte, alle diese und noch andere Momente waren geeignet, die Erwartung und das Interesse der Teilnehmer und Zuschauer bei solchen Disputationsübungen in Spannung zu halten.» [56] Zu unterscheiden sind verschiedene Arten von Disputationen: Neben den an festen Tagen wöchentlich oder vierzehntäglich abgehaltenen *disputationes ordinariae* (mit Anwesenheitspflicht für Lehrer wie Schüler), in denen Probleme aus dem aktuellen Unterricht behandelt werden und die daher die Form der *disputatio de quaestione* haben, stehen die zahlreichen *disputationes extraordinariae*, die vor allem den jungen Magistern zur Übung auferlegt werden; eher der Repräsentation dienen die zweimal jährlich stattfindenden, besonders feierlichen *disputationes quodlibetariae (quodlibeticae, de quolibet)*, bei denen alle Magister der Fakultät vor großem Publikum über beliebige Fragen der Wissenschaft disputieren. [57] Eine besondere Rolle spielen an den Artistenfakultäten die *disputationes de sophismatibus*, in denen logische Trugschlüsse und Paradoxien *(sophismata, impossibilia)* aufzulösen sind. [58] Teilnahme an bestimmten Disputationen ist auch Voraussetzung für die Erlangung akademischer Grade. «Der Scholar mußte in einer großen Zahl von Disputationen anwesend, in einer gewissen kleineren auch thätig gewesen sein, ehe er Baccalar, ebenso der Baccalar, ehe er Magister werden konnte [...].» [59] Als Bestandteil des Promotionsverfahrens bekommt die Disputation schließlich auch Prüfungsfunktion. [60] Auch auf die Darstellungsformen mittelalterlicher wissenschaftlicher Literatur (Quaestionen, Summen) hat die Struktur der Disputation prägenden Einfluß. [61]

Im übrigen spielt die Rhetorik als Disziplin an den mittelalterlichen Universitäten nur eine untergeordnete Rolle. An den Artistenfakultäten wird das Übergewicht der Dialektik immer größer; die Autorenlektüre wird auf ein Minimum reduziert; Hauptlehrinhalt ist schon bald die Vermittlung und Erläuterung der *logica nova*. Am ausgeprägtesten ist diese Entwicklung an der Universität Paris (wie bereits der Lehrplan von 1215 zeigt [62]), die zur Hochburg der Scholastik und Logik wird, wogegen in der Schule von Orléans im 13. Jh. noch an der traditionellen Methode der Grammatik und der *auctores* festgehalten wird. Allegorisch dargestellt ist der Antagonismus dieser beiden Schulen um 1250 in dem Gedicht ‹La bataille des set ars› des HENRI D'ANDÉLI. [63] Zwischen Grammatik und Dialektik bleibt der Rhetorik wenig Spielraum. Als eigenes Unterrichtsfach wird sie an den Universitäten erst spät eingeführt, so etwa in Oxford erst 1431. [64] Gefordert wird selbst dann nur die (alternative!) Lektüre theoretischer Werke oder antiker Dichter; eine systematische E. fehlt. [65]

Außerhalb der Universität zerfällt das der Rhetorik verbleibende Gebiet seit dem Hochmittelalter in mehrere Teildisziplinen. In der *Dichtkunst (ars poetriae)* hat die *imitatio* antiker und zeitgenössischer Autoren einen hohen Stellenwert. Doch fordert etwa MATTHAEUS VON VENDÔME (um 1175) auch die praktische Vorübung einzelner formaler Elemente wie der Beschreibung vor ihrer konkreten Anwendung im Gedicht *(exsecutio materiae)*. [66] Dem entspricht auch die tatsächliche Praxis in den Schulen. GERVASIUS VON MELKLEY (um 1215) betrachtet Talent, Unterweisung und Übung als die drei Hauptgrundlagen der Dichtkunst; wichtiger als die Theorie, die daher kurz gehalten sein könne, sei aber die Praxis, bestehend aus Lektüre fremder Werke und Verfassen eigener Versuche. [67]

In der Kunst der *Prosakomposition* oder *Briefstellerei (ars dictaminis)* spielt die E. kaum eine Rolle. Denn spätestens seit HUGO VON BOLOGNA (‹Rationes dictandi prosaice›, 1119–24) wird hier nicht auf Anleitung zu selbständiger *inventio*, nicht einmal mehr auf freie *imitatio*, sondern gänzlich auf feste Formelbücher gesetzt [68], bis hin zu beliebig kombinierbaren tabellarischen Schemata etwa bei LAURENTIUS VON AQUILEIA (um 1300?). [69] Lediglich die der *ars dictaminis* zugeordnete Technik des Prosarhythmus *(cursus)* steht der E. offen. [70] Größeren Raum für E. bietet auch wieder die seit dem 13. Jh. in den oberitalienischen Stadtstaaten auflebende, mit der *ars dictaminis* strukturell verwandte Kunst der (volkssprachlichen) öffentlichen politischen Rede *(ars arengandi)*.

Den größten Stellenwert hat die E. naturgemäß in der *Predigtlehre (ars praedicandi)*, die seit 1200 einen geradezu revolutionären Aufschwung nimmt. [71] So verlangt bereits ein Oxforder Statut von 1252, daß ein Inceptor of Theology in Oxford öffentliche Redepraxis nachweisen müsse (dafür entfällt jeder Nachweis von Textlektüre). [72] Im 14. Jh. empfiehlt der englische Dominikaner und Oxforder Magister THOMAS WALEYS gar dem angehenden Prediger, sich vor dem ersten öffentlichen Auftritt an einen einsamen Ort zu begeben und dort den Bäumen und Steinen zu predigen; wie römische Rekruten die Kampftechnik zuerst an leblosen Gegenständen erprobt hätten, so könne er dort ohne

Furcht vor dem Spott des Auditoriums Gestik, Stimme und Vortrag üben; auf vor Publikum gemachte Fehler solle er sich von guten Freunden aufmerksam machen lassen; Sprachfehler und stimmliche Defekte seien in häuslicher Übung auszumerzen. Intensive E. helfe so, die Scheu vor dem öffentlichen Auftritt abzubauen. [73] Schließlich stehen auch Predigtsammlungen zum Zwecke der E. durch *imitatio* dem spätmittelalterlichen Prediger in reicher Zahl zur Verfügung. [74]

Anmerkungen:
1 Einige Beispiele bei Gregorius von Tours, Historia Francorum, ed. W. Arndt u. B. Krusch, MGH Scriptores rerum Merovingicarum I, 1 (1884), z. B. V, 18 (S. 209–215). – **2** Gregor d. Gr., Regulae pastoralis liber, in: ML 77, 13–128; vgl. auch Epistula XI, 54 (an Desiderius), ebd. 1171f.; J. J. Murphy: Rhet. in the Middle Ages. A history of rhetorical theory from Saint Augustine to the Renaissance (Berkeley/Los Angeles/London 1974) 292–297; G. A. Kennedy: Classical Rhet. and Its Christian and Secular Tradition from Ancient to Modern Times (London 1980) 179f. – **3** Mart. Cap. V, 538. – **4** ebd. V, 451f. – **5** Isid. Etym. II, 11–15. – **6** ebd. II, 10. – **7** ebd. II, 4, 4. – **8** E. R. Curtius: Europäische Lit. u. lat. MA (Bern [10]1984) 440; D. L. Clark: Rhet. and Literature in the Middle Ages, in: Quart. J. of Speech 45 (1959) 19–28; W. Trimpi: The Quality of Fiction: The Rhetorical Transmission of Literary Theory, in: Traditio 30 (1974) 75–81. – **9** M. Manitius: Hss. antiker Autoren in mittelalterl. Bibl.katalogen, hg. von K. Manitius (1935) 316 u. 309. – **10** E. A. Quain: The Medieval Accessus ad Auctores, in: Traditio 3 (1945) 215–264, hier 256f. – **11** Murphy [2] 131f. – **12** J. J. Campbell: Adaptation of Classical Rhet. in Old English Literature, in: J. J. Murphy (Hg.): Medieval Eloquence. Studies in the theory and practice of medieval Rhet. (Berkeley/Los Angeles 1978) 173–197, hier 174–177. – **13** R. R. Bolgar: The Classical Heritage and Its Beneficiaries (Cambridge 1954) 104 u. 110; 406–408. – **14** Alkuin, c. 39–43, in: Rhet. Lat. Min. 546f.; Murphy [2] 80f. – **15** F. Brunhölzl: Der Bildungsauftrag der Hofschule, in: B. Bischoff (Hg.): Karl d. Gr. Lebenswerk u. Nachleben, Bd. 2: Das geistige Leben (1965) 28–41, hier 41. – **16** Hrabanus Maurus, De clericorum institutione III, 19, in: ML 107, 396f. (= Aug. Doct. IV, 3, 4f.); J. J. Murphy: Saint Augustine and Rabanus Maurus: The Genesis of Medieval Rhet., in: Western Speech 31 (1967) 88–96. – **17** Richer von St. Rémi, Historiae III, 47, in: ML 138, 102f. – **18** E. Norden: Die antike Kunstprosa ([2]1909; ND 1974) Bd. II, 705–710. – **19** ebd. 699–703. – **20** ebd. 688–731. Zum Schulautorenkanon Curtius [8] 58–61. – **21** A. Dolch: Lehrplan des Abendlandes ([3]1971) 112–114. – **22** Wibald von Corvey, Ep. 147 (an Manegold), in: ML 189, 1249–1257, hier 1254BC. – **23** Hugo von St. Victor, Didascalion, in: ML 176, 741–809, bes. 763–766; D. Gundissalinus, De divisione philosophiae, ed. L. Baur (1903) 193; Dolch [21] 136–139; K. Flasch: Das philos. Denken im MA. Von Augustin zu Machiavelli (1986) 306–309. – **24** Murphy [2] 127–130. – **25** H. Walther (Hg.): Proverbia sententiaeque Latinitatis Medii Aevi, Bd. V (1967) 502–504; Quelle wohl letztlich Ovid, Ars amatoria II, 676; vgl. Cicero, Pro Rabirio Postumo 4, 9; Plinius, Epistulae I, 20, 12. – **26** J. J. Murphy: Rhet. and Dialectic in ‹The Owl and the Nightingale›, in: Murphy [12] 198–230, hier 200–206. – **27** Hugo von St. Victor, De vanitate mundi, in: ML 176, 703–740, hier 709CD. – **28** Johannes von Salisbury, Metalogicon I, 24, in: ML 199, 853–856; Joannis Saresberensis Metalogicon, ed. J. B. Hall, K. S. B. Keats-Rohan (Corpus Christianorum. Continuatio Mediaevalis. 98) (Turnhout 1991) 51–55; vgl. Keats-Rohan: John of Salisbury and Education in Twelfth Century Paris, From the Account of his ‹Metalogicon›, in: History of Universities 6 (1986) 1–45. – **29** Johannes von Salisbury, Metalogicon I, 6–8, in: ML 199, 833–836. – **30** W. Fitzstephen, zit. bei N. Orme: English Schools in the Middle Ages (London 1973) 131. – **31** E. Faral: Le manuscrit 511 du ‹Hunterian Museum› de Glasgow: notes sur le mouvement poétique et l'histoire des études littéraires en France et en Angleterre entre les années 1150 et 1225, in: Studi medievali, NF 9 (1936) 18–121; B. Harbert (Hg.): A Thirteenth-Century Anthology of Rhetorical Poems. Glasgow Ms Hunterian V. 8. 14 (Toronto 1975). – **32** D. L. Clark: Rhet. in Greco-Roman Education (Westport 1957, ND 1977) 178f. – **33** Murphy [26] 206. – **34** Wibald [22] 1254C. – **35** L. J. Paetow: The Arts Course at Medieval Universities, With Special References to Grammar and Rhet. (Urbana 1910) 70–91; Curtius [8] 163f.; Bolgar [13] 140–149; Murphy [2] 110–112; Kennedy [2] 184f. – **36** Kennedy [2] 185. – **37** Bolgar [13] 147. – **38** Wibert von Toul, Vita Sancti Leonis IX. I, 4, in: ML 143, 469C. – **39** Manitius [9] 131–134; Murphy [2] 39 Anm. 102; 126. 131. – **40** J.-T. Welter: L'Exemplum dans la littérature religieuse et didactique du moyen âge (Paris 1927). – **41** Hildebert von Lavardin, in: ML 171, 1365–1380 (= Decl. 4: ‹Mathematicus›); 1400–1402 (= Decl. 13: ‹Apes pauperis›); Curtius [8] 165 mit Anm. 5. – **42** Walter Map, De nugis curialium, ed. M. R. James (Oxford 1914); Curtius, ebd. mit Anm. 7. – **43** B. Smalley: English Friars and Antiquity in the Early Fourteenth Century (Oxford 1960) 180; Murphy [2] 39 Anm. 103; 131. – **44** H. Bornecque: Les déclamations et les déclamateurs d'après Sénèque le père (Lille 1902) 32. – **45** M. Grabmann: Die Gesch. der scholast. Methode, Bd. II (1911, ND 1956) 17ff.; G. Kaufmann: Gesch. der dt. Universitäten, Bd. II (1896, ND Graz 1958) 369ff.; Murphy [2] 102–106. – **46** Murphy [2] 104. – **47** Flasch [23] 201. – **48** Hugo [23] I, 12, in: ML 176, 749f. – **49** Murphy [2] 104; 39 Anm. 101. – **50** ebd. 105 mit Anm. 52; 111f.; 129 (Zit.: 112). – **51** H. Denifle: Die Entstehung der Universitäten des MA bis 1400 (1885, ND 1956); H. Rashdall: The Universities of Europe in the Middle Ages, hg. von F. M. Powicke u. A. B. Emden, 3 Bde. (Oxford 1936, ND 1951); H. Rüthing: Die mittelalterl. Universität (1973). – **52** P. Glorieux: Repertoire des maîtres en théologie de Paris au XIIIe siècle, Bd. I (Paris 1933) 15–35; A. G. Little, F. Pelster: Oxford Theology and Theologians, A.D. 1282–1302 (Oxford 1934) 29–56 u. 246–248; J. A. Weisheipl: Curriculum of the Faculty of Arts at Oxford in the Early Fourteenth Century, in: Mediaeval Studies 26 (1964) 143–185, hier 166–185. – **53** Petrus Cantor, Verbum abbreviatum 1, 2, in: ML 205, 25AB. – **54** Albertus Magnus, Opera Bd. I (Leiden 1651) 827–836; W. Erman, E. Horn: Bibliogr. der dt. Universitäten, Bd. I (1904) 340. – **55** Murphy [2] 102f. – **56** Grabmann [45] 21. – **57** F. Zarncke: Ueber die Quaestiones quodlibeticae, in: Zs. für dt. Altertum und dt. Lit. 9 (1853) 119–126; Kaufmann [45] 381ff.; P. Glorieux: La littérature quodlibétique de 1260 à 1320, 2 Bde. (Paris 1925–35); Erman, Horn [54] 348ff.; Weisheipl [52] 182–185; Flasch [23] 260f. – **58** Weisheipl [52] 177–181. – **59** Kaufmann [45] 370; Flasch [23] 259. – **60** E. Horn: Die Disputationen und Promotionen an den dt. Universitäten (1893). – **61** Murphy [2] 103; Flasch [23] 260f. – **62** Rashdall, Powicke, Emden [51] Bd. I, 440. – **63** Norden [18] 724–731; L. J. Paetow: Two Medieval Satires on the University of Paris: La Bataille des VII Ars of Henri D'Andeli and the Morale Scolarium of John of Garland (Berkeley 1914) 37–60. – **64** Murphy [2] 94f. u. 175; ders.: The Earliest Teaching of Rhet. at Oxford, in: Speech Monographs 27 (1960) 345–347. – **65** Weisheipl [52] 169. – **66** Matthaeus von Vendôme, Ars versificatoria I, 38–118 u. IV, in: E. Faral: Les arts poétiques du XIIe et du XIIIe siècle (Paris 1924) 118–151 u. 180–193; D. Kelly: Topical Invention in Medieval French Literature, in: Murphy [12] 231–251, hier 235f. – **67** Gervasius von Melkley, Ars versifica(to)ria, Einleitung, zit. bei Faral [66] 328; Murphy [2] 173f. – **68** Hugo von Bologna, Rationes dictandi prosaice, in: L. Rockinger: Briefsteller und Formelbücher des eilften bis vierzehnten Jh. (1863; ND New York 1961) 52–94; Murphy [2] 217–219. – **69** Laurentius von Aquileia, Practica sive usus dictaminis, in: Rockinger [68] 956–966; Murphy [2] 258–263. – **70** Norden [18] 953f.; 959f.; Murphy [2] 249–253. – **71** Murphy [2] 310. – **72** H. Anstey: Munimenta academica, or Documents Illustrative of Academical Life and Studies at Oxford, Bd. I (London 1868) 25. – **73** Thomas Waleys, De modo componendi sermones cum documentis, in: Th.-M. Charland: Artes Praedicandi. Contribution à l'histoire de la rhét. au moyen âge (Paris/Ottawa 1936) 328–403, hier 339–341; vgl. Charland, ebd. 222f.; Murphy [2] 333f. – **74** Murphy [2] 342f. mit Anm. 110.

Literaturhinweise:
A. Breitow: Die Entwicklung mittelalterl. Briefsteller bis zur Mitte des 12. Jh. (1908). – C. S. Baldwin: Medieval Rhet. and Poetic (to 1400) (New York 1928). – H. Caplan: Classical Rhet. and Medieval Theory of Preaching, in: Classical Philology 28 (1933) 73–96; wieder in: ders.: Of Eloquence, ed. A. King and H. North (Ithaca/London 1970) 105–134. – H. Caplan: Medieval Artes Praedicandi – A Hand-List (Ithaca 1934); ders.: A Supplementary Hand-List (Ithaca 1936). – H. Hajdu: Das mnemotechnische Schrifttum des MA (Budapest 1936). – R. McKeon: Rhet. in the Middle Ages, in: Speculum 17 (1942) 1–32. – F. J. Schmale: Die Bologneser Schule der Ars dictandi, in: Dt. Arch. für Erforschung des MA 13 (1957) 16–34. – J. Daly: The Medieval University, 1200–1400 (New York 1961). – G. François: Declamatio et disputatio, in: L'Antiquité Classique 32 (1963) 513–540. – J. Verger: Les universités au moyen âge (Paris 1973). – D. L. Wagner (Hg.): The Seven Liberal Arts in the Middle Ages (Bloomington 1983). – L. Boehm: Erziehungs- und Bildungswesen. A. Westliches Europa, in: LMA Bd. 3 (1986) 2196–2203. – J. J. Murphy: Medieval Rhet. A Select Bibliography (Toronto/Buffalo/London ²1989).

III. *Renaissance, Humanismus, Reformation.* Von Italien aus beginnt sich bereits im 14. und 15. Jh. mit dem *Humanismus* ein neues Bildungsideal durchzusetzen, das die Beschäftigung mit den antiken Schriftstellern (wozu nun verstärkt auch wieder die griechischen gehören) ins Zentrum des Interesses rückt und der Rhetorik eine Vorrangstellung innerhalb der *artes liberales* einräumt. Philosophische und rhetorische Bildung verschmelzen zu einer Einheit; die Eloquenz wird zum höchsten Bildungsziel, ihr werden alle anderen Lehrgegenstände untergeordnet. Durch intensive Lektüre der besten antiken Autoren in Dichtung und Prosa und ihre Nachahmung *(imitatio)* schult man nun den eigenen lateinischen Stil, sucht man den schon von F. PETRARCA (1304–74) und L. C. SALUTATI (1331–1404) heftig beklagten Verwilderungen des mittelalterlichen Latein zu begegnen. [1] Umso mehr kommt es auf die rechte Wahl der Lektüre an, wie L. BRUNI (ca. 1370–1444) programmatisch feststellt: «Aber das Wichtigste für diese gewissenhafte Arbeitsweise sollte sein, in erster Linie eine richtige Auswahl der Bücher zu treffen, die von den besten und fähigsten Autoren lateinischer Sprache verfaßt sind – vor schlechten, geschmacklosen Schriften mögen wir uns hüten wie vor Unglück und Verderben für unseren Geist. Denn das Lesen unerfahrener und unschicklicher Autoren hängt dem Leser deren Laster an und befleckt den Geist mit ähnlicher Fäulnis; denn die Lektüre ist gleichsam die Nahrung des Geistes, durch die die Gesinnung genährt und beeinflußt wird. [...] Daher ist es die erste Sorgfaltspflicht, nur das Beste und Trefflichste zu lesen, die zweite, sich dieses Beste und Vortreffliche mit kritischem Verstand anzueignen. [...] Sicherlich wird man nach und nach den Sprachgebrauch und die verschiedenen Eigenarten der Autoren, die man liest, annehmen.» [2] Im neuen Bildungskonzept der *studia humanitatis* ist die Analyse der sprachlichen Form gelesener Texte ebenso wichtig wie ihr Inhalt. Für Bruni sind sprachliche Bildung *(litterarum peritia)* und Sachwissen *(rerum scientia)* unauflöslich verbunden. [3]

Die von den Humanisten propagierte Methode der *imitatio* wirft jedoch grundsätzliche Probleme auf. Zum einen birgt die stilistische Nachahmung in sich stets die Gefahr der Pedanterie und des Verlustes an eigener Originalität. Das schon von Petrarca erkannte Problem wird vielfach erörtert und zumeist im Sinne einer schöpferisch-produktiven Aneignung (Bienengleichnis) oder der Findung der eigenen Individualität im Gespräch mit individuellen Vorbildern beantwortet. [4] Das Zusammenwirken von *ingenium* und *imitatio* betont schließlich 1545 B. RICCI. [5] Zum anderen aber stellt sich die Frage nach dem maßgebenden lateinischen Stilvorbild. Die frühen italienischen Humanisten des 14./15. Jh. (Petrarca, Salutati, Bruni, G. F. POGGIO BRACCIOLINI und noch L. VALLA) sind noch nicht auf Cicero festgelegt, vertreten vielmehr eine Position der Auswahl aus mehreren Schriftstellern (darunter selbst Sallust, Seneca und Tacitus). Der strenge Ciceronianismus, begründet von Schulmännern wie GASPARINO DA BARZIZZA († 1431) und GUARINO DA VERONA († 1460) findet seine radikalste Ausprägung erst Ende des 15. und Anfang des 16. Jh. etwa bei P. CORTESI († 1510) oder P. BEMBO († 1545). [6] Doch wird die extreme «Nachäffung Ciceros» schon von Zeitgenossen heftig attackiert, wie Polemiken z. B. von A. POLIZIANO († 1494) gegen Cortesi [7] und G. F. PICO DELLA MIRANDOLA († 1533) gegen Bembo [8] zeigen. Der Streit über die *imitatio* greift bald auf das nördlichere Europa über. Eine geistvolle Karikatur des doktrinären Ciceronianismus gibt ERASMUS VON ROTTERDAM 1528 in seinem Dialog ‹Ciceronianus›. [9] Statt geistloser *imitatio* wird ein Wettstreit *(aemulatio)* mit den antiken *exempla* empfohlen. [10] Der Ciceronianismus findet zwar weiterhin namhafte Verteidiger wie z. B. J. C. SCALIGER oder E. DOLET [11] und behält vor allem in den Schulen eine feste Bastion, doch setzt im späten 16. Jh. J. LIPSIUS wirkungsvoll Seneca und Tacitus als neue Autoritäten und Stilmuster dagegen. [12] Die Ciceronianer werden Zielscheibe komödiantischen Spottes für den Protestanten N. FRISCHLIN (‹Iulius redivivus› 1582/85) wie den Jesuiten J. GRETSER (‹Regnum humanitatis dialogus› 1587; ‹De humanitatis regno comoedia altera› 1590). [13]

In das Erziehungswesen finden die neuen Ideen des Humanismus wiederum zuerst in Italien Eingang, theoretisch vorbereitet von P. P. VERGERIO (‹De ingenuis moribus et liberalibus adolescentiae studiis› um 1402) und L. Bruni, praktisch umgesetzt z. B. von GUARINO DA VERONA († 1460) in Verona und Ferrara und VITTORINO DA FELTRE († 1446) in Padua und Mantua. [14] Ihre Schulen bilden ein Gegengewicht gegen die noch scholastisch geprägten Universitäten. Sind schon bei Vergerio alle *artes liberales* in den Dienst der Eloquenz gestellt, so ist in Guarinos konsequent auf die *studia humanitatis* ausgerichtetem Lehrplan der Rhetorik endgültig die höchste Stufe (nach Elementarunterricht und Grammatik) zuerkannt. Auch in der E. geht man dabei neue Wege. In mündlichen Übersetzungen aus dem Italienischen *(themata, declamationes)* übt Guarino lateinische Syntax; seine Rhetorikschüler läßt er antike Autoren exzerpieren und Musterphraseologien anlegen. [15] Vittorino, der die Dreiheit von Begabung *(ingenium)*, Theorie *(doctrina)* und E. zur notwendigen Grundlage allen Unterrichts erklärt [16], betreibt neben Leseübungen bereits wieder Deklamationen über fingierte Rechtsstreitigkeiten. [17]

Für die europäische Verbreitung der humanistischen Pädagogik und ihre Durchsetzung gegen scholastische Konzepte sorgen im 15. und 16. Jh. vor allem die Niederländer R. AGRICOLA und Erasmus, ferner J. WIMPHELING, P. MELANCHTHON und J. STURM in Deutschland, J. L. VIVES im spanischen Belgien, R. ASCHAM in England, G. BUDÉ und P. RAMUS in Frankreich. Schon Agricola (‹De formando studio› 1484) fordert dabei neben sorgfältiger Lektüre auch beharrliche Übung («assidua E.») [18]; Erasmus (‹De ratione studii› 1511; ‹De pueris instituendis› 1529) empfiehlt Übungen im Auswendiglernen, lateinische Konversationsübungen und Aufsätze [19]; auch bei Vives (‹De disciplinis› 1531) bilden Lektüre und Aufsatzübungen den Kern des Grammatikunterrichts [20]; Sturm (‹De amissa dicendi ratione› 1538) fordert unter Berufung auf die Crassusrede in Ciceros ‹De oratore› die Rückkehr zu altrömischer Methode mit ihrem Schwergewicht auf *usus* und E. [21]; Ramus schließlich will 1550 im Lehrprogramm seines Pariser ‹Collège de Presles› den theoretischen Unterricht in einer Kunst durch deren praktische Anwendung ergänzt wissen: «Man fährt deshalb mit zwei Arten von praktischer Übung (E.) fort: mit der ersten vermittelt man an Hand klarer Beispiele dem Schüler das Wesen der Kunst [...]. Diese Art der Übung nennen wir *Analyse*, weil sie die Glieder des als Beispiel gewählten Werkes zerlegt und jeden Teil kunstgerecht untersucht. Man kommt zur zweiten Art der Übung, wenn der Schüler an Hand der Beispiele gelernt hat, wie die Regeln der Kunst von erfahrenen Meistern angewendet werden, und dazu übergeht, zunächst etwas Ähnliches durch Nachahmung zu erzeugen, um schließlich aus eigener Kraft eine selbständige Leistung zu vollbringen. Diese Übung nennen wir *Genese*, weil sie ein neues Werk erzeugt und schafft. [...] Diese zwei Arten der Übung, d. h. die Analyse und die Genese, wenden wir beim Unterricht in der Grammatik, der Rhetorik und der Philosophie an.» [22] Hierin zeigt sich derselbe didaktische Dreischritt von *praecepta*, *exempla* und *imitatio*, den schon 1522 Melanchthon formuliert [23] und der den Rhetorikunterricht nicht nur des Humanismus, sondern auch noch der Barockzeit prägend bestimmt.

Als Prinzip des gesamten sprachlichen Unterrichts umgreift die Rhetorik zu dieser Zeit nicht nur das alte Teilfach des Triviums, sondern auch Grammatik und Poesie, bisweilen sogar Logik bzw. Dialektik und Philosophie. Schon der Lateinunterricht, das Fundament humanistischer Bildung, ist stark auf *imitatio* und E. ausgerichtet. G. Haloinus, ein Freund von Erasmus und Vives, polemisiert heftig gegen das «Haupthindernis» («impedimentum maximum») der trockenen Grammatikregeln zugunsten einer lebendigen Gewöhnungs- und Übungspraxis («per usum sive consuetudinem et exercitationem»). [24] Diesem Zweck dienen vor allem die lateinischen *Schülergespräche*, die von den Humanisten in großer Zahl verfaßt werden. [25] Sie reichen von dem anonym überlieferten ‹Manuale scholarium› (um 1480) über nachwirkungsreiche und bis ins 18. Jh. von vielen Schulordnungen vorgeschriebene Werke wie die ‹Colloquia familiaria› (1518/33) des Erasmus (über 500 Ausgaben), die ‹Paedologia› (1517) des P. Mosellanus (64 Ausgaben), die ‹Linguae Latinae exercitatio› (1538) des Vives (103 Ausgaben) und die ‹Colloquia scholastica› (1564) von Calvins Lehrer M. Corderius (106 Ausgaben) nebst zahlreichen weiteren von mehr lokaler Bedeutung bis hin zu eher epigonalen Produkten wie A. Sibers ‹Dialogi pueriles› oder J. Sturms ‹Neanisci› (1565) [26] und bis zu den ‹Progymnasmata Latinitatis sive dialogi› (1588–96) des Augsburger Jesuiten J. Pontanus mit besonderer Bedeutung für die Jesuitengymnasien des 17. Jh. [27] J. Posselius veröffentlicht um 1590 sogar ‹Colloquia Graecolatina›. [28] R. Ascham (‹The Scholemaster› postum 1570) empfiehlt dagegen bereits vergleichende Hin- und Rückübersetzungen zwischen Latein und Muttersprache [29], ein Verfahren, das auch Sturm praktiziert. [30]

Der Einübung dient auch der ausschließliche Gebrauch des Lateinischen als Unterrichtssprache. [31] So schreibt es die maßgeblich von Melanchthon beeinflußte Kursächsische Schulordnung von 1528 vor [32], nicht anders die Melanchthonschüler V. Trotzendorf, M. Neander, H. Wolf und besonders J. Sturm, dessen Straßburger Unterrichtsplan von 1538 [33] vielen Schulen zum Vorbild wird. Selbst im Gespräch untereinander ist den Schülern der Gebrauch der Muttersprache bei Strafe verboten. [34]

Wesentliches Ziel humanistischen Rhetorikunterrichts ist die Erweiterung des Schatzes an Gedanken und sprachlichen Ausdrucksmitteln *(copia rerum ac verborum)* zur Erleichterung von *inventio* und elokutionärer *amplificatio*. Das bedeutendste Lehrbuch hierzu ist Erasmus' Traktat ‹De duplici copia verborum ac rerum›; verfaßt 1511 für J. Colets Londoner St. Paul's School, wird dieser, ab 1534 mit Kommentar von J. Bernhardi (Veltkirchius), zu einem der verbreitetsten Schulbücher. [35] Erasmus' an mittelalterliche *exornatio*-Rhetorik, aber auch an Quintilian anknüpfende Anleitung zur gezielten Ausweitung von verbaler und argumentativer *copia* findet großen Widerhall etwa bei Melanchthon (‹De rhetorica libri tres› 1519). [36] Noch der französische Jesuit A. Frusius (‹De utraque copia verborum et rerum praecepta› 1556) folgt ganz dem Vorbild des Erasmus. [37] Das Streben nach *copia* in Verbindung mit der Grundmethode der *imitatio* schlägt sich nieder in Exemplasammlungen, Florilegien und Kollektaneen aller Art. Das auf Guarino zurückgehende Verfahren der Exzerptsammlung wird etwa von Agricola und Vives nachdrücklich propagiert [38] und erlebt einen Höhepunkt in den ‹Adagia› des Erasmus, einer Sammlung antiker Aussprüche und Redensarten (zuerst 1500, dann bis 1533 mehrfach erweitert). [39] Das spätere Kollektaneenwesen des Barock hat hier seinen Ursprung. Im kleineren Rahmen der Schule dient z. B. bei Sturm das Anlegen von Wortschatz- und Phrasenheften *(ephemerides, diaria)* aus der Cicerolektüre der Steigerung der *copia verborum*. [40]

Renaissance und Humanismus bringen auch ein Wiederaufleben der antiken Formen rhetorischer E. Durch byzantinische Emigranten wie Georgios Trapezuntios (1395–1484) gelangt im 15. Jh. mit den rhetorischen Werken des Hermogenes auch die Kenntnis der ‹Progymnasmata› des Aphthonios nach Italien und verbreitet sich rasch. [41] Einen kurzen Aufschwung erlebt zunächst noch Priscians lateinische Version der ‹Progymnasmata› des Hermogenes (ab 1470 nunmehr in allen Prisciandrucken enthalten), bis Priscian im 16. Jh. als Grammatiker endgültig durch die neuen humanistischen Grammatiken (W. Lily, J. Colet, Erasmus) verdrängt wird. [42] Theon findet wenig Beachtung (Ausgabe mit lateinischer Übersetzung und Musterbeispielen aus Libanios von J. Camerarius 1541). [43] Überzeugend setzt sich im 16. Jh. einzig Aphthonios durch, dessen Verbindung von Anleitung und Musterbeispielen dem *imitatio*-Bedürfnis der Zeit entgegenkommt. Rasch entstehen zahlreiche lateinische Übersetzungen (J. M. Catanaeus 1507; R. Agricola 1532; A. Bonfine 1538; N. Conti um 1550; J. Camerarius 1567; B. Harbart 1591; F. Scobarius 1597). [44] Die bei weitem erfolgreichste Fassung aber ist R. Lorichs Kompilation ‹Aphthonii Progymnasmata partim a Rodolpho Agricola, partim a Joanne Maria Catanaeo Latinitate donata, cum scholiis Reinhardi Lorichii› (73 Drucke von 1542 bis 1689) [45] mit englischer Adaptation von R. Rainolde (‹A Booke Called the Foundacion of Rhetorike›

1563). [46] Aphthonios beeinflußt Theoretiker der Pädagogik wie ERASMUS, MELANCHTHON und STURM. [47] Die Beispiele des Aphthonios übernimmt auch P. MOSELLANUS (‹De primis apud rhetorem exercitationibus praeceptiones› 1523). Lorichs Handbuch findet an den deutschen Humanistengymnasien ebenso Verwendung im Unterricht wie an den Grammar Schools des elisabethanischen England [48] und gelangt im 17. Jh. sogar bis nach Amerika, wo es am Harvard College benutzt wird. [49] Meist werden diese Übungen als ‹themata› oder ‹themes› bezeichnet. Auffällig ist die gelegentliche Ausdehnung des Terminus ‹Progymnasmata› auch auf andere Übungsformen (Schülergespräche, Deklamationen, Schuldramen); Melanchthon bezeichnet damit sogar einmal das ganze Trivium. [50]

Auch die *Epistolographie* löst sich unter dem Eindruck der neuentdeckten Briefe Ciceros seit PETRARCA und SALUTATI von den rigiden Formularien des Mittelalters, nähert Brief und Rede einander wieder an und gibt Anleitung zu freierer *imitatio* und E. Diese Tendenz setzt sich, im 15. Jh. von Italien ausgehend (L. VALLA, A. DATI, N. PEROTTI, M. FILELFO, G. SULPIZIO VEROLANO, F. NEGRI, G. SAPHONENSIS, N. FERRETTI), auch nördlich der Alpen durch (P. LESCHER, ‹Rhetorica pro conficiendis epistulis accommodata› 1491; K. CELTIS, ‹Tractatus de condendis epistulis› 1492; A. HUENDERN, ‹Ars epistulandi nova› 1494; C. HEGENDORFFINUS, ‹Ratio epistularum conscribendarum compendiaria› 1520, ‹Methodus conscribendi epistulas› 1558; H. BEBEL, ‹Commentaria epistularum conficiendarum› 1503; ERASMUS, ‹Conficiendarum epistularum formula› 1520, ‹De conscribendis epistulis› 1521; VIVES, ‹De conscribendis epistulis› 1533; J. PONTANUS, ‹Rochi Perusini de scribenda et rescribenda epistula liber› 1578; J. LIPSIUS, ‹Epistolicarum quaestionum libri V› 1585). Briefübungen gehören bald zum Unterrichtsprogramm nicht nur der lateinischen Humanistenschulen, sondern sogar auch der allmählich entstehenden deutschen Elementarschulen. [51]

Besonders bedeutsam ist die Wiederbelebung der Tradition der antiken *Deklamation* durch die Humanisten. Sie entspringt zu einem guten Teil ihrer heftigen Ablehnung der scholastischen Methode. Schon ERASMUS fordert mit Nachdruck die Wiedereinführung der Deklamation in den Schulen. [52] VIVES, ein erklärter Gegner des Disputationswesens, behauptet nicht nur in dem ganz der E. gewidmeten 3. Buch seiner Schrift ‹De ratione dicendi› die direkte Herleitung der humanistischen Schuldeklamation aus der altrömischen [53], sondern verfaßt auch selbst historisierende Römerdeklamationen. [54] Theoretische Äußerungen zur juristischen Deklamation nebst einem Kontroversienpaar aus der griechischen Heldensage enthalten ferner die ‹Colores rhetoricae disciplinae› des P. NIAVIS. [55] Auch die ‹Progymnasmata› des J. PETREIUS aus Toledo (1539) behandeln deklamatorische Übungen in Kontroversien und Suasorien. [56] Doch umfaßt der humanistische Begriff der *declamatio* nicht nur diese beiden antiken Genera, sondern schließt auch Festreden, Lob- und Tadelreden (nach antiker Auffassung den Progymnasmata zugehörig) und selbst bildungspolitische Programmreden mit ein. Der wesentliche Aspekt ist der mündliche, nicht selten öffentliche Vortrag einer vollständigen Rede (oft zu feierlichem Anlaß). Neben der Deklamation als Schülerübung steht auch hier die Prunkdeklamation der erfahrenen Meister. Hauptzweck ist jeweils die Demonstration der Fähigkeiten des Redners. Die Stoffe sind teils antik, teils zeitgenössisch. Sehr Disparates (neben pädagogischen Programmreden und Gratulationen etwa auch Lobreden auf den Frühling, das Fasten oder die Trunkenheit) findet sich z. B. in den Deklamationen des auch als Theoretiker bedeutenden C. HEGENDORFFINUS. [57] So steht denn die humanistische Deklamation in ähnlichem Abstand von der klassischen Redekunst eines Cicero wie schon ihre kaiserzeitliche Vorgängerin. [58] Besonders hat sich MELANCHTHON um die Wiederbelebung der Deklamation an den deutschen Schulen und Hochschulen verdient gemacht. [59] Vor allem ihre Einführung an den protestantischen Universitäten geht auf ihn zurück (schon sein Wittenberger Statutenentwurf von 1523 sieht regelmäßige Deklamationen vor). [60] Sein Schüler STURM setzt die Tradition an seiner Straßburger Schule fort. [61] Zeugnisse für das weitere Fortleben der Schuldeklamation im 16. Jh. (auch in den Nationalsprachen) sind etwa die ‹Paradossi› (1543) von O. LANDI (englische Fassung von A. MUNDY: ‹The Defense of Contraries› 1593) oder die ‹Epitomes de cent histoires tragicques› (1581) von LE SYLVAIN (Alexander van den Busche) (englische Übersetzung von L. PIOT: ‹The Orator. Handling a Hundred Several Discourses, in Forme of Declamations› 1596). [62]

Zu einem wesentlichen Element der E. wird im Humanismus auch das *Schultheater*, in dem lateinische Sprache, Gedächtnis, freier Vortrag und Gebärdenspiel gleichermaßen geübt werden. Schulische Theateraufführungen sind seit 1500 für Breslau, seit 1512 für Straßburg bezeugt [63]; seit etwa 1520 beginnen sie sich allgemein zu etablieren. Am Anfang stehen (z. B. bei STURM) die Aufführung antiker Komödien (v. a. Terenz) und das szenische Nachspielen von Prozessen Ciceros. [64] Aus dem Humanistendrama (z. B. J. WIMPHELING, ‹Stylpho› 1480; J. REUCHLIN, ‹Henno› 1496; J. LOCHER, ‹Spectaculum de Thurcorum rege et Suldano rege Babiloniae› 1497) entwickelt sich aber etwa seit 1525 zunächst in den Niederlanden, dann in Deutschland ein eigenständiges neulateinisches Schuldrama [65], dem bald auch ein deutschsprachiges an die Seite tritt. [66] Die Verfasser sind meist Schulrektoren, Lehrer oder Geistliche. Die pädagogische Wirkung des Theaterspiels wird auch von den Reformatoren erkannt; LUTHER und MELANCHTHON befürworten es ausdrücklich. [67] Ist anfangs durchaus die Förderung der formalen *eloquentia* das Hauptziel dieser Aufführungen, so tritt seit T. NAOGEORGS ‹Pammachius› (1538) eine kämpferische religiös-konfessionelle Tendenz als beherrschendes Moment hinzu; biblische Stoffe stehen nun im Vordergrund. Weitere bedeutende Verfasser lateinischer Schuldramen sind G. GNAPHAEUS (‹Acolastus› 1529) und G. MACROPEDIUS (‹Hecastus› 1539); deutschsprachige Stücke schreiben schon S. BIRCK (‹Susanna› 1532), J. WICKRAM (‹Der verlorene Sohn› 1545), N. FRISCHLIN (‹Susanna› 1577) und G. ROLLENHAGEN (‹Vom reichen Mann und armen Lazaro› 1590). Ab der Mitte des Jh. tritt dann das Schultheater des Jesuitenordens als kräftiges Gegengewicht zum protestantischen auf, von dem es sich durch striktes Festhalten am Lateinischen und strengere Beschränkung auf christliche Themen unterscheidet. [68]

Die von den Humanisten im Lehrbetrieb der Universitäten zunächst nach Möglichkeit eingeschränkte Tradition der scholastischen *Disputation* lebt mit der Reformation und der dadurch wachsenden Bedeutung kontroverstheologischer Auseinandersetzungen wieder auf. [69] LUTHER empfiehlt die Übung im Disputieren ebenso nachdrücklich wie MELANCHTHON. [70] Sie behält daher auch an den protestantischen Universitäten ihren festen Platz. So schreibt die ‹Reformation vnd newe ordnung der Vniuersitet zu Tüwingen 1533› vor, «das die disputationes hebdomadales in Artibus, wie die von alter gewest sind, on abgang gehalten werden». [71] Das Verfahren, geregelt in den Statuten der Artistenfakultät, entspricht weitgehend dem mittelalterlichen. [72] Dessen Auswüchse sucht man durch strenges Reglement zu vermeiden. Disputiert wird auch an den anderen Fakultäten, vor allem an der theologischen. Luther selbst nimmt in Wittenberg an zahlreichen Disputationen teil. [73] Diese neue Popularität der Disputation zeigt sich schon um die Jahrhundertmitte auch in ironischen Brechungen wie dem Fastnachtsspiel des H. SACHS ‹Zwaier philosophi disputacio ob peser hayraten sey oder ledig zw pleiben ainem weissen mann› (1555), das ein altes Thema antiker *theses* aufgreift. [74] Im Sinne einer Propädeutik für die Universität übernehmen auch die protestantischen Humanistenschulen die Disputationsübungen. [75] Besonders intensiv wird die Disputation jedoch von den Jesuiten gepflegt. Setzen schon die ‹Constitutiones› (1551 ff.) die Disputation an die Spitze aller *exercitationes* [76], so trifft der Entwurf von 1586 zur ‹Ratio studiorum›, dem jesuitischen Lehrplan, endgültig detaillierte Regelungen. [77] Mit einer leichteren Vorform, den *concertationes*, werden die Jesuitenschüler schon in Unter- und Mittelstufe an die disputatorischen Übungen herangeführt [78], ehe sie mit der Oberstufe (‹Rhetorica›) bereits die volle universitäre Disputationsform erreichen.

Die gesamte Bandbreite dieser Übungsformen spiegelt sich in den Schulordnungen und Lehrplänen des 16. Jh. So heißt es etwa in V. TROTZENDORFS Goldberger Schulordnung von 1546: «Es soll auch alle Wochen ein gemein Exercitium gehalten werden, Episteln lateinisch zu schreiben [...]: desgleichen soll auch alle Wochen ein Exercitium versificandi geschehen. Tägliche Abend-Precationes und Disputationes, in welchen die Knaben einer den anderen übet in den lectionibus, so sie den Tag über gehört haben. Dazu sollte einen Monat um den andern eine öffentliche Disputatio der Lectionen gehalten werden.» [79] Die Magdeburger Schulordnung von 1553 stellt fest: «Zweifellos ist es für die Jugend von Nutzen daß gewisse Übungen eingerichtet werden, von denen folgende am besten gefallen, nämlich Verkündung von Gesetzen *(legum recitationes)*, Declamationes, Disputationes publicae und Comoediarum actiones.» [80] Die protestantischen Schulordnungen verraten meist den Einfluß von STURMS Straßburger Lehrplan von 1538. [81] Bereits Sturms Übungsprogramm reicht von Exzerpier- und Übersetzungsübungen bis zu öffentlicher Deklamation und Theaterspiel. [82] Aber auch der jesuitische Lehrplan enthält ausführliche Angaben über *exercitationes* von Übersetzung und progymnasmatischen Übungen über Aufsätze und poetische Versuche bis zu Deklamation, Disputation und Theater. [83]

Zwiespältig ist das Verhältnis der Humanisten zur antiken *Mnemotechnik*. Während MELANCHTHON und RAMUS in ihren Rhetoriken die *memoria* völlig aus dem rhetorischen System ausklammern, beschäftigen sich andererseits J. ROMBERCH, G. CAMILLO DELMINIO, G. BRUNO und andere intensiv mit der Verfeinerung und Ausgestaltung des «künstlichen Gedächtnisses». [84]

Das Regelsystem der Rhetorik erfaßt im Humanismus schließlich auch die *Dichtung*. Das zeigt sich bereits in der Auffassung der Versdichtung als «seconde rhétorique» (zweite Rhetorik) und der Bezeichnung ihrer Meister als «Grands rhétoriqueurs» im Frankreich des 15. Jh. [85] Auf diesem Felde beginnt somit zuerst der Einfluß rhetorischer E. auch auf die nationalsprachlichen Literaturen. Besonders die im 15. Jh. in den Niederlanden nach französischem Vorbild entstehenden ‹Kamers van Retorica› der sogenannten ‹Rederijkers›, die eine stark rhetorische Konzeption von Literatur vertreten, bieten dem städtischen Bürgertum ein Forum für die Übung in Dichtung, Rezitation und Theaterspiel. [86] Eine ähnliche Funktion haben später in Deutschland die Meistersingerbühnen. Durch *imitatio* der antiken Autoren suchen im 16. Jh. die Pléjade-Dichter J. DU BELLAY und P. RONSARD den französischen Stil zu bereichern. [87] Auch die rhetorischen Übungen der Schule schlagen immer stärker auf die nationalsprachlichen Literaturen durch. [88] So haben etwa W. SHAKESPEARE und J. MILTON erkennbar eine rhetorische Schulung des humanistischen Typus durchlaufen. [89]

Anmerkungen:
1 E. Norden: Die antike Kunstprosa ([2]1909; ND 1974) Bd. II, 763–766. – **2** L. Bruni: De studiis et litteris liber ad dominam Baptistam de Malatestis; gedruckt: De bonis studiis ep. (Straßburg 1521) Zit.: 4[rv]; auch in: E. Garin: Gesch. und Dokumente der abendländischen Päd., Bd. II (1966) 168–191, hier 171f.; vgl. R. R. Bolgar: The Classical Heritage and Its Beneficiaries (Cambridge 1954) 269. – **3** Bruni [2] 11[v]–12[r]; Garin [2] 190; vgl. ebd. 31f. – **4** Norden [1] 768; Garin [2] 17–20. Das Bienengleichnis (Seneca, Epistulae 84) z. B. bei F. Petrarca: De rebus familiaribus I, 8; J. v. Stackelberg: Das Bienengleichnis. Ein Beitrag zur Gesch. der lit. Imitatio, in: RF 68 (1956) 271–293; M. Fumaroli: L'âge de l'éloquence (Genf 1980) 78f. – **5** B. Ricci: De imitatione libri tres (Venedig 1545); Garin [2] 21. – **6** R. Sabbadini: Storia del Ciceronianismo (Turin 1886); Norden [1] 773f.; Bolgar [2] 265–271; G. A. Kennedy: Classical Rhet. Its Christian and Secular Tradition from Ancient to Modern Times (London 1980) 214; R. Pfeiffer: Die Klassische Philol. von Petrarca bis Mommsen (1982) 63 u. 74f. – **7** in: E. Garin (Hg.): Prosatori latini del Quattrocento (Mailand/Neapel 1952) 902ff.; Garin [2] 246–254 u. 12f.; Pfeiffer [6] 63; Fumaroli [4] 81–83 u. 101–106. – **8** G. Santangelo (Hg.): Le epistole ‹De imitatione› di G. Pico della Mirandola e P. Bembo (Florenz 1954); Garin [2] 165–277; Santangelo: Il Bembo critico e il principio d'imitazione (Florenz 1950). – **9** E. v. Rotterdam: Dialogus cui titulus Ciceronianus, hg. von I. C. Schönberger (1919); Garin [2] 155–260 u. 53–55; Kennedy [6] 214; Pfeiffer [6] 75. – **10** H.-J. Lange: Aemulatio veterum sive de optimo genere dicendi (1974) 113–120. – **11** J. C. Scaliger: Oratio pro M. Tullio Cicerone contra D. Erasmum Roterodamum (Paris 1531); Adversus D. Erasmi Roterodami Dialogum Ciceronianum oratio secunda (Paris 1537); E. Dolet: Dialogus de imitatione Ciceroniana adversus D. Erasmum, pro C. Longolio (Lyon 1535; ND Genf 1974); Fumaroli [4] 110–115. – **12** Norden [1] 774–780; Style, Rhet., and Rhythm. Essays by M. W. Croll, hg. von J. M. Patrick und R. O. Evans (Princeton 1966). – **13** B. Bauer: Jesuitische ‹ars rhetorica› im Zeitalter der Glaubenskämpfe (1986) 1–15. – **14** W. H. Woodward: Vittorino da Feltre and other Humanist Educators (Cambridge 1905); Garin [2] 27–43; Bolgar [2] 258–261; 329–333; A. Dolch: Lehrplan des Abendlandes ([3]1971) 176–179. – **15** Garin [2] 37–39. – **16** ebd. 199. – **17** ebd. 42 u. 200f. – **18** ebd. 50; vgl. R. Agricola: De inventione dialectica (1552) III 16, 459–466. – **19** Garin [2] 52f. – **20** Dolch [14] 230–232. – **21** Garin: Gesch. und Dokumente der abendländischen Päd., Bd. III (1967) 139–147. – **22** P. Ramus: Pro philosophica Parisiensis Academiae disciplina oratio (Paris 1550, [2]1557), in: P. Rami et A. Talaei Collectaneae Praefationes, Epistolae, Orationes (Paris 1577) 307–401; Zit. Garin [2] 63f. – **23** P. Melanchthon: De ratione discendi, in: Opera quae supersunt omnia, hg. von C. G. Bretschneider u. H. Bindseil, Corpus Reformatorum, Bd. I–XXVIII (1834–1860; ND New York/London 1963), hier Bd. XX (1854) 701–704; Elementa rhetorices (1531), ebd. Bd. XIII (1846) 492–504; ähnlich, mit starker Betonung der exem-

pla, N. Frischlin: Oratio de exercitationibus oratoriis et poeticis (1587) fol. E 6ᵃ; W. Barner: Barockrhet. (1970) 243 u. 285; 424; anders G. Mertz: Das Schulwesen der dt. Reformation im 16. Jh. (1902) 269ff. – **24** G. Haloinus: De restauratione linguae Latinae (Antwerpen 1533), ed. C. Mattheeussen (1978) I, 15, 5; A. Fritsch: Lateinsprechen im Unterricht. Gesch. – Probleme – Möglichkeiten (1990) 18f. – **25** A. Bömer: Die lat. Schülergespräche der Humanisten, 2 Tle. (1897–99; ND Amsterdam 1966); ders.: Lernen und Leben auf den Humanistenschulen im Spiegel der lat. Schülerdialoge, in: Neue Jb. für das klassische Altertum 4 (1899) 1–29; Dolch [14] 203; G. Streckenbach: Stiltheorie und Rhet. der Römer im Spiegel der humanistischen Schülergespräche (1979); Fritsch [24] 15–21. – **26** Bömer [25] 225f.; Fritsch [24] 22. – **27** Barner [23] 290; Bauer [13] 245. – **28** Fritsch [24] 22f. – **29** Garin [2] 58f. – **30** J. Sturm: Ad Philippum Lippianum Comitem de rhetoricis exercitationibus (Straßburg 1575) fol. C VIIʳᵛ u. D IVʳᵛ; C. Schmidt: La vie et les travaux de Jean Sturm (Straßburg 1855; ND Nieuwkoop 1970) 257. – **31** Fritsch [24] 10–14. – **32** Unterricht der Visitatoren, in: R. Vormbaum (Hg.): Ev. Schulordnungen, Bd. I: Die ev. Schulordnungen des 16. Jh. (1860) 5; Mertz [23] 462. – **33** J. Sturm: De literarum ludis recte aperiendis, in: Vormbaum [32] 653–677. – **34** F. Paulsen: Das dt. Bildungswesen in seiner gesch. Entwicklung (⁴1920) 44. – **35** T. Cave: The Cornucopian Text (Oxford 1979); Bolgar [2] 273–275; 338f.; Kennedy [6] 206; Bauer [13] 119–124. – **36** H. Scheible: Melanchthon zwischen Luther und Erasmus, in: A. Buck (Hg.): Renaissance und Reformation. Gegensätze und Gemeinsamkeiten (1984) 155–180; Bauer [13] 124–127. – **37** Bauer [13] 128f. – **38** R. Agricola: De formando studio ep. (1532); J. L. Vives: Introductio ad sapientiam, zit. F. Watson: Vives on Education (Cambridge 1913); Bolgar [2] 270–273. – **39** M. M. Phillips: The ‹Adages› of Erasmus (Cambridge 1964); Bolgar [2] 297–299. – **40** Sturm [33], in: Vormbaum [32] 662; Sturm [30] fol. C VIIIᵛ–E IIᵛ; F VIIᵛ–VIIIʳ; Schmidt [30] 256f. – **41** J. Monfasani: George of Trebizond: A Biography and a Study of his Rhet. and Logic (Leiden 1976) 17f. u. 248–257; Kennedy [6] 199–205. – **42** D. L. Clark: The Rise and Fall of Progymnasmata in Sixteenth and Seventeenth Century Grammar Schools, in: Speech Monographs 19 (1952) 259–263, hier 260 u. 262. – **43** ebd. 261. – **44** ebd. 261f.; P. Schäfer: De Aphthonio sophista (Diss. 1854) 43. – **45** Clark [42] 261; ders.: Rhet. in Greco-Roman Education (Westport 1957; ND 1977) 180f.; S. F. Bonner: Education in Ancient Rome (London 1977) 251; R. F. Hock, E. N. O'Neil: The Chreia in Ancient Rhet., Vol. I: The Progymnasmata (Atlanta 1986) 215. – **46** F. R. Johnson: Two Renaissance Textbooks of Rhet., in: The Huntington Library Quarterly 6 (1943) 427–444; Clark [42] 262. – **47** J. C. Margolin: La rhétorique d'Aphthonius et son influence au XVIᵉ siècle, in: La rhétorique à Rome. Colloque 1977 (Paris 1979) 239–269. – **48** Bonner [45] 331. – **49** S. E. Morison: Harvard College in the Seventeenth Century (Cambridge, Mass. 1936) 172–185; Hock, O'Neil [45] 215. – **50** Melanchthon: De corrigendis adolescentiae studiis (1518), in: Declamationes, ed. K. Hartfelder, Bd. I (1891) 23; in: Garin [21] 92f. – **51** Dolch [14] 245. – **52** Erasmus: Opera omnia (Leiden 1703) Bd. I, 265 u. 526; Clark [45] 260. – **53** Kennedy [6] 210. – **54** J. L. Vives: Declamationes Sullanae quinque (Antwerpen 1520) (5 Suasorien, ab der Ausgabe Basel 1538 erweitert um eine auf Pseudo-Quintilian replizierende Kontroversie). – **55** Streckenbach [25] 158f. – **56** Clark [42] 260. – **57** C. Hegendorffinus: Declamatio in laudem ebrietatis (1506); Declamationes octo (1533); zur Bedeutung als Theoretiker: Streckenbach [25] 163–167. – **58** Streckenbach [25] 135. – **59** K. Hartfelder: P. Melanchthon als Praeceptor Germaniae (1898) 349f. – **60** ebd. 453f.; F. Paulsen: Gesch. des gelehrten Unterrichts, Bd. I (³1919; ND 1960) 274; Barner [23] 423. – **61** Schmidt [30] 274; W. Sohm: Der Begriff und die Schule der sapiens et eloquens pietas (1912) 92. – **62** Kennedy [6] 213; Clark [45] 261. – **63** Barner [23] 304, Anm. 243. – **64** Sturm [30] fol. F IVʳ–Vʳ; F VIIIʳ–G IIʳ; Schmidt [30] 274–276; O. Francke: Terenz und die lat. Schulkomödie in Deutschland (1877); A. Jundt: Die dramatischen Aufführungen im Gymnasium zu Straßburg. Ein Beitrag zur Gesch. des Schuldramas im XVI. und XVII. Jh. (Straßburg 1881); Barner [23] 300. – **65** P. Bahlmann: Die lat. Dramen von Wimphelings ‹Stylpho› bis zur Mitte des 16. Jh. 1480–1550 (1893); J. Maassen: Drama und Theater der Humanistenschulen in Deutschland (1929); Barner [23] 304–312. – **66** Barner [23] 312f. – **67** M. Luther: Tischreden, in: Werke (WA), Bd. I (1912; ND 1967) 447; Melanchthon, in: Corpus Reformatorum Bd. XIX, 692; Paulsen [60] 364; Barner [23] 304f. – **68** J. Müller: Das Jesuitendrama in den Ländern dt. Zunge vom Anfang (1555) bis zum Hochbarock (1665), 2 Bde. (1930); Barner [23] 344–352. – **69** Barner [23] 396. – **70** Luther [67] Bd. IV, 192; Melanchthon, in: Corpus Reformatorum Bd. III, 189 u. öfter. – **71** Urkunden zur Gesch. der Univ. Tübingen aus den Jahren 1476 bis 1550, hg. von R. Roth (1877) 182. – **72** ebd. 388f.; Barner [23] 397f. – **73** A. Drews: Disputationen Dr. Martin Luthers in den Jahren 1535–1545 an der Univ. Wittenberg (1895). – **74** in: H. Sachs: Fastnachtspiele, hg. von T. Schumacher (1957) 136ff. – **75** Mertz [23] 349ff. – **76** Ratio studiorum et Institutiones Scholasticae Societatis Jesu per Germaniam olim vigentes, hg. von G. M. Pachtler SJ, Monumenta Germaniae Paedagogica, Bd. V (1887) 103. – **77** ebd. 100ff. – **78** ebd. 171ff. u. 446ff.; Barner [23] 341f.; P. Fonseca: Institutionum dialecticarum libri octo (1564; ²1567) VII 44, 468–470. – **79** Vormbaum [32] 53f. – **80** ebd. 487. – **81** ebd. 653–677. – **82** vgl. Sturm [30]; Schmidt [30] 271–285. – **83** Ratio studiorum [76] 404ff.; Barner [23] 338–344. – **84** F. A. Yates: The Art of Memory (London 1966). – **85** H. Guy: L'école des rhétoriqueurs (Paris 1910). – **86** G. Schotel: Geschiedenis van de Rederijkers in Nederland (Rotterdam ²1871); J. A. van Dorsten: Poets, Patrons, and Professors (Leiden/London 1962) 33–47; M. Spies: The Amsterdam Chamber de Eglentier and the Ideals of Erasmian Humanism, in: T. Hermans, R. Salverda (Hg.): From Revolt to Riches. Culture and History of the Low Countries 1500–1700 (London 1993) 109–118. – **87** Norden [1] 780; H. Gmelin: Das Prinzip der imitatio in den romanischen Lit. der Renaissance, in: RF 46 (1932) 83–360. – **88** B. Vickers: Classical Rhetoric in English Poetry (London 1970). – **89** T. Baldwin: William Shakspere's Small Latine & Lesse Greeke, 2 Bde. (Urbana 1944), Bd. II, 69–238; D. L. Clark: John Milton at St. Paul's School (New York 1948).

Literaturhinweise:
E. Laas: Die Päd. des J. Sturm (1872). – W. H. Woodward: Studies in Education during the Age of Renaissance, 1400–1600 (Cambridge 1906). – C. S. Baldwin: Renaissance Literary Theory and Practice, hg. von D. L. Clark (New York 1939). – W. S. Howell: Logic and Rhet. in England, 1500–1700 (Princeton 1956). – J. Ong: Ramus, Method, and the Decay of Dialogue: From the Art of Discourse to the Art of Reason (Cambridge, Mass. 1958). – J. Lechner: Renaissance Concepts of the Commonplaces (New York 1962). – L. A. Sonnino: A Handbook to Sixteenth-Century Rhet. (London 1968). – A. Scaglione: The Classical Theory of Composition from its Origins to the Present: A Historical Survey (Chapel Hill 1972). – P. O. Kristeller: Renaissance Thought and Its Sources, Teil V: Philosophy and Rhet. from Antiquity to the Renaissance (New York 1979). – J. J. Murphy (Hg.): Renaissance Eloquence. Studies in the Theory and Practice of Renaissance Rhet. (Berkeley/Los Angeles/London 1983). – G. Huppert: Public Schools in Renaissance France (Urbana/Chicago 1984). – A. Scaglione: The Liberal Arts and the Jesuit College System (Amsterdam 1985). – M. G. M. van der Poel: De declamatio bij de humanisten (Nieuwkoop 1987).

IV. Barock. Die rhetorische E. des Barock führt im Grundsatz das im 16. Jh. etablierte Programm an Übungsformen fort. «Humanismus, Reformation und Gegenreformation haben das System der literarischen Bildung geschaffen, durch das die Barockzeit bestimmt wird. Melanchthon, Sturm und der Jesuitenorden beherrschen den Rhetorikbetrieb an den deutschen Gymnasien und Universitäten [...].» [1] Selbst die pädagogischen Reformbestrebungen des 17. Jh., die sich mit den Namen M. DE MONTAIGNE und P. CHARRON, T. CAMPANELLA, F. BACON und J. MILTON, J. H. ALSTED, J. V. ANDREAE, W. RATKE (Ratichius) und vor allem

J. A. KOMENSKÝ (Comenius) verbinden und die zum einen auf ein größeres Gewicht der ‹Realia› gegenüber den ‹Humaniora› und zum anderen auf eine stärkere Berücksichtigung der Muttersprache im Unterricht zielen, können die Position des Rhetorikunterrichts und seine lateinisch-humanistische Grundlage zunächst noch nicht wirkungsvoll erschüttern. [2]

Zur rhetorischen Praxis an den deutschen Schulen und Universitäten des 17. Jh. hat W. BARNER die grundlegende Untersuchung vorgelegt. [3] Es zeigt sich, daß auf dem Felde der rhetorischen E. die beiden Hauptträger der höheren Bildung, die *protestantische Gelehrtenschule* und das *Jesuitengymnasium*, einander sehr nahe stehen. [4] Tendenziell ist bei den Jesuiten ein stärkeres Festhalten am Lateinischen, in den Gelehrtenschulen eine frühere Öffnung für die Muttersprache festzustellen. [5] Die theoretische Basis ist schmal: Während das jesuitische Standardlehrbuch des C. SOAREZ (um 1560) in den Abschnitten über E. und *imitatio* immerhin die einschlägigen Stellen aus Cicero anführt [6], finden sich in dem an protestantischen Schulen meistverbreiteten Lehrbuch des Leidener Professors G. J. VOSSIUS (1606) kaum vergleichbare Aussagen. [7]

Im Lateinunterricht dominieren weiterhin die *Schülergespräche*, vor allem ERASMUS und MOSELLANUS, bei den Jesuiten dazu J. PONTANUS. [8]

Grundlage der schriftlichen Übungen bleiben auch im 17. Jh. die ‹Progymnasmata› des Aphthonios. Noch immer entstehen weitere lateinische Übersetzungen (z. B. D. HEINSIUS 1626), zum Teil mit ausführlichen Erläuterungen und vermehrten Beispielen wie bei C. PRAETORIUS (‹Aphthonii Progymnasmata› 1655) und J. MICRAELIUS (‹Progymnasmata Aphthonii› 1656). J. SCHEFFER legt 1670 die bis ins 19. Jh. maßgebliche griechische Textausgabe vor. Die Progymnasmata finden auch Eingang in die Rhetoriklehrbücher von Vossius, F. POMEY (‹Candidatus Rhetoricus, seu Aphthonii Progymnasmata› 1664; ‹Novus candidatus rhetoricae› 1672) und J. MASEN (‹Palaestra oratoria› ²1678). [9] In dieselbe Tradition stellen sich Autoren wie A. BURCHARD (‹Progymnasmata eloquentiae› 1607) oder C. SCHRADER (‹Progymnasmata selectiora› 1667). An den Gymnasien gehören die Progymnasmata neben den Briefübungen zum täglichen Pensum, werden freilich noch immer als Vorstudien zur Komposition vollständiger Reden für den mündlichen Vortrag aufgefaßt [10], weshalb sie nach Möglichkeit auch mündlich vorgetragen werden sollen. [11] Die Sprache ist grundsätzlich Latein; eher in Ausnahmefällen begegnet muttersprachliche Ausarbeitung mit anschließender Übersetzung ins Lateinische. [12] Musterbeispiele ausgeführter Progymnasmata für Schüler enthalten z. B. die dreibändigen ‹Attica bellaria, sev litteratorum secvndae mensae› (1615–1620) des J. PONTANUS oder die ‹Exercitia oratoria› (1645) von V. THILO. [13] Progymnasmatische Übungen nach Aphthonios kennt man auch an den französischen Jesuitenkollegien [14] oder in England, wo RAINOLDES Adaptation weite Verbreitung genießt [15]; bekannt ist MILTONS Polemik (‹Of Education› 1644) gegen die unsinnige Praxis dieser realitätsfremden und die Schüler überfordernden «theams». [16]

In der *Stilistik* herrscht weiter das *imitatio*-Prinzip. Die von J. LIPSIUS, M.-A. MURET, F. BACON und anderen initiierte, in der Literatur des 17. Jh. höchst folgenreiche Verschiebung des Stilideals auf die Silberne Latinität (Tacitus, Seneca) [17] wirkt sich im schulischen Bereich jedoch kaum aus; hier bleibt Cicero der Maßstab. Ähnlich ist auch die jesuitische *argutia*-Rhetorik der zweiten Jahrhunderthälfte eine Kunst für Fortgeschrittene, deren Einfluß auf die klassizistische Basis des Schulunterrichts stets eingedämmt bleibt. [18] Der dadurch tendenziell geförderte Stilpluralismus zeigt sich am deutlichsten in der ‹Palaestra styli Romani quae artem et praesidia Latine ornateque quovis styli genere scribendi complectitur› (1659) des *argutia*-Rhetorikers Masen: Durch ein detailliertes Übungsprogramm mit spielerischer Nachahmung eines breiten Spektrums von Autoren soll der Schüler befähigt werden, seinen eigenen Stil zu finden. [19] Exzerpierübungen und das Anlegen schriftlicher Sammlungen (Schatzkammern) dienen der Erweiterung der *copia verborum*. [20] In der Tradition des Erasmus steht noch ein Werk wie der ‹Tractatus de copia verborum› (1656) des J. MICRAELIUS.

Die Erreichung der wahren *eloquentia* ist jedoch in den Schulen beider Konfessionen an die Beherrschung der freien mündlichen Rede gebunden. Zu diesem Ziel führt die Übung in der *Deklamation*. [21] Behandelt werden Themen aus Bibel, Geschichte und Alltagsleben. Oft wird der Ausarbeitung noch ein progymnasmatisches Grundschema zugrundegelegt. Ein beliebtes Lehrbuch sind die ‹Exercitationes rhetoricae› des J. TESMARUS (1657). Die Reden müssen auswendig und mit überzeugender *actio* vorgetragen werden. Von Einfluß ist dabei die Kenntnis der antiken kaiserzeitlichen Deklamation, die den monumentalen Rekonstruktionswerk des Jesuiten L. CRESSOLIUS verdankt. [22]

Hinzu kommt besonders an den Jesuitengymnasien weiterhin die Übung in *concertationes* und *Disputation* als Vorschule für das kontroverstheologische Streitgespräch. [23]

Als höchste Stufe der E. gilt jedoch allgemein die öffentliche Deklamation oder Disputation vor Publikum. Als institutioneller Rahmen hierfür entwickeln sich die rhetorischen *Schulactus* [24], feierliche Veranstaltungen, die zu vielerlei Anlässen stattfinden (kirchliche Feste, Examina, Abschieds- und Gedenkfeiern, Jubiläen, Ehrungen, Feiern politischer Ereignisse usw.). Das Publikum setzt sich je nach Anlaß aus Mitschülern, Lehrern, Eltern oder illustren Gästen zusammen. Die Darbietungen der dafür besonders ausgewählten Schüler reichen von der Rezitation von Gedichten über Deklamationen bis zu Disputationen und gespielten Szenen. Die entsprechenden Texte werden teils von den Schülern selbst, teils aber auch von den Lehrern verfaßt. Neben der E. von Vortrag und Gestik unter möglichst realistischen Bedingungen ist auch die öffentliche Präsentation der Schule ein wichtiger Zweck dieser Veranstaltungen. Eine Beschreibung des Ablaufs solcher Actus gibt etwa J. PASTORIUS in der ‹Palaestra nobilium› (1654). [25] Beispielsammlungen aus der Schulpraxis bieten z. B. V. THILO (‹Exercitia oratoria› 1645) und C. KALDENBACH (‹Orationes, et actus oratorii›, 3 Bde., 1671–1679; ‹Dispositiones oratoriae› 1687). Als Verfasser von Texten für Schulactus treten ferner C. KÖLER, C. WEISE und C. GRYPHIUS hervor. [26] «Erst die [...] *recitationes*, *declamationes* und *actus* erheben die sprachlich-kompositorische Fertigkeit zur eigentlichen Eloquenz. Ohne die Basis dieser Exerzitien ist die oft hervorgehobene 'Mündlichkeit' weiter Bereiche der literarischen Barockkultur nicht zu denken [...].» [27] Die Jesuiten erweitern die Übungsmöglichkeiten zusätzlich durch sogenannte ‹Akademien›, in denen die Schüler außerhalb des Unterrichts zu rhetorischen Übungen zusammenkommen. [28]

Halbtheatralische *Actus* wie die Inszenierung historischer Prozesse leiten über zum *Schultheater*, das im 17. Jh. besonders bei den Jesuiten, aber auch an protestantischen Schulen eine herausragende Rolle spielt. [29] Schulmänner wie J. BIDERMANN auf jesuitischer und C. WEISE auf protestantischer Seite sind auch als Verfasser von Schuldramen bedeutend. Der Theoretiker des Jesuitentheaters, F. LANG, leitet die Gattungen Drama, Komödie und Tragödie gar direkt aus den rednerischen *exercitia* der *declamatio* und des *dialogus* her. [30]

Von vornherein stärker praxisorientiert ist die rhetorische Erziehung des jungen Adels. Hier gelten andere Zielvorstellungen als an der Gelehrtenschule: «Eloquence hat ein Staats=Mann in diesen Zeiten vornemlich bey dreyerley Gelegenheiten zu gebrauchen: 1. In Schreibung eines zierlichen Briefes/ 2. In Abfassung einer artigen Relation/ 3. In Haltung eines Sermons bey verschiedenen Begebenheiten/ so bey publiquen Affairen koennen vorkommen», heißt es in den Erziehungsanweisungen für den Sohn eines königlichen Ministers. [31] G. Braungart hat daher für das 17. Jh. zwei konkurrierende rhetorische Paradigmen unterschieden: hier die gelehrte Rhetorik der Schulen und Universitäten mit theoretischer Basis in systematischen Lehrbüchern, dort die praktische Eloquenz des Adels auf der kasuistischen Grundlage von Briefstellern und Kanzleirhetoriken. «Dem Gelehrten geht es um die Herstellung eines Produkts, um *poiesis*, dem Höfling und Politiker geht es dagegen um den Vollzug einer sprachlichen Handlung, um *praxis*.» [32] Entsprechend hoch ist auch der Stellenwert der E. gegenüber der Theorie. Der traditionell üblichen Einzelerziehung durch Hofmeister fehlt jedoch gerade die wichtige Übungsmöglichkeit in der Gruppe. [33] Diesem Mangel begegnet man im 17. Jh. durch Gründung zahlreicher *Ritterakademien*, deren rhetorisches Übungsprogramm auf die speziellen Bedürfnisse der adeligen Jugend zugeschnitten ist. [34] Vor allem wird sofort zur Praxis übergegangen: «Die Oratoria und das Studium Eloquentiae, soll gleich wie die anderen Studia, getrieben, jedoch vielmehr *ipsa praxi*, als durch weitläufftige *Praecepta* gelehret und öfters *publice peroriret* werden.» [35] Ein Spezifikum im Übungsprogramm der Ritterakademien sind die *consultationes*: «der Lehrer stellt zunächst ein Thema aus dem Bereich der aktuellen Politik; einer der fürstlichen Schüler übernimmt das Präsidium und bittet die anderen (die als seine *consiliarii* fungieren) um ihre Stellungnahme; sie tragen nacheinander ihre Ansichten vor, und zuletzt verkündet der Präsident seinen fürstlichen Entschluß (der vom Lehrer meist schon im voraus als *conclusio* formuliert ist).» [36] Beispiele gibt T. LANSIUS in der ‹Mantissa consultationum et orationum› (1656). Der Hauptunterschied zu den humanistischen Übungstechniken liegt in der Realitätsnähe und Aktualität der gestellten Themen. Doch praktiziert man auch öffentliche Deklamationen und sogar Disputationen (in Latein, Deutsch oder Französisch). [37] Somit bieten die Ritterakademien die modernste rhetorische Bildung ihrer Zeit.

An den *Universitäten* beherrscht noch immer die Disputation als allgemeine Übungsform das Feld. [38] Daneben gibt es aber auch das an den Artistenfakultäten angesiedelte Fach ‹Rhetorik› mit eigenen Übungen, zumeist Deklamationen und Actus. So muß etwa in Straßburg der Professor für Rhetorik unter anderem alle vierzehn Tage ein *exercitium declamandi* durch seine *auditores* halten lassen, dazu jeden Montag seinen Hörern «eine nützliche, löbliche und den zeiten nach auch den *discipulis* bequeme *materiam declamandi* zu tractiren fürgeben, dieselbe folgends corrigiren, auch ehe dann die *declamationes publice* angestellet werden, sie *privatim* hören, *in actione, pronunciatione* u. was dergl. mit fleiss underweisen und abrichten» und schließlich bei den «*publicis declamationibus*» emsig zugegen sein». [39] Ein eifriger Verfasser von Deklamationen und Actus ist der Tübinger Ordinarius C. KALDENBACH. [40] In einem seiner Actus weist er z. B. in drei Reden nacheinander der *natura*, der *ars* und der E. jeweils den ersten Rang unter den Grundlagen der Beredsamkeit zu. [41] Auch seine Vorlesungen geben regelmäßig Anweisungen für *imitatio* und E. [42] Da einengende Bestimmungen fehlen, kann der Lehrende seine Übungsmethoden weitgehend selbst festlegen. [43] Obgleich die Rhetorik als Fach an den Universitäten eine geringere Rolle spielt als an den Gymnasien, kann daher hier mehr Individualität entfaltet werden. Zäher als an den Schulen wird freilich am Lateinischen festgehalten. Erste Versuche mit deutschsprachigen Übungen gibt es erst im letzten Drittel des Jh. (C. SCHRADER, K. STIELER, C. THOMASIUS). [44] Im Übergang zum 18. Jh. verflacht schließlich auch die universitäre Disputation immer mehr zu einem galanten Konversationsspiel. [45]

Zu den bedeutenden Reformern des Rhetorikunterrichts im späten 17. Jh. zählt C. WEISE. Er, der in seiner Jugend das gesamte Curriculum humanistischer E. durchlaufen hat, dann aber längere Zeit als Hofmeister und Professor an einer Adelsschule tätig war, ist dadurch mit beiden Grundmodellen rhetorischer Erziehung vertraut. [46] Aus deren Synthese entwickelt er sein Konzept einer Deutschen und Politischen, d. h. praxisorientierten Beredsamkeit. Sein Hauptwerk, der ‹Politische Redner›, besteht zu einem großen Teil aus Übungen der verschiedensten Art. [47] Die Chrie, das Kernstück der antiken Progymnasmata, gestaltet Weise grundlegend um, indem er das überkommene achtteilige Chrienschema nach dem Muster des Syllogismus auf vier Redeteile reduziert, und erhebt sie in den beiden Formen der *chria recta* und der *chria inversa* (mit den Unterarten *per antecedens et consequens* und *per thesin et hypothesin*) zum universalen rhetorischen Gliederungsschema. Auf ähnliche Art vereinfacht er auch den Aufbau der Schulreden (zwei Teile: *propositio* und *tractatio*). [48]

Ein typisches Phänomen des Barock ist schließlich auch die starke Interdependenz von Dichtung und rhetorischer E. Einerseits gehören kleinere poetische Übungen (v. a. Gedichte) ganz selbstverständlich zu jedem schulischen Übungsprogramm. [49] Als wichtige Hilfsmittel hierzu dienen die Kollektaneen, *loci communes*, Schatzkammern, Florilegien u. ä., von denen es im 17. Jh. auch bereits zahlreiche deutschsprachige gibt (ZINCGREF, HARSDÖRFFER, TSCHERNING, MÄNNLING u. a.). [50] Andererseits aber lassen oft auch die Werke der Literatur den Hintergrund rhetorischer E. noch erkennen, dem sie entstammen: [51] Hatten sich z. B. schon die Dichtungen der holländischen Rederijkers stark an die Schuldeklamation angelehnt, so zeigt sich auch das dramatische Werk von G. A. BREDERO, S. COSTER oder P. C. HOOFT von progymnasmatischen Formen beeinflußt. In der französischen Tragödie des 17. Jh. finden sich veritable Suasorien [52]; Einflüsse der Disputation zeigt das Trauerspiel des A. GRYPHIUS. [53] Chrie, Gemeinplatz und Suasorie finden als Odenthemen Verwendung. [54] Die ‹Epicoene or The Silent Woman› von

B. JONSON (1606) greift das Thema einer Deklamation des Libanios auf [55], und J. MILTONS ‹L'Allegro› und ‹Il Penseroso› (1645) beginnen jeweils mit Übungsstücken in Enkomion und Tadel. [56]

Anmerkungen:
1 W. Barner: Barockrhet. (1970) 244. – 2 E. Garin: Gesch. und Dokumente der abendländischen Päd., Bd. III (1967) 21–42; A. Dolch: Lehrplan des Abendlandes (^{3}1971) 266–295; Barner [1] 245–249; 278f. – 3 Barner [1]. – 4 ebd. 329–331; 339f. – 5 ebd. 339f. – 6 C. Soarez: De arte rhetorica libri tres ex Aristotele, Cicerone et Quintiliano praecipue deprompti (1577) I 10 u. 11; B. Bauer: Jesuitische ‹ars rhetorica› im Zeitalter der Glaubenskämpfe (1986) 138–242, hier 233; Barner [1] 336–338. – 7 G. J. Vossius: Rhetorices contractae, sive partitionum oratoriarum libri quinque (Leiden 1606); Barner [1] 265–274. – 8 Barner [1] 290; Bauer [6] 245. – 9 Bauer [6] 131; 324–368. – 10 Barner [1] 287–289; 335; 338. – 11 Schulordnung Halle 1661, in: R. Vormbaum (Hg.): Ev. Schulordnungen, Bd. II: Die ev. Schulordnungen des 17. Jh. (1863) 558. – 12 Z. B. Hessische Schulordnung von 1656, zit. I. Weithase: Gesch. des dt. Unterrichts (1907) 158; Barner [1] 277. – 13 Bauer [6] 246. – 14 R. A. Lang: The Teaching of Rhet. in French Jesuit Colleges 1556–1762, in: Speech Monographs 19 (1952) 286–298, hier 295. – 15 D. L. Clark: The Rise and Fall of Progymnasmata in Sixteenth and Seventeenth Century Grammar Schools, in: Speech Monographs 19 (1952) 259–263, hier 262f. – 16 ebd. 263; Garin [2] 26f. – 17 Barner [1] 62–67. – 18 ebd. 357–361. – 19 ebd. 359; Bauer [6] 369–460. – 20 Barner [1] 286. – 21 ebd. 284; 288f.; 339–341; Lang [14] 296f. – 22 L. Cressolius: Theatrum veterum rhetorum, oratorum, declamatorum, quos in Graecia nominabant Σοφιστάς, expositum libris V (Paris 1620). – 23 Barner [1] 332; 341f.; Lang [14] 296f.; M. Beetz: Rhet. Logik. Prämissen der Lyrik im Übergang vom 17. zum 18. Jh. (1980) 86f. – 24 Barner [1] 243; 291–302; 340–344. – 25 J. Pastorius: Palaestra nobilium (1654), in: T. Crenius: De philologia (1696) 285f. – 26 D. Eggers: Die Bewertung dt. Sprache und Lit. in den dt. Schulactus von Christian Gryphius (1967); Barner [1] 298. – 27 Barner [1] 449. – 28 ebd. 343; Lang [14] 297f. – 29 Barner [1] 302–318; 344–352. – 30 F. Lang: Dissertatio de actione scenica (1727), hg. von A. Rudin (1975) 71. – 31 Zit. T. Ballauff, K. Schaller: Päd. Eine Gesch. der Bildung und Erziehung, Bd. 2 (1970) 269. – 32 G. Braungart: Praxis und poiesis. Zwei konkurrierende Textmodelle im 17. Jh., in: G. Ueding (Hg.): Rhet. zwischen den Wiss. Gesch., System, Praxis als Probleme des ‹Hist. Wtb. der Rhet.› (1991) 87–98, hier 96. – 33 Barner [1] 376. – 34 ebd. 377–384. – 35 Ordnung der Ritterakademie Wolfenbüttel von 1688, in: Vormbaum [11] 735. – 36 Barner [1] 379. – 37 ebd. 383; Vormbaum [11] 728. – 38 Barner [1] 397–407; Beetz [23] 70ff. – 39 C. Bünger: Matthias Bernegger, ein Bild aus dem geistigen Leben Strassburgs zur Zeit des Dreissigjährigen Krieges (1893) 335; zu Tübingen: Barner [1] 423. – 40 Barner [1] 434–438. – 41 ebd. 437; C. Kaldenbach: Problemata oratoria (1672) 375ff. – 42 ebd. 439. – 43 ebd. 411. – 44 ebd. 416f. – 45 Beetz [23] 89–95. – 46 Barner [1] 193–210. – 47 C. Weise: Politischer Redner/ Das ist: Kurtze und eigentliche Nachricht / wie ein sorgfältiger Hofemeister seine Untergebene zu der Wolredenheit anführen soll / ... (^{1}1677, ^{3}1683, ND 1974); ders.: Neu=Erleuterter Politischer Redner / Das ist: Unterschiedene Kunstgriffe welche in gedachten Buche entweder gar nicht oder nicht so deutlich vorkommen (1684, ND 1974). – 48 O. Ludwig: Der Schulaufsatz. Seine Gesch. in Deutschland (1988) 54–60. – 49 M. Windfuhr: Die barocke Bildlichkeit und ihre Kritiker (1966) 68–77; 114–123; 143–151; J. Dyck: Ticht-Kunst. Dt. Barockpoetik und rhet. Tradition (1966) 48ff.; 57ff.; 87; 148. – 50 Barner [1] 61. – 51 ebd. 251–254. – 52 D. Mornet: Histoire de la clarté française. Ses origines – son évolution – sa valeur (Paris 1929) 159. – 53 M. Kramer: Disputatorisches Argumentationsverfahren im barocken Trauerspiel. Die polit. Beratungsszenen in den Trauerspielen von Andreas Gryphius (1982). – 54 Mornet [52] 176. – 55 D. A. Russell: Greek Declamation (Cambridge 1983) 5; 91–96. – 56 D. L. Clark: Rhetoric in Greco-Roman Education (Westport 1957, ND 1977) 197.

Literaturhinweise:
R. Möller: Gesch. des Altstädtischen Gymnasiums zu Königsberg i. Pr. VI: Die rhet. Schulactus (1878). – E. Horn: Die Disputationen und Promotionen an den dt. Univ. (1893). – F. Watson: The English Grammar Schools to 1660: Their Curriculum and Practice (Cambridge 1908). – F. Paulsen: Gesch. des gelehrten Unterrichts auf den dt. Schulen und Univ. vom Ausgang des MA bis zur Gegenwart, 2 Bde. (^{3}1919–21; ND 1960). – F. Debitsch: Die staatsbürgerliche Erziehung an den dt. Ritterakademien (Diss. 1927). – D. L. Clark: John Milton at St. Paul's School. A Study of Ancient Rhet. in Renaissance Education (New York 1948; ND 1964). – W. S. Howell: Logic and Rhet. in England, 1500–1700 (Princeton 1956). – W. Flemming: Die barocke Schulbühne, in: Die päd. Provinz 10 (1956) 537–544. – D. L. Clark: Milton's Rhetorical Exercises, in: The Quarterly J. of Speech 46 (1960) 297–301. – J.-M. Valentin: Le théâtre des Jésuites dans les pays de langue allemande (1554–1680). Salut des âmes et ordre des cités, 3 Bde. (Bern 1978). – W. Barner: Rhet. in Lit., Unterricht und Politik des 17. Jh., in: P. Kleinschmidt u. a. (Hg.): Die Welt des Daniel Casper von Lohenstein (1978) 40–49. – M. Fauser: Die Chrie. Zur Gesch. des rhet. Schulaufsatzes, in: Euph 81 (1987) 414–425. – K. Gajek (Hg.): Das Breslauer Schultheater im 17. und 18. Jh. (1994).

V. *Aufklärung, 18. Jh.* Um die Wende zum 18. Jh. ist die Rhetorik im deutschsprachigen Raum noch gänzlich von Weises Chrientheorie dominiert. Sowohl die im engeren Sinne weiseanischen Redelehren von C. WEIDLING und G. LANGE als auch die galanten Rhetoriken von A. BOHSE (TALANDER) und F. HUNOLD (MENANTES) und die Schullehrbücher von J. HÜBNER und E. UHSE legen der E. das weiseanische Chrienschema zugrunde und arbeiten verstärkt mit der ebenfalls von Weise propagierten Methode der Realiensammlungen und Kollektaneen. [1] Den verflachten Disputationsbetrieb der Hochschulen, das Festhalten an der topischen *inventio* und die Dominanz der Chrie hat auch M. Beetz als Hauptkennzeichen der E. dieser Epoche herausgestellt. [2] Hinzu kommen deklamatorische Exerzitien in den Redeactus, ferner Briefübungen und Übungen in der Gelegenheitsdichtung.

Erst in den Jahren von 1720 bis 1740 vollzieht sich unter dem Einfluß der aufklärerischen Philosophie C. WOLFFS ein tiefgreifender Wandel «von der ‹politischen› Oratorie zur ‹philosophischen› Redekunst» [3], dessen Haupttendenzen sich mit O. Ludwig unter fünf Punkte fassen lassen: «von der politischen zur gelehrten Rede; vom Überreden zum Überzeugen; von der Erregung der Affekte zum Appell an den Verstand, von der Wirkung der Rede zum Ausdruck von Gedanken; von der Mündlichkeit zur Schriftlichkeit.» [4] Verworfen wird nun vor allem die topische *inventio* und – damit zusammenhängend – das Arbeiten mit Kollektaneen und Exzerpten; stattdessen wird eigene sachbezogene Verstandestätigkeit (Meditation) gefordert. Sind schon für G. P. MÜLLER «gedruckte Collectanea [...] nur vor einfältige/ denen man diese oratorischen Trödel-Buden gerne zu ihren Vergnügen überlässet» [5], so wendet sich J. A. FABRICIUS noch vehementer gegen Topik und Nutzung fremder Kollektaneen. [6] Den heftigsten und radikalsten Angriff aber führt F. A. HALLBAUER gegen den selbst eigenes Exzerpieren zeitraubend und nutzlos ist und lediglich vom Meditieren abhält. [7] Moderater, aber in der Sache ähnlich ist die Kritik bei J. C. GOTTSCHED und D. PEUCER. [8] Ein neues, aus Logik und Naturwissenschaft (DESCARTES, SPINOZA, LEIBNIZ, TSCHIRNHAUS) stammendes Erfindungsmodell ersetzt das alte topische System. [9] Erfinden heißt nicht mehr, Vorgegebenes und Abrufbares zu reproduzieren, sondern «unbekandte Wahrheiten aus andern bekandten heraus zu bringen» (Wolff). [10] Quellen der *inventio* sind Logik, Wissenschaft und eigene Erfahrung [11], ihre Instanzen (findendes) *ingenium* und (auswählendes) *iudicium*. [12] Da für die Aufklärer die Wirkung einer Rede einzig von der Überzeugungskraft klar ausgeführter Gedanken abhängt, sollen als ‹Realien› nun nicht mehr die überkommenen Topoi, Gleichnisse und Exempel gelten, sondern allein in der Natur der Sache begründete Argumente und Erklärungen. [13] Im Zeichen von Natürlichkeit und Sachbezogenheit wird auch das starre Chrienschema angegriffen, insbesondere wiederum von Hallbauer: «Warum macht man nun von den Chrien so viel Wesens? Eine jede Materie führet ihre Disposition mit sich und wer nur ordentlich meditiret wird auch ordentlich schreiben.» [14] Die Chrie lege den Schülern unnötige Zwänge auf. [15] Auch J.J. SCHATZ, der Hallbauers Lehre an den Schulen verbreitet, kritisiert sie in ähnlicher Weise. [16] Als mögliches Dispositionsschema wird sie jedoch nach wie vor anerkannt: Fabricius wie Hallbauer wie Gottsched verfehlen nicht, sowohl die ‹Aphthonianische› als auch Weises ‹oratorische› Chrie ausführlich zu erläutern. [17] Gottsched freilich reduziert die Chrie später wieder auf ihre ursprüngliche Funktion als Progymnasma und lehnt den von Weise erhobenen universalen Anspruch ab. [18]

Diese Entwicklungen haben Auswirkung auch auf die Praxis der E., freilich ohne daß deren Wert als solcher in Frage gestellt würde. Im Sinne der Ausbildung der eigenen Fähigkeiten des Redners erhält sie bei den Aufklärern vielmehr sogar besonderes Gewicht. So gründet für Hallbauer die Beredsamkeit auf Klugheit, Denken und Übung. [19] Als elementare Stilübungen empfiehlt dieser Übersetzung, Kürzung, Erweiterung und Veränderung von Texten sowie Imitation vorbildhafter Schriften [20]; deutlich sach- und praxisorientiert sind seine fortgeschritteneren schriftlichen Übungen: Historien, Lebensläufe, Programmata, Prolusionen und Inscriptionen. [21] Vor allem im Bereich der politischen Beredsamkeit (worunter er Kanzel- und Gerichtsrhetorik ebenso faßt wie die Komplimentierkunst des Adels) hält es Hallbauer für nötig, daß man «nach dem durch kurtze Anweisung gelegten Grunde der Jugend die besten Exempel der vortrefflichsten politischen Redner vorleget, [...] hiernächst aber dieselbe in allerhand politischen Reden und Schriften zulänglich übet.» [22] Denn: «Anweisung und Exempel machen es allein nicht aus: man muß die Hand selbst anlegen, und so wol politische Briefe und Reden, als andere Aufsätze verfertigen. [...] Es ist die politische Beredsamkeit etwas practisches: folglich muß sie durch lange Übung erhalten, und zu mehrerer Stärcke und Vollkommenheit gebracht werden.» [23] Fabricius empfiehlt beiläufig das Extemporieren, behandelt als eigene Gattung die Schulreden nebst Dedicationen, Disputationen und Programmata. [24] In Frankreich setzt C. ROLLIN in seinem für die Pädagogik der gesamteuropäischen Aufklärung wichtigen, die pädagogischen Ideen von Port-Royal mit Quintilians Erziehungskonzept verbindenden ‹Traité des Études› (1726–28) ganz auf den Dreischritt von *praecepta, exempla* und *imitatio*, wobei die *exempla*, wie er betont, unendlich viel mehr Kraft haben als alle Vorschriften («les exemples ont infiniment plus de force que les préceptes»). [25] In derselben Tradition des Quintilianismus steht Gottsched («Es ist nicht zu sagen, was die Nachahmung, [...] sonderlich in der Beredsamkeit, für eine Kraft hat.»). [26] Auch für ihn «ist es nicht genug, daß man sich die Regeln der Redekunst bekannt mache: die Uebung im Schreiben, Ausarbeiten, Uebersetzen und Reden, muß allerdings das beste thun. Auch geübte Stilisten verlieren allmählich ihre Fertigkeit, wenn sie nicht in beständiger Uebung bleiben. Wie vielmehr wird ein Anfänger nicht Ursache haben, sich durch die Uebung eine Fertigkeit zu erwerben?» [27] Noch C.M. WIELAND erklärt im selben Sinne, wer ein guter Redner werden wolle, müsse neben dem Studium der besten Vorbilder «sich beständig üben, selbst bald Erzählungen, bald *orationes moratas*, bald pathetische Reden und endlich würkliche Declamationen, Plaidoyen und dergleichen aufzusetzen.» [28] Der Schotte H. BLAIR empfiehlt zur Steigerung der Eloquenz mit Quintilian die Erweiterung der *copia rerum* durch Lektüre, ferner Gewöhnung durch ständige Praxis, Studium und Nachahmung geeigneter Vorbilder sowie regelmäßige Übung in schriftlichen Ausarbeitungen und mündlichen Reden über berufsnahe Themen. [29]

Mit seinen für den Unterricht an höheren Schulen konzipierten ‹Vorübungen der Beredsamkeit› (1754) legt Gottsched noch einmal eine Bearbeitung der antiken *Progymnasmata* des Aphthonios vor. Aufgrund neuer Bewertung von Schwierigkeitsgrad und Sachzusammenhang gruppiert er dessen Liste jedoch einschneidend um. So rückt die Beschreibung weit nach vorne, Sentenz und Chrie als schwierigste Übungen ganz ans Ende. Die neue Reihenfolge lautet: 1. Fabel und Erzählung; 2. Beschreibung; 3. Loben und Verwerfen; 4. Vergleich; 5. Spielen einer fremden Person; 6. Bestätigung; 7. Widerlegung; 8. Beantwortung einer Frage; 9. Lehrsprüche berühmter Männer; 10. Chrien. Gemeinplatz und Gesetzesvorlage fallen (als juristische Spezialprobleme) ganz weg. Dafür treten neu hinzu: 11. Von Briefen und Sendschreiben; 12. Vom guten Vortrage in Uebungsreden. [30] Gedacht sind die ‹Vorübungen› nach Aussage Gottscheds nur für die «beyden obern Classen» (als Propädeutik für die Universität); früher solle man wegen mangelnden Sachwissens der Schüler mit solchen «Ausarbeitungen» nicht beginnen. [31] Für die Elementarübungen der Anfänger folgt er wie Rollin ganz Quintilian. [32] Umstritten bleibt, wieviel Gottsched mit diesem Versuch der Wiederbelebung des antiken Gesamtcurriculums zur Begründung eines deutschen Aufsatzunterrichts beigetragen hat. [33] Einzelne progymnasmatische Formen werden aber auch von anderer Seite für die Schule empfohlen: BREITINGER befürwortet «Elementar-Beschreibungen» [34]; die äsopische Fabel, der schon J. LOCKE großen Erziehungswert beimißt [35], wird von LESSING erneut propagiert. [36] Die Präsenz des gesamten Aphthonianischen Systems noch um die Jahrhundertmitte bezeugt ein in ZEDLERS ‹Universal-Lexikon› zitierter lateinischer Merkvers. [37] «Chrien und dergleichen» muß noch der junge GOETHE im Schulunterricht verfassen. [38]

Fast ungebrochen lebt die Tradition der *Deklamationen* und *Schulactus* im ganzen 18. Jh. fort. Durch das in manchen protestantischen Ländern (z.B. 1718 in Preußen) ausgesprochene Verbot des Schultheaters kommt es vielerorts sogar zu einem merklichen Aufschwung der deklamatorischen Actus. [39] Unübersehbar ist dabei jedoch ein immer stärkeres Vordringen der Muttersprache. Das Programm eines Helmstedter Schulactus von 1768 kündigt von sieben Orationen und Colloquien bereits fünf in deutscher Sprache an. [40] Eine herausragende Rolle spielen in diesem Zusammenhang auch die *Valediktionsreden* der Schulabgänger. [41] Die seit Mitte des Jahrhunderts aufblühenden Realschulen haben ebenfalls maßgeblichen Anteil. [42] In den katholischen Ländern bleibt die öffentliche Schuldeklamation ohnedies bis zur Auflösung des Jesuitenordens 1773 erhalten; ebenso in Frankreich bis zur Schließung der Jesuitenkollegien 1762. [43] Besonders beliebt sind in den Schülerreden moralphilosophische Themen, oft in Form der Lob- oder Tadelrede. [44] SCHILLER hat als Eleve der Karlsschule 1779 und 1780 solche Reden gehalten. [45] In einer gelehrten Variante findet die Tradition der Actus auch in den von J. FACCIOLATUS 1713–22 begründeten neuhumanistischen *Schulreden* eine Fortsetzung. [46]

Die praktische Bedeutung dieser Übungen schwindet jedoch, da im öffentlichen Leben durch die allgemeine Verschriftlichung die mündliche Beredsamkeit mehr und mehr auf die Bereiche von Gerichtssaal und Kanzel zurückgedrängt wird. Eine Ausnahme bildet England mit seiner lebendigen Tradition der Parlamentsrede. In Frankreich kommt es erst 1789 wieder zu einem umso fulminanteren Aufleben der politischen Rede. Als antikes Vorbild verdrängt dabei der streitbare Demosthenes allenthalben Isokrates und gefährdet sogar die Position Ciceros. [47]

Die Tendenz zur Schriftlichkeit führt andererseits zu wachsender Bedeutung der *Briefübungen*. Hier dominiert längst die Muttersprache. Die traditionelle rhetorische Definition des Briefes als eines Spezialfalles der Rede wird um die Jahrhundertmitte aufgegeben und durch eine pragmatische ersetzt. Den Wendepunkt markiert C. F. GELLERT, der anders als seine weitgehend chriologisch geprägten Vorgänger (WEISE, JUNCKER, NEUKIRCH) nicht auf Regeln und Theorie, sondern ganz auf *imitatio* und praktische Übung setzt [48]: Analyse von guten und schlechten Beispielen und Nachahmung großer Vorbilder (Cicero, Plinius, Seneca) seien die besten Wege zu guten Briefen; auch sei ein natürlicher und einfacher Stil einzuhalten. An den Schulen wird Gellerts Brieflehre vorübergehend sogar als Ersatz für eine noch fehlende deutsche Stilistik verwendet. [49]

Im letzten Drittel des 18. Jh. kommt es dann im schulischen Bereich zu einem grundsätzlichen Wandel in der Übungspraxis, für den mehrere Faktoren verantwortlich sind. Im Streit zwischen Neuhumanisten (J. M. GESNER, J. A. ERNESTI, C. G. HEYNE) und Philanthropen (J. B. BASEDOW, E. C. TRAPP, J. H. CAMPE, C. G. SALZMANN, K. F. BAHRDT) um die Grundlagen sprachlicher Erziehung [50] setzen sich letztere mit ihrer Forderung nach größerem Anteil des Deutschunterrichts durch. Die Gewichte zwischen schriftlichen und mündlichen Übungen verschieben sich. Beide werden nun pädagogisch unterschiedlich begründet: während die mündlichen nach wie vor der Ausbildung der Eloquenz und kommunikativer Fähigkeiten dienen, fällt den schriftlichen jetzt die Aufgabe der Verstandesbildung und der Befähigung zum Ausdruck eigener Gedanken zu. Das Verfassen schriftlicher Texte ist nicht mehr Vorbereitung auf den mündlichen Vortrag, sondern ein Unterrichtsgegenstand von eigenem, nunmehr höherem Wert; mündliche Übungen werden zum Teil sogar umgekehrt als Vorübungen für das schriftliche Gestalten verstanden. [51] Gleichzeitig schwindet im schriftlichen Diskurs die für die Rhetorik typische Ausrichtung auf die Adressaten; das Interesse verlagert sich vom Leser auf den Schreibenden, von der Wirkung von Texten auf den Prozeß ihrer Produktion. [52]

Diese Veränderungen führen schließlich zur allmählichen Verdrängung und Ablösung der rhetorischen E. antik-humanistischer Prägung durch den deutschen *Aufsatzunterricht*, dessen erste Einführungsphase in die Zeit von 1770 bis 1800 fällt. [53] Vorreiter sind F. G. RESEWITZ, P. VILLAUME, J. H. L. MEIEROTTO, J. C. VOLLBEDING und J. C. DOLZ. [54] Die Verstaatlichung des Schulwesens seit etwa 1770 (in katholischen Gebieten nach Auflösung des Jesuitenordens 1773) und die damit fast überall verbundenen Lehrplanreformen leisten Schützenhilfe. [55] Erst tastend entwickelt sich ein Kanon von Aufsatzformen: Neben freien Ausarbeitungen (Beschreibungen, Erzählungen u. ä.) stehen Ausarbeitungen im Anschluß an Schullektionen (beliebiger Fächer) oder an die Schullektüre sowie Briefaufsätze. [56] Die zunehmend als obsolet empfundenen progymnasmatischen Übungen treten dagegen immer mehr zurück.

Neben der Aufsatzlehre, die die rhetorischen Bereiche *inventio* und *dispositio* umfaßt, und in Verbindung mit ihr entwickelt sich zu dieser Zeit auch eine schriftliche deutsche *Stilistik (elocutio)*. Nach ersten Ansätzen in Kameralistik und Briefstellerei und deren Universalisierung durch J. J. ESCHENBURG (‹Entwurf einer Theorie und Literatur der schönen Wissenschaften› 1783) verfaßt J. C. ADELUNG das maßgebende Standardwerk (‹Ueber den deutschen Styl› 1785). [57] Eine von Resewitz gestellte Preisaufgabe gibt den Anstoß zur Entwicklung deutscher *Stilübungen* für die Schule. [58] Erste Entwürfe liefern J. L. TAMM und P. VILLAUME [59]; eine Zusammenstellung deutscher Stilübungen gibt 1793 auch F. GEDIKE. [60] Die Anlehnung an die traditionelle rhetorische E. ist noch überall spürbar; selbst mündliche Reden werden (z. B. bei Gedike und Meierotto) noch eingeplant [61], die methodische Systematisierung erfolgt erst 1796 durch A. H. NIEMEYER und später durch C. F. FALKMANN. [62] Ab jetzt beherrscht die deutsche Stilistik den Aufsatzunterricht; die rhetorische E. wird mehr und mehr in den Lateinunterricht abgedrängt.

Tendenzen zu einer nationalsprachlichen Schreiberziehung gibt es auch in anderen Ländern (gefördert z. B. im angelsächsischen Bereich von LOCKE und B. FRANKLIN, in Frankreich von ROLLIN). Doch verläuft die Entwicklung etwa in Frankreich bruchloser. Die Reformbestrebungen beschränken sich dort weitgehend auf die Zurückdrängung des Lateinischen. [63] Das rhetorische System bleibt unangetastet. [64] Typisches Kernstück der rhetorischen Schulübungen ist das ganze 18. und noch den Großteil des 19. Jh. hindurch das schriftliche Verfassen ethopoietischer Reden oder Briefe. «Der Schüler muß nacheinander Volkstribun, Heerführer, begeisterter Prophet, strenger Vater, gedankenloser Sohn, Held oder Verbrecher sein. Er muß der Reihe nach die Arglosigkeit des Kindes, das Ungestüm des Jünglings, die Weisheit des Familienoberhaupts haben.» [65] DIDEROT etwa hat bei seiner Aufnahme in Collège gar die Rede der Schlange an Eva im Paradies auszuarbeiten. [66] Die Themen liefern Bibel, antike Mythologie und Geschichte. Erst die Revolution bringt eine Wendung ins Zeitgenössisch-Politische. [67] Die Bearbeitung erfolgt freilich durchweg nach topischen Gesichtspunkten. [68]

Ferner setzt sich im späten 18. Jh. die Auffassung durch, daß Dichten nicht eigentlich erlernbar sei. Dies führt seit etwa 1770 zum schrittweisen Verschwinden der *poetischen Übungen* aus dem Schulunterricht. Dahinter stehen wieder grundsätzliche Verschiebungen in der Literaturästhetik des 18. Jh. Die schon 1687–88 von PERRAULT und FONTENELLE ausgelöste, in Deutschland und England aber erst im 18. Jh. rezipierte ‹Querelle des anciens et des modernes› erschüttert die Autorität der antiken Dichter als Vorbilder und trägt letztlich zur Begründung einer subjektivistischen Produktionsästhetik bei. [69] Indem die Dichtung seit DUBOS wieder auf das Prinzip der Naturnachahmung (Mimesis) festgelegt wird [70], löst sie sich zunehmend vom normativen System der Rhetorik, was zunächst freilich eher ein Anwachsen der praktischen Übungen zur Folge hat. [71] Die von GESNER und GELLERT pädagogisch umgesetzte Geschmacksästhetik billigt der Fähigkeit, ein Gedicht angemessen zu beurteilen, denselben Wert zu wie der Kunst, eines zu verfertigen. [72] Die pragmatische Dimension geht auch hier verloren; es entsteht ein neuer, ästhetischer Dichtungsbegriff, der nicht mehr am sprachlichen Wirkungszusammenhang, sondern am fertigen, autonomen Kunstwerk orientiert ist. [73] Die ausübende Schulpoesie verliert dadurch ihre Grundlage und wird in den siebziger Jahren fast überall abgeschafft. [74] An ihre Stelle tritt ein *Literaturkundeunterricht* (Dichterlektüre) mit dem Ziel der Bildung des Geschmacksurteils und der Befähigung zur Kritik. Als Rest verbleiben metrische Übungen (als Basis für das Verständnis poetischer Formen). [75]

«Die Schulreformen der Aufklärung verzichten darauf, Dichter und Redner auszubilden; sie erziehen vielmehr Schreiber und Leser.» [76] In Rhetorik wie Poetik orientiert man sich nicht mehr an gelehrten Ansprüchen, sondern an den Bedürfnissen der bürgerlichen Gesellschaft. J. B. BASEDOW und H. M. G. KÖSTER unterscheiden zwei Benutzerklassen: die durchschnittlichen Begabungen, an deren Erfordernissen der Pflichtunterricht sich auszurichten habe, und die außerordentlichen Genies, die durch freiwillige Übungen weiter zu fördern seien. [77]

Von der verschriftlichten Rhetorik löst sich Ende des 18. Jh. die *actio/pronuntiatio* als eigenständiger Bereich ab. Schon in der Schule kommt es zu einer «Aufspaltung des Unterrichts in eigene Aufsätze und Deklamation fremder Stücke, in Schreiben und Aufsagen». [78] Ein neuerwachtes Interesse an der *actio* zeigt sich zuerst im britischen ‹Elocutionary Movement› (T. SHERIDAN, J. MASON) mit seiner Betonung des mündlichen Vortrags (‹elocution› steht hier synonym für *actio/pronuntiatio*!). [79] War in früheren Rhetoriken (z. B. GOTTSCHED, BLAIR) die *actio* als nicht schriftlich darstellbar meist pauschal in die Zuständigkeit von Übung und Nachahmung verwiesen worden [80], so sucht man in den neunziger Jahren auch diesen Bereich wissenschaftlich zu erfassen (C. G. SCHOCHER, H. H. CLUDIUS, J. G. PFANNENBERG u. a.). Es entfaltet sich eine eigenständige *Deklamatorik* als Sprech- und Vortragskunst. [81] Der Begriff ‹Deklamation› verengt seine Bedeutung: bei C. F. BAHRDT ist er Bezeichnung für den «äußerlichen Vortrag», bei Cludius und Pfannenberg gar Synonym nur für die stimmliche *pronuntiatio* (im Unterschied zur gestischen *actio*). [82] Sprech- und Atemübungen werden wieder neu entdeckt.

Mit der Deklamatorik verwandt ist auch die *Schauspielkunst* (RICCOBONI, LESSING). Wenn Lessings stark auf *exempla* und *imitatio* gegründete Schauspielpädagogik als Ziel formuliert, die Kunst durch Übung zur Natur werden zu lassen, so ist auch dies ein Rückgriff auf die rhetorische Theorie der E. [83] Fortgeführt wird diese Linie auch von J. J. ENGEL (‹Ideen zu einer Mimik› 1785).

Anmerkungen:
1 C. Weidling: Oratorischer Hofmeister ... (1697); G. Lange: Einl. zur Oratorie durch Regeln und gnugsame Exempel (1706); Talander: Getreuer Wegmeister zur teutschen Redekunst (1693); Neuesterläuterte teutsche Redekunst (1700); Einl. zur Teutschen Oratorie (1708); Menantes: Einl. zur Teutschen Oratorie und Brief-Verfassung (1709); J. Hübner: Kurtze Fragen aus der Oratoria (^{3}1704); Oratoria, Zur Erleichterung der Information abgefasset, 5 Teile (1730–35); E. Uhse: Wohlinformirter Redner (1702, ^{3}1706). – **2** M. Beetz: Rhet. Logik. Prämissen der dt. Lyrik im Übergang vom 17. zum 18. Jh. (1980) 70ff.; 120ff.; 190ff. – **3** G. E. Grimm: Von der ‹polit.› Oratorie zur ‹philos.› Redekunst. Wandlungen der dt. Rhet. in der Frühaufklärung, in: Rhet. 3 (1983) 65–96. – **4** O. Ludwig: Der Schulaufsatz. Seine Gesch. in Deutschland (1988) 79. – **5** G. P. Müller: Abriß einer gründlichen Oratorie (1722) 9f.; Grimm [3] 68f. – **6** J. A. Fabricius: Philos. Oratorie, Das ist: Vernünftige anleitung zur gelehrten und galanten Beredsamkeit (1724; ND 1974) 40f. u. 119; Grimm [3] 69f. – **7** F. A. Hallbauer: Anweisung zur Verbesserten Teutschen Oratorie. Nebst einer Vorrede von Den Mängeln der Schul-Oratorie (1725; ND 1974) 235f. u. 270–295, bes. 289f.; H. J. Frank: Dichtung, Sprache, Menschenbildung. Gesch. des Deutschunterrichts von den Anfängen bis 1945, Bd. I (^{2}1976) 88f.; Grimm [3] 70–72. – **8** J. C. Gottsched: Grund-Riß zu einer vernunfftmäßigen Redekunst (1729) 19f.; Ausführliche Redekunst... (1736, ^{5}1759), in: Werke, hg. von P. M. Mitchell, Bd. VII 1 (1975) 193–220; D. Peucer: Erläuterte Anfangs-Gründe der Teutschen Oratorie in kurzen Regeln und deutlichen Exempeln... (1739; ^{4}1765; ND 1974) 32–44; Grimm [3] 73–75. – **9** Grimm [3] 79–86. – **10** C. Wolff: Vernünfftige Gedanken Von des Menschen Thun und Lassen (^{2}1747) 191. – **11** Fabricius [6] 44; ders.: Philos. Redekunst, oder Auf die Gründe der Weltweißheit gebauete Anweisung Zur gelehrten und jezo üblichen Beredsamkeit... (1739) 17. – **12** Hallbauer [7] 246. – **13** Fabricius [6] 54; [11] 20; Hallbauer [7] 334; Peucer [8] 49; Grimm [3] 88–95. – **14** Hallbauer [7] Vorrede. – **15** ebd. 431. – **16** J. J. Schatz: Kurtze und Vernunft-mäßige Anweisung zur Oratorie oder Beredsamkeit (1734) Vorrede a5; Grimm [3] 94f. – **17** Fabricius [6] 384–388; Hallbauer [7] 429–459; Gottsched: Ausführliche Redekunst [8] 272–284. – **18** Gottsched: Vorübungen der Beredsamkeit, zum Gebrauche der Gymnasien und größern Schulen (1754). – **19** Hallbauer [7] 212–217. – **20** ebd. 603–614. – **21** ebd. 659–681; über Schulreden ebd. 750–753. – **22** Hallbauer: Anleitung zur Polit. Beredsamkeit (1736; ND 1974) 36. – **23** ebd. 60. – **24** Fabricius [6] 145 u. 534; 419–428. – **25** C. Rollin: Traité des Études (Ausgabe Paris 1765) Bd. II, 2. – **26** Gottsched: Ausführliche Redekunst [8] 120. – **27** ebd. – **28** C. M. Wieland: Theorie und Gesch. der Red-Kunst und Dicht-Kunst (1757), in: Gesamm. Schr., Abt. 1, Bd. 4, hg. von F. Homeyer u. H. Bieber (1916) 303–420, hier 314. – **29** H. Blair: Lectures on Rhet. and Belles Lettres (London 1783) Bd. II, 226–245 (Lecture 34: Means of Improving in Eloquence); G. A. Kennedy: Classical Rhet. and Its Christian and Secular Tradition from Ancient to Modern Times (London 1980) 234–240. – **30** Gottsched [18]; ders.: Ausführliche Redekunst [8] 7f.; B. Asmuth: Die Entwicklung des dt. Schulaufsatzes aus der Rhet., in: H. F. Plett (Hg.): Rhet. Krit. Positionen zum Stand der Forschung (1977) 276–292, hier 282–284; Ludwig [4] 76f. – **31** Gottsched [18] Vorrede; ders.: Ausführliche Redekunst [8] 117f. – **32** ebd.: Ausführliche Redekunst [8] 113–117. – **33** Frank [7] 93; dagegen Ludwig [4] 77. – **34** J. J. Breitinger: Crit. Dichtkunst (Zürich 1740) 50. – **35** J. Locke: Some Thoughts Concerning Education (London 1693); Ludwig [4] 108f. – **36** G. E. Lessing: Von einem besondern Nutzen der Fabeln in den Schulen (1759), in: Werke Bd. 5 (Berlin/Weimar 1982) 227–231. – **37** J. H. Zedler: Grosses Vollständiges Universal-Lex. aller Wiss. und Künste, Bd. 50 (1746) 1329f. (Art. ‹Vorübungen›). – **38** Goethe: Dichtung und Wahrheit T. I, B. 1, in: Werke (WA) Bd. 26 (1889; ND 1987) 46. – **39** W. Barner: Barockrhet. (1970) 295 Anm. 195; 318. – **40** Exercitationes oratorias a juvenibus quibusdam ingenio bonarumque artium disciplina praestantioribus d. XXII sept. a. MDCCLXVIII ... in ducali Anna-Sophiano instituendas ... indicat M. J. A. Ballenstedt (1768) 10–12. – **41** H. Bosse: Dich-

ter kann man nicht bilden. Zur Veränderung der Schulrhet. nach 1770, in: JbIG 10 (1978) 80–125, hier 82f. – **42** ebd. 83f. – **43** ebd. 82; R. A. Lang: The Teaching of Rhet. in French Jesuit Colleges 1556–1762, in: Speech Monographs 19 (1952) 286–298, hier 297. – **44** Ludwig [4] 96–101. – **45** Schiller: Werke Bd. 20, hg. von B. v. Wiese (1962) 3–9; 30–36; Bd. 21 (1963) 106–113; 121–123. – **46** F. R. Varwig: Jacobus Facciolatus (1682–1769) – Ein Protagonist der neuhumanistischen Schulrede über Rhet. und Philos., in: H. Schanze, J. Kopperschmidt (Hg.): Rhet. und Philos. (1989) 169–190. – **47** U. Schindel: Demosthenes im 18. Jh. (1963). – **48** C. F. Gellert: Gedanken von einem guten dt. Briefe, an den Herrn F. H. v. W. (1742), in: Gesamm. Schr., hg. von B. Witte, Bd. IV (1989) 97–104; Prakt. Abh. von dem guten Geschmacke in Briefen (1751), ebd. 111–152; R. M. G. Nickisch: Die Stilprinzipien in den dt. Briefstellern des 17. und 18. Jh. (1969) 161–186; Ludwig [4] 118f. – **49** Ludwig [4] 85. – **50** F. Niethammer: Der Streit des Philanthropinismus und Neuhumanismus in der Theorie des Erziehungs-Unterrichts unserer Zeit (1808); H. Weimer, W. Schöler: Gesch. der Päd. (^{18}1976) 119–136; 150–165. – **51** Ludwig [4] 105–107; Bosse [41] 84f. – **52** Ludwig [4] 107f. – **53** ebd. 452. – **54** ebd. 109–121. – **55** Weimer, Schöler [50] 136–149. – **56** Ludwig [4] 113–120. – **57** ebd. 132–139. – **58** F. G. Resewitz: Aufgabe über die beste Methode, wie man junge Leute anführen und üben soll, ihre Gedanken schriftlich auszudrucken, in: ders. (Hg.): Gedanken, Vorschläge und Wünsche zur Verbesserung der öffentlichen Erziehung als Materialien zur Päd., Bd. III 3 (1781) 73–77. – **59** Ludwig [4] 144–147. – **60** F. Gedike: Einige Gedanken über dt. Sprach- und Stilübungen auf Schulen, Programm Berlin (1793); auch in: G. Jäger: Der Deutschunterricht auf dem Gymnasium der Goethezeit. Eine Anthologie (1977). – **61** ebd. 23f.; F. L. Brunn: Versuch einer Lebensbeschreibung J. H. L. Meierotto's (1802) 424. – **62** A. H. Niemeyer: Grundsätze der Erziehung und des Unterrichts, Bd. II (1796); C. F. Falkmann: Methodik der dt. Stylübungen (1818; ^{2}1823); Ludwig [4] 148–151. – **63** D. Mornet: Histoire de la clarté française (Paris 1929) 77; 111. – **64** ebd. 67ff. – **65** ebd. 69. – **66** ebd. 70. – **67** ebd. – **68** ebd. 71f. – **69** H.-G. Rötzer: Traditionalität und Modernität in der europäischen Lit. (1979) 90–101; P. K. Kapitza: Ein bürgerlicher Krieg in der gelehrten Welt. Zur Gesch. der Querelle des Anciens et des Modernes in Deutschland (1981). – **70** J. B. Dubos: Réflexions critiques sur la poésie et la peinture (Paris 1719). – **71** Bosse [41] 119f. – **72** ebd. 97f. – **73** ebd. 122; vgl. I. Kant: KU § 53, A 212–215/B 215–217. – **74** Bosse [41] 100–115. – **75** ebd. 81. – **76** ebd. 117. – **77** ebd. 86f. – **78** ebd. 84. – **79** W. S. Howell: Eighteenth-Century British Logic and Rhet. (Princeton 1971) 145–256; Kennedy [29] 228f. – **80** vgl. Gottsched, Ausführliche Redekunst [8] 435–440. – **81** I. Weithase: Anschauungen über das Wesen der Sprechkunst von 1775–1825 (1930); Jäger [60] 9f. – **82** C. F. Bahrdt: Versuch über die Beredsamkeit... (1780) 191; H. H. Cludius: Grundriß der körperlichen Beredsamkeit (1792) 22f.; J. G. Pfannenberg: Ueber die rednerische Aktion (1796) 76. – **83** Lessing: Der Schauspieler, in: Werke, hg. von H. G. Göpfert, Bd. 4 (1973) 723–733.

Literaturhinweise:
A. Matthias: Gesch. des dt. Unterrichts (1907). – M. Wychgram: Quintilian in der dt. und frz. Lit. des Barocks und der Aufklärung (1921). – B. Grosser: Gottscheds Redeschule. Stud. zur Gesch. der dt. Beredsamkeit in der Zeit der Aufklärung (Diss. 1932). – U. Stötzer: Dt. Redekunst im 17. und 18. Jh. (1962). – D. Brüggemann: Gellert, der gute Geschmack und die üblen Briefsteller, in: DVjs 45 (1971) 117–149. – R. Klassen: Logik und Rhet. der frühen dt. Aufklärung (Diss. 1973). – J. J. Murphy (Hg.): The Rhetorical Tradition and Modern Writing (New York 1982). – U. Herrmann (Hg.): «Die Bildung des Bürgers» (Weinheim/Basel 1982). – G. E. Grimm: Lit. und Gelehrtentum in Deutschland (1983). – J. Schote: Die Entstehung und Entwicklung des dt. Essays im 18. Jh. (Diss. 1988).

VI. *19. Jahrhundert.* Allen Angriffen und Reformen zum Trotz kann die rhetorische E. im Lehrbetrieb der Schule ihren Platz auch im 19. Jh. durchaus noch behaupten. Dank ihrer Einbindung in die nationalsprachliche Erziehung überlebt sie nicht nur jenen großen Bruch um 1800, der die Rhetorik im öffentlichen Bewußtsein diskreditiert und aus dem Wissenschaftsleben verdrängt, sondern auch die Erosion des Lateinischen als Basis des europäischen Bildungssystems. [1] Die Epoche der Restauration (1815–1848) zeigt sich auch im Hinblick auf die Schulrhetorik restaurativ. Manche Reformen des späten 18. Jh. werden rückgängig gemacht, zum Teil sogar poetische Übungen wieder eingeführt. [2] Anhand von Schulprogrammen und ministeriellen Erlassen haben G. Jäger und D. Breuer die Entwicklung der rhetorischen Schulübungen in den deutschen Ländern im 19. Jh. nachgezeichnet und dabei erhebliche regionale Unterschiede festgestellt. [3] Während in Preußen die rhetorischen Übungen schon früh fast ganz dem deutschen Aufsatz weichen müssen [4] (bereits 1826 beklagt SCHLEIERMACHER das gänzliche Fehlen mündlicher Übungen [5]; auch das bis 1834 schrittweise eingeführte Abitur verlangt keine Rede, sondern einen deutschen Aufsatz [6]), wird in Österreich und den süddeutschen Ländern noch ziemlich lange daran festgehalten. [7] In Bayern sorgt die neuhumanistische Gymnasialreform von F. THIERSCH 1829/30 für ein Wiedererstarken der Rhetorik. Unter anderem fordert Thiersch, die Schüler dazu anzuhalten, «in den verschiedenen Gattungen der berathenden und gerichtlichen Rede, der Ermahnung und Lobrede ihre Kräfte zu versuchen, bald durch Vortrag einer Rede, die sie aufgezeichnet und im Gedächtniß haben, bald in zwar vorbereiteter aber freier mündlichen Erörterung, bei der unter Vorsitz und Leitung des Lehrers der Eine auf des Andern Ansichten und Behauptungen eingeht, sie bekämpft oder unterstützt.» [8] Die 1832 neubegründeten Jesuitengymnasien knüpfen in der Rhetorikklasse ebenfalls an ihre alte Tradition an. Aber auch in Baden, Württemberg, Hessen oder Sachsen sind neben schriftlichen Stilübungen mündliche Reden, Vorträge und Deklamationen nach wie vor in den Lehrplänen vorgesehen. [9] Wo ein eigenes Fach Rhetorik fehlt, finden sie ihren Platz im Latein- oder Deutschunterricht. Sogar öffentliche Redeactus werden noch immer veranstaltet. [10] Davon zeugt etwa G. BÜCHNERS ‹Rede zur Verteidigung des Cato von Utika›, eine veritable *controversia* nach altrömischem Vorbild (aber in deutscher Sprache), gehalten 1830 auf einem Darmstädter Schulactus [11], im Sinne der Vorschrift des Lehrplans von 1827: «Besondere Anweisung wird zur Haltung öffentlicher Reden ertheilt.» [12] Wie Büchner sind die meisten Schriftsteller des 19. Jh. noch durch diese Schule rhetorischer E. gegangen. [13] Seit der Jahrhundertmitte ist die Schulrhetorik jedoch bereits eindeutig in der Defensive, wenngleich sich ihr Rückzug zum Teil bis zum Ende des Jahrhunderts hinzieht.

Die *Aufsatzlehre* dagegen konsolidiert und etabliert sich in der ersten Hälfte des 19. Jh. und bildet eine eigene Methodik und Didaktik aus (L. SCHAAF, C. F. FALKMANN) [14], wird aber von neuhumanistischer Seite (THIERSCH, F. J. GÜNTHER) noch immer heftig befehdet. [15] Ein System der Aufsatzarten formiert sich: neben die Erzählung und die Beschreibung (mit den subjektiveren Varianten Schilderung und Betrachtung) als wiedergebende Formen tritt als einzige argumentative Textform die Abhandlung (später: Erörterung). [16] Die wiedergebenden Aufsatzarten überwiegen und haben gegenüber ihren progymnasmatischen

Vorläufern den vorbereitenden und bruchstückhaften Charakter längst abgelegt. [17] Wesentliche Fortschritte bringen die Reformansätze von E. R. HIECKE (1842), R. HILDEBRAND (1867) und E. LAAS (1868). [18] Hiecke gründet den Aufsatzunterricht auf die Lektüre der deutschen Klassiker und schafft so die literarische Interpretation und den ‹gebundenen› Aufsatz (Produktion als Reproduktion) [19]; Hildebrand fördert Subjektivität und Individualstil [20]; Laas begreift den deutschen Aufsatz als «Denkschule», treibt dessen Entrhetorisierung und Intellektualisierung voran und favorisiert gedankliche Aufsatzformen (Zergliederung, Begriffsdefinition, Vergleich, Urteilsbegründung) [21]. Von den Progymnasmata hält sich am längsten die Chrie, um deren Wert oder Unwert noch zwischen dem Altphilologen M. SEYFFERT und Laas ein heftiger Streit ausgefochten wird. [22] Der gesamte Kanon findet immerhin noch Verteidiger in J. L. v. DOEDERLEIN und R. VOLKMANN. [23] Eine Übersicht der gymnasialen Aufsatzarten des späten 19. Jh. gibt 1871 F. LINNIG. [24] Entrhetorisierung der Aufsatzstilistik und Abschaffung der Chrie fordern am Ende auch M. SCHIESSL und W. GÖTZ. [25] In den Volksschulen wird nach dem Konzept des ‹sich anlehnenden› Aufsatzes das Verfassen von Texten im Anschluß an Schreib-, Denk- oder Sprechübungen sowie an Grammatik und Lesebuchlektüre geübt. [26]

Während auch in *England* im 19. Jh. der durch Sozialreformen bewirkte Anstieg der Schülerzahlen zur pragmatischen Beschränkung der Schulrhetorik auf bloße Sprachschulung zwingt und die rhetorisch-progymnasmatischen Übungen durch eine stark literarisierte ‹art of composition› ersetzt werden, was sich auch an der Entwicklung zwischen R. WHATELYS ‹Elements of Rhetoric› (1828) und etwa A. BAINS ‹English Composition and Rhetoric› (1866) ablesen läßt, bleibt in *Frankreich* der rhetorische Kursus mindestens bis 1870 erhalten: in der drittletzten Klasse z. B. Chrien und Erzählungen; in der vorletzten Teilstücke von Reden, Ausmalungen und Erweiterungen; in der höchsten Klasse schließlich schriftliche Reden und Aufsätze in Latein oder Französisch; dazu kommen Deklamationsübungen. [27] Noch J. L. A. GOUNIOTS ‹Nouvel exposé de la composition littéraire› (1843) gibt rhetorisch-regelpoetische Anweisungen zum Verfassen von Beschreibungen und Erzählungen. [28] Die aus dem 18. Jh. ererbten Ethopoiien werden weiterhin gepflegt. D. Mornet gibt eine Liste von Prüfungsthemen aus den Jahren von 1806 bis 1879, darunter z. B.: Rede Karls des Großen über die Sicherung der Zukunft des Reiches (1807); Dantes letzte Worte (1829); Brief Fontenelles an Newton (1854); Boileau zu einem Freund über den Zustand der Literatur (1859); Brief Malherbes an Gomberville über seine Lehre (1879). [29] Dies sind nur scheinbar anspruchsvolle Themen; da jeweils ausführliche sachliche Erläuterungen beigegeben sind, handelt es sich praktisch um reine Amplifikationsübungen. Erst 1885 verschwindet die Rhetorik ganz aus den französischen Schulprogrammen. [30]

Als verselbständigter Teilbereich der Rhetorik wird die *Stilistik* auch außerhalb der Schulen geübt. So hält etwa L. UHLAND unter dem Titel ‹Stilistikum› 1830–32 an der Universität Tübingen praktische Rede- und Schreibübungen ab. [31]

Auch die besonders zu Beginn des 19. Jh. beliebten *Hodegetiken* (Anleitungen zum Universitätsstudium) pflegen in der Regel Hinweise auf private Übung in Ausarbeitungen und Vortrag zu enthalten. [32]

Die *Deklamatorik* wird in der Goethezeit zu einem wichtigen Faktor im gesellschaftlichen Leben. Berufsmäßige Deklamatoren und Deklamatricen sowie Dichter und Schauspieler veranstalten laufend öffentliche Vorträge und Lesungen. Zahlreiche Deklamierbücher (J. C. WÖTZEL, G. v. SECKENDORFF, H. A. KERNDÖRFFER, C. F. FALKMANN u. a.) geben Anweisungen zur Übung. Es kommt sogar zur Gründung bürgerlicher Deklamationsvereine. [33]

Die im 18. Jh. durch die Aufklärer diskreditierte antike *Mnemotechnik* wird zu Beginn des 19. Jh. ebenfalls wieder neu entdeckt und auch praktiziert. [34]

Memorieren und Deklamieren (Rezitieren) von Texten spielen eine wichtige Rolle auch in den pädagogischen Konzeptionen zum Deutschunterricht von W. v. WACKERNAGEL und R. v. RAUMER. [35]

Im Zuge der Wiedereinführung von Öffentlichkeit und Mündlichkeit des Gerichtsverfahrens erlangt auch für die *forensische Rhetorik* die E. von Gedächtnis und mündlichem Vortrag neue Bedeutung und wird in den einschlägigen Lehrbüchern von K. S. ZACHARIÄ (1810) über O. L. B. WOLFF (1850) bis H. ORTLOFF (1887) behandelt. [36] An einigen Universitäten, wie Bonn und Heidelberg, werden sogar praktische Übungen für die Rede vor Gericht angeboten.

Anmerkungen:
1 Anders M. Fuhrmann: Rhet. und Öffentlichkeit. Über die Ursachen des Verfalls der Rhet. im ausgehenden 18. Jh. (1983) 17f. – **2** H. Bosse: Dichter kann man nicht bilden. Zur Veränderung der Schulrhet. nach 1770, in: JbIG 10 (1978) 80–125, hier 111f. – **3** G. Jäger: Der Deutschunterricht am Gymnasien 1780–1850, in: DVjs 47 (1973) 120–147; D. Breuer: Schulrhet. im 19. Jh., in: H. Schanze (Hg.): Rhet. Beitr. zu ihrer Gesch. in Deutschland vom 16.–20. Jh. (1974) 145–179. – **4** Jäger [3] 143; ders.: Der Deutschunterricht auf dem Gymnasium der Goethezeit. Eine Anthologie (1977) 15; Breuer [3] 159–164; O. Ludwig: Der Schulaufsatz. Seine Gesch. in Deutschland (1988) 131. – **5** Schleiermachers Päd. Schr., hg. von C. Platz (²1876) 369f. – **6** Bosse [2] 84. – **7** Jäger [3] 134–136; [4] 8–10; 15; Breuer [3] 150–159; 165–170; Ludwig [4] 123–125; 131. – **8** F. Thiersch: Ueber gelehrte Schulen, mit bes. Rücksicht auf Bayern, Bd. I (1826) 317f.; Breuer [3] 155. – **9** Jäger [4] 8–10; 14f.; Breuer [3] 158f.; 167. – **10** Jäger [4] 10. – **11** G. Schaub: Der Rhetorikschüler Georg Büchner. Eine Analyse der Cato-Rede, in: Diskussion Dt. 17 (1986) 663–691. – **12** Instruction für den Unterricht in dem Großherzoglichen Gymnasium zu Darmstadt (1827) 16; G. Schaub: Georg Büchner und die Schulrhet. (1975) 14–16. – **13** Breuer [3] 150. – **14** L. Schaaf: Methodik der dt. Styl-Uebungen (1812); C. F. Falkmann: Methodik der dt. Stylübungen (1818, ²1823); Ludwig [4] 149–151. – **15** Ludwig [4] 181–187. – **16** ebd. 172–179; 208–213. – **17** B. Asmuth: Die Entwicklung des dt. Schulaufsatzes aus der Rhet., in: H. F. Plett (Hg.): Rhet. Krit. Positionen zum Stand der Forschung (1977) 276–292, hier 285. – **18** Ludwig [4] 189–252. – **19** E. R. Hiecke: Der dt. Unterricht auf dt. Gymnasien (1842); H. J. Frank: Dichtung, Sprache, Menschenbildung. Gesch. des Deutschunterrichts von den Anfängen bis 1945, Bd. I (²1976) 186–198. – **20** R. Hildebrand: Vom dt. Sprachunterricht in der Schule und von dt. Erziehung und Bildung überhaupt (1867). – **21** E. Laas: Der dt. Aufsatz in der ersten Gymnasialklasse (Prima) (1868, ²1877); Frank [19] 199–206. – **22** M. Seyffert: Scholae latinae II: Die Chrie, das Hauptstück der alten Schultechnik (1857, ³1872); Laas [21] 219–224; Ludwig [4] 190f. – **23** J. L. v. Doederlein: Öffentliche Reden mit einem Anhange päd. und philol. Beiträge (1860) 279; R. Volkmann: Über Progymnasmen und ihre Verwendbarkeit für den dt. Unterricht auf Gymnasien. Eine päd.-litt. Stud. (1861). – **24** F. Linnig: Der dt. Aufsatz in Lehre und Beispiel für mittlere und obere Klassen höherer Lehranstalten (1871). – **25** M. Schießl, W. Götz: Stilistische Aphorismen, in: Bll. für das Bayerische Gymnasial- und Realschulwesen 11 (1875) – 16 (1880); Breuer [3] 171–176; Ludwig [4] 295–298. –

26 Ludwig [4] 270–285. – 27 D. Mornet: Histoire de la clarté française (Paris 1929) 67; 112. – 28 ebd. 64f. – 29 ebd. 113–117. – 30 H.-I. Marrou: Gesch. der Erziehung im klass. Altertum (1955) 292. – 31 L. Uhland: Poetolog. Schr., in: Werke, hg. von H. Fröschle u. W. Scheffler, Bd. IV (1984) 612f. – 32 Scheidler: Hodegetik, in: J. S. Ersch, J. G. Gruber: Allg. Encyklop. der Wiss. und Künste, Zweite Section, 9. T. (1832) 204f. – 33 I. Weithase: Die Gesch. der dt. Vortragskunst im 19. Jh. (1940); W. Wittsack: Stud. zur Sprechkultur der Goethezeit (1932); Jäger [4] 9f. – 34 C. v. Aretin: Denkschr. über den wahren Begriff und den Nutzen einer Mnemonik oder Erinnerungswiss. (1804); L. Schenkel, M. Sommer: Compendium der Mnemonik oder Erinnerungswiss. (1804); C. A. L. Kästner: Mnemonik oder System der Gedächtniskunst (1805). – 35 W. v. Wackernagel: Dt. Leseb. Vierter T., für Lehrer. Der Unterricht in der Muttersprache (1843); R. v. Raumer: Der Unterricht im Dt., in: K. v. Raumer: Gesch. der Päd., 3. T., 4. Aufl. (o. J.) 99–246. – 36 K. S. Zachariä: Anleitung zur gerichtlichen Beredsamkeit (1810) 169. 183. 254; O. L. B. Wolff: Lehr- und Hb. der gerichtlichen Beredsamkeit (1850); H. Ortloff: Die gerichtliche Redekunst (1887).

Literaturhinweise:
L. Giesebrecht: Der dt. Aufsatz in Prima. Eine gesch. Unters., in: Zs. für das Gymnasialwesen 10 (1856) 113–152. – O. Apelt: Der dt. Aufsatz in der Prima des Gymnasiums. Ein hist.-krit. Versuch (1883). – R. Lehmann: Der dt. Unterricht. Eine Methodik für höhere Lehranstalten (²1897). – A. Matthias: Gesch. des dt. Unterrichts (1907). – M.-L. Linn: Stud. zur dt. Rhet. und Stilistik im 19. Jh. (1963). – G. Austin: Die Kunst der rednerischen und theatralischen Deklamation (1970). – G. Jäger: Schule und lit. Kultur. Sozialgesch. des dt. Unterrichts an höheren Schulen von der Spätaufklärung bis zum Vormärz, Bd. I: Darstellung (1981).

VII. *20. Jahrhundert.* Der auf Verstandesschulung bedachte, vorgegebene Gliederungs- und Formulierungsmuster reproduzierende ‹gebundene› *Aufsatz* des 19. Jh. wird in der Reformpädagogik der ersten Jahre nach 1900 durch den ‹freien› Produktions- oder Erlebnisaufsatz abgelöst. Verschiedene Einflüsse, wie die Entdeckung der Subjektivität durch R. Hildebrand und seine Schüler, die dadurch angeregte Persönlichkeitspädagogik (E. Linde) (vielleicht auch die Erlebnispädagogik W. Diltheys), die Kunsterziehungsbewegung (J. Langbehn, A. Lichtwark) und das Konzept der Arbeitsschule (G. Kerschensteiner, H. Gaudig, O. Karstädt) wirken hier zusammen. [1] An der Spitze dieser Bewegung stehen zunächst die Volksschullehrer: A. Jensen und W. Lamszus, H. Scharrelmann und F. Gansberg, O. Anthes und P. G. Münch. [2] Gefordert wird die Weckung und Förderung der schöpferischen Kräfte des Kindes, die freie Entfaltung der Phantasie ohne Einengung durch starre Regeln. Im 19. Jh. noch bestehende Rückbindungen des deutschen Aufsatzes an die rhetorische E. werden daher endgültig gelöst. Erlebniserzählung und Phantasiegeschichte entwickeln sich als neue Aufsatzformen. [3] Die pragmatische Dimension geht völlig verloren: «Das ziel- und zukunftsorientierte Überredenwollen ist dem rückschauenden, oft standpunktlosen Erleben und Begreifen, die rhetorische Extravertiertheit ist einer eher poetisch orientierten Introversion gewichen.» [4]

Nach der Zäsur des Ersten Weltkrieges tritt die Frage nach der Tätigkeit des Schreibens selbst in den Vordergrund. S. Rauh, L. Müller und S. Engelmann setzen den Gedanken der Arbeitsschule fort, klassifizieren «Schreibfunktionen», «Arbeitsformen» und «Stilformen» und differenzieren zwischen Aufsatz und Stilübungen. [5] In Abgrenzung vom freien Erlebnisaufsatz der Reformpädagogik propagieren später W. Schneider, W. Seidemann und G. Kühn den ‹stilbildenden› und ‹sprachschaffenden› Aufsatz. [6] Die noch 1906 bei P. Geyer [7] als Vorübung behandelte Chrie hat als Gliederungsschema ausgedient; an ihre Stelle treten andere Dispositionsmodelle wie das Grundschema Einleitung – Hauptteil – Schluß oder der von E. Drach im Anschluß an B. Christiansen entworfene ‹Fünfsatz› [8] oder das auf W. Wittsack zurückgehende, ebenfalls fünfteilige ‹Wittsack-Schema›. [9]

Wesentliche Erweiterungen des Aufsatzkanons aus der Zeit des Nationalsozialismus sind der von F. Rahn begründete Besinnungsaufsatz und der sich seit den zwanziger Jahren als ‹objektives› Pendant zur Erzählung etablierende Sachbericht. [10] Auch die 1938 erfolgte didaktische Abtrennung der Stil- und Ausdrucksübungen vom eigentlichen Aufsatz hat sich erhalten und diesen Übungen größeres Eigengewicht verliehen. [11]

Aus der Orientierungssuche der Nachkriegszeit geht schließlich in den fünfziger Jahren die von F. Rahn, W. Pfleiderer und G. Kühn verfochtene Konzeption des ‹sprachgestaltenden› Aufsatzes hervor (Aufsatz als Gestaltung von Texten durch Sprache). [12] Sie prägt auch noch die Standardwerke von R. Ulshöfer und E. Essen. [13] Mit den sechziger Jahren hat sich ein nach den Kategorien objektiv/subjektiv und Vorgänge/Zustände/Probleme eingeteiltes System der Aufsatzarten (Bericht, Erzählung; Beschreibung, Schilderung; Erörterung, Besinnungsaufsatz) etabliert. [14]

Erst um 1970 tritt eine entscheidende Wende zugunsten einer Neubesinnung auf die rhetorischen Wurzeln der Aufsatzerziehung ein. H. H. Bukowski und H.-G. Herrlitz beklagen die Vernachlässigung von Situations- und Adressatenbezug, appellativer Sprachfunktion und wirkungsorientierter Argumentation im «Bildungsaufsatz» des 20. Jh. und fordern in expliziter Anknüpfung an Quintilian eine Neubelebung rhetorischer Übungsformen zum Zweck der Erziehung zu Kommunikations-, Argumentations- und Kritikfähigkeit. [15] Ähnliche Vorschläge zu einer Methodik zwecksprachlicher Schreibübungen hatte schon 1938 F. Blättner gemacht. [16] Die Anstöße von Bukowski und Herrlitz führen zur Ausbildung der ‹kommunikativen Aufsatzdidaktik› (O. Hoppe, E. Haueis, W. Boettcher u. a.), deren Unterschiede zur E. der antiken Rhetorik L. Bahmer herausgearbeitet hat. [17] Die didaktischen Veränderungen lassen sich an Ulshöfers 1974 vorgenommener Neufassung des 3. Bandes seiner ‹Methodik des Deutschunterrichts› gegenüber der 8. Auflage von 1972 gut ablesen. [18]

Auch *mündliche Übungen* (Gespräch, Diskussion, Rollenspiel, Kurzrede, Fünfsatzübung), die vereinzelt schon früher gefordert wurden [19], finden vor diesem Hintergrund nun wieder verstärkt Berücksichtigung im Deutschunterricht. [20] Nicht selten wird dabei ‹Rhetorik› verkürzend nur auf mündliche Rede bezogen und dem schriftlichen Gestalten gegenübergestellt. [21]

Als informationsübertragende und informationsverfestigende Form der Kognition wird die Übung als Lernmethode im 20. Jh. auch selbst Gegenstand wissenschaftlicher Untersuchung in pädagogischer Psychologie und Lerntheorie. [22]

Im akademischen Bereich haben sich geringe Reste althergebrachter Formen rhetorischer E. bis ins 20. Jh. erhalten. Während lateinische Stilübungen an deutschen Hochschulen nur mehr eine Randexistenz führen, wird an den englischen Eliteuniversitäten die Technik der

Latin prose and verse composition noch bis weit über die Jahrhundertmitte hinaus geübt. Die akademische *Disputation* hat im Universitätsleben der Romania bis heute ihren Platz behauptet, wogegen sie in Deutschland (mit geringen Ausnahmen in der Theologie) verschwunden ist. [23] Letzte Residuen halten sich freilich weltweit in akademischen Promotions- und Habilitationsordnungen. Auch in den angelsächsischen *debating clubs* wird bis heute eine streng reglementierte Form der Disputation kultiviert.

Besonders der E. zugewandt sind die Bereiche *pronuntiatio* und *actio*. Hier kann die Schauspielerausbildung an eine lange Tradition anknüpfen. Eine verpflichtende *Sprecherziehung* für Studenten pädagogischer Berufe gibt es seit der Jahrhundertwende. Entsprechende Handbücher [24] sind voll von Anweisungen für praktische E. Besonders die Atemtechnik und das Zusammenspiel von Atmen und Sprechen werden gezielt geschult und geübt. [25] Gestützt auf Ausdruckspsychologie und Kinesik werden in jüngerer Zeit sogar Übungstechniken für *nonverbale Kommunikation* entwickelt. [26]

Auch in populären *Stilistiken* spielt die E. eine wichtige Rolle. Die verbreitetsten Stillehrbücher (v. a. E. ENGEL, L. REINERS) sind durchsetzt mit Übungsaufgaben (von der Wortschatzübung bis zum vollständigen Essay). [27] Bei der Erweiterung des Wortschatzes helfen ferner Synonymenwörterbücher (späte Nachfahren barocker Kollektaneen). [28]

In einer Analyse von 92 *Populärrhetoriken* der Nachkriegszeit ermittelt A. Bremerich-Vos, daß der weit überwiegende Teil auch dieser gängigen Ratgeber der Übung eindeutig ein Übergewicht gegenüber der Theorie einräumt. Kaum einmal fehlen Sentenzen wie «Übung macht den Meister» oder «Reden lernt man nur durch Reden». [29] In besonderem Maße gilt dies wieder für *pronuntiatio* und *actio*. [30] Das sprichwörtliche «Üben vor dem Spiegel» wird zwar gelegentlich im Namen der Natürlichkeit verpönt, ist aber vielfach geübte Praxis. [31] Anstelle einer Mnemotechnik soll vielmehr die Fertigkeit des «Sprechdenkens» eingeübt werden. [32] Als Dispositionsschemata werden meist entweder Fünfsatz bzw. Wittsack-Schema oder aus der persuasiven Wirtschaftsrhetorik stammende Faustformeln (AIDA, DIBABA, BIDA-EVAZA u. ä.) empfohlen. [33]

Der praktischen Rhetorik *(rhetorica utens)* zuzurechnen sind auch *Schreibseminare* und *Schreibrhetoriken* der jüngsten Zeit. G. UEDING bemerkt in seiner ‹Rhetorik des Schreibens›, «daß wirkungsvolles Schreiben [...] der dauernden und möglichst kontinuierlichen Übung bedarf.» [34] Diesem Zweck dient ein eigener Anhang mit Übungsaufgaben zu verschiedenen Textsorten (Bericht, Anekdote, Beispiel, Gleichnis, Festrede, Feature, Kommentar, Glosse, Rezension, Porträt, Biographie, Reportage). [35] J. DYCK faßt das Schreiben als Arbeit «im Sinne der antiken Aufforderung zur Übung *(exercitatio)* mit dem Ziel sicherer Geläufigkeit *(firma facilitas)*» auf. [36] Beide verweisen auch auf die *imitatio*. [37] In kreativen *Schriftstellerseminaren* wird sogar die im 18. Jh. abgerissene Verbindung zwischen rhetorischer E. und literarischer Produktion wieder neu angeknüpft.

Schwer zugänglich und von der Forschung noch kaum zureichend erfaßt sind Methoden und Formen des praktischen Rhetoriktrainings im Rahmen von *Managerseminaren* im Bereiche der Wirtschaft. Die Ausrichtung auf konkrete Gesprächssituationen und starke Betonung der *actio* stehen im Vordergrund.

Anmerkungen:
1 O. Ludwig: Der Schulaufsatz. Seine Gesch. in Deutschland (1988) 301–328; W. Scheibe: Die reformpäd. Bewegung 1900–1932. Eine einführende Darstellung (1969, [8]1982); H. Weimer, W. Schöler: Gesch. der Päd. ([18]1976) 249–262; H. Hierdeis: Erziehung – Anspruch – Wirklichkeit. Gesch. und Dokumente abendländischer Päd., Bd. VI: Kritik und Erneuerung: Reformpäd. 1900–1933 (1971) 59–62; 93f.; B. Asmuth: Die Entwicklung des dt. Schulaufsatzes aus der Rhet., in: H. F. Plett (Hg.): Rhet. Krit. Positionen zum Stand der Forschung (1977) 276–292, hier 276f.; 285f. – 2 A. Jensen, W. Lamszus: Unser Schulaufsatz – ein verkappter Schundliterat (1910); H. Scharrelmann: Erlebte Päd. Gesamm. Aufsätze und Unterrichtsproben (1912); F. Gansberg: Der freie Aufsatz (1914); O. Anthes: Der papierene Drachen (1905); P. G. Münch: Rund ums rote Tintenfaß (1908). – 3 Ludwig [1] 327f. – 4 Asmuth [1] 286. – 5 S. Rauh: Der dt. Schulaufsatz und seine Umgestaltung (1923); L. Müller: Vom Deutschunterricht in der Arbeitsschule (1921); S. Engelmann: Methodik des dt. Unterrichts (1926); Ludwig [1] 328–339. – 6 W. Schneider: Dt. Stil- und Aufsatzunterricht (1926); W. Seidemann: Der Deutschunterricht als innere Sprachbildung (1927); G. Kühn: Aufsatz und Spracherziehung in der höheren Schule (1930); Ludwig [1] 339–352. – 7 P. Geyer: Der dt. Aufsatz (1906). – 8 B. Christiansen: Die Kunst des Schreibens (1918); E. Drach: Redner und Rede (1932); H. Geißner: Der Fünfsatz. Ein Kap. Redetheorie und Redepäd., in: WW 18 (1968) 258–278; auch in: ders.: Rhet. (1973) 121–130. – 9 W. Wittsack: Lerne reden! Ein Weg zum Erfolg – Prakt. Redelehre (1935) 93. – 10 Ludwig [1] 376f.; 387–391. – 11 ebd. 384–386; 438f. – 12 F. Rahn, W. Pfleiderer: Dt. Spracherziehung. Methodik, 3 Bde. (1951–1953); G. Kühn: Stilbildung in der höheren Schule. Ein Hb. für Deutschlehrer (1953); A. Beinlich: Das schriftsprachliche Gestalten und die Stilpflege, in: ders. (Hg.): Hb. des Deutschunterrichts im ersten bis zehnten Schuljahr, Bd. I (1961) 327–414; Ludwig [1] 431–448. – 13 R. Ulshöfer: Methodik des Deutschunterrichts (1952ff.); E. Essen: Methodik des Deutschunterrichts (1956). – 14 T. Marthaler: Es gibt sechs Aufsatzarten, in: DU 14 (1962), H. 4, 53–63; Ludwig [1] 439–445; vgl. Asmuth [1] 285. – 15 H. H. Bukowski: Der Schulaufsatz und die rhet. Sprachschulung. Rhet. Methoden und Aufgaben in der Institutio oratoria Quintilians und die Theorie des dt. Schulaufsatzes (Diss. 1956); H.-G. Herrlitz: Vom polit. Sinn einer modernen Aufsatzrhet., in: Gesellschaft, Staat, Erziehung 11 (1966), H. 4, 310–328; auch in: J. Dyck (Hg.): Rhet. in der Schule (1974) 97–112; Bukowski, Herrlitz: Die rhet. Überlieferung und der dt. Schulaufsatz, in: Paedagogica Historica 5 (1965) 283–318; 6 (1966) 5–45; z. T. in Dyck, ebd. 113–121. – 16 F. Blättner: Der Schulaufsatz, in: Die Erziehung 13 (1938) 211–225. – 17 O. Hoppe: Aufsatz und Kommunikation – Probleme der Theoriebildung, in: E. Haueis, O. Hoppe: Aufsatz und Kommunikation (1972) 9–61; E. Haueis: Vom Aufsatzunterricht zu einer Didaktik der Textproduktion, ebd. 63–117; W. Boettcher, J. Firges, H. Sitta, H. J. Tymister: Schulaufsätze – Texte für Leser (1973); L. Bahmer: Antike Rhet. und kommunikative Aufsatzdidaktik. Der Beitr. der Rhet. zur Didaktik des Schreibens (1991). – 18 Ulshöfer [13] Bd. 3: Mittelstufe II (1957, [8]1972; Neufassung 1974). – 19 Drach [8]; H. Bestian: Redeübungen im Deutschunterricht, in: WW 1 (1950–51), H. 3, 166–175; G. Diehl: Rhet. in der Schule, in: Sprachforum 2 (1956–57) 42. – 20 Geißner [8]; H. Lucks: Rhet. Übungen im Dienste der Aufsatzerziehung, in: DU 22 (1970) 101–114; Dyck [15] 122–135; T. Pelster: Rede und Rhet. im Sprachunterricht, in: WW 21 (1971) 373–389; Dyck 49–69; D. Homberger: Sprachliche Übungsformen im Deutschunterricht, in: Diskussion Dt. 3 (1972), H. 7, 1–23; Dyck 86–96; E. Ockel: Rhet. im Deutschunterricht. Unters. zur didaktischen und methodischen Entwicklung mündlicher Kommunikation (1974). – 21 K. Dockhorn: Krit. Rhet., in: Plett [1] 266–275, hier 266. – 22 G. Dietrich: Päd. Psychologie. Eine Einf. auf handlungstheoretischer Grundlage (1984) 196–199. – 23 W. Barner: Barockrhet. (1970) 406f. –

24 E. Drach: Sprecherziehung (1922); C. Winkler: Dt. Sprechkunde und Sprecherziehung (1969); H. Geißner: Sprecherziehung. Didaktik und Methodik der mündlichen Kommunikation (1982); H. Fiukowski: Sprechzieherisches Elementarbuch (1984); O. Preu, U. Stötzer: Sprecherziehung für Studenten päd. Berufe ([6]1989). – **25** C. Zacharias: Sprecherziehung (1974) 22ff. – **26** M. L. Knapp: Nonverbale Kommunikation, in: K. R. Scherer, H. G. Wallbott (Hg.): Nonverbale Kommunikation. Forschungsberichte zum Interaktionsverhalten (1979) 320–329, bes. 328f.; S. Molcho: Körpersprache (1984). – **27** E. Engel: Dt. Stilkunst (1911; [31]1931); L. Reiners: Stilkunst (1943; [16]1988; überarbeitete Ausgabe 1991); ders.: Stilfibel (1951; ND 1963, [24]1990). – **28** z. B. K. Peltzer, R. v. Normann: Das treffende Wort (Thun 1955; [23]1993); A. M. Textor: Sag es treffender (1962; [12]1993). – **29** A. Bremerich-Vos: Populäre rhet. Ratgeber. Hist.-systematische Unters. (1991) 213–219, bes. 217. – **30** ebd. 179–212. – **31** ebd. 194f. – **32** ebd. 166–178. – **33** ebd. 93–96. – **34** G. Ueding: Rhet. des Schreibens. Eine Einf. ([3]1991) 17. – **35** ebd. 161–172. – **36** J. Dyck: Die antike Rhet. in der modernen Schreibwerkstatt, in: H. A. Rau (Hg.): Kreatives Schreiben an Hochschulen. Berichte, Funktionen, Perspektiven (1988) 88–96, hier 93. – **37** Ueding [34] 17; Dyck [36] 96.

Literaturhinweise:
H. Geffert: Dt. Aufsatz und Stilunterricht (1952, [3]1965). – A. Schau (Hg.): Von der Aufsatzkritik zur Textproduktion. Beitr. zur Neugestaltung schriftlicher Sprachproduktion (1974). – H. J. Frank: Dichtung, Sprache, Menschenbildung. Gesch. des Deutschunterrichts von den Anfängen bis 1945, Bd. II ([2]1976). – H. Bonheim: Für eine Modernisierung der Rhet., in: H. F. Plett (Hg.): Rhet. (1977) 109–124. – R. Jamison, J. Dyck: Rhet. – Topik – Argumentation. Bibliogr. zur Redelehre und Rhetorikforschung im deutschsprachigen Raum 1945–1979/80 (1983). – K. H. Bausch, S. Grosse (Hg.): Prakt. Rhet. – Beitr. zu ihrer Funktion in der Aus- und Fortbildung (1985). – O. Schober: Körpersprache – Schlüssel zum Verhalten. Bedeutung und Nutzen der Körpersprache im Alltag (1989).

M. Kraus

→ Actus → Aufsatzlehre → Chrie → Copia → Deklamation → Diatribe → Disciplina → Disputation → Doctrina → Erörterung → Exergasia → Gymnasialrede → Hodegetik → Imitatio → Improvisation → Lektüre → Progymnasmata/Gymnasmata → Propädeutik → Protreptik → Schreibunterricht → Schulrhetorik → Stegreifrede → Stilistikum → Vorlesung

Exergasia (griech. ἐξεργασία; lat. elaboratio, auch expolitio; dt. Ausführung, Ausarbeitung; engl. working out, elaboration; frz. achèvement, accomplissement; ital. elaborazione)

A. Die E. gilt in der *elocutio* als Figur des Verharrens auf dem behandelten Hauptgedanken, indem sie ihn durch Ausarbeitung differenziert bzw. durch Abwandlung der sprachlichen Form seine Komplexität anschaulich darstellt. Mit der Intensivierung des Ausdrucks geht dabei eine Steigerung der Affektwirkung einher, so daß die E. als Pathos hervorrufende Figur der *amplificatio* zugeordnet werden kann. Als inventorisches Verfahren meint die E. das logische Durchdringen und Strukturieren eines Redegegenstandes sowie dessen Umsetzung in ein angemessenes, wirkungsvolles sprachliches Erscheinungsbild (*inventio* und *dispositio*). Sie unterstützt die Beweisführung durch Bündelung schwächerer Beweise zu aussagekräftigen, den starken Argumenten adäquate Begründungen und verstärkt die Affektwirkung in der *argumentatio*. QUINTILIAN führt als Beispiel die Tötung eines Menschen um einer Erbschaft willen an: Könne man dem Beschuldigten vorwerfen, ‹'[e]ine Erbschaft hattest du zu erwarten, und zwar eine große Erbschaft, ferner warst du arm und wurdest damals besonders von den Gläubigern gemahnt, hattest auch bei dem Anstoß erregt, dessen Erbe du warst, und wußtest auch, daß er die Urkunde ändern wollte'», so seien «die Beweise einzeln nicht von Gewicht», insgesamt aber wirkten sie «wenn auch nicht wie ein Blitzschlag, so doch wie ein Hagelwetter.» [1]

B. Im Bereich der antiken Rhetorik wird die E. von DIONYSIOS VON HALIKARNASSOS als Teil der οἰκονομία (oikonomía) genannt. Diese regelt die jeweils richtig erscheinende Verwendung von Redeteilen, ihr Gegenstück bildet die τάξις (táxis), in der die normale Abfolge der einzelnen Teile festgelegt ist. Die oikonomía ist nicht als übergeordneter Begriff, sondern als Verfahren der *dispositio* zu verstehen. [2] In seinen Abhandlungen über die griechischen Rhetoren kritisiert Dionysios z. B. bei Thukydides, er habe den mehr künstlerischen Teil seiner Arbeit vernachlässigt, da seine Darstellung zeitlich wie räumlich ungeordnet sowie ohne rechten Anfang und Ende sei. [3] Beispiele für den richtigen Umgang mit dem in der *inventio* aufgefundenen Material sieht er in der Arbeitsweise des Isokrates und dessen Schülers Isaios, da diese den Dreischritt der oikonomía, die sich in διαίρεσις (dihaíresis, Zerlegung), táxis (Anordnung) und die E. gliedert, am kunstvollsten bewältigt hätten. [4] Auch sei ihr Vorgehen in der Vorbereitungsphase des Stoffes variantenreich und niemals gleichförmig, während er die Darstellungen des Lysias in Bezug auf Anordnung und Ausarbeitung des Materials als eintönig und anspruchslos bemängelt und dessen Lesern empfiehlt, sich für die oikonomía besser bei anderen Autoren umzusehen. [5]

Dabei gelten für die E. keine fest umrissenen Maßstäbe im Hinblick auf den erforderlichen Umfang einer Ausarbeitung, doch haben sich ihre Ausmaße danach zu richten, was sie an Überzeugungsarbeit leisten kann bei Beachtung der Angemessenheit *(aptum)* gegenüber dem Redegegenstand. So sagt FORTUNATIAN in seiner ‹Ars Rhetorica›, die E. dürfe, um einem überhasteten Zusammentragen zuvorzukommen, weder immer kurz sein, noch müsse man sie immer breit anlegen, was die Gefahr einer Ermüdung der Zuhörer in sich berge («nec semper brevis, [...] id est correptum, nec semper lata, [...] id est longum»). [6] Eine wohlproportionierte und überlegt ausgeführte E. aber ist nach QUINTILIAN zu den vorzüglichsten Mitteln zu rechnen, um einer Rede zu Wirkungskraft zu verhelfen. In eine Reihe gestellt mit der δείνωσις (deínōsis, Verstärkung der Affekte), der φαντασία (phantasía, Kraft der Vorstellung) und der ἐνέργεια (enérgeia, Antriebskraft), sieht er in der E. die «Erfüllung der gesteckten Aufgabe» («in efficiendo velut opere proposito») und empfiehlt, an diese «die Wiederholung der gleichen Beweisführung und Aufhäufung aus dem Vollen» durch die ἐπεξεργασία (epexergasía) anzuschließen. [7]

War die E. in der antiken Rhetorik noch in drei Bereichen – *dispositio*, *argumentatio* und *elocutio* – von Bedeutung, so verteilen sich ihre Bedeutungsinhalte im *Mittelalter* auf verschiedene, mit anderen Termini bezeichnete Teile der *amplificatio*. Deren qualitative Funktion bei Quintilian im Sinne gedanklicher Hervorhebung und Intensivierung wurde in den mittelalterlichen *artes dictaminis* und *poetriae* umgewandelt in die enger gefaßte Bestimmung, ein Thema zu entfalten und zu erweitern. [8] So meint «ampliare» z. B. bei GALFRED VON VINOSALVO «ein Thema durchführen, variieren, ausarbeiten» [9], wobei der E. kein eigenständiger Bereich mehr zugewiesen wird, sondern sie lediglich unter den

Gedankenfiguren (meist als Synonym zur *expolitio*) genannt wird. [10] Als Möglichkeit der Erweiterung und genaueren Bezeichnung gebraucht sie Cassiodor in seinem Psalmenkommentar aus der zweiten Hälfte des 6. Jh. Er veranschaulicht ihre Funktion an dem Beispiel «[...] mons Sion, latera aquilonis civitas Regis magni.» (Ps 48,3) Dabei steht ‹mons Sion› allgemein für die Gemeinschaft Glaubender, ‹latera aquilonis› bezeichnet in ihrem Glauben unsichere Menschen, in denen die Härte des Teufels («iniquitas diaboli») regiere, und mit ‹civitas Regis magni› ist die Kirche gemeint. Die Erweiterung des Elements ‹mons Sion› um den Zusatz ‹latera aquilonis civitas Regis magni› ergibt nach Cassiodor die Figur der E., durch die etwas kurz vorgestellt und dann ausführlich und umfassend dargelegt werde («figura est exergasia: id est quoties aliquid breviter proponitur et subtiliter ac latius explicatur»). [11]

Im *16. und 17. Jh.* erscheint die E. fast ausschließlich als Synonym zur *expolitio*. Wird diese bei J. Susenbrotus nach dem antiken Vorbild der ‹Herennius-Rhetorik› verstanden [12], so wird ihre Bedeutung bei R. Sherry und J. Smith auf die Erweiterung und Variierung eines Gedankens durch den Gebrauch verschiedener Worte und Redewendungen beschränkt («[...] we abide still in one place, and yet seem to speak divers things, many times repeating one sentence, but yet with other words, sentences and exornations»). [13] Für G. J. Vossius ist die E. die Verbindung von Bezeichnungen der gleichen Sache («[...] cum orationes idem significantes conjunguntur») [14], wofür er als Beispiel in seinen ‹Commentarii Rhetorici› den Beginn der Rede Ciceros für T. Annius Milo anführt; dort wird die Neuartigkeit des anstehenden Gerichtsverfahrens betont, die den Blick verwirre, «der [...] vergebens nach dem alten Brauch des Forums und den überlieferten Gepflogenheiten der Gerichte» suche. [15] In enger Beziehung zur E. steht für Vossius die ἐπιμονή (epimoné), die den gleichen Sachverhalt in unterschiedlicher Weise ausdrücke, um den Zuhörer länger zu fesseln («[...] cum idem diversimode exprimitur ad auditorem diutius detinendum»). [16]

In den Rhetoriklehrbüchern und Stilanweisungen des *18. Jh.* wird der E. ein unterschiedliches Maß an Beachtung geschenkt. So weist ihr J. C. Männling unter dem Terminus ‹elaboration› einen festen Platz im Rahmen der *dispositio* zu als geeignetes Verfahren zur Verwertung des in der *inventio* aufgefundenen Materials sowie zur Vorbereitung des Redevortrags. [17] J. A. Fabricius dagegen rechnet die E. zu den Gedankenfiguren unter dem Oberbegriff der ‹synonymia› und skizziert als Beispiel die Gestaltungsmöglichkeiten einer Liebeserklärung: «Ich liebe dich, ich sehne mich nach dir, ich kan ohne dich nicht vergnügt und ruhig seyn, ia ich kan ohne dich nicht leben.» Er warnt jedoch davor, nur Worte und Redensarten zu wiederholen, «die schlechtweg einerley bedeuten», da in diesem Fall der Fehler der «battologia oder tautologia» entstehe. [18] J. C. Gottsched sieht in der E. «[...] eine Wortfigur, wo man viele fast gleichgültige Redensarten oder Sätze brauchet, eine Sache desto lebhafter einzuschärfen»; er veranschaulicht dies in seinem ‹Handlexicon› mit den Sätzen: «Ist es denn hier gut, Hütten zu bauen? Ist es gut, hier lange im Unfrieden zu wohnen? Ist es gut, hier unter den verkehrten zu bleiben?» [19] Eine sehr ähnliche Definition gibt F. C. Baumeister in seinen ‹Anfangsgründen der Redekunst›: Eine E. liege vor, «[w]enn man einerley bedeutende Redensarten zusammen setzet, um desto nachdrücklicher und lebhafter die Sache vorzustellen.» [20]

F. E. Petri bezeichnet die E. in noch enger gefaßter Bedeutung in seinem ‹Rhetorischen Wörterbüchlein› (1831) als «[...] mehrfältige Darstellung eines Begriffs oder Bildes». Als Beispiel findet sich bei ihm neben Belegen antiker Autoren auch ein Lobpreis Gottes: «Wie gross sind die Werke Gottes! Wie schön ist seine Natur! Wie reizend die Abwechslung der Jahres-Zeit! Wie regelmässig der Körper des Menschen! Wie erhaben sind die Anlagen seines Geistes!» [21]

Obwohl die E. in der Folgezeit nicht mehr thematisiert wird und trotz einer kritischen Einstellung gegenüber rhetorischen Mitteln der *amplificatio*, sind ihre ursprünglichen Bedeutungsinhalte – das allgemeine Ausarbeiten des Redestoffes wie die spezielle Ausführung einzelner Argumente – für das Vorbereitungsstadium schriftlicher wie vorgetragener Texte auch heute unverzichtbar.

Anmerkungen:
1 Quint. V, 12, 5. – **2** J. Martin: Antike Rhet. (1974) 217f.; vgl. R. Volkmann: Die Rhet. der Griechen und Römer in systemat. Übersicht (^{2}1885; ND 1987) 256–260, 363–367. – **3** Dionysios von Halikarnassos, Thukydides, hg. v. H. Usener, L. Radermacher (1899; ND 1965) 335,15–338,9. – **4** ders., Isokrates 60,9–21; Isaios 95,14–96,1, in: Usener, Radermacher [3]. – **5** ders., Lysias 26,3–16, in: Usener, Radermacher [3]. – **6** Fortun. Rhet., in: Rhet. Lat. min. 119. – **7** Quint. VIII, 3, 88. – **8** vgl. B. Bauer: Art. ‹Amplificatio›, in: HWR Bd. I (1992) Sp. 449f. – **9** Galfred von Vinosalvo, Poetria Nova, hg. v. E. Gallo (Den Haag/Paris 1971) 219–225. – **10** vgl. Galfred von Vinosalvo, Documentum de modo et arte dictandi et versificandi, übers. v. R. P. Parr (Milwaukee 1968) 104. – **11** Cassiodor, Expositio Psalmorum, in: Corpus Christianorum, Ser. Latina Bd. 97 (1958) 47,3 (426). – **12** J. Susenbrotus: Epitome troporum ac schematum et grammaticorum et rhetorum (Zürich 1541) 54af. – **13** J. Smith: The Mysterie of Rhetorique unvail'd (London 1657; ND 1973) 221f.; vgl. R. Sherry: A treatise of Schemes and Tropes (London 1550; ND Gainesville 1961) 93. – **14** G. J. Vossius: Commentariorum Rhetoricorum [...] libri VI (Lyon 1643; ND 1974) V, 2, 5 (279). – **15** Cicero: Sämtl. Reden, hg. u. übers. v. M. Fuhrmann, Bd. VI (Zürich/München 1980) 327. – **16** Vossius [14] 280. – **17** J. C. Männling: Expediter Redner oder Deutliche Anweisung zur galanten Dt. Wohlredenheit (1718; ND 1974) 51. – **18** J. A. Fabricius: Philos. Oratorie (1724; ND 1974) 193f. – **19** J. C. Gottsched: Handlex. (1760; ND 1970) Sp. 657. – **20** F. C. Baumeister: Anfangsgründe der Redekunst in kurtzen Sätzen abgefaßt (1754; ND 1974) 41. – **21** F. E. Petri: Rhet. Wörterbüchlein (1831) 84.

R. Jacob

→ Amplificatio → Argumentatio → Ars poetica → Commoratio → Cumulatio → Dispositio → Epimone → Expolitio → Gedankenfigur → Interpretatio → Inventio → Synonymie → Variation

Exkurs (griech. παρέκβασις, parékbasis, auch διέξοδος, diéxodos; lat. excursus, auch digressio, egressio; dt. Abschweifung; engl., frz. digression; ital. digressione)
A. Def. – B. I. Grundsätzliches, Verhältnis *excursus/digressio*. – II. 1. Antike – 2. Mittelalter – 3. Neuzeit.

A. Unter E. versteht man all diejenigen Teile einer Rede oder eines Textes, die als eingeschobene Ergänzung die argumentative oder erzählerische Zielstrebigkeit unterbrechen. Als rhetorischer Terminus ist das Wort ‹E.› eine Metapher, die auf dem Vergleich des Redens mit dem Laufen beruht: Die Argumentation oder Erzählung ist in ihren wesentlichen Teilen ein geradliniger Lauf (*cursus*), der durch Ausläufe (*excursus*) erweitert wird. Die Metapher sagt zugleich, daß sich dabei an der Grundrichtung nichts ändert. Der E. kehrt an seinen Ausgangspunkt zurück, um den alten Weg wieder aufzunehmen, so wie man auf einer Reise einen Abstecher macht. *Excursus* gibt das Grimmsche Wörterbuch dem Wort ‹Abstecher› als lateinische Erklärung bei [1]: Der rhetorische E. ist ein Abstecher im Argumentations- oder Erzählverlauf.

B. I. *Grundsätzliches.* Von den Gliederungsregeln her beurteilt, wie sie am genauesten und gängigsten für die Gerichtsrede in fünf aufeinanderfolgenden Redeteilen *(exordium, narratio, probatio, refutatio, peroratio* [2]) festgeschrieben sind, gilt der E. als beliebig zu plazierender fakultativer Zusatz («fakultativer Bestandteil aller Teile der Rede» [3]) oder, negativ definiert, als «alles, was außerhalb der fünf Teile der Rede erzählt, dargestellt oder behandelt wird». [4] Man kann den E. also als Erweiterung *(amplificatio)* entweder der Redeteile selbst oder über die Redeteile hinaus, damit entweder als Gedankenfigur *(figura sententiae, schema)* oder als eigenen Redeteil *(pars orationis)* [5] auffassen.

In der *rhetorischen Theorie* ist der E. nach seinen Formen und Funktionen beschrieben und verschiedentlich klassifiziert worden. Dabei kommt im wesentlichen die Trias *docere, delectare, movere* (Belehrung, Unterhaltung, Emotionserregung) zur Anwendung, so daß unterschieden wird, ob der E. sachliche Ergänzungen oder Erläuterungen gibt, ob er als Konzession an das Publikum genau das ausführt, was es gerne hört, oder ob er als affektiver Einschub etwa der Empörung, der Freude, des Mitleids ist. Die Formenvarianz ist groß und kann, wenn man den Begriff weit faßt, dazu führen, vom knappsten erläuternden Vergleich bis zur einzelnen Interjektion alles E. zu nennen, was nur im mindesten aus der geraden Argumentations- oder Erzähllinie ausschert. Großes Gewicht legen die Theoretiker auf die Vorschrift, daß der E. gut eingebunden, d. h. daß er überzeugend motiviert, relativ kurz und deutlich abgerundet in den vorherigen Redeverlauf zurückgeführt werden muß. Dazu werden verschiedene Eröffnungs- und Beschlußformeln angeboten. Insgesamt ist jedoch, wie Lausberg sagt, «der Gebrauch des Exkurses in der Praxis freier als die Vorschriften wahrhaben wollen». [6]

«Erst recht in der Literatur», fügt Lausberg hinzu. In der *erzählenden Literatur* spielt der E. eine wichtige, für die jeweiligen Epochen charakteristische Rolle. Man könnte eine Literaturgeschichte des E. schreiben, in der die ästhetische Frage nach Kohärenz oder Brüchigkeit der Erzählung zur erkenntnistheoretischen nach Geschlossenheit oder Offenheit des Weltbildes wird. Im Gebrauch des E. stellt sich eine Weltanschauung dar: Fügt sich alles von einer Warte aus zu einem schlüssigen Zusammenhang oder zerfällt es in eine nicht mehr zu integrierende Vielfalt? Abschweifendes Erzählen kann der Ausdruck dafür sein, daß die Welt ihre Schlüssigkeit verloren hat. Die Metaphorik von *cursus* und *excursus* zeigt sich dabei erkenntnistheoretisch ergiebig: zielgerade Konsequenz oder Ab- und Umherschweifen im Raum der Möglichkeiten? So wird der E. zum Kernstück in der Diskussion um das Essayistische, damit das Digressive des modernen Romans.

Zum Verhältnis E./digressio: Der Begriff ‹E.› ist zwar von den ältesten lateinischen Quellen an belegt, doch steht er hier nur als einer von vielen in einer Schar synonymer Termini *(digressio, digressus, egressio, egressus, excessus,* daneben weiterhin die griechischen Termini παρέκβασις, parékbasis und διέξοδος, diéxodos). Im Lateinischen setzt sich *digressio* durch, was dann die romanischen Sprachen und das Englische beibehalten.

Im Deutschen wird neben dem zunächst auch hier üblichen *digressio* etwa vom 19. Jh. an auch wieder der Begriff ‹E.› gebräuchlich, und zwar zunächst nur in bezug auf wissenschaftliche Abhandlungen, dann aber allgemein synonym neben *digressio*. So ist es in der Fachsprache noch heute. Wenn man einen Unterschied zwischen beiden sehen will, dann weiterhin den, daß E. enger an die wissenschaftliche Literatur gebunden ist. Dort bezeichnet der Begriff, wie etwa E. R. Curtius seine E. ankündigt, die eingeschobenen oder angehängten «Untersuchungen spezieller Art». [7]

II. *Geschichte. 1. Antike.* Der Begriff *parékbasis* gehört mit zum ältesten Bestand rhetorischer Terminologie und soll schon im ersten Lehrbuch der Rhetorik, dem des KORAX und TEISIAS (5. Jh. v. Chr.), verzeichnet gewesen sein, dort indes als einer von sieben Redeteilen, d. h. die Abschweifung als ein an fester Stelle in der Gliederung vorgesehener Abschnitt. [8] In den späteren griechischen Rhetoriken ist der Terminus geläufig, so etwa in der TRYPHONOS zugerechneten Schrift ‹Peri tropon› und den ‹Progymnasmata› des APHTHONIOS. [9] CICEROS ‹De inventione› verweist bei der Erörterung der *digressio* auf HERMAGORAS, bezieht aber selbst in deutlicher Abgrenzung von der griechischen Rhetorik eine reserviertere Position. Hermagoras lehre die *digressio* als eine eingefügte «oratio a causa atque a iudicatione ipsa remota, quae aut sui laudem aut adversarii vituperationem contineat aut in aliam causam deducat, ex qua conficiat aliquid confirmationis aut reprehensionis, non argumentando, sed augendo per quandam amplificationem» (eine von der Sache und der Untersuchung selbst entlegene Rede, die entweder eigenes Lob oder Tadel des Gegners enthält oder zu einer anderen Sache führt, woraus etwas zur Bekräftigung oder zur Widerlegung beigebracht wird, nicht als Beweisführung, sondern als Erweiterung durch Zusätze). [10] Cicero indes fordert eine engere thematische Konzentration. Zwar erwähnt er dort, wo er verschiedene Formen der *narratio* unterscheidet, als eine eigene Art diejenige, die zur Erweiterung, zum Vergleich oder zur Erheiterung *digressiones* einflicht. Doch betont er sogleich, daß sie dem behandelten Gegenstand nicht fremd sein dürfen («non alienae ab eo negotio, quo de agitur»). [11] Alles in der Rede müsse auf die eine in Frage stehende Sache bezogen sein, so daß Cicero eher dazu neigt, Abschweifungen allgemein abzulehnen. Lediglich in bezug auf Gemeinplätze, die als passende Ergänzung zum Thema aufzurufen seien, will er sie gelten lassen («de causa digredi nisi per locum communem displicet»). [12] In ‹De oratore› wird der *digressio* nur ein einziges Mal flüchtig gedacht, und zwar durch den Hinweis, daß die Rückkehr zur Sache geschickt und elegant sein müsse. [13]

Diese Hervorhebung der strengeren römischen Disziplin gegenüber griechischer Weitschweifigkeit findet sich später bei lateinischen Autoren häufiger, oft in der Gegenüberstellung Vergil – Homer. Der Aeneis-Kommentar des SERVIUS weist zwei Verse, die in eine Kampfbeschreibung den Vergleich mit dem Unwetter einrücken («es krachen die Wälder und Nereus rast mit dem Dreizack/Flutenumschäumt und erregt aus dem tiefsten Grunde die Meerflut» [14]), als *excursus poeticus* aus und fügt belehrend hinzu, daß dergleichen nicht länger als drei Verse sein dürfe («qui ultra tres versus fieri non debet»). [15] So äußert sich, auch wenn dies bei Vergil selbst nicht so streng ist, das Bewußtsein römischer Disziplin gegenüber dem weitschweifigeren Homer, ein Bewußtsein, das später der italienische Humanismus wieder erneuern wird. SCALIGER hält in seiner Poetik unter dem Stichwort *excursio* fest: «Multus Homerus insertis alienis ab re narrationibus. Noster adeo parcus.» (Homer ist weitschweifig, indem er sachfremde Erzählungen einschiebt. Der Unsere [i. e. Vergil] ist dagegen sparsam). [16]

Ausführlich behandelt QUINTILIAN den E., wofür er als Übersetzung von *parékbasis* den Terminus *egressus* oder *egressio* wählt. [17] Seine Definitionen schließen genau an diese Begriffe an: «*parékbasis* est [...] alicuius rei, sed ad utilitatem causae pertinentis, extra ordinem excurrens tractatio» (parékbasis ist die Behandlung eines Ereignisses, das jedoch zum Interesse des Falles gehört, in einer außerhalb der natürlichen Abfolge verlaufenden Form) [18]; «quidquid dicitur praeter illas quinque quas fecimus partes, egressio est» (alles, was außerhalb der fünf Teile gesprochen wird, die wir für die Rede angenommen haben, ist egressio). [19] Diese beiden Definitionen verstehen sich als Korrektur der verbreiteten Auffassung, daß Abschweifungen nur im Anschluß an die *narratio* denkbar seien. Neben *egressus*, *egressio* verwendet Quintilian ebenso oft den Begriff *excursus* [20], auch *digressio* [21], den er aus Ciceros ‹De oratore› mit der Mahnung zu geschickter und harmonischer Rückkehr zitiert. [22] Der Anlaß für die ausführliche Behandlung des E. ist die schlechte Praxis, daß in den Reden zu oft aus Eitelkeit allgemein dankbare Themen eingestreut werden, eine Exkurssucht aus bloßem Geltungsbedürfnis der Deklamatoren. [23] Hier will Quintilian, der den Wert des E. ausdrücklich hervorhebt (dadurch könne die Rede sehr an Bedeutung und Schönheit gewinnen, «maxime inlustrari ornarique orationem» [24]), durch engere Vorschriften Disziplin lehren. In Stichworten heißen sie: Der E. muß im Zusammenhang stehen und sich aus dem Vorausgehenden ergeben («cohaeret et sequitur» [25]), er muß kurz bleiben («verum haec breviter omnia» [26]) und schnell zu der Stelle zurückkehren, wo er abgebogen ist («cito ad id redire debet unde devertit». [27]) Anders gesagt: Der E. darf die Hauptsache nicht verdrängen («cavendum est ne ipsa expositio vanescat». [28]) Sind diese Regeln beachtet, ist eine Fülle verschiedener E. erwünscht. Deren Aufzählung variiert Inhalt, Form und Funktion: Lob, Beschreibung, wahre oder fiktive Erzählungen [29] sowie alle Arten der Affektäußerung («Unwillen, Mitleid, Entrüstung, Schelten, Entschuldigung, Gewinnen oder Abwehr von Schmähungen»). [30]

Die spätantiken lateinischen Rhetoriken hängen in ihrer Behandlung des E. entweder von Cicero (VICTORINUS, *digressio* [31]) oder von Quintilian ab (IULIUS VICTOR, CASSIODOR, *egressio* [32]). CHIRIUS FORTUNATIANUS greift auf ältere griechische Lehrer zurück, neben *parékbasis* erwähnt er den griechischen Terminus *diéxodos*, er selbst wählt *excessus*. [33] Mit MARTIANUS CAPELLA und dann den ‹Etymologiae› des ISIDOR VON SEVILLA setzt sich der Begriff *digressio* zum Mittelalter hin durch. [34]

2. *Mittelalter*. Die Poetiken des GALFRED VON VINOSALVO und EBERHARDS DES DEUTSCHEN verzeichnen mit dem Terminus *digressio* knapp, was in der mittelalterlichen Epik zum dominierenden Stilmittel auswächst: die erzählerische Abschweifung. [35] Galfreds ‹Documentum de modo et arte dictandi et versificandi› unterscheidet zwei Formen des E. nach dem Kriterium, ob man zwischen verschiedenen Teilen desselben Stoffes oder zu außerhalb Gelegenem wechselt («Unus modus digressionis est quando digredimur in materia ad aliam partem materiae; alius modus quando digredimur a materia ad aliud extra materiam» [36]). Das erste ist der Fall, wenn eine Erzählung eine Vorgeschichte nachholt oder ihre verschiedenen Handlungsstränge ineinander versetzt, das zweite ist das weite Feld der Erweiterungen (*amplificationes*), die als erläuternder Vergleich (*similitudo*), als Beispiel (*exemplum*), als sentenzhafte Verallgemeinerung oder Grundsatzerörterung aus gegebenem Anlaß, sehr oft und ausführlich als Beschreibung (*descriptio*) auftreten. Das Musterbeispiel dafür gibt die fast 500 Verse zählende Beschreibung von Enites Pferd im ‹Erec› HARTMANNS VON AUE. [37] Die E. sind immer wieder Anlaß zu erzähltechnischem Selbstkommentar. Dabei handelt es sich nicht nur um formelhafte Eingangs- und Rückkehrsignale («Nû lâzen dise rede hie / Und sagen iu wie ez ergie / Dirre vrouwen kinde [...]» [38], «Nû grîfe wider, dâ ich ez liez» [39]); der Text erhebt sich vielmehr, oft im fingierten Dialog mit dem Leser, zu poetologischen Reflexionen, bis hin zur Selbstironie: «Nûst zît daz si rîten», kehrt Hartmann von Aue nach der langen Pferdbeschreibung zur Handlung zurück. [40] Im ‹Tristan› GOTTFRIEDS VON STRASSBURG entwickeln sich die E. zum selbständigen Gegengewicht zu der eigentlichen Erzählung. Die Minne-Exkurse spiegeln das Thema der Handlung in theoretischer Abstraktion, die Literatur-Exkurse – die sogenannte ‹Literaturschau› – das eigene Werk in Auseinandersetzung mit der zeitgenössischen Dichtung und Dichtungstheorie. [41]

In dem Brief an Can Grande della Scala, DANTES Selbstkommentar zur ‹Divina Commedia›, steht der Begriff *modus digressivus* als eines der Merkmale, die Form und Darstellungsverfahren (*forma sive modus tractandi*) der ‹Commedia› bestimmen. [42] Es zeigt die Bedeutung der *digressio* in der mittelalterlichen Poetik, daß Dante diesen Begriff dort wählt, wo er mit wenigen Worten die Eigenschaften seines Werks definieren will. In der ‹Divina Commedia› selbst kann man, wenn man den Weg vom ‹Inferno› übers ‹Purgatorio› zum ‹Paradiso› als den geraden *cursus* versteht, jede Begegnung, jedes Einzelschicksal, für dessen Schilderung Dante auf seinem Weg innehält, als E. auffassen.

3. *Neuzeit*. Das Ideal der *copia rerum ac verborum* [43], der gedanklich und stilistisch reichen Rede, macht im Humanismus den E. zu einem Kernstück der rhetorischen Lehre und Praxis. In dem Traktat ‹De duplici copia verborum ac rerum›, einem der Grundbücher der humanistischen Schulrhetorik, verzeichnet ERASMUS VON ROTTERDAM den E., wofür er an Quintilian orientiert zunächst den Terminus *egressio*, dann aber auch *digressio* und *excursus* setzt, als die sechste von zwölf Möglichkeiten rednerischer Bereicherung («sexta locupletandi ratio»). «Hi tantum momenti habent ad copiose dicendum» (sie geben so viel Gelegenheit, [gedanken- und wort-]reich zu sprechen), preist er die Abschweifungen und schlägt gleich eine lange Liste formaler und funktionaler Varianten vor. [44] Der E. ist der Ausdruck sammelnder Gelehrsamkeit, das Charakteristikum eines Sprechens, das bei jeder Gelegenheit das verfügbare Wissen aufruft.

Nach gängigem Epochenschema schließt sich hieran nun folgender Doppelschritt: Das humanistische *copia*-Ideal treibt im Barock zur stofflichen und stilistischen Überfrachtung aus, was in der Aufklärung dann der rationalen Kritik, Ernüchterung und Disziplinierung unterliegt. Der Gebrauch des E. wird dabei zum Indikator, indem er zunächst zur Maßlosigkeit an-, dann zum vernünftigen Maß wieder abschwillt. In der deutschen Literatur wäre dies von Lohenstein zu Gottsched zu belegen. LOHENSTEINS ‹Arminius›-Roman wächst durch eine Unzahl von E. zu einer Enzyklopädie an. Jede Gelegenheit wird genutzt, das zeitgenössisch Wißbare unterzubringen. Kommt in der Romanhandlung z. B. ein Wacholderbaum vor, schließt sich daran sogleich ein botanischer, pharmakologischer und kulinarischer E. an, wo und wie der Baum gedeihe, welche Heilkraft seine Beeren haben, wie sie schmecken und in Gerichten zu verwenden seien. [45] In den zur zweiten Ausgabe von C. GEBAUER hinzugesetzten ‹Anmerckungen› wird dies ausdrücklich als didaktisches Ziel des Romans formuliert. Es gehe darum, die Leser «gelehrt» zu machen, weswegen der Verfasser es auf «die klügliche Anwendung seiner so weitläuftigen Gelehrsamkeit» abgesehen habe: «Dannenhero schweifft er in seinen Unterredungen aus / bald auf den Ursprung / Glauben und Gebräuche aller frembder Völcker / bald auf die Geschichte unterschiedener beschriebener Weltweisen / bald auf die Beschreibung aller Tugenden / Laster und Gemüths-Regungen des Menschen / bald auf wichtige Staats-Händel und die hierüber entstandenen Streit-Fragen / bald auf die grösten Wunder der Naturkündiger und neuen Aertzte». [46] Durch das beigegebene 79-seitige alphabetische «Verzeichnis der fürnehmsten in dem Arminius und Thusnelda befindlichen Sachen und Personen» wird der Roman tatsächlich als Konversationslexikon benutzbar. Dort findet man etwa den Eintrag «Wacholderbaums Gebrauch und Vorzug» und kann gezielt den entsprechenden E. nachschlagen. Naheliegend, daß Eichendorff diesen Roman dann eine «toll gewordene Realenzyklopädie» nennt. [47] GOTTSCHEDS ‹Ausführliche Redekunst› spießt am Ende ihres Kapitels ‹Von den Erläuterungen in einer Rede› Lohensteins E. als «alten Wust» auf. Die Polemik gegen die «unendlichen Ausschweifungen» ist heftig: «Labyrinthe» eines «Collectaneenbuches», «Zusammenschreibung solcher Alfanzereyen», «Paroxysmus», schimpft Gottsched und hält als neue Maxime dagegen: «den Geist aufräumen». Für den Gebrauch des E. – der bei Gottsched wie allgemein im Deutschen bis zum Ende des 18. Jh. immer ‹Ausschweifung›, erst vom 19. Jh. an ‹Abschweifung› heißt [48] – bedeutet dies: «wenige und gute». [49] Zur etwa gleichen Zeit entsteht im selben Geist HALLBAUERS ‹Anweisung zur verbesserten Teutschen Oratorie›. Getadelt werden die «confusen Köpfe», die «aus Büchern und Collectaneis zusammen stoppelten, was sie fanden» – das Präteritum zeigt das Bewußtsein, dies nun überwunden zu haben –, gefordert werden E. «mit Bedacht, mit einer klugen Absicht, und mit Raison». Das neue, vernünftige Maß heißt dann: «zuweilen eine kleine Ausschweifung». [50]

Auch in SULZERS ‹Allgemeiner Theorie der schönen Künste› behält die «Ausschweifung» den Makel des undisziplinierten, unvernünftigen Denkens. Dieser Makel hängt so fest an, daß Sulzer den E. als literarischen Kunstgriff empfiehlt, um Dummheit darzustellen: «Wenn man einen einfältigen gemeinen Menschen in einer Erzählung redend einführt, und ihm Ausschweifungen in den Mund legt, so dienen sie ungemein zur lebhaften Schilderung desselben. Denn solchen Leuten sind die Ausschweifungen ganz natürlich.» [51] Geschätzt wird der E. lediglich als Mittel der Komik («In scherzhaften Werken, die blos das Ergötzen zur Absicht haben, kann man am leichtesten ausschweifen.») oder als affektrhetorischer Trick: Wenn auf dem geraden Weg vernünftiger Beweise nichts zu erreichen ist, dann führt der E. als emotionaler Seitenweg zum Erfolg. («So wie die Ueberzeugung nicht allemal aus der Kraft der Beweise entstehet, sondern oft von einem vortheilhaften Einfluß des Herzens auf die Vorstellungskraft: so kann eine geschickte Ausschweifung, wodurch das Herz an der rechten Sehne gerühret wird, den Vorstellungen einen großen Nachdruck geben.») [52] Als etwas ‹ganz Eigenes› läßt Sulzer indes den Ton der Odendichter gelten. Deren E. entspringen nicht dem Mangel, sondern dem Höchstmaß an Konzentration, dann nämlich, wenn die tiefste Versenkung in eine Vorstellung, «in eine Art von Träumerei geräth, worinnen keine engen Verbindungen mehr statt haben. Dies ist oft der Fall der Odendichter. Die plötzlichen Ausweichungen auf sehr entfernte Gegenstände sind eine Art Ausschweifung, welche der Ode ganz eigen ist.» [53] Das ist der Ton religiöser Begeisterung, in dem das, was auf niederer Stufe ein Zeichen der Unvernunft war, nun auf höherer als Übervernunft anerkannt werden soll. So zeigt sich hier in der Erörterung des E. die im 18. Jh. nicht nur für Sulzer und die anderen Schweizer (Bodmer, Breitinger) charakteristische Ambivalenz zwischen Rationalität und neuer religiöser Empfindung.

Von der Renaissance an aber drückt sich im E. auch eine nüchternere, von ruhiger Skepsis bis zu humoristischer Ironie reichende *Erkenntniskritik* aus. Hinter der Frage, was in der Darstellung an Maß und Ordnung schicklich ist, steht die Entscheidung, was man überhaupt für möglich, d. h. der Wirklichkeit angemessen hält. In der nicht vorgefaßten, immer neu à propos umherschweifenden Rede kann der Anspruch der Authentizität liegen, die Skepsis gegenüber systematisch-stringenten Abhandlungen und der Versuch, sich aller künstlichen Gedankensicherheit und -ordnung zu entledigen. Der Stil MONTAIGNES ist dieser Versuch, seine ‹Essais› sind eine Philosophie des E.: «Mon stile et mon esprit vont vagabondant de mesmes» (Mein Stil und mein Geist streifen gleichermaßen umher). [54] Die zahlreichen Selbstkommentare zur Form sind zugleich die erkenntnistheoretischen Schlüsselsätze Montaignes. Dabei nutzt er auch den Gegensatz von Geradlinigkeit und Abschweifung, von *cursus* und *excursus*. Der zielgerade Weg («chemin desseigné») wird bei ihm zur Metapher des Irrtums, des falschen Systemdenkens und vorgetäuschter Stringenz, das Umherschweifen dagegen (wie in einer Galerie das Hin und Her von Bild zu Bild, «comme les pas que nous employons à nous promener dans une galerie») zur Metapher der Wahrheit. [55] Die Welt zerfällt in eine Vielzahl von Aspekten, die nicht mehr zu einem Gesamtbild integrierbar sind, denn, so die letzte Universalie in Montaignes Denken: «[La] plus universelle qualité, c'est la diversité» (Die allgemeinste Eigenschaft ist die Verschiedenheit). [56] Wenn der Text aber nur noch aus Abschweifungen bestehen soll, scheint es am Ende sinnlos, überhaupt noch von Abschweifungen zu sprechen. Denn wo es keine Grundrichtung mehr gibt, gibt es auch keine Abweichung davon, ohne *cursus* keinen *excursus* («Kompositorisch verlangt das: Abschweifung an Abschweifung knüpfen.» «Aber handelt es sich überhaupt noch um Abschweifungen? Sie sind das Eigentliche, aus dem ein Essay besteht.» [57]) Aber auch im rein ‹exkursiven› Text behält der Begriff ‹E.› seinen Sinn: als Abschweifung zwar nicht von der eigenen, doch von der herkömmlich erwarteten Kontinuität. Montaignes ‹Essais› erreichen ein Extrem. Sie machen – so gründlich wie kein Text zuvor – die rhetorische Ordnung *(dispositio)* als erkenntnistheoretisches Problem bewußt und ziehen aus Skepsis gegen jedes

Systemdenken den Schluß, das nur negativ Definierte, das Abweichen von der ‹eigentlichen› Rede, zum Eigentlichen zu erklären. Mit dieser Reflexion der sprachlich-darstellerischen als philosophischer Ordnung beginnt bei Montaigne, was für den modernen Roman, für die moderne Philosophie – auch unter dem Stichwort ‹Essayismus› – zur Kernfrage wird.

In der *erzählenden Literatur* steckt im E. über die Funktion der Ausmalung und gelehrten Erweiterung hinaus ein kritisches Potential. Daß eine Erzählung ihren eigenen Zusammenhang unterbricht, kann humoristischen, ironischen und selbstironischen Wert haben, kann grundsätzlich nach der Erzählbarkeit der Welt fragen. Das epische Kontinuum zu verwirren ist der Spaß einer spielerischen Willkür. Das zeigt sich schon im antiken Roman, in den ‹Metamorphoses› des APULEIUS. Zu dem Komischen oder auch Parodistischen, das darin liegt, kommt aber dann eine erkenntniskritische Funktion hinzu, die am deutlichsten im 18. Jh. in Verbindung mit der philosophischen Erkenntniskritik hervortritt und von da an ein wesentliches Merkmal des Romans bleibt. Das maßgebende Werk hierfür ist STERNES ‹Tristram Shandy›. Der digressive Charakter des Romans wird gleich zu Beginn metonymisch durch die Zeugungsanekdote Tristrams vorgezeichnet: Beim Zeugungsakt bringt die Mutter durch eine unpassende Frage den Vater und damit die zeugenden Lebensgeister durcheinander, so daß sie weg vom geraden Weg zum Ziel auf Abwege geraten («it scattered and dispersed the animal spirits»). [58] So zerstreut wie die Zeugung verläuft der Roman selbst. Epische Linearität gibt es hier nicht, statt dessen ein zeitliches und thematisches Hin und Her. Der Roman selbst malt seinen Verlauf mit schnörkeligen, ausschweifenden Linien nach [59] (siehe Abbildung), und was er so graphisch vor Augen führt, heißt im Begriff «digressive skill» (Geschick der Abschweifung): «Digressions [...] are the life, the soul of reading; – take them out of this book [...] you might as well take the book along with them» (Abschweifungen sind das Leben, die Seele des Lesens – nimm sie heraus aus diesem Buch, so könntest du gleich das ganze Buch mitnehmen). [60] Man kann Sternes Stil als Literarisierung von LOCKES Idealismuskritik auffassen. Die Abschweifungen veranschaulichen die Unbeständigkeit des Denkens, die der ‹Essay Concerning Human Understanding› als Argument gegen die festen angeborenen Ideen anführt. («If it be so, that the ideas of our mind, whilst we have any there, do constantly change [...], it would be impossible [...] for a man to think long of any one thing: by which if it be meant, that a man may have one self-same single idea a long time alone in his mind, without any variation at all, I think, in matter of fact, it is not possible.» Wenn es sich so verhält, daß die Ideen unseres Geistes – solange wir dort welche haben – dauernd wechseln, dann muß es unmöglich sein, lange an einen einzigen Gegenstand zu denken. Wenn damit gemeint ist, daß jemand ein und dieselbe Einzelidee lange Zeit ohne jede Veränderung in seinem Geist soll festhalten können, so ist das meines Erachtens allerdings unmöglich.) [61] In ‹Tristram Shandy› wird der E., wie W. Iser sagt, als «Strategie des Schreibens» zum «Erfahrungsmuster der Welt». Er ermöglicht, gegen alle teleologischen Einschränkungen des Lebens die Erlebnisvielfalt, gegen die Objektivierung der linearen Zeit deren subjektive Wahrnehmung in Erinnerung und Assoziation wiederzugewinnen. [62]

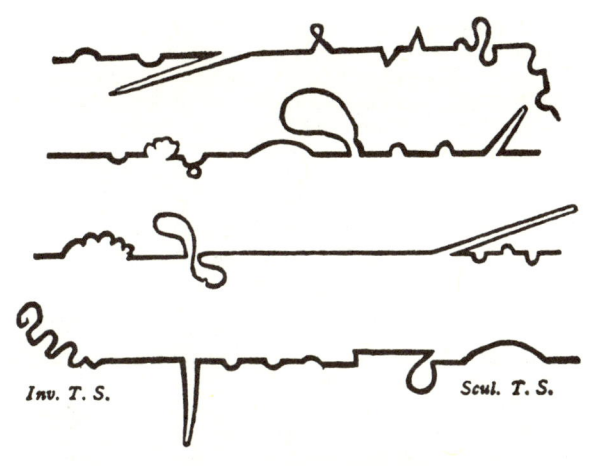

Im 40. Kapitel seines Romans ‹Tristram Shandy› veranschaulicht Sterne selbst den Gang der Exkurse in seiner Erzählung.

Vor Sterne ist FIELDING zu nennen, der im Roman mit verschachtelten E. spielt («But, this being a Subdigression, I return to my degression», doch da dies eine Unterabschweifung ist, kehre ich zu meiner Abschweifung zurück [63]); auch in SWIFTS ‹Tale of a Tub› alterniert die fortlaufende Erzählung kapitelweise mit E., wobei unter anderem eine «Digression in Praise of Digressions» (Abschweifung zum Lob der Abschweifungen) eingeschoben ist. Sie ist zugleich ironisch und ernst gemeint. Zwar spottet Swift über die sammelfleißig zusammentragende Buchgelehrsamkeit, deren Weisheit nur noch in Stichwortlisten besteht, zugleich aber reflektiert er diese Manier, nichts Einzelnes mehr konsequent entwickeln, sondern nur noch über Verschiedenes à propos sprechen zu können, als die moderne Art des Wissens. Es ist das Schicksal derer, die als Spätgekommene eine Fülle traditioneller Vorgaben zu verdauen haben. [64]

Für die Entwicklung nach Sterne ist in der deutschen Literatur vor allem JEAN PAUL zu erwähnen. Als ästhetische wie erkenntnistheoretische Opposition zur geschlossenen Form sind seine Werke, wie er sagt, ein «Spiel der Digressionen». Um dem Tadel zu entgehen, die Abschweifung vom Thema sei intellektuelle Disziplinlosigkeit, empfiehlt er die Flucht nach vorn: Man solle es überhaupt aufgeben, auf ein «aufgerichtetes Ziel auszusein», sich stattdessen der «Wildnis von Gedanken» überlassen und seinem Werk den «Namen philosophischer Pandekten» verdienen, «die wol aus 2000 Materien zusammengebracht sein mögen». [65] Zugleich ist Jean Paul einer der ersten, die den bis dahin nur im engeren wissenschaftlichen, meist altphilologischen Kontext gebrauchten Begriff ‹E.› allgemein in die Literatursprache einführen. «Ich will die Abhandlungen [die «Ausschweifungen», wie es kurz zuvor heißt] Exkursus nennen», erklärt er und verweist für diesen Terminus auf den klassischen Philologen C. G. HEYNE. [66]

Im modernen Roman wird der E. zum poetologisch-erkenntnistheoretischen Schlüsselphänomen. In ihm zeigt sich der Verlust der kontinuierlichen Welterfahrung, die Zersplitterung in konkurrierende Teilansichten, die nicht mehr zu einem Ganzen integriert, sondern nur als Nebeneinander verschiedener Möglichkeiten dargestellt werden können. Eine Erzählung, die dies präsentieren will, muß ihren Faden verlieren, um in immer neuen Digressionen das Widerspiel des Verschiedenen vorzuführen. [67] Programmatisch stellt H. BROCH die den dritten Teil seines Romans ‹Die Schlafwandler› durchsetzenden E. unter den Titel «Zerfall der Werte». Für solches Digressionenspiel steht das Schlagwort ‹Essayismus› – etwa für T. MANNS ‹Zauberberg› oder R. MUSILS ‹Der Mann ohne Eigenschaften› –, womit man die Vielschichtigkeit und Perspektivenvielfalt des modernen Romans erfassen will.

Auch in der engeren Gattungsdiskussion um den *Essay* spielt der E. die entscheidende Rolle. Von Montaigne an wirkt hier der Topos des Spaziergangs: Umwege und Abschweifungen durch das Feld der Möglichkeiten. [68] Die literarische Form wird zur Philosophie, zum Ausdruck eines nicht definitorischen, sondern assoziativen Denkens, das statt der Feststellung auf die vieldeutige perspektivische Erweiterung der Phänomene aus ist. Geschult an G. SIMMEL [69], sind ADORNO und BENJAMIN zu den prominentesten Theoretikern wie Praktikern dieses Genus geworden. Implizit steckt der Begriff des E. in dem, was der eine die «Mobilität» des Essays nennt [70]; explizit wird er in Benjamins ‹Passagen-Werk› zum Prinzip des ‹flanierenden› Denkens: «Was für die anderen Abweichungen sind, das sind für mich die Daten, die meinen Kurs bestimmen.» [71]

Anmerkungen:
1 Grimm, Bd. 1 (1854) 128. – **2** nach Quint. III, 9, 1. – **3** H. Lausberg: Hb. der lit. Rhet. (³1990) § 340. – **4** G. Ueding, B. Steinbrink: Grundriß der Rhet. (² 1986) 244. – **5** vgl. Quint. IX, 2, 55. – **6** Lausberg [3] § 314. – **7** E. R. Curtius: Europäische Lit. und lat. MA. (⁹1978) 11. – **8** vgl. P. Hamberger: Die rednerische Disposition in der alten ΤΕΧΝΗ ΡΗΤΟΡΙΚΗ (1914) 21–24. – **9** Tryphonos: Peri tropon, in: Rhet. Graec. Sp. III, 203; Aphthonios: Progymnasmata, in: Rhet. Graec. Sp. II, 34. – **10** Cic. De inv. I, 51, 97. – **11** Cic. De inv. I, 19, 27. – **12** Cic. De inv. I, 51, 97. – **13** Cic. De or. III, 53, 203. – **14** Vergil, Aeneis II, 418f. – **15** Servii Grammatici qui feruntur in Vergilii Carmina Commentarii. Rec. G. Thilo, H. Hagen. Vol. I. (1881) 285. – **16** J. C. Scaliger: Poetices libri septem (1561) III, 75. – **17** Quint. IV, 3, 12. – **18** Quint. IV, 3, 14. – **19** Quint. IV, 3, 15. – **20** Quint. IV, 3, 5 und 12. – **21** Quint. IV, 3, 14. – **22** Quint. IX, 1, 28. – **23** vgl. Quint. IV, 3, 1–2. – **24** Quint. IV, 3, 4. – **25** Quint. IV, 3, 8. – **27** Quint. IV, 3, 17. – **28** Quint. IV, 3, 8. – **29** Quint. IV, 3, 12. – **30** Quint. IV, 3, 15. – **31** Victorinus: Explanationes in rhet. M. T. Ciceronis, in: Rhet. Lat. min. 202. – **32** Iulii Victoris ars rhet., cap. XVII, in: Rhet. Lat. min. 427–429; Cassiodor: Humanarum institutionum pars quae de arte rhetorica agit, in: Rhet. Lat. min. 502. – **33** Chirius Fortunatianus: Ars rhet. II, 20, in: Rhet. Lat. min. 113. – **34** Martianus Capella: Liber de arte rhet., cap. 46, in: Rhet. Lat. min. 487; Isid. Etym. II, XXI, 36. – **35** Galfred von Vinosalvo: Poetria nova 532; Eberhardus Alemannus: Laborintus 328, beide in: E. Faral: Les Arts poétiques du XIIᵉ et XIIIᵉ siècle (Paris 1924) 213 und 348. – **36** Galfred von Vinosalvo: Documentum de modo et arte dictandi et versificandi II, 17, in: Faral [35] 274. – **37** Hartmann von Aue: Erec 7286–7766. – **38** Hartmannn von Aue: Gregorius 923. – **39** Gottfried von Straßburg: Tristan 7235. – **40** Hartmann von Aue: Erec 7767. – **41** vgl. L. Pfeiffer: Zur Funktion der Exkurse im ‹Tristan› Gottfrieds von Straßburg (1971). – **42** Dante Alighieri: Epistola a Can Grande della Scala § 9, in: Tutte le opere. Ed. L. Blasucci (Florenz ²1981) 344; dazu: H. Pflaum: Il ‹modus tractandi› della Divina Commedia, in: Giornale Dantesco 39 (1938) 153–178. – **43** nach Quint. X, 9, 5. – **44** Erasmus von Rotterdam: De duplici copia verborum ac rerum (1512), in: Opera Omnia (Leiden 1703; ND 1961) I, 82. – **45** D. C. von Lohenstein: Grossmüthiger Feldherr Arminius (1689/90; ND 1973) II, 323. – **46** Im Anhang zu Bd. II, ‹Anmerkungen› 6f. – **47** J. von Eichendorff: Gesch. der poetischen Lit. Deutschlands, in: Neue Gesamtausg. der Werke und Schr., 4. Bd. (1958) 102. – **48** Der Übergang ist im Vergleich Adelung / Campe belegbar: J. C. Adelung: Grammatisch-kritisches Wtb. der Hochdt. Mundart (²1793) Bd. 1, 102: «Abschweifen. Im Oberdeutschen bedeutet es auch, sich in einem Vortrage von seinem Gegenstande entfernen, ausschweifen, eine Digression machen; in welchem Verstande es aber im Hochdeutschen ungewöhnlich ist.» J. H. Campe: Wtb. der Dt. Sprache (1807; ND 1969) Bd. 1, 54: «abschweifen», «gebräuchlicher und besser» als «ausschweifen» – **49** J. C. Gottsched: Ausführliche Redekunst (1736, ⁵1759), in: Ausg. Werke VII, 1 (1975), VIII. Hauptstück, §§ 24f., 218f. – **50** F. A. Hallbauer: Anweisung zur verbesserten Teutschen Oratorie (1725; ND 1974) Theil II, cap. II, Abth. II, § 14, 428. – **51** J. G. Sulzer: Allg. Theorie der schönen Künste (²1792; ND 1970) Bd. I, 280. – **52** Sulzer [51] 279f. – **53** Sulzer [51] 280. – **54** M. de Montaigne: Essais, liv. III, chap. 9, éd. P. Villey (Paris ³1978) Bd. II, 994. – **55** ebd. Essais, liv. I, chap. 26, Bd. I, 165. – **56** ebd. Essais, liv. II, chap. 37, Bd. I, 786. – **57** H. Friedrich: Montaigne (²1967) 324 und 313. – **58** L. Sterne: The Life and Opinions of Tristram Shandy (1759–67) Vol. I, chap. 1 und 2. – **59** T. Shandy, Vol. VI, chap. 40. – **60** T. Shandy, Vol. I, chap. 22. – **61** J. Locke: An Essay Concerning Human Understanding (1690), book II, chap. XIV, sect. 13. – **62** W. Iser: L. Sternes ‹Tristram Shandy›. Inszenierte Subjektivität (1987) 93f. und 99. Eine formale Klassifizierung der E. gibt W. B. Piper: Tristram Shandy's Digressive Artistry, in: Stud. in English Lit. 1/3 (1961) 65–76. – **63** H. Fielding: The History of the Life of the Late Mr. Jonathan Wild the Great (1754), book III, chap. XI. – **64** J. Swift: A Tale of a Tub (1704) sect. VII. – **65** Jean Paul: Ob nicht Wissenschaft sowol als das peinliche Recht den besten Gebrauch von den Aerzten machen könnten?, in: Sämtl. Werke. Hg. von E. Berend (1927) Bd. 1/1, 316. – **66** Jean Paul: Der Jubelsenior. Vierter Hirten- oder Zirkelbrief, in: Werke. Hg. von N. Miller (1962) Bd. 4, 498; vgl. H. Schulz: Dt. Fremdwtb. (1913; ND 1974) Bd. 1, 188: «Exkurs, "beigegebene Abhandlung, Anhang", erst im 19. Jh. aus der Gelehrtensprache (klass. Philologie?) bekannt geworden». – **67** vgl. das Kapitel ‹Der verlorene Faden› in: E. Lämmert (Hg.): Romantheorie. Dokumentation ihrer Gesch. in Deutschland seit 1880 (1975) 156–170. – **68** vgl. G. Haas: Essay (1969) 47f. – **69** vgl. G. Simmel: Das individuelle Gesetz. Philos. Exkurse. Hg. von M. Landmann (1968); dazu die Einl. ebs Hg. S. 8. – **70** T. W. Adorno: Der Essay als Form, in: Noten zur Lit. (1958) Bd. 1, 43. – **71** W. Benjamin: Das Passagen-Werk, N 1, 2, in: Gesamm. Schr. V, 1 (1982) 570.

Literaturhinweis:
M. von Poser und Groß-Naedlitz: Stud. zur Abschweifung im dt. Roman des 18. Jh. (1969) (= Republica Literaria 5).

S. Matuschek

→ Apostrophe → Beispiel → Beschreibung → Descriptio → Epik → Epos → Erzählung → Explication de texte → Kollektaneen → Narratio → Rede → Scherz → Witz

Exordium (lat. auch principium, prooemium; griech. προοίμιον, prooímion; dt. Eingang, Einleitung; engl. introduction; frz. exorde, prologue; ital. esordio).
A. Das E. bildet den kunstgerechten Eingangsteil einer Rede. Ziel des E. ist es, dem Redner für seinen Vortrag die wohlwollende Aufmerksamkeit des Publikums zu sichern *(officium)*. Die zu diesem Zweck vom Redner im E. anzuwendende Taktik besteht in der Erzeugung von Sympathie für seine Person und die von ihm vertretene Partei *(captatio benevolentiae)* sowie in der Weckung von Interesse und Aufgeschlossenheit *(attentum facere)* für den Gegenstand seiner Rede. Die antike Rhetorik hat hierfür eine spezielle *Exordial-Topik* entwickelt, die bis in die Neuzeit gültig bleibt.
B. I. *Antike.* Die rhetorischen Handbücher behandeln das E. entweder im Abschnitt über die Anordnung *(dispositio)* [1] oder im Abschnitt über die Erfindung *(inventio)* der Redeteile. [2] Die kanonische Definition des E. lautet in der Formulierung der römischen Schulrhetorik:

«exordium est oratio animum auditoris idonee comparans ad reliquam dictionem» (das E. ist eine Äußerung, die den Geist des Hörers in geeigneter Weise auf den restlichen Vortrag vorbereitet). [3] Bereits ARISTOTELES und der AUCTOR AD ALEXANDRUM weisen dem E. zu diesem Zweck die drei Funktionen zu, den Zuhörer wohlwollend (εὔνους, eúnous; lat. *benevolus*), aufmerksam (προσεκτικός, proshektikós; *attentus*) und für die zu vermittelnde Information aufnahmefähig (εὐμαθής, eumathés; *docilis*) zu machen. Diese Funktionen setzt HERMAGORAS VON TEMNOS (2. Jh. v. Chr.) und die von Hermagoras abhängige römische Schulrhetorik (CICERO, AUCTOR AD HERENNIUM, QUINTILIAN, FORTUNATIAN, ISIDOR u. a.) in Beziehung zum jeweiligen Akzeptanzgrad des in der Rede vertretenen Standpunkts. [4] So ergeben sich folgende Vorschriften: Wenn der Gegenstand der Rede dem sittlich-rechtlichen Empfinden der Zuhörer entspricht (= *genus causae honestum*; ἔνδοξον, éndoxon), kann ein E. ganz entfallen; wenn er diesem Empfinden teils entspricht, teils widerspricht (= *genus anceps/dubium*; ἀμφίδοξον, amphídoxon), muß man den Hörer vor allem wohlwollend stimmen; ist der Gegenstand so unbedeutend, daß der Hörer sich noch keine Meinung darüber gebildet hat (= *genus humile*, ἄδοξον, ádoxon), muß man ihn aufmerksam machen; bereitet der Gegenstand dem Verständnis Schwierigkeiten (= *genus obscurum*, δυσπαρακολούθητον, dysparakoloútheton), muß der Hörer aufnahmefähig gemacht werden. Widerspricht der Gegenstand den moralischen Empfinden des Publikums (= *genus admirabile/turpe*, παράδοξον, parádoxon), so muß der Redner die Sympathie der Hörer auf indirektem Wege durch die sog. *insinuatio* (ἔφοδος, éphodos) zu erwerben suchen; die ihr entgegengesetzte direkte Form des E. wird von CICERO und in der ‹Rhetorica ad Herennium› als *principium* bezeichnet; *principium* und *insinuatio* bilden so die beiden Unterarten des E.

Die für das *principium* entwickelte Topik bietet für jede der drei Aufgaben des E. spezielle Suchformeln (Topoi) an. Die Suchformeln zur Gewinnung der *benevolentia* gehen entweder von der Person oder von der Sache aus (*loci a persona* oder *loci a re*) und empfehlen, die eigene Person bzw. Sache in gutem und die gegnerische in schlechtem Lichte erscheinen zu lassen und die Zuhörer/Richter durch Hinweise auf ihre früheren richtigen Entscheidungen oder auf ihr hohes Ansehen günstig zu stimmen. Um den Zuhörer aufmerksam *(attentum)* zu machen, wird der Redner auf die Wichtigkeit oder Neuartigkeit des Falls hinweisen oder auch einfach um Aufmerksamkeit bitten; auch der maßvolle Einsatz affektivischer Mittel ist angebracht. Aufnahmefähig *(docilem)* macht er ihn darüber hinaus durch eine kurze Andeutung des Kernpunkts des Falls. Die Topik für die *insinuatio* empfiehlt, im Falle einer *causa turpis* die Aufmerksamkeit des Zuhörers von der anstößigen Person auf eine beliebte Person oder von der Person auf die Sache und umgekehrt abzulenken u. ä.; hat der gegnerische Vorredner die Zuhörer bereits überzeugt, soll man die Widerlegung gerade des stärksten gegnerischen Punktes ankündigen; bei Ermüdung der Hörer empfiehlt sich die Ankündigung der Kürze oder ein auflockerndes Witzwort.

Allgemeinste Norm für das E. ist die Angemessenheit (πρέπον, prépon; *aptum*) an die jeweilige Redesituation gemäß den Gesichtspunkten «quid, apud quem, pro quo, contra quem, quo tempore, quo loco, quo rerum statu, qua vulgi fama dicendum sit» (was, vor wem, für wen, gegen wen, zu welcher Zeit, an welchem Ort, bei welchem Stand der Dinge und unter welcher öffentlichen Meinung er [der Redner] reden muß). [5] Als Haltung des Redners erfordert das E. Bescheidenheit und Würde; da es wie extemporiert erscheinen soll, darf die Diktion nicht zu kunstvoll sein; zu meiden sind ungewöhnliche Wörter oder kühne Metaphern. [6] Die Ausarbeitung des E. gehört in die letzte Arbeitsphase, da der Redner zuvor den gesamten Fall genau geprüft und alle bedeutenden Punkte durchgearbeitet haben muß. [7]

Fehlformen *(vitia)* des E. sind das E. *vulgare* (das auch auf andere Fälle paßt), das E. *commune* (das auch zur gegnerischen Position paßt), das E. *commutabile* (das mit entsprechender Abänderung auch der Gegner anwenden könnte), das E. *longum* (mit unangemessener Länge), das E. *translatum* (das seine spezielle Aufgabe verfehlt, indem es z. B. Aufmerksamkeit weckt, wo das Gewinnen des Wohlwollens erforderlich wäre) und das E. *contra praecepta* (das keine der drei Aufgaben erfüllt).

Exordiale Topoi begegnen, z. T. unter rhetorischem Einfluß, auch in den Proömien literarischer Werke; hierzu gehören etwa der Hinweis auf die Neuheit oder Schwierigkeit des Themas, auf den nützlichen oder den amüsanten Inhalt oder auf die Kürze des Werkes; die vorwegnehmende Entkräftung möglicher Anstöße des Lesers; der Verweis auf die (angebliche) Beschränktheit des Talents und die Verkleinerung der eigenen Leistung; die Rechtfertigung des Schreibens mit menschlichem oder göttlichem Auftrag; das Lob des Auftraggebers oder Empfängers; die Bitte an den Adressaten oder Leser um Aufmerksamkeit und gewogene Aufnahme. [8]

II. *Mittelalter.* Die für die kirchliche und weltliche Verwaltungspraxis entwickelte *ars dictandi* [9] überträgt die antike E.-Lehre z. T. unter ausdrücklicher Berufung auf Cicero auf die Einleitung des Briefes. [10] Während ALBERICH VON MONTECASSINO, der früheste Vertreter der *ars dictandi*, und GUIDO FABA dem Brief-E. noch sämtliche drei in der Antike gelehrten Funktionen (Weckung von *benevolentia*, *attentio*, *docilitas*) zuweisen [11], erscheint gewöhnlich als einzige Funktion des E. die Gewinnung des Wohlwollens *(benevolentia)*, weshalb das E. des Briefes oft einfach *captatio benevolentiae* heißt. In der Topik des E. übernimmt die *ars dictandi* weitgehend die antike Einteilung in *loci a persona* und *loci a re*; eine Ausnahme bildet z. B. GERVASIUS VON MELKLEY der als Suchformel den Merkvers «quis, quid, ubi, quibus auxiliis, cur, quomodo, quando?» (wer, was, wo, womit, warum, wie, wann?) angibt. [12] Allgemein gilt, daß das E. auf die soziale Stellung *(dignitas)* des Empfängers abgestimmt und zu dem folgenden Briefinhalt passen muß. [13] – Das Nachwirken der antiken E.-Theorie bezeugen auch die Vorschriften der Predigttheorie *(ars praedicandi)* für die Gestaltung der Predigteinleitung *(exordium, prologus, prooemium, thema, prothema, introductio thematis)*. [14] Von den drei traditionellen Aufgaben des E., die bei ALEXANDER VON ASHBY und THOMAS VON SALISBURY noch vollzählig aufgeführt werden, spielt naturgemäß die Weckung der Aufmerksamkeit eine stärkere Rolle als in der *ars dictandi*; sie fehlt daher selten bei der Zweckbestimmung des E. und wird gelegentlich auch als alleiniger Zweck genannt. [15] Selbst wo als einzige Aufgabe des E. die Gewinnung des Wohlwollens *(benevolentia)* angegeben ist, zeigt die dafür empfohlene Topik, daß es im Grunde um die Weckung der Aufmerksamkeit geht. [16] – Ein Beispiel für das Nachleben der antiken E.-Theorie in der mittelalterlichen *ars poetica* bietet DANTE ALIGHIERI mit seinem Brief an Can Grande, in dem er den Eingang des ‹Paradiso› mit den Kategorien der E.-Lehre erläutert. Wie Aristoteles unterscheidet er zwischen dem rhetorischen E. *(proemium)* und dem dichterischen E. *(prologus)*; letzteres enthält außer der Themenankündigung noch einen Götteranruf. In der Topik modifiziert Dante die antike Theorie insofern, als er die Ursache des Wohlwollens in der *utilitas* (Nutzen) des Gegenstands, die der Aufmerksamkeit in seiner *admirabilitas* (Erstaunlichkeit) und die der Gelehrigkeit in der *possibilitas* (Möglichkeit) sieht. [17]

III. *Humanismus, Neuzeit.* Die E.-Theorie der römischen Schulrhetorik erweitert der Grieche GEORGIUS TRAPEZUNTIUS in seiner Rhetorik um die Proömientopik des Hermogenes von Tarsos (2. Jh. n. Chr.), woraus sich vier weitere E.-Typen ergeben: 1. das E. *ex opinionibus* (ἐξ ὑπολήψεως, ex hypolépseōs bei Hermogenes); 2. das E. *a partitione* (ἐξ ὑποδιαιρέσεως, ex hypodihairéseōs); 3. das E. *ab exuperatione* (ἐκ περιουσίας, ek periousías); 4. das E. *a confectione* (ἀπὸ καιροῦ, apó kairoú). Ebenso übernimmt Georgius von Hermogenes die am Syllogismus orientierte Einteilung des E. in die Teile 1. *expositio*, 2. *ratio*, 3. *redditio*, 4. *comprobatio* (bei Hermogenes: 1. πρότασις, prótasis; 2. κατασκευή, kataskeué; 3. ἀπόδοσις, apódosis; 4. βάσις, básis). [18] MELANCHTHON erwähnt in seinen ‹Elementa rhetorices› diese vier Teile des E. erst im Abschnitt über die *dispositio* als Beleg für die generell zu beachtende enthymematische Struktur der Rede; in dem der *inventio* des E. gewidmeten Kapitel folgt er hingegen im wesentlichen der römischen Schulrhetorik. [19] VOSSIUS greift mit seiner E.-Theorie über diese Tradition hinweg ausdrücklich auf Aristoteles zurück, weil dessen Theorie das E. nach den drei Redegattungen (Gerichtsrede, beratende Rede, Prunkrede) differenziere und so der Theorie sowohl Ciceros wie des Hermogenes überlegen sei; der Vollständigkeit halber berücksichtigt Vossius daneben auch die vier E.-Typen des Hermogenes. [20]

Die im *18. Jh.* vertaßten Lehrbücher von FABRICIUS und HALLBAUER weisen dem E. bzw. dem ‹Eingang› die Aufgabe zu, den Zuhörer «zu präparieren» bzw. «zuzubereiten»; dies geschieht, indem der Redner darin «argumenta conciliantia» (gewinnende Argumente) vorbringt oder indem er, wie Hallbauer im engen Anschluß an Ciceros ‹De inventione› anführt, den Zuhörer gewogen und aufmerksam macht. [21] Gegenüber der antiken Tradition zeigt namentlich Hallbauer größere Freiheit, indem er bemerkt: «Wovon nimmt man aber das exordium? ich antworte, wovon du willst, wenn es sich nur zu dem themate, und zum Endzweck der Rede schicket», und wenn er es dem Redner überläßt, im E. «so viele Theile zu machen, als er wolle». – Im *19. Jh.* bietet F. E. PETRI in seinem für den Gymnasialunterricht bestimmten ‹Rhetorischen Wörter-Büchlein› eine durchgängig auf Cicero basierende Fassung, die aber durch Verzicht auf eine Differenzierung nach den fünf (hermagoreischen) Genera oder den drei Redegattungen vereinfacht ist. In weiterer Verdünnung begegnet die antike E.-Lehre in dem Repetitorium von H. MENGE, der daraus die Regeln für die Einleitung des lateinischen Schulaufsatzes ableitet. [22]

Anmerkungen:
1 Arist. Rhet. III, 14, 1414b19–1416a3; Auct. ad. Alex. 29, 1–28, 1436a33–1438a3; 35, 1–2, 1440b5–14; 36, 2–16, 1441b33–1442b33; Cic. De or. II, 315–325. – **2** z. B. Cic. De inv. I, 20–26; Auct. ad Her. I, 5–11, III, 7–8 und 11–12; Quint. IV, 1; Fortun. Rhet. II, 12–15; Isid. Etym. II, 7–8; Hermog. Inv. I (p. 93, 3–108, 17 Rabe). – **3** Cic. De inv. I, 20. – **4** vgl. Hermagoras Frg. 22–23, in: Hermagorae Temnitae testimonia et fragmenta, ed. D. Matthes (1962) 48–56. – **5** Quint. IV, 1, 52. – **6** Cic. De inv. I, 22; 25; Auct. ad Her. I, 11; Cic. Or. 124; Quint. IV, 1, 8 und 54–59. – **7** Cic. De or. II, 318. – **8** vgl. T. Janson: Latin Prose Prefaces. Studies in Literary Conventions (Stockholm/Göteborg/Uppsala 1964) und E. Herkommer: Die Topoi in den Proömien der röm. Geschichtswerke (Diss. Tübingen 1968) 34ff. – **9** vgl. L. Rockinger: Briefsteller und Formelbücher des 11. bis 14. Jh. (1863–1864; ND 1969). – **10** z. B. Hugo von Bologna, Rationes dictandi c. VIII, in: [9] 57; Anon. Rationes dictandi (1135) c. VI, in: [9] 19 (dort noch fälschlich Alberich zugeschrieben); Anon. Ars dictandi Aurelianensis c. IV, in: [9] 108; Guido Faba, Summa dictaminis, ed. A. Gaudenzi, in: Il Propugnatore, N. S. III, 1 (1890) 287–338; III, 2 (1890) 345–393, hier: pars II. c. LXVIII = p. 330 Gaudenzi. – **11** Alberich von Monte Cassino, Flores rhetorici II, 1; III, 1, ed. D. M. Inguanez, H. M. Willard (Montecassino 1938); Guido Faba, Summa dict. pars II c. LXVIII p. 330 Gaudenzi. – **12** Hugo von Bologna, Rat. dict. c. IX, in: [9] 58; Aurea Gemma Berol. c. XI, hg. von H.-J. Beyer: Die "Aurea Gemma". Ihr Verhältnis zu den frühen Artes dictandi (1973) 59–132, 78–80; Anon. Rat. dict. c. VI, in: [9] 18–19; Anon. Ars dict. Aurel. c. IV, in: [9] 108; Ludolf von Hildesheim, Summa dictaminum II, 1, in: [9] 367; Gervasius von Melkley, De modo dictandi, in: Gervais von Melkley, Ars poetica. Krit. Ausg. v. H.-J. Gräbener (1965) 224–229, 228. – **13** z. B. Thomas v. Capua, Summa artis dictaminis c. 21, hg. von E. Heller, in: Sber. Heidelberg, Philos.-hist. Kl. 19.4 (Jg. 1928/29); Anon. Ars. dict. Aurel. c. IV, in: [9] 108. – **14** vgl. M. Charland: Artes praedicandi. Contribution à l'histoire de la rhétorique au moyen âge (Paris/Ottawa 1936). – **15** Alexander von Ashby, De modo praedicandi; Thomas von Salisbury (wohl identisch mit Thomas Chabham), Summa de arte praedicandi; vgl. J. J. Murphy: Rhetoric in the Middle Ages (Berkeley/Los Angeles/London 1974) 312 A. 55 bzw. 323 A. 73; Thomas Waleys, De modo componendi sermones c. 4, in: [14] 356. – **16** z. B. Alanus ab Insulis, Summa de arte praedicatoria, in: ML 210, Sp. 113–114; Robert von Basevorn, Forma praedicandi c. 24, in: [14] 260–262. – **17** Dante Alighieri: Epistulae XIII cap. 17–19. – **18** Georgius Trapezuntius: Rhetoricorum libri V (Venedig 1523 [zuerst ca. 1470]) fol. 2 r–4 v. – **19** P. Melanchthon: Elementorum rhetorices libri II, Wittenberg 1531, ed. C. G. Bretschneider, in: Corp. Reform. XIII (1846) Sp. 431–432, 456–457. – **20** G. I. Vossius: Commentariorum rhetoricorum sive oratoriarum institutionum libri sex (Leiden ³1630; ND 1974) 326–354 (lib. III. cap. II.). – **21** J. A. Fabricius: Philos. Oratorie (1724; ND 1974) 403f.; F. A. Hallbauer: Anweisung zur Verbesserten Teutschen Oratorie (1725; ND 1974) 401, 460–461; ders.: Anleitung zur Politischen Beredsamkeit (1736; ND 1974) 77–80. – **22** F. E. Petri: Rhet. Wörter-Büchlein (1831) 84–88; H. Menge: Repetit. der lat. Syntax u. Stilistik (1. Aufl. 1872), 11. Aufl. bearb. v. A. Thierfelder (1953) Anhang 391f.

Literaturhinweise:
R. Volkmann: Die Rhet. der Griechen und Römer in systemat. Übersicht (1885; ND 1963) 127–148. – D. Matthes: Hermagoras von Temnos 1904–1955, in: Lustrum 3 (1958) 189–195. – J. Christes: Realitätsnähe und formale Systematik in der Lehre vom E. der Rede (Cic. inv. 1, 10–26, Rhet. Her. 1, 5–11), in: Hermes 106 (1978) 556–573. – H. Lausberg: Hb. der lit. Rhet. (³1990) §§ 263–288.

K. Schöpsdau

→ Angemessenheit → Anrede → Antizipation → Attentum parare, facere → Benevolentia → Captatio benevolentiae → Dispositio → Einleitung → Insinuatio → Inventio → Officia oratoris → Ordo → Prooemium → Prolog → Salutatio → Topik → Virtutes-/Vitia-Lehre

Expeditio (lat. auch enumeratio; dt. Abfertigung)
A. Unter ‹E.› als rhetorischem Terminus versteht man die Abfertigung von möglichen Argumenten mit dem Ziel, entweder die Anklage zurückzuweisen oder die Schuld zu erweisen. Die E. kann sowohl als Teil der *argumentatio* verwendet als auch unter die Wortfiguren gerechnet werden. E. kann aber auch, terminologisch weiter gefaßt, Merkmal der *brevitas* sein.

Die deutsche Übersetzung von ‹E.›, ‹Abfertigung›, geht zurück auf das lateinische ‹expedio›: ‹den Fuß aus einer Fessel losmachen›, ‹befreien›, dann ‹erledigen›, ‹abfertigen›, ‹auseinandersetzen›. [1]
B. I. *Antike.* Den ersten Beleg für die Verwendung des Terminus findet man beim AUCTOR AD HERENNIUM. E. wird hier zu den Wortfiguren gezählt: «E. liegt vor, wenn mehrere Gründe aufgezählt werden, aus denen eine Sache geschehen konnte, [und] nach Aufhebung der übrigen eine bleibt, auf den wir zielen [...] Diese Figur entfaltet ihre größte Wirkung bei Wahrscheinlichkeitsargumentationen (argumentatio coniecturalis)». [2] Der Hinweis auf Beweisformen, wie sie besonders im *status coniecturalis* zur Anwendung kommen, macht den Ursprung der E. aus den Beweistopen des ARISTOTELES kenntlich [3]; dieser hatte den ‹Topos aufgrund von Zerlegung› (τόπος ἐκ διαιρέσεως, tópos ek diairéseōs) mit dem Beispiel beschrieben, daß man behauptet, alles Unrecht gehe notwendig auf drei Motive zurück; kann man zeigen, daß keines der drei Motive für den zur Last gelegten Tatbestand relevant ist, ist die Unschuld des Angeklagten erwiesen. [4] In den ‹Topica› des CICERO erscheint E. als «enumeratio partium» [5], d. h. als Aufzählung aller möglichen Gründe, die beim Gegenstand des Prozesses relevant sein können. Dabei soll die Aristotelische Dihairesis des *genus* sicherstellen, daß tatsächlich alle unter ein *genus* gehörenden Arten aufgezählt werden. [6] Sachlich identisch mit der beim ‹Auctor ad Herennium› genannten E. ist die von Cicero in ‹De inventione› [7] neben der *complexio* und der *conclusio* unter dem «zwingenden Beweis» aufgeführte *enumeratio*. [8] Cicero definiert diese als Argumentationsform des Klägers, «in der nach Aufstellung mehrerer [möglicher] Gründe und der Ausscheidung der übrigen einer notwendig bewiesen werde». Fehlerhaft ist die *enumeratio*, wenn a) bei der spezifischen Aufspaltung des *genus* nicht alle Möglichkeiten berücksichtigt werden, da so die Beweiskraft geschwächt ist; b) sich Gegenargumente gegen die Aussonderung einzelner Möglichkeiten finden lassen; oder c) eine der aufgezählten Möglichkeiten zuzugeben den Angeklagten nicht belastet. [9] Wie aus Cicero und dem ‹Auctor ad Herennium› deutlich wird, kann die E. also sowohl als Argumentationsform im engeren Sinne aufgefaßt werden; das *argumentum ex remotione* wird deshalb von QUINTILIAN als Verfahren der *divisio* dargestellt, wodurch nur das, was übrigbleibt, sich als wahr erweisen läßt. [10]
Die E. kann aber auch den Figuren *(exornationes verborum)* zugerechnet werden. Diese Trennung läßt sich indessen nicht streng durchhalten (ähnlich wie die Amplifikationsfiguren nicht nur der *argumentatio* zugehören, sondern in allen Teilen der Rede Verwendung finden können [11]). So führt auch der ‹Auctor ad Herennium› eine «vitiosa expositio» in der *argumentatio* auf eine falsche *enumeratio* zurück, die nicht spezifisch richtig unterscheidet. [12] Und Quintilian bemängelt, daß es Rhetoriker gebe, die den Figuren zurechnen, was eigentlich in den Bereich der *argumenta* gehöre. [13] Diese *enumeratio* ist gewissermaßen der erste Teil der E., nämlich die Aufzählung aller möglichen Gründe vor ihrer Aussonderung.

Neben diesem engeren terminologischen Gebrauch von ‹E.› ist noch ein, obwohl verwandtes, dennoch offeneres Begriffsverständnis zu verzeichnen. Hierbei gilt die E. als ein Grundzug der *brevitas*. «Habet paucis comprehensa brevitas multarum rerum expeditionem» (Die auf wenige Wörter zusammengezogene Kürze gründet in der Möglichkeit, von vielem abzusehen). «Deshalb ist sie dann anzuwenden, wenn entweder die Sache selbst keiner langen Rede bedarf oder die Zeit kein längeres Verweilen erlaubt.» [14] Solche Kürze kann als Amplifikationsfigur der *congeries* (Aufhäufung, griech. συναθροισμός, synathroismós), an jeder beliebigen Stelle der Rede eingesetzt werden. [15] Die *percursio* (griech. ἐπιθροχασμός, epithrochasmós) beschränkt sich ebenfalls auf wesentliche Aspekte, z. B. bei der *narratio* einer Reise und deren Stationen. [16] Die Verwandtschaft mit der argumentativen E. beruht darauf, daß die «brevitas integra» (vollständige Kürze) nur durch eine generisch und spezifisch exakte Aufteilung zustande kommen kann. [17]
II. *Mittelalter und frühe Neuzeit.* Für die mittelalterlichen Rhetoriker bleibt das antike Konzept der argumentativen E. verbindlich. [18] ERASMUS definiert sie als *enumeratio* im engsten Anschluß an den ‹Auctor ad Herennium› und Cicero. [19] MELANCHTHON erklärt die E. als Form der *ratiocinatio*, indem etwas notwendig aus Syllogismen geschlossen wird; E. kommt insofern der *conclusio* nahe. [20] SUSENBROTUS übernimmt wörtlich die Definition vom ‹Auctor ad Herennium› und rechnet E. bzw. *enumeratio* den Amplifikationsfiguren zu, darin Melanchthons Unterteilung der Figuren folgend. [21]

Anmerkungen:
1 vgl. K. E. Georges: Lat.-dt. Handwtb., Bd. 1 (¹¹1962) Sp. 2573f. – **2** Auct. ad Her. IV, 40. – **3** vgl. G. Calboli: Rhetorica ad C. Herennium (Bologna 1969) 370. – **4** vgl. Arist. Rhet. 1398ᵇ30. – **5** Cicero, Topica 10. – **6** vgl. auch Cic. De inv. I, 22, 32. – **7** ebd. I, 29, 45. – **8** Diese ist getrennt zu halten von der enumeratio als Teil der Rede. – **9** Cic. de inv. I, 45, 84. – **10** Quint. V, 10, 66. – **11** vgl. H. Lausberg: Hb. der lit. Rhet. (³1990) § 400. – **12** Auct. ad Her. II, 34. – **13** Quint. IX, 3, 99. – **14** Auct. ad Her. IV, 68. – **15** Quint. VIII, 4, 27. – **16** Auct. ad Her. IV, 68; vgl. Lausberg [11] § 881. – **17** Quint. VII, 3, 82. – **18** vgl. Eberhardus Alemannus: Laborintus 511, in: E. Faral: Les arts poétiques du XIIᵉ et du XIIIᵉ siècle (Paris ⁶1971) 355; Galfred von Vinosalvo, Poetria nova 1186–1201, in: Faral, ebd. 233. – **19** Desiderius Erasmus von Rotterdam: De conscribendis epistulis. Opera omnia (Lyon 1703ff.) I, 404. – **20** P. Melanchthon: De rhetorica libri tres (1519) III. Buch; vgl. auch Cic. De inv. I, 29, 45. – **21** J. Susenbrotus: Epitome troporum ac schematorum et grammaticorum et rhetorum (1566) 102f.; 50; vgl. P. Melanchthon: Institutiones rhetoricae (1521); L. A. Sonnino: A Handbook to Sixteenth-Century Rhet. (1968).

T. Schirren

→ Argumentatio → Brevitas → Congeries → Enumeratio → Figurenlehre → Ratiocinatio

Experientia (dt. Erfahrung, Kenntnis)
A. E. bezeichnet eine Form der Beweisführung, bei der der Redner den Wahrheitsgehalt einer Aussage, in dem, was ihr vorausgeht oder was aus ihr folgt, auf die allgemeine Erfahrung stützt. Die ‹Erfahrung› wird als Topos verwendet und erhält damit eine *auctoritas*-Funktion, wobei der Appell des Redners nicht auf die eigene, sondern auf die Autorität des Publikums zielt. Ein Beispiel dafür liefert A. MÜLLER, wenn er die rhetorische

Wirksamkeit der E. hervorhebt und sich gleichzeitig zu diesem Zweck der E. bedient: «Jeder von uns hat es erfahren, daß, wenn es darauf ankommt, einen andern zu überzeugen, [...] sich, vielleicht bei der zufälligen Erinnerung an etwas gemeinschaftlich Verehrtes oder Geliebtes, plötzlich ein Verständnis eröffnet. Dies ist der Augenblick, wo wir den Geist der Beredsamkeit über uns kommen fühlen.» [1]

B. Die Technik, eine Behauptung auf allgemein anerkannte Einsichten und Erfahrungen zu stützen und ihr so größere Überzeugungskraft zu verleihen, kennt selbstverständlich bereits die *antike Rhetorik*; sie bezeichnet dieses Beweisverfahren als ἀπόδειξις (apódeixis). Eine Aussage wird bewiesen, «cum ea, quae dubia aut obscura sunt, per ea, quae ambigua non sunt, inlustrantur» (indem Zweifelhaftes oder Dunkles durch Unzweifelhaftes erhellt wird). [2] QUINTILIAN definiert apódeixis als «evidens probatio» (ins Auge fallende Beweisführung). [3] Der Begriff ‹E.› wird in der Antike noch nicht in diesem Sinn gebraucht, sondern bedeutet lediglich allgemein ‹Erfahrung, Fertigkeit›. [4] Als Bezeichnung für eine Rede- bzw. Argumentationsfigur ist E. eine Neuschöpfung der *Renaissance-Rhetorik*. Der lateinische Begriff ‹E.› dürfte aus dem englischen ‹experience› zurückgebildet sein. H. PEACHAM D. Ä. hat offenbar apódeixis im Sinn, wenn er E. definiert: «The orator groundeth his saying upon general and common experience» (Der Redner gründet seine Aussage auf allgemein verbreitete Erfahrung). [5] Peacham unterscheidet E. von ‹martyria›: Nicht die eigene Erfahrung des Redners, sondern «principles which experience doth prove and no man can deny» (von der Erfahrung bestätigte Grundsätze, die kein Mensch leugnen kann) [6] werden angeführt. Die möglichen Beispiele sind Legion: «To this place do belong many proverbs and common sayings which are taken from general proof and experience» (Zu dieser rhetorischen Kategorie gehören viele Sprichwörter und gängige Redewendungen, die aus unzweifelhafter Erfahrung stammen). [7]

Die Entstehung des rhetorischen Terminus ‹E.› im 16. Jh. scheint vorauszuweisen auf die Bedeutung, die der Erfahrungsbegriff bald darauf, v. a. seit F. BACONS ‹Novum Organum› (1620), für die *Neuzeit* erhält; allerdings gründet die Figur auf einem vorhandenen Erfahrungsschatz und steht damit noch ganz in der von Bacon abgelehnten aristotelischen Tradition. [8] In seinem Roman ‹Anton Reiser› (1785–1790) nimmt K. P. MORITZ in diesem Sinne die ‹Lebenserfahrung› in Anspruch, um seine Methode der literarischen Alltagsbeobachtung poetologisch zu rechtfertigen: «Wer den Lauf der menschlichen Dinge kennt, und weiß, wie dasjenige oft im Fortgange des Lebens sehr wichtig werden kann, was anfänglich klein und unbedeutend schien, der wird sich an die anscheinende Geringfügigkeit mancher Umstände, die hier erzählt werden, nicht stoßen.» [9] Daß spätestens zu dieser Zeit aber der vermeintlich sichere Besitz von Erfahrungen schon längst kritisch in Frage gestellt worden ist, davon zeugt – zeitgleich zu Moritz – u. a. KNIGGES spielerischer Umgang mit der E. So beginnt er das erste Kapitel seines Werkes ‹Über den Umgang mit Menschen› mit der Feststellung, «Jeder Mensch gilt in dieser Welt nur so viel, als er sich selbst gelten macht. [...] Dies ist] ein Satz, dessen Wahrheit auf die Erfahrung aller Zeitalter gestützt ist», um nach vier Seiten ironischer Bestätigung des Satzes zu dem Schluß zu kommen, daß er nichts weiter sei als «die große Panacee für Abentheurer, Prahler, Windbeutel und seichte Köpfe, um fortzukommen auf diesem Erdballe – ich gebe also keinen Kirschkern für dieses Universalmittel». [10]

Anmerkungen:
1 A. Müller: Zwölf Reden über die Beredsamkeit, II. Vom Gespräch, in: ders.: Krit., ästhet. und philos. Schr., hg. von W. Schroeder und W. Siebert, Bd. I (1967) 314. – **2** Anon. Autor bei Gellius, Noctes Atticae XVII, 5, 5 (eig. Übers.). – **3** Quint. V, 10, 7. – **4** vgl. Thesaurus Linguae Latinae V, 2, 1651ff. – **5** H. Peacham, The Garden of Eloquence (²1593; ND 1954) 86–87 (eig. Übers.). – **6** ebd. – **7** ebd. – **8** vgl. F. Kambartel: Art. ‹Erfahrung›, in: HWPh Bd. 2, Sp. 611. – **9** K. P. Moritz: Anton Reiser (Vorrede 1785), in: ders.: Werke, hg. von H. Günther, Bd. 1 (1981) 36. – **10** A. Freiherr von Knigge: Über den Umgang mit Menschen. Sämtl. Werke, hg. von P. Raabe, Bd. 10 (1978) 35 u. 39.

Literaturhinweise:
R. Volkmann: Die Rhet. der Griechen und Römer (²1885) 191. – L. A. Sonnino: A Handbook to Sixteenth Century Rhet. (1968) 92f.

U. Walter

→ Apodiktik → Argument → Argumentation → Beweis, Beweismittel → Doxa → Endoxa → Gemeinplatz → Glaubwürdige, das → Konsensustheorie → Locus communis → Topos → Wahrheit, Wahrscheinlichkeit

Explanatio (lat. auch: claritas, commentarium, commentum, enarratio, expositio, expositum, interpretatio, perspicuitas, tractatus, translatio; dt. Verdeutlichung; engl. explanation; frz. élucidation, explication; ital. esplicazione)

A. ‹E.› bedeutet ‹klare, einfache Sprache› sowie die Angabe der Bedeutung eines Textes, die eine offensichtliche und wörtliche, oder aber eine versteckte oder allegorische sein kann.

B. I. *Antike*. Als technischer Terminus bezieht sich E. zuerst auf *claritas* bzw. *perspicuitas*, das heißt ‹Klarheit›; diese entsteht durch den korrekten Gebrauch gültigen Vokabulars. [1] In der RHETORIK AN HERENNIUS, zum Beispiel, wird sie folgendermaßen definiert: «Explanatio est quae reddit apertam et dilucidam orationem. Ea comparatur duabus rebus, usitatis verbis et propriis.» (Die Verdeutlichung macht die Rede verständlich und klar: sie wird durch gebräuchliche und angemessene Worte gewonnen.) [2] Diese Verwendung von E. blieb bis in die Spätantike erhalten. E. in dieser Bedeutung leistet zusammen mit der *Latinitas*, d. h. korrektem Latein, einen Beitrag zur *elegantia*, zur einfachen und klaren Formulierung eines Themas. In der Grammatik zählt auch die *enarratio auctorum* dazu, d. h. die Erläuterung schwer verständlicher Textpassagen der Musterautoren. Zu einer solchen Erläuterung gehören Beschreibung, Wortwahl, Aufzählung von Themen oder Thesen, inhaltliche Zusammenfassung sowie deutliche und klare mündliche Darstellung. [3] In der Spätantike führt die E. dann zu sorgfältigen und ausführlichen Wort-für-Wort-Analysen, wie sie von PRISCIANUS und SERVIUS zu Vergil überliefert sind. [4] Servius führt die E. als abschließenden Punkt des *Accessus* an, der später als das *Donatus/Servius-Modell* bezeichnet wurde.

Die E. spielt auch in der scholastischen Exegese der hellenistischen und römischen Schulen eine Rolle. [5] Die Schüler mußten Lexikographisches erklären, das heißt vor allem archaische, technische, ungebräuchliche oder in anderer Hinsicht schwierige Wörter und Begriffe, aber auch Morphologie, Etymologie und die für die Dichtung typische bildhafte oder tropische Sprache, Versifikation und den Kontext, das heißt alles, was in einem Text schwierig oder unklar ist, wie etwa Namen von Personen und Orten, Ereignisse und zeitliche Umstände. Erklärt wurde durch die Glosse, Frage und Antwort, die Kommentierung und die *praelectio*, das heißt lautes, Verständnis vermittelndes Vorlesen.

Das klassische Latein unterscheidet zwischen der E. und zwei eng mit ihr verwandten Techniken: der *interpretatio* und der *translatio*. ‹Interpretatio› bedeutet ursprünglich, neben dem Auslegen rechtlicher Schriftstücke, das Übersetzen von einer Sprache in die andere. [6] ‹Translatio› ist die Bezeichnung für ‹Metapher› und schließt im weiteren Sinne die Allegorie mit ein. Mit der christlichen Allegorie, die mehr als eine Bedeutungsebene beinhaltete, kam das Konzept der *multiplex explanatio* auf [7], das heißt der vielfachen Ebenen der Interpretation. In diesem Zusammenhang werden ‹interpretatio› und ‹translatio› als Synonyme für E. verwendet. [8] Auch ‹expositio› war ein gebräuchliches Synonym für ‹E.›. [9]

II. *Mittelalter.* Die ursprüngliche Bedeutung von ‹E.›, Klarheit, lebte im Mittelalter fort, zweifellos vor allem bedingt durch den Einfluß der RHETORIK AN HERENNIUS. So heißt es zum Beispiel in dem im 12. Jh. von THIERRY VON CHARTRES verfaßten Kommentar zur ‹Herennius-Rhetorik›: «Explanatio [...] est usitatis verbis et propriis in oratione positis obscuritatis vitatio vel remotio.» (E. [...] ist die Vermeidung bzw. Beseitigung von Unklarheiten durch Verwendung korrekter und angemessener Begriffe in der Rede.) [10] Die E. im Sinne der *perspicuitas* lebt fort, da sie den leicht verständlichen Text zum Ziel hat, der in klarer, geläufiger Sprache geschrieben ist. So gibt zum Beispiel AUGUSTINUS der ‹Biblia itala› aufgrund ihrer Klarheit den Vorzug: «In ipsis autem interpretationibus, Itala caeteris preferatur, nam est verborum tenacior cum perspicuitate sententiae.» (Unter den Übersetzungen ist die Itala-Bibel den anderen vorzuziehen, da sie enger am Original bleibt und klarer ist.) [11] ‹Interpretatio› kann auch die Umformulierung eines Vers-Textes in Prosa sein, auch wenn es sich dabei nicht um die Übertragung von einer Sprache in die andere handelt, sondern, wie in der folgenden Passage bei HRABANUS MAURUS angesprochen, von einem Modus in einen anderen: «Interpres enim ego quodammodo in hoc opere sum, non alterius linguae, sed alterius locutionis, ut eiusdem sensus veritatem explanem.» (Ich bin bei diesem Werk sozusagen ein Übersetzer, zwar nicht von einer Sprache in eine andere, aber von einem Sprachmodus in einen anderen, so daß ich die Wahrheit der Bedeutung im ersteren Werk erklären kann.) [12] Hrabanus rechtfertigt seine «Übersetzung», indem er sich auf HORAZENS Äußerung über die poetische Neubearbeitung tradierter (griechischer) Stoffe beruft. Er weist darauf hin, daß Horaz in der ‹Ars poetica› zur Vorsicht mahnt: «Nec verbo verbum curabis reddere, fidus / interpres» (du [...] nicht ängstlich danach strebst, als treuer Übersetzer Wort für Wort wiederzugeben). [13] Obwohl Horaz vom Übersetzer und vom Übersetzen spricht, weitet Hrabanus im Begriff der E. die Tätigkeit des Übersetzers auf das Umformulieren eines Vers-Textes in Prosa aus: «veritatem explanem» (so daß ich die Wahrheit des Textes erklären kann).

Häufiger bezieht sich ‹E.› auf die vielfachen Bedeutungen *(sensus)* eines schwer verständlichen oder allegorischen Textes. Dabei werden Vorgehensweisen antiker Kommentierung und Pädagogik übernommen, um die Bedeutung bzw. Bedeutungen des Textes aufzudecken. Die Bibel ist der Text, der einer solchen E. am meisten bedarf. [14] Sie kann aus aufeinanderfolgenden Stufen bestehen. So beginnt ein Kommentar aus dem 12. Jh. zu den Psalmen mit einem kurzen *argumentum*, gefolgt von einer längeren E., und schließt mit einem ausführlichen *commentarium*. [15] Gleichzeitig werden in der E. häufig Techniken, die ursprünglich eigenständig waren, zusammengeführt und auf diese Weise die vorher bestehenden semantischen Unterschiede zwischen ihnen verwischt. Da bei der Auslegung der Bibel die *interpretatio* als Übersetzung *(translatio)* und die *translatio* als Allegorese verstanden wurden, überschnitten sich allmählich die drei Begriffe mit dem Konzept der Umformulierung als Glosse zu den vielfachen Ebenen der Bibel. [16] Die E. überdeckte auch die *interpretatio* als etymologische Erklärung eines Namens. [17] In der folgenden Passage kommen sie zusammen: «Polidorus autem multa amaritudo interpretatur. Doris enim Grece, amaritudo Latine. Unde in fabulis legitur Dorim esse marinam deam quia amaritudo in marinis aquis dominatur. Hanc interpretationem exponit Virgilius dicens: "Doris amara suam non intermisceat undam".» (Polydoros bedeutet *multa amaritudo*, «große Bitterkeit». Denn *doris* auf Griechisch bedeutet auf Lateinisch *amaritudo*, «Bitterkeit». Daher liest man in Fabeln, daß Doris eine Meeresgöttin sei, denn Bitterkeit ist im Meerwasser vorherrschend. Vergil gibt diese Deutung, indem er sagt: «Laßt das bittere Wasser des Meeres sich nicht mit dem reinen Wasser vermischen».) [18] Die Verwendung verschiedener Synonyme deutet also auf ‹E.› hin. [19]

Die E. im Sinne eines Kommentars bzw. einer Glosse bildet den abschließenden Punkt im siebenteiligen ‹Accessus› zu SEDULIUS im Accessus ad auctores›. Sie wird folgendermaßen definiert: «E. [...] est totius libri expositio» (E. erklärt das ganze Buch). [20] Das COMMENTUM THEODOLI, das dies als den servianischen Accessus-Typus einordnet, definiert E. auf folgende Weise: «quomodo legendum vel intelligendum sit aperiatur» (sie macht deutlich, wie es zu lesen und zu verstehen ist). [21] Die E. schließt damit an den Accessus an. [22] Es gibt vier Ebenen: «ad literam, ad sensum, allegoricos et moraliter» (die wörtliche, die des Sinns, die allegorische und die moralische), wobei manche Accessus die Anzahl auf drei reduzieren, indem sie die ersten zwei gemeinsam in einer Rubrik fassen. [23] Die drei bzw. vier Ebenen sind nicht notwendigerweise in jedem Werk vorhanden bzw. in jedem Teil eines bestimmten Werkes. In jedem Fall geht der Exeget von der Erklärung (= E.) der wörtlichen Bedeutung, dem ersten Schritt, zur allegorischen Bedeutung und dem moralischen Sinn über und schließlich zur Erläuterung der einzelnen Wörter («dictionum enucleabimus naturam»: wir werden das Wesen der Wörter erklären). [24] KONRAD VON HIRSAU spricht im ‹Dialogus super auctores› von den gleichen vier Schritten. [25]

Trotz der in der antiken Praxis üblichen scharfen semantischen Abgrenzung zwischen E., *expositio*, *interpretatio* und *translatio* kam es aufgrund des Rückgangs der Latinität, aufgrund der neuen Bibelexegese und neuer Traditionen zur Verwirrung, so daß es in der Praxis Vermischungen und Überschneidungen gab. Die Definitionen gingen von einem Begriff auf den anderen über. Diese semantische ‹Osmose›, mag sie auch in spezifischen Fällen zu Unsicherheiten im Gebrauch geführt haben, bot Gelegenheit für interessante Entwicklungen im Bereich der Kommentierung und des Schreibens.

Der Kommentar zur ‹Aeneis›, der BERNHARDUS SILVESTRIS zugeschrieben wird, enthält Beispiele für verschiedene Bedeutungen von E. im Mittelalter. Als *interpretatio (interpretari)* bezieht sich die E. auf eine kurze Glosse zu einem einzelnen Wort, oft einen griechischen Namen, zum Beispiel: «Achilles quasi acherelaos interpretatur, id est 'dura tristitia': a enim sine, chere, leticia, laos vero lapis. Paris vero recta interpretatione 'sensus' dicitur. Spicula vero Paridis sunt duorum oculorum radii per quos Achilles interimitur, id est tristicia extinguitur.» (Achilles, sozusagen wie *acherelaos*, bedeutet *dura tristitia*, «harsche Trauer»: denn *a* bedeutet *sine*, «ohne», *chere* ist die *leticia*, «Freude», *laos* der *lapis*, der «Stein». Paris bedeutet in der korrekten Interpretation «Wahrnehmung». In der Tat sind Paris' Pfeile die Strahlen der zwei Augen, durch die Achilles getötet wird, das heißt, Trauer wird ausgelöscht.) [26] *Expositio* ist andererseits die allegorische Erläuterung der Erzählung. Der Kommentar gibt eine kurze Zusammenfassung *(continentia)* jedes Buches bei Vergil, und schließt eine *expositio* oder E. zur Erklärung seiner allegorischen Bedeutung an; zum Beispiel für Buch IV: «Prius summatim narrationem, deinde expositionem ponamus.» (Wir liefern zuerst eine Zusammenfassung des Textes, dann seine Interpretation.) [27] Buch VI vereint E. und Zusammenfassung [28]; nachdem *sensus* und *sententia* erklärt worden sind, geht der Kommentator abschließend zur E. «ad letteram» (der einzelnen Wörter) über. [29] Es folgt eine ausführliche Glosse zu zentralen Begriffen von Buch VI – d. h., der Kommentar verwendet das Wort *interpretatio* wieder im Sinne einer E. einzelner Wörter und Wendungen.

So wie E. in der Antike als *claritas* auf vielfache Interpretation in Kommentaren und auf das Glossieren wörtlicher und allegorischer Ebenen ausgeweitet wurde, übertrugen Autoren des Mittelalters den Begriff auf das Schreiben, besonders im Sinne der Umformulierung von Vorlagen. Der Kommentar zur ‹Aeneis› weist darauf hin, daß Vergils Gedicht aus zwei Gründen nützlich sei: Es biete Anleitung zu moralischem Verhalten und lehre exemplarisch, wie man schreiben solle. [30] Daraus folgt, daß E. ein Merkmal des Verfassens von Texten ist. Diese Ausweitung des Begriffs wurde erleichtert durch die Terminologie, wie sie die *mittelalterlichen Poetiken* aufweisen. Dort wird ‹E.› auf drei Arten verwendet. Erstens bezeichnet der Begriff die eigentliche Unterweisung im Schreiben, wenn der Meister eine gegebene Technik erklärt: «In exemplis adiectivorum secundum diversas terminationes verborum secundum menbrum, id est ornatus verborum, evidenter explanatur.» (In den Beispielen von Adjektiven, die nach ihren verschiedenen Endungen aufgelistet sind, ist die zweite Komponente, die Eleganz von Wörtern, deutlich erklärt.) [31] Dies ist pädagogische E. Wie der ‹Aeneis›-Kommentar verwendet MATTHAEUS VON VENDÔME ‹interpretatio› als Erklärung *(explanatio)* durch die wörtliche Übersetzung eines bestimmten Begriffs aus dem Griechischen ins Lateinische: «"Scemata" [...] "figure" interpretatur» («Schemata» [...] bedeutet «Figuren») [32], oder «"Tropus" enim grece "modus locutionis" interpretatur latine» («Tropus» ist ein griechisches Wort, das als «Redeweise» ins Lateinische übersetzt werden kann). [33] In der topischen *inventio* wird der Name durch den *locus* oder das *argumentum a nomine vel a natura* in einer Weise übersetzt oder beschrieben, daß die Attribute die Person loben oder tadeln. [34] ‹Interpretatio› kann sich auch auf etymologische oder andere Mittel des Figurenspiels beziehen, die den Wert oder Unwert einer Person zum Ausdruck bringen. Matthaeus gibt als Beispiele die Namen von ‹Maximus› für «Größe» und ‹Caesar› für «omnia caedens» (alles niederschlagend) an. [35]

Diese Beispiele weisen auf eine E. im Sinne von Ausführungen zum Text hin. Wiederholung, sagt Matthaeus, könne unter anderem vorkommen «causa expositionis» (zur Darlegung) [36], die hier synonym mit E. als die ausführliche Neuformulierung eines Gedankens aufgefaßt wird. [37] Sie sind synonym, wie in der Äußerung über die topische *inventio* bei Handlungen: «In attributis autem negotio magis quam in attributis persone castigato utendum est breviloquio, ut materia clausulatim explanetur. [...] Similiter venustas sentencie debet prolixius explicari.» (Bei der Beschreibung der Eigenschaften eines Gegenstandes sollte außerdem mehr Kürze und Zurückhaltung in der Rede walten als bei der Beschreibung der Eigenschaften einer Person, so daß der Gegenstand in einem Satz erklärt werden kann. [...] Entsprechend sollte die Schönheit des Gedankens voller entwickelt werden.) [38] Die E. wird zur topischen *inventio*, die ein gegebenes Thema – durch *amplificatio* oder *abbreviatio* – klarer darstellt. Dies paßt zur Vorstellung von der E. als dem Herausziehen vielfacher Bedeutungen, die in einer Sache liegen, anstatt sie, in Horazens Worten, nur wie ein «fidus interpres» (ein getreuer Dolmetscher oder Übersetzer) anders zu formulieren. [39] Matthaeus von Vendôme verweist auf Horaz, um zu erklären, wie ein Neuschreiben eine «treue» E. sein kann und doch eine «ungetreue» Wiedergabe der Vorlage.

Anmerkungen:
1 R. Volkmann: Die Rhet. der Griechen und Römer in systematischer Übersicht (1885; ND 1963) 396; H. Lausberg: Hb. der lit. Rhet. (1960) §§ 460, 528. – **2** Auct. ad Her. IV 12, 17; Übers. v. C. Walz, in: Cicero, Werke Bd. 26 (1842). – **3** Thesaurus linguae Latinae Bd. V, 1710, 30–48. – **4** Donatus: Interpretationes Vergilianae (1905–06); Servius: In Vergilii Aeneidos commentarii (1878–83); Priscianus: Gramm. lat. III, 459–515. – **5** H. I. Marrou: Gesch. der Erziehung im klass. Altertum (1957) 339–44, 530f. – **6** RE IX, 1709–12. **7** Thesaurus [3] V, 1709, 70. – **8** H. de Lubac: Exégèse médiévale, Bd. II, T. 1 (Paris 1961) 31–36. – **9** H. Brinkmann: Mittelalterl. Hermeneutik (1980) 156. – **10** The Latin Rhetorical Commentaries by Thierry of Chartres, hg. v. K. M. Fredborg (Toronto 1988) 330, 51–52. – **11** Lubac [8] 28. – **12** ebd. 29. – **13** Horaz, Ars poetica, V. 133–34, dt. von O. Schönberger (1976) 243. – **14** vgl. B. Smalley: The Study of the Bible in the Middle Ages (Notre Dame, Indiana 1964); vgl. A. Wilmart: Expositio missae; in: Dictionnaire d'archéologie chrétienne et de liturgie, Bd. V, T. 1 (Paris 1923) 1014–29. – **15** Lubac [8] 26. – **16** Brinkmann [9] 158; vgl. M. D. Chenu: La théologie au douzième siècle (Paris 1966) 371–73. – **17** Brinkmann [9] 156. – **18** Commentum quod dicitur super sex libros Aeneidos Virgilii, hg. v. J. W. Jones, E. F. Jones (Lincoln, Nebraska/London 1977) 18. 20–24. Engl. Übers.: Commentary on the First Six Books of Virgil's Aeneid, übers. v. E. G. Schreiber, T. E. Maresca (Lincoln, Nebraska/London 1979) 20. – **19** vgl. die Beispiele bei Lubac [8] 25–36; Brinkmann [9] 155–59. – **20** Accessus zu Sedulius hg. v. R. B. C. Huygens (Leiden 1970) 29, 23–24. – **21** ebd. 59, 47–48. – **22** ebd. 69, 270–73; vgl. Brinkmann [9] 157. – **23** Accessus [20] 64, 161–62. – **24** Accessus [20] 69, 273; vgl. Chenu [16] Kap. XVII. – **25** Accessus [20] 77, 198–78, 208. – **26** Commentum [18] 45, 20–23; S. 46. – **27** Commentum [18] 23, 18–19; S. 25. – **28** Commentum [18] 30, 21–31, 2; S. 31. – **29** Commentum [18] 32, 1; S. 34. – **30** Commentum [18] 2, 15–21, S. 4. – **31** Mathei Vindocinensis opera, hg. v. F. Munari (Rom 1988) Bd. 3: Ars versificatoria 3, 51. (Engl. Übers.: Matthew of Vendôme: The Art of Versification, übers. v. A. E. Galyon (Ames, Iowa 1980); vgl. 4, 33 und Eberhard der Deutsche, Laborintus V. 61 (exponit) in: E. Faral: Les arts poétiques du XIIe et du

XIIIᵉ siècle (Paris 1924). – **32** Matthaeus [31] 3, 3. – **33** Matthaeus [31] 3, 18. – **34** Matthaeus [31] 1, 76. – **35** Matthaeus [31] 1, 78. – **36** Matthaeus [31] 4, 11; vgl. G. Paré: Les idées et les lettres au XIIIᵉ siècle (Montréal 1947) 19–23. – **37** vgl. *interpretatio* bei Galfred von Vinosalvo, Poetria nova V. 219–25 in: Faral [31]. – **38** ebd. 4, 19. – **39** Zit. nach ‹Ars versificatoria› 4, 1 [31].

D. Kelly/L. G.

→ Accessus ad auctores → Allegorie, Allegorese → Ars versificatoria → Elegantia → Enarratio poetarum → Explication de texte → Glosse → Interpretatio → Interpretation → Kommentar → Latinitas → Obscuritas → Perspicuitas → Schriftsinn → Translatio

Explication de texte (dt. Texterklärung)
A. Die E., ein fester Bestandteil des französischen Literaturunterrichts in Schule und Hochschule, besteht darin darzulegen, was in einem Text enthalten ist, um alles, was unbekannt, verborgen oder mehrdeutig ist, genau zu bestimmen. Sie versucht mündlich eine Charakterisierung des Texts, legt seine Konturen frei und macht seine unterschiedlichen Ebenen erfahrbar, indem sie dem Leser die Idee eines Gebäudes vermittelt, dessen Entwurf nachgezeichnet wird, und indem sie die Aufmerksamkeit des Zuhörers auf die Gesamtheit der textspezifischen Merkmale und besonders hervorhebenswerten Einzelheiten lenkt. Dabei wird Wert darauf gelegt, daß man den Grundriß des Texts erfaßt. Die E. setzt bestimmte geistige Fähigkeiten und einen Sinn für die heuristische Verfahrensweise voraus, um einzelne Elemente aus dem Text herauszulösen, sie zu bestimmen und Beziehungen herzustellen. Die Berücksichtigung empirischer Daten bei dieser Analyse wirft das Problem der Eingrenzung des Untersuchungsgegenstandes auf. Der Versuch, die theoretischen Implikationen zu erfassen, führt zu der Frage der anzuwendenden Methode. Die E. erfordert die genaue Einstellung auf den Text, der vor allem aus sich selbst heraus erklärt werden soll. Voraussetzung der klassischen Textinterpretation ist die Vorstellung, daß der Text eine Einheit bildet und einen eigenen Stil besitzt.

Die Abfolge der einzelnen *Interpretationsschritte* dieser hauptsächlich mündlichen Übung ist folgendermaßen festgelegt: a. Einleitung (Bestimmung des Textes in seinem Gesamtzusammenhang und dessen besonderer Fragestellung); b. Lektüre des Textes (die E. ist eine zielorientierte Lesart des Textes); c. Untersuchung des Textaufbaus (nicht des Aufbaus an sich, sondern seines Duktus', seiner Organisation und seiner Struktur); d. Detailanalyse (Analyse seiner Einzelheiten); e. Zusammenfassender Schluß (der auf die Einleitung wieder Bezug nimmt). [1]

B. Von der Renaissance bis zur Mitte des 19. Jh. praktizierten die *Humaniores litterae* die schon in der Antike bekannte *praelectio* (erklärendes Vorlesen), deren Schema nach 1872 in der französischen E. weitertradiert wurde. Die *praelectio* bestand aus: 1. Argument (Leitidee, Thema), 2. Rhetorik (Regeln, Figuren, Vorschriften), 3. Erklärung (der sprachlichen Schwierigkeiten), 4. *eruditio* (Geschichte, Geographie, Kultur), 5. *Latinitas* (Sprache, Stil). Diese propädeutische, aber nicht vorrangige Übung war Teil einer Pädagogik, die sich auf Schriftlichkeit und das Gedächtnis gründete sowie zur Übersetzung und *imitatio* der maßgebenden Autoren hinführte. Als man begann, den ‹großen› französischen Texten Modellcharakter zuzusprechen (ARNAUD, NICOLE, ROLLIN, BATTEUX), bildete sich die neue Vorstellung einer notwendigen Verknüpfung von literarischen Texten und dem Beherrschen der französischen Sprache heraus, die auf den Umweg über das Lateinische verzichtete. GRAZIER [2] bevorzugte den Ausdruck *explicatio*, der sich auf das Modell der Erklärung lateinischer und griechischer Texte stützte. Auch seine Nachfolger betonten diesen Aspekt und vernachlässigten den rhetorischen Ansatz. Erst in den siebziger Jahren unseres Jahrhunderts wurde er wiederentdeckt. Die *Latinitas* wurde ersetzt durch das ‹ewig Menschliche› in literarischen Texten.

Der Niedergang des Studiums der klassischen lateinischen und griechischen Autoren, das Aufkommen des naturwissenschaftlichen Denkens [3], das republikanische Bewußtsein [4], der Schock der Niederlage im deutsch-französischen Krieg [5], die Reform des staatlichen höheren Schulwesens und die ‹Krise› der französischen Sprache bildeten den kulturhistorischen Hintergrund für die Entwicklung der E. J. FERRY führte dazu in einem Vortrag aus: «Die Reform der Methoden wird Ihnen mittels einer Reihe von Beispielen vorgestellt, die alle dasselbe Ziel haben. Sie sollen vor Augen führen, daß die bisherige Vorgehensweise, die sich einzig und allein auf die Schulung des Gedächtnisses stützt, durch die Ausbildung des Urteilsvermögens und der Eigeninitiative des Kindes ersetzt werden soll. Dieser apriorische Ansatz und der Mißbrauch abstrakter Regeln sollen durch eine experimentelle Methode ersetzt werden, die vom Konkreten ausgehend auf das Abstrakte schließt und die Regel aus dem Beispiel ableitet. Anstatt der langen Hausaufgaben, die abgeschafft werden, des Aufsatzes und der "composition latine", die auf ihre wirkliche Rolle herabgestuft wird und nicht mehr das höchste Ziel und zugleich die größte Enttäuschung bleiben darf, soll kostbare Zeit gewonnen werden, die der Interpretation der Autoren und der Auseinandersetzung mit den antiken Schriftstellern gewidmet werden kann. Im Augenblick ist der Gegenstand der Studien der Antike (études classiques) nichts als ein hochtrabendes Aushängeschild, eine äußerliche Bezeichnung ohne Inhalt.» [6] In den Vorschriften von 1902, die der E. einen ‹offiziellen› Charakter verleihen sollen, wird dies folgendermaßen präzisiert: «Die Lektüre und die Textanalyse gehören zu unserem ureigenen Anliegen. Sie bilden die Unterrichtsgrundlage an weiterführenden Schulen.» [7] Das Ziel eines solchen Unterrichts bestehe darin, «jedem zum vollen Bewußtsein und ganzheitlichen Besitz seiner selbst zu verhelfen.» [8]

Die Erneuerung verlief parallel zu der pädagogischen Reformbewegung in Europa und den französischen Reformbestrebungen der Republikaner, die ihr auf den Menschen und Bürger abzielendes Bildungsmodell gegen dasjenige der Kirche (Jesuiten, Oratorianer (auch Philippiner genannt)) richteten. Zusammen mit dem französischen Aufsatz (‹composition française›, 1880 eingeführt, 1970 aus den Abiturprüfungen wieder entfernt) bildete die Textanalyse (1983 verändert, gemäß den Ausführungsbestimmungen des Erziehungsministeriums vom 27. Juni 1983, um der neueren Forschung Rechnung zu tragen) das wesentliche Element des Literaturunterrichts an höheren Schulen. Verschiedene Autoren trugen seit 1880 zur genaueren Ausformung der neueren E. bei. 1902 wurde sie rechtlich verankert und erfuhr bis zum Jahre 1960 keine grundsätzlichen Veränderungen mehr. Im wesentlichen wird sie genormt von den ‹Inspecteurs généraux›, hauptsächlich von ROUSTAN, dessen ‹Précis [...]› L. Spitzer als «meisterhaft» bezeichnet [9], P. CLARAC [10], der noch einmal die Literatur und den Platz der traditionellen E. kodifiziert, sowie in den Berichten der Jury der Agrégation und später auch des CAPES.

Im Jahre 1960 wurde die ‹Agrégation des Lettres modernes› ins Leben gerufen (bereits von BRUNOT und LANSON gefordert). 1965 löste das Fach Mathematik Latein als Auslesekriterium ab. Das explosionsartige Wachstum der Schulen und die Veränderungen auf dem Buchmarkt wurden bald zur Herausforderung für die traditionellen Methoden der Literaturinterpretation (z. B. vollständige Textausgaben im Taschenbuch für ein breites Publikum). Die Ereignisse vom Mai 1968 beschleunigten den Prozeß der Infragestellung der Methoden der E. [11]. Schließlich wurde genau dem, was man bislang analysierte und erklärte, nämlich der Literatur, der Charakter eines interpretationswürdigen Gegenstandes abgesprochen. Das Modell der E., das auf die antike und mittelalterliche Philologie und auf die christliche Hermeneutik zurückging, erschien als überholt.

Die verschiedenen *strukturalistischen Richtungen* [12], insbesondere die der ‹Nouvelle critique› [13], griffen den ‹Lansonismus› [14], der ihrer Meinung nach nur die äußerlichen Elemente eines Textes für die Interpretation heranziehe, scharf an und propagierten eine Rückkehr zum Text. Dabei spielte der ‹méthode génétique› aber in der traditionellen E. nur eine geringe Rolle. LANSON [15] selbst hat, obwohl er für einen pluralistischen und relativistischen Zugang zur Literatur innerhalb der E. eintrat, keine Theorie für sie entwickelt, da sie eben eine Praxis ist. Der Text als solcher sei der einzige Hort des Wissens, des Genusses und darüber hinaus der Freude an der Literatur, denn: «Weder durch eine chemische Analyse noch durch Gutachten von Sachverständigen wird man zum Weinkenner, sondern man muß den Wein selbst probieren. Genausowenig kann in der Literatur irgendetwas die ‹Kosten› selbst ersetzen.» [16] Auch die *Dekonstruktion* wendet sich gegen die traditionelle E., insbesondere gegen das klassische Ideal des Menschen als Bezugsgröße für die E. [17] Man geht jetzt nicht mehr von einem Kanon aus, sondern fächert das Textkorpus breiter auf. Dazu gehören Trivialliteratur, Texte der Weltliteratur oder expositorische Texte über ein bestimmtes Thema. Der Begriff der ‹Literarizität› bringt zugleich die Kritik an dem Begriff des Meisterwerkes auf, an der Methode, Textauszüge auszuwählen, und am Konzept der Darstellung der literarischen Texte in chronologischer Reihenfolge vom Mittelalter bis zum 20. Jh. Dies seien Perspektiven, die Äußerlichkeiten des Textes widerspiegelten und ihn verdeckten. Anstatt die Betonung auf den Autor des Textes oder seine Umwelt zu legen, wird nun umgekehrt vom Textinneren ausgegangen und besonderer Wert auf den Leserbezug und die Machart des Textes gelegt, die dem Bezeichnenden Vorrang vor dem Bezeichneten einräumt.

Die *Rückkehr zum Text selbst* mit Hilfe der E., ein Charakteristikum auch der Dritten Republik und ihrer Elite, tritt heute in Abständen immer wieder als Forderung in Erscheinung (vgl. ‹Read your texts› von L. SPITZER [18]; die CAT [19] usw.). Der literarische Text stellt dadurch, daß man sich ihm mit aus der Philologie entliehenen Methoden nähert, ein Objekt für die Anwendung wissenschaftlicher Kenntnisse dar. Zugleich ist die E. aber sowohl mit dem Bereich der ästhetischen Erfahrung als auch mit dem der Empfindungen und Wertvorstellungen verwachsen. Die E. spiegelt so die aktuellen Strömungen der psychologischen, soziologischen, thematischen und stilistischen Literaturkritik wider. Anstatt die E. abzulehnen, scheinen die genannten Ansätze diese seit hundert Jahren existierende Praxis, deren Tradition [20] in französischsprachigen Ländern und im französischen Literaturstudium einiger anderer Länder gepflegt wird, im Gegenteil eher neu zu beleben. Dennoch sind Fragen bezüglich der Interaktion oder der Ideation der Literatur theoretisch noch nicht geklärt.

Anmerkungen:
[1] D. Bergez.: L'explication de texte littéraire (Paris 1989) 80–82. – [2] A. Gazier: Traité de l'explication française ou méthode pour expliquer littéralement les auteurs français (Paris 1880, [4]1888). – [3] C. Bernard: Introduction à la médecine expérimentale (Paris 1865). – [4] A. Compagnon: La Troisième République des Lettres (Paris 1983) 85. – [5] C. Digeon: La crise allemande dans la pensée française, 1870–1914 (Paris 1959). – [6] L. Legrand: L'influence du positivisme dans l'œuvre scolaire de J. Ferry (Diss. masch., Straßburg 1958) 135. – [7] Instructions de 1902, in: C. Falcucci: L'humanisme dans l'enseignement secondaire en France (Paris 1939) 457. – [8] ebd. 461. – [9] L. Spitzer: Romanische Stil- und Literaturstud. Bd. II (1931) 244. – [10] P. Clarac: L'E., in: Technique, art, science 135 (Paris 1960). – [11] S. Doubrovsky, T. Todorov: L'enseignement de la littérature. Centre culturel de Cérisy-la-Salle, 22–29 juillet 1969 (Paris 1971) 346. – [12] F. Dosse: Histoire du structuralisme, Bd. I.: Le champ du signe, 1945–1955 (Paris 1991). – [13] R. Barthes: ‹Les deux critiques›, in: Modern Language Revue, H. 1 (Paris 1963). – [14] P. Mansell-Jones: The Assault on French Literature and other Essays (Manchester 1963); P. Lacarme: ‹Tombeau de Gustave Lanson›, in: Cahiers pédagogiques, N° 86 (Paris 1969); vgl. die Richtigstellung durch R. Ponton: Le positivisme de Lanson, Scolies. Cahiers de recherche de l'E.N.S., H. 2 (Paris 1972). – [15] G. Lanson: Quelques mots sur l'E. Neuaufl. Slatkin: Méthodes de l'histoire littéraire (Genf 1979); ders.: Le cadre général d'une explication française, in: Manuel général de l'instruction primaire (Paris 1892); ders. L'université et la société moderne (Paris 1902). – [16] ders.: Essais de méthode, de critique et d'histoire littéraire rassemblés et présentés par H. Peyre (Paris 1965) 37. – [17] P. Clarac: L'enseignement du français (Paris 1966). – [18] L. Spitzer: Linguistics and Literary History. Essays in Stilistics (New York 1962) 38, Anm. 18. – [19] L. Remacle: ‹Remarques sur l'analyse textuelle›. Cahiers d'Analyse textuelle, Nr. 2 (Paris 1972). – [20] H. A. Hatzfeld: A critical Bibliogr. of the new stylistics applied to the Romance Literatures 1900–1952 (Chapel Hill 1953) 1–14; ders. u. Y. Le Hir: Essai de bibliogr. critique de stylistique française et romane 1955–1960 (Paris 1961) 39–47.

Literaturhinweise:
G. Allais: Esquisse d'une méthode générale de préparation et d'explication des auteurs français (Paris 1884). – F. Brunot: ‹Explications françaises›, in: Revue universitaire, Observations générales (Paris 1895) ‹Explications françaises›, Début de la IXeme Satire de Régnier, annotée en vue de l'explication. – G. Rudler: L'explication française, Principes et applications (Paris 1902, [9]1952). – J. Bézard: De la méthode littéraire, journal d'un professeur dans une classe de première (Paris 1911, [7]1948). – N. Roustan: Précis d'explication française (Paris 1911). – J. Vianey: L'explication française au Baccalauréat et à la licence (Paris 1912). – G. Rudler: Les techniques de la critique et de l'histoire littéraire en littérature française moderne (Oxford 1923; ND Genf 1979). – L. Fèbvre: Littérature et vie sociale. De Lanson à Daniel Mornet: un renoncement?, in: Annales d'histoire sociale N° III (Paris 1941). – M. Dassonville: L'analyse de texte, Presses de l'Université de Laval (Montréal 1957). – H. A. Hatzfeld: Initiation à l'E. française (1957). – P. Theveau, J. Lecomte: Pratique de l'explication littéraire par l'exemple (Paris 1971, [2]1985); dies.: Théorie de l'explication littéraire (Paris 1971). – P. Delbouille: L'analyse textuelle, in: Cahiers d'analyse textuelle N° 13 (Lüttich 1973). – T. Hordé: Quoi de neuf sur l'E.? in: Bref, Nouvelle Série, N° 1 (Paris 1975). – M. Patillon: Précis d'analyse litté-

raire, tome I: Les structures de la fiction, tome II: Décrire la poésie (Paris 1977). – Groupe d'Entrevernes: Analyse sémiotique des textes. Introduction-Théorie-Pratique, Collection ‹Linguistique et sémiologie› (Presses Universitaires Lyon 1979, ⁶1988). – J.-M. Adam: Le texte narratif (Paris 1985). – G. Molinié: Eléments de stylistique française (Paris 1986, ²1991). – J.-L. de Boissieu, A.-M. Garagnon: Commentaires stylistiques (Paris 1987). – Commenter. Expliquer. L'explication de texte, in: Textuel, N° 20 (Paris 1987). – A. M. Perrin-Naffakh: Stylistique. Pratique du commentaire (Paris 1989). – D. Leuwers: Introduction à la poésie moderne et contemporaine (Paris 1990). – Labre, C., Soler, P.: Méthodologie littéraire (Paris 1995, Collection Premier Cycle, Presses universitaires de France)

G. Barthel

→ Accessus ad auctores → Auctoritas → Didaktik → Enarratio poetarum → Hermeneutik → Interpretation → Kanon → Leser → Lesung → Literatur → Schriftauslegung → Schriftsinn → Schulrhetorik → Text

Expolitio (griech. ἐξεργασία, exergasía; dt. Ausschmückung, Schliff; engl. embellishing; frz. embellissement; ital. abbellimento)

A. Die E. bezeichnet die rhetorische Ausmalung eines Gedankens mit dem Ziel, dem ausgeführten Argument mehr Wirkungskraft und größere Fülle zu verleihen. Dies kann durch eine den sprachlichen Ausdruck variierende Wiederholung des gleichen Gedankens erfolgen oder durch die Ausbreitung des behandelten Hauptgedankens in Teilargumente. Als affektbezogene, vergrößernde Gestaltung ist die E. der *amplificatio* zuzuordnen, als ein in inhaltlicher wie sprachlicher Hinsicht relevantes Element stellt sie eine Mischung aus Wort- und Gedankenfigur dar.

B. Für die *antike römische Literatur* bildet die E. ein wichtiges Mittel amplifizierender Schilderung. Bereits VERGIL nutzt diese Technik der veränderten Wiederholung eines Gedankens in seiner ‹Aeneis›, wenn er das Betreten des Elysiums durch Tisiphone und Aeneas beschreibt: «Also entsühnt und der Pflicht im Dienst der Göttin entledigt,/ Treten sie ein in die Stätten der Lust, die lieblichen/ Auen und Haine: das Wonnegefild der seligen Schatten.» [1] Von der Nützlichkeit dieses Verfahrens weiß auch CICERO, der als Kennzeichen eines guten Redners «[...] eine wohlgegliederte und wirkungsvolle, durch ein gewisses Maß von Kunstverstand und Schliff verfeinerte Darstellung [...]» angibt («proprium, compositum orationem et ornatam et artificio quodam et expolitione distinctam»).[2] Dabei seien es vor allem zwei Phänomene, die der Rede ihre Wirksamkeit verleihen, zum einen die Worte, die gewissermaßen das Rohmaterial bilden, zum anderen der Rhythmus, der ihnen den Schliff gibt («Omnino sunt duo, quae condiant orationem: verborum numerorumque iucunditas. In verbis inest quasi materia quaedam, in numero autem expolitio»). [3] Cicero verwendet den Begriff ‹E.› hier allerdings noch nicht im Sinne eines rhetorischen Terminus. Vielmehr bedient er sich selbst der Figur der E., wenn er die Faszination, die von einem diese Techniken beherrschenden Redner ausgehe, beschreibt: «Bei wem erschauern dann die Menschen? Wen blicken sie als Redner starr vor Staunen an? Bei wem erhebt sich ihr Beifallsgeschrei? Wer ist in ihren Augen sozusagen ein Gott unter Menschen?» [4] In der über das Notwendige hinausgehenden Redeweise sieht auch QUINTILIAN eine besondere Stilqualität; dabei müssen jedoch die Zusätze zur Hebung und Verdeutlichung des Gedankens beitragen, andernfalls seien sie überflüssig und führten zu dessen Überlastung. [5] Unter dem Oberbegriff des *Pleonasmus* faßt er die Verdoppelung *(geminatio)*, die Wiederholung *(repetitio)* und jede Art von Zufügung *(adiectio)* zusammen. Dazu rechnet er auch die der E. entsprechende Häufung gleichbedeutender Sinnabschnitte und führt als Beispiel für diese die Beschreibung des Innenlebens eines Verbrechers an: "«Diesen Menschen haben seine Geistesverwirrung, das Dunkel seiner Verbrechen, das ihn umhüllte, und die lodernden Fackeln der Furien gehetzt.»" [6] Eine ausführliche systematische Darstellung der E. bietet die ‹Rhetorica ad Herennium›. Dort wird die Figur definiert als Verharren auf einem Punkt während des Anführens scheinbar neuer Sachverhalte («Expolitio est cum in eodem loco manemus et aliud atque aliud dicere videmur»). [7] Die einzelnen Schritte und Zuständigkeitsbereiche der E. werden in die beiden Gruppen «eandem rem dicere» (die wiederholte Äußerung des gleichen Gedankens) und «de eadem re dicere» (die gedankliche Ausarbeitung eines Arguments durch Entwicklung von ‹Nebengedanken›) unterteilt. [8] Die Ausführung des gleichen Gedankens erfolgt durch Veränderung des sprachlichen Ausdrucks, was sich im Wortlaut *(verba)*, im Vortrag *(pronuntiatio)* oder in der Stoffbehandlung *(tractatio)* niederschlagen kann. Die erste Änderungsmöglichkeit ist dabei zu verstehen als wiederholte Umschreibung eines Gedankens mit synonymen Ausdrücken; in diesem Fall ist die E. gleichbedeutend mit den Figuren der *commoratio* und *interpretatio*.[9] Als Variation der Vortragsweise empfiehlt die ‹Rhetorica ad Herennium› den Wechsel des Gesprächstons, ein Anheben der Stimme sowie die Änderung von Mimik und Gestik als Mittel der Affekterregung. Ebenfalls affektbezogen ist die Wirkungsweise einer Änderung der Darstellungsart, die sich in die beiden Teile der *sermocinatio* und *exsuscitatio* gliedert. Mit ersterer ist die Form des Selbstgesprächs gemeint, durch die dem Zuhörer die innersten Gedanken einer Person als von dieser geäußert offenbart werden. Die *exsuscitatio* wird definiert als Darstellung der Erregung des Redners sowie als Versuch, diese auf das Publikum zu übertragen, was durch eine affektive Anrede erfolgen kann. [10] Die zweite Gruppe der E. – die Ausführung eines Arguments durch die Entwicklung von ‹Nebengedanken› – wird in der ‹Herennius-Rhetorik› in sieben Schritten aufgezeigt: An den Vortrag einer Sache («rem simpliciter pronuntiare») schließt sich eine allgemeine Begründung («rationem subicere») oder eine differenzierte, negative wie positive Aspekte beleuchtende Erklärung («dupliciter pronuntiare») an. In einem vierten Schritt kann die negative Seite ausführlich behandelt («afferre contrarium») sowie zu einem Vergleich («afferre simile») herangezogen werden. Auf ein Beispiel («exemplum») folgt dann der Schluß der Beweisführung («conclusio»). [11]

Diese umfassende Erklärung der E. bleibt für die Folgezeit im *Mittelalter* und *Humanismus* bestimmend. So definiert GALFRED VON VINOSALVO in seiner ‹Poetria Nova› die E. als Wiederholung desselben Sachverhalts mit unterschiedlichem Wortlaut bei Suggerierung einer Behandlung mehrerer Dinge («In replicando frequens, iterum variando colorem/ Dicere res plures videor [...]»). Er folgt dem Herennius-Schema auch in Bezug auf die Zweiteilung der E. nach Ausführung des gleichen Gedankens bzw. der Ausmalung von Nebenaspekten («Dicendo varie vel eamdem rem, vel eadem/ De re») und zählt die verschiedenen Schritte mit Beispielen auf. [12] Unter den Gedankenfiguren wird die E. auch in der ‹Parisiana Poetria› des JOHANNES VON GARLANDIA genannt. Sie wird dort in ähnlicher Weise bestimmt («Expolicio est quando idem dicimus aliis verbis causa ornatus») und sehr nachdrücklich vor Augen geführt: «Indoctus doctor pueros necat, amputat illis Guttura, diffundit viscera, corda rapit» (Ein unwissender Lehrer zerstört Knaben, er schneidet ihnen die Kehle durch, bringt ihre Därme zum Ausströmen, er reißt ihre Herzen heraus). [13] Ein Beispiel literarischer Gestaltung der E. gibt HARTMANN VON AUE in seinem ‹Erec›. Am Beginn des Romans ist die Hauptfigur nach der Verfolgung fremder Ritter auf der Suche nach einer Unterkunft. Gegenüber seiner Vorlage, in der CHRÉTIEN DE TROYES diese Situation in zwei Versen abhandelt, weitet Hartmann diese Textstelle beträchtlich aus, ohne inhaltlich über Chrétien hinauszugehen. [14] Durch die Schilderung der Begleitumstände – Erec mußte unerwartet aufbrechen und hat kein Geld bei sich, außerdem kennt ihn dort niemand, so daß er sich trotz der festlichen Stimmung auf den Straßen verlassen fühlt – legt Hartmann «rhetorisches Gewicht auf die Situation Erecs» [15] und lenkt die Aufmerksamkeit des Lesers nachdrücklich auf die Hauptgestalt.

Im *16. Jh.* wird die Bestimmung der E. aus der ‹Rhetorica ad Herennium› erneut aufgegriffen. So nennt sie ERASMUS VON ROTTERDAM das Verweilen bei einem Gegenstand durch Variieren des sprachlichen Ausdrucks, wobei er die vielgestaltigen Änderungsmöglichkeiten an einem Beispiel aus der Herennius-Rhetorik vorführt. [16] Ebenso verfahren J. SUSENBROTUS und H. PEACHAM, die in ihren Darstellungen der E. dem antiken Vorbild folgen. [17] Größeres Gewicht als ihre Vorlage weisen jedoch beide der *exsuscitatio* zu, die sie als eigenständige Figur, wenn auch mit dem Verweis auf die E., behandeln. [18] MELANCHTHON rückt in seinen ‹Elementa rhetorices› die E. in die Nähe der *synonymia*; den Unterschied zwischen den beiden Figuren sieht er darin, daß die E. bei der Suche nach Auslegungen sich nicht mit dem Potential benachbarter Wörter begnüge, sondern auch auf die damit verbundenen Dinge übergreife («Expolitio vicina est synonymiae, quae eandem sententiam, commutatis verbis explicat, sed aliquanto longius accersit interpretationes, videlicet non solum a verbis vicinis, sed a rebus cognatis»). [19] Er faßt sie als geeignetes Mittel auf, um den Zuhörer lange zu fesseln und mißt ihr belehrende wie die Affekte ansprechende Funktionen zu.

Die mit Susenbrotus und Peacham einsetzende Auflösung der unter der E. zusammengefaßten Schritte verstärkt sich im *17. und 18. Jh.* – die einzelnen Figuren werden zu selbständigen Elementen oder gehen in anderen auf; der Begriff ‹E.› wird dadurch freigesetzt. Er wird als Synonym zur ἐξεργασία (exergasía, Ausarbeitung) neu bestimmt [20] oder verschwindet völlig aus den Redeanweisungen. Einzig die Figur der *sermocinatio* findet als ehemaliger Bestandteil der E. durchgehend Beachtung, so in den Werken von C. SCHRÖTER, J. C. MÄNNLING oder D. PEUCER. [21] In ihrer ursprünglichen umfassenden Bedeutung wird die E. nur noch vereinzelt, z. B. von J. C. G. ERNESTI oder von F. E. PETRI, genannt. [22] Für P. FONTANIER erfüllt die E. im Bereich der Gedanken die gleiche Aufgabe, wie sie der *synonymia* für die Worte zukommt, nämlich einen Gedanken durch Beleuchtung verschiedener Aspekte differenziert und interessant darzustellen. [23] Er stellt die E. dabei in eine Reihe mit Begriffen wie der Metabole, der *enumeratio* oder der Paraphrase. [24]

Anmerkungen:
1 Vergil: Aeneis, hg. und übers. v. A. Vezin ([2]1956) VI, 637–639. – 2 Cic. De or. I, 50. – 3 Cic. Or. 185. – 4 Cic. De or. III, 53. – 5 Quint. IX, 3, 46. – 6 Quint. IX, 3, 47. – 7 Auct. ad Her. IV, 42, 54. – 8 ebd. – 9 vgl. H. Lausberg: Hb. der lit. Rhet. ([3]1990) § 830–842, hier 835–838. – 10 Auct. ad Her. IV, 42, 55. – 11 ebd. IV, 42, 56; vgl. Lausberg [9] § 842. – 12 Galfred von Vinosalvo: Poetria Nova, hg. und übers. von E. Gallo (Den Haag/Paris 1971) 80–87; vgl. E. Faral: Les arts poétiques du XIIe et du XIIIe siècle (Paris 1924; ND Paris 1982) 63f. – 13 Johannes von Garlandia: Parisiana Poetria, hg. und übers. v. T. Lawler (New Haven/London 1974) 130. – 14 Hartmann von Aue: Erec 233–250. – 15 W. Freytag: Zu Hartmanns Methode der Adaptation im ‹Erec›, in: Euphorion 72 (1978) 230. – 16 D. Erasmus von Rotterdam: De utraque verborum ac rerum copia, übers. v. D. B. King, H. D. Rix (Milwaukee 1963) 83f. – 17 vgl. J. Susenbrotus: Epitome troporum ac schematum et grammaticorum et rhetorum (Zürich 1541) 54af.; H. Peacham: The garden of eloquence (London 1577; ND Gainesville 1954) 193–196. – 18 vgl. Susenbrotus [17] 59a; Peacham [17] 177f. – 19 P. Melanchthon: Elementa rhetorices, hg. v. C. G. Bretschneider (1846) Sp. 484. – 20 G. J. Vossius: Commentariorum rhetoricorum sive oratoriarum institutionum libri sex (Lyon 1643; ND 1974) V, 2, 5. – 21 vgl. C. Schröter: Gründl. Anweisung zur dt. Oratorie (1704; ND 1974) 171ff.; J. C. Männling: Expediter Redner oder Deutl. Anweisung zur galanten Dt. Wohlredenheit (1718; ND 1974) 220f.; D. Peucer: Anfangsgründe der Teutschen Oratorie (1739; ND 1974) 313f. – 22 vgl. J. C. G. Ernesti: Lex. Technologiae Latinorum Rhetoricae (1797; ND 1962) 156f.; F. E. Petri: Rhet. Wörter-Büchlein (1831) 88f. – 23 vgl. P. Fontanier: Les Figures du discours (Paris 1830; ND Paris 1968) 420. – 24 vgl. ebd. 422.

R. Jacob

→ Affektenlehre → Amplificatio → Aufsatzlehre → Commoratio → Elocutio → Enumeratio → Exergasia → Figurenlehre → Paraphrase → Ornatus → Wiederholung

Exposition (griech. ἔκθεσις, ékthesis; lat. expositio; engl. exposition; frz. exposition; ital. esposizione)
A. 1. *Rhetorik*. Sowohl in der griechischen als auch in der lateinischen Rhetorik dient die E. zur διήγησις (diégēsis) oder *narratio* (Darstellung des Sachverhalts). Als unverzichtbarer Teil der *inventio* (Erfindung), der ersten Phase jeder Rede, erscheint die E. in allen drei traditionellen Redegattungen (*genus iudicale* – Gerichts- oder Prozeßrede, *genus deliberativum* – politische Rede und *genus demonstrativum* – epideiktische Rede). In CICEROS ‹De inventione› heißt es: «Narratio est rerum gestarum aut ut gestarum expositio» und ähnlich in der ‹Rhetorica ad Herennium›: «Narratio est rerum gestarum aut proinde ut gestarum expositio», d. h. die Sachverhalte, wie sie stattgefunden haben oder haben könnten, werden erläutert. [1] Die *narratio* hat neben der Erklärung der Sachlage auch eine persuasive Funktion. [2] Da die in der *narratio* enthaltene E. vor allem zur Vorbereitung der *argumentatio* (Beweisführung) dient, sollte sie klar, kurz und glaubwürdig sein. Je nach Gattung kommen der E. drei Aufgaben zu, das *docere* (Belehren) im *genus iudiciale*, das *movere* (Aufrühren) im *genus deliberativum* und das *delectare* (Erfreuen) im *genus demonstrativum*. Im Rhetorikunterricht fanden unter der Rubrik *narratio* Übungen zur E. statt, mit denen die unterschiedlichen Redegattungen und Textsorten (*historia* – Geschichtserzählung, *fabula* – frei erfundene, nicht wirklichkeitsnahe Geschichte und *argumentum* – frei erfundene, aber wirklichkeitsnahe Geschichte) eingeübt wurden. [3]
2. *Poetik*. Gemäß der Aristotelischen Definition der drei μέρη, mérē (qualitative Handlungsteile des Dramas: Anfang, Mitte und Ende) erfolgt die E. im Anfangsteil

bzw. im Prolog, den Aristoteles als einen der vier quantitativen Teile des Dramas bezeichnet. [4] Aufgabe der E. in der Vorfabel oder Vorgeschichte ist es, die Zuschauer über die Hintergründe des dramatischen Konflikts zu unterrichten, eine dramatische Handlung auszulösen, die Grundstimmung des Dramas zu etablieren, die handelnden Personen vorzustellen und ihr Verhältnis zueinander aufzuzeigen, in die Handlung einzuführen und unter Umständen ihren Ausgang vorwegzunehmen. Der Prolog, dem vor allem in der Tragödie expositorische Funktion zukommt (z. B. bei Euripides), wird zunächst als Bericht später aber auch als Monolog, Dialog oder dramatisches Vorspiel gestaltet. [5]

3. *Musik.* Die E. bezeichnet in der Fuge die erste Durchführung des Themas und in der Sonate den ersten Teil der Sonatensatzform. [6]

B. *Anwendungsbereiche:* 1. *Rhetorik.* Während die E. in allen drei Redegattungen generell als ein Teil der *narratio* gilt, erscheint sie vor allem in der Gerichtsrede auch in zusätzlichen Redeteilen. In der griechischen Rhetorik, zuerst bei Aristoteles [7], findet man sie in der πρόθεσις (próthesis), ein Terminus, der in den lateinischen Rhetoriken als *propositio* (Ankündigung) wiedergegeben wird. Im Gegensatz zur διήγησις (diēgēsis) oder *narratio* beinhaltet die *propositio* eine komprimierte Darstellung des Sachverhalts (dem Angeklagten werden ein oder mehrere Vergehen zur Last gelegt). Sie steht bei Hermogenes [8] vor, bei Quintilian [9] nach der *narratio*. Handelt es sich um mehrere *propositiones*, dann werden diese in der *partitio* (Gliederung) zusammengefaßt. In der ‹Rhetorica ad Herennium›, in der die *partitio* als *distributio* genannt wird, heißt es dazu, sie bestehe aus einer *enumeratio* (Aufzählung) der zu besprechenden Punkte und ihrer *expositio*: «Expositio est cum res quibus de rebus dicturi sumus exponimus breviter et absolute» (Die E. stellt die Punkte knapp und vollständig vor, deren Diskussion beabsichtigt ist). [10]

2. *Poetik.* Wenngleich der Begriff E. ohne eindeutige Festlegung seiner Bedeutung im Deutschen seit dem 18. Jh. für alle literarischen Gattungen benutzt wird, so erscheint er als terminus technicus vor allem in der Dramentheorie. Die Aristotelische Unterscheidung qualitativer und quantitativer Dramenteile wurde bald nicht mehr berücksichtigt, so daß inhaltliche und äußerlichformale Aspekte miteinander vermischt und kombiniert wurden. Verwendet werden nun die Termini πρόλογος (prólogos), πρότασις (prótasis) (von den Grammatikern des Hellenismus eingeführt) und *exposition* (französische Dramentheorie des 17. Jh.) sowie die aus der Rhetorik entlehnten Begriffe *exordium* (bei Minturno und Camerarius) und *prooemium* (bei Madius), um den expositorischen ersten Teil des Dramas zu bezeichnen, ganz gleich ob das benutzte Einteilungsschema drei-, vier- oder fünfgliedrig ist. [11]

3. *Musik.* In der Fuge wird die erste Durchführung des Themas als E. bezeichnet. Das Thema wird sukzessiv in jeder Stimme präsentiert, wodurch sich der Tonsatz vom einstimmigen Beginn bis zur relativen Vollstimmigkeit entfaltet. Im Gegensatz zur Durchführung in der Sonate bleibt die Grundstruktur unverändert erhalten. In der Sonate besteht die E. aus Hauptsatz (mit dem Hauptthema in der Grundtonart), Überleitung, Seitensatz (mit dem zweiten Thema in der Dominante bei Sonaten in einer Durtonart, oder in der Tonika bei Sonaten in einer Molltonart), Überleitung und Schlußgruppe. Der E. folgen Durchführung, Reprise und Coda. [12]

C. *Geschichte.* 1. *Rhetorik.* Mit Quintilians ‹Institutio oratoria› findet die Kodifizierung der antiken klassischen Rhetorik ihren Abschluß, d. h., von nun an werden keine eigenständigen neuen Werke zur Rhetoriktheorie mehr verfaßt. Vielmehr werden die klassischen Traktate exzerpiert oder paraphrasiert wie z. B. von Fortunatianus, dessen ‹Artis rhetoricae libri III› wiederum zu einer der Quellen für die Enzyklopädisten des fünften bis siebten Jahrhunderts werden. Zu nennen wären hier Martianus Capella, Cassiodor und Isidor, die vor allem Kompendien verfaßten, in denen kurze Abhandlungen zur *ars rhetorica* innerhalb des Triviums erscheinen. Außer sehr allgemein gehaltenen Definitionen der expositorischen Funktion der *narratio* enthalten diese Werke keine weiterführenden Gedanken zur E. Auch in den von den führenden Grammatikern des 12. Jh. [13] verfaßten *artes poeticae* findet sich kaum ein Hinweis auf E. – nur Johannes von Garlandia greift in seiner ‹Parisiana Poetria› auf die alte ciceronische Definition von der expositorischen Darstellung tatsächlicher oder wahrscheinlicher Ereignisse zurück: «Narracio est rerum gestarum uel sicut gestarum expositio» [14] und illustriert die sechs Redeteile innerhalb seiner Abhandlung der *ars dictaminis* anhand eines von ihm selbst verfaßten poetischen Aufrufs zum Kreuzzug. [15] Diese aus der klassischen Rhetorik übernommenen fünf bzw. sechs Redeteile bestimmen seit Anfang des 13. Jh. den Aufbau der *artes praedicandi*, deren Verfasser sich bewußt von den Regeln der ciceronischen Schriften leiten lassen. In seiner ‹Summa de arte praedicandi› z. B. erklärt Thomas von Salisbury die neue Nomenklatur *thema, antethema* und *divisio* im Rückgriff auf die klassischen Handbücher und vergleicht die Aufgabe des Predigers mit der des Redners und später mit der des Dichters. Wie der Dichter wähle der Prediger ein Thema, daß er dann in Form einer *narratio* darlege *(exponere).* [16] Die E. des Themas wird somit zu einem wichtigen Bestandteil der Predigt, der in den *artes praedicandi* besonders hervorgehoben wird. [17] Mit der Hinwendung zur antiken Klassifizierung der *artes* verschwindet in der Renaissance das für das Mittelalter bezeichnende Spannungsverhältnis zwischen Grammatik und Rhetorik. Die neuen (lateinischen und volkssprachlichen) Handbücher übernehmen die Gliederung und die Definitionen von Ciceros Werken, der ‹Rhetorica ad Herennium› und Quintilians ‹Institutio oratoria›. Folglich erscheint die *expositio* wieder an ihrer ursprünglichen Stelle im rhetorischen System. T. Wilsons ‹Arte of Rhetorique› macht dies deutlich: «Die *narratio* ist eine fest umrissene, klare und begründete Darlegung der Sache und ihrer Aspekte.» [18] Zu Ende des 17. Jh. wird der Stellenwert der *narratio* gegenüber der *argumentatio* im Zuge der neuen, der Vermittlung wissenschaftlicher Erkenntnisse dienenden Rhetorik umdefiniert. Locke zufolge ändert sich das Ziel der Rhetorik. Da die Aufgabe der Rhetorik der wissenschaftlich-rationale Diskurs und nicht die ornamentreiche Überredung sei, komme der Darlegung der Fakten im Rahmen der *argumentatio* eine bedeutende Rolle zu. [19] Die hinführende Funktion der E. steht damit im Dienste der vernünftigen und sachorientierten Präsentation des Standpunkts.

2. *Poetik.* Die E. ist ein wesentlicher Bestandteil des Dramas und erscheint entweder als handlungsexternes oder als handlungsinternes Element. Im geschlossenen (klassischen oder aristotelischen) Drama, d. h. einem Drama mit kontinuierlicher, antithetischer und zielstrebiger Handlungslinie, ist die E. gewöhnlich ein handlungsinternes Element (obwohl sie auch außerhalb des

eigentlichen Dramas im Prolog stattfinden kann wie im Humanistendrama oder in Schillers ‹Wallenstein›). Im offenen (modernen oder nicht-aristotelischen Drama), d. h. einem Drama, in dem die Szenen diskontinuierlich und nicht wie im geschlossenen Drama untergeordnete Teile eines Handlungsnexus sind, sondern von einem Integrationspunkt her koordiniert werden, ist die E. (soweit vorhanden) zumeist ein handlungsexternes Element – sie erscheint im Prolog wie im mittelalterlichen geistlichen Spiel, in Shakespeares Historiendramen (‹Henry V›) und im barocken Welttheater (Herzog Heinrich Julius von Braunschweigs ‹Tragoedia H.I.B.A.L.D.E.A. von geschwinder Weiberlist einer Ehebrecherin›). [20] Im Drama des ersten Typus kommt der E. Narrations- und in dem des zweiten Exordial- und Narrationsfunktion zu. Der expositorische Prolog wird im mittelalterlichen geistlichen Spiel zumeist von einem *praecursor, proclamator* oder *prolocutor* gesprochen (im Frankfurter Passionsspiel übernimmt der Kirchenvater Augustinus diese Rolle), der die Zuschauer gewöhnlich zur Ruhe, zur andachtsvollen Teilnahme und zum Gebet auffordert und den Inhalt des Spiels kurz umreißt. Innerhalb des Spiels können Figuren mit Expositionsfunktion gelegentlich als Exegeten auftreten wie der bereits erwähnte Augustinus im Frankfurter und im St. Galler Passionsspiel, die Figur Expositor im Chester Fronleichnamszyklus und die Figur Contemplacio in ‹Ludus Coventriae›. [21] Auch im frühen Humanistendrama z. B. in P. Rebhuhns ‹Susanna› findet man den separaten Prolog mit Exordial- und Narrationsfunktion. Besonders hervorgehoben wird nun das *docere* und das *delectare* als zwei wesentliche Bestandteile der Renaissancepoetik. Im Einklang mit der Dichtungslehre des 16. und 17. Jh. wird die Funktion des expositorischen Prologs auf eine Narrationsfunktion eingeschränkt und zwar in einem Maße, daß nicht mehr die Gesamthandlung erzählt wird, sondern nur noch Fakten, die zum Verständnis des Stükkes dienen, nicht aber dem Zuschauer durch Vorinformation die Spannung nehmen wie M. DU CYGNE in seinem Werk ‹De Arte Poetica Libri duo› ausführt. Die Theoretiker des Klassizismus verwerfen schließlich den separaten Prolog als kunstlos und fordern die Integration der E. in den Handlungsablauf des Dramas, d. h. sie wird zum handlungsinternen Element. [22] Dies kann auf verschiedene Art und Weise geschehen wie z. B. mit Hilfe eines Expositionsmonologs, der von der zuerst auf der Bühne erscheinenden Figur gesprochen wird. Beispiele für dieses Verfahren finden sich in P. Corneilles ‹Cinna›, Molières ‹Le malade imaginaire›, Goethes ‹Iphigenie auf Tauris› und Schillers ‹Die Braut von Messina›. Eine weitere Form der E. ergibt sich aus dem Dialog: Zwei Hauptfiguren eröffnen das Drama wie in Molières ‹L'avare› oder der Held und sein Vertrauter wie in Racines ‹Phèdre› oder zwei Nebenfiguren wie in Molières ‹Don Juan›. Eine weitere Variante der E. im klassischen Drama ist ihre Ausdehnung auf den gesamten ersten Akt wie z. B. in Shakespeares ‹Hamlet› oder Schillers ‹Maria Stuart›. [23] Im nicht-aristotelischen Drama schließlich kann der Terminus E. für das gesamte Drama benutzt werden: «Ein Drama, das nicht vom ersten bis zum letzten Wort Exposition ist, besitzt nicht die letzte Lebendigkeit.» [24] Dieses Diktum G. HAUPTMANNS macht eine stringente, an Redeteilen oder an der Architektur des Dramas orientierte Bestimmung der E. nicht mehr möglich.

Anmerkungen:
1 Cic. De inv. I, 19, 27; Auct. ad Her. I, 3,4. – **2** vgl. Quint. IV, 2, 31. – **3** vgl. Quint. I, 9,2; II, 4,2–19; R. Volkmann: Die Rhet. der Griechen und Römer (1963) 123–75; D. L. Clark: Rhet. in Greco-Roman Education (New York 1957) 112–17; J. Martin: Antike Rhet. (1974) 52–95; H. Lausberg: Hb. der lit. Rhet. (^{3}1990) 163–90. – **4** vgl. Arist. Poet. 7,3 und 12,1. – **5** vgl. R. Petsch: Die dramatische E., in: Nationaltheater 3 (1930) 210–18; D. Dibelius: Die E. im dt. naturalistischen Drama (1935); O. Mann: Bauformen der Tragödie (Bern 1958) 103–22; H. G. Bickert: Stud. zum Problem der E. im Drama der tektonischen Bauform (1969); ders.: Poeta Rhetor. Zum Einfluß der Rhet. auf die Expositionsdoktrin, in: Dialog, hg. v. R. Schönhaar (1973) 139–63; ders.: Expositionsprobleme des tektonischen Dramas, in: Beitr. zur Poetik des Dramas, hg. v. W. Keller (1976) 39–70; W. Schultheis: Dramatisierung von Vorgesch. (Assen 1971). – **6** vgl. M. Honegger, G. Massenkeil: Das große Lex. der Musik (Freiburg/Basel/Wien 1976) Bd. III, 190–94; Bd. VII, 387–88. – **7** vgl. Arist. Rhet. III, 13, 4. – **8** vgl. Hermog. Inv. III,2, p.128,7ff. – **9** vgl. Quint. III,9,5. – **10** Auct. ad. Her. I, 10,17. – **11** vgl. Bickert [5] 36–38. – **12** vgl. Honegger, Massenkeil [6]. – **13** vgl. Rhet. Lat. min. pp. 486, 497–98, 510 und C. S. Baldwin: Medieval Rhetoric and Poetic (New York 1928) 51–129; J. J. Murphy: Rhetoric in the Middle Ages (Berkeley/Los Angeles/London 1974) 43–88. – **14** Johannes von Garlandia, Parisiana Poetria, hg. von T. Lawler (New Haven/London 1974) 66, 197. – **15** vgl. E. Faral: Les arts poétiques du XIIe et du XIIIe siècles (Paris 1924); D. Kelly: The Scope of the Treatment of Composition in the Twelfth- and Thirteenth-Century Arts of Poetry, in: Speculum 41 (1966) 261–78; Murphy [13] 135ff. – **16** vgl. Murphy [13] 317. – **17** vgl. H. Caplan: Classical Rhet. and the Medieval Theory of Preaching, in: Classical Philology 28 (1933) 73–96; T. M. Charland: Artes Praedicandi (Paris/Ottawa 1936); D. Roth: Die mittelalterliche Predigttheorie und das Manuale Curatorum des Johann Ulrich Surgant (Basel/Stuttgart 1956) 15–147; Murphy [13] 269–355. – **18** T. Wilson: The Arte of Rhetorique (1560), ed. by G. H. Mair (Oxford 1909) 7; vgl. J. W. H. Atkins: English Literary Criticism: The Renaissance (London 1947) 66–101; W. S. Howell: Logic and Rhet. in England, 1500–1700 (New York 1961) 64–145; W. K. Percival: Grammar and Rhet. in the Renaissance, in: Renaissance Eloquence, hg. v. J. J. Murphy (Berkeley/Los Angeles/London 1983) 303–30. – **19** vgl. W. S. Howell: Eighteenth-Century British Logic and Rhetoric (Princeton 1971) 441–691. – **20** vgl. W. Klotz: Geschlossene und offene Form im Drama (1960). – **21** vgl. J. O. Fichte: Expository Voices in Medieval Drama (1975) 64–117. – **22** Goethes Br. an Schiller vom 22. 4. 1797, in: Goethes Br., hg. v. K. R. Mandelkow (1964) 265. – **23** vgl. G. Freytag: Die Technik des Dramas (1922; ND (^{13}1964)) 173–74. – **24** G. Hauptmann: Sämtl. Werke, hg. v. H. E. Hass (1963) VI, 1037.

J. O. Fichte

→ Argumentatio → Dispositio → Drama → Einleitung → Exordium → Komödie → Narratio → Partitio → Prolog → Prooemium → Schauspiel → Tragödie

Expressio (lat. auch enuntiatio; dt. Ausdruck; engl., frz. expression; ital. espressione)
A. Als substantivierte Form von ‹exprimere› (heraus-, ausdrücken, auspressen) ist E. zunächst ein grammatischer Terminus, der den sprachlichen Ausdruck *(enuntiatio, significatio)* – im Gegensatz zum Sinn *(sensus)* – bezeichnet und damit das rhetorische Spannungsfeld zwischen *res* und *verba* thematisiert. Der Begriff ‹E.› meint auch die ‹genaue Darlegung› oder die ‹Anschaulichkeit› wie z. B. CHALCIDIUS hervorhebt: «naturalium arcanorum comprehensio atque expressio» (die Erfassung und genaue Darlegung der Naturgeheimnisse). [1] Leistungen wie ‹deutliche Aussprache›, ‹Artikulation›, ‹naturgetreuer Ausdruck› i. S. von ‹abbilden, übersetzen oder nachahmen› gehören ebenfalls zum Bedeutungsbe-

reich von E. Als Terminus der Baukunst bezeichnet E. den ‹Rahmen› oder die ‹Leiste›. Generell faßt der Begriff ‹E.› das ‹einen Menschen Ausmachende› zusammen, das komplexe Zusammenspiel von sprachlichen und nonverbalen Ausdruckselementen. E. ist in seiner übertragenen Bedeutung nach-augustinisch und kommt erst im 4. Jh. n. Chr. in Gebrauch.

E. in dem übertragenen Sinne des ‹Ausdrucks› spielt in der Rhetorik eine bedeutsame Rolle; sie hat hier die Quelle ihres Gebrauchs. In dem Begriff der ‹E.› kommen die verschiedenen Aspekte der Rhetorik, Physiognomik, Musik und Sprachlehre zusammen. E. im Sinne des ‹Ausdrucks› meint das Äußern, Ausprägen, zur Darstellung-Bringen eines inneren, seelischen Vorgangs, der sich in bestimmten körperlichen Bewegungsformen äußert. Hierhin gehören etwa das Ausdrucksspiel des Auges, die Mimik, Körperhaltungen, Bewegungsformen (Tanz, Pantomimik u. a.), Gestik; man spricht von Ausdrucksbewegungen. Allgemein wird der Terminus ‹Ausdruck› in der Psychologie gebraucht zur Bezeichnung des ‹In-Erscheinung-Tretens› von Emotionen, besonders von *Affekten* (Gefühlsausdruck). Dem wiederum liegt die Strukturidee zugrunde, daß bestimmte Ausdrucksformen bestimmten seelischen Prozessen, Emotionen und Affekten eindeutig zugeordnet werden können. Schon bei THEOPHRAST und QUINTILIAN gibt es Versuche, von Ausdrucksformen auf die innere Gestaltung des Seelischen zurückzuschließen. Für die Rhetorik ist von Wichtigkeit, daß im Sinne der E. durch Worte Affekte dargestellt und mitgeteilt werden. E. ist hierbei auch als besondere Form der Nachahmung anzusehen *(figuratio)*: Bestimmten Personen werden Aussagen oder Gedanken zugeschrieben, die für sie als charakteristisch gelten können. Vor allem in der Poetik kommt dieses wirkungsorientierte charakterisierende Mittel zur Anwendung *(descriptio,* Beschreibung).

B. Obwohl es kein griechisches Begriffsäquivalent für E. gibt, so wird dennoch der Sinn von E. deutlich im Begriff der ἠθοποιία (ēthopoiía), verstanden als *imitatio* «alienorum affectuum qualiumlibet dictorumque» (fremder Affekte und welcher Äußerungen auch immer). [2] Dies gilt auch für den Ausdruck διατύπωσις (diatýpōsis), «quae latine expressio dicitur ubi rebus personisve subiectis et formae ipsae et habitus exprimuntur» (welche lateinisch *expressio* heißt, wo sowohl die Formen selbst als auch die Haltungen durch die Dinge und Personen, die ihnen zugrunde liegen, ausgedrückt werden). [3] ‹Charakterzeichnung› und ‹Ausprägung› stehen in enger Verbindung mit Rhetorik und Stilistik: Kann man nämlich die Rede auch als ‹Ausdruck› der Affekte durch Worte verstehen [4] – wobei in dem, was die Griechen ἠθικόν» (ēthikón) in dem, was sie παθητικόν (pathētikón) nannten, auch die «Macht der Rede» in der «Erregung und Bewegung der Gefühle» besteht [5] –, so wird für die Rhetorik der Bezug auf die Bildung des Charakters und deren Ausprägung in der Rede bedeutsam: Die E. darf dann als eine, zwar nicht notwendig, doch aber wesentlich sprachliche Darstellung von Charakteren und als Beschreibung von Personen und ihren inneren, seelischen Beschaffenheiten verstanden werden; und insofern diese Darstellungen durch fingierte Reden, Gespräche und Briefe geschehen – am deutlichsten wohl in Ovids ‹Heroiden› –, kommt E. der Bedeutung des Begriffs der ethopoiía nahe. Indem also einer bestimmten Person fingierte Reden, Aussagen und Gedanken zugeschrieben werden, um die Rede glaubhafter erscheinen zu lassen, als es durch eigene Worte möglich wäre, wird die E. zu einem Stilmittel der Rede. Das bezieht sich nicht nur auf die «erfundene Verkörperung und Redegabe» und auf «erdichtete Gespräche von Menschen», in welchem Fall man von *sermocinatio* (Gesprächsführung) sprechen könne [6], sondern auch auf die Betonung und Hervorhebung als phonetisches Stilmittel zur nachdrücklichen Verdeutlichung und Verstärkung der Bedeutungsschwere, die man einem Wort oder Ausdruck verleihen möchte *(Emphase)*. Dafür hat CICERO in Anlehnung an einen griechischen Ausdruck die epideiktische Rede eingeführt als eine besondere Stilart, von welcher der «Ausdrucksreichtum» *(verborum copia)* «gespeist» wird und die «Verbindung der Wörter und der Rhythmus größere Freiheit [gewinnen]». [7] Als Stilmittel wiederum ist die E. eine besondere Form der Nachahmung (μίμησις, mímēsis); denn die fingierten Aussagen sind ja nicht bloß ‹erfundene›, sondern solche, in denen gerade der Charakter der betreffenden Person zum Ausdruck kommt, das Typische, das zur ‹Nachahmung› einlädt; darüber hinaus sollen sie angemessen sein: die Beredsamkeit muß sich auf die Angemessenheit ihrer Mittel beziehen können. Den Bedeutungsgehalt von mímēsis, nämlich ‹darstellen, ausdrücken, ähnlich machen› und ‹nachahmen›, hatte PLATON der Musiktheorie entnommen: Unter die «musische Erziehung» fallen die λόγοι (lógoi), im Sinne von Mythen, dann λέξις (léxis), im Sinne von Stil, ἁρμονία (harmonía), im Sinne von Tonart und ῥυθμός (rhythmós) im Sinne von Rhythmik und Metrik; die Stilformen gliedert er in Erzählung und Mimesis, diese als szenische Darstellung (Komödie, Tragödie) handelnder Personen verstanden; Mittel der Mimesis sind Stimmen (φωναί, phōnaí) und Gebärden (σχήματα, schémata). [8] ARISTOTELES knüpft in seiner ‹Poetik› an diese Bestimmungen Platons an, wobei auch für ihn die Charaktere (ἤθη, éthē), Erfahrungen (πάθη, páthē) und Handlungen (πράξεις, práxeis) von Personen Gegenstand der Mimesis sind. [9] Entscheidend für den Bedeutungsgehalt von E. sind danach zwei Aspekte, daß sie nämlich einerseits eine besondere Form der Nachahmung ist, die als Stilmittel der Rede einsetzbar wird, und daß sie andererseits im Kontext der Musik begegnet wie auch in dem der bildenden Künste: «[...] nec magis expressi voltus per aenea signa» (und sicherlich prägt kein Erzbild die Züge des Gesichts so deutlich aus [...]). [10] In der Sprachlehre und Sprachphilosophie begegnet E. als Ausdruck der Ideen durch Worte. *Significatio, declaratio* und *descriptio* stecken diesen Bedeutungsbereich von E. ab.

Der Sinn von E. wird im wesentlichen durch den Bezug auf die Darstellung und Zeichnung des Charakters in Rhetorik und Physiognomik wie auch auf die besondere Form der Nachahmung in Kunst und Sprache wiedergegeben. Als diese steht E. im Zusammenhang der Kunst, der ars poetica. Im lateinischen Mittelalter wird der Bedeutungsbereich von E. jedoch beschränkt auf den sprachlichen Ausdruck, die *enuntiatio* des Verbums. Das lateinische Mittelalter konnte zwar auf die ‹Epistulae› des HORAZ (‹De arte poetica› seit Quintilian) [12], die ‹Ratio dicendi› des AUCTOR AD HERENNIUM, die rhetorischen Schriften von Cicero und Quintilian zurückgreifen, aber Aristoteles' ‹Poetik› – von Wilhelm von Moerbeke ins Lateinische übersetzt – hatte keine Wirkung. Auf der Basis dieser Schriften wurde keine Poetik entwickelt: Poesie war *famula grammaticae* und Anwendungsbereich der Rhetorik. Das bedeutet, daß im lateinischen Mittelalter E. zwar im Zusammenhang der Grammatik und Rhetorik vorkommt, aber nur insofern diese die sprachliche Seite des Ausdrucksgeschehens betonen: so z. B. in GALFREDS VON VINOSALVO ‹Poetria nova›, einer um 1210 entstandenen, in Hexametern verfaßten Schrift, die der *ars versificatoria*, der Kunst des Versemachens, zugeordnet werden kann. Von Bedeutung auch für die volkssprachliche Literatur ist schließlich, daß die *ars versificatoria* – und damit geht sie über den rein sprachlichen Bereich hinaus – zahlreiche Muster von Personenbeschreibungen, *descriptiones* von zu lobenden und zu tadelnden Personen verschiedenen Standes vorlegt. Auch im lateinischen Mittelalter sind also die Bedeutungsaspekte der E. – die sprachliche Seite, Charakterbildung und Nachahmung – präsent. Im Zeitalter des Barock und der Aufklärung werden die antiken Zusammenhänge der E. – Rhetorik, Physiognomik und Musik und Sprache – wieder aufgegriffen. Zu nennen ist beispielsweise J. A. FABRICIUS' ‹Philosophische Oratorie. Das ist: Vernünftige Anleitung zur gelehrten und galanten Beredsamkeit› (1724, ND 1974), der E. unter dem Kapitel ‹Vom Ausdruck der Gedanken› als «expressio vulgaris» einführt: «Da sich alles unserm verstande durch äusserliche sinnliche zeichen darstellet, und durch selbige in uns gedanken und neigungen erreget, so können wir auch alles, so bald uns nur solche sinnliche zeichen bekannt werden, ausdrucken. Die ganze natur druckt sich selbst durch sinnliche zeichen aus und die mahlerey folgt ihrer art durch nachmachung der an ihr befindlichen zeichen [...] Der mensch hat endlich eine fürtrefliche fähigkeit, durch die stimme und rede, alle sinnliche zeichen der natur, seine in ihm selbst entstandene würkungen des verstandes und willens, öffentlich an den tag zu legen, und diese theilet sich überhaupt in expressionem vulgarem und elocutionem eruditam.» [13] Die *expressio vulgaris* (Volkssprache) wird der *elocutio erudita* (Gelehrtensprache) entgegengesetzt. In beiden aber sind die genannten Aspekte der E. als «Ausdruck der Gedanken» präsent. Philosophisch wird E. schließlich bedeutsam durch LEIBNIZ, der die Substanzen oder ‹Monaden› als «Ausdrücke oder Darstellungen» (expressions ou représentations) der Geschehnisse im Universum kennzeichnet [14]; während in England die rhetorisch-stilistische Bedeutung von E., etwa bei J. DENNIS (1701), Vorrang hat. E. im Sinne von ‹Ausdruck› gewinnt in der Ästhetik des 18. und in der Psychologie des 19. und 20. Jh. einen hohen Stellenwert.

Anmerkungen:
1 Chalcidius, Commentarius in Platonis Timaeum 247. – 2 Ps.-Julius Rufinianus, De schematis dianoeas 13, in: Rhet. Lat. min. 62. – 3 Cassiodor, In psalmorum librum exegesis 30, 10, in: Corpus christianorum Ser. Latina, Bd. 97 (1958) 265. – 4 Cic. De or. III, 15. – 5 Cic. Or. 37, 128. – 6 Quint. IX, 2, 31. – 7 Cic. Or. II, 37f. – 8 Plat. Pol. III, 392c, 397b. – 9 Arist. Poet. I, 1447 a 28. – 10 Horaz, Epistulae II, 1, 248. – 11 Cic. Or. III, 12. – 12 Horaz [10] II, 3; vgl. Quint. VII, 3, 60. – 13 J. A. Fabricius: Philos. Oratorie (1724; ND 1974) 142f. – 14 G. W. Leibniz: Discours de métaphysique 9, in: Philos. Schr., Bd. 1, hg. von H. H. Holz (²1986) 76f.; ders.: Monadologie 60, in: ders.: Vernunftprinzipien der Natur..., hg. von H. Herring (ND 1969) 52f.

Literaturhinweise:
G. Tonelli, B. Fichtner, R. Kirchhoff: Art. ‹Ausdruck›, in: HWPh Bd. I (1971) Sp. 653–662. – H. Koller: Art. ‹Mimesis›, in: HWPh Bd. V (1980) Sp. 1396–99. – R. Düchting: Art. ‹Ars poetica, Ars versificatoria›, in: LMA Bd. I (1980) Sp. 1048–51.
J. H. J. Schneider

→ Affektenlehre → Descriptio → Emphase → Gestik → Imitatio → Mimik → Sermocinatio → Significatio

Expressionismus (engl. expressionism; frz. expressionisme; ital. espressionismo)
A. Def. – B. Allgemeines. – C. I. Soziokulturelle Vorauss. – II. Lit. Gattungen. – III. Ende des E. – IV. ‹E.-Debatte›.

A. Der Name ‹E.› bezeichnet eine künstlerische Bewegung des frühen 20. Jh. sowie eine Epoche der deutschen Literaturgeschichte, für die sich später auch die Umschreibung ‹expressionistisches Jahrzehnt› – mit den Eckdaten 1910 und 1920 – eingebürgert hat. Es handelt sich um eine deutsche Variante der *literarischen Moderne*, vergleichbar den teilweise analogen Strömungen der europäischen *Avantgarde*, des italienischen *Futurismus* oder des französischen *Surrealismus*. [1]

B. *Allgemeines.* Der Begriff ‹E.› taucht zuerst im anglo-amerikanischen und französischen Kontext auf. [2] Im Jahre 1850 wird in der Zeitschrift ‹Tait's Edinburgh Magazine› «the expressionist school of modern painters» [3] erwähnt; dreißig Jahre später schildert der amerikanische Schriftsteller C. DE KAY in seinem Roman ‹The Bohemian. A Tragedy of Modern Life› (1880) einen Kreis junger Literaten, die sich «The Expressionists» nennen. In einem Ausstellungskatalog des Pariser ‹Salon des Indépendants› aus dem Jahr 1901 schließlich ist eine Gruppe von Gemälden unter dem Titel «Expressionisme» zusammengefaßt, eine Bezeichnung, die jedoch mit der später ‹expressionistisch› genannten Kunst in keinem Zusammenhang steht. Zwar bleiben diese weitgehend unmotivierten Wortschöpfungen ohne Folgen; die dabei erkennbare Doppeldeutigkeit des Begriffs als einer Stilbezeichnung und eines kollektiven Gruppennamens prägt jedoch auch noch die spätere Begriffsbildung. In Deutschland bezieht sich die nachweislich erste Anwendung des Begriffs zunächst auf die französische Malerei: In dem ‹Katalog der XXII. Ausstellung der Berliner Sezession› von 1911 werden die zeitgenössischen französischen Maler mit dem Etikett ‹Expressionisten› versehen. Von dort aus findet der Name innerhalb eines Jahres eine schnelle Verbreitung. W. WORRINGER greift ihn in seiner Denkschrift ‹Entwicklungsgeschichtliches zur modernen Kunst› als Bezeichnung für die «jungpariser» Künstler auf [4]; zahlreiche Besprechungen zur Ausstellung der Berliner Sezession nehmen auf die neue Klassifizierung Bezug, u. a. ein Artikel in der Zeitschrift ‹Der Sturm›, die wenig später zu einem zentralen Organ des literarischen E. [5] avanciert: «Um Verklärung, Steigerung, Ausdruckskunst geht dies allgemeine Ringen. Eine französisch-belgische Malerverbindung nennt sich die ‹Expressionisten›.» [6]

Drei Merkmale des schnell gebräuchlich werdenden Begriffs lassen sich unterscheiden. Erstens fungiert die Gruppenbezeichnung ‹Expressionisten› als deutscher Sammelbegriff für die zeitgenössischen französischen und belgischen Maler (G. BRAQUE, P. PICASSO, M. DE VLAMINCK), eine Kennzeichnung, die bald auch auf die deutschen Verhältnisse (W. KANDINSKY, F. MARC) – anfangs noch in Konkurrenz mit dem analogen Namen ‹Les Fauves› bzw. ‹Die Wilden› [7] – übertragen wird. Zweitens wird der künstlerische Stil des E. als Gegengewicht und Abgrenzung zum vorangegangenen ‹Impressionismus› geprägt, auf den er in meist polemischer Absicht bezogen bleibt. Drittens proklamieren die Wortführer des E. bald auch ein expressionistisches «Weltgefühl» [8], eine kulturelle Revolution, deren Selbstverständnis sich auf das Negieren sämtlicher Traditionen [9] und auf eine neue, in der Kunst sichtbar werdende Weltanschauung gründet. Die letztgenannte kulturkritische Tendenz des Begriffs E. führt schnell zu seiner Übertragung auf das Gebiet der Literatur und Literaturkritik. [10] Schon im Jahr 1911 bezeichnet sich K. HILLER als Mitglied einer neuen Gruppe ‹expressionistischer› Literaten, die er in Anlehnung an die «Jungpariser» auch «Die Jüngst-Berliner» nennt: «Wir sind Expressionisten. Es kommt wieder auf den Gehalt, das Wollen, das Ethos an.» [11] In Rezensionen werden – mit dem Hinweis auf analoge Prozesse in der bildenden Kunst – die Werke von F. KAFKA, K. EDSCHMID und L. FRANK «expressionistisch» genannt; I. GOLL proklamiert bereits 1914 den E. als das epochale Gefühl einer neuen Generation: «Expressionismus liegt in der Luft unserer Zeit, wie Romantik und Impressionismus die einzige Ausdrucksmöglichkeit früherer Generationen waren.» [12]

Die doppelte Verwendung des Wortes E. als eines neuen ästhetischen Stils und zugleich einer weltanschaulichen Gesinnung läßt den Begriff von Beginn an in einem etwas diffusen Licht erscheinen und führt in den Programmschriften des literarischen E. zu zahlreichen unaufgelösten Widersprüchen. Analog zur Abkehr vom Impressionismus setzen sich die ‹Expressionisten› ab von allen Spielarten des Symbolismus und Ästhetizismus der Jahrhundertwende *(l'art pour l'art, Jugendstil, Neoromantik)* und tendieren zu einer inhaltlichen Bestimmung des E.: «denn er ist weniger eine Kunstform als eine Erlebnisform». [13] Andererseits widersetzen sie sich ebenso dem *Naturalismus*, indem sie die in der Malerei vorgeprägte Tendenz zur Abstraktion und Gegenstandslosigkeit auch in die Literatur übertragen und die «Deformierung der Wirklichkeit» [14] zum Kennzeichen ihres ‹Kunstwollens› stilisieren. Die Absage an jegliche ästhetische ‹Form› widerspricht dabei der Bemühung um eine neue ‹Ausdruckskunst›; die Neigung zur Abstraktion steht nicht immer im Einklang mit den geforderten inhaltlichen und metaphysischen Botschaften des E. Die Folge ist ein äußerst unklares Verständnis von ‹Ausdruck›, ‹Stil› und ‹Rhetorik› im weitesten Sinn. Einerseits weist bereits die deutsche Wortbedeutung von E. auf den großen Stellenwert rhetorischer ‹Ausdrucksmittel›, andererseits eignet den programmatischen Äußerungen expressionistischer Theoretiker auch die seit der ‹Empfindsamkeit› vertraute Kritik rhetorischer Medien: «Weder auf die Technik noch auf den Stil kommt es an.» [15] Ziel der expressionistischen Bewegung nämlich ist nicht ein neuer ‹Stil›, sondern die Offenbarung einer moralisch-geistigen Sphäre: ein Weg, um zum «Elementaren» [16] zu gelangen, das eigentlich Menschliche und ‹Geistige› freizulegen, um «durch die Erscheinungen zum Wesen vorzudringen». [17] Bereits um 1920 allerdings scheinen die dafür verwendeten Ausdrucksmittel erschöpft zu sein: ‹Krise› und ‹Ende› des E. werden ausgerufen. [18] Wenig später beginnt die literaturwissenschaftliche Beschäftigung mit der expressionistischen ‹Epoche›: Die ersten Gesamtdarstellungen erscheinen [19]; E. wird schnell zu einer umstrittenen, aber weithin geläufigen Epochenbezeichnung für die deutsche Literatur zwischen 1910 und 1920. Fortgeschrieben wird auch der Zwiespalt zwischen einer stilistischen und einer geistesgeschichtlichen Bestimmung des E.-Begriffs: Während die Suche nach einem expressionistischen ‹Stil› an der Unmöglichkeit klarer Abgrenzungen laboriert [20], droht jede inhaltliche – geistesgeschichtliche, philosophische oder literaturgeschichtliche – Bestimmung des ‹expressionistischen Jahrzehnts› aufgrund der Vielzahl sich widersprechender und überschneidender Tendenzen an definitorischer Schärfe zu verlieren. [21]

C. I. *Soziokulturelle Voraussetzungen. Ästhetik des E.* Der literarische E. ist Ausdruck einer tiefgreifenden *Gesellschafts- und Kulturkrise*, von der Europa im beginnenden 20. Jh. erfaßt wird. Industrialisierung und gesellschaftliche Modernisierung verändern die privaten und öffentlichen Lebensbedingungen in einem bisher nicht bekannten Ausmaß. Auflösung und Wandel der traditionellen sozialen Institutionen bedrohen die Ordnung und Stabilität des deutschen wilhelminischen Bürgertums, dessen Zerfall die expressionistischen Dichter prognostizieren und vorwegnehmen. [22] Die sich entwickelnde Massengesellschaft führt vor allem in den Großstädten zu ungewohnten Schockerfahrungen der Moderne, auf die das Individuum mit Identitätsunsicherheit [23] und pathologischen Symptomen der Angst und Selbstentfremdung [24] reagiert. Das epochale Katastrophenbewußtsein des frühen E. findet seine reale Entsprechung im Ausbruch des ersten Weltkriegs, der nicht nur zum prägenden Erlebnis der expressionistischen Generation wird [25], sondern dem auch viele Künstler – E. STADLER, A. STRAMM, R. SORGE, G. SACK, G. TRAKL, F. MARC – zum Opfer fallen.

Die im ersten Weltkrieg bereits von den Zeitgenossen diagnostizierte Zerstörung einer Epoche erstreckt sich auch auf deren epistemologische Grundlagen in *Philosophie* und *Erkenntnistheorie*. Ich-Zerfall und Wahrnehmungskrise prägen die gesamte Literatur des E. [26] Die expressionistischen Großstadtgedichte beschreiben die Erfahrung der modernen Welt als chaotische Vielfalt unkontrollierter Eindrücke, denen das Ich permanent ausgesetzt ist und darüber seine Stabilität und Einheit verliert. Der literarische Ausdruck dieser Wahrnehmungskrise ist die «Simultanität», eine besonders in der Lyrik verwendete Technik der Reihung von Wahrnehmungsfragmenten: «Schnelligkeit, Simultanität, höchste Anspannung um die Ineinandergehörigkeiten des Geschauten sind Vorbedingungen für den Stil. Er selbst ist Ausdruck der Idee. Eine Vision will in letzter Knappheit im Bezirk verstiegener Vereinfachung kundgeben: das ist Expressionismus in jedem Stil.» [27]

Neben eklektizistisch genutzten naturwissenschaftlichen und lebensphilosophischen Theorien der Zeit (C. EINSTEIN [28], H. BERGSON [29]), gewinnt vor allem die Philosophie F. NIETZSCHES überragende Bedeutung. [30] Nietzsches Nihilismus und Relativismus, seine Infragestellung aller moralischen Werte und jeglicher objektiven Wahrheit, bestimmen die Ausgangslage des expressionistischen ‹Weltgefühls›. [31] Zugleich jedoch will der E. auch zur Überwindung des von Nietzsche diagnostizierten Nihilismus beitragen: Der Auflösung des Alten setzt er neue geistige Werte entgegen, eine Lehre vom ‹Neuen Menschen›, dessen Konzept im Zentrum des ‹messianischen E.› [32] und seines ‹O Mensch-Pathos› steht. [33] Der ethische Idealismus der expressionistischen Bewegung, die Kehrseite seines nihilistischen und relativistischen Destruktionsgestus, bezieht seine Quellen zum Teil aus dem deutschen Neukantianismus des späten 19. Jh., mit dem viele der Expressionisten während ihres Philosophiestudiums in Berührung kamen. [34] Jenseits der empirischen Wirklichkeit wird ein Reich geistiger Werte proklamiert, welches sich weitgehend immateriell und abstrakt in den Äußerungsformen von Kunst und Kultur manifestiert. Die theoretischen Lösungen expressionistischer Programme bleiben deshalb notwendig inhaltsleer; ihre Berufung auf «das

Wesentliche, das Geistige, noch nicht Profanierte, den Hintergrund der Erscheinungswelt»[35] bezieht sich allein auf Form und Stärke des expressionistischen «Lebensgefühls»[36]: «Ich weiß, daß es nur ein sittliches Lebensziel gibt: Intensität.»[37] Auch für die Proklamation des ‹Neuen Menschen› ist Nietzsche ein entscheidender Wegbereiter, der «erste Pathetiker der Moderne»[38], dessen lebensphilosophische ‹Umwertung aller Werte› ebenso zu einer neuen Verklärung des Irdischen, einer Bejahung der Immanenz, führen kann: «er ist für die Jugend der Helfer zur neuen Hymnik [...] Und wie sie von ihm zur kosmischen Dichtung, zum Jasagergestus getrieben wurde, so hetzte er sie auch in eine Pathetik hinein, die sich allmählich als wirkliche Verzückung über die Schauspiele der Welt und die sie bewegenden Kräfte äußerte.»[39]

Die grundlegende ‹Urkunde› der expressionistischen Ästhetik ist die im Jahre 1908 zuerst als Dissertation erschienene kunsthistorische Studie von W. WORRINGER: ‹Abstraktion und Einfühlung›.[40] Worringer unterscheidet mit dem im Titel angezeigten Gegensatzpaar zwei Stile, zwei ästhetische Verfahren und zwei anthropologisch-psychologische Bestimmungen menschlicher Expressivität. In Anlehnung an A. RIEGL (‹Stilfragen› 1893, ‹Spätrömische Kunstindustrie› 1901) sieht er ein jeweils fundamental verschiedenes ‹Kunstwollen› am Werke, das sich im Laufe der Epochen in zwei gegensätzliche Stilformen ausdifferenziert. Während der «Einfühlungsdrang»[41] auf der «Freude an der organischen Form»[42] beruht und die harmonisch-schöne Einheit mit der Natur sucht, gestaltet der «Abstraktionsdrang» seine ästhetische Form im «lebensverneinenden Anorganischen».[43] Dieser «Stil der höchsten Abstraktion, der strengsten Lebensausschließung»[44] entsteht zuerst bei den primitiven Völkern; er beruht auf einem tiefen «Verlorenheits-Bewußtsein»[45] in der Natur, gegen deren Übermacht sich der Mensch mit der Gestaltung gesetzmäßiger Formen zur Wehr zu setzen sucht. Entgegen der «Naturalismus» genannten ‹schönen› Kunst der Renaissance und Klassik gelangt Worringer dadurch zu einer neuen Einschätzung der Ornamentik[46], mit der jede abstrakte Kunst ihren Anfang nehme. Zugleich erneuert er das philosophisch-ästhetische Gegensatzpaar des ‹Schönen› und ‹Erhabenen› mit Hilfe einer stilpsychologischen Grundlegung. Der «Schönheit» als Korrelat eines «Beglückungsgefühls, das durch die Wiedergabe organisch-schöner Lebendigkeit in uns ausgelöst wird»[47], wird das «unheimliche Pathos»[48] gegenübergestellt, mit dem die abstrakt-disharmonische Kunst auf die Bedrohung des Menschen von außen reagiert. Der «Annäherung an das Organisch-Lebenswahre»[49] im ‹Schönen› steht deshalb die «abstrakte Vorstellung» gegenüber. Ähnlich begründet auch W. KANDINSKY in seiner Programmschrift ‹Über das Geistige in der Kunst› (1911) die Verwandtschaft aller abstrakten Künste: Ihr Ziel ist «der dematerialisierte Gegenstand, welcher im "Herzen" eine Vibration sofort hervorruft.»[50] So wie Worringer das «Angstgefühl» als «Wurzel des künstlerischen Schaffens»[51] im modernen ‹expressionistischen› Menschen wiedererkennt[52], so erweitert er seine universale Stilpsychologie auch zu einer historischen Typologie der Kunstformen, in der die gotisch-deutsche Kunst des Mittelalters und Barock als exemplarische Verkörperung des «Abstraktionsdranges» einen prominenten Platz einnimmt. Diese Übertragung zeitloser Stilformen auf einzelne Epochen und Nationen führt nicht nur zu einer «Germanisierung der Stilkategorien»[53], sondern auch zu der damals weithin verbreiteten Analogisierung von *Barock* und E.[54] Im Gefolge der stiltypologischen Untersuchungen von Worringer[55], O. WALZEL[56], H. WÖLFFLIN[57], F. STRICH[58], A. HÜBSCHER[59] und F. J. SCHNEIDER[60] werden die stilistischen und rhetorischen Kategorien der Barockliteratur auch auf die zeitgenössische Literatur des E. übertragen.[61] Zwar ist die konstruierte Parallelität beider Epochen im Zuge einer typologisch-geistesgeschichtlichen Wesensschau mehr als fraglich.[62] Mit der «Umwertung» des Barockzeitalters, «die mit dem Anbruch des Expressionismus [...] eintrat»[63], erfolgt jedoch auch die ‹Gegenübertragung› einer geschärften Aufmerksamkeit für die rhetorisch-manieristischen Mittel in der expressionistischen Literatur. *Affektstil, Worthäufung, Hyperbeln, Antithesen* sind nicht nur analoge Stiltendenzen ‹barocker› und ‹expressionistischer› Dichtung[64]; das theoretische Bemühen um eine «Ausdruckskunst»[65] führt insgeheim auch zu einer Auferstehung der rhetorischen Disziplin als eines Fundaments literarischer Kultur.

Es war wiederum NIETZSCHE, der in seinem Aufsatz ‹Vom Barockstile› (1879) das Phänomen des Barock bereits im 19. Jh. mit der Bedeutung der *Rhetorik* verbunden hat.[66] Ebenso betont Nietzsche die Dominanz der Rhetorik als Konsequenz einer skeptischen Erkenntnistheorie, die jede Referenz der Sprache auf Wahrheit und Wirklichkeit leugnet. Sprache und Rhetorik geben wie Moral und Wissenschaft nur Interpretationen, die in ständigem Wechsel der Perspektiven begriffen sind. Damit ist der traditionelle Bezug der Rhetorik auf ‹Wahrheit› und ‹Wahrscheinlichkeit› zerbrochen; statt eines Instruments ist das System der Rhetorik nun *«eine Fortbildung der in der Sprache gelegenen Kunstmittel»*: «die Sprache selbst ist das Resultat von lauter rhetorischen Künsten.»[67] Unter dem Einfluß von Nietzsche beginnen auch die Expressionisten die rhetorische Dimension der Sprache neu zu entdecken. Das berühmte Diktum aus Nietzsches Schrift ‹Über Wahrheit und Lüge im außermoralischen Sinn›, «Wahrheit» bezeichne lediglich «ein bewegliches Heer von Metaphern, Metonymien, Anthropomorphismen, kurz eine Summe von menschlichen Relationen, die, poetisch und rhetorisch gesteigert, übertragen, geschmückt wurden [...]»[68], bildet den Auftakt vieler expressionistischer Überlegungen zu einer «Revolution der Sprache»[69], die das rhetorische Element der Sprache aus seiner traditionellen Verpflichtung auf Wahrheit herauslöst. Die Kritik einer Sprache, die «in Begriffen versteint»[70] ist und eine «ruhende, erstarrte Welt»[71] voraussetzt, zielt zugleich auf die lebensphilosophisch motivierte Geburt einer neuen poetischen Sprache, die sich den Festlegungen herkömmlicher grammatischer und logischer Strukturen widersetzt: «kein Subjekt, kein Prädikat, keine Deklination, keine Konjugation, keine Grammatik [...]. Die neue Sprache ist noch nicht da, aber sie ist auf dem Wege. Sie wird Musik und Gebärde sein, vielleicht einmal Tanz und Weissagung. [...] Expressionismus will dem Erleben abgestorbene Sprache aus Erleben neu gebären.»[72]

Zwar bedeutet der Ruf nach einer neuen Sprache, der sich auf HERDER[73] und Nietzsche beruft, den kategorischen Bruch mit der traditionellen Rhetorik und ihrer Unterscheidung zwischen *res* und *verba*[74]; dennoch greift das Pathos der expressionistischen Erneuerung auf grundlegende Kategorien der Rhetorik zurück, ja betont ausdrücklich den rhetorischen Impuls der Bewegung.

S. Zweig etwa, der mit seinem frühen Beitrag ‹Das neue Pathos› auch der expressionistischen Revolution die Stichworte liefert, kritisiert die dem E. vorausgehende Dichtung als eine vom Geschäft der Rhetorik abgespaltene Kunstausübung selbstgenügsamer Künstler, der er das neue öffentliche *Pathos* gegenüberstellt: «Immer mehr entfernte sich ihr Gedicht von der Rede, immer mehr verlor es von jenem geheimnisvollen pathetischen Feuer, das nur genährt wird vom Augenblick, vom Gegenüberstehen einer erregten Menge, durch die magische Einströmung von Anspannung und Reiz aus dem Herzen des Hörers in das eigene Wort.» [75] Die rhetorische *Affektenlehre*, bewegen *(movere)* und aufstacheln *(concitare)*, wird ausdrücklich als Domäne des expressionistischen Dichters rehabilitiert. Die neue Bewegung soll die autonom gewordene Kunst mit der einst öffentlichen Rednerkunst versöhnen, das dichterische Wort soll alte Wirkungen der Beredsamkeit beerben, «pathetisch rhetorisch, mit Lärm» [76] sein, das «neue Pathos» soll «die zersprengten Kräfte des Dichters von einst wieder in sich versammeln, muß im Dichter den Demagogen, den Musiker, den Schauspieler, den Redner für eine Stunde wieder erschaffen [...]». [77]

Dem avantgardistischen Versuch, mit Hilfe alter rhetorischer Topoi die Kunst in das Leben zu reintegrieren [78], tragen die Expressionisten auch in der Wahl der Stilgattungen *(genera dicendi)* und in ihrer sprachlichen Gestaltung, der *elocutio*, Rechnung. Vor allem die expressionistischen Manifeste und Programmschriften befleißigen sich durchgehend einer hohen Stillage; S. Zweigs Bestimmung der Dichtersprache als «Mittel zur Erregung von Enthusiasmus» [79] greift gar unmittelbar auf die Theorie des Erhabenen bei Pseudo-Longinos zurück. Die von Nietzsche inaugurierte Deutung jeglicher Sprache als Ansammlung artifizieller Tropen und Figuren führt zur Gleichsetzung dichterischer und rhetorischer Sprachmittel: «Der Dichtung darf genau so viel Rhetorik verstattet werden, wie sie der Sprache kraft ihrer suggestiven Zwänge und Tendenzen ohne weiteres eignet.» [80] Wie in der Literatur des Barock spielt deshalb der Redeschmuck *(ornatus)* auch in der expressionistischen Poetik eine herausragende Rolle: «Man kann nur in Hypertrophen dichten, denn beim Superlativ fängt das Dichten erst an.» [81] Allerdings sollen die expressionistischen Wortfiguren und Tropen keineswegs eine davon unabhängige und selbständige Sprache ‹ausschmücken›; vielmehr intendiert die Sprachtheorie des E. eine vollständige Umbildung und Zerstörung der traditionellen Sprache. Vorbild vieler Expressionisten ist dabei der italienische *Futurismus*, insbesondere F. T. Marinettis ‹Manifesto tecnico della letteratura futurista› (1912), welches unmittelbar nach seinem Erscheinen in der Zeitschrift ‹Der Sturm› übersetzt und veröffentlicht wird. [82] Marinettis Polemik gegen die «lächerliche Leere der alten, von Homer ererbten Grammatik» [83] führt zu einer ganzen Reihe linguistischer Innovationen und sprachtechnischer Vorschriften, die in der Folge auch von den Expressionisten variiert werden: Das Verb soll nur im Infinitiv gebraucht, Adjektive und Adverbien sollen beseitigt werden, Konjunktionen und Interpunktion gehören abgeschafft, der Dichter soll sich «von der traditionellen, schwerfälligen, engen, an den Boden geketteten Syntax» [84] lösen, «die tiefe Intuition des Lebens verbindet Wort an Wort nach der unlogischen Entstehung [...]». [85] Der traditionelle Vorwurf an die Rhetorik, sie verfälsche Sachverhalte um der Wirkung willen, wird dabei an die Sprache selbst gerichtet.

Dadurch werden auch die traditionellen rhetorischen Tugenden *(virtutes elocutionis)* der Sprachrichtigkeit *(Latinitas)*, Klarheit *(perspicuitas)* und Angemessenheit *(aptum)* außer Kraft gesetzt, ja es wird gezielt gegen sie verstoßen. Die von den Expressionisten inszenierten neuen Möglichkeiten der Sprache beruhen jedoch – in der Nachfolge Nietzsches – auf der grundsätzlichen Rhetorizität der Sprache, wie A. Döblin in einer Antwort auf Marinetti bemerkt: «Sie sind rhetorisch, aber Ihre Rhetorik ist keine Lüge.» [86] Die Befreiung des Wortes und seines semantischen Potentials aus den grammatischen und syntaktischen Strukturen der Sprache führt in Deutschland zu der Wortkunsttheorie um A. Stramm und die Zeitschrift ‹Der Sturm›, in der die klangliche und semantische Qualität des Einzelwortes – «Das Wort an sich» [87] – zum Programm einer autonomen Dichtung erhoben wird. [88] «Wortverkürzung» und «Satzverkürzung» [89] sind die Instrumente, um die Struktur der Syntax und Grammatik aufzubrechen und zugleich eine Verdichtung und Konzentration der semantischen und phonetischen Signale zu erreichen. Trotz des vermeintlichen Verzichts auf ‹Redeschmuck› wird die geforderte «Dezentration» mit Hilfe der Rhetorik erzielt. Wichtigstes Mittel der «Wortkunst» sind die «Wortfiguren» [90]: Wiederholung *(Anapher, Epipher, Paronomasie, Polyptoton)*, Auslassung *(Ellipse, Zeugma)*, Parallelismus. Allerdings ist auch hier das rhetorische Instrument seiner traditionellen Funktion enthoben, vermittelt keine Inhalte, sondern ist selbst Träger intuitiv freigesetzter Bedeutung: «Das Wortkunstwerk ist keine Mitteilung von Gedanken oder von Gefühlen, sondern Kunde einer Offenbarung.» [91]

Die neue poetisch entstandene Sprache soll sich als Gegenwelt zur kommunikativen Alltagssprache etablieren – bis hin zu den Klang- und Lautgebärden des *Dadaismus*, der den Bezug zur sprachlichen Verständlichkeit und zu festgelegten Bedeutungen radikal aufkündigt. [92] Freilich wird mit dieser Konsequenz auch die Idee eines Publikums fraglich, an dessen imaginäre Größe die expressionistischen Dichter in ihrem Pathos ständig appelliert hatten. So wie sich die Esoterik von Wortkunst und Dadaismus immer mehr an einen Zirkel von Eingeweihten wendet, so scheitert auch die rhetorische *persuasio* der expressionistischen Affektenlehre an der für die moderne Ästhetik weithin vollzogenen Trennung von Kunst und Lebenswelt. Der von R. Pinthus beschriebene Impetus expressionistischer «politischer» Dichtung – «Aufrütteln! Enthüllen! Auffordern! Erwecken!» [93] – kann trotz aller Ingredienzien forensischer Rhetorik nicht darüber hinwegtäuschen, daß auch die expressionistische Redekunst einer bereits bei Schiller evidenten Dialektik nicht entkommt: Der öffentliche Bezug setzt ein Publikum voraus, welches durch die Wirkung der Rede doch erst gebildet werden soll. Trotz aller Bemühungen eines publikumswirksamen E. [94] trug deshalb auch der Funktionsverlust öffentlicher Rhetorik im Industriezeitalter des beginnenden 20. Jh. zum Ende des E. Entscheidendes bei.

II. Unter den *literarischen Gattungen* des E. nimmt zunächst die *Lyrik* den bedeutendsten Rang ein. Obwohl die meisten der später als ‹expressionistisch› bezeichneten Lyriker bereits vor der Entstehung des literarischen Begriffs E. ihre Gedichte geschrieben und sich nie diesem Etikett zugeordnet haben, gilt der Beginn der expressionistischen Literaturepoche in erster Linie als eine Revolution der lyrischen Formen. In rascher Folge erscheinen nach 1910 Gedichtbände zahlreicher Autoren, die sich in ihrem gemeinsamen Protest und Aufbruchsgefühl als neue literarische Generation auch unabhängig voneinander formieren: G. Heym (‹Der ewige Tag› 1911; ‹Umbra Vitae› 1912), F. Werfel (‹Der Weltfreund›), G. Benn (‹Morgue› 1912), A. Lichtenstein (‹Die Dämmerung› 1913), A. Stramm (‹Gedichte› 1913), G. Trakl (‹Gedichte› 1913), E. Stadler (‹Der Aufbruch› 1914). Mit ihren neuen Inhalten – Großstadtleben, Häßlichkeit, Tod und Verwesung, Groteske, Ich-Zerfall – sprengen diese Dichter das Dogma neoromantischer und ästhetizistischer l'art pour l'art-Kunst, zu der viele von ihnen in ihrer Frühzeit noch selbst gehört hatten. [95] Mit der Auflösung gewohnter syntaktischer und sprachlicher Formen erweitern die expressionistischen Lyriker den bis dahin gültigen Kanon lyrischer Poesie und stecken – von Trakls Sprachmagie bis zu den Sprachexperimenten Stramms und des Dadaismus – den seither möglichen Spielraum moderner Dichtung ab. Läßt sich nach H. Friedrich die Lyrik der Moderne nur mit weitgehend negativen Kategorien – «Desorientierung, Auflösung des Geläufigen, eingebüßte Ordnung, Inkohärenz, Fragmentarismus [...], brutale Plötzlichkeit, dislozieren, astigmatische Sehweise, Verfremdung» [96] – beschreiben, so beginnt mit der «Wirklichkeitszertrümmerung» (G. Benn) [97] der expressionistischen Lyrik die deutsche Moderne. Auch in der Lyrik jedoch läßt sich neben der Destruktion ein Pathos der Erneuerung beobachten, das die Feier eines ‹Neuen Menschen› inszeniert. Deshalb existiert von Anfang an neben der Lyrik eines J. van Hoddis (‹Weltende›) und G. Benn (‹Mann und Frau gehn durch die Krebsbaracke›) eine pathetisch-hymnische Lyrik des E., die den Anbruch eines neuen Zeitalters und einer neuen Gemeinschaft beschwört und verklärt. [98] Der negativen Lyrik der Großstädte antworten agitatorisch-abstrakte Gedichte, in denen die traditionelle Rolle des Dichtersehers und des heiligen Sängers, des *poeta vates*, wiederbelebt wird: von F. Werfel (‹Der gute Mensch›, ‹Veni creator spiritus›), A. Wolfenstein (‹Kameraden!›, ‹Hingebung des Dichters›), L. Rubiner (‹Die Stimme›, ‹Der Mensch›), K. Heynicke (‹Volk›, ‹Mensch›), J. R. Becher (‹Mensch stehe auf!›, ‹Klänge aus Utopia›). Es ist außerordentlich schwierig, wenn nicht unmöglich, einen *expressionistischen* ‹Stil› festzulegen und ihn aus der Gesamtheit der modernen Lyrik auszusondern. [99] Die expressionistische Ausdruckskunst reicht in ihren lyrischen Mitteln von den überaus häufig gebrauchten traditionellen Formelementen – Strophe, Metrum, Reim [100] – bis zur Auflösung semantischer syntaktischer Strukturen und der polysemantischen Freisetzung kleinster Worteinheiten in der ‹Wortkunst› eines A. Stramm. [101] Da weder eine Theorie expressionistischer Poesie greifbar ist noch sich genuine Stileigenschaften subsumieren lassen, läßt sich allenfalls die «antithetische Grundstruktur» des E. auch an der Lyrik beschreiben: «Resignation, Verzweiflung oder Demut» auf der einen, «der fiebernde Aktionismus, die oftmals unreflektierte, richtungslos vorwärtsstürmende Begeisterung» auf der anderen Seite. [102] So verweist der ‹frühexpressionistische Reihungsstil› – bei van Hoddis, Heym oder Lichtenstein – auf die Dissoziation der subjektiven Wahrnehmung in der modernen Großstadt [103], und das Stilmittel der Synekdoche in den Gedichten Benns kennzeichnet die Depersonalisierung des sich in die verdinglichte Objektwelt auflösenden Subjekts. [104] Auf der anderen Seite aktivieren die pathetischen und politischen Gedichte Bechers oder Rubiners die Wortwahl, die Metaphorik und den Duktus religiöser, mystischer und metaphysischer Traditionen, zeugen jedoch – auch in ihren moralisch-pazifistischen Appellen während des Ersten Weltkriegs – nur von dem Anachronismus einer einst lebendigen Rhetorik und Bildsymbolik. [105]

Auch das *Drama* der expressionistischen Autoren bestimmt sich zunächst durch seine Wendung gegen das traditionelle Theater. Bereits B. Diebold spricht in der ersten Monographie über das expressionistische Theater (1921) vom «Stil der Negation» [106], der die Theaterstücke des zurückliegenden Jahrzehnts eint. Zudem bietet das Theater einen Ort, an dem das expressionistische Pathos, die Verwandlung der Welt und die Lehre vom ‹Neuen Menschen› öffentliche Wirkung und ‹expressiven› Ausdruck finden soll. [107] Die aufklärerische Idee der Schaubühne als eines öffentlichen Ortes sowie der Protest gegen das bürgerliche Illusionstheater des 19. Jh. führen im expressionistischen Drama zu einer «Re-Theatralisierung des Theaters» [108], wodurch das Bühnengeschehen eine vorherrschende Rolle gegenüber dem literarischen Text einzunehmen beginnt. H. Ball identifiziert E. mit einem «Theater der Neuen Kunst», in der nicht nur das Wort und die dramatische Szene vorherrschen, dessen Stücke vielmehr «den Geburtsgrund alles dramatischen Lebens darstellten und sich so aus der Wurzel heraus zugleich in Tanz, Farbe, Mimus, Musik und Wort entlüden.» [109] Um das ‹Wesen› des Menschen unverhüllt zum Ausdruck zu bringen, greift das expressionistische Theater in seiner szenischen Darstellung auf sämtliche nonverbalen Techniken der körperlichen und zeichenhaften Expressionen zurück. Als Vorläufer aller expressionistischen Dramen gelten deshalb zu Recht die Bühnenkompositionen von W. Kandinsky (‹Der gelbe Klang› 1909/1910), der die Idee des ‹Gesamtkunstwerkes› aus Musik, Farbe, Licht und choreographischen Szenen auch in theoretischen Programmschriften propagiert. [110] Statt des «Dramas» trägt der E. dem Wortsinn und Charakter des «Schauspiels» wieder Rechnung. [111] In scharfer Ablehnung des naturalistischen Theaters rückt das Szenische in den Vordergrund: Der «Schauspieler» wird zum Träger ‹seelischer› Energien und zur Inkarnation expressionistischer Körperlichkeit. [112] Das theatralisch aufgeladene Bühnengeschehen soll zugleich der Wirklichkeit geistiger Ideen sichtbaren Ausdruck verleihen: «die dem Expressionismus wesentliche und notwendige Vernichtung der physischen Realität zugunsten der metaphysischen Realisation». [113] Der Auflösung von Sprache, Dialog und Psychologie in ein Theater der Gebärden und Zeichen [114] entspricht der Gestus einer ‹Verkündigung›, mit der das sakrale Ereignis einer ‹Neuen Welt› angekündigt werden soll. [115] Die Dramen von O. Kokoschka (‹Der brennende Dornbusch›, ‹Mörder, Hoffnung der Frauen›), R. Sorge (‹Odysseus›) und G. Kaiser (‹Die Bürger von Calais›) verwandeln das Theater in einen Ort des kollektiven Rituals, weil es den Höhepunkt expressionistischer Metaphysik, die Entstehung des ‹Neuen Menschen›, als ästhetisches und öffentliches Ereignis inszeniert. Das expressionistische Drama ist deshalb fast ausschließlich «Wandlungs- und Erlösungsdrama» [116], in dem nicht nur der Held die exemplarische expressionistische ‹Wandlung› vollzieht, sondern auch das Publikum die avantgardistische Reintegration von Kunst und Leben erfahren soll: «Wo sind in absehbarer Zeit die Parlamente, die Marktplätze der Städte, wo die Akademien der Jugend, die unseren Ideen tönen? Auf dem Punkte, den wir brauchen, um die Erde zu bewegen, laßt uns das Theater bauen!»[117] Im Mittelpunkt dieser Dramen stehen die Kritik des wilhelminischen Bürgertums [118] (C. STERNHEIM: ‹Aus einem bürgerlichen Heldenleben›) und der Generationskonflikt [119] (W. HASENCLEVER: ‹Der Sohn›; A. BRONNEN: ‹Vatermord›; R. SORGE: ‹Der Bettler›). Die Struktur der Dramen entspricht häufig einer den späten Dramen STRINDBERGS nachgebildeten Stationentechnik [120]: Der Held durchläuft in einzelnen Szenen die verschiedensten Stationen, in denen er die soziale Welt von sich abstößt und sich selbst zum ‹Neuen Menschen› wandelt (G. KAISER: ‹Von morgens bis mitternachts›; E. TOLLER: ‹Die Wandlung›). Um die expressionistische Botschaft, das ‹Geistige› und ‹Ideelle› der ‹Wandlung›, zu vermitteln, greift auch das Drama auf das *Erhabene* zurück. Das Ziel der expressionistischen Kunst ist «das Imponderabil eines erhabenen Augenblicks»[121], wie R. HUELSENBECK 1917 formuliert, jene Mischung von Schrecken und Lust, die vordem SCHILLER als Theorie des Erhabenen für die Tragödie geltend gemacht hat. Die Tragödie avanciert zur maßgeblichen dramatischen Gattung [122]; die Schaubühne soll – wie in der Antike – zum kultischen Festspielort werden. [123] Sprache, Psychologie und Dialog werden im expressionistischen Drama zwar reduziert und relativiert, nicht jedoch die deklamatorischen und persuasiven Strategien der Rhetorik: Im expressionistischen Dialog – so die These von W. H. Sokel [124] – werde die für die Charakterdarstellung wichtige Figurenrede generell durch Rhetorik ersetzt. Die Stilmittel der dramatischen Rede sind publikumswirksame Bestandteile des *ornatus: exclamatio, emphasis, evidentia.* [125] So wie die rhetorischen Monologe der expressionistischen Helden aber nur deren Kommunikationslosigkeit spiegeln, so bleiben auch die rhetorisch-theatralischen Strategien des expressionistischen Theaters letztlich wirkungslos. Die großen Hoffnungen eines neuen Theaters, welches eine «Brücke zwischen der Poesie und der Menge» schlagen [126] oder eine dem griechischen Kultus und der barocken Kultur inhärente «Gemeinschaft» hervorbringen soll [127], sind bald mit dem Gegenteil konfrontiert: Die unter dem Signum ‹expressionistisch› in den Spielplänen der 20er Jahre durchaus erfolgreichen Dramen geraten einerseits in die Mechanismen eines Kulturbetriebs und unterliegen den Machtspielen kommerzialisierter Medien; auf der anderen Seite ist das rhetorische Pathos mit seinen beliebig wiederholbaren Effekten von seiner eigenen Parodie nicht weit entfernt. [128] Während F. V. UNRUH die in seiner Tragödie ‹Ein Geschlecht› versammelten Figuren des Erhabenen in dem Nachfolgedrama ‹Platz› tatsächlich in eine groteske und lange gar nicht als solche erkannte Parodie umkippen läßt [129], verlegten sich andere – erfolgreichere – Dramatiker wie W. HASENCLEVER auf das publikumsträchtige Fach der Gesellschaftskomödie. [130]

Die *Prosa* des E. ist die am wenigsten faßbare und am wenigsten erforschte literarische Gattung des expressionistischen Jahrzehnts. In den theoretischen und poetologischen Programmschriften spielt sie keine Rolle; thematisch und formal läßt sie sich von der vor- und nachexpressionistischen Literatur kaum unterscheiden. Die bekannten Anthologien expressionistischer Prosa [131] umfassen denn auch Autoren, die nur begrenzt dem E. zuzuordnen sind (F. KAFKA, M. BROD, O. LOERKE, H. MANN). Charakteristisch für die Prosa des E. ist einerseits die Aufnahme der typischen ‹expressionistischen› Themen (Sprachskepsis, Wissenschafts- und Bürgerkritik, Entfremdung, Wahnsinn) [132], andererseits das Experimentieren mit Sprach- und Bewußtseinsformen. Am Beginn der expressionistischen Prosa steht deshalb der zwischen 1906 und 1909 geschriebene Roman ‹Bebuquin› von C. EINSTEIN, in dem mit den Handlungssequenzen und der Psychologie der Figuren auch die Struktur der Sprache und die Bedeutung semantischer Einheiten zerstört sind. Die Aufhebung und Verunsicherung der auktorialen Instanz oder der Ich-Perspektive, die Verrätselung von Wirklichkeit durch die Ambiguität erzählerischer Signale sowie die Darstellung sprachlich und gegenständlich deformierter Realität sind die Kennzeichen dieser und anderer expressionistischer Prosa: G. BENNS ‹Rönne›-Novellen, G. HEYMS ‹Der Irre›, A. DÖBLINS ‹Die Ermordung einer Butterblume›, A. EHRENSTEINS ‹Tubutsch› und C. STERNHEIMS ‹Busekow›. Auch in der erzählenden Literatur jedoch behält der E. seine Doppelgesichtigkeit. Während die bewußtseinskritische Prosa in den Erzählungen KAFKAS zur Vieldeutigkeit der Parabel [133] und damit zur Desorientierung des Lesers [134] führt, wird in anderen Erzählungen der ‹Neue Mensch› ausgerufen. Utopisches und vitalistisches Pathos verherrlicht den aktionistischen Aufbruch zivilisationsmüder Helden in ein romantisch verklärtes ‹Leben› ohne Reflexion und Sozialität (K. EDSCHMID: ‹Die sechs Mündungen›.) Die gesellschaftskritische und revolutionäre Prosa im Gefolge des Ersten Weltkriegs [135] bleibt nicht selten abstrakt und verfällt in «predigthafte Rhetorik» [136]; ihre eindeutige Zugehörigkeit zum E. beginnt sich zunehmend aufzulösen. Gleichzeitig setzen sich die ‹expressionistischen› Anfänge vieler Autoren in ambitionierten Romanprojekten fort. Mit der Destruktion traditioneller Erzählkonzepte initiiert auch der E. die moderne ‹Romankrise› des 20. Jh. [137] und bereitet die großen Romanexperimente der deutschen literarischen Moderne vor: DÖBLINS ‹Berlin Alexanderplatz›, KAFKAS ‹Der Prozeß› und ‹Das Schloß›, MUSILS ‹Mann ohne Eigenschaften›, BROCHS ‹Die Schafwandler›.

III. Um das Jahr 1920 mehren sich die Stimmen, die das ‹*Ende des E.*› ausrufen. [138] Während die E. von seinen Gegnern schon als ‹Krankheit› und als ‹pathologisch› denunziert wurde [139], werfen ihm die der Bewegung selbst zugehörigen Autoren Erschöpfungssymptome und das Abgleiten in Kulturindustrie und Kunstgewerbe vor. «Was damals als Gebärde kühn schien, ist heute Gewohnheit. Der Vorstoß von vorgestern ist die Allüre von gestern und das Gähnen von heute geworden.» (K. EDSCHMID) [140] W. WORRINGER diagnostiziert 1920 die Diskrepanz von expressionistischem Anspruch und kläglichem Ergebnis: «ein bloßer neuer Antrieb zu einem gesteigerten Raffinement der kunstgewerblichen Mache». [141] Auffallend ist, daß sowohl die ersten Gegner als auch die spätexpressionistischen Kritiker selbst ihre Attacken gegen die Bewegung mit den Instrumenten der Rhetorik-Kritik bestreiten und damit den ästhetisch-rhetorischen Grundzug des E. erneut unterstreichen. Die vermeintlich «schöpferische Sprachkunst» des E. habe sich als «gräßliche Wortvermanschung» [142] entpuppt; der von den Expressionisten beschworene metaphysische und gesellschaftliche Aufbruch sei bei einem substanzlosen «Ausdruckstaumel» [143] angelangt. S. GEORGE faßt diese Rhetorik-Kritik zusammen, wenn er sowohl die Suggestion expressionistischer Überredungskunst – «[...] die anstrengung sich durch die eigenen schreie in etwas einzureden was nicht vorhanden ist» – als auch das Verlangen nach Öffentlichkeit in den

Blick rückt: «Tiefster schmerz deutet sich auch nicht an durch ausstoßen von wehlauten auf offenem markt [...].» [144] Als explizite Selbstkritik versteht F. WERFEL seine «Notiz zu einer Poetik», den Essay ‹Substantiv und Verbum›, in dem er sich gegen das expressionistische Pathos wendet: Die «tiefste Gefahr des Pathetischen, die Entwurzelung» [145] nehme der Dichtung das beziehungsvolle Maß und zerstöre den dichterischen Raum durch willkürliche Assoziation und Abstraktion. Während Werfel also den expressionistischen Stil vom «Pathos» der Affekte auf die mittlere Stillage und das rhetorische *Ethos* zurückschrauben will, um auf diese Weise das «bös Rhetorische» [146] zu bannen, entlarvt R. MUSIL die inhaltlose Rhetorik des E., die sich große Themen zum Ziel setzt und dabei nur «Ideen anbellen» [147] kann. Die angestrengte Einheit von ästhetischer und gesellschaftlicher Revolution, von Kunst und Leben, in deren Zeichen der E. begann, zeigt sich nun - zu einer Zeit, als der E. längst Mode geworden war - als rein ästhetisches und rhetorisches Phänomen. Wenn W. WORRINGER von einer bloßen «Fiktion» [148], B. BRECHT von einer «Revolte der Kunst gegen das Leben» [149], E. UTITZ vom expressionistischen «Autismus» [150] spricht, so bringt diese späte, aus völlig unterschiedlichen Richtungen kommende E.-Kritik nur die im E. von vornherein wirksame implizite Verselbständigung ästhetischer und rhetorischer Energien zum Ausdruck. Die gleichsam leerlaufenden Diskurse des E. werden als *nur* ästhetisch kritisiert, als «Enthusiasmusliteratur» [151], in der das Erhabene und die pathetische Sprache der Affekte sich als bloße Ansammlung rhetorischer Figuren zu erkennen geben. Kritik und Selbstkritik des E. offenbaren hierin jedoch nur eine Selbstreflexion der ästhetischen Moderne. Die zur «Überwindung des Expressionismus» um 1925 ausgerufene Besinnung auf eine neue Ethik, eine neue «demütige Achtung vor dem Gegebenen» [152], mag zwar die kulturpolitische Aktualität der 20er Jahre beanspruchen, kann jedoch die in Deutschland mit dem E. zum ersten Mal freigesetzten Impulse der ästhetischen Avantgarde-Bewegungen keineswegs mehr aufheben.

IV. Um den Stellenwert der modernen Kunst und der Avantgarde-Bewegung geht es auch in der *E.-Debatte* der marxistischen Ästhetik-Diskussion, die in den Jahren 1937/38 vor allem in der Moskauer Exilzeitschrift ‹Das Wort› geführt wird. Wenn G. LUKACS und A. KURELLA in der Auseinandersetzung um ‹Realismus› und ‹Formalismus› den E. als Dekadenz-Phänomen - «Zersetzung» [153], «Leere» und «Inhaltslosigkeit» [154] - zu entlarven suchen, greifen sie dabei ebenfalls auf traditionelle Topoi der Rhetorik-Kritik zurück. Lukács sieht in der "pathetisch-leeren" Tendenz des E. [155] lediglich eine «von der Gegenständlichkeit der objektiven Wirklichkeit sich loslösende Sprache» und attackiert deren «blecherne "Monumentalität"». [156] Kurella kritisiert die expressionistischen Sprachexperimente als «kläglich geleimtes Gerümpel», dem jegliche inhaltliche Substanz fehle: «Substantive [...] aneinandergepappt». [157] Einen Verteidiger der *Montage* hingegen findet der E. in E. BLOCH, der in den expressionistischen «Zersetzungen des Oberflächenzusammenhangs» [158] gerade das verborgene «Humane» des E. erkennt: «Der Expressionismus umkreiste fast ausschließlich Menschliches und die Ausdrucksform seines Inkognito». [159] B. BRECHT schließlich löst die Debatte aus der starren Gegenüberstellung von realistischer und formalistischer Kunst, indem er das rigide Festhalten am ‹Realismus› des 19. Jh.

als «Inhaltismus» [160] ironisiert und den Einsatz ‹formaler› ästhetischer Mittel in eine wirkungsästhetische Perspektive überführt: «Daß man Empörung über unmenschliche Zustände auf vielerlei Arten erwecken kann, durch die direkte Schilderung in pathetischer und in sachlicher Weise, durch die Erzählung von Fabeln und Gleichnissen, in Witzen, mit Über- und Untertreibung.» [161] Wenn Brecht hier die Debatte um den E. wieder auf dessen rhetorische Impulse und Strategien (Pathos, Hyperbolismus) zurückführt und damit die Frage nach dem Zusammenhang von Avantgarde, Wirkungsästhetik [162] und Rhetorik neu zu stellen vermag, beginnt sich zugleich auch die Wirkungsgeschichte des E. - und seiner Rhetorik - abzuzeichnen: Sie führt von der Studentenbewegung um 1968, die mit ihrer Pathetik und ihrem inszenierten Chaos durchaus an den Generationenkonflikt der expressionistischen Revolte erinnert [163], über die ‹Ausdrucksfülle› der sog. ‹Neuen Wilden› in der deutschen Malerei der 80er Jahre [164] bis zur aktuellen Beschwörung expressionistischer Untergangsvisionen für die Endzeitgefühle des 20. Jh. [165]. Die sprachlichen und rhetorischen Experimente des E. sind damit längst noch nicht am Ende: In ihnen lägen - so die jüngsten Thesen - Ansätze zu einer ‹postmodernen› [166] bzw. ‹dekonstruktiven› [167] Überwindung der Moderne.

Anmerkungen:
1 vgl. U. Weisstein: L'expressionnisme allemand, in: J. Weisgerber (Hg.): Les Avant-Gardes littéraires au XXe siècle, Bd. 1 (Budapest 1984) 217-238. - **2** vgl. H. Kreuzer: «The Expressionists». Ein wortgesch. Hinweis, in: Mh. (Wisconsin) 56 (1964) 336f.; A. Arnold: Die Lit. des E. Sprachliche und thematische Quellen (1966) 9-15. - **3** Zit. Arnold [2] 9. - **4** W. Worringer: Entwicklungsgeschichtliches zur modernen Kunst, in: E. Manifeste und Dokumente zur dt. Lit. 1910-1920, hg. von T. Anz und M. Stark (1982) 19-23. - **5** vgl. V. Pfirsich: «Der Sturm». Eine Monographie (1985). - **6** W. Heymann: Berliner Sezession 1911, T. IV, in: Der Sturm 2 (1911/12) 543. - **7** F. Marc: Die «Wilden» Deutschlands, in: Der Blaue Reiter, hg. von F. Marc und W. Kandinsky (1912) 4-7. - **8** K. Edschmid: E. in der Dichtung (1914), in: Manifeste [4] 42-55, 46. - **9** J. Hermand: E. als Revolution, in: ders.: Von Mainz bis Weimar. (1793-1919). Stud. zur dt. Lit. (1969) 298-355. - **10** vgl. P. Pörtner: Was heißt «E.»? In: H. G. Rötzer (Hg.): Begriffsbestimmung des lit. E. (1976) 212-226. - **11** K. Hiller: Die Jüngst-Berliner, in: Manifeste [4] 33-36, 35. - **12** T. Torsi [I. Goll]: Vorwort zu dem Gedichtband ‹Films›, in: Manifeste [4] 37. - **13** ebd. - **14** R. Müller-Freienfels: Die Lit. um 1915 (Der sogenannte E.), zit. Manifeste [4] 29. - **15** Hiller [11] 34. - **16** P. Hatvani: Versuch über den E., in: Die Aktion 7 (1917) 146-150, 146. - **17** Edschmid [8] 56. - **18** vgl. P. Raabe (Hg.): Der Ausgang des E. (1966). - **19** A. Soergel: Dichtung und Dichter der Zeit. Neue Folge. Im Banne des E. (1925); F. J. Schneider: Der expressive Mensch und die dt. Lyrik der Gegenwart (1927); B. Diebold: Anarchie im Drama. Kritik und Darst. der modernen Dramatik ([4]1928); F. Paulsen: E. und Aktivismus. Eine typologische Untersuchung (1935); E. Utitz: Die Überwindung des E. (1927). - **20** vgl. W. Rasch: Was ist E., in: Akzente 3 (1956) 368-373. - **21** U. Weisstein: E. Style or ‹Weltanschauung›? In: U. Weisstein (Hg.): E. as an International Phenomenon. 21 Essays and a Bibliography (Paris/Budapest 1973) 29-44. - **22** P. U. Hohendahl: Das Bild der bürgerlichen Welt im expressionistischen Drama (1967). - **23** R. H. Thomas: Das Ich und die Welt: E. und Ges., in: W. Rothe: E. als Lit. Gesamml. Stud. (1969) 19-36. - **24** T. Anz: Lit. der Existenz. Lit. Psychopathologie und ihre soziale Bedeutung im Frühexpressionismus (1977). - **25** H. Korte: Der Krieg in der Lyrik des E. Stud. zur Evolution eines lit. Themas (1981). - **26** S. Vietta, H.-G. Kemper: E. ([4]1990). - **27** T. Däubler: E., in: O. F. Best (Hg.): Theorie des E. (1976) 51-53, 51. - **28** P. Hatvani: Versuch über den E., in: Manifeste [4] 38-42, 41. - **29** F. Clement: Die Dichtung einer

neuen Generation, in: P. Pörtner (Hg.): Lit.-Revolution 1910–1925. Dokumente. Manifeste. Programme, Bd. II: Zur Begriffsbestimmung der Ismen (1961) 241–245, 242. – **30** Arnold [2] 62ff.; G. Martens: Nietzsches Wirkung im E., in: B. Hillebrand (Hg.): Nietzsche und die dt. Lit., Bd. 2 (1978) 35–82. – **31** vgl. H. Ball: Die Kunst unserer Tage, in: Pörtner [29] Bd. I: Zur Ästhetik und Poetik (1961) 136–140, 136f. – **32** Vietta, Kemper [26] 186ff. – **33** D. Kellner: Expressionist Lit. and the Dream of the «New Man», in: S. E. Bronner, D. Kellner: Passion and Rebellion. The Expressionist Heritage (South Hadley 1983) 166–200. – **34** B. D. Wright: Sublime Ambition: Art, Politics and Ethical Idealism in the Cultural Journals of German Expressionism, in: Bronner, Kellner [33] 82–112. – **35** Ball [31] 139; vgl. G. Perkins: Contemporary Theory of Expressionism (1974) 93ff. – **36** P. Fechter: Der E. (1914) 21. – **37** L. Rubiner: Der Dichter greift in die Politik, in: ders.: Künstler bauen Barrikaden. Texte und Manifeste 1908–1919, hg. von W. Haug (1988) 61–73, 61. – **38** Clement [29] 244. – **39** ebd. – **40** W. Worringer: Abstraktion und Einfühlung. Ein Beitrag zur Stilpsychologie (1976). – **41** ebd. 36. – **42** ebd. 63. – **43** ebd. 36. – **44** ebd. 51. – **45** ebd. 72. – **46** ebd. 87ff. – **47** ebd. 47. – **48** ebd. 116. – **49** ebd. 62. – **50** W. Kandinsky: Über das Geistige in der Kunst (Bern [4]1956) 45. – **51** Worringer [40] 49. – **52** vgl. W. Worringer: Künstlerische Zukunftsfragen (1916). – **53** H. Jaumann: Die dt. Barocklit. Wertung – Umwertung. Eine wertungsgesch. Stud. in systemat. Absicht (1975) 477. – **54** P. Raabe: E. und Barock, in: K. Garber (Hg.): Europäische Barock-Rezeption, Bd. 1 (1991) 675–682. – **55** W. Worringer: Formprobleme der Gotik (1911). – **56** O. Walzel: Barockdichtung von heute, in: Neue Rundschau 1914, 913–926; ders.: Wechselseitige Erhellung der Künste (1917). – **57** H. Wölfflin: Kunstgesch. Grundbegriffe. Das Problem der Stilentwicklung in der neueren Kunst (1915). – **58** F. Strich: Der lyrische Stil des 17. Jh., in: FS Franz Muncker (1916) 21–53. – **59** A. Hübscher: Barock als Gestaltung antithetischen Lebensgefühls. Grundlegung einer Phaseologie der Geistesgesch., in: Euph 24 (1922) 517–562, 759–805. – **60** Schneider [19]. – **61** vgl. Fechter [36] 33; H. Bahr: E. (1916) 118f. – **62** G. Luther: Barocker E.? Zur Problematik der Beziehung zwischen der Bildlichkeit expressionistischer und barocker Lyrik (The Hague/Paris 1969). – **63** W. Benjamin: Ursprung des dt. Trauerspiels ([2]1982) 36. – **64** M. Windfuhr: Die barocke Bildlichkeit und ihre Kritiker. Stilhaltungen in der dt. Lit. des 17. und 18. Jh. (1966) 201ff. – **65** O. Walzel: Eindruckskunst und Ausdruckskunst in der Dichtung ([2]1920). – **66** W. Barner: Nietzsches lit. Barockbegriff, in: ders. (Hg.): Der lit. Barockbegriff (1975) 568–591. – **67** F. Nietzsche: Rhet. (Vorlesung Sommer 1874), Musarion-Ausgabe, Bd. 5 (1922) 285–319, 298. – **68** F. Nietzsche: Über Wahrheit und Lüge im außermoralischen Sinn, in: G. Colli, M. Montinari (Hg.): F. Nietzsche: Sämtl. Werke. Krit. Studienausg. Bd. 1 ([2]1988) 880f. – **69** O. Pander: Revolution der Sprache, in: Manifeste [4] 612f. – **70** ebd. 612. – **71** ebd. 613. – **72** ebd. – **73** ebd. – **74** vgl. K.-H. Göttert: Einf. in die Rhet. Grundbegriffe – Gesch. – Rezeption (1991) 194ff. – **75** S. Zweig: Das neue Pathos, in: Manifeste [4] 575–578, 575. – **76** L. Rubiner: Aufruf an Literaten, in: Die Aktion 3 (1913) 1175–1180, 1175. – **77** Zweig [75] 577. – **78** P. Bürger: Theorie der Avantgarde (1974). – **79** Zweig [75] 576. – **80** R. Leonhard: Aeonen des Fegefeuers. Aphorismen, zit. Manifeste [4] 583. – **81** ebd. – **82** vgl. Arnold [2] 16ff.; H. Schmidt-Bergmann: Die Anfänge der lit. Avantgarde in Deutschland – Über Anverwandlung und Abwehr des ital. Futurismus (1992). – **83** F. T. Marinetti: Die futuristische Lit. Technisches Manifest, in: Manifeste [4] 604–610, 604. – **84** ebd. 607. – **85** ebd. 608. – **86** A. Döblin: Futuristische Worttechnik. Offener Brief an F. T. Marinetti, in: Pörtner [29] 63–69, 63. – **87** I. Goll: Das Wort an sich. Versuch einer neuen Poetik, in: Manifeste [4] 613–617. – **88** vgl. M. Godé: «Der Sturm» de Herwarth Walden ou l'utopie d'un art autonome (Nancy 1990). – **89** L. Schreyer: Expressionistische Dichtung, in: Manifeste [4]. 623–629, 626, 627. – **90** ebd. 628. – **91** ebd. – **92** E. Philipp: Dadaismus. Einf. in den lit. Dadaismus und die Wortkunst des «Sturm»-Kreises (1980). – **93** K. Pinthus: Rede an junge Dichter, in: K. Otten (Hg.): Ahnung und Aufbruch. Expressionistische Prosa (1957) 41–54, 45. – **94** A. Kaes: Probleme einer lit. Funktionsgesch. Zum Publikumsbegriff der Expressionisten, in: Erkennen und Deuten. Essays zur Lit. und Lit.-Theorie. E. Lohner in memoriam, (1983) 243–253; P. Sprengel: Institutionalisierung der Moderne: Herwarth Walden und «Der Sturm», in: ZDPh 110 (1991) 247–281. – **95** H. Gier: Die Entstehung des dt. E. und die antisymbolistische Reaktion in Frankreich. Die lit. Entwicklung Ernst Stadlers (1977) 144ff. – **96** H. Friedrich: Die Struktur der modernen Lyrik (1985) 22. – **97** G. Benn: E., in: Werke, hg. von D. Wellershoff, Bd. 3 (1969) 802–818, 805. – **98** vgl. die Kap. ‹Erweckung des Herzens› und ‹Liebe den Menschen› in: Menschheitsdämmerung. Symphonie jüngster Dichter, hg. von K. Pinthus (1955) 123–209, 279–329. – **99** vgl. E. Lohner: Expressionistische Lyrik, in: Rothe [23] 107–126. – **100** R. P. Newton: Form in the «Menschheitsdämmerung». A Study of Prosodic Elements and Style in German Expressionist Poetry (The Hague/Paris 1971). – **101** R. Brinkmann: ‹Abstrakte› Lyrik im E., in: H. Steffen (Hg.): Der dt. E. Formen und Gestalten (1965) 88–114. – **102** B. Hillebrand: E. als Anspruch. Zur Theorie der expressionistischen Lyrik, in: ZDPh 96 (1977) 234–269, 266. – **103** Vietta, Kemper [26] 30ff. – **104** ebd. 61ff. – **105** ebd. 188ff. – **106** Diebold [19] 35. – **107** vgl. Pinthus [93] 49. – **108** E. Fischer-Lichte: Gesch. des Dramas, Bd. 2 (1990) 163ff. – **109** H. Ball: Das Münchner Künstlertheater (Eine prinzipielle Beleuchtung), zit. Manifeste [4] 544. – **110** W. Kandinsky: Über Bühnenkomposition, in: Der Blaue Reiter [7] 103–113. – **111** W. Rheiner: E. und Schauspiel, in: Pörtner [29] Bd. II 278–280. – **112** W. v. Hollander: E. des Schauspielers, in: Pörtner [29] Bd. II 239f. – **113** Rheiner [111] 279f. – **114** R. Murphy: The Poetics of Hysteria. Expressionist Drama and the Melodramatic Imagination, in: GRM 40 (1990) 156–170. – **115** E. Lämmert: Das expressionistische Verkündigungsdrama, in: Steffen [101] 138–156. – **116** H. Denkler: Drama des E. Programm. Spieltext. Theater ([2]1979) 65. – **117** W. Hasenclever: Das Theater von Morgen, in: Pörtner [29] Bd. I 352–354, 354. – **118** K. Siebenhaar: Klänge aus Utopia. Zeitkritik, Wandlung und Utopie in expressionistischen Drama (1982). – **119** J. Hermand: Oedipus lost: Oder der im Massenerleben der Zwanziger Jahre 'aufgehobene' Vater-Sohn-Konflikt des E., in: R. Grimm, J. Hermand (Hg.): Die sogenannten Zwanziger Jahre. First Wisconsin Workshop (1970) 203–224. – **120** P. Szondi: Theorie des modernen Dramas 1880–1950 (1963) 105ff. – **121** R. Huelsenbeck: Der neue Mensch, in: Manifeste [4] 131–135, 131. – **122** P. Invernel: L'abstraction et l'inflation tragiques dans le théâtre expressionniste allemand, in: L'Expressionnisme dans le théâtre européen (Paris 1971) 77–91. – **123** V. Zmegač: Zur Poetik des expressionistischen Dramas, in: R. Grimm (Hg.): Dt. Dramentheorien II. Beiträge zu einer hist. Poetik des Dramas in Deutschland ([3]1983) 154–180, 172ff. – **124** W. H. Sokel: Dialogführung und Dialog im expressionistischen Drama. Ein Beitrag zur Bestimmung des Begriffs 'expressionistisch' im dt. Drama, in: W. Paulsen (Hg.): Aspekte des E. Periodisierung. Stil. Gedankenwelt (1968) 59–84, 73. – **125** ebd. 74ff. – **126** Zweig [75] 576. – **127** A. Wolfenstein: Das Theater inmitten der Kunstwandlung, in: Die Neue Schaubühne 3 (1921) 1–5, 2. – **128** vgl. B. D. Webb: The Demise of the «New Man». An Analysis of two Plays from late German E. (1973) 160ff. – **129** Arnold [2] 146ff. – **130** H.-J. Knobloch: Das Ende des E. Von der Tragödie zur Komödie (Bern 1975). – **131** Otten [93]; F. Martini (Hg.): Prosa des E. (1970). – **132** W. Krull: Prosa des E. (1984) 17ff. – **133** W. F. Sokel: Die Prosa des E., in: Rothe [23] 153–170, 163. – **134** Vietta, Kemper [26] 286ff. – **135** Krull [132] 68ff. – **136** Sokel [133] 163. – **137** D. Scheunemann: Romankrise. Die Entstehungsgesch. der modernen Romanpoetik in Deutschland (1978). – **138** R. Kayser: Das Ende des E., in: Pörtner [29] Bd. II 318–324. – **139** Manifeste [4] 78ff. – **140** K. Edschmid: Stand des E., in: Manifeste [4] 101–104, 101. – **141** W. Worringer: Künstlerische Zeitfragen (1921) 19. – **142** W. Meier. E. und Sprachwissen, zit. Manifeste [4] 602. – **143** F. Gundolf: S. George und der E., in: Manifeste [4] 92–95, 93. – **144** S. George: Tage und Taten. Aufzeichnungen und Skizzen (1933) 87. – **145** F. Werfel: Substantiv und Verbum, in: Pörtner [29] Bd. I 182–188, 187. – **146** ebd. – **147** R. Musil: GW., hg. von A. Frisé, Bd. II (1978) 1097. – **148** Worringer [141] 11. – **149** B. Brecht: Schr. zum Theater, Bd. 3 (1968) 89. – **150** Utitz [19] 189. – **151** L. Matthias: Zur Krisis, in: Pörtner [29] Bd. II 345. – **152** Utitz [19] 43. –

153 B. Ziegler (A. Kurella): «Nun ist dies Erbe zuende...», in: Die E.-Debatte. Materialien zu einer marxistischen Realismuskonzeption, hg. von H.-J. Schmitt (1973) 50–60, 59. – **154** G. Lukács: «Größe und Verfall» des E. (1934), in: Probleme des Realismus, Bd. 4 (1971) 109–149, 143. – **155** ebd. 148. – **156** ebd. 145f. – **157** Ziegler [153] 57. – **158** E. Bloch: Diskussionen über E., in: E.-Debatte [153] 180–191, 186. – **159** ebd. 189. – **160** ebd. 328. – **161** ebd. 333. – **162** vgl. H. Turk: Wirkungsästhetik: Aristoteles, Lessing, Schiller, Brecht. Theorie und Praxis einer politischen Hermeneutik, in: Jb. der dt. Schillerges. 17 (1974) 519–531. – **163** W. H. Sokel: Expressionism from a Contemporary Perspective, in: Erkennen und Deuten [94] 228–242. – **164** H. Klotz: Die Neuen Wilden in Berlin (1984). – **165** P. Schünemann: Rückkehr in die Zukunft. Skizzen zum E., in: Neue Rundschau 102 (1991) 159–169. – **166** J. Schulte-Sasse: Carl Einstein; or, The Postmodern Transformation of Modernism, in: A. Huyssen, D. Bathrick (Ed.): Modernity and the Text. Revisions of German Modernism (Columbia 1989) 36–59. – **167** R. Sheppard: The Poetry of August Stramm – A suitable Case for Deconstruction, in: R. Sheppard (Ed.): New Ways in Germanistik (New York/Oxford/München 1990) 211–242.

Literaturhinweise:
W. H. Sokel: The Writer in Extremis (Stanford 1959). – R. Brinkmann: E. Forschungsprobleme 1952–1960 (1961). – I. et P. Garnier: L'E. allemand (Paris 1962). – P. Chiarini: L'E.: storia e struttura (Florenz 1969). – H. Thomke: Hymnische Dichtung im E. (1972). – C. Eykman: Denk- und Stilformen des E. (1974). – E. Kolinsky: Engagierter E. Politik und Lit. zwischen Weltkrieg und Weimarer Republik (1974). – R. Hamann, J. Hermand: Epochen dt. Kultur von 1870 bis zur Gegenwart, Bd. 5, E. (1977). – G. P. Knapp: Die Lit. des dt. E. (1979). – R. Brinkmann: E. Int. Forschung zu einem int. Phänomen (1980). – H. Meixner, S. Vietta (Hg.): E. – sozialer Wandel und künstlerische Erfahrung (1982). – B. Hüppauf (Hg.): E. und Kulturkrise (1983). – R. Sheppard (Hg.): E. in focus (Blairgowrie 1987).

W. Erhart

→ Affektenlehre → Angemessenheit → Barock → Dekadenz → Dichter → Drama → Erhabene, das → Evidentia, Evidenz → Hyperbel → Lyrik → Manierismus → Moderne, Modernität → Montage → Movere → Naturalismus → Pathos → Postmoderne → Revolutionsrhetorik → Rhetorica contra rhetoricam → Theater → Tragödie

Exprobratio (dt. Vorwurf)
A. Das semantische Feld des Begriffs ‹E.› umfaßt zweierlei Bedeutungen, zum einen den ‹Vorwurf›, zum anderen die ‹Beleidigung›. In ihrer terminologischen Verwendung ist die E. von den unterschiedlichen Phasen der Wortgeschichte gekennzeichnet. Während sich der Begriff in der Antike auf den vom Redner an den Gegner gerichteten Vorwurf bezieht und sowohl den Akt als auch die sprachliche Äußerung desselben meint [1], dient der Begriff im Mittelalter – zusammen mit einer langen Reihe von Synonymen wie ‹contumelia›, ‹convicium›, ‹improperium›, ‹opprobrium›, ‹vituperium›, ‹iniuria› und ‹calumnia› – dazu, die Beleidigung zu bezeichnen. In der Renaissance erscheint E. dann, synonym zum ‹Onedismus› (von griech. ὄνειδος, óneidos; dt. Vorwurf, Tadel), explizit als rhetorische Figur.
B. Bei QUINTILIAN erhält der Begriff erstmals eine ‹technische› Bedeutung in Bezug auf die Redekunst. Er stellt die E. als eine Form des Tadels neben die Kriterien der Überzeugungskraft und der realistischen Darstellung [2] und unterstreicht die enge Beziehung derselben zur *Ironie*, indem er die E. mit dem Verfahren gleichsetzt, das eine stillschweigende Verurteilung der Anmaßung des Gegners ausdrückt: «Hinc etiam ille maior ad concitandum odium nasci adfectus solet, cum hoc ipso, quod nos adversariis summittimus, intellegitur tacita inpotentiae exprobratio.» (Hier entspringt gewöhnlich auch die Gefühlswirkung, die den Haß stärker schürt, wenn gerade in dem, worin wir uns der Gegenseite beugen, der stillschweigende Vorwurf gegen ihre Maßlosigkeit kenntlich wird.) [3] Andere Belegstellen bei Quintilian zeigen eine weitere technische Bedeutung auf. Dort wird der Begriff nicht auf bestimmte zu tadelnde Handlungen oder Vergehen bezogen, sondern der Ausdruck definiert, in einem absoluten Sinne gebraucht, als Akt des Tadelns im allgemeinen. [4] Aufschlußreich sind in dieser Hinsicht die Bezüge der E. zum Vortrag, d. h. zur Betonung [5], zum Klang der Stimme [6] und zu den Gesten. [7]

Im *Mittelalter* versteht man unter ‹E.› eine verbale, gegen den Nächsten gerichtete Beleidigung, die in der von Disziplin und sprachlicher Ethik geprägten Epoche zu den «Sünden durch das Wort» gerechnet wird. [8] Inhalt der E. ist immer das Böse, Sündhafte, Verbrecherische oder Entehrende. Durch das Spiel der Unterscheidungen, einem bevorzugten Thema der hochentwickelten scholastischen Analyse, wird dieser Inhalt verdeutlicht und eingeschränkt. RUDOLF VON EMS faßt ‹contumelia› und ‹convicium› in der Definition der «exprobratio peccati» zusammen, unterscheidet sie aber zugleich von der Zuschreibung einer falschen Schuld (‹calumnia›) oder der haltlosen Anschuldigung («quaerere nodum in scirpa»). [9] Das von einem anderen begangene Böse wird im Mund dessen, der dies offen und direkt denunziert, zur Beleidigung. Dieser Aspekt der Öffentlichkeit stellt das zweite Kennzeichen der E. dar. Im Gegensatz zur Verleumdung, die sich gegen den anderen richtet, ohne daß dieser sich dessen bewußt ist, stellt die E. einen frontalen Angriff dar, indem sie öffentlich die Schuld des Gegenübers verkündet. Im Gegensatz zum beleidigenden Kraftausdruck oder zur Verfluchung setzt sie unbedingt ein Publikum voraus, und sei es nur einen einzigen Zuhörer. Ein weiteres Element, das teilweise in den Definitionen durchscheint und der Analyse der E. Substanz verleiht, besteht in der eindeutig aggressiven Bedeutung, die diese enthält, und in der Beziehung zum Zorn, der seit GREGOR DEM GROSSEN als ihr Urheber angesehen wird. [10]

Am Ende der *Renaissance* taucht die E. in H. PEACHAMS ‹Garden of Eloquence› auf, wo sie unter den Begriff ‹Onedismus› gefaßt und zu den ‹figures of exclamation› gezählt wird: «Onedismus, von den Lateinern Exprobratio genannt, ist eine Sprachform, bei der der Sprecher seinem Gegner Undankbarkeit und Gottlosigkeit vorwirft.» [11] In der *Moderne* schließlich ist die E. Teil der Appellfunktion der Rede, ohne jedoch als autonome Redefigur zu gelten.

Anmerkungen:
1 vgl. Cicero, In Verrem II, 5, 50, 132; vgl. Cic. De or. II, 75, 305. – **2** vgl. Quint. IV, 2, 124. – **3** Quint. VI, 2, 16. – **4** Quint. VI, 3, 94. – **5** Quint. XI, 3, 176. – **6** vgl. Quint. XI, 3, 16. – **7** vgl. Quint. XI, 3, 92ff. **8** vgl. Rudolf von Ems, Speculum universale IX–XIV (Paris B. N.) c. lat. 3240, XIII, f. 173; vgl. Vinzenz von Beauvais, Speculum doctrinale, in: Vincentii Burgundi Praesulis Bellovacensis Speculum Maius (Douai 1624) IV, CLXXII, 399. – **9** Rudolf von Ems [8] XIII, f. 173 und f. 174. – **10** vgl. Hugo von St. Viktor: De fructibus carnis et spiritus in: PL 176, Sp. 1000. – **11** H. Peacham: The Garden of Eloquence (London ²1593; ND Gainesville, Flor. 1954) 73f.

Literaturhinweise:
C. Casagrande, S. Vecchio: I peccati della lingua. Disciplina ed etica della parola nella cultura medievale (Rom 1987).
R. Valenti / A. Ka.

→ Accusatio → Ethik → Ethos → Exclamatio → Exsecratio → Figurenlehre → Gedankenfigur

Exsecratio (lat. auch imprecatio; griech. ἀρά, ará; dt. Verwünschung; engl. imprecation; frz. imprécation; ital. esecrazione, imprecazione)

A. Der Begriff ‹E.› (oft auch nur ‹execratio›) ist die substantivierte Form des lateinischen Verbums ‹exsecrari› (‹verwünschen, verfluchen›) und bezeichnet in der rhetorischen Terminologie eine Gedankenfigur: das Verfluchen oder Verwünschen einer Person oder Sache. [1] Die E. ist in der Regel mit der Figur der *exclamatio* (Ausruf) verbunden und bildet ein typisches Element der Schimpf- bzw. Tadelrede. Ihr Gebrauch zeigt den Redner im Zustand höchster Wut oder Verzweiflung und hat in der Wirkungsfunktion des *movere* die Aufgabe, den Affekt auf das Publikum zu übertragen. In der Bibel (besonders im AT) ist die E. häufig anzutreffen, z. B. in dem Fluch Gottes, der Kain wegen des Mordes an seinem Bruder Abel trifft: «Verflucht seist du auf der Erde, die ihr Maul hat aufgetan und deines Bruders Blut von deinen Händen empfangen» (1. Mose 4,11). In der rednerischen Praxis wird sie aufgrund ihrer Stärke nur selten verwendet, häufiger dagegen im Drama; so kommt das Pathos der Figur in den gesellschafts- und religionskritischen Tendenzen des Sturm und Drang auf charakteristische Weise zur Geltung, etwa wenn Franz Moor in SCHILLERS ‹Die Räuber› auf die erbaulichen Reden des Pastors wutschnaubend erwidert: «Daß dich der Donner stumm mache, Lügengeist du! Ich will dir die verfluchte Zunge aus dem Mund reißen!»[2]

B. In der *Antike* ist der Begriff ‹E.› zuerst in CICEROS Dialog ‹De oratore› nachzuweisen. Cicero zählt sie als letzte Figur einer größeren Zahl von Gedankenfiguren («lumina sententiae») auf, die der Rede Glanz verleihen sollen («inlustrant orationem»). [3] Er hält sie dabei nicht für eine Form der *exclamatio*, da diese für ihn zu den Wortfiguren zählt. [4] QUINTILIAN führt die E. nicht als eigenständige Figur auf, sie gehöre vielmehr zu den Vorzügen des guten Ausdrucks selbst («virtutes orationis»), ohne die man sich in Wahrheit gar keine Rede vorstellen könne («sine iis nulla intellegi vere possit oratio»). [5] Leidenschaftliche Gefühlsbewegungen («adfectus») könne es nicht geben, «wenn man die freimütige und ungezügelte Äußerung, das Zürnen, Schelten, Wünschen und Verwünschen wegnimmt» («detracta voce libera et effrenatiore, iracundia, obiurgatione, optatione, exsecratione»). [6] Als Gedankenfiguren will Quintilian aber nur diejenigen Figuren ansehen, die von der einfachen Aussageweise abweichen («quae ab illo simplici modo indicandi recedunt»). [7] Pseudo-RUFINIANUS führt den griechischen Ausdruck ἀρά (ará) als Synonym für E. ein. [8] Er gibt aber keine Definition, sondern führt lediglich Beispiele aus Ciceros ‹Erster Rede gegen Verres› und Vergils ‹Aeneis› an: "«Mögen die Götter" – so ruft er – "wenn irgend der Himmel noch Liebe / hegt, die um solches sich sorgt, für so ein verruchtes Verbrechen / würdigen Dank dir zahlen, gebührenden Lohn dir verleihen / [...]"». [9] Läßt sich für die Antike die E. nur bei Cicero, Quintilian und Pseudo-Rufinianus nachweisen[10], so scheint der Begriff im *Mittelalter* überhaupt nicht gebräuchlich gewesen zu sein. [11]

In den Rhetoriken der *Renaissance* wird das Phänomen der E. als *imprecatio* bezeichnet. [12] P. MELANCHTHON und J. SUSENBROTUS erwähnen sie zusammen mit der *obtestatio* (Beschwörung), der *ominatio* (Weissagung) und der *adhortatio* (Ermahnung) bei der Behandlung der *exclamatio*, des rhetorisch-kunstgerechten Ausrufs. [13] Die englischen Abhandlungen der Zeit führen diese Entwicklung weiter. Wird bei A. FRAUNCE und G. PUTTENHAM die *imprecatio* noch als eine Form der *exclamatio* betrachtet [14], so erhält sie bei H. PEACHAM und R. SHERRY gar den Status einer eigenständigen Figur. [15] Peacham definiert: «Imprecatio, when we cursse and detest some person or thing» (Imprecatio. Wenn wir eine Person oder eine Sache verfluchen und verabscheuen). [16] C. SOAREZ kehrt dann wieder zur ursprünglichen Terminologie zurück: «Execratio est, qua malum alicui precamur» (Eine E. ist es, wenn wir irgendjemandem etwas Schlechtes wünschen). [17]

Während im *Barock* die E. anscheinend weitgehend unbekannt ist, taucht sie in den Rhetoriken des *18. Jh.* durchgängig als eigenständige Figur auf, etwa bei E. UHSE: «Execratio. Wenn man etwas verwünschet»[18] und im selben Sinne auch bei J. A. FABRICIUS, F. A. HALLBAUER oder D. PEUCER. [19] Hallbauer gibt ein anschauliches Beispiel: «Ein Bauer kauft von einem Marctschreyer ein Pacquet für achtzehn Pfennige: Merckt aber nach dem, daß er ein Bisgen zerriebenen Ziegel-Stein bekommen, und stimmt also an, ist das nicht eine verfluchte Spitzbüberey, armen Leuten das Geld so aus der Tasche zu locken. O du Land= und Leut= Betrüger! Ich wollte, daß du mit deiner Quacksalberey am Galgen wärest». [20] Auch GOTTSCHED erwähnt die E.; zusammen mit der *obsecratio* (Beschwörung) hält er sie für eine Art der *Apostrophe*. [21] J.C. ADELUNG schließlich verzichtet auf den lateinischen Begriff ‹E.› und spricht stattdessen von «Verwünschung und Verfluchung» als einer Figur «für die Gemüthsbewegung und Leidenschaft», die wegen ihres starken Affektgehaltes mit Vorsicht und nie ohne Vorbereitung des Publikums zu gebrauchen sei, «wenigstens nicht eher, als bis der Leser so weit erhitzt ist, daß er das Unmoralische dieser Figuren aus dem rechten Gesichtspunkte empfinde». [22] Seit dem *19. Jh.* läßt sich der Begriff ‹E.› im deutschsprachigen Raum nur noch vereinzelt nachweisen, so bei F. E. PETRI oder C. F. FALKMANN, der wiederum von ‹imprecatio› spricht. [23] H. LAUSBERG hat die Figur nicht verzeichnet, dagegen taucht sie in englischen, französischen oder italienischen Lehrbüchern der Rhetorik auch heute noch regelmäßig auf. H. MORIER charakterisiert ‹l'imprécation› anschaulich als «une figure noire». [24]

Anmerkungen:
1 vgl. K. E. Georges: Ausführl. lat.-dt. Handwtb. (⁹1951) 2607, s. v. ‹exsecror›; zum Fluch in der Antike vgl. Art. ‹Fluch›, in: LAW (1960) 986f.; Art. ‹exsecratio›, in: RE Suppl.-Bd. IV (1924) 454ff. – **2** F. Schiller: Die Räuber V, 1. – **3** Cic. De or. III, 205. – **4** ebd. III, 207; Cic. Or. 39, 135. – **5** Quint. IX, 2, 2. – **6** ebd. IX, 2, 3. – **7** ebd. IX, 2, 1. – **8** Ps.-Rufinianus: De figuris sententiarum et elocutionis § 15 in: Rhet. Lat. min. 42f. – **9** Vergil, Aeneis II, 535ff., übers. v. J. Götte (⁶1983) 79. – **10** vgl. Art. ‹exsecratio›, in: Thesaurus Linguae Latinae, Bd. 5, 2, 2 (1973) Sp. 1937; vgl. J.C.T. Ernesti: Lex. technologiae Latinorum rhetoricae (1797; ND 1962) 159; ders.: Lex. technologiae Graecorum rhetoricae (1795; ND 1962) 41. – **11** vgl. L. Arbusow: Colores rhetorici (²1963); E. Faral (ed.): Les arts poétiques du

XIIe et XIIIe siècle (Paris 1924; ND 1958). – **12** L. A. Sonnino: A Handbook to sixteenth-century Rhet. (London 1968) 89f. – **13** P. Melanchthon: Elementa rhetorices (1542) 115; J. Susenbrotus: Epitome troporum ac schematum et grammaticorum et rhetorum (1566) fol. 38^r; vgl. P. Mosellanus: Tabulae in schemata et tropos (1543) unpag.; «ordo secundus» der «Figurae tum vocabulorum, tum sententiarum». – **14** A. Fraunce: The Arcadian Rhetorike (1588), ed. E. Seaton (Oxford 1950) 63ff.; 73; G. Puttenham: The Arte of English Poesie (1589; ND Menston 1968) 177. – **15** H. Peacham: The Garden of Eloquence (1577; ND Menston 1971) 64; R. Sherry: A Treatise of Schemes and Tropes (1550; ND Gainesville 1961) 51. – **16** Peacham [15] 64. – **17** C. Soarez: De arte rhetorica libri tres (1590) 130. – **18** E. Uhse: Wohl-informierter Redner (1709; ND 1974) 45. – **19** vgl. J. A. Fabricius: Philos. Oratorie (1724; ND 1974) 197; vgl. F. A. Hallbauer: Anweisung zur verbesserten Teutschen Oratorie (1725; ND 1974) 489; vgl. D. Peucer: Anfangs-Gründe der Teutschen Oratorie (1739; ND 1974) 317. – **20** Hallbauer [19] 489. – **21** J. C. Gottsched: Ausführl. Redekunst (1736; ND 1974) 290. – **22** J. C. Adelung: Über den dt. Styl (1785; ND 1974) 474f. – **23** C. F. Falkmann: Pract. Rhet. oder: vollständiges Lehrbuch der dt. Redekunst Bd. 3 (1835) 198; vgl. F. E. Petri: Rhet. Wörter-Büchlein (1831) 81. – **24** H. Morier: Dictionnaire de Poétique et de Rhétorique (Paris 1961) 202; vgl. N. Frye u. a.: The Harper Handbook to Literature (New York 1985) 238; vgl. B. Mortara Garavelli: Manuale di Retorica (Mailand ^61992) 270.

D. Till

→ Affektenlehre → Exclamatio → Figurenlehre → Gedankenfigur → Iracundia → Obsecratio → Tadelrede → Tirade

Exzerpt (dt. Auszug; engl. excerpt, extract; frz. extrait; ital. estratto)
A. Das Wort ‹E.› bedeutet ‹Auszug› aus einem Schriftwerk und kommt von lat. ‹excerptum›, dem Partizip zu ‹excerpere›: herauspflücken, -nehmen, auswählen, schriftlich herausziehen. Im 17. Jh. wurde das deutsche Fremdwort aus dem Lateinischen entlehnt. [1] Stilistisch gesehen sind Telegrammstil oder gedrängter Nominalstil für das E. kennzeichnend. E. werden auch vielfach in Stichpunkten abgefaßt unter Verwendung von Zitaten bzw. Teilzitaten als Dokumenten. [2] Verwandt mit dem E. ist die *Epitome*, die zusammenfassende Wiedergabe des Gedankengangs einer umfangreichen Schrift. [3]
B. Schon in der *Antike* gehört das E. zu den wichtigsten Hilfsmitteln geistiger Produktion. PLINIUS D. J. charakterisiert seinen Onkel Plinius d. Ä., den berühmten Naturforscher, und dessen Arbeitsweise folgendermaßen: «Nach dem Essen [...] gönnte er sich ein wenig Erholung und legte sich in die Sonne, ließ sich ein Buch vorlesen, machte sich Notizen und exzerpierte einige Passagen. Er las nichts, was er nicht exzerpierte [...].» [4] Besonders wichtig ist das E. beim Schreiben von Büchern. CICERO erläutert in ‹De inventione›, wie er bei der Abfassung dieser Schrift vorging. Er richtete sich nicht nach einem Modell, das in allen Details wiederzugeben wäre, «sondern, nachdem ich alle Werke zusammengetragen hatte, exzerpierte ich, was die geeignetsten Vorschriften zu sein schienen» (sed, omnibus unum in locum coactis scriptoribus, quod quisque commodissime praecipere videbatur excerpimus [...]). [5] Das E. scheint auch Bestandteil des antiken Bildungswesens sowie speziell des Rhetorikunterrichts gewesen zu sein. QUINTILIAN hebt eine fragwürdige Seite der E.-Praxis hervor, wenn er vor Sorglosigkeit beim Bestimmen von rhetorischen Figuren warnt, die von den Schülern als Beispiele aus den Reden aufgeschrieben werden. [6]

Im *Mittelalter* werden die E. ‹excerpta› oder auch ‹flores› genannt; die heute geläufige Bezeichnung ‹Florilegium› (Blütensammlung) ist neuzeitlichen Ursprungs. [7] Die mittelalterlichen E. haben zunächst vor allem den Zweck der Aneignung antiker Literatur. EUGIPPIUS (6. Jh.) etwa bietet mit seinen ‹Excerpta ex operibus sancti Augustini› einen vereinfachten Zugang zu den Werken des Augustinus. Allerdings sind in den meisten sonst überlieferten Florilegien E. aus den Werken mehrerer Autoren versammelt. Neben patristischer wird auch profanantike Literatur exzerpiert. SEDULIUS SCOTUS und HEIRIC VON AUXERRE etwa stellen Florilegien aus den sog. ‹Dicta philosophorum› (Sammlungen von philosophischen Aussprüchen) zusammen, die besonders im späten Mittelalter der moralischen Unterweisung dienen. Florilegien werden außerdem von mittelalterlichen Dichtungen und Zitaten aus dem kanonischen Recht der Kirche angelegt. [8] E.-Sammlungen bleiben wegen ihres didaktischen Charakters auch in der Renaissance beliebt. [9] Als Beispiele können ALBRECHT VON EYBS ‹Margarita poetica› (1457) mit Musterstücken für Schriftsteller und Dichter und ERASMUS' ‹Adagiorum Collectanea› (1500) mit Sprichwörtern und Sentenzen gelten.

Der humanistische Schulbetrieb vermittelt die Technik des E. an die *Neuzeit*. Im Barock und der frühen Aufklärung kulminieren Arbeitsform und kulturelle Praxis des E. im sog. ‹Kollektaneen›-Wesen. «Dieses wird der Jugend in Schulen, als ein unvergleichliches Mittel zur Gelehrsamkeit recommendirt», schreibt HALLBAUER und kritisiert zugleich: «Daher verfallen manche in eine rechte Excerpir-Sucht», an deren Ende umfangreiche, aber oft unbrauchbare *miscellanea* und *collectanea* stünden. [10] Doch trotz dieser Auswüchse bleibt das E. auch in der Folgezeit ein wichtiges Mittel der Bildung. C. F. FALKMANN empfiehlt daher in seiner ‹Stylistik› von 1835: «Sehr nützlich wird es besonders für den künftigen Gelehrten sein, wenn er, auch ohne Aussicht auf eine bestimmte Anwendung, beim Lesen sich gewisse Sammlungen (Collectaneen, Excerpte) von Notizen jeder Art anlegt, sich Namen, Zahlen, Bücherstellen etc. aufzeichnet, von denen er bei seinem Studium vielleicht einmal Gebrauch machen zu können glaubt.» [11]

In der Gegenwart wird umsichtiges Exzerpieren besonders in der Ratgeberliteratur zum wissenschaftlichen Arbeiten propagiert. E. MEYER-KRENTLER schlägt in seinem Buch ‹Arbeitstechniken Literaturwissenschaft› das Anlegen einer E.-Kartei vor und plädiert für «Verständlichkeit» und «Genauigkeit» als Regeln des Exzerpierens. [12] – Daß auch in der Neuzeit das E. seinen Wert als Vorstufe des Bücherschreibens behalten hat, zeigt das Werk JEAN PAULS. Seine umfangreichen E.-Hefte haben der Nachwelt das Material aufbewahrt, aus dem in seinen Schriften satirischer Witz und überlegener, auch das Widersprüchliche integrierender Humor gespeist sind. [13]

Anmerkungen:
1 H. Schulz: Dt. Fremdwtb. Bd. 1 (1913) 197; H. Menge: Großwtb. Lat.-Dt. (^231988) 267. – **2** S. Krahl, J. Kurz: Kl. Wtb. der Stilkunde (1984) 48. – **3** vgl. H. Rahn: Art. ‹Epitome›, in: HWR Bd. II (1994) s. v. – **4** Plinius d. J., Ep. III, 5, 10. – **5** Cic. De inv. II, 4. – **6** Quint. IX, 1, 24. – **7** E. Rauner: Art. ‹Florilegium›, in: LMA Bd. IV (1989), Sp. 566. – **8** ebd. Sp. 566ff., 571 (T. Kölzer). – **9** ebd. Sp. 569. – **10** F. A. Hallbauer: Anweisung zur Verbesserten Teutschen Oratorie (1725; ND 1974) 289f. –

11 C. F. Falkmann: Stylistik (³1835) 13. – **12** E. Meyer-Krentler: Arbeitstechniken Literaturwiss. (²1992) 58ff., 63f. – **13** vgl. G. Müller: Jean Pauls E. (1988).

R. Jacob, F. H. Robling

→ Apophthegma → Brevitas → Epitome → Florilegium → Kollektaneen → Lehrbuch → Schreibunterricht

F

Fabel (griech. αἶνος, aínos; lat. apologus, fabula; engl., frz. fable; ital. favola)

A. Def. – B. Struktur, Intention, Publikum, Nachbargattungen. – C. I. Antike. – II. Mittelalter, Humanismus, Barock. – III. 18. Jh. – IV. 19. und 20. Jh.

A. Name und Begriff der ‹F.›, von lat. ‹fabula› (das ‹Erdichtete›), verwandt mit lat. ‹fari› (‹sprechen›), gelangt über altfrz. ‹fable› (‹Märchen›, ‹Erzählung›) Anfang des 13. Jh. ins Mittelhochdeutsche; als Gattungsbezeichnung ist der Begriff erst seit STEINHÖWELS ‹Äsop› (nach 1476) belegt; im Mittelalter wird für fabelartige Texte meist ‹bîspel› oder ‹bîschaft› gebraucht (‹spel›: ‹Erzählung›, ‹Bericht›; bî-spel: etwa eine (belehrende) Erzählung, die für etwas anderes steht, Gleichnis). [1]

Die ersten F. in der Antike werden als αἶνος (aínos) bezeichnet, was aber auch ‹Gleichnis›, eine Art von ‹Sprichwort› und ‹Rätsel› bedeuten kann; seit AISCHYLOS [2] ist μῦθος (mýthos) in der Bedeutung ‹Fabel›, ‹Märchen› belegt, entsprechend auch λόγος (lógos) mit der stärkeren Betonung auf dem rationalen Moment. [3] ‹Apologus› ist als Bezeichnung für F. erst im Lateinischen bezeugt. [4] Keiner der Begriffe ist jedoch in der Antike gattungsmäßig fest definiert. ARISTOTELES versteht unter ‹mythos› das Gerüst der nachgeahmten Handlung eines Epos oder Dramas. [5] Diese Bedeutung wird im 18. Jh. von GOTTSCHED u. a. rezipiert. [6] Ausführliche Erläuterungen dieses Sachverhalts liefert z. B. J. G. SULZER: «Die Handlung oder Begebenheit, die den Stoff des epischen und des dramatischen Gedichts ausmacht, sie sey würklich geschehen, oder blos erdichtet» ist dessen F. «Sie ist das Gewebe, in welches der Dichter die Charaktere, Reden und Entschließungen der handelnden Personen seiner Absicht gemäß einflicht.» [7] Um F. als Gattungsbezeichnung zu unterscheiden, wählt er den Zusatz «äsopisch». Dieser doppelte Gebrauch von F. ist bis ins 20. Jh. üblich.

Als Gattungsbezeichnung versteht man unter der F. (äsopischen F.) einen kurzen Erzähltext in Prosa oder Versform, der dem Rezipienten ein unter einer metaphorischen Maske verborgenes Gemeintes (Wahrheit) vermittelt.

Anmerkungen:
1 vgl. H. de Boor: Über F. und Bîspel, in: Bayrische Akad. der Wiss. Phil.-Hist. Klasse. Sitzungsberichte, H. 1 (1966) 3–40. – **2** Aischylos: Myrmidones, Frg. 133 N. 2. – **3** A. Hausrath: Art. ‹F.›, in: RE, 12. Halbbd., Sp. 1704f. – **4** ebd. – **5** M. Fuhrmann (Hg.): Aristoteles: Poetik. Griech./Dt. (1982) 25f. – **6** J. Birke, B. Birke (Hgg.): J. C. Gottsched: Ausgewählte Werke, Bd. 6, 1–4: Versuch einer Critischen Dichtkunst (1973). – **7** J. G. Sulzer: Allgemeine Theorie der schönen Künste (1771–1774) Bd. 1, 161.

B. *Struktur, Intention, Publikum, Nachbargattungen.* Die Grundstruktur der (äsopischen) F. beruht auf einer Zweiteilung: Erzählung und Abstraktion (Lehre), letztere als *Pro-* oder *Epimythion* vor- oder nachgestellt. Die Begrifflichkeit ‹Sach- und Bildsphäre› oder ‹Bild und Gegenbild› ist der literarischen Struktur der F. nicht angemessen. In der Regel ist die Lehre der Erzählung vorgegeben, so daß diese als Veranschaulichung von jener zu verstehen ist. Beide Teile realisieren unterschiedliche Sprachebenen: dem konkretisierenden Sprechen der Erzählung steht der verallgemeinernde, abstrahierende Sprechduktus der Lehre gegenüber. Die Lehre, die Schwellformen aufweisen kann, die den Erzählteil an Umfang übertreffen, wird von der Außenperspektive eines Erzählers/Autors formuliert, der auch im Erzählteil als textorganisierendes und wertendes Medium nachweisbar ist. Der Grobstruktur entspricht eine feinere Strukturierung mit den Teilen ‹Ausgangssituation›, ‹actio›, ‹reactio› und ‹conclusio› (Lehre), wobei die Gewichtung der einzelnen Teile in den Texten erheblich schwanken und bis zur Reduktion einer ganzen Rubrik (z. B. der Lehre) führen kann. Aus der zweigliedrigen Grundkonzeption der F. folgt ein dualistisches Arrangement des erzählten Vorgangs: Die Akteure, meist zwei an der Zahl oder, wenn es sich um mehrere handelt, in zwei sich gegenüberstehenden Gruppen geordnet, vertreten unterschiedliche, oft scharf gegensätzliche Standpunkte, Normen, Verhaltensweisen, wobei im Laufe des Fabelgeschehens die eine Seite gewinnt, die andere unterliegt.

Der Erzählteil der F. beruht auf einem Verfremdungsvorgang, bei dem menschliche Eigenschaften, Verhaltensweisen oder moralische Normen auf die Ebene von Tieren, Pflanzen und gelegentlich anderen Gegenständen transferiert werden. Bilden Götter das Inventar der F., so verliert diese ihr typisches Gepräge und nähert sich der mythologischen Kurzerzählung. Der Tiermetapher eignen in der Geschichte der F. verschiedene Funktionen, so etwa die der Verschlüsselung bei gemeinten realen Personen, der Verkürzung des Darstellungsvorgangs durch den (vermeintlichen) allgemeinen Bekanntheitsgrad tierischer (und menschlicher) Eigenschaften, damit verbunden die Distanzierung der emotionalen Beteiligung des Rezipienten an dem Geschehen und die Verschleierung z. B. der unangenehmen Wahrheit zum Zwecke einer (erhofften) größeren Wirkungsintensität. Der Grad der Anthropomorphisierung der Tiere schwankt zwischen der Gestaltung von Tieren, deren Verhalten sich an ihrer Natur orientiert bis hin zu Graden der Verfremdung, bei denen die ‹Tierheit› unter der Maske ihrer menschlichen Stellvertretung beinahe zum Verschwinden gebracht wird. [1] Einschränkend gilt, daß die vornehmlich von LESSING vertretene Ansicht von dem feststehenden, allgemein bekannten Charakter der Tiere [2] nur für wenige Tiere zutrifft (Löwe, Fuchs, Wolf, Lamm), während die Mehrzahl der Tiere derartige Festlegungen nicht aufweisen (z. B. Frosch, Maus, Pferd, Hund, Marder).

Belehrung und Unterhaltung sind die vorrangigen Intentionen der F. seit der Antike, wobei in einzelnen Epochen und bei einzelnen Autoren die Akzente mehr zu dem einen oder dem anderen Pol verschoben sein können. Neben der stabilisierenden Tendenz durch die Vermittlung systemkonformer Inhalte und Normen eignet der F. eine kritische und satirische Kompetenz so etwa in der Antike, im 16. Jh., im Umkreis der Französischen Revolution und im 20. Jh. Mit der kritischen und satirischen Intention geht meist der Anwendungsaspekt als ein besonderer Realitätsbezug Hand in Hand.

Im Laufe ihrer Geschichte reicht der Rezipientenkreis der F. von Kindern, sozial Niedriggestellten, bis hin zu Gebildeten und sozial Hochgestellten. Unterschiede sind jeweils in den einzelnen historischen Epochen gegeben. LUTHER sieht in der F. ein Instrument, mit dem sowohl Kindern, dem Gesinde als auch Höhergestellten lehrreiche Einsichten vermittelt werden können. Bei LA FONTAINE ist die Leserschaft seiner F. zunächst vornehmlich im Kreis der Hofgesellschaft und der Gebildeten zu finden; im 19. Jh. sinkt die F. in Deutschland zum Lesegut von Kindern herab, während sie in Polen und Rußland zu Beginn des 19. Jh. bevorzugter Lesestoff des Bürgertums und Adels ist.

Vom ‹Märchen› (bes. ‹Tiermärchen›) unterscheidet sich die F. u. a. dadurch, daß im Märchen Tiere als Tiere agieren oder in Tiere verwandelte Menschen sind, aber nicht stellvertretend für menschliche Eigenschaften oder menschliches Verhalten stehen. Das Märchen intendiert Unterhaltung und initiiert am Schluß nicht die Ableitung einer allgemeingültigen Wahrheit. Entsprechendes gilt für die ‹Tiergeschichte›, bei der meist tierisches Verhalten auf der Basis der Naturbeobachtung, allenfalls mit menschlichen Zügen versetzt, gestaltet wird. – Die Beurteilungen des Verhältnisses von F. und ‹Tierepos› differieren: Der Ansicht, daß das Tierepos aus der Aneinanderreihung einzelner äsopischer F. entstanden sei, steht die These gegenüber, das Tierepos sei als Großform selbständig entstanden und aus ihm haben sich einzelne Tierfabeln herausgelöst. [3] – Von der ‹Parabel› ist die F. durch das Inventar getrennt: Die Parabel kennt keine Tiere oder Pflanzen als Akteure. Die F. ist auch ohne ausformulierte Lehre verständlich, während die Parabel ohne anschließende Deutung unverständlich bleibt. Daß der Ring in Lessings Parabel die Religion meint, muß gesagt werden, daß der Fuchs listig und schlau ist, ist bekannt. – Die F. kann in einen Kontext eingebettet sein, ohne dabei ihre Mehrdeutigkeit zu verlieren, die Beispielerzählung ist meist von einem Kontext abhängig, der ihr Sinnverständnis determiniert. – Mit dem ‹Lehrgedicht› hat die F. die Lehrhaftigkeit, den Leserbezug und die Wirkungsabsicht gemeinsam. Während die F. durch einen einfachen, auf einer Handlung beruhenden Ablauf bestimmt ist, wird das Fehlen der Handlung im Lehrgedicht durch eine komplizierte Struktur, bestehend aus dem Wechsel von eingestreuten *Exempla*, Charaktergemälden, historischen Ableitungen und gelehrten Anmerkungen kompensiert, um das Interesse beim Leser wachzuhalten. Das Lehrgedicht, von Bürgern für Bürger verfaßt, setzt bei den Rezipienten einen bestimmten Intellekt voraus, auf den die F. kraft ihrer Anschaulichkeit nicht Rücksicht zu nehmen braucht. Das Lehrgedicht unterscheidet sich von der F. nicht nur in der Themenwahl, sondern vor allem durch das Wegfallen des Verfremdungsvorgangs bei der erzählerischen Veranschaulichung des Lehrsatzes. [4]

Anmerkungen:
1 E. Leibfried: F. (⁴1982). – 2 Lessing: Von den Wesen der F., in: K. Lachmann, F. Muncker: G. E. Lessings sämtliche Schr. (³1886ff.) Bd. 7, 450. – 3 Leibfried [1] 17. – 4 C. Siegrist: F. und Lehrgedicht: Gemeinsamkeiten und Differenzen, in: P. Hasubek (Hg.): Die F. Theorie, Gesch. und Rezeption einer Gattung (1982) 106–118; E. Leibfried: Philos. Lehrgedicht und F., in: Neues Hb. der Lit. wiss., Bd. 11: Europ. Aufklärung (1974) 75–90.

Literaturhinweise:
W. Wienert: Die Typen der griech.-röm. F. Mit einer Einl. über das Wesen der F. (Helsinki 1925). – H. L. Markschies: F., in: RDL², 1, 433–441. – B. E. Perry: Fable, in: Studium generale 12 (1959) 17–37. – K. Doderer: F. Formen, Figuren, Lehren (1970). – R. Dithmar: Die F. Gesch. Struktur. Didaktik (1971). – R. Dithmar: F., in: Enzyklop. des Märchens 3, Sp. 727–745. – W. Gebhardt: Zum Mißverhältnis zwischen F. und ihrer Theorie, in: DVjs 48 (1974) 122–153. – H. Lindner: Bibliogr. zur Gattungspoetik (5). Theorie und Gesch. der F., in: ZS für frz. Sprache und Lit. 85 (1975) 247–259. – H. Lindner: Einleitung. Zur Problematik der Definition der Gattung ‹F.›, in: H. Lindner: F. der Neuzeit. England, Frankreich, Deutschland. Ein Lese- und Arbeitsbuch (1978) 12–46. – K. Grubmüller: Semantik der F., in: J. Goossens, T. Sodmann (Hg.): Third international beast epic, fable and fabliau colloquium (1979). – K. Grubmüller: Zur Pragmatik der F. Der Situationsbezug als Gattungsmerkmal, in: Dokumentation des Germanistentages in Hamburg vom 1.–4. 4. 1979 (1980) 473–488. – W. Freytag: Die F. als Allegorie. Zur poetologischen Begriffssprache der Fabeltheorie von der Spätantike bis ins 18. Jh., in: Mittellat. Jb. 21 (1986) 3–33. – K. A. Knauth: Fabula Rasa. Zur Gattungsproblematik der F., in: J. Nolting-Hauff, J. Schulze (Hgg.): Das fremde Wort (1987) 51–80.

C. I. *Antike.* Herkunft und Ursprung der F. sind nicht bekannt. Man geht heute von einer polygenetischen Theorie aus, nach der die F. an verschiedenen Orten und zu unterschiedlichen Zeiten unabhängig voneinander entstanden sein kann. Voraussetzung dafür ist die Annahme, daß vielen Völkern ein Fundus ähnlicher Anstands- und Verhaltensnormen zur Verfügung stand, der in verschiedener Form zur sprachlichen Verbildlichung drängte.

Die antike Rhetorik unterscheidet drei Aspekte des Fabelbegriffs: Zunächst wird sie neben der historia als narrative Gattung begriffen (niedere Tierfabel, *fabella*), bei QUINTILIAN mit Verweis auf die ‹Aesopi fabellae› [1], die auch als Übungsstoff für Rhetorikschüler angeboten werden *(progymnasmata)*. Ihnen steht die hohe Klasse der *poetica fabula* gegenüber. Dazu zählt auch die Technik der Fabelauslegung *(sensus fabulae; interpretatio)*. Im Rahmen poetischer Sprache bezeichnet F. *(fabula)* sowohl die hohe Tragödienfabel als auch die Abfolge der Fakten in einer epischen oder dramatischen Handlung (*narratio* des Vorgangs). [2] Schließlich findet die F. Anwendung in der *argumentatio* (neben Apologie und Parabel), wo sie in der Art des Exempels eingesetzt wird und dem *delectare* dient: F. «pflegen auf die Herzen vor allem von Bauern und Ungebildeten zu wirken, die solche Erfindungen in harmloser Art anhören und voll Vergnügen leicht auch mit denen, denen sie den Genuß verdanken, einverstanden sind». [3]

In der griechischen Antike beginnt die Fabeldichtung schon vor dem Zeitpunkt, den man als mutmaßliche Entstehungszeit der sog. äsopischen F. ansetzt, mit einzelnen Texten von Hesiod (ἱρηξ καὶ ἀηδών (írēx kaí aēdón); ‹Habicht und Nachtigall›) und Archilochos (Ἀετὸς καὶ Ἀλώπηξ (aetós kaí alópēx); ‹Adler und Fuchs›, 7. Jh. v. Chr.). [4] – Vor und nach der Zeitenwende sind F. aus verschiedenen Kulturkreisen überliefert. Bekannt sind F. oder fabelähnliche Texte z. B. babylonischer, altindischer, persischer, ägyptischer und arabischer Herkunft. Da es sich ursprünglich meist um mündlich tradierte Texte handelte, ist es außerordentlich schwierig, die wechselseitige Beeinflussung sowie die Wege einzelner Fabelmotive zu erkennen und nachzuzeichnen. [5]

Äsop als der Verfasser der mit seinem Namen verbundenen F. ist eine legendäre Gestalt. Historische Quellen fehlen, und ältere Berichte scheinen auf nicht belegte volkstümliche biographische Fragmente vermutlich aus dem 6. Jh. v. Chr. zurückzugehen. Nach unterschiedlichen Überlieferungen wird Äsop seiner Herkunft nach als Phrygier oder Thraker bezeichnet; als Sklave des Samiers Iadmon soll er von den Delphern wegen Hierosylie (Tempelraub) verurteilt und von einem Felsen gestürzt worden sein [6]; nach Aristoteles [7] war er Sklave des Xanthos, wurde dann von Idmos freigelassen und führte ein angesehenes Leben auf Samos; spätere legendäre Hinweise setzen ihn in Beziehung zu Krösus [8] und Solon. Der Äsoproman baute auf diesen legendären Elementen auf und fügte weitere erfundene Einzelheiten hinzu. Die bildliche Darstellung des Äsop als eines körperlich mißgestalteten Menschen tritt erst mit dem ausgehenden Mittelalter in Erscheinung (Steinhöwel). – F. des als Weisen und Schalksnarren beschriebenen Äsop sind nicht überliefert, wenngleich eine schriftliche Aufzeichnung bezeugt ist. [9] Möglicherweise wurde mit dem Namen Äsops ein in der Antike vertrautes Repertoire fabelähnlicher Erzählungen verbunden, die typusbildend wurden.

In der römischen Antike sind F. von PHÄDRUS, LUCILIUS, CATULL und HORAZ überliefert. Von Phädrus (1. Hälfte des 1. Jh. n. Chr.), einem von AUGUSTUS freigelassenen Sklaven, sind ca. 100 F. bekannt (vermischt mit Anekdoten, Schwänken, Allegorien, Apophthegmata), geordnet in fünf Büchern mit Vor- und Nachworten. [10] Phädrus hatte den Ehrgeiz, die F. in den Rang poetischer Form zu erheben und bediente sich dabei des iambischen Senars, des Verses der römischen Komödie. Vorbild ist die äsopische F., die er aber variiert und durch neue Motive ergänzt. Die eindeutig moralisierende Tendenz seiner F. weist auch kritische und satirische Elemente auf, die ihm schon zu Lebzeiten Anfeindungen und Nachteile einbrachten. – BABRIOS (Ende des 1., Beginn des 2. Jh.), ein griech. schreibender Römer, der vermutlich in Syrien lebte, war Erzieher eines Prinzen namens Branchos, der der Sohn eines Königs Alexander gewesen sein soll. Babrios schrieb 200 F. (Anekdoten, Novellen), von denen 143 in griechischer Sprache erhalten sind. [11] Grundlage seiner in Choliamben verfaßten F. bildet das Äsop-Corpus sowie die als ‹Augustana› bekannte umfangreiche griechische Fabelsammlung und die babylonisch-assyrische Fabeltradition. – Der römische Dichter AVIANUS (Ende des 4. Jh.) ist der Verfasser von 42 F. in Distichen. [12] Als Quelle dienten ihm wohl nur die F. des Babrios. Im Mittelalter waren seine F. verbreitet und wurden auch als Schulbuch benutzt.

Einzelne theoretische Äußerungen über die F. werden seit der Antike in Vor- und Nachworten zu Fabelausgaben, Arbeiten zur Dichtungstheorie, Briefen und anderen Textzeugen angetroffen. Erste Bemerkungen zur Theorie finden sich in der ‹Rhetorik› des ARISTOTELES, wobei der Ort der Verlautbarung (Rhetorik) zugleich einen Hinweis auf das Gattungsverständnis beinhaltet: Die F. dient hier – als Untergruppe der παραδείγματα, paradeígmata (‹Beispiele›, ‹Beweise›) – als Beweismittel in (öffentlichen) Redesituationen; da sie im Unterschied zum historischen Fall («τὸ λέγειν πράγματα προγεγενημένα; tó légein prágmata progegenēména» («una [...] quum prius facta narrantur») erdichtet ist, ist sie zwar leichter zu produzieren, aber dafür auch weniger wirksam als die beispielhafte Erzählung einer historischen Begebenheit. [13] – In den Vor- und Nachworten der einzelnen Teile der Fabelsammlung des Phädrus begegnen weitere Theorieelemente, die zum Teil die spätere Theoriediskussion beeinflussen oder vorwegnehmen: Die F. diene im Sinne des Horaz der Unterhaltung und Belehrung; sie formuliere Lehren für das Leben gleichsam auf scherzhafte Weise so, daß der einzelne sich nicht direkt betroffen zu fühlen brauche. [14] Vor allem aber werden Tiere und Gegenstände anthropomorphisiert, um als Mittel des verdeckten Sprechens den Sklaven und niederen Schichten die Möglichkeit zu eröffnen, sich kritisch zu artikulieren. Im Unterschied zu Aristoteles wird die F. bei Phädrus nicht mehr ausdrücklich der Rhetorik zugeordnet, sondern der Dichtung angenähert.

Anmerkungen:
1 vgl. Quint. I, 9, 2; II, 4, 2. – **2** vgl. H. Lausberg: Hb. der lit. Rhet. (³1990) § 290; § 1187f. – **3** Quint. V, 11, 19. – **4** vgl. A. Hausrath: Art. ‹F›, in: RE, 12. Halbbd., Sp. 1706f.; H. C. Schnur (Hg.): F. der Antike. Griech.-Lat.-Dt. (²1985). – **5** A. Hausrath: Archiquar und Äsop. Das Verhältnis der oriental. und der griech. Fabeldichtung, in: Sitzungsber. der Heidelberger Akad. der Wiss., Phil.-hist. Kl. 2 (1918); C. Brokelmann: F. und Tiermärchen in der älteren arab. Lit., in: Islamica 2 (1926) 96–128; E. Ebeling: Die babylonische F. und ihre Bedeutung für die Lit. gesch., in: Mitt. der altoriental. Ges. II, 3 (1927); R. Würfel: Die ägypt. F. in Bildkunst und Lit., in: Wiss. ZS der Univ. Leipzig (1952/53) 63–77, 153–160; E. Brunner-Traut: Altägypt. Tiergeschichte und F. Gestalt und Strahlkraft, in: Saeculum 10 (1959) 124–185. – **6** Herodot, II, 134; Aristophanes: Vespae 1446. – **7** Aristoteles, Frag. 573. – **8** Plutarch, Moralia 556. – **9** Aristophanes, Aves 471. – **10** Phaedrus, Liber Fabularum. Fabelbuch, lat. und dt., hg. und erl. von O. Schönberger (²1979). – **11** W. G. Rutherford (Hg.): Babrius (London 1884). – **12** R. Ellis (Hg.): The Fables of Avianus (Oxford 1887; ND 1966). – **13** Arist. Rhet., II, 20; vgl. F. G. Sieveke (Hg.): Aristoteles, Rhet. (³1989) 133–136. – **14** Phädrus [7], Vorreden zum 1., 2., 3. und 4. Buch.

Literaturhinweise:
L. Mader (Hg.): Antike F. (Zürich 1951). – P. Nöjgaard: La fable antique, Bd. 1 und 2 (Kopenhagen 1964/67). – K. Meuli: Herkunft und Wesen der F., in: Schweiz. Arch. für Volkskunde 50 (1954) H. 2, 65–88. – P. L. Schmidt: Politisches Argument und moralischer Appell: Zur Historizität der antiken F. im frühkaiserlichen Rom, in: DU 31 (1979) H. 6, 74–88.

II. *Mittelalter, Humanismus, Barock*. Im Mittelalter können wir bereits in karolingischer Zeit mit einer ausgeprägten Fabeltradition rechnen. Der sog. ‹Romulus› (entstanden zwischen 350 und 500 n. Chr.) wurde vermutlich von einem sonst nicht belegten Sammler gleichen Namens verfaßt. Die Quelle dieser 98 stilistisch anspruchslose Prosafabeln umfassenden Sammlung soll ein nicht mehr erhaltener lateinischer ‹Äsop› des 2. Jh. gewesen sein. Tatsächlich besteht die Sammlung z. T. aus Prosaparaphrasen des Phädrus, denen man die Versform noch ansieht. Der ‹Romulus› ist in zahlreichen Handschriften überliefert, deren Stemma nicht geklärt ist; die älteste stammt aus dem 10. Jh. [1] Der ‹Romulus›, als letzte Sammlung der antiken Fabelüberlieferung, bildet die Brücke zur mittelalterlichen Geschichte des Genres. Er wird mehrfach bearbeitet, so z. B. gibt im 11. Jh. J. F. NILANT den sog. ‹Romulus Nilantius› [2] heraus, der 49 F. enthält. Eine von einem Anonymus zusammengestellte Fabelsammlung, benannt nach ihrem Herausgeber I. N. NEVELET [3], umfaßt mehrere F. in Versform, die aufgrund ihrer Kunstfertigkeit zum Erfolgsbuch Europas wurden und in insgesamt 150 Handschriften in deutschen, französischen, italienischen und spanischen Übersetzungen überliefert sind. Im Schulunterricht wird der ‹Nevelet› für Grammatikübungen verwendet. Auch in die Predigt findet die F. nun Eingang.

Neben Verbreitung und Gebrauch lateinischer Fabelsammlungen erscheinen seit dem 15. Jh. Fabelsammlungen in deutscher Sprache. Dem anonymen ‹Wolfenbütteler Äsop› (1412) mit 63 deutschen Prosafabeln folgt im 15. Jh. als dessen ausführlichere Bearbeitung der ‹Magdeburger Äsop›. Die Wirkung beider Sammlungen blieb begrenzt. Größere Wirkung zeitigte der in hochdeutscher Sprache von dem aus der Berner Umgebung stammenden U. BONER edierte ‹Edelstein› [4] mit der Tendenz zur Gesamtausgabe der äsop. F. Die zwischen 1324 und 1350 entstandene Sammlung (gedr. 1461) von 100 F. zeigt mit ihren einzelnen Texten, wie auch andere Fabelbücher dieser Zeit, Beispiele vom richtigen Handeln und Verhalten des Menschen und vermittelt Lehren über den Lauf der Welt. Der Fabeldichter versteht sich als Warner, Ratgeber und gelegentlich auch als Kritiker (HEINRICH VON MÜGELN). Ein fester Gattungsbegriff für die F. besteht um diese Zeit noch nicht, wie ihre Affinität zum Bîspel-Typus zeigt. In diesem Umfeld gewinnt das Reimpaar-Bîspel als ein der F. verwandtes Genre eine gewisse Bedeutung durch seinen relativ konstanten Formtypus. Der ‹Stricker› [5] enthält zwei Formtypen, die erzählende und die moralisierende F., deren Eigenart es ist, die Lehre manchmal ausufern zu lassen. Im ‹Renner› (1310) des HUGO VON TRIMBERG ist die F., sowohl dem biologisch-beschreibenden und religiös-deutenden Beschreibungsmodus des ‹Physiologus› (1070) [6] wie der äsop. F. verwandt, in den umgebenden Text eingefügt und, was die Lehre anbetrifft, von dem Kontext jeweils abhängig.

Die Cyrill-Übersetzung des ULRICH VON POTTENSTEIN (1480) [7] konnte nicht die Bedeutung für die Weiterentwicklung der deutschen F. erreichen, die dem etwa gleichzeitig erscheinenden ‹Meister Esopus› (nach 1476) [8] des Ulmer Arztes H. STEINHÖWEL (1412–1478) zuteil wurde, dessen Fabelsammlung zur Stoffquelle und zum Vorbild der Fabeldichter künftiger Jahrzehnte wird. Steinhöwel kompiliert 164 F. und Schwänke nach dem ‹Romulus›, nach Avian und anderen Quellen in lateinischer Sprache, denen er eine deutsche Übersetzung beifügt. Die Wirkung der Sammlung wird unterstützt durch ihre Illustrierung mit zahlreichen Holzschnitten, die den Fabeltext kongenial ergänzen.

Mit Steinhöwels ‹Esopus› wird ein Jahrhundert deutscher Fabeldichtung eingeleitet, dessen Hauptvertreter LUTHER, B. WALDIS, E. ALBERUS und J. MATHESIUS sind. Waldis (1490–1556) veröffentlichte 1548 vier Bücher F. mit je 100 Texten. [9] Seine F., die sich an die «liebe Jugend, Knaben und Jungfrauen» wenden (Widmung), vermitteln allgemeine Lebensweisheiten, greifen aber auch polemisch in den religiös-politischen Tageskampf ein. – Alberus' (1500–1555) 49 F. [10] stellen Schwellformen der äsopischen F. dar, indem sie als Lernstoff für Schüler mit umfangreichem historischen, geographischem, biologischem und religiösem Wissensstoff (versehen mit Orts- und Zeitangaben) und z. T. ausgedehnten Lehren angereichert sind. – Luthers bereits 1530 entstandene dreizehn Bearbeitungen äsopischer F. werden erst posthum 1557 veröffentlicht. Luther schätzt die F. sehr hoch ein und betrachtet sie als Vermittlungsmedium von Wahrheiten über den Lauf der Welt. [11] – Bei H. SACHS (1494–1576) [12] wird die F. dem Schwank, dem Meistersang und der Spruchdichtung angenähert. Als Quellen dienten Sachs vor allem die Sammlungen von Steinhöwel, Pottenstein und Waldis.

In den Meistergesängen ordnet er der Erzählung meist zwei, der Lehre eine Strophe zu.

Im 17. Jh. ist die F. als selbständige Textart stark rückläufig. Statt dessen ist ihr Anteil als ‹Predigtmärlein› in der katholischen und evangelischen Predigt erheblich. Aufgrund der Quellenlage läßt sich das Fabelcorpus des 17. Jh. nur schwer überschauen. In der Predigt besitzt die F. lediglich veranschaulichende Bedeutung hinsichtlich des verkündeten religiösen Lehrgehalts. Als rhetorisches Zierstück wird sie wieder zum Mittel der Redekunst. Neben ihrer Aufgabe, der Unterweisung in den Sitten zu dienen, ist sie unter dem Aspekt der Unterhaltung für ein breites (einfaches) Publikum zu sehen. Der bekannteste Prediger der Zeit, ABRAHAM A SANCTA CLARA (eigtl. Johann Ulrich Megerle, 1644–1709), machte von der F. in seinen Predigten ausführlichen Gebrauch.

Fabeltheoretische Äußerungen sind im Mittelalter bis zur beginnenden Neuzeit nur spärlich anzutreffen. [13] Erst in der ‹Vita Esopi [...]› von Steinhöwel wird eine ausführlichere theoretische Begründung der F. versucht. Steinhöwels theoretische Äußerungen zielen im Kern ab auf die Unterscheidung von Fiktion und Wirklichkeit. Im Unterschied zu den Historien mit ihrem Wahrheitsanspruch handele es sich bei der F. um eine Erfindung, denn nur hier dürfen Tiere sprechen und können als Inbegriff menschlicher Sitten und menschlichen Verhaltens konzipiert werden. – Theoretische Äußerungen in Fabelsammlungen des 16. Jh. reflektieren in erster Linie unter wirkungsästhetischem Blickwinkel die Möglichkeiten der Vermittlung einer Wahrheit an den Rezipienten. In der Vorrede zu seinen Fabelbearbeitungen von 1530 betrachtet LUTHER die Fabelerzählung als Einkleidung, Ausschmückung einer Wahrheit, die auf diese Weise leichter vom Rezipienten akzeptiert werde. Um den Leser zur Wahrheit zu ‹betriegen› (Luther) eignen sich besonders Tiere, Bilder und andere Stilistika. Unter Wahrheit wird vornehmlich der ‹Welt Lauf› verstanden, Lebensregeln, die dem Menschen das Leben erträglicher machen und leichter bestehen lassen. Mit entsprechenden Verschleierungstendenzen argumentieren auch seine Schüler und Bewunderer E. ALBERUS und J. MATHESIUS. [14] – Im 17. Jh. ist eine eindeutige Begrifflichkeit hinsichtlich der F. nicht zu beobachten: ‹F.› wird mit Apologus, Exempel und Gleichnis gleichbedeutend verwendet. Unter dem Einfluß christlich-theologischen Denkens verkörpert sie als unselbständiger Teil der Predigt nicht selbst Wahrheit – dies bleibt dem religiösen Kontext vorbehalten –, man kann lediglich Wahrheit «auß ihr herauß ziehen». [15] Als Wahrheiten gelten nur die überlieferten, religiösen Glaubensinhalte. Mit der F. als Teil kirchlicher Redetexte strebte man unter wirkungsästhetischem Aspekt vordergründig einen Werbeeffekt unter den Kirchenbesuchern an, indem die belustigende Form derartiger Texte den trockenen Predigttext angenehm auflockern (delectare) und den Kirchenbesuch attraktiv machen sollte.

Anmerkungen:

1 L. Hervieux (Hg.): Les fabulistes latins, Bd. 2 (Paris ²1894). – **2** ebd. – **3** W. Foerster (Hg.): Lyoner Ysopet. Altfrz. Übers. des 13. Jh. [...] mit dem krit. Text des lat. Originals [sog. Anonymus Neveleti] (1882). – **4** F. Pfeiffer (Hg.): Der Edelstein von Ulrich Boner (1844). – **5** U. Schwab (Hg.): Der ‹Stricker›. Tierbîspel (³1983). – **6** F. Wilhelm (Hg.): Denkmäler dt. Prosa des 11. und 12. Jh., 2 Bde. (1914/16; ND 1960); F. Maurer (Hg.): Der altdt. Physiologus (1967). – **7** J. G. T. Grässe (Hg.): Speculum Sapientiae Beati Cirilli Episcopi, in: Die beiden ältesten lat. Fabelbücher des MA. [...] (1880; ND 1965). – **8** H. Österley (Hg.): Steinhöwels Äsop (1873). – **9** H. Kurz (Hg.): Esopus von Burkhard Waldis, 2 Bde. (1862). – **10** W. Braune (Hg.) Die F. des Erasmus Alberus. Abdruck der Ausgabe von 1550 [...] (1892). – **11** W. Steinberg (Hg.): Martin Luthers F. Nach seiner Hs. und den Drucken [...] (1961); R. Dithmar (Hg.): Martin Luthers F. und Sprichwörter (1989). – **12** E. Götze (Hg.): Sämtliche F. und Schwänke des Hans Sachs. In chronologischer Ordnung [...], Bd. 1–6 (^{2}1953). – **13** R. Dithmar (Hg.): Texte zur Theorie der F., Parabeln und Gleichnisse (1982) 49–53. – **14** R. Dithmar [13] 72. – **15** ebd. 93–98.

Literaturhinweise:
K. Doderer: Über das «betriegen zur Wahrheit». Die Fabelbearbeitungen Martin Luthers, in: WW 14 (1964) 379–388. – E. Moser-Rath: Predigtmärlein der Barockzeit. Exempel, Sage, Quellen des oberdt. Raumes (1964). – W. Briegel-Florig: Gesch. der Fabelforschung in Deutschland (Diss. 1965). – M. Vollrath: Die Moral der F. im 13. und 14. Jh. in ihrer Beziehung zu den ges. Verhältnissen. Unter bes. Berücksichtigung von Boners ‹Edelstein› (Diss. 1966). – G. Schütze: Gesellschaftskrit. Tendenzen in den dt. Tierfabeln des 13. bis 15. Jh. (1973). – M. Hueck: Textstruktur und Gattungssystem. Stud. zum Verhältnis von Emblem und F. im 16. und 17. Jh. (1975). – K. Grubmüller: Meister Esopus. Unters. zur Gesch. und Funktion der F. im MA (1977). – E. H. Rehermann und I. Köhler-Zülch: Aspekte der Ges.- und Kirchenkritik in den F. von M. Luther, N. Chytraeus und B. Waldis, in: P. Hasubek (Hg.): Die F. (1982) 27–42. – P. Hasubek: Grenzfall der F.? Fiktion und Wirklichkeit in den F. des Erasmus Alberus, in: ebd. 43–58. – E. Moser-Rath: Die F. als rhet. Element in der kath. Pr. der Barockzeit, in: ebd. 59–75. – A. Elschenbroich: Die dt. und lat. F. in der frühen Neuzeit, Bd. 1 und 2 (1990).

III. *18. Jh.* Im Unterschied zum deutschen Sprachraum entwickelte sich im 17. und zu Beginn des 18. Jh. in Frankreich eine Hochblüte der Fabeldichtung, verbunden mit dem Namen LA FONTAINE und seiner Nachfolger A. FURETIERE, E. DE NOBLE, A. HOUDART DE LA MOTTE, H. RICHER, P. DEFRASNAY bis hin zu VOLTAIRE. La Fontaines 12 Fabelbücher erschienen 1668 (1–6), 1678 (7–11) und 1694. [12] Der große Erfolg seiner F. war nicht bedingt durch die Neuartigkeit der Fabelsujets – La Fontaine bezog sich fast ausschließlich auf die Babrios, Phädrus, Avian, Marie de France u. a. überlieferte Sujets – sondern durch die Neuartigkeit der Darstellungsform, mit der es ihm gelang – mehr unterhaltend als belehrend – die herkömmlichen abstrakten fabulösen Demonstrationsstrukturen der Tiermetaphern zu lebensechten menschlichen Charakterzügen zu konkretisieren, einen eigenen charakteristischen Fabelaufbau zu gestalten und der Sprache Eleganz und Originalität zu geben. Seine gelegentlich zur Satire neigenden Texte zielen über den zeitgenössischen politischen Kontext hinaus auf die gesamte menschliche Gesellschaft, ihre Schwächen und Unzulänglichkeiten. – Der Erfolg der F. La Fontaines initiierte in Frankreich zu Beginn des 18. Jh.s eine Fabeltheorie, die überwiegend in der Tradition der auf der Einwirkung des Neu-Aristotelismus bestehenden klassizistischen Dichtungstheorie des ausgehenden 17. Jh. beruht. Im Sinne der aristotelischen Nachahmungstheorie sollte die Handlung der F. dem Wahrscheinlichkeitsgesetz entsprechen, und folglich sollten auch die Akteure, die Tiere, möglichst wirklichkeitsgetreu gestaltet werden. Der Widerspruch zu der den Tieren zugestandenen Sprachmächtigkeit wurde hier ebensowenig diskutiert wie später in Deutschland. Die Intention der F. bewegt sich traditionell im Spannungsfeld des horazischen ‹*docere-delectare*-Konzepts›, wobei der Nutzen, die Belehrung, den Vorrang vor der Unterhaltung hat. Nur BATTEUX räumt im Gegensatz zu den anderen Theoretikern bei der Aufzählung der Fabelmerkmale der ästhetischen Komponente mehr Raum als der moralisch-belehrenden ein, die in seiner Definition fehlt. [1]

Im 18. Jh. entwickelt die Aufklärung eine besondere Vorliebe für die F. Goedeke [2] weist außer den bekannten Fabelautoren des 18. Jh. noch mehr als 50 weitere nach. Diese Präferenz ist bedingt durch die Affinität von Textart und Epoche hinsichtlich der rationalen Grundeinstellung, des Ziels der Moralvermittlung und des Rezipientenkreises (Bürgertum). Strenggenommen konzentriert sich die Blütezeit der F. auf 30 Jahre: 1740–1770. Da die Kenntnis der deutschen F. des Mittelalters und des 16. Jh. nur gering ist, werden die F. LA FONTAINES und seiner Nachahmer zur Stoffquelle und zum Vorbild der deutschen Fabeldichtung. Die Verarbeitung der französischen Fabeltradition vollzieht sich eng an der Vorlage orientiert: Motive, Formen und Intention werden mit geringfügigen Änderungen übernommen (HAGEDORN, GELLERT). [3] Erst LESSING wendet sich vehement gegen die Nachahmung des französischen Fabelkonzepts mit dessen weitschweifiger, detailreicher Ausgestaltung der Erzählung durch schmückende Adjektive und Bilder und plädiert für einen knappen, schmucklosen Fabeltypus. [4]

In der Aufklärung werden die religiösen Fabelmotive säkularisiert und durch weltliche ersetzt: Die F. vermittelt moralische Belehrung im Sinne des Tugendbegriffs der Aufklärung und praktische Lebensklugheit. Im weiteren Verlauf beobachtet man sozialkritische und politische Aspekte, die im Umkreis der Französischen Revolution mit G. C. PFEFFELS (1736–1809) und C. A. FISCHERS (1771–1829) [5] F. ihren Höhepunkt erreichen. Der zeitkritische Aspekt der F. ist Ausdruck einer stärkeren Historisierung, was eine Veränderung dominanter Züge des Genres und den Versuch bedeutet, durch die veränderte geistesgeschichtliche und literarische Interessenlage seit Beginn des Sturm und Drang bedingten Verfallsprozeß aufzuhalten und der F. durch den stärkeren Wirklichkeitsbezug eine neue Attraktivität zu sichern.

Die deutschen Fabeltheorien des 18. Jh. stehen einerseits in der Überlieferung traditioneller poetologischer Denkschemata von der Antike bis zum französischen Klassizismus, andererseits weisen sie für die Aufklärung typische Denk- und Strukturelemente auf. Sie bewegen sich zwischen den Spannungspolen Nachahmung-Erfindung, Erkenntnis/Ratio-Vergnügen, *docere-delectare*, Philosophie-Poesie. Die gesamte Fabeltheorie des 18. Jh. räumt der F. nur eine bestätigende, stabilisierende Funktion ein; kritische, besonders gesellschaftskritische Akzente werden in der Theorie nicht gesetzt.

Der Philosoph C. WOLFF (1679–1754) versucht in strengem deduktiven Sinn in seiner ‹Philosophia practica universalis› (1738) die F. zu definieren: «Fabula dicitur expositio facti cuiusdam ficti, veritatis, praesertim moralis docendae gratia.» (Fabel nennt man die Erzählung irgendeines Geschehens, das erfunden wurde, um eine Wahrheit, zumal eine moralische Wahrheit zu lehren.) [6] Mit dieser Bestimmung ist die F. aus dem theologischen Bezugsfeld herausgenommen. In § 305 hebt Wolff besonders Rezipientenbezogenheit und Wirkungsqualität der F. hervor. Der für die Aufklärung bezeichnende rationale Zugriff ist der im Mittelpunkt seiner Fabeltheorie stehende Begriff der ‹*cognitio*› (‹Erkenntnis›) [7], die vom Leser durch einen Akt des

Verstandes zu leisten ist. Die Erkenntnis soll nach Wolff ‹intuitiv› [8] erfolgen. – In der Fabeltheorie J. J. BREITINGERS (1701–1776) bleibt ein letztlich nicht gelöster Widerspruch bestehen zwischen dem Bekenntnis zur traditionellen Nachahmungstheorie, der das ‹Finden› wichtiger erscheint als das ‹Erfinden›, und der Forderung nach dem ‹Wunderbaren›, das durch die Reduzierung auf das ‹Wahrscheinliche› rational kontrolliert und eingeschränkt wird. Danach ist die F. «in ihrem Wesen und Ursprung betrachtet, nicht anderes, als ein lehrreiches Wunderbares». [9] – C. F. GELLERTS (1715–1769) Fabeltheorie [10] ist an dem horazischen ‹docere und delectare› orientiert, wobei dem ‹delectare› der Vorrang gebührt. Das ästhetische Moment dominiert das moralische Engagement des Fabeldichters: Ausschmückung (ornatus) der F. und Vergnügen des Lesers scheinen dem teilweise in der Nachfolge La Fontaines stehenden Gellert wichtiger zu sein, als Belehrung und Erkenntnis. Gellert plädiert zwar auch für die Kürze der F., sieht aber die Möglichkeiten der Wirkung der F. an eine bestimmte Ausschmückung durch den maßvollen Gebrauch von Beschreibung und Vergleich geknüpft. – GOTTSCHED [11] als Vertreter der Nachahmungstheorie, auf der Seite der ratio und des ‹docere› stehend, fordert von der äsopischen F. die Setzung eines «untadelichen moralischen Satzes», der durch die F. zu erläutern ist, weil er dann für den «gemeinen Mann», der unterrichtet und erbaut werden soll, eine größere «Ueberzeugungskraft» [12] gewinne. Ebenso wie etwa Breitinger bewegt sich Gottsched im Umkreis der auf die Dichtungstheorie des Horaz [13] zurückgehenden ‹Verschleierungstheorie›, wenn er die «sittlichen Wahrheiten» in «angenehme Bilder» einkleiden möchte. [14] In Auseinandersetzung mit der «geschwätzigen» Textgestaltung seit La Fontaine fordert schon Gottsched die Kürze der F. [15], verbunden mit einer natürlichen Schreibart. [16] – An die Gedanken Wolffs knüpft zwei Jahrzehnte später LESSING mit seiner bekannten Fabeldefinition unmittelbar an. Ähnlich wie Wolff ist für Lessing der moralische Satz der Zielpunkt der F., der auf dem Wege der «anschauenden Erkenntnis» [17] durch einen rationalen Akt aus dem Fabeltext vom Rezipienten abgeleitet werden soll. In dem Begriff der «anschauenden Erkenntnis» werden Elemente des englischen Empirismus mit Aspekten des französischen Rationalismus zusammengeführt. Der rational-philosophische Aspekt von Lessings Fabeltheorie wird noch dadurch verstärkt, daß die F. nichts mit den «Leidenschaften», dafür aber um so mehr mit dem Verstand und der Erkenntnis zu tun haben soll. [18] In dem in Auseinandersetzung mit der Fabeltheorie der Franzosen (LA MOTTE, RICHER, BATTEUX) und BREITINGERS entwickelten Fabelbegriff Lessings ist folglich jedes schmückende, unterhaltende Moment bei der Fabelgestaltung vermieden und die mit stärkster Reduktion arbeitende Kürze (brevitas) der F. gefordert. Diesem Darstellungsziel dienen die Tiere, die bei Lessing durch die «allgemein bekannte Bestandheit der Charaktere» [19] ausgezeichnet sind und die emotionale Beteiligung des Rezipienten am Problem der F. verhindern. Lessings einseitige Bestimmung der F., die auch auf seine eigenen F. nur sehr bedingt anwendbar ist, rief z. T. energische Kritik bei den nachfolgenden Theoretikern (Bodmer, Herder, Hegel) hervor.

HERDERS (1744–1803) verschiedene Beiträge zur Fabeltheorie aus den Jahren 1768, 1787 und 1801 [20] tendieren dazu, die F. aus dem Umkreis der Philosophie und Moral in den der Lebenspraxis und Poesie zu versetzen. Anstelle der moralischen Sätze soll die F. «Lebensregeln» und «Erfahrungssätze» vermitteln, die sich an die Kinder und das Volk als Rezipienten wenden. Zugleich wird die F. als «ein Miniaturstück der großen Dichtkunst» [21] reklamiert. Mit diesen Forderungen steht Herder im Gegensatz zu Lessing, so sehr er ihn auch anderseits als Fabeldichter und -theoretiker anerkennt. Dazu kommt der entschiedene Praxisbezug, der in der bisherigen Fabeltheorie nicht zu beobachten war: Eine F. sei nur dann sinnvoll, wenn sie eine «Anwendung auf bestimmte Fälle des Lebens» [22] zulasse. Dies gelte aber nur für die sog. zusammengesetzte F., nicht für die einfache, die Lessing favorisiert hatte.

Anmerkungen:
1 H. Lindner: F. der Neuzeit (1978) 227f., 315f. – **2** K. Goedeke: Grundriß zur Gesch. der dt. Dichtung aus den Quellen IV, 1 (^{3}1916) § 210. – **3** Fr. v. Hagedorn: Versuch in poetischen F. und Erzählungen (1738; ND 1974); F. Gellert: F. und Erzählungen, 2 Bde. (1746/48); S. Scheibe (Hg.): Chr. F. Gellert: F. und Erzählungen. Hist.-krit. Ausg. (1966). – **4** Lessing: ‹I. Vom Wesen der Fabel› und ‹Der Besitzer des Bogens›, in: K. Lachmann, F. Muncker (Hgg.): G. E. Lessings sämtl. Schr., Bd. 7 (^{3}1891) 418–446 Bd. 1 (^{3}1886) 219. – **5** G. K. Pfeffel: F., der Helvetischen Ges. gewidmet (1783); C. A. Fischer: Poetische F. (1796). – **6** C. Wolff: Philosophia Practica Universalis [...], in: C. Wolff: Gesammelte Werke, hg. und bearb. von J. Ecole u. a., II. Abt.: Lat. Schriften, Bd. 11 (1979); übers. nach E. Leibfried, J. M. Werle (Hg.): Texte zur Theorie der F. (1978) 34. – **7** Wolff [6] 277. – **8** ebd. [6] 280. – **9** J. J. Breitinger: Critische Dichtkunst (1740) 166. – **10** C. F. Gellert: ‹De poesi apologorum eorumque scriptoribus› (1744) (‹Von den F. und deren Verf.›), in: S. Scheibe (Hg.): C. F. Gellert: Schr. zur Theorie und Gesch. der F. Hist.-krit. Ausg. (1966). – **11** J. C. Gottsched: Versuch einer Critischen Dichtkunst (^{4}1751; ND 1973). – **12** ebd. 428. – **13** Horaz: de arte poetica; vgl. Gottsched [11] 90. – **14** Gottsched [11] 431. – **15** ebd. [11] 431. – **16** ebd. [11] 432. – **17** Lessing [4] Bd. 7 (1891) 446. – **18** ebd. 454. – **19** ebd. 450. – **20** Herder: Aesop und Leßing, in: B. Suphan (Hg.): Herders Sämmtliche Werke, Bd. 2 (1877); Ueber Bild, Dichtung und F. in: ebd., Bd. 15 (1888); F., in: ebd., Bd. 23 (1885). – **21** ebd. Bd. 2, 197. – **22** ebd. Bd. 15, 550.

Literaturhinweise:
M. Staege: Die Gesch. der dt. Fabeltheorie (1929). – D. Sternberger: Figuren der F. Essays (1950). – L. Markschies: Lessing und die äsop. F., in: Wiss. ZS der Karl-Marx-Univ. Leipzig. Ges. und sprachwiss. Reihe 4 (1954/55) 129–142. – K. A. Ott: Lessing und La Fontaine. Von dem Gebrauche der Tiere in der F., in: GRM, N.F. 9 (1959) 235–266. – C. Schlingmann: Gellert. Eine literarhist. Revision (1967) 91–132. – C. H. Wilke: Die F. als Instrument der Aufklärung, in: Basis 2 (1971) 71–102. – G. Bauer: Der Bürger als Schaf und Scherer. Sozialkritik, politisches Bewußtsein und ökonomische Lage in Lessings F., in: Euph. 67 (1973) 24–51. – S. Eichner: Die Prosafabel Lessings in seiner Theorie und Dichtung. Ein Beitrag zur Ästhetik des 18. Jh. (1974). – J. Grimm: La Fontaines F. (1976). – Th. Noel: Theories of the Fable in the Eighteenth Century (New York/London 1975). – D. Harth: Christian Wolffs Begründung des Exempel und Fabelgebrauchs im Rahmen der Prakt. Philos., in: DVjs 52 (1978) 43–62. – H. Lindner: Zur frz. Fabeltheorie im 18. Jh., in: RJB 29 (1978) 115–133. – R. Dithmar (Hg.): Texte zur Theorie der F., Parabeln und Gleichnisse (1982). – K. A. Ott: La Fontaine als Vorbild. Einflüsse französischer Fabeldichtung auf die dt. Fabeldichter des 18. Jh., in: P. Hasubek (Hg.): Die F. (1982) 76–105. – A. Anger: Herders Fabeltheorien, in: P. Hasubek (Hg.): Die F. (1982) 134–145. – H. Rölleke: Die dt. Fabeldichtung im Umkreis der Französischen Revolution, in: P. Hasubek (Hg.): Die F. (1982) 146–162. – P. Hasubek: Der Erzähler in den F. Lessings, in: P. Hasubek (Hg.): Fabelforschung (1983) 363–383. – P. Hasubek: Erkenntnis und Vergnügen. Fabeldefinitionen, in: fabula docet (1983) 9–19. – J. Villwock: Lessings Fabelwerk und die

Methode seiner lit. Kritik, in: DVjs. 60 (1986) 60–87. – J. Brummack: Herders Theorie der F., in: G. Sauder (Hg.): Johann Gottfried Herder 1744–1803 (1987) 251–266. – B. Witte: «Die Wahrheit, durch ein Bild, zu sagen.» Gellert als Fabeldichter, in: B. Witte (Hg.): «Ein Lehrer der ganzen Nation». Leben und Werk Christian Fürchtegott Gellerts (1990) 30–50. – M. Schrader: Sprache und Lebenswelt. Fabeltheorien des 18. Jh. (1991).

IV. *19. und 20. Jh.* Ende des 18. und zu Beginn des 19. Jh. erreicht auch in Rußland die Fabeldichtung einen Höhepunkt, der mit dem Namen I. A. KRYLOW (1768–1844) [1] verbunden ist. Anreger und Vorbilder der russischen Fabelliteratur sind neben Äsop und den französischen Fabelautoren auch deutsche Dichter des 18. Jh. (Gellert), deren Fabeltexte ins Russische übersetzt wurden. [2] – Die Vielzahl der deutschen Fabelautoren im 19. Jh. ist kein Indiz für die Hochrangigkeit und Wertschätzung der F. Vielmehr sinkt sie in weiten Bereichen herab zum moralisierenden Lesegut für Kinder (J. H. PESTALOZZI, W. HEY, A. E. FRÖHLICH, F. HAUG, FALKE). [3] In dem Prozeß der Pädagogisierung reduziert sich die literarische Qualität der Gattung: Sie büßt ihre kritische Kompetenz weitgehend ein und begnügt sich mit der Vermittlung einfacher moralischer Maximen der Lebensklugheit in kindgemäßer Sprache. Daneben existiert im 19. Jh. eine Anzahl von Autoren, die an der traditionellen Qualität der F. festhalten, aber im öffentlichen Bewußtsein keine Renaissance der Gattung herbeiführen können (GRILLPARZER, HEINE, DROSTE-HÜLSHOFF, SCHOPENHAUER, BUSCH, KELLER). Die Fabelgestaltung neigt hier oft zu satirischen Formen. Auch die Fabeltheorie hat im 19. Jh. abgesehen von wenigen Ansätzen bei HEGEL, J. GRIMM und F. T. VISCHER, keine Bedeutung mehr erlangt. [4]

Ebensowenig kann man von einer Erneuerung der F. im 20. Jh. sprechen. Dennoch kennt man eine Anzahl von Fabeldichtern im 1. Drittel des 20. Jh. (T. ETZEL, A. WOHLMUTH, P. GURK, E. HÖRNLE, F. WOLF, E. WEINERT) und in den sechziger Jahren (W. D. SCHNURRE, R. KIRSTEN, H. RISSE, G. ANDERS, H. ARNTZEN, J. KRÜSS, G. BRANSTNER und die verbreiteten Übersetzungen von F. THURBERS). Die zeitkritische und teilweise satirische Intention der F. ist im 20. Jh. dominant. Man entfernt sich weit von dem optimistischen Vernunftglauben der Aufklärung und ihrer Moraldidaxe. In den zwanziger Jahren wandeln sich die gesellschaftskritischen zu sozialrevolutionären Tendenzen (Weinert, Wolf, Hörnle). Neben dem Aspekt der Zeitkritik spielt die Frage nach dem Sinn der menschlichen Existenz eine Rolle mit dem Tenor, Zweifel an diesem Sinn zu wecken. An dem Inventar der Fabeltiere wird weitgehend festgehalten, doch wird das herkömmliche Kräfteverhältnis verschoben oder gar umgekehrt. Die Intellektualisierung der Fabelfiguren äußert sich im Gebrauch von Ironie, Witz und Komik (Schnurre, Arntzen, Thurber). [5]

Anmerkungen:
1 J. A. Krylow: 23 F. (1809); 197 F. [= 9 Tle.] (1843). – **2** A. Rammelmeyer: Stud. zur Gesch. der russ. F. des 18. Jh. (1938). – **3** H. Kaiser: Die Pädagogisierung der F. am Ende des 18. und zu Beginn des 19. Jh., in: P. Hasubek (Hg.): Die F. (1982) 163–179. – **4** vgl. R. Dithmar: Texte zur Theorie der F. (1982) 169–196. – **5** R. Koch: Theoriebildung und Lernzielentwicklung in der Literaturdidaktik. Ein Entwurf gegenstandsorientierter Lernzielentwicklung am Beispiel der F. (1973) 66–139; R. Koch: Erneuerung der F. in der 2. Hälfte des 20. Jh.?, in: P. Hasubek (Hg.): Die F. (1982) 253–271.

Literaturhinweise:
F. Sengle: Biedermeierzeit. Bd. II: Die Formenwelt (1972) 128–138. – A. Neuhaus-Koch: Die ges. Funktion der F. in der Restaurationszeit, in: P. Hasubek (Hg.): Die F. (1982) 180–197. – R. M. G. Nickisch: Über die Fabeltheorien des 19. Jh. und ihr Verhältnis zur Tradition, in: ebd. 198–214. – H. Hillmann: F. und Parabel im 20. Jh., in: ebd. 215–235.

P. Hasubek

→ Ainos → Allegorie, Allegorese → Apolog → Argumentatio → Beispiel → Didaktik → Drama → Erzählung → Exemplum → Exercitatio → Historia → Mythos → Narratio → Parabel → Prodesse-delectare-Formel → Progymnasmata/Gymnasmata → Promythion/Epimythion → Prosa → Tragödie → Wirkung

Facetiae (dt. witzige Aussprüche, Fazetien; engl. facetiae; frz. facétie; ital. facezia)

A. ‹F.›, der Plural von ‹facetia› – ‹Scherz, Witz, Laune›, ist im Lateinischen ein Begriff für ‹feine› oder ‹witzige Einfälle›, Witze, im negativen Sinne auch ‹Spottreden›. [1] Im Humanismus wird ‹F.› als Gattungsbezeichnung für Sammlungen lateinisch verfaßter, epigrammatisch zugespitzter, witziger, teils auch unanständiger Erzählungen verwendet.

B. I. In der *römischen Antike* ist ‹F.› kein literarischer oder rhetorischer Fachbegriff, sondern, dem deutschen Wort ‹Witz› vergleichbar, eine Sammelbezeichnung sowohl für witzige Äußerungen als auch für eine Geisteshaltung, die witzige Formulierungen hervorbringen kann. Als einziger der antiken Autoren beschäftigt sich CICERO, v. a. in ‹De oratore› [2], eingehender mit dem Begriff ‹F.›. Er unterscheidet die F. nach zwei verschiedenen Gesichtspunkten: Zum einen danach, ob der Witz gleichmäßig über die gesamte Rede verteilt (*cavillatio*) oder aber pointiert und knapp gehalten ist (*dicacitas*); zum zweiten grenzt er, nach peripatetischem Vorbild, Witziges, das in der Formulierung liegt (Wortwitz), von solchem ab, das in der Sache begründet ist. Im Rahmen seiner Erörterungen betont Cicero allerdings mehrfach, daß Kategorisierungen oder gar eine ‹ars› im Bereich des Witzes unsinnig seien. Im Vordergrund steht für Cicero der praktische Einsatz des Witzes in der Rede: Mit Hilfe von «iocus et facetia» könne der Redner u. a. Geist, Bildung und Geschmack beweisen, Sympathien gewinnen, seine Gegner treffen oder eine kritische Situation entschärfen. [3]

Während die Überlegungen Ciceros zur rhetorischen Funktion des Witzes von seinen Nachfolgern, v. a. von QUINTILIAN [4], aufgegriffen und weiter ausgearbeitet wurden, gilt dies nicht für den Begriff ‹F.›, den Cicero in dem Zusammenhang verwendet hatte; das korrespondierende Wort etwa in Quintilians Erörterungen über den Witz ist ‹urbanitas›. Lediglich C. JULIUS VICTOR spricht einmal unter Bezugnahme auf Cicero von ‹F.› [5]

II. *Humanismus.* Um 1344 verwendet PETRARCA das Wort ‹F.›, um ein Kapitel seiner ‹Rerum Memorandarum Libri› mit ‹De facetiis ac salibus illustrium› (Witzige und lustige Geschichten über berühmte Männer) zu überschreiben, und weist damit den Weg für eine spezifische Verwendung des Wortes ‹F.›. Zur *Gattungsbezeichnung* wird ‹F.› allerdings erst mehr als hundert Jahre später, als eine um 1450 abgeschlossene Geschichtensammlung des Humanisten G. F. POGGIO BRACCIOLINI (1380–1459) 1470 postum unter dem Titel ‹Facetiae› (oder auch: ‹Facetiarum liber›) erscheint. Es handelt sich um eine «lateinische Sammlung von Anekdoten, Bonmots, Witzen, Schwänken, Schnurren und Fabeln» [6], von Poggio in seinem Vorwort legitimiert durch Berufung auf antike Vorbilder und die Notwendigkeit der Zerstreuung als Ausgleich zum Ernst des täglichen Lebens. Die Geschichten schließen nicht mit einer Moral, sondern zielen auf eine witzige Pointe. Formal lassen sie sich nicht ohne weiteres klar von anderen literarischen Kurzformen wie Apophthegma, Fabel oder Schwank abgrenzen. [7] Zu den Themen: «Man spricht [...] von tausend Dingen. Bald über die unnütze Mühe, die sich viele Leute mit der Abrichtung von Jagdhunden und Falken geben, bald über die törichte Sucht, Edelsteine zu sammeln. Man streitet über die Frage, ob es möglich sei, allen Menschen zu gefallen, oder man zieht über die Fehler des Nächsten her. Dazwischen erhebt sich die Klage über die Korruption der Kurie, über die Begünstigung törichter, nichtswürdiger Menschen, und unerschöpflich ist natürlich die Quelle der Weibergeschichten.» [8] Von den hundert Jahre älteren Novellen BOCCACCIOS unterscheiden die F. v. a. die äußerst verknappte Darstellung des Sachverhaltes (*tenuitas*), die Abfassung in lateinischer Sprache und die Tatsache, daß sich die F. im Gegensatz zum ‹Decamerone› an ein rein männliches Publikum richten. Neben der reinen Zerstreuung bieten die F. zwar eine Möglichkeit zur Kritik an den Verhältnissen, v. a. den klerikalen. Allerdings ist ihr Anliegen kein ausgesprochen satirisches, und der Spott über die Mißstände ist an die Bedingung geknüpft, daß dieser im eigenen Kreis verbleibe – Poggio war selbst päpstlicher Sekretär – und in anspruchsvoller Form verfaßt sei. Weitere Legitimierung der F. liefert Ende des 15. Jh. J. PONTANUS in seinem Werk ‹De sermone›.

Poggios Buch stößt in Europa auf starke Resonanz. Sein ‹Facetiarum liber› erlebt viele Auflagen und Übersetzungen und findet Nachfolger v. a. in Frankreich [9] und Deutschland. Im humanistischen Umkreis entstehen in Deutschland lateinische Sammlungen nach Poggios Vorbild von H. STEINHÖWEL (1475–80), A. TÜNGER (1486, mit deutscher Übersetzung), S. BRANT (1490) und anderen. Sie übernehmen die F. aus Poggios Buch und ergänzen sie jeweils um eine Moral, die oft ohne rechten Bezug zur Geschichte angehängt erscheint und den Texten die Wirkung nimmt. Anders bei H. BEBEL, dessen F. (1509–12) die Blüte der deutschen F.-literatur bilden. Formal an Poggio orientiert, nimmt der Tübinger Professor Stoffe aus seiner schwäbischen Heimat in die Sammlung auf, wobei seine Geschichten nicht mit einer Moral enden, sondern, wie die seines Vorbildes, der Zerstreuung dienen. Neben J. PAULI und dessen 1522 auf deutsch erschienener Sammlung ‹Schimpff und Ernst› ist als letzter deutscher humanistischer Fazetist im eigentlichen Sinne N. FRISCHLIN zu nennen, dessen ‹Facetiae selectiores› 1600 postum erschienen und im Stofflichen bereits deutliche Einflüsse des deutschen Schwankes erkennen lassen, der die humanistischen F. gegen Ende des 16. Jh. allmählich ablöst.

Heute ist der Begriff ‹F.› – wie auch die deutsche Form ‹Fazetie› – ein rein literaturgeschichtlicher, darüber hinaus jedoch nicht mehr gebräuchlicher Terminus. Einzelne F. von Poggio findet man dagegen noch gelegentlich in deutschen Witzesammlungen des 20. Jh. [10]

Anmerkungen:
1 Nach Georges: Ausführl. Handwtb. Lat. – Dt. I (⁸1967) Sp. 2655. – **2** Cic. De or. II 218–289; vgl. auch Or. 87ff. – **3** vgl. P. Koj: Die frühe Rezeption der Fazetien Poggios in Frankreich (Diss. Hamburg 1969) 15ff. – **4** Quint. VI 3. – **5** C. Julius Victor, Ars rhetorica, in: Rhet. Lat. min. 428, 16. – **6** W. Barner: Legitimierung des Anstößigen: Über Poggios und Bebels Fazetien, in: H. Delbrück (Hg.): Sinnlichkeit in Bild und Klang. FS P. Hoffmann zum 70. Geb. (1987) 101. – **7** ebd. 104. – **8** K. Vollert: Zur Gesch. der lat. Fazetiensammlungen des XV. und XVI. Jh. (1912) 2f. – **9** vgl. Koj [3]. – **10** ebd. 242.

L. Gondos

→ Apophthegma → Fabel → Komik, das Komische → Lachen, das Lächerliche → Novelle → Parodie → Satire → Scherz → Witz → Zote

Fachprosa
A. Fachliteratur kann in ungebundener, aber auch gebundener Rede vorliegen, so letzteres z. B. im Lehrgedicht, das von HESIOD (um 700 v. Chr.) bis in die Neuzeit belegt ist. Versifiziert wurde Fachwissen, weil die Verfasser ihren Stoff für so wertvoll erachteten, daß sie ihn für Laienkreise ästhetisch gestalten wollten [1], zum anderen, weil sie im Reim eine mnemotechnische Hilfe sahen, wie z. B. H. FOLZ in seinem gereimten Pestregimen: «Und das darumb zu vers gemacht / Das sein dest leichter werd gedacht.» [2] Die Hauptmasse der Fachliteratur stellt indes die F. Dies wird von der sachorientierten Thematik her verständlich und ist auch bedingt durch die im Mittelalter oft unscharfe Differenzierung zwischen Fiktionalität und Lüge [3], wie dies z. B. die gereimte Vorrede des ‹Lucidarius› deutlich macht. Die «capellane» wies Herzog Heinrich der Löwe an, das enzyklopädische Werk «an rimen», d. h. in Prosa abzufassen, «wan si ensolden / niht schriben wan die warheit / als ez zu latine steit.» [4] Fachliteratur, also auch F., unterscheidet sich von Dichtung vor allem dadurch, daß sie nicht fiktional im spezifisch literaturwissenschaftlichen Sinn ist, der folgendermaßen definiert werden kann: «Prinzipiell ohne Intention der genauen Wiedergabe einer objektivierbaren Wirklichkeit operierende Mimesis mit dem Ziel, eine neue, in sich geschlossene, poetische Wirklichkeit aus realen Versatzstücken oder Erfundenem zu schaffen.» [5] Nicht die eventuelle künstlerische äußere Form, sondern dieses mimetische Transponieren der Wirklichkeit ist aller Fachliteratur fremd. Kennzeichnend für nahezu alle Fachliteratur ist der gezielte Gebrauch von Fachterminologie, die allerdings – in geringerem Umfang – auch in die Dichtung eingegangen sein kann, z. B. des ‹todes zeichen› (dt. Übersetzung des lat. medizinischen Terminus ‹signa mortis›) im ‹Nibelungenlied›. [6] Sie konstituiert im Fachtext dessen Fachsprache. Dieser Begriff ist so zu verstehen, daß zwar eine von der Gemeinsprache durch den geringeren allgemeinen Bekanntheitsgrad [7] abweichende Fachterminologie gegeben ist, nicht jedoch eine eigene Morpho-Syntax. Die Häufung von syntaktischen Elementen der Gemeinsprache in der F., z. B. der Konditionalsatz im Rezepteingang mittelalterlicher Rezeptliteratur, kann gleichwohl stilistische Charakteristika erzeugen. [8] Nicht alle Fachliteratur, z. B. der Reisebericht, enthält Fachterminologie. Die Übergänge vom Sachtext für den Laien zum Fachtext für den Experten sind ebenso fließend wie diejenigen von der Sachlexik der Gemeinsprache zum Fachausdruck eines Fachprosatextes. [9] Am vollständigsten erfaßt der Terminus ‹Fachliteratur› dieses nicht fiktionale Schrifttum. Das Determinativkompositum hebt in seinem Grundwort darauf ab, daß gebundene Rede ebenso wie Prosa – also F. – vorliegen kann, während das Bestimmungswort adäquat auf die historische Genese dieser Literatur weist.
B. Von ihren antiken Ursprüngen her dient die F. der Wissensvermittlung in den verschiedenen Fachbereichen der Wissenschaften (*scientiae*) oder handwerklich-

beruflicher Tätigkeiten *(artes)*. Den historischen Aspekt vernachlässigen Termini wie ‹Sachliteratur› oder ‹Gebrauchsliteratur›; ‹Artesliteratur› beschränkt sich auf die Sparten der mittelalterlichen Artes-Reihen. Zur antiken, mittelalterlichen, frühneuzeitlichen Fachliteratur – entsprechend zur F. – zählt das geistliche, juristische, politische, allgemein historische Fachschrifttum und, am umfangreichsten, historisch-genetisch gesehen als Kernbereich die Artesliteratur. [10]

Die *artes* gliedern sich in die *septem artes liberales*, die *artes mechanicae* und die *artes magicae*. Die *septem artes liberales*, die Schulwissenschaften der Antike und des Mittelalters, sind aus der ‹enkýklios paideía› der Sophisten hervorgegangen. Sie umfaßten 1. die drei Künste der Rede (Dreiweg, *trivium*), Grammatik, Rhetorik, Dialektik, und 2. die vier rechnenden (Vierweg, *quadrivium*), Arithmetik, Geometrie, Musik, Astronomie. Ihren Werdegang dokumentieren besonders VARRO (116–27), MARTIANUS CAPELLA (5. Jh.) und ISIDOR VON SEVILLA (um 560–636). Sie bildeten seit dem 12./13. Jh. die unterste, die Artistenfakultät der Universitäten als Zugang zu den hohen Fakultäten Medizin, Jurisprudenz, Theologie. Seit dem 15. Jh. entstanden an italienischen Universitäten unter humanistischem Einfluß aus dem Trivium die *studia humanitatis* mit Grammatik, Rhetorik, Geschichte, Poetik, Moralphilosophie. Die *artes mechanicae*, die handwerklichen Künste, gehören in Gesamteinteilungen der Philosophie – z. B. bei Isidor oder HRABANUS MAURUS (um 780–856, ‹De universo›, 15,1) – zusammen mit dem *quadrivium*, sowie mit Astrologie und Medizin zur *physica*. JOHANNES SCOT(T)US ERIUGENA (um 810–877) prägte den Begriff ‹septem artes mechanicae›. Seit HUGO VON ST. VICTOR (gest. 1141, ‹Eruditionis didascalicae libri septem›, Buch 2) gilt folgende Einteilung: 1. Lanificium (Wollverarbeitung), 2. Armatura (Waffenhandwerk), 3. Navigatio (Reisen, Handel), 4. Agricultura (Landwirtschaft, Garten), 5. Venatio (Jagd, Lebensmittelgewerbe), 6. Medicina, 7. Theatrica (Schau- u. Wettspiel). Nur die Medizin stieg an der mittelalterlichen Universität zu einer *scientia* auf. Die *artes magicae* (*incertae, prohibitae*, verbotene Künste) erfassen Teilbereiche der Magie und Mantik. Über Varro, Isidor, IVO VON CHARTRES (um 1040–1116) sind sie bis zu JOHANNES HARTLIEB (um 1410–1468) auf sieben angewachsen: die vier alten elementaren Divinationskünste, Geomantia, Hydromantia, Aeromantia, Pyromantia, dazu Nigramantia (Totenbeschwörung), Chiromantia (Handlesekunst) und Spatulamantia (Wahrsagung aus dem Schulterblatt). In der Magie ist die schwarze (Schadenszauber) von der weißen (Heilzauber, Segen) zu unterscheiden. Daneben spielt die *magia naturalis* eine Rolle (ALBERTUS MAGNUS, ROGER BACON, auch bei WOLFRAM VON ESCHENBACH), insbesondere seit MARSILIUS FICINUS (1433–1499). Gesammelt liegt das Wissen der *artes* in den Enzyklopädien vor.

Die lateinische Artesliteratur übernimmt vom Frühmittelalter an bis ins 16. Jh. in mehreren Rezeptionsschüben antikes Erbe: CASSIODORUS (um 490–583), karolingische Renaissance, Renaissance des 12. Jh. – mit dem gewaltigen Impuls der Übernahme arabisch tradierter griechischer Wissenschaft vor allem in Salerno und Toledo – schließlich die Reaktion gegen diesen scholastischen Arabismus in der italienischen Renaissance unter dem Motto ‹Ad fontes!›.

Die deutsche Fachliteratur übersetzt und kompiliert seit dem 8. Jh. (‹Abrogans›, ‹Basler Rezepte›) aus dem lateinischen Quellenbereich. Nur wenige Zeugnisse, so die Zaubersprüche in stabenden Langzeilen (‹Merseburger Zaubersprüche›) sind germanisches Erbe. Wissen aus der Fachliteratur ist häufig in detailrealistische Passagen der Dichtung eingegangen, z. B. französische Jagdterminologie in den ‹Tristan› GOTTFRIEDS VON STRASSBURG und neben naturwissenschaftlich-enzyklopädischen auch medizinische Spezialkenntnisse in den ‹Parzival› WOLFRAMS VON ESCHENBACH. [11]

Anmerkungen:
1 G. Keil: Prosa und gebundene Rede im medizinischen Kurztraktat des Hoch- und Spätmittelalters, in: V. Honemann u. a. (Hg.): Poesie und Gebrauchslit. im dt. MA (1979) 76–94. – **2** Hans Folz. Die Reimpaarsprüche, hg. von H. Fischer (1961) 427, V. 465–466. – **3** B. D. Haage: Die Wertschätzung von Naturwiss. und Medizin in der dt. Dichtung des MA, in: Sudhoffs Archiv 70 (1986) 206–220, S. 207–208. – **4** F. Heidlauf (Hg.): Lucidarius (1915; ND Dublin/Zürich 1970) XII, V. 17–19. – **5** B. D. Haage: Wissenstradierende und ges. Konstituenten mittelalterlicher dt. Fachsprache, in: T. Bungarten (Hg.): Fachsprachentheorie, Bd. 1: Fachsprachliche Terminologie, Begriffs- und Sachsysteme, Methodologie (Tostedt 1992) (im Erscheinen). – **6** H. de Boor (Hg.): Das Nibelungenlied. Nach der Ausgabe von Karl Bartsch (^{21}1979) Str. 987 u. 2069. – **7** L. Drozd, W. Seibicke: Dt. Fach- und Wissenschaftssprache. Bestandsaufnahme – Theorie – Gesch. (1973) 9. – **8** B. D. Haage [5]; T. Ehlert: «Nehmet ein junges Hun, ertranckets mit Essig.» Zur Syntax spätmittelalterlicher Kochbücher, in: J. Bitsch, T. Ehlert, X. v. Ertzdorff (Hg.): Essen und Trinken in MA und Neuzeit (1987) 261–276. – **9** H.-R. Fluck: Fachsprachen (^{3}1985) 20 (Schaubild von K. Heller). – **10** G. Eis: Mittelalterliche Fachlit. (^{2}1967); P. Assion: Altdt. Fachlit. (1973); B. D. Haage: Dt. Fachlit. und dt. Fachsprache in der mittelalterlichen und frühneuzeitlichen Stadt, in: G. Bauer (Hg.): Stadtsprachenforschung (1988) 271–325; Haage [5]. – **11** B. D. Haage: Stud. zur Heilkunde im ‹Parzival› Wolframs von Eschenbach (1992).

B. D. Haage

→ Artes liberales → Fachsprache → Lehrbuch → Mittelalter

Fachsprache (auch Technolekt; engl. languages for special purposes; frz. langue de spécialité, langue spécialisée, discours spécifique; it. lingue speciali, linguaggi speciali, linguaggio scientifico)
A. F. sind neben der Alltagssprache (Umgangssprache) und der Literatursprache wesentliche Subsysteme ausgebauter natürlicher Sprachen. Unter dem Terminus ‹F.› werden im allgemeinen die spezifischen Kommunikationsmittel der Wissenschaften (im weiten Sinne) und der Technik zusammengefaßt; als Vorläufer gelten die alten Handwerkssprachen. Eine F. ist nach einer verbreiteten Definition von L. Hoffmann «die Gesamtheit aller sprachlichen Mittel, die in einem fachlich begrenzten Kommunikationsbereich verwendet werden, um die Verständigung zwischen den in diesem Bereich tätigen Menschen zu gewährleisten.» [1] Zu ergänzen ist, daß die fachkommunikativen Mittel nicht nur sprachlich, sondern auch non-verbal sein können (Bilder, Skizzen, Ziffern, Tabellen, Gesten etc.) und daß verbale und nonverbale Mittel in der Fachkommunikation untrennbar und in spezifischer Relation auftreten können. Zu präzisieren ist unter rhetorischen Aspekten, daß fachsprachliche Kommunikation schriftlich oder mündlich, monologisch oder dialogisch, symmetrisch oder asymmetrisch, öffentlich oder privat, fachintern (‹intradisziplinär› bzw. ‹interdisziplinär›) oder fachextern (‹transdisziplinär› in der Kommunikation mit Öffentlichkeit, Nicht-Fachleuten, in Popularisierung, Vulgarisierung, Wissenschaftsjournalismus etc.) ablaufen kann. [2]

Bei der Definition von F. gibt es Abgrenzungsprobleme gegenüber der *Gemeinsprache* (Alltagssprache, Standardsprache) und den *Sondersprachen*. Die früher gängige Auffassung, F. unterscheide sich von *Gemeinsprache* durch Reduktion im Bereich der Syntax und Expansion im Bereich der Lexik (Fachterminologie) wird heute nicht mehr geteilt. Demgegenüber wird angenommen, daß sich beide Subsysteme überschneiden, sich aber prinzipiell auf allen Sprachebenen (phonetisch, graphisch und typographisch, morphologisch, phraseologisch, syntaktisch, lexikalisch, textuell, stilistisch, argumentativ etc.) unterscheiden können. Außerdem wird – insbesondere im lexikalischen Bereich – aufgrund besonderer Kommunikationsziele (Wissensvermittlung, Didaktisierung des Fachdiskurses) mit Übergangsstufen und mit Austausch gerechnet (Terminologisierung von Lexemen der Gemeinsprache; Übernahme von Fachtermini in die Umgangssprache). Im Gegensatz zu der in der Gemeinsprache beachteten rhetorischen Stiltugend der lexikalischen *varietas* bei syntaktischer Konstanz (Parallelismus) wird in Fachsprachen terminologische Kontinuität im Text gewahrt (kein Wechsel des Ausdrucks).

Gegenüber den Sondersprachen (Sprache des Sports, Jägersprache, Argot, Gaunersprache, Studenten- und Schülersprache), die gruppenorientiert sind und solidarisierend-hermetischen Charakter haben, sind F. sachorientiert [3] und vor allem institutionell normiert. [4] F. werden mit der pejorativen Bezeichnung *Fachjargon* (Fachslang) in ihre Nähe gerückt, wenn ihre Unklarheit, Unverständlichkeit und die abgrenzende Funktion gegenüber Laien (Kommunikationsbarrieren, elitäre Bewahrung von Herrschaftswissen) stigmatisiert werden sollen.

B. I. *Differenzierungen*. F. werden *horizontal* differenziert nach Fächern, Fachbereichen, Disziplinen, Wissenschaften (z. B. Medizin, Wirtschaftswissenschaft, Elektrotechnik, Kfz-Mechanik) und *vertikal* nach Fachlichkeitsgraden, Abstraktionsstufen und Kommunikationsbedürfnissen. [5] Zur vertikalen Schichtung von F. wird meistens eine Dreiteilung mit leicht variierenden Bezeichnungen vorgenommen: 1. Theoriesprache, Wissenschaftssprache, Fachsprache (inhaltsorientierter Aspekt); 2. Werkstattsprache, Werkstättensprache, Betriebssprache, Produktionssprache (ortsbezogener Aspekt); 3. Verteilersprache, Verkäufersprache, Verbrauchersprache (kommunikationsorientierter Aspekt. [6]

Stringenter differenziert L. Hoffmann fünf vertikale Schichtungen, die in allen F. vorkommen können, aber nicht müssen: 1. Sprache der theoretischen Grundlagenwissenschaften; 2. Sprache der experimentellen Wissenschaften; 3. Sprache der angewandten Wissenschaften und der Technik; 4. Sprache der materiellen Produktion; 5. Sprache der Konsumtion. [7] Vom Forschungsinteresse her läßt sich die sprachwissenschaftliche und rhetorische Beschäftigung mit F. in die beiden Hauptbereiche der *Terminologieforschung* und der *Fachtextlinguistik* differenzieren. Terminologie meint einerseits die wissenschaftliche (fachwissenschaftliche, sprachwissenschaftliche, lexikologisch-lexikographische, übersetzungswissenschaftliche) Beschäftigung mit Fachtermini, andererseits die geordnete, systematisierte Struktur von Termini. Ein Terminus in einer F. wird ein Lexem, wenn es eine Reihe von Voraussetzungen erfüllt, u. a.: *Benennungsfunktion* (Zuordnung einer Bezeichnung zu einem Denotat, vermittelt über den Begriff; *res-verba*-Verhältnis); *Definiertheit* (Konstitution des Terminus durch Bestimmungsdefinition; *claritas*); *Eineindeutigkeit* der Benennung (ein Gegenstand wird nur durch einen Terminus repräsentiert und umgekehrt; Ausschluß von Synonymie und Homonymie); *einheitliche Geltung* in der Sprachgemeinschaft (Ausschluß von regionaler, dialektaler und soziolektaler Varietät); Zugehörigkeit zu einem *terminologischen System* (Einbindung in Bezeichnungsfelder, Begriffsleitern, Benennungshierarchien); *Objektivität, Neutralität der Bezeichnung* (Ausschluß von Modalität, Expressivität, Stilwirkung, Konnotation); *Normierung* und *Kodifizierung* (Festlegung durch normierende Institution und Veröffentlichung in technischen Normen, Thesauri, Fachwörterbüchern etc.). [8] Diese (und weitere) Kriterien für Termini sind als Idealanforderungen zu verstehen. Es gibt auch in den Nomenklaturen (systematische Namensbenennungen) der Naturwissenschaften Synonymie, Mehrdeutigkeit, Metaphorik, Expressivität, Stilmittel. [9]

Die *Fachtextlinguistik* hat sich erst in den letzten Jahren herausgebildet. Sie untersucht die Textkonstitution in F. im Unterschied zur Gemeinsprache, Typen des Textaufbaus, Argumentationsstrukturen, fachsprachliche Kommunikationsverfahren. Als Textqualitäten, durch die sich F. gegenüber der Gemeinsprache und der Literatur auszeichnen, werden genannt: Präzision, Eindeutigkeit und Unmißverständlichkeit, Kürze und sprachliche Ökonomie, Objektivität und Neutralität, begriffliche Systematisierung, Situationsinvarianz, Sachbezogenheit. [10] Als typische sprachliche Merkmale gelten u. a. syntaktische Komplexion, Nominalisierung, Tendenz zu Passivkonstruktion, syntaktischer und typographischer Parallelismus, Wortbildungsneologismen und – in einigen Sprachen – Funktionsverbgefüge und Kompositabildung. Allerdings beruht die Behauptung solcher Textmerkmale oft auf apriorischen Annahmen bzw. auf beschränktem (meist nur einige schriftsprachliche Textsorten berücksichtigendem) Textmaterial. Die Analysen der Fachtextlinguistik haben zu Textvergleichen geführt, mit denen konventionelle Unterschiede zwischen den einzelnen Fächern und zwischen unterschiedlichen Fachtextsorten (z. B. Monographie, Fachaufsatz, Rezension, Patentschrift, Diskussion, Gebrauchsanweisung, Vorlesung, Lexikonartikel) aufgewiesen werden. Darüber hinaus gibt es Ansätze, jenseits der Tendenzen zur internationalen Standardisierung durch kontrastive Vergleiche fachtextbezogene Unterschiede zwischen einzelnen Sprachen und Kulturen aufzuweisen.

II. *Geschichte*. Fachsprachliche Fragestellungen werden bereits in der Diskussion der antiken Rhetorik thematisiert mit der Frage, welche Redegegenstände zur *materia artis rhetoricae* gehören. Während einige Theoretiker Fragen der Fachwissenschaften, der Spezial-*artes* aus dem Objektbereich der Rhetorik ausschließen («nullius artis propria in communi omnium opinione versatur»), plädieren andere Rhetoriker (Quintilian, Cicero) im Hinblick auf die Universalität der *materia* für Berücksichtigung der Spezial-*artes*. [11] Beim Diskurs über Fachgegenstände muß der Rhetor folglich, um das *aptum* zwischen Redner und Redegegenstand zu wahren, sich fachkundig machen. Insofern könnte man in der antiken Parteirede, besonders im *genus iudiciale*, erste Ansätze zu einer fachlichen und fachsprachlichen Orientierung der Rhetorik erblicken.

Die *artes liberales* bilden den Hintergrund für die Entstehung der mittelalterlichen Fachprosa, zunächst lateinisch, dann auch deutsch. Hier sind es insbesondere die Eigenkünste *(artes mechanicae)*, in denen für das Handwerk, die Kriegskunst, die Seefahrt mit Geographie und Handel, den Landbau und die Hauswirtschaft, die Jagd und Tierheilkunde und die Medizin der Fachwortschatz entwickelt (z. T. entlehnt) und ausgebaut wird. [12] Hinzu tritt die Terminologie der Rechtsbücher. [13] Wichtige Grundlagen bilden die zweisprachigen Glossare und die – bald auch deutschsprachigen – Enzyklopädien, z. B.: ‹Abrogans› (um 760, lat.-dt. Glossar), kurz darauf ‹Vocabularius Sancti Galli›, ‹Summarium Heinrici› (um 1010, mit dt. glossiertem lateinischen Fachvokabular), ‹Buch der Natur› von KONRAD VON MEGENBERG (1349/50, deutschsprachige Enzyklopädie). [14] Ein wichtiger Traditionsstrang zur Herausbildung von F. sind schließlich die zunächst mündlich tradierten Handwerkssprachen (Fischer, Jäger, Schmiede usw.). [15] Vor diesem Hintergrund bilden sich bereits im Mittelalter Fachtextsorten heraus, z. B. Rezept, Traktat, Priamel. [16] Die Abfassung dieser Fachprosa geschieht noch weitgehend unabhängig von der antiken und zeitgenössischen Rhetorik. Erste Einflüsse zu einer schriftsprachigen Textproduktionslehre ergeben sich durch die Mnemotechnik-Literatur und durch die Traktate der *ars dictaminis*. [17] Auf diesem Wege wird die rhetorische Lehre Handlungsanweisung für die Abfassung von Formularen, Rechtstexten, Urkunden, ferner der Handels- und Kanzleisprache (1450/60, FRIEDRICH VON NÜRNBERG, ‹Tütsch rethorica›, als Übersetzung einer älteren lateinischen ‹Ars epistolandi›; 1487 ‹Kleines Titelbüchlein›; 1493 Heinrich Geßler, ‹Nuw practiciert rethoric und brieff formulary›). [18]

Nach den enzyklopädischen Vorläufern des Mittelalters werden die Fachterminologien systematisch erst mit Aufkommen der modernen Naturwissenschaften im 18. und 19. Jh. ausgebaut. Die Bezeichnung ‹terminologisch› ist 1788 zuerst belegt; es entstehen die Nomenklaturen der Chemie und der Biologie (u. a. DE MORVEAU, LAVOISIER; später LINNÉ). [19] Die Wissensexplosion des 20. Jh. führt zu Differenzierung der Fachdisziplinen und zur Aufschwellung der Fachlexik. Man rechnet für die terminologischen Bestände von Chemie, Biologie, Technik mit einem Umfang jeweils in Millionengröße. Hierdurch ergeben sich für die Terminologiearbeit beträchtliche Aufgaben für Wortbildung und -ableitung, Definition, Normierung, Klassifikation, Kodifizierung und für die internationale Standardisierung.

Anmerkungen:
1 L. Hoffmann: Kommunikationsmittel F. Eine Einf. (^{2}1984) 53. – **2** B. Spillner: Formen und Funktionen wiss. Sprechens und Schreibens, in: K. Ermert (Hg.): Wissenschaft-Sprache-Ges. Über Kommunikationsprobleme zwischen Wiss. und Öffentlichkeit und Wege zu deren Überwindung. Tagung vom 18. bis 21. März 1982 [= Loccumer Protokolle 6 (1982)] 33–57; 38–41; vgl. D. Möhn, R. Pelka: F. Eine Einf. (1984) 26. – **3** vgl. H. Bausinger: Deutsch für Deutsche. Dialekte, Sprachbarrieren, Sondersprachen (1972); D. Möhn: Sondersprachen, in: LGL², 384–390. – **4** vgl. K.-H. Bausch, W. H. U. Schewe, H.-R. Spiegel (Hg.): F. Terminologie, Struktur, Normung (1976); P. Auger, L.-J. Rousseau: Méthodologie de la recherche terminologique (Québec 1978). – **5** Hoffmann [1] 58–70. – **6** vgl. H. Ischreyt: Stud. zum Verhältnis von Sprache und Technik (1965) 39–45; L. Hoffmann [1] 64–65; D. Möhn, R. Pelka [2] 38; R. Beier: Englische F. (1980) 24–26. – **7** Hoffmann [1] 70. – **8** O. Akhmanova, G. Agapova (Hg.): Terminology: Theory and Method (Moskva 1974) 22–74; E. Wüster: Einf. in die Allgemeine Terminologielehre und Terminologische Lexikographie (Wien/New York 1979) 79–98; B. Spillner: Termini stilistischer Wertung, in: C. Wagenknecht (Hg.): Zur Terminologie der Literaturwiss. Akten des IX. Germanistischen Symposions der Dt. Forschungsgemeinschaft, Würzburg 1986 (1988) 239–256, 244. – **9** vgl. E. Beneš: Fachtext, Fachstil und F., in: H. Moser (Hg.): Sprache und Ges. Beitr. zur soziolinguistischen Beschreibung der dt. Gegenwartssprache. Jb. 1970 (1971) 118–132; R. Gläser: Methoden zur Erforschung von Stilmerkmalen in der F. des Englischen, in: ZPSK 31 (1978) 159–169; B. Spillner: Fachtext und Fachstil, in: Jb. Deutsch als Fremdsprache 12 (1986) 83–97. – **10** R. Wimmer: Wiss. Kommunikation und Alltagskommunikation im Lichte einer linguistisch begründeten Sprachkritik, in: Ermert [2] 15–32, 17; L. Ihle-Schmidt: Stud. zur frz. Wirtschaftsfachsprache (1983), 22–24; R. Kocourek: La langue française de la technique et de la science. Vers une linguistique de la langue savante (²1991) 41. – **11** H. Lausberg: Hb. der lit. Rhet. (1960) 48–50. – **12** RDL², 102–104. – **13** G. Eis: Mittelalterliche Fachlit. (1962) 50–52. – **14** ebd. 3–7; vgl. auch: C. Hünemörder: Antike und mittelalterliche Enzyklop. und die Popularisierung naturkundlichen Wissens, in: Sudhoffs Archiv 65 (1981) 339–365 und P. Assion: Altdt. Fachlit. (1973). – **15** H.-R. Fluck: F. Einf. und Bibliogr. (1976), 27–30. – **16** Eis [13] 61–66. – **17** vgl. u. a. H. Hajdu: Das mnemotechnische Schrifttum des MA. (Wien/Amsterdam/Leipzig 1936); L. Rockinger: Über Briefsteller und Formelbücher in Deutschland während des MA. (1861). – **18** vgl. Assion [14] 67–68. W. Kronbichler: Die Summa de arte prosandi des Konrad von Mure (Zürich 1968). – **19** A. Rey: La terminologie: noms et notions (Paris 1979) 5–7.

Literaturhinweise:
E. Barth: F. Eine Bibliogr., in: Germanistische Linguistik 1971, n° 3, 205–363. – L. Drozd, W. Seibicke: Dt. Fach- und Wissenschaftssprache (1973). – W. von Hahn: F., in: LGL², 390–395. – T. Bungarten (Hg.): Wissenschaftssprache. Beitr. zur Methodologie, theoretischen Fundierung und Deskription (1981). – K.-D. Baumann: Integrative Fachtextlinguistik (1992). – B. Spillner (Hg.): Stil in Fachtexten (1993).

B. Spillner

→ Angemessenheit → Fachprosa → Fremdwort → Funktionalstil → Gruppensprache → Latinitas → Neologismus → Perspicuitas → Wortschatz

Fallazien (lat. fallacia; dt. Täuschung, Trug-, Fehlschluß, Verstellungskunst; engl. fallacies; frz. arguments fallacieux; ital. fallacie)

A. Strenggenommen sind F. eine ungültige Form des Arguments. [1] Die Rhetorik verwendet F. als Oberbegriff für Fehlschlüsse (Paralogismen) und Sophismen (σόφισμα, sóphisma; Trugschluß), welche den ungewollten oder absichtlichen Gebrauch von falschen Schlüssen oder ähnlichen Irrtümern bezeichnen. Nur letztere gelten als rhetorische Kunstgriffe. F. können in der *argumentatio (probatio, refutatio, conclusio)* auftreten sowie im Redeschluß. In der Logik betrifft es den Beweis. Da in der Rede der ausführliche philosophische Syllogismus als trocken und umständlich die Zuhörer zu langweilen droht, benutzt man in der Regel ein verkürztes Schlußverfahren *(Enthymem, ratiocinatio)*, das wegen seiner Raffung einerseits die Gefahr von Fehlern erhöht, zum anderen eine bewußte Täuschung erleichtert. Die Logik kennt 1) formale F., Irrtümer in formalen Ableitungen und 2) informale F., wenn ein Disputant entweder nicht stichhaltig argumentiert, ohne dabei präzise logische Formen zu gebrauchen, oder er macht Fehler bei der Übersetzung eines Gedankens oder eines Satzes der natürlichen Sprache in eine logische Form (u. vice versa). Hinzu kommen noch 3) F. bei nicht-deduktiven Abteilungen und bei Beobachtungssätzen. Dies diskutiert u. a. der Fallibilismus als kritisch-rationale Denkrichtung, die sich vornehmlich mit Fehlern bei der

Beweisführung in der Naturwissenschaft auseinandersetzt. Begründet von C.S. Peirce wird dieses Konzept heute u. a. von K. R. Popper vertreten. [2]

Als philosophische F. gelten die naturalistischen F. (diskutiert von G. E. Moore [3], der Schluß von der Möglichkeit von etwas auf dessen Güte: z. B. etwas ist begehrbar, also ist es begehrenswert), der Schluß von ‹sein› auf ‹sollen›, das Verwechseln von Beziehungen bei Dingen und Eigenschaften sowie Kategorienfehler.

B. Während die rhetorische Schlußfolgerung (ἐν-θύμημα, enthýmēma) für Aristoteles das «bedeutendste der Überzeugungsmittel» [4] bildet, bestimmte er dic Trugschlüsse als scheinbare enthymémata. [5] Seine Unterscheidungen [6] bildeten die Grundlage für alle späteren Logiker und Rhetoriker.

Er unterteilte die σοφίσματα (sophísmata) in zwei Klassen: *secundum dictionem* (παρὰ τὴν λέξιν, pará tén léxin; auf die Sprache beruhend) und die *extra dictionem* (ἔξω τῆς λέξεως, éxō tés léxeōs). Zur ersten Klasse gehören: a) die Homonymie (Zweideutigkeit im Gebrauch der Worte), b) die Amphibolie (Zweideutigkeit in der Stellung der Worte), c) die Verbindung dessen, was zu trennen ist (σύνθεσις, sýnthesis), d) die Trennung des zu Verbindenden, e) der falsche Akzent, f) die Redefigur. Zur zweiten Klasse gehören: a) *fallacia ex accidente* (παρὰ τὸ συμβεβηκός, pará tó symbebēkós; Verwechslung des Wesentlichen mit dem Unwesentlichen), b) *fallacia a dicto secundum quid ad dictum simpliciter* (Setzung des nur in Beziehung Geltenden als allgemein; τὸ ἁπλῶς ἢ μὴ ἁπλῶς, tó haplôs é mé haplôs), c) *ignoratio elenchi* (Nichtbeachtung des Widerspruchs; ἄγνοια τοῦ ἐλέγχου, ágnoia tou elénchou), d) *fallacia ex consequenti* oder *consequentis* (Schluß von der Folge auf den Grund), e) *petitio principii* (τὸ ἐν ἀρχῇ αἰτεῖσθαι καὶ λαμβάνειν, tó en archḗ aiteísthai kaí lambánein), f) *fallacia de non causa ut causa* (Annahme eines falschen Grundes; τό μὴ αἴτιον ὡς αἴτιον, tó mé aítion hōs aítion), g) *fallacia plurium interrogationum* (Verbindung verschiedener Fragen zu einer; τὸ τὰ πλείω ἐρωτήματα ἐν ποιεῖν, tó tá pleíō erōtémata hén poieín). [7]

Ein Lexikon des 18. Jh. referiert hauptsächlich die Aristotelischen Unterscheidungen und definiert sonst bündig: «Fallacia überhaupt und im logischen Verstande bedeutet, alles dasjenige, was einen Menschen von der Einsicht einer Wahrheit abhalten kann. Sie findet entweder in einem Satze oder in einem Schlusse statt.» [8] Noch 1910 werden F., Trugschlüsse und Sophismen zusammengenommen als «[...] unrichtige, auf Denkfehlern beruhende, unwillkürliche oder absichtliche (um zu täuschen, überreden) Schlüsse.» [9]

C. *F. in der Rede.* a) *Inkonsistenz:* Positionen oder Gedankensysteme sind anfechtbar, wenn sie inkompatible Aussagen oder Glaubenssätze enthalten. Um ein Problem zu lösen, negiert oder qualifiziert der Disputant ein Prinzip, das er zuvor angenommen hat, während er in anderen Kontexten dieses Prinzip akzeptiert und ohne Einschränkung gebraucht. Inkonsistenz ist ein formales Merkmal und kann mit formalen Methoden entdeckt werden. Vom ungültigen Schluß ist sie dadurch unterschieden, daß ein Argument mit widersprüchlichen Prämissen formal gültig ist, wenn es auch keine Stütze für die Konklusion bilden kann. b) *Petitio Principii:* Sie ist ein Gebrauch der Konklusion in den Prämissen und formal gültig, aber als Argument im weiteren Sinne wertlos, da sie keine Überzeugungskraft besitzt. Der Zirkelschluß gehört in diese Kategorie: eine Aussage wird verteidigt mit Hinweis auf eine andere, die wiederum gestützt wird durch Verweis auf die erste. Dieselbe F. kann bei Definitionen und Erklärungen vorkommen. c) *A priori-F.* (auch *Vorurteils-F.*): J.S. Mill sprach von einer Reihe von ‹natürlichen Vorurteilen›, z. B. daß Worte magische Kraft besitzen oder das philosophische Dogma, daß das, was wahr ist an unseren Ideen über die Dinge, auch auf die Dinge selbst zutreffen muß. Er kam zum Schluß, daß es allgemeine apriorische F. gibt, z. B. den Versuch, Wissen um grundlegende synthetische Wahrheiten auf nicht-empirischen Gegebenheiten aufzubauen. [10] d) *Ignoratio elenchi* (ἄγνοια τοῦ ἐλέγχου, ágnoia tou elénchou; Nichtbeachtung der Widerlegung): Diese F. besteht darin, für etwas anderes zu argumentieren, als was zu beweisen ist, im aneinander vorbeireden. Im Disput zwischen A und B begeht B diese F., wenn er behauptet, auf A's Argument zu antworten, während er tatsächlich A mißverstanden hat und ein unsachgemäßes Argument gibt, das A's Rede nicht entkräften kann. Es gibt viele Spielarten dieser F.: wenn der Streitpunkt ist, ob eine Doktrin wahr oder falsch ist, ist es irrelevant, ob der Glaube an sie nützt oder schadet. Ebenso irrelevant ist es für ihren Wahrheitsgehalt, ob viele oder welche Leute an sie glauben, bzw. der Autoritätsanspruch der Einzelnen. Hier findet eine Überschneidung mit der Vorurteils-F. statt. Eine weitere Form ist die *tu quoque*-Technik (*Auch Du*-T.): wird die eigene Handlung oder Meinung kritisiert, so antwortet man, indem man eine Handlung oder Ansicht des Kritikers attackiert, die ebenso schwer zu verteidigen ist. Ähnlich ist das Verfahren des *argumentum ad hominem*, da ein Argument zurückgewiesen wird aufgrund der Person, die es äußert. Verwandte F. sind *argumentum ad verecundiam* (Appell an die Autorität, an Gefühle von Ehrfurcht oder Respekt), *argumentum ad personam* (Appell an persönliche Interessen) und *argumentum ad populum* (Appell an populäre Vorurteile). Die *argumenta ad ignorantiam* oder *ad auditores* gehören ferner dazu, bezeichnen aber keine spezifische F., sondern allgemein eine nicht stichhaltige Argumentation, die ein Publikum überlisten soll. e) *F. der Befragung*: 1) Zwei oder mehr Fragen werden zusammen vorgetragen und eine einzige Antwort verlangt; 2) die Frage hat eine Voraussetzung, die der Befragte nicht annehmen will, die er aber auf jeden Fall bejaht, wenn er die Frage beantwortet: «Ja» oder «Nein» auf die Frage «Hast Du das Theater verlassen?» bejahen beide, daß der Befragte im Theater gesessen hat.

Anmerkungen:
1 vgl. P. Edwards (Hg.): The Encyclopedia of Philosophy, Vol. 4 (1967) 169ff. – **2** vgl. HWPh, Bd. 2, Sp. 894f. – **3** vgl. G. E. Moore: Principia Ethica (1960). – **4** Arist. Rhet. I, 1, 1355a. – **5** ders.: I, 1; 1355b, 11. – **6** vgl. Aristoteles, Sophistici elenchi 6; ders.: Topica I, II. – **7** ders.: Sophistici 6; Topica VIII, 11. – **8** J. G. Walch: Philos. Lex. (⁴1775; ND 1968) s. v. – **9** R. Eisler: Wtb. der philos. Begriffe (1910) 1536. – **10** vgl. J. S. Mill: On Fallacies, in: ders.: A System of Logic, B. V (1843; ND University of Toronto Press 1974).

M. Löhner

→ Argumentation → Beweis → Conclusio → Folgerung → Rhetorische Argumente → Schluß → Widerspruch

Familiaritas (griech. οἰκειότης, οἰκεῖον, oikeiótēs, oikeíon; dt. Vertraulichkeit, Vertrautheit; engl. familiarity; frz. familiarité; ital. familiarità)

A. F. bezeichnet die vom Redner zu fordernde Verwendung einer angemessenen und allgemein gebräuchlichen Sprache. Dabei liegt das Augenmerk auf der Vertrautheit der Kommunikationspartner, die auf ihren sprachlichen Gemeinsamkeiten beruht. Als Figur der öffentlichen Rede ist sie Bestandteil der *simulatio*. Die F. kann nicht im eigentlichen Sinne zum rhetorischen Fachwortschatz gezählt werden.

B. Als rhetorischer Fachausdruck erscheint F. zum erstenmal bei L. A. SONNINO [1], der sie zum einen, ausgehend von CICERO [2], als einschmeichelnde Vertraulichkeit des Redners dem Richter gegenüber versteht, und sie zum anderen, mit Bezugnahme auf eine Passage aus M. VELTKIRCHIUS' Erasmus-Kommentar, mit συντομία (syntomía, lat. *brevitas*) gleichsetzt und entsprechend definiert. Jedoch findet sich an beiden Stellen weder ein Stichwort ‹F.›, noch rechtfertigt der Textbefund eine dieser Erklärungen. Während der Passus im ‹Orator› eine andere Interpretation verlangt (s. u.), beruht Sonninos Bildung des Begriffes ‹F.› unter Berufung auf Veltkirchius wohl auf einem Mißverständnis: denn dieser stellt der *expolitio* die *brevitas* gegenüber, «quam Graeci Syntomian, id est, concisam, vel pressam, orationem vocant [...] Et *familiaris* est syntomia illis, quos vocant vulgo Atticos, id est, [...] qui breviter rem absolvunt, et perspicue paucis exponunt quid velint» (Dies nennen die Griechen Syntomia, das heißt, eine kurzgefaßte oder gedrängte Sprechweise. [...] Die Syntomia ist *charakteristisch* für jene, die man gemeinhin als Attizisten bezeichnet, das heißt, diejenigen, die die Angelegenheit kurz abhandeln, und mit wenigen Worten klar ihre Absichten darlegen). [3] Hingegen scheint Sonnino *familiaris* nicht in diesem eher beiläufigen Sinne, sondern fälschlich als lateinische Übertragung von *syntomia* aufgefaßt zu haben. Zwar ist eine der Besonderheiten des *sermo familiaris* laut Veltkirchius die *brevitas*, das heißt die Verwendung von «crebris commatibus atque membris», dies berechtigt jedoch nicht, die *brevitas* als ein Merkmal des *sermo familiaris* durch einen Ausdruck wie F. zu ersetzen, da sie ja ein globaleres Phänomen darstellt. [4]

Obwohl also die F. einen Status als eigenständiger rhetorischer Begriff nicht besitzt, zeigt ein Überblick über die einschlägigen Stellen in der antiken Fachliteratur, daß *familiaris* und οἰκεῖος (oikeíos) dennoch ein eingrenzbares rhetorisches Bedeutungsspektrum umfassen. Diachrone Entwicklungen von Interesse lassen sich gleichwohl nicht nachvollziehen.

Die Charakterisierung des Sprechens als *familiaris* verweist auf den Bereich des privaten Umgangs mit nahen Freunden, der deutlich von öffentlicher oratorischer Tätigkeit, aber auch vom sprachlichen Umgang mit weniger nahestehenden Personengruppen abgegrenzt wird. [5] Der *sermo familiaris* bezeichnet das alltägliche Gespräch unter Seinesgleichen. Er ist primär bestimmt von der Intimität des vertraulichen Gespräches, in dem keine besondere Genauigkeit und Stilisierung gefordert ist: «sermo hercule familiaris et cotidianus non cohaerebit, si verba inter nos aucupabimur» (Unsere alltägliche und vertraute Art, miteinander zu sprechen, wird unschlüssig und unzusammenhängend sein, wenn wir untereinander die Worte auf die Goldwaage legen). [6] Dabei ist klar, daß die Zahl möglicher *sermones familiares* der Zahl realer Kommunikationsgruppen entspricht. Daher erfährt der Begriff seine weiteste Ausdehnung in seiner Beziehung auf Nationalsprachen [7], und dann in der christlichen Literatur, wo er die universale Fähigkeit des Mensch gewordenen Christus bezeichnet, «familiaribus verborum sonis et suo cuique utens [...] eloquio» (in vertrauten Wortklängen und mit jedem in seiner eigenen Sprache) [8] zu sprechen. Drei kaum sinnvoll voneinander zu trennende Aspekte sind also für das Verständnis des Ausdrucks *familiaris* maßgeblich: zum einen die allgemeine Gebräuchlichkeit in Diktion und Syntax, zum anderen die pragmatische Orientierung auf den Gemeinsamkeit mit dem Hörer bezweckenden Zeichenbenutzer, und schließlich – dies allerdings nur im lateinischen Bereich – die Betonung des vertraulichen Miteinanders von Sprecher und Hörer.

So verstanden führt die Verwendung des *sermo familiaris* durch einen Redner dazu, daß er dem Zuhörer, der sich im Alltag derselben Sprache wie er bedient, vertraut wird. Dies entspricht im rhetorischen System weitgehend dem Streben im Rahmen der *elocutio* nach *perspicuitas* und *latinitas*, die ja vor allem auf der Verwendung von *verba propria* beruhen. Tatsächlich wird in der antiken Rhetorik das ὄνομα οἰκεῖον (ónoma oikeíon) / *verbum familiare* bisweilen synonym zu ὄνομα κύριον (ónoma kýrion) / *verbum proprium* verwendet [9], das an sich allein durch den ersten der drei oben genannten Aspekte bestimmt ist. Demgegenüber bleibt zumindest der pragmatische Aspekt in Formulierungen wie «familiare verbum Terenti» (ein bei Terenz geläufiges Wort) [10] oder wie «Fallunt etiam verba vel regionibus quibusdam familiaria vel artium propria» (Trügerisch sind auch Regionalismen oder Fachausdrücke) [11] gewahrt. Der letztgenannte Beleg verweist darüber hinaus auf die Problematik der in der Unterschiedlichkeit der Codes von Sender und Empfänger begründeten *obscuritas*, die jedoch nur dann droht, wenn bei der Verwendung eines *verbum familiare* der pragmatische Aspekt auf Kosten der allgemeinen Gebräuchlichkeit des Ausdrucks dominiert.

Die Deutung griechischer Belegstellen gelingt meist auf der Grundlage der ersten beiden Aspekte: so gibt es einige οἰκεῖα ὀνόματα (oikeía onómata), die nicht nur eine konventionelle, sondern zusätzlich eine ästhetische Verbindung zwischen signifiant und signifié aufweisen, sei es, daß damit *Onomatopoiien* [12], sei es, daß Wörter gemeint sind, die durch ihre harmonische lautliche Gestalt oder durch die visuelle Schönheit ihres signifié geeignet sind, eine besondere Affinität des Hörers zum Bezeichneten – und damit zum Sprecher – herbeizuführen. So stellt ARISTOTELES fest: «Es ist nämlich ein Wort bezeichnender (κυριώτερον, kyrióteron) und stärker nachgebildet (ὡμοιωμένον μᾶλλον) und eigentümlicher (οἰκειότερον, oikeióteron) als das andere, insofern als es die (bezeichnete) Sache vor Augen stellt» [13], und DIONYSIOS VON HALIKARNASSOS spricht von «melodiösen, rhythmischen und wohlklingenden Wörtern, durch die die Rezeption schmackhaft und leichter gemacht wird, und in insgesamt vertrauter Atmosphäre geschieht». [14] Daß prinzipiell jedoch zwischen κύριον ὄνομα (kýrion ónoma) und οἰκεῖον ὄνομα (oikeíon ónoma) differenziert werden muß, zeigt ein weiterer Beleg aus der aristotelischen Rhetorik: «Das bezeichnende Wort, das gebräuchliche Wort und die Metapher sind allein tauglich für den Prosaausdruck.» [15] Da Aristoteles auch im folgenden dem Begriff τὸ οἰκεῖον (to oikeíon) die Mittelstellung innerhalb dieser Trias zuweist, ist wie folgt abzugrenzen: wenn das bezeichnende Wort die Qualität der *proprietas* unabhängig vom einzelnen Sprecher besitzt, die Metapher hingegen vom Redenden selbst gestaltet wird, so steht der gebräuchliche Ausdruck insofern zwischen ihnen, als einerseits das jeweilige Wort selbst von den aktuellen Verhältnissen in der Sprachgemeinschaft der Kommunikationsbeteiligten bestimmt und damit für den einzelnen Sprecher nicht frei verfügbar ist, andererseits die Entscheidung über seine Verwendung im Einzelfall beim Redenden liegt.

Über seine Abgrenzung vom *verbum proprium* hinaus erfüllt das *verbum familiare* auch im Rahmen des *aptum* der *elocutio* eine klar definierbare Funktion. Während im Kontext der Sach- und Gattungsangemessenheit πρέπον ὄνομα (prépon ónoma) und οἰκεῖον ὄνομα (oikeíon ónoma) synonym verwendet werden können [16], ist die F. für die Erregung von πάθος (páthos), vor allem aber für die Vermittlung des rednerischen ἦθος (éthos) von besonderer Bedeutung; in beiden Bereichen ist die Verwendung einer οἰκεία λέξις (oikeía léxis) obligatorisch, also einer Ausdrucksweise, die sowohl für den hervorzurufenden Affekt typisch und gebräuchlich, als auch für die Persönlichkeit des Redners angemessen und charakteristisch ist. Auf diese Weise vermag der Redner eine Emotions- und Sympathiegemeinschaft mit dem Zuhörer herzustellen, die letztlich der Glaubwürdigkeit seiner Sache dient. [17] Ähnlich wie Aristoteles konzentriert sich auch Dionysios von Halikarnassos auf die ethische Aktivität des Redners: «Er verleiht den Charakteren auch eine passende (οἰκείαν, oikeían) Ausdrucksweise, worin sie sich von ihrer stärksten Seite zeigen, das heißt: eine deutliche (σαφῆ, saphḗ), bezeichnende (κυρίαν, kyrían), allgemein gebräuchliche (κοινήν, koinḗn) und allen Menschen völlig vertraute (πᾶσιν ἀνθρώποις συνηθεστάτην, pásin anthrṓpois synēthestátēn) Art zu reden.» [18] Die aktivste Umsetzung des dritten Aspekts der F. aber besteht in ihrer Übertragung auf die *Figurenlehre*, z. B. in CICEROS ‹Orator›: «Sprechen ist nichts Anderes als alle Ansichten in der Äußerung glanzvoll zu illustrieren [...] daß er [sc. der Redner] oft mit den Zuhörern, bisweilen sogar mit seinem Gegner gewissermaßen gemeinsam überlegt; [...] daß er mit seinen Zuhörern und Richtern wie mit Vertrauten umgeht» («ut fiat iis, apud quos dicet, familiaris»). [19] So wird bisweilen ausdrücklich von einer öffentlichen Verwendung des *sermo familiaris* in seiner eigentlichen Bedeutung einer Konversation unter Freunden gesprochen, allerdings nur im Sinne eines der *deliberatio* und der *communicatio* verwandten Topos der *simulatio*: der Sprecher täuscht vor, mit dem Gegner wie unter Freunden sprechen zu wollen – ohne daß dabei allerdings ein entsprechender Wandel in Diktion und Syntax eintritt –, um seine eigene Friedfertigkeit zu betonen [20], oder um einen scheinbar freundschaftlichen Rat auszusprechen, der in eine Pointe auf Kosten des Gegners mündet *(familiaris admonitio)*. [21] Eine ernsthafte ‹familiäre› Umgangsweise mit Richtern und Gegner ist nie intendiert und wäre der Vermittlung des Ethos eher schädlich.

Da die F. im eigentlichen Sinne nie ein terminus technicus der Rhetorik war, bleibt der Begriff des *sermo familiaris* auch in der Folgezeit weitgehend für das Gespräch im privaten Bereich reserviert, wird jedoch im oben beschriebenen Sinne weiterhin bisweilen synonym für *communicatio* verwendet. [22] Die Tatsache allerdings, daß entsprechende Texte in scheinbarem Widerspruch zu ihrem vertraulichen Charakter dennoch veröffentlicht werden [23], verweist zurück auf die Absicht, durch die Schaffung einer vordergründig privaten Atmosphäre das freundschaftliche Vertrauen und Interesse und eine eher unkritische Rezeptionsbereitschaft des Adressaten zu erlangen. Das gilt ganz allgemein für die gesamte Briefliteratur – auch bereits der Antike.

Anmerkungen:
1 vgl. L. A. Sonnino: A Handbook to Sixteenth-Century Rhet. (London 1968) 99. – **2** Cic. Or. 138 (!). – **3** Desiderius Erasmus, De duplici copia verborum ac rerum cum commentariis M. Veltkirchii (Köln 1565) 379 (Hervorhebung von P. v. M.). – **4** ebd. 98ff. – **5** vgl. z. B. Seneca, Epistulae morales 38,1; vgl. Cicero, Pro Caecina 52. – **6** vgl. Cicero, Pro Caecina 52; vgl. auch Tusculanae disputationes V, 63; De legibus II, 18; Epistulae ad familiares 9, 24, 3. – **7** vgl. Valerius Maximus VIII, 7, ext. 15. – **8** vgl. Arnobius, Adversus nationes 1, 46, 6. – **9** vgl. z. B. Tryphon, Περὶ τρόπων 192, 21; Kokondrios, Περὶ τρόπων III, 238, 11; spezialisierte Verwendung bei Paulus Diaconus, Epitoma Festi 181 und Martianus Capella 3, 299. – **10** vgl. Donatus, Ars grammatica IV, 559, 12. – **11** Quint. VII, 2, 13. – **12** vgl. Dionysios von Halikarnassos, De Compositione verborum 16. – **13** Arist. Rhet. 1405 b 6ff. – **14** Dionysios [12] 12. – **15** Arist. Rhet. 1404 b 28ff.; weniger präzise Plutarch, Cicero 40, 2. – **16** vgl. z. B. Demetrios, Περὶ ἑρμηνείας 2, 114; dazu H. Lausberg, Hb. der lit. Rhet. (^{3}1990) § 1076; vgl. J. C. T. Ernesti: Lex. Technologiae Graecorum Rhetoricae (1795; ND 1962) s. v. οἰκεία, οἰκειότης. – **17** Arist. Rhet. 1408 a 10–36 (zu a 26 vgl. Teichmüller/Richards); vgl. auch Hermogenes, Progymnasmata 9; Priscianus, Praeexercitamenta 9 sowie Lausberg [16] § 821. – **18** Dionysios von Halikarnassos, Περὶ ἀρχαίων ῥητόρων II (Lysias), 8, 3. – **19** Cic. Or. 136ff., v. a. 138f. – **20** vgl. Cicero, in Quintum Caecilium divinatio 37; Arnobius, Adversus nationes 1, 2, 3. – **21** vgl. Cic. De Or. II, 281f. – **22** vgl. z. B. T. Wilson, The Arte of Rhetorique (1560) ed. G. H. Mair (Oxford 1909) 153 und 187. – **23** vgl. z. B. Erasmus' ‹Colloquia familiaria›.

P. von Möllendorff

→ Angemessenheit → Brevitas → Communicatio → Elocutio → Figurenlehre → Obscuritas → Simulatio

Fangfrage, Fangschluß (lat. sermo captiosus; engl. catch/trick question; frz. question piège; ital. domanda capziosa/insidiosa)

A. 1. Unter Fangfrage versteht man eine listige, nicht sofort durchschaubare Frage, mit der erreicht werden soll, daß der Befragte ungewollt eine Auskunft preisgibt, die er bei direkter Fragestellung nicht zu geben wünscht: «[Er] stellte plötzlich Fangfragen, um herauszubringen, wer von uns diese Bücher gelesen hatte.» [1]

2. In der traditionellen Logik ist der Fangschluß ein Schluß (Beweis), der nicht zwingend ist, aber zum Zweck der Täuschung so formuliert wird, daß er als zwingend erscheint [2], ein sophistisches Mittel (σόφισμα, sóphisma) des bewußt irreführenden Fehlschlusses (Trugschluß). Er rückt die Gegenposition als offenbar falsch ins Abseits, der Angegriffene muß in der Verteidigung Teile seiner Position relativieren, was diese als Ganzes wiederum schwächt. Als rhetorischer Kunstgriff (Unterart der ‹unfairen Fragen›) gehört die Fangfrage in die *argumentatio*, sie provoziert und versucht den Gegner dazu zu zwingen, gewisse bereits in der Frage enthaltenen Behauptungen zu bestätigen, indem man die möglichen Antworten so weit einschränkt, daß eine Kritik an den Voraussetzungen der Frage unterbunden ist. Für die *conclusio* ist der Fangschluß vornehmlich dann relevant, wenn eine Replik des Gegners noch aussteht.

B. ARISTOTELES bezeichnet den Fangschluß als ‹eristischen Schluß› (ἐριστικὸς συλλογισμός; syllogismus litigatorius) [3], da er um des Streites willen aufgestellt wird, als Unterfall des σόφισμα (sóphisma). Also kann auch sein Beweis nicht wahr sein, sondern nur ‹sophistisch›. [4] Der Fangschluß überschneidet sich mit den Fallazien, da sie beide als ‹streitsüchtiges Schließen› [5] gelten.

QUINTILIAN erörtert Fangschlüsse nicht speziell, sie sind eine der «tausend Wendungen und Kniffe» (mille flexus et artes [6]), die der Verteidiger für eine gelungene *refutatio* beherrschen muß. [7] Die Fangfrage erweiterte ihr Spektrum kaum, und der Fangschluß verlor mit der Stellung der traditionellen aristotelischen Logik ebenfalls an Gewicht. GRIMMS Wörterbuch führt keinen der Begriffe an, sondern stattdessen die Fangrede mit einem Beispiel von LUTHER als einen *sermo captiosus, insidiosus*: «was ists anders denn ein lauter fangrede und ein tückische verkerung der wort Christi?» [8]

M. Löhner

Anmerkungen:
1 M. Walser: Halbzeit (1973) 412. – 2 vgl. HWPh, Bd. 5, Sp. 354. – 3 Aristoteles Latinus: Topica, translatio Boethii (1969) 162a 18, 173. – 4 vgl. ders., Topica VIII, 11, 197; VIII, 5, 6, 7. – 5 ebd. VIII, 11, 199. – 6 Quint. V, 13, 2. – 7 ebd. V, 13, 2ff. – 8 Luther 4, 378b; vgl. Grimm, Bd. 3, Sp. 1316.

→ Argumentation → Beweis → Conclusio → Fallazien → Folgerung

Farce (frz. für Posse(nspiel), Schwank, Burleske; engl. farce, burlesque; ital. farsa)
A. Das frz. Hauptwort ‹farce› ist abgeleitet vom lat. Verbum *farcire* ([voll]stopfen) und seiner nominalen Entsprechung *fartus* (vulgärlat. *farsus*), das in der Kochkunst zur heute noch gebräuchlichen Bezeichnung einer «aus rohem oder gegartem feingehamelnem Fleisch, Geflügel, Wild oder Fisch mit Gewürzen, Sahne, Butter, Eiern oder anderen Zutaten angerührte(n) Masse zum Füllen [...] von Fisch, Fleisch, Geflügel u. a.» dient. [1] Seit Anfang des 12. Jh. wurde es in der Liturgie auf die «volkssprachlichen Umschreibungen der Epistel *(epistolae farcitae)*», die sog. Tropen, angewandt. [2] Literarkritisch verwendet wurde der Begriff in Frankreich seit Ende des 14., in Deutschland seit Ende des 16., in England jedoch erst seit Mitte des 17. Jh. [3] Er wurde später vorübergehend auch auf einaktige komische Opern wie ROSSINIS ‹La cambiale di matrimonio› (1810) übertragen und lieferte mitunter das Etikett für die ‹Pièces en vaudeville› des 18. Jh. (In seiner Abhandlung über das Komische ging BERGSON sogar so weit, ‹vaudeville› synonym mit ‹farce› zu gebrauchen. [4]) In der Umgangssprache («das ist eine F.») wurde der Begriff auf die triviale Bedeutung «als entscheidend hingestellte, in Wirklichkeit für das Zustandekommen einer Sache bedeutungslose Angelegenheit» reduziert. [5] Als epische Entsprechungen dürften das ‹fabliau› («kurze [...] altfrz. Verserzählung meist komischen Inhalts» [6]) sowie der Schwank – weniger die ‹facetie› («pointierte Kurzgeschichte in lat. Prosa» [7]) – gelten, aus denen die F. vielfach ihren Stoff bezog.

Die F. stellt einen der literaturgeschichtlich seltenen Fälle dar, in denen die Definition einer Gattung wenigstens z. T. von deren Position erfolgen kann. So bezeichnet ‹parade› («burleskes Schauspiel, das die Gaukler am Eingang eines Zirkus oder Jahrmarkts vor Beginn der Vorstellung geben, um die Zuschauer anzulocken» [8]) ein Vorspiel, das ‹entremés› (Intermezzo) ein Zwischenspiel und die ‹stage-jig› ein Nachspiel. [9] Wie öfters bemerkt worden ist, verhält sich die F. aufgrund der ihr wesenseigenen Übertreibung zum Lustspiel wie das Melodrama zum Trauerspiel. [10] Eine Unterteilung nach bloßen Inhalten (‹bedroom farce›, ‹deception farce›, ‹humiliation farce›, usw.), wie sie B. CANNING, J. M. DAVIS und L. PORTER vorschlagen bzw. praktizieren, scheint hingegen wenig sinnvoll. [11]

Mit der von R. HURD, dem Bischof von Worcester, artikulierten Grundgegebenheit, daß die F. eine Gattung ist, deren «einziges Ziel und Zweck darin besteht, [...] Lachen zu erregen» [12], sind die meisten Forscher und Lexikographen einverstanden, während die im ‹Kleinen literarischen Lexikon› vertretene Auffassung, es handle sich hierbei um ein «kurzes, derbes Spiel, das durch Verspottung allgemein menschlicher Schwächen Lachen erregen will» [13], insofern anfechtbar ist, als sie, was die Derbheit anbetrifft, nur auf den Typ der frz. F. des Mittelalters paßt und die Formulierung «Verspottung allgemein menschlicher Schwächen» über das Farcenhafte hinaus in den Bereich der Satire verweist. Ob, wie E. BENTLEY behauptet, zur F. auch das Moment der Gewalt (violence) gehört, sei dahingestellt. [14]

Wie aus diesen und anderen Begriffsbestimmungen [15] erhellt, gehört die F. zur Klasse derjenigen künstlerischen Gebilde, die am ehesten unter dem Aspekt der Wirkungsästhetik zu erörtern sind. Dies – und nicht eine Intentionalität, die darauf abzielt, «intrinsic meaning» (Bedeutung) zu erzeugen, und den Leser/Hörer/Zuschauer zur interpretatorischen Mitarbeit auffordert – ist deshalb das entscheidende Kriterium bei der Beurteilung und Bewertung derartiger Werke. Auch die Werkimmanenz bleibt sekundär, weil alle ihr zuzuordnenden Faktoren – der szenische Aufbau, die Gestaltung der Handlungsabläufe, die Charakterführung usw. – auf den bloßen Effekt abzielen.

Wie BERGSON ausführt, lassen sich drei Spielarten des Komischen – ‹le comique des caractères›, ‹le comique de mots› und ‹le comique de situation› – ausmachen. [16] Dabei eignet sich ihm zufolge das Komische der Charaktere am besten als Darstellungsmittel der wahren Komödie, die auf sozial und stilistisch höherer Ebene als die F. angesiedelt ist und der Psychologie huldigt, während die F. physiologische Tatsachen und Vorgänge vor Augen führt, wobei aus Bergsons Sicht die Vitalität des lebendigen Organismus durch den Mechanismus der Puppe bzw. Marionette ersetzt wird.

Ferner läßt sich die F., von literarisierenden Grenzfällen wie O. WILDES ‹The Importance of Being Earnest› (1895) abgesehen, als mimisch-gestische Entsprechung zu ausgesprochen verbalkomischen Gattungen wie der ‹fatrasie› («poetisches Stück von unzusammenhängender oder absurder Art, geformt aus Redewendungen und Sprichwörtern, zusammengeflickt und satirische Anspielungen enthaltend» [17]) verstehen, also, wie Bentley sagt, als «Spaß in theatralischer Manier». [18] So erklärt sich auch die Blüte der F. im Stummfilm und ihr rascher Verfall im Tonfilm. Im Zuge dieser Überlegungen befaßt sich Bergson im zweiten Kapitel seines Buches ausdrücklich mit der Situationskomik und illustriert bzw. kommentiert die seiner Meinung nach wichtigsten Verfahrensweisen des ‹farceurs›, als da sind: Wiederholung, Umkehrung des üblichen, der Schneeball-Effekt (boule de neige) und die Überschneidung der Reihenfolge.

B. I. *Antike.* Obwohl die erste uns überlieferte F. E. Catholy zufolge aus dem 13. Jh. stammt [19], geht die Geschichte der Gattung – oder wenigstens ihre Vorgeschichte – bis weit ins Altertum zurück. Was die *griechische* Literatur anbelangt, so wäre etwa an gewisse Aspekte des Satyrspiels zu denken. Den Vorrang beansprucht jedoch zweifellos der *mimos* [20] und die ihm verwandte Sizilianische Komödie, auf die ARISTOTELES im dritten Kapitel seiner ‹Poetik› hinweist und als deren Hauptvertreter EPICHARMOS (1. Hälfte des 5. Jh. v. Chr.) sowie SOPHRON (ein Zeitgenosse des Euripides) zu gelten haben. Diese antike Spielart der Posse zeichnete sich, soweit aus den erhaltenen Bruchstücken und der lückenhaften Überlieferung hervorgeht, u. a. dadurch aus, daß sie, obgleich mythologische Stoffe nicht gänzlich verschmähend, im Grunde lebensnah war und kaum polemische oder satirische Absichten verfolgte. Stücke dieser Art waren in rhythmischer Prosa oder in unregelmäßigen Metren gehalten, wiesen keine Chorpassagen auf, bedienten sich des dorischen Dialekts und kehrten das mimisch-gestische sowie tänzerische Moment heraus. Obschon sich ARISTOPHANES in seinen Komödien auf derartige Vorlagen stützte, heißt es im Prolog zu seinen ‹Wespen› ausdrücklich: «Jetzt muß ich aber doch dem Publikum/ Ein Wörtchen sagen, wie und was wir spielen./ Zu Großes dürft ihr nicht von uns erwarten,/ Doch auch nicht Späß', in Megara gestohlen/ [...]. Wir bringen euch ein Lustspiel, das hat Grütze,/ Nicht eben mehr als ihr, doch mindestens/ Gescheiter ist's als manche plumpe Farcen (κωμῳδία φορτική, kōmōdía phortiké; wörtl. derbe, plumpe Komödie).» (V. 54ff., 64ff.)

Als Prototyp der F. in der *römischen* Literatur läßt sich die ‹Atellane› (Atellana fabula), nach einer bei Capua gelegenen Stadt, ihrem vermutlichen Ursprungsort, bezeichnen. Sie gelangte im 3. Jh. v. Chr. nach Rom und hinterließ vor allem in den Komödien des PLAUTUS deutliche Spuren. Sie «stellte gewöhnlich plebejische oder bäuerliche Verhältnisse und Personen dar, war von einem oft karikierenden Realismus durchsetzt, mit auffallender Tendenz zum Obszönen [...], und suchte groteske Situationen auf.» [21] In der Epik finden sich neben ausgesprochen satirischen und parodistischen Elementen farcenhafte Züge in den ‹Satyrica› des PETRONIUS, vor allem in deren umfangreichstem Fragment, der ‹Cena Trimalchionis›, wo der Begriff auch im kulinarischen Wortsinn zur Verwendung kommt. [22]

II. *Mittelalter, Renaissance, Barock.* Als theatralische Gattung unter ihrem eigenen Namen ist die F. ein Produkt des mittelalterlichen Frankreich. Die Forschungsliteratur nennt als frühestes Beispiel gewöhnlich ‹Le Garçon et l'Aveugle› (letztes Drittel des 13. Jh.), als Höhepunkt der Entwicklung die berühmte ‹Farce du Maître Pierre Pathélin› (ca. 1480). Im Vorfeld der Geschichte dieser Stücke spielen die römischen Saturnalia, auch was die Jahreszeit betrifft, in der diese antiken Narrenfeste gefeiert wurden (Mitte Dezember bis Anfang Januar), eine nicht zu unterschätzende Rolle. (Ein literarisch besonders auffälliger Reflex derartiger Bräuche sind diejenigen Szenen in SHAKESPEARES ‹Twelfth Night›, in deren Mittelpunkt Malvolio steht.) Von der ‹sot(t)ie›, die Davis als «allegorical satire» wertet [23], unterschied sich die F. prinzipiell dadurch, daß sie amoralisch war. Gepflegt wurde sie vordringlich von den Mitgliedern der unter dem Namen ‹Basoche› operierenden Gilde der Gerichtsschreiber, am intensivsten von deren Pariser Zweig, den sogenannten ‹Enfants sans souci›. Von dem rasch wachsenden Einfluß der ‹commedia dell'arte›, die sich schon rein äußerlich dadurch von ihr unterschied, daß mit Hilfe eines vorgegebenen Handlungsschemas auf der Bühne weitgehend improvisiert wurde und die Darsteller karikierende Masken trugen, erlebte die F. im 17. Jh. ein comeback unter anderen Vorzeichen. Gänzlich in den literarischen Sog geriet sie unter den Händen MOLIÈRES, der sie z. B. dadurch ‹hoffähig› machte, daß er sie als ‹comédies-ballet› – etwa in ‹Monsieur de Porceaugnac› und ‹Le Bourgeois gentilhomme› – kaschierte. [24] In England wurde das französische Vorbild zuerst von J. HEYWOOD in seinem Stück ‹John John the Husband, Tyb his Wife and Sir John the Priest› (um 1530) nachgeahmt. Im Zeitalter Elisabeths entwickelte sich dort eine eigene Variante der F., die schon erwähnte ‹stage-jig›, ein «mimischer Tanz mit Dialogen, der zu populärer Musik gesungen wurde». [25] Ein exemplarisches Beispiel für diese Sonderform liefert das von Shakespeares Zeitgenossen, dem Schauspieler W. KEMPE, aufgeführte ‹Singing Simpkin› (nach 1590). Als die Theater in der Zeit des Commonwealth geschlossen waren, entstanden unter dem Druck des Spielverbots Kurzfarcen, im Volksmund schlicht ‹drolls› genannt.

In *Deutschland* verbreitete sich im 16. Jh., von Nürnberg ausgehend (H. SACHS), das Fastnachtspiel, dessen – allerdings diskontinuierliche – Wirkung bis ins 18. Jh. reichte. [26] So schrieb der junge GOETHE ein ‹Fastnachtspiel [...] vom Pater Brey, dem falschen Propheten› (1773) und das ‹Schönbart-(schembart)spiel› ‹Jahrmarktsfest zu Plundersweilen› (1773). Ausdrücklich als F. bezeichnete er die in Prosa gehaltene Parodie ‹Götter, Helden und Wieland› (1774). Insgesamt tendierte man im Sturm und Drang (Lenz) und in der Romantik (Tieck) eher zur Literatursatire. Historisch gesehen übernahm, wenigstens was die Nomenklatur angeht, die Posse die Rolle der F.

III. *Neuzeit.* Die Blütezeit der modernen F. in Frankreich und England fällt in die zweite Hälfte des 19. Jh. Ausgehend von E. SCRIBES ‹pièces bien faites›, aber dessen charakteristische Engführung der Szenen und logisch konstruierte Handlung mit einer durch Mangel an Logik (Absurdität) und von Überraschungseffekten (Zufall) geprägten Szenenfolge ersetzend, brillierten E. LABICHE (1815–1881) und G. FEYDEAU (1862–1921) in diesem immens populären Genre. Labiches ‹Der italienische Strohhut› (Le Chapeau de paille d'Italie 1851) ist nicht nur Demonstrationsobjekt in Bergsons Abhandlung, sondern beweist seine Lebenskraft auch durch filmische und musiktheatralische Aufbereitungen in neuerer Zeit; und Feydeaus ‹Floh im Ohr› (La Puce à l'oreille 1907) steht heute im deutschen Sprachraum wieder auf dem Repertoire vieler Bühnen.

Die auf französischen Vorbildern beruhende viktorianische F. verlagerte, hauptsächlich bei WILDE und PINERO, ihr Schwergewicht zusehends auf die literarische Seite. In der unmittelbaren Gegenwart machen die ganz offen als F. deklarierten Stücke A. AYCKBOURNES diesen ‹Fehler› wieder wett.

Im 20. Jh. kommt die F. vor allem in zwei künstlerischen Bereichen neu zur Geltung. Im jungen, noch stummen amerikanischen Film erweisen sich die kongenialen, ganz auf Situationskomik (gags) abgestellten Slapstick-Komödien von LAUREL und HARDIE als besonders wirksame Lachreiz-Erreger – genauso wie beim frühen CHAPLIN, dessen spätere, abendfüllende Filme freilich durch die Empathisierung des Helden in die Sentimentalität abgleiten. Im Theater des Absurden, der «metaphysical farce» von BECKETT und IONESCO [27], werden sehr ähnliche Stilmittel nicht um ihrer selbst willen, sondern zu einem philosophischen Zweck – der Zurschaustellung der ‹Geworfenheit› menschlicher Existenz – eingesetzt. Nicht zufällig verwies Ionesco daher auf seine Affinität mit Feydeau. [28]

Anmerkungen:
1 Brockhaus Enzyklopädie, Bd. VII ([19]1988) 121. – 2 E. Catholy, in: RDL[2], Bd. I, 456. – 3 ebd.; L. Hughes: A Century of English F. (Princeton 1956) 6; H. Schulz: Dt. Fremdwtb. (Straßburg 1913) 200. – 4 H. Bergson: Le Rire (Paris 1901). –

5 Brockhaus, Wahrig: Dt. Wtb., Bd. II (1981) 674. – **6** Kleines lit. Lex., Bd. III (Bern ⁴1966) 124. – **7** G. Bebermeyer, in: RDL², Bd. I, 440. – **8** Robert: Dict. alphabétique et analytique de la langue française, Bd. V (Paris 1962) 104. – **9** Zur ‹stage-jig› siehe Hughes [3] passim. – **10** E. Bentley: The Life of Drama (London 1965) 218. – **11** B. Canning: Towards a Definition of F. as a Literary Genre, in: Modern Language Review 56 (1961) 558–561; J. M. Davis: F. (London 1978) passim; L. C. Porter: La F. et la Sotie, in: ZRPh 75 (1975) 89–123. – **12** zit. bei Hughes [3] 16. – **13** Kleines lit. Lex [6] Bd. III, 124. – **14** Bentley [10] 219. – **15** So in der Encyclopedia of Poetry and Poetics (Princeton 1965) 271f. – **16** Bergson [4]. – **17** Robert [8] Bd. II (Paris 1955) 1925. – **18** Bentley [10] 234. – **19** Catholy [2] Bd. I, 456. – **20** vgl. dazu H. Reich: Der Mimus (1903). – **21** Der Kleine Pauly: Lex. der Antike, Bd. I (1964) Sp. 676. – **22** Petronius: Satyrica, hg. v. K. Müller und W. Ehlers (1983) 136 (69, 6) und 344 (137, 11). – **23** Davis [11] 12. – **24** vgl. dazu G. Lanson: Molière et la farce, in: Revue de Paris 3 (1901) 129–153. – **25** Davis [11] 16. – **26** vgl. dazu E. Catholy: Das Fastnachtsspiel des Spätmittelalters: Gestalt und Funktion (1961). – **27** vgl. dazu R. Lamont: The Metaphysical F.: Beckett and Ionesco, in: French Review 33 (1959) 319–328. – **28** zit. bei M. Esslin: The Theatre of the Absurd (New York ²1969) 155f.

Literaturhinweise:
W. Klemm: Die englische F. im 19. Jh. (1946). – A. M. Nicoll: Masks, Mimes and Miracles (New York 1963) – B. M. Bowen: Les Caractéristiques essentielles de la farce française et leur survivance dans les années 1550–1620 (Genf 1964). – J. M. Taylor: The Rise and Fall of the Well-Made Play (London 1967). – M. Bachtin: Rabelais und seine Welt, hg. v. G. Leupold (1987).

U. Weisstein

→ Drama → Groteske → Komik, das Komische → Komödie → Lachen, das Lächerliche → Parodie → Satire → Scherz → Theater → Wirkungsästhetik

Feature

A. Def. – B. Anwendungsbereiche. – C. Historische Entwicklung des Rundfunkfeatures

A. Das F. bezeichnet eine zwischen Dokumentation und Fiktion (bzw. künstlerischer Aufbereitung) stehende Mischform journalistischer Darstellungsweise in Presse, Hörfunk und Fernsehen. [1] Ein Thema wird nicht rein sachlich dargestellt, sondern es wird zu seiner Durchdringung die Suggestivkraft gestalterischer, ja künstlerischer Elemente aufgeboten, von denen die Montage (von z. B. Texten, Stimmen oder Bildern) das wichtigste ist. [2] Ohne inhaltlich festgelegt zu sein, steht der Begriff des F. für bestimmte veranschaulichende Gestaltungsformen, die den jeweiligen medialen Möglichkeiten entsprechend verschieden sind. Der Begriff geht auf das englische Verb ‹to feature› (herausstellen, die Hauptrolle spielen, groß aufmachen) bzw. ‹featured› (gestaltet, geformt) zurück und ist abgeleitet von lat. ‹factura› (das Machen, die Bearbeitung).

In der amerikanischen Presse wird der Begriff verwendet, um eine Mischung von Nachricht und persönlicher Mitteilung (‹feature story›) zu bezeichnen. Beim englischen Rundfunk (BBC) wurden besonders hervorgehobene Sendungen ‹featured programmes› genannt. [3] Unter dem Einfluß englischer Nachkriegs-Rundfunk- und Pressepolitik ist der Begriff nach 1945 ins Deutsche eingegangen. [4]

B. Beim *Hörfunk* bezeichnet das F. (was hier mit ‹Hörbild› umschrieben werden kann [5]) eine thematisch nicht gebundene Sendeform, die der Dokumentation insoweit gleicht, als auch sie eine wahre Geschichte verarbeitet: «Das F. bewahrt immer dokumentarische Echtheit.» [6] Es unterscheidet sich aber von der dokumentierten, authentischen Nachricht dadurch, daß es den ‹O-Ton› (Original-Ton) verarbeitet, ihn in einer Geschichte aufgehen läßt. [7] So gilt dann auch der O-Ton beim F. als urheberrechtliche Leistung des Autors. Allerdings gibt es daneben auch F., die ohne O-Ton auskommen und in denen ein Autor beispielsweise subjektive Reiseeindrücke schildert «und seine Erzählung mit fiktiven Gesprächen, geschriebenen Szenen, szenisch gestalteten Anekdoten belebt» [8], so daß diese Art des F. ganz in der Nähe des *Hörspiels* steht, von dem es sich ohnehin nicht genau abgrenzen läßt. Der O-Ton des üblichen F. dient nicht nur dazu, verbale Stellungnahmen zu einem Thema, sondern auch Atmosphäre einzufangen. Dabei können die zusätzlichen Möglichkeiten der Stereophonie, d. h. Aufnahmen in unterschiedlichen akustischen Ebenen, ausgenutzt werden, durch die für den Hörer ein aus den verschiedensten Klängen und Stimmen montierter ‹akustischer Film› entsteht. [9] Weiter stehen dem F. alle Darstellungsmittel des Hörfunks zur Verfügung: die Aufteilung des Textes auf mehrere Sprecher in verschiedenen Funktionen (z. B. Erzähler, Kommentator, Zitate-Sprecher), der Einsatz von Elementen der *Reportage* oder des *Interviews*, die Suggestion des Dokumentarischen, die Einblendung von Musik, Tondokumenten, Geräuschen oder besonderer akustischer Effekte. [10] Die Vielzahl der verwendbaren Möglichkeiten, die dem F. ein ausgeprägt rhetorisches Potential geben, lassen es als genuin ‹funkische› Form, ja als «die eigentliche Kunstform des Rundfunks» [11] erscheinen.

Im Bereich des *Fernsehens* ist F. ein Sammelbegriff für unterschiedliche Sendeformen aus dem Bereich der Informationsprogramme, die sich durch besondere künstlerische Bearbeitung von reinen Dokumentationssendungen auszeichnen. [12] F. können als «thematische Collagen, visualisierte Essays, die reich an rhetorischen Variationen, an Fakten, Argumentationen, Zitaten» sind, bezeichnet werden. [13] Wie beim Hörfunk, so gibt es auch in den meisten Fernsehanstalten eigene ‹Featureredaktionen›. Hier werden von der Tagesaktualität unabhängige Sendungen hergestellt, die vor allem Hintergrundinformationen zu allen möglichen politischen, gesellschaftlichen, kulturellen und wissenschaftlichen Themen geben. Im Unterschied zu Nachrichtensendungen haben Featureredaktionen eine längere Sendezeit zur Verfügung (meist 45 Minuten), die eine am mündlichen Vortrag (bzw. Lichtbildervortrag) orientierte Abhandlung eines Themas (bestehend aus Schritten wie *Exposition, Argumentation, Beispiele, Schlußfolgerung*) gestattet. [14] Da viele Featureautoren nach wie vor das Wort (als *Kommentar, Interview* oder *Statement*) gegenüber dem Bild bevorzugen, werden Fernsehfeatures immer wieder als ‹verfilmter Hörfunk› kritisiert. Es scheint, als sei der eigenständige Wert von Bildern immer noch nicht entdeckt worden. [15]

Aus wissenschaftlicher, d. h. *publizistischer* und *kommunikationstheoretischer* Perspektive ist das F. bislang wenig untersucht; meist werden hier vor allem praktische Hinweise zur Gestaltung von F. gegeben. [16] Innerhalb der Rhetorik läßt sich das F. als Form der gesprochenen Rede begreifen, die ihrer Idee nach zurückgeht auf die rhetorische Elementarform des *Dialogs* mit seinen traditionellen Wirkungsintentionen *prodesse* und *delectare*, die besonders der Aufklärung verpflichtet sind. [17]

C. Das *Rundfunkfeature* entwickelte sich zunächst in *Großbritannien*: Wurden am Anfang des britischen Rundfunks (BBC) (ab 1922), neben Musiksendungen, zunächst Hörspiele (‹radio dramas›) gesendet, die sich in ihrer Aufführungsweise eng an der Theaterbühne orientierten, so entstand 1935 mit der Gründung des ‹Feature Departments› innerhalb der BBC die Möglichkeit, die Entwicklung von neuen, dem Medium Funk angemessenen Ausdrucksformen zu fördern. [18] Mit Kriegsanfang dienten viele F. der BBC propagandistischen Zwecken (‹wartime-features›). Hierbei hob man aus aktuelle Kriegsmeldungen besonders hervor, indem sie mit narrativen Passagen, Dialogen, Musik etc. verschmolzen wurden. [19] Nach Kriegsende führte man diese Sendungen unter dem Titel ‹victory programmes› fort. [20] Was die Entwicklung in *Deutschland* betrifft, so kam der Begriff ‹F.› dort zwar erst nach Ende des 2. Weltkrieges auf, doch gab es vorher schon ‹hörbildartige Rundfunkwerke› (bzw. ‹Hörfolgen›), die sich in der Mischung verschiedener Darstellungsformen dem späteren F. annäherten. [21] Beispiele dafür sind Sendereihen in den zwanziger Jahren, wie die der ‹Humoristischen Städtebilder›, die die späteren *Städtefeatures* vorwegnahmen. Um 1930 gab es dann viele, durch ihren Montage-Charakter in der Nähe zum F. stehende Sendungen, in deren Mittelpunkt oft technische Errungenschaften und ‹heldenhafte Menschen› standen. [22] Nach dem Zusammenbruch des Deutschen Reiches entstand als erster Sender unter der Leitung der englischen Besatzungsmacht der NWDR (später NDR) in Hamburg. Hier übernahm man von den Engländern den Begriff ‹F.›, jedoch ohne ihn genau vom *Hörspiel* zu unterscheiden, was organisatorisch und inhaltlich erst 1950 geschah, als die redaktionelle Vereinigung von Hörspiel und F. aufgelöst wurde. [23] Als Autoren für die dem Hörspiel nahestehenden F. wären für diese ersten Jahre bis 1950 zu nennen: E. KUBY, E. SCHNABEL, A. EGGEBRECHT, O. H. KÜHNER, A. ANDERSCH, M. WALSER und P. VON ZAHN. [24] Als Themen wurden in F. dieser Autoren vor allem behandelt: die Auseinandersetzung mit der nationalsozialistischen Vergangenheit und der Nachkriegssituation [25], Darstellung europäischer Städte in Städtefeatures [26], Reisefeatures und F. mit allgemeiner Problemstellung (wie ‹Mensch und Gesellschaft› oder ‹Technischer Fortschritt›). [27] Das deutsche F. in diesen ersten Nachkriegsjahren war nach angelsächsischem Vorbild noch überwiegend ein auf Stimmen verteiltes *Feuilleton*. [28] Später hat man das F. dann verstärkt polyphon gestaltet, wozu eine technische Neuerung, nämlich die Einführung des Magnetophon-Aufzeichnungsverfahrens, das die Möglichkeit von Blend-, Schnitt- und Montagetechniken mit sich brachte, wesentlich beitrug. [29] Seit Anfang der fünfziger Jahre kam es zu einer Annäherung von F. und *Literatur*. Eine Vielzahl von Autoren, wie ANDERSCH, BÖLL, HILDESHEIMER, KOEPPEN, S. LENZ, H. W. RICHTER, A. SCHMIDT u. a., schrieb F. [30] Vor allem Autoren der ‹Gruppe 47› griffen F. und *Radio-Essay* als Ausdrucksformen auf und entwickelten sie zu Kunstformen. [31] Gegenwärtig ist einerseits eine Tendenz zum *Dokumentar-F.* zu erkennen, d. h. zu einer Form, die z. B. mittels Originalaufnahmen Wirklichkeit möglichst unverstellt wiedergeben will, wobei der Kommentar- bzw. Sprechertext weitgehend in den Hintergrund tritt. [32] Andererseits entstehen experimentelle ‹Akustische F.›, die die Möglichkeiten der Stereophonie weiter ausnutzen und das Originalgeräusch gleichberechtigt neben das Wort stellen. [33]

Anmerkungen:
1 zu versch. Def. des F. vgl. E. K. Fischer: Das Hörspiel. Form und Funktion (1964) 92. – 2 vgl. L. H. Eisner, H. Friedrich (Hg.): Das Fischer Lex. Bd. 9: Film – Rundfunk – Fernsehen (1958) 221. – 3 vgl. L. Döhn, K. Klöckner: Medienlex. Kommunikation in Ges. und Staat (1979) 51; zur Entstehung des Wortes vgl. F. Felton: The radio play (London 1949) 99. – 4 vgl. C. W. Thomsen: Weil doch die inneren Bilder viel schöner sind: Das engl. Hörspiel, in: ders., I. Schneider (Hg.): Grundzüge der Gesch. des europ. Hörspiels (1985) 7–44, hier 11. – 5 auch ‹Hörwerk› oder ‹Hörfolge›, vgl. T. Auer-Krafka: Die Entwicklungsgesch. des westdt. Rundfunk-F. von den Anfängen bis zur Gegenwart (1980) 6. – 6 O. H. Kühner: Mein Zimmer grenzt an Babylon. Hörspiel, Funkerzählung, F. (1954) 237. – 7 vgl. W. von La Roche, A. Buchholz (Hg.): Radio-Journalismus. Ein Hb. für Ausbildung und Praxis im Hörfunk (^{2}1984) 88. – 8 ebd. – 9 vgl. A. Andersch: Versuch über das F., in: Rundfunk und Fernsehen (1953) 95. – 10 vgl. W. von La Roche: Einf. in den prakt. Journalismus (^{9}1985) 143. – 11 so H. R. Williamson, zit. nach E. K. Fischer [1] 84; eine Bibliogr. gesendeter bzw. in Textausg. erhältlicher F. gibt Auer-Krafka [5] 139ff.; vgl. auch C. Hülsebus-Wagner: Hörfunk-F. und Radio-Essay. Hörfunkformen von Autoren der Gruppe 47 und ihres Umkreises (1983) 247ff. – 12 vgl. C. Burgmann: Alles kann zum Thema werden. Über einige Bedingungen des F., in: H. Kreuzer, K. Prümm (Hg.): Fernsehsendungen und ihre Formen. Typologie, Gesch. und Kritik des Programms in der Bundesrepublik Deutschland (1979) 290–304. – 13 so W. Filmer, Redaktionsleiter der WDR-Programmgruppe Feature, zit. nach: ebd. 290. – 14 vgl. ebd. 292. – 15 vgl. hierzu die beiden krit. Arbeiten von H. Farocki: Bilder aus dem Fernsehen, in: Filmkritik 17 (1973) 304ff. und ders.: Über die Arbeit mit Bildern im Fernsehen, in: Filmkritik 18 (1974) 308ff. – 16 vgl. W. von La Roche, A. Buchholz [7]; W. von La Roche [10]. – 17 vgl. G. Ueding: Rhet. des Schreibens. Eine Einf. (1985) 103ff. – 18 vgl. Thomsen [4] 17. – 19 «The radio feature is a dramatised presentation of actuality [...].» L. MacNeice, zit. nach: ebd. 20. – 20 vgl. Fischer [1] 84f.; zur Gesch. des F. im engl. Hörfunk vgl. T. O. Beachcroft: British Broadcasting (London 1946); F. Felton: The radioplay, its technique and possibility (London 1949); V. Gielgud: British Radio Drama 1922–1956 (London 1957). – 21 vgl. Fischer [1]; C. Hülsebus-Wagner [11] 49ff. – 22 am bekanntesten ‹Der Ozeanflug› (= ‹Lindbergh›) (1929) von Brecht und ‹Malmgren› (1929) von W. E. Schäfer; vgl. T. Auer-Krafka [5] 26ff.; zu Döblin vgl. C. Hülsebus-Wagner [11] 51ff. – 23 vgl. I. Schneider: Zwischen den Fronten des oft Gehörten und nicht zu Entziffernden: Das dt. Hörspiel, in: Thomsen, Schneider [4] 189. – 24 vgl. ebd. 189; vgl. T. Auer-Krafka [5] 50ff. – 25 z. B. E. Schnabels F. über Anne Frank (1958 im NDR gesendet). – 26 z. B. P. von Zahns ‹London, Anatomie einer Weltstadt› (1947 im NWDR gesendet). – 27 vgl. Hülsebus-Wagner [11] 73–77. – 28 vgl. Fischer [1] 89. – 29 vgl. E.-K. Fischer: Der Rundfunk. Wesen und Wirkung (1949). – 30 vgl. H. Schwitzke: Das Hörspiel. Dramaturgie und Gesch. (1963) 276. – 31 vgl. dazu Hülsebus-Wagner [11]. – 32 vgl. z. B. die 1972 vom SFB Berlin ausgestrahlte Sendung über Rauschgiftsüchtige von E. Joite und K. Lindemann; dazu Auer-Krafka [5] 102f. – 33 z. B. P. L. Brauns ‹Akustische F.›; vgl. dazu Auer-Krafka [5] 127f.

Literaturhinweise:
L. Gilliam: BBC Features (London 1950). – W. Haacke: Hb. des Feuilletons. Bd. II (1952) 175–179. – L. Besch: Bemerkungen zum F., in: Rundfunk und Fernsehen (1955) 94–103. – L. Alexander: Beyond the Facts. A Guide to the Art of Feature Writing (Houston 1975). – B. P. Arnold: Hörfunk-Information. Hinter den Kulissen des schnellsten Nachrichtenmediums (1981) 104ff.

T. Pekar

→ Dialog → Fernsehrhetorik → Feuilleton → Information → Interview → Journalismus → Kommentar → Kommunikationstheorie → Massenmedien → Publizistik

Feedback (dt. Rückkopplung, Rückführung, Rückmeldung, Rückwirkung; franz. rétroaction; ital. retroazione)

A. Def. – B. I. Herkunft. – II. Prinzip. – III. Verwendungsweisen. – C. Kommunikationswissenschaften.

A. F. bedeutet, daß in einem geschlossenen Regelsystem durch Kontrollmechanismen jede Abweichung eines zielgerichteten Vorgangs von dem vorherbestimmten Sollwert festgestellt und in den Input «zurückgeführt» (feed back) wird, wodurch eine Selbstregulierung des Systems möglich ist. Im Deutschen existieren für F. verschiedene Bezeichnungen, die z. T. synonym, z. T. branchenspezifisch verwendet werden. So läßt sich z. B. der Begriff Rückkopplung v. a. der Nachrichten- und Verstärkertechnik zuordnen, während Rückführung aus der Steuerungs- und Regelungstechnik stammt und «heute meist allgemeiner als Rückkopplung aufgefaßt» wird. [1] In den ‹nicht technischen› Disziplinen wie Kybernetik, Psychologie, Pädagogik, Soziologie oder Kommunikationswissenschaften stehen für F. überwiegend Rückkopplung oder Rückmeldung [2], selten Rückwirkung. [3] Anstelle von F. spricht man häufig, z. B. in der Psychologie, auch von Reaktion oder Reafferenz.

B. I. *Herkunft.* Die erste theoretische Abhandlung zum F.-Mechanismus verfaßt J. C. Maxwell 1868 über den Fliehkraftregler der Wattschen Dampfmaschine. Daran knüpfen im Sommer 1947 N. Wiener und die um ihn versammelten Wissenschaftler an, als sie dem neuen Fachgebiet, welches «das ganze Gebiet der Regelung» umfaßt, den Namen Kybernetik geben: Der Fliehkraftregler hieß governor (griech. κυβερνήτης, kybernḗtēs; Steuermann, Lenker). [4] Der Funkingenieur A. Meissner erfindet 1913 die Rückkopplungs- oder Meißnerschaltung: Einem Verstärker wird die durch Wärme verlorengegangene Energie mittels Rückkopplung wieder zugeführt, «so daß ungedämpfte elektromagnetische Wellen erzeugt werden können.» [5] Bereits 1925 verwendet der Physiologe R. Wagner den Begriff und das technische Prinzip der Rückkopplung, um den biologischen Vorgang einer Muskelkontraktion zu beschreiben. [6] Der Transfer von F. aus dem technischen [7] in die natur-, sozial- und geisteswissenschaftlichen Bereiche ist das Verdienst von N. Wiener, besonders durch seine Veröffentlichungen ‹Cybernetics› (1948) und ‹Human Use of Human Beings› (1950). (Er weist darin nie auf H. Schmidt hin, der sich Ende der 30er, Anfang der 40er Jahre unter ähnlichen Gesichtspunkten um eine «Allgemeine Regelungskunde» in Deutschland bemühte und 1944 auf den neu eingerichteten Lehrstuhl für Regelungstechnik berufen wurde.) Zur raschen Popularisierung von F., einem Zentralbegriff der Kybernetik, hat sicher auch der interdisziplinäre Charakter dieses Faches beigetragen [8], das sich mit Steuerungs- und Regelungsvorgängen in biologischen und technischen dynamischen, (sehr) komplexen, probabilistischen Systemen beschäftigt. Diese Vorgänge sind Nachrichtenübertragungen und Nachrichtenverarbeitungen unterschiedlichen Informationsgehalts, ohne die Gesellschaft nicht verstanden werden kann. [9]

II. *Prinzip.* F. findet immer in einem geschlossenen Regelkreis statt, der seinen Input von außen bekommt und aus Regelstrecke (Regelobjekt), Regelgröße (Istwert) sowie Regler besteht. Auf die Regelstrecke wirkt eine Störgröße (von außen oder von innen) ein, die darauf entstandenen Abweichung vom Sollwert (neue Nachricht) wird als Istwert an den Regler weitergeleitet. Hier findet a) ein Vergleich zwischen Soll- und Istwert statt, d. h. ein Regelfehler wird festgestellt und b) die Ausgabe eines angepaßten Sollwertes veranlaßt, der zur Regelstrecke geleitet wird, um die Regelgröße auf das Ziel, den Sollwert hin zu ändern. «[...] feedback ist die Kontrolle eines Systems durch Wiedereinsetzen der Ergebnisse seiner Leistung in das System.» [10] Diese Art der Regelung ist eine Sonderform der Steuerung, die Selbstregelung des Systems durch F. Die Vorgänge in einem geschlossenen Regelkreis sollen durch F. so kontrolliert werden, daß eine Optimierung der Abläufe im System bzw. des Systemzustands selbst erreicht wird. Hierbei wirkt negatives oder kompensierendes F. (Gegenkoppelung) durch Verringerung der Sollwertabweichung system- oder gleichgewichtserhaltend (Homöostase), positives oder kumulatives F. (Mitkoppelung) dagegen durch Vergrößerung der Sollwertabweichung systemverändernd. [11] Positives F. muß jedoch keine zerstörende Wirkung haben (circulus vitiosus), sondern kann auch günstig für das System sein. Es führt bei «Systemen mit *reinforcement*, also mit einer Art Lernvorgang» durch Bewertung der Nützlichkeit und Speicherung zu einer Verbesserung der Systemfunktion. [12]

Zum Instrumentarium des F.-Prinzips gehört die aus der Elektrotechnik stammende Black-Box-Methode. Sie soll besonders bei der Beschäftigung mit komplexen, probabilistischen Systemen, deren Inneres (Struktur/Prozesse) sich der direkten Beobachtung entzieht, Aufschlüsse über diese geben. [13] Im Regelkreis wird ein bekannter Input (Reiz, Signal) der Black Box (Regelstrecke) zugeführt, die einen bestimmten Output (Regelgröße) an einen Beobachter (Regler) weiterleitet, der diesen registriert, verarbeitet und als neuen Input in die Box eingibt. (Streng genommen ist auch der Output verarbeitende und Input gebende Beobachter eine Black Box.) F. besteht hier aus einer Koppelung von Input-Output-Paaren.

III. *Verwendungsweisen.* In der Psychologie spielen F. und Black-Box-Methode schon lange eine Rolle, ohne daß diese Begriffe existiert hätten. Der Behaviorist gibt einem Organismus bestimmte Reize (Stimuli, Input) und versucht aus der folgenden Reaktion (Response, Output), Aufschlüsse über dessen Verhalten zu bekommen. Ähnliches gilt für die Versuche I. P. Pawlows über das Lernen durch bedingten Reflex. [14] Lernen läßt sich ebenfalls als F.-Prozeß begreifen: Der Lehrer (Regler) stellt dem Schüler (Regelstrecke) eine Aufgabe (Input/Sollwert) und versucht durch Lernkontrollen (Verständnisfragen) den Kenntnisstand (Regelgröße/Output/Istwert) zu erfahren, um entsprechend der Differenz Input/Output neue Maßnahmen zu ergreifen. Die Bedeutung des F. für die Allgemeine Systemtheorie, die sich etwa gleichzeitig mit der Kybernetik entwickelt hat und eng mit dem Namen L. von Bertalanffy verknüpft ist, liegt aufgrund des bereits Gesagten offen. [15] Ein wichtiger Bestandteil der Kommunikationstheorie ist F. bei der Untersuchung der Beziehungen zwischen Sender/Empfänger, Emittent/Rezipient oder Sprecher/Hörer. Von da aus war es nur noch ein kleiner Schritt, die «Technik des Feedback» auch in die Managementschulung einzuführen. [16] Prakke verwendet für die Publizistikwissenschaft den Terminus Zwiegespräch an Stelle von F. Er meint, «daß letzten Endes doch alle Publizistik [...] Zwiegespräch bedeutet, wobei dem Rezipienten eine inspirierende und eine reagierende Rolle zukommt.» [17]

F. kann daher als moderne Methode betrachtet werden, die Glieder der aristotelischen Trias Redner (Regler) – Rede (Input/Sollwert) – Zuhörer (Regelstrecke) möglichst optimal aufeinander zu beziehen, um mittels der Publikumsreaktion die Redewirkung (Regelgröße/Output/Istwert) zu kontrollieren, der Situation anzupassen und der Redeintention zum Erfolg zu verhelfen.

Anmerkungen:
1 J. G. Antomonow: Art. ‹Rückführung›, in: Lex. der Kybernetik, M–R, dt. von G. Laux (1981). – 2 vgl. Lex. der Technik, hg. von A. Ehrhardt, H. Franke (^{4}1960) I 445ff., II 447. – 3 Wtb. der Soziol., neu bearb. von K.-H. Hillmann (^{3}1982) 202. – 4 N. Wiener: Cybernetics or Control and Communication in the Animal and the Machine (New York ^{2}1961) 11; vgl. 147; vgl. ders.: Mathematik mein Leben, dt. von W. Schwerdtfeger (Wien 1962) 278; ders.: Human Use of Human Beings (Cambridge Mass. 1950) 178. – 5 Neue dt. Biographie: Art. ‹A. Meißner› (1990) Bd. 16, 996; vgl Lex. der Technik II[2] 385, 447. – 6 R. Wagner: Über die Zusammenarbeit der Antagonisten bei der Willkürbewegung, in: ZS für Biologie, 83 (1925) 87, 89f., 92. – 7 Wiener: Mathematik [4] 233. – 8 vgl. ders.: Cybernetics [4] 15.18f. – 9 ders.: Human Use [4] 9; vgl. aber ders.: Cybernetics [4] 39; ders.: Mathematik [4] 233. – 10 ders.: Human Use [4] 71; vgl. ders.: Mathematik [4] 164. – 11 vgl. D. W. Keidel: Rückkopplung in biologischen Systemen, in: Forschung und Information, Bd. 12 (1972) 39f. – 12 ebd. 40f. – 13 vgl. Wiener [4] Cybernetics, XIf., XI Anm. 1. – 14 vgl. Wiener: Human Use [4] 78ff.; Wiener [4] Cybernetics, 127ff. – 15 vgl. L. v. Bertalanffy: Vorläufer und Begründer der Systemtheorie, in: Forschung und Information, Bd. 12 (1972), 17ff.; R. Marr, S. Schuh: Art. ‹Systemtheorie›, in: Management Enzyklopädie, Bd. 5 (^{2}1984) 982ff. – 16 R. Lay: Führen durch das Wort (1987) 200ff. – 17 H. J. Prakke: Thesen zu einer neuen Definition der Publizistikwissenschaft, in: Publizistik, Bd. 6 (1961) 82.

R. Riedl

C. *Kommunikationswissenschaften.* In sozial- und sprachwissenschaftlichen Analysen, die mit systemtheoretisch-kybernetischen Modellen zur Analyse verbaler und non-verbaler Interaktionsformen arbeiten, gelten F. als kommunikationsstabilisierende oder -verändernde Reaktionen des Hörers, der Gesprächsteilnehmer oder des Publikums. Das F. wird auch thematisiert als Indikator für eine gelungene Überzeugung *(persuasio)* oder Informationsübermittlung bzw. als Form der Zurückweisung von Elementen der sprachlichen Botschaft, der Kritik oder der Nachfrage bei unklaren Inhalten. Damit ist das F. in rhetorischer Hinsicht Teil der Wirkungsebene (Intentionen) in monologischen (Rede) oder dialogischen (Gespräch) Kommunikationen, in denen affirmative oder parteilich-oppositive Muster zum Ausdruck kommen können. In der linguistischen Pragmatik (Sprechakttheorie) gehört das F. in den Bereich der Perlokution an, dem Hörerreaktionen als verbale oder nonverbale Handlungsmuster zugewiesen sind. Im Gegensatz zum Regelformalismus kybernetischer Modelle werden rhetorisch-pragmatische Konzeptionen des F. situativ – inhaltlich erfaßt, wobei für die Rhetorik die ganze Spannbreite rationaler *(logos)* und emotionaler *(ethos, pathos)* Formen der Hörer- oder Publikumsreaktion von Bedeutung ist. Formen des F. können vom Redner/Sprecher gezielt abgerufen werden (rhetorische Frage, Aufforderungen, Pausen) oder treten ungesteuert als Zwischenrufe, Bestätigungen sowie kritische Bemerkungen auf. In geregelt ablaufenden Dialogen reichen F. von der kurzen Äußerung bis zum längeren Statement (Erklärung, Frage, Ergänzung, Gegenrede), wobei im Rahmen massenkommunikativ-medialer Prozesse z. B. auch Leserbriefe, Publikumsbefragungen oder direkte Rezipientenzuschaltungen (Fernsehen) zählen.

In der modernen Kommunikationstheorie sozial- oder sprachwissenschaftlicher Prägung ist das F. Teil eines komplexen Zusammenhangs, der intentional als sprachliche Motivation, Planung, Durchführung und Zielsetzung gefaßt werden kann bzw. kybernetisch als Sender, Empfänger, Code und Kanal. [1] Die Kritik an solchen formalen Kommunikationsmodellen (input-output, stimulus-response) bemängelt das Fehlen von sozio-psychologischen, situativen und historisch-gesellschaftlichen Variablen des Interaktionsprozesses und weist darauf hin, daß die konstitutive semantische Ebene der kommunikativen Akte von Regelkreis-Modellen nicht thematisiert oder problematisiert wird. [2] Interaktionsanalytische Konzepte der Rückkoppelung besprechen F. als Information über die Wirkung von Mitteilungen oder Nachrichten (in direkter und indirekter Kommunikation). [3] Das F. gilt als «wechselseitige Diskrepanzreduzierung, die das Gleichgewicht zwischen Kommunikator und Rezipient ausbalanciert und stabilisiert». [4] Als Funktion des F. gilt die Vermeidung kognitiver oder emotionaler Dissonanzen und die metakommunikative Steuerung der Interaktion. [5]

Den Zusammenhang von Information und Rückkoppelung in sozialen Beziehungen lokalisieren z. B. WATZLAWICK, BEAVIN und JACKSON auf einer Inhalts- und Beziehungsebene, wobei das F. Auskunft gibt über das Verständnis der Botschaft und den Status der Sozialbeziehung. [6] Komplementäre/stabile und gestörte/labile kommunikative Beziehungen (Partnerkonflikte, inhaltliche Kontroversen) werden wesentlich über verschiedene Formen des verbalen und nonverbalen F. greifbar [7], die zur Beibehaltung erwünschter sprachlicher und sozialer Kommunikationsformen beitragen, oder die Änderung (äußerstenfalls den Abbruch) von konfliktbesetzten oder belasteten Interaktionsprozessen veranlassen.

Für A. SILBERMANN ist das F. um so wichtiger, «je stärker die Abhängigkeit des Kommunikators vom Rezipienten ist». [8] Positives F. *(kumulatives F.)* dient dabei der Affirmation, negatives F. *(regulierendes F.)* der Kritik oder Anfrage. Abhängigkeiten sind in Partnerbeziehungen, in hierarchischen Sozialstrukturen, in ökonomischen oder institutionellen Prozessen gegeben. [9]

Im Rahmen rhetorischer oder linguistischer Sprachgebrauchskonzepte versteht man unter F. im weiteren Sinne jede Art von Rückmeldungen, die über Sprache, Gestik, Mimik oder nonverbale Aktionen möglich sind und mit denen angezeigt wird, ob eine Äußerung akzeptiert und verstanden, kritisiert oder abgelehnt wird. Vor allem die Gesprächs-/Konversationsanalyse untersucht sog. «Feedback-Phasen» oder Hörerreaktionen im Rahmen dialogischer Kommunikation. [10] Zum «backchannel-behaviour» [11] gehören ebenso Partikeln und Interjektionen wie Zwischenfragen, Unterbrechungen und nonverbale Reaktionen, die soziale, inhaltliche oder metakommunikative Intentionen haben. F.-Mechanismen können den Gesprächsablauf vorantreiben, stören, mitgestalten oder in eine andere Richtung lenken. Sie können zur Konfliktlösung beitragen, Partnerbeziehungen deutlich machen und das emotionale Klima des Gesprächs beeinflussen. «Feed-back-Wendungen und Satzpartikeln sowie Interjektionen sind ein sprachliches Mittel, die teilnehmende Zuwendung zum Gesprächspartner auszudrücken [...].» [12] Die Formen des F. sind auch Elemente eines jeweiligen rhetorischen Redekonstellationstyps [13], wobei sie informative, soziale und affektive Anteile der Kommunikation bzw. der Redewirkung anzeigen: Ein aufmerksamer Redner oder Gesprächsteilnehmer wird solche Reaktionen des Publikums oder des Interaktionspartners kommunikativ interpretieren und seinen Beitrag angemessen, d. h. affirmierend oder modifiziert weiterführen. Insofern beeinflußt das F. die Redeplanung *(dispositio)* in sozialer, sprachlich-formaler und inhaltlicher Hinsicht und signalisiert dem Redner, ob und wie sich seine Wirkungsintentionen *(docere, movere, delectare)* realisieren.

Anmerkungen:
1 vgl. C. E. Shannon, W. Weaver: The mathematical theory of communication (Urbana, University of Illinois Press, 1964); R. Burkart: Kommunikationswiss. (1995) 59–68. – 2 vgl. H. Buddemeier: Kommunikation als Verständigungshandlung (1973) 117ff. – 3 vgl. H. Paschen: Kommunikation (1974) 65. – 4 ebd. 145. – 5 vgl. ebd. 152. – 6 vgl. P. Watzlawick, J. H. Beavin, D. D. Jackson: Menschliche Kommunikation (Bern 1969) 29ff., 53ff. – 7 vgl. ebd. 146; vgl. S. F. Sager: Sprache und Beziehung (1981). – 8 A. Silbermann: Handwtb. der Massenkommunikation und Medienforschung, Bd. 1 (1982) 97. – 9 vgl. ebd. – 10 R. Glindemann: Zusammensprechen in Gesprächen (1987) 131. – 11 ebd. 83. – 12 J. Knobloch (Hg.): Sprachwiss. Wtb., 2. Bd., 1. Lieferung (1988) 21. – 13 vgl. H. Steger: Redekonstellation, Redekonstellationstyp, Textexemplar, Textsorte im Rahmen eines Sprachverhaltensmodells, in: H. Moser (Hg.): Gesprochene Sprache (1974) 39ff.

G. Kalivoda

→ Adressant/Adressat → Affektenlehre → Gespräch → Hörer → Intention → Kommunikationstheorie → Message → Res-verba-Problem → Sprachkompetenz → Wirkung → Zielgruppe

Feldherrnrede (griech. παραίνεσις, paraínesis, παρακελευσμός, parakeleusmós; lat. adhortatio, adlocutio, allocutio, alloquium, cohortatio, exhortatio; engl. exhortation, military harangue; frz. exhortation, encouragement; ital. esortazione, incitamento)
A. Definition. – B. Allgemeines. – C. I. Antike. – II. Mittelalter. – III. Renaissance. – IV. 17. Jh. – V. 18. Jh. – VI. 19. Jh. – VII. 20. Jh.

A. ‹F.› ist als Gattungsbegriff in der Altphilologie üblich und bezieht sich dort auf die *Kampfparänese*, die Aufmunterungsrede eines Heerführers an die Soldaten vor der Schlacht. Er wurde ursprünglich eingeführt, um im Geschichtswerk des THUKYDIDES die F. von den politischen Beratungsreden abzugrenzen, und hat sich von dort aus als feststehende Bezeichnung für alle Ansprachen dieser Art in der antiken Geschichtsschreibung eingebürgert. [1] Die F. ist jedoch meist nur als Sachverhalt und nur selten terminologisch faßbar. Im Folgenden soll ‹F.› für alle Formen militärischer Rhetorik stehen, denn die Terminologie und vor allem die Praxis der Antike und die daraus folgende Tradition bieten eine wesentlich größere Bandbreite an Rhetorik im militärischen Rahmen, als die Verwendung des Begriffs in der Altphilologie nahelegt. Die F. bei Thukydides gehören als klassische und oft nachgeahmte Beispiele der Gattung ebenso in dieses Spektrum wie in der Neuzeit der Ausruf FRIEDRICHS DES GROẞEN in der Schlacht bei Kunnersdorf «Ihr Hunde, wollt Ihr denn ewig leben?» [2] oder CHURCHILLS berühmte Antrittsrede vor dem Unterhaus ‹Blut, Schweiß und Tränen›. [3] Man sollte F. allerdings von *Kriegsreden* [4] (z. B. akademische Reden zum Krieg, Kriegspredigten usw.) unterscheiden, weil hier nur das Thema einheitlich ist, der institutionelle Zusammenhang, Adressat und Adressant und der Redezweck dagegen vollkommen unterschiedlich sein können.

B. *Allgemeines.* Die F. kann gemäß dem Kriterium ‹Zuraten oder Abraten› [5] und ihrer Topik nach dem *genus deliberativum* zugerechnet werden. Beim Redezweck wird das Gewicht meist auf das *movere* [6], seltener auch auf das *docere* [7] gelegt. Er kann ohnehin je nach Situation recht unterschiedlich sein: Neben dem häufigsten Fall, der Aufmunterung zum Kampf, sind Ermahnung zur Disziplin, Beschwichtigung einer Meuterei, Belobigung für Tapferkeit usw. zu finden, sowohl ‹informell› mitten im Kampf als auch zeremoniell bei bestimmten Anlässen in Friedenszeiten. Je nach militärischer Struktur und sozialem Umfeld können auch Sprecher- und Hörerrolle stark variieren: das Spektrum reicht hier von der Rede eines Stratēgós vor einem athenischen Bürgerheer über die Ansprache eines Generals an ein Rekrutenheer im 18. Jh. bis zur Parlamentsrede eines Präsidenten oder Premierministers im 20. Jh. in seiner Eigenschaft als oberster Kriegsherr im Verteidigungsfall.

So vielfältig bei der F. auch die Situationsbezüge sein können, inhaltlich ist ihre *Topik* seit der Antike erstaunlich konstant. Sie entspricht dem gängigen Schema aus der Theorie des *genus deliberativum*, wie es schon in der Alexanderrhetorik ausgebildet ist: als Argumente für das jeweilige Redeziel stehen das *honestum, utile, possibile* usw. zur Verfügung, d. h. der Redner beruft sich auf die Gerechtigkeit seiner Sache, ihren Nutzen usw. [8] Es ist bezeichnend für die historische Stabilität des Schemas, wenn z. B. H. Hunger bei der Besprechung einer byzantinischen Militärrhetorik aus dem 6. Jh. das dort empfohlene Argument, eher würden Tausende den Tod auf sich nehmen, als mitanzusehen, wie ihre Häuser verwüstet und ihre Frauen und Kinder verschleppt würden, herausgreift und anmerkt: «Ich entsinne mich noch der Ansprache eines deutschen Divisionskommandeurs in den letzten Wochen des Zweiten Weltkrieges, der bei der Befehlsausgabe vor dem Angriff der Russen dasselbe Argument gebrauchte.» [9]

Die mündliche Verbreitung der F. ist lange Zeit der Normalfall. Es gibt zwar bereits in der Antike Beispiele schriftlicher Verbreitung [10] und bereits im 16. Jh. F. in Flugblattform [11], üblich wird die schriftliche Form jedoch erst an der Wende zum 19. Jh. in Form von Proklamation und Tagesbefehl [12], ohne daß die mündliche Form dadurch verschwindet. Im 20. Jh. sind die Zeitungen und später auch alle anderen Medien (Radio etc.) von zunehmender Wichtigkeit bei der Verbreitung vor allem parlamentarischer F.

Eine nahezu durchgehende Tradition der F. von der Antike bis weit in die Neuzeit gibt es nur innerhalb der literarischen Gattung der *Geschichtsschreibung*. Dort ist sie lange für die Gestaltung obligatorisch. Eine feste Größe ist die F. auch in *Redensammlungen.* [13] Wo F. nicht von vornherein in schriftlicher Form verbreitet wurden, muß die Tradition der mündlichen F. über diese Quellen rekonstruiert werden. Dabei sind einige Einschränkungen zu beachten: die Funktion der mündlichen F. ist zunächst einmal rein situationsbedingt: sie wird von Sprecher und Hörern zwar auch vor dem größeren Zusammenhang des jeweiligen Krieges interpretiert, doch die unmittelbar bevorstehende Schlacht, die Verfassung der Soldaten, das Verhältnis zwischen Feldherr und Soldaten und deren Motivation spielen die entscheidende Rolle bei der Motivik der F. In der Geschichtsschreibung gehört die F. dagegen in einen literarischen Zusammenhang. Sie kann aus dem realen historischen Hintergrund überliefert, aber auch bewußt umgestaltet oder frei erfunden sein. Sie trägt zwar die Züge der unmittelbar situationsbezogenen F., bildet aber einen Teil der literarischen Gesamtkonzeption, der politischen Programmatik bzw. der Art und Weise, in der die historischen Fakten insgesamt interpretiert oder ideologisch umgedeutet werden. Wo eine tatsächlich gehaltene F. in ein Geschichtswerk eingearbeitet wurde, muß man mit Verfälschungen bei der Umformung von mündlicher Rede in die schriftliche Form rechnen. In der Antike steht die Geschichtsschreibung in enger Verbindung zur Rhetorik: Qualitätsmaßstab ist nur sehr bedingt historische Exaktheit im modernen Sinne, dagegen vor allem die literarische Gestaltung, in der politische Reden und F. einen unverzichtbaren Bestandteil bilden. [14] Die Rhetorik verbucht gerade den Typus der fingierten historischen Rede, die *Prosopopoiie*, als Mittel der Glaubwürdigkeit. [15] F. tauchen vielfach bei Schlachtenschilderungen nur deshalb auf, weil sie an dieser Stelle obligatorisch sind. Form und Inhalt sind oftmals an normative Vorstellungen gebunden und aufs Exemplarische hin typisiert. Während man aus diesem Grunde schon die historische Echtheit antiker F. vorsichtig beurteilen muß, kann man den allermeisten F. der mittelalterlichen Geschichtsschreibung fast mit Sicherheit die Historizität absprechen. Schon allein die Länge und die rhetorisch äußerst kunstvolle Gestaltung sind oft als Argumente gegen die historische Echtheit zahlreicher Reden in der Geschichtsschreibung angeführt worden. [16] Da die rhetorische Tradition der Geschichtsschreibung bis ins 18. Jh. hinein gültig geblieben ist [17], muß man die dortigen F. als eigenständige literarische Tradition werten. Bezeichnenderweise werden in der Geschichtsschreibung F. immer seltener, je näher das Ideal historischer Treue der jeweiligen Epoche den Vorstellungen der heutigen Zeit kommt.

Die meisten theoretischen Äußerungen zur F. sind in der *Literatur zur Kriegskunst* zu finden. Sie kommen besonders häufig an zwei bestimmten ‹Systemstellen› vor: Erstens werden – wie in den anderen *artes* z. B. beim Rhetor, Staatsmann usw. auch – die Eigenschaften des idealen Feldherrn erörtert. Dort erscheint dann auch die Beredsamkeit regelmäßig als notwendige Tugend. Zweitens wird die Ansprache an die Soldaten häufig dort empfohlen, wo der Ablauf einer Schlacht bzw. die Maßnahme, die unmittelbar vorher zu ergreifen sind, erörtert werden. Die F. steht dort meist in engem Zusammenhang mit Erwägungen, die Stimmung und Disziplin der Truppe betreffen.

In der *Rhetorischen Fachliteratur* ist eine theoretische Behandlung der F. die Ausnahme. Die Antike kennt praktisch keinerlei Anweisungen zu diesem Thema. Eine anonyme Militärrhetorik aus dem frühen byzantinischen Mittelalter läßt wegen ihrer spätantiken Quellen ahnen, wie sie hätten aussehen können. [18] Erst die enzyklopädisch geweitete Barockrhetorik räumt ihr – meist unter der größeren Gruppe der ‹politischen Reden› – unter dem Etikett ‹Kriegsreden› einen eigenen Platz ein, der bereits im 18. Jh. wieder verschwindet. Das 19. Jh. bringt die ersten und bisher einzigen Monographien zum Thema hervor. [19]

C. I. Die *Antike* kennt keine eigens definierten Begriffe für die F. Die regelmäßig dafür verwendeten Ausdrücke παραίνεσις (paraínesis), παρακελευσμός (parakeleusmós), adhortatio, exhortatio etc. bewegen sich alle im Bedeutungsfeld «Ermahnung, Aufmunterung, Anfeuerung», die sowohl für die Ansprache des Heerführers an die Soldaten als auch für gegenseitige aufmunternde Zurufe innerhalb der Truppe stehen können. Daneben werden oft auch die neutralen Ausdrücke für die öffentliche Rede benützt (δημηγορία, dēmēgoría; contio, oratio).

Bereits bei HOMER (8. Jh. v. Chr.) findet sich in der ‹Ilias› eine an Achilles gerichtete Bemerkung, daß ein guter Krieger auch ein guter Redner sein müsse. [20] HERODOT (Mitte 5. Jh.) verwendet in seinem Geschichtswerk bei der Darstellung der Perserkriege auch F. Er referiert z. B. eine Ansprache des Themistokles vor der Schlacht bei Salamis. [21] Er macht F. bereits zum festen kompositorischen Bestandteil der Schlachtdarstellung und führt auch die Gegenüberstellung zweier gegnerischer F. ein. [22] Das Rhetoriklehrbuch des ANAXIMENES VON LAMPSAKOS enthält zwar keine Hinweise zum Thema F., doch das fingierte Widmungsschreiben an Alexander den Großen zeigt, wie selbstverständlich die Verbindung von Rhetorik und Politik und damit auch der Feldherrnkunst war. Trotz Herodot ist THUKYDIDES mit seinem Werk über den Peloponnesischen Krieg (spätes 5. Jh.) der eigentliche Begründer der F. als feststehende Gattung der Geschichtsschreibung. [23] Sie erscheinen dort im Zusammenspiel mit den politischen Reden und sind maßgeblich für die Deutung der historischen Fakten. Die F. sind stereotyper Bestandteil der Schlachtendarstellung und werden stets mit der Bemerkung, daß der jeweilige Feldherr seine Leute mit den folgenden bzw. vorhergegangenen Worten ermuntert habe, eingeleitet und abgeschlossen. [24] Obwohl Thukydides mit dem Anspruch objektiver historischer Wahrhaftigkeit auftritt, deutet er selbst an, daß der Wortlaut der F. eigene Erfindung ist. [25] Der Hintergrund dieses scheinbaren Widerspruchs ist zum einen die Bindung der Geschichtsschreibung an rhetorische Gestaltungsvorschriften. Vor allem sollen aber in seinem Werk überzeitliche historische Gesetzmäßigkeiten deutlich werden, d. h., seine Darstellung ist bewußt stilisiert, um das Normative und Exemplarische herauszuarbeiten. In diesem Sinne sind auch seine F. ‹Musterreden›, die zeigen sollen, wie eine gute F. auszusehen hat. [26] XENOPHON (Mitte 4. Jh.) bietet nicht nur Beispiele für die F. im engeren Sinne [27] und für gegenseitige Anfeuerung innerhalb der Truppe [28], sondern auch eine der wenigen theoretischen Überlegungen zur Beredsamkeit als notwendige Eigenschaft des Feldherrn. [29] In seinem Werk ‹Erziehung des Kyros› entwirft er das Bild des idealen Herrschers, der natürlich auch ein idealer Feldherr ist. In der Darstellung des Krieges mit den Assyrern werden Wert und Unwert der F. in einem Dialog ausführlich thematisiert. Kyros beurteilt den Nutzen der Ansprache vor der Schlacht sehr kritisch und setzt selbst kunstvoll vielfältige organisatorische und rhetorische Mittel ein, um sein Heer zu ermutigen. [30]

Obwohl die F. innerhalb der Rhetorik nicht eigens behandelt wurde, lag es nahe, die Anweisungen zum *genus deliberativum* für die F. heranzuziehen, weil dessen *officia* Zuraten und Abraten sind [31] und die Verhandlung von Krieg und Frieden mit den notwendigen Argumenten dort geläufig ist. [32] POLYBIOS (2. Jh.) liefert einen der wenigen Belege für epideiktische Beredsamkeit im militärischen Rahmen: in einem der militärtechnischen Exkurse seines Geschichtswerkes streift er auch Reden im römischen Heer zur Belobigung tapferer Soldaten nach der Schlacht. [33]

In CICEROS Jugendwerk ‹De Inventione› (1. Jh.) findet sich eine der seltenen Bemerkungen über die F. innerhalb der *römischen* Rhetoriktheorie. Bei der Diskussion verschiedener tunlicher und untunlicher Argumente führt er auch das ‹adversum› an, ein Argument, das dem Redner teilweise selbst schadet. Er nennt als Beispiel einen Feldherrn, der bei der Ermutigung der Truppen vor der Schlacht die Stärke und die Erfolge der Feinde besonders herausstreicht. [34] Im ‹Orator› äußert er sich über die F. als Spezifikum der Geschichtsschreibung. [35] Auch seine Reden und philosophischen Werke enthalten Hinweise auf Aussehen und Häufigkeit der F. [36] Cäsar beklagt in seinem ‹Bellum Gallicum› (ca. 50), daß einmal seine F. wegen eines überraschenden Angriffs zu kurz ausfiel. [37] In seinem ‹Bellum civile› (ca. 45) bemerkt er an einer Stelle, er habe seine F. «militari more» (militärischem Brauche folgend) gehalten, was zeigt, wie selbstverständlich sie zur Schlachtvorbereitung gehörte. [38] Auch in den Feldherrnbiographien des Cornelius Nepos (ca. 100–24) fehlt die F. nicht. [39] Livius verwendet sie in seinem umfangreichen Geschichtswerk (ca. 9) häufig und in vielfältigen Formen. Die F. erscheint in verschiedenen Situationen vor und während des Kampfes [40], als gegenseitiger Zuruf im Heer [41] oder um eine Meuterei zu zügeln. [42] Onasander richtet sein griechisches Lehrbuch der Feldherrnkunst (etwa 50 n.Chr.) an ein römisches Publikum. Er zählt die Beredsamkeit zu den notwendigen Eigenschaften des Feldherrn und widmet ihr einen ganzen Abschnitt: er vergleicht die Rede des Feldherrn in ihrer Wirkung mit dem Trompetensignal zur Schlacht und erklärt sie für weitaus wirkungsvoller als die Kunst der Wundärzte, die ja nur den Körper erreichen. [43] Der kompilatorische Charakter seines Werkes wird deutlich, wenn er sich an anderer Stelle eher rhetorikkritisch äußert: der Heerführer müsse die Soldaten vor allem durch gleichmütiges und siegessicheres Auftreten ermutigen, da viele prinzipiell den Reden mißtrauen würden, die ja immer auf einen bestimmten Zweck berechnet seien. [44] Frontins ‹Kriegslisten› (ca. 84 n.Chr.) sind ein Beispiel für die größtenteils verlorene Strategemata-Literatur, in der systematisch geordnet Kriegslisten in Form historischer Beispiele gesammelt wurden. Dort finden sich zahlreiche F. zu den verschiedensten Zwecken und ein eigener Abschnitt darüber, wie das Heer zum Kampf angefeuert werden soll. [45] Auch Quintus Curtius (1. Jh.) gestaltet in seiner ‹Geschichte Alexanders des Großen› den idealen Feldherrn, der seine Soldaten stets wirkungsvoll zum Kampf anzufeuern weiß. [46] Tacitus stellt in seiner Agricola-Biographie (ca. 100) nach bekanntem Muster die F. zweier gegnerischer Heerführer gegenüber. [47] In seinen ‹Historien› und den ‹Annalen› finden sich weitere Beispiele. [48]

In der Kaiserzeit entwickelt sich eine besondere Form der F., die *adlocutio* oder *allocutio*. Sie ist alleiniges Vorrecht des Kaisers und wird bei zeremoniellen Anlässen wie dem Regierungsantritt des Kaisers, Adoption eines Thronfolgers o.ä. gehalten. In Feldzügen wird sie beim Eintreffen des Kaisers im Lager, bei seiner Abreise und zur Belobigung nach siegreichen Schlachten gehalten. Die Bezeichnung *adlocutio* ist hauptsächlich auf Münzen belegt, das Zeremoniell ist über historische Reliefs wie auf der Trajanssäule oder der Mark-Aurels-Säule rekonstruierbar. [49] Literarische Belege zur *adlocutio* sind äußerst selten. Sueton (Anfang 2. Jh.) erwähnt sie in seiner Galba-Biographie anläßlich der Adoption des Thronfolgers. [50] Kaiser Lucius Verus wendet sich 165 in einem Brief an den Rhetoriker Fronto wegen des Austauschs verschiedener Schriftstücke und bittet ihn, dabei auch seine F. nicht zu vergessen. [51] Ammianus Marcellinus erwähnt in seiner ‹Römischen Geschichte› (etwa 390) die Verwendung eines erhöhten Platzes, des *tribunal*, bei der F., wie es auch auf den Reliefs zu sehen ist. [52] Vegetius stellt um 390 seine Kompilation ‹Epitoma rei militaris› zusammen. Im 12. Kapitel des dritten Buches beschäftigt er sich auch mit der Stimmung der Truppe, die vor der Schlacht erkannt werden müsse. Hier findet auch die F. ihren Platz: Zuversicht und Mut im Heer würden durch Ermahnungen und Ansprachen des Führers gestärkt. Vegetius empfiehlt, die Zweckmäßigkeit der eigenen Maßnahmen, die Wahrscheinlichkeit eines leichten Sieges und die Irrtümer der Feinde herauszustellen. Man solle außerdem besonders erwähnen, wenn der Feind schon einmal vom eigenen Heer besiegt wurde und von allem sprechen, was Haß und Empörung gegen den Feind hervorrufe. [53]

II. *Mittelalter*. In *Byzanz* bringt die sorgfältige Pflege des antiken Erbes eine reiche Literatur zur Kriegskunst hervor [54], die ab dem 16. Jh. auch im Westen wieder gelesen wird. [55] Das militärtheoretische Werk des sogenannten Anonymus Byzantinus (6. Jh.) enthält eine eigenständige Monographie über die F. Sie wird hier neutral als δημηγορία (dēmēgoría) bezeichnet und folgt recht genau den Anweisungen zum *genus deliberativum*, wie sie aus der Spätantike überliefert sind. Die verschiedenen möglichen Argumente werden ausführlich dargestellt. Als zusätzliche Handreichung sind kurze Redebeispiele beigefügt. [56] In einer Seetaktik, die Syrian (6. Jh.) zugeschrieben wird, finden sich ebenfalls Anweisungen zur Ansprache vor der Schlacht. [57] Kaiser Leon VI. (ca. 900) lehnt sich in seiner ‹Taktik› eng an die antike Tradition an: er führt bei der Erörterung der verschiedenen Feldherrntugenden auch die Beredsamkeit an und zitiert Onasanders Vergleiche mit Trompetensignal und Wundarznei. [58] Für die Vorbereitung vor der Schlacht empfiehlt er mehrmals den vielfältigen Nutzen der F. und schlägt sie auch in Verbindung mit den Auszeichnungen zur Belobigung nach der Schlacht vor. [59] Von Konstanin VII. Porphyrogenetos (ca. 950) sind zwei militärische Reden erhalten, die einige Anweisungen des Anonymus berücksichtigen. [60]

Lateinisches Mittelalter. Im Westen, der keine politische Entscheidungsrede und keine juristische Beredsamkeit mehr kennt, bleibt lange Zeit die Geschichtsschreibung einziges Residuum der Beratungsrede. [61] Vor der Herrschaft der Artes-Literatur sorgt das Wiederaufleben der Rhetorik vom 9. bis zum 12. Jh. für eine enge Bindung der Geschichtsschreibung an die rhetorischen Gestaltungsvorschriften. [62] Die Schlachtenberichte und die dort vorkommenden F. sind daher als historische Zeugnisse meistens unbrauchbar. [63] Die *imitatio* der antiken Vorbilder spielt eine wichtige Rolle: oftmals werden im Grammatik- und Rhetorik-Unterricht Reden aus den antiken Historikern – besonders Sallust – als *exempla* herausgelöst und als stilistische oder strukturelle Vorbilder benutzt und reichlich zitiert. Interessanterweise werden gerade in F: gerne Zitate aus der großen Rede in Sallusts ‹Catilina› eingebaut, obwohl sie nicht das geringste mit einer F. zu tun hat. [64] Richer legt z.B. in seinen um 998 abgeschlossenen ‹Vier Bücher Geschichten› dem Kaiser Otto II. einige Catilina-Worte in den Mund. [65] Gegen Ende des 11. Jh. vollendet Bruno sein Werk ‹De bello saxonico›. Auch hier wird in einer Ansprache Herzog Ottos Sallust verwendet. [66] Henry von Huntingdon gestaltet in seiner 1154 vollendeten ‹Historia anglorum› zahlreiche Reden, z. B. eine Ansprache Wilhelms des Eroberers vor der Schlacht bei Hastings [67] oder die Ansprache des Bischofs der Orkney-Inseln vor der Schlacht. [68] OTTO VON FREISING zeigt in seinen ‹Gesta Friderici› ebenfalls eine klassische Bildung, wenn er ganz wie in der antiken Geschichtsschreibung üblich einen Zuruf mitten in der Schlacht einbaut und als *adhortatio* bezeichnet. [69] In RAHEWINS etwa 1160 fertiggestellter Fortsetzung der ‹Gesta Friderici› des Bischofs Otto von Freising richtet Kaiser Friedrich eine Ansprache an sein Kriegsvolk, in der er die Mailänder verschiedener Vergehen gegen seine Herrschaft bezichtigt, nicht ohne Sallusts ‹Catilina› zu zitieren. [70]

Neben der ungebrochenen Tradition der historiographischen F. entwickelt sich die ‹Epitoma› des Vegetius zum maßgeblichen Kriegshandbuch des Mittelalters. Wo immer in der Literatur das Kriegshandwerk theoretisch behandelt wird, wird Vegetius zu Rate gezogen. [71] Dies gilt ebenso für seine Anweisungen zur F. Im ‹Speculum doctrinale› des VINZENZ VON BEAUVAIS (etwa 1240) wird auch das Kriegswesen abgehandelt. In den Bemerkungen zur F. zitiert er einfach den entsprechenden Passus im Vegetius. [72] Auch JOHANN SEFFNER lehnt sich in seinem kurzen Kriegshandbuch ‹Ain ler von den streitten› (ca. 1400) eng an Vegetius an, vermischt mit zahlreichen biblischen und patristischen Belegen. [73] Etwa um dieselbe Zeit entsteht der anonyme ‹Pulcher tractatus de materia belli›. Er handelt traditionsgemäß die Erforschung der Truppenstimmung vor der Schlacht und die notwendigen Ansprachen ab. Vegetius wird ausdrücklich als Quelle genannt und ausgiebig zitiert, auch das obligatorische Sallust-Zitat fehlt nicht. [74]

III. In der *Renaissance* sind zwei Entwicklungen bedeutsam: neben einer ungebrochenen Vegetius-Tradition werden zahlreiche griechische und römische Historiker wieder neu gelesen und auf dieser Grundlage neue Einsichten in das antike Heerwesen gewonnen. Zweitens werden bestimmte *praecepta* für den Feldherrn zwar nur aus literarischer Tradition beibehalten, im Gegensatz zum Mittelalter wird aber in engerer Verbindung mit der militärischen Praxis geschrieben. MACHIAVELLI, der selbst in Florenz erfolglos versucht hatte, nach römischem Vorbild eine Miliz aufzustellen [75], ließ 1521 seinen ‹Dialogo dell'arte della guerra› erscheinen. Auch er läßt die einschlägige Vegetius-Stelle nicht fehlen [76], setzt aber von dort ausgehend zu völlig eigenständigen Überlegungen zum vielfältigen Nutzen militärischer Beredsamkeit an. [77] In seinen ‹Discorsi› über die ersten zehn Bücher des Livius wird auch die Beredsamkeit als notwendige Feldherrntugend anhand historischer Beispiele entwickelt. [78] Machiavellis Dialog über die Kriegskunst wurde in ganz Europa gelesen und nachgeahmt [79], seine Wirkung ist – auch in seinen Ausführungen zur F. – bis weit ins 17. Jh. spürbar. Eine der am weitesten verbreiteten Werke in Nachfolge Machiavellis sind die ‹Instructions sur le faict de la Guerre› von 1548, die G. DE BELLAY zugeschrieben wurden. [80] Sie stellen eine erweiterte Übersetzung des ‹Dialogo› unter Auflösung der Dialogform dar. Machiavellis Passus zur F. erscheint dort nahezu unverändert. In A. S. SCHELLENSCHMIDTS ‹Türkensteuer› von 1557, einer erweiterten Fassung seiner ‹Instruction und Ordnung der Kriegsrüstung›, findet sich ein Abschnitt mit Musterreden für militärische Zwecke, ein Tribut an die weit verbreiteten Formelbücher. [81] L. FRONSPERGER räumt der Beredsamkeit in seinem Werk ‹Von Kayserlichem Kriegsrechten› von 1566 den humanistisch rekonstruierten Platz ein. Wo es um die Eigenschaften des «GeneralObersten» geht, muß dieser «wol beredt» sein [82], denn «ein beredter Oberster Hauptmann mag das Kriegßvolck bereden / alle gefährlichkeit ring vnd gar zu verachten / mehr dann kein Instrument der Trommeten / der Trommen oder Pfeiffen / dann an der wolrede vil gelegen. Jetzt muß man das Kriegsvolck ermanen / dann trösten / dann straffen / dann warnen / ich geschweig was man mit den Feinden vnd Freunden zu tagen vnd thädingen haben mag.» [83] Auch der Feldmarschall hat wohlberedt zu sein [84], der Fähnrich «spricht die Knecht / sonder die bekannten / an / tröst vnd ermant sie» [85] und vor dem Angriff soll der Heerführer die Truppen anreden, wobei die Vorschriften Vegetius entnommen sind. [86] J. LIPSIUS legte mit seinem Polybius-Kommentar ‹De militia romana› (1596) eine umfangreiche Rekonstruktion des römischen Heerwesens vor. Er beeinflußte auch die oranische Heeresreform, die im Laufe des niederländischen Befreiungskampfes gegen die Spanier von Moritz von Oranien und Wilhelm Ludwig von Naussau durchgeführt und bald in ganz Europa mit dem dazugehörigen neustoizistischen Gedankengut verbreitet wurde. [87] Lipsius rekonstruierte die Praxis der römischen *allocutio* und widmete ihr einen eigenen Abschnitt in seiner ‹Militia›. [88] Lipsius' Vorstellungen vom antiken Heerwesen – und damit auch seine Untersuchungen zur F. – blieben bis weit ins 18. Jh. wirksam. [89]

IV. Das *17. Jahrhundert* steht kriegstheoretisch noch ganz im Zeichen Machiavellis und Lipsius', wo auf die F. Bezug genommen wird. Als Eigenschaft des Feldherrn bleibt die Beredsamkeit obligatorisch. W. DILLICH paraphrasiert in seinem ‹Kriegsbuch› (1608) Machiavelli: «Wann das volck willig und behertzt ist / so darf man die viele der feinde nicht so hochachten. Spüret man aber zagheit und unwillen / da mag der Feldherr wohl die schlacht underwegen lassen. Muhß es aber je geschlagen seyn / so soll alß der und andere Obristen ihre redtlichkeit erzeigen / mit zusprechen und guten exempeln dem volck ein hertz machen. Summa es ist nicht der wenigsten hauptstück ein / so einem Feldtherren zugehören / daß er nemblich sein volck willig und behertzt machen / auch darin zu erhalten wisse.» [90] J. JACOBI VON WALLHAUSEN gehört zu den wichtigsten Militärtheoretikern in Deutschland, die das Gedankengut der oranischen Heeresreform verbreiten. [91] In seinem ‹Manuale Militare› von 1616 erscheint an der vorgesehenen Stelle der Hinweis auf die Aufmunterung vor der Schlacht. [92] Unter dem zunehmenden französischen Einfluß im militärischen Bereich bürgert sich auch in Deutschland «couragieren» für die Ermunterungsrede ein. [93] DU PRAISSAC empfiehlt wie schon Wallhausen in seinem ‹Manuale› in seinen ‹Discours militaires› (1625), vor der Anfeuerung den Soldaten alle Hoffnung, sich durch Flucht zu retten, rechtzeitig zu nehmen. Hier scheint neben der Tradition die zeitgenössische Praxis durch: in den schlechtbezahlten Söldnertruppen der damaligen Zeit waren gravierende Disziplinprobleme an der Tagesordnung. [94] Während die vorwiegend antik orientierte späthumanistische Rhetorik des G. J. VOSSIUS die F. weiterhin ignoriert und Topik und Thematik des *genus deliberativum* die einzige Verbindung zur F. darstellen [95], findet die F. Aufnahme als Redegattung in die Barockrhetorik: J. M. MEYFART widmet das gesamte zweite Kapitel seiner ‹Teutschen Rhetorica› der «Wohlredenheit in dem Kriegswesen». [96] Er arbeitet fast ausschließlich mit *exempla* und nimmt das regelmäßige Erscheinen der F.

in der Geschichtsschreibung für historisch: «die Erfahrung bezeuget / daß die vortrefflichsten Kriegshelden vnd Siegsfürsten / mit ihren gelehrten Lippen mehr als mit den scharffen Wehren verrichtet.» [97] Nicht zufällig wählt er als aktuelles Beispiel eine F. des Moritz von Oranien, spart aber auch nicht mit Beispielen von Alexander dem Großen und Julius Caesar. J. DE BILLON übernimmt Machiavellis Ausführungen über die vielfältigen Wirkungen der F. fast wörtlich in seine ‹Principes de l'art militaire› von 1641. [98] H. C. LAVATER lehnt sich in seinem ‹Kriegsbüchlein› (1644) eng an Fronsperger an und merkt dementsprechend an, daß der Festungskommandant, der «Gubernator», «wol beredt» sein solle. Darüber hinaus bietet er einige Musterreden für den militärischen Gebrauch, allerdings eher für zeremonielle als strategische Zwecke. [99] In der zweiten, stark erweiterten Auflage von Dillichs ‹Kriegsbuch›, der ‹Kriegsschule› von 1689, erhält auch die F. wesentlich mehr Raum als in der ersten Auflage: der F. sind unter der Bezeichnung *cohortatio* fünf Kapitel gewidmet, in denen Lipsius' Rekonstruktion der *allocutio* paraphrasiert und ausführlich die verschiedenen Situationen und Zwecke der F. (Dämpfung übermäßiger Kampfesbegierde, Ermutigung vor der Schlacht und Zügelung von Meutereien) behandelt werden. [100]

V. Im *18. Jahrhundert* werden die Vorgaben des 17. Jh. zunächst nahtlos fortgesetzt: die Kriegskunst wird theoretisch noch lange als Feldherrnkunst behandelt. Auch in der Rhetorik wird die neue Gattung ‹F.› zunächst beibehalten. C. SCHRÖTER setzt in der ‹Deutschen Oratorie› von 1704 die Ansätze der Barockrhetorik fort und widmet das zehnte Kapitel den ‹Staats- und Kriegsrede›. [101] Er unterscheidet die Kriegsrede im Sinne von F. von der bloß thematischen Kriegsrede und entwickelt für sie ausführlich eine eigene Topik mit Beispielen: für die Aufmunterungsrede unterscheidet er *Argumenta probantia*, die eher den Verstand ansprechen sollen, und *Argumenta commoventia*, die die richtigen Affekte erregen sollen. Als *Argumenta probantia* führt Schröter an, daß es rühmlich, vorteilhaft und leicht sei, den Feind zu schlagen. Die gewünschten Affekte sind Hoffnung für sich selbst und Zorn, Haß und Rachlust gegen den Feind. Für die Zügelung einer Rebellion bietet er eine eigene Einteilung an, die wiederum einmal sachlich beweisend (*Argumenta persuadentia*) und affekterregend (wieder *Argumenta commoventia*) trennt. Hier werden die gegenteiligen Argumente benutzt, also daß es schändlich, verdammenswürdig, schwierig und absurd sei, zu rebellieren, bei den Affekten sollen Scham und Furcht erzeugt werden. Die Redebeispiele, die Schröter bringt, sind nicht der Geschichte, sondern Lohensteins ‹Arminius› entnommen. Dies verdeutlicht eine Tendenz, die später zum Verschwinden der F. in der rhetorischen Theorie führen wird: die Rhetorik richtet sich mehr und mehr an ein bürgerliches gelehrtes Publikum, das begreiflicherweise keine Verwendung für Anweisungen zu militärischer Beredsamkeit hat. 1719 bringt J. C. LÜNIG seine umfangreiche Redensammlung ‹Grosser Herren, vornehmer Ministren und anderer berühmten Männer gehaltene Reden› heraus. In jedem Band sind Reden aller Art von der Glückwunschrede bis zur Kondolenzadresse gesammelt, als jeweils elfte Abteilung auch Kriegsreden. [102] Auch seinem ‹Corpus Juris militaris› (1723) fügt Lünig im Anhang einen Abschnitt mit historischen Kriegsreden und einigen Musterreden für zeremonielle militärische Anlässe an. [103] J. F. FLEMMING fügt an vertrauter Stelle in seinem ‹Vollkommenen teutschen Soldat› (1726) einen Passus über F. ein. [104] Er empfiehlt eine «wohlgesetzte Rede» vor der Schlacht, geht ausführlich auf die dazu dienlichen Argumente ein, verweist auf die antike Tradition und verrät bei seiner äußerst optimistischen Beurteilung des Nutzens barockes Standesbewußtsein: «Die Soldaten fassen die *Discourse* ihrer großen Generale allezeit wohl zu Ohren und zu Hertzen, und je höher solche von Geburth, Würde, Ruhm und Glücke sind, je mächtiger würcket ihre *Eloquenz*.» [105] J. H. ZEDLERS ‹Universal-Lexikon› verbucht die F. gemäß Lipsius als *adlocutio cohortium*. Während jedoch bei Lipsius die humanistische Rekonstruktion der Antike als nutzbringende Richtschnur für die unmittelbare Gegenwart gedacht war, erscheint die F. hier bereits in historischantiquarische Distanz gerückt. [106] J. R. FÄSCH ignoriert zwar die F. in seinem ‹Kriegslexikon› (1735), räumt aber erwartungsgemäß der Rhetorik ein eigenes Stichwort mit kurzer Definition ein. [107] F. A. HALLBAUER behandelt in seiner ‹Anleitung zur politischen Beredsamkeit› (1736) die Kriegsrede im Kapitel über politische Reden. [108] Bevor er die verschieden Spielarten des Krieges an ausführlichen Beispielen entwickelt, definiert er kurz: «In Kriegs-Reden werden Soldaten verpflichtet, Officirer vorgestellet, zu Beobachtung ihrer Pflicht, und guter Disciplin ermahnet, die Truppen zur Vertheidigung oder Entsetzung einer Festung, und zwar Tapferkeit vor einer Schlacht ermuntert, wenn sie schwürig besänftiget, oder andere dergleichen Vorträge gethan.» [109] Im Abschnitt über den pathetischen Stil verwendet er eine F. als Beispiel. [110] F. C. BAUMEISTER widmet der F. in seinen ‹Anfangsgründen der Redekunst› (1754) zwar keine theoretischen Erörterungen, doch in seinem Anhang mit ‹politischen Reden und Schreiben» darf auch eine zeitgenössische F. nicht fehlen. [111] Während die militärische Literatur in der Erörterung der F. meist traditionalistisch den bekannten rhetorischen *praecepta* folgt, stehen dem ‹Vollkommenen Officier› von 1787 ganz andere persuasive Mittel zur Verfügung: «Officiers- und Unter-Officiers müssen stets den Soldaten währendem Gefecht zur Tapferkeit anfeuern, und jede Feigememme, wann kein Bitten und drohen hilft, niederstossen. So hart und unmenschlich dies scheint, so ists doch eine traurige Nothwendigkeit, dann es dient zum schreckenden Beyspiel, und macht andere herzhaft.» [112] Diese Empfehlung ist ähnlich motiviert wie bei Du Praissac: Die Rekrutenheere des 18. Jh. bestanden meist aus zwangsweise verpflichteten Soldaten. Die daraus folgende schlechte Motivation und die notorisch hohe Desertionsrate boten schlechte Voraussetzungen für die Entfaltung der F. im klassischen Sinne. Erst die Zeit der Revolutionskriege zum Ende des Jahrhunderts bringt die Entstehung des modernen Massenheeres, das durch den entstehenden Nationalismus eine neue Motivationsgrundlage hat. [113] Die argumentatorischen Ansatzpunkte für erfolgreiche F. sind unter den neuen Verhältnissen wesentlich günstiger, vor allem im napoleonischen Heer wird daher reichlich Gebrauch von ihr gemacht. Die starke Vergrößerung der Heere führt zur Einbürgerung der schriftlichen F. in Form von Proklamation und Tagesbefehl. [114]

VI. *19. Jahrhundert.* 1818 erscheint anonym J. G. YMBERTS ‹Éloquence militaire›. Dieses Werk zieht die rhetorischen Konsequenzen aus dem geistigen Klima, das in der napoleonischen Zeit zu einer Art Blüte der F. in der militärischen Praxis geführt hatte. [115] Es stellt die erste Monographie über militärische Beredsamkeit überhaupt dar und ist in zwei Bände gegliedert. Der erste Band bietet den theoretischen Teil: In etwa zwanzig Kapiteln werden unter Berücksichtigung der zeitgenössischen militärischen Praxis alle denkbaren Aspekte der F. berührt. Das erste Kapitel behandelt ganz klassisch die notwendigen Eigenschaften des militärischen Redners. Danach folgen Erörterungen zum angemessenen Stil, dem Einfluß der Truppenzusammensetzung auf die Wirksamkeit der F. und sehr ausführlich die notwendigen Argumente und die gewünschten Gefühle, die bei den Soldaten erzeugt werden sollen. Auch die verschiedenen mündlichen und schriftlichen Formen wie Ansprache, Tagesbefehl und Proklamation werden gesondert erörtert. Bei den Reden werden je nach Situation F. vor, während und nach der Schlacht unterschieden, außerdem F. im Falle von Meuterei und Ungehorsam und Reden an die Bewohner besetzter Gebiete. Der zweite Band ist ausschließlich praktischen Beispielen gewidmet, die hauptsächlich der Geschichtsschreibung entnommen wurden und nach dem Gliederungsschema des ersten Bandes geordnet sind. Das ‹Militair-Conversations-Lexikon› von 1833 gibt sich betont pragmatisch und technizistisch: «Sie [die Beredsamkeit] übt einen mächtigen Einfluß auf das Gemüth der Soldaten, wenn sie deren Eitelkeit oder Neigungen geschickt zu benutzen versteht, und bedingt weit mehr Menschenkenntniß, als Rednertalent.» [116] Daneben werden einige historische Beispiele von Friedrich dem Großen bis Napoleon gebracht, die jedoch eher anekdotischen Charakter haben. B. VON BAUMANN lehnt sich in seiner Monographie ‹Die militärische Beredtsamkeit› (1859) eng an Ymbert an, dessen ‹Éloquence militaire› er ausdrücklich als Vorbild nennt. Er behandelt die gleichen Aspekte, bringt jedoch einen wesentlich kürzeren theoretischen Teil, in dem er den Unterschieden zwischen mündlicher und schriftlicher Form besondere Aufmerksamkeit schenkt. Er ordnet seine Beispiele systematisch und chronologisch: Er unterscheidet Reden vor Beginn des Krieges, vor Schlacht oder Belagerung, während der Schlacht (hierbei noch je nach Rolle vom Feldherrn an die Truppen, von den Truppen an die Feldherrn und von den Truppen aneinander), beim Vorgehen und Verfolgen, nach der Schlacht, bei Aufstand oder Ungehorsam und an die Bewohner eroberter Gebiete, wobei er jede dieser Gruppen noch in mündliche und schriftliche Beispiele teilt. [117] B. POTENS ‹Handwörterbuch der gesamten Militärwissenschaften› (1877ff.) verzeichnet als Stichwort ‹Beredtsamkeit› und ‹Proklamation›, beide von Baumann verfaßt. [118] Sie bringen nochmals in Kürze die Ergebnisse aus der ‹Militärischen Beredtsamkeit›.

VII. Das *20. Jahrhundert* bringt starke Veränderungen für die Praxis der F., hauptsächlich durch die Entwicklung neuer Medien und der Kriegstechnik, aber auch durch die veränderte politische Landschaft. Die F. Kaiser Wilhelms II. im 1. Weltkrieg werden bereits meistens durch die Zeitung verbreitet. [119] 1916 erscheint K. PINTHUS' Sammlung ‹Deutsche Kriegsreden›, die nicht nur der F., sondern generell der thematischen Kriegsrede gewidmet ist. [120] Er schickt ihr eine kurze Geschichte der Kriegsrede von der Antike bis zur Gegenwart voraus, die auch zahlreiche Hinweise zur F. enthält und bewußt den Zusammenhang mit der Geschichte der Rhetorik herstellt. [121] Er weist auf das Verschwinden der mündlichen Ansprache und die Durchsetzung der schriftlichen Form ebenso hin [122] wie auf ihre Vorläufer in älterer Zeit [123], übergeht allerdings seine Vorläufer wie z.B. Baumann [124] und überschätzt auf eine seltsam anmutende pseudo-idealistische Weise die geistige Wirkung des gesprochenen Worts. [125] Seine Sammlung enthält etwa 100 Kriegsreden, darunter ca. 30 F.

Herauszuheben ist die Entwicklung der parlamentarischen F., wenn z. B. Herrscher, Präsident, Premierminister usw. jeweils in ihrer Eigenschaft als Oberbefehlshaber des Heeres vor dem Parlament sprechen. Sie können auch an das Volk gerichtet sein. Vor allem im 2. Weltkrieg treten die Überreste bzw. Nachfolger der F. in den Zusammenhang einer umfassenden Kriegspropaganda, in dem nicht mehr nur das moderne Massenheer, sondern auch die in die Kriegsführung einbezogene Gesamtbevölkerung mit Hilfe der modernen Massenmedien «ermutigt» und angefeuert wird. Beispiele sind hier in der Demokratie CHURCHILLS «Blut, Schweiß und Tränen»-Rede, im totalitären Bereich GOEBBELS Sportpalastrede «Wollt Ihr den totalen Krieg?». [126] Die Dominanz der psychologischen Funktionen, die die F. ehemals im Krieg erfüllte, hat jedoch die F. im klassischen Sinne nie ganz verdrängt. [127] Auch die Truppenansprache in Friedenszeiten und im zeremoniellen Rahmen ist dank der konservativen äußeren Formen des Militärs bis heute lebendig geblieben.

Anmerkungen:

1 vgl. R. C. Jebb: The Speeches of Thucydides, in: E. Abbott (Hg.): Hellenica (Oxford/Cambridge 1880) 267, 279; O. Luschnat: Die Feldherrnreden im Geschichtswerk des Thukydides (1942) 1ff. – **2** vgl. H. E. W. von der Lühe: Militair-Conversations-Lex. (1833) 514 s.v. Beredtsamkeit. – **3** H. Gauger, H. Metzger (Hg.): British Political Speeches and Debates from Cromwell to Churchill (1962) 40f.; dt. Übers. in: K. H. Peter (Hg.): Berühmte politische Reden des zwanzigsten Jahrhunderts (o. J.) 135–137. – **4** vgl. v. a. K. Pinthus: Dt. Kriegsreden (1916) Vf. – **5** vgl. Arist. Rhet. 1358b. – **6** vgl. z. B. Onasander, Strategicus I, 13ff. oder J. G. Ymbert: Éloquence militaire, ou l'art d'émouvoir le soldat (Paris 1818). – **7** vgl. J. Lipsius: De militia romana (Antwerpen 1596) 299: «Ad summam, format in quacumque re et docet». – **8** vgl. R. Volkmann: Die Rhet. der Griechen und Römer (1885; ND 1987) 300. – **9** H. Hunger: Die hochsprachl. profane Lit. der Byzantiner, Bd. 2 (1978) 329. – **10** Belobigung der sechsten Kohorte der Kommagenen durch Hadrian in der Inschr. von Lambesis, in: Corpus Inscriptionum Latinarum, Bd. 8 (1862–1943) 2532; vgl. dazu D. Mustilli: Art. ‹allocuzione›, in: Enciclopedia dell'arte antica classica e orientale, Bd. 1 (Rom 1958) 265. – **11** vgl. Pinthus [4] 7ff. – **12** vgl. B. von Baumann: Die militärische Beredtsamkeit (1859) Kap. 2, 17ff. – **13** vgl. J. C. Lünig: Grosser Herren, vornehmer Ministren und anderer berühmten Männer gehaltene Reden, 12 Tle. (1719); A. Kippenberg, F. von der Leyen (Hg.): Das Buch dt. Reden und Rufe (1942); A. Scotland (Hg.): The Power of Eloquence. A Treasury of British Speech (London 1961); [ohne Angabe des Hg.] British Historical and Political Orations from the 12th to the 20th Century (London 1950). – **14** E. Norden: Die antike Kunstprosa Bd. 1 (1915) 81–91, 148, 176; zu F. 87 Anm. 1. – **15** vgl. Volkmann [8] 312f.; H. Lausberg: Hb. der lit. Rhet. (^{3}1990) § 828. – **16** vgl. Baumann [12] 2f., von der Lühe [2] 514, Pinthus [4] XVIf. – **17** vgl. Jebb [1] 267, § 2. – **18** H. Köchly (Hg.): Anonymi Byzantini Rhetorica militaris, in: ders.: Opuscula Academica Bd. 2 (1856); Inhaltsangabe Hunger [9] 328f. – **19** Ymbert [6]; Baumann [12]. – **20** Homer, Ilias IX, 443. – **21** Herodot, Historiae VIII, 83; Harmokydes an die Phoker ebd. IX, 17. – **22** F. von Mardonios an die Perser und Pausanias an die Athener vor der Schlacht bei Plataiai ebd. IX, 58 und 60; vgl. A. Deffner: Die Rede bei Herodot und ihre Weiterbildung bei Thukydides (1933) 14–23; bes. F. 21. – **23** vgl. Jebb [1] 266–323, bes. 267, 279; Luschnat [1] 1ff., 107–126; zur Topik der F. vgl. 131–134. – **24** Beispiele: II, 10/11; II, 86/87; II, 88/89; IV, 9/10; IV, 91/92; IV, 94/95; VI, 125/126; V, 8/9; VI, 67/68; VII, 40 (einleitender «Kampfjubel» vor Seegefecht); VII, 60/

61ff.; VII, 65/66; VII, 76/77. – **25** ebd. I, 22,1; vgl. Luschnat [1] 9f. – **26** R. Leimbach: Militärische Musterrhet. Eine Unters. zu den F. des Thukydides (1985) 7–15, 128–133. – **27** Xenophon, Hellenica I, 1, 14 (Ansprache des Alkibiades). – **28** Xenophon, Anabasis IV, 2, 11. – **29** Xenophon, Memorabilia III, 3, 11. – **30** Xenophon, Cyropaedia III, 3, 43ff. und 50–59. – **31** Arist. Rhet. 1358B. – **32** ebd. 1360a; vgl. Volkmann [8] 294–314. – **33** Polybius, Historiae VI, 39. – **34** Cic. De inv. I, 94. – **35** Cic. Or. XX, 66. – **36** Cicero, Pilippica IV, V, 11 (vgl. Lysias II, 38); Cicero, Tusculanae disputationes 2, 37. – **37** Caesar, Bellum gallicum II, 21; weitere Beispiele VII, 52/53; VII, 62; Bellum Civile I, 7; II, 32/33, III, 85. – **38** Caesar, Bellum Civile III, 90; übers. von G. Dorminger: C. Julius Caesar: Der Bürgerkrieg (^{3}1970) 265. – **39** Cornelius Nepos, Vitae XXII, 11. – **40** Livius, Ab urbe condita VII, 24,7; IX, 13, 1f.; IX, 37, 6; XXI, 30, 1f.; XXV, 38, 1ff., XXXVIII, 17, 1ff. – **41** ebd. VI, 24, 7 (vgl. Xenophon, Anabasis IV, 2, 11). – **42** ebd. XXVIII, 27, 1ff. – **43** Onasander, Strategicus I, 1 und 13–16, in: Aeneas Tacticus, Asclepiodotus, Onasander. With an english translation by members of the Illinois Greek Club (London 1923) 375, 379f. – **44** ebd. XIII; vgl. auch XIV,3. – **45** Frontinus, Stratagemata XI; vgl. auch X und XII. – **46** Curtius, III, 10, 4; III, 11, 9; III, 13, 8; IV, 15, 19. – **47** Tacitus, Agricola 29ff. und 33f. – **48** Tacitus, Historiae I, 36/37; III, 36, 1; gegenseitige Anfeuerung: ebd. I, 36, 2; II, 21, 4; Annales, XIV, 30. – **49** C. Cichorius: Art. ‹Adlocutio›, in: RE, Bd. 1 375f.; F. Eckstein: Art. ‹Adlocutio›, in: LAW Bd. 1 (1990) Sp. 19; Mustilli [10] 265f. – **50** Sueton, Galba XVIII. – **51** C. R. Haines (Hg.): The correspondence of Marcus Cornelius Fronto (London/New York 1920) 195–197. – **52** W. Seyfarth (Hg.): Ammianus Marcellinus. Röm. Gesch. (1968) 17, 13, 25ff.; S. 251ff.; vgl. auch 17, 12, 19, S. 243. – **53** Flavius Renatus Vegetius, Epitoma Rei Militaris III, 12; übers. von F. Wille (1986) 205f. – **54** zur byzant. Kriegslit. Hunger [9] 321–340 und M. Jähns: Gesch. der Kriegswiss. Bd. 1 (1889) 141–179. – **55** vgl. dazu W. Hahlweg: Die Heeresreform der Oranier und die Antike (1941) 306ff. – **56** Köchly [18]: Inhaltsangabe Hunger [9] 328f.; H. Köchly, W. Rüstow (Hg.): Griech. Kriegsschriftsteller. Griech. und Dt. (3 Bde.), Bd. 2: Des Byzantiner Anonymus Kriegswiss. (1855); teilw. Übers. der Militärrhet. 15–20. – **57** A. Dain: Naumachia (Paris 1943) 44–55; vgl. Hunger [9] 327. – **58** Leonis Imperatoris Tactica, in: MG 107, Constitutio II, 13–14, 683–686. – **59** ebd., Constitutio XIII, 3, 843/844; Constitutio XIV, 21, 855/856; 116, 885/886. – **60** Ausg. von R. Vári, in: Byzant. ZS 17 (1908) 78–84; vgl. Hunger [9] 329. – **61** R. W. Southern: Aspects of the European Tradition of historical Writing. 1. The classical Trad. from Einhard to Geoffrey of Monmouth, in: Transactions of the Royal Hist. Soc., 5. Ser., 20 (1970) 181. – **62** vgl. ebd. 181, 175ff., R. Ray: The Triumph of Greco-Roman rhet. Assumptions in Pre-Carolingian Historiography, in: C. Holdsworth, T. P. Wiseman (Hg.): The Inheritance of Historiography 350–900 (Exeter 1986) 73. – **63** vgl. W. Erben: Kriegsgesch. des MA (1929) 34. – **64** vgl. B. Smalley: Sallust in the Middle Ages, in: R. R. Bolgar (Hg.): Classical Influences on European Culture A. D. 500–1500 (Cambridge 1971) 165–175; zu F. bes. 168–170, 173. – **65** G. Waitz: Richeri Historiarum Libri III (1877) 112; dt. Übers.: K. von Osten-Sacken: Richers vier Bücher Geschichten (1854) 172f. – **66** H.-E. Lohmann: Brunos B. vom Sachsenkrieg (1937) 29; vgl. Smalley [64] 170. – **67** T. Arnold (Hg.): Henrici Archidiaconi Huntendunensis Historia Anglorum (London 1879) 200–202; engl. Übers. in: British Historical and Political Orations (1913) 2f. – **68** Arnold [67] 262f. – **69** G. Waitz (Hg.): Ottonis et Rahewini Gesta Friderici I. Imperatoris (1912) 144, 20. – **70** ebd. 202–204; vgl. auch H. Kohl: Beitr. zur Kritik Rahewins. I. Die Entlehnungen aus fremden Autoren (1890). – **71** Erben [63] Rezeptionsgesch. des Vegetius 58ff.; zur kriegstheoret. Lit. 58–66. – **72** Vinzenz von Beauvais: Speculum Quadruplex sive Speculum maius, Bd. 2 (Douai 1624; ND Graz 1965) Sp. 1028; vgl. Flavius Renatus Vegetius, Epitoma ei militaris III, 12. – **73** J. Seemüller (Hg.): Österreichische Chronik von den 95 Herrschaften (1909) 224–230; vgl. F. 227. – **74** A. Pichler: Der pulcher tractatus de materia belli (Graz/Wien 1927) 52f. – **75** vgl. Hahlweg [55] 183 und C. Hobohm: Machiavellis Renaissance der Kriegskunst, 2 Bde. (1913). – **76** L. A. Burd: Le fonti letterarie di Machiavelli nell' ‹Arte della guerra›, in: Atti della R. Accademia dei Lincei, Ser. V, 4 (1897) 187–261; Vegetius-Nachweis 220. – **77** N. Machiavelli: Dell'arte della guerra. A cura di Piero Pieri (Rom 1937) 115–117. – **78** N. Machiavelli: Vom Staate (1925) 366f., 370, 423f., 438f. – **79** A. Buck: Machiavellis Dialog über die Kriegskunst, in: J. Worstbrock (Hg.): Krieg und Frieden im Horizont des Renaissancehumanismus (1986) 1–12; zur Rezeptionsgesch. der ‹Arte della guerra› 11f. – **80** G. du Bellay: Instructions sur le faict de la Guerre (Paris 1548) foll. 54v–55v; dt. Übers.: Kriegs Regiment. Wie ein tapffer Volck zum Krieg auffzubringen / ins Feld außzurüsten vnd anzuführen seye (1594) 352–358. – **81** Jähns [54] Bd. 1, 532. – **82** L. Fronsperger: Von Kayserlichem Kriegsrechten (1566; ND Graz 1970) fol. LXXIIIr. – **83** ebd. Fol. LXXIIIv. – **84** ebd. fol. CXVv. – **85** ebd. fol. CXXXIr. – **86** ebd. fol. CCXXXr s. v. Angriff. – **87** vgl. Hahlweg [55] 140–190. – **88** J. Lipsius: De militia romana (Antwerpen 1596) 298–304. – **89** vgl. W. Reinhard: Humanismus und Militarismus. Antike-Rezeption und Kriegshandwerk in der oranischen Heeresreform, in: Worstbrock [79] 185–204. – **90** W. Dillich: Kriegs=buch (1608) 238. – **91** vgl. dazu Hahlweg [55] 157ff. – **92** J. Jacobi von Wallhausen: Manuale Militare (1616) 26. – **93** F. Helbling: Das militärische Fremdwort des 16. Jh., in: ZS für dt. Wortforschung 14 (1912/13) 31 und 61 s. v. Courage. – **94** Du Praissac: Les discours militaires (Rouen 1625) 36. – **95** G. J. Vossius: Commentariorum Rhetoricorum sive Oratorium libri sex (1630; ND 1974) 34. – **96** J. M. Meyfart: Teutsche Rhetorica oder Redekunst (1634; ND 1977) 11–26. – **97** ebd. 11. – **98** J. de Billon: Les principes de l'art militaire (Rouen 1641) 124–126. – **99** H. C. Lavater: Kriegs-Büchlein (1644; ND Graz 1973) 28, 92–97. – **100** W. Dillich: Kriegs =Schule (1689; Neuaufl. 1718) 1. T., 1. B., 27; 2. T., 1. B. 24ff. – **101** C. Schröter: Gründliche Anweisung zur dt. Oratorie nach dem hohen und sinnreichen Stylo der unvergleichen Redner unsers Vaterlandes (1704; ND 1974) 463–499. – **102** Lünig [13]. – **103** ders.: Corpus Juris militaris (1723) Anhang, 2. T., 197–210. – **104** J. F. Flemming: Der vollkomne teutsche Soldat (1726; ND Graz 1967) 285–291. – **105** ebd. 287. – **106** J. H. Zedler: Grosses vollständiges Universal-Lex. Bd. 1 (1732; ND Graz 1961) Sp. 526, s. v. *Adlocutio cohortium*. – **107** J. R. Fäsch: Kriegs-, Ingenieur-, Artillerie- und See-Lexicon (1735) 717, s. v. Rhet. – **108** F. A. Hallbauer: Anleitung zur politischen Beredsamkeit (1736; ND 1974) 447–451. – **109** ebd. 447. – **110** ebd. 324, 330–332. – **111** F. C. Baumeister: Anfangsgründe der Redekunst in kurtzen Sätzen abgefaßt (1754; ND 1974) 217. – **112** Der vollkommene Officier nach vorgeschlagnen Grundsätzen von Major Baron O Cahill (^{2}1787; ND 1979) 194. – **113** vgl. G. Blumentritt: Strategie und Taktik (1960) 104f. – **114** vgl. B. von Baumann: Art. ‹Proklamation›, in: B. Poten: Handwtb. der ges. Militärwiss., Bd. 8 (1880) 54f. – **115** vgl. Ymbert [6]; stark gekürzte dt. Übers.: Die kriegerische Beredsamkeit oder die Kunst, auf das Gemüt des Soldaten zu wirken. Frei nach d. Französ. (1819). – **116** Militair-Conversations-Lex. Bd. 1 (1833) 514 s. v. Beredtsamkeit. – **117** Baumann [12]; Erörterung 1–79; Beispiele 83–192. – **118** ders.: Art. ‹Beredtsamkeit, militärische›, in: Poten [114] Bd. 1 (1877) 474f.; Baumann [114]. – **119** vgl. E. Johann (Hg.): Reden des Kaisers. Ansprachen, Predigten und Trinksprüche Wilhelms II. (1966) 4. – **120** Pinthus [4]. – **121** ebd.: Eine Rede über Kriegsreden XI–XXX. – **122** ebd. XIX. – **123** ebd. XX. – **124** vgl. ebd. XVI. – **125** vgl. ebd. XIII. – **126** zur Propaganda vgl. z. B. T. Holm: Krieg und Kultur. Entwicklung aus hist. Perspektive (Zürich/New York 1942) 128–133. – **127** vgl. Hunger [9] 329.

B. Hambsch

→ Adhortatio → Agitation → Allocutio → Appell, rhetorischer → Beratungsrede → Geschichtsschreibung → Movere → Paränese → Politische Rede → Propaganda → Redesituation

Feministische Rhetorik

A. Die soziale Bedeutung des Geschlechts als Grundlage wirkungsorientierten Sprachverhaltens ist die theoretische und praktische Basis der F. Diese Bedeutung wurde von der feministischen Bewegung seit deren Beginn in den siebziger Jahren dieses Jahrhunderts wissenschaftlich herausgearbeitet und auf die Analyse von Kommunikation angewandt. Im einzelnen beschreiben und kritisieren feministische Linguistinnen 1. die frauendiskriminierenden Möglichkeiten zur Personenbezeichnung der Sprache(n), 2. die Reproduktion sprachlicher Klischees über Frauen und Männer und 3. das kommunikative Verhalten von Frauen und Männern. In Richtlinien und Empfehlungen gegen den sexistischen Sprachgebrauch [1] wird als Ziel feministischer *Sprachkritik* und *Sprachpolitik* die sprachliche Gleichbehandlung von Frauen und Männern, Egalität in den Möglichkeiten, Frauen als Personen zu bezeichnen und in Texten über sie zu reden, formuliert. Ziele der feministischen *Gesprächsanalyse* sind Aufklärung über die Wirksamkeit von Dominanz in Gesprächen, Herausarbeitung weiblicher Leistung sowie Gleichstellung von Frauen und Männern in Gesprächen vor allem durch Ermutigung von Frauen zu Selbstbehauptung und flexiblem Einsatz unterschiedlicher kommunikativer Stile. Die feministischen sprachkritischen *Aktivitäten* stehen von Anfang an in Zusammenhang mit politischen und gesetzgeberischen Maßnahmen zur Gleichstellung von Frauen. [2] Sprachliche Gleichbehandlung in Texten und Gleichstellung von Frauen und Männern in Gesprächen werden als wichtige, wenn auch nicht einzige Bestandteile einer egalitären Emanzipationsstrategie angesehen, die gesellschaftliche und politische Gleichbehandlung von Frauen anstrebt.

B. *Analysen, Ziele.* 1. Ein veränderter Sprachgebrauch soll bewirken, daß Frauen mitgedacht werden und Frauen und Männer sprachlich gleich behandelt werden. Die feministische Sprachkritik konzentriert sich auf den *Wortschatz* der Personenbezeichnungen in seinen grammatisch-morphologischen Kombinationsmöglichkeiten. Das in verschiedenen Sprachen unterschiedlich ausgeprägte generische Maskulinum macht Frauen unsichtbar. In der geschlechtsspezifizierenden [3] deutschen Sprache ist bis auf wenige Ausnahmen (‹Hexe›, ‹Witwe›) das Maskulinum das Grundwort, von dem das Femininum abgeleitet wird. Das Maskulinum von Substantiven und Pronomina ist zugleich auch geschlechtsneutrale Form (‹die Lehrer›, ‹die Ärzte›); wichtige Indefinitpronomina mit unveränderlichem Genus sind Maskulina (‹jemand›, ‹niemand›, ‹jedermann›). Gleichbehandlung oder Symmetrie ist auch durch die Strategie der Neutralisierung zu verwirklichen: vor allem durch Partizipien und Adjektive (‹Studierende›, ‹Erziehungsberechtigte›), Ausdrücke wie ‹Fachkraft› ersetzen ‹Fachmann›, Zusammensetzungen mit ‹-leute› solche mit ‹-männer›. Sprachlich sichtbar werden Frauen aber nur durch die Strategie der Feminisierung, d. h. durch zum Teil spielerisch-witzige, die bisherigen Regeln verletzende, weitgehende Ausrichtung der Bezeichnung am natürlichen Geschlecht. Wenn nur über Frauen gesprochen wird, ist konsequenter Gebrauch von weiblichen Personenbezeichnungen und femininen Pronomina in Haupt- und Nebensätzen möglich (‹jemand, die›). Die sehr produktiv eingesetzten Endungen ‹-in› und ‹-frau› werden sogar in Wortzusammensetzungen übernommen (‹jedefrau›, ‹Lehrerinnengehalt›). Splitting ist das Mittel zur symmetrischen Verwendung von Namen, Amts- und Funktionsbezeichnungen bei gemischtgeschlechtlichen Gruppen (‹alle Arbeitnehmerinnen und Arbeitnehmer›), das allerdings bei Wiederholungen und pronominalen Bezügen zu als störend empfundenen Häufungen führen kann. L. PUSCH, Hauptvertreterin der deutschsprachigen feministischen Systemlinguistik, praktiziert deshalb mittlerweile als Radikalfeministin die totale Feminisierung (z. B. ‹Lehrerinnen› für ‹Lehrerinnen und Lehrer›) als eine Art kompensatorische Gerechtigkeit, langfristig ist sie für Gleichbehandlung von Frauen und Männern. [4] Als originelle Mischung aus Neutralisierung und Feminisierung (weil von der femininen, nicht wie bisher von der maskulinen Form gebildet) findet der Versalbuchstabe ‹I› vor allem in linken und alternativen Kreisen und Medien, im universitären Bereich, aber auch in Fachbüchern und Kriminalromanen, zunehmend AnhängerInnen, wird allerdings aus sprachästhetischen Gründen auch häufig kritisiert. Der Einsatz der *Strategien* der Feminisierung oder Neutralisierung kann je nach Sprache, Text, kommunikativem Anlaß und Radikalität der sprachkritischen Position divergieren. Besondere Beachtung finden theologische Texte [5], Stellenanzeigen, Verwaltungsvorschriften und Formulare. Umstritten ist die Umgestaltung von Gesetzestexten. Über die Veränderung von Personenbezeichnungen hinaus geht es aber auch um die Umsetzung von Wörtern in Texte über Frauen, beispielsweise in Schulbüchern. Schon Wörter und zusammengesetzte Ausdrücke wie ‹Vaterhaus› oder ‹Väter des Grundgesetzes› schließen Frauen in unberechtigter Weise aus. Die wichtigsten Forderungen sind, Frauen nicht über Männer zu definieren, sie nicht abzuwerten, nicht in stereotypen Rollen und als Objekte von Handlungen anderer zu zeigen. [6]

2. Linguistinnen haben auch aus den Ergebnissen einer feministischen Gesprächsanalyse und -kritik im soziolinguistischen Kontext *Anweisungen für die Praxis* abgeleitet. Sie wollen Frauen nicht nur über ihre eigene Wirkung und die kommunikativen Machtmechanismen aufklären, sondern mit gesprächsrhetorischen Forderungen und Hinweisen auch die Voraussetzungen dafür schaffen, daß Frauen ihr legitimes Interesse, gehört zu werden, durchsetzen können. Als zentrale Ursache für die Benachteiligung von Frauen im Gespräch wird die Ausübung männlicher Dominanz diagnostiziert. N. HENLEY hält die stummen Tricks und Listen der Mächtigen [7] für die wirksamste Methode, Frauen auf ihren Platz zu verweisen. [8] Nach Meinung von S. TRÖMEL-PLÖTZ werden Frauen in Gesprächen vergewaltigt [9], denn «Männer ergreifen öfter das Wort und reden länger als Frauen, Männer unterbrechen Frauen systematisch, Frauen müssen um ihr Rederecht kämpfen, Männer bestimmen das Gesprächsthema und Frauen leisten die Gesprächsarbeit.» Wurde zunächst weibliches Verhalten als Ausdruck von Unsicherheit und Anpassungsbedürfnis abgewertet, wird in vielen Untersuchungen einem als dominant und kontrovers charakterisierten männlichen Stil das nicht-dominante, höfliche und kooperative [10] weibliche Kommunikationsverhalten als Kommunikationsideal gegenübergestellt. Feministische Rhetorik beinhaltet entsprechend auch Anweisungen an Männer. [11] Gemäß Trömel-Plötz' Forderungen zur Gleichstellung von Frauen in Gesprächen [12] sollen Frauen und Männer Frauen wirklich zuhören, ihnen den gleichen Respekt zollen wie einem Mann und sie unterstützen, wenn ihnen andere diese Rechte nicht zugestehen. Empfohlen wird, Frauen angemessen vorzustellen, sie persönlich anzureden, Blickkontakt zu ihnen herzustellen, ihnen Fragen zu stellen, Rückmeldungen zu geben und explizit auf sie Bezug zu nehmen. Gleichstellung in Gesprächen durch gleiche Zuwendung der Erwachsenen wird besonders auch für

den Umgang mit Mädchen und Jungen in den verschiedenen Sozialisationsinstanzen [13] gefordert.

Ein Beitrag zur Gleichstellung von Frauen und Männern in Gesprächen wird aber in erster Linie über individuelle Veränderung von Frauen erwartet. Praktische Konsequenz aus durchaus divergierenden Untersuchungen und Thesen ist die Forderung, daß Frauen ihre Rolle als Sprechende situationsangemessen ausfüllen. Sie sollen über beide Stile verfügen, um erfolgreich kommunizieren zu können und ihren Kompetenzen entsprechend wahrgenommen zu werden. Nur dann haben sie die Möglichkeit, sich gegen den kontroversen männlichen Stil zur Wehr zu setzen und sich, wenn es darauf ankommt, selbst zu behaupten, wie zum Beispiel in öffentlichen Situationen und größeren Gruppen, wo ihr Verhalten nicht honoriert wird oder Gefahr läuft, als Ausdruck von Unsicherheit und Submission mißverstanden zu werden. Hier sollen Frauen die Männer nicht gewinnen lassen, ihnen Unterstützung verweigern, sich als Sprecherinnen die gleichen Rechte nehmen [14], so lange und so oft reden wie diese, sich nicht unterbrechen lassen [15], Unterbrechungen oder andere männliche Dominanzgesten zur Sprache bringen und Positionen nicht abschwächen, sondern uneingeschränkt formulieren. Vor allem wird geraten, die besonders auffälligen Formen des automatisierten Verhaltens zu kontrollieren, die Symptome von Unsicherheit und fehlender Kommunikationsroutine sind oder so gedeutet werden können: Frauen sollen sich nicht durch Körperhaltung klein und unscheinbar machen [15], lauter sprechen und nicht oder mindestens weniger lächeln. Auf dem Höhepunkt der feministischen Bewegung träumt S. FIRESTONE von einem Lächelboykott der Frauen. [17] Auch rhetorische Anweisungen von Autorinnen, die sich selbst nicht als Feministinnen bezeichnen und deshalb sinnvoller nur in den Kontext gesprächsanalytischer Frauenforschung einzuordnen sind, richten sich vorrangig an Frauen – wohl weil sie hier den größeren Handlungsbedarf sehen, bedingt durch die Konzentration auf öffentliches und institutionelles Sprechen, aber sicher auch, weil sie vor allem die weibliche Perspektive einnehmen und eher oder nur den Frauen Leidensdruck unterstellen. [18]

Autorinnen, die sich explizit als Feministinnen bezeichnen und die Notwendigkeit gesellschaftlicher Veränderungen thematisieren, lassen keinen Zweifel daran, daß diese primär über Gesellschafts- und Institutionenkritik und Gesetzesänderungen, nicht über Änderung kommunikativer Verhaltensweisen zu erzielen sind. Schon N. HENLEY übt auch Kritik an Kursen für weibliches Selbstbehauptungstraining als Kampf gegen die eigene Sklavenpsyche. Im Gebrauch von Machtgesten liege noch keine Garantie, daß diese auch als solche erkannt und anerkannt werden. Das eigentliche Problem bleibe die Sklaverei selbst. [19] Obwohl in den Beschreibungen weiblichen kommunikativen Verhaltens immer schon ein Eigenanteil der Frauen sichtbar wurde, sah man Frauen zunächst vor allem als Opfer männlicher Machtausübung. Mittlerweile wird ihre Mitwirkung stärker betont. Nur wenn man annimmt, daß Frauen die Situationen, in denen sie leben, auch mitproduzieren, ist es plausibel zu unterstellen, daß sie auch an ihrer Veränderung mitwirken können. Das gilt für Gespräche ebenso wie für die gesellschaftlichen Verhältnisse. [20] Konsequenzen für eine veränderte kommunikative Praxis sind nicht unabhängig von den Ergebnissen empirischer Untersuchungen, die Ergebnisse nicht unabhängig von Deutungen kommunikativer Handlungen. Aufgrund der Popularität des Themas wurden und werden häufig exemplarische Untersuchungen als gesicherte Aussagen behandelt, Ergebnisse überbewertet und vorschnell generalisiert [21], mittlerweile immer häufiger auch in Leitfäden für weibliches Kommunikationsverhalten. [22] Forschungsberichte und neuere Untersuchungen bestreiten konsistente Geschlechterunterschiede [23] bzw. arbeiten heraus, daß beobachtete Unterschiede im Kommunikationsverhalten der Geschlechter nicht mit der Dominanzthese zu erklären sind [24], und betonen, daß mehr und andere Faktoren als das Geschlecht eine Rolle spielen, vor allem Aspekte der Situation wie Öffentlichkeit oder Privatheit, der Status einer Person im Gespräch [25] sowie Kultur- [26] und Schichtunterschiede. [27] Daß Frauen keine homogene Gruppe sind, wurde von Anfang an gesagt – so machen z.B. die «Klassikerin» R. LAKOFF [28] und N. Henley nur Aussagen über die amerikanische (weiße) Mittelschichtfrau – das wird und wurde häufig übersehen oder unterschätzt. Geschlecht ist nur *ein* relevanter Einflußfaktor im kommunikativen Geschehen, aber da öffentliche und institutionelle Machtpositionen überwiegend von Männern besetzt sind, bleibt die Wahrnehmung männlicher Macht und weiblicher Unterlegenheit zentraler Bestandteil gesellschaftlicher Erfahrungen [29] und wird durch die Neigung zu prototypischer Wahrnehmung und die Wirksamkeit von Geschlechtsrollenstereotypen verstärkt [30], die auch durch Sprachkritik und Kritik des dichotomen Denkens nur mühsam aufzubrechen sind. [31]

Anmerkungen:

1 So erstmals I. Guentherodt, M. Hellinger, L. F. Pusch, S. Trömel-Plötz: Richtlinien zur Vermeidung sexistischen Sprachgebrauchs, in: Linguistische Ber. 69 (1980) 15–21, Linguistische Ber. 71 (1981) 1–7; vgl. u. a. M. Hellinger: Kontrastive feministische Linguistik (1990); S. Häberlin, R. Schmid, E. L. Wyss: Übung macht die Meisterin (1992). – **2** vgl. G. Schoenthal: Personenbezeichnungen im Dt. als Gegenstand feministischer Sprachkritik, in: ZGL 17 (1989) 298. – **3** vgl. Hellinger [1] 1990. – **4** vgl. L. Pusch: Das Dt. als Männersprache (1984); dies.: Alle Menschen werden Schwestern (1990) 85ff. – **5** vgl. H. Wegener, H. Köhler, C. Kopsch (Hg.): Frauen fordern eine gerechte Sprache (1990). – **6** vgl. Häberlin u. a. [1]. – **7** N. Henley: Körperstrategien (engl. 1977, dt. 1988) 289; vgl. dies.: Nichtverbale Kommunikation und die soziale Kontrolle über Frauen, in: S. Trömel-Plötz (Hg.): Gewalt durch Sprache (1984) 39–49. – **8** vgl. ebd. [7] 13. – **9** So der Untertitel ihres Buches [7] 58f. – **10** vgl. z. B. E. Kuhn: Geschlechtsspezifische Unterschiede in der Sprachverwendung (1982); C. Schmidt: Typisch weiblich – typisch männlich (1988); S. Trömel-Plötz: Vatersprache – Mutterland (1992) 85ff. – **11** Auch Tannen, die weibliche und männliche Kommunikationsgewohnheiten ohne Gesellschaftskritik und ohne Wertung nur als unterschiedlich, aber charakteristisch für die private bzw. öffentliche Situation beschreibt, fordert für einen Friedensvertrag der Geschlechter, daß beide den jeweils anderen Stil lernen; vgl. D. Tannen: Du kannst mich einfach nicht verstehen (1991) 328. – **12** Trömel-Plötz [7] 385; vgl. auch schon dies.: Frauensprache: Sprache der Veränderung (1982) 144, 211. – **13** vgl. ausführlich U. Enders-Dragässer, C. Fuchs: Interaktionen der Geschlechter (1989) und D. Spender: Frauen kommen nicht vor (engl. 1982, dt. 1985). – **14** Eine völlige Übernahme der als negativ bewerteten männlichen Verhaltensweisen wird ernsthaft nicht erwogen, nicht ganz ernsthaft allerdings von A. Wagner: Über Bluff und Machtverhalten in männlich dominierten Institutionen. Beiträge zur feministischen Theorie und Praxis (1979) 98–101. – **15** vgl. Trömel-Plötz [7] 381ff. – **16** vgl. M. Wex: ‹Weibliche› und ‹männliche› Körpersprache als Folge patriarchalischer Machtverhältnisse (1979). – **17** vgl. H. Kotthoff: Gewinnen oder Verlieren? In: Trömel-Plötz [7] 112; Henley [7] 251. – **18** z.B. Schmidt [10] 163 und U.

Gräßel: Sprachverhalten und Geschlecht (1991) 306. Das ist anders bei D. Tannen, die zur Lösung privater Kommunikationskonflikte beitragen will, vgl. Tannen [11]. – **19** Henley [7] 285. – **20** vgl. K. Frank: Sprachgewalt (1992) 21ff., 149. – **21** vgl. zur Kritik solcher Unters. Frank [20]; G. Schoenthal: Sprache und Geschlecht, in: DS 13 (1985) 143–185; dies.: Sprache, Geschlecht und Macht, in: Mitt. des Dt. Germanistenverbandes 39 (1992) 5–12. – **22** etwa C. Tillner, N. Franck: Selbstsicher reden (1990) 91ff. – **23** etwa Frank [20]. – **24** vgl. P. Maier: Die Geschlechtsspezifik der Körpersprache, in: G. Kegel u. a. (Hg.): Sprechwiss. und Psycholinguistik 5 (1992) 9–68; Schoenthal (1992) [21]; Frank [20]; Gräßel [18]. – **25** vgl. Gräßel [18]. – **26** Übereinstimmend besteht offenbar die Neigung, das weibliche gegenüber dem männlichen Kommunikationsverhalten abzuwerten. Siehe S. Günthner, H. Kotthoff (Hg.): Von fremden Stimmen (1991) 32. – **27** I. Keim, J. Schwitalla: Soziale Stile des Miteinander-Sprechens, in: V. Hinnenkamp, M. Selting (Hg.): Stil und Stilisierung (1989). – **28** R. Lakoff: Language and women's place, in: LiS 2 (1973) 45–79. – **29** Grundgedanke des B. von S. Günthner, H. Kotthoff (Hg.): Die Geschlechter im Gespräch (1992). – **30** vgl. auch Frank [20] 61ff. – **31** ebd.

G. Schoenthal

→ Erziehung, rhetorische → Gespräch → Gesprächserziehung → Gesprächsrhetorik → Sprachauffassung, rhetorische → Sprachkritik

Fernsehrhetorik

A. Def. – B. I. Fernsehen und Rhetorik. – II. Interdisziplinäre Bezüge. – III. Einzelfragen. 1. Spezifika der Kommunikationsform Fernsehen. – 2. Gattungen. – 3. Stilmittel. – 4. Fernsehethik.

A. Unter F. kann man verstehen: 1. die Lehre vom Fernsehen *insgesamt* als einem Medium, mit dem man auf kommunikative Wirkungen zielen kann; 2. die Lehre von der medienspezifischen Wirksamkeit einzelner sprachlicher, bildlicher und klanglicher Einheiten und ihres Zusammenwirkens *im* Fernsehen. Unter dem ersten Aspekt beschäftigt man sich mit Fernsehen als einer zeitgenössischen Kommunikationsform «öffentlicher Beredsamkeit», einschließlich des Gesamtzusammenhangs von Produktion und Rezeption. Unter dem zweiten Aspekt konzentriert man sich auf verschiedene *Produkteigenschaften* im Hinblick auf ihre rhetorische Wirkung.

B. I. *Fernsehen und Rhetorik.* Fernsehen als eigentümliche Kommunikationsform kann zum Gegenstand nahezu aller Teile des traditionellen Lehrgebäudes der Rhetorik gemacht werden, erfordert aber zugleich dessen Ausweitung und Modifikation. Das rhetorische System ist in der Antike als *Rede*lehre entwickelt worden, für die unvermittelte Kommunikation zwischen einem Redner und seinem Publikum. Seither hat sich daraus ein umfassendes Bildungssystem entwickelt, das schon früh auch für den Umgang mit anderen Kommunikationsformen herangezogen wurde, für schriftliche, auch literarische Kommunikation, das Theater, die bildende Kunst; schließlich wird es auch für die neuen technischen Massenmedien des 20. Jh., z. B. Film, Hörfunk und Fernsehen, fruchtbar gemacht. Besonders geeignet ist die rhetorische Betrachtungsweise für das Fernsehen, da es im Gegensatz zu anderen Medien wieder einige wichtige Merkmale unmittelbarer Kommunikation in die Öffentlichkeit bringen kann: Mündlichkeit, Mehrkanaligkeit durch Kombination von optischer *und* akustischer Kommunikation, Zeitgleichheit von Performanz und Rezeption. Andere Merkmale bewirken allerdings wesentliche Unterschiede: zuerst die Entfernung zum Publikum, das keine unmittelbare Rückmeldung geben kann, und dessen Verstreutheit – zwei Faktoren, welche die Rezeptionssituation nahezu unberechenbar machen; dann der ganze institutionelle und technische Apparat, der die Inszenierung auf der Produktionsseite folgenschwer beeinflußt, und schließlich die Erweiterung der Kommunikationsmittel um gesondert produzierte Bilder und Töne, die zusammen mit dem verbalen Teil zu einem gemeinsamen *Fernsehtext* montiert oder kombiniert werden. Die Unterschiede zur klassischen Situation des Redners erfordern, daß eine rhetorisch fundierte Beschäftigung mit dem Fernsehen über den tradierten Rahmen hinausgeht. Dies erklärt vielleicht, daß, obwohl vereinzelte medienrhetorische Ansätze vorliegen, eine umfassende *Rhetorik des Fernsehens* noch aussteht.

Teile des rhetorischen Kategorienvorrates sind längst in den Produktions- bzw. Analyseprozeß von Fernsehsendungen eingegangen; die gesellschaftliche Auffassung von Fernsehen weist Spuren der rhetorischen Tradition auf. So läßt sich im *Programmauftrag* der bundesdeutschen öffentlich-rechtlichen Rundfunkanstalten, der jeweils in Gesetzen, Richtlinien und Grundsätzen verankert ist, unschwer eine Variante des rhetorischen Dreierschemas der Wirkungsfunktionen wiedererkennen. In den ‹Richtlinien für die Sendungen des ZDF› heißt es z. B.: «Das Programm soll umfassend informieren, anregend unterhalten und zur Bildung beitragen». Die Parallele von ‹informieren› und ‹unterhalten› zu den Wirkungsarten des *docere* und *delectare* ist ganz direkt. Für die Leidenschaftserregung (*movere*), die mit *pathos* verknüpft ist, ist kein entsprechender Auftrag mehr formuliert; stattdessen hat man das harmlosere Ziel des ‹Bildens› eingesetzt, was nach der Erfahrung mit der exzessiv emotionalen Nazi-Propaganda im Hörfunk nicht erstaunt. Nach dieser rhetorisch geprägten Auffassung des Programmauftrags hat man auch die Organisation der Sendeanstalten angelegt und entsprechende (allerdings verschieden benannte) Hauptabteilungen für Informations-, Unterhaltungs- und Bildungssendungen eingerichtet. Weiterhin sind *Gattungsschemata*, die sich innerhalb dieses organisatorischen Zusammenhangs herausgebildet haben, eng mit dem Programmauftragsschema verknüpft, wie schon im rhetorischen System die Gattungen mit den Wirkungsarten.

Betrachtet man Ratgeberliteratur zur Praxis des Fernsehjournalismus und der *Fernsehproduktion* [1], so findet man dort neben und innerhalb der Behandlung von Darstellungs- und Sendeformen (Gattungen) eine Reihe von Gesichtspunkten, die sich den einzelnen Bearbeitungsstadien *(rhetorices partes)* zuordnen lassen, auch wenn die Schriften nicht oder nur im Titel auf Rhetorik verweisen.

Was die rhetorische *Analyse* von Fernsehen und Fernsehsendungen betrifft, so gibt es z. B. innerhalb des amerikanischen «rhetorical criticism» Ansätze [2], vereinzelt auch im Rahmen der deutschen Sprach- bzw. Sprechwissenschaft [3]; dabei ist aber der Bezug auf die rhetorische Tradition in einigen Fällen nur oberflächlich.

II. *Interdisziplinäre Bezüge.* Mit Fernsehen als dem wohl wichtigsten modernen Massenmedium beschäftigen sich verschiedene Disziplinen, zunächst vor allem die *Kommunikations- und Medienwissenschaft* (auch die *Publizistik*). Wie der Rhetorik geht es diesen Wissenschaften um die Klärung den Struktur und Wirkungsweise von Kommunikation. Während die Rhetorik als Erfahrungswissenschaft auf Hermeneutik (und Ethik) gegründet ist, verfahren die Kommunikationswissenschaften überwiegend mit dem Methodenapparat der modernen empirischen Sozialwissenschaften. So war es das Ziel der ‹New Rhetoric› (z. B. um C. I. HOVLAND), den Prozeß der Persuasion (auch in der Massenkommunikation) aufzuklären, aber eben mit Hilfe verhaltenspsychologischer Experimente, d. h. auf ‹gesicherter› wissenschaftlicher Grundlage. Trotz aufwendiger jahrzehntelanger Bemühungen sind aber gerade im Bereich der sogenannten Wirkungsforschung die Ergebnisse enttäuschend [4]; die zugrundegelegten Modelle waren lange Zeit – auch aus rhetorischer Sicht – zu wenig elaboriert. [5] So hat man in den Anfängen (z. B. bei H. D. LASSWELL) die Wirkungen von Medien simplifizierend nach einem ‹Geschoß-Modell› gedacht; später berücksichtigte man immerhin, daß es auch indirekte Wirkungen gibt (z. B. in der Theorie des ‹Two-Step-Flow of Communication› von P. F. LAZARSFELD). Mit der Einbeziehung einer systemtheoretischen und konstruktivistischen Perspektive [6] und qualitativer Forschungsansätze [7] können heute manche Schwächen vermieden werden. Vor allem sollte man den Einfluß des sozialen und situationellen Kontexts berücksichtigen, in dem der Medientext steht; gefordert sind also Mehrebenenanalysen, die möglichst viele Faktoren des Kommunikationsprozesses umfassen. Der Rezipient wird nicht mehr nur als jemand gesehen, der passiv der Gefahr beliebiger Manipulation ausgesetzt ist, sondern auch (so schon im ‹Uses-and-Gratifications-Approach›) als ein aktiver Mediennutzer, der sich nach individuellen und gruppenspezifischen Bedürfnissen Medieninhalte auswählt und deutet.

Auch in der *Psychologie* und *Pädagogik* geht es, so weit sie sich mit Medien beschäftigen, um Wirkungsweisen und Wirkungen, um Fragen der individuellen und sozialen Wahrnehmung, um den Einfluß von Medien auf Gefühle und Einstellungen, um Medien als Sozialisationsfaktoren. Dabei sind besonders öffentlichkeitswirksame Thesen wie die vom Einfluß des Fernsehens auf Gewalttätigkeit [8], vom «Verschwinden der Kindheit» [9] oder vom «Realitätsverlust durch Fernsehen» [10] von der Forschung angefochten oder zumindest relativiert worden. [11] Gegen solche Thesen direkter und starker Medienwirkungen wird immer wieder auf die Bedeutung der Interaktionsprozesse in Primärgruppen hingewiesen und auf die selektive und interpretative Leistung der Rezipienten, die in erster Linie situationsbezogen ist. [12]

Bei aller Vorsicht gegenüber pauschalen kulturpessimistischen Thesen über die Wirkungen des Fernsehens gibt es an der Bedeutung dieses Mediums für die Kommunikations- und Symbolverarbeitungsprozesse in heutigen Gesellschaften keinen Zweifel. Die *Soziologie* hat – nicht erst seit den Arbeiten von M. McLUHAN – immer genauer die sozialen Implikationen der elektronischen Medien beschrieben, vor allem wie sich mit ihnen die Bedeutungen von Raum und Zeit verändern, was Folgen für die gesamte soziale Ordnung hat. [13] Zugleich wird auch die historische Dimension deutlich: nach Jahrhunderten schriftgeprägter Kultur bringen die elektronischen Medien ein neues Zeitalter der «Oralität», die allerdings eine «sekundäre» Oralität auf der Basis von Schriftlichkeit ist. [14]

Die bisher genannten Disziplinen zäumen den Wirkungszusammenhang massenmedialer Kommunikation meist von der Rezeption her auf und vernachlässigen die Analyse des ‹Fernsehtexts›; umgekehrt geht es in den *Sprach- und Literaturwissenschaften* und der *Semiotik* in der Regel eher um Eigenschaften des Textes, wobei die Produktions- und Rezeptionsbedingungen nicht oder nur am Rande berücksichtigt werden. In der deutschsprachigen Literaturwissenschaft entstand das Interesse am Fernsehen zusammen mit einem generellen Interesse an trivialen Formen [15], meist aus einer ideologiekritischen Perspektive; parallel dazu entwickelte sich in den USA eine Richtung, in der man sich dem Phänomen der «popular culture» zuwandte [16] und die sich allmählich mit den britischen «Cultural Studies» verband. [17] Im Zentrum verschiedener literaturwissenschaftlicher Ansätze stehen die Gattungen (s. u.) [18]; Überlegungen im Rahmen der Rezeptionsästhetik und Semiotik relativieren die Eindeutigkeit des Textes und führen dazu, den Rezipienten eine eigenständige Rolle bei der Bedeutungskonstitution zuzugestehen. Sprachwissenschaftliche Arbeiten haben sich zunächst auf Textsorten beschränkt, welche die (weitgehende) Vernachlässigung der Bildkomponente zu erlauben schienen: z. B. ‹Das Wort zum Sonntag›, dann vor allem Nachrichtensendungen und Gesprächssendungen (Interviews, Fernsehdiskussionen, Talk-Shows, Spielshows). [19] Dabei ging es immer auch um praktische und sprachkritische Gesichtspunkte, wie um die Verständlichkeit oder Leerformelhaftigkeit von Nachrichten oder um den Inszenierungscharakter politischer Interviews und Diskussionen.

In allen Disziplinen gibt es Bemühungen um den Bereich der *visuellen Kommunikation*, sei es um die psychologischen Grundfragen der Bildwahrnehmung und -gestaltung [20], sei es um die Frage der nonverbalen Kommunikation und ihrer meßbaren Wirkungen [21] oder um die Frage nach dem komplexen Verhältnis von Bild und (sprachlichem) Text. [22]

III. 1. *Spezifika der Kommunikationsform Fernsehen.* Zu den vordringlichen Aufgaben einer F. gehört es, für die Produktions- und Analyseperspektive die Besonderheiten der Kommunikationsform Fernsehen herauszuarbeiten; sie zeigen auf, inwiefern die F. vom tradierten Lehrgebäude abweichen und darüber hinausweisen muß. Die entscheidende kommunikationstechnische Leistung des Fernsehens, die es gegenüber anderen Massenmedien hervorhebt, ist die Kombination von *Mehrkanaligkeit*, die es mit dem Kinotonfilm teilt, und potentieller *Aktualität*, über die auch der Hörfunk verfügt. Zwar wird Fernsehen – schon der Name deutet darauf hin – von vielen für ein primär visuelles Medium gehalten, aber es ist auch unbestreitbar, daß die Bilder auf dem kleinen Fernsehschirm weniger intensiv wirken als auf der großen Kinoleinwand und daß viele Fernsehgattungen, die im übrigen häufig (wie auch die Macher) aus dem Hörfunk stammen, weitgehend auf Sprachkommunikation basieren, nicht nur journalistische und didaktische Formen, sondern z. B. auch Unterhaltungsgenres wie Seifenopern oder Spielshows.

Die ‹Rede› als ‹gesprochene› Sprache kommt also im Fernsehen wieder zu ihrem Recht, und damit – so weit der Sprecher im Bild ist – die gesamte *actio*-Lehre. Dabei ist aber zu berücksichtigen, daß die Kamera anderes als den Sprecher zeigen kann und daß die Art, wie sie etwas zeigt, eigene semantische Werte hat, die zum Gesprochenen in vielfältiger Beziehung stehen können; weiterhin kommt eine Tonspur hinzu, die Geräusche und Musik als zusätzliche Inszenierungsmittel ermöglicht. Statt den ‹Redner› sieht und hört das Publikum einen medienspezifischen Inszenierungskomplex von Sprache-Bild-Ton, dessen Bestandteile jeweils unabhängig voneinander manipuliert und vielfältig aufeinander bezogen sein können. So sind etwa – um einfache Beispiele zu geben – in Nachrichten die Berichte vom sendereigenen Korrespondenten meist (syntaktisch komplexere) Kommentartexte, die von ihm selbst mit Bildern illustriert werden, während eingekaufte Nachrichtenfilme erst nachträglich von einer Redaktion (bewußt einfacher) ‹betextet› werden. [23]

Die Beispiele zeigen auch, daß die *Mündlichkeit*, die das Fernsehen wieder in die Öffentlichkeit trägt (und damit einen rhetorischen Grundzug), nicht die Rückkehr in eine ‹orale› vorschriftliche Kultur bedeutet; es ist eine «sekundäre Oralität» [24], die zahlreiche Spielarten in einem Kontinuum zwischen mündlichen und schriftlichen Formen hervorbringt. Das gilt einerseits für die Performanz der Texte, die in sehr vielen Fällen geschrieben sind oder doch auf Schriftlichem aufbauen: sie können sichtbar vorgelesen werden oder von einem verdeckten Manuskript oder Teleprompter, sie können auswendig rezitiert werden, sie können improvisiert werden nach expliziten Aufzeichnungen oder nach Stichworten auf Spickzetteln, oder sie sind frei und spontan formuliert. Zwar unterscheidet sich diese Formenvielfalt nicht von den Verhältnissen in direkter Kommunikation, aber die Inszenierungsmöglichkeiten des Mediums verändern die Durchsichtigkeit des Vorgehens (und damit die *memoria*), seine Wirkungsbedingungen verstärken die Bedeutung des Spontanen und Aktuellen. Mündlichkeit ist aber nicht nur eine Frage der Performanz, sondern auch des stilistischen Konzepts, das mehr ‹gesprochensprachlich› oder ‹schriftsprachlich› sein kann. Dabei können sich komplizierte Inszenierungen von fernsehtypischer Sekundärmündlichkeit ergeben: ein Nachrichtenmoderator schreibt seinen Text in gesprochensprachlichem Stil und liest ihn von einem Teleprompter, als ob er ihn spontan formuliere; ein Politiker, der darin geübt ist, schriftsprachlich zu formulieren (seine Syntax weist in vielen Merkmalen den typischen ‹Integrationsstil› auf), verwendet in einem Fernsehinterview gleichzeitig Spontaneitätsmarker (Herausstellungen, Parenthesen, Einstellungskundgaben, Personenreferenzen), um den Oralitätsanforderungen des Mediums besser gerecht zu werden und verständlicher zu wirken. [25] Für den Grad der Verständlichkeit spielt aber auch die Kombination mit dem Bild eine Rolle.

Sprecher aus dem ‹off› müssen sich darüber im klaren sein, daß man ihnen eventuell (wegen möglicherweise ablenkenden Bild-Ton-Materials) schlechter folgen kann, Sprecher im ‹on› hingegen müssen wissen, daß in Nahaufnahmen ihr gesamtes nonverbales Kommunikationsrepertoire einer genauesten Prüfung unterzogen werden kann, so daß auch geringste mimisch-gestische Unsicherheiten und Abweichungen eine gesteigerte Wirkung erzielen können, die ebenfalls vom Inhalt der Worte ablenken können. Dies führt dazu, daß Medienprofis ihr Verhalten entsprechend kontrollieren (‹agora›-Effekt). Man hat vom Fernsehen als Medium der Intimität gesprochen, das in die Öffentlichkeit Züge der direkten, informellen Kommunikation trage [26], weil es uns die Akteure öffentlicher Kommunikation so ‹nahe› bringt, wie wir sonst nur enge Vertraute erleben. Es handelt sich allerdings wiederum um eine medienspezifische ‹sekundäre Intimität› [27], die nicht mit der in face-to-face-Interaktionen verwechselt werden darf. Dies zeigt sich, wenn Laien im Fernsehen auftreten und sie die rhetorischen Besonderheiten des Mediums nicht beherrschen. Zwar werden im Fernsehen besonders gerne gesprächshafte Gattungen inszeniert, die sich an Mustern aus anderen Bereichen zu orientieren scheinen, z. B. Interviews oder Diskussionen, die an der Oberfläche wie Informationsbefragungen bzw. Meinungsbildungs- oder Konfliktlösungsgespräche aussehen. Genauere Analysen zeigen aber, daß schon die sehr allgemeinen Muster der Gesprächsorganisation wie das Hörerverhalten in Interviews oder die Sprecherwechselregelung in Diskussionen Züge medienspezifischer Inszenierung aufweisen. [28]

Vor allem kann die Pseudopräsenz der Medienakteure über den fundamentalen *Einwegcharakter* der Fernsehkommunikation nicht hinweghelfen: das Medium kann aktuell sein und ‹live› senden, aber es gibt niemals eine unmittelbare Reaktion des Publikums, wie sie jeder Redner in direkter Kommunikation hat und wie er sie braucht, um das *aptum* seiner Rede in ständiger Abstimmung zu justieren. Der Kommunikator kommuniziert ins Leere, schlimmer noch, das Publikum ist nicht nur heterogen, sondern auch dispers; selbst mit Hilfe von Einschaltquoten und Zuschauerforschung ist das Bild vom Hörerseher immer nur abstrakt. Da auf die tatsächlichen Reaktionen nicht eingegangen werden kann, wird möglichen Reaktionen vorab Rechnung getragen. Um das Publikum in dieser Situation trotzdem zu erreichen, gibt es eine Reihe von Verfahren, mit denen die Risiken der ‹Blindkommunikation› gemindert werden sollen.

In vielen Sendungen soll ein (mehr oder weniger offensichtlich manipuliertes) Studio- oder Hallenpublikum den abwesenden eigentlichen Adressaten ersetzen, jedenfalls etwas von der Spontaneität der unmittelbaren Kommunikation auch für das entfernte Publikum erlebbar machen. [29] Auch da, wo es das Studiopublikum gar nicht gibt, werden vermehrt fiktive akustische Reaktionen eingeblendet. Durch solche Surrogate wird einerseits die tatsächliche Adressierung überspielt (wie auch durch Gesprächsformen), andererseits wird die Wirkung auf das Fernsehpublikum, das sich anstecken lassen soll, beeinflußt. Die *Adressierungskonstellation* ist also mehrschichtig; dies erfordert komplexe Überlegungen für die situative Angemessenheit: bei Studiogesprächen z. B. müssen außer dem unmittelbaren Adressaten vor der Kamera das Studiopublikum und die Rezipienten an den Fernsehschirmen berücksichtigt werden.

Die Adressierung an ein möglichst großes und deshalb extrem heterogenes Publikum hat zur Folge, daß man versucht, jedem etwas zu bieten, also eine Mischung von Programmsparten (‹Infotainment›), Gattungen, Themen und Stilen. Dies erklärt die Beliebtheit von Magazinformen im Fernsehen, hebt aber auch die Möglichkeit auf, Sendungen eindeutig bestimmten Gattungen und Gattungsstilen zuzuordnen. Während zu den Hauptsendezeiten in den großen Sendern solche *Mischformen* eine Strategie der Erringung möglichst hoher Einschaltquoten verfolgen, versucht man in den Randbereichen und in besonderen Spartenkanälen, die Interessen spezieller Zielgruppen zu bedienen und so das Publikumspotential durch Diversifizierung voll auszuschöpfen.

Durch die gewachsene Konkurrenz unter den Programmen gibt es einen weiteren Faktor, der die Auffassung fragwürdig macht, daß Fernsehen für den Rezipienten aus Sendungen besteht, die als umgrenzte ‹Einzelwerke› einer Gattung zugeordnet werden können. Während der Rezipient sich den Produkten von Speichermedien (wie Büchern, Schallplatten, Kassetten) normalerweise nach Vorauswahl und dann intensiv zuwendet, ist er bei Programmmedien eher geneigt, ab- oder umzuschalten, wenn ihm etwas nicht mehr gefällt, erst recht mit

Hilfe einer Fernbedienung. Deshalb verfolgen die Sender eine Strategie des «least objectionable programming» [30], die den Rezipienten am Umschalten hindern soll. Dazu dient zum einen die *Segmentierung* in kleinste Einheiten [31], zum andern die durchgehende Orientierung an Spannung und Unterhaltung, die von Kritikern für die «Superideologie» des Fernsehens gehalten wird. [32] Wenn nicht die Programmgestalter für ständige Spannung und Abwechslung sorgen, indem sie durch immer kürzere Szenenwechsel, durch Ankündigungen, ja sogar durch Werbeeinblendungen Auflockerung schaffen, stellt der Rezipient sich das bunte Kaleidoskop selbst her, durch ‹Zapping›; statt einer bestimmten Sendung sieht er ein Kontinuum von Bruchstücken, dessen semantische Bezüge von den jeweiligen Kommunikatoren nicht mehr kontrollierbar sind. Dazu kommen ‹parasitäre› Rezeptionsweisen von Zuschauern, die z. B. Werbung nur zur Unterhaltung sehen wollen oder die Seifenopern oder Musiksendungen ironisch deuten und damit umdeuten. Die Auflösung von Gattungsgrenzen, die Hegemonie einer Wirkungsart (Unterhaltung) und neue Rezeptionsweisen verschieben also das Gefüge einer F. gegenüber traditionellen Vorstellungen beträchtlich.

In diesem Zusammenhang muß gesehen werden, daß der ‹Fernsehtext› den Charakter eines ‹geschlossenen› Textes, mit dem ein Kommunikator auf eine bestimmte Wirkung zielen kann, verliert. Die Orientierung an der großen Zuschauerzahl, der Wunsch nach intensiver Einbindung des Rezipienten, der Überschuß an semantischem Material (auch durch die Mehrkanaligkeit), die mangelnde Kontrollierbarkeit semantischer Anschlüsse beim Rezipienten, dies alles führt zu einer prinzipiellen *Offenheit* des Fernsehtextes. [33] Diese Offenheit ist (wie die Mehrfachadressierung) zum Teil schon von den Produzenten vorgesehen (etwa systematisch in Seifenopern, Fernsehdiskussionen, Magazinsendungen), zum Teil wird sie von den Rezipienten erst hergestellt, durch subjektive und gruppenspezifische Deutungen und Umdeutungen. So wurde etwa die amerikanische Serie ‹Dallas› von einem Marxisten als Kapitalismuskritik gesehen, von Feministinnen als chauvinistisch oder gerade emanzipatorisch [34], von Kibbuzbewohnern als Beleg dafür, daß Geld allein nicht glücklich macht, während die Bewohner einer nordafrikanischen Kooperative in der Serie sahen, daß man mit Geld doch ein schönes Leben führen kann. [35]

2. *Gattungen.* Trotz der oben erwähnten Tendenz im Fernsehen, Gattungen (Darstellungsformen, Textsorten) zu mischen bzw. in ein Kaleidoskop aufzulösen, kann eine F. auf die Behandlung von Gattungen nicht verzichten. Der Gattungsbegriff darf aber nicht ontologisch verstanden werden, vielmehr sind Gattungen empirische Handlungsschemata, die im Bereich der Produktion (s. o.) und Mediation (Programmzeitschriften) ebenso wirksam werden wie im Bereich der Rezeption [36]; nur aufgrund eines ausgeprägten Musterwissens ist der Zuschauer in der Lage, mühelos von einer Sendung zur anderen zu springen. Es handelt sich also um «kulturelle Praktiken» [37] oder «kognitive Konzepte» [38], die alle Handlungen im gesamten Prozeß der Fernsehkommunikation orientieren. Deshalb ist auch keine schlüssige, einheitliche Typologie möglich; Gattungen sind eher nach WITTGENSTEINS Modell der «Familienähnlichkeiten» miteinander verbunden. [39] Es gibt nämlich eine Vielzahl von Aspekten, unter denen Fernsehtexte typisiert werden können, die Gattungen sind extrem variabel und unterliegen dem ständigen historischen Wandel. Man kann sich dennoch, um einen groben Überblick zu gewinnen, an den traditionellen rhetorischen Wirkungsfunktionen orientieren und (wie z. B. Geißner) [40] Zuordnungen vornehmen wie die folgende:

docere: Nachrichten, Berichte, politische, Wirtschafts- und Kulturmagazine, Interviews, Diskussionen, Reportagen, Features, Dokumentationen, Ratgebersendungen, Kirchen-, Jugend-, Kinder-, Frauen-, Seniorensendungen, Bildungssendungen u. ä.

delectare: Musiksendungen, Talkshows, Quiz- und Spielshows, Sportsendungen, Tiersendungen, Volksstücke, Fernsehspiele, Fernsehfilme, Kinofilme, Theaterinszenierungen u. ä.

movere: Kommentare, Aufrufe, kommerzielle und politische Werbung u. ä.

Natürlich sind solche Zuordnungen diskussionswürdig, z. B. im Hinblick darauf, daß nach der Lehre der Stilgattungen die meisten fiktionalen Gattungen ebenfalls dem *movere* zuzuordnen wären. Es ist weiterhin möglich, ganz andere Typologien zu bilden, etwa nach «Bezugswelten» [41] wie Politik, Gesellschaft, Kultur, Sport usw. Problematisch ist schließlich, daß die meisten Sendungen verschiedene Zuordnungen erlauben, weil sie mehrere Funktionen, Bezugswelten usw. haben. Im folgenden sollen als Beispiele aus den oben unterschiedenen Bereichen drei solcher ‹Gattungsfamilien› (Nachrichtensendungen, Quiz- und Spielshows, Werbespots) in Umrissen charakterisiert werden.

Nachrichtensendungen können aus verschiedenen Perspektiven untersucht werden [42]; von den vielen Problemen (z. B. Verständlichkeit, Text-Bild-Bezüge, Objektivität, Ritualisierung) werden hier nur einige Fragen der Textstruktur erörtert. Mit Ausnahme von lediglich verlesenen Kurznachrichtensendungen handelt es sich um Magazinformen, hauptsächlich in zwei Varianten [43] – neben neueren Spielarten wie dem Frühstücksfernsehen oder den Nachrichten für Kinder (‹logo›, ZDF). In der ‹klassischen› Form (z. B. ‹Tagesschau›, ARD) liest ein Sprecher die Meldungen, begleitet und unterbrochen von verschiedenen Bildbeiträgen, die z. T. weitere ‹On-› oder ‹Off-›Sprechertexte enthalten. In einer moderneren Form (‹Heute-Journal›, ZDF; ‹Tagesthemen›, ARD; ‹RTL Aktuell›, ‹SAT 1 Blick›) gibt es einen ‹Anchorman›, der die Sendung moderiert und dadurch auflockert. Insgesamt hat man neun «Elemente» in Nachrichtenmagazinen unterschieden [44]: Sprechermeldung, Nachrichtenfilm, (Korrespondenten-)Bericht, Reporterbericht, live-Reportage, Kommentar, Interview, Statement, visuelle Elemente (Typografie, Fotografie, Grafik, Trickfilm). Die Formulierung der Sprechermeldungen zeigt meist noch das aus der Zeitungssprache stammende pyramidenförmige ‹Lead›-Prinzip, nach dem das Wichtigste vorangestellt wird – ein Beispiel für das «stilistische Trägheitsprinzip» bei der Übertragung von Textsorten in andere Medien [45]; erst in den moderierten Sendungen wird es gelegentlich von einem «Cluster»-Prinzip abgelöst, bei dem der Moderator zunächst das Thema einführt, wobei er Spannung und Raum für die verschiedenen Perspektiven in den nachfolgenden Beiträgen schafft. [46] Trotz wiederholter Kritik orientiert sich die Formulierung von Nachrichten in der Satzlänge häufig noch an einem schriftsprachlichen Stil: Straßner zählt 17, 5 Wörter pro Satz in der ‹Tagesschau› und 13,5 in ‹Heute›, Schmitz berechnet für die ‹Tagesschau› einen Durchschnitt von 16,1, was der Normallänge von 11–18 Wörtern in geschriebener Sprache entspricht, aber von dem Durchschnittswert für spontangesprochene Sprache (6–8 Wörter pro Satz) oder für Fernsehspieldialoge (8 Wörter) erheblich abweicht.[47] In den moderierten Formen werden aber durch die gesprächshafte Präsentation gesprochensprachliche Elemente verstärkt, z.B. durch mehr elliptische Formulierungen, durch Metaphern und durch umgangssprachliches Vokabular; dies geht auch einher mit einer anderen ‹Wirklichkeitskonstruktion›: persönlicher, emotionaler ‹human touch› anstelle von abstrakter, sachlicher Darstellungsweise.[48]

Quiz- und Spielshows sind wie Seifenopern, Volks- und Schlagermusiksendungen ‹populäre› Gattungen, die wegen ihrer Trivialität von Kritikern vielgescholten sind, aber dessenungeachtet konstant hohe Zuschauerzahlen erreichen. Sie befriedigen nicht nur das Unterhaltungsbedürfnis, sondern sind auch – wie Seifenopern – in anderen Formen der Populärkultur und im Alltagsleben fest verankert. Die Gattungsfamilie hat Wurzeln in anderen Medien (Hörfunk, Theater, Variété, Zirkus), außerdem in der Struktur dramatischer Formen (Konflikt- bzw. Problemlösung), in Alltagsformen der Unterhaltung (Kinder-, Jugend-, Gesellschaftsspiele) und in ‹ernsten› Lebenssituationen (Konkurrenzsituationen in Schule und Beruf); ihr Reiz liegt gerade in der Kombination von strukturellen und ideologischen Parallelen zum Erziehungssystem und zum Berufsleben, in denen ebenfalls Wissen als «kulturelles Kapital» (BOURDIEU) zählt, mit dem Zufallsfaktor des spielerischen Glücks, das Erfolg für alle erreichbar macht.[49] Die fundamentale Struktur ist einfach: der dramatische Kern besteht in einer Testsituation, in der Kandidaten eine Quizfrage oder eine Geschicklichkeitsaufgabe (manchmal in Form eines ‹crazy acts›) lösen müssen. Sie ist eingebettet in einen Rahmen, der die Einzelspiele verknüpft und die Verbindung zum Publikum herstellt.[50] Der Wechsel von «Spielen» und «Ritualen» (im Sinne von LÉVI-STRAUSS) sorgt dafür, daß einerseits (durch das Spiel) gleichrangige Partner in Gewinner und Verlierer differenziert werden, andererseits (zu Beginn und am Ende durch Rituale) unterschiedliche Teilnehmer zu gleichberechtigten Kandidaten bzw. wieder zu Mitgliedern ihrer Ausgangsgruppen integriert werden.[51] Dazwischen gibt es Unterbrechungen durch Showteile oder Werbung, zur Auflockerung und als retardierende spannungssteigernde Elemente.[52] Man hat drei Haupttypen unterschieden[53]: (1) Quizspiele um allgemeines (‹Einer wird gewinnen›) oder spezielles Wissen (‹Der große Preis›); (2) ‹Partyspiele› um Begriffe (‹Die Pyramide›), Charaktereigenschaften (‹Geld oder Liebe›), Meinungen (‹Mensch Meier›); (3) Aktionsspiele mit ‹crazy acts› (‹Wetten daß?›), sportlichen Spielen (‹Spiel ohne Grenzen›), Sozialverhalten (‹Wünsch dir was›). Außerdem lassen sich verschiedene Sequenzvarianten unterscheiden.[54] Die Häufigkeit dieser Gattungsfamilie mag aber auch dadurch begründet sein, daß (zumindest die kleineren Formen) relativ billig zu produzieren sind, daß die Spielideen international zu verwerten sind (fast alle haben angelsächsische Vorbilder)[55] und daß sie allmählich medienspezifisch perfektioniert werden.[56]

Werbespots sind zunächst ein ökonomischer Faktor: private und öffentlich-rechtliche Sender sind (wenn auch in unterschiedlichem Ausmaß) von Werbung abhängig. Der Markt ist beständig gewachsen (von 200 Millionen DM im Jahre 1969 auf 4,9 Milliarden 1991, wobei private Anstalten in diesem Jahr schon ⅗ der Einnahmen verbucht haben).[57] So machen Werbespots den Zusammenhang von Mediengattungen und institutioneller Verfassung von Medien am sinnfälligsten. Obwohl sie gar nicht zum ‹eigentlichen› Programm gehören, sind sie doch längst im Bewußtsein der Produzenten und Rezipienten eine eigenständige, vielbeachtete Gattung mit gewissen Traditionen. Der Textsortenwandel verläuft hier zwar besonders schnell, aber es haben sich doch bestimmte Typen herausgebildet, die relativ beständig sind[58]: «Produkt als Held», mit dem Produkt im Mittelpunkt, «Slice of Life», mit Szenen aus dem Alltag, «Problemlösung», häufig mit einer Rätselstruktur, «Präsenter», mit der Empfehlung duch eine (häufig prominente) Person, «Testimonial», mit einem kurzen Statement über das Produkt, «Demonstration», bei der das Produkt in Funktion gezeigt wird, «Jingle», mit Lied- bzw. Musikelementen im Zentrum, «Nachricht», wobei die informative Gattung imitiert wird. Diese Liste ist unvollständig, kann aber illustrieren, daß Werbespots in einer Spannung zwischen Konvention und Innovation stehen. Als teuerste Form der Fernsehkommunikation müssen die Spots extrem kurz sein: 10–60 Sekunden müssen ausreichen, um den Rezipienten die Botschaft zu vermitteln. Die Kürze zwingt zu stereotypen Mustern und zu Anspielungen an andere gut eingeführte Gattungen; so integrieren die Spots – ähnlich wie der Roman des 18. Jh. – die verschiedensten Elemente anderer Gattungen, bauen also auf Intertextualität[59], sie knüpfen an etablierte Werte und Wünsche (Jugendlichkeit, Schönheit, Erfolg, Familie usw.) an und verstärken sie dabei. Auf der anderen Seite müssen sie in der kurzen Zeit Aufmerksamkeit erlangen und binden, trotz einer Überflutung des Rezipienten mit Werbung, der zum Um- oder Abschalten tendiert. So wird von den Spots Kreativität erwartet, Innovation, Normdurchbrechung, Abweichung von den Konventionen. Außerdem sollen sie Spaß und Unterhaltung bringen, sie sollen den Rezipienten zur Identifikation einladen und ihm ein angenehmes Gefühl bescheren. Diese Tendenz zu mehr Vergnügen und Kitzel führt zu einer größeren Variation von Stilen und zu mehr ästhetischer Raffinesse. Der Rezipient soll aktiv Anteil nehmen, indem er die Spannungs- und Leerstellen, die ihm der Text läßt, selbst ausfüllt. So bewegen sich die Spots in einem Balancespiel zwischen ‹geschlossener› Struktur, die eine fertige Botschaft leicht verständlich präsentiert, und einer ‹offenen› Struktur, die noch genügend Anreiz und Herausforderung bietet.

3. *Stilmittel.* In der traditionellen Rhetorik werden ausschließlich sprachliche Stilmittel behandelt, und zwar im Rahmen der *elocutio*-Lehre; Optisches kommt nur als Verhalten des Redners vor und gehört in die *actio*. In einer F. muß aber der Mehrkanaligkeit des Mediums Rechnung getragen werden, das drei Arten von Stilmitteln (in Bild, Sprache und Ton) kennt, die außerdem zusammenwirken, so daß jeweils der ganze Inszenierungskomplex berücksichtigt werden muß, auch wenn er arbeitsteilig von verschiedenen ‹Kommunikatoren› hergestellt wird.

Die *visuellen* Stilmittel können zunächst nach der Struktur der gezeigten Bilder beschrieben werden[60], und zwar nach: *Einstellungsgröße* (Detail / Groß / Nah / Amerikanisch / Halbnah / Halbtotal / Total / Weit), *Einstellungsperspektive* (Untersicht / Bauchsicht / Normalsicht / Aufsicht), *Einstellungslänge, Einstellungskonjunktion* (Schnitt / Abblende / Aufblende / Überblende / Klappblende / Jalousie- / Schiebe- / Rauch- / Zerreiß- /

Unschärfe- / Fettblende / Cash), *Belichtung* (Unter- / Normal- / Über- / Mehrfachbelichtung), *Kamerabewegung* (Schwenk / Parallelfahrt / Aufzugsfahrt / Verfolgungsfahrt / Handkamera / statische Kamera), *Kamerabewegungsrichtung* (oben / unten / links / rechts / Zoom), *Objektbewegung* (Haupt- / Nebenbewegung / im Vordergrund / im Hintergrund), *Objektbewegungsrichtung* (heraus / hinein / entlang des Bildes), *Achsenverhältnisse* (z. B. spitzer Winkel mit Gleichläufigkeit der Achsen usw.).

Eine wesentliche Rolle für die Gestaltung von Bildaussagen [61] spielen Bildausschnitt, Bildaufbau, der Bildschnitt von Einstellungen zu Sequenzen (z. B. mit der Abfolge: Orientierung, Differenzierung, Aussagekern; oder im Schuß-Gegenschußverfahren), wobei der Rhythmus der Reizerneuerung ins Spiel kommt. Diese Kategorien müssen natürlich jeweils relativ zu bestimmten Bildinhalten gesehen werden.

Was die kommunikative Funktion von Bildern angeht, so kann man allgemein feststellen, daß die Regelhaftigkeit hier noch schwächer ausgeprägt ist als bei sprachlichen Zeichen. Es lassen sich aber doch – wie schon bei QUINTILIAN für die *signa* in der Beweisführung – gewisse Funktionen festhalten [62]: Bilder können einen Interaktionspartner präsentieren, sie können etwas thematisieren und den Text strukturieren, sie können etwas erläutern, demonstrieren, darstellen, sie können den Betrachter motivieren, etwas dramatisieren, Authentizität vermitteln, sich auf den visuellen Kode selbst beziehen oder etwas verfremden. Auf jeden Fall muß jeweils der genaue wechselseitige Sprache-Bild-Bezug beachtet werden. [63]

Zur visuellen Gestaltung einer Fernsehsendung gehört auch das räumliche Arrangement des Studios oder Übertragungsortes, die Dekoration, die Kleidung der Akteure, und ihre körpersprachlichen Verhaltensweisen [64], wie sie in der *actio* behandelt werden. Darüber hinaus erhalten vor allem Sendereihen und Serien heute durch optische Elemente ein visuelles Image, das ihnen eine wiedererkennbare Identität verleihen und so die Zuschauerbindung fördern soll.

Bei den nicht-verbalen *akustischen* Stilmitteln kann unterschieden werden zwischen [65]: Atmosphäre (Atmo), d. h. charakteristischen Geräuschen eines Drehortes, Effekten, also gezielt verwendeten Einzelgeräuschen, und Musik; die Kombination von Bild und Musik stammt wahrscheinlich aus der Stummfilmzeit, als man die fehlende Sprache durch Musikbegleitung bei der Vorführung zu kompensieren versuchte. Die akustischen Elemente werden entweder als Originalton (O-Ton) aufgenommen oder im Studio produziert. Ähnlich wie Bildern kann man ihnen Funktionen zuordnen [66], wobei die akustischen Mittel wohl noch unterschwelliger und emotionaler wirken; für die Aufmerksamkeitssteuerung haben akustische Signale eine stärkere Wirkung als Bilder. [67]

Für die *sprachlichen* Stilmittel kann man auf die Lehre der traditionellen Rhetorik zurückgreifen. Medienspezifische Modifikationen werden vor allem durch die Einbettung in Optisches und Töne und durch die besondere Art der Fernsehmündlichkeit bestimmt, aber auch durch die anderen Besonderheiten der Kommunikationsform (s. o.). In den praktischen Ratgebern für Fernsehjournalisten wird Wert gelegt auf eine ‹mediengerechte› Sprachgebung, die Verständlichkeit und Transparenz mit Attraktivität kombiniert [68], worin man traditionelle *virtutes elocutionis* wiedererkennt, nämlich *perspicuitas* und *ornatus*. Inwiefern die Sprache im Fernsehen darüber hinaus typische Stilmittel ausbildet, kann nur in gattungsbezogenen Untersuchungen ermittelt werden; Ansätze dazu finden sich in den linguistisch orientierten Arbeiten. [69]

4. *Fernsehethik.* Nachdem sich die deutsche Kommunikations- und Medienforschung über lange Zeit kaum mit ethischen Fragen beschäftigt hat, ist das Thema seit Mitte der 80er Jahre wieder aufgenommen worden; dies hat zu einer Reihe von Veröffentlichungen geführt, die aber – nach dem Urteil von S. Weischenberg – «das Thema bisher eher eingekreist als systematisch erforscht» haben. [70] Angesichts der Kommerzialisierung und Konzentration der Mediensysteme ist es für den einzelnen Journalisten immer schwieriger, informativ und glaubwürdig zu berichten und dabei noch Respekt vor der Würde des Menschen zu vermitteln, zumal bei der extremen Arbeitsteiligkeit der Medien Zuständigkeit und Verantwortung anonymisiert werden.

Für das Fernsehen mit seinen komplexen Produktionsabläufen gilt das in besonderem Maße; mit seinem Zwang zur Visualisierung und Aktualität vermittelt es eine Pseudo-Authentizität, während immer weniger Zeit für selbstkritische Reflexion bleibt. Der Konkurrenzkampf um Marktanteile fördert noch die ohnehin fernsehtypische Neigung zur Emotionalisierung, Personalisierung und Unterhaltungsorientierung; dabei werden – wie in der Boulevardpresse – Sensationsgier und Klatsch über seriöse Informationsvermittlung gestellt. Die umstrittene Berichterstattung im Golfkrieg, neue Genres wie ‹Combat-Talkshows› oder ‹Reality-TV› und eine verstärkte Tendenz zu Gewaltdarstellungen haben in der öffentlichen Diskussion die Forderung nach einer neuen Fernsehethik laut werden lassen.

Solche Forderungen haben aber heute mit einigen problematischen Aspekten zu rechnen:
– Individuelle Entscheidungsspielräume sind in den immer stärker institutionalisierten Mediensystemen kaum noch vorhanden. Ökonomische und organisatorische ‹Systemzwänge› überlagern das Handeln und die Verantwortung des einzelnen, der nicht mehr die restlose Kontrolle über ein Medienprodukt hat; deshalb kann der einzelne Journalist auch schlecht dafür haftbar gemacht werden und taugt auch entsprechend nicht als alleiniger Adressat ethischer Forderungen.
– Unverbindliche Ethik-Kataloge (wie z. B. die ‹Publizistischen Grundsätze› des Deutschen Presserates) enthalten Forderungen nach Wahrhaftigkeit, Interessenunabhängigkeit, Verzicht auf unlautere Methoden der Informationsbeschaffung, Wahrung von Persönlichkeitsrechten, Zurückhaltung bei der Berichterstattung über Verbrechen; solche Kataloge nützen aber offensichtlich in der Alltagsrealität wenig; wie zahlreiche Verstöße dagegen zeigen, dienen sie «eher als Dekoration denn als Entscheidungsstruktur». [71] Organe der Selbstkontrolle wie der Deutsche Presserat können an den strukturellen Bedingungen ethischer Verstöße wenig ändern. Zudem gibt es für den Bereich der elektronischen Medien nicht einmal ein solches Organ zur Bearbeitung nachträglicher Beschwerden. Hier sind bestenfalls die Rundfunkräte und Beiräte der Landesmedienanstalten zuständig und tätig, die zwar Partei- und Gruppeninteressen repäsentieren, aber deshalb auch keine unabhängigen Schiedsrichter im Konflikt zwischen ethischen Normen und Pressefreiheit sein können. Dieses lange und mühselig erkämpfte Verfassungsrecht steht aber bei jedem zensierenden Eingriff auf dem Spiel.

– Absolute ethische Normen wie die oben genannten sind vielleicht in dieser allgemeinen Form konsensfähig, die Beurteilung einzelner Konfliktfälle stößt in einer pluralistischen, offenen Gesellschaft aber sehr schnell an die Grenzen gemeinsamer Wertvorstellungen. Die Relativität von Werten wie Ehre, Wahrheit, Sauberkeit, Fairness, Anstand läßt an einer praktikablen Universalität von ethischen Normen zweifeln, obwohl es andererseits in allen Hochkulturen gewisse ethische Gemeinsamkeiten gibt, die uns an eine anthropologische Konstante glauben lassen.

– Gerade journalistische Leitwerte wie Wahrheit und Objektivität geraten ins Wanken, wenn selbst Biologen, Psychologen und Systemtheoretiker Wahrnehmung und Kommunikation als subjektabhängige und sozial vermittelte Prozesse der Wirklichkeitskonstruktion beschreiben. [72] Das bedeutet, daß Journalisten und Medien nicht einfach ‹objektiv› Wirklichkeit abbilden und diese Abbilder transportieren; stattdessen werden ihre Darstellungen zum einen von professionellen Regeln und Schemata geleitet, zum andern von den Strukturen der Medienbetriebe mit ihren ökonomischen, politischen und technischen Bedingungen beeinflußt. [73]

Eine Begründung ethischer Maximen kann man finden, auch ohne auf gesellschaftlich etablierte Wertsysteme zurückgreifen zu müssen, wenn man die Prinzipien der menschlichen Kommunikation heranzieht, wie sie H. P. Grice herausgearbeitet hat. Er zeigt, daß jede funktionierende Kommunikation voraussetzen muß, daß man sich kooperativ an Maximen der Informativität, Wahrheit, Relevanz und Verständlichkeit orientiert [74], wenn man nicht auf Dauer die Verständigung gefährden will; diese Maximen gelten aber jeweils in bezug auf bestimmte Adressaten: was für den einen informativ, wahr, relevant und verständlich ist, kann für den andern all dies vermissen lassen. Für Medienakteure wie für Politiker gilt deshalb, daß sie durch ständige Verstöße gegen die Maximen an Glaubwürdigkeit einbüßen, daß sie durch die Rollenpluralität und die Widersprüchlichkeit der Maximen, die bei der Kommunikation gegenüber einem heterogenen Publikum nahezu zwangsläufig aufbricht, dem Glaubwürdigkeitsverlust kaum entgehen können.

Es fehlt also nicht an ethischen Grundlagen, wohl aber am Bewußtsein, daß absolute eindimensionale Standards wie Objektivität und Wahrheit ebensowenig nützen wie das kontrafaktische Festhalten an ausschließlich individuellen Verantwortlichkeiten. Gefordert wird stattdessen das «kontinuierliche Nachdenken über journalistisches Handeln im Kontext sozialer Bezüge». [75]

Anmerkungen:
1 P. Ruge: Praxis des Fernsehjournalismus (1975); H. Pürer (Hg.): Praktischer Journalismus in Zeitung, Radio und Fernsehen ([2]1985); J. Häusermann, H. Käppeli: Rhet. für Radio und Fernsehen (1986); W. von Appeldorn: Hb. der Film- und Fernsehproduktion (1988); G. Schult, A. Buchholz (Hg.): Fernsehjournalismus ([3]1990). – 2 R. Primeau: The rhetoric of television (New York 1979); M.J. Medhurst, T.W. Benson (Hg.): Rhetorical Dimensions in Media (Dubuque, IA 1984). – 3 G. Schmid: Zur rhet. Analyse der kirchlichen Fernsehsendungen ‹Das Wort zum Sonntag› (Diss. München 1971); J. Kopperschmidt: ‹Pro und Contra› im Fernsehen, in: DU 27 (1975) H. 2, 42–62; H. Geißner, R. Rösener (Hg.): Medienkommunikation (1987). – 4 K. Merten: Wirkungen der Massenkommunikation, in: Publizistik 27 (1982) 26; R. Winter, R. Eckert: Mediengeschichte und kulturelle Differenzierung (1990) 9. – 5 G. Ueding, B. Steinbrink: Grundriß der Rhet. (1986) 164f. – 6 Funkkolleg Medien und Kommunikation (1990f.). – 7 W. Schulz (Hg.): Medienwirkungen (1992). – 8 M. Kunczik: Gewalt und Medien (1987). – 9 N. Postman: Das Verschwinden der Kindheit (1983). – 10 H. von Hentig: Das allmähliche Verschwinden der Wirklichkeit ([3]1987). – 11 B. Hurrelmann: Sozialisation vor dem Bildschirm, in: Funkkolleg [6] Studienbr. 10, 51–85. – 12 M. Charlton, K. Neumann: Medienkonsum und Lebensbewältigung in der Familie (1986). – 13 J. Meyrowitz: No Sense of Place (New York/Oxford 1985). – 14 W.J. Ong: Orality and Literacy (London 1982). – 15 H. Kreuzer: Veränderungen des Literaturbegriffs (1975); H. Kreuzer: Literaturwiss. – Medienwiss. (1977). – 16 H. Newcomb: TV, The Most Popular Art (Garden City, N. Y. 1974). – 17 R. Williams: Television: Technology and Cultural Form (London 1974); S. Hall et al. (Hg.): Culture, Media, Language (London 1980); J. Fiske: Television Culture (London 1987). – 18 H. Kreuzer, K. Prümm (Hg.): Fernsehsendungen und ihre Formen (1979); H. Kreuzer (Hg.): Sachwtb. des Fernsehens (1982). – 19 Schmid [3]; E. Straßner: Fernsehnachrichten (1982); U. Schmitz: Postmoderne Concierge: Die ‹Tagesschau› (1990); J. Schwitalla: Dialogsteuerung in Interviews (1979); R.-R. Hoffmann: Polit. Fernsehinterviews (1982); A. Linke: Gespräche im Fernsehen (1985); U. Mühlen: Talk als Show (1985); W. Holly, P. Kühn, U. Püschel: Polit. Fernsehdiskussionen (1986); M. Woisin: Das Fernsehen unterhält sich (1989). – 20 D.M. Willows, H.A. Houghton (Hg.): The Psychology of Illustration (New York 1987). – 21 L. Weinrich: Verbale und nonverbale Strategien in Fernsehgesprächen; H.M. Kepplinger: Nonverbale Kommunikation: Darstellungseffekte, in: E. Noelle-Neumann, W. Schulz, J. Wilke (Hg.): Publizistik, Massenkommunikation (1989) 241–255. – 22 B. Wember: Wie informiert das Fernsehen? (1976); M. Muckenhaupt: Text und Bild (1985). – 23 vgl. Straßner [19]. – 24 Ong [14] 135–138. – 25 W. Holly: Secondary Orality in the Electronic Media, in: U. Quasthoff (Hg.): Aspects of Oral Communication (1993). – 26 Meyrowitz [13]. – 27 vgl. J. Habermas: Strukturwandel der Öffentlichkeit (1962) 207. – 28 J. Heritage: Analyzing News Interviews, in: T. A. v. Dijk (Hg.): Handbook of Discourse Analysis, Vol. 3 (Amsterdam 1985) 95–117; Holly, Kühn, Püschel [19]. – 29 Woisin [19]; W. Holly: Die Samstagabend-Fernsehshow, in: Mu 102 (1992) 15–36. – 30 Meyrowitz [13] 73. – 31 Fiske [17] 99–105. – 32 N. Postman: Amusing ourselves to death (New York 1985); U. Dehm: Fernsehunterhaltung (1984). – 33 Fiske [17] 84–107. – 34 I. Ang: Watching Dallas (London 1985). – 35 E. Katz, T. Liebes: Mutual Aid in the Decoding of Dallas, in: P. Drummond, R. Paterson (Hg.): Television in Transition (London 1985) 187–198. – 36 S.J. Schmidt: Towards a Constructivist Theory of Media genre, in: Poetics 16 (1987) 371–395; G. Rusch: Cognition, Media Use, Genres, in: Poetics 16 (1987) 431–469. – 37 Fiske [17] 109. – 38 Schmidt [36] 371. – 39 L. Wittgenstein: Philos. Unters. § 67, in ders.: Schriften Bd. 1 (1969) 324. – 40 H. Geißner: Zur Rhetorizität des Fernsehens, in: Geißner, Rösener [3] 135–160. – 41 H. Steger: Sprachgesch. als Gesch. der Textsorten/Texttypen und ihrer kommunikativen Bezugsbereiche, in: W. Besch, O. Reichmann, S. Sonderegger (Hg.): Sprachgesch., 1. Halbbd. (1984) 186–204. – 42 U. Püschel: Von der Pyramide zum Cluster, in: E. W.B. Hess-Lüttich (Hg.): Medienkultur – Medienkonflikt (1992) 233–258. – 43 H. Burger: Sprache in Massenmedien ([2]1990) 153. – 44 M. Buchwald: Nachrichtensendungen, in: Schult, Buchholz [1] 243–246; vgl. Schmitz [19] 42. – 45 H. Bausinger: Deutsch für Deutsche (1972) 80f.; E. Straßner: Sprache in Massenmedien, in: LGL[2], 332. – 46 Püschel [42]. – 47 Straßner [19] 188; Schmitz [19] 41; vgl. W. Brandt: Hörfunk und Fernsehen in ihrer Bedeutung für die jüngste Gesch. des Dt., in: W. Besch [40] 2. Halbbd. (1985) 1676. – 48 Püschel [42]. – 49 K. Hickethier: Fernsehunterhaltung und Unterhaltungsformen anderer Medien, in: P. v. Rüden (Hg.): Unterhaltungsmedium Fernsehen (1979) 40–72; Fiske [17] 266–280. – 50 Woisin [19] 62. – 51 Fiske [17] 265. – 52 Hickethier [49] 53. – 53 G. Hallenberger, H. F. Foltin: Unterhaltung durch Spiele (1990) 120–128; vgl. Fiske [17] 269. – 54 ebd. 141f. – 55 G. Hallenberger, J. Kaps (Hg.): Hätten Sie's gewußt? (1991). – 56 Holly [29]. – 57 W.D. Lützen: Werbefernsehen, in: Kreuzer, Sachwtb. [18] 203–206; D. Pretzsch: Werbefernsehboom hält an, in: Media Perspektiven (1991) H. 3, 147–160; M. Storck: Werbefernsehboom – ein Geschäft für die

Privatsender, in: Media Perspektiven (1992) H. 3, 158–171. – **58** W. D. Lützen: ‹Das Produkt als Held› – und andere Typen der Fernsehwerbung, in: Kreuzer, Prümm [18] 230–248. – **59** H. Landbeck: Ästhetik in der Fernsehwerbung, in: Media Perspektiven (1989) H. 3, 138–145. – **60** vgl. E. Kaemmerling: Rhet. als Montage, in: F. Knilli (Hg.): Semiotik des Films (1971) 95. – **61** P. Kerstan: Bildsprache, in: Schult, Buchholz [1], 22–46; R. Freyberger: Bildaufbau, ebd. 46–53; G. v. Ehrenstein: Bildschnitt, ebd. 53–62. – **62** L. Huth: Bilder als Elemente kommunikativen Handelns, in: ZS für Semiotik 7 (1985) 203–234; M. Wachtel: Die Darstellung von Vertrauenswürdigkeit in Wahlwerbespots (1988) 87–95. – **63** Wember [22]; Muckenhaupt [22]; G. Bentele, E. W. B. Hess-Lüttich (Hg.): Zeichengebrauch in Massenmedien (1985); Burger [43] 289–320. – **64** Weinrich [21]; Kepplinger [21]. – **65** L. Probst, A. Buchholz: Der Beitrag des Tons zur Information, in: Schult, Buchholz [1] 95–107. – **66** G. Ueding: Rhet. des Schreibens (²1986) 106. – **67** P. Habermann, Informationsverarbeitung beim Fernsehen, in: AV-Forschung 26 (1985) 5–46. – **68** Häusermann, Käppeli [1]. – **69** vgl. Anm. [19], [21], [29], [42], [43]. – **70** S. Weischenberg: Journalistik, Bd. 1: Mediensysteme, Medienethik, Medieninstitutionen (1992) 233. – **71** M. Rühl, U. Saxer: 25 Jahre Dt. Presserat. Ein Anlaß für Überlegungen zu einer kommunikationswissenschaftlich fundierten Ethik des Journalismus und der Massenkommunikation, in: Publizistik (1981) H. 4, 501. – **72** S. J. Schmidt (Hg.): Der Diskurs des radikalen Konstruktivismus (1987). – **73** Weischenberg [70] 220. – **74** H. P. Grice: Logic and Conversation, in: P. Cole, J. L. Morgan (Hg.): Syntax and Semantics, Bd. 3 (New York 1975) 41–58. – **75** Weischenberg [70] 225.

W. Holly

→ Adressant, Adressat → Ethik → Filmrhetorik → Information → Journalismus → Kommunikationstheorie → Massenkommunikation → Produktionsästhetik → Publikum → Werbung → Wirkung → Wirkungsforschung

Festrede (griech. πανηγυρικὸς λόγος, panēgyrikós lógos; lat. panegyricus, oratio sollemnis; engl. ceremonial address bzw. speech; frz. discours de fête; ital. discorso ufficiale).
A. Die F. im strengen Sinne ist ein Produkt der römischen Kaiserzeit. Der πανηγυρικὸς λόγος (panēgyrikós lógos) wurde anläßlich einer πανήγυρις (panēgyris), der zu Ehren eines Gottes abgehaltenen Festversammlung wie z. B. den Pythischen oder Olympischen Spielen, gehalten. [1] Im weiteren Sinne heißt F. jede größere Lobrede. Die große Rede des ISOKRATES auf seine Vaterstadt Athen und die Lobrede auf Kaiser Trajan von PLINIUS D. J. tragen etwa die Bezeichnung ‹panegyricus›. Da F. und Lobrede viele Merkmale gemeinsam haben, gibt es in der Antike auch andere Syonyma für die F., z. B. ἐγκώμιον (enkómion) oder *laudatio*. [2] Darüber hinaus gehören zur F. die vielen Spielarten der Gelegenheitsrede wie z. B. Begrüßungs- oder Abschieds-, Geburtstags- und Hochzeitsreden. [3]
B. Die eigentliche F. war in der *Antike* nach einem festen Schema aufgebaut. Da man sie zu Ehren eines Gottes hielt, mußte in der Einleitung ein wenn auch kurzes Lob des Gottes ausgesprochen werden. Darauf folgte das Lob für die das Fest veranstaltende Stadt und ihre Bürger, dann für die Festspiele selbst bzw. deren Bedeutung. Abschließend wurde der Kaiser gelobt, der den zur Durchführung der Spiele nötigen Frieden garantierte. Wenn der Kaiser nicht anwesend war, galt das Lob seinem Stellvertreter. Eine Variante der F. war der sog. λόγος κλητικός (lógos klētikós) die Einladung an einen hohen Beamten, die Festspiele doch mit seiner Gegenwart zu beehren. [4]

Ausarbeitung und Vortrag der F. oder Prunkrede war in der Spätantike die Domäne der sog. ZWEITEN SOPHISTIK. Deren Redner fanden hier die Gelegenheit, stilistisches Können und Deklamationskunst öffentlich zu beweisen. In dieser Zeit wurden Lob- und Prunkrhetorik auch systematisiert und an den Rhetorikschulen gelehrt. Zu den Vorübungen der Rhetorik (προγυμνάσματα, progymnásmata) gehören Anweisungen, wie das Lob auszuführen sei. HERMOGENES (2. Jh. n. Chr.) hat sie zusammengestellt, PRISCIAN (6. Jh.) ins Lateinische übersetzt und so dem lateinischen Schulbetrieb des *Mittelalters* vererbt. [5] Daher prägten sie später F. und Prunkreden für Grafen, Herzöge und Fürsten, aber auch Städte und Heilige. Ein wichtiges stilistisches Mittel der F. wurde die kunstvolle Beschreibung (ἔκφρασις, ékphrasis; *descriptio*) von Menschen und Gegenständen. Der panegyrische Stil formte außerordentlich nachhaltig die mittelalterliche Dichtung. [6] Doch nicht nur der Westen, auch der Osten übernahm die antike Kultur der F. Die byzantinische Rhetorik, orientiert vor allem am Kaiserhof und dessen höfischem Zeremoniell, bewahrte wegen der ungebrochenen Tradition das antike Erbe von Anlässen und Formen der F. vielfach getreuer als der Westen. Allerdings läßt sich auch hier ein Verschwimmen der Grenzen zwischen Fest-, Lob- und Gelegenheitsrede feststellen. [7] Der Brauch der F. setzte sich in der *Renaissance* fort, und zwar hier vor allem in den feierlichen Staatsreden. Beim Besuch des Gesandten aus einem anderen Staat «gab es neben der geheimen Unterhandlung [...] ein unvermeindliches Paradestück, eine öffentliche Rede, vorgetragen unter möglichst pomphaften Umständen.» [8]

Die F. als Bestandteil der öffentlichen Kultur prägte auch das *Barockzeitalter*. Das Bedürfnis des absolutistischen Fürsten nach Repräsentation bot dazu viele Anlässe, seien es Geburt, Hochzeit und Tod, aber auch etwa die Einberufung von Landtagen oder die Belehnung eines Kurfürsten mit Reichslehen. [9] Noch in der ersten Hälfte des *18. Jh.* finden sich rhetorische Anleitungen dazu in GOTTSCHEDS ‹Ausführlicher Redekunst›, wenn es um «große Herren, Helden, Staatsbediente und andere hochverdiente Männer» geht. [10] Doch nicht nur am Fürstenhof, auch im bürgerlichen Leben gab es Bedarf an F. Die ‹Anweisung Zur Verbesserten Teutschen Oratorie› (1725) von F. A. HALLBAUER erwähnt die «orationes solennes» an Schulen zur Einführung neuer Kollegen, beim Wechsel des Rektors oder an Festtagen. [11]

In dem Maße, wie das öffentliche Leben nach der Französischen Revolution zum Schauplatz politischer Auseinandersetzungen wurde, nahm auch die große F. neben ihren weiterhin ausgeübten traditionellen Aufgaben neue politische Funktionen wahr. Mit dem nationalen Aufbruch der Deutschen im *19. Jh.* nach den Befreiungskriegen (1813–15) wurde die F. – vor allem als Gedenkrede auf Vorbilder aus Vergangenheit und Gegenwart – zum Ausdruck des Wunsches nach Vereinigung. [12] Zwar hielten sich nicht alle F. an diese Tonlage, wie die in erster Linie dem Menschen und Künstler geltende Gedenkrede L. BÖRNES auf Jean Paul zeigt. [13] Mit der Gründung des Deutschen Kaiserreiches 1871 rückte der nationale Tonfall allerdings in den Vordergrund, wie vor allem die Reden Kaiser WILHELMS II. belegen. [14] Auch im *20. Jh.* geriet die F. in den Sog politischer Fehlentwicklungen, wofür etwa die F. im Nationalsozialismus ein Beispiel sind. [15] Nach dem Krieg blieb die große F. weiterhin ein wichtiger Bestandteil der politischen Kultur. Wie sehr sie auch positive Impulse in der Öffentlichkeit geben kann, beweist die Rede, die R. von WEIZSÄCKER als Bundespräsident am 8. Mai 1985 unter dem Beifall des In- und Auslands «Zum 40. Jahrestag der Beendigung des Krieges in Europa und der nationalsozialistischen Gewaltherrschaft» hielt. [16]

Anmerkungen:
1 R. Volkmann: Die Rhet. der Griechen und Römer ([2]1885; ND 1987) 344; J. Martin: Antike Rhet. (1974) 204. – **2** Volkmann [1] 21; Martin [1] 204. – **3** Volkmann [1] 336ff.; Martin [1] 205ff. Deren Besonderheiten und Gemeinsamkeiten werden in Einzel- bzw. Überblicksartikeln dieses Wörterbuchs wie ‹Enkomion› und ‹Epideiktische Beredsamkeit› näher dargestellt. Daher sollen die spezifischen Merkmale der F. hier nur kurz behandelt werden. – **4** Volkmann [1] 344f.; Martin [1] 204f. – **5** E. R. Curtius: Europäische Lit. und lat. MA ([10]1984) 78. – **6** ebd. 78, 164ff. – **7** H. Hunger: Die hochsprachliche profane Lit. der Byzantiner, Bd. 1 = Hb. der Altertumswiss., Abt. 12, T. 5 (1978) 92ff., 120ff., 145ff. – **8** J. Burckhardt: Die Kultur der Renaissance in Italien, in: ders.: GW Bd. III (1962) 155f. – **9** G. K. Braungart: Hofberedsamkeit (1986) 151ff. – **10** J. C. Gottsched: Ausführliche Redekunst (1736; ND 1973) 416. – **11** F. A. Hallbauer: Anweisung zur Verbesserten Teutschen Oratorie (1725; ND 1974) 752. – **12** vgl. etwa P. J. Siebenpfeiffer: Rede auf dem Hambacher Fest (1832), in: H. Grünert (Hg.): Politische Reden in Deutschland (1974) 28. – **13** L. Börne: Denkrede auf Jean Paul, in: W. Hinderer (Hg.): Dt. Reden Bd. I (1973) 429–437. – **14** A. Matthes (Hg.): Reden Kaiser Wilhelms II. (1976) 138–143; dazu krit. L. Thoma: Die Reden Kaiser Wilhelms II., in: H. Mayer (Hg.): Dt. Literaturkritik, Bd. III: Vom Kaiserreich bis zum Ende der Weimarer Republik (1978) 174, 176, 183. – **15** vgl. etwa A. Hitler: Rede zum 1. Mai 1933, in: M. Domarus (Hg.): Hitler. Reden und Proklamationen 1932–1945, Bd. I (1962) 259; dazu krit. L. Winckler: Hitlers Rede zum 1. Mai 1933 – oder: Des Kaisers neue Kleider, in: Diskussion Deutsch 73 (Oktober 1983) 487ff. – **16** R. von Weizsäcker: Zum 40. Jahrestag [...] (1985); vgl. dazu J. Kopperschmidt: Öffentliche Rede, in: Mu 99 (1989) 222ff.

Literaturhinweis:
R. Eigenwald: F. Theorie und Analyse, in: J. Dyck (Hg.): Rhet. in der Schule (1974) 161ff.

R. Eigenwald

→ Dankrede → Eloge → Elogium → Enkomion → Epideiktische Beredsamkeit → Epitaph → Geburtstagsrede → Gedenkrede → Gelegenheitsrede → Herrscherlob → Hochzeitsrede → Höfische Rhetorik → Inauguralrede → Laudatio → Lobrede

Feuilleton (engl. arts; frz. culture, page littéraire; ital. cultura, terza pagina)
A. ‹F.› ist ein neuzeitlicher Begriff der Publizistik. Er wird mehrsinnig verwendet und steht sowohl für eine *redaktionelle Sparte* mit dem entsprechenden Ressort der *Tages- und Wochenzeitung*, als auch für eine publizistische, subjektiv erzählerisch gehaltene *Textgattung*, die sogenannte ‹Kleine Form›, sowie drittens für eine journalistische, die «feuilletonistische Haltung» und eine ihr zuzuordnende «subjektiv persönliche Form der Darstellung» und den daraus abgeleiteten «Feuilletonismus». [1]

Während ein älteres Begriffsverständnis sich vor allem an der Textgattung F. und der subjektiven Darstellungsform des Feuilletonismus ausrichtete, gilt der heutige Begriffsgebrauch in erster Linie der Zeitungseinrichtung F. und ihren Themen. Im Bereich der Zeitschrift wird F. als Ressort-Begriff seltener eingesetzt, in den audiovisuellen Medien spielt er in dieser Funktion keine Rolle. In Tages- und Wochenzeitungen können zum F. außer der täglichen Sparte auch Beilagen gehören wie Literatur-, Reise-, Wissenschafts-, Wochenendbeilagen oder Sonderbeilagen zu speziellen kulturellen Ereignissen.

Umgangssprachlich wird ‹F.› in allen drei Bedeutungen gebraucht. Für wissenschaftliche, aber auch journalistisch praktische Zwecke lassen sich allerdings die einander überlagernden Begriffsfelder – ressort- und zeitungsorganisatorische, textgattungs- und stilformenbezogene – nur unklar gegeneinander abgrenzen. Manche journalistische und publizistische Handbücher sind dazu übergegangen, F. nicht mehr als eigenes Sachgebiet auszuweisen; sie folgen dann der gängigen publizistikwissenschaftlichen Einteilung in zwei Großgruppen von Darstellungsformen, die der meinungsäußernden einerseits, die der meinungsäußernden andererseits, und verzichten auf das Stichwort F. ganz [2] oder ordnen es den Meinungsformen unter. [3]

Allerdings umfaßt der Zeitungsteil F. anders als die Sparten Politik oder Wirtschaft eine Vielzahl unterschiedlicher Textgattungen, und zwar sowohl meinungsäußernd wertender (Rezensionen, Kritik, auch Essay, Glossen, Aphorismen, Satiren etc.) und unterhaltender Art (Skizzen, Anekdoten, Rätsel, Erzählungen, Romane in Fortsetzungen, F. etc.) als auch informierender Art (Berichte, Reportagen, Reden, Interviews, aber auch Nachrichten, Mitteilungen etc.). [4] Grundsätzlich steht das F. allen Themen, allen Wirkungsintentionen und allen rhetorischen Stilarten offen. [5]

Informationsvermittlung, Wertung und Unterhaltung sind die grundlegenden publizistischen Arbeitsfelder des F.; in ihren Wirkungsintentionen sind die rhetorischen Haltungen des *docere*, *movere* und *delectare* mit ihren Unterformen nach wie vor erkennbar, auch wenn die Publizistik sich nicht explizit darauf bezieht. Im Verlauf der neuzeitlichen Presse- und Literaturentwicklung hat sich eine Vielzahl von neueren Textarten herausgebildet, in denen die persuasiven Schreibformen in unterschiedlicher Zusammensetzung auftreten. Eine Besonderheit entwickelt die Zeitung mit dem ‹F.› als kleiner Prosaform. In ihm verfeinern sich während des 19. Jh. ältere, bis in das 17. Jh. zurückreichende Formtraditionen zu einer eigenen, im deutschsprachigen Raum vor allem in Wien, später auch in den Berliner und Frankfurter Zeitungen gepflegten Gattung, die sich durch Leichtigkeit, elegante Beiläufigkeit, Impressionismus und Sprachraffinement auszeichnet und mit Namen wie STIFTER, GLASSBRENNER, FONTANE, KÜRNBERGER, ALTENBERG, KERR, V. AUBURTIN, POLGAR, KRAUS, A. KOLB, ROTH, SIEBURG verbunden ist. [6]

Sowohl die rhetorik- und literaturwissenschaftliche wie die publizistikwissenschaftliche Textgattungsforschung haben das publizistische Spektrum der Gattungen, insbesondere im Bereich des F., und ihre den Einzeltext übergreifende Prägung durch Medienbedingungen lange vernachlässigt. [7] Dazu tragen erhebliche Quellen- und Methodenprobleme entscheidend bei: Bis in die neueste Zeit hinein sind Zeitungen nur von Fall zu Fall archiviert, sind ihre F. in keinem Fall erschlossen, sind Bibliographien oder Verzeichnisse selten und nur sporadisch geführt worden. [8]

B. I. *Herkunft des Begriffs* ‹F.› (frz. ‹Blättchen›) ist in Frankreich bereits in der ersten Hälfte des 18. Jh. nachgewiesen als Bezeichnung für einen «abgetrennten

Besprechungsteil» für Bücher. [9] Das erste und den Begriff in unserem Sinne begründende F. richtete die Pariser Tageszeitung ‹Journal des Débats› ein; sie bezeichnete als F. zunächst ein Annoncen-Beiblatt, seit Anfang des Jahres 1800 dann den typographisch durch einen horizontalen Querstrich abgetrennten Raum auf dem unteren Teil der ersten Seite, den der Publizist und Rhetoriker J. L. GEOFFROY dort als festen redaktionellen Platz für seine überaus erfolgreichen Theaterrezensionen reklamierte. Geoffroy gilt seither als «Vater des Feuilletons» (BALZAC). [10]

Die Beziehung von Rhetorik und F. ist geprägt durch das historische Zusammentreffen von Aufstieg und Entfaltung der Massenpresse mit dem Niedergang der rhetorischen Traditionen im 19. Jh. Dies Zusammentreffen entzieht dem Schrifttum der Presse den Ausgangspunkt für die notwendige Theoriebildung im Feld ihrer medienspezifischen Stilformen, Texttypen und Schreibintentionen. Davon sind die «Ansätze einer Meinungspresse» [11] und das F. mit seinem zunehmend vielgestaltigen Gattungsarsenal besonders betroffen.

Die Entwicklung schneidet ältere rhetorische Traditionen ab. Seit dem Aufkommen des Buchdrucks hat sich die Presse ebenso wie das gesamte Schrifttum zunächst unter dem deutlichen Einfluß der Rhetorik entwickelt. [12] Eine der ersten zeitungswissenschaftlichen Arbeiten, die Dissertation von T. PEUCER von 1690, führt systematisch die rhetorischen Regeln an, auf die ein Zeitungsschreiber zu achten habe: Auf die Ökonomie in der Reihung und Anordnung des Geschehnisses wie auf die für die Ereignisse passende Wortwahl und den Stil; als «jene sechs bekannten Umstände, auf die man bei einer Handlung immer sein Augenmerk richten muß» zitiert er nach F. PATRITIUS eine Variante der Aufzählung der *elementa narrationis*: «Person, Sache, Ursache, Art und Weise, Ort und Zeit» und verweist auf die Bedeutung von *perspicuitas*, *evidentia* und *aptum*, die der Zeitungsschreiber beherrschen muß, will er sein Publikum ergötzen. [13] Schon früh finden sich auch Ansätze für «subjektiv gefärbte, kommentierende Berichte» neben den eigentlichen Nachrichten in den Zeitungen [14], etwa kommentierende Text-Glossen, die den rhetorischen Regeln von *captatio* und *inventio*, von Argument und Affekterregung ebenso offensichtlich folgen [15], wie die Anfänge der literarischen Kritik auf Muster der Gerichtsrede zurückgreifen. [16] Eine in der *Barockzeit* bereits angebahnte «Personalunion von Poet und Zweckprosaist» [17] führt in der *Aufklärung* zum Typ des gelehrten und rhetorisch gebildeten Publizisten, der in den Wochenschriften und Tageszeitungen mit hohem moralischem Wirkungsanspruch für die Erziehung des Volkes schrieb und, wie K. P. MORITZ, Redakteur der ‹Vossischen Zeitung›, sagte, die öffentliche Zeitung nutzte als «Mund, wodurch dem Volke gepredigt und die Stimme der Wahrheit so wohl in die Palläste der Großen als in die Hütten der Niedrigen dringen kann». [18] Der ‹Gelehrte Artikel› der Zeitschriften des frühen 18. Jh. und ästhetisch-kritische Beiträge nach dem Vorbild der fingierten ‹Monatsgespräche› von C. THOMASIUS finden in allgemeinverständlicher Form Eingang in die Tageszeitung. [19] Bildungs- und Geschmackserziehung entwickeln mit Kritik, literarischen Kurzformen und Berichten von Reisen und fernen Ländern Formtraditionen schon vor dem Aufkommen des F., Namen wie LESSING, CLAUDIUS, LICHTENBERG, J. G. FORSTER, VON KNIGGE oder SCHILLER zeigen ihre Bedeutung für die publizistische Öffentlichkeit an.

II. *19. Jahrhundert.* In Deutschland breitet sich der Begriff ‹F.› zusammen mit der graphischen Einteilung der Zeitungsseite seit dem dritten Jahrzehnt des 19. Jh. aus. Der früheste derzeit bekannte Beleg für ein F. taucht schon 1812 im Nürnberger ‹Korrespondenten von und für Deutschland› auf, der auch programmatisch bereits politische und «nichtpolitische Nachrichten» unterschied und in einer redaktionellen Mitteilung das F. als Platz bestimmte für Themen von Literatur und Theater über Gesundheits- und Gewerbekunde bis zu Mode und Anekdotischem. [20] Das F., zunächst noch häufig eine Sammelsparte unterschiedlichster Füllung [21], entwickelt sich schnell zu einem konstitutiven Zeitungsteil im Prozeß der Expansion und Ausdifferenzierung der neuzeitlichen Tagespresse. In ihm werden neben Unterhaltendem die wachsenden Aktions- und Wirkungskreise der gesellschaftlichen Institutionen im Bildungswesen, in den Wissenschaften, in Kunst, Buchmarkt und Theater thematisiert. Das F. wächst zu einer einflußreichen Einrichtung speziell im Literaturbetrieb heran. [22] Seit der Mitte des 19. Jh. festigt das Aufkommen des Fortsetzungsromans die kommerzielle Bedeutung des F. für die Tageszeitung und steigert seine Popularität noch.

Die politische, soziale, kulturelle Gärung der Verhältnisse im frühen 19. Jh. findet einen gesellschaftlichen Ausdruck in der ausgedehnten zeitkritischen und literarischen Publizistik des *Jungen Deutschland* und des *Vormärz*. Die lautstarken Diskussionen und Fehden von BÖRNE, HEINE, WIENBARG, GUTZKOW, LAUBE, MUNDT bedienen sich der Zeitungen und Zeitschriften [23], politische Auseinanderstzungen im Vorfeld der Revolution von 1848/49 erhöhen ihre Wirkung und damit auch den Stellenwert des F. [24] Weit voraus auf die Moderne verweist der «Funktionsübergang von Dichtung und Publizistik», den Heine mit einer neuen, einer «imaginativen» Schreibart einleitet und zu einem frühen Höhepunkt führt. [25]

Obwohl der pädagogisch-kritische Wirkungswille und der Anspruch, geschmacksbildend auch in Bezug auf Ergötzliches und Unterhaltsames zu sein, im 19. Jh. gerade mit dem F. ihren festen Platz in der Tageszeitung erhalten, geht der Zusammenhang von Presse und Rhetorik zunehmend und zwar in dem Maße verloren, wie die Rhetorik ihrerseits als eine dem Produktions- und Wirkungszusammenhang von Texten verpflichtete theoretische Grundlegung der Literatur an Überzeugungskraft verliert. Unter der Dominanz des normativen Kunstanspruchs einer sog. ‹hohen Dichtung› und unter dem Einfluß der wachsenden Bedeutung wissenschaftlicher Einzeldisziplinen gerät die Presse – wie auch andere öffentliche Rede- und Schriftbereiche – in theoretischer und wissenschaftlicher Hinsicht für lange Zeit in ein Schattendasein. R. Prutz beklagt 1845 in seiner ‹Geschichte des Journalismus› die zunehmende Dürftigkeit der Erforschung von Zeitungen und Zeitschriften, die im 18. Jh. noch ein fruchtbarer Zweig der Literaturgeschichte gewesen sei: «Je näher unserer Gegenwart, je flüchtiger wird die Aufmerksamkeit, je kärglicher der Raum, welchen man diesem Gegenstand widmet». [26] Fand in der Vormärzzeit noch ein lebhafter Austausch zwischen Zeitung, Zeitschrift und Buch als Publikationsorten und ein allseitiges literarisch-publizistisches Räsonnement statt, so gerät die Presse in der *zweiten Hälfte des 19. Jh.* ganz aus dem Blick von Literaturtheorie und Wissenschaften. Ganze Teile der historischen Formenwelt werden als zweckgerichtet und dem niedrigen Schrifttum zugehörig für eine lange Zeit ausgegrenzt. [27] «Deutsche Zopfgelehrsamkeit», «akademische Querköpfe» und ‹impotente Büchergelehrte›, klagt E. Eckstein in seiner Feuilletongeschichte von 1876, verachteten die graziöse Stilistik des F. und verschlössen sich töricht dem «wahren Wesen der Sache». [28] Bis heute blendet die Literaturwissenschaft die tatsächlichen und häufig sehr engen Beziehungen zwischen Literaturproduzenten und Presse gerade im Feuilletonbereich – es sei an einen Schriftsteller wie FONTANE oder an die Erst-Publikation der heute kanonischen Werke des deutschen ‹Realismus› in der periodischen Presse erinnert [29] – weitgehend aus, literaturwissenschaftliche Forschungen im Zweckformenbereich werden noch immer nicht mit der publizistik- und pressehistorischen Forschung verbunden und auch die restituierte Rhetorikwissenschaft hat sich der Rhetorizität und zugleich medienbedingten Prägung von Texten und Textzusammenhängen im F. noch kaum zugewendet. [30]

III. *20. Jahrhundert.* Die demokratische und kulturindustrielle Ausweitung von Öffentlichkeit seit der Wende vom 19. zum 20. Jh. führt das F. zu einem Höhepunkt seiner Bedeutung. Immer umfangreichere Vermittlungsaufgaben des F. im Kulturmarkt ziehen weitere Ausgliederungen von einzelnen Gebieten in eigene Sparten und Beilagen nach sich (Reiseblatt, Für die Frau). Großen Auschwung nehmen Reisebericht und Reportage – KISCH, EDSCHMID, E. J. GUMBEL, A. SMEDLEY stehen für die Bandbreite dieser Gattung –, der Essay, sonst eher der Zeitschrift vorbehalten, findet mit Arbeiten von MEIER-GRÄFE, BORCHARDT oder REIFENBERG auch im Tageszeitungsfeuilleton Platz. Vor allem in den großen liberalen Blättern der *Weimarer Republik* (‹Vossische Zeitung›, ‹Frankfurter Zeitung›, ‹Berliner Tageblatt›) und in den Tageszeitungen der Wiener und Prager Presse entfaltet sich der gesellschaftliche und kulturräsonierende Diskurs; KERR, KRAUS, TUCHOLSKY, KRACAUER, KOLB, BENJAMIN oder BLOCH haben ihn zu einer eigenen Qualität öffentlicher und tagespublizistischer Reflexion ausgebildet. Subtile Ästhetik, Witz und Artistik kennzeichnen in diesem Kontext das Prosa-Genre F. Kleine Skizzen – ‹Straßenbilder›, ‹Stadtbilder›, ‹Raumbilder›, ‹Denkbilder› – spüren der Realität des modernen Großstadtmenschen nach. Vor allem die Wiener Autoren ALTENBERG, POLGAR, A. KUH oder S. MORGENSTERN, aber auch Autoren wie ROTH, B. V. BRENTANO oder SCHICKELE verschieben die Grenzen des F. weit in die Poesie hinein.

Vehemente Innovationen der Medientechnik allerdings machen das F. zur gleichen Zeit bereits zu einer Institution neben anderen im Medienbereich und mindern im Verlauf der weiteren Entwicklung seine Bedeutung für den gesamtgesellschaftlichen Diskurs.

Die ideologische Programmatik des Dritten Reiches kappt die moderne Entwicklung des F. und nimmt mit dem ‹kulturpolitischen Teil›, der an die Stelle des F. gesetzt wird, das Rezensionswesen, die Essayistik und die literarischen Ambitionen in die diktatorische Pflicht.

Erst *nach 1945* erholt sich die Feuilletonpublizistik, erreicht in der Konkurrenz mit den anderen Medien aber nicht wieder den öffentlichen Stellenwert wie in der Weimarer Republik. Dennoch haben auch heute noch die F. der großen Zeitungen und einiger Regionalblätter nicht nur wirtschaftliche Bedeutung für den Kulturbetrieb, sondern auch wichtige Funktionen als Foren der gesellschaftlichen Kontroverse und Konsensfindung.

Trotz des Reichtums und der Bedeutung des modernen Presse-Schrifttums ist der Bruch in der Tradition der Rhetorik auch in der Publizistik selbst nicht verwunden worden. An die Stelle einer sprachorientierten Grundlegung ist die pragmatische Orientierung an Faustregeln für Recherchieren, Schreiben und Redigieren getreten, die vor allem in der journalistischen Praxis für das Abfassen von Nachrichten, aber auch für die Ausarbeitung von meinungsäußernden Darstellungsformen wie Kommentaren, Glossen, Reportagen, Essays und auch F. weitergegeben werden. Die journalistischen Handbücher, wo sie nicht gänzlich auf stilistische Hinweise zugunsten eines nicht näher erlernbaren «Sprachgefühls» verzichten [31], zeigen mit ihren stilistischen Anleitungen, daß sich auf diese Weise im Bereich der Publizistik ähnlich wie im kirchlichen oder juristischen Bereich eine Tradition praktischer Rhetorik erhalten hat.

Die Publizistik- und Presseforschung hat wie die praktische Publizistik den Anschluß an die Rhetorik nicht wiedergefunden – auch wenn die führende Fachzeitschrift ‹Publizistik› seit ihrem Bestehen (1955) ‹Rhetorik› im Untertitel führt. Die Publizistikwissenschaft läßt bis heute die sprachliche und textformale Vielfalt ihres Gegenstandes zugunsten einer hochspezialisierten Nachrichtenforschung links liegen und hat das F. in eine eigene Forschungsecke, die ‹Feuilletonkunde›, verwiesen, die in der Publizistik eine geistesgeschichtlich orientierte Sonderrolle gespielt hat. W. Haacke, dessen Arbeiten zum F. die wohl umfassendste Leistung der Feuilletonkunde bilden, grenzt diese exemplarisch gegen eine pragmatische, ressortbezogene Auffassung von F. ab und stellt die Textgattung und eine ihr zugesprochene ‹Subjektivität›, die ‹feuilletonistische Haltung›, in den Mittelpunkt: «Ein F. ist ein Stück sauberer, gehobener und ansprechender Prosa, in welchem ein dichterisches Erlebnis mit literarischen Mitteln bei Innehaltung journalistischer Kürze unter Hinzufügung einer philosophischen Unterbauung oder Auslegung zu moralischer Perspektive, gehalten in einer betont persönlichen Schilderung, welche jedoch die Nachempfindlichkeit für die Allgemeinheit nicht schwächt, sondern hebt, so dargestellt wird, daß sich Alltägliches mit Ewigem darin harmonisch und erfreuend verbinden». [32] Haacke will wie andere Vertreter dieser Auffassung [33] dem F. einen gleichrangigen Platz an der Seite anderer literarischer Formen sichern und das vielfältige Quellenmaterial, das er unabhängig von der Zeitungssparte quer durch die Zeitungsgeschichte dem F. zuordnet, systematisch auf einen kategorialen Rahmen beziehen. Er gewinnt ihn, indem er das F. möglichst nahe an den Bereich der hohen Dichtung und ihrer am Einzelwerk orientierten Poetik heranrückt und auf der Grundlage des idealistischen Erbes der Geisteswissenschaften als Forschungsgegenstand legitimiert. Die Feuilletonkunde gelangt auf diese Weise zu einem überhistorisch und allgemeingültig formulierten künstlerischen Feuilletonbegriff, in dem der Anspruch des Dichterischen mit dem zentralen, lebensphilosophisch hermeneutischen Begriff des Erlebnisses und mit einer allen «Höhen- und Tiefenlagen des Gefühls [...] wie auch [...] des Gemüts» entsprechenden «feuilletonistischen Schreibweise» verknüpft wird. [34] Aus dieser Sicht werden F. bis in die Antike zurück verfolgt [35] oder in beliebiger Vielfalt als Vorformen und «Feuilletonisierungen» bereits im Zeitungsstoff der Frühzeit ausgemacht; [36] eine feuilletonistische «Stilform» soll in allen Teilen der Zeitung vorkommen [37] oder als «Feuilletonisierung» sogar zu ihrem vorherrschenden Ausdrucksmittel geworden [38] und darüber hinaus auch außerhalb der Zeitung in der

Literatur zu beoachten sein [39]; und «Feuilletonismus» schließlich wird einerseits dank der sinnstiftenden Erlebnis- und Gestaltungskraft seiner Subjektivität als ein zentraler «Wert [...] im Gange der Geschichte des öffentlichen Lebens» [40] gesehen, andererseits dank seiner plaudernden unterhaltsamen Leichtigkeit herabsetzend mit unseriösem, oberflächlichem Geschwätz im Kulturleben einer Epoche, einer Nation oder ‹Rasse› und mit deren leichtfertigen Zügen gleichgesetzt. Am bekanntesten wurde diese kulturkritische Auffassung durch H. Hesse. [41] Aber auch Verbindungen, wie sie K. Borinski zwischen «Feuilletonplauderei» und jesuitischer Literaturauffassung für die Barockzeit angibt, gehören in diesen Umkreis. [42] Nicht übergangen werden darf in diesem Zusammenhang die grobe antisemitische Interpretation des F. und der Feuilletonisten durch H. von Treitschke in seiner ‹Deutschen Geschichte im Neunzehnten Jahrhundert›. [43]

Die Feuilletonkunde, die sich für einige Jahrzehnte dem F. als ausschließlichem Forschungsgegenstand gewidmet hat, konnte ihre disziplinäre Zwischenstellung zwischen historischer und publizistikwissenschaftlicher Presseforschung und geisteswissenschaftlicher Orientierung nicht dauerhaft etablieren. Die letzten publizistikwissenschaftlichen Veröffentlichungen, die diese Forschungsrichtung berücksichtigen, sind in den 60er und 70er Jahren entstanden. [44] Neue Ansätze für eine Feuilletonforschung finden sich vor allem von literaturwissenschaftlicher Seite [45], aber auch Kulturgeschichte, Mentalitätsforschung oder die neuen interdisziplinären Konzepte der Medienwissenschaften zeigen ein wachsendes Interesse an den F. vor allem der großen Zeitungen. [46]

Anmerkungen:
1 E. Dovifat, J. Wilke: Zeitungslehre, 2 Bde. (1976) 2, 73. – **2** vgl. W. von LaRoche: Einführung in den prakt. Journalismus (1987). – **3** vgl. E. Noelle-Neumann u. a. (Hg.): Das Fischer Lex. Publizistik Massenkommunikation (1989). – **4** vgl. W. Haacke: Hb. des F., 3 Bde. (1951–1953) 2, 139 ff. – **5** vgl. O. Groth: Die unerkannte Kulturmacht: Grundlegung der Zeitungswiss. (Periodik) 7 Bde. (1960–1972) 2, 69f. – **6** vgl. H. Bender (Hg.): Klassiker des F. (1967); Dovifat, Wilke [1] 107 ff. – **7** vgl. F. Sengle: Biedermeierzeit 1815–1848, 2 Bde. (1971/72) 2, 56ff. – **8** vgl. J. Buder: Die Inhaltserschließung von Zeitungen (1978). – **9** H. Mattauch: Der vermutlich früheste Beleg für das Wort ‹F.›, in: Publizistik 9 (1964) 273–274. – **10** R. Jacoby: Das F. des ‹Journal des Débats› von 1814 bis 1830 (1988) 8 ff. und 20 ff. – **11** K. Koszyk: Dt. Presse im 19. Jh. Gesch. der dt. Presse, Teil II (1966) 50. – **12** vgl. M. Giesecke: Der Buckdruck in der frühen Neuzeit (1991) 630 u. a. – **13** T. Peucer: Über Zeitungsberichte. Zit. nach der Übers. in: K. Kurth (Hg.): Die ältesten Schr. für und wider die Zeitung (1944) 87–112, bes. 102. – **14** J. Wilke: Nachrichtenauswahl und Medienrealität in vier Jahrhunderten (1984) 108ff. – **15** vgl. E. Rohmer: Die lit. Glosse (1988) bes. Kap. 7, 126ff. – **16** vgl. H. Niehues-Pröbsting: Über den Zusammenhang von Rhet., Kritik und Ästhetik, in: W. Barner (Hg.): Literaturkritik – Anspruch und Wirklichkeit. DFG-Symposion 1989 (1990) 237–251. – **17** W. Barner: Barockrhet. (1970) 82. – **18** K. P. Moritz: Ideal einer vollkommenen Zeitung, in: E. Blühm, R. Engelsing (Hg.): Die Zeitung (1967) 127f. – **19** vgl. W. Martens: Die Geburt des Journalisten in der Aufklärung, in: G. Schulz (Hg.): Wolffenbütteler Stud. zur Aufklärung, Bd. 1 (1974) 84–98. – **20** «Diese politisch-literarische Zeitung [...]», in: ‹Der Korrespondent von und für Deutschland auf das Jahr 1812›, Jg. 8 (1812) Vorblatt vor Nr. 1. – **21** vgl. O. Groth: Die Zeitung, 4 Bde. (1928–1930) 1, 341. – **22** W. von Ungern-Sternberg: Medien, in: K.-E. Jeismann/P. Lundgreen (Hg.): Hb. der dt. Bildungsgesch., III, 1800–1870 (1987) 379ff.; G. Jäger: Medien, in: C. Berg (Hg.): Hb. der dt. Bildungsgesch., IV, 1870–1918 (1991) 473ff. – **23** vgl. W. Hömberg: Zeitgeist und Ideenschmuggel (1975). – **24** vgl. W. Büttner: Politisierungsprozesse im Zeitungsfeuilleton des dt. Vormärz in der bürgerlich-demokratischen Revolution 1848/49, in: Grabbe-Jahrbuch (1989) 163–175. – **25** W. Preisendanz: Der Funktionsübergang von Dichtung und Publizistik, in: ders.: Heinrich Heine (²1983) 21–68, 66. – **26** R. Prutz: Gesch. des dt. Journalismus. Zum ersten Male vollständig aus den Quellen gearbeitet, erster Teil (1845; ND 1971) 25; vgl. E. Eckstein: Beitr. zur Gesch. des F., 2 Bde. (1876) 1, 11f. und 15f. – **27** vgl. F. Sengle: Die lit. Formenlehre (1967); ders.: Biedermeierzeit [7] II, 7ff., 56ff. – **28** Eckstein [26] 1, 11f., 15f. – **29** vgl. G. von Graevenitz: Journalistische Kontexte lit. ‹Realismus›. Forschungsprojekt Konstanz (1989ff.) – **30** vgl. A. Todorow: «Wollten die Eintagsfliegen in den Rang höherer Insekten aufsteigen?» Die Feuilletonkonzeption der Frankfurter Zeitung während der Weimarer Republik im redaktionellen Selbstverständnis, in: DVjS (1988) 697–740; dies.: Das F. der Frankfurter Zeitung 1918–1933, Forschungsprojekt Tübingen (1989ff.); vgl. G. Ueding: Rhet. des Schreibens (¹1985; ³1991). – **31** Projektteam Lokaljournalisten (Hg.): ABC des Journalismus (⁴1986) 125ff. – **32** Haacke [4] 2, 319. – **33** vgl. E. Meunier, H. Jessen: Das dt. F. (1931); E. Dovifat: Zeitungslehre (1931); H. Bender: Klassiker des F. (1967) 235ff. – **34** Haacke [4] 2, 297. – **35** vgl. Eckstein [26] 6ff.; Haacke [4] 2, 288. – **36** Haacke [4] 2, 7 u. passim; vgl. Meunier, Jessen [33] 17ff. – **37** K. d'Ester: Zeitung und Zeitschrift, in: W. Stammler (Hg.): Dt. Philologie im Aufriß (²1962) 3, 1245–1352. – **38** Meunier, Jessen [33] 122. – **39** Dovifat, Wilke [1] 2, 108. – **40** ebd. 2, 107; vgl. Groth [5] 2, 69. – **41** vgl. H. Hesse: Das Glasperlenspiel (³1959) 89ff. – **42** K. Borinski: Die Antike in Poetik und Kunsttheorie, 2 Bde., hg. von R. Newald (1965) 41. – **43** H. von Treitschke: Dt. Gesch. im 19. Jh., 5 Bde. (1879–1894) 4 (²1928) 409–433. – **44** vgl. Groth [5]; Dovifat, Wilke [1]; W. Haacke: Das F. des 20. Jh., in: Publizistik 21 (1976) 285–312. – **45** vgl. Jacoby [10]; G. Jäger: Das Zeitungfeuilleton als literaturwiss. Quelle, in: W. Martens u. a. (Hg.): Bibliograph. Probleme im Zeichen eines erweiterten Literaturbegriffs (1988) 53–71; A. Todorow [30]; K.-D. Oelze: Das F. der ‹Kölnischen Zeitung› im Dritten Reich (1990). – **46** vgl. R. Bohn, E. Müller, R. Ruppert (Hg.): Ansichten einer künftigen Medienwiss. (1988); W. Faulstich (Hg.): Medien und Kultur, LiLi Beiheft 16 (1991).

Literaturhinweise:
A. Hohenester, O. Kolleritsch, G. Schulter (Hg.): Kulturteilgestaltung acht renommierter europäischer Tageszeitungen (Graz 1976). – B. Frank, G. Maletzke, K. M. Müller-Sachse: Kultur und Medien (1991). – U. Tadday: Die Anfänge des Musikfeuilletons (1993). – G. Reus: Ressort: F. Kulturjournalismus für Massenmedien (1995).

A. Todorow

→ Glosse → Journalismus → Kolumne → Literaturkritik → Presse → Publizistik

Fibel (engl. first reader, primer; frz. abécédaire; ital. abbecedario, sillabario)

A. Das Wort ‹F.› als Bezeichnung für ein Buch, das in sich die Funktionen der ABC-Tafeln und einer Sammlung von Übungstexten (*exercitatio*) vereinigt, taucht erstmals in Vokabularien des 15. Jh. auf und ist wahrscheinlich auf eine Entstellung des Wortes ‹bibel› zurückzuführen. [1] Form und Funktion der ersten F. sind eng mit der Erfindung des Buchdruckes und mit der Verbreitung volkssprachlicher Bibelübersetzungen verbunden, zu deren Lektüre die elementare Leselehre anleiten sollte.

In Anlehnung an mittelalterliche Leselehrmethoden mit Hilfe von ABC-Täfelchen zur Benennung von Buchstaben sind F. ursprünglich in einen ABC-Teil und in einen Übungsteil gegliedert. Die Inhalte der Übungstexte richten sich einerseits nach den pädagogischen

Intentionen ihrer Zeit, andererseits nach den Funktionen, die das Lesenlernen im Unterrichtswesen zu erfüllen hat. Die Auswahl von Fibeltexten ist zunächst ausschließlich dem Kanon *(auctoritas, exempla)* religiöser Literatur verpflichtet. Die zugrundegelegten Leselehrmethoden sind grundsätzlich in synthetisierende und analysierende (ganzheitliche) Ansätze zu unterscheiden.
B. *Geschichte.* In Deutschland ist der Beginn der Fibelgeschichte auf 1474 mit K. HUEBERS ‹Modus legendi› zu datieren, einer Sammlung von Wortmaterial zur Leselehre. In größerer Zahl entstehen F. in der Reformationszeit. Herausragend ist V. ICKELSAMERS ‹Die rechte weis auffs kürtzist lesen zu lernen› (²1534) vor allem wegen der Begründung des Lautierens als Leselehrmethode. Eine gewisse Stagnation in der Entwicklung von Erstlesebüchern gegen Ende des 16. Jh. ist möglicherweise auf den Einfluß einer verstärkten Latinisierung des Unterrichtswesens zurückzuführen.

Kennzeichnend für die Entwicklung der F. im 17. Jh. ist das allmähliche Zurücktreten von religiösen Texten im Übungsteil und ihre Ersetzung durch weltliche Erzählungen. Dies gilt auch für J. A. COMENIUS' ‹Orbis sensualium pictus› (1658). Die Tendenz zu rein weltlichen F. setzt sich erst im 18. Jh. durch. Gegen Ende des Jahrhunderts dominieren unter dem Einfluß von Philanthropisten Übungstexte, die sich zugleich in lebenspraktischer und moralischer Hinsicht als nützlich erweisen. Zugleich macht sich eine Erweiterung der Ansprüche an Lesefähigkeit bemerkbar, so daß F. und Lesebuch auseinanderzutreten beginnen.

Im 19. Jh. werden Lesestoffe nach Lebenskreisen gegliedert, wobei der kognitive, emotionale und kulturelle Hintergrund von Schulkindern zunehmend Berücksichtigung findet. Andererseits sind um 1900 auch starke Konzessionen an eine Pädagogik der Militarisierung und der Festigung nationalistischer und monarchistischer Haltungen festzustellen. F. im Nationalsozialismus knüpfen an diese Vorgaben an. Methodisch gewinnen im 19. Jh. die Schreiblesemethode und mit der Normalwörtermethode Vorläufer der Ganzheitsmethode an Boden. Sie werden im 20. Jh. durch pragmatische, kommunikative und lernpsychologische Einsichten ergänzt und variiert. Kritisch vermerkt wird «die geringe Berücksichtigung der modernen Arbeitswelt und eine überholte 'Heimatideologie'.» [2] Die Orientierung von Fibel- bzw. Lesebuchtexten an gesellschaftlichen Lebensformen und «tatsächlichen Sprechsituationen» [3] ist eine pädagogische Forderung an Leselernwerke.
C. *Didaktik.* Leseunterricht in der Muttersprache ist zunächst vorrangig ein Teil der religiösen Erziehung. Damit in Zusammenhang steht seine Beschränkung auf eine elementare Alphabetisierung, die selten über die Fähigkeit hinausführt, einen engen Kanon von biblischen und anderen religiösen Texten zu reproduzieren. Demgegenüber führen lateinische F. in eine weiter gefaßte Schriftkultur ein. So treten denn auch weltliche Erzähltexte erstmals in Form von Buchstabenerzählungen in G. ROLLENHAGENS ‹Abecedarium Magedeburgense› (1603) auf, einer F. für künftige Lateinschüler.

Die methodische Gestaltung des Leselehrgangs in F. erfolgt anfänglich ganz unter sprachdidaktischen Aspekten; psychologische und pädagogische Überlegungen treten später hinzu. Das sprachdidaktische Interesse richtet sich v. a. auf die Stufen des Lesenlernens: Von Bedeutung ist dabei, daß der Erwerb einer Alphabetschrift das Erfassen der wortunterscheidenden Funktion von Buchstaben voraussetzt. Geht dies jedoch auf Kosten des Aspekts, daß Lesen auf Sinnerfassen gerichtet ist, wird der Aufbau eines adäquaten Begriffs von der Lesetätigkeit vernachlässigt. Älteste Version des Synthetisierens ist die Buchstabiermethode. Sie wurde in Deutschland im Laufe des 19. Jh. durch explizite Verbote endgültig aus den Schulen verbannt. Der Lehrprozeß ist hier in drei Phasen gegliedert: das Erfassen der Alphabetbezeichnungen vom Buchstaben; das Erlernen von Silben, die sich aus Buchstabenverbindungen ergeben können; und schließlich das Erlesen von Wörtern. Dagegen ist in den verschiedenen Lautierverfahren der Einzellaut die grundlegende sprechsprachliche Einheit. Die Synthese vom Buchstaben zum Wort ist jedoch lautsprachlich nicht unmittelbar nachzuvollziehen. Deswegen sind lautierende synthetische Ansätze mit dem Problem der sogenannten Lautverschmelzung konfrontiert.

Bei der Gestaltung von Fibeln spielen heute Gesichtspunkte wie thematische, kommunikative und funktionale Vielfalt, mögliche sozialisierende Effekte, sprachliche Angemessenheit und Berücksichtigung des erreichten Leseniveaus eine wichtige Rolle. Andererseits ist in Pädagogik und Sprachdidaktik umstritten, inwieweit F. überhaupt noch als geeignete Medien des Lesenlehrens gelten können. Gegen ihre Verwendung sprechen Untersuchungen, die den idiosynkratischen Charakter der auf das Lesenlernen gerichteten Aneignungsprozesse belegen. Hinzu kommt, daß F. selten der mehrsprachigen Situation in vielen Anfangsklassen gerecht werden können. Für die F. spricht nach wie vor der inzwischen erreichte Standard in der Berücksichtigung von pädagogischen, psychologischen und didaktischen Einsichten. Allerdings muß der Auswahl der Texte und Illustrationen (Inhalte) ebensoviel didaktische Aufmerksamkeit zukommen wie der sprachlich-formalen Seite. [4]

Anmerkungen:
1 vgl. G. v. Wilpert: Sachwtb. der Lit. (⁶1979) 271; Metzler Lit. Lex., hg. von G. u. J. Schweikle (1984) 149. – **2** W. Böhm: Wtb. der Päd. (¹²1982) 173. – **3** vgl. ebd. – **4** vgl. E. Dingeldey, J. Vogt (Hg.): Kritische Stichwörter zum DU (²1974) 90ff.

Literaturhinweise:
B. Bosch: Grundlagen des Erstleseunterrichts (1937; ND 1984). – E. Schmack: Der Gestaltwandel der F. in vier Jahrhunderten (1960). – A. Grömminger: Die dt. F. der Gegenwart (1970). – R. Gümbel: Erstleseunterricht (1980).

E. Haueis

→ Deutschunterricht → Didaktik → Elementarunterricht → Lehrbuch → Muttersprache

Fides (griech. πίστις, pístis; πιθανότης, pithanótēs; dt. Macht, (schützende) Gewalt, Obhut, Garantie, Treue, Zuverlässigkeit, Vertrauen, Glaubwürdigkeit, Glauben; engl. fidelity; frz. fidélité; ital. fidanza, fiducia)
A. Def. – B. I. Latein. Sprache, Kultur, Rhetorik. – II. Theologie, Christentum. – III. Rechtswesen.

A. F. bezeichnet eine der zentralen Vorstellungen im Selbstverständnis der Römer, die ihre Wirkung in einer Vielzahl von Bereichen und Beziehungen entfaltete, so etwa im Verhältnis zu fremden Völkern, des Magistrats zum Einzelbürger, des Patrons zum Klienten, im Geschäftsleben ebenso wie im Rechtswesen, in der Verbindung mit den Göttern, bei Institutionen wie Ehe, Gastfreundschaft und generell in den Beziehungen der Menschen untereinander. Der Tempel der Göttin F. war einer der ältesten in Rom. Ein vergleichbares Gewicht hat dieser Gedanke bei den Griechen nie erlangt. Die F. wurde stets als eine für Rom besonders charakteristische Vorstellung betrachtet und als solche auch gegenüber anderen Nationen propagiert (besonders im Verhältnis Roms zu Karthago).

B. I. *Lateinische Sprache, Kultur, Rhetorik.* Weder ein ursprünglicher Sinn noch eine Grundbedeutung von F. lassen sich eindeutig ermitteln, da die meisten der oben aufgezählten Bedeutungen bereits in den frühesten literarischen Quellen (besonders bei PLAUTUS) nebeneinander belegt sind. Die Versuche, über die durch das Sprachmaterial gezogenen Grenzen hinaus gleichsam zur Wurzel des Begriffs vorzustoßen, blieben spekulativ. Es erscheint sinnvoll, nach einem knappen generellen Überblick über die wichtigsten Formen der Anwendung die Betrachtung auf das Gebiet der Rhetorik zu konzentrieren. Die Grundlage bietet der Artikel ‹F.› im ‹Thesaurus linguae Latinae›, den der Verfasser E. FRAENKEL mit einem den Befund erläuternden Aufsatz begleitete.[1] (Vgl. auch die bekannte Abhandlung von R. HEINZE.[2]) Eine entscheidende Förderung erfuhr die Erklärung des Begriffs durch eine Untersuchung des Rechtshistorikers L. LOMBARDI, die insbesondere die frühesten Zeugnisse besser verstehen lehrte.[3] Die Entwicklung und die verschiedenen Bedeutungen von F. wurden dann in dem eindringenden Artikel ‹F.› von C. BECKER im ‹Reallexikon für Antike und Christentum› zusammengefaßt und die Erkenntnisse weiter vertieft, zumal auf dem Gebiet des Christentums.[4] Eine Abhandlung zur Semantik und religiösen Bedeutung von F. hat G. FREYBURGER vorgelegt.[5] Bei den Juristen dauert die Diskussion über die Genese und das Wesen von auf der F. basierenden Rechtsbegriffen (*bona fides, fideicommissum, bonae fidei iudicia* usw.) weiter an, wie z. B. der Forschungsbericht von W. WALDSTEIN verdeutlichen kann.[6]

Geschichtlich gesehen kann vor allem in den frühesten Textzeugnissen mit ‹F.› die Macht, die Gewalt des Überlegenen über den Unterlegenen bezeichnet werden, etwa des Siegers über den Besiegten, des Patrons über den Klienten, des Gläubigers über den Schuldner, des Magistrats über den Bürger. So stehen Wendungen wie ‹in potestatem› bzw. ‹in dicionem venire›, ‹in potestate› bzw. ‹in dicione esse› (in die Gewalt gelangen, in der Gewalt sein) neben ‹in fidem venire›, ‹in fide esse›.[7] Jedoch scheint es, als habe gegenüber dem die nackte Macht bezeichnenden Wort ‹potestas› die F. eine freundlichere, euphemistische Nuance enthalten, denn ebenfalls früh belegt ist ‹F.› im Sinne von schützender Macht, Obhut. Der in Not Geratene etwa ruft die F. der Götter oder Mitbürger oder eines Magistrats an. In der Außenpolitik bedeutet es für einen Staat, der sich in die F. der Römer begibt, daß er auf alle Rechte gegenüber Rom verzichtet, andererseits aber auch Schutz gegenüber Dritten genießt. Dabei wird hier wie auch in den entsprechenden sozialen Beziehungen in Rom selbst offenbar die moralische Komponente, d. h. das Verantwortungsgefühl gegenüber dem in der F. Befindlichen, immer stärker empfunden. So schuldet der Klient seinem Patron Respekt und Gehorsam, dieser wiederum ist verpflichtet, den Klienten vor Übergriffen Fremder zu bewahren.

Vom Beginn der schriftlichen Quellen an ist F. aber auch als Kategorie der Beziehungen zwischen Gleichgestellten nachgewiesen. Das Spektrum umfaßt Vorstellungen wie ‹Gewähr›, ‹Verläßlichkeit›, ‹Bürgschaft›, ‹Versprechen›, ‹Treue›, ‹Vertrauen› u. ä. Im Geschäftsleben kann F. auch ‹Kredit› bedeuten. Der alte Zusammenhang zwischen ‹F.› und ‹potestas› ist ebenfalls in der ausgehenden Republik noch präsent. Jedoch ist F. z. B. in der Interpretation CICEROS deutlich zu einem moralischen Begriff geworden, wenn etwa dem ehemaligen Praetor Verres vorgeworfen wird, er habe jemanden geschädigt, «den das römische Volk nicht nur deiner Gewalt, sondern auch deiner gewissenhaften Obhut anvertraut hatte» (quem [...] non solum potestati tuae sed etiam fidei populus Romanus commiserat)[8] oder wenn den Richtern verdeutlicht wird, der Angeklagte befinde sich in «ihrer Obhut und Gewalt, und zwar so, daß er der Obhut anvertraut, der Gewalt überantwortet sei» (in vestra fide ac potestate, atque ita ut commissus sit fidei, permissus potestati).[9] Die in den frühesten Texten z. T. weitgehend synonym gebrauchten Termini ‹potestas› und ‹F.› erscheinen jetzt deutlich differenziert.

Die detaillierte Dokumentation der oben im Überblick genannten Bedeutungen von F. muß zurücktreten gegenüber der Erläuterung des für die Rhetorik relevanten Materials. Zu den wichtigsten Eigenschaften des als Anwalt eines Angeklagten tätigen Redners zählt, namentlich bei Cicero, die F. Diese Forderung leitet sich aus der traditionellen Vorstellung des *patronus* her. Der Redner übernimmt gegenüber dem Mandanten die Rolle, die der Patron gegenüber dem Klienten seit jeher innehat, d. h. von ihm wird ein pflichtbewußtes Vertreten von dessen Interessen verlangt.[10] F. bezeichnet so die gewissenhaft wahrgenommene Schutzfunktion gegenüber dem in Not befindlichen Angeklagten. Sie verbindet sich oft mit der Eigenschaft der *diligentia*. Der nachdrückliche, umsichtige, alle Möglichkeiten erschöpfende Einsatz für den Mandanten (*diligentia*) erscheint als Ausdruck der F.[11]

Diese aus der römischen Sozialordnung erwachsene Funktion des Redners ist völlig verschieden von seiner Rolle im Gerichtswesen Griechenlands. Um seine Aufgabe wirksam erfüllen zu können, u. a. im Sinne des Mandanten, muß der Redner selbst von seiner Person den Eindruck der Zuverlässigkeit, Treue, usw. vermitteln. So formuliert QUINTILIAN [12], daß es für den Erfolg des Redners von größtem Gewicht sei, «daß er für einen ehrenhaften Mann gehalten wird. Denn so werde es gelingen, daß er nicht den Eifer eines Anwalts mitzubringen scheint, sondern fast die Zuverlässigkeit eines Zeugen». ([...] si vir bonus creditur. Sic enim contingit, ut non studium advocati videatur adferre, sed paene testis fidem.)[13] Gewiß hebt schon ARISTOTELES [14] unter den Mitteln des Beweises den vertrauenerweckenden Charakter des Redenden hervor, aber fraglos war es in Rom in sehr viel größerem Maße von Bedeutung, welche Persönlichkeit sich öffentlich äußerte. Die F. rückt dabei in einen engen Zusammenhang mit der *auctoritas*. Cicero warnt, um ein Beispiel herauszugreifen, vor einem bestimmten negativen Eindruck, «welcher der Rede die Glaubwürdigkeit raubt, dem Redner die Autorität» (quae [...] orationi fidem, oratori adimit auctoritatem).[15]

Von der Vorstellung der Treue, der Zuverlässigkeit einer Aussage oder eines Menschen ergibt sich ohne weiteres der Übergang zu der Bedeutung ‹Glaubwürdigkeit›, die F. im Sinne von ‹probabilitas› (griech. πιθανότης, pithanótēs) annimmt. Dieser Gebrauch ist seit den frühesten lateinischen Schriften zur Rhetorik, Ciceros Jugendwerk ‹De inventione› und der etwa gleichzeitigen, aber den Stoff der *inventio* gegenüber der gemeinsamen Quelle [16] in z. T. veränderter Form bietenden ‹Rhetorica ad Herennium› belegt und findet sich dann verbreitet z. B. in den späteren rhetorischen Schriften Ciceros sowie bei Quintilian. Sachlich wird dem Begriff der Glaubwürdigkeit besonders in den Regeln zu einzelnen Redeteilen, aber auch zur Rede insgesamt Bedeutung zugemessen. Bei Cicero wird es als Aufgabe bezeichnet [17], Mittel aufzufinden, um sowohl bei den zu überzeugenden Adressaten der Rede Glaubwürdigkeit zu bewirken, als auch ihre Gefühle zu erregen. Diese Ziele sind mit den Teilen der Rede in Beziehung gesetzt. [18] Der Darstellung des Sachverhalts *(narratio)* und der Argumentation *(confirmatio)* kommt es zu, der Rede Glaubwürdigkeit zu verleihen [19], während in Einleitung und Schlußteil die Affekte mobilisiert werden sollen. Entsprechende Anweisungen sind bereits in den beiden früheren Schriften formuliert, so zur *narratio* in der ‹Rhetorica ad Herennium› [20] und zur Beweisführung in ‹De inventione› [21]: «Confirmatio est per quam argumentando nostrae causae fidem et auctoritatem et firmamentum adiungit oratio.» (Die Beweisführung ist der Teil, durch den die Rede durch Darlegung von Gründen unserem Fall Glaubwürdigkeit, Überzeugungskraft und Stärke verleiht.) Darüber hinaus wird übereinstimmend [22] empfohlen, bereits im Prooemium Gegenmaßnahmen einzuleiten, «wenn die Rede der Gegner bei den Zuhörern Überzeugung bewirkt hat» (sin oratio adversariorum fidem videbitur auditoribus fecisse). [23] Das wichtigste Gebiet freilich, auf dem F. erzeugt werden muß, ist die Argumentation: «Argumentum (sc. esse) [...] rationem, quae rei dubiae faciat fidem.» (Das Argument ist ein Mittel, das einer unsicheren Sache Glaubwürdigkeit verleiht.) [24] Dabei wiederum ist der Begriff ‹F.› besonders im Zusammenhang mit den als Beweismittel eingesetzten Zeugen *(testes)* erwähnt, deren Aussagen entweder bekräftigt oder entwertet werden müssen. [25] Zeugnisse rechnen in der Argumentationslehre des Aristoteles zu den πίστεις ἄτεχνοι (písteis átechnoi), die den πίστεις ἔντεχνοι (písteis éntechnoi) gegenüberstehen. Letztere sind mit Hilfe der rhetorischen Kunstlehre gewonnene Beweise im Gegensatz zu jenen, bei denen das nicht der Fall ist, d. h. die von außen vorgegeben sind. [26] Diese Unterscheidung wird von Quintilian rezipiert [27], und so finden sich an entsprechender Stelle auch die *testimonia* eingeordnet. [28] (Pistis bezeichnet hier den Beweis. [29])

Einen Platz innerhalb des in der rhetorischen Topik verwendeten Tugendkanons hat die F. im Sinne von ‹Treue›, ‹Zuverlässigkeit› nicht erobern können wie etwa *prudentia, iustitia, fortitudo, temperantia*. [30] Dies ist offenbar dadurch bedingt, daß die griechische (und in ihrer Nachfolge die römische) Rhetorik in diesem Punkt von der Philosophie abhängig ist, für welche die F. entsprechend der griechischen Situation nicht den Rang einnahm wie in Rom, wo Cicero definieren konnte: «Fundamentum autem est iustitiae fides, id est dictorum conventorumque constantia et veritas» (Die Grundlage der Gerechtigkeit aber ist die Zuverlässigkeit, d. h. die Beständigkeit und Wahrhaftigkeit bei Aussagen und Vereinbarungen). [31]

Von der Bedeutung ‹Glaubwürdigkeit›, die sich im rhetorischen Bereich als die am meisten verbreitete erwies, ergibt sich die Verbindung zum Gebrauch von F. im Sinne von ‹Glauben, Vertrauen›, das man jemandem entgegenbringt: ‹fidem habere› kommt einem ‹credere› nahe. Diese aktive Bedeutung, die schon bei PLAUTUS in einzelnen Beispielen vertreten ist [32], wird später ganz gebräuchlich, auch in den Reden Ciceros. Im *christlichen* Bereich schließlich tritt neben diese F. ‹qua creditur› (durch die man Glauben erweckt) der Glauben als Glaubensinhalt, d. h. F. ‹quae creditur› (die man glaubt). Statt der vollständigen Benennung ‹fides Christiana› wird für die christliche Religion auch nur ‹F.› verwendet; die Gläubigen heißen ‹fideles›. Das griechische Gegenstück ist hier stets πίστις (pístis).

Anmerkungen:

1 Thesaurus linguae Latinae Bd. 6, 1 Sp. 661–691; vgl. E. Fraenkel: Zur Gesch. des Wortes ‹F.›, in: Rheinisches Museum 71 (1916) 187–199 (= Kl. Beiträge zur Klass. Phil. Rom, 1965, I 15–26). 2 R. Heinze: ‹F.›, in: Hermes 64 (1929) 140–166 (= Vom Geist des Römertums (1960) 59–81). – 3 L. Lombardi: Dalla ‹fides› alla ‹bona fides› (Mailand 1961); dazu die wichtigen Rezensionen des Philologen M. Fuhrmann, in: Gnomon 35 (1963) 680–690 und des Juristen F. Wieacker, in: Sav. Zs, Roman. Abt. 79 (1962) 407–421. – 4 C. Becker: Art. ‹F.›, in: RAC Bd. 7 (1969) 801–839 (mit Lit.). – 5 G. Freyburger: F. Étude sémantique et religieuse depuis les origines jusqu'à l'époque augustéenne (Paris 1986). – 6 W. Waldstein: Entscheidungsgrundlagen der röm. Juristen, in: ANRW Bd. II 15 (1976) 3–100, bes. 68–78. – 7 vgl. bes. Lombardi [3] 47ff. – 8 Cicero, In Verrem 2, 4, 14. – 9 Cicero, Pro M. Fonteio 40. – 10 W. Neuhauser: ‹Patronus› und ‹Orator› (Innsbruck 1958); J. Hellegouarc'h: Le vocabulaire latin des relations et des partis politiques sous la république (Paris ²1972) 28ff., 275f. – 11 G. Kuhlmann: Diligentia (Diss. Münster 1956) bes. 168f. – 12 Quint. IV, 1, 7. – 13 vgl. auch IV, 2, 125. – 14 Arist. Rhet. I, 2, 1356a 1ff. – 15 Cic. De inv. 1, 25; vgl. auch De or. 2, 156. – 16 vgl. J. Adamietz: Ciceros de inventione und die Rhetorik ad Herennium (Diss. Marburg 1960). – 17 Cicero: Partitiones oratoriae 5. – 18 ebd. 27. – 19 vgl. ebd. 31. 33. – 20 1, 16. – 21 1, 24. – 22 vgl. Cic. De inv. 1, 24; Auct. ad. Her. 1, 10. – 23 De inv. 1, 25. – 24 Cicero, Topica 8. – 25 Bei Cicero vgl. vor allem Partitiones oratoriae 73–78, außerdem Quint. V, 7. Belege aus Cicero-Reden siehe im ‹Thesaurus linguae Latinae› Bd. 6, 1: 684, 50ff. – 26 Rhet. I, 2. 15. Eine ähnliche Einteilung findet sich im Auct. ad Alex. cap. 7ff. Siehe dazu J. Martin: Antike Rhet. (1974) 95ff. – 27 Quint. V, 1, 1. – 28 ebd. V, 7. – 29 Quint. übersetzt in V, 1, 1 *pistis* mit *probatio*; vgl. auch V, 10, 8. – 30 vgl. z. B. Cic. De inv. 2, 159; Arist. Rhet. I, 9, 1366b 2ff. – 31 Cicero, De officiis 1, 23. – 32 vgl. Lombardi [3] 29f.

J. Adamietz

II. *Theologie, Christentum.* Der ‹F.›-Begriff des Christentums und seiner Theologie unterscheidet sich signifikant sowohl von den allgemeinen Bedeutungen im lateinischen Sprachraum und von der Verwendung von πίστις (pístis) im klassischen Griechisch als auch von der Semantik von F. in der rhetorischen Theorie. Die F. im Christentum ist nicht anthropologisch bestimmt. Als theologischer Begriff geht sie über die semantischen Aspekte von ‹Vertrauen, Treue› einerseits oder ‹Fürwahrhalten› andererseits hinaus. F. im strengen dogmatischen Sinne bezeichnet weder eine humane Relation noch ein epistemologisches Interesse. Im theologischen Kontext hat F. bzw. Glaube immer eine soteriologische Bedeutung und ist christologisch fundiert. Indem man an das Christusgeschehen glaubt, hat man Anteil am Heil. Durch Christi Sterben und Auferstehen hat Gott das Heil gewirkt. Gott ist es auch, der den Glauben im Menschen wirkt, durch den die Menschen am Heil partizipieren. Nicht der Mensch, sondern Gott ist also das Subjekt der F. im theologischen Sinne. [1]

Diese Grunddifferenz zum allgemeinen Sprachgebrauch und zur rhetorischen Terminologie formt sich im Laufe der Geschichte immer wieder unterschiedlich aus. Ein besonderes Problem, das hier nur unzureichend behandelt werden kann, ist darin begründet, daß innerhalb der Theologie mindestens drei Sprach- und Kulturkreise wesentlich an der Entwicklung des Begriffs der F. beteiligt sind. Der lateinischen F. gehen in der Christentumsgeschichte die griechische pístis und das hebräische Verb הֶאֱמִין (hae'aemin; glauben, vertrauen) voraus. Mit jeder Übersetzung besteht die Gefahr, daß eine Bedeutungsverschiebung stattfindet. Dies soll bei der folgenden Betrachtung der biblischen Begriffe aufgezeigt werden.

Altes Testament. Im AT findet sich kein Substantivum, dessen Bedeutungsumfang dem von F. entsprechen würde. Was später mit ‹Glaube› bezeichnet wird, findet durch verschiedene, unterschiedlich akzentuierte Nomina Ausdruck. [2] Wichtig für die Erschließung dessen, was im AT Glauben oder F. bedeutet, ist jedoch das Verb הֶאֱמִין (hae'aemin), dem Hiphil von אמן ('mn). Es wird in der Septuaginta, der griechischen Übersetzung des AT, überwiegend mit dem von pístis abgeleiteten Verb πιστεύειν (pisteúein; vertrauen, glauben) wiedergegeben. [3] Hae'aemin bedeutet etwa ‹Beständigkeit gewinnen›, ‹sich auf jemanden verlassen›, ‹einer Botschaft Glauben schenken› oder ‹sie für wahr halten›, ‹jemandem vertrauen›. Am häufigsten gebraucht wird es in bezug auf Menschen, dann aber fast immer in Form einer Negation. Nur Gott kann man vertrauen. [4] In Gen. 15,6 wird dies besonders deutlich. Abraham glaubt der Verheißung Jahwes, noch im hohen Alter einen Sohn zu erhalten. Dieses Vertrauen auf Gott wird positiv dargestellt, indem ausgeführt wird, daß dieses hae'aemin Abraham zur Gerechtigkeit angerechnet wird, d.h. als das rechte Gottesverhältnis qualifiziert ist. Auch in Jes 7 nimmt hae'aemin eine zentrale Stellung hinsichtlich des Verhältnisses vom Menschen zu Gott ein. König Ahas wird in einer bedrohlichen Lage vom Propheten Jesaja aufgefordert, der Heilszusage Jahwes zu trauen, ihr zu glauben. [5] Dies gipfelt in der Sentenz: «Glaubt ihr nicht, so bleibt ihr nicht.» [6] Das Vertrauen auf Gott wird damit zur Grundlage der Existenz. [7] Die Aussagen über ‹Glauben› im AT sind jedoch zu selten und in den verschiedenen Schichten zu heterogen, als daß man sie als zentrale Elemente alttestamentlicher Theologie bezeichnen könnte. Jedoch findet im Laufe der historischen Genese der alttestamentlichen Literatur schon eine Bedeutungsverschiebung bei dem Verb hae'aemin statt, und insgesamt nimmt die Bedeutung von ‹Glauben› als Bezeichnung des rechten Gottesverhältnisses zu, so daß hier die weitere Entwicklung auch im NT angelegt zu sein scheint. Besonders die Abrahamsepisode wird im NT wieder aufgegriffen (Röm 4). [8] Hinsichtlich des AT gibt es für den rhetorischen ‹F.›-Begriff allerdings keine Anknüpfungspunkte, da hier ein völlig differenter kultureller Kontext zugrundeliegt.

Neues Testament. Formen der Wurzel pist- finden im NT viel häufiger Verwendung als die entsprechende Vokabel im AT. Ein Grund für diese Entwicklung mag sein, daß pístis im allgemeinen Sprachgebrauch der Koine eine semantische Erweiterung hin zu religiösen Bedeutungen erfahren hat, die dem klassischen Griechisch fremd waren. [9] Damit einher geht eine grammatische Veränderung. Sowohl pístis als auch pisteúein werden im NT mit εἰς (eis; in, an) verbunden und erhalten so im neutestamentlichen Kontext gegenüber dem allgemeinen Sprachgebrauch eine spezifische Bedeutung im Sinne von ‹glauben an›. [10] Trotzdem gilt auch für das NT, daß ‹Glaube› in den einzelnen Sprachkreisen unterschiedliche Bedeutungsschwerpunkte hat. [11]

Bei den Synoptikern MATTHÄUS, MARKUS und LUKAS stehen noch die Bedeutungen ‹Fürwahrhalten›, ‹Vertrauen› und auch ‹Gehorsam› im Vordergrund (Mk 11,31; 13,21). [12] Bei PAULUS und JOHANNES wird der Glaube dann theologisch reflektiert und christologisch definiert (1 Kor 15,1–5; Joh 3,16). Dadurch erhält pístis eine spezifisch christliche Bedeutung. Paulus setzt den Glauben als Heilsweg dem Gesetz bzw. den guten Werken entgegen (Gal 3,1–14). Durch Werke des Gesetzes kann man nicht zum Heil kommen. Dies zu bewirken vermag einzig der Glaube, der von Gott geschenkt wird. [13] Damit ist pístis oder dann das synonyme ‹fides› zu einem spezifisch christlichen Begriff geworden, der mit dem allgemeinen Sprachgebrauch nicht mehr übereinstimmt: «Auch für Paulus, der den Begriff der pístis in den Mittelpunkt der Theologie gestellt hat, ist pístis nicht eine seelische Haltung des Menschen, sondern primär die Annahme des Kerygma, d.h. die Unterwerfung unter den von Gott beschlossenen und in Christus erschlossenen Heilsweg.» [14] Beim ‹F.›-Begriff der neutestamentlichen Theologie scheinen somit wenig Verbindungen zum rhetorischen ‹F.›-Begriff gegeben zu sein. Eine Konfrontation der beiden Begriffssysteme findet dann erst in der entstehenden Kirche statt, die sich mit der Philosophie und Kultur ihrer Umwelt auseinandersetzen muß.

Alte Kirche und Mittelalter. F. christiana oder auch bloß ‹F.› können als Bezeichnungen der christlichen Religion verwendet werden. Dabei werden ‹fides› und ‹pístis› synonym benutzt. [15] Allmählich treten jedoch Bedeutungsveränderungen ein: «Die Hauptursache der Verschiebungen wird darin zu suchen sein, daß die *alte Kirche* sich in ihrem Sprachgebrauch an ihre Umgebung anschloß: der Glaube wurde zu einer Weise der Wahrheitserkenntnis. Schon bei den apostolischen Vätern ist Glaube hauptsächlich das gehorsame Fürwahrhalten einer Reihe heiliger Überlieferungen.» [16] Besonders IRENÄUS betont den Aspekt der Wahrheit des Glaubensinhaltes gegenüber Paulus. Und CLEMENS VON ALEXANDRIEN greift gar auf die aristotelische Glaubensdefinition zurück, wo pístis in das Erfassen evidenter Wahrheiten meint. TERTULLIAN, der erste original lateinisch schreibende christliche Theologe, bezeichnet mit ‹F.› die ganze christliche Lebensweise. Nach dem Regierungsantritt Konstantins kann F. auch im Sinne von Glaubensbekenntnis verwendet werden. [17] Die theologische Arbeit des AUGUSTINUS führt zu entscheidenden Veränderungen des Verständnisses der F., die bis weit ins Mittelalter hinein virulent bleiben. Er unterscheidet erstmals explizit zwischen Glaubensinhalt und Glaubensakt: «Aliud sunt ea quae creduntur, aliud fides qua creduntur.» (Das eine ist, was geglaubt wird, das andere ist der Glaube, durch den geglaubt wird.) [18] Doch auch der Glaubensakt wird bei Augustin neu bestimmt. Der F. geht immer die *vocatio* (der Anruf) Gottes voraus. F. ist dann die Antwort auf das vorgängige Handeln Gottes. [19]

Durch die Wiederentdeckung der aristotelischen Schriften im 12./13. Jh. kommt es zu einer Vertiefung der Diskussion um das Verhältnis von Glauben und Wissen. Die theologische Verarbeitung dieses Problems wird in der Scholastik geleistet. F. wird als *prima veritas* (erste Wahrheit) bezeichnet, die aller Erkenntnis zugrunde liegt. THOMAS VON AQUIN arbeitet dann mit der Unterscheidung von *f. infusa* und *f. acquisita*. Die erstere ist ein von Gott eingegossener Habitus, auf dem alle wahrhafte Erkenntnis basiert. Die letztere ist die vom Menschen ausgehende Überzeugung von der Wahrheit, die der *f. infusa* allerdings nachgeordnet ist, ohne jedoch bedeutungslos zu werden: «Der Glaube ist für Thomas ein spekulativ-intellektuelles Zustimmen zu den Glaubenswahrheiten, das vom Willen bewirkt wird. Verdienstlich ist Glaube als Verwirklichung von Freiheit.» [20]

Gerade in der Alten Kirche und im Mittelalter finden sich Auseinandersetzungen der Theologie mit der Philosophie und damit auch mit der Rhetorik. Besonders dort, wo die Lehren des Aristoteles rezipiert werden, z. B. bei Clemens von Alexandrien und in der Scholastik, oder bei Augustin, der in der Tradition der lateinischen Rhetorik steht, kann auch eine wechselseitige Beziehung von rhetorischem und theologischem ‹F.›-Begriff vermutet werden. Dies im einzelnen zu untersuchen und nachzuweisen, bleibt ein Desiderat theologischer wie rhetorischer Forschung.

Reformation. F. wird zum zentralen Thema der Reformation und Glaube als alleiniger Weg zum Heil bestimmt. Mit dem reformatorischen *sola fide* (nur durch den Glauben) definiert LUTHER F. wieder ganz soteriologisch: es geht nicht um die Erkenntnis der Wahrheit, sondern um den Anteil am Heil. Im Kontext der Rechtfertigung nimmt Luther die paulinische Entgegensetzung von F. und Werken wieder auf. Nicht Werke, sondern allein der durch Gott gewirkte Glaube führt zum Heil. [21] Deshalb bricht Luther auch mit den Unterscheidungen von Augustin und Thomas: «Fides acquisita sine infusa nihil est, infusa sine acquisita est omnia.» (Der erworbene Glaube ohne den eingegossenen ist nichts, der eingegossene ohne den erworbenen ist aber alles.) [22] Der Glaube ist nach Luthers Verständnis im Anschluß an Paulus durch Gott gewirkt und im Christusgeschehen begründet. «Glaube ist der Inbegriff für die durch die Wirklichkeit Gottes neu geschaffene Wirklichkeit des Menschen.» [23]

K. Dockhorn weist auf Parallelen von Luthers und Quintilians ‹pístis›- respektive ‹fides›-Begriff hin. Zwar kann er einige interessante Textbelege anführen, jedoch scheint es eher unwahrscheinlich, daß der stark theologisch und christologisch gefärbte ‹F.›-Begriff der theologischen Hauptschriften Luthers vom rhetorischen Begriff Quintilians abhängig ist. Andererseits ist festzuhalten, daß der Quintiliankenner Luther ein positiveres Verhältnis zur Rhetorik hatte, als in der theologischen Forschung gemeinhin zur Kenntnis genommen wird. [24] Ein abschließendes Urteil muß auch hier zukünftiger Forschung vorbehalten bleiben. Auch in der reformierten Theologie wird die soteriologische Bedeutung des Glaubens betont. CALVIN arbeitet jedoch auch den Aspekt der ‹Erkenntnis› in seiner Lehre vom Glauben heraus: «Fides enim in Dei et Christi cognitione [...] non in ecclesiae reverentia iacet.» (Denn der Glaube besteht in der Erkenntnis Gottes und Christi [...], nicht aber in der Ehrfurcht gegenüber der Kirche.) [25]

Neuzeit. In der katholischen Theologie wird F. vor allem als Zustimmung zum Glaubensbekenntnis und als Zugehörigkeit zur Kirche verstanden. «Das *Rechtfertigungsdekret von Trient* (1547) geht, soweit es den Glauben betrifft, von der Differenzierung der drei theologischen Tugenden aus. D.h. ohne Hoffnung und Liebe eint der Glaube nur unvollkommen mit Christus; umgekehrt ist der Glaube Anfang, Grundlage und Wurzel aller Rechtfertigung.» [26] Auf evangelischer Seite wird in der altprotestantischen Orthodoxie und im Pietismus an der *f. iustificans* (rechtfertigender Glaube) festgehalten. Erst mit der Aufklärung entsteht erneut das Anliegen, den Glauben als etwas vernünftiges und die Religion als natürliche zu bestimmen. Dies ist der Hintergrund von SCHLEIERMACHERS Diskussion mit *Fichte* und *Schelling* um den Ort der Theologie an der neu zu gründenden Berliner Universität. Schleiermacher ist nicht den Weg der Aufklärung gegangen, sondern er wendet sich mit seinem theologischem Denken und bei der Entwicklung seines Glaubensbegriffs der menschlichen *Erfahrung* als einer Konstituente der christlichen Religion zu. Damit vollzieht er einen wichtigen Schritt, der die neuzeitliche Theologie nachhaltig beeinflußt hat. Der Glaube wird bei ihm als ‹Gefühl schlechthinniger Abhängigkeit›, als ‹Gottesbewußtsein›, als ‹frommes Selbstbewußtsein› etc. bezeichnet. [27]

K. BARTH als Exponent der sogenannten ‹Dialektischen Theologie› wendet sich vehement gegen die auf Schleiermacher zurückgehende anthropologische Bestimmung des Glaubens im Neuprotestantismus. Er akzentuiert wieder die Stellung Gottes als Subjekt des Glaubens. Der Mensch wird zum passiven Empfänger des Glaubensgeschenkes: «Man hat sich den Menschen im Ereignis des wirklichen Glaubens als sozusagen von oben geöffnet zu denken. Von oben, nicht von unten! Was von unten, als menschliche Erfahrung und Tat, als Glaubensbewußtsein sichtbar, greifbar und analysierbar wird, [...] das ist an sich ein ‹Hohlraum›, der auch ganz anders gefüllt sein könnte als gerade durch das Wort Gottes.» [28]

Mit den Antipoden Schleiermacher und Barth sind die beiden Pole neuzeitlicher deutscher Theologie beschrieben, die über lange Jahre die theologische Debatte bestimmt haben und teilweise noch bestimmen. Je nach Orientierung am einen oder anderen sind auch die Anknüpfungsmöglichkeiten für die Rhetorik unterschiedlich stark ausgeprägt. Beim anthropologisch bestimmten Glaubensbegriff des Philologen Schleiermacher läßt sich mit Sicherheit leichter interdisziplinär ansetzen als beim neoorthodoxen Barth mit seinem vertikalen Offenbarungsverständnis. Gerade auch die ‹Dialektische Theologie› scheint innerhalb der theologischen Forschung die Fortdauer eines pejorativen Rhetorikverständnisses begünstigt zu haben, da die anthropologischen Grundlagen der Religion und des Glaubens systematisch ausgeblendet werden. Deshalb ist innerhalb der theologischen Wissenschaft das Verhältnis des rhetorischen ‹F.›-Begriffs zum theologischen kaum behandelt worden. Andererseits könnte auch hier die Auseinandersetzung mit der rhetorischen Forschung für die theologische Wissenschaft Perspektiven eröffnen.

Anmerkungen:

1 vgl. Confessio Augustana V; R. Slenczka: Glaube VI: Reformation/Neuzeit/Systemat.-theol., in: TRE, Bd. 13, 318–320; 360–363; H. Graß: Glaube V: Dogmatisch, in: RGG³, Bd. 2, Sp. 1601. – **2** vgl. F. Baumgärtel: Glaube II: Im AT, in: RGG³, Bd. 2, Sp. 1588. – **3** vgl. A. Weiser: πιστεύω κτλ. B. Der alttestamentl. Begriff, in: Theol. Wtb. zum NT (THWNT) Bd. 6, 186; R. Bultmann: πιστεύω κτλ. C. Der Glaube im Judentum, in: THWNT, Bd. 6, 197; D. Lührmann: Glaube, in: RAC, Bd. 11, Sp. 62. – **4** vgl. A. Jepsen: אמן, in: Theol. Wtb. zum AT, Bd. 1, Sp. 331. – **5** vgl. K. Haacker: Glaube II: AT und NT, in: TRE, Bd. 13, 282f.; Jepsen[4] Sp. 328. – **6** Jes 7, 9b. – **7** vgl. Haacker[5] 280. – **8** ebd. 287; Jepsen[4] Sp. 331. – **9** vgl. C. Becker: F., in: RAC, Bd. 7, Sp. 826; Haacker[5] 278, 292. – **10** vgl. R. Bultmann: πιστεύω κτλ. D. Die Begriffsgruppe πίστις im NT, in: THWNT, Bd. 6, 204; Lührmann[3] Sp. 64. – **11** vgl. Lührmann[3] Sp. 64, 65, 78. – **12** vgl. Bultmann [10] 206; H. Braun: Glaube III: Im NT, in: RGG³, Bd. 2, Sp. 1592; Lührmann[3]

Sp. 79. – **13** Braun [12] Sp. 1595; Haacker [5] 297. – **14** Bultmann [10] 218. – **15** vgl. Becker [9] Sp. 826, 829. – **16** A. A. van Ruler: Glaube IV: Dogmengesch., in: RGG³, Bd. 2, Sp. 1597. – **17** vgl. S. G. Hall: Glaube IV: Alte Kirche, in: TRE, Bd. 13, 306f.; Lührmann [3] Sp. 96, 116. – **18** A. Augustinus, De Trinitate, XIII, II, 5. – **19** vgl. Hall [17] 307; Lührmann [3] Sp. 113–115; Ruler [16] Sp. 1598. – **20** E. Gössmann: Glaube V: MA, in: TRE, Bd. 13, 314; vgl. RGG³, Bd. 2, Sp. 1599f. – **21** vgl. Slenczka [1] 318–324; Ruler [16] Sp. 1600. – **22** Luther, WA 6, 84–86. – **23** Slenczka [1] 323. – **24** vgl. K. Dockhorn: Luthers Glaubensbegriff und die Rhet. Zu G. Ebelings Buch ‹Einf. in theol. Sprachlehre›, in: Linguistica Biblica, H. 21/22 (1973) 19–39; G. Ueding, B. Steinbrink: Grundriß der Rhet. (²1986) 79–81. – **25** I. Calvin: Institutio Religionis Christianae III, 2, 3. – **26** Slenczka [1] 329. – **27** F. D. E. Schleiermacher: Der christliche Glaube, Bd. 1 (⁷1960) 41, 95 u. ö. – **28** K. Barth: Kirchliche Dogmatik (Zürich ⁷1955), Bd. I, 1, 255f.

M. Haspel

III. *Rechtswesen.* Auch im römischen Rechtswesen hat der Begriff ‹F.› grundsätzliche Bedeutung. Seine Verwendungen reichen dabei vor und über das positive Recht hinaus, so daß eine einheitliche, technische Definition der F. als Rechtsbegriff nicht sinnvoll gegeben werden kann. [1] Die Quellen des römischen Rechts lassen deskriptive wie präskriptive Gebrauchsweisen erkennen. [2] In beschreibender Funktion bezeichnet ‹F.› einerseits Treue und Redlichkeit als Eigenschaften einer Person, besonders im Blick auf die Erfüllung eines gegebenen Wortes, andererseits den Glauben an diese Redlichkeit und das Vertrauen, das man demjenigen, den man für redlich hält, entgegenbringt. Gelegentlich wird F. auch auf die Glaubwürdigkeit und Wahrheitstreue von Zeugen bezogen. [3] In präskriptiver Verwendung kennzeichnet F. die diesen Haltungen entsprechenden Verpflichtungen: zu seinem Wort zu stehen [4] und eingegangene Bindungen in Treue zum eigenen Wort und im Glauben an die Redlichkeit des Partners gewissenhaft zu erfüllen, auch wenn eine besondere Abrede fehlt. [5] Ebenso fällt unter ‹F.› das, was jemand, der für einen anderen tätig wird, im Vertrauen auf dessen Redlichkeit erwarten darf. [6] Alle diese Aspekte kommen schließlich in dem Interpretationsmaßstab zusammen, den die F. für den Richter darstellt. [7] Die bis heute geläufige Wortverbindung *bona fides* (gute Treue) entwickelt sich so von einer Verpflichtungsgrundlage bestimmter Verbindlichkeiten zu einem Maßstab für das Schuldverhältnis überhaupt; ihren Gegenbegriff bildet die Treuwidrigkeit *(dolus malus)*. [8] – Ferner bezeichnet ‹bona fides› die subjektive Überzeugung von der Rechtmäßigkeit eigenen Handelns und Habens (guter Glaube); Gegenteil hierzu ist der böse Glaube *(mala fides)*, bei dem diese Überzeugung fehlt: «Fides bona contraria est fraudi et dolo.» (Die Redlichkeit ist dem Betrug und der Arglist entgegengesetzt.) [9]

Das römische Recht hat *geschichtlich* gesehen der Freiheit des einzelnen und seiner privaten Rechtsmacht stets einen weiten Spielraum eröffnet. Die dem einzelnen gewährte Rechtsmacht umfaßte im Verhältnis der einzelnen zueinander nicht die Befugnis einer willkürlichen Ausübung. Vielmehr war die Rechtsmacht zunächst durch die Bindungen außerhalb des positiven Rechts begrenzt, die namentlich das Gebot der Treue *(fides)* in sich schlossen. Aus ihm entwickelte sich später der das römische Schuldrecht beherrschende Gedanke, daß der Rechtsinhaber nach ‹Treu und Glauben› *(bona fides)* handeln müsse. [10] – Ursprünglich ist die F. jedoch keine positiv-rechtliche, sondern erst magische, dann religiöse, dann profan-sittliche Verhaltensbindung. Sie wird in früher Zeit sakral geschützt und außermenschlicher Sanktion unterstellt [11], erzeugt daneben aber auch eine privatrechtliche Bindung, bei der die sittlichen Gebote der Mannestreue, der Zuverlässigkeit und Redlichkeit stets mitenthalten sind. [12] – Im Verlaufe der republikanischen Zeit wird die F. zu einem wichtigen Motor der Rechtsentwicklung, indem man sich bei denjenigen Schuldverhältnissen, bei denen es an einer bedarfsgerechten gesetzlichen Grundlage und Klagemöglichkeit *(oportere ex lege)* fehlt, auf die F. beruft und dem Richter aufgibt, *oportere ex fide bona* zu entscheiden. Diese Klageart *(bonae fidei iudicia)* haben die von den Juristen beratenen Prätoren seit dem 3. Jh. v. Chr. ohne volksgesetzliche Grundlage kraft ihrer Jurisdiktionsgewalt geschaffen und so die F. von einer vorrechtlich-ethischen in eine rechtliche Verhaltensbindung transformiert. [13] Die auf F. gegründeten Obligationen erlaubten, sich vom äußeren und inneren Formalismus des altrömischen Rechts zu lösen und unbestimmte Leistungsinhalte aus komplexen Rechtsverhältnissen umfassender und zugleich elastischer zu bemessen. [14] Zudem waren F.-Bindungen nicht von vornherein auf römische Bürger beschränkt, da die Pflicht zum Worthalten für alle Menschen ohne Unterschied der Nation galt. So erleichterte der Rückgriff auf das Leitbild der F. auch den Verkehr mit Nichtbürgern und Ausländern im Rahmen des *ius gentium* (Völkerrechts). Dies gilt insbesondere vom konsensualen Kauf als Grundgeschäft des Handelsverkehrs, während andere F.-Verhältnisse, wie *fiducia* (Vertrauen) und *tutela* (Schutz) schon nach ihren Gegenständen notwendig auf römische Bürger beschränkt blieben. [15] – Seit dem Beginn der klassischen Periode des römischen Rechts werden die *bonae fidei iudicia*, weil die gute F. ebenso verbindlich Rechtsfolgen erzeugen kann wie eine *lex*, dem *ius civile* zugerechnet. [16] Die *bona fides*, die nicht mehr als selbständige Verpflichtungsgrundlage benötigt wird, gibt fortan den Maßstab ab, nach dem der Richter das Rechtsverhältnis beurteilt. Doch bleibt der Kreis der Obligationen, bei denen die F. diesen Ermessensspielraum eröffnet, noch geschlossen: Eine allgemeine Unterordnung aller Schuldverhältnisse unter ‹Treu und Glauben›, wie sie das moderne Recht kennt, ist den Römern fremd. [17] Was die *bona fides* erforderte, mußte der Richter anfangs, ohne die Stütze einer weiteren Rechtsquelle, auf den Rat der Juristen nach eigener Redlichkeit und Verkehrsanschauung entscheiden. Erst im Laufe der Kaiserzeit haben die Juristen in ihren Gutachten und Schriften die Anforderungen, die an das Verhalten redlicher Menschen den Umständen nach zu stellen sind, aus der Fülle ihrer Erfahrungen konkretisiert und in gefestigte Regeln gefaßt. [18] Ausnahmslos Gesetzesrecht wurden diese Grundsätze erst durch die Aufnahme in das justinianische Gesetzbuch. Das gemeine Recht hat das Prinzip von Treu und Glauben schließlich auf den gesamten Bereich des Schuldrechts erstreckt; heute gilt es im ganzen Zivilrecht. [19] Die modernen Kodifikationen im deutschen Sprachraum verwenden das Prinzip von Treu und Glauben überwiegend als Generalklausel. [20] Keine solche Vorschrift enthält das Allgemeine Bürgerliche Gesetzbuch Österreichs, gleichwohl gilt der Grundsatz auch für das österreichische Zivilrecht.

Die von den römischen Juristen im Zusammenhang mit der F. entwickelten Einsichten haben sich als so allgemeingültig erwiesen, daß sie in irgendeiner Weise in jeder Rechtsordnung verwirklicht sein müssen, die diesen Namen verdienen soll. [21] In diesem Sinne hat schon CICERO bei seinen Betrachtungen über die natürlichen Grundlagen menschlicher Gemeinschaft die F. als *fundamentum iustitiae* (Grundlage der Gerechtigkeit) gewürdigt. [22]

Anmerkungen:
1 W. Waldstein: Entscheidungsgrundlagen der römischen Juristen, in: ANRW II 15 (1976) 3–100, 71. – 2 H. Heumann, E. Seckel: Handlex. zu den Quellen des römischen Rechts (^{9}1907; ND Graz 1958) 213f. – 3 Digesta 22, 4; 22, 5; Codex Iustinianus 4, 21. – 4 M. Kaser: Hb. der Altertumswiss. X, 3. 3. 1.: Das römische Privatrecht I (^{2}1971) 200. – 5 Papinian, Digesta 16, 3, 24. – 6 Gaius, Digesta 44, 7, 5. – 7 Waldstein [1] 77. – 8 Kaser [4] 509. – 9 Paulus, Digesta 17, 2, 3. – 10 J. Wiefels: Römisches Recht. Rechtsgesch. und Privatrecht (1949) 8. – 11 F. Wieacker: Zum Ursprung der *bonae fidei iudicia*, in: ZS der Savigny-Stiftung für Rechtsgesch., Romanistische Abt. 80 (1963) 1–41, 26f. – 12 Kaser [4] 200; F. Schulz: Prinzipien des römischen Rechts (1934; ND 1954) 157ff. – 13 ebd. 485f. – 14 Wieacker [11] 40. – 15 Kaser [4] 486. – 16 Scaevola, Digesta 18, 5, 8; Ulpianus, Digesta 4, 9; 11, 6, 1. – 17 Kaser [4] 475. – 18 ebd. 488. – 19 H. Honsell, T. Mayer-Maly, W. Selb: Römisches Recht (^{4}1987) 221. – 20 §§ 242, 157 Bürgerliches Gesetzbuch, Art. 2 Abs. 1 Schweizer. Zivilgesetzbuch. – 21 Waldstein [1] 78. – 22 Cicero, De Officiis 1, 23.

Literaturhinweise:
W. Kunkel: F. als schöpferisches Element im römischen Schuldrecht, in: FS P. Koschaker II (1939) 1–15. – A. Beck: Zu den Grundprinzipien der *bona fides* im römischen Vertragsrecht, in: FS A. Simonius (Basel 1955) 9–27. – L. Lombardi: Dalla ‹fides› alla ‹bona fides› (Mailand 1961). – A. Carcaterra: Intorno ai bonae fidei iudicia (Neapel 1964).

A. Kemmann

→ Auctoritas → Beweis, Beweismittel → Ethik → Ethos → Gemeinwohl → Gerichtsrede → Glaubwürdige, das → Gute, das → Honestum

Figura etymologica (griech. σχῆμα ἐτυμολογικόν, schéma etymologikón; ital. figura etimologica)
A. ‹F.› meint die kunstvoll-spielerische Zusammenfügung zweier Wörter zu einem Ausdruck, bei dem das zweite Wort den Wortstamm des ersten wiederholt, während sich seine Flexionsform verändert. Gewöhnlich wird die Figur ausschließlich für solche grammatische Konstruktionen geltend gemacht, bei denen ein Verb die Stammform seines Akkusativobjekts wiederholt, wie ‹einen Traum träumen›. Dagegen gibt es in der Literatur eine Fülle verschiedenartiger etymologisierender Wiederholungsfiguren, die einen erweiterten F.-Begriff rechtfertigen, der u. a. auch die folgenden Möglichkeiten zur Bildung dieser Figur miteinschließt: 1.) Substantiv/Verb, wobei nicht notwendig ein Akkusativobjekt vorhanden sein muß: «So wird der heil'ge Kampf gekämpft» [1], oder aber «Die Reiter reiten dicht gesellt» [2]; 2.) Substantiv/Partizip Präsens bzw. Perfekt: «Betrogene Betrüger» [3]; 3.) Substantiv/Adjektiv bzw. Adverb «Menschen menschlich sehen» [4]; 4.) Zwei Wörter identischer Wortart: «summa summarum» [5]; 5.) (Pseudo-)Etymologisches Spiel mit Namen wie bei den Romanhelden «Simplicius Simplicissimus» [6] oder «Rinaldo Rinaldini». [7]

Im Rahmen der rhetorischen *elocutio*-Lehre stellt die F. eine Wortfigur dar, die auf dem Prinzip der Wiederholung gründet und von großer klanglicher Suggestionskraft ist; der Eindruck von Wortarmut ist nur scheinbar. [8] Es besteht einerseits formale Übereinstimmung mit Wiederholungsfiguren wie *Alliteration, Assonanz*,

geminatio, andererseits ein inhaltlicher Zusammenhang mit dem Pleonasmus (πλεονασμός), der (vermeintlich) redundanten Häufung gleichbedeutender Ausdrücke, wie bei der Narrenweisheit «the rain raineth every day» (der Regen, der regnet jeden Tag). [9] Die F. gilt häufig als eine Spielart der Paronomasie (παρονομασία), die Figuren unterscheiden sich jedoch voneinander, insofern diese auf einem lediglich pseudo-etymologischen Wortspiel beruht. Lausberg ordnet die F. dem Polyptoton (πολύπτωτον) unter, einer Wortwiederholung, die mit der Flexionsänderung zugleich auch eine veränderte syntaktische Funktion beinhaltet [10]; kennzeichnend für die F. ist hingegen, daß die Wiederholungsglieder immer unmittelbar aufeinander bezogen sind, so daß sie eine Ausdrucks- und Bedeutungseinheit bilden.
B. Die Bezeichnung ‹F.› ist nicht antiker Herkunft. Bis zum 18. Jh. findet sich die theoretische Auseinandersetzung mit dem betreffenden Stilphänomen im Fadenkreuz der Begriffe Polyptoton [11], Paronomasie [12] bzw. *annominatio* [13] und Paregmenon (παρηγμένον; lat. *derivatio*). [14] Die Prägung ‹F.› geht auf die erste Hälfte des 19. Jh. zurück; sie stammt von C. A. LOBECK, der sich in seiner grammatischen Abhandlung ‹De figura etymologica› (zuerst erschienen 1832) auf den Begriff τρόπον ἐτυμολογικόν bzw. τρόπον ἐτυμολογίας (trópon etymologikón, trópon etymologías) von EUSTATHIOS (12. Jh.) bezieht. [15] Den Begriff σχῆμα ἐτυμολογικόν (schéma etymologikón) hat vermutlich R. Volkmann in einer Rückübersetzung des Lobeckschen ‹F.› erstmals gebraucht. [16] Somit handelt es sich bei dem griechischen wie bei dem lateinischen Ausdruck um eine neuzeitliche Benennung, erst seither findet sich der Begriff ‹F.› als rhetorischer Terminus in den einschlägigen Werken verzeichnet.

Als «inneres Objekt zur Näherbestimmung einer finiten Verbalform» ist die F. eine häufig auftretende Variante des sog. *absoluten Infinitivs* im Hebräischen. [17] Meist geht sie jedoch bei der Übersetzung verloren. Ein Beispiel (allerdings eine Nominalkonstruktion) ist: הֲבֵל הֲבָלִים אָמַר קֹהֶלֶת הֲבֵל הֲבָלִים הַכֹּל הָבֶל, Kohelet, 1, 2. In der lateinischen Übersetzung bleibt die etymologische Figur (ausnahmsweise) erhalten (‹vanitas vanitatum›), im Deutschen erfolgt stattdessen eine adverbiale Umschreibung (‹es ist alles *ganz* eitel›). Die antike Sprache und Literatur weist einen reichhaltigen und vielfältigen Gebrauch der F. auf. [18] Im Lateinischen ist sie ein typisches Element umgangssprachlicher Diktion, zu finden in den Briefen CICEROS und häufig in Possen oder Komödien (etwa bei PLAUTUS); daneben erscheint die Figur aber auch in der sog. hohen Dichtung, z. B. bei LIVIUS ANDRONICUS, bei dem sie als ein den sprachlichen Rhythmus konstituierender Faktor von zentraler Bedeutung ist. [19]

Die rhetorische Funktion dieser Figur ist ihrer Formenvielfalt entsprechend komplex. Sie ist ein sinnlich-affektiv wirksames Stilmittel, das der Steigerung und der Betonung *(Emphase)* dient. Lobeck zufolge haben die Lateiner etymologisierende Formen eher zu wortspielerischen Zwecken gebraucht, die Griechen dagegen, «ad definiendam vim verbi» (um die Kraft des Verbs zu bezeichnen). [20] Als Gründe für die Bildung etymologisierender Ausdrücke führt er außerdem an, daß sie der besseren Unterscheidung («distinctio») dienen, durch harmonische Zusammenfügung bestehen («concinnitas») und daß sie Aufmerksamkeit erregen («attractio rationum»). [21] In der deutschen Literatur hat die Figur in allen Epochen und auf den unterschiedlichsten Stilebenen gleichermaßen Verwendung gefunden. Die gesamte mittelalterliche Dichtung zeigt eine Vorliebe für entsprechende Klangspielereien [22]; F. Tschirch hat nachgewiesen, daß im ‹Ackermann aus Böhmen› die F. ein wichtiges Mittel ist, bedeutungstragende Wörter augenfällig werden zu lassen. [23] GOETHE hat sich ihrer ebenso bedient wie JEAN PAUL. Als charakteristisches Stilmittel in der Lyrik HÖLDERLINS fügt sie sich einerseits bruchlos in dessen pathetischen Sprachgestus – «Fürs Vaterland! zu bluten des Herzens Blut» [24] – andererseits gehört sie heute zum gängigen wortspielerischen Repertoire der Sprache der Produktwerbung, paßt gleichzeitig aber auch in den Lakonismus moderner Kurzprosa: «Der Glaser glaste still und schwieg». [25]

Die Besonderheit der F. liegt in der ihr eigenen, sehr differenziert zu beschreibenden Ausdruckskraft, die sie zu einem geradezu universal verwendbaren Stilmittel macht. Sie spiegelt den Ausdruck ‹volkstümlicher› Klangfreude, dient der Intensivierung des Ausdrucks auf der hohen Stilebene, erzeugt durch Steigerung und Übertrumpfen ironisch-komische Effekte und gewährt überdies breiten Raum für sprachschöpferische Neigungen – wie bei N. LENAU: «Mein selbstestes Selbst ist die Poesie.» [26]

Anmerkungen:
1 Novalis: Hymne, in: Schr., hg. v. P. Kluckhohn und R. Samuel, Bd. 1 (1977) 174. – 2 N. Lenau: Die Drei, in: Sämtl. Werke und Br., hg. v. W. Dietze, Bd. 1 (1971) 396. – 3 G. E. Lessing: Nathan der Weise III, 7. – 4 J. W. von Goethe: Der Gott und die Bajadere, in: Werke Bd. I (Hamburger Ausg.) 273. – 5 Plautus, Truculentus I, 1. – 6 vgl. H. J. C. von Grimmelshausen: Der Abentheuerliche Simplicissimus Teutsch (1668). – 7 vgl. C. A. Vulpius: Rinaldo Rinaldini (1797ff.). – 8 vgl. Auct. ad Her. IV, 21. – 9 W. Shakespeare: Twelfth Night, or: What you will V, 1. – 10 vgl. H. Lausberg: Hb. der lit. Rhet. (³1990) 648. – 11 vgl. Quint. IX, 3, 37. – 12 Quint. IX, 3, 66; Diomedis Artis grammaticae libri III, in: Gramm. lat. I, 446. – 13 vgl. Auct. ad Her. IV, 29. – 14 vgl. Ps.-Rufinian, De schematis lexeos 16, in: Rhet. Lat. min. 51f. – 15 C. A. Lobeck: De figura etymologica, in: ders.: Paralipomena Grammaticae Graecae (1837); vgl. Eustathii Commentarii ad Homeri Iliadem Pertinentes 1141, 2; 1173, 38; 1278, 44; 1298, 44. Hg. von M. van der Valk, Vol. IV (Leiden 1987) 169; 289; 648; 720; vgl. G. F. Schomann: Opuscula Academica IV (1858) 54f. – 16 R. Volkmann: Die Rhet. der Griechen und Römer (²1885) 479. – 17 E. Jenni: Lehrbuch der hebräischen Sprache des AT (1978) 117. – 18 vgl. G. Landgraf: De Figuris Etymologicis Linguae Latinae, in: Acta Seminarii Philologici Erlangensis II (1881) 1–69. – 19 vgl. H. Haffter: Unters. zur altlat. Dichtersprache (1934) 10ff.; vgl. J. B. Hofmann: Lat. Umgangssprache (⁴1978) 88. – 20 Lobeck [15] 533. – 21 ebd. 527. – 22 vgl. E. R. Curtius: Europ. Lit. und lat. MA (¹⁰1984) 304. – 23 vgl. F. Tschirch: Colores rhetorici im ‹Ackermann aus Böhmen› (Aequivoca, Synonyma, Figurae etymologicae und Reimformeln), in: A. Önnerfors u. a. (Hg.): Lit. und Sprache im europ. MA (FS Karl Langosch) (1973) 364–397, bes. 381ff. – 24 F. Hölderlin: Die Schlacht/Der Tod fürs Vaterland, in: Sämtl. Werke, Frankfurter Ausg., hg. v. D. E. Sattler, Bd. 5 (1984) 406. – 25 W. Hildesheimer: Das Atelierfest (Lieblose Legenden), in: Gesamm. Werke, hg. von C. L. Hart Nibbrig und V. Jehle, Bd. 1 (1991) 60. – 26 N. Lenau: Werke und Br., hg. v. H. Steinecke, A. Vizkelety, Bd. 5 (Wien 1989) 112.

Literaturhinweise:
E. S. McCartney: Modifiers that reflect the etymology of the words modified, with special reference to Lucretius, in: Classical Philology 22 (1927) 184ff. – J. B. Hofmann: Lat. Syntax und Stilistik (1965) 790ff. – E. Reiner: Zur ‹F.› im Dt., Engl. und Frz., in: Moderne Sprachen 29 (1985) 19–32; 30 (1986) 1–15.

H. Mayer

→ Alliteration → Assonanz → Derivatio → Emphase → Etymologie → Paronomasie → Pleonasmus → Polyptoton → Wiederholung

Figurengedicht (auch Bildergedicht, -lyrik; griech. τεχνοπαίγνιον, technopaígnion; lat. carmen figuratum; engl. pattern poetry; frz. poésie idéogrammatique; ital. carme figurato)
A. Das F. gehört zur visuellen Lyrik, die, semiotisch gesehen, zwei Zeichensysteme verbindet und somit zwei Rezeptionsformen ermöglicht: Sprache lesen (oder hören) und Bild sehen. Sprache und Bild stehen zueinander in Beziehung durch eine spezielle graphische Anordnung. Man unterscheidet das mimetische F., das von der Antike bis heute dominiert und dessen «Schrift- oder Druckbild die Figur eines Gegenstandes nachahmt» [1], und den weitgehend sprachautonomen Sehtext ohne direkte Objektreferenz, der in der konkreten Poesie auftaucht. Kompositionsform und Bild-Text-Beziehung sind sehr unterschiedlicher Art, von bloßer Spielerei bis zu symbolischer Korrelation von Bild und Text. Seit der Antike sind F. als Stilmittel manieristischer Darstellungsweise, z. B. des Asianismus, bekannt. Sie gehören weitgehend in den Bereich des *delectare*. Im pragmatischen Kontext dienten F. zur Beschriftung und Verzierung von Weihegeschenken, wo sie einen symbolisch-magischen Zweck verfolgten, wie auch die kabbalistisch-kryptologischen Verwendungen z. B. von magischen Quadraten. Die Bild-Text-Beziehung kann als eine Sondergestalt des horazschen *ut-pictura-poesis*-Themas verstanden werden, das mimetisch oder verfremdend aufgefaßt werden kann.

U. Ernst bestimmt das F. als «eine intermedial konzipierte Text-Bild-Komposition, bei der in der Regel versifizierter und im weitesten Sinn lyrischer Text zu einer graphischen Figur formiert ist, die mimetischen Charakter aufweist und eine mit der verbalen Aussage koordinierte Zeichenfunktion übernimmt». [2] Im Unterschied zu Epigraphik und Emblematik ist die Prävalenz des Textes beim F. eindeutig, da es keine Nebenordnung, sondern eine Verschmelzung zwischen dem sprachlichen Zeichenkomplex und der visuellen Graphik herbeiführt. Es strebt eine figurale Struktur an. Ernst unterscheidet sieben formale Typen des F. [3]: 1. Das *Umrißgedicht* nutzt die wechselnde Verszeilenlänge und die Polymetrie, die Verwendung verschiedener Versmaße, für den Aufbau einer Figur. 2. Im *Gittergedicht* werden bestimmte Buchstaben innerhalb eines quadratischen oder rechteckigen Textareals farblich hervorgehoben und bilden sogenannte *versus intexti*, inneren Text, oft besondere Namen. Sowohl Letternfeld als auch Intext arbeiten mit visueller Struktur. 3. Beim *imago*-Gedicht wird dem Letternfeld ein Bild eingeschrieben, häufig auch farblich differenziert. 4. Das *spatiale Liniengedicht* nutzt die freie Blattfläche wie z. B. Kalligramme und konkrete Lyrik, um durch Textlinien geometrische Figuren oder Symbole zu erzeugen. 5. Eine weitere Art des F. ist der *Cubus*, der eine labyrinthische Textkonstruktion bietet und dem Rätsel nahesteht. 6. Magische Formeln wie *figurierte Zauberformeln*, *carmina quadrata* und Kreuzwortlabyrinthe bilden den sechsten Typus und 7. sind noch *textpermutative Gedichte* zu nennen, die durch die graphische Gestalt einen schier unendlichen Prozeß der Sinnfindung anregen. Es lassen sich weiter statische und kinetische Formen, gegenständliche, geometrische und literale Typen unterscheiden und nach ihren je besonderen pragmatischen Kontexten trennen.

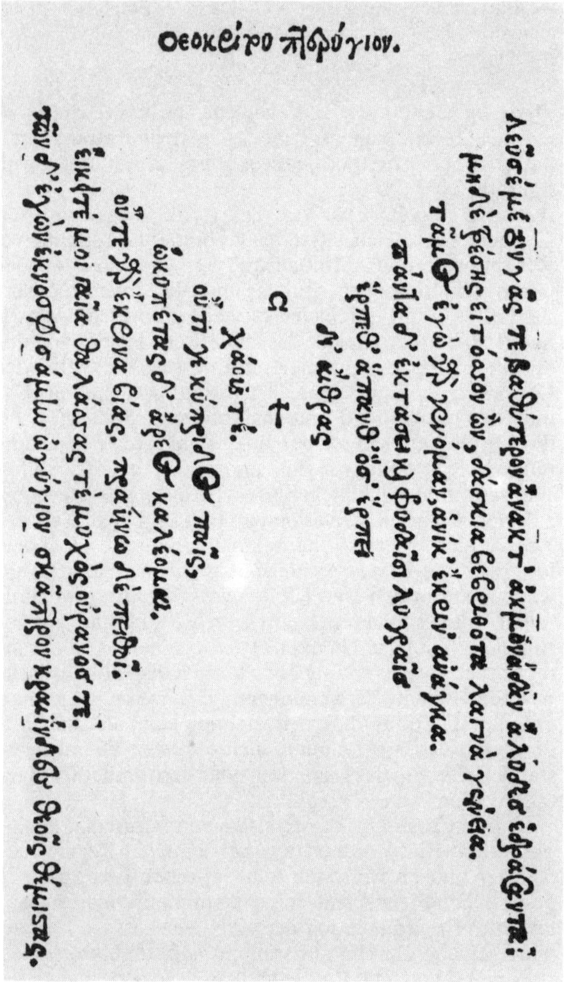

Abb. 1: Simias von Rhodos: πτερύγιον (Flügelgedicht)

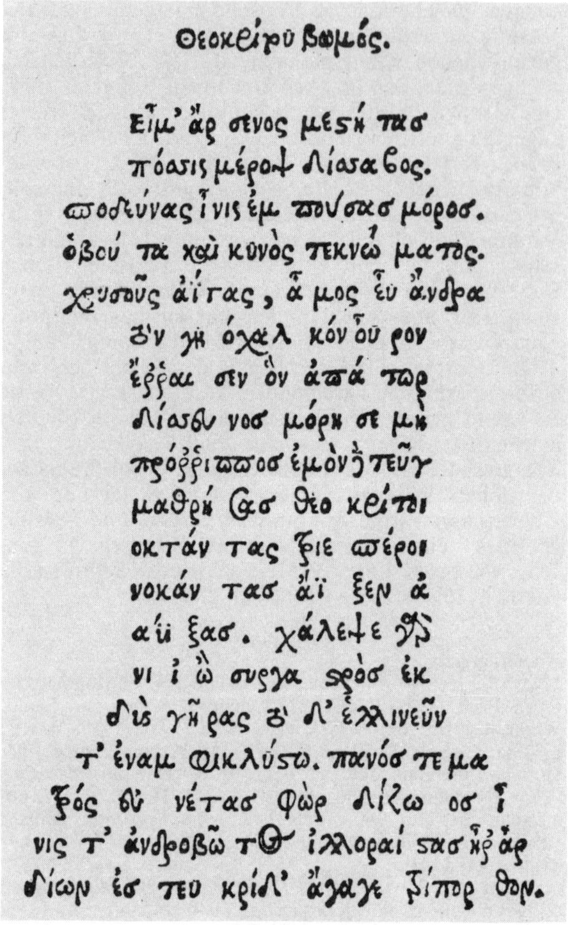

Abb. 2: Dosiadas von Kreta: βωμός (Altargedicht)

B. Die Verwendungsbreite des F. reicht von magisch-ritueller Kunst über mimetische und manieristische literarische Stile, ludistische Texte wie konkrete Poesie bis hin zur Gebrauchsliteratur. Textpermutative Hymnen der Ägypter und figurierte Zauberformeln stehen am Beginn des F. Das klassische F. konstituiert sich in der alexandrinischen Dichtung mit den Technopägnien des SIMIAS VON RHODOS (Abb. 1) in Gestalt von Flügel, Ei und Beil, mit dem berühmten Syrinxgedicht von THEOKRIT, das eine Panflöte abbildet und so einen poetologischen Verweis auf den Zusammenhang von Musik und Lyrik darstellt, und den als Diptychon aus dem Iason-Altar, der als Kultstätte für Blutopfer figuriert, und dem Musen-Altar, der Blutopfer verwirft, konzipierten F. des DOSIADAS VON KRETA (Abb. 2). Das klassische F. bildet mit symbolischen Absichten graphisch Gegenstände «aus dem Bereich des Animalischen (Ei, Flügel), der Artefakte (Beil, Syrinx) oder der Architektur (Altäre)» ab.[4] In der römischen Spätantike tritt vor allem PORFYRIUS mit F. hervor (Abb. 3), die an die griechischen Umrißgedichte anknüpfen wie Altar, Syrinx und Wasserorgel. Er schafft darüber hinaus die neue Form des geometrischen Gittergedichts, des *carmen quadratum* oder *cancellatum*, das Mittelalter und frühe Neuzeit nachhaltig bestimmt hat.

Die Merowingerzeit tradiert diesen Typus des F., das in der karolingischen Renaissance eine neue Blütezeit erlebt. ALKUIN übernimmt die Form des Gittergedichts und benutzt es als panegyrische Form, in der neben sakralen auch profane Herrschernamen figuralisiert werden (Abb. 4). HRABANUS MAURUS' Sammlung ‹Liber de laudibus sanctae crucis› bildet die theologische und formale Vervollkommnung des Genres im Mittelalter. Maurus verwendet die Kreuzgitterform, bereichert sie aber mit flächiger Ausmalung, Farbe, mehrfachen geometrischen Figuren und Selbstdeutungen, sog. *declarationes*, die die Komplexität der stets theologischen Textdeutung und die Funktion des F. als Meditationsvorlage zeigen. Daneben finden wir seit der Antike Kreuzwortlabyrinthe, besonders im spanischen Mittelalter und vermutlich auch aus arabischer Tradition herkommend, und Cubusformen, deren bekannteste das der Zahlensymbolik nahestehende SATOR-Quadrat ist, das zur Ausschmückung von profanen und sakralen Räumen und Gegenständen immer wieder Verwendung fand. Rad- und Kreuzgedicht sowie Hrabani-Imitationen sind charakteristisch für das Spätmittelalter.

Im 15. Jh. kann man von einem «Versiegen der mittelalterlichen Formtradition» [5] sprechen, soweit sie die Gitterform betrifft, die in der Handschrift und Buchmalerei verwurzelt ist. Mit beginnendem Buchdruck werden permutative und typographische Formen wichtig wie

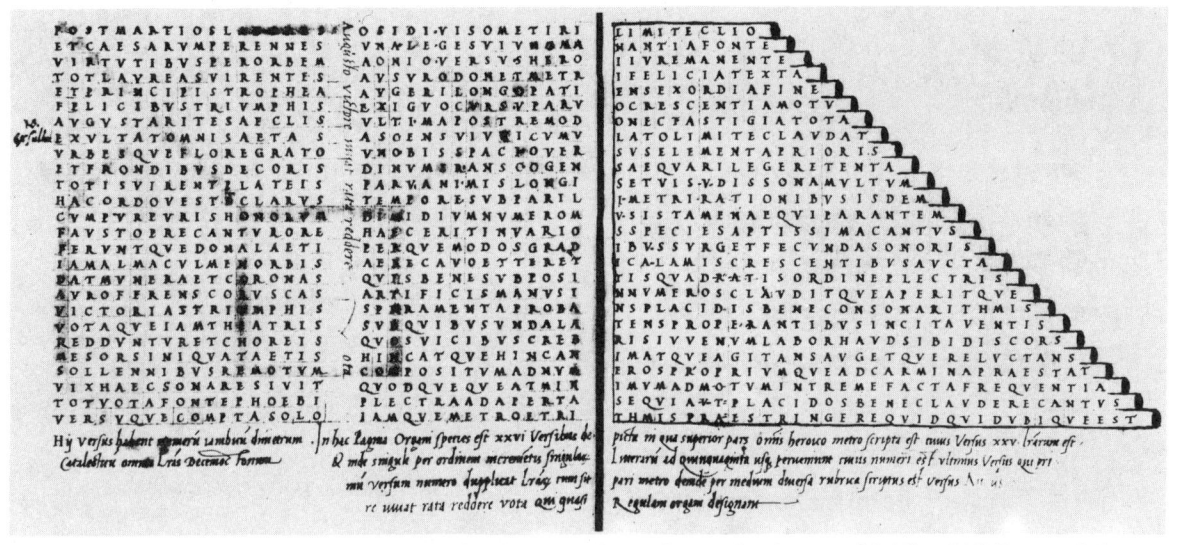

Abb. 3: P. O. Porfyrius: Publii Optatiani Porfirii Pangericus Dictus Constantino Augusto, fol. 15ᵛ und 16ʳ (Syrinxgedicht)

Abb. 4: Alkuin: Versus ad Carolum regem (Gittergedicht)

Abb. 5: M. de Castelein: Const van Rhetoriken (Schachgedicht)

etwa bei den Grands Rhétoriqueurs in Frankreich, die für eine «pensée figurée» [6] stehen (Abb. 5). F. entstehen in der Renaissance auch in der Vulgärsprache und werden auf dem Hintergrund der horazschen *ut-pictura-poesis*-Lehre als Entsprechung poetischer und figuraler Elemente, etwa bei Scaliger (Abb. 6), verstanden. Autoren des Barock verwenden besonders den Cubus und das Labyrinth, zu bevorzugten Formen werden aber auch Herzen, Flügel, Lauten, Pyramiden. F. sind sehr verbreitet in der deutschen Barocklyrik, z.B. bei den Nürnberger Pegnitzschäfern, und werden von Schottel (1645) wie auch in anderen europäischen Barockpoetiken verteidigt (Abb. 7). Dennoch gelten F. immer mehr als bloße «metrisch-graphische Spielerei» [7], und die Bilderlyrik wird von Boileau und später von Morhof, Weise u.a. kritisiert. «Als prunkvolle Gestalt formloser Gelegenheits- und Widmungsgedichte erhält sie sich bei kleineren Poeten bis in 18. Jahrhundert». [8] Nachahmungen finden sich bei A. Holz und Morgenstern (Abb. 8). In den Avantgardebewegungen des 20. Jh., besonders in Futurismus und Dada, wird ein neues F. erfunden. Appollinaires ‹Calligrammes› präsentieren spatiale Liniengedichte und mimetische F. wie etwa die

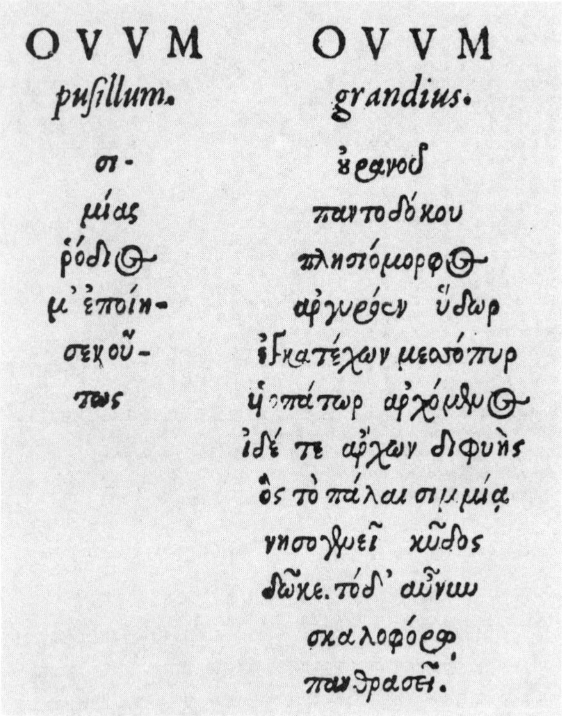

```
      O V M                O V M
    pusillum.              grandius.
      σι-                  ὐϱανοῦ
      μίας                 παντοδόκου
      ῥόδι☉                πλησιόμορφ☉
      μ' ἐποίη-            ἀγνεϱὸν ὕδωρ
      σε χοῦ-              ἐγκατέχων μεσόπυρ
      τως                  ὑοπάτωρ ἀρχόμεν☉
                           ἰδέ τε ἄρχων διφυὴς
                           ὅς τὸ πάλαι σιμμία
                           νησοψυεῖ κῦδος
                           δῶκε. τόδ' αὔγωι
                           σκαλοφόερῳ
                           παιδρασεῖ.
```

Abb. 6: J. C. Scaliger: Ovum pusillum, ovum grandius (Eigedicht)

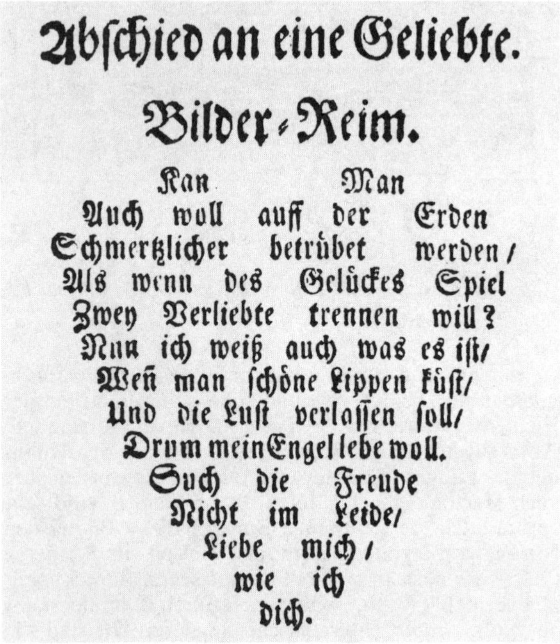

Abschied an eine Geliebte.
Bilder-Reim.

```
         Kan        Man
      Auch woll auff der Erden
    Schmertzlicher betrübet werden/
     Als wenn des Gelückes Spiel
      Zwey Verliebte trennen will?
      Nun ich weiß auch was es ist/
     Wenn man schöne Lippen küst/
      Und die Lust verlassen soll/
      Drum mein Engel lebe woll.
           Such die Freude
            Nicht im Leide/
              Liebe mich/
                wie ich
                 Dich.
```

Abb. 7: Nikolaus von Bostel: Abschied an eine Geliebte (Herzgedicht)

DIE TRICHTER

Zwei Trichter wandeln durch die Nacht.
Durch ihres Rumpfs verengten Schacht
fließt weißes Mondlicht
still und heiter
auf ihren
Waldweg
u. s.
w.

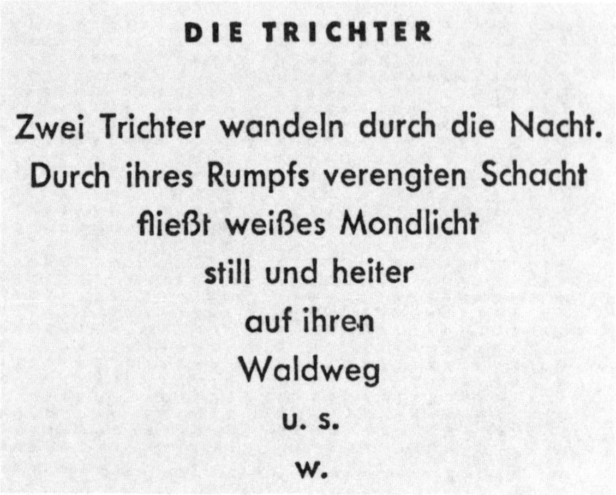

Abb. 8: C. Morgenstern: Die Trichter (Umrißgedicht)

KARAWANE
jolifanto bambla ô falli bambla
grossiga m'pfa habla horem
égiga goramen
higo bloiko russula huju
hollaka hollala
anlogo bung
blago bung
blago bung
bosso fataka
ü üü ü
schampa wulla wussa ólobo
hej tatta gôrem
eschige zunbada
wulubu ssubudu uluw ssubudu
tumba ba- umf
kusagauma
ba - umf
(1917)
Hugo Ball

Abb. 9: H. Ball: Karawane (Lautgedicht)

Uhr. Der traditionelle Zeichenbegriff soll aufgebrochen werden. «Figuration, spatialisation, visualisation du message poétique visent à remotiver le signifiant» (Figürlichkeit, räumliche Anordnung und optische Hervorhebung der poetischen Botschaft zielen auf eine Neu-

begründung der sprachlichen Formen). [9] Die Materialität der Sprache wird durch das F. betont (Abb. 9). In der konkreten Lyrik ist es teilweise reiner Sehtext ohne außertextuellen Referenten oder allenfalls mit ironischem Referieren, wie in dem aus dem in die Fläche

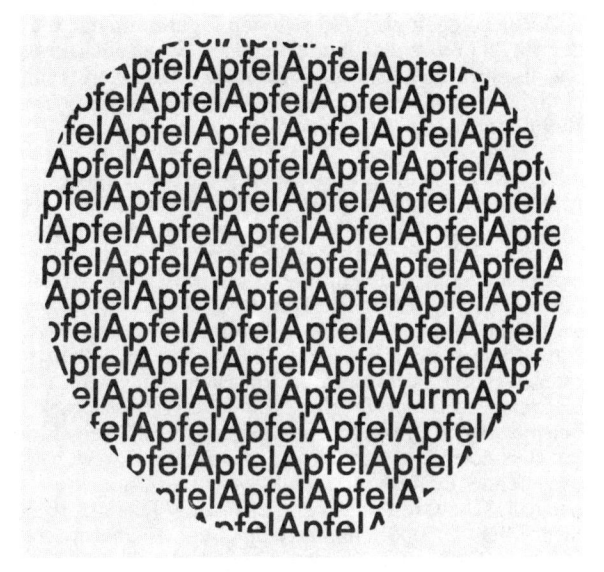

Abb. 10: R. Döhl: Apfel (mimetische Mischform)

gepreßten, wiederholten Wort «Apfel» bestehenden F. von R. DÖHL (Abb. 10). In der französischen Gruppe ‹Oulipo› werden nach figuralen und numerischen Prinzipien Texte generiert, darunter viele F. [10] Das F. der Gegenwart ist anti-symbolisch und orientiert sich an der visuellen Konkretheit der Sprache.

Anmerkungen:
1 J. Knobloch (Hg.): Sprachwiss. Wtb., Bd. 2 (1988) 56. – 2 U. Ernst: Carmen figuratum. Gesch. des F. von den antiken Ursprüngen bis zum Ausgang des MA (1991) 7. – 3 vgl. ebd. 9ff. – 4 ebd. 90. – 5 ebd. 732. – 6 R. Klein: La Pensée figurée de la Renaissance, in: Diogène XXXII (1960) 123–138. – 7 G. v. Wilpert: Sachwtb. der Lit. ([7]1989) 102. – 8 ebd. 102f. – 9 F. Rigolot: Le poétique et l'analogique, in: Sémantique de la poésie (Paris 1979) 157. – 10 vgl. Oulipo: Atlas de littérature potentielle (Paris 1981).

Abbildungsnachweis:
Abb. 1–10 aus: J. Adler, U. Ernst: Text als Figur. Visuelle Poesie von der Antike bis zur Moderne (1987). Ausstellungskataloge der Herzog August Bibliothek, Nr. 56.

Literaturhinweise:
B. Bowler: The Word as Image (London 1970). – R. Massin: La Lettre et l'Image (Paris 1973). – R. Kostelanetz (Hg.): Visual literary Criticism (Carbondale, Illinois 1979). – L. Caruso: La Poesia figurata nell'alto Medioevo (Neapel 1971). – K. P. Denkker (Hg.): Text-Bilder. Visuelle Poesie international, von der Antike bis zur Gegenwart (1972). – G. Pozzi: La parola dipinta (Mailand 1981). – D. W. Seaman: Concrete Poetry in France (Ann Arbor 1981).

G. Febel

Asianismus → Bild, Bildlichkeit → Delectare → Gelegenheitsgedicht → Lyrik → Manierismus → Symbol → Ut-pictura-poesis-Doktrin → Vers → Wortspiel

Figurenlehre

A. Def. – B. Theorie der Figuration. – C. I. Der Begriff ‹figura/Figur›. – II. F. in der Geschichte des Unterrichts. – III. Theoriegeschichte. – 1. Logisch-struktureller Ansatz der Figurentheorie im historischen Überblick. – 2. Funktional-pragmatischer Ansatz der Figurentheorie im historischen Überblick. – 3. Moderne empirische Figurenforschung. – 4. Semiotik und F. – 5. Poetik und F. – 6. Neuere text- und wissensanalytische Ansätze.

A. Der Begriff ‹Figur› nimmt unter den Kategorien der Rhetorik hinsichtlich Gebrauch, Popularität und historischer Bedeutung gewiß den ersten Platz ein. [1] Mit ‹Figur› bezeichnet man in der Rhetoriktradition generell bestimmte sprachliche, jedoch nicht grammatisch motivierte Gestaltphänomene der Oberflächen- oder Tiefenstruktur von Texten.

Unter ‹F.› sind die in der Rhetorikliteratur dokumentierten Bemühungen zu verstehen, rhetorische Figuren zu klassifizieren, zu kodifizieren und gegebenenfalls theoretisch zu fassen. F. treten historisch in separaten Darstellungen oder als Teil umfassend angelegter Rhetoriken auf. Seit der Antike haben sie ihre Systemstelle gewöhnlich unter der Rubrik *ornatus*, in dem mit sprachlichen Gestaltungsmitteln befaßten Kapitel *elocutio*. Dementsprechend stellt der Artikel ‹Elocutio› im Historischen Wörterbuch der Rhetorik einen Komplementärbeitrag dar. [2]

Historisch nahm die F. eine Zentralstellung im Rhetorikunterricht ein. Dabei konnten zwei in der Literatur erörterte figurentheoretische Grundpositionen vermittelt werden:

1. Der logisch-strukturale Ansatz, der Figurendefinitionen unter Zuhilfenahme einer eigenen Nomenklatur sammelt und systematisiert.

2. Der funktional-pragmatische Ansatz, der bestimmte Gebrauchsfunktionen oder Wirkungspotentiale von Figuren untersucht.

In neuerer Zeit sucht man den funktional-pragmatischen Ansatz empirisch zu fundieren. Dabei werden die Funktionsweise und das Wirkungspotential von Figuren mit Hilfe strengerer (natur- oder sozialwissenschaftlicher) Methodik erforscht. Die Semiotik geht demgegenüber eher vom logisch-strukturalen Ansatz aus, wenn sie die figurensystematische und -theoretische Perspektive auf andere, nonverbale Zeichensysteme ausweitet.

Ein klassischer Sektor der Figurendiskussion ist die Poetik. Seit alters wurde hier erörtert, wie die autoreflexive Funktion von Figuren in poetologische Konzepte einzubinden ist. Von dieser Tradition gehen teilweise auch die neueren text- und wissensanalytischen Adaptationen des Figurenkonzepts aus, die die enger gefaßte rhetorische Figurenkategorie erweitern.

Die genannten figurentheoretischen Ansätze treten in der Rhetorikgeschichte teils isoliert, teils miteinander kombiniert auf. Der logisch-strukturale Ansatz aber gewann das größte Gewicht, weil er die methodische Basis für die Mehrzahl der zahlreichen Figurentaxonomien abgibt. Viele Rhetoriker sahen nämlich ihre Aufgabe darin, das Figureninventar teils mit wissenschaftlicher Akribie, teils mit pedantischer Klassifikations- und Bezeichnungslust zu pflegen. Nach R. BARTHES hätte man schon Quintilian die Grabinschrift setzen können, die sich «Monsieur Teste wünschte: *Transiit classificando.*» [3] Dies begründet das bis heute lebende Vorurteil, die Rhetorik sei mit der F. zu identifizieren und also «in ihrem Wesen taxonomisch». [4] J. G. SULZER beschrieb den Ursprung dieser Entwicklung in seiner ‹Allgemeinen Theorie der schönen Künste› (1771/74, [2]1792) wie folgt: «Nachdem man einmal angefangen hatte, über die Sprache der Redner und Dichter nachzudenken, um den Ursprung der verschiedenen Annehmlichkeiten des Nachdrucks und der Hoheit derselben zu entdeken, hat man bald angemerkt, daß gewisse Formen, oder besondere Beschaffenheiten des Ausdrucks, eine besondere Würkung thun. Damit man nun die verschiedenen Arten der Formen von einander unterscheidete, so mußte man die vornehmsten mit besondern Namen bezeichnen, die eine eine "Ausrufung", die andre eine "Wiederholung", die dritte anders nennen. Dies ist der Ursprung der Lehre von den Figuren, worüber die Lehrer der Sprache und der Beredsamkeit so viel geschrieben haben.» [5] Der Aufstieg der F. zum Hauptthema der Rhetorik führte schließlich dazu, daß man die ganze Disziplin in eine ‹Figurenrhetorik› und eine ‹Handlungsrhetorik› aufteilen wollte. [6]

Zum grundlegenden taxonomischen Modell wurde die antike Unterscheidung von Tropen einerseits, Figuren andererseits, die wiederum in Wort- bzw. Ausdrucksfiguren und Gedanken- bzw. Inhaltsfiguren unterteilt werden. Viele Rhetoriker bemühten sich, dieses System weiter auszufüllen oder zu ergänzen und mit gewissermaßen scholastischem Distinktionismus Unmengen von Figuren unter Aufbietung einer eigenen Nomenklatur nach Gruppen zu ordnen. Die Figurentaxomonien durchwanderten dann, wie R. BARTHES bemerkt, verschiedene Sprachen (Griechisch, Lateinisch, romanische Sprachen usw.), «von denen jede die Natur der "Figuren" verlagern konnte»; nicht zuletzt deshalb machte «der Durchbruch dieses Teils der Rhetorik terminologische Neuschöpfungen erforderlich». [7] So entstand ein vielfältig angereichertes Inventar mit einerseits hoch differenzierter, andererseits oft instabiler Begrifflichkeit. Die Nachwelt empfand dies nicht selten als terminologische Last.

Der moderne Strukturalismus hat die Einsicht ermöglicht, daß die Bemühungen der Figurentheoretiker – bei allen wissenschaftsgeschichtlich bedingten Schwächen – doch eine sachliche und methodische Berechtigung haben. Denn schon früh versuchte man mit den Figurentaxomonien «sprachliche Grundphänomene» zu erfassen, zu benennen und nach Generierungsregeln oder Strukturprinzipien zu systematisieren, die heute «den Linguisten und Stilforscher interessieren». [8] Eine tiefergehende theoretische Durchdringung wurde nicht erreicht. Das forderte in neuerer Zeit Kritik heraus, doch sollte man die älteren taxonomischen Bemühungen um das Figureninventar einschließlich der unübersichtlichen Nomenklatur vor ungerechter Kritik in Schutz nehmen. Es handelt sich um frühe Versuche, ein bedeutendes semiotisches, in den Einzelsprachen realisiertes Phänomen zu erfassen: nämlich Einzelsprachen übergreifende Zeichenstrukturen, die ihre Begründung nicht in einer linguistischen Systemgrammatik finden.

Anmerkungen:
1 M. Arrivé: Poetik und Rhet. in Frankreich seit 1945. Ein Forschungsber., in: LiLi Beih. 4 (1976) 78–105, hier 99 Anm. 121. – **2** H. Lausberg: Hb. der lit. Rhet. (³1990) §§ 453–1082; vgl. HWR, Bd. 2, Art. ‹Elocutio›, Sp. 1022–1083. – **3** R. Barthes: L'ancienne rhétorique. Aide-mémoire, in: Communications 16 (1970) 172–229, hier 181; dt. in: ders.: Das semiolog. Abenteuer (1988) 15–101, hier 28. – **4** Arrivé [1] 102. – **5** J. G. Sulzer: Allg. Theorie der Schönen Künste, Bd. 2 (1792; ND 1967) 231. – **6** vgl. I. Hantsch/K. Ostheeren: Linguistik und Rhet. Positionen der neueren Forschung, in: Sprachtheorie und angewandte Linguistik. FS A. Wollmann, hg. v. W. Welte (1982) 87–111, hier 97. – **7** Barthes [3] 218, dt. 86. – **8** W. Kayser: Das sprachl. Kunstwerk. Eine Einf. in die Lit.-wiss. (1948, ⁹1963) 110.

B. *Theorie der Figuration.* Rhetoriker, Philosophen, Semiotiker, Linguisten, Kunst- und Literaturwissenschaftler, Kommunikationswissenschaftler, Soziologen und Psychologen wandten sich den Figuren immer wieder mit theoretischen Überlegungen zu, wenn auch unter jeweils spezifischen Fragestellungen. Trotzdem kann man nicht von kontinuierlichen oder gar systematischen Bemühungen um eine Theorie der Figuren sprechen.

1. *Die Problematik der Figureneingrenzung.* Man muß mit D. BREUER konstatieren, daß zum Begriff der rhetorischen Figur «von Anfang an» und nach wie vor «ein gewisser Grad von definitorischer Unschärfe» gehört, «der sich auf einer mittleren Linie zwischen Systematisierungsaufwand und praktischem Zweck bewegt. Die rhetorischen Figuren wurden als Arbeitsbegriffe stets nur so genau beschrieben und systematisiert, wie es die jeweilige Praxis der Textherstellung und Textinterpretation erforderte. Entscheidend war der Gebrauchswert der Termini. Kataloge von Ausdrucksbeispielen und Ausdrucksbezeichnungen mit beigefügten Beispielen konnten je nach praktischem Zweck weitergehende Definitionen und Systematisierungen, als nachträgliche Ordnungshilfen, ersetzen.» Die historisch nicht überwundene Unschärfe des Begriffs ‹rhetorische Figur› ist für Breuer «weniger ein Mangel, sondern eine Konsequenz aus der topischen Verfahrensweise des Rhetorikers und im Hinblick auf die Textpraxis sogar ein Vorzug: Texthersteller wie Interpret haben die Freiheit, einen stets als offen betrachteten Katalog von sprachlichen Ausdrucksmustern heuristisch zu durchlaufen». [1]

Die linguistischen Bemühungen um die F. haben zu einem besseren Verständnis der Figuren beigetragen. Wer sich heute mit der Figurenproblematik beschäftigt, kann methodisch nicht mehr auf die von den modernen sprachanalytischen Disziplinen bereitgestellten Werkzeuge verzichten. Das gilt besonders für die nach wie vor desideratreichen Arbeitsfelder von Figurentypologie und Figurenfunktionsweise. So ist etwa die klassische Unterscheidung von Tropen, Ausdrucks- und Inhaltsfiguren durch die Anwendung der linguistischen Analyseebenen ins Wanken geraten. Eine überzeugende neue Gesamtkonzeption gibt es indes noch nicht.

Obwohl Figurationsphänomene inzwischen als allgemein semiotisches Problem erkannt sind, steht speziell die verbale Figur aufgrund ihrer großen Bedeutung nach wie vor im Mittelpunkt des Forschungsinteresses. Die verschiedenen mit der Figurenproblematik befaßten Disziplinen sind schon genannt worden. Da es um ein Sprachphänomen geht, sollten unter ihnen heute die mit strengerer linguistischer Methodik arbeitenden Fächer voranstehen. Allerdings gibt es in dieser Hinsicht auch Skeptiker. D. BREUER etwa verweist auf die oben genannten Versuche, «die rhetorischen Figuren, d.h. die überlieferten Strukturmuster sprachlichen Ausdrucks mit Hilfe einer differenzierten Begriffssprache in linguistische Kategorien zu überführen und logisch-systematisch zu ordnen: jedenfalls die sprachtheoretisch anfechtbaren Systematisierungen von Tropen, Wort- und Gedankenfiguren durch eine konsistentere, präzisere und vollständigere zu ersetzen». Dagegen erhebt er «aus rhetorikgeschichtlicher Sicht» Bedenken. Seiner Ansicht nach ist zu fragen, «ob die solchermaßen definierten Figuren überhaupt noch als rhetorische Figuren zu bezeichnen sind oder nicht eher als linguistische». [2] Die Antwort auf diese Frage kann nur lauten, daß rhetorische Figuren auch dann rhetorische Figuren bleiben, wenn sie einer linguistischen Betrachtungsweise unterzogen werden.

Nach wie vor offen bleibt jedoch die Frage, was als rhetorische Figur aufzufassen ist und ob es neben den rhetorischen Figuren auch noch andere Figuren gibt. Die von NIETZSCHE in seiner Rhetorikvorlesung 1874 aufgestellte, radikal nivellierende Figurationsthese könnte Zweifel daran aufkommen lassen, ob sich «rhetorische Figuren» tatsächlich als wissenschaftlich isolierbares Phänomen abgrenzen lassen: «Ebensowenig wie zwischen den eigentlichen Wörtern und den Tropen ein Unterschied ist, giebt es einen zwischen der regelrechten "Rede" und den sogenannten "rhetorischen Figuren". Eigentlich ist alles Figuration, was man gewöhnliche Rede nennt.» [3] Diese Position NIETZSCHES wird nur verständlich, wenn man sie vor dem Hintergrund der Theorie seines Gewährsmanns G. GERBER sieht. [4] Dieser hatte im ersten Teil von ‹Die Sprache als Kunst› (¹1871) eine diachron argumentierende Bedeutungs- und Sprachursprungstheorie entwickelt, die davon ausgeht, daß «alle Wörter» zu Beginn der Sprachentwicklung als «Lautbilder» den Charakter von «Tropen» (d. h. Bildern oder motivierten Zeichen) gehabt haben. Unter dieser Perspektive entfällt die Unterscheidung von «eigentlichem» und «uneigentlichem» Sprachgebrauch, denn «‹eigentliche Worte› d.h. Prosa giebt es in der Sprache nicht». [5]

Wollte man es bei dieser radikalen Position belassen, dann wären ‹Figur› und ‹Figuration› keine diskreten Kategorien mehr, weil sie jede Art von sprachlicher Gestaltung bezeichnen und mithin nichts mehr zur Verständigung über unterschiedliche und spezifische sprachliche Phänomene beitragen könnten.

2. Linguistische vs. rhetorische Figuration. Allerdings lassen sich auf dem Gebiet sprachlicher Gestaltung tatsächlich Verfahren und Strukturen beobachten, die die Vorstellung einer ‹permanenten linguistischen Figuration› nahelegen. Hier sind etwa die infinite Satzgenerierung einerseits und das stabile Phrasenklischee andererseits zu nennen. Für die stabilen Phrasenklischees verwendet S. A. TYLER auch Ausdrücke wie «Schema», «frozen expression», oder «Diskurs-Ready-made» und definiert sie wie folgt: «In der Vergangenheit wurde diese Gruppe von Kollokationen als Form einer fixierten multilexikalen Konstruktion von den Linguisten unter der Rubrik der "Idiome" und "Frozen expressions" abgehandelt, deren Bedeutung nicht mechanisch durch eine Teil-zu-Teil-Summierung zu ermitteln waren. Diese Formen sind allerdings nur eine Art schematischer Ordnung. Gemeint sind Typen, deren Teile und Beziehungen fixiert sind, wie z. B. "Ich meine ...", "laß mich mal ...", "wart mal ...", "gib's auf!", "laß mich in Ruhe!", "komm rein!" usw. Obwohl all diese "frozen expressions" weitgehend fixiert sind, bergen sie doch immer schon unrealisierte Möglichkeiten für weitergehende Optionen, für Streichungen und Ausweitungen – und genau in diesem Vermögen liegt das Besondere aller Schemata. Manche Schemata werden durch einen Schlüsselterm angezeigt, der den Rest optional läßt und unmittelbar verstanden werden kann: "wenn ... dann", "so als ob ...", "so wie ...", "je weniger ... desto mehr ...", "je -er ... desto -er". Schlüsselterm-Schemata sind so deutlich, daß der Hörer unmittelbar antizipieren kann, was folgen wird und der Sprecher gleichzeitig die Chance erhält, seine Anstrengungen beim Zusammenfügen der bits und Teilstücke zu ökonomisieren.» [6] Wir haben es hier offenkundig mit sprachlich-kommunikativen Schemata zu tun, die allerdings nicht dem rhetorischen Kode im traditionellen Sinne angehören.

Die infinite Satzgenerierung wird seit den Elegantien der Renaissancezeit immer wieder auch in Rhetoriken, Poetiken und Stilistiken vorgeführt. Dabei werden für eine einzige Proposition, also für einen Kernsatz mit fester semantischer Tiefenstruktur, so viele Oberflächenvarianten wie möglich erzeugt. ERASMUS VON ROTTERDAM etwa bietet in seinem Lehrbuch ‹De copia verborum ac rerum› (1512) von Einzelsätzen bis zu 150 Formulierungsvarianten; C. WEISE variiert in seinen ‹Curiösen Gedanken zu deutschen Versen› von 1692 Sätze wie «Ich wil in Garten gehn» zwölffach. [7] Solche Spiele gelingen, weil gemäß der Selektionstheorie ein Sprecher zahlreiche linguistische Möglichkeiten des Sprachsystems einer Einzelsprache ausschöpfen kann, um Propositionen korrekt und verständlich zu vertexten. Aber nur in einigen Fällen entsteht dabei eine rhetorische Figur. Daß sich hier die Gegensätze von linguistischer vs. rhetorischer oder permanenter vs. okkasioneller Figuration offenbaren, war bereits den Theoretikern der älteren Zeit bezwußt. So unterscheidet A. BUCHNER in seiner ‹Deutschen Poeterey› von 1665 Sätze einfacher («schlechter») Veränderungsart und Sätze rhetorischer Art nach Bedeutung oder Affekt: «Und kann man eine Rede verändern / theils schlechter Art nach / theils auch nach dem Sinn und des Gemüths Bewegung / damit sie vorgebracht wird.» Buchner erläutert das dann an Beispielen von synonymen Sätzen, die er einmal als schlichte Aussagesätze formuliert, ein anderes Mal nach den Figurationsregeln von Exclamatio, Interrogatio und Indignatio überformt. [8]

Die Sprache läßt mithin unterschiedliche sprachliche Klischierungsverfahren zu, deren Ergebnisse wir wahrnehmen können, von denen wir aber nur in bestimmten Fällen sagen, daß sie zu ‹rhetorischen Figuren› geführt haben. Schon C. C. DU MARSAIS stand vor diesem Problem und kam zu dem Befund, daß die rhetorische Figur nicht etwas ist, das naturgemäß und ohne Rücksicht auf den Kontext zu einem Text gehört. Daß wir die Form bestimmter Aussagen 'beobachten' können, liegt nach Du Marsais daran, daß sie kodifiziert sind, «dass gewisse Figuren Namen haben und die anderen nicht. Indem man der Figur einen Namen gibt, institutionalisiert man sie; aber die Institution, die sich hier in der Existenz des Namens äussert, nötigt uns, gewisse sprachliche Formen wahrzunehmen, und erlaubt es uns, die anderen zu ignorieren. So enthält Du Marsais' Darstellung im Keim eine zweite Möglichkeit, die Figur als Form zu interpretieren: Sie weicht nicht von der Regel ab, sondern gehorcht einer anderen, nicht mehr sprachlichen, sondern metasprachlichen und somit kulturellen Regel. Ein Ausdruck ist dann figürlich, wenn wir seine Form wahrnehmen können; nun wird uns diese Fähigkeit jedoch von einer sozialen Norm diktiert, die sich darin äussert, dass ein Name für die Figur existiert.» [9]

Das Figurenwissen gehört zum kulturellen Wissen. NIETZSCHE trägt dem im Verlauf seiner Rhetorikvorlesung insofern Rechnung, als er von der oben zitierten generalisierenden Figurationsthese abrückt und – wie auch GERBER – eine differenzierende Sicht bietet. [10] Gerber trennt im zweiten «Besonderen Theil» seines Werkes unter synchroner Perspektive die früher behandelten (quasi linguistischen) «Figuren der Sprache» von den (rhetorischen) «Figuren der Sprachkunst». Für diese rhetorischen Figuren gilt, daß sie in bewußtem «Kunsttrieb», in «bewusster Eigenbehandlung einer als gültig anerkannten Sprache innerhalb eines bestimmten Redeganzen geschaffen werden und sich damit als derartige Abweichungen von dem gewöhnlichen Ausdruck darstellen, welche man als solche immer empfindet, und die sich desshalb dem allgemeinen Gebrauche entziehen». [11]

Zweierlei ist an dieser Äußerung von Belang: Erstens die Tatsache, daß Gerber mit den ‹Kunstfiguren› doch eine eigenständige Gruppe sprachlicher Phänomene unter dem Terminus ‹Figur› isoliert, und zweitens, daß er Kriterien entwickelt, die in jeder Figurentheorie diskutiert werden müssen. Die sprachliche Figuration zeichnet sich seiner Meinung nach durch folgende Merkmale aus: Intentionalität («bewußte Eigenbehandlung»), Überkodierung (Sprachgestaltung auf der Basis «einer als gültig anerkannten Sprache»), Kotextualität («innerhalb eines bestimmten Redeganzen»), Deviation («Abweichungen von dem gewöhnlichen Ausdruck»), Perzeptivität (Sprachgestaltung «welche man als solche immer empfindet») und Exklusivität bzw. Sublimität (Formen, die sich «dem allgemeinen Gebrauche entziehen»).

Solche oder ähnliche Kriterien halfen den Rhetorikern aller Jahrhunderte, das Inventar rhetorischer Figuren (verstanden als 'künstliche' Strukturen) aus der Menge sprachlicher Formen zu isolieren und dann zu kodifizieren. Als rhetorische Figur kann nur gelten, was die rhetorische Tradition entsprechend aufgenommen hat.

3. Die traditionelle Deviationstheorie. Zu den traditionellen Erklärungsversuchen des Figurenphänomens gehört die Deviationstheorie, nach der rhetorische Figuren Abweichungen vom normalen Sprachgebrauch sind. QUINTILIAN hat sich mit ihr ausführlich beschäftigt [12]; auch für P. FONTANIER, den berühmten französischen Figurentheoretiker des 19. Jh., sind Seltenheit und Ungewöhnlichkeit noch ganz selbstverständlich die figuralen Erkennungskriterien [13]; und selbst die modernen, mit strukturalen Matrices arbeitenden Figurentheoretiker setzen nach wie vor voraus, «man könne sämtliche Figuren aus einem grundlegenden Prinzip, dem der Deviation, entwickeln, um sie dann möglichst in nur einem einzigen kohärenten System, nach Art eines Algorithmus anzuordnen». [14] Die Deviationstheorie hat mithin nicht nur den prominenten Status des ältesten Erklärungsansatzes, sondern bis in die jüngste Zeit hinein auch den einer einheitlichen Basistheorie der Figuration. [15] Das wichtigste neuere Beispiel bietet die Figurentheorie der Lütticher *groupe* µ, die bei der strukturalen Figurenbestimmung vom klassischen Modell einer deviationistischen Nullstufe ausgeht. [16]

Seit der frühen Neuzeit gab es aber bei einigen Figurentheoretikern auch Kritik an der traditionellen Deviationsvorstellung. B. LAMY begann sie im 17. Jh. affektpsychologisch zu modifizieren, indem er den *écart* von der sprachlichen Ebene auf die Ebene des Sprechers bzw. situativen Kontextes verlegte. Die Abweichung von der Norm ist für ihn «keine sprachliche, sondern eine Abweichung des ”Seelenzustandes“ des Sprechenden von der ”Normalität“ affektloser Ruhe.» [17] Überlegungen ähnlicher Art finden sich heute in pragmastilistischen Modellen wieder, die Abweichung als Handlung definieren. [18] Nach Lamy vollzog DU MARSAIS dann 1730 den ersten, wenn auch noch nicht ganz konsequenten Schritt zu einer Abkehr vom Deviationstheorem. Man sage, stellt er fest, daß die Figuren Redeweisen und Umwege von Ausdrücken seien, die von gewöhnlichen und allgemeinen entfernt sind; «das ist aber völlig nichtssagend und bedeutet so viel, als ob man sagte, ”daß das Figürliche vom Nichtfigürlichen verschieden ist und daß die Figuren Figuren von Nicht-Figuren seien“. Andrerseits ist es aber nicht ganz genau, daß die Figuren sich von der gewöhnlichen Redeweise entfernen, weil vielmehr ”nichts natürlicher, gewöhnlicher und allgemeiner ist als sie: an einem Markttage entstehen mehr Figuren auf der Gasse als in tagelangen akademischen Sitzungen“; eine Rede, so kurz sie auch sei, ist nicht möglich, wenn sie nur aus nichtfigürlichen Expressionen bestehen soll.» [19] Hieran schließt sich im 19. Jh. dann die von GERBER und NIETZSCHE vertretene radikale These «alles ist Figur» an. [20]

Im Lichte moderner linguistischer Forschung betrachtet, wird man heute zu dem Standpunkt kommen, daß die Deviationstheorie nur eine begrenzte explikative Reichweite hat. «Für das Gesamtinventar der traditionellen Figuren muß man wohl zu einer vielschichtigeren Betrachtungsweise übergehen.» [21] Andere Erklärungsansätze, wie die Selektionstheorie, müssen also hinzutreten. [22] Sie scheint schon bei Quintilian angelegt und geht davon aus, daß Figuren nicht generell auf Abweichung, sondern auf der außersprachlich motivierten Auswahl von Gestaltungsmöglichkeiten beruhen, die die Sprachen bereithalten.

Das rhetorische Figureninventar ist historisch unsystematisch gewachsen und vereint heterogene Elemente. Diese Tatsache steht einer einheitlichen Figurentheorie im Wege. Das Deviationsprinzip bleibt für Figuren grammatisch-semantischer oder pragmatischer Anomalie nach wie vor gültig. [23] Hier sind zunächst die Barbarismen und Soloecismen zu nennen, also Oberflächenstrukturen, die vom grammatischen Orthosystem abweichen und, bewußt angewendet, Figuralstatus erhalten können. Sodann die Figuren semantischer Uneigentlichkeit (Tropen), voran die Metapher; sie erzeugen kotextuelle Kohärenzbrüche, indem sie von den semantischen Solidaritätsregeln einer Sprache abweichen. [24] Schließlich sind auch noch die Figuren pragmatischer Uneigentlichkeit (z. B. indirekte Sprechakte wie die rhetorische Frage) zu nennen, die sich auf Abweichung von Kommunikationsregeln und Konversationsmaximen gründen.

4. Elementartheorie der rhetorischen Figuration. Für die übrigen Figuren soll im folgenden eine Elementartheorie der Figuration entwickelt werden. Der von NIETZSCHE in seiner Rhetorikvorlesung verwendete Ausdruck ‹Figuration› betont den prozessualen Charakter des kommunikativen Geschehens, in dessen Kontext die rhetorischen Figuren stehen. Die Elementartheorie gründet sich auf drei Bausteine: das Zwei-Achsen-Modell, eine Doppelkodierungstheorie und eine pragmatische Sprachsteuerungstheorie.

R. JAKOBSONS von DE SAUSSURE abstrahiertes Zwei-Achsen-Modell gibt für die hier intendierte Figurationstheorie die entscheidende Basis ab. Das Modell greift auf die aus Diagrammen vertraute Kombination einer vertikalen y-Achse mit einer horizontalen x-Achse zurück (vgl. Abb. 1). [25] Alle linguistischen Einheiten und grammatischen Phänomene einer Sprache lassen sich in diesem Modell nach Gemeinsamkeiten (Äquivalenz; auch als Äquivalenz von Merkmalsoppositionen verstanden) untereinander in vertikalen Kolumnen anordnen, also ‹Paradigmen›, die der vertikalen y-Achse zugeordnet sind. Z. B. ließen sich alle Nebensatzarten, die Verben der Bewegung, die Substantive mit dem semantischen Merkmal /lebendig/ oder nach einer bestimmten Wortbildungsregel gebildete Ausdrücke unter eigene Paradigmen subsumieren. Dabei ist es keineswegs nötig, am strukturalistischen Merkmalsbinarismus festzuhalten. Diese y-Achse der Äquivalenz heißt auch Achse der Selektion, weil der Textproduzent aus der Menge solcher Paradigmen, die eine Sprache bereithält, alle Textbausteine auswählt. Er setzt sie gemäß seiner Mitteilungsabsicht und unter Berücksichtigung von Regelparadigmen nacheinander zu einem Text zusammen. Dies hat man sich im Modell auf der horizontalen, also die syntagmatische Abwicklung repräsentierenden x-Achse vorzustellen; sie heißt daher Achse der Kontiguität oder der Kombination.

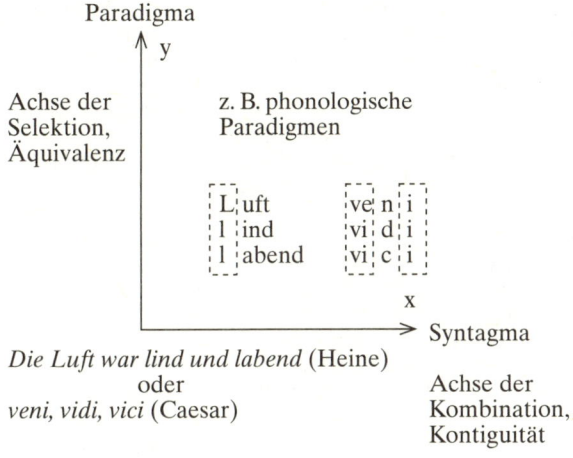

```
            Paradigma
              ↑ y
Achse der     z. B. phonologische
Selektion,    Paradigmen
Äquivalenz
              ┌─────┐ ┌─────┐
              │L uft│ │ve n i│
              │l ind│ │vi d i│
              │l abend│ │vi c i│
              └─────┘ └─────┘
                                    x
                               ────────→ Syntagma
Die Luft war lind und labend (Heine)
    oder                    Achse der
veni, vidi, vici (Caesar)   Kombination,
                            Kontiguität
```

Abb. 1: Zwei-Achsen-Modell

Die Paradigmen und die Kombinationsregeln gehören zum Kode einer Sprache, den ein Autor bei der Textformulierung aktualisiert (*parole*), wobei er aus der Fülle von sprachlichen Paradigmen auswählt. Die Doppelkodierungstheorie besagt nun, daß Texte stets nach zwei ‹Regelwerken› oder besser ‹Kodes› formuliert werden, die immer ineinandergreifen. Die beiden Kodes sind auf zwei verschiedenen Ebenen anzusiedeln, einer linguistischen und einer kommunikativen. Man kann sie den bereits existierenden Unterscheidungen von «Primär-» und «Sekundärgrammatik» [26], «primärem» und «sekundärem modellbildenden System» (LOTMAN) [27] oder einer «ersten» und «zweiten Linguistik» (E. BENVENISTE, R. BARTHES) [28] zuordnen.

Um korrekt und verständlich zu sein, ruft der Textproduzent die linguistischen bzw. grammatischen Paradigmen der ersten Ebene ab. Um kommunikativ besonders erfolgreich zu sein, muß er zusätzlich die kommunikativen Paradigmen des zweiten Kodes («Overcode») [29] abrufen, also «sekundäre Ordnungsbeziehungen» der Textorganisation einbeziehen. [30] Diese Paradigmen können durch Alltagserfahrung angeeignet sein, weshalb Figuration ganz selbstverständlich auch außerhalb bewußt ästhetisierter Texte auftritt. [31] In jedem Fall entstehen dann im Text Strukturen, die sich analytisch einer zweiten Ebene zuordnen lassen. Man kann diese Strukturen «rhetorische Hyperzeichen» als Teil einer «Super-» oder «Hyperstruktur» [32] nennen und den ganzen Prozeß der »Überformung sprachlicher Strukturen« [33] als «Überkodierung» (U. ECO u. a.) [34] bezeichnen. Freilich darf man sich von der Begrifflichkeit nicht zur Vorstellung prozessualer Sukzessivität verleiten lassen; praktisch geht es zumeist um Simultaneität, denn bei der Vertextung greifen beide Kodes gewöhnlich von Anfang an ineinander.

Die rhetorischen Figuren entstehen durch Abrufen entsprechender Paradigmen auf der Ebene des zweiten Kodes. Auf dieser Ebene sind unterschiedliche kommunikative Subkodes angesiedelt, darunter der jenseits der Grammatik mittels eigener Taxonomien tradierte figurale Subkode. G. N. LEECH sieht die Figuren entsprechend als «configurations of foregrounding regularities: that is, as patterns in their own right». [35]

Die modernen linguistischen Bemühungen um rhetorische Figurationsprobleme können dazu beitragen, den Figuralkode als «Lexikon fester Formen» [36] klarer und durchsichtiger zu strukturieren. Zum Bestandteil der ersten (System-)Linguistik machen sie sie damit noch nicht. Versuche, jede Art von Figuration systemlinguistisch nach einem einheitlichen Modell angestufter Grammatikalität zu erklären, wie es z. B. A. STEUBE unternimmt, müssen als gescheitert angesehen werden. [37] Schon R. BARTHES sah die Figuren als Phänomene eines Sekundärkodes [38] und G. GENETTE spricht vom «code de la rhétorique». [39] Textlinguisten unternehmen inzwischen sogar den Versuch, den klassischen «rhetorischen [d. h. figuralen] Kode» als »mögliche Vorform einer modernen Textgrammatik» zu würdigen. [40] Für die Stiltheorie zog B. SPILLNER aus diesem Kodecharakter des Figurenbestands die Schlußfolgerung: «Die Figuren und Tropen werden in einer Stiltheorie erst sinnvoll, wenn man sie als System vorgefertigter argumentativer und ästhetischer Muster auffaßt, die einem Autor zur Verfügung stehen, um bei seinen Adressaten bestimmte Wirkungen zu erzielen. Das heißt aber auch, daß sie dem Bereich der "langue" zuzurechnen sind und ihre je spezifische Wirkung erst in der textuellen Realisierung erhalten.» [41] Hier ist der ‹langue›-Begriff zu präzisieren. Gemeint kann damit nur der allgemeine Systemcharakter auch der kommunikativen Kodes sein. Es gilt die Feststellung FONTANIERS, «que les figures, par conséquent, quelque communes qu'elles soient et quelque familières que les ait rendues l'habitude, ne peuvent mériter et conserver leur titre figures, qu'autant qu'elles sont d'un usage libre, et qu'elles ne sont pas en quelque sorte imposées par la langue» (Die Figuren [...], wie gebräuchlich sie auch sind und wie vertraut die Gewohnheit sie auch immer gemacht hat, haben ihren Status als *Figuren* nur verdient und können ihn nur behaupten, wenn sie frei verwendbar sind und nicht gewissermassen durch die Sprache *[langue]* aufgedrängt werden). [42]

Wie sind die Figurenparadigmen beschaffen? Zunächst ist festzuhalten, daß die für sie jeweils geltenden Äquivalenzkriterien nicht einheitlich und von verschieden abgestufter Reichweite sind. Es sind Paradigmen, deren Äquivalenzen sich auf Strukturmuster und Generierungsregeln, teilweise auch nur auf Performanzvorschriften gründen. Ihre Kenntnis bewirkt beim Textproduzenten eine Art «figurativer Kompetenz». [43] Diese Kategorie wurde nach dem Vorbild der ‹grammatischen Kompetenz› N. CHOMSKYS geprägt und steht in Zusammenhang mit Versuchen, eine Art figuraler Transformationsgrammatik zu entwickeln. [44]

In jedem Fall lassen sich Makro- und Mikroparadigmen unterscheiden. Die Anapher etwa wäre einem Makroparadigma Repetition zuzuordnen; unter das Mikroparadigma wären Elemente zu subsumieren, die etwa nach folgender Generierungsregel entstehen: Formuliere aufeinanderfolgende Sätze so, daß jeweils zu Beginn einer phraseologischen Einheiten dasselbe Wort oder dieselbe Wortgruppe wiederholt wird. Der hochdifferenzierte Figurenteil in H. LAUSBERGS ‹Handbuch›

spiegelt letztlich das Bemühen, derartige paradigmatischen Gruppen zu systematisieren. Lausbergs Figurenerläuterungen haben im Idealfall folgendes Grundschema:
a) Kurzdefinition;
b) verbale Generierungsanweisung;
c) formelhafte Veranschaulichung des figuralen Sprachmusters (z. B. Anadiplose: /...x/x.../);
d) Angaben zur Wirkung;
e) Quellenbelege aus der rhetorischen Tradition.

Auch die vielgescholtene Nomenklatur der traditionellen F. hat ihren Sinn als System von begrifflichen Ordnungskategorien, für die im Reich der zweiten Ebene von Kodes gilt, was M. FRANK für die ‹grammatischen Begriffe› festgestellt hat. Sie sind «Klassifikations-Terme. Sie geben Regeln der Subsumtion von ”individuals"; aber sie sind selbst keine ”individuals". Als Regeln sorgen Begriffe für Gleichförmigkeit: kraft ihrer läßt sich eine potentielle Unendlichkeit konkret geäußerter Reden – Saussures ”paroles" – auf eine endliche Anzahl von Erzeugungsstrategien reduzieren: die Grammatik einer Nationalsprache.» [45] Statt «Grammatik einer Nationalsprache» wäre hier analog von der 'Grammatik' des Figuralkodes zu sprechen.

Was die Paradigmenwahl bei der Vertextung im einzelnen bestimmt, kann eine pragmatische Sprachsteuerungstheorie untersuchen und erklären. Je nach (ästhetischer, memorativer oder sonstiger) Handlungsabsicht kann der Textproduzent formale Paradigmen abrufen, also etwa die Makroparadigmen von Repetition, Spiegelung, Opposition, Umkehrung, Gradation oder Zyklus. Sie sind in ihrer Mehrzahl semiotisch universell.

Es versteht sich, daß der Sprecher gleichzeitig noch Paradigmen anderer Subkodes der zweiten Ebene abrufen kann, also etwa Sprechaktparadigmen (Aufforderung, Drohung, Wunsch etc.) in pragmatisch-persuasiver Absicht, oder Kommunikationsparadigmen wie Hinwendung, Abwendung usw.

Wer in seinem Leben aus der kommunikativen Erfahrung gelernt hat, nicht nur verständlich, sondern auch besonders wirkungsvoll zu sprechen, wird häufiger spontan im Sinne des Sprachautomatismus auf die Figurenparadigmen des zweiten Kodes zurückgreifen, etwa weil er gelernt hat, daß sich durch Wiederholungsfiguren bessere Wahrnehmung, Emphase und Einprägsamkeit erreichen lassen. «Die aufmerksamkeitslenkende Funktion dieses stilistisch markanten Gestaltungsprinzips, das als wahrnehmungsästhetische Ausnutzung von semantischen und dynamischen Differenzierungsmöglichkeiten sprachliche und nichtsprachliche Zeichensysteme verbindet» [46], ist inzwischen zusammen mit anderen Figurationsmechanismen von der Forschung nachgewiesen worden. [47] Professionelle Textverfertiger (Schriftsteller, Redner) greifen bewußt öfter und reflektiert auf die Figurenparadigmen zurück.

Die von H. F. PLETT 1977 vorgestellte Figurenmatrix ist also grundsätzlich zu revidieren. [48] Plett sieht die vier klassischen Änderungskategorien in Opposition zu den Äquivalenzen. In Wirklichkeit ist es aber so, daß jede Änderungskategorie Kriterium eines eigenen figuralen Makroparadigmas ist, dessen Elemente eben aufgrund der Regeläquivalenz von *adiectio, detractio* usw. subsumiert werden. Die Änderungskategorien begründen also die Äquivalenz und stehen ihr gerade nicht entgegen.

Zu dem bislang nur produktionsseitig betrachteten Figurationsprozeß gehört auch eine rezeptionsseitige Komponente. [49] Der Rezipient nimmt die Strukturen des gebotenen Textes, die wechselnde Reliefgebung wahr und gleicht sie mit den von ihm erlernten Paradigmen der beiden Kodes ab. Verständigung über einen Text und gegebenenfalls über seine figuralen Elemente entsteht also durch gemeinsames Handeln von Produzent und Rezipient, indem beide möglichst auf dieselbe «expression matrix» [50] rekurrieren. DU MARSAIS hat dies am Beispiel der Identifizierung von Regimentsuniformen erläutert: «Stellt euch einmal eine Menge Soldaten vor, von denen die einen nur die gewöhnlichen Kleider haben, die sie vor ihrem Dienst trugen; die anderen haben die Uniform ihres Regiments. Ihre Kleidung hebt sie von den anderen ab und läßt erkennen, zu welchem Regiment sie gehören; die einen sind rot gekleidet, die anderen blau, weiß, gelb usw. Mit den Wortgruppen, aus denen sich die Rede zusammensetzt, verhält es sich genauso; ein gebildeter Leser führt dieses Wort oder jenen Satz auf die eine oder andere Art von Figuren zurück, je nachdem, ob er die Form, das Zeichen, den Charakter der Figur erkennt; jene Sätze und Wörter, die kein bestimmtes Merkmal haben, sind wie die Soldaten, deren Kleidung von keinem Regiment stammt.» [51]

Wenn die Übereinstimmung im Paradigmenvorrat von Sprecher und Rezipient beiderseits groß ist, erlaubt der Sprachautomatismus dem Rezipienten normalerweise, diesen Vorgang ohne besonders reflektierte Phasen der Identifikation, Taxierung und Interpretation zu absolvieren. Er wird in vielen Fällen ohne weiteres die stilistische Absicht bewußt wahrnehmen, oft wird er ihr auch unbewußt unterliegen. Dazu B. SPILLNER: «Vor allem gilt, daß auch Tropen und Figuren erst dann einen Stileffekt hervorrufen können, wenn sie auf einen Leser wirken, d.h. wenn der Leser Stil rekonstruiert. Auch Tropen und Figuren kann daher keine prinzipielle stilistische Wirkung a priori zugeschrieben werden, sie ergibt sich erst aus der Reaktion des Lesers.» [52] Strategien unterschwelliger Persuasion setzen ganz auf den Automatismus und verwenden emphatisierende Figurationen wohldosiert, gewissermaßen unauffällig.

«Bei der wünschenswerten empirischen Untersuchung der Effekte von Figuren und Tropen auf Leser ist zu beachten, daß die Lesererwartung je nach literarischer Gattung, Textsorte, Redegegenstand sehr verschieden sein kann. In manchen Textsorten, etwa Gedichten, wird der Leser bestimmte Figuren und Tropen erwarten. Dadurch könnte z. B. ihre Fähigkeit, Stilkontraste zu bewirken, sinken.» [53] In dem Fall muß der Autor besondere Kreativität beweisen, um die ästhetische Sprachfunktion (im Sinne JAKOBSONS) forciert herauszuarbeiten. Er kann das durch offenkundige Verfremdungsverfahren erreichen, die beim Rezipienten einen «Entautomatisierungseffekt» bewirken. Mit den Mitteln des «foregrounding», bei dem durch Heraushebung ungewöhnlicher Textstrukturen konventionelle Erwartung gebrochen werden soll, lenkt der Verfasser die Aufmerksamkeit auf den Gestaltungsaspekt. [54] Die Figuration kann in diesem Fall als «Markierung» und zu spezieller «Reliefgebung» eingesetzt werden; in jedem Fall wird die Figur zum Träger «semiotischer Zusatzinformation». [55]

In derartigen Prozessen ist der Mechanismus der Initiierung, Installierung und Etablierung von Figurentypen angesiedelt, wie er vor allem in der Frühzeit der rhetorischen Kodifikationstradition wirksam war. Der Vorgang verläuft etwa so: Ein Sprecher/Autor verwendet bei der Abfassung seines Textes einen neuen Figurentyp

(Initiation). Darauf folgt die Installation, deren Mechanismus man mit M. RIFFATERRES Theorie der textuellen Deviation erklären kann. [56] Das heißt, die neue Struktur hebt sich vom Kotext im Sinne des *foregrounding* so ab, daß sie um ihrer selbst willen wahrgenommen wird. Eine Kernbedingung ist dabei die Rekurrenzfähigkeit, d. h. die gleichförmige Wiederholbarkeit. [57]

Ist der Figurentyp in mindestens einem Text installiert, kommt es darauf an, daß er sich als Element des zweiten Kodes durchsetzt, also die Etablierung erreicht. Der durch Nachahmung erprobte kommunikative Erfolg oder auch die Dignisierung durch (Sprecher-)Autoritäten o.ä. können dabei Etablierungsbedingungen sein. [58]

Endgültig erreicht ist die Etablierung, wenn das Paradigma durch Kodifikation in rhetorischen Taxonomien konventionalisiert ist, gemäß J. G. SULZERS Regel: «Jeder Ausdruck, der wegen seiner guten Art verdient, mit einem besonderen Namen genennt zu werden, ist eine Figur, das ist, eine eigene Gestalt der Rede.» [59]

Anmerkungen:
1 D. Breuer: Rhet. Figur. Eingrenzungsversuche und Erkenntniswert eines literaturwiss. Begriffs, in: Zur Terminologie der Literaturwiss. Akten des IX. Germanist. Symposions der DFG 1986, hg. v. C. Wagenknecht (1988) 223–238, hier 235. – **2** ebd. 235. – **3** F. Nietzsche: Darst. der antiken Rhet., in: ders.: Vorles.-aufzeichnungen (WS 1871/72-WS 1874/75), bearb. v. F. Bornmann, M. Carpitella. KGA II/4 (1995) 427. – **4** A. Meijers, M. Stinglin: Konkordanz zu den wörtlichen Abschriften und Übernahmen von Bsp. und Zitaten aus Gustav Gerber: Die Sprache als Kunst (1871) in Nietzsches Rhet.-Vorles., in: Nietzsche-Studien 17 (1988) 350–390. – **5** G. Gerber: Die Sprache als Kunst (1871–1873; ²1885) Bd. 1, 333. – **6** S. A. Tyler: Das Unaussprechliche. Ethnographie, Diskurs und Rhet. in der postmodernen Welt (1991, amerik. Orig. 1987) 101f. – **7** ed. in: Poetik des Barock, hg. v. M. Szyrocki (1968) 237–250, hier 240. – **8** R. Campe: Pathos cum Figura. Frage: Sprechakt, in: Modern Language Notes 105 (1990) 472–493, hier 474ff. – **9** T. Todorov: Symboltheorien (1995) 87; vgl. C. C. Du Marsais: Des tropes ou des différents sens (1818; ND Genf 1967) 253. – **10** Nietzsche [3] 449f. – **11** Gerber [5] Bd. 2, 5. – **12** J. Knape: Art. ‹Elocutio›, in: HWR 2 (1994) Sp. 1022–1083, hier Sp. 1029. – **13** M. Charles: Le discours de figures, in: Poétique 15 (1973) 340–364, hier 345ff. – **14** J. Knape: Art. ‹Änderungskategorien›, in: HWR 1 (1992) Sp. 549–466, hier 562. – **15** M.-C. Capt-Artaud: Petit traité de rhétorique saussurienne (Genf 1994) 83–94. – **16** J. Dubois u. a.: Rhétorique générale (Paris 1970); dt.: Allg. Rhet. (1974). – **17** R. Behrens: Perspektiven für eine Lektüre des *art de parler* von Bernhard Lamy, in: B. Lamy: De l'art de parler/Kunst zu reden, hg. v. E. Ruhe (1980) 45. – **18** U. Püschel: Das Stilmuster ‹Abweichen›. Sprachpragmat. Überlegungen zur Abweichungsstilistik, in: SuL 16 (1985) 9–24, hier 12ff. – **19** B. Croce: Aesthetik als Wiss. vom Ausdruck und allg. Spachwiss., übertr. v. H. Feist, R. Peters (1930) 451ff. – **20** vgl. Knape [12] Sp. 1065f. – **21** Knape [14] 565; vgl. T. Todorov: Théories du symbole (Paris 1977), dt.: Symboltheorien (1995) 99. – **22** Knape [14] 562ff.; Knape [12] 1029ff. – **23** Knape [14] 562ff.; Knape [12] Sp. 1077f.; I. Hantsch, K. Ostheeren: Linguistik und Rhet. Positionen der neueren Forsch., in: Sprachtheorie und angewandte Linguistik. FS A. Wollmann, hg. v. W. Welte (1982) 87–111, hier 91; Charles [13] 344. – **24** J. Knape: Metaphorologische Anmerkungen, insbesondere zur Entschlüsselungsfrage, in: Archiv für das Studium der neueren Sprachen und Lit. 234 (ersch. 1997). – **25** R. Jakobson: Linguistics and Poetics, in: T. A. Seboek (Hg.): Style in Language (Cambridge/Mass. 1960) 350–377; dt.: Linguistik und Poetik, in: ders.: Poetik. Ausg. Aufsätze 1921–1971, hg. v. E. Holstein, T. Schelbert (1979) 82–121; U. Oomen: Linguist. Grundlagen poet. Texte (1973) 85ff.; H. Happ: ‹paradigmatisch› – ‹syntagmatisch›. Zur Bestimmung und Klärung zweier Grundbegriffe der Sprachwiss. (1985). – **26** Hantsch, Ostheeren [23] 88, 90, 99. – **27** J. M. Lotmann: Die Struktur lit. Texte (1972) 43ff. – **28** E. Benveniste: Les niveaux de l'analyse linguistique, in: ders.: Problèmes de linguistique générale (Paris 1966) 119–131, hier 129ff.; dt.: Die Ebenen der linguist. Anal., in: ders.: Probleme der allg. Sprachwiss. (1977) 135–150, hier 148ff.; R. Barthes: Introduction à l'analyse structurale de récit, in: Communications 8 (1966) 1–27, hier 4ff.; dt.: Einf. in die strukturale Anal. von Erzählungen, in: R. Barthes: Das semiolog. Abenteuer (1988) 102–143, hier 104ff. – **29** A. Wollmann: Figuration und Komposition als generative Prinzipien der Sprachverwendung, in: International Linguistics in Language Teaching, Sonderbd. Kongreßber. der 5. Jahrestagung der Ges. für angewandte Linguistik, hg. v. G. Nickel, A. Raasch (1974) 291–296, hier 291. – **30** G. Saße: Lit.-sprache, in: LGL² 698–706, hier 699 u. 689. – **31** R. Chapman: Linguistics and Literature. An Introduction to Literary Stylistics (London 1973) 75. – **32** Hantsch, Ostheeren [23] 90. – **33** Hantsch, Ostheeren [23] 89. – **34** U. Eco: A Theory of Semiotics (Bloomington/London 1976); dt.: Semiotik. Entwurf einer Theorie der Zeichen (1987) 370ff.; W. Nöth: Handbook of Semiotics (Bloomington/Indianapolis 1990) 341. – **35** G. N. Leech: A Linguistic Guide to English Poetry (London 1969) 151. – **36** Hantsch, Ostheeren [23] 88. – **37** A. Steube: Gradation der Grammatikalität, in: Probleme der strukturellen Grammatik und Semantik, hg. v. R. Ruzicka (1968) 87–113. – **38** Nöth [34] 341. – **39** G. Genette: Figures, in: ders.: Figures (Paris 1966) 205–221, hier 216. – **40** H. Junker: Rhet. und Textgrammatik, in: RF 88 (1976) 378–382, hier 378; vgl. P. Lerat: Les figures des sens, in: Le français dans le monde 179 (1983) 110–112. – **41** B. Spillner: Linguistik und Lit.-wiss. Stilforsch., Rhet., Textlinguistik (1974) 102. – **42** P. Fontanier: Les figures du discours (ND Paris 1968) 64, Übers. Todorov [9] 94. – **43** Hantsch, Ostheeren [23] 92. – **44** Wollmann [29] 291; K. Ostheeren: Theorie und Praxis einer generativen Rhet. Zu Götz Wienolds Formulierungstheorie, in: Anglia 97 (1979) 439–451. 439ff.; K. Ostheeren: Art. ‹Generative Rhet.›, in: HWR 3 (1996) s.v.; J. Trabant: Poet. Abweichung, in: Linguistische Berichte 32 (1974) 45–59, hier 46; Hantsch, Ostheeren [23] 92f. – **45** M. Frank: Stil in der Philos. (1992) 11. – **46** K. Hufeland: Rhet. und Stil des Mhd., in: Sprachgesch. Ein Hb. zur Gesch. der dt. Sprache und ihrer Erforschung. Hb. zur Sprach- und Kommunikationswiss. 2,2, hg. v. W. Besch, O. Reichmann, S. Sonderegger (1985) 1191-1201, hier 1193. – **47** A. N. Bradford: Classical and Modern Views of the Figures of Speech: Ancient Theory and Modern Manifestations (Diss. msch. Rensselaer Polytechnic Institute New York 1982) 296ff. – **48** H. F. Plett: Die Rhet. der Figuren, in: ders.: (Hg.): Rhet. Krit. Positionen zum Stand der Forsch. (1977) 125–165; Abb. und Kommentar dazu bei J. Knape [14] Sp. 560ff. – **49** Trabant [44] 52; J. Culler: Structuralist Poetics. Structuralism, Linguistics and the Study of Literature (London 1975) 180; C. Perelman: The New Rhet. and the Humanities. Essays in Rhet. and its Applications (Dordrecht/Boston/London 1979) 20. – **50** C. B. Holmberg: The Heuristic Matrix Theory of Rhetorical Figures, in: Pretext 1 (1980) 29–37, hier 30. – **51** C. C. Du Marsais: Des tropes ou des différents sens, ed. F. Douay-Soublin (Paris 1988) 66; dt: Todorov [9] 84. – **52** Spillner [41] 102. – **53** ebd. – **54** Hantsch, Ostheeren [23] 89; Trabant [44] 56. – **55** Hantsch, Ostheeren [23] 88, 94, 96. – **56** M. Riffaterre: Strukturale Stilistik (1972); Orig.: Essais de stylistique structurale (Paris 1971); vgl. Trabant [44] 51. – **57** vgl. Frank [45] 12. – **58** vgl. Todorov [21] 97. – **59** J. G. Sulzer: Allg. Theorie der Schönen Künste, Bd. 2 (1792; ND 1967) 230f.

C. I. *Der Begriff ‹figura›/‹Figur›.* «*Figura*, vom gleichen Stamme wie *fingere, figulus, fictor,* und *effigies*, heisst nach seiner Herkunft "plastisches Gebilde", und findet sich zuerst bei Terenz, wo Eun. 317 von einem Mädchen sagt: *nova figura oris.*» [1] Als rhetoriktheoretischer Terminus wurde der Begriff ‹Figur› in der Antike erst relativ spät installiert und fixiert. Er fehlt in der hier in Frage stehenden engeren terminologischen Bedeutung noch in der ältesten lateinischen Rhetorik ‹Ad Herennium› (ca. 84 v. Chr.), die zu Beginn ihrer Figurentaxonomie nur allgemein von «verborum exornatio» und «sententiarum exornatio» (IV, 13, 18) spricht und damit die Schmuckfunktion betont. Auch in CICEROS ‹De optimo genere oratorum› (5, 14) deutet sich der erste römische Beleg für einen rhetorikterminologischen Gebrauch des Wortes ‹figura› im Sinne der späteren Tradition nur an. QUINTILIAN differenziert dann (ca. 94 n. Chr.) zwischen einem linguistischen Figurenbegriff und einem rhetorischen. Der Ausdruck ‹figura› wird nämlich schon zu seiner Zeit im linguistischen Sinn «für jede Form» gebraucht, «in der ein Gedanke gestaltet ist, wie sich ja auch die Körper, sie mögen in jeder beliebigen Weise gestaltet sein, jedenfalls immer in irgendeiner Haltung befinden» (qualiscumque forma sententiae, sicut in corporibus, quibus quoquo modo sunt composita, utique habitus est aliquis, IX, 1, 10). [2] Seine klassisch gewordene Definition des weiteren rhetorischen Figurenbegriffs lautet dann: «eine wohlüberlegte Veränderung im Sinn oder Ausdruck gegenüber seiner gewöhnlichen, einfachen Erscheinungsform» (in sensu vel sermone aliqua a vulgari et simplici specie cum ratione mutatio, IX, 1, 11).

Schon früh wurde eine besondere Figurengruppe, die nach dem Prinzip des Bedeutungswechsels bei Einzelwörtern funktioniert, unter der Bezeichnung ‹Tropen› ausgegrenzt (Quint. IX, 1, 4). Der engere rhetorische Figurenbegriff bezieht sich dann nach Quintilian (IX, 1, 17) auf Wort- oder Ausdrucksfiguren (figurae λέξεως, léxeōs) und Sinn- oder Inhaltsfiguren (figurae διανοίας, dianoías).

Cicero verwendet auch die Bezeichnungen «lumen orationis» (Or. 135) und «conformatio verborum» bzw. «conformatio sententiarum» (De or. III, 200). Zu den Konkurrenzbegriffen zählt daneben der Ausdruck «flores verborum sententiarumque» (Cic. De or. III, 96). Im Griechischen war vermutlich seit THEOPHRAST das Wort ‹Schema› (σχῆμα, schéma) als Figurenbezeichnung terminologisch fixiert. In dieser Bedeutung taucht es in PSEUDO-DEMETRIOS' Schrift über den rednerischen Ausdruck (περὶ ἑρμηνείας, perí hermēneías, 1. Jh. n. Chr.) auf. Cicero verwendet das Wort bei seinem Hinweis auf «jene rhetorischen Glanzlichter der Wörter und Sätze, die bei den Griechen schemata heißen» (verborum et sententiarum illa lumina, quae vocant Graeci σχήματα [schémata], Brut. 79, 275); ähnlich Quintilian IX, 1, 1. Beide Begriffe ‹figura› und ‹schema›, konkurrieren über das Mittelalter hinaus in der lateinischen Literatur. Hierzu trugen Vermittler wie der Grammatiker DONAT (4. Jh.) bei, in dessen Schulbuch, wie bei Quintilian, zwischen *schemata lexeos* und *schemata dianoeas* unterschieden wird (Ars maior III, 5).

Obwohl auch der Ausdruck ‹schema› geläufig blieb (v. a. im englischen Sprachraum) setzte sich der Begriff ‹figura› allgemein durch. In die germanischen und romanischen Sprachen ging als Lehnwort vorrangig *figura* ein. Im Englischen wurde *scheme/schema* seit dem 16. Jh. als Synonym für *figure* gebraucht und bezeichnet heute oft die Figuren im engeren Sinn gegenüber den *tropes,* während der Begriff ‹figures of speech› gewöhnlich beide Gruppen umfaßt. [3] In der älteren deutschen Literatur gab es bisweilen Übersetzungsversuche mit Interpretamenten wie ahd. *bilde* (Notker) oder *gechose* (Notker) [4] bzw. fnhd. *glicheniß vel gestalt* (Vocabularius ex quo). [5] Im Mittelalter tritt seit dem 11. Jh. noch der Terminus ‹color› für Figur hinzu. Allerdings überschneiden sich die Termini bei den verschiedenen mittelalterlichen Autoren vielfältig. [6] MATTHÄUS VON VENDOME etwa sieht im 12. Jh. zwar in den Schemata, Tropen und Colores rhetorici jeweils eigene Figurengruppen (Ars versificatoria III, 2), räumt aber ein, daß sie doch miteinander korrespondieren (III, 45). [7] J. C. SCALIGER setzt sich dann in seiner 1561 erschienenen Poetik (III, 30) kritisch mit dem *color*-Begriff auseinander und tritt für den Ausdruck *figura* ein. [8]

Figura wurde auch als Ausdruck für die Stilarten gebraucht, so beim AUCTOR AD HERENNIUM (IV, 8, 11), CICERO (De or. III, 212) oder bei EMPORIUS (5./6. Jh. n. Chr.), wo es heißt: «cum sint tres figurae, vasta, humilis, temperata, quas Graeci characteres vocant, Asianum, Atticum, Rhodium» (Da es drei Stile gibt: den erhabenen, den schlichten und den mittleren, welche die Griechen ‹Charaktere› nennen, und zwar den asianischen, den attischen und den rhodischen, [...]). [9] Die moderne Poetik verbindet mit ‹Figur› stets eine «connotation littéraire» [10], und bezieht sie auf alle Arten dichterischer Verschlüsselung oder gar die Dichtung als solche. [11]

Zu dem weiteren Figurenbegriff, der auch die Tropen mit einschließt, und dem Figurenbegriff im engeren Sinn kommt im Lauf der Zeit noch ein außerrhetorischer Figurenbegriff hinzu, der uneigentliche Rede oder Metaphorisierung generell meint. Figur oder «figurative language» [12] kann in diesem Verständnis u. a. für philosophische Redeweisen, mythische Bedeutungskomplexe [13] oder die als «rhetorische Figur» aufgefaßte typologische Denkweise [14] stehen; hier ist auch auf die von den Kirchenvätern ausgehende mittelalterliche religiöse «Figuraldeutung» zu verweisen, die einen wechselseitigen Deutungszusammenhang «zwischen zwei Geschehnissen oder Personen» speziell des Alten und Neuen Testaments herstellt. [15] Moderne neostrukturalistische Textanalytiker entwickelten die Vorstellung globaler «Denkfiguren» wie Ironie, Paralipse oder Homöopathie, auf die sich der Gesamtgestus eines Textes zurückführen läßt. [16]

Anmerkungen:
1 E. Auerbach: Figura, in: Archivum Romanicum 22 (1938) 436–489, hier 436. – 2 Ed. u. übers. von H. Rahn. – 3 vgl. etwa A. N. Bradford: Classical and Modern Views of the Figures of Speech: Ancient Theory and Modern Manifestations (Diss. msch. Rensselaer Polytechnic Inst. New York 1982) 340; B. D. Devet: Figures of Speech: Functions and Applications (Diss. msch. Univ. of South Carolina 1986); R. J. Fogelin: Figuratively Speaking (New Haven/London 1988). – 4 E. H. Sehrt: Notker-Glossar. Ein Ahd.-Lat.-Nhd. Wtb. zu Notkers des Dt. Schr. (1962) 15 und 70. – 5 ‹Vocabularius Ex quo›. Überlieferungsgesch. Ausg., hg. v. K. Grubmüller u. a. Bd. 3 (1988) 1032f. – 6 vgl. U. Kühne: Art. ‹Colores rhetorici›, in: HWR 2 (1994) 282–290. – 7 Matthäus von Vendôme: Ars versificatoria, in: Opera, ed. F. Munari, Bd. 3 (Rom 1988) 186f. – 8 J. C. Scaliger: Poetices libri septem. Sieben Bücher über die Dichtkunst, Bd. 2, B. 3, Kap. 1–94, hg., übers., eingel. u. erl. v. L. Deitz (1994) 377ff. – 9 Emporius, De ethopoeia, in: Rhet. Lat. min. 561, 7; Übers. Red. – 10 G. Genette: Figures, in: ders.: Figures (Paris 1966) 205–221, hier 205ff. und 218ff. – 11 M. Arrivé: Poetik und Rhet. in Frankreich seit 1945. Ein Forschungsber., in: LiLi Beih. 4 (1976) 78–105, hier 81; M. Charles: Le discours de figures, in: Poétique 15 (1973) 340–364, hier 344 und 356ff. – 12 A. M. Paul: Figurative Language, in: PaR 3 (1970) 225–248, hier 227ff. – 13 M. Shapiro, M. Shapiro: Figuration in Verbal Art (Princeton 1988). – 14 N. Frye: Typologie als Denkweise und rhet. Figur, in: V. Bohn (Hg.): Typologie. Int. Beiträge zur Poetik (1988) 64–90, hier 67. – 15 Auerbach [1] 468. – 16 M. Cahn: Paralipse und Homöopathie. Denkfiguren als Objekte einer rhet. Lektüre, in: H. Schanze, J. Kopperschmidt (Hg.): Rhet. und Philos. (1989) 275–295.

II. *F. in der Geschichte des Unterrichts.* Die F. ist schon in ihren Ursprüngen ein integraler Bestandteil der Rhetorikliteratur, denn die antike wissenschaftliche Beschäftigung mit der Rhetorik erstreckte sich immer auch auf Fragen der sprachlichen Strukturen. Die rednerische Praxis lehrte, daß sich in der Rede immer wieder bestimmte sprachliche Muster ergeben und daß gewisse sprachliche Verfahren besonders erfolgreich einzusetzen sind. Da lag es schon für die antiken Rhetoriklehrer nahe, sie zum Untersuchungsgegenstand zu machen, in ihren Werken unter verschiedenen Aspekten zu behandeln, um sie schließlich in den Unterricht einzubringen.

Die F. tritt im Verlauf der Geschichte einerseits in Gesamtrhetoriken integriert auf, andererseits separiert in besonderen Figurentraktaten; hinzu kommen bloß tabellenartig auflistende Figurenwerke. Gern fügte man den Rhetoriken schematische Figuren-Übersichtstafeln bei. [1]

Nicht nur für sophistische Praktiker und für Rhetoriklehrer Griechenlands war es von großem Interesse, daß man die Figuren beschrieb, sammelte und systematisierte. Die Rekonstruktion der Frühzeit bereitet allerdings Schwierigkeiten, weil «die gesamte technographische Literatur zwischen der Rhetorik des ANAXIMENES und ARISTOTELES auf der einen und des AUCTOR AD HERENNIUM auf der anderen Seite, von einigen Notizen und trümmerhaften Bruckstücken abgesehen, verlorengegangen ist; d. h. also die Literatur eines Zeitraums von rund 200 Jahren, in dem eine ungeheure Fülle für die rhetorische Theorie bedeutsamer Schriften entstanden sein muß.» [2] Möglicherweise haben bereits KORAX, TEISIAS, und GORGIAS im 5./4. Jh. entsprechende Handbücher (Hypomnemata) angelegt. [3] PLATON bestätigt im ‹Phaidros› (um 370 v. Chr.) den Umlauf solcher Übersichtswerke (Phaidr. 267). In systematischer Hinsicht gilt THEOPHRASTS verlorene Rhetorik als bahnbrechend auf dem Gebiet der Lexis. [4] Der figurentaxonomische Ansatz war bei ihm, wie bei vielen seiner Vorgänger und Nachfolger, Element eines weitergreifenden rhetorischen Theorie- und Lehrwerkes.

Werke solcher und ähnlicher Art gaben die Grundlage des Bildungsgangs der hellenistischen Schule ab, die im gesamten Mittelmeerraum bis in die Spätantike Verbreitung gefunden hat. Sie umfaßte die Ausbildung beim *grammaticus* und beim *rhetor*. [5] «Der Lehrstoff war nicht immer klar abgegrenzt, gerade die Figurenlehre ist ein gutes Beispiel dafür. Zwar galt unbestritten, daß von den die Figurenlehre umfassenden Abteilungen der Tropen und der Wort- und Sinnfiguren nur der schwerste Teil, die Lehre von den Sinnfiguren, dem rhetor vorbehalten war. Doch in der Praxis sah es so aus, daß der rhetor nach einem "wissenschaftlichen" Lehrbuch unterrichtete, das Wort- und Sinnfiguren gegliedert und stillschweigend die Tropen mit unter die Wortfiguren zählte. Wir besitzen solche Lehrbücher in den Traktaten von Rutilius Lupus, [Ps.-]Julius Rufinianus, Aquila Romanus [...] Der grammaticus dagegen beschränkte sich tatsächlich auf die Wortfiguren und Tropen. Sein "praktisches" Lehrbuch der Figuren war als Anhang der traditionellen ars grammatica beigegeben, in der er die acht Redeteile behandelte. Dieser Anhang enthielt neben Wortfiguren und Tropen als dem postiven ornatus auch einleitend noch das Gegenteil, die vitia orationis. Figurenlehren dieses Typs besitzen wir mit den artes grammaticae seit dem 3. Jh. n. Chr., von Marius Plotius Sacerdos, Charisius, Diomedes, Donatus.» [6]

Der Figurenteil von DONATS grammatischer ‹Ars maior› (als ‹Barbarismus› auch selbständig verbreitet) wurde im Mittelalter neben der ‹Rhetorica ad Herennium› zum wichtigsten schulischen Vermittler der antiken Tradition. Im Trivium kam der Rhetorik zwar ein eigener Platz als Disziplin zu, doch muß man davon ausgehen, daß gerade die F. im Mittelalter weitgehend in den dominierenden Grammatikunterricht integriert war. [7] Seit dem 5. Jh. entstanden eine ganze Reihe spezieller, zumeist nur auflistender F. [8] Hier ist z. B. der Figurentraktat des MARBOD VON RENNES (1035–1123) zu nennen, der in modifizierter Form auch in Lehrbücher der *ars-dictandi*-Tradition Eingang fand. [9] Der Grammatiker ALEXANDER DE VILLA DEI nahm die Figuren ins Schlußkapitel seines unter dem Titel ‹Doctrinale› (nach 1199) verbreiteten Lehrbuchs auf. [10] Es wurde wiederum Quelle für andere Werke, wie etwa den Traktat ‹De Coloribus verborum et sententiarum› des flämischen Artes-Lehrers ANTONIUS HANERON (Erstdruck ca. 1475), der zugleich die Rhetorik ‹Ad Herennium› als Hauptquelle heranzieht. [11]

Die Autoren der auf die Verfertigung von Versen gerichteten Poetiken des Hochmittelalters, in die F. eingearbeitet sind [12], sind ebenfalls Grammatiker. «Jedes der vier Teilgebiete der Grammatik lieferte Stoff für das Studium der *figurae* oder *exornationes* oder *colores* [...] Schon das Grundlehrbuch – Donat – beschreibt mehr Tropen als selbst [Galfrid von] Vinsauf, und das nach Donat meistgebrauchte Elementarlehrbuch (der ‹Graecismus› des Eberhard von Béthune) behandelt an die hundert *figurae*, das ‹Doctrinale› des Alexander von Villa Dei achtundsiebzig. Dies sind Grundlehrbücher, keine *artes poetriae*. Robert von Basevorn, der den Lesern seiner ‹Forma praedicandi› (um 1322) die Figuren empfehlen will, sagt, das Verzeichnis in der ‹Rhetorica ad Herennium› – eben jene 65 Figuren, die Galfrid verwendet – sei "hinreichend", womit er zu verstehen gibt, daß der interessierte Leser die Liste im Bedarfsfall fortsetzen könne. Das heißt, von einem gebildeten Leser wurde die selbständig erworbene Kenntnis der Figurenlehre erwartet, und ein Blick in ein beliebiges mittelalterliches Standardlehrbuch der Grammatik zeigt uns, woher er diese Kenntnis haben konnte.» [13] Vor allem die Tropen fanden als poetische Gestaltungsmittel großes Interesse. [14] So steht z. B. auch im Zentrum der ‹Summa Floribus›, einer *ars dictandi* aus der Zeit vor 1185, «eine nach stilkritischen und logischen Gesichtspunkten gegliederte und mit zahlreichen Beispielen illustrierte Metaphernlehre». [15]

Das humanistische *elegantia*-Ideal ließ die F. seit der Renaissance zum zentralen Unterrichtsgegenstand der Stilistik werden. Eine Reihe von erfolgreichen Lehrbüchern stellt sie in den Mittelpunkt: ERASMUS VON ROTTERDAM ‹De copia verborum ac rerum› (1512) [16], J. SUSENBROTUS ‹Epitome Troporum ac Schematum› (um 1541) [17], TALAEUS/RAMUS ‹Rhetorica› (1548) [18], J. BENZ ‹De figuris› (1594) [19], die anonyme ‹Troposchematologia› (1660; für den Schulgebrauch in England) [20], eine Bearbeitung des weitverbreiteten ‹Index Rhetoricus› (1625) von T. FARNABY. [21] Als eine der frühesten separaten volkssprachlichen F. erschienen 1545 K. GOLDTWURMS vor allem für die evangelische Predigerausbildung gedachten ‹Schemata rhetorica› (1545). [22] Man druckte jetzt bisweilen auch mittelalterliche Figurenübersichten nach, so den ‹Liber Bedae Presbyteri Anglosaxonis de Schematibus & Tropis› (1527 u. ö.). [23] Ebenfalls für den Schulgebrauch sind

Tafelwerke und Einblattdrucke der Zeit gedacht, z.B. PETRUS MOSELLANUS' ‹Tabulae de schematibus et tropis› (ca. 1525) [24] oder die ‹Tabula› des DAVID CHYTRAEUS (ca. 1570). [25]

Bis zum 18. Jh. war der Wert des Figurenunterrichts unbestritten. In barocken Dissertationen untersuchte man ihre Eigenart und den «usus figurarum et abusus». [26] Dann aber setzte vor dem Hintergrund des aufklärerischen Natürlichkeitsgedankens eine Debatte über den Wert und Unwert des Figurenunterrichts ein. [27] GOTTSCHED nimmt dazu in der dritten Auflage seiner ‹Critischen Dichtkunst› von 1742 Stellung: «Einige neuere Lehrer der Beredsamkeit haben mit großem Eifer wider den Unterricht von Figuren, der in allen Rhetoriken vorkömmt, geschrieben. Sie haben dafür gehalten: man könnte diese ganze Lehre ersparen, und dörfte die Jugend mit so vielen griechischen Namen nicht plagen; zumal da sie daraus nicht mehr lernte, als wie man eine Sache benennen könnte, die auch dem einfältigsten Pöbel bekannt wäre.» [28] Ausdrücklich nimmt Gottsched dann Bezug auf J. J. BODMERS Milton-Übersetzung und dessen auch von J. J. BREITINGER geteilte Ablehnung der traditionellen F. Er räumt Gründe für den Überdruß am Figurenunterricht ein: «Man giebt es zu, daß viele Schullehrer der Sache zu viel gethan, und sich gar zu lange dabey aufgehalten haben. Man giebt auch zu, daß die griechischen Namen oft eine unnöthige Schwierigkeit verursachen, und daß man besser thäte, wenn man an ihrer Stelle deutsche einführete. Man gesteht auch endlich, daß die Natur selbst lebhafte Leute in Figuren reden lehrt, die sonst ihr lebenlang keine Anleitung bekommen haben.» Trotzdem müsse man aber doch beim Figurenunterricht bleiben, wenn man ihn nur faßlicher gestaltete, denn lediglich «die muntersten Köpfe» geraten «von sich selbst auf die Figuren». Die anderen, «die nicht so viel Feuer haben, würden sich darauf gar nicht besinnen, wenn man ihnen nicht auf die Spur helfen wollte». [29] Bodmer kommentiert diese Gottsched-Stelle sarkastisch mit der Bemerkung, daß man einen «kaltsinnigen Kopf» nicht durch Figurenunterricht auf die Spur des Affekts werde bringen können. Seiner Meinung nach sollte man den Leuten «von stillem und gesetztem Gemüthe» mit «den Affecten auf die Spur der Figuren» helfen, «welches viel natürlicher ist, als mittels der Erkenntnis der Figuren den Affekten auf die Spur zu gehen». [30] Breitinger verteidigt im selben Sinn das affektpsychologische Studium vor jeder bloß sprachkonventionellen F. Denn die rechte Figurenapplikation «kan keine Kunst lehren». Er spricht von der «schädlichen Würckung, welche die bisher gewohnte Lehrart in den Schulen bey jungen Leuten gehabt hat». Sie führe zu unnatürlicher Verstellung, lächerlichem Ausdruck und unangemessener Stilisierung; denn «da die ganze historische Lehre von den Figuren» jungen Leuten nichts anderes vermittle, «als daß zu der beweglichen Schreibart der Gebrauch der Figuren nothwendig sey, so müssen sie ja nothwendig» in einen Stil verfallen, den (Ps.-) LONGIN 'das Rasende' genannt habe, also «ein unzeitiger und müssiger Affect an einem Ort, wo kein Affect Platz hat, oder Uebermaß, wo man Maaß und Ziel halten soll». [31] Für Breitinger wäre es pädagogisch «also weit natürlicher gehandelt, wenn man die Natur, Beschaffenheit, und Symptomata der Gemüths=Leidenschaften überhaupt besser zu studieren sich befleissen, und darinne die Gründe aufsuchen würde, von welchen die verschiedene Form des Ausdrucks herrühret». [32]

Die sich in solcher Kritik ausdrückende affektpsychologische Wende in der Figurentheorie bringt den Figurenunterricht zunehmend unter Druck. Am Ende des 18. Jh. fordert J. G. SULZER unmißverständlich, «daß die mühsame und schwerfällige Aufzählung und Erklärung so sehr vieler Arten der Figuren, aus den für die Jugend geschriebenen Rhetoriken einmal wieder verbannt werden möchte». Dieser Schulstoff habe keinen Nutzen, ja, «mancher gute Kopf bekömmt einen Ekel für die Beredsamkeit, wenn man ihn zwingt, die verzweifelten Namen und Erklärungen aller Figuren auswendig zu lernen, und ihm dabey sagt, daß diese zur Erlernung der Beredsamkeit gchöre». [33]

Solche Kritik gilt einer schulischen Praxis, die die Rhetoriktheorie auf Figurentaxonomien reduzierte und in praktischer Hinsicht als einen mechanischen Teil der Stilkunde betrachtete. So behielt die F. zwar ihren Platz in den philologischen Schulfächern, zumal in den alten Sprachen, doch vor dem Hintergrund zeitgenössischer romantischer Sprach- und Literaturauffassungen bekam die Beschäftigung mit ihr zunehmend antiquarischen Charakter. Daran änderte auch die Tatsache nichts, daß weiterhin neue F. für den Schulgebrauch entstanden und auch die wissenschaftliche Auseinandersetzung mit der Figurenproblematik immer wieder aufflackerte. [34] Hier sei nur auf FONTANIER in Frankreich und auf GERBER in Deutschland verwiesen. Der zweite Teil von Gerbers ‹Die Sprache als Kunst› ([1]1871–73) arbeitet die klassische Rhetoriktradition in einem Maße auf, wie wir es im 20. Jh. erst wieder bei H. LAUSBERG finden.

Heute ist der F. in den Schulen marginalisiert. Trotzdem gibt es wissenschaftliche Bemühungen, die F. für den Deutschunterricht einzurichten und damit weiterhin verfügbar zu halten [35], und nach wie vor erscheinen natürlich auch F. für den altsprachlichen Unterricht. [36]

Nach T. TODOROV hätte man «allen Grund», sich über «das seit dem Beginn des 19. Jahrhunderts zu beobachtende Verschwinden der Rhetorik» und damit der Figurenforschung in Europa zu wundern («nahezu die ganze Rhetorik reduziert sich in dieser Zeit auf eine Theorie der Figuren»), denn die «Qualität der Arbeit» auf dem Figurensektor war in dieser Entwicklungsphase «unbestreitbar». Für Todorov liegt mit dem «Verschwinden der Rhetorik» eine «geistesgeschichtliche Fehlentwicklung» vor, die man in Hinsicht auf «die innere Entwicklung der Disziplin» aus zwei Gründen erklären kann: einerseits aus der individualistischen Ablehnung von rhetorischen Normvorstellungen (die die Abweichungsstilistik bedingen) und andererseits aus der «Verdrängung des Rationalismus durch den Empirismus, der spekulativen Konstruktionen durch das Studium der Geschichte. Hier teilt die Rhetorik das Schicksal der (philosophischen) Grammatik. Die allgemeine Grammatik hatte die Konstruktion eines einzigen Modells im Sinn: die universelle Struktur der Sprache. Dasselbe gilt für die Rhetorik, deren Gegenstand nicht etwa synchronisch, sondern panchronisch ist: Sie versucht, ein zeitloses, für alle Sprachen gültiges System der Ausdrucksstrategien zu entwickeln. Daher die unverminderte Aktualität von Ciceros Rhetorik, obwohl sie lateinisch ist und tausendachthundert Jahre zählt.» [37]

Erst in der zweiten Hälfte des 20. Jh. wurde mit dem neuen Interesse an der Rhetorik im massenmedial-kommunikativen Zeitalter auch die Figurenforschung wiederbelebt. Hier sind vor allem die Linguisten zu nennen, die einesteils mit CHOMSKY lernten, den Blick auf sprachliche Universalien zu richten und sich dann, in einer

Gegenbewegung, auch der Pragmatik und Textlinguistik zuwandten.

Anmerkungen:
1 B. Vickers: Rhetorical and anti-rhetorical tropes: On writing the history of *elocutio,* in: Comparative criticism 3 (1981) 105–132. – **2** K. Barwick: Probleme der stoischen Sprachlehre und Rhet. (1957) 88. – **3** A. N. Bradford: Classical and Modern Views of the Figures of Speech: Ancient Theory and Modern Manifestations (Diss. msch. Rensselaer Polytechnic Inst. New York 1982) 54; vgl. R. Volkmann: Die Rhet. der Griechen und Römer in systemat. Übersicht ([2]1885; ND 1987) 4f.; G. A. Kennedy: The Earliest Rhetorical Handbooks, in: American Journal of Philology 80 (1959) 169–178. – **4** M. Fuhrmann: Die antike Rhet. (1984; [3]1990) 114ff. – **5** M. P. Nilsson: Die hellinst. Schule (1955); M. Fuhrmann: Rom in der Spätantike. Porträt einer Epoche (1994) 81ff. – **6** U. Schindel: Die lat. Figurenlehren des 5. bis 7. Jh. und Donats Vergilkommentar (1975) 12f.; vgl. P. Rutilii Lupi De figuris sententiarum et elocutionis, ed. E. Brooks, Jr. (Leiden 1970); dazu vgl. die Rezension v. M. E. Welsh, in: Gnomon 44 (1972) 776–80; P. Rutilii Lupi Schemata Dianoeas et Lexeos, ed. G. Barabino (Genua 1967); ältere Ed., in: Rhet. Lat. min. 1-21; Aquila Romanus: De figuris sententiarum et elocutionis, in: Rhet. Lat. min. 22–36; Ps.-Iulius Rufinianus: De figuris sententiarum et elocutionis, in: Rhet. Lat. min. 37–47; ders.: De schematis lexeos/de schematis dianoeas, in: Rhet. Lat. min. 59–62; Anonymus: Carmen de figuris vel schematibus, in: Rhet. Lat. min. 63–70; U. Schindel: Anonymi Ecksteinii Schemata Dianoeas quae ad rhetores pertinent, in: Nachrichten der Akad. der Wiss. in Göttingen, phil.-hist. Klasse 7 (1987); ältere Ed. in: Rhet. Lat. min. 71–77; Die griech. Traktate sind ediert in Rhet. Graec. Sp., Rhet. Graec. Sp. – H., Rhet. Graec. W.; Donat-Edition: Louis Holtz: Donat et la tradition de l'enseignement grammatical. Étude sur l'Ars Donati et sa diffusion (IVe–IXe siècle) et édition critique (Paris 1981); ältere Ed. in: Gramm. Lat., Bd. 4, 355–402; Sacerdos: Artis grammaticae libri tres, in: Gramm. Lat., Bd. 6, 427–546; Diomedes: Ars grammatica, in: Gramm. Lat., Bd. 1, 299–529; Charisius: Artis grammaticae libri V, ed. K. Barwick (1925, [2]1964). – **7** vgl. J. Knape: Historie in MA und Früher Neuzeit (1984) 54f. – **8** Schindel [6] 17f.; J. Knape: Art. ‹Elocutio›, in: HWR 2 (1994) Sp. 1022–1083, hier Sp. 1035f. – **9** F. J. Worstbrock, M. Klaes, J. Lütten: Repertorium der Artes dictandi des MA. Bd. I: Von den Anfängen bis um 1200 (1992) 30. – **10** ed. D. Reichling (1893) v. 2361ff. – **11** Ed. E. Ijsewijn-Jacobs: Magistri Anthonii Haneron (ca. 1400–1490) Opera grammatica et rhetorica, in: Humanistica Lovaniensia 24 (1975) 34-53. – **12** Überblick bei L. Arbusow: Colores rhetorici. Eine Auswahl rhet. Figuren und Gemeinplätze als Hilfsmittel für akad. Übungen an mittelalterl. Texten ([1]1948; [2]1963) 11ff. – **13** J. J. Murphy: The Arts of Discourse, 1050–1400, in: Mediaeval Studies 23 (1961) 198; Übers. Red. – **14** U. Krewitt: Metapher und tropische Rede in der Auffassung des MA (1971); W. M. Purcell: Tropes, Transsumptio, Assumptio, and the Redirection of Studies in Metaphor, in: Metaphor and Symbolic Activity 5, 1 (1990) 35–53. – **15** Worstbrock, Klaes, Lütten [9] 165. – **16** Knape [8] Sp. 1048. – **17** J. X. Brennan: The Epitome troporum ác schematum of Joannes Susenbrotus [Zürich ca. [1]1541]: Text, Translation, and Commentary (Diss. msch. Univ. of Urbana, Ill. 1953). – **18** J. Knape: Art. ‹Barock (Deutschland)›, in: HWR 1 (1992) Sp. 1285–1332, hier Sp. 1288. – **19** J. Benz: De figuris; Ex. Stuttgart: Phil. oct. 163. – **20** προσχηματολογία Maximam partem ex Indice Rhetorico Farnabii deprompta: Additis in super Anglicanis exemplis [durch T. Stephens] (London 1660). Ex. BM London: 1089.i.14. – **21** vgl. H. F. Plett: Englische Rhet. und Poetik 1479–1660. Eine systemat. Bibliogr. (1985) Nr. B 5. – **22** K. Goldtwurm: Schemata rhetorica; Ex. BSB München: 8° L.eleg.g. 174. = VD 16: G 2600. – **23** Liber Bedae Presbyteri Anglosaxonis de Schematibus & Tropis; VD 16: Nr. B 1442. – **24** VD 16: S 2175. Ex. Stadtbibl. Trier: 9/3526 d. Ausg. Straßburg 1529 = VD 16: S 2183. – **25** Abb. in: Knape [8] Sp. 1053f.; vgl. auch die Abb. in: Knape [18] Sp. 1291f. – **26** Caspar Körber: De dictione figurata (Diss. Helmstedt 1694) Kap. 3; Ex. Göttingen: 8° SVA V 2720. – **27** vgl. M. Beetz: Rhet. Logik. Prämissen der dt. Lyrik im Übergang vom 17. zum 18. Jh. (1980) 106ff. – **28** J. C. Gottsched: Versuch einer Crit. Dichtkunst ([3]1742), in: ders.: Ausg. Werke, Bd. VI/1, hg. v. J. Birke, B. Birke (1973) I/10. – **29** ebd. – **30** J. J. Bodmer: Crit. Betrachtungen über die poet. Gemählde der Dichter (Zürich 1741; ND 1971) 340. – **31** J. J. Breitinger: Crit. Dichtkunst (Zürich 1740; ND 1966) II, 368. – **32** Breitinger [31] II, 371f. – **33** J. G. Sulzer: Allg. Theorie der schönen Künste, Bd. 2 (1792; ND 1967) 232. – **34** Knape [8] Sp. 1066f. – **35** W. Lang: Die Tropen und Figuren, in: DU 18 (1966), H. 5, 105–152; W. Lang, W. Vogel: Ars legendi (1966) 10–16; vgl. L. Bahmer: Antike Rhet. und kommunikative Aufsatzdidaktik. Der Beitrag der Rhet. zur Didaktik des Schreibens (1991); G. Diehle: Rhet. in der Schule, in: Sprachforum 2 (1956) 32ff. – **36** z. B. J. Richter-Reichhelm: Compendium scholare troporum et figurarum. Schmuckformen lit. Rhet. Systematik und Funktion der wichtigsten Tropen und Figuren (1988) [mit weiterer Lit.]. – **37** T. Todorov: Théories du symbole (Paris 1977); dt.: Symboltheorien (1995) 104ff.

III. *Theoriegeschichte. 1. Logisch-strukturaler Ansatz der Figurentheorie im historischen Überblick. a) Die ältere Tradition bis zur frühen Neuzeit.* Der logisch-strukturale Ansatz konzentriert sich darauf, nach möglichst einheitlichen Definitionskriterien (Strukturmerkmalen, Generierungsvorschriften oder Anwendungsregeln) sortierte Figureninventare aufzustellen. Der Ansatz bezieht sich dabei zwar auf bestimmte theoretische Konzepte (etwa die Deviationstheorie), richtet sich aber nicht auf eine theoretische Durchdringung des Figurenproblems.

Gerade auf dem Feld der Figurentaxonomien, die nach logisch-strukturalen Kriterien aufgebaut sind, beweisen sich manche Rhetoriker seit der Antike als Vorläufer moderner Strukturalisten. [1] Nach D. FEHLING erschöpft sich in den Taxonomien letztlich auch die antike F., die ohne «eine theoretische Erfassung der Figur im ganzen» blieb. [2] Die Systematik der Figurentaxonomien war nie völlig stabil, fand aber im Lauf der Zeit doch zu einem wenigstens in seinen Umrissen traditionsbildenden Grundmodell.

ARISTOTELES hatte noch kein klares Ordnungskonzept. Er ordnete «die Klassen des Schmuckes, der die klare und nackte Form verändert, in Provinzialismen, Übertragungen und Epitheta, Verlängerungen, Verkürzungen der Vokabeln und andere Dinge, die vom übrigen Sprachgebrauch abweichen und außerdem noch in den Rhythmus und die Harmonie.» [3] Von den in der Folgezeit ausgearbeiteten Ordnungsmodellen waren das dichotomische und das trichotomische Konzept am erfolgreichsten. Das dichotomische Konzept versteht Figuren entweder als sprachliche Oberflächenphänomene (Modellierung der Ausdrucksseite) oder als Sachverhalte der semantischen Tiefenstruktur von Texten. CICERO hat diese zweifache Sicht in ‹De oratore› (III, 200) auf die klassische Formel gebracht: «zwischen den Figuren des Ausdrucks und denen des Gedankens besteht ein Unterschied insofern, als man die Figuren des Ausdrucks zerstört, wenn man die Worte ändert, während die des Gedankens bestehen bleiben, welcher Worte man sich auch bedient» (inter conformationem verborum et sententiarum hoc interest, quod verborum tollitur, si verba mutaris, sententiarum permanet, quibuscumque verbis uti velis). Diese Grundvorstellung blieb über die Jahrtausende hinweg bestehen. Dementsprechend unterscheidet DU MARSAIS 1756 in seinem Figurenartikel der ‹Encyclopédie› «deux espèces générales de figures: 1°. figures de mots; 2°. figures de pensées». [4] Noch in neuester Zeit spricht G. GENETTE von einer zweifachen «classification» der Figuren «selon leur forme et selon leur valeur». [5]

Das trichotomische Konzept, über dessen Ursprünge die Meinungen auseinandergehen [6], modifiziert diese Sicht und gliedert in drei Großgruppen:

1) Tropen, die als semantische Einwortfiguren schon bei THEOPHRAST [7] in einer eigenen Gruppe von den Figuren im engeren Sinn getrennt erscheinen. [8] QUINTILIAN betont, daß sich die Gelehrten über diese Abgrenzung von Tropen und Figuren im engeren Sinn keineswegs einig seien (IX, 1, 1−9). Aber auch er benutzt die Unterscheidung. Er behandelt die Tropen im 8. Buch seiner ‹Institutio›. Am Anfang steht seine klassische Definition als semantische Wendung eines Einzelausdrucks: «Ein Tropus ist die kunstvolle Vertauschung der eigentlichen Bedeutung eines Wortes oder Ausdruckes mit einer anderen» (τρόπος est verbi vel sermonis a propria significatione in aliam cum virtute mutatio. VIII, 6, 1). Als Tropen «wurden im Altertum allgemein die folgenden [acht] anerkannt: Onomatopöie, Katachresis, Metapher, Metalepsis, Synekdoche, Metonymie, Antonomasie und Antiphrasis.» [9] Die Metapher galt unter ihnen als Königin. [10]

2) Ausdrucks- oder Wortfiguren *(figurae verborum* Quint. IX, 3), die textuelle Oberflächenstrukturen determinieren und ausdrucksseitig definierbar sind. Quintilian unterteilt sie im IX. Buch in die Subgenera der grammatischen und rhetorischen Figuren: Die ersten entstehen durch «Veränderungen bei den sprachlichen Gesetzmäßigkeiten» (loquendi rationem novat), die anderen durch «Wortstellungsvarianten» (collocatione IX, 3, 2). Hinzu kommt eine unspezifische Gruppe sonstiger Figuren (wozu u. a. die sogenannten «gorgianischen Figuren» zählen). [11] Die Ausdrucksfiguren lassen sich aufgrund von sogenannten Änderungskategorien, die sprachliche Oberflächenoperationen betreffen, unterscheiden (IX, 3, 27−28 und 58). Durch Hinzufügung kommen Figuren wie Wortverdopplung *(geminatio)* oder positionsfixierte Wiederholung (Anapher) zustande; durch Auslassung entstehen Figuren wie Ellipse oder Asyndeton, durch Umstellung der Chiasmus oder das Hyperbaton. Einen Sonderfall stellen die Barbarismen und Soloecismen dar, die auf grammatischen Regelverstößen bei Einzelwörtern bzw. Sätzen beruhen (Quint. I, 5, 5). Sie können als bewußt eingesetzte Stilmittel Figurencharakter bekommen.

3) Inhalts- oder Gedankenfiguren *(figurae sententiae),* die dem Begriff nach die semantische Tiefenstruktur von Texten betreffen und ausdrucksseitig nicht definierbar sind. Recht unscharf heißt es bei Quintilian, daß es um jene Strukturen gehe, «die von der einfachen Aussageweise abweichen» (quae ab illo simplici modo indicandi recedunt, IX, 2, 1). Er möchte damit von Ciceros sehr «weitherziger Auffassung des Begriffs Sinnfigur» abrücken, aber auch er kann nicht vermeiden, daß «die Rubrik Sinnfiguren als Sammelbecken für eine große Vielfalt von Stilmitteln und Argumentationstechniken» herhalten muß. [12] Und so wird hier die rhetorische Frage als affektsteigernder Satztyp ebenso subsumiert, wie semantische Zuspitzungen in Form der Antithese oder zur Verlebendigung der Rede dienende Verhaltens- und Sprachformen wie die Apostrophe.

Die Grundsystematik (siehe Abb. 2) [13] fand in die meisten der seit der Antike überlieferten Figurentaxonomien Eingang, wenn auch bisweilen modifiziert. [14]

Vor der Wiederentdeckung des vollständigen Quintilian im Jahre 1416 wirkte bis in die frühe Neuzeit hinein

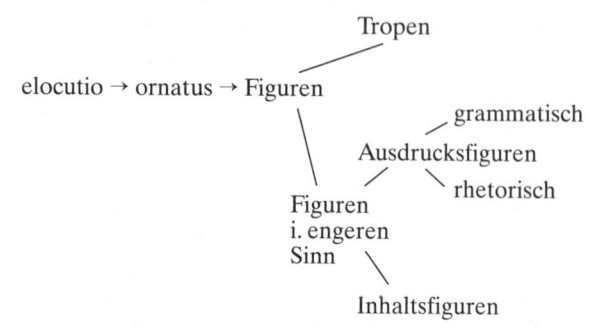

```
                                    Tropen
                                   /
elocutio → ornatus → Figuren
                                   \
                                    \           grammatisch
                                     \         /
                                      Ausdrucksfiguren
                                     /         \
                                    /           rhetorisch
                             Figuren
                             i. engeren
                             Sinn      \
                                        \
                                         Inhaltsfiguren
```

Abb. 2:   Idealtypische Darstellung der antiken Figurensystematik

das gleichfalls auf dieser Grundlage stehende vierte Buch der ‹Rhetorica ad Herennium› (1. Jh. v. Chr.) als wichtigstes Modell für figurentaxonomische Literatur. [15] Der Autor listet ohne theoretische Erörterungen unter der Rubrik *«dignitas»* (IV, 13, 18ff.) insgesamt 65 Figuren mit Beispielen und ihren lateinischen Bezeichnungen auf, zunächst 45 Ausdrucksfiguren (davon werden die letzten zehn gewöhnlich als Tropen angesehen), dann 20 Inhaltsfiguren. Die Taxonomien der relativ umfangreichen mittelalterlichen und frühneuzeitlichen Figurenliteratur beziehen sich im Kern immer auf dieses Vorbild, auch wenn die Gruppenbildung manchmal nach anderen Gesichtspunkten erfolgt oder bisweilen die griechische Terminologie in der Donat-Nachfolge auftaucht. [16] Bei der Rezeption wurde das Herennius-Inventar nicht selten verändert. Für die mittelalterlichen Traktate gibt E. FARAL einen synoptischen Überblick über die Differenzen im Figureninventar. [17] Verringern es bisweilen die Autoren des Mittelalters, so weiten es die Autoren seit der Renaissance unter Einfluß anderer Theoretiker im Einzelfall beträchtlich aus; z.B. enthält die zweite Auflage von H. PEACHAMS ‹Garden of Eloquence› (1593) über 200 Figuren. [18] J. HOLMES kann 1755 für seine ‹Art of Rhetoric Made Easy› mit der Bemerkung, "you'll meet with here about 250 *Figures* &c." werben. [19]

Die antike Trichotomie von Tropen, Wort- oder Ausdrucksfiguren und Gedanken- oder Inhaltsfiguren hat die Jahrhunderte zwar überdauert, wurde aber im Lauf der Zeit immer wieder differenziert und modifiziert. Mit dem Aufschwung der Rhetorik in der Renaissance wurde diese Systematik einerseits wieder fest etabliert, andererseits nahm das wissenschaftliche Bemühen zu, daneben plausiblere Ordnungskonzepte zu entwickeln.

Zur frühneuzeitlichen Verankerung der Trichotomie trugen europäische Erfolgsrhetoriken wie die ‹Rhetorica› von AUDOMARUS TALAEUS/PETRUS RAMUS bei, die ihren Figurenteil nach dem einfachen Dreierschema gliedert. Das im Kern nur auf F. und einen knappen *pronuntiatio*-Teil beschränkte Werk wurde zu einem Grundbuch der ramistischen Rhetorik. Ramus begrenzte die Zuständigkeit der Rhetorik prinzipiell auf *elocutio* und *actio* und wurde damit ein Wegbereiter der bis in die Neuzeit wirkenden Vorstellung von der Rhetorik als bloßer F. Nachfolger fand Ramus in England u. a. in A. FRAUNCE (‹The Arcadian Rhetorike› 1588) und im barocken Deutschland in MEYFART (‹Teutsche Rhetorica› 1634). In Frankreich stehen so wichtige Rhetoriker wie DU MARSAIS (‹Des tropes› 1730) und FONTANIER (‹Manuel classique› 1821/‹Figures autres que tropes› 1827) in dieser Tradition. [20]

Im Renaissance-Humanismus kommt es aber auch zu Differenzierungsbemühungen. So verbindet etwa MELANCHTHON in den ‹Elementa Rhetorices› (1531) die größte von seinen drei Figurengruppen mit der Topik. Das haben im Ansatz schon antike Theoretiker nahegelegt. [21] Melanchthon leitet die Figuren her aus *loci ex definitione* (z. B. Synonymie), *ex divisione* (z. B. Congeries), *ex causis* (z. B. Klimax), *ex contrariis* (z. B. Antithese), oder *ex circumstantiis et signis* (z. B. Prosopographie). [22] Diese topische Taxonomie findet sich bei zeitgenössischen Rhetorikern wie D. CHYTRAEUS wieder. Seine einblattförmige ‹Tabula de elocutione et de figuris› [23] geht von der Dichotomie grammatischer und rhetorischer Figuren aus. Die eigentlich rhetorischen Figuren sind die Inhalts- und die Weiterungsfiguren (*Schemata dianoeas*, z. B. Interrogatio, und *Figurae amplificationum*, z. B. Synonymie); Melanchthons Figurentopik bezieht Chytraeus bei der Unterteilung der amplifikatorischen Figuren ein. Die grammatischen Figuren beruhen demgegenüber auf Abweichung, speziell semantischen oder syntagmatisch-grammatischen Regelverstößen *(mutationes vel conformationes)*; zu ihnen gehören die Einwortfiguren/*figurae unius dictionis* (d. h. Tropen und Figuren nach Art der Apokope) ebenso wie die Textfiguren/*figurae orationis* (d. h. die Mehrworttropen, z. B. Allegorie, und die Mehrwortfiguren, z. B. Asyndeton).

Ein andersgeartetes dichotomisches Modell benutzt J. C. SCALIGER in seinen einflußreichen ‹Poetices libri septem› von 1561. Er unterscheidet zwischen sachabhängigen Figuren und sprachautonomen Figuren («aliae namque sunt figurae rerum, aliae vero verborum» III, 30). Eine Figur der Sache ist gewissermaßen referenziell durch den Sachverhalt motiviert, die Eigenschaften der autoreferenziellen Sprachfiguren hingegen sind von den Sachen verschieden bzw. nicht motiviert («Rei enim res est; verborum autem affectus ab rebus alii» III, 30). [24] Was Scaliger dann ausführlich im 3. Buch an Sachfiguren vorstellt, entspricht im wesentlichen dem traditionellen Inventar der Tropen und Inhaltsfiguren. Er unterscheidet fünf Untergattungen nach den semantischen Kriterien, ob die Figur gegenüber der Sache bedeutungsähnlich ist (wie er meint, annehmen zu können), ob sie mehr aussagt, weniger aussagt, ob sie es anders oder gar durch das Gegenteil aussagt. Die Sprachfiguren behandelt Scaliger im 4. Buch. Sie verdanken sich 1. der *natura* oder *essentia* des Wortmaterials (was Figuren wie Ellipse oder Klimax ermöglicht), 2. dem *situs* (z. B. Parenthese), 3. der *quantitas* (z. B. Parison) und 4. der *qualitas* (z. B. Homoioteleuton). Der bedeutendste barocke Rhetoriktheoretiker G. J. VOSSIUS übernimmt Scaligers Unterteilung der Sprachfiguren in sein Kapitel über die *Schemata lexeos* (‹Commentariorum rhetoricorum libri sex›, Leiden 1606, lib. 5, cap. 2).

b) Neuzeitliche Ausprägungen der taxonomischen Tradition. Die Menge der in der Neuzeit entworfenen taxonomischen Modelle ist groß und unübersichtlich. Man kann beinahe sagen: soviele Figurentheoretiker, soviele Figurensysteme bzw. Systemvarianten. Hier sei nur auf einige wenige Systematisierungsversuche aus dem 20. Jh. verwiesen.

Nach G. GENETTE wurden im Lauf der Rhetorikgeschichte aufgrund von Formkriterien die folgenden Figurengruppen unterschieden: 1. Tropen/*tropes* (semantisch konstituierte Wortfiguren), 2. Ausdrucksfiguren/ *figures de diction* (ausdrucksseitig formal konstituierte Wortfiguren), 3. Konstruktionsfiguren/*figures de construction* (durch die Anordnung und Menge der Wörter im Satz konstituierte Figuren), 4. Stilfiguren/*figures de style* (bezogen auf den ganzen Satz), 5. Gedankenfiguren/*figures de pensée* (bezogen auf eine Aussage) und 6. Redefiguren/*figures d'élocution* (nach FONTANIER konstituiert durch Auswahl und Bestand der Wörter). Genette demonstriert am Beispiel Fontaniers, bis zu welchen taxonomischen Verästelungen solche Gruppierungen im Sinne eines «classement d'ordre logique» weitergetrieben werden können. Fontanier unterteilte beispielsweise die letztgenannte Gruppe der Redefiguren/ *figures d'élocution* noch in die Abteilungen der Figuren *par extension* (z. B. Epitheton), *par déduction* (z. B. Synonymie), *par liaison* (z. B. die von Fontanier kreierte *abruption*) und *par consonance* (z. B. Alliteration). [25]

H. LAUSBERG nimmt in seinem ‹Handbuch der literarischen Rhetorik› von 1960 (§§ 538–1054) die Makrogliederung des gesamten Figureninventars in a) Einzelwortschmuck *(ornatus in verbis singulis)* und b) Mehrwortschmuck *(ornatus in verbis coniunctis)* vor. Die Tropen gehören zum Einzelwortschmuck und die Figuren im engeren Sinn zum Mehrwortschmuck, wobei er die Ausdrucksfiguren *figurae elocutionis* nennt, die Inhaltsfiguren *figurae sententiae*.

W. LANG versucht 1966 das traditionelle Figureninventar für den Gebrauch im Deutschunterricht mit folgender Rubrizierung handhabbar zu machen: 1. Wort- und Klangspiele (z. B. Assonanz oder Geminatio); 2. Eigentliche Ausdrucksweisen (z. B. Neologismus oder Congeries); 3. Gliederungsformen (z. B. Polysyndeton); 4. Umbenennungen (Metonymie, Antonomasie, Denominatio); 5. Metaphorische (bildhaft-übertragene) Ausdrucksweisen (z. B. Metapher oder Allegorie); 6. Hintergründige Ausdrucksweise (z. B. Rhetorische Frage); 7. Unregelmäßigkeiten als Stilmittel (z. B. Ellipse). [26]

A. M. PAUL entwickelt 1970 eine Taxonomie mit vier Klassen: *Grammatical figures* (z. B. Ellipse), *Phonetic figures* (z. B. Synkope), *Rhetorical figures* (z. B. Apostrophe) und *Figures of sense* oder *semantic figures* (z. B. Metapher). [27]

H. F. PLETT unterscheidet 1971 fünf Gruppen: Positionsfiguren (z. B. Inversion), Wiederholungsfiguren (z. B. Geminatio), Quantitätsfiguren (z. B. Enumeratio), Appellfiguren (z. B. Interrogatio), Tropen (z. B. Periphrase). [28]

Bei W. BÜHLMANN/K. SCHERER gibt es 1973 sechs Abteilungen: Figuren der Wiederholung (z. B. Alliteration), der Wort- und Satzstellung (z. B. Anastrophe), der Abkürzung (z. B. Ellipse), der Häufung (z. B. Klimax), Tropen (z. B. Allegorie) und Figuren der Umschreibung, Verschleierung und Entschleierung (z. B. Euphemismus). [29]

G. MOLINIE (1992) differenziert, wie im Prinzip auch Lausberg, nach Einwort- und Mehrwortphänomenen, nämlich nach den beiden großen Figurengruppen *figures microstructurales* und *figures macrostructurales*. [30]

c) Das Problem der Inhaltsfiguren. Besondere Klassifizierungsschwierigkeiten machten seit jeher die Inhalts- oder Gedankenfiguren. Hier ist immer noch viel Forschungsarbeit vonnöten. «Ein Problem, das bereits aus der Antike datiert, ist beispielsweise die immer wieder unternommene Subordination der Inhalts- und Gedankenfiguren unter den "Redeschmuck in Wortverbindungen": hier werden zwei Gesichtspunkte miteinander vermischt, der kombinatorische (oder "syntaktische" [Morris]) der Zeichenverkettung und der kommunikative (oder "pragmatische" [Morris]) des Zeichenbenutzers.» [31] D. SPERBER sieht keine Notwendigkeit, die Inhalts- oder Gedankenfiguren *(figures de pensée)* überhaupt noch als eigene Gruppe beizubehalten, wenn man einmal nach den linguistischen Ebenen *figures phonologiques, syntaxiques et sémantiques* unterschieden habe. [32] Die unten behandelten strukturalen Matrix-Taxonomien verzichten dementsprechend auf die klassischen trichotomischen Untergliederungen. Auch unter textlinguistischen Vorzeichen lösen sich bisweilen die traditionellen Figurenvorstellungen auf. So subsumiert etwa P. LERAT alle Arten semantisch bedingter Strukturen unter der Kategorie Sinnfigur *(figure de sens)*. Für ihn ergeben sich dann nach der textlinguistischen Reichweite und Leistung drei Figurengruppen: Sprachfiguren *(figures de la langue)*, die unabhängig vom Kontext definierbar sind; Textfiguren *(Figures du discours)*, die sich erst im Textzusammenhang ergeben; Intertextfiguren *(Figures de l'interdiscours)*, die es dem Leser erlauben (etwa durch Stilähnlichkeit), Bezüge zwischen verschiedenen Texten herzustellen. [33]

Es ist offensichtlich, daß der Sektor der Inhaltsfiguren im Lauf der Rhetorikgeschichte mit allen Figurenarten überfrachtet worden ist, die nicht oberflächenhaft-strukturell definierbar sind. Summierende Charakterisierungen müssen folglich sehr vage ausfallen, etwa wenn S. R. LEVIN den hier versammelten Figuren den Charakter rhetorischer Maskerade zuspricht. [34] Es bedarf weiterer Anstrengungen, sie mit Hilfe moderner sprachanalytischer Kategorien differenzierter zu erfassen.

Ein großer Teil der Inhaltsfiguren ist primär auf semantischer Ebene analysierbar (beispielsweise das Antitheton, bei dem semantische Merkmale sprachlicher Einheiten in Opposition stehen). Hierbei ist aber zu beachten, daß verschiedene analytische Perspektiven ins Spiel kommen können: einerseits die semantische Ebene, andererseits die der sprachlichen Einheit (Wort, Satz, Text). Andere Gedankenfiguren lassen sich pragmatisch-sprechakttheoretisch fassen [35], wie z. B. die Apostrophe, bei der es um eine Abwendung vom ersten Ansprechpartner und Zuwendung zu einem anderen geht, aber auch der gespielte Zweifel *(dubitatio)*, die Selbstkorrektur *(correctio)*, das Zugeständnis *(concessio)* usw. Bestimmte Figuren dieser Gruppe weisen zusätzlich feste Oberflächenmerkmale auf, wie die rhetorische Frage *(interrogatio)*. Andere wiederum sind nach Performanzkriterien durchaus mimetisch-theatralischer Art abzugrenzen, so die Veranschaulichung *(evidentia)*, die zur Figur wird, wenn sie neben dem Verstand auch deutlich die Affekte der Hörer anspricht und den Zuhörer gleichsam gegenwärtig in den Vorgang zu versetzen scheint (Quint. IV, 2, 123), oder die Gesprächssimulation *(sermocinatio)*, die dann vorliegt, wenn der Sprecher irgendeine Person ein Gespräch führen läßt und dieses in Übereinstimmung mit der Art seines Charakters darstellt (Rhet. ad Her. IV, 52, 65). Auch Argumentationsfiguren, die bestimmte kognitive Verfahren betreffen, werden zu den Inhaltsfiguren gerechnet, z. B. die Ausmalung eines Gedankens *(expolitio)* oder die *ratiocinatio*. Eine weitere Gruppe stellen die Figuren der Erzählung und Beschreibung dar (z. B. Topographie oder Chronographie), die heute eher Gegenstand der Erzähltheorie sind.

Die Schwierigkeit, das historisch gewachsene Inventar dieser vielgestaltigen Figurengruppe neu zu systematisieren, ist offenkundig. Insofern wird man LAUSBERGS Versuch mit Respekt begegnen. Der Mangel seiner Systematik liegt gegenüber zweiachsig arbeitenden Matrices – wie sie unten besprochen werden – darin, jeweils immer nur ein einziges Hierarchisierungskriterium anzusetzen. Er gliedert die Inhaltsfiguren keineswegs schlüssig, sondern wie folgt (Hdb. §§ 758–910):

A. Figuren der Publikumszugewandtheit:
  1. Figuren der Anrede (z. B. Apostrophe);
  2. Figuren der Frage (z. B. Dubitatio).
B. Figuren der Sachzugewandtheit:
  1. Semantische Figuren (z. B. Antitheton);
  2. Affektische Figuren (z. B. Evidentia einschließlich Topographie, Expolitio oder Sermocinatio);
  3. Dialektische Figuren (z. B. Concessio);
  4. Figuren nach den vier Änderungskategorien (z. B. Sentenz, Ironie oder Allegorie).

d) Moderne Figurenmatrices. Rein theoretische Erklärungsversuche der Figuren, die von den Gebrauchsbedingungen abstrahieren, sind nicht neu, kennzeichnen aber besonders bestimmte moderne linguistische Ansätze. Schon QUINTILIANS scharfsinnige Überlegungen zur Figurentheorie suchten den figurativen Generierungsmechanismen auf die Spur zu kommen und sie in sein Ordnungskonzept einzubeziehen. [36] Daraus entwickelte sich die Theorie der vier Änderungs- oder Entstehungskategorien als Grundoperationen der Figuration: 1. Hinzufügung *(adiectio)*, 2. Wegnahme *(detractio)*, 3. Umstellung *(transmutatio)* oder Anordnung *(ordo)* bzw. Stellung *(collocatio)* und 4. Ersetzung *(immutatio)*. [37] Allerdings geben diese Kategorien antik nur in der Redefigurenlehre des PHOIBAMMON, einer Schrift des 5./6. Jh., die konsequente Einteilungsgrundlage für das gesamte Figurensystem ab. [39] Im Zuge der strukturalistisch inspirierten Wiederbelebung rhetorischer Forschung in den 60er und 70er Jahren des 20. Jh. [39] fanden die vier Entstehungskategorien erneut großes Interesse. H. LAUSBERG nutzte sie bereits 1960 als einfaches und übersichtliches Gliederungsschema im *elocutio*-Kapitel [40]; linguistisch orientierte Theoretiker stellten dann mit ihrer Hilfe strenger formalisierte Generierungsschemata auf. Man sah den explikativen Nutzen «heuristischer Matrices» [41] und suchte deshalb, die Elemente des Figurenkatalogs in verschiedenen Varianten zweiachsiger Figurationsmodelle darzustellen. [42]

Wegbereiter der figuralen Matrixlehre waren G. N. LEECH (‹Linguistics and the Figures of Rhetoric› 1966) [43]; und T. TODOROV (‹Essai de classification› 1967) [44]; sie übernahmen R. JAKOBSONS ‹Zwei Achsen-Modell› und führten die linguistischen Analyseebenen (Phonologie, Morphologie, Syntax etc.) als «abstrakte Korrelationskategorien» [45] ein. In der Folgezeit setzten J. DURAND, J. COHEN, vor allem auch die *groupe* µ und H. F. PLETT diese Bemühungen fort und suchten die traditionellen Figuren linguistisch zu verorten. [46] Todorov bringt 1977 auch die Figurensystematik FONTANIERS in ein Matrix-Schema. [47]

Besondere Beachtung verdient Durands Matrix (Abb. 3), die sich nicht zuletzt durch ihre semiotische Generalisierungsfähigkeit auszeichnet.

Bei Durand wird die rhetorische Figur «als Ergebnis einer Operation definiert, die von einem einfachen Kernsatz ausgeht und dabei einzelne Elemente des Kernsatzes modifiziert. Als Klassifizierungskriterien für die rhetorischen Figuren ergeben sich folglich operationale, nach der Natur dieser Operation, und relationale, nach der Natur der Relationen, die die variierenden Elemente verbinden.

Relation entre éléments variants	Opération rhétorique			
	A Adjonction	B Suppression	C Substitution	D Échange
1 — Identité	Répétition	Ellipse	Hyperbole	Inversion
2 — Similarité — de forme — de contenu	Rime Comparaison	Circonlocution	Allusion Métaphore	Hendiadyn Homologie
3 — Différence	Accumulation	Suspension	Métonymie	Asyndète
4 — Opposition — de forme — de contenu	Attelage Antithèse	Dubitation Réticence	Périphrase Euphémisme	Anacoluthe Chiasme
5 — Fausses homologies — Double sens — Paradoxe	Antanaclase Paradoxe	Tautologie Prétérition	Calembour Antiphrase	Antimétabole Antilogie

Abb. 3: Classement général des figures, aus: J. Durand: Rhétorique et image publicitaire, in: Communications 15 (1970) 75.

Operationen lassen sich primär am Syntagma definieren, Relationen primär an der Sememstruktur der Aussage. Durch diese Art der Determinierung wird matriziell der jeweilige Figurentypus in Dependenz von Ausdruck und Inhalt ermittelt, d. h. sowohl als Kombination (syntagmatisch) als auch als Selektion (paradigmatisch).» [48] In die Klassifikationsmatrix eingetragen werden vertikal die Grundoperationen als die die vier Änderungskategorien aufgefaßt werden: Adjektion, Subtraktion, Permutation, Substitution; horizontal die Elementarrelationen, die zwischen den variierenden Elementen einer Klasse bestehen: Identität, Ähnlichkeit nach Form und Inhalt, Unterschied, Gegensatz in Form und Inhalt, Falsche Homologie. Durand gelingt es zwar nicht, den Systemcharakter des Figurativen zu bestimmen oder das Figureninventar erschöpfend zu beschreiben und zu erklären. Seine Matrix erlaubt aber, Merkmalsbeziehungen der Figuren untereinander nach abstrakt-logischen Kriterien nachzuweisen und die Einzelfigur durch ihre figurativen Markierungen zu identifizieren. I. HANTSCH/K. OSTHEEREN heben den Wert dieses Modells auch unter folgenden Aspekten hervor: größere Eindeutigkeit und Stringenz als bei anderen Versuchen dieser Art; «die distinktiven Merkmale auf der jeweiligen Bestimmungsachse liegen nicht auf verschiedenen Ebenen: Ausdruck und Inhalt sind nicht als Differenzkriterien in die Matrix eingebracht»; es treten keine gemischten Operationen auf, die bereits Interpretationen sind und damit vor problematische Einordnungsentscheidungen stellen; infolgedessen «eindeutige Bestimmungsmöglichkeit der jeweiligen Figurentypen». Insgesamt scheint Durands Konstrukt «von seiner Konsequenz und widerspruchsfreien logischen Stringenz her», so Hantsch/Ostheeren, «besonders geeignet, eine wesentliche Forderung zu erfüllen: durch die abtrakte Modellerstellung den deduktiven Begriffsraster der traditionellen Rhetorik abzulösen durch einen induktiven Formelraster, der die Figuren als logische Formen definiert». Das bringt gegenüber der allgemein üblichen Auflistung der klassischen Bezeichnungen – etwa in alphabetischer Ordnung – den wesentlichen Vorteil, daß man von den im Text aufgefundenen Figuralstrukturen zur Nomenklatur findet, während man sonst immer von den Figurentaxonomien ausgehen muß. [49]

e) Neuzeitliche Kritik der Taxonomietradition. Das bei zahlreichen taxonomischen Bemühungen der Rhetorikgeschichte beobachtbare Fehlen nötiger Systemstrenge, der undurchsichtige terminologische Apparat und der Mangel an Theorie forderten im Lauf der Zeit harte Kritik an den Figurentaxonomien heraus. [50] So stellt schon der Figurenartikel im ERSCH/GRUBER von 1846 fest, die alten Rhetoriker hätten sich «sehr angelegentlich» mit den Figuren beschäftigt, und sie seien «mit der größten Spitzfindigkeit» bei «deren Aufstellung bis ins Kleinste, ja ins Kleinlichste eingedrungen. Diese Aufstellung ist aber blos empirisch. Man sah, daß durch die Figuren die Rede bald Anmuth bald Kraft erhielt, und bemerkte daher dieselben in den Werken der Dichter und Redner. Vergebens aber sieht man sich bei ihnen nach einem Princip um, und ihr Theorie hat daher den großen Fehler, daß sie den Ursprung der Figuren nicht genetisch entwickelt, weshalb man auch keine sachgemäße Eintheilung derselben bei ihnen findet.» [51]

B. CROCE bemerkt in seiner ‹Ästhetik› (1902): «Wenn alle diese Einteilungen als Hilfsmittel für das Gedächtnis in bezug auf literarische Sonderformen einen gewissen Wert gehabt haben mögen, so waren sie, rational betrachtet, tatsächlich nichts anderes als Verrücktheiten.» [52] G. GENETTE belegt den Klassifikationsdrang der Rhetoriker noch für FONTANIER, den berühmten französischen Figurentheoretiker des 19. Jh. [53], und kommt dann zu dem Schluß: «il y a dans la rhétorique une rage de nommer». [54] Für C. PERELMANN sind die meisten Figurennamen «exotic names, that are so difficult to remember» [55], für W. NASH gar «Greek museum monsters». [56] R. BARTHES spricht von «der wahnwitzigen Bezeichnung der Figuren». [57] Den Effekt aller Bemühungen um Einteilung und Benennung hält M. ARRIVÉ für eher fragwürdig, denn «im Universum der Figuren herrscht keine Gleichheit». Die Mehrzahl der Figuren wird und wurde gar nicht zur Kenntnis genommen. «Bestimmte Figuren verstauben in den alten Handbüchern der klassischen Rhetorik. Wer könnte sich rühmen, aus dem Stegreif, ohne einen verstohlenen Blick in den (übrigens nicht immer vollständigen) ”Morier” [58] zu werfen, Figuren wie das ”Anantapodoton”, die ”Hypotyposis” oder die ”Paralipse” zu definieren? Andere haben mehr Glück und erscheinen regelmäßig in den derzeitigen Analysen poetischer Texte.» Arrivé verweist hier auf die nicht zufällig «herrschende Dreieinigkeit» aus Synekdoche, Metonymie und Metapher. [59]

Auch wenn man die Figuration heute nicht mehr als isolierten Überformungsprozeß ansieht, sondern als integralen Bestandteil des Vertextungs- bzw. Verstehensvorganges, und selbst wenn man die funktionalen Zusammenhänge betont, bleibt doch bei aller methodischen Kritik weithin unbestritten, daß sich Figuren als struktural beschreibbare Sprachmuster isolieren, inventarisieren und mit einer Nomenklatur versehen lassen.

Anmerkungen:
1 Zu antiken Werken vgl. die Übersichten bei A. N. Bradford: Classical and Modern Views of the Figures of Speech: Ancient Theory and Modern Manifestations (Diss. msch. Rensselaer Polytechnic Inst. New York 1982) 353ff. – **2** D. Fehling: Die Wiederholungsfiguren und ihr Gebrauch bei den Griechen vor Gorgias (1969) 8. – **3** B. Croce: Aesthetik als Wiss. vom Ausdruck und allg. Sprachwiss., übertr. v. H. Feist, R. Peters (1930) 446. – **4** C. C. Du Marsais: Figure, in: Encyclopédie, ed.

D. Diderot, J. L. d'Alembert, Bd. 6 (1756) 766–722, hier 767. – 5 G. Genette: Figures, in: ders.: Figures (Paris 1966) 205–221, hier 216. – 6 K. Barwick: Probleme der stoischen Sprachlehre und Rhet. (1957) 108. – 7 R. Volkmann: Die Rhet. der Griechen und Römer in systemat. Übersicht (^{2}1885; ND 1987) 394; G. Kennedy: The Art of Persuasion in Greece (Princeton, NJ 1963) 277. – 8 Zum Inventar vgl. G. Dzilas: Rhetorum antiquorum de figuris doctrina. Pars prior (Programm Breslau 1869); H. Monse: Veterum rhetorum de sententiarum figuris doctrina. Pars prior (Diss. Breslau 1869). – 9 Barwick [6] 108. – 10 M. Fuhrmann: Die antike Rhet. Eine Einf. (1984) 129. – 11 Barwick [6] 108. – 12 Fuhrmann [10] 134f. – 13 Auf der Grundlage von J. Martin: Antike Rhet. (1974) 259ff. – 14 vgl. Bradford [1] 1, 191, 238. – 15 vgl. J. J. Murphy: Topos and Figura. Historical cause and effect?, in: G. L. Bursill-Hall, S. Ebbesen,. K. Koerner (Hg.): De ortu Grammaticae: Studies in Medieval Grammar and linguistic Theory in Memory of J. Pinborg (Amsterdam 1990) 239–253, hier 241f. – 16 Überblick bei B. Schaller: Der Traktat des Heinrich von Isernia De coloribus rhetoricis, in: Dt. Archiv für die Erforschung des MA 49 (1993) 113–153, hier 115–123. – 17 E. Faral (Hg.): Les arts poétiques du XIIe et du XIIIe siècle (Paris 1924) 52–54. – 18 Bradford [1] 198; W. Taylor: Tudor Figures of Rhetoric (Whitewater 1972) 23f. – 19 W. S. Howell: Eighteenth-Century British Logic and Rhet. (Princeton, NJ 1971) 128. – 20 C. Perelman: The New Rhet. and the Humanities. Essay in Rhet. and its Applications (Dordrecht/Boston/London 1979) 1f. – 21 Murphy [15] 242ff.; vgl. Bradford [1] 104. – 22 P. Melanchthon: Elementa rhetorices (1531), in: J. Knape: Philipp Melanchthons ‹Rhet.› (1993) 103ff. – 23 Abb. in J. Knape: Art. ‹Elocutio›, in: HWR 2 (1994) Sp. 1022–1083, hier Sp. 1053f. – 24 J. C. Scaliger: Poetices libri septem. Sieben Bücher über die Dichtkunst. Bd. 2: B. 3, Kap. 1–94, hg., übers., eingel. u. erl. v. L. Deitz (1994) 376. – 25 Genette [5] 216f. – 26 W. Lang: Die Tropen und Figuren, in: DU 18 (1966) H. 5, 105–152. – 27 A. M. Paul: Figurative Language, in: PaR 3 (1970) 225–248, hier 226f. – 28 H. F. Plett: Einf. in die rhet. Textanalyse (1971; ^{5}1991). – 29 W. Bühlmann, K. Scherer: Sprachl. Stilfiguren der Bibel (1973, ^{2}1993). – 30 G. Molinié: Dictionnaire de rhétorique (Paris 1992) 152f. – 31 H. F. Plett: Rhet., Stilmodelle und moderne Texttheorie, in: Göttingische Gelehrte Anzeigen 230 (1978) 272–302, hier 288. – 32 D. Sperber: Rudiments de rhétorique cognitive, in: Poétique 6 (1975), 389–415, hier 415. – 33 P. Lerat: Les figures des sens, in: Le français dans le monde 179 (1983) 110–112. – 34 S. R. Levin: Are Figures of Thought Figures of Speech?, in: Georgetown University Round Table on Languages and Linguistics 1982, 112–123, hier 118f. – 35 Levin [34] 114ff. und 118. – 36 Knape [23] Sp. 1027ff. – 37 Ausführlich dazu W. Ax: Quadripertita Ratio. Bemerkungen zur Gesch. eines aktuellen Kategoriensystems (adiectio-detracto-transmutatio-immutatio), in: Historiographia Linguistica 13 (1986) 191–214; J. Knape: Art. ‹Änderungskategorien›, in: HWR 1 (1992) Sp. 549–566. – 38 Knape [37] Sp. 554. – 39 vgl. «la définition fonctionelle de la rhétorique» vs. «la définition immanente, structurale» bei R. Barthes: L'analyse rhétorique, in: Littérature et société. Problèmes de méthodologie en sociologie de la littérature (Brüssel 1967) 31–45, hier 32. – 40 Knape [37] Sp. 555f. – 41 C. B. Holmberg: The Heuristic Matrix Theory of Rhet. Figures, in: Pretext 1 (1980) 29–37, hier 29. – 42 Abb. der Matrices bei Knape [37] 556ff. – 43 vgl. auch G. N. Leech: A Linguistic Guide to English Poetry (1969). – 44 Als Anhang in: T. Todorov: Littérature et signification (Paris 1967). – 45 I. Hantsch, K. Ostheeren: Linguistik und Rhet. Positionen der neueren Forschung, in: Sprachtheorie und angewandte Linguistik. FS A. Wollmann, hg. v. W. Welte (1982) 87–111, hier 88. – 46 J. Durand: Rhétorique et image publicitaire, in: Communications 15 (1970) 70–95; J. Cohen: Théorie de la figure, in: Communications 16 (1970) 3–25; J. Dubois, u. a.: Rhétorique générale (Paris 1970); dt.: Allg. Rhet. (1974); H. F. Plett: Die Rhet. der Figuren, in: ders. (Hg.): Rhet. Krit. Positionen zum Stand der Forschung (1977) 125–165; H. F. Plett: Rhet., in: T. A. v. Dijk (Hg.): Discourse and Literature (Amsterdam/Philadelphia 1985) 59–84; vgl. Hantsch, Ostheeren [45] 98f. und Knape [37] 555ff. – 47 T. Todorov: Théories du symbole (Paris 1977); dt.: Symboltheorien (1995) 101f. –

48 Hantsch, Ostheeren [45] 98f. – 49 ebd. – 50 vgl. B. Vickers: Classical Rhet., in: English Poetry (London 1970) 88ff. – 51 J. S. Ersch, F. G. Gruber: Figur, Figuren, in: dies. (Hg.): Allg. Encyklopädie der Wiss. und Künste, Bd. 44 (1846) 141–144, hier 141. – 52 Croce [3] 446. – 53 vgl. M. Charles: Le discours de figures, in: Poétique 15 (1973) 340–364, hier 349f. – 54 Genette [5] 214. – 55 Perelman [20] 1. – 56 W. Nash: Rhet. The Wit of Persuasion (Oxford 1989) 105. – 57 R. Barthes: L'ancienne rhétorique. Aide-mémoire, in: Communications 16 (1970) 218, dt. 86. – 58 der frz. 'Lausberg': H. Morier: Dictionnaire de poétique et de rhétorique (Paris 1961, ^{2}1975, ^{4}1989). – 59 M. Arrivé: Poetik und Rhet. in Frankreich seit 1945. Ein Forschungsber., in: LiLi Beih. 3 (1976) 78–105, hier 102.

2. Funktional-pragmatischer Ansatz der Figurentheorie im historischen Überblick. Entwickelt der logisch-strukturale Ansatz seine Systematiken aus der Frage, wie Figuren sprachlich beschaffen sind, so geht der funktional-pragmatische Ansatz den Fragen nach, in welchen Handlungszusammenhängen Figuren erfolgreich einzusetzen sind bzw. wie sie kommunikativ funktionieren und wirken. Im Idealfall müßten beide Ansätze so zusammenspielen, daß die Figuren mit Strukturkategorien identifizierbar und mit Funktionalkategorien definierbar werden. Bedeutende Figurentheoretiker wie FONTANIER haben in diesem Sinne zwar immer wieder auf beide Ansätze zurückgegriffen [1], doch konnte sich der funktional-pragmatische Ansatz in der theoretischen Literatur nicht recht entfalten. Das platonische Konzept der Rhetorik als Seelenführung und die pragmatische Ausrichtung der aristotelischen Rhetorik hätten hier eigentlich eine andere Entwicklung begünstigen können. Ihr Zurückbleiben hängt vermutlich mit den nur schwer zu bewältigenden methodischen Herausforderungen zusammen, die eine funktionale Rhetoriktheorie einer Zeit abverlangte, die nicht auf etablierte empirische Wissenschaften und Psychologie zurückgreifen konnte. Für Neoaristoteliker wie PERELMAN bedeutet aber das Vorziehen des logisch-strukturalen Ansatzes in letzter Konsequenz, die ganze Konzeption der rhetorischen Figuren zu verdunkeln («obscurcir toute la conception des figures de rhétorique»). [2]

In der Antike war die pragmatische Perspektive der immer auch als *téchnē* verstandenen Rhetorik von Anfang an inhärent, sie war nie ganz ausgeblendet und konnte so eine funktionalistische Orientierung für die F. abgeben. Die antike Stilartenlehre und die klassischen rhetorischen Sprachgebrauchsprinzipien von Klarheit *(perspicuitas)* und Angemessenheit *(aptum/decorum)* sind Regulative für Art und Umfang funktional orientierter Figurenverwendung. Diese Korrelation verbalfiguraler Mittel mit den nichtverbalen Kommunikationsbedingungen findet sich in den zahlreichen Spezialrhetoriken, z. B. den mittelalterlichen *artes dictandi,* wenn sie mit Blick auf ihre besonderen Handlungsanliegen zum Problem der Figuration Stellung nehmen. [3] Der funktionalistische Ansatz verhalf auch dem Kirchenvater AUGUSTINUS mit Blick auf Hermeneutik und Homiletik zu schlagkräftigen Argumenten bei der Rettung der paganen Rhetorik für die christliche Bildung. [4] Die funktionale Perspektive war also rhetorikhistorisch nie völlig ausgeblendet, auch wenn sie in der Literatur oft nur auf knappe Bemerkungen eingeschränkt ist, wie bei J. G. SULZER, der bei den Figuren kurz und bündig angibt: «Hier erinnern wir nur überhaupt, daß sie entweder zur Lebhaftigkeit des Mechanischen im Ausdruck [Variationsfunktion], oder zur Verschönerung der Vorstellung selbst [Ornatusfunktion], oder zur anschauenden Erkenntniß der Sache nothwendig sind [Erkenntnisfunktion].» [5]

In der Gegenwart hat sich auch die moderne Linguistik den Figuren unter pragmatischer Perspektive zugewandt. [6] So entstanden Untersuchungen zur Figurenpragmatik auf der Basis von *Sprechakttheorie* [7] und Textlinguistik, etwa zur Frage, wie sich unter funktionaler Perspektive im Figurenbereich «die Selektion der konkreten Verfahren in bestimmten Texten und Textsorten» gestaltet. Nach HANTSCH/OSTHEEREN selegieren «beispielsweise Werbetexte appellativ verwertbare, leicht decodierbare und die Verstehbarkeit erhöhende "poetisch-rhetorische" Verfahren: vorrangig "Satzfiguren" im herkömmlichen Sinne, ferner metrische Einfachstrukturen und Klangredundanzen, die mnemotechnischen Wert haben, und etwa nur ganz einfache Metaphern des prädikativen Typs, die insbesondere durch das immer anwesende Merkmal des "in praesentia" leicht decodierbar sind.» [8]

a) *Stilistische Variationsfunktion.* Aus der Beobachtung, daß Texten bisweilen ein unverwechselbares oder charakteristisches Sprachprofil eignet, zu dem auch ein bestimmter Figurengebrauch beitragen kann, hat man schon früh das Konzept des Stils abgeleitet. Unter der Perspektive einer Sprachprofil schaffenden Funktion ist dementsprechend auch von «Stilfiguren» die Rede. [9] Traditionell werden sie mit der Deviationstheorie erklärt: «Für die traditionelle Rhetorik gibt es eine nichtfigürliche Redeweise, bei der man sich damit begnügt, einen Gedanken mitzuteilen. Und es gibt Figuren, die diesem Gedanken heterogenes Material – Gefühle, Bilder, Verzierungen – hinzufügen. Die Existenz der Figur beruht auf der Überzeugung, daß zwei Ausdrücke – der eine mit, der andere ohne Bilder, Gefühle usw. – den gleichen "Grundgedanken" äußern.» [10] Demgegenüber sieht man heute Figuren als integrale Textbestandteile, die in engem Funktionalzusammenhang mit dem Kotext stehen.

Zu den rhetorikgeschichtlich besonders wirksamen Versuchen, verbales Handeln, das sich in einem gewissen Stil niederschlägt, mit dem übrigen nichtverbalen Handlungszusammenhang zu korrelieren, gehört die in der Antike entwickelte Lehre der *genera dicendi* (Dreistillehre). Gewöhnlich ging man von drei Funktionalstilniveaus aus, doch gab es Varianten. [11] So vertritt bereits DEMETRIOS eine Vierstillehre und ordnet die von ihm behandelten Figuren und Tropen jeweils einem Stil zu. [12]

In der praktischen Stilistik fehlt es auch heute nicht an Versuchen, das klassische Figureninventar wiederzubeleben. [13] Auch die moderne linguistische Stiltheorie hat sich der Figurenthematik unter verschiedenen Fragestellungen zugewandt. [14] B. SPILLNER etwa konstatiert nicht nur das große Interesse der Stilforschung an den Figuren, sondern schlägt auch eine neue stilfunktionale Systematik vor: «Trotz der komplizierten und in den einzelnen Rhetoriken oft unterschiedlichen Bezeichnungen ist dieses System der Figuren und Tropen auch für die Stiltheorie und Stilanalyse sehr bedeutsam. Es genügt allerdings durchaus nicht, in einem literarischen Text Figuren aufzufinden und mit ihren Namen zu benennen.» Ihr Wirkungspotential muß bedacht werden, zugleich aber auch die vom Kotext erzeugte Polyvalenz. «Die rhetorischen Tropen und Figuren sind sprachliche Muster, mit denen ein Autor potentielle textuelle Kontraste und Kongruenzen erzielen kann. So könnten beispielsweise Alliteration, Anapher, Isokolon textuelle Kongruenzen bewirken; Metapher, Oxymoron, Zeugma könnten textuelle Kontraste [im Sinne M. RIFFATERRES] hervorrufen. Eine Neueinteilung der Figuren und Tropen im Hinblick auf die verschiedenen Typen potentieller Kontraste und Kongruenzen wäre zu erwägen.» [15]

b) *Argumentative Funktion.* Argumentationstheoretiker wie C. PERELMAN werden nicht müde, auf die spezifische Funktion der Figuren beim Argumentieren hinzuweisen. [16] In ihrer epochemachenden ‹Nouvelle Rhétorique. Traité de l'argumentation› von 1958 betonen Perelman und L. OLBRECHTS-TYTECA zunächst die argumentative Funktion der Figuren und unterscheiden dann – durchaus eklektisch – nach ihrer kommunikativen Leistung drei Figurengruppen: Figuren der Wahl – z. B. Periphrase –, der Vergegenwärtigung – z. B. Repetition – und der Kommunikation – z. B. Apostrophe – *(figures du choix, de la présence, de la communion).* [17] Eine Einteilung, die sich inzwischen auch bei anderen Autoren findet, z. B. bei B. M. GARAVELLI. [18] Ein Blick in die Forschungsliteratur zeigt, daß auf diesem Gebiet noch viel aufzuarbeiten ist, etwa in Hinblick auf juristisches Argumentieren, wo bisweilen Redefiguren mit «Argumentationstechniken» gleichgesetzt werden. [19]

Argumentationstheoretiker und Psychologen beschäftigen sich speziell mit den kognitiven Ursprüngen des Figurengebrauchs [20], der analogiefördernden Leistung von Tropen in argumentativen Zusammenhängen [21] oder der Rolle von Figuren als Teil einer Argumentationstopik, wo man sie als «Kommunikationsmoleküle» auffassen kann. [22] Die moderne Machtforschung geht dem Wirkungspotential von «loaded words», speziell in Metaphernform nach. [23]

c) *Erkenntnisfunktion.* Interesse an den Figuren hatten zu allen Zeiten auch Philosophen und philosophisch orientierte Autoren. Es richtete sich in erster Linie auf die primär semantisch funktionierenden Figuren, also auf Tropen und gewisse Inhaltsfiguren. [24] Schon bei ARISTOTELES erhielt die Metapher dabei den prominentesten Rang und war Synonym für jede Form sogenannter «uneigentlicher» Rede. [25] Immer wieder hat man ihre erkenntnistheoretische Rolle diskutiert.

Die Tropenverteidiger heben ihr hohes erkenntnisförderndes, anregendes und erschließendes Potential hervor. So empfiehlt schon CICERO dem Redner (Or. 39, 134), die Metaphern reichlich zu benutzen, «weil sie aufgrund der Ähnlichkeit den Geist hin und her führen und ihn hierhin und dorthin leiten – eine gedankliche Bewegung, die infolge ihrer Schnelligkeit schon an und für sich erfreut».

Wenn die Tropengegner solch eifrigen Gebrauch den Dichtern zugestehen, so lehnen sie ihn bei den Philosophen und Wissenschaftlern als Begünstigung gedanklicher *obscuritas* ab. In der Neuzeit wurde das vom Objektivitätspostulat gestützte Klarheitsideal zum Gegenstand programmatischer Debatten. [26] T. SPRATS erstmals 1667 erschienene ‹History of the Royal Society› [27] etwa fixiert diese figurenfeindliche Haltung und wird darin von Autoren wie HOBBES (‹Leviathan› I/4–5) und LOCKE unterstützt. [28] Beide meinen jegliche figurative Rede aus 'seriösen' Textsorten verbannen zu können und tragen damit zur Etablierung einer bis in unsere Zeit reichenden Norm des figurenfreien «scientific style» bei. [29] Lockes Formulierung steht paradigmatisch für diese Auffassung der Figurengegner: «Wollen wir indessen von den Dingen reden, wie sie sind, so müssen wir zugeben, daß alle Kunst der Rhetorik, soweit sie nicht durch Ordnung und Klarheit gefordert ist, und alle gesuchten und bildlichen Redewendungen, die die Beredsamkeit ersonnen hat, keinem anderen Zweck dienen, als falsche Ideen unbemerkt einzuführen, die Leidenschaft zu erregen und dadurch das Urteil irrezuleiten. In der Tat also sind jene bildlichen Ausdrücke vollkommener Betrug. Die genannten Künste mögen bei öffentlichen Ansprachen und Reden für den Rhetoriker lobenswert und auch berechtigt sein. In all denjenigen Erörterungen jedoch, die belehren und unterrichten wollen, sind sie gewiß durchweg zu vermeiden. Denn wenn es um Wahrheit und Erkenntnis geht, können sie nur als schwere Fehler gelten, die entweder der Sprache oder der Person, die sie verwendet, zugeschrieben werden.» [30] Auch im deutschen Sprachbereich, etwa bei C. THOMASIUS, C. WOLFF oder im Halleschen Pietismus finden sich entsprechende Ausführungen. [31]

Spätestens seit NIETZSCHE wuchs die Skepsis gegenüber dieser dogmatischen Haltung. Nietzsches Entgrenzung des Figurationsprinzips [32] bereitete den Weg für eine moderne differenzierte Sicht der erkenntnistheoretischen Leistung figurativen Sprechens, also der argumentativen und sinnvermittelnden Kraft von Figuren. [33] R. PODLEWSKI etwa untersucht 1982 in einer Arbeit zu C. S. PEIRCE den ästhetischen, erkenntnispraktischen und ideologischen Wert der rhetorischen Figuren. [34]

Im 20. Jh. erfährt vor allem die Metapher besondere Wertschätzung ausweislich der Arbeiten von I. A. RICHARDS [35], M. BLACK [36], K. BURKE [37], P. RICOEUR [38], E. CASSIRER [39], H. BLUMENBERG [40], G. LAKOFF/M. JOHNSON [41] oder U. ECO [42], um nur einige zu nennen, auch jenseits rein rhetorischer oder poetologischer Kontexte. Im Wissenschaftsdiskurs («exploratory discourse») gelten sie und andere Figuren inzwischen weitgehend als rehabilitiert. [43]

d) *Ornatus-Funktion*. QUINTILIAN hat die Grundauffassung der antiken *ornatus*-Theorie mit dem Satz formuliert: «Das Schmuckvolle ist das, was mehr ist als nur durchsichtig und einleuchtend» (ornatum est, quod perspicuo ac probabili plus est, VIII, 3, 61). Die Vorstellung, daß die Figuren in diesem Sinne nicht integrales Element beim Formulierungsvorgang sind, sondern in einem sekundären Überformungsprozeß als Schmuck hinzugefügt werden, verfestigte sich. Schon CICERO hatte das Schmuck-Theorem auf alle Arten von Figuren bezogen; sie seien, schreibt er im ‹Orator› (39, 134), «jenen Ziergegenständen ähnlich, die in der vollen Pracht der Bühne oder des Forums als ”Schmuckstücke“ bezeichnet werden, nicht etwa, weil sie allein Schmuck bieten, sondern weil sie als Einzelstücke hervorstechen» (sunt enim similia illis, quae in amplo ornatu scaenae aut fori appellantur insignia, non quia sola ornent, sed quod excellant). Gegen diese Ornament-Applikationstheorie gab es in der Antike kaum Widerspruch, auch wenn sich bei CICERO, QUINTILIAN oder SENECA doch gelegentlich integralistische Bemerkungen der folgenden Art finden: «Ipsae res verba rapiunt» (Der Gegenstand holt sich die passenden Worte selbst.) – «Pectus est quod disertos facit et vis mentis» (Das Herz und die Geisteskraft machen den Redner.) – «Rem tene, verba sequentur» (Halte dich an den Gegenstand, die Worte stellen sich dann von selbst ein.) – «Curam verborum rerum volo esse sollicitudinem» (Das Bemühen um die Worte soll Sorgfalt mit den Dingen sein.) – «Nulla est verborum nisi rei cohaerentium virtus» (Wortkunst gibt es nur im Zusammenhang mit den Dingen.). Bis in die frühe Neuzeit hielt sich die Ornament-Applikationstheorie nicht zuletzt deshalb, weil sich die Latein schreibenden Autoren des Mittelalters einer reinen Gelehrtensprache bedienten; von der klassischen Theorie gestützt, wurde so «die Ansicht bestärkt, daß die Schönheit nicht etwas Spontanes, sondern eine Stickerei und Auflagearbeit sei». [44]

Zweifel werden im 16. Jh. bei MONTAIGNE laut und dann im 17./18. Jh. bei den italienischen und französischen Gegnern des Konzeptionalismus oder Seicentismus (MATTEO PELLEGRINI, ORSI, BOILEAU u. a.), die die zeitgenössische literarische Produktion als dekadent empfanden, weil sie in ihr «nicht mehr die ernsthafte Expression eines Inhaltes» erkennen konnten. [45] Vergleichbares gilt für die deutsche Schwulstkritik dieser Zeit. [46] Damit bahnt sich eine neue Sicht an, die nicht ohne Einfluß auf Theoretiker des 18. Jh. wie Vico geblieben ist, der bei der «Aufstellung seines neuen Begriffs der poetischen Phantasie klar erkannte, daß durch diesen auch die Theorien der Rhetorik von Grund auf erneuert werden müßten, daß die Figuren und Tropen nicht mehr kapriziöse ”Launen“, sondern ”Notwendigkeiten des menschlichen Geistes“ sein müßten.» [47] In Frankreich erschütterte DU MARSAIS die ornamentale Applikationstheorie mit seinem 1730 erschienenen Traktat über die Tropen. Er greift die antike Metapher von der Figur als sprachlichem Kleid auf. Wie verschiedenfarbige Militärröcke unterschiedlicher Regimenter tragen alle Wortgruppen «ein Kleid (also sowohl figürliche als auch nichtfigürliche Ausdrücke); das Kleid dient jetzt nicht mehr zur Verschönerung, sondern dazu, die Zugehörigkeit anzuzeigen; das Kleid ist funktional, nicht mehr ornamental.» [48]

«Die Romantik gab», so B. CROCE in seiner ‹Ästhetik›, «der Theorie des geschmückten Stils den letzten Stoß; dieser wurde in jener Zeit praktisch zum alten Eisen geworfen, obgleich man nicht sagen kann, daß er durch strenge theoretische Begriffe besiegt und überwunden worden wäre.» Immerhin bewahrten die bedeutendsten Vertreter der philosophischen Ästhetik dieser Zeit (SCHELLING, SOLGER, HEGEL) «Abteilungen der Metaphern, Tropen, Allegorien, indem sie sie, ohne feiner darauf acht zu geben, von der Tradition einfach übernahmen». [49]

Der Figurenartikel im ERSCH/GRUBER sucht 1846 die *ornatus*-Theorie durch eine Figurenpsychologie zu korrigieren: Man sage, daß die Figuren «die Mittel zur Verschönerung der Rede enthalten, sie verschönern aber doch nur dann, wenn sie ihrem psychologischen Grund und ihrem Zwecke gemäß am rechten Ort und auf die rechte Weise angebracht sind. Kennt man dieses, so wird man auch bei den Dichtern und Rednern und Schriftstellern mit größerer Aufmerksamkeit darauf achten.» [50] Derartige Versuche einer psychologischen Fundierung der Ästhetik finden gegen Ende des 19. Jh. immer mehr Anhänger. B. Croce steht einer solchen Psychologisierung des Stils reserviert gegenüber. Er verweist etwa auf G. GRÖBERS Unterscheidung von logischem (objektivem) und affektivem (subjektivem) Stil. Sie beruhe auf einem alten Irrtum, «der nur von einer Terminologie verhüllt wird, die aus der psychologischen Philosophie der augenblicklichen Universitätsmode entliehen» sei. [51] Nach Croce gehören zu dieser Richtung auch «neuere Traktatschreiber» [52] wie E. ELSTER (‹Prinzipien der Literaturwissenschaft› 1897). Elster schreibt, daß es bei den Figuren und Tropen nicht um bloß «äußerlichen Redeschmuck» gehe, sondern um «ästhetische Apperzeptionsformen», also um «die köstlichsten, lebensvollsten Geheimnisse der stilgebenden Phantasie, um Kundgebungen des Dichtergeistes, die aus dem Innersten quellen, um Aeusserungen, die im Kleinen die Grösse des Schriftstellers widerspiegeln. Nichts ist verkehrter, als die sogenannten Bilder der Rede für einen äusserlichen Schmuck zu halten, die dem Stil aufgesetzt würden wie die Schminke im Gesicht des Schauspielers. Und doch ist diese Auffassung der Sache weit verbreitet. Sie erklärt sich in letzter Linie durch den Zweck, den die Lehrbücher verfolgen, die zuerst von den Tropen und Figuren handeln.» Entgegen den klassischen Taxonomien gelten bei Elster als die «vier Hauptformen der ästhetischen Apperzeption» (1) die personifizierende oder beseelende, (2) metaphorische, (3) die antithetische und (4) die symbolische Apperzeption.[53] Für Croce ist mit dieser Unterscheidung «der antike Reichtum» auf «die armselige Zahl» von vier Kategorien «herabgesunken».[54]

Psychologistisch argumentiert auch R. MÜLLER-FREIENFELS in seiner ‹Poetik› von 1914. Die eigentlich dichterische Sprache hat seiner Meinung nach einen ähnlich emotionalen Ursprung wie die Kindersprache oder die Sprachen «primitiver Völker». «Wenn man in älteren Poetiken von "Ellipsen" und "Anakoluthen" redet, so übersieht man vollkommen, daß da gar nichts weggelassen ist und gar nicht die feste Syntax durchbrochen wird, sondern daß in solchen Gebilden das erregte Gefühl sich in seiner ihm adäquaten Form äußert. Das erregte Gefühl ruft nicht, "hier ist ein Feuer", sondern ruft "Feuer!". Es ist nichts weggelassen, weil nie etwas da war.»[55]

Croce entwickelt seine eigene Position in der *ornatus*-Frage unter produktionsästhetischer Perspektive. Für ihn muß die «wahre Kritik der Rhetorik» (verstanden als F.) «in negativer Weise aus der Natur der ästhetischen Aktivität» gewonnen werden. Figuration ist danach kein mechanisch einsetzbares Instrument, weil die ästhetische Aktivität «keinen Einteilungen Raum gibt, keine Aktivität einer Art *a* und einer Art *b* ist und nicht ein und denselben Inhalt bald in der einen, bald in einer anderen Form zum Ausdruck bringen kann», vielmehr zu je einmaliger Gestalt findet.[56]

An dieser Stelle sei auf Einsichten der neueren pragmalinguistischen Stilforschung verwiesen. Formulieren, auch figuratives Formulieren, wird nicht mehr als bloßes Überführen von fertigen vorgeprägten Inhalten in eine nur äußerliche sprachliche Form gesehen, die man ganz beliebig wählen könnte, sondern als ein integrales schöpferisches Handeln. Damit wird die Zwei-Phasen-Theorie des Nacheinander von zunächst kognitiv-inventiven und erst dann folgenden elokutionären Vorgängen aufgegeben zugunsten der Vorstellung eines prozeßhaften In- und Miteinanders.[57] Die alte Schmuck-Applikations-Theorie ist damit allerdings keineswegs völlig obsolet geworden. Der moderne strukturale Ansatz rehabilitiert sie insofern teilweise, als sie sich auf die Beobachtung stützen kann, daß in bestimmten Textsorten (z. B. in sogenannten «manieristischen» Dichtungen) die poetische Sprachfunktion im Sinne R. JAKOBSONS bewußt und systematisch abgerufen und (vor allem in älterer Zeit) mittels Figuration forciert realisiert wird und daß sich dann der hohe Anteil figuraler Strukturen tatsächlich analytisch isolieren läßt. Wenn man an entsprechende Beobachtungen anschließt, dann ergibt sich in der Tat, daß der figurale "Überformungsgrad" bei verschiedenen Textsorten differiert und man bestimmten Texten unter dieser Perspektive mehr Schmuck zusprechen kann.

e) *Affektive Funktion.* In der Rhetoriktheorie spielte die den Figuren unterstellte affektive Wirkung immer eine gewisse Rolle, wenn auch oft nur als Postulat.[58] «From its earliest days onwards», so B. VICKERS, «whenever rhetoric is described in the abstract or personified, men always say that it has great power over the emotions.»[59] Nach der festen Überzeugung der Rhetoriker liegt gerade «in den Figuren die gefühlsbedingte Kraft der Rhetorik».[60]

Die affektfunktionale Sicht der Figuren geht traditionell davon aus, daß es einen Kode gibt, der bestimmte Figurenmuster («patterns») mit bestimmten Emotionen korreliert. Die so verstandene F. ist letztlich eine präskriptive «Topik der sprachlichen Wirkmittel, analog zur Topik der Argumente und zur Topik der Argumentationsmuster».[61] G. GENETTE beobachtet rhetorikgeschichtlich auch entsprechende semiologische Taxonomien, die den Figuren einen genauen psychologischen Wert zuweisen. Er unterscheidet in vereinfachender Dichotomie die *impressiven* Figuren, die Emotionen erzeugen sollen, von den *expressiven,* die durch Emotion hervorgerufen werden.[62] D. BREUER gibt für Figurensystematiken «nach verhaltenspsychologischen Kriterien» folgende Bestimmung: «Zuordnung von Figuren zu Emotionen, die durch sie (die Figuren) ausgelöst werden können. Die Zuordnung erfolgt im Rahmen der jeweiligen verhaltenspsychologischen Norm und ermöglicht dadurch eine genaue Bestimmung des Wirkungsgrades einer Figur.»[63] Historisch kam es dabei zu einer Vermengung von Erfahrungswissen und Spekulation, und nur selten wurden affektpsychologische Ansätze mit Konsequenz verwirklicht.

Für CONDILLAC ist die Figur 1775 «der eigentliche (und einzigartige, unersetzbare) Ausdruck eines bestimmten Gefühls». Bestimmte Gefühle korrelieren also mit ganz bestimmten Figuren. «Für Vorwürfe eignen sich die Fragen, für die Leidenschaft im allgemeinen der Teil für das Ganze (Synekdoche) oder die Ursache für die Wirkung (Metonymie).»[64] Und auch N. BEAUZEE, Redakteur des grammatikalischen und rhetorischen Teils der ‹Encyclopédie›, versucht, jede figurale sprachliche Form «mit einer affektiven oder ästhetischen Größe (Reihenfolge: Euphonie, Energie, Vorstellungskraft, Harmonie, Gefühl) zu verbinden».[65] Noch J. KEHREIN hat 1839 in seiner ‹Beispielsammlung zu der Lehre von den Figuren und Tropen› eine eigene Abteilung unter der Rubrik «Figuren für die Gemüthsbewegungen»; sie enthält in eigenartiger Auswahl den Ausruf, die Hyperbel, Distribution, Cumulation, Ellipse, Asyndeton, Polysyndeton, Wunsch, Schwur und Verwünschung.[66]

Wenn ARISTOTELES in seiner Rhetorik eine Reihe von Figuren erörtert, dann gilt sein Interesse nicht einer Katalogisierung, sondern der Figurenfunktion, d. h. einer Klärung der Frage, wie figurative Mittel affektiv beim Publikum wirken, wie sie dem Sprecher helfen, Emotionen zu wecken, zur sprachlichen Differenzierung beitragen, das Memorieren unterstützen und der Verständigung dienen. Er diskutiert u. a. Aposiopese, Paralipse oder Hyperbel und identifiziert bestimmte Figuren mit bestimmten Gefühlszuständen. Die Hyperbel gilt ihm als jugendlich unreife Figur, weshalb sie beim Ausdruck von Zorn gebraucht wird (Arist. Rhet. III, 11, 15 = 1413a). Bei Aristoteles deutet sich damit schon die auch in späteren Theorien wieder auftauchende affektfunktionale Beurteilung der Figuren an, «that rhetorical figures are the conventional representations of verbal patterns expressed in states of extreme emotion».[67] Auch CICERO betont immer wieder die rezeptionstheoretischen Implikationen der sprachlichen Gestaltung. Bei seinen Überlegungen zur *elocutio* (De or. III, 190–208) hebt er die Rolle von Rhythmik und Figuration hervor und unterstreicht, daß selbst laienhafte Zuhörer empfänglich für alle möglichen sprachlichen Gestaltungsmittel seien. «Selbstverständlich kennt Quintilian auch die pragmatisch-funktionale Seite der figurierten Rede: ihre emotionale Wirkung (iam vero adfectus nihil magis ducit [IX, 1, 21]), doch beschränkt er sich im Anschluß an Cicero darauf festzustellen, daß die von ihm systematisierten Schemata am stärksten vom normalen Sprachgebrauch abweichen und auf das Gefühl des Hörers den größten Eindruck machen. Eine wirkungspsychologische Ordnung der Ausdrucksmöglichkeiten kennt er ebensowenig wie die rhetorische Tradition bis hin zu Gottsched und Ernesti.» [68]

In der frühen Neuzeit fand die Affektrhetorik zunehmend Interesse. [69] Wie B. VICKERS 1970 und H. F. PLETT 1975 gezeigt haben, gilt dies auch schon für die frühen englischsprachigen F. des 16. Jh. (z. B. PEACHAMS ‹Garden of Eloquence› 1577, ²1593). [70] Auch im Hauptwerk der barocken *argutia*-Bewegung, in E. TESAUROS ‹Cannochiale Aristotelico› (1654) haben die Affektfiguren ihren Platz im Rahmen einer taxonomischen Dreiersystematik. Tesauro «unterscheidet *Figure Harmoniche, Figure Patetiche* und *Figure Ingeniose*. Jede der drei Figurationsarten verschafft einem der drei Vermögen des Menschen, dem sinnlichen Vermögen *(Senso)*, dem Begehren *(Affetto)* und der Vernunft *(Intelligenza)* einen ihnen jeweils eigentümlichen Genuß». [71]

Der französische Cartesianer B. LAMY hat gesamteuropäisch zu seiner Zeit auf dem Feld affektpsychologisch orientierter F. die größte Wirkung hervorgerufen. [72] Er geht in seiner Rhetorik ‹De l'art de parler› von 1675 der Frage nach der affektiven Leistung der Figuren als Waffen der Seele («les armes de l'âme») [73] nach und weist jeder Figur ein bestimmtes affektives Potential zu. [74] G. GENETTE hat dies mit folgenden Beispielen skizziert: «*Ellipse:* Eine heftige Leidenschaft spricht so schnell, daß die Worte ihr nicht mehr folgen können. *Repetitio:* Der Leidenschaftliche liebt es, sich zu wiederholen, so wie der Wütende, mehrmals zuzuschlagen. *Hypotyposis:* Unverrückbare Gegenwart des geliebten Objekts. *Correctio:* Der Leidenschaftliche berichtigt unablässig seine Rede, um ihre Kraft zu steigern. *Hyperbaton* (Inversion): Die Erregung erschüttert die Ordnung der Dinge, also auch die Worte. *Distrubutio:* Man zählt die Teile des Objekts seiner Leidenschaft auf. *Apostrophe:* Der Ergriffene wendet sich nach allen Seiten, überall Hilfe suchend, usw.» [75] Figuren haben für Lamy die emotionspsychologischen Funktionen der Expressivität (in Texten) sowie der Erregung und der Übertragung von Leidenschaften. [76] Für die Figurenentstehung nimmt er physiologische Vorgänge an: «Dieses Verfahren, traditionellen und damit auch konventionalisierten rhetorischen Figuren eine Natürlichkeit zu unterstellen, indem ihnen physiologische Theoreme unterlegt werden, kann natürlicherweise nur in einzelnen Fällen – wie etwa im Falle der *exclamation,* die nicht zufällig Lamys erstes Beispiel sein dürfte – eine gewisse Plausibilität erhalten. Je weiter der Figurenkatalog fortschreitet, desto spärlicher und pauschaler werden die physiologischen Erklärungen, bis sie schließlich in Fällen, die das theoretische Fundament zu sprengen geeignet wären, durch simple Definitionen traditioneller Art ersetzt werden.» [77]

Enthielt Lamys Taxonomie nur Gedankenfiguren, so erweitert GOTTSCHED diese um etliche andere, bleibt aber insgesamt der Tradition verhaftet. J. J. BODMER und J. J. BREITINGER treten demgegenüber ganz entschieden für eine affektpsychologische Wende in der F. ein. Natürlich könne er nicht «unangemercket lassen», sagt Breitinger in seiner ‹Critischen Dichtkunst› (1740), daß es figurale Affektmuster gebe («daß verschiedene Leidenschaften öfters sich gantz gleicher Figuren in dem Ausdrucke bedienen»), doch sei dies keine Frage der Sprachkonvention, sondern psychologischer Spontaneität. Dic ‹Figuren, oder der Schwung und die Form des Ausdrucks› geben «nur eine gewisse Eigenschaft, Beschaffenheit, oder Heftigkeit» der jeweiligen Leidenschaft zu erkennen. Breitinger leitet daraus seine Forderung nach einer affektpsychologischen Verschiebung der Perspektive ab: «Es wäre demnach wohl zu wünschen, daß die Kunstlehrer die Zeit und Mühe, die sie bis dahin aufgewendet haben, das Verzeichnis der Figuren, als eines nöthigen Vorraths zu der beweglichen Schreibart, einander nachzuschreiben, und ihre äusserliche Form mit einigen abgesonderten Exempeln zu erläutern, ins künftige anwenden würden, die Natur und die Gänge der erhitzten Gemüthes=Leidenschaften in dem menschlichen Hertzen selbst auszukundschaften, und daraus allgemeine Regeln herzuleiten, welchen dienen könnten, den Grund verschiedener pathetischer Ausdrückungen zu entdecken und wahrscheinlich zu machen.» [78]

Trotz derartiger Überlegungen blieb es in den meisten Lehrbüchern bei der herkömmlichen Sicht. «Die psychologische Interpretation der Figuren, die die ästhetische Kritik derselben einleiten sollte, wurde jedoch von jener Zeit an nicht mehr unterbrochen. [Henry] Home sagt in seinen "Elementen der Kritik" [von 1761] [79], er sei lange Zeit im Zweifel gewesen, ob der die Figuren betreffende Teil der Rhetorik jemals auf ein rationales Prinzip zurückgeführt werden könne, aber schließlich habe er erkannt, daß sie im *passionellen* Element bestehen; mit dem Licht der Passionalität versuchte er eine Analyse der Prosopopöe, der Apostrophe und der Hyperbel.» [80]

Die affektpsychologische Neuorientierung schlägt sich bei den meisten deutschen Rhetoriktheoretikern des 18. Jh. darin nieder, daß sie hinsichtlich der Figuren eine Affekt-Ursprungstheorie vertreten. So schon 1724 J. A. FABRICIUS, wenn er bemerkt, man lasse doch oft «den angenommenen affect selbst reden, der sich durch allerhand ausdruckungen ohne zwang in der rede selbsten zeigt, welche manieren man hernachmahls figuren nennet» [81]; oder 1725 F. A. HALLBAUER: «die Natur und der Affekt lehret» die rhetorischen Figuren. [82] Und K. P. MORITZ schreibt: «Was man rednerische Figuren nennt, ist eigentlich die Sprache der *Empfindung,* der es an Worten fehlt, und die sich auf mancherlei Weise zu helfen sucht, um diesen Mangel zu ersetzen.» [83] Diese Grundauffassung wird im ERSCH/GRUBER von 1846 zum Kern einer romantisch inspirierten Figurenursprungslehre: «Zufolge ihres Ursprungs aus den ästhetischen Anlagen unseres Gemüths, der Einbildungskraft und des Gefühls, haben alle diese Figuren eine imaginative Tendenz. Diese entspring entweder aus dem Bedürfnis der Anschaulichkeit, insofern sie sich auf äußere Gegenstände bezieht, oder aus dem Bedürfnis innere Zustände des erregten Gefühls so auszudrücken, daß der Ausdruck eben so viel Gewißheit für jedes Gefühl erhält, als die Anschaulichkeit sie für die Einbildungskraft hat. Das Gefühl spricht sich aber auch nur durch die Einbildungskraft aus.» [84]

In Deutschland entwickelte erstmals ADELUNG eine konsequent affektfunktionale Taxonomie in seinem Lehrbuch ‹Über den deutschen Styl› (1785). [85] Er gewinnt sie auch aus der Kritik an rein formalen Taxonomien, die seiner Meinung nach weder erschöpfend sind, noch etwas über den Gebrauch der Figuren sagen. [86] Seine Figurendefinition verbindet, was die Strukturen betrifft, die herkömmliche Deviationstheorie mit der affektfunktionalen Sicht: «Jede Modifikation des Ausdruckes, welche wirklich dazu geschickt ist, eine der untern Kräfte der Seele in Bewegung zu setzen, wird eine Figur seyn.» Was dieser funktionalen Perspektive nicht gehorcht, wird rigoros ausgeschlossen, denn was «diese Wirkung nicht hervor bringen kann, wird auch diesen Nahmen [Figur] nicht verdienen». [87] Bezüglich der Grundlage seiner Taxonomie erklärt Adelung: «Figuren sind Hülfsmittel, auf die untern Kräfte der Seele zu wirken. Sie zerfallen also ganz natürlich in so viele Classen, als es untere Kräfte gibt, auf welche sie zunächst wirken sollen». [88] Für die Systematik werden mithin nicht die oberen Seelenkräfte der *ratio* herangezogen, sondern im Sinne C. WOLFFS und A. G. BAUMGARTENS die unteren, sinnlichen [89]: «Die untern Kräfte der Seele, welche hier in Betrachtung kommen können, sind die Aufmerksamkeit, die Einbildungskraft, die Gemütsbewegungen, der Witz und der Scharffsinn, und diese geben eben so viele Classen von Figuren». [90]

Vom Standpunkt moderner Psychologie aus und vor dem Hintergrund moderner Semantiktheorien, nach denen die Bedeutung sprachlicher Phänomene wesentlich vom Kontext abhängt, wird man solchen Auffassungen skeptisch gegenüberstehen. Allerdings muß in Rechnung gestellt werden, daß die Affektladung von Figuren (in Form festumrissener «patterns») Bestandteil eines kulturell vermittelten Kodes sein kann und bei ihrer Anwendung u. U. tatsächlich das gewissermaßen erlernte affektive Potential freigesetzt wird. Dieser Kode könnte mit einem Handlungskode korrelieren, wie ihn die Sprechakttheorie untersucht. Den sich in Sprechakten äußernden Intentionen wären dann bestimmte Figuren zuzuordnen, die damit zu «Funktionen pragmatischer Variablen» [91] würden.

Dies müßte mit modernen sprachpsychologisch-empirischen Methoden falsifizierbar sein. Dabei wäre an Untersuchungen nach Art des von C. E. OSGOOD entwickelten sogenannten semantischen Differentials zu denken, womit ein Skalierungsverfahren zur Messung der affektiven bzw. konnotativen Bedeutung beliebiger sprachlicher und nicht-sprachlicher Reize gemeint ist [92], für das man im deutschen Sprachraum auch die Bezeichnungen «Polaritätenprofil» [93] und «Eindrucksdifferential» [94] benutzt. Bei diesem Verfahren soll das den Versuchspersonen vorgelegte Sprachmaterial «auf der Grundlage der allgemeinen affektiven Bedeutung beurteilt werden». Osgoods «sprachvergleichende faktorenanalytische Untersuchungen» mit dem semantischen Differential haben gezeigt, «daß folgende drei Dimensionen immer wieder auftraten: die Valenz *(angenehm-unangenehm),* die Aktivität *(erregt-ruhig)* und die Potenz *(stark-schwach).* Diese drei Dimensionen konstituieren den dimensionalen Raum der affektiven bzw. konnotativen Bedeutung.» [95]

Psychologisch gestützte Persuasionsforschung geht inzwischen der Frage nach, wie rational-argumentative und emotive Kommunikationselemente (also u. U. auch entsprechend figurativ gestaltete) erfolgreich interagieren können. [96] Einen anderen empirischen Zugang zur Figurenproblematik ermöglichen konversationsanalytische Untersuchungen. So beobachtet etwa R. FIEHLER 1990 in emotionsgeladenen Gesprächsinteraktionen Auftreten und Funktion von Hyperbolik oder Repetition, also «Phänomene des Übertreibens und Überziehens» bzw. «Phänomene der Wiederholung», z.B. «Wiederholung von Äußerungsteilen» oder «das insistierende Iterieren». [97] Zu linguistischen und rhetorischen Repetitionsvorgängen liegen auch andere Arbeiten vor. [98]

Anmerkungen:

1 T. Todorov: Théories du symbole (Paris 1977); dt.: Symboltheorien (1995) 93. – **2** C. Perelman, L. Olbrechts-Tyteca: La nouvelle rhétorique. Traité de l'argumentation (Paris 1958) §42. – **3** vgl. J. Knape: Art. ‹Elocutio›, in: HWR 2 (1994) Sp. 1022–1083, hier Sp. 1042ff.; M. Camargo: ‹Ars dictandi, dictaminis›, in: HWR 1 (1992) Sp. 1040–1046. – **4** J. Knape: Augustinus' ‹De doctrina christiana› in der mittelalterl. Rhetorikgesch. Mit Abdruck des rhet. Augustinusindex von S. Hoest (1466/67), in: Traditio Augustiniana. Stud. über Augustinus und seine Rezeption. FS W. Eckermann, hg. v. A. Zumkeller, A. Krümmel (1994) 141–173. – **5** J. G. Sulzer: Allg. Theorie der schönen Künste, Bd. 2 (1792; ND 1967) 232. – **6** Knape [3] Sp. 1079. – **7** W. Berg: Uneigentliches Sprechen. Zur Pragmatik und Semantik von Metapher, Metonymie, Ironie, Litotes und rhet. Frage (1978); S. R. Levin: Are Figures of Thought Figures of Speech?, in: Georgetown University Round Table on Languages and Linguistics (1982), 112–123. – **8** I. Hantsch, K. Ostheeren: Linguistik und Rhet. Positionen der neueren Forschung, in: Sprachtheorie und angewandte Linguistik. FS A. Wollmann, hg. v. W. Welte (1982) 87–111, hier 90. – **9** M. Hoffmann: Zum pragmat. und operationalen Aspekt der Textkategorie Stil, in: ZPSK 40 (1987) 68–81, hier 75ff.; W. Fleischer, G. Michel, G. Starke: Stilistik der dt. Gegenwartssprache (1993) 247ff. – **10** Todorov [1] 90. – **11** vgl. Knape [3] Sp. 1031f.; K. Spang: Art. ‹Dreistillehre›, in: HWR 2 (1994) 921–972. – **12** R. Volkmann: Die Rhet. der Griechen und Römer in systemat. Übersicht (^{2}1885; ND 1987) 538f. – **13** B. D. Devet: Figures of Speech: Functions and Applications (Diss. msch. Univ. of South Carolina 1986). – **14** Hoffmann [9] 75. – **15** B. Spillner: Linguistik und Literaturwiss. Stilforschung, Rhet., Textlinguistik (1974) 102. – **16** Perelman, Olbrechts-Tyteca [2] §41; C. Perelman: The New Rhet. and the Humanities. Essays in Rhet. and its Applications (Dordrecht/Boston/London 1979) 17f. – **17** Perelman, Olbrechts-Tyteca [2] §§ 41 u. 42. – **18** B. M. Garavelli: Manuale di retorica (Mailand 1988) 273. – **19** F. Haft: Jurist. Rhet. (1978) 115f. – **20** J. P. Fruit: The Evolution of Figures of Speech, in: Modern Language Notes 111 (1888) 501–505. – **21** J. Kozy: The Argumentative Use of Rhet. Figures, in: PaR 3 (1970) 141–151, hier 142ff. – **22** A. Vukovich: Redefiguren, in: Psychol. heute 2 (1975) H. 10, 50–54 u. H. 11, 51–54, hier H. 11, 51. – **23** S. H. Ng, J. J. Bradac: Power in Language. Verbal Communication and Social Influence (Newbury Park/London/New Delhi 1993) 136ff. – **24** A. M. Paul: Figurative Language, in: PaR 3 (1970) 225–248, hier 227. – **25** R. Zymmer: Uneigentlichkeit: Stud. zu Semantik und Gesch. der Parabel (1991). – **26** M. Johnson (Hg.): Philosophical Perspective on Metaphor (Minneapolis 1981). – **27** T. Sprat: The History of the Royal-Society of London for the Improving of Natural Knowledge (London 1667) 62 und 111ff. (Ex. Tübingen: Kc 28a); vgl. A. N. Bradford: Classical and Modern Views of the Figures of Speech: Ancient Theory and Modern Manifestations (Diss. msch. Rensselaer Polytechnic Inst. New York 1982) 201ff.; A. G. Gross: The Rhet. of Science (Cambridge/Mass. 1990) 17ff. – **28** W. S. Howell: Eighteenth-Century British Logic and Rhet. (Princeton, NJ 1971) 490f. – **29** J. L. Kinneavy: A Theory of Discourse. The Aims of Discourse (Englewood Cliffs, NJ 1971) 177. – **30** J. Locke: An Essay Concerning Human Understanding, 3, 10, § 34; dt.: ders.: Über den menschl. Verstand (1968) 143f. – **31** z. B. C. Wolff: Ausführl. Nachricht von seinen eigenen Schriften (1737; ND

1973) § 21; W. Martens: Hallescher Pietismus und schöne Lit., in: ders.: Lit. und Frömmigkeit in der Zeit der frühen Aufklärung (1989) 76–181, hier 106ff. – **32** vgl. Knape [3] 1065f. – **33** Kozy [21]; M. Shapiro, M. Shapiro: Figuration in Verbal Art (Princeton 1988) 23ff. – **34** R. Podlewski: Rhet. als pragmat. System (1982) 204. – **35** I. A. Richards: The Philosophy of Rhet. (New York 1936; ND 1965). – **36** M. Black: Metaphor, in: Proceedings of the Aristotelian Society 55 (1954) 273–294; wieder in: ders.: Models and Metaphors (Ithaca, N.Y. 1962) 22–47, 259; dt.: Metapher, in: A. Haverkamp (Hg.): Theorie der Metapher (1983) 55–79. – **37** K. Burke: A Grammar of Motives (Berkeley/Los Angeles 1945) (darin das Kap. ‹The Four Master Tropes›); K. Burke: Permanence and Change. An Anatomy of Criticism (Los Altos, CA 1954). – **38** P. Ricoeur: La métaphore vive (Paris 1975); dt.: Die lebendige Metapher (1986). – **39** E. Cassirer: Sprache und Mythos. Ein Beitrag zum Problem der Götternamen (1925). – **40** H. Blumenberg: Paradigmen zu einer Metaphorologie, in: ABg 6 (1960) 7–142, 301–305. – **41** G. Lakoff, M. Johnson: Metaphors We Live By (Chicago, London 1980). – **42** U. Eco: La struttura assente. Introduzione alla ricerca semiologica (Mailand 1968) 168f.; dt.: Einf. in die Semiotik (1972) 182–184; U. Eco: A Theory of Semiotics (Bloomington/London 1976) 279–283; dt.: Semiotik. Entwurf einer Theorie der Zeichen (1987) 372–377; U. Eco: Semiotics and the Philosophy of Language (London 1984) 87–129; dt.: Semiotik und Philos. der Sprache (1985) 133–192. – **43** Kinneavy [29] 189. – **44** B. Croce: Aesthetik als Wiss. vom Ausdruck und allg. Sprachwiss., übertr. v. H. Feist, R. Peters (1930) 448. – **45** ebd. 450. – **46** J. Knape: Art. ‹Barock›, in: HWR 1 (1992) Sp. 1285–1332, hier Sp. 1309f. – **47** Croce [44] 45f. – **48** Todorov [1] 85. – **49** Croce [44] 453; vgl. Knape [3] Sp. 1063ff. – **50** J. S. Ersch, J. G. Gruber: Art. ‹Figur, Figuren›, in: dies. (Hg.): Allg. Encyklop. der Wiss. und Künste, Bd. 44 (1846) 141–144, hier 142. – **51** Croce [44] 454. – **52** ebd. – **53** E. Elster: Prinzipien der Literaturwiss., Bd. 1 (1897) 361ff. – **54** Croce [44] 454. – **55** R. Müller-Freienfels: Poetik (1924, ²1921) 85f. Das sind Überlegungen, die schon Herder in seinen sprachtheoretischen Schr. im 18. Jh. vorgeprägt hat. – **56** Croce [44] 454. – **57** vgl. Knape [3] Sp. 1077. – **58** B. Vickers: In Defence of Rhet. (Oxford 1988) 294–339; vgl. Art. ‹Affektenlehre›, in: HWR 1 (1992) Sp. 218–253. – **59** B. Vickers: Classical Rhet. in English Poetry (London 1970) 83. – **60** ebd. 85; Übers. Red. – **61** D. Breuer: Einf. in die pragmat. Texttheorie (1974) 176. – **62** G. Genette: Figures, in: ders.: Figures (Paris 1966) 217. – **63** Breuer [61] 177. – **64** Todorov [1] 92. – **65** Todorov [1] 101. – **66** J. Kehrein: Beispielslg. z. d. Lehre v. d. Figuren u. Tropen (1839) 39ff. – **67** Vickers [59] 94. – **68** D. Breuer: Rhet. Figur. Eingrenzungsversuche und Erkenntniswert eines literaturwiss. Begriffs, in: Zur Terminologie der Literaturwiss. Akten der IX. Germanist. Symposions der DFG Würzburg 1968, hg. von C. Wagenknecht (1988) 223–238, hier 228. – **69** E. Rothermund: Der Affekt als lit. Gegenstand: Zur Theorie und Darstellung der Passiones im 17. Jh., in: Die nicht mehr schönen Künste. Poetik und Hermeneutik 3, hg. v. H. R. Jauß (1968) 239–269, hier 252f. – **70** Vickers [59] 106ff.; H. F. Plett: Die Rhet. der Affekte. Engl. Wirkungsästhetik im Zeitalter der Renaissance (1975). – **71** R. Campe: Pathos cum Figura. Frage: Sprechakt, in: Modern languages notes 105 (1990) 472–493, hier 476. – **72** vgl. Knape [3] Sp. 1059f. – **73** B. Lamy: De l'art de parler/Kunst zu reden, hg. v. E. Ruhe (1980) 121. – **74** ebd. 111ff.; eine ähnliche Affektzuordnung auch bei J. H. Alsted: Encyclopaedia (Herborn 1630; ND 1989) lib. IX, sect. I, cap. IX, II, 482f. – **75** Genette [62] 218; Übers. Red. – **76** R. Behrens: Perspektiven für eine Lektüre des *art de parler* von B. Lamy, in: Lamy [74] 8–55, hier 47f. – **77** ebd. 46f. – **78** J. J. Breitinger: Critische Dichtkunst (Zürich 1974; ND 1966) II, 370. – **79** H. Home: Elements of criticism (London 1761) Vol. 3, Kap. 20. – **80** Croce [44] 452. – **81** J. A. Fabricius: Philos. Oratorie (1724; ND 1974) 134. – **82** F. A. Hallbauer: Anweisung zur verbesserten Teutschen Oratorie (1725; ND 1974) 476. – **83** K. Ph. Moritz: Vorles. über den Stil, in: Werke, hg. v. H. Günther, Bd. 3 (1981) 585–756, hier 629. – **84** Ersch, Gruber [50] 142. – **85** vgl. Breuer [68] 230ff. – **86** J. C. Adelung: Ueber den dt. Styl (1785; ND 1974), Th. 1, 9. Kap., § 7, 282f. – **87** ebd. Th. 1, Kap. 9, § 5, 280. – **88** ebd. Th. 1. Kap. 9, § 7, 282. –
89 C. Wolff: Psychologia empirica (1732) pars I, sectio 2; A. G. Baumgarten: Metaphysica (1739, ⁷1779) § 520 und Aesthetica (1750; ND 1961) Prolegomena. – **90** Adelung [88] Bd. 1, § 7. – **91** So mit Bezug auf den ‹Stil› W. Abraham, K. Braunmüller: Stil, Metapher und Pragmatik, in: Lingua 28 (1971) 1–47, hier 1; vgl. M. Frank: Stil in der Philos. (1992) 13. – **92** C. E. Osgood, G. J. Suci, P. H. Tannenbaum: The Measurement of Meaning (Urbana, III. 1957). – **93** P. R. Hofstaetter: Über Ähnlichkeit, in: Psyche 9 (1955) 54–80. – **94** S. Ertel: Standardisierung eines Eindrucksdifferentials, in: Zs. für experimentelle und angewandte Psychol. 12 (1965) 22–58; ders.: Weitere Unters. zur Standardisierung eines Eindrucksdifferentials, in: Zs. für experimentelle und angewandte Psychol. 12 (1965) 177–208. – **95** H. Grimm, J. Engelkamp: Sprachpsychol. Hb. und Lex. der Psycholinguistik (1981) 276, vgl. auch 18ff. – **96** J. B. Stiff: Persuasive Communication (New York/London 1994) 129f. – **97** R. Fiehler: Kommunikation und Emotion. Theoret. und empirische Unters. zur Rolle von Emotionen in der verbalen Interaktion (1990) 215. – **98** z. B. M. Frédéric: La répétition. Etude linguistique et rhétorique (1985); E. Besch: Wiederholung und Variation. Unters. ihrer stilist. Funktionen in der dt. Gegenwartssprache (1989).

3. *Moderne empirische Figurenforschung.* Um zu dem vorzudringen, was SHAPIRO/SHAPIRO «the ontological structure» der Figuren (speziell Tropen) nennen [1], war der Schritt über die Linguistik hinaus nötig, wenn man auf Spekulation verzichten wollte. So betrieb R. JAKOBSON Aphasieforschung, untersuchte dabei die selegierenden und kombinierenden Hirnfunktionen, um die empirisch-neurologischen Grundlagen des metaphorischen und metonymischen Denkens aufzudecken. [2] Psychotherapie und Psycholinguistik ihrerseits gehen bei der Bestimmung gewisser Krankheitsbilder ebenfalls figuralen Phänomenen wie Metapher, Repetition oder Detraktion nach. [3] BARLOW/KERLIN/POLLIO entwickelten für solche Zwecke ein eigenes «Training Manual for identifying figurative language» [4]: «The manual allows raters to judge instances of figurative speech and to distinguish between cliched and novel figures.» [5] Die moderne Psychologie, speziell in der Kognitions-, Gedächtnis-, Verstehens- und Leseforschung, untersucht einerseits, wie die Wahrnehmung und Verarbeitung von figurativen Mustern funktioniert [6], andererseits auch, inwieweit Figuralität die Wahrnehmung von Zeichen erleichtert, ihre Verstehbarkeit begünstigt und die Memorierbarkeit erhöht. Von einschlägigen sprach- und emotionspsychologischen Forschungen war oben bereits die Rede. Aber auch andere Wissenschaften beschäftigen sich mit Figuren, insbesondere den Tropen. Soziologie und Ethnologie etwa prüfen [7], auf welche Weise sich kollektives Bewußtsein in sogenannten «frozen figures» niederschlägt. [8]

Anmerkungen:
1 M. Shapiro, M. Shapiro: Figuration in Verbal Art (Princeton 1988) 24f. – **2** R. Jakobson: The Metaphoric and Metonymic Poles, in: R. Jakobson, M. Halle: Fundamentals of Language (S'Gravenhage 1956) 76–82; dt.: Die Polarität zwischen Metaphorik und Metonymik, in: dies.: Grundlagen der Sprache (1960) 65–70. – **3** H. J. Fine, H. R. Pollio, C. H. Simpkinson: Figurative Language, Metaphor, and Psychotherapy, in: Psychotherapy: Theory, Research, and Practice 10 (1973) 87–91; H. R. Pollio u. a.: Psychology and the Poetics of Growth: Figurative Language in Psychology, Psychotherapy and Education (Hillsdale, NJ 1977); L. M. McMullen: Use of Figurative Language in Successful and Unsuccessful Cases of Psychotherapy: Three Comparisons, in: Metaphor and Symbolic Activity 4, 4 (1989) 203–225; vgl. A. N. Bradford: Classical and Modern Views of the Figures of Speech: Ancient Theory and Modern Manifestations (Diss. msch. Rensselaer Polytechnic Inst. New York 1982) 12 u. 228f. – **4** J. Barlow, A. Kerlin,

H. Pollio: Training Manual for Identifying Figurative Language. Tech. Rep. No. 1 (Univ. of Tennessee, Knoxville 1971). – **5** J. L. Ingram: The Role of Figurative Language in Psychotherapy: A Methodological Examination, in: Metaphor and Symbolic Activity 9,4 (1994) 271–288. – **6** vgl. etwa R. W. Gibbs: The Poetics of Mind. Figurative Thought, Language, and Understanding (Cambridge/New York/Sydney 1994) 84f. – **7** C. Lévi-Strauss: La pensée sauvage (Paris 1962); dt.: Das wilde Denken (1972); C. Crocker: The Social Functions of Rhetorical Forms, in: J. D. Sapir, C. Crocker (Hg.): The Social Use of Metaphor (University Park 1977) 33–66. – **8** vgl. Bradford [3] 230ff. –

4. *Semiotik und F.* Die Humanwissenschaften und speziell die Semiotik arbeiten inzwischen verstärkt an der Aufklärung des Problems, ob es eine Figuralrhetorik der Künste gibt und worin sie besteht. Die semiotische Betrachtung des Figurenproblems hat Tradition und ergibt sich aus der Begriffsgeschichte. Das schlägt sich etwa in den Figurenartikeln der ‹Encyclopédie› oder des ERSCH/GRUBER nieder. Die semiotisch generalisierungsfähige Eingangsdefinition bei Ersch/Gruber lautet: «Mit dem Worte Figur bezeichnet man im Teutschen jede nur in ihren Außenlinien, im Umrisse dargestellte Raumbegrenzung. Den Grund zu jeder Figur bildet die Linie, aber die einzelne Linie macht keine Figur; andere müssen hinzukommen, um einen Raum zu umschließen, oder die Linie muß eine Abweichung von ihrer geraden Richtung erhalten. Im letzteren Falle man Figur auch auf Nichträumliches angewendet, namentlich auf Figuren der Rede.» [1]

Ersch/Gruber sind sich der Problematik des Transfers der Figurenkategorie von einem Zeichensystem auf ein anderes bewußt. Sie unterscheiden zunächst zwei Figurengruppen: «Die eine kann man als die malerische bezeichnen, die andre als die musikalische, Beselung bewirkende.» Dann bemerken die unverkennbar von der Gedankenwelt der Romantik geprägten Autoren sehr hellsichtig, daß die Sprachanalogie bei der Musik gewisse Grenzen findet und folglich auch die Figurenanalogie problematisch wird: «Käme es bei der Figur blos auf das Bild an, so könnte von allen Künsten keine der Figuren so gänzlich ermangeln, als die Musik, denn diese kann keine Bilder vor die Einbildungskraft stellen, sondern nur dem Gemüth eine Stimmung geben. Gleichwohl mißt man ihr Figuren bei, und zwar nicht blos für das Gefühl, sondern auch für die Einbildungskraft; und da hätten wir denn in der Musik selbst malerische und rein musikalische Figuren. Bei der Musik ist es indeß noch jetzt ein streitiger Punkt, ob die Malerei in ihr zulässig sei oder nicht (s. Figuralmusik); bei der Sprache ist es nie streitig gewesen, daß in ihr mit dem intellektuellen Element auch ein malerisches und ein musikalisches sich vereinige, und zwar dieses letzte in doppeltem Sinne, insofern nämlich naturgetreuer Gefühlsausdruck in ihr ebensowol durch Anordnung und Folge der Gedanken, als durch den Klang der Töne möglich ist.» [2]

In der musiktheoretischen Tradition hat es unbeschadet der semiotischen Probleme kontinuierlich Versuche gegeben, eine eigene musikalische F. zu etablieren. Historisch ist seit der Renaissance die Orientierung am rhetorischen Vorbild unverkennbar. [3] Das betrifft auch das Aufgreifen des Abweichungstheorems. [4] Diese Versuche lagen deshalb nahe, weil Sprache und Musik, im Unterschied zu den analogen Bildzeichensystemen, digital funktionierende Zeichensysteme sind. H.-H. UNGER hat eine Reihe hierauf basierender Gemeinsamkeiten herausgestellt: «drei Stilelemente, ohne die keine der beiden Künste bestehen könnte, die Pause, die Wiederolung und der Gegensatz», O. BEHAGELS «Gesetz der wachsenden Glieder», «Dynamik und Tempo» usw. [5] Unger gibt dann eine Übersicht über die in der musikalischen Tradition entfalteten Figuren. Sie ist deshalb bemerkenswert, weil sie semiotisch universale Strukturmuster von zeichensystem-spezifischen zu unterscheiden gezwungen ist. Unger sieht nämlich bei der Frage der Übereinstimmung völlig zu Recht theoretische Probleme. Er muß deshalb in seiner Tabelle vier Figurengruppen unterscheiden [6]:

1) «nur musikalische», die in der Sprache keine Entsprechung haben (z. B. Cadentia oder Diminutio);
2) «in Musik und Rhetorik namensgleiche (wobei bei einigen auch eine Bedeutungsannäherung festzustellen ist)» (z. B. Epanalepsis, Hyperbole, Synkope);
3) «in Musik und Rhetorik bedeutungsgleiche» (z. B. Anaphora, Antitheton, Gradatio);
4) «nur rhetorische», die in der Musik keine Entsprechung haben (z. B. Antimetabole, Barbarismus, Enallage, Sermocinatio).

In jüngerer Zeit wurde versucht, die semiotische Erweiterung bzw. Öffnung der F. wissenschaftlich-systematisch zu betreiben. H. F. PLETT sieht 1978 eine solche Erweiterung in den von BONSIEPE (1968), DURAND (1970), KAEMMERLING (1971) und anderen unternommenen Versuchen, die Figurensystematiken der Rhetoriktradition modifiziert auch auf Bildzeichen anzuwenden. [7] Plett steht dem skeptisch gegenüber, denn ihm erscheint die «These von der generellen Übertragbarkeit der rhetorischen Figuren auf andere Zeichensysteme fraglich». Ein solcher «Transfer» sei «nicht ganz unproblematisch», denn «die Gültigkeit der Sprachfiguren für visuelle Zeichen» sei «begrenzt» und es drohe «ständig die Gefahr vager Analogiebildungen». [8]

Die Skepsis hat ihre Berechtigung, doch muß man die Problemstellung modifizieren. Es geht nämlich nur bedingt um eine Übertragung der «Rhetorik» auf andere Zeichensysteme. Die Beobachtung, daß frühneuzeitliche Musik- und Malereitraktate eine Nomenklatur aus der Rhetoriktradition verwenden, gab zwar in den Kunstwissenschaften schon seit längerem Veranlassung, auf eine Übernahme der Rhetorik in die älteren Kunstlehren und in die künstlerische Praxis zu schließen. [9] In der Tat werden auf Grundlage der vier Änderungs- oder Entstehungskategorien sowie weiterer allgemeiner Prinzipien, vor allem der Wiederholung *(repetitio),* in Sprach-, Bild- oder Musiktexturen figurative Strukturen nach allgemeinen Gestaltprinzipien erzeugt, die nicht an die jeweiligen Grammatiken gebunden sind. Viele Formen der Wiederholung sind nicht grammatisch bedingt. Das ästhetische Wohlgefallen, das sich dadurch ergibt, knüpft sich in den genannten Rhetoriken und Malereitraktaten an Begriffe wie Färbung *(color)* oder auch Schönheit *(elegantia).* [10]

Die Perspektive der modernen Semiotik erlaubt uns heute aber die Feststellung, daß es sich bei den wichtigsten dieser Phänomene nicht um rhetorische Propria, sondern um semiotische Universalien handelt. [11] Eine Reihe von Einzeluntersuchungen zu bestimmten Figurentypen auf linguistisch-semiotischer Basis legen diese Sicht bereits nahe. [12] Der wichtigste struktural arbeitende und auf semiotische Erweiterung hin angelegte Beitrag ist J. DURANDS oben bereits vorgestellte Ausarbeitung einer logischen Definitionsmatrix der Figuren. Wiederholung, Gegensatz, Vertauschung, Spiegelung [13] usw. sind gestaltpsychologisch verankerte Prinzipien, die in allen Zeichensystemen zu gewissen Figuralstrukturen führen können. Wenn O. BEHAGEL die Wiederholung eine uranfängliche Eigenschaft der menschlichen Rede, ein Urphänomen der Sprache nennt [14], dann muß man sie erweiternd mit Bezug auf andere kommunikative Zeichensysteme als ein semiotisches Universalprinzip bezeichnen. Als «gleichwertige Urphänomene» setzt Z. ŠKREB «Gegensatz», «Bildhaftigkeit des Ausdrucks» und «Hyperbolik» daneben. [15] Rhetorizität allerdings ist in Hinsicht auf ein Strukturprinzip wie die Repetition eine Frage der Funktion und läßt sich nicht aus der Struktur ableiten. [16]

Die auf Sprache konzentrierte Rhetoriktradition hält für eine Vielzahl der angesprochenen Strukturen ihre historisch gewachsene Nomenklatur bereit, die gewiß nicht so einfach übertragbar ist. Man muß dabei beachten, daß jedes Zeichensystem die elementaren Figuralprinzipien nach seinen eigenen Bedingungen realisiert. Hier werden schon die semiotischen Grundlagen zum Problem, etwa die Tatsache, daß Bilder analog, Verbaltexte jedoch digital funktionieren. Nimmt man das Beispiel der (auf dem Wiederholungsprinzip basierenden) Alliteration, dann wird deutlich, daß sich unter diesen Voraussetzungen der gleiche Name ‹Alliteration› in unterschiedlichen Zeichensystemen auf sehr unterschiedliche Wahrnehmungsergebnisse beziehen muß.

Trotz der genannten Vorbehalte läßt sich auf einem gewissen Abstraktionsniveau durchaus die Systematik einer allgemein-semiotischen Figurentaxonomie entwickeln. Sie hätte zu unterscheiden zwischen a) semiotischen Untersuchungsebenen (z.B. Ebene der Zeichenverknüpfung/Syntaktik oder Ebene der Zeichenbedeutung/Semantik) und b) Makroparadigmen von Operationsprinzipien (z.B. Repetition) sowie c) Mikroparadigmen konkreter Einzeloperationen (z.B. Alliteration). Spätestens bei den unter c) genannten Paradigmen konkreter Einzeloperationen schlagen die Bedingungen der unterschiedlichen Zeichensysteme durch, und man muß davon ausgehen, daß im Vergleich der Zeichensysteme größeren Divergenzen, auch Nullstellen auftreten.

Nach HANTSCH/OSTHEEREN könnte eine entsprechende taxonomische Systematik auf der Basis von BONSIEPES Modell in etwa wie folgt aussehen [17]:
1. syntaktische Figuren:
1.1. transpositive Figuren (Abweichung von der normalen Zeichenfolge bzw. -anordnung: Apposition, Parenthese etc.);
1.2. privative Figuren (Ellipse etc.);
1.3. repetitive Figuren (Alliteration, Parallelismus etc.).
2. semantische Figuren:
2.1. konträre Figuren (Antithese, Oxymoron etc.);
2.2. komparative Figuren (Klimax, Metapher etc.);
2.3. substitutive Figuren (Metonymie, Synekdoche etc.).

Abgesehen von der Frage nach der Vollständigkeit wirft dieses Schema vor allem die Frage der Generalisierungsfähigkeit auf. Es wäre erst noch zu klären, ob sich tatsächlich für jede der genannten Kategorien auch jeweils äquivalente Beispiele aus den «semiotischen Feldern» (Eco) von Sprache, Musik und Bild finden lassen.

Anmerkungen:
1 J. S. Ersch, J. G. Gruber: Figur, Figuren, in: dies. (Hg.): Allg. Encyklop. der Wiss. und Künste, Bd. 44 (1846) 141–144, hier 142. – **2** ebd. 142. – **3** vgl. D. Bartel: Hb. der musikal. Figurenlehre (1985). **4** K.-H. Göttert: Rhet. und Musiktheorie im frühen 18. Jh., in: Poetica 18 (1986) 274–287, hier 277. – **5** H.-H. Unger: Die Beziehungen zw. Musik und Rhet. im 16.–18. Jh. (1941) 18ff. – **6** ebd. 64ff. – **7** G. Bonsiepe: «Visuell/verbale Rhet.», in: Format IV/5 (1968) 11–18; E. Kaemmerling: Rhet. der Montage, in: F. Knilli (Hg.): Semiotik des Films (1971) 94–109. – **8** H. F. Plett: Rhet., Stilmodelle und moderne Texttheorie, in: Göttinger Gelehrte Nachrichten 230 (1978) 272–302, hier 296. – **9** J. Knape: Rhetorizität und Semiotik. Kategorientransfer zw. Rhet. und Kunsttheorie in der Frühen Neuzeit, in: Intertextualität in der Frühen Neuzeit. Studien zu ihren theoret. und prakt. Perspektiven, hg. v. W. Kühlmann, W. Neuber (1994) 507–532; J. Knape: Rez. z. H. F. Plett (Hg.): Renaissance-Rhet., in: arcadia 29 (1994) 323f. – **10** Knape, Rhetorizität [9] 525. – **11** ebd. 524. – **12** Lit. bei I. Hantsch, K. Ostheeren: Linguistik und Rhet. Positionen der neueren Forschung, in: Sprachtheorie und angewandte Linguistik. FS A. Wollmann, hg. v. W. Welte (1982) 87–111, hier 109 Anm. 76. – **13** J. M. Lotman: Über die Semiosphäre, in: Zs. f. Semiotik 12 (1990) 302ff. – **14** O. Behagel: Zur Technik der mhdt. Dichtung, in: Herman Pauls und Wilhelm Braunes Beiträge zur Gesch. der dt. Sprache u. Lit. 30 (1905) 554; vgl. F. Skoda: Le redoublement expressif: un universal linguistique. Analyse du procédé en grec ancien et dans d'autres langues (Paris 1982). – **15** Z. Škreb: Zur Theorie der Antithese als Stilfigur, in: Sprache im technischen Zeitalter 25 (1989) 49–59. – **16** Knape, Rhetorizität [9] 526f. – **17** vgl. Hantsch, Ostheeren [12] 93.

5. *Poetik und F.* Wenn auch die Rhetoriker das Reich der Figuren verwalten, so sehen sich schon in älterer Zeit die Dichter als legitime Mitbenutzer des Figureninventars, ja als jene, die das Inventar durch Neuetablierung von Figuren bereichern. Ein Dichter wie HOMER galt den Griechen gar als eigentlicher Erfinder rhetorischer Sprachkunst. [1] Umgekehrt gehört es zu den Grundauffassungen aller Regelpoetiken bis zum 18. Jh., daß die rhetorischen Figuren der Dichtung eigentlich erst den rechten Glanz verleihen. [2] Der interkulturelle Vergleich zeigt, daß poetische F. auch in den alten Kulturen Indiens und Chinas entstanden. [3]

A. N. BRADFORD will schon in der antiken Rhetorik eine besondere Tradition poetischer Figuren («poetic figures tradition») identifizieren. [4] Die Zuordnung ganz bestimmter Werke zu dieser Tradition (in Abgrenzung zur «prescriptive» bzw. «philosophical figures tradition») ist zwar äußerst fragwürdig, aber natürlich war der dichterische Figurengebrauch Thema antiker literaturtheoretischer Überlegungen. [5] So erörtert etwa ARISTOTELES in der ‹Poetik› unter dem Begriff ‹Metapher› eine Reihe von Tropen in Hinblick auf ihre Verwendung im Drama (21, 7–14). Ihr ungeschickter Einsatz stelle den Autor in ein schlechtes Licht (22, 4–5); und erst im richtigen Gebrauch uneigentlicher Rede erweise sich die natürliche dichterische Begabung (22, 16–17). Wenn CICERO über den angemessenen Gebrauch des *ornatus* spricht, denkt er an Dichter und Redner, Versdichtung und Prosarede zugleich («vel poesis vel oratio» De or. III, 100). Diese Auffassung fand auch in die frühe volkssprachige Poetikliteratur Eingang, etwa wenn es in einer französischen Poetik von 1548 heißt: «Denn die Rhetorik erstreckt sich wie auf jede Rede, so auch auf jedes Gedicht. Redner und Dichter sind aufs engste verbunden.» [6] Die ständige wechselseitige Bezugnahme äußert sich auch in der Dichterzitation durch die Rhetoriklehrbücher, die seit dem Renaissance-Humanismus immer mehr anschwillt, schon bei GEORG VON TRAPEZUNT (‹Rhetoricorum libri quinque›, Erstdruck Venedig um 1472), dann aber auch bei Rhetorikern der humanistischen Tradition, wie VOSSIUS (z. B. in seinen ‹Commentariorum rhetoricorum libri sex›, Erstdruck Leiden 1606).

Seit dem Mittelalter werden F. regelmäßig in Poetiken integriert. Die spezifische poetische Funktion der Figuren als Mittel der Amplifikation und Ornamentierung wird schon in den mittelalterlichen *artes poetriae* hervorgehoben. [7] Poetikhistorisch wichtig ist auch die in diesen Artes vorgenommene stiltypologische Unterscheidung von *ornatus facilis* und *difficilis*. [8] Hier wie auch sonst bleibt aber bei den Taxonomien und Einzeldefinitionen stets die Abhängigkeit von den antiken Quellen erkennbar. Für die Gewichtung der F. in der lateinischen Poetik haben seit der Renaissance Werke wie J. C. SCALIGERS bereits erwähnte ‹Poetices libri septem› (1561) Maßstäbe gesetzt. Bei Scaliger erstreckt sich die F. immerhin über zwei der sieben Bücher. Sein Werk nimmt auch Einfluß auf die entstehende volkssprachliche Poetik, etwa auf M. OPITZ. Ganz selbstverständlich bindet Opitz im 6. Kapitel der ‹Deutschen Poeterey› von 1624 die lateinische Figurentradition in die Poetik ein. Das Spektrum seiner figurentheoretischen Gewährsmänner steckt er mit dem Stichwort «dignitet» (unter *dignitas* rubriziert der Auctor ad Herennium seine Figurentaxonomie) und einem Verweis auf Scaliger ab: «Was ansehen vnd die dignitet der Poetischen rede anlangt, bestehet dieselbe in den tropis vnnd schematibus, wenn wir nemblich ein wort von seiner eigentlichen bedeutung auff eine andere ziehen. Dieser figuren abtheilung, eigenschafft vnd zuegehör allhier zue beschreiben, achte ich darumb vnvonnöthen, weil wir im deutschen hiervon mehr nicht als was die Lateiner zue mercken haben, vnd also genugsamen vnterricht hiervon neben den exempeln aus Scaligers vnnd anderer gelehrten leute büchern nemen können.» [9]

Seit dem 16. Jh. wird die F. im volkssprachlichen poetologischen Kontext neu in Taxonomien entfaltet. [10] In England gab es schon im 16. Jh. verschiedene volkssprachliche Poetiken mit F. Hier sei nur auf G. PUTTENHAMS oft erwähnte ‹Arte of English Poesie› (1589) verwiesen. Das ebenfalls von Scaliger beeinflußte Werk handelt in den beiden ersten Teilen ‹Of Poets and Poesie› bzw. ‹Of Proportion›. Der dritte Teil ‹Of Ornament› hat die dreifache Länge der Eingangsbücher und zeigt damit auch quantitativ das Gewicht von Stilistik und F. Puttenham betont neben der *ornatus*- auch die verschlüsselnde *integumentum*-Funktion der Figuren. [11] Bei seiner Taxonomie kommt ein sensualistisches Moment zum Vorschein, wenn er die Figuren in die Gruppen der *auricular figures*, der *sensible figures* und der *sententious figures* einteilt. [12]

Die F. gibt jetzt die Grundlage für Stilkonzepte ab [13] und gewinnt insgesamt einen anderen Stellenwert als Teil der damals sogenannten zweiten Rhetorik. [14] Nach F.-R. HAUSMANN deuten in Frankreich bestimmte Dokumente darauf hin, daß im 17. Jh. «offiziell eine Trennung zwischen *première* und *seconde rhétorique* vollzogen ist, d. h. zwischen der für die Gebrauchsprosa, die Oratorik, entwickelten "ersten Rhetorik" bzw. der für die Dichtung, zumal die Versifikation verantwortlichen "zweiten Rhetorik".» [15] In den folgenden Jahrhunderten verzichtet selten eine Poetik auf eine Erörterung der F., auch wenn die poetologischen Begründungszusammenhänge sich wandeln. Steht bei J. J. BODMER 1741 ganz das poetisch wirksame Affektpotential («Ausdruck des Gemüths») im Mittelpunkt [16], so weitet im 19. Jh. C. BEYERS ‹Deutsche Poetik› (1882–1884) die dichterische «Bedeutung der Tropen und Figuren» auf die «Totalität» von Einzelsprachen aus. «Bilder und Figuren» dienen laut Beyer «im Leben der Sprache» einerseits «dem Drange des Gedankenausdrucks», andererseits ersieht man «aus ihnen den Geist und die Poesie der Sprache und des Menschen. Somit müssen sie in ihrer Totalität die nationale Physiognomie der Sprache herstellen. Diese Physiognomie ist namentlich in den Tropen der sichtbar gewordene Geist der Sprache selbst.» [17] Man erachtete die Dichtung mehr und mehr als vorrangiges Applikationsfeld der Figuren, so daß es im ‹Brockhaus› von 1834 heißen kann: «Gewöhnlich spricht man blos von rhetorischen, und nicht von poetischen Figuren, unstreitig aber nur darum, weil die Rhetoriker früher darauf Rücksicht genommen hatten als die Poetiker; richtiger nennt man sie überhaupt Redefiguren.» [18]

Damit wird ein Problem thematisiert, das PLETT als das Problem der «Differenzkriterien für den rhetorischen bzw. poetischen Status der Figuren» bezeichnet hat. [19] Es beschäftigt die Forschung bis in die Gegenwart hinein [20] und berührt sich mit den Fragen nach einem genuin «poetischen Register» [21] sowie der «poetischen» (selbstbezüglichen/autoreflexiven) Sprachfunktion R. JAKOBSONS. [22] «Die Problematik resultiert sowohl aus dem Verständnis der Figur als "le language perçu en tant que tel" [die als solche wahrgenommene Sprache] bzw. als "poetizitätshaltige Sprachform", als auch aus bestimmten Auffassungen von Poetizität als Abweichung von normalsprachlichen Verfahren der Produktion und Rezeption von Texten.» [23] Das Thema wurde in der Moderne virulent, weil einerseits die moderne Ästhetik, spätestens seit der Romantik, für die Dichtung eine präskriptive F. ablehnt [24], die wissenschaftliche Beschäftigung mit Literatur aber andererseits nur schwer ohne Rückgriff auf das traditionelle Kategoriensystem der F. arbeiten kann. Auch H. LAUSBERG hat sein ‹Handbuch› im Untertitel als «Eine Grundlegung der Literaturwissenschaft» bezcichnet. Und in den Sachwörterbüchern zur Literaturwissenschaft nimmt die Figurennomenklatur breiten Raum ein [25]; gleichermaßen enthalten die Handreichungen zur literaturwissenschaftlichen Methodik regelmäßig Figurenkapitel. [26] Der Nutzen solcher Wissensvermittlung, zumal für die Interpretation älterer Texte, sollte unumstritten sein. Allerdings wird die methodische Reichweite der Figurenkenntnis immer wieder in Frage gestellt, etwa wenn L. POLLMANN 1971 schreibt: «Die rhetorische Terminologie zu beherrschen ist gewiß sehr nützlich, unerläßlich ist es zu wissen, wo man ihre Nomenklatur zuverlässig erklärt findet, aber sie ist nur in seltenen Fällen geeignet, die zu besprechenden Elemente eines literarischen Kunstwerks im Interesse einer sachangemessenen Deutung zu bezeichnen, denn ihr entspricht die Literatur im allgemeinen etwa im umgekehrten Verhältnis zu ihrem Kunstcharakter: je mittelmäßiger und schülerhafter ein Werk ist, umso ergiebiger wird es für den Sammler rhetorischer Figuren.» [27]

Hintergrund solcher Auffassung ist die moderne ‹Zwei Literaturen›-Theorie, die in der BURKE/HOWELL-Debatte im Mittelpunkt stand. [28] C. S. BALDWIN hat die dabei in Konfrontation stehenden beiden Literaturen (d. h. rhetorische vs. poetische Literatur) wie folgt charakterisiert: «Die eine ist Gestaltung von Gedanken, die andere Gestaltung von Bildern. Im einen Gebiet wird über das Leben gesprochen, im anderen wird es vor Augen geführt. Das Modell der einen ist eine öffentliche Ansprache, die uns zur Zustimmung und zum Handeln bewegt; das Modell der anderen ist ein Schauspiel, das zeigt, wie wir uns handelnd auf unser rollengemäßes

Ende zubewegen. Die eine argumentiert und appelliert; die andere stellt dar. Beide wirken auf die Einbildungskraft, aber die Methode der Rhetorik ist logisch, die Methode der Poetik – ebenso wie ihr Detail – imaginativ. Um den Gegensatz auf eine simple Formel zu bringen: Eine Rede schreitet in Abschnitten, ein Schauspiel in Szenen voran. Ein Abschnitt ist eine logische Stufe in der Entwicklung von Gedanken; eine Szene ist eine emotionale Stufe in einer von der Imagination beherrschten Entwicklung.» [29] Die Bedeutung der Tropen und verschiedener Inhaltsfiguren für die zweite, die poetische Literatur steht gemeinhin außer Frage. Sie werden oft als eigentlich dichterische Form der Figuration betrachtet; so bei SHAPIRO/SHAPIRO, die 1988 einen Forschungsbericht zum Thema ‹The Structure of Figures› vorlegen und sich dabei ganz auf Arbeiten zu den Tropen konzentrieren. [30] J. L. KINNEAVY integriert die Tropen in seine Aufstellung von «language components» des literarischen Diskurses. [31]

Die strukturalistisch orientierte Lütticher groupe μ suchte 1970 die Frage von Rhetorizität vs. Poetizität der Figuren gewissermaßen durch Kontamination zu klären, indem sie sie unter den erweiterten Rhetorikbegriff ihrer ‹Rhétorique générale› stellt: «Die Rhetorik als Untersuchung und Darstellung der formalen Strukturen, findet also zwangsläufig ihre Fortsetzung in einer Transrhetorik, die genau das ist, was man einst mit Zweiter Rhetorik oder Poetik bezeichnete.» [32] Sie integrieren Jakobsons Sprachfunktionen-Modell in ihre Überlegungen und kommen so zu der Feststellung: «*es gibt keine Dichtung ohne Figuren*», aber «*es gibt selbstverständlich Figuren ohne Poesie*». [33] Hier deutet sich insofern eine Lösung des Problems an, als man tatsächlich die strukturale von der funktionalen Perspektive trennen muß. Nimmt man ausschließlich logisch-strukturale Merkmale als Kriterium, dann ergibt sich nur ein einziges Figureninventar, auch wenn die Nomenklatur wechselt. Auf die Text- und Wirkungsfunktionen hin befragt, bekommen die Figuren einen wechselnden Status. Alliterationen etwa entfalten in einer politischen Rede ein anderes Bedeutungspotential als in einem romantischen Gedicht. [34]

Plett suchte dem in seinem Performanzmodell rhetorischer Figuren von 1985 Rechnung zu tragen (vgl. Abb. 4). Danach entscheidet die kommunikative Gebrauchssituation über Funktion und pragmatischen Status von Figuren. Plett korreliert vier Typen kommunikativer Situationen mit vier Figurenfunktionen: normale Situation (C_c)/ informative Funktion; rhetorisch (C_r)/ persuasiv; poetisch (C_p)/ selbstbezüglich; gestört (C_d)/ unvollendet.

In Hinsicht auf die Selbstbezüglichkeitsfunktion (bei ästhetischen Figuren in der Dichtung) präzisiert Plett unter Rekurs auf Jakobsons Sprachfunktionenmodell: «Die Definition der poetischen kommunikativen Situation als selbstzweckhaft bedeutet nicht einen Rückschritt zu den Tagen des literarischen Autonomismus, sondern signalisiert einen funktionalen Wandel, dem abweichende Spracheinheiten im Kontext von Dichtung ausgesetzt sind: sie sind nicht mehr rhetorische Figuren, sondern erscheinen jetzt als ästhetische Figuren.» [35]

Zu Pletts Modell muß kritisch angemerkt werden, daß es zu sehr schematisiert und vereinfacht. Man kann z. B. nicht generell sagen, daß Metaphern in poetischen Texten immer ästhetische Funktion haben, in rhetorischen immer persuasive usw. Gewiß kann man für bestimmte Textsorten die Dominanz bestimmter Figurenfunktionen postulieren; in jedem Einzelfall aber ist dieses Postulat auf seine Gültigkeit hin zu überprüfen.

Communicative Situation		Function
'common', un-rhetorical, un-poetical	C_c	informative
rhetorical	C_r	persuasive
poetical	C_p	autotelic
defect	C_d	unachieved

Abb. 4: H. F. Plett: Rhetoric, in: T. A. van Dijk (Hg.): Discourse and Literature (Amsterdam/Philadelphia 1985) 77.

Anmerkungen:
1 L. Radermacher (Hg.): Artium Scriptores (Reste der voraristotelischen Rhet.) (1951) 6ff. – 2 J. Dyck: Ticht-Kunst. Dt. Barockpoetik und rhet. Trad. (1966, ³1991) 67ff. – 3 U. Schindel: Ursprung und Grundlegung der Rhet., in: C. J. Classen/H.-J. Müllenbrock (Hg.): Die Macht des Wortes. Perspektiven gegenwärtiger Rhet.-forschung (1992) 16f. – 4 A. N. Bradford: Classical and Modern Views of the Figures of Speech: Ancient Theory and Modern Manifestations (Diss. msch. Rensselaer Polytechnic Inst. New York 1982) 61ff. – 5 J. W. H. Atkins: Literary Criticism in Antiquity, 2 Bde. (Cambridge 1934). – 6 T. Sébillet: Art Poétique français (Paris 1548), Ed. in: Traités de poétique et de rhétorique de la Renaissance. Ed. F. Goyet (Paris 1990) 37–183, hier 57; Übers. Red. – 7 J. Knape: Art. ‹Elocutio›, in: HWR 2 (1994) Sp. 1022–1083, hier Sp. 103ff. – 8 M. Charles: Le discours de figures, in: Poétique 15 (⁸1972) 340–364, hier 352. – 9 M. Opitz: Buch von der Dt. Poeterey (1624), hg. v. R. Alewyn (1963) 29. – 10 W. Taylor: Tudor Figures of Rhet. (Whitewater 1972) 18ff. – 11 W. G. Müller: Das Problem des Stils in der Poetik der Renaissance, in: H. F. Plett (Hg.): Renaissance-Poetik/Renaissance-Poetics (1994) 133–146, hier 135ff. und 140. – 12 Taylor [10] 27ff.; H. F. Plett: The Place and Function of Style in Renaissance Poetics, in: J. J. Murphy (Hg.): Renaissance Eloquence (Berkeley/Los Angeles/London 1983) 356–375, hier 371ff. – 13 Dyck [1] 66ff.; H. F. Plett: The Place and Function of Style in Renaissance Poetics, in: J. J. Murphy (Hg.): Renaissance Eloquence (Berkeley/Los Angeles/London 1983) 356–375. – 14 E. Langlois: Recueil d'arts de seconde rhétorique (Paris 1902). – 15 F.-R. Hausmann: Frz. Renaissance-Rhet.: Das Wechselspiel von prakt. Redekunst und poetolog. Reflexion, in: H. F. Plett (Hg.): Renaissance-Rhet./Renaissance Rhetoric (1993) 59–71, hier 59. – 16 J. J. Bodmer: Crit. Betrachtungen über die poet. Gemählde der Dichter (Zürich 1741; ND 1971) 11. Abschn. – 17 C. Beyer: Dt. Poetik. Theoretisch-prakt. Hb. der dt. Dichtkunst, Bd. 1 (1882–1884, ²1887) 148. – 18 Anonym.: Figur, in: Allg. dt. Real-Encyklop., Bd. 4 (⁸1834) 108–110, hier 109. – 19 H. F. Plett: Rhet., Stilmodelle und moderne Texttheorie, in: Göttingische Gelehrte Anzeigen 230 (1978) 272–302, hier 301. – 20 z. B. Charles [8] 343ff.; M. Arrivé: Poetik und Rhet. in Frankreich seit 1945. Ein Forschungsber., in: LiLi Beih. 3 (1976) 78–105; I. Hantsch, K. Ostheeren: Linguistik und Rhet. Positionen der neueren Forschung. FS A. Wollmann, hg. v. W. Welte (1982) 87–111; G. E. Bigelow: Distinguishing Rhet. from Poetry, in: Rhet. and American Poetry of the Early National Period (Gainesville, Fl. 1960) 1–14; H. H. Hudson: Rhet. and Poetry, in: R. F. Howes (Hg.): Historical Studies of Rhet. and Rhetoricians (Ithaca, NY 1961) 369–379; R. Chapman: Linguistics and Literature. An Introduction to Literary Stylistics (London 1973) 74–84; W. S. Howell: Literature as an Enterprise in Communication, in: ders.: Poetics, Rhet., and Logic

(Ithaca/London 1975) 215–233; J.-M. Klinkenberg: Rhétorique et spécificité poétique, in: H. F. Plett (Hg.): Rhet. Krit. Positionen zum Stand der Forschung (1977) 125–165; J. Dubois u.a.: Rhétorique de la poésie. Lecture linéaire, lecture tabulaire (Paris 1977). – **21** J. Trabant: Poet. Abweichung, in: Linguistische Berichte 32 (1974) 45–59, hier 49. – **22** R. Jakobson: Linguistics and Poetics, in: T. A. Sebeok (Hg.): Style in Language (Cambridge/Mass. 1960) 350–277; dt.: Linguistik und Poetik, in: ders.: Poetik. Ausgew. Aufsätze 1921–1971, hg. v. E. Holstein, T. Schelbert (1979) 82–121. – **23** Hantsch, Ostheeren [20] 89; mit Bezug auf O. Ducrot, T. Todorov: Figure, in: Ducrot, Todorov: Dictionnaire encyclopédique des sciences du langage (Paris 1972) 349–357, hier 351f.; dt. in: Enzyklop. Wtb. der Sprachwiss. (1975) 311–318, hier 313; H. F. Plett: Textwiss. und Textanal. (1975) 140. – **24** vgl. Knape [7] 1060ff. – **25** z. B. W. F. Thrall, A. Hibbart, C. H. Holmann: A Handbook to Literature (New York ²1960) 202; Rhet. Figuren, in: G. v. Wilpert: Sachwtb. der Lit. (⁷1989) 775; G. Schweickle: Rhet. Figuren, in: Metzler Literatur Lexikon, hg. v. G. Schweickle, I. Schweickle (²1990) 390f. – **26** z. B. W. Kayser: Das sprachl. Kunstwerk. Eine Einf. in die Lit.-wiss., Bd. 1: Literaturwiss., hg. v. H. L. Arnold, V. Sinemus (1973); M. Shapiro, M. Shapiro: Figuration in Verbal Art (Princeton 1988). – **27** L. Pollmann: Literaturwiss. und Methode, Bd. 2 (1971) 20f. – **28** W. S. Howell: Poetics, Rhet., and Logic. Studies in the Disciplines of Criticism (Ithaca/London 1975) 10f. und 234ff. – **29** C. S. Baldwin: Ancient Rhet. and Poetic interpreted from representative Works (New York 1924) 134f.; Übers. Red. – **30** Shapiro, Shapiro [26] 23–45. – **31** J. J. Kinneavy: A Theory of Discourse. The Aims of Discourse (Englewood Cliffs, NJ 1971) 350. – **32** J. Dubois u.a.: Allg. Rhet. (1972) 48. – **33** ebd. 46. – **34** vgl. J. Cohen: Structure du langage poétique (Paris 1966). – **35** H. F. Plett: Rhet., in: T. A. v. Dijk (Hg.): Discourse and Literature (Amsterdam/Philadelphia 1985) 59–84, hier 76f.; Übers. Red.

6. *Neuere text- und wissensanalytische Ansätze.* Die unter den Etiketten ‹Postmoderne›, ‹Neostrukturalismus› oder ‹Dekonstruktion› geführten neueren analytischen Ansätze knüpfen ausdrücklich an die rhetorische Figurentradition an, erweitern das Figurenkonzept aber beträchtlich. [1] So betont P. DE MAN, daß sich seine rhetorische Lektüre von Texten auf die Figuralstruktur, «the philological or rhetorical devices of language» konzentriere [2], also keine thematische Lektüre sein wolle. De Man interessieren sprachliche Konfigurationen, die dem Text eingeschrieben sind, ohne daß dies vom Autor beabsichtigt sein müßte. Seine rhetorische Lektüre stellt die Frage, ob eine textuelle «Organisation so beschaffen ist, daß ihr selbst Bedeutung zukommt. Solche Bedeutung läge im figuralen Gehalt (s)einer leitenden diskursiven Struktur». Die so verstandenen Figuren sind eine Kategorie der Kohärenz von Texten. [3] Aber natürlich gilt, daß sich nicht alle Texte um solch eine Figur bilden.

Der Historiographie-Theoretiker H. WHITE entwickelt vor diesem theoretischen Hintergrund ein Modell von vier Grundtypen historiographischer Textorganisation, die er an eine erweiterte Vorstellung von vier Figuren knüpft (Metapher, Metonymie, Synekdoche, Ironie). [4] Dieses Konzept narrativer oder deskriptiver Makrofiguren, die sich auf größere textlinguistische Einheiten, gar ganze Texte beziehen, und dem Text gewissermaßen einen Gestus einschreiben, ist im Prinzip nicht neu; z. B. behandelt QUINTILIAN u.a. die Topographie (IX, 2, 44), und in den Renaissancelehrbüchern (bei ERASMUS VON ROTTERDAM, MELANCHTHON oder GOLDTWURM) haben sie als Inhaltsfiguren ihren festen Platz (z. B. Prosopographie, Pragmatographie, Topographie oder Chronographie). [5]

Bei verschiedenen modernen Konzepten stand der klassische Figurenbegriff lediglich Pate, und die Erweiterung des traditionellen Figurenverständnisses ist soweit vorangetrieben, daß man besser von «kognitiven Figuren» oder «Denkfiguren» sprechen sollte, wie sie M. CAHN diskutiert. Sie sind wiederum zu trennen von den «Figuren des Wissens», worunter «so disparate Kategorien wie das magnetische Medium des Mesmerismus, die Kausalität, das Evolutionsmodell und andere narrative Formen, das Analogische der Physiognomie genauso wie das symbolische Verfahren der Alchemie oder die Prozedur der Dialektik» [6] zu verstehen sind. Cahn sieht die solcherart unternommene Distanzierung von der traditionellen sprachbezogenen F. im engeren Sinne sehr deutlich, meint aber im historischen Rückblick eine Konvergenz der verschiedenen Betrachtungsweisen herstellen zu können: «Die Prägnanz der kognitiven Figuren, die einen Diskurs des Wissens steuern, kann für die rhetorischen nur selten reklamiert werden. Rhetorische Figuren sind abstrakt und ohne Evidenzcharakter, während jene aus der Wissenschaftsgeschichte sich oft dem Rang eines Paradigmas annähern. Aber das mag nicht immer so gewesen sein. Die Frühgeschichte rhetorischer Terminologie, insbesondere die Metaphorik der Begriffe rhetorischer Figuren, führt uns auf die Spur einer Evidenz und einer Prägnanz, die in der Sprachgeschichte verschüttet wurde und über die noch kaum etwas bekannt ist. Der Ursprung des *schema*-Begriffs in der Gymnastik, die Homonymie rhetorischer und mathematischer Figuren (Parallele, Hyperbel, Parabel), aber auch die frappante Rekonkretisierung dieser Termini in der Rhetorik des G. PUTTENHAM [z. B. "The Disable", "The Dismembrer", "The Wonderer", "The Moderator"] wären Instanzen, in denen die Beziehung von Rhetorik und Wissenschaftsgeschichte innerhalb der Rhetorik selbst je schon besteht.» [7]

Anmerkungen:
1 M. Cahn: Paralipse und Homöopathie. Denkfiguren als Objekte einer rhet. Lektüre, in: H. Schanze, J. Kopperschmidt (Hg.): Rhet. und Philos. (1989) 275–295, hier 281 Anm. 14. – **2** P. de Man: The Return to Philology, in: Times Literary Supplement 10, Dezember 1982, 1355; zu de Man vgl. C. Chase: Decomposing Figures. Rhetorical Readings in the Romantic Tradition (Baltimore/London 1986) 82ff. – **3** Cahn [1] 292. – **4** H. White: Metahistory. The Historical Imagination in 19th-century Europe (Baltimore u. a. 1973, ⁸1993); dt.: Metahistory. Die hist. Einbildungskraft im 19. Jh. in Europa (1991); H. White: Auch Klio dichtet oder Die Fiktion des Faktischen. Stud. zur Tropologie des hist. Diskurses (1986). – **5** Desiderius Erasmus: De duplici copia verborum ac rerum, ed. B. I. Knott. Opera omnia I/6 (Amsterdam u. a. 1988) 202ff.; P. Melanchthon: Elementa rhetorices (1531), in: J. Knape: Philipp Melanchthons Rhet. (1993) Sp. 491; C. Goldtwurm, Schemata rhetorica (1545); Ex. BSB München: 8° L.eleg.g. 174. Bl. N3ᵛ–N7ʳ. = VD 16: G 2600. – **6** Cahn [1] 292. – **7** ebd. 293.

J. Knape

→ Affektenlehre → Änderungskategorien → Color → Colores rhetorici → Decorum → Elocutio → Gedankenfigur → Generative Rhetorik → Groupe μ → Metapher → Metonymie → Musikalische Figurenlehre → Ornament → Ornatus → Schema → Semiotik → Stilistik → Strukturalismus → Tropus → Wortfigur

Fiktion (griech. πλάσμα, plásma; ὑπόθεσις, hypóthesis; lat. fictio; engl., frz. fiction; ital. finzióne)
A. Def. – 1. Rhetorik. – 2. Poetik. – 3. Recht. – 4. Philosophie. – B. I. Antike. – II. Mittelalter. – III. Neuzeit.

A. Unter F. (vom lat. Verb ‹fingere›) versteht man allgemein die Tätigkeit und das Produkt des freien sprachlichen Bildens, Ausdenkens, Dichtens und Entwerfens, das nicht in einem streng abbildenden Verhältnis zu einer als vorgegeben verstandenen Wirklichkeit steht. Im heutigen Sprachgebrauch wird die fiktionale Rede von der Lüge dadurch unterschieden, daß ihr Autor keine Täuschungsabsicht verfolgt und daß aufgrund von Konventionen ihres Äußerungskontextes (z.B. aufgrund der Gattungskonventionen des Romans) keine wahren oder verifizierbaren Aussagen von ihr erwartet werden. Seit der Antike spielt der Begriff der F. eine bedeutende Rolle in vielfältigen Verwendungszusammenhängen.

1. *Rhetorik.* In der klassischen Rhetorik erscheint der Begriff der ‹fictio› an mehreren verschiedenen systematischen Orten: a) In der *Argumentationslehre* ist der *locus a fictione* (τόπος καθ' ὑπόθεσιν, tópos kath' hypóthesin) ein vom Redner fingierter Beispielsfall, anhand dessen sich ein Argument plausibler demonstrieren läßt als direkt am vorliegenden Ernstfall: «Denn ‹fingieren› bedeutet hier zunächst etwas unterstellen, das, falls es wirklich der Fall wäre, die Frage lösen oder fördern könnte, und dann den in Frage stehenden Sachverhalt als dem Angenommenen entsprechend darstellen.» [1] Alle *loci* lassen sich im Fiktionsmodus anwenden, «weil es ebensoviele fiktive wie echte Arten [von Argumenten] geben kann». [2] b) In der *Tropenlehre* bezeichnet *fictio nominis* (ὀνοματοποιία, onomatopoiía) die Wortneubildung (Neologismus). [3] Sie kommt zur Anwendung entweder mangels eines vorgeprägten *verbum proprium* in der Gebrauchssprache oder aus stilistischen Gründen in der Kunstsprache. [4] Nach ihrer Herkunft werden die Neologismen eingeteilt in Urschöpfungen (eigentliche onomatopoiía) und Ableitungen aus bereits vorhandenem Wortmaterial (πεποιημένα, pepoiēména). [5] c) In der *Figurenlehre* ist *fictio personae* (eine Lehnübersetzung des griech. προσωποποιία, prosōpopoiía) der Terminus für die Gedankenfigur der Personifikation. Die F. besteht hierbei entweder in der glaubwürdigen Vorführung von möglichen Gedanken und Gesprächen natürlicher Personen *(sermocinatio)* oder in der anthropomorphen Darstellung von sprachlosen Gegenständen und abstrakten Begriffen (prosōpopoiía im engeren Sinne). [6] d) Ebenfalls zu den Gedankenfiguren gehört die *fictio voluntatis*, die bewußte Verstellung des Redners (auch *dissimulatio*, εἰρωνεία, eirōneía). Im Unterschied zur Ironie als Tropos (Wort-Ironie), die leichter als solche zu erkennen ist, verwendet die Gedanken-Ironie nicht nur einzelne Wörter in ihrem entgegengesetzten Sinn, sondern verbirgt hinter der offenkundigen Bedeutung einer ganzen Rede einen abweichenden Hintersinn: «Dagegen handelt es sich bei der Figur der Ironie um Verstellung der Gesamtabsicht, die eher durchscheint als zugegeben wird, so daß beim Tropus nur Worte Worten entgegengesetzt sind, hier aber der Sinn dem ganzen sprachlichen Ausdruck.» [7] e) In der rhetorischen Schulpraxis bedeutet *fictio* das Erfinden von Deklamationsthemen (Kontroversien und Suasorien) zu Übungszwecken. Nach QUINTILIAN sollen diese fingierten Stoffe «möglichst wirklichkeitsgetreu sein, und ferner soll die Form, in der deklamiert wird, soweit es nur geht, den öffentlichen Reden ähnlich sein, zu deren Übung sie erfunden ist». [8]

Anmerkungen:
1 Quint. V, 10, 96; vgl. H. Lausberg: Hb. der lit. Rhet. (³1990) § 398. – **2** Quint. V, 10, 95 (Übers. des Verf.). – **3** ebd. VIII, 6, 31. – **4** vgl. Lausberg [1] § 547. – **5** Quint. VIII, 6, 32; vgl. Lausberg [1] § 549. – **6** Quint. IX, 2, 29–31; vgl. Lausberg [1] §§ 826–829. – **7** Quint. IX, 2, 46. – **8** ebd. II, 10, 4.

2. *Poetik.* Als bestimmendes Merkmal von Dichtung und Literatur ist F. die Darstellung und Beschreibung erdichteter Geschehnisse als wirklicher und erlebter Ereignisse. Der von den literarischen F. erhobene Anspruch auf Vermittlung einer wie auch immer gearteten nicht-wissenschaftlichen Erkenntnis ist seit jeher umstritten.

Literaturhinweise:
G. Gabriel: F. und Wahrheit (1975). – U. Keller: Fiktionalität als literaturwiss. Kategorie (1980). – G. Currie: The nature of fiction (Cambridge 1990).

3. *Recht.* Im Unterschied zur literarischen F. geschieht die juristische F. nicht im Bereich von Aussagen und Behauptungen, sondern von Normen und Setzungen. Sie «besteht in der gewollten Gleichsetzung eines als ungleich Gewußten» [1] und erstreckt – meist in der Aussageform ‹x gilt als y› – die für einen Sachverhalt x geltenden Normen auf einen Sachverhalt y: «Wer zur Zeit des Erbfalls noch nicht lebte, aber bereits erzeugt war, gilt als vor dem Erbfalle geboren» [2]; er ist deshalb gegebenenfalls erbberechtigt. Umgekehrt kann das Gesetz auch einen in Wirklichkeit bestehenden Sachverhalt als nicht bestehend fingieren (‹x gilt nicht als x›). [3]

Anmerkungen:
1 K. Larenz: Methodenlehre der Rechtswiss. (⁶1991) 262. – **2** § 1923 (2) BGB. – **3** C. Creifelds: Rechtswtb. (¹⁰1990) s. v. ‹F.›, 403f.

4. In der *Philosophie* gilt als F. zunächst eine Aussage, der kein Wahrheitswert (‹wahr› oder ‹falsch›) zukommt. In semantischer Terminologie ist dies der Fall, wenn sie einen Nominator (Eigenname oder Kennzeichnung) ohne Referenz enthält. In weiterem Sinne bezeichnet man als F. auch Hypothesen, Aussagen also, die zwar noch nicht hinreichend überprüft sind, für die sich aber prinzipiell ein Verifikations- oder Falsifikationsverfahren vollziehen oder zumindest angeben läßt.

Literaturhinweise:
N. Goodman: Fact, Fiction, and Forecast (London 1954). – J. Woods: The Logic of Fiction (The Hague/Paris 1974). – E. Ströker: Zur Frage der Fiktionalität theoret. Begriffe, in: D. Henrich, W. Iser (Hg.): Funktionen des Fiktiven (1983) 95–118.

B. I. In der *Antike* wird Dichtung zunächst als nichtfiktional rezipiert. Die frühgriechischen Epiker gelten gemeinhin als Vermittler historischer und religiöser Wahrheiten: «Lehrer aber der meisten ist Hesiod. Von ihm sind sie überzeugt, er wisse am meisten.» [1] Die Dichter selbst betrachten sich als Künder göttlichen Wissens. [2] In der frühgriechischen Aufklärung des 6./5. Jh. v. Chr. werden die theologischen Aussagen der epischen Tradition als «πλάσματα τῶν προτέρων» (plásmata tōn protérōn, Erfindungen der Früheren) verworfen. [3] Die wachsende Spannung zwischen dem neuen strengen Wahrheitsbegriff und einem zunächst unveränderten Dichtungsverständnis führt zu dem bekannten Ausschluß der Dichter aus dem platonischen Idealstaat. [4] Mit der Entfaltung der dramatischen Dichtung gegen Ende des 5. Jh. v. Chr. in der Sophistik eine Umwertung des poetisch Unwahren vollzogen. GORGIAS erkennt in der Täuschung (ἀπάτη, apátē) ein konstitutives Merkmal der Tragödie, der gegenüber die von COLERIDGE später so genannte «willing suspension of disbelief» [5] die angemessene Rezeptionshaltung ist. [6] Durch die Einführung der Kategorien des Wahrscheinlichen (τὸ εἰκός, to eikós) und des Allgemeinen (τὰ καθόλου, tá kathólou) löst ARISTOTELES die Dichtung vollends von dem überkommenen Wahrheitsgebot, indem er bestimmt, «daß es nicht Aufgabe des Dichters ist mitzuteilen, was wirklich geschehen ist, sondern vielmehr, was geschehen könnte, d. h. das nach den Regeln der Wahrscheinlichkeit oder Notwendigkeit Mögliche». [7] Erhielt die Mimesis in der platonischen Ideenlehre als Abbild zweiter Ordnung einen geringen Erkenntniswert, so erfährt sie durch Aristoteles eine Aufwertung, indem sie gerade durch ihren fiktiven Charakter das Allgemeine reiner darstellen kann als die der Faktizität (τὰ καθ' ἕκαστον, tá kath' hékaston, das Besondere) verpflichtete Geschichtsschreibung. [8] In der hellenistisch-römischen Rhetorik wird mit Hilfe des Wahrscheinlichkeitsbegriffs eine narratologische Gattungstypologie gebildet. Die außerforensischen *narrationes* werden entsprechend ihrem Realitätsbezug in drei Gattungen eingeteilt: die *fabula*, «die weder wahre noch wahrscheinliche Ereignisse enthält» (die mythischen Stoffe der Tragödie); die *historia*, die faktische Geschehnisse der Vergangenheit berichtet; das *argumentum*, eine «ficta res, quae tamen fieri potuit» (erfundene Geschichte, die sich dennoch hätte ereignen können), d. h. die Stoffe der Komödie. [9] Hier ist F. bereits bestimmt als bewußtes schöpferisches Gestalten von irrealen, aber empirisch möglichen Sujets. Bis in das Mittelalter dient die *narratio* als rhetorisch-poetische Stilübung *(praeexercitamen)*, bei der ein Stoff in verschiedenen Modi (z. B. in direkter/indirekter Rede, mit moralischer Bewertung) behandelt wird. DANTE kennt einen speziellen *modus fictivus tractandi*, der die poetische Erzählung nichtwirklicher Sachverhalte erlaubt. [10] Im römischen Recht wird die F. als Mittel einer konservativen Rechtsfortbildung verwendet, in der die Tatbestände den Gesetzen angepaßt werden. So erweitert man die ursprünglich nur von und auf römische Bürger anwendbare Diebstahlsklage auf Ausländer, indem man tut, als ob der betreffende Ausländer Römer wäre. [11] Neben verbalen F. gibt es im römischen Recht auch fiktive Rechtsakte (Realfiktionen), z. B. den Scheinkauf *(imaginaria venditio)* als vorgeschriebene Form der Eigentumsübertragung *(mancipatio)*. [12]

Anmerkungen:
1 Heraklit, Frg. B 57, VS. – **2** vgl. Homer, Ilias II, 484–87; Hesiod, Theogonie 31f. – **3** Xenophanes, Frg. B 1, 22 VS; vgl. Frgg. B 11. 12. – **4** Plat. Pol. X. – **5** S. T. Coleridge: Biographia Literaria (1817), hg. v. J. Engell, W. Jackson Bate, Bd. II (Princeton N. J. 1983) 6. – **6** Gorgias, Frg. B 23 VS. – **7** Arist. Poet., Kap. 9, 1451 a 36–38. – **8** ebd. Kap. 9, 1451 b 5–7. – **9** Cic. De inv. I, 27 (Übers. des Verf.); vgl. Auct. ad Her. I, 13; Quint. II, 4, 2; Mart. Cap. p. 273, 23 ss.; dazu H. Lausberg: Hb. der lit. Rhet. (^{3}1990) §§ 290–292. – **10** Priscianus, Praeexercitamina § 6, in: Rhet. Lat. min. p. 552; Dante: Ep. X, 9, in: Dantis Alagherii Epistolae, hg. v. P. Toynbee (Oxford ^{2}1966) 175; vgl. Lausberg [9] §§ 1111–1116. – **11** Gaius: Institutiones IV, 37. – **12** ebd. I, 119ff.

Literaturhinweise:
M. Fuhrmann: Die Dichtungstheorie der Antike (^{2}1992). – W. Rösler: Die Entdeckung der Fiktionalität in der Antike, in: Poetica 12 (1980) 283–319. – M. Fuhrmann: Die F. im röm. Recht, in: D. Henrich, W. Iser (Hg.): Funktionen des Fiktiven (1983) 413–416.

II. *Mittelalter.* Seit frühchristlicher Zeit wird zusammen mit der sichtbaren Welt als solcher auch die an ihr orientierte Ästhetik des Wahrscheinlichen gegenüber den transzendentalen Glaubenswahrheiten als F. abgelehnt. [1] Unter der Vormundschaft der Theologie über die Poesie erhält von den drei narrativen Gattungen einzig die *historia* eine legitime Stellung. Sie wird jedoch nicht um ihrer selbst willen tradiert, sondern als chiffrierte Botschaft Gottes verstanden, deren spirituelle Bedeutung es erst zu erschließen gilt. [2] Dies beinhaltet einen unkritischen Umgang mit den historischen Quellen. «Man darf mich nicht Dichter nennen, weil ich ja nichts erfinde», behauptet der anonyme Verfasser einer Versifikation der spätantiken pseudohistorischen ‹Historia de excidio Troiae›. [3] «Historisches Faktum und deutende F. verschlingen sich in der Historiographie wie im Epos des Mittelalters oft in undurchdringbarer Weise.» [4]

Anmerkungen:
1 vgl. H. R. Jauss: Zur hist. Genese der Scheidung von F. u. Realität, in: D. Henrich, W. Iser (Hg.): Funktionen des Fiktiven (1983) 423–431. – **2** F. P. Knapp: Hist. Wahrheit u. poet. Lüge, in: DVjs 54 (1980) 581–635, bes. 591–593. – **3** Historia Troyana Daretis Frigii, hg. v. J. Stohlmann (1968), V. 12, p. 267 (Übers. des Verf.). – **4** Jauss [1] 427.

III. *Neuzeit.* Seit der Renaissance verstehen sich die Dichter nicht mehr als Vermittler und Deuter biblischer oder historischer Stoffe, sondern als autonome Schöpfer einer ‹zweiten Natur›. [1] Mit der lebhaften Rezeption der im Mittelalter weitgehend vergessenen aristotelischen Poetik einher geht ein neuer, die Regeln der Wahrscheinlichkeit zuweilen bewußt überschreitender Gestaltungswille. Der Antagonismus von Mimesis und Imagination wird in der Poetologie zu einem heftig diskutierten Problem. [2] Von den Vertretern der neuen Wissenschaften wird der Fiktionsbegriff in aufklärerisch-kritischer Absicht auf die Dichtung angewandt. BACON bezeichnet die Dichtung als «feigned history», deren Zweck es sei, «dem Geist des Menschen einen Schatten von Erfüllung zu geben in den Punkten, wo die Natur der Dinge sie nicht gewährt». [3] SIDNEY beansprucht für die Dichtung einen sprachlichen Sonderstatus jenseits von Wahrheit und Lüge und nimmt damit die modernen sprachanalytischen Bestimmungen der fiktionalen Rede im Kern vorweg: «Was den Dichter angeht, so behauptet er nichts, und deshalb lügt er nie.» [4] In der klassizistischen Poetik GOTTSCHEDS dient die F. als Bestandteil der ‹Fabel› der ästhetischen Einkleidung einer moralischen Wahrheit. [5] Der fiktionale Charakter der Dichtung wird in der Folge nicht mehr in Frage gestellt; strittig bleiben hingegen Wert und Erkenntnisleistung der F., insbesondere in der Auseinandersetzung mit Philosophie und Wissenschaft.

Seit Beginn der Neuzeit wird die F. auch im *philosophischen* Diskurs thematisiert. BACON spricht von F. im Sinne von Vorurteil und Selbsttäuschung in seiner Kritik der ‹idola›, der falschen oder irreführenden epistemologischen Begriffe und Methoden seiner Zeit. [6] Für LOCKE sind F. Entgleisungen des Assoziationsprinzips, Ideenverknüpfungen, die sich in keiner Substanz vorfinden. [7] Bei HUME gewinnt die F. eine teilweise positive Funktion. Er zählt zu den F. auch Erkenntnispostulate wie die Substanz, das Kausalitätsprinzip und die Ich-Identität. [8] Ähnlich sind bei KANT die Vernunftbegriffe (z. B. der Seele als einfache Substanz) «heuristische F.», denen zwar nichts empirisch Gegebenes entspricht, die aber dennoch, sofern man sich ihrer Problematik bewußt bleibt, brauchbar sein können, «um, in Beziehung auf sie [...], regulative Prinzipien des systematischen Verstandesgebrauchs im Felde der Erfahrung zu gründen». [9] LOTZE unterscheidet die F. als «Annahmen, die man mit dem vollständigen Bewußtsein ihrer Unmöglichkeit macht», streng von der Hypothese, die «nur etwas an sich Mögliches behaupten darf». [10] Ausgehend vom erkenntnistheoretischen Idealismus Kants und der Willensphilosophie NIETZSCHES begründet VAIHINGER den philosophischen Fiktionalismus als «Phänomenologie des ideenbildenden, fingierenden Bewußtseins». [11] Er bestimmt die F. als «bewußtfalsche Vorstellung»; in ihrer Funktion sind die F. «logische Falsifikate [...], mittelst deren sich doch eine fruchtbare Erkenntnis der Außenwelt und eine ergiebige Behandlung derselben gewinnen läßt». [12] Bei GOODMAN steht die F. nicht mehr in Opposition zu einem jenseits von ihr liegenden Realen. Es gibt für ihn nur noch den «Erzeugungsprozeß einer Vielfalt von richtigen und sogar konfligierenden Versionen von Welten». [13]

Anmerkungen:
1 s. A. Assmann: Die Legitimität der F. (1980) 138–142. – **2** ebd. 142–151; R. Weimann: F. u. Wirklichkeit, in: ders. (Hg.): Realismus in der Renaissance (1977) 96–110; J. E. Spingarn: A History of Literary Criticism in the Renaissance (New York ²1908) 3–46. – **3** F. Bacon: The Advancement of Learning (1605), hg. v. W. A. Wright (Oxford ⁵1963) 101 (Übers. des Verf.). – **4** P. Sidney: A Defense of Poetry (1595), hg. v. J. van Dorsten (London 1975) 52 (Übers. des Verf.) – **5** Gottsched: Versuch einer crit. Dichtkunst (³1742), hg. v. J. u. B. Birke (1973) Kap. IV § 9, S. 204. – **6** F. Bacon: Novum Organum (1620), hg. v. J. Spedding u. a. (London 1858, ND Stuttgart-Bad Cannstatt 1963) 163ff. – **7** Locke: An Essay Concerning Human Understanding (1689), hg. v. P. Nidditch (Oxford 1975) 374. – **8** Hume: A Treatise of Human Nature (1739–40), hg. v. L. A. Selby-Bigge (Oxford 1896) 220. 222. 254. 259. – **9** Kant: Kr. der reinen Vernunft B 799. – **10** R. H. Lotze: Logik (1843), hg. v. G. Misch (1912) S. 412. 419. – **11** H. Vaihinger: Die Philos. des Als Ob (⁸1922) S. XX. – **12** ebd. S. XII. 96. – **13** N. Goodman: Ways of Worldmaking (Hassocks 1978), übers. v. M. Looser: Weisen der Welterzeugung (1984) 10.

Literaturhinweise:
W. Kayser: Die Wahrheit der Dichter (1959). – F. Lötzsch: Art. ‹F.›, in: HWPh Bd. II, 951–953. – M. Riffaterre: Fictional Truth (Baltimore, London 1990). – W. Iser: Das Fiktive u. das Imaginäre (1991).

T. Zinsmaier

→ Argumentatio → Dichter → Dichtkunst → Dichtung → Fabel → Figurenlehre → Forma tractandi → Historia → Licentia → Mimesis → Narratio → Phantasie → Simulatio

Filmrhetorik
A. Def. – B. I. Film als Rede. – 1. Zur Struktur ikonischer Zeichen. – 2. Bilder als Sprechakte. – 3. Kinematographische Sprechakte. – 4. Die narrative Grundstruktur kinematographischer Sprechakte. – II. Filmische Rede und Rhetorik. – III. Uneigentliche Rede im Film. – 1. Worttropen (Metasememe) und Film. – 2. Die metalogische Struktur uneigentlicher Bilderrede. – 3. Die Realisierung metalogischer Redeformen im Film.

A. Der Begriff ‹F.› hat noch keinen präzisen Inhalt. Rhetorische Begriffe gehören zu den zahlreichen Begriffsadaptionen, mit denen die Filmwissenschaft das Fehlen einer systematischen fachwissenschaftlichen Terminologie zu kompensieren sucht, ohne dabei jedoch schon zu schlüssigen filmtheoretischen Begriffsexplikationen gelangt zu sein. Im gegenwärtigen filmwissenschaftlichen Sprachgebrauch können rhetorische Begriffe daher nur heuristischen Status beanspruchen. Ihre Verwendung unterliegt zwei unterschiedlichen Vorstellungen von filmischer Rhetorik: 1. Älterem filmtheoretischem Sprachgebrauch [1] entstammt ein auf die Tropen- und Figurenlehre eingeschränktes Verständnis der Rhetorik, das die Verwendung rhetorischer Begriffe als Bezeichnung für filmische Äquivalente rhetorischer Figuren begründet. [2] 2. Ein weiter gefaßtes Verständnis der Rhetorik (als Überredungskunst) motiviert neuerdings Versuche, den Film *insgesamt* als einen auf rhetorischen Regeln der argumentativen und affektiven *persuasio* beruhenden Sprechakt, als «persuasive Rede», zu postulieren [3], die zu wesentlichen Teilen *argumentativ* strukturiert sei. [4] Beide Vorstellungen beruhen auf intuitiven Analogiebildungen, deren filmtheoretische Verifizierung aussteht.

Die terminologische Unschärfe spiegelt die theoretischen Defizite, die einer vergleichsweise jungen (und von den Kulturwissenschaften lange vernachlässigten) Disziplin zwangsläufig anhaften: Ungeachtet der beträchtlichen Zahl theoretischer Ansätze, die die Filmwissenschaft inzwischen vorweisen kann, fehlt es ihr nach wie vor an konsistenten Theorien ihres Gegenstandes, die allein eine systematische fachwissenschaftliche Terminologie begründen könnten. Das gilt auch für die Frage der Anwendbarkeit rhetorischer Begriffe und Analysemethoden auf filmische Sachverhalte: Ihre Beantwortung setzt eine Theorie des Films voraus, die zu klären vermag, inwieweit Film überhaupt als *Rede* und damit als Ort rhetorischer Strategien bestimmt werden kann.

B. I. *Film als Rede.* [5] Die genannten Begriffsverwendungen von ‹F.› basieren auf einer stillschweigenden Übereinkunft, derzufolge zwischen filmischen und sprachlichen Kommunikaten strukturelle Analogie herrscht, die es legitimiert, Filme wie sprachliche Texte zu behandeln. [6] Diese Übereinkunft hat jedoch bisher keine schlüssige Begründung erfahren. Sie beruht auf Denktraditionen, die an die frühe Filmtheorie zurückreichen [7] und die im Horizont der modernen Linguistik zu reformulieren die Filmsemiotik der sechziger und siebziger Jahre angetreten war. [8] Die Schwierigkeiten, auf die sie bei ihren Versuchen stieß, die sprachanaloge Struktur ikonischer Zeichen nachzuweisen [9], führten jedoch nicht zu einer kritischen Selbstreflexion des Analogie-Theorems. An ihre Stelle ist – seit den späten siebziger und achtziger Jahren – eine allgemeine «Umorientierung» auf «Probleme der filmischen Textualität» [10] getreten, die der semiotischen Struktur ikonischer Zeichen einen nurmehr begrenzten «filmsemiotischen Erklärungswert» beimißt [11] und stattdessen die «Filmsyntax» als die «zentrale Komponente einer Theorie der filmischen Formen» postuliert. [12] Die Frage, wie eine ‹Syntax› rekonstruiert werden soll, deren satzbildende Einheiten zeichentheoretisch nicht geklärt sind, bleibt dabei allerdings unbeantwortet und verweist darauf, daß das Ausgangsproblem damit nicht beseitigt ist.

1. Zur Struktur ikonischer Zeichen. «Wie viele Schriftsteller vor mir schon mögen die Untauglichkeit der Sprache beseufzt haben, Sichtbarkeit zu erreichen, ein wirklich genaues Bild des Individuellen hervorzubringen!» Dieser Stoßseufzer, mit dem der Erzähler des ‹Doktor Faustus› seinen Versuch kommentiert, «dem, der nicht sah», dem Leser also, die anmutige Erscheinung des kleinen Nepomuk Schneidewein durch das «unbeholfen sich annähernde Wort» vorstellbar zu machen [13], beschreibt in nuce die entscheidende semiotische Differenz zwischen sprachlichen und ikonischen Zeichen: Der Sprache der Bilder fehlt die klassifikatorische (begriffliche) Struktur der Wortsprache. Das ist die logische Konsequenz des ikonischen Zeichenbegriffs, dem hier gefolgt wird und der besagt, daß ikonische Zeichen nicht, wie die Zeichen der Wortsprache, arbiträre (willkürliche), sondern *motivierte Zeichen* sind, nämlich auf *Similaritätsbeziehungen* zwischen Zeichen und Bezeichnetem beruhen. [14] Das nämlich hat zur Folge, daß sie ihren Gegenstand als je individuellen, einmaligen Gegenstand, d. h. alle seine Merkmale (auch diejenigen, die wir als seine klassenbildenden Merkmale zu betrachten uns angewöhnt haben) als je individuelle, einmalige Merkmale erfassen, also jedes individuelle Einzelding der sichtbaren Welt eigens zu bezeichnen in der Lage sind. Das heißt: Ikonische Zeichen bezeichnen – anders als die Nomina und Verba der Wortsprache – nicht *Klassen* von Objekten, Zuständen oder Vorgängen, sondern je *individuelle* Objekte, Zustände oder Vorgänge, geben also – anders als sprachliche Zeichen – ihren je gemeinten individuellen Referenten (ihr Denotat), d. h. den von ihnen bezeichneten außerbildlichen (realen oder fiktionalen) Sachverhalt, immer schon an. Das Wort ‹Hund› etwa ist aufgrund seiner Eigenschaft als klassifizierender Begriff auf alle Hunde dieser Welt anwendbar; zu einer Bezeichnung eines ganz bestimmten, individuellen Hundes wird es erst durch die jeweilige Verwendungssituation, die – häufig unterstützt durch zusätzliche deiktische Zeichen (‹Sieh dich vor dem Hund da vor›) – seinen aktuell gemeinten, individuellen Referenten klärt. Bei Bildern ist es genau umgekehrt: Das Bild eines Hundes kann immer nur einen ganz bestimmten Hund (einen Hund von ganz bestimmter Größe, Behaarung, Körperform und Körperhaltung, von ganz bestimmtem Alter, Gesichtsausdruck etc.), also einen individuellen, einmaligen Hund bezeichnen; zur Bezeichnung der Klasse oder einer Teilklasse von Hunden (z. B. Neufundländer) könnte dieses Bild erst und nur durch spezifische Verwendungssituationen (z. B. durch seine Verwendung in einem Sachbuch über Hunderassen) werden, bei denen ein nicht-ikonischer Kontext (z. B. Buchtitel und -text, Bildunterschrift) oder vorher getroffene Verabredungen die klassifikatorische Funktion des Bildes klären. [15] Die Anweisung, das Bild als Bezeichnung einer Klasse zu verstehen, geht daher auch in diesem Fall nicht von den ikonischen Zeichen selbst, sondern von dem nichtikonischen Kontext aus: Dasselbe Bild würde – außerhalb einer solchen Verwendungssituation (z. B. im Photoalbum des Hundebesitzers) – sogleich wieder als das fungieren und verstanden werden, was Bilder allererst sind: als *Bezeichnung eines individuellen Gegenstandes*. Daß wir diesen Gegenstand bei der Wahrnehmung des Bildes gleichwohl einer Klasse zuordnen und mit dem entsprechenden Namen (‹Hund›) benennen können, ist kein Beweis für das Gegenteil, sondern Resultat eines Vorgangs, der nicht im Bild, sondern im Kopf seines Betrachters stattfindet und der nicht nur bei der Wahrnehmung von Bildern, sondern auch – und auf eben dieselbe Weise – bei der visuellen Wahrnehmung von Wirklichkeit stattfindet: Nicht das Bild des Hundes (oder ein wirklicher Hund), sondern der Betrachter des Bildes (oder des wirklichen Hundes) bringt es von ihm Wahrgenommene auf den Begriff ‹Hund›). Und auch der Umstand, daß das Bildsubjekt (der Bildproduzent) in der Regel für hinreichende *Wahrnehmungsbedingungen* sorgt, die es uns ermöglichen, diejenigen Merkmale des Gegenstandes zu erkennen, die wir als seine klassenbildenden Merkmale betrachten, verändert diesen Sachverhalt nicht [16], denn auch dadurch werden die ikonischen Zeichen, die diese klassenbildenden Merkmale (z. B. den Kopf eines Hundes) bezeichnen, nicht zu klassifikatorischen Zeichen, denn sie zeigen diese klassenbildenden Merkmale ja ihrerseits in je individueller Ausprägung (zeigen einen Hund mit schwarz, blond, braun oder bunt behaartem, breitem oder schmalem Kopf etc.), das heißt: Diejenigen Merkmale, die wir als die klassenbildenden Merkmale eines Gegenstands betrachten, erscheinen, sobald sie *ikonisch* dargestellt werden, immer und zwangsläufig als *individuelle Merkmale* eines individuellen Gegenstands und können deshalb nur vom sprachlichen (klassifizierenden) Bewußtsein des Betrachters als klassenbildende Merkmale verwendet werden. Die These, ikonische Zeichen seien visuelle Äquivalente von Nomina (oder Verba) mit einer unendlichen Vielzahl ‹fakultativer Varianten› [17] und Bilder seien visuelle Äquivalente von Aussagesätzen (vom Typ ‹Dies ist ein Hund›) [18], ist daher nicht stichhaltig: Sie beschreibt nicht die Struktur von Bildern, sondern die Struktur verbaler Bildparaphrasen. [19]

Ikonische Zeichen sind demnach aus eigener Kraft nicht in der Lage, *Klassen* von Objekten, Zuständen oder Vorgängen zu bezeichnen. Diese fundamentale semiotische Differenz zwischen ikonischen und sprachlichen Zeichen begründet zugleich das, was das Spezifikum visueller Kommunikation ausmacht, das sich nun auch positiv formulieren läßt: Es liegt in der Fähigkeit der Bilder, *Welt als eine noch vorbegriffliche Welt zu erfassen*. Das ist der Grund, warum die ersten Bücher, die wir Kindern geben, noch bevor sie sprechen können, Bilderbücher sind (und warum wir sie an Bildern – mit dem Zeigefinger – die Namen der Dinge lehren, also begriffliches Denken und Wahrnehmen einüben lassen): Bilder erlauben eine vorbegriffliche Verständigung über Welt. Denn bei der Wahrnehmung von Bildern (wie bei der visuellen Wahrnehmung von Wirklichkeit) nehmen wir offenkundig sehr viel mehr und anderes wahr als das, was wir ‹auf den Begriff bringen› können, nämlich alle jene nicht-klassifizierten (nicht-klassifizierbaren) Merkmale eines Gegenstandes, die seine Individualität, seine Einmaligkeit ausmachen: Alles Erkennen und Wiedererkennen individueller, einmaliger Dinge, Orte und Menschen beruht auf dieser nicht-klassifizierenden Wahrnehmung von Welt, begründet mithin zu einem ganz wesentlichen Teil unsere Fähigkeit, uns in der Welt – in der wirklichen Welt wie in der Welt der Bilder – zurechtzufinden. Die These, in nicht-sprachlichen Texten könne ‹Bedeutung› nur besitzen, was «äquivalent in eine sprachliche Äußerung transformiert werden kann» [20], verfehlt daher gerade das Spezifikum nicht-sprachlicher Kommunikate. Die Sprache der Bilder ist kein visuelles Replikat sprachlicher Begriffe: Sie findet ihr eigenes und eigentliches Feld vielmehr gerade dort, wo das «unbeholfen sich annähernde Wort» versagt.

Wenn die Sprache der Bilder auf nicht-klassifikatorischen Zeichen beruht, wenn sie jedes individuelle Einzelding der sichtbaren Welt eigens zu bezeichnen fähig ist (ihre Referenten immer schon klärt), dann bedeutet das, daß ihr Zeichenrepertoire *unendlich* ist. Das aber heißt, daß ihr Zeichenrepertoire nicht lexikalisiert werden kann: Anders als das Zeichensystem der Wortsprache, das auf einer zwar beständig erweiterbaren und daher hochdynamischen, im je synchronen Schnitt aber endlichen Menge von Zeichen beruht, hat die Sprache der Bilder *kein Lexikon*, kein endliches Verzeichnis von ‹Wörtern›.

2. Bilder als Sprechakte. Ikonische Zeichen bezeichnen nicht nur das abgebildete Objekt. Sie bezeichnen immer auch und zugleich die Beziehung des Bildsubjekts zu diesem Objekt: Das Bild eines aus der Froschperspektive photographierten Wolkenkratzers denotiert einerseits das Objekt selbst; die durch die Froschperspektive entstehenden stürzenden Linien werden dabei vom Rezipienten, solange er sie auf das *Objekt* des Bildes bezieht, ignoriert, genauer: korrigiert, denn er ‹liest› sie nicht als Zeichen dafür, daß sich der Wolkenkratzer nach oben verjüngt, sondern interpretiert die stürzenden Linien in gerade Linien um. Erst mit Bezug auf das *Subjekt* des Bildes gewinnt der schräge Verlauf dieser Linien Bedeutung, wird nämlich als Folge der Wahrnehmungsposition des Bildsubjekts, der Froschperspektive, verstanden. Entsprechendes gilt für alle weiteren Abbildungsverfahren: Sämtliche Operationen, die bei der Herstellung von Bildern vollzogen werden, schreiben sich – als Symptome der optisch-räumlichen Beziehung des Bildsubjekts zu dem von ihm Dargestellten – in dieses Dargestellte ein, indem sie dessen Erscheinungsbild je spezifisch verändern. Die jeder Wahrnehmung von Welt (und jeder Kommunikation über Welt) inhärente Subjekt-Objekt-Relation zwischen Wahrnehmungssubjekt und Wahrnehmungsobjekt (Sprecher und Redegegenstand) ist also auch jeder Abbildung von Welt notwendig inhärent und begründet die Doppelbedeutung ikonischer Zeichen, die demnach doppelseitig ‹gelesen› werden: als ikonische Bezeichnung eines Objekts und als Symptom der Beziehung des Bildsubjekts zu diesem Objekt. [21]

Die Subjekt-Objekt-Struktur ikonischer Zeichen konstituiert zugleich die Beziehung zwischen Bildsubjekt und *Bildrezipient*, zwischen Sender und Empfänger. Sie kommt dadurch zustande, daß Bilder ihre Rezipienten an die Stelle des Bildsubjekts ‹versetzen›: Der dem Betrachter vermittelte Blickpunkt, die je besondere optisch-räumliche Beziehung zum Dargestellten, die Bilder ihrem Betrachter aufnötigen und der er sich, anders als bei der Wahrnehmung realer Dinge, nicht entziehen kann, ist identisch mit dem Blickpunkt des Bildsubjekts, mit der optisch-räumlichen Beziehung, die das Bildsubjekt im Herstellungsvorgang zu seinem Objekt aufgenommen hat. Der Umstand, daß ikonische Zeichen die Relation zwischen Subjekt und Objekt des Bildes immer schon mitbezeichnen, erweist sich somit als Voraussetzung bildlicher Kommunikation: Die ihr eigene ‹Versetzung› des Empfängers an die Stelle des Senders, in die Subjektposition dieser Relation also, stellt die Beziehung zwischen Sender und Empfänger her, macht mithin Kommunikation überhaupt erst möglich. Bilder sind demnach in der Lage, etwas zu vermitteln, das anders gar nicht adäquat mitteilbar wäre: die subjektive Wahrnehmung der sichtbaren Welt. Was bei der sprachlichen Verständigung über optische Wahrnehmungen mitzuteilen immer nur rudimentär gelingt, weil jeder die Welt mit seinen Augen sieht, wird durch diesen Akt des ‹Versetzens› möglich: Wer Bilder betrachtet, läßt sich, ob er will oder nicht, auf die Perspektive des Bildsubjekts ein. Eben darin entsteht Kommunikation, entsteht so etwas wie ‹Rede›: *Bilder sind Aufforderungen, die Welt mit den Augen eines anderen zu sehen*, machen aus dem Akt der subjektiven Wahrnehmung von Welt, indem sie sie abbilden, einen Akt der Mitteilung.

Von hier aus eröffnen sich Möglichkeiten, Bilder als *Sprechakte* zu bestimmen. Für die Explikation dieser terminologischen Entscheidung wird allerdings nicht auf Modelle der Sprechakttheorie selbst zu rekurrieren sein (deren sprachspezifische Konzepte eine Anwendung auf nichtsprachliche Sachverhalte verwehren), sondern auf das (allgemeinere und daher auch auf nichtsprachliche Kommunikation anwendbare) Organon-Modell von K. Bühler [22]: Mit Bühler kann man Sprechakte als Handlungen bestimmen, bei denen sich ein Subjekt mithilfe eines Kommunikationsmittels über einen außersprachlichen Sachverhalt äußert, indem es ihn zum einen referiert (Darstellung, Symbol), zum anderen seine Beziehung zu ihm formuliert (Ausdruck, Symptom) und damit zum dritten an seine Adressaten appelliert, sich in bestimmter Weise zu verhalten (Signal, Appell). Im Horizont dieser Begriffsexplikation können Bilder als Sprechakte bestimmt werden: Bilder vollziehen einen *referentiellen Akt*, indem sie einen außerbildlichen Sachverhalt bezeichnen (Darstellung, Symbol); sie vollziehen einen *Ausdrucksakt*, indem sie das Dargestellte aus der Sicht des Bildsubjekts zeigen und damit dessen Beziehung zum Dargestellten als optische, d.h. als über den Blick realisierte Beziehung mitteilen (Ausdruck, Symptom), und sie vollziehen einen *appellativen Akt*, indem sie ihre Adressaten an die Stelle des Bildsubjekts versetzen, ihm den Blick des Bildsubjekts aufnötigen und ihn damit auffordern, die Welt so zu sehen, wie das Bildsubjekt sie sieht (Appell, Signal).

3. Kinematographische Sprechakte. Der Film besteht aus einer Vielzahl unbewegter Einzelbilder, und deshalb gilt, was bisher gesagt wurde, auch für ihn. Was ihn aber von Einzelbildern unterscheidet, ist die durch die rasche Abfolge vieler solcher Einzelbilder erzeugte Illusion von *Bewegung*, und das heißt: seine *Erstreckung in der Zeit*. Während das unbewegte Einzelbild optische Situationen erfaßt (und vorgängiges oder nachfolgendes Geschehen allenfalls implizieren kann), erlaubt es die rasche Abfolge vieler Einzelbilder, optische Situationsveränderungen, Bewegungen, abzubilden und damit eine Funktion der Zeit kontinuierlich zu erfassen: *Handlung*, *Geschehen*. Die Verzeitlichung verändert die Objektstruktur und damit auch die Subjekt-Objekt-Struktur der Bilder erheblich: Filmische Bilder eröffnen die Möglichkeit, Welt im Medium der Zeit zu erfassen, ein Bild der Welt im Ereignishaften zu entwerfen. Die potentielle Differenz von Filmzeit und gefilmter Zeit, die durch die (zeitraffende) *Montage* mehrerer, zeitlich diskontinuierlicher Einstellungen oder durch verlangsamte oder beschleunigte Aufnahme (Zeitraffer, Zeitlupe) entstehende doppelte Zeiterstreckung des Films, gibt dem Bildsubjekt zudem die Möglichkeit, seine Beziehung zu den Bildobjekten selbst als *Zeitrelation* zu artikulieren, nämlich sein Zeitmaß zu dem der Objekte in Beziehung zu setzen. Die *Beweglichkeit der Kamera* schließlich, die – als ein der menschlichen Blickbewegung (Schwenk) oder Fortbewegung (Fahrt) analogisierbares Abbildungsverfahren – Objektbewegungen zu verfolgen oder aber das Bildobjekt zu wechseln erlaubt, ermöglicht darüber hinaus die Organisation der Subjekt-Objekt-Relation als *Bewegungsrelation*, als Relation zweier (synchroner oder asynchroner) Bewegungen.

4. Die narrative Grundstruktur kinematographischer Sprechakte. Die Verzeitlichung filmischer Bilder, die Fähigkeit kinematographischer Sprechakte, ein Bild der Welt im Ereignishaften zu entwerfen, begründet ihre narrative Grundstruktur. Diese These stützt sich auf die von K. Stierle vorgelegte Bestimmung des narrativen

Sprechakts: Den Begriff des Sprechakts auf Texte anwendend, versteht Stierle Texte als sprachliche Handlungen [23], die Sachverhalte der Wirklichkeit (die eine fingierte sein kann) nach Maßgabe konventionalisierter Sprachhandlungsschemata zu Sachlagen, d. h. zu denkbaren Wirklichkeitszusammenhängen [24] organisieren und die Konsensfähigkeit dieser Sachlagen postulieren, d. h. ihre Rezipienten auffordern, diese Sachlagen als gültige Aussagen über Wirklichkeit anzuerkennen. Die Sprachhandlungsschemata, denen sie dabei folgen und die Stierle Textschemata nennt, sind konventionalisierte Modelle von Sachlagen, unter denen hier vor allem drei von Interesse sind: Das von vorwiegend zeitlichen Ordnungskriterien bestimmte *narrative* Textschema, das von vorwiegend räumlichen Ordnungskriterien bestimmte *deskriptive* Textschema und das von vorwiegend systematischen (klassifikatorischen) Ordnungskriterien bestimmte *systematische* Textschema mit seinen Varianten *Reflexion und Argumentation*. [25] Auch wenn alle drei Schemata in ein und demselben Text erscheinen können, ist doch jeder Text unter einem übergreifenden ‹einheitlichen Gesichtspunkt› organisiert, d. h. nach einem Ordnungskriterium dominant strukturiert. [26]

Wenn hier die für das narrative Textschema definitorische Organisation von «Sachlagen unter dem übergreifenden Gesichtspunkt der Abfolge und des zeitlichen Zusammenhangs» [27] als das dem Film genuine Textbildungsverfahren postuliert wird, so heißt das zwar nicht, daß Filme nicht in der Lage wären, deskriptive oder systematische Textbildungsverfahren zu realisieren, wohl aber, daß sie sie mit genuin filmischen, visuellen Mitteln, also ohne Zuhilfenahme sprachlicher Mittel (Sprecherkommentar aus dem Off, Schriftinserts etc.), nur unter Einsatz besonderer und – was das systematische Textschema betrifft – zumeist sehr umständlicher Rezeptionsanweisungen realisieren und deshalb auch nur begrenzte Zeit durchhalten können. Das liegt an der Struktur der Einheiten, aus denen der Film aufgebaut ist: Die Grundeinheit kinematographischer Sprechakte, die Einstellung (d. i. das kontinuierlich belichtete Stück Film zwischen zwei Schnitten), erfaßt einen kontinuierlichen *Zeit-Raum* der abgebildeten Welt, d. h. sie erfaßt die dargestellte Welt stets als zeitlichen Ablauf, als *Vorgang*: Jede filmische Einstellung – gleichgültig, in welchem Filmgenre (Spielfilm, Dokumentarfilm, Filmreportage etc.) sie erscheint, und gleichgültig, ob in ihr ‹viel› oder ‹wenig› geschieht – erzählt etwas. Die Aufeinanderfolge mehrerer solcher zeitlicher Abläufe stiftet daher beim Rezipienten die Erwartung, daß diese Aufeinanderfolge ihrerseits zeitlichen Kriterien folgt, daß also zwischen diesen aufeinanderfolgenden zeitlichen Einheiten auch ein zeitlicher Zusammenhang besteht, der, solange keine widersprechenden Rezeptionsanweisungen gegeben werden, als zeitliches Nacheinander verstanden wird: Das zeitliche Nacheinander der Bilder impliziert ein zeitliches Nacheinander des Abgebildeten. Eben diese von filmischen Bildern gestiftete Erwartung erschwert die Realisierung deskriptiver oder systematischer Textbildungsverfahren mit genuin filmischen, visuellen Mitteln: Der räumliche oder klassifikatorische Zusammenhang, den der Rezipient bei deskriptiven oder systematischen Einstellungsverbindungen herstellen soll, wird, eben weil die solchermaßen verbundenen Einheiten selbst stets zeitliche Abläufe zeigen, beständig von der Erwartung eines zeitlichen Zusammenhangs durchkreuzt.

Es bedarf daher massiver Signale, um den Rezipienten zu einer anderen als zeitlichen Zusammenhangsbildung zu bewegen. Dazu gehört zunächst und vor allem eine radikale Vorenthaltung handlungslogischer Zusammenhänge zwischen den in den Einstellungen abgebildeten Vorgängen. Sie wird durch die Vorenthaltung *aktionaler Rekurrenzen* erreicht, d. h. dadurch, daß Akteure und Aktionen entweder ganz fehlen oder von Einstellung zu Einstellung wechseln. Die Vorenthaltung aktionaler Rekurrenzen macht, indem sie das Entstehen einer Geschichte verwehrt, eine zeitliche Zusammenhangsbildung sinnlos und gibt dem Rezipienten damit zu verstehen, daß hier nicht erzählt wird. Eine *deskriptive* Textbildung [28] wird sodann den Akzent auf raumbezogene Zusammenhänge zwischen den Bildern legen, das heißt: Sie wird anstelle aktionaler Rekurrenzen allererst *räumliche Rekurrenzen* zwischen den Bildern herstellen, die anstelle des Nacheinanders das Nebeneinander der gezeigten Sachverhalte klärt und damit den leitenden Gesichtspunkt des Textschemas anzeigt. Eine *systematische* Textbildung oder deren Variation, die reflexive oder argumentative Textbildung [29], wird dagegen den Akzent auf klassenbildende Zusammenhänge zwischen den Bildern legen, das heißt: Sie wird anstelle aktionaler Rekurrenzen allererst *thematische oder formale Rekurrenzen* zwischen den Bildern herstellen, d. h. bestimmte Bildthemen oder Bildformen wiederkehren lassen, die dem Rezipienten Anhaltspunkte für eine systematische Zusammenhangsbildung geben, nämlich ein *tertium comparationis* anzeigen, das es ihm erlaubt, die Grundoperation jeder Klassifikation, den *Vergleich*, zu vollziehen. So kombiniert etwa CHAPLIN am Beginn von ‹Modern Times› (USA 1932/35) das Bild einer Herde hastig laufender (vom oberen zum unteren Bildrand sich bewegender) Schafe, mit dem Bild einer zur Arbeit hastenden (ebenfalls von oben nach unten durch den Bildkader sich bewegenden) Menschenmenge. Die formalen (Bewegungsrichtung) und thematischen (gleichgerichtete Bewegung einer Menge) Rekurrenzen liefern zwei *tertia comparationis*, die den Rezipienten anstiften, den Vergleich zu vollziehen, der dann die Klassenbildung begründet, nämlich beide Bildinhalte einer gemeinsamen Klasse (‹gleichgeschaltete Masse›) zuzuordnen ermöglicht. Ziel dieser Operation ist die Herstellung einer Äquivalenzrelation zwischen beiden Bildern, die sie als (partielle) ‹Synonyme› (die Menschenmenge als Schafherde) zu betrachten erlaubt. Daß der Rezipient solche Bildverbindungen immer nur für kurze Frist verkraften und verarbeiten kann, versteht sich von selbst. Das ist der Grund, warum systematische Bildverbindungen – ohne Zuhilfenahme sprachlicher Mittel – selten länger als einige Einstellungen dauern.

Der beträchtliche Aufwand, den der Film für eine deskriptive und vor allem für eine systematische Textbildung treiben muß, um dem Rezipienten eine zeitliche Zusammenhangsbildung zu verwehren, verweist darauf, daß sein genuines Textschema nicht die Deskription oder Klassifikation (Reflexion, Argumentation), sondern die Narration ist: Eben weil Filmbilder *temporierte* Bilder sind, weil die dargestellte (gefilmte, erzählte) Zeit im Film (anders als in sprachlichen Erzähltexten) nicht ‹stillgelegt› werden kann und weil deshalb jede filmische Einstellung etwas erzählt, ist filmische Rede primär *erzählende Rede*.

II. *Filmische Rede und Rhetorik*. Der Primat des Narrativen, der kinematographische Sprechakte kennzeichnet, verweist zunächst auf die grundlegenden Differenzen zwischen Film und Rhetorik, die den Differenzen zwischen *erzählender Rede* und dem Hauptgegenstand der klassischen Rhetorik, der *Parteirede*, entspricht: Das Ziel der Parteirede ist die Überzeugung oder Überredung *(persuasio)* der Zuhörer. Wer aber überzeugen oder überreden will, breitet allererst Argumente *(rationes)* aus, erzählt keine Geschichten, es sei denn im Rahmen der *narratio* [30] zum Zweck der «parteilichen Schilderung» [31] des in Rede stehenden, «in der *argumentatio* zu beweisenden» Sachverhalts (z.B. eines Tathergangs im *genus iudiciale*) [32], oder in der Funktion von *exempla* im Rahmen der *argumentatio*. [33] Das heißt: Wer überzeugen oder überreden will, verfährt allererst argumentativ, was zur Folge hat, daß auch narrative Passagen der argumentativen Funktion der Rede grundsätzlich unterworfen bleiben. Die Argumentation aber ist eine Form des systematischen Textschemas, das im Film – mit genuin filmischen, visuellen Mitteln – allenfalls für kurze Strecken realisiert werden kann. Die eingangs referierte Bestimmung filmischer Rede als «persuasiver Rede», die die *argumentatio* als maßgebliches Strukturierungskriterium des Films postuliert, ist daher nicht plausibel.

Das heißt nicht, daß argumentative Strukturen im Film nicht vorkommen können, wohl aber, daß sie – solange sie mit visuellen Mitteln realisiert werden sollen – dem Primat des Narrativen unterliegen, der filmische Rede kennzeichnet. Der Sachverhalt ist hier also gerade umgekehrt: Während *narrationes* in der Parteirede deren argumentativer Struktur unterworfen sind, sind *argumentationes* im Film dessen narrativer Struktur unterworfen. Deshalb wird, wo eine dauerhafte Überwindung des narrativen Primats filmischer Rede erreicht werden soll, in der Regel auf *sprachliche* Mittel (Sprecherkommentar etc.) zurückgegriffen, wie das bei nonfiktiven Filmen (Dokumentarfilm, Filmreportage etc.) fast immer der Fall ist, der den Bildern zumeist nurmehr die Funktion von Illustrationen und visuellen Verifikationen der sprachlich bezeichneten Argumente übrigläßt. Mit *filmischen, visuellen* Mitteln entwickelte ‹Argumentationsstrukturen› aber vollziehen sich – sieht man ab von den beschriebenen, immer nur kurzfristig realisierbaren Formen systematischer Textbildung – notwendig im Prozeß der Narration selbst, also im Rahmen und unter den Bedingungen des narrativen Textschemas: ‹Erzählerische Argumentation› wird nicht durch argumentative, sondern durch narrative Verfahren, d.h. über die immanente Logik der erzählten Vorgänge oder Handlungen (Geschichten) selbst realisiert, dadurch nämlich, daß deren Verlauf, deren Ausgang zumal, als aktionslogische Indizien für die Geltungsfähigkeit eines Arguments in Funktion gesetzt werden. Das heißt: Die argumentative (persuasive) Funktionalisierung von Erzählakten beruht auf der Umfunktionalisierung der erzählten Vorgänge zu *exempla* (Beispielgeschichten), die die Geltungsfähigkeit eines Arguments (eines Lehrsatzes, einer Maxime etc.) aktionslogisch verifizieren sollen, etwa indem sie ihren unglücklichen (oder glücklichen) Ausgang als aktionslogisches Resultat einer Außerachtlassung (oder Einhaltung) der im Argument formulierten Proposition darstellen. Im Rekurs auf sprechakttheoretische Kategorien läßt sich diese Umfunktionalisierung von Erzählakten beschreiben als Umfunktionalisierung des *illokutiven* (illokutionären) Akts narrativer Sprechakte. Der illokutive Akt gibt an, wie der Hörer das Gesagte (die Propositionen) verwenden soll, d.h. welche kommunikative Funktion die Sprechhandlung hat (z.B. befehlen, verbieten, versprechen, drohen usw.). [34] Der primäre illokutive Akt jedes (fiktionalen oder nicht-fiktionalen) Erzählakts ist die Mitteilung eines Geschehens, weist also den Empfänger dazu an, die Sprechhandlung als *Bericht* über ein vorgefallenes Geschehen aufzufassen. Bei einer argumentativen (persuasiven) Verwendung wird diese Mitteilung eines Geschehens umfunktionalisiert in die Verifikation eines Arguments, die den Empfänger anweist, die Sprechhandlung nicht als Bericht über ein vorgefallenes Geschehen, sondern als *Beweis* für die Richtigkeit eines Arguments (Lehrsatzes etc.) aufzufassen. Die Sprechhandlung Berichten (Erzählen) mutiert hier also zur Sprechhandlung Beweisen (Überzeugen, Überreden). Was hier beschrieben wird, bezeichnet die Grundfigur aller lehrhaften Erzählformen, wie sie etwa die Tierfabel mit ihrer Reduktion des Erzählten auf das *fabula docet* am Schluß beispielhaft zeigt. Im Film begegnet diese Grundfigur didaktischen Erzählens naheliegenderweise zunächst in ausdrücklichen Lehrfilmen, auch in bestimmten Formen der Filmreportage und -dokumentation, darüber hinaus aber auch in Spielfilmen, nicht zuletzt in solchen, die mehr oder weniger offen der Indoktrination dienen. So läßt sich z.B. die in V. HARLANS Film ‹Der große König› (Deutschland 1942) erzählte Geschichte des Siebenjährigen Krieges als eine Reihung narrativer *exempla* lesen, deren gemeinsames Ziel es ist, die Gegner und Kritiker der autoritären Entscheidungen Friedrichs II. zu widerlegen und so die Legitimität autoritärer Herrschaft zu erweisen: Friedrichs Kritiker artikulieren die (je schichtenspezifisch variierten) Einwände der von Kriegsmüdigkeit bedrohten Bevölkerung der Jahre 1759/60 wie der von 1941/42 gegen den obersten Kriegsherrn – Friedrich, Hitler – und werden einer nach dem anderen durch die Ereignisse widerlegt.

Diese Funktionalisierung filmischer Erzählakte für rhetorische (persuasive, argumentative) Zwecke kann nun aber die narrative Grundstruktur der Bilder nicht verändern, bringt keine *argumentativen Bildstrukturen* hervor (die *argumentatio* wird in der Regel im Dialog geleistet). Sie kann zwar *affektiv* hochgradig wirksame Bilder hervorbringen (vgl. z.B. die monumentalen Schlachtszenen im eben genannten Beispiel), die jedoch mit rhetorischen Begriffen sinnvoll – und ohne die bildspezifischen ästhetischen Strukturen zu verfehlen – schwerlich zu erfassen sein dürften. Die Anwendung rhetorischer Begriffe und Analysemethoden sollte dort einsetzen, wo die Bildästhetik selbst genuin rhetorischen Verfahren folgt. Das ist bislang nur für das Gebiet der uneigentlichen Redeformen gesichert.

III. *Uneigentliche Rede im Film.* Die Bemühung um den Nachweis filmischer Äquivalente rhetorischer Figuren hat sich seit den Anfängen der Filmtheorie vor allem auf Redefiguren konzentriert, die durch *immutatio* entstehen, auf Redefiguren also, die *uneigentliche Rede* begründen. [35] Die Identifikation filmischer Äquivalente von Figuren, die auf eigentlicher Sprachverwendung basieren, ist zweifellos möglich, läuft allerdings Gefahr, zum Selbstzweck zu verkommen, wo die Adaption der rhetorischen Begriffe nicht je konkret auf ihren filmtheoretischen Erkenntniswert und ihre terminologische Effizienz hin geprüft wird. Der Vorschlag von E. Kaemmerling, alle denkbaren Einstellungsverbindungen als rhetorische Figuren aufzufassen und entsprechend zu bezeichnen, ist deshalb auch ohne nachhaltige Resonanz geblieben. [36] Die drängendsten theoretischen Probleme einer Rhetorik des Films aber stellen sich bei der Bestimmung uneigentlicher filmischer Redeformen.

1. Worttropen (Metaseme) und Film. Für die Bezeichnung uneigentlich verwendeter Bilder werden in der filmwissenschaftlichen Literatur nahezu ausschließlich Begriffe aus dem Bereich der Worttropen benutzt, darunter vor allem der Begriff ‹Metapher›, der seit seiner Einführung durch die frühe Filmtheorie [37] in den Rang eines filmwissenschaftlichen Terminus aufgestiegen ist, ohne je befriedigend expliziert worden zu sein. Entsprechendes gilt für die Begriffe ‹Metonymie› und ‹Synekdoche›, die neuerdings in zunehmendem Maße für die Beschreibung filmischer Sachverhalte bemüht werden. [38] Diesem so selbstverständlich gehandhabten Gebrauch worttropischer Begriffe ist nun aber die Einsicht entgegenzuhalten, *daß Bilder gar nicht in der Lage sind, Worttropen zu bilden.* Uneigentliche Bilderrede kann sich vielmehr allein und ausschließlich in der Form der sog. Gedankenfiguren *(figurae sententiae)* vollziehen. [39] Für die Herleitung dieser beiden Thesen wird hier auf die von J. Dubois u. a. vorgelegte Reformulierung des traditionellen rhetorischen Begriffssystems zurückgegriffen, die eine präzisere Differenzierung zwischen Worttropen und Gedankenfiguren erlaubt [40] und deren teilweise veränderte Klassifikation begründet. [41] Der deutliche Zugewinn an begrifflicher Präzision rechtfertigt die Einführung der neuen Termini ‹Metasemem› (statt ‹Worttropus›) und ‹Metalogismus› (statt ‹Gedankenfigur›).

Worttropen oder *Metaseme* werden – im Unterschied zu den Gedankenfiguren oder *Metalogismen* – «immer durch ein Wort manifestiert». [42] Schon daraus ließe sich eine – freilich verkürzte – Begründung der eben genannten These ableiten: Wenn metasemische Operationen nur an Wörtern, d. h. nur an Einheiten eines Systems klassifikatorischer Zeichen, an Einheiten also einer lexikalisierbaren Sprache vorgenommen werden können, dann kann die Sprache der Bilder keine metasemischen Operationen vollziehen, weil sie kein solches System klassifikatorischer Zeichen und darum auch nicht lexikalisierbar (endlich) ist. Die Lexikalisierbarkeit ist allerdings nur die sekundäre Bedingung metasemischer Operationen. Ihre primäre Bedingung und damit der entscheidende Grund dafür, daß ikonische Zeichen sie nicht vollziehen können, ist die Lexikalisierungsbedürftigkeit der verwendeten Sprache, das nämlich, was ein Lexikon (hier nun verstanden als Verzeichnis verabredeter Wortbedeutungen) überhaupt erst erforderlich macht: Metaseme sind ‹Verstöße› gegen verabredete Zeichenbedeutungen, und deshalb setzen sie ein System von Zeichen voraus, deren Bedeutungen auf Verabredungen beruhen, und das heißt: sie setzen ein System von arbiträren Zeichen voraus.

Bei Metasememen kommen die uneigentlichen Bedeutungen der Wörter durch Veränderungen der ursprünglichen Signifikate, nämlich durch eine (meist partielle, u. U. aber auch vollständige) ‹Verdrängung› der eigentlichen (pragmatischen) Wortbedeutung(en) zugunsten der uneigentlichen Bedeutung zustande [43], das heißt: Metaseme verändern die im Wörterbuch angegebenen Standardbeziehungen zwischen Signifikanten und Signifikaten. [44] Das geschieht durch die Verwendung des Wortes in einem «konterdeterminierenden Kontext» [45], d. h. in einem Kontext, der mit diesem Wort syntaktisch-semantisch nicht kompatibel ist [46] und deshalb die eigentliche Bedeutung des Wortes weitgehend destruiert, weil er es nicht mehr erlaubt, diesem Wort sein standardisiertes, im Lexikon angegebenes Signifikat zuzuordnen: Metasememische Wendungen (z. B. die Metonymie ‹ein Glas trinken›) sind, *proprie* gelesen, ‹fehlerhafte› Wendungen [47], weil sie gegen die syntagmatischen ‹Verträglichkeitsbeziehungen› verstoßen, die die syntaktisch-semantischen Paradigmen konstituieren und deren Kombinierbarkeit regeln (in einer mit dem Verb ‹trinken› gebildeten Verbalphrase müßte das Nomen ‹eigentlich› einen flüssigen Stoff bezeichnen). Diese ‹Fehler› müssen daher vom Empfänger ‹berichtigt› werden, was sich über je spezifische Operationen vollzieht, bei denen das Signifikat des ‹störenden› Signifikanten verändert wird: Der uneigentliche Ausdruck gewinnt eine neue (aus Partikeln seiner ‹alten›, eigentlichen Bedeutung abgeleitete) Bedeutung. Die Veränderung der eigentlichen Wortbedeutung kommt hier folglich durch ‹freiwillige Fehler›, durch Verstöße gegen die im Kode formulierten Regeln der pragmatischen Zeichenverwendung und deren ‹Korrektur› durch den Empfänger zustande: Metaseme sind «Abweichungen vom Kode». [48]

Wenn Metaseme gegen verabredete, standardisierte Beziehungen zwischen Signifikanten und Signifikaten verstoßen, dann setzen sie Zeichen voraus, über deren Bedeutungen Verabredungen getroffen werden müssen, weil sie sich nicht von selbst verstehen, das heißt: bei denen die Beziehung zwischen Signifikanten und Signifikaten arbiträr ist. Ikonische Zeichen sind nun aber motivierte, auf *Similarität* beruhende Zeichen, die solcher Verabredungen nicht bedürfen. Und weil das so ist, kann die Beziehung zwischen Signifikanten und Signifikaten hier auch nicht ‹gestört› und neu geregelt werden, weder durch Verstöße gegen standardisierte Wahrnehmungsbedingungen noch durch einen ‹falschen› Kontext. Verstöße gegen standardisierte Wahrnehmungsbedingungen können das Signifikat allenfalls verrätseln; sie können es aber nicht, wie Metaseme das tun, unabhängig vom Signifikanten, sondern immer nur durch eine Veränderung des Signifikanten selbst verändern, können also immer nur *beide* verändern, also keine metasemische Neuregelung der Beziehung zwischen beiden erzeugen, denn ein verändertes ikonisches Signifikat setzt, eben weil ikonische Zeichen auf Similaritätsbeziehungen zwischen Signifikanten und Signifikaten beruhen [49], einen veränderten ikonischen Signifikanten voraus: Die Zeichnung eines Zebras, die es versäumt, die Streifen des Fells sichtbar zu machen [50], begründet keine metasemische Mutation des ikonischen Signifikats ‹Zebra›, sondern erzeugt ein neues Zeichen (z. B. ‹Maulesel›). Auch die Einfügung ikonischer Zeichen in einen ‹falschen› ikonischen Kontext kann keine Metaseme hervorbringen: Das Bild eines Hundes, der auf einem Baum sitzt, oder eines Elefanten, der Flügel hat, verändert nicht die Bedeutung der ikonischen Zeichen, die diesen Hund (Elefanten) denotieren. Das heißt: Anders als etwa das Wort ‹trinken›, das die Bedeutung des Wortes ‹Glas› in der Wendung ‹ein Glas trinken› in der Richtung auf den Inhalt des Glases verändert, kann das ikonische Zeichen ‹Baum› (‹Flügel›) die Bedeutung des Zeichens ‹Hund› (‹Elefant›) nicht verändern. Es kann ihm nur Bedeutungen hinzufügen. Verändert wird hier etwas anderes, nämlich unser gewohntes *Bild von Wirklichkeit:* Das Bild eines fliegenden Elefanten (eines auf einem Baum sitzenden Hundes) verstößt nicht – ebensowenig wie der Satz ‹Der Elefant flog nach Amerika› – gegen syntaktische Kombinationsregeln, sondern gegen einen *Erfahrungssatz*, der besagt, daß Elefanten nicht fliegen können (Hunde nicht auf Bäume klettern können). Das ungewohnte Arrangement kann «unseren Blick auf die Dinge verändern» [51], kann z. B. dem Hund etwas ‹Katzenhaftes› oder dem Elefanten etwas ‹Vogelartiges› zusprechen. Daß heißt: Bilder können jene ‹freiwilligen Fehler›, auf denen Metasememe beruhen, nicht begehen, weil es hier kein Regelsystem gibt, das bestimmte Zeichenkombinationen als ‹Fehler› und damit als gezielte Destruktionen eigentlicher Zeichenbedeutungen auszuweisen in der Lage wäre. Die Substitution eines ‹richtigen› Satzteils (Bilddetails) durch einen ‹falschen›, mit dem Metasememe ihre ‹freiwilligen Fehler› begehen, hat bei Bildern also ganz andere Folgen: Da ‹Richtigkeit› sich hier nicht an syntaktischen Regeln, sondern an Erfahrungssätzen der alltäglichen Wirklichkeitswahrnehmung bemißt, verändert sie nicht die Bedeutung des ‹Satzteils› (Hund), sondern stellt jene Erfahrungssätze in Frage.

2. Die metalogische Struktur uneigentlicher Bilderrede. Was Bildern die Realisierung metasememischer Operationen verwehrt, spielt bei den *metalogischen Redeformen* (Gedankenfiguren) keine Rolle. Denn Metalogismen beruhen nicht – wie Metasememe – auf Verstößen gegen verabredete Beziehungen zwischen Signifikanten und Signifikaten, sondern betreffen die Beziehung der Zeichen zur Welt der Referenten (d. h. der in der aktuellen Sprechakten je gemeinten außersprachlichen Sachverhalte). [52] Sie verstoßen nämlich gegen die Erwartung, daß der Sachverhalt, auf den im Sprechakt referiert wird, auch der vom Sprecher ‹gemeinte› Sachverhalt, der ‹wahre› Referent der Rede ist: Wenn beispielsweise Chimène (in Corneilles ‹Le Cid›) zu Rodrigue sagt: «Geh, ich hasse dich nicht», dann redet sie metalogisch [53], weil sie den ‹wahren› Referenten ihrer Rede (ihre Liebe zu Rodrigue) nicht angemessen bezeichnet, sondern (mit einer Litotes) periphrastisch umgeht, nur die ‹halbe Wahrheit› sagt. Nicht die Bedeutung der verwendeten Zeichen selbst also, sondern die Beziehung der verwendeten Zeichen zu ihren jeweiligen Referenten ist ‹gestört›: Die Zeichen erfassen nicht (oder nur unvollständig) den in Wahrheit gemeinten Sachverhalt, denn ihr ‹eigentlicher› Referent (‹nicht hassen›) ist nicht ihr ‹wahrer› Referent (‹lieben›). Auch Metalogismen begehen also ‹Regelverstöße›, ‹freiwillige Fehler›, aber diese Verstöße betreffen nicht das Zeichensystem, sondern dessen Anwendung auf den in Rede stehenden Sachverhalt: Das Subjekt metalogischer Äußerungen ‹sagt nicht die Wahrheit› oder nur die ‹halbe Wahrheit›, verstößt demnach gegen die Erwartung, daß einer, der etwas sagt, auch meint, was er sagt. Der ‹Fehler›, den Metalogismen begehen, besteht darin, daß sie ihren ‹wahren› Referenten ‹falsch› bezeichnen (‹nicht hassen› statt ‹lieben›).

Daraus leitet sich die Notwendigkeit ab, daß der Hörer, um einen Metalogismus zu verstehen, nicht, wie bei den Metasememen, seine Sprachkompetenz, sondern seine Kenntnis der Welt, auf die referiert wird, aktivieren muß, nämlich die ‹Wahrheit›, den ‹wahren› Referenten kennen muß [54], was nicht heißt, daß er vorher schon wissen muß, worüber der Sprecher *improprie* reden wird, sondern nur, daß ihm der uneigentliche Referent der Rede überhaupt bekannt sein muß: Um Chimènes Äußerung «Ich hasse dich nicht» als Metalogismus zu verstehen, muß er wissen, daß sie Rodrigue liebt. Metalogismen rekurrieren also auf einen *Praetext*, auf etwas (im selben Text oder anderswo) schon Gesagtes, das dem Rezipienten daher geläufig, von ihm ‹gewußt und erinnerbar› sein muß [55], soll er die uneigentliche Bedeutung verstehen. Wenn er aber – und darin liegt ein entscheidender Unterschied zu den Metasememen – diese Voraussetzung nicht erfüllt, also den metalogischen Praetext und damit den ‹wahren› Referenten nicht kennt, dann bedeutet das nicht, daß die Äußerung für ihn (wie das bei einem *proprie* rezipierten Metasemem der Fall wäre) unverständlich wird, sondern nur, daß er deren uneigentliche Bedeutung nicht erfaßt: Eben weil die Zeichen hier, anders als bei Metasememen, ihre eigentliche, pragmatische Bedeutung bewahren, kann der Hörer metalogische Sprechakte auch *proprie* als korrekte Sprechakte rezipieren, erfaßt dabei dann nur nicht deren uneigentliche Bedeutung. Metalogismen sind also Sprechakte mit zwei Bedeutungen: Ihre eigentliche Bedeutung bleibt neben der uneigentlichen Bedeutung erhalten. Sie sind daher die Basis aller Geheimsprachen, die auf Kommunikation mit einem *esoterischen*, in den ‹wahren› Sachverhalt eingeweihten Publikum zielen, ohne dabei das *exoterische* Publikum vom Kommunikationsakt auszuschließen. Während Metasememe, weil sie gegen sprachliche Regeln verstoßen, zur Rekonstruktion einer uneigentlichen Bedeutung zwingen, können Metalogismen, weil sie die sprachlichen Regeln respektieren, ein exoterisches Publikum problemlos über ihre ‹wahre›, uneigentliche Bedeutung hinwegtäuschen, indem sie es mit ihrer eigentlichen, pragmatischen Bedeutung ‹abspeisen›. Das heißt nicht, daß Metalogismen hermetisch sind, sondern nur, daß sie selbst darüber entscheiden können, wie eng oder weit der Kreis derer sein soll, die sie verstehen: Je nachdem, wie weit oder eng sie ihr esoterisches Publikum definieren, geben sie sich mehr oder weniger deutlich als uneigentliche Rede zu erkennen, bauen mehr oder weniger deutliche *metalogische Signale* (s. u.), ein, die den uneigentlichen Status der Rede anzeigen.

Wenn Metalogismen nicht – wie Metasememe – die Beziehung zwischen Signifikanten und Signifikaten, sondern die Beziehung zwischen Zeichen und Referenten ‹stören›, dann sind sie, anders als Metasememe, nicht an Systeme arbiträrer und klassifikatorischer Zeichen gebunden. Das ist der Grund, warum ikonische Zeichen metalogisch verwendet werden können: Wenn die Sprache der Bilder auch keine metasememischen Operationen vollziehen, nicht gegen grammatische Regeln, gegen syntaktische Kombinationsregeln verstoßen kann, so kann sie doch gegen die ‹Wahrheit› verstoßen, d. h. kann etwas anderes ‹sagen›, als sie meint, kann ihre ‹wahren› Referenten ‹fehlerhaft› bezeichnen, also metalogisch sprechen. Der metalogische ‹Fehler›, den sie dabei begeht, bezieht sich wohlgemerkt auch hier auf die Beziehung der abgebildeten Welt *nicht* zur wirklichen Welt schlechthin, sondern nur zu dem ‹in Wahrheit gemeinten› Sachverhalt, zum ‹wahren› Referenten. ‹Wahr› und ‹falsch› sind nicht etwa eine Frage der ‹richtigen› oder ‹unrichtigen› (oder gar der realistischen, ‹unrealistischen› oder surrealistischen) Darstellung von Welt: Ein Bild, das einen fliegenden Elefanten zeigt, ist, bloß weil es gegen Naturtatsachen verstößt, noch kein metalogisches Bild. Denn Metalogismen sind – das unterscheidet sie von Lügen – keine unwahren Behauptungen, keine falschen Aussagen über Welt (eine Einsicht, die Dubois u. a. selbst zu verunklären Gefahr laufen, wenn sie an dieser Stelle Fragen der Surrealität ins Spiel bringen [56] und den Metalogismus als logische Operation, nämlich als, wenn auch «ostensive», «Falsifikation» ansprechen [57]): Metalogismen sind ‹falsch› nur insofern, als sie nicht auf den gemeinten, ‹wahren› Sachverhalt, sondern auf einen anderen Sachverhalt referieren und verlangen, daß der Rezipient diese ‹falschen› Zeichen auf den ‹wahren› Sachverhalt bezieht. Ihre eigentliche, pragmatische Bedeutung verliert dadurch aber nicht ihre ‹eigene› Wahrheit: Wenn etwa in A. TARKOVSKIJS Film ‹Nostalghia› (Italien 1983) der Sonderling Domenico (E. Josephson) beim Gang durch seine abbruchreife Behausung mit großer Sorgfalt eine frei im Raum stehende Tür benutzt statt, wie sein Gast Gortschakow (O. Jankovsky), sich die Mühe des Öffnens und Schließens zu sparen und um sie herum zu gehen, dann ist dieses metalogische Bild ‹falsch› nur insofern, als es nicht das bezeichnet, was es meint: Gemeint ist ein abstrakter Gedanke, nämlich die Infragestellung der (von Gortschakow befolgten) Verhaltensnormen der instrumentellen Vernunft, die hier metalogisch formuliert wird, indem ein funktionsloses Instrument benutzt, als funktionales Instrument behandelt wird. Dem ‹eigentlichen› Vorgang selbst aber geht dadurch nichts von seiner ‹Wahrheit› ab: Domenico hat die sinnlose Tür ja ‹wirklich› in seinem Haus stehen (und benutzt sie auch ‹wirklich›), d.h.: Auf pragmatischer (eigentlicher) Bedeutungsebene – und das heißt in diesem Film ganz buchstäblich: im Horizont pragmatischen Weltverstehens – ist Domenico ‹eigentlich› verrückt.

3. *Die Realisierung metalogischer Redeformen im Film.*
Wenn Metalogismen Sprechakte mit zwei Bedeutungen sind, die Ebene ihrer eigentlichen Bedeutung also nicht destruieren, dann müssen sie, um zu verhindern, daß ihre Adressaten sich mit dieser eigentlichen, ‹ersten› Bedeutung zufriedengeben, Hinweise darauf enthalten, daß sie noch eine weitere, ‹zweite› Bedeutung haben. Diese Hinweise seien hier zusammenfassend als *metalogische Signale* bezeichnet. Für die Realisierung metalogischer Redeformen im Film sind metalogische Signale von vitaler Bedeutung, weil der vielzitierte ‹Realitätseindruck› des Kinos nachgerade davon abhält, eine andere als eigentliche Bedeutung der Bilder wahrzunehmen. Metalogische Signale sind deshalb im Film in der Regel sehr massive, sehr deutliche Signale. Sie müssen naheliegenderweise auf der Ebene der eigentlichen Bedeutung des Sprechakts vergeben werden und kommen dort durch Sinndefizite zustande, die in primär narrativ strukturierten Texten wie dem Film allererst als handlungslogische Sinndefizite erscheinen. Sie entstehen entweder durch *defizitäre* oder durch *redundante Informationsvergabe*.

Defizitäre Informationsvergabe beruht in narrativen Texten vor allem auf der Vorenthaltung von Informationen, die für das Verstehen des handlungslogischen Zusammenhangs erforderlich sind. Als Beispiel mag hier eine stumme und jeder handlungslogischen Motivierung entbehrende Szene aus FASSBINDERS Film ‹Fontane Effi Briest› (BRD 1974) dienen, in der man Effi und ihre Mutter auf einem Bahnsteig sieht: Während Frau von Briest in das Bahnhofsgebäude vorausgeht, steht Effi auf dem Bahnsteig mit gesenktem Blick vor einem jungen Offizier, der sie mit langen, eindringlichen Blicken ansieht. Allenfalls unter Zuhilfenahme des Romans ließe sich darüber mutmaßen, wo die beiden Frauen sich hier befinden (in Berlin, wo die Aussteuer für die bevorstehende Ehe mit Innstetten gekauft werden soll) und wer der so bedeutungsvoll blickende junge Mann ist (der unterhaltsame, Effi stets ‹erheiternde› Vetter Briest, der im Roman als Heiratskandidat in Betracht gezogen wird). Die Szene bleibt also in handlungslogischer Hinsicht völlig unverständlich, ein Umstand, der ihr einen anderen als handlungslogischen, eben metalogischen Sinn zu unterstellen zwingt. Die Bilder notieren – wie fast jedes Bild dieses Films [58] – den hier immer schon vollzogenen Verlust gelingender Identität: Der unbekannte junge Mann gerät zum allegorischen ‹Sinn-Bild› des durch die Verlobung mit dem steifen Innstetten aufgegebenen Anspruchs der Heldin auf identisches Leben, und Effis Pose gerät zum allegorischen ‹Sinn-Bild› dafür, daß diese Aufgabe hilf- und kampflos vonstatten geht.

Redundante Informationsvergabe entsteht in narrativen Texten durch Informationen, die zwar den handlungslogischen Zusammenhang – im Unterschied zum ersten Fall – nicht verunklären, aber für dessen Verstehen nicht unbedingt erforderlich sind, also überflüssig, banal erscheinen, so daß die Frage entsteht, wozu sie überhaupt vergeben werden, eine Frage, die dazu anreizt, «nachzuforschen, ob nicht doch eine zweite, weniger banale Isotopie existieren könnte». [59] So gibt es etwa in GRÜNDGENS' ‹Effi Briest›-Verfilmung (‹Der Schritt vom Wege›, Deutschland 1939) eine sehr lange Sequenz, die Effis ersten Tag in Kessin zeigt: Effis erfolglose Versuche, sich die Langeweile mit klassischen Tätigkeiten einer Dame von Stand (Lesen, Klavierspiel) zu vertreiben, münden schließlich in einen Spaziergang mit dem Hund Rollo, der sie zum ersten Mal ans Meer führt, dessen endlose Weite ihren (von effektvoller Musik unterlegten) Blick Momente lang bannt, bevor sie dann die Strandböschung hinunterläuft und am Wasser ein übermütiges Spiel mit dem Hund beginnt, dem schließlich ein Verbotsschild, auf dem der «Landrat des Kreises Kessin» (Innstetten also) das Betreten des Strandes «an dieser Stelle» untersagt, ein Ende bereitet. Der handlungslogische Zusammenhang sowohl der Sequenz selbst als auch ihrer einzelnen Bilder ist hier – im Unterschied zum vorhergehenden Beispiel – nicht unklar: Die Sequenz hat die Aufgabe zu zeigen, daß die Heldin in ihrer neuen Lebenssituation als Ehefrau Innstettens unausgefüllt ist. Diese Information bedarf jedoch des erzählerischen Aufwandes, der hier betrieben wird, bedarf zumal des gesamten zweiten Teils der Sequenz (Spaziergang) nicht. Die auffälligen Redundanzen (zusammen mit der hier sehr demonstrativ eingesetzten Filmmusik) signalisieren die metalogische Funktion der Bilder: Effis emphatischer Blick auf das weite Meer deutet, ebenso wie ihr ausgelassenes Spiel mit dem Hund, ein Erlebnis der Befreiung an, das Meer und Strand als bildsprachliche Zeichen ihrer Identität und damit zugleich des gesellschaftsfreien Raumes lesbar macht, in dem allein diese Identität gelingen könnte. Die kontrastive Gegenüberstellung von Außen und Innen, von endloser Weite (an Meer und Strand) und Begrenzung und Enge (in Innstettens düsterem Salon) gerät so zu einem symbolischen ‹Sinn-Bild› der zentralen semantischen Opposition des Films, des Gegensatzes von Ich und Gesellschaft, individueller Identität und gesellschaftlicher Norm, der hier im Gegensatz von Natur und Kultur formuliert (und damit *symbolice* auf ihn zurückgeführt) wird. Das auf Instetten referierende Verbotsschild schließlich, das das übermütige Spiel mit dem Hund beendet, gibt kund, daß der Naturraum nur scheinbar ein gesellschaftsfreier Raum ist und fungiert damit als symbolisches Zeichen für die Restriktionen, denen die ‹Natur› der Heldin unterliegen wird.

Die Beispiele illustrieren zugleich die beiden wichtigsten Formen, in denen metalogische Rede im Film erscheint: Allegorie und Symbol. [60] Ein dritter, häufig benutzter Metalogismus ist der Vergleich *(similitudo)* [61], der durch systematische Textbildungsverfahren zustandekommt.

Rhetorische Strukturen sind demnach beim Film allererst im Feld uneigentlicher Bilderrede zu konstatieren. In diesem Feld wird die Filmwissenschaft denn auch am stärksten von rhetorischer Begrifflichkeit und rhetorischen Analysemethoden profitieren können.

Anmerkungen:
1 vgl. z. B. B. Ejchenbaum: Probleme der Filmstilistik (1927), in: W. Beilenhoff (Hg.): Poetik des Films (1974) 12–39; B. Balázs: Der Film. Werden und Wesen einer neuen Kunst ([6]1980) 97–99 und passim. – **2** vgl. z. B. J. Monaco: Film verstehen (1980) 144–158; V. Borsò-Borgarello: Uccellacci e Uccellini: Eine poetische Metapher, in: H. Wetzel (Hg.): Pier Paolo Pasolini (1984) 87–102; dies.: Metaphorische Verfahren in Lit. und Film, in: R. Kloepfer, K.-D. Möller (Hg.): Narrativität in den Medien (1986) 183–208; H. Siegrist: Textsemantik des Spielfilms (1986) 64–71; K.-D. Möller-Naß: Filmsprache (1986) 104f.; B. Springer: Narrative und optische Strukturen im Bedeutungsaufbau des Spielfilms (1987) 50–52; u. v. a. – **3** K. Kanzog: Einführung in die Filmphilologie (1991) 71. – **4** ebd. 68. – **5** Die im weiteren skizzierten Grundzüge einer Theorie des Films als Rede beruhen auf dem ersten (filmtheoretischen) Teil meiner noch unveröffentlichten Kieler Habilitationsschrift, der als gesonderter Bd. erscheinen wird: A.-M. Lohmeier: Der Film «Jud Süß» als method. und hist. Problem (1990) 1–586. – **6** vgl. K. Kanzog [3] 23; Kanzog folgt darin M. Titzmann: Strukturale Textanalyse ([2]1989) 401–403. – **7** vgl. v. a. die Filmtheorien der russischen Formalisten in: Beilenhoff [1]. – **8** vgl. R. Barthes: Le problème de la signification au cinéma, in: Revue internationale de filmologie 10 (1960) 83–89; C. Metz: Semiologie des Films (1972); ders.: Sprache und Film (1973); P.P. Pasolini: Die Sprache des Films, in: F. Knilli (Hg.): Semiotik des Films (1971) 38–55; U. Eco: Einführung in die Semiotik (1971) 195–292 und die Forschungsberichte: G. Bentele: Filmsemiotik in der Bundesrepublik Deutschland, in: ZS f. Semiotik 2 (1980) 119–138; W. Nöth: Hb. der Semiotik (1985) 429–440. – **9** vgl. v. a. Eco [8] 195–249. – **10** H. Siegrist [2] 53. – **11** ebd.; vgl. auch K.-D. Möller-Naß [2] xii. – **12** K.-D. Möller-Naß [2] 352; vgl. auch 349–361. – **13** T. Mann: Doktor Faustus, in: Gesamm. Werke in 13 Bd., Bd. 6 (1960) 612. – **14** Ikonische Zeichen sind diejenige Menge visueller Zeichen, die sich zur Welt des Sichtbaren im Verhältnis der Abbildlichkeit befinden. Diese Abbildfunktion wird in Anlehnung an C. S. Peirce (Collected Papers, Bd. 2, hg. v. Ch. Hartshorne u. P. Weiss, 1931, v. a. §§ 247, 276, 299) als Resultat einer Similaritätsbeziehung verstanden, die hier allerdings nicht zwischen den ‹Eigenschaften des Ikons› und denen des Objekts (§ 299), also nicht zwischen Zeichen und Referent (Denotat), sondern zwischen dem ikonischen Signifikanten und seinem Signifikat (d. i. unser mentales Perzept des Objekts) angenommen wird (zur Begründung dieser These vgl. Lohmeier [5] 1–46); zur Kritik der Similaritätsthese vgl. Nöth [8] 113f. und v. a. Eco [8] 197–249. – **15** vgl. dazu M. Mukkenhaupt: Text und Bild. Grundfragen der Beschreibung von Text-Bild-Kommunikationen (1986). – **16** vgl. Eco [8] 202–214. – **17** vgl. ebd. 214–220, 247. – **18** vgl. ebd. 242–246, 247. – **19** vgl. Nöth [8] 415. – **20** Titzmann [6] 403: ähnlich Kanzog [3] 23. – **21** vgl. auch B. Balázs: Zur Kunstphilos. des Films (1938), in: K. Witte (Hg.): Theorie des Kinos ([3]1982) 166. – **22** K. Bühler: Sprachtheorie (1934) 24–33. – **23** vgl. K. Stierle: Text als Handlung (1975) 14–48; ders.: Die Einheit des Textes, in: H. Brackert, E. Lämmert (Hg.): Funk-Kolleg Lit. Bd. 1 ([2]1979) 168–187, hier 174f. – **24** vgl. Stierle, Die Einheit des Textes [23] 182. – **25** vgl. ebd. 183–186. – **26** vgl. ebd. 181. – **27** ebd. 184. – **28** vgl. ebd. 183. – **29** vgl. ebd. 185f. – **30** vgl. H. Lausberg: Hb. der lit. Rhet. ([3]1990) §§ 289–347. – **31** G. Ueding: Einf. in die Rhet. (1976) 211. – **32** Lausberg [30] 163. – **33** ebd. §§ 410–426 und § 394; vgl. auch Ueding [31] 218–220. – **34** vgl. G. Hindelang: Einf. in die Sprechakttheorie (1983) 8–11. – **35** vgl. Lausberg [30] §§ 462, 506, 533, 552, 893; Ueding [31] 241f. –
36 E. Kaemmerling: Rhet. als Montage, in: Knilli [8] 94–109. – **37** vgl. Anm. [1]. – **38** vgl. Anm. [2]. – **39** zur genaueren Begründung beider Thesen vgl. Lohmeier [5] 484–586; Kanzog [3] 69f., der beide Thesen übernommen hat (leider ohne seine Quelle zu nennen), gibt diese Begründung mißverständlich wieder. – **40** J. Dubois u. a.: Allg. Rhet. (1974) 152–203 und 204–238. – **41** vgl. die Übersicht ebd. 78f. – **42** ebd. 153. – **43** ebd. 157–159. – **44** vgl. ebd. 57f. – **45** H. Weinrich: Semantik der Metapher, in: Folia linguistica 1 (1967) 3–17, hier 4, 6. – **46** vgl. Dubois [40] 161. – **47** vgl. ebd. 161f. – **48** ebd. 44. – **49** vgl. Anm. [14]. – **50** vgl. Eco [8] 205. – **51** Dubois [40] 206. – **52** ebd. 58 und 218. – **53** vgl. ebd. 213. – **54** vgl. ebd. – **55** vgl. G. Kurz: Metapher, Allegorie, Symbol (1982) 40. – **56** vgl. Dubois [40] 214–218. – **57** ebd. 218. – **58** vgl. A.-M. Lohmeier: Symbolische und allegorische Rede im Film. Die ‹Effi Briest›-Filme von G. Gründgens u. R. W. Fassbinder, in: H. L. Arnold (Hg.): Theodor Fontane (1989) 229–241, hier 235f. – **59** Dubois [40] 228. – **60** zur Bestimmung beider Formen vgl. Kurz [55] 27–83; zu ihrer filmischen Realisierung vgl. Lohmeier [58] 229f. und 233–235. – **61** vgl. Lausberg [30] §§ 843–847; zum metalogischen Charakter von Vergleichen vgl. Dubois [40] 187f.

A.-M. Lohmeier

→ Bild, Bildlichkeit → Emblem, Emblematik → Fernsehrhetorik → Figurenlehre → Gedankenfigur → Kunst → Massenkommunikation → Persuasion → Semiotik → Tropus

Flexus (griech. περιβολή, peribolé; dt. Windung, Wendung, Umweg)

A. Als rhetorischer Terminus besitzt ‹F.› keine festumrissene Bedeutung, doch taucht der Begriff in verschiedenen systematischen Zusammenhängen an zentraler Stelle auf. 1) QUINTILIAN weist den Redner an, nicht gerade und starr zu stehen, sondern seinen Körper (die Hände, den Gesichtsausdruck) in bestimmter Weise zu bewegen, denn dies erwecke den Eindruck von Gefühlsbewegung («flexus ille et, ut sic dixerim, motus dat actum quendam et affectum»). [1] Quintilian verwendet ‹F.› hier zwar nicht in einem terminologisch fixierten Sinn, aber der theoretische Zusammenhang von Redefiguren und menschlicher Körperhaltung, vermittelt durch das analoge Element der Bewegung, erschließt sich an dieser Stelle in exemplarischer Weise. [2] 2) In der Lehre vom Vortrag *(actio)* gehört F. in den Bereich der *pronuntiatio*, wo er eine vom Redner bewußt vollzogene Veränderung der Lautstärke und Tonhöhe bezeichnet: Die Hebung, Senkung und Modulation der Stimme dient dazu, die Gefühle der Hörer zu erregen («intentio vocis, remissio, flexus pertinet ad movendos audientium adfectus»). [3] 3) In der *argumentatio* bezeichnet F. alle Kunstgriffe, die ein Verteidiger je nach Situation anwenden muß. Er hat «abzuleugnen, in Schutz zu nehmen, abzuwälzen, zu entschuldigen, Fürsprache einzulegen, zu mildern, zu mindern, abzuwenden, mit Hohn und mit Spott zu überschütten»; von seiner Seite sind «tausend Wendungen und Kniffe erforderlich» («mille flexus et artes»). [4] 4) dient ‹F.› außerdem als Bezeichnung für eine rednerische Technik, einen Sachverhalt in aller Ausführlichkeit darzustellen. Die verwandte Amplifikationsfigur der ausführlichen Breite wird mit dem Begriff περιβολή (peribolé) gefaßt; ihr Gegensatz ist die καθαρότης (katharótēs, Reinheit). [5]

B. Bei HERMOGENES und PSEUDO-ARISTEIDES gehört die Peribole zu den Stilkategorien (ἰδέαι, idéai), deren spezifische Kombination jeden individuellen Stil charakterisiert. [6] Zweck der Peribole ist es, der Rede Größe und σεμνότης (semnótēs, Würde) zu verleihen. Mittel dazu sind einfache Wortfiguren (Tautologie, Pleonasmus, Synonymhäufung, Aufzählung, Wiederholung), syntaktische Figuren wie Inversion, Hyperbaton und vorangestellte Begründung, komplexe Argumentationsformen wie Bekräftigung nach vorheriger Negation oder kontrafaktische Überlegungen zum in Rede stehenden Sachverhalt, ferner alle Formen künstlicher Genauigkeit durch Untergliederung oder Hinzufügung von entbehrlichen Informationen (das Genus zur Spezies, das Unbestimmte zum Bestimmten, das Ganze zum Teil), schließlich Parenthesen und Exkurse, welche Gelegenheit zur umständlichen Wiederaufnahme des Gedankenganges bieten. Hermogenes zitiert fast ausschließlich Beispiele aus DEMOSTHENES; auch CICERO wendet dieses Verfahren häufig an. Neuzeitliche Autoren greifen die Peribole im Sinne von Hermogenes auf, variieren aber die Begrifflichkeit. M. VELTKIRCHIUS (J. DOELSCH) spricht in seinem Erasmus-Kommentar von der Peribole als einem ‹Umweg› («aut circuitus aut flexus»), einer weitschweifigen Rede, die v. a. dem historischen Erzählen eigentümlich ist («hic flexus proprius Historicorum»). [7]

Anmerkungen:
1 Quint. II, 13, 9. – 2 vgl. ebd. IX, 1, 14; vgl. H. Lausberg: Hb. der lit. Rhet. (³1990) § 499 u. 600. – 3 Quint. I, 10, 25; vgl. ebd. XI, 3, 25. – 4 ebd. V, 13, 2. – 5 vgl. R. Volkmann: Die Rhet. der Griechen und Römer (²1885) 557. – 6 Hermog. Id. I, 11; Aristeides, Ars rhetorica II, 59, 532ff.; 534. – 7 J. Desiderius Erasmus, De duplici copia verborum ac rerum cum commentariis M. Veltkirchii (1562) 103; vgl. L. A. Sonnino: A Handbook to Sixteenth-Century Rhet. (London 1968) 100.

Literaturhinweise:
J. C. T. Ernesti: Lex. technologiae graecorum rhetoricae (1795) s. v. περιβολή. – ders.: Lex. technologiae latinorum rhetoricae (1797) s. v. ‹flexus›. – D. Hagedorn: Zur Ideenlehre des Hermogenes (1964). – A. M. Patterson: Hermogenes and the Renaissance. Seven Ideas of Style (1970). – C. J. Classen: Recht, Rhet. Politik. Unters. zu Ciceros rhetor. Strategie (1985). – Hermogenes, On Types of Style. Engl. Übers. von C. W. Wooten (1987).
U. Walter

→ Actio → Amplificatio → Beschreibung → Descriptio → Erzählung → Figurenlehre → Narratio → Schilderung

Flickwörter (auch Füllwort, Funktionswort, Formwort; lat. particula; engl. filler, vers-filler, function word, structural word; frz. mot explétif, particule explétive, moyen de remplissage, cheville; ital. zeppa)
A. F. sind unveränderliche Redeteilchen, eine Sammelbezeichnung für nichtflektierende Wörter oder Wortarten mit sehr unterschiedlicher Verwendung. Hierzu können Konjunktionen, Interjektionen, Grad-, Modal-, Steigerungs- und Vergleichspartikel sowie Satzadverbien zählen. Neben der Abtönung des Prosarhythmus in der Alltagssprache und der personencharakteristisch je anderen Dehnung des Rederhythmus und damit der Reflexionsphase dienen F. vor allem zum Auffüllen des Verses. Lexikalische, silbische oder syntaktische Einheiten (Flick- oder Füllwörter, Füllsilben, Flickverse), die kleiner als die Periodeneinheit des *Komma* und für sich nicht bedeutungstragend sind, stellen die Stimmigkeit von Rhythmus, Metrum oder, seltener, Reim her. Da die F. vom Sinnzusammenhang her nicht notwendig sind, dienen sie allenfalls zu dessen *amplificatio*. Als Modalpartikel oder Ausrufe, bzw. als musikalische Silben können sie für emotionale Wirkungen oder für das *delectare* angewendet werden.
B. Lyrische und prosaische Füllelemente lassen sich seit der Antike in der gebundenen Rede nachweisen. In der Homerforschung gibt es die philologische begründete Annahme von nachträglich eingeschobenen Wörtchen, die einen unvollständigen Vers wiederherstellen sollten. Vielfach wird bei HOMER selbst mit der Annahme von F. operiert. Es ist jedoch möglich, daß erst durch die mündliche Rhetorenpraxis defiziente Verse durch F. wieder vervollständigt wurden. Vermutet wird dies auch bei den Texten von PINDAR. In den Deklamationen der späten römischen Kaiserzeit finden sich F. mit amplifizierender oder formaler Funktion: Dies gilt z. B. für die Reden des CASSIUS DIO, der zugunsten syntaktischer Parallelismen und antithetischer Kompositionen «keine tautologischen Flickwörter» scheut. FAVORINUS setzt Partikel ein, um den trochäischen Rhythmus und die *clausulae* zu gewährleisten. [1]

Im Mittelalter weist im deutschsprachigen Raum das Nibelungenlied solche Formen auf, sie finden sich aber auch in Frankreich in den ‹Chansons de gestes› und in anderen strophischen Epen. Die Varianten der Handschriften machen deutlich, daß die F. oft von den jeweiligen jongleurs, die die Epen vortrugen und später notierten, und deren Schülerschaft je anders in ein episches und metrisches Gerüst eingefügt wurden. Die Mündlichkeit der mittelalterlichen Literatur verlieh den F. eine Funktion bei der Memorierung der Verse. Mit ihnen konnten Erinnerungslücken beliebig, oft stereotyp, gefüllt und Erinnerungspausen gewonnen werden. In den mündlich tradierten Epen finden sich daher oft Wiederholungen und Tautologien in der Funktion von F. Auch werden mittels F. Reimketten gebildet.

Spätestens von der Renaissance an gilt für die Lyrik das Kriterium der semantischen Dichte, das die nicht unmittelbar sinntragenden F. zurückdrängt. Sie werden im Sinn des *delectare*, des *plaire* von manieristisch, asianisch orientierter Lyrik und Sprachpsychologie neu legitimiert als «bloß musikalisches, wohllautendes Füllwort, das sich durch seinen gefälligen Klang und seine rhythmische Verwendbarkeit einschmeichelt». [2] Das Versdrama verwendet F. in den silbenzählenden romanischen wie den akzentuierenden Sprachen aufgrund der Zwänge des Metrums weiterhin, jedoch fast stets in unbetonter Position. Ausnahme und Grenze zum bedeutungstragenden Partikel sind die Ausrufe (*exclamatio*) die z. B. bei *Racine*, aber auch bei *Schiller* ein spezifisches Sprachpathos erzeugen.

In der Alltagssprache charakterisieren F. (Synkategoremata) die betreffende Person. «Die Abwechslungslosigkeit des Vokabulars, die stereotype Wiederholung des immer gleichen Ausdrucks spiegelt die Beschränktheit der betreffenden Figuren, die Starrheit ihrer Reaktionen auf verschiedene Situationen.» [3] Teils werden Modalwörter verwendet wie «wohl, gewiß, sozusagen, kurz», teils Interjektionen oder Partikel wie «ja, doch, einmal», im Frz. «tiens, tenez, voyons», im Engl. «well, you see».
V. G. ADMONI unterscheidet folgende Funktionen: 1. begrenzende und identifizierende, 2. verstärkende, 3. gegenüberstellend-verstärkende, 4. grammatikalisierte Partikel. [4] Während am Satzanfang unbetonte Partikel nur strukturellen Wert als Platzhalter haben, können in manchen Sprachen z. B. die F. der Negation wie «ne... pas, ne... point, isn't it, doesn't it» bekräftigenden Wert haben, wie auch im deutschen Dialekt zuweilen die doppelte Negation. Im Sinne der neueren Partikelforschung sind F. «nicht flektierende, nicht satzgliedhafte Wortklassen, die keine (oder wenig) selbständige lexikalische Bedeutung aufweisen, aber die Bedeutung ihrer jeweiligen Bezugselemente modifizieren.» [5] Sie sind in der

Regel nicht allein innerhalb der Redeperiode verschiebbar, wenngleich sie an verschiedenen Stellen von Sätzen auftauchen können. Es wird unterschieden zwischen Gradpartikeln (nur, sogar, auch), Modalpartikeln (ja, freilich, allerdings), Negationspartikeln, Antwortpartikeln, Steigerungspartikeln (sehr, besonders) und Vergleichspartikeln, die je nach Bewußtheit des Sprechers stets auch semantischen Wert im Kontext bekommen können. Die Häufung bloßer F. in der Alltagssprache ist als ein Zeichen von Sprachverfall zu werten.

Anmerkungen:
1 E. Norden: Die antike Kunstprosa vom 6. Jh. vor Christus bis in die Zeit der Renaissance (^{5}1958) 396; 425, Anm. 1. – 2 P. Ziemer: Aus dem Reiche der Sprachpsychologie (1908) 27f. – 3 J. Knobloch (Hg.): Sprachwiss. Wtb., Bd. 2 (1988) 78. – 4 vgl. V. G. Admoni: Der dt. Sprachbau (1966) 206ff. – 5 H. Bußmann (Hg.): Lex. der Sprachwiss. (1990) 562.

Literaturhinweise:
S. Hosch: Frz. F. (Berlin 1895–97) 3 Bde. – K. L. Pike: Language as Particle, Wave, and Field, in: The Texas Quarterly 2 (1959) 37–54. – H. Weydt: Die Partikeln der dt. Sprache (1979). – ders.: Partikel Bibliographie: Internationale Sprachenforschung zu Partikeln und Interjektionen (1987). – ders. (Hg.): Sprechen mit Partikeln (1989).

G. Febel

→ Amplificatio → Asianismus → Deklamation → Delectare → Komma → Lyrik → Metrik → Reim → Rhythmus → Vers

Florilegium (griech. ἀνθολογία, anthología; dt. Blütenlese; engl. florilegium; frz. florilège; ital. florilegio)
A. 1. Def. Die Bezeichnung ‹F.› (Blütenlese) ist dem griechischen Ausdruck ‹anthología› nachgebildet. Sie tritt, so kann angenommen werden, erst in der frühen Neuzeit auf [1], wohingegen der Begriff um einiges älter ist. Man versteht darunter zunächst eine Sammlung von nicht zusammenhängenden Textstücken oder Sentenzen, die nach übergeordneten Kriterien zusammengestellt wurden. Im engeren Sinn bezieht man den Begriff heute hauptsächlich auf literarische Sammlungen, doch wurde er stets auch in weiterem Sinne gebraucht.

Mittelalterliche Bezeichnungen waren *flores*, *excerpta* oder *summa*, die aber nicht einheitlich verwendet wurden. Der Ausdruck *collectaneum* existierte wohl ebenfalls schon im Mittelalter, findet aber erst in der frühen Neuzeit sehr weite Verbreitung. Hinzu treten auch nlat. *anthologia* und *analecta*, beide griechischen Ursprungs.

Solche mittelalterlichen Kompilationen wurden oft erst später unter dem Begriff F. gefaßt. Herkunft, Art, Inhalt und Umfang der darin versammelten Textstücke variieren dabei in den überlieferten Quellen stark, was die Abgrenzung von anderen Begriffen aufgrund eindeutiger Strukturmuster schwierig macht. Insbesondere die Grenze zu pragmatischen Kompilationsformen, wie sie in der alltäglichen Praxis benutzt wurden, etwa Formel- oder Briefsammlungen *(flores dictandi, summa dictaminis)*, sind fließend, doch werden diese heute aufgrund ihrer spezifischen Gebrauchssituation nicht mehr unter den Begriff F. gefaßt. In der neueren Zeit ergaben sich zudem Berührungspunkte mit Sentenzensammlungen, Chrestomathien, Exemplasammlungen oder Promptuarien.

Unterschiede ergeben sich bei den F. aus der Art der kompilierten Textsorten und Autoren sowie der daraus resultierenden Funktion der F. Neben Text-Sammlungen poetischer Natur (z. B. ‹F. Trevirense› 11. Jh. [2]), philosophisch-literarischer Natur (z. B. ‹F. Gallicum› 12. Jh. [3]), wissenschaftlicher Natur (z. B. das alchimistische F. ‹Rosarium philosopharum› 16. Jh. [4]) oder religiöser Natur (z. B. der ‹Liber scintillarum› des DEFENSOR VON LIGUGÉ, 7. Jh. [5]) gibt es auch F. mit Rechtstexten (z. B. ‹Fragmenta Vaticana› um 320 n. Chr. [6]). Man findet dabei häufig Mischungen von patristischer und antiker Literatur, aber auch F., die aus Exzerpten von nur einem Autor zusammengestellt sind. Unterschiede ergeben sich auch aus der Funktion von F.: Sie können rein erbaulicher oder aber rein belehrender Natur sein, doch treten auch hier Mischformen auf.

F. konnten nur für den privaten Gebrauch angelegt werden, häufig waren sie aber zur öffentlichen Funktion bestimmt und mit einer Einleitung des jeweiligen Kompilators versehen. Im Normalfall werden dabei die Quellen angegeben. Die Qualität des wiedergegebenen Textes schwankt allerdings sehr stark. Manche dieser F., wie etwa das ‹F. Gallicum›, sind von überlieferungsgeschichtlichem Wert. [7]

Es läßt sich zusammenfassend sagen, daß der Begriff F. sehr schwach strukturiert und somit recht allgemein ist. Die Exaktheit leidet zudem darunter, daß ein frühneuzeitlicher Terminus rückwirkend auf sehr unterschiedliche Phänomene angewendet wird, deren zeitgenössische Gattungsbezeichnungen variieren, und deren begriffliche Zusammengehörigkeit nicht immer klar ist. Es entstehen daher Überschneidungen mit anderen Gattungsbegriffen.

Für die Forschung sind die F. aus unterschiedlichen Gründen bedeutsam: das Interesse richtet sich einerseits auf den Quellenbestand antiker Autoren, der durch F. erweitert wird, andererseits auf den rezeptionsgeschichtlichen Aspekt, der gerade auch für die Rhetorik-Geschichte wichtig ist.

2. Stellung im rhetorischen System. Nachdem in F. neben literarischen auch lehrhafte Textstücke kompiliert sein können, erstreckt sich die Bedeutung der F. auf drei rhetorische Bereiche: Zum einen auf die Vermittlung der *doctrina*, zum andern auf die *inventio*, vor allem aber auf den Bereich der Sprachrichtigkeit *(Latinitas)* und Sprachfülle *(copia verborum)*.

Eine herausragende Rolle spielten die F. und Kollektaneen bei der Erweiterung des Zitatenschatzes. Die Absicherung einer These durch ein Zitat antiker Autoritäten war dabei sehr wirksam und Zeichen großer Beredsamkeit. Die F. versorgten den Redner auch mit einem Fundus an Gemeinplätzen, die zum Aufbau argumentativer Strukturen benutzt werden konnten.

F. waren insbesondere für die Stilbildung von Bedeutung. Hier mag das *exemplum* als Stilmuster der *imitatio* eine große Rolle gespielt haben, insbesondere aber die Synonymik, denn die F. vor allem im 16. und 17. Jh. lieferten eine Vielzahl von parallelen Ausdrücken, die der *varietas* und der *amplificatio* dienten und somit zur Wortfülle beitrugen.

B. I. *Antike.* Der Begriff ‹F.› geht auf antike Kompilationen ähnlicher Art zurück, die man heute vor allem unter der Bezeichnung Anthologien faßt. Die griechische, später auch die römische Literatur brachten verschiedene solcher Anthologien hervor. Dabei handelte es sich im wesentlichen um Zusammenstellungen als musterhaft und kanonisierungswürdig geltender literarischer Texte. Hierher gehört etwa die ‹Anthologia Palatina› oder auch ‹Griechische Anthologie›, die von dem byzantinischen Hofgeistlichen KONSTANTINOS KEPHALAS wohl um 900 angefertigt wurde und die uns in dem von

980 stammenden ‹Codex Palatinus› überliefert ist. Darin sind neben jüngerem Material griechische Epigramme aus älteren Anthologien überliefert, die sich nur noch rekonstruieren lassen, so der ‹Kranz› des MELEAGROS VON GADARA (um 70 v. Chr.), sowie weitere Epigrammsammlungen von PHILIPPOS VON THESSALONIKE (um 40 n. Chr.), STRATON VON SARDEIS (um 140 n. Chr.) und AGATHIAS VON MYRINA (um 560 n. Chr.).

Noch bis ins Mittelalter benutzt wurde die ‹Anthologia Latina›, entstanden um 530 n. Chr., die die bedeutendste antike Sammlung von Epigrammen und poetischen Texten in lateinischer Sprache darstellt.

Daneben existierten in der Spätantike auch praxisorientierte Textsammlungen wie die bereits erwähnten ‹Fragmenta Vaticana›, die wahrscheinlich dem Studierenden dabei helfen sollten, das umfangreiche juristische Schrifttum der Kaiserzeit einigermaßen zu überschauen. Daß Anthologien und Textsammlungen ihren Platz in der antiken Bildungswelt hatten, ist unbestreitbar. [8] In welchem Maß Sammlungen von Reden, Vorträgen (etwa die ‹Florida› des APULEIUS) oder literarischer Prosa als Hilfsmittel für die Ausbildung der Redner benutzt wurden, darüber besteht nur ungenaue Kenntnis.

II. *Mittelalter.* Sammlungen, Exzerpte und Kompilationen aller Art spielen im Mittelalter eine enorme Rolle. Insbesondere die Tradition der F.- und Katenen-Literatur wurde nahezu bruchlos von der Patristik ins Frühmittelalter übernommen. [9] Von großer Bedeutung ist in diesem Zusammenhang der ‹Liber scintillarum› des DEFENSOR VON LIGUGÉ aus dem 7. Jh., ein moralisches F., in dem Bibelstellen und patristische Zitate zusammengestellt sind. Über 370 Handschriften zeugen von der ausgesprochen großen Beliebtheit dieses Werkes. [10] In der Karolingerzeit setzt dann auch mit den F. von SEDULIUS SCOTTUS oder HEIRIC VON AUXERRE [11] die Tradition der Sammlungen profaner Literatur ein. [12]

Nachdem die alten rhetorischen Lehrbücher der Antike im Mittelalter häufig unzugänglich waren, stellten die F. eine wichtige Quelle bei der Vermittlung der rhetorischen Lehrinhalte dar. Was etwa die Überlieferung von im Mittelalter seltenen Werken wie QUINTILIANS ‹Institutio oratoria› [13] oder CICEROS ‹De oratore› anbelangt, so waren diese Werke vielfach nur durch F. bekannt. Hierfür gibt es eine Reihe von Beispielen. So liegt etwa in dem sogenannten ‹Collectaneum› des HADOARD VON CORBIE [14], angelegt im 9. Jh. in Tours, eine frühe Sammlung mit Exzerpten unter anderem aus Ciceros ‹De oratore› vor. Auch im ‹F. Gallicum› [15], ‹F. morale Oxoniense› [16] oder im ‹Libellus Graecia nobilium›, den ULRICH VON BAMBERG im 12. Jh. in Bamberg verfaßt hat [17], kommen Ausschnitte aus seltenen rhetorischen Werken vor. Solche Sammlungen dienen offensichtlich zur Unterweisung im prosaischen *dictamen*.

F. spielten in diesem kompilierenden Zeitalter, das mehr an der Absicherung duch Autoritäten als an eigener kreativer Leistung interessiert war, eine große Rolle bei der Tradierung antiker Autoren und Bildungsgüter. Viele Autoren dürften sich hier bedient haben, wie man das etwa auch bei VINZENZ VON BEAUVAIS im Falle der Quintilian-Zitate in seinem ‹Speculum doctrinale› annehmen kann. [18] Im einzelnen ist dies allerdings sehr schwer nachzuweisen. Mit großer Wahrscheinlichkeit wurden die F. auch bei der Klassiker-Lektüre im Unterricht benutzt. [19] Was in F. gesammelt war, konnte freilich auch als Muster zur Textverfassung dienen, doch spielte die *imitatio* im Mittelalter noch nicht die wichtige Rolle, die sie in der Neuzeit übernahm.

III. *Frühe Neuzeit.* Nachdem in der Frühen Neuzeit eine Neuentdeckung und Neubewertung der antiken Autorität einsetzte, waren die großen rhetorischen Lehrwerke der Antike bald überall wieder zugänglich und somit verlagerte sich der Stellenwert der F., die nun vermehrt als Stilvorlagen der *imitatio*, also der Nachahmung eines gewählten Stils, vor allem aber als Hilfsmittel der *inventio* dienten. Als Beispiel für die Veränderungen, die der Humanismus auch hier auslöste, kann ALBRECHTS VON EYB ‹Margarita poetica› aus dem Jahr 1457 dienen, ein F., das explizit als Hilfsmittel zur Textproduktion gedacht war.

Die alte Funktion der F. als Zitatensammlung ging freilich nicht verloren, im Gegenteil gewann das treffende Zitat bei der Textverfassung sogar vielfach noch an Bedeutung. [20] Hier sind vor allem die ‹Adagiorum Collectanea› des ERASMUS VON ROTTERDAM aus dem Jahre 1500 zu nennen, eine der umfangreichsten Sammlungen von Sprichwörtern und Sentenzen des Humanismus. [21] Im Zusammenhang mit den Bemühungen um die Verbesserung des Stils stand auch Erasmus' ‹De duplici copia verborum›, ein beliebtes Schulwerk, in dessen erstem umfangreichen Teil zu allen nur denkbaren Ausdrücken Synonyma aufgelistet sind. [22] Der Gebrauch solcher Synonymlisten war bei der Einübung einer variantenreichen Benutzung des lateinischen Wortschatzes hilfreich und trug so zur Wortfülle *(copia verborum)* des *orator* bei. [23]

Im Barock waren F. unterschiedlicher Art von großer Wichtigkeit insbesondere für die Ausbildung des Redners. Neben den bereits erwähnten Werken von Erasmus ist hier vor allem J. LANGs häufig wieder aufgelegtes Werk ‹Loci communes sive Florilegium rerum et Materiarum selectarum› [24] zu nennen, eine umfangreiche Sammlung von Sentenzen, die nach alphabetisch gegliederten Stichwörtern aufgelistet waren, oder C. LEHMANNS ‹F. Politicum: Politischer Blumen Garten, Darinn Auszerlesene Sententz, Lehren, Regulen und Sprüchwörter Ausz Theologis, Juriconsultis, Politicis, Historicis, Philosophis, Poeten [...] unter 286 Titulin in locos communes zusammen getragen›. [25]

Die beliebten und vielfach gedruckten F. dieser Zeit wurden im Unterricht schon früh zur Erlernung grammatischer Regeln sowie zur Einübung der sogenannten *formulae elegantiores* benutzt. Die älteren Schüler wurden parallel zu ihrer Klassiker-Lektüre dazu angehalten, sich selbst F. und Sentenzensammlungen anzulegen. Solche *libelli memoriales seu volumina locorum communium* wurden viel benutzt, und C. Weise bezieht sich darauf, wenn er empfiehlt, vor der Verfassung einer Rede zunächst «in seinen Collectaneis nachzuschlagen». [26] Auf diese Art wurde die «exzerptorische Aneignung von *res* und *verba* [...] zur unabdingbaren Voraussetzung künftiger *eloquentia*.» [27]

Diese spezielle Form der F.-Literatur verschwindet nach und nach mit dem Ende des Barock, und etwa parallel dazu verliert auch die Bezeichnung F. an Bedeutung. Demgegenüber ist der Begriff und die Bezeichnung ‹Anthologie› auch danach noch gebräuchlich geblieben.

Anmerkungen:
1 Die mlat. Lex. führen kein solches Lemma auf; vgl. J. F. Niermeyer: Mediae Latinitatis lexicon minus (Leiden 1984); R. E. Latham: Revised Medieval Latin Word List from British and

Irish Sources (London 1965, ⁵1989). – **2** R. G. Babcock: Heriger of Lobbes and the Freising F. A study of the Influence of Classical Latin Poetry in the Middle Ages (Frankfurt a. M./ Bern/New York/Nancy 1984) dort Text und ältere Literatur. – **3** vgl. J. Hamacher: Florilegium Gallicum. Prolegomena und Edition der Exzerpte von Petron bis Cicero, De oratore (Bern/ Frankfurt 1975). – **4** vgl. J. Telle (Hg.): Rosarium Philosopharum. Ein alchemisches Florilegium des Spätmittelalters, Faksimile der illustrierten Erstausgabe Frankfurt 1550 (1992). – **5** H. M. Rochais (Hg.): Defensor Locogiacensis: Liber scintillarum, Turnholti (1957) 1–308 (= Corpus Chistianorum. Series Latina 117). – **6** S. Riccobono u. a. (Hg.): Fontes iuris Romani anteiustiniani, Bd. 2. Fragmenta quae dicuntur Vaticana (Florenz ²1968). – **7** vgl. etwa die Unters. von R. Burton: Classical Poets in the «Florilegium Gallicum» (1983). – **8** vgl. etwa die Einl. zu Gellius ‹Noctes Atticae›. – **9** vgl. M. Grabmann: Die Gesch. der scholastischen Methode, Bd. 1 (1909; ND Graz 1957) 181–189. – **10** vgl. Defensor [5]. – **11** vgl. R. Quadri: I collectanea die Einrico di Auxerre (Fribourg 1966). – **12** E. Rauner: ‹F.›, in: LMA IV, hier S. 567. – **13** J. J. Murphy: Rhetoric in the Middle Ages. A History of Rhetorical Theory from Saint Augustine to the Renaissance (Berkeley/Los Angeles/London ⁶1990) 124–126; vgl. auch P. S. Boskoff: Quintilian and Quintilianism in the Late Middle Ages, in: Speculum 27 (1952) 71–78. – **14** vgl. die Unters. von B. Bischoff: Hadoard und die Klassikerhandschriften aus Corbie, in: Mittelalterliche Stud., Bd. 1 (1966) 49–63; weiterhin: C. H. Beeson: The Collectaneum of Hadoard, in: Classical Philology 40 (1945) 201–222. – **15** Hier aus Ciceros ‹De oratore›, ‹De inventione› und ‹Rhetorica ad Herennium›; vgl. J. Hamacher: Florilegium Gallicum, 254–261, 428–437; vgl. Burton [7]. – **16** P. Delhaye (Hg.): Florilegium morale Oxoniense. Ms. Bodl. 633, Prima pars. Flores philosophorum (Louvain/Lille 1955) (= Analecta Medievalia Namurcensia 5); C. H. Talbot (Hg.): Florilegium morale Oxoniense. Ms. Bodl. 633, Secunda pars. Flores auctorum (Louvain/Lille 1956) (= Analecta Medievalia Namurcensia 6). – **17** F. J. Worstbrock u. a.: Repertorium der Artes dictandi des Mittelalters, Teil I. Von den Anfängen bis um 1200 (1992) 112. – **18** J. J. Murphy [13] 126; J. Hamacher [3] 1. – **19** vgl. B. L. Ullmann: Classical Authors in Certain Mediaeval Florilegia, in: Classical Philology 23 (1932) 38. – **20** J. Dyck: Ticht-Kunst (³1991) 8. – **21** Erstdruck: Paris 1500. – **22** Erstdruck: Paris 1512. – **23** vgl. hierzu T. O. Sloane: Schoolbooks and Rhetoric. Erasmus' Copia, in: Rhetorica 9 (1991) 113–129. – **24** Straßburg 1605. – **25** Lübeck 1639. – **26** C. Weise: Polit. Redner (1683; ND 1974) 464. – **27** W. Barner: Barockrhet. (1970) 286.

Literaturhinweise:
B. Munk Olsen: Les classiques latins dans les florilèges médiévaux antérieurs au XIIIe siècle, in: Revue d'histoire des textes 9 (1979) 47–121; ebd. 10 (1980) 123–172. – R. Rouse, M. Rouse: Preachers, Florilegia and Sermons. Studies on the Manipulus florum of Thomas of Ireland, Studies and Texts (Toronto 1979). – E. Rauner, C. Hannick, W. T. Elwert, T. Kölzer: Art. ‹F.›, in: LMA IV, S. 566–572. – M. A. Rouse: Art. ‹Florilegia›, in: Dictionary of the Middle Ages, Bd. 5, (New York 1985) 109–110. – K. Preisendanz: Anthologie, in: Der Kleine Pauly, Bd. 1, 375–377. – L. Schmidt, F. Marx: Art. ‹Anthologia›, in: RE I, 2, 2380–2392.

A. Sieber

→ Aeraria poetica → Analekten → Anthologie → Blütenlese → Exempelsammlungen → Imitatio → Kollektaneen → Lehrbuch

Floskel (lat. flosculus; engl. empty phrase; frz. phrase, formule toute faite; ital. frase retorica)
A. Aus dem lat. flosculus (Blümchen), Diminutivform zu flos (Blume, Blüte): Redeschmuck; heute pejorativ für inhaltsleere, abgegriffene, unoriginelle Redensart, verwandt mit Phrase und Gemeinplatz. Ihre Bewertung ist verknüpft mit der Bewertung des Redeschmucks überhaupt im Spannungsfeld von Natürlichkeit versus Artifizialität.
B. I. *Griechische Antike.* Bereits in der griechischen Rhetorik erscheint ἄνθος, ánthos (lat. *flos*; Blume, Blüte) zusammen mit dem davon abgeleiteten Verb (ἐπ) ἀνθίζειν ((ep)anthízein, verblümen) als Metapher für Redeschmuck, ohne dabei allerdings eine bestimmte Art von Schmuck zu meinen: Bei Dionysios von Halikarnassos [1] werden Figuren wie die Antithese und der Parallelismus als Mittel des anthízein genannt, Philostrat redet von der «ἀπαγγελία ἐπηνθισμένη ποιητικοῖς ὀνόμασι» (einer mit poetischem Vokabular geschmückten Aussage). [2] Das Adjektiv ἀνθηρός (anthērós, lat. *floridus*, blumig), bei Isokrates [3] noch quasi synonym zu χαρίεις (charíeis, anmutig) – Gegenbegriff ist ὁμοειδής (homoeidés, eintönig) [4] –, wird in der Lehre von den Stilarten zum terminus technicus, wobei die Nomenklatur nicht immer einheitlich ist: entspricht bei Quintilian [5] das *genus floridum* (= anthērón) dem *méson* (mittleren Stil) zwischen dem ἁδρόν (hadrón, lat. *grande*, hoher Stil) und dem ἰσχνόν (ischnón, lat. *subtile*, schlichter Stil) [6], so wird es andererseits auch dem hadrón selbst gleichgesetzt [7]. In anderer Nuancierung bezeichnet ánthos als Blüte auch im übertragenen Sinne «Bestes, Höhepunkt» [8]; diese Verwendung setzt sich in ἀνθολόγιον (anthológion, lat. *florilegium*, Blütenlese bzw. Anthologie) fort. Eine Verkleinerungsform, die dem lat. *flosculus* direkt entspräche, findet sich im Griechischen nicht.
II. *Lateinische Antike.* Auch im Lateinischen bedeutet *flos* (Synonyme: *color*, Farbe [9], und *lumen*, Licht [10]) allgemein Redeschmuck (Cicero: «verborum sententiarumque flores», Formulierungs- und Gedankenblitze [11]); so lobt Cicero Catos ‹Origines›, weil es ihnen nicht an «florem aut lumen eloquentiae» (Schmuck und stilistischer Raffinesse) [12] gemangelt habe und versteht darunter die Anwendung von Tropen und Figuren [13], andererseits tadelt er Crassus, weil es ihm an «flos» und «lumen» (Schmuckmitteln und Glanzpunkten) [14] gefehlt habe. Das Vorhandensein von *flos* wird also positiv bewertet. Auch ordnet Cicero der oratio «modica ac temperata» (dem gemäßigten, ausgeglichenen Stil) [15], also dem *genus floridum* des Quintilian, als spezifischen Schmuck Sentenzen und Gemeinplätze zu, was bereits auf die spätere Verwendung des Wortes F. vorausweist. Die Bedeutung der Diminutivform *flosculus* hingegen ist eher der oben erwähnten zweiten Nuance von griechisch ánthos verwandt: *flosculus* ist ursprünglich ein kleiner Höhepunkt, eine besonders gelungene Formulierung, vor allem aber die eines anderen, also ein Zitat; negativ bewertet wird bei Cicero und Quintilian die Verwendung fremder *flosculi*, wenn sie ohne Rücksicht auf die eigene Gliederung und den intendierten Kontext übernommen werden, was als typischer Fehler junger Menschen gilt: Cicero sagt von sich, er sei nicht «tam insolens in dicendo, ut omnes undique flosculos carpam» (im Vortragen so unerfahren, daß ich [...] überall pflücke, was sich mir an Redeblumen zeigt) [16], Quintilian warnt vor «iuvenibus flosculos omnium partium in ea quae sunt dicturi congerentibus» (da die jungen Leute nur eine Blütelese aus allen Teilen der Rede zu dem, worüber sie sprechen wollen, zusammenhäufen) [17] und nennt als Kennzeichen eines *corruptum dicendi genus* (verderbte Art zu reden) «pueriles sententiolae, inanes loci und flosculi casuri si leviter excutiantur» (kindische Gedankensplitter, hohle Gemeinplätze und Blümchen, die gleich abfallen, wenn man nur leicht daran rührt). [18]

Zur Übernahme eignen sich naturgemäß besonders prägnante oder allgemeingültige Aussagen besonders gut, und dies rückt die F. in die Nähe der Sentenz und der Chrie; so rät SENECA D. J., man solle jungen Menschen Sentenzen und Chrien zu lesen geben, aber: «certi profectus viro captare flosculos turpe est» (für einen Mann von sicherem Fortschreiten ist nach Blümchen zu haschen schimpflich). [19] In der Spätantike hingegen gilt die Verwendung von F. nicht notwendig als Makel; man redet von «flosculi Tulliani» [20], «flosculi Quintiliani», die den Ohren schmeicheln, aber dennoch von HIERONYMUS für seine Erörterung des Hebräerbriefs abgelehnt werden [21], oder überhaupt «floscula maiorum» [22] und meint damit besonders gelungene Wendungen, die man «pflückt» (*carpere* [23] und *decerpere* [24], vgl. dazu auch dt. das Exzerpt) und in unbekümmertem Eklektizismus weiterverwendet. Diese Einschätzung findet sich jedoch nicht in der rhetorischen Fachliteratur, sondern in Historiographie (Rufinus, Ammianus Marcellinus, Jordanes) und Epistolographie (Hieronymus) und hat sich in der Neuzeit nicht durchsetzen können.

III. *Deutscher Sprachraum.* Im Humanistenlatein setzt sich die reservierte Haltung der Rhetorik gegen die F. fort: im ‹Ciceronianus› des ERASMUS VON ROTTERDAM, der u. a. das Problem schriftstellerischer Originalität und angemessener Imitation diskutiert, nennt der Repräsentant sklavisch-steriler Cicero-Nachahmung das Einfügen Ciceronianischer *flosculi* als Strategie, dem Tonfall Ciceros möglichst nahe zu kommen [25], während nach seinem Kontrahenten Floskeln echtes Verständnis geradezu verhindern: «quantum lucis habet disputatio si talibus flosculis ornatus incedat sermo?» (Meinst du, daß da die Darstellung sonderlich lichtvoll wird, wenn die Sprache im Schmuck solcher Floskeln einherstelzt?) [26] Neu gegenüber der antiken Auffassung ist hier der Gedanke, Floskeln könnten in einer am *docere* orientierten Rhetorik kontraproduktiv wirken und der Forderung nach Klarheit zuwiderlaufen. Ins Deutsche gelangt das Wort *flosculus* 1689 zuerst als Fremdwort in lateinischer Form [27] und bezeichnet vorwiegend lateinische Redensarten, die als Redeornamente im Dienste der Wirkabsicht eingesetzt werden; so hält J. B. VON ROHR Jesuiten für besonders befähigt, die zu wenig freigebigen Fürsten «mit trefflichen Flosculis der Beredtsamkeit und kraefftigen Argumenten [...] zu animieren». [28] Mit der ab 1774 nachweisbaren Eindeutschung [29], die mit einem Wechsel des grammatischen Geschlechts einhergeht, wird der Begriff fortschreitend unspezifischer verwendet und ausschließlich negativ verstanden. Bereits A. VON KNIGGE, der generell Antipathien gegen fertig formuliertes Sprachmaterial hegt und in diesem Zusammenhang auch die mit der F. verwandte Sentenz ablehnt [30], empfindet die Verwendung von F. als frivol und verachtet den, der «[mit] nachgebeteten voltairischen Floskeln der Lehren spottet, auf welche andere Menschen ihre einzige Hoffnung [...] bauen». [31] Wird die F. bei C. F. A. SCHUBART durchaus noch als rhetorisches, wenn auch unerwünschtes Phänomen gesehen («die bessere, von rhetorischen Floskeln und witzigen Luftsprüngen unverwöhnte Nachwelt» [32]), so wird der Ausdruck auch bald, unter Verlust seines Zitatcharakters, im Zusammenhang mit anderen literarischen Genera als Terminus der Poetik eingesetzt: F. SCHILLER wehrt sich gegen eine Rezension, die einseitig nur seine «Floskeln im Style» [33] kritisiert, und meint damit den ihm vorgeworfenen Schwulst und die Überladenheit mit Tropen. [34] Ganz aus der rhetorisch-poetischen Terminologie ausgeschieden ist die F. bei H. A. BÜRGER, für den sie nichts weiter ist als eine vorfabrizierte, mangelndes emotionales Engagement kaschierende und somit verlogene Redewendung: «Denn, trotz ihrer Floskeln, hat diese so wenig Mutterliebe für ihr eigenes Kind [...]». [35] Dies ist die Einschätzung bis heute geblieben.

IV. *Die F. in der modernen Stilistik.* Die F., nun nicht mehr als schmückendes Zitat verstanden, sondern nur noch als formelhafte, syntaktisch unselbständige Wendung, wird in Handbüchern rhetorischer Terminologie nicht mehr thematisiert [36], sondern geht in die Zuständigkeit der normativen Stilistik über, wo sie als Ausprägung sprachlicher Formelhaftigkeit zusammen mit dem Modewort als kleinerer, Phrase und Gemeinplatz als größerer Einheit kritisiert wird; verwandte Begriffe sind *Klischee, Schablone, Leerformel* und *Jargon*. Als F. gelten dabei vor allem redundante Wendungen wie «ein locker angehängtes *oder so*» [37], «ich möchte meinen, ich würde sagen» [38] oder gar Fügungen wie «sich zunehmender Beliebtheit erfreuen» [39], die nunmehr der Umgangs- und Alltagssprache, also gerade nicht mehr der kunstvollen, bewußt organisierten Rede, zugeordnet werden. Das Problem der Abgrenzung zum idiomatischen Ausdruck wird dabei kaum gesehen. Selten wird dem Sprachklischee und damit der F. zugebilligt, immerhin Bestandteil des «notwendigen Zweckdeutschen» [40] zu sein und dem Zuhörer das Verständnis zu erleichtern [41], öfter aber prangert man die F. als Denkvermeidungsstrategie an [42] und interpretiert formelhafte Sprache allgemein als Zeichen «mangelnden Sprachempfindens und stilistischen Differenzierungsvermögens» [43], die nur der Bequemlichkeit des Produzenten diene, aber beim Rezipienten «keinen Eindruck mehr erzwingen» [44], also ihre kommunikative Absicht nicht verwirklichen könne. Wo «Natürlichkeit und Echtheit des Empfindens» [45] als Stilideale gelten, muß das Zurückgreifen auf Sprachklischees im Bereich seelischer Vorgänge, «das Unklischierbarste überhaupt» [46], besonders unangemessen wirken; daher wird die Verwendung der F. in emotionalem Kontext geradezu als ein Wesensmerkmal des Kitschs gesehen. [47]

Anmerkungen:
1 Dionysios von Halikarnassos, Isokrates 13, hg. von H. Usener, L. Radermacher (1899, ND 1965). – **2** Philostratos, Vitae sophistarum 500, hg. von C. L. Kayser, Bd. 2 (1872). – **3** Isocr. Or. 13,18, hg. von G. Mathieu, E. Brémond, Bd. 1 (Paris ³1963). – **4** Cicero, Epistulae ad Atticum 2,6. – **5** Quint. XII, 10,58. – **6** Johannes Siculus, Prolegomenon in Hermogenis Peri Ideon 77, hg. von H. Rabe (1931). – **7** ebd. 67. – **8** Cicero [4] 16,11. – **9** Cic. Brut. 87,298. – **10** Cic. Brut. 17,66 und 66,233. – **11** Cic. De or. 3,25,96, übers. von H. Merklin (²1986) 507. – **12** Cic. Brut. 17,66, übers. und erl. von B. Kytzler (München/Zürich ³1986) 49. – **13** Cic. Brut. 17,69. – **14** Cic. Brut. 66,233 [12] 177. – **15** Cic. Or. 27, 95, übers. und erl. von B. Kytzler (München/Zürich ²1980) 77. – **16** Cicero, Pro P. Sestio 119, übers. von M. Fuhrmann, in: Cicero, Sämtl. Reden, Bd. 5 (München/Zürich 1978) 359. – **17** Quint. X,5,23, übers. v. H. Rahn (²1988) 523. – **18** ebd. XII,10,73, 785. – **19** Seneca, Epistulae ad Lucilium 33,7, übers. von M. Rosenbach, Bd. 1 (1980) 283. – **20** Ammianus Marcellinus, Res gestae 29,1,11. – **21** Hieronymus, Epistulae 36,14,1. – **22** Iordanes Geta, De summa temporum 2. – **23** ebd. – **24** Rufinus von Aquileia, Eusebii historia... 1,1,4. – **25** Erasmus von Rotterdam: Dialogus cui titulus Ciceronianus sive de optimo dicendi genere, in: Ausg. Schr., Bd. 7, hg. von W. Welzig, übers. von T. Payr, (1972) 40. – **26** ebd. 156. – **27** Belege bei H. Schulz: Dt. Fremdwtb. Bd. 1 (Straßburg 1913) 220. – **28** J. B. v. Rohr: Einleitung zur Ceremonialwiss. der Grossen Herren, hg. u. komm.

von M. Schlechte (1990) 128. – **29** Schulz [27]. – **30** A. v. Knigge: Über den Umgang mit Menschen, hg. von G. Ueding (1977) 49. – **31** ebd. 128. – **32** C. F. A. Schubart: Dt. Chronik auf das Jahr 1774 (1775; ND 1975) 3. Beilage, S. 39. – **33** Schillers Werke, Nationalausg., hg. von K. Skrodzki, W. Müller-Seidel (1989) Bd. 24: Briefwechsel 17. 4. 1785 – 31. 12. 1787 S. 68f. (Br. v. 22. 11. 1786 an G. Göschen). – **34** ebd. S. 274f. – **35** Br. von und an H. A. Bürger, hg. v. A. Strodtmann, Bd. 4, 1790–1794 (1874) 188 (Br. an Frau C. E. Halm vom 3. – 12. 12. 1792). – **36** vgl. H. Lausberg: Hb. der lit. Rhet. (³1990). – **37** W. Sanders: Sprachkritikastereien: Und was der «Fachler» dazu sagt (1992) 45. – **38** E. C. Hirsch: Dt. für Besserwisser (1976) 27. – **39** W. Schneider: Dt. für Profis (²1984) 208. – **40** L. Reiners: Stilkunst. Ein Lehrbuch dt. Prosa, bearbeitet von S. Meyer, J. Schiewe (1991) 137. – **41** Schneider [39] 127. – **42** Sanders [37] 45. – **43** B. Sowinski: Dt. Stilistik (1972) 83. – **44** Reiners [40] 133. – **45** Sowinksi [43] 82. – **46** D. Zimmer: Redens Arten. Über Trends und Tollheiten im neudt. Sprachgebrauch (Zürich 1986) 84. – **47** Sowinski [43] 82f.

V. Binder

→ Florilegium → Jargon → Klischee → Leerformel

Flugblatt, Flugschrift (engl. broadside, broadsheet, pamphlet; frz. feuille volante, tract; ital. foglio volante, volantino)
A. Def. – B. I. 15 bis 17. Jh. – II. 18. und 19. Jh. – III. 20. Jh.

A. Fb. und Fs. gehören zu den frühesten Druckerzeugnissen für breitere Leserschichten. Lange bevor die periodische Presse damit beginnt, aktuelle Ereignisse festzuhalten und einem interessierten Publikum zugänglich zu machen, vermitteln Fb. und Fs. Informationen und Kommentare zum politischen, sozialen, wirtschaftlichen, religiösen und wissenschaftlichen Geschehen. Eine einheitliche Terminologie hat sich in Deutschland jedoch erst im 18. Jh. herausgebildet. In Anlehnung an das französische ‹feuille volante› hat C. F. D. Schubart als erster den Begriff Fb. und, daraus abgeleitet, Fs. verwendet. [1] In der Publizistik des 16. und 17. Jh. finden wir Bezeichnungen wie Abriß, Aviso, Bericht, Kontrafaktur, Neue Zeitung, Famosschrift und Pasquill. In Anbetracht der Analogien, die Fb. und Fs. insbesondere in bezug auf die Funktion aufweisen, ist es legitim und sinnvoll, sie gemeinsam zu behandeln, sofern man die Differenzen, die sich unter anderem in der formalen Gestaltung manifestieren, nicht übersieht. So versteht man unter Fb. ein einseitig bedrucktes, meist illustriertes Blatt, während Fs. eine mehrseitige, nicht gebundene Druckschrift bezeichnet, die bisweilen eine Titelgraphik aufweist, jedoch, von Ausnahmen abgesehen, nicht illustriert ist. Das für das Fb. gebräuchliche Folioformat begrenzt den Umfang von Text und Bild. Das Fb. wird so zu einem rasch und vergleichsweise kostengünstig herstellbaren Medium, das knapp und situationsbezogen zu informieren vermag. Auffällig ist die Aktuelles und Überzeitliches gleichermaßen umfassende Themenvielfalt: Politische und militärische Ereignisse und Entwicklungen, die ökonomische und soziale Situation innerhalb kleinerer und größerer Territorien, religiöse und konfessionelle Fragestellungen, Wunderzeichen und deren moralische Nutzbarmachung, prognostische Aussagen sowie wissenschaftliche Erkenntnisse werden in Fb. reflektiert, Meldungen über Morde, Diebstähle und Hinrichtungen einem sensationshungrigen Publikum detailreich übermittelt. Angesichts der zeitweiligen Brisanz solcher Publikationen erstaunt es nicht, daß Fb. aus Furcht vor der Zensur, aber auch, weil mit der Abfassung von Fb. ein Ehrverlust verbunden sein konnte [2], anonym oder pseudonym erscheinen. Der prekäre Status von Einblattdrucken bedeutet jedoch nicht, daß Fb. pauschal als einfach strukturierte Machwerke unprofessioneller Schreiber und Illustratoren beschrieben werden müssen. Wichtige Schriftsteller des 17. Jh. konnten beispielsweise als Autoren von Tagespublizistik identifiziert werden [3], und auch dort, wo es nicht gelingt, den Urheber eines Blattes ausfindig zu machen, kann bisweilen aufgrund der komplexen Gestaltung von einem gelehrten und rhetorisch gebildeten Verfasser ausgegangen werden. So begegnen uns in Fb. literarische Gattungen wie Lied, Sonett, Alexandrinergedicht und Epigramm, und die reiche Verwendung von Metaphern, Allegorien und Emblemen in frühneuzeitlicher Publizistik sowie die Beherrschung einer Vielzahl von Stilmitteln verraten den poetologisch geschulten Autor. Die Integration unterschiedlichster Gattungsmuster im Medium Fb. erschwert die Abgrenzung zwischen literarischen und den hier behandelten publizistischen Formen der Textgestaltung. Eine enge Berührung oder gar Überschneidung mit der Historiographie und Annalistik, mit der Prodigien- und der Kalenderliteratur sind für eine Vielzahl von Fb. charakteristisch, die Grenzen zu andern Publikationstypen oft fließend. Fb. richten sich an ein breites Publikum, versuchen auch diejenigen sozialen Gruppen zu erreichen, denen Bücher schwer zugänglich sind. Durch die Graphik – im 16. Jh. handelt es sich meist um einen Holzschnitt, im 17. Jh. dominiert der Kupferstich – und die durch bewußte Bild-Text-Relationen auf leichte Memorierbarkeit angelegte Struktur vieler Fb. ist es auch Analphabeten möglich, die Botschaft eines Fb. zu verstehen und im Gedächtnis zu behalten. Obwohl Fb. im 16. und 17. Jh. Auflagen von 1000 bis 2000 Exemplaren erreichen konnten [4] und insbesondere in den wichtigen Druckzentren wie Augsburg, Basel, Frankfurt am Main, Leipzig, Nürnberg und Straßburg in großer Auswahl angeboten wurden, obwohl sie durch Vorlesen und Vorsingen an einen großen, unspezifischen Rezipientenkreis gelangten, wäre es verfehlt – zumindest was die frühe Publizistik angeht – Fb. als jedermann zugängliche Massenmedien zu beschreiben. Ihre Heterogenität führt dazu, daß je nach Publikation die Adressaten und potentiellen Leser neu definiert werden müssen. Zudem war der Preis eines Einblattdrucks – gegen Mitte des 17. Jh. kostete ein illustriertes Fb. soviel, wie ein gutbezahlter Handwerker in einer Stunde verdiente [5] – vielen zu hoch. Aufwendig gestaltete und entsprechend teurere Blätter waren für die niederen Stände, die weder die bildungsmäßigen noch die wirtschaftlichen Voraussetzungen erfüllten, um als Käufer von Tagespublizistik in Betracht zu kommen, kaum erschwinglich. Als Abnehmer von Fb. kommen demnach in erster Linie diejenigen Schichten in Frage, die nicht nur über eine rudimentäre Schulbildung, sondern auch über ein regelmäßiges Einkommen verfügten. Erst die Alphabetisierung auch der untersten Bevölkerungsschichten und die kostenlose Verteilung ermöglichten den sozial Benachteiligten den Zugang zu Fb. und führten zu einer signifikanten Ausweitung des Rezipientenkreises. Trotz dieser Einschränkungen ist das Fb. seit der Einführung des Buchdrucks ein ideales Vehikel für Botschaften aller Art und fungiert in Krisen- und Umbruchszeiten, in Phasen intensiver politischer, religiöser und intellektueller Auseinandersetzungen als Medium für die Verbreitung der jeweiligen Anliegen der Autoren. Dabei geht es in den meisten Einblattdrucken nicht primär um die Vermittlung von Wissen, um das *docere*, sondern darum, eine besondere Wirkung zu erzielen, um das *delectare* und vor allem das *movere*. Der Meinungsbeeinflussung dienen die in der Regel einer spezifischen politischen oder religiösen Haltung verpflichteten Argumentationsmuster. Durch polemische Abrechnung mit potentiellen und historischen Gegnern, durch die Propagierung mehr oder weniger konkreter Denk- und Verhaltensweisen wird mit Hilfe rhetorischer Mittel versucht, auf die Leser einzuwirken. Politische und soziale Agitation sowie *propaganda fidei* kennzeichnen einen Großteil der gedruckten Fb., und noch in denjenigen Blättern, die, wie die Darstellung naturwissenschaftlicher Phänomene oder die Schilderung außergewöhnlicher Ereignisse, zunächst den Anschein einer gewissen Objektivität erwecken, ist fast durchwegs eine politische, religiöse, ethisch-moralische Tendenz erkennbar. Situationsbezug, eine sich am Erwartungshorizont zeitgenössischer Leser orientierende Appellstruktur, das Bestreben, einen Sachverhalt durch knappe, einprägsame Formulierungen, durch stereotype Wiederholung zentraler Begriffe im Bewußtsein der Rezipienten zu verankern, machen die persuasive Leistung von Fb. aus.

Was bisher in bezug auf Fb. festgehalten wurde, gilt teilweise auch für Fs. Themenvielfalt, eine bisweilen komplexe und kunstvolle Gestaltung und eine auf spezifische Wirkungen bedachte Argumentation sind auch für Fs. charakteristisch. Der größere Textumfang, das weitgehende Fehlen von Illustrationen haben jedoch Auswirkungen auf die Produktions-, Distributions- und Rezeptionsbedingungen: Fs. wie auch Fb. sind eine Handelsware, müssen also so gestaltet sein, daß das Interesse potentieller Käufer geweckt wird. Während Fb. durch Graphik und attraktives Layout Aufmerksamkeit erregen, versuchen Fs. durch ausführliche Titelangaben auf ihren Inhalt und dessen Bedeutung hinzuweisen. Die meist Quartformat aufweisenden Fs. umfassen in der Regel etwa vier bis sechzehn Seiten, können jedoch bisweilen den Umfang eines Buches erreichen. Fs. informieren und kommentieren demnach umfassender als Fb., sie erlauben eine ausführlichere und differenziertere Argumentation und bieten sich als Austragungsort juristischer, politischer, theologischer und wissenschaftlicher Kontroversen an. Im Gegensatz zum Fb., in dem nur vereinzelt auf den Autor, den Drucker und das Erscheinungsjahr verwiesen wird, enthalten die meisten Fs. Angaben zu Druckort und -jahr und nennen nicht selten den Namen des Verfassers. Damit wird es möglich, den Produzentenkreis von Fs. präziser zu beschreiben. Es handelt sich im 16. und 17. Jh. meist um akademisch gebildete Autoren, Humanisten, Geistliche, Juristen, Beamte, Lehrer, Ärzte und Studenten, aber auch Mitglieder des zünftigen Handwerks (z. B. H. SACHS), seit dem 18. Jh. kommen in zunehmendem Maße Berufsschriftsteller als Verfasser von Tagespublizistik in Frage, im 19. und 20. Jh. zudem politisch engagierte Handwerker und Arbeiter. Dies hat Auswirkungen auf die Gestaltung von Fs. Wie auch Fb. zeichnen sich Fs. durch eine große thematische und formale Vielfalt aus. Zu den bereits in Zusammenhang mit der Flugblattpublizistik genannten Gattungen kommen der Dialog, die Epistel, das Gebet, die Predigt, die akademische Rede und der Traktat hinzu, die, einzeln oder kombiniert eingesetzt, den Stand der zeitgenössischen poetologischen und rhetorischen Diskussion reflektieren. Die inhaltlich anspruchsvollen und aufgrund ihres Umfangs eher teuren Fs. sind vor allem einer alphabetisierten, hinreichend gebildeten und kaufkräftigen Leserschaft zugänglich, was nicht ausschließt, daß durch mündliche Vermittlung weitere Interessenten erreicht werden können. Der potentielle Rezipientenkreis von Fs. bleibt jedoch deutlich begrenzter als derjenige von Fb. Während Fb. durch Kolportage und andere schwer kontrollierbare Distributionsformen verbreitet werden, erfolgt der Vertrieb von Fs. meist über die Drucker oder über den Buchhandel. Dadurch, daß der Autor, der Drucker, die Verkaufsstelle bekannt sind, ist die Fs. stärker dem Zugriff der Zensur ausgesetzt, was sich auf die argumentative Struktur auswirkt. Eine gemäßigtere Haltung, eine differenziertere Begründung der propagierten Positionen und die subtilere Verwendung der Satire charakterisieren die Mehrzahl der erhaltenen Fs. Auch dort, wo eine Publikation radikal und offensiv argumentiert, kann in der Regel davon ausgegangen werden, daß es mit obrigkeitlicher Billigung geschieht. Trotzdem sind gerade Fs. maßgeblich am Meinungsbildungsprozeß beteiligt. Durch ihre Anpassung an den Erfahrungshorizont, die Wertvorstellungen und die Bedürfnisstruktur der Rezipienten vermitteln sie zudem wichtige mentalitätsgeschichtliche Aufschlüsse und ermöglichen eine genauere Kenntnis des Bildungs- und Bewußtseinsstandes auch jener sozialen Schichten, die als Kulturträger kaum in Erscheinung treten.

B. I. *15. bis 17. Jh.* Ihre Blütezeit erleben Fb. und Fs. im 16. und 17. Jh. Nachdem bereits im 15. Jh. eine rege Produktion von Tagespublizistik eingesetzt hatte – es werden vor allem obrigkeitliche Erlasse, religiöse Kleinliteratur wie Ablaß- und Beichtbriefe sowie Gebete, Aderlaßmännchen, Pestblätter und Bauernpraktiken gedruckt – führt die Reformation zu einem ersten quantitativen und qualitativen Höhepunkt. Es sind insbesondere die Verfechter der neuen Lehre, die auf geschickte Weise das verfügbare publizistische Instrumentarium zur Verbreitung ihrer Ideen nutzen. Dienen die Fs. dazu, die theologischen Grundlagen des reformierten Glaubens offenzulegen und in Auseinandersetzung mit den Vorwürfen der altgläubigen Gegner die protestantische Position zu verteidigen, so sollen die Fb. vor allem die antirömische Haltung der Reformatoren einem breiten Publikum vermitteln und zum Widerstand gegen die Institutionen der katholischen Kirche aufrufen. Die Schriften LUTHERS und MELANCHTHONS, aber auch die teilweise in Zusammenarbeit mit namhaften Künstlern entstandene Bildpublizistik (der ‹Papstesel› und das ‹Mönchskalb› als wohl berühmteste reformatorische Fb. seien hier stellvertretend genannt) haben wesentlich zum Erfolg der reformatorischen Bewegung beigetragen. Auch die wichtigsten Programmschriften der revoltierenden Bauern werden als Fs. veröffentlicht, und die in Zusammenhang mit dem Bauernkrieg intensivierte Auseinandersetzung um das Verhältnis zwischen Obrigkeit und Untertanen findet ihren Niederschlag in einer Vielzahl von Publikationen. Während der auf die Reformation folgenden Jahrzehnte spiegelt die Publizistik die konfessionellen und politischen Ereignisse und Entwicklungen des Jahrhunderts. Die ‹Confessio Augustana› (1530), der Schmalkaldische Krieg (1546–47), der Augsburger Religionsfriede (1555), die Kontroversen zwischen lutherischer Geistlichkeit und den Vertretern der im Zuge des Tridentinums wiedererstarkten katholischen Kirche sowie die militärischen Konflikte mit den Türken bewirken eine reiche Produktion von Fb. und Fs. Daneben erscheinen weiterhin Publikationen mit informierender und paränetischer Funktion wie Mandate, Andachtsblätter und Prodigienliteratur.

Papstesel und Mönchskalb, 1586 (Berlin, SB: YA 2051 m)

Ein Großteil der Publizistik des 17. Jh. wird während des Dreißigjährigen Krieges veröffentlicht. Die einzelnen Phasen des Konflikts sind reich dokumentiert, der Böhmische Aufstand, die schwedische Intervention, der Friede von Münster und Osnabrück haben zu einer Vervielfachung der publizistischen Produktion geführt. Neben politischen Auseinandersetzungen werden in Fb. und Fs. theologische (Streit zwischen Lutheranern und Calvinisten, theologische Dispute zwischen orthodoxen protestantischen Geistlichen und Jesuiten), juristische (Widerstandsrecht gegen die Obrigkeit, Verhältnis zwischen ständischer Libertät und kaiserlicher Zentralmacht), ökonomische (Inflation, ‹Kipper und Wipper›) und soziale (‹Alamodewesen›) Kontroversen ausgetragen. Ziel all dieser Veröffentlichungen bleibt es, spezifische politische und religiöse Standpunkte zu propagieren und Handlungsanweisungen zu vermitteln.

II. *18. und 19. Jh.* Der sich in der zweiten Hälfte des 17. Jh. abzeichnende Rückgang der politisch und konfessionell ausgerichteten publizistischen Produktion setzt sich im 18. Jh. zunächst fort. Mit dem Einsetzen der Aufklärung eröffnen sich jedoch insbesondere für Fs. neue Wirkungsmöglichkeiten. Gemeinsam mit der immer mehr an Bedeutung gewinnenden periodischen Presse dienen Fs. als Sprachrohr für sozial- und bildungsreformerische Anliegen und als Medium der Selbstdarstellung eines sich emanzipierenden Bürgertums. Schriftsteller und Journalisten nutzen die Fs. zur Austragung literarischer Fehden und kunsttheoretischer Debatten. Die Flugblattproduktion umfaßt im wesentlichen erbauliche Publizistik sowie Drucke mit Sensationsmeldungen und Bilderbogen für die unteren Bevölkerungsschichten und gewinnt erst wieder durch die Französische Revolution größere Bedeutung als Medium politischer Agitation. Die revolutionären Umwälzungen in Frankreich regen eine umfangreiche publizistische Tätigkeit an und wirken in Deutschland bis zum Scheitern der demokratischen Bestrebungen 1848 nach. Neben revolutionären Autoren, darunter bedeutenden Dichtern des Vormärz und des Jungen Deutschland, treten insbesondere Studenten und Handwerksgesellen als Produzenten von Tagesliteratur in Erscheinung. In den republikanischen Veröffentlichungen geht es zentral darum, das monarchische Staatsprinzip als ungerecht und ineffizient zu entlarven und für neue politische Strukturen zu werben. Im Gegensatz zu vielen Schriften der Befreiungskriege und der Bürgerlichen Revolution, die eine europäische Sichtweise propagieren, vertritt die offizielle Publizistik des Kaiserreichs eine deutschnationale Perspektive. Der Kampf des Staates gegen äußere und innere Feinde, der sich in der Auseinandersetzung um die Heeresfinanzierung, im Kulturkampf und den Sozialistengesetzen manifestiert, gibt wiederholt Anlaß zu publizistischen Kontroversen. Trotz einer repressiven Zensurpolitik spiegeln sich in der zeitgenössischen Publizistik die Konsolidierung und schließlich der Zusammenbruch des Deutschen Reiches.

III. *20. Jh.* Die zunehmende Verbreitung der Zeitungen seit dem Beginn des 17. Jh. und das Aufkommen der Wochenzeitschriften im 19. Jh. haben zu einem Funktionswandel und schließlich zu einem drastischen Produktionsrückgang der Fb.- und Fs.-Publizistik geführt. Indem die periodische Presse die Aufgabe, historisches Geschehen zu berichten und zu deuten, übernimmt, zwingt sie insbesondere die Produzenten von Fb. neue Einsatzmöglichkeiten, beispielsweise im Bereich der religiösen und volkstümlichen Graphik, zu erschließen.

In Zeiten politischer Repression und rigoroser staatlicher Medienkontrolle allerdings bieten sich Fb. und Fs. aufgrund ihrer Produktions- und Distributionsweise als Sprachrohr oppositioneller Individuen und Gruppierungen an. Die Schriften der Arbeiterbewegung, der gegen die nationalsozialistische Diktatur ankämpfenden Widerstandsorganisationen sowie der Ende der sechziger Jahre rebellierenden Studenten belegen, daß die moderne nichtperiodische Publizistik im Gegensatz zu den eher systemkonform argumentierenden Fb. und Fs. der frühen Neuzeit sich meist äußerst kritisch mit der politischen und sozialen Wirklichkeit auseinandersetzt. Daneben jedoch wird vor allem das Fb. weiterhin als Mittel der offiziellen Propaganda – zu denken wäre hier an den Einsatz agitatorischer Fb. durch die kriegführenden Mächte während des Zweiten Weltkriegs – verwendet und dient in zunehmendem Maße als Werbeträger.

Trotz bisweilen hoher Auflagen ist die Überlieferung von Fb. und Fs. lückenhaft. Der geringe Umfang, der fehlende Einband, die meist schlechte Papierqualität bewirken einen schnellen Verschleiß, der situationsbezogene, aktuelle Charakter führt dazu, daß sie nur selten aufbewahrt werden. Den heute erhaltenen Bestand an früher Publizistik verdanken wir vor allem privater Sammeltätigkeit. Die Wickiana in Zürich, die Fb.- und Fs.-Sammlungen Dobřenský (Prag), Hermann (Straßburg), zum Lamm (Darmstadt), Häberlin (Regensburg) und zum Jungen (Frankfurt), die in der Regel ein spezifisches territorialgeschichtliches, religiöses oder wissenschaftliches Sammelinteresse dokumentieren, wurden im 16. und 17. Jh. von Einzelpersonen zusammengetragen, aber auch in späterer Zeit haben sich kulturgeschichtlich interessierte private Sammler und in zunehmendem Maße Bibliotheken und Staatsarchive um die Erhaltung und systematische Erfassung von Publizistik verdient gemacht.

Anmerkungen:
1 F. Kluge: Etym. Wtb. der dt. Sprache ([21]1975) 209. – 2 W. Harms: Einl., in: Dt. illustrierte Fb. des 16. und 17. Jh., Bd. 1 (1985) XVI. – 3 W. Harms: Anonyme Texte bekannter Autoren auf illustrierten Fb. des 17. Jh., in: Wolfenbütteler Barocknachrichten 12 (1985) 49–58. – 4 M. Schilling: Bildpublizistik der frühen Neuzeit (1990) 24–25. – 5 ebd. 40.

Literaturhinweise:
Kommission für den Gesamtkatalog der Wiegendrucke (Hg.): Einblattdrucke des 15. Jh. Ein bibliogr. Verzeichnis (1914; Nachdruck 1968). – K.-G. Faber: Die nationalpolitische Publizistik Deutschlands von 1866 bis 1871. Eine krit. Bibliogr. (1963). – H. Scheel (Hg.): Jakobinische Fs. aus dem dt. Süden Ende des 18. Jh. (1965). – M. Bohatcová: Irrgarten der Schicksale. Einblattdrucke vom Anfang des Dreißigjährigen Krieges (Prag 1966). – W. A. Coupe: The German Illustrated Broadsheet in the 17th Century. 2 Bde. (1966/67). – S. Ritter: Die kirchenkrit. Tendenz in den dt.sprachigen Fs. der frühen Reformationszeit (1970). – B. Weber: Wunderzeichen und Winkeldrucker 1543–1580. 2 Bde. (Dietikon-Zürich 1972). – B. Balzer: Bürgerliche Reformationspropaganda. Die Fs. des H. Sachs in den Jahren 1523–1525 (1973). – O. Buchbender, H. Schuh: Heil Beil! Fb.-Propaganda im 2. Weltkrieg (1974). – M. Geisberg: The German Single-Leaf Woodcut 1500–1550, hg. von W. L. Strauss. 4 Bde. (New York 1974). – E. C. Lang: Friedrich V., Tilly und Gustav Adolf im Fb. des Dreißigjährigen Krieges (Austin 1974). – R. W. Brednich: Die Liedpublizistik des 15. bis 17. Jh. 2 Bde. (1974/75). – W. Brückner: Populäre Druckgraphik Europas. Deutschland. Vom 15. bis 20. Jh. ([2]1975). – A. Laube, H. W. Seiffert (Hg.): Fs. der Bauernkriegszeit (1975). – H.-J. Ruckhäberle: Fs. lit. im hist. Umkreis G. Büchners (1975). – W. L. Strauss: The German Single-Leaf

Woodcut 1550–1600. 3 Bde. (New York 1975). – H. Meuche, I. Neumeister: Fb. der Reformation und des Bauernkrieges. 50 Bll. aus der Slg. des Schloßmuseums Gotha (1976). – J.E. Walsh (Hg.): Austrian Revolutionary Broadsides and Pamphlets (Boston 1976). – D. Alexander, W.L. Strauss: The German Single-Leaf Woodcut 1600–1700. 2 Bde. (New York 1977). – P. Dohms: Fs. in Gestapo-Akten (1977). – E. Hilscher: Die Bilderbogen im 19. Jh. (1977). – H.-J. Ruckhäberle (Hg.): Frühproletarische Lit. Die Fs. der deutschen Handwerksgesellenvereine in Paris 1832–1839 (1977). – K. Kirchner (Hg.): Fb.-Propaganda im 2. Weltkrieg. 15 Bde. (1978/91). – H.-J. Köhler u. a. (Hg.): Fs. des frühen 16. Jh. Mikrofiche Serie (1978ff.). – G. Otruba: Wiener Fs. zur Sozialen Frage 1848 (Wien 1978). – S. Weigel: Fs. lit. 1848 in Berlin (1979). – S. Wechssler: Fb. Aus der Frühzeit der Zeitung (1980). – W. Harms (Hg.): Dt. illustrierte Fb. des 16. und 17. Jh. Kommentierte Ausgabe. 4 Bde. (1980/89). – Stadt- und Univ.bibl. Frankfurt/M.: Fs.Slg. G. Freytag. Vollständige Wiedergabe der 6265 Fs. aus dem 15. bis 17. Jh. sowie des Katalogs von P. Hohenemser auf Mikrofiche (1980/81). – G. Ecker: Einblattdrucke von den Anfängen bis 1555. 2 Bde. (1981). – M. Goer: Gelt ist also ein kostlich Werth. Monetäre Thematik, kommunikative Funktion und Gestaltungsmittel illustrierter Fb. im Dreißigjährigen Krieg (1981). – H.J. Köhler: Fs. als Massenmedium der Reformationszeit (1981). – K. Mehring: Fb. und Fs. zur ungarischen Räterepublik 1919 (1981). – A. Janeck: Zeichen am Himmel. Fb. des 16. Jh. (1982). – R. Kastner: Geistlicher Rauffhandel. Form und Funktion der illustrierten Fb. zum Reformationsjubiläum 1617 in ihrem hist. und publizistischen Kontext (1982). – W. Harms u. a. (Hg.): Illustrierte Fbb. des Barock (1983). – W. Harms, B. Rattay (Hg.): Illustrierte Fb. aus den Jahrhunderten der Reformation und der Glaubenskämpfe (1983). – A. Laube u. a. (Hg.): Fs. der frühen Reformationsbewegung (1518–1524) (1983). – J. Schwitalla: Dt. Fs. 1460–1525. (1983). – Enzyklop. des Märchens 4 (1984) 1339–1358. – K. Kirchner (Hg.): Fb.-Propaganda im 1. Weltkrieg. Bd. 1 (1985). – J.R. Paas: The German Political Broadsheet 1600–1700. 2 Bde. (1985/86). – E.-M. Bangerter-Schmid: Erbauliche illustrierte Fb. aus den Jahren 1570–1670 (1986). – G. Hooffacker: Avaritia radix omnium malorum. Barocke Bildlichkeit um Geld und Eigennutz in Fs. und benachbarter Lit. der Kipper- und Wipperzeit (1620–1625) (1988). – G. Berghaus: Die Aufnahme der engl. Revolution in Deutschland 1640–1669. Bd. 1: Stud. zur polit. Lit. und Publizistik im 17. Jh. mit einer Bibliogr. der Fs. (1989). – Lex. des gesamten Buchwesens 2 (1989) 622–623. – H. Traitler: Konfession und Politik. Interkonfessionelle Fs.-Polemik aus Süddeutschland und Österreich (1564–1612) (1989). – H. Talkenberger: Sintflut. Prophetie und Zeitgeschehen in Texten und Holzschnitten astrologischer Fs. 1488–1528 (1990). – R. Haftlmeier-Seiffert: Bauerndarstellungen auf dt. illustrierten Fb. des 17. Jh. (1991). – S.S. Tschopp: Heilsgesch. Deutungsmuster in der Publizistik des Dreißigjährigen Krieges. Pro- und antischwedische Propaganda 1628–1635 (1991). – H.-J. Köhler: Bibliogr. der Fs. des 16. Jh. (1992). – U. D. Hänisch: ‹Confessio Augustana triumphans›. Funktionen der Publizistik zum Confessio Augustana-Jubiläum 1630 (1993).

S. S. Tschopp

→ Agitation → Appell → Brevitas → Emblem, Emblematik → Massenkommunikation → Meinung, Meinungsfreiheit → Parteilichkeit → Polemik → Presse → Propaganda → Publizistik → Redesituation → Streitschrift → Wirkung → Zensur

Folgerung (griech. ἀκολούθησις, akoloúthēsis; lat. consequentia; engl. consequence; frz. conséquence; ital. conseguenza)
A. Der Terminus ‹F.› verweist auf eine logische Ableitungsbeziehung [1] zwischen Aussagen bzw. auf die Relation zwischen Prämissen und Konklusionen. Eine Konklusion (These) ist genau dann eine F. aus einer Menge von Hypothesen, wenn die Stimmigkeit der Hypothesen die der These sichert. [2] Oft wird die These selbst F. genannt.

Für die Rhetorik sind vor allem die Überlegungen der praktischen Verwendung der verschiedenartigen Folgerungstypen von Bedeutung. Sie müssen theoretisch wie praktisch beherrscht werden, um die logische und faktische Qualität eines eigenen oder fremden Arguments prüfen zu können und um die in einem Argument explizite oder implizite als geltend vorausgesetzten Prämissen zu erheben und auf ihre faktische Stimmigkeit zu prüfen. Ferner ist es für sie unverzichtbar, die logische Stimmigkeit der Prämissenverknüpfung und der Erzeugung einer F. überprüfen zu können. [3] Dieser dialogischen F. liegt eine formale Gewinnstrategie zugrunde [4]: Der Proponent übernimmt die These A unter den vom Opponenten übernommenen Hypothesen A_x. Sie führt zur Ausbildung des Folgerungsbegriffs der effektiven Logik. Dieser hat nur dann dieselbe Extension wie der semantische Folgerungsbegriff, wenn zu den A_x das Prinzip: *tertium non datur* (also die Behauptung, die Folge sei vollständig) begründet hinzugefügt wird.

B. I. *Antike, Mittelalter*. Bei PLATON bezeichnet *syllogízesthai* ein Folgern aus Gegebenem. [5] ARISTOTELES bestimmt den Syllogismus als einen Schluß von zwei Aussagen *(tethénta tiná)*, die miteinander so zusammenhängen, daß wenn sie notwendig gelten, auch eine dritte *(héteron ti)* kraft dieser beiden gilt. [6] Die zwei ersten Aussagen – die Prämissen – *(protáseis)* enthalten die Pole *(ákra)*, das Subjekt und das Prädikat des Syllogismus und dessen Mittelbegriff *(hóros mésos)*. Aristoteles unterscheidet den beweisenden vom rhetorisch-dialektischen Schluß. [7] Die Skepsis nahm zumeist an, jeder Schluß enthalte einen Zirkel, insoweit jede generelle Prämisse (Obersatz), auf die sich die Folgerung stützt, diese Folgerung als geltend voraussetzt. [8] Das arabische und christliche Mittelalter folgten im wesentlichen den Ausführungen des Aristoteles, so Boethius und die Scholastik, die den Terminus ‹consequentia› verwenden.

II. *Neuzeit*. Die neuzeitliche Syllogismuskritik folgte zunächst meist den antiken Skeptikern wie z.B. R. DESCARTES [9] und J. LOCKE [10]. KANT nennt das folgernde Schließen die wichtigste Funktion der Vernunft. «In jedem Vernunftschlusse denke ich zuerst eine Regel (Obersatz) durch den Verstand. Zweitens subsumiere ich eine Erkenntnis unter die Bedingung der Regel (Untersatz) vermittels der Urteilskraft. Endlich bestimme ich meine Erkenntnis durch das Prädikat der Regel (Folgerung), mithin a priori durch die Vernunft. Das Verhältnis also, welches der Obersatz als die Regel, zwischen einer Erkenntnis und ihrer Bedingung vorstellt, macht die verschiedenen Arten der Vernunftschlüsse aus.» Es gibt deren kategorische, hypothetische (wenn a, dann b) und disjunktive (entweder a oder b). [11] Seit Kant wird zumeist akzeptiert, daß ohne folgerndes Schließen alles Wissen singulär bliebe. Für HEGEL gilt, daß der Schluß den Begriff in der Aussage erst wiederherstellt. In ihm zeigt sich das Vernünftige – und alles Vernünftige. [12] Vernünftig ist ihm jedoch nur der Schluß, in dem «das Subjekt durch die Vermittlung sich mit sich selbst zusammenschließt». [13]

Erst die moderne Logik befreite das schließende Folgern zum einen von jeder Form der Erkenntnismetaphysik und zum anderen von dem Verdacht zirkulären Denkens. ‹F.› wurde zu einem logischen Grundbegriff. Er wird heute in sehr verschiedenen semantischen und funktionalen Bedeutungen verwandt. In der formalen Logik bezeichnet ‹F.› zunächst einen metasprachlichen

Ausdruck über eine Beziehung zwischen einer These und einer Menge von Hypothesen (Gründen, Prämissen).

C. *Systematik.* 1. *Analytische und synthetische F.* Unterschieden werden analytische von synthetischen F. Die Hypothesen der analytischen sind formal-logischer, sprachlogischer (Definitionen oder andere Sprachregelungen) und transzendental-logischer (Antworten auf die Frage nach der Bedingung der Möglichkeit eines Sachverhalts) Art. Sie können logisch-wahr sein. So folgt analytisch aus «Dieses ist ein Schimmel» → «Dieses ist ein Pferd», weil und insofern sprachlogisch im Begriff ‹Schimmel› der Begriff ‹Pferd› enthalten ist.

Die Hypothesen der synthetischen F. dagegen betreffen wenigstens zum Teil nicht-logische Sachverhalte. Sie setzen ein (wenigstens vermeintliches) Wissen über solche Sachverhalte voraus. Sie sind weder logisch noch ontologisch wahr (insoweit unsere kognitiven Vermögen uns nicht zureichendes Wissen bereitstellen, ontologisch-wahre Aussagen zu bilden). ‹Wahrheit› sei hier mit ARISTOTELES und der Alltagssprache als die Qualität einer Aussage verstanden, die «von einem Seienden sagt, es sei, und von einem Nicht-Seienden, es sei nicht». [14]

2. *Gesetzesartige und regelartige F.* Synthetische F. können entweder zu gesetzesartigen oder zu regelartigen Aussagen führen. Eine regelartige Aussage liegt immer dann vor, wenn eine ihre Hypothesen mit den Methoden der Statistik als geltend gesichert wurde. Solche regelartigen Aussagen erlauben immer mögliche Ausnahmen (Fehler 2. Ordnung; β-Fehler). Im Folgenden handeln wir ausschließlich über die Logik gesetzesartiger synthetischer F. Die Gültigkeit der Hypothesen dieser F. wird, wenn sie allgemein Geltung beanspruchen, über Konsens gesichert. Solcher Konsens kann verschiedene Gründe haben: a) Eine Hypothese wurde als allgemeinverbindliche Norm legal festgelegt (Gesetz, Verordnung); Beispiel: «Ein Rechtsgeschäft, das gegen die guten Sitten verstößt, ist nichtig.» (BGB § 138). b) Eine Hypothese wird in einem konkreten sozialen System als evidentstimmig (= nicht sinnvoll zu bezweifeln) akzeptiert; Beispiel: «Die marktwirtschaftliche Ordnung ist die ökonomisch rationalste Ordnung.» c) Eine Hypothese hat den Charakter einer validen Definition; Beispiel: «Eigentum ist das absolute dingliche Recht, über eine Sache innerhalb der von den Rechtsnormen gezogenen Grenzen frei zu verfügen.» d) Eine Hypothese handelt über eine vollständig beobachtete Menge von Sachverhalten, denen sie eine bestimmte Eigenschaft zuspricht; Beispiel: «Eine nachgewiesene Infektion mit HIV-Viren kann zur Zeit (1992) nicht erfolgreich behandelt werden.» Andere Hypothesen gründen zumeist in mehr oder minder vollständiger empirischer Information.

3. *Die indirekte F.* Sie beweist *e contrario*: Aus der Unstimmigkeit eines logisch-richtig gebildeten Schlußsatzes folgt die Unstimmigkeit wenigstens einer Prämisse. Die Theorie dieser F. entwickelte schon Aristoteles. [15] Er erkannte, daß solche Schlüsse prinzipiell in direkte verwandelt werden können. [16] Folgendes Beispiel für eine solche indirekte F.: «Alle Menschen lieben das Leben. Niemand, der das Leben liebt, tötet sich selbst. Kein Mensch tötet sich selbst.» Der Schlußsatz ist evident falsch. Der Syllogismus ist logisch stimmig *(I eae)*. Also ist eine der Prämissen falsch. Der Syllogismus läßt sich so in einen direkten konvertieren: «Niemand, der das Leben liebt, tötet sich selbst. Die meisten Menschen lieben das Leben. Also töten sich die meisten Menschen nicht selbst» *(I eio)*.

4. *F. in der dialogischen Logik.* In der dialogischen Logik (sie ist immer synthetisch) hat das schließende Folgern die unverzichtbare Funktion, einen über Bedingungen oder Begründungen vorgestellten Beweisgang (a) auf seine logische Stimmigkeit zu prüfen und (b) die offenen oder verborgenen Prämissen zu formulieren und sie damit überprüfbar zu machen. In dieser dialogischen Logik bezeichnet ‹F.› (a) eine Aussage, die aus anderen Aussagen (Prämissen, Hypothesen, Begründungen) gefolgert (geschlossen) wird und/oder (b) einen logischen Schluß. Es muß jedoch angemerkt werden, daß semantische Unschärfen in der dialogischen Logik eine nicht unerhebliche Rolle spielen können. Diese semantischen Unschärfen können erzeugt werden a) durch den Kontextgebrauch eines Sprachzeichens (ein und dasselbe Wort verändert seine semantische Bedeutung je nach dem Kontext, in dem es verwendet wird) und b) durch (mentale) Sachverhalte, deren Identität nur im Rahmen dynamischer Sprachzeichenfelder dargestellt werden kann (in ständiger Veränderung begriffene Sachverhalte – wie etwa konkretes Menschsein - können nicht mit identischen Sprachzeichen benannt werden, sie verhalten sich innerhalb eines Sprachzeichenfeldes).

Folgende Beispiele erläutern dies:

(1) Beispiel für die Kontextabhängigkeit eines Sprachzeichens: Der an sich triviale Schluß: «Alle Menschen sind sterblich. (Obersatz, 1. Prämisse) Sokrates ist Mensch. (Untersatz, 2. Prämisse) Also ist Sokrates sterblich. (Schlußsatz, Folgerung, Konsequenz)» setzt – um logisch stimmig zu sein – voraus, daß ‹Mensch› in beiden Prämissen ein semantisch identisches Sprachzeichen ist. Dieses ist zwar in einer naiven Semantiktheorie plausibel, doch nicht unbedingt in einer entwickelten Syntax-Semantik-Theorie, die damit rechnet, daß das Sprachzeichen ‹Mensch› im Kontext von ‹sterblich› und von ‹Sokrates› semantisch nicht identisch ist. Somit fehlt der vorgestellten Satzfolge ein vermittelnder Begriff (Medium). Dann aber folgt nichts. Zudem ist nicht auszumachen, ob die Begriffe in den Prämissen semantisch identisch sind mit denen des Gefolgerten (bzw. der F.).

(2) Beispiel für die dialektische Feldfunktion von Sprachzeichen: Der an sich ebenfalls triviale Schluß: «Das, wonach alle Menschen streben, ist das Gute. Alle Menschen streben nach Glück. Einiges Gute ist Glück.» ist ebenfalls problematisch, weil das Feld «Mensch – streben – Glück – Gut» ein dialektisches Feld ist, in dem sich in sehr verschiedenen Polaritäten Menschsein realisiert. Jeder konkrete Mensch verfügt in seiner Identität über ein nur ihm eigenes Feld. Somit fehlt auch diesem Schluß möglicherweise ein Mittelbegriff. Zudem ist wiederum nicht auszumachen, ob die Begriffe in den Prämissen semantisch identisch sind mit denen des Gefolgerten (bzw. der F.).

Da die dialogische Logik in der Regel semantische Zeichenunschärfen bis zu einem gewissen Grad zuläßt, wird im Folgenden eine naive Semantik-Theorie als (in den meisten Fällen) für rhetorisch brauchbar vorausgesetzt. Man geht (oft kontrafaktisch) davon aus, daß (1) Sprachzeichen kontextunabhängige (mentale) Sachverhalte zugeordnet werden können und daß (2) diese Sachverhalte wenigstens für einige Zeit mit sich selbst identisch (= genidentisch) bleiben. Unter dieser Voraussetzung kann man (mit einigen Einschränkungen und Ergänzungen) in dieser Sache der Argumentationslogik des Aristoteles folgen.

5. *Die syllogistische F.* Einen einfachen «logisch stimmigen» dialogischen Schluß nennt man mit ARISTOTELES Syllogismus. [17] Sind die Prämissen stimmig und ist der Syllogismus logisch einwandfrei konstruiert, ist kraft dieser beiden Sachverhalte auch der Schlußsatz stimmig. Keineswegs aber folgt aus einem stimmigen Schlußsatz die Stimmigkeit der Prämissen. (Aus dem Schlußsatz: «Alle Vögel sind gefiedert» folgt nicht die Stimmigkeit der Prämissen: «Alle Tiere sind gefiedert» und «Einige Vögel sind Tiere». Die universellere Prämisse nennt man Obersatz (λῆμμα, lêmma), sie ist nicht selten gesetzesartig. Die andere nennt man Untersatz (πρόσληψις, próslēpsis), sie ist nicht selten empirischer Art.

(1) *Die Illatio.* Ist eine der Prämissen formal stimmig, muß sie nicht genannt werden. Formal stimmig ist etwa die Prämisse: «Was existiert, kann auch existieren». Man spricht dann von einer *illatio* («ab esse valet illatio ad posse»). Aus der Tatsache, daß der Sachverhalt ‹A› existiert folgt also zwingend, daß er auch existieren kann.

(2) *Die Termini eines syllogistischen Schlusses.* Zudem enthält jeder Schluß wenigstens drei Termini: ein Subjekt ‹S› (es ist identisch mit dem Subjekt des Schlußsatzes), ein Prädikat ‹P› (es ist identisch mit dem logischen Prädikat des Schlußsatzes) und dem schon erwähnten Mittelbegriff, der die beiden Prämissen miteinander verbindet.

(3) *Hypothetische und synthetische F.* Mit Aristoteles unterscheidet man geeignet hypothetische von kategorischen Folgerungen: *Hypothetische* F. (Bedingungssatzschlüsse) schließen von dem Zutreffen einer Menge meist notwendiger Bedingungen auf das Zutreffen eines Sachverhalts; Beispiel: «Nur wenn es ausreichend regnet, und nur wenn gelegentlich die Sonne scheint, und nur wenn gutes Saatgut verwendet wurde, steht eine gute Ernte zu erwarten». Diese Kettungen von notwendigen Bedingungen spielen in der Dialektik (d. h. der Kunst über gemeinsamen Erkenntnisfortschritt Konsens zu erzielen) eine wichtige Rolle. [18]
Kategorische F. (Hauptsatzschlüsse) schließen von dem Zutreffen von Begründungen auf das Zutreffen eines Sachverhalts; Beispiel: «Alle Menschen sind sterblich. Weil nun aber Sokrates ein Mensch ist, ist Sokrates sterblich.» Argumente über Begründungen sind in der Regel schwieriger zu überprüfen. Sie setzen die Beherrschung der aristotelischen Argumentationslogik zwingend voraus. [19] Schon im Mittelalter wurde es üblich, die (scheinbar) kategorischen F. als hypothetische einzuführen und abzuhandeln (etwa nach der Art: «Nur, wenn alle Menschen sterblich sind, und Sokrates ein Mensch ist, dann ist Sokrates sterblich.») Diese Transformation kann erheblichen theoretischen wie praktischen Aufwand ersparen helfen.

a) *Die hypothetischen F.* Sie gehorchen einer einfachen Logik. Zunächst ist festzustellen, ob der Obersatz eine notwendige («nur dann, wenn», eine hinreichende («immer dann, wenn») oder eine notwendige und hinreichende Bedingung («genau dann, wenn») enthält. Es gelten für die wichtigsten Schlüsse folgende Regeln:

Immer wenn A, dann B	Immer wenn A, dann B
Nun A	Nun Nicht-B
Also B	Also Nicht-A

Nur wenn A, dann B	Nur wenn A, dann B
Nun B	Nun Nicht-A
Also A	Also Nicht-B

Genau wenn A, dann B	Genau wenn A, dann B	Genau wenn A, dann B
Nun A	Nun B	Nun Nicht-A
Also B	Also A	Also Nicht-B

b) *Die kategorischen F.* Sie setzen eine bestimmte Satzstruktur voraus. Die Sätze müssen die Form SεP haben oder in Sätze dieses Typs transformiert werden können. Das ‹ε› (gr. estín) steht für die Subjekt und Prädikat verbindenden Worte ‹ist›, ‹sind›, ‹ist nicht› und ‹sind nicht›. Die geltenden Modi dieser Klasse von F. sind nicht ganz so einfach herzuleiten und darzustellen. In der antiken und mittelalterlichen Logik entwickelte man komplizierte Verfahren, das logische Gelten von kategorischen Schlüssen zu beweisen. Man ging zumeist davon aus, daß ein Schluß des ‹Barbara-Typs›: «Alle Menschen sind sterblich. Alle Indianer sind Menschen. Also sind alle Indianer sterblich» evident logisch stimmig seien. Wenn es gelänge, andere Muster auf dieses zu reduzieren, seien auch sie logisch stimmig. [20] Heute nutzt man dazu – wie noch gezeigt werden wird – in der dialogischen Logik triviale Mengenüberlegungen. Die formale Logik rechtfertigt die Muster logischer F. zumeist mittels einer definiten Klassenlogik. [21]

α) *Definitionen zur Formalisierung kategorischer F.* Schon die lateinische Schulbuch- und Gebrauchslogik unterschied in der Lehre von den kategorischen Schlüssen vier Satzklassen:
1. Sätze, deren Subjekt eine Allmenge bezeichnet; Beispiele: «Alle Menschen sind sterblich.» – «Wer fleißig ist, arbeitet.» – «Alles, was eine Scheinwelt vorgaukelt, manipuliert.» – «Bäume sind Pflanzen.»
2. Sätze deren Subjekt eine leere Menge bezeichnet; Beispiele: «Kein Insekt ist ein Wirbeltier.» – «Wer arbeitet, ist nicht untätig.» – «Alles, was Redlichkeit beabsichtigt, ist keine Täuschung.» – «Bienen sind keine Spinnen.»
3. Bejahende Sätze, deren Subjekt eine Teil- oder eine Einermenge bezeichnet; Beispiele: «Einige Redner sind Demagogen.» – «Manche Manager sind fleißig.» – «Sokrates ist ein Mensch.»
4. Verneinende Sätze, deren Subjekt eine Teil- oder eine Einermenge bezeichnet. Beispiele: «Einige Redner sind keine Demagogen.» – «Einige Manager sind nicht fleißig.» – «Sokrates war kein Römer.»
Ein Satz der 1. Klasse wurde durch den Buchstaben ‹a› bezeichnet, die der folgenden Klassen mit den Buchstaben ‹e›, ‹i› und ‹o›. Diese Kürzel sind identisch mit den ersten Vokalen der lateinischen ‹affirmo› (= «Ich stimme zu») und ‹nego› (= «Ich verneine»).

β) *Logische Figuren.* Man unterscheidet gemeinhin vier syllogistische Figuren, die sich durch die Stellung des M unterscheiden:
1. Figur: MεP und SεM also SεP (M überkreuz: vorn-hinten).
2. Figur: PεM und SεM also SεP (M beides Mal hinten).
3. Figur: MεP und MεS also SεP (M beides mal vorn).
4. Figur: PεM und MεS also SεP (M überkreuz: hinten-vorn).

Das S (als Subjekt des Schlußsatzes) ist also immer identisch mit dem Nicht-M des Untersatzes. Das P (als das logische Prädikat des Schlußsatzes) ist also immer identisch mit dem Nicht-M des Obersatzes.

γ) Logisch gültig sind folgende Schlüsse:

Folgerung

1. Figur	M∈P	a	e	a	e		a	e	1. Die Vokale a, i, o, e ersetzen das ‹∈›
	S∈M	a	a	i	i		a	a	
	S∈P	a	e	i	o		i	o	

2. Figur	P∈M	a	a	e	e		a	e	2. Die rechts abgetrennten Schlüsse sind «Nebenschlüsse». Sie sind zum Teil problematisch.
	S∈M	e	o	a	i		e	a	
	S∈P	e	o	e	o		o	o	

3. Figur	M∈P	a	a	i	e	e		o	
	S∈M	a	i	a	a	i		a	
	S∈P	i	i	i	o	o		o	

4. Figur	P∈M	a	a	i	e	e		a	
	M∈S	a	e	a	a	i		e	
	S∈P	i	e	i	o	o		o	

Die lateinische Schulbuch-Logik gab den 24 Schlüssen folgende Merknamen:
1. Figur: barbara – celarent – darii – ferio – barbari – celaront
2. Figur: camestres – baroco – cesare – festino – camestrop – cesaro
3. Figur: darapti – datisi – disamis – felapton – ferison – bocardo
4. Figur: bamalip – camentes – dimatis – fesapo – fresison – camenop

In diesen Merkworten stehen die Buchstaben m, s, p und c für Regeln, die es erlauben (sollen), den Schluß auf «barbara» zurückzuführen.

‹s› fordert, daß dem Vokal vorausgehenden Terminus mit dem nachfolgenden zu vertauschen. ‹p› fordert die gleiche Vertauschung unter Berücksichtigung bestimmter Umstände. So wird ein a-Satz, in dem Subjekt und Prädikat vertauscht werden, zu einem i-Satz. ‹m› fordert einen Prämissentausch und ‹c› fordert auf, die ihm vorhergehende Prämisse durch ihr kontradiktorisches Gegenteil zu ersetzen.

Die ersten drei Figuren wurden von ARISTOTELES [22] entwickelt und begründet. Die vierte Figur wurde zuerst von ALBALAGUS, ein jüdischer Philosoph des 13. Jh., vorgestellt. Unabhängig von ihm entwickelte G. W. Leibniz (1646–1716) die Theorie und Praxis der vierten Figur. Unberechtigt wird sie – als *figura Galenica* – dem Arzt CLAUDIUS GALENUS (ca. 129–199) zugeschrieben. [23]

δ) *Fehlschlüsse*. Fehlschlüsse oder Paralogismen übersehen nicht selten folgende Regel: Die F. resultiert stets aus der Qualität der schwächsten (negativen oder partikulären) Prämisse eines Schlusses. Ist eine Prämisse negativ, dann auch der Schlußsatz; ist eine Prämisse partikulär), dann auch der Schlußsatz. Sind beide Prämissen in der gleichen Weise schwach (also negativ oder partikulär), folgt nichts. Diesen Sachverhalt beschrieb schon THEOPHRAST (ca. 372–288 v. Chr.).

Damit erhalten wir folgende wichtige Typen von Paralogismen:
1. Es fehlt ein Medium; Beispiel: «Alle Medizinen sind gesund. Herr X ist gesund. Also ist Herr X Medizin.» Der Schluß III aii ist unerlaubt, weil der Mittelbegriff im Kontext von Mensch und Medizin nicht identisch ist.
2. Beide Prämissen sind negativ; Beispiel: «Kein Mensch ist größer als drei Meter. Einige Lebewesen sind nicht größer als drei Meter. Also sind einige Lebewesen Menschen.»
3. Beide Prämissen sind partikulär; Beispiel: «Einige Menschen sind freundlich. Einige freundliche sind herzlich. Also sind einige Menschen herzlich.»
4. Beide Medien sind partikulär (wobei das Prädikat in einem bejahenden Satz stets partikulär ist – gibt es doch auch andere Sachverhalte, auf die es anzuwenden ist); Beispiel: «Alle Menschen sind sterblich. Einige Sterbliche sind demütig. Also sind einige Menschen demütig.»
5. Der Untersatz in einem Schluß der ersten Figur ist negativ (e oder o); Beispiel: «Alle gesunden Menschen lieben das Leben. Herr X ist kein gesunder Mensch. Also liebt Herr X das Leben nicht.»
6. Beide Prämissen eines Schlusses der zweiten Figur (bzw. der Schlußsatz) sind positiv (a oder i); Beispiel: «Alle Menschen sind sterblich. Einige Tiere sind sterblich. Also sind einige Tiere Menschen.»
7. Der Schlußsatz eines Schlusses der dritten Figur ist universell (a oder e); Beispiel: «Das, wonach alle Menschen streben, ist das höchste sittliche Gut. Das, wonach alle Menschen streben, ist das Glück. Also ist das Glück das höchste sittliche Gut.»

ε) Es seien nun einige Schlüsse anhand trivialer Mengenüberlegungen als stimmig oder unstimmig begründet. Diese Begründung über Evidenz ist selbstverständlich für eine exakte logische Deduktion unzureichend. Sie kann jedoch für die Praxis hilfreich sein. Dabei ist darauf zu achten, daß eine Mengenüberlegung die beiden Prämissen nicht unterscheiden kann, so daß der Fall vertauschter Prämissen gleich mit abgehandelt wird. Sodann ist darauf zu achten, daß ‹S› und ‹P› vertauscht werden.

1. Beispiel:
IV aai (oder I aai)

2. Beispiel:
I eae oder IV aee

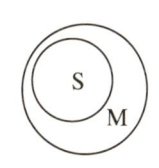

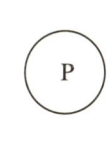

3. Beispiel:
II aee (oder II eae)

4. Beispiel:
IV ai- oder I ia-

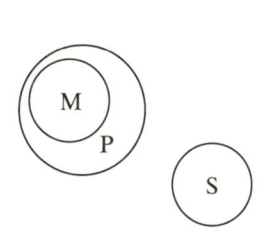

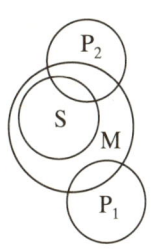

Anmerkungen:
1 vgl. Aristoteles, Analytica priora I, 9, 30a24 und II 6, 58b16. – **2** W. Stegmüller: Probleme und Resultate der Wissenschaftstheorie und Analytischen Philos. I (²1983) 79f. – **3** vgl. R. Lay: Führen durch das Wort (1991) 217f. und 292–294. – **4** vgl. K. Lorenz: Dialogspiele als semantische Grundlage von Logikkalkülen, in: arch. math. Logik 2 (1988) 32–55 und 73–100. – **5** Platon, Philebos 41C; Theaitetos 186D; vgl. E.D. Strijker: Le syllogisme chez Platon, in: Rev. néoscol. de Philos. 34 (1932) 42–56 und 218–239. – **6** Aristoteles [1] I, 1; 24b18; vgl. H. Maier: Die Syllogistik des Aristoteles (1896–1900). – **7** Ari-

stoteles, Analytica posteriora I, 2; 72a5. – **8** vgl. R. Eisler: Wtb. der philos. Begriffe II (²1904) 287. – **9** R. Descartes: Discours de la methode II, 6 hg. von L. Gäbe (1960). – **10** J. Locke: An Essay Concerning Human Understanding IV, ch. 17, § 4, ed. by P. H. Nidditch (Oxford 1975). – **11** Kant: Kritik der reinen Vernunft A 304 Akad.-Ausg. (1911). – **12** Hegel: Encyklop. der philos. Wiss. § 181 (1970). – **13** ders.: Encyklop. § 182. Wiss. der Logik II, 358 (1969). – **14** Aristoteles, Metaphysica III, 7; 1011b26. – **15** Aristoteles [1] I, 29 und II, 11–14; ders. [7] I, 26. – **16** ders. [1] II, 14; 62b38–40. – **17** vgl. Aristoteles [1] I, 1; 24b18. – **18** vgl. R. Lay; Kommunikation für Manager (1991) 35–94 und 191–210. – **19** ebd. 169–188. – **20** vgl. R. Lay: Grundzüge einer komplexen Wissenschaftstheorie I (1971) 218f.; P. Hertz; Vom Wesen des Logischen, insbesondere der Bedeutung des modus barbara, in: Erkenntnis 2 (1931) 369–392. – **21** vgl. A. Menne: Einf. in die Logik (Bern 1966) 77–93. – **22** Aristoteles [1]. – **23** vgl. M. Bocheński: Formale Logik (1956) 162, 251–253, 303.

Literaturhinweise:
K. Prantl: Gesch. der Logik im Abendlande, 4. Bd. (1850–1870). – J. Lachelier: Etudes sur le Syllogisme (Paris 1907). – N. M. Thiel: Die hypothetischen Schlüsse des Aristoteles, in: Philos. Jahrb. 33 (1920) 1–17. – Th. Frey: Die Theorie der diskursiven Erkenntnis (1929). – A. Becker: Die aristotelische Theorie der Möglichkeitsschlüsse (1933). – A. Castell: A College Logic (New York 1935). – A. Mann: Die Kunst des Beweisens (²1936). – J. Picard: Syllogisme catégorique et syllogisme hypothétique, in: Rev. de métaph. et de moral 43 (1936) 231–267 und 405–429. – I. M. Bocheński: De consequentiis scholasticorum eorumque origine, in: Angelicum 15 (1938) 92–109. – W. D. Ross: The Discovery of the Syllogism, in: The Phil. Rev. (1939) 251–272. – J. W. Stakelum: Galen and the Logic of Propositions (Rome 1940). – E. Millán Pérez: El razonamiento lógico (Santander 1941). – O. Benett: The Nature of Demonstrative Proof (Washington 1943). – P. Hoenen: La structure du système des syllogismes classiques, in: Gregorianum 28 (1947) 7–54. – I. M. Bocheński: On the Categorial Syllogism, in: Dominican Studies 1 (1948) 35–57. – W. D. Ross: Aristotle's Prior and Posterior Analytics (Oxford 1949). – J. Lukasiewicz: Aristotle's syllogistic from the standpoint of modern formal logic (Oxford 1951). – J. Bendiek: Die Lehre von den Konsequenzen bei Pseudo-Scotus, in: Franziskanische Studien 34 (1952) 205–234. – J. T. Clark: Conventional logic and modern logic (Woodstock 1952). – W. Stegmüller: Das Wahrheitsproblem und die Idee der Semantik (1957). – G. Patzig: Die aristotelische Syllogistik (1959). – W. M. Kneale: The development of logic (Oxford 1962). – J. de Vries: Logica (1962). – J. M. Bochenski, A. Menne: Grundriß der Logistik (³1965). – W. K. Essler: Einführung in die Logik (1966). – G. Harbeck: Einführung in die formale Logik (1966). – W. Kamlah, P. Lorenzen: Logische Propädeutik (1967). – A. Tarski: Introduction to logic and the methodology of deductice sciences (New York ²1965); dt.: Einführung in die mathematische Logik (²1967). – A. J. Ayer: Sprache, Wahrheit und Logik (1970). – P. F. Strawson: Einzelding und logisches Subjekt (1972).

R. Lay

→ Argumentation → Argumentatio → Argument → Beweis → Conclusio → Enthymem → Epicheirem → Fallazien → Fangfrage, Fangschluß → Induktion/Deduktion → Sorites → Logik → Syllogismus → These, Hypothese

Forensische Beredsamkeit (engl. forensic eloquence; frz. éloquence judiciaire; ital. oratoria giudiziaria)
A. 1. Die Fähigkeit, durch öffentliche Rede auf ein breites Publikum mit Hilfe von sachlichen Argumenten und treffenden Formulierungen einzuwirken, wird bereits in der homerischen Dichtung anläßlich von Heeres- und Volksversammlungen und insbesondere bei Gerichtsverhandlungen gepriesen. Die in Syrakus beheimateten Griechen TEISIAS und KORAX gelten nach der Überlieferung als Begründer einer Systematik der F., die zum Paradigma der Rhetorik und damit aller Redegattungen wurde. [1] Die Kunst der Rede, mit der ein Gericht oder eine Versammlung von Geschworenen durch Argumente des pro und contra, durch Anklage und Verteidigung in der Urteilsfindung (Partei-*utilitas*; *ars dialectica*) beeinflußt werden sollen, setzt ein geordnetes Verfahren, insbesondere aber Öffentlichkeit und Mündlichkeit des Prozesses, voraus. [2]
2. Als angewandte rhetorische Wissenschaft hat die F. immer dann in Blüte gestanden, wenn die jeweilige Gerichtsverfassung die Öffentlichkeit des Verfahrens vor einem Geschworenengericht vorsah. Wenn jedoch das Gerichtsverfahren der Öffentlichkeit entzogen war und Schriftlichkeit des Prozesses vorherrschte, verlor die gerichtliche Beredsamkeit ihr eigentliches Anwendungsfeld. Gleichwohl spielte sie auch in diesen Epochen insofern eine Rolle, als ihre theoretischen Reflexionen über die Theorie des Rechts und über die Methode der Auslegung für die juristische Arbeit wertvoll blieben: Die Erkenntnis von Strukturen im Recht, die Entfaltung von Begriffen und begrifflichen Zusammenhängen, die Argumentation mit Hilfe von topischen und rhetorischen Figuren, das dialektische Verfahren von These und Antithese wurden durch die Vorschule der F. ganz wesentlich gefördert. [3]
B. I. *Antike.* Im 5. Jh. v. Chr. haben TEISIAS und KORAX offenbar eine lehrbuchartige τέχνη (téchnē) der Gerichtsrede entwickelt, in der sie unter anderem eine Aufteilung der Rede in sieben Abschnitte empfohlen und innerhalb der Lehre vom Beweis eine Theorie des Wahrscheinlichkeitsschlusses entwickelt haben. Der Anstoß für die Ausbildung dieser Lehre soll von jenen vermögensrechtlichen Auseinandersetzungen ausgegangen sein, die nach dem Sturz der sizilianischen Tyrannis 467 v. Chr. entstanden waren. [4] Die Rhetorik der Sophisten, insbesondere die des GORGIAS VON LEONTINOI (ca. 480–380 v. Chr.), versuchte, mit Affekten, insbesondere mit durch Klang und Rhythmus hervorgerufenen irrationalen Wirkungen zu arbeiten. [5] Anwendungsbereiche dieser Technik waren vor allem die Fest- und Gelegenheitsrede, während die F. dieser Zeit durch den attischen Redner ANTIPHON gefördert wurde. Dieser Lehrer der Rhetorik wurde 411 in einem Hochverratsprozeß trotz einer glänzenden Verteidigungsrede zum Tode verurteilt. Die Antike kannte 60 unter seinem Namen verbreitete Reden, die nur in wenigen Fällen in tatsächlichen Gerichtsverfahren vorgetragen worden sein dürften. In der Regel wird es sich vielmehr um fingierte Fälle handeln, die allerdings der realen Gerichtspraxis der Zeit entsprochen haben dürften. In drei Tetralogien, die dem Redner wohl zu Recht zugeschrieben werden, steht die Fortentwicklung von Beweistechniken bei Tötungsdelikten im Mittelpunkt. In einem Fall geht es um die Frage der Täterschaft bei einem Mord, die mit Hilfe von Wahrscheinlichkeitsindizien entschieden werden soll. Der zweite Fall behandelt – anläßlich eines tödlich verlaufenen Unglücks beim Speerwerfen – die Abkehr vom Erfolgs- zum Verschuldensprinzip im Strafrecht und nimmt eine Abgrenzung der Fahrlässigkeit von der höheren Gewalt vor. Die dritte Tetralogie schließlich beschäftigt sich mit dem Problem der Rechtfertigung durch Notwehr und unternimmt es, das Problem der Unterbrechung des Kausalzusammenhangs darzustellen. Diese Beispiele von F. zeigen deutlich, daß es auch im Zeitalter der Sophistik Vertreter einer F. gibt, die sich um materielle Probleme

der Rechtsordnung bemühen. «Antiphons Reden sind wichtige Zeugnisse für die Umwandlung des prozessualen Verfahrens unter dem Einfluß der [...] Rhetorik, in dem die äußeren Beweismittel (βάσανοί ἄτεχνοι) durch die Darlegung über die innere Wahrscheinlichkeit der Tatzusammenhänge (τὰ εἰκότα) eine ernste Konkurrenz erhielten.» [6]

Die Gegenbewegung zur Sophistik, die mit Sokrates und Platon einsetzt, geißelt zwar den Mißbrauch, der mit der Redegewalt geübt wurde, doch findet sie mit der aristotelischen ‹Rhetorik› zu einer neuen Sicht der Redekunst. Die überlieferte Lehre wird von ARISTOTELES durch das Filter des eigenen logischen und ethischen Systems betrachtet und auf eine Ebene gehoben, die Rhetorik und Dialektik verbindet. [7] Die herkömmliche Dreiteilung der Redekunst findet eine neue Begründung in der aristotelischen Lehre von den Zeitstufen, die der jeweilige Hörer einer Rede bei seinem Urteil vor Augen hat: Während das allgemeine Publikum über Fragen der Gegenwart entscheidet (Gelegenheits- oder Festrede), stimmt die Volksversammlung über Probleme der Zukunft ab (politische Rede). Die Gerichtsrede richtet sich dagegen an den Richter, der über Vergangenes urteilt. [8] Schwerpunkte der aristotelischen ‹Rhetorik› bilden die – durch Sammlungen ausgewählter und systematisch angeordneter Topoi ergänzte – Lehre von den Möglichkeiten der Argumentation und die Entwicklung einer logisch-rationalen Beweisführung. [9] Nicht zuletzt in der Kombination von Beweislehre einerseits und Ausbreitung einer für die Praxis hilfreichen Auflistung von Paradigmen andererseits dürfte der Grund für die anhaltende und tiefgreifende Wirkung dieses Lehrbuches gelegen haben.

Im 2. Jh. v. Chr. ist es dann HERMAGORAS VON TEMNOS, der das traditionelle Material der Rhetorik für die Zwecke seiner Zeit erneut aufbereitet und dabei der F. besondere Aufmerksamkeit widmet. Er begründet die Lehre vom *status*, die insbesondere auf die sich bald entfaltende römische Rhetorik großen Einfluß hatte. Obgleich seine Werke nicht überliefert sind, scheint seine Stasislehre von zwei Grundproblemen, dem Tatgeschehen einerseits *(genus rationale)* und dem Normgefüge andererseits *(genus legale)*, ausgegangen zu sein, die dann jeweils nach vier Grundfragestellungen hin *(status* bzw. *quaestiones)* untersucht worden sind. [10] Im Bereich der Tatsachenermittlung und Tatsachenbewertung behandelt der erste Status *(status coniecturalis)* die Frage, wer der tatsächliche Täter ist. Der zweite Status *(status definitivus)* prüft, wie die Tat rechtlich zu bestimmen ist, ob z. B. ein qualifizierendes Merkmal gegeben ist, das die Tat einem besonderen Straftatbestand zuordnet. Eine dritte Fragestellung *(status qualitatis)* versucht, die konkreten Modalitäten der Tat zu berücksichtigen: Hier geht es z. B. um die Berücksichtigung von höherer Gewalt, Notstand und Pflichtenkollision. Der letzte und vierte Status *(status translationis)* geht der Frage nach, ob prozessual ein Klagerecht besteht.

Für die Entwicklung der F. war der 2. Teil der Stasis-Lehre, der sich mit der Auslegung von Normen (Verträge, Gesetze etc.) beschäftigt, gleichfalls von großer Bedeutung. Die erste Fallgruppe behandelt unter dem Gegensatzpaar *scriptum – sententia* das Problem, wie zu verfahren ist, wenn die eine Seite sich auf die buchstäbliche Bedeutung, die andere dagegen auf die Absicht des Erklärenden (also des Gesetzgebers oder des Vertragspartners) beruft. Die zweite Fragestellung versucht, unter dem Stichwort *leges contrariae* den Fall zu erörtern, daß sich die Streitgegner auf einander widersprechende Gesetze berufen und daher ermittelt werden muß, welche Norm den Vorrang hat. Die dritte Kategorie der *ambiguitas* stellt für den Fall der Mehrdeutigkeit Regeln auf, wie eine treffende Deutung des Normzwecks erreicht werden kann. Die vierte Kategorie der *ratiocinatio* gibt Richtlinien für die Schließung einer Regelungslücke durch Analogieschluß. [11] Diese Stasis-Lehre wurde weitgehend von der Rhetorik im republikanischen Rom übernommen. Sie fand Aufnahme insbesondere in der unter CICEROS Namen überlieferten ‹Rhetorica ad Herennium› und in Ciceros Jugendschrift ‹De inventione›. Die berühmten Gerichtsreden Ciceros beweisen, wie glanzvoll die rhetorischen Mittel der forensischen Beredsamkeit auch in der Praxis eingesetzt werden konnten. Immer wieder hat Cicero jedoch darauf bestanden, daß ein Gerichtsredner der intensiven juristischen Ausbildung bedürfe und sich nicht allein auf seine Beredsamkeit verlassen dürfe. [12] Der gesellschaftliche Umbruch der Kaiserzeit hat die Gerichtsrede und damit auch die F. in den Hintergrund treten lassen. [13]

Was das Verhältnis der römischen Jurisprudenz zur Rhetorik angeht, so wird man sagen können, daß sich in der klassischen Zeit das traditionelle Denken der Juristen weitgehend rhetorischen Einflüssen widersetzte. Ein *orator*, der vor Gericht auftritt, ist keineswegs als *iurisconsultus* zu bezeichnen. Die Ausbildung eines Gerichtsredners und die eines Juristen haben so gut wie nichts gemeinsam. In der Zeit des Prinzipats bleibt es noch bei dieser Trennung, obgleich ein so bedeutender Lehrer der Beredsamkeit wie QUINTILIAN (ca. 35–100) in seinem Werk ‹Institutio oratoria› die Schüler der Redekunst mahnte, das Studium des Rechts ernst zu nehmen. [14] Während sich im Osten des Reiches die juristische Vorbildung der Advokaten *(causidici)* nach und nach durchsetzen kann, bleibt im Westen die Trennung der Disziplinen noch bestehen. Eine Annäherung ist erst in nachklassischer Zeit zu beobachten. Seit dem 4. Jh. bildet sich im Ostreich ein Juristenstand aus, der aus der Rhetorenschule, der Rechtsschule und der Advokatur hervorgegangen ist. Dies wirkt sich auch auf die Gesetzgebung aus: Im nachdiokletianischen Prozeß steht nicht nur der *usus fori* unter dem Einfluß der Rhetorik, auch der Gesetzgeber – insbesondere JUSTINIAN – gestaltet das Prozeßrecht unter starker Berücksichtigung rhetorischer Elemente. «Ab 529 publizierte er mit Hilfe des großen Juristen Tribonian das Corpus Juris (Einzelteile: Codex Justinianus; Pandekten bzw. Digesten; Institutionen; Novellen), das durch den Rückgriff auf die klassische Überlieferung die Neuordnung des Reiches stützen sollte.» [15]

Im Westreich sind Elemente der antiken Gerichtsrhetorik durch CASSIODOR (ca. 485–580) und insbesondere ISIDOR VON SEVILLA (ca. 600–636) verbreitet worden, doch ist ein drastischer Rückgang der F. schon durch die Wirren der Völkerwanderungszeit bedingt. [16]

II. *Mittelalter.* Nur selten erfährt man während des frühen Mittelalters etwas über rhetorische Aspekte des Rechts. Den Beruf des Gerichtsredners wird es jedoch weiterhin gegeben haben, da in den Quellen immer wieder von Für- oder Vorsprechern *(causidicus, perorator)* die Rede ist, die für eine Partei vor Gericht auftreten. Immerhin wird in Italien auch das Thema der Gerichtsrede zuweilen angesprochen, so um 900 durch den Grammatiker VULGARIUS in Neapel oder um 1050 durch ANSELM VON BESATE. Seit dem Anfang des 12. Jh. ist im Zusammenhang mit dem Aufblühen der Schriftkultur und des Studiums eine Zunahme des Interesses an Gerichtsrhetorik zu verzeichnen. In Anlehnung an die in Bologna begründete und von dort sich ausbreitende Rechtswissenschaft entstehen die Literaturgattungen der *ars dictandi* und der *ars notariae*, in der manche rhetorischen Elemente aus der Antike aufgegriffen werden. «Die Gerichtsrhetorik konnte indes nur in den Ländern römischen Rechts sinnvoll sein, und auch da erst seit der Wiedererweckung der juristischen Studien, also in Italien seit dem Ende des 11. Jahrhunderts.» [17] Dennoch erscheint die Rhetorik seit dem 7. Jh. als mit der Rechtslehre eng verbunden, wenn man das mittelalterliche Schul- und Bildungswesen betrachtet: «[...] Desiderius etwa, von 629–654 Bischof zu Cahors, wurde zunächst in Grammatik und Rhetorik, sodann im Recht unterrichtet, der Hl. Bonitus, Bischof von Clermont, erhielt ebenso wie der Hl. Aicadrus mit den Sieben Freien Künsten Unterricht im Recht. In York wurde im 8. Jahrhundert, so bezeugt Alkuin, an der Domschule nach dem Trivium auch das Recht gelehrt.» [18] Eine solche Verbindung findet sich im 11. Jh. auch bei NOTKER LABEO, der v. a. die Statuslehre für das rechtliche Problemdenken fruchtbar macht, sowie bei ISIDOR VON SEVILLA und ALKUIN, die an die ciceronianische Tradition anknüpfen, wie sie in der ‹Rhetorica ad Herennium› und in ‹De inventione› angelegt ist. Diese Tradition setzt sich fort bis zu den akademischen Prunkreden italienischer Juristen in der Zeit des Hochmittelalters: «The natural affinity between law and the Ciceronian doctrine of *status* must surely have made the *rhetorica vetus* and *rhetorica nova* extremely useful instruments for the Bolognese masters.» (Die natürliche Verbindung zwischen Rechtswesen und ciceronianischer Statuslehre machte die ‹alte› und ‹neue Rhetorik› sicherlich äußerst nützlich für die Meister aus Bologna.) [19] Obgleich die Voraussetzungen für die Entfaltung der Gerichtsrede in der Realität noch fehlen, hält der mittelalterliche Rhetorikunterricht an den überlieferten Lehrbüchern zur forensischen Redekunst fest. Allerdings gibt es nur wenige Werke, die Rechtswissenschaft und Rhetorik ausdrücklich zu verbinden suchen, wie dies die ‹Rhetorica ecclesiastica› (um 1160–80) eines unbekannten Kanonisten unternimmt. Die Schriften zum gelehrten Prozeß *(ordines iudiciorum)* und die Anleitungen für Advokaten, z. B. der ‹Libellus instructionis advocatorum› des JACOBUS BALDUINI (Anfang des 13. Jh.) setzten aber zumindest Grundkenntnisse der Gerichtsrhetorik voraus. Daß in der Stadtkultur Italiens die Advokaten die Kunst der forensischen Beredsamkeit pflegten, ist sicher. Dagegen wissen wir nur wenig über die Gerichtsrede im Bereich nördlich der Alpen. Literarische Zeugnisse wie die ‹Klage› von HARTMANN VON AUE oder ‹Der Ackermann aus Böhmen› des Stadtschreibers, Protonotars und Literaten JOHANNES VON TEPL [20] lassen aber vermuten, daß jedenfalls beim Hofgericht das *genus iudiciale* und die F. vertraut waren. Andererseits werden im Mittelalter Aspekte der F. in die Literatur *(ars poetica)* übernommen: Erdichtete Gesetze, erdichtete Rechtsfälle sind Gegenstand des poetischen Unterrichts und der rhetorischen *exercitatio*. «Im Mittelalter hat man solche fiktiven Rechtsfälle als Novellen aufgefaßt.» [21] Anknüpfungspunkte sind hier die ‹Controversiae› des älteren Seneca und die Tradition der Deklamationsübungen. Auch die Schemata mittelalterlicher Personenschilderungen *(descriptio)* sind an Vorschriften der klassischen Gerichtsrede orientiert. Die für solche Darstellungen maßgebliche Alternative ist die *laudatio* (Enkomion) und die *vituperatio* (Psogos), das Lob und die Schmähung von Personen und Taten. [22]

III. *15.–18. Jh.* Mit dem Humanismus wuchs das Interesse an der antiken Rhetorik, zumal 1415/16 eine vollständige Handschrift von Quintilians ‹Institutio oratoria› durch Poggio entdeckt worden war. Die zunehmende Bedeutung der Rhetorik im juristischen Alltag kann man aus Indizien erschließen: Die wiederholten Klagen von ZASIUS (1461–1535) oder VIGELIUS (1529–1600), daß die Gerichtsredner nur darauf ausgingen, Herz und Gemüt der Richter zu verwirren, statt mit Hilfe gründlicher Rechtskenntnis den Fall aufzuklären, sprechen für sich. [23] Dieses Vorurteil gegen die gerichtliche Beredsamkeit zieht sich im übrigen wie ein roter Faden durch die Literatur der Neuzeit und kann bis FILANGIERI oder KANT, SONNENFELS oder ZEILLER verfolgt werden. [24] Weil die Schriftlichkeit im Prozeß der Neuzeit dominierte, blieb für die Gerichtsrede nur wenig Raum und es setzt ein Verfall der F. ein. So hatten z. B. die Richter des Reichskammergerichts die Anweisung, längere mündliche Ausführungen nach Möglichkeit nicht zuzulassen, weil dadurch leicht ein fast unaufhörliches Wechselgezänk entstehe. Am ehesten kamen die territorialen Untergerichte in Betracht, an denen vielfach noch mündlich verhandelt wurde. Die deutschen Handbücher zur Formulierung juristischer Texte beziehen sich daher im wesentlichen auf die Anfertigung von Schriftsätzen, Auszügen aus Akten und Relationen. In Frankreich dagegen wurde zur selben Zeit die mündliche Gerichtsrede gepflegt und erfreute sich auch in literarischer Form großer Beliebtheit, wie etwa die Werke von O. PATRU (1681) und A. LE MAISTRE (1657) zeigen. [25]

IV. *19. und 20. Jh.* Erst mit der Wiedereinführung der Prinzipien von Öffentlichkeit und Mündlichkeit des Gerichtsverfahrens, die seit Anfang des 19. Jh. ihren Siegeszug durch Europa antreten, kann auch die forensische Beredsamkeit wieder Raum gewinnen. Vom französischen Vorbild angeregt, findet die Gerichtsrhetorik auch in Deutschland große Beachtung. Dies gilt vor allem in den linksrheinischen Gebieten und in Baden, wo das französische Recht auch nach der territorialen Neuordnung durch den Wiener Kongreß fortgalt (sog. Rheinisches Recht). 1810 veröffentlicht K. S. ZACHARIÄ (1769–1843) seine ‹Anleitung zur gerichtlichen Beredsamkeit›, die grundlegende Schrift zur deutschen Gerichtsrhetorik im 19. Jh. «Von Karl Josef Mittermaier (1787–1867), dem unermüdlichen Streiter für die Öffentlichkeit und Mündlichkeit des Verfahrens, bis hin zu Hermann Friedrich Ortloff (1828–1920 [...] reicht sein Einfluß.» [26] Nicht allein rhetorische Fertigkeiten, sondern auch Sprach- und Literaturstudien, die Kenntnis der Redner und der Philosophen setzt er beim Juristen voraus. Zachariä bietet mit seinem Werk eine forensisch zentrierte Reformulierung der klassischen Rednerausbildung. [27] Die F. ist für ihn «die Fertigkeit, objectiv-zweckmäßige und subjectiv-interessante Reden vor Gericht zu halten.» [28] Die Regeln dieser Fertigkeit werden formuliert von der Theorie der gerichtlichen Beredsamkeit oder der juristischen Rhetorik.

Im Anschluß an Zachariä versuchen weitere Lehr- und Arbeitsbücher, eine spezifisch deutsche Art der Rhetorik für den Gerichtsgebrauch zu propagieren. An manchen Universitäten, so in Bonn und Heidelberg, werden auch praktische Übungen für die Rede vor Gericht abgehalten. 1850 publiziert O. L. B. WOLFF ein ‹Lehr- und Handbuch der gerichtlichen Beredsamkeit›. Diesem rhetorisch fundierten Kurs der F. geht sein Werk ‹Handbuch der weltlichen Beredsamkeit› von 1848 voraus, in dem Wolff auch bedeutende Beispiele für Gerichtsreden dokumentiert. Mit in diese Reihe gehört auch die ‹Vorschule der gerichtlichen Beredsamkeit für Rechtsanwälte› (1855) von W. SCHALL und E. BOGER. Nicht nur in der Theorie, auch in der Praxis der Strafverteidigung gewinnt die Gerichtsrede an Bedeutung. In vielen Strafprozessen vor den Geschworenengerichten nutzten die Advokaten diese Wende, um nicht nur das Gericht, sondern auch die politische Öffentlichkeit anzusprechen. Erwähnt seien die Plädoyers A. HOLTHOFFs im ‹Schatullenprozeß› von 1846, die von F. LASALLE von 1849 bzw. 1863 in eigener Sache oder die von DOCKHORN und MUNKEL im Arnim-Prozeß von 1875. Schon bald jedoch nimmt das Interesse an der Gerichtsrhetorik wieder ab. Als späte Publikationen erscheinen 1887 das Werk von H. ORTLOFF ‹Die gerichtliche Redekunst› und 1927 die Schrift von F. FRIEDMANN ‹Kunst der Verteidigung und der forensischen Rede›. «Ortloffs "gerichtliche Redekunst" ist wohl der für das 19. Jahrhundert umfassendste Versuch, Theorie und Praxis der Forensik mit dem Stand der Jurisprudenz seiner Zeit und ihrer Prozeßordnung zu vermitteln.» [29] Er lehrt das System der klassischen Rhetorik, die Regeln der F. und empfiehlt rednerische Übungen für den ‹jungen Rechtspraktiker›. Cicero und Quintilian werden als vorbildlich hervorgehoben, die Praxis und deren Erörterung werden fast ganz auf die Beweislehre hin angelegt. Die Betonung von Angemessenheit, Klarheit und vernünftiger Darlegung *(argumentatio)* dominiert bei Ortloff über die *elocutio* und die rhetorisch-figurativen Mittel. [30] Im 20. Jh. findet die Rhetorik zwar erneut Beachtung, allerdings geht es jetzt weniger um die Kunst der gerichtlichen Rede: Vielmehr soll die Auslegung von Recht und Gesetz, deren wissenschaftlich-methodische Ausprägung als unbefriedigend empfunden wird, unter Rückgriff auf rhetorische und topische Elemente neu belebt und damit eine wissenschaftliche Lehre der rechtlichen Argumentation entwickelt werden. Grundlegend für die Erörterung der F. im 20. Jh. ist auch T. VIEHWEGS Schrift ‹Topik und Jurisprudenz› (1953), in der die klassische *ars* der *inventio* für das juristische Problemdenken fruchtbar gemacht wird. Darüber hinaus fordert O. BALLWEG, «daß die Jurisprudenz sich wieder als *prudentia* begreifen lernen müsse, als Wissensdisziplin, die sich mit dem [...] Wahrscheinlichen, nicht mit einer dem Rechtssystem immanenten Wahrheit befaßt. Damit müsse sich das Rechtsdenken wieder seiner rhetorischen Wurzeln und Tradition bewußt werden.» [31] Dazu gehören nicht nur die Theorie des *genus iudiciale*, die Prinzipien des argumentativen Pro-und-Contra, d. h. die dialogisch-dialektische und damit parteiliche Struktur der Gerichtsrede, sondern auch die historisch wirksamen Beispiele praktischer F. Die F. wird in der Moderne begriffen als rhetorischer Vorgang, als «Prozeß der Herstellung einer Entsprechung von Norm und Sachverhalt [...], bei dem nichts anderes als eine methodenbewußte Sprachverwendung stattfindet.» [32] Sie dient damit einer sachgerechten und vernünftigen Fallentscheidung. Obwohl gelungene Plädoyers als beispielhafte F. den Gang des Gerichtsprozesses auch heute wesentlich beeinflussen (und in den Medien entsprechend kommentiert werden), steht eine umfassende Belebung der Rhetorik für die juristische Ausbildung und Praxis immer noch aus. [33]

Anmerkungen:
1 vgl. G. Ueding, B. Steinbrink: Grundriß der Rht. (^{3}1994) 11; M. Fuhrmann: Die antike Rht. (1984) 16f.; K.-H. Göttert: Einf. in die Rht. (1991) 75f. – **2** vgl. J. Martin: Antike Rht. (1974) 15ff.; R. Volkmann: Die Rht. der Griechen und Römer (^{2}1885; ND 1987) 33ff. – **3** vgl. Arist. Rhet. I, 1,1–3; 1354a, 1–3; G. Kalinowski: Die Rht. des Aristoteles und die juristische Logik, in: O. Ballweg, T.-M. Seibert (Hg.): Rht. Rechtstheorie (1982) 101ff.; G. Struck: Zur Theorie jurist. Argumentation (1977); C. Clemens: Strukturen jurist. Argumentation (1977); H. Rodingen: Pragmatik der jurist. Argumentation (1977). – **4** vgl. Cic. Brut. XII, 46. – **5** vgl. V. Buchheit: Unters. zur Theorie des Genos Epideiktikon von Gorgias bis Aristoteles (1960) 32; O. Immisch: Gorgias ‹Helena› 1927. – **6** J. H. Kühn: Art. ‹Antiphon›, in: LAW, Bd. 1, Sp. 187; vgl. R. Maschke: Die Willenslehre im griech. Recht (1926) 69ff. – **7** vgl. Arist. Rhet. [3]; ders.: Sophistici elenchi. – **8** Arist. rhet. I, 3,1–8; I, 10,1–19. – **9** ebd. I, 15,1–33; II, 20,1–23,30. – **10** vgl. Fuhrmann [1] 103; Ueding, Steinbrink [1] 28f. – **11** vgl. Fuhrmann [1] 103ff. – **12** vgl. Rhet. ad. Her. I, 2; C. Neumeister: Grundsätze der forensischen Rht. (1964) 15ff.; C. J. Classen: Recht-Rht.-Politik. Unters. zu Ciceros rht. Strategie (1985) 15ff. – **13** vgl. M. L. Clarke: Die Rht. bei den Römern (1968) 16ff. – **14** vgl. Quint. XII,3,1ff. – **15** H.-J. Diesner: Art. ‹Justinian I.›, in: LAW, Bd. 2, Sp. 1453. – **16** vgl. Cassiodor, Institutio saecularium litterarum; Ueding, Steinbrink [1] 54f.; Isidore of Seville: Etymologies, Book II, Rhetoric, hg. und übers. von P. K. Marshall (Paris 1983). – **17** E. R. Curtius: Europ. Lit. und lat. MA (^{10}1984) 78. – **18** Ueding, Steinbrink [1] 63; vgl. H. Fitting: Die Anfänge der Rechtsschule in Bologna (1888) 15ff. – **19** J. J. Murphy: Rhetoric in the Middle Ages (Berkeley/Los Angeles/London 1974) 112; vgl. A. Lang: Rht. Einflüsse auf die Behandlung des Prozesses in der Kanonistik des 12. Jh., in: M. Grabmann, K. Hoffmann (Hg.): FS Eduard Eichmann (1940) 69ff.; Ueding, Steinbrink [1] 63; Curtius [17] 164. – **20** vgl. G. Hahn: Der Ackermann aus Böhmen des Johannes von Tepl (1984). – **21** Curtius [17] 164; vgl. Anthologia Latina Nr. 21; Nr. 198. – **22** vgl. L. Arbusow: Colores Rhetorici (^{2}1963) 117; vgl. Cassiodor, De institutione divinarum litterarum II. – **23** vgl. U. Zasius: Opera omnia (1548ff.); E. Wolf: Große Rechtsdenker (^{3}1951). – **24** vgl. J. von Sonnenfels: Wochenschrift «Der Mann ohne Vorurteil» (1765ff.); ders.: Grundsätze der Polizei (1765); F. A. F. von Zeiller: Das natürliche Privatrecht (1802). – **25** vgl. T. Froment: Histoire de l'éloquence judiciaire en France avant le XVIIe siècle (1874); J. Munier-Jolain: Les époques de l'éloquence judiciaire en France (1888); Ueding, Steinbrink [1] 123. – **26** Ueding, Steinbrink [1] 145. – **27** vgl. K. S. Zachariä: Anleitung zur gerichtlichen Beredsamkeit (1810) VIIff. – **28** ebd. 19. – **29** Ueding, Steinbrink [1] 147; vgl. H. Ortloff: Die gerichtliche Redekunst (1887) VIIIff. – **30** vgl. Ueding, Steinbrink [1] 148. – **31** ebd. 179; vgl. O. Ballweg: Rht. und Res humanae, in: R. Hauser u. a. (Hg.): Gedächtnisschrift für Peter Noll (Zürich 1984) 13ff. – **32** F. Haft: Juristische Rht. (^{2}1981) 14f. – **33** vgl. Ueding, Steinbrink [1] 181.

Literaturhinweise:
M. Neuda, L. Schmelz: Berühmte Verteidigungsreden 1860–1918 (Wien 1921). – D. A. G. Hinks: Tisias and Corax and the invention of rhetoric, in: The Classical Quarterly 34 (1940) 61ff. – A. Steinwenter: Rht. und röm. Zivilprozeß, in: ZS für Rechtsgesch. (Rom. Abtl.) 65 (1947) 69–120. – Hermagoras Temnites, hg. von D. Matthes (1962) Frg. 9–26. – C. Perelman: Juristische Logik und Argumentation (1979). – W. Gast: Juristische Rht. (1988). – H.-J. Becker: Die gerichtliche Beredsamkeit, in: Staat, Kirche, Wissenschaft in einer pluralist. Ges. FS P. Mikat, hg. von D. Schwab u. a. (1989). – W. Sellert: Mündlichkeitsprinzip und Beredsamkeit vor Gericht, in: C. J. Classen, H.-J. Müllenbrock (Hg.): Die Macht des Wortes (1991) 181–203. – J. Eckert, H. Hattenauer (Hg.): Sprache - Recht - Gesellschaft (1991).

H.-J. Becker

→ Accusatio → Advocatus dei/Advocatus diaboli → Augenzeugenbericht → Casus → Causa → Indiz → Iudicatio → Iusiurandum → Juristische Rhetorik → Plädoyer → Prozess → Purgatio → Quaestio → Rhetorische Rechtstheorie → Signum → Urteil → Verhör → Verteidigungsrede

Forma tractandi, Forma tractatus (auch modus agendi bzw. tractandi sowie modus tractatus, ordinatio partium; *f. tractandi*: Hinweis zur Beschreibung und Interpretation eines Werks, *f. tractatus:* Angabe der Einteilung bzw. des Aufbaus eines Werks)

A. ‹Forma tractandi› und ‹forma tractatus› erläutern die *causa formalis* (Formalursache) im aristotelischen *accessus ad auctores* (Einleitung zur Lektüre von Schulautoren). Die *forma tractandi* gibt an, auf welche Art oder Arten der Stoff eines Werkes behandelt ist. Die *modi* der *forma tractandi* sind Verfahren, die dazu dienen, ein Werk zu beschreiben und zu interpretieren, wenn auch die spezifische Art der Behandlung eines Werkes zuletzt von den Gegebenheiten des Werkes selbst abhängt. Bestimmte *modi* entwickelten sich für einzelne Wissenschaften, Künste, literarische Werke und andere Texte. Die *forma tractatus* gibt die formale Einteilung eines Werkes bzw. seinen Gesamtaufbau an. Meist handelt es sich bei den unterschiedenen Teilen um Einheiten wie Bücher, Kapitel, Abschnitte, Verse sowie andere Unterteilungen, die das Werk nach außen hin gliedern. Das Prinzip der Unterteilung ist jedoch kein mechanisches; vielmehr haben Einschnitte dort zu erfolgen, wo dies berechtigt zu geschehen hat – das heißt, sie müssen echten Einschnitten im Wesen des Werkes entsprechen und das, was wir heute die Struktur des Textes nennen würden, offenlegen.

Forma tractandi und *forma tractatus* entsprechen den zwei Arten, von denen man glaubte, daß ein Werk so erdacht und aufgebaut werde. Die *forma tractandi* bezieht sich auf die gedanklichen Vorgänge, durch die das Werk entstanden ist; die *forma tractatus* bezieht sich auf die formale Präsentation der Teile des Werkes, die sich aus den verschiedenen Arten der Behandlung des Stoffes ergibt. So bilden die Teile den klaren Umriß eines Ganzen; das Ganze ist das Ergebnis der unterschiedlichen Behandlungen des Stoffes, die, zusammengefügt, das Ganze ergeben.

‹Forma› wie auch ‹modus› beziehen sich sowohl auf die Bearbeitung als auch auf den Text selbst. Ein Kommentar zu DONATUS' ‹Barbarismus› lautet: «Causa formalis operis consistit in modo agendi et ordinacione parcium. Modus autem agendi necessarius triplex est: scilicet diffinitivus, divisivus et collectivus. [...] Modus autem agendi non necessarius exemplorum suppositivus est.» (Die *causa formalis* des Werkes besteht aus einem *modus agendi* und der Anordnung der Teile. Aber der notwendige *modus agendi* ist ein dreifacher: er definiert, unterteilt und bringt positive und negative Argumente vor. [...] Der nicht notwendige *modus agendi* besteht jedoch in der Angabe von Beispielen.) [1] ‹Modus agendi› wird offensichtlich synonym mit ‹forma tractandi› verwendet, und die ‹ordinacio parcium› entspricht der ‹forma tractatus›. Ersteres ergibt sich aus der Form des Stoffes («ipsius subiecti»), letzteres aus der Form des Werkes selbst («ipsius operis»); jede *forma* steht für sich, befindet sich allerdings gemäß dem Prinzip der *causa formalis* mit der anderen in Beziehung.

Forma verweist auf die angewandten technischen Verfahren und auf den ausdrücklichen Aufbau, das Ergebnis der verschiedenen Formen, die das ganze Werk ausmachen. Der *modus* stellt die Art des Gedankens fest, der dem Werk Ausdruck verleiht und sicherstellt, daß es geordnet aufgebaut und vollständig ist. Somit ist die *forma tractandi* die Form eines Textes, ausgedrückt durch Arten von Gedanken, Bezügen und Wirkungen. [2] Die Vielfalt der Möglichkeiten, einen Text zu behandeln, wird vielleicht am besten durch die Verben deutlich, wie sie in der folgenden Äußerung der *forma tractandi* für STATIUS' ‹Thebais› angeführt sind: «comparat, describit, declarat, ponit, tangit, apostrophat, concludit, manifestat, dat, specificat, ostendit» (er vergleicht, beschreibt, erklärt, behauptet, berührt, apostrophiert, zieht Schlüsse, manifestiert, gibt, spezifiziert, zeigt). [3] Die Unterscheidung zwischen *modi* der Behandlung einerseits und Teilen andererseits stellt sicher, daß das vollendete Werk ein normatives Feld von Teilen darstellt, das für den vollen und vollständigen Ausdruck des Stoffes genügt.

B. *Forma tractandi* und *forma tractatus* wurden aus ARISTOTELES' Schriften extrapoliert, um die *causa formalis* eines Werkes zu erklären. Tatsache ist, daß der griechische Philosoph das Schema nicht ausdrücklich festgelegt hat, aber immerhin Methoden formulierte, die die mittelalterlichen Kommentatoren übernahmen und als Schema von *forma tractandi* und *forma tractatus* der *causa formalis* verbreiteten. [4]

In der ersten Hälfte des 13. Jh. ersetzten *forma tractandi* und *forma tractatus* im aristotelischen *accessus* allmählich den früheren *modus agendi*. Der *modus agendi* benannte in der Regel formale Merkmale eines Werkes, wie etwa die Art der Versifikation oder Prosa, oder die Gattung, wie z. B. Heldendichtung oder Komödie. [5] Er unterschied zuweilen auch *modi recitandi* danach, ob die eingeführten Personen in einem Werk sprechen oder ob nur der Autor spricht oder eine Kombination aus beidem vorliegt. [6] Der *modus agendi* konnte auch die *qualitas* oder Stilebene des Werks bezeichnen: «Sunt etiam tres modi in stilo scribentis, humilis, mediocris, grandiloquus» (Es gibt auch drei *modi* im Stil des Autors: schlicht, mittel und erhaben). [7] Oder er gab die Schritte an, durch die das Werk eine Kunst lehrt, wie in OVIDS ‹Ars amatoria›: «Modus istius operis talis est: ostendere quo modo ipsa puella possit inveniri, inventa exorari, exorata retineri.» (Der *modus* dieses Werkes ist folgender: Er zeigt, wie man ein Mädchen finden, für sich gewinnen und an sich binden kann.) [8] All diese *modi agendi* bezeichnen die Mittel, die verwendet werden, um den Stoff eines Werks zu behandeln.

Der Begriff ‹modus agendi› konnte allerdings auch mehr Komplexität besitzen. In dem Kommentar zu Vergils ‹Äneis›, der BERNARDUS SILVESTRIS zugeschrieben wird, werden wahlweise zwei *modi agendi* angeboten in Abhängigkeit davon, ob VERGIL als Dichter oder als Philosoph gesehen wird. [9] Als Dichter schrieb er in künstlicher Folge (ordo artificialis), und das war sein literarischer *modus agendi*; als Philosoph jedoch verwendete er die natürliche Folge (ordo naturalis). Dafür schrieb er die ‹Äneis› als *integumentum* (Hülle). Dieses war für ihn als Philosoph der *modus agendi*. [10] Ein Kommentar zu MARTIANUS CAPELLAS ‹De nuptiis Philologiae et Mercurii› aus dem 12. Jh., der ebenfalls Bernardus Silvestris zugeschrieben wird, sagt, daß der *modus agendi* «in tribus deprehenditur, ordine scilicet operis, doctrine genere, auctoris imitatione» (auf dreierlei Art aufgefaßt werden kann: als Einteilung des Werkes, als Art seiner Instruktion und als Nachahmung des Autors des Ursprungswerkes). [11] Durch diese Verfahren werden bei den Teilen von ‹De nuptiis› fünfzehn *distinctiones* (Bestimmungen) unterschieden. Die Art der Instruktion des Textes wird als allegorisch und integumental eingestuft und die Mittel festgehalten, von denen der Kommentator glaubte, daß Martianus mit ihrer Hilfe Vergils ‹Äneis› nachahmte und selbst wiederum von

Boethius nachgeahmt wurde. [12] Man könnte daher sagen, daß die drei *modi agendi* bestimmte *modi tractandi* vorwegnehmen, wie etwa den *modus divisivus*, den *modus transumptivus* und den *modus imitativus*.

Bei den Wissenschaften war ein bestimmtes Schema üblich, um die *forma tractandi* zu erläutern. Es umfaßte vier bzw. fünf *modi*: den *modus diffinitivus* oder definierenden Modus; den *modus divisivus* oder *modus* der Einteilung des Gegenstandes; den *modus collectivus* oder Modus der Argumentation bzw. der Schlußfolgerung, der oft unterteilt bzw. ersetzt wurde durch den *modus probativus* oder Modus des Beweises und den *modus improbativus* oder Modus der Widerlegung; außerdem den *modus exemplorum positivus* oder Modus, der Beispiele angibt, um den Stoff zu untermauern oder deutlich zu machen. Zum Beispiel: «Forma tractandi est modus agendi qui est quintuplex: diffinitivus, divisivus, probativus, improbativus, et exemplorum positivus.» (Die *forma tractandi* ist ein fünfteiliger *modus agendi*: definierend, unterteilend, beweisend bzw. widerlegend und Beispiele gebend.) [13] Für die Philosophie galt: «Causa autem formalis hujus scientiae duplex est: forma tractatus et forma tractandi. Forma tractandi est modus agendi, qui est duplex: definitionis et demonstrationis. Modus autem procedendi hujus ut plurimum est definitionis. Item, demonstrationis est; aliter enim non esset scientia. Forma tractatus est divisio hujus scientiae in libros separatos, et iterum libri in sua capitula.» (Die *causa formalis* dieser Wissenschaft ist eine doppelte: sie besteht aus *forma tractatus* und *forma tractandi*. Die *forma tractandi* ist ein doppelter *modus agendi*: der Definition und des Beweises. Aber die Vorgehensweise, die meist üblich ist, ist die der Definition. Ähnlich ist es im Fall des Beweises. Anderenfalls würde es sich nicht um eine Wissenschaft handeln. Die *forma tractatus* ist die Einteilung dieser Wissenschaft in verschiedene Bücher, und jedes Buches wiederum in seine Kapitel.) [14] Einen bemerkenswerten Zusatz gibt es für Texte mit ausgesprochen pädagogischer Absicht, die daher einen *modus praeceptivus* oder *modus dicendi* benötigen. [15]

Da die Künste von den Wissenschaften unterschieden wurden, waren andere *modi* erforderlich, um sie zu behandeln. Die wichtigste Kunst für die Entwicklung der *forma tractandi* war die Rhetorik. Zugegebenermaßen gab es eine oberflächliche Ähnlichkeit zwischen den fünf *modi* und den sechs Teilen der Rede. Die *partitio* ähnelt dem *modus divisivus*, wie auch *confirmatio* und *confutatio* an die *modi probativus* und *improbativus* erinnern. [16] Die traditionellen *modi* gehen jedoch nicht auf die Rhetorik zurück. Die besten Beispiele für literarische Werke, die heute noch erhalten sind, sind die *accessus* zu den Werken Ovids. [17]

Obwohl das traditionelle fünfteilige Schema üblich wurde, um die *forma tractandi* in Künsten wie der Grammatik, Rhetorik oder Logik zu bestimmen, reichten die vorhandenen *modi* nicht aus, um alle Beispiele dieser Künste oder der Werke, die diese praktizierten, einzubeziehen. Andere *modi tractandi* waren erforderlich, da «forma tractandi diversitatur in libris secundum quod et operarii aliter et aliter operantur» (die *forma tractandi* sich in verschiedenen Büchern unterscheidet, da die Autoren sie in unterschiedlicher Weise praktizieren). [18] Ein *accessus* zu ALEXANDERS VON VILLA DEI ‹Doctrinale› nennt die fünf konventionellen *modi*: *diffinitivus, divisivus, probativus, improbativus* und *exemplorum positivus*, sowie einen, der nicht üblich war: den *modus epilogutivus*, der in diesem Fall davon handelt, wie Wörter enden. [19] Ein *accessus* zu ALANUS' AB INSULIS ‹Anticlaudianus› operiert mit verschiedenen Sätzen von *modi*, je nachdem, ob bei der Behandlung vom *trivium*, dem *quadrivium* oder der Philosophie ausgegangen wird. [20]

Die Poetik, die Literatur, Kirchenlieder und die Bibel miteinschließt, unterscheidet noch weitere *modi tractandi*, um verschiedenen Absichten in der Abfassung von Werken dieser Art gerecht zu werden, zum Beispiel der Verstärkung von Frömmigkeit. [21] In der Heiligen Schrift ersetzt ein *modus praeceptivus* den *modus diffinitivus*, der den Wissenschaften angemessen ist, da sie eine moralische Ausrichtung hat. Kirchenlieder haben eine ähnliche Funktion. Vom Gesangbuch wird gesagt, daß es keine *forma tractandi* besitze, da es keine Wissenschaft enthalte, jedoch eine *forma tractatus*, weil es sich um eine Sammlung einzelner Lieder handle. [22] Die Bibel und die Theologie, die nicht, wie z. B. die Philosophie, zu den Wissenschaften gerechnet wurden, verlassen sich auch gern auf die Dienste von Rhetorik und Poetik, um an die Frömmigkeit zu appellieren und Gefühle zu beeinflussen. [23] So hat ALEXANDER VON HALES festgestellt, daß die *modi tractandi* göttlicher Weisheit in der Bibel der *modus praeceptivus, exemplificativus, exhortativus, relativus* und *orativus* seien (vorschreibend, beispielgebend, ermahnend, prophetisch und rednerisch). [24]

Die *forma tractatus* ist der Abriß eines Textes, der dessen Teile bestimmt. [25] Bei solchen Teilen kann es sich um Bücher, Kapitel, Abschnitte oder sogar Verse handeln, wie zum Beispiel in der *forma tractatus* von DANTES ‹Divina Commedia›. Nach dem Brief an Can Grande, der Dante zugeschrieben wird, enthält die ‹Divina Commedia› drei Bücher, von denen jedes dreiunddreißig oder vierunddreißig Canti enthält, und jeder Canto verwendet das Versmaß der Terzine. [26] Jeder Fall wird gegenüber den anderen durch eine logische, fortlaufende Analyse des Stoffes unterschieden. Der Prozeß, durch den man zu dieser Einteilung gelangt, ist Teil des *modus tractandi*; das ausdrückliche Ergebnis im Werk ist die formale Bestimmung von Teilen, die zusammengenommen ein abgerundetes und vollständiges Ganzes ergeben, dessen Bedeutung restlos ausgedrückt und vollständig dargestellt ist. [27] Die Beziehung zwischen den Teilen kann logischer, analogischer oder allegorischer Natur sein.

Zugrunde liegt der *forma tractandi* und der *forma tractatus* die Annahme, daß sie von den Autoren der Werke, in denen sie gefunden werden, tatsächlich benutzt wurden. Sie drückt daher Vorgehensweisen und Strukturen von Werken aus, deren Verfasser in Schulen und anderswo Aufsatzlehre und Interpretation erlernt, studiert und praktiziert hatten. Damit wurden sie zu Verfahren und Formen, anhand derer ein Stoff in einem neuen Werk behandelt und übernommen werden konnte. Am deutlichsten wird dies in den volkssprachlichen Werken, die ab dem Ende des 13. Jh. auftauchen. Hauptbeispiel hierfür ist Dante. Falls er die zwei *formae* im Can-Grande-Brief erörtert hat, haben wir einen Beleg dafür, daß er sie bei der Abfassung der ‹Göttlichen Komödie› bewußt und gezielt anwandte. Aber auch wenn der Brief ihm fälschlicherweise zugeschrieben wird, ist es bemerkenswert, wie rasch Dantes Meisterwerk bzw. Teile davon anhand von *forma tractandi* und *forma tractatus* interpretiert und somit für spätere Autoren und Kommentatoren der ‹Göttlichen Komödie› zum

Vorbild wurden. Ähnlich wird im ‹Roman de la rose› ausgiebig von den *modi tractandi* Gebrauch gemacht, so daß JEAN DE MEUN das Prinzip im Kopf gehabt haben muß, als er das Werk schuf. Neben poetischen, fiktionalen, abschweifenden, beschreibenden und metaphorischen Verfahren verwendet er die *modi*, um zu definieren, zu unterteilen, für und gegen Behauptungen zu argumentieren und durch Beispiele zu belegen. [28] Andere Studien haben die Umsetzung dieser Prinzipien für weitere Fälle gezeigt. [29]

Anmerkungen:
1 S. Harrison Thomson: Robert Kilwardby's Commentaries In Priscianum and In Barbarismum Donati, in: The New Scholasticism 12 (1938) 63. – 2 J. B. Allen: The Ethical Poetic of the Later Middle Ages (Toronto/Buffalo/London 1982) 88. – 3 ebd. 78. – 4 B. Sandkühler: Die frühen Dantekommentare und ihr Verhältnis zur mittelalterl. Kommentartrad. (1967) 37; A. J. Minnis: Mediaeval Theory of Authorship (London 1984) 28f. – 5 Sandkühler [4] 40. – 6 R. B. C. Huygens (Hg.): Accessus ad auctores (Leiden 1970) S. 44, 11. 141–147; siehe auch G. Przychocki (Hg.): Accessus Ovidiani (Krakau 1911) § I, S. 21, 11. 17–21 und S. 41. – 7 Konrad von Hirsau: Dialogus super auctores, hg. v. R. B. C. Huygens (Leiden 1970) S. 78, 11. 208–209. – 8 Accessus Ovidiani [6] § II, S. 23, 11. 14–15. – 9 Allen [2] 79; H. Brinkmann: Mittelalterl. Hermeneutik (1980) 303f. – 10 J. W. und E. F. Jones (Ed.): Commentum quod dicitur Bernardi Silvestris super sex libros Eneidos Virgilii (Lincoln/Nebraska/London 1977) S. 3, 11. 9–13. – 11 H. J. Westra (Ed.): The Commentary on Martianus Capella's De nuptiis Philologiae et Mercurii Attributed to Bernardus Silvestris (Toronto 1986) S. 44, 11. 56–57. – 12 Kommentar zu ‹De nuptiis› [11] 45–47. – 13 Sandkühler [4] 37f.; vgl. Bartholomäus von Brügge in G. Dahan: Notes et textes sur la poétique au moyen âge, in: Archives d'histoire doctrinale et littéraire du moyen âge 55 (1980) 224f. – 14 E. A. Monahan in: J. R. O'Donnell (Ed.): Nine Mediaeval Thinkers (Toronto 1955) 151f. – 15 Sandkühler [4] 39. – 16 ebd. 37. – 17 siehe Accessus Ovidiani [6]; R. J. Hexter: Ovid and Mediaeval Schooling (1986) 110–115. – 18 Allen [2] 75. – 19 ebd. 76. – 20 ebd. 78. – 21 Sandkühler [4] 39. – 22 Allen [2] 80–82. – 23 Minnis [4] 119–122, 145f. – 24 E. R. Curtius: Europ. Lit. und lat. MA (Bern ^{10}1984) 223; vgl. Minnis [4] 122–126. – 25 Allen [2] 118. – 26 siehe Sandkühler [4] 83–95; S. Corsi: Il ‹modus digressivus› nella Divina Commedia (Potomac, Maryland 1987). – 27 Allen [2] 119. – 28 siehe G. Paré: Les idées et les lettres au XIIIe siècle: le Roman de la rose (Montréal 1947) 27–29, 31–34, 38f.; G. Hildur: Der scholastische Wortschatz bei Jean de Meun (1972) §§ 3, 6, 14–16, 20–23, 38, 45, 48, 50. – 29 Allen [2]; Minnis [4]; H. E. Allen: The ‹Manuel des pechiez› and the Scholastic Prologue, in: Romanic Review 8 (1917) 434–462.

D. Kelly/L. G.

→ Accessus ad auctores → Aufsatzlehre → Didaktik → Interpretation → Schriftauslegung → Schriftsinn → Text

Formalismus (engl. formalism; frz. formalisme; ital. formalismo)
A. Der Begriff ‹F.› verweist auf eine russische Schule der Literaturwissenschaft und -kritik, die aus den Diskussionen des Moskauer Linguistenkreises entstanden ist (ca. 1915–1930). Diese Schule zeigt Affinitäten zum Futurismus und wendet sich gegen die Konzeption des russischen Symbolismus. Im Zentrum formalistischer Reflexion (z. B. ŠKLOVSKIJ, EJCHENBAUM) stehen isolierbare formale Elemente der Dichtung und ihre Relationen (Reim, Metrum, Strophe, rhetorische Figur) sowie Fragen der Stoffgliederung / Textstruktur (*dispositio*) und der Gattungstypologie. Die Eigengesetzlichkeit des Kunstwerkes manifestiert sich – unabhängig von der Wirklichkeit – in der Summe der stilistischen Mittel.

Formalistische Interpretation grenzt sich ab von psychologischen, soziologischen, theologischen oder philosophischen Zugängen zur Literatur. Der F. führt die ästhetische Funktion von Texten auf die formalen Anteile der *elocutio* und *dispositio* zurück (Grammatik, Stilmittel, Tropik, Gattung). Die Ideen der formalen Literaturwissenschaft wirken weiter im Prager Strukturalismus (MUKAŘOVSKY) sowie in der Methodik des amerikanischen New Criticism (WELLEK) bzw. in der polnischen Literaturwissenschaft (INGARDEN). [1]

Die Beziehung zwischen Inhalt (*res; materia*) und Form (*verba*) sowie die Formen- und Strukturlehre ist schon Teil der antiken Rhetorik [2] und der mittelalterlichen Bildung in den *artes liberales* (Figuren, Syntax, Grammatik; Redeteile). HERMOGENES und PRISCIAN bieten *modi tractandi* als Übungsformen (*praeexercitamenta*) in der formalen rhetorischen Stoffbearbeitung an [3], DANTE unterscheidet zwischen *forma tractatus* (Gestalt des Textes) und *forma tractandi* (Art der Stoffbearbeitung). [4] Formale Literaturbetrachtung ist nicht nur Kennzeichen der grammatisch orientierten *enarratio poetarum* des Mittelalters, sondern der Formanteil der Rede- und Dichtungsgattungen bleibt wesentlicher Aspekt der Rhetorik und Regelpoetik bis ins 18. Jh. Vor allem die Rhetorik systematisierte diejenigen Form-Mittel, die zur Bewältigung der rednerischen und poetischen Aufgaben notwendig waren. Die formale Gestaltungskraft in Rede und Dichtung galt als zentrales Kriterium der ästhetischen Bewertung, wobei das Prinzip der Angemessenheit (*aptum, decorum*) als Regulativ der Beziehung zwischen Form und Inhalt mit einbezogen war. Form und Inhalt sind seit dem 18. Jh. ein wichtiges Begriffspaar der Ästhetik und Literaturwissenschaft [5], doch erst «das 20. Jh. brachte die Neubesinnung auf die geistige und sprachkünstlerische Grundlage der Dichtung und enthüllte die ganze Problematik des Stoff-Form-Verhältnisses». [6]

Anmerkungen:
1 vgl. G. von Wilpert: Sachwtb. der Lit. (^{6}1979) 276f. – 2 vgl. H. Lausberg: Hb. der lit. Rhet. (^{3}1990) § 47ff. – 3 vgl. Hermogenes, Progymnasmata 12; Priscian, Praeexercitamenta rhetorica 10; Lausberg [2] § 1105f. – 4 vgl. E. R. Curtius: Europ. Lit. und lat. MA (^{10}1984) 228f. – 5 vgl. Hegel: Werke, Jubiläumsausg. (1929) 8, 302; ders.: Ästhetik, hg. von F. Bassenge (o. J.); HWPh, Bd. 2 (1972) Sp. 975ff.; RDL^2, Bd. 1, 468ff. – 6 Wilpert [1] 276.

B. I. *Rhetorik und Form.* Die Beziehung zwischen Inhalt (*materia, res*) und Form (*verba, forma*) gehört im rhetorischen Denkgebäude zur Kunstlehre (*ars*), in der das Werden des Textes (*opus*) über die einzelnen Bearbeitungsphasen (*rhetorices partes*) dargestellt und gelehrt wird. Das Sprachkunstwerk gilt als Synthese zwischen Gedankeninhalt und sprachlicher Formulierung. [1] Die Inhalte (Redegegenstände) gehören systematisch zu *intellectio*, *inventio* und *dispositio* (Auswahl und Anordnung), die Formen zur *elocutio* (Ausdrucksmittel). Die angemessene Synthese zwischen Form und Inhalt erfolgt nach den Prinzipien der Angemessenheit, den Aspekten des Gegenstandes, der Beziehung zwischen Redner und Publikum sowie nach den Bedingungen der Redegenera. [2] Die sprachlichen Formen werden im Rahmen der *Latinitas*, der *perspicuitas* und des *ornatus* (Figuren) besprochen und geordnet, in der *compositio* gefügt (Wort und Satz) und durch die *amplificatio* modifiziert. Formenbestand und Formorientiertheit der Rhetorik sind in der Moderne erneut Gegenstand der

Diskussion und Theoriebildung: So wird Rhetorik z. B. auch als *Formulierungstheorie* begriffen, deren Bestand und Regeln einer *generativen* Produktion von Texten dienen. [3] Die rhetorischen Formen selbst (z. B. Figuren) sind darüber hinaus Gegenstand einer formalistischen bzw. semiotischen Beschreibungs- und Klassifizierungsmethode. [4]

Anmerkungen:
1 vgl. H. Lausberg: Hb. der lit. Rhet. (^{3}1990) § 45. – 2 vgl. Arist. Rhet. I, 3. – 3 vgl. K. Ostheeren: Theorie und Praxis einer generativen Rhet., in: Anglia 97 (1979) 439ff.; ders.: Konzepte strukturalistischer und generativistischer Rhet., in: LiLi 43/44 (1981) 133ff.; G. Wienold: Formulierungstheorie (1971) 36ff. – 4 vgl. J. Dubois u. a.: Allg. Rhet. (1974); G. Genette: Figures I – III (Paris 1966ff.); Groupe μ (J. Dubois u. a.): Rhétorique particulières, in: Communications 16 (1970) 70ff.

G. Kalivoda

II. *Philosophie und Literaturwissenschaft.* Die Frage nach Form und Inhalt/Form und Materie (forma; μορφή, morphé und materia; ὕλη, hýlē) zieht sich wie ein Leitmotiv auch durch die westliche Philosophiegeschichte. DEMOKRIT geht z. B. davon aus, daß die Form bzw. die Struktur eines Dinges von der Art und Anordnung der Atome abhängt; d. h. die Form wird von einer dem Ding innewohnenden Struktur bestimmt. Bei PLATON hingegen wird Materie als in sich bewegungslos gedacht, die Form hingegen als externes ordnendes Prinzip (Idee). ARISTOTELES führt das Begriffspaar Form-Materie in die Philosophie ein und macht insbesondere den Begriff hýlē zu einem Terminus der Physik und Ontologie. [1] Er modifiziert Platons Konzept leicht, sieht aber ebenfalls Stoff als passiv, Form aber als aktive, strukturierende Dimension. Im Mittelalter wird das Gedankengut der antiken Naturphilosophie wieder bevorzugt aufgegriffen und weitgehend die Einheit von Form und Inhalt vertreten. Vom 17. Jh. an (BACON) dominieren in Philosophie und Wissenschaftstheorie mechanistische Vorstellungen, die eine aristotelische Trennung von Materie und Form propagieren. Neue Aspekte zu diesem Problemkreis finden sich im subjektiven Idealismus KANTS, der zwar die Form-Inhalt-Dichotomie aufrechterhält, jedoch Form bzw. das Ordnungsprinzip dem erkennenden Subjekt zuordnet. HEGEL überwindet diese Trennung durch Betonung der dialektischen Einheit von Form und Inhalt. Diese grundlegenden philosophischen Fragestellungen bestimmen indirekt die Ansätze der formalistisch-strukturalistischen Textwissenschaften im 20. Jh.

Formale Aspekte haben bereits in der Antike in Sprach- und Literaturwissenschaft Eingang gefunden. So läßt sich z. B. Aristoteles' Auffassung von der determinierenden Funktion von Form über Materie (vgl. ‹Metaphysik› 7) im 6. und 12. Buch seiner ‹Poetik› mit literarischen Phänomenen in Deckung bringen, wenn Aristoteles formale Schemata anwendet, um gattungsspezifische Merkmale des Dramas zu erklären. Mit dieser strukturellen Betrachtungsweise legt Aristoteles den Grundstein für formale Ansätze in der Sprach- und Literaturwissenschaft.

Literaturwissenschaftlich unterschieden werden Formen der Gattung und des Textaufbaus sowie sprachliche, metrische und stilistische Formen, die auch Gegenstand von Formgeschichte und Formenlehre sind. «Mittelalter wie Renaissance, Barock und französischer Klassizismus sahen in der äußeren Form das alleinige Element des Dichterischen, das dem bloßen Stoff die Kunsthöhe gab.» [2] Erst gegen Ende des 18. Jh. begreift man – im Gefolge von PLOTINS ἔνδον εἶδος (éndon eídos, innere Abbildung) – die Form auch als Element der inneren Anschauung, an der Verstand und Gefühl gleichermaßen mitwirken (Gehaltsästhetik). [3] Gegen einen starren regelpoetischen F. wenden sich HERDER, die Dichter des Sturm und Drang sowie die Genie-Ästhetik, ehe im 19. Jh. der Positivismus eine ‹naturwissenschaftlich› fundierte Formorientierung propagiert und der Strukturalismus bzw. F. des 20. Jh. den formalen Zeichencharakter des Kunstwerkes in den Mittelpunkt der literarischen Theoriebildung und Analyse stellt. [4]

Anmerkungen:
1 vgl. HWPh, Bd. 2, Sp. 978ff. – 2 G. von Wilpert: Sachwtb. der Lit. (^{6}1979) 275. – 3 vgl. HWPh [1] Sp. 976. – 4 vgl. Wilpert [2] 276.

C. I. *Russischer Formalismus.* Unter dem ‹Russischen F.› werden zwei Gruppen während und nach dem ersten Weltkrieg zusammengefaßt: einerseits der ‹Moskauer Linguisten-Kreis› (1915–1920) und andererseits die Petrograder ‹Gesellschaft zur Erforschung der poetischen Sprache› (1916–1930), eine Gruppe von Philologen und Literaturwissenschaftlern, die unter dem Akronym OPOJAZ bekannt wurde. [1] Zu den wichtigsten Vertretern beider Gruppen zählen V. A. ŠKLOVSKIJ, R. JAKOBSON, B. TOMAŠEVSKY, J. TYNYANOV und B. EJCHENBAUM.

Der frühe F. baut auf den Ideen des ‹Russischen Symbolismus› auf, der ebenfalls Form als zentrales bedeutungstragendes Element betrachtete. Der Symbolismus verstand sich als Abkehr von realistisch-naturalistischen Auffassungen, in denen Worte vor allem als Medium zur Übermittlung eines Gedankens bzw. einer Realität außerhalb des Textes gesehen wurden. Die Bewegung des Symbolismus ging daran, *Form* nicht mehr bloß als äußeres Gewand für *Inhalt* zu sehen, sondern die Verwobenheit beider Kategorien bzw. «den Parallelismus zwischen Erscheinungen und dem Wesenhaften» herauszuarbeiten. [2] In der symbolistischen Dichtung erhält das Zeichen gewissermaßen Gegenstandscharakter bzw. der Gegenstand Zeichencharakter.

Form wird sowohl im Symbolismus wie auch im Russischen F. als eigenständiges Mittel zur Erweiterung der Sprache über ihr alltägliches Spektrum hinaus erachtet, wobei sich die Frage nach dem Unterschied zwischen Alltagssprache und literarischer Sprache als zentrales Anliegen des F. herausbildet. Diese Dichotomie wurde zwar schon von früheren Theoretikern problematisiert, ist aber kaum wie im F. als rein formales Phänomen, d. h. von der inhaltlichen Ebene getrennt, zu erklären versucht worden.

Mit seinem Bemühen um eine wissenschaftliche Objektivierung des literarischen Diskurses steht der Russische F. am Beginn einer Entwicklung innerhalb der Literatur- und Sprachwissenschaft des 20. Jh., die in Strukturalismus und Semiotik ihre Weiterentwicklung erfährt. Nicht Literatur als sozio-historisches Phänomen sondern *literaturnost*› (Literaturhaftigkeit) steht im Vordergrund formalistischer Analysen, oder wie R. JAKOBSON es ausdrückt: «Der Gegenstand der Literaturwissenschaft ist nicht die Literatur in ihrer Ganzheit, sondern die ‹Literaturhaftigkeit›, nämlich das, was ein gegebenes Werk zu einem literarischen Werk macht». [3] In seiner Suche nach den typischen Merkmalen und Kennzeichen der Literaturhaftigkeit weist der

Russische F. Erklärungen entschieden zurück, die diese Merkmale im Geist des Dichters suchen, bzw. sich auf Intuition, Einbildungskraft oder Genius berufen. Dieser *morphologische* Ansatz der Formalisten vernachlässigt bewußt historische, soziologische, biographische oder psychologische Dimensionen des literarischen Diskurses und propagiert einen werkimmanenten Ansatz, der das Kunstwerk als eigenständige Entität betrachtet. Anstelle der genannten traditionellen extrinsischen Herangehensweisen an literarische Texte werden im Russischen F. phonetische Strukturen, Rhythmus, Reim, Metrum und Ton als autonome bedeutungstragende Elemente in den Mittelpunkt gestellt.

Für V. B. ŠKLOVSKIJ und eine Reihe anderer Formalisten arbeiten all diese genannten Elemente in einem literarischen Text in Richtung eines «ostranenie» (Verfremdung); d. h. sie wirken dem Gewöhnungsprozeß der alltäglichen Sprache entgegen. Eine semantische Verschiebung in eine Sphäre neuer Wahrnehmung stellt damit laut Šklovskij das Hauptbestreben jeglicher Literatur dar. Mit diesem zentralen Begriff des ‹ostranenie› nimmt der Russische F. das Brechtsche Konzept des *Verfremdungseffekts* vorweg, das ebenfalls darauf abzielt, die Künstlichkeit eines Textes bzw. eines Kunstwerks durch selbstreflektierende Elemente hervorzuheben. Es geht dabei ähnlich wie im Russischen F. darum, das Artifizielle des literarischen Diskurses bewußt zu machen und von alltagssprachlichen Phänomenen abzugrenzen. So gesehen kann das ‹ostranenie› des F. ebenso wie der ‹Verfremdungseffekt› Brechts mit dem rhetorischen Konzept des *ordo artificialis* in Verbindung gebracht werden. Im Rahmen der *dispositio* wird durch den sogenannten *ordo artificialis* eine bewußte Abkehr von der bestehenden Norm *(ordo naturalis)* impliziert und auf diese Weise die künstlerische Dimension eines Textes oder einer Aussage betont. [4] Natürlich läßt sich auch eine Verbindung zur *elocutio* in der Rhetorik ziehen, d. h. der *ornatus* als «Luxus der Rede» bzw. «die Schönheit der sprachlichen Äußerung» [5] bezweckt, geht in dieselbe Richtung wie die Verfremdungskonzepte des Russischen F. Auch die klassische stiltheoretische Unterteilung in *genus tenue, genus medium* und *genus sublime* (niederer, mittlerer und hoher Stil) kann als Vorläufer dieser formalen poetologischen Fragestellungen in bezug auf Verfremdung gesehen werden. [6]

Mittel zur Verfremdung sind vor allem selbstreflektierende Züge in literarischen Texten. In der Lyrik sind z. B. Worte nicht nur Behälter und Übermittler von Gedanken, sondern eigenständige Objekte bzw. autonome Entitäten, die sich von bloßen Signifikanten zu selbständigen Signifikaten gewandelt haben. In einer solchen Auffassung wird Sprache bzw. Literatur zu einem eigenständigen System, deren Elemente sich in einer geschlossenen Struktur befinden. F. SAUSSURES Analogie zwischen Schachspiel und Sprache als autonome Strukturen, die für sich eine Realität mit festgelegten Regeln bilden und keinen direkten Kontakt zu einer Wirklichkeit außerhalb des Systems benötigen, wird von den russischen Formalisten gerne als Metapher für ihren Zugang zur literarischen Sprache verwendet.

Innerhalb dieses Systems der literarischen Sprache ereignen sich ständig Prozesse der Verfremdung, die Stilformen und Genres verschieben. Die durch langandauernde Verwendung zur Gewohnheit gewordenen Gattungen oder Stile werden nach Auffassung des Russischen F. in einem kontinuierlichen Austausch- und Verschiebungsprozeß durch periphere oder jüngere Formen ersetzt, wodurch das Bewußtmachen der Literaturhaftigkeit durch das ‹ostranenie› gewährleistet wird. Durch dieses Modell kann der Russische F. auch literaturgeschichtliche Entwicklungen erklären, ohne auf extraliterarische Phänomene wie sozio-historische Bedingungen u. ä. eingehen zu müssen. Šklovskijs Analyse des englischen Romans im 18. Jh. als Parodie und Verfremdung eines neuentstandenen Genres ist das beste Beispiel des evolutionären Charakters des ‹ostranenie›. [7]

Der nicht vordergründig stilistische Ansatz von V. I. PROPP in ‹Morphology of the Folktale› (1928) [8] ist einer der einflußreichsten Beiträge des Russischen F. für die allgemeine strukturalistische Theoriebildung des 20. Jh. Seine strukturelle Typologie der Charakterfunktionen im Märchen läßt sich indirekt in der Mythenanalyse C. LÉVI-STRAUSS' in ‹Anthropologie Structurale› (1958) [9] verfolgen. Auch die strukturelle Anthropologie versucht hier, größere Phänomene eines Textes oder eines Genres auf eine begrenzte Zahl von Elementen (hier Agenten) zu reduzieren und als Tiefenstruktur einer unbegrenzten Zahl von Märchen bzw. Mythen aufzudecken. In analoger Weise greifen die semiotischen Analysen von U. Eco in ‹The Role of the Reader› (1979) [10] auf dieses formalistische Modell von stereotypen Handlungsträgern zurück. Als direkte Fortsetzung des Russischen F. ist aber der sogenannte Prager Strukturalismus zu verstehen.

II. *Prager Strukturalismus.* Das politische Klima in Russland bewirkte eine Verlagerung des F. nach Prag. Die beiden Emigranten N. TRUBETSKOY und R. JAKOBSON werden zusammen mit J. MUKAŘOVSKY zu den Hauptvertretern des ‹Prager Strukturalismus› gezählt. Diese Richtung ging davon aus, daß Sprache einerseits eine kohärente Struktur darstellt, die aus vernetzten Elementen besteht und andererseits, daß Sprache auch eine Reihe von *Funktionen* innerhalb der Gesellschaft erfüllt. Großen Bekanntheitsgrad erhielt Jakobsons Unterscheidung zwischen sechs verschiedenen Funktionen, von denen immer eine oder mehrere ein sprachliches Phänomen dominieren [11]:

	Referentiell Poetisch	
Emotiv		Konativ
	Phatisch Metasprachlich	

Die *referentielle* Funktion konzentriert sich auf inhaltlich-faktische Information; die *emotionale* Funktion reflektiert die Einstellung des Senders; die *konative* oder *vokative* Funktion ist vornehmlich auf den Empfänger gerichtet; die *phatische* Funktion dominiert, wenn der Kontakt zwischen Sender und Empfänger im Mittelpunkt steht; von der *metasprachlichen* Funktion spricht man, wenn der Schwerpunkt auf dem Code liegt; die *ästhetische* bzw. *poetische* Funktion steht dann im Vordergrund, wenn die Kommunikation auf die eigene Nachricht gerichtet ist.

Jakobson bringt diese sechs Funktionen mit den sechs Elementen seines Kommunikationsmodells zur Deckung, das zwischen Sender und Empfänger mehrere Parameter einsetzt:

	Kontext Nachricht	
Sender		Empfänger
	Kontakt Kode	

Je nach Gewichtung der einzelnen Elemente verschiebt sich die Funktion eines Textes bzw. eines sprachlichen Phänomens. In Jakobsons Kommunikationsmodell ist ‹Bedeutung› daher nicht feststehend oder fixiert, sondern wird von der jeweils vorherrschenden Funktion in einem großen Ausmaß bedingt. Wichtig ist dabei nicht das Wort als Zeichen, das *significatum*, sondern das *consignificatum* oder *constructibile*, d. h. die Relation zwischen den Zeichen. [12]

Besonders die poetisch-metasprachliche Funktion des Prager Strukturalismus wird von der Literaturtheorie adaptiert und für Erklärungsversuche literarischer Sprache herangezogen. So sieht z. B. J. Mukařovsky das in den Vordergrundstellen *(aktualisace)* der Aussage als Hauptmerkmal poetischer Sprache: «The function of poetic language consists in the maximum of foregrounding of the utterance [...] it is not used in the services of communication, but in order to place in the foreground the act of expression, the act of speech itself.» (Die Funktion der poetischen Sprache besteht in der maximalen Hervorhebung von Äußerungen [...] Sie dient nicht der Kommunikation, sondern der Hervorhebung des Ausdrucksaktes, des Sprechaktes selbst.) [13]

Jakobsons Beitrag zur Linguistik und Poetik, der viele Anknüpfungspunkte zur traditionellen Rhetorik aufweist, liegt aber in seinem Polaritätskonzept der Sprache, in welchem er das Saussuresche Schema der syntagmatischen und paradigmatischen Ebene mit rhetorischen Figuren belegt. Im Rahmen seiner Arbeiten über Sprachstörungen unterscheidet Jakobson zwischen zwei entgegengesetzten grundlegenden Arten der *Aphasie*: die Similaritätsstörung und die Kontiguitätsstörung, die er mit den rhetorischen Figuren *Metapher* und *Metonymie* zur Deckung bringt. Saussure war davon ausgegangen, daß Sprache sowohl entlang einer horizontalen, syntagmatischen Achse (Syntax, Bewegung, Kombination) als auch einer vertikalen, paradigmatischen Achse (Wortwahl, Assoziation) organisiert ist. Jakobsons Untersuchungen zur Aphasie ergaben vereinfacht ausgedrückt, daß bei Patienten, die unter Similaritätsstörungen leiden, die syntagmatische Ebene (Syntax und Kombinationsfähigkeit) intakt bleibt, jedoch die paradigmatische Ebene (Wortwahl und Bedeutungsunterscheidung) stark geschädigt ist. Genau umgekehrt verhält es sich im Fall der Kontiguitätsstörung, die es dem Patienten erschwert, syntaktische Abfolgen zu bilden. Jakobson bringt nun die syntagmatische Achse mit der Figur der Metonymie zur Übereinstimmung, die paradigmatische Ebene mit der Metapher. Nach Jakobson sind diese beiden rhetorischen Figuren (Metonymie als Kombination und Metapher als Selektion) die grundlegenden Parameter sprachlichen Verhaltens. Dieses Modell kann direkt für die Beschreibung des literarischen bzw. poetischen Diskurses herangezogen werden, der diese beiden Ebenen in sehr unkonventioneller Weise mischt. Während in der Prosa vor allem die metonymische Achse der Bewegung vorherrscht, zeichnet sich Lyrik durch eine metaphorische Dimension der Auswahl bzw. Substitution aus. «The principle of similarity underlies poetry [...]. Prose, on the contrary, is forwarded essentially by contiguity. Thus, for poetry, metaphor, and for prose, metonymy is the line of least resistance [...].» (Das Prinzip der Similarität steuert die Lyrik [...]. Die Prosa dagegen strebt wesentlich voran durch die Kontiguität. Deshalb ist für die Lyrik die Metapher und für die Prosa die Metonymie der Weg des geringsten Widerstandes.) [14]

III. *New Criticism.* Gerade durch die frühzeitige Auflösung des Russischen F. und Prager Strukturalismus konnte sich im Amerika der 30er und 40er Jahre der sogenannte ‹New Criticism› als dominanteste akademische Schulmethode behaupten. Die bereits in den 20er Jahren von T. S. Eliot, I. A. Richards und W. Empson in England propagierten Ansätze hatten sich lange Zeit weitgehend unabhängig, aber inhaltlich parallel zu den osteuropäischen formalistischen Gruppen entwickelt. Die Arbeiten des Russischen F. und Prager Strukturalismus wurden in Amerika erst durch R. Welleks und A. Warrens ‹Theory of Literature› (1949), vor allem aber durch V. Erlichs ‹Russian Formalism: History-Doctrine› (1955) bekannt. Übersetzungen der Originaltexte waren jedoch nicht vor den 60er Jahren erhältlich. In den späten 40er Jahren hatten R. P. Blackmur, C. Brooks, R. Wellek, W. K. Wimsatt und K. Burke dem ‹New Criticism› bereits zu einem orthodoxen Status als Schulmethode im englischsprachigen Raum verholfen.

Die wichtigsten Merkmale des ‹New Criticism›, dessen Name sich als bewußte Absage an traditionelle Lehrmeinungen versteht, lassen sich besonders gut im Kontrast zu diesen etablierten akademischen Richtungen aufzeigen. Der New Criticism unterscheidet Literaturkritik von Quellenarbeit, von sozio-historischen Hintergrundstudien, von Motivgeschichte, aber auch von autorzentrierten biographischen oder psychologischen Ansätzen bzw. von der Rezeptionsforschung, indem er versucht, die Literaturwissenschaft von extrinsischen Faktoren zu befreien und das Hauptaugenmerk auf den literarischen Text zu verlagern. Die Analysen des ‹New Criticism› richten sich daher auf Bereiche wie Ambiguität, Paradox, Ironie, Wortspiel oder rhetorische Figuren, die Elemente eines Textes in eine systemische Verbindung mit dem gesamten Kontext stellen. Ein zentraler Begriff in diesem Zusammenhang, unter dem der ‹New Criticism› auch oft subsumiert wird, ist das *close reading*, d. h. das genaue akribische Lesen dieser elementaren Teile, die wie ein Mikrokosmos größere Strukturen des Textes spiegeln.

Vereinfachend kann man die genannten formalistischen Schulen als *linguistische* Ansätze in der Textwissenschaft bezeichnen, die sich alle durch einen werkimmanenten Zugang auszeichnen. Das Hauptaugenmerk liegt auf der Herausarbeitung grundsätzlicher poetologischer Strukturen wie den Unterschieden zwischen Alltagssprache und literarischer Sprache bzw. zwischen Prosa und Lyrik. Theoriebildungen in der zweiten Hälfte des 20. Jh. wie Semiotik und Poststrukturalismus sind als direkte Weiterführung bzw. als Reaktion auf die besprochenen formalistisch-strukturalistischen Schulen zu verstehen.

Anmerkungen:
1 V. Erlich: Russ. F., übers. von M. Lohner (1964) 71. – **2** ders. 39. – **3** zit. nach ders. 190. – **4** vgl. H. Lausberg: Elemente der lit. Rhet. (^{3}1990) §47. – **5** ebd. §162. – **6** vgl. ebd. §465. – **7** V. Šklovskij: Sterne's Tristram Skandy, in: L. T. Lemon, M. J. Reis (Hg.): Russian Formalist Criticism: Four Essays (Lincoln 1965). – **8** V. I. Propp: Morphology of the Folktale, übers. von L. Scott (Austin/London 1958). – **9** C. Lévi-Strauss: Anthropologie Structurale (Paris 1958). – **10** U. Eco: The role of the reader (Bloomington/London 1979). – **11** vgl. R. Jakobson: Closing Statement: Linguistics and Poetics, in: T. A. Sebeok (Hg.): Style in Language (Cambridge, MA 1960) 350ff. – **12** vgl. R. Barthes: Die alte Rhet., in: ders.: Das semiologische Abenteuer (1988) 40f. – **13** J. Mukařovsky: Standard Language

and Poetic Language, hg. und übers. von P. L. Garvin (Washington 1964) 43f., Übers. Red. – **14** R. Jakobson, M. Halle: Fundamentals of Language (The Hague 1956) 95f., Übers. Red.

Literaturhinweise:
F. Jameson: The Prison-House of Language: A Critical Account of Structuralism and Russian Formalism (Princeton/London 1972). – R. Wellek: The Literary Theory and Aesthetics of the Prague School (Ann Arbor 1969). – T. Hawkes: Structuralism and Semiotics (Berkeley 1977). – A. A. Hansen-Löve: Der russ. F. (Wien 1978). – J. Striedter (Hg.): Russ. F. (³1981). – P. Steiner: Russian Formalism: A Metapoetics (Ithaka 1984).

M. Klarer

→ Ästhetik → Compositio → Dispositio → Elocutio → Figurenlehre → Gattungslehre → Literatur → Literaturkritik → Literaturwissenschaft → New Criticism → Ordo → Ornatus → Poetik → Semiotik → Stil → Strukturalismus → Text → Tropus → Wortfigur

Formel (lat. forma, formula; engl. formula; frz. formule; ital. formula)
A. ‹F.› bezeichnet im allgemeinen einen konventionalisierten Ausdruck. Im einzelnen kann es sich dabei um Mode- oder Schlagwörter, feststehende Beiwörter (Epitheta), Redewendungen (Idioms) oder habitualisierte Sätze (Sprichwörter oder Sentenzen) handeln.
Bei Wortpaaren gibt es die formale Differenzierung in Zwillingsformeln (z. B. «Gold und Silber»), Reimformeln mit Binnenreim (z. B. «Mann und Maus») oder mit Endreim (z. B. «Stein und Bein»). Je nach praktischem Anwendungsbereich sind unterschiedliche Formeltypen in unterschiedlichem Grade verbindlich: Zauber-, Segens-, Fluch-, Glaubens- oder Beichtformeln sind für den religiös-kultischen Bereich typisch. Im Rechtswesen gelten Eid-, Schwur-, Gesetzes- und Urkundenformeln. Im Rahmen von Korrespondenz und Konversation kursieren Gruß-, Devotions- und Abschiedsformeln. Der Gebrauch von Eingangs- und Schlußformeln sowie F. der Ausschmückung (epische F.) ist besonders verbindlich in mündlichen Literaturgenres wie Epen oder Märchen.
In der geisteswissenschaftlichen Forschung gibt es bislang noch keine Verständigung über eine einheitliche Definition von ‹F.›. Der Begriff wird häufig entweder eingeengt auf einzelne Formelvarianten oder ausgeweitet auf stereotype Inhalte (Topoi/Klischees) sowie Erzählschemata. [1] Die rhetoriksystematische Einordnung ist problematisch, da ‹F.› als terminus technicus in der Rhetoriktheorie nicht in Erscheinung tritt. Allerdings gibt es vom Mittelalter an zahlreiche Belege für die Anwendung von F. in der rhetorischen Unterrichtspraxis: Formelsammlungen werden als Hilfsinstrument zur Aneignung eines Fundus sprachlicher Versatzstücke *(copia verborum)* eingesetzt, der die Grundlage der rhetorischen Komposition bildet. [2] Im stilkritischen Zusammenhang wird formelhafter Sprachgebrauch in der Regel mit Ausdrucksleere und Klischeehaftigkeit zusammengebracht.
B. I. In der antiken Rhetoriktheorie taucht der Formelbegriff noch nicht auf. ‹Formula› wird hauptsächlich auf Redeschemata bezogen, die vor allem im religiösen Kultus, bei staatsrechtlichen Handlungen oder bei Rechtsgeschäften eine Rolle spielen. [3] Eine besondere Funktion bekommen F. im römischen Privatprozeßrecht. Bei der Anmeldung von Rechtsansprüchen werden vorgeprägte Formelblanketts benutzt, die für den Einzelfall nur noch ausgefüllt werden müssen. [4]
II. In Verbindung mit der zunehmenden Kanonisierung des Rechtes nehmen seit der Spätantike sprachliche Formalisierungstendenzen im Kanzleiwesen sprunghaft zu. Zur Arbeitserleichterung werden Sammlungen von Brief- oder Urkundenmustern (Formularien oder Formelsammlungen) für standardisierte Rechtshandlungen angefertigt, aus denen im Einzelfall nur noch das passende Formelmuster ausgewählt werden muß. Stilbildend für die mittelalterliche Briefstellerpraxis werden besonders die Formelsammlungen der päpstlichen und der kaiserlichen Kanzleien. [5] In den im 11. Jh. entstehenden *artes dictaminis* wird die antike Redeteil-Theorie auf die Briefstellerei übertragen. Die Formelanweisungen konzentrieren sich dabei in der Regel fast ausschließlich auf jene Redeteile, bei denen der Anredeform einen zentralen Stellenwert einnimmt: die Begrüßung *(salutatio)*, die Sympathie erregende Einleitung *(captatio benevolentiae)* und den Abschluß *(conclusio)*. [6] Je nach sozialem Status des Adressaten oder des Redners werden verschiedene Anredeformeln zur Auswahl angeboten. HUGO VON BOLOGNA führt zum Beispiel in seinen ‹Rationes dicendi prosaice› (ca. 1120) zur Begrüßung eines Magisters folgende Litanei von Formeln auf: «Litterarum scientia ditissimo uel prudentissimo uel adprime erudito uel eruditissimo seu doctissimo uiro eloquentissimo uel phylosophie documentis inbuto suorum discipulus minimus salutem et obsequium, uel quicquid magistro discipulus» (Dem an Kunde der Schriften Reichsten oder dem Klügsten oder dem besonders Gebildeten oder dem Gelehrtesten oder dem von den Schriften der Philosophie Durchdrungenen von seinem geringsten Schüler einen Gruß oder Ergebenheit oder was auch immer ein Schüler dem Magister entbietet). [7] Eine weitere wichtige Gattung von Formelkompilation bilden die Florilegien, Sammlungen literarischer Formeln, die grundlegend für den Grammatik-, Poetik- und Rhetorikunterricht an den mittelalterlichen Klosterschulen sind. Als Materialquellen dienen moralische Sinnsprüche *(sententiae)* und metrisierte Sprichwörter *(proverbia)*, die durch Diktat, Memorierung oder Anwendung praktisch eingeübt werden. [8] Für die Abfassung von Predigten gibt es spezielle Florilegiensammlungen aus biblisch-patristischen Zitaten. [9] In den Poetiklehren der *artes poetriae* tauchen keine definitiven Formelanweisungen auf, allerdings ist die vorgeschriebene Topik zur Darstellung literarischer Gegenstände der Ausbildung feststehender Beiwörter und Phrasen eher förderlich. Ein illustratives Beispiel hierfür liefert MATTHAEUS VON VENDÔME in seiner ‹Ars versificatoria› (ca. 1170). Zur Veranschaulichung seiner Topiklehre stellt er Beschreibungsmuster für eine Reihe literarischer Topoi vor. Zur Charakterisierung Caesars nennt er z. B. folgende Formeln: «Strenuus, indomitus, pugnax premit, asserit, urget/Hostes bella, reos ense, rigore, metu [...]» (Stark, ungezähmt, kampfeslustig bedrängt er, sät er, vertreibt er/Feinde, Kriege, die Angeklagten mit dem Schwert, mit Härte, mit Schrecken [...]). [10]
III. In den humanistischen Gelehrtenzirkeln des 16. und 17. Jh. entstehen Briefstellerlehren, die als neues Stilideal den ungezwungenen Privatbrief nach antikem Muster vertreten. Sie orientieren sich nicht nach den technischen Bedürfnissen des Kanzleibetriebs und vernachlässigen in ihren Formelsammlungen ständische Titulaturlisten des offiziellen Briefstils. Entsprechend ihrer pädagogischen Programmatik liegt ihr Hauptwir-

kungsbereich im humanistischen Rhetorikunterricht, wo die Briefkomposition die Ausbildung im Prosastil maßgeblich bestimmt. [11] Als Begründer der humanistischen *ars epistolandi* gilt ERASMUS VON ROTTERDAM mit seinem ‹Opus de conscribendis epistulis› (1522). Seine Formelsammlungen behandeln im Schwerpunkt verschiedene Brieftypen des privaten Stils *(genus familiare)*. [12] Erasmus wendet sich in stilkritischen Bemerkungen gegen formelhafte Amplifikationen der devoten Anrede und hat dabei die manieristischen Stillehren seiner Zeit im Auge. Als abschreckendes Beispiel für übertriebenen Gebrauch devoter Anredeformeln führt er folgenden Passus an: «"Perspicacissimo domino, septem artium liberalium candelabro aureo. Radianti theologorum apici. Religionis lucernae semper fulgenti. Dominicalis ordinis lucifero. Vtriusque testamenti gazophylacio. Haeresiarcharum malleo. Omnium virtutum heroicarum et non heroicarum, speculo limpidissimo. Dignissimo domino meo, domino praeceptori, humillimus dominationis suae discipulus, et vilissimus seruitor, oscula pedum pro salute." Rides exempum? Sane merito rides, sed huiusmodi non solum vtuntur isti, verum etiam libris aeditis praecipiunt adolescentulis. Haec noua salutandi Venus priscis incognita, tum demum nata est, vbi profligatis linguis, exactis bonis autoribus, quos illi poeticos vocant, in ludis literariis pro grammatica tradebatur Michael Modista, pro rhetorica similes nugae.» ("Dem allerdurchlauchtigsten Herrn, dem goldenen Leuchter der sieben freien Künste, der Strahlenkrone der Theologen, dem ewigen Licht der Religion, dem Morgenstern des Dominikanerordens, der Schatzkammer des Alten und Neuen Testaments, dem Ketzerhammer, dem klarsten Spiegel aller Heldentugenden, meinem hochwürdigen Herrn Lehrer entbietet der niedrigste Schüler seiner Herrschaft und wertloseste Diener Fußküsse als Gruß." Du lachst über das Beispiel? Du lachst ganz zu Recht. Doch diese Leute verwenden nicht nur derartiges, sondern geben Bücher heraus, in denen sie es den Jünglingen bindend vorschreiben. Diese "neue Anmut" im Grüßen, die den Alten unbekannt, entstand erst damals, als die Sprachkunst zur Strecke gebracht, die guten Autoren, die jene "poetisch" nennen, vertrieben waren, und in den Elementarschulen anstelle von Grammatik Michael Modista gelehrt wurde und ähnliche Spielereien anstelle von Rhetorik). [13] In den protestantischen Gelehrtenschulen dient der Umgang mit lateinischen Florilegien als grammatisches und rhetorisches Propädeutikum. Mit Beginn der Klassikerlektüre legen Schüler eigene Kollektaneen an, in denen Wörter, zugehörige Redewendungen, rhetorische Figuren, Sentenzen, Sprichwörter und Gleichnisse sachlich gegliedert gesammelt werden. [14] Ein vergleichbares Zeugnis für die Bedeutung von Formelinventaren für die Poetik- und Rhetorikerziehung ist die Lehrbuchgattung der ‹Gradus ad Parnassum›-Reimlexika. Sie wird im 17. Jh. im jesuitischen Erziehungssystem begründet und erfährt bis zum 19. Jh. weite Verbreitung. Die ‹Gradus ad Parnassum› enthalten systematische Aufstellungen von Wörtern, entsprechender Synonyma, feststehender Epitheta, prosaischer Redewendungen und Verse. Im Vergleich zur Prosa werden in der Lyrik Abweichungen von der literarischen Konvention eher lizensiert. Im Anschluß zu einer ‹Gradus ad Parnassum›-Ausgabe (1727) befinden sich verbindliche Regeln des Epithetongebrauchs, im Vergleich zur Prosa werden der Lyrik dabei noch die meisten Freiheiten zugestanden: «Quòd Epitheta in carmine Eligiaco & Heroico debeant esse usitata, & authoritate bonorum Poëtarum probata: in Carmine Lyrico, praesertim Horatiano possunt etiam esse minus usitata, nova & audaciora» (Daß die Epitheta im elegischen und heroischen Lied gebräuchlich & von der Autorität guter Autoren ausgewiesen sein müssen: im lyrischen Lied, zumal im horatianischen können sie auch weniger konventionell, neu und gewagter sein). [15]

Grundlegend für die Ausbildung höfischer Zivilisationsformen im 17. und 18. Jh. ist ein höflicher Konversations- und Korrespondenzstil, der auch als rhetorische Komplimentierkunst bezeichnet wird. [16] Der Grad sprachlicher Formalisierung variiert je nach dem technisch-offiziellen Charakter der Redesituation: während in den Bereichen der akademischen Disziplinen, des Kanzleiwesens oder der offiziellen höfischen Sphäre eine formelhafte Sprach-Etikette vorherrscht, werden die Bereiche der Privatsphäre vom Stilideal eines informellen, variationsreichen Umgangstons bestimmt. [17] Die politischen Rhetoriken und Briefsteller des 18. Jh. enthalten umfangreiche Formelapparate für juristische und vor allem für höfisch-offizielle Anlässe wie Einladungen, Danksagungen, Befehle, Gnadenbekundungen oder Insinuationen u.a. [18] Die Komplimentierformeln dienen besonders der Beamtenaristokratie als rhetorische Waffen zur sozialen Selbstbehauptung und zur Einflußnahme auf Machthaber. Das Problem des angemessenen Formelgebrauchs bekommt vor diesem Hintergrund eine politische Brisanz. [19] Verbindliche Maßstäbe der Formelanwendung bilden die jeweilige Intention des Redners, Anlaß, Ort, Zeit, das soziale Verhältnis zwischen Redner und Adressat sowie die Machtkonstellation zwischen beiden. [20] B. Neukirch merkt in seiner ‹Anweisung zu Teutschen Briefen› (1746) zum höflichen stylus an: «es ist ein kützlich ding um den höfflichen oder complimentierenden stylum. Denn man kann der sache so leicht zu viel, als zu wenig thun. Derowegen muß man die redensarten, und eine caresse von der anderen unterscheiden. Es ist nicht einerley, ob ich gehorsamst, unterdienstlich, dienstlich, dienstfreundlich, freundlich, oder gar sehr bitte, ob ich mich zu des lesers gnade, hohen protection, affection oder freundschafft empfehle.» [21] Die ständisch ausgerichteten Titulaturkataloge entwickeln sich zu einer selbständigen Kompendiengattung, die bis zum 19. Jh. im Umlauf ist. [22] Jede Veränderung in der konstitutionellen Ordnung oder der sozialen Stufenfolge wird genauestens registriert und in der Wahl der Formulierung berücksichtigt. Überleitungsformeln *(connexiones per formulam)* bilden eine Besonderheit der schriftlichen Stilistik und werden in der Periodenlehre behandelt. [23]

Mit dem Aufkommen antitraditionalistischer Ästhetikauffassungen verstärken sich seit der zweiten Hälfte des 18. Jh. stilkritische Tendenzen gegen Formelhaftigkeit und setzen sich ungebrochen bis zum 20. Jh. fort. [24] Eine literaturwissenschaftliche Formeltheorie entwickelt sich zum ersten Mal im Rahmen der oral-poetry-Forschung. Sie versucht, den Formelgebrauch in mündlichen Literaturen wertneutral anhand ihrer Entstehungsbedingungen als Memorier- und Improvisationshilfen zu erklären. [25] In der Mündlichkeitsforschung werden generelle Zusammenhänge zwischen Mündlichkeit und formelhaften Sprach- bzw. Denkformen beleuchtet. [26]

Anmerkungen:
1 K. D. Pilz: Phraseologie. Versuch einer interdisziplinären Abgrenzung, Begriffsbestimmung und Systematisierung unter

besonderer Berücksichtigung der dt. Gegenwartssprache (1978) 676–691. – **2** H. Lausberg: Hb. der lit. Rhet. (³1990) § 1092ff. – **3** vgl. B. Brissonius: De formulis et sollenibus populi Romani verbis (Paris 1583). – **4** RE, 12. Halbbd., 2859–2876. – **5** Handwtb. der dt. Rechtsgesch., hg. von A. Erler, E. Kaufmann (1971) Bd. I., 1157–1163; LMA, Bd. IV, 646-655; J. J. Murphy: Rhetoric in the Middle Ages (Berkeley 1974) 200f.; Formularien-Anthologie bei: K. Zeumer (Hg.): Formulae merowingici et karolini aevi. Monumenta Germaniae Historica, Legum V (1886). – **6** Murphy [5] 225; vgl. E. R. Curtius: Europ. Lit. und lat. MA (¹⁰1984) 85. – **7** L. Rockinger: Briefsteller und Formelbücher des 11. bis 14. Jh. (1863–64) 63f. – **8** F. Seiler: Dt. Sprichwörterkunde (1922) 23–25, 68ff., 77ff.; M. Manitius: Gesch. der lat. Lit. des MA 3 Teile (1911–31) Teil 1, 255; S. Singer: Sprichwörter des MA 3 Bde. (Bern 1944–47) Bd. 1, 67, Bd. 2, 5; L. Arbusow: Colores Rhetorici (1963) 60; S. Schmarje: Das sprichwörtliche Material in den Essais von Montaigne (1973) 10ff. – **9** Schmarje [8] 14. – **10** E. Faral: Les arts poétiques du XIIe et du XIIIe siècle. Recherches et documents sur la technique littéraire du moyen age (Paris 1924). 120ff. – **11** W. Barner: Barockrhet. (1970) 157ff. – **12** vgl. Opera omnia Desiderii Erasmi Roterodami (Amsterdam 1969f.) Bd. I–2, 541–579. – **13** Erasmus von Rotterdam: De Conscribendis epistolis, übs. von Kurt Smolak (1980) (= Erasmus von Rotterdam: Ausgewählte Werke, Bd. 8) 142f. – **14** F. Paulsen: Gesch. des gelehrten Unterrichts (³1919) 362f.; W. Barner [11] 285ff. – **15** P. Aler: Gradus ad Parnassum, Praxis Poetica, Cap. X, Observa 5 (1727). – **16** W. Barner [11] 167–190. – **17** B. Neukirch: Anweisung zu Teutschen Briefen (1746) 625–649; F. A. Hallbauer: Anweisung zur verbesserten Teutschen Oratorie (1725) 524ff. – **18** vgl. Hallbauer [17] 527f.; ders. Anleitung zur Politischen Beredsamkeit (1736) 171–187; Neukirch [17] 625–645. – **19** Neukirch [17] 646; Hallbauer [17] 527. – **20** Hallbauer: Polit. Bereds. [18] 259f. – **21** Neukirch [17] 629. – **22** Hallbauer: Polit. Bereds. [18] 187–259. – **23** A. F. Glaffey: Anleitung zur weltüblichen Teutschen Schreib-Art (1736) 500–528; Hallbauer [17] 592–594; Hallbauer: Polit. Bereds. [18] 280–283. – **24** L. Reiners: Dt. Stilkunst. ein Lehrbuch dt. Prosa (1944) 138–148, 190–193; B. Sowinski: Dt. Stilistik. Beobachtungen zur Sprachverwendung und Sprachgestaltung im Dt. (1973) 82. – **25** A. B. Lord: Der Sänger erzählt. Wie ein Epos entsteht (1966) 58–106; N. Voorwinden, M. de Haan (Hg.): Oral Poetry. Das Problem der Mündlichkeit mittelalterlicher epischer Dichtung (1979) 1–10. – **26** W. J. Ong: Oralität und Literalität. Die Technologisierung des Wortes (1987) 30–33, 40–42, 44, 64–70.

Literaturhinweise:
J. H. Zedler: Grosses vollständiges Universal-Lex. aller Wiss. und Künste, welche bißhero durch menschlichen Verstand und Witz erfunden und verbessert worden, Bd. 9 (1735) 1511–1514. – D'Alembert, Diderot: Encyclopédie ou dictionnaire raisonné des sciences, des arts et des métier, Bd. 7 (Paris 1757) 184–186. – M. von Lieres und Wilkau: Sprach-F. in der mhd. Lyrik bis zu Walther (1965) 1–29. – K. D Pilz: Phraseologie (1978) 676–691. – RGG³, Bd. 2, 992–996. – RDL², Bd. 1, 471–476.

R. Dietz

→ Anrede → Floskel → Formelbücher → Klischee → Leerformel → Ornatus → Rechtsformel → Redensart → Sentenz → Topik → Zauberspruch → Zwillingsformel

Formelbücher (lat. formularium; dt. auch: Formelsammlung; engl. formulary, formulary collections; frz. formulaire; ital. formulario)

A. Formeln sind Textelemente unbestimmter Länge, die in beliebigem Kontext verwendet werden können, und zwar sowohl kurze Phrasen als auch ganze Brief- oder Urkundentexte. Der Begriff ‹Formel› umfaßt im systematisch-normativen Sinn die generelle Übertragbarkeit von Texten und Textelementen. Die Formel fixiert den Textaufbau (Form) und die stilistische Umsetzung (Formulierung) eines bestimmten Musters. Die Anwendbarkeit der Formel in ähnlichen Situationen erleichtert dem Schreiber das Produktionsstadium der *inventio*; er übernimmt *dispositio* und *elocutio* der Formel, deren verwendungsspezifische Merkmale (Ort, Datum, Name) er der aktuellen Situation anpaßt. Voraussetzung dafür ist die Gleichheit verwaltungstechnischer Vorgänge bei Urkunden bzw. die Ähnlichkeit der Lebenssituationen bei Briefen. Während es sich bei ‹Formel› um eine epochenübergreifende Bezeichnung handelt, ist der Begriff ‹F.› an das Mittelalter und das Zeitalter des Humanismus gebunden. Diese Formeln sind wesentlich Urkunden und offizielle Briefe, erst im 15. Jh. gewinnen Privatbriefe in der Tradition antiker Freundschafts- oder Trostliteratur wieder an Bedeutung. Auch Phrasen (Sentenzen antiker oder mittelalterlicher *auctoritates*) werden in F. zusammengestellt, da eine Verwandtschaft der F. mit Sentenzen- oder Phrasensammlungen (Florilegien) besteht. Im Hochmittelalter werden die reinen Mustersammlungen für den Kanzleibedarf abgelöst von gemischten F., in deren theoretischem Teil Anleitungen für den Briefstil gegeben werden. Diese Theorieteile stehen in Zusammenhang mit der *ars dictaminis*, einer im Mittelalter bedeutsamen Anwendungsform der Rhetorik, deren Entwicklung die der F. immer wieder beeinflußt. F. können rein juristische Muster enthalten und mit einem Anhang zur Urkunden- oder Rechtslehre *(ars notariae)* verbunden sein, sie können zusammen mit einer Einführung in die antike Rhetorik, einer Phrasensammlung und literarisch geprägten Briefmustern antikes Bildungsgut vermitteln, oder sie enthalten Muster für Konsolations- und Kondolenz-, Scherz- und Schimpfbriefe anbieten. In nicht wenigen Fällen vermischen sich diese drei Typen, nur das juristische Kanzleihandbuch erscheint in Reinkultur.

Durch die Unverbindlichkeit des Musters ist dem Text die dialogische Funktion weitgehend genommen. Der Schreiber setzt sich weniger mit dem Empfänger auseinander als mit dem vorhandenen Text. Da er diesen Text an die aktuelle Verwendungssituation anpassen muß, ihn bearbeitet, möglicherweise kürzt oder erweitert *(amplificatio)*, handelt es sich bei der Verwendung von F. um einen genuin ‹rhetorischen› Vorgang, der mit dem Terminus ‹*reproductio*› beschrieben werden kann.

B. Die Entwicklung der F. vom 5.–15. Jh. kann in vier Phasen eingeteilt werden. Zuerst wird die reine Zusammenstellung von Mustertexten durch Erläuterungen erweitert (5.–11. Jh., wobei der Schwerpunkt auf dem 9. Jh. liegt). Nachdem im 12. Jh. die *ars dictaminis* von Oberitalien nach Deutschland übergreift, etablieren sich dort die F. im 13. und 14. Jh. neben ars dictaminis und *ars notariae*. Die letzte Phase (15. Jh. sowie rein rezeptive Verwendung im 16. Jh.) ist gekennzeichnet durch F. in deutscher Sprache.

1. Phase: Die päpstliche Kanzlei verwendet Register (Indices zum F.) und F. bereits im 4./5. Jh. Zwar sind diese nicht erhalten, aber verwandte Textstellen in Papsturkunden weisen auf ein gemeinsames Muster hin. Die ‹Formulae Andecavenses› aus Angers, das älteste F. im Frankenreich (Ende 6. Jh.), mischt noch römische und germanische Elemente, stilistisch, wie auch in der Rechtsauffassung. In diesen Zusammenhang gehören auch die ost- und westgotischen F. aus dem 7. Jh., die wohl in römischer Tradition stehen und vorwiegend privatrechtliche Texte enthalten. Charakteristisch für die frühen F. sind die ‹Formulae Marculfi› (Ende 7. Jh.), die Königs- und Privaturkunden der Merowingerzeit enthalten. Unter Karl dem Großen werden sie umgearbeitet und ergänzt. Es handelt sich dabei um eine Zusammenstellung von Texten ohne Anmerkungen. Unter Einfluß dieser großen Sammlung entstehen im westfränkischen Raum F. von Privaturkunden in Bourges, Paris, Tour, Flavigny, Sens und in der Auvergne (8. Jh.). Im 8. Jh. läßt sich die erste Sammlung aus dem alemannischen Raum lokalisieren (in den Klöstern Murbach und Reichenau), im 9. Jh. die erste bayerische (St. Emmeram). Ein salzburgisches F. unter Erzbischof Arn und das F. des Bischofs SALOMON III. VON KONSTANZ (Ende 9./Anfang 10. Jh.) enthalten erstmals Erläuterungen zu den Mustertexten, wobei eine belehrende Intention feststellbar ist. Weniger produktiv ist die päpstliche Kanzlei. Mit dem ‹Liber Diurnus›, dessen Textteile sich in päpstlichen Privilegien vom 6.–11. Jh. finden, versiegt die Formel-Produktion. Erst im 13. Jh. werden F. erneut zusammengestellt; zeitgleich verfaßt THOMAS VON CAPUA die erste und einzige *ars dictaminis* der päpstlichen Kanzlei. Ebenfalls ins 9. Jh. gehören die ‹Formulae imperiales› der Reichskanzlei unter Ludwig dem Frommen, das erste F. der kaiserlichen Kanzlei. In der späteren Karolingerzeit nimmt die Anzahl der F. ab. Parallel dazu versiegt unter den Ottonen und frühen Saliern (900–1050) die Literaturproduktion; es ist «die große Zeit des Schweigens». [1] Erst im 11. Jh. entsteht das F. des FROUMUND VON TEGERNSEE. Der ‹Codex epistolaris› (um 1125) ULRICHS VON BAMBERG, dem Erzbischof Gebhart von Würzburg gewidmet, gehört bereits ins 12. Jh.

2. *Phase*: Mit der Anwendung rhetorischer Regeln auf die Praxis der Briefstellerei entwickelt sich um 1087 die erste *ars dictaminis* ALBERICHS VON MONTECASSINO. Doch bereits der Rhetoriklehrer ADALBERTUS SAMARITANUS aus Bologna polemisiert mit seinen ‹Praecepta dictaminum› (zwischen 1111 und 1115) gegen die praxisferne Systematisierung Alberichs. Adalbert will die ars dictaminis auf praktische, d. h. juristische Zwecke gerichtet sehen. Die juristische Hochburg Bologna bleibt im 12. Jh. Zentrum der ars dictaminis. Knapp fünfzig Jahre später erreicht diese neue Form der Rhetorik Frankreich und Deutschland. Besonders an den Schulen des Loire-Tals, ohne die die sog. ‹*Renaissance*› *des 12. Jh.* [2] nicht denkbar wäre, geht die ars dictaminis mit der neuen Form der Grammatik eine spezifische Verbindung ein. Beispielhaft hierfür sind die anonymen ‹Flores rhetorici› (um 1171). Die Terminologie ist grammatisch, der theoretische Teil sehr knapp, dafür folgt eine große Sammlung von Musterbriefen, Sprichwörtern und Grußformeln. Kennzeichen des geistigen Klimas dieser Schulen ist die Orientierung am AUCTOR AD HERENNIUM und der rege Gebrauch von Zitaten antiker Schriftsteller. Von dieser Aufbruchsstimmung, dieser Suche nach antiken Wurzeln bei gleichzeitiger Spezialisierung auf Einzelgebiete der Rhetorik ist auch die erste *ars poetriae* (um 1175) des MATTHAEUS VON VENDÔME geprägt. Beide, das F. und die ars poetriae, entstehen in Tours.

Auch in Deutschland zeigen die F. Vertrautheit mit der ars dictaminis. Beispielsweise sind in den Epistolarcodex des Klosters Reinhardsbrunn zwei italienische Anleitungen zur ars dictaminis eingearbeitet, die bezeichnenderweise auf Adalbertus Samaritanus und HUGO VON BOLOGNA zurückgehen.

3. *Phase*: Im 13. Jh. verbreitet sich die ars dictaminis in Deutschland. Nach dem Interregnum (1256–73) kommt es zu einem Erstarken der Fürsten, einem Aufblühen der Städte, zu Städtebünden und zum regen Handelsverkehr freier Reichsstädte. Die steigende Zahl der Beurkundungen führt zu Zunahme der F., wobei die deutschen F. durch geordnete, fast systematische Darstellung gekennzeichnet sind. Dazu gehören vor allem die sächsische ‹Summa prosarum dictaminis› (um 1230) des Bischofs GERNAND VON BRANDENBURG und die ‹Summa dictaminum› (um 1250) LUDOLFS VON HILDESHEIM. Kompilationen sind üblich. So wird ein Abschnitt der sächsischen Summa in den zweiten Teil der Sammlung von Baumgartenberg übertragen. Dieser ‹Formularius de modo prosandi› aus dem oberösterreichischen Zisterzienserkloster Baumgartenberg ist das reichhaltigste F. aus dem frühen 14. Jh. Auch sonst war die ars dictaminis, mit einem F. zur Summa verbunden, beliebt. Davon zeugen die ‹Summa dictaminis prosaici› (um 1295) GUTOLFS VON HEILIGENKREUZ, eine ‹Notabilia de dictamine› (um 1300) aus dem Kloster Aldersbach und die ‹Summa dictaminis› (1312) BERNOLDS VON KAISERSHEIM.

Im weltlichen Bereich entstehen das F. des Notars PETER VON SCHWÄBISCH HALL (1337), der ‹Collectarius perpetuarum formarum› des JOHANN VON GELNHAUSEN, anonyme Formeln aus Goslar (um 1315) und ein anonymer ‹Liber de formulariis pro cancellaria› (Ende 14. Jh.) aus Salzburg. Das Salzburger F. gehört in die Blütezeit der F. unter Karl IV., dessen langjähriger Kanzler JOHANN VON NEUMARKT (darüber hinaus Bischof von Olmütz) die ‹Summa cancellariae› verfaßte. Gegen Ende des 14. Jh. ist eine Veränderung in Richtung auf einen einheitlichen Kanzleistil feststellbar.

4. *Phase*: In der ersten Hälfte des 15. Jh. beschränken sich die Gesetzbücher auf die Landesgesetze, während die Reichsgesetze das öffentliche Recht umfassen. Das allmähliche Eindringen des römischen Rechts bedarf der Erläuterung, die F. erfüllen dieses Bedürfnis für den Bereich des Privatrechts. In diesen Zusammenhang gehören die Kanzellarien der deutschen Kaiser Wenzel und Sigismund, die ‹Correctoria ad artem epistolandi spectantia› (1404) eines JOHANN aus Wien, der ‹Magnus Formularius› (kompiliert aus drei F.: ‹Formularius episcopalis›, ‹Formularius judicialis›, ‹Formularius de contractibus›), der ‹Formularius publici notariatus›, der ‹Tractatus rhetoricae› (1427) des Magisters ANDREAS SANTPERG, und der Traktat eines Bruders WILHELM OBERNDORFFER aus Schäftlarn (1439) und der ‹Tractatus de usu et modo dictandi› (1439) des Magisters JODOCUS VON HEILBRONN.

In den sechziger Jahren des 15. Jh. existieren zwei deutschsprachige F. nach dem Muster lateinischer Vorgänger. 1472 gibt es bereits eine ‹Ars notariatus› in deutscher Sprache und in der zweiten Hälfte des 15. Jh. werden zahlreiche deutsche Rhetoriken und F. durch den Buchdruck (1450) verbreitet.

Historisch betrachtet faßt das F. des 15. Jh. drei verschiedene Strömungen zusammen.

1. *Kanzleipraxis*: In der Karolingerzeit macht die Ausformung des Lehenswesens das Delegieren von Aufgaben nötig. Die Abfassung von Urkunden und der gesamte Schriftverkehr ist Aufgabe der Hofkapelle. Nach dem Investiturstreit (Wormser Konkordat 1122) erfolgt eine Trennung von weltlicher und geistlicher Machtbefugnis, der Kapellan ist nur noch Hofgeistlicher, nicht mehr auch noch Leiter der Kanzlei. Die aus der Kirche entlassene Kanzlei verselbständigt sich unter der Leitung eines Kanzlers. Im 12. Jh. wird die Kanzleitätigkeit durch Kanzleiordnungen straff organisiert. Einzelne Ressorts werden Sachbearbeitern zugeteilt und der Arbeitsablauf wird durch verstärkten Gebrauch von Registern und F. verbessert. Es ist bezeichnend, daß diese Neuerungen (Praxisorientierung, Spezialisierung,

Rationalisierung, aber auch Reglementierung des Einzelnen) gerade in das facettenreiche 12. Jh. fallen. Diese Zweckgebundenheit bleibt ein Kennzeichen der F. in den folgenden Jahrhunderten.

2. *Ars dictaminis*: Um 1087 entworfen, wird sie im 12. Jh. in Bologna ausgeformt. Bereits in den ersten Werken folgt auf den Theorieteil (Vorwort, allgemeine Regeln für den Briefstil, 5 Briefteile, salutationes, Urkundenlehre) ein F., das den Theorieteil verdeutlichen soll. Besonders in Frankreich ersetzt die Spezialisierung das umfassende rhetorische Bildungsideal [3]. In bewußter Auseinandersetzung von moderni und antiqui wird die ars dictaminis aufgenommen und die ars poetriae entwickelt. In den nachfolgenden Jahrhunderten erfolgt nie wieder eine klare Trennung von ars dictaminis und F.

3. *Ars notariae*: Das oft unterschätzte 13. Jh. ist in dieser Hinsicht sehr innovativ. In Italien entsteht die erste volkssprachliche ars dictandi. Die lateinischen Werke spezialisieren sich oft auf einen einzigen Brieftyp; als Beispiel sei BONCOMPAGNOS ‹Rota Veneris›, ein Handbuch über Liebesbriefe, genannt. Als Ergebnis dieser umfassenden Spezialisierung entsteht die ars notariae an der Universität Bologna. Das ‹Formularium tabellionum› (zwischen 1200 und 1205) enthält erstmals ein F. mit juristischen Erläuterungen, der ‹Liber formularius› (um 1214) des RAINER PERUSINUS kennt bereits die theoretische Einleitung in die ars notariae. 1232 zeigt sich das F. innerhalb der ars notariae bei dem Rechtslehrer MARTINUS DE FANO auf dem Höhepunkt. Natürlich wirkt die ars notariae wieder auf das F. der ars dictaminis, was die Aufnahme juristischer Texte in F. verstärkt.

Im 15. Jh. existieren zahlreiche Querverbindungen zwischen dem gedruckten deutschsprachigen F. und der antiken bzw. mittelalterlichen Rhetorik. Der ‹Spiegel der wahren Rhetorik› (1493) des Freiburger Kanzleischreibers und Buchdruckers FRIEDRICH RIEDERER enthält im ersten Teil eine Übertragung der ‹Rhetorica ad Herennium›, im zweiten Teil eine Brieflehre mit Musterbriefen, im letzten Teil ein juristisches F. Nach Joachimsohn [4] steht Riederer in der Tradition von ‹Formulare und deutsch Rhetorica› (Ulm 1479) des Nördlinger Schreibers und wandernden Rhetoriklehrers BERNHARD HIRSCHVELDER, der ‹Rhetorica vulgaris› (1477) des Notars CHRISTOPH HUBER, sowie der Kleinen und Großen Ulmer Rhetorik. Letztere scheint NIKLAS VON WYLE beeinflußt zu haben, der 1478 in seinen ‹Translationes› die Übertragung der ciceronianischen Figurenlehre ankündigt, welche aber erst bei ALEXANDER HUGEN in dessen ‹Rhetorica und Formulare› (Tübingen 1528) erscheint. Hugen wiederum stützt sich auf Riederer. Die Ulmer Rhetoriken stehen in Beziehung zu den lateinischen Werken des NIKOLAUS VON DYBIN (gest. vor 1387), der den ‹Laborintus› EBERHARDS DES DEUTSCHEN, die ‹Poetria nova› GALFREDS VON VINOSALVO, sowie das ‹Doctrinale› ALEXANDERS VON VILLA DEI kommentiert und darüber hinaus eigene Werke zur Figurenlehre verfaßt, daneben ein F., die ‹Correctoria›, und ‹De modo dictandi tractatus›, einen selbstgefertigten Auszug aus seinem größeren Werk ‹Viaticus dictandi›. Dybin wirkt eventuell auf Wyle, bestimmt aber auf die Brieflehre FRIEDRICHS VON NÜRNBERG, dessen deutsche Übersetzung ‹Tütsch Rhetorica› seiner eigenen lateinischen ‹Rhetorica nova› wiederum in der Großen Ulmer Rhetorik Verwendung fand. Die Bezüge sind undeutlich und noch nicht hinreichend erforscht. Die Leistung Riederers für die F.-Tradition besteht darin, daß er der Brief-lehre ethische Bedingungen voranstellt, den Schreiber gewissermaßen als antiken *vir bonus* darstellt, und in sein F. literarische Briefformen einbezieht, wie Scherz- und Spottbriefe, daneben Trostbriefe mit Bezug auf die antike *consolatio*. Riederers Zeitgenosse HEINRICH GEßLER veröffentlicht 1493 ein reines Kanzleihandbuch, dessen Muster sich auf privatrechtliche Belange beschränken. Beide Erscheinungsformen, das rhetorische F. nach antikem Muster mit ethischem und literarischem Anspruch sowie das juristische F. werden im 16. Jh. nachgedruckt und in manchen Kanzleien noch im 17. Jh. verwendet.

Anmerkungen:
1 P. Wapnewski: Dt. Literatur des MA (1960, 4. bibliogr. erg. Aufl. 1980) 20. – **2** grundlegend: C. H. Haskins: The Renaissance of the Twelfth Century (Cambridge, Mass. 1927); in Auseinandersetzung damit: R. L. Benson, G. Constable (Hg.): Renaissance and Renewal in the Twelfth Century (Los Angeles, 1982); zum Begrifflichen: P. v. Moos: Das 12. Jh. – eine ‹Renaissance› oder ein Aufklärungszeitalter?, in: Mittellat. Jb. 23 (1988), 1–10. – **3** C. S. Jaeger: Cathedral Schools and Humanist Learning, in: DVjS 61 (1987) 569–616. – **4** P. Joachimsohn: Aus d. Vorgesch. des ‹Formulare u. deutsch Rhetorica›, in: ZS f. dt. Altertum 37 (1893) 24–121.

Literaturhinweise:
L. Rockinger: Über F. vom 13. bis zum 16. Jh. als rechtsgeschichtl. Quellen (1855). – ders.: Über Briefsteller u. F. in Dtschl. während des MA (1861). – ders.: Briefsteller u. F. des 11. bis 14. Jh., in: Quellen u. Erörterungen zur Bayerischen u. dt. Gesch. 9 (1863–64, ND New York 1961). – K. Zeumer (Hg.): Formulae merowingici et karolini aevi, in: MGH V (1886). – J. J. Murphy: Rhetoric in the Middle Ages (Berkeley/Los Angeles 1974) 200ff. – R. Schwenk: Vorarbeiten zu einer Biographie des N. v. Wyle u. zu einer krit. Ausg. seiner ersten Translatze (1978). – E. Kleinschmidt: Humanismus u. urbane Zivilisation, in: ZfdA 112 (1983) 296–313. – Art. ‹F.›, in: LMA, Bd. IV (1989) 646–655.

B. K. Stengl

→ Ars dictandi, dictaminis → Brief → Briefsteller → Dispositio → Elocutio → Formel → Kanzleistil → Lehrbuch → Mittelalter → Urkunde

Frage (griech. ἐρώτημα, erótēma; πεῦσις, peúsis; θέσις, thésis; ὑπόθεσις, hypóthesis; ζήτημα, zétēma; lat. quaestio, interrogatio; engl., frz. question, interrogation; ital. questione, interrogazione)

A. Etym., Def. – B. Anwendungsbereiche. – C. Geschichte. I. Antike. – II. Mittelalter. – III. Renaissance, Barock, Aufklärung. – IV. 19. und 20. Jh.

A. Während die Etymologie von dt. ‹Frage› einerseits auf einen ursprünglichen religiösen Zusammenhang in der Urverwandtschaft zu lat. ‹precor› (ich bitte, bete), akslv. ‹prositi› (erbitten, verlangen) verweist, anderseits auf ‹forschen› im urverw. lat. ‹posco› [1], sind die Grundbedeutungen der Synonyme griech. ‹erótēma› (Frage, Anfrage) zu griech. ‹erótáō› (fragen, ausfragen, aber auch: bitten) [2] und lat. ‹quaestio› zu ‹quaerere› (suchen, aufsuchen, vermissen, untersuchen, sinnen, ratschlagen) eher im deliberativen und juridischen Bereich zu suchen. [3] Dasselbe gilt für ‹zētéō, zétēma› (Untersuchung, Forschung, nachgeforschter Gegenstand). [4] Anderseits bedeutet ‹erōtáō› im AT zwar zuerst ‹fragen›, «bezeichnet aber häufig die Orakelfrage an Gott»; auch im NT heißt es zunächst ‹fragen, befragen, sich erkundigen›, erfährt aber eine besondere Entwicklung im Johannes-Evangelium, wo «das Wort auf die Bitte zu Gott (angewendet wird): beten». Dagegen findet sich die Kontroversbedeutung offensichtlich in den erweiterten Formen ‹eperōtáō› und ‹eperótēma› als stehenden Ausdrücken «für die versucherischen und hinterlistigen Fragen der Pharisäer und Saddzuäer». [5] In der rhetorischen Frageforschung liegen für die semantischen Vergleichsfälle griech. ‹eúchomai› (bitten, flehen, beten), griech. ‹euchḗ› (Bitte, Gebet) und das ältere westgerman. ‹eischen›, engl. ‹ask› (forschen, fragen, fordern) und ‹eisch(unge)› (gerichtliche Forderung, Vorladung vor Gericht, gerichtlich bewilligte Frist) noch keine Ergebnisse vor. [6]

Die historische Bedeutungserweiterung im Bereich römischen Rechts zeigt sich vor allem in der Bedeutung von *quaestio* als «dasjenige Strafverfahren, in dem über die Schuld des Angeklagten von einer Geschworenenbank *(consilium iudicum)* unter magistrat. Leitung entschieden wird. Im engeren Sinn meint q. auch den Gerichtshof selbst.» Bedeutsam bleibt, daß der Begriff aus der ‹F.› des Gerichtsvorsitzenden an die Geschworenen («Schuldig oder nicht schuldig?») hervorgeht und auf das Verfahren oder die Strafkammer, die von der Mitte des 2. Jh. v. Chr. entweder für besondere Fälle oder permanent eingerichtet wurden, übertragen wird. [7]

Die F. «ist ein Satz, der eine unvollständige Erkenntnis (ontologisch) oder eine Annahme (logisch) zum Ausdruck bringt, deren abschließende Antwort oder Wahrheitsentscheidung der Fragende entweder von einer anderen Person, dem Gefragten, erwartet oder selbst herbeizuführen versucht. Daher leistet der Urteilsakt 'nichts für die Erkenntnis, wenn er nicht auf eine Frage antwortet' (Rickert).» [8] Aus dieser Definition, in der der Bezug auf eine zu erkennende Sache mitgedacht werden muß, ergibt sich schon, daß die Frage in anthropologischer und philosophischer Hinsicht eine Wirklichkeit im Erkennen, Wissen und Urteilen zu erfassen, zu ordnen und zu beurteilen sucht. So wird mit einer F. nicht nur ein Erkenntnisinteresse zum Ausdruck gebracht und eine Annahme (These/Hypothese) formuliert, sondern gleichzeitig auch eine Kommunikationsgemeinschaft etabliert. Darüber hinaus kann untersucht werden, in welchem Kommunikationszusammenhang eine F. steht und welches Erkenntnisinteresse sie einschließt.

Aus der Sicht der Rhetorik enthält die Form der F. nicht nur die inventorische Praxis *(inventio)*, die topische Begründung *(loci communes)* und die Aneignung der Welt im Wissen, sondern vor allem die dialogische Art und Weise dieser Aneignung. In ihrer dialogischen Struktur liegt begründet, daß die F. einerseits den Bereich von Erkennen und Beurteilen *(iudicium)* allererst eröffnet, im Fragen den Gegenstand der F., den Sachverhalt erst sichtbar werden läßt, andererseits aber gleichzeitig eingrenzt und differenziert *(interpretatio, definitio)*. Sie gehört damit eindeutig in den Bereich der geordneten *(ordo, dispositio)* und die Verhältnisse von Redner, Zuhörer und Redegegenstand beachtenden *(aptum)* Argumentation *(argumentatio)*, sei sie nun juridisch, deliberativ oder epideiktisch *(genera dicendi)*.

B. *Anwendungsbereiche.* 1. In der *Systematik* der Rhetorik gehören F. und Problem samt den entsprechenden Antworten und Lösungen in den Bereich der Auffindung *(inventio)* des Redegegenstandes *(materia)*. H. Lausberg und J. Martin [9] haben vor allem nach Quintilian [10] zusammengestellt, wie sich aufgrund der juristischen Praxis nach und nach Systematiken der Fragestellungen herausbildeten, die in der Identifizierung von *quaestio* (F.) und *causa* (Fall) deutlich werden. Damit bestimmt die F. den Sachverhalt und den Stoff *(materia)* der Rede, das, womit sich die Rede beschäftigen wird.

In der antiken Rhetorik wird schon früh versucht, eine Systematik unter mehrfachen Hinsichten genetisch aus der F. zu begründen: so leitet ARISTOTELES die Genera der F. aus den Sorten der Zuhörer ab und ordnet sie den drei Zeitsphären zu, wodurch gleichzeitig die Genera der Reden und ihre Zwecke etabliert werden. Aus der F.: Was ist geschehen? ergibt sich das *genus iudiciale* in der Zeitstufe der Vergangenheit; die F. Was soll geschehen? begründet das *genus deliberativum* in der Zeitstufe der Zukunft; die F.: Was liegt vor? ist die Ausgangsfrage des *genus demonstrativum* in der Zeitstufe der Gegenwart. [11] Hingegen geht QUINTILIAN von der Überlegung aus, ob die F. in etwas Geschriebenem *(scriptum)* oder etwas Nichtgeschriebenem *(non scriptum)* entstanden sind. Da das Geschriebene offensichtlich das positive Recht ist, nennt er dies die Gattung der Gesetzeserwägungen *(genus legale* oder nomikón); hingegen verweist das Nichtgeschriebene auf die Gattung der Vernunfterwägungen *(genus rationale* oder logikón). [12]

Durch die F. nach dem, was der Fall ist, ergibt sich als oberste Ordnung die Unterscheidung in *quaestiones civiles* (koinás énnoias), F., die auf den Bereich des öffentlichen Lebens und der Rechtspflege beschränkt sind, die aber jeden Bürger politisch und ethisch betreffen. Sie werden unterschieden von den *quaestiones speciales*, F., die in den Bereich besonderen Fachwissens, der Künste und der Philosophie fallen. [13]

Dieser Einteilung liegen zwei konträre Prinzipien zugrunde: in Bezug auf die Gegenstände einer Rede entgrenzt die Rhetorik ihren Anspruch einerseits zur Universalität, andererseits begrenzt sie sich durch die Forderung nach Sachkenntnis des Redners. Immerhin macht schon Aristoteles klar, daß nicht alle Fragen oder Probleme zu Gegenständen dialektischer Untersuchung gemacht werden dürfen: «Man soll nicht jedes Problem und jede These untersuchen, sondern nur solche, über die einer mit Verstand sprechen will, dem weder eine Zurechtweisung noch gesunde Sinne fehlen. Denn diejenigen, die zweifeln, ob man die Götter ehren und die Eltern lieben soll oder nicht, bedürfen der Zurechtweisung, und denen, die zweifeln, ob der Schnee weiß ist oder nicht, fehlen gesunde Sinne. Ebenso sollte man nicht solche Probleme diskutieren, zu denen der Beweis entweder auf der Hand oder zu fern liegt; denn bei dem einen gibt es keine Frage, hingegen liegen bei dem anderen die Fragen außerhalb des Rahmens der Übung.» [14]

Hinsichtlich der möglichen, in einer Rede zu behandelnden F. *(materia artis)* führt das Prinzip des *aptum*, des richtigen Verhältnisses der beteiligten Elemente im Kommunikationsprozeß, also jeweils zwischen Redner und Redegegenstand, Redegegenstand und Zuhörer, Redner und Zuhörer, zu einer Einteilung nach Komplikationsgrad, Konkretheitsgrad und nach der Syntax des Fragepunktes.

1) Der *Komplikationsgrad* [15] unterscheidet zwischen inhaltlich leichten und schweren Gegenständen oder allgemeinverständlichen oder Spezialkenntnisse voraussetzenden F.; formal werden drei Komplikationsgrade klassifiziert: (1) die einfache F., *quaestio simplex*: war es Mord? (2) der aus mehreren einfachen F. zusammengesetzte Fall, *quaestio coniuncta*: hat er gemordet und gestohlen? und (3) die vergleichende oder alternativ zu beantwortende F., *quaestio comparativa*: ist Mutter-

mord verwerflicher als Vatermord? Ebenso wird die formale Unterscheidung zwischen F. und Problem aus der Satzstruktur und der möglichen Antwort gezogen: ist es Mord? ist eine F., die ein einfaches Ja oder Nein als Antwort erwartet; dagegen ist: ist es Mord oder nicht? ein Problem, das keine Antwort, sondern eine Lösung erfordert.

2) Aus dem *Konkretheitsgrad* [16] ergeben sich zwei Klassen von F., nämlich die auf den Sachverhalt bezogene Einteilung in durch die Umstände klar ‹begrenzte, d. h. bestimmte F.› und Rechtsfälle (*quaestiones finitae*, (hypothéseis), die vor allem im *genus iudicale* und im *genus deliberativum* behandelt werden, und ‹unbegrenzte, d. h. allgemeine F.› (*quaestiones infinitae*), Probleme und Themen der Disputation, die der Philosophie zugeordnet sind. Jede begrenzte F.: Durften Harmodios und Aristogeiton den Herrscher von Athen, Hipparchos, ermorden? oder Hat Sokrates eine Seele? kann zu einer allgemeinen erweitert werden: Ist Tyrannenmord erlaubt? oder: Gibt es so etwas wie eine Seele? Diese Unterscheidung hat noch den ganzen Bereich der Rhetorik im Blick, während ihre Reduktion auf die Gerichtsrhetorik, so daß *quaestio* schließlich zum Synonym von *causa* (Rechtsfall) wurde, weitere Einteilungen erforderlich machte.

So hat später Quintilian, nach eigener Aussage dem Vorbild von HERMAGORAS VON TEMNOS folgend, eine Taxonomie aller konkreten Rechtsfälle in zwei Gruppen mit je vier Untergruppen herausgearbeitet, auf der alle späteren Klassifikationen beruhen. Sie legt mit der ‹Hauptfrage›, der *quaestio summa*, (zḗtēma) den *status* (stásis) jeden Rechtsfalls fest [17]:

a) Die *quaestiones rationales* (logikaí) beziehen sich auf den Sachverhalt eines Rechtsfalles, wobei sich vier Kategorien von Unterfragen ergeben: (1) Grundannahme: *coniectura* (stochasmós) Ist die Tat überhaupt geschehen?; (2) juristische Definition des Tatbestandes: *finis/ definitio* (hóros) Entspricht die inkriminierte Tat dem Wortlaut des Gesetzes? War es Diebstahl oder Mundraub?; (3) juristische oder ethische Beurteilung des Tatbestandes: *qualitas, constitutio generalis* (poiótēs) War die Tat rechtmäßig? Gibt es mildernde Umstände?; (4) Einwände gegen das Gericht: *constitutio translationis* (metálēpsis) Ist das Gericht zuständig oder befangen? [18]

b) Die *quaestiones legales* (nomikaí) beziehen sich auf das Recht selbst, d. h. die Beurteilung oder Interpretation *(interpretatio)* eines strittigen oder schwierigen Verhältnisses einer Tat vor allem zum Wortlaut des geschriebenen Gesetzes. Auch hier sind wiederum vier F. möglich, die den *status* bestimmen: (1) Unklarheit des Gesetzes: *scripti et voluntatis quaestio*, *obscuritas* (rhētón kaí diánoia) Wie verhält sich der Buchstabe des Gesetzes zum Geist des Gesetzes? (2) Widersprüchlichkeit der Gesetze, «Konflikt der Normenwertung»: *legum contrariarum status* (antinomía) Welches Gesetz ist anzuwenden? (3) Anwendbarkeit des Gesetzes: *syllogismus* (syllogismós) Ist der Fall vom Gesetzgeber vorhergesehen worden?; (4) Vieldeutigkeit des Wortlautes des Gesetzes: *ambiguitas, amphibolia* (amphibolía) Ist der Wortlaut des Gesetzes eindeutig? [19]

3) Schließlich kann noch nach dem ‹syntaktischen Fragepunkt› unterschieden werden, d. h. nach dem Verbum: ist etwas ‹getan› worden? nach dem Subjekt: ‹wer› hat es getan? nach dem Objekt: ‹was› ist getan worden? und nach dem Adverb: ist es ‹rechtmäßig› geschehen? Damit ist der Bezug zum *status* des Fragegegenstandes hergestellt. [20]

Diese ‹Hauptfragen› des *genus iudicale* werden analog auch in den anderen *genera* herausgearbeitet. [21]

2. In der Theorie der *Topik* bei ARISTOTELES spielt die F. eine entscheidende Rolle, weil in der Topik die Aspekte, unter denen ein Sachverhalt diskutiert werden kann, systematisch gesammelt und kategorisiert werden. Damit kommt der fundamentale Unterschied in den erkenntnistheoretischen Überlegungen zwischen Platon und Aristoteles gerade am systematischen Ort, in der Rhetorik, zum Vorschein. Nicht nur wird hier zwischen erṓtēma (Frage) und próblēma (Problem) unterschieden [22], sondern auch eine Systematik versucht, wie man F. zu stellen habe. [23] Vor allem aber wird der Ort der F. in der Argumentation festgestellt und damit ihre Funktion im Erkenntnisprozeß. Darauf bezieht sich auch CICERO, wenn er im Zusammenhang seiner Diskussion der Kategorien von Grundfragen in der Argumentation untersucht, «welche tópoi für jede [mögliche] Frage geeignet sind.» [24] Die wichtigsten Kategorien sind: Ursache, Wirkung, Definition, Gleichheit und Unterschied, Voraussetzung, Folge, Widerspruch und Natur der Sache. Für die rein juristischen F. kommen andere topoi hinzu. Auf diese Untersuchungen bezieht sich auch Quintilian, wenn er die aristotelischen Kategorien, die jederzeit als F. formuliert werden können, als *loci argumentorum*, «Beweisorte» bezeichnet, «um die sich offenbar jede Frage dreht». [25] In der *inventio* sind diese Kategorien ein systematischer Katalog von Leitfragen zum Auffinden der Argumente. Die F. in der Form und Funktion der thésis bringt er in Zusammenhang mit den «Gemeinplätzen» als den Ausgangspositionen für eine Diskussion all dessen, «was außerhalb des bestimmten Sach- und Personenzusammenhangs liegt, worauf ja die wirklichen und auch die erfundenen Kontroversien beruhen.» [26] Ähnlich verfährt noch Boethius. [27]

3. Auch in der Diskussion der Anordnung *(ordo)* oder Disposition *(dispositio)* muß von der F. ausgegangen werden, «denn eine Prozeßrede läßt sich ja nicht nur im Ganzen in F. und allgemeine Gesichtspunkte zerlegen, sondern gerade diese Teile besitzen wieder ihre eigene Reihenfolge. Denn auch im Prooemium steht etwas an erster, an zweiter Stelle usw., und jede Untersuchung und allgemeine Betrachtungsform hat wieder ihre eigene Gliederung, so auch schon die einfachen Behandlungen allgemeiner Themen». [28] QUINTILIAN kann aus der eigenen Erfahrung die Anweisung zur Anordnung ableiten: «Ich pflegte es auch so zu machen, daß ich entweder von der letzten Spezialfrage – denn sie ist es ja gewöhnlich, auf der der Fall beruht – mit Fragen rückwärts ging bis zur ersten allgemeinen Frage oder von der Gattung zur äußersten Spezialfrage hinabging.» [29] Später wird die Formulierung der Grundfrage als die erste Aufgabe des Redners erkannt und von SULPITIUS VICTOR in der Ordnung des dialektischen Prozesses als *intellectio* noch der *inventio* und *dispositio* vorangestellt. [30]

4. Die F. hat über ihre Funktion als einem normalen Mittel im Dialog einen besonderen Ort in der Figurenlehre als *interrogatio*, als ‹rhetorische F.›, in der ein Aussagesatz in einer F., die keine Antwort erwartet oder eine Antwort schon enthält, wiedergegeben wird. [31] Quintilian führt sie als ‹Satzfiguren, die von der einfachen Aussageweise abweichen». Er subsumiert unter diesen Begriffen eine Reihe von Figuren, deren Funktion es ist, «zu steigern und zu verkleinern». [32] Sie werden in der Forschung gegenwärtig als Satzfiguren unter den «Figuren der Publikumszugewandtheit» [33], als «Gedanken- oder Sinnfiguren», [34] oder, vermit-

telnd, als «Appellfiguren»[35] bezeichnet. Sie wenden sich direkt an den Zuhörer, unterbrechen oder heucheln aber den Dialog. Sie sind im wesentlichen Scheinfragen, wie auch die vom Sprecher selbst gegebenen oder implizierten Antworten, die vom Zuhörer ebenso eindeutig verstanden werden. Sie stehen der Ironie nahe. Durch Häufung der rhetorischen F. kann ein stärkeres Pathos erreicht werden.

5. Die rhetorische F. ist zu unterscheiden von der ‹mäeutischen F.›, die die F. zu einem Instrument der Pädagogik und Didaktik macht. Als ‹sokratische Methode› hat das Verfahren seine exemplarische Ausformung in Platons Dialogen, vor allem im ‹Menon› gefunden, in denen die folgenden Fragekategorien unterschieden werden können: (1) die mäeutische F. in didaktischer Absicht; (2) die inventorisch-topische F., die den Frage- und Gegenstandsbereich eröffnet und in der rhetorischen Stoffsammlung ausbreitet; (3) die differenzierende F., die auf die Konstitution des Gegenstandes durch Definition und kategoriale Ordnung abzielt; (4) die urteilende F., durch die ein Urteil *(iudicium)* im Disput um eine strittige Sache gefordert wird; (5) die ontologische F., die nach der Existenz und ihrer metaphysischen Begründung fragt; (6) die hermeneutische F., die die Bedingungen aufwirft, die die Erkenntnis und Interpretation von Sachverhalten leiten.

6. Vom Blickpunkt der Rhetorik, vor allem in Hinsicht auf die Gegenüberstellung von *quaestio finita* und *quaestio infinita*, stellt sich in der Philosophie und ihren Unterdisziplinen die F. als ein Angelpunkt und Ordnungsprinzip dar. Ihre Bedeutung ergibt sich einmal aus dem, wonach gefragt wird, dem Gegenstand der F.; zum anderen auch aus der Reflexion der F. als ‹Frage›, die hinsichtlich der Stellung der *Rhetorik* in den Bereichen sowohl der Erkenntnistheorie und Ontologie, als auch der Anthropologie und Poetik zu neuen Einsichten geführt hat. Sie fordert auch ein Umdenken der festgefügten Periodisierung in der Geschichte der Philosophie. Die Geistesgeschichte der F. macht die Dialektik der paradigmatischen Positionen Platons und Aristoteles' als historische Konstante sichtbar. Das gilt in besonderem Maße für die *Erkenntnistheorie*, die von der Antike bis zum Beginn der Neuzeit die F. nach der richtigen und wissensgewissen, danach nach der Möglichkeit und den Bedingungen von Erkenntnis überhaupt, die die Epistemologie von Kant bis Gadamer beschäftigt, stellt. In der Hermeneutik der Gegenwart wird die F. im weitesten Sinne konstitutiv für den Sachverhalt. Diese Entwicklung vollzieht sich weitgehend, wenn auch zeitweise auf negative Weise, im Dialog mit der Rhetorik. In der *Logik* werden schon früh die Verhältnisse von F. und Antwort, F. und Fragendem, F. und Gefragtem, sowie die formalen Unterschiede von F. und Problem im Rahmen einer detaillierten Theorie der Argumentation untersucht. Ein wesentlicher Unterschied ergibt sich zwischen der apodiktischen, notwendigen und der dialektischen, wahrscheinlichen Argumentation. Die Ausarbeitung dieses Aspekts erfolgt in der Antike und im Mittelalter in der *Topik*. Sie vollzieht sich im Dialog mit der *Poetik*, die so in der Erkenntnistheorie von Aristoteles bis Collingwood einen Platz findet, weil die Themen der Dichtung als F. in einem System ästhetischer Argumentation definiert werden. In diesem Sinne ist die Rhetorik als System der wahrscheinlichen Rede das Gegenstück zur Logik als dem System der gewissen Rede. In der neueren Philosophie hat die *Sprachlogik* die F. als Frage hinsichtlich ihrer Position und Funktion innerhalb der Möglichkeiten der Sprache untersucht. Als Seinsfrage wird die F. Gegenstand der Metaphysik, Theologie, Kosmologie und Ontologie. Als speziellere F. nach dem Sein und Wesen des Menschen ist sie die Grundfrage der Anthropologie, die den Menschen als fragenden, befragten oder fragwürdigen in den Vordergrund stellt. Außerhalb der philosophischen Disziplinen hat sich im Zusammenhang mit der Rhetorik vor allem die *Rechtswissenschaft* auf die Topik und damit auf die Theorie der F. besonnen, die immer noch ein Desideratum der Forschung ist.

C.I. *Antike.* Schon in der Antike wird eine Äußerung von Aristoteles zitiert, die den Vorsokratikern EMPEDOKLES und ZENON die Erfindung der Rhetorik bzw. der Dialektik zuspricht.[36] Zenon sei auch derjenige gewesen, der als erster in Form eines Dialogs[37] geschrieben und bei seinen Untersuchungen die Form von F. und Antwort, die dann von den Sophisten und vor allem von Sokrates in den Dialogen Platons vervollkommnet wurde, entwickelt habe.[38] Es ist unentschieden, ob Zenon damit auch am Anfang der in der Antike entstandenen, aber erst von byzantinischen Grammatikern so genannten ἐρωταποκρίσεις, erōtapokríseis, ‹Frage-und-Antwort›, d. h. der *quaestiones*-Literatur stand, oder ob sich seine Methode gleichzeitig mit dieser entwickelte und in welchem theoretischen Verhältnis beide zueinander stehen. [39]

In einer Geschichte der systematischen Untersuchungen zum Wesen und zur Funktion der F. wird man in Platons ‹Menon› und Aristoteles' ‹Topik› die entscheidenden Ausgangspositionen, die als Gegensätze die ganze weitere Diskussion in der okzidentalen Philosophie beherrschen sollten, erkennen müssen.

PLATON stellt im ‹Menon› die erkenntnistheoretischen und didaktischen Funktionen der F. vor, indem er im Dialog den Knaben durch Fragen anleitet, die richtige Antwort auf ein gestelltes geometrisches Problem zu finden. Die erkenntnistheoretische Ausgangsposition erweist sich für den Gesprächspartner Menon als Aporie, die das Fragliche *(res dubia/quaestio)*, das dann von Sokrates als *probandum* eines folgenden Beweisverfahrens formuliert wird, vorstellt: «Auf welche Weise willst du denn dasjenige suchen, Sokrates, wovon du überhaupt gar nicht weißt, was es ist? Denn als welches Besondere von allem, was du nicht weißt, willst du es dir denn vorlegen und so suchen? Oder wenn du es auch sonst noch so gut träfest, wie willst du denn erkennen, daß es dieses ist, was du nicht wußtest? [...] Ich verstehe, was du sagen willst, Menon. [...] Daß nämlich ein Mensch unmöglich suchen kann, weder was er weiß, noch was er nicht weiß. Nämlich weder was er weiß, kann er suchen, denn er weiß es ja, und es bedarf dafür keines Suchens weiter; noch was er nicht weiß, denn er weiß ja dann auch nicht, was er suchen soll.» [40] Platon läßt die F. aus der Aporie der Wahrheitssuche, die im Staunen wurzelt, hervorgehen. Im Dialog wird die Wahrheit aus einem unbewußten Vorwissen durch gezieltes Fragen und Antworten hervorgebracht. Daß im literarischen Dialog, der als Beispiel für und im Zusammenhang mit der *quaestiones*-Literatur gesehen werden muß, ein innerer Vorgang in eine dramatische Form gebracht wird, geht aus einer Bemerkung im ‹Sophistes› hervor: «Also Denken und Reden sind dasselbe, nur daß das innere Gespräch der Seele mit sich selbst, was ohne Stimme vor sich geht, Denken genannt wird.» [41] Die platonische Methode des Fragens und Antwortens, der Dialektik selbst, wird im ‹Protagoras› und die Bedeutung des Dialektikers, «der zu fragen und zu antworten versteht», im ‹Kratylos› thematisiert [42] und ist bis in die Gegenwart oft scharf kritisiert worden. [43] Der existenzielle Aspekt der von der Suche nach der absoluten Wahrheit dominierten Theorie der F. Platons, der der Rhetorik kritisch gegenübersteht, obwohl gerade seine Dialoge Beispiele rhetorischer Praxis par excellence sind, zeigt sich in Sokrates' Feststellung: «daß wir aber, wenn wir glauben, das suchen zu müssen, was wir nicht wissen, besser werden und mannhafter und weniger träge, als wenn wir glauben, was man nicht wisse, sei nicht möglich zu finden, und man müsse es also auch nicht erst suchen [...].» [44]

Die von ARISTOTELES in den ‹Zweiten Analytiken› und vor allen Dingen in der ‹Topik› entwickelte Methodik der dialektischen Beweisführung und des Fragens und Antwortens [45] hat dagegen ihre Wurzel in der Dialogstruktur vorwissenschaftlicher Kommunikation und Argumentation. Auch geht es nicht nur um den Versuch, die Wahrheit induktiv oder deduktiv beweisend festzulegen, sondern um die Eröffnung des Fragebereichs selbst, womit für Aristoteles auch die Beziehung zur Rhetorik hergestellt ist, aber die immer spürbare Praxis der juristischen Prozeßführung auf die ursprünglichere Fragesituation zurückgeführt und die *quaestiones finitae* der anderen Redegattungen zu *quaestiones infinitae* erweitert werden. So hat die Topik als Systematik der Hinsichten, in denen F. gefunden und Antworten begründet werden, einen dreifachen Nutzen: «für die [intellektuelle] Übung, für den Gedankenaustausch und für die philosophischen Wissenschaften.» [46] Bezüglich der «philosophischen Wissenschaften» geht es einmal darum, in der Problemdiskussion «nach beiden Seiten Bedenken» erheben zu können, so daß wir «leichter erkennen, was hier und was dort wahr oder falsch ist»; weit mehr aber um die «Erkenntnis dessen [...], was bei den Prinzipien der Einzelwissenschaften das Erste ist. Hierüber läßt sich aufgrund der besonderen Prinzipien einer gegebenen Wissenschaft unmöglich etwas ausmachen, weil die Prinzipien das erste von allem sind; man muß hier vielmehr mit Hilfe der wahrscheinlichen Sätze über den jeweiligen Gegenstand der Sache beikommen. Das ist aber die eigentümliche oder doch ihr besonders zukommende Leistung der Dialektik. Sie ist eine Kunst der Erfindung, und darum beherrscht sie den Weg zu den Prinzipien aller Wissenschaften.» [47] Gegenüber der platonischen Dialektik, die die Möglichkeit einer Erkenntnis a priori, die von der Logik beherrscht wird, voraussetzt, systematisiert die Rhetorik die Kunst der Findung in der *inventio*, wobei die F. zum organisierenden Prinzip wird. Aristoteles hat im 8. Buch der ‹Topik› die Möglichkeiten der Fragestellung detailliert behandelt.

Nach Aristoteles wird eine Diskussion der Theorie der F. entweder ignoriert, wie in der ‹Rhetorica ad Alexandrum› des ANAXIMENES VON LAMPSAKOS, oder, vor allem bei HERMAGORAS, als Grundlage der Rhetorik anerkannt und systematisch zur *status*-Lehre ausgebaut, die in der ‹Rhetorik an Herennius› und den Rhetoriken Ciceros und Quintilians zu fassen ist und der ganzen Spätantike als Autorität gilt. [48] Es ist nicht klar, ob die *théseis* des THEOPHRAST schon als Kataloge von F. im Sinne der *quaestiones infinitae* zur rhetorischen Übung angelegt waren. [49] Das geschieht dann endgültig durch Hermagoras, der die Unterscheidung in *thésis* und *hypóthesis* (*quaestio infinita* und *quaestio finita*) durchführt, die sich bis heute im allgemeinen Sprachgebrauch gehalten hat,

wenn ‹allgemeine› Thesen von ‹spezifischen› Hypothesen unterschieden werden. [50] Dagegen setzen die Überlegungen des CHRYSIPPUS zur F. deutlich die dialektische Tradition voraus, wenn er *erótēma* als eine Frage definiert, die eine Ja- oder Nein-Antwort erfordert. [51]

CICERO hat sich mit der von Aristoteles und Hermagoras vorgetragenen Theorie zu verschiedenen Zeiten im einzelnen auseinandergesetzt. So geht er in ‹De inventione› auf den im juristischen Streitfall angelegten Widerspruch zurück und definiert *quaestio* als «Gegenstand der Auseinandersetzung, der sich aus dem im Rechtsfall gegebenen Gegensatz ergibt» (Quaestio est ea quae ex conflictione causarum gignitur controversia). [52] In seiner eigenen ‹Topik› stellt er F. in den Zusammenhang der Argumentation und übernimmt die griechische Einteilung in Hypothesen (*genus definitum* oder *causa*) und Thesen (*genus infinitum* oder *propositum*) und unterteilt die «allgemeinen Fragen» (*quaestiones quacumque de re*) wieder in «theoretische Fragen» (*genus cognitionis*): Existiert es? Was ist es? Wie ist es? und «praktische Fragen» (*genus actionis*): Was tun? offensichtlich in Anlehnung an die herrschende aristotelische Kategorienlehre. [53] Im ‹Orator› wird das Thema nur kurz behandelt. [54] In Ciceros ‹De oratore› und ‹Partitiones oratoriae› wird einerseits nur wiederholt, was schon in den anderen Werken diskutiert wurde. [55] Interessant ist andererseits, daß er in ‹De oratore› ausdrücklich gegen die *quaestiones infinitae* in der Redekunst polemisiert und sie als eigentliche Gegenstände der Philosophie für die Rhetorik nur in beschränktem Maße zulassen will. [56] Es fragt sich also, ob hier schon Ansätze zu einer Trennung zwischen Rhetorik und Philosophie erkennbar werden, d.h. eine Abkehr von der aristotelischen Theorie der F. und eine Wendung zur platonischen Philosophie. In jedem Falle werden hier als *quaestiones infinitae* solche F. gekennzeichnet, die Kant in der ‹Kritik der reinen Vernunft› unter den «Begriffen der reinen Vernunft» oder den «transzendentalen Ideen» abhandelt, aber schließlich auch als die drei ursprünglichen F. der Vernunft formuliert: «Was kann ich wissen? Was soll ich tun? Was darf ich hoffen?» [57] Oder wie Quintilian schreibt: «Das sind Gegenstände, bei denen sich Geist und Rede gleichermaßen erheben: was in Wahrheit gut ist, was die Ängste lindert, die Begierden zügelt, uns von den Meinungen der Menge löst und unseren himmlischen Geist den ihm verwandten Gestirnen näherzubringen vermag.» [58]

Daneben bezeugt ‹De inventione› einen bis dahin in den Rhetoriken wenig bekannten Gebrauch von *quaestio* als «peinliche Frage», als Befragung unter der Folter, der die Situation vor Gericht noch stärker in den Vordergrund stellt. Diese Bedeutung ist von F. Horak ausführlich behandelt worden. [59] Damit ist aber auch ein Hinweis auf das wachsende Übergewicht des *genus iudiciale* über die anderen Redegattungen in der von Rom dominierten Antike gegeben. [60]

Die Dominanz der Gerichtsrede gilt auch in QUINTILIANS Darstellung des F.-Komplexes. Im Grunde ist seine ‹Institutio oratoria› ein Hohlspiegel für alle vorausgehenden Diskussionen: die unterschiedlichen Bedeutungen von *quaestio* werden hier gründlich gegeneinander abgewogen, klassifiziert und wenn möglich präzisiert zu einem Lehrgebäude zusammengestellt. Dabei wird der Theorie der F., für die Aristoteles, Hermagoras, Apollodorus, Theodorus und Cicero als Autoritäten angeführt werden, wenig Neues hinzugefügt. [61] Erst im Zusammenhang der sittlichen Ausbildung des Redners, des *vir bonus*, kehrt er im XII. Buch zu einer Diskussion der ethischen Aspekte von F. und Problemen in den drei Redegattungen zurück, vor allem zu den *quaestiones infinitae*, denen er in diesem Bereich ein besonderes Gewicht zuspricht: «Da aber jede allgemeine Frage mehr Gewicht hat als eine spezielle [...] wird gewiß niemand zweifeln, daß die allgemeinen Fragen vor allem bei dieser Art der Studien ihre Bedeutung haben.» [62] Er knüpft damit an die grundlegenden Bemerkungen der Vorrede über die Aufgabe des Redners an, in denen er dessen Wirkungsfeld gerade nicht in der Theorie, sondern in der täglichen Praxis des privaten wie öffentlichen Lebens, in dessen Zufälligkeiten der Mensch sich durch beständiges Fragen und Antworten zurechtfinden muß, erkennt. «Deshalb möchte ich, auch wenn ich zugebe, von manchen Gedanken Gebrauch zu machen, die in philosophischen Schriften sich finden, entschieden dafür eintreten, daß diese Dinge von Rechts wegen wirklich unsere Sache sind und ihrem eigentlichen Wesen nach zur Redekunst gehören. Wenn doch immer wieder Erörterungen über Gerechtigkeit, Tapferkeit, Maßhalten und andere Fragen dieser Art nötig sind in solchem Umfang, daß sich kaum ein Prozeß *[causa]* finden läßt, der nicht eine dieser Fragen *[quaestio]* betrifft, und wenn doch alle diese Fragen mit rednerischer Erfindungs- und Darstellungskunst *[inventione atque elocutione]* entwickelt werden müssen, wird da jemand zweifeln, daß überall da, wo es auf Kraft des Geistes *[vis ingenii]* und Fülle des Wortes ankommt, in ganz besonderem Maße des Redners Wirkungsfeld liegt? Und es waren ja auch zuerst, wie Cicero aufs klarste beweist, Philosophie und Redekunst wie ihrem Wesen nach verbunden so auch in ihrer praktischen Wirkung im Leben vereint, so daß weise und beredt für dasselbe galt.» [63]

Quintilian verläßt hier die Position Ciceros, in der ein scharfer Trennungsstrich zwischen Dialektik und Logik, die schon zu Synonymen geworden sind, einerseits und der Redekunst andererseits gezogen wird und der Redekunst nur noch der kunstvolle Stil zukommt. [64] Es finden sich Spuren eines aristotelischen Verständnisses von Rhetorik im allgemeinen und der Theorie der F. im besonderen, das erst sehr viel später, etwa bei G. Vico, wieder aufgenommen wird. Dem Verständnis der F. liegt eine *controversia* oder ein πρόβλημα, *próblēma*, ein Strittiges im Sinne der Worte zugrunde im Bereich des menschlichen Denkens über die Prinzipien menschlicher Existenz und des richtigen oder falschen Handelns, in dem es nach Aristoteles keine Sicherheit gibt. [65] Denn hier ist eine ἀπόδειξις, *apódeixis*, eine Beweisführung aus ersten und wahren Prinzipien, aus denen alles Weitere abzuleiten wäre, nicht möglich. [66] Das ist aber der eigentümliche Ort der rhetorischen Dialektik, die von der offenen F. ausgeht. Das von Cicero überlieferte Bild Zenos von der geschlossenen Faust und der offenen Hand zur Charakterisierung von Logik und Redekunst muß in diesem Sinne verstanden werden. [67]

In der *christlichen Antike* setzt sich die platonisch-ciceronische Tradition in den Rhetoriken schließlich durch. Die Theorie der F. verbleibt fast ganz im Rahmen der Figurenlehre. Die aristotelische Theorie der F. lebt in den Topiken bis über das Ende des Mittelalters hinaus in der Rechtswissenschaft weiter. Die Rhetorik selbst scheint von der religiösen Wende völlig unbeeinflußt zu sein, ja sie wird zum vornehmsten Vehikel vorchristlicher Denk- und Schultraditionen. Das zeigt sich vor allem in den Rhetoriken und Poetiken der Spätantike.

Als ein literarisch interessierter Autor der Übergangszeit behandelt PSEUDO-LONGINOS in seiner Schrift ‹Vom Erhabenen› ἐρώτησις (*erótēsis*) und πεῦσις (*peúsis*), nur Ja oder Nein erfordernde Entscheidungs- und Bestimmungsfragen unter den pathetischen Redefiguren [68], verläßt aber die vorgegebenen Definitionen für These und Hypothese und benutzt den Begriff *hypóthesis*, um das Gesamtthema seiner Abhandlung, die Abhandlung selbst und die ‹Odyssee› als «zweites Werk» Homers zu bezeichnen. [69] Diese Bedeutung und Vergils *argumentum ingens*, das Quintilian zitiert [70], stellen die Kunst und besonders die Dichtung in den zumeist übersehenen Zusammenhang der rhetorischen Argumentationstheorie. [71]

Nichts macht das Nebeneinander von lateinischem Christentum und Rhetorik so deutlich wie die Reihe der Traditionalisten in der Nachfolge Quintilians: FORTUNATIANUS, VICTORINUS, SULPITIUS VICTOR, MARTIANUS CAPELLA und C. JULIUS VICTOR. [72] Hinsichtlich der Theorie der F. herrscht der Formalismus der Einteilung in Thesen und Hypothesen, als *quaestiones generales* und *quaestiones speciales/definitae* mit direktem Bezug auf die von Quintilian dokumentierten griechischen Definitionen und Beispiele. Die F. ist beschränkt auf die Rechtsfrage; die *quaestio* wird endgültig zum Rechtsfall. Der Theoretiker interessiert sich nur noch für den *status quaestionis*. Am Ausgang der Antike wird dieses System durch ISIDOR VON SEVILLA dem Mittelalter weitergegeben. Es ist allerdings zuzugeben, daß die Rhetorik des griechischen Christentums, der späten Antike und des Mittelalters noch wenig erforscht ist.

Wichtig ist die Rhetorik des FORTUNATIANUS insofern, als sie ganz in dem Schema von F. und Antwort aufgeht und damit die frühere Erōtapokríseis-Literatur weiterführt sowie die Quaestiones-Literatur der Scholastik und schließlich auch die Katechismusfrage vorwegnimmt. Dieser voll entwickelte Schematismus hat wenig mit dem sokratisch-platonischen Dialog und seiner mäeutischen Funktion zu tun.

Selbst in Hinsicht auf die rhetorischen Schriften der großen Philosophen und Theologen einer Synthese von Christentum und Antike, AUGUSTINUS [73] und BOETHIUS [74], gewinnt man kaum mehr als den Eindruck, daß sie die Bedeutung der Theorie der F. in der klassischen Rhetorik erkannt haben und auf eine genaue Bestimmung des Fragepunktes in jedweder Diskussion drängen: «Wer die Frage nicht sieht, wie kann der verstehen, was erklärt wird?» [75] Boethius erinnert in seiner Schrift ‹De differentiis topicis› an die ‹Topik› des Aristoteles und beginnt damit eine noch längst nicht hinreichend ausgeschöpfte Rezeption. Die F. wird als «strittige Behauptung» in den angestammten Rahmen der dialektischen, d.h. wahrscheinlichen Beweisführung gestellt, bevor sie systematisch im bekannten Schema untergliedert wird. [76] Jede Streitsache existiert als F., vor allem als Rechtsfrage. Obwohl Boethius natürlich die anderen Redegattungen aufzählt, ist auch ihm die philosophische Dimension der F. in Rhetorik und Topik bei Aristoteles abhanden gekommen [77], das heißt die Einsicht, daß die dialektische, rhetorische Beweisführung im Gegensatz zur apodiktischen Beweisführung tatsächlich den Zugang zu den *archaí* beherrscht. Eigentlich geht es jetzt nur noch um die *apódeixis* aus wahren und ersten Gründen, die vor allem durch die *auctoritates*, die Autoritäten, allen voran die Heilige Schrift, angeboten werden. Die Dialektik wird zur Logik. [78] Im Streit zwischen *auctoritas* und *ratio* nimmt die *ratio* den zweiten Platz ein. [79] Im onto-theologischen Bereich der Philosophie, in der Metaphysik kann es eigentlich keine echten F. mehr geben, nur noch *iudicia*, Entscheidungen zwischen wahr und falsch aufgrund von Ableitungen aus und Erläuterungen zu ewigen Wahrheiten. In seiner Schrift ‹Institutiones divinarum et humanarum lectionum› hat CASSIODOR mit Berufung auf Augustinus und Martianus Capella die Identifikation von Dialektik und Logik durchgesetzt und *disciplina*, apodiktische Wissenschaft, zum Synonym von *scientia* erklärt: «Etwas wird Wissenschaft genannt, weil sein Gegenstand vollständig bekannt ist; diese Bezeichnung ist gerechtfertigt, da ihr die unwandelbare Herrschaft der Wahrheit folgt.» [80] Isidor von Sevilla [81] hat diese Bestimmungen Cassiodors in seine ‹Etymologiae› übernommen.

II. Im *Mittelalter* steht die Bedeutung von ‹F.› als Rechtsfrage zunächst im Vordergrund. [82] Die notwendige Exegese der ewigen und unfraglichen Wahrheiten wird in den *Quaestionen, Quodlibets* und *Sentenzen* [83] geleistet, die einerseits auf die Erōtapokríseis-Literatur der klassischen Antike oder der Patristik zurückgreifen, andererseits auf die volle Methodik der *Summa* vorausweisen. Von Alkuin [84] bis Anselm von Canterbury [85] wird der Dialog [86], als Frage- und Antwort-Spiel, zum bevorzugten Mittel klaren und lebendigen Gedankenaustauschs.

Über die ständigen Wiederholungen der traditionellen Theorie der F. hinaus tauchen in diesem Zusammenhang gelegentlich Hinweise auf eine intensivere Beschäftigung mit der F. als einem philosophischen Problem auf. ANSELM VON CANTERBURY formuliert die Grundwahrheit des christlichen Glaubens als F., «von der das ganze Werk abhängt»: «Cur deus homo?» (Warum ist Gott Mensch geworden?) [87] und wählt für die Durchführung die Form des Dialogs, die eine vorbildliche Präzisierung der grundlegenden Fragestellungen und der damit zusammenhängenden Probleme erlaubt, «weil das, was mittels Frage und Antwort erforscht wird, vielen, und namentlich langsameren Geistern, besser einleuchtet und deshalb mehr zusagt.» Der Frageduktus seiner Methode, die die Tätigkeit dessen dramatisiert, der, wie Anselm im ‹Monologion› und ‹Proslogion› sagt, «still mit sich überlegend nach dem forscht, was er nicht weiß» [88], erinnert an die aristotelische Wahrscheinlichkeitsdialektik, beabsichtigt aber schließlich doch die Auffindung «der Gründe und Notwendigkeit der Menschwerdung Gottes», und zwar nicht, damit die Fragenden «durch Vernunft zum Glauben gelangen» – was der aristotelischen Argumentation, die mit wahrscheinlichen Gründen zur Überzeugung (*pístis, fides*) führt, entsprochen hätte – sondern damit «sie sich an der Einsicht (*intellectu*) und Beschauung (*contemplatione*) dessen, was sie glauben, erfreuten, und damit sie, soweit sie können, 'immer bereit seien, jedem Genüge zu tun, der von ihnen Rechenschaft fordert über die Hoffnung, die in uns ist'.» (1 Petr 3,15). [89] Jenseits der epistemologischen Methode gewinnt die F. die Dimension der Existenzfrage im ursprünglichen Sinne, denn die Antwort liefert den denknotwendigen und damit für Anselm den ontologischen Beweisgrund für das Wirken Gottes in der Welt. Damit begründet sie auch die Menschlichkeit des Menschen. In Anselms Theorie der F. werden die auseinanderstrebenden epistemologisch-methodischen und die existenziellen Dimensionen zusammengeführt, wie sie danach wieder bei Thomas von Aquin, Meister Eckhart, Luther, Pascal, Descartes und M. Heidegger zusammengesehen werden. Allerdings haben sich nicht alle ausdrücklich mit der Theorie der F. beschäftigt.

Die im Mittelalter von ANSELM VON LAON und WILHELM VON CHAMPEAUX etablierte theologische Quaestionenliteratur [90] wird von Abaelard [91] in ‹Sic et Non› zum ersten methodologischen Höhepunkt geführt. Diese *Sic-et-Non*-Methode, vorgebildet schon bei BERNOLD VON KONSTANZ und IVO VON CHARTRES, besteht in dem Versuch, den Konflikt gegenübergestellter widersprüchlicher Zitate der Autoritäten wissenschaftlich, d. h. logisch-dialektisch aufzulösen. Ganz im Sinne Quintilians ergeben sich dabei «aus dem ursprünglichen Konflikt» Gattung und Bereich der F. [92] Doch bleibt zu bezweifeln, ob es sich um einen wirklichen Konflikt, um einen wirklichen Zweifel, aus dem die F. erwächst, handelt, wenn Abaelard schreibt, daß «wir durch Zweifel zur Untersuchung kommen und durch Fragen die Wahrheit begreifen.» [93] Denn die Autoritäten widersprechen sich nur scheinbar; der Widerspruch regt zur höchsten Anstrengung an, die Wahrheit zu finden. Die F. geht nicht darauf, ob diese oder jene Äußerung der Kirchenväter richtig oder falsch sei, sondern darauf, wie man sie zu verstehen habe. Es handelt sich also um eine Harmonisierung, die von einer methodisch anzuwendenden F.-Topik geleitet wird. Vor allem aber ist die Auffindung der wahren Antwort auf die F. und die Lösung des Konflikts durch die feste Rangordnung der Autoritäten, in der die *ratio* auf einer unteren Stufe steht, gesichert. [94]

In der Schule und Nachfolge Abaelards wird die technische Seite der Methode weit über Abaelard hinaus verfeinert. Nach Grabmann ist der Fortschritt «gegenüber Abälard [...] darin zu sehen, daß die Form der quaestio eine scharfe Problemstellung ermöglicht, daß ferner nicht bloß die auctoritates, sondern auch die rationes pro et contra ins Treffen geführt werden, vor allem, daß die solutio eine wirkliche Lösung, eine auf redliches Bemühen sich stützende Beantwortung der Frage gibt.» [95] In der Theorie und Praxis der *quaestio* bei GILBERT VON POITIERS, der sich auf Boethius bezieht, entsteht und besteht die F. aus einer Affirmation und ihrer kontradiktorischen Negation. Doch müssen für die Wahrheit beider Seiten gute Gründe beizubringen sein. Die Disziplinierung der Disputation wird immer deutlicher. Sie scheint aber auch notwendig geworden zu sein, denn die Warnung Augustinus' vor einem Abgleiten der ernsthaften Untersuchung in «reine Rhetorik» wird sowohl von Abaelard, als auch von ROBERT VON MELUN wiederholt. Die F. wird deutlich zu einem Instrument der Lehre feststehender Wahrheiten, die in der ‹Summa Theologica› des THOMAS VON AQUIN ihren unbestrittenen Höhepunkt an Darstellungskraft und Tiefe erreicht. Es bleibt zu untersuchen und genauer darzustellen, wie weit und wie eng bei Thomas die exegetische F. mit der ontologischen F. verbunden ist. Der Grund der F. ist das *desiderium* [96], das in seiner Doppeldeutigkeit als Verlangen und Bedürfnis nach Wissen nicht mehr auf das platonische und aristotelische θαυμάζειν (thaumázein), sondern gerade auf die Bedürftigkeit des Menschen zurückgeht. Damit hat sich aber die Auffassung des christlichen Denkens vom menschlichen Wissen als einem Fragen durchgesetzt, das seinen Anfang in den Sinnen hat [97] und deshalb als defizienter Modus des göttlichen Wissens angesehen werden muß.

Dasselbe gilt für das Werk MEISTER ECKHARTS, der die scholastische Methode Thomas von Aquins in seinen lateinischen Schriften für seine Zwecke abwandelt und im ‹Opus tripartitum› mit einer These (*propositio*), die extensiv erläutert wird, beginnt: «Das Sein ist Gott.»

Aus der These entsteht die erste F. *(quaestio)*: «Ist Gott?» Diese F. wird ihrerseits durch die Exegese der Bibel als der «prima auctoritas» beantwortet. [98] In seinen deutschen Schriften und vor allem den Predigten entstehen die F. ebenfalls aus einer als These anzusehenden Schriftstelle, deren Exegese in eine Aporie führt. Antworten können kaum noch mit Hilfe von rationalen Beweisen oder durch Autoritäten gefunden werden, sondern sollen durch den Rückgriff auf rhetorische Mittel, durch Metaphern, Bilder, pathetische Amplifikationen usw. Zustimmung finden. Die F. ist kein Gegenstand der Diskussion; ihre Theorie muß aus der Praxis eruiert werden. Doch ist in den Predigten die Rationalität des scholastischen Schemas offensichtlich der Rhetorik des leidenschaftlichen Mystikers gewichen.

Noch dem ausgehenden Mittelalter zugehörig erweist sich eine wenig bekannte hebräische Rhetorik ‹Buch des Honigwabenseims› (Sepher Nopheth Suphim) des JUDAH MESSER LEON (Rabbi Judah ben Jehiel Rophé), publiziert 1475 in Mantua [99], die in vier umfangreichen Büchern die ganze griechisch-römische Tradition, vor allem aber Aristoteles, Cicero und Quintilian mit großer Kenntnis der Details zusammenfaßt und mit Beispielen aus dem AT illustriert: Judah Messer Leon versteht *quaestio* zunächst als *causa*, Rechtsfall oder Streitfall, [100] untersucht die F. aber intensiver bei der Abhandlung der Redefiguren, wo er sowohl der *interrogatio* als auch der Disputation in F. und Antwort eigene Kapitel widmet [101], ohne allerdings der traditionellen Theorie der F. etwas hinzuzufügen. Anderseits wird hier eine Synthese des rabbinischen Lehrstoffs und der klassischen Rhetorik versucht.

III. *Renaissance, Barock, Aufklärung.* Am Ausgang des Mittelalters, in *Reformation* und *Gegenreformation* findet sich die scholastische Form des Fragens in den aus der Beichtpraxis und den ‹Beichtspiegeln› entstandenen ‹Katechismen› wieder. [102] Im Anschluß an LUTHERS Diskussion der katechetischen Methode und seinem Beispiel von F. und Antwort in der christlichen Unterweisung in seiner Vorrede zu ‹Deutsche Messe und Ordnung Gottesdienst› von 1526 [103] und der Vorrede seines ‹Großen Katechismus› von 1529 entfaltet sich die Theorie der katechetischen F. bis in die Gegenwart. Als effektives Unterrichtsmittel taucht die Katechismusform schließlich seit der Aufklärung selbst in den Dienstvorschriften für Armeerekruten auf und wird gleichzeitig als Parodie und Kritik der herrschenden Zustände zu einem literarischen Genre. [104]

In der *Renaissance* und im *Barock* wird die Theorie der F. einesteils in Schriften zur Rhetorik [105] im Stile der klassischen Tradition abgehandelt, wie etwa bei T. WILSON [106] und später dann bei T. HOBBES und B. LAMY [107]. Bei diesen taucht sie ausschließlich in der Figurenlehre auf. PHILIPP MELANCHTHON [108] rekapituliert die platonistische Trennung von Rhetorik, die sich mit juristischen und politischen Gegenständen beschäftigt, und Dialektik, die «alle anderen Fragen, über die man den Menschen mittels Verstand und Methode etwas Sicheres beibringen kann», behandelt. Er bringt damit die Unterscheidung von finiten und infiniten F. in Erinnerung und gibt an Beispielen, die aus der theologischen und pastoralen Praxis erwachsen, systematische Anweisungen zur Auffindung zuerst der richtigen F. und dann zum Fortschritt zu den richtigen Antworten, z.B.: Was ist Tugend? oder Was ist Glaube? Ohne besondere Klassifikation unternimmt er den Versuch, vom juristischen Fall ausgehend die klassische Status-Lehre zur Auffindung der «Hauptfrage», auf die alle Argumente bezogen werden müssen, auch für die theologische Argumentation methodisch dienstbar zu machen. J.-H. ALSTED [109] und G.J. VOSSIUS [110] dagegen benutzen wieder die Unterscheidung zwischen infiniten und finiten F.

Im großen und ganzen läuft diese Tradition der klassischen Theorie der F. im Rahmen der Geschichte der systematischen Rhetorik damit auf ihr Ende zu. Über diesen Leerlauf, der die Kritik an der Rhetorik verständlicher macht, können die zum Teil sehr ausführlichen Diskussionen zu *quaestio*, *thema*, *thésis* und *hypóthesis* in den in anderer Hinsicht wichtigen Kompendien von T. FARNABY [111] oder über hundert Jahre später von J. A. FABRICIUS [112], J.C. GOTTSCHED [113], F.C. BAUMEISTER [114], J.G. LINDNER [115] und schließlich G. REINBECK [116] nicht hinwegtäuschen. Dasselbe gilt für die Tradition der Rhetorik in England im Anschluß an Hobbes in den Rhetoriken von H. BLAIR, G. CAMPBELL und R. WHATELEY. [117] H. ZEDLERS ‹Großes vollständiges Universal Lexikon› [118], D'ALEMBERTS und DIDÉROTS ‹Ecyclopédie française› [119] und J.C.G. ERNESTIS ‹Lexicon Technologiae Latinorum Rhetoricae› [120] kodifizieren den allgemeinen Gebrauch.

In der anderen, philosophischen Tradition unterzieht demgegenüber PETRUS RAMUS in seinen ‹Brutinae quaestiones in Oratorem Ciceronis›, die sich auf die vorausgehenden ‹Dialecticae Partitiones› stützen [121], die Rhetorik Aristoteles' und Ciceros einer radikalen Kritik, die zu einer Trennung von Rhetorik, Dialektik und Philosophie führt: F. sind Fragen der Logik und der Philosophie, die Redekunst hat den guten Vortrag zu besorgen. Denn es geht um die Wahrheit, von der Wahrscheinlichkeit ist nicht mehr die Rede.

Eine Gegenposition zu Ramus' Wendung zur Logik läßt sich in den Schriften einiger italienischer und spanischer Philosophen der Renaissance erkennen. In den Werken von M. FICINO [122] wird die F. der mittelalterlichen ‹Summa› in der Exegese Platons wieder aufgenommen; hingegen benutzen G. PONTANO [123] und L. VALLA [124] die Form des fiktiven Dialogs, um die anstehenden F. zu erörtern, ohne sich besonders mit dem Problem der F. zu beschäftigen. J.L. VIVES [125] wählt dagegen die wissenschaftliche Abhandlung und die direkte Auseinandersetzung mit den Autoritäten, wobei er die entscheidenden Stellen aus der ‹Topik› zitiert, um aus einer platonisch-christlichen Position das Verständnis der F. bei Aristoteles und damit der Rhetorik und Dialektik zu kritisieren.

Für Vives ist die Dialektik keine Kunst, die nach dem Wahrscheinlichen fragt. Das muß der Metaphysik überlassen werden. Dagegen ist die Dialektik ganz im Sinne Abaelards ein «Hilfsmittel für die übrigen Wissenschaften». Die ursprüngliche F. ist für Vives die Art und Weise, wie Menschen den in jeder geschichtlichen Situation auftretenden Anforderungen und Bedürfnissen entsprechen. Sie ist Teil der «ingeniösen Tätigkeit», der Arbeit des *ingeniums*, mit der der Mensch seine Not meistert. Er wird dabei von diesem «Licht», der Kraft des Geistes und dem Scharfsinn unterstützt, «gleichsam einem Wegweiser auf der Straße, auf der sie sich den Fragen [ad quaerendum] zuwandten, unterstützt ferner durch die Gewandtheit und den Fleiß des [Fragens], schließlich durch die Gewissenhaftigkeit und den Eifer, wodurch alle Kräfte des Ingeniums und der Seele entfaltet wurden.» [126] Es ist zu überlegen, ob sich Vives damit nicht doch dem Verständnis der aristotelischen Dialektik wieder zuwendet.

Eine entscheidende Wendung in der Theorie der F. wird in dieser Epoche eher in erkenntnistheoretischen Schriften faßbar, die der Rhetorik einen Platz einräumen. In seiner Schrift ‹Advancement of Learning› zitiert BACON [127] bei der Behandlung der *inventio* als einer Erkenntnismethode die Aporie in Platons ‹Menon› als Begründung für seine Bemerkung, daß «die Fähigkeit, kluge Fragen zu stellen, schon die Hälfte des Wissens» ausmache. Eine F. erwächst aus dem Wissen, das der Verstand schon in sich trägt und das jederzeit aufgerufen werden kann. Der Weg zu diesem Wissen ist durch die *topoi* angezeigt. Für Bacon ist die Topik die Theorie und Praxis «des Untersuchens und Fragens». Es ist dieses Suchen nach einer sicheren Methode der Erkenntnis durch Rückgriff auf schon Gewußtes, Geahntes und Antizipiertes und durch Regulierung des Frageprozesses selbst, der die Theorie der F. in dieser Epoche bestimmt.

So verschärft DESCARTES die F., die ein Gegebenes prüft, zur Prüfung der F. und damit zu «einer einzigen Frage», nämlich wie gedacht wird. «[...] in der Erforschung dieser Frage ist das wahre Werkzeug alles Wissens und die ganze Methode enthalten.» [128] Aus der Analyse des denkenden Fragens entwickelt Descartes im ‹Discours de la Méthode› und in den ‹Regeln zur Leitung des Geistes› zur Sicherung der Erkenntnis genaue Anweisungen. Das so gerichtete und gesicherte Fragen entwickelt sich zur modernen von Regeln geleiteten Foschung. Ihr Ziel ist die gesicherte Erkenntnis des schon Gegebenen. Eine Eröffnung des Neuen durch die ingeniöse F., wie sie von einigen Autoren der Renaissance und dann erst wieder von Vico und in der Theorie des Genies in der Spätaufklärung und Romantik diskutiert wurde, bleibt unbeachtet. Da die F. aber aus dem radikalen Zweifel erwächst, bleibt sie etwas Negatives, das aber seinerseits auf die Fraglosigkeit der ewigen Wahrheit Gottes verweist. [129] Die fraglose Vollkommenheit Gottes macht die F. zum anthropologischen Wesensmerkmal. Wie bei Vives steht bei Descartes die Theorie der F. auf der Schwelle zum Existenzial.

Bevor Kant sie in der ‹Kritik der reinen Vernunft» [130] negativ beurteilte, betont VICO [131] im Rückgriff auf Aristoteles und unter mehrfachem Bezug auf Bacons Versuch einer Vermittlung zwischen Rhetorik und Logik noch einmal die Bedeutung und den Vorrang der Topik als der Kunst der Auffindung eröffnender F. und wahrscheinlicher Argumente, bevor sie durch die logische Analyse auf die Wahrheit geprüft werden können. Er setzt sich damit ausdrücklich in Gegensatz zur Methode Descartes, die von der vorhergehende F., d. h. Auffindung des Gegenstandes der Prüfung, nichts zu kritisieren habe. Wie für Vives ist auch für Vivo das *ingenium*, die poetische Phantasie, der Ursprung der F.

Den nächsten Schritt auf dem Wege zum Exixtenzial stellt LEIBNIZ' Philosophie dar, in der die «erste Frage» weiter radikalisiert wird auf die Formel: «warum es eher Etwas gibt als nicht? [...] Des weiteren, vorausgesetzt, daß Dinge existieren müssen, ist es notwendig, daß man einen Grund angeben könne, warum sie so und nicht anders existieren müssen.» [132] Die «erste Frage» wird zur ontologischen Begründungsfrage, die die F. nach dem Wesen des Menschen und seiner Erkenntnisfähigkeit mit dem Ganzen des Seins der Welt verbindet.

Das wird auch in KANTS Untersuchung der Bedingungen der F. deutlich. In der Vorrede zur ersten Auflage der ‹Kritik der reinen Vernunft› [133] stellt sich diese Verbindung als das «besondere Schicksal» der menschlichen Vernunft dar: «daß sie durch Fragen belästigt wird, die sie nicht abweisen kann, denn sie sind ihr durch die Natur der Vernunft selbst aufgegeben, die sie aber auch nicht beantworten kann; denn sie übersteigen alles Vermögen der menschlichen Vernunft.» Es sind F. nach dem «höchsten Zwecke unseres Daseins». Formuliert als Ideen: «Gott, Freiheit und Unsterblichkeit» sind sie für die Metaphysik gleichzeitig die einzigen und «eigentlichen Zwecke ihrer Nachforschungen». [134] Da die F. selbst notwendig und transzendental sind, eine Antwort darauf aber außerhalb der Kompetenz menschlicher Vernunft liegt, führt Kants Skeptizismus hier in eine Aporie, in die Antinomie der reinen Vernunft, die die platonische aus einer Position totaler Immanenz wiederholt. Die «kosmologischen Fragen» nach dem Absoluten und der Totalität als transzendentalen Ideen werden selbst zu Transzendentalien, die keiner Erfahrung entsprechen, aber alles weitere Fragen erst ermöglichen. Sie geben somit diese notwendigen Gegenstände der Vernunft in die alleinige Verfügung der Vernunft. Die F. der Vernunft konstituiert das Absolute. [135]

Dieselbe Aporie formuliert H. HEINE 1853 in seinem Gedicht ‹Laß die heilgen Parabolen› auf eine Weise, die fast die ganze Geschichte der Theorie der F. in der Rhetorik zusammenfaßt:

> Laß die heilgen Parabolen,
> Laß die frommen Hypothesen –
> Suche die verdammten Fragen
> Ohne Umschweif uns zu lösen.
>
> Warum schleppt sich blutend, elend,
> Unter Kreuzlast der Gerechte,
> Während glücklich als ein Sieger
> Trabt auf hohem Roß der Schlechte?
>
> Woran liegt die Schuld? Ist etwa
> Unser Herr nicht ganz allmächtig?
> Oder treibt er selbst den Unfug?
> Ach, das wäre niederträchtig.
>
> Also fragen wir beständig,
> Bis man uns mit einer Handvoll
> Erde endlich stopft die Mäuler –
> Aber ist das eine Antwort?

IV. *19. und 20. Jahrhundert.* Die Bestimmung und Funktion der F. in der Hermeneutik und Methodik der historischen Wissenschaften des 19. Jh., etwa bei Winckelmann, Schleiermacher, Gervinus, Boeckh und Ranke ist noch nicht gebührend erforscht. In H. G. DROYSENS ‹Historik› von 1857 [136] erscheint sie voll ausgearbeitet als heuristisches Instrument, das auf die aristotelische Topik zurückgreift. Zusammen mit Nietzsches Kritik an der idealistischen Erkenntnistheorie werden hier die Grundlagen für ein neues Verständnis der F. gelegt, das eine Vermittlung zwischen dem apodiktischen Verfahren der modernen Wissenschaft und dem eröffnenden intuitiven, topischen Verfahren, das aller Wissenschaft vorausgehen muß. Der Ursprung der ‹Historik› in der klassischen Rhetorik und Topik wird im ersten Kapitel ‹Die Heuristik› der ‹Methodik› ganz klar: es handelt sich um die εὕρεσις (heúresis, *inventio*), die «Auffindung» des Materials der historischen Bearbeitung. «Die Forschung sucht etwas, sie ist nicht auf ein bloß zufälliges Finden gestellt; man muß zuerst wissen, was man suchen will, erst dann kann man finden; man muß die Dinge richtig fragen, dann antworten sie, und die apódeixis zeigt nur auf, was man zu suchen verstanden hat. So ist also der Anfang der Methode nicht die Kritik, sondern die Frage und das Suchen aus der Frage, die Heuristik.» [137] Diese Auffindung ist bestimmt durch den Forscher, der «mit einer Frage an die Dinge tritt und sich diejenigen sucht und findet, die ihm antworten werden. Aber wie kommt er zu dieser Frage?» Der Anfang des historischen Forschens ist nicht der Zweifel, sondern die historische F., die sich aus der Reflexion auf die Tatsache ergibt, «daß auch der Inhalt unseres Ich ein vielfach vermittelter, ein geschichtliches Resultat ist.» Der Ursprung der historischen F. ist «eine Totalität erworbener Kenntnis und Erkenntnis.» Diese Totalität umfaßt alles das, was man später «Lebenswelt» nennen wird, «ein Ergebnis des ganzen geistigen Inhalts, den wir unbewußt in uns gesammelt und zu unserer geistigen Welt subjektiv geformt haben.» Sie ist nicht durch Grübeln und Nachdenken zu finden, sondern «sie ist eine Intuition», die «aus der Totalität unseres Ich hervorspringt, scheinbar unvermittelt, plötzlich, wie von selbst, in der Tat aber aus der ganzen auf diesen Punkt hin gereiften Fülle unseres geistigen Daseins.» [138]

Der Aphorismus NIETZSCHES: «Grenze unseres Hörsinns. – Man hört nur die Fragen, auf welche man im Stande ist, eine Antwort zu finden,» [139] reflektiert die metaphysischen Grundlagen von Droysens Theorie der F. und nimmt auf eine eigene Art die hermeneutische Wendung Collingwoods, Heideggers und Gadamers vorweg, in der F. schon «Interpretationen» sind. Die F. gehen aus den menschlichen «Bedürfnissen», «unsere[n] Triebe[n] und deren Für und Wider» hervor – wobei «Jeder Triebe eine Art Herrschsucht» ist – «die die Welt auslegen». Die Antwort ist eine Erkenntnis als Deutung von Sinn aus einer je eigenen Perspektive. [140] Jede F. ist so eine «Äußerung des Willens zur Macht». Nietzsche weicht damit nicht der F. der Gewißheit aus, macht sie aber zu einer «abhängige[n] Frage, eine[r] Frage zweiten Ranges», [141] indem er nach dem Kriterium der Gewißheit fragt. Das Kriterium ergibt sich aber aus dem Wert der F. für die Weltauslegung. Deshalb ist «Die Frage der Werte [...] fundamentaler als die Frage der Gewißheit.» [142] Nietzsches Kritik der traditionellen metaphysischen Basis der Erkenntnistheorie und ihre perspektivistische Neubegründung stellen sich als die Ausgangspositionen für die Wendung zur Sprachlogik bei Wittgenstein, zur Seinsfrage bei Heidegger und zur Hermeneutik bei Collingwood und Gadamer dar.

In seinem ‹Tractatus logico-philosophicus› und in ‹Über Gewißheit› wendet sich L. WITTGENSTEIN der F. nicht als einer Seins- oder Wesensfrage, sondern als einem Teil des *Sprachspiels* zu, in und mit dem die Welt begriffen wird. Wenn der Satz ein Bild und Modell der Wirklichkeit ist, so kommt der Philosophie die Aufgabe zu, die Bedeutung und Berechtigung der F. zu klären. Sie wird zur Sprachkritik. Er kommt zu dem Ergebnis: «Die meisten Fragen und Sätze der Philosophen beruhen darauf, daß wir unsere Sprachlogik nicht verstehen.» In der Logik der Sprache hängen F. und Antwort voneinander ab. Daraus folgt, daß «wenn sich eine Frage überhaupt stellen läßt, so *kann* sie auch beantwortet werden.» Weil die Möglichkeit der F. überhaupt aus den Möglichkeiten der Sprache gedacht werden muß, ergeben sich strenge Bedingungen für das, was gedacht, gefragt und gesagt werden kann. Jenseits dieser Grenzen herrscht der Unsinn. Hinsichtlich der «Lebensprobleme» kann es keine F. mehr geben. Über das Unaussprechliche, die ἀρχή, aché, dem die eröffnende F. der aristotelischen Topik galt, kann deshalb nach Wittgenstein nicht gesprochen, sondern nur geschwiegen werden. Das Anfängliche ist das Mystische, das nicht zu Worte kommt, sich nur «zeigt». [143] Damit ist die F. der klassischen Rhetorik nicht nur praktisch, sondern auch theoretisch endgültig auf die *quaestio finita* der empirischen Wissenschaft reduziert und die *quaestio infinita* überflüssig geworden.

Weitere Forschungen zur F. haben sich eher mit den Arten von F. beschäftigt. So unterscheidet M. SCHLICK «metaphysische» F. von anderen und bezeichnet sie als «unbeantwortbar» ebenso wie die dazugehörigen Antworten als «nicht verifizierbar». [144] Dagegen klassifiziert D. A. T. GASKING die F. als «wissenschaftliche», «logische» oder «philosophisch» in Beziehung auf die Fragesituation. [145] R. CARNAP und andere untersuchen die Logik der F., vor allem das Verhältnis von F. und Behauptung, die für die formale Darstellung von Gegenstand und Relevanz und in Beziehung auf die Begrifflichkeit der Kommunikationstheorie wichtig geworden sind. [146] Obwohl stark von der analytischen Spachphilosophie angeregt, hat die moderne Linguistik der Theorie der F. allenfalls klassifikatorisches Interesse gewidmet. [147]

Die Wirkungen der sprachlogischen Untersuchungen Wittgensteins sind noch in den weiteren Bemühungen zur wissenschaftlichen Erkenntnistheorie und Methodenlehre von K. POPPER, H. ALBERT und T. S. KUHN zu fassen, [148] die die Naturwissenschaften in den Vordergrund stellen. Dabei wird der F. als ‹F.› kaum Aufmerksamkeit gewidmet, obwohl in der Definition der Wissenschaft als einem methodischen «Lösen von Rätseln» gerade das Frage- und Antwort-Schema enthalten ist. Das etablierte «Paradigma» wird als ein System von Forschungsregeln bezeichnet, die die «normalwissenschaftlichen Traditionen geleitet haben» und die sich im Sinne der Topik als Regeln zum Auffinden von F. auffassen lassen. [149]

Gleichzeitig stellt R. G. COLLINGWOOD [150] die F. in den Bereichen der Kunst und der Geisteswissenschaften ausdrücklich zur Diskussion. In seiner frühen Schrift ‹Speculum Mentis› greift er auf Platons und Bacons ‹Dialektik› zurück und beschreibt Wissen nicht als ein Ergebnis von Affirmation und Negation, sondern der Dialektik von F. und Antwort. «Leute, die eine direkte Kenntnis vom Wissen haben, haben auch immer schon gewußt, daß Affirmationen nur Antworten auf Fragen sind.» Fragenstellen ist die Schneide des Wissens»; Fragen suspendiert die Affirmation, antizipiert aber gleichzeitig eine Wiederaufnahme der affirmativen Denktätigkeit in Form der Antwort. Alles Fragen setzt aber schon eine Kenntnis der Fakten voraus, nicht unbedingt explizite, aber doch als Leben in der Wirklichkeit. Alle Fakten aber erfordern eine Gründung in der Einbildungskraft, «denn keine Tatsache kann gewußt werden, es sei denn, sie wird durch die tätige Einbildungskraft gesucht, und diese Frage erfordert wiederum eine Gründung in den Fakten, und so weiter ad infinitum.» Im strikten Sinne ist deshalb Wissen nicht so sehr ein ständiger Wechsel von F. und Antwort, als vielmehr eine ständige Wiederholung der F., die identisch ist mit der beständigen Revision der Antwort. Im Zusammenhang mit der Funktion der tätigen Einbildungskraft kann Collingwood die Kunst als «Annahme» (supposal) definieren, als eine nichtassertorische F., die keine Negation erwartet. [151] In seiner späteren ‹Autobiographie› diskutiert er die Genesis dieser Gedanken unter demselben Titel (‹Frage und Antwort› [152]) in einer offensichtlich kritischen Wendung gegen die sprachanalytische und sprachlogische Theorie seiner Zeit.

Nur oberflächlich erscheint als Rückfall in die Erkenntnistheorie Descartes, wenn E. HUSSERL als die «erste bestimmte Frage anfangender Philosophie die [bestimmt], ob für uns Evidenzen aufweisbar seien, die [...] apodiktisch die Einsicht mit sich führen, daß sie als an sich erste allen erdenklichen Evidenzen vorangehen, und für die sich zugleich einsehen läßt, daß sie selbst apodiktisch sind.» [153] Husserls phänomenologische Analyse ist die Voraussetzung für M. HEIDEGGERS Durchbruch zur Bestimmung der F. als einem Existential, als Modus des Seins des Daseins, der in ‹Sein und Zeit› erfolgt, wenn das Fragen selbst auf die vorgängigen Bedingungen seiner Möglichkeit befragt wird, um «die Frage nach dem Sinn von Sein» stellen zu können: «Fragen ist erkennendes Suchen des Seienden in seinem Daß- und Sosein [...] Das Fragen selbst hat als Verhalten eines Seienden, des Fragers, einen eigenen Charakter des Seins.» Zur Struktur der F. gehört es, daß sie vom Gesuchten vorgängig geleitet wird, d. h. der Fragende bewegt sich immer schon in einem vorgängigen Verstehen von Sein. «Das Gesuchte im Fragen nach dem Sein ist kein völlig Unbekanntes, wenngleich zunächst ganz und gar Unfaßliches.»; anders ausgedrückt: «Das Fragen dieser Frage ist als *Seins*modus eines Seienden selbst von dem her wesenhaft bestimmt, wonach in ihm gefragt ist – vom Sein.» Diese offenbare Zirkelstruktur des Fragens wird als notwendiger Zirkel des Verstehens im Grundansatz der Hermeneutik fruchtbar gemacht. «Nicht "ein Zirkel im Beweis" liegt in der Frage nach dem Sein von Sein, wohl aber eine merkwürdige "Rück- und Vorbezogenheit" des Gefragten (Sein) auf das Fragen als Seinsmodus des Seienden. Die wesenhafte Betroffenheit des Fragens von seinem Gefragten gehört zum eigensten Sinn der Seinsfrage.» Die Ausarbeitung der Frage *kat' exochén* «verlangt [...] die Explikation der Weise des Hinsehens auf Sein, des Verstehens und begrifflichen Fassens des Sinnes, die Bereitung der Möglichkeit der rechten Wahl des exemplarischen Seienden, die Herausarbeitung der genuinen Zugangsart zu diesem Seienden.» [154] Die Undefinierbarkeit des Seins, als dem dunkelsten und unfaßlichsten Begriff des Denkens, erfordert ein Fragen, das die Antwortlosigkeit aushält. Heidegger nennt ein solches Fragen «Frömmigkeit des Denkens». [155]

Heideggers fundamentalontologischer Ansatz zur Theorie der F. ist von K. Jaspers, K. Rahner und E. Grassi im Rückbezug auf Descartes, Thomas von Aquin und Vico weiterentwickelt worden. Allen gemeinsam ist die anthropologische Basis, der Ausgang von der Sensualität und dem Menschen als einem fragenden Wesen. Anläßlich seiner Darstellung der thomistischen Erkenntnistheorie wird bei K. RAHNER [156] die F., als F. nach dem Sein, zum methodischen Ansatzpunkt: «Der Mensch fragt. Dies ist ein Letztes und Irreduktibles. Die Frage im menschlichen Dasein ist nämlich jenes Faktum, das sich absolut verweigert, durch ein anderes ersetzt [...] zu werden. So ist [...] dem Menschen Sein überhaupt nur als Fragbarkeit erschlossen [...] er selbst ist, indem er nach dem Sein fragt [...]; er «existiert als die Seins-Frage.» [157]

Auch K. JASPERS bestimmt die F. aus dem *desiderium*, dem Wissenwollen, das «die unerläßliche Bedingung des Menschseins» ist. [158] Doch bleibt die F. ohne Antwort, weil die Endlichkeit des Menschen und daraus die Endlichkeit der menschlichen Sprache dem Gegenstand der F. nicht gewachsen ist. Das Warum der Welt kann vielleicht erfahren, nicht aber ausgesagt werden.

Gerade an der Kontaktstelle des menschlichen Wissen-Müssens und der menschlichen Unfähigkeit, die Wahrheit zu erreichen, setzt H. BLUMENBERG [159] den Ursprung und die Funktion der Rhetorik im Bereich der Anthropologie an. Er sieht den Menschen als ein reiches und armes Wesen zugleich und nimmt mit diesen Metaphern den ursprünglichen «Dualismus von Philosophie und Rhetorik», die Konfrontation in den philosophischen Positionen bei Platon und Aristoteles wieder auf, die auf dem «Prinzip des unzureichenden Grundes» [160] beruhen und die er dialektisch in der menschlichen Natur verankert sieht: «Rhetorik hat es zu tun mit den Folgen aus dem Besitz von Wahrheit oder den Verlegenheiten, die sich aus der Unmöglichkeit ergeben, Wahrheit zu erreichen.» [161] Diese Gegensätze durchziehen die europäische Geistesgeschichte. Sie haben ihre Basis in dem, was der Mensch «auch in der Sprache der biologischen Anthropologie [ist, nämlich] ein aus den Ordnungsleistungen der Natur zurückgefallenes Wesen, dem Handlungen die Regelungen ersetzen müssen, die ihm fehlen, [...] und Rhetorik ist die angestrengte Herstellung derjenigen Übereinstimmungen, die anstelle des «substantiellen» Fundus und Regulationen treten müssen, damit Handeln möglich wird.» In diesem Sinne ließen sich F. und Antwort als Strategien interpretieren, die an Menschen den «immanenten Mangel», das Defizit an Natur kompensieren müssen. «Denn die Rhetorik geht aus von dem und nur von dem, worin der Mensch einzig ist, und zwar nicht deshalb, weil Sprache sein spezifisches Merkmal wäre, sondern weil Sprache in der Rhetorik als Funktion einer spezifischen Verlegenheit des Menschen zutage tritt.» [162]

H.-G. GADAMER untersucht die F. im Zusammenhang seiner Hermeneutik des Verstehens, [163] die hinsichtlich der Erkenntnistheorie eine Brücke zur aristotelischen Topik schlägt, ontologisch dagegen Hinweise Heideggers aufnimmt. Die F. ist sowohl Erkenntnis- als auch Seins-F. Um die F., wie und unter welchen Bedingungen Verstehen möglich ist, zu beantworten, geht er vom «hermeneutischen Bewußtsein» aus, das in einer Erfahrungsbereitschaft, die durch die logische Struktur der Offenheit gekennzeichnet ist, beginnt und endet. Alle Erfahrung setzt die Struktur der F. voraus: «Man macht keine Erfahrungen ohne die Aktivität des Fragens.» [164] Die F. hat wesentlich einen Sinn, nämlich in Richtung auf die Antwort. Jede Antwort ist sinnvoll nur in Hinsicht auf eine F., in der das Sein des Befragten «aufbricht». So hat sie einen hermeneutischen Vorrang, denn «alles Wissen [ist ein Durchgang] durch die Frage», ein «Durchgang durch [eine] Schwebe, in der sie eine offene Frage wird». [165] Doch ist die offene F. von einem «Fragehorizont» umgeben, der sie begrenzt. Erst in diesem Fragehorizont, der die Voraussetzungen umgreift, kann die F. als F. gestellt werden. Erst in Bezug auf diese Voraussetzungen ist eine Entscheidung über die F. möglich, ein Ja oder ein Nein, die der Weg zum Wissen ist. Die volle Erkenntnis, d. h. ein Wissen der «Sache selbst» wird aber erst erreicht, wenn Ja und Nein in ihren Begründungen durchschaut werden. «Wissen ist dialektisch von Grund aus. Wissen kann nur haben, wer Fragen hat, Fragen aber umfassen in sich das Gegensätzliche des Ja und Nein, des So und Anders.» [166] Der hermeneutische Vorrang der F. für das Wesen des Wissens setzt jedem Versuch einer Methodik der F. eine Grenze, die schon Plato aufgewiesen hat. «Eine Methode, fragen zu lernen, das Fragwürdige sehen zu lernen, gibt es nicht. [...] Alles Fragen und Wissenwollen setzt ein Wissen des Nichtwissens voraus – und dies so, daß es ein bestimmtes Nichtwissen ist, das zu einer bestimmten Frage führt.» [167] Gadamer spricht deshalb von einer «Kunst des Fragens», die «eine Kunst des Weiterfragens, d. h. aber [...] die Kunst des Denkens» ist. In der Dialektik, die eine «Kunst Erprobung» aller Argumente ist, hat die F. ihren Ort. «Die Kunst des Erprobens ist aber die Kunst des Fragens. [...] Fragen heißt Offenlegen und ins Offene stellen. Gegen die Festigkeit der Meinungen bringt das Fragen die Sache mit ihren Möglichkeiten in die Schwebe. Wer die 'Kunst' des Fragens besitzt, ist einer, der sich gegen das Niedergehaltenwerden des Fragens durch die herrschende Meinung zu wehren weiß.» [168] Der Hinweis auf die wesentliche Unmöglichkeit einer Methodik der F. deutet auf den ontologischen Grund der Theorie der hermeneutischen F. in ihrer epistemologischen Funktion. Im Anschluß an Heidegger wird festgehalten, daß Dasein ist, indem es sich verstehend seines Seins versichert. Jede F. aber ist nicht nur eingelassen in das vorgängige Verstehen des Ganzen des Seins, sie wiederholt auch in ihrer Zirkelstruktur den hermeneutischen Zirkel des Verstehens. Deshalb kann die F. auch als Existenzial interpretiert werden: fragend versteht sich der Mensch auf sein Sein. [169]

In seinem Versuch einer «formalen Grundlegung evangelischer Anthropologie» unterzieht E. JÜNGEL [170] die anthropologische Wende in der Theorie der F. in der Moderne einer eingehenden Kritik. Die F. nach dem Menschen, als der vornehmsten F. der Gegenwart, formuliert die «radikale Fraglichkeit als den eigentlichen Gegenstand jeder Anthropologie», die einerseits Abschied genommen hat von der traditionellen Metaphysik, andererseits aber dem Mensch in seiner «Nichtdefinierbarkeit» den Platz Gottes in der traditionellen Metaphysik anweist und so eine Definition anbietet. Zwar ist auch die biblische Anthropologie dadurch gekennzeichnet, «daß der Mensch überhaupt fragen kann und nach sich selbst durchaus fragen muß», doch ist «die Frage [...] im Horizont theologischer Anthropologie weder ein Erstes noch Letztes», sondern «ein Folgephänomen und die radikale Fraglichkeit ein Mythos». Denn: «Früher als die Frage ist das Sein. Um fragen zu können, muß der Mensch hören und gehört haben. Fragen erwachsen aus Antworten. Früher – und auch wiederum später – als die Frage ist zum Beispiel das Lied, der Gesang, die Erzählung. Früher als die Frage ist die Einweisung (vgl. Gen. 2,16 f. mit 3,9 f.). Früher als die Frage ist das Einverständnis.» Die F. entsteht erst aus der Störung des Einverständnisses, aus dem Sichverwundern. Die Auffassung der modernen Anthropologie vom Menschen als einer «Frage, auf die wir die Antwort nicht kennen», kehrt Jüngel um zu der These, «daß der Mensch eine Antwort ist, zu der wir die Frage noch nicht hinreichend kennen.» Eine theologische Anthropologie hätte dann die Aufgabe, die ursprüngliche F. auszuarbeiten, auf die der Mensch die Antwort ist.

Weniger mit Bezug auf die Theologie als auf Heidegger hatte E. GRASSI [171] im Anschluß an seine Interpretationen von klassischen und Renaissance-Texten in der Auseinandersetzung mit der Philosophie Platons diese These so formuliert, daß es Aufgabe der Philosophie sei, die F. auszuarbeiten, auf die der Mensch eine Antwort geben muß. Im Denken Grassis stellt nicht der Mensch eine F., sondern sie wird als Anspruch verstanden, dem der Mensch sich stellen muß. Dieser in der F. lautwerdende Anspruch zeigt sich einmal in der Aporie des Denkens, die ein Erstaunen, eine Unzufriedenheit mit sich bringt und den Zwang zu einem neuen Denkversuch, zum anderen in der geschichtlichen Situation, der durch ein Handeln entsprochen werden kann. [172] In beiden Fällen ist es ein Erleiden, ein *páthos*, dem die neuen F. und Antworten entspringen. Zur Erläuterung des Phänomens des Erstaunens, des *thaumázein*, als Grund der F. interpretiert Grassi Hesiods Genealogie der griechischen Göttin Iris, die schon Platon im ‹Theaetet› benutzt. Nach Alkaios ist Eros, der Sohn der Iris und des Zephyr, die Wurzel jeder F. und Regung. Er kommt zu dem Ergebnis, daß «die Beziehung zwischen dem Erstaunen und dem Hervortreten der Frage [...] folgendermaßen zu bestimmen [ist]: Niemand wird Dinge befragen wollen, die eindeutig sind oder die mit ihrer alltäglichen Bedeutung übereinstimmen. Was im Vordergrund steht, wehrt jede Frage ab. Um aber Gegenstand einer Frage zu werden, muß das, was nicht evident ist, uns in irgendeiner Weise betreffen und sich auf diese Weise ankündigen; sonst würde es kein ‹Interesse› in uns erwecken. Was nicht unsere Aufmerksamkeit auf sich ziehen kann, wogegen wir gleichgültig bleiben, das kann niemals Gegenstand einer Frage werden. Fragen kommen nur auf, wenn etwas nach Klärung verlangt, weil die Ungewißheit unerträglich geworden ist. In anderen Worten, wir müssen uns schon in einer ursprünglichen Spannung befinden, aus der heraus unsere Aufmerksamkeit entsteht [...] Das ursprüngliche Element [des Erstaunens] manifestiert sich hier als die Ankündigung eines Anspruchs, der [...] auf die Notwendigkeit hinweist, eine Frage zu stellen und dadurch die Phänomene zu definieren.» Das ursprüngliche Erstaunen weist aber selbst auf den Ursprung eines solchen Anspruchs, auf die *arché*, die sich augenblicklich und unmittelbar in einem ursprünglichen Bedürfnis manifestiert. [173] So wird im Denken Grassis das Hauptanliegen der aristotelischen Topik auf der Basis der Seinsfrage Heideggers wiederaufgenommen. Die F. wird bestimmt als ‹F.› nach der Möglichkeit der menschlichen Erkenntnis aus dem anfänglichen Grunde des Leidens.

Anmerkungen:
1 F. Kluge, E. Seebold; Etym. Wtb. der dt. Sprache. ([22]1989) 229; Grimm Bd. 4, 47–54. – **2** H. Frisk: Griech. Etym. Wtb. (1960) Bd. 1,574; J. B. Hofmann: Etym. Wtb. des Griech. (1971) 92. – **3** A. Walde, B. Hofmann: Lat. Etym. Wtb. (1954). – **4** Frisk [2] 613. – **5** G. Kittel (Hg.): Theol. Wbt. zum NT (1935) Bd. 2, 682–686. – **6** vgl. Frisk [2] I,595–6; Kittel [5] II, 774–808; Kluge [1] 302. – **7** Der Kleine Pauly. Lex. der Antike, hg. K. Ziegler und W. Sontheimer (1972) Bd. 4, 1287–89; F. Horak: Art. ‹Quaestio›, in: RE, Bd. 24 (1963) 720–802. – **8** K. Zillober: Art. ‹Frage›, in: HWPh, Bd. 2 (1972) 1059; vgl. H. Rickert: Der Gegenstand der Erkenntnis ([6]1928) 173. – **9** H. Lausberg: Hb. der lit. Rhet. (1960) §§ 46–254; J. Martin: Antike Rhet. (1974) 15ff. – **10** vgl. Quint. III, 5–11. – **11** Arist. Rhet. I, 3, 1–4. – **12** Quint. III, 5, 4. – **13** ders. III, 5, 11. – **14** Aristoteles, Topica 105a 3–9. – **15** Quint. III, 10, 3. – **16** ders. III, 5, 5ff. – **17** ders. III, 6, 1–3. – **18** ders. III, 6, 66–86. – **19** ders. III, 6, 86–104. – **20** Lausberg [9] § 55,3. – **21** Quint. III, 7 und 8. – **22** Aristoteles [14] 101b16. – **23** ebd. VIII. – **24** Cicero, Topica XXII, 87. – **25** Quint. III, 6, 23–28. – **26** ders. II, 1, 9. auch II, 4, 22ff. – **27** Boethius, De topicis differentiis, übs. und hg. E. Stump (Ithaca/London 1978) 1173C–1182B. – **28** Quint. VII, 10, 5. – **29** ders. VII, 1, 23. – **30** Lausberg [9] § 97; Sulpitius Victor, Institutiones oratoriae, in: Rhet. Lat. min 315, 7. – **31** vgl. Lausberg [9] §§ 766–779; F. Blass: Die attische Beredsamkeit ([3]1962) 4 Bde. passim. – **32** Quint. IX, 2, 1–16; hier 2–3. – **33** Lausberg [9] §§ 755ff. – **34** G. Ueding: Einf. in die

Rhet. (1976) 252ff.; G. Ueding, B. Steinbrink; Grundriß der Rhet. (1986) 284–289. – **35** H. F. Plett; Einf. in die rhet. Textanalyse (^{7}1989) 63ff. – **36** Diogenes Laertios VIII, 57; IX, 25; VS 29 A 10. – **37** J. Gruber: Art. ‹Dialog›, in: LMA Bd. 3 (1985) 946–965. – **38** Aristoteles, Sophistici elenchi 170 b 20; C. Prantl; Gesch. der Logik, Bd. 1 (ND 1955) 9. – **39** H. Dörries: Art. ‹Erotapokriseis›, in: RAC, Bd. 6 (1966) 342–370; H. Hunger: Art. ‹Erotapokriseis›, in: LMA, III (1986) 2183f. – **40** Platon, Menon 80 d–e, übs. von F. Schleiermacher, Platons Sämtliche Werke, Bd. 2 (1957). – **41** Platon, Sophistes 263e. – **42** ders. Protagoras 334c ff., Kratylos 390b ff. – **43** C. Prantl; Gesch. der Logik im Abendlande (ND 1955) I, 68 Anm. 27. – **44** Platon [40] 86b–c. – **45** Aristoteles, Analytica Posteriora 77 a 3 b; Topica 100a 18. – **46** ders. Topica 101a25. – **47** ebd. 101a 37–45. – **48** W. Kroll: Art. ‹Rhet.›, in: RE, Suppl. VII, 1090ff. und 1135ff.; J. Martin; Antike Rhet. (1974) 28ff.; W. Eisenhut: Einf. in die antike Rhet. (1974) 40; M. Fuhrmann: Die antike Rhet. (1984) 99ff.; F. Solmsen: The Aristotelian Tradition in Ancient Rhetoric, 278–309 und W. N. Thompson: Stasis in Aristotle's Rhetoric, 267–277, in: K. V. Erickson (Hg.): Aristotle: The Classical Heritage of Rhetoric (Metuchen, N. J. 1974); G. A. Kennedy: The Art of Persuasion in Greece (Princeton 1963) 20ff., 305ff.; G. A. Kennedy: Greek Rhetoric under Christian Emperors (Princeton 1983) 74–77. – **49** Diogenes Laertios [36] V, 42ff. – **50** Cic. De inv. I, 6; Quint. III, 5, 14ff. – **51** SVF II (1903) 61. – **52** Cic. De inv. I, 13, 18. – **53** Cicero, Topica XXI, 79–86. – **54** Cic. Or. XIII, 43–49. – **55** Cic. De or. III, 111–118; Partitiones oratoriae I, 4; I, 61–68. – **56** Cic. De or. II, 65–66. – **57** Kant: Kritik der reinen Vernunft A 312ff., A 805. – **58** Quint. XII, 2, 28. – **59** Cic. De inv. II, 16, 50; Part. or. 34, 117; 35, 120; Horak [7]; D. Medicus: Art ‹quaestio›, in: Der Kleine Pauly. Lex. der Antike, Bd. 4 (1972) 1287–1289. – **60** D. A. G. Hinks: Tria Genera Causarum, in: The Classical Quarterly 30 (1936) 170–176. – **61** Quint. III, 5, 4ff.; III, 11. – **62** ders. XII, 2, 18. – **63** ders. I Proem. 11ff.; vgl. Cic. De or. III, 15, 56f. – **64** Cic. Or. 31, 113–114. – **65** Arist. EN, 1104a. – **66** ders. Topica 100a29. – **67** Cic. Or. 31, 113. – **68** Ps-Long. De subl. 18, 1–2. – **69** ebd. 1, 1; 38, 2, 39, 1; 9, 12. – **70** Vergil, Aeneis VII, 791; Quint. V, 10, 10. – **71** HWR, Bd. I (1992) 889–991. – **72** Rhet. Lat. min. passim. – **73** ebd. 137–151; M. Schmaus, LMA, Bd. I (1979) 1223–1229. – **74** Boethius [27]. – **75** Augustinus, Tract. 29 in Ioann.; M. Grabmann: Gesch. der scholastischen Methode (1909/1956) I, 140ff. – **76** ML LXIV, 1176 B 39. – **77** Boethius [27], in: ML LXIV, 1182 B 5ff. – **78** Isid. etym. II, xxii und xxiii. – **79** W. Veit: Art. ‹Autorität›, in: HWPh I, 724–727. – **80** F. M. A. Cassiodorus: Institutiones hum. II, 17 und III, 1–7, hg. R. A. B. Mynors (^{2}1961); An Introduction to Divine and Human Readings (New York 1969) 158; J. M. Alonso-Núñez, J. Gruber: Art. ‹Cassiodor›, in: LMA II (1983) 1551–1554. – **81** Isidori Hispalensis Episcopi Etymologiarum sive Originum Libri XX, recog. W. M. Lindsay, 2 Bde. (Oxford ^{4}1966) Bd. 1, II, i–x, xv, xxii, xxiii, xxx. – **82** D. Du Cange: Glossarium Mediae et Infimae Latinitatis (1883–1887) (Graz 1954) 6,590–591; J. F. Niermeyer: Mediae Latinitatis Lexicon Minus (Leiden 1976) 877–879. – **83** Grabmann [75] passim; L. Hödl, in: LThK², 8 (²1963) 925–928. – **84** Alkuin De dialectica, in: ML, CI, 951–976; Grabmann [75] I, 193ff.; M. Folkerts: Art. ‹Alkuin›, in: LMA I (1978) 417–420. – **85** L. Hödl: Art. ‹A. v. Canterbury›, in: LMA, I (1979) 680–686. – **86** Grabmann [75] I passim, bes. I, 317ff.; J. Gruber et al. [37] 946–965. – **87** Anselm von Canterbury, Cur Deus Homo (³1970) 10. – **88** ders., Proslogion proem. Op. I, 93, 3f.; Monologion prol. Op. I, 8, 18f. – **89** ders. [87] 10/11. – **90** Grabmann [75] II, 150ff. – **91** Peter Abailard, Sic et Non. A Critical Edition (Chicago 1976/77) hg. B. B. Boyer und R. McKeon; G. Bernt: Art. ‹Abaelard›, in: LMA, I (1977) 7f. – **92** Quint. III, 6, 5; Lausberg [9] § 81. – **93** Abaelard [91] 330–339. – **94** ebd. 176–195. – **95** Grabmann [75] II, 226. – **96** Thomas von Aquin, Summa theologiae I, 12, 1; 6; 7; 8. – **97** ebd. I, 1, 9; 12, 12. – **98** Meister Eckhart, Die dt. und lat. Werke. Bd. 1 (1964) Prologi Expositio Liber Genesis, hg. und übs. K. Weiss, 156, 11–14. – **99** Judah Messer Leon, The Book of the Honeycomb's Flow. Critical edition and translation by I. Rabinowitz (Ithaca/London 1983). – **100** ders., Buch I, 3. – **101** ders., Buch IV, 8 und 9. – **102** R. Podberg: Art. ‹Beichtspiegel›, in: LThK, Bd. 2 (²1958) 131f.; L. Bopp: Art. ‹Katechese›, in: LThK, Bd. 6 (²1961) 27ff.; J. Bauer: Art. ‹Katechetik›, in: RGG, Bd. 3 (³1959) 1175–1188. – **103** M. Luther, WA 19, 72–78. – **104** L. Bodi: Tauwetter in Wien. Zur Prosa der österreichischen Aufklärung 1781–1795 (1977) 143ff. – **105** L. A. Sonnino: A Handbook of Sixteenth-Century Rhetoric (London 1968); J. J. Murphy: Renaissance Rhetoric. A short title catalogue on rhetorical theory from the beginning of printing to AD 1700 (New York 1981); ders.: Renaissance Eloquence: Studies in the Theory and Practice of Renaissance Rhetoric (Berkeley 1983); W. Barner: Barockrhet. (1970). – **106** Wilson: The Arte of Rhetorique (1553) (Amsterdam/New York 1969). – **107** The Rhetorics of Thomas Hobbes (1637) and Bernard Lamy (1676), ed. J. T. Harwood (Carbondale/Edwardsville 1986). – **108** P. Melanchthon, Elementorum Rhetorices Libri Duo (1585) 9–33. – **109** J. H. Alstedius: Encyclopaedia (Herborn 1630) Rhetorica, 373ff., Oratoria 468ff. – **110** G. J. Vossius: De Rhetoricae Natura et Constitutione Liber (Hagae-Comitis 1658). – **111** T. Farnaby: Index Rhetoricus (London 1625). – **112** J. A. Fabricius: Philos. Oratorie, Das ist: Vernünftige Anleitung zur gelehrten und galanten Beredsamkeit (1724; ND 1974). – **113** J. C. Gottsched: Ausführliche Redekunst (1736, ⁵1759). – **114** F. C. Baumeister: Anfangsgründe der Redekunst in kurzen Sätzen abgefaßt (1754 ND 1974). – **115** J. G. Lindner: Kurzer Inbegriff der Ästhetik, Redekunst und Dichtkunst, 2 Bde. (1771–2; ND 1971). – **116** G. Reinbeck: Hb. der Sprachwiss., Bd. 2, 1. Abt. Rhet. (1816). – **117** The Rhetoric of Blair, Campbell and Whately, hg. v. J. L. Golden and E. P. J. Corbett (New York 1986). – **118** H. Zedler: Großes vollständiges Universal Lexicon (1732–54); Art. ‹Frage›, Bd. 9 (1735) 1599–1600; Art. ‹quaestio›, Bd. 30 (1741) 41. – **119** Encyclopédie ou Dictionnaire raisonné des sciences, des arts et des métiers (1751–1780) Art. ‹question›, Bd. 30 (1765) 702–5. – **120** J. C. G. Ernesti: Lexicon Technologiae Latinorum Rhetoricae (1797) 316–18. – **121** Petrus Ramus, Dialecticae Partitiones, 1543 (Faks. Stuttgart 1964); ders., Scholarum Rhetoricarum, seu Quaestionum Brutinarum in Oratorem Ciceronis, Lib. XX, 1593 (Faks. Frankfurt 1965). – **122** M. Ficino and the Phaedran Charioteer, hg. und übs. Michael J. B. Allen (Berkeley 1981). – **123** G. Pontano: Dialoge (1984). – **124** L. Valla: Über den freien Willen, hg. und übs. E. Keßler (1987). – **125** J. L. Vives: Über die Gründe des Verfalls der Künste, hg. v. E. Hidalgo-Serna (1990) vgl. 329ff. «Von der verdorbenen Dialektik». – **126** ebd. 136/7; vgl. Einleitung, 35–42. – **127** The Works of Francis Bacon, hg. Spedding, Ellis and Heath (London, 1857–1874; ND 1962) Bd. IV, Advancement of Learning (1605) V,3; 413ff. – **128** R. Descartes: Regeln, VIII, 11. – **129** ders.: Discours, cap. 4. – **130** Kant: Kritik der reinen Vernunft B 324ff. – **131** G. Vico: Die neue Wiss. über die gemeinschaftliche Natur der Völker (1744) übers. E. Auerbach (1966) 100ff.; ders.: De nostri temporis studiorum ratione, übers. und hg. Walter F. Otto (²1963) 27–37. – **132** G. W. Leibniz: Vernunftprinzipien der Natur und der Gnade. Monadologie (1956) 12–14. – **133** Kant [130] (1781) A VII. – **134** ebd. B 395, Anm.*. – **135** ebd., Die Antinomien der reinen Vernunft, B 480ff. – **136** J. G. Droysen: Historik, hg. von Peter Leyh (1977). – **137** ebd. 52. – **138** ebd. 105–110. – **139** F. Nietzsche: Die fröhliche Wissenschaft, Kritische Studienausgabe, hg. von G. Colli und M. Montinari (²1988) Bd. 3, 505 Nr. 196. – **140** ebd. 12, 7 [60]. – **141** ebd. 12, 2 [169]. – **142** ebd. 12, 7 [49]. – **143** L. Wittgenstein: Tractatus logico-philosophicus (1960) 36, 114–115; ders.: Über Gewißheit, hg. G. E. M. Anscombe und G. H. von Wright (Oxford 1969; ND 1971). – **144** M. Schlick: Gesammelte Aufsätze (Wien 1938). – **145** D. A. T. Gasking: Types of Questions, in: Melbourne University Magazine, Bd. 36 (1946) 4–6. – **146** C. L. Hamblin: Questions, in: Encyclopedia of Philosophy, hg. von Paul Edwards (New York 1967) Bd. 7, 49–53. – **147** Richard A. Hudson: The Meaning of Questions, in: Language 51 (1975) 27–31. – **148** K. Popper: Logik der Forschung (⁴1971); H. Albert: Traktat über kritische Vernunft (²1969); Thomas S. Kuhn: Die Struktur wiss. Revolutionen (1973). – **149** Kuhn [148] 27, 57, 72. – **150** R. G. Collingwood: Speculum Mentis (Oxford 1924); ders.: An Autobiography (Oxford 1939). – **151** ders.: Speculum [150] § 5, 76–80. – **152** ders.: Autobiography [150] § 5, 29–43. – **153** E. Husserl

Cartesianische Meditationen, hg. E. Ströker (1977) 18. – **154** M. Heidegger: Sein und Zeit (⁷1953) §§ 1–4. – **155** ders.: Wissenschaft und Besinnung, in: Vorträge und Aufsätze (²1959) 44. – **156** K. Rahner: Geist in Welt. Zur Metaphysik der endlichen Erkenntnis bei Thomas von Aquin (²1957). – **157** ebd. 71. – **158** K. Jaspers: Philos. (³1956) Bd. 3, 72. – **159** Hans Blumenberg: Anthropologische Annäherung an die Aktualität der Rhet., in: Wirklichkeiten in denen wir leben (1981) 104–136. – **160** ebd. 124. – **161** ebd. 105. – **162** ebd. 108. – **163** H.-G. Gadamer: Wahrheit und Methode (²1965) 344ff. – **164** ebd. 344. – **165** ebd. 345. – **166** ebd. 347. – **167** ebd. 348. – **168** ebd. 349. – **169** ebd. 250ff.; Heidegger [154] 12. – **170** E. Jüngel: Der Gott entsprechende Mensch. Bemerkungen zur Gottebenbildlichkeit des Menschen als Grundfigur theologischer Anthropologie, in: Neue Anthropologie, hg. H.-G. Gadamer und P. Vogel, Bd. 6, Philos. Anthropologie, 1. Teil (1975) 342–372; hier 347–349. – **171** E. Grassi: Einf. in philos. Probleme des Humanismus (1986); ders.: Vico and Humanism. Essays on Vico, Heidegger and Rhetoric (New York 1990); E. Bons: Der Philosoph Ernesto Grassi. Integratives Denken – Antirationalismus – Vico-Interpretationen (1990). – **172** Bons [171] 68ff. – **173** Grassi [171] 146–148.

W. F. Veit

→ Casus → Causa → Entscheidung → Erotapokriseis → Frage, rhet. → Hermeneutik → Ingenium → Inventio → Iudicium → Lasswell-Formel → Maieutik → Ordo → Quaestio → Statuslehre → Suchformel → These, Hypothese → Topik → Urteil

Frage, rhetorische (griech. ἐρώτησις, erṓtēsis, ἐρώτημα, erṓtēma, πύσμα, pýsma, πεῦσις, peúsis; lat. interrogatio, percontatio, quaesitum; engl. rhetorical question; frz. question de rhétorique; ital. domanda retorica)

A. Def. – B. I. Verwandte Phänomene. – II. Funktionen der F. – III. Abgrenzungen. – C. I. Antike. – II. Mittelalter. – III. Renaissance. – IV. Barock. – V. 18./19. Jh. – VI. 20. Jh.

A. Als ‹rhetorisch› bezeichnet man eine Frage, auf die der Fragende keine Antwort erwartet, «da die Antwort durch die Situation im Sinne der sprechenden Partei als evident angenommen wird» [1]; der Sprecher benutzt die Frage vielmehr dazu, um durch sie eine Behauptung aufzustellen oder eine Aufforderung, einen Vorwurf u. ä. auszudrücken. Wegen dieser Diskrepanz zwischen der grammatischen Form der Frage und der damit vollzogenen Sprachhandlung wird die F. von der rhetorischen Theorie als ‹figürliche Ausdrucksweise› (*figuratum* [2]) von der einfachen Frage geschieden und zu den Gedanken- oder zu den Wortfiguren gerechnet.

Die F. begegnet sowohl als (a) Entscheidungsfrage wie als (b) Ergänzungsfrage; z. B. (a) ‹Ist's jetzt Zeit zu Saufgelagen, zu Banketten und Feiertagen?» [3] entspricht der Behauptung: ‹Jetzt ist's nicht Zeit zu Saufgelagen [...]›. – «Waren Sie nicht selbst, mein Freund, Mitwisser dieses Plans?» [4] (= ‹Sie waren doch selbst usw.›). – «Wollt Ihr euch nicht zu Bette legen, Vater?» [5] entspricht der Aufforderung ‹Lege dich zu Bette.› – (b) «Was hülfe es, in Augsburg zu rügen, wenn an der Seine gesündigt wird?» [6] (= ‹Nichts hülfe es usw.›). – «Wer war's, der ihm den Fluch gab? Wer war's der seinen Sohn jagte in Kampf und Tod und Verzweiflung?» [7] (= ‹Du warst es usw.›).

Wie die Beispiele zeigen, implizieren rhetorische Entscheidungsfragen mit behauptender Funktion, wenn sie verneint sind, eine bejahende Antwort und umgekehrt. Bei den Ergänzungsfragen läßt sich die unausgesprochene Behauptung dadurch explizieren, daß man die Variable (‹wer?› ‹was?› ‹wann?› usw.) durch negative verallgemeinernde Pronomina oder Adverbien (‹niemand›, ‹nichts›, ‹nie›) ersetzt; enthält die Frage eine Negation (‹Wer wollte das nicht?›), ergibt sich so die positive Behauptung ‹Jeder will das›; seltener sind Ergänzungsfragen, deren Variable durch einen bestimmten Ausdruck zu ersetzen ist (wie im letzten Beispiel oben). Diese Eigenart der F. läßt sich teilweise damit erklären, daß der Fragende die Wahrheit einer Behauptung für so evident hält, daß er mit fiktiver Hinwendung zum Publikum um Beweis des Gegenteils oder um Nennung eines Gegenbeispiels bittet in der Gewißheit, daß dies unmöglich ist.

Von der mit Ja oder Nein zu beantwortenden *interrogatio* (ἐρώτημα; erṓtēma) unterscheiden manche antiken Theoretiker das πύσμα, pýsma (*quaesitum, percontatio*), dessen Beantwortung eine längere Ausführung erfordert [8], z. B.: «Was sollte die Stadt tun, Aischines, als sie sah, wie Philipp sich eine tyrannische Herrschaft über Griechenland zu verschaffen suchte?» [9]

B. I. *Verwandte Phänomene.* Als ‹rhetorisch› können auch folgende Fragetypen gelten, weil der Fragende hierbei keine Antwort erwartet oder selbst die Antwort gibt, so daß keine wirkliche Fragehandlung vorliegt.

1. Die zweifelnde Frage, die durch gespielte Hilflosigkeit Glaubwürdigkeit erwecken will (διαπόρησις, diapórēsis, ἀπορία, aporía; *dubitatio, deliberatio*) [10]; z. B. «Worüber soll ich mich zuerst beklagen oder von welchem Punkt soll ich hauptsächlich ausgehen, ihr Richter, oder was für Hilfe soll ich mir ausbitten und vom wem? Soll sich mein Flehen auf die unsterblichen Götter verlassen, oder auf das römische Volk, oder auf euch, die ihr gegenwärtig die höchste Gewalt ausübt?» [11] Sie begegnet auch als Exordialtopos (‹Womit soll ich beginnen?›).

2. Die gemeinsame Beratung mit der Gegenpartei oder mit dem Publikum (*communicatio*; ἀνακοίνωσις, anakoínōsis; κοινωνία, koinōnía [12]): «Was haltet ihr von dieser Angelegenheit? Gibt es irgendein besseres Mittel, die Sache zu bereinigen? Was hättet ihr getan, wäret ihr in derselben Lage gewesen? Hiermit appelliere ich an euer Gewissen, ob ihr dergleichen ungestraft ausgehen ließet, falls euch jemand gleiches Unrecht antäte.» [13] Als Form des impliziten Leserkontakts wird diese Figur auch ohne ausdrückliche Anrede verwendet, z. B. in einer Erzählung: «Was sollte der Feldprediger unter so wunderlichen Umständen machen? Er schalt den Kammerdiener aus [...].» [14]

3. Die Frage-Antwort-Sequenz: Sie entsteht dadurch, daß der Sprecher sich selbst eine Frage stellt oder als vom Publikum oder der Gegenpartei an sich gerichtet fingiert und sogleich selbst die Antwort gibt, z. B. «Denn was sind diese Verfassungen in Deutschland? Nichts als leeres Stroh, woraus die Fürsten die Körner für sich herausgeklopft haben. Was sind unsere Landtage? Nichts als langsame Fuhrwerke [...].» [15] Im einzelnen lassen sich folgende Fälle unterschieden:

a) Wenn ein Redner zur Verdeutlichung zwischen die einzelnen Schritte seiner Argumentation knappe Fragen (meist vom Typ ‹wieso?›, ‹warum?›) einschaltet, ergibt sich die Figur der *ratiocinatio* (αἰτιολογία, aitiología; auch ἀπόφασις, apóphasis [16]); z. B. «Wenn jemand einen Dieb tötet, dann tötet er ihn widerrechtlich. Warum? Weil keinerlei Recht hierzu vorgesehen ist. Doch wenn sich der Dieb mit der Waffe verteidigt? Dann tötet man ihn nicht widerrechtlich. Warum? Weil das Recht hierzu vorgesehen ist.» [17]

b) Bei der sog. *subiectio* (ὑποφορά, hypophorá, ἀνθυποφορά, anthypophorá; *schema per suggestionem* [18]) folgen auf eine allgemeine Frage, die der Redner an sich selbst oder an den Gegner richtet, mehrere (als Antwort fungierende) spezielle Fragen; die in diesen Einzelfragen vorgebrachten Antworten, Vorschläge, Einwürfe usw. weist der Redner von seinem Standpunkt aus sofort als untriftig, undurchführbar usw. zurück; z. B. «Denn wen soll ich als Fürsprecher aufrufen? Den Vater? Aber der ist tot. Die Brüder? Aber ich habe keine. Die Söhne? Aber die sind noch nicht geboren.» [19])

c) Das fiktive Selbstgespräch, mit dem ein Redner oder Dichter den Charakter einer Person oder die Motive ihres Handelns sichtbar macht, wird oft als dialogisches Frage-Antwort-Spiel (διαλογισμός, dialogismós oder *sermocinatio* [20]) realisiert. So legt CICERO dem Verres folgende Überlegung in den Mund: «Wenn der Auftrag für das Mündel erstanden wird, dann reißt man mir die Beute aus den Händen. Welches Mittel gibt es dagegen? Welches? Man verbiete dem Mündel, den Auftrag zu erstehen» [21]. Die Verwendung dieser Figur im Drama (wofür die antike Theorie den Beginn des terenzischen ‹Eunuchus› [22] zitiert) zeigt beispielhaft Falstaffs Katechismus über die Ehre: «Was ist Ehre? Ein Wort. Was ist dieses Wort Ehre? Luft. Eine feine Rechnung! – Wer hat sie? Der vergangenen Mittwoch starb. Fühlt er sie? Nein. Hört er sie? Nein. Ist sie also nicht fühlbar? Für die Toten nicht. Aber lebt sie nicht etwa mit den Lebenden? Nein. Warum nicht? Die Verleumdung gibt es nicht zu. Ich mag sie also nicht.» [23]

d) Frage-Antwort-Folgen ergeben sich auch, wenn ein Sprecher der Schilderung eines Geschehens, der Mitteilung einer Information oder der Behandlung eines Problems eine Frage vorausschickt, um die Neugier oder die Aufmerksamkeit des Hörers zu wecken; z. B. «Der Feldprediger P... zieht sich, seinem Versprechen getreu, sogleich an, und begibt sich in die Wohnung des Generals. Was aber findet er? – Die Leiche des Generals schon eingeseift auf einem Schemel sitzen.» [24] «Woher kommt das? Das will ich euch verkünden.» [25]

II. *Funktionen der F.* Gemäß dem ursprünglichen Wesen der Frage vollzieht die rh. F. eine Hinwendung zum Publikum; ihre Wirkung besteht, wie schon die antike Rhetorik erkannte [26], im Ausdruck von Affekten, was die ‹Schrift vom Erhabenen› damit erklärt, daß die F. den Ausdruck spontaner Leidenschaft nachahme. [27] Wegen dieses dialogisch-affektiven Charakters wird sie als ‹Appellfigur› in den verschiedenen Rede- und Literaturgattungen wie auch in der Alltagssprache verwendet, um mit dem Hörer/Leser eine (meist fiktive) Kommunikation mit dem Ziel emotionaler Beeinflussung herzustellen; ihrer dialogischen Funktion entkleidet, wird sie für den Redner zu einem Mittel parteiischen Sprachgebrauchs, das in den Dienst aller drei rednerischen Wirkungsziele (Argumentieren/*probare*; Aufwühlen von Leidenschaften/*movere*; ästhetischer Genuß/*delectare*) gestellt werden kann. Folgende (größtenteils bereits von der antiken Rhetorik aufgezeigten) Funktionen der F. lassen sich unterscheiden: [28]

1) *Elenktisch:* Der Redner versucht den Gegner durch schwer oder gar nicht zu beantwortende Fragen ‹in die Enge zu treiben› und zu ‹widerlegen› (εἰς ἀπορίαν ἄγειν, eis aporían ágein; *instare, urgere* bzw. ἐλέγχειν elénchein [29]); z. B. «Er habe, sagt er, Flüchtlinge aus Spanien aufgefangen und hingerichtet. Wer hat dir das erlaubt? Mit welchem Recht hast du das getan? Wer hat ebenso gehandelt? Wie durftest du so handeln?» [30]; demselben Zweck dient die Anführung unbestreitbarer Fakten in Frageform, z. B.: «Wie? Hast du nicht aus dem Tempel des Äskulap ein Meisterwerk, das heilige und ehrfurchtgebietende Bildnis des Pän, entwendet?» [31]

2) *Logisch-argumentativ:* Um der Beweisführung größeren Nachdruck zu verleihen [32], erscheint die F. oft in syllogistischen Zusammenhängen, in denen sie als Prämisse (a) oder als Konklusion (b) fungiert (die begründende Prämisse kann dabei auch der Konklusion nachfolgen); z. B. (a) «Eine Hoffnung aber, die man sieht, ist keine Hoffnung; denn was einer sieht, weshalb hofft er es noch?» [33]; (b) «Dieweyl dann nun die frombheit am hertzen gelegen ist, wie mag ich dann eins andern guten oder boesen glauben erkennen und vber das so allein got bekant ist, ein gewyß urteil fellen?» [34] Beliebt ist die F. bei der Schlußfolgerung *a minore ad maius* und umgekehrt: «Wenn man einen Dieb in der Nacht erschlagen darf, was erst mit einem Räuber?» [35] Am Ende einer Argumentation kann das Resultat in eine triumphierende Frage zusammengefaßt werden oder die Gegenpartei durch eine höhnische Frage gedemütigt werden (z. B. «Wa bleibt nu das geschwetz?» [36]).

3) *Didaktisch-textgliedernd:* Wenn der Sprecher die einzelnen Schritte seiner Argumentation oder ihm besonders wichtig erscheinende Punkte durch Fragen besonders hervorhebt, erhöht die F. die Verständlichkeit (σαφήνεια, saphéneia) [37]; z. B.: «Wie soll aber diese Streitmacht aussehen? Wie groß soll sie sein? Und wovon soll sie unterhalten werden? Und wie wird sie zur Gefolgschaft bereit sein? Ich werde es euch sagen und dabei jeden dieser Punkte einzeln durchgehen.» [38] «Was wäre nun meiner Meinung nach zu tun? Erstens [...]» usw. [39]

4) *Pathetisch:* Die F. wird verwendet, um Gefühle wie Angst, Hilflosigkeit, Selbstmitleid, Abscheu, Entrüstung, Haß usw. auszudrücken bzw. im Hörer zu erregen (*movere*), wobei die Grenzen zum Ausruf (*exclamatio*) fließend sind; in der Gerichtsrede dient sie als Mittel, um die Richter emotional zum Nachteil oder Vorteil des Angeklagten zu beeinflussen. [40] Gehäuft treten solche Fragen im Schlußteil der Verteidigungsrede auf, in dem der Redner das Mitleid der Richter zu wecken sucht, z. B. «Falls euer Urteil diesen Mann hart treffen sollte, wohin kann sich der Unglückliche dann wenden? Nach Hause? Damit er das Bildnis seines erlauchten Vaters, das er vor wenigen Tagen [...] mit Lorbeer bekränzt hat, von der Schande entstellt und in Trauer gewahre? Oder zu seiner Mutter, der Unglücklichen, die gerade noch ihren Sohn als Konsul umarmt hat und die sich jetzt sorgt, sie werde ihn in wenigen Augenblicken aller Würden entkleidet wiedersehen? [...]» [41] In dieser pathetischen Verwendungsweise wird die F. der hohen Stilebene (δεινόν, deinón; ὑψηλόν, hypsēlón; *gravis* [42]) zugeordnet.

5) *Amplifizierend:* Die zergliedernde oder häufende Expansion eines Themas (‹Breitenamplifikation›) wird oft durch Frageketten realisiert; z. B. «Denn welches Bündnis verdankt die Stadt deiner Vermittlung, welche Hilfe oder welchen Zuwachs an Sympathie oder Ansehen? Welche Gesandtschaft, welche Dienstleistung, durch die die Stadt an Ehre und Achtung gewonnen hätte? Welche Erfolge in inneren Angelegenheiten oder im Verhältnis zu griechischen und fremden Staaten werden dir verdankt? Welche Kriegsschiffe, welche Geschosse, welche Schiffshäuser? Welcher Ausbau von Mauern? Was an Reiterei? Wo bei dem allen hast du dich als nützlich erwiesen? Welche Unterstützung und Sicherheit hast du den Bemittelten oder den Mittellosen innerhalb der staatlichen Gemeinschaft geboten? Überhaupt keine!» [43]

6) *Paränetisch-polemisch:* Die F. dient zum Ausdruck

einer ungeduldigen und schroffen Aufforderung (*acrius imperandi genus*[44]), drängender Anklagen und Vorwürfe bis hin zur Beschimpfung und Verhöhnung, z. B. «Wie lange noch, Catilina, willst du unsere Geduld mißbrauchen?»[45] «Was steht ihr und legt die Hände in Schooß?»[46] «Was machst du? Bist du wahnsinnig worden?»[47] «Ha, Muthloser, wo sind deine hochfliegenden Plane?»[48]

7) *Replizierend:* Statt mit einem Aussagesatz können echte Fragen mit einer F. beantwortet werden, wodurch die Antwort eine besondere emotionelle Färbung erhält (Unwirschheit, Gleichgültigkeit, Unsicherheit usw.); z.B. "Bei Madame Catherine warst du? Droben?" – "Wo denn sonst?"»[49]

8) *Ästhetisch:* Im Dienste des *delectare* steht die F. wenn sie lediglich dazu benutzt wird, um durch die fiktionale Durchbrechung des monologischen Redeablaufs der Rede größeren ‹Reiz› (*venustas*) zu verleihen und die Aufmerksamkeit der Zuhörer wachzuhalten, wie bei der Figur der *ratiocinatio*; solche Fragen sind besonders dem Konversationsstil (*sermo*) angemessen. [50]

III. *Abgrenzungen.* Von der F. als einer Scheinfrage sind zu trennen: 1. die Frage im philosophisch-hermeneutischen Sinn, für die der Erkenntniswille des Fragenden und die auf keine Antwort festgelegte Offenheit wesentlich sind [51]; 2. die maieutische Frage (z.B. des sokratischen Dialogs), die den nicht-wissenden Gefragten zum Finden der Antwort anleiten möchte; 3. die vom Gerichtsredner zu berücksichtigende allgemeine oder spezielle ‹Fragestellung› (*quaestio infinita/finita*), die den Status des jeweiligen Rechtsfalles bestimmt [52]; 4. die aus der Disputationsform erwachsene scholastische *quaestio*, die eine Frage in der Weise behandelt, daß sie nach Anführung von Gründen und Gegengründen die eigene Lösung der betreffenden Frage samt deren Begründung sowie die Widerlegung von Einwänden gegen diese Lösung folgen läßt.

Anmerkungen:
1 H. Lausberg: Hb. d. lit. Rhet. (³1990) 379. – **2** Quint. IX, 2, 7. – **3** Schiller: Wallensteins Lager, 8. Auftr. – **4** Goethe: Die Wahlverwandtschaften II, 14, HA VI, 460. – **5** Schiller: Die Räuber I, 1. – **6** Heine: Lutezia, Kap. 58, Säkularausgabe XI (1974) 190, Z. 14f. – **7** Schiller: Die Räuber II, 2. – **8** Alexandros, De figuris 1, 23 in: Rhet. Graec. Sp. III, p. 25, 6; Anonymos, De figuris 18, ebd. p. 179, 27; Aquila, De figuris, 12, in: Rhet. Lat. min. p. 25, 26. – **9** Demosthenes, 18, 66. – **10** vgl. Alexandros [8] 1, 21, in: Rhet. Graec. Sp. III, p. 24, 22; Tiberios, De figuris 6, ebd. p. 61, 14; Auct. ad Her. 4, 40; Quint. IX, 2, 19; Rutilius Lupus, schemata lexeos 2, 10, in: Rhet. Lat. min. p. 18,3; Aquila, De figuris 10, ebd. p. 25, 11; Julius Rufinianus, De figuris 9, ebd. p. 40, 32. – **11** Cicero, Pro Roscio Amerino 29. – **12** Cic. De or. 3, 204; Quint. IX, 2, 20; Julius [10] 10, in: Rhet. Lat. min. p. 41,8. – **13** nach Th. Wilson: The Arte of Rhetorique (1553) fol. 99V (= ND Gainesville 1962) 210. – **14** Kleist: Mutwille des Himmels. – **15** Büchner: Der hessische Landbote. – **16** Auct. ad Her. 4, 23; Julius [10] 8, in: Rhet. Lat. min. p. 40, 19; Quint. IX, 3, 98. – **17** Cicero, Pro Tullio 52. – **18** Tiberios, De figuris 39, in: Rhet. Graec. Sp. III, p. 77, 5; Auct. ad Her. 4, 33; Quint. IX, 2, 15. – **19** Andokides, Orationes 1, 148. – **20** Auct. ad Her. 4, 55. – **21** Cicero, In Verrem II 1, 142. – **22** Quint. IX, 2, 11; Julius [10] 20, in: Rhet. Lat. min. p. 44, 1. – **23** Shakespeare: Henry IV (1. Teil) V, 1, übs. von A. W. v. Schlegel. – **24** Kleist: Mutwille des Himmels. – **25** Schiller: Wallensteins Lager, 8. Auftr. – **26** Demetrios, De elocutione 279; Ps.-Long. De subl. 18; Quint. IX, 2, 6ff., Aquila, De fig. 11, in: Rhet. Lat. min. p. 25, 19ff.; Schem. dian. 39 ebd. p. 75, 27. – **27** Ps.-Long. De subl. 18, 2. – **28** Vgl. J. Schwitalla: Textliche und kommunikative Funktionen rhetorischer Fragen, in: ZGL 12 (1984) 131–155. – **29** Demetrios [26] 279; Quint. IX, 2, 7; Iulius Victor, Ars rhetorica 20, in: Rhet. Lat. min. p. 433, 33. – **30** Cicero [21] II 5, 151. – **31** ebd. II 4, 127. – **32** vgl. Quint. IX, 2, 6. – **33** Römerbrief 8, 24. – **34** C. Schappeler: Verantwortung und Auflösung etlicher vermeinter Argument, in: O. Clemen (Hg.): Flugschriften aus den ersten Jahren der Reformation, Bd. 2 (1907) 387. – **35** Quint. V, 10, 88. – **36** Heinrich von Kettenbach: Ein Sermon wider des Papst Küchenprediger zu Ulm, in: O. Clemen [34] 43. – **37** Tiberios [18] 13, in: Rhet. Graec. Sp. III, p. 64, 30. – **38** Demosthenes, 4, 20. – **39** ders., 18, 177. – **40** Auct. ad Her. 4, 34; Quint. IX, 2, 9–10; Aquila [10] 11, in: Rhet. Lat. min. p. 25, 19ff.; Schemata dianoeas 39, ebd. p. 75, 27ff. – **41** Cicero, Pro L. Murena 88. – **42** Demetrios [26] 279; Ps.-Long. De subl. 18; Auct. ad Her. 4, 22. – **43** Demosthenes, 18, 311. – **44** Quint. IX, 2, 11. – **45** Cicero, In L. Catilinam 1, 1. – **46** Schiller: Wallensteins Lager, 8. Auftr. – **47** Schiller: Die Räuber, V, 2. – **48** ebd. – **49** H. Mann: Die Jugend des Henri Quatre, Buch: ‹Margot›, Kap. ‹Die Warnung› (Werkausgabe [Düsseldorf 1976] 244). – **50** Tiberios [18] 13, in: Rhet. Graec. Sp. III, p. 64, 30ff.; Auct. ad Her. 4, 24; Quint. IX, 2, 14; Julius [10] 8, in: Rhet. Lat. min. p. 40, 19ff. – **51** H.-G. Gadamer: Wahrheit u. Methode (⁴1975) 345. – **52** Quint. III, 11, 1–4.

C. I. *Antike.* Der antiken Rhetorik ist die terminologische Differenzierung der verschiedenen Arten der Frage zu verdanken, die bis in die Neuzeit gültig blieb; Wirkung und Verwendung der F. in der rednerischen Praxis werden von QUINTILIAN umfassend dargestellt. [1] Als unbestrittene Meister der F. gelten der antiken Literaturkritik DEMOSTHENES und CICERO. Besonders die ‹Kranzrede› enthält ganze Kaskaden von F., mit denen Demosthenes, wie Hermogenes bemerkt, den Gegner nicht zu Atem kommen läßt. [2] Außerhalb der politischen und forensischen Rhetorik begegnet die F. naturgemäß in allen adressatenbezogenen Literaturgattungen, so in der Epistel, der Satire, der popularphilosophischen ‹Diatribe› und der damit verwandten jüdisch-hellenistischen Homilie [3], deren Frageketten nicht so sehr das Denken anregen als das Gewissen wecken wollen, sowie in den davon stilistisch beeinflußten Briefen des PAULUS (vgl. die Häufung vorwurfsvoller Fragen Gal 3, 1ff. oder die von AUGUSTINUS analysierte Frageretorge im Römerbrief 8, 33ff. [4]) und in der christlichen Predigt, wie etwa AUGUSTINUS' ‹Sermones› Seite für Seite belegen können; ferner in apologetischen und polemischen Schriften, unter denen die Schrift des ARNOBIUS ‹Adversus nationes› einen geradezu maßlosen Gebrauch der F. zeigt. Ebenso selbstverständlich ist ihre Verwendung im Dialog oder Monolog dramatischer oder erzählender Dichtung (vgl. die kunstvolle Form der *subiectio* im Klagemonolog Ariadnes in CATULLS ‹Peleusepos› [5]).

II. *Mittelalter.* Die mittelalterliche Poetik rechnet die F. als Wortfigur zu den Mitteln des ‹einfachen Schmucks› (*ornatus facilis; sermo levis; via plana* [6]). In der Definition der einzelnen Arten folgt sie wie in der gesamten Figurenlehre dem AUCTOR AD HERENNIUM, ersetzt aber dessen Beispiele gewöhnlich durch metrische Beispiele mit christlichem Inhalt. ONULF VON SPEYER (der den Versexempla zusätzlich Prosabeispiele vorausschickt) übernimmt in seinen ‹Colores rhetorici› die Definitionen von *interrogatio, ratiocinatio, subiectio* und *dubitatio* fast wörtlich aus der Herenniusrhetorik [7], während sie in JOHANNES' VON GARLANDIA ‹De arte prosayca› [8] und GALFREDS VON VINOSALVO ‹Summa de coloribus rhetoricis› [9] stark verkürzt sind; andere Poetiken (Galfred, ‹Poetria nova›; Garlandia, ‹Exempla honestae vitae›; EBERHARD DER DEUTSCHE, ‹Laborintus›) beschränken sich auf Beispiele, denen jedoch die Definitionen der Herenniusrhetorik zugrunde liegen. Die in der Praxis der Predigt jederzeit übliche F.

wird in den *artes praedicandi* nicht eigens behandelt, da die F. wie die übrigen *colores rhetorici* nur äußerliche Schmuckmittel sind *(ornamenta extrinseca)*, für die ROBERT VON BASEVORN den Prediger einfach auf die Herenniusrhetorik verweist [10]; andere *artes* gehen auf die *elocutio* überhaupt nicht ein. Unter den Formen der Argumentation erwähnt Robert das Enthymem, das in einer F. dem Hörer selbst die Konklusion überläßt: «per hunc modum subito peccator confunditur et a seipso latenter judicatur» (auf diese Weise gerät der Sünder plötzlich in Verwirrung und wird insgeheim von sich selbst verurteilt). [11]

III. *Renaissance.* MELANCHTHON rechnet in seinen ‹Elementa rhetorices› die F. zu den Figuren, die der Rede Schwung *(motus)* verleihen; ihre Wirkung sieht er im Ausdruck ungeduldigen Drängens *(instandi)*, der Entrüstung *(indignatio)* und ähnlicher Affekte. [12] – SCALIGER behandelt in seiner Poetik [13] die F. erst nach den übrigen Figuren, weil die Frage nicht ihrem Wesen *(natura)* nach, sondern nur bei bestimmtem Gebrauch *(usus)* eine Figur sei; als Figur drücke sie Affekte der Verwunderung, Entrüstung oder Verzweiflung aus. Die *percontatio*, mittels der man nach etwas fragt, was man nicht weiß, ordnet Scaliger (in ausdrücklichem Gegensatz zu anderen Theoretikern) als species der *interrogatio* unter; denn diese umfasse als *genus* auch Fragen, die trotz vorhandenem Wissen ohne der Erwartung einer Antwort gestellt werden. – PEACHAM erörtert in ‹The Garden of Eloquence› die F. unter den ‹Figures of Consultation› [14], wobei er terminologisch noch deutlich auf der antiken Rhetorik (Auct. ad Her.) fußt. Anders als diese unterscheidet er allerdings zwischen der *interrogatio* und dem *erôtêma*. Die *interrogatio* als Figur verlangt keine Antwort, sondern dient dazu, durch Ausdruck von Affekten (Liebe, Haß usw.) der Rede Schärfe und Leidenschaft zu verleihen; sie ist somit ein Mittel der Pathoserzeugung (‹Pathopeia› [15]). Das *erôtêma* dagegen ist eine Form nachdrücklicher Behauptung oder Verneinung, vergleichbar der ‹Schneide eines Schwerts, mit dem der Redner sich verteidigt und den Gegner verwundet›. Die breiteste Wirkung schreibt Peacham dem aus einer Fragenreihe bestehenden *pýsma (quaesitum)* zu: es eignet sich sowohl zu nachdrücklicher Behauptung und Widerlegung als auch zum Ausdruck von Emotionen und zur Erregung von Affekten. Die *hypophorá (subiectio)* faßt Peacham dagegen im Anschluß an die Herenniusrhetorik vornehmlich als Schmuckmittel auf, das die Aufmerksamkeit des Hörers wachhält.

IV. *Barock.* Eine ausführliche, die gesamte rhetorische Tradition einbeziehende Behandlung erfährt die F. in den ‹Commentarii rhetorici› des G.I. VOSSIUS. Die *interrogatio* behandelt Vossius zunächst unter den Wortfiguren [16]; ihre pathetische Wirkung macht sie besonders geeignet für den Gerichtsredner, der sie entweder an den Hörer richtet, um ihn zurückzuweisen, oder an die Gegenpartei, um deren Argumente zu widerlegen, oder an sich selbst, um die Aufmerksamkeit des Hörers zu wecken. An späterer Stelle möchte Vossius allerdings (gegen Scaliger) die *interrogatio* lieber zu den Gedankenfiguren rechnen wie die *subjectio*, unter die er aber über den von der Herenniusrhetorik vorgegebenen Begriffsumfang hinaus alle Fälle subsumiert, in denen der Redner seine Frage selbst beantwortet. [17] Die *dubitatio* und die *communicatio* trennt Vossius von den Fragefiguren, da sie nicht immer durch eine Frage realisiert werden. [18] – J.M. MEYFART behandelt in seiner ‹Teutschen Rhetorica› die «Frag-Figur» unter den Formen der Publikumszuwendung (apostrophé) [19]; C. WEISE rechnet die *interrogatio* und die *communicatio* zu den Figuren, die «die meiste Zierligkeit geben» [20]. Als Beispiel für die Praxis der F. kann ein Gebet aus der barocken Erbauungsliteratur dienen, das durch massiven Einsatz rhetorischer Figuren dem Gläubigen die Heilswahrheiten und die irdische Vergänglichkeit mit seelsorgerlicher Eindringlichkeit nahezubringen sucht: «Ach, was ist auch alle Lust dieser Welt / und des tödlichen Fleisches? Ist es nicht der verbotene Baum / davon wir den Tod essen? Ist es nicht lauter Gifft / bringt es nicht Grämen / Schmertzen / Reue / bös Gewissen / und einen nagenden Wurm / weinen und heulen?» usw. [21]

V. *18./19. Jahrhundert.* Für C. SCHRÖTER gehören *interrogatio* und *communicatio* zu den Figuren, die «die Gemüther am besten durch ihre nachdrückliche Krafft» bewegen; die *interrogatio* «giebt der Sache ein großes Gewichte und einen nicht geringen Nachdruck»; als Besonderheit hebt er hervor, daß die F. «6.7.8 und mehrmahl ohne Eckel und Verdruß des Zuhörers wiederholet wird / und desto mehr beweget / je weiter man sie fortsetzet: welches hingegen bey andern Figuren nicht angehet.» [22] – J.A. FABRICIUS zählt in seiner ‹Philosophischen Oratorie› die *interrogatio* als Gedankenfigur zu den «figurae affectuosae», «welche alle den heftigsten grad der affecten zum grunde haben», weshalb man sie sehr behutsam anwenden müsse [23]; ebenso verfährt F.A. HALLBAUER in seiner «Anweisung zur Verbesserten Teutschen Oratorie» bemerkt, daß die F. wie alle übrigen rhetorischen Figuren «den Menschen so gemein und bekant, als das Reden selbst sey» und daß der angemessene Gebrauch der Figuren wichtiger sei als die Kenntnis aller Subtilitäten der Terminologie. [24] – In den Werken des Sturm und Drangs, dessen Poetik und Sprachtheorie dem Dichterwort die Erregung heftigster Leidenschaften als Wirkungsziel zuweist, wird die F. (und der mit ihr verwandte Ausruf) neben Ellipse und Anakoluth zu einem zentralen Stilmittel: «Jetzt noch mein, dein! sein, o Geliebte! Und einen Augenblick getrennt, geschieden – vielleicht auf ewig? – Nein, Lotte, nein – Wie kann ich vergehen? wie kannst du vergehen? Wir sind ja! – Vergehen! – Was heißt das? Das ist wieder ein Wort» usw. [25]. Dieser affektgeladene Sprachgestus durchdringt auch die wissenschaftliche Prosa, wie der von HAMANN als «durch Fragen, Ausruffungen, Interjectionen gar zu zerrißen» [26] getadelte Stil HERDERS belegen kann: «So gären Griechisch-Römisch-Nordisch-Orientalisch-Hellenistische Dämpfe ganze Jahrhunderte: sie brausen gewaltig auf: die Hefen sinken endlich langsam, und nun! was ist ausgegäret? ein neuer Moderner Geschmack in Sprachen, Wissenschaften und Künsten. Habe ich wider die Geschichte geredet? – Nein! –» [27] – Die Predigt dieser Epoche verwendet die F. unbedenklich als affektives Instrument zur Erbauung und Ermahnung der Hörer; z.B.: «O ihr, die ihr euch Christen nennt, ist denn ein Abglanz dieses Lichtes auf euer Herz, auf euer Leben gefallen? Tragt ihr das Gepräge an euch, daß ihr seine Jünger seid? Seid ihr eingepflanzt in Ihn, und hat Er angefangen in euch Gestalt zu gewinnen?» [28] – Diese pathetische Funktion der F. wird auch im Schulunterricht gelehrt, so durch F.E. PETRI, der in seinem ‹Rhetorischen Wörter-Büchlein› im Anschluß an Quintilian die F. als Mittel «zur Bewunderung, Aufmunterung, Mitleids-Erregung und zum Vorwurfe» behandelt. [29] – Die im 19. Jh. neubegründete juristische Rhetorik, die ihre eigentliche Aufgabe in der Beweisführung sieht und hierfür die Erregung von

Affekten für unzulässig erachtet [30], beschränkt hingegen die Verwendung der F. auf ihre argumentative Funktion: «Fragen wirft man öfter auf, um einem nicht anzuzweifelnden Gedanken noch mehr Eindruck der Wahrheit zu verleihen; z. B. Kann da noch jemand zweifeln? Oder auch, um dem Zuhörer etwas zu denken zu geben, so daß die Frage unbeantwortet bleibt, und in vielen anderen Fällen; sie sind eins der wichtigsten Mittel der gerichtlichen Redekunst, sowohl um Zweifel auszuschließen, als auch um solche zu erwecken.» [31]

VI. *20. Jahrhundert.* Die modernen Lehrbücher der Redekunst schränken zwar im Interesse der Sachlichkeit den Gebrauch der rhetorischen Figuren im allgemeinen ein, empfehlen aber die F. als wirksames Mittel zur kommunikativen Einbeziehung des Hörers. [32] – Wegen der (sehr theoretischen) Möglichkeit, eine F. als wirkliche Frage mißzuverstehen, wird sie für den Dekonstruktivisten DE MAN zu einem «semiologischen Rätsel», weil «es unmöglich ist, mit Hilfe grammatischer und anderer sprachlicher Hinweise zu entscheiden, welche der beiden Bedeutungen [nämlich die buchstäbliche und die figurative] den Vorrang hat.» [33] – Kriterien für ebendiese Entscheidung versucht die moderne Linguistik zu ermitteln. Sie deutet die F. entweder als indirekten Sprechakt [34] oder als eine Form uneigentlichen Sprechens [35]. Der mit ihr vollzogene Sprechakt ist nach überwiegender Auffassung ein Akt des Behauptens (GRÉSILLON, MEIBAUER u.a.; BERG dagegen sieht darin einen Akt des Bestreitens «als eine besondere Form des Behauptens» [36]); die Aufforderung als illokutive Funktion der F. spielt merkwürdigerweise in der linguistischen Diskussion nur eine marginale Rolle (Berg trennt sogar Fragen mit Aufforderungscharakter als indirekte Sprechakte von der F. als uneigentlicher Sprachhandlung [37]). Eine F. wird vom Hörer/Adressaten dann als rhetorisch verstanden, wenn er den direkten bzw. eigentlichen Sprechakt des Fragens durch den vom Sprecher jeweils intendierten indirekten bzw. uneigentlichen Sprechakt ersetzt; diese Umdeutung des Sprechakttyps wird sowohl durch kontextuelle und situative (pragmatische) Faktoren als auch durch sprachliche Signale ausgelöst. Die pragmatischen Faktoren bestehen teils in sozialen Konventionen (die Frage: «Können Sie mir bitte das Salz reichen?» wird als Aufforderung zum Reichen des Salzes verstanden), teils in der Bedingung der Aufrichtigkeit und der Zweckrationalität sprachlichen Handelns; diese besagt, daß ein Sprecher eine Frage stellt, weil er wissen will, ob oder in welchem Falle seine Proposition wahr ist (Aufrichtigkeit), und daß der Sprecher davon ausgeht, daß der Adressat über dieses Wissen verfügt (Zweckrationalität). Wenn nun ein Sprecher auf eine Frage offensichtlich keine Antwort erwartet, zwingt die zu postulierende Aufrichtigkeit und Zweckrationalität den Adressaten zu dem Schluß, daß der Sprecher keine Fragehandlung, sondern eine andere Sprachhandlung vollzieht, die diese Bedingungen erfüllt, die Frage somit ‹rhetorisch› ist. Die sprachlichen Signale lassen sich nach Meibauer einteilen in Signale, die die Rhetorizität der Frage (und damit den Illokutionstyp ‹Behaupten›) «erzeugen» (so die nicht-propositionalen Modalpartikeln ‹schon›, ‹auch›, ‹vielleicht› und das Negationspartikel ‹nicht›), in Signale, die sie nur «verstärken» (so Partikeln wie ‹denn›, ‹etwa›, ‹eigentlich›, ‹überhaupt›, ‹nur›, ‹bloß›; der Konjunktiv II und Komparativkonstruktionen vom Typ ‹Kann es etwas Schöneres geben?›), und in «bloße Indizien» für Rhetorizität (so bestimmte typische Verben oder Satzverknüpfungen). [38]

Anmerkungen:
1 Quint. IX, 2, 6–16. – **2** Hermog. Id. 1,11 p. 286,8 Rabe. – **3** Z. B. Philon, Legum allegoriae 3, 58. – **4** Aug. doctr. 3, 3, 6. – **5** Catull 64, 177ff. – **6** Johannes von Garlandia: De arte prosayca et rithmica, ed. G. Mari, in: RF 13, 1902, 883–965: p. 901; Galfred von Vinosalvo: Poetria nova v. 1094, in: E. Faral: Les arts poétiques du XIIe et du XIIIe siècle (Paris 1923) p. 231; Eberhard der Deutsche: Laborintus v. 431, ebd. p. 351. – **7** Onulf von Speyer: Colores rhetorici, hg. von W. Wattenbach, Sitzb. d. kgl. preuss. Ak. d. Wiss. zu Berlin 20 (1894) c. 7. 8. 15. – **8** Johannes von Garlandia: De arte prosayca [...] p. 932 Mari. – **9** Galfred von Vinosalvo: Summa de coloribus rhetoricis, p. 322. 324 Faral. – **10** Robert v. Basevorn: Forma praedicandi c. 50, in: T.-M. Charland: Artes Praedicandi (Paris/Ottawa 1936) p. 319 und 320. – **11** ebd. c. 39 p. 293 Charland. – **12** Ph. Melanchthon: Element. rhetor. libri II, in: Corp. Reform. XIII ed. C. G. Bretschneider (1846) Sp. 475. 476f. – **13** J. Scaliger: Poetices libri VII (Lyon 1561; ND 1964) 204f. (IV 42). – **14** H. Peacham: The Garden of Eloquence (1593; ND Gainesville 1954) 105–110. – **15** ebd. 143f. – **16** G. I. Vossius: Commentariorum rhetoricorum sive oratoriarum institutionum libri VI (Leiden 1630; ND 1974) V 5, 4. – **17** ebd. V 13, 2. – **18** ebd. V 11, 1; V 7, 4. – **19** J. M. Meyfart: Teutsche Rhetorica oder Redekunst (1634; ND 1977) 386f. – **20** C. Weise: Politischer Redner [...] (1683; ND 1974) 9. – **21** J. Arndt: Paradiesgärtlein Voller Christlicher Tugenden (1612), zitiert nach der Ausgabe Sondershausen 1708 (S. 178) bei H.-K. Krummacher, Rhet. 5 (1986) 101. – **22** C. Schröter: Gründl. Anweisung zur deutschen Oratorie [...] (1704; ND 1974) 134. 156. – **23** J. A. Fabricius: Philos. Oratorie [...] (1724; ND 1974) 198. – **24** F. A. Hallbauer: Anweisung zur Verbesserten Teutschen Oratorie (1725; ND 1974) 487ff. – **25** Goethe: Die Leiden des jungen Werther, HA VI, 116. – **26** J. G. Hamann: Briefwechsel, hg. v. W. Ziesemer u. A. Henkel, Bd. 2 (1956) 377. – **27** Herder: Über die neuere deutsche Litteratur. Dritte Sammlung (1767) I, 1, in: Sämmtl. Werke, hrsg. v. B. Suphan, Bd. 1 (1877) 363. – **28** A. Tholuck: Predigten in dem akademischen Gottesdienste der Univ. Halle [...], 2. Sammlung. (1836) 97. – **29** F. E. Petri: Rhet. Wörter-Büchlein (1831) 97. – **30** H. Ortloff: Die gerichtliche Redekunst (^{2}1890) 112ff. – **31** ebd. 143. – **32** z. B. H. Elertsen, W. Hartig: Moderne Rhet. (^{9}1988) 88; H. Lemmermann: Grundlagen und Techniken der Redekunst (1992) 109–110. 130. – **33** P. De Man: Allegorien des Lesens (1984 [engl. 1979]) 40. – **34** A. Grésillon: Zum linguistischen Status rhetorischer Fragen, in: ZGL 8 (1980) 273–289; J. Meibauer: Rhetorische Fragen (1986). – **35** W. Berg: Uneigentliches Sprechen. Zur Pragmatik und Semantik von Metapher, Metonymie, Ironie, Litotes und rhetorischer Frage (1978). – **36** ebd. 74. – **37** ebd. 64f. – **38** Meibauer [34] 154ff.

Literaturhinweise:
R. Volkmann: Die Rhet. der Griechen und Römer (1885; ND 1963) 491ff. – J. Martin: Antike Rhet. (1974) 284ff. – G. Ueding, B. Steinbrink: Grundriß der Rhet. (^{2}1986) 286–289. – J. Schmidt-Radefeldt: On so-called ‹rhetorical› questions, in: JPr 1 (1977) 375–392. – A. Orlandini: Unius figurae crudelis eventus or on rhetorical questions, in: G. Calboli (Hg.): Papers on Grammar I (Bologna 1980) 103–140. – S. Stati: Le frasi interrogative retoriche, in: Lingua e Stile 17 (1982) 195–207. – H. Rehbock: Rhetorische Fragen im Gespräch, in: D. Cherubim, H. Henne, H. Rehbock (Hg.): Gespräche zwischen Alltag und Lit. Beitr. z. germanist. Gesprächsforschung (1985) 151–179.

K. Schöpsdau

→ Communicatio → Dubitatio → Exclamatio → Fangfrage, Fangschluß → Figurenlehre → Frage → Gedankenfigur → Pathos → Publikum → Quaestio → Ratiocinatio → Sermo

Fragment (lat. fragmentum; engl. fragment, frz. fragment, ital. frammento)
A. Literarische Texte und Kunstwerke können als F. bezeichnet werden, wenn sie an mindestens einer Stelle

ihrer gegebenen oder ideellen Struktur eine Unterbrechung aufweisen. Der Begriff benennt dem heutigen Sprachgebrauch nach den Teil einer abwesenden Ganzheit, ohne doch schon ihren Status als vergangen, als nie gewesen oder erst im Entstehen begriffen festzulegen, so daß er sowohl das unvollständig Überlieferte wie auch das unvollendet Zurückgelassene abdecken kann. Dieser semantischen Offenheit des Begriffs entspricht innerhalb der Literaturgeschichte eine kaum überschaubare Fülle des Fragmentarischen.

Ein wesentlicher Teil der antiken und mittelalterlichen Literatur ist nur bruchstückhaft überliefert worden. Bekannte Beispiele sind die F. der Vorsokratiker, Aristoteles' ‹Poetik› oder das ‹Hildebrandslied›. Bei den F. im Sinne von unvollendeten Werken läßt sich sinnvollerweise zwischen den zufälligen und den absichtlichen unterscheiden. Äußere Umstände wie Krankheit, Tod, erlahmendes Interesse, aber auch moralische Skrupel und unüberwindbare ästhetische Schwierigkeiten bei der Bewältigung des Stoffs können den Abbruch der Arbeit veranlassen und ihre Vollendung wie etwa im Falle von Goethes ‹Urfaust›, Kleists ‹Robert Guiskard›-F. oder der Romane Kafkas verhindern. Bleibt diesen Werken ihre Unvollständigkeit als eine erzwungene noch äußerlich, so bildet sie für alle gewollten F. ein konstitutives Element. Hierbei handelt es sich um ein historisch begrenztes, erst seit Mitte des 18. Jh. zu beobachtendes Phänomen, dessen Spektrum vom bewußt unabgeschlossenen Roman (z.B. Sternes ‹Sentimental Journey›) über immanent fragmentarische Werke mit aufgelockerter innerer Struktur (z.B. Hoffmanns ‹Kater Murr›) bis hin zu jenen vielfach zerstückelten Werken der Moderne reicht, die sich in ihrer fragmentarischen Gestalt als Artefakt eines per se unabschließbaren Produktionsprozesses, dem ein ebenso unendlich offener Rezeptionsprozeß entspricht, zu erkennen geben (z.B. Joyces ‹Finnegans Wake›). Auch kurze und sehr kurze, meistens in Sammlungen vereinte Prosatexte werden als ‹Fragmente› bezeichnet und müssen folglich als Spielart des absichtlichen F. betrachtet werden. Da diesen Texten mit wenigen Ausnahmen wie den F. der Frühromantik nur selten das Bewußtsein von einer selbständigen Gattung oder Textsorte entspricht, fällt im Einzelfall die Abgrenzung zu anderen literarischen Kurzformen wie der Notiz, dem Essay, der Maxime oder dem Aphorismus schwer.

Aus der Sicht der *Rhetorik*, die vor allem an Fragen der Texterzeugung interessiert ist, verdient das Phänomen des absichtlichen F. besondere Aufmerksamkeit. Allerdings hat das rhetorische System mit seinem Konzept der Rede als eines geschlossenen Funktionszusammenhangs von rhetorischer Absicht, kontrolliert angewendeten Mitteln und stimulierbaren Affekten nur bedingt ein Verständnis für das Fragmentarische entwickeln können. Denn die, sei es als *vitium*, sei es als linzensierte Abweichungen, erfaßten Formen der sprachlichen Unvollständigkeit bleiben auf eine übergeordnete, sich in der Zeit kontinuierlich entfaltende Einheit der Rede bezogen und werden strikt der jeweiligen Wirkungsintention unterworfen. Demgegenüber hat der rhetorischen Theorie im Blick auf die Dichtung als einem Bereich der weniger rigorosen Anwendung rhetorischer Mittel fast in ihrer gesamten Geschichte das Anschauungsobjekt einer bewußt fragmentarischen Literatur gefehlt, da diese historisch erst in dem Augenblick entstanden ist, in dem die rhetorischen Regeln ihre normative Gültigkeit für die Dichtkunst verloren haben.

B.I. *Antike*. Die Antike kennt die Bezeichnung F. für unvollendete oder unvollständige literarische Werke nicht. Der Begriff wird ausschließlich auf konkrete Gegenstände wie Holz, Steine oder Brot bezogen und nur im Sinne von Bruchstück, *corpusculum* einer zerbrochenen oder zerschlagenen Sache, verwendet. Ebenso gibt es kein Beispiel für eine gezielt fragmentarische Literatur, sieht man von einzelnen umstrittenen Fällen wie den Halbversen der ‹Aeneis› sowie von der lipogrammatischen Dichtung ab, die bewußt auf einen oder mehrere Buchstaben verzichtet und die bereits von Pindar und dessen Lehrer Lasos praktiziert worden ist. Einen Sonderfall ähnlicher Art stellt auch die Kunst des Centos (Flickgedicht) dar, das sich aus Versen oder Versteilen anderer Autoren zusammensetzt und als poetische Spielform ebenfalls eine lange Tradition besitzt, für die in der Antike Autoren wie Ausonios («cento nuptialis») oder die christliche Dichterin Proba stehen.

Das F. als ästhetische Möglichkeit des literarischen Werks wird in antiken Dichtungstheorien nicht thematisiert. Statt dessen finden sich im Blick auf den mimetischen und wirkungsästhetischen Aspekt der Dichtung vereinzelt Aussagen über den notwendigen Ganzheitscharakter des Werks, so etwa bei Aristoteles in bezug auf die Geschlossenheit der dramatischen Handlung oder bei Horaz, der die Forderung nach Stimmigkeit der Dichtung erhebt.[1] Die rhetorische Theorie hat, soweit sie ihren Gegenstand nicht, wie etwa Platon mit seinem Postulat der organisch gebildeten Rede oder, sich daran anschließend, Cicero mit seinem Konzept des *opus perfectum et excellens* auf eine letztlich metaphysisch fundierte Vollkommenheitsidee ausrichtet [2], ein durchaus präzises, technisches Wissen von fragmentarischen sprachlichen Strukturen entwickelt. Hierbei handelt es sich in Ansätzen, sieht man von gewissen Hinweisen zur Ergänzung von Lücken eines zur Diskussion stehenden Textes ab [3], um eine Produktionstheorie des F., die allerdings in der seit Isokrates dominierenden, an Klarheit und Verständlichkeit orientierten Schulrhetorik nur so weit zum Zuge kommt, wie sie mit dem *perspicuitas*-Ideal nicht in Konkurrenz gerät. So ist etwa nach Quintilian der Exkurs als eine der Auflockerung und Erweiterung dienende Unterbrechung der *narratio* nur dann erlaubt, wenn er ihren natürlichen Zusammenhang nicht zerreißt. [4] Daß es eine Idee des F. als Zielpunkt der Rede im System der Rhetorik nicht gibt, darauf verweist im übrigen die ausgefeilte Technik der rhetorischen Schlußgebung, die auf anaphorische und affirmative Vereinheitlichung des Vortrags zielt. Unvollständigkeit des Sprechens wird innerhalb der Rede als Tugend akzeptiert, wenn sie im Bezugsfeld von Pathos und Ethos die Glaubwürdigkeit des Redners und die Überzeugungskraft seiner Argumente stärkt.

Unproblematisch in dieser Hinsicht ist das *Enthymem*, das rhetorisch-logische Schlußverfahren, dessen Kennzeichnung als «imperfectus syllogismus» [5] im Sinne eines unvollständigen Schlusses auf die aristotelische Bestimmung des Protasen-Enthymems zurückgeht. [6] Die Unvollständigkeit des Enthymems ist Bedingung seiner Glaubwürdigkeit erzeugenden Wirkung, da sie den Zuhörer veranlaßt, das Verkürzte von sich aus zu ergänzen.

Die Figur der *Aposiopese* (*reticentia*, Redeabbruch), die in der Schulrhetorik ihren festen Platz besitzt, zeigt besonders deutlich, wie sich die fragmentarische Form rhetorisch funktionalisieren läßt. Während die *transitio*-Aposiopese der Redeökonomie dient, indem sie schnelle

Überleitungen ermöglicht, und die Affekt-Aposiopese als Hilfsmittel zur emotionalen Anpassung des Redners an die aktuelle Situation empfohlen wird[7], zielt die berechnete Aposiopese unmittelbar auf das *conciliare* und das *movere* des Publikums. Denn einerseits demonstriert der Redner, indem er durch unvermitteltes oder ausdrückliches Verstummen, so Quintilian, eine Gefühlsbewegung zur Schau stellt[8], daß er von seinem Thema selbst ergriffen ist bzw. daß er dessen Benennung den Zuhörern nicht zumuten will. Scheinbar ungewollt stiftet der Abbruch der Rede einen Selbstbezug, den der Redner als Ausdruck seiner moralischen Integrität und als Beweis für die Authentizität seiner Worte ausnutzen kann, um sich das Publikum geneigt zu machen. Andererseits vermag die Aposiopese, wenn sie im emphatischen Sinne verwendet wird, auch die stärkeren Emotionen wie Schrecken und Furcht auszulösen, da sie einen Gegenstand durch andeutendes Verschweigen furchtbarer, größer oder brisanter erscheinen lassen kann, ein suggestiver, die Phantasie anregender Effekt durch semantische Fragmentierung, den etwa die ‹Rhetorica ad Herennium› oder DEMETRIOS in seiner Schrift ‹Über den Stil› betonen.[9]

Weitere Formen der Unterbrechung, der Verknappung und der Unvollständigkeit wie die *Ellipse*, die *Kürze (brevitas)* oder die *Digression* sind für den antiken Rhetoriker zulässig, wenn sie eine klare Funktion erfüllen, also etwa der Andeutung, der Raffung oder der Ausschmückung dienen. Als Ursache für Dunkelheit, Unverständlichkeit *(obscuritas)* und Orakelstil sind sie zu vermeiden.[10] Ausnahmen von dieser Regel ist die Rhetorik vor allem im Hinblick auf die Dichtkunst zu machen bereit. Bereits Aristoteles gesteht ihr, und zwar insbesondere in der pathetischen und enthusiastischen Diktion, Verstöße gegen die Regelmäßigkeit und Richtigkeit der Sprache zu.[11] Die Abhandlung ‹Über den Stil› des Demetrios verbindet die verkürzenden und verunklärenden Formen bei der Kennzeichnung der kraftvollen, schroffen Stilart mit starker affektischer Erregung. Ebenso stehen in der Schrift ‹Vom Erhabenen› die asyndetische Konstruktion, das Abrupte, das Unruhige und Schroffe im Zeichen des Erhabenen, das den Hörer zu überwältigen in der Lage ist.[12]

II. *Mittelalter und beginnende Neuzeit.* Der Übergang von der antiken zur mittelalterlich-christlichen Rhetorik bedeutet keinen grundsätzlichen Wandel in der rhetorischen Bewertung des F. Allerdings wird der Bedeutungsinhalt des Begriffs im Laufe der Zeit dadurch erweitert, daß man ihn auch auf Geistiges bezieht. Ausschlaggebend für diese Metaphorisierung und Literarisierung ist wahrscheinlich eine Stelle aus dem Kontext der Speisungswunders im Johannes-Evangelium der lateinischen BIBEL gewesen.[13] Analog der dort zitierten Worte Jesu Christi «colligite, quae superaverunt fragmenta, ne pereant» (sammelt die übrigen Brocken, auf daß nichts umkomme) (Joh 6,12), die allegorisch so verstanden werden konnten, als fordere Christus zum Einsammeln verstreuter Brocken seiner Lehre auf, wird der Begriff des F. im Mittelalter zunächst auf einzelne Textstellen aus dem Gesamtkorpus der Bibel und dann auch, spätestens seit dem 14./15. Jh., auf andere literarische Bruchstücke angewendet. So nennt z. B. K. PEUTINGER seine 1505 erschienene Sammlung altrömischer Inschriften aus Augsburg und Umgebung ‹Romanae vetustatis fragmenta in Augusta Vindelicorum et eius dioecesi›.

Trotz dieser Ausweitung dessen, was der Begriff abdeckt, kommt er als positive ästhetische Kategorie zunächst nicht zur Geltung. In der ‹Summa Theologica› des THOMAS VON AQUIN heißt es dazu apodiktisch: «Quae enim diminuta sunt, hoc ipso turpia sunt.» (Die Dinge nämlich, die verstümmelt sind, sind schon deshalb häßlich.)[14] Aus der Sicht einer an Vollkommenheit und metaphysischer Schönheit orientierten Ästhetik ist das Unvollendete oder Zerstückelte an sich wertlos. Fragmentarische Strukturen sind jedoch weiterhin unter den Bedingungen der wirkungsbezogenen Rede, etwa wenn sie der Kürze oder der Lebhaftigkeit des Ausdrucks dienen, legitim. In der Praxis der mittelalterlichen Literatur verweist schon die freizügige, nicht selten demonstrative Handhabung der Abschweifung *(egressio, excessus)* auf die Zulässigkeit von Unterbrechungen und Diskontinuitäten im Text. Lateinische Poetiken des 12. und 13. Jh., wie etwa die ‹Poetria Nova› des GALFRED VON VINOSALVO oder die ‹Poetria› des JOHANNES VON GARLANDIA, enthalten zudem Vorschriften für eine Kunst der Abkürzung, die über die ursprüngliche antike, auf die Situation vor Gericht zielende *brevitas*-Empfehlung, noch hinausgehen und den Verzicht auf syntaktische Verbindungsglieder und das andeutende Verschweigen als poetische Kunstgriffe herausstellen.[15]

Elliptische, bizarre Formen und stark vom normalen Sprachgebrauch abweichende rhetorische Figuren kommen besonders dort zur Geltung, wo es wie in *manieristischer und barocker Dichtung* um rhetorische Provokation, um Verblüffung und Überraschung geht. Allerdings entspricht der gewollten Künstlichkeit dieser Literatur, die auch theoretisch von Autoren wie TESAURO, GRACIAN oder M. PELLEGRINI fundiert worden ist, keine regelrechte Kunst des F., insofern sie keineswegs auf die abschließende, vereinheitlichende Pointe verzichtet und an Fragen der Textkohärenz eher desinteressiert ist, als daß sie sie grundsätzlich in Frage stellt. Sprachliche Unvollständigkeit kann sowohl als Effekt eines Übermaßes an Rhetorik als auch als Ausdruck ihrer Abwesenheit gedeutet und akzeptiert werden, so etwa bei LUTHER, der in seinem Galaterkommentar von 1536 in bezug auf einen elliptischen Satz des Paulus schreibt: «Ipse magno ardore loquitur; qui vero ardet, non potest adeo exacte in dicendo observare regulas grammaticas et praecepta rhetorica.» (Er redet in großem Eifer. Wer aber in der Hitze ist, der kann beim Reden die grammatischen Regeln und die rhetorischen Vorschriften nicht so gar genau beobachten.)[16] Die frühaufklärerische ‹Logik von Port Royal› führt die rhetorische Wirkung sprachlicher Unvollständigkeit im Sinne des enthymematischen Schlusses auf die der Sprache überlegene Schnelligkeit des menschlichen Geistes zurück, dem es zudem schmeichle, wenn er von sich aus etwas ergänzen könne.[17] Nicht zuletzt gehört auch die seit dem 16./17. Jh. aufkommende essayistische und aphoristische Literatur von Autoren wie MONTAIGNE oder PASCAL, mit ihrer Betonung des Vorläufigen und Offenen und ihrem Verzicht auf einen stringenten Textzusammenhang, in eine Vorgeschichte des modernen, absichtlichen Fragmentarismus, ohne daß damit allerdings schon ein neuer Begriff des literarischen F. verbunden wäre. Der einschlägige Artikel in DIDEROTS ‹Encyclopédie› faßt noch einmal die traditionelle, allein das Defizitäre am F. betonende Auffassung zusammen: «En Littérature, un fragment, c'est une partie d'un ouvrage, qu'on n'a point en entier, soit que l'auteur ne l'ait pas achevé, soit que le temps n'en ait laissé parvenir jusqu'à nous qu'une partie.» (In der Literatur ist ein Fragment ein Teil eines Werks, das kein Ganzes ist, sei es, daß der Autor es nicht vollendet hat, sei es, daß die Zeit es nur als Teil zu uns gelangen ließ.) [18]

III. *18. Jh. und Moderne.* Mit dem Entstehen einer absichtlich fragmentarischen Literatur seit Mitte des 18. Jh. vollzieht sich ein grundsätzlicher Perspektivenwechsel in der Bewertung des F., der zunächst in Deutschland zu beobachten ist. Während es LESSING 1774 noch offen läßt, ob es sich bei den von ihm herausgegebenen ‹Wolfenbüttler Fragmenten› des REIMARUS um die Teile eines «wirklich einmal vollendet gewesenen und zerstörten oder eines niemals zu Stande gekommenen Werks» [19] handelt, beginnt mit Hamann und Herder ein Prozeß, in dessen Verlauf das F. zu einer eigenständigen literarischen Gestaltungsform aufsteigt. E. Zinn hat gezeigt, daß hierfür neben der johanneischen Version der wunderbaren Brotvermehrung, die den übriggebliebenen Brotresten (Brocken, Fragmenten) dadurch Transzendenz verleiht, daß sie sie mit Jesus als dem wahren Brot des Lebens in Verbindung bringt, auch Luthers substantivierende Übersetzung der Stelle «ex parte enim cognoscimus» (1 Kor 13,9) durch «Denn unser Wissen ist Stückwerk!» ausschlaggebend war, da sie alles nur bruchstückhafte menschliche Erkennen in den Horizont seiner zukünftigen Vollendung rückt. [20]

HAMANN ist der erste, der die eschatologische mit der eucharistischen Deutung des Bruchstückhaften im Begriff des F. zusammenschließt, wenn er 1758 in seinem Londoner ‹Tagebuch eines Christen› in bezug auf die eigene, eingeschränkte Erkenntnissituation schreibt: «Wir leben hier von Brocken. Unsere Gedanken sind nichts als Fragmente. Ja unser Wissen ist Stückwerk.» [21] Der sich daraus ableitende fragmentarische Schreibstil entlastet den Autor vom Zwang des Systems und der letztgültigen Aussage, bleibt aber dennoch auf einen Zustand möglicher Vollkommenheit bezogen. Dieses Verständnis des F. gilt auch für HERDERS Erstlingswerk von 1766 ‹Über die neuere deutsche Literatur. Erste Sammlung von Fragmenten› und die ihm nachfolgenden F.-Sammlungen anderer Autoren wie KLOPSTOCK (‹Über Sprache und Dichtkunst›), WIELAND (‹Fragmente von Beiträgen zum Gebrauch derer, die sie brauchen können oder wollen›), GOETHE (‹Über Italien. Fragmente eines Reisejournals›) und LAVATER, dessen ‹Physiognomische Fragmente› ausdrücklich den Paulinischen Sinn des Vorläufig-Fragmentarischen thematisieren: «Jetzt erkennen wir noch Stückweise – und unser Auslegen und Commentiren ist Stückwerk! weg mit diesen Fragmenten, wenn die Vollkommenheit kömmt!» [22] Herders Entscheidung für die fragmentarische Schreibweise impliziert zudem einen antirhetorischen Impuls, der sich gleichwohl innerhalb der Rhetorik als gezielte Nachlässigkeit und Betonung des unverfälscht Emotionalen im Sinne einer *rhetorica contra rhetoricam* verstehen läßt. Angesichts seiner Absicht, in den ‹Kritischen Wäldern› (1769) nur gesammelte «Materien ohne Plan und Ordnung» [23] liefern zu wollen, bezieht er sich auf Quintilian, der diejenigen getadelt hatte, die, hingerissen von der «Wärme und dem Schwung des Augenblicks» [24] nur Rohstoff ihres Geistes darbringen. In Umkehrung dieser Wertung verweist das Unordentliche und Unzusammenhängende für Herder auf einen authentischen und spontanen Grund der Schrift, den er auch im Blick auf die Ellisionen, die «Sprünge und Würfe» [25] der Naturpoesie und die disparate Einheit der Dramen Shakespeares als Naturwüchsigkeit der Form geltend zu machen sucht. Mit dieser Haltung beschreitet Herder einen Weg, auf dem sich der rhetorische Effekt der fragmentarischen Form, den die Theorie der Redekunst bis dahin etwa im Blick auf Aposiopese und Ellipse wirkungsästhetisch berechnet hatte, nach und nach in den ästhetischen Überschuß der autonomen Literatur als Ausdrucksmedium von Subjektivität verwandelt, während die ganzheitliche, in sich geschlossene Form ihre symbolische, den Zusammenhang der Welt vermittelnde Funktion verliert.

Nicht unerheblichen Anteil an dieser Entwicklung hat auch WINCKELMANN, dessen ‹Beschreibung des Torso im Belvedere zu Rom› (1759) zwar Ausdruck seiner klassizistischen Kunstanschauung ist, dennoch aber einen «Gründungstext in der Geschichte des neueren Fragmentarismus» [26] darstellt. Denn gerade indem Winckelmann ein Kunstwerk von beispielhaft fragmentarischer Gestalt auf sein plastisches Ideal absoluter körperlicher Vollkommenheit hin transzendiert, gelingt ihm die sprachliche Vergegenwärtigung ästhetischer Bruchstückhaftigkeit, die nach dem Ende der Ganzheitsästhetik ihren eigenen Wert erhält.

Der Durchbruch sowohl zu diesem ästhetischen Begriff des F. als auch zu seiner Umsetzung in Literatur erfolgt jedoch erst in der deutschen Frühromantik, die in dieser Hinsicht das vollendet, was mit Hamann und Herder begonnen hat. F. SCHLEGEL und NOVALIS sowie in ihrem Umkreis SCHLEIERMACHER und A.W. SCHLEGEL veröffentlichen zwischen 1797 und 1800 unter verschiedenen Titeln (‹Fragmente›, ‹Blütenstaub›, ‹Ideen›) eine Reihe von F.-Sammlungen, in denen sie die Form des F. zu einer selbständigen literarischen Gestaltungsweise aufwerten und zugleich mit programmatischem Anspruch das Konzept einer Literatur entwerfen, dem die Idee des F. notwendig beigegeben ist. Vor allem F. Schlegel verbindet, zumindest zeitweise, mit seinen F. den Anspruch, Erneuerer der epigrammatischen bzw. aphoristischen Gattung zu sein, wobei er sich in der Tradition der französischen, etwa durch N. Chamfort repräsentierten, Moralistik sieht. Gewisse Formulierungen wie diejenige, nach der das F. «gleich einem kleinen Kunstwerk von der umgebenden Welt ganz abgesondert und in sich selbst vollendet sein [muß] wie ein Igel» [27] verweisen denn auch auf das Abgegrenzte, in sich Geschlossene des Aphorismus, so daß man in bezug auf die frühromantischen F. vom «deutschen Aphorismus auf der Wende vom 18. zum 19. Jahrhundert» [28] gesprochen hat. Dennoch dürfte eine solche Sichtweise dem überwiegenden Teil der Fragmente Schlegels und auch des Novalis nicht gerecht werden, da sie primär aus der Intention ihrer Autoren auf Darstellung eines universellen und unendlichen Zusammenhangs entstanden sind. Ein dementsprechendes Verständnis der F.-Form hat F. Schlegel im Hinblick auf die «fragmentarische Universalität» [29] Lessings entwickelt, der seinerseits im 95. Stück der ‹Hamburgischen Dramaturgie› mit seiner Erläuterung des Begriffs «Fermenta cognitionis» im Sinne von selbständigen Gedanken, die in einem nur lockeren bis widersprüchlichen Zusammenhang stehen, einen Beitrag zur Bestimmung des F.-Begriffs geleistet hat. [30] In Analogie zu den «Winken und Andeutungen» [31] Lessings zielt die fragmentarische Schreibweise der Frühromantiker auf Andeutung des Undarstellbaren, indem sie Reflexionsbewegungen des romantischen Geistes manifestiert, der im ironischen Wissen von der Unverfüglichkeit von Totalität, aber zugleich inspiriert durch die chaotisierende und synthetisierende Leistung des Witzes, zwischen permanenter «Selbstschöpfung und Selbstvernichtung» [32] agiert. Die absichtliche

Formlosigkeit des F. impliziert, daß das rhetorische Potential der Sprache, das der Aphorismus als literarische Miniaturganzheit traditionellerweisxe in den Dienst des *sensus communis* und der kritischen Verständigung über humane Inhalte stellt, in das Konzept einer entfesselten, enthusiastischen Rhetorik eingeht, dem es jenseits persuasiver Intentionen vor allem auf die affirmative und divinatorische Vergegenwärtigung eines heterogenen, unendlichen Seinszusammenhangs ankommt.

Daß dieses exponierte, an die geschichtsphilosophischen Prämissen der Frühromantik gebundene Verständnis des F. nur schwerlich den Ausgangspunkt für eine eigenständige Gattung des F. bilden bzw. durch die bereits existierende Gattung des Aphorismus abgedeckt werden konnte, findet seine Entsprechung darin, daß im *frühromantischen Literaturbegriff* der gattungsübergreifende Stellenwert des F. für die moderne Literatur schon mitgedacht ist. In ihrer progressiven Gestalt ist die Dichtung dem frühromantischen Verständnis zufolge insgesamt fragmentarisch, da sie als tendenzielle Vereinigung von Kunst und Wissenschaft, als geschichtlich offener und universeller Bedeutungszusammenhang, sich selbst nie völlig erreicht, sondern «ewig nur werden, nie vollendet sein kann». [33] Dabei fällt die klassische Idee des anschaulichen, organisch gebildeten Werkganzen auf die Stufe eines notwendigen, aber beschränkten Durchgangsstadiums für den sich historisch entfaltenden Sinn der Poesie zurück, deren unvermeidbar defizitärer Status im Sinne eines F. «aus der Zukunft» [34] zugleich in den Horizont einer höherwertigen, im Entstehen begriffenen Sinn-Totalität eingerückt wird. Daß diese Sicht insbesondere die literarische Mischform des modernen Romans trifft, dessen Reflexivität und Universalität nicht selten zum F. führt, dafür hat bereits der frühromantische Autor Novalis mit seinem Roman-F. ‹Heinrich von Ofterdingen› ein Beispiel geliefert.

Auch in S. MALLARMÉS Programm einer autonomen, selbstbezüglichen Dichtung spielt die Form des F. eine wichtige Rolle, indem sie durch ihre «authenticité glorieuse» (ruhmvolle Echtheit) [35] den Absolutheitsanspruch einer Literatur untermauern soll, die sich im endlosen Rückzug auf sich selbst und die Kraft einer selbstgenügsamen Sprache als körperlich-reale Gestalt notwendig verfehlen muß. Nicht die in der Frühromantik durch den poetischen Ausgriff auf eine noch unvollendete, geschichtliche Welt anvisierte unendliche Streuung des Sinns, sondern dessen ebenso unendliche Sammlung in einem Text, in dem Buch schlechthin, bildet hier die Bedingung für die Ausstrahlungskraft der fragmentarischen Form.

Beide Positionen bezeichnen die Grenzwerte, zwischen denen sich in der Praxis der absichtliche *Fragmentarismus der modernen Literatur* bewegt. Folglich ist die Spannweite dieses Phänomens groß. Sie reicht von den auf Totalität ausgerichteten und daher per se unabschließbaren Großwerken der Moderne wie etwa den ‹Cantos› E. POUNDS über die diversen Formen der Montageliteratur und die teils destruktiven, teils euphorischen Projekte der Avantgarden bis hin zu den vielfachen Möglichkeiten literarischer Unterbrechung, sprachlicher Zerstückelung und semantischer Offenheit, durch die sich die Literatur der Moderne das Prinzip des F. auf konstitutive Weise einverleibt hat.

Dieses Vordringen des F. im Sinne eines gewollten Zulassens unvollständiger, zerbrochener Strukturen im literarischen Text betrifft sämtliche Gattungen und ist ein so auffallendes Kennzeichen der neueren Literatur, daß man es nach M. BLANCHOT, der von einer Bahn der Zersplitterung («la voie de la dispersion» [36]) spricht, geradezu mit dem Prozeß ihrer eigenen Ausdifferenzierung gleichzusetzen hat, obwohl natürlich auch Parallelen zu den Abstraktionstendenzen in anderen Künsten, nicht zuletzt etwa zur Aufwertung des Torsomotivs als selbständige Form in der bildenden Kunst, bestehen.

Unbestreitbar ist der Stellenwert des F. für die *moderne Lyrik*. Seitdem COLERIDGE gezielt den fragmentarischen Charakter seines ‹Kublah Khan› (1816) herausgestellt hat, sind die Methoden der Fragmentierung auf vielfältige Weise im Gedicht fruchtbar gemacht worden. Prominente Beispiele hierfür sind etwa die «broken images» in T. S. ELIOTS ‹Waste Land›, das sich ausdrücklich auf das F. als sein Konstruktionsprinzip beruft, oder R. CHARS ‹Poème Pulvérisé›, das in seiner erratischen Gestalt die Ausstrahlung des heraklitischen F. zu evozieren sucht. Die Auflösung der lyrischen Einheit durch assoziative, destruktive und reflexive Momente, durch Kappung der referentiellen und syntaktischen Bezüge des Gedichts ist mittlerweile soweit fortgeschritten und für das heterogene Erscheinungsbild der Lyrik derart prägend geworden, daß es schon wieder schwerfällt, dies insgesamt auf einen Begriff des F. zu beziehen, in dessen Natur es liegt, daß er, wenn auch latent, die Idee der Ganzheit noch in sich bewahrt.

Im Bereich des *modernen Dramas* entspricht der Auflösung der traditionellen Einheit von Ort, Zeit und Handlung, wie sie die nachklassische, auf offene Formen abzielende Tradition des antiaristotelischen Theaters betreibt, ein zunehmender Einbruch fragmentarischer Strukturen in den Totalitätscharakter des einzelnen Stücks. Diese Entwicklung reicht von der Technik der Fetzenszenen, die bereits im Drama des Sturm-und-Drang, etwa in GOETHES ‹Götz von Berlichingen› oder den Tragikomödien J. M. R. LENZ', vorkommen, über die Freisetzung dysfunktionaler und induktiver Handlungsimpulse im Drama des 19. Jh. bis hin zur radikalen Infragestellung des auf Kausalität und Finalität ausgerichteten klassischen Handlungsmodells z. B. im Theater des Absurden. Auch BRECHTS episches Theater besitzt eine deutliche Affinität zur fragmentarischen Form, indem es ihren illusionszerstörenden Effekt im Rahmen einer argumentativen, den Zuschauer miteinbeziehenden Didaktik wirkungsästhetisch einkalkuliert. Dabei zielt die Funktionalisierung des F. z. B. durch Verzicht auf einen Handlungsschluß (‹Der gute Mensch von Sezuan›) oder durch Einschaltung vermittelnder, unterbrechender Elemente, wie Epilog, Song oder Projektion, darauf, daß sich die so erzielten Brüche und Leerstellen der ästhetischen Struktur, nicht anders als bei der berechneten Aposiopese, auf mehr oder weniger vorprogrammierte Weise in die Vorstellungstätigkeit des Publikums transformieren.

Auch und vor allem in der *Prosa* sind fragmentarische Strukturen als bewußt angewendete Kompositionsprinzipien mittlerweile so weit verbreitet, daß sich dies keineswegs mehr nur als Ausdruck einer negativen Haltung des zur epischen Synthese unfähigen Erzählers werten läßt, dem angesichts einer an Komplexität zunehmenden Wirklichkeit und einer sich als substantielles Material entleerenden Sprache «alles in Teile, die Teile wieder in Teile» [37] zerfällt, wie es noch programmatisch in HOFMANNSTHALS «Ein Brief» (1902) heißt. Daß der Roman als am meisten auf Totalität angelegte literarische Form eine Tendenz zur Unabschließbarkeit besitzt, dafür steht exemplarisch im 20. Jh. MUSILS Roman-F. ‹Der Mann ohne Eigenschaften›, ein von der Leidenschaft nach Richtigkeit und Genauigkeit überdimensional aufgeblähtes Reflexionskontinuum, das erst mit dem Tod des Autors zum Stillstand kommen konnte. Jenseits solch heroischen Ringens um eine letztlich unmögliche Vereinheitlichung kann der Roman seinen Anspruch auf Totalität gerade dadurch aufrechterhalten, daß er sich als Summe von Bruchstücken konstituiert. Diesen Weg gehen die frühen Montageromane eines DÖBLIN oder DOS PASSOS, indem sie durch Nachvollzug der filmischen Schnittechnik im Erzähltext auf mimetische Beherrschung jener chaotischen Großstadtrealität zielen, die dem Film zuvor als sein genuines Thema zugefallen war. Entsprechend setzt die Kritik an überkommenen Identitäts- und Kontinuitätsmustern, wie sie in Werken eines JOYCE (‹Ulysses›), FAULKNER (‹The Sound and the Fury›) oder V. WOOLF (‹The Waves›) durch immanente Fragmentierung als episodischer Stil, als Entfabelung der Geschichte und Auflösung der Figureneinheit zur Geltung kommt, zugleich ein konstruktives Moment frei, das die Adaptionsfähigkeit der Literatur an eine vielgestaltige, mythisch entzauberte Moderne erhöht. Natürlich gilt dies auch für die segmentierten Werke des sog. Nouveau roman (z. B. A. ROBBE-GRILLETS' ‹La Jalousie› oder M. BUTORS ‹Mobile›), die sich der Diskontinuität des Seins dadurch zu öffnen suchen, daß sie Ich und Welt als Sinneinheiten vollends zur Verflüchtigung bringen, und es gilt auch für die moderne Prosa lateinamerikanischer Autoren, wie etwa J. CORTÁZAR, dessen nach dem Baukastenprinzip zusammengesetzter Roman ‹Rayuela› sich explizit auf eine Poetik des F. beruft. [38] Daß eine solche Literatur, die nicht nur ihren unabgeschlossenen Charakter demonstrativ nach außen kehrt, sondern auch auf einen ebenso unabschließbaren, die Text-Bruchstücke immer wieder neu zusammenfügenden Lektüreprozeß angelegt ist, den Gedanken ihrer letztgültigen Vervollständigung preisgibt, das hatte bereits Joyce erkannt, als er sein ‹Finnegans Wake›, das die Zersplitterung und Entkörperlichung der Sprache bisher am weitesten voran getrieben hat, als *work in progress* bezeichnete.

Die *ästhetische Theorie*, sofern sie diese Erscheinungen nicht wie HEGEL in seinen ‹Vorlesungen zur Ästhetik› und einige der sich ihm anschließenden Autoren wie etwa G. LUKÁCS oder H. SEDLMAYER (‹Verlust der Mitte›) als Verfallsformen einer nicht mehr ganzheitlichen, mit sich selbst identischen Kunst verzeichnet, ist bemüht, den Einbruch des F. auf allen Ebenen des Ästhetischen als Kriterium für dessen fortdauernde Relevanz zu deuten. [39] In diesem Diskurs lassen sich zwei Hauptrichtungen unterscheiden, die unschwer als ästhetische Fortschreibung jener, wenn auch nur ansatzweise vorhandenen Funktionalisierung des F. im System der älteren Rhetorik zu erkennen sind, da sie den dort als kontrollierten Überschuß fragmentarischer Strukturen zum Zwecke der Überredung geltend gemachten Bezug auf das Ethos und Pathos des Redners nunmehr als ästhetischen Selbstbezug für den Wahrheitsgehalt bzw. die Ausstrahlungskraft der Kunst und Literatur in Anschlag bringen. So fungiert die Form des F. einerseits bei E. BLOCH, W. BENJAMIN und T. W. ADORNO im Gegenzug gegen Hegels These vom Schwinden einer spezifischen, nur im Kunstwerk anwesenden Wahrheit, als Echtheitssiegel für die Integrität einer auch unter den Bedingungen geschichtlicher Entzweiung auf symbolische Vollendung bezogenen Kunst. Als authentisches Bruchstück eines gescheiterten ästhetischen Synthetisierungsversuchs erhält das fragmentarische Kunstwerk den Status einer verhinderten Ganzheit, auf deren noch ausstehende Realisierung es verweist und die es im Sinne einer Utopie *ex negativo* einklagt. Andererseits kommt mit NIETZSCHES in der ‹Geburt der Tragödie› propagiertem Konzept einer destruktiven Dynamik des Ästhetischen, die den in sich geschlossenen, ganzheitlichen Schein der apollinischen Kunstwelt zerschlägt, eine positive Wertung der fragmentarischen Form ins Spiel, die an ihr erneut die erhabene, die Affekte überwältigende Wirkung zur Geltung bringen will. Dieser subversive, entwaffnende Effekt des F., den unter anderen Vorzeichen auch die poststrukturalistischen Ästhetiken eines M. FOUCAULT, J. DERRIDA oder P. DE MAN thematisieren, wird zwar noch als rhetorisch bezeichnet, setzt jedoch die Existenz eines sprachmächtigen, auf Überredung oder Überzeugung zielenden Subjekts nicht mehr voraus.

Anmerkungen:
1 vgl. Arist. Poet. 1450b 22ff.; Horaz, Ars Poetica, 23 u. 152. – 2 vgl. Plat. Phaidr. 264c; Cic. Or. 3, 1. – 3 vgl. Cic. De or. II, 110f. – 4 vgl. Quint. IV, 3, 4. – 5 ebd. V, 10, 3. – 6 vgl. Arist. Rhet. 1357a 13. – 7 vgl. H. Lausberg: Hb. der lit. Rhet. ([3]1990) §§ 887–889. – 8 vgl. Quint. IX, 2, 54. – 9 vgl. Auct. ad Her. IV, 30, 41; Demetrius, On style, hg. v. G. M. A. Grube (Toronto 1961) § 102; 264. – 10 vgl. M. Fuhrmann: Obscuritas. Das Problem der Dunkelheit in der rhet. und literarästhet. Theorie der Antike, in: W. Iser (Hg.): Immanente Ästhetik, ästhet. Reflexion (1966) 47–72. – 11 vgl. Arist. Poet. 1457b 19–1457a 16. – 12 vgl. Demetrios [9] §§ 241–244, § 254; Ps.-Long. De subl. 19–21. – 13 vgl. E. Zinn: F. über Fragmente, in: J. A. Schmoll (Hg.): Das Unvollendete als künstlerische Form (1959) 161ff. – 14 Thomas von Aquin: Summa Theologica, I, 39, 8, Die dt. Thomas-Ausg., Bd. 3 (1939) 236. – 15 vgl. E. Faral: Les Arts poétiques du XIIe et du XIIIe siècle (Paris 1924) 218ff.; E. R. Curtius: Europäische Lit. u. lat. MA ([7]1969) 479ff. – 16 Luther: In epistolam S. Pauli ad Galatas Commentarius, WA Bd. 40 (1911) 170; übers.: Sämtl. Schr. Bd. 9 (St. Louis 1904); ND 1987) Sp. 130. – 17 vgl. A. Arnauld: La Logique ou L'Art de penser. (Amsterdam [6]1685) III, 14. – 18 Encyclopédie ou Dictionnaire Raisonné des Sciences, des Arts et des Métiers, Bd. 7 (Paris 1757; ND 1966) 273. – 19 Lessing: Von der Duldung der Deisten. F. eines Unbekannten, in: Sämtl. Schr., hg. v. K. Lachmann, Bd. 12 (1897) 254. – 20 vgl. Zinn [13]. – 21 Hamann: Tagebuch eines Christen, in: Sämtl. Schr., hg. v. J. Nadler, Bd. 1 (1949) 299. – 22 J. C. Lavater: Physiognomische F. zur Beförderung der Menschenkenntnis und Menschenliebe, Bd. 1 (1775; ND 1968) 56. – 23 Herder: Krit. Wälder, in: Sämtl. Schr., hg. v. B. Suphan, Bd. 3 (1878) S. 188. – 24 Quint. X, 3, 17. – 25 Herder: Von dt. Art u. Kunst, in [23] Bd. 5 (1891) 197. – 26 P. H. Neumann: Rilkes Archaischer Torso Apollos in der Gesch. des modernen Fragmentarismus, in: L. Dällenbach, C. L. Hart Nibbrig: F. und Totalität. (1984) 266. – 27 F. Schlegel: Charakteristiken u. Kritiken I. 1796–1801, Krit. Ausg. Bd. 2, hg. v. E. Eichner (1967) 197. – 28 G. Neumann: Einl., in: G. Neumann: Der Aphorismus. Zur Gesch., zu den Formen u. Möglichkeiten einer lit. Gattung (1976) 8. – 29 F. Schlegel [27] 398. – 30 vgl. Lessing: Hamburgische Dramaturgie, in: [19] Bd. 10 (1894) 187f. – 31 F. Schlegel [27] 112. – 32 ebd. 151. – 33 ebd. 183. – 34 vgl. ebd. 168. – 35 S. Mallarmé: Œuvres complètes (Paris 1945) 663. – 36 M. Blanchot: Le livre à venir (Paris 1959) 248. – 37 H. v. Hofmannsthal: Ein Brief, in: Gesammelte Werke, hg. v. B. Schoeller, Bd. 7 (1979) 466. – 38 vgl. J. Cortázar: Rayuela (Buenos Aires [12]1970) 532f. – 39 vgl. E. Ostermann: Das F. (1991).

Literaturhinweise:
L. D. Kritzmann (Ed.): Fragments, Incompletition and Discontinuity (New York 1981). – E. Behler: Das F., in: K. Weissenberger (Hg.): Prosakunst ohne Erzählen (1985) 125–143.

E. Ostermann

→ Anakoluth → Aphorismus → Aposiopese → Ästhetik → Brevitas → Cento → Concetto → Dekadenz → Dekonstruktion → Essay → Exkurs → Klassizismus, Klassik → Manierismus → Montage → Obscuritas → Rhetorica contra rhetoricam

Fremdwort (lat. verbum peregrinum; engl. loan word; frz. mot étranger/emprunté; ital. parola straniera, forestierismo)

A. Die historisch orientierte Sprachwissenschaft versteht unter F. ein aus einer fremden Sprache übernommenes und in Aussprache, Schreibweise oder Beugung noch nicht voll der eigenen Sprache angeglichenes Wort. [1] In der Regel unterliegt ein Wort fremder Herkunft einem Anpassungsprozeß an den Wortbestand der aufnehmenden Sprache [2], der sich in den genannten Bereichen vollzieht. Ist dieser Prozeß abgeschlossen, spricht man von einem *Lehnwort*. Untergruppen des F. bilden die nur in bestimmten Berufen oder Sachgebieten verwendeten ausländischen *Fachwörter*, die sogenannten *Bezeichnungsexotismen*, Wörter, die auf Sachen, Personen und Begriffe der fremdsprachigen Umwelt beschränkt bleiben (z. B. ‹Iglu›, ‹Torero›), sowie *Internationalismen*, Begriffe, die in gleicher Bedeutung und gleicher oder ähnlicher Form in mehreren Sprachen vorkommen (z. B. ‹Medizin›, ‹System›). [3] Die Verwendung von F. hat zu verschiedenen Zeiten in unterschiedlichem Ausmaß Reaktionen für und wider hervorgerufen. [4] Im Bereich der *elocutio* verstößt das F. als Einzelwort gegen die Forderung der sprachlichen Reinheit *(puritas)*, weil es vom *verbum proprium* abweicht [5] und somit im Redegebrauch einen *Barbarismus* darstellt. [6] Seine Lizenz als Funktionsmittel des *ornatus* erhält das F., wenn es sich um einen *Technizismus* [7] oder um eine *glossierende Synonymie* handelt, d. h. um ein F., welches durch das vor- oder nachgeschaltete *verbum proprium* oder durch einen Tropus erläutert wird *(interpretari)*. [8] Der Begriff des F. wurde von K. C. F. KRAUSE (1781–1832) in Opposition zu ‹Deutwort› (deutsches Wort) geprägt und fand Eingang im Vorwort zur dritten Auflage (1819) von JEAN PAULS ‹Hesperus›. [9]

B. I. In der *Antike*, dem *Mittelalter* und dem *Humanismus* ist das F. terminologisch dem Barbarismus, der Barbarolexis oder dem *verbum peregrinum* zuzuordnen; ‹peregrinum› (fremd, ausländisch) bedeutet in diesem Sinne ‹nicht-lateinisch›. Wenn ARISTOTELES von ‹τοῖς ξενικοῖς, tois xenikoís› (fremdartigen Ausdrücken) spricht, so versteht er darunter weniger fremdländische Wörter, als vielmehr im allgemeineren Sinne «alles, was nicht üblicher Ausdruck ist» wie Glosse, Metapher oder Erweiterung, deren maßvolle Verwendung eine klare und banale Sprache erhaben macht. [10] QUINTILIAN teilt die Einzelwörter in lateinische und fremde, die «ex omnibus [...] gentibus ut homines, ut instituta etiam multa venerunt» (wie die Menschen und wie so viele Bräuche fast von allen Völkern zu uns gekommen sind). [11] Fremde Wörter sind zugunsten der sprachlichen Korrektheit *(latinitas)* als *virtus* der *explanatio* zu vermeiden. Eine besondere Stellung nehmen jedoch die *verba Graeca* ein, da sie als Lehnwörter der geistigen Kultur eine Notwendigkeit sind. [12] Den Weg zum korrekten sprachlichen Gebrauch findet der Redner über die Vernunftgründe *(rationes)* der Wortherkunft *(etymologia)*, des althergebrachten Gebrauchs *(vetustas)*, der Bildungen der anerkannten Autoren *(auctoritas)* sowie des geltenden gegenwärtigen Sprachgebrauchs *(consuetudo)*. [13] Besonders die *etymologia* hilft, Barbarismen von fehlerlosen Formen zu unterscheiden. [14]

Den ersten deutlichen Spuren von F. in den sich entwickelnden europäischen Volkssprachen begegnet man im Minnesang und in der höfischen Kultur um 1200. Dichter wie GOTTFRIED VON STRASSBURG wollen mit dem Gebrauch von Gallizismen nicht nur ihre elitäre Stellung und Haltung, sondern auch ihre europäische Gesinnung und Verbundenheit andeuten. [15] Der Austausch unter den einzelnen Sprachen ergibt sich aus den politischen und wirtschaftlichen Kontakten, ohne daß darin irgendeine Problematik gesehen wird. [16] Das ändert sich im Humanismus, als die *elegantia* zum vorherrschenden Stilideal wird und eine klare und maßvolle Sprache verlangt. Die Volkssprachen als unmittelbare mündliche Ausdrucksmöglichkeit treten aus dem Schatten der steifen lateinischen Wissenschafts- und Kultursprache heraus und bieten den Verfechtern der Reformation ein Medium, ihre Inhalte und Ziele bis in die unteren Bildungsschichten zu tragen. LUTHER fordert in seinen Predigtanweisungen eine dem Attizismus verpflichtete, verständliche und fremdwortfreie Sprache. Die Predigten und *disputationes* sollten «einfältig sein, die der gemeine Mann und jdermann wol verstehen könnte. Item sollt in offentlichen Predigten nicht ebräisch, griechisch oder fremde Sprache brauchen; denn in der Kirche oder Gemeine soll man reden wie im Hause daheim die einfältige Muttersprache, die jdermann verstehet und bekannt ist.» [17] Kritik an der reduzierten Sprachwirklichkeit des Lateinischen übt auch T. MURNER in seinen Satiren. Das Stilmittel ist die *Barbarolexis*, eine spielerische Sprachmischung, die das Gefälle zwischen Latein und Volkssprache sowie die Polarität der konkurrierenden Stilebenen aufzeigt und eine ins Komische gebrochene «Sprach-Unwirklichkeit» entlarvt. [18] Andererseits haben in der Renaissance die antiken Sprachen und die italienische Sprache als Übermittlerin des antiken Gedankenguts einen starken Einfluß auf die Volkssprachen und tragen zu einer Bereicherung des Wortschatzes durch Graezismen, Latinismen und Italianismen bei. [19] Mit dem ‹Deutschen Dictionarius› von S. ROT erscheint 1571 eine Sammlung von rund 2000 Wörtern fast ausschließlich lateinischer Herkunft. In deskriptiver Absicht wendet sich dieses erste Fremdwörterbuch in Deutschland an Nichtliteraten, denen es die neu in die Sprache gekommenen Begriffe erklären und sie nicht ausmerzen will. [20]

II. *17. und 18. Jahrhundert.* Nach dem wirtschaftlichen und kulturellen Niedergang am Ende des Dreißigjährigen Krieges ist Deutschland von verschiedenen Seiten einer Fremdwörterflut ausgesetzt: Einerseits durch die *Alamode*-Bewegung, die glaubt, in der Imitation der französischen Repräsentations- und Lebensart, der Mode, der Tisch- und Eßgewohnheiten, des Kriegs- und Staatswesens die kulturelle Identität wiederzugewinnen. Mit den Waren und Bräuchen kommen die dazugehörigen ausländischen Bezeichnungen nach Deutschland. Zudem dringen Fachbegriffe aus den Bereichen Musik, Handel und Bankwesen aus Italien ins übrige Europa.

Andererseits schleusen die juristische Fachsprache der Kanzleien und Gerichtsstuben mit ihren Erlässen und Verordnungen sowie die Wissenschaftssprachen der Universitäten Latinismen und Fachausdrücke in eine Sprache, die sich als Kultursprache noch etablieren muß. Obwohl schon 1617 in Weimar mit der ‹Fruchtbringenden Gesellschaft› die erste deutsche Sprachgesellschaft gegründet wird, kann sich erst mit der Entstehung der deutschen Nationalsprache als Schriftsprache in der zweiten Hälfte des 17. Jh. ein gestärktes Bewußtsein für eine Sprachkritik entwickeln. [21] ‹Frem(b)de/ausländische Wörter›, die, sei es gesellschaftlich bedingt oder amtlich verordnet, in die als ehemals rein empfundene Muttersprache eingedrungen sind, werden von den Sprachgesellschaften als Beschmutzer gebrandmarkt und mit unterschiedlicher Heftigkeit bekämpft. Ziel der Sprachreiniger ist die Aufwertung der deutschen Sprache und Kultur, die, so eine häufig wiederkehrende Metapher, «zur armen hungrigen Bettlerin gemacht» [22] worden ist. Um der Muttersprache wieder zu ihrer ursprünglichen ‹Zier› und ‹Majestät› zu verhelfen, ist es unter Umständen auch nötig, selbst «einigen guten Worten der Ausländer das Bürgerrecht [zu] verstatten». [23] Sprachpflege bedeutet jedoch für gemäßigte Puristen wie G. W. LEIBNIZ keine vollkommene Ausmerzung fremder Begriffe, wie sie P. ZESEN in seinem ‹Hochdeutschen Helikon› 1640 fordert und sogar längst eingebürgerte Lehnwörter wie ‹Fenster› (aus lat. ‹fenestra›) durch die verdeutschende Bildung ‹Tagleuchter› ersetzt sehen will. [24] Leibniz wirbt demgegenüber für eine sinnvolle Ergänzung der Sprachen. Nur «überflüssig Fremdes» [25] solle beseitigt werden, damit der «Wohlklang und eine gewisse Leichtigkeit der Aussprache» [26] gewährleistet blieben. Die Fremdwortwahl sei eine Frage des Publikums *(auditores)*: Während die Predigt, die «billig von jedermann verstanden werden» will, fremdwortfrei sein solle und Latinismen nur in Verbindung mit ihrer Erklärung dulde, habe der Redner vor Gelehrten, Richtern und Staatsleuten mehr Freiheit. [27]

Ein weiteres Kriterium für die Frage nach der Verwendung von F. ist die *claritas*, «der deutliche stylus», der nach A. BOHSE u. a. dann gewährleistet ist, «wenn man nicht viel ausländische Wörter mit untermischet.» [28] J. J. QUANTZ glaubt dagegen, mit musikalischem Fachjargon «umso leichter verstanden zu werden», und er habe mangels adäquater deutscher Ausdrücke die «noch gewöhnlichen aus fremden Sprachen entlehnten Kunstwörter beybehalten müssen.» [29]

Mit dem Klassizismus tritt erneut die *virtus* der *puritas* in den Vordergrund. Die neugegründeten Sprachgesellschaften um J. H. CAMPE sehen die Sprache weniger als bloßes Instrument der Kommunikation; sie wird vielmehr im aufklärerisch-pädagogischen Sinn zu einem moralischen Werkzeug, dessen wichtigste Eigenschaft die Allgemeinverständlichkeit *(perspicuitas)* ist. 1801 veröffentlicht Campe ein ‹Wörterbuch zur Erklärung und Verdeutschung der unserer Sprache aufgedrungenen fremden Ausdrücke›, in dem er all jene F., die «dem Deutschen Ohre fremdklingende Laute» und damit nicht «das echte Gepräge der Deutschheit aufgedruckt haben» [30], durch deutsche Ausdrücke, meist eigene Wortbildungen, ersetzt.

III. *19. Jahrhundert*. Mit ihrer Forderung nach einer völligen Neugestaltung der Wortbildung wendet sich das Streben C. H. WOLKES und K. C. F. KRAUSES von einer allgemeinverständlichen Sprache ab; Wolke und Krause haben stattdessen ein neues und rational begründetes Sprachsystem vor Augen, das die hochsprachliche Entwicklung seit 1600 mit ihren Wortentlehnungen rückgängig machen und eine neue Sprache etablieren will, die sich systematisch aus alten deutschen oder angeblich germanischen Formen entwickelt. [31] Krauses kaum verständliche Sondersprache auf der Grundlage eines ästhetischen *Archaismus* hat sich nicht durchgesetzt. Aber die tiefer liegenden Beweggründe für Krauses Argumentation machen deutlich, daß Sprachreinigung mehr und mehr zu einer nationalistischen Auseinandersetzung wird: Auch andere Puristen des 19. Jh. teilen seine Ansicht, daß die deutsche Sprache von allen europäischen Sprachen den Idealen von Schönheit, Reinheit und Einheitlichkeit am nächsten komme und deshalb von ihren Fremdkörpern gereinigt werden müsse. Die Pflege der Sprache hänge innig zusammen mit der Liebe zum Vaterlande. [32]

Auf Anregung von H. RIEGEL kommt es 1885 zur Gründung des ‹Allgemeinen Deutschen Sprachvereins›, dessen erklärtes Ziel neben «der Reinigung der deutschen Sprache von unnöthigen fremden Bestandtheilen» auch die Kräftigung des «allgemeine[n] nationale[n] Bewusstsein[s] im deutschen Volke» [33] ist. Eine moderate Haltung innerhalb des Sprachvereins vertritt H. DUNGER, der gegen einen unmäßigen Fremdwortgebrauch mit rhetorischen Sachverhalten argumentiert, ohne deren Fachbegriffe zu nennen. Die Einmischung von fremden Ausdrücken verstoße gegen den guten Geschmack *(iudicium)*, störe die Einheitlichkeit bzw. Folgerichtigkeit *(ratio)* sowie die Klarheit und Durchsichtigkeit *(claritas)*. Dadurch hafte den F. etwas «Verschwommenes und Nebelhaftes» an; sie förderten Mißverständnisse bis hin zur bewußten Verunklärung (Manipulation). Fremde Bestandteile seien eine Gefahr für die Sprachrichtigkeit *(Latinitas)* und erschwerten die Verständlichkeit *(perspicuitas)* für weniger Gebildete. [34] Auf Campe zurückgreifend schlägt Dunger deshalb vor, ‹entbehrliche F.› durch wiederbelebte alte Ausdrücke, durch mundartliche Wörter oder Neubildungen zu ersetzen, um die ursprüngliche Sprachähnlichkeit der Wörter *(analogia)* wiederherzustellen. [35]

Nach der Reichsgründung 1871 greifen auch Behörden in den Kampf gegen das F. ein. Mit einem Erlaß führt Generalpostmeister H. VON STEPHAN 1875 Verdeutschungen von 671 Gallizismen und Latinismen im Postwesen ein, die bis heute Bestand haben, so beispielsweise ‹einschreiben› für ‹rekommandieren›. [36]

IV. *20. Jahrhundert*. Mit der Zeit um den ersten Weltkrieg erreicht der deutsche Purismus seinen Höhe- und gleichzeitig seinen vorläufigen Endpunkt. Militante Sprachreiniger wie der Publizist E. ENGEL ereifern sich gegen eine «grenzenlose ausländernde Sprachsudelei», in der sie einen «geistigen Landesverrat» sehen. [37] Die politische Sprachkritik gegen das F. muß jedoch ab Mitte der Dreißiger Jahre allmählich verstummen, denn die politischen Praktiker unter den Nationalsozialisten lassen sich die Möglichkeiten der sprachlichen Manipulation durch das F. von den Puristen nicht nehmen. F. wie ‹Organisation› oder ‹arisieren› besitzen eine Toleranzspanne, d. h., indem sie bewußt nicht klar umrissen werden *(obscuritas)*, scheinen sie von Tatsachen auszugehen, geben jedoch in Wahrheit Meinungen, fixierte Standpunkte oder Wertungen wieder, mit denen sie andere überreden wollen. Sie rühmen oder rügen, je nachdem von welcher Seite sie gehört oder gesagt werden. Der Gebrauch bestimmter F. hat in einem totalitären Staat oft eine *Tarnfunktion*, weil er die Absichten der Führung bewußt verunklart. [38]

Mit den neuen sprachwissenschaftlichen Ansätzen von F. DE SAUSSURE ist man auch in der Fremdwortdiskussion von einem einseitig diachronen Denken abgerückt. Man hat erkannt, daß mit der Herkunft eines Wortes *(etymologia)* noch nichts über dessen Gebrauch in der Sprachgemeinschaft *(consuetudo)* gesagt ist. In der synchronen Sprachbetrachtung wird das F. als ein Wort oder eine Wendung einer fremden Sprache betrachtet, die einzelne Sprachteilnehmer nur gelegentlich und wie ein Zitat verwenden. Ein Lehnwort im synchronen Sinne ist dagegen ein Wort fremdsprachlicher Herkunft, das mindestens in einer größeren Gruppe von Sprachteilnehmern zum üblichen Wortschatz gehört. [39] Der Prozeß, den ein fremdsprachlicher Ausdruck in seinem Eindeutschungsprozeß durchläuft, wird an einem operationalen Modell darzustellen versucht, das mehreren Skalenpunkten Merkmalsausprägungen gegenübestellt, an denen sich der Wandel vom F. zum Lehnwort ablesen läßt. Solche Merkmalsausprägungen sind die Häufigkeit des Wortgebrauchs, die soziale Verbreitung, die Verwendungssituation, die flexivische Anpassung, die Wortbildungsaktivität des F. (z. B. englische Verben mit deutscher Infinitivendung wie in ‹fighten›) u. a. m. [40]

Ansätze einer modernen Fremdwortkritik können in den rhetorischen *virtutes der perspicuitas* und *brevitas* gesehen werden: «Ein Fremdwort ist immer dann gut und nützlich, wenn man sich damit kürzer und deutlicher ausdrücken kann.» [41] Überall dort, wo das F. unwissende Gesprächsteilnehmer aussperrt oder ihnen mit Wortklängen zu imponieren sucht *(Sperrfunktion)*, wo es mit undefinierten Worten aus gebundenen Wortschatzbereichen in einer *Tarnfunktion* leichtsinnig oder böswillig umgeht, um zu täuschen oder zu verführen (wie in der Sprache der Politik oder der Werbung), überall dort, wo außersprachliche Gründe den Gebrauch bestimmen, hat Sprachkritik ihre wichtige Aufgabe. [42] Für T. W. ADORNO spiegelt der Fremdwortstreit die Schwierigkeit der richtigen Synthese (als rhetorische *ars*) von Gedankeninhalt *(res)* und sprachlicher Form *(verba)* wider. Der übliche Klang des heimischen Wortes «erweckt die Illusion, es wäre, was geredet wird, unmittelbar das Gemeinte. F. als «winzige Zellen des Widerstands» mahnten jedoch kraß daran, «daß alle wirkliche Sprache etwas von der Spielmarke hat, indem es sich selber als Spielmarke einbekennt.» [43] Diese Einsicht fordert vom Redner bei der sprachlichen Einkleidung seiner Gedanken allein das Streben nach der *veritas* des Ausdrucks. Die Entscheidung für ein F. ist immer dann besser, wenn es den Sinn treuer *(fides)* und konzessionsloser wiedergibt als das deutsche Synonym. Nur über die wahrhafte Formulierung erhält die Rede ihre Biegsamkeit *(mollitudo)*, Eleganz *(elegantia)* und Geschliffenheit *(argutiae)*. [44]

C. I. Die in *Frankreich* bis in die Gegenwart reichende Ablehnung fremdsprachiger Wörter ist vor dem Hintergrund der französischen Sprachgeschichte zu betrachten. Von Franz I. über Ludwig XIV. bis zu General de Gaulle ist den Franzosen die in der Tradition verwurzelte Überzeugung eigen, daß die ‹pureté de la langue› (Sprachreinheit) ein Abbild der ‹grandeur de l'État› (Staatsgröße) darstellt. [45]

Die eigentliche Normierung der Sprache beginnt mit dem Wirken von F. DE MALHERBE. Gestützt auf die Regeln Quintilians unterzieht er die Werke zeitgenössischer Dichter einer schonungslosen Kritik im Hinblick auf eine *clarté* im sprachlichen Ausdruck. Sein Hauptanliegen ist die «épuration du vocabulaire» und der Kampf gegen F., insbesondere Latinismen, Graezismen und Italianismen. [46] Eine institutionelle Prägung erhält der normative Purismus im Jahr 1635 durch die Gründung der ACADÉMIE FRANÇAISE, die es zu ihrem Ziel erklärt, die französische Sprache wieder «pure, éloquente, et capable de traitter les Arts, et les Sciences» (rein, beredt und zur Erörterung der Künste und Wissenschaften fähig) zu machen. Seither agiert die Académie als oberste Hüterin des ‹bon usage›, der *consuetudo*. Die zunehmende Diskrepanz zwischen dem von ihr vorgegebenen normativen Sollzustand und dem Istzustand des alltäglichen Sprachgebrauchs mündet am Ende des 19. Jh. in einen Streit um die sogenannte ‹crise du français›, der bis in unsere Tage andauert [47] und sich mehrfach an der Fremdwortfrage entzündet. So löst R. ÉTIEMBLE mit der Veröffentlichung seines Buches ‹Parlez-vous franglais?› [48], in dem er den übermäßigen Gebrauch von Angloamerikanismen verurteilt, eine regelrechte Krisenhysterie aus. [49] In der Übernahme von Wörtern aus anderen Sprachen und besonders aus dem Angloamerikanischen sehen Kritiker wie J. DUHAMEL ein Zeichen nationaler Schwäche, gegen die sie in der rhetorischen Auseinandersetzung mit aggressiven Metaphern vorgehen, dem «Fremdwörterunwesen» den Krieg erklären («déclarer la guerre»), um das «ausländische Virus zu beseitigen» («éliminer le virus étranger»). [50]

In den Siebziger Jahren sieht sich der französische Staat genötigt, dirigistisch in die Fremdwortdiskussion einzugreifen, indem er 1972 mit einem Regierungserlaß und dem Gesetz vom 31. 12. 1975 den öffentlichen Gebrauch der französischen Sprache vorschreibt und die Verwendung fremder Wörter oder Wendungen unter Geldstrafe stellt. [51] Dieses Sprachgesetz wurde zwar von weiten Teilen der Bevölkerung begrüßt, scheiterte jedoch an den Schwierigkeiten seiner praktischen Durchsetzung. [52] Von Linguisten auch außerhalb des Purismusstreits wurde es vielfach zurückgewiesen, da sie in dem sprachlichen Dirigismus ein Ablenken von politischen und ökonomischen Problemen und ein nationalistisches Aufbegehren gegen die Supermacht USA sahen: «Faute de pouvoir porter la lutte sur le terrain où elle devrait se maintenir, les nostalgiques de la puissance française s'emparent [de la langue.]» (Aus Unfähigkeit, den Kampf dort auszutragen, wo er stattfinden sollte, bemächtigen sich diejenigen, die sich nach französischer Stärke sehnen, der Sprache.) [53] Dennoch hat keine der sprachpuristischen Anstrengungen verhindern können, daß viele fremdsprachige Technizismen, Professionalismen, Modewörter und Bezeichnungen Bestandteil des französischen Alltagswortschatzes geworden sind.

II. *Im englischsprachigen Raum* sah und sieht man in der Übernahme fremdsprachiger Ausdrücke viel weniger eine Bedrohung der Muttersprache. F. werden einfach in die Sprache aufgenommen und von den meisten gebildeten Sprechern verstanden, auch wenn sie nicht zum aktiven Wortschatz gehören. [54] In Druckerzeugnissen werden F. oft typographisch durch Sperrdruck oder Kapitälchen hervorgehoben. Die größtenteils wohlwollende Aufnahme ist im wesentlichen darin begründet, daß meist mit dem übernommenen Wort die Sache oder ein spezieller Sachverhalt übernommen wird, der in England oder Amerika so nicht existiert: vgl. die Germanismen ‹bratwurst›, ‹Bundestag› oder ‹gleichschaltung›. Hieraus erklärt sich auch, daß die Mehrzahl der F. Substantive oder idiomatische Wendungen sind. [55] Terminologisch unterscheidet die – ausschließlich deskriptive – Linguistik *loan words* (Fremd- und Lehnwörter) von *loan blends* (Mischbildungen wie ‹thousand-year Reich›, ‹abseiling›), von *loan translations* (‹mastersinger›, ‹time-spirit›) und von *semantic loans* (‹idea›, ‹reason› mit Kantscher Prägung). [56] Eine begriffliche Unterscheidung von Fremd- und Lehnwörtern wie im Deutschen kennt weder die englische noch die französische Sprachwissenschaft. Beide Arten der Entlehnung heißen ‹loan words› bzw. ‹mots empruntés›.

Dennoch gibt es unterschiedliche Grade der Assimilierung in Phonetik und Orthographie. Grundsätzlich gilt: Je vertrauter das F., desto größer ist die Assimilation, desto häufiger wird auf seine typographische Hervorhebung verzichtet.

Die Zahl der in das moderne Englisch eintretenden F. reicht offenbar nicht aus, um einen «puristischen Chauvinismus» aufkommen zu lassen. Dennoch finden sich in der englischen Presse vereinzelt ablehnende Äußerungen über ausländische Einflüsse, so in einem Artikel des ‹Spectator› aus dem Jahr 1926, der den Germanismus ‹Schadenfreude› mit einem ironischen Seitenhieb kommentiert: «There is no English word for ‹Schadenfreude›, because there is no such feeling here.» (Es gibt kein englisches Wort for ‹Schadenfreude›, weil es hier keine solche Empfindung gibt.) [57]

Anmerkungen:
1 DUDEN: Das große Wtb. der dt. Sprache, Bd. 2 (1976) 898. – 2 R. Tippe: Zur F.-schreibung in der dt. Sprache der Gegenwart, in: Wiss. ZS der Wilhelm-Pieck-Univ. Rostock 35 H. 8 (1986) 66. – 3 W. Müller: Einf. in Gesch. und Funktion des F., in: DUDEN 5 (Fremdwtb.) ([4]1982) 14. – 4 A. Kirkness: Zur Lexikologie und Lexikografie des F., in: P. Braun (Hg.): F.-Diskussion (1979) 74. – 5 H. Lausberg: Elemente der lit. Rhet. ([10]1990) § 111. – 6 ebd. § 113,2. – 7 ebd. § 115,1. – 8 ebd. § 284,2. – 9 DUDEN [1]; vgl. Jean Paul: Werke, hg. von N. Miller, Bd. I (1960) 477. – 10 Arist. Poet. 22. – 11 Quint. I,5,55. – 12 H. Lausberg: Hb. der lit. Rhet. ([3]1990) § 477; Quint. I,5,58. – 13 Quint. I,6,1; I,6,39–43. – 14 Quint. I,6,30. – 15 L. Mackensen: Traktat über F. (1972) 43; H. Dunger: Wtb. von Verdeutschungen entbehrlicher F. (1882, ND 1989) 5. – 16 Müller [3] 12. – 17 M. Luther: Werke, Tischreden, Bd. 5, Nr. 6404 (WA 1919, ND 1967) 645. – 18 G. Hess: Deutsch-lat. Narrenzunft (1971) 126f. – 19 P. Erlebach: Art. ‹Barbarismus›, in: HWR, Bd. 1 (1992) Sp. 283. – 20 Mackensen [15] 47. – 21 vgl. Müller [3] 12. – 22 J. G. Schottelius: Ausführliche Arbeit Von der Teutschen HaubtSprache (1663, ND 1967) 137; vgl. auch: J. G. Lindner: Anweisung zur guten Schreibart überhaupt... (Königsberg 1755, ND 1974) 16. – 23 G. W. Leibniz: Unvorgreiffliche Gedancken betreffend die Ausübung und Verbesserung der Teutschen Sprache (1697, ND 1831) § 15. – 24 vgl. M. Lemmer: «... daß die fremden ausländischen wörter und redensarhten gantz solten vertilget werden.» Ein Gedenkblatt für P. v. Zesen, in: Sprachpflege. ZS für gutes Deutsch 38 (1989) 157–161. – 25 Leibniz [23] § 29. – 26 ders. § 75. – 27 ders. § 87f. – 28 A. Bohse, gen. Talander: Gründliche Einl. zu Teutschen Briefen (1706, ND 1974) 242f. – 29 J. J. Quantz: Versuch einer Anweisung die Flöte traversiere zu spielen (1752, ND 1992) Vorrede. – 30 J. H. Campe: Wtb. zur Erklärung und Verdeutschung der unserer Sprache aufgedrungenen fremden Ausdrücke. (1801) 30. – 31 vgl. A. Kirkness: Zur Sprachreinigung im Dt. 1789–1871. Eine hist. Dokumentation, Teil I (1975) 229, 235f. – 32 H. Dunger: die Sprachreinigung und ihre Gegner. (1887) 1. – 33 H. Riegel: Ein Hauptstück von unserer Muttersprache, der allg. dt. Sprachverein und die Errichtung einer Reichsanst. für die dt. Sprache ([2]1888) 53. – 34 Dunger [32] 66–73. – 35 vgl. Dunger [15] 37. – 36 ders. 51. – 37 vgl. P. von Polenz: F. und Lehnwort sprachwiss. betrachtet, in: Mu 77 (1967) 66. – 38 vgl. Mackensen [15] 78, 36. – 39 von Polenz [37] 75. – 40 vgl. G. Schank: Vorschlag zur Erarbeitung einer operationalen F.-definition, in: DS 1 (1974) 67–88. – 41 Müller [3] 16. – 42 von Polenz [37] 79f.; Funktionsbezeichnungen von Mackensen [15] 36, 53. – 43 T. W. Adorno: Wörter aus der Fremde, in: Braun [4] 199, 202. – 44 vgl. Adorno [43] 204f. – 45 vgl. C. Hagège: Le Français et les siècles (Paris 1987) 109. – 46 G. Holtus, M. Metzeltin, C. Schmitt (Hg.): Lex. der romanist. Linguistik, Bd. V, 1 (1990) 339f. – 47 ders. 346. – 48 R. Étiemble: Parlez-vous franglais? (Paris [2]1973). – 49 Holtus [46] 347. – 50 Hagège [45] 114f. – 51 Die dt. Übersetzung des Gesetzes ist abgedruckt in: Der Sprachdienst 20, H. 2 (1976) 17–19. – 52 vgl. H. H. Christmann: Das Französische der Gegenwart: zu seiner Norm und seiner «défense», in:
F. J. Hausmann (Hg.): Die frz. Sprache von heute (1983) 439. – 53 Hagège [45]. – 54 vgl. A. W. Stanforth: Lexical Borrowing from German since 1933 as Reflected in the British Press, in: The Modern Language Review 69 (London 1974) 326. – 55 vgl. die Beispiele in Stanforth [54] 327. – 56 vgl. Stanforth [54] 327, 332 und A. W. Stanforth: Against the Tide – The Influence of German on English, in: C. V. J. Russ (Hg.): Foreign Influences on German (Dundee 1984) 120. – 57 Stanforth (1984) [56] 121.

Literaturhinweise:
J. C. Adelung: Umständliches Lehrbuch der dt. Sprache (1782). – Jean Paul: Vorschule der Ästhetik ([2]1813), XV. Programm, § 84, hg. von W. Henckmann (1990) 307–318. – K. C. F. Krause: Sprachwiss. Abhandlungen (1814ff., ND 1901). – Grimm, Vorwort, Bd. I, Sp. XXVI–XXIX. – L. Schacht: Über den Kampf der dt. Sprache gegen fremde Elemente (1866). – H. Dunger: Das Fremdwörterunwesen in unserer Sprache, in: Zeitfragen des christl. Volkslebens 10 (1885) 1–68. – ders.: Engländerei in der dt. Sprache (1909, ND 1989). – O. Briegleb: Wider die Sprachverderbnis. Ein Beitrag zur Wahrung des Standes der dt. Sprache (1911). – W. Wackernagel: Umdeutschung fremder Wörter (Basel 1861). – W. Pfaff: Zum Kampf um dt. Ersatzwörter (1933). – H. J. Rechtmann: Das F. und der dt. Geist (1953). – E. Öhmann: Das lit. Kunstwerk und das F., in: NPhM 56 (1955) 122–140. – K. Heller: Das F. in der dt. Sprache der Gegenwart (1966). – G. Augst: Sprachnorm und Sprachwandel (1977). – H.-M. Gauger: Richtungen der Sprachkritik, in: ders. (Hg.): Sprach-Störungen. Beitr. zur Sprachkritik (1986) 13–25. – R. Olt.: Was ist fremd im Deutschen?, in: Mu 97 (1987) 300–322. – J. Schiewe: C. G. Jochmann und die F.-frage und G. Augst: das F. – ein Scheinphänomen?, in: Sprachreport 2/88 (1988) 2–5. – W. Sanders: Sprachkritikastereien (1992) 71–78.

T. Tröger

→ Archaismus → Barbarismus → Deutschunterricht → Etymologie → Fachsprache → Grammatik → Gräzismus → → Klarheit → Latinismus → Latinitas → Lexikographie → Muttersprache → Orthographie → Perspicuitas → Purismus → Res-verba-Problem → Sprachgebrauch → Sprachgesellschaften → Sprachkritik → Sprachwissenschaft → Vetustas → Virtutes-/Vitia-Lehre

Freundschaftsalbum (auch Album amicorum, Stammbuch)

A. F. sind Bücher zum Eintragen persönlicher Widmungen an den Besitzer des Buches. Sie kamen Mitte des *16. Jh.* in Mode und dienten dazu, auf Reisen Erlebnisse und Begegnungen schriftlich festzuhalten, um sich später wieder daran zu erinnern. In der Anfangszeit war es zuweilen üblich, ein begonnenes Album einem Freund oder dem Sohn zu schenken, damit dieser es weiterführte. Die Eintragungen und der Inhalt müssen also mehr als die nur persönliche Erinnerung bedeutet haben; der Wert eines F. liegt in seiner Komposition und Gesamtheit. Neben Büchern mit rein weißen Seiten wurden im *16. und 17. Jh.* mit Vorliebe auch Emblemwerke benutzt, die man für die Eintragungen mit weißen Seiten interfoliierte (‹durchschoß›). Besonders beliebt waren hierbei die Emblemata des A. ALCIATUS, die seit 1531 in mehr als 130 Ausgaben aufgelegt wurden, sowie die Werke von N. REUSNER, C. PARADIN, J. AMMANN, J. SAMBUCUS und H. JUNIUS.

B. Den *Humanisten* waren F. noch nicht bekannt. Bei ERASMUS etwa findet sich keinerlei Erwähnung oder entsprechende Überlieferung. Die drei frühesten bekanntgewordenen F. wurden 1545 von C. DE SENARCLENS (dem Botschafter Calvins an Luther), 1548 von C. VON TEUFFENBACH (österreichischer Adliger) und 1549 von A. ULRICH (protestantischer Geistlicher) angelegt. Sie unterscheiden sich von reinen Autographensammlungen dadurch, daß die Einträge (in der Regel) persönliche Botschaften an den Besitzer des Buches enthalten. Man könnte diese Alben mit einer Sammlung von Briefen an einen Empfänger vergleichen, die nicht mit der Post befördert, sondern persönlich auf Reisen in Empfang genommen wurden. Ähnlich wie bei einem Brief gibt ein Eintrag Auskunft über Ort und Zeit, er hat eine Anrede und eine Schlußformel und natürlich seine ‹Botschaft›. Diese kann durch eine beigegebene Zeichnung, eine Wappenmalerei oder nur den Eingeweihten lesbare Chiffren (‹Devisen›) ergänzt worden sein. Das erwähnte Album des A. Ulrich ist das erste mit Zeichnungen. Waren anfänglich Wappenmalereien und Kostümbilder üblich, kamen später auch Genreszenen hinzu. Höhe-

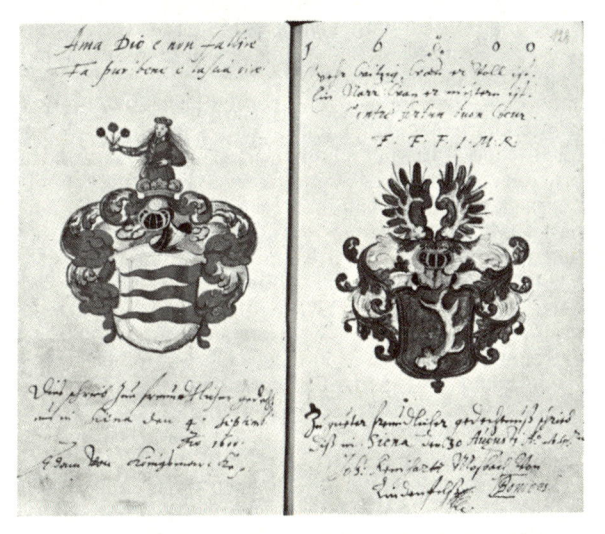

Abb. 1: F. des C. Haberkorn aus den Jahren 1594–1604.

punkt der Wappenmalerei ist die Zeit zwischen 1590 und dem Beginn des Dreißigjährigen Krieges. Danach wurden nur noch selten Wappen eingemalt. Im 18. Jh. wurde es dann üblich, dem Eintrag allerlei Bildchen, Oblaten, Haarlocken beizufügen. Die Alben dieser Zeit spiegeln in vielen Nuancen das Leben in aller Breite.

Abb. 2: Einzelblatt einer aus verschiedenen F. zusammengestellten Beispielsammlung von 1732–1772.

1558 gab der Lyoner Verleger J. DE TOURNES als erster einen ‹Thesaurus Amicorum› heraus. Alle Seiten dieses Buches hatten Kupferstichbordüren, einige waren zusätzlich mit Portraitmedallions berühmter Philosophen oder Schriftsteller bedruckt, so daß ein Eintragender zusätzlich zu seiner offen lesbaren Widmung durch Auswahl des passenden Motivs eine verschlüsselte Botschaft vermittelte und damit, ganz im Geist der Zeit, in den Emblemwerken ein Vehikel der Selbstdarstellung erkannte.

Während in allen anderen europäischen Sprachen die Bezeichnung solcher F. mit ‹Album amicorum›, ‹Philothekon› o. ä. bis heute klar umschrieben blieb, taucht in der deutschen Sprache 1573 durch S. FEYERABENDS Druck eines ‹Stamm- oder Gesellenbuch› das Wort ‹Stammbuch› erstmals auf. Es war damals offenbar für Zeitgenossen nicht recht verständlich und mußte durch das Beiwort ‹Gesellenbuch› verdeutlicht werden. Gesellen waren alle jungen Leute auf Wanderschaft, beispielsweise Studenten, junge Adlige auf ihrer durch Europa führenden Pellegrinatio oder auch Handwerksgesellen. Von allen diesen Gesellschaftsschichten sind F. erhalten, die sich nach Inhalt und Ausführung deutlich unterscheiden. Die Bücher des Adels sind von formaler Strenge und enthalten häufig neben der Unterschrift des adeligen Einträgers und seiner Devise (auch hierin die zeitgemäße Liebe zum Übermitteln verschlüsselter Botschaften ausgeprägt) nur die Malerei des Familienwappens.

Der spät entwickelte Begriff ‹Stammbuch›, sicher aber auch die in der Frühzeit von allen adeligen Einträgern reichlich verwendeten schönen Wappenbeigaben, führte in der Folge zu falschen bis heute noch nicht überwundenen Rückwärtsinterpretationen der Mode der F. aus Adelssitten des 14. Jh. Schon die erste Dissertation über das Thema durch M. Lilienthal 1712 gründete die Herkunft der Alben auf adelige Turnierbücher. [1] Adelssitten waren aber übergreifend europäisch. Die Mode der Stammbücher dagegen war sehr viel begrenzter. Von wenigen Ausnahmen abgesehen blieb sie auf den *deutschen Sprachraum, die Niederlande* und *Skandinavien* beschränkt. Dies ist wegen der paneuropäischen intellektuellen Inhalte der Alben erstaunlich. Auch wußte offenbar jeder Einträger sofort, was und auf welche Weise er einzuschreiben hatte, selbst wenn das Album einem Kommilitonen oder Professor anderer Nationalität vorgelegt wurde. Der Funke sprang aber nie über. Wie ‹deutsch› die Alben wirkten, zeigt sich z. B. an dem satirischen Theaterstück ‹Sir Politick would-be› (1662) von SAINT EVREMONT, in dem ein deutscher Reisender durch sein Album charakterisiert und karikiert wird. Die ersten F. sind von der Universität Wittenberg bekannt. Rein statistisch stammen in den ersten zehn Jahren dieser sich ausbreitenden Mode die meisten Alben aus Wittenberg. [2] Viele Eintragungen haben deutlich protestantische Bezüge und dienten vielleicht zunächst den nach ihrem Studium nach Hause zurückkehrenden Wittenberger Studenten als Verbundenheitszeichen in einer ansonsten katholischen Welt. Konsequenterweise war auch an einigen katholischen Universitäten Italiens das Führen von Alben anfangs verboten. Dagegen gab es in Deutschland selbst schon früh F. katholischer Besitzer. Städte wie Augsburg und Straßburg, aber auch der Kulturraum der Schweiz dienten dabei als Vermittler zwischen den Konfessionen.

Auch der Mißbrauch von F. blieb nicht aus. So versahen schon früh viele Besitzer ihr Album mit einer Mahnung an alle künftigen Einträger, Würde und Anstand in den Eintragungen zu wahren. Wenn sie dieser Mahnung nicht folgten, wurde Ihr Eintrag eventuell getilgt. Aber auch die Besitzer der Alben selbst konnten die Freundlichkeit eines Einträgers mißbrauchen und das bei der Eintragung übergebene Geld für einen sogenannten ‹Briefkartenmaler›, dem man den Auftrag zur zeichnerischen Ergänzung durch ein Wappen oder eine Miniatur hätte geben sollen, selbst verbrauchen. Viele Eintragungen sagen nämlich: «... habe ich mein Wappen etc. malen lassen», ohne daß es sich auf der Seite finden läßt. Damit ist angedeutet, daß sich ein Album auch zum Betteln benutzen ließ oder auch zu einer Art Erpressung, wenn man nämlich damit drohte, eine Eintragung von einem unangenehmen Zeitgenossen zur ebengetätigten hinzufügen zu lassen. All dieses wurde 1743 in einem Kalenderbeitrag in Leipzig der Erwähnung Wert befunden. [3]

Viele Alben haben einen schönen, z. T. kostbaren Einband. Reiche Deckel- und Rückenverzierungen, Blind- und Golddruck auf Leder oder Pergament, Einbandstoffe von Samt oder Seide. Erst im *19. Jh.* wurde es üblich, lose Blättchen in einer schmucken Kassette zu sammeln. Das Format der Alben, vor allem der ältesten, war überwiegend das Oktav. Erst in der Goethezeit wurden die querliegenden Quartbände populär. Möglicherweise hat u. a. die schöne äußere Ausstattung ebenso wie besonders wertvolle und interessante Einträge manchem Album sein Überleben gesichert. Aus dem *16. Jh.* sind heute insgesamt ca. 1600 F. bekannt. Die Bearbeitung der Alben nach dieser Zeit ist bisher nur für spezielle Gruppen erfolgt. So kennt man ca. 900 Alben aus den Niederlanden bis einschließlich 1800 [4], 466 Alben aus den skandinavischen Ländern vor 1660. [5] Die Anzahl der erhaltenen Alben aus dem *18. und 19. Jh.* ist schwer abzuschätzen. Ständig tauchen auch noch nicht bekannte Exemplare im Handel auf. Da in dieser Zeit das Sammeln von Autographen literarischer Persönlichkeiten und solcher des Musiklebens intensiv gepflegt wurde, sind viele Alben zerlegt und bis auf die interessierenden Autographen vernichtet worden. In manchen Bibliotheken liegen reiche Sammlungen solcher Albumblätter vor (z. B. die Sammlung Fromann in der Württembergischen Landesbibliothek Stuttgart). In der Folgezeit wurden die F. fast völlig von den Bedürfnissen des akademischen Lebens bestimmt, sie dienten als Studiennachweis ebenso wie als Zeugnis des Studienorts und dort vorgefundener Besonderheiten. Die Alben aus der ersten Hälfte des *19. Jh.* vermitteln ein anschauliches Bild vom

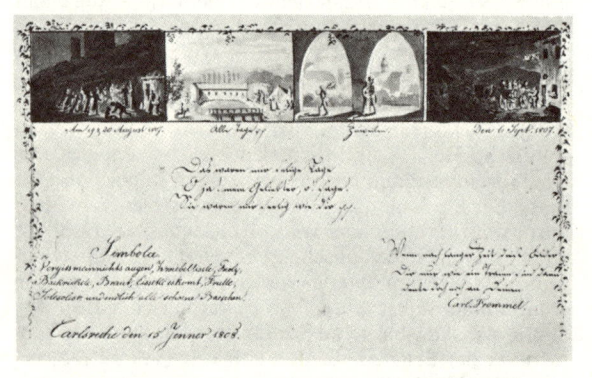

Abb. 3: F. des A. Boisot aus den Jahren 1806–1809. Eintrag des Malers und Kupferstechers C. Frommel.

biedermeierlichen Zeitgeist. Neben den dokumentarischen Aufzeichnungen früherer Zeiten bieten die F. somit eine Fülle authentischen Quellenmaterials. So

können z. B. Flugblätter ikonographisch eingeordnet, Echtheitsnachweise aus dem autographischen Kontext heraus geführt und Beigaben (wie türkische Buntpapiere) sicher datiert werden. Es gibt komplette Listen von aktiven Professoren einer Universität, aus den Orten und Zeiten der Wanderung lassen sich Hinweise z. B. auf die Pest gewinnen und nicht zuletzt geben die Zitate der klassischen Schriftsteller und biblischen Autoren Hinweise auf den akuellen Bildungshintergrund. Viele Bibliotheken verfügen über reiche, bisher kaum bearbeitete Bestände und Sammlungen von F. Viele früher in Nürnberg gesammelte Alben sind in den Besitz der British Library in London gelangt, die zusammen mit anderen Teilsammlungen heute über eine der größten Sammlungen von Alben verfügt. Berühmt ist auch die Sammlung der Bibliothek der Deutschen Klassik in Weimar. Die Bestände der alten Staatsbibliothek Berlin sind nach Krakau gerettet worden. Erwähnenswert sind außerdem die Sammlungen der Königlichen Bibliotheken in Den Haag, Kopenhagen und Brüssel, der Österreichischen Nationalbibliothek in Wien, des Museums für Kunsthandwerk in Frankfurt am Main (Linel-Sammlung), der Bibliotheken in Breslau, Nürnberg, Wolfenbüttel, München, Stuttgart sowie der Universitäten Göttingen, Erlangen, Gießen, Tübingen und Jena.

Auch Frauen haben F. geführt. [6] Allerdings sind diese Bücher mehr als Gästebücher anzusehen, da Frauen nicht reisten. Sie sammelten die Einträge befreundeter Besucher häufig in Gebet-, Gedicht- oder Liederbüchern. Ein derartiger Vorläufer ist z. B. von MARIA VON CLEVE, Gemahlin des Charles von Orléans, aus dem Jahr 1450 bekannt geworden. Dafür wurde eine Gedichtsammlung von A. CHARTIER benutzt.

In den noch heute gebräuchlichen ‹Poesiealben› von Schulkindern haben sich die letzten Reste der Mode der F. erhalten. Ihr Name spiegelt noch den Stolz auf eine endlich entstehende deutsche Nationalpoesie im *18. Jh.*, wie sich aus den Einträgen der Zeit noch heute ablesen läßt.

Anmerkungen:
1 M. Lilienthal: Schediasma Critico-Literarium. De Philothecis Varioque earundem Usu & Abusu, vulgo von Stammbüchern (1712); ND in: J.-U. Fechner (Hg.): Stammbücher als kulturhist. Quellen (1981). – **2** W. Klose: Zur Entstehungsgesch. der Stammbuchsitte im 16. Jh., in: Internationales Archiv für Sozialgesch. der dt. Lit. 13 (1988) 40–44. – **3** M. Steudnitzer: Gedanken über die Stammbücher, in: Belustigungen des Verstandes und des Witzes. Auf das Jahr 1743 (1744) 258–279; 337–357; 436–460. – **4** C. Heesackers / K. Thomassen: Voorlopige lijst van alba amicorum uit de Nederlanden vóór 1800 Mitteilung der Königlichen Bibliothek (Den Haag 1989). – **5** V. Helk: Dansk-Norske Studierrejser fra reformationen til enevælden 1536–1600 (Odense 1987). – **6** M. A. Delen: Frauenalben als Quelle. Frauen und Adelskultur im 16. Jh., in: W. Klose (Hg.): Stammbücher des 16. Jh. (1988) 75–93.

Literaturhinweise:
M. Gräfin Lanckorónska: Dt. Studentenstammbücher des 18. Jh., in: Imprimatur 5 (1934) 97ff. – W. Klose: Stammbücher – Eine kulturhist. Betrachtung, in: Bibliothek und Wiss. 16 (1982) 41–67. – W. Klose: Corpus Alborum Amicorum – CAAC (1988). – K. Thomassen (Hg.): Alba Amicorum. Vijf Eeuwen Vriendshap op Papier gczcit: het Poesiealbum in de Nederlanden (Den Haag 1990).

W. Klose

→ Buchkunst → Chiffre → Dedikation → Denkspruch → Emblem, Emblematik → Gelegenheitsgedicht → Maxime → Sprichwort → Spruchdichtung → Zitat

Fucus oratorius (dt. rednerische Verstellung)
Der Begriff ‹F.› gehört, soweit ersichtlich [1], nicht zum klassischen, sondern erst zum humanistisch bzw. frühaufklärerisch geprägten rhetorischen Vokabular. Bei J. A. FABRICIUS heißt es in § 25 seiner ‹Philosophischen Oratorie› (1724): «Denn wenn alle leute weise wären [...], dürffte man an keine andere beweißgründe gedencken, als welche die wahrhaffte beschaffenheit der sache an die hand giebt und daran die Logick gearbeitet. Da dies aber nicht ist, muß man vielfältig wind machen und der wahrheit zum besten denen vorurtheilen und affecten nachzugeben suchen, sie zu überwinden, und solches ist der rechte *fucus oratorius*.» [2] Fabricius behandelt die rednerische Verstellung im ersten Teil seines Werkes, der sich mit der Beweislehre beschäftigt. Der Gedanke selbst ist nicht neu; er ist Bestandteil der schon in der Antike bekannten und vor allem von SOKRATES praktizierten rhetorischen Dissimulationsstrategie. (Lat. ‹fucus› heißt eigentlich: Purpur(farbe), rote Schminke.) QUINTILIAN erklärt, es sei zuweilen – und zwar auch im Dienst der guten Sache – «Aufgabe des Redners, zu erreichen, daß etwas so aussieht, als wäre es widersprechend, nicht zur Sache gehörig, unglaubhaft, überflüssig [...].» CICERO verfahre so an vielen Stellen. [3] Die *dissimulatio* besteht im Verbergen der eigenen Meinung, wogegen die *simulatio* die positive Vortäuschung einer mit der Gegenpartei übereinstimmenden Meinung ist, oft verbunden mit Ironie. [4]

Für Fabricius ist der F. ein wichtiger Begriff der prudentistischen Moral. «Überhaupt», schreibt er, «muß man sich der Oratorischen schmincke mit der größten Klugheit bedienen, sie nicht gäntzlich verwerffen, doch auch nicht ohne unterscheid, nicht zu häuffig, nicht an den unrechten ort, oder sonst auf pedantische und abgeschmackte art anbringen.» [5] Der F. gehört damit in den Umkreis der spätbarocken bzw. frühaufklärerischen ‹politischen› Bewegung. Entstanden in Deutschland im 17. Jh. vor allem unter dem Eindruck der Lebens- und Klugheitslehre B. GRACIÁNS, stellte sie den Versuch dar, die Rhetorik nicht nur als Bildungsfach zu studieren, sondern erneut als Mittel zur Bewältigung praktischer Aufgaben einzusetzen. Dem ‹Politicus›, dem Welt- bzw. Hofmann, sollte die rhetorisch geschulte Rede im bürgerlichen Leben und bei Hofe Erfolg bringen. [6] Doch was dem Redner half, konnte sich auch der Schriftsteller zunutze machen. Der F. ähnelt den literarischen Bemühungen der Aufklärung, Unwissenheit und Vorurteile durch die angenommene Maske der Verstellung und Selbstverkleinerung zu bekämpfen. Hier ist besonders an WIELAND zu denken, der sich in seinen Schriften gerne der sokratischen Ironie zu diesem Zweck bediente. [7]

Anmerkungen:
1 Der Thesaurus linguae latinae (Bd. 6,1) enthält keine klass. Stelle für den Ausdruck ‹F.›. Das Wort ‹fucus› im Sinne von ‹dolus› (List, Täuschung) wird freilich häufig nachgewiesen. Einen entfernten Anklang bietet die Stelle Cic. De or. III, 100, wo vom anstößigen «falschen Glanz» des Redners oder Dichters (in oratoris aut in poetae fuco) gesprochen wird. Auch J. C. Ernesti (in: Lex. technologiae Latinorum rhetoricae (1797; ND 1962)) hat keinen Beleg zu ‹F.›. – **2** J. A. Fabricius: Philos. Oratorie (1724; ND 1974) 80. Auch bei A. Rüdiger: De sensu veri et falsi libri IV (1722) 451f. wird der Begriff. ‹F.› gebraucht. Siehe dazu R. Klassen: Logik und Rhet. der frühen dt. Aufklärung (Phil. Diss. München 1973, ersch. Augsburg 1974) 185f. – **3** Quint. V, 13, 17 und 22; auch II, 17, 26f. – **4** vgl. H. Lausberg: Hb. der lit. Rhet. (^{3}1990) § 902. – **5** Fabricius [2] 89f. – **6** vgl. W. Barner: Barockrhet. (1970) T. 2, Kap. 1. – **7** vgl. R. Tschapke: Anmutige Vernunft. C. M. Wieland und die Rhet. (1990) 226f.

Literaturhinweis:
U. Geitner: Die Sprache der Verstellung. Stud. zum rhet. und anthropologischen Wissen im 17. und 18. Jh. (1992).

F. H. Robling

→ Camouflage → Dissimulatio → Ethik → Höfische Rhetorik → Hofmann → Ironie → Manipulation → Obscuritas → Redner, Redenrideal → Simulatio

Funeralrhetorik
A. Def. – B. Allgemeines. – C. Geschichte.

A. ‹F.› bezeichnet im engeren Sinn die rhetorische Formalisierung des Sprechens im Zusammenhang mit der Bestattung, im weiteren Sinn die Gattungen der Sterbens- und Begräbnisliteratur und ihre rhetorischen Wirkungsstrategien. Die F. ändert sich entsprechend der jeweiligen politisch-sozialen und religiösen Funktionen des Todes, sie ist Teil des gesellschaftlichen ‹discours de la mort› (Diskurs vom Tod, M. VOVELLE) und die sprachlich-öffentliche Seite des «rituellen», «gezähmten» Todes. [1] In der *doctrina* ist sie Anwendungsfall der epideiktischen Beredsamkeit.

B. *Allgemeines.* **I.** Im engeren Sinne begleitet F. als bewußter oder unbewußter «discours collectif» [2] die einzelnen Abschnitte der Thanatopraxis. Ein Testament regelt Hinterlassenschaft, Stiftungen, Bestattung und erwünschte Gebetshilfen. [3] Die individuelle Vorbereitung zum Sterben kulminiert im formellen Abschied von den Hausgenossen [4] und in den ‹Letzten Worten›. [5] Liturgisch-rituelles Sprechen umgibt in christlicher Zeit den Vorgang des Sterbens; in der Anweisungsliteratur zum Gespräch mit Sterbenden wird die Rede der Geistlichen kodifiziert. [6] Der Trauerüberschwang der Hinterbliebenen nach dem Tod findet im *planctus* (laute Trauer, Händeringen) und in der *lamentatio* (Wehklagen) [7] seinen rhetorisch schwächer oder – dies in der mittelalterlichen Heldenepik – stärker geformten Ausdruck. Die Trägerinstitutionen des Begräbnisbrauchtums definieren den Status des Redners bzw. der Redner als Privatperson oder Amtsträger. An Gegenstandsbereichen kennt die F. die Darstellung des Sterbens und des dadurch ausgelösten Schmerzes, des Verstorbenen und seiner Verdienste sowie die Wirkung des Todes auf die Hinterbliebenen, an Aufgaben die Schmerzbekundung, das Lob, den Trost und den Dank, an Stilmitteln vor allem die pathoshaltigen Affektregister.

Die deutschen und lateinischen Bezeichnungen für den Redner und Autor (‹Leichenredner›, ‹Grabredner›, ‹Trauerdichter›) sowie für die in diesem Zusammenhang verwendeten Gattungen – insgesamt finden sich etwa in den Titeln barocker Gedenkschriften 130 Termini allein für Reden zu Ehren des Toten – spiegeln die Bindung der F. an den Redegegenstand (‹Leichenpredigt›, ‹-rede› bzw. ‹Leichencarmen›, ‹-gedicht›, ‹-lied›, ‹-vers›), an die affektive Situation (‹Trauerpredigt›, ‹-rede›, ‹-sermon› bzw. ‹Trauerschrift› und ‹Trauervers› für die Gattung im allgemeinen, ‹Trauerelegie›, ‹-gedicht›, ‹-lied›, ‹-ode› für die poetischen Formen im einzelnen), an den Anlaß (‹Begräbnisrede›), an die Umstände (‹Standrede›: «eine kurze Rede, welche stehend gehalten und stehend angehört wird», Adelung) bzw. – und dies mit der Verfestigung des Brauchs profaner Reden an der Grablege erst ab dem späten 18. Jh. – an den Redeort (‹Grabrede›). [8]

Der Begriff ‹Abdankung› bzw. ‹Leichabdankung› dagegen leitet sich vom Rechtsakt der Dienstentlassung her und betont das Moment des Dankes gegenüber dem Verstorbenen bzw. den Trauergästen. Mit den entsprechenden rhetorischen und poetischen Mustern kommen aus den antiken Sprachen die Begriffe ‹laudatio funebris›, ‹oratio funebris› sowie ‹dissertatio funebris› für die Reden im Umkreis der Begräbniskultur sowie ‹epicedium› (ἐπικήδειον, epikédeion), ‹enkomium› (ἐγκώμιον, enkômion) und ‹epitaphium› (ἐπιτάφιον, epitáphion) für (gebrauchs)literarische Formen der F. Von der Bestattung der Eltern stammen die Begriffe des ‹sermo parentalis›, der ‹parentatio› bzw. der ‹Parentation›. Die Grablege selbst trägt mit dem ‹Epitaph› eine gattungsmäßig stilisierte Inschrift, eine ‹Grabschrift›. [9]

II. Im weiteren Sinne entwickelten sich aus den Wirkungszielen der F. Formen und Gattungen, die dem *Memento-mori-* und dem Gedächtnisbrauchtum entstammen. [10] Die Thematisierung des Todes wird in der Totentanz- und *ars moriendi*-Literatur Ausgangspunkt der Mahnung zum rechten Leben. Das Lob des Verblichenen in der F. ist im Hinblick auf die Topik der Personenbeschreibung biographischen und panegyrischen Formen benachbart und entwickelt in den Formen der mittelalterlichen Memorialüberlieferung [11] neuzeitlich insbesondere im ‹Nekrolog› und im (aus der *apostrophê* der pathetischen Rede hervorgegangenen) ‹Nachruf› eigene gebrauchsliterarische Gattungen. Der Trost der Hinterbliebenen, in der antiken Konsolationsliteratur vorgebildet (CICERO, SENECA), führt zu einer spezifischen «Rhetorik der Trostbriefe» [12], die in der Brieflehre als ‹Kondolenzschreiben› feste Bestandteile des epistolographischen Formenschatzes werden. Testament wie Grabschrift, Leichenrede und Leichenpredigt rücken in den literarischen Kanon ein, sie können allesamt auch in scherzhafter Weise parodiert auftreten.

C. I. *Antike:* In der griechischen Antike ist F. von Anlaß und Thema her zunächst insgesamt im öffentlichen Bereich angesiedelt. Den im Krieg gefallenen Angehörigen wird von einem dazu bestimmten Bürger eine kollektive Gedenkrede gehalten [13]; jährlich finden öffentliche Leichenfeiern statt. Der κοινὸς ἐπιτάφιος (koinós epitáphios) *Athens* zeichnet sich durch eine «alles Persönliche ausschließende strenge [...] Hinordnung auf die in der öffentlichen Begehung vereinigte Polisgemeinschaft» [14] aus. In *Rom* war «die epideiktische Rede immer mit einem *officium* verbunden. Die *laudationes funebres* hingen oft von einem öffentlichen Dienst ab, ein *senatus consultum* beauftragte damit einen Magistrat» [15], während die privaten Bestattungsfeierlichkeiten der *gens* oblagen, der auch der Redner entstammt. [16] MENANDER nennt unter den zahlreichen panegyrischen Redetypen auch den ἐπιτάφιος λόγος (epitáphios lógos) «mit dem Lobe der Verstorbenen und dem Trost für die Hinterbliebenen im öffentlichen Leben, wo die Rede den für das Vaterland gestorbenen Mitbürgern gilt [...]. Ihm entspricht, in die private Sphäre übertragen, die Grabrede auf einen eines natürlichen Todes gestorbenen Mitbürger und Angehörigen» [17], die in der römischen Kaiserzeit zu einem «Heer» von Trostrednern und zu einer «ausgebreiteten konsolatorischen Bemühtheit der kaiserzeitlichen Philosophen» führt. [18]

Die antike *doctrina* erörtert die F. als Sonderfall epideiktischer Beredsamkeit. CICERO [19] entwickelt eine Topik der ‹laudatio funebris›, in der vor allem die Topoi der Personenbeschreibung traditionsbildend werden.

Die vier Tugenden der ‹prudentia› (Klugheit), ‹iustitia› (Gerechtigkeit), ‹fortitudo› (Tapferkeit), ‹modestia› (Besonnenheit) [20] bilden in Mittelalter und Neuzeit [21] die Grundpfeiler des Personenlobs. Ps. DIONYSIOS VON HALIKARNASSOS definiert traditionsbildend ἔπαινος, épainos (*laudatio*, Lob), θρῆνος, thrênos (*lamentatio*, Klage) und παραμυθία, paramythía (*consolatio*, Trost) als die Aufgaben der *oratio funebris*. Die Gattungsdifferenzierung der F. wird durch MENANDROS AUS LAODIKEIA (273 n. Chr.) und seine Theorie des Enkomions (Περὶ ἐπιδεικτικῶν, Perí epideiktikôn) für die Kirchenväter bedeutsam. In der Spätantike bildet sich «eine Theorie privater Trauerberedsamkeit [...], die im klassischen Griechenland kein Vorbild kennt und die auch nicht mit der ‹laudatio funebris› des klassischen Rom vergleichbar ist». [22] «Preisgesänge und Trauerlieder auf Tote stehen in der Ahnenreihe der Epitaphien und laufen später, wie ganz ähnlich in anderen Gattungen, den Epithalamien z. B., der rhetorischen Produktion parallel, wobei wechselseitige Beeinflussung stattfindet, der rhetorische Schematismus aber immer stärker durchdringt.» [23] – Der antike Formenschatz prägt die *Patristik*, die in der Grabrede neben den Lobpreis und die Ehrung des Verstorbenen den Trost für die Hinterbliebenen und den Erweis des christlich verstandenen *bonum mortis* (Wert des Todes) stellt. [24] Musterbildende Totenreden sind von den Vätern GREGOR VON NAZIANZ, GREGOR VON NYSSA, CYPRIAN, HIERONYMUS und AMBROSIUS erhalten.

II. Im christlichen *Mittelalter* wird die F. in einen kirchlich bestimmten Diskurs integriert, die Thanatopraxis umfassend in die Liturgie eingebunden [25], das Begräbnis «auch als Instrument sozialer Disziplinierung eingesetzt». [26] Die «regelrechte "Klerikalisierung des Todes"» [27] drängt die Lob- und Schmerzensäußerung der Hinterbliebenen wie auch die Trostfunktion der F. zurück. «Der Blick der Zuhörer wird auf die Fürbitte für den Verstorbenen und die eigenen guten Werke gerichtet». [28] Ausgelöst von den religiösen Reformbewegungen des Mittelalters, entsteht parallel zur Verkirchlichung des Redens im eigentlichen Sterbe- und Begräbnisbrauchtum sowie im Gedächtnisbrauchtum (Allerheiligen- und Allerseelenliturgie) eine ausgedehnte lateinische und deutsche Literatur des Sterbens mit dem Ziel der Mahnung an den Tod, des *memento mori*. ‹Ars moriendi›, ‹contemptus mundi›, Streitgespräch über den Tod und Totentanz sind mit der Einführung des Buchdrucks um 1500 zu weit verbreiteten Gattungen «und im eigentlichen Sinne volkstümlich geworden». [29]

III. *Renaissance und Barock.* Die *Renaissance* führt zu einer neuen Bezugnahme auf die antike Theorie und Praxis der F., ohne die mentalitätsgeschichtlich fortdauernden christlichen Grundlagen der Einstellung zum Tod zu gefährden oder zu ersetzen. «Die klassische Tradition bot Tröstungen komplementär oder sogar alternativ zur Tradition der Christenheit [...].» [30] Konnte durch MELANCHTHON die «Rückführung der Rhetorik in die protestantische Homiletik» [31] erfolgen, so greifen auch die literarischen Formen der F. vermehrt auf antike Muster zurück.

Mit der *Reformation* differenzieren sich analog der Christlichen Beredsamkeit insgesamt konfessionsspezifische Ausprägungen der F. Mit LUTHERS Reform wird die Leichenpredigt zum «Herzstück» der protestantischen Beisetzung. «Bei der katholischen Beerdigung handelt die Kirche an den Toten, bei der evangelischen handelt sie an den Lebenden». [32] Im katholischen Bereich bleibt die vom Priester gehaltene Leichenpredigt ebenso obligatorisch [33] wie im protestantischen Bereich, hier aber entstehen daneben «Ceremonial-Reden», die «vor keinen Prediger gehören» [34], sondern in Hinblick auf Absicht, Thematik und Form Teil der weltlichen Beredsamkeit sind. «Von der Leichenpredigt unterscheidet sich die Trauerrede durch Form und Intention. Der barocke Redner ist nicht – wie der Pastor – ein Exeget der Heiligen Schrift, sondern er ist ein "interpres publicae tristitiae", ein "Dolmetscher der allgemeinen Trauer" [...]». [35] «Zwischen Predigt und "solenner" Parentation ist eine gewisse Funktionsteilung zu beobachten», indem der Prediger die Exempelhaftigkeit, der Trauerredner das Lob des Verstorbenen herausstreicht. [36] Die ‹große Lobrede› [37] oder ‹Parentation› «ist die privilegierte Gattung repräsentativer Beredsamkeit, ob sie nun einen Lebenden oder einen Toten rühmt». [38] «In der Welt der Vergänglichkeit baut der Lobredner ein "unvergängliches" literarisches Denkmal und sichert so dem Betrauerten und sich selbst eine doppelte Unsterblichkeit». [39] Die ‹Leichabdankung› oder ‹Abdankungsrede› (‹kleine› Lobrede) [40], ein Terminus, der sich analog zur Funktion erst im 17. Jh. durchsetzt [41], ist die Danksagung an die Trauergäste. Sie wird «entweder vor oder nach dem Begräbnüß/ wie es die Gelegenheit eines oder des anderen Ortes mit sich bringet», gehalten [42] und findet «entweder in der Kirche/ oder auf dem Gottes=Acker/ oder wol gar vor dem Trauer=Hause» statt. [43]

Eine weitere Differenzierung entsteht bei aller Ähnlichkeit der Formen zwischen der stärker zeremoniell bestimmten *höfischen* Beredsamkeit und der *bürgerlichen* Praxis der F. «Anläßlich von höfischen Bestattungen wurden vor allem Notifikations- und ‹Invitations›-Reden, Kondolenzen, Standreden, die Leichenpredigten, Trauerreden (auch ‹Parentationes› genannt) und schließlich die Leich-Abdankungen gehalten». [44] So war die ‹Kondolenzrede› «neben der Parentation und der Abdankung mit die wichtigste Form der weltlichen Rede bei Trauerfällen in Fürstenhäusern und beim Adel» [45], weil in ihr auch politische Willenserklärungen rhetorisch realisiert werden konnten. Im fürstlichen Trauerhaus «rückte die – hier meist als Abdankung realisierte – Trauerrede ganz in den Zusammenhang des internen höfischen Festzeremoniells ein, zwischen Kondolenzreden, Begrüßungs-Complimente und Glückwünsche zum Regierungsantritt». [46] Konsequent nennt C. WEISE ‹Bürgerliche Reden› jene, «welche unter den Bürgern und Privat=Personen/ oder daß ich noch deutlicher rede/ welche nicht zu Hofe oder gegen hohe Standes=Personen gehalten werden», und stellt bei Erörterung solcher Redeanlässe die F. obenan. [47]

Im Zeremoniell und in der sprachlichen Formalisierung verschafft die *Barockzeit* dem Verstorbenen ein dauerhaftes Bild [48] und damit eine Art diesseitiger Unsterblichkeit, sie errichtet gedruckte ‹Denkmaale von Papier erbauet›. [49] In zeittypischer Form enthalten die in der Forschung uneinheitlich als ‹Leichenpredigten› [50], ‹Gedenkausgaben› [51] oder ‹Funeralschriften› [52] bezeichneten Sammelschriften, von denen zwischen Reformation und Ende des 18. Jh. etwa 240000 gedruckt wurden [53], neben den Texten der verschiedenen Reden in der Regel auch Epicedien, bisweilen auch Kondolenzschreiben, Epitaphe, Hinweise auf den zeremoniellen Ablauf der Begräbnisfeierlichkeiten oder Frömmigkeitszeugnisse des Verstorbenen. Die «heillose Begriffsverwirrung um den Terminus» deutet auf eine erst in Ansätzen geschlossene Forschungslücke. [54]

Die Absichten der *laudatio*, *lamentatio* und *consolatio* bleiben bei den funeralrhetorischen Theoretikern präsent. [55] Die «vier Haupt=*Propositiones*, welche durch die gantze Rede geführt werden», lauten demgemäß, ins Christliche gewandelt: «1. Der Verstorbene ist zu loben. 2. Der Verstorbene ist zu beweinen. 3. Der Verstorbene ist selig. 4. Die noch lebenden sollen sich trösten laßen». [56] Liebe, Schmerz und Mittrauer *(commiseratio)* sind die Affekte, *exclamationes*, *epiphonemata*, *descriptiones* und Apostrophen die zu ihrer Erweckung geeigneten Figuren. [57] Die rhetorischen Lehrbücher dehnen die Formalisierung des Sprechens von der Rede bei der Bestattung auf alle hier vorfallenden Sprechakte aus. Nach der Brieflehre sind die von den Leidtragenden bzw. einem ‹Grab= oder Leichen=Bitter› ausgehenden Benachrichtigungs- und Einladungsschreiben zum Begräbnis und deren Antworten abgefaßt. [58] Im Trauerhaus selbst bezeigen die Trauergäste «mit einer zierlichen Klag= und Trost=Rede/ ihr Christliches schuldiges Mitleiden», was wiederum eine formvollendete Gegenrede erfordert. Schließlich wird «auch nach geschehener Beerdigung/ bey nehmenden Abschied/ unter den Leidtragenden und Begleitern ein sonderbares Wortgepräng angestellet». [59]

In der *Poetik* wird neben dem Epicedium vor allem das ‹Epitaphium› (Grabschrift) erörtert. M. RADAU etwa behandelt die Epitaphia als literarische Gattung in ernster wie scherzhafter Funktion, aber auch als Grab- oder Fahneninschriften *(inscriptio)*. [60] Er differenziert die verschiedenen Redehaltungen und rückt die moralisch-didaktische Funktion dieser Gedichte in den Vordergrund. Als poetische Seitenstücke der nach wie vor populären ars moriendi-Literatur werden Sammlungen von Grabschriften publiziert. [61]

IV. Im *18. Jahrhundert* gewinnt allmählich der Aspekt spontan gefühlter und geäußerter Betroffenheit die Oberhand über die rhetorische Regelrichtigkeit der Trauerrede, die bald mit dem Odium des Pedantischen behaftet ist. Die Vielzahl der Redetypen geht mit der Reduktion des zeremoniellen Aufwandes durch den Wandel der Begräbnisbräuche in der ‹Lob- und Trauerrede› auf. [62] Der weltliche Trauerredner will auch erbauen. Die Rede am Grabe wird zum Totenopfer und zum freundschaftlichen Zeichen der Teilnahme im Sinne bürgerlicher Begräbniskultur, «die Inszenierung feierlicher Stimmung» ist nun rednerisches Ziel. [63]

«Die bürgerlich-religiöse Feierlichkeit schlechthin war [...] im 19. Jahrhundert die Beerdigung», die Bestattung ein «Ehrentag für die bürgerliche Familie und ein "Höhepunkt" bürgerlichen Lebens». [64] «Um 1800 kam die Grabrede in der uns heute noch geläufigen Form in Gebrauch, so rasch und allgemein, daß sie von kritischen Geistern unter den evangelischen Theologen wie eine vorübergehende Modetorheit gerügt wurde». Ihre Vorbilder sind «unter den Parentationen, Abdankungen und Standreden – also früheren Reden am Grabe und im Trauerhaus – zu finden». [65] Bei der Grabschrift löst das Moment der ‹Stimmung› die früher der *memoria mortui* verschwisterte Funktion des *memento mori* ab. Trauernachricht, Todesanzeige, Trauertelegramm, Beileidsbezeugung, Kondolenzbrief und Dankschreiben sind die bis heute verbindlichen sprachlichen, in Briefstellern und Benimmbüchern kodifizierten Formen der verbürgerlichten F. [66]

Anmerkungen:
1 P. Ariès: Gesch. des Todes (1980) 30 bzw. 42. – **2** M. Vovelle:

L'histoire des hommes au miroir de la mort, in: H. Braet, W. Verbeke (Hg.): Death in the Middle Ages (1983) 4. – 3 Ariès [1] 254ff.; N. Ohler: Sterben u. Tod im MA (1990) 45ff. – 4 R. Mohr: Theol. und Frömmigkeit im Angesicht des Todes während des Barockzeitalters (1964) 278ff. – 5 ebd. 290ff.; W. Zeller: Leichenpredigt und Erbauungslit., in: R. Lenz (Hg.): Leichenpredigten als Quelle hist. Wiss., Bd. 1 (1975) 75ff.; Ohler [3] 70ff. – 6 vgl. H. Grün: Das kirchliche Begräbniswesen im ausgehenden MA, in: Theol. Stud. u. Kritiken 102 (1930) 347ff.; J. Avril: La pastorale des malades et des mourants aux XIIe et XIIIe siècles, in: Braet, Verbeke [2]. – 7 Ariès [1] 185ff. u. 416f.; vgl. A. Haas: Todesbilder im MA (1989) 136. – 8 M. Fürstenwald: Zur Theorie und Funktion der Barockabdankung, in: Lenz [5] 375. Das Zitat Adelungs stammt aus J. C. Adelung: Versuch eines Wtb. (1774/86) nach DWB XVII 786. – 9 MA: Ariès [1] 278–295; vgl. A. Höck: Begräbnisbrauchtum und Leichenpredigten in ländlichen Bereichen Hessens, in: Lenz [5] 304ff. – 10 K. Stüber: Commendatio animae. Sterben im MA (1976) 48. – 11 vgl. O. G. Oexle: Die Gegenwart der Toten, in: Braet, Verbeke [2] 31ff. – 12 Ariès [1] 210. – 13 J. Martin: Antike Rhet. Technik u. Methode (1974) 179ff. – 14 R. Kassel: Unters. zur griech. u. röm. Konsolationslit. (1958) 45. – 15 Martin [13] 197. – 16 vgl. D. Flach: Antike Grabreden als Geschichtsquelle, in: Lenz [5] 1–35. – 17 Martin [13] 208; vgl. Menander: Ars rhetorica 11, in: Rhet. Graec. Sp. III, p. 418,6ff. – 18 Kassel [14] 45. – 19 Cic. De or. II, 341–348. – 20 Cic. De inv. II, 53; Auct. ad Her. VIII,15. – 21 vgl. Alcuin, Disputatio de rhetorica et de virtutibus; dazu J. J. Murphy: Rhetoric in the Middle Ages (1974) 80f.; J. Masen: Palaestra Oratoria (1659) 62ff. – 22 M. Kazmaier: Die dt. Grabrede im 19. Jh. (1977) 7. – 23 Kassel [14] 43. – 24 S. Rusterholz: Rostra, Sarg und Predigtstuhl (1974) 29; vgl. E. Springer: Stud. zur humanist. Epicediendichtung (1955) 71ff. – 25 Haas [7] 71–76. – 26 Ohler [3] 144. – 27 Ariès [1] 236, Hervorhebung Ph. A. – 28 Rusterholz [24] 33. – 29 S. Wollgast: Zum Tod im späten MA und in der Frühen Neuzeit (1992) 4ff. nach R. Rudolf: Ars moriendi. Von der Kunst des heilsamen Lebens und Sterbens (1957); vgl. Grün [6] 348ff. – 30 P. Burke: Death in the Renaissance, 1347–1656, in: J. Taylor (Hg.): Dies illa. Death in the Middle Ages (1984) 64. – 31 Rusterholz [24] 39. – 32 Wollgast [29] 34. – 33 vgl. J. S. Durant: De ritibvs ecclesiace catholicae lib. III (1591) 166f. – 34 J. Riemer: Neu-aufgehender Stern-Redner (1689), zit. Kazmaier [22] 81. – 35 Fürstenwald [8] 377; vgl. Kazmaier [22] 40ff. – 36 G. Braungart: Hofberedsamkeit (1988) 221. – 37 J. C. Gottsched: Redekunst (^{5}1759) 494. – 38 Kazmaier [22] 41. – 39 Fürstenwald [8] 378. – 40 Kazmaier [22] 44; Mohr [4] 46ff. und 444ff. – 41 Fürstenwald [8] 375. – 42 B. Kindermann: Dt. Redner (1660; ND 1974) 256. – 43 C. Weise: Politischer Redner (1683; ND 1974) 545f. – 44 Braungart [36] 212. – 45 ebd. 214. – 46 ebd. 221. – 47 Weise [43] 435. – 48 M. Vovelle: La mort et l'Occident de 1300 à nos jours (1983) 332. – 49 vgl. M. Kazmaier: Denkmaale von Papier erbauet, in: Lenz [5] 390–407. – 50 Mohr [4] 36; R. Lenz: Gedruckte Leichenpredigten, in: Lenz [5] 36; I. Bog: Die Generaldiskussion, in: Lenz [5] Bd. 2 (1979) 421. – 56 Fürstenwald [8] 372f.; Kazmaier [22] 36. – 52 K. Habersetzer: Mors vitae Testimonium, in: Lenz [50] 254f., Anm. 4. – 53 R. Lenz: Einf. in: ders. (Hg.): Leichenpredigten. Eine Bestandsaufnahme (1980) XI. – 54 Braungart [36] 219; vgl. die Forsch. von R. Lenz [5]. – 55 Fürstenwald [8] 376 sowie 379ff.; vgl. M. Radau: Orator Extemporaneus (1664; zuerst hg. v. G. Becker 1650) II, vii; Weise [43] 560. – 56 Weise [43] 456f. – 57 Radau [55] II, vii. – 58 Kindermann [42] 215ff. sowie 232–245. – 59 ebd. 245 und 253. – 60 Radau [55] II, vii, 3. – 61 vgl. O. Aicher: Theatrum Funebre, exhibens per varias scenas epitaphia nova, antiqua; seria, jocosa (Begräbnistheater, das in verschiedenen Szenen neue, alte, ernste und scherzhafte Grabschriften darbietet) (1675); [C. F. Gugel]: Norischer Christen Freydhöfe Gedächtnis. Das ist: Richtige Vorstellung und Verzeichnis aller Monumenten/ Epitaphien und Grabschrifften/ zu Nürnberg (1682). – W. Segebrecht: Steh, Leser, still! in: DVjs 52 (1978) 430–468. – 62 Kazmaier [22] 46f. – 63 ebd. 89ff.; zit. 91. – 64 ebd. 146 und 150. – 65 ebd. 100 und 102. – 66 vgl. ebd. 152.

Literaturhinweise:
A. Freybe: Das Memento mori in dt. Sitte, bildlicher Darstellung und Volksglauben (1909; ND 1972). – H. Rosenfeld: Der mittelalterl. Totentanz (^{3}1974). – M. Vovelle: Mourir autrefois (1974). – M. Hawlik-van de Water: Der schöne Tod. Zeremonialstrukturen des Wiener Hofes (1989). – V. Ackermann: Nationale Trauerfeiern in Deutschland. Eine Stud. zur politischen Semiotik (1990). – K. S. Guthke: Letzte Worte. Variationen über ein Thema der Kulturgesch. des Westens (1990). – D. J. Ochs: Consolatory Rhetoric: Grief, Symbol, and Ritual in the Greco-Roman Era (1993).

F. Eybl

→ Briefsteller → Christliche Rhetorik → Elogium → Enkomion → Epicedium → Epitaph → Höfische Rhetorik → Laudatio → Leichenpredigt → Lobrede → Prosopopoeia

Fünfsatz

A. Terminologische Vorläufer des Begriffs ‹F.› existieren nicht, es bestehen auch keine Entsprechungen zu K. Burkes ‹pentad› [1] oder van Eemerens ‹Five Estates› [2], dennoch handelt es sich beim F. nicht um eine Form «pentekostaler Glossolalie», sondern um eine rationale Methode vor allem argumentativen Sprechdenkens. Zur Bezeichnung redepädagogischen Vorgehens wurde der Ausdruck wahrscheinlich zuerst verwendet von E. Drach [3], die dort fehlende historische und systematische Begründung als Terminus erfolgte durch Geißner 1968. [4] Als Mindestanzahl für rhetorische Argumentation ergeben sich fünf Schritte oder Sätze: situativer Einstieg, dreischrittiger Mittelteil, (situativer) Schlußsatz. Fünfgliedrige Strukturprinzipien sind rhetorikgeschichtlich und kognitionswissenschaftlich immer wieder als Ordnungsschematik zur Redegliederung und Beweisführung verwendet worden. Im Fünfsatz finden sich Argumentationen so kurz wie möglich, aber so ausführlich wie nötig *(brevitas, perspicuitas)* abgebildet und zugeordnet. Die eigene Beweisführung ist erfaßt *(probatio)*, Belege/Stützungen sind aufgenommen, gegnerische Argumente widerlegt *(refutatio)*, Schlüsse *(conclusio)* gezogen und Handlungskonsequenzen (Zwecksätze) formuliert. In der Planungsphase von Rede und Beweisführung *(dispositio)* kann der Fünfsatz als topisches Modell gelten.

B. Die ‹quinque voces› des PORPHYRIUS (232 n. Chr.) haben die mittelalterliche Bildung, besonders das *trivium*, beeinflußt, wurde doch dieser Kommentar der Grundkategorien des Aristoteles [5] häufig dem Organon vorangestellt. [6] Zwar sind die πέντε φωναί (pénte phōnaí) keine Lehre von πέντε λόγοι (pénte lógoi), aber nachdem sich die aristotelischen ‹quinque essentiae› zur Quintessenz gewandelt haben, läßt sich per analogiam von der Quintessenz schließen auf eine Quintsentenz.

Die anthropobiologische Empirie der sinnlichen «Erfahrung am eigenen Leib» (2 Arme, 2 Beine, 1 Kopf), die fünfzehigen Füße (als Voraussetzung des sicheren Standes des homo erectus), die fünffingerigen Greifhände (als Voraussetzung für die Befreiung von Mund und Lippen vom Fangen und Halten der Beute), beides Voraussetzungen für (nach der allmählichen Veränderung des Schädels und der Entfaltung des Gehirns) die Entwicklung des Stimmlaut-Hörsystems als Artspezifikum des homo sapiens sapiens, also von Denken und Sprechen, machen eine Mystifizierung der Fünfzahl entbehrlich, obwohl sie sich in nahezu allen (bekannten) Kulturen findet. Im Evolutionsprozeß haben die fünf Sinne eine bedeutende Rolle gespielt, die sie onto- und aktualgenetisch noch immer spielen. [7]

Die empirische Leibhaftigkeit der Fünf hat Leben und Denken der Griechen auf erstaunlich vielfältige Weise geprägt [8] (vgl. Pentathlon, Pentagon, -eder, -gramm, -meter, -teuch, -tonik). [9] Homer [10] erwähnt bereits das Abzählen nach fünf Fingern; Zenon soll die Dialektik als geballte Faust, die zusammenhängende Rede als flache Hand symbolisiert haben; das «auf der Hand Liegende» (epi-cheirem) Argument bedurfte offenkundig keiner Erklärung, denn die erste theoretische Erwähnung eines Fünferschemas in der rhetorischen Tradition gilt im letzten vorchristlichen Jahrhundert der *memoria*. [11] Wird *memoria* nicht als pure Merktechnik betrachtet, sondern mit *intelligentia* und *providentia* als drittes Teilstück der *prudentia* [12], dann läßt sich mit CICERO zunächst eine Verbindung herstellen zwischen *memoria* und *inventio* [13], sodann eine intrinsische zwischen allen fünf *officia oratoris* [14] ebenso wie für die fünf *partes orationis*. [15]

Im einzelnen Argument, in argumentativer Kurzrede wie in narrativ angereicherter längerer Rede sind die Eckpositionen ausgezeichnet, die die dialogische Einbettung leisten: Publikumskontakt herstellen und Wirkung sichern. In diese situative Klammer von *inventio* und *actio*, resp. *exordium* und *peroratio*, ist der auf verschiedene Weise ‹tripartite› Mittelteil gespannt. Nach Lausberg entsteht die an die Fünf-Finger-Abzählung anknüpfende Fünfgliedrigkeit des Typs I + (I + I + I) + I aus der Dreiteilung, die als ein Ganzes gewertet wird [16]; als Varianten kennzeichnet er [I + ‹I + I›] und [‹I + I› + I]. Gilt Fünfgliedrigkeit für viele Reden [exordium + (narratio + propositio + argumentatio) + peroratio] und Fünfaktigkeit für viele Dramen [prooemium + (protasis + epitasis + katastasis) + katastrophe], dann gilt für ein einzelnes Argument die Mindestzahl von fünf Denkschritten [17], der F.

Der in der situativen Klammer die Begründung tragende Mittelteil kann je nach Denklinie verschieden strukturiert sein [18]; z. B.:

- dialektischer Dreischritt:
  These – Antithese – Synthese
- modus ponens (resp. tollens)
  oder
  praem. major – minor – conclusiuo
- das quintil. (skotische) Muster
  propositio – probatio – refutatio;
  videtur quod non – in oppositum pro –
  in oppositum contra
- u.s.w.

Das letzte Argumentmuster macht deutlich, was für alle anderen gilt: Damit ein *videtur quod non* möglich wird, muß im Prozeß der disputatio ein *quod* gesetzt sein, das *pono* im Eröffnungszug (E), damit die Angesprochenen wissen, worum es geht. Desgleichen muß auf die Synthese oder die *conclusio* eine handlungsbezogene Konsequenzaussage (K) folgen, damit deutlich wird, wozu das Begründete gut sein soll, was zu tun oder zu lassen ist. Wen «aus heiterm Himmel» die conclusio vom toten Sokrates ereilt oder Toulmins Harry [19], wird über ein «Na, und?» kaum hinausgelangen. Wenn die «conclusive Sprechhandlung» [20] im dialogischen Zusammenhang eine Konsequenz haben soll, dann muß die Planung situativ bei der *peroratio*, der auszulösenden *actio* beginnen. In sprechwissenschaftlicher Tradition wird der Konsequenzsatz Zwecksatz genannt, der Antwort gibt auf die Frage: «Was will ich hier und jetzt bei diesen Hörenden erreichen»; das zu erreichende *perlokutive* Ziel liegt außerhalb des Redens im Handlungsfeld.

Für die auszulösende Mental- oder Realhandlung (*actio*) gilt es, den angemessenen Argumentkern zu finden (*inventio*), ihn am Zwecksatz orientiert – im Regelfall dreigliedrig – zu stützen (*dispositio*), situationsangemessen, vor allem hörverständlich darzulegen (*elocutio*) und den Denkweg einzuprägen (*memoria*). Diese *officia oratoris* begründet der F. mit den reziproken *officia auditoris*: Der zum Zuhören und Mitdenken einladenden situativen Evidenz (*inventio*) folgt die spannungssteigernde Klimax (*dispositio*), die in ‹conziser brevitas› (*elocutio*), das (Kurzzeit-)Gedächtnis mit nur einer Handvoll ‹chunks› belastet (*memoria*) und einen akuten Handlungsimpuls setzt (*actio*).

Die scholastische *ars disputandi* [21] kennt eine Fünfgliedrigkeit; noch in den rhetorischen Briefstellern des 15. Jh. werden «fünff artickel» behandelt. [22] In neuerer Zeit findet sich eine fünfteilige Ordnung in DEWEYS Denktheorie [23] (1. man begegnet einer Schwierigkeit, 2. lokalisiert sie, 3. entwickelt Lösungsansätze, 4. überprüft gedanklich die Konsequenzen und wendet 5. die Lösungsansätze an). Diesen Ansatz haben Lerntheoretiker übernommen. So unterscheidet CORRELL [24] fünf Stufen: Motivation, Zielprojektion, Lösungsmöglichkeiten, Versuch und Irrtum, Lösungsverstärkung (bzw. Anwendung). Handlungstheoretisch lassen sich mit REHBEIN [25] fünf Stadien unterscheiden: Einschätzung, Motivation, Zielsetzung, Planung, Ausführung. Ähnliches findet sich in Managementtheorien: Problem, Ist-Zustand, Soll-Zustand, Lösungsansätze von Ist nach Soll, Handlungsanweisung. Trivialer, aber unmittelbar ‹handlungsorientiert› ist die Formel für militärische Meldung: "Wer, was, wann, wo und was tue ich weiter", bzw. die ‹Offiziersformel›: Standort, Feind, eigene Lage, Entschluß, Befehl.

Den Beispielen ist Fünfgliedrigkeit gemeinsam, auch aktionale Momente, aber sie sind – im Unterschied zum fünfgliedrigen indischen Syllogismus – sensu strictu keine F.

Beim F. handelt es sich im Minimalfall um fünf nebensatzlose Äußerungen, um fünf handlungsorientierte begründende Denkschritte. Die konzentrative *reductio* ist aus methodischen Gründen zu empfehlen, sie ist überdies in Anwendungssituationen erforderlich. Erklärungen im Fernsehen dauern heute meist 30 Sek., maximal 1 Min., d. h. fünf hörverständliche Äußerungen à 5–10 Sek. im F. Kann ein Statement abgegeben werden, ein Kommentar, eine Kurzansprache, dann empfiehlt sich eine *amplificatio* nach fünfsätzigem Grundmuster. [26] Ein 25-sätziges Funkstatement dauert zwischen 3 und 5 Min. In seinem Forschungsbericht ‹Argumentation› weist Völzing (1980) darauf hin, daß in der deutschsprachigen Linguistik nicht der «Fünfsatz» die argumentationstheoretische Diskussion in Gang gebracht habe, sondern das *Toulmin-Schema* [27], von dem J. Klein zeigte [28], daß es "sich bei genauer Analyse [...] als Kombination aus mehreren dreigliedrigen konklusiven Strukturen" herausstellt. Deshalb wohl benötigte Varwig [29] lediglich wenige Modifikationen, um die Kompatibilität von Toulmin-Schema und F. zu demonstrieren. Wenn van Eemeren, Grootendorst und Kruiger hinweisen auf "the many books and articles in which Toulmin's model has simply been uncritically adopted and unthinkingly applied" (die vielen Bücher und Aufsätze, in denen das Modell Toulmins einfach unkritisch und ohne Nachdenken angewendet worden ist) [30], so gilt das in der deutschsprachigen Argumentations- und Rhetorikliteratur – von wenigen Ausnahmen abgesehen [31] – auch für den F.

Anmerkungen
1 K. Burke: A Grammar of Motives (New York 1945) XV. – **2** F. v. Eemeren: Argumentation Studies Five Estates, in: Argument and Critical Practices, hg. von J. Wenzel (1987) 9–24. – **3** E. Drach: Redner und Rede (1932) 116–122. – **4** H. Geißner: Der F. Ein Kapitel Redetheorie und Redepädagogik, in: WW 18 (1968) 258–278; ders.: Das Dialogische im F., in: Sprache und Verstehen, hg. v. W. Kühlwein, A. Raasch, I (1980) 32–42. – **5** J. M. Bocheński: Formale Logik (1956); U. Eco: Semiotik und Philos. der Sprache (1985) 77–105. – **6** Aristoteles, Werke I/II, hg. von E. Rolffs (ND 1974). – **7** B. Marquardt: Die Sprache des Menschen und ihre biologischen Voraussetzungen (1984); H. M. Müller: Evolution, Kognition und Sprache (1987). – **8** J. Stenzel: Zahl und Gestalt bei Platon und Aristoteles (^{3}1965); G. Irah: Universalgesch. der Zahlen (^{2}1987). – **9** vgl. W. Pape: Griech.-Dt. Hand-Wtb. (ND ^{3}1914). – **10** Homer, Odysseia 4, 142. – **11** Auct. ad Her. III, 18, 31. – **12** Cic. De inv. II, Iiii, 160. – **13** F. A. Yates: Gedächtnis und Erinnern. Mnemotechnik von Aristoteles bis Shakespeare (1990) 48. – **14** Quint. III, 3, 1. – **15** ders. III.9.1. – **16** vgl. H. Lausberg: Hb. der lit. Rhet. (^{3}1990) § 443. – **17** Auct. ad. Her. III, 18, 28; vgl. Quint. V, 14, 5. – **18** H. Geißner: Der F. (1968) 272–273; ders.: Sprecherziehung. Didaktik und Methodik der mündlichen Kommunikation (^{2}1986) 125–133. – **19** S. Toulmin: Der Gebrauch von Argumenten (1975); ders.: Die Verleumdung der Rhet., in: neue hefte für philosophie 26 (1986) 55–68. – **20** J. Klein: Die konklusiven Sprechhandlungen (1987). – **21** C. Prantl: Die Gesch. der Logik im Abendlande III (ND 1955) 202; H. Wiegmann: Ciceros Wahlverwandtschaften oder die Reorganisation des Redens (1990) 45f. – **22** J. Müller: Quellenschriften und Gesch. des deutschsprachlichen Unterrichtes bis zur Mitte des 16. Jh. (ND 1969) 363f. – **23** J. Dewey: Wie wir denken (1951). – **24** W. Correll: Lernpsychologie (1967). – **25** J. Rehbein: Handlungstheorien, in: studium linguistik 7 (1979) 7. – **26** Geißner [4] 276–278; ders.: Rhet. und politische Bildung (^{3}1986) 146–152. – **27** P. L. Völzing: Argumentation. Ein Forschungsbericht, in: Lili 10 (1980) 230. – **28** Klein: [20] 131. – **29** F. R. Varwig: Der Gebrauch von Toulmins Schema, in: SuS 8 (1982) 113–143. – **30** F. v. Eemeren, R. Grootendorst, T. Kruiger: Handbook of Argumentation Theory (Dordrecht/Providence 1987) 199. – **31** W. D. Kirst: Kurt Schumacher als Redner (1981); S. Berthold: Möglichkeiten und Grenzen der Fünfsatzmethode in der Gesprächs- und Redeerziehung, in: Grundlagen der Sprecherziehung, hg. von S. Berthold (1981) 81–102; N. Gutenberg: Argumentation im Felde der Rhet., in: ZPSK 43 (1990) 772–784; Wiegmann [21] 43–46; A. Herbig: «Sie argumentieren doch scheinheilig». Sprach- und sprechwissenschaftliche Aspekte einer Stilistik des Argumentierens (1992); M. Kienpointner: Alltagslogik. Struktur und Funktion von Argumentationsmustern (1992).

H. Geißner

→ Argument → Argumentatio → Argumentation → Beweis → Conclusio → Disputation → Probatio → Refutatio → Schluß

Funktionalstil (russ. funkcional 'nye stili; tschech. funkčni styly)
A. Mit den Begriffen ‹Funktionsstil› (H. BECKER, S. KRAHL, J. KURZ), ‹Funktionalstil› (E. RIESEL, W. FLEISCHER, G. MICHEL), ‹funktionaler Stil› (G. MICHEL), ‹funktionale Stiltypen› (W. FLEISCHER, G. MICHEL), ‹Bereichsstil› (S. KRAHL, J. KURZ, G. MICHEL) wird der für verwendungs-, norm- und typologiebezogene Stilauffassungen grundlegende Sachverhalt erfaßt, daß es einen korrelativen Zusammenhang gibt zwischen Außersprachlichem (Tätigkeitsbereiche, Kommunikationssituationen, gesellschaftliche Aufgaben) und sprachlichen Gebrauchsweisen (typische Verwendungsweisen von Ausdrucksmitteln des Systems). [1] Nach der Art der außersprachlichen Korrelationen unterscheidet die Funktionalstilistik F. (z. B. Alltag, Amtsverkehr, Wissenschaft, Journalistik), deren Zahl und Beschreibung differieren und die in *funktionale Substile* oder *Gattungen* (auch Textsortenstile) [2] weiter untergliedert sind.

Diese Auffassung von Stil ordnet sich in den Rahmen einer auf das Funktionieren und die Wirksamkeit der Sprache orientierten Sprachauffassung ein, die Funktion ausdrücklich als gesellschaftsbezogen und das Sprachsystem als ein sich im Dienst der Gesellschaft befindliches Instrument begreift. [3] Die Funktionalstilistik rückt demzufolge den Aspekt des Normativen in den Vordergrund. [4] Die ursprünglich rhetorische Kategorie der *Adäquatheit/Angemessenheit* gilt in der Funktionalstilistik als zentrales Prinzip pragmatischen Handelns und als Kategorie des Bewertens. Mit ‹angemessen› wird die gelungene Berücksichtigung der Faktoren der Situation (Thema, Sender, Empfänger, Sprachsystem, Intention, Verständigungsweg – mündlich/schriftlich-, Verständigungsart – monologisch/dialogisch-, Zeit, Ort, gesellschaftliche Sphäre) in der sprachlichen Gestaltung einer Äußerung bewertet. [5] Die Vorstellung von der Existenz vielfältiger Korrelationen solcher Faktoren, deren Beachtung erst die intendierte Wirkung ermöglicht, steht in deutlicher Beziehung zum Postulat des *aptum* der antiken Rhetorik, das ebenfalls das adäquate Verhältnis der Äußerung zur Situation fordert, das Aufeinanderpassen aller Teile, die die Rede zusammensetzen (Wirkungsintention, Redner, Publikum, Redegegenstand, Beziehung Redner – Gegenstand, Beziehung Redner – Hörer). [6] In dieser Hinsicht und im Selbstverständnis der Funktionalstilistik als *didaktische Stilistik* [7] sind Beziehungen zur Rhetorik festzustellen.

Der v. a. in der englischen Linguistik entwickelte Begriff des ‹Registers› (M. A. K. HALLIDAY) und der Terminus ‹Funktiolekt› (H. BUßMANN) beziehen sich auf ein anderes Modell der an der Beziehung zwischen Außersprachlichem und Sprachlichem orientierten Auffassung von Stil. Wie die Funktionalstilistik bietet dieser Ansatz die Möglichkeit, Stilgebrauch typologisch und unter Berücksichtigung sozial bestimmter, pragmatischer Gesichtspunkte zu erfassen. Hallidays Beschreibung des Registers als «language variety according to use» [8] (Sprachvarianz nach den Umständen des Gebrauchs) bezieht sich auf die Tatsache, daß der Sprachteilnehmer je nach der sozialen Rolle, die er gerade innehat, auch eine bestimmte sprachliche Funktion übernimmt, daß er demzufolge über verschiedene sprachliche Register verfügen muß, um eine seiner Rolle entsprechende Stilwahl treffen zu können. Anders als bei funktionalstilistischen Theorien, die z. T. auf einer Gesellschaftstheorie basieren, liegt der Akzent hier nicht auf den außersprachlichen, gesellschaftlichen Faktoren, sondern auf den sprachlichen Phänomenen sowie auf der Situation und Leistung des Sprechers. Die Registertheorie nimmt drei die Register kennzeichnende Dimensionen an: das *Feld der Rede* (Redegegenstand), den *Modus der Rede* (gesprochene und geschriebene Sprache) und den *Stil der Rede* (sprachliche Indikatoren für die sozialen Rollen des Senders und Empfängers).
B. Unter dem Einfluß des *russischen Formalismus* und in direktem Bezug auf den Funktionsbegriff des *Prager Linguistenkreises* entwickeln in den dreißiger Jahren die-

ses Jahrhunderts Vertreter der Prager Schule (B. HAVRANÉK u. a.) eine Theorie der funktionalen Stile (funkční styly). In den fünfziger Jahren begann auch in der Sowjetunion eine Auseinandersetzung mit Fragen des Stils, seines Systems, seiner Normen und Funktionen, die zu einer relativ geschlossenen, bis heute gelehrten Theorie der funktionalen Stile (funkcional'nye stili) (E. RIESEL u. a.) führte. Die Auseinandersetzung mit dem Konzept funktionaler Stile in der ehemaligen DDR setzte in den sechziger Jahren ein (W. FLEISCHER, G. MICHEL u. a.). Gemeinsam ist allen Richtungen der Gedanke, daß das System der Sprache nicht homogen verwendet, sondern in der Anwendung nach Bereichen, Situationen und Funktionen differenziert wird. Die jeweilige Gliederung in F. differiert zwar nach Kriterien, Art und Zahl, weist aber doch auch wesentliche Übereinstimmungen auf.

Die Prager Theorie hat vor dem Hintergrund der Theorie der Schriftsprache (B. HAVRANÉK) und der der Dichtersprache (J. MUKAŘOVSKÝ) und im Anschluß an K. BÜHLERS Sprachtheorie vier *Hauptfunktionen* der Sprache angesetzt: die kommunikative, praktisch-spezielle, theoretisch-spezielle und die ästhetische Funktion [9], denen vier *funktionale Sprachen* entsprechen: die Alltagssprache, die Geschäfts- und Amtssprache, die Wissenschaftssprache und die Sprache der Belletristik.

Während die Prager Linguisten die *kommunikative* und *ästhetische Funktion* der Schriftsprache zum Ausgangspunkt ihres Systems machen, bezieht sich E. Riesel, die Hauptvertreterin der sowjetischen *Funktionalstilistik*, auf gesellschaftliche Tätigkeitssphären und kommunikative Bereiche. Im Gegensatz zu dem thesenhaft-theoretischen Ansatz der Prager geht sie von umfangreichem empirischen Material aus (hervorzuheben: ihre Untersuchungen zur Alltagssprache) und bezieht es auf theoretische Überlegungen zur Gesellschaftlichkeit, Funktionalität, Variabilität und Historizität der Sprache. Ihre Einteilung sieht fünf Stile vor: Stil der öffentlichen Rede, Stil der Wissenschaft, Stil der Presse und Publizistik, Stil der Alltagsrede, Stil der schönen Literatur.

Die Funktionalstilistik der einstigen DDR setzt eine außersprachliche, gesellschaftliche Funktion an, die die Aufgaben der Sprache und der Sprachverwendung lenkt. Sie unterscheidet vier Funktionalstile: Alltagsrede, Belletristik, Stil der Wissenschaft, Stil der Direktive. Die sog. ‹Hauptzüge›, nach denen die Gliederung vorgenommen wird, sind: spontan – ausgefeilt, künstlerisch geformt – nicht künstlerisch geformt, Dominanz der Erkenntnisvermittlung, Dominanz der Verhaltenssteuerung. [10] Diese Hauptzüge oder Kriterien lassen Uneinheitlichkeit erkennen. Teils beziehen sie sich auf das Gedanklich-Sprachliche, teils auf das Intentionale. Strittig bleibt, ob Belletristik und Journalismus der Status eines F. zukommt. Der dezidierte Bezug auf die marxistisch-leninistische Gesellschaftstheorie als philosophische Grundlage dieses Konzepts wirkt sich auf den umfangreichen praktischen Teil der Stilistik von W. Fleischer und G. Michel nicht aus (Stilelemente, Stilfiguren u. a.), er behindert jedoch eine vorurteilsfreie und sachbezogene Darstellung, wo es um die Einordnung anderer Stiltheorien und wo es um das Phänomen der Stilbewertung geht. [11]

Eine Weiterentwicklung der Funktionalstilistik, deren Einteilung generell als zu grob gilt und die neben pragmatischen Stilauffassungen (B. Sandig u. a.) an Bedeutung verliert, ist in Richtung auf die Untersuchung von Textsortenstilen (v. a. der Sachprosa) bei E. RIESEL und G. MICHEL vorgenommen worden.

Beziehungen zur Funktionalstilistik bzw. verwandte Ansätze zeigen sich in folgenden Disziplinen: Der funktionale Ansatz wird aufgenommen in dem Konzept der funktional-kommunikativen Sprachbeschreibung (G. MICHEL, H. HARNISCH u. a.), das, gestützt auf die sowjetische *Psycholinguistik* (A. A. und A. N. LEONT'EV), Kommunikationsaufgaben, -absichten, -pläne und -verfahren nach kommunikativen und funktionalen Merkmalen beschreiben will.

Der Situationsbezug stellt die Funktionalstilistik in die Nähe der *Soziolinguistik*. Indem neuerdings Aspekte des Handelns in die Funktionalstilistik einbezogen werden (G. MICHEL) [12], entstehen Beziehungen zur *Pragmatik* und zu Handlungstheorien. Die Tatsache, daß die grobe Einteilung in F. durch Textsortenbeschreibungen verfeinert werden soll, rückt die Funktionalstilistik in die Nähe der *Textlinguistik*. Ethnolinguistische Elemente kann man entdecken, wo es um die Beziehung auf Verhaltensrahmen und Situationen, Muster und Funktionen des Sprechens geht (D. HYMES u. a.). [13] Die zentrale Kategorie der *Angemessenheit* bindet die Funktionalstilistik an die in der tschechoslowakischen Linguistik entwickelte und in der DDR weiterentwickelte Theorie der Sprachkultur. In diesen Zusammenhang gehört auch die in den sechziger Jahren in der DDR entwickelte Idee einer funktionalen Grammatik (W. SCHMIDT), die das Funktionieren der grammatischen Mittel auch unter dem Aspekt von Zweck und Mitteilungsgehalt im gesellschaftlichen Bezug sehen will. [14]

Anmerkungen:
1 W. Fleischer, G. Michel: Stilistik der dt. Gegenwartssprache (1975) 54–56. – 2 E. Riesel, E. Schendels: Dt. Stilistik (Moskau 1975) 7. – 3 Fleischer, Michel [1] 6. – 4 ebd. 17f., 56; Riesel, Schendels [2] 8. – 5 B. Havránek: Úkoly spisovného jazyka a jeho kultura, in: Spisovna čeština a jazyková kultura (Praha 1932) 32–84, dt.: Die Aufgaben der Literatursprache und die Sprachkultur, in: J. Scharnhorst, E. Ising (Hg.): Grundlagen der Sprachkultur, Teil 1 (1976) 103–141. – 6 H. Lausberg: Hb. der lit. Rhet. (³1990) § 258. – 7 Fleischer, Michel [1] 5; Riesel, Schendels [2] 3. – 8 M. A. K. Halliday u. a.: The linguistic sciences and Language Teaching. (London 1964) 87. – 9 J. Mukařovský: O jazyce básnickém, in: Slovo a slovesnost, 6 (1940) 113–145, dt.: Über die Dichtersprache, in: Scharnhorst, Ising [5] 162–228. – 10 Fleischer, Michel [1] 246. – 11 ebd. 22ff., 349ff. – 12 G. Michel: Positionen und Entwicklungstendenzen der Sprachstilistik in der DDR, in: SuL 55 (1985) 42–53. – 13 D. Hymes: Soziolinguistik (1979) 40. – 14 vgl. W. Schmidt: Grundfragen der dt. Grammatik (1965).

Literaturhinweise:
H. Peukert: Positionen einer Linguostilistik (1977). – G. Lerchner: Stilistisches und Stil, in: Beitr. zur Erforschg. d. dt. Spr. Bd. 1 (1981) 85–109. – Sprachwissensch. Informationen H. 7, Zentralinstitut für Sprachwissensch. d. Akad. d. Wiss. d. DDR (1984). – U. Püschel: Stilistik. Nicht Goldmarie – nicht Pechmarie. Ein Sammelbericht, in: DS (1991) 50–67. – B. Sowinski: Stilistik (1991).

U. Fix

→ Angemessenheit → Gattungslehre → Gruppensprache → Intention → Latinitas → Stil → Stillehre → Wirkung

Furor poeticus (griech. ἐνθουσιασμός, enthousiasmós; dt. dichterische Begeisterung)

A. Die Vorstellung, daß Dichtung im Zustand der Begeisterung entsteht, hat ihren Ursprung in dem mythischen Bild vom gotterfüllten, durch die Musen inspirierten Dichter. Doch obwohl dieser alte Mythos schon in der Antike seine Bedeutung verliert [1], ist das Bild des inspirierten Dichters mehr oder weniger in jeder Epoche der abendländischen Kultur nachweisbar. [2] Der Gedanke des F. hat seinen Ort in der Poetik, in dem Nachdenken darüber, wie gedichtet wird, was Dichtung ist und für den Menschen bedeutet. Nach dieser Vorstellung ist Dichtung eher etwas Irrational-Göttliches als etwas Gemacht-Handwerkliches. Der Kern dieser mythischen Anschauung besagt, daß Dichtung von außen, und zwar durch den göttlichen Bereich inspiriert wird. Der Dichter dichtet also nicht in erster Linie mit Hilfe der eigenen Begabung oder erworbener Kunstfertigkeit: er ist der, der dem göttlichen Bereich näher steht als die anderen. Dadurch wird er legitimiert, dadurch erhält er seinen besonderen Status als Mittler zwischen seinem Publikum und dem göttlichen Bereich. In dem F.-Gedanken liegt also nicht nur eine Aussage darüber, wie gedichtet wird, sondern auch eine über die Stellung des Dichters in der Gesellschaft: er ist der Herausgehobene, der Erleuchtete, der Einsame. Das setzt allerdings eine allgemeine gesellschaftliche Akzeptanz des F. voraus. «Die These von der Inspiration wirkt unglaubwürdig, wo sie auf ein Menschenbild stößt, in dem die Ratio einen existentiellen Vorrang behauptet vor allen ihr vorgelagerten Impulsen.» [3] Diese Außenseiterstellung des Dichters ist jedoch spätestens seit dem Mittelalter ambivalent gesehen worden. Neben den Gedanken, der inspirierte Dichter sei der Weisheit teilhaftig, tritt die Anschauung, sie fehle ihm in besonderer Weise.

B. I. Das mythische Bild von den Musen, die einen Dichter zu seinem Werk inspirieren, ist von Beginn der *griechischen Antike* an vorhanden. Die Epen HOMERS beginnen mit einem Musenanruf, und ausführlich berichtet HESIOD im Proömium seiner ‹Theogonie› [4] davon, daß die Musen ihn den Gesang seines Werks gelehrt haben. Die Fähigkeit zur poetischen sprachlichen Gestaltung leitet sich nach dieser Anschauungsweise ganz aus einem göttlichen Antrieb her. Doch auch für die eigene dichterische Tätigkeit findet sich ein früher Beleg. In der ‹Odyssee› HOMERS sagt ein Sänger: «Selbstgelehrt bin ich, und ein Gott hat mir allfältige Sangesbahnen in das Herz gepflanzt.» [5] In dieser Stelle stehen zwei Dichtungskonzeptionen nebeneinander: die des inspirierten Dichters (den die Griechen ἀοιδός, aoidós nannten) und die des durch eigene Begabung und eigene Tätigkeit schaffenden Dichters (für den später das Wort ποιητής, poiētés gebraucht wurde). [6] In der weiteren Entwicklung scheint sich der Akzent mehr auf die Auffassung vom Dichter als poiētés zu verlagern. Doch PLATON, von dem die umfangreichsten und wirkungsvollsten Ausführungen zur poetischen Begeisterung stammen, legt das Gewicht wieder ganz auf die göttliche Inspiration des Dichters. In dem Dialog ‹Ion› heißt es: «Denn ein leichtes Wesen ist ein Dichter und geflügelt und heilig, und nicht eher vermögend zu dichten, bis er begeistert worden ist und bewußtlos und die Vernunft nicht mehr in ihm wohnt.» [7] In den Dichtern wirkt also eine göttliche Kraft, die diese in die Nähe der Orakelsänger rückt. [8] Die Kunst *(ars)* bleibt in dieser Dichtungskonzeption ebenso ausgeschlossen wie jegliche rationale Kontrolle über das entstehende Werk. Im ‹Phaidros› kehrt dieser Gedanke noch pointierter wieder. Der Zustand des inspirierten Dichters wird als eine Form des göttlich verursachten und für den Menschen segenbringenden Wahnsinns aufgefaßt: «Wer aber ohne diesen Wahnsinn der Musen in den Vorhallen der Dichtkunst sich einfindet, meinend er könne durch Kunst allein genug ein Dichter werden, ein solcher ist selbst ungeweiht und auch seine, des Verständigen, Dichtung wird von der des Wahnsinnigen verdunkelt.» [9] Interessanterweise hat Platon diese irrationale Seite des Dichters nicht immer so positiv bewertet, wie es im ‹Phaidros› zu sein scheint. Fragwürdig werden für Platon die derart vorgestellten Dichter dann, wenn er von ihnen Rechenschaft über das in ihren Werken Dargestellte verlangt. Dann zeigt sich von den Dichtern, daß sie «nicht durch Weisheit dichteten, was sie dichten, sondern durch eine Naturgabe und in der Begeisterung.» [10] Das Verhältnis Platons zum inspirierten Dichter ist ambivalent: durch seine religiöse Legitimierung kommt ihm zwar eine gewisse Autorität zu; doch da der Dichter keine eigene Weisheit (σοφία, sophía) besitzt, versagt er philosophisch. Der Verzicht auf die Vernunft und die aus eigenem Talent gewonnene oder erlernte Kunst macht für Platon einerseits die Faszination und die Stärke des Dichters aus, läßt ihn aber andererseits immer auch suspekt erscheinen. In seiner Wirkung auf die Rezipienten von Dichtung stellt der Dichter für Platon sogar eine Gefahr dar. Denn wie dieser vom Enthusiasmus ergriffen ist, ergreifen auch seine Werke in einer vernunftauflösenden Begeisterung ihr Publikum. [11] Platon hat der Dichtung deswegen im ganzen eher mißtraut und sie aus dem von ihm entworfenen Staatsgebilde verbannt.

In der *römischen Literatur* ist aus dem Mythos vom göttlich inspirierten Dichter ein Topos geworden, der nicht mehr seine ursprüngliche Bedeutung hat. Das Bewußtsein der römischen Dichter für die Konkurrenzsituation, in der sie mit den griechischen Vorbildern standen, und die sich hieraus ergebende hohe Geltung der eigenen Kunstfertigkeit *(ars)* standen einer ernsthaften Aufnahme des griechischen Mythos eher entgegen. Doch als Beispiele für die häufige Verwendung des durch göttliche Einwirkung begeisterten Dichters können ein Gedicht des HORAZ, in dem der Dichter seine Inspiration durch Bacchus beschreibt, und die Beteuerung OVIDS, er singe nichts Erfundenes, denn ein Gott wirke in ihm, genannt werden. [12] In der römischen Literatur finden sich auch Stellen, die gewissermaßen die Kehrseite des inspirierten Dichters betonen: Ist der Dichter göttlich begeistert, dann ist er dadurch von den anderen unterschieden und erscheint als Verrückter. Diese Sichtweise ist schon bei Platon angelegt, allerdings noch nicht in dieser Weise negativ gewertet. In scherzhafter Form begegnet diese Wertung bei PLINIUS d. J., der seine eigenen Dichtungen in einem Brief rühmend erwähnt und sich damit entschuldigt, den Dichtern sei es zugestanden, rasend zu sein («quamquam poetis furere concessum est»). [13]

II. Im *Mittelalter* läßt sich die Anschauung vom göttlich inspirierten Dichter ebenso nachweisen wie die negative Umwertung desselben Gedankens in die Vorstellung, die Dichter seien verrückt. Positiv erscheint der Gedanke bei CLAUDIAN in seinem ‹Proserpina›-Epos, in dem der Dichter seine religiös geweihte Stellung betont und die Nichteingeweihten zum Abstand mahnt. [14] Die gegenteilige Bewertung läßt sich jedoch bei ISIDOR nachweisen, der in seinem etymologischen Werk das lateinische Wort für Gedicht, ‹carmen›, von ‹carere mente› (der Geisteskraft ermangeln) ableitet. [15] «Daß die dichterische μανία auch in mittelalterlichen Schreibstuben mit dem übrigen autoritären Gut des antiken Wissens einen Unterschlupf fand, ist eine Paradoxie, wenn man bedenkt, daß gerade damals das Dichten als schweißtreibende Mühsal empfunden und empfohlen wurde.»[16]

III. Die Regelpoetik des Mittelalters findet ihre Fortsetzung im *Barock* und in der *Aufklärung*. Der Dichter gilt als *poeta doctus*, seine Inspiration wird nicht thematisiert. Anders verhält es sich im *Sturm und Drang*, durch dessen Geniekult die Dichtung eine neue Qualität erhält. Dem gelehrten Dichten wird das schöpferische Schaffen gegenübergestellt. Dabei wird – vor allem in der Shakespeare-Rezeption – der Rückgriff auf die Natur als Inspirationsquelle wichtig. «Das Genie geht also von der großen Natur aus und kehrt in sie, nach Entfaltung all seiner Energien, zurück.»[17] Dabei zeichnet sich eine Verschiebung des F. nach innen ab. Zwar wählen sich die Dichter ihre Identifikationsfiguren aus der Antike (Ganymed, Prometheus). Doch ihre Auffassung vom F. ist nicht antik: Die Inspiration wirkt nicht mehr von außen auf den Dichter, sondern in ihm und erhebt ihn damit selbst zum Gott. «Das sonst nur abstrakt formulierte Theorem der Gottgleichheit des Genies verwandelt sich in poetischen Vollzug. Es wird "innere Form".»[18] Wenn gleichzeitig HERDER in seiner ‹Abhandlung über den Ursprung der Sprache› (1770) durch einen historischen Zugriff die Sprache entgöttlicht und entmythifiziert, verstärkt sich der Druck, durch die individuelle innere Inspiration des Dichters eine neue Autonomie des sprachlichen Kunstwerks zu begründen. Der so enthusiasmiert Schaffende wird jedoch schon im Sturm u. Drang auch kritisch gesehen (K. P. MORITZ: ‹Anton Reiser›, J. W. GOETHE: ‹Die Leiden des jungen Werther›), bevor die *Romantiker* sich deutlich von diesem Dichterverständnis distanzieren. «Um über einen Gegenstand gut schreiben zu können, muß man sich nicht mehr für ihn interessieren; der Gedanke, den man mit Besonnenheit ausdrücken soll, muß schon gänzlich vorbei sein, einen nicht mehr eigentlich beschäftigen. Solange der Künstler erfindet und begeistert ist, befindet er sich für die Mitteilung wenigstens in einem illiberalen Zustande.» (F. Schlegel)[19] Dabei kehrt die Romantik nicht zur Regelpoetik zurück. Nach Schlegel muß man zur Poesie geboren sein.[20] Doch auch die Romantik kennt den F. NOVALIS hielt die Begeisterung für die Mutter und den Urgrund der Künste, besonders der Dichtung[21], läßt aber Klingsohr in ‹Heinrich von Ofterdingen› einschränken: «Begeisterung ohne Verstand ist unnütz und gefährlich, und der Dichter wird wenig Wunder thun können, wenn er selbst über Wunder erstaunt. [...] Der junge Dichter kann nicht kühl, nicht besonnen genug seyn.»[22] Denn seine Werkzeuge sind beschränkt, anders als die Poesie, die er zu fassen sucht. Große Dichtung ist nicht möglich ohne «einen Funken wahrer Poesie»[23], und ihre Aufgabe ist es, «das, was außer der Welt ist, in ihr zu offenbaren».[24] Dennoch darf man nicht von einer Inspiration von außen sprechen, Erlebnisort ist das «inwendige Heiligthum des Gemüths».[25] Genau dies wird bei E. T. A. HOFFMANN als rühmliche Dichtereigenschaft eben des Novalis hervorgehoben.[26] Zentral bei Hoffmann ist die Duplizität, die auch ‹Serapiontisches Prinzip› genannt wird. Es geht darum, daß die innere Begeisterung zur Darstellung im äußeren Leben gelangt[27] und nicht in sich selber befangen bleibt, was als Wahnsinn abgewertet wird. In ihrer Betonung der Begeisterung als schöpferischer Ursprung zeigt sich bei den Romantikern eine große Nähe zu Platon. Anders als für Platon ist jedoch für die Romantik auch die Vernunft zur Gestaltung

der «dunklen geheimnisvollen Ahnungen».[28] Für NIETZSCHE wird die antike Vorstellung des F. wieder aktuell. Er fühlt sich als «medium übermächtiger Gewalten»[29] und von Gedanken wie vom Blitz getroffen. «Alles geschieht im höchsten Grade unfreiwillig [...].»[30] Die geschichtliche Vergangenheit einer solchen Vorstellung ist ihm durchaus bewußt: «Dies ist *meine* Erfahrung von Inspiration; ich zweifle nicht, dass man Jahrtausende zurückgehn muss, um Jemanden zu finden, der mir sagen darf "es ist auch die meine".»[31] Den gegenwärtigen Begriff von Inspiration beurteilt er sehr kritisch: «Die Künstler haben ein Interesse daran, dass man an die plötzlichen Eingebungen, die sogenannten Inspirationen glaubt; als ob die Idee des Kunstwerks, der Dichtung, der Grundgedanke einer Philosophie, wie ein Gnadenschein vom Himmel herableuchte.»[32] Dieser Inspirationsbegriff ist für Nietzsche ein mythifizierender Deckmantel für «vorhergegangenes inneres Arbeiten».[33] Was Nietzsche als Inspiration des 19. Jh. bezeichnet, läßt sich auch für das 20. Jh. sagen. Der Dichter wird zum Arbeiter, der Dichtung freilegt, wie G. BENN in seiner 1951 gehaltenen Rede ‹Probleme der Lyrik› ausführt: «Ein Gedicht entsteht überhaupt sehr selten – ein Gedicht wird gemacht.»[34] Doch ganz entmythifiziert ist Dichtung auch für die Moderne nicht: Das Irrationale wird vom Dichter auf das Werk verlagert. Für Benn ist das Gedicht schon fertig, ehe es begonnen hat. Der Autor weiß nur dessen Text noch nicht.[35] «Er folgt einer inneren Stimme, die niemand hört. Er weiß nicht, woher diese Stimme kommt, nicht, was sie schließlich sagen will.»[36] Das Werk hat gewissermaßen die Rolle des göttlichen F. übernommen und lenkt von nun an den Dichter. T. MANN drückt diesen Gedanken ähnlich aus: «Ein Werk hat unter Umständen seinen eigenen Ehrgeiz, der den des Autors weit übertreffen kann, und das ist gut so. Denn der Ehrgeiz darf nicht ein Ehrgeiz der Person sein, er darf nicht vor dem Werk stehen, sondern dieses muß ihn aus sich hervorbringen und dazu zwingen.»[37]

Insgesamt läßt sich zur Situation im 20. Jh. feststellen: «Im Verhältnis zu ihrem immanenten Anspruch erweisen sich inspirative Erfahrungs- und Erkenntnisprozesse heute als unwirklich. Sie stoßen auf eine Realität, die sich von ihnen fernhalten muß, weil sie sich in ihrer jetzigen Form sonst selbst in Frage und aufs Spiel setzen würde. Die Ansprüche der Inspiration bleiben aufgehoben im Bereich der Kunst. So beweisen sie gleichzeitig ihre reale Machtlosigkeit und ihre Macht, die als Protest erkennbar bleibt.»[38]

Anmerkungen:
1 vgl. R. Häussler: Der Tod der Musen, in: Antike u. Abendland 19 (1973) 117–145. – **2** E. Barmeyer: Die Musen. Ein Beitrag zur Inspirationstheorie (1968) 9. – **3** ebd. 13. – **4** Hesiod, Theogonie 1ff. – **5** Homer, Odyssee 22, 347f., übers. v. W. Schadewaldt (1958). – **6** Barmeyer [2] 84. – **7** Platon, Ion 534b., zit. nach Platon: Sämtl. Werke, übers. von F. Schleiermacher, hg. von E. Grassi, Bd. 1 (1957). – **8** ebd. 534cd. – **9** Platon, Phaidros 245a., übers. von Schleiermacher [7] Bd. 5. – **10** Platon, Apologie 22b., übers. von Schleiermacher [7]. – **11** Platon, Ion 535e. – **12** Horaz, Carmina III, 25; Ovid, Fasti 6, 3–6. – **13** Plinius d. J., Ep. 7, 4, 10. – **14** Claudian, De raptu Proserpinae 1, 4. – **15** Isid. Etym. 1, 39, 4. – **16** E. R. Curtius: Europäische Lit. u. lat. MA (1954) 468. – **17** J. Schmidt: Die Gesch. des Genie-Gedankens, Bd. I (1985) 273. – **18** ebd. 197. – **19** F. Schlegel: Krit. Fragmente 37, in: E. Behler (Hg.): Krit. Friedrich-Schlegel-Ausgabe Bd. 2 (1967) 151. – **20** ders., Athenäums-Fragment 404, in: Behler [19] 241. – **21** Novalis: Das dicht. Werk, Bd. I, hg. von R. Samuel (1978) 99f. – **22** Novalis [21] 329. – **23** Novalis [21]

335. – **24** ebd. – **25** Novalis [21] 225. – **26** E. T. A. Hoffmann: Fantasie- und Nachtstücke, hg. v. W. Müller-Seidel (1960) 136f. – **27** Hoffmann: Die Serapionsbrüder, hg. v. W. Müller-Seidel (1963) 54f. – **28** Hoffmann [27] 54. – **29** F. Nietzsche: Ecce homo, in: F. Nietzsche: Sämtl. Werke, hg. von G. Colli u. M. Montinari, Bd. 6 (1980) 339. – **30** Nietzsche [29] 340. – **31** ebd. – **32** Nietzsche: Menschliches, Allzumenschliches, in: Sämtl. Werke [29], Bd. 2, 146. – **33** Nietzsche [32] 147. – **34** G. Benn: Gesamm. Werke, hg. v. B. Hillebrand, Bd. 2 (1989) 505f. – **35** Benn [34] 515. – **36** Benn [34] 523. – **37** T. Mann: Einf. in den ‹Zauberberg› für Studenten der Univ. Princeton, in: ders.: Der Zauberberg (1950) XIX. – **38** Barmeyer [2] 215.

Literaturhinweise:
W. Dilthey: Dicht. Einbildungskraft und Wahnsinn, in: Gesamm. Schr. Bd. VI (1924) 90–102. – O. Falter: Der Dichter und sein Gott bei den Griechen und Römern (Diss. Würzburg 1934). – H. Flashar: Der Dialog ‹Ion› als Zeugnis Platonischer Philos. (1958). – H. Bienek: Werkstattgespräche mit Schriftstellern (1962). – H. Maehler: Die Auffassung des Dichterberufs im frühen Griechentum bis zur Zeit Pindars (1963).

J. Neumann

→ Affektenlehre → Dichter → Enthusiasmus → Erhabene, das
→ Irrationalismus → Movere → Pathos

Fürstenspiegel (lat. speculum principum, -regis, -regale; de regimine principum; de institutione principum; de virtutibus principum; dt. auch Regentenspiegel; engl. mirror of princes; frz. miroir exemplaire)
A. Def. – B. I. Antike – II. Mittelalter. – III. Humanismus u. Konfessionelles Zeitalter – IV. Absolutismus und Aufklärung.

A. F. bilden ein großes, für das Mittelalter und die Frühe Neuzeit wichtiges Korpus politischen Schrifttums. Die lateinischen Titel des Hochmittelalters waren wohl namenbildend für die Gattung. Im Deutschen wird ‹F.› im 16. Jh. geläufig. Doch schon der Alte Orient kennt F. Die Gattungstradition ist vornehmlich vom antiken Schrifttum geprägt.

Eine definitorische Abgrenzung dieser Texte ist schwierig. Man kann lediglich die breite Verwendung des Begriffs über die Epochen beschreiben. Die Werke müssen jeweils in ihrem historischen Kontext verstanden werden. Viele antike Beispiele sind keine F. im strengen Sinn, übten aber gleichwohl prägende Kraft bei der Ausformung von Idealbildern des Alleinherrschers aus. Gemeinsam ist stets die Aufgabenstellung politischer Pädagogik, der Reflexion und Belehrung über politische Ethik. Amtierenden oder zukünftigen Herrschern (und ihren Lehrern) werden die Maßstäbe einer qualifizierten Erziehung des Fürsten vorgestellt; es werden Regeln für das moralisch richtige Verhalten und das Amt des Regierens (fürstliche Standespflichten) gegeben, die Sinngebung staatlicher Ordnung und ethische Deutung fürstlicher Macht (*potestas* oder *auctoritas*) versucht und (mehr oder minder explizit) die Legitimation und die Grenzen der Herrschaft aufgezeigt. In politisch-didaktischer Absicht wird das Musterbild eines Fürsten entworfen. Solche Ideale sind: der *philosophus rex*, der *princeps* als *lex animata*, der *imperator felix*, der *rex imago Dei* oder *vicarius Christi*, der *bonus princeps* oder *princeps christianus*, der *princeps optimus* bzw. *perfectus* oder der *princeps litteratus*. Bemüht werden Metaphern vom Regenten als Schiffsmann (Kapitän des Staatsschiffes), als leitendes Haupt (des Staatskörpers), als Arzt (für die Staatskrankheiten), als Hirte des Volkes *(pastor populi)* oder als Vater *(pater patriae)*.

Das Herrscherideal manifestiert sich in einer mehr oder minder umfangreichen Zusammenstellung von *virtutes* (*iustitia, pietas, clementia, pax, constantia* usw.). Der Tugendkatalog ist häufig konstitutiv für die Struktur der F., bildet Programm und Gliederungsschema. Politik und Staat werden im Rahmen dieser Tugenden und als abhängig von diesen behandelt. Öffentliche Sicherheit und das Gerichtswesen stehen in Abhängigkeit von der *iustitia principis*, die Außenpolitik ist Ausfluß fürstlicher Friedensliebe. [1] Die Erläuterung der Wirkungsweise der Tugenden erfolgt mittels geschichtlicher Beispiele *(exempla)* und Erzählungen *(Historien)*. An Herrschergestalten, deren Denk- und Handlungsweise demonstriert man die Ziele politischer Ethik. Dem Leser wird ein oft idealisiertes Leitbild (eine Utopie in Person) präsentiert, damit er sich darin ‹spiegle› (dieses Motiv findet sich erstmals bei SENECA, ‹De Clementia› 1,1). Als weitere didaktische Mittel dienen Weisheiten und Lehrsprüche, Sentenzen und Aphorismen berühmter Gelehrter oder Herrscher, als rhetorische Mittel gerade in diesem Kontext Anaphern und Alliterationen.

Die Werke variieren – je nach vorausgesetzter Kommunikations- und Redesituation – hinsichtlich literarischer Formen und Umfang. Es kann sich um Reden oder Predigten, um am Lebensweg eines Herrschers orientierte Erzählungen, um am Tugendkatalog ausgerichtete Kompilationen von historischen Exempeln oder um bloße Sammlungen von Weisheitssprüchen (Sentenzen, Aphorismen) handeln. Vom Grundtenor her sind Mahnschrift, moralische Verhaltens-, eine politische Klugheitslehre ebenso anzutreffen wie Regimentslehren, in denen die Rechte und Pflichten des Fürsten mit umfassender historischer, oft aber auch theologischer, juristischer oder politik- und sozialtheoretischer Fundierung erörtert werden. Die Grenzen zum staatsphilosophischen und staatsrechtlichen Schrifttum oder zu praktisch orientierten Staatsverwaltungslehren sind hier fließend, eine Trennung oft schwer. [2]

Wenn etwa neben die Morallehre die rechtswissenschaftliche Diskussion (unter dem Einfluß des römischen Rechts) Einzug hält und staatsrechtliche Probleme um die äußere *(princeps rex in territorio suo)* oder innere Souveränität *(princeps legibus solutus)* behandelt werden, stellt sich die Gattungsfrage. Die Schrift ‹De cura reipublicae et sorte principantis› (um 1355) des PHILIPP VON LEIDEN basiert v. a. auf dem römischen Recht, bestimmt den Staatszweck rein aus dem Gemeinwohlgedanken und überträgt (der politischen Entwicklung der Zeit entsprechend) auch den Herren kleinerer Territorien und Städte das Recht auf Souveränität. Die Fürstenethik spielt hier nur eine untergeordnete Rolle, weswegen der Wertung des Werkes als «F. vom staatsrechtlichen Standpunkt» (Berges) widersprochen wurde. [3] Ein Beispiel aus dem 18. Jh. wäre die ‹Idea exacta de bono Principe› (1740) des Abts COELESTIN VON ST. TRUTPERT. Dem promovierten Juristen geht es tatsächlich weniger um das ethische Ideal des guten Fürsten, als um die Wahrung der staatsrechtlichen Position der Klosterherrschaft zwischen Landesherrschaft und Untertanen. Auf zahlreichen Rechtsgebieten und in juristischer Argumentationsweise sucht er diese zu stützen. [4]

Eine zweite Gruppe von ‹Grenzfällen› ordnet die Fürstenlehre in den Rahmen einer Staatstheorie ein, löst die Politikanalyse von der Person des Fürsten und dessen moralischem Verhalten. Die Person des Herrschers, seine Tugendhaftigkeit und Fehler sind nicht mehr konstitutiv für das politische Geschehen, Rechte und Pflichten werden im Rahmen einer umfassenden Staats- und

Gesellschaftslehre erörtert. Problematisch ist in dieser Hinsicht der ‹Policraticus› (1159) des JOHANNES VON SALISBURY. [5] Zwar behandelt er die Fürstenerziehung ebenso wie die Rollen des Fürsten als *caput corporis rei publicae* und gleichzeitig als deren *medicus*, weiter als Diener des Gemeinwohls und der Gerechtigkeit. Er gilt (im Gegensatz zum Tyrannen) als Garant, Vollstrecker und Ausformer der Rechtsordnung *(lex animata)*. Dies steht jedoch im Rahmen einer «weit ausgreifenden Staatslehre», welche die Seinsordnung und ihre Gesetze philosophisch erörtert und jedem Stand (Priester, Krieger, Handwerker, Bauer) seinen Platz in der Gesellschaft zuweist. Doch daneben schärft Johannes den Fürsten des 12. Jh. das Ideal und die Notwendigkeit sprachlich-literarischer Bildung ein: der *imperator literatus*, der gelehrte oder weise Herrscher gilt als erstrebenswertes Erziehungsziel, «quia rex illiteratus est quasi asinus coronatus» (weil der illiterate König gleichsam ein gekrönter Esel ist). [6]

Auch einige frühneuzeitliche F. sind durch eine «Ambivalenz zwischen Fürstenlehre und allgemeiner Staatsbetrachtung» gekennzeichnet. [7] Beispiele sind: J. OMPHALIUS, ‹De officio et potestate principis› (1550); G. LAUTERBECK, ‹Regentenbuch› (1556); K. HERESBACH, ‹De educandis erudiendisque principum liberis... deque republica Christianè administranda› (1570). Somit bleibt eine genaue Grenzziehung durchweg problematisch und steht einer exakten Definition der Gattung im Wege. Die Aufspaltung der Gattung in Fürstenlehren und F., wie sie sich in den neuesten Ausgaben der großen deutschen Universallexika findet, ist ebenso wenig ergiebig.

B. I. Schon der alte Orient, Ägypten und Mesopotamien, kennt eine Reihe von F. Die Lehre für König Merikarê entstand bereits um 2000 v. Chr. im alten Ägypten. Sie enthält Themen, die sich in fast allen F. folgender Zeiten wiederfinden. [8] Sowohl im antiken Ägypten und in Mesopotamien als auch in Israel sind zahlreiche Schriften entstanden, die sich mit dem Musterbild des Herrschers befassen. Die entsprechenden Stellen der Bibel sind für die spätere christliche Tradition von besonderer Bedeutung. Einige längere Passagen, z. B. 1 Reg 3,6 (Gebet Salomos), werden als «wirkliche Entwürfe zu F.» gewertet. [9]

Für die griechischen und römischen Vorstellungen vom idealen Fürsten sind die Epen HOMERS sowie die Werke PLATOS und ARISTOTELES', CICEROS, SENECAS, PLUTARCHS und MARC AURELS grundlegend geworden. Leitbild ist der Philosophenkönig als Gegenbild zum Tyrannen, als Vorbild an Weisheit und Diener am Gemeinwohl, oder später als Vermittler göttlicher Weisheit und Gerechtigkeit.

Bei den Griechen entwickelt sich in Ansätzen die Gattung der F., als zeitgleich sowohl Tyrannen wie auch demokratische Regime die politische Staatenwelt bestimmen. In PINDARS Oden auf den Tyrannen Hieron zeigt sich die Faszination, welche von der Alleinherrschaft ausgeht. Der Dichter des 5. Jh. v. Chr. beschreibt das Ideal des Herrschers mit Standhaftigkeit, Gerechtigkeit, Milde gegenüber den Bürgern, Wahrheitsliebe und Mißtrauen gegenüber Schmeichlern und Verleumdern.

Infolge der Krise der Demokratie im 4. Jh. erhält das Leitbild des guten Monarchen eine besondere Bedeutung. Die Intellektuellen Athens standen häufig in Beziehung zu Alleinherrschern, etwa Platon zum Tyrannen von Syrakus. Der Gedanke den Tyrannen zum guten König durch philosophische Bildung zu läutern, war von besonderer Anziehungskraft.

XENOPHON wendet sich in seinem Dialog ‹Hieron› (ca. 370 v. Chr.) der Tyrannisproblematik zu. Subtil deutet er die Vorzüge des Königtums an, indem er Hieron Nachteile und Widerwärtigkeiten seiner tyrannischen Herrschaft beschreiben läßt. Auch die klugen politischen Ratschläge seines Gesprächspartners Simonides lassen nicht auf glücklicheres Regiment und innere Erfüllung hoffen. Der Tyrann ist dazu verdammt, in Unsicherheit zu leben, umgeben von Falschheit und bloßem äußeren Schein.

Für die Tradition der F. von großer Bedeutung ist Xenophons ‹Kyrupaideia›. Sie gilt noch im 18. Jh. als Vorbild. [10] Dieser Roman beschreibt Erziehung und Heldentaten des Kyros, wobei der Autor persische und griechische Ideen verarbeitet. Das Leitbild vom Hirten der Völker konkretisiert sich in einer Reihe von Tugenden, von körperlicher Tüchtigkeit über Frömmigkeit, Gerechtigkeit, Ehrfurcht bis hin zu Mäßigung, Hilfsbereitschaft, Taktgefühl, Großherzigkeit und Freigebigkeit. [11]

PLATON beschreibt in der ‹Politeia› das Ideal des Philosophenkönigs mit dem bekannten Argument, in einem guten Regiment müßten entweder die Philosophen Könige werden oder die Könige Philosophen. Indem er die Erziehung des Philosophen beschreibt, beschreibt er damit zugleich die des Fürsten. Im Gegensatz zum Tyrannen ist er frei und Herr seiner selbst; seine Vorbildlichkeit macht ihn zum Erzieher des Volkes.

Im Hellenismus werden Herrschergestalten wie Alexander d. Große, Herakles und Odysseus zu Leitbildern. Die hellenistische Lehre vom Königtum beeinflußte noch die F. des Mittelalters.

SENECA verwandte nachweisbar erstmals die Spiegelmetapher in seiner an Kaiser Nero gerichteten Schrift ‹De Clementia›. Er vergleicht die Stellung des Kaisers mit dem *pater familius* und macht die *clementia* zur zentralen Tugend. Sie mildert die unumschränkte Macht des *princeps*. Den Fürsten als obersten Richter führt sie zur Verwirklichung wahrer Gerechtigkeit. Hinzu kommen Unbestechlichkeit und Wahrheitsliebe. Der *princeps* soll den Göttern nacheifern und nach Weisheit streben. Er bleibt dabei aber Mensch, der nur durch sein Amt eine herausragende Stellung besitzt. Das Verhältnis zu den Untertanen solle er so gestalten, wie er wünsche, daß sich die Götter ihm gegenüber erweisen – ein Motiv das sich auch bei AGAPETOS wiederfindet.

Nachhaltigen Einfluß auf das Herrschaftsideal und damit die Gattung der F. übte PLUTARCH mit seinen Schriften aus. Sein Herrscherideal ist das des weisen, philosophisch gebildeten Fürsten. Der in der Seele gegenwärtige *logos* ist sein innerer Ratgeber, das Licht der Gerechtigkeit leuchtet durch ihn. Er ist «Diener Gottes, der die göttlichen Wohltaten an die Menschen verteilt.» [12]

Die ‹Selbstbetrachtungen› des MARC AUREL dokumentieren die Realisierung dieses Ideals. Der römische Kaiser beschreibt seine Aufgabe darin, sich ständig um das Allgemeinwohl zu bemühen und für die Gemeinschaft tätig zu sein. Er hütet sich vor dem Despotismus und vor Zorn, bleibt ein Freund der Gerechtigkeit, gottesfürchtig und hilfsbereit gegenüber seinen Untertanen.

II. *Mittelalter.* Die byzantinische Tradition setzt mit der σχέδη βασιλική des Diakons AGAPETOS aus dem 6. Jh. ein. Die Schrift ist eine reine Sentenzensammlung, die «in der Renaissance beträchtlichen Erfolg» hatte [13] und noch im Deutschland des beginnenden 17. Jh. in M. MOLLERS ‹Schedia Regia› (1605) eine Bearbeitung fand. [14] Der Herrscher wird als Diener Gottes vorgestellt, der die Menschen zur Gerechtigkeit anleitet. Körperlich ist er den Menschen gleich, doch von seinem Amt her Gott ähnlich. Dennoch unterwirft er sich den Gesetzen. Er zeigt Standhaftigkeit in den durch Vergänglichkeit gekennzeichneten menschlichen Verhältnissen und ist ein Vorbild an Tugendhaftigkeit. Wiederholt aufgeführt werden die Tugenden der Philanthropie, Wohltätigkeit, Klugheit und des überlegten Handelns sowie *constantia*. Hinzu kommen noch Unparteilichkeit, Frömmigkeit, mit Strenge gepaarte Milde, Selbstbeherrschung und Verantwortungsbewußtsein. [15]

Im Gegensatz zu dieser Kompilation verschiedener Topoi der Herrschaftslehre ist die Unterweisung des THEOPHYLAKTOS VON ACHRIDA origineller und stärker auf historische Umstände ausgerichtet. [16] Im zweiten Teil seiner ‹Paideía Basiliké›, dem eigentlichen F., stellt der Autor in 30 Kapiteln einen Tugendkatalog zusammen und sucht dabei die Monarchie als einzig wahre Staatsform zu erweisen, indem er das Wesen der Tyrannis definiert. [17]

Die mittelalterliche Tradition der F. speist sich neben den antiken Schriftstellern aus dem Fürstenbild der Kirchenlehrer AMBROSIUS, AUGUSTINUS, GREGOR D. GR. oder ISIDOR VON SEVILLA, der in seinen ‹Institutiones disciplinae› eine heidnisch-christliche Synthese fürstlicher Erziehung vornimmt. In diesem Traktat spielt die körperliche Erziehung ebenso eine Rolle wie die Fächer der *artes liberales*. Besonders die Deutung des *imperator felix* im 5. Buch der ‹Civitas Dei› des Augustinus wirkte inspirierend. Nicht irdisches Glück und Erfolg, sondern die Übung der Tugenden (Gerechtigkeit, Demut, Frömmigkeit, Mäßigung, Enthaltsamkeit u.a.) gelten als Erfüllung des Herrscherlebens. [18]

Die karolingischen F. des 9. Jh. verbinden ebenfalls Königtum mit christlicher Ethik. Die Stellung des Herrschers wird als *minister Dei* definiert, das Königtum auf die Lebenshaltung des Mönches verpflichtet. Zentrale Tugenden sind neben *pietas* und *timor Dei* (Gottesfurcht) auch die *humilitas* (Demut), die Kardinaltugend der Mönche. Ohne diese sind Gerechtigkeit und Friedfertigkeit nicht denkbar. Als Beispiele seien die F. des SMARAGDUS VON ST. MIHIEL, HINKMAR VON REIMS und SEDULIUS SCOTUS genannt. Sie erscheinen vor dem Hintergrund der Krise, die infolge der Ablösung der römischen durch die germanische Herrschaftsordnung entstanden war; es galt das Verhältnis von Christentum und germanischem ‹Staat› neu zu bestimmen, was eine öffentliche Uminterpretation christlicher Wertvorstellungen notwendig machte. Einige der F. werden so zu Elementen «politischer Publizistik». [19]

Das 13. und 14. Jh. bringt eine Reihe berühmter F. hervor. Sie verarbeiten Ideen und Motive, die aus arabisch-orientalischen Quellen (etwa dem ‹Secretum secretorum›), aus der Rezeption des Römischen Rechts und vor allem aus der Übersetzung des Aristoteles ins Lateinische herrühren. Weitere Denkanstöße kamen aus den nationalstaatlichen Entwicklungstendenzen Westeuropas und dem Investiturstreit. Unter diesen Einflüssen diskutieren die F. die Rolle des Fürsten im Rahmen einer allgemeinen Staatslehre. Das Königtum hört dabei auf, einseitig als «Faktor der Heilsgeschichte verstanden» zu werden, das seinen «heilsgeschichtlichen Auftrag entfaltet». [20] Statt dessen wird die transzendente Ausrichtung allmählich aufgegeben und nach dem Wesen des Politischen im Diesseits gefragt.

Die berühmtesten und verbreitetsten Beispiele dieser Zeit sind THOMAS' VON AQUIN ‹De regimine principum› (ca. 1265) und das gleichlautende Werk des AEGIDIUS ROMANUS (1277/79). Thomas beschreibt auf der Basis der aristotelischen Anthropologie (Mensch als *animal sociale et politicum*) den Staat als natürliches Gebilde mit einer im Rahmen des christlichen Universalismus eigenen Bestimmung. Der ideale Herrscher dient dem Gemeinwohl als Vater des Volkes, im Unterschied zum eigennützigen Tyrannen. Das höchste Lebensziel bleibt jedoch, die himmlische Glückseligkeit im Jenseits, auf die der Fürst die Menschen hinführen muß. Die vier Kardinaltugenden: *prudentia*, *iustitia*, *fortitudo* und *temperantia* werden durch spezifisch christliche Tugenden (Glaube, Hoffnung, Liebe) ergänzt.

Die Fürstenlehre des Aegidius ist noch detaillierter: Ständehierarchie, Naturrecht, Lehnsrecht, Tyrannis und Widerstandsrecht, Verfassungsformen und Volkssouveränität werden behandelt. Sein Fürstenideal ist vom Erziehungsgedanken und der Bildungsidee bestimmt, zusätzlich werden Sittsamkeit und Schicklichkeit als Tugenden eingeführt, sowie eine Fülle praktischer Ratschläge für die Politik, die sich auf das Justiz-, Finanz- und Kriegswesen und die Ökonomie beziehen.

Im Spätmittelalter tritt die Staatstheorie wieder in den Hintergrund der F., und es beginnt «ein Zeitalter der Moralistik». [21] Die Tyrannis wird in den F. nicht als Problem des Staates (im Zusammenhang mit dem Widerstandsrecht) behandelt, sondern auf ein Defizit bestimmter Fürstentugenden (*clementia*, *mansuetudo*) zurückgeführt. Der Humanismus bringt jedoch entscheidende Anregungen: der Gedanke der Erziehbarkeit erhält größte Bedeutung, die Pädagogik wird zur zentralen Disziplin, das Individuum erhält einen eigenen Stellenwert. Formuliert werden die Leitbilder des durch das antike Schrifttum gebildeten *princeps litteratus* und des weisen, am Beispiel des platonischen Philosophenkönigs entwickelten *princeps optimus*. Die Idee des gebildeten, viele Sprachen beherrschenden und rhetorisch geschulten Fürsten wird durch den Anspruch umfassender Tugendhaftigkeit zum utopischen Ideal gesteigert. Diese Entwicklung des F. ist mit den Namen PETRARCA, ENEA SILVIO, PONTANO oder PATRIZI verbunden.

III. Die Kontinuität der F.-Gattung von der Antike über das Mittelalter zur Frühneuzeit ist durchaus problematisch. Mittelalterliche Vorstellungen etwa vom *princeps* als Treuhänder der Heilsordnung finden sich zwar noch in neuzeitlichen F.,[22] doch es gibt keine durchgehende Traditionslinie. Zum einen sind die antiken Vorbilder im christlichen Mittelalter verloren gegangen, zum anderen berufen sich die neuzeitlichen F.-Autoren, die geprägt durch den Humanismus der Scholastik eher kritisch gegenüberstehen, auf «das moralisch-politische Schrifttum der Antike». [23] Man beruft sich auf Homer, Aristoteles, Platon, Xenophon, Isokrates, Cicero, Seneca, Plutarch und bald auch auf Erasmus, grundsätzlich aber nicht auf Thomas von Aquin oder Aegidius Romanus.

Der humanistische F. erreicht mit der ‹Institutio Principis Christiani› (1515) des ERASMUS VON ROTTERDAM seinen Höhepunkt. Aus dem Glauben an die Erziehbarkeit des Menschen zum Guten, an seine Bildungsfähigkeit und speziell die Überzeugung von der Notwendigkeit einer guten Erziehung gerade für die späteren Regenten wurden derartige Erziehungsinstruktionen verfaßt. Da sich diese anthropologischen Grundauffassungen auch im Pietismus und der Aufklärung wiederfinden, setzt sich die Tradition dieser Spielart des F. bis ins

18. Jh. fort. Die Verfasser, häufig als Praeceptoren und Lehrer tätig, haben auf der Basis ihres pädagogischen Optimismus ein Fürstenbild entworfen, das höchste ethische Ansprüche an die Regenten stellte. Ein typischer Fürstenspiegel ist in diesem Zusammenhang das wohl um 1515 entstandene Buch ‹De l'institution du Prince› (gedr. 1547) des französischen Humanisten G. BUDÉ (1468–1540). [24] Franz I. gewidmet, weist es einige Parallelen zur ‹Institutio Principis Christiani› des Erasmus auf. Budé betont zunächst die Notwendigkeit der Pflege der Wissenschaften, speziell der Kenntnis der antiken Autoren *(bonae litterae)* und der Geschichte als *magistra vitae*, die ein Gemeinwesen erblühen lassen. Der Fürst, gleichzeitig *pater patriae* und *pastor populi*, muß philosophieren, um als Wahrer der Gerechtigkeit die zentrale Kraft im Staat sein zu können. Seine Liebe zu Volk und Gemeinwohl und seine Tugendhaftigkeit (Würde, Beredsamkeit, Klugheit, Urteilskraft, Freigebigkeit und Disziplin) befähigen und legitimieren ihn dazu. In Vorwegnahme späterer absolutistischer Positionen verweist Budé jedoch bereits darauf, daß der König als Vertreter Gottes über den Gesetzen stehe, keinem irdischen Gericht unterworfen und somit niemandem auf Erden rechenschaftspflichtig sei.

In Deutschland war durch die Vielzahl kleiner und großer Landesherrschaften, die seit dem Spätmittelalter mehr und mehr politische Eigenständigkeit gegenüber dem Reich beanspruchten, ein besonderer Nährboden für die F. gegeben. Unter dem Einfluß von Reformation und Konfessionalisierung sind zahlreiche F. entstanden, die die Bibel zur wichtigsten und nicht selten sogar zur alleinigen Quelle der Regentenbelehrung machten. Die Religion, die Tugend der *pietas*, konkret der wahre Glaube und seine Verfechtung werden hier zu den zentralen Anliegen des F. Aufschlußreich sind oft schon die Titel. A. MELTZER etwa publizierte 1615/16 ein ‹RegentenBüchlein›, worin er einen «Bericht aus Gottes warem seeligmachendem Wort» gibt, «worauff alle [...] Oberkeiten [...] in ihrem Ampt fürnemlich sehen soll» und fügt, um seine Absicht vollends klarzumachen, einen «Dialogo [...] von der Pestilentzischen/tödlichen Calvinischen Seelengifft» bei. Der Verfasserkreis solcher Werke ist unschwer im Umfeld der Geistlichkeit, besonders der Hofprediger auszumachen.

U. RIEGERS ‹Enchiridion odder handtbüchlin eines Christlichen Fürsten› (1535) ist ein richtungsweisendes Beispiel. [25] Das Wort Gottes ist gemäß dem Lutherischen *sola-scriptura*-Prinzip exklusive Quelle der Fürstenbelehrung. In Opposition zur heidnischen Philosophie der Humanisten und den säkularen Tendenzen in der Staatslehre mißtraut Rieger der Vernunft, sieht wahre Herrscherweisheit allein als Ausfluß göttlicher Gnade *(sola gratia)*; Voraussetzung dafür ist der Glaube *(sola fide)*. Der Fürst muß das Wort Gottes mit der Waffe in der Hand gegen die Ungläubigen verteidigen, wobei ihm dieses wiederum als die beste Waffe zur Hand ist. Es vermag mehr Trost zu spenden als Festungen und Soldaten. Als typisch reformatorischen F. kennzeichnet das ‹Enchiridion› den Fürsten als von Gott eingesetzten Amtsinhaber, dessen persönliche Vervollkommnung (durch Tugendübung) nicht im Zentrum steht. Gerechtigkeit gilt nicht als Tugend, sondern als Gut, das der Fürst als Amtsträger hüten muß; nicht der *optimus princeps*, sondern der richtige Gebrauch oder der Mißbrauch des Fürstenamtes ist das zentrale Thema; es fehlt die übliche politische Tugendlehre. Die Tröstung des Fürsten in seinem schweren Amt ist das eigentliche Anliegen des Autors. Das Büchlein ist einerseits monotone Glaubenspredigt, andererseits Zeugnis dafür, «wie Luthers Obrigkeitslehre freudig aufgenommen und auf welchen Wegen sie weitergegeben wird.» [26] Ähnliche, auf scharfe Abgrenzung in der Glaubensfrage abzielende Positionen finden sich auch in der väterlichen Ermahnung ‹Basilikon Doron› (‹königliches Geschenk›, 1598) König Jakobs I. von England (1566–1625) an seinen Sohn Heinrich. [27] Der erste Teil ‹De Christiano Regis in Deum officio› beschreibt die Gottesfurcht als wichtigste Tugend, da sie ein gutes Regiment ermöglicht und den Fürsten in seinem Amt rechtfertigt. Im folgenden Buch über die Amtspflichten des Königs wird die Reformation als von Gott gewolltes Ereignis interpretiert. Den Widerstand gegen die Einführung des anglikanischen Staatskirchentums gilt es zu unterdrücken. Jakob warnt eindringlich vor den Puritanern, die als Verursacher öffentlicher Rebellionen gelten und die Könige und Fürsten als Feinde der Kirche bezeichnen: «Take heed, therefore, my son, to such Puritans, very pests in the Church and Commonwealth». [28] Im folgenden werden Friede und Gerechtigkeit als Grundlagen des Regiments beschrieben, das sich durch Befolgung der Gesetze von der Tyrannis unterscheidet. Auffällig ist die Mahnung zur Bekämpfung der Armut und ihrer Ursachen. Auf das Selbstbewußtsein eines absolutistischen Monarchen deutet der Ratschlag, das Parlament nur dann einzuberufen, wenn neue Gesetze erforderlich sind, was jedoch, so König Jakob, selten der Fall sein werde.

Der katholische Fürstenbild wird maßgeblich von italienischen und spanischen Autoren des 16. und 17. Jh., wie A. DE GUEVARA (‹Horologium Principum›, span. ‹Reloj de principes›, 1529) oder D. DE SAAVEDRA FAJARDO (‹Idea principis cristiano-politici›, 1640/43), aber auch von deutschen Jesuiten wie dem Beichtvater Maximilians v. Bayern, A. CONTZEN, bestimmt. [29] Maßgeblichen Einfluß hat der Gegenreformator und Jesuitenkardinal R. BELLARMIN (1542–1621) ausgeübt. Seine politischen Ideen legte er unter anderem in ‹De officio principis christiani› (1619) dar. Dieser in drei Bücher geteilte Fürstenspiegel behandelt im ersten die Tugenden des christlichen Fürsten, in den beiden folgenden «exempla» aus dem Leben von Herrschergestalten des Alten und Neuen Testaments. Das maßgebliche erste Buch beginnt mit einer Lehre von Pflichtverhältnissen des christlichen Fürsten gegenüber anderen, angefangen bei Gott, dem Papst, den Bischöfen bis hinab zum Volk (Kap. 1 bis 7). Als Tugenden werden *prudentia, iustitia, fortitudo, temperantia, sapientia, magnificentia, clementia* und *misericordia* vorgestellt (Kap. 8 bis 16). Schließlich folgen weitere Kapitel «de officio Principis Christiani» gegenüber dem Hausgesinde, den Räten, Richtern und Militärs sowie gegenüber anderen Fürsten und schließlich sich selbst (Kap. 17 bis 22). Im Gegensatz zu dem spanischen Jesuiten Ribadeneyra sieht sich Bellarmin nicht genötigt, in seiner katholischen Fürstenlehre auf das Problem einer christlichen Staatsräson (Antimachiavellismus) einzugehen.

P. DE RIBADENEYRA (1526–1611) geht sowohl auf die Konfessionsproblematik ein, wie auch auf die ethisch-religiöse Fundierung politischen Handelns, die seit Machiavellis ‹Il Principe› (gedr. 1532) heftig diskutiert wurde. R. greift als einer der ersten spanischen Autoren die Staatsräsondebatte auf. [30] Dabei steht sein ‹Tratado dela Religion y virtudes que deventer el Principe Christians, pas gouernar y conseruar sus Estados› (1595) noch auf der Grundlage der scholatischen Philosophie des Mittelalters: neben den antiken Klassikern und teilweise auch zeitgenössischen Autoren (Bodin, Commynes, Guicciardini) werden häufig Bibelstellen und die mittelalterlichen Autoritäten Augustinus, Thomas von Aquin und Aegidius Romanus herangezogen. Aktueller Anlaß des in zwei Bücher geteilten Werkes ist freilich die Vernichtung der spanischen Armada durch das protestantische England, die es mit dem Glauben an die *providentia Dei* in Einklang zu bringen gilt (Lib. I., Kap. 9 & 10). Hauptanliegen ist die Ausbreitung des katholischen Glaubens (Kap. 5: «De la excelencia de la religion Christiana», 24–35) und die Propagierung einer christlichen Staatsräson («vera ratio status», Kap. 13ff.) in Abgrenzung zu Machiavelli (Lib. II, Kap. 2 & 3). Die Wahrung von Friede und Gerechtigkeit muß ergänzt werden durch die Reinhaltung der Lehre. Toleranz ist, vom Extremfall des religiösen Bürgerkrieges abgesehen, inakzeptabel. Das zweite Buch (44 Kapitel) behandelt die Gerechtigkeit, Mäßigkeit, Klugheit und Tapferkeit, wobei die – selbstredend – christliche *prudentia* die Leittugend darstellt. Neben diesen religiös motivierten Fürstenspiegeln theologisch gebildeter Verfasser treten seit dem 16. Jh. in Deutschland Werke auf, die der stark gewachsenen Bedeutung des römischen Rechts für Politik und Verwaltung der deutschen Fürstenstaaten gerecht wurden. Ihre Verfasser, wie etwa OMPHALIUS, LAUTERBECK oder HERESBACH, gehören zu den am römischen Recht geschulten Räten und Beamten, auf die der neuzeitliche Fürstenstaat je länger je weniger verzichten konnte. Die Rolle des Fürsten wird hier nicht mehr nur von der Ethik (Tugenden) her erfaßt, sondern im Rahmen einer modernen Staats- und Verwaltungslehre.

Im Zeitalter der Konfessionellen Kriege, besonders des Dreißigjährigen Krieges, gewinnt diese die Konfessionsthematik überwindende, säkulare Orientierung der Politik weiter an Bedeutung. Unter dem Einfluß des Stoizismus und des Tacitismus wurde die *prudentia* zur zentralen Herrschertugend. Großen Einfluß darauf hatten die ‹Politicorum sive civilis doctrinae libri› (1589) des J. LIPSIUS. Diese Schrift mit Charakterzügen eines F. [31] prägte das Bild des klugen, standhaften und religiös verwirrten und kriegerischen Zeit gewachsenen Fürsten nachhaltig.

Der Lipsiusschüler J. CHOKIER DE SURLET (1571–1650/56) beruft sich in seinem weit verbreiteten ‹Thesaurus politicorum Aphorismorum› (1610) auf Lipsius. Zunächst behandelt er die Grundlagen der Herrschaft und der politischen Ordnung, weist die Monarchie, speziell die Erbmonarchie, als beste Staatsform aus. Die Tugendlehre erläutert zu Beginn allgemein, daß das rechte Maß immer das beste sei. Hieran schließt sich die Behandlung der Herrscheraufgaben und Tugenden an, allen voran die Verteidigung der wahren Religion und die Frömmigkeit, ohne die kein überzeugendes Eintreten für den richtigen Glauben möglich ist. Die Tugenden, besonders die Frömmigkeit, sollen dabei nicht nur dem Anschein nach, sondern tatsächlich und mitsamt der entsprechenden inneren Überzeugung vorhanden sein und den Fürsten leiten. Frömmigkeit allein macht jedoch die Fürsten schwach und anfällig für 'Schmeichler, Fuchsschwänzer und Ohrenbläser'. Daher müsse v. a. politische Klugheit und Voraussicht (*prudentia*) hinzukommen. Zugleich muß Gerechtigkeit die Basis der Herrschaft sein. Auf ihrer Grundlage könne der Fürst nicht *legibus solutus* sein. Als weitere Tugenden folgen u. a. Leutseligkeit (der Fürst muß gerne und auch den Armen Audienz gewähren), Sparsamkeit (keine unnützen Steuern erheben!), kluge Bündniswahl (nicht mit überlegenen Partnern zusammenarbeiten) und anderes mehr, alles stets unter Anleitung der *prudentia*.

IV. Zu Beginn des 17. Jh. hat sich die Hinwendung zu praktischen Themen der Politik weiter verstärkt, und die von der Reformation und der humanistischen Jurisprudenz herstammenden Ansätze sind vertieft worden. Die Reizworte der Staatslehre des 17. Jh.: «gute Policey», «gemeiner Nutz», «oberste Botmäßigkeit» des Fürsten und «zweckmäßiges Recht», die als «Haupthandlungsprinzipien der deutschen wie europäischen Regierungs- und Verwaltungslehren» gelten, finden sich in den F. dieser Zeit. Überhaupt erlebt die Gattung im 17. Jh. ihren Höhepunkt, bleibt aber trotz «steigender Versachlichung [...] am Fürsten, nicht am Staat, an der 'virtus', nicht an der 'potestas' [...] orientiert». [32]

Die Debatte um das Verhältnis von Politik und Moral, um die Staatsräson, die *vera ratio status*, die MACHIAVELLI ausgelöst hatte, findet gleichfalls Niederschlag in und Verbreitung durch die F. Einer der ersten Autoren, der zumindest rezeptionsgeschichtlich in diesen Zusammenhang gehört, ist G. FRACHETTA (1558–1620) mit seiner Schrift ‹Il prencipe› (1597). Dieser F. stellt, basierend auf der genauen Kenntnis der antiken Klassiker wie auch der neueren historisch-politischen Autoren (Sabellico, Guicciardini, Commynes, Bodin), in zwei Büchern die Überlegungen des Verfassers zur richtigen Regierung und Verwaltung des Staates und zur Kriegführung vor. Ähnlich wie Machiavelli, den er jedoch nicht anführt, gilt ihm hierfür die römische Geschichte als Ausgangspunkt. In den 22 Kapiteln des ersten Buches behandelt er zunächst Religion und Moral, Klugheit und Ansehen («riputatione») als Voraussetzung für gutes Regieren. Hinzu kommen Ratschläge über kluges Verhalten gegenüber anderen Fürsten sowie Günstlingen und Fuchsschwänzern («adolatori») und über den Umgang mit Ministern, Staatsräten und Richtern (wobei er auch auf die Gesetzgebung eingeht), sowie Botschaftern. Die Kapitel 17 bis 22 kreisen um die Probleme von Aufruhr und Rebellion, von Bündnissen und des Erwerbs von Herrschaft und ihrer Erhaltung. Das zweite Buch diskutiert nach einer Einleitung über die militärischen Tugenden des Fürsten überwiegend die verschiedenen Arten des Krieges und der Kriegsführung. Der ‹Fürst› des G. Frachetta, der u. a. auch ein Werk ‹Della ragione di stato› (1623) schrieb, wird von seinem deutschen Übersetzer explizit in den Kanon der Schriften zum Anti-Machiavellismus eingereiht: ‹Festgesetzter Printzen- oder Regenten-Staat/[...] Denen Machiavellischen übelgesinnten Maximen [...] entgegen gesetzt› (1681).

Auch in Deutschland entstehen zahlreiche F. *de ratione status*, nicht selten auch, wie der ‹Antimachiavell› FRIEDRICHS D. GR. (1741) zeigt, als Gegenschriften zu Machiavellis ‹Il Principe›. Insgesamt wird die *ratio status*-Lehre zwar kritisch betrachtet, aber keineswegs abgelehnt. In diesem Zusammenhang sind beispielsweise J. T. SPRENGER (‹Tacitus Axiomaticus de Principe, Ministris & Bello›; 1658), W. F. EFFEREN (‹Manuale Politicum de Ratione Status seu Idolo Principum›; 1662) oder J. E. KESSLER (‹Rationis Status boni Principis›; 1678) zu nennen.

Kessler erörtert (noch vor den Kapiteln über die Religion) ausführlich die auf dem Titelblatt als Göttin allegorisierte *ratio status*. Im dritten Abschnitt behandelt der Hofrat eines süddeutschen Kleinstaates u. a. die politischen Probleme um Wohlfahrt, Sicherheit, Aufruhr und

Staatsnotstand im Kontext der Staatsräson. [33] Sein Ziel ist es, den zu seiner Zeit negativ bestimmten Begriff als Instrument eines guten, das Gemeinwohl fördernden Regiments und als zentrale Fürstentugend darzustellen.

Um die Mitte des 17. Jh. fassen humanistische Ideen wieder Fuß und tradieren die römischen Tugendbegriffe über die Aufklärung bis in die Moderne. Der Spanier A. MENDOS (1608–1684), der u. a. Philosophie und Theologie in Salamanca lehrte und später Zensor der Inquisition, königlicher Hofprediger und Gesandter war, gliedert seinen F. ‹Principe perfecto y Ministros avistados, Documentos politicos, y morales› (1657, überarbeitet 1661/2) in 80 Embleme und deren Erläuterung. Literarische Quellen sind für Mendos antike wie auch zeitgenössische Schriftsteller (Commynes, Erasmus, Morus, Bodin, Botero), kaum jedoch die Heilige Schrift. Diese humanistisch-säkulare Charakteristik zeigt sich auch darin, daß in den Emblemen häufig antike Gottheiten (Zeus, Poseidon und mehrfach Hermes [Embleme 4, 11, 58]) dargestellt sind. Die göttliche Vorsehung spielt bei M. eine geringe Rolle, wichtig sind Selbstdisziplin, philosophische Weisheit und Geschichtskenntnis, Beredsamkeit und Gerechtigkeit. Die Liebe der Untertanen, die der Fürst als Hirte und Vater des Volkes (Documento 11: «Gouierne el Principe, como Pastor, y como Padre») durch Belohnung und Strafe erwerben soll, ist das Fundament der Herrschaft. Die Embleme 43 bis 50 kreisen um Krieg und Frieden: Mendos diskutiert den gerechten Krieg und identifiziert Frieden mit Glaubenseinheit. Es schließen sich Ausführungen über die Gesetzgebung an. Die letzten 20 Embleme zeigen den Fürsten in seiner Rolle als Landesherr, als Haus- und Hofherr und als Herrscher jeweils im Verhältnis zu den ihn umgebenden Menschen. Der Umgang mit den Untertanen, den Schmeichlern am Hof, den Räten, Richtern und Ministern in seinem Regiment wird samt einer Analyse von deren Eigenschaften vorgestellt.

In Deutschland entfaltet etwa bei A. v. FRITSCH (1629–1701), ein Politiker und Jurist, ein sich aus humanistischen und reformatorischen Wurzeln speisender und pädagogisch motivierter Pietismus Einfluß auf die Gattung der F. Zu seinem umfangreichen Oeuvre gehören u. a. die F. ‹Princeps peccans› (1674) und ‹Heller Spiegel eines frommen Regenten› (1683). Sie offerieren die tiefe Religiosität des Autors ebenso wie das politische Erfahrungswissen des bürgerlichen Juristen. [34] Von der Diskussion um Religion und *ratio status* unbeeinflußt zeigen sich die Kardinal Mazarin gewidmeten ‹Discours Politique des Rois› (1648) des Franzosen G. DE SCUDÉRY (1601–1667). Der Abkömmling einer altadeligen Familie aus der Provence war im königlichen Militärdienst tätig (u. a. Schiffskapitän von 1643–1647 in Marseilles), hat sich aber vor allem als Poet und Dramatiker einen Namen gemacht. [35] Der als eine Sammlung von Briefen berühmter Herrscherpersönlichkeiten des 16. und 17. Jh. aufgebaute F. beginnt mit der Erörterung der Umstände, die einen Herrscher zum Verzicht auf die Krone und zur Resignation seines Herrscheramtes veranlassen (Karl V.). Weitere Briefe (von Mohamet II. bis Gustav Adolf) erläutern die große Bedeutung der Beredsamkeit für einen Regenten, führen ihn in seiner Funktion als Vorbild für die Untertanen vor und zeigen ihn im Handlungszusammenhang mit anderen Fürsten, mit Feinden, Lästerern sowie seinen Ministern. Dazwischen findet sich die Diskussion von Problemen um Herrschaftserwerb und Herrschaftssicherung, etwa «S'il est permis de se faire Roy». Der letzte Brief ist dem Krieg, speziell der Frage der persönlichen Teilnahme des Königs am Feldzug gewidmet.

Im F. des 18. Jh. griffen die Normen einer bürgerlichen Gesellschaft «auf den Staat über, dem die Autoren im Bild des weisen Herrschers eine reformerische Zielvorstellung gaben.» [36] Hier manifestiert sich der aufgeklärte Absolutismus. Bürgerliche Moralphilosophen und Pädagogen wie J. B. BASEDOW und J. J. ENGEL verfaßten rein zweckgerichtete Unterweisungen für Erziehung und Regiment des Fürsten. «Im allgemeinen Fortschrittsglauben wird nun die Idee der Volksbeglückung zum beherrschenden Thema». [37] Dies zeigt sich am F. des italienischen Gelehrten L. A. MURATORI (1672–1750), ‹Della Publica Felicita oggeto de buoni Principi› (1749), recht deutlich. Die ‹Glückseeligkeit des gemeinen Wesens› sei, so der Titel der deutschen Übersetzung (1758), das «Hauptwerk gut regierender Fürsten». Diese realisiert sich nicht nur in der rechten Erziehung der Jugend und der Förderung des Gemeinnutzes (Kap. 4 und 5), sondern vornehmlich in der Pflege der Wissenschaften von den *artes liberales* über die «Cristiana Filosofia di Costumi», Jurisprudenz, Medizin, Mathematik, Geschichte, Rhetorik bis zur «agricultura» (Kap. 6 bis 15). In den übrigen 15 Kapiteln werden dann wieder die bekannten Topoi der Fürstenspiegelgattung aufgegriffen: *publica felicita* (allgemeine Wohlfahrt und öffentliche Ordnung) wird auch durch Wirtschaftsförderung, Nahrungsmittelvorsorge, die Unterdrückung von Lastern (Trunkenheit und Leichtfertigkeit), ein geordnetes Finanzwesen und das rechte Maß bei der Steuererhebung, die Einrichtung von Archiven, Armenfürsorge und deren Regelung der Gesundheitsvorsorge in Stadt und Land sichergestellt.

Auch dem Fürsten wird damit ein gutes und durch persönliches Glück bereichertes Leben zuteil, wie der freilich weniger regierungspraktisch als vielmehr moralisch argumentierende J. J. ENGEL (1741–1802) ausführt. Der ‹Fürstenspiegel› (1798) des Berliner Professors für Moral und Lehrers des Kronprinzen Friedrich Wilhelm III. ist ein typisches Exemplar der Gattung in jener Zeit. Die 33 Kapitel sind ein Tugendkatalog, der Traditionelles (Ehrbarkeit, Redlichkeit, Offenheit) mit aufklärerischen Motiven (Denkfreiheit, Nationalehre) verbindet.

Bedacht werden muß schließlich, daß schon im 18. und 19. Jh. zunehmend auch die Presse jene zentrale Funktion dieser Schriften, nämlich das Propagieren politischer Kritik und Moral, v. a. das Anprangern verwerflichen Verhaltens von Politikern, übernommen hatte und der F. damit zunehmend seine öffentliche Funktion als literarische Gattung politischer Theorie verliert.

Anmerkungen:
1 B. Singer: Die F. in Deutschland im Zeitalter des Humanismus und der Reformation (1981) 22. – **2** vgl. H. H. Anton: Art. ‹F.›, in: LMA, Bd. 4, Sp. 1040–1048. – **3** ebd. Sp. 1047. – **4** vgl. H.-O. Mühleisen: Praktische Politikwiss. im vorderösterr. Breisgau, in M. Mols (Hg.): Normative und institutionelle Ordnungsprobleme des modernen Staates (FS für M. Hättich) (1990) 162–184. – **5** vgl. W. Berges: Die F. des hohen und späten MA (1938; ND 1952) 131ff.; Anton[2] 1045. – **6** H. Fenske, D. Mertens, W. Reinhard, K. Rosen: Gesch. der polit. Ideen ([4]1991) 177f.; E. R. Curtius: Europ. Lit. und lat. MA ([10]1984) 185, Anm. 4. – **7** Singer[1] 19. – **8** P. Hadot: Art. ‹F.›, in: RAC, Bd. 8, 558. – **9** ebd. 565. – **10** H. J. Schneider: Staatsroman und F., in: H. A. Glaser (Hg.): Dt. Lit., Bd. 4 (1980) 178. – **11** Hadot[8] 578. – **12** ebd. 597. – **13** ebd. 615. – **14** E. Axmacher: Praxis Evangeliorum (1989) 189–194. – **15** Hadot[8] 615. – **16** H. Hunger: Art. ‹F.›, in: LThK, Bd. 4,

474. – **17** C. Hannick: Art. ‹F.›, in: LMA, Bd. 4, Sp. 1055. – **18** Hadot [8] 618; vgl. Anton [2] 1042. – **19** H. M. Klinkenberg: Über Karolingische F., in: Gesch. in Wiss. und Unterricht 7 (1956) 87. – **20** A. J. Gail: Einl. zu Erasmus von Rotterdam: Fürstenerziehung (1968) 28. – **21** Singer [1] 27. – **22** vgl. Gail [20] 30. – **23** Singer [1] 20. – **24** vgl. G. Budé, M. Marin (Hg., Übers.): Le livre de l'institution du Prince (1983) Einl. 1–33. – **25** vgl. Singer [1] 310ff. – **26** ebd. 311. – **27** James I., The Works (London 1616; ND 1971) 137ff. – **28** zit. nach G. P. Gooch: Political Thought in England (London ²1977) 4. – **29** vgl. R. Bireley: The Counter-Reformation Prince (Chapel Hill/London 1990). **30** vgl. ders. 111ff. – **31** G. Oesterreich: Antiker Geist und moderner Staat bei Justus Lipsius (1547–1606), hg. von N. Mout (1986) 112, 150. – **32** R. A. Müller: Die dt. F. des 17. Jh., in: Hist. ZS 240 (1985) 571, 594. – **33** vgl. W. Weber: Ein 'dt. Hobbes'?, in: Rieser Kulturtage 1992 (im Druck). – **34** vgl. B. Herpich: Bürgerl. Hofkritik und bürgerl. Karriere, in: H.-O. Mühleisen, T. Stammen (Hg.): Polit. Tugendlehre und Regierungskunst (1990) 197–228. – **35** vgl. A. Batereau: George de Scudéry als Dramatiker (1902; ND Genf 1971); E. Dutertre: Scudéry Dramaturge (Genf 1988). – **36** Schneider [10] 171. – **37** B. Singer: Art. ‹F.›, in: TRE, Bd. XI, 710.

Literaturhinweise:
W. Schubart: Das Königsbild des Hellenismus, in: Die Antike 13 (1937) 272–288. – W. Kleineke: Englische F. vom Policraticus Johanes von Salisbury bis zum Basilikon Doron König Jakobs I. (1937). – L. Strauss: Über Tyrannis (1963). – M. Fuhrmann: Die Alleinherrschaft und das Problem der Gerechtigkeit, in: Gymnasium 70 (1963) 481–514. – J. A. Straub: Vom Herrscherideal in der Spätantike (1964). – H. H. Anton: F. und Herrscherethos in der Karolingerzeit (1967). – E. Hinrichs: Fürstenlehre und polit. Handeln im Frankreich Heinrich des IV. (1969). – T. Adam: Clementia Principis (1970). – E. Hermann: Der F. des Michael von Prag, in: Hist. Jb. 91 (1971) 22–45. – D. Eberhardt: Via regia (1977). – W. Blum (Hg.): Byzantinische F. (1981). – R. Bireley: The Counter – Reformation Prince (Chapel Hill/London 1990). – K. Repgen (Hg.): Das Herrscherbild im 17. Jh. (1991).

M. Philipp, T. Stammen

→ Auctoritas → Ethik → Ethos → Gentilhomme → Gentleman → Herrscherlob → Höfische Rhetorik → Hofmann → Tugendkatalog → Vir bonus

G

Galante Rhetorik

A. Def. – B. I. Rhetorische und geistesgeschichtliche Tradition. – II. Gesellschaftliches Ideal. – III. Rhetorisches Ideal. – IV. Kritik an der galanten Bewegung.

A. Die Wortgeschichte von *galant* geht zurück auf das span. Substantiv *gala* (Kleiderpracht, höfische Festkleidung), das arabischen Ursprungs ist, und das span. Adjektiv *galano* (in Gala gekleidet, höfisch, artig). Über den Wiener Hof dringt es in den deutschen Sprachraum ein (dt. Substantiv *Galan*). Das span. und ital. Adjektiv *galante* (zierlich und modisch gekleidet) kommt über das frz. *galant* ins Deutsche. Bei K. STIELER wird *galant* erstmals in einem deutschen Wörterbuch definiert als «lepidus, ornatus, comtus, bellus, elegans». [1] Als deutsche Adjektive werden oft gebraucht: artig, zierlich, fein, schön, geistreich, wohlanständig, natürlich, frei, ungezwungen, munter, aufgeweckt.

Der Begriff ‹galant› ist ursprünglich nur auf die Kleidung bezogen, wird aber vom Hôtel de Rambouillet und dessen Anhängern auf das höfische Benehmen ausgeweitet. Das Galante entwickelt sich zu einem umfassenden Verhaltenskodex der *galante conduite*, der dem höfischen Leben entstammt, sich aber bald durch die Pariser Salons im literarischen und gesellschaftlichen Verkehr des Bürgertums durchsetzt und im späteren 17. Jh. auch für die deutschen Beamten und Gelehrten zur Norm wird. Die galante Schreibart ist somit nur ein Teil der *galante conduite*. Wie man sich kleidet, wie man sich bewegt, wie man spricht, und wie man mit anderen umgeht, gehört ebenso zum Ideal des galanten Menschen wie Weltklugheit, Kenntnisse der Sprachen und der politischen Dinge. «Denn Galantsein heißt sonst nichts als Reden und Handeln nach einem sehr gesteigerten Sinn für das Angemessene; der Galanterie zufolge soll also das Starre durch das Anpassungsfähige, die Einsamkeit durch den Dialog, das Plumpe durch das Elegante und die metaphysischen Spitzfindigkeiten durch 'anmuthige und nützliche Wissenschaften' aufgelöst werden.» [2] Galantes Sprechen soll nicht platt, ordinär oder pedantisch sein, sondern geistreich, scherzhaft, spielerisch und vor allem taktvoll, d. h. der Situation angemessen. [3] Galant schreiben heißt nicht privat, sondern unter den Augen einer kritischen Öffentlichkeit, des Publikums, zu schreiben.

Während in Frankreich die galante Zeit schon mit dem Entstehen des Absolutismus beginnt, entsteht im deutschen Sprachraum eine galante Kultur vergleichsweise spät: erst nach dem Ende des 30jährigen Krieges setzen sich der landesfürstliche Territorialstaat und absolutistische Verwaltungsformen und damit eine an Frankreich orientierte galante, ständisch-aristokratische Kultur durch, deren Handlungsmaximen und Lebensformen auch für bürgerliche Kreise verbindlich werden. In Deutschland fällt die Blütezeit der galanten Verhaltensnormen und der G. insbesondere in den Zeitraum von 1680–1730 und wird v. a. in bürgerlichen Handelsstädten (Leipzig, Hamburg), Residenzen (Dresden, Berlin) und Universitätsstädten (Halle, Leipzig) propagiert.

Im eigentlichen Sinne ist die G. das rhetorische System, das im historischen Rahmen des Bildungs- und Verhaltensideals der galanten Zeit zum reflektierten Textherstellen, d. h. zum guten und überzeugenden Sprechen und Schreiben anleitet. Da die Rhetorik selbst handlungstheoretische Züge trägt und zudem über die Begriffe des Angemessenen und der Wirkung mit der Gesellschaftstheorie verbunden ist, muß die G. als Teilbereich der galanten Theorie gelten.

Diesem Umstand trägt die G. auf exemplarische Weise Rechnung: sie formuliert sowohl spezifische Richtlinien für die Kulturtechnik des Sprechens und Schreibens als auch einen verbindlichen und expliziten Verhaltenskodex, welcher die oratorischen Regeln erst mit Sinn erfüllt. [4] Umgekehrt verweisen allgemeine Verhaltenslehrbücher auf die zentrale Rolle der Konversationskunst für das galante Verhalten: *Gelehrsamkeit*, *Conduite* und *Conversation* sind untrennbare Teilbereiche des Galanten. [5] In der G. verschmelzen Gesellschaftsethik und Oratorie in einem Diskurs. [6]

Der Begriff des Galanten umschließt somit alle Bereiche des gesellschaftlichen Lebens. Galante Verhaltensempfehlungen und Handlungsanweisungen, zumeist in der Form von Handbüchern verschiedenster Art, vermitteln Umgangsformen und Verhaltensregeln, welche die eigene Person im privaten, gesellschaftlichen und politischen Leben zur Verfolgung des eigenen Vorteils und zur Beförderung der eigenen Glückseligkeit in einem möglichst positiven Lichte erscheinen lassen.

B. I. *Rhetorische und geistesgeschichtliche Tradition.* Die Assimilation höfischer Kultur und galanten Verhaltens des Hofmanns in die bürgerliche Welt verläuft primär über Verhaltenslehrbücher und Komplimentierbücher, die sich nach zahlreichen ausländischen Vorbildern richten: ‹Il libro del cortegiano› (1528) von B. CASTIGLIONE [7], ‹La civil conversazione› von S. GUAZZO (1574), ‹Traité de la cour› von E. DE REFUGE (1616), in Deutschland bekannt als ‹Kluger Hofmann› in der Übersetzung von G. P. HARSDÖRFFER (1655), ‹L'honeste homme› von N. FARET (1630) [8] sowie diverse Schriften von B. GRACIÁN, so sein ‹Oraculo Manual y Arte de Prudencia› von 1647. [9]

Seit den vierziger Jahren des 17. Jh. sind in Deutschland auch eigenständige praktische Kompendien nachweisbar, welche als Vorläufer des galanten Handbuchs fungieren. [10] Zu nennen sind G. GREFLINGERS ‹ETHICA COMPLEMENTORIA Complementier=Büchlein› (1645) und Harsdörffers ‹Discurs von der Höflichkeit› (1657). [11]

Die Kultur des galanten Umgangs und der höflichen Konversation wird maßgeblich durch Harsdörffers ‹Frauenzimmer Gesprächsspiele› [12] vorbereitet, wobei eine inhaltliche wie formale Affinität zu Castigliones ‹Cortegiano› und dessen Ideal des *huomo perfetto* besteht. [13] Höfische Verhaltensformen werden einem bürgerlichen Publikum vermittelt, und auch das mitgeteilte Bildungsgut greift dem galanten Ideal vor: nicht pedantisches Schulwissen, sondern praktisches und allgemeines Weltwissen bilden den Gegenstand der Gespräche: «Wann aber solches entretien nicht a la moderne accommodirt ist/ so werden gewiß die Damen einen schlechten gusto davon haben/ und viel lieber Cavalliers discuriren hören/ als scholaren.» [14] Die sich aus adligen und bürgerlichen Kreisen konstituierende Gesprächsrunde vermittelt die für die galante Zeit typische Wunschvorstellung bürgerlicher Kreise, durch überlegene Bildung und durch höfisch geprägte Verhaltensmuster soziales Gefälle zu nivellieren.

Weltgewandtheit fußt jedoch nicht auf Handbuchweisheit, sondern ist nur durch eine rege Reisetätigkeit anzueignen. Im Verlaufe des 17. Jh. gehört es zunehmend auch für bürgerliche Schichten zum guten Ton, eine Bildungsreise zu unternehmen. Die anonyme ‹Alamodische Hobelbank› (1630) hält fest, daß unhöfliche Sitten v. a. bei Deutschen ohne Reiseerfahrung anzutreffen seien, zumal der deutsche Adel wegen dessen ländlicher Isolation keine Vorbildwirkung für bürgerliche Schichten übernehmen könne. [15]

Ziel ist, den Leser im Sinne von *urbanitas* und *civilitas* zu situativem Reden, zu angemessenen Taten und Gebärden anzuleiten, welche es ihm erlauben, höfische, aber auch vermehrt andere gesellschaftliche Anlässe zu absolvieren. Freilich ergibt sich im Verlaufe des 17. Jh. eine Fragmentierung und Trivialisierung der Verhaltensregeln, zu einer «Vielfalt einzelner, genau zu berechnender Handlungen bzw. Redeformeln.» [16]

Merkmal des Galanten ist die Neuorientierung des Sprechens und Schreibens von ästhetischer Gestaltung unter angemessener Darstellung des Gegenstandes hin zu affektiver und politischer Wirkung unter angemessener Berücksichtigung der äußeren Redeumstände. Im Zentrum steht nicht mehr die Sache, sondern die Beziehung. Vor allem im Nürnberger Kreis finden sich erste Ansätze einer Neuorientierung.

G. P. HARSDÖRFFER verfaßt mit ‹Der Teutsche Secretarius› (1655) das erste einer Reihe von deutschen Kanzleihandbüchern und Briefstellern. Er verfolgt den Zweck, dem bürgerlichen Beamten, aber auch dem Privatmann Anleitungen zur effektiven Gestaltung seiner amtlichen, aber zunehmend auch privaten Korrespondenz zu geben, und schafft so die Grundlage einer galanten, an der Sprache des Hofes orientierten Schreibkultur. [17] Im Vorwort formuliert er die der G. zugrundeliegende Sicht, daß Sprache die Grundlage allen sozialen Handelns ist: «Diesem nach erweitert die gepriesne Schreibkunst die Schatzkammer unser Gedächtniß/ durch sie loben wir GOtt den HErrn/ durch sie werden die Völcker beherrscht/ die Kriege geführt/ der Fried erhandelt/ gute Gesetze/ Sitten und Gebräuche bestättiget/ Handel und Wandel getrieben/ Lieb und Freundschafft gestifftet/ Haß und Feindschafft versöhnet/ Lob und Ehr ausgetheilet/ Kunst und Wissenschafft fortgepflantzet/ die Erfahrung beglaubt unsre Gedancken verewigt/ und durch sie wird das Wort Gottes in alle Welt ausgebreitet.» [18]

Auf der literarischen Ebene ist die französische Theoriebildung einflußreich. Durch die *doctrine classique* werden galante Ideale entscheidend vorbereitet: Ungezwungenheit und Verdeckung alles Künstlichen. [19] Ebenso bedeutsam für die Entwicklung des galanten Stils in Deutschland ist die in den französischen Salons der Jahrhundertmitte, allen voran im Hôtel de Rambouillet, gepflegte und in den Schlüsselromanen von Mme. DE SCUDERY beschriebene preziöse Bewegung. Ideale sind *bon goût* und *delicatesse*, guter Geschmack und delikates Gefühl, welche zu Eleganz und Auszeichnung in Stil, Benehmen und Bewegen führen. Der preziöse Schreibstil ist reich an Metaphern, fordert aber gleichzeitig auch Klarheit und Präzision des Ausdrucks. Die preziöse Bewegung endet in einem sich abschottenden System, das der pedantischen Zier und der Affektiertheit verfällt und Ziel der literarischen Kritik wird – so in MOLIÈRES ‹Les précieuses ridicules› (1659). Schließlich wird die *préciosité* von einer am cartesianischen Rationalismus orientierten und von Port Royal vertretenen Stilbewegung abgelöst, die *clarté*, *simplicité* und *facilité* fordert.

Innerrhetorisch und poetologisch zeichnen sich schon im zweiten Drittel des 17. Jh. Entwicklungen ab, welche der G. in Deutschland Vorschub leisten: Emanzipation und poetische Legitimation der Prosa, Aufspaltung der Stillehre in poetischen und oratorischen Bereich sowie Ansätze zu Manierismus, Marinismus, Gongorismus und Euphuismus. Bedeutsam sind formale und stilistische Entwicklungen wie metaphorische Sprache, Klangmalerei und arguter Stil. Zu nennen sind schließlich auch das Entstehen einer Konversationskultur (Gesprächsspiele) und der zunehmend repräsentative Charakter von Rede und Dichtung, welcher die bürgerlichen Aspirationen in der höfischen Welt unterstreichen sollen.

II. *Gesellschaftliches Ideal.* Beim galanten Stil drängt sich eine Unterscheidung zwischen «der weltmännisch-realistischen, galanten oder politischen Bildungstheorie und Lebenslehre der Zeit sowie der galanten Poesie und Literaturtheorie» auf. [20] Die Programme für den galanten Stil «als bildungsrelevante Lebensform und Weltanschauung» [21] stammen von C. WEISE und v. a. von C. THOMASIUS. Durch das Galante wird im 17. Jh. zum ersten Mal eine «Theorie der Lebensführung» entwickelt. [22]

Die in sich geschlossenste Definition galanten Lebens und Verhaltens formuliert Thomasius in seinem berühmten ‹Discours Welcher Gestalt man denen Frantzosen in gemeinem Leben und Wandel nachahmen solle›

(1687). Die «Eigenschafft der Galanterie» ist nicht nur eine äußerliche Verhaltensweise, sondern ist in einer christlich-ethischen Tugendhaftigkeit verankert, zumal das Modische, Höfliche und Manierliche die Möglichkeit besitzen, zu Lastern wie Wollust und Ehrgeiz zu verführen. Die Galanterie setzt sich aus verschiedenen Komponenten zusammen, so aus BOILEAUS unverbindlichem «je ne scay qvoy, aus der guten Art etwas zuthun, aus der Manier zu leben, so am Hoffe gebräuchlich ist, aus Verstand, Gelehrsamkeit, einen guten judicio, Höfflichkeit, und Freudigkeit zusammen gesetzet werde, und deme aller zwang, affectation, und unanständige Plumpheit zuwider sey.» [23]

Trotz aller Kritik an einer übermäßigen Imitation der Franzosen formuliert Thomasius ein Verhaltensideal, das an der französischen gesellschaftlichen Bildung orientiert ist. Allerdings ist schon für Thomasius das Galante solch ein überstrapazierter und mißbrauchter Begriff, «daß es von Hund und Katzen, von Pantoffeln, von Tisch und Bäncken, von Feder und Dinten, und ich weiß endlich nicht, ob nicht auch von Aepffel und Birn zum öffteren gesaget wird.» [24]

Als zweite Komponente des Galanten nennt Thomasius das frühaufklärerische Ideal des *scavant homme*, der durch die Wissenschaften zu einem *bel esprit* und schließlich durch das «natürliche judicium oder le bon gout» zum *parfait homme galant* erhöht und verfeinert wird. [25] Nicht topische Syllogistik und Kombinatorik, sondern empirisch-rationale Synthese, nicht polyhistorisches oder enzyklopädisches Wissen in humanistisch-rhetorischer Tradition, wie noch von D.G. MORHOF praktiziert, sondern muttersprachliche, praktisch-pädagogische, vernunftbezogene Wissenschaft, nicht Büchergelehrsamkeit, sondern praktische Vernunft sind die Leitbilder. [26]

Während Thomasius' Begriff des Galanten primär in der Gesellschaftstheorie verankert ist, sind für C. WEISE Rhetorik und Poesie die zentralen Ankerpunkte. Seine Rhetorikkonzeption baut auf dem handlungstheoretischen und moralphilosophischen Konzept des *Politischen* auf. [27] Politisch handeln heißt taktisch klug vorgehen, sei es im privaten, sei es im öffentlich-gesellschaftlichen (jedoch nicht unbedingt staatspolitischen) Bereich. Politische Bildung umfaßt eine praktische Erziehung und Bildung, Lebens- und Menschenkenntnis, vernünftiges Auftreten im öffentlichen Leben und eine private, persönliche Lebenstaktik. In seinem satirischen Roman ‹Der Politische Maul-Affe› (1680) bezieht J. RIEMER 'politisch' auf das Streben des Menschen, seinen sozialen Status zu verbessern.

Die politischen Qualitäten sind Bescheidenheit, Anstand, Höflichkeit und Takt, reguliert von einer diesseitig orientierten *prudentia*. «Ein *Politicus* ist ein an Körper und Geist geschulter Mensch, der sich durch elegante Bewegungen, geübten Verstand, vernünftige Handlungsweise und Beherrschung der Redekunst auszeichnet.» [28] Ziel dieser *prudentia* ist die emotionale Beeinflussung des Hörers im Sinne der *utilitas*, sprich die Durchsetzung der eignen Interessen gegenüber anderen. [29] Die politische Klugheit hat für das im absolutistischen Verwaltungsstaat aufsteigende Bürgertum Weisungscharakter: die Rhetorik wird als politisches Medium wiederentdeckt [30], was dem Politischen den Vorwurf einbringt, berechnend und unmoralisch zu sein.

Weise konstruiert einen deutlichen Zusammenhang von Privatklugheit und politischer Staatsklugheit. [31] Auch abseits von Fragen der Staatsführung weiß ein weltmännischer politischer Redner immer, wie er in Gesellschaft Konversation machen soll: «Insonderheit wenn sie unter unbekanntes Frauen=Zimmer geführet werden/ und allda eine Probe ihrer Politischen Höfligkeit ablegen müssen.» [32] *Politisch* stellt also keineswegs einen Gegensatz zu *galant* dar. [33] Hunold bestätigt dies mit seiner Definition von *polit*: «manierlich und geschickt in allem ihren Wesen seyn.» [34]

Die rhetorischen Regeln sind ganz darauf ausgerichtet, den politischen Redner anzuleiten, im Gesprächspartner eine positive Disposition und ein affektives Wohlverhalten zu bewirken. Es geht nicht nur darum, Redeinhalte möglichst wirksam zu vermitteln, sondern die Vorzüge der Person des Redners selbst zu empfehlen. Weise gibt drei einfache Regeln, wie dies zu erreichen sei: «1. Höre lieber einen andern als dich selbst. 2. Rede von Sachen/ die der andere lieber hört als du. 3. Rede mehr von Sachen/ welche dem andern zu Ruhme gereichen als dir selbst. So wirstu leichtlich keinen Feind/ aber wol viel Freunde machen.» [35]

Ziel der galanten *Konversationskunst* ist die Selbstdisziplinierung, Sozialisierung und Kultivierung des Individuums. [36] Nach BOHSE soll die Konversation den Leser dazu anleiten, in sich selbst zu gehen. [37] Entscheidend ist eine geschickte Regulierung der eigenen Leidenschaften und Ansichten zur Verfolgung des eigenen Vorteils. [38] Im Interesse einer auf die Gewinnung des Gesprächspartners angelegten taktischen Gesprächsführung sei es legitim, die eigene Meinung zur verheimlichen (*dissimulatio*) oder gar eine andere Meinung vorzugeben (*simulatio*), sei es, um Konformität vorzutäuschen, sei es, um den passenden Moment abzuwarten.

Der Schritt von spezifischen rhetorischen Normen zu allgemeinen Verhaltensregeln ist damit denkbar klein geworden, was aus B. NEUKIRCHS auf die Praxis der alltäglichen Kommunikation bezogenen Formulierung deutlich wird: «Die galanterie ist nichts anderes, als eine schertzhaffte und dabey kluge artigkeit: und diese ist weder schlimm, noch sonst verbothen. Sie ist das mittel große gesellschaften zu unterhalten; sie ist der weg, sich bey hohen und niedrigen beliebt zu machen.» [39] Im Zentrum steht die Affektübertragung, welche sich einer zur Natürlichkeit hochstilisierten Künstlichkeit bedient. Und auch für Neukirch ist das Galante ein ganzheitliches Konzept: «Ein galanter mensch muß in allem seinem thun natürlich seyn: derowegen muß er auch natürlich schreiben. Und gleichwol, so natürlich er ist, so muß er doch auch in allen dingen etwas besonders haben. Tantzet er, so muß er es ohne affectirung der kunst, aber doch mit verwunderung aller zuschauer thun. Singet er, so muß er gefallen: redet er, so muß er ergötzen: machet er verse, so müssen sie durchdringen: und schreibet er endlich briefe, so muß er seine gedancken, ehe er sie zu paper bringet, wol untersuchen: wenn sie aber geschrieben seyn, so müssen sie scheinen, als ob er sie ohne bemühung geschrieben hätte. [...] Mit wenigem: er muß alles drehen können, wie und wohin er will; Solches aber zu erlangen, muß er nicht allein klug und von guter Erfindung, sonder auch lustig, artig, und ein meister seiner affecten seyn.» [40]

Eine erstaunlich umfassende und sachliche Begriffsbestimmung liefert ZEDLERS ‹Universal Lexicon› zu einem Zeitpunkt, als das Galante längst nicht mehr dem Zeitgeist entspricht. Galant bedeutet im guten Sinne «Weise, in Worten, Reden, Umgang, Kleidung und seinen gantzen Wesen, sich klüglich, freudig und ungezwungen aufzuführen, und dadurch bey jedermann beliebt zu machen.» Im schlechten Sinne steht das Galante jedoch für «unzüchtige Liebe und deren Früchte». [41] Im Anschluß an Thomasius schränkt Zedler ein, daß Galanterie nicht nur eine äußerliche Verhaltensweise ist, sondern auch dem reellen Wesen entsprechen muß: «Denn die würckliche Auszierung dieses reellen Wesens machet erst einen wahrhafftig galanten Menschen.» [42] Sich nur nach der galanten Mode zu richten, ist als *Galantismus* verpönt. Die äußeren Fähigkeiten eines Menschen finden vielmehr in inneren Qualitäten ihre Entsprechung: «Dahero auch ein geschickter Leib und Glieder eines Menschen äusserlich zeigen, wie discipliniert sein Gemüthe ist.» [43]

In dieser wesenshaften Qualität findet sich der Kern der pietistischen Spielform des Galanten angelegt, wie sie v.a. von HUNOLD entwickelt wird. *Galanterie* und *politesse* werden, wie schon bei Thomasius, gleichgesetzt: «Die gröste Tugend so wohl des Frauenzimmers als der Manns=Personen ist die Politesse. [...] Diese Politesse begreifft in sich alle andere moralische Tugenden: Nemlich, die Modestie oder Sittsamkeit, die Gefälligkeit, Höflichkeit, Bescheidenheit, Großmuth, Vorsichtigkeit und Aufrichtigkeit. [...] Allein diese Tugend, welche mit einer angenehmen und liebreitzenden Manier muß begleitet werden, bestehet eben nicht in dem äußerlichem Wesen des Menschen, sondern ist in einer schönen Seele gegründet, und die Würckung eines edlen Gemüths welches Meister und Herr über all unsre Worte und Meinungen [...]. Zu diesem allen zu gelangen, wird eine gute Vernunft erfordert, und nebst dieser eine große Kenntniß der Welt und des Wohlstandes.» [44] Deutlich wird das galante Wesen mit dem pietistischen Konzept der schönen Seele verbunden: die wahrhafte *Politesse* ist nur durch ein «modestes und sittsames Wesen» zu erlangen [45], das anderen Menschen «mit Sanfftmuth und Höflichkeit» begegnet. [46] Ähnlich legitimieren sich Zeremoniellhandbücher, wie J.C. Lünigs ‹Theatrum Ceremoniale Historico-Politicum› (1719/20), durch die Notwendigkeit, die durch die Erbsünde entstandene Ungleichheit zu kompensieren. [47]

Traditionelles Bindeglied der Rhetorik zur Gesellschaftstheorie ist die Lehre vom Angemessenen *(aptum, decorum)*, welche in der galanten Zeit durch das Eindringen der Rhetorik in die Bereiche des alltäglichen Lebens des aufstrebenden Bürgertums eine zunehmend politische Funktion und damit eine Aufwertung erfährt. [48] Freilich ist das *decorum* nur zuständig für Bereiche, welche nicht von übergeordneten ethisch-moralischen Grundsätzen gesteuert werden [49], und ist damit ein handlungstheoretischer Begriff, der von ethischen Kategorien geprägt ist *(äußeres aptum)*. [50]

Im Anschluß an diese theoretischen Überlegungen etabliert sich eine Flut von galanten Handbüchern zu jedem Lebensbereich: Höflichkeit, Courtoisie, Trincierkunst, Komplimentierkunst, Spielformen, Spielweisen. Beispiele dafür sind: ‹Die Kunst wohl zu Tantzen› von S.R. Behr, das «von der galanten Leibes=Übung» handelt [51], ‹Der getreue Hoffmeister adelicher und bürgerlicher Jugend› (1703) von A. Bohse, der eine Sammlung barocker Lebensregeln zu den Themen Fremdsprachen, Universitäten, Reitkunst, Fechtkunst, Duelle, Umgang mit Damen, Kaufmannswesen usw. gibt, sowie das ‹Neu A la modisch Nach itziger gebräuchlichen Arth eingerichtetes Complementir- Frisir- Trenchir- und Kunstbuch› (1695). [52]

Das gesellschaftliche Ideal des Galanten findet auch in der Musikästhetik seinen Niederschlag. [53] Geleitet von Gesellschaftstheorien, aber auch von einer aus Frankreich und Italien übernommenen musikalischen Praxis, fehlen dieser galanten Theater- und Kammermusik feste kompositionstechnische Merkmale; sie zeichnet sich vielmehr durch eine ungebundene Kompositionsweise aus. Der strenge Kontrapunkt wird gering geschätzt, und heftige Affekte sind verpönt. [54]

Das galante *Bildungsideal* umfaßt in seinem ursprünglichen Sinn eine Reihe von Komponenten: umfassendes, praktisch-realistisches Wissen, Weltklugheit, vernünftig berechnende Natürlichkeit, Entfaltung aller Talente, Menschenkenntnisse, Lebenserfahrung, gewandter Umgang, Zurückhaltung, besonnenes Handeln, Rücksichtnahme und Zurückdrängung emotionsgeladener Äußerungen. Ziele sind eine situationsgerechte Einstellung auf Ansprechpartner und Verhältnisse sowie eine geschickte und effektive Umsetzung von Gedanken und Absichten in Rede unter Vermeidung von Konflikten. J.C. BARTH faßt zusammen: «Hieraus ist nun deutlich abzunehmen, was ein galant Homme vor eine Creatur seyn müsse: Er soll nehmlich I. Zeit, Ort und Personen judiciren, damit er II. Sich manierlich in Wercken, und III. Galant in Worten aufzuführen wisse.» [55] Unter gleichzeitiger Standortüberprüfung der traditionellen Disziplinen halten neue, galante Fächer Eingang in den Bildungskanon: Politik, Jura, Kameralistik, Geschichte und Geographie. Ein halbes Jahrhundert lang versucht die galante Bewegung in Deutschland die Behauptung von D. BOUHOURS zu entkräften, die Deutschen besäßen keinen *bel esprit*, und die deutsche Literatursprache sei barbarisch. [56]

Im Übergang zwischen Barock und Aufklärung nimmt die galante Zeit eine wesentliche Stellung ein, und sie hat auch Anteil an der deutschen Frühaufklärung. Der neue Utilitarismus des Bürgertums bringt die barocke Formkultur zu Ende. Es vollzieht sich hier, trotz der Stabilität des sozialen Gefüges, «die Abkehr vom hochartifiziellen Stilideal der Barockpoetik hin zum pragmatisch-didaktischen Formverständnis der Aufklärungspoetik, vom gelehrten Latein und höfischen Französisch zu Bemühungen um eine nationale Sprachnorm des Deutschen, vom hyperbolischen zum definitorischen Sprachgestus, von der Panegyrik zur Lehrdichtung, vom Erbauungsschrifttum zur Romanprosa.» [57]

In der *galante conduite* entwickelt sich zum ersten Mal eine für breite bürgerliche Schichten verbindliche Sittlichkeit, auf welcher der neue bürgerliche Geschmacksbegriff des *sensus communis* fußt. Die galante Kultur entwickelt sich gerade in jenem moralischen und privaten, d.h. nicht staatlich-politischen Bereich, welcher vom absolutistischen Territorialstaat ausgespart und von bürgerlichen Schichten genutzt wird, um im 18. Jh. eine kritische Öffentlichkeit zu schaffen, welche der bürgerlichen Revolution letztlich zum Erfolg verhilft. Von Bedeutung sind dabei gesellschaftliche Institutionen, die im 17. Jh. noch primär eine Bildungsfunktion ausüben, aber im 18. Jh. für die politischen Emanzipationsbestrebungen des Bürgertums eine wesentliche Rolle spielen. Gemeint sind Sprach-, Literatur- und Lesegesellschaften, Akademien, Salons, Logen und das Theater. [58] Gerade dieser Übergangscharakter der galanten Bewegung führt dazu, daß man in ihr scheinbar Gegensätzliches sehen kann: N. Elias spricht von einer gleichzeitigen «Verhöflichung und Verbürgerlichung.» [59] In der Forschung zeigt sich dies in einer uneinheitlichen Verwendung des Begriffs ‹galant›. [60]

III. *Rhetorisches Ideal.* Anders als die frühaufklärerisch geprägte Bildungs- und Lebenslehre ist die oratorische und poetische Theorie des galanten Zeitalters noch der humanistischen und barocken Tradition verpflichtet. Trotzdem vermag sich im poetisch-rhetorischen Bereich kein einheitlicher galanter Stil herauszubilden: dieser ist vielmehr gezeichnet durch eine gewisse Beliebigkeit und durch einen unverbindlichen Eklektizismus. Die barocke Formensprache hat ihre Ausdruckskraft und ihre Bedeutung weitgehend aufgebraucht. Dies führt einerseits zu einer Künstlichkeit des Stils und andererseits zu oft noch zaghaften Bemühungen um Alternativen. Gerade in der galanten Dichtung findet weder ein abrupter Bruch mit der Tradition noch ein wirklicher Neubeginn statt.

Generell läßt sich in der galanten Zeit eine Entwicklung von einem manieristischen zu einem klassizistischen Stilwillen, vom Lohensteinischen Geschmack zu Weises politischer Oratorie festhalten. Diese Tendenz wird auch im Schaffen individueller Dichter sichtbar, so z.B. bei HOFMANNSWALDAU und bei B. NEUKIRCH. [61] Sowohl in der galanten Zeit selbst als auch in der Forschungsliteratur divergieren deshalb die Vorstellungen vom galanten Stil. Neukirch im Vorwort zu seiner Anthologie und E. NEUMEISTER in seiner Poetik erwähnen als musterhaft sowohl die 2. Schlesische Schule wie auch BOILEAUS aufklärerischen Klassizismus. [62]

Obwohl zumindest ein Teil der galanten Bewegung sich noch an Dichtern wie GRYPHIUS, LOHENSTEIN, HOFFMANNSWALDAU und NEUKIRCH orientiert, fehlt eine entsprechende deutsche Theoriebildung. [63] Allenfalls A.C. ROTTH, C. SCHRÖTER und J.C. MÄNNLING stehen in ihrem Umkreis. [64] Galanten Charakter trägt der *manieristische Stil* insofern, als der sich oft vom dargestellten Gegenstand verselbständigende Redeschmuck als wirkungsästhetisch effektvoll, persuasiv und politisch als repräsentativ eingestuft werden kann. [65] Außerdem bleibt der von GRACIÁN, PELLEGRINI und TESAURO verlangte ingeniöse Scharfsinn des Poeten und Redners *(acutezza, argutezza)* in modifizierter Form für die galante Praxis verbindlich, welche sich durch Preziosität, Hyperbolik, Metaphorik, Zweideutigkeit, Scharfsinnigkeit, Pointiertheit, Wort- und Klangspielerei, heiter-ironische Affektorientiertheit, kokettierende Leichtigkeit des Tons, raffinierte Reimtechnik und variierte Metrik auszeichnet.

Die Kluft zwischen Theoriebildung und poetischer Praxis wird bei Hoffmannswaldau deutlich. Während das Uneigentliche seines Stils, die Vorliebe für antithetische Schlußpointen und die Kühnheit der erotischen Metaphorik marinistisch geprägt sind, erhebt er selbst einen völlig anderen Anspruch: «Die Art zu schreiben darinnen ist geläuffig/ leicht/ und mehr lieblich/ als prächtig.» [66] Von «allzu weit gesuchten/ und sich selbst übersteigenden Beschreibungen» sowie von übermäßigem Gebrauch der antiken Mythologie sagt er sich los. [67] Auch das Vorwort der Neukirchschen Sammlung verficht eine galante Poesie der mittleren Stillage [68], während die ersten Bände der Anthologie selbst noch völlig im Zeichen der spätbarocken Lyrik stehen.

Als erster deutscher Rhetoriker setzt sich C. WEISE konsequent gegen überladene Sprachartistik, rein dekorative Verwendung rhetorischer Mittel und spekulative Kombinatorik ein. Schon in seinem ersten theoretischen Werk fordert er eine natürliche und deutliche Sprache, die sich selbst im hohen Stil nach dem normalen Sprachgebrauch richtet. [69] Am Lohensteinschen Stil bemängelt er die nicht sinngemäße Darstellung der Gegenstände, die unkritische Verwendung von Redensarten, und die «affectirte hohe Obscuritat». [70]

Die Nivellierung von poetischem und oratorischem Stil und damit eine Reduktion des Redeschmucks wird entscheidend gefördert durch Weises Prosakonstruktionsregel, welche nur Formen toleriert, die auch in Prosa bestehen können. [71] Daraus folgt auch, daß sich die gebundene Sprache stilistisch auf die Ebene der allgemeinen Rede, d.h. auf den mittleren Stil reduziert, woraus ihm noch die ‹Breslauer Anleitung› einen Vorwurf macht. [72] Direkte Folge ist der Bedeutungsverlust der traditionellen Dreistillehre *(genera dicendi)*.

In seinem oratorischen Hauptwerk ‹Politischer Redner› (1677) stellt Weise den politischen Stil anhand der vier Teile Schulrhetorik, Komplimentierkunst, bürgerliche Reden und politische Hofreden umfassend dar. Als Schulrhetorik wird das traditionelle Regelwerk der Rhetorik bezeichnet, wobei Periodenbildung, Übersetzungen, Chrie, Syllogismus, *argutia, loci topici* und *oratio* besonders im Vordergrund stehen. Im gleichzeitig erhobenen Vorwurf des Pedantischen und Schulmäßigen ist schon eine Relativierung der dort formulierten Regeln angelegt. Die anderen drei Teile geben dem galanten Leser Anleitung zu Rede und Verhalten in verschiedensten Situationen, wie private und öffentliche Redeanlässe in einem politischen Sinne mittels diverser oratorischer Formen zum eigenen Vorteil gestaltet werden können.

Wirkungsästhetisches Ziel ist es, die Person des Gesprächspartners für sich einzunehmen. Effektive Kommunikation ist nur dann möglich, wenn beim Angesprochenen eine positive affektive Disposition dem Sprecher gegenüber besteht, wie Weise eindringlich fordert: «Wer in der Welt etwas nützliches ausrichten/ und ein rechtschaffenes Amt bedienen wil/ der muß die Leute mit ihren Affecten recht in seinen Händen haben.» [73] Effektive Kommunikation setzt eine Kontrolle der Affekte des Rezipienten voraus. Nach Weise ist ein politischer Redner nur dann erfolgreich, wenn er «die Gemüther zu gewinnen/ und nach Belieben einen guten oder bösen Affect einzupflantzen» versteht. [74] Dies geschieht durch die traditionellen Kategorien des *delectare* und *movere*, während das didaktische *prodesse* als zu pedantisch gilt. Ein Affekt wird nicht durch Redeschmuck erreicht, sondern nur durch das authentische Gefühlserlebnis. Der überzeugenden Darstellung eines Sachverhalts kommt nur eine sekundäre Bedeutung zu. Die G. fördert eine in ihrem Ansatz nicht realienbezogene, sondern personenbezogene Kommunikation. Nicht Wissen, sondern angemessenes Handeln im Sinne des *decorum* ist zentrales Anliegen in Weises pädagogisch-politischer Rhetorikkonzeption.

Weise verlangt auch Zurückhaltung bei Fremdwörtern und Wortneubildungen. Überladene Sprachartistik, rein dekorative Verwendung rhetorischer Mittel und spekulative Kombinatorik lehnt er ab. Nicht mehr das Ausschmücken der Gegenstände nach dem Rang, sondern die Orientierung nach der *gemeinen Mode* ist die Grundlage der Stillehre, die dadurch pluralisiert wird und dem Redner letztlich den Freibrief zur Entwicklung eines eigenen Stils ausstellt. [75] In jedem Fall ist bei Weise die eigene Urteilskraft *(iudicium)* die alle Regeln relativierende letzte Instanz. Gerade durch diese Relativierung der rhetorischen Normen beraubt Weise die Rhetorik eines wesentlichen Teils ihres Fundaments. [76]

Weises Stilideal nahe stehen A. BOHSE, J. HÜBNER, C. F. HUNOLD, G. LANGE, E. UHSE und C. WEIDLING. [77] Der auf Weise aufbauende, durchschnittliche galante Stil pflegt die mittlere, leicht verständliche Stillage und fördert aufgrund seiner Klarheit und Deutlichkeit den rationalen Diskurs. [78] Er ist einfallsreich, geschmückt, aber von den Extremen der scharfsinnigen und dekorativen Metaphorik gereinigt, zeigt Anmut in Bild, Form und Rhythmus und bevorzugt freiere Formen wie Madrigal und Lied. [79] Die vagen Normen des galanten Stils lassen viel individuellen Spielraum zur Interpretation und Ausgestaltung zu. Eine direkte Fortsetzung der Vereinfachung des spätbarocken Stils findet sich im verhaltenen, pietistisch beeinflußten Stil *(locatio simplex)*, wie er in HUNOLDS späteren Schriften vertreten wird.

B. NEUKIRCH formuliert eine detaillierte, auf Weise abgestützte *Stillehre*. Hauptfehler des verwerflichen Stils sind: unverständlich, pedantisch, affektiert, phantastisch, zu hoch, zu niedrig, zu knapp, zu weitschweifig, schlecht mit Bindewörtern «connectirt» [80] und schlecht punktiert. Pedantisch ist ein Stil, der sich allzusehr nach den rhetorischen Regeln richtet oder ein Übermaß an Wortspielen, rhetorischen Figuren oder Komplimenten pflegt. [81] Der übermäßige Gebrauch lateinischer Wörter oder grammatischer Strukturen bringt ebenfalls den Vorwurf des Pedantischen ein, während die prahlerische Verwendung französischer und italienischer Wörter als affektiert gilt. Ein guter Stil anderseits weist folgende Merkmale auf: «1) deutlich, 2) üblich, 3) ungezwungen, 4) nicht zu hoch und nicht zu niedrig, 5) nicht zu kurtz und nicht zu lang, 6) wohl connectirt, 7) gleich, 8) wohl punctirt, 9) wohl numerirt.» [82] Der gute Stil ist nach den Gesetzmäßigkeiten des *aptum* den Umständen angepaßt: Naturell des Redners/Schreibers, rhetorische Regeln, Beschaffenheit der Materie, Stand und Bekanntheitsgrad des Adressaten. Die traditionellen drei Stillagen werden ersetzt durch die vier galanten Stilhaltungen leicht/natürlich, scharfsinnig, pathetisch und temperiert. [83] Stilhaltungen werden zudem je nach Materie und Adressat subkategorisiert: «In betrachtung der materien aber ist der stylus achterley: lächerlich, satyrisch, galant, juristisch, gelehrt, historisch, recitativus und relativus.» [84] «Derowegen ist der stylus in betrachtung der personen fünfferley: gemein oder familiar, höflich, liebkosend, oder verbindlich, demüthig und curial.» [85]

Die klassischen Formen der galanten Kommunikation sind der *Brief* und das Kompliment. Am Anfang aller galanten Briefsteller steht K. STIELERS ‹Teutsche Sekretariat-Kunst› (1673/74). [86] A. BOHSES ‹Der allzeitfertige Brieffsteller› (1690) ist der deutsche Protoyp für die Vielzahl der Briefsteller, die im frühen 18. Jh., zumeist als Nachahmung von frz. Vorbildern, erscheinen. [87] Unter dem Einfluß der Briefsteller und der Briefsammlungen, v. a. von J.C. LÜNIG, vermag die muttersprachliche Briefkultur um 1700 den seit 1650 dominierenden französischsprachigen Brief wieder zu verdrängen. [88]

Die Brieflehre ist fest in das Regelwerk der G. eingebunden, denn «Ein brief ist nichts anders, als eine schrifftliche rede eines abwesenden mit dem andern.» [89] Galantes Schreiben ist öffentliches Schreiben und in diesem Sinne auch politisch: «Von wahrhafftig-verliebten briefen sind die galanten darinnen unterschieden, 1. Daß man diese öffentlich und ohne scheu, so wol an verheyrathetes als unverheyrathetes frauenzimmer; jene aber nur an solche personen schreibet, welche nicht allein frey seyn, sondern welche wir auch selbst zu ehlichen in willen haben. 2. Daß die galanten alles nur schertzend fürbringen, was man hingegen in jenen von hertzen saget.» [90]

Briefe werden in Briefstellern gewöhnlich in nach Wirkungsabsicht geordnete Untergattungen kategorisiert und reich mit Musterbriefen illustriert: Insinuationsbriefe, Kompliment, Freundschaftsbriefe, Liebesbriefe, Geschäftsbriefe. Die Brieflehre wird in allgemeine Handlungsanleitungen eingebunden: bei Liebesbriefen werden z.B. ganz allgemeine Strategien diskutiert, wie das Herz der Geliebten für sich eingenommen und gewonnen werden kann. [91]

Das *Kompliment* [92] wird allgemein als mündliches Gegenstück zum Brief gesehen, kann aber bei B. NEUKIRCH auch schriftlich abgefaßt werden und integraler Teil eines Briefes sein. [93] Bei C. WEISE umfaßt das Kompliment jede Form verbaler Aufmerksamkeit und hat in der Regel eine kompensatorische Funktion für ausgebliebene Handlungen und Mangel an gezeigter Aufmerksamkeit: «Complimenten sind dergleichen Reden/ damit in der Conversation, der Mangel würcklicher Auffwartung gleichsam ersetzet und vollgefüllet wird.» [94] Im Kompliment, dessen Funktion vor allem innerhalb des höfischen Zeremoniells liegt, findet keine Argumentation oder Agitation statt, lediglich Insinuation. [95] Anleitung geben Komplimentierbücher, Titularbücher und entsprechende Sammelwerke. [96]

Nach der Schulrhetorik weist das Kompliment fünf Teile auf: *insinuatio, protasis, aetiologia, amplificatio, conclusio*. [97] Aber dieser pedantische Aufbau gilt als zu aufwendig, um wirksam zu sein. In der rhetorischen Praxis zeichnet sich das Kompliment durch die drei Teile Äußerung des eigentlichen Wunsches, Schmeichelei *(insinuatio)* und Unterwerfung des Selbst aus. «Ja einen becomplimentiren, heisset sich annoch auf eine angenehme Manier vor demselben zu erniedrigen, um sich solchen unvermerckt zu verpflichten, und dessen Gunst zu gewinnen.» [98]

Je nach Redesituation und Anlaß der Rede (Begrüßung, Gratulation, Kondolenz, Bitte, Danksagung, Neujahrswunsch, Liebeserklärung, usw.) ergeben sich nach den Regeln des *decorum* verschiedene Arten des Kompliments. [99] Relativiert werden die Normen des *decorum* dadurch, daß selbst beim Komplimentieren einer hochgestellten Persönlichkeit der mittlere Stil angebracht ist, um die natürliche Gefälligkeit des Kompliments zur Geltung zu bringen. Die Kürze ist beim Kompliment von entscheidender Bedeutung, wenn dieses nicht zum ‹Panegyricum› ausarten soll. Übermäßiges oder offen zur Schau gestelltes Lob einer Person erweckt den Verdacht der Schmeichelei, die den Sprecher erniedrigt oder als unwissend bloßstellt und den Adressaten beschimpft. [100] Komplimente erreichen ihren Zweck, «wenn man sie zur rechten Zeit, bey rechten Personen, mäßig, und mit Verstand, das ist: kurtz und gut anbringet.» [101]

Die gesellschaftlichen und rhetorischen Theorien finden auch in der *Poetik* (Dichtkunst) der galanten Zeit ihren Niederschlag. Programmatisch hört sich der Titel von C. WEISENS Poetikhandbuch von 1692 an: ‹Christian Weisens Curiöse Gedancken von Deutschen Versen/ Welcher gestalt Ein Studierender in dem galantesten Theile der Beredsamkeit was anständiges und practicables finden sol/ damit er Gute Verse vor sich erkennen/ selbige leicht und geschickt nachmachen/ endlich eine kluge Masse darinnen halten kan: wie bißhero Die vornehmsten Leute gethan haben/ welche/ von der klugen Welt/ nicht als Poeten/ sondern als polite Redner sind aestimirt worden›. Weises Gedanken werden als *curiös* angepriesen, was in der galanten Zeit sonderbar, merkwürdig, sensationell, neu, wichtig oder interessant bedeuten kann. Die Poetik wird traditionell als der innerste und höchste Bereich der Rhetorik gesehen; bei Weise gilt sie auch als deren galantester. Die angedeutete wirkungsästhetische Dimension der galanten Dichtung impliziert einen leichten, natürlichen, scharfsinnigen mittleren Stil. Weise adressiert primär bürgerliche Schichten, für deren sozialen Status galantes Sprechen und Verhalten von besonderer Bedeutung ist. Gerade für diese Schichten ist Dichtung von enormer politischer – im galanten Sinne – Tragweite.

Das Weisesche Stilideal bleibt für die anderen Poetiken der galanten Zeit wegweisend [102], wobei Poetiken nach 1700 auch neue geistige Strömungen zu integrieren versuchen. So steht HUNOLDS fundamentale (Selbst-)Kritik an der erotischen Dichtung und am Roman schon deutlich unter dem Einfluß der pietistischen Bewegung. [103] Bei J.G. NEUKIRCH schließlich prägen persönliche, individuelle Empfindungen den poetischen Ausdruck: das *ingenium* kennt Quellen, die primär im Subjekt des Dichters selbst angelegt sind. [104]

Die poetische Praxis zeigt eine Präferenz für kleinere lyrische Formen wie Sonett, Epigramm, Ode, Lied und Madrigal. Der Kreis der galanten Dichter läßt sich nicht genau eingrenzen. Generell zu den galanten Dichtern gerechnet werden O.C. Eltester, C. Hölmann, C.F. Hunold (Menantes), J. Jänichen, J.B. Mencke (Philander von der Linde), B. Neukirch, J.G. Neukirch, E. Neumeister und G. Stolle (Leander). Oft werden die späten schlesischen Dichter wie H. Aßmann von Abschatz, C. Gryphius, Hoffmannswaldau, Lohenstein, J.C. Männling und H. Mühlpfort [105] oder frühaufklärerisch orientierte Dichter wie J. von Besser, F.R. von Canitz, J.U. König und C. Wernicke ebenfalls dem Kreis der Galanten zugerechnet.

Gelegenheitsschriften und Anthologien sind die häufigsten Publikationsformen. Die bedeutendste Anthologie ist B. NEUKIRCHS ‹Herrn von Hoffmannswaldau und andrer Deutschen [...] Gedichte›, auch als Neukirchsche Sammlung bekannt. [106] Selbständige Einzelausgaben galanter Gedichte sind relativ selten.

Als Prosaform wird vor allem der galante Roman gepflegt. Zur Motivik des Galanten gehören spielerische Erlebnisformen, Liebesintrigen und erotische Abenteuer [107], wobei die metaphysische Dimension der Liebesthematik weitgehend durch eine rhetorisch durchkalkulierte Gestaltung ersetzt wird. Galante Romane zeigen meistens mit Hilfe z.T. phantastischer Schilderungen bürgerlichen Aufstiegs die Profanisierung der höfischen Welt. [108]

Die galante Dichtung steht im Schnittpunkt verschiedener Rezeptionslinien: die barock-manieristische Dichtung Spaniens und Italiens, die klassizistische Frankreichs [109], die petrarkistische Dichtung und die Studentenpoesie des Barock. Wesentliche Merkmale der Anakreontik sind schon in der galanten Dichtung angelegt.

IV. *Kritik an der galanten Bewegung.* Die schon bei THOMASIUS ausgesprochene Ambivalenz der Frühaufklärung der galanten Bewegung gegenüber schlägt spätestens bei GOTTSCHED in offen erklärtes Mißtrauen um, wobei dieser dem Galanten im Gegensatz zu Thomasius eine anti-muttersprachliche Tendenz unterstellt. [110]

Der Begriff des Galanten gerät aufgrund seiner ubiquitären Anwendung selbst auf die alltäglichsten Dinge in Mißkredit: «In der Küche und Wirthschafft höret man offt von einem galanten Ragout, Fricaßee, Hammel- und Kälberbraten.» [111] Galante Menschen sind oberflächlich, eingebildet und der Gesellschaft nicht nützlich. Gottsched spricht dem Galanten jegliche utilitaristische Dimension ab. [112]

Schon seit den 80er Jahren des 17. Jh. erhält der Begriff des Galanten die negative Bedeutung des Modischen und Beliebigen. Nach 1700 kommt, v.a. in der Dichtung, der negative Beigeschmack des Amourösen, des gewagt Erotischen und des Zweideutigen hinzu, was schon HUNOLD und B. NEUKIRCH verurteilen. [113] Im 18. Jh. verengt sich der Begriff des Galanten immer mehr auf Liebessachen, wie z.B. in ‹Das galante Sachsen› von K.L.W. VON PÖLLNITZ (1735), einer in amourösen Abenteuern erzählten Geschichte Sachsens. [114]

Während die Poetik der nachgalanten Zeit an das Weisesche Stilideal anschließt, assoziiert sie den galanten Stil immer mehr mit dem spätbarocken manieristischen Stil, den z.B. Gottsched als zu dunkel (*obscuritas*) ablehnt. Die «Menge verblümter Redensarten» bezeichnet er als *Schwulst* und *Bombast*. [115] BREITINGER bemängelt nicht nur die von HOFFMANNSWALDAU und LOHENSTEIN verbreitete «unreine und mit fremden Zierrath prangende Schreibensart» [116], sondern auch deren Verwendung des Vergleichs und des Gleichnisses als Grundlage vernünftigen Denkens und rhetorischen Argumentierens. [117]

Diese Kritik am galanten Stil gründet in der Funktionsverschiebung der Rhetorik in der Frühaufklärung. Nicht mehr Überzeugung in der Sache oder Person ist die Aufgabe der Rhetorik: «Also bestehet das wesen der beredsamkeit in dem accuraten ausdruck der gedankken.» [118] Gegenüber dem gesellschaftlich ausgerichteten *äußeren aptum* gewinnt das sachlich orientierte *innere aptum* an Bedeutung. Und die Aufgabe der Gelehrsamkeit ist es nunmehr, «die glückseeligkeit und das vergnügen der menschlichen gesellschaft zu fördern.» [119]

Mit dem Niedergang des Galanten endet auch die Vorrangstellung der Rhetorik: die neue cartesianische Erkenntniskritik ordnet der Rhetorik beim Finden von Gedanken, Redewendungen und Ausschmückungen keine zentrale Rolle mehr zu. Seit WEISE wird die Topos-Kritik immer deutlicher und nimmt schon bei Thomasius, gestützt auf die cartesianische Logik, kategorische Dimensionen an. [120] Obwohl Weise das Anlegen von topischen Katalogen zu schulrhetorischen Zwecken empfiehlt, steht er der Topik als Strategie des Sammelns und Organisierens von Wissen mit wachsender Skepsis gegenüber [121], wodurch die galanten Hand- und Sammelbücher zu jedem Lebensbereich zunehmend ihre Legitimation verlieren.

Das galante Ideal wirkt fort in der Ausdrucksweise des Pietismus und der Empfindsamkeit. Vor allem aber bereitet die galante Dichtung den Boden für die Lyrik des Rokoko und der Anakreontik vor: erste Ansätze zur Erlebnislyrik, Lebensfreude und Sinnengenuß in graziöser Form und die Verbindung des Schönen mit dem moralisch Guten durch Anmut und Grazie.

Anmerkungen:
1 K. Stieler: Der teutschen Sprache Stammbaum und Fortwachs Oder Teutscher Sprachschatz (1691) 619. – **2** E. Bonfatti: Verhaltenslehrbücher und Verhaltensideale, in: H.A. Glaser

(Hg.): Dt. Lit. Eine Sozialgesch. Bd. 3 (1985) 86. – **3** H. A. Glaser: Galante Poesie, in: ders. [2] 394. – **4** Z. B. C. F. Hunold: Die Manier Höflich und wohl zu Reden und zu Leben (1710, ⁵1730) 101–108, 153–159. – **5** A. Bohse: Der getreue Hoffmeister adelicher und bürgerlicher Jugend (1703) fol.)(2 verso. – **6** M. Beetz: Soziale Kontaktaufnahme. Ein Kapitel aus der Rhet. des Alltags in der frühen Neuzeit, in: Rhet. 10 (1991) 30. – **7** Dt. Übers.: Der vollkommene Hofmann und Hof-Dame (1684). – **8** Dt. Übers.: Ehrliebender Hof=Mann (1647); Der Ehrliebende Welt=Mann (1648). – **9** Frz. Übers. von Nicolas Amelot de la Houssaie (1684). – **10** Bonfatti [2] 84f. – **11** Anhang zu: G. P. Harsdörffer: Mercurius Historicus (1657) 315–367. – **12** G. P. Harsdörffer: Frauenzimmer Gesprächspiele (1641–1649; ND 1968–69). – **13** R. Zeller: Spiel und Konversation im Barock (1972) 81–86. – **14** Harsdörffer [12] II, 35. – **15** Bonfatti [2] 83. – **16** ebd. 85. – **17** R. Nickisch: Brief (1991) 79. – **18** G. P. Harsdörffer: Der Teutsche Secretarius, 2. Teil (1659; ND 1971) Vorrede § 10. – **19** K.-H. Göttert: Einf. in die Rhet. (1991) 178. – **20** D. Kimpel, in: V. Žmegač (Hg.): Gesch. der dt. Lit. vom 18. Jh. bis zur Gegenwart, Bd. I/1 (1978) 25. – **21** Kimpel [20] 25. – **22** W. Dilthey, zit. bei W. Barner: Barockrhet. (1970) 135. – **23** C. Thomasius: Discours Welcher Gestalt man denen Frantzosen in gemeinem Leben und Wandel nachahmen solle? (1687; Ed. 1894) 11. – **24** ebd. 11. – **25** ebd. 26. – **26** vgl. G. E. Grimm: Lit. und Gelehrtentum in Deutschland (1983) 346–425. – **27** Barner [22] 135–150; G. Frühsorge: Der politische Körper. Zum Begriff des Politischen im 17. Jh. und in den Romanen Christian Weises (1974); Grimm [26] 314–346. – **28** B. Ristow: Komplimentierbuch, in: RDL², Bd. 1, 879. – **29** T. Müller: Rhet. und bürgerliche Identität. Stud. zur Rolle der Psychologie in der Frühaufklärung (1990) 34. – **30** Barner [22] 135. – **31** ebd. 138f. – **32** C. Weise: Politischer Redner (³1683; ND 1974) 165. – **33** Entgegen U. Wendland: Die Theoretiker und Theorien der sog. galanten Stilepoche und die Sprache (1930) 12f.; W. Fleming: Galante Dichtung, in: RDL², Bd. 1 522. – **34** Hunold [4] 533. – **35** Weise [32] 168. – **36** Müller [29] 97–99. – **37** Bohse [5] Vorrede. – **38** Müller [29] 25. – **39** B. Neukirch: Unterricht von Teutschen Briefen (1707), spätere Aufl.: Anweisung zu Teutschen Briefen (⁴1727) Vorrede, fol.)(5 recto; vgl. Wendland [33] 1–14. – **40** Neukirch [39] 210. – **41** J. H. Zedler: Grosses vollständiges Universal Lexicon Aller Wissenschaften und Künste, Bd. 10 (1735) 78. – **42** ebd. 79. – **43** S. R. Behr: Die Kunst wohl zu Tantzen (1713); ND 1977) 112. – **44** Hunold [4] 520f. – **45** ebd. 533. – **46** ebd. 539. – **47** Bonfatti [2] 84. – **48** L. Fischer: Gebundene Red. Dichtung und Rhet. in der lit. Theorie des Barock in Deutschland (1968) 246; V. Sinemus: Poetik und Rhet. im frühmodernen Staat (1978) 100–144. – **49** G. Braungart: Hofberedsamkeit. Stud. zur Praxis höfisch-politischer Rede im dt. Territorialabsolutismus (1988) 26–29. – **50** C. H. Amthor: Collegium homileticum de jure decori, Oder eine Wissenschaft, die da lehret, wie man sich in Conversation mit allerhand Leuten manierlich und wohl=anständig aufführen soll (1730) 5–9. – **51** Behr [43] Widmung. – **52** Weitere Handbücher: S. Grosser: Gründliche Einl. zur wahren Erudition (1700/04); Fortunander (C. Liesner): Der galante und in diesem Welt=Leben recht sich schickende Mensch (1706); C. F. Hunold: Die beste MANIER in Honnêter CONVERSATION sich Höflich und Behutsam aufzuführen und in Kluger CONDUITE zu leben (1707); J. B. M. de Bellegarde: Muster derer Gespräche vor die artigen und höflichen Personen (1710); C. A. Heumann: Der Politische Philosophus Das ist, Vernunfftgemäßige Anweisung Zur Klugheit Im gemeinen Leben (1714); J. J. Lehmann: Kurtze doch gründliche Anleitung die wahre allgemeine und sonderlich die Staats=Klugheit gründlich zu erlernen (1714); J. C. Wächtler: Commodes Manual oder Hand-Buch (1714); J. B. von Rohr: Einleitung zur Staats=Klugheit zu leben (1715); ders.: Einleitung zur Staats=Klugheit (1718); J. C. Barth: Galante Ethica (1720); C. H. Freiesleben: Baltasar Gracians Uomo di Corte Oder Kluger Hof- und Weltmann (1723). – **53** vgl. J. Mattheson: Das Neu-Eröffnete Orchestre, Oder Universelle und gründliche Anleitung, Wie ein Galant homme einen vollkommenen Begriff von der Hoheit und Würde der edlen Music erlangen, seinen Gout darnach formiren, die Terminos technicos verstehen und geschicklich von dieser vortrefflichen Wissenschaft raisonniren möge (1713). – **54** C. Dahlhaus (Hg.): Neues Hb. der Musikwiss., Bd. 5 (1985) 24–32. – **55** Barth [52] Vorbericht, § 9. – **56** G. Bouhours: Entretiens d'Ariste et d'Eugène (1671) 223; Antwort z. B. bei Thomasius [23] 26–29; J. G. Meister: Unvorgreifliche Gedanken von Teutschen Epigrammatibus (1698) 1–30. – **57** Kimpel [20] 7. – **58** ebd. 11. – **59** Zit. bei Müller [29] 32. – **60** J. Schöberl: ‹liljen=milch und rosen=purpur›. Die Metaphorik in der galanten Lyrik des Spätbarock (1972) 147f., Anm. 86. – **61** F. Heiduk: Die Dichter der galanten Lyrik (1971) 199. – **62** Kimpel [20] 28. – **63** P. Schwind: Schwulst-Stil (1977) 29ff. – **64** A. C. Rotth: Vollständige Deutsche Poesie (1688); C. Schröter: Gründliche Anweisung zur deutschen Oratorie nach dem hohen und Sinnreichen Stylo (1704; ND 1974); J. C. Männling: Expediter Redner (1718; ND 1974). – **65** G. Ueding, B. Steinbrink: Grundriß der Rhet. (1986) 95–98. – **66** C. Hoffmann von Hoffmannswaldau: Dt. Übersetzungen und Getichte, Bd. 1 (1679; ND 1984) Vorwort, fol.)( )((viii v. – **67** C. Hoffmann von Hoffmannswaldau: Dt. Übersetzungen und Getichte, Bd. 2 (1679; ND 1984) Vorwort, fol. a 4 v. – **68** B. Neukirch (Hg.): Herrn von Hoffmannswaldau und andrer Deutschen auserlesene und bißher ungedruckte Gedichte, Bd. 1 (1695) Vorwort. – **69** C. Weise: Der Grünen Jugend Nothwendige Gedancken (1675; Ed. 1978) 404f. – **70** Weise [69] 346f. – **71** ebd. 346f.; vgl. V. Meid: Barocklyrik (1986) 127. – **72** Anleitung zur Poesie (1725) 83. – **73** Weise [32] 888. – **74** ebd. 889. – **75** Barner [22] 56; Göttert [19] 169. – **76** Göttert [19] 169. – **77** A. Bohse: Getreuer Wegweiser zur Teutschen Redekunst und Briefverfassung (1692); C. Weidling: Oratorischer Hofmeister (1698); ders.: Gründliche Einleitung zur teutschen Oratoria (1702); E. Uhse: Wohl=informirter Redner (1702; ND 1974); C. F. Hunold: Die Allerneueste Art Höflich und Galant zu Schreiben (1702); ders.: Einleitung zur teutschen ORATORIE. Und Brief-Verfassung (1709); G. Lange: Einl. zur Oratorie (1706). – **78** Weise [32] 891. – **79** Meid [71] 127. – **80** Neukirch [39] 444. – **81** ebd. 448–452. – **82** ebd. 478. – **83** ebd. 507. – **84** ebd. 519. – **85** ebd. 558. – **86** R. Nickisch: Die Stilprinzipien in den dt. Briefstellern des 17. Jh. Mit einer Bibliogr. zur Briefschreiblehre 1474–1800 (1969) 77–96. – **87** Andere wichtige Briefsteller: A. Bohse: Des galanten Frauenzimmers Secretariat-Kunst (1692); ders.; ders.: Gründliche Einl. zu Teutschen Briefen (⁴1706; ND 1974); C. F. Hunold: Auserlesene Brieffe Aus denen Galantesten und Neuesten Französis. Autoribus (1704); ders. [77]; Neukirch [39]; C. Weise: Curiöse Gedancken Von Deutschen Brieffen (1691). – **88** W. Grenzmann: Brief, in: RDL², Bd. 1, 188f.; Nickisch [16] 40f., 80. – **89** Neukirch [39] 3. – **90** ebd. 216. – **91** Z. B. 215–242. – **92** M. Beetz: Frühmoderne Höflichkeit. Komplimentierkunst und Gesellschaftsrituale im altdt. Sprachraum (1990) 108ff. – **93** Neukirch [39] 130. – **94** Weise [32] 161. – **95** Harsdörffer [18] Vorrede, § 5; vgl. Braungart [49] 236. – **96** J. C. Lünig: Grosser Herren, vornehmer Ministern, und anderer berühmten Männer gehaltene Reden (1707); J. B. v. Rohr: Einl. zur Ceremoniel-Wissenschaft der Privat-Personen (1728); ders.: Einl. zur Ceremoniel-Wissenschaft der großen Herren (1729); J. H. Lochner: Kunst zu reden in gemeinem Umgang (1730); vgl. Beetz [92] 56–64. – **97** Hunold [4] 12; vgl. Braungart [49] 236. – **98** Hunold [4] 3; vgl. Beetz [92] 211–222. – **99** Beetz [92] 200–210. – **100** Hunold [4] 6. – **101** ebd. 17. – **102** Z. B. J. Hübner: Poetisches Hb. (1696); E. Uhse: Wohl-informirter Poet (1703); J. C. Männling: Der Europaeische Helicon (1704); M. D. Omeis: Gründliche Anleitung zur Teutschen accuraten Reim- und Dicht-Kunst (1704); E. Neumeister: Die Allerneueste Art Zur Reinen und Galanten Poesie zu gelangen (Hg. C. F. Hunold, 1707); J. B. Mencke: Philanders von der Linde Vermischte Gedichte. Nebst einer ausführlichen Unterredung von der Dt. Poesie (1710). – **103** C. F. Hunold: Einl. zur Teutschen Poesie (1713) Vorrede. – **104** J. G. Neukirch: Anfangsgründe zur Reinen Teutschen Poesie (1724) 14f. – **105** Kimpel [20]; demgegenüber Meid [71] 126. – **106** 7 Bde. (1695–1727); bedeutend sind auch: Des Schlesischen Helicons auserlesene Gedichte (1699/1700); Menander (D. C. Walther, Hg.): Die poetisirende Welt (1705); E. Uhse (Hg.): Des Neueröffneten Museum-Cabinets auffgedeckte poetisch Wercke (1715); C. F. Hunold (Hg.): Auserlesene und noch nie gedruckte Gedichte unterschieder Berühmten und Geschickten Männer (1718–1720); C. F. Weichmann (Hg.):

Poesie der Niedersachsen (1721). – **107** Schöberl [60] 137. – **108** W. Voßkamp: Adelsprojektionen im galanten Roman bei Christian Friedrich Hunold, in: P.U. Hohendal u. a. (Hg.): Legitimationskrisen des dt. Adels 1200–1900 (1979) 83–99. – **109** Meid [71] 117f. – **110** J.C. Gottsched: Die Vernünftigen Tadlerinnen (1725) 39f., 78f. – **111** ebd. 73; vgl. E. A. Blackall: Die Entwicklung des Deutschen zur Literatursprache. 1700–1775 (1966) 71. – **112** Gottsched [110] 73–80. – **113** Hunold [103] Vorrede; Neukirch [39] 211. – **114** La Saxe galante (Amsterdam 1634); Glaser [3] 395; vgl. die einseitige Darstellung bei E. Fuchs: Illustrierte Sittengesch., Bde. 3 u. 4 (Hg. T. Huonker, 1985). – **115** Gottsched [110] 40; ders.: Versuch einer Critischen Dichtkunst (^{4}1751; ND 1982) 230, 278–282. – **116** J.J. Breitinger: Critische Abhandlung von der Natur, den Absichten und dem Gebrauche der Gleichnisse (1740; ND 1967) 462. – **117** ebd. 459–490. – **118** J. A. Fabricius: Philos. Oratorie (1724; ND 1974) 3. – **119** Fabricius [118] 4; vgl. G. E. Grimm: Von der ‹politischen› Oratorie zur ‹philosophischen› Redekunst. Wandlungen der dt. Rhet. in der Frühaufklärung, in: Rhet. 3 (1983) 65–96. – **120** C. Thomasius: Ausübung der Vernunftlehre (1691; ND 1968) Widmung. – **121** Weise [32] 132; ders. [69] 367f., 370, 376–395; P. Hess: Zum Toposbegriff in der Barockzeit, in: Rhet. (1991) 85f.

Literaturhinweise:
M. v. Waldberg: Die galante Lyrik (1885). – K. Borinski: Baltasar Gracián und die Hoflit. in Deutschland (1894). – A. v. Gleichen-Rußwurm: Das galante Europa. Gesellligkeit der großen Welt 1600–1789 (1911). – A. Roseno: Die Entwicklung der Brieftheorie von 1655–1709 (1933). – H. Anton: Gesellschaftsideal und Gesellschaftsmoral im ausgehenden 17. Jh. (1935). – U. Stötzer: Dt. Redekunst im 17. und 18. Jh. (1962). – H. Singer: Der galante Roman (^{2}1966). – M. Windfuhr: Die barocke Bildlichkeit und ihre Kritiker (1966). – D. Brüggemann: vom Herzen direkt in die Feder. Die Deutschen in ihren Briefstellern (1968). – H. Dörrie: Der heroische Brief. Bestandsaufnahme, Gesch., Kritik einer humanistischbarocken Literaturgattung (1968). – C. Wiedemann (Hg.): Der galante Stil 1680–1730 (1969). – H. P. Herrmann: Naturnachahmung und Einbildungskraft. Zur Entwicklung der dt. Poetik von 1670 bis 1740 (1970). – K.-H. Mulagk: Phänomene des politischen Menschen im 17. Jh. (1973). – H. Schanze (Hg.): Rhet. (1974). [Mit Primärbibl.] – G. v. Graevenitz: Innerlichkeit und Öffentlichkeit. Aspekte dt. ‹bürgerlicher› Lit. im frühen 18. Jh., in: DVjs 49 (1975) Sonderheft 18. Jh., 1–82. – E. Bonfatti: La ‹Civil Conversatione› in Germania (Verona 1979). – J. Gessinger: Sprache und Bürgertum. Sozialgesch. sprachlicher Verkehrsformen im Deutschland des 18. Jh. (1980). – G. Sauder: ‹Galante Ethica› und aufgeklärte Öffentlichkeit in der Gelehrtenrepublik, in: R. Grimminger (Hg.): Hansers Sozialgesch. der dt. Lit., Bd. 3 (1980) 219–238. – H. Scheffers: Höfische Konvention und die Aufklärung (1980). – M. Beetz: Komplimentierverhalten im Barock, in: Amst. Beitr. zur neueren Germanistik 13 (1981) 135–181. – A. Buck u.a. (Hg.): Europäische Hofkultur im 16. und 17. Jh., 3 Bde (1981). – I. Craemer-Ruegenberg (Hg.): Pathos, Affekt, Gefühl (1981). – H.-J. Gabler: Geschmack und Ges. Rhet. und sozialgesch. Aspekte der frühaufklärerischen Geschmackskategorie (1982). – H. Geulen: Der galante Roman, in: H. Koopmann (Hg.): Hb. des dt. Romans (1983) 117–130. – K.-H. Göttert: Legitimationen für das Kompliment, in: DVjs 61 (1987) 189–205. – J. A. McCarthy: The Gallant Novel and the Geman Enlightenment, 1670–1750, in: A.C. Kors u.a. (Hg.): Anticipation of the Enlightenment in England, France and Germany (Philadelphia 1987) 185–217. – U.-M. Viswanathan: Die Poetik Erdmann Neumeisters und ihre Beziehung zur barocken und galanten Dichtungslehre (Diss. 1989). – A. Ebrecht u.a. (Hg.): Brieftheorie des 18. Jh. (1990). – B. Siegert: Netzwerke der Regionalität. Harsdörffers ‹Teutscher Secretarius› und die Schicklichkeit der Briefe im 17. Jh., in: Modern Language Notes 105 (1990) 536–562.

P. Hess

→ Angemessenheit → Acutezza → Argutia-Bewegung → Barock → Brief → Decorum → Höfische Rhetorik → Hofmann → Komplimentierkunst → Konversation → Manierismus → Pietismus → Preziosität → Schwulst → Stil

Galimathias (auch Gallimathias, Galimatias; engl. gibberish, nonsense; frz. galimathias; ital. latinorum, logogrifo)

A. Der Begriff ‹G.› ist in erster Linie ein stilkritischer Terminus und bezeichnet unverständliches und verworrenes Gerede, den leeren Wortschwall ohne Sinn und Ordnung. Vor allem in seiner Entstehungszeit im späten 16. Jh. bezeichnete er im engeren Sinn den sentenziösen und mit lateinischen Wendungen der scholastischen Disputationstechnik gespickten Stil des akademischen Pedanten und ‹Schulfuchses›. Ein schönes Beispiel in der Literatur ist die Rede des Sorbonne-Rektors ROSE in der ‹Satyre Menippée›: «Mais pour revenir à mon premier theme, j'argumente ainsi: Louchard et ses consorts ont esté justement penduz, parce qu'ils estoyent pendarts; *Atqui* la plus-part de nous autres Docteures estions consorts et adherants et conseillers dudit pendu, *ergo* pendarts et pendables; et ne sert de rien d'alleguer l'abolition qui nous a esté faicte touchant ce catholique assassinat, car *remissio non dicitur nisi ratione criminis* [...]. Il fault donc necessairement argumenter ainsi, *in barroquo*: Quiquonce faict pendre les Catholiques Zelez est tyran et fauteur d'Heretiques; *atqui* Monsieur le Lieutenant a faict pendre Louchard et consorts catholicissimes et zelatissimes: *ergo* Monsieur Lieutenant est tyran et fauteur d'Heretiques, pire que Henry de Valois, qui avoit pardonné à Louchard, Haste et La Morliere, dignes du gibet plus de trois sans devant les Barricades. Qu'ainsi ne soit, *probo minorem, a majori ad minus*.» (Aber um wieder auf mein Anfangsthema zurückzukommen, führe ich folgende Argumente an: Louchard und seine Gefährten sind gerechterweise aufgehängt worden, weil sie Galgenstricke waren; nun aber muß die Mehrheit von uns anderen Doktoren, die zu den Gefährten, Anhängern und Beratern gehören, gehängt werden, sie sind *ergo* Galgenstricke und aufzuhängen; und es ist unnütz, sich auf die Begnadigung zu berufen, die uns betreffend dieses Katholikenmordes zuteil wurde, denn Straferlaß wird nur in Betracht des Verbrechens gewährt [...]. Man muß also notwendigerweise wie folgt argumentieren, *in barroquo*: Jeder, der die katholischen Eiferer hängen läßt, ist ein Tyrann und unterstützt die Häretiker; nun aber hat der Herr Leutnant Louchard und Konsorten, die katholischsten und eifrigsten, hängen lassen: *ergo* ist er ein Tyrann und unterstützt die Häretiker, schlimmer als Heinrich von Valois, der Louchard, Haste und La Morliere vergeben hat, die mehr als drei Jahre vor den Barricades des Galgens würdig waren. Daß dem nicht so sei, *probo minorem, a majori ad minus*.) [1] In der französischen Klassik wird der Begriff in der Literaturkritik in Verbindung mit der Tradition der rhetorischen Stillehre gebracht. Er dient dort zur Brandmarkung der *obscuritas* der manierierten Stile, die in Anlehnung an den spanischen Gongorismus und den italienischen Marinismus in Mode waren. Im Deutschland der Gottsched-Zeit diente er analog zur Bezeichnung des ‹Schwulststils›. In dieser Funktion war die Bezeichnung ‹G.› vor allem in Literaturkritik und -theorie des 17. und 18. Jh. weithin geläufig, veraltete dann rasch im 19. Jh. und ist heute praktisch vergessen.

B. Der Begriff ‹G.› ist unabhängig von der antiken Rhetorik und ihrer abendländischen Tradition entstanden. Sein Ursprung ist unsicher und bis heute umstritten. [2] Zum ersten Mal ist er im Frankreich des späten 16. Jh. bei MONTAIGNE nachweisbar. Im 25. Kapitel seiner ‹Essais› handelt er die Pedanterie im akademischen Leben seiner Zeit ab, vor allem Sachunangemessenheit und Unverständlichkeit in der Ausdrucksweise, leere Vielwisserei und implizit den Leerlauf der universitären Disputationen. In diesem Zusammenhang schreibt er: «Ich habe bei mir einen Freund gehabt, der sich aus Zeitvertreib mit einem von diesen Leuten [den Pedanten] abgab, den Galimathias-Jargon [un jargon de galimathias] nachäffte, Worte ohne Zusammenhang, gesponnen aus aufgeschnappten Stücken, ohne daß es mit Worten gewürzt war, die zu ihrer Erörterung paßten, und den ganzen Tag diesen Narren mit Debattieren amüsierte, der immer glaubte, auf Einwände zu antworten, die man gegen ihn erhoben hätte. Als wenn er ein Mann der Wissenschaften und von Ansehen wäre und als wenn er einen edlen Talar trüge.» [3] Die selbstverständliche Erwähnung des Begriffes ‹G.› läßt darauf schließen, daß er im akademischen Umfeld damals bereits recht gängig war. 1594 erscheint er in der anonymen politischen ‹Satyre Menippée›, wo derselbe Hintergrund aus akademischem Sprachwirrwar und veralteter Argumentationstechnik deutlich wird. [4]

Zu dieser quasi sprachsoziologischen Bedeutung kommt in der französischen Klassik eine explizite Verbindung zur rhetorischen Literaturtheorie hinzu, die längst den Rahmen der klassischen Tradition überschreitet. C. SOREL schreibt 1628 in den Erläuterungen zu seinem satirischen Roman ‹Le Berger extravagant›: «Die Bezeichnung ‹Galimathias› hat überhaupt keinen sicheren Ursprung, und dennoch benutzt man sie jetzt in den ernsthaftesten Schriften, um die Sprache zu kennzeichnen, die ich meine: [...] Diese Sprache ist aus verschiedenen Figuren zusammengesetzt, die die lateinische Rhetorik gar nicht enthält, und man kann für sie auch keine Namen bei den Griechen finden. [...] Man findet einiges davon in Jasons Rede [im ‹Berger extravagant›], aber das ist nichts gegen das, was man in den Amours de Nerueze, den Amours de Descuteaux, Chrysaure & Phinimene, den Allarmes d'Amour und all den anderen Büchern aus dieser Zeit sehen kann; denn man beachte, daß sich vor zwölf Jahren unsere Höflinge alle einbildeten, daß diese Sprache die vornehmste der Welt sei.» [5] ‹G.› entwickelt sich zum Synonym für den *manieristischen Stil*, der der französischen Klassik vorausging und sowohl ernsthaft literaturkritisch attackiert, als auch satirisch aufs Korn genommen wurde. A. FURETIERE schildert in seiner Satire ‹Nouvelle Allégorique› von 1658 einen Krieg zwischen der Königin Beredsamkeit und dem bösen Prinzen Galimatias: «Während die Königin sich bemühte, die Schäden, die ihre Gebiete erlitten hatten, auszubessern, sammelte Galimathias den Rest seiner Armee, deren größter Teil auf der Flucht zu den öffentlichen Plätzen, Kollegien und anderen Höhlen und Asylen gerettet worden war. Und als er sie auf dem Land wiederhergestellt hatte, war sie ebenso zahlreich wie die feindliche. [...] Die Vorhut war zusammengestellt aus den *Analytica priora*; die Nachhut aus den *Analytica posteriora*; und das Schlachten-Korps aus den *Topica* in acht Bataillonen unter der Führung des Generals Aristoteles. Im Korps waren *Dilemmata, Sorites, Enthymeme, Induktionen* und viele andere enthalten. Aber ihre hauptsächliche Kraft bestand aus den *Syllogismen*, die mächtige und gefährliche *Kolosse* waren, schrecklich und scheußlich anzuschauen, und völlig nackt wie die Barbaren kämpften. Außerdem hieß ihr Leutnant Kolonel *Barbara*, und führte neunzehn Kompanien an, deren Hauptmänner genauso fremdartige Namen hatten wie die Margajats; denn sie hießen *Fapesmo, Felapton, Disamis, Baralipton, Frisesomorum* und andere ähnliche, die dem einfachen Volk Furcht einflößten. Sie waren so schwer zu besiegen, wenn man ihnen nicht den Kopf ganz abschlug oder sie in der Mitte des Körpers zerteilte, war es unmöglich, sie niederzumachen.» [6] Hier erscheinen die sprachsoziologische und stilkritische Linie vereint: das Inventar der aristotelischen Schullogik und der manierierte Stil samt seinen Vertretern in der höfischen Gesellschaft werden der Lächerlichkeit preisgegeben. Gegen Ende des 17. Jh. wird die allgemein gehaltene Definition des Wörterbuchs der ACADÉMIE FRANÇAISE verbindlich: «Discours embrouillé & confus qui semble dire quelque chose & ne dit rien.» (Verworrene und konfuse Rede, die etwas zu bedeuten scheint, aber nichts bedeutet.) [7] FURETIÈRE verwendet in seinem eigenen Wörterbuch eine sehr ähnliche Definition: «Discours obscur & embrouillé, où on ne comprend rien, où les paroles sont mises confusément & sans ordre, & où il n'y a rien de naturel.» (Eine dunkle und verworrene Rede, wo man nichts versteht, wo die Worte konfus und ohne Ordnung gesetzt sind, und wo es nichts Natürliches gibt.) [8] Darüberhinaus unterscheidet er zwei Arten von G.: die erste ist «galimathias simple», einfaches G. Es besteht darin, Dinge, die an sich verständlich sind, so schlecht auszudrücken, daß kein anderer sie verstehen kann. In der zweiten Art, dem «galimathias double», werden bereits für sich unverständliche Dinge unverständlich ausgedrückt. Furetière merkt an, daß vor allem Schriften der Theologie, der hermetischen Philosophie, der Alchimisten und der Astrologen voll von der zweiten Art seien. [9] Seine Herleitung des Begriffs reflektiert noch einmal seine mutmaßliche Abstammung aus dem akademischen Bereich und seine gängige Verbindung mit dem Vorwurf der Pedanterie: «Das Wort kommt von ‹*polymathie*› [Vielwisserei], was die Mannigfaltigkeit der Wissenschaften bedeutet, weil diejenigen, die das Gedächtnis mit verschiedenen Arten von Wissenschaften beladen haben, gewöhnlich konfus sind und sich schlecht ausdrücken.» [10] D. BOUHOURS unterscheidet in seiner ‹Manière de bien penser› zwischen ‹galimatias› und ‹phebus›: der erste ist ein gehobener und dunkler Stil, der zweite zwar auch oftmals unverständlich, aber glanzvoll und nicht so sinnlos wie der G. Er warnt davor, daß es vom verfeinerten Stil zum bloßen G. nur ein kleiner Schritt sei. [11] Von P. HUET stammt die Ableitung, die später allgemein am häufigsten angegeben wurde. [12] Sie verwendet zwar als Hintergrund ebenfalls das lateinisch-französische Sprachgemisch im akademischen und gerichtlichen Bereich der damaligen Zeit, ist aber höchstwahrscheinlich reine Erfindung: «Ce mot, à mon avis, a la même naissance qu'*Aliborum*, & a été formé dans les plaidoyers qui se faisoient autrefois en Latin. Il s'agissoit d'un Cocq apartenant à une des Parties, qui s'apelloit *Matthias*: l'Avocat, à force de répéter souvent les mots de *Gallus*, & de *Matthias*, se brouilla, & au lieu de dire *Gallus Matthiae*, dit, *Galli Mathias*. Ce qui fit ainsi nommer ensuite les discours embrouillés.» (Dieses Wort hat meines Erachtens denselben Ursprung wie *Aliborum*, und es ist bei den Plädoyers gebildet worden, die ehemals in Latein stattfanden. Es handelte sich um einen Hahn [= Gallus], der einem der Kontrahenten gehörte, der *Matthias* hieß: der Advokat kam durch ständiges Wiederholen der Wörter *Gallus* und *Matthias* durcheinander und sagte *Galli Mathias*, anstatt *Gallus Matthiae* zu sagen. Was also dann verworrener Rede diesen Namen verliehen hat.) [13]

Die erste Erwähnung des Begriffs im *deutschen* Sprachraum findet sich in C. GRYPHIUS' ‹Poetischen Wäldern› von 1698. Sie geschieht in bewußtem Rückgriff auf die Literaturdebatten der Franzosen, die im Deutschland des späten 17. Jh. adaptiert wurden: «Ich weiß wol / daß viel unserer Landesleute den heutigen Welschen und Spaniern unzeitig nachaffen / und sich mit ihren nicht selten merklich abschissenden Farben ausputzen. Wenn aber die ehrlichen Leute ja nicht / wie es doch wohl seyn solte / bey den alten Grichen und Römern in die Schule gehen / und von ihnen etwas lernen möchten / so würde doch zum wenigsten gar wol gethan seyn / wenn sie die reine und zugleich hoche Schreibens=Art / derer sich die Welschen im vergangenen Jahr=hundert / und noch itzt die Franzosen bedienen / etwas mehr in acht nähmen / und vielmehr den rechten Verstand einer Sache / als zwar köstlich lautenden / aber vielmal wenig oder nichts bedeutende Worte / und den hieraus entspringenden Mischmasch / welchen man in Franckreich Gallimathias und Phoebus zu heissen pfleget / beliebten.» [14] J. C. GOTTSCHED verwendet ‹G.› im stilkritischen Sinne in seiner ‹Critischen Dichtkunst›. Im VIII. Hauptstück ‹Von verblümten Redensarten› geht er auf diese falsche «Schreibart» ein: «Mit diesem Fehler der hochtrabenden Schreibart ist das von vorerwähnten Nationen sogenannte *Galimatias*, oder *Nonsense* sehr nahe verwandt: welches nichts anders ist, als eine ungereimte und unverständliche Vermischung widereinanderlaufender verblümter Redensarten; aus welchen es zuweilen unmöglich ist, einen Verstand herauszubringen.» Er weist dabei auch auf Gryphius hin. Dem folgt eine detaillierte Aufzählung manieristischer Autoren, deren Stil man meiden sollte, wie Ariost und Marino. [15] In seinem ‹Handlexicon› wiederholt er seine Definition mit dem Zusatz: «Die schwülstigen Dichter unsrer Zeiten, die lauter Gedanken in ihre Poesie stopfen wollen, gerathen in solchen Schwulst sehr leicht, und wissen vor allem seltsam gedachten Zeuge, endlich selbst nicht mehr, was sie gedacht haben, oder sagen wollen.» [16] ‹G.› gehört hier zur Munition in Gottscheds Kampf gegen den Schwulst. In der *Literaturkritik* wird der Begriff rasch üblich und z. B. in den ‹Literaturbriefen› verwendet. [17] G. wird hier der Wohlredenheit gegenübergestellt als eine Art «negativer» Rhetorik. RAMLER benützt den Ausdruck in seiner Übersetzung der damals vielgelesenen ‹Einleitung in die schönen Wissenschaften› von BATTEUX. Im Abschnitt über die lyrische Poesie beschreibt er Malherbes klassizistischen Kampf gegen den G.: «Er wollte, daß man richtig, schicklich, deutlich reden sollte, und seine Gesetze, die Vernunft und Natur diktiert hatten, dienten den Skribenten der folgenden Zeiten zur Regel.» [18] Zusammen mit den übrigen Begriffen aus Rhetorik und Poetik findet auch ‹G.› seinen Weg in die *Kunsttheorie*. HAGEDORN merkt in seinen ‹Betrachtungen über die Mahlerey› im Kapitel über die Allegorie folgendes an: «Wie aber, wenn der Künstler, geheimnisvoll wie der Aegyptier, und sicher, wie jeder böser Mahler und Dichter, seiner Einbildungskraft den freyen Zügel, und diese uns Räthsel überlässet, welche, wie du Bos anmerkt, einen Schlüssel erfordern, den niemand suchen will? [...] Die Mahlerey, sagt jener Kunstrichter, hat ihren Unsinn (Gallimathias) wie die Dichtkunst.» Im Anschluß daran parallelisiert Hagedorn die Allegorie in der Malerei und der Redekunst und erhebt die bekannten Forderungen nach Klarheit, sachlicher Angemessenheit und Sparsamkeit im Gebrauch. [19] Ein Beispiel aus der *Musik* des 18. Jh. ist Mozarts scherzhaftes Quodlibet ‹Galimathias musicum›, das mit seiner losen Folge von achtzehn Sätzen unterschiedlicher Besetzung (vom Kammerorchester über Solocembalo bis zum Chorsatz) den Formvorstellungen der Zeit spottet. [20] Im *19. Jh.* geriet der Begriff für die Literaturtheorie rasch außer Kurs. F. PETRI führt den Begriff noch 1831 in seinem ‹Rhetorischen Wörterbüchlein› zusammen mit der Ableitung Huets auf. [21] In J. VARGHAS' ‹Vertheidigung in Strafsachen› von 1879 erscheint er ebenfalls noch einmal im Zusammenhang mit Anweisungen zur Gestaltung des Plädoyers, zusammen mit der bekannten *Gallus-Mathiae*-Ableitung. [22] Im *20. Jh.* verschwindet der Begriff praktisch völlig und ist heute nur noch von historischer Bedeutung.

Anmerkungen:
1 Satyre Menippée de la vertu du catholicon d'Espagne et de la tenue des estats de Paris. Krit. revidierter Text mit Einl. und erklärenden Anm. von J. Franck (Oppeln 1884) 103f.; zu den sachlichen Fehlern in Roses Rede vgl. Francks Anm. – **2** Zu den verschiedenen Ableitungen siehe E. Gamillscheg: Etym. Wtb. der frz. Sprache (1969) 464; ausführl. Übersicht bei: A. Nelson: G. Ett Försök till ny Tolkning, in: Strena philologica upsaliensis. FS P. Persson (Upsala 1922) 289–308; dt. Zusammenfassung Nelsons von E. Gamillscheg in: ZRPh 43 (1923) 731–733. – **3** M. de Montaigne: Essais, Bd. 1 (Paris 1962) Kap. XXV, 140. – **4** Satyre Menippée [1] 13. – **5** C. Sorel: Remarques sur les XIII. livres de Berger extravagant (Paris 1628) 444. – **6** A. Furetière: Nouvelle Allégorique ou Histoire des derniers Troubles arrivés au Royaume d'Eloquence. Hg. von E. van Ginneken (Genf/Paris 1967) 75–77. – **7** Dictionnaire de l'Académie française, Bd. 1 (Paris 1694) 509, s. v. G. – **8** A. Furetière: Dictionnaire universel, Bd. 2 (La Haye 1727; ND New York 1972) s. v. G. – **9** ebd. – **10** ebd. – **11** D. Bouhours: La manière de bien penser dans les ouvrages d'esprit. Dialogues (Paris 1687) 346, 332; vgl. auch in der ‹Table des matières› s. v. G.; vgl. E. Norden: Die antike Kunstprosa, Bd. 2 (1898) 783ff. – **12** vgl. z. B.: Dictionnaire des Dictionnaires ou vocabulaire universel et complet de la langue française [...] par une société de gens de lettres et de lexicographes, Bd. 2 (Maastricht 1838) 12 s. v. G. – **13** Nelson [2] 293; vgl. M. Ménage: Dictionnaire Etymologique de la langue française, Bd. 1 (Paris 1750) 642, s. v. G. – **14** C. Gryphius: Poetische Wälder (1698) Vorrede, fol. 4af. – **15** J. C. Gottsched: Versuch einer crit. Dichtkunst ([4]1751) 280ff. – **16** ders. (Hg.): Handlex. oder Kurzgefaßtes Wtb. der schönen Wiss. und freyen Künste (1760; ND New York 1970) Sp. 733f. – **17** F. Nicolai u. a.: Briefe die neueste Lit. betreffend (1760; ND New York 1974) VII. Teil, 125. Brief, 152; XIII. Teil (1762; ND New York 1974) 238. Brief, 335. – **18** Einl. in die schönen Wiss. Nach dem Franz. des Herrn Batteux, mit Zusätzen vermehrt von K. W. Ramler, Bd. 3 (1763) 61f.; vgl. C. Batteux: Cours de Belles-Lettres ou Principles de la Littérature. Nouvelle edition, Bd. 3 (Paris 1753) 51. – **19** C. L. von Hagedorn: Betrachtungen über die Mahlerey (1762) 460f. – **20** W. A. Mozart: Gesamtkatalog seiner Werke ‹Köchel-Verzeichnis› Neubearb. und hg. von K. F. Müller (Wien 1951) KV 32, 89f. – **21** F. E. Petri: Rhet. Wörterbüchlein (1831) s. v. G. – **22** J. Vargha: Die Vertheidigung in Strafsachen. Hist. und Dogmatisch dargestellt (Wien 1879) 674.

B. Hambsch

→ Barock → Manierismus → Marinismus → Obscuritas → Ordo → Scholastik → Schwulst → Stilbruch

Gattungslehre
1. Poetik. A. Def. – B. I. Antike – II. Mittelalter. – III. Renaissance, Barock. – IV. 18. und 19. Jh. – V. 20. Jh. – 2. Kommunikationswissenschaften.

1. *Poetik.* **A.** Eine rhetorische und poetische Diskussion des philosophisch-erkenntnistheoretisch begründeten Klassifikationsbegriffs ‹Gattung›, mit dessen Hilfe poetische Formen unterschieden und Texte unter dem Kriterium gemeinsamer Merkmale hinsichtlich produktions- und wirkungsästhetischer Aspekte einander zugeordnet werden, beginnt bereits in der Antike. Poetische und gebrauchstextbezogene Gattungstheorie wird bis ins 18. Jh. vor allem in der Rhetorik erörtert, zudem in Poetik, *ars poetica*, Philosophie und Ästhetik. Einflußreich ist insbesondere die bis in die Moderne rezipierte Poetik des ARISTOTELES. Dessen Unterscheidungsmodell grundlegender poetischer Formen wird unter wechselnden Differenzierungen, Klassifizierungen und Hierarchisierungen tradiert.

Die vor allem in der Spätantike rhetorisierten Inhalte der G. werden im Mittelalter noch in den Kontext der Grammatik eingebunden und hauptsächlich in den mittellateinischen Grammatiken untergebracht. Die sogenannten Grundgattungen entfalten sich bereits hier zu einem ausgedehnten und subklassifizierten Spektrum (poetische, homiletische, Brief- und Urkundengattungen). Die mittelalterliche G. basiert in erster Linie auf der Fortführung antiker Ansätze. Zum Problem werden die oft als leere Terminologie tradierten antiken Gattungsbegriffe und die historische Diskrepanz zwischen Theorie und Praxis.

Kommentierenden Charakter hinsichtlich eines als Musterkanon interpretierten antiken Dichtungskorpus haben die Renaissance- und Barockpoetiken. Insbesondere die bereits im Mittelalter erfolgte ständische Umdeutung der *genera orationis* und *genera dicendi* bezeugt den normativen Anspruch der G., gekoppelt an das Bild einer statischen, ständisch gegliederten Gesellschaft. Als zunehmend unvereinbar erweisen sich die tradierten, normativ verstandenen Gattungsbegriffe und eine dynamische literarische Praxis, die sich nicht zuletzt durch neue Formen oder Mischformen jeder Einordnung widersetzt.

Im Laufe des 18. Jh. löst sich die gattungstheoretische Diskussion aus dem rhetorischen Kontext, insbesondere zugunsten ästhetischer und philosophisch-spekulativer Erörterungen. Der dem Gattungsbegriff zugrundeliegende Aspekt des Generellen wird im Zuge der Genieästhetik problematisch, die mit regelpoetischen Grundlagen unvereinbar ist. Zwei wichtige Tendenzen bestimmen in der Folgezeit die G.: die Suche nach außerliterarischen Begründungskategorien und die ‹Geschichte› der Gattungen. Die in den Regelpoetiken nach unzusammenhängenden Kriterien vorgenommenen Klassifizierungen werden auf drei Grundformen, das Epische, Lyrische und Dramatische reduziert. Als solche fließen sie auch in die positivistisch begründete Literaturwissenschaft ein.

Im 20. Jh. gibt es eine Fülle unterschiedlicher Ansätze zur Bestimmung literarischer Gattungen, die sich auch dem Spektrum der von Voßkamp beschriebenen «zwei Hauptrichtungen» zuordnen lassen: «Die eine geht von normativen, geschichtsphilosophischen oder anthropologischen Prinzipien aus; die andere hebt den kommunikativen und historischen Charakter literarischer Gattungen hervor.» [1] Entgegen der weitgehenden Bezugnahme auf ein triadisches Modell akzentuieren kommunikativ begründete Gattungstheorien die historische Qualität von Gattungen bezüglich «soziokultureller Konventionen». [2] Der in der linguistisch orientierten Semiologie zum Diskurstyp reduzierte Gattungsbegriff wird als generell offener verstanden. Der herkömmliche Gattungsbegriff erweist sich in diesem Kontext als unbrauchbar. In textlinguistischem Horizont taucht die Frage nach ‹Textsorten› bzw. ‹Textklassen› auf. Die Ansätze sind hauptsächlich kommunikationstheoretisch fundiert, aber auch didaktische Aspekte spielen eine Rolle.

Anmerkungen:
1 W. Voßkamp: Gattungen, in: H. Brackert, J. Stückrath (Hg.): Literaturwiss., Ein Grundkurs (1992) 253. – **2** ebd.

B. I. *Antike.* Ansätze einer G. lassen sich bereits in PLATONS Dialog ‹Der Staat› finden. [1] Seine Einteilung der Dichtkunst erfolgt allerdings nicht aus Interesse an einer Gattungssystematisierung, sondern aus Zensurgründen. Die Poesie, der Mythologie gleichgesetzt, ist den Bereichen Politik und Moral untergeordnet. [2] Im Vordergrund steht die Formulierung rigoroser ethischer Kriterien. Platon unterscheidet nach dem Redekriterium die Nachahmung als direkte Rede (Tragödie und Komödie), die Erzählung durch den Dichter (insbesondere Dithyrambos) und ein ‹genus mixtum› (insbesondere das Epos), eine Mischung der ersten beiden Kategorien. Die genannte Dreiteilung unterliegt einer deutlichen Wertung, die sich aus den gesellschaftspolitischen Idealen Platons und dem spezifischen Mimesisverständnis ergibt: Seine Dichtungsauffassung – eingebettet in die Ideenlehre – räumt der Mimesis als Reproduktion, nicht zuletzt von Affekten, einen untergeordneten Status ein. [3] Folglich werden die mimetischen Gattungen (die dramatische und das genus mixtum) zugunsten «gesinnungsertüchtigende[r] Zweckpoesie» [4] abgewertet.

Diese rein formale, äußerliche Klassifizierung der Gattungen wird von ARISTOTELES lediglich als eines von drei vorgeführten Einteilungskonzepten übernommen und spielt in seiner Poetik eine marginale Rolle. Die fragmentarische Schrift [5], im wesentlichen als G. angelegt, ist von philosphisch-analytischem Interesse geprägt und hauptsächlich rezeptionsästhetisch ausgerichtet. Sie läßt sich als Teil praktischer Philsophie betrachten [6] und zeigt politische und ethische Bezüge. Eine wichtige Basis dieser Schrift bildet andererseits empirisches Material. Auffällig ist das Nebeneinander von deskriptivem und präskriptivem Vorgehen. Nicht unerheblich ist für die gattungspoetologischen Überlegungen des Aristoteles der Entelechie-Gedanke, als dessen logische Konsequenz die normativen Forderungen gesehen werden können. [7] Der eigentlichen Behandlung der Gattungen sind systematische und anthropologisch-entwicklungstheoretische Grundlegungen vorangestellt. Dichtung ist nach aristotelischem Verständnis allererst μίμησις (mímēsis, Nachahmung). Diese soll als zwischen Realität und Kunstwerk wirkendes Prinzip den Dreh- und Angelpunkt der Gattungsdifferenzierung bilden, die sich als Trichotomie präsentiert (Tragödie, Komödie, Epos). Die offenbar in einem zweiten Buch dargelegte Theorie der Komödie gilt als verschollen. Die erhaltene Schrift widmet sich der Abgrenzung der Tragödie vom Epos. Aristoteles führt hinsichtlich der Mimesis drei Differenzierungskriterien vor: die Darstellungsmittel, die Gegenstände und die Darstellungsart (Redekriterium). [8] Die Darstellung geschieht ἐν ῥυθμῷ χαὶ λόγῳ χαὶ ἁρμονίᾳ (mit Hilfe des Rhythmus und der Sprache und der Melodie). [9] Die genannten Elemente können entweder einzeln oder kombiniert erscheinen. Zur ποίησις (poíēsis,

Dichtkunst) zählt Aristoteles nur, was sich auf das menschliche Handeln (πρᾶξις, práxis), den zentralen Gegenstand seines Mimesisverständnisses, bezieht. Das ist zugleich ein Einwand gegen die Auffassung, Dichtung sei an den Vers (das Metrische) gebunden, und gegen die Zuordnung naturwissenschaftlicher Themenbereiche zum Lehrgedicht. Die Handlungskategorie wird noch einmal im Hinblick auf ethische Kriterien für eine Gattungsdifferenzierung fruchtbar gemacht. Aus der Alternative von guten und schlechten Handlungen leitet Aristoteles drei Darstellungsmöglichkeiten ab: idealisierend, karikierend und porträtierend. [10] Das wird zum Unterscheidungskriterium der dramatischen Gattungen: Die Tragödie ahmt, gemessen an der empirischen Realität, bessere, die Komödie schlechtere Menschen nach. [11] Als Möglichkeiten der Darstellungsart nennt Aristoteles den Bericht (Erzählung) und die unmittelbare Darstellung des Geschehens (Schauspiel). Das Gattungsspektrum ist hier ausschließlich auf die Dichtung bezogen, während die ersten beiden Unterscheidungskriterien der Mimesis auch für Musik und Tanz gelten. Weitere Unterscheidungen (von Epos und Tragödie) betreffen formale Aspekte, den Umfang des Handlungsgefüges, das Versmaß (μέτρον, métron) und die Komposition der Handlung (μῦθος, mýthos). [12] Außerdem werden die Gattungen nach jeweils spezifischen Wirkungsqualitäten differenziert. Das geht insbesondere aus den Ausführungen über die Tragödie hervor. Dort rückt neben die drei Varianten der Mimesis die Zweiteilung in einen quantitativen Formbegriff und den qualitativ bewerteten Inhalt (οὐσία, ousía, Wesen). [13] Die drei mimetischen Kategorien sind inhaltlich bestimmt. Das Generische scheint allererst durch die quantitativen Momente der Abgeschlossenheit und der Ganzheit gewährleistet zu sein. [14] Der Einfluß der Form auf den Inhalt ist wirkungsästhetisch begründet. Die Entscheidung über die Gattungszugehörigkeit dieser Aspekte steht in einem anthropologisch-entwicklungstheoretischen Rahmen. Die Annahme einer natürlichen Basis von ursprünglichen Zusammenhängen fordert die Organisation der eingesetzten Mittel nach Maßgabe des πρέπον, prépon *(aptum, decorum)*. Die aristotelische Vorstellung von sich selbst verwirklichenden Gattungsbegriffen zeigt die Kategorie der Geschichtlichkeit als naturgesetzlichen Prozeß.

Im Unterschied zur philosophisch-analytischen Ausrichtung der aristotelischen Poetik ist die ‹Epistula ad Pisones› des HORAZ, seit Quintilian als ‹Ars Poetica› bekannt, auf «munus et officium» (Aufgabe und Pflicht) des Dichter konzentriert [15], d. h. als praktische Anweisung zu verstehen, wenngleich sie kein systematisches Handbuch darstellt. An die Stelle aristotelischer Strukturanalysen treten jetzt stilistische und ethologische Aspekte, die den deutlichen Einfluß der Rhetorik sichtbar machen. [16] Die *imitatio* ist, im Unterschied zur aristotelischen mímēsis, nicht nur als Nachahmung einer als vorbildlich verstandenen Wirklichkeit interpretiert, sondern als Orientierung an literarischen Mustern: «vos exemplaria Graeca/nocturna versate manu, versate diurna» (Rollt nur die griechischen Muster auf mit fleißiger Hand bei Nacht und bei Tage!). [17] Die literarischen Gattungen erhalten damit einen normativen Wert. Im Mittelpunkt der ‹Ars Poetica› steht jedoch weniger die literarische Gattung, als vielmehr ein «Literaturprogramm, das auf ein bestimmtes Kunstideal verpflichten will». [18] Mimetische Aspekte der jeweiligen Gattungen fallen heraus. Das Redekriterium erscheint nicht mehr, Gegenstand und Mittel der Darstellung sind zum Stilkriterium verknüpft. Die äußere Form erhält maßgebliche Bedeutung hinsichtlich der von Horaz in Augenschein genommenen Herstellung eines vollkommenen Kunstwerks. Die Angemessenheit *(prépon; aptum, decorum)* ist zur beherrschenden Kategorie geworden und zeigt damit den engen Zusammenhang von Poetik und Rhetorik, insbesondere den Einfluß von Ciceros ‹De Oratore› auf die ‹Ars Poetica›. Das *decorum* «reguliert nicht mehr das Verständnis von Charakter und Rollentyp, sondern das Verhältnis von Vers und Stil auf der einen sowie von poetischer Gattung, Affekt, Charaktertyp und Situation auf der anderen Seite» [19], nicht zuletzt im Hinblick auf die beabsichtigte Wirkung: «aut prodesse [...] aut delectare» (zu nützen und zu erfreuen). [20] Die literarische Gattung ist durch die Zusammengehörigkeit bestimmter Stoffe *(res)* und deren sprachlicher Realisierung *(verba, color, versus)* bestimmt, und zwar nach der Angemessenheit zwischen Gattung, Vers und Stilart. Die Gattungen werden von Horaz nach jeweils entsprechenden Versmaßen qualifiziert und den Versmaßen selbst wiederum genaue Vorschriften zugeordnet. [21] Die Aufgabe des Dichters ist an folgendem Satz ablesbar: «descriptas servare vices operumque colores/ cur ego si nequeo ignoroque poeta salutor?» (Wenn ich die festgelegten Unterschiede und den Stil einer Gattung nicht zu beachten vermag und nicht kenne, was laß ich als Dichter mich grüßen?) [22], denn: «singula quaeque locum teneant sortita decentem» (jedes einzelne behaupte den ihm gemäßen Platz). [23] Das Gebot des *decorum* soll dementsprechend die Verknüpfung von komischem Inhalt und Tragödienvers (und umgekehrt) verhindern. [24] Allerdings ist Originalität in der Musternachahmung von Horaz durchaus empfohlen und die dichterische Tätigkeit als Komplex aus *ars* und *ingenium* (Begabung) bewertet. Durch den Einfluß der Rhetorik tritt neben die quantitativ interpretierte Form die qualitative, indem über das Maß des *decorum* hinaus ein Spielraum gelassen wird.

Die formale Klassifikation der Gattungen geschieht in einer unsystematischen Aneinanderreihung. Der relativ umfangreiche Abschnitt über die Tragödie widmet sich hauptsächlich technischen und dramaturgischen Aspekten, der folgende Abschnitt über das Satyrspiel betrifft die Problematisierung der gemischten Gattung. [25] Die Rangordnung der Gattungen ist nach Maßgabe der *genera dicendi* vorgenommen. In dem Sinne ordnet Horaz das Satyrspiel zwischen zwei Extremen an, der Tragödie und der Komödie. [26] Das *decorum* ist sowohl, darauf verweist Fuhrmann, mit werkimmanenten Kriterien belegt, als auch eine «von außen an das Werk gelegte Norm» [27]: «offenduntur enim, quibus est equus et pater et res» (da nehmen Anstoß, die Pferd, Vater und Reichtum besitzen). [28]

Der Rekurs auf jene «exemplaria Graeca» tritt in QUINTILIANS ‹Institutio oratoria› [29] noch deutlicher hervor als bei Horaz: «Der Abstand zu den griechischen Mustern ist hier noch größer, ihre Wertgeltung noch unbedingter, ihre Deskription noch schematischer geworden, was allerdings auch mit dem Charakter der "Institutio" als eines Kompendiums der Rhetorik und der rhetorischen Pädagogik zusammenhängt.» [30] Die ‹Institutio oratoria› steht zwar in der Tradition rhetorischer Handbücher zur Rednerausbildung, ist insbesondere durch Cicero beeinflußt, erweitert aber die Lehren zu einer allgemeinen Theorie der Kunstprosa. [31] Ein deutliches Interesse an Stilfragen und die Bewertung der

Gattungen nach Maßgabe der *eloquentia* bezeugen den rhetorischen Status der Poetik. Die Lektüre eines normativen Regelkanons empfiehlt Quintilian als Schulung der Urteilsfähigkeit. Sie soll zudem Orientierungshilfen bereitstellen, und zwar im Sinne eines pädagogischen Interesses, das im idealen Redner den «Idealmenschen» [32] verkörpert sieht. Der nach Dichtungs- und Prosagattungen unterteilte Überblick über die griechische und lateinische Literatur ist als Anweisung zur Rednerschulung zu verstehen. Dichtung ist auch hier die *imitatio* vorbildhafter Muster. [33] In seinem Exempelkatalog ordnet Quintilian jeweils den griechischen Mustern die entsprechenden lateinischen Gattungen zu, die nach ihrem stilistischen Wert in eine Rangordnung gesetzt sind. [34] Auch grundlegende Prinzipien der *imitatio* werden erläutert, so ist etwa die Aufforderung gegeben, sich in der literarischen Praxis an den Gattungsgrenzen zu orientieren. [35] Gattungen aktualisieren sich somit als Reproduktionen feststehender Muster.

DIOMEDES stellt in seiner ‹Ars grammatica› Rhetorik und Poetik auf der Grundlage der Grammatik vor, die Poetik selbst erscheint wiederum im Zusammenhang mit der Metrik. Die Rolle des Dichters steht im Mittelpunkt der dort präsentierten umfangreichen Einteilung der Gattungen nach den drei platonisch-aristotelischen Darstellungsarten. Jene drei «poematos genera» [36] wurden insbesondere im Mittelalter übernommen. [37] Die Dichtkunst selbst definiert Diomedes nach folgenden drei Kriterien: entscheidend ist ihr metrischer Bau, sie ist als *narratio* verstanden und unterliegt dem horazischen ‹prodesse et delectare›. Die drei «poematos genera» sind offensichtlich in der Spätantike zu einem groben Raster geworden, in das sehr disparate Gegenstände eingepaßt wurden, auch Gattungen, die Platon und Aristoteles unbekannt sein mußten (Bukolik, didaktische Dichtung). [38] So ist etwa dem ‹genus narrativum› gnomische, historische und didaktische Dichtung zugeordnet, im ‹genus mixtum› vereint Diomedes Elegie, Idylle, Satire und Epos. Die ‹Ars grammatica› ist, wie auch andere spätrömische Grammatiken, im Grunde als Zusammenstellung und Ausarbeitung unterschiedlicher älterer Quellen zu verstehen. Das erklärt das verwirrende Nebeneinander verschiedener Einteilungsschemata. [39] Diomedes widerspricht in der Erläuterung einzelner Gattungen dem zugrundeliegenden Schema. [40] Er unterscheidet außerdem vier Stilkategorien [41] und fügt ein Sechsermodell ein: «heroica, comica, tragica, melica, satyrica, dithyrambica». [42]

Anmerkungen:
1 Platon: Der Staat, übers. von R. Rufener (1991). – **2** vgl. I. Behrens: Die Lehre von der Einteilung der Dichtkunst (1940) 9; M. Fuhrmann: Dichtungstheorie der Antike (1992) 71, 75. – **3** Platon [1] V. 395–396. – **4** Fuhrmann [2] 92. – **5** Arist. Poet., griech./deutsch, übers. und hg. von M. Fuhrmann (1982). – **6** vgl. Fuhrmann [2] 10. – **7** ebd. 13. – **8** Arist. Poet. 1 (5). – **9** ebd. – **10** ebd. 2 (7). – **11** ebd. 2 (9). – **12** ebd. 18 (57ff.). – **13** ebd. 6 (19ff.). – **14** ebd. 7 (25). – **15** Q. H. Flaccus: Ars poetica. Die Dichtkunst. Lat.-dt., übers. und hg. von E. Schäfer (1972) V. 306. – **16** vgl. dazu Fuhrmann [2] 153. – **17** Horaz, Ars poetica V. 317–318 und 268; vgl. R. Mc Keon: Literary Criticism and the Concept of Imitation in Antiquity, in: Modern Philology 34 (1936) 26–33. – **18** E. Schäfer: Nachwort zu Horaz, Ars poetica [15] 61. – **19** Fuhrmann [2] 132. – **20** Horaz [17] V. 333. – **21** ebd. V. 73–85 und V. 251–262. – **22** ebd. V. 86 und 87, übers. von E. Schäfer. – **23** ebd. V. 92, übers. von Schäfer. – **24** ebd. V. 89 und 90f. – **25** ebd. V. 179–250. – **26** ebd., insbes. V. 225ff. – **27** Fuhrmann [2] 137. – **28** Horaz V. 248, übers. von Schäfer. – **29** Quintilian: Institutio oratoria, hg. von L. Rademacher, 2 Bde. (1907/1935). – **30** G. Willems: Das Konzept der lit. Gattung (1981) 253. – **31** vgl. Fuhrmann [2] 71; allgemein dazu G. Ueding, B. Steinbrink: Grundriß der Rhet. (1986) 41ff. – **32** Ueding, Steinbrink [31] 55. – **33** Quint. X, 2, 1–3. – **34** ebd. I, 37ff. und 85ff. – **35** ebd. II, 22. – **36** Diomedes: Ars grammatica, in: H. Keil (Hg.): Grammatici Latini, Bd. 1 (1857 bzw. 1961) 482. – **37** P. Klopsch: Einf. in die Dichtungslehren des lat. MA (1980) 44f. – **38** vgl. E. R. Curtius: Europ. Lit. und lat. MA (^{5}1965) 439. – **39** ebd. 437; vgl. auch Behrens [2] 25ff. – **40** ebd. **41** Diomedes 483. – **42** ebd. 502.

Literaturhinweise:
J. W. H. Atkins: Literary Criticism in Antiquity, 2 Bde. (Cambridge 1934). – E.-R. Schwinge: Zur Kunsttheorie des Horaz, in: Philologica 107 (1963), 75–96. – M. L. Clarke: Die Rhet. bei den Römern (1968). – K. Heldmann: Dekadenz und lit. Fortschritt bei Quintilian und bei Tacitus, in: Poetica 12 (1980), 1–23. – D. A. Russel: Criticism in Antiquity (Berkeley/Los Angeles 1981). – W. Söffing: Deskriptive und normative Rhet. in der Poetik des Aristoteles (Amsterdam 1985). – G. F. Else: Plato and Aristotle on Poetry (Chapel Hill/London 1986). – St. Halliwell: Aristotle's Poetics (London 1986). – B. Kytzler: Musa dedit. Zur Relativierung des Gattungsbegriffs in der klass. Antike, in: E. Lämmert, D. Scheunemann (Hg.): Regelkram und Grenzgänge. Von poet. Gattungen (1988) 15–25.

II. Das *Mittelalter* ist hinsichtlich der G. eine Epoche von Umdeutungen, Verfälschungen, Widersprüchen und Mißverständnissen. Die G. bezieht sich jetzt auf die Rezeption und Fortführung antiker Ansätze. Stellt I. Behrens noch eine gewisse Hilflosigkeit mittelalterlicher Poetiken gegenüber den abgeschriebenen und zusammengetragenen antiken Gattungsnamen fest, so äußert Klopsch bereits, daß «eine Gattungspoetik, die sich an der antiken oder gar der eigenen Wirklichkeit» orientiert, nicht existiert. [1] So scheint das wesentliche Kennzeichen der mittalterlichen G. die Anwendung leerer Terminologie, «Entfremdung der Begriffe [...] von dem, was mit ihnen, in ihnen begriffen werden soll» zu sein. [2] Das liegt einerseits an einer bereits in der Spätantike deutlich geschichtlichen Diskrepanz zwischen Theorie und Praxis, die sich noch durch die aufkommende volkssprachliche literarische Praxis verschärft, andererseits an der im Vergleich zu poetologischen Schriften mangelhaften, lückenhaften Überlieferung der antiken Dichtung. Klopsch zufolge wurden bis ins 12. Jh. antike poetologische Schriften ungeordnet und unsystematisch verwendet. [3] Neben der historischen Distanz der tradierten G. zur antiken literarischen Praxis und der verwirrenden Vielfalt unterschiedlicher Überlieferungen steht die weitgehende Ausblendung zeitgenössischer Literatur. Ein gattungspoetisches Interesse verzeichnen eigentlich nur die Schriften der mittellateinischen Grammatiker. [4] Der Einfluß lateinischer Theorie auf die volkssprachliche Dichtung ist jedoch nach Ansicht von Kuhn und Haupt häufig überschätzt worden. [5] Die Poetiken sind zwar ausschließlich auf die lateinische Dichtung bezogen, dennoch lassen sich vielfältige intertextuelle Bezüge sicherlich nicht leugnen. Auf das komplexe Verhältnis zwischen lateinischen Lehrwerken und literarischer Praxis haben insbesondere Jauß und Klopsch hingewiesen. [6] Die tradierte G. steht einer zunehmenden Dynamik der Literaturproduktion gegenüber, die auch ein breites Spektrum neuer Formen mit sich bringt. U. Störmer behauptet, man könne nach bisherigen Kenntnissen davon ausgehen, daß keine gattungstheoretische Schrift den spezifisch mittelalterlichen Literaturbegriff in seiner Komplexität repräsentiere. [7] Auch das Spektrum der Wissensliteratur zählt ja dazu.

Gerade die spätmittelalterliche «Literatursituation» ist Störmer zufolge nicht ohne Einbeziehung der Gebrauchsliteratur zu beschreiben. [8] Die seit der Spätantike immer mehr in die Rhetorik integrierte Poetik nimmt im Mittelalter lediglich als Teil der *ars rhetorica* einen Platz im Lehrsystem der *artes liberales* ein und gehört theoretisch auch zur Grammatik. [9] Neben den Grammatiken, Rhetoriken und poetologischen Schriften oder Teilen spiegeln auch die Lehrschriften der *ars dictaminis* und der *ars praedicandi* den präskriptiven Rahmen der Textproduktion, der in der Analyse von Vorbildern der *auctores* wurzelt. Präskriptive Hinweise zu den Gattungen selbst stehen im Kontext der Lehrwerke in unüberschaubarer Vielfalt nebeneinander. So wird unter dem lateinischen Begriff ‹*genus*› sowohl die Einteilung nach Arten der Rede, Stillage, Darbietungsform und nach Gegenständen verstanden. [10]

Die Poetik des Aristoteles wird in verfälschenden Kommentaren (Averroes) und Übersetzungen [11] überliefert und ist weitgehend unbekannt. Das wichtigste Einteilungssystem stellt das platonisch-aristotelische der Darbietungsform dar, das nur noch indirekt, über die Rezeption der ‹Ars grammatica› des Diomedes, tradiert wird. Einflußreich ist außerdem die zum Schulbuch avancierende ‹Ars poetica› des Horaz, insbesondere gilt das für die Betrachtung poetischer Texte im Sinne des ‹*delectare*› und ‹*prodesse*›. Die ‹Ars poetica› ist bis ins 12. Jh. als einzige explizit poetologische Schrift bekannt und wird – daran läßt sich eine bedeutende Zäsur innerhalb der mittelalterlichen Literaturtheorie ablesen – auch als ‹Poetria vetus› oder ‹Antiqua poetria› im Gegensatz zur ‹Poetria nova› GALFREDS VON VINOSALVO bezeichnet. [12] Diese ‹Poetria nova› ist die Folge eines Streites zwischen den *artes* und den *auctores* und steht für ein Dichtungsverständnis, das nicht mehr die Erneuerung der antiken *auctores* nach christlicher Ethik betont, sondern den formal-rhetorischen Aspekt. [13] Jener Erneuerungsgedanke im Sinne christlicher Ethik steht im Kontext der typologischen Geschichtsauffassung und läßt sich Rötzer zufolge in einer doppelten Argumentationsperspektive bemessen: «Anerkennung der rhetorisch-poetischen Überlegenheit der heidnisch-antiken Bildung und ausschließender Wahrheitsanspruch der neuen [christlichen] Lehre». [14] Das führt zu einem Spannungsfeld von Form und Inhalt: «der Inhalt hat absoluten Vorrang gegenüber der Form.» [15] Rhetorik und christliche Lehre befinden sich somit in einem höchst widersprüchlichen Verhältnis. Haug vertritt die These, der Aufbruch typologischen Denkens trage die entscheidende Bewegung in die Gattungsentwicklung im Laufe des Mittelalters. [16] Ein «sich ausbildendes Geschichtsbewußtsein» [17] schlägt sich nicht zuletzt in Phänomenen der Innovation und Variation in der Literaturproduktion nieder. [18] Die mittelalterliche G. stellt sich ingesamt als ein Spektrum unterschiedlicher Ansätze dar, das sich in einem Spannungsfeld zwischen der Tradierung der an antiken Mustern entwickelten Gattungsbegriffe und der Anleitung zur Textproduktion selbst befindet. Einerseits werden z. B. die Tragödie und die Komödie am antiken Muster erklärt und überliefert, obwohl deren Eigenart längst nicht mehr bekannt ist, die Aufführungspraxis fehlt und sie zudem nicht unbedingt dem *genus dramaticum* zugeordnet sind, sondern häufig als Vers- oder Prosaerzählungen rezipiert werden. [19] Andererseits ergibt sich das Problem der Verbindung tradierter Gattungsbegriffe mit den Schwerpunkten zeitgenössischer literarischer Produktion (Gebrauchsliteratur, wissenschaftliche Literatur, Lyrik, erzählende Dichtung). Störmer bemerkt dazu: «In der Erbauungs- und Fachliteratur, der Historiographie, der Predigt sowie in den Schriften, die zum großen Kreis volkssprachlicher Scholastikrezeption gehörten, hatte die Prosa ihre eigene, nämlich lateinische, ebenso artifiziell ausgestattete Tradition.» [20] Sie vermutet, daß dieses Faktum so selbstverständlich sei, daß jener Bereich nicht im poetischen Kontext der Gattungsdiskussionen stehe, obwohl «eine Abgrenzung der im modernen Sinne künstlerischen Literatur» nicht bekannt sei.

Das Spektrum verwendeter Einteilungsschemata, ein vielfältiges Nebeneinander, ist das Resultat einer weitgehend unsystematischen und auch assoziativ verfahrenden Rezeption. Im Hinblick darauf erwähnt U. Kindermann die «de - facto - Gattungseinteilung mittelalterlicher Literatur in den Handschriften». [21] Neben den oben erwähnten Einflüssen der antiken poetischen Schriften ist ebenfalls noch die Bedeutung rhetorischer Lehrschriften, ‹Rhetorica ad Herennium› und Ciceros ‹De inventione›, bezüglich der Differenzierung nach dem Fiktionalitätsgrad zu nennen. Die rhetorische Einteilung der *genera narrationis* in *fabula*, *historia* und *argumentum* (Herennius-Rhetorik) wurde zur Gleichsetzung mit anderen Gattungen genutzt. So verknüpft Klopsch zufolge ISIDOR VON SEVILLA bereits *fabula* mit der Tierfabel und *historia* mit den in der Geschichtsschreibung ausgeprägten Gattungen. [22] Das diomedische Einteilungssystem nach der Darbietungsform ist wesentlich über Isidor von Sevilla verbreitet worden. Symptomatisch für sein kompilatorisches Verfahren sind Unklarheiten und Begriffsverwirrungen, die insgesamt die mittelalterliche G. beeinflußt haben. Das betrifft etwa die Vorstellung, die Tragödien- und Komödiendichter hätten ihre Werke selbst, mit pantomimischer Begleitung, vorgetragen. [23] Aufgrund von Mißverständnissen bei der Horaz-Lektüre gelangt außerdem die Satire als Form der Komödie in den Kontext der dramatischen Gattungen und nimmt die Position des Satyrspiels der altgriechischen Dreiteilung ein. [24] Satire und Komödie sind nach Maßgabe der Intention unterschieden, d. h. es werden verschiedene Einteilungsschemata nebeneinander benutzt. [25] Die von Diomedes überlieferte platonisch-aristotelische Unterscheidungsweise nach dem Redekriterium wird im Hinblick auf ‹characteres› interessant, eine Akzentverschiebung, die bereits deutlich den Widerspruch zwischen Anerkennung und Anwendung bzw. Anwendbarkeit der tradierten antiken Einteilungsschemata zeigt.

Auf die G. bezogene Aussagen sind nicht ausschließlich als Anhang der Grammatik und Rhetorik zu finden, sondern beispielsweise auch der Philosophie, als deren Begleiterinnen die vier poetischen Gattungen ‹tragoedia›, ‹satira›, ‹comoedia› und ‹elegia› in der ältesten erhaltenen Lehrschrift, der ‹Ars versificatoria› des MATTHAEUS VON VENDÔME, auftreten. [26] Die G. steht jetzt im Kontext eines neuen Selbstbewußtseins, einer Verselbständigung der Poetik, die die Aufgaben der *moderni* in der Verbesserung der von den *antiqui*, den antiken Dichtern, verfaßten Texte sieht. In der neuen Ausrichtung der Poetik nimmt die mittelalterliche Rezeption und Ausarbeitung der *genera dicendi* einen wichtigen Platz ein. Waren die Unterscheidungskriterien der antiken Tradition formal im Hinblick auf bestimmte Redeabsichten konzipiert (mit dem dazugehörigen *ornatus*), so werden sie im Mittelalter zu stili in ihrer ständischen Umdeutung, nachdem sie zunächst auf die drei

Werke Vergils bezogen waren *(Rota Vergiliana)*. [27] JOHANNES VON GARLANDIA ordnet mit der Vorstellung einer ständisch gegliederten Gesellschaft in seiner ‹Poetria› den drei Stilen drei Stände zu [28], so daß sich «Standeslehre, Stiltheorie und Gattungseinteilung» [29] verbinden. Abgesehen von der Zuordnung zu den Werken Vergils – und somit zu drei Gattungen – nennt er auch Stilvorschriften für die Tragödie und die Komödie, die außerdem durch den Verlauf der Handlung gekennzeichnet werden. [30] Die ‹Poetria›, eine Synthese aus *artes dictaminis* und *artes poeticae*, ist als Ordnungsentwurf der überlieferten und zeitgenössischen Terminologie zu verstehen. Ausgangspunkt der Gattungseinteilung nach der Darbietungsform ist der Oberbegriff der *narratio* (im prosaischen und poetischen Sinne). Zugleich ist die ‹Poetria› ein Versuch, verschiedene Einteilungsprinzipien zu verknüpfen, ohne jedoch ein geschlossenes System zu präsentieren: die Darbietungsform, die sprachliche Form *(prosa* und *metrum)*, Fiktionalitätsgrad der *narratio (fabula, historia, argumentum)* und jeweils ausgedrückte Gefühle *(tragica, comica, satyrica* und *mimica)*. [31] Zur dramatischen Gattung werden weder Tragödie noch Komödie gezählt. Sie sind ‹historia› und ‹argumentum› zugeordnet, also narrativen Gattungen. Das Nebeneinander unterschiedlicher Differenzierungsschemata belegt Störmer zufolge ein Bewußtsein, daß die zeitgenössische literarische Produktion nicht hinreichend mit der tradierten G. zu beschreiben ist. Das aristotelische Mimesisverständnis wird nur implizit überliefert und ist demzufolge nicht mehr als Unterscheidungskriterium für fiktionale und nicht-fiktionale Literatur wirksam. [32] Die Reihung unterschiedlicher Genera, die als symptomatisch für die gattungspoetologische Reflexion angesehen werden kann, ist als Krisenzeichen nur verdeckt, wenn als verbindendes Kriterium formale Aspekte (insbesondere der Vers) eingesetzt sind. Die vorläufig noch kaschierte Unvereinbarkeit von antiker G. und zeitgenössischer literarischer Praxis verschärft sich mit der Emanzipation nationalsprachlicher Poesie und Prosa. Erste Anzeichen erscheinen etwa in DANTES gattungspoetologischen Überlegungen in ‹De vulgari eloquentia›. [33] Sie setzen insofern einen bedeutenden Akzent, als jetzt der Versuch unternommen wird, das tradierte Modell der antiken Rhetorik auf die volkssprachliche Dichtung zu übertragen, wenn auch das Themen- und das Formenspektrum eingeschränkt werden. [34] Im Mittelpunkt steht die Aufforderung zu wetteifernder Nachahmung der antiken und mittelalterlichen lateinischen Vorbilder. Jene *exempla* sollen als Übungsmodelle für einen ausgefeilten Sprachstil dienen und dessen Konzeptionen analog für die nationalsprachliche Poesie und Prosa entwickelt werden. [35] Auch Dantes Terminologie zeigt noch die begrifflichen Verwirrungen der mittelalterlichen Antikerezeption, wenn etwa ‹tragisch›, ‹komisch› und ‹elegisch› als drei Sprachstile angegeben werden, die allerdings unterschiedlich, sprachformal (tragisch, komisch) und thematisch (elegisch) begründet sind. [36]

1 I. Behrens: Die Lehre von der Einteilung der Dichtkunst (1940) 33; P. Klopsch: Einf. in die Dichtungslehren des lat. MA (1980) 57ff. – **2** P. Szondi: Poetik und Geschichtsphilos. II (1974) 28. – **3** Klopsch [1] 47. – **4** vgl. Art. ‹Dichtungsarten›, in: P. Dinzelbacher (Hg.): Sachwtb. der Mediävistik (1992) 175. – **5** vgl. H. Kuhn: Gattungsprobleme der mhd. Lit. (1956) 8; B. Haupt (Hg.): Zum mittelalterl. Literaturbegriff (1985) 12. – **6** vgl. H.R. Jauß: Theorie der Gattungen und Lit. des MA., in: Grundriß der mittelalterl. germ. Lit. des MA (1972) 125–128; Klopsch [1] 57ff. – **7** vgl. U. Störmer: Grammatik, Rhet. und Exegese als Quellen gattungstheoret. Reflexion im MA, in: Zs für Germanistik Leipzig 11 (1990) 143. – **8** ebd. 133. – **9** Zu den artes liberales im MA: C.S. Baldwin: Medieval Rhetoric and Poetic (New York 1928); zur ars poetica: E.R. Curtius: Europ. Lit. und lat. MA (⁵1965) 49ff. oder ders.: Dichtung und Rhet. im MA., in: DVjs 16 (1938) 438. – **10** vgl. Jauß [6] 125ff. – **11** vgl. u.a. Klopsch [1] 40f. – **12** vgl. ebd., 41. – **13** Ausführl. etwa bei E. Norden: Die antike Kunstprosa vom VI. Jh. vor Chr. bis in die Zeit der Renaissance, Bd. II (ND 1958) 688ff. – **14** H.G. Rötzer: Traditionalität und Modernität in der europ. Lit. (1979) 26. – **15** W. Haug: Lit.theorie im dt. MA. Von den Anfängen bis zum Ende des 13. Jh. (1985) 23. – **16** ebd. 2f. – **17** Störmer [7] 140. – **18** vgl. Haug [15] 2f. – **19** vgl. etwa Behrens [1] 44 oder Szondi [2] 29. – **20** vgl. Störmer [7] 138. – **21** U. Kindermann: Gattungssystem im MA, in: W. Erzgräber (Hg.): Kontinuität und Transformation der Antike im MA (1989) 304. – **22** siehe Klopsch [1] 118, er zit.: Isidor Orig. I 40 und 41–44. – **23** vgl. Behrens [1] 34. – **24** siehe ebd. oder Kindermann [21] 306f. – **25** vgl. Kindermann [21] 306f. – **26** Matthaeus von Vendôme: Ars versificatoria, in: E. Faral: Les Arts poétiques du XIIe siècle (Paris 1924/1962) 106–193. – **27** vgl. Art. ‹Stilarten› und Art. ‹Vergilrezeption›, in: Dinzelbacher [4] 787 und 868. – **28** Johannes von Garlandia: Poetria magistri Johannis anglici de arte prosayca metrica et rithmica, hg. von G. Mari, in: RF, Bd. 13 (1902) 883–965. – **29** I. Fischer: Gebundene Rede (1968) 122. – **30** vgl. F. Quadlbauer: Die antike Theorie der genera dicendi im lat. MA, in: Sitzungsberichte der österr. Akad. d. Wiss., phil.-hist. Klasse, 241. Bd., 2. Abhdlg. (Wien 1962) 118ff. – **31** vgl. Jauß [6] 126. – **32** vgl. Störmer [7] 137 und 143. – **33** Dante: De vulgari eloquentia, hg. von P. Rajna (Florenz 1896). – **34** siehe dazu Curtius [9] 362ff. und Behrens [1] 59f. – **35** vgl. Rötzer [14] 65ff. – **36** Dante [33] Kap. II, 4, 5.

Literaturhinweise:
F.J.E. Raby: A History of Christian-Latin Poetry from the Beginnings to the Close of the Middle Ages (Oxford 1953). – W. Wetherbee: Platonism and Poetry in the Twelfth Century (Princeton 1972). – J.J. Murphy: Rhetoric in the Middle Ages: A History of Rhetorical Theory from Saint Augustine to the Renaissance (Berkeley 1974).

III. *Renaissance, Barock.* Mit der Renaissance wird, vergröbernd gesagt, eine Epoche des widerspruchsvollen Rückgriffs auf die Antike eingeleitet, der nicht zuletzt durch die Wiederentdeckung des ‹Ich›, einer dem Mittelalter fremden ‹Individualität›, auch den Abnabelungsprozeß der Literatur von der antiken Tradition einleitet. [1] Die humanistischen Poetiken knüpfen an die Tradition der antiken *ars poetica* an. Insbesondere wird die horazische Forderung, die griechischen Muster nicht aus der Hand zu legen, zur modellhaften Vorstellung für deren Beziehung zur antiken Literatur. [2] Die Dichtkunst verselbständigt sich gegenüber der Grammatik und Rhetorik im Zuge der Etablierung der ‹studia humanitatis› (aus der Erweiterung des *triviums*), wird jedoch weiterhin von der Rhetorik beeinflußt. Zudem trennt, so Rötzer, die «individualschöpferische *aemulatio* [...] den Humanismus der beginnenden Renaissance vom mittelalterlichen Humanismus, der sich im Autorenstudium erschöpfte.» [3] Die Nachahmung der antiken Muster wird als Synthese aus schöpferischer Individualität und Aneignung der Vorbilder betrachtet, «aus der Imitatio wird die Aemulatio». [4] Das Leitbild des *poeta eruditus* (oder *poeta doctus*) ist aber grundsätzlich verknüpft mit der Vorstellung von Dichtung als Bildungstätigkeit, d.h. der produktiven Auseinandersetzung mit der Tradition. Gehörten *ingenium, furor poeticus* und *ars* bei Horaz noch zusammen, so wird Baur zufolge durch die Verlagerung des Schwerpunkts auf die Erlernbarkeit der Dichtkunst der andere Aspekt zum bloß tradierten Topos der pädagogisch ausgerichteten, normativen Poetiken. [5] Wichtigster Orientierungspunkt für die G. wird mit der Renaissance, neben der ‹Ars poetica› des HORAZ, die aristotelische Poetik, die, durch Übersetzungen und Kommentare wiederentdeckt, eine normative Umdeutung erfährt. [6] Die Rezeption der Inspirationslehre Platons hat im Vergleich zum Bedürfnis nach einer Erlernbarkeit des Dichtens nur sekundäre Bedeutung. Im Vordergrund eines derartig auf die Praxis bezogenen Interesses steht die Aufstellung von Normen und eines «Archetyps für die einzelnen Gattungen». [7] Gattungsfragen stehen im Kontext der *dispositio*-Lehre. Die Aneignung der aristotelischen Poetik erfolgt nach Maßgabe der Brauchbarkeit einzelner Aspekte, sie wird sowohl ergänzt als auch korrigiert. CASTELVETRO etwa fordert, über Aristoteles hinausgehend, drei Einheiten (der Handlung, der Zeit und des Ortes) für die Tragödie. [8] Probleme entstehen jedoch grundsätzlich in der Übertragbarkeit aristotelischer Kriterien auf die zeitgenössische Dichtung und in der Anwendbarkeit auf andere als von Aristoteles berücksichtigte Gattungen. [9] Baur sieht in der Auseinandersetzung italienischer Humanisten bezüglich jener Anwendbarkeit eine Tendenz zur Verselbständigung der G. im Komplex von Poetik und Rhetorik. [10] Im Barock wird die Verselbständigung der Dichtkunst gegenüber der Prosarede betont. Die Prosadichtung hat gegenüber der ‹gebundenen Rede› dementsprechend eine untergeordnete Bedeutung in den Gattungseinteilungen. [11]

Eine wichtige Zäsur für die normative Umdeutung der aristotelischen Poetik setzt der 1548 von ROBORTELLO formulierte erste lateinische Kommentar: Epos und Tragödie werden jetzt nach Aristoteles definiert. [12] An diesem Kommentar läßt sich exemplarisch zeigen, daß die Geschichte der Kommentierung antiker Muster ein Register von Fehlinterpretationen hervorbrachte. So glaubt Robortello etwa, Aristoteles habe auch eine dritte Gattung, die Lyrik, erwähnt. [13] Kennzeichnend für eine poetologische Theoriebildung, die selbst in der *aemulatio*-Formel noch ihre Bindung an die Vorbildlichkeit der Antike demonstriert, ist deren Selbstverständnis als Kommentar zur antiken Dichtung. So erfüllen die *praecepta*, die Anweisungen, die Funktion, den zeitgenössischen Dichtern dabei zu helfen, ein möglichst ‹vollkommenes› Poem zu verfertigen, dessen Originalität sich auf die Nachahmung bezieht. [14] Um das Verhältnis jener beiden zuletzt genannten, insbesondere für die G. relevanten Kategorien zueinander, genauer gesagt um die Frage, welche Folgen sich aus der angenommenen Mustergültigkeit der Antike für die zeitgenössische Dichtung ergeben, kreist die Geschichte der ‹Querelles des Anciens et des Modernes›, die nach D. Willems als «Geschichte des Humanismus» bezeichnet werden könnte, angefangen beim Streit zwischen Ciceronianern und deren Gegnern im 15. und 16. Jh., über die ‹Querelle› des 17. Jh. in Frankreich bis zur Auseinandersetzung zwischen Klassikern und Romantikern in Deutschland. [15]

Neben dem Bezug auf das Lateinische etablieren sich Bemühungen, die antiken Gattungen ‹Epos›, ‹Tragödie› und ‹Komödie› zu definieren, um sie auf nationalsprachlicher Ebene nachzuahmen. [16] Als symptomatisch für die kommentierende humanistische Poetik erscheint Willems die nicht systematisch konzipierte G., die nicht die Mustergültigkeit der antiken *genera* begründet, sondern in einer «eigentümlichen Reihung von Einzelbestimmungen» fraglos übernommene Gattungsanordnungen nur erläutert, deren Legitimation das Muster ja bereits vorgibt. [17] Als bekannteste und einflußreichste Poetik, nicht zuletzt auch für die barocke Literaturtheorie, ist SCALIGERS unter dem Titel ‹Poetices libri septem› veröffentlichte Schrift anzusehen. [18] Wenngleich er in der grundsätzlichen Funktionsbestimmung der Dichtung auf die aristotelische Mimesistheorie zurückgreift, ist jedoch in der Gattungseinteilung dieser Einfluß nicht zu spüren. Einerseits übernimmt Scaliger die mittelalterliche Lehre vom Bezug zwischen Gattung, Standesbereich und Stilart, andererseits greift er auf Diomedes zurück, indem er ‹narratio simplex› (Beispiel: Lukrez), ‹dialogus› (antike dramatische Formen) und ‹mistum› (epicum) unterscheidet. [19] Im Gegensatz zu den Poetiken des Hochmittelalters bilden jetzt nicht mehr Vergils Werke die Grundlage der Stiltheorie, sondern Komödie und Tragödie. [20] Gilt der niedere Stil dem Personal der Komödie, so bleibt der hohe der Tragödie vorbehalten, der mittlere Stil findet in diesem Kontext keinen Gattungsbezug. [21] Scaliger erweitert die traditionelle Dreistillehre, beeinflußt von den Ausführungen des Hermogenes von Tarsos, zu einem differenzierten Register von Stilausprägungen *(affectus)*. [22] Einerseits berücksichtigt er in seiner G. zwar die Historizität der Dichtung, andererseits hält er, im Gegensatz zu den Modernisten, am rhetorischen Rahmen von *inventio*, *dispositio* und *elocutio* und an der Ansicht fest, jedes Poem sei auf paradigmatische Archetypen zurückzuführen, d. h. die poetische Struktur wird als Konstante verstanden. [23] Dementsprechend gilt die Aufmerksamkeit nur den antiken Gattungen. Sie sind in einem Register disparater Beschreibungskriterien untergebracht, das die Orientierung am Redekriterium, die Frage nach der *imitatio* und die Unterteilung in ‹scenica› oder ‹lyrica› umfaßt. [24] Symptomatisch für das Vorgehen ist auch der widerspruchsvolle Ort der Lyrik, die unter Einfluß des ‹Petrarkismus› zum Gegenstand theoretischer Reflexion wurde und als Gattung weder bei Aristoteles noch bei Horaz erscheint. Der Versuch, lyrische Dichtung mit dem aristotelischen Mimesisbegriff zu verbinden, führt zu widersprüchlichen Aussagen Scaligers. [25] Hingegen zeigen MINTURNOS Schriften, die neben jenen antiken Mustern ebenso Petrarcas und Dantes Dichtungen als vorbildlich bewerten, die Trias von Epos, szenischer Poesie und Lyrik. Offensichtlich ist diese Dreiteilung in der Renaissance bekannt gewesen. [26] Grundsätzlich spiegelt sich in den widersprüchlichen Phänomenen das Problem, die als normativ verstandenen antiken Gattungspoetiken, d. h. ein statisches System, auf die Dynamik literarischer Prozesse zu übertragen. Das gilt besonders auch für die neuen, nationalsprachlichen Gattungen, den ‹romanzo› und die Tragikomödie. [27] Die Diskussionen darüber führten letztlich zu einer Lockerung und Aufhebung des Monopols der traditionellen Gattungsbegriffe. So gefährdet die Tragikomödie das Gesetz der Stiltrennung und resultiert aus der Verteidigung des ‹romanzo› die Entwicklung einer eigenständigen Theorie des Romans, die etwa GIRALDI fordert. [28] Das Epos gilt in der Regel als vollkommenste Gattung, die mit dem Anspruch verknüpft ist, große Vielfalt zu thematisieren, und deswegen die Verbindung von Bildung und Dichtung, d. h. den *poeta doctus* erfordert. Der enge rhetorische Kontext der G. läßt sich ebenfalls im Einfluß der rhetorischen Trias des *docere*, *delectare* und *movere* nachweisen. Im Sinn des *decorum (aptum; prépon)* verbinden sich Gattung und Wirkungskategorie. So werden für die Tragödie heftigere Affekte zugelassen als in anderen Gattungen. Das *decorum* wird zum Zentrum der G. Nach L. Fischer schlägt sich darin mehr als nur eine Regel rhetorischer «Technik» nieder. Vielmehr gilt es, «die Ordnung der Welt durch die Mittel der Sprache zu bestätigen». [29] Gefordert ist eine der gesellschaftlichen Hierarchie angemessene Gattungshierarchie. Die Bindung der jeweiligen Gattung an die Stilhöhe regelt das *decorum*. Insbesondere werden die so ausgelegten *genera dicendi* in der sogenannten Ständeklausel der dramatischen Gattungen verfestigt. Diese ist ebenso wie das Gesetz der Fallhöhe und die Wahrscheinlichkeitsforderung in die aristotelische Tragödientheorie hineininterpretiert worden. [30] Damit wird der Eindruck einer als statisch gedachten, ständisch gegliederten Gesellschaft reflektiert. Die Kategorie der Wahrscheinlichkeit reguliert im Sinne des *decorum* normative Bezüge. [31]

Als ‹bienséance› (Schicklichkeit) gewinnt das *decorum* in der Poetik des französischen Klassizismus' eine zentrale Bedeutung. Einflußreich, insbesondere für die deutsche Poetik, ist BOILEAUS ‹L'Art Poétique›. [32] Als Manifest in der ‹Querelle des anciens et des modernes› versteht sich die Schrift als Warnung vor Verfallserscheinungen zeitgenössischer Dichtung – mit Ausnahme von Molière, Racine und Corneille – und beruft sich auf exemplarische Autoren der Antike. [33] Boileau polemisiert gegen das moderne Epos, das zum Streitpunkt der ‹Querelle› wird, da es sich von den klassischen Vorbildern Homers und Vergils löst und insofern eine Zäsur setzt, als die Antike nicht mehr unbedingte Autorität für die literarische Theorie und Praxis besitzt. [34] Boileau orientiert sich wesentlich an Horaz. So wird etwa die *imitatio* im horazischen Sinne als *imitatio* durch *variatio* verstanden. [35] Ein übergreifendes Einteilungsprinzip fehlt. Boileau benennt lediglich eine lockere Reihung der jeweils nach dem *decorum* differenzierten Gattungen. Andere Grundlagen der Typologie, etwa Gegenstand, Versform, Größe, Struktur, sind nicht definiert. Zunächst behandelt er antike kleine Gattungen, beginnend bei der Idylle als Repräsentantin des niederen Stils und nachfolgend die Elegie und die Ode, die mit der Vorstellung des Erhabenen, Heroischen verknüpft wird. Die sich daran anschließende Erwähnung moderner kleiner Gattungen ist in umgekehrter Reihenfolge angelegt. [36] Ein Oberbegriff ‹Lyrik› fehlt. Wenn Boileau bei der Behandlung der Ode von einem «beau desordre» (einer schönen Unordnung) als künstlerischem Effekt spricht, so sind hier die engen Grenzen einer normativen G. in Richtung einer gewissen Relativierung von Regeln verlassen: Er bringt die dichterische Inspiration ins Spiel und das Geheimnis eines dichterischen Schöpfungsprozesses, der sich regelästhetischen Reglementierungen mit der Formel «je ne sais quoi» entzieht. [37] Der dadurch freigesetzte kreative Prozeß wird durch den Begriff des ‹goût› (Geschmack) reguliert. Damit ist eine wirkungsästhetische Orientierung verdeutlicht, die von einer Abhängigkeit des Dichters vom Urteil des Publikums ausgeht bzw. dessen Status als ausführendes Organ eines gesellschaftlichen Ideals betont. Die Anerkennung durch «la cour et la ville» (Hof und Großbürgertum) [38] verlangt das Angemessenheitskriterium, das sich etwa nach Maßgabe der ‹vraisemblance› (Wahrscheinlichkeit) in der auch weiterhin geforderten Wahrung von ‹bienséance› bezüglich der Tragödie artikuliert. [39] Die Nachahmung gilt hier der idealisierten, der Ratio adäquaten ‹Natur›. Der «bon sens» [40] fordert Ausgewogenheit, das korrekte Verhältnis der Teile zum Ganzen und das Maß – nicht zuletzt, wenn es um die behaupteten drei Einheiten von Zeit, Ort und Handlung geht. [41] Daraus resultiert wiederum die Ablehnung vermischter Gattungen, als Annäherung unterschiedlicher Stilebenen und Inhalte, und eine abwehrende Haltung hinsichtlich der Einbeziehung neuer literarischer Formen in den Kanon des Tradierten.

In den barocken Poetiken sieht R. Baur eine entscheidende Akzentverschiebung gegenüber der humanistischen Tradition der G.: Das Interesse verlagere sich vom Epos und Schauspiel zu kleineren und praktischen Anweisungen. [42] Die Aufmerksamkeit gilt verstärkt der sogenannten Gebrauchspoesie, im engeren Sinne der Gelegenheitsdichtung, deren Anteil gegen Ende des 17. Jh. in der literarischen Produktion überhand nimmt, womit sich deutlich die Betonung der Wirkungsorientierung als rhetorisches Erbe zeigt. [43] Da die Gattungen in vielen Poetiken die Sammelbezeichnung ‹Gedicht› tragen, worunter auch Schauspiele fallen, ist es nicht einfach, eine dezidierte Theorie der dramatischen Gattung zu finden. [44] Deren wesentlicher Bezugspunkt bleibt die Ständeklausel. Ähnlich irreführend ist die Suche nach einer als eigenständig ausgewiesenen lyrischen Gattung.

OPITZ' ‹Buch von der Deutschen Poeterey› [45] ist hauptsächlich ein Abriß aus der humanistischen Poetik, vor allem beeinflußt von Scaliger, aber auch von RONSARD und HEINSIUS. In der Gattungseinteilung folgt er Scaliger. Die Kennzeichnung der Gattungen geschieht nach dem Gegenstands- und Verskriterium. Neben der Charakterisierung nach Maßgabe des *decorum* steht die Anordnung nach der entsprechenden Versart. Lyrische Gedichte werden in höhere und niedere Arten unterteilt, ein Erbe der italienischen Renaissancepoetik. [46] Im Mittelpunkt des Interesses stehen neben dem Epos die dramatischen Gattungen Tragödie und Komödie, die durch die Beschreibung des Inhalts differenziert werden. Auch hier gilt die Entsprechung von dramatischer Gattung, Standesbereich und Stilhöhe. Komödie und Tragödie nehmen eine konträre Position in der Stilhierarchie ein. Daß es sich nicht um eine systematische Herleitung der Gattungsdifferenzierung, sondern um eine apodiktische Aneinanderreihung formaler Prinzipien handelt, verdeutlicht exemplarisch folgender Satz: «Haben derowegen die/welche heutiges tages Comedien geschrieben/ weit geirret/die Keyser vnd Potentaten eingeführet; weil solches den regeln der Comedien schnurstracks zuewieder lauffet.» [47] Jene Regeln nämlich werden nicht begründet, sondern sind apriori gültig. Nur implizit läßt sich bei der Lektüre dieser Poetik der Zusammenhang zwischen Gattung, Standesbereich und Stillage erschließen, denn die *generea dicendi* werden gesondert aufgeführt. [48] Ähnlich unsystematisch verfährt HARSDÖRFFER, der – und das erscheint Willems als symptomatisch für die Renaissance- und Barockpoetiken insgesamt [49] – für die Gattungsdifferenzierung keinesfalls exklusive Kriterien, sondern Mehrfachverwendungen wählt. Sein ‹Poetischer Trichter› leitet das Kapitel «Von den Schauspielen insgemein/und absonderlich von den Trauerspielen» mit Kriterien ein, die sowohl «Trauerspiele» als auch «Hirten- oder Feldspiele» «insgemein haben» sollen, was die «Fabel» und andere Aspekte betrifft. [50] Ebenfalls gibt es Kriterien, deren Gültigkeit nur teilweise für eine Gattung beansprucht wird, etwa wenn es heißt: «Ferners ist des Poetischen Schauspiels Inhalt entweder einschichtig oder mehrschichtig». [51] Wenn in dieser Weise keine Grenzziehungen zwischen einzelnen Subkorpora unternommen werden, läßt sich noch die

Dominanz des Musterbezugs als Grundlage der G. belegen, hingegen nicht die Frage nach dem ‹Wesentlichen› und Exklusiven. Dennoch, so Fischer, befindet sich Harsdörffer bereits in deutlicher Entfernung von den lateinischen Poetiken, da Ansätze einer eigenen Dichtungslehre erkennbar sind, in der die Stillehre unbedeutender geworden ist. [52] So wird zur Bestimmung der dramatischen Gattungen allein die Verbindung mit dem jeweiligen Stoffbereich ausschlaggebend. Den drei Ständen sind – weiterhin in der Tradition mittelalterlicher Vorstellungen – drei dramatische Gattungen zugeordnet. [53] Statt der Bezugnahme auf Stilebenen ist in der Gattungsdifferenzierung jetzt eher die psychologisch korrekte, angemessene sprachliche Darstellung von Interesse. Das *decorum* für die rangmäßige Verbindung von *verba* und *res* ist als Konvention noch sichtbar, aber nicht mehr so bedeutsam.

Anmerkungen:
1 siehe dazu H. G. Rötzer: Tradionalität und Modernität in der europ. Lit. (1979) insbes. 69ff. – **2** dazu auch: A. Buck: Dichtungslehren der Renaissance und des Barock, in: Neues Hb. der Lit.wiss., hg. von K. von See, Bd. 9 (1972) 32f. – **3** Rötzer [1] 71. – **4** Buck [2] 33. – **5** vgl. R. Baur: Didaktik der Barockpoetik (1982) 64f. und H. Wiegmann: Gesch. der Poetik. Ein Abriß (1977) 30ff. – **6** Übersetzung ins Lateinische durch G. Valla 1498. 1536 erscheint eine revidierte lat. Übers. durch Paccius. Siehe dazu I. Behrens: Die Lehre von der Einteilung der Dichtkunst (1940) 77 und I. E. Spingarn: History of Literary Criticism in the Renaissance (New York 1926) 17. – **7** Buck [2] 45. – **8** vgl. Wiegmann [5] 35. – **9** siehe dazu Baur [5] 49 und 61. – **10** ebd. – **11** vgl. L. Fischer: Gebundene Rede (1968) 21 und E. R. Curtius: Europ. Lit. und lat. MA (⁵1965) 80, 157ff. – **12** dazu Behrens [6] 77f. – **13** ebd. – **14** vgl. A. Buck: Die humanistische Tradition in der Romania (1968) 212. – **15** siehe auch G. Willems: Das Konzept der lit. Gattung (1981) 101. – **16** vgl. Buck [2] 29. – **17** Willems [5] 99. – **18** J. C. Scaliger: Poetices libri septem (ND 1964). – **19** vgl. dazu u. a. Behrens [6] 89 und Fischer [11] 141. – **20** siehe Fischer [11] 141. – **21** vgl. G. Ueding, B. Steinbrink: Grundriß der Rhet. (1986) 92. – **22** siehe ebd. – **23** vgl. Rötzer [1] 89f. – **24** Scaliger [18] 6, 347, 350. – **25** Näheres bei Buck [2] 48. – **26** A. S. Minturno: L'Arte Poetica (Venedig 1563) und ders.: De Poeta (Venedig 1559); vgl. auch R. Ashams: The Schoolmaster (1570) und Behrens [6] 118. – **27** vgl. Behrens [6] 83. – **28** vgl. ebd. 83f. und Buck [2] 48f. – **29** Fischer [11] 263, 99ff. – **30** siehe auch ebd. 106. – **31** vgl. J. Dyck: Ticht-Kunst (1991) 112. – **32** N. Boileau: L'Art Poétique, hg., eingel. und kommentiert von A. Buck (1970). – **33** ebd. IV, V. 227–230, 234–236. – **34** vgl. H. Kortum: Charles Perrault und Nicolas Boileau (1966). – **35** siehe dazu J. Marmier: Horace en France au dix-septième siècle (Paris 1962) 267–305. – **36** Boileau [32] II, V. 1–204. – **37** siehe insbes. Buck [32] Einl., 28. – **38** Boileau [32] III, V. 391. – **39** ebd. III. – **40** ebd. I, V. 28. – **41** ebd. III, V. 45. – **42** siehe auch Baur [5]. – **43** siehe insbes. W. Barner: Barockrhetorik (1970) 80. – **44** vgl. Baur [5] 166. – **45** M. Opitz: Buch von der Deutschen Poeterey (ND 1963). – **46** vgl. K. Scherpe: Gattungspoetik im 18. Jh. (1968) 22. – **47** Opitz [45] 20. – **48** Fischer [11] 104. – **49** siehe auch Willems [15] 104. – **50** G. P. Harsdörffer: Poetischer Trichter (ND 1969) Bd. 2, 71. – **51** ebd., 75. – **52** Fischer [11] 153ff. – **53** Harsdörffer [50] 71.

Literaturhinweise:
R. Wellek: A History of Modern Criticism: 1750–1950, Bd. 1: The Later Eighteenth Century (New Haven 1955). – C. S. Baldwin: Renaissance Literary Theory and Practice. Classicism in the Rhetoric and Poetic of Italy, France and England 1400–1600 (ND Gloucester/Mass. 1959). – B. Hathaway: The Age of Criticism. The Late Renaissance in Italy (Ithaka/New York 1962). – J. Dyck: Rhetorische Argumentation und poetische Legitimation, in: H. Schanze (Hg.): Rhet. (1974) 69–86.

IV. *18., 19. Jh.* GOTTSCHEDS ‹Versuch einer Critischen Dichtkunst› steht als räsonnierende Poetik zwischen der kommentierenden humanistischen Poetik und der spekulativen klassischen Poetik. [1] Sie ist als normativer Systementwurf zu verstehen, der die lockere Reihung der Gattungsbegriffe in den humanistischen Poetiken überwinden will. Die *exempla* und *praecepta* der Antike bleiben auch hier gültig, allerdings im Kontext aufklärerischen Denkens: «die Griechen waren die vernünftigsten Leute von der Welt [...], also hat man auch zu aller Zeit gesehen, daß die Regeln und Exempel der Griechen, in allen freyen Künsten, die beste Anleitung zum guten Geschmacke gewesen sind.» [2] Die so begründete Herleitung der Regeln «aus der Vernunft und Natur» [3] ermöglicht Gottsched eine Übernahme der humanistischen G. in den Rahmen aufklärerischer Kritik. Mit dem Anspruch, «die Regeln zu geben», «so wie sie von den Meistern» einer Gattung «beobachtet worden» [4], darunter fallen auch Werke des französischen Klassizismus, befindet sich Gottscheds Projekt in einem unlösbaren Widerspruch, da seine ‹Dichtkunst› letztlich den kommentierenden Charakter der humanistischen G. reproduziert, zugleich aber vorgefundene Gattungsbegriffe in eine Begriffshierarchie zu überführen versucht. Gottscheds G. basiert auf der Annahme einer möglichen philosophischen «Einsicht in die Natur» der «Gedichte». [5] Die mit der Kategorie der Vernunft begründeten antiken *exempla* erhalten eine bloß mediale Funktion für die Regel *(praeceptum)*, auf die es eigentlich ankommt und die nach Gottsched nur in ihrem Bezug auf die Gattungen sinnvoll erörtert werden kann. Im Zuge einer Polemik gegen das «Klingel- und Schellenwerk» der Vers- und Reimpoetiken erhebt Gottsched die Nachahmung zum Prinzip der G. [6] In der Systematisierung der Gattungen versucht er, zwischen den antiken Mustern und der Vielfalt zeitgenössischer literarischer Formen zu vermitteln, indem er auf einen «allgemeinen» Teil zu den Gattungen von «poetischen Nachahmungen» eine Übersicht historischer Gattungen folgen läßt. [7] Die Gattungen stehen innerhalb der umfassenden Zweckbestimmung moralischer Belehrung *(docere)*. Das Differenzkriterium ‹Fabel›, Form der Nachahmung von Charakteren und Handlung zur exemplarischen Veranschaulichung eines moralischen Lehrsatzes, ist als unteilbares Ganzes bestimmt, dessen Modifikationen die einzelnen Gattungen verkörpern. Gottsched unterscheidet nach dem jeweiligen Grad der Wahrscheinlichkeit, nach dem platonischen Redekriterium und nach einer «Schreibarten»-Dichotomie. [8] Er wählt die drei aristotelischen Differenzierungskriterien der Mimesis und unterscheidet hinsichtlich des Redekriteriums «Schilderey» (Affekt- und Charakterdarstellung) und «Fabel». [9] Die zweite Nachahmungsart ist rein technisch zu verstehen, sie gilt unterschiedslos für Affektgedichte, theatralische und epische Poesie. [10] Das Fabel- und das Nachahmungsprinzip sind im Unterschied zur aristotelischen Auffassung hier nicht identisch. [11] Abweichend von der systematischen Erfassung von zwei Hauptgattungen benennt Gottsched deren Auflösung hinsichtlich des äußeren Umfangs, inhaltlicher Bestimmungen (historisch, dogmatisch, prophetisch) [12] oder hinsichtlich einer «Schreibarten»-Trias und der Wirkungsfunktionen. [13] Die Art der moralischen Wirkung bleibt in der Differenzierung der dramatischen Gattungen an das Standeskriterium gebunden. Gottscheds G. ist also keinesfalls systematisch, was sich am Widerspruch zwischen dem allgemeinen und dem historischen Teil der Gattungsübersicht erkennen läßt. Auch die scheinbar »"evolutionären" Gattungsbegriffe sind [...] deduktiv gewonnene Normbegriffe». [14] Ein fast unlösbares Problem ergibt sich aus dem Nachahmungsgrundsatz und der geforderten moralisierenden Funktion der Dichtung. In der Anerkennung einer lehrhaften (dogmatischen) Gattung dominieren das Vers- und Inhaltskriterium über das Fabelprinzip, womit bereits die Weichen für eine weitere Hauptgattung gestellt sind, die er allerdings noch nicht benennt. Der von Gottsched noch vehement unternommene Versuch einer Reduktion der Gattungen auf Vernunftprinzipien und die daraus abgeleitete Nützlichkeit deduzierter Gattungsbegriffe stößt in der Folgezeit zunehmend auf Skepsis. Sie ist wesentlich durch einen Paradigmenwechsel von der Rhetorik und der normativen G. zur Genieästhetik, in der Gattungsfragen in den Hintergrund treten, geprägt. Statt der über die G. geregelte Bindung an Produktionsnormen wird der Gedanke schöpferischer Individualität betont. [15] Nicht zuletzt die von den Zürichern BODMER und BREITINGER vertretene Gegenposition zu Gottsched macht den Autonomiegedanken sichtbar. Die philosophische, auf die Vernunft bezogene Deduktion und die Differenzierung nach entstehungsgeschichtlichen Kriterien sind durch eine Wirkungstheorie ersetzt, die sich an DuBos, Calepio und den englischen Empiristen orientiert. [16] Breitingers gattungsspezifische Differenzierung bezieht sich auf sogenannte «Endzwecke», insbesondere auf das «Ergetzen». [17] Die Herleitung der Gattungen aus einem Grundprinzip und deren Überführung in eine historische Ordnung werden zugunsten der Betonung von Individualität und historischer Einmaligkeit verabschiedet. [18] Die empirische Analyse und die damit einhergehende Aufwertung sinnlicher Wahrnehmung gegenüber logischer Deduktion führen dazu, daß grundsätzlich die Vielfalt der Phänomene erkannt wird, etwa wenn es um die Differenzierung hinsichtlich der Darstellungsmittel geht. Die von Bodmer und Breitinger zur bevorzugten «Materie» erklärten Empfindungen erfordern in ihrer Vielfalt ein dementsprechendes Spektrum dichterischer Ausdrucksmittel. [19] Eine Beschränkung auf poetische Gattungen ist nach dieser Vorgehensweise nicht mehr möglich. Auch das Verständnis von Dichtung als Analogie zur Malerei nivelliert mögliche formale Gattungsdifferenzen. Die in den Schriften der Züricher sichtbare Tendenz zur Psychologisierung der Gegenstände, die Betonung von Charakteren und Empfindungen, läßt keinen Gattungsbegriff als Modifikation des Mimesisprinzips mehr zu. Bodmers und Breitingers Konzeption des ‹Wunderbaren› ist der Versuch, auf eine dynamisch gewordene literarische Produktion, auf eine Vielzahl neuer und einmalig erscheinender Texte, mit einem offenen, dynamischen Gattungskonzept zu reagieren. [20]

SULZERS ‹Allgemeine Theorie der Schönen Künste› behandelt gattungstheoretische Probleme mit psychologischen Fragestellungen. Die Grundlage seiner Reflexion bildet eine strenge Trennung von Wissenschaft (objektives «Erkennen») und Kunst (subjektives «Empfinden»). [21] Dichtung ist, Sulzers psychologischer Empfindungslehre zufolge, Ausdruck der «sinnlichen Kraft» in der Rede. [22] Damit ist der traditionelle Grundsatz der Naturnachahmung unwichtig geworden und erhält allenfalls in modifizierter Form einen Sinn, nämlich in Verbindung mit der Bewertung der dichterischen Tätigkeit als Schöpfung (Nachahmung der Natur als «erste und vollkommenste Künstlerin»). [23] Die nach psychologischen Gesichtspunkten erfaßte Dichtkunst wird dementsprechend nicht mehr systematisch nach Gattungen eingeteilt. Sulzers «Stammbaum der Schönen Künste» zeigt ein weites Feld von «Arten der ästhetischen Kraft» auf. [24] Die Gattungen repräsentieren «Launen» des Dichters. [25] Als solche sind sie allerdings nicht mit der Allgemeingültigkeit von Gattungsbegriffen vereinbar. Sulzer unterscheidet vier Hauptgattungen (dramatisch, episch, lyrisch und didaktisch) nach einem jeweils spezifischen Grad der «Laune». [26] Weitere Differenzierungen erfolgen nach der Entstehungsart, der Wirkungsart und der dem jeweiligen Grad der Laune korrespondierenden Versart. [27] Aus den Hauptgattungen leitet Sulzer die einzelnen Dichtungsarten nach drei Kriterien ab: dem Zufälligen, der Materie und der Form. Materie und Form unterliegen dem Zufallsprinzip, womit Sulzer implizit auf die unter solchen Prämissen unmöglich gewordene Vereinbarung von strenger Methodik (der Gattungsbegriffe) und Individualität und Historizität des Kunstwerks weist. Aus dieser Einsicht resultiert der Zwang zu permanenter Erweiterung und Spezifizierung der Gattungsbegriffe und letztlich deren Funktionsverlust: So nehme etwa die Ode «so vielerley Charaktere und Formen an, daß es unmöglich scheinet, einen Begriff festzusetzen». [28]

Diese Drei- bzw. Vierteilung hat sich mit Ramlers Übersetzung von BATTEUX' ‹Cours de Belles-Lettres› etabliert. [29] Batteux beruft sich in seiner unter variierenden Titeln erschienenen Schrift ‹Les Beaux Arts réduits à un même principe› auf den aristotelischen Nachahmungsbegriff, benutzt aber in seiner Einteilung der Dichtkunst auch andere Quellen. [30] Die Aneinanderreihung von Material aus unterschiedlichen Quellen erscheint auch in DIDEROTS ‹Encyclopédie› und führt dort zu widersprüchlichen Einteilungen der «Poésie»: Werden im ersten Band noch «Poésie Narrative», «Poésie Dramatique» und «Poésie Parabolique» unterschieden, so ist im 26. Band von «cinq sortes de Poésie» die Rede. [31] Im zuerst genannten Modell ordnet Diderot die «Poésie», aber auch Musik und bildende Künste dem Oberbegriff «Imagination» zu, der wiederum mit zwei weiteren Begriffen, «Mémoire» und «Raison», ein triadisches Modell bildet. [32] Höchstwahrscheinlich knüpft er hier durch die Rezeption Bacons an ein scholastisches System an. [33]

Unter Einfluß des Geniebegriffs verlagert sich der Akzent in der G. von der methodischen Deduktion zur Unterscheidung von ‹Entstehungsarten›, deren Anordnung nicht mehr logisch begründet ist. Die Tradition der *ars poetica* scheint auf den Kopf gestellt, wenn etwa, analog zum ‹Laune›-Begriff Sulzers, J. A. SCHLEGEL die Gattungen als Resultate dichterischer Praxis, als Erfindungen des Genies betrachtet. [34] Damit werden die Gattungen als unendliche Palette von Möglichkeiten begriffen. Die systematische Ordnung der Gattungen verliert mit der Akzentuierung historischer Entwicklungen an Gültigkeit, nicht zuletzt im Hinblick auf die denkbare Gattungsvermischung und die Berücksichtigung neuer Formen. Man denke beispielsweise nur an die auf der Grundlage einer stärkeren Orientierung an der ‹Realität› angesiedelte programmatische Forderung eines ‹bürgerlichen Trauerspiels›.

GOETHE legt in den ‹Noten und Abhandlungen zum besseren Verständnis des "West-östlichen Divans"› eine Annäherung von Poetik und Naturkunde mit der Akzentuierung anthropologischer Aspekte zugrunde. Seine Unterscheidung von drei «Naturformen» der Dichtung beeinflußt die poetologischen Gattungsvorstellungen des 19. Jh. Er beschreibt diese drei Formen als «die klar erzählende, die enthusiastisch aufgeregte und die persönlich handelnde». [35] Diesen anthropologischen Konstanten stehen als «Dichtarten» formal-stilistisch und historisch fixierbare Differenzierungen gegenüber. Die «Naturformen» können einzeln auftreten oder zusammen. Damit abstrahiert Goethe sowohl vom Kunstwerk als auch vom Dichter. [36] Einerseits ist, das wird insbesondere in der adjektivischen Verwendung offensichtlich, das Postulat der Gattungsreinheit aufgegeben, andererseits ein Geschichtsverständnis unterlegt, das eine permanente Dynamik der Dichtweisen annimmt. Die adjektivische Form wird ebenso von F. Schlegel und in Hölderlins Lehre vom Wechsel der Töne verwendet. [37] Das Goethesche Konzept sucht die Problematik des historischen Wandels mit der Vermutung einer Abfolge der einzelnen «Natuformen» zu lösen, wobei auch der Gedanke der Differenzierung eines ursprünglich Ganzen eine Rolle spielt. Das von ihm entwickelte Kreisschema zur Anordnung der Gattungstrias soll Geschichtlichkeit und ‹natürliche› Konstitution der Gattungen vermitteln. Gattungsgeschichte erscheint als zyklische Wiederkehr. Von einem eschatologischen Modell geht F. Schlegel in seiner geschichtsphilosophisch begründeten Gattungspoetik aus. Die Dreiteilung in Epik, Lyrik und Dramatik bezieht er als historische auf die antike Literatur, die als ‹Naturpoesie› der ‹Kunstpoesie› der Moderne entgegengesetzt wird. Die Trias teilt er im Rekurs auf die Kategorien des Subjektiven, des Objektiven und des ‹Synthetischen› ein. [38] Schlegels Historisierung der G. impliziert Szondi zufolge die «Überwindung der Gattungspoetik, [...] die Abschaffung der Gattungen» [39], die in eine einzige moderne Repräsentantin einmünden, welche zugleich «stellvertretend für die Dichtung der Epoche» [40] ist, die des Romans, des Romantischen. Die Annahme einer Universalpoesie impliziert die Vereinigung aller Gattungen.

Für Hegels geschichtsphilosophische Konzeption der G. ist der untrennbare Zusammenhang von Logik, Ästhetik und Poetik zu berücksichtigen. Die Gattungsbegriffe werden als nur dem Begriff nach vorgegebene verstanden und kommen Hegel zufolge erst in der historischen Entwicklung der Dichtkunst zu sich selbst, d. h. er unterstellt einen historisch-dialektischen Prozeß, den die Auffassung bestimmt, die Bewegung sei dem Begriff wesentlich. ‹Geschichte› spielt somit eine nicht bloß akzidentielle, sondern konstitutive Rolle für die Gattungen. [41] Die Gattungstrias ist, restlos in ‹Geschichte› überführt, als dialektische entwickelt. Mit der Historisierung des Formbegriffs wird die Poetik ‹geschichtsphilosophisch› verlassen. Die Dichtung selbst ist im historisch-dialektischen Prozeß verortet, der die Kunst als in sich selbst begründet vorführt. [42] Die Geschichte der Kunst realisiert sich in Hegels System als Entwicklung des Begriffs des Schönen zu seinen Besonderungen. [43] Der historische Ort der Kunst (als Vermittlung von Allgemeinem und Besonderem, Abstraktem und Konkretem) ist ein vorläufiger, geschichtlich überholbarer, aufgehoben von der Religion und nachfolgend der Philosophie, als Aufeinanderfolge von sinnlicher Anschauung, vorstellendem Bewußtsein und freiem Denken. [44] Die spezifische Aufgabe der Kunst erfordert einen spezifischen Inhalt, Inhalt und Form bedingen sich gegenseitig. [45] Hegels Position ist sowohl kritisch auf die normativen Poetiken als auch auf die Genieästhetik des Sturm und Drang bezogen, einerseits in der konsequenten Vermittlung von Allgemeinem und Besonderem, andererseits im Bezug auf die geschichtliche Dialektik, die das Individuelle nur als Moment dialektischer Bewegung aufscheinen läßt. In diesem System sind die Gattungsbegriffe untrennbar mit der Eigendynamik des Prozesses verknüpft. Hegel unterscheidet als Entwicklungsstufen der Kunst die symbolische, die klassische und die romantische Kunstform, die aus unterschiedlichen Beziehungen von Idee und historischen Erscheinungen resultieren und jeweils spezifische Künste hervorbringen: die Architektur; die Skulptur; Malerei, Musik und Poesie, die als höchstplaziert gilt. Das Stadium der klassischen Kunstform (die griechische Kunst) ist für Hegel Inbegriff und Muster aller Kunst, nicht mehr wiederkehrender Höhepunkt des geschichtsphilosophischen Triptychons, Mittelpunkt eines Nicht-Mehr und Noch-Nicht. Die Orientierung an den klassischen *exempla* ist hier zur Lehre vom Ende der Kunstperiode gesteigert, der Bezug auf Aristoteles geschichtsphilosophisch begründet. Die einzelnen Künste stehen in einem Spannungsfeld zwischen faktischer Gleichzeitigkeit und spekulativer Aufeinanderfolge. Durch jene, so Szondi, «doppelte Dialektik» [46], die auch die Aufeinanderfolge der Kunstformen betrifft, ist deren Hierarchie nicht eindeutig. Die Dichtung repräsentiert so nicht nur das letzte Stadium in der Entwicklungsgeschichte der Künste, sondern wiederholt als Synthese diesen dialektischen Prozeß in ihrer Gattungstrias, und zwar jenseits des Sinnlichen, in der Anschauung. [47] Die Vorstellung des Kunstwerks als einer «organischen Totalität» (im Gegensatz zur «prosaischen Zweckmäßigkeit» ([48] impliziert die Annahme, daß «im Vorgang der Erzeugung eines Poems [...] stets der "Trieb" zu unverkürzter Selbstentfaltung eines Gattungsbegriffs» [49] beteiligt sei. Die jeweils vollkommene Realisierung eines Gattungsbegriffs ist für Hegel nur in der klassischen griechischen Kunst denkbar, die wesentlich die Skulptur, das Epos und die Tragödie hervorgebracht habe. [50] Der «Einteilungsgrund für die Gliederung der Dichtarten» erscheint als dialektischer Prozeß der Verinnerlichung hinsichtlich des «künstlerischen Darstellens». [51] Die Epik ist als objektive Gattung vorgestellt, die Lyrik als subjektive und die «dramatische Poesie» als Synthese, als objektiv-subjektiv. [52] Indem die epische Dichtung mit der Skulptur, die lyrische mit der Musik korrespondiert, entspricht zugleich die epische der klassischen und die lyrische der romantischen Kunstform. Weder ist die Entwicklung der Kunstformen noch die der drei Dichtungsgattungen als geradliniger Prozeß zu verstehen. Die Gattungstrias entspricht auch nicht direkt den drei Kunstformen. Szondi hat in Hegels Argumentation die Figur der «Spirale» entdeckt, «als Figur der Synthese von Fortentwicklung und Wiederkehr». [53] Das Geschichtsbild der Spirale liefert zugleich die Erklärung für das Nebeneinander von geschichtlicher Dynamik und poetologischem Klassizismus.

Der Hegelianer Vischer teilt den Satz vom ‹Ende der Kunst› nicht und radikalisiert dementsprechend ihren Totalitätsanspruch. [54] Seine umfangreiche systematische und enzyklopädische Abhandlung in der ‹Ästhetik oder Wissenschaft des Schönen› [55] bietet eine Zusammenfassung der klassischen G. Poetik ist in Vischers System notwendig Gattungspoetik. In repräsentativer Weise für die klassische G. werden die Gattungen im Rekurs auf außerliterarische, als fundamental verstandene Kategorien bestimmt, die der Behauptung eines inneren Gesetzes unterliegen. Auch bei Vischer herrscht die Vorstellung eines sich eigendynamisch entfaltenden Gattungsbegriffs. Dieser ist als grundlegende Seinskategorie entwickelt[56] und als Präfiguration des jeweils Konkreten entfaltet, somit also als unwandelbare und unauflösliche Größe. ‹Gattungsgeschichte› bedeutet dann die Freilegung von Seinsgesetzen, die eigendynamische Reproduktion, und schließt sowohl Wandlungen als auch Transformationen aus. Autorschaft ist in diesem Kontext in ihrer medialen Funktion interessant, nämlich für die Entfaltung jenes ‹inneren Gesetzes›.[57] Vischer setzt einen antiken Musterkanon voraus, der wesentlich auf die zeitgenössische Rezeption bezogen ist. Sein gattungstheoretischer Diskurs zeichnet sich durch ein Nebeneinander von ‹Natur› und ‹Muster› aus. In seiner hierarchischen Anordnung der Gattungsbegriffe, in der jeder Begriff zugleich «Art einer höheren Gattung» ist[58], greift er zur Fundierung der obersten Hierarchie auf die erkenntnistheoretischen Grundbegriffe des ‹Objektiven›, ‹Subjektiven› und ‹Subjektiv-Objektiven› zurück. Daraus leitet er weitere Kategorien ab, deren Zusammenhalt in der fundamentalen Trias besteht und in der Verwandtschaft der jeweils ersten, zweiten und dritten Glieder.[59] Vischers Gattungsbegriff weist als eigentlich naturphilosophische Kategorie über seine erkenntnistheoretische Begründung hinaus.

Im Kontext neuer theoretischer Horizonte, des Positivismus und Historismus, etabliert sich im Laufe des 19. Jh. eine Methode der Gattungssystematisierung jenseits der idealistischen Ästhetik, die von dem Anspruch geprägt ist, anhand von Einzelbeobachtungen geschichtliche Vielfalt zu beschreiben, statt spekulativ-deduktiv zu verfahren. Einen der frühesten und weitreichendsten Versuche unternimmt SCHERER in seiner ‹Poetik›.[60] Die neue Form systematischen Vorgehens ergibt sich aus der beanspruchten Analogie von Geistes- und Naturwissenschaften. Scherer fordert eine «philologische Poetik»[61], und das heißt ebenfalls die Überwindung des normativen Vergleichens zugunsten der schärferen Erfassung der «Verwandtschaft und Eigentümlichkeit», die «allen Erscheinungen der Dichtkunst und allen Völkern der Erde» gerecht werde.[62] Diese Methode zielt auf vollständige Beschreibung des empirisch Belegbaren, allerdings bleiben die klassischen Gattungsbegriffe unangetastet. Eine «wissenschaftliche Poetik» soll, so Scherer, auch mögliche, nicht real existierende Gattungen entwerfen können.[63] Dem so verstandenen Gattungsbegriff fehlt das Kriterium apriorischer Einheit, ‹Einheitlichkeit› findet sich bei Scherer hingegen in der Wiederaufnahme der Vorstellung vom Wirkungsganzen der rhetorisch geprägten Poetik.[64] Auch Scherer argumentiert mit dem ‹Wesen der Sache›, das jetzt allerdings nicht mehr immanent verankert, sondern in außerliterarischen Faktoren gesucht wird, durch die die Literatur bedingt sei. Er benennt hauptsächlich historische und anthropologische Momente.[65] Eine weitere grundlegende Disziplin ist für Scherer die Sprachtheorie. Jedoch steht die Anthropologie im Mittelpunkt dieses Denkmodells. Sie liefert die ursprünglichen Gründe der «Entstehung der Gattungen», die Geschichte zeigt jeweilige Realisierungsbedingungen einer anthropologischen Möglichkeit.[66] Die «ursprünglichen Gattungen» begründet Scherer mit der Berufung auf Darwin, die ‹Dichtungsarten› werden im Rekurs auf das spezifische «Natur- und Grundverhältnis» von «Dichter und Publikum» beschrieben.[67] Das «Natur- und Grundverhältnis» zeigt sich etwa im Bezug auf die «epischen Dichtungsarten» als anthropologische Konstante ‹Erzählen›, womit Scherer das Problem der Fiktionalität umgeht. Willems sieht hier einen verdeckten «Aristotelismus», der einerseits in den außerliterarischen Begründungen überwunden werde, andererseits durch die Trennung «der Konstituentien fundamentaler literarischer Möglichkeiten von Akzidentien ihrer Verwirklichung» fortlebe.[68]

Anmerkungen:
1 J.C. Gottsched: Versuch einer Critischen Dichtkunst (ND 1962). – **2** ebd. 129. – **3** ebd. 95. – **4** ebd. 445–446. – **5** ders.: Versuch einer Critischen Dichtkunst, Anderer Besonderer Theil, hg. von J. und B. Birke (1973) 395. – **6** ders.: Beyträge zur Critischen Historie der deutschen Sprache, Bd. 1 (1732) 1. St., 98; siehe dazu K. Scherpe: Gattungspoetik im 18. Jh. (1968), 29. – **7** Gottsched [1] 142ff. – **8** ebd. 151, 153, 154. – **9** ebd. 144, 148. – **10** vgl. Scherpe [6] 36. – **11** siehe auch U. Möller: Rhetorische Überlieferung und Dichtungstheorie im frühen 18. Jh. (1983) 25. – **12** Gottsched [1] 176, 173. – **13** ebd. 355, 356. – **14** Scherpe [6], 48. – **15** zur Genieästhetik: J. Schmidt: Die Gesch. des Genie-Gedankens in der dt. Lit., Philos. und Politik 1750–1945 (1985). – **16** J.B. DuBos: Réflexions critique sur la poésie et sur la peinture (Paris 1719). – **17** J.J. Breitinger: Critische Dichtkunst, 2 Bde. (ND 1966) Bd. I, 104. – **18** vgl. Scherpe [6] 188f. – **19** siehe Breitinger [17] 54f. – **20** vgl. dazu H.P. Herrmann: Naturnachahmung und Einbildungskraft. Zur Entwicklung der dt. Poetik von 1670 bis 1740 (1970) 271. – **21** J.G. Sulzer: Allgemeine Theorie der Schönen Künste (ND 1967–1970) Th. 4, 408. – **22** ebd. Th. 1, 619. – **23** ebd. Th. 3, 488; vgl. dazu O. Walzel: J.G. Sulzer über Poesie, in: ZfdPh 62 (1937) 267–303. – **24** Sulzer[21] Th. 3, 90. – **25** zur Verwendung des Begriffs im zeitgen. Kontext: Scherpe [6] 209ff. – **26** Sulzer[21] Th. 2, 328f. – **27** ebd. Th. 4, 663ff. – **28** Sulzer [21] Th. 3, 538. – **29** dazu Scherpe [6] 190ff. – **30** C. Batteux: Les Beaux Arts réduits à un même principe (Paris 1746; ND Genf 1969); siehe dazu I. Behrens: Die Lehre von der Einteilung der Dichtkunst (1940) 167ff.; vgl. auch I. von der Lühe: Natur und Naturnachahmung. Untersuchung zur B.-Rezeption in Deutschland (1979). – **31** D. Diderot: Encyclopédie (Paris 1751–1780); zu den Zitaten: Behrens [30] 174f. – **32** ebd. 174. – **33** ebd.; siehe auch E. Spingarn: Critical Essays of the 17th Century (Oxford 1908) Anm. I, 219. – **34** vgl. Scherpe [6] 190ff. – **35** Goethe: Noten und Abhandlungen zu besserem Verständnis des ‹West-Östlichen Divans›, in: Werke, hg. von E. Trunz, Bd. 2 (⁶1962). 187. – **36** vgl. dazu P. Szondi: Poetik und Geschichtsphilos. II (1974) 88. – **37** siehe dazu L.J. Ryan: Hölderlins Lehre vom Wechsel der Töne (1960) und Szondi [36] 152ff. – **38** zur Verwendung der Begriffe ‹subjektiv› und ‹objektiv› siehe F. Schlegel: Literary Notebooks, 1797–1801, hg. von H. Eichner (London 1957) Nr. 1750, 175 und Nr. 2065, 204. – **39** Szondi [36] 29. – **40** ebd. 131. – **41** vgl. ebd. 93. – **42** siehe P. Szondi: Poetik und Geschichtsphilos. I (1974) 284ff. – **43** zur Aufgabe der Kunst insbes.: G.W.F. Hegel: Vorlesungen über die Ästhetik I, in: Werke in 20 Bänden, Bd. 13 (1970) 20f. – **44** ebd. – **45** ebd. 28f. – **46** Szondi [42] 470. – **47** Hegel [43] Ästh. III, Bd. 15, 321. – **48** ebd. 248 und 254. – **49** G. Willems: Das Konzept der lit. Gattung (1981) 205. – **50** Hegel [43] Ästh. III, 256. – **51** ebd. 321. – **52** ebd. 321ff. – **53** Szondi [42] 500. – **54** siehe dazu W. Ölmüller: F.T. Vischer und das Problem der nachhegelschen Ästh. (1959) 135. – **55** F.T. Vischer: Ästh. oder Wiss. des Schönen. 3 Teile (ND 1975). – **56** vgl. ebd. Ästh. I, 35. – **57** siehe auch Willems [49] 163. – **58** Vischer [55] Ästh. I, 67. – **59** ebd. Ästh. III, 1259 und 1261. – **60** W. Scherer: Poetik, hg. von R.M. Meyer (1888). – **61** ebd. 66. – **62** ebd. 62, 64. – **63** ebd. 65, 27. – **64** vgl. dazu Willems [49] 299. – **65** Scherer [60] 72. – **66** ebd. 75. – **67** ebd. 22, 79, 80f. und 246. – **68** Willems [49] 310.

Literaturhinweise:
A. Nivelle: Kunst- und Dichtungstheorien zwischen Aufklärung und Klassik (1960). – G. Jäger: das Gattungsproblem in der Ästh. und Poetik von 1780 bis 1850, in: Zur Lit. der Restaurationsepoche 1815–1848, hg. von J. Hermand, M. Windfuhr

(1970) 371–404. – B. Naumann: "Mit der Musik versteht sichs von selbst." Friedrich Schlegels Reflexion des Musikalischen im Kontext der Gattungspoetik, in: E. Lämmert, D. Scheunemann (Hg.): Regelkram und Grenzgänge (1988) 72–94. – W. Voßkamp: Historisierung und Systematisierung. Thesen zur dt. Gattungspoetik im 18. Jh., in: Lämmert, Scheunemann (1988) 38–48.

V. 20. Jh. In der sich positivistisch formierenden Literaturwissenschaft verfestigt sich gegen Ende des 19. Jh. die G. Die Orientierung an den Naturwissenschaften schafft nicht zuletzt biologistische Analogiebildungen. So übertragen vor allem sowohl SYMONDS als auch BRUNETIÈRE Darwins evolutionstheoretische Vorstellungen auf die G. [1] Um die Jahrhundertwende beschleunigt sich ein Prozeß der Loslösung der Literatur von den klassischen G. Nicht zuletzt entstehen im Zuge der Avantgardebewegungen Texte, die sich nicht mehr mit deren Mitteln beschreiben lassen, so daß «die moderne Literatur und die klassische Gattungspoetik inkompatibel» zu nennen sind. [2] Im Kontext bestimmter Akzente der literarischen Produktion wie z.B. Originalität, Schock, Innovation, Verfremdung, Differenz, geraten herkömmliche Klassifizierungs- und Beschreibungsmuster von Gruppen ähnlicher Poeme in einen Widerspruch zur Dynamik der Praxis. [3] Hinsichtlich der G. entsteht eine Vielfalt unterschiedlicher Entwürfe mit, so Willems, zwei extremen Positionen, «der Ablehnung der literarischen Moderne und der Verwerfung der Gattungspoetik». [4] Von großem Einfluß, nicht nur in der italienischen Literaturkritik, ist CROCES grundsätzliche Ablehnung von Gattungskonzepten, indem er Kunst als Synthese von Intuition und Expression begreift. Gegen den Anspruch apriorischer Begrifflichkeiten betont Croce statt dessen das Moment des Subversiven: Jedes «wahre Kunstwerk» [5] habe eine Gattungsnorm verletzt. Die hier postulierte absolute Autonomie der Ästhetik muß sich jeder gattungstheoretischen Fragestellung verschließen. [6] In Deutschland wurde die G. zunächst wesentlich durch Diltheys empirisch-psychologische Begründung der Poetik beeinflußt. Das ist einerseits in Entwürfen von Gattungen als Weltanschauungstypen [7] und in einer psychologischen G. zu bemerken. [8]

Eine der meistdiskutierten deutschsprachigen Schriften ist STAIGERS ‹Grundbegriffe der Poetik› [9], die noch in der Tradition der psychologistisch fundierten G. steht, allerdings im Rekurs auf Heideggers Existenzphilosophie die Gattungen fundamental-ontologisch begründet und sich «als literaturwissenschaftlicher Beitrag zum Problem der allgemeinen Anthropologie» [10] versteht. Die «Grundbegriffe» stehen für anthropologische Konstanten, in denen sich literarische Formenvielfalt repräsentieren soll. Statt formaler Klassen unterscheidet Staiger die adjektivischen Formen ‹lyrisch, episch, dramatisch› und konzipiert sie als Ideen im platonischen Sinn. Jene als «Namen einfacher Qualitäten» [11] ausgewiesenen «Grundbegriffe» können in Texten nebeneinander und überlagert erscheinen, während das Klassifikatorische der traditionellen Sammelbegriffe (Lyrik, Epik, Dramatik) als «Fächer» für konkrete Texte bewertet ist. Die Grundbegriffe werden parallel gesetzt zur Reihe ‹Silbe – Wort – Satz› und unter Rückgriff auf Cassirers Sprachmetaphysik mit drei Phasen der Sprache verknüpft.

Den Begriff der ‹Fiktionalität› als Differenzierungsaspekt legt HAMBURGER zugrunde. Ausgehend von der Annahme, die «Wirklichkeitsaussage» liefere «das entscheidende Kriterium für die Ordnung der Dichtungsgattungen» [12], grenzt sie eine fiktional-mimetische (Epik, Dramatik) von einer existentiellen Gattung (Lyrik) ab, die sie als Grundgattungen ansieht. Dabei wird der jeweils «sprachlogische Ort […] im System der Dichtung» bestimmt. [13] Die Lyrik unterscheidet sie als «Wirklichkeitsaussage» von der fiktionalen Gattung durch die Kategorie des Aussagesubjekts. Die differenzierten Abgrenzungsversuche zwischen Fiktion und «Wirklichkeitsaussage» führen so zu Widersprüchen und einem verkürzten Modell des kommunikativen Aktes. [14] Epik und Dramatik sind dementsprechend über ein fiktionales Aussagesubjekt bestimmt, die Dramatik erscheint «im logischen Sinne» der Epik untergeordnet, da deren Differenz im Vorhandensein bzw. Fehlen der «Erzählfunktion» liege. Hamburger greift zwar auf das Redekriterium zurück, allerdings beinhaltet jene «Erzählfunktion» nicht die Trennung von Erzähler- und Figurenrede.

Auf die Unterscheidung von ‹Mimesis und Imitatio› beziehen sich die auf Hamburger rekurrierenden Untersuchungen TAROTS. [15] Diese Dichotomie bestimme, so Tarot, «die Formen der dichtenden Sprache noch vor jeder Zugehörigkeit zu einer der zahlreichen Gattungen im engeren Sinn». [16] Sie ist damit als fundamental ausgewiesen und soll im sprachtheoretischen Sinn die «imitierte, fingierte Wirklichkeitsaussage» von der Mimesis trennen. [17] Tarot bezieht sie sowohl auf epische und dramatische «Präsentationsformen» als auch auf die Lyrik, die im Gegensatz zu Hamburger nicht mehr als Erlebnisdichtung gesehen wird. Dergestalt könnten Mimesis und Imitatio trotz des kategorialen Unterschieds in einem Text nebeneinander bestehen. [18] Die fundamentale Opposition knüpft an das Redekriterium Platons an, allerdings in sehr modifizierter Form, da die text-interne Ebene zugunsten der Betrachtung von «Dichtung und Wirklichkeit» verlassen wird.

Im Bezug auf die klassische gattungspoetische Trias kommt es zu einer Reihe von Reformvorschlägen, so etwa explizit in SENGLES ‹Vorschläge zur Reform der literarischen Formenlehre›. Sengle fordert die Erweiterung um eine vierte Hauptgattung sogenannter «Zweckformen» [19], kehrt damit zur Vierertilung und zum rhetorischen Bezug der G. zurück, indem er seine «neue Rhetorik» als Überwindung einer problematischen Unterscheidung von Zweckformen und nicht zweckgebundenen literarischen Formen begreift. Als Basis eines reformierten Gattungsbegriffs dient der rhetorische Terminus ‹Ton›, den er in Verkennung der Geschichte des *aptum* als Produkt der Rhetorik des ausgehenden 18. und beginnenden 19. Jh. versteht. [20] Problematisch ist dann ebenfalls die Entgegensetzung von Gattungs- und Töne-Poetik. Die Konzentration des Gattungsbegriffs auf Stilphänomene (Töne «als eine Art innerer Form») [21] soll den Kanon der alten Gattungspoetik, der «Formenpoetik» äußerer Definitionskategorien (Strophenbau, Reimschema oder Redekriterium), erweitern. [22].

Rezeptionsgeschichtliche Überlegungen zur G. sind vor allem von JAUSS im Bezug auf die mittelalterlichen Gattungen formuliert worden. [23] Sein hermeneutisch fundierter Ansatz zeigt zugleich Einflüsse kommunikationstheoretischer Modelle der Linguistik (vor allem STEMPEL) und der Überlegungen russischer Formalisten zur Historisierung des Formbegriffs, in deren Kontext die Gattung als «evolutionierendes Bezugssystem» verstanden wird. [24] Gattungsgeschichte ist Jauß zufolge im Blick auf einen historisierten Formbegriff als Prozeß der «Horizontstiftung und Horizontveränderung» [25] bestimmt. Er erweitert das synchronische Vorgehen strukturalistischer Ansätze durch die Forderung historisch-diachronischer Analysen, insbesondere zum «Erwartungshorizont» von Adressaten und Rezipienten [26], womit die Gattungen einer deutlich kommunikativen Begründung unterliegen. Die universale Ebene literarischer Gattungen soll «nicht mehr normativ (ante rem) oder klassifikatorisch (post rem), sondern historisch (in re)» beschrieben werden. [27] Daneben sucht Jauß nach, historische Gattungen transzendierenden, Invarianten im Bezug auf ein «System literarischer Kommunikation». Dem Satirischen oder Grotesken schreibt er eine ebenso «gattungshafte Struktur» zu wie der Predigt, dem Versschwank oder dem Tierepos. [28] Jauß' Konzept läßt sich als Kompromiß zwischen der Annahme konstitutiver konstanter Gattungen und der Suche nach Beschreibungskategorien gattungsindifferenter einzelner Texte bezeichnen.

Gegen die Einzeltextinterpretation im Rahmen des New Criticism wenden sich Anfang der 50er Jahre die Chicago Critics (insbes. CRANE und OLSON) mit der Absicht, die Kontinuität der poetisch-rhetorischen Traditionen fortzusetzen, indem sie an die aristotelische Poetik anschließen. [29] Von Interesse ist die Unterscheidung allgemeinster Strukturprinzipien (mimetisch vs. didaktisch, tragisch vs. komisch) innerhalb des historisch Realisierten. G. ist deutlich aposteriorisch verstanden. Die Gattungen selbst sind als Organisationsprinzipien «auf der Objekt- und damit auch auf der Produktionsebene» [30] begriffen. Sie benennen jeweils ein «poetic whole», ohne allerdings auf der Beschreibungsebene als apriorisch-normativ fixiert zu sein. [31]

Im Rahmen der linguistisch orientierten Semiologie (BARTHES, GREIMAS) steht die Frage nach Diskursen bzw. Diskurstypen im Vordergrund, die nicht als historische Textgruppen, sondern als Vertextungsverfahren in jeweils unterschiedlicher Kombination in konkreten Texten wirken. [32] TODOROV unterscheidet so als «genres théoriques» von den «genres historiques», welche den ersteren untergeordnet werden und aus der Beobachtung literarischer ‹Wirklichkeit› resultieren. [33] In einer derartigen Konzentration auf Mikrostrukturen, die die Beteiligung verschiedener Gattungsformen an unterschiedlichen Texten aufzeigen soll, wird die zum Diskurs reduzierte Gattung als generell offen verstanden, d. h. zu bekannten literarischen Gattungen können neue definierbare Formen treten. «Die Semiotik der "écriture" ersetzt die gattungstheoretische Ambivalenz zwischen Objektreihe und Strukturbegriffen [...] durch das Zeichenkontinuum des "intertexte"». [34] An die Stelle gattungstheoretischer «Identität von Botschaften» tritt, so SCHNUR-WELLPOTT, die «Differenz von Codifizierungen». [35]

Einen kommunikativen Gattungsbegriff entwickelt HEMPFER in der Fortführung strukturalistischer und semiotischer Ansätze. Mit der Absicht einer «systematischen Auffächerung des Begriffs "Gattung"» unterscheidet er die Beschreibungsebene von der Objektebene. [36] Weiterhin geht er im Hinblick auf die Textebene von der Unterscheidung eines kommunikativen Akts (parole) von dem abstrakten Regelsystem (langue) aus und ordnet dem ersten generische Strukturen zu. Gattungen treten als «kommunikative Normen» (in einem nicht präskriptiven Sinn) in eine Zweiteilung (historische Variablen und überzeitliche Invarianten). [37] Die generischen Variablen sind Hempfer zufolge je nach konkretem soziokulturellem System der poetischen oder normalsprachlichen «Performanzkompetenz» zuzuordnen. Dem Strukturbegriff Piagets folgend begreift er generische Invarianten und historische Variablen als systematisch vereinbar (Gesetze der Struktur und mögliche Transformation). [38] Aus den Strukturgesetzen resultieren Schreibweisen als «absolute bzw. relative generische Invarianten» (etwa das Narrative oder das Satirische etc.), die in den historischen Gattungen (Epos, Verssatire etc.) über Transformationen konkretisiert werden, wobei ein grundsätzliches Nebeneinander mehrerer Schreibweisen denkbar ist. Diese sind nach Hempfer über abstrakte Relationen zwischen den verwendeten Bestandteilen zu definieren. Für die historischen Gattungen sind die Konkretisationsmöglichkeiten innerhalb jeweiliger soziokultureller Systeme relevant, die generischen Strukturen sind in jeweils spezifische Sprechsituationen eingebunden. Hempfer unterscheidet, als Neukonstituierung des Redekriteriums, zwischen performativer und berichtender Sprechsituation. Daraus folgend unterteilt er in primäre («das Narrative in der berichtenden, das Dramatische in der performativen») und sekundäre (satirische, komische, etc.) Schreibweisen. [39] Überlagerungen gelten sowohl innerhalb als auch zwischen einzelnen Ebenen als möglich. Hempfer sieht in diesem Modell Analogien zur Differenzierung von Tiefen- und Oberflächenstruktur in der generativen Grammatik.

Literatursoziologische Aspekte bringt etwa SZONDI in seiner ‹Theorie des modernen Dramas› ins Spiel, der von der Hegelschen Formel eines dialektischen Form-Inhalt-Verhältnisses ausgeht und so eine historische Poetik begründen will. [40] Das geschieht in der Ablehnung der systematischen Poetik, die er mit einer normativen gleichsetzt. [41] Statt ahistorischer Formen existieren nun in diesen Überlegungen Szondis jeweils spezifische und wechselnde Form-Inhalt-Komplexe.

Eine «sozial- und funktionsgeschichtlich» orientierte G. mit komplexen Bezügen präsentiert VOSSKAMP. Er verknüpft insbesondere geschichtsphilosophische und rezeptionsästhetische Ansätze und Luhmanns Systemtheorie. Hinsichtlich der einzelnen Gattungen spielen die «Selektionsstruktur» und die «Sozialabhängigkeit und Zweckbedingtheit» eine zentrale Rolle. [42] Dabei geht es auch um das Verhältnis einer spezifischen Gattung zu anderen literarischen Formen, zu Diskursen und zum historisch-sozialen Kontext. Entscheidende Grundlagen bieten hier der diskurstheoretische Ansatz Foucaults und der sogenannte ‹New Historicism›. Im systemtheoretischen Sinne sind literarische Gattungen als Selektion zugleich eine Reduktion von Komplexität, «des literarischen Lebens und der sozialen Wirklichkeit». [43] Dieser Selektionsvorgang wird als dynamisch und abhängig von «jeweils konkreten historischen Kommunikationssituationen» verstanden. Voßkamp sieht Gattungen außerdem als Institutionen, als «geschichtliche Bedürfnissynthesen» des sie umgebenden Spannungsfeldes von «Eigengesetzlichkeit» und «Zweckbedingtheit» bzw. «Sozialabhängigkeit». Eine so orientierte G. weist Parallelen zur Theorie und Geschichte von Institutionen auf.

Im Rahmen des Übergangs von der Satz- zur Textlinguistik sind in der Sprachwissenschaft texttypologische Fragen relevant geworden. Hier erscheint der Terminus ‹Textsorte› oder ‹Textart›, der sich auf das Ähnlichkeitskriterium von Texten bezieht, im weitesten Sinne mit dem literaturwissenschaftlichen Gattungsbegriff vereinbar ist, allerdings mit einer deutlichen Horizonterweiterung: Neben literarischen fallen auch nichtliterarische Texte unter diese Kategorie. [44]

Der Begriff der ‹Textsorte› unterliegt unterschiedlichen Abstraktionsniveaus. So stellen etwa für S. J. SCHMIDT fiktionale Texte eine Textsorte dar. [45] Andererseits richtet sich insbesondere bei gebrauchssprachlichen Textsorten das Interesse auf ausgefeilte Differenzierungen. [46] Die jeweilige Bestimmung konkreter Textsorten erfolgt weitgehend klassifikatorisch, auf der Basis isolierter Merkmale, etwa explizit bei WIENOLD, der nach unterschiedlicher «Teilhabe an bestimmten Merkmalen oder Merkmalskombinationen Textklassen» ermitteln will. [47] In der Generierung oder Analyse von Texten müsse, so GÜLICH und RAIBLE, zwischen «textsortenspezifischen und nicht-textsortenspezifischen Regeln» unterschieden werden. [48] Die Diskussionen beherrschen weitgehend kommunikationstheoretische Modelle. Didaktische Aspekte der Textklassifikation werden etwa von STEGER und GLINZ genannt. [49] Eine Differenzierung von textinternen und textexternen Elementen einer Texttheorie problematisieren Gülich und Raible hinsichtlich kommunikationstheoretischer Überlegungen. [50] Sowohl Texttheorie als auch Textsortendifferenzierung sind tendenziell pragmatisch orientiert. Die Betonung textexterner Faktoren beruht nicht zuletzt auf der Sprechakttheorie (nach Austin), der Rezeption Bühlers und Morris' Dimension der Pragmatik. [51] Grundsätzlich ist die gattungstheoretische Kategorie des Generellen als Repertoire von Regeln zur Textbildung verstanden. HARTMANN unterscheidet zwischen «textbildenden» und «textformenden» Konstituenten. [52] Er ordnet ersteren die Grammatik als Teilbestand, letztgenannten die Stilistik und Rhetorik als «Möglichkeiten der Textmodifikation» zu. Gattungsfragen interessieren zunächst nicht, da der einzelne Text nicht aus dem spezifischen System einer Gattung codiert wird. Hartmann unterscheidet die normalsprachliche und die poetische Vertextung, Literarizität wird nach Maßgabe sogenannter «Nichtähnlichkeit» bewertet. Literarische Texte sind als «Konstellationen aus verschiedenen Textformmöglichkeiten (Textsorten)» ausgewiesen und damit nicht primär hinsichtlich der Gattungsbildung durch die Konstituenten zu analysieren. [53]

Von einer deutlichen Trennung zwischen literarischen und nichtliterarischen Texten geht Stempel aus, und zwar hinsichtlich der Anwendungsrelevanz von Textsorten. So erscheine Gattungsgebundenheit als Charakteristikum gebrauchssprachlicher, stereotypisierter Literatur und sei in den unmittelbaren Praxisbezug eingegliedert. Die Gattung präsentiere sich dementsprechend als Muster, der Text selbst als jeweilige Reproduktion eines Musters. [54] Statt von ‹Textsorten› spricht Stempel von «Text- bzw. Kommunikationskomponentensorten», die erst durch Kombination Textsorten erzeugen. Auch auf der Komponentenebene werden noch dynamische Strukturen angenommen, so bezüglich des Inhalts, etwa wenn Tragisches und Komisches als Codes der *elocutio* verstanden werden, «da sie durch Paraphrasen getilgt bzw. verändert werden können». [55] Differenzierter argumentiert Raible, der den Textsorten der Literatur besondere Qualitäten zuschreibt und grundsätzlich einen fließenden Übergang zu nichtliterarischen Texten sieht. Hier entscheidet nicht zuletzt die spezifische Rezeption, der Kontext. [56] Er benennt vier Unterscheidungsmerkmale literarischer Gattungen: die weniger stark fixierte Kommunikationssituation, der weniger verbindliche Realitätsbezug, die Dimension des Mediums (Kombination mit Metrum, Rhythmus, Mimik und Musik) und das Spektrum sprachlicher Darstellungsform, das in literarischen Texten stärker zur Entfaltung kommt. Der jeweilige konkrete Text muß nach Raible jedoch nicht alle vier Kategorien aufweisen. In diesem Zusammenhang setzen Gattungen «Rahmenbedingungen» für Sinngebungsprozesse, denen die literarischen Texte als «komplexe sprachliche Zeichen» unterliegen. [57]

Anmerkungen:
1 siehe insbes. J. A. Symonds: Essays Speculative and Suggestive, 2 Bde. (London 1890); F. Brunetière: L'evolution des genres dans l'histoire de la littérature (Paris [6]1914). – 2 G. Willems: Das Konzept der lit. Gattung (1981) 321. – 3 Das betrifft u. a. auch techn. Innovationen und deren Einflüsse auf die lit. Prod. – 4 Willems[2] 324. – 5 B. Croce: Estetica (Bari 1902), Übers.: Ästhetik, übertragen von H. Feist, R. Peters (1930) 40. – 6 vgl. K. Hempfer: Gattungstheorie. Information und Synthese (1973) 38ff. – 7 siehe etwa M. Wundt: Lit. wiss. und Weltanschauungslehre, in: E. Ermatinger (Hg.): Philos. und Lit. wiss. (1930) 415ff. – 8 z. B. R. Hartl: Versuch einer psychol. Grundlegung der Dichtungsgattungen (Wien 1924). – 9 E. Staiger: Grundbegriffe der Poetik (Zürich [3]1956). – 10 ebd. 253f. – 11 ebd. 8. – 12 K. Hamburger: Die Logik der Dichtung ([2]1968) 44. – 13 ebd. 158. – 14 dazu Hempfer[6] 170ff. – 15 R. Tarot: Mimesis und Imitatio. Grundlagen einer neuen Gattungspoet., in: Euph 64 (1970) 125–142. – 16 ebd. 138. – 17 ebd. 132. – 18 ebd. 139. – 19 F. Sengle: Vorschläge zur Reform der lit. Formenlehre ([2]1969) 12ff. – 20 ebd. 37. – 21 ebd. 41. – 22 vgl. dazu Hempfer[6] 25; siehe auch W. V. Ruttkowski: Die lit. Gattungen (1968) 86ff. – 23 H. R. Jauß: Theorie der Gattungen und Lit. des MA., in: GRLMA 1 (1972) 107–138. – 24 J. Striedter (Hg.): Russischer Formalismus (1971) XLI. – 25 Jauß[23] 124. – 26 ebd. 110. – 27 ebd. 111. – 28 ebd. 112. – 29 vgl. dazu R. S. Crane: Introduction, in: ders. (Hg.): Critics and Criticism. Ancient and Modern (Chicago/London/Toronto 1952) 14. – 30 Hempfer[6] 116. – 31 Dazu Crane[29] 18. – 32 vgl. z. B. T. Todorov: Poétique, in: O. Ducrot u. a.: Qu'est-ce que le structuralisme? (Paris 1968) 14f. – 33 T. Todorov: Introduction à la littérature fantastique (Paris 1970) 18. – 34 M. Schnur-Wellpott: Aporien der Gattungstheorie aus semiotischer Sicht (1983) 231; vgl. zur ‹écriture› etwa R. Barthes: Le degré zéro de l'écriture. Eléments de sémiologie (Paris 1970), ansonsten J. Kristeva: Semeiotiké (Paris 1969) und dies.: Le texte du roman (Paris 1970). – 35 ebd. 233. – 36 Hempfer[6] 222 und 221. – 37 ebd. 223. – 38 ebd. 224. – 39 ebd. 225. – 40 P. Szondi: Hist. Ästhetik und Gattungspoetik, in ders.: Theorie des modernen Dramas (1963) 9–13. – 41 ebd. 10f.; andere Arbeiten zu speziellen Gattungen: G. Lukács: Die Theorie des modernen Romans (1920) und W. Benjamin: Ursprung des dt. Trauerspiels, in: Gesamm. Schr., hg. von R. Tiedemann, H. Schweppenhäuser (1974) Bd. 1, T. 1. – 42 siehe W. Voßkamp: Gattungen als lit.-soz. Institutionen, in: W. Hinck (Hg.): Textsortenlehre-Gattungsgeschichte (1977) 27–42 und W. Voßkamp: Gattungen, in H. Brackert, J. Stückrath (Hg.): Literaturwiss. (1992) 253–269. – 43 Voßkamp[42] Gattungen, 258. – 44 so etwa U. Suerbaum: Text und Gattung, hg. von B. Fabian (1971) 107; dagegen H. Weinrich: Thesen zur Textsortenlinguistik, in: E. Gülich, W. Raible (Hg.): Textsorten (1972) 161ff. – 45 S. J. Schmidt: Ist "Fiktionalität" eine linguist. oder eine texttheoret. Kategorie?, in: Gülich, Raible[44] 59ff. – 46 vgl. B. Sandig: Zur Differenzierung gebrauchssprachl. Textsorten im Deutschen, in: Gülich, Raible[44] 113ff. – 47 G. Wienold: Aufgaben der Textsortendifferenzierung und Möglichkeiten ihrer experimentellen Überprüfung, in: Gülich, Raible[44] 144. – 48 Gülich, Raible[44] 1 und P. Hartmann: Texte als linguist. Objekt, in: W.-D. Stempel (Hg.): Beiträge zur Textlinguistik (1971) 23f. – 49 H. Steger: Über Textsorten und andere Textklassen, in: Textsorten und lit. Gattungen, Dok. des Germanistentages in Hamburg 1979 (1983) 25ff.; H. Glinz: Fiktionale und nichtfik-

tionale Texte, ebd. 118ff. - **50** E. Gülich, W. Raible: Linguist. Textmodelle (1973); vgl. auch W. Raible: Was sind Gattungen?, in : Poetica 12 (1980) 320ff. - **51** vgl. Schmidt [45]. - **52** P. Hartmann: Text, Texte, Klassen von Texten, in: W. A. Koch (Hg.): Strukturelle Textanalyse (1972) 9. - **53** ebd. 18. - **54** W. D. Stempel: Gibt es Textsorten?, in: Gülich, Raible [44] 177f. - **55** ebd. - **56** Raible [50] 347. - **57** ebd. 348.

Literaturhinweise:
G. R. Kaiser: Zur Dynamik lit. Gattungen, in: H. Rüdiger (Hg.): Die Gattungen in der vergl. Lit.wiss. (1974) 32–62. - E. Köhler: Gattungssystem und Gesellschaftssystem, in: RZL (1977) 7–21. - F. Nies: Für die stärkere Ausdifferenzierung eines pragmat. konzipierten Gattungssystems, in: C. Wagenknecht (Hg.): Zur Terminologie der Lit.wiss. Akten des IX. Germanist. Symposions der Dt. Forschungsgemeinschaft (1989) 326–336.

S. Komfort-Hein

→ Ars poetica → Belletristik → Dichtung → Dichtkunst → Drama → Dreistillehre → Gebrauchsliteratur → Genera causarum → Imitatio → Komödie → Literatur → Lyrik → Mimesis → Poesie → Poetik → Praeceptum → Prosa → Text → Tragödie

2. *Kommunikationswissenschaften.* **A.** Kommunikationswissenschaftliche G. umfaßt Forschungen unterschiedlicher akademischer Disziplinen (Volkskunde, empirische Kulturwissenschaft, Linguistik, Anthropologie, Soziologie), die, verstärkt seit 1960, alltägliche, vorwiegend mündliche kommunikative Vorgänge empirisch auf typische Muster hin untersuchen. Ausschlaggebend sind Forschungsrichtungen wie die *Ethnographie des Sprechens*, die *Soziolinguistik* und die *Konversationsanalyse*. Gemeinsam ist diesen Ansätzen der Versuch, «natürliche» Kommunikationsvorgänge aufzuzeichnen und mit Blick auf ihren «Sitz im Leben» (Gunkel), den sozialen Handlungskontext – soziale Rollen, Situationen, und Institutionen – zu analysieren. Gattungen werden nicht analog zur «langue» betrachtet, sondern als interaktive Handlungsmuster analog der «parole», d. h. hinsichtlich ihrer Funktion für gesellschaftliche Strukturen.[1] Auf der von VOLOSINOV (1929) formulierten Grundlage, daß Sprache ihren eigentlichen Sitz in der kommunikativen Interaktion hat [2], gelten Gattungen und Äußerungen als die Bindeglieder zwischen Gesellschaft und Sprache. [3]
B. I. Der Gattungsbegriff gilt in der von den Gebrüdern GRIMM [4] angeregten *folkoristisch-anthropologischen* Gattungsforschung nach wie vor als vielfältig [5] und seine empirische Anwendung als wenig entwickelt. [6] Gattungen dienen a) zur Klassifikation des Systems gesprochener Formen, die sich historisch entwickeln oder regional wachsen («Oikotypus» [7]) und in volkskundlichen Materialsammlungen aufgelistet werden [8]; (b) Gattungen sind Idealtypen [9], nur mehr oder weniger abgrenzbare Formen, die zwischen von den Forschern angesetzten begrifflichen Extremen angeordnet werden könnten. Während z. B. konversationelle Gattungen an Anwesenden orientiert sind [10], richten sich «play genres», Gattungen, deren Elemente spielerisch verändert werden [11], an stilisierten Interaktionspartnern oder universalisierten Rollen aus; noch weiter entfernt vom Kontext der Äußerungssituation sind fiktive oder schriftliche Gattungen. [12] Sie weisen (c) paradigmatische, latente Strukturen auf, die nach Art einer Grammatik internen Gesetzen folgen [13] und als kognitive Modelle angesehen werden können. [14] Innerhalb eines Systems verfügbarer kommunikativer Formen in einer jeweiligen Kultur können sich Gattungen (d) entlang bestimmter Sinnbereiche menschlicher («archetypischer») Grunderfahrung ausdifferenzieren. [15] In diesem Sinne können JOLLES' ‹Einfache Formen› [16] auf neun Sinnbereiche («Geistesbeschäftigungen») aufgeteilt werden: Heiliges: *Legende*, Familie: *Sage*, Schöpfung: *Mythos*, Inquisition: *Rätsel*, Erfahrung: *Sprichwort*, Moral: *Kasus*, Tatsache: *Memorabile*, naive Moral: *Märchen*, Komisches: *Witz*. Solche Muster können (d1) parallel zu gesellschaftlichen Entwicklungen entstehen, aufsteigen und wieder an Wert verlieren [17], oder (d2) sie existieren nur solange, wie sie eine bestimmbare soziale Funktion erfüllen, etwa die Aufrechterhaltung sozialer Gruppen, ihrer Glaubensüberzeugungen und Moral. [18] Davon zu unterscheiden ist e) die Auffassung, Gattungen bildeten wirkliche Muster, die Kommunikation leiten. Dabei ist jede Gattung gekennzeichnet durch formale Merkmale, thematische Bereiche und soziale Gebrauchsbedingungen, insbesondere die Regelung von «Sprechereignissen», d. h. sozial verorteten Kommunikationsvorgängen. [19] Als Gattungen werden schließlich f) nur jene (einfachen oder komplexen) Formen angesehen, die den Gesellschaftsmitgliedern selbst in Gestalt von «Ethnokategorien» geläufig sind. [20]

Innerhalb der *Linguistik* herrscht der Begriff der Textsorte oder des Texttypus vor, wie etwa mündliche *Erzählung, Bericht, Anekdote* [21], die durch grammatikalisch-stilistische Gemeinsamkeiten bzw. durch Anwendungssituationen charakterisiert sind. [22] Manche Autoren legen auch den Begriff der Gattungen nahe. [23] Richtungsweisend ist die von LABOV und WALETZKY in Erzählungen von schwarzen Amerikanern identifizierte Erzählstruktur [24], die die Ausbreitung der «Erzählforschung» zur Folge hatte [25] und auf die Bedeutung des Erzählens in institutionellen Zusammenhängen (Gericht, Arztvisite, Therapie usw.) aufmerksam machte. [26]

Innerhalb der *Soziologie* definiert LUCKMANN Gattungen als historisch und kulturell spezifische, gesellschaftlich verfestigte Lösungen kommunikativer Probleme, deren Funktion in der Bewältigung, Vermittlung und Tradierung intersubjektiver Erfahrungen der Lebenswelt besteht [27], wie etwa der intersubjektiven Vermittlung vergangener Erfahrungen in «rekonstruktiven Gattungen». Der Schwerpunkt liegt dabei auf Gattungen der Face-to-face-Kommunikation, die als «reale kulturelle Objekte» gelten; sie werden zwar durch wissenschaftliche Rekonstruktionen gebildet, diese aber müssen nachweisen, daß solche Gattungen von den «Beteiligten als Orientierungsmuster benutzt und auf diese Weise laufend und füreinander erkennbar im Handeln reproduziert werden». [28]
II. *Struktur von Gattungen*: Im Mittelpunkt des Interesses der *volkskundlichen Erzählforschung* stand lange das Märchen. Im Laufe der letzten Jahrzehnte rückten andere Gattungen in den Vordergrund (Witze [29], Exempel [30], Predigtmärlein [31]). Dabei wird die Einteilung der Gattungen und Untergattungen nach recht unterschiedlichen Kriterien vorgenommen [32]: 1. *Inhalt* (z. B. Heiligenlegende, Schatzsage), 2. *Form* (Kettenmärchen, Wellerismus), 3. *Stil* (Fragemärchen, Kunstmärchen), 4. *Struktur* (endloses Märchen, Refrainlied), 5. *Kontext* (Kultmythos, Tanzlied), 6. *Funktion* (Erklärungssage, Warnerzählung); 7. *Frequenz* (favorisiertes Sprichwort, idiosynkratische Glaubensvorstellung), 8. *Verbreitung* (Wandersage, Ortssage), 9. *Ursprung*

(Predigtmärlein, Flugblattlied), 10. *Beteiligte* (Ammenmärchen, Kindermärchen). Daraus entstanden vergleichend-anthropologische Klassifikationen (vor allem der Märchen) nach Gattungen, Typen und Motiven. [33] Zu den bekannten Gattungen der Volksprosa – Schwank, Märchen, Sage, Legende, Anekdote [34] – kamen in jüngerer Zeit Formen, die aus dem «alltäglichen Erzählen» [35] geschöpft werden, wie etwa «Memorate» als «Erzählungen der Leute über eigene, rein persönliche Erlebnisse, [denen] weder dichterischer Charakter noch Überlieferung eigen ist» [36], Lebenserinnerungen [37], Rechtfertigungsgeschichten [38] oder an die moderne industrielle Umwelt angepaßte «Urban legends». [39] Eine große Rolle spielen nach wie vor ethnopoetische Gattungen, also solche, die in einer Sprechgemeinschaft als ästhetisch oder rhetorisch reizvoll angesehen werden, wie etwa mythische Erzählungen oder Lieder. [40] Die besonderen Merkmale dieser vorwiegend mündlichen Sprechkunstwerke, denen eine dynamische Rolle bei der Gestaltung der Sprachstruktur zugestanden wird, sind «Strophen»-ähnliche Konstruktionen, Parallelismen und besondere phonologische Phrasen. [41]

Ausgehend von PIKES Strukturmodell für Texttypen [42] entwickelte die «narrative Analyse» ein sehr einflußreiches *linguistisches* Strukturmodell: Erzählungen enthalten eine Zusammenfassung («Abstract»), eine Orientierung, eine Handlungsverdichtung («complicating action»), «Evaluation», «Resolution» und eine «Koda», mit der sie in den weniger strukturierten Fluß des Sprechens zurückgeführt werden.

Auf dieser Grundlage und beeinflußt von Arbeiten H. SACKS' über Geschichten und Witzeerzählen [43] geht der *soziologische* Gattungsbegriff davon aus, daß Gattungen wesentlich von den Interaktionen geprägt werden. Sie unterscheiden sich von «spontanen» kommunikativen Vorgängen und «Pregenres» [44] dadurch, daß sich die Interagierenden in «weitgehend voraussagbarer Typik an vorgefertigten Mustern» [45] ausrichten. Diese Muster weisen mehrere Strukturebenen potentieller Verfestigung auf. Die Binnenstruktur [46] besteht aus Worten und Phrasen, Gesamtregistern, Formeln und formularischen Blöcken [47] (Redewendungen, Sprichwörter, Gemeinplätze [48]), rhetorischen («alltagspoetischen») Figuren [49] und Tropen, Stilmitteln wie Metrik, Reimschemata, Listen, Oppositionen usw., Lautmelodien und gattungsspezifische Prosodien. [50]

III. Während die Rolle des sozialen Kontextes in der Linguistik erst andeutungsweise Berücksichtigung findet («Redekonstellationstypen»), stellen anthropologische Untersuchungen die strukturierende Wirkung sozialer Kontexte heraus am Beispiel *konversationeller* Gattungen, also Formen, die im Rahmen alltäglicher Interaktionen Verwendung finden [51], insbesondere aber der Performanz, d. h. der Verbindung sprachlicher Muster mit ihrer interaktiven Realisierung in sozialen Situationen. [52] Eine lokutionäre Kraft [53] wächst Gattungen zu durch die Muster der Sprecher-Publikums-Interaktion [54], die Struktur sozialer Beziehungen [55], aber auch durch sozialstrukturelle Merkmale [56], wie Klasse, Status und Ethnie [57]. In Samoa etwa weist das zeremonielle Genre ‹laauga› je nach Sprechereignis beträchtliche Variationen auf, die lediglich durch andere Komponenten der Situation, wie etwa Zweck, Zeitstruktur, Beteiligte usw., erklärt werden können. [58] Die besonderen Kontexte finden ihren Ausdruck in sprachlichen und nonverbalen Mustern [59], rituellen Merkmalen, [60] und schließlich prägen kulturelle Einstellungen zur Kommunikation (Ablehnung [61] oder Wertschätzung [62]) das Ausmaß der Stilmittel. Die Merkmale des «Sprechereignisses» [63] (Sprecher, Rezipienten, Beteiligungsstatus, Teilnehmerrolle, Form der Mitteilung, Übertragungskanal, Kode, Gegenstand, Schauplatz) können – analog zu rhetorischen Situationen [64] – gemeinsam mit sprachlichen Merkmalen einen Verbund bilden. Die kommunikative «Ritualisierung» [65] informeller Alltagskommunikation zeigt sich nicht nur an kleinen Formen, wie etwa der kulturell unterschiedlichen Verwendung von Sprichwörtern [66] oder sequentiell und inhaltlich festgelegten Mustern der Sprecher-Publikumsinteraktion [67]. Sie besteht auch aus spezifischen Regelungen der Dialogizität wie Redezugbestimmungen, Reparaturstrategien und Festlegungen von Themen und Themenbereichen, durch die ein situativer «Beteiligungsstatus» [68] erzeugt wird (wie etwa informelle «Belehrungen», die kurzfristig den Status von Belehrenden und Belehrten etablieren [69]); ähnliches gilt für Streitgespräche, Zitate und Geschichten. [70] In noch stärkerem Maß trifft dies für größere Gattungen zu, wie den Klatsch [71], der einerseits Indiskretionen enthält und zugleich durch ein Beziehungsgeflecht zwischen den Klatschenden und einem abwesenden Klatschobjekt bestimmt wird. In ärztlichen Untersuchungen [72] oder informellen Diskussionen in Familien [73] sind verschiedene Gattungen mit Handlungsabfolgen des Sprechereignisses verknüpft. Bergmann bezeichnet solche typischen Anschlußkombinationen verschiedener Gattungen (Argumentationen, Streitgespräche und Belehrungen) als «Gattungsaggregationen», die «in konkreten Abfolgen sozialen Handelns in bestimmten, wiederkehrenden Konstellationen auftreten» und zusammen einen «Gattungsverbund» bilden, [74] während «Gattungsfamilien», «blutsverwandte» Gattungen ähnlicher Struktur (Hecheln, Frotzeln) darstellen.

IV. Die soziale «Außenstruktur» kommunikativer Gattungen besteht aus Definitionen wechselseitiger Beziehungen, kommunikativer Milieus und kommunikativer Situationen (Sprechereignisses) sowie der Auswahl von Akteurstypen nach Geschlecht, Alter, Status usw. [75] Hinsichtlich der Klassenunterschiede liegen bislang kaum mehr als programmatische Aussagen vor. [76] Die unterschiedliche Verwendung von Gattungen (Argumentation, Beratungs-, Bewerbungsgespräch) durch verschiedene Ethnien wurden vorwiegend anhand paralinguistischer Merkmale herausgestellt. [77] Dagegen machen sich geschlechtsbedingte Milieuunterschiede am Gebrauch unterschiedlicher Gattungen (z.B. Trinksprüche, Trauerlieder, Streitformen) bemerkbar. [78]

Einen zentralen Einfluß auf den Gebrauch und die Verteilung kommunikativer Gattungen hat die institutionelle Gliederung von Gesellschaften. So gründen *Rechtsverfahren* auf kommunikativen Gattungen mit narrativen Mustern [79], in denen a) zentrale Handlungen identifiziert, b) deren Zusammenhang mit symbolischen Beziehungen konsistent dargestellt und c) auf deskriptive Adäquanz hin überprüft werden. [80] Der *wissenschaftliche Diskurs* wird von einer ganzen Reihe schriftlicher und mündlicher Gattungen beherrscht, die von Diskussionsbeiträgen [81] über Vorlesungen [82] bis zu Forschungsartikeln reichen. [83] Auch in der *Wirtschaft* zeigt sich etwa der Wandel von Managementstrukturen an der Entstehung und Entwicklung des «Memo» [84]; auch die Bedeutung von Gattungen für die Wirtschaftswerbung wird allmählich erkannt. [85] Insbesondere die kultur-anthropologische Forschung stellt die Performanz kommunikativer Gattungen zur Aufrechterhaltung *politischer Einheiten* heraus. Dazu zählen nicht nur etablierte kommunikative Formen der sozialen Kontrolle [86], sondern auch informelle Gattungen, wie das ‹Kiyori› bei den Sulawesi (Indonesien), mit dem in der quasi-egalitären Gesellschaft Koalitionen geschaffen werden.[87] Politische Gattungen grenzen sich vor allem durch Merkmale des Sprechereignisses von Alltagsgesprächen oder auch religiösen Gattungen [88] ab; große politische Gruppierungen finden in Gattungen ihren Niederschlag, wie den offiziellen Berichten der Maya,[89] und sie konstituieren sogar eine «narrative Kultur» politischer Gruppierungen (wie etwa der Terroristen).[90] Für die *Religion* gilt, daß sich die Spezifik des Sakralen nirgendwo deutlicher ausdrückt als in Gattungen [91], d. h. gesellschaftlich geregelten Formen der Rekonstruktion subjektiver Erfahrungen der Transzendenz.[92] Weltreligionen wie neuere religiöse Bewegungen zeichnen sich durch je besondere rituelle Phrasen, Formeln, Gebete, Predigten und andere Gattungen aus.[93] Dabei können prosodische Merkmale, Rhythmus [94], besondere Argots [95] in Eid, Gebeten, «Heiligen Worten»[96], Predigten usw. verfestigt sein.[97] Schon vermeintlich subjektive Formen, wie die Konversion, weisen gattungsmäßige Strukturen auf und werden von den Deutungs- und Darstellungsmustern der jeweiligen religiösen Gruppierungen geleitet.[98] Deren diachronische Wandlung kommt am Beispiel der Beichte (Steigerung der Selbstkontrolle) zum Ausdruck.[99] Die Prägung subjektiver Erfahrung durch kommunikative Gattungen zeigt sich auch in Okkultismus und Mystik (paranormalen Erfahrung [100], UFO-Geschichten [101], «Wunderheilungen»[102]). Gattungen spielen in *Massenmedien* und elektronischer Kommunikation eine Rolle. Politische Nachrichten im Fernsehen weisen Gattungsstrukturen auf, durch die Information erst gerahmt wird.[103] MONTGOMERY identifiziert Radiosendungen als «discourse genres».[104] Die Grußbotschaften von Anrufbeantwortern nehmen Merkmale von «minimal genres» an, und auch darauf hinterlassene Nachrichten orientieren sich an einem festen Schema.[105]

V. Sowohl die Sprecher wie die Hörer kommunizieren zu einem guten Teil in den Bahnen der gesellschaftlich vorstrukturierten Gattungen, deren Auswahl und Gestaltung sowohl von situativen wie von sozialstrukturellen Merkmalen abhängig ist und durch deren Verwendung von den Gattungen vorgezeichnete Handlungsziele realisiert werden. Diese auch in der Rhetorik vertretene Auffassung [106] erlaubt die Vermutung, daß es *Gattungssysteme* gibt, «die den Ausdruck komplexer Mitteilungen» leiten und einen Einfluß auf Bestand und Wandel einer Gesellschaft ausüben.[107] Die Entscheidung, ob es sich hierbei um a) «Ethno»-Gattungs-Repertoires handelt, die einer «Folk-Grammatik» entsprechen (wie etwa die Logik der Hitze-Metapher bei den Gattungen der Chamula [108] oder die Dimensionen der religiösen Ideologie in der charismatischen Jamaa-Bewegung [109]), um b) «analytische» Gattungssysteme [110] und linguistische Repertoires [111], in denen Gattungen lediglich untergeordnete [112], oder c) um «kommunikative Haushalte» [113], in denen sie zentrale (z. B. moralische) Funktionen erfüllen, steht im Zentrum der zukünftigen Forschung.

Anmerkungen:
1 P. Bogatyrev, R. Jakobson: Die Folklore als eine besondere Form des Schaffens, in: H. Blumensath (Hg.): Strukturalismus in der Literaturwiss. (1972) 13–24. – **2** P. L. Volosinov: Marxismus und Sprachphilos. (1975). – **3** M. M. Bakhtin: The problem of speech genres, in: Speech genres and other essays (Austin 1986) 65. – **4** J. und W. Grimm: Deutsche Sagen (³1891). – **5** D. Ben-Amos: Introduction, in: Folklore Genres (Austin 1976). – **6** A. Dundes: Texture, text, and context, in: Southern Folklore Quarterly 28 (1964) 252. – **7** C. W. Von Sydow: Kategorien der Prosa-Volksdichtung, in: L. Petzoldt (Hg.): Vergleichende Sagenforschung (1934; ND 1969) 66–89. – **8** S. Thompson: The Types of the Folktale (Helsinki 1964) 413–427; V. Propp: Morphology of the Folktale (Austin 1988). – **9** L. Honko: Genre analysis in folkloristics and comparative religion, in: Temenos 3 (1968) 48–66. – **10** W. Kosack: Der Gattungsbegriff «Volkserzählung», in: Fabula 12 (1971) 18–47. – **11** B. Kirshenblatt-Gimblett, J. Sherzer: Introduction, in: B. Kirshenblatt-Gimblett (Hg.): Speech Play. (Philadelphia 1976) 1. – **12** R. D. Abrahams: The complex relations of simple forms, in: Amos [5] 194–214. – **13** R. A. Georges und A. Dundes: Toward a structural definition of the riddle, in: Journal of American Folklore 76 (1963). – **14** C. Levi-Strauss: Die Struktur der Mythen. Strukturale Anthropologie I (1978) 226–254. – **15** K. Ranke: Grundfragen der Volkssagenforschung, in: Petzoldt [7] 1–20. – **16** A. Jolles: Einfache Formen (1930, ND 1982). – **17** E. B. Tyler: The Origins of Culture (New York 1955; ND 1878). – **18** B. Malinowski: Magie, Wissenschaft und Religion (1973). – **19** D. Hymes: Soziolinguistik (1979). – **20** D. Ben-Amos: Analytical categories and ethnic genres, in: ders. [5] 215–242. – **21** W. Dressler: Einf. in die Textlinguistik (1973) 14. – **22** N. Gutenberg: Formen des Sprechens (1981) 144. – **23** T. A. van Dijk: Textwissenschaft (1978) 56; P. Hartmann: Der Begriff des sprachlichen Zeichens, in: Zeitschrift für Phonetik, Sprachwiss. und Kommunikationsforschung 21, 3/4 (1968) 210. – **24** W. Labov: The transformation of experience in narrative sentences, in: Language in the Inner City (Philadelphia 1972). – **25** K. Ehlich (Hg.): Erzählen im Alltag (1980). – **26** E. Gülich, U. M. Quasthoff: Narrative Analysis, in: T. van Dijk (Hg.): Handbook of Discourse Analysis 2 (London 1985) 169–197. – **27** T. Luckmann: Grundformen der gesell. Vermittlung des Wissens: Kommunikative Gattungen, in: F. Neidhart, R. Lepsius, J. Weiß (Hg.): Kultur und Gesellschaft (1986) 191–211. – **28** J. Bergmann: Klatsch (1987) 36f. – **29** N. Neumann: Vom Schwank zum Witz (1986). – **30** R. Schenda: Stand und Aufgaben der Exemplarforschung, in: Fabula 10 (1969) 69–85. – **31** E. Moser-Rath: Predigtmärlein der Barockzeit (1964). – **32** L. Röhrich: Erzählforschung, in: R. W. Brednich (Hg.): Grundriß der Volkskunde (1988) 353–380; L. Honko: Gattungsprobleme, in: Enzyklopädie des Märchens, Bd. 5 (1987) 752. – **33** A. Aarne, S. Thompson: The Types of the Folktale (Helsinki ²1961); S. Thompson: Motif-Index of Folk-Literature (Kopenhagen 1948). – **34** H. Bausinger: Formen der «Volkspoesie» (1968). – **35** H. Bausinger: Strukturen alltäglichen Erzählens, in: Fabula 1 (1958) 239–254. – **36** Sydow [7]. – **37** A. Lehmann: Erzählstruktur und Lebenslauf (1983). – **38** A. Lehmann: Rechtfertigungsgeschichten, in: Fabula 21 (1980) 56–69. – **39** J. H. Brunvard: The Vanishing Hitchhiker (New York, London 1981). – **40** J. Sherzer, A. C. Woodbury: Introduction, in: dies. (Hg.): Native American Discourse (Cambridge 1987) 8. – **41** D. Tedlock: Hearing a voice in an ancient text, in: Sherzer, Woodbury [40] 140–175. – **42** K. Pike: Language in Relation to a Unified Theory of the Structure of Human Behavior (Den Haag 1967) 147. – **43** H. Sacks: Das Erzählen von Geschichten innerhalb von Unterhaltungen, in: R. Kjolseth, F. Sack (Hg.): Zur Soziologie der Sprache (1971) 307–314; ders.: Some technical considerations of a dirty joke, in: J. Schenkein (Hg.): Studies in the Organization of Conversational Interaction (New York 1978) 249–69. – **44** J. M. Swales: Genre Analysis (Cambridge 1990) 59. – **45** Luckmann [27]. – **46** T. Luckmann: Kultur und Kommunikation, in: M. Haller, H.-J. Hoffmann-Nowotny, W. Zapf (Hg.): Kultur und Gesell. (1989) 39. – **47** A. B. Lord: Der Sänger erzählt (1945) 58. – **48** F. Coulmas: Routine im Gespräch (1981). – **49** D. Tannen: Talking Voices (Cambridge 1989). – **50** P. Winkler: Gattungs-

spezifik von Sprechhandlungen, in: E. Slembek (Hg.): Miteinander Sprechen und Handeln (1986) 331–342. – **51** R. D. Abrahams: A rhetoric of everyday life: traditional conversational genres, in: Southern Folklore Quarterly 32 (1968) 44–59. – **52** D. Hymes: Breakthrough into Performance, in: D. Ben-Amos, K. Goldstein (Hg.): Folklore: Communication and Performance (Den Haag 1975) 11–74. – **53** C. L. Briggs: Competence in Performance (Philadelphia 1988). – **54** I. Basgöz: The tale singer and his audience, in: Ben-Amos, Goldstein [52] 143–203. – **55** A. Duranti: Samoan speechmaking across social events, in: Language in Society 12 (1983) 1–22. – **56** R. Bauman: Story, Performance, and Event (Cambridge 1986). – **57** H. Glassie: Passing the time in Balleymone (Philadelphia 1982); L. W. Levine: Black culture and Black Consciousness (Oxford 1977). – **58** A. Duranti: Lauga and Talannoaga: Two speech genres in a samoan political event, in: D. L. Brenneis und F. Myers (Hg.): Dangerous Words (New York 1984) 217–237. – **59** E. L. Schieffelin: Performance and the cultural construction of reality, in: American Ethnologist (1985) 707–724. – **60** Abrahams [12]. – **61** R. Bauman: Let your words be few (Cambridge 1983). – **62** J. Sherzer: Verbal Art in San Blas (Cambridge 1990). – **63** Hymes [19] 47f. – **64** K. K. Campbell, K. H. Jamieson (Hg.): Form and Genre: Shaping Rhetorical Action (Annandale/Va 1978). – **65** E. Goffman: Forms of Talk (Oxford 1981). – **66** S. Günthner: ‹A language with a taste›, in: Text 11, 3 (1991) 399–418. – **67** H. Knoblauch: Zur Rhet. der Werbeveranstaltungen bei Kaffeefahrten, in: Zeitschrift für Soziologie 16, 2 (1987) 127–144. – **68** Goffman [65]. – **69** M. H. Goodwin: He-Said-She-Said (Bloomington, Indiana 1991). – **70** A. Keppler und Th. Luckmann: ‹Teaching›, in: I. Markova, K. Foppa (Hg.): Asymmetries in Dialogue (Hertforshire 1991) 143–165. – **71** Bergmann [28]. – **72** P. ten Have: The Consultation as a Genre, in: B. Torode (Hg.): Text and Talk as Social Practice (Dordrecht 1989) 115–135. – **73** H. Knoblauch: The taming of foes, in: Markova, Foppa [70] 166–195. – **74** Luckmann [46] 42. – **75** Luckmann [27]. – **76** P. Bourdieu: Ce que parler veut dire (Paris 1982). – **77** J. Gumperz: Discourse Strategies (Cambridge 1982); F. H. Erickson, F. Schultz: The Counselor as Gatekeeper (New York 1982). – **78** S. Gal: Between speech and silence, in: M. Dileonardi (Hg.): Gender at the Crossroads (Berkeley 1991) 175–203; H. Kotthoff: Der Tamada gibt den Ton an, in: S. Günthner und H. Kotthoff (Hg.): Von fremden Stimmen (1991) 229–260. – **79** T.-M. Seibert: Erzählen als gesell. Konstruktion von Kriminalität; L. Hoffmann: Vom Ereignis zum Fall. Sprachliche Muster zur Darstellung und Überprüfung von Sachverhalten vor Gericht, in: J. Schönert (Hg.): Erzählte Kriminalität (1991). – **80** W. L. Bennett, M. S. Feldman: Reconstructing Reality in the Courtroom (New Brunswick 1981). – **81** B. L. Dubois: Genre and structure of biomedical speeches, in: Forum Linguisticum 5, 2 (1988) 140–169. – **82** Erving Goffman: The Lecture, in: Goffman [65]. – **83** Swales [44]. – **84** J. Yates: The emergence of the memo as a managerial genre, in: Management Communication Quarterly 2 (1989) 511–33. – **85** E. Heller: Wie Werbung wirkt (1984) 230ff. – **86** M. Bloch: Introduction, in: ders. (Hg.): Political Language and Oratory in Traditional Society (New York 1975). – **87** J. M. Atkinson: «Wrapped Words», in: Brenneis, Myers [58]. – **88** D. L. Brenneis: Straight Talk and Sweet Talk: Political Discourse in an occasionally egalitarian community, in: Brenneis, Myers [58] 69–84. – **89** W. Hanks: Discourse genres in a theory of practice, in: American Ethnologist 4 (1987) 668–96. – **90** K. Tölölyan: Narrative Culture and the motivation of the terrorist, in: J. Shotter, K. J. Gergen (Hg.): Texts of Identity (London 1989) 99–118. – **91** W. F. Samarin: The language of religion, in: U. Ammon, N. Dittmar, K. J. Mattheier (Hg.): Sociolinguistics (1987) 88. – **92** T. Luckmann: Die unsichtbare Religion (1991) 176. – **93** I. I. Zaretsky und M. P. Leone: Introduction, in: dies. (Hg.): Religious Movements in Contemporary America (Princeton 1974). – **94** M. Marks: Uncovering ritual structures in Afro-American Music, in: Zaretsky, Leone [93] 60–134. – **95** I. I. Zaretsky: In the beginning was the word, in: Zaretsky, Leone [93] 168–221. – **96** D. Tedlock: From Prayer to Reprimand, in: W. J. Samarin (Hg.): Language and Religious Practice. (Rowley/Mass. 1976) 72–83. – **97** Bauman [61]. – **98** B. Ulmer: Konversionserzählungen als rekonstruktive Gattung, in: ZS für Soziol. 17 (1988) 19–33. – **99** A. Hahn: Zur Soziol. der Beichte und anderer Formen institutionalisierter Bekenntnisse, in: Kölner Zs für Soziol. und Sozialpsychologie 34 (1982) 408–434. – **100** L. Danielson: Paranormal memorates in the American Vernacular, in: H. Kerr, Ch. L. Crow (Hg.): The Occult in America. (Urbana/Ill., Chicago 1983) 196–217; L. Honko: On the functional analysis of folkbeliefs and narratives about empirical supernatural beings, in: G. A. Megas (Hg.): International Congress for Folk Narrative Research in Athens (Athen 1965) 168–173. – **101** L. Degh: UFO's and how folklorists should look at them, in: Fabula 18 (1977) 242–248. – **102** H. Knoblauch: Die Welt der Wünschelrutengänger und Pendler (1991) Kap. XI. – **103** A. Keppler: Präsentation und Information. Zur politischen Berichterstattung im Fernsehen (1985). – **104** M. Montgomery: Our Tune: A Study of a Discourse Genre, in: P. Scannell (Hg.): Broadcast Talk (London 1991) 138–177. – **105** D. Wojcik: ‹At the sound of the beep›, in: Folklore and Mythology Studies (1987–88) 81–103; H. Knoblauch, Celso Alvarez-Caccamo: I was calling you, in: Text 4 (1992). – **106** C. R. Miller: Genre as social action, in: Quarterly Journal of Speech 70 (1984) 151–167. – **107** Ben-Amos [5] 225. – **108** G. H. Gossen: Chamula genres of verbal behavior, in: Journal of American Folklore 84 (1971). – **109** J. Fabian: Genres in an emerging tradition, in: A. W. Eister (Hg.): Changing Perspectives in the Scientific Study of Religion (New York, London 1974) 249–272. – **110** T. Todorov: Genres in Discourse (Cambridge 1990) 10. – **111** P. Burke: Back to Burkhardt, in: New York Review of Books 26 (1979) 35–37. – **112** J. Gumperz: Language and Social Groups (Stanford 1971). – **113** Luckmann (1989) 43.

H. Knoblauch

→ Alltagsrede → Ethnographie der Rhetorik → Gesprächsrhetorik → Kommunikationstheorie → Konversation → Kulturanthropologie → Massenkommunikation → Redesituation → Soziolinguistik

Gebärde (griech. κίνησις, kínēsis, σχῆμα, schéma; lat. gestus, motus, habitus corporis, vultus, gesticulatio; engl. gesture; frz. geste, air, port; ital. gesto)

A. Die G. (aus germ. gabârian; sich verhalten, betragen) als Ausdrucksmittel der körperlichen Beredsamkeit *(eloquentia corporis)* dient beim mündlichen Vortrag der Unterstützung und Ergänzung der Worte, um die gewünschte Wirkung auf den Zuhörer auszuüben. Die rhetorische Lehre von den *rhetorices partes* behandelt sie deshalb in der *actio/pronuntiatio* meist als Ergänzung zum stimmlichen Vortrag. Die G. gilt dabei teilweise als unwillkürlicher, ungezwungener, die Seele repräsentierender Ausdruck der Natur, der von allen Menschen angewendet und verstanden wird, darüber hinaus aber als ein willentlich hervorgebrachtes, auch konventionalisiertes und erlernbares Darstellungsmittel des Redners oder Schauspielers, das später auch als höfische Verstellungskunst in Erscheinung tritt. [1] Der allgemeinere Gebrauch des Begriffs bezieht sich auf Stellung und Bewegung des ganzen Körpers und seiner Gliedmaßen *(gestus)*, im «enger[n] Verstand heissen Geberden Bewegungen, die im Gesicht vorgehen» [2] *(vultus)*. Hier ergeben sich Überschneidungen zum häufig synonym gebrauchten Begriff der ‹Mimik› [3]; ‹Gestik› bleibt hingegen oft nur auf die Hände (Chironomie) beschränkt. Die G. wird außer in der Rhetorik in allen Kunstgattungen thematisiert, deren Gegenstand der Mensch ist. Dazu zählen die bildende und plastische Kunst, die Schauspiel- und Tanzkunst, die Pantomimik und die Poesie. HERDER erklärt 1769 prägnant: «Das ist *Geberdensprache*, die aus Statuen zu lernen, mit Dichtern zu erläutern, aus der Menschlichen Natur zu beweisen, fürs Theater anzuwenden, aus ihr eine neue Oper zu schaffen!» [4] Als historisches und theoretisches Phänomen spielt die G. eine Rolle in verschiedenen Fächern der Wissenschaft, in der Rechtsgeschichte, der Religionswissenschaft, der Volkskunde und Ethnologie, der Ausdruckspsychologie, der Linguistik und besonders der Literaturwissenschaft. Von der interdisziplinären Bedeutung des Begriffs zeugen Artikel in Lexika der verschiedensten Fachrichtungen. [5] Die G. wird aus der rhetorischen Kunstlehre *(ars)* insbesondere auf folgende Bereiche übertragen: die den Geboten vom *aptum* und *decorum* verpflichtete Konversationstheorie, die aus ihr hervorgehende Menschenkenntnis und schließlich die seit der Antike eng mit der Rhetorik verknüpfte Theorie der Schauspielkunst.

Anmerkungen:
1 vgl. J. H. Zedler: Grosses vollständiges Universal-Lex. aller Wiss. und Künste 10 (1735) Sp. 475; L. de Cahusac: Art. ‹Geste›, in: Encyclopédie, ou dictinnaire raisonné [...] nouvelle édition, Bd. 16 (Genf 1777) 111–114; J. G. Krünitz: Oeconomische Encyclop. 16 (1779) 542f.; Dt. Encyclop. oder Allg. Real-Wtb. aller Künste und Wiss. 11 (1786) 165–168; J. C. Ernesti: Lex. Technologiae Latinorvm Rhetoricae (1797; ND 1983) 189; Grimm 4.I, 1 (1878) Sp. 1729–1736. – 2 J. G. Walch: Art. ‹G.›, in: Phil. Lex. (²1740) Sp. 1092. – 3 vgl. z. B. G. A. Frhr. v. Sekkendorff: Vorles. über Deklamation und Mimik, Bd. 2 (1816) 11: «*Gebehrdung* ist das teutsche Wort für *Mimik*.» – 4 J. G. Herder: SW, hg. von B. Suphan, VIII (1892) 94. – 5 K. Meschke: Art. ‹G.›, in: Handwtb. des dt. Aberglaubens 3 (1927) Sp. 328–337; R. Beitl: Art. ‹G.›, in: Wtb. dt. Volkskunde (³1955) 254f.; R. Kirchhoff: Art. ‹G., Gebärdensprache›, in: HWPh 3 (1974) Sp. 30f.; R. Schmidt-Wiegand: Art. ‹G.›, in: Handwtb. zur dt. Rechtsgesch. 1 (1971) Sp. 1411–1419; B. Kötting: Art. ‹Geste u. G.›, in: RAC 10 (1978) Sp. 895–902; H.-C. Schmidt-Lauber: Art. ‹Gesten/G., liturgische›, in: TRE 13 (1984) 151–155; G. Kocher: Art. ‹G. u. Gesten›, in: LMA 3 (1989) Sp. 1154; M. R. Key: Art. ‹Nonverbal Communication›, in: International Encycl. of Linguistics 3 (1992) 107–110 u. A. Kendon: ‹Sign Language›, ebd. 432–438. – vgl. die übergreifende Bibliographie von M. J. Schubert: Zur Theorie des Gebarens im MA. Analyse von nichtsprachl. Äußerung in mhd. Epik, Rolandslied, Eneasroman, Tristan (1991) 204–238.

B. I. *Antike.* In der Rhetorik vor CICERO finden sich nur spärliche Hinweise zur G., da sie sich mehr den natürlichen Anlagen und dem Nachahmungstrieb als den Kunstregeln verdankt und von den Schauspielern zu erlernen ist.[1] In der ‹Poetik› des ARISTOTELES würde die G. zu der von ihm nicht weiter behandelten Inszenierung gehören, für die der Dichter aber nicht verantwortlich ist. Und in der ‹Rhetorik› finden sich außer Anmerkungen zur Stimme nur Empfehlungen, von den Schauspielern zu lernen. Die Vortragsart (ὑπόκρισις, hypókrisis), mithin auch die G., rechnet Aristoteles offenbar unter platonischem Einfluß zu der kunstlosen Fertigkeit (ἄτεχνος τριβή, átechnos tribḗ). [2] Wenigstens läßt sich aber schon die Unterscheidung in Stimme und G. erkennen, die wohl von THEOPHRAST stammt. [3]

Bei CICERO ist der klassische Vergleich mit dem Schauspieler schon so etabliert, daß er vom Redner «vox tragoedorum, gestus paene summorum actorum» («die Stimme der Tragöden und die Gebärdensprache fast der besten unter den Schauspielern») verlangt. [4] Die Schauspieler *(histriones)* sind zwar durch die Gebärdensprache den Rednern überlegen, ahmen aber die Wahrheit nur nach *(imitatores veritatis)*. [5] Die Gebärdensprache des Redners «soll die Worte nicht wie auf der Bühne pantomimisch wiedergeben, sondern den gesamten Inhalt und Gedanken andeutend, nicht darstellend» ausdrücken («non demonstratione, sed significatione declarans»). [6] Die G. bildet die Gemütsbewegung *(animi permotio)* ab, besonders das Gesicht ist ein Abbild der Seele («imago est animi vultus» [7]). Weil der Zusammenhang zwischen der Seele und der G. als natürlich gilt, ist die Gebärdensprache anders als die Worte allen Menschen verständlich. Der bis ins 18. Jh. immer wieder zitierte Grundsatz lautet: «Omnis enim motus animi suum quendam a natura habet vultum et sonum et gestum» («Denn jede Regung des Gemüts hat von Natur ihren charakteristischen Ausdruck in Miene, Tonfall und Gebärde»). [8]

Für die G. ist neben Cicero die Rhetorik QUINTILIANS bis in die Neuzeit einschlägig. Für ihn – vergleichbar für den AUCTOR AD HERENNIUM [9] – bleiben ohne Stimme *(vox)*, Körperhaltung *(habitus corporis)*, Mienen- *(vultus)* und Gebärdenspiel *(gestus)* alle Gefühlswirkungen beim Vortrag matt. [10] Weil das natürliche Gebärdenspiel selbst ohne Worte kennzeichnet («etiam citra verba significat» [11]) und der Gesichtsausdruck oft alle Worte ersetzt («est saepe pro omnibus verbis» [12]), sind sie glaubwürdiger als die Rede. Die Miene, die Augen und körperliche Merkmale *(corporis signa)* kündigen die jeweilige Geistesverfassung *(habitus animorum)* an und schaffen so die Grundlage für die auch in den Apokryphen belegte Gemütsausforschung. [13] Vom Rhetor strikt zu vermeiden sind nachahmende, pantomimische G. Die natürlichen G. werden aber nicht dem Zufall überlassen, sie sind genau zu kontrollieren und einzuüben. Dafür bietet Quintilian einen detaillierten Katalog von G. des ganzen Körpers – besonders ausführlich zur Gestikulation mit den Armen, Händen und Fingern [14] –, die bestimmten Affekten wie auch einzelnen Teilen der Rede zugeordnet werden. Für das *prooemium* empfiehlt sich ein bescheidenes Gebärdenspiel *(gestus modestus)*, die *narratio* bedarf ausgeprägter G. *(gestus distinctus)* und die *argumentatio* verlangt je nach Gegenstand Abwechslung, Lebhaftigkeit, Schnelligkeit und Eindringlichkeit der G. [15] Alle G. müssen natürlich im Rahmen des Schicklichen und Mäßigen bleiben: «non enim comoedum esse, sed oratorem volo» («denn nicht einen Komödianten wünsche ich mir ja, sondern einen Redner»). [16] Dieser für den Schauspieler ungünstige Vergleich schreibt sich bis in die Neuzeit fort.

Der von Quintilian vorausgesetzte psychologische Zusammenhang zwischen innerem Affekt und äußerem Ausdruck wird von LUKIAN durch die Tanzkunst weiter erläutert, in der «die innere Schönheit der Seele mit der äusserlichen des Körpers» zusammenfließt [17]: «jeder Gedanke ist Gebehrde, jede Gebehrde ist Gedanke». [18] Der pantomimische Tänzer muß wie der Redner nach Deutlichkeit streben [19], sein Zweck ist «die Darstellung einer Empfindung, Leidenschaft oder Handlung durch Gebehrden, welche natürliche Zeichen derselben sind; eine Kunst, womit sich in ihrer Art, auch die Redner, besonders in ihren sogenannten Declamationen, beschäfftigen.» [20]

Anmerkungen:
1 vgl. weitere Quellen bei R. Volkmann: Die Rhet. der Griechen und Römer (1885; ND 1963) 576–580; C. Sittl: Die G. der Griechen und Römer (1890) bes. 1–54; 199–211; L. Lateiner: Nonverbal Communication in the Histories of Herodotus, in: Arethusa 20 (1987) 83–119. – 2 vgl. W. W. Fortenbaugh: Aristotle's Platonic Attitude Toward Delivery, in: PaR 19 (1986) 242–254. – 3 Arist. Rhet. 1403b; 1386a; 1408b. Zu Rekonstruk-

tionsversuchen der verlorenen Theophrast-Stellen vgl. G. Wöhrle: Actio. Das fünfte officium des antiken Redners, in: Gymnasium 97 (1990) 31–46, hier: 39f. – **4** Cic. De or. I, 128. – **5** Cic. De or. III, 214f. – **6** Cic. De or. III, 220. – **7** Cic. Or. 18, 60. – **8** Cic. De or. III, 216. – **9** vgl. Rhet. ad Her., hg. von T. Nüßlein (1994) 160ff., III, XV, 26. – **10** Quint. XI, 3, 2 und XI, 3, 14. – **11** Quint. XI, 3, 65. – **12** Quint. XI, 3, 72. – **13** Quint. XI, 3, 66; vgl. Sir. 13, 31 und Sir. 19, 26f. – **14** vgl. den Kommentar zu Quint. XI, 3, 84–124 von U. Maier-Eichhorn: Die Gestikulation in Quintilians Rhet. (1989). – **15** Quint. XI, 3, 161–169. – **16** Quint. XI, 3, 181. – **17** Lucian: Von der Tanzkunst [De saltatione]; in: SW übers. von C. M. Wieland, Bd. 4 (1789; ND 1971) 373–446, hier: 380. – **18** ebd. 429. – **19** ebd. 423. – **20** ebd. 426.

Literaturhinweise:
W. Déonna: L'expression des sentiments dans l'art grec (Paris 1914). – F. Grajew: Unters. zur Bedeutung der Gebärdensprache in der griech. Epik (Phil. Diss. 1934). – R. P. Sonkowsky: An Aspect of Delivery in Ancient Rhetorical Theory, in: Transactions and Proceedings of the American Philological Association 90 (1959) 256–274. – R. Brilliant: Gesture and Rank in Roman Art. The Use of Gestures to Denote Status in Roman Sculpture and Coinage (New Haven 1963). – G. Neumann: Gesten und G. in der griech. Kunst (1965).

II. Mittelalter, Humanismus, Renaissance. Überlegungen zu den G. vom Spätmittelalter bis zur Mitte des 16. Jh. sind geprägt durch 1) die Rezeption antiker Autoren, 2) die Bevorzugung der praktischen Vermittlung gegenüber der theoretischen Darstellung, 3) den geringen Umfang oder die häufige Aussparung innerhalb der Rhetorik und 4) die extreme Heterogenität in der Gebärdensprache. [1] Viele Werke zur Rhetorik und Homiletik behandeln die G. nur beiläufig, etwa G. Fichets ‹Rhetorica› (Paris 1471), G. Trapezuntius' ‹Rhetorica› (Venedig 1472), J. Reuchlins ‹Liber Congestorum de arte praedicandi› (1504), P. Melanchthons ‹De rhetorica libri tres› (1519), G. Cassanders ‹Tabulae breves et expeditae, in praeceptiones rhetorice› (Paris 1558), L. Bagliones ‹L'arte del predicare› (Venedig 1562), A. Valiers ‹De rhetorica ecclesiastica› (Paris 1575), G. J. Vossius' ‹Oratoriarum institutionum libri sex› (Dordrecht ²1609). [2] C. Soarez verkündet schon im Titel seiner ‹De arte rhetorica libri tres› (1540) die Kompilation aus den klassischen Quellen, das Kapitel «De gestu» umfaßt aber kaum zwei Seiten. [3] Viel ausführlicher widmet sich J. Willich in seinem ‹Liber de Pronunciatione rhetorica doctus & elegans› (1540) der *pronuntiatio*, zu der er von Anfang an außer der Stimme die G. zählt: «Nam non solum vocis ratio hic habetur, sed etiam vultus, gestus et cultus.» (Denn hier geht es nicht nur um die Stimme, sondern auch um Mimik, G. und Eleganz). [4] Eingängig werden die Bewegungen einzelner Gesichtsteile untersucht und durch ein historisches Kapitel «De aetate gestuum» [5] ergänzt. Mit der vereinfachten rhetorischen Klassifikation in *elocutio* und *pronuntiatio* bei P. Ramus gelangt die G. um die Mitte des 16. Jh. allgemein zu neuer Beachtung, O. Talon gibt in seiner ‹Rhetorica› (Paris 1552) sogar der *actio* vor der *elocutio* und in der Redepraxis der G. vor der Stimme den Vorzug. [6]

Das Ideal des *vir bonus dicendi peritus* wird mit den großen europäischen Hoftraktaten – B. Castigliones ‹Il libro del Cortegiano› (1528), G. della Casas ‹Galateus› (1552) oder S. Guazzos ‹La civil conversatione› (1574) – zunehmend von der Rhetorik auf die *philosophia practica* (*ethica* und *politica*) übertragen. Dadurch wird auch die G. in einer neuen Literaturgattung behandelt und erhält einen zweiten Platz im System des Wissens. In J. H. Alsteds ‹Encyclopaedia› (1630) findet sich ein Kapitel «De moderatione gestus» im rhetorischen und eine Auseinandersetzung mit «Actione seu gestu & habitu» im ethischen Teil über die «Civilis conversatio». [7] Innerhalb der *prudentia politica* gelangt die G. in der allgegenwärtigen Verstellungskunst und deren Dechiffrierung sowie in der höfischen Komplimentierkunst zu zentraler Bedeutung [8], deren Übertragung auf die Homiletik aus theologischer Sicht verworfen wird. In einem Tischgespräch über die G. der Prediger («gestus et schemata praedicatorum») bemerkt Luther dazu: «Es wil die welt betrogen sein, dartzu mus man geberde gebrauchen.» [9] Um 1600 beginnt man allmählich mit der psychologischen Erforschung der Gebärdensprache, T. Wright erklärt in ‹The Passions of the Minde› (London 1601) die *«Discoverie of Passions in gesture»* zu einem Thema, das ein ganzes Buch erfordern würde [10], etwa eines wie J. Bulwers ‹Pathomyotomia or a Dissection of the significative Muscles of the Affections of the Minde› (London 1649). Hier findet sich die These für die Erklärung der G. aus Muskelbewegungen, *«that a Muscle is the proper and adequate Agent of the voluntary & pathetical motions of the mind, outwardly expressed in the Body»* (daß ein Muskel die willkürlichen und leidenschaftlichen Gemütsbewegungen angemessen verkündet und im Körper ausdrückt). [11]

Anmerkungen:
1 vgl. D. Knox: Late medieval and renaissance ideas on gesture, in: V. Kapp (Hg.): Die Sprache der Zeichen und Bilder. Rhet. und nonverbale Kommunikation in der frühen Neuzeit (1990) 11–39. – **2** Knox [1] wertet neben diesen Quellen noch eine ganze Reihe von verstreuten hs. Traktaten zur Rhetorik (mit genauen Standortnachweisen) aus. – **3** C. Soarez: De arte rhetorica libri tres (1540) 164f. – **4** J. Willich: Liber de Pronunciatione rhetorica doctus & elegans (1540) 5. – **5** ebd. 32–34. – **6** Knox [1] 21f.; Knox nennt u. a. folgende weitere Quellen: M. Junius: Methodus eloquentiae comparandae, scholis aliquot rhetoricis tradita (Straßburg 1585) 26f., 152–154; ders.: Artis dicendi praecepta (Straßburg 1590) 409–451; L. Carbone: Divinus orator (Venedig 1611) 359–374; W. Zepper: Ars habendi et audiendi conciones sacras (1598) 267–272; P. Aresi: Arte di predicar bene (Venedig 1611) 725–757; B. Keckermann: Opera omnia (Genf 1614) II.1, 1569–1581, II.2, 40ff.; J. H. Alsted: Rhetorica (1616) 418–464; K. Dieterich: Institutiones rhetoricae (1616) 159–168. – **7** J. H. Alsted: Encyclopaedia septem tomis distincta (1630), hg. von W. Schmidt-Biggemann (1989) Bd. 1, 397f.; Bd. 3, 1331–1335. – **8** vgl. A. Buck: Die Kunst der Verstellung im Zeitalter des Barocks, in: FS der wiss. Gesellsch. an der J. W. Goethe-Universität Frankfurt (1981) 85–103; Quellenhinweise bei E. Bonfatti: Verhaltenslehrbücher und Verhaltensideale, in: Dt. Lit. Eine Sozialgesch. hg. H. A. Glaser, 3 (1985) 74–87. – **9** M. Luther: Krit. Gesamtausg. Abt. II: Tischreden, Bd. 4 (1916) 405 (Nr. 4619). – **10** T. Wright: The Passions of the Minde (London 1601; ND 1973) 209. – **11** J. Bulwer: Pathomyotomia or a Dissection of the significative Muscles of the Affections of the Minde (London 1649) 3.

Literaturhinweise:
W. Habicht: Die G. in engl. Dichtung des MA (1959). – A. Roeder: Die G. im Drama des MA. Osterfeiern. Osterspiele (1974). – R. G. Benson: Medieval Body Language. A Study of the Use of Gesture in Chaucer's Poetry (Kopenhagen 1980). – R. Schmidt-Wiegand: Gebärdensprache im mittelalterl. Recht, in: Frühmittelalterl. Stud. 16 (1982) 363–379. – D. Bevington: Action is Eloquence. Shakespeare's Language of Gesture (Cambridge/Mass., London 1984). – R. Muchembled: Pour une histoire des gestes (XVe–XVIIIe siècle), in: Revue d'histoire moderne et contemporaine 34 (1987) 87–101. – J.-C. Schmitt: La raison des gestes dans l'occident médiéval (Paris 1990; dt. 1992). – M. J. Schubert: Zur Theorie des Gebarens im MA.

Analyse von nichtsprachl. Äußerung in mhd. Epik, Rolandslied, Eneasroman, Tristan (1991). – H. Wenzel: Szene und G. Zur visuellen Imagination im Nibelungenlied, in: ZfdPh 111 (1992) 321–343.

III. Barock, Frühaufklärung. Auch in der Barockrhetorik gibt man der praktischen Erlernung der *actio* gegenüber einem theoretischen Regelwerk den Vorzug, die Hinweise auf die G. sind meist entsprechend spärlich. [1] Die Ausbildung erfolgt im barocken Schulactus und im Schuldrama. Der mündliche Unterricht wird häufig gegen das Studium von Schriften ausgespielt. HARSDÖRFFER erklärt in seinen ‹Frauenzimmer Gesprächspielen› (1641–49): «Die Rede ist begleitet mit beweglichen Geberden / mit [...] des gantzen Leibes nachdrükklichster Begeisterung und Beyhülffe. Hingegen ist der todte Buchstab ohne Bericht / ohne Eifer und Wortklang» [2]. Für ihn ist «die Gemütsbeschaffenheit die Vrsach der Sitten und Geberden / welche natürlich.» [3] Bei Harsdörffer, wie in seiner Quelle ‹L'Arte de Cenni› (1616) von G. BONIFACIO [4], finden sich Hinweise zu G. der nach Quintilian vom Kopf bis zu den Füßen geordneten Körperteile. [5] Die Notwendigkeit des Vortrags für den Redner hebt MEYFART im zweiten Teil seiner ‹Teutschen Rhetorica oder Redekunst› (1634) hervor. Denn auch die «schlimmste Rede [...] / kann durch eine artige Außsprechung und vernüngftige Gebehrden ein solches Ansehen bekommen / daß man sich darüber verwundert.» [6] Die «Geberden schaffen den größten Nutzen / wenn sie sparsam angewendet werden / mit den Worten und Sachen sich gatten». [7] Wie dies im einzelnen geschehen soll, führt Meyfart in den folgenden Kapiteln über die Augen, den Mund, die Arme, Hände und Finger, die Brust und die Füße aus. [8] Er folgt damit der klassischen Gliederung des Körpers, die etwa noch F. LANG seiner für die theatralischen Redeübungen auf der Schulbühne konzipierten ‹Dissertatio de actione scenica› (1727) zu Grunde legt. [9]

Ende des 17. Jh. mehren sich die Vorbehalte gegen eine theoretisch-rhetorische Vermittlung der Gebärdensprache, noch die Lehrbücher der frühen Aufklärung geben nur knappe Hinweise zur *actio*. [10] WEISE, der *actio* und *pronuntiatio* «mehrentheils den Oratoribus practicis anheimgestellet» [11] sieht und deshalb nicht in sein ‹Oratorisches Systema› (1707) aufnimmt, legt die Schulung der G. in die Hand der Tanzmeister und Komödianten und vertraut auf jene schon von Demosthenes empfohlene praktische Selbstbeobachtung vor einem Spiegel: «In diesem bessern wir die Freyheit in Geberden», heißt es zum Titelkupfer seiner Lustspielsammlung ‹Freymüthiger und höfflicher Redner› (1693). [12] Weises idealer Redner soll «freymüthig / ungezwungen / und also zu sagen ein Dollmetscher seines Hertzens» sein [13], der im Zweifelsfall «offtmals besser keine als ungeschickte und unangenehme Minen zu gebrauchen» weiß. [14]

Während die Aufmerksamkeit für die G. in den rhetorischen Lehrbüchern abnimmt, wird sie verstärkt in der Anstands- und Konversationsliteratur als «Hofberedsamkeit» [15] diskutiert. Die Kontrolle der G. wird im Zeitalter der Verstellungskunst zum Hauptbestandteil der *prudentia politica* für die öffentliche und der *prudentia civilis* für die private Sphäre. Das Hofleben fordert einerseits vorschriftsmäßige Stellungen und zierliche G., andererseits kann jede Abweichung zur Ausforschung fremder Gemüter dienen. Als «Lüge» bezeichnet es J. G. SCHOTTELIUS in seiner ‹Ethica› (1669), «wan einer freiwillig und aus Vorsatz anders redet oder schreibet / als ers meinet / anders sich gebärdet / in äusserlicher Bezeigung anders sich verhält und erweiset / als er gedenket». [16] Zur Dechiffrierung von Lüge und Verstellung wird eine «*Prudentia cardiognostica*» [17] entwickelt, die C. THOMASIUS unter dem programmatischen Titel: ‹neue Erfindung einer wohlgegründeten und für das gemeine Wesen höchstnöthigen Wissenschafft das Verborgene des Hertzens anderer Menschen auch wider ihren Willen aus der täglichen Conversation zu erkennen› (1691) ankündigt. Darin lehrt er, daß derjenige, der «seine Affekte zu verbergen sucht, affektiert und folglich gezwungen» wirke. [18] Um zu begreifen, «wie in der Rede / im Gange / in den Geberden / Kleidern und Belustigungen gewisser Personen / ja in allen ihren Thun und Bewegungen gewisse Kennzeichen ihrer Sitten verborgen» sind [19], gilt es, die Beobachtungen in einem tabellarischen System einer bestimmten Mischung von den Affekten oder den humoralpathologisch verstandenen Temperamenten zuzuordnen. Der biblische Topos «Denn weß das Hertz voll ist / deß gehet der Mund über» [20] wird zu Beginn des 18. Jh. zunehmend auch auf die *eloquentia corporis* übertragen, beobachtet werden in der Gemütsausforschung deshalb bevorzugt «Reden / Minen / Gebährden». [21] Als Grundlage dafür gilt seit Thomasius die Selbsterkenntnis, häufig gefordert mit dem Topos *nosce te ipsum et alios*. [22] Um der leichtsinnigen Selbstoffenbarung umgekehrt zu entgehen, besinnt man sich in Texten der 'galanten Ethica' gerne wieder auf bewährte rhetorische Kategorien: «Zudem erfordert das Decorum, sich anständiger Sitten und Geberden zu bedienen, weil dannenhero auf artige Minen, und dergleichen tugendhaffte und ungezwungene Wercke viel ankömmt.» [23] Diese Lehren setzen sich in den moralischen Wochenschriften [24] und bis über GELLERT hinaus fort, der in seinen ‹Moralischen Vorlesungen› (1770) «*Wohlanständigkeit*» «in Ansehung der Geberden und Stellungen unseres Körpers» [25] fordert, die sich durch «ein Herz voll Religion und Tugend» [26] von selbst einstellen werde. Bis zur Erreichung solcher Ideale empfiehlt A. v. KNIGGE wohl zeitgemäßer die Kontrolle der G., denn die «Hofleute lesen besser Minen, als gedruckte Sachen». [27]

Gegen die tabellarische Zuordnung äußerer Merkmale zu bestimmten Charakteren, wie sie die Temperamentisten vornehmen, wendet sich eine neue Form der Seelenlehre. Für C. WOLFF «zeigen die Veränderungen der Minen und Geberden [...], daß das Flüßige in den Nerven eine ausserordentliche Bewegung hat.» [28] Zur systematischen Erforschung dieser Zusammenhänge fordert er eine – im Gegensatz zur älteren Physiognomik – auf deutlicher Erkenntnis basierende «Wissenschafft, die zur Zeit noch unbekand ist, von der Ubereinstimmung der Minen und Geberden mit den natürlichen Neigungen». [29] Die freien, natürlichen G., die Wolff – wie besonders wirkungsvoll schon J.-B. DUBOS [30] – von den gezwungenen unterscheidet, dienen zunehmend zur Aufdeckung höfischer Verstellungskunst. Entscheidend dabei ist, daß die seelenkundliche Erklärung der Gebärdensprache die moralische Kritik an der *dissimulatio* immer stärker ergänzt. Die Anthropologie des 18. Jh. knüpft daran an und erweist schließlich theoretisch das Scheitern des barocken Verstellungskonzeptes. [31]

Anmerkungen:

1 vgl. G.J. Vossius: Rhetorices contractae, sive partitionum oratoriarum, libri quinque (1655) 428f. [De corporis motu];

E. Uhse: Wohlinformirter Redner (²1712; ND 1974) 340f. – **2** G. P. Harsdörffer: Frauenzimmer Gesprächspiele VII (1647), hg. von I. Böttcher (ND 1969) 35f. – **3** ebd. 468. – **4** vgl. E. Bonfatti: Vorläufige Hinweise zu einem Hb. der Gebärdensprache im dt. Barock, in: J. P. Strelka, J. Jungmayr (Hg.): Virtus et Fortuna. Zur Dt. Lit. zwischen 1400 und 1720, FS für H.-G. Roloff (1983) 393–405. – **5** vgl. E. Locher: Harsdörffers Deutkunst, in: I. M. Battafarano (Hg.): Georg Philipp Harsdörffer. Ein dt. Dichter und europ. Gelehrter (1991) 243–265, bes. 261–263. – **6** J. M. Meyfart: Teutsche Rhetorica oder Redekunst, 2. B. (1634; ND 1977) 2. – **7** Ebd. 39. – **8** ebd. 42–54; vgl. auch J. C. Männling: Expediter Redner (1718; ND 1974) 278–280. – **9** vgl. F. Lang: Dissertatio de Actione Scenica (1727), mit Übers. hg. von A. Rudin (1975). – **10** vgl. E. Uhse: Wohl-informirter Redner (⁵1712; ND 1974) 340f.; F.C. Baumeister: Anfangsgründe der Redekunst (1754; ND 1974) 57f.; J. G. Lindner: Kurzer Inbegrif der Aesthetik, Redekunst und Dichtkunst (1771; ND 1971) 396–398. – **11** C. Weise: Oratorisches Systema, darinne die vortreffliche Disciplin in ihrer vollkommenen Ordnung aus richtigen Principiis vorgestellet (1707) 7. – **12** vgl. ders.: Freymüthiger und höfflicher Redner (1693) [a2ʳ], auch in: SW 12.2, hg. von J. Lindberg (1986) 391. – **13** ebd. 407. – **14** ebd. 417. – **15** vgl. G. Braungart: Hofberedsamkeit. Stud. zur Praxis höfisch-polit. Rede in der Territorialabsolutismus (1988). – **16** J. G. Schottelius: Ethica. Die Sittenkunst oder Wollebenskunst (1669), hg. von J. J. Berns (1980) 525. – **17** C. A. Heumann: Der polit. Philosophvs, das ist, vernunfftmäßige Anweisung zur Klugheit im gemeinen Leben (1724; ND 1972) 55. – **18** C. Thomasius: Erfindung der Wiss. anderer Menschen Gemüt zu erkennen, in: F. Brüggemann (Hg.): Aus der Frühzeit der dt. Aufklärung: C. Thomasius und C. Weise (1938) 70. – **19** C. Thomasius: Kurtzer Entwurff der Politischen Klugheit / sich selbst und andern in allen Menschlichen Gesellschafften wohl zu rathen / und zu einer gescheiden Conduite zu gelangen (1710; ND 1971) 103 (§ 76). – **20** vgl. Mt 12,34; Lk 6,45. – **21** J. G. Gregorius: Curieuser Affecten-Spiegel / oder auserlesene Cautelen und sonderbahre Maximen, die Gemüther der Menschen zu erforschen / und sich darnach vorsichtig und behutsam auf zuführen (1715) 73f. – **22** vgl. J. G. Leutmann: Nosce te ipsvm et alios oder die Wissenschaft Sich Selbst und anderer Menschen Gemüther zu erkennen (1724). – **24** J. C. Barth: Die galante Ethica (1728) 56. – **24** vgl. z. B. Der Gesellige, Bd. 6, 269. Stück (1750), hg. von W. Martens (1987) 369–384; Der Redliche, Bd. 2, 20. Stück (1751) 305–317. – **25** C. F. Gellert: Moralische Vorlesungen, in: GS, Bd. 6, hg. von S. Späth (1992) 151. – **26** ebd. 153. – **27** A. Frhr. v. Knigge: Ueber den Umgang mit Menschen (1788), in: SW, hg. von P. Raabe, Bd. 10 (1978) 74 [612]. – **28** C. Wolff: Vernünfftige Gedancken von Gott, der Welt und der Seele des Menschen, auch allen Dingen überhaupt (1751; ND 1983) 273. – **29** C. Wolff: Vernünfftige Gedanken von der Menschen Thun und Lassen (1733; ND 1976) 139 (§ 216). – **30** vgl. die in Anlehnung an Cicero und Quintilian vorgenommene Differenzierung in «gestes naturels» und «gestes artificiels» in J.-B. Dubos' ‹Réflexions critiques sur la Poésie et sur la Peinture› (1719); in der Übers. von G. E. Lessing: Des Abts Dubos Ausschweifungen von den theatral. Vorst. der Alten, Werke, J. Petersen, W. v. Olshausen (Hg.), Bd. 13 (o. J.) 232–394, hier: 344. – **31** vgl. A. Košenina: Wie die ‹Kunst von der Natur überrumpelt› werden kann: Anthropologie und Verstellungskunst, in: J. Barkhoff, E. Sagarra (Hg.): Anthropologie und Lit. um 1800 (1992) 53–71.

Literaturhinweise:
J. R. Knowlson: The Idea of Gesture as a Universal Language in the XVIIth and XVIIIth Century, in: J. of the History of Ideas 26 (1965) 495–508. – P. Dubois, Y. Winkin (Hg.): Rhétoriques du corps (Brüssel 1988). – R. Campe: Affekt und Ausdruck. Zur Umwandl. der lit. Rede im 17. und 18. Jh. (1990). – V. Kapp (Hg.): Die Sprache der Zeichen und Bilder. Rhet. und nonverbale Kommunikation in der frühen Neuzeit (1990). – U. Geitner: Die Sprache der Verstellung. Stud. zum rhet. anthropologischen Wissen im 17. und 18. Jh. (1992).

IV. *18. Jahrhundert.* Weises Forderung nach Natürlichkeit wird von der antibarocken Kritik der frühen Aufklärungsrhetorik verstärkt. Für F. A. Hallbauer folge der Redner «seiner Natur, und affektire in nichts, so wird er eine gute und angenehme Action haben». [1] Die besten G. stellen sich ohne Nachdenken ein, «denn so bald man einen *gestum* mit Fleiß macht, so bald verfällt man auf ein affektirtes Wesen.» [2] Im Unterschied zum Prediger und Schulredner sollen aber politische Redner «Ehrerbietung, Demuth und Gravität zeigen, daher müssen alle ihre Geberden damit überein kommen.» [3] Diese gegen seine Idealvorstellungen sich durchsetzende *prudentia politica* findet sich in Hallbauers ‹Anleitung zur politischen Beredsamkeit› (1736) fortgeführt. [4] Auch J. C. Männling und J. A. Fabricius halten nichts von Regeln für die Gebärdensprache und heben die Wirkung des Gesichts, das «sehr wohl die Geberden exprimirt» [5] und «von dem inwendigen affect des redners am meisten zeugen» kann [6], sowie der Augen, «dadurch die besten gestus gewiesen» [7] werden, hervor. Gottsched baut in seiner ‹Redekunst› (1736) zwar weiter auf «die natürlichen Gaben» und «eine ungezwungene Freyheit in Minen und Gebärden» [8], betont aber zugleich die notwendige Kontrolle der Leidenschaften und warnt vor dem «Röcheln, Keichen, Husten und Speyen». Die G. sind so einzurichten, «daß man auch zu rechter Zeit, nämlich bey verdrüßlichen Leidenschaften, einen strengen und fürchterlichen Blick in seiner Gewalt habe». [9]

Seit etwa 1740 etabliert sich in normativer wie deskriptiver Hinsicht die Auffassung von der Notwendigkeit der G. zum Verständnis der Rede, die häufig als Argument von den zwei Sprachen vorgetragen wird. Aus der Perspektive des Redners erklärt etwa J. J. Bodmer, der die Sprache der Passionen für eine «universal-Sprache» hält [10]: «wer seine Reden mit der gehörigen Gebehrdung begleitet, der erkläret sich in zwoen Sprachen auf einmahl, und läßt den Zuhörer seine Meinung nicht alleine hören, sondern giebt sie ihm auch zu sehen». [11] Aus der Sicht des Zuhörers macht J. M. Chladenius – in der Überzeugung, «daß die Geberden dessen, der redet, zum Verstande der Rede etwas beytragen» werden [12] – die Betrachtung der *eloquentia corporis* zur Grundvoraussetzung einer 'richtigen Auslegung': «Aufgeschriebene Reden sind nicht so verständlich, als wenn sie angehöret werden, wegen der Abwechselung der Stimme, der Minen und Stellungen des Leibes, die nicht mit angemerckt werden. Dannenhero haben aufgeschriebene Reden eine Auslegung nöthig.» [13] Sie bedarf eines Augenzeugen oder der Bekanntschaft des Interpreten mit der Gebärdensprache des jeweiligen Redners. Das Mißtrauen gegenüber dem Wort und der Schrift äußert sich auch bei anderen Autoren zunehmend in einer Aufwertung der Gebärdensprache und des Ausdrucks durch Töne. Während dieser – in Anknüpfung an die Lehre von der *pronuntiatio* – in der Musikästhetik diskutiert wird, findet die G. als natürlicher Ausdruck des Herzens Anwendung in der dramatischen Poesie, im Tanz und in der Pantomime. Die Reihe von Kunsttheoretikern, die der G. ein Vorrecht gegenüber dem Wort zuerkennen, reicht von C. Batteux, der 1746 «das Wörterbuch der einfältigen Natur» allein mit G. und Tönen gefüllt sieht und diese gegen die «eingeführte Sprache» der vernünftigen Rede ausspielt [14] – über H. Home [15] bis zu J. G. Sulzer, für den selbst «der beredteste Ausdruck der Worte» nie an jene «so genaue und lebhafte Abbildung des innern Zustandes der Menschen» mittels

G. heranreicht.[16] Noch NOVALIS nennt 1798 «die Geberdensprache des Gesichts [...] ein *fertiges, treffendes* und *idealisirendes* Sprachorgan.»[17] Zweifel an den Darstellungsmöglichkeiten der Gebärdensprache meldet hingegen J. A. EBERHARD an und beschränkt sie deshalb auf ihre «Versinnlichungskraft» innerhalb der Kunst.[18]

Das in der zweiten Hälfte des 18. Jh. immer stärker hervortretende Interesse an Psychologie und Anthropologie erfaßt in vielen Bereichen auch die Diskussion über die G. So erhebt C. GARVE die «Geberdensprache» mit zum poetischen Abgrenzungskriterium der antiken von der modernen Literatur, da gerade durch sie der Perspektivenwechsel von der Schilderung des äußeren Menschen zur Darstellung seiner inneren Geschichte deutlich wird. Die modernen – bevorzugt dramatischen – Dichter zergliedern einen Charakter psychologisch und sondern auch mit Hilfe der Gebärdensprache «in dem Gemälde der menschlichen Seele die Züge, die in Eins verlaufen waren, von einander ab, und lassen die geheimern kleinen Triebfedern einzeln vor unsern Augen spielen».[19] Sie nutzen also jene «Vorteile der dramatischen Methode, die Seele gleichsam bei ihren geheimsten Operationen zu ertappen»[20], die SCHILLER in seinen Dramen anwendet. Aus ähnlichen Überlegungen leitet J. J. ENGEL für die Darstellung von Handlungen in der Erzählung die Forderung ab, die Schilderung von «körperlichen Veränderungen, [...] insoferne [...] sie durch die Seele bewirkt werden, die Seele ausdrücken», mit einzubeziehen.[21] Deshalb müsse der Erzähler, «sobald es auf Schilderung der Seele ankömmt, ins Dramatische», also Dialogische, übergehen.[22] Die Anwendung des hier angelegten Ausdruckskonzepts auf die Schauspielkunst leistet Engel durch seine grundlegenden ‹Ideen zu einer Mimik› (1785/86), die er als Ausformulierung von Lessings Plänen vorstellt. LESSING definiert in seinem Fragment ‹Der Schauspieler› (um 1754) G. oder «Oratorische Bewegungen» als «alle diejenigen Veränderungen des Körpers oder seiner Theile in Ansehung ihrer Lage und Figur, welche mit gewissen Veränderungen in der Seele harmonisch seyn können.»[23] Engel führt Lessings Andeutungen aus den ersten Stücken der ‹Hamburgischen Dramaturgie› aus, indem er in seiner ‹Mimik› die psychologischen Grundlagen der Gebärdensprache erforscht. Er fragt, «wie sich jede Seelenveränderung, *einzeln betrachtet,* im Körper äußre? und: nach welchen Gesetzen der Ausdruk einer ganzen *Reyhe* derselben erfolge?»[24] Wie schon Cicero bevorzugt Engel die *significatio* oder ausdrückende G. gegenüber der *demonstratio* oder malenden G. Denn ähnlich wie in seinem Essay ‹Ueber die musikalische Malerey› (1780) geht es ihm in seiner psychologisch-introspektiven Kunstlehre nicht um Malerei, also die «sinnliche Darstellung der Sache selbst, welche die Seele denkt», sondern um Ausdruck, die «sinnliche Darstellung der Fassung, der Gesinnung, womit sie sie denkt.»[25] Dafür entwirft er eine Phänomenologie von G. als Ausdruck einzelner Seelenzustände, die durch Kupferstiche näher erläutert werden. Sein Ziel ist, die «Gebehrdenkunst» als Theorie von der «Kenntnis des Menschen» zu betreiben.[26] Aus vergleichbarer, psychologisch aber weniger fundierter Perspektive fordert schon J. G. NOVERRE in seinen ‹Lettres sur la danse, et sur les ballets› (1760) für die Tanzkunst: «die Gebehrden müssen blos das Werk der Seele, und die unmittelbare Eingebung ihrer Regungen seyn.»[27] Gegenüber der Sprache sind sie wie «ein Blitz, der aus dem Herzen fährt, [...] den Knall der Leidenschaften verkündigt, und uns gleichsam die Seele nackend sehen läßt.»[28]

Auch die Rhetorik verschließt sich nicht der neuen Seelenkunde. Das gilt besonders für die englische Theorieentwicklung, die sich in enger Verbindung zum philosophischen Sensualismus, etwa H. Homes, vollzieht. So erscheint G. CAMPBELLS ‹Philosophy of Rhetoric› (1776) als ein anthropologisches Werk, in dem erläutert wird, «was durch die Gesezze der Aesthetik und einer wahren Kentnis des Menschen und seiner Leidenschaften, so wie seiner ganzen Art zu denken und zu empfinden, dem Redner zu seinen Zwecken zu wissen und zu thun nöthig ist.»[29] Wie Campbell und schon J. Mason[30] empfiehlt J. WALKER in seinen ‹Elements of Elocution› (1781) Menschen genau zu beobachten, besonders auch die G., denn «every passion, emotion, and sentiment, has a particular attitude of the body, cast of the eye, and tone of the voice that particularly belongs to that passion, emotion, or sentiment» (jeder Leidenschaft, Gemütsbewegung und Empfindung entspricht eine eigentümliche Körperhaltung, der Blick und die Stimme, die ihnen genau zugehören).[31] Ähnliche Argumente finden sich in H. BLAIRS ‹Lectures on Rhetoric and Belles Lettres› (1788).[32] In Deutschland hält SULZER in seiner ‹Theorie und Praktik der Beredsamkeit› (1786) die G. für «eine so genaue und lebhafte Abbildung des innern Zustandes des Menschen, daß man ihre Empfindungen dadurch weit besser erkennet, als der beredteste Ausdruck der Worte sie zu erkennen geben würde.»[33] J. G. E. MAASS fordert in seinem ‹Grundriß der allgemeinen und besondern Rhetorik› (1798), «der körperlichen Beredsamkeit [...] ein psychologisches Princip zum Grunde» zu legen.[34]

In der medizinisch-psychologischen Fachliteratur haben die G. seit DESCARTES' Kapiteln über die «signes exterieurs de ces passions» in seinem Traktat ‹Les passions de l'âme› (1649)[35] ihren festen argumentativen Ort in der Auseinandersetzung um das *commercium mentis et corporis* und die Willkürbewegungen. Besonders die Anhänger des psychophysischen Einflusses (Influxionisten) verweisen auf die G. zum Beweis für die Wechselwirkungen zwischen Seele und Körper. Zunächst versucht man durch die Erforschung der Muskelbewegungen eine Grundlage für die alte mantische Disziplin der Physiognomik zu finden. J. PARSONS beschränkt sich 1746 auf die genaue Zergliederung der Gesichtsmuskulatur, um die Überzeugung, «that the Countenance is the *Nuncio* of the Mind» (daß der Gesichtsausdruck der Bote des Gemüts ist)[36], zu begründen. Wie Parsons lassen sich auch J. F. ISENFLAMM[37] und J. C. A. MAYER[38] auf keine metaphysischen Überlegungen über die Seele ein. Dafür widmen sich die philosophischen Ärzte der G. als einer «Seelenzeichenkunde», wie sie K. P. MORITZ in seinem ‹Magazin zur Erfahrungsseelenkunde› (ab 1783) nennt. Anthropologen, im Sinne ihres Wortführers E. PLATNER, untersuchen, wie aus «den lebhaften Bewegungen der Lebensgeister in allen Nerven des Körpers» die «Leichtigkeit, freywillige Bewegung und Stärke in den willkührlichen Muskeln, besonders des Gesichts», entstehen.[39] Dabei bringen sie aber in dem berühmten Streit um die Physiognomik gegen Lavaters feste Formen immer stärker die pathognomischen Bewegungen der G. zur Geltung, wie sie J. C. LICHTENBERG einführt: «Ohnstreitig gibt es eine unwillkürliche Gebärden-Sprache, die von den Leidenschaften in allen ihren Gradationen über die ganze Erde geredet wird.»[40] Die Stimmen vieler anderer Kritiker faßt schon früh C. Garve durch die Bemerkung zusammen, daß man über eine Person nur «mit allen ihren Bewegungen, Minen, Geberden zusammen genommen einen etwas sichern Schluß auf ihren Charakter machen» kann. [41] Zugleich teilen aber die meisten Autoren die Auffassung, daß sich bestimmte G. durch häufige Wiederholung habitualisieren. Das gilt auch für J. F. ABEL [42] und seinen Schüler SCHILLER, der in seiner medizinischen Dissertation (1781) auch nach dem «Nervenzusammenhang» sucht, durch den «die geheimsten Rührungen der Seele auf der Aussenseite des Körpers geoffenbahrt» werden. [43]

Sonderformen der Gebärdensprache, die kaum noch etwas mit der rhetorischen Wirkungsintention zu tun haben, bilden die Zeichensprachen, die im 18. Jh. von englischen Entdeckungsreisenden zur Minimalverständigung mit Eingeborenen und allgemeiner für die Gehörlosen entwickelt werden. Hier sind G. ausschließlich «bewußt vorgenommene Bewegungen des Körpers». [44] Um 1750 verbinden sich mit den Studien über Taubstumme von Condillac und Diderot Entwürfe zu Handalphabeten des 17. Jh. und führen 1755 zur Gründung der ersten Schule für Gehörlose durch C.-M. de l'Epée in Frankreich. [45] Heute verfügt man über genaue Wörterbücher für diese Form der Gebärdensprache [46], erforscht ihre Grammatik [47] oder ihre neurophysiologischen Grundlagen [48] und entwickelt internationalisierte Notationssysteme. [49] Durch das ›Zentrum für deutsche Gebärdensprache‹ in Hamburg ist diese Richtung inzwischen als eigene wissenschaftliche Disziplin institutionalisiert.

Anmerkungen:
1 F. A. Hallbauer: Anweisung zur verbesserten teutschen Oratorie (1725; ND 1974) 562. – **2** ebd. 563. – **3** ebd. 564. – **4** vgl. F. A. Hallbauer: Anleitung zur polit. Beredsamkeit (1736; ND 1974), 345–351. – **5** J. C. Männling: Expediter Redner und deutliche Anweisung zur galanten Dt. Wohlredenheit (1718; ND 1974) 278f. – **6** J. A. Fabricius: Philos. Oratorie, das ist: Vernünftige Anleitung zur gelehrten und galanten Beredsamkeit (1724; ND 1974) 536. – **7** Männling [5] 279. – **8** J. C. Gottsched: Ausführliche Redekunst. Erster, allg. T. (nach der 5. Aufl. 1759), in: Ausg. Werke, hg. von P. M. Mitchell, Bd. 7/I (1975) 436. – **9** ebd. 441. – **10** J. J. Bodmer, J. J. Breitinger: Die Mahler, oder Discourse von den Sitten der Menschen, 4. T. (1723) 46f. – **11** J. J. Bodmer: Crit. Betrachtungen über die poetischen Gemählde der Dichter (1741; ND 1971) 290. – **12** J. M. Chladenius: Einl. zur richtigen Auslegung (1742; ND 1969) 111 (§ 197); vgl. G. F. Meier: Versuch einer allgemeinen Auslegungskunst (1757; ND 1965) 72 (§ 133). – **13** ebd. 113 (§ 202). – **14** C. Batteux: (Les beaux-arts réduits a un même principe, 1746) Einschränkung der schönen Künste auf einen einzigen Grundsatz, Bd. 1 (³1770) 392. – **15** H. Home: Elements of Criticism (1762), Cap. XV: «External Signs of Emotions and Passions»; vgl. die Übers.: Grundsätze der Kritik, Bd. 1 (1772) 560–592. – **16** J. G. Sulzer: Art. ‹Gebehrden›, in: Allg. Theorie der schönen Künste II (1775) 597. – **17** Novalis: Werke, Tagebücher und Br. F. v. Hardenbergs, Bd. 2, hg. von H.-J. Mähl (1978) 400. – **18** vgl. J. A. Eberhard: Hb. der Ästhetik, 3. T. (²1814) 140–163, hier: 163. – **19** C. Garve: Betrachtung einiger Verschiedenheiten in den Werken der ältesten und neuern Schriftsteller, besonders der Dichter (1770), in: Popularphil. Schriften, hg. von K. Wölfel, Bd. 1 (1974) 78. – **20** Schiller: Werke. Nationalausg. 3 (1953) 5. – **21** J. J. Engel: Über Handlung, Gespräch und Erzählung, hg. von E. T. Voss (1964) 25. – **22** ebd. 63. – **23** Lessing: Sämtl. Schriften, hg. von K. Lachmann, F. Muncker 14 (1898) 180. – **24** J. J. Engel: Ankündigung einer Mimik, in: Der Teutsche Merkur (1782) 180. – **25** J. J. Engel: Ideen zu einer Mimik, 1. T. (1785) 79 (8. Br.). – **26** ebd. 23 (2. Br.). – **27** J. G. Noverre: Briefe über die Tanzkunst und über die Ballette (1769; ND 1981) 15. – **28** ebd. 147f. – **29** G. Campbell: Die Philos. der Rhet. (1791) 2ʳ–2ᵛ. – **30** J. Mason: An Essay on Elocution, or Pronunciation (London 1748) 30–39. – **31** J. Walker. Elements of Elocution, Bd. 2 (London 1781) 264. – **32** H. Blair: Lectures on Rhetoric and Belles Lettres, Bd. 2 (Basel 1788) 386–408. – **33** J. G. Sulzer: Theorie und Praktik der Beredsamkeit (1786) 247 (§ 71). – **34** J. G. E. Maaß: Grundriß der allg. und besondern Rhet. (1798) 271 (§ 246). – **35** R. Descartes: Die Leidenschaften der Seele, franz.-dt. (1984) 170–207 (Art. 112–136). – **36** J. Parsons: Human Physiognomy Explained: in the Crounian Lectures on Muscular Motion, in: Philosophical Transactions 44 (1746; ND New York 1963), Suppl. 33. – **37** vgl. J. F. Isenflamm: Versuch einiger prakt. Anm. über die Muskeln (1778) § 127–143. – **38** J. C. A. Mayer: Beschreibung des ganzen menschlichen Körpers, Bd. 3 (1784). – **39** E. Platner: Anthropologie für Aerzte und Weltweise (1772) 239 (§ 693). – **40** G. C. Lichtenberg: Über Physiognomik; wider die Physiognomen, in: Schriften und Br., hg. von W. Promies, Bd. 3 (1972) 278. – **41** Garve an Weiße, 19. Okt. 1774, in: Br. von C. Garve an C. F. Weiße und einige andere Freunde, Bd. 1 (1803) 83. – **42** vgl. J. F. Abel: Ueber das Daseyn, Nuzen und Methode der Physiognomik, in: ders.: Slg. und Erklärung merkwürdiger Erscheinungen, 1. T. (1784) 165–201. – **43** F. Schiller: Werke. Nationalausg. 20.I (1962) 68. – **44** G. Rammel: Die Gebärdensprache. Versuch einer Wesensanalyse (1974) 5. – **45** vgl. N. Mirzoeff: Body Talk: Deafness, Sign and Visual Language in the Ancien Régime, in: Eighteenth-Century Studies 25 (1992) 561–585. – **46** G. Maisch, F.-H. Wisch: G.-Lex. Bd. 1: Grundgebärden, Bd. 2: Mensch (1988). – **47** S. Prillwitz u. a.: Skizzen zu einer Grammatik der dt. Gebärdensprache (1985). – **48** vgl. H. Poizner, E. S. Klima, U. Bellugi: What the Hands Reveal about the Brain (Cambridge, Mass./London 1987) – **49** S. Prillwitz u. a.: HamNoSys. Version 2.0 (1989).

Literaturhinweise:
G. Ballhausen: Der Wandel der G. auf dem dt. Theater im 18. Jh. Dargestellt an den Gebärdenbüchern (Phil. Diss. 1955). – S. Ewert: Die G. im Melodrama Lenardo und Blandine von Joseph Franz von Goetz (Phil. Diss. 1978). – D. Barnett: The Art of Gesture: The practices and principles of 18th century acting (1987) [mit kommentierter Quellenbibliographie]. – E. Fischer-Lichte: Semiotik des Theaters, Bd. 2: Vom ‹künstlichen› zum ‹natürlichen› Zeichen. Theater des Barock und der Aufklärung (²1989). – D. Bachmann-Medick: Mimik und Gestik als sozial-ästhetische Handlungsweisen in der Popularphil. des 18. Jh., in: A. Montandon (Hg.): Über die dt. Höflichkeit (1991) 141–157. – A. Košenina: Anthropologie und Schauspielkunst. Stud. zur ›eloquentia corporis‹ im 18. Jh. (1995).

V. 19. und 20. Jahrhundert. Um 1800 etabliert sich die Gebärdensprache im Sinne von Engels Ausdruckskonzept [1], die Begriffe ‹G.› und ‹Mimik› werden zunehmend synonym verwendet. C. ROMMEL definiert: «Die *Gebehrdenkunst*, welche auf der Gebehrdensprache beruht, ist eine *Kunst des Ausdrucks und keine Kunst der Darstellung*, im engern Sinne dieses Wortes.» [2] Allerdings wird ihre Wahrheit oft weiterhin durch die rhetorischen Kategorien der Richtigkeit, Deutlichkeit, Angemessenheit, Vollständigkeit, Ordnung, Präzision und des Charakteristischen begründet. [3] In den Werken der Rhetorik, besonders der sich verselbständigenden Deklamatorik, wird die G. in vorher kaum bekannter Ausführlichkeit behandelt. J. G. E. MAASS hebt die Ziele der Natürlichkeit und Harmonie hervor und betont die Bedeutung psychologischer Prinzipien, um eine ebenso enge wie natürliche Korrespondenz zwischen Rede und G. zu fordern. [4] Andererseits tradiert er aber damit kaum zu vereinbarende konventionelle Vorschriften über die G. einzelner Körperteile oder ordnet sie den drei *genera dicendi* zu. Ähnlich unentschieden zwischen dem alten rhetorischen Regelkanon und der neuen Gebärdensprache als «Seelenzeichenkunde» [5] erscheint G. AUSTINS ‹Chironomia, or a Treatise on Rhetorical Delivery› (1806), fortgeführt durch J. BARBERS ‹A Practical Treatise on Gesture› (1831). G. A. v. SECKENDORFF prägt in seinen ‹Vorlesungen über Deklamation und Mimik› (1816) den Begriff der ‹Gebehrdung› als Übersetzung für ‹Mimik› und versteht darunter «die *sichtbare Aeusserung der Seele durch den mit ihr verbundenen Körper*.» [6] Er unterscheidet die normative «*Gebehrdenkunst*», die «die Gebehrden zur Hervorbringung des Schönen» anwendet, von der deskriptiven «*Gebehrdungswissenschaft*», die sich mit den Gesetzen befaßt, «nach denen die Seele sich durch Gebehrden ausdrückt» [7]. «Die Mimik oder die Geberdensprachkunst» [8], die J. K. WÖTZEL in seinem ‹Grundriß [...] der Declamation› (1814) vorstellt, ist gegenüber Austin oder Seckendorff stärker an den Strukturen der Sprache orientiert. Er stellt seine «*natürliche Geberdenschriftsprache*» der «*mündlichen Tonsprache* der Gefühle» gleichwertig zur Seite und spricht ihr eine eigentümliche Grammatik, Logik, Eloquenz und Rhetorik zu. [9] Mit der Verdrängung des Deklamators durch den Vorleser nimmt die Bedeutung der G. in der rhetorischen Literatur seit Mitte des 19. Jh. stetig ab.

Die schon im 18. Jh. sich abzeichnende Emanzipation der G. von einer bloß akzidentiellen zu einer eigenständigen Kunstform findet ihre Fortsetzung in der Ästhetik des frühen 19. Jh., welche der G. einen systematischen Stellenwert einräumt. A. W. SCHLEGEL lehrt in einer Vorlesung (1801/02), daß «der mimische Tanz die eigentliche Kunst des Ausdrucks durch Gebehrden» sei und die zwischen den simultanen (Plastik, Malerei) und sukzessiven Künsten (Musik, Poesie) angesiedelte Tanzkunst deshalb «als die ursprünglichste unter den sichtbar darstellenden Künsten» zu betrachten sei. [10] F. SCHLEIERMACHER unterscheidet in seiner ‹Ästhetik› (1819/25) die mittelbare Darstellung der Stimmung in der Gebärdenkunst (Mimik) von der unmittelbaren Darstellung in der Orchestik (Tanz), dazwischen siedelt er die Pantomime an. [11] Der Autonomieanspruch liegt in der Aufgabe des mimischen Künstlers, sein Werk soll «eine zweite Erfindung machen zu der ersten des Dichters, und beide sollen sich durchdringen.» [12] Ähnlich rühmt dann HEGEL «das vielseitig nuancierte Gebärdenspiel» des modernen Schauspielers, der den Text «mit eigener Produktivität in vielen Punkten ergänzen, Lücken ausfüllen, Übergänge finden und uns überhaupt durch sein Spiel den Dichter erklären» soll. [13] Dabei sieht er aber den durch die Weimarer Klassiker geforderten idealisierenden und antikisierenden, gegen die empfindsamen Natürlichkeitsforderungen der Aufklärung gerichteten Stil als Fortschritt an. Die rhetorisch-deklamatorische und wieder auf genaue Didaskalien vertrauende Haltung GOETHES in seinen ‹Regeln für Schauspieler› [14] bedeutet indessen keine Absage an die Kunst der G. So beklagt W. v. HUMBOLDT in seinem von Goethe geschätzten Vergleich der französischen und deutschen tragischen Bühne, daß die Deutschen «wirklich eine sehr gebärdenlose Nation sind» [15], und fordert deshalb vom deutschen Schauspieler, mehr für das Auge zu leisten. Ziel sei die «Verschmelzung des Menschen mit dem Künstler im Schauspieler». [16] Zugleich versteht er aber in seinem ausgewogenen Urteil die Vorzüge des deutschen Theaters hervorzuheben, nämlich mehr ausdrückende als malende G., mehr die harmonische und ideale Darstellung von Charakteren als die leidenschaftliche und deklamatorische Kunst der Franzosen.

Um die Mitte des 19. Jh. wird das von Engel angeregte Programm einer Ausdruckspsychologie wieder aufgegriffen, etwa durch T. PIDERITS ‹Grundsätze der Mimik und Physiognomik› (1858) oder einen Artikel ‹Ueber Physiognomik und Mimik› (1867) von R. VOLZ [17], im Prinzip aber auch durch C. DARWINS ‹The Expression of the Emotions in Man and Animals› (1872). Diese Tradition setzt sich bis in die Verhaltensforschung oder die Ausdruckspsychologie des 20. Jh. fort. So würdigen etwa L. KLAGES in ‹Ausdrucksbewegung und Gestaltungskraft› (1913 u. ö.) und K. BÜHLER in seiner ‹Ausdruckstheorie› (1933) die historische Entwicklung des Gebärdenausdrucks seit Engel. Auch E. Cassirer greift in seiner ‹Philosophie der symbolischen Formen› (1923) im Kapitel über die Sprache des sinnlichen Ausdrucks darauf zurück. Auf der Suche nach den Urformeln der Gebärdensprache *(Pathosformeln)* in der bildenden Kunst verfolgte A. M. WARBURG über Jahrzehnte hinweg den leider unvollendeten Plan zu einem umfangreichen ‹Gebärdensprechatlas› – so einer der Arbeitstitel –, in dem seine riesige Sammlung von Gebärdendarstellungen besonders aus der Renaissance ausgewertet werden sollte. «Die Bildersprache der Gebärde», erklärt er in der ‹Einleitung zum Mnemosyne-Atlas› (1929), zwinge «durch die unzerstörbare Wucht ihrer Ausdrucksprägung zum Nacherleben menschlicher Ergriffenheiten in dem ganzen Umfange ihrer tragischen Polarität vom passiven Erdulden bis zur aktiven Sieghaftigkeit.» [18]

NIETZSCHE verleiht der – auch an R. Wagners Gesamtkunstwerk bewunderten – Gebärdenkunst in seinem nachgelassenen Text ‹Die dionysische Weltanschauung› (1870) eine symbolische Bedeutung. Gefühle lassen sich für ihn nur zum Teil durch Gedanken oder bewußte Vorstellungen mitteilen, viel eher aber durch G.- und Tonsprache. Im Betrachter bewirken die G. «eine sympathische Innervation derselben Gesichtstheile oder Glieder, deren Bewegung er wahrnimmt.» [19] Die G. symbolisieren die das Gefühl begleitenden Vorstellungen, im dionysischen Kunstwerk überwindet der Mensch durch seine Individualität, er wird *«Gattungsmensch»*, so «daß er als *Satyr*, als Naturwesen unter Naturwesen in Geberden redet und zwar in der gesteigerten Geberdensprache, in der *Tanzgeberde*.» [20] Im höchsten dionysischen Gefühlsrausch reicht die G. nicht mehr aus, sie mündet in den Schrei.

Während in H. PONGS' ‹Das Bild in der Dichtung› (1927) die G. als Sinnbildausdruck auf einer vorsprachlichen Stufe untersucht wird [21], prägt A. JOLLES in seinem Buch ‹Einfache Formen› (1930) den Begriff der ‹Sprachgebärde›. Er gebraucht ihn für «das in Begriffe gefaßte Geschehen» [22], zur Bezeichnung des Punktes, «wo sich Geschehen zur Form verdichtet hat» [23]. Für jede der von ihm behandelten literarischen Formen sucht Jolles nach den für sie charakteristischen Sprachgebärden, durch deren Veränderung oder Verzicht sich die Form jeweils auflösen würde. Konkreter auf den Ausdruck menschlicher G. durch Sprache bezogen definiert L. RÖHRICH Sprachgebärden als «Gebärden, die nur noch sprachlich tradiert werden, Gebärden durch Sprache [...], d. h. die sprachliche Beschreibung der Gebärde ist an die Stelle der Körperbewegung getreten.» [24]

L. WITTGENSTEIN dient in den ‹Philosophischen Untersuchungen› (Oxford 1953) in einer Vielzahl von Gedankenexperimenten auch die G. zur Unterstützung seiner Gebrauchstheorie der Sprache. Wenn man (unbekannte) Sprachspiele zu verstehen und ihre Regeln zu beschreiben versucht, kann die G. Indizien für das Verständnis liefern. Heute spielt die G. in den Breichen der

Paralinguistik und Semiotik eine große theoretische Rolle [25], deren historische Abkunft aus der Rhetorik durchaus reflektiert wird. Vereinfacht gesagt richtet sich das theoretische Interesse weniger darauf, *was* als vielmehr *wie* etwas gesagt wird. Schließlich haben daraus abgeleitete kommunikationstheoretische Untersuchungen sicher zu dem geschärften Bewußtsein für die praktische Bedeutung der G. beigetragen, wie die angewandte und in Kursen populär vermittelte Rhetorik unserer Tage zeigt.

Anmerkungen:
1 vgl. besonders H. H. Cludius: Grundris der körperlichen Beredsamkeit (1792) 225–371 («Von der Geberdensprache»); C. Rommel: Aristoteles und Roscius oder über die Kunst überhaupt und über die G.- und Declamir-Kunst insbesondere (1809) 138: «Ausdruck ist das Wesen der Gebehrdensprache [...].» – 2 Rommel ebd. 137 (§ 4). – 3 ebd. 150–155 (§ 10). – 4 J. G. E. Maaß: Grundriß der allg. und besondern Rhet. (1798) 185–261; vgl. ders.: Versuch über die Gefühle, besonders über die Affecten, 1. T. (1811) 286–290. – 5 G. Austin: Die Kunst der rednerischen und theatralischen Deklamation [übers. von C. F. Michaelis] (1818; ND 1969) 129ff., 149, 164. – 6 G. A. Frhr. v. Seckendorff: Vorles. über Deklamation und Mimik, Bd. 2 (1816) 11. – 7 ebd. 12. – 8 J. C. Wötzel: Grundriß eines allg. und faßlichen Lehrgebäudes oder Systems der Declamation (Wien 1814) 361; vgl. ders.: Versuch einer völlig zweckmäßigen Theaterschule (Wien 1818) 192–195 («Die Pantomime oder das Gebärdenschauspiel»). – 9 vgl. ebd. 356. – 10 A. W. Schlegel: Vorles. über Ästhetik I [1798–1803], hg. von E. Behler (1989) 271. – 11 F. Schleiermacher: Ästhetik (1819/25), hg. von T. Lehnerer (1984) 54–69. – 12 ebd. 60. – 13 G. W. F. Hegel: Vorles. über die Ästhetik III, in: Theorie-Werkausg. 15 (1970) 514f. – 14 Goethe: Werke. Weimarer Ausg. I, 40 (1901) 139–168. – 15 W. v. Humboldt: Ueber die gegenwärtige franz. tragische Bühne, in: Propyläen 2.2 (1799; ND 1965) 94 [806]. – 16 ebd. 101 [813]. – 17 R. Volz: Ueber Physiognomik und Mimik, in: Dt. Vierteljahrs-Schrift 29 (1866) 274–327. – 18 A. Warburg: Einleitung zum Mnemosyne-Atlas (1929), in: I. Barta Fliedl, C. Geissmar: Die Beredsamkeit des Leibes. Zur Körpersprache in der Kunst (Salzburg / Wien 1992) 171–173, hier: 173. – 19 F. Nietzsche: Die dionysische Weltanschauung [1870], in: Krit. Stud.ausg., Bd. 1 (1988) 572. – 20 ebd. 575. – 21 H. Pongs: Das Bild in der Dichtung, Bd. 1 (1927) 25–53. – 22 A. Jolles: Einfache Formen. Legende, Sage, Mythe, Rätsel, Spruch, Kasus, Memorabile, Märchen, Witz (1930; ND 1974) 45; vgl. die phänomenologischen Vorüberlegungen von H. Freyer: Theorie des obj. Geistes. Eine Einl. in die Kulturphil. (1923; ND 1973) 1–32. – 23 ebd. 77. – 24 L. Röhrich: G. – Metapher – Parodie. Stud. zur Sprache der Volksdichtung (1967) 33. – 25 vgl. A. Kendon: Art. ‹Nonverbal Communication›, in: Encyclopedic Dictionary of Semiotics, Bd. 2 (1986) 609–622; M. Argyle: Körpersprache und Kommunikation (1979).

Literaturhinweise:
G. Gietmann: Poetik und Mimik (1900) 458–512. – O. Witte: Unters. über die Gebärdensprache. Beiträge zur Psych. der Sprache, in: Zs für Psych. 116 (1930) 225–308. – F. Saxl: Die Ausdrucksg. der bildenden Kunst (1932), in: A. M. Warburg: Ausgewählte Schr. und Würdigungen, hg. von D. Wuttke (1979) 13–25. – H. Strehle: Mienen, Gesten und G. Analyse des Gebarens (³1960). – G. Austin: Phänomenologie der G. bei H. v. Hofmannsthal (1981).

A. Košenina

→ Actio → Actus → Affektenlehre → Angemessenheit → Chironomie → Gestik → Habitus → Mimik → Nonverbale Kommunikation → Physiognomik → Pronuntiatio → Psychologie → Schauspiel → Tanzkunst → Theater → Vortrag → Wirkung

Gebet (griech. (προσ)ευχή, (pros)euché; lat. precatio, preces, oratio; engl. prayer; frz. prière; ital. preghiera)
A. Das G. ist die «dialogische Zuwendung eines Menschen zu seinem Gott, um ihm das eigene Dasein in seiner Bedürftigkeit oder Zufriedenheit als den Wirkungsbereich "dieses" Gottes darzustellen». [1] Abzugrenzen ist das G. gegenüber magischer Beschwörung auf der einen und schweigender Meditation auf der anderen Seite, auch wenn hier die Grenzen fließend sind. Die Formen des G. sind mannigfaltig und reichen vom kurzen Gebetsruf bis zu langen Gebetsformularen, in denen der Mensch vor der Gottheit klagt, dankt, bittet, bekennt und lobt. Für das christliche G. mag eine Kurzdefinition der Reformation das Wesentliche zusammenfassen: «Das G. ist ein Reden des Herzens mit Gott in Bitte und Fürbitte, Dank und Anbetung.» [2]

Die ‹Rhetorik des G.› ist Teil der umfassenderen Predigtkunst, die seit altjüdischer Zeit die Elemente G., Schriftlesung und Diskussion beinhaltet. [3] War die Aufnahme rhetorischer Tradition von seiten des Christentums von Anfang an umstritten, so verschärfen sich die Vorbehalte, wenn es um die Frage geht, ob der gezielte Einsatz rhetorischer Mittel beim G. angezeigt ist. Das G. als intime Rede des Menschen mit seinem Schöpfer und himmlischen Vater gilt demzufolge als ein Grenzfall, bei dem «alle rhetorischen Mittel in ihrer Wirkung hinfällig» [4] werden; man könne sich Gott nicht mit Hilfe der Redekunst geneigt machen. Andererseits ist gerade das G. bei aller Spontaneität und Intimität wie kaum eine andere Redeform von traditioneller Redeweise und überlieferten Sprachmustern geprägt und auf sie angewiesen. So sind Gebetsanleitungen unter Aufnahme rhetorischer Tradition – für das gottesdienstliche ebenso wie für das private G. – immer wieder versucht worden. Eine Geschichte der Rhetorik des G. ist jedoch noch nicht geschrieben.

B. I. *Antike und frühes Christentum.* Schon die Jünger bitten Jesus: «Herr, lehre uns beten!» (Lk 11,1) Jesus entspricht dieser Bitte, indem er die Jünger das Vaterunser lehrt. An anderen Stellen ruft Jesus zum inständigen, ja unverschämten Bittgebet auf (Lk 11,5-8; Lk 18,1-5; Mt 7,7-11par), warnt aber zugleich vor einem Plappern wie die Heiden (Mt 6,7; vgl. Sir 7,14) und mahnt, im Verborgenen zu beten (Mt 6,5f).

Solche Gebetsunterweisung Jesu hat ihre Vorbilder etwa in der späten Weisheit des Judentums (vgl. das Sirachbuch) und in der gleichzeitigen hellenistischen Sentenzenliteratur. [5] So hat Johannes der Täufer seine Jünger ebenso im rechten G. unterwiesen wie dies die Rabbinen bei ihren Schülern getan haben.

Die frühe christliche Kirche übernimmt vom Judentum eine reiche Gebetspraxis. Tischgebete, Sündenbekenntnisse und Bitten um Sündenvergebung sind eng an jüdische Gebete angelehnt. Auch die Praxis des täglichen, festen G. (vgl. Dan 6,11) wird von dort übernommen. So sieht die Gemeindelehre der Didache (2. Hälfte des 2. Jh.) als dreimal am Tag zu sprechendes G. das Vaterunser vor, wie überhaupt das tägliche, andächtige Beten zu den guten Taten und Pflichten des Christen gezählt wird. Außerdem wird der alttestamentliche Psalter immer mehr zum Gebetbuch der Kirche, und man beginnt, in den Psalmen Gebete Christi an den Vater zu sehen.

Neben dieser offiziellen, ritualisierenden Gebetspraxis gibt es in der Gemeindefrömmigkeit einen breiten Raum für freiere, spontane Formen des G., vom (schon neutestamentlich bezeugten) Zungenreden bis hin zu ekstatischen Visionen im Gottesdienst, wie sie etwa von der enthusiastischen Sekte der Montanisten überliefert sind.

Kennzeichnend für das G. der frühen Kirche ist seine Verbindung mit den ethischen Pflichten der Christen. Oft wird es in einem Atemzug mit Almosen und Fasten genannt (vgl. schon Mt 6). Das G. ist zum einen selbst eine gute Tat, zum anderen bildet das Befolgen der Gebote Voraussetzung und notwendige Folge wirksamen Betens. Nur der Beter darf auf Erhörung hoffen, der sich in seiner Person und seinem Lebenswandel als der Erfüllung seiner Bitte würdig erweist.

Mit Beginn des 3. Jh. wird das G. erstmals auch theoretisch reflektiert. Für CLEMENS VON ALEXANDRIEN, der sich im VII. Kapitel der ‹Stromateis› mit dem G. beschäftigt, ist das Ideal des Gnostikers bestimmend, dessen Leben durch sein beständiges Ausgerichtetsein auf Gott zu einem einzigen G. wird, das nicht an bestimmte Orte und Zeiten gebunden ist. So kann er dieses vollkommene G. als ὁμιλία πρὸς τὸν θεόν (homilía prós tón theón)[6], als vertrauten Umgang mit Gott bezeichnen.

Für ORIGENES bilden das wenigstens dreimal am Tag zu verrichtende G. und die tugendhaften Werke im Befolgen der Gebote eine Einheit, durch die die Forderung unablässigen Betens nach 1 Thess 5,17 erfüllt wird.[7] Am Schluß seiner Abhandlung ‹De oratione› stellt Origenes vier aus der Bibel erhobene τόποι (tópoi) zusammen, nach denen jedes G. zu gestalten sei: in der *Einleitung* eine trinitarische Doxologie, in der Gott durch Christus im Heiligen Geist gepriesen wird, der dann allgemeine *Danksagungen*, ein *Sündenbekenntnis* mit der Bitte um Heiligung und Vergebung sowie die *Bitte um Gottes Gaben* für den Beter, Angehörige und Freunde folgen. Den Abschluß bildet dann noch einmal ein trinitarisch gestalteter Lobpreis. So unterschiedlich die von Clemens und Origenes gesetzten Schwerpunkte sind, für beide ist das Beten «eine Aufwärtsbewegung des Geistes zur Begegnung mit Gott, auf die man sich in einer Haltung der Weltabgeschiedenheit vorbereiten muß».[8] Im übrigen entsteht im Osten vor allem im Mönch- und Koinobitentum eine entwickelte Form meditativen Betens, bei der einzelne Sätze und Gebetsrufe ständig leise (etwa während der Arbeit) wiederholt werden.[9] Oft sind diese Gebete an Jesus gerichtet, wie überhaupt die an Christus gerichteten Gebete in der Volksfrömmigkeit einen breiten Raum einnehmen.[10]

Im Westen ist das Verständnis des G. weniger von Weltdistanz und einer gnostisch inspirierten, mystischen Bewegung des Geistes auf Gott hin geprägt, sondern stärker an Fragen der konkreten Gebetspraxis interessiert und an einer Abgrenzung gegenüber heidnischen Gebetsbräuchen. TERTULLIAN legt in ‹De oratione› das Vaterunser aus, um dann die rechte Art christlichen Betens bis in die Einzelheiten von Ort und Zeit zu entwickeln. Großen Raum nimmt dabei der Nachweis ein, daß das christliche G. die wahre Anbetung Gottes im Geiste sei, die alles Frühere überbietet und zur Vollendung bringt.[11]

Mit AUGUSTINUS' ‹De doctrina christiana› (der die Rhetorik betreffende vierte Band entstand etwa 426) wird die antike Rhetorik für die *christliche Predigt* fruchtbar gemacht. Augustinus war vor seiner Bekehrung selbst erfolgreicher Rhetoriklehrer gewesen und mit der Tradition seiner Zeit vertraut. Wenn er später im Rückblick die von ihm damals mit Eifer getriebene Redekunst als «victoriosam loquacitatem» (siegeskundige Geschwätzigkeit)[12] bezeichnet, so sieht er doch auch ihren Nutzen für die Darstellung dessen, worum es dem Glauben geht. Die Rhetorik ist eine Technik, die zum Guten oder Schlechten gebraucht werden kann.[13] Die Frage des rechten Gebrauchs aber liegt außerhalb der Mittel der Rhetorik selber, sie ist Sache der Verantwortung des Redners, d.h. in diesem Falle des christlichen Predigers. Und so fordert Augustinus von diesem ganz im Sinne des antiken *vir-bonus*-Ideals, daß sein Lebenswandel den von ihm verkündigten Lehren entsprechen müsse.[14] Doch ist Augustinus' Ideal des christlichen *praedicator verbi Dei* von dem antiken *vir bonus dicendi peritus*[15] in charakteristischer Weise verschieden. Das Interesse des christlichen Redners ist nicht allein auf den Hörer ausgerichtet. Um ein guter Redner sein zu können, muß er selbst erst zum Hörer werden. Er muß auf Gottes Wort hören, es in sich eindringen lassen, ehe er es weitersagen kann. Dazu ist wichtig, daß er im G. die Verbindung mit Gott sucht. Der Prediger sollte deshalb zuerst Beter sein, bevor er zum Redner wird. Alle Rhetorik ist dieser Beziehung zwischen Gott und Prediger im G. untergeordnet. Augustinus selbst hat diesem Ideal in seinen Schriften und Predigten besonders Rechnung getragen. Immer wieder werden sie von längeren Gebeten oder kurzen Stoßgebeten unterbrochen[16], und seine berühmten ‹Confessiones› sind ganz im Stil eines G. gehalten.[17] Hier vermischen sich dann das eigentlich aller christlichen Rede vorausliegende, an Gott gerichtete G. und die auf den Hörer gerichtete, intentional mit Hilfe der Rhetorik gestaltete Rede, indem das G. selbst Stilmittel der Rhetorik und selbstverständlich auch mit den Augustinus vertrauten Mitteln der Rhetorik gestaltet wird.

Das G. ist also am Ende der Zeit der Alten Kirche und zu Beginn der christlichen Rezeption antiker Rhetorik noch kein Gegenstand rhetorischer Anleitungen. Aber im Rahmen der beginnenden *ars praedicandi* erscheint es in Entsprechung zum antiken *vir-bonus*-Ideal als das zentrale Element der Konstituierung des christlichen Predigers als eines zuerst Hörenden und Empfangenden, der nur aus solcher Gottesbeziehung heraus zum Verkündiger werden kann. Mit G. im weiteren Sinne ist dann nicht nur das Reden mit Gott gemeint, sondern in Fortführung der frühkirchlichen Tradition der ganze Lebenswandel des Menschen als auf Gott hin ausgerichtet und für ihn und das Wirken seines Geistes offen. Nur ein solcher Prediger kann dann auch die von der Rhetorik bereitgestellten Mittel zum Guten, d.h. zum gottgefälligen Gebrauch nutzen. Doch schon bei Augustinus wird deutlich, wie dadurch das G. selbst zum Element, ja zum prägenden Stilmittel der christlichen Rede werden kann und seinerseits bewußter rhetorischer Gestaltung unterworfen wird.

II. *Mittelalter.* Vermittelt durch die Darstellung des MARTIANUS CAPELLA werden die antiken Wissenschaften in Form der sieben *artes liberales* zur Bildungsgrundlage des mittelalterlichen Unterrichts. Zu ihnen gehört auch die Rhetorik. Gleichzeitig entstehen Anleitungen für Pfarrer und christliche Prediger, die ihnen bei ihrer Predigtaufgabe helfen sollen. Aus der Verbindung der antiken rhetorischen Tradition mit diesem praktisch-theologischen Interesse entwickelt sich im Hochmittelalter die ausgebildete Predigtkunst *(ars praedicandi)*. In Anlehnung besonders an Augustinus wird das G. als unverzichtbar zum rechten Predigen angesehen. In ihm soll der Prediger Gott um seinen Beistand für das Gelingen der Predigt anrufen. HRABANUS MAURUS (776–856) empfiehlt in seinem Traktat ‹De institutione clericorum› (Über die Unterweisung des Klerus, 819) dem christlichen Prediger das Studium der sieben freien Künste, die er kurz darstellt. Anschließend verhandelt er ausführlicher die Rhetorik als Hilfsmittel für die Predigt, um dann mit einem Zitat aus Augustinus' ‹De doctrina› zu schließen: Der Prediger solle zu Gott beten, er möge ihm eine gute Rede in den Mund legen. [18]

In der sich ab dem 12. Jh. ausprägenden *ars praedicandi* erhält dann das G. einen festen Platz im Rahmen der Themenpredigt. Die wahrscheinlich um 1210 oder 1215 geschriebene ‹Summa de arte praedicandi› des THOMAS VON SALISBURY (vermutlich identisch mit THOMAS CHABHAM) vergleicht die Predigt zum einen mit den Werken *(orationes)* der Poeten und zum anderen mit den Reden der Rhetorik. So wie die Poeten ihre Werke in die Teile *propositio, invocatio* und *narratio* gliedern, so stellt der Prediger zuerst sein Thema vor, ruft Gott um seinen Beistand an, um dann das Thema auszuführen. Auch das G., die ‹invocatio divini auxilii› hat also in der heidnischen Antike ihr Vorbild. Thomas weist ausdrücklich auf Plato hin, der im ‹Timaios› empfiehlt, auch in den geringsten Dingen göttliche Hilfe in Anspruch zu nehmen. Wenn schon die heidnischen Philosophen göttliche Hilfe erflehen, um ihre Hörer aufmerksam und lernbereit zu machen, so sollte dies erst recht der christliche Prediger tun, der das göttliche Wort weiterzugeben hat. Die Anrufung Gottes gewährleistet, daß eben dieses Wort Gottes und nicht die Selbstsucht des Priesters in der Predigt zur Geltung kommt. [19] Im Vergleich mit der klassischen antiken Redekunst kommt Thomas zu folgendem Aufbau einer kunstvollen Predigt: Eingangsgebet um göttliche Hilfe, *prothema (anthema)* oder Einleitung des Themas, Thema oder Schriftzitat, Einteilung *(divisio)* der Teile des Themas, Entwicklung *(prosecutio)* der einzelnen Teile, Schluß *(conclusio)*. [20] Das G. findet also entweder im poetischen Schema als Abschluß der Themenvorstellung oder in Anlehnung an den Redeaufbau ganz am Eingang der Predigt seinen Platz.

Diese beiden Möglichkeiten nennt auch ROBERT VON BASEVORN, dessen ‹Forma praedicandi› von 1322 Murphy als «most typical of the ars praedicandi» [21] bezeichnet. Zum G. führt Robert aus, daß zwar alle ihm bekannten Autoren von Predigtanleitungen das G. als Abschluß der *propositio* des Themas anführen, er in der Praxis das G. aber auch zu Beginn der Predigt vor dem Thema erlebt hat. Beides hält er für angemessen. Als Begründung für das G. im Rahmen der Predigt weist auch Robert hin auf Platos Bemerkung im ‹Timaios› und zitiert Augustinus, daß der Prediger zuerst Beter und dann Redner sein solle. Inhaltlich soll sich das G. am Ende der Themenvorstellung auf das vorher gestellte Thema beziehen und auch Teile davon wörtlich aufnehmen. [22]

Ähnlich beschreibt THOMAS WALLYS im 14. Jh. den Eingangsteil einer Predigt. [23] Nach der *propositio* fordert der Prediger die Zuhörer zum G. auf. Dazu leitet er mit dem *prothema* oder *exordium* über, das um Nachsicht für die Unwürdigkeit des Predigers bittet und dann mit dem G. abschließt, in das die Gemeinde einstimmt.

Besondere Erwähnung verdient die Schrift ‹De Rhetorica Divina› von WILHELM VON AUVERGNE (gest. 1249). Hier ist das G. nicht nur Teil der Predigt, sondern selbst Gegenstand einer rhetorischen Anleitung. Auch die Rede des Menschen zu Gott benötigt nach Wilhelms Ansicht die Hilfe der Rhetorik, einer *rhetorica divina*, da der Priester vor Gott für die Seelen der ihm Anvertrauten eintritt wie der Anwalt vor dem Richter für seinen Mandanten. Von da aus entwickelt Wilhelm eine «Rhetorik des Gebets, in der nach dem Schema der antiken Redelehre unterschieden wird: narratio, petitio, confirmatio, conclusio». [24]

III. *Renaissance, Reformation und Gegenreformation.* Das mit Beginn des 15. Jh. einsetzende Studium der antiken Schriftsteller und die damit verbundene Wiederentdeckung der antiken Rhetorik haben großen Einfluß auch auf die christliche Rhetorik. Bis zum Ende des 16. Jh. sind diese Auswirkungen vor allem mit der Reformation und der katholischen Gegenreformation verbunden.

Das G. des Einzelnen, aber auch das der christlichen Gemeinde gewinnt für die *Reformation* im Rahmen der Rechtfertigungslehre zentrale Bedeutung. «nechst dem predigtampt ist oratio das höchste ampt in Christianitate» [25], stellt LUTHER fest, denn das Gebet ist auf Seiten des Menschen die angemessene Antwort auf das, was Gott ihm in Christus aus Gnaden schenkt. In seinen häufigen Aufforderungen zum Beten und in seiner Betonung von Gebot und Verheißung des G. macht Luther deutlich, daß für ihn das G. kein Mittel und Werk mehr ist, um bei Gott Gnade und Erlösung zu wirken. Da Gott weiß, was der Mensch braucht, ehe er ihn bittet, kommt dem Gebet auch ein Element der Selbsterkenntnis des Beters zu: «Also das wir durch unser gebet mehr uns selbs unterrichten den jn». [26] Es bedarf daher auch keiner Hilfe einer ‹rhetorica divina›, um wirksam zu werden. Es reicht das einfältige, zuversichtliche Bitten «wie die lieben Kinder ihren lieben Vater». [27] Lange Litaneien, ohne Anteilnahme verrichtete Stundengebete, wie Luther sie selbst als Mönch erlebt hatte, lehnt er ab. Ein G., das nur Worte macht, dessen Inhalt der Beter aber nicht innerlich nachvollzieht und bejaht, ist ohne Wert. Die Vorbilder für das rechte Beten werden der Heiligen Schrift entnommen. Die Psalmen, das Vaterunser, die Zehn Gebote und das Glaubensbekenntnis als Zusammenfassung der biblischen Botschaft sind Anleitung und Hilfe, an denen sich das G. thematisch und sprachlich orientieren soll. In seiner Auffassung vom G. zeigt Luther damit zwei Charakteristika, die überhaupt für die protestantische Rhetorik bezeichnend sind: die Betonung des schlichten, einfachen Stiles und die Polemik gegen bloße Worte, gegen *verba* ohne *res*. [28]

Durch die zentrale Bedeutung der biblischen Tradition werden die Gebete der evangelischen Kirchen in der Folge stark geprägt. Viele Psalmen werden ins Deutsche übersetzt oder nachgedichtet. Der in Versform ins Französische übertragene Psalter wird das Gesangbuch der reformierten Kirchen und das Vaterunser, von der Gemeinde gesprochen oder mit Einschüben vorgetragen, das prägende G. im evangelischen Gottesdienst. [29]

In der mit dem tridentinischen Konzil (1545–1563) einsetzenden *Gegenreformation* versucht die katholische Kirche auf die Reformation mit eigener Erneuerung zu reagieren. Diese umfaßt auch die Lehre und Praxis des Redens von Gott und Glauben. Man hält im Gegensatz zu den protestantischen Kirchen an der lateinischen Kultsprache fest und festigt damit die Distanz zwischen Laien und Klerus. Die volkssprachliche Predigt erklärt dann, was sich im Mysterium der lateinischen Meßfeier vollzieht. Das Priesteramt wird so aufgewertet als die maßgebende Instanz der Verkündigung. Gleichzeitig wird das individuelle G. stärker formalisiert durch Gebetsformulare und die jetzt geförderte Praxis des Rosenkranzbetens.

Durch die prägende Rhetoriktradition der *Jesuiten* entsteht ein einheitlicher Predigtstil, der als Gegenbewegung zur evangelischen Predigt «den hohen Stil in lateinischsprachigen Reden bevorzugt» [30] und sich eher an höfisches Publikum richtet. Entsprechend sind geistliche Dichtung und Gebete von solcher Hochsprache geprägt. [31]

Hatte Luther die Rhetorik als bloßes Hilfsmittel für seine Zwecke instrumentalisiert, so beginnt die *Barockrhetorik* umgekehrt in enger Anlehnung an die Poetik ihre Zuständigkeit auf alle Bereiche sprachlicher Äußerungen auszudehnen. Hierbei spielt die Gattung der Gebets- und Erbauungsliteratur eine wichtige Rolle, die noch vor Opitz' grundlegenden Werken mit großer Sprachfähigkeit und unter Aufnahme poetischer Elemente ausgebaut wird und weite Verbreitung findet. [32]

D. RICHTERS ‹Thesaurus Oratorius Novus› (1660) ist dann ein Beispiel dafür, wie nun unter poetischen Formen auch solche gefaßt werden, die der christlichen Religionsausübung dienen. Er bezeichnet das G. neben Roman, Anekdote u. a. als Gattung der Prosadichtung, die ähnlich wie auch das Kirchenlied rhetorischen Aufbauprinzipien unterliegt. [33]

IV. *Pietismus*. Der sich im 17. Jh. als Bewegung formierende Pietismus sieht sich in Opposition zur altprotestantischen Orthodoxie, die die reformatorischen Lehren zu einem festgefügten theologischen System auszubauen sucht. Gegen diese seiner Meinung nach äußerlich bleibende Erkenntnis versucht der Pietismus das subjektive Glaubenserlebnis zu setzen, die innere Bekehrung durch Gottes Heiligen Geist, der allein die Erkenntnis Gottes im Glauben vermitteln kann. Ganz folgerichtig hat der Pietismus die Rhetorik als Hilfsmittel zur Verkündigung verworfen. Daß die Wahrheit des Glaubens dem Menschen in seinem Innersten aufgeht, ist mit Mitteln der Sprache nicht zu bewerkstelligen. Wenn diese erklärt antirhetorische Haltung jedoch dann eine das Gemüt bewegende, die Affekte ansprechende Sprache fordert, bleibt sie im Grunde im Rahmen einer gegen die Rhetorik gewendeten anderen Rhetorik, einer *rhetorica contra rhetoricam*. [34] Man darf aber andererseits nicht übersehen, daß die das *movere* in den Mittelpunkt stellende Rhetorik des Pietismus auch im eigenen Selbstverständnis nur im Vorfeld des eigentlichen, durch keine sprachlichen Mittel herbeizuführenden Glaubenserlebnisses wirken kann.

Im Rahmen einer emotional bewegenden, andere auf das Geheimnis des Glaubens im Gemüt hinführenden Rhetorik bietet sich für den Pietismus die Verwendung des G. besonders an. Als Zeugnis der inneren Zwiesprache mit Gott, bei der der Umgang der gläubigen Seele mit Gott für den Leser miterlebbar dargestellt wird, wird das G. zu einer für die Erbauungsliteratur des Pietismus wichtigen Form. [35] Das G. als Grenzfall menschlichen Redens wird hier bewußt angewendetes Stilmittel einer Anti-Rhetorik. Es ist nicht nur die Bitte um Gottes Inspiration im Vorfeld der christlichen Rede, es wird zu einer bestimmende Form, zu einem eigenen Stil der christlichen Rede selber, da hier die Gottesbeziehung in intimer Form und scheinbar ohne auf den Leser oder Hörer direkt gerichtete Intentionalität zur Sprache kommen kann. Unmittelbarkeit und rhetorische Lauterkeit scheinen das G. als rhetorisches Mittel auszuzeichnen.

V. *Rhetorisch-systematische Fragestellungen der Gegenwart*. Eine Geschichte der Gebetsrhetorik steht ebenso aus wie eine ausführliche Behandlung der mit ihr verbundenen rhetorisch-systematischen Fragestellungen, wenn auch in jüngster Zeit in der Theologie versucht wird, die rhetorische Analyse von Gebetstexten für die Praxis des Gottesdienstes fruchtbar zu machen. [36] Einige Grundsatzfragen seien in diesem Rahmen wenigstens angedeutet.

Mit der Fülle der Gebetsformen, die vom kurzen Ausruf bis zu langen Litaneien, vom klagenden Verzweiflungsschrei bis zur hymnischen Verherrlichung Gottes reichen, nimmt die Frage nach der *Typisierung des G.* ihren Ausgang. Eine intensive Auseinandersetzung mit dem Phänomen der Vielfalt der Gebetsformen hat 1918 mit der Monographie von F. HEILER ‹Das Gebet› [37] eingesetzt. Mit Hilfe eines breit angelegten religionswissenschaftlichen Vergleichs versucht Heiler verschiedene Typen des G. zu beschreiben und durch Wertungen das ‹Wesen› des G. zu bestimmen. Dabei untersucht er auch jeweils Form und Stil der einzelnen Gebetsarten.

Eine Unterscheidung Heilers ist die zwischen freien Gebeten und Gebetsformularen. Daran schließt sich die Frage einer *christlichen Topik*, der Verfestigung des G. zu Gebetsformularen und ihrer Wertung an. Das G. lehnt sich einerseits auch in seinen freiesten Formen eng an überkommene Sprachmuster an und steht in der Gefahr, in Formeln zu erstarren. Andererseits erweist sich die Situation der Rede mit Gott bis in die moderne christliche und säkulare Dichtung hinein als eminent sprachschöpferisch. [38] Das G. steht so in einer besonderen Spannung «zwischen freiwilliger Aufnahme der tröstlichen Wortstützen der Tradition und dem Wagnis der Neugierde, Gott in neuen Worten nie zuvor gedachter Gedanken anzureden». [39]

Ein weiteres, systematisch kaum behandeltes Grundproblem einer Rhetorik des G. stellt der komplexe *Hörer-Sprecher-Bezug* in der Konstellation von Vorbeter, Gott und Gemeinde dar. Heiler zufolge besteht hierbei ein Unterschied zwischen dem Konversationsstil des individuellen G. und einem Sakralstil des gottesdienstlichen G., der sich nicht nur an Gott richtet, sondern indirekt auch an die Gemeinde, so daß in ihr eine Stimmung erzeugt wird, die sie das Gebet innerlich mitvollziehen läßt. [40] In jüngster Zeit wird in der Theologie die Diskussion über die *Wahrheitsfähigkeit religiösen Redens* im G. in Auseinandersetzung mit der angelsächsischen Sprachphilosophie geführt. Es geht hierbei um die Frage nach Wahrheit und Sinngehalt der religiösen Rede, die im Verdacht steht, als autonomes Sprachspiel nur immanenten Kriterien zu gehorchen und deshalb in ihrem Bedeutungsgehalt mit außerreligiösen Kategorien nicht erfaßbar zu sein. [41] Ein möglicher Lösungsansatz besteht darin, das G. als Sprach*handlung* zu beschreiben und so von argumentierenden Sätzen etwa der Theologie und anderer Wissenschaften zu unterscheiden. [42]

Anmerkungen:
1 C. H. Ratschow: Art. ‹G. I. Religionsgesch.›, in: TRE XII, 32. – **2** Württemberg. Katechismus, in: Ev. Kirchengesangbuch. Ausg. für die Ev. Landeskirche in Württemberg (^{36}1986) 1180. – **3** zur ars praedicandi vgl. J. J. Murphy: Rhetoric in the Middle Ages (Berkeley/Los Angeles/London 1974) 269ff. – **4** U. Krewitt: Metapher und tropische Rede (1971) 535. – **5** K. Berger: Art. ‹G. IV. NT›, in: TRE XII, 57. – **6** Clemes von Alexandrien, Stromateis VII, 39, 6. – **7** Origenes, De oratione 12, 2. – **8** T. Baumeister: Art. ‹G. V. Alte Kirche›, in: TRE XII, 64. – **9** vgl. A. G. Hamman: Das G. in der Alten Kirche (Bern u. a.

1989) XLI. – **10** ebd. XX–XXII. – **11** Tertullian, De oratione 1, 1–2. – **12** Augustinus, Confessiones IV, 2. – **13** ders., De doctrine christiana II, 36, 54; IV, 2, 3 u. ö. – **14** ebd. IV, 27, 59f. – **15** Quint. XII, 1, 1. – **16** vgl. K. Baus: Die Stellung Christi im Beten des hl. Augustinus, in: Trierer Theolog. Zs. 63 (1954) 321–339. – **17** vgl. H. Boehmer: Die Lobpreisungen des Augustinus (1915), in: ders.: Stud. zur Kirchengesch., hg. von H. Bornkamm, H. Hoffmann (1974) 11–56. – **18** Hrabanus Maurus, De institutione clericorum II, 39; vgl. Augustinus [13] IV, 30, 63. – **19** Murphy [3] 321f. – **20** ebd. 325. – **21** ebd. 342. – **22** ebd. 349. – **23** Thomas Wallys, De modo componendi sermones cum documentis, in: T. M. Charland: Artes Praedicandi (Paris/Ottawa 1936) 328–403; vgl. Murphy [3] 333f. – **24** D. Roth, Die mittelalterl. Predigttheorie und das Manuale Curatorum des Johann Ulrich Surgant (Basel 1956) 45. – **25** Martin Luthers Werke. Krit. Gesamtausg., Bd. 34/1 (Pr. vom 14. Mai 1531) (1908) 395. – **26** ebd. Bd. 32 (Wochenpredigten über Mt 5-7 1530/2) (1906) 419. – **27** ebd. Bd. 30/1 (Kleiner Katechismus) (1910) 370. – **28** vgl. G. Ueding, B. Steinbrink: Grundriß der Rhet. (³1994) 79–84. – **29** vgl. F. Schulz: Art. ‹G. VII. Das G. im deutschsprachigen ev. Gottesdienst› in: TRE XII, 72; vgl. auch Luther [25] Bd. 19 ‹Dt. Messe› (1897) 97. – **30** Ueding, Steinbrink [28] 92. – **31** vgl. B. Bauer: Jesuitische ‹ars rhetorica› im Zeitalter der Glaubenskämpfe (1986). – **32** H.-H. Krummacher: Überlegungen zur lit. Eigenart und Bedeutung der prot. Erbauungslit. im frühen 17. Jh., in: Rhetorik 5 (1986) 97–113. – **33** vgl. W. Barner: Barockrhet. (1970) 164, Anm. 95. – **34** vgl. K. Dockhorn, Die Rhet. als Quelle des vorromantischen Irrationalismus in der Lit. und Geistesgesch. (1949). – **35** vgl. z. B. M. Matthias: ‹Enthusiastische› Hermeneutik des Pietismus, dargestellt an Johanna Elleonora Petersens ‹Gespräche des Hertzens mit GOTT› (1689), in: Pietismus und Neuzeit 17 (1991) 36–61. – **36** z. B. E. Hug: Reden zu Gott. Überlegungen zur dt. liturgischen Gebetssprache (Zürich u. a. 1985). – **37** F. Heiler: Das G. Eine religionsgeschichtl. und religionspsychol. Unters. (1918). – **38** vgl. z. B. P. K. v. Kurz: Psalmen vom Expressionismus bis zur Gegenwart (1978); vgl. dazu: R. Bohren: G. und Gedicht, in: ders.: Geist und Gericht (1979) 165–168. – **39** D. Ritschl: Zur Logik der Theol. (²1988) 329. – **40** Heiler [37] 365. – **41** So z. B. D. Z. Phillips: The Concept of Prayer (London 1965); vgl. dazu I. U. Dalferth (Hg.): Sprachlogik des Glaubens (1974) (Lit.). – **42** R. Schaeffler: Das G. und das Argument (1985); ders.: Kleine Sprachlehre des G. (1988).

Literaturhinweise:
R. Cruel: Gesch. der dt. Pr. im MA (1966). – J. A. Jungmann: Christl. Beten in Wandel und Bestand (1969). – G. Otto: Über das G., in: F. W. Bargheer/I. Röbbelen: G. und Gebetserziehung (1971) 31–48. – G. Sauter: Reden von Gott im G., in: B. Caspar (Hg.): Gott nennen (1981) 219–242. – R. Leuenberger: Die dichter. Dimension der Gebetssprache, in: Wirkungen hermeneut. Theol. FS G. Ebeling (Zürich 1983) 191–206. – G. Coenen: Das G. des Herrn als katechetische Hilfe (Diss. 1988).

D. Evers

→ Ars praedicandi → Bibelrhetorik → Christliche Rhetorik → Erbauungsliteratur → Invocatio → Pietismus → Predigt → Vir bonus

Gebrauchsliteratur

A. I. Explikation. – II. Terminologische Probleme. – III. Typisierungsversuche. – IV. G., Rhetorik und Ästhetik. – V. Erweiterung des Literaturbegriffs. – B. I. Antike. – II. Mittelalter. – III. Renaissance, Barock. – VI. 18. u. 19. Jahrhundert. – V. 20. Jahrhundert. – C. Abgrenzungsprobleme: I. Literarisierungs- und Fiktionalisierungstendenzen. – II. Historische Genese von Mischtypen. – III. Gebrauchszweck, Wahrnehmungsform und Texttypus. – IV. Ausdifferenzierung des Gattungssystems.

A. I. Sammelbezeichnung für literarische Zweckformen, besonders solche, die sich rhetorischer oder poetischer Verfahren bedienen, steht der Begriff ‹G.› auf der einen Seite in Opposition zu ‹schöner Literatur›, oft einfach ‹Literatur› (ohne weiteren Zusatz), auf der anderen zu rein zweckgebundenen Gebrauchstexten.

Die Abgrenzung wirft eine Reihe von Problemen auf. «Streng genommen hat jede Literatur [...] Gebrauchscharakter [...]. Der nie zu leugnende Funktionscharakter von Literatur impliziert ‹Gebrauch›.» [1] Gegenüber dieser unspezifischen Bedeutung bezeichnet G. Texte, «deren erklärter Zweck in der Vermittlung von Wahrheit und Wissen besteht»; ein Synonym wäre «pragmatische Literatur». [2] Zu ihr zählen mithin Texte, «die nicht, wie poetische Texte, ihren Gegenstand selbst konstituieren, sondern die primär durch außerhalb ihrer selbst liegenden Zwecke bestimmt werden. Gebrauchstexte dienen der Sache, von der sie handeln [...]», [3] grenzen sich also gegenüber fiktionalen Texten ab. Doch ist auch diese Bestimmung noch zu weit. Bei den «Zweckformen», die durch «Priorität der Gegenständlichkeit und der Zweckbestimmung gegenüber der Darstellung» [4] gekennzeichnet sind, gibt es vielerlei Abstufungen zwischen einer vollständigen Instrumentalisierung der Darstellung für den Zweck (Typus: Gebrauchsanweisung oder Rezept) und ihrer weitgehenden Verselbständigung (z. B. in manchen Essays). Dies sind Grenzwerte; für G. ist das Spannungsverhältnis zwischen beiden Polen konstitutiv, von denen keiner je völlig verschwindet, denn einerseits muß ein minimaler pragmatischer Bezug gewahrt sein, und andererseits ist auch im völlig instrumentalisierten Gebrauchstext «die Form [...] (ihrerseits historisch vermittelt) die Bedingung der Möglichkeit, den Gegenstand zu objektivieren und somit eine wesentliche Voraussetzung der Zweckbestimmung: Keineswegs kann sich ja die sachbedingte Intentionalität unmittelbar behaupten, vielmehr sind auch Zweckformen an die historischen Möglichkeiten der Darstellung gebunden und durch sie festgelegt». [5]

II. Je nach der Relation zwischen beiden Polen bieten sich terminologische Unterscheidungen an, und zwar zwischen reinen Zweckformen oder ‹Gebrauchstexten› im allgemeinen und einer aus diesen herausgehobenen G., wobei bei dieser der Bestandteil ‹-literatur› die Adaptation rhetorischer oder poetischer Verfahren im Dienst des jeweiligen Gebrauchs anzeigt. Während ‹Gebrauchstexte› sämtliche in kognitiver oder praktischer Absicht verfaßten, für alltägliche, institutionelle oder nicht-institutionelle Kommunikation bestimmten Texte meint, umfaßt G. nur solche Texte, die sich obendrein durch einen höheren Grad sprachlich-rhetorischer Organisation auszeichnen. Sie nähert G. i. e. S. den nicht-gebrauchsgebundenen Gattungen an.

Dabei handelt es sich jedoch um eine bloße Tendenz, die keinerlei exakte Abgrenzung gestattet. Ähnlich hat Belke vorgeschlagen, zwischen «reinen» und «literarisierten» (d. h. rhetorisch-stilistisch besonders ausgestalteten) Gebrauchsformen zu unterscheiden und beide von ihrer Adaptation in fiktionalen Texten (also z. B. in einem Roman oder einem Gedicht) abzugrenzen. Für diese schlägt er den Terminus «literarische Gebrauchsform» vor. [6] Dieser ist aber – zumal in der Gegenüberstellung mit ‹literarisierten Gebrauchsformen› – mißverständlich, denn bei ‹literarischen Gebrauchsformen› wäre der Gebrauchscharakter gerade suspendiert; um ‹Gebrauchsformen› handelt es sich beim Brief in einer Romanfiktion oder bei der Hitparade in einer Lyriksammlung nurmehr der Herkunft nach, und darin unterscheiden sich beide Fälle nicht von anderen Elementen der Fiktion, die gleichfalls der Alltagskommunikation entstammen.

Zu ‹G.› stellen sich Begriffe wie ‹Gebrauchsprosa› oder ‹Gebrauchslyrik›, d. h. zweckgebundene Prosa oder Lyrik mit einem der Kunstprosa oder -lyrik vergleichbaren stilistischen Anspruch. In linguistischer Stilistik spricht man von ‹Gebrauchssprache› als einem mittleren stilistischen Niveau zwischen Umgangssprache und Sprache der Literatur. Dieser Begriff ist allerdings unscharf, da er kein bestimmtes stilistisches Register bezeichnet, sondern eine in vielen Registern denkbare stilistische Mittellage, wobei ‹Umgangssprache› und ‹Literatursprache› nicht näher bestimmt werden. Es scheint sich um eine intuitive Dreiteilung zu handeln, möglicherweise ein Derivat der älteren rhetorischen Stillehre. [7]

Von ‹G.› und ‹Gebrauchstexten› abgegrenzt bleiben sollte ‹Trivialliteratur›, ein Begriff, den Höllerer zur Vermeidung pejorativer Konnotationen durch ‹G.› ersetzen wollte. [8] Dieser Vorschlag vermengt eine funktionale Kategorie (Zweckgebundenheit) mit literatursoziologischen und rezeptionsästhetischen Aspekten. Zweckgebunden ist Trivialliteratur nur in jenem ganz unspezifischen Sinn, der, je nach Art der Rezeption (z. B. zwecks Daseinsbewältigung, Evasion, Unterhaltung), auch auf viele hochliterarische Texte zutrifft. Dabei mag Trivialliteratur solche Zwecke direkter und unter Ausschaltung von Widerständen erfüllen, und es mögen sich sekundäre Zwecke (z. B. ökonomischer Nutzen) offener mit ihr verbinden als mit hochliterarischen Texten. Doch fehlt der Trivialliteratur in der Regel die Einbindung in einen pragmatischen Kontext.

Nicht weiter führt auch der Versuch, eine «Gattung» ‹Kunstprosa› aus den übrigen Gebrauchsformen herauszuheben, der die «Gattungsarten» [...] Aphorismus, Autobiographie, Brief, Biographie, Dialog, Essay, Fragment, Predigt, Reisebericht und Tagebuch» zuzuordnen seien: Der Vorschlag bleibt letztlich auf den traditionellen Literaturbegriff fixiert, dessen Kern die ‹natürliche› Gattungstrias «Lyrik, Epik und Dramatik» ist, denen eine weitere auratische Kunstform hinzugefügt wird. Auf diese Weise sollen die bei Erweiterung des Literaturbegriffs befürchteten «Nivellierungstendenzen und Reduktionismen», zumal durch «linguistische Methoden», abgewiesen werden. [9] Die Auswahl gerade der zitierten «Gattungsarten» scheint beliebig (es fehlen z. B. neben der Predigt andere Typen von Reden sowie Traktat, Portrait, Anekdote, Exempel usw.); zudem zählen die ausgewählten «Gattungsarten» nur z. T. zur «Kunstprosa», indem «die Trennungslinie zwischen nicht-fiktionaler Kunstprosa und zweckgebundener nicht-fiktionaler Prosa quer durch die in diesem Band behandelten Gattungsarten hindurchläuft» [10]; Abgrenzungskriterien werden nicht expliziert, sieht man von unausgesprochenen Geschmacksurteilen ab oder Tautologien wie «der literarische Reisebericht», die voraussetzen, was sie allererst begründen müßten. [11] Für ältere, durchaus gebrauchsgebundene Kunstformen in Versen wie z. B. das Lehrgedicht bleibt kein Platz. So ist der Versuch letztlich ahistorisch, weil er vom Gattungsspektrum des 19. und 20. Jh. ausgeht, statt dessen Genese in der Dissoziation von klassischer Rhetorik und neuerer Ästhetik in den Blick zu nehmen. [12]

In historischer Perspektive stellt sich ein weiteres terminologisches Problem: Unter ‹G.› wie ‹Gebrauchstexten› werden in der Regel schriftlich verfaßte Texte verstanden, nur selten mündliche Rede. Das entspricht dem in den modernen europäischen Kulturen vorherrschenden Typus der Speicherung und Übermittlung von Wissen. Im Blick auf ältere, weniger schriftorientierte Kulturstufen sollten jedoch mündliche Texte nicht grundsätzlich ausgeschlossen werden, wenn auch minimale Bedingungen an Fixiertheit und Konventionalisierung zu stellen sind, so daß zwar spontane Rede auszugrenzen wäre, nicht aber mündliche Gebrauchstexte, sofern sie entsprechende Funktionen erfüllen wie später verschriftlichte (gereimte Gesundheitsregeln, Rechtssprichwörter usw.). Die schriftliche Kodifikation, der wir die Kenntnis solcher Texte verdanken, erfolgt sekundär und trennt sie kategorial nicht vom in der Mündlichkeit verharrenden (und daher in der Regel verlorenen) Text.

III. «Gebrauchssprachliche Textsorten [sind] sozial genormte komplexe Handlungsschemata [...], die den Sprechern einer Sprache zur Verfügung stehen.» [13] Sie sind durch ihren Sachbezug und ihre praktische Funktion gekennzeichnet. Untereinander unterscheiden sie sich erstens gemäß der Vielfalt denkbarer Themen, zweitens durch die möglichen Zwecke und Gebrauchszusammenhänge (z. B. Politik, Publizistik, Haushalt, Freizeit), drittens durch die dominante Sprachfunktion (z. B. appellativ, informativ), viertens durch die Sprechakte, aus denen sie sich aufbauen (z. B. Anweisung, Erzählung, Beschreibung), fünftens durch stilistische Inszenierung (etwa Vers oder Prosa, rhetorische Figuren), sechstens durch textsortenspezifische Konventionalisierungen (wie Kirchenlied, Reportage, Traktat, Kochbuch), siebtens durch ihren Adressatenbezug (z. B. öffentlichkeits-, gruppen- oder selbstbezogen-privat). Dabei sind die denkbaren Gegenstände und alltagsweltlichen Situationen und die in ihnen möglichen Kommunikationsformen und Rollenverteilungen zwischen den Kommunikationspartnern so vielfältig, daß jede Typologie sich bislang als vorläufig erwies. Nur für einzelne Gruppen von Gebrauchstexten liegen Typisierungsversuche nach inhaltlichen, strukturellen, kommunikationstheoretischen und funktionalen Kriterien vor. [14]

Meist blieb es aus guten Gründen bei einer offenen Aufzählung. Man wandte sich gegen den «Ruf nach einer vierten Gattung», die, gleich unter welchem Etikett (Didaktik, Kritik, Kunstprosa), der angeblich ‹natürlichen› Trias poetischer Gattungen (Lyrik, Epik, Dramatik) nur ein neues Glied hinzufügte und ein bloßes Sammelbecken völlig heterogener Texte wäre, einzig dadurch verbunden, daß sie sich alle jener Trias nicht zuordnen lassen. [15]

Die Diskussion hat sich auf prosaische Zweckformen konzentriert. Damit bleiben einige Typen von Gebrauchstexten am Rande (z. B. Schlager, gereimte Werbetexte usw.). Manche Klassifikationsversuche gehen vom Adressaten, manche vom Sachbezug, manche vom Kommunikationsrahmen aus. Belke unterscheidet z. B. «Texte privaten Gebrauchs» – «Wissenschaftliche Gebrauchstexte» – «Didaktische Gebrauchstexte» – «Publizistische Gebrauchstexte». [16] Hier werden unterschiedliche Klassifikationsansätze vermengt, wobei sich auf der Ebene der darunter subsumierten Textsorten die Verwirrung fortsetzt, wenn z. B. «Protokoll» (nur) den «wissenschaftlichen», das «Sachbuch» den «didaktischen», die «Autobiographie» den «privaten» Gebrauchstexten zugerechnet werden.

Eine sinnvolle Gattungstypologie müßte strukturelle, funktionale und kontextuelle (mediale, situative, institutionelle) Typisierungen mit sachlich-disziplinären Kriterien kombinieren. [17] Sie müßte historisch verfahren, sowohl was die Ausdifferenzierung eines Corpus von G.

betrifft, als auch, was die unterschiedlichen Komplexionen von Merkmalbündeln angeht.

Da die Literaturwissenschaft nicht – wie die verschiedenen Einzelwissenschaften – für die Inhalte, sondern die Formen ihrer Darstellung zuständig ist, werden vor allem solche Gebrauchstexte sinnvollerweise von ihr thematisiert werden, deren Darstellung nicht weitestgehend von ihrer Zweckbestimmung dominiert wird. Es gibt textsortenspezifische strukturelle Vorgaben für Gebrauchstexte, die funktionsbedingt sind (Beispiel: die zuerst durch technische Übermittlungsprobleme bedingte «Climax-First-Form» der Nachricht [18]), textsortenübergreifende sprachlich-rhetorische Verfahren (z. B. Alliteration oder in der mittelalterlichen Literatur: Reimpaarverse), die den Zweck z. B. durch größere Einprägsamkeit befördern helfen, schließlich, vom Zweck aus betrachtet, fakultative rhetorisch-stilistische Inszenierungen, die den Gebrauchstext Kunstformen annähern. Bei grundsätzlich jedem Typus von Gebrauchstexten können Sach- und Zweckbezug mehr oder weniger von kunstvoll-regelgeleiteter Darstellung überformt werden.

IV. Dank kunstmäßiger Ausgestaltung (bei fortdauernder Sachreferenz und/oder Zweckorientierung) ist G. Gegenstand der klassischen *Rhetorik*. In ihrem Horizont war sie nur graduell von poetischen Texten (Dichtung) geschieden, die zwar weniger unmittelbar instrumentalisiert sind, im übrigen aber als Produkte einer zur höchsten Vollendung gesteigerten Eloquenz gelten. Wichtigstes Unterscheidungskriterium für die Geltungsbereiche von Poetik und Rhetorik ist der Vers. Indem der Poet «die Fülle alles Wißbaren und die Mittel aller Künste und Wissenschaften beherrschen» [19] muß, überbietet sein Werk die Möglichkeit rhetorisch anspruchsvoller G.

Erst mit der Ablösung der Rhetorik durch die philosophische Ästhetik entsteht eine fundamentale Opposition von gebrauchsgebundenen und sachbezogenen Texten zu poetischen Texten, die «ihren Gegenstand selbst konstituieren». [20] Damit verliert die Rhetorik ihre Zuständigkeit für die Literatur und wird auf wirkungs- und zweckbezogene Rede eingeschränkt. Die Unterscheidung von Vers und Prosa dagegen, von gebundener und ungebundener Rede wird bedeutungslos. G. ist also das Ergebnis einer historischen Ausdifferenzierung von Texttypen, die ursprünglich beide Gegenstand rhetorischer Disziplinierung waren und die sich nur durch den Grad rhetorischer Organisation voneinander unterschieden.

Die philosophische Ästhetik des 18. Jh. trennt das (Kunst- oder Natur-) Schöne systematisch vom Guten und Wahren. Ein rein ästhetisches Urteil ist nach KANT ein Urteil, in das kein Interesse an der Existenz seines Gegenstandes mischt. [21] Empirische Urteile können solch ein Interesse zwar einschließen (an der Wahrheit einer Aussage, dem Nutzen oder dem Angenehmsein eines Gegenstandes), doch handelt es sich insoweit nicht mehr um rein ästhetische Urteile. [22] Damit emanzipiert sich die Dichtung ihrem Anspruch nach von der Indienstnahme für heteronome Zwecke, kurz: vom Gebrauch. In HEGELS ‹Ästhetik› wird diese Position festgeschrieben. [23]

Von G. kann man daher im strengen Sinne erst sprechen, nachdem der Schnitt zwischen gebrauchsgebundener und nicht-gebrauchsgebundener Literatur theoretisch vollzogen ist, denn zuvor ist Literatur stets auch – wenn auch in unterschiedlichem Grade – G. Das gilt nicht nur für die sog. *Kasualpoesie*, die alltäglichen Anlässe poetisch überhöht (Epigramme, Hochzeitscarmina, Epicedien, Panegyriken anläßlich von Siegen, Geburtstagen, Todesfällen usw.), oder für Lehrdichtung, die theoretische Einsichten in poetischer Form vermittelt (Hesiod: ‹Erga kai hemerai›; Lucrez: ‹De natura rerum›), sondern auch für Epen, Romane, Novellen, Liebespoesie, Theaterstücke usw., die immer auch ‹Wissen› über die Welt vermitteln wollen oder Modelle richtigen oder falschen, edlen oder unedlen Verhaltens, exemplarische Lösungen sozialer oder moralischer Konflikte und die Geltung gesellschaftlicher Hierarchien zur Diskussion stellen. Der Gedanke eines ‹uninteressierten Wohlgefallens› (Kant) ist in der Literatur der Vormoderne undenkbar, denn Literatur ist – ungeachtet der unterschiedlichen Versuche, ihre besondere Wahrheit und Geltung in Abgrenzung von Religion, Wissenschaft, Geschichte zu bestimmen – immer auch auf die Erkenntnis von Wahrheit und die Veranschaulichung des Guten (oder seines Gegenteils) verpflichtet.

Freilich sind pragmatische Funktionen vielfältig geschichtet [24], und es gibt Grade der Gebrauchsgebundenheit, die es in unterschiedlichem Maße erlauben, Texte vormoderner Literatur wie das antike Epos oder Drama, den Ritterroman oder den Minnesang unabhängig von ihren ehedem pragmatischen Funktionen analog zu einem poetischen Werk der Neuzeit wahrzunehmen. Doch setzt dies eine Übertragung in ein historisch verändertes literarisches System und eine Ausblendung ehemaliger Funktionsbestimmungen voraus.

Jeder Gebrauchstext kann aus seinem pragmatischen Konnex gelöst und als zweckfreie literarische Form rezipiert werden. Dieser Vorgang setzt lange vor der Begründung einer philosophischen Ästhetik ein, wird in deren Gefolge seit dem Historismus aber ubiquitär. So wurden die pindarische Ode unabhängig vom Anlaß einer Siegesfeier, der mittelalterliche Sangspruch abgelöst von seiner aktuellen Gebrauchssituation als artifizielle Gebilde tradiert, ohne daß das Bewußtsein ihrer ursprünglichen Funktion ganz schwand. Innerhalb der seit dem Historismus vorherrschenden Kunstauffassung können sie kontextlos neben eine Ode z. B. Hölderlins oder ein Lied Heines gestellt werden, neben eine Lyrik also, die sich keinem besonderen Anlaß verdankt.

Wenn vormoderne Literatur stets ein Moment von ‹Brauchbarkeit› enthält (Herrendienst, Organisation von Gemeinschaft, Kollektiverinnerung, Divertissement usw.), so kann jetzt der ursprüngliche Gebrauchsrahmen vernachlässigt, der Text situationsabstrakt absolut verstanden werden. Auch können ursprünglich rein instrumentell eingesetzte rhetorisch-poetische Verfahren in verändertem kulturgeschichtlichen Kontext bloß dekorative Funktionen übernehmen; so wird z. B. der Stabreim, der in einer überwiegend mündlichen Literatur mnemotechnischen Zwecken dient, nach der Durchsetzung von Schriftlichkeit eine archaisierende Schmuckform. «Vielfach sind kollektiv eingeschliffene ästhetische Formen zwecklos gewordene Zweckformen.» [25] Außerdem können sie als «ästhetische Formen» nachträglich auch dort wahrgenommen werden, wo ihnen ursprünglich Zweckcharakter anhaftete.

Die Unterscheidung zwischen ‹eigentlicher› Literatur von ‹bloßer› G. ist für ältere Epochen demnach ein Rezeptionsphänomen. «Fiktion» erhält ihren Status «erst im Prozeß der Wahrnehmung» und setzt eine «spezifische Weise des Kommunizierens» voraus [26], woraus sich der Umkehrschluß ergibt, daß im Laufe ihrer Rezeption auch gebrauchsgebundene Texte fiktionalisiert werden können.

Was diachron gilt, gilt auch synchron: Gebrauchstexte können, in den Kontext des ‹Systems Literatur› übertragen, als poetische Texte rezipiert werden; die Hitparade oder die Aufstellung einer Fußballelf erscheint in einem Lyrikband Peter Handkes als ‹Gedicht›. Solch ein Verfahren nivelliert nicht die Opposition zwischen G. und ‹eigentlicher› Literatur, sondern zeigt, daß von den Kommunikationsregeln eines besonderen Systems abhängt, was als ‹literarisch›, als ‹Kunst› erfahren wird. Dank diesen Regeln wird der Blick von der pragmatischen Mitteilung auf die Form gerichtet und die «poetische Funktion» (R. JAKOBSON) des Textes dominant gesetzt.

V. Beim Rückzug der Literaturwissenschaft auf Dichtungswissenschaft, wie er im Gefolge der idealistischen Ästhetik sich zumal im Deutschland der ersten Hälfte des 20. Jh. durchsetzte, wurden aus dem Kanon Autoren wie z. B. Platon, Tacitus, Montaigne, Nietzsche, Emerson, aber auch die vielfältigen Übergangsformen zwischen G. und Literatur i. e. S. ausgegrenzt. Dagegen richtete sich seit Ende der 60er Jahre zunehmend Kritik. [27] Programmatisch wirkte eine Schrift von SENGLE, die für eine Neubegründung der literarischen Formenlehre eintrat: Sie habe sich von der spekulativen Gattungsästhetik und ihren drei poetischen Grundformen Lyrik, Epik und Dramatik zu lösen und müsse an die reich ausgebildete ältere rhetorische Formenlehre anknüpfen; dabei war allerdings das Verskriterium aufzugeben, da die Prosa in der neueren Literatur zweckgebundene und nichtzweckgebundene Texte (Roman, Novelle, Drama usw.) übergreift. Unter ‹Zweckformen› versteht Sengle sowohl Funktionstypen (wie Kritik, Polemik, Publizistik, wissenschaftliche Literatur) als auch in ihrer Funktion weniger eindeutig festgelegte Gattungen (wie Essay, Tagebuch, Autobiographie). Gemeinsam ist ihnen, daß sie sich nicht dem Heteronomieverbot als Kriterium für Dichtung fügen. Sengle macht darauf aufmerksam, daß dieses Verbot bei der Bestimmung des Literaturbegriffs außerhalb Deutschlands nicht uneingeschränkt galt und sein Plädoyer für Zweckformen mithin aus einer Sackgasse der deutschen Literaturwissenschaft und Kunstphilosophie herausführe. [28]

In der anschließenden Debatte spielten die bei Sengle anklingenden historischen Argumente eine untergeordnete Rolle gegenüber den kultur- und bildungspolitisch engagierten Plädoyers für eine Ausweitung des literarischen Kanons mit dem Ziel einer stärker gesellschaftsbezogenen Ausrichtung des akademischen [29] und schulischen [30] Unterrichts.

Die Diskussion wurde überlagert von der Frage nach der gesellschaftlichen Funktion auch der sog. ‹schönen› Literatur. In Anknüpfung an literarische Programmschriften der 20er und 30er Jahre [31] und in Auseinandersetzung mit SARTRES Konzept einer *littérature engagée* [32] wurde die Frage nach dem ‹Gebrauchswert› der fiktionalen Gattungen gestellt. Doch steht die Frage nach dem *engagement* von Literatur (fiktionaler wie nicht-fiktionaler Texte) quer zur Opposition zwischen (dominant) gebrauchsgebundener und nicht-gebrauchsgebundener Literatur, weshalb streng zwischen G. und engagierter Literatur unterschieden werden sollte. Dennoch, die Aufwertung engagierter, im weitesten Sinne lehrhafter Gegenwartsliteratur förderte die Einsicht in die historische Begrenztheit der durch die philosophische Ästhetik begründeten Opposition und leistete damit der Wiederentdeckung älterer Grenzfälle des literarischen Kanons wie Lehrgedicht, Schultheater, politisches Pamphlet, Essay, Rede u. ä. Vorschub.

Mit der Kritik an der bürgerlichen Ästhetik des 18. und 19. Jh. und ihrer Zuspitzung in der ästhetischen Theorie der Frankfurter Schule (ADORNO) [33] und «in der Abkehr von einem als bürgerlich verstandenen ästhetischen Literaturbegriff» [34] wurde propagiert, den Literaturunterricht verstärkt der G. zu öffnen. Die Forderung zielte auf unterschiedliche Texttypen: parteiliche, politisch-sozial eingreifende Texte (engagierte Literatur im oben skizzierten Sinne), Texte unterhalb des bürgerlichen Bildungskanons (Trivialliteratur) und expositorische Texte (im hier explizierten Sinn von Gebrauchstext und G.). Der neue Literaturbegriff sollte Texte in allen denkbaren pragmatischen Zusammenhängen einschließen (Reportage, Werbung, politische Reden, Predigten, Gebrauchsanweisung, Schlager usw.).

Neben den unterschiedlichen Typen der G. wurden zumal im Sprachunterricht die reinen Zweckformen aufgewertet. Der muttersprachliche Unterricht sollte die Beherrschung der in Alltagskommunikation relevanten Textsorten vermitteln und ihre sprachlichen Strategien unter strukturellen und funktionalen Aspekten transparent machen. Die daraus abgeleitete Forderung einer Übertragung des hergebrachten literaturwissenschaftlichen Untersuchungsinstrumentariums auf den neuen Gegenstandsbereich von Gebrauchstexten [35] wurde allerdings als zu wenig weitgehend kritisiert: als bloß «quantitative Erweiterung des Gegenstandsbereiches» ohne eine Neubestimmung der «Erkenntnisinteressen an Literatur insgesamt». [36] Es wurde gefordert, die G. auf ihre ideologische Funktion zu befragen, und das heißt: ihren jeweiligen Verwendungszusammenhang kritisch zu analysieren. [37] Umgekehrt wurden Versuche einer ideologiekritischen Behandlung der G. als Indoktrination kritisiert [38] und ihnen der Erkenntniswert einer rhetorischen Analyse von G. entgegengestellt. Inzwischen ist die Behandlung pragmatischer Textsorten in den Lehrplänen fest etabliert mit dem Lernziel, alltagspraktisch verwendbare Techniken des Umgangs mit Texten und Einsichten in Regeln und Interessenzusammenhänge ihres Gebrauchs zu vermitteln, doch ist auch die Begrenztheit eines solchen Lernziels nicht mehr umstritten. Die einfachen Zweckformen können auf Dauer nicht komplexere und anspruchsvollere Texte der fiktionalen Literatur ersetzen.

Die Ausdifferenzierung eines besonderen, nicht zweckgebundenen Typus von Texten läßt sich nämlich nicht einfach rückgängig machen, auch nicht durch Rückgriff auf die alte Rhetorik. Es wäre «pure Barbarei, die Abstufungen von der Tragödie zum Leitartikel oder von der Naturlyrik zum Werbeslogan abschaffen zu wollen» [39], Barbarei nicht wegen der prinzipiell höheren Würde der einen gegenüber dem anderen – denn dann würden weiterhin «dritt- und viertrangige Poeten von der Literaturkritik und -geschichte aufmerksamer beachtet werden als die ersten Meister der Zweckliteratur» [40] –, Barbarei vielmehr, weil damit die unterschiedlichen Leistungen praktischer, kognitiver und künstlerischer Diskurse, wie sie sich in der Moderne ausgebildet haben, nivelliert würden. Die Wertfrage hat seitdem jeweils nur innerhalb eines bestimmten Diskurses Geltung, nicht zwischen den Diskursen. Bei reinen Zweckformen haben jeweils Sachadäquatheit und Funktionsgerechtigkeit höheren Rang, bei nicht-zweckgebundenen Formen die sprachlich-stilistisch-kompositionellen Mittel.

Wenn die G. nicht nur additiv zu den bisherigen Gegenständen der Literaturwissenschaft treten und deren Literaturbegriff tatsächlich verändern, statt nur erweitern soll (es werde – so der Vorwurf von K.-D. Müller – oft nur «eine wissenschaftliche Darstellungsweise auf die Zweckformen übertragen, die sich für die im engeren Sinne poetischen Formen bewährt zu haben scheint»[41]) –, muß der Literaturbegriff noch konsequenter historisiert werden.

B. I. *Antike.* Die enge Verbindung von Poetik und Rhetorik läßt die Übergänge zwischen – im neuzeitlichen Sinne – ‹eigentlicher› Literatur und G. fließend erscheinen. An der ältesten Poesie ist noch ihr ursprünglicher ‹Sitz im Leben› zu erkennen, d. h. ihre Einbettung in rituell herausgehobene oder alltägliche Lebensvollzüge (Kultus, Krieg, Arbeit, Wettkampf, Brauch). Lyrik, Drama und Epos lösen sich zwischen dem 8. und 5. Jahrhundert v. Chr. aus derartigen Gebrauchszusammenhängen. [42]

Der antike Literaturbegriff schließt dennoch «ganz fraglos Geschichtsschreibung mit Geographie, Philosophie, Wissenschaftslehre mit Kosmologie, Medizin, Mathematik und allem Fachwissenschaftlichem, Rhetorik, Grammatik, Biographie wie auch Schriften über Fortifikation, Architektur, Ballistik, Wasserleitungen, Tierarzneikunde, ja selbst Kochbücher», kurz: Gebrauchstexte aller Art ein, da «‹Literatur› eben die umfassende Einheit von Dichtung, Geschichtsschreibung, Philosophie, Rhetorik, Wissenschaft» meint, «als den im ganzen doch einheitlichen Ausdruck der griechischen und römischen Kultur»: alles «Schreibwerk, soweit es Öffentlichkeit und Gültigkeit gewinnt». [43] Wenn sich innerhalb dieses Corpus Unterscheidungen herausbilden, dann nicht im späteren Sinne die zwischen G. und ‹eigentlicher› (fiktionaler) Literatur, sondern hinsichtlich der Nähe zur lebendigen Rede und hinsichtlich des Grades kunstgemäßer Durchformung sachbezogener wie nicht sachbezogener Rede und Schrift.

Die Rhetorik lehrt die adäquate Bewältigung von Situationen des Lebens in der Polis in wohlgeformter Rede. Sie diszipliniert eine ihr immer schon vorausgehende Redepraxis, wird zur «Lehrdisziplin [...] durch die Beschreibung und Einübung der beobachteten Möglichkeiten und durch die Tradierung eines einmal gewonnenen Lehrgebäudes». [44] Jeder Gebrauchstext ist daher immer schon ‹rhetorisch› organisiert, wobei sich diese Organisation zwischen den Extrempunkten einer ausschließlichen Bestimmung durch seine Gebrauchsfunktion und einer Verwendung gebrauchsübergreifender stilistischer und argumentativer Verfahren bewegen kann. Schon die drei *genera dicendi*, von der klassischen Rhetorik als Prototypen möglichen Redegebrauchs am einläßlichsten beschrieben, sind durch ihre Gebrauchsfunktion unterschiedlich eng determiniert. Sie teilen zwar miteinander (und mit der Poesie) den Bereich der *elocutio*, doch differiert der Grad von deren Instrumentalisierung. Während im *genus iudiciale* und im *genus deliberativum* das Redeziel im Vordergrund steht, kann (aber muß nicht) sich im *genus demonstrativum* das Repertoire elokutioneller Mittel gegenüber dem Redezweck mehr oder weniger verselbständigen. *Laus* und *vituperatio* (Lob und Tadel) als klassische Aufgaben des *genus demonstrativum* können nurmehr Anlaß sein, die Kunstfertigkeit des Redners vorzuführen. Da die Poetik prinzipiell das gleiche Repertoire rhetorischer Verfahren enthält, erfolgt die Grenzziehung, abgesehen vom Verskriterium, – allerdings nur in der Tendenz und unpräzise – über den Grad elokutioneller Ausgestaltung; der Poesie wird zumeist ein reicherer *ornatus* zugeschrieben. In der Poesie wie in den verschiedenen Gattungen der Rede ist Kriterium für die Zugehörigkeit zur ‹Literatur› die Eloquenz: Sprachreinheit und -richtigkeit, Sachadäquatheit, Situationsangemessenheit, kunstgerechte Ausgestaltung. [45]

II. *Mittelalter.* In der lateinischen Literatur des Mittelalters gilt prinzipiell das gleiche. Mit dem Funktionsverlust einiger paradigmatisch ausgezeichneter Typen von G. (z. B. des *genus deliberativum*) verschiebt sich dort das Interesse weg vom Redezweck auf die kunstgemäße, und d. h. jetzt schulgerechte Ausführung. Gleichzeitig werden die überlieferten Kunstregeln auf neue Gebrauchsformen übertragen und ihrem Zweck gemäß abgewandelt. So entwickeln sich aus der klassischen Rhetorik – als Redekunst – die *artes dictaminis* als Anleitung zur kunstgerechten Abfassung von Schriftstücken zwecks offiziellem oder nicht offiziellem Gebrauch. [46]

Die Anfänge volkssprachlicher Literatur lassen eine Unterscheidung zwischen eng funktionsgebundenen Texten und einer nach Kunstregeln stilisierten G. durchweg nicht zu, erst recht nicht eine Abgrenzung gegenüber einer nicht gebrauchsgebundenen Literatur. Es gibt vielerlei «Berührungspunkte und Übergangsstufen». [47] Die volkssprachliche Literatur ist immer G., insofern sie in Wirkungszusammenhänge wie Andachtsübung, Gottes- und Herrenlob, Welt- und Gesellschaftserkenntnis eingebunden ist. Zudem organisieren Inszenierungstypen, die später überwiegend der Poesie vorbehalten sind, auch pragmatische Textsorten. So verwenden bis zum Ende des 13. Jh. theologische, naturkundliche, juristische, artistische, moraldidaktische, historische Texte ganz überwiegend Vers und Reim, manchmal auch Strophe. Diese haben dort ursprünglich mnemotechnische Aufgaben (Beispiel: Merkverse zur Gesundheit, zum Fechten, zum Alltagsverhalten o. ä.); sie bestimmen insofern den Text für den mündlichen Vortrag (was nicht ausschließt, daß er von Fall zu Fall auch gelesen werden kann); doch können sie dabei in unterschiedlichem Maße Schmuckfunktionen erfüllen. Es gibt ein breites Spektrum zwischen schlicht versifizierten Adaptationen von Gebrauchstexten in Prosa (so noch MICHEL BEHEIM im 15. Jh. [48]) und kunstvoll ausgestalteten, gleichwohl an einem (z. B. religiösen) Zweck orientierten Versdichtungen wie schon im 9. Jh. dem ‹Evangelienbuch› OTFRIEDS VON WEISSENBURG. Rhetorischer *ornatus* kann der Intensivierung frommer Betrachtung, historischer Erinnerung, kosmologischer Spekulation dienen, und hohes Kunstbewußtsein kann sich in zweckgebundenen Gattungen wie dem Marienlob oder der Geschichtsdarstellung artikulieren (KONRADS VON WÜRZBURG ‹Goldene Schmiede› oder sein ‹Trojanerkrieg›).

Die (schul-)rhetorische Basis des Großteils mittelalterlicher Literatur [49] erlaubt keine strikte Trennung von ‹Dichtung› und ‹G.›. Die richtige und angemessene sprachliche Ausgestaltung ist eine *ars*, die erlernt und eingeübt werden kann und gegenüber Inhalten und Redeanlässen neutral ist, wenn auch nicht in der Wahl der Mittel. Die Künste des Triviums, Grammatik, Rhetorik, doch auch die Dialektik, können die übrigen *artes* vermitteln und befördern, bewähren sich wie in fiktionalen Texten auch in der auf praktische Fertigkeiten bezogenen sog. ‹Artesliteratur›, die am ehesten der modernen G. entspricht.

Erst seit dem 13. Jh. setzt sich in der Volkssprache, zuerst in historiographischen und theologischen Texten, die Prosa durch. Die Gattungs- und Funktionsdifferenzierung der lateinischen Literatur wird nachgeholt. Die Wahl des Verses gilt damit jedoch bis ins 16. Jh. noch nicht als Kriterium für Poesie, sondern in der Verwendung des Verses spiegelt sich vor allem eine bildungsmäßige Differenzierung von Rezipientengruppen mit unterschiedlicher schriftsprachlicher Kompetenz, höherer bei Prosa, geringerer beim Vers. Im Zuge allgemeiner Verschriftlichung sind erst aus dem Spätmittelalter in größerer Zahl Gebrauchstexte für alle möglichen trivialen Alltagssituationen überliefert. Unter dem Titel ‹Fachprosa› [50] hat man diese besondere Gruppe enger alltagspraktisch-instrumenteller Texte (Verhaltens- oder Gesundheitslehren, Rechtstexte, erinnerungsstützende Texte usw.) zusammengefaßt. Der Begriff, gelegentlich promiscue mit ‹Fachliteratur› gebraucht [51], ist einerseits zu eng, weil erst spät die Prosa den Vers verdrängt und der Vers in der Volkssprache nicht der Gattungsdifferenzierung dient, andererseits zu weit, weil damit rhetorisch sehr verschieden elaborierte Texte zusammengefaßt werden.

Auch dort, wo sich die Autoren auf dichterische Inspiration berufen und ein neuzeitliches Dichtungsverständnis vorweggenommen scheint (z.B. bei WOLFRAM VON ESCHENBACH, KONRAD VON WÜRZBURG, HEINRICH VON MORUNGEN u.a.), schließt der Gedanke dichterischen Schöpfertums keineswegs denjenigen einer praktischen ‹Brauchbarkeit› des Produktes aus: ALANUS AB INSULIS macht sein ‹De planctu naturae› und seinen ‹Anticlaudianus› zum Gefäß theologisch-kosmologischer Spekulation; Wolfram ist als der ‹gelehrte Laie› Autorität für vielerlei Wissen; der Minnesang exponiert Modelle richtigen und falschen Liebens und höfischen Verhaltens überhaupt; Konrads Reflexionen über die Berufung des Dichters leiten seinen ‹Trojanerkrieg› ein, ein historisches Werk also.

Allerdings beginnt sich schon bei den großen Epikern um 1200 und im ‹Minnesang› (oder seiner romanischen Entsprechung, dem ‹Grand chant courtois›) die Kunstübung von Gebrauchszusammenhängen zu emanzipieren, so daß diese Texte unter den Prämissen einer neuzeitlichen Ästhetik als ‹Literatur› i.e.S. verstanden werden können. [52] Die Rekonstruktion ihrer Interessen- und Gebrauchszusammenhänge erlaubt nur in Umrissen, ihre ehemalige pragmatische Bedeutung zu erfassen: Wenn mittelalterliche Dichtung nahezu immer einen Auftraggeber hat, der damit besondere Interessen verfolgt [53], so determinieren derartige Interessen einige Gattungen (z.B. den höfischen Roman) offenbar so schwach, daß er weithin wie ein nicht-gebrauchsgebundener fiktionaler Text der neueren Literatur rezipiert werden konnte. Man hat also mit einer Schichtung von Gebrauchsinteressen zu rechnen, und Einbettung in Gebrauchszusammenhänge schließt die Ausbildung komplexer, in diesen nicht aufgehender poetischer Strukturen nicht aus. [54]

Dies gilt nicht nur für die – im modernen Sinne – ‹poetischen› (d.h. nicht auf eine äußere Wirklichkeit referierenden, fiktionalen) Texte. RUH hat darauf hingewiesen, daß mystische Schriften wie das ‹Fließende Licht der Gottheit› der MECHTHILD VON MAGDEBURG, deren religiöser Gebrauch in der *aedificatio*, der ‹Erbauung› des Bildes Gottes im Menschen, besteht, neben traktathaften, biographischen, apologetischen Elementen Poesie enthält, die sich auf die gleiche Quelle der Inspiration – die Liebe – beruft wie DANTES ‹Vita nuova›. [55] Ein solches Urteil ist erst von einem Standpunkt aus möglich, für den eigentliche Literatur und G. schon auseinandergetreten sind und von dem aus der ursprünglich intendierte Gebrauch nurmehr historisch rekonstruiert werden kann, als Rezeptionsanweisung aber irrelevant geworden ist. Gleiches ließe sich z.B. von den politischen Sangsprüchen z.B. des WALTHER VON DER VOGELWEIDE sagen, die ihre pragmatische Funktion bald nach ihrer Entstehung mit Änderung der politischen Konstellationen verloren, gleichwohl aber, offenbar wegen ihrer sprachlich-musikalischen Meisterschaft, weiter aufgezeichnet und überliefert wurden.

An einem Text wie dem ‹Ackermann aus Böhmen› zeigt sich der zwiespältige Status mittelalterlicher G. Im Streitgespräch zwischen Ackermann und Tod hat die ältere Forschung eine subjektiv gefärbte Bekenntnisschrift eines durch den Tod der Frau erschütterten Menschen gesehen, die über ihren Anlaß hinaus zum poetischen Dokument erwachender Subjektivität geworden sei. Nur indirekt, mittels identifikatorischer Lektüre, wurde dem Dialog eine praktische Orientierungsfunktion für das Leben anderer Leser zugeschrieben. Dieser Lektüre des Werks als Dichtung im neuzeitlichen Sinne wurde entgegengehalten, es handle sich um eine bloße rhetorische Übung eines gelehrten Kanzleimitglieds, die auf einen topischen Bestand weit verbreiteter Argumente zurückgreife. Der Dialog verfolge eine didaktische Aufgabe in der Demonstration argumentativer Strategien und elokutioneller Mittel. Die Alternative zwischen rhetorischer Formelsammlung und poetischer Verarbeitung subjektiven Empfindens reißt auseinander, was in vormoderner Literatur zusammengehört und blendet zudem andere Gebrauchsmöglichkeiten aus. Weder ist eine rhetorische Lehrschrift im Mittelalter rein technisch-instrumentell zu verstehen, noch ist ein Text abgelöst von alltagsweltlichen Gebrauchsmöglichkeiten denkbar. Der ‹Ackermann› wird im 15. Jh. als Trostschrift, also gebrauchsgebunden rezipiert, jedoch als Trostschrift, die den (wirklichen oder fiktiven) Anlaß ihrer Entstehung überhöht, in der nicht die individuelle Bedeutung, sondern der exemplarische Gehalt gesucht wird, in der die rhetorische Gestaltung affektiv steigert. [56]

III. *Renaissance, Barock.* In der Kunsttheorie der Renaissance schließt die emphatische Feier des künstlerischen Genius die Bindung seines Werks an unterschiedlich verbindliche Situationen des Gebrauchs noch nicht aus. Die Poetik ist in antiker Tradition ein Ableger der Rhetorik, wenn sie auch als deren höchste Vollendung gilt (J.C. SCALIGER, ALSTED, MASEN, MEYFART u.a.). [57] Mit deren Vorschriften decken sich weitgehend ihre Regeln. Die Abgrenzung erfolgt in antiker Tradition vor allem mittels des Verskriteriums. Erst zögernd bilden sich mit dem Vordringen der Prosa in den Rhetoriken und Poetiken andere Kriterien aus. [58]

Den Kunstregeln der Rhetorik werden über den antiken Beispielkanon hinaus alle Bereiche öffentlicher und privater Rede unterworfen: Die Rhetorik «beschränkte sich keineswegs [...] auf den engen Raum der Gerichts-, Beratungs- oder Lobrede. Ihre Macht zeigte sich überall da, wo es um sprachkünstlerische Darstellung ging.» [59] So behandeln Rhetoriklehrbücher (z.B. MELANCHTHON, ALSTED, CAUSSINUS) ausdrücklich die Predigt, die auch schon im Mittelalter Gegenstand der Anweisung gewesen war [60], oder auch den privaten und den öffentlichen Brief (K. STIELER: ‹Teutsche Sekretariatkunst›). Ein großer Teil poetischer Gattungen, zumal der Lyrik, ist anlaß- und zweckbedingt (Kasualpoesie) und wurde deshalb von der Literaturwissenschaft des 19. und frühen 20. Jh. aus dem Kanon ausgeschlossen. Doch auch das Epos und der entstehende Roman sind als Kompendien des Wissens G. Mittels allegorischer Verfahren können poetische Texte Wissen aller Art verschlüsseln: etwa über Gott, den Kosmos, die Seele des Menschen, die Regierungskunst.

Es entwickeln sich neue poetische Gebrauchsformen wie das reformatorische Kirchenlied, das der dogmatischen Versicherung, konfessionellen Abgrenzung und lebenspraktischen Orientierung dient und Medium der Gemeindebildung ist. In das Kirchenlied gehen Elemente älterer religiöser Dichtung ein [61]; doch bildet es seinerseits rhetorisch-stilistische Muster aus, die auf nicht-gebrauchsgebundene, nicht einmal durchweg religiöse Lyrik einwirken. Ähnlich entwickeln sich in Gebrauchsformen wie Kalender oder Predigt nach älteren Vorläufern narrative Typen (Kalendergeschichte [62], Predigtmärlein [63]), die ihren ursprünglichen Gebrauchszusammenhang als selbständige literarische Gattungen überleben (J. P. HEBEL).

Auch verselbständigen sich innerliterarische Traditionen gegenüber ihren Anlässen und Gebrauchsmöglichkeiten, insbesondere in den Volkssprachen, dort also, wo die Wirkungskraft der rhetorischen Tradition schwächer ist. Der Petrarkismus bildet ein selbstreferentielles poetisches System mit einem besonderen Code aus und löst lyrisches Sprechen aus dem Zusammenhang geselliger Verständigung über eine exklusive Form edlen und schönen Liebens (wie im höfischen Minnesang) oder aus religiös-kosmologischer Spekulation (wie bei Dante). Was von späteren Dichtungsauffassungen her als leerer Formalismus kritisiert wurde, zeigt die Ausdifferenzierung einer nur noch ihren eigenen Gesetzen gehorchenden poetischen Welt. Auch in Epos, Roman, Novelle und Drama bereitet sich die spätere Dissoziation von eigentlicher und gebrauchsgebundener Literatur vor.

IV. *18. u. 19. Jahrhundert.* Diese Dissoziation vollzieht sich innerhalb der philosophischen Ästhetik des 18. und 19. Jh. Sie richtet sich sowohl gegen die Tradition einer rhetorisch aufgefaßten Poesie als auch gegen die Instrumentalisierung der Literatur im Dienste der Aufklärung, näherhin gegen die operationalen (vor allem lehrhaften) Texttypen, die das aufklärerische Literaturprogramm favorisiert. In HEGELS ‹Ästhetik› sind dann rhetorisch-gebrauchsgebundenes und poetisches Schreiben als strenger Gegensatz formuliert.

In der literarischen Praxis spielt der Gegensatz zunächst eine untergeordnete Rolle. Die sog. Klassiker verfassen auch Texte, die als ‹G.› gelten müssen: etwa zeitgeschichtliche Kommentare und kulturgeschichtliche Essays (WIELAND), Literaturkritik (LESSING), Geschichtswerke (SCHILLER), autobiographische und naturkundliche Schriften (GOETHE). Auch die zeitgenössischen Kunstlehren machen die Versuche der philosophischen Ästhetik, alle heteronomen Bezüge von Dichtung zu kappen, zunächst nicht mit. [64] Journalistische oder wissenschaftliche Publikationen werden weiterhin an rhetorisch-stilistischen Maßstäben gemessen. Zwar gilt der Dichter oder Künstler als höchster Repräsentant des Menschseins, doch vollendet sich die Bildung des Menschen nicht nur in poetischer Produktion. Während in der Romantik auch nicht-poetische Schreibweisen und Gattungen wie Kritik oder Fragment aus ihrer Gebrauchsgebundenheit gelöst und als höchste Erscheinungsformen der Poesie aufgewertet werden, plädieren die Literaten des Vormärz wieder für Gattungen, die unmittelbar gesellschaftliche Zwecke befördern helfen, wie die verschiedenen Typen des Journalismus.

Erst in dem Maße, in dem sich die idealistische Ästhetik im Deutschland des 19. Jh. akademisch durchsetzt, wird G. aus dem Kanon verdrängt und schrumpft die Rhetorik zur bloßen Stilistik. [65] Die Literaturgeschichte, jetzt zur wissenschaftlichen Disziplin entwickelt, scheint erst mit der Autonomisierung der Literatur im Geniezeitalter zu beginnen. Von der Ausgrenzung ausgenommen sind allenfalls gebrauchsgebundene Texte von Dichtern, die ihrem poetischen Werk zugeschlagen, nämlich als dessen Vorbereitung und Kommentar verstanden werden können.

Freilich ist selbst jetzt noch die Trennung praktisch viel weniger rigoros durchgeführt, als theoretisch postuliert. Einige Gattungen der G. stehen weiterhin fiktionalen nahe, wie z. B. die Geschichtsschreibung dem Roman: Das narrative Verfahren des Historikers muß der unübersehbaren Vielfalt von Ereignissen eine Ordnung abzugewinnen suchen, durch Auswahl, Verknüpfung, Segmentierung, Abschluß. Dementsprechend ist die Historiographie schon im Humanismus eines der bevorzugten Anwendungsfelder rhetorischer Theorie. Sie wird im 18. Jh. Diskussionsmedium der entstehenden Romanpoetik und lehnt sich im 19. Jh. in ihren Strategien an die inzwischen ausgebildeten fiktionalen Erzählmodelle an. [66]

Parallel zur Ausdifferenzierung einer sich autonom setzenden Literatur bilden sich in den verschiedenen wissenschaftlichen Disziplinen, in politisch-sozialen Institutionen und alltagspraktischen Zusammenhängen neue Zweckformen theoretischer und praktischer Diskurse aus. Für sie ist kunstgemäße sprachliche Ausgestaltung nurmehr fakultativ. Gefeierte Ausnahmen wie J. BURKHARDTS ‹Kultur der Renaissance in Italien›, J. HUIZINGAS ‹Herbst des Mittelalters› oder die Schriften S. FREUDS bestätigen indirekt doch nur, daß in wissenschaftlichen Abhandlungen primär Sachadäquatheit zählt, dagegen stilistisch oder dispositionell anspruchsvolle Darbietung – in Deutschland mehr noch als in angelsächsischen oder romanischen Ländern – zur bloß noch willkommenen Dreingabe wird.

Andererseits entsteht seit dem 19. Jh. ein besonderer Typus von G. in Sachbüchern, in auf einzelne Sachgebiete spezialisierten Zeitschriften oder in Zeitungsartikeln, die die Ergebnisse wissenschaftlicher Forschung aus spröde sachbezogener, an die Fachwelt gerichteter Darstellung in eine stilistisch anspruchsvolle oder gefällige Form übersetzen und an ein interessiertes Publikum vermitteln. Ähnliches geschieht mit zweckgebundenen Fachtexten aus Technik, Politik, Wirtschaft usw. Auch diese Schriften werden häufig zur G. gezählt. Gegenüber strenger Sachorientierung und Zweckgebundenheit gewinnen in ihnen Darstellungsabsichten die Oberhand, ohne daß der primäre Sachbezug jedoch aufgegeben würde. [67]

Mit der im 20. Jahrhundert entfalteten Professionalisierung unterschiedlicher Rollen von Schriftstellern bilden sich Konventionen für unterschiedliche Bereiche schriftsprachlicher Kommunikation heraus. Sie sind nicht durchweg eng funktionsdeterminiert, sondern lassen Spielräume für mehr oder weniger individuelle Gestaltung. Literarische Qualität gesteht man den Verfassern überwiegend dort zu, wo sie sich an Verfahren fiktionaler Texte anlehnen. So spricht man z. B. von «literarischem Journalismus». [68] Damit ist einmal das Grenzgebiet zwischen Tatsachenbericht und Fiktion gemeint («the fact-fiction tension» [69] in Reportagen, Geschichten auf dokumentarischer Basis, Impressionen, Skizzen, Darbietung aus fiktiver Perspektive, Adaptation literarischer Erzähltechniken), zum anderen und damit im Zusammenhang die vom Standardjournalismus und seinen rein instrumentell gebundenen Schreibweisen abgehobene Gestaltungsabsicht, ablesbar an mehr oder minder auffälligen Darstellungsstrategien. Wieder sind wie bei anderen Typen von G. Abgrenzungen vom bloßen ‹Standard› der Zweckform durchweg intuitiv und daher schwer operationalisierbar; ein – allerdings vages – Kriterium ist die neue, ungewöhnliche, vor allem aber ‹richtigere› Sicht des je zu erfassenden Sachverhaltes mittels besonderer Darstellungstechniken. [70] Die vom literarischen Journalismus entwickelten Verfahren decken sich z. T. weithin mit narrativen Verfahren fiktionaler Literatur.

Schließlich verbreiten sich Mischformen wie Essay, Tagebuch, Autobiographie, Aphorismus u. a., die den referentiellen Bezug auf Realität nicht völlig suspendieren, insofern nicht zur fiktionalen Literatur zählen, wohl aber ähnlich wie diese ihren Wahrheitsanspruch aus der Form ihrer Darstellung ableiten und insofern den ihnen eingeschriebenen Gebrauch als bloßen Anlaß benutzen. Sie sind, zumal in der Literatur des 20. Jh., besonders leicht in fiktionale Literatur überführt worden.

V. 20. Jahrhundert. Die angedeuteten Tendenzen setzen sich im 20. Jh. verstärkt fort. Während sich Gebrauchstexte immer weiter ausdifferenzieren, nach Fachsprachen, Funktionstypen und Verwendungszusammenhängen, gehen von der Literatur i. e. S. seit Ende des 19. Jh. Versuche aus, die Abspaltung der schönen Literatur von der G. zu überwinden. In Frage gestellt wird in Programmen einer operationalen, engagierten Literatur (BENJAMIN, BRECHT, SARTRE) die Zweck- und Gebrauchsenthobenheit der schönen Literatur. [71] Zweckorientierte Schreibweisen werden als Mittel der Fiktion benutzt (z. B. dokumentarisches Theater oder dokumentarischer Roman). Fiktionale Gattungen adaptieren Verfahren der G. (z. B. der ‹essayistische› Roman: T. MANN, R. MUSIL). Elemente aus Gebrauchstexten werden in den literarischen Diskurs integriert (z. B. in der Lyrik: P. HANDKE, R. D. BRINKMANN).

Damit wird die Literarizität, d. h. der besondere Status der fiktionalen Literatur, nicht aufgehoben. Nicht mehr ein bestimmtes Verfahren oder die Gattung sind entscheidend, sondern der Wahrnehmungs- und Rezeptionshorizont, in den der Text gerückt wird, und damit die Frage, ob die Sach-, Handlungs- oder Erkenntnisreferenz im Vordergrund steht oder nicht. Was als Gebrauchstext zu betrachten ist, hängt vom Kommunikationszusammenhang ab.

Umgekehrt können auch poetische Verfahren außerhalb der Poesie instrumentalisiert werden. So läßt sich z. B. ein Einfluß neuerer Lyrik auf die Werbung beobachten, oder Werbung kann mit fiktionalen (oder als solche verstehbaren) Erzählungen operieren. Es können einzelne Stilmittel in Gebrauchstexten adaptiert werden (Wort- und Satzfiguren, Tropen, Rhythmisierung usw.) wie auch bestimmte (satirische, scherzhafte, pathetische) Schreibweisen, Redehaltungen oder Gattungsmuster.

Bis zum Beginn der 70er Jahre bleiben mit der G. weite Gebiete der Textproduktion von literaturwissenschaftlicher Analyse ausgeschlossen. Die Umorientierung verdankt sich vor allem Impulsen aus der Linguistik (besonders Pragma-, Sozio- und Textlinguistik) [72] und aus den verschiedenen Spielarten einer Sozialgeschichte und Soziologie der Literatur. [73] Die Linguistik klammert in der einheitlichen Perspektive der ‹Textsorte› unterschiedliche Grade an Komplexität in der Organisation des Textes aus (ob gebrauchsgebunden oder nicht); die Sozialgeschichte und die Soziologie der Literatur fragen nach den gesellschaftlichen Funktionen aller Arten von Texten (gleichfalls ob gebrauchsgebunden oder nicht). Die literaturwissenschaftliche Konjunktur von G. fällt mit dem Siegeszug dieser Forschungsansätze zusammen.

C. I. *Abgrenzungsprobleme.* Alle Spielarten von G. sind, wie bemerkt, grundsätzlich literarisierbar und fiktionalisierbar: An Zweckformen wie Autobiographie, Brief, Reportage, Tagebuch usw. läßt sich das Spektrum zwischen rein pragmatischer Fungibilität und Kunstform verdeutlichen. Es lassen sich Reihen bilden z. B. zwischen Ad-hoc-Notizen, Tagebuch, Autobiographie und autobiographischem Roman. Gebrauchsformen wie Geschäftsbrief, Behördenbrief, Leserbrief, Sendbrief, Bettelbrief können in reale oder fiktionale Kontexte (etwa innerhalb eines Romans) eingebettet sein. In beiden Fällen können «literarisch-rhetorische Mittel eingesetzt werden». [74] Einige Gebrauchstypen begünstigen den Einsatz solcher Mittel stärker als andere, je nach dem, wie sehr der (reale oder fiktive) Zweck dominiert. So ist beim Brief am wenigsten der Privatbrief vorweg festgelegt in Inhalt, Strategien, Struktur, stilistischen Register, so daß er am stärksten literarisch überformt werden kann. Privatbriefe werden deshalb häufig, obwohl G., als Teil von Gesamtausgaben zum Œuvre eines literarischen Autors gezählt oder sogar – zumal bei Lyrikern (Goethe, Novalis, Brentano, Rilke, Hofmannsthal) – als eine andere Ausdrucksform poetischer Produktion verstanden.

II. Es gibt zahlreiche Übergangsformen zwischen G. und Literatur i. e. S.: In der Diskussion um einen erweiterten Literaturbegriff sind Gattungen ausgezeichnet, die zwar nicht wie poetische Texte selbstreferentiell sind, deren sachlicher und funktionaler Bezug aber hinter der Gestaltung zurücktritt, etwa wie beim Essay aufgehoben wird durch Subjektgebundenheit, Verzicht auf Systematik und ungewöhnliche sprachliche Organisation. Ihre Sonderstellung verdanken Gattungen wie der Essay historisch der Ausgliederung von G. aus dem engeren Corpus literarischer Texte seit der frühen Neuzeit, im Falle des Essay (MONTAIGNE, BACON) in Opposition zu wissenschaftlichen Schreibweisen auf der einen Seite und in Konkurrenz zur schönen Literatur auf der anderen. [75] Schreibweise und Subjektgebundenheit nähern ihn wie Privatbrief, Tagebuch, Reisejournal, Autobiographie der Literatur i. e. S. an.

III. Gebrauch und rhetorische Inszenierung bedingen sich gegenseitig: Der Gebrauch erfordert eine bestimmte sprachliche Form, und diese erschließt neue Möglichkeiten des Gebrauchs. Schon die schlichte Folge autobiographischer Aufzeichnungen basiert einerseits auf Selektionen, die zwischen erinnerungswürdigen und vergessenswerten Vorfällen unterscheiden, andererseits auf historischen Möglichkeiten der Wahrnehmung, der sprachlichen Organisation und der Selbstthematisierung (z. B. auch «Gebet, Selbstgespräch und Tatenbericht, fingierte Gerichtsrede oder rhetorische Deklamation, wissenschaftlich oder künstlerisch beschreibende Charakteristik, Lyrik und Beichte, Brief und literarisches Porträt, Familienchronik und höfische Memoiren» [76]).

In einigen solcher Zweckformen, zuerst wohl in religiösen Aufzeichnungen, beginnt sich der Fokus des Interesses von den Sachverhalten auf das Selbst, dem sie zugeordnet sind, zu verschieben. So kann sich eine neue Gebrauchsform, etwa das individuelle Tagebuch herausbilden, das wiederum neue (z. B. kohärentere) Weisen der Selbstthematisierung entwickelt. Im Moment der Veröffentlichung oder auch nur schon der Mitteilung an andere wird der für den Schreiber ursprüngliche Zweck, die orientierende (vergewissernde, erinnerungsstützende, Lebensplanung ermöglichende) Funktion, überschritten. Die Aufzeichnungen gewinnen für andere eine neue Bedeutung, indem sie dokumentarisch oder exemplarisch ein historisches Individuum, eine Gruppe, einen Sachverhalt, eine Weise des Denkens und Empfindens repräsentieren. Die Mitteilungsfunktion fördert die Tendenz zur ‹Literarisierung› im Sinne rhetorischer Ausgestaltung der Zweckform und konventionalisierter Typen der Präsentation (Tatsachenchronik, Erfahrungsprotokoll, Journal intime usw.), in denen neue Aspekte des Selbst erschlossen werden können (und die dann wieder Gegenstand literarischer Fiktion werden).

IV. Rhetorische und poetische Verfahren allein erlauben keine Abgrenzung gebrauchsgebundener und nichtgebrauchsgebundener Gattungen, sondern nur das jeweilige historische Gattungssystem. So setzt ein Sammelband, der den Chanson gewidmet ist, mit der mittelalterlichen Lyrik der Troubadours und Trouvères ein. [77] Daran ist richtig, daß auch in deren Liedern Text und Musik zusammengehören, der Sänger das Lied zur Unterhaltung vorträgt und der Text nicht wie ein lyrisches Gedicht das ein für alle Male fixierte Gebilde ist, sondern wechselnden Situationen (und dem, was in ihnen ‹brauchbar› scheint) angepaßt werden kann. [78] Doch unterschlägt die Analogie den literarhistorischen Zusammenhang als entscheidenden Differenzpunkt. Während sich das moderne Chanson als mündliche Gebrauchsform in Opposition zu einer dominant schriftlichen, gelesenen, ‹zweckfreien› Lyrik konstituiert, existiert für die Troubadours eine solche Alternative nicht (was bis in die Gegenwart Übergänge zwischen lyrischem Gedicht und Chanson nicht ausschließt). [79] Was im mittelalterlichen Lied noch zusammenhing, ist im neuzeitlichen Gattungssystem auf unterschiedliche, mehr oder weniger stark durch Gebrauchsfunktionen geprägte Texttypen verteilt.

Anmerkungen:
1 K. Ruh: Poesie und G., in: V. Honemann u. a. (Hg.): Poesie und G. im dt. MA (1979) 1. – 2 ebd. – 3 H. Belke: Gebrauchstexte, in: H. L. Arnold, V. Sinemus (Hg.): Grundzüge der Lit.- u. Sprachwiss., Bd. 1 (1973) 320; vgl. J. Anderegg: Fiktion und Kommunikation (1973) 94–100. – 4 K.-D. Müller: Probleme der Gattungsgeschichtsschreibung..., in: Textsorten und lit. Gattungen, hg. vom Vorstand des Germanistenverbandes (1983) 294. – 5 ebd. 297; vgl. G. Niggl: Probleme lit. Zweckformen, in: IASL, 6 (1981) 14. – 6 Belke [3] 8. – 7 vgl. H. Rossipal: Konnotationsbereiche, Stilpositionen, Sprachen in der Sprache, in: Germanist. Linguistik 4 (1973) 65–68; B. Sowinski: Stilistik (1991) 74f. – 8 W. Höllerer: Über Ergebnisse der Arbeitskreise ‹Unters. zur Trivialllit.›..., in: H. O. Burger: Stud. zur Trivialllit. (1968) 51f. – 9 K. Weissenberger: Einleitung, in: ders. (Hg.): Prosakunst ohne Erzählen (1985) 1f. – 10 ebd. 3. – 11 J. Strelka: Der lit. Reisebericht, in: Weissenberger [9], 169ff. – 12 vgl. Weissenberger [9] 4. – 13 B. Sandig: Zur Differenzierung gebrauchssprachl. Textsorten in: E. Gülich, W. Raible (Hg.): Textsorten (1972, ²1975) 113. – 14 K. Ermert: Briefsorten (1979). – 15 F. Sengle: Vorschläge zur Reform der lit. Formenlehre (1967, ²1969) 14f. –
16 Belke [3] 324. – 17 Sandig [13] 113–124. – 18 vgl. C. Siegel: Die Reportage (1978) 14. – 19 L. Fischer: Gebundene Rede (1968) 79. – 20 Belke [3] 320. – 21 Kant, KU, I,1,1,2–5. – 22 ebd. I,1,2,41; vgl. B. J. Warneke: Autonomie und Indienstnahme, in: Rhet. – Ästhetik – Ideologie (1973) 83–86. – 23 G. W. F. Hegel: Ästhetik 2, hg. von F. Bassenge (o. J.) 352–362; vgl. Niggl [5] 1f. – 24 vgl. Müller, in: J. Heinzle (Hg.): Modelle lit. Interessenbildung im MA (1993) 368–375. – 25 T. W. Adorno: Ästhetische Theorie (1970) 210. – 26 Anderegg [3] 154–156. – 27 H. Rüdiger: Was ist Lit.?, in: ders. (Hg.): Lit. und Dichtung (1973) 29; H. Kreuzer: Zum Literaturbegriff der sechziger Jahre, ebd., 150–154. – 28 vgl. Sengle [15]. – 29 H. Singer: Lit., Wiss., Bildung, in: J. Kolbe (Hg.): Ansichten einer künftigen Germanistik (1969) 54f. – 30 W. H. Pott: Autonomie und Heteronomie, in: L. Fischer u. a. (Hg.): G. (1976) 29–33; L. Fischer: Der Zweck und die Heiligung der Mittel, ebd. 38–57. – 31 D. Naumann: Trivialllit. und G., in: Fischer [30] 10f.; vgl. W. Benjamin: Der Autor als Produzent, in: ders.: Versuche über Brecht (²1967) 95ff. – 32 J. P. Sartre: Was ist Lit.? (1948), neu hg. von T. König (1984). – 33 Pott [30] 20–23; Naumann [31] 10; vgl. Adorno [25] 69, 139, 158, 229. – 34 Naumann [31] 12. – 35 Singer [29] 54. – 36 Pott [30] 26. – 37 W. F. Haug: Kritik der Warenästhetik (1971); vgl. Bremer Kollektiv: Gebrauchstexte, in: dies.: Grundriß einer Didaktik und Methodik des Deutschunterrichts (1975) 78. – 38 vgl. Bremer Kollektiv [37] 78, 158; Naumann [31] 11. – 39 Sengle [15] 20. – 40 ders. 19. – 41 Müller [4] 293; vgl. Niggl [5] und G. Niggl: Probleme und Aufgaben der Geschichtsschreibung nichtfiktionaler Gattungen, in: Müller [4] 306. – 42 W. Schadewaldt: Der Umfang des Begriffs Lit. in der Antike, in: Fischer (Hg.) [30] 15. – 43 ebd. 14f., 18. – 44 L. Fischer: Rhet., in: Arnold, Sinemus [3] 143. – 45 Schadewaldt [42] 23. – 46 J. Worstbrock u. a.: Repertorium der Artes dictandi des MA (1992). – 47 K. Grubmüller: Ein Arzt als Literat, in: Honemann [1] 22. – 48 B. Wachinger: Michel Beheim, in: Honemann [1] 37ff. – vgl. Ruh [1] 3. – 49 G. Keil: Prosa und gebundene Rede, in: Honemann [1] 82–86. – 50 G. Keil, P. Assion (Hg.): Fachprosaforschung (1974); vgl. G. Keil: Literaturbegriff und Fachprosaforschung, in: ebd. 183–196. – 51 Assion [50]; vgl. Keil ebd., 183–196. – 52 W. Haug: Literaturtheorie im dt. MA (1985). – 53 vgl. Heinzle [24]. – 54 Müller [24] 375–378. – 55 Ruh [1] 10f. – 56 vgl. G. Hahn: Die Einheit des Ackermann aus Böhmen (1963) 3–13; K. Dockhorn: Macht und Wirkung der Rhet. (1968). – 57 Fischer [19] 24. – 58 ebd. 52, 97. – 59 J. Dyck: Ticht-Kunst (1966, ³1991) 26. – 60 ebd. 11. – 61 W. I. Sauer-Geppert: Sprache und Frömmigkeit im dt. Kirchenlied (1984). – 62 L. Rahner: Kalendergesch. und Kalender (1978); J. Knopf: Die dt. Kalendergesch. (1989) 17–28. – 63 vgl. E. Moser-Rath: Predigtmärlein der Barockzeit (1964). – 64 vgl. Sengle [15] 8. – 65 ebd. 9. – 66 K. Stierle: Erfahrung und narrative Form, in: J. Kocka, T. Nipperdey (Hg.): Theorie und Erzählung in der Gesch. (1979), 85ff.; H. R. Jauss: Der Gebrauch der Fiktion..., in: R. Koselleck u. a. (Hg.): Formen der Geschichtsschreibung (1982) 415ff. – 67 vgl. K. Hickethier: Sachbuch und Gebrauchstext als Kommunikation, in: Fischer (Hg.) [30]. – 68 vgl. N. Sims (Hg.): Literary Journalism in the Twentieth Century (New York/Oxford 1990). – 69 ebd. 4. – 70 ebd. IX, 206–227. – 71 vgl. Naumann [31]; Sartre [32]. – 72 vgl. Gülich, Raible [13]. – 73 vgl. die Beiträge in: Fischer (Hg.) [30]. – 74 R. M. G. Nickisch: Brief (1991) 12. – 75 vgl. Sengle [15] 13f.; G. Haas: Stud. zur Form des Essays... (1966) 45f.; ders.: Essay (1969) 31–35. – 76 G. Misch: Begriff und Ursprung der Autobiographie, in: G. Niggl (Hg.): Die Autobiographie (1989) 36f. – 77 D. Rieger (Hg.): La chanson française et son histoire (1988) 1–13. – 78 ebd. 6. – 79 vgl. ebd. 89, 101.

Literaturhinweise:
E. Norden: Die antike Kunstprosa, Bd. I, II (⁵1958). – L. Fischer: Gebundene Rede (1968). – G. Eis: Forschungen zur Fachprosa (1971). – H. Belke: Lit. Gebrauchsformen (1973). – D. Kayser: Schlager – Das Lied als Ware (1976). – J. Schwitalla: Was sind ‹Gebrauchstexte›?, in: DS 4 (1976) 20–40. – R. Görner: Das Tagebuch (1986). – J.-D. Müller (Hg.): Wissen für den Hof (1993).

J.-D. Müller

→ Autobiographie → Belletristik → Biographie → Brief → Confessiones → Engagierte Literatur → Essay → Fachprosa → Gattungslehre → Gelegenheitsgedicht → Kalendergeschichte → Kunstprosa → Literatur → Prosa → Tagebuch → Trivialliteratur → Zweck, Zweckmäßigkeit

Gebundene/ungebundene Rede (*Gebundene Rede:* lat. oratio vincta (andere Lesart: iuncta), oratio (numeris) astricta; neulat. oratio ligata; ital. discorso legato, elocuzione legata. – *Ungebundene Rede:* lat. oratio soluta; ital. discorso sciolto)

A. Def. – B. I. Antike. – II. Mittelalter. – III. Renaissance, Barock. – IV. Aufklärung und Folgezeit.

A. Die Begriffe ‹G.› (Gebundene Rede) und ‹U.› (Ungebundene Rede) sind das Ergebnis einer Entwicklung, die hauptsächlich durch ARISTOTELES [1], CICERO [2], QUINTILIAN [3] und deren Rezeption in der Renaissance geprägt wurde. Das Begriffspaar kommt in zwei Bedeutungen vor, deren eine durch Quintilian repräsentiert wird, während die andere sich auf den eher vagen Wortgebrauch Ciceros stützt: 1) Für Quintilian ist G. (*oratio vincta*) die metrisch teilweise, vor allem am Satzschluß (Klausel), geregelte Rede. Der G. im Sinne Quintilians entspricht in etwa der von Norden eingeführte Begriff ‹Kunstprosa›. Er schließt zwar auch stilistische und syntaktische Kunstmittel ein, erfährt seine deutlichste Konkretion aber in der metrischen Teilregulierung oder, wie Norden selber sagt, in der schon von den griechischen Sophisten geäußerten Forderung an die kunstvolle Rede, «daß sie rhythmisch sein solle». [4] Als U. (*oratio soluta*) begreift Quintilian die metrisch gänzlich ungeregelte Rede. 2) Seit der Renaissance wird G. (*oratio astricta*, ab 1630 meist *oratio ligata*) durchweg als Versdichtung verstanden, ihre Gebundenheit vornehmlich als Reimbindung. U. (*oratio soluta*) gilt seitdem, wie oft schon vorher (z. B. bei VARRO [5] und Cicero [6]), als Synonym für ‹Prosa›. So verstanden, schließt sie die Kunstprosa ein, die nach dem Ende der Antike allerdings selten mitdiskutiert wird.

Unterscheidet man metrisch Null- (a), Teil- (b) und Vollregulierung (c), so beruht der erstgenannte, durch Quintilian vertretene Bedeutungsstand auf der binnenrhetorischen Opposition von b und a. Die zweite, heute vorherrschende Bedeutungskonstellation bezieht auch Dichtung ein. Hier steht c im Gegensatz zu a/b. Hauptquelle von Mißverständnissen ist, daß die metrisch teilregulierte Kunstprosa (b) im ersten Fall der G. gleichkommt, während sie im zweiten der U. zugerechnet wird. – Der Begriff ‹metrisch› ist hier und im folgenden in doppelter Weise weit gefaßt. Zum einen bezeichnet er nicht nur die vollständige Regelung in Form von Versen, auf die ARISTOTELES das Wort *Metrum* (griech. ‹métron›) eingrenzt, sondern auch die Teilregelung der Silben in Form der kunstvollen Rede, hinsichtlich derer er von *Rhythmus* spricht. [7] Zum andern wird ‹metrisch› nicht wie sonst oft auf die geregelte Abfolge langer und kurzer Silben in der Art der Antike beschränkt, sondern auch auf die akzentrhythmischen Texte ausgedehnt, die z. T. schon im Mittelalter, als sie aufkamen, als *metra* bezeichnet wurden. [8] Auch die bis heute wirksamen Ausprägungen des akzentrhythmischen Verses (im Romanischen feste Silbenzahl mit positionsfester letzter Hebung bei ansonsten freier Verteilung der Hebungen; im Germanischen tendenziell feste Zahl der Hebungen und Füllungsfreiheit im Bereich der Senkungen) werden als metrisch geregelt verstanden.

Anlaß zu ergänzender Unterscheidung bietet der italienische, aus deutscher Sicht ungewöhnliche Sprachgebrauch. Das Begriffspaar *legato/sciolto* (von lat. *ligatus/exsolutus*) wird seit dem 16. Jh. teils im Sinne von G. und U. verwendet, teils und heute vorherrschend aber auch zur Unterscheidung gereimter (*versi legati*) und reimloser Verse (*versi sciolti*). In der erstgenannten Bedeutung findet es sich schon bei BIBBIENA. TASSO äußert sich über Rhythmen sowohl des gebundenen als auch ungebundenen Sprechens («i numeri del parlar così legato come sciolto»). Dagegen hält N. FRANCO ungebundenen oder gebundenen Vers («verso sciolto o legato») auseinander. [9] In diesem Fall stehen metrische, aber reimlose Vollregulierung (c1) und Reimbindung (c2) einander entgegen. Aus dem reimlosen Elfsilber (*endecasillabo sciolto*), den G. G. TRISSINO als Tragödienvers durchsetzte, entwickelte sich in England (MARLOWE, SHAKESPEARE) der *Blankvers* (d. h. reimloser Vers) [10], der durch die Shakespeare-Begeisterung des 18. Jh. auch zum deutschen Dramenvers wurde.

Den Begriff ‹oratio soluta› haben Varro und Cicero anscheinend vorgefunden. [11] ‹Loses oder lockeres Mundwerk› im ursprünglichen Sinne nicht des Mundes, sondern des durch ihn hervorgebrachten Textes [12] könnte eine Übersetzung sein (*oratio* leitet sich ab von lat. *os* ‹Mund›, *orare* ‹sich mündlich äußern›). *Oratio soluta* entstand wohl als Übersetzung von griech. ψιλός λόγος (psilós lógos) bzw. der Pluralform ψιλοί λόγοι (psiloí lógoi, ‹bloße oder nackte Rede›; das Adjektiv ist in den Buchstaben Y-psilon und E-psilon enthalten). [13] Sie ist insofern zunächst gleichbedeutend mit (*oratio*) *pro(r)sa* (‹vorwärts gerichtete Rede›). Erst Quintilian machte einen Unterschied, indem er die U. enger faßte und die Kunstprosa G. nannte. Cicero, vermutlich angeregt durch die Vorstellung des Lösens in *oratio soluta*, bereitete diesen Bedeutungswandel durch Metaphern des Bindens vor. Er bezeichnet sowohl die rhetorische Kunstprosa als auch in gesteigerter Form die Versdichtung als gebunden (*astricta*). Diese Uneindeutigkeit ermöglichte es den Renaissancepoetikern, seine Benennung der Kunstprosa (*oratio numeris astricta* [14]) auf die Dichtung zu übertragen.

Quintilians Begrifflichkeit und die andersartige der Neuzeit sind Fixpunkte in der Geschichte eines umfassenderen Themas: der seit GORGIAS erörterten *Wechselbeziehung von Rede- und Dichtkunst*. Dabei ging es nicht nur um metrische Unterscheidungen, sondern auch um stilistische und syntaktische. Sie haben das Verständnis von G. und U. mal mehr, mal weniger mitgeprägt.

Die Begriffe ‹G.› und ‹U.›, im Deutschen und Niederländischen (dort als *gebonden/ongebonden stijl* [= Stil]) lebendig, im Italienischen durch den Gegensatz von *versi legati* und *sciolti* inzwischen eher verdrängt, sind einer internationalen Kontrolle nur eingeschränkt zugänglich. Andere Sprachen übersetzen sie seit der frühen Neuzeit gemäß der heute herrschenden Bedeutung meist im Sinne von *Vers* und *Prosa* (engl. verse, prose; frz. vers, prose). Im Englischen findet man das Gegenteil der Versdichtung vereinzelt als «loose speech or prose» bezeichnet. [15] Wissenschaftlich erörtert wurden G. und U. am ehesten im deutschen Sprachgebiet, auch hier nicht umfassend und teilweise in entstellender Form. Am ergiebigsten sind die Bücher von Norden und Fischer. Nordens Standardwerk behandelt die G. im Sinne Quintilians unter der Bezeichnung ‹Kunstprosa›, erwähnt den Begriff ‹G.› jedoch nur in einer Fußnote. [16] Fischer [17] verdeutlicht die große Bedeutung der G. in der Barockzeit, läßt aber die terminologische Vorgeschichte außer acht. Eine Darstellung der begriffsgeschichtlichen Entwicklung, wie sie im folgenden versucht wird, fehlte bislang.

In der Musik hat sich die Vorstellung der Gebundenheit anders ausgeprägt. *Legato* heißt die gleitende Verbindung von Nachbartönen beim Spielen eines Instruments (im Gegensatz zum Staccato). Das *gebundene Melodrama,* «in welchem der Rhythmus wie auch die Tonhöhe der gesprochenen Stimme fixiert erscheinen» [18], ist eine von F. HUMPERDINCK begründete, von A. SCHÖNBERG und A. BERG weitergeführte Form des Musikdramas.

Anmerkungen:
1 Arist. Poet. 1; Rhet. III, 2. 8f. – **2** Cic. De or. III, 172–176; Or. 174. 183f. 187. 195f. – **3** Quint. IX, 4, 19f.; XI, 2, 39. – **4** E. Norden: Die antike Kunstprosa (²1909; ND 1983) 50. – **5** Varro: De lingua Latina VI, 97. – **6** Cic. Brut. 8, 32; De or. III, 184. – **7** Arist. Rhet. III, 8. – **8** vgl. P. Klopsch: Einf. in die mlat. Verslehre (1972) 34f. – **9** Belege bei S. Battaglia: Grande dizionario della lingua italiana, Bd. 8 (Turin 1973) 891. – **10** vgl. W. T. Elwert: Ital. Metrik (1968) 98–100 (§ 72); H.-J. Diller: Metrik und Verslehre (= Studienreihe Englisch, 1978) 104–106. – **11** vgl. Cic. De or. III, 184. – **12** vgl. Grimm 12, 2694f. – **13** Arist. Poet. 1; Rhet. III, 2, 1404b. – **14** Cic. Or. 187. – **15** J. Harington: A Preface, or rather a Briefe Apologie of Poetrie, prefixed to the translation of Orlando Furioso (1591), in: G. G. Smith (Hg.): Elizabethan Critical Essays, Bd. 2 (Oxford 1904; ND 1971) 206; vgl. auch ‹The Oxford English Dictionary›, Bd. 6 (Oxford 1933; ND 1961) 435 (Art. ‹loose›). – **16** Norden [4] 53, Anm. 2; vgl. B I mit Anm. 73. – **17** L. Fischer: Gebundene Rede. Dichtung und Rhet. in der lit. Theorie des Barock in Deutschland (1968). – **18** Brockhaus Enzyklopädie, Bd. 12 (1971) 377.

B. I. *Antike.* Die wechselseitige Beeinflussung von Rede- und Dichtkunst wurde durch GORGIAS eröffnet. Einerseits orientierte er Dichtung an der Rede, definierte sie als «Rede, die ein Versmaß hat» (λόγον ἔχοντα μέτρον, lógon échonta métron [1]), eine Auffassung, die auch bei PLATON anklingt. [2] Andererseits war er «der erste kunstmäßige Prosaschriftsteller, der in vollbewußter Absicht den poetischen Ausdruck in die Prosa hinübergeleitet hat.» [3] Er wollte die Redekunst an der mächtigen, letztlich als göttlich empfundenen Wirkung der Poesie und an den diese Wirkung verbürgenden sprachlichen Mitteln teilhaben lassen.

Diese Ausrichtung wurde für die weitere Geschichte der Redekunst bis zur frühen Neuzeit bestimmend. [4] Der Anlehnung an die Dichtung trat jedoch bald das Bemühen um Abgrenzung zur Seite. [5] ARISTOTELES schlägt dem Redner vor, «die Kunstfertigkeit anzuwenden, ohne daß man es merkt». [6] Allzu dichterische Formulierungen gelten seitdem in Reden als verpönt. Dem entspricht das Bestreben, bei den sprachlichen Kunstmitteln rhetorische und poetische Verwendung zu trennen, wie Aristoteles dies in bezug auf Metaphern und Epitheta versucht. [7] In der Stilistik waren solche Differenzierungen indes immer mit Schwierigkeiten verbunden, kam es nie zu einer einheitlichen Handhabung.

Eine exaktere Scheidung erlaubt die metrisch-rhythmische Gestaltung. Bahnbrechend wurde ISOKRATES, der diesbezügliche Initiativen von Gorgias und THRASYMACHOS weiterführte. [8] Anders als sein Lehrer Gorgias beließ er es nicht dabei, Dichtung als metrisch zu definieren und damit die unpoetische Rede als nichtmetrisch zu verstehen. Er dehnte die Teilhabe der Rede an der Dichtung auf deren metrische Qualität aus, allerdings nicht vollständig, sondern im Sinne der eingangs angesprochenen Teilregulierung. «Als erster erkannte er, daß sogar in der ungebundenen Rede, wo man den Vers meidet, doch ein gewisses Maß und Rhythmus *(numerus)* zu wahren angebracht sei.» [9] Er forderte: «Die Rede soll nicht ganz unmetrisch sein, sonst wäre sie zu ξηρός [xērós, trocken]; auch soll die Metrik der Rede keine Versmetrik sein, sonst würde sie zu sehr ins Auge springen.» [10] Gegenstand seiner Forderung war also – noch ohne fachbegriffliche Fixierung – die G. im Sinne Quintilians.

ARISTOTELES hat das durch Gorgias und Isokrates Vorgegebene weitergedacht und in drei Kapiteln seiner ‹Rhetorik› terminologisch konkretisiert: 1) durch seinen Begriff der bloßen oder nackten Rede (psilós lógos), den er den Metra der Versdichtung entgegenhält (Rhet. III, 2); 2) durch seine Unterscheidung von kunstprosaischem *Rhythmus* und dichterischem *Metrum* (Rhet. III, 8); 3) durch die Gegenüberstellung von parataktisch-einfachem (léxis eiroménē) und periodisch-kunstvollem Stil (léxis katestramménē) (Rhet. III, 9). In allen drei Kapiteln handelt es sich um binäre Oppositionen. Dabei treten metrische Null- (a), Teil- (b) und Vollregulierung (c) in jeweils anderer Weise zueinander in Beziehung. Nach herrschendem Verständnis stehen sich entgegen unter 1) a (vielleicht mit b) versus c, unter 2) b vs. c, unter 3) a vs. b. Aristoteles koordiniert die drei Gegensatzpaare nicht. Erst später rückten sie – als Aspekte der G. und U. – zusammen.

Zu 1) Mit der Unterscheidung von bloßen oder nackten Reden (psiloí lógoi) und metrischen, d. h. poetischen Texten (métra) [11] bleibt Aristoteles der Dichtungsdefinition des Gorgias verhaftet, wenngleich er bezweifelt, daß die Versform das wesentlichste Merkmal der Dichtung sei. [12] ‹Psilós lógos› ist teils als ‹Prosa› [13], teils als ‹U.› übersetzt worden, was, wie gesagt, dasselbe bedeuten kann, aber nicht muß. Uneindeutig ist der Ausdruck aber vor allem, weil er zwischen metrischer und stilistischer Bedeutung changiert. Aristoteles meint, wie sein ‹Rhetorik›-Kapitel III, 2 zeigt, nicht nur das Fehlen metrischer Form, sondern auch eine Beschränkung stilistischer Kunstmittel, allerdings nicht deren völlige Abwesenheit. Insofern schließt der Begriff die Kunstprosa (die G. im Sinne Quintilians) nicht aus, jedenfalls nicht zwingend. Vermutlich hat seine stilistische Färbung die bei Cicero [14] anklingende, bis heute verbreitete Vorstellung von Stil bzw. Redeschmuck als Kleid oder Einkleidung (‹style as dress›) ausgelöst und das in verschiedenen Epochen wirksame Stilideal puritanischer Schlichtheit (engl. ‹plainness›) geprägt. [15] Auch der Topos der nackten Wahrheit [16] könnte von ihm beeinflußt sein. In den Aristoteles-Kommentaren der frühen Neuzeit wird ‹psilós lógos› ob seiner Uneindeutigkeit vielfach diskutiert. [17] Die Unklarheit von ‹G.› und ‹U.› hat hier ihre Wurzel. Sievekes Übersetzung von griech. ‹métra› als ‹G.› [18] ist sachlich korrekt, wirkt allerdings anachronistisch, da die Vorstellung des Bindens bzw. der (Un-)Gebundenheit bei Aristoteles hier noch fehlt. Von Bindung (δέσις, désis) und Lösung (λύσις, lýsis) spricht er andernorts im Hinblick auf den Knoten der Handlung im Drama. [19]

Zu 2) Die von Isokrates empfohlene Teilregulierung der kunstvollen Rede beschreibt Aristoteles, wie schon angedeutet, mit Hilfe der vorgegebenen Begriffe [20] *Metrum* (griech. μέτρον, métron) und *Rhythmus* (lat. *numerus*): «Die Beschaffenheit des sprachlichen Ausdrucks darf weder in metrischer Bindung [émmetron] noch im Fehlen des Rhythmus [ámetron] bestehen. [...]

Daher muß die Prosarede einen Rhythmus haben, jedoch kein Metrum; sonst wird sie nämlich zum Gedicht. Der Rhythmus aber sollte nicht exakt abgemessen sein; dies aber wird dann der Fall sein, wenn er nur bis zu einem gewissen Grad wahrnehmbar ist.» [21] Aristoteles beschränkt ‹Metrum› auf die gänzlich durchrhythmisierte Versdichtung, hält den Begriff also im Hinblick auf rhetorische Kunstprosa nicht für zulässig. Dieser ordnet er ‹Rhythmus› zu. Als geeignetes Maß empfiehlt er den *Päan* (auch: Päon) in zwei Varianten, die eine für den Anfang des Satzes (–⏑⏑⏑), die andere für dessen Ende (⏑⏑⏑–). [22] ‹Rhythmus› ist als «Ordnung der Bewegung» (τάξις τῆς κινήσεως, táxis tēs kinḗseōs) [23] für ihn offenbar wie auch sonst im Griechischen [24] zugleich Oberbegriff, der das strengere Metrum der Versdichtung einschließt. – Die Aristotelische Gegenüberstellung von Metrum und Rhythmus wurde für die weitere Geschichte von G. und U. grundlegend, auch hinsichtlich der damit verbundenen Unklarheiten. Abweichend von ihm werden heutigem Wortgebrauch entsprechend [25] im folgenden, wie eingangs angekündigt, auch die Schlußklauseln der rhetorischen Kunstprosa als metrisch (teil-)reguliert begriffen.

Zu 3) Die Gegenüberstellung von parataktisch-einfachem Stil in der Art des Geschichtsschreibers HERODOT [26] und kunstvollem *Periodenstil* ist primär syntaktisch ausgerichtet. (Abrams unterscheidet «non periodic, or loose, sentence» und «periodic sentence». [27]) Stilistische und rhythmische Aspekte spielen jedoch mit. So erörtert ARISTOTELES für den Periodenbau geeignete Stilmittel (Antithese, Parallelismus, Homoioteleuton), und er betont, daß «die in Perioden gegliederte Ausdrucksweise einen Numerus [griech. ἀριθμός, arithmós] besitzt, der von allem die beste Hilfe für das Gedächtnis darstellt. Daher behalten alle auch die Verse besser im Gedächtnis als die ungebundene Rede; denn sie besitzen einen Numerus, nach dem sie gemessen werden.» [28] Die kunstvolle Satzperiode wurde in der Folgezeit zum Inbegriff der rhetorischen Kunstprosa und damit der G. im Sinne Quintilians. [29] Allerdings sind, wie de Groot gegen Norden [30] festhält, rhythmische und periodisierte Prosa nicht identisch. Zwar sage Aristoteles, jede Periode sei rhythmisch. Das bedeute aber nicht, daß umgekehrt jede rhythmische Prosa periodisiert sei. Die Fehldeutung beruhe auf einer falschen Interpretation des Wortes ‹arithmós›, das angesichts seiner weitergehenden Bedeutung nicht mit Rhythmus gleichgesetzt werden dürfe. [31] Mitverantwortlich ist lat. *numerus*, das als Übersetzung für ‹arithmós› (Zahl) und ‹rhythmós› deren Unterschied verdeckt. Im übrigen spielt der Periodenstil in der antiken Beredsamkeit, vor allem in der epideiktischen, zwar eine prominente Rolle, schließt aber die Mitverwendung nichtperiodischer Sätze nicht aus. DEMETRIOS plädiert in seiner Schrift ‹Über den Stil› (Perí hermēneías) (1. Jh. n. Chr.?) für eine Mischung beider Stilarten. [32]

Mit seinen begrifflichen Festschreibungen und Unterscheidungen reagiert Aristoteles auf eine in der rhetorischen Praxis beobachtbare Entwicklung, die de Groot in drei Phasen gliedert. In der ersten sind poetische, speziell epische Metra beobachtbar, aber keine Periodenbildung. In der zweiten stehen «epische, jetzt aber auch besonders dithyrambische Versmetrik» und Periodisierung frei nebeneinander. Für die dritte Phase sind «zwei Tendenzen charakteristisch: 1. die Vermeidung jeder Versmetrik in der Prosa; 2. die Umbildung der höheren rhythmischen Einheiten, ich meine die Teile der Periode (Kola oder Kommata), zu metrischen Einheiten, also anstatt einer freien Kombination von Periodisierung und Metrik eine Verschmelzung dieser beiden rhythmischen Elemente. Diese Verschmelzung findet in der Weise statt, daß die Metrik jetzt nicht mehr Versmetrik ist, und daß sie sich auf das Ende der Kola zurückzieht.» [33] De Groot macht plausibel, «daß sich die aristotelische Theorie des Prosarhythmus an die platonische Praxis anschließt und sogar vielleicht auf ihr aufgebaut worden ist». [34] Charakteristisch für PLATON seien die Vermeidung jeglicher Versmetrik und der Rückzug rhythmischer Gestaltung auf das Ende des Satzes oder Kolons. Ebendies vertrete auch Aristoteles. Speziell in der Häufigkeit jener Päan-Variante, die Aristoteles für den Satzschluß vorschlägt (⏑⏑⏑–), komme kein Schriftsteller des Altertums Platon gleich. [35]

Die rund 300jährige «Überlieferungslücke zwischen Aristoteles und Cicero» [36] überbrücken nur – vor allem durch Cicero selber vermittelte – Fragmente. Am greifbarsten ist das Wirken der von ihm mehrfach genannten Aristoteles-Schüler THEODEKTES und besonders THEOPHRAST, die in den Hauptpunkten, z. B. der Empfehlung des Päans, mit ihrem Lehrer übereinstimmen. [37] Auch die von Cicero berichtete Meinung Theophrasts, «daß eine Rede [...] nicht streng gebunden, sondern eher locker rhythmisiert sein müsse» («orationem [...] non astricte, sed remissius numerosam esse oportere»), [38] bedeutet sachlich nichts Neues. Sie besagt aber, daß Ciceros Vorstellung des Bindens im Sinne des Zusammenschnürens oder Fesselns (ebendies bedeuten *astringere* und das von ihm öfters synonym verwendete *vincire*) durch Theophrast begründet sein könnte.

Die schon von Isokrates und Aristoteles empfohlene rhythmische Teilregulierung der kunstvollen Rede bleibt auch für CICERO selber verpflichtend. Er formuliert diesen Grundgedanken öfter, so in seinem ‹Orator›: «Es ist also klar, daß die Prosa [d. h. die Kunstrede] rhythmisch gegliedert sein soll, jedoch keine Verse aufweisen darf.» (Perspicuum est igitur numeris astrictam orationem esse debere, carere versibus.) [39] «Darf die Prosa doch weder gänzlich rhythmisiert sein wie ein Gedicht noch gänzlich ohne Rhythmus wie die Umgangssprache: das eine ist allzu sehr gebunden, so daß die Absichtlichkeit auffällt, das andere ist allzu ungegliedert, so daß es trivial und vulgär erscheint. [...] Die Rede soll also [...] durch eine Rhythmenmischung geregelt sein, weder gänzlich unrhythmisch noch gänzlich rhythmisiert.» (Quia nec numerosa esse, ut poema, neque extra numerum, ut sermo vulgi, esse debet oratio. Alterum nimis est vinctum, ut de industria factum appareat, alterum nimis dissolutum, ut pervagatum ac vulgare videatur [...]. Sit igitur [...] permixta et temperata numeris, nec dissoluta nec tota numerosa.) [40] Wie seine Vorgänger zwischen der Anlehnung an Dichtung und der Abgrenzung von ihr schwankend, betrachtet im übrigen auch Cicero die Rhythmisierung nicht als einziges Ausdrucksmittel kunstvoller Rede: «Nun vermeiden wir bei den Rhythmen [in numeris] nicht mehr als bei den übrigen rhetorischen Schmuckmitteln, während wir doch dasselbe tun wie die Dichter, dennoch in der Rede die Ähnlichkeit mit Gedichten.» [41] Die Vorstellung der Gebundenheit ist bei Cicero noch nicht terminologisch verfestigt. Er formuliert sie offenbar bewußt metaphorisch und entsprechend flexibel. Neben den Partizipien von *astringere* und *vincire* benutzt er dafür das Wort *vinculum* (Fessel). Am nächsten kommt er Quintilians Begriff der G. *(oratio vincta)* mit seiner Formulierung, es sei die Wortstellung *(conlocatio verborum)*, «die die Rede zur Einheit [gebunden] macht» (quae vinctam orationem efficit). [42] Vereinzelt finden sich auch Varianten bzw. Vorformen des in der neulateinischen Fachterminologie dominierenden Verbs *ligare*, nämlich *inligare* und die Partizipialform *alligata*. [43]

Sowohl der rhetorischen Kunstprosa als auch der Versdichtung schreibt Cicero Gebundenheit zu, allerdings in abgestufter Form. Einerseits findet er, daß der Dichter «durch das Versmaß mehr gebunden ist» (versu sit astrictior) als der Redner. [44] An der Dichtung gemessen, erscheint ihm die rhythmisierte Rede geradezu ungebunden: «Die Prosarede hat mehr Freiheit und ist tatsächlich so ungebunden, wie man sie nennt; doch nicht in der Art, daß sie sich verflüchtigt und verirrt, sondern so, daß sie sich auch ohne Fesseln selbst das rechte Maß zu setzen weiß.» (Liberior est oratio et plane, ut dicitur, sic est vere soluta, non ut fugiat tamen aut erret, sed ut sine vinculis sibi ipsa moderetur.) [45] Andererseits kennzeichnet er aber auch in einer epochemachenden Formulierung gerade die kunstvolle Rede als rhythmisch gebunden (numeris astrictam) [46], eine Einschätzung, die sich aus dem Vergleich mit kunstloser Prosa ergibt. Die doppelte Ausrichtung der Redekunst an der Versdichtung und an anspruchsloser Alltagsprosa spitzt sich zum Paradox zu: «Der Redner aber kleidet den Gedanken so in Worte, daß er ihn gewissermaßen in einem sowohl freien wie gebundenen Rhythmus erfaßt.» (Orator autem sic inligat sententiam verbis, ut eam numero quodam complectatur et astricto et soluto.) [47] Ausführlich erörtert Cicero die kunstvolle Satzperiode [48], deren Länge er am Atemvolumen mißt. [49] Für den Satzschluß (Klausel), den er sorgfältiger zu gestalten empfiehlt als den Anfang [50], bringt er statt des von Aristoteles empfohlenen Päans den verwandten *Creticus* (–∪–) ins Gespräch [51], «dessen Längen man nur aufzulösen braucht, um den *paean primus* oder *posterior* zu bekommen». [52] «Da das Lateinische einen Überfluß an langen Silben hat» [53], erscheint der Creticus hier besser geeignet. Mit ein bis drei weiteren Silben angereichert, wurde er «zur Grundlage einer Einteilung von Klauseln». [54]

QUINTILIAN folgt hinsichtlich der Gestaltung rhetorischer Kunstprosa weitgehend Cicero und damit der von Isokrates und Aristoteles eingeschlagenen Linie. Neu ist, daß er Ciceros ebenso reichhaltige wie vage Metaphorik des Bindens zum Begriff der *oratio vincta* verdichtet. Während U. *(oratio soluta)* als Fachbegriff schon länger bekannt war, ist damit erstmals auch G. begrifflich fixiert. Quintilian versteht darunter, wie eingangs erwähnt, nicht wie wir heute die Versdichtung, sondern die teilrhythmisierte Rede. Er grenzt diese, indem er sie als G. bezeichnet, aus dem Bereich der U. *(oratio soluta)* aus, dem sie vorher zurechenbar war. Demgemäß engt er den Begriff *oratio soluta* (U.) auf unrhythmisierte Prosa ein. Seine Auffassung tritt in zwei Sätzen zutage: «Es ist also vor allem die Rede in einer Form gebunden und verwoben, in einer anderen ungebunden, wie dies im Gespräch und in Briefen der Fall ist» (Est igitur ante omnia oratio alia vincta atque contexta, soluta alia, qualis in sermone et epistulis.) [55] Der andere Satz lautet: «Wie wir leichter Verse auswendig lernen als Prosa, so in der Prosa leichter die mit, als die ohne rhythmische Bindung.» (Sicut facilius versus ediscimus quam prosam orationem, ita prosae iuncta [andere Lesart: vincta] quam dissoluta.) [56]

Ciceros uneindeutige, nichtterminologische Vorstellung von Gebundenheit wirkt allerdings auch bei Quintilian noch gelegentlich nach, etwa in seiner zwiespältigen Charakterisierung der Kunstprosa. «Denn wie sehr auch die Rede gebunden sei, so muß sie dennoch ungebunden scheinen» (Quamvis enim vincta sit, tamen soluta videri debet oratio) [57], bemerkt er im Sinne der alten Devise, die Kunstmittel nicht aufdringlich zur Schau zu stellen. Andererseits billigt er auch der U. in Form des Gesprächs oder Briefs Spuren von Bindung zu, denn er bestreitet nicht, daß «nicht auch die ungebundene Form bestimmte ihr eigene und vielleicht gar noch schwierigere Rhythmen [pedes] besäße». In bezug auf Gespräch und Brief räumt er ein, «daß die Bindung, die sie besitzen, eher lockerer als gar nicht vorhanden ist» (ut potius laxiora in his vincla quam nulla sint). [58] Jedoch fehlt diesem «Beliebigkeits-*numerus*» nichtkünstlerischer Texte [59] die regelhafte Ordnung der Kunstprosa. Jedenfalls versteht Quintilian nur letztere als *oratio vincta*. Nur für sie gilt sein Begriff des *numerus* im engeren Sinne des *oratorius numerus*. [60] Mit Gespräch und Brief konkretisiert er die nichtkünstlerische Prosa anders als Aristoteles und Cicero, die die Geschichtsschreibung als Beispiel bemüht hatten. [61] Dem entspricht, daß er die Geschichtsschreibung ihrerseits höher einstuft, indem er sie, ähnlich wie später LUKIAN [62], in die Nähe der Dichtung rückt. Er nennt sie «gewissermaßen ein Gedicht ohne die Bindung an Verse» (quodam modo carmen solutum). [63] Weitere Neuerungen Quintilians nehmen sich eher geringfügig aus. Während Cicero die rhythmische Gestaltung der Rede anfangs leichter, dann schwieriger fand als die der Versdichtung, votiert Quintilian nur in letzterem Sinn. [64] Den Päan, den Cicero als rhythmisches Element immerhin noch respektierte, lehnt Quintilian entschieden ab. [65] Konkreter als sein Vorgänger ist er hinsichtlich der vom Redner zu meidenden Versschlüsse. Besonders den Hexameterschluß verwirft er. [66] «Eine eigenartige Konsequenz des antimetrischen Prinzips ist die Tolerierung mancher Versanfänge als Klauseln.» [67]

Die in der Antike uneinheitliche Einschätzung des Verhältnisses von U. und Prosa und mehr noch Quintilians eigenwilliger, mit der neuzeitlichen Auffassung nicht übereinstimmender Begriff der G. haben seit der Renaissance zu Mißverständnissen und kontroversen Kommentaren geführt. [68] Auch die neuere Forschung ist nicht frei von Unklarheiten und Fehleinschätzungen. Lausberg schreibt unter Berufung auf Cicero: «Zur Absetzung des *oratorius numerus* gegen die strenge Metrik der Poesie heißt die vom *oratorius numerus* geregelte Rede *oratio soluta*.» [69] Andererseits definiert er mit Bezug auf Quintilian die *oratio soluta* eher gegenteilig als «die lockere und willkürliche syntaktische Aneinanderreihung, wie sie in der gesprochenen Umgangssprache [...] vorkommt». [70] Damit sind die Meinungen Ciceros und Quintilians korrekt wiedergegeben. Unbefriedigend ist, daß beide Definitionen als generell erscheinen und ihr Widerspruch nicht erwähnt wird. – Merklin erklärt zu dem Begriff *oratio soluta* bei Cicero: «Im Gegensatz zur gebundenen Rede der Poesie wird die Prosarede im Lateinischen als ungebunden (soluta) bezeichnet.» [71] Das klingt, als habe Cicero den Begriff der G. bereits gekannt, den doch erst Quintilian, und zwar in anderer als der von Merklin unterstellten Bedeutung, einführte. – Ueding/Steinbrink gehen von Quintilians Unterscheidung der G. und U. (IX, 4, 19f.) aus, schreiben dann aber der U. eben jenen Periodenstil zu, den Quintilian selber der *oratio vincta* zuweist. Sie verwechseln also, offenbar von der heutigen Gleichsetzung von G. und Versdichtung verleitet, die U. mit ihrem Gegenteil. [72] – Ihre Ursache haben die genannten Mißverständnisse in der Nichtbeachtung der Tatsache, daß «der antike Name für die rhythmisierte Prosarede: λέξις κατεστραμμένη [léxis katestramménē], oratio vincta (im Gegensatz zur λ. εἰρομένη [l. eiroménē], o. soluta), von uns auf die Poesie übertragen ist: 'gebundene Rede'.» [73]

Festzuhalten bleibt: Die heutige Definition der G. als Versdichtung ist – trotz der sie vorbereitenden Formulierungen Ciceros – in der Antike nicht nachgewiesen. Wohl verstand man schon damals, offenbar seit Aufkommen des Begriffs, U. (oratio soluta) als Prosa. Aber eine klare Opposition von U. und G. begründete erst Quintilian, vorerst, wie gesagt, in anderem als dem heute üblichen Sinn.

Anmerkungen:
1 Gorgias von Leontinoi: Reden, Fragmente und Testimonien, hg. von T. Buchheim (1989) 8f. (= Lobpreis der Helena 9). – 2 Plat. Gorg. 502c; vgl. auch Plat. Phaidr. 277e; ders., Nomoi 669d – e. – 3 E. Norden: Die antike Kunstprosa (²1909; ND 1983) 30. – 4 vgl. L. Fischer: Gebundene Rede (1968). – 5 vgl. Arist. Rhet. III, 1, 9. – 6 Arist. Rhet. III, 2, 4. – 7 Arist. Rhet. III, 1, 9; 2, 6. 8; 3, 3f. – 8 Cic. Or. 174–176. – 9 Cic. Brut. 8, 32; etwas anders Cic. Or. 174–176. – 10 zit. A. W. de Groot: Der antike Prosarhythmus (Groningen 1921; ND 1967) 15. Dort auch der griech. Text. – 11 Arist. Poet. 1; Rhet. III, 2, 1404b; vgl. schon Platon: Nomoi 669d. – 12 Arist. Poet. 1. – 13 Arist. Poet. griechisch/dt., übers. und hg. von M. Fuhrmann (1982) 5. – 14 Cic. Or. 78f. – 15 vgl. W. G. Müller: Topik des Stilbegriffs (1981) 52–84. – 16 vgl. Horaz: Carmina I, 24, 7. – 17 vgl. F. Robortello: In librum Aristotelis de arte poetica explicationes (Florenz 1548; ND München 1968) 13: «Ego verterem in Latinum, soluta oratione. non sicuti interpres. nudis sermonibus.» An «sermonibus nudis» hält fest D. Heinsius: Aristotelis De poetica liber (Leiden 1611; ND Hildesheim 1976) 2. Von ‹nuda oratio› spricht Cic. Or. 183. Siehe auch V. Maggi, B. Lombardi: In Aristotelis librum de poetica communes explanationes (Venedig 1550; ND München 1969) 2. 51f.; L. Castelvetro: Poetica d'Aristotele vulgarizzata, et sposta (Wien 1570; ND München 1967) 10ff.; I. Casaubon: De satyrica Graecorum poesi & Romanorum satira (Paris 1605; ND New York 1973) 334ff.; G. J. Vossius: De artis poeticae natura, ac constitutione liber (Amsterdam 1697) 7–10; M. C. Curtius: Anm. zu Aristoteles Dichtkunst, in: Aristoteles Dichtkunst (1753; ND 1973) 75f. – 18 Arist. Rhet., übers. und erl. von F. G. Sieveke (1980) 169. – 19 Arist. Poet. 18. – 20 vgl. Platon: Philebos 17b. – 21 Arist. Rhet. III, 8, 1. 3. Kritisch hierzu G. Hermann: Opuscula, Bd. 1 (1827) 121–127; vgl. Arist. Poet. 9. – 22 Arist. Rhet. III, 8, 4–6; vgl. die Erklärung des Päans bei Sieveke [18] 288, Anm. 171. – 23 Platon: Nomoi 665a. – 24 vgl. Der Kleine Pauly, Bd. 4 (1979) 1426 (Art. ‹Rhythmik›). – 25 vgl. de Groot [10] 16. – 26 Arist. Rhet. III, 9, 2. – 27 M. H. Abrams: A Glossary of Literary Terms (New York ³1971) 166. – 28 Arist. Rhet. III, 9, 3. – 29 vgl. Norden [3] 53; H. Lausberg: Hb. der lit. Rhet. (²1973) § 923. – 30 Norden [3] 42. – 31 de Groot [10] 18; vgl. schon Maggi, Lombardi [17] 42. – 32 Demetrius: On style. The Greek text of Demetrius de elocutione, hg. von R. Rhys Roberts (Cambridge 1902; ND Hildesheim 1969) § 15; vgl. R. Volkmann: Die Rhet. der Griechen und Römer (²1885; ND 1963) 511. – 33 de Groot [10] 45f. – 34 ebd. 58. – 35 ebd. 57. – 36 M. Fuhrmann: Die antike Rhet. (1984) 38. – 37 Cic. Or. 194. – 38 Cic. De or. III, 184. – 39 Cic. Or. 187. – 40 Cic. Or. 195f. – 41 Cic. Or. 201. – 42 Cic. De or. III, 172. – 43 Cic. De or. III, 175f.; vgl. Quint. X, 1, 29. – 44 Cic. Or. 67. – 45 Cic. De or. III, 184. – 46 Cic. Or. 187. – 47 Cic. De or. III, 175. – 48 Cic. De or. III, 173–198; Or. 168–236. – 49 Cic. De or. III, 182. – 50 Cic. De or. III, 192. – 51 Cic. De or. III, 183; Or. 218. – 52 J. Martin: Antike Rhet. (1974) 326. – 53 W. Eisenhut: Einf. in die antike Rhet. und ihre Gesch. (1974) 91. – 54 Lausberg [29] § 1007; vgl. ebd. §§ 1006–1052; knapper Martin [52] 326–328; Eisenhut [53] 89–91; Fuhrmann [36] 142f.; vgl. Volkmann [32] 521–532. – 55 Quint. IX, 4, 19. – 56 Quint. XI, 2, 39. – 57 Quint. IX, 4, 77. – 58 Quint. IX, 4, 20. – 59 Lausberg [29] §§ 977. 980. – 60 Quint. IX, 4, 57. – 61 Arist. Rhet. III, 9, 2; Cic. Or. 66. – 62 Lukian: Quomoda historia conscribenda sit 45; zit. Norden [3] 33. – 63 Quint. X, 1, 31. – 64 Cic. De or. III, 184; Or. 198; Quint. IX, 4, 60. – 65 Quint. IX, 4, 110. – 66 Quint. IX, 4, 75. – 67 Lausberg [29] § 993 mit Bezug auf Quint. IX, 4, 72. – 68 vgl. Anm. 17. – 69 Lausberg [29] § 981. – 70 ebd. § 916. – 71 H. Merklin, in: Cic. De or. 618, Anm. 249 (zu Cic. De or. III, 184). – 72 G. Ueding, B. Steinbrink: Grundriß der Rhet. (²1986) 300f.; (³1994) 324f. – 73 Norden [3] 53, Anm. 2.

Literaturhinweise:
H. Peter: Rhet. und Poesie im klass. Altertum. In: Neue Jb. für das klass. Altertum, Gesch. und dt. Lit. 1 (1898) 637–654. – W. Schmid: Über die klass. Theorie und Praxis des antiken Prosarhythmus (1959). – A. Primmer: Cicero numerosus. Stud. zum antiken Prosarhythmus (Wien 1968). – A. Scaglione: The Classical Theory of Composition from its Origins to the Present (Chapel Hill 1972); dt. als: Komponierte Prosa von der Antike bis zur Gegenwart. Bd. 1: Die Theorie der Textkomposition in den klass. und den westeuropäischen Sprachen (1981).

II. *Mittelalter.* Diese Epoche ist für die Begriffsgeschichte von G. und U. von untergeordneter Bedeutung. QUINTILIANS Verständnis von G. und U. blieb vor dem 15. Jh. offenbar unwirksam. Seine ‹Institutio oratoria› war im Mittelalter zwar durchaus bekannt[1], «es kursierten jedoch die verkürzten Fassungen»[2], und die maßgeblichen Äußerungen über G. und U. (IX, 4, 19f.; XI, 2, 39) liegen im Bereich der Textlücken des verstümmelten Quintilian (‹Quintilianus mutilatus›). [3] Vielleicht erschien Quintilians binnenrhetorische Unterscheidung von G. und U. der Epoche, die eher am Zusammenspiel von Prosa und Versdichtung interessiert war, irrelevant. Erst mit der Entdeckung der Handschrift von St. Gallen durch POGGIO BRACCIOLINI 1415/16 wurde die ‹Institutio oratoria› einer größeren Öffentlichkeit vollständig zugänglich. [4]

Auch im heutigen Sinn von Versdichtung wird der Terminus ‹G.› im Mittelalter kaum je verwendet. Als Gegenbegriff zu ‹Prosa› bzw. *oratio soluta* ist er allerdings schon spurenhaft erkennbar. So schreibt PETRUS VON PISA, der im 8. Jh. an der Hofschule Karls des Großen lehrte und eine (seit 821 urkundlich bezeugte) Grammatik hinterließ[5], über die *oratio:* «Est enim copulata et ligata in metris, absoluta in prosa.» (Sie ist nämlich verknüpft und gebunden in Versen, gelöst in Prosa). [6] Als weitere Gattungen der *oratio* nennt er Briefe, Dialoge und «historiae». Diese fünf Textarten wiederholt mit fast denselben Worten der im 10. Jh. verfaßte ‹Codex Aurelianensis› (aus Orléans) M 248. [7] Die Formulierung über *oratio ligata* und Prosa als *orationis genera* findet sich gleichlautend auch in dem ‹Tractatus super Donatum› des ERCHANBERTUS aus der ersten Hälfte des 9. Jh. (wahrscheinlich identisch mit dem 854 gestorbenen Bischof ERKANBERT VON FREISING). [8] Die neuzeitliche Unterscheidung von G. (Versdichtung) und U. (Prosa) hat sich also im Mittelalter vorbereitet. Ansonsten waren Binden *(ligare)* und Lösen *(solvere)* dem Mittelalter, auch der Poetik, vor allem als Privileg des Papstes im Anschluß an die entsprechende Ermächtigung des Apostels Petrus (Matthäus 16, Vers 18) vertraut. [9]

Versdichtung, speziell die im engeren Sinne metrische, d. h. nach langen und kurzen Silben geordnete im Gefolge der Antike, wird im Mittelalter im allgemeinen eher als *oratio metrica* [10] oder, wie schon bei Isidor von Sevilla [11], letztlich dem Wortgebrauch des antiken Latein gemäß [12], noch häufiger als *carmen* bezeichnet. [13] Das Gegenteil heißt allgemein *prosa*, wie bei Isidor [14], öfters auch *oratio prosaica* [15], seltener *oratio soluta*. Gervasius von Melkley (um 1200) stellt z. B. *oratio prosaica* und *carmen* einander gegenüber. [16] Petrarca beruft sich auf Seneca den Älteren, dem zufolge Vergil sich schon in der *oratio soluta* hervorgetan habe. Wieviel bedeute er erst «in carminibus»? [17] Noch dem 17. Jh. war *carmen* in diesem Sinne geläufig. [18] «Ein *Carmen* ist eine aus Versen / nach den Regeln der Poeterey / zusammengesetzte Rede», definiert Titz, der allerdings auch in engerem Sinne «Von den Carminibus oder Liedern» spricht. [19]

Während die Termini ‹G.› und ‹U.› im Mittelalter kaum eine Rolle spielen, kommt es zu *sachlichen Neuerungen*, die sich mit der G. und U. im antiken wie im neuzeitlichen Sinn eng berühren und deshalb Erwähnung verdienen. Hauptneuerung ist das Aufkommen der akzentrhythmischen Textregelung neben und zunehmend anstelle der Silbenmessung der Antike. Die Gleichsetzung von Versdichtung mit der im engeren Sinne metrischen Poesie antiker Prägung führt dazu, daß die akzentrhythmische Poesie zunächst als Prosa verstanden wird. Für die *Sequenz*, eine Form des lateinischen Kirchengesangs mit geregelter Silbenzahl, bürgert sich in Frankreich *prosa* sogar als Synonym ein. [20] Folgeerscheinungen der akzentrhythmischen Regelung sind 1) die Umsetzung der quantitierenden Satzklauseln der Antike in das akzentuierende Klauselsystem des Mittelalters (*vgl. Cursus*) [21], vor allem im Briefstil der päpstlichen und weltlichen Kanzleien, und andere «rhythmische Prosa» [22], 2) die Umdeutung der Begriffe ‹Metrum› und ‹Rhythmus›, deren mittellateinische Pluralformen, beide von Prosa deutlich unterschieden, nun das alte und neue Verssystem bezeichnen (*metra* sind die silbenmessenden Verse bzw. *carmina* in der Tradition der Antike, *rithmi* die akzentuierenden, nur ausnahmsweise als *carmen* [23] bezeichneten Verse, die im frühen Mittelalter vor allem im germanischen Einflußbereich aufkamen, jedenfalls im germanischen Stärkeakzent eine Stütze fanden). [24] 3) Auch die Einführung des *Reims*, genauer gesagt, des Endreims der Versdichtung, ist als Folge oder zumindest als Begleiterscheinung der akzentrhythmischen Regelung verstehbar. Die beiden erstgenannten Phänomene führen antike Theoreme aus dem Umkreis der G. und U. in veränderter Form weiter. Mit dem Endreim entsteht ein wichtiges Teilelement für das neuzeitliche Verständnis von G. Eine weitere Besonderheit ist die Neigung zur Vermischung von Vers und Prosa, mit der das Mittelalter an Martianus Capella (‹De nuptiis Mercurii et Philologiae›) und Boethius (‹De consolatione philosophiae›) und letztlich an die menippische Satire der Antike (Varro: ‹Saturae Menippeae›, Petronius: ‹Satyricon›, Seneca: ‹Apokolokyntosis›) anknüpft. [25] Die Mischform, das im 12. und 13. Jh. sogenannte *Prosimetrum*, ist neben dem obengenannten *Cursus* die mittelalterliche Erscheinungsform der ‹Kunstprosa› im Sinne metrisch teilregulierter Texte.

1 vgl. P. Lehmann: Die institutio oratoria des Quintilianus im MA, in: Philologus 89, N. F. 43 (1934) 349–383; J. J. Murphy: Rhet. in the Middle Ages (Berkeley/Los Angeles/London 1974) 123–130; F. Brunhölzl: Quintilian, in: LMA, Bd. 7, Sp. 371–373; daneben M. Manitius: Gesch. der lat. Lit. des MA, Bd. 1 (1911; ND 1974) 486; Bd. 3 (1931) 1142; P. Klopsch: Einf. in die Dichtungslehren des lat. MA (1980) 190; B. Munk Olsen: L'étude des auteurs classiques latins aux XIe et XIIe siècles, Bd. 2 (Paris 1985) 289–305. – **2** G. Ueding, B. Steinbrink: Grundriß der Rhet. (^{2}1986) 315, Anm. 78. – **3** Die Lücken nennt F. H. Colson: Introduction, in: F. Fabii Quintiliani institutionis oratoriae liber I (Cambridge 1924) LXI; danach ebenso Lehmann [1] 355; Murphy [1] 125; Ueding, Steinbrink [2] 315, Anm. 79. – **4** vgl. Murphy [1] 357–360; Ueding, Steinbrink [2] 62. – **5** Manitius [1] Bd. 1, 452–456; vgl. Gramm. Lat. VIII, p. XCVIII. – **6** Gramm. Lat. VIII, 161. – **7** vgl. Gramm. Lat. VIII, p. XCVIII, Anm. **. – **8** Mlat. Wtb., Bd. 1 (1967) 53, Z. 70f. Vgl. den Art. ‹Erkanbert von Freising› von F. J. Worstbrock, in: K. Ruh (Hg.): Die dt. Lit. des MA. Verfasserlexikon, Bd. 2 (^{2}1980) 588–590. – **9** Matthäus von Vendôme: Ars versificatoria I, 50, 15 (Opera, Bd. 3, hg. von F. Munari [Rom 1988] 65); I, 62 (S. 90). – **10** Matthäus von Vendôme [9] I, 1 (S. 43). – **11** Isid. Etym. I, 38f. – **12** Quint. I, 8, 2; X, 7, 19; vgl. Thesaurus linguae Latinae, Bd. 8 (1906–12) 467. – **13** vgl. P. Klopsch: Einf. in die Mlat. Verslehre (1972) 30. – **14** Isid. Etym. I, 38f.; ähnlich schon Quint. [12]. – **15** Matthäus [9] I, 1 (S. 43); Gervais von Melkley: Ars poetica, hg. von H.-J. Graebener (1965) 3. – **16** Gervais [15] 3. – **17** F. Petrarca: Rerum memorandarum liber, hg. von G. Billanovich (Florenz 1943) 52. – **18** vgl. zum Beispiel A. Donatus: Ars poetica sive institutionum artis poeticae libri tres (1633) 3. 8. 98. – **19** J. P. Titz: Zwey Bücher Von der Kunst Hochdeutsche Verse und Lieder zu machen (Danzig 1642); Teildruck in: M. Szyrocki (Hg.): Poetik des Barock (1977) 65. – **20** Klopsch [13] 50–57. Zum uneinheitlichen Verständnis von ‹Prosa› im Mittelalter vgl. auch Klopsch, ebd. 28–30; E. R. Curtius: Europäische Lit. und lat. MA (^{3}1961) 158–160. – **21** vgl. H. Lausberg: Hb. der lit. Rhet. (^{2}1973) § 1052. – **22** E. Norden: Die antike Kunstprosa (^{2}1909; ND 1983) 757–763. – **23** vgl. Klopsch [13] 30. – **24** vgl. ebd. 27ff. – **25** vgl. Norden [22] 755–757; Klopsch [1] 70–73. 85–88. 135. 145–148; P. Dronke: Verse with Prose from Petronius to Dante. The Art and Scope of the Mixed Form (Cambridge, Mass. 1994).

III. *Renaissance, Barock.* In der frühen Neuzeit blieb die mittelalterliche Zweiteilung in Versdichtung und Prosa, blieben auch deren Bezeichnungen erhalten. So unterscheidet Erasmus von Rotterdam *carmen* und *oratio soluta*, die er auch *prosa* nennt. [1] J. von Watt (alias Vadianus) hält U. und metrische Rede, d. h. Dichtung, («solutam et metricam orationem») auseinander. [2] Scaliger bezweifelt die Behauptung gewisser *grammatici*, Dichtung sei älter als U. (*oratio soluta*). [3] Titz definiert: «Ein *Carmen* ist eine aus Versen / nach den Regeln der Poeterey / zusammengesetzte Rede.» [4]

Auch die ältesten deutschen Bezeichnungen bewegen sich in diesem Rahmen. J. Murmellius bestimmt U. (*oratio soluta*) als «ein prose» [5], J. v. Watt als das «ongenumerete oder ongebondne gespräch» [6], Calepinus als «die gemeine und ledige red, so in kein gewüsse zaal wie der versz beschlossen ist». [7] Roth erklärt Prosa als «ein ledige oder ungezwungne red, die nit in reim gestelt oder gezwungen». [8] In diese Tradition gehört auch Opitz' Bemerkung, Alexandrinerverse seien «der vngebundenen vnnd freyen rede» ähnlich [9], was Aristoteles' Einschätzung des Jambus entspricht. [10] ‹Ungebunden› als Übersetzung von lat. *solutus* setzt nicht notwendigerweise schon die Bezeichnung des Gegenteils, also der Dichtung, als gebunden voraus. ‹Gebunden› könnte, jedenfalls in diesem Sinne, auch eine Rückbildung sein. ‹Gebundenheit› wird sogar generell als Rückbildung aus ‹Ungebundenheit› erklärt. [11]

Wichtiger als die frühen Verdeutschungen der U. waren für die Begriffsbildung die Renaissancefunde antiker Texte, speziell die umfassendere Verfügbarkeit der Schriften von Aristoteles, Cicero und Quintilian. [12] Die antike Zusammenschau und graduelle Abstufung von dichterischer und rhetorischer Rhythmisierung, die durch die mittelalterliche Auffassung von *metra* und *rithmi* eher behindert war, wurde so neu belebt. Geltung gewann vor allem die Einsicht, der Dichter sei durch den Vers gebundener als der Prosaiker («versu sit astrictior»)[13], anders gesagt, er sei im Vergleich zum Redner «etwas gebundener im Rhythmus, aber freier in der Ungebundenheit der Sprache» («numeris astrictior paulo, verborum autem licentia liberior».)[14] An diese Formulierungen Ciceros erinnert etwa WATT, wenn er den strengeren Numerus des Dichters vom freieren des Redners abhebt.[15] VIPERANO bespricht zusammenfassend die durch Rhythmen als gleichsam durch Fesseln gebundene Rede («numeris quibusdam quasi vinculis astricta oratio») und unterscheidet zwei Formen («duae formae»). Die eine, nämlich die der Dichter, sei die Verknüpfung der Wörter durch bestimmte Rhythmen und Maße («definitis numeris & modis verborum alligata connexio»), die andere, die der Redner, sei eine davon abgeleitete, freiere und an Maßen lockerere Komposition («compositio, liberior, modísque remißior»).[16]

Alles in allem spielte der rhetorische Prosarhythmus in der Renaissance und darüber hinaus allerdings «nur eine untergeordnete Rolle».[17] So spricht SCALIGER den Numerus der rhetorischen Satzklausel lediglich im Vorübergehen an.[18] ALSTED handelt nur auf einer Seite «De numero orationis solutae».[19] Ausführlicher befaßt sich damit der portugiesische Jesuit SOAREZ, aber mehr aus Respekt vor Cicero und Quintilian als im Hinblick auf die aktuelle Praxis.[20] Über die konkrete Umsetzung des silbenmessenden Prosarhythmus der Antike in Humanismus und Barockzeit liegen keine ausreichenden Ergebnisse vor.[21] Die bereits im Mittelalter spürbare, in der frühen Neuzeit verstärkt zutage tretende Auffassung der Dichtung als einer Art der Rede (bzw. der Poetik als eines Teils der Rhetorik)[22] steht dazu nicht im Widerspruch. Sie macht vielmehr verständlich, daß die andere, kunstprosaische Variante von G. schnell wieder aus dem Blick geriet. Die trotz gelegentlicher Neubeachtung praktisch geringe Bedeutung der Kunstprosa mag dazu beigetragen haben, daß die von Cicero auch für sie beanspruchte und in der Renaissance neu belebte Vorstellung von Gebundenheit nun vorrangig auf die Versdichtung Anwendung fand. Das Attribut ‹rhythmisch gebunden› *(numeris astricta)*, das Cicero der Versdichtung in stärkerem Maße, der Kunstprosa indes mit dem (für Dichtung gemiedenen) Substantiv *oratio* zugewiesen hatte[23], wurde jetzt, angereichert um den Zusatz *certus* (bestimmt, fest), der später wieder entfiel, zum alleinigen Kennzeichen der Versdichtung. Die folgenden Belege verdeutlichen diesen Prozeß.

Der italienische Frühhumanist SALUTATI definierte im 14. Jh. den Vers als ein dem Dichter eigenes Mittel, den wir nicht an alle, sondern an bestimmte Rhythmen binden («versus est poete[!] proprium instrumentum, quem [...] non omnibus sed certis numeris alligamus»).[24] *Certus* bezeichnet ähnlich wie schon bei Cicero und Quintilian[25] die Festlegung auf jeweils ein Vers- bzw. Strophenmaß. Ähnlich SCALIGER: «Versus est dispositorum pedum certo numero castigata conexio.» (Ein Vers ist eine gezügelte Verbindung von Füßen, die nach einem bestimmten Rhythmus angeordnet sind.)[26] In der Barockzeit blieb die Definition der Dichtung als einer durch feste Rhythmen bzw. durch Metrum gefesselten Rede erhalten, so bei PONTANUS[27], CASAUBON[28] und ALSTED.[29] Auffällig ist jedoch die Neigung, die Konkretion durch das Attribut *certus* bzw.

durch *metrum* wegzulassen und die dichterische Rede nur noch als *oratio numeris a(d)stricta* zu kennzeichnen[30], sie also mit eben jenen Worten zu beschreiben, die Cicero einst für die kunstvolle Prosarede verwendet hatte.[31] Diese Übertragung, die im Rahmen von Ciceros weitgefaßtem, Kunstprosa und Versdichtung umfassendem Verständnis von Gebundenheit bleibt, begründete die heutige Auffassung von G. Quintilians andersartiger, ohnehin kaum bekannter Begriff der G. wurde dadurch verdrängt. In noch weiter gehender Verkürzung heißt Dichtung im Gegensatz zur *oratio soluta* öfters sogar nur *oratio astricta,* so bei OPITZ, nach dessen Meinung die deutsche Sprache in U. wie in G. keiner anderen nachsteht («nec soluta nec astricta oratione cedimus ulli linguarum»[32]), und später bei Alsted.[33] Das letzte Glied in diesem Prozeß der Umformulierung und Umdeutung ist der Ersatz von *oratio astricta* durch *oratio ligata*. Das Vorkommen der Verben *alligare* und *inligare* bei Cicero und Quintilian wurde bereits erwähnt. In den Renaissancepoetiken ist neben den für die Versdichtung vorherrschenden Bezeichnungen *carmen*[34] und *oratio (numeris, pedibus) astricta* auch von *oratio pedibus colligata*[35], von *locutio (numeris) connexa* und *alligata connexio*[36] die Rede. Der deutsche Jesuit PONTANUS (SPANMÜLLER), der in bezug auf Prosa öfters von *oratio soluta,* vereinzelt auch von *soluta scriptio* (ungebundene Schreibart) spricht, nennt die Äußerungsform des Dichters *poetica oratio* bzw. *astricta metro oratio*[37], bezeichnet sie aber auch als *illigata*.[38] Die epische Fiktion nennt er in G. wie in U. ausdrückbar («siue soluta, siue ligata oratione expressa fictio»[39]). Auf Italienisch unterschied B. DANIELLO schon im frühen 16. Jh. «legata» und «isciolta orazione».[40] Erst um 1630 wurde *oratio ligata,* wurde auch die deutsche Entsprechung ‹G.› allgemein zur herrschenden Bezeichnung. Für OPITZ heißt, wie gesagt, die G. noch 1616 *astricta oratio*. In seinem ‹Buch von der Deutschen Poeterey› spricht er nur von ihrem Gegenteil, «der vngebundenen vnnd freyen rede».[41] Der italienische Jesuit DONATUS (DONATI) nennt die Versdichtung noch 1633 *numeris vinctam orationem*[42], spricht auch von *oratio metrica*[43], *metricus sermo*[44], unterscheidet «verba siue soluta siue numeris astricta».[45] Der Niederländer VOSSIUS stellt anläßlich der Unterscheidung von *numerus oratorius* und *poeticus* in seinen ‹Commentarii rhetorici› der «oratio prorsa» *carmina* bzw. *versus* gegenüber.[46] Eine *dictionem metro ligatam* bzw. ein *poëma* [...] *numeris ligatum* formuliert er erst später.[47]

Anscheinend war es ALSTED, der, jedenfalls in Deutschland, ‹G.› zum zentralen Begriff machte. Er definiert 1630 in seiner Enzyklopädie: «Poetica est ars bene effingendi orationem ligatam: seu, est ars de eloquentiâ poëticâ, hoc est, certis numeris adstrictâ.» (Dichtung ist die Kunst, G. gut zu gestalten, anders gesagt, sie ist die Kunst der poetischen, d.h. der durch feste Rhythmen eingeschnürten Beredsamkeit.)[48] Aufgabe der *oratio ligata* sei es, «ut monstret rationem vinciendi & quasi appendendi sive librandi verba» (zu zeigen, wie man Wörter fesselt und gewissermaßen auswiegt bzw. im Gleichgewicht hält). Er bezieht sich auf eine hebräische, von CASAUBON lateinisch wiedergegebene und als *pulcherrima* (sehr schön) gepriesene Dichtungsdefinition: «Poësis est oratio nobilis (vel illustris) cujus partes inuicem vinctae sunt, mentem loquentis declarans verbis breuibus, suauibus, libratis: siue, appensis.» (Dichtung ist eine edle (oder vornehme) Rede, deren Teile miteinander verknüpft sind und die den Geist des Redenden in kurzen, angenehmen und ausgewogenen Worten kundtut.) [49] Die G. gelangte nun auch zu Titellehren. MEYFARTS Rhetorik von 1634 ist laut Titelblatt «so wol in gebunden- als vngebundener Rede zierlichen zugebrauchen». [50] Der deutsche Jesuit MASEN handelt in seiner dreibändigen Poetik von *eloquentia ligata*. [51] BIRKEN schrieb eine ‹Teutsche Redebind- und Dicht-Kunst› (1679). Das Vorwort begründet den Titel des Buches: «Ich nenne es die Teutsche RedebindKunst / gleichwie im Latein die Poeterei Ligata Oratio genennt wird: wie sie dann darinn von der Prosa oder Redekunst unterschieden ist / daß sie die Wörter in Zeilen / und die Zeilen in ganze Red-gebände / zusammen bindet / da hingegen die andere frei daher fließet.» [52] Die knappste Definition bietet STIELER: «Eine gebundene Rede / oratio ligata, carmen, poëma. Eine ungebundene Rede / prosa, oratio soluta.» [53] *Oratio* bedeutet in diesem Zusammenhang weniger ‹Rede› im Sinne eines individuellen Textes, eher Ausdrucksweise, Stil, *elocutio*. Als stützendes Substantiv diente neben *oratio*, *scriptio* [54] und *eloquentia* [55] (PEUCER unterscheidet «gebundne und ungebundne Beredtsamkeit» [56]) auch *dictio*. [57] J. M. DILHERR spricht von «gebundner Weiß» [58], HARSDÖRFFER «so wol von oer [= der] gebundnen / als ungebunden Wort-Verfassung». [59] *Ligata* wurde auch ohne ergänzendes Substantiv verstanden, so bei LAUREMBERG, wenn er einen Dichter sprechen läßt über seine Produktion «In ligaten und ock in Prosen / | Dat is / im gebunden Stil und im losen.» [60] In der Heilbronner Schulordnung von 1675 werden die Schüler «angewiesen, wie sie ex ligatâ prosam machen [...] können.» [61] Auch OMEIS unterscheidet «in prosa» und «in ligata». [62]

Wesentlich für die Vorstellung von ‹G.› war im 17. Jh. weniger die metrische Struktur als der *Reim*, d. h. der Gleichklang von zwei oder mehr Wörtern ab dem letzten betonten Vokal, genauer gesagt, der *Endreim*, der Gleichklang der Versausgänge. Der Reim, in der Antike *Homoioteleuton* genannt und als eines unter zahlreichen Stilmitteln von nur beiläufiger Wichtigkeit, errang nach seiner Einführung als Endreim im Mittelalter große Bedeutung, verlor in der Renaissance angesichts der Rückkehr zur reimlosen Poesie der Antike an Gewicht, trat aber mit der Neubelebung der muttersprachlichen Dichtung in der Barockzeit erneut und verstärkt ins Blickfeld. Die Ausweitung des Begriffs ‹Reim› auf die Alliteration, wie sie Wagenknecht unter dem Eindruck des Nacheinanders und scheinbaren begrifflichen Gegensatzes von Stab- und Endreim vertritt und wie sie auch im Englischen vereinzelt vorkommt [63], ist historisch fragwürdig, ebenso die damit einhergehende Definition des Endreims als Gleichklang nicht von Vers-, sondern von Wortschlüssen (den üblichen Endreim nennt Wagenknecht «Ausgangsreim») [64]; denn ‹Endreim›, von HARSDÖRFFER [65] im Sinne von Refrain eingeführt (erst G. A. BÜRGER schlug dafür ‹Kehrreim› vor [66]), ist spätestens seit der Goethezeit in der Bedeutung «Reim am Versende» [67] verbreitet, die in den meisten neueren Nachschlagewerken (Heyne, Wahrig, Duden, Brockhaus) und Metrik-Büchern beibehalten wird und der auch engl. *end-rhyme* entspricht. [68] Dagegen taucht ‹Stabreim› «kaum vor 1837» als deutsche Bezeichnung für ‹Alliteration› auf. [69] Ein Reim im traditionellen Sinn ist «der sogenannte stabreim» [70] jedenfalls nicht.

Die Bezeichnung ‹G.› «mag ursprünglich an das *binden* der reime, verse angeknüpft sein». [71] Das ist auch für *oratio ligata* und die italienischen Entsprechungen zu vermuten. ‹Gebunden› im antiken Sinne *(astrictus, vinctus)* bedeutete das Zuammengeschnürtsein, Gefesseltsein einer einzigen Sache, speziell eines ganzen Textes oder Stils (in Form metrischer Regelung). Dagegen betont *ligare* das Anbinden einer Person oder Sache an etwas oder das Verbinden, Aneinanderkoppeln, Verknüpfen *zweier* Sachen, speziell zweier oder mehrerer Verse (am ehesten in Form des Reims). Die Umbenennung der Versdichtung von *oratio astricta* zu *ligata* signalisiert einen Orientierungswechsel von der metrischen Gestaltung zur Reimbindung. In ihm spiegelt sich die Interessenverschiebung von der lateinischen Humanistendichtung zur volkssprachlichen Reimpoesie. Daß sich deren Konkurrenz auch innerhalb der volkssprachlichen Dichtung ausprägte, zeigt das italienische Nebeneinander von *versi sciolti*, die der Antike nacheifern [72], und *versi legati,* die das Reimprivileg der Volkssprache verkörpern. Angesichts der herangezogenen Belege ist es gut denkbar, daß die Umbenennung der *oratio astricta* zur *ligata* von Italien ausging, aber erst im deutschen Sprachgebiet endgültig wurde. Dies läßt sich auch sprachstrukturell erklären. Da romanische Verse zwar in der Silbenzahl festliegen, einen streng geregelten Ablauf von Hebungen und Senkungen in der Art der germanischen aber nicht kennen, bedürfen sie eher der Stütze des Reims. Andererseits konnte sich die Bezeichnung ‹G.› im Deutschen ohne die in Italien spürbare terminologische Spannung einbürgern, da metrische Regulierung und Reimbindung bis zum Ende der Barockzeit durchweg Hand in Hand gehen. Reimlose Verse in der Art der *versi sciolti* wurden im Deutschen erst um 1750 bedeutsam.

Die bindende Funktion des Reims kommt in seinen älteren deutschen Bezeichnungen ausdrücklich zu Wort. Erst OPITZ hat im Anschluß an P. RONSARDS ‹Abrégé› für ‹Reim› den heutigen Wortsinn festgelegt. [73] Die mittelhochdeutsche Form ‹rîm› und das altfranzösische Ausgangswort ‹rime›, für die Berührung mit ‹Rhythmus› diskutiert wird, die aber eher auf ein germanisches Grundwort mit der Bedeutung 'Zahl' (verwandt mit griech. ‹arithmós›) zurückgehen, bezeichneten nicht, jedenfalls nicht vorrangig, den Reim, sondern den gesamten Vers. [74] In Frankreich war ‹en rime› (heute: ‹en vers›) das Gegenteil von ‹en prose›. [75] Der heutige Reim hieß im späten Mittelalter ‹bunt›, so in der Kolmarer Liederhandschrift des 15. Jh. Im 14. Jh. sprach NIKOLAUS VON JEROSCHIN von ‹gebint›, P. SUCHENWIRT von ‹punt›. [76] ‹Bunt› bedeutete anscheinend auch «eine weise, ein gebundnes lied», so in der ersten Hälfte des 14. Jh. bei HEINZELIN VON KONSTANZ. [77] A. PUSCHMANN nennt im 16. Jh. den Reim «Bundwort». [78] Für ihn und HARSDÖRFFER «sind [...] *binden* und *reimen* Synonyma». [79] ‹Gebende, Gebände› war «im 17. jh. und gewiss seit lange bei den meistersingern» gebräuchlich im Sinne von ‹Reimgebände›. [80] «Die Gebände (Metra) [...] werden Gebände benamst / weil die Wörter dardurch gebunden oder gebändiget werden», schreibt Harsdörffer. [81] Der Verfasser von Grimms Wörterbuch-Artikel ergänzt: «das reimen zweier zeilen hiesz *binden, gebunden,* ein reimpaar also gewiss ein *band,* ich denke mir, schon in der mhd. kunstsprache, *gebände* also solche bänder zu einem ganzen vereinigt, dann auch die art des gebändes.» [82] Bei den Meistersingern bezeichnete ‹Gebände› oder ‹Gebänd› das Reimschema [83] oder, gleichbedeutend mit ‹Gesätz›, wohl auch die Strophe. [84] Offenbar in solchem Sinn spricht ZESEN über «die Reimbände» [85], MORHOF über «vielerley arten der Reimgebände». [86] Wenn sich, wie BIRKEN angibt, schon antike, also reimlose Dichter «ein gewißes Gebändmaß vorgeschrieben» haben, so ist offenbar das Versmaß gemeint. [87] Vergleichbare Äußerungen gibt es auch in anderen Sprachen. So spricht der Italiener MINTURNO vom Reim als «legame» (Band, Fessel) zwischen Versen. [88] Besonders eng ist die Zusammenschau von Reimen und Binden bei HARSDÖRFFER. Er vereint wortspielerisch die reimliche Klangkorrespondenz mit der ursprünglich mechanischen Vorstellung des Bindens: «Die *Reimen* sind gleichsam die *Riemen* / durch welche das Gedicht verbunden wird». [89] Er treibt die Gleichsetzung von Reimen und Binden so weit, daß «Verse [...] welche keinen Reimschluß haben [...] aufgelöst / oder ungebunden genennet werden können». Ungebunden ist für ihn also nicht die Prosa, sondern der reimlose Vers. Das entspricht dem italienischen *verso sciolto*. Allerdings denkt Harsdörffer nicht an gänzlich reimlose Texte, sondern an Verse, die «nach dem erwehlten Reimmaß gleichständig geordnet» sind. [90] Seine Bemerkungen erklären sich aus der Liebe der Nürnberger Pegnitzschäfer zur Klangmalerei, die «eine starke Freude am Reim» [91] einschloß. Diese äußert sich in reimhäufigen Kurzversen, in Binnenreimen und Echogedichten. [92] Im übrigen ist der Reim der phonetische Hauptrepräsentant jener barocken, auch als manieristisch bezeichneten Lust an der Kombinatorik [93], die zu ihrer Rechtfertigung an den antiken, von der scholastischen Theologie genährten Gedanken der Analogie alles Seienden, der «Zusammenstimmung aller Sachen» [94], anknüpft. Auf semantischer Ebene entspricht dem die *Metapher* bzw., wie Harsdörffer sagt, die (bei ihm weibliche, auch den Vergleich einschließende) ‹Gleichnis›. [95] Laut TESAURO ist es Aufgabe der Metapher, voneinander Entferntes, Verschiedenartiges zu verbinden («ligare»). [96] Die Vorstellung des Bindens wurde teilweise über den Reim bzw. die Versifizierung hinaus dahingehend erweitert, daß Stilistisches anklingt, wenn auch im Modus des Reimens denn als eigenständige Qualität. So definiert OMEIS: «Die T. Poesie ist eine Kunst / welche lehret die Teutsche Reden auf mancherlei Arten zierlich und wolklingend binden.» [97] Ähnlich MÄNNLING: «Die Dichtung ist eine Wissenschaft die Worte in gute Ordnung und Reime und die gemeine Rede in eine gebundene Zierlichkeit zustellen.» [98]

Vor allem durch den Reim sieht Harsdörffer die affektive *Wirkung* begründet, die, über die rhetorischen Standardziele des Belehrens, Erfreuens und auch des Bewegens hinausgehend, der Dichtung angesichts ihrer Versform vielfach zugeschrieben wird. Auf die Frage, warum, von «Freudenspielen» (Komödien) abgesehen, Schauspiele in G. geschrieben seien, antwortet er jedenfalls: «weil die Gemüter eifferigst sollen bewegt werden / ist zu den Trauer- und Hirtenspielen das Reimgebänd bräuchlich / welches gleich einer Trompeten die Wort / und Stimme einzwenget / daß sie so viel grössern Nachdruk haben.» [99] Das Dichten, meint er, verhält sich zum Reden wie das Tanzen zum Gehen. [100]

Obwohl die Autoren der Barockzeit sich wie schon Aristoteles [101] unter Dichten eine über das bloße Versifizieren hinausgehende Tätigkeit vorstellten und Dicht- und Reimkunst auseinanderhielten [102], wurde der als Dichtungsfaktor geltende *Enthusiasmus* [103] oder *furor poeticus*, von BIRKEN und GOTTSCHED als ‹Begeisterung› (d. h. Ergriffensein von göttlichem Geist) [104] verdeutlicht, von WEISE als «affectuöse Entzückung» verstanden [105], mit der G. und speziell mit dem Reim in Zusammenhang gebracht. Nur begriff man die G. weniger (wie einst LUTHER die Tropen und Figuren [106]) als Ausdruck göttlicher Inspiration, die den Menschen ohne dessen Zutun überkommt, sondern als Instrument aktiver Frömmigkeit. So bemerkt KLAJ (der Jüngere): «es haben schon / vor ungefehr ein vier [?] tausend Jahren / die Teutschen in ihrer Haubtsprache ihre Gesetze in Reimen versetzet / und in gebundenen Reden ihren Gottesdienst verrichtet.» [107] Ähnlich MORHOF: «Weiln nun das metrum nicht allein belustiget / sondern auch die Rede gleichsam befestiget und verewiget / so hat man zu dem Gottesdienst und der Helden Lob solche Gesänge erwehlet.» [108] GREIFFENBERG macht in den Strophen 1 und 4 eines ihrer Passionsgedichte die G. zum christlichen Thema: «JEsu! dein himmlischs binden / | bindet mir herz/zung und mund. | [...] | Lasse die gebundne zeilen | ungebund-gebundner Held! | werden deine ehren-seulen / | daß dein lob die ganze welt | möge klar geschrieben sehn.» [109] Dagegen meint STOLLE: «Wir finden zwar in unsrer bibel: daß GOtt wahrhafftig geredet habe; aber nicht: daß er sich blos gebundner reden bedienet.» Die Annahme, die Poesie sei eine «Sprache der Götter», ist für ihn «ein rest des heydenthums». [110] Alles in allem belegen die Quellen und die diesbezügliche Forschung die barocke Neigung, Dichtung zwar der Rhetorik begrifflich und institutionell unterzuordnen, aber als höher zu bewerten als die Prosarede. [111] Daß hierbei die Form der G. stärker hervortritt als Stil und Inhalte der Dichtung bzw. daß sie diese mit repräsentiert, entspricht der zentralen Rolle der Metrik in der damaligen Poetik.

Ohne erkennbaren Einfluß auf die Begriffe ‹G.› und ‹U.› blieb die von CLAJUS (= KLAJ der Ältere) [112] vorbereitete, von OPITZ durchgesetzte *Versreform*, d. h. die Verpflichtung der deutschen Dichtung auf die «natürliche» Stammsilbenbetonung [113] unter Abgrenzung von der vorher üblichen, an der Romania orientierten, etwa noch von WECKHERLIN praktizierten Versgestaltung. [114]

Im Lichte der G. interessierte die U. nur als minderes Gegenteil, teils im Zusammenhang neuer Mischformen (z. B. Opitz' ‹Schäfferei Von der Nimfen Hercinie›), mehr noch im Hinblick auf Komödie und Roman, die als Gattungen zwischen G. und gänzlich unpoetischer U. in den barocken Poetiken miterörtert werden. Bei der Zuordnung der *Komödie* zur Prosa konnte man sich auf antike Ansätze berufen. CICERO hatte dem Stil Platons und Demokrits mehr dichterische Qualität bescheinigt als der Komödie, da sich diese, abgesehen von ihrer Versform, kaum von der Alltagssprache unterscheide. [115] HORAZ hatte teilweise sogar der Tragödie, um so mehr der Komödie einen einfachen Stil *(sermo pedester)* erlaubt. [116] Von solch stilistischer Herabstufung bis zum Verzicht auf die Versform ist es nur ein Schritt. «Für die Gattung der Komödie wird spätestens seit dem Humanismus die *oratio soluta* zugelassen.» [117] HARSDÖRFFER notiert: «Zu den Freudenspielen dienet auch die ungebundene Rede.» [118] ROTTH weiß, daß «einige in den Gedanken sind / als wenn sich die Verse nicht wohl zu einer Comödie schickten / und daher in ungebundener Rede solche lieber wollen vorstellen», so daß «bißher nicht wenig Comödien in ungebundener Sprache heraus kommen sind». [119] Während z. B. GRYPHIUS seine Trauerspiele durchgehend in Versen abfaßte, gestaltete er seine Lustspiele weitgehend prosaisch. Als Dichtung mochte man die Prosadramen nicht ohne weiteres anerkennen. «Welche in Prosa gesetzt sein / gehören eben hieher nicht / weil sie mehr actus Oratorii als Poetici sein», meinte MORHOF. [120] *Romane* hingegen ließ er als «eine andere Art der Gedichte / aber in ungebundener Rede» gelten. [121] Er beruft sich auf des Aristoteles Zugeständnis, «daß auch ein Poema ohne Metro seyn könne». [122] Denselben Standpunkt vertritt die durch E. W. HAPPEL ins Deutsche übertragene Abhandlung des französischen Bischofs HUET über den Ursprung des Romans. [123] Happel entstellt allerdings Huets Bemerkung, «que les vers & la Poësie sont choses tout à fait differentes» (daß Verse und Dichtung ganz verschiedene Dinge sind) [124], zu der – wohl als Verbesserung gemeinten – Aussage, «daß *Prosa* und *Ligata* ein unterscheid ist». [125]

Seltener als in den Poetiken finden sich die Begriffe ‹G.› und ‹U.› in den *Rhetoriken* der Barockzeit. Ähnliches gilt noch für das 18. Jh. Ausgeblendet erscheint in den Poetiken wie auch in den Rhetoriken die *Kunstprosa*, für die keiner der beiden Begriffe nach deren barocker Neuprägung mehr passen will. Die moderne Benennung der Kunstprosa durch Norden ist nicht zuletzt Ausdruck der Verlegenheit, daß eine eindeutige Bezeichnung fehlte.

Anmerkungen:
1 Erasmus: Ep. 112; zit. E. Norden: Die antike Kunstprosa (²1909; ND 1983) 904; D. Erasmus Roterodamus: De recta Latini Graecique sermonis pronuntiatione, ed. M. Cytowska, in: Opera omnia, Bd. I, 4 (Amsterdam 1973) 65 und 68. – **2** J. Vadianus: De poetica et carminis ratione (1518), hg. mit dt. Übers. von P. Schäffer (1973), Kap. 26, Bd. 1, 236. – **3** I. C. Scaliger: Poetices libri septem. Sieben Bücher über die Dichtkunst. Bd. 1 (Buch 1 und 2), hg. und übers. von L. Deitz (1994) 78f. – **4** J. P. Titz: Zwey Bücher Von der Kunst Hochdeutsche Verse und Lieder zu machen (Danzig 1642), Teildruck in: M. Szyrocki (Hg.): Poetik des Barock (1977) 65. – **5** zit. Grimm 13, 2170. – **6** G. v. Watt: Dt. hist. Schr., Bd. 1, 169, 34; zit. Grimm 24, 637. – **7** Septem linguarum Calepinus, hg. von J. Facciolati (³1731) 1240ᵇ; zit. Grimm 24, 637. Zugrunde liegt A. Calepinus: Dictionarium septem lingvarum (Basel 1570). – **8** S. Roth: Ein teutscher Dictionarius (1571) N 4ᵇ; zit. Grimm 13, 2170. – **9** M. Opitz: Buch von der Deutschen Poeterey (1624), hg. von R. Alewyn (1963) 39. – **10** Arist. Rhet. III, 8, 4. – **11** Grimm 24, 638. – **12** vgl. G. Ueding, B. Steinbrink: Grundriß der Rhet. (²1986) 61–63; 74–79. – **13** Cic. Or. 67. – **14** Cic. De or. I, 70. – **15** Vadianus [2] Bd. 1, 232f. (= Kap. 26). – vgl. ebd. 236f. – Der Poetiker Watt verweist in puncto Rhetorik, speziell hinsichtlich Ciceros ‹Orator›, auf die heute schwer zugängliche Rhetorik (‹Rhetoricorum libri quinque›) des GEORGIOS TRAPEZUNTIOS (1395–1484). Vgl. hierzu: J. Monfasani (Hg.): Collectanea Trapezuntiana (Binghamton/New York 1984) 459–462. – **16** G. A. Viperano: De poetica libri tres (Antwerpen 1579; ND 1967) 54f. – **17** B. Bauer: Jesuitische *ars rhetorica* im Zeitalter der Glaubenskämpfe (1986) 177, Anm. 150; vgl. ebd. bis 179. – **18** J. C. Scaliger: Poetices libri septem (Lyon 1561; ND 1987) 179. – **19** J. H. Alsted: Encyclopaedia, Bd. 1 (1630; ND 1989) 486. – **20** C. Soarez: De arte rhetorica (Coimbra 1560; Köln 1582); vgl. Bauer [17] 177–201. – **21** Bauer [17] 178. – **22** vgl. J. Dyck: Ticht-Kunst. Dt. Barockpoetik und rhet. Tradition (²1969); L. Fischer: Gebundene Rede (1968); W. Barner: Barockrhet. (1970) 27–32. – **23** Cic. Or. 187; vgl. auch De or. III, 172. – **24** C. Salutati: De laboribus Herculis, hg. v. B. L. Ullmann (Zürich 1951) Teil I, 3, 11 (S. 19). – **25** Cic. De or. III, 176; Quint. IX, 4, 50. 55; X, 1, 29; vgl. auch Isid. Etym. I, 39. – **26** Scaliger [3] 464f. – **27** J. Pontanus: Poeticarum institutionum libri tres. Eiusdem tyrocinium poeticum (1594) 4 und 10. – **28** I. Casaubon: De satyrica Graecorum poesi & Romanorum satira (Paris 1605; ND New York 1973) 353. – **29** Alsted [19] 509. – **30** Casaubon [28] 348. 352; vgl. Alsted [19] 487. 509. – **31** Cic. Or. 187. – **32** M. Opitz: Aristarchus (1617), hg. v. G. Witkowski (1888) 96; zit. G. E. Grimm: Lit. und Gelehrtentum in Deutschland (1983) 122. – **33** Alsted [19] 487. – **34** V. Maggi, B. Lombardi: In Aristotelis librum de poetica communes explanationes (Venedig 1550; ND 1969) 43; Viperano [16] 10. – **35** A. S. Minturno: De poeta (Venedig 1559; ND 1970) 12 und 20. – **36** Viperano [16] 53f. – **37** Pontanus [27] 10. – **38** ebd. 8. – **39** ebd. 54. – **40** zit. S. Battaglia: Grande dizionario della lingua italiana, Bd. 8 (Turin 1973) 891; vgl. auch Teil A mit Anm. 9. – **41** Opitz [9] 39. – **42** A. Donatus: Ars poetica sive institutionum artis poeticae libri tres (1633) 8. – **43** ebd. 105. – **44** ebd. 98. – **45** ebd. 208. – **46** G. J. Vossius: Commentariorum rhetoricorum, sive oratoriarum institutionum libri sex (Leiden 1630 [zuerst 1606]; ND Kronberg/Ts. 1974) II, 62. 75. – **47** G. J. Vossius: De artis poeticae natura, ac constitutione liber (Amsterdam 1697 [auch 1647]) 8, in: G. J. V.: Tractatus philologici de rhetorica, de poëtica, de artium et scientiarum natura ac constitutione (Amsterdam 1697). – **48** Alsted [19] 509. – **49** ebd. 510; Casaubon [28] 348f. – **50** J. M. Meyfart: Teutsche Rhetorica oder Redekunst (1634; ND 1977). – **51** J. Masen: Palaestra eloquentiae ligatae (1654–57). – **52** S. von Birken: Teutsche Rede-bind- und Dicht-Kunst (1679), Vorrede, § 26; zit. Dyck [22] 28. Ähnlich bei Fischer [22] 24. – **53** K. Stieler: Der Deutschen Sprache Stammbaum und Wortwachs / oder Teutscher Sprachschatz, Bd. 1 (1691; ND 1968) 152. – **54** vgl. Anm. 37 (Pontanus). – **55** Masen [51]. – **56** D. Peucer: Anfangs-Gründe der Teutschen Oratorie (1739, ⁴1765; ND 1974) 13. – **57** Masen [51], T. I, 171; zit. Fischer [22] 54. – **58** zit. C. Wiedemann: Johann Klaj und seine Redeoratorien (1966) 35; vgl. Barner [22] 74. – **59** G. Ph. Harsdörffer: Poet. Trichter (1648–53; ND 1969) III, 35. – **60** J. Lauremberg: Veer Schertz Gedichte (1652) 66; zit. Barner [22] 247. – **61** G. Lang: Gesch. des Gymnasiums der Reichsstadt Heilbronn, in: Gesch. des humanistischen Schulwesens in Württemberg, Bd. 2, 1 (1920) 131; zit. Grimm [32] 113. – **62** M. D. Omeis: Gründliche Anleitung zur Teutschen accuraten Reim- und Dicht-Kunst (1704, ²1712) 62; zit. A. Heusler: Dt. Versgesch., Bd. 3 (²1956) 119. – **63** The Oxford English Dictionary, Bd. 8 (Oxford 1933; ND 1961) 634. – **64** C. Wagenknecht: Dt. Metrik (1981) 35–37. Ebenso H. Fricke, R. Zymner: Einübung in die Lit.wiss. (²1993) 96f.; R. Zymner: Art. ‹Reim›, in: RDL³ (in Vorbereitung). – **65** Harsdörffer [59] I, 90f. – **66** Grimm 11, 427. – **67** Goethe-Wtb., Art. ‹Endreim›. – **68** The Oxford English Dictionary, Suppl.-Bd. 1 (Oxford 1972) 943 (Belege ab 1855). – **69** F. Kluge: Etym. Wtb. der dt. Sprache (¹⁸1960), Art. ‹Stabreim›. – **70** Grimm 17, 377. – **71** Grimm 4, 1901. – **72** vgl. W. T. Elwert: Ital. Metrik (1968) 98f. (§ 72). – **73** Opitz [9] 33 (Kap. 7). – **74** vgl. F. Kluge: Etym. Wtb. der dt. Sprache (²²1989) Art. ‹Reim›; A. Rey: Dictionnaire historique de la langue française, Bd. 2 (1992) 1810. – **75** A. Tobler, E. Lommatzsch: Altfrz. Wtb., Bd. 8 (1971) 1297. – **76** G. Schweikle: Reim, in: RDL², Bd. 3 (1977) 404. Zu ‹Gebint› vgl. auch Grimm 4, 1773. – **77** Grimm 2, 517. – **78** Schweikle [76] 404. – **79** ebd. – **80** Grimm 4, 1727. – **81** G. Ph. Harsdörffer: Frauenzimmer Gesprechspiele (1641–49; ND 1968/69) IV, 14. – **82** Grimm 4, 1728. – **83** D. Breuer: Dt. Metrik und Versgesch. (1981) 132. – **84** Heusler [62] 14, § 860. – **85** Ph. von Zesen: Hochdt. Helikonische Hechel (1668) 8f.; zit. Fischer [22] 48. – **86** D. G. Morhof: Unterricht von der Teutschen Sprache und Poesie (1682) 724f.; Teildruck in: Szyrocki [4] 165. – **87** Birken [52] 167ff.; zit. Fischer [22] 41. – **88** A. S. Minturno: L'arte poetica (ohne Ortsangabe 1564; ND 1971) 357. – **89** Harsdörffer [59] I, 33; ebenso Gesprechspiele [81] V, 32. – **90** Harsdörffer [59] I, 42. – **91** W. Kayser: Die Klangmalerei bei Harsdörffer (²1962) 68. – **92** vgl. Kayser [91] 68ff. – **93** vgl. A. Kircher: Ars magna sciendi sive combinatoria (Amsterdam 1669); G. R. Hocke: Manierismus in der Lit. (1959). – **94** Harsdörffer [81] VIII, 191; zit. M. Windfuhr: Die barocke Bildlichkeit und ihre Kritiker (1966) 32. – **95** vgl. Windfuhr [94] 30–48; Hocke [93] 169–171. – **96** E. Tesauro: Il Cannocchiale Aristotelico (Turin 1670 [zuerst 1654]; ND 1968) 266. – **97** D. M. Omeis: Gründliche Anleitung zur Teutschen accuraten Reim- und Dichtkunst (1704) 58; zit. Fischer [22] 26. – **98** J. C. Männling: Der Europäische Helicon (1704) 26f.; zit. Fischer [22] 24. – **99** Harsdörffer [59] II, 79. – **100** ebd. II, 1. – **101** Arist. Poet. 1. – **102** vgl. Fischer [22] 47–49. – **103** Platon: Ion 533d–534e; vgl.

Fischer [22] 40ff.; Dyck [22] 118, Anm. 4. – **104** Birken [52] 167ff.; zit. Fischer [22] 41; J. C. Gottsched: Versuch einer Crit. Dichtkunst (⁴1751; ND 1962 und 1982) 429. – **105** C. Weise: Curiöse Gedancken von Deutschen Versen (³1702) II, 21f.; zit Fischer [22] 44. – **106** vgl. Ueding, Steinbrink [12] 82. – **107** J. Klaj: Lobrede der Teutschen Poeterey (1645; ND 1965, hg. von C. Wiedemann) 7. – **108** Morhof [86] 701; Teildruck in: Szyrocki [4] 164. – **109** C. R. von Greiffenberg: Sämtl. Werke, hg. von M. Bircher und F. Kemp (Milwood, N. Y. 1983) Bd. 9, 174–176; vgl. B. Dohm: Die Auferstehung des Leibes in der Poesie, in: Daphnis 21 (1992) 673–694. – **110** G. Stolle: Vorrede, in: Benjamin Neukirchs Anthologie. Herrn von Hoffmannswaldau und andrer Deutschen auserlesener und bißher ungedruckter Gedichte Sechster Theil (1709), hg. von E. A. Metzger und M. M. Metzger (1988) 7. – **111** vgl. bes. Fischer [22] 37–98. – **112** J. Clajus: Grammatica Germanicae linguae (1578). – **113** Opitz [9] 37f. (= Kap. 7); vgl. R. Schmidt: Dt. Ars Poetica. Zur Konstituierung einer dt. Poetik aus humanistischem Geist im 17. Jh. (1980) 100–120. – **114** vgl. C. Wagenknecht: Weckherlin und Opitz. Zur Metrik der dt. Renaissancepoesie (1971); Breuer [83] 164–172. – **115** Cic. Or. 67; vgl. die Besprechung bei Vadianus [2] I, 232; II, 266. – **116** Horaz: Ars poet. 89–98. – **117** Fischer [22] 27. – **118** Harsdörffer [59] II, 79. – **119** A. C. Rotth: Vollständige Deutsche Poesie (1688) III, 143f.; Teildruck in: Szyrocki [4] 191. – **120** Morhof [86] 739; Teildruck in: Szyrocki [4] 171. – **121** D. G. Morhof: Unterricht von der Teutschen Sprache und Poesie (1700) 626; zit. Fischer [22] 28. – **122** ebd.; vgl. Arist. Poet. 1. – **123** P. D. Huet: Traité de l'origine des romans. Faksimiledrucke nach der Erstausg. von 1670 und der Happelschen Übers. von 1682 (1966) 6 und 105. – **124** ebd. 47. – **125** ebd. 129.

IV. *Aufklärung und Folgezeit.* Die Begriffe ‹G.› und ‹U.› blieben im 18. Jh. geläufig, finden sich etwa in ZEDLERS Lexikon [1] und (als Übersetzung von ‹émmetron› und ‹ámetron› des Aristoteles [2]) bei LESSING. [3] Als gehobene Ersatzbezeichnungen für Vers- bzw. Prosatexte sind sie bis heute in Gebrauch. Ihre eigentliche Geltungsgrundlage ist ihnen jedoch durch das *neue Dichtungsverständnis* der Aufklärung abhanden gekommen, und zwar in bezug auf beide Komponenten des Begriffs ‹G.›: Erstens gilt Dichtung nicht mehr eigentlich als Rede und zweitens metrische Gebundenheit nicht mehr fraglos als ihr wesentlichstes Merkmal. Maßgebend für die Verselbständigung der Dichtung waren die Bindung der Rhetorik an die barocke Hofkultur und ihr daraus sich ergebender Ansehensverlust bei den bürgerlichen Intellektuellen des 18. Jh. Zwar wirkt das rhetorische Gedankengut in der Poetik der Aufklärung weiter, aber in eher versteckter und verwandelter Form. [4] Im Vordergrund steht das Bestreben, die Dichtung als gänzlich andersartig aus dem Umkreis der Rhetorik zu lösen. Während für OPITZ «vberredung vnd vnterricht auch ergetzung der Leute [...] der Poeterey vornemster zweck» war [5], grenzen Theoretiker des 18. Jh. die Dichtung als ihren Zweck in sich selbst tragend [6] bzw. als zweckfrei [7] von der praktischen Zielen dienenden Rhetorik ab. KANT gründete das Schöne und damit die Kunst auf ein «Wohlgefallen ohne alles Interesse». [8]

Eine andere Unterscheidung ergab sich aus der damals Platz greifenden Vorstellung von der Gefühligkeit der Poesie. Der Prosa, auch der rhetorischen, der man bislang eine «Sprache der Affekte» bescheinigt hatte, ordnete man nun den – als kalt empfundenen – Verstand zu. [9] Die *Emotionalisierung der Dichtung*, zunächst vor allem in der Tragödientheorie zu beobachten, hat sich um 1750 in der Lyrik verdichtet. [10] Die sie begründende Musikalität (Opitz hatte Lyrik definiert als «getichte die man zur Music sonderlich gebrauchen kan» [11]), etymologisch noch heute erkennbar (die Lyra war ein Saiteninstrument der Griechen), und die daraus ableitbare metrische Bindung traten so in den Hintergrund. Die *Hintansetzung des Metrischen* im Verständnis nicht nur von Lyrik, sondern von Dichtung überhaupt äußert sich markant in deren Definition durch den Ästhetiker BAUMGARTEN. Er begriff das dichterische Werk *(poema)* noch, insofern konservativ, als Rede, aber nicht mehr als G. *(oratio ligata),* sondern als vollkommene sinnliche Rede *(oratio sensitiva perfecta).* [12] Hierzu passend geriet die Einbildungskraft (Imagination), vorher als wirklichkeitsfremd verdächtigt, zum zentralen Vermögen. [13] BREITINGER schreibt, daß «die Poesie auf die Entzükung der Phantasie [...] losgehet». [14] Die der Dichtung bislang abverlangte Nachahmung (Mimesis) der Wirklichkeit wurde damit fragwürdig. – Daß man «die gebundene Rede [...] die Sprache der Götter genennt hat», ließ sich in das neue Denken integrieren. Nur deutet SULZER die alte Formel nicht christlich-kritisch wie einst STOLLE. Er versteht sie im Geist der Aufklärung metaphorisch, nämlich so, daß die durch sie bezeichnete «außerordentliche Veranlassung [...] in dem Genie und Carakter des Dichters zu suchen» sei. [15]

Die Abwertung des Metrischen und teilweise zugleich des Reims haben die Poetiker des 18. Jh. deutlich formuliert. [16] Sie liegt auf der Linie der seit Aristoteles bekannten Kritik [17], gelangte aber im Rahmen des bis heute gültigen Imaginationskonzepts und im Zuge einer allgemeinen Umorientierung von angestrengter Kunst zur gewachsenen, unwillkürlichen Natur zu nachhaltigerer Wirkung. Den Gedanken der Verschiedenheit von Poesie und Prosa brauchte man deswegen nicht aufzugeben. KLOPSTOCK hält daran sogar entschieden fest, billigt dem Metrischen auch einen «Mitausdruck» zu [18], rückt aber stilistische Unterschiede in den Vordergrund. [19] In der Metrik selbst wirkte sich deren Prestigeverlust als Verzicht auf die bisherige Strenge, positiv gewendet als Spiel mit den neuen Freiheiten aus. Sogenannte *freie Verse* (frz. *vers libres*), vorzugsweise jambisch geregelte, im Zeilenumfang jedoch stark variierende in der Art von Madrigalversen, wie sie etwa B. H. BROCKES bevorzugt, bereiteten diese Lockerung schon im 17. Jh. vor. Auch «mengtrittige» Gedichte, in denen sich Verse verschiedener Form (jambische, trochäische, daktylische) mischen, liebten schon die Barockdichter. [20] Gänzlich neu ist dagegen ein im 18. Jh. eröffnetes und bis heute aktuelles Experimentierfeld im Zwischenbereich von Versdichtung und Prosa. Von Klopstocks *freien Rhythmen* (z. B. ‹Die Frühlingsfeier›) über die um eine Mittelachse gruppierten ‹Phantasus›-Zeilen von A. HOLZ bis hin zu BRECHTS vergleichbaren Versuchen [21] ist es graphisch und terminologisch eher der Versdichtung zugeordnet, wird teilweise aber auch – als *rhythmische Prosa* (frz. *prose poétique*) – von ihr geschieden. [22] In jedem Fall ist ein festes Metrum gemieden, aber mit rhythmischen Mitteln eine «gehobene Sprache» [23] angestrebt. LESSING tadelte solchen «mischmasch von prose und versen» [24], gewann dem «Zwitterton», den er «aus den prosaischen Übersetzungen englischer Dichter [ins Deutsche] entstanden» glaubte, aber auch positive Seiten ab. [25] GOETHE, der seine Jugendhymnen freirhythmisch gestaltete, beklagte später, «daß man den Unterschied zwischen Prosa und Poesie gänzlich aus den Augen verlor». [26] Der Bereitschaft zu rhythmischer Lockerung kam die Einsicht in die germanische Füllungsfreiheit im Bereich der unbetonten Silben entgegen, wie sie der althochdeutsche Stabreimvers und viele

Volkslieder erkennen lassen. [27] Strukturell sind die zwischen Vers und Prosa changierenden Formen, sofern sie einer partiellen Regelung unterliegen, der G. im Sinne QUINTILIANS vergleichbar. So gesehen hat die metrische Teilregulierung der antiken Kunstprosa im Rahmen der Versdichtung des 18. Jh. neue Gestalt gewonnen. Das rhythmische Leitmotiv –∪–∪∪– («Fort den rasselnden Trott») in Goethes Hymne ‹An Schwager Kronos› entspricht z. B. einer rhetorischen Klausel (Trochäus + Choriambus). [28] Aus der neuen, weniger versals imaginationsbetonten Dichtungsauffassung erklärt sich auch, daß die Vorbehalte gegen eine Einbeziehung prosaischer Textgattungen und gegen eine weitere Prosaisierung der etablierten im 18. Jh. leiser wurden. Die Bereitschaft, den Roman «als eine *prosaische Dichtkunst,* als eine Poesie in ungebundner Rede» gelten zu lassen [29], ist sichtlich stärker als im 17. Jh., trotz SCHILLERS Wort über den Romanschreiber als bloßen «Halbbruder» des Dichters. [30] Man konnte nun sogar «die Prosa in die Tragödie einführen». [31]

Die Lockerung der metrischen Strenge brachte auch *begriffliche Veränderungen* mit sich. Die metrische Qualität der Fachbegriffe minderte sich, machte uneigentlicher und stark wertender Verwendung Platz. Im Zuge der Entmetrisierung von ‹Dichtung› wurde vor allem der Gegenbegriff ‹Prosa› anderweitig verfügbar. Als Metapher für ästhetische und moralische Defizite von Texten, Personen oder gar von komplexen Zuständen ist das Wort heute oft geläufiger als in seiner ursprünglichen Bedeutung. Goethe spricht tadelnd von «prosaischen Naturen». [32] In HOFFMANNS Erzählung ‹Der Sandmann› empfindet Nathanael «Verdruß über Klaras kaltes prosaisches Gemüt». [33] Ähnlich bescheinigt FONTANE der Schwester Adelheid seines Stechlin die «tiefe Prosa ihrer Natur». [34] SCHILLER schreibt von der «Übermacht der Prosa in dem Ganzen unseres Zustandes» [35], gegen die es die Dichtung zu bewahren gelte. Zu einer gegenteiligen Bewertung führte die «Emanzipation der Prosa», als die Jungdeutschen sie gegenüber der Poesie der Vergangenheit als fortschrittlich priesen. [36]

Auch ‹G.› und ‹U.› gerieten in den Strahlungsbereich nichtmetrischer Vorstellungen. Auslösend waren die – durchaus widersprüchlichen – Bewertungen, die sich seit dem 18. Jh. mit den Wörtern ‹gebunden› und ‹ungebunden› verknüpfen. Die Genieästhetik um 1770, auf deren Einschätzung die Jungdeutschen anscheinend aufbauen, betrachtete unter Berufung auf PINDARS Oden und die ihnen zugeschriebene schöne Unordnung («beau desordre» [37]) alles Ungebundene, Regellose mit Sympathie. [38] «Und immer | Ins Ungebundene gehet eine Sehnsucht», dichtete HÖLDERLIN. [39] Die Weimarer waren nach ihrer stürmischen Jugend anderer Meinung. In GOETHES Sonett ‹Natur und Kunst› heißt es: «Vergebens werden ungebundne Geister | Nach der Vollendung reiner Höhe streben.» [40] Ähnlich meint SCHILLER: «Schönheit aber ist Freiheit in der Gebundenheit.» [41] Diese allgemeine Hochschätzung der Gebundenheit ist mitzudenken, wenn Schiller der Versifizierung eine reinigende, inhaltlich selektierende Funktion zuweist: «Man sollte wirklich alles, was über das Gemeine erheben muß, in Versen wenigstens anfangs konzipieren, denn das Platte kommt nirgends so ins Licht, als wenn es in gebundener Schreibart ausgesprochen wird.» [42] Goethe bekräftigte tags darauf: «Alles Poetische sollte rhythmisch behandelt werden!» [43] Das Plädoyer der beiden Klassiker ist eine Abwehrreaktion gegen die um sich greifende Entmetrisierung. Es bestätigt den Trend, ohne ihn zu billigen, zeigt aber auch, daß die neue, imaginationsbetonte Dichtungsauffassung die alte, versbezogene nicht völlig verdrängt hat. Vereinzelt ist eine paradox anmutende Mischung beider Konzepte zu beobachten. So meint ESCHENBURG «da die Poesie durch Zwecke nicht gebunden sei, müsse sie durch die Form gebunden sein». [44] Ähnlich argumentiert der Lyrik-Artikel eines Lexikons: «Das lyrische Gedicht ist deshalb, weil es auf das persönliche Gefühl und auf einen *Moment* beschränkt ist, das gebundenste.» [45]

Im 20. Jh. befindet sich das ältere, versgebundene Dichtungsbewußtsein weiterhin in der Defensive, ist aber nicht vergessen. Das zeigt der ‹Gesang vom Kindchen›, den T. MANN 1918 zur Geburt seiner Tochter Elisabeth verfaßte. «Bin ich ein Dichter?» fragt er sich eingangs. Als «Mann der gradausgehenden Rede» muß er sich gestehen: «Mein Teil war immer die Prosa.» Erst das freudige Ereignis bewegt ihn, sich als Poet im klassischen Sinne zu beweisen. Er überläßt sich dem «Vatergefühl: es mach' mich zum metrischen Dichter.» [46] Fast tausend Hexameter kamen so zustande. Alles in allem hat sich jedoch im 20. Jh. die «Krise des Verses» [47] verstärkt. Selbst die Lyrik steht heute selten «auf | festen Versesfüßen». [48] Sie konserviert den Vers eher als graphisches denn als rhythmisches Phänomen. Dem entspricht Lampings Vorschlag, «das Gedicht als *Versrede* oder genauer noch: als *Rede in Versen* zu definieren». [49] Zunächst traditionell anmutend und jedenfalls auch das alte Versverständnis abdeckend, dient er der Einbeziehung der überwiegend nichtmetrischen Lyrik der Moderne. Lamping versteht den Vers nämlich nicht mehr als metrisch geregeltes Gebilde, sondern als Segment zwischen zwei Pausen, die, nicht syntaktisch gefordert, durch Zeilenunterbrechung zustande kommen. [50] Solche nichtmetrischen, durchweg auch reimlosen, lediglich graphisch begründeten Verse können nicht im eigentlichen Sinn als gebunden gelten, sind eher als ungebunden oder – so Burdorf [51] – als frei zu bezeichnen. Wirklich lebendig geblieben ist die G. nur im gesungenen Lied (z. B. W. BIERMANNS) und in merk- und zitierfähigen Kurztexten (z. B. Abzählversen, Sprichwörtern, Werbesprüchen).

Anmerkungen:
1 Art. ‹Prosa›, in: J. H. Zedler: Universal-Lex., Bd. 29 (1741; ND 1961) 915. – **2** Arist. Poet. 9. – **3** G. E. Lessing: Hamburg. Dramaturgie 89, in: Werke, hg. von H. G. Göpfert, Bd. 4 (1973) 642. – **4** vgl. B. Asmuth: Von der Höhe der Rhet. zur Mitte der Lyrik, in: W. Baumgartner (Hg.): Wahre lyrische Mitte – «Zentrallyrik»? (1993) 51–64. – **5** M. Opitz: Buch von der Deutschen Poeterey (1624), hg. von R. Alewyn (1963) 12. – **6** J. J. Breitinger: Crit. Dichtkunst (Zürich 1740) Bd. 2, 403. – **7** J. J. Eschenburg: Entwurf einer Theorie der Litteratur und schönen Redekünste (1783; ⁵1836); vgl. W. Jens: Von dt. Rede (1969) 34f. – **8** KU, hg. von K. Vorländer (1959) 48 (§ 5); vgl. W. Strube: ‹Interesselosigkeit›, in: ABg 23 (1979) 148–174. – **9** M. H. Abrams: Spiegel und Lampe (1978) 100. 102. 132. 191. 251; vgl. Asmuth [4] 55. – **10** vgl. Asmuth [4]. – **11** Opitz [5] 22. – **12** A. G. Baumgarten: Meditationes Philosophicae de Nonnullis ad Poema Pertinentibus (1735) § 9; übers. in: A. Riemann: Die Aesthetik A. G. Baumgartens (1928; ND 1977) 107. – **13** vgl. Art. ‹Bild, Bildlichkeit› in: HWR, Bd. 2, Sp. 17. – **14** Breitinger [6] 403. – **15** J. G. Sulzer: Allg. Theorie der Schönen Künste. 2 Teile in 4 Bden. (1773–75) Bd. 1, Art. ‹Dichter›, S. 328. – **16** Breitinger [6] 411; ähnlich Sulzer [15] 328. – **17** Arist. Poet. 1. – **18** vgl. H.-H. Hellmuth: Metrische Erfindung und metrische Theorie bei Klopstock (1973). – **19** F. G. Klopstock: Von der Sprache der Poesie. Ausg. Werke,

hg. von K. A. Schleiden (1962) 1016–1026; vgl. K. L. Schneider: Klopstock und die Erneuerung der dt. Dichtersprache im 18. Jh. (²1965) 42f. – **20** C. Wagenknecht: Dt. Metrik (1981) 60f. – **21** B. Brecht: Über reimlose Lyrik mit unregelmäßigen Rhythmen, in: ders.: Über Lyrik (³1968) 77–88. – **22** vgl. U. Fülleborn: Das dt. Prosagedicht (1970); D. Breuer: Dt. Metrik und Versgesch. (1981) 191–213. 335–354; W. T. Elwert: Frz. Metrik (²1966) 14–17; H.-J. Frey, O. Lorenz: Kritik des freien Verses (1980). – **23** Brecht [21] 79. – **24** zit. Grimm 13, 2170. – **25** Lessing: Werke [3] Bd. 4 (1973) 320. – **26** Brief an Schiller vom 25. 11. 1797, in: Der Briefwechsel zwischen Schiller und Goethe, hg. von E. Staiger (1977) 499. – **27** vgl. A. Heusler: Dt. Versgesch., 3 Bde. (²1956) §§ 53. 871. 1229ff. – **28** vgl. H. Lausberg: Hb. der lit. Rhet. (²1973) § 1029. – **29** J. A. Schlegel: Von der Eintheilung der Künste (1751), in: E. Lämmert u. a. (Hg.): Romantheorie 1620–1880 (1988) 97. – Ähnlich 1745 ein Anonymus (ebd. 82). – **30** F. Schiller: Über naive und sentimentalische Dichtung. Werke. Nationalausg., Bd. 20 (1962) 462. – **31** D. Diderot: Unterredungen über den ‹Natürlichen Sohn› 2, in: Das Theater des Herrn Diderot, übers. von G. E. Lessing (1986) 125. – **32** Brief vom 25. 11. 1797, in: [26] 500. – **33** E. T. A. Hoffmann: Fantasie- und Nachtstücke, hg. von W. Müller-Seidel (1968) 347. – **34** T. Fontane: Der Stechlin. Werke und Schr., hg. von W. Keitel und H. Nürnberger, Bd. 19 (1966) 282. – **35** Schillers Br., hg. von F. Jonas (1892–96), Bd. 4, 313f.; ähnlich G. W. F. Hegel: Ästhetik. Werke, Bd. 14, hg. von H. Glockner (1954) 417f. – **36** F. Sengle: Biedermeierzeit, Bd. 2 (1972) 13f. – **37** N. Boileau-Despréaux: L'Art poétique (1674) II, 72. – **38** vgl. J. Schmidt: Die Gesch. des Genie-Gedankens in der dt. Lit., Philos. und Politik 1750–1945, Bd. 1 (1985) 214. – **39** F. Hölderlin: Mnemosyne, 3. Fassung. Sämtl. Werke. Kleine Stuttgarter Ausg., hg. von F. Beißner, Bd. 2 (1965) 206. – **40** Goethe: Werke. Hamburger Ausg., Bd. 1 (⁴1958) 245. – **41** Schiller: Werke. Nationalausg., Bd. 21 (1963) 82. – **42** Brief an Goethe vom 24. 11. 1797, in: [26] 497. – **43** ebd. 499. – **44** Sengle [36] 17 mit Bezug auf Eschenburg [7] 24. – **45** Damen-Konversations-Lex., hg. von K. Herloßsohn. 10 Bde. (1834–38); zit. L. Völker: Lyriktheorie (1990) 200. – **46** T. Mann: Gesang vom Kindchen. GW. Bd. 8 (1960) 1068–1070. – **47** S. Mallarmé: Crise de Vers. Œuvres complètes, hg. von H. Mondor und G. Jean-Aubry (Paris 1984) 360–368. – **48** U. Hahn: Ars poetica, in: Herz über Kopf (1981) 78. – **49** D. Lamping: Das lyrische Gedicht (1989) 23. – **50** ebd. 24. – **51** D. Burdorf: Einf. in die Gedichtanalyse (1995) 123.

B. Asmuth

→ Alliteration → Compositio → Cursus → Kunstprosa → Metrik → Reim → Rhythmus → Vers

Geburtstagsrede (griech. γενεθλιακὸς λόγος, genethliakós lógos)
A. Die G. ist eine Untergattung der epideiktischen Rede; sie ist eine meist zeremonielle Gelegenheits- oder Festrede, deren Zweck die «Erzeugung der gemeinschaftlichen Gestimmtheit des Publikums» [1] ist. Die G. hat demnach zwei Adressaten, den Geehrten selbst und das Publikum.

Für Reden zu gesellschaftlichen Anlässen gilt ganz allgemein, daß propositionale Gehalte ausgedrückt werden, die sich unter Ehre und Unehre bzw. Lob und Tadel subsumieren lassen. So greift auch die G. situativ und sozialständisch angemessen auf Topoi des Personenlobes zurück. Sie wird zumeist eröffnet durch die Anrede und die Darlegung der Beziehung des Redners zum Thema oder Adressaten und kann beschlossen werden durch eine Handlung (Überreichung eines Geschenks o. ä.). [2]
B. I. *Antike.* Der historische Ursprung der G. läßt sich aufgrund der unbefriedigenden Quellenlage nicht genau benennen, dennoch gibt es Hinweise, daß das Feiern von Geburtstagen etwa seit dem 7. Jh. v. Chr. in Griechenland bekannt war. [3] Die Anfänge dieser Zeremonie wurzeln in religiösen Vorstellungen. «Um diese Tatsache zu erkennen, muß man sich erinnern, daß nach griechischem Glauben jeden Menschen von Geburt an ein guter Dämon durch das ganze Leben hindurch begleitet.» [4] Die Anrufung dieses Dämons steht am Anfang und Ende der Gebete zum Geburtstag, der allerdings nicht nur einmal im Jahr, sondern allmonatlich gefeiert wurde. [5] Lobreden waren ursprünglich ausschließlich den Göttern vorbehalten; noch PLATON schlägt ein Gesetz vor [6], wonach verdiente Bürger zwar mit Lobreden geehrt werden dürfen, dies jedoch erst nach ihrem Tod. «Bevor sie aber die ganze Lebensbahn bis zu einem schönen Ende durchlaufen hätten, sei es eine zweifelhafte Sache, sie mit Lobreden und Enkomien zu ehren.» [7] Im weiteren Verlauf der Feiern wurden aber gelegentlich Reden gehalten, für deren Aufbau bestimmte Regeln galten. [8] «Zum Geburtstag gehört der λόγος γενεθλιακός, der mit dem Lobe der Familie und der Heimat beginnt und dann die körperlichen und geistigen Eigenschaften des Geburtstagskindes lobt und daran die Hoffnung auf ein erfolgreiches, glückliches Leben knüpft.» [9] «Verwandte und Freunde brachten ihre Glückwünsche dar, auch in Form von Reden oder Epigrammen, die bisweilen als Begleitverse zu Geschenken erscheinen.» [10] Manche Geburtstage wurden sogar öffentlich und auf Staatskosten gefeiert, um die Verdienste eines Bürgers vor den Staat zu würdigen.

Die Quellenlage über den Ursprung des Geburtstages ist für die römische Antike noch dürftiger als bei den Griechen. Deutlich jedoch sind einige Parallelen: «Wie nun der Grieche seinen Daimon verehrt, so gilt die Feier des Römers seinem Genius, den jeder Mensch bei seiner Geburt erhält [...]. Wie den Griechen, so war auch den Römern monatliche Feier nicht fremd.» [11] Am Anfang der römischen Feier steht ebenso das Gebet an die Gottheit, später gefolgt von einer G. Nach ARISTOTELES, der das tugendhafte Handeln zum wichtigsten Gegenstand der epideiktischen Beredsamkeit erklärt [12], hat der Festredner das vorbildliche Verhalten des Geehrten als intentional und nicht zufalls- oder schicksalsbestimmt darzustellen. CICERO unterscheidet drei *loci a persona*: äußerliche Eigenschaften (Erziehung, Reichtum, Alter u. a.), körperliche (Stärke, Gesundheit u. a.) sowie die geistigen Eigenschaften (Klugheit, Gerechtigkeit u. a.) [13], eine Dreiteilung, die sich auch bei QUINTILIAN findet. [14] HERMOGENES differenziert das Arsenal des Personenlobs im 2. Jh. weiter aus [15], und im 3. Jh. lassen sich bei PSEUDO-MENANDROS detaillierte Hinweise zur Vorbereitung von Fest- und Gelegenheitsreden finden. [16]
II. *Mittelalter. Byzanz.* Die Kaiserzeit liefert eine Fülle von Anlässen für Festreden am Hofe in Verbindung mit Hochzeiten, Geburtstagen u. a. Die byzantinischen Rhetoren kompilieren die Schriften von HERMOGENES und vor allem MENANDROS, dem die für die byzantinische Rhetorik maßgebende Schrift Περὶ ἐπιδεικτικῶν (Perí epideiktikón zugeschrieben wird. Sie versammelt die wichtigsten Typen von Festreden in der höfisch-byzantinischen Rhetorik. Im lateinischen *Westen* lebt die rhetorische Tradition vor allem in Predigt, Brief- und Dichtungslehre *(ars praedicandi, ars dictandi* und *ars versificatoria)* weiter. Der Geburtstag war im Mittelalter als heidnisches Fest allerdings kaum von Bedeutung; dasselbe gilt auch von der G. Zur Zeit der *Renaissance* gewinnt die nichtkirchliche öffentliche Rede neue Bedeutung. Geredet wurde aber vor allem bei offiziellen

Anlässen, an denen der Vortrag einer Festrede zum adligen oder bürgerlichen Zeremoniell gehörte. [17]

III. Der humanistische Unterricht des *16. bis 18. Jahrhunderts* schließlich greift gerne auf die antiken Autoren zurück, wenn es um Stilebenen, Topoi und Dispositionen zu festlichen Gelegenheiten geht, wobei die Redeanlässe sehr differenziert behandelt und Standesunterschiede besonders berücksichtigt werden. Die Schuloratorie ist, obwohl sie sich durchaus auch mit lebensweltlichen Redeanlässen beschäftigt, sehr an gesellschaftlichen, höfischen Erfordernissen orientiert. Explizit aufgeführt wird die G. z.B. bei B. KINDERMANN [18] und C. SCHRÖTER. [19] Verbreiteter ist jedoch eine allgemeine theoretisch-systematische Behandlung der Festberedsamkeit. D. PEUCER nimmt eine Einteilung der Redegattungen unter anderem «in Ansehung der Gelegenheit, bey welcher, und des Zwecks, warum wir reden», vor. [20] In dieser Kategorie erfolgt eine Unterteilung in «Trauer=Reden», «Freuden=Reden, dergleichen sonderlich die Lob Reden sind» und «Vermischte Reden». [21] F. A. HALLBAUER führt dazu weiter aus: «Lobreden werden auf hohe Personen in einem hohen und scharfsinnigen stilo geschrieben und müssen also auch hohe und auserlesene Sachen vortragen.» [22] J. C. MÄNNLING erläutert die Funktion der Festreden: «Freuden=Reden sind diejenigen, so zur Lust anführen, und das Gemüthe zum Wohlseyn aufwecken, hergegen alle Persuasoria hervorbringen, Leid und Trauren zu vertreiben; und diese sind entweder zur Verbindlichkeit oder Liebe und Freundschafft, oder Ehren= und Glücks=Tagen angeziehlet.» [23] Die bürgerliche Aufklärung kritisiert die barock-höfische Rhetorik; gegen die Topik des Personenlobes führt GOTTSCHED die Unverwechselbarkeit des Individuums ins Feld: «Wer mich nicht anders zu rühmen weis, als wegen meines Namens, Geschlechtes, Vaterlandes usw.; der lasse mich lieber gar ungelobet.» [24]

IV. *19. und 20. Jahrhundert.* Die Gelegenheitsrede und damit auch die G. gilt jetzt nur noch als ‹kleine› Redeform von wenig Belang und wird von der rhetorischen Theorie kaum mehr berücksichtigt: «Die gesellschaftliche und bürgerliche Sitte unserer Zeit hat auch noch eine gemischte Klasse von Reden erzeugt, die bei feierlichen Gelegenheiten [...] vorkommen, aber selten mehr als ein augenblickliches Interesse haben und sich wenig an eine bestimmte Form binden.» [25] Schon früh nehmen sich jedoch populäre rhetorische Ratgeber der Gesellschaftsrede an: «Sie wendet sich vorwiegend an das Gefühl der Hörer, darum ist erhöhte Empfindung beim Redner selbst das erste Erfordernis [...]. Der Zweck der Festrede ist es eben dann, bei so eng familiärer Gelegenheit diese echt menschlichen Gefühle und Empfindungen zu adeln durch die Kunst des Wortes, durch Auffinden von tieferem Gehalt, oder, wo denn solcher durchaus nicht in nennenswerter Weise vorhanden ist, so doch wenigstens durch Steigerung des Frohgefühls des engeren Kreises.» [26] Die Bedeutung speziell der G. liegt im «Ausdruck der Freude und Dankbarkeit» [27] und in der Ehrung der Person. Die meisten neueren rhetorischen Ratgeber beschäftigen sich jedoch nicht mehr mit dem theoretischen Hintergrund der Gelegenheitsrede, sondern liefern mehr oder weniger systematisch geordnet Musterreden, Redeelemente und Hinweise zu Themen, Adressaten, Inhalt und Umständen der Rede.

Anmerkungen:
1 B. Frank-Böhringer: Rhet. Kommunikation (1963) 59. – **2** ebd. 60. – **3** vgl. W. Schmidt: Art. Γενέθλιος ἡμέρα, in: RE VII, 1, Sp. 1136. – **4** ebd. Sp. 1135. – **5** vgl. ebd. 1135f. – **6** Platon, Nomoi VII, 801e–802a. – **7** J. Martin: Antike Rhet. Technik und Methode (1974) 191. – **8** RE [3] Sp. 1136. – **9** Martin [7] 207f. – **10** RE [3] Sp. 1136. – **11** ebd. 1142. – **12** Arist. Rhet. I, 9. – **13** Cic. De inv. II, 53, 159. – **14** Quint. III, 7, 26f. – **15** Hermog. Prog. – **16** D. A. Russell, N. G. Wilson: Menander Rhetor (Oxford 1981); vgl. C. Bursian: Der Rhetor Menandros und seine Schr., in: Abh. der Bayrischen Akad. der Wiss., philos.-hist. Classe 16/3 (1882) 1–152. – **17** vgl. J. Burckhardt: Die Kultur der Renaissance in Italien. In: ders.: G. W. Bd. III (1962) 154ff. – **18** B. Kindermann: Der dt. Redner (1660; ND 1974) 326. – **19** C. Schröter: Gründliche Anweisung zur dt. Oratorie (1704; ND 1974) 239. – **20** D. Peucer: Erläuterte Anfangsgründe der Teutschen Oratorie in kurzen Regeln und deutlichen Exempeln vor Anfänger entworfen (1765; ND 1974) 446. – **21** ebd. – **22** F. A. Hallbauer: Anweisung zur verbesserten Teutschen Oratorie (1725; ND 1974) 753. – **23** J. C. Männling: Expediter Redner oder Deutliche Anweisung zur galanten Dt. Wohlredenheit (1718; ND 1974) 55f. – **24** J. C. Gottsched: Ausführliche Redekunst, Ausgewählte Werke, Bd. VII/1 (1759); ND 1975) 167. – **25** T. Heinsius: Teut oder theoretisch-prakt. Lehrbuch der gesammten dt. Sprachwiss. 3. Teil: Der Redner und Dichter oder Anleitung zur Rede- und Dichtkunst (1839) 30. – **26** M. Wittich: Die Kunst der Rede (1901) 77. – **27** J. Kral: Neue Rhet. Prakt. Rednerschule (1960) 31.

A. Sentker

→ Anrede → Begrüßungsrede → Captatio benevolentiae → Enkomion → Epideiktische Beredsamkeit → Gelegenheitsrede → Lobrede

Gedankenfigur (auch Sinnfigur; griech. σχῆμα διανοίας, schéma dianoías; lat. figura sententiae; engl. figure of thought; frz. figure de pensée; ital. figura di concetto)

A. Der Begriff der ‹G.› gehört – wie auch der übergeordnete Begriff der Redefigur schlechthin – in den Zusammenhang der Lehre vom Redeschmuck *(ornatus)*. Der Redeschmuck ist wiederum eine der vier Stilqualitäten *(virtutes dicendi)*, die von der Rhetorik im weiteren Rahmen der Lehre des sprachlichen Ausdrucks *(elocutio)* behandelt werden. Der Begriff der Redefigur schließt den verwandten Begriff des Tropus ein oder aus, je nachdem ob seine Definition einer Zweiteilung des gesamten Redeschmucks in ‹Einzelwortschmuck› und ‹Mehrwortschmuck› nachgeordnet wird oder nicht. [1] Im ersteren Fall ergibt sich – wie bei CICERO und QUINTILIAN – die Unterscheidung zwischen ‹Tropus› als einem Verfahren des Einzelwortschmucks und ‹Figur› als einem Verfahren des Mehrwortschmucks. Unabhängig jedoch vom Ein- oder Ausschluß der Tropen gliedert eine seit dem 1. Jh. v. Chr. belegte Lehrtradition die Gesamtheit der Redefiguren in G. und Wortfiguren (σχήματα διανοίας vs. σχήματα λέξεως, schémata dianoías vs. schémata léxeōs; *figurae sententiarum* vs. *figurae elocutionis*). [2] Als Redefigur schlechthin – unter Ausschluß der Tropen – bezeichnet Quintilian eine (mehr als nur ein Wort umfassende) «mit Bedacht herbeigeführte Abweichung des Inhalts oder des Wortlauts von der gewöhnlichen und einfachen Redeweise». [3] Die Wortfigur entsteht durch eine abweichende Gestaltung der Ausdrucksebene, die G. durch eine abweichende Gestaltung der Inhaltsebene. [4] So bildet z.B. die Wiederholung desselben Wortes am Anfang benachbarter syntaktischer oder metrischer Einheiten die Wortfigur der *Anapher*. Dagegen bildet die ungewöhnliche Abwendung des Redners von seinem eigentlichen Zuhörer und seine Hinwendung an dritte Personen die G. der *Apostrophe*. Da die G. nicht an besondere Merkmale der Ausdrucksebene gebunden ist, kann eine sinnwahrende Änderung des Wortlauts sie nicht aufheben: «Die Wortfigur verschwindet, wenn du den Wortlaut änderst, die Gedankenfigur dagegen bleibt bestehen, welcher Worte du dich auch immer bedienen willst.» [5] Quintilians Lehrbuch führt gut zwanzig G. auf [6], von denen einige wiederum in verschieden benannte Varianten zerfallen – wie etwa die *anticipatio*. [7] Ein Großteil dieser Figuren läßt sich – zum Zweck einer bequemeren Übersicht – auf drei einigermaßen homogene Gruppen verteilen. Die Figuren der ersten Gruppe erzeugen das Bild einer Redesituation, die von der tatsächlich vorliegenden und institutionell vorausgesetzten abweicht. In der Figur der *Apostrophe* (ἀποστροφή, apostrophḗ; *aversio*) [8] spricht der Redner so, als wende er sich über die Köpfe seiner tatsächlichen Zuhörer hinweg an andere, womöglich abwesende oder gar fiktive Adressaten. In der Figur der *sermocinatio* (προσωποποιία, prosōpopoiía) [9] verbirgt er die eigene Person hinter dem Bild eines fremden, manchmal fiktiven oder allegorischen Sprechers, dessen Worte er wiedergibt. Die Figur des διαλογισμός (dialogismós) belebt die in Wahrheit monologische Rede durch ein fiktives Spiel von Frage und Antwort. [10] Auch die Figur der *dubitatio* (ἀπορία aporía; διαπόρησις, diapórēsis) [11], in welcher der Redner den Anschein der Unschlüssigkeit über sein weiteres Vorgehen erweckt, und die Figur der *communicatio* (κοίνωσις, koínōsis; κοινωνία, koinōnía) [12], in der er den Rat der Zuhörer oder gar der Gegenpartei einzuholen vorgibt, zeichnen das Bild einer Redesituation, die mit der tatsächlich vorliegenden nicht übereinstimmt. Eine zweite Gruppe von G. durchbricht die übliche Abfolge der Redeinhalte. Der Gedanke, den die Figur zur Sprache bringt, tritt in einen Kontext, der ihn nicht erwarten ließ. Die bekannteste Figur dieser Gruppe ist der *Exkurs* (παρέκβασις, parékbasis; *digressio*) [13], der zwar – wie sein Name sagt – aus dem Ablaufschema der Rede ausschert, gleichwohl aber «ad utilitatem causae» [14] vorgebracht wird. Die Figur der *anticipatio* (πρόληψις, prólēpsis) [15] entkräftet Einwände, noch bevor die Gegenpartei Gelegenheit hatte, sie zu erheben. In dieselbe Gruppe gehört auch eine bei Quintilian ohne terminologische Festlegung behandelte Figur, die bei Vernehmungen «in respondendo» zur Anwendung kommt [16]: Die Antwort geht über den Rahmen hinaus, den die Frage vorgezeichnet hat: Auf die Frage, ob er einen Menschen getötet habe, entgegnet der Angeklagte: «Einen Räuber.» Einen Verstoß gegen den erwarteten Ablauf der Rede bildet ferner die *Aposiopese* (ἀποσιώπησις, aposiópēsis; *reticentia*) [17], insofern sie einen begonnenen Satz unversehens abbricht. Die Worte, die der begonnene Satz erwarten ließ, werden durch eine Sprechpause ersetzt. In Vergils Hexameter «Quos ego... Sed motos praestat componere fluctus.» (Wartet –! Doch gilt mir's erst, die Wut der Wogen zu stillen. –) [18] macht die *Aposiopese* die plötzliche Einsicht des Neptun sinnfällig, daß er Dringlicheres zu tun hat, als sich dem Zorn über die selbstherrlichen Winde zu überlassen. Eine dritte Gruppe von G. zeigt ein ungewöhnliches Verhältnis zwischen Sinn und Funktion der Rede. Der Redner verwendet andere semantische Mittel als die vom Sprachsystem für den jeweiligen Kommunikationszweck bereitgehaltenen. In diese Gruppe von G. fällt die *rhetorische Frage* (ἐρώτημα, erōtēma; *interrogatio*). [19] Seine Empörung über den entlarvten Verschwörer Catilina, der es gewagt hat, im Senat zu erscheinen, kleidet Cicero in die für diesen Zweck nicht vorgesehene Frageform: «Wie lange noch, Catilina, willst du unsere Geduld mißbrauchen?» [20] Andere Figuren derselben Gruppe beruhen auf einer ungewöhnlichen semantischen Kennzeichnung des in Rede stehenden Sachverhaltes. Bei der Figur der *Emphase* (ἔμφασις, émphasis) [21] reicht die semantische Markierung des Redegegenstandes zur eindeutigen Identifikation nicht aus, so daß der Adressat erraten oder erschließen muß, was der Redner nur andeutet. Wallensteins Abschiedsworte «Ich denke einen langen Schlaf zu tun» [22] bilden, wenn man sie als Hinweis auf den nahen Tod versteht, eine *Emphase*. Quintilian nennt drei Anwendungssituationen für diese Figur: wenn die direkte Benennung gefährlich oder unschicklich oder weniger reizvoll ist als die bloße Anspielung. [23] Während die *Emphase* den gemeinten Sachverhalt nur andeutet, übercharakterisiert ihn die *evidentia* (ἐνάργεια, enárgeia; ὑποτύπωσις, hypotýpōsis; *sub oculos subiectio*). [24] Statt den besprochenen Sachverhalt nur zu benennen, hält die *evidentia* die Einzelwahrnehmungen fest, aus denen sein Bild sich zusammensetzt. Dem Adressaten der Rede wird – um ein Quintilianisches Beispiel zu nennen – nicht nur mitgeteilt, daß eine Stadt erobert wurde; vielmehr werden ihm die Einzelzüge dieses Globalgeschehens wie etwas Gegenwärtiges vor Augen geführt: Wohnhäuser und Tempel, die in Flammen stehen; Dächer, die krachend einstürzen; Einwohner, die in zielloser Flucht umherirren, und andere, die sich nicht aus der letzten Umarmung ihrer Angehörigen reißen können; wehklagende Frauen und Kinder; Greise, die das Schicksal zu ihrem Unglück bis zu diesem Tag am Leben gehalten hat usw. [25] Die *evidentia* dient nicht nur zur Verlebendigung der Rede, sondern auch zur Beglaubigung des dargestellten Sachverhaltes und zur Erschließung der in ihm verborgenen Pathosquellen. Die Figur der *Ironie* (εἰρωνεία, eirōneía; *dissimulatio*) [26] gibt dem gemeinten Sachverhalt eine semantische Kennzeichnung, die der Bewertung durch den Redner widerspricht: «Und mit der Axt hab' ich ihm's Bad gesegnet». [27] Der Sprecher glaubt nicht ernsthaft, daß die Tötung für den badenden Landvogt ein Segen war. Die Ironie hat ihren Ursprung in dem Konflikt zweier Parteien, die demselben Fall gegensätzliche Kennzeichnungen geben. Der ironisch Argumentierende greift Worte und Bewertungen der Gegenpartei auf, um sie im Zusammenstoß mit der augenscheinlichen Realität zerschellen zu lassen. Die Figur der *Allegorie* (ἀλληγορία, allēgoría; *inversio*) [28] schließlich kennzeichnet einen gemeinten ersten Sachverhalt durch Beschreibung eines zweiten, der zu dem ersten in einem Analogieverhältnis steht. Quintilian deutet Horazens Ode 1,14 als Allegorie: Unter dem Bilde des von Stürmen geschüttelten Schiffes schildere der Dichter den römischen Staat in den Wirren des Bürgerkriegs. [29] Einige der G., die auf einer abweichenden semantischen Markierung des gemeinten Sachverhaltes beruhen, sind eng mit bestimmten Tropen verwandt, die ihrerseits durch ein abweichendes Verhältnis zwischen Wortbedeutung und Gegenstand definiert werden können. Wenn der gemeinte Gegenstand nicht durch ein Textstück aus mehreren Wörtern, sondern nur durch ein Einzelwort bezeichnet wird, dessen Bedeutung ihn unvollständig markiert, entsteht statt der G. der *Emphase* der gleichnamige Tropus [30], und wenn der Gegenstand, den ein Einzelwort bezeichnet, durch die Bedeutung dieses Wortes anders bewertet wird, als es der Meinung des

Redners entspricht, so entsteht statt der G. der *Ironie* der gleichnamige Tropus. [31] Durch Begrenzung der Allegorie auf ein Einzelwort entsteht der Tropus *Metapher* (μεταφορά, metaphorá; *translatio*). [32] Die G. dienen – wie alle rhetorischen Verfahren – dem Parteiinteresse. Sie können einen Sachverhalt sowohl aufbauschen (amplificare) wie auch herunterspielen (minuere), Leidenschaften sowohl schüren wie auch dämpfen oder durch die Eleganz der Formulierung das Wohlwollen des Publikums gewinnen. [33]

B. I. *Antike.* Der Begriff ‹G.› mit seiner charakteristischen Abgrenzung zur Wortfigur gehört – wie die Figurensystematik insgesamt – nicht zum frühesten Bestand der rhetorischen Theorie. Er wurde erst in hellenistischer Zeit geprägt, vielleicht von dem Aristotelesschüler Theophrast (371–287), dessen verlorene Schrift ‹perí léxeos› auch vom Redeschmuck gehandelt haben soll. Der früheste Beleg für die Gliederung des gesamten Figurenbestandes in Wortfiguren und G. findet sich in der lateinischen Herennius-Rhetorik, die von einem unbekannten Verfasser in den achtziger Jahren des 1. Jh. v. Chr. geschrieben wurde. [34] Einzelne – noch nicht als solche kategorisierte – G. werden freilich schon in älteren Schriften erörtert, so die *anticipatio* und die *Ironie* in der Alexander-Rhetorik des 4. Jh. v. Chr. [35] Die vom Auctor ad Herennium durchgeführte Dichotomie des Figurenbestandes wird von allen späteren Figuren-Theoretikern der Antike übernommen [36] und als unstrittiges Fundament der Figurenlehre an Mittelalter und Neuzeit vererbt. Dieses Erbe schließt theoretische Defizite ein, an deren Beseitigung die folgenden Jahrhunderte zu arbeiten haben. Ein erstes Defizit ist die fehlende Systematisierung der G. Durch die Kennzeichnung ‹abweichende Gestaltung der Inhaltsebene› wird die Kategorie der G. nur ungenau umgrenzt, so daß sie ein heterogenes Gemisch verschiedenster Stilmittel und Redestrategien aufnehmen konnte. Gelegentliche Versuche, die G. systematisch zu ordnen, setzten sich nicht durch. [37] Der spätantike Sophist Phoibammon (5./6. Jh.) gliedert die Gedanken- wie auch die Wortfiguren nach vier grundsätzlichen Möglichkeiten, von der normalen Redeweise abzuweichen: Mangel (ἔνδεια, éndeia), Überschuß (πλεονασμός, pleonasmós), Umstellung (μετάθεσις, metáthesis) und Auswechslung (ἐναλλαγή, enallagé). [38] Mangel kennzeichnet u. a. die *Aposiopese*, Überschuß die *anticipatio*, Umstellung die *sermocinatio* und Auswechslung die *Ironie*. Die benutzten Abweichungskategorien stimmen mehr oder weniger mit den Quintilianschen Begriffen der *quadripertita ratio* überein: *adiectio, detractio, transmutatio* und *immutatio*. [39] Quintilian unterwirft dieses Quadrinom der Klassifizierung der Solözismen; die ersten drei Begriffe benutzt er außerdem zur Klassifizierung der Wortfiguren. [40] Die G. dagegen zählt er – wie die meisten antiken Theoretiker – ohne ersichtliche Systematik auf. Phoibammons Einfall, die Quintilianschen Abweichungskategorien zur Klassifikation der G. heranzuziehen, ist erst in jüngster Zeit – wenn auch mit erheblichen Abwandlungen – von H. Lausberg [41] und von den Verfassern der ‹Rhétorique générale› [42] wieder aufgegriffen worden. Ein weiteres Defizit des antiken Erbes liegt in dem nicht endgültig geklärten Verhältnis zwischen Tropus und Figur. Einige Theoretiker, bei denen der Begriff der Redefigur nicht auf den Mehrwortschmuck begrenzt wird, rechnen die Tropen zu den Figuren. [43] Der Herennius-Autor behandelt sie als wohldefinierte Sonderkategorie der Wortfiguren. [44] Daß die Tropen, wenn schon den Figuren, dann nicht den G. zugeschlagen werden, mit denen sie aus heutiger Sicht enger verwandt sind, liegt wohl daran, daß der Tropus als Verwendung eines für den gegebenen Zusammenhang ungewöhnlichen Wortes verstanden wird [45] und nicht primär als Verfahren zur Erzeugung einer ungewöhnlichen Gedankenverbindung. Bei Autoren, die grundsätzlich zwischen Tropus und Figur unterscheiden, kommt es vor, daß dasselbe Verfahren bald als Tropus, bald als G. behandelt wird – wie die *Allegorie* bei Quintilian. [46] Die *Hyperbel*, die Quintilian [47] zu den Tropen und der Herennius-Autor – wie alle Tropen – zu den Wortfiguren rechnet [48], erscheint bei Cicero [49] unter den G. Natürlich gibt es auch nichttropische Überläufer zwischen Gedanken- und Wortfiguren. So zählt z. B. die bei Quintilian als G. eingestufte *Aposiopese* in der Herennius-Rhetorik zu den Wortfiguren. [50] Den antiken Theoretikern war bewußt, daß wesentliche Teile der Rhetorik – insbesondere aber die Figurenlehre – nicht nur auf die öffentliche Rede anwendbar sind, sondern auch auf andere Bereiche der Textbildung. Die G. der *evidentia* und der *sermocinatio* werden seit jeher als übliche Verfahren der Geschichtsschreibung vermerkt. [51] Sie dürfen darüber hinaus – wie die Allegorie – als typische Verfahren der Dichtung gelten.

II. *Mittelalter.* Die Verwandtschaft von Redner und Dichter ist geradezu ein Topos der antiken Rhetorik. [52] Deshalb ist es nicht verwunderlich, wenn das Mittelalter die Figurenlehre häufiger und ausgiebiger im Rahmen der Poetik behandelt (Galfred von Vinosalvo [53], Johannes von Garlandia [54]) als im Rahmen der Rhetorik. Darüber hinaus gibt es im Mittelalter Einzelabhandlungen zur Figurenlehre. [55] Die mittelalterlichen Poetiken unterscheiden in der Regel zwischen ‹schwerem› und ‹leichtem› Redeschmuck (*ornatus difficilis* und *ornatus facilis*). Der ‹schwere› Redeschmuck besteht aus den Tropen, deren Behandlung in wenigen Fällen auf die ‹Ars maior› des Grammatikers Donat (4. Jh. v. Chr.), in den meisten jedoch auf die Herennius-Rhetorik [56] zurückgeht. Der ‹leichte› Schmuck besteht aus den Figuren i. e. S. Seine Behandlung richtet sich fast ausschließlich nach der Herennius-Rhetorik. [57] Die dort aufgeführten Figuren erscheinen bei den mittelalterlichen Autoren in nahezu gleicher Reihenfolge, so daß die G. von den Wortfiguren säuberlich getrennt bleiben, auch wenn die Unterscheidung nicht immer terminologisch vollzogen wird. [58]

III. *16. bis 19. Jahrhundert.* Die ausführliche Behandlung der Figurenlehre in den zahlreichen Poetiken und Rhetoriken der Renaissance [59] unterscheidet sich von den mittelalterlichen Darstellungen einerseits durch Rückgriff auf zusätzliche, seit dem 15. Jh. wiederentdeckte antike Quellen – vor allem Ciceros ‹De oratore› und Quintilians ‹Institutio oratoria› –, andererseits durch das Bemühen, die überlieferte Aufteilung in Tropen, G. und Wortfiguren zu einem engmaschigeren Klassifikationssystem umzuarbeiten. [60] In seiner traditionsschweren, bis in die Klassik hineinwirkenden Poetik gliedert J. C. Scaliger die Gesamtheit der Figuren und Tropen in ‹Sach- und Wortfiguren› oder, wie er auch sagt, in ‹Schemata› und ‹Tropen›. [61] Die ‹Sachfiguren› (‹figurae rerum›), die herkömmlich als G. bezeichnet werden, verteilt er weiterhin auf fünf Gattungen, deren Unterscheidung auf dem wechselnden Verhältnis zwischen sprachlicher Bedeutung und gemeintem Sachverhalt beruht: Entweder trifft die Bedeutung den Sachverhalt (wie im Falle der *evidentia*), oder sie besagt zuwenig (wie im Falle der *Emphase*) oder zuviel (wie im Falle der *Hyperbel*) oder anderes (wie im Falle der *Allegorie*) oder gar das Gegenteil (wie im Falle der *Ironie*). Trotz Scaligers Autorität hat sich seine Klassifikation der Figuren in den folgenden Jahrhunderten nicht durchgesetzt, die entweder zu Quintilians grobem Raster zurückkehrten oder eigene, sprachphilosophisch inspirierte Systeme entwickelten. In den 20er Jahren des 19. Jh. ordnet P. FONTANIER – in der Nachfolge der ‹philosophischen› Grammatik des Aufklärungszeitalters – einen über das antike Erbe hinaus erweiterten Figurenbestand nach Kriterien, die bereits auf die sprachwissenschaftlich fundierten Systeme des 20. Jh. vorausweisen. [62] Die Figur selbst wird – wie bei Quintilian – als Abweichung von der Redenorm definiert. [63] Eine – für den heutigen Leser nicht immer plausible – Unterscheidung von sieben Redekomponenten, die Träger einer Abweichung werden können, führt zur Bildung von sieben Figurenklassen. Innerhalb jeder Klasse, die durch den Abweichungsträger definiert ist, werden anhand der verschiedenen Abweichungsarten Unterklassen gebildet. Die Einheitlichkeit des Systems leidet darunter, daß auf verschiedene Abweichungsträger nicht dieselben Abweichungsarten zutreffen. Die Klassen der ‹Bedeutungsfiguren› («figures de signification») deckt die herkömmlichen Tropen ab. [64] Die Quintilianischen G. verteilen sich auf die Klassen der «figures de style» und der «figures de pensée» [65], in denen Stil und Gedanken einem normverzerrenden Eingriff unterliegen. Die beiden Klassen enthalten zusammen 36 Figuren, darunter neben den herkömmlichen G. wie *Apostrophe*, *evidentia* und *sermocinatio* auch literarische Versatzstücke wie ‹Tableau›, ‹Paralleldarstellung› und ‹Portrait›.

IV. Seit der Mitte des *20. Jh.* entstehen – im Rahmen einer strukturalistischen Literaturwissenschaft – neue Figurensysteme, die das rhetorische Erbe mit Kategorien der modernen Linguistik und Semiotik anreichern. Das überkommene Theorieangebot liefert die Auffassung der Redefigur als Abweichung von der Textbildungsnorm sowie die Klassifikationskriterien der *quadripertita ratio*. Aus der Linguistik stammt der von G.N. LEECH zur Figurenklassifikation benutzte Gegensatz zwischen der Verzerrung einer sprachlichen Struktur einerseits und der Erzeugung einer sekundären Struktur, die sich der primären überlagert, andererseits. [66] Vor allem aber liefert die Linguistik eine (im Vergleich zu Fontanier) fundiertere Unterscheidung der textlichen Analyse-Ebenen, auf denen die figurenbildenden Abweichungen sich manifestieren. T. TODOROV [67] kombiniert eine Unterscheidung von vier Analyse-Ebenen mit dem von Leech eingeführten Gegensatz der Abweichungsarten. In dem so erzeugten Klassifikationssystem erscheinen die herkömmlichen G. – vermischt mit den Tropen – als bald strukturverzerrende, bald strukturerzeugende Abweichungen auf den Ebenen der Semantik oder der Zeichen-Gegenstand-Relation. Das differenziertere System der ‹Rhétorique générale› kombiniert eine – anders gelagerte – Unterscheidung von vier Analyse-Ebenen mit der *quadripertita ratio*. [68] Der erzeugte Raster erfaßt einen Teil der herkömmlichen G. – getrennt von den Tropen – als sog. Metalogismen, d.h. als Abweichungen von einer geradlinigen Bezugnahme auf die Realität. [69] Das wohl umfassendste Klassifikationsprojekt stellt der Anglist H.F. PLETT vor, der die Figuren (und Tropen) unter dem Gesichtspunkt der betroffenen semiotischen Dimension auf die drei Klassen der syntaktischen, semantischen und pragmatischen Figuren verteilt. [70] Allerdings bietet er einstweilen nur für die syntaktischen Figuren eine ausgearbeitete Untergliederung an, die eine Unterscheidung von fünf Analyse-Ebenen mit der Opposition von strukturverzerrenden und strukturerzeugenden Abweichungen verbindet. [71] Die strukturverzerrenden Abweichungen werden wiederum nach der *quadripertita ratio* aufgegliedert. In der Klasse der syntaktischen Figuren erscheinen die Tropen als Abweichungen auf ‹morpho-semantischer› oder ‹syntakto-semantischer› Ebene. Die herkömmlichen G. dagegen gehören in die noch unbestellten Felder der (semio-)semantischen und pragmatischen Figuren. Damit bleibt das aus den Anfängen der rhetorischen Wissenschaft ererbte Problem einer befriedigenden systematischen Verortung der G. nach wie vor ungelöst.

Anmerkungen:
1 Cic. De or. III, 37, 149; vgl. Quint. VIII, 1, 1. – **2** Quint. IX, 1, 17. – **3** Quint. IX, 1, 11. – **4** Quint. II, 13, 11. – **5** Cic. De or. III, 52, 201. – **6** Quint. IX, 2, 5 und 71. – **7** Quint. IX, 2, 16 und 18. – **8** H. Lausberg: Hb. der lit. Rhet. (³1990) §§762ff. – **9** ebd. §§820ff. – **10** Quint. IX, 2, 30; Lausberg [8] §823, Ziff. 2f. – **11** ebd. §§776ff. – **12** ebd. §779. – **13** ebd. §§340ff. – **14** Quint. IV, 3, 14. – **15** Lausberg [8] §855. – **16** Quint. IX, 2, 12f. – **17** Lausberg [8] §§887ff. – **18** Vergil, Aeneis 1, 135. – **19** Lausberg [8] §§767ff. – **20** Cicero, In Cat. 1, 1, 1. – **21** Lausberg [8] §905f. – **22** F. Schiller: Wallensteins Tod 5, 5. – **23** Quint. IX, 2, 66. – **24** Lausberg [8] §§810ff. – **25** Quint. VIII, 3, 68. – **26** Quint. IX, 2, 46 und 53; Lausberg [8] §§902ff. – **27** F. Schiller: Wilhelm Tell 1, 1. – **28** Lausberg [8] §§895ff. – **29** Quint. VIII, 6, 44. – **30** Quint. VIII, 2, 11; Lausberg [8] §578. – **31** Quint. VIII, 6, 54; Lausberg [8] §582ff. – **32** Quint. IX, 2, 46; Lausberg [8] §§558ff. – **33** Quint. IX, 2, 3f. – **34** Auct. ad Her. IV, 13. – **35** Auct. ad Alex. 18, 1 bzw. 21, 1. – **36** Belege in Lausberg [8] §602. – **37** J. Martin: Antike Rhet. (1974) 276. – **38** Phoibammon: De figuris, in: Rhet. Graec. Sp. III, 45ff. – **39** Quint. I, 5, 38ff. – **40** Quint. IX, 3, 27. – **41** H. Lausberg: Elemente der lit. Rhet. (1963) §§363ff. – **42** J. Dubois u.a.: Rhétorique générale (Paris 1970) 49. – **43** vgl. Quint. IX, 1, 2. – **44** Auct. ad Her. IV, 31, 42. – **45** ebd. – **46** Quint. VIII, 2, 44 und XI, 2, 46. – **47** Quint. VIII, 6, 67. – **48** Auct. ad Her. IV, 33, 44. – **49** Cic. De or. III, 52, 203. – **50** Quint. IX, 2, 54f. – Auct. ad Her. IV, 30, 41. – **51** W. Kroll: Art. ‹Rhet.›, in: RE, Supplementbd. 7 (1940) Sp. 1134f. – **52** vgl. Cic. de or. I, 16, 70. – **53** Galfred von Vinosalvo: Poetria nova (ca. 1210), in: E. Faral: Les Arts poétiques du XIIe et du XIIIe siècle (Paris 1958) 194–262; ferner in: J. J. Murphy (Hg.): Three Medieval Rhetoric Arts (Berkeley 1971); Quintilian vv. 1230–1584. – **54** John of Garland: The Parisiana Poetria, hg. von T. Lawler (New Haven 1974); Teil VI: De rhetorico ornatu. – **55** Galfred von Vinosalvo: Summa de coloribus rhetoricis, Teilabdruck in Faral [53] 321–327. – **56** Auct. ad Her. IV, 31, 42–34, 46. – **57** Auct. ad Her. IV, 13, 18–30, 41 bzw. IV, 35, 47–55, 69. – **58** Übersicht in Faral [53] 48–54. – **59** vgl. L. A. Sonnino: A Handbook to Sixteenth-Century Rhetoric (London 1968) 233ff. – **60** vgl. ebd. 243ff. – **61** J.C. Scaliger: Poetices libri septem (Lyon 1561; ND 1987) Buch 3, Kap. 26–43. – **62** P. Fontanier: Les Figures du discours (Paris 1977). – **63** ebd. 279. – **64** ebd. 77ff. – **65** ebd. 359ff. – **66** G. N. Leech: Linguistics and the Figures of Rhet., in: R. Fowler, Hg.: Essays of Style and Language (London 1966) 146. – **67** T. Todorov: Littérature et signification (Paris 1967) 107ff. – **68** J. Dubois [42] 49. – **69** ebd. 132. – **70** H. F. Plett: Die Rhet. der Figuren, in: H. F. Plett (Hg.): Rhet. (1977) 125–165. – **71** H.F. Plett: Textwiss. und Textanalyse (1975) 147ff.

Literaturhinweise:
R. Volkmann: Die Rhet. der Griechen und Römer (²1885; ND 1963). – W. Barczat: De figurarum disciplina (1904). – U. Schindel: Die lat. Figurenlehren des 5.–7. Jh. und Donats Vergilkommentar (1975). – H.G. Coenen: Lit. Rhet., in: Rhetorik 7 (1988) 43–62.

H. G. Coenen

→ Allegorie, Allegorese → Änderungskategorien → Antithese → Antizipation → Aposiopese → Apostrophe → Communicatio → Dissimulatio → Dubitatio → Elocutio → Emphase → Evidentia, Evidenz → Exkurs → Figurenlehre → Frage, rhetorische → Hyperbel → Ironie → Sermocinatio → Tropus → Wortfigur

Gedenkrede (auch Gedächtnisrede, Denkrede; engl. commemorative address; frz. discours commémorative; ital. allocuzione commemorativa, discorso commemorativo)

A. Die G. ist eine Lob- oder Mahnrede, die retrospektiv auf eine verstorbene Person oder ein historisches Ereignis gehalten wird. Die historische Distanz zum Gegenstand der Rede ist für die G. konstitutiv und grenzt sie zugleich von anderen Formen des epideiktischen Genos ab: «Diejenige Art von Casualreden, welche sich nicht auf eine Begebenheit der Gegenwart, sondern auf eine der Vorzeit beziehn, an welche ein gewisser Tag erinnert, wollen wir Gedächtnißreden nennen.»[1] Dieser zeitliche Abstand kann aber durchaus relativ gering sein, z. B. bei G., die im Rahmen einer Gedenkfeier schon kurz nach dem Ableben einer Person vorgetragen werden, wie dies noch heute bei akademischen Gedenkfeiern üblich ist.[2] Die G. ist jedoch von der Leichenrede dadurch abgegrenzt, daß das Element des Tröstens bei ihr in den Hintergrund tritt, da das Lob der Verstorbenen im Vordergrund steht. Verbreiteter sind die G., die anläßlich besonderer Jubiläen auf verdiente Persönlichkeiten oder denkwürdige Ereignisse aus dem religiösen, kulturellen oder politischen Bereich, oft mit erheblichem historischem Abstand, gehalten werden. Dies sind in der Regel Festreden, die im Rahmen von entsprechenden Gedenkfeiern gehalten werden.

In der G. wird an eine Person oder ein Ereignis erinnert, um im Lob des Geehrten das Publikum zur Nachahmung zu ermuntern oder in einer Ermahnung zu anderem Verhalten zu raten. «Erinnern heißt, eines Geschehens so ehrlich und rein zu gedenken, daß es zu einem Teil des eigenen Innern wird.» Dann wird das historische Gedächtnis zur Leitlinie für das «Verhalten in der Gegenwart und für die ungelösten Aufgaben».[3] Durch die Applikation historischer Themen auf den geschichtlichen Kontext der G. treten neben die laudativen Elemente auch deliberative Aspekte. Als Form der Lob- bzw. Festrede gehört die G. zum epideiktischen Genos. Durch ihren Vergangenheitsbezug und die impliziten deliberativen Elemente wird jedoch dessen klassische Definition gesprengt.[4] Die Problematik der Abgrenzung des epideiktischen Genos und die Überschneidungen zwischen diesem und der symbuleutischen Gattung waren allerdings schon in der Antike signifikant.[5]

Der G. ist wie auch den anderen Festreden der erhabene Stil angemessen. Die Stilmittel sind von der jeweiligen Wirkungsintention abhängig. Steht das Lob im Vordergrund, kommt die Amplifikation zur Anwendung; bei der Ermahnung empfiehlt sich die Analogie.[6]

B. In der *Antike* kommt die G. nicht als eigenständige Gattung vor. Weder findet sich im einschlägigen Kompendium des MENANDROS bzw. PSEUDO-MENANDROS über das epideiktische Genos eine solche Redeform für den griechischen Sprachraum, noch führt QUINTILIAN diese für den lateinischen Bereich an.[7] Auf Elemente der Gedenkrede trifft man jedoch bei verschiedenen anderen Gattungen. Die klassischen Formen des Personenlobs, der ἔπαινος (épainos) und das ἐγκώμιον (enkómion), können gelegentlich auch auf schon lange Verstorbene gehalten werden, sind aber eigentlich Lobreden auf noch lebende Personen.[8] Zwar erfährt gerade der Begriff des Enkomion in der Kaiserzeit eine enorme Erweiterung, aber die G. läßt sich weder vollständig darunter subsumieren noch damit identifizieren.[9] Auch mit dem ἐπιτάφιος (epitáphios), der Begräbnisrede, hat die G. Gemeinsamkeiten. Der Epitaph ist ebenfalls retrospektiv und kann mit dem Gedenken des oder der Verstorbenen auch das Lob des Gemeinwesens verbinden. Zu seiner unverfälschten Gestalt gehört aber konstitutiv die Klage über den Verlust des Toten und der Trost an die Hinterbliebenen; Elemente, die der G. fremd sind.[10] Viele Reden, die der Gattung des πανηγυρικὸς λόγος (panēgyrikós lógos), der Festrede, zugeordnet werden, weisen Analogien zur G. auf. Jedoch wird vor allem in der Kaiserzeit dieser Begriff so weit gefaßt und unscharf verwendet, daß auch er nicht geeignet ist, das Phänomen der G. exakt zu fassen.[11] Das ermahnende Element der G. und ihre Nähe zur deliberativen Rede finden sich vor allem bei den λόγοι προτρεπτικοί (lógoi protreptikoí), den Ermahnungsreden, wieder. In diesen wurden «die Hinterbliebenen ermahnt, die Thaten des Verstorbenen nachzuahmen».[12] Durch diese exklusive Verbindung mit dem Tod einer Person zeigt sich aber wieder eine Differenz zur G., da diese sich auch direkt auf historische Ereignisse ohne das Medium des Personenlobs beziehen kann.

Ein Grund für das Fehlen dieser Gattung in der Antike dürfte wohl in dem antiken Geschichtsbewußtsein zu suchen sein, das wesentlich von religiösen Mythen konstituiert war und in Epen, nicht zuletzt denen Homers, vermittelt wurde. Gerade die anamnetische Funktion der G. ist in der Antike in zunehmenden Maße vom Epos erfüllt worden, wie auch die Tendenz zur Historisierung der Epen in kausalem Zusammenhang mit der Entwicklung des epischen Personenlobs steht: «Mit der Wendung des Epos zu geschichtlichen Stoffen dürfte das Aufkommen einer neuen Form von Verherrlichung lebender Menschen am Ende des fünften Jahrhunderts zusammenhängen, des ἐγκώμιον ἐπικόν.»[13]

Im *Mittelalter* findet kollektives Gedenken und Erinnern überwiegend an den zahlreichen kirchlichen Fest- und Feiertagen statt. Dabei verbindet sich die Märtyrer- und Heiligenverehrung mit einer Geschichtsinterpretation, die historische Entwicklungen vor allem heilsgeschichtlich deutet. Die öffentliche Auseinandersetzung mit historischen Ereignissen findet also in erheblichem Maße im klerikalen Raum statt. Die Medien des Gedenkens sind dann sakraler Art: Gottesdienst, Ritual, Predigt. Im profanen Bereich entwickeln sich zwar verschiedene Formen der Lobrede weiter, insbesondere jene auf die weltlichen und kirchlichen Herren; eine eigenständige Gattung der G. ist außerhalb des sakralen Bereichs aber nicht belegt. Wie schon in der Antike werden jedoch auch in dieser Epoche im weltlichen Bereich anamnetische Funktionen vom nun nationalsprachlichen Epos übernommen.[14]

Erst die *Reformation* zeitigt hier grundlegende Änderungen. Zum einen wird die Anzahl der kirchlichen Feiertage radikal begrenzt, zum anderen wird in Melanchthons Augsburger Konfession die Anrufung der Heiligen für die protestantischen Christen abgeschafft, wobei es jedoch weiterhin als angemessen gilt, ihrer zu *gedenken*.[15] Diese Begrenzung des kirchlichen Bereichs, einhergehend mit der klaren Trennung von weltlicher und geistlicher Sphäre in der lutherischen Zwei-Reiche-Lehre, gehört mit zu den Ursachen der Säkularisierung der Gesellschaft im allgemeinen und auch der Enttheologisierung und damit Verweltlichung des Geschichtsbewußtseins. Dies hat zur Folge, daß vermehrt säkulare Feiern entstehen, bei denen in öffentlichen Reden historischer Ereignisse gedacht wird. Ja, die Reformation selbst wird Objekt solcher Gedenkfeiern und G.: «Aus den lokalen Gedenktagen der Einführung der Reformation entwickelte sich das Reformationsfest. Erstmals zur Säkularfeier 1617 wurde in den meisten lutherischen und reformierten Territorien des Thesenanschlags am 31. Oktober gedacht.» [16]

In der rhetorischen Theorie der *Aufklärung* finden sich dann regelmäßig Erwähnungen der G. Schon J. A. FABRICIUS führt die Gedächtnisreden als Form der politischen bzw. der Schulreden an. [17] F. A. HALLBAUER beschreibt Lobreden, die in öffentlichen Versammlungen an Jubiläen gehalten werden: «Ferner wird eine Lobrede auf eine Person entweder nur einmal gehalten, oder alle Jahre an einem gewissen Tage wiederholet, wenn Sie z. E. eine Stiftung gemacht, ein Stipendium geordnet, an Crönungstagen etc.» [18] Auch GOTTSCHED kennt Reden, die an Gedächtnisfeiern, Jubiläen usw. gehalten werden: «Bei Jubelfesten, und andern großen Feyertagen werden auch Reden gehalten. Jene sind entweder academische, oder Religions-Jubelfeyern: Und in beyden muß sich der Hauptsatz zur Sache schicken. Doch hüte man sich vor bloßen historischen Erzählungen, die nichts anders als ein mageres Wesen mit sich bringen, und dem Zuhörer leicht Ekel erwecken.» [19] Dieser Niederschlag in der Theorie ist wohl als Reflex auf eine zunehmende praktische Verbreitung der G. zu interpretieren. Unter den in der Rhetorikliteratur des 18. Jh. beschriebenen G. dürften vor allem Lobreden auf verdiente Persönlichkeiten des politischen, aber auch des kulturellen Bereichs gemeint sein. Ein Beispiel dafür ist GOETHES Rede ‹Zum Schäkespears Tag›, in der er auf die Bedeutung Shakespeares für Theater und Literatur eingeht. Dem Genieideal verpflichtet, steht bei Goethe ganz die Bedeutung des geehrten Individuums im Vordergrund. Dahinter verschwindet das Gesellschaftlich-Politische fast ganz. [20]

Im *19. Jh.* verschiebt sich, entsprechend dem wachsenden Geschichtsbewußtsein, diese Gewichtung allmählich. Zum einen führt C. F. FALKMANN explizit historische Ereignisse als Objekt von G. in die rhetorische Theorie ein: «Dießmal soll nicht der Mann, sondern die Begebenheit ins Auge gefaßt werden.» [21] Da historische Ereignisse auch immer eine politische Dimension haben, gewinnt damit das deliberative Element der G. an Bedeutung. Zum anderen wird diese Tendenz auch in der Praxis der personenbezogenen G. signifikant. Vor allem den Dichterpersönlichkeiten, die unter dem Eindruck der französischen Revolution den bürgerlichen Emanzipationsbestrebungen nahestehen, wird in breiten Schichten des Bürgertums Verehrung zuteil, die in zahlreichen G. und Gedenkfeiern ihren Ausdruck findet. Schon in den zwanziger Jahren des 19. Jh. gab es Feiern zur Ehre SCHILLERS, die jedoch zunächst noch nicht ausdrücklich politisch waren. [22] Doch der bürgerliche politische Diskurs verlagerte sich immer mehr in den kulturellen Bereich, da dem Bürgertum eine adäquate politische Partizipation versagt blieb. Ein deutliches Beispiel dafür ist die ‹Denkrede›, die L. BÖRNE nach dem Tode JEAN PAULS hielt. In ihr sind Dichterverehrung und politischer Liberalismus untrennbar miteinander verbunden. [23] Nach dem Scheitern des Paulskirchenparlaments war dem Bürgertum der Zugang zur politischen Öffentlichkeit durch restaurative Tendenzen, insbesondere durch die Zensur verwehrt, so daß die Dichterfeiern zum Ort des gesellschaftlichen Diskurses des Bürgertums wurden. Die Säkularfeier von Schillers Geburtstag im Jahre 1859 etwa wurde ein Fanal für die liberale und gesamtdeutsche Bewegung. «Das Schiller-Fest gibt dem oppositionellen Bürgertum die Möglichkeit, in öffentlich-politischer Rede die rigiden politischen und publizistischen Einschränkungen des Alltags zu durchbrechen, wie es sonst nicht möglich ist.» [24]

Analog zur Politisierung der Dichtergedenkfeiern kam es zu einer Stärkung des deliberativen Elements in den G.; ja, die G. wurde zeitweilig zur eigentlichen Form der politischen Beredsamkeit des Bürgertums. Damit hat sie sich als eigenständige Form der Beredsamkeit endgültig etabliert. Allerdings wurden Gedenkfeiern und Gedenkstätten auch von der politischen Restauration vereinnahmt. Hatte nach den Befreiungskriegen schon eine starke, architektonisch orientierte Denkmalsbautätigkeit eingesetzt, so wurden nach der Reichsgründung vor allem Personendenkmäler errichtet. Besonders infolge der Inthronisation von KAISER WILHELM II. wurde ein Personenkult um Kaiser Wilhelm I. und Bismarck initiiert, der sich in entsprechender denkmalbaulicher Aktivität niederschlug. Die entstehenden Reitermonumente und Standbilder sollten als Integrationssymbole der neuen Nation fungieren. Die Reden, die bei den Einweihungsveranstaltungen, oft an nationalen Jubiläen, gehalten wurden, offenbarten starke nationale Tendenzen, die bisweilen in offenen Imperialismus umschlugen. Ganz gegen die ursprüngliche Intention wurde etwa das 1913 vollendete Völkerschlachtdenkmal bei Leipzig im Vorfeld des ersten Weltkrieges zum Symbol nationaler Größe umgedeutet, obwohl es eigentlich an die Schrecken der ersten modernen Massenschlacht erinnern und zum Frieden ermahnen sollte. [25]

Im *20. Jh.* gehört die G. fest zum Kanon der öffentlichen Beredsamkeit. Besonders nationale Feiertage sind Anlaß zur historischen Reflexion und politischen Standortbestimmung. In den USA findet dies am Independence Day und an Thanksgiving statt, in Frankreich wird in Reden und Feiern der Französischen Revolution gedacht. Anlaß des Gedenkens in der ehemaligen Sowjetunion war vor allem der Jahrestag der Oktoberrevolution, und in den Nationen, die ehemals Kolonialgebiete waren, sind es die Unabhängigkeits- bzw. Revolutionsjubiläen, an denen G. ihren Ort haben. Je nach politischer Provenienz bildet dabei die demokratische Identitätsbildung oder die ideologische Indoktrination den Schwerpunkt der Wirkungsintention.

In Deutschland kommt es durch den Nationalsozialismus zu einer Sonderentwicklung. In der nationalsozialistischen Propaganda wird die G. instrumentalisiert und mißbräuchlich in den Dienst der Ideologie gestellt. Mit ihrer Hilfe sollte der nationalsozialistische Staat und seine Politik in die Kontinuität deutscher Geschichte eingefügt werden. Exemplarisch seien hierfür die Reden Hitlers am Jahrestag der Schlacht von Tannenberg genannt. Dort, wo 1410 der Deutsche Orden eine entscheidende Niederlage erlitten hatte, konnte Hindenburg 1914 den Vormarsch der russischen Truppen stoppen. Darauf rekurriert HITLER in seinen G. beim Tannenberg-Denkmal in Ostpreußen und am Niederwald-Denkmal bei Rüdesheim am 27. 08. 1933. Dabei verbindet er das Lob Hindenburgs mit einer Rechtfertigung seiner eigenen territorialpolitischen Ambitionen, indem er diese mit den historischen Ereignissen in Verbindung setzt. [26] Gerade der Versuch, die nationalsozialistische Politik in der Kontinuität deutscher Geschichte darzustellen, ist bei Hitler ein gebräuchliches Mittel, um für seine Überzeugungen Akzeptanz zu gewinnen. Diese Form der G. ist allerdings als degeneriert anzusehen, da keine sachgemäße Reflexion stattfindet. Dadurch kommt es zu einer kritiklosen Identifikation mit dem historischen Vorbild. Dennoch war die Wirkung solcher ganz ins Deliberative gewendeten G. enorm.

Für die öffentliche Beredsamkeit in der Bundesrepublik Deutschland ist der angemessene Umgang mit dem Nationalsozialismus eine der größten Herausforderungen. Die Aufarbeitung dieses Abschnitts der deutschen Vergangenheit wird zum besonderen Thema der G., woraus eine weitere Sonderentwicklung dieser Gattung in Deutschland resultiert. M. NIEMÖLLERS ‹Gedenkrede für die Opfer der nationalsozialistischen Herrschaft› aus dem Jahre 1962 [27] und die von A. ARNDT im folgenden Jahr gehaltene Rede zum 30. Jahrestag des Ermächtigungsgesetzes sowie später die Rede R. VON WEIZSÄKKERS zum 40. Jahrestag der Befreiung vom Nationalsozialismus am 8. Mai 1985 gehören zu den bedeutendsten *politischen* Reden der Bundesrepublik. [28] In diesen G. wird die historische Erinnerung mit einer ethisch-politischen Mahnung für die Gegenwart verbunden: «Für uns kommt es auf ein Mahnmal des Denkens und Fühlens in unserem eigenen Inneren an.» [29] Das Erinnern ermöglicht eine Auseinandersetzung mit der Vergangenheit, die die Gegenwart verstehen hilft und dadurch Zukunftsmöglichkeiten eröffnet. Das Negativbeispiel der mißglückten Rede P. JENNINGERS anläßlich des 50. Jahrestages des Pogroms gegen die jüdische Bevölkerung im Jahre 1938, die er am 10. November 1988 im Deutschen Bundestag hielt, ist die Ausnahme zur Regel. [30] Die öffentliche Reaktion und Jenningers Demission sind ein Zeichen für Stellenwert und Bedeutung der G. im öffentlichen Diskurs der Bundesrepublik. Auch in der Deutschen Demokratischen Republik haben G. eine große Rolle gespielt. Entsprechend dem Selbstverständnis der DDR als antifaschistischer Staat, kam dem Gedenken der nationalsozialistischen Gewalttaten eine besondere Bedeutung zu. Die Gedenktage der Arbeiterbewegung und des internationalen sozialistischen Kampfes waren weitere wichtige Anlässe für G. Die Jubiläen zur Staatsgründung der DDR beging man bis zu ihrem Zusammenbruch als Staatsgebilde ebenfalls feierlich; sie waren Anlaß zu G. als Teil der offiziell inszenierten politischen Kommunikation. [31] Nach der Wiedervereinigung Deutschlands bieten der 3. Oktober und der 9. November in vielfältiger Weise Anlässe zu öffentlichen G.

Anmerkungen:
1 C.F. Falkmann: Stylistik (³1835) 417. – **2** vgl. Grimm Bd. 4, Sp. 1938. – **3** R. von Weizsäcker: Von Deutschland aus (1985) 15, 30. – **4** vgl. Arist. Rhet. I, 3, 4. – **5** vgl. ebd. I, 9, 35; Quint. III, 4, 3; III, 7, 27f. – **6** vgl. Arist. Rhet. I, 9, 38; J.C. Gottsched: Ausführliche Redekunst (1736; ND 1973) 420f. – **7** vgl. C. Bursian: Der Rhetor Menandros und seine Schr., in: Abh. der philos.-philol. Classe der königl. bayer. Akad. der Wiss. 16/3 (1882) 1–152. – **8** vgl. Arist. Rhet. I, 9, 33; V. Buchheit: Unters. zur Theorie des Genos Epideiktikon von Gorgias bis Aristoteles (1960) 162f. – **9** vgl. R. Volkmann: Die Rhet. der Griechen und Römer (1885; ND 1987) 315. – **10** vgl. J. Martin: Antike Rhet. (1974) 208; Volkmann [9] 356f. – **11** vgl. Martin [10] 204; Volkmann [9] 343. – **12** Volkmann [9] 358. – **13** W. Schmidt, O. Stählin: Gesch. der griech. Lit., I. T., 4. Bd. (1946) 472; vgl. E.R. Curtius: Europ. Lit. und lat. MA (¹⁰1984) 170, 176f. – **14** vgl. H. Merkel: Feste und Feiertage, IV. Kirchengeschichtlich, in: TRE 11, 115–123; Curtius [13] 163–177. – **15** vgl. Confessio Augustana XXI; Merkel [14] 125f. – **16** Merkel [14] 128. – **17** vgl. J.A. Fabricius: Philos. Oratorie (1724; ND 1974) 420. – **18** F.A. Hallbauer: Anweisung zur verbesserten Teutschen Oratorie (1736) 727. – **19** Gottsched [6] 568. Vgl. auch Gottsched: Gesammelte Reden (1749; ND 1976) (= Ausgewählte Werke, Bd. IX, hg. v. P.M. Mitchell, Berlin/New York 1976), besonders 1. Abt. Lob- und Gedaechtnißreden, Bd. IX, 1, 12–211. – **20** vgl. Goethes Werke (WA) 37. Bd. (1896) 129–135. – **21** Falkmann [1] 422. – **22** vgl. R. Noltenius: Dichterfeiern in Deutschland (1984) 71. – **23** vgl. W. Hinderer (Hg.): Dt. Reden (1973) 429–437. – **24** Noltenius [22] 74; vgl. K. Obermann: Die dt. Einheitsbewegung und die Schillerfeiern 1859, in: ZS für Gesch.wiss. 3 (1955) 715. – **25** vgl. H. Schaf: Kleine Kunstgesch. des dt. Denkmals (1984) 207–246. – **26** vgl. M. Domarus: Hitler, Reden und Proklamationen 1932–1945, I. Bd. (1962) 293–296. – **27** vgl. Hinderer [23] 1078–1083. – **28** vgl. ebd. 1085–1108, von Weizsäcker [3] 11–35. – **29** von Weizsäcker [3] 21. – **30** vgl. Frankfurter Rundschau, Nr. 264 (11. 11. 1988) 14–16. – **31** vgl. Institut für Denkmalpflege (Hg.): Denkmale der Gesch. und Kultur. Ihre Erhaltung und Pflege in der Dt. Demokratischen Republik (³1969).

M. Haspel

→ Consolatio → Eloge → Enkomion → Epideiktische Beredsamkeit → Epitaph → Festrede → Laudatio → Leichenrede → Lobrede → Politische Rede → Predigt

Geflügelte Worte (griech. ἔπεα πτερόεντα, épea pteróenta; engl. winged words, saying; frz. mots célèbres, dictons; ital. detto proverbiale)
A. Als Bezeichnung einer eigenen Gattung oder Kleinform erscheint der Ausdruck G.W. ungewohnt bildhaft. Gleichwohl ist diese Wendung innerhalb des deutschen Sprachgebrauchs noch relativ jung: Für sein Epos ‹Der Messias› (1751–53) nutzte zwar bereits F.G. KLOPSTOCK des öfteren den entsprechenden Terminus; [1] dieser kam jedoch erst mit J.H. Voß' bekannter und bis heute gebräuchlicher Homerübersetzung in stärkeren Gebrauch: Wohl von Klopstock angeregt, gebrauchte J.H. Voß dabei den Ausdruck G.W. seit den ersten Übertragungsproben (1777) zur Wiedergabe der homerischen Wendung ἔπεα πτερόεντα (épea pteróenta; dt. gefiederte/geflügelte Worte): «Drauf erwiderten sie [die Kyklopen, der Verf.], und schrien mit geflügelten Worten.» [2] Über das assoziierte Bild und den zugrundeliegenden Sinn besagter Redeweise wurde in der klassischen Philologie durchaus kontrovers diskutiert: Mit plausiblen und bislang unwidersprochenen Gründen trat J.A.K. Thomson [3] jedoch schließlich für eine Bedeutungsbestimmung auf der Sachebene des Bogenschießens ein; demnach wäre mit J.H. Voß' Rede vom G.W. weniger die außergewöhnliche Geschwindigkeit angesprochen als vielmehr der Aspekt der unfehlbaren Zielsicherheit hervorgehoben. Griechischem (und voßschem) Sprachgebrauch zufolge zeichnet sich das G.W. somit durch unmittelbare (Selbst-)Verständlichkeit aus: Es erleichtert dem Sprecher nicht nur die bekräftigende Vermittlung einer beliebigen Aussage; es bringt ihn auch schnell und treffsicher ans Ziel seiner eigentlichen Sprechintention. Als rhetorischer terminus technicus firmiert der Begriff G.W. allerdings erst seit seinem Aufstieg zum Buchtitel der umfänglichen Zitatensammlung G. BÜCHMANNS. Büchmann kam daher nicht umhin, den noch um die Mitte des 19. Jh. recht ungebräuchlichen Begriff zu definieren: «'Geflügelte Worte' nenne ich solche Worte, welche von nachweisbaren Verfassern ausgegangen, allgemein bekannt geworden sind und allgemein wie Sprichwörter angewendet werden». [4] Dabei bilden

prägnante Kürze, formale Abgeschlossenheit und inhaltliche Selbständigkeit wie bei den meisten spruchhaften Kleinformen eine unerläßliche Voraussetzung für ihre Isolierbarkeit aus dem genuinen Kontext; dieser wiederum kann im neuen Textzusammenhang assoziativ mitklingen, als Gegensatz den besonderen Reiz der G. W. ausmachen oder auch gänzlich ohne Belang sein. G. W. erfordern bei Sprecher/Verfasser und Hörer/Leser außerdem ein Bewußtsein des Zitatcharakters, wobei – im Unterschied zum Zitat – Autor und Werk als bekannt vorausgesetzt und infolgedessen nicht erwähnt zu werden brauchen. Demgemäß impliziert der erfolgreiche Einsatz G. W. einen weitgehend einheitlichen Bildungskanon, aus dem andererseits auch eine gewisse Autoritätshaltigkeit des G. W. resultiert: «Das 'geflügelte Wort' ist somit ein Zitat, das innerhalb einer eng begrenzten Trägerschicht gängig ist.» [5] Da Kodierung und Dekodierung von Aussagen vermittels G. W. Bildungswissen erfordern, genügen G. W. überdies dem rhetorischen Kriterium der *argutia* und bewirken bei den Kommunikationspartnern eine als angenehm empfundene, gegenseitige Wissensbestätigung *(delectatio)*. Daher finden G. W. in allen Redeteilen als Redeschmuck *(ornatus)* Verwendung. Das Sprichwort hingegen bleibt von bildungsbezogenem Hintergrundwissen unbelastet. Konsequenterweise hat das G. W. die Grenze zum Sprichwort hin überschritten, sobald sich während des Gebrauchs das Bewußtsein seines Zitatcharakters verliert. [6] Unter solchen Prämissen kommt der Rezeptionskategorie entscheidende Bedeutung für Bestimmung und Einschätzung von G. W. zu: Jeweils abhängig vom Bildungswissen des Sprechers/Verfassers bzw. Hörers/Lesers, fungiert dieselbe Wendung als Sprichwort oder als G. W. Darüberhinaus sind «(i)n ihrer Aussage beide Spruchtypen eher gegensätzlich: fordert das 'geflügelte Wort' oft zu aktivem, individuellem Gestalten auf, fördert das S(prichwort) in starkem Maße träge-ergebenes Beharren.» [7] Aus Zitatcharakter, Autoritätshaltigkeit, Kürze und formaler wie stofflicher Abgeschlossenheit ergibt sich für das G. W. ferner eine gewisse Nähe zu Gnome bzw. Sentenz: Während die Gnome jedoch eher weisheitlich orientiert und der Vermittlung (angeblich) allgemeingültiger Lebensregeln verpflichtet ist, bleibt das G. W. in erster Linie auf literarische Zitate pointenhaften Charakters und Aussprüche namhafter Persönlichkeiten beschränkt. Für gewöhnlich fehlt dem G. W. auch der enge Bezug von Gnomen zu ihrem, als Autorität meist namentlich genannten Verfasser; zudem darf für das G. W. ein gewisser Bekanntheitsgrad als unverzichtbar gelten, der durch den formelhaften Charakter und eine einfache Satzstruktur noch unterstützt wird. Gerade daraus aber resultieren mit Parodie und Travestie die häufigsten Rezeptionsformen des G. W. in der Gegenwartssprache. Infolgedessen «geht (es) nicht mehr darum, eine bestimmte Zitatform wie das 'geflügelte Wort', sondern eine Zitiertechnik größter Variationsbreite zu beschreiben, die gerade dadurch, daß sie gelegentlich auch bis an die Grenze der Wahllosigkeit geht, zu einer bezeichnenden Eigenheit des gegenwärtigen Sprachgebrauchs geworden ist.» [8]

B. Schon vor der gelungenen Übersetzung durch J. H. Voß existiert auch im (Mittelhoch-)Deutschen eine dem G. W. durchaus vergleichbare Wendung ganz ähnlichen Gepräges: Mehrfach etwa enthält das mhd. Nibelungenlied die folgende Wendung: «Dô flugen disiu maere/(von schare baz ze schar)» (Da flogen diese Worte von Schar zu Schar). [9] Nichtsdestoweniger unterscheidet sich ein solcher (metaphorischer) Gebrauch von der rhetorischen Bedeutungsnuance des G. W. seit G. Büchmann erheblich; insofern käme es einem Anachronismus gleich, schon vor der Einführung des Begriffs in rhetorischem Sinne vom G. W. sprechen zu wollen. Den besagten Tatbestand spiegelt selbst noch die Verwendung des Begriffes in der Epik des 18. Jh. wieder: [10] Sowohl in Klopstocks ‹Messias› [11] als auch in Goethes Kurzepos ‹Hermann und Dorothea› [12] dient der gräzisierende Ausdruck ‹G. W.› primär einer sprachlichen Angleichung an das literarische Vorbild der homerischen ‹Ilias›. Der instrumentalisierte Bedeutungshorizont in Schillers Schrift ‹Die Huldigung der Künste› hingegen («Und mein geflügelt Werkzeug ist das Wort») [13] steht Büchmanns erstmals 1864 erläutertem Verständnis des G. W. bereits näher. Dennoch stieß die Terminologie Büchmanns vor allem in Fachkreisen auf entschiedene Ablehnung: «(J)etzt nennt man irgend ein neues treffendes kraft- oder witzwort, einen lieblingsspruch des tages, ein glückliches citat u. ä. ein geflügeltes wort, ohne eben noch an flügel oder Homer zu denken (auch schon ironisch ein albernes)». [14] Tatsächlich lassen Büchmanns wiederholte Rechtfertigungsversuche eine klare Begründung für seine Begriffswahl vermissen: «Diese [stehenden Wendungen, der Verf.] sind in dem folgenden Büchlein unter dem Titel 'Geflügelte Worte' gesammelt und mit den Attesten ihres oft überraschend versteckten Ursprungs versehen worden, mag der Name 'geflügelte Worte' nun richtig gewählt sein oder nicht.» [15] Dennoch setzten sich Begriff wie Sammlung Büchmanns rasch durch: Der Herausgeber selbst redigierte nicht nur 13 der mittlerweile 31 Auflagen seiner ‹G. W.›; als Fachbegriff und Bezeichnung für eine literarische Kleinform etablierte sich das G. W. auch zwischen Zitat, Sprichwort, Gnome und Sentenz. Obwohl Büchmanns ‹G. W.› seither für zahlreiche Autoren jedweder Provenienz eine schier unerschöpfliche Quelle eindruckssteigernder Textkomposita darstellen, erscheinen Parodien auf G. W. mittlerweile noch beliebter: Deren formelhafte Struktur ermöglicht das Wiedererkennen des G. W. trotz ausgetauschter Wortelemente, so daß parodistischen Einfällen eine breite Palette von Variationsmöglichkeiten zur Verfügung steht. Auf die Strukturformel ‹X im Haus erspart Y› reduziert, erlaubt ein G. W. wie «Die Axt *im Haus erspart* den Zimmermann» aus Schillers ‹Wilhelm Tell› etwa die folgende Travestie: «Der Arzt *im Haus erspart* den Lebertran». [16] Selbst eine weitere Reduzierung dieser Strukturformel auf das sinntragende Verb befähigt noch zur Wiedererkennung des parodierten G. W.: «Der Gasmann unter dem Bett *erspart* den Briefträger im Kleiderschrank». [17] Die Beispiele für entsprechend parodierte G. W. ließen sich leicht vermehren; [18] allerdings verschiebt sich seit dem letzten Jahrzehnt allmählich der Bezugsrahmen parodierter G. W.: Weil nunmehr hauptsächlich in der Werbung verwendet, ist weniger geistreiche Parodie denn aufmerksamkeitsheischende Verzerrung gefragt. Beide Entwicklungen setzten allerdings Fragwürdigkeit und allmählichen Verlust anerkannter Bildungskanones voraus. Eine ernsthafte Verwendung des G. W. ist daher nur mehr in Textsorten zu erwarten, die dem *genus grande* verpflichtet sind. Gleichwohl bleibt die ernsthafte Verwendung G. W. ebenso vorstellbar wie weitere Neubildungen: Ein mittlerweile landläufiger Ausspruch M. Gorbatschows gehört allem Anschein nach dazu: «Wer zu spät kommt, den bestraft das Leben.»

Anmerkungen:
1 vgl. F. G. Klopstock: Der Messias, VII,632; IX,637; XIX,195, in: F. G. Klopstock, Werke und Briefe, Hg.: H. Gronemeyer u. a., Abt. Werke, Bd. IV, 1 (1974) 155; 195; Bd. IV,2 (1974) 241. – **2** vgl. J. H. Voss: Odüsseus Erzählung von den Küklopen. Aus dem neunten Gesange der Odüssee Homers übers., in: Deutsches Museum, Fünftes Stück, May 1777, 473 (V. 409); vgl. auch Ilias 3,155; Odyssee 1,122 u. ö. – **3** J. A. K. Thomson: Winged Words, in: The Classical Quarterly 30 (1936) 1–3. – **4** G. Büchmann: G. W. Der Zitatenschatz des dt. Volkes gesammelt und erläutert ([13]1882) XV. – **5** G. Bebermeyer: Art. ‹Sprichwort›, in: RDL[2], Bd. 4 (1984) 132f. – **6** vgl. L. Röhrich, W. Mieder: Sprichwort (1977) 4f. – **7** Bebermeyer [5] 133. – **8** J. Stave: Wörter und Leute. Glossen und Betrachtungen über das Deutsch in der Bundesrepublik (1968) 218. – **9** Das Nibelungenlied, Hg.: H. de Boor ([21]1979) 253 (Str. 1590,1); Übers.: H. Brackert (1971) Bd. 2, 99 (Str. 1590); vgl. auch Str. 1422. – **10** vgl. Grimm IV,1,1 (1878) 2148. – **11** vgl. Klopstock [1]. – **12** Goethe: Hermann und Dorothea, 9,60, in: WA I. Abt., Bd. 50, 258. – **13** F. Schiller: Die Huldigung der Künste, in: F. Schiller, Sämtliche Werke, Bd. II (1968) 448,9. – **14** Grimm [10]. – **15** G. Büchmann: G. W. ([5]1869) X. – **16** vgl. W. Mieder: Sprichwort, Redensart, Zitat. Tradierte Formelsprache in der Moderne (Bern u. a. 1985) (= Sprichwörterforschung 5) 159. – **17** ebd. – **18** vgl. Mieder [16] 125–174. ('Sein oder Nichtsein'; 'Cogito ergo sum' u. a.).

A. Hummel

→ Aperçu → Aphorismus → Apophthegma → Auctoritas → Denkspruch → Formel → Gnome, Gnomik → Ornatus → Redensart → Sentenz → Sprichwort

Geheimsprache (engl. secret language, frz. langage secret, ital. crittografia)
A. Unter einer ‹G.› versteht man ein Regelwerk, das es erlaubt, eine bestimmte *Nachricht* (d. h. eine linguistische Sequenz in einer natürlichen Sprache) mittels einer Reihe von Substitutionen derart zu transskribieren, daß ein Empfänger, der die Substitutionsregeln kennt, in der Lage ist, die ursprüngliche Nachricht wiederzuerhalten. Die ursprüngliche Nachricht wird als *Klartext*, die transskribierte als *verschlüsselter Text* bezeichnet. Eine G. hat nichts mit den Methoden physischer Verschleierung von in Klartext abgefaßten Nachrichten zu tun, wie z. B. der Gebrauch von unsichtbaren Tinten, das Verstecken der Nachricht im Schuhabsatz, das Verteilen der Nachricht in einem Text in Form eines Akrostichons, miniaturisierte oder durch Höchstfrequenzfunk übertragene Nachrichten.

G. wenden zwei Verfahren an: die *Transposition* und die *Substitution*. Die Methoden der Transposition benötigen keine bestimmten Regeln; es genügt zu wissen, daß eine Änderung in der Abfolge des Klartextes vorgenommen wurde. Ein typisches Beispiel hierfür ist das *Anagramm*. Mit den Methoden der Substitution dagegen erhält man eine *Chiffre*, d. h. ein *Buchstabensystem*, oder einen Kode im engeren Sinne *(cloak)*, d. h. ein *Registersystem*. In der Chiffre ist jedes Minimalelement des Klartextes durch ein Minimalelement des verschlüsselten Textes ersetzt (z. B. jeder Buchstabe des Alphabets durch eine Zahl von 1 bis 26). Der Akt des Chiffrierens beinhaltet lediglich die Veränderung auf der Ausdrucksebene, ohne daß die Inhaltsebene berührt wird, wie dies z. B. beim Morse-Alphabet der Fall ist. Eine in der Sprache X abgefaßte Nachricht kann auch von jemandem, der die Sprache X nicht kennt, in eine Chiffre verwandelt werden. Eine Chiffre kann außer den Elementen, die exakt den jeweiligen Elementen des Klartextes entsprechen, *Homophone* enthalten. Zum Beispiel kann der Buchstabe /e/ gleichzeitig durch die Zahlen 5, 6 und 7 ersetzt werden. Die Homphone dienen gewöhnlich dazu, das Erkennen von Frequenzen zu vermeiden. Derjenige, der eine verschlüsselte, aus Zahlen bestehende Nachricht interpretieren muß, könnte sich nämlich auf *Frequenztabellen* der einzelnen Buchstaben in bestimmten Sprachen stützen und dem /e/ eine entsprechend häufig vorkommende Zahl zuordnen, wenn der Buchstabe nicht durch mehrere Homophone kaschiert wäre. Desgleichen können *Nullelemente* in den verschlüsselten Text eingeführt werden, die keinem der Elemente des Klartextes entsprechen, um die Rekonstruktion der Nachricht noch mehr zu erschweren. Die Korrelationsregel zwischen den Elementen des Klartextes und des verschlüsselten Textes nennt man *Schlüssel*. Der Schlüssel legt eine leicht zu merkende Regel fest, mit Hilfe derer man eine Kodierungstabelle benutzen kann, die nicht notwendigerweise geheim ist. Ein einfaches Beispiel stellt die nach VIGENÈRE benannte ‹Quadrattafel› oder polyalphabetische Tabelle dar:

```
ABCDEFGHILMNOPQRSTUVZ
BCDEFGHILMNOPQRSTUVZA
CDEFGHILMNOPQRSTUVZAB
DEFGHILMNOPQRSTUVZABC
EFGHILMNOPQRSTUVZABCD
FGHILMNOPQRSTUVZABCDE
GHILMNOPQRSTUVZABCDEF
HILMNOPQRSTUVZABCDEFG
ILMNOPQRSTUVZABCDEFGH usw.
```

Kennt man den Schlüssel (z. B. CEDO), so weiß man, daß für das erste Wort das dritte Alphabet benutzt wird, bei dem A durch C, B durch D, C durch E usw. ersetzt wird. Für das zweite Wort gilt das fünfte Alphabet, wo A durch E usw. ersetzt wird. Für das dritte Wort schließlich greift man auf das vierte Alphabet zurück, wo A zu D wird und so fort. Ein *Cloak* dagegen ordnet ganzen Wörtern oder gar Sätzen oder Texten im Klartext bestimmte Kodegruppen zu. Das Verfahren verwendet im großen und ganzen semantische Entsprechungen und kodiert somit nicht nur Ausdrücke, sondern auch Inhalte. Ein zweisprachiges Wörterbuch, das z. B. festlegt ‹dog› = ‹Hund›, ist ein solcher *Cloak*. Mit einer Chiffre können unendlich viele Wörter entstehen, während ein *Cloak* die Zahl der denkbaren Einheiten vorherbestimmt. Eine Chiffre verlangt nur die Kenntnis einer Reihe von Minimalentsprechungen, die häufig gemerkt werden können, ein *Cloak* dagegen erfordert ein Buch, ein *code-book*, d. h. ein Wörterbuch wie im Falle des Morse-Kodes.

Unter *Chiffrieren* versteht man also das Umwandeln eines Klartextes in einen verschlüsselten Text, indem man die entsprechenden Regeln erfindet; *Kodieren* dagegen bedeutet, die Nachricht mit Hilfe eines Kodes oder einer vorher festgelegten Chiffre von einem Klartext in einen verschlüsselten Text zu übertragen. Mit *Dekodieren* (auch Übersetzen) bezeichnet man die Übertragung eines verschlüsselten Textes in Klartext auf der Grundlage eines Kodes oder einer vorgegebenen Chiffre, während *Entschlüsseln* das Transskribieren eines verschlüsselten Textes in Klartext bezeichnet, ohne daß der Kode oder die Chiffre bekannt sind, indem also die Regeln zur Entschlüsselung der Nachricht zunächst gefunden werden müssen. Dabei handelt es sich fast immer um auf Frequenztabellen beruhende Regeln.

Sowohl Chiffren als auch Cloaks können denkbar einfach und damit leicht zu entschlüsseln sein, oder auch extrem kompliziert. Da für die moderne Geheimschreibkunst das Prinzip gilt, daß jede Chiffre auch entschlüsselt werden kann, gibt es eine Tendenz, Systeme zu erfinden, deren Entschlüsselung nur so viel Zeit in Anspruch nimmt, daß Sender und Empfänger noch in den Nutzen des übermittelten Geheimnisses kommen. Neuere Projekte von *G. mit bekanntem Schlüssel* basieren auf komplizierten Algorithmen, deren Schlüssel man nicht geheim zu halten braucht, da er dem Produkt zweier Primzahlen entspricht (die nur der Empfänger kennt). Da es aber keine ‹schnellen› Algorithmen gibt, die es erlauben, ausgehend vom Produkt die beiden Primzahlen zu finden (und wenn die beiden Zahlen und ihr Produkt sehr hoch sind, erfordern diese Versuche Millionen von Jahren), ist die Nachricht praktisch nicht zu entschlüsseln.

Während die G. vom 18. Jh. an zunehmend zu einem Stoff für Mathematiker und Fachleute in der Benutzung höchst ausgefeilter Technologien geworden sind, war in früheren Jahrhunderten die Anwendung einer G. eng mit den Themen einer ‹Rhetorik des Geheimen› und der ‹Suche nach einer idealen oder vollkommenen Sprache› verknüpft.

B. Die Techniken der Geheimschreibkunst reichen bis in die ältesten Zeiten zurück, auch wenn in vielen *antiken Zivilisationen*, wie z. B. in Ägypten oder China, allein schon die Beherrschung der Hieroglyphen- oder Ideogrammschrift als Privileg einer kleinen Gruppe eine ausreichende Garantie für den ausschließlichen Zugang zu den Informationen darstellte. CAESAR [1] schrieb seine Mitteilungen auf griechisch, um zu verhindern, daß die Gegner sie verstanden. Es gibt Zeugnisse von Geheimschriften in Indien und bereits in der Bibel. JEREMIAS 25,26 z. B. benutzt die Sequenz *atbash*, in der der letzte Buchstabe des Alphabets den ersten, der vorletzte den zweiten usf. ersetzt, wodurch «Babel» zu «Sheshach» wird. Diese Vorliebe für G. bestimmt die kabbalistische Tradition, für die die gegenwärtige Thora nicht der ‹ewigen Thora› entspricht, deren ursprünglichen Sinn man durch drei Verfahren wiederfinden muß: die *gematria* (die auf der Tatsache gründet, daß die Buchstaben des hebräischen Alphabets auch Zahlen darstellen, weshalb man Analogien in der Bedeutung von Wörtern sucht, die sich auf dieselbe Zahl zurückführen lassen), das *notarikon* (das der Technik des Akrostichons entspricht) und die *temurah* (die der Technik des Anagramms entspricht). Die Tatsache, daß die Thora als eine riesige verschlüsselte Nachricht ist, kennzeichnet die gesamte kabbalistische Mystik. – Hinweise auf Geheimschriften gibt es bei verschiedenen klassischen Autoren, so wird z. B. POLYBIOS ein Chiffriersystem zugeschrieben, ebenso wie Caesar, dessen Chiffre darin bestehen soll, den ersten durch den vierten Buchstaben des Alphabets zu ersetzen (und folglich den dritten durch den letzten). Eine wahre Wissenschaft der Verschlüsselung finden wir in der arabischen Kultur, von einem Traktat des ABY BAKR HAMMAD AN-NABATI aus dem Jahre 855 (‹Buch über den sehnlichen Wunsch des Gläubigen, die Rätsel der antiken Schriften kennenzulernen›) bis hin zum ‹Muqaddima› des IBN KHALDÛN (V, 29), wo ein von den Sekretären verwendeter Kode erwähnt wird, der sich der Namen von Düften, Blumen, Vögeln und Früchten bedient, um die Buchstaben zu bezeichnen. Dort kommen auch weitere kombinatorische Systeme vor.

Unter den im *Mittelalter* im Okzident entstandenen Methoden für G. ist zwar die von ROGER BACON heute noch berühmt, aber zu einer schlagartigen Ausbreitung der G. kommt es erst in der *Neuzeit* und dies aufgrund dreier Faktoren: zum einen des Buchdrucks, der die Alphabetisierung fördert, G. jedoch gleichzeitig unverzichtbar macht, zum anderen der Entstehung der modernen Staaten mit ihrer Diplomatie und schließlich der immer komplizierter werdenden Organisation von Truppenübungen und militärischen Operationen auf einem großen Territorium. So ist es kein Zufall, daß eine der Perioden, in denen sich ein äußerst großes Interesse an G. entwickelte, die Zeit des Dreißigjährigen Krieges war. Wir haben auch zahlreiche Belege für die Ernennung von Fachleuten für G. durch die Päpste (z. B. in der Mitte des 16. Jh. T. BENCIO und die Dynastie der ARGENTI). Aber als Urheber der modernen G. darf L. B. ALBERTI mit seinem Werk ‹De Cifris› (1466) angesehen werden, in dem Elemente einer polyalphabetischen Substituierung, eine Analyse der Frequenz der Buchstaben und ein Modell einer Chiffrierscheibe vorkommen. Wenig später verfaßt der Abt TRITHEMIUS eine 1500 niedergeschriebene ‹Steganographia›, die mehr als hundert Jahre als Manuskript in Umlauf war, da sie verdächtigt wurde, Anweisungen zur Magie zu enthalten. Technischer und frei von Bezügen zur Magie ist seine ‹Polygraphia›, die 1518 in Druck ging und Überarbeitungen und Erweiterungen wie die von G. DE COLLANGE 1561 herausgegebene ‹Polygraphie universelle› anregte. Die beiden Autoren, die bei den Zeitgenossen als in technischer Hinsicht bedeutender galten, sind G. B. DELLA PORTA (‹De furtivis literarum notis›, 1563 und ‹De occultis literarum notis›, 1593) und B. DE VIGENÈRE (‹Traicté des chiffres›, 1587). Andere Werke, die großen Einfluß ausübten, sind J. WILKINS' ‹Mercury› (1641) und G. SCHOTTS ‹Schola steganographica› (1655).

Bei Alberti und Trithemius kommen sogenannte *Chiffrierscheiben* oder -räder vor. Es handelt sich dabei einfach darum, die verschiedenen Alphabete nicht in einem Quadrat, wie bei der polyalphabetischen Tafel (vgl. A. Def.), anzuordnen, sondern sie auf eine Reihe von konzentrischen und beweglichen Rädern zu schreiben. Dieser Kunstgriff stellt eine Verbindung zwischen der Geheimschreibkunst und R. LULLUS her, der sich die beweglichen Scheiben, die in der Kabbalistik ihren weit zurückliegenden Ursprung haben, Ende des 13. Jh. zu verschiedenen Zwecken ausdachte. Er kombinierte mit Hilfe von beweglichen Rädern neun Buchstaben von B bis K, die ebenso vielen philosophischen Begriffen (göttliche Würden, Attribute, Quaestiones usw.) entsprachen, und erhielt so Dreierkombinationen (Bcd, Kbc, usw.). Wenn man das System erweitert, kann man 1680 Kombinationen erzielen, von denen jede einem philosophischen oder theologischen Satz entspricht. Obwohl dieses System eine sehr hohe Anzahl an Kombinationen ermöglicht, ist seine Reichweite doch von genauen theologischen Einschränkungen begrenzt. Denn nur solche Kombinationen können gelten, die man (auf der Grundlage von Kriterien, die von den Kombinationsregeln unabhängig sind) als ‹wahr› ansehen kann. Lullus sorgte sich um den Inhalt, während Geheimsprachler sich nur um den Ausdruck kümmern und deshalb keine semantischen Grenzen akzeptieren würden, die die potentielle Unendlichkeit der Kombinationen einschränken könnten. Es handelt sich für sie nur um Symbole, die andere Symbole ersetzen. So kommt es, daß G. SELENUS in seinen ‹Cryptometrices et Cryptographiae Libri IX› aus dem Jahre 1624 es sich erlauben kann, ein Rad aus 25 konzentrischen Kreisen zu bauen, das 25 Serien aus jeweils 24 Zweierkombinationen zu erzeugen vermag. Anschließend stellt er eine Reihe von Tabellen vor, die rund 30 000 Dreierkombinationen enthalten. Die Kombinationsmöglichkeiten erreichen astronomische Ausmaße. Wenn auch Trithemius sich nicht auf Lullus bezieht, so tun dies doch die späteren Steganographen. Vigenère z. B. [2] übernimmt Themen von Lullus in verschiedenen Punkten und verbindet sie durch Faktorenrechnungen: Er legt Tabellen an, in denen er z. B. 400 Zweierkombinationen notiert, die durch Verbindung von zwanzig Buchstaben des Alphabets entstanden sind, um dann zu Dreierkombinationen überzugehen; und er erfreut sich an diesem «Meer unendlicher Verschlüsselungen, die wie ein weiterer, aus zahlreichen Inseln bestehender Archipel auftauchen, ein Wirrsal, aus dem man sich schwerer befreien kann als aus allen Labyrinthen Kretas oder Ägyptens». [3] Diese Verfahren sind nur ein Vorspiel zu den unendlichen Kombinationsmöglichkeiten, die sich die moderne Geheimschreibkunst nutzbar macht. Sie treiben gleichzeitig die Forschungen zur *Ars Combinatoria* voran, die über LEIBNIZ zu den Experimenten der modernen formalen Logik und der Computerwissenschaft geführt haben.

Ein anderer Aspekt, aufgrund dessen die G. ein wichtiges Kapitel der europäischen Kulturgeschichte darstellen, ist die Beziehung zum Okkultismus. In diesem Zusammenhang ist es nützlich, das Schicksal der verschiedenen Auflagen der Werke von TRITHEMIUS zu verfolgen. Die ‹Steganographia› enthielt eine ‹Clavis steganographiae›, die die Mechanismen der verschiedenen Chiffriersysteme erklärte. Aber Trithemius, der z. B. Schlüsselwörter mit den Namen himmlischer oder dämonischer Wesen (Pamersiel, Padiel, Camuel, Aseltel, etc.) wählte, gab zu verstehen, daß es zum Verständnis einer geheimen Nachricht günstig sei, diese Wesen um magische Hilfe anzurufen. Wer die ‹Clavis› liest, versteht, daß es sich um eine Art Scherz oder Metapher handelt und um ein Zugeständnis an die Vorliebe für Kabbalistik. Wer aber die ‹Clavis› nicht liest, kann zu dem Schluß kommen, daß Trithemius seine Kunst für Magie hielt, u. a. auch deshalb, weil im dritten Buch der ‹Steganographia› ganz deutlich kabbalistisch-magische Rituale beschrieben werden. Eine eindeutig magische Konzeption der Geheimschrift spricht aus dem Werk von J. DEE ‹A true and faithful relation of what passed for many years between Dr. John Dee [...] and some spirits› (1659, postum herausgegeben von M. Casaubon). Die Wechselfälle in der Publikationsgeschichte der ‹Steganographia› des Trithemius sind sehr aufschlußreich: Einige Auflagen (wie die Heidel-Editionen 1676 und 1721) enthalten keinen Schlüssel. In anderen Auflagen (wie z. B. jenen von 1606, 1608 und 1621) ist die ‹Clavis› in den verschiedenen Exemplaren und Nachdrucken entweder dem Text vorangestellt (als Anleitung zur Lektüre des Textes als einer G.-lehre), oder sie steht am Ende und erlaubt so eine magische Interpretation.

Die *Steganographie-Werke* dienten dazu, Nachrichten zu verschlüsseln und garantierten somit deren Geheimhaltung. Aber eine Anleitung zum Chiffrieren kann auch eine Anleitung zum Dechiffrieren von verschlüsselten Nachrichten sein. Von hier ist es nur ein kleiner Schritt bis zu der Folgerung: Wenn eine gute Steganographie lehrt, wie man eine geheime Nachricht in Klartext umwandelt, müßte sie es auch erlauben, eine in einer fremden Sprache abgefaßte Nachricht zu lesen. Trithemius schreibt in der ‹Polygraphia›, daß jemand, der des Lateinischen nicht kundig ist, mit Hilfe seines Systems in kurzer Zeit lernen kann, Nachrichten in dieser geheimen Sprache zu verfassen. [4] Zu diesem Werk bemerkte M. MERSENNE: «Tertius liber continet artem, qua idiota solam linguam maternam sciens, duabus horis scribere, legere, et intelligere latinum [...] ediscat.» (Das dritte Buch enthält die Kunst, die der Laie, der nur seine Muttersprache kennt, in zwei Stunden erlernt zum Schreiben, Lesen und Verstehen des Lateinischen.) [5] Folglich erscheint die Polygraphie als eine Technik, Fremdsprachen zu lernen. H. HILLER bietet mit seinem ‹Mysterium artis steganographicae novissimum› (1682) eine Anleitung, wie man lernen kann, jede verschlüsselte Nachricht, und zwar auf Latein, Deutsch, Italienisch und Französisch, zu entschlüsseln. Dabei benutzt Hiller Techniken, die die Frequenz von Buchstaben und Diphthongen in den unterschiedlichen Sprachen statistisch festlegen. 1685 behauptet J. FALCONER in ‹Cryptomenysis patefacta: or the art of secret information disclosed without a key›: «Wenn jemand einmal die Dechiffrierungsregeln in einer Sprache verstanden hat, so kann er in der Tat ohne jegliche Einschränkung in wenigen Stunden soviel von jeder beliebigen Sprache verstehen, wie nötig ist, um sie zu chiffrieren.» [6] Die ‹Polygraphia nova et universalis› (1663) von A. KIRCHER beschreibt zunächst eine *Polygraphie*, d. h. eine internationale, allen zugängliche Sprache, und in Anlehnung an Trithemius dann eine *Steganographie*, d. h. eine G. In dem enthusiastischen Vorwort, das der Verfasser an Kaiser Ferdinand III. richtet, wird die Polygraphie als eine «linguarum omnium ad unam reductio» (Zurückführung aller Sprachen auf eine) gepriesen. Durch sie kann «jeder, auch derjenige, der nur seine eigene Sprache kennt, durch den Austausch von Briefen mit jeder beliebigen Person jedweder Nationalität kommunizieren.» Dieses Projekt umfaßt ein Wörterbuch in zwei Teilen mit 1228 Begriffen auf Latein, Französisch, Spanisch und Italienisch (in dem auch besondere Zeichen für Präpositionen, Deklinationen und Tempora der Verben festgelegt sind). Im Wörterbuch A befinden sich die Begriffe jeder Sprache in alphabetischer Reihenfolge; sie sind mit Nummern versehen, die auf die entsprechenden lateinischen Wörter verweisen. Im Wörterbuch B sind die Wörter entsprechend den zugeteilten Nummern geordnet. Zum Kodieren wählt man das Wort in der eigenen Sprache und ersetzt es durch die festgelegte Zahl, zum Dekodieren sucht man den der Zahl entsprechenden Terminus in der eigenen Sprache.

Während die Polygraphien nach empirischen Gesichtspunkten aufgebaut sind, stellen die *Universalsprachen* ehrgeizigere Projekte dar, denn in ihnen entsprechen allen Konzepten (die als der gesamten Menschheit gemeinsame anerkannt wurden) ebenso viele Schriftzeichen, deren Idealform die chinesischen Ideogramme sind. Aufgrund des mühsamen Erlernens und der Tatsache, daß sie unverständlich für denjenigen sind, der den Kode nicht kennt, stellen diese Universalsprachen (die vollkommen sein wollen) in Wirklichkeit G. dar. Nicht zufällig ist J. WILKINS, der schon ein Werk über die G. – ‹Mercury› – verfaßt hat, auch der Autor des weitaus berühmteren Projekts einer Universalsprache, nämlich des ‹Essay towards a real character› aus dem Jahre 1668.

Es mag seltsam erscheinen, daß die Suche nach einer vollkommenen Universalsprache, Garant der Verständigung, sich mit den Forschungen zu den G. überkreuzt. Aber das 16. und 17. Jh. stehen unter dem Einfluß hermetischer Kriterien, aufgrund derer die Wahrheit vor allem versteckt ist. Andererseits ist die Barockzeit von Tendenzen der Verstellung und des Betrugs gekennzeichnet, und ein Lob auf die G. steht auch in dem ‹Breviarium politicorum› (1684), das dem Kardinal MAZARIN zugeschrieben wird. Außerdem findet man eine Vorliebe für G. nicht nur in allen mystisch-initiatorischen Strömungen, sondern auch in okkultistischen Zirkeln, z. B. in den noch heute aktuellen Forschungen zur sogenannten BACON-SHAKESPEARE-Controversy, die sich dem Shakespearschen Korpus widmen. Darin sollen angeblich Anhaltspunkte für eine G. zu finden sein, die beweisen könnten, daß der eigentliche Verfasser F. BACON ist. Ein anderes Beispiel sind die esoterischen Interpretationen zu DANTE aus dem 19. und 20. Jh., die das Werk Dantes als verschlüsselte Nachricht verstehen wollen. Nicht zu vergessen ist die Faszination, die die G. auf zahlreiche Schriftsteller ausgeübt haben. Es sei hier nur auf die von E. A. POE erfundene und erläuterte G. in ‹Der Goldkäfer› hingewiesen. Zum anderen hat die Tradition der Entschlüsselung die ägyptologischen Forschungen bestimmt. Und die Entzifferung der Hieroglyphen durch CHAMPOLLION ist, wie alle sonstigen Entschlüsselungen (z. B. jene der kretischen Linear B-Schrift), ein bedeutendes Beispiel von Entschlüsselungskunst. Zwischen Spionageroman, militärischen Techniken und Mathematikwissenschaft sind die verschiedenen Episoden der Erfindung und Entschlüsselung von Geheimbotschaften während der letzten beiden Weltkriege anzusiedeln, wie z. B. das legendäre, von den Deutschen erdachte System Enigma, bei dessen Entschlüsselung einer der Väter der Informatik, A. TURING, mitgearbeitet hat.

Anmerkungen
1 Caesar, De bello gallico V,48. – 2 B. de Vigenère: Traicté des chiffres (1587) 95ff., 180ff. – 3 ebd. 193. – 4 J. Trithemius: Polygraphia (Straßburg 1660) VI, 38. – 5 M. Mersenne: Quaestiones celeberrimae in Genesim, cum accurata textus explicatione (Paris 1623) 471. – 6 J. Falconer: Cryptomenysis patefacta: or the art of secret information disclosed without a key (London 1685) A 7v.

Literaturhinweise:
W. R. Newbold: The cipher of Roger Bacon, hg. von K. G. Kent (Philadelphia/London 1928). – L. Sacco: Manuale di crittografia (Rom 1947). – D. Kahn: The Codebrakers (New York 1967). – A. Bausani: Geheim- und Universalsprachen (1970). – W. Nöth: Hb. der Semiotik (1985). – A Sgarro: Codici segreti (Mailand 1989). – U. Eco: Die Suche nach der vollkommenen Sprache (dt. 1994).

U. Eco/A. Ka.

→ Adressant/Adressat → Aenigma → Akrostichon → Anagramm → Chiffre → Kombinatorik → Lullismus → Semiotik → Universalsprache

Gelegenheitsgedicht (auch Kasualpoem; nlat. carmen casuale; engl. occasional poem; frz. poème de circonstance; ital. poesia d'occasione)
A. Def. – 1. Gattungsformen. – 2. Autor und Adressat. – 3. Rhetorik und G. – B. I. Antike, Mittelalter. – II. Renaissance, Barock. – III. Kontroversen um das G. seit der Frühaufklärung.

A. Im G. wendet sich ein Autor an einen bestimmten Adressaten zu einem Ereignis in dessen Leben. Der weitere Begriff ‹Gelegenheitsdichtung› (auch *Kasualpoesie*) zeigt an, daß diese Definitionskriterien auch auf andere, nichtlyrische Gattungen wie den Schäferroman oder das Festspiel zutreffen können.

1. *Gattungsformen des Dichtens bei Gelegenheit*. Eine Klassifikation des G. bietet sich von der Art der behandelten Gelegenheiten an. [1] Der spätbarocke Polyhistor M. D. OMEIS schlüsselt in seiner ‹Gründliche[n] Anleitung zur Teutschen accuraten Reim- und Dichtkunst› (1704) die G. nach ihren wichtigsten Gegenstandsbereichen auf und führt zwölf Gruppen an: «Geburts-Gedichte» ‹Genethliaca›, «Namens-Tag- und Anbind-Gedichte» ‹Onomastica›, «Neu-Jahrs-Gedichte», «Ehren-Gedichte», «Lob-Gedichte» ‹Laudationes›, «Dank-Gedichte», «Siegs-Glückwünschung» ‹Epibaterion›, «Hochzeit-Gedicht» ‹Epithalamion›, «Leich-Gedicht» ‹Epikedeion›, «Glückwunsch wegen wieder erlangter Gesundheit» ‹Soteria›, «Glückwunsch zur bevorstehenden Reise» ‹Propempticon› und «Willkomm-Gedicht» ‹Apopempticon›. Weitere Unterteilungen sind unschwer möglich und in barocken Lehrbüchern der Kasualpoesie auch vorgenommen worden; daß sich z. B. verschiedene Etappen der akademischen Laufbahn jeweils mit Gratulatorien begleiten lassen oder die Ankunft einer hochgestellten Persönlichkeit in einer Stadt durch ein «Einzugs-Gedicht» ebenso gefeiert wie ihre Abreise in einer «Abschieds-Klage» bedauert werden kann, zieht entsprechende Subkategorisierungen nach sich. Die Vielzahl und Verschiedenartigkeit der bedichtenswerten Anlässe hat schon in der Antike dazu geführt, die G. als «Sylven oder wälder» zu bezeichnen. Wie M. OPITZ in seinem ‹Buch von der deutschen Poeterey› (1624) erklärt, sei der Begriff «vom gleichniß eines Waldes, in dem vieler art vnd sorten Bäwme zue finden sindt, genommen» [2], wobei er mit dieser Deutung – wie überhaupt bei seiner Darstellung der «art der carminum vnd getichte» – J. C. SCALIGERS Poetik (1561) folgt. [3] Indem er aber bei seiner Gattungsbestimmung auch ausdrücklich auf QUINTILIAN und STATIUS Bezug nimmt, hebt er ein wesentliches Kriterium der *silvae* hervor: Quintilian erwähnt Redner, «qui primo decurrere per materiam stilo quam velocissimo volunt et sequentes calorem atque impetum ex tempore scribunt: hanc silvam vocant» (die zunächst alles, was das Thema enthält, mit dem Schreibstift so schnell wie möglich durcheilen wollen und der Wärme und dem Schwung des Augenblicks folgend schreiben. Das so Gewonnene nennen sie Rohstoff). [4] Und Statius charakterisiert seine Werke als «libellos, qui mihi subito calore et quadam festinandi voluptate fluxerunt» (Texte, die mir aus einer plötzlichen Hitzewallung und einem gewissen Eilbedürfnis entschlüpft sind). [5] Beide heben also auf Unmittelbarkeit, Leidenschaftlichkeit und Spontaneität ab. Während für Quintilian die Flüchtigkeit jedoch ein kritikwürdiges *vitium* ist, das Mangel an rhetorischer Sorgfalt verrät, wertet Statius die rasche und aus dem Augenblick heraus vollzogene Gestaltung eines Gegenstandes positiv. [6] Angesichts der formalen Ausgeprägtheit auch «solche[r] carmina, die auß geschwinder anregung vnnd hitze ohne arbeit von der hand weg gemacht werden» (Opitz), wird klar, daß die programmatische Impulsivität, Extemporiertheit und Formlosigkeit vornehmlich eine Haltung beschreibt, die der behandelten Gelegenheit *(occasio)* adäquat sein soll. Die Antike hat sie in der bildenden Kunst (Kallistratos) und Dichtung im Bild einer Göttin dargestellt, die eine seltsame Haartracht auszeichnet, eine Kombination aus Stirnlocke und kahlem Hinterkopf [7]; wie sie demnach nur von vorne zu fassen ist, so muß auch der rechte Augenblick (griech. καιρός, kairós)

direkt wahrgenommen werden. In einem der ‹Disticha Catonis› aus dem 3. Jh. n. Chr. wird ebendies festgehalten: «Rem, tibi quam nosces aptam, dimittere noli: // Fronte capillata, post est Occasio calva.» In Opitz' Nachdichtung (1629) wird Occasios Kahlheit zwar verschwiegen, was aber das Verständnis der Allegorie nicht ernsthaft gefährdet: «Kompt dir was gutes für so nim alßbald sein war; // Dann die Gelegenheit die hat nur fornen Haar.» [8] Der Dichter, der die schnell verfliegende Gelegenheit sprachlich erfassen will, muß die Gunst der Stunde nutzen – das mag manche poetische Unkorrektheit entschuldigen, mehr noch stellt diese Argumentation aber die Kunstfertigkeit dessen heraus, der trotz des knappen Produktionszeitraums einen regelrechten, ansprechenden Text zustande bringt, zumeist in einer der lyrischen Gattungen, deren genretypische Kürze und Pointiertheit der Okkasionalität entgegenkommen. Dabei kann ein Blick auf die kausalpoetische Praxis nicht darüber hinwegsehen, daß das tatsächliche, also nichtfiktive Geschehen, das der Text wiedergibt, nur selten als Eilmeldung verbreitet werden muß. Das aufgegriffene Ereignis, das aus dem Lebensalltag herausragt, wird nämlich, weil institutionalisiert, erwartet; es sind Geburtstage, Hochzeiten und Beerdigungen, auf die sich die G. in ihrer Mehrzahl seit jeher beziehen und die auch heute, da die Schriftsteller von ihrer Behandlung eher Abstand nehmen, dem Laien Gelegenheit geben, Verse zu schmieden (in der Regel verbietet es allerdings die Pietät dem Dilettanten, sich am Epicedium zu versuchen).

2. *Der Funktionszusammenhang von Autor und Adressat.* Daß solche Ereignisse von gleichsam konventioneller Exzeptionalität (herausgehoben aus dem Leben des einzelnen, erhalten sie erst Bedeutung im Leben der Gemeinschaft) in literarischen Werken, besonders in der auf subjektiven Gefühlsausdruck verpflichteten Lyrik gestaltet werden, ist mit einem Literaturverständnis, das an klassisch-romantischer Erlebnisdichtung geschult ist, nur schwer zu vereinbaren. In Antike und Mittelalter, ja eigentlich bis zum 18. Jh. ist ein Gedicht aber für die Kommunikation in der Öffentlichkeit gedacht, woraufhin es konzipiert, wo es gehört und u. U. diskutiert wird (daher kann es nicht verwundern, daß weder die Klassische Philologie noch die Mediaevistik mit dem Begriff ‹Kasualpoesie› viel anzufangen wissen, deren Voraussetzungen in einer Zeit, die noch keine eigene Lyrik-Theorie entwickelt hat, im wesentlichen für alle Dichtungsarten gelten). In besonderem Maße ist die poetische Vermittlung eines biographischen Ereignisses auf den öffentlichen Raum ausgerichtet, wird es doch von einem Autor einem Adressaten zugeordnet und in einer sprachlich akzeptierten Form der Gesellschaft bzw. einer gesellschaftlichen Gruppe nahegebracht. Sender wie Empfänger werden dabei von verschiedenen Interessen geleitet, die im Laufe der Jahrhunderte zwar immer wiederkehren, sich mit den historischen und sozialen Bedingungen aber verändern, unter denen Literatur jeweils produziert wird. Die Entstehung eines G. resultiert nicht zuletzt aus des Autors legitimer Absicht, einen Beitrag zum Lebensunterhalt zu erwerben, ob der nun in der gerade gültigen Währung oder in Gebrauchswerten ausgezahlt wird. Außerdem ist die gesellschaftliche Reputation nicht zu unterschätzen, die ein Schriftsteller mit der Abfassung von kasualpoetischen Werken erringt; wenn sie Personen erreichen, die über eine sozial hohe Stellung, Macht und Einfluß verfügen, sind sie nicht selten Basis für die weitere berufliche Tätigkeit. In Kriegszeiten kann sich das durch sie ausgelöste oder beförderte Mäzenatentum auch auf militärischen Schutz und die Sicherung einer ungestörten poetischen Arbeit erstrecken. Neben diesen materiellen und die Existenz der Autoren betreffenden Zielen können kultisch-sakrale Gebräuche, Freundschaftsdienste und die adressatenbezogene Darlegung einer ideologischen, politischen oder ästhetischen Position für die Produktion von G. verantwortlich sein. Der Reiz, in einem Gedicht, das nach Horaz «dauerhafter als Erz» ist, verewigt zu werden, läßt sich als ein die Geschichte der Kasualpoesie durchziehender Beweggrund auf Seiten der Empfänger oder Auftraggeber von G. ausmachen; v. a. Potentaten nehmen die «panegyrische Offerte» [9] gerne an, glauben sie doch, daß das huldigende Dichterwort der Nachwelt ein günstiges Andenken an sie bewahre. Nicht minder motivierend ist für den Adressaten sein Ansehen bei der Mitwelt; das G. kündet von dessen öffentlicher Bedeutung, deren Ausmaß geradezu an der Zahl der Texte ablesbar ist, die er auf sich vereinigt, und zeigt auf, daß er die bestehende soziale und göttliche Ordnung respektiert und durch sein Verhalten wahrt oder sogar aufrecht erhält. Daß kasualpoetische Werke zudem noch einen nicht unerheblichen Unterhaltungswert besitzen, deshalb zu festlichen Anlässen dem Gefeierten und seinen Gästen Vergnügen bereiten, hat die Auftragslage wohl zu allen Zeiten begünstigt. Jedenfalls ist für den Erfolg der Gelegenheitsdichtung eine Korrelation von Autoren- und Adressaten-Interessen notwendig. Dieser Funktionszusammenhang wird am Beispiel des ‹Fürstenlobs› im Zeitalter des Absolutismus mit der Wendung von der ‹Verpflichtung auf Gegenseitigkeit› (lat. *mutua obligatio*) auf den Begriff gebracht: Der Dichter repräsentiert den Fürsten und die ihn tragende Ordnung, dafür wird er besoldet, geschützt und gesellschaftlich anerkannt.

3. *Die konstitutive Rolle der Rhetorik.* Da durch das G. weder ein juristisches Urteil noch eine politische Entscheidung herbeigeführt werden soll, vielmehr anläßlich eines Ereignisses eine Person oder Institution ‹zur Schau gestellt› wird, nimmt der Autor seinem Gegenstand gegenüber eine epideiktische Haltung ein. Der Gestus des Vorzeigens (griech. ἐπίδειξις, epídeixis; lat. *demonstratio*) erstreckt sich dabei über den besungenen Adressaten auf die eigenen poetischen Fähigkeiten, die sich in der intensiven Verwendung ausschmückender Mittel (*ornatus*) offenbaren. Damit tendiert das G. zum hohen Stil (*genus grande*), und da im *genus demonstrativum* die Grenzen zwischen Rede und Poesie fließend sind, die Dichtung eigentlich nur über einen metrischen Mehrwert verfügt, weshalb die humanistische Poetik sie als «Rede-Bind-Kunst» bzw. «gebundene Rede» (*oratio ligata*) zu bezeichnen pflegt [10], hat der Verfasser eines G. dieselben «Bearbeitungsphasen» (*rhetorices partes*) zu durchlaufen wie der einer Lobrede. [11] Selbst wenn das G. nicht zum öffentlichen Vortrag gelangt, sind doch zumindest die Regeln der *inventio*, *dispositio* und *elocutio* für seine Produktion maßgeblich.

Zur Gestaltung des Stoffes (*materia*) und Einbringung der Darstellungseinheiten (*argumenta*) bietet die *inventio* mit der Topik dem Autor ein hilfreiches Instrumentarium an. Die Topoi (*loci*) spielen für die Anfertigung eines G. insofern eine große Rolle, als sie die thematische Aufschlüsselung des zu behandelnden Gegenstandes (*res*) ermöglichen, genauer: die Muster liefern, die, mit dem Wissen über die Daten der kasualpoetischen Situation konkretisiert, den Textinhalt konstituieren. Es ist wohl eine Eigenart des G., die in seinem starken Adressatenbezug begründet ist, daß der Topos des Namens *(locus a notatione)* häufig zum Einstieg aufgesucht wird [12]; denn die über den Eigennamen gefundenen Lobgründe gehen nicht nur direkt und exklusiv auf den Angesprochenen ein, sie decken auch im Sinne einer seit den Vorsokratikern zu belegenden sprachmetaphysischen Ansicht das Wesen seines Trägers auf. Das provoziert (vulgär)etymologische Spielereien (Gutenberg = der gute Berg), Anagramme (Henricus Albertus = Hercules in artibus) und Akrosticha (Luther = Lux vera totius huius Ecclesiae Romanae). Mit weiteren Topoi können leicht Informationen über Herkunft, Beruf, Taten und Nachkommenschaft des Bedichteten eingeholt und dem Text eingefügt werden. Der Topos der äußeren Umstände *(locus e circumstantiis)* zielt hingegen vornehmlich auf die Gelegenheit selbst. Einen Glückwunsch zur Geburt *(genethliacum)* z. B. bereichert die Berücksichtigung der Jahreszeit. Während eine Niederkunft in den Herbstmonaten mit der Ernte der reifen Früchte korrespondiert, wird das freudige Ereignis im Winter über den Topos des Gegenteils *(locus e contrario)* der unwirtlichen und unfruchtbaren Natur entgegengesetzt; und wenn die Geburt ins Frühjahr fällt, ist der Hinweis auf das beginnende Leben in der Natur kaum zu vermeiden. Außer zur Feier des Adressaten und der Gelegenheit findet der Dichter in der *inventio* genügend Angebote, sich selbst einzubeziehen: Im *Epithalamion* greift er aus Freude über die geschlossene Ehe zur Feder, die er im *Epicedium* vor Schmerz über den Tod des zu Betrauernden sinken läßt; in Gratulatorien verschiedenster Art treibt ihn die Wertschätzung des Adressaten zur poetischen Arbeit, mit der er diesem einen Freundschaftsdienst erweisen oder sich dessen Gönnerschaft versichern will. Auf jeden Fall stellt er sich, indem er seine Person in den geregelten poetisch-rhetorischen Prozeß einbindet, als fester Bestandteil eines öffentlichen Austausches über gesellschaftlich akzeptierte Meinungen und Haltungen dar.

Für die Gliederung des G. sind die Regeln der *dispositio* zuständig. Es wirkungsvoll zu eröffnen - etwa durch den Gunst heischenden [13] Hinweis, dem Sachverhalt eigentlich nicht gewachsen zu sein - ist Aufgabe einer wohl kalkulierten Einleitung *(exordium)*; und wie in einer Lobrede unterstreicht ein mit allen rhetorischen Mitteln und starken Affekten vollzogener Schluß *(peroratio)* die nachhaltige Wirkung des Dargestellten. Ob das G. eher erzählend oder argumentativ angelegt ist, davon hängt im wesentlichen die Gliederung der Stoffelemente *(res)* ab - in Form einer Reihung von einfachen Aussagen *(propositiones)* und Beispielen *(exempla)*, eines verkürzten Schlußverfahrens *(Enthymem)* oder der auf Begründung *(argumentatio)* und Ausschmückung *(amplificatio)* fußenden Erörterung *(Chrie)*. Neben solchen allgemeinen Dispositionsbestimmungen gibt es auch gattungsspezifische: Für das Epicedium ist beispielsweise eine Dreiteilung in Lob *(laudatio)*, Klage *(lamentatio)* und Trost *(consolatio)* vorgesehen [14]; nach dem Ausdruck der Trauer über den (jähen, zu frühen, qualvollen oder wie auch immer empfundenen) Tod macht der Lobpreis des Verstorbenen dem/den Hinterbliebenen den erlittenen Verlust deutlich, bevor ihm/ihnen als der eigentlichen Adressaten des Begräbnisgedichtes Argumente wie die Erkenntnis der allgemeinen Vergänglichkeit oder die im christlichen Glauben verankerte Gewißheit auf eine Wiederbegegnung im Ewigen Leben Trost spenden.

Zur sprachlichen Ausgestaltung der Inhaltsmomente lassen sich sämtliche Mittel der *elocutio* heranziehen. Es gibt aber gewisse Affinitäten zwischen den inhaltlichen und stilistischen Elementen; der Topos des Namens z. B. wird gerne als *Anagramm* oder *Akrostichon* konkretisiert; er kann jedoch auch eine weitläufige *Allegorie* über die Bedeutung des Namens auslösen. Der Topos des Gegenteils wird oft in der Gedankenfigur der *Antithese* umgesetzt oder auf bildhaft-komprimierte Weise in ein *Oxymoron* gefaßt. Wenn eine erfreuliche Korrelation zwischen äußeren Gegebenheiten wie den Schönheiten der Natur und den Eigenschaften des Besungenen dargestellt werden soll, so drängt sich die Konstruktion des *Parallelismus* auf, der wiederum auf vielfältige Art - im Gleichlauf von Satz *(Kolon)* und Vers (Halbvers), als anaphorische Reihe, mit chiastischer Pointierung usw. - realisiert werden kann. Prinzipiell sind die Fähigkeiten zur sprachlichen Ausstattung keine Grenzen gesetzt, was insbesondere die Kasualpoeten des 17. Jh. zu einer dekorativ überbordenden Sprache ausgekostet haben. Da deshalb die Stilhöhe, die sich de facto auf das *genus grande* einpendelt, nicht länger als Indikator für die Bedeutsamkeit eines Ereignisses oder einer Person gelten kann, müssen andere Kriterien zu ihrer Beurteilung dienen. So läßt sich die gesellschaftliche Stellung des Adressaten nicht mehr aus der sprachlich-poetischen Valenz des G. ablesen, sondern nur noch an der Vielfalt der angeführten Materialien erkennen - und an Zahl und Umfang der Texte selbst.

B. I. *Antike, Mittelalter.* Die Frage, wann und wo zum ersten Mal Werke entstehen, die der skizzierten Systematik des G. entsprechen, ist nicht einfach zu beantworten; der öffentliche Charakter antiker Versdichtung rückt diese an sich schon in die Nähe der Kasualpoesie, andererseits werden häufig konkrete Fälle und Personen nur als Anlaß zur Produktion und Verbreitung von Gedichten genommen, die sich, jene transzendierend, auf weit komplexere Signifikate beziehen. Die Epinikien des Böotiers PINDAR z. B. rekurrieren auf bestimmte, genau zu datierende Ereignisse - sie sind den Siegern verschiedener Disziplinen bei den olympischen, pythischen, isthmischen und nemeischen Spielen gewidmet. In ihre hymnische Feier flicht Pindar auch historische Geschehnisse ein sowie den Lobpreis des Adelsgeschlechtes, dem der jeweilige Sieger entstammt. Dabei ist er sich der Bedeutung seiner Aufgabe sehr wohl bewußt; in der Feststellung, daß der Sieg im Agon erst durch das ihn erhebende Dichterwort dauerhaft wird, steckt das Kernargument zur Legitimation kasualpoetischer Werke. Deren Bezugsrahmen durchbricht Pindar jedoch, wenn er die faktischen Details in das Normgefüge der ihn prägenden aristokratischen Welt einbezieht und mit der Leistung des einzelnen Wettkämpfers die allgemeine ordnungstiftende Macht der Götter in hymnischen Sprachkompositionen verkündet. Daß aber selbst ein Pindar in eine für spätere Kasualpoeten typische Konkurrenzsituation gerät, verraten die Gesänge auf Siege des Hieron von Sizilien im Wagenrennen; als dieser seinen ersten Wagensieg in Delphi 470 v. Chr. errang, vergab er den Auftrag zum Epinikion an den vom ganzen griechischen Adel, so auch am Hof von Syrakus hochgeschätzten böotischen Sänger; im Jahr 468 war es dann BAKCHYLIDES aus dem ionischen Keos, der mit der poetischen Gestaltung von Hierons olympischem Sieg befaßt wurde. Einige Merkmale der Gelegenheitsdichtung sind also durchaus in der frühgriechischen Chorlyrik auszumachen; dominant für die Textproduktion werden sie allerdings erst im Hellenismus, wenn höfische Dichter für die Herrscher in Makedonien, Babylon und Pergamon schmeichlerische Lobgedichte verfassen: CHOIRILOS VON JASOS für Alexander den Großen (336–323) oder SIMONIDES VON MAGNESIA für Antiochus I. Soter (281–261). [15] Ein vergleichbares panegyrisches Engagement findet sich in der Antike erst wieder bei CLAUDIUS CLAUDIANUS. Sein Publikum war die gebildete Senatsaristokratie [16], sein bevorzugter Adressat der Vandale Stilicho, Feldherr und Minister des Kaisers Honorius. Durch dessen Wunsch nach einer poetischen Dokumentation seiner politischen und militärischen Aktionen wird die von Claudianus gelieferte Auftragsdichtung veranlaßt, wie dieser seinerseits mit der Anerkennung und Fürsorge des (u. a. gegen Alerich) erfolgreichen Feldherrn rechnen kann. Aber Claudian ist keineswegs ein einsinniger Propagandist; von seinem ‹Panegyricus› auf das Consulat des Olybrius und Probinus (395 n. Chr.), über das ‹Epithalamium› für Honorius Augustus und Maria, die Tochter des Stilicho, bis zu dem großen Lobgedicht auf das Consulat des Stilicho (400) erweist er sich als ein rhetorisch geschulter und der römischen Kultur und Geschichte verpflichteter Autor, der seinem ideologischen Anliegen mit stilistischen Mitteln, narrativen Strukturen und plastischen Beschreibungen eine poetische Gestalt zu geben weiß. Gerade das dürfte seine große Wirkung auf christliche Dichter im Ausgang der Antike erklären. SIDONIUS APOLLINARIS, um 430 in Lyon geboren, sucht Claudianus' Sprachkunst nachzueifern, verteilt seine panegyrischen Offerten aber weitaus großzügiger als sein verehrtes Vorbild: Er huldigt seinem Schwiegervater Avitus (weström. Kaiser 455/456), nach dessen Sturz vom Kaiserthron dem Nachfolger Majorian (457–61) und wendet sich nach dessen Ende dem König der Westgoten, Theoderich II., zu, der 466 ermordet wird. Den neuen Herren in Rom erbietet er seine Reverenz, indem er das zweite Consulat des Anthemius (468) besingt. Offensichtlich haben ihm die wechselnden Adressaten seiner *Panegyrik* nicht geschadet, bringen ihm vielmehr sogar das Amt eines Stadtpräfekten ein und sind auch kein Hindernis für seine Wahl zum Bischof der urbs Arverna (um 472). [17] Außerdem weisen zwei umfangreiche Hochzeitsgedichte – den mehr als 120 Hexametern ist jeweils eine *praefatio* in Distichen bzw. Hendekasyllaben vorgeschaltet – Sidonius als formbewußten Kasualpoeten aus. Ihn übertrifft an Zahl der G. und Vielfalt der Gattungsarten noch der aus Oberitalien stammende, nachmalige Bischof von Poitiers, VENANTIUS FORTUNATUS (geb. um 530); seinen Epithalamien, z. B. dem auf die Vermählung des königlichen Paares Sigibert und Brunhilde, seinen Epicedien und den kürzeren Epitaphien, schließlich den an unterschiedliche Personengruppen (Fürsten, Freunde, Konkleriker) gerichteten Gedichten auf verschiedene Gelegenheiten, u. a. die Erbauung oder Einweihung einer Kirche, anstehende Reisen, die Zusendung schmackhafter Speisen, eignet insgesamt ein (oft in hellenistischer Manier ausgeprägter) epideiktischer Grundzug.

Die kürzeren G., die eine gewisse Eleganz, ein Stil spielerischer Leichtigkeit auszeichnet – für den ja der Hellenismus (Kallimachos) gleichfalls Pate steht –, haben als gattungsgeschichtlichen Bezugspunkt die ‹Silvae› des P. PAPINIUS STATIUS; er gibt diesen Titel, mit dem er die Gemischtheit und rasche Behandlung seiner Themen anzeigt, fünf Büchern mit 32 G., die er nach dem Prinzip geordneter Variabilität komponiert [18] und trotz seines Bekenntnisses zur Improvisation und der Anbindung an die Lyriktradition seit Catull einer an der Rhetorik orientierten Technik der Textproduktion unterzieht. Entstehungsgebiet und Rezeptionsraum finden die G. im Umfeld des flavischen Hofes und seines Zentrums, des zum Gott erhöhten Kaisers Domitian (81–96), der, wenn nicht selbst Gegenstand imperial-religiöser Verehrung, doch stets implizit in den Texten und ihrer Abfolge gegenwärtig ist. Sie malen, ob durch eine Geburt (IV,8), Hochzeit (I,2), Krankheit (V,2), Reise (III,2), Beförderung (I,4) oder den Tod (II,1; III,3; V, 3 u. 5) veranlaßt [19], ein farbiges Bild der spätrömisch-flavischen Oberschicht und ihrer verfeinerten Lebensweise. Dazu tragen nicht zuletzt jene Silven bei, die, ein bestimmtes Objekt, z. B. eine Statue (IV,6) oder Villa (I,3 u. 5; II,2) exponierend, aus dem kasualpoetischen Schema ausbrechen und eine eigenständige lyrische Kategorie, nämlich die der Dinggedichte, wesentlich mitbegründen.

Die Kombination von pathetisch-weitschweifiger Panegyrik und pointiert beschriebenen Kleinigkeiten *(nugae)* bleibt auch für die lateinische Kasualpoesie des Mittelalters kennzeichnend. Der Berater Karls des Großen, ALKUIN, verfaßt neben einer längeren Elegie, in der er die Zerstörung des Klosters Lindisfarne beklagt und den Mönchen seiner northumbrischen Heimat Trost spendet, mehrere kürzere G., die sich auf Einrichtungen und Ereignisse des geistlichen Lebens beziehen und Freunden und Schülern gewidmet sind. [20] Bemerkenswert sind aber vor allem die G., die den politischen Weg des Königs begleiten – im Dichterkreis am Hofe in Tours figuriert Karl (768–814) unter dem Pseudonym «David» –, zeigen sie doch, daß die karolingische Renaissance der klassischen Literatur und Bildung, die ja von Alkuin betrieben wird, auch die Kasualpoesie erfaßt. Sie wird auch noch von dichtenden Mönchen des 9. Jh. wie WALAHFRID STRABO und dem Iren SEDULIUS SCOTUS, seit 848 Lehrer an der Domschule in Lüttich, gepflegt, die, gestützt auf eine theologisch fundierte Gelehrsamkeit, G. auf gekrönte Häupter, auf hohe geistliche und weltliche Herrn, aber auch für Freunde und Kollegen schreiben. Daraus läßt sich schließen, daß gerade den G. die esoterische Funktion der Gruppenbildung und -stabilisierung zukommt, die durch das lateinische Idiom und seine rhetorisch-poetische Kultivierung noch verstärkt wird; denn daran ist bis weit in die frühe Neuzeit hinein die Gelegenheitsdichtung gebunden. Zwar werden auch in der sich allmählich entwickelnden nationalsprachlichen Lyrik, z. B. in Liedern der Cambridger Sammlung des 11. Jh., Walthers von der Vogelweide oder Oswalds von Wolkenstein, politische Ereignisse aufgegriffen und historische Personen angesprochen, aber entweder fehlt ihnen die okkasionelle Ausrichtung oder der konkrete Adressatenbezug oder die durch den Text bekundete Verflechtung des Autors mit dem dargestellten Fall. So mindestens einer ihrer Konstituenten beraubt, verliert sich die Kasualpoesie ins Unwesentliche – das Verschwinden ihrer Merkmale und die dies bedingende Veränderung ihrer gesellschaftlichen Funktionalität zu verfolgen wäre die Aufgabe einer noch zu leistenden Darstellung der Systematik und Geschichte des G. in Antike und Mittelalter.

II. *Renaissance, Barock.* Zwei sozialgeschichtliche Faktoren beeinflussen im wesentlichen die Reaktivierung der Kasualpoesie in der Renaissance und treiben ihre an der Textmenge, Gattungsvielfalt und Multifunktionalität zu erkennende Blütezeit im Barock hervor: die höfische Ausrichtung des Dichters und seine Einbindung in einer sich überregional organisierenden *res publica litteraria*. Beide Orientierungspunkte haben schon volle Gültigkeit für die Renaissance-Autoren der oberitalienischen Stadtstaaten, die, beherrscht vom regierenden Fürsten und der ihn tragenden Adelsschicht, ebensowenig tatsächliche Republiken waren wie die der Gelehrten, die sich, zumeist bürgerlicher Herkunft, durch den Austausch von Briefen und Werken eher symbolisch in einem geistig-literarischen Kommunikationsraum zusammenschlossen. So dient das G. zum einen der Huldigung des Herrschers und sprachlichen Bestätigung der ihn stützenden Machtstrukturen, zum andern gibt es Auskunft über das Selbstverständnis des Poeten, seinen gebildeten Umgang und seine Teilnahme am akademischen Leben. Beide Intentionen erfüllt beispielhaft der mit dem Haus Lorenzos de' Medici innig verbundene florentinische Professor A. POLIZIANO, dessen G. von seiner langjährigen und weitwirkenden Beschäftigung mit den ‹Silvae› des Statius geprägt sind. [21] Aber noch 150 Jahre später nehmen die G. des Königsberger Professors für Poesie, S. DACH, einen epideiktischen Weg mit durchaus vergleichbarer zweifacher Zielrichtung: Als der (Große) Kurfürst Friedrich Wilhelm von Brandenburg-Preußen in seine «Churfürstliche Residentz Königsberg 1641» einzieht, schreibt er seinem Herrscher ein ‹Epibaterion›, in dem er die ganze Natur zu dessen Ehrung auftreten läßt; zuvor, 1638, hatte er den «hocherfreulichen» Aufenthalt seines schlesischen Kollegen, «des Edlen vnd Hochberühmten Herren Martin Opitzen von Boberfeldt», in einem Lied begrüßt, in dem er, diesem Reverenz erweisend, seine eigene poetische Leistung herausstreicht.

Daß für die Dichtung der Renaissance hauptsächlich die römische Antike maßgebend ist, schlägt sich auch in den G. nieder, für die neben einer Anlehnung an die o. a. Vorbilder der Silbernen Latinität vor allem das neulateinische Idiom kennzeichnend ist – als das Medium, in dem die *poetae docti* sich untereinander und mit ihren von Geburt adeligen und durch Bildung geadelten Adressaten verständigen. Nach dem Vorbild der italienischen Humanisten haben in fast allen Ländern Europas gelehrte Dichter neulatein. G. verfaßt: z. B. in Deutschland C. CELTIS (1459–1508), H. VON DEM BUSCHE (1468–1534), H. E. HESSE (1488–1540), N. VON REUSNER (1545–1602), C. BARTH (1587–1658), JACOB BALDE (1604–1668) und S. RETTENBACHER (1634–1706), in der Schweiz J. F. MONTANUS (1527–66), in Ungarn I. PANNONIUS (1433–72) und in Polen I. DANTISCUS VON HÖFEN (1485–1548), in den Niederlanden ERASMUS VON ROTTERDAM (1466 od. 69–1536), H. GROTIUS (1583–1645) und D. HEINSIUS (1580–1655), auf der britischen Insel A. BARCLAY (ca. 1475–1552) und noch J. MILTON (1608–74). Als die Pflege der Muttersprache europaweit zum poetologischen Programm erhoben wird, weil sich ihre Qualitäten erst in einer metrischen Zwängen gehorchenden und sich keiner Thematik verschließenden Dichtung beweisen könnten, wird auch das G. von diesem kulturpatriotischen Anliegen berührt, zumal einer schnellen poetischen Reaktion auf eine vorgegebene Situation, ihrer Vermittlung und der Kommunizierbarkeit des G. selbst der Gebrauch der Nationalsprache entgegenkommt.

Obwohl auch in anderen Ländern die Kasualpoesie den Autoren – wie in Frankreich P. DE RONSARD und der PLÉIADE – ein weites Feld zur Überprüfung ihrer muttersprachlichen Kompetenz bietet, spielt sie bei der Ausbildung einer deutschen Kunstsprache im 17. Jh. eine besondere Rolle, die mit der (ebenfalls in deutschen Landen verspäteten) Entwicklung des Absolutismus und einem damit einhergehenden Repräsentationsbedürfnis zusammenhängt und die Intensität der kontroversen literaturtheoretischen Auseinandersetzung mit dem G. im 18. Jh. erklärt. Seine poetologische Weihe erhält das G. vor allem dadurch, daß ihm M. OPITZ einen festen Platz in der Poetik zuweist und es als seriösen Gegenstand dichterischer Tätigkeit zwischen die «Hymni oder Lobgesänge» und die lyrischen Gedichte eingliedert. [22] Indem er sich aber zugleich gegen die unaufhörliche Produktion von G. wendet, sei doch derjenigen Ansinnen «dem gueten nahmen der Poeten» abträglich, «welche mit jhrem vngestümen ersuchen auff alles was sie thun vnd vorhaben verse fodern» [23], entzieht er die Produktion des G. der Pritschmeisterei und unterstellt sie den für die gesamte ‹Poeterey› gültigen Normen. Die regelgerechten Muster liefert er dann in seinen ‹Weltlichen Poemata› von 1625 mit den ‹Poetischen Wäldern›, in die er außer den in der Poetik erwähnten Silven-Arten Epithalamien und Epicedien einpflanzt. Mit den Opitzschen Regeln *(praecepta)* und Beispielen *(exempla)* wird die Herstellung deutschsprachiger G. (wobei Opitz wie auch S. Dach, P. Fleming, S. v. Birken u. a. durchaus bilingual verfahren, d. h. auch neulateinische G. schreiben) derart vorangetrieben, daß spätere Lehrbücher der Poetik, die sich dem G. extensiv widmen, ohne Schwierigkeiten ihr Beispielmaterial ausschließlich aus deutschen Texten rekrutieren können. Dazu zählen z. B. B. KINDERMANNS ‹Der deutsche Poet› (1664), die ‹Teutsche Rede-bind- und Dicht-Kunst› des S. VON BIRKEN (1674), A. C. ROTTHS ‹Vollständige deutsche Poesie› (1688) und nicht zuletzt C. WEISES ‹Curiöse Gedancken Von Deutschen Versen› (1692), die explizit auf gesellschaftlichen Erfolg durch «politesse» und «geschickte» Selbstdarstellung abzielen. Die weite Verbreitung und tatsächliche Beliebtheit der Kasualpoesie im Barockzeitalter – und die hier vorgenommene Konzentration auf das G. darf nicht darüber hinwegtäuschen, daß die Autoren von Opitz bis Weise auch in anderen Gattungsarten wie Libretti, Oratorien, Festspielen und Prosaeklogen bestimmte Ereignisse gefeiert haben – sind heute nicht mehr hinreichend einzuschätzen: Neben der schlechten bibliographischen Aufarbeitung des Bestandes stehen viele G. «als nichtkommerzielle Druckerzeugnisse privater Auftraggeber [...] von vornherein außerhalb des Buchmarktes» [24], sind also in «Verlags- und Meßkatalogen» gar nicht erfaßt; zudem erschweren spätere Versuche, unter Auslassung von Datum und Empfänger eigentliche G. für die wahre Lyrik zu retten, eine angemessene Beurteilung ihrer damaligen Akzeptanz. Ihre Höhe läßt sich aber schon daran ermessen, daß nicht wenige Dichter des 17. Jh. mit dieser «Beschäftigung der Nebenstunden» Hauptverdienste erwerben mußten und konnten und daß manche von ihnen überhaupt nur zu konkreten Gelegenheiten (v. a. bei neulateinischen Produktionen) dichteten. Insgesamt ist das G. ebenso in poetologischer Hinsicht wie als institutioneller Faktor bedeutsam: Daß für die Genese der barocken Lyrik die Kasualpoesie insofern wichtig ist, als sie Formen und Elemente bereitstellt (die, in Adagien, Florilegien und Reimkompendien katalogisiert, bei Bedarf abgerufen werden können), zeigt das Sonett des A. GRYPHIUS «auff den Einzug» der Henriette Marie, der Gemahlin Karls I. von England, 1644 in Angers. Die parallelistisch gereihten Lobpreisungen auf Herkunft, Nachkommen, Taten usw. in den Quartetten gehen auf die üblichen Topoi des *genus demonstrativum* zurück. Die besondere Gelegenheit nimmt Gryphius aber als Paradigma für die allgemeingültige Fallhöhe. An die apostrophierte Stadt ergeht die Aufforderung, das sorgenvolle Antlitz der vor dem englischen Bürgerkrieg in ihre französische Heimat geflohenen Königin zu betrachten und zu «lern[en], das was hoch / auch schmacht' in höher grawen». [25] Während so im Gedankengedicht der konkrete Anlaß und seine Darstellung ins Allgemein-Menschliche erhoben wird, bestimmt er, fest verankert im öffentlichen Bewußtsein, ansonsten die poetische Produktion derart, daß mancherorts verwaltungstechnische Maßnahmen zu ihrer Eindämmung getroffen werden müssen. In der Nürnberger ‹Verneuerten Leich=Ordnung› von 1705 z.B. ist festgeschrieben, daß den Angehörigen der Stadtpatriziats «höchstens zwey, in Folio» gedruckte «Leichen-Lieder» zustehen, den nächstrangigen Ständen des Bürgertums nur noch «Eines, in Quart», hingegen für die unteren städtischen Schichten der kleinen Kaufleute, Handwerker und Bediensteten «gar keine Lieder gedruckt werden, bey Strafe Sechs Gulden». [26] Diese Verordnung, erlassen zur Hochkonjunktur kasualpoetischer Mode in Deutschland, offenbart, daß zu Beginn des 18. Jh. nicht nur den höfischen Adel, sondern auch das Bürgertum in den freien Reichsstädten ein unstillbares Verlangen nach G. befällt und daß sie, um dieses zu befriedigen, in großen Mengen klassenübergreifend hervorgebracht werden. Darin ist jedoch schon die Krise des G. und sein baldiges Verschwinden aus der hohen Literatur vorgezeichnet.

Dem Wunsch des Adressaten, daß sein Andenken für die Nachwelt bewahrt und sein Ansehen bei der Mitwelt gesteigert werde, kommt das G. aufgrund seiner repräsentativen Funktion nach, die Teilhabe des Besungenen an der universellen, dem göttlichen Kosmos analogen Ordnung aufzuzeigen; sie strukturiert Staat und Gesellschaft und eben auch die Sprache, durch deren Regularität sie adäquat abzubilden ist. Als der Repräsentativität der exzeptionellen Ereignisse im Leben des einzelnen nicht mehr verstanden wurde, verlor das G. seine ideologische Basis. Einerseits wird es höfischer Galanterieware zugeschlagen, indem ihm die Gestaltung eines weniger herausragenden als delikaten bzw. exzentrischen Casus obliegt – ob nun der Juckreiz unter dem Mieder einer fürstlichen Mätresse die hofpoetische Phantasie in Schwung bringt oder ob der preußische «Oberzeremonienmeister» J. VON BESSER den ersten «Reitunterricht» des Kronprinzen am 14. April 1701 in Versen festhält und «über den Tod Wachtelchens, seiner kurfürstlichen Durchlaucht schönes Hundchen» wehklagt. [27] Andererseits verkommt das G. zum Dekorationsstück ökonomisch potenter Bürger, die damit ihren sozialen Aufstieg garnieren. Mit dem Verlust der weltanschaulich begründeten sozialen Funktionalität des G. geht ein gattungsimmanenter Korrosionsprozeß einher: Das Hochzeitsgedicht z.B., das J.C. GÜNTHER auf die ‹Asmannische Verbindung› am 7. Oktober 1721 verfaßt, ist, wie sein gewaltiger rhetorischer Aufwand und die zahlreichen fiktiven Szenen verraten, für die öffentliche Unterhaltung gedacht; zugleich wird aber, da dem Ehepaar ein Bereich der Intimität zugestanden wird, das Schlafgemach (griech. θάλαμος, thálamos) dem Blick der Öffentlichkeit entzogen. Zwar hält auch Günther noch am Modell des Mäzenatentums fest, was die panegyrische Dichtung rechtfertigt, aber indem er das G. mit persönlichen Daten anreichert und mit subjektiven Motiven auflädt, durchbricht er dessen verbindliche Repräsentativität. [28] Die sich im Laufe des 18. Jh. allmählich durchsetzende Selbstaussprache des emanzipierten Subjekts in der Lyrik, die poetische Normen und öffentliche Ansprüche ignoriert, führt schließlich das Ende des G. rhetorisch-humanistischer Prägung herbei.

III. *Kontroversen um das G. seit der Frühaufklärung.* Insbesondere am Phänomen der Massenhaftigkeit setzt die aufgeklärte Kritik am G. an, wobei seine Käuflichkeit, die die Dichtkunst entwerte, ebenso angeprangert wird wie die feudal-absolutistische Attitüde der öffentlichen Ausstellung von Ereignissen, die eigentlich der Privatsphäre angehörten, d.h. einem vom Bürgertum gegen den Adel mit moralischen Marksteinen abgegrenzten soziokulturellen Bereich. [29] Im Rahmen der ästhetischen Diskussion über den «Geschmack» im 18. Jh. muß gerade das G. zur Konturierung unterschiedlicher poetologischer Positionen herhalten; beispielhaft ist hierfür die Auseinandersetzung zwischen G.F. MEIER und GOTTSCHED. [30] Während Meier den schlechten Geschmack der Masse beklagt, den die im ständigen Wechsel von Sender und Empfänger beliebig multiplizierbare Produktion der G. befriedige, weshalb sie zur Rettung der wahren Poesie administrativ einzudämmen sei, vertritt Gottsched unter Berufung auf berühmte Autoren der Antike, die alle G. (eine Gottschedsche Begriffsbildung) verfaßt hätten, die Meinung, daß die Qualität eines Werks nicht von der Beliebtheit einer bestimmten Gattung abhänge. Gute Dichter würden, «durch die vorfallenden Umstände, die sie rühren, in Bewegung gesetzt», [31] darüber auch gute Gedichte schreiben, die, durch Einzeldrucke verbreitet, manche Leser überhaupt erst an die Poesie heranführten. Gottscheds Plädoyer vermochte der raschen Diskreditierung des G. im 18. Jh. aber nicht entscheidend entgegenzuwirken; schon bald klebten ihm die bis heute haftenden Etikette der Gekünsteltheit, Unechtheit und Opportunität an. Von «Bastardtöchtern der Muse» sprach schließlich SCHILLER (1782). Die Ankläger im ästhetischen Prozeß gegen das adressatenbezogene, gewinnorientierte, nach außen gerichtete und rhetorisch fabrizierte G. hatten ihr positives Pendant in Goethes Sesenheimer Liedern und Frankfurter Hymnen gefunden: hier artikulierte sich das schöpferische Genie, das sich von der normativen Poetik so zu emanzipieren wußte, wie sich der Bürger von seiner politischen Unmündigkeit zu befreien wünschte. GOETHE allerdings versucht zu Beginn des 19. Jh. eine Neubewertung des «verächtlich» gemachten G., das er «die erste und echteste aller Dichtarten» nennt. Eckermann notiert unter dem 18. Sept. 1823 sein provokantes Diktum: «Alle meine Gedichte sind Gelegenheitsgedichte, sie sind durch die Wirklichkeit angeregt und haben darin Grund und Boden.» [32] Veranlaßt durch die Realität, werde «ein spezieller Fall» durch die Behandlung des Dichters «allgemein und poetisch». Damit wird das G. zum gattungspoetischen Muster für Goethes Symboltheorie und so ins Zentrum seines Literaturverständnisses gerückt, zugleich aber als Begriff doppeldeutig, weil er nun sowohl das institutionalisierte *Casualcarmen* als auch das individuelle Erlebnisgedicht umfaßt. Was immer Goethe zu dieser Hochschätzung bewogen haben mag – das Bedürfnis, der drohenden Isolation künstlerisch-autonomer Ichaussprache durch eine stärkere Berücksichtigung der Erfahrungswelt zu begegnen, oder der Versuch, die eigene kasualpoetische Produktion im nachhinein poetologisch zu rechtfertigen und damit dem Vorwurf der Lobdienerei zu entziehen –, die Festlegung der Lyrik auf den subjektiven Gefühlsausdruck konnte er nicht mehr aufhalten, und da die «Innerlichkeit», die sich aus einer «Stimmung» ergibt – HEGEL sieht sie immerhin auch als mögliche Resultante der «Reflexion» [33] –, zum entscheidenden lyrischen Parameter wurde, mußte das ‹veräußerlichte› und ‹bewußt konstruierte› G. der ästhetischen Verdammnis anheimfallen. Nurmehr im kleinen Kreis bürgerlich-biederer Beschaulichkeit wird es noch gepflegt, etwa wenn E. MÖRIKE, häusliche Verhältnisse in klassischen Formen bewahrend und ins Idyllische erhebend, «Herrn Bibliothekar Adelbert von Keller bei verspäteter Zurücksendung einer Ausgabe des Catullus» oder «Der Base Lottchen Neuffer, die durch einen Sturz vom Schlitten den Geruch verloren hatte», schreibt. (Die Herrscherpanegyrik hat sich allerdings, indem sie auf die Markierung bestimmter Gelegenheiten verzichtet, durch die Zeiten und Machtkonstellationen erhalten, was Lobgedichte von J. Weinheber auf Hitler und J. R. Becher auf Stalin belegen.) Die weitere Zurückdrängung der Lyrik auf das Innenleben des Dichters, vollzogen etwa in W. Diltheys metaphysischer Feier des Erlebnisses und durch seine literaturwissenschaftliche Anhängerschaft (O. Walzel, E. Ermatinger, F. Gundolf u. a.) [34], kulminiert in E. Staigers anthropologischer Reduktion des lyrischen Gedichtes auf sich selbst, das bedingungslos, unbegründbar und «unmittelbar verständlich» sei. [35] Demgegenüber erscheint das G. als kalkuliert, unecht und ohne «großen künstlerischen Wert». [36] Bezeichnenderweise haben selbst Untersuchungen, die der Geschichte der Kasualpoesie nachgehen – wie die ‹Pilotstudie› von C. Enders (1909), sich ihrem Gegenstand «als Spiegelbild der kulturgeschichtlichen Entwicklung» nur «mit einem ästhetischen Schauder» zu nähern vermocht; denn «nur selten fällt eine persönliche Formung in die Augen, klingt ein Herzenston auf in diesen Unendlichkeiten von Reimereien, die durch die unbedeutendsten und zufälligsten ‹Ereignisse› veranlaßt sind.» [37] Wie ein solches Elaborat in ein originelles Poem umzuwandeln ist, zeigt J. Pfeiffer in seiner Auswahl von Gedichten P. Flemings. Darin druckt er als Zeugnis «einer ebenso beseelten wie besonnenen Dichtweise» ein zweistrophiges Gedicht mit dem Titel ‹Auf den Tod eines Kindes› ab [38]; tatsächlich handelt es sich dabei aber um die Strophen fünf und acht des umfangreichen, kasualpoetischen Regeln gehorchenden G. ‹über Herrn Johan von Wangersheim erstgeborenen Söhnleins Kunradens Absterben an die Freundschaft› (1635), das ohne den traurigen äußeren Anlaß nie zustande gekommen wäre.

Die Rehabilitation des G. fällt mit der Neubewertung der Rhetorik und ihrer textkonstituierenden Funktion zusammen, was insbesondere für die Barockforschung seit Mitte der 60er Jahre gilt; zuvor nämlich hatte man die goethezeitlichen Kategorien des autonomen Sprachkunstwerks auf Texte des 17. Jh. übertragen, weshalb sie deren spezifischem Charakter repräsentativer Öffentlichkeit nicht gerecht zu werden vermochte. Vor allem die Studie von W. Segelbrecht über das G. (1977), die er als «ein Beitrag zur Geschichte und Poetik der deutschen Lyrik» versteht, sucht die Kasualpoesie von einem ihrer Entstehungszeit adäquaten Dichtungsbegriff her systematisch zu erfassen und, was dann durch etliche sozialgeschichtliche Einzeluntersuchungen zur deutschen Literatur des 17. und frühen 18. Jh. präzisiert worden ist, ihre tatsächliche kulturhistorische Bedeutung darzulegen. Nicht zufällig bezieht sich H. HEISSENBÜTTEL ausdrücklich auf Segebrechts Arbeit, wenn er sich auf das barocke G. als ein «Machwerk» beruft, «das bewußt gemacht worden ist und sich seines Gemachtseins nicht schämt». [39] Während T. S. ELIOT im Bemühen um «gegenständliche Entsprechung» (1919) und P. ÉLUARD zur Betonung der politisch-gesellschaftlichen Dimension der Lyrik (1942) an kasualpoetische Traditionen anknüpfen, interessiert Heißenbüttel die Verwertbarkeit der überkommenen poetischen Muster unter den heutigen sprachlichen und bewußtseinsgeschichtlichen Bedingungen; er verfolgt innerhalb des «Bezugszusammenhangs», den er sich aus den Daten über Adressaten und Anlässe «stets aufs neue» erstellen muß, Möglichkeiten «literarischen Machens». Im Gegensatz zu G. GRASS, der im (nach)goetheschen Sinne behauptet, daß die Keimzelle des G. «immer ein Erlebnis» sei [40] und damit auf dem individuellen (textexternen) Anlaß beharrt, nimmt Heißenbüttel die Gelegenheit als ein (textimmanentes) Experiment zur Überprüfung des sprachlichen Materials. Solche Bestrebungen zur Restituierung des G. und seiner gattungstheoretischen Grundlagen berühren aber kaum das heute vorherrschende Verständnis vom G. als einem gereimten Gebrauchstext. Wie und zu welchen Ereignissen ein derartiges Werk anzufertigen ist, ist z. B. G. Röhrigs ‹Handbuch für Gelegenheitsdichter› (1981) zu entnehmen, das den ‹Weg ins Reich der Verse› weist, ‹Elemente der Dichtkunst› vermittelt, ‹handwerkliche Ratschläge› erteilt und – ganz nach Art barocker Kasualpoetiken – beispielhafte Muster zur Feier von Geburtstagen, Hochzeiten und Dienstjubiläen anführt. Die Intention, die sich hinter diesen kasualpoetischen Lektionen verbirgt, drückt sich im Motto des Lehrbuchs aus, das aus der Feder von W. Busch stammt: «Wie wohl ist dem, der dann und wann, / sich etwas Schönes dichten kann.»

Anmerkungen:
1 W. Segebrecht: Das G. Ein Beitr. zur Gesch. und Poetik der dt. Lyrik (1977) 89–110. – **2** M. Opitz: Buch von der dt. Poeterey. Nach der Ed. v. W. Braune, neu hg. v. R. Alewyn, (²1966) 22. – **3** J.C. Scaliger: Poetices libri septem (Lyon 1561) III,C. – **4** Quint. X,3,17. – **5** Statius, Silvae Praef. I,3ff. – **6** W. Adam: Poetische und kritische Wälder. Unters. zu Gesch. und Formen des Schreibens ‹bei Gelegenheit› (1988) 31–37. – **7** H. Rüdiger: Göttin Gelegenheit. Gestaltwandel einer Allegorie, in: arcadia 1 (1966) 121ff. – **8** M. Opitz: Weltliche Poemata (1644), hg. v. E. Trunz (1967) T1.I, 466f. – **9** C. Wiedemann: Barockdichtung in Deutschland, in: A. Buck (Hg.): Neues Hb. der Literaturwiss., Bd. X,2 (1972) 184. – **10** J. Dyck: Ticht-Kunst. Dt. Barockpoetik und rhet. Tradition (1966) 27ff. – **11** H. Lausberg: Hb. der lit. Rhet. (³1990) § 239ff. – **12** Segebrecht [1] 114f. – **13** Lausberg [11] § 273ff. – **14** H.-H. Krummacher: Das barocke Epicedium. Rhet. Tradition und dt. Gelegenheitsdichtung im 17. Jh., in: Jb. der Schillerges. XVIII (1974) 89ff. – **15** A. Lesky: Gesch. der griech. Lit. (²1963) 238. – **16** M. v. Albrecht: Gesch. der röm. Lit. II (1992) 1068. – **17** A. Ebert: Gesch. der christlich-latein. Lit. (1874) 401ff. – **18** Adam [6] 75f. – **19** ebd. 48f. – **20** A. Ebert: Allg. Gesch. der Lit. des MA im Abendlande II (1880) 27ff. – **21** Adam [6] 93ff. – **22** Opitz [2] 22. – **23** ebd. 11. – **24** W. Segebrecht: Zur Produktion und Distribution von Casualcarmina, in: A. Schöne (Hg.): Stadt-Schule-Universität-Buchwesen und die dt. Lit. im 17. Jh. (1976) 524. – **25** vgl. R. Drux: Casualpoesie, in: H. A. Glaser (Hg.). Dt. Lit. Eine Sozialgesch., Bd. 3 (1985) 413. – **26** Zit. A. Schöne: Kürbishütte und Königsberg. Modellversuch einer sozialgeschichtl. Entzifferung poet. Texte. Am Beispiel Simon Dachs (1975) 47. – **27** C. Enders: Dt. Gelegenheitsdichtung bis zu Goethe, in: GRM 1 (1909) 295. – **28** R. Drux: «Das wider viele ungegründete Vorwürffe vertheidigte Frauenzimmer», in: H.-G. Pott (Hg.): J.C. Günther (1988) 30ff. – **29** vgl. U.-K. Ketelsen: Poesie und bürgerlicher Kulturanspruch, in: Lessing Yearbook VIII (1976) 89ff. – **30** Segebrecht [1] 255ff. – **31** Gottsched:

Untersuchung, ob es einer Nation schimpflich sey, wenn ihre Poeten kleine und sogenannte G. verfertigen, in: Neuer Büchersaal der schönen Wiss. und freyen Künste, Bd. II, 5. Stück (1746) 472. – **32** J. P. Eckermann: Gespräche mit Goethe, hg. v. F. Bergemann (1981) 44. – **33** Hegel: Ästhetik, hg. F. Bassenge (1955) 1002. – **34** vgl. W. Segebrecht: Goethes Erneuerung des G., in: Goethe Jb., Bd. 109 (1991) 129f. – **35** E. Staiger: Grundbegriffe der Poetik (Zürich ⁴1959) 46. – **36** G. v. Wilpert: Sachwtb. der Lit. (⁵1969) 289f. – **37** Enders [27] 292. – **38** P. Fleming: Gedichte. Auswahl u. Nachwort v. J. Pfeiffer (1967) 82. – **39** H. Heißenbüttel: Zum G., in: Mit gemischten Gefühlen. Lyrik-Katalog Bundesrepublik (1978) 440. – **40** G. Grass: Das G. oder – es ist immer noch, frei nach Picasso, verboten, mit dem Piloten zu sprechen, in: ders.: über meinen Lehrer Döblin und andere Vorträge (1968) 17.

Literaturhinweise:
H. Hertl: Die Danziger Gelegenheitsdichtung der Barockzeit (1939). – W. Wimmel: Kallimachos in Rom. Die Nachfolge seines apologetischen Dichtens in der Augusteerzeit (1960). – H. Cancik: Unters. zur lyrischen Kunst des P. Papinius Statius (1965). – A. Buck: Die humanist. Tradition in der Romania (1968). – M. v. Albrecht, E. Heck (Hg.): ‹Silvae›. FS für E. Zinn zum 60. Geb. (1970). – W. Barner: Barockrhet. (1970). – F. Brunhölzl: Gesch. der lat. Lit. des MA, Bd. I, (1975). – R. Lenz (Hg.): Leichenpredigten als Quelle histor. Wiss. (1975). – D. Forst, G. Knoll (Hg.): Gelegenheitsdichtung (1977). – J. Leighton: Das barocke Sonett als G., in: M. Bircher, E. Mannack (Hg.): Dt. Barocklit. u. europ. Kultur (1977) 141–167. – M. Beetz: Rhetor. Logik. Prämissen der dt. Literatur im Übergang vom 17. zum 18. Jh. (1980). – W. Segebrecht: Die biblograph. Erschließung der Gelegenheitsdichtung des 16.–18. Jh., in: H.-H. Krummacher (Hg.): Beitr. zur bibliograph. Lage in der germanist. Literaturwiss. (1981) 223–256. – R. Ledermann-Weibel: Züricher Hochzeitsgedichte im 17. Jh. (1984). – R. Drux: «Machwerke». H. Heißenbüttels poetologischer Rekurs auf die Barocklit., in: K. Garber (Hg.): Europ. Barock-Rezeption (1991) 829–837.

R. Drux

→ Eloge → Enkomion → Epicedium → Epideiktische Beredsamkeit → Epithalamium → Gelegenheitsrede → Herrscherlob → Laudatio → Lyrik

Gelegenheitsrede
Der Begriff ‹G.› dient als Sammelbezeichnung für Reden, die aus verschiedensten Anlässen im privaten Kreis oder auch öffentlich gehalten werden. Die G. gehört zum epideiktischen Genos und deckt sich weitgehend mit der sog. ‹Festrede›. Als gebräuchlicher Begriff setzt sich die ‹G.› wohl erst im 19. Jh. durch, obgleich GOTTSCHED schon von «Gelegenheiten» spricht, die den Redner veranlassen, eine Rede zu halten. [1] Das von J. H. CAMPE zu Anfang des 19. Jh. herausgegebene ‹Wörterbuch der deutschen Sprache› enthält den Begriff ‹G.› noch nicht; GRIMMS Wörterbuch (1897) jedoch führt die G. mit Angabe von Beispielen synonymer Verwendung wie ‹Festrede› und ‹Tischrede› auf. [2] Zu einer differenzierteren und umfassenderen Einschätzung kommt bereits C. WOLFF in seinem ‹Handbuch deutscher Beredsamkeit› (1846). Er setzt die G. mit der «Convenienzrede» gleich, unter der «man im Allgemeinen diejenigen Reden (versteht), welche bei besonderen Gelegenheiten gehalten werden. [...] Streng genommen bilden sie größtenteils nur eine Übergangsgattung von den Abhandlungen zu den Reden und beschäftigen sich vorzüglich mit wissenschaftlichen oder der Wissenschaft verwandten Gegenständen. Es gehören dahin die Lob- und Trauerreden, die Reden in den Akademien der Wissenschaften, die Universitätsreden und die Schulreden sowie die Anreden. Ihre äußere Form wird durch die besonderen ceremoniellen Verhältnisse bestimmt; die Gattung des Styls, welche man am meisten bei ihnen anwendet, ist die mittlere.» [3]

R. VOLKMANN überträgt den Begriff ‹G.› auf die antike Beredsamkeit. Er gebraucht ihn für die verschiedenen Spielarten der epideiktischen Reden «im sophistischen Zeitalter» (d.h. der Zweiten Sophistik), also für die «Lob- und Danksagungsreden an die Kaiser, Festreden, Einladungsreden, begrüßende Ansprachen, Antritts- und Abschiedsreden, Hochzeitsreden, Geburtstagsreden, Leichenreden, Trostreden und Beglückwünschungsreden aller Art». Nach seinen Angaben hat insbesondere Ps.-DEMETRIOS in ‹Περὶ ἑρμηνείας› die ‹G.› (λόγος ἐντευκτικός, lógos enteuktikós) als eigene Gruppe epideiktischer Reden unterschieden; MENANDER RHETOR hat in seinem Werk ‹Περὶ ἐπιδεικτικῶν› die meisten Formen der G. beschrieben. [4]

Die begriffliche Unschärfe und den Charakter als Sammelkategorie behält der Terminus ‹G.› auch in der Gegenwart. Bei der Musterung populärer rhetorischer Ratgeber kommt A. BREMERICH-VOS zu dem Befund, daß die Eintragungen unter dem Stichwort ‹G.› am umfangreichsten sind und sowohl Begrüßungs- bzw. Eröffnungs- und Einleitungsreden als auch Schlußworte, Dankes- und Verabschiedungsreden umfassen. «Als Redeanlässe im Kontext von Beruf, Freizeit, Familie und Öffentlichkeit figurieren Taufen, Geburtstage, Kommunionen, Verlobungen, Hochzeiten, Hauseinweihungen, Eröffnungen, Jubiläen, Preis- und Ordensverleihungen, sonstige Ehrungen und Auszeichnungen, Amtseinführungen, Jahresversammlungen, Betriebsfeste, Begräbnisse. Hier sind zum Teil Ansprachen gefordert, zum Teil Festvorträge bzw. -reden, zum Teil aber auch nur Trinksprüche, Tisch- oder auch, wie gar nicht selten vermerkt wird, Damenreden.» [5]

Anmerkungen:
1 J. C. Gottsched: Ausführliche Redekunst (1736; ND 1973) 417. – **2** J. H. Campe: Wtb. der dt. Sprache, Bd. 2 (1808); ND 1969); Grimm, Bd. 5 (1897; ND 1984) Sp. 2952. – **3** C. Wolff: Hb. dt. Beredsamkeit (1846) 405. – **4** R. Volkmann: Die Rhet. der Griechen und Römer (²1885; ND 1987) 18, 336, 338. Ps.-Demetrios' Einteilung markiert vielleicht den Beginn einer Tendenz, die epideiktische Redegattung in eine größere Zahl von Unterarten aufzuteilen. So G. Kennedy: The Art of Persuasion in Greece (Princeton/N. J. 1963) 285. Zu Menander vgl. D. A. Russell, N. G. Wilson (Eds.): Menander Rhetor (Oxford 1981). – **5** A. Bremerich-Vos: Populäre rhet. Ratgeber. Hist.-systematische Unters. (1991) 60.

W. Hilgendorff

→ Abschiedsrede → Begrüßungsrede → Bittrede → Dankrede → Epideiktische Beredsamkeit → Festrede → Geburtstagsrede → Gelegenheitsgedicht → Lobrede → Praktische Rhetorik

Gelehrtenliteratur (auch Gelehrtendichtung, Bildungsliteratur; engl. learned poetry, learned literature; frz. poésie et littérature savante; ital. poesia et letteratura erudita)
Gelehrtensprache (engl. language of scholars; frz. langage érudit; ital. lingua erudita)
A. I. ‹Gelehrtenliteratur› (Gl.) ist ein Phänomen besonders des 16., 17. und frühen 18. Jh. Nur im weiteren Sinn wird man auch in der Antike, im Mittelalter, im 19. Jh. und heute von ‹Gl.› sprechen können. Allgemein wird unter ‹Gl.› jene Literatur gefaßt, die einen überwiegend gelehrten Gegenstand in einer angemessen gelehr-

ten Sprache präsentiert. Sie wird deshalb von einem überdurchschnittlich gebildeten und somit sozial begrenzten Leserkreis rezipiert. Die deutliche – auch äußerliche – soziale Anerkennung der *nobilitas litteraria* (des ‹Gelehrtenadels›) vom Humanismus bis zur frühen Aufklärung dürfte die Produktion von Gl. und ihre stark elaborierte Sprache erheblich begünstigt haben. Nicht alle Literatur, die von Gelehrten verfaßt wird, ist automatisch Gl.; allerdings kann das Verfassen von Gl. eine Nobilitierung als ‹Gelehrter› intendieren. Für die Bestimmung von Gl. ist ausschlaggebend, daß das gelehrte Wissen als Element des jeweils geltenden gelehrten Diskurses erkennbar ist, also von einer durch ihre Bildung bestimmten Gruppe in dem literarischen Text zwar vielleicht nicht vollständig erfaßt, aber doch identifiziert werden kann. Das Verständnis der Gl. setzt nicht nur voraus, daß die Sprache der Texte (oft ‹Gelehrtensprache›) beherrscht wird, sondern daß der spezifische Sprachgestus, Anspielungen, eingeschobene Reflexionen, Verweise, Zitate, Namen und wissenschaftliche Fakten, die in das jeweilige Werk integriert sind, rezipiert, bewertet und zugeordnet werden können. Oft beziehen sich in der Gl. einzelne Anspielungen auf komplexe gelehrte Diskurse, aus deren Zusammenhang erst ganze Passagen der Texte deutlich werden. Eine hohe Sprachkompetenz und entlegene Kenntnisse oder genaue Kommentare und Anmerkungen sind in vielen Fällen für das Verständnis – zumal der älteren – Gl. unerläßlich. Der Verfasser (und auch der Leser) von Gl. hatte in der Regel wenigstens die unterste Stufe des gelehrten Kursus durchlaufen; er war akademisch gebildet und gehörte insofern dem *mundus litterarius* (der gelehrten Welt, später: ‹scientific community›) an, war aber nicht unbedingt ein Fachgelehrter im modernen Sinne. Allerdings implizierte die Bezeichnung ‹gelehrt› fast immer soziale Vorteile. Der ‹Gelehrte› war nicht nur angesehen, sondern hatte bis zum 18. Jh. bestimmte Standesprivilegien. Die Bezeichnung ‹gelehrt› umfaßt allgemein die lateinischen Begriffe *litteratus, doctus, scholasticus* und *eruditus*.[1] Den Verfasser von Gl. nennt man *poeta doctus* (auch: *poeta eruditus*; beide Epitheta gehen auf griech. σοφία, sophía, Weisheit, zurück), einen ‹gelehrten Dichter›. Das heißt aber nicht, daß er auch aktiv einen gelehrten Beruf ausüben muß. Er zeichnet sich allerdings durch «Wissenschaftsorientiertheit, Traditionsbindung, Handwerklichkeit und Arbeitsethos, Exklusivität für die Verständigen», sowie durch eine Vorliebe für «Reflexion und Theorie» aus.[2] Dem *poeta doctus* steht der weniger *handwerklich* orientierte *(poeta) vates*, der gottbegnadete, begeisterte, geniale Dichter, der Volkssänger und Seher gegenüber. Literatur, die ausschließlich auf Konzeptionen der Genie-Ästhetik beruht, wäre systematisch als das Gegenteil von Gl. zu begreifen.

Ein Problem stellt die adäquate Übersetzung des deutschen Terminus ‹Gl.› dar, weil die meisten europäischen Philologien begrifflich zwischen gebundenen und ungebundenen poetischen Texten unterscheiden, ‹Gl.› aber ausdrücklich beide Bereiche meint. Sinnvoll scheint deshalb eine differenzierende Übertragung.

II. ‹Gelehrtensprache› (Gs.) ist erstens von einem gelehrten Soziolekt und einer gelehrten Rhetorik zu unterscheiden, die bewußt Gelehrtheit suggerieren will, indem sie einen bestimmten Jargon, spezifische Termini oder eine komplizierte Syntax verwendet. Zweitens sollten auch Fach- und Wissenschaftssprachen, die die sprachlichen Voraussetzungen für die Bezeichnung spezieller szientifischer Phänomene liefern, nicht notwendig als Gs. gefaßt werden, wenngleich sowohl der Gebrauch von gelehrter Rhetorik als auch von speziellen Fachtermini typische Merkmale der Gs. sein können. Der Begriff ‹Gs.› bezeichnet vielmehr eine von der gelehrten Welt verwendete und gepflegte eigene Sprache, die in der Regel nicht die Muttersprache ist und die deshalb von Ungebildeten nicht oder nur unzureichend verstanden wird oder werden soll; sie dient der Abgrenzung der sozialen Gruppe der Gelehrten, der Konstitution der *res publica litteraria* (Gelehrtenrepublik). ‹Gs.› ist insofern als eine – wenn auch relativ weit verbreitete – primär sozial und keineswegs ethnisch verifizierbare Sprache zu beschreiben. Die einheitliche Gs. ermöglicht eine Verständigung über gewöhnliche Sprach- und Landesgrenzen hinaus; sie dient dem internationalen Austausch innerhalb der gelehrten Welt und steht daher im Kontext des Kosmopolitie-Ideals, das seit der Spätantike die Denkweise der Gelehrten prägt. Bis ins 18. Jh., in einigen Bereichen sogar bis ins 19. Jh., galt als Gs. ausschließlich das Latein. Es war «Signum sozialer Exklusivität [...], Statusmerkmal und [hatte] seine Funktion als Träger sozialer Distinktionsbedürfnisse».[3] Als Hauptargument gegen die Emanzipation der Muttersprache zur Gs. führte man die Gefahr eines dramatischen Bildungsverlustes, einer drohenden Barbarei an. Tatsächlich dürfte die Angst vor der Aufgabe der zentralen (äußeren) Merkmale der *nobilitas litteraria*, das den Gelehrtenstand sowohl vom Adel, als auch von den unteren Bevölkerungsschichten abhob, nicht unwesentlich zur Erhaltung des Lateins als Gs. beigetragen haben.[4] In der Moderne setzt sich zunehmend als internationale Wissenschaftssprache mit weniger deutlich ausgeprägten sozialen Funktionen besonders im Bereich der naturwissenschaftlichen Forschung das Englische durch.

B.I. In der *Antike* könnten eigentlich schon die Epen Homers (wie später auch Vergils ‹Aeneis›) als ‹Gl.› gelten; sie fassen das gelehrte – das mythische – Wissen ihrer Zeit in anspielungsreichen literarischen Texten zusammen. Und schon Platon formuliert im ‹Gorgias› Ideen für eine adäquate gelehrte Rede, wenn er die Forderung nach einer Verbindung von fundiertem Wissen und öffentlichem Vortrag stellt.[5] Auch die Dramen des Euripides könnte man als frühe Beispiele einer Gl. anführen. ‹Gl.› im engeren Sinne, die prinzipiell lehr- und erlernbar ist, die einen gewissen Systemcharakter hat, findet sich aber erst im Späthellenismus. Mit dem Aufkommen von Einzelwissenschaften und einem gesteigerten Interesse an der Pflege des Alten, an der musealen und bibliothekarischen Verwaltung von Wissen und Wissenszeugnissen entsteht der Typus des *poeta doctus*, des Dichters, in dessen Werk sich vielfältig die geachtete Tradition spiegelt. Zum Prototypen dieses neuen Dichterideals wird Kallimachos, Gelehrter an der größten Bibliothek des Altertums in Alexandria, Philologe, Erzieher und Dichter anspielungsreicher Kleinformen und eines mythologischen Lehrgedichts. Für ihn ist präzises in der philologischen Forschung erworbenes Fachwissen unabdingbare Voraussetzung anspielungsreichen Dichtens; es ist gewissermaßen Bestandteil seiner ‹Gl.›: Ἀμάρτυρον οὐδὲν ἀείδω (ich singe nichts Unbezeugtes).[6]

Die erste Gruppe römischer Dichter der Gl. sind die *Neoteriker*, deren bekanntester Vertreter Catull ist. Charakteristisch für sein Werk ist die Verbindung von Gl. und Liebeslyrik. Auch Horaz vertritt keine trokkene, erstarrte Gl., sondern eine Poesie, die vergnüglich *und* gelehrt ist. Die berühmteste Formulierung in seiner ‹Ars poetica›, «aut prodesse volunt aut delectare poetae» [7], die Forderung nach einer Verbindung von unterhaltender und belehrender Dichtung, bildet den Bezugspunkt fast aller zukünftigen Gl. Eine Rückbesinnung auf die Tradition (besonders auf die als Vorbild angesehene griechische Literatur) und formale Kenntnisse *(ars)* sollen fortan verknüpft werden mit dichterischem Einfallsreichtum, mit Begabung *(ingenium)* und einem spielerischen Umgang mit den Traditionen, den literarischen Formen und dem sprachlichen Material. Orientierungspunkt soll dabei die Angemessenheit *(decorum)* sein.

II. Den Fachgelehrten im heutigen Sinn gibt es im *Mittelalter* nicht. «Als gelehrt galten [...] sämtliche Kleriker als alleinige Inhaber der Lese- und Schreibtechnik.» [8] Sie waren nicht nur Theologen, sondern in gewissem Sinn automatisch Universalgelehrte und konnten bis in die frühe Neuzeit hinein gleichzeitig auch ‹Dichter› sein, d. h. Gelehrte, die nebenbei Literatur verfaßten. [9] Die Weltsprache der Scholastik – also auch ihre ‹Gs.› – war ausschließlich Latein. Lateinisch verfaßt ist in der Regel auch die Gl. Zu erwähnen ist z. B. das vorwiegend didaktisch ausgerichtete Werk von HRABANUS MAURUS, der in seinen Texten neben den Kirchenvätern die griechische, besonders die platonische Philosophie verarbeitet. Universal gelehrt tritt auch JOHANNES VON SALISBURY auf, der neben seiner philosophiegeschichtlichen Lehrdichtung ‹De dogmate philosophorum›, wissenschaftstheoretische und staatsrechtliche Gedanken entwirft. HROTSVITH VON GANDERSHEIM schreibt nach einigen Heiligenlegenden gelehrte geistliche Lesedramen (‹Abraham›, ‹Calimachus›, ‹Sapientia›) mit zum Teil historischen, auch spätantiken Stoffen. Sie belebt damit eine seit der Antike nicht mehr gepflegte Gattung. Das späte Lehrstück ‹Pafnutius› enthält neben gelehrten Dialogen (u. a. über Musiktheorie) Ausführungen über das Verhältnis von Wissenschaft und Religion, die auch als Rechtfertigung gelehrten Schreibens lesbar sind: «Nec scientia scibilis/deum offendit», sagt der Einsiedler Pafnutius zu einem Schüler, «sed iniustitia scientis». (Nicht die erforschliche Weisheit kränkt Gott, sondern des Wissenden Überheblichkeit.) [10] Für die Wirkung und Anerkennung dieser Werke als Gl. ist die Herausgabe der ‹Opera› Roswithas durch den Humanisten K. Celtis wichtig. Erwähnenswert sind daneben antikisierende Werke wie der ‹Waltharius› und vereinzelte deutschsprachige Nachdichtungen antiker Texte (ALBRECHTS VON HALBERSTADT Ovid-Übertragung).

Im weiteren Sinn könnte man sogar von einer Art eigenständiger muttersprachlicher Gl. sprechen, die sich allerdings – weil sie deutsch verfaßt ist – ausdrücklich nicht (nur) an Gelehrte wendet. Die mittelalterliche Spruchdichtung (FRAUENLOB) wäre hier zu nennen, aber auch solche Werke, die offensichtlich auf die Popularisierung des gelehrten Wissens zielen: HUGOS VON TRIMBERG *Laienenzyklopädie* ‹Der Renner› etwa oder THOMASINS VON ZERKLAERE ‹Der welsche Gast›. Auch die mittelhochdeutschen Epen enthalten Zeugnisse der Gelehrtheit ihrer Verfasser, wenn auch eine zur Schau gestellte Gelehrtheit ausdrücklich nicht intendiert zu sein scheint (WOLFRAM VON ESCHENBACH). HARTMANNS Bekenntnis, er sei «ein ritter sô gelêret [...], daz er an den bouchen las» [11], ist die Ausnahme. Im Spätmittelalter setzt HEINRICH WITTENWILERS ‹Ring› eine große Belesenheit voraus, um die Fülle der Anspielungen und Zitate aus theologischen, juristischen und philosophischen Texten verstehen zu können.

III. In der *Renaissance* wandelt sich das Verständnis der Gs. Nicht mehr das Latein schlechthin, sondern das klassische römische Latein Ciceros wird zum Ideal humanistischer Gs. Die wenig elegante Sprache der Scholastiker wird von den Humanisten als «schlecht gelehrt» [12] belächelt. In N. FRISCHLINS Drama ‹Julius Redivivus› wird Cicero sogar zum Kronzeugen für die Reinheit des Humanistenlateins gemacht. Mit dem allmählichen Entstehen eines eigenen weltlichen Gelehrtenstandes seit Mitte des 15. Jh. ist eine Akzentverschiebung an den Universitäten zu beobachten, die die Ausbildung von Gl. begünstigt haben dürfte. In der artistischen Fakultät des *Mittelalters* bevorzugte man Grammatik und Dialektik, während in der *Renaissance* das Gewicht auf der Rhetorik lag. «Ita est, per hominum fidem: nihil doctum eruditumque virum ostendit, nisi calamus et lingua, quae duo eloquentia gubernat», sagt K. CELTIS. (Tatsächlich ist es aber so: Nichts verrät den gelehrten und gebildeten Menschen als der Stil und die Sprache; beide aber regiert die Beredsamkeit.) [13] Für die rhetorische Ausbildung ist die Lektüre der – als Vorbilder aufgefaßten – antiken (griechischen und römischen) Klassiker unabdingbar. Als zentrales Moment der gelehrten Rhetorik versteht man die ‹imitatio›. Die Gl. dieser Zeit ist geprägt durch eine kunstvolle, an der Antike orientierte Rhetorik und durch eine breite humanistische Belesenheit. Nicht zuletzt aufgrund von PETRARCAS Wirkung wird die Poesie allmählich zur «eigenwertigen Disziplin der *studia humanitatis*» [14] aufgewertet. Als poetisches Ideal setzt sich die ‹eloquentia›, die gewandte dichterische Beredsamkeit des akademisch gebildeten *poeta rhetor* durch. Angesehene Autoren konnten seit der ‹Dichterkrönung› von Petrarca (1341 in Rom), der ersten seit der Antike, durch die Ernennung zu *poetae laureati* einen Ehrentitel verliehen bekommen, der gleichzeitig akademischer Grad war und den Dichtern Lehrbefugnisse an Universitäten verschaffte. Zu den Exponenten der lateinischen Gl. des *Humanismus* zählen außerdem der Erfurter H. E. HESSUS und der für die Verbreitung antiker Klassiker und humanistischer Denkweisen wichtige ERASMUS VON ROTTERDAM. Ein interessantes Beispiel der Gl. an der Grenze zum *Barock* ist das lateinisch verfaßte *Jesuitendrama*, das im Kontext der gegenreformatorischen Bewegung in Deutschland der *propaganda fides* dienen sollte. Seine Stoffe entstammen dem Alten Testament, der Antike, selten auch der Gegenwart. Die poetischen Schriften des Jesuiten J. PONTANUS, der sich für eine Pflege des Lateins und der römischen Literatur ausspricht, können – nach der ‹Ars versificandi et carminum› von K. Celtis – «als die erste moderne Dichtkunst auf deutschem Boden» [15] gelten. Eine kritische Auseinandersetzung mit der humanistischen Gelehrtheit liefert J. BIDERMANNS bekanntes und erfolgreiches Stück ‹Cenodoxus›.

IV. Die Literatur des *Barock* führt die Konzepte der Gl. des Humanismus fort, allerdings mit einer Ausnahme: das Latein wird als alleinige Gs. in Frage gestellt und als Literatursprache weitestgehend durch die Muttersprache abgelöst. Zentrale Figur dieses Ablösungsprozesses in Deutschland ist M. OPITZ, der mit seinem ‹Buch von der Deutschen Poeterey› die poetologischen Grundlagen für eine deutschsprachige Dichtung geschaffen hat. Sein Verdienst ist «die Übertragung der für die süd- und westeuropäischen Literaturen bereits etablierten Kunstprinzipien, die der lateinischen und griechischen Antike entnommen waren»[16], auf eine neue deutschsprachige Poesie. Zwar braucht nach Opitz die Literatur nicht mehr lateinisch verfaßt zu sein, sie muß aber weiterhin dem Modell der Gl. entsprechen; der umfassend gebildete, an der Antike orientierte *poeta doctus* bleibt auch bei Opitz das Dichterideal schlechthin. Poesie sei «vorneme wissenschafft»[17], die nicht unabhängig existiere, sie enthalte vielmehr «alle anderen künste und wissenschafften in sich».[18] Er nimmt hier einen Gedanken der Renaissance-Poetik von SCALIGER auf.[19] G. P. HARSDÖRFFER, der die religiöse Ausrichtung der Dichtung in seinem ‹Poetischen Trichter› betont, führt den Gedanken, Poesie setze universale Gelehrtheit voraus, fort; er glaubt, «daß der den Namen eines Poëten / mit Fug / nicht haben möge / welcher nicht in den Wissenschaften und freyen Künsten wol erfahren sey».[20] Zwar hebt J. KLAJ in seiner ‹Lobrede der Teutschen Poeterey› dichterisches Talent hervor, doch besteht auch er darauf, daß der «Poet ein vielwissender / in den Sprachen durchtriebener und allerdinge erfahrner Mann»[21] sei. Selbst die Werke von Barockautoren, die sich an populäreren literarischen Formen orientieren wie GRIMMELSHAUSEN, lesen sich – nicht zuletzt wegen der angeführten antiken Exempel – passagenweise wie Gl. Antike Beispiele, gelehrte Verweise, kenntnisreiche und zum Teil aus Handbüchern entlehnte Anmerkungen und weitläufige Exkurse gestalten die Gl. von LOHENSTEIN, GRYPHIUS oder P. VON ZESEN. Besonders augenfällig wird die gelehrte Rhetorik in den höfisch-historischen Romanen, die später nicht ohne gewissem Recht als «poetische, gewissermaßen toll gewordene Realenzyklopädien»[22] bezeichnet worden sind: Lohensteins ‹Arminius›-Roman ist neben den Werken ANTON ULRICHS VON BRAUNSCHWEIG und S. VON BIRKENS das signifikanteste Beispiel. Für die Etablierung des Deutschen als Literatursprache sind die barocken *Sprachgesellschaften* (u. a. die ‹Fruchtbringende Gesellschaft›) wichtig, in denen sich Adlige, Dichter und Gelehrte zusammenfinden. Poetische Ideale sind ein galanter Sprachgestus, gelehrte Anspielungen, tugendhafte Inhalte und eine schmuckvolle Rhetorik. Schon seit dem 16. Jh. existieren in Frankreich (Pléiade) und Italien (Accademia della crusca) literarische Gesellschaften zur Förderung einer an der antiken Kunst orientierten muttersprachlichen Dichtung.

V. Der allmähliche Prestigeverlust des alten Gelehrtenstandes bei gleichzeitiger Emanzipation des Bürgertums im 18. Jh. wirkt sich auch auf das Literaturverständnis aus: am Ende des Jahrhunderts wird der am literarischen Markt orientierte ‹Schriftsteller› den Gelehrten, der nebenbei ‹Dichter› ist, weitgehend ersetzt haben. Die *Aufklärung* bringt auch einen Wandel der eigentlichen Gl. Schon sehr früh wird der «Schwulst» (J. E. SCHLEGEL)[23] der barocken Werke bemängelt und die enzyklopädische *Realienliteratur* dieser Zeit kritisiert. GOTTSCHED stellt sein Ideal einer klaren und einfachen Sprache und einer an der ‹Nachahmung› orientierten Literatur der barocken Üppigkeit entgegen. Der Vorbildcharakter der Antike bleibt aber genauso unangetastet wie die Verbindung von Gelehrtheit und Literatur. Für Gottsched ist die Poesie noch immer «der vornehmste Theil der Gelehrsamkeit».[24] Die Gl. verzichtet nun allerdings auf umfassende Enzyklopädik und orientiert sich an den entstehenden (Fach-)Wissenschaften. LEIBNIZ und THOMASIUS stehen für eine Reformierung des deutschen Gelehrtentums. Die ‹Vernunft› (verbunden mit Utilitarismus und Realistik) tritt an die Stelle bloßer sinnloser Vielwisserei. Der *poeta doctus* bleibt zwar vorerst als Poetenideal auch im 18. Jh. bestehen, seine Bestimmung wandelt sich aber entscheidend, «wobei jedoch der Status des Gelehrtseins selten in Frage gestellt wurde. Modifiziert wurde lediglich der Charakter der geforderten Gelehrsamkeit: Aus dem humanistisch beschlagenen Philologen wurde ein in Logik versierter Populärphilosoph.»[25] Ein Beispiel für das Fortbestehen umfassender Gelehrtheit im 18. Jh. ist LESSING. Bei ihm verbinden sich aufklärerischer Geist, bürgerliches Denken und traditionelle Gelehrtheit. Zielpublikum seiner Schriften ist aber keineswegs mehr der Gelehrtenkollege, sondern der interessierte Kenner.[26] Diese dezidierte Hinwendung zum bürgerlichen – durchaus gebildeten – Leser und die Einsicht Lessings, daß Gelehrtheit keinen Wert an sich darstellt, sondern Wissen stets zweckgebunden ist, muß als Hintergrund seines provokativen Diktums angesehen werden, er sei «nicht gelehrt», ihm reiche es, «im Fall der Noth ein gelehrtes Buch brauchen zu können».[27] Satirisch greift WIELAND das *Genre* Gl. auf, z. B. in seiner ‹Geschichte des Danischmend›. Unübersichtliche Exkurse, spielerisch als Diskussionsforen verwendete Anmerkungen und eingefügte (poetologische) Reflexionen bereiten den «gelehrten, belesenen, alles wissen wollenden, und alles mit allen seinen Umständen wissen wollenden Herren» Lesern[28] keine leichte Lektüre. Das wohl bekannteste Konzept literarischer Gelehrtheit im 18. Jh. bilden KLOPSTOCKS Ideen zur Weiterentwicklung der *res publica litteraria*. Interessant ist, daß gerade von jenem Autor neue Anstöße zur kommunikativen Organisation des Gelehrtentums kommen, der entscheidend zur Wiederbelebung des poetologischen Konzepts des *(poeta) vates* im 18. Jh. beigetragen hat. Im Gegensatz zu entsprechenden Entwürfen in Frankreich und England (BAYLE) sollte seine ‹Gelehrtenrepublik› ein nationales Unternehmen sein; es war gedacht als eine wirksame Assoziation gebildeter und aufklärerisch engagierter Männer, als ein Forum kultivierter wissenschaftlicher Auseinandersetzung.[29] Gegen Ende des 18. Jh. im *Sturm und Drang* und in der *Goethezeit* tritt, bedingt durch die poetologische Aufwertung des Genies, die Gl. in den Hintergrund. Gleichwohl gibt es auch um 1800 Beispiele typischer Gl.: die essayistischen Abhandlungen der Brüder W. und A. VON HUMBOLDT oder GOETHES anspielungsreiches und durch wissenschaftliche Forschungen gestütztes Spätwerk.[30] In Abgrenzung von den Ideen ROUSSEAUS weist J. G. FICHTE in seinen ‹Vorlesungen über die Bestimmung des Gelehrten› den wissenschaftlich Gebildeten – darunter sind ausdrücklich auch die gelehrten ‹Schriftsteller› zu fassen – weitreichende Funktionen bei der Erziehung der Menschen zu.

VI. Die deutsche Literatur des *19. Jh.* steht einerseits ganz im Zeichen aussichtsloser epigonaler Versuche einer adäquaten Goethe-Nachfolge[31]; kritische Überlegungen, wie das ‹Ende der Kunstperiode› (HEINE) zu bewältigen sei, sind genauso in diesem Kontext zu lesen wie Entwürfe einer neuen Klassizität. Andererseits ist das 19. Jh. entscheidend geprägt vom aufkommenden *Historismus*. In Zusammenhang damit konstituiert sich eine von Erscheinungen des 16. bis 18. Jh. deutlich zu unterscheidende und an den neuen Wissenschaften orientierte Gl. Die Ausdifferenzierung der Wissenschaften im 19. Jh., besonders der Philologien, der Geschichts- und Humanwissenschaften (vor allem der Psychologie und der Soziologie) konfrontiert die Literatur mit methodischer Forschung «auf ihrem originären Feld, der Darstellung menschlicher Lebensformen». [32] Neu erscheinende, erweiterte und überarbeitete umfangreiche Enzyklopädien (‹Brockhaus›, ‹J. Meyer›, ‹Encyclopédie méthodique par ordre des matières›, ‹Encyclopædia Britannica›) scheinen einerseits noch einmal die unübersehbare Fülle des Wissens greifbar zu machen; andererseits zeigen sie die Unerläßlichkeit von Spezialforschungen und *beweisen* geradezu die Unmöglichkeit universal-gelehrter Dichtung. Hinzu kommt, daß das aufkommende geschichtliche Denken – man könnte von einer wissenschaftlichen Euphorie sprechen –, einen nicht zu übersehenden Einfluß auf die literarischen Werke gewinnt. Geschichte, vor allem Nationalgeschichte, wird seit Mitte des 19. Jh. zum zentralen Thema der Literatur. Innerhalb dieses historischen Diskurses entstehen neue Formen der Gl. in praktisch allen traditionellen Gattungen: die gelehrte Reisebeschreibung (F. Gregorovius), das historische, meist nationale Drama, der historische Roman in der Nachfolge von W. Scott (besonders die ‹Professorenromane› von F. Dahn, G. Freytag, G. Ebers oder H. Riehl), schließlich auch Versuche der Wiederbelebung eines nationalen Epos (K. Simrock, H. Lingg, W. Jordan) und antikisierender bzw. orientalisierender Versepik (F. Gregorovius, A. F. von Schack, später: C. Spitteler). Die *poetae docti* des 19. Jh. schreiben ihre Texte in der Regel bewußt nicht in einer Gs., obwohl sie fast ausnahmslos Akademiker, oft sogar Hochschullehrer sind. Ihre Arbeiten sollen gelehrte Gegenstände, in einigen Fällen sogar Resultate eigener gelehrter Forschung, einem breiten Leserkreis präsentieren; ausgegrenzt wird infolgedessen auch jeder universale Anspruch. Trotzdem finden sich Formen ‹gelehrter› – allerdings an den *modernen* Wissenschaften orientierter – Schreib- und Denkweisen: V. von Scheffel behauptet von seinem Erfolgsroman ‹Ekkehard›, «daß nicht viel darin gesagt ist, was sich nicht auf gewissenhafte kulturgeschichtliche Studien stützt» [33], und ergänzt seine Prosa durch ein *methodologisches* Vorwort und umfangreiche Anmerkungen. Bei W. Menzel und W. Alexis findet sich die Forderung nach einer «möglichst objectiven Darstellung» [34] der geschichtlichen Ereignisse neben einer ostentativen Abwendung vom Genie-Gedanken. Dabei wird keineswegs geleugnet, daß «der historische Roman in einem sehr nahen Verhältniß zur Geschichtsschreibung» [35] steht, daß hier «die Specialgeschichte unmittelbar in den Roman über[geht]». [36]

Auch die französische Literatur des 19. Jh. ist geprägt durch den Historismus; auch hier kann der Roman als die paradigmatische Gattung gelten. Zeichnet sich Flauberts ‹Salammbô› noch durch detaillierte historische Darstellungen aus, die auf jahrelangen Studien des Autors beruhen, entwirft sein Spätwerk ‹Bouvard et Pécuchet› ein ganz neues Modell von universaler Gl.: «Er nähert die Literatur an die Wissenschaft an» [37], allerdings nur um wissenschaftliches *name-dropping*, Zitations- und Beschreibungsverfahren – Elemente einer modernen Gs. – zu kolportieren und zu ironisieren. Während der Arbeit an seinem Roman notiert Flaubert: «Ende nächster Woche bin ich mit der Medizin fertig – sechzehn Seiten –, die *mehr* als hundert Bände enthalten, und ich bin erst ungefähr im fünften Teil meines Werkes.» [38] ‹Bouvard et Pécuchet› führt die Gl. an ihre Grenze: Nicht mehr die ‹gelehrten› Exkurse stehen im Mittelpunkt, sondern die auf ihre Titel reduzierten Bücher, die nicht bewältigte «Wucherung des bedruckten Papiers». [39] Der Historismus und seine Lebensferne ist auch der Ausgangspunkt der Gelehrtenkritik Nietzsches; sie markiert gewissermaßen das Ende der professoralen Gelehrtenrenaissance im 19. Jh.

VII. Das *Fin de siècle* bringt Gl. hervor, die durchaus auf den historistischen Diskurs beziehbar bleibt, das ‹gelehrte› Wissen und die Verfahren seiner Präsentation für seinen Entwurf der Moderne aber instrumentalisiert. Die Beschreibungs-Rhetorik der Kunstgeschichte findet so z. B. Eingang in die Romane von J. K. Huysmans und verdrängt dort zunehmend die Romanhandlung (‹Là-bas› und besonders: ‹La Cathédrale›). Naturwissenschaftliche Exaktheit versucht A. Holz in seinem – an biogenetischen Modellen orientierten – ‹Phantasus› umzusetzen. Die inflationären sprachlichen Präzisierungen der späteren Fassungen dieses Monumentalgedichts führen zu unübersichtlichen, kaum begreifbaren Wortreihungen. Die anspielungsreiche Sprache der literarischen Avantgarde der *klassischen Moderne* – gelehrtes «Rotwelsch, in dem sie einander ihre Seltsamkeiten […] erzählen» [40], wie Hofmannsthal sagt – erreicht zumindest für outsider oft die Grenze der Verständlichkeit und intendiert eher vage ‹Stimmungen› als die annähernd präzise Entfaltung eines Komplexes. Hierzu tragen die Wiederbelebung antiker Denkformen, Mythologeme und antikisierende metrische Versuche bei; sie verstellen in vielen Fällen einen nicht-gebildeten Zugang zu den Werken der Jahrhundertwende (S. George, O. Wilde, später: R. Borchardt). Der Diskurs der Renaissance-Mode um 1900 (M. Barrès, Maeterlinck, D'Annunzio, Hofmannsthal, Rilke) setzt die Kenntnis vermittelnder (z. T. populärwissenschaftlicher) Werke voraus (W. Pater, A. Gobineau, J. Burckhardt). T. S. Eliots Lyrik (besonders ‹The Waste Land›), die ebenfalls sublime (mythische) Anspielungen und Entlehnungen aus Antike und Renaissance enthält, kann als paradigmatisches Werk der angelsächsischen Gl. des 20. Jh. gelten: Valérys lyrische Dichtungen sind Beispiele der modernen romanischen Gl. Eine eigentümliche Symbiose geht mythisches und naturwissenschaftliches Denken in der Lyrik G. Benns [41] ein.

In der ersten Hälfte des *20. Jh.* dominiert der «Essayismus» (Musil [42]) die großen Romanversuche der Moderne. Eine tiefe Skepsis gegenüber exakter wissenschaftlicher Erkenntnis und die Einsicht, daß «es Gebiete gibt, auf denen nicht die Wahrheit herrscht und die Wahrscheinlichkeit mehr als eine Annäherung an die Wahrheit ist» [43], zwingt zu einer ‹gelehrten› Rhetorik, die ständig zwischen (para-)wissenschaftlichem und literarischem Sprechen changiert. Paradigmatisch für den «Essayismus» des modernen Romans sind, neben dem ‹Mann ohne Eigenschaften› von Musil, die ‹gelehrten› Romane T. Manns, die nicht nur umfangreiche Fremdsprachenkenntnisse voraussetzen, sondern auch philosophisches, mythologisches und religionswissenschaftliches Wissen reproduzieren (besonders ‹Der Zauberberg› und ‹Joseph und seine Brüder›), und die Werke H. Brochs. Der dritte Teil seiner Romantrilogie ‹Die Schlafwandler›, von der Broch sagt, sie sei – wie alle moderne Literatur – «zwischen dem 'Nicht mehr' und dem 'Noch nicht' der Wissenschaft» [44] zu situieren, enthält einen die Romanhandlung verallgemeinernden mehrteiligen kulturkritischen Essay, der dem Horazischen *prodesse et delectare* verpflichtet zu sein scheint. An die epische Tradition der Antike will Brochs ‹Der Tod des Vergil› anschließen. Die gelehrten Referenzen auf antike Mythologie, Kunst und Geschichte machen den Roman zu einem «strikt esoterischen Buche»

(Broch). [45] Auch ‹Ulysses› von JOYCE ist wegen der Menge der verarbeiteten Traditionen, Interpolationen und Textsorten passagenweise kaum verständlich. Selbst ein ausgesprochen ‹gelehrter› Leser wird die einzelnen Diskurse dieses polyphonen Romans kaum identifizieren können.

Auch *nach 1945* finden sich Beispiele moderner Gl. Die großen, mit entlegenem Wissen angereicherten Romane von G. GRASS (‹Der Butt›) wären hier genauso zu nennen, wie die lyrischen Arbeiten von H. M. ENZENSBERGER und W. HÖLLERER oder das umfangreiche experimentelle Werk A. SCHMIDTS (‹Zettels Traum›). Seine utopische Satire ‹Die Gelehrtenrepublik› ist eine anspielungsreiche Persiflage von Gl., die auch eine Auseinandersetzung mit dem *poeta doctus*-Ideal enthält: «Wer einen Fuß zu uns hereinsetzt», berichtet ein Bibliothekar der Gelehrtenrepublik, «gilt [...] nicht als ‹echter Dichter›.»[46] Auch nach 1945 zeigt sich Gl. in spezifischen Formen der Antike-Adaptation. Beispiele sind die Prosatexte von H. E. NOSSACK und E. SCHNABEL (seine Homer-Prosa ‹Der sechste Gesang›), von C. WOLF (ihre Mythen-Erzählung ‹Kassandra›) und C. RANSMAYER (besonders sein Ovid-Roman ‹Die letzte Welt›), sowie die Theaterstücke von W. JENS oder H. MÜLLER. Offensichtlich gibt der – oft durch wissenschaftliche Theorien gestützte – Rückgriff auf antike Tradition «nachgerade etwas wie Sicherheit der Gestaltung in einer sonst chaotischen Überfülle der literarischen Tradition».[47] Ein durchaus literarisch ambitioniertes tête-a-tête mit den Naturwissenschaften gehen in neuerer Zeit populärwissenschaftliche ‹Sachbücher› (etwa des Amerikaners D. R. HOFSTADTER) oder einige Werke der *Science fiction*-Literatur (I. ASIMOV, S. LEM) ein.

Anmerkungen:
1 vgl. W. Barner: Lessing zwischen Bürgerlichkeit und Gelehrtheit, in: R. Vierhaus (Hg.): Bürger und Bürgerlichkeit im Zeitalter der Aufklärung (1981) 170. – **2** ders.: Poeta doctus. Über die Renaissance eines Dichterideals in der dt. Lit. des 20. Jh., in: Literaturwiss. u. Geistesgesch. FS R. Brinkmann, hg. von J. Brummack et al. (1981) 728. – **3** W. Kühlmann: Apologie und Kritik des Lateins im Schrifttum des Späthumanismus. Argumentationsmuster und sozialgesch. Zusammenhänge, in: Daphnis 9 (1980) 49. – **4** zum Kontext vgl. ders.: Gelehrtenrepublik und Fürstenstaat. Entwicklung und Kritik des dt. Späthumanismus in der Lit. des Barockzeitalters (1982). – **5** vgl. Plat. Gorg. 454Aff. – **6** Kallimachos zit. Barner[2] 740. – **7** Q. Horatius Flaccus, Epistula ad Pisones (De Arte Poetica) 333. – **8** G. E. Grimm: Lit. und Gelehrtentum in Deutschland. Unters. zum Wandel ihres Verhältnisses vom Humanismus bis zur Frühaufklärung (1983) 25. – **9** vgl. P. Seibert: Der «tichter» und «poeta» am Beginn der Neuzeit. Einige Bemerkungen zum frühreformatorischen Autorentyp, in: Zs. für Literaturwiss. u. Linguistik 11, 41 (1981) 13–28. – **10** Hrotsvithae Opera, hg. und übers. von H. Homeyer (1970) 334. – **11** Hartmann v. Aue, Der arme Heinrich 1f. – **12** Grimm[8] 26. – **13** K. Celtis: Oratio in gymnasio in Ingelstadio publice recitata, in: Dt. Lit. Texte und Zeugnisse. Hg. von W. Killy, Bd. II,2, hg. u. übers. v. H. Heger (1978) 5. – **14** Grimm[8] 81. – **15** J. M. Valentin: Jesuiten-Lit. als gegenreformatorische Propaganda, in: H. Glaser (Hg.): Dt. Lit. Eine Sozialgesch. Bd. 3 (1985) 197. – **16** Grimm[8] 118. – **17** M. Opitz: Buch von der Dt. Poeterey (1624) hg. von C. Sommer (1983) 5. – **18** ebd. 15. – **19** vgl. J. C. Scaliger: Poetices libri (1561) 3. – **20** G. P. Harsdörfer: Poetischer Trichter, T. 1 (1647) II, § 7,5. – **21** Klaj: Lobrede der Teutschen Poeterey (1645); ND 1965) 389. – **22** J. von Eichendorff: Werke, Bd. III, Schr. zur Lit. (1976) 616. – **23** J. E. Schlegel: Vergleichung Shakespeares und Andreas Gryphs [1741] und andere dramentheoretische Schr., hg. v. S. D. Martinson (1984) 17. – **24** J. L. Gottsched: Versuch einer Critischen Dichtkunst (⁴1751) 67. – **25** G. E. Grimm: Einl. zu: ders. (Hg.): Metamorphosen des Dichters. Das Rollenverständnis dt. Schriftsteller vom Barock bis zur Gegenwart (1992) 8. – **26** vgl. W. Barner: Lessing und sein Publikum in den frühen krit. Schr., in: E. P. Harris, R. E. Schade (Hg.): Lessing in heutiger Sicht (1977) 330. – **27** G. E. Lessing: Sämtl. Schr., hg. von K. Lachmann, Bd. 16 (³1924; ND 1968) 535; dazu Barner[1]. – **28** C. M. Wieland: Sämmtl. Werke, Bd. 8 (1795) 66. – **29** vgl. H. D. Dahnke, B. Leistner: Von der ‹Gelehrtenrepublik› zur ‹Guerre ouverte›. Aspekte eines Dissoziationsprozesses, in: dies. (Hg.): Debatten und Kontroversen. Lit. Auseinandersetzungen in Deutschland am Ende des 18. Jh., Bd. 1 (1989) 13–37; J. Mahr: 'Die Regeln gehören zu meiner Materie nicht'. Die poetischen Schr. von F. G. Klopstock, in: Grimm[25] 35–49. – **30** vgl. G. Sauder, K. Richter: Vom Genie zum Dichter-Wissenschaftler. Goethes Auffassungen vom Dichter, in: Grimm[25] 84–104. – **31** vgl. G. Wunberg: Integrationsfigur Goethe. Resignation und Erwartung im 19. Jh., in: DU 39,4 (1987) 69–82. – **32** H. Schlaffer: Einl. zu: N. Born, H. Schlaffer (Hg.): Die Lit. und die Wiss. Literaturmagazin 6 (1976) 12. – **33** V. von Scheffel: Ekkehard. Eine Gesch. aus dem 10. Jh. (1855) VII. – **34** vgl. W. Alexis: The Romances of Walter Scott, in: Wiener Jb. der Lit. 22 (1823) 13; W. Menzel: Die dt. Lit., 2. T. (1828) 180f. – **35** Menzel[34] 184. – **36** ebd. 185. – **37** U. Japp: Die Komik des Wissens. Nachwort zu: G. Flaubert: Bouvard und Pécuchet (1979) 411. – **38** G. Flaubert: Brief an Madame Roger des Genettes (12. 7. 1877), in: Les Œuvres de G. Flaubert, Bd. XVI (1965) 386f. (Übers. von H. Scheffel). – **39** M. Foucault: Un ‹fantastique› de bibliothèque, in: ders.: Schr. zur Lit. Übers. von A. Botond (1988) 174. – **40** H. von Hofmannsthal: GW. Reden und Aufsätze I, hg. von B. Schoeller (1979) 175. – **41** vgl. J. Nettesheimer: Poeta Doctus oder Die Poetisierung der Wiss. von Musäus bis Benn (1975) 151–173; Barner[2]. – **42** R. Musil: GW. Der Mann ohne Eigenschaften, hg. von A. Frisé (1978) 247. – **43** ders.: [Über den Essay] (ohne Titel), in: ebd. Bd. II: Prosa und Stücke 1335. – **44** H. Broch: Komm. Werkausg., hg. von P. M. Lützeler, Bd. 1 (1978) 719. – **45** ebd. Bd. 4 (1976) 464. – **46** A. Schmidt: Das erzählte Werk, Bd. 5 (1985) 81. – **47** Barner[2] 744.

Literaturhinweise:
W. Flemming: Gelehrtendichtung, in: RDL² 549–552. – S. Neumeister, C. Wiedemann (Hg.): Res Publica Litteraria. Die Institution der Gelehrsamkeit in der frühen Neuzeit (1987). – T. Rathmann: «...die Sprach will sich ändern.» Zur Vorgesch. der Autonomie von Sprache und Dichtung (1991).

D. Niefanger

→ Anspielung → Ars → Decorum → Dichter → Fachsprache → Gelehrtenrepublik → Genie → Historismus → Humanismus → Imitatio → Kanon → Muttersprache → Poetik → Roman

Gelehrtenrepublik (lat. res publica litteraria, auch respublica eruditorum u. ä.; engl. republic of letters; frz. république des lettres; ital. repubblica letteraria)
A. Die ‹G.› ist ein in der Literatur und im Gelehrtendiskurs – vorwiegend des 17. und 18. Jh. – verbreiteter Leitgedanke eines politisch bzw. geistig unabhängigen Gemeinwesens aller Gelehrten. Da mit dem Latein eine einheitliche Gelehrtensprache existiert, deren Kenntnis fast «der einzige Befähigungsnachweis [ist], den die Schulen und die Gelehrtenrepublik von ihren Jüngern verlangen»[1], ist die Ausrichtung der G. in ihrem Ansatz übernational und standesneutral. «Die Respublica literaria hat mit denen andern Rebuspublicis wenig Gemeinschafft / sondern sie ist der Societati maximae gentium quà talium nicht ungleich. Sie erkennet kein Oberhaupt / also die gesunde Vernunfft / und alle diejenigen / die darinnen leben / sind einander gleich / sie mögen von was Nationen oder Stande seyn was sie wollen.»[2]

Der Begriff ‹Republik› umfaßt in der frühen Neuzeit im wesentlichen zwei Bedeutungsvarianten [3]: im ursprünglichen Wortsinn kennzeichnet er in Anlehnung an antike Definitionen das ‹Gemeinwesen›, «die Ansammlung einer Menge, die in der Anerkennung des Rechtes und der Gemeinsamkeit des Nutzens vereinigt ist». [4] In dieser Version bedeutet ‹G.› die Selbstkonstituierung des Gelehrtenstandes einschließlich der Organisation des Diskurses. Die deutsche Übersetzung als ‹Staat› gilt allenfalls als ‹Status› im Sinne einer soziologischen Schicht (‹Stand›). Die eigentlichen politischen Implikationen des Begriffs liefert die engere Bedeutung mit der Vision eines unabhängigen Gelehrtenstaates. Damit sind die Bezüge zu den literarischen Formen von Staatsroman und Utopie gegeben. Mit der gegen Mitte des 18. Jh. einsetzenden Dissoziation des ‹poeta doctus› in Wissenschaftler einer- und Dichter andererseits ist die Erweiterung des Begriffs ‹G.› zum literarischen Motiv vorgezeichnet.

B. I. *Humanismus, Barock.* Die Wurzeln der G. reichen zurück bis zu den Akademien der frühen Neuzeit, deren Gründer in Opposition zur mittelalterlich-scholastischen Universität die Tradition der platonischen Philosophenschule als Gelehrtenvereinigung wiederbelebten (wie M. Ficino, der 1459 die ‹Academia Platonica› in Florenz initiierte). Während die Akademien zunächst lokal, später national organisiert sind und einen wissenschaftlichen oder kulturellen Auftrag versehen, versteht sich die G. als interdisziplinäres Forum des Erfahrungs- und Wissensaustauschs sowie als Diskussionsfreiraum auch für Erkenntnisse, die dem herrschenden Weltbild oder Dogma widersprechen. Beiden liegt das Gespräch als «ein konstitutives Element des Humanismus» [5] zugrunde. Erasmus von Rotterdam, der mit den berühmtesten Gelehrten seiner Zeit in Verbindung steht und an vielen geistigen Zentren Europas wirkt, fördert mit seinem Beispiel die Idee der G. maßgeblich. «Eruditio» als positives Gegenbild zur «Barbarei» des «Pöbels» ist für ihn notwendige Voraussetzung eines mustergültigen Gemeinwesens («status reipublicae»). [6] In seiner 1494 entstandenen und 1520 erschienenen Schrift ‹Antibarbarorum liber unus› fällt der Ausdruck «res publica literaria» [7] zum ersten Mal «als Gegenentwurf gegen alle, die sich der Humanität verschließen». [8]

Im Jahr 1516 erscheint der an Platons ‹Politeia› orientierte staatsphilosophische Dialog ‹Utopia› von T. Morus, in dem der Gelehrte Raphael Hythlodeus die Gesetze und Einrichtungen der «besten Verfassung» (de optimo reipublicae statu) des Inselstaates schildert. Dessen Bewohner werden als «in den Wissenschaften geübte Geister» charakterisiert, die «in geistigen Studien [...] unermüdlich» [9] sind und damit dem zeittypischen Gelehrtenbild entsprechen. – Eine auf Vernunft basierende Herrschaft der Weisen, verkörpert durch den Oberpriester Metafisico, zeichnet T. Campanella in seiner Staatsutopie ‹La città del sole› (1602), die erst in der lateinischen Fassung ‹Civitas solis vel idea reipublicae philosophicae› von 1623 allgemein bekannt wird und deren Bildlichkeit in manchem bereits die Metaphorik der Aufklärung antizipiert. Bezeichnenderweise erscheint die erste deutsche Übersetzung ‹Die Sonnenstadt oder Idee einer philosophischen Republik› just im Revolutionsjahr 1789.

Am Ende des 16. Jh. hat sich das Gelehrtentum als eigener Stand innerhalb der festgefügten Ständeordnung mit Privilegien etabliert, die ursprünglich dem Adel vorbehalten waren. Die rechtliche Gleichheit mit dem Geburtsadel (‹nobilitas generis›) drückt sich in der selbstbewußten Stilisierung ‹nobilitas literaria› aus, die mit dem Begriff ‹respublica literaria› in der Literatur des frühen 17. Jh. konkurriert. [10] Häufige Reisen und reger Briefwechsel unter den Gelehrten fördern neben der Kanonisierung der Elementarbildung – Latein und die obligatorischen Grunddisziplinen des Triviums (Grammatik, Rhetorik und Dialektik) – den inneren Zusammenhalt und die Exklusivität der G., die von Namen wie J. Lipsius, J. C. Scaliger und H. Grotius verkörpert wird.

Die literarische Tradition der G. setzt J. V. Andreae mit seinem utopischen Idealbild des frühbürgerlichen Stadtstaats ‹Christianopolis› (1619) fort, in dem Christentum und Wissenschaften vereint zu Garanten eines florierenden Wirtschaftssystems werden. [11] Ebenso wie Campanellas ‹Civitas Solis› wird das Werk zum Vorbild für die Gründung akademieähnlicher Sozietäten. [12] In der Tradition der Gelehrtenkritik steht hingegen D. de Saavedra Fajardo mit der satirischen Allegorie ‹República Literaria›, die 1655 unter dem Pseudonym C. A. de Cabrera und erst 1670 unter Verfassernamen und Originaltitel erscheint. In der Form einer Traumvision nach antikem Vorbild schildert der Verfasser die keineswegs idealen Zustände in der tintenumflossenen und von Federkiel-Mauern umgebenen Gelehrtenstadt, in der die «melancholischen, ausgezehrten und verbrauchten» Gelehrtenkarikaturen sich ihren «eitlen Mühen» und literarischen Fehden hingeben. Mit diesem utopischen Zerrbild hat Saavedra – neben seiner diplomatischen Tätigkeit selbst ein Gelehrter – das wohl prominenteste Beispiel gelehrter Selbstkritik im 17. Jh. geschaffen, ohne dabei in einen allgemeinen Antiszientismus zu verfallen. Eine deutsche Ausgabe ‹Die Gelehrte Republik [...]› erscheint 1748 mit einer Vorrede und Anmerkungen J. E. Kappens.

War das Gelehrtentum des 16. Jh. geprägt vom Erscheinungsbild des umfassend gebildeten ‹homo universalis›, so sind während der *Barockzeit* Ansätze einer Entwicklung zur Fachgelehrsamkeit erkennbar. Das vormals exklusive Latein weicht in manchen Bereichen den Nationalsprachen, während Französisch sich als Sprache der modernen Naturwissenschaft etabliert. Die Anfänge des Rationalismus konkurrieren mit altvertrauten dogmatischen Denkmustern. Der bedeutsame Umbruch – der sich infolge politischer und konfessioneller Gegebenheiten allerdings nicht einheitlich vollzieht – spiegelt sich in der ‹Querelle des Anciens et des Modernes›.

Maßgeblichen Anteil am neuen Wissenschaftsverständnis trägt F. Bacon. In seinen Abhandlungen ‹The Advancement of Learning› und ‹Novum Organum Scientiarum› beschreibt er einen generationsübergreifenden, kumulativen Erkenntnisprozeß, der eine enge Kooperation der Wissenschaftler voraussetzt. [13] Die im philosophischen Hauptwerk von 1620 formulierte Erkenntnis des Zusammenhangs von Wissen und Macht («Wissen und menschliche Macht sind dasselbe») verleiht der Idee der G. politische Relevanz. In populärer Form hat Bacon diese Gedanken in der Fragment gebliebenen Utopie ‹Nova Atlantis› (1627) beschrieben. Die Gelehrtengemeinschaft ‹Salomon's House› mag zwar äußerlich die Tradition der italienischen Renaissanceakademien fortführen und an literarische Vorbilder (Andreae) anknüpfen, mit ihrer Zielsetzung weist sie jedoch in ein neues Zeitalter: «Unsere Gründung hat den Zweck, die Ursachen des Naturgeschehens zu ergründen, die geheimen Bewegungen in den Dingen und die inneren Kräfte der Natur zu erforschen und die Grenzen der menschlichen Macht so weit auszudehnen, um alle möglichen Dinge zu bewirken.» Bacons Konzeption hat die Erscheinungsform der G. stark beeinflußt. [14] In der Folgezeit wandelt sich ihr äußeres Bild: Zeitschriften lösen zunehmend den Briefwechsel und die Disputation als Medium der Gelehrtenkommunikation ab. [15] Republikanische Rhetorik schlägt als Publizistik zu Buche. In diesem Sinne entsteht 1665 die erste wissenschaftlich-literarische Zeitschrift ‹Journal des Savants› in Paris. Es folgen 1682 die Leipziger ‹Acta Eruditorum›. Zwei Jahre später gründet P. BAYLE das Rezensionsorgan ‹Nouvelles de la République des Lettres› als Forum wissenschaftlicher Diskussion. Die Meinungsbildung erfolgt öffentlich über den Konsens der Mehrheit. Jeder ist Richter und gleichzeitig Angeklagter: er urteilt und ist dem Urteil anderer unterworfen. Es herrscht das Prinzip absoluter Gleichheit («égalité»). Die obersten Instanzen sind Wahrheit («vérité») und Vernunft («raison»). Das Ideal der Brüderlichkeit («fraternité») gewährleistet den inneren Zusammenhalt. Eine solche Republik genießt uneingeschränkte Freiheit («liberté»). «Die Republic der Gelehrten ist ein ungemein freyer Staat: Man erkennet darinnen keine andere Herrschaft als der Wahrheit und der Vernunft.» [16] Gleichzeitig mit der Entstehung literarischer Öffentlichkeit konstituieren sich also die Schlagworte der Aufklärung. Den Bedarf an wissenschaftlichen Kommunikationsmedien spiegeln die zahlreichen Zeitschriftengründungen des frühen 18. Jh. wider, die häufig auf den Begriff ‹G.› rekurrieren. [17] Gemeinsam ist ihnen der enzyklopädische Anspruch, die einheitliche Repräsentanz aller Wissensgebiete, wie sie die Gelehrsamkeit von der Antike bis zu Humanismus und Barock auszeichnet. Bemerkenswert ist das einjährige Intermezzo der von C. THOMASIUS gegründeten Zeitschrift ‹Monatsgespräche› (1688–89), insofern sie auf Deutsch erscheint und dennoch die Tradition der G. fortführt: Es sei nicht beabsichtigt, heißt es im Geleitwort, «in Republica Litteraria, da alle Gelehrten gleich zu achten, über dieselben Richter zu sein». [18] Damit schwindet auch in Deutschland die Exklusivität des Gelehrtentums, und neue Leserschichten finden Anschluß an den Wissens- und Erkenntnisprozeß, ohne ‹gelehrt› zu sein.

II. *Aufklärung, Klassik.* Eine verstärkte Selbstreferenz der Literatur zur G. findet sich aber erst zu Beginn des 18. Jh. – ein Indiz für den «fortgeschrittenen Stand der Autonomisierung» [19] der Wissenschaft. Selbstverständnis und Organisations- bzw. Regierungsform werden problematisiert. Anhand der bei Kapp referierten Textkorpus [20] lassen sich drei Darstellungsabsichten unterscheiden: eine topisch-satirische, die sich meist als Gelehrtenkritik versteht und der auch Saavedras ‹República literaria› zugehört, eine deskriptiv-pragmatische, die Aufbau und äußeren Status der G. beschreibt, und eine normative, welche die «generellen Bedingungen der ungehinderten Tätigkeit des intellectus» zu bestimmen sucht. [21] Hatte noch J. THOMASIUS die Monarchie als die beste Regierungsform propagiert, plädiert J. F. SCHNEIDER für eine Mischung aus Monarchie und Aristokratie, wohingegen C. A. HEUMANN unter Berufung auf Bayle das Prinzip der Gleichheit betont und auf das demokratische Mehrheitsprinzip setzt. J. G. PRITZ wendet ein, daß auch dieses vor vernunftwidrigen Urteilen nicht gefeit sei. Nach seiner Darstellung konstituiert sich die Republik aus einer Gesellschaft gelehrter Leute, die über die ganze Welt zerstreut sei und daher auch ‹die gelehrte Welt› hieße. Ihre Mittel (Institutionen) seien Schulen, Universitäten und Gesellschaften, ihre Urkunden (Medien) Bücher, Monatsschriften und Gelehrtenbriefwechsel. Die innere Einteilung der G. erfolgt in Klassen, die bei Pritz fachgebunden (Gottes- und Rechtsgelehrte, Ärzte, Weltweise), bei Heumann hingegen an der Leistung orientiert sind («plebs literata» und «optimates», wobei diese als eigentliche Träger der G. noch weiter differenziert werden).

Die Dispute über die ‹beste Regierungsform› verharren aber keineswegs im Selbstzweck, sondern reflektieren die Bedingungen, «wie sie an jeden Orten und zu allen Zeiten beschaffen seyn sollen, damit daraus der größte Nutzen vor die bürgerliche und gelehrte Gesellschaft [...] erhalten werden könne». [22] Das Problem der Koexistenz von G. und «Polizey»-Staat behandelt am nachdrücklichsten C. LOEBER mit der Unterscheidung von ‹res internae› (alles, was innerhalb der Gelehrtengemeinschaft und ihrer Mitglieder vorgeht) und ‹res externae› (was an Darstellungen oder Handlungen an die Öffentlichkeit gelangt). «Mit dieser *Trennung von Erkenntnis und Kommunikation* [...] wird die reine Autonomie der *ratio* dadurch erkauft, daß man deren Ergebnisse der heteronomen Verfügungsgewalt der staatlichen Autoritäten überantwortet.» [23] KANT wird das Verhältnis von akademischer Freiheit und Staatsgewalt später so formulieren: «Räsonniert, so viel ihr wollt, und worüber ihr wollt; *aber gehorcht!*» [24]

Zwischen utopischem Entwurf und rationaler Wissenschaftsplanung schwankt die Valenz des Begriffs bei LEIBNIZ. Ein Fragment von ca. 1675 beginnt ganz im Stil der Utopien eines Bacon oder Campanella: «Die Gelehrtenrepublik ist eine Kolonie des Jenseits, die ein gewisser Abenteurer griechischer Abstammung mit Namen Pythagoras dort von hier aus gründet hat. Er suchte neue Länder nach dem Vorbild der Argonauten.» [25] In der Hauptsache arbeitet Leibniz aber auf eine praktische Realisierung der ‹Republica literaria› hin und läßt es auch an Vorschlägen zur Selbstfinanzierung nicht fehlen. Damit entfernt er sich aber vom eigentlichen Vorstellungsgehalt der ‹G.› und nähert sich dem ‹Akademie›gedanken. In der Tat waren Institutionen wie die 1635 gegründete ‹Académie française› oder die ‹Académie des sciences› (1666) Modelle eines in Deutschland noch nicht existenten Wissenschaftsbetriebs. Gleichwohl blieb Leibniz dem herkömmlichen Ideal des Universalgelehrten verpflichtet. [26]

Mit der *Aufklärung* öffnet sich die G. zunehmend der Außenwelt. Dazu trägt die Ablösung der universitären Gelehrtendisputation durch die literarische Diskussion in den Zeitschriften, «die große Erfindung des Zeitalters» [27], ebenso bei wie die Emanzipation der Nationalsprachen. Erst mit der Existenz eines verständigen Lesepublikums ist das Merkmal von ‹Öffentlichkeit› – ein zentraler Begriff der Aufklärung [28] – erfüllt. Damit wird die ‹Republik der Gelehrten› nominell zur Republik aller gebildeten (mündigen) Bürger und droht hinsichtlich des akademischen Freiheitsbegriffs mit dem politischen Staatswesen zu kollidieren. Deshalb unterscheidet Kant im Rückgriff auf die in der G.-Diskussion entwickelten Kategorien ‹Innen› und ‹Außen› (vgl. Loeber) zwischen privatem Vernunftgebrauch, der dort enden muß, wo die Loyalität gegenüber dem Gemeinwesen es fordert, und dem öffentlichen, mit dem auch Aspekte der Staatsraison kritisch reflektiert werden dürfen, freilich nur in der Eigenschaft «als Gelehrter». [29]

Die argumentative Struktur der Aufklärungsliteratur bringt die Rückbesinnung auf eine Disziplin mit sich, die mit der schwindenden Bedeutung des Lateins zum akademischen Selbstzweck zu verkümmern droht: die Rhetorik. Wurden die Bemühungen zur Etablierung einer *deutschen* Rhetorik schon durch C. Thomasius vorangetrieben, so lernten sie die Aufklärer als Instrument ihrer Wirkungsabsichten zu schätzen.[30] Leibniz, dem die deutsche Sprache als Medium des Gelehrtendiskurses noch nicht zur Verfügung stand, erkannte die Notwendigkeit ihres Ausbaus als Literatursprache und steuerte neben anderem die beiden Aufsätze ‹Unvorgreifliche Gedanken betreffend die Ausübung und Verbesserung der Teutschen Sprache› und ‹Ermahnung an die Teutschen, ihren Verstand und Sprache besser zu üben, samt beigefügtem Vorschlag einer teutschgesinnten Gesellschaft› bei. Mit der ‹Ausführlichen Redekunst› von 1736 führt GOTTSCHED die Entwicklung einer deutschen Rhetorik fort, die um so bedeutsamer wird, als das literarische Gespräch nach dem Vorbild des sokratischen Dialogs zum beliebten Medium des aufklärerischen Diskurses avanciert.[31]

Die Emanzipation des Deutschen als Gelehrtensprache gerät jedoch gegen Mitte des 18. Jh. in Konflikt mit dem übernationalen Charakter der G., insofern der Gebrauch der Nationalsprache zwangsläufig die Ausgrenzung aus dem ‹mundus litterarius› mit sich bringt. Im Zeichen dieses Antagonismus steht LESSINGS Verhältnis zur G. In seiner Jugendsatire ‹Der junge Gelehrte› (1747) läßt er die Titelfigur Damis einen verbreiteten Topos der G. aufgreifen: «Ich rede von der Republik der Gelehrten. Was geht uns Gelehrten Sachsen, was Deutschland, was Europa an? Ein Gelehrter wie ich bin, ist für die ganze Welt»[32], um ihn durch Anton mit der «Republik der Narren» zu vergleichen. Damit steht Lessing nicht nur in der Tradition der Gelehrtenkritik («Gelehrte, verkehrte»); vielmehr distanziert er sich selbst von der lateinisch-akademischen Gelehrsamkeit. Dank seiner literarischen Leistung ist Deutsch den europäischen Literatursprachen ebenbürtig geworden. So sehr bei Lessing das Nationale zu dominieren scheint[33], so überzeugend ist seine geistige Abkunft von der ‹res publica litteraria› belegt.[34] Der Interessenkonflikt zwischen universaler Gelehrtenwelt und ‹verspäteter Nation›, in dem Lessing wie kein anderer seiner Zeitgenossen befangen war, ließ sich nur durch einen Bruch mit der Tradition überwinden: durch die Scheidung von ‹poeta› und ‹doctus›.

Einen anderen Weg versucht KLOPSTOCK mit der Nationalisierung der G. einzuschlagen. Anstelle der Gelehrtengemeinschaft soll der Wettstreit der Nationen treten. In einem Brief an Kaiser Joseph II., der im Zusammenhang mit seinen Bemühungen um eine Wiener Akademie zur Unterstützung der Wissenschaften hervorgegangen ist, schreibt er: «Ihre Deutschen, die nicht aufflammen, aber glühn, werden von nun an, von dem Tage an, da Sie ihnen winken, keinen später, um den Vorzug in den Wissenschaften, mit den Franzosen u[nd] Engelländern, einen heissen, ausdaurenden Wettstreit halten, welchen Sieg endigen wird.»[35] Der Fehlschlag des Projekts – ein ähnliches hatte bereits Gottsched ohne Erfolg aufgeben müssen – veranlaßte Klopstock zur Niederschrift seiner ‹Deutschen Gelehrtenrepublik› (1774), wobei der Begriff ‹G.› in dieser Gestalt erstmals im Deutschen auftaucht. Damit hat Klopstock bewußt die romanische Form ‹république des lettres› vermieden, an welche der bis dahin geläufige Ausdruck ‹Republik der Gelehrten› anklingt. In Abgrenzung zur französischen G.[36], die so oligarchisch ist, «daß sie sogar einen Hang hat, die Dictatur einzuführen», und der demokratisch geführten englischen («Der Pöbel hat da viele Freiheiten, und mehr als Einen Schreyer»[37]) schlägt Klopstock eine aristokratische, d. h. an der intellektuellen Leistung ausgerichtete Verfassung vor, wobei er an den Führungsanspruch der humanistischen ‹nobilitas literaria› anknüpft. Mit eingestreuten visionär-utopischen und humoristischen Zügen unterläuft der Autor freilich die fingierte Programmatik der Darstellung und läßt das Werk zwischen Abhandlung und Dichtung changieren – eine Absicht, die, vom Publikum unverstanden, zum Scheitern auch des national geprägten ‹poeta doctus› führt. Klopstocks Utopie setzt LICHTENBERG die akademische Realität entgegen: «In der Republik der Gelehrten will jeder herrschen, es gibt da keine Aldermänner, das ist übel; jeder General muß sozureden den Plan entwerfen, Schildwache stehen und die Wachtstube fegen und Wasser holen, es will keiner dem andern in die Hände arbeiten.»[38] Zuvor hatte bereits der Kameralwissenschaftler J. H. G. JUSTI Kritik an der Idee der G. geübt. In der «Allegorischen Vorstellung», betitelt ‹Die Beschaffenheit und Verfassung der Republik der Gelehrten›, kehrt er das unproduktive Gelehrtenwesen als Musterbeispiel des Merkantilismus heraus: Ihre vornehmste Ware ist die Gelehrsamkeit, bezahlt wird mit einer «Art Münze [...], welche der Ruhm genennet wird», und so wie «in großen Handelsstädten der vornehmsten Kaufleute vor Anfang der öffentlichen Märkte zusammen treten und den Preis der Waare bestimmen; so pflegen auch einige gelehrte Kaufleute sich dieses Geschäffts zu unterziehen. Diese sind die sogenannten Kunstrichter». Unter den großen Handelsstädten versteht Justi die Universitäten.[39] Seinen rigorosen Utilitarismus hatte er schon in den ‹Finanzschriften› enthüllt: «Die Hälfte der lebenden Gelehrten wäre entbehrlich, und gereicht der Republik zur wahren Last. Sie selbst sind dabei gar nicht glücklich. Dahingegen würden sie vielleicht gesegnete und wohlhabende Leute geworden seyn, und dem Staate wichtigen Nutzen geleistet haben, wenn sie gute Wirthschaftsverständige, oder geschickte Manufacturiers geworden wären.»[40]

Außer als Stoff gelehrter Abhandlungen taucht die ‹G.› nun häufig als literarisches Motiv auf – und nicht nur in Deutschland. Unter dem Aspekt der ‹Nützlichkeit› steht auch die Gelehrtenkritik in BEAUMARCHAIS' ‹Le Barbier de Séville› (1775). Figaro, ehemals selbst Literat, «sah, daß die Republik der Dichter [république des Lettres] die der Wölfe ist, die ständig einander belauern, [...] und da ich das Schreiben satt hatte, ich mir selbst langweilig war [...], überzeugte ich mich, daß das nützliche Einkommen eines Barbiermessers den eitlen Ehren der Feder vorzuziehen ist».[41] Im gleichen Jahr wie Klopstocks ‹Deutsche G.› erscheint WIELANDS satirischer Roman ‹Die Abderiten›. Daß die Republik Abdera auch eine Kontrafaktur zur G. darstellt, ist bisher kaum gewürdigt worden, obwohl handfeste Indizien dafür sprechen.[42] Ebenso ist unverkennbar, daß Sarastros aufgeklärter Vernunftbezirk in MOZART/SCHIKANEDERS ‹Zauberflöte› seine Rituale und Attribute nicht nur dem Logenwesen, sondern ebenso dem Vorstellungsbereich der G., möglicherweise sogar dem Einfluß von Campanellas ‹Sonnenstaat›, verdankt.

Wurde die G. – vornehmlich ihre utopischen Momente – von der fiktionalen Literatur aufgegriffen, so gehen ihre konkreten Züge in den Akademiegedanken ein. 1787 plädiert HERDER für eine ‹Teutsche Akademie› als Überbau aller wissenschaftlichen Einrichtungen zur Förderung der «patriotischen Aufklärung». [43] Freilich will Herder – wie Lessing – keinen deutschen Sonderweg einschlagen. Auch für ihn ist ein wissenschaftlich und literarisch emanzipiertes Deutschland nur ein Teil der internationalen G.: «Ganz Europa ist Ein gelehrtes Reich, das Teils durch innern Wetteifer, Teils in den neuern Jahrhunderten durch hülfreiche Mittel, die es auf dem ganzen Erdboden suchte, eine idealische Gestalt gewonnen hat, die nur der Gelehrte durchschauet und der Staatsmann nutzet.» [44] Von der grenzübergreifenden Wirkung der ‹litterae› ist auch JEAN PAUL überzeugt, wenn er in ‹Levana oder Erziehungslehre› (1807) schreibt, seit der Erfindung des Buchdrucks gebe es keinen abgeschlossenen Staat mehr: «Die Bücher stiften eine Universalrepublik, einen Völkerverein oder eine Gesellschaft Jesu im schönen Sinne oder humane society, wodurch ein zweites oder doppeltes Europa entsteht, das wie London, in mehren Grafschaften und Gerichtbarkeiten liegt.» [45]

Die aufklärerische Maxime von der Öffnung der G. läßt gegen Ende des 18. Jh. auch ihre Schattenseiten erkennen – der gelehrte Diskurs verschärft sich unter dem Öffentlichkeitsdruck zur Polemik. Hatte noch Bayle im ‹Historisch-Kritischen Wörterbuch› das «Schreiben von Satiren und Pasquillen» [46] entschieden abgelehnt und hatte Klopstock in der ‹Deutschen G.› dekretiert: «Streitschriften können nur im Falle der Nothwehr gewechselt werden» [47], so nimmt die Zahl der Streit- und Schmähschriften, Invektiven und Pasquille enorm zu. Im Kampf um die Leserschaft – Auswirkungen des sich formierenden literarischen Marktes – schärft sich die Rhetorik zur Eristik. Die gegenseitige Aberkennung der «Ehrwürdigkeit» ist nur ein Symptom für den Konsensverlust innerhalb der G. [48]

Das endgültige Ende des ‹poeta doctus› bringt der *Sturm und Drang*. Schöpfte der Literat vormals seine Schreibkompetenz aus der ‹Gelehrsamkeit›, so wird nun das ‹Ingenium› zum Quell der dichterischen Legitimation. Ebenso gerät die Rhetorik in der neuen Ästhetik in Mißkredit, weil sie als erlernbares Regelsystem der Inspiration des ‹Originalgenies› entgegenwirkt und zudem die ‹Kunst der Verstellung› fördert. Der spätere GOETHE hat mit seinen geistes- und naturwissenschaftlichen Studien das humanistische Ideal des ‹Universalgelehrten› im Sinne der ‹artes liberales› noch einmal zu erneuern versucht. An die Stelle der verblaßten Universalsprache Latein tritt sein Konzept der ‹Weltliteratur›, das freilich der beginnenden Massenpublizistik zuwiderläuft. «Denn wir führen doch im Grunde alle ein isoliertes armseliges Leben! Aus dem eigentlichen Volke kommt uns sehr wenige Kultur entgegen, und unsere sämtlichen Talente und guten Köpfe sind über ganz Deutschland ausgesäet» [49], klagt er am 3. 5. 1827 im Gespräch mit Eckermann. Mit ähnlichen Worten hatte bereits F. NICOLAI im Brief an Gerstenberg vom 9. 7. 1765 die Isolation der Gelehrten angeprangert: «Die besten Köpfe in Deutschland machen der weiten Entlegenheit ohnerachtet, zusammen eine Art von kleiner Republik aus, und für sich untereinander schreiben sie weit mehr, als für den großen Haufen unwissender Leser.» [50]

III. *19., 20. Jahrhundert.* FICHTES Wissenschaftskonzeption weist dem Gelehrtenstand eine bildungspolitisch bedeutsame Aufgabe zu: «die oberste Aufsicht über den wirklichen Fortgang des Menschengeschlechts im allgemeinen, und die stete Beförderung dieses Fortgangs». Statt der traditionellen Autonomie der G. fordert er deren gesellschaftliche Integration: «Der Gelehrte ist ganz vorzüglich für die Gesellschaft bestimmt: er ist, insofern er Gelehrter ist, mehr als irgendein Stand, ganz eigentlich nur durch die Gesellschaft und für die Gesellschaft da.» [51] – Innerhalb der mystischen Gemeinschaft romantischer Staatstheorien obliegt dem Gelehrten die Verschmelzung des Partikularwissens zur Universalerkenntnis: «Innigste Gemeinschaft aller Kenntnisse, scientifische Republik ist der hohe Zweck der Gelehrten», notiert NOVALIS in ‹Blütenstaub›. [52] Die den Gelehrten auszeichnende «Universaltendenz» soll die verlorene Einheit von Kunst und Wissenschaft wiederherstellen – eine Tendenz, die im gesamten 19. Jh. bis hin zu T. MANNS ‹Aufruf zur Gründung einer ‹Deutschen Akademie› (1914) greifbar ist, in welchem der Autor konstatiert, «daß ein musisch gestimmtes Gelehrtentum, eine Durchseelung weiter Reiche der Wissenschaft mit künstlerischem Geiste heute Wirklichkeit ist». [53]

Die Einschränkung des gelehrten Schrifttums zugunsten der mündlich-rhetorischen Artikulation fordert der romantische Staatstheoretiker A. MÜLLER in den ‹Zwölf Reden über die Beredsamkeit› mit dem Ziel der Ausschaltung der öffentlichen Staatskritik – eine Attacke gegen Kant und die Aufklärung. Aus Gründen der Staatsraison erscheint die G., namentlich ihre Prämissen «der Exklusivität gegenüber Staat und Gesellschaft und der [...] Gleichheit der Mitglieder» [54], suspekt. Eine geistige Elite soll der Unterminierung des restaurativen Staatsapparats entgegenwirken: «Vorläufig kommt alles darauf an, wo möglich eine Aristokratie des Geistes in Deutschland zu begründen, die große Mehrzahl der wahren Gelehrten auf irgend eine unauffällige Weise zu vereinigen.» [55]

SCHOPENHAUER, der dem akademischen Betrieb – und damit der G., die er damit identifiziert [56] – skeptisch gegenübersteht, beruft sich ebenfalls auf eine «Aristokratie des Geistes», wenn er seine organisierten Fachkollegen, die «Philosophastervereinigung in Gotha», rufen läßt: «"Es lebe die Mediokrität! Keine geistige Aristokratie, keine Alleinherrschaft der von der Natur Bevorzugten! Sondern Pöbelherrschaft! Jeder von uns rede wie ihm der Schnabel gewachsen ist, und Einer gelte so viel wie der Andere!" Da haben die Lumpe gutes Spiel! Sie möchten nämlich auch aus der Geschichte der Philosophie die bisherige monarchische Verfassung verbannen, um eine Proletarierrepublik einzuführen: aber die Natur legt Protest ein; sie ist streng aristokratisch!» [57] NIETZSCHE beschreibt diese ‹Standesdifferenz› als «das, was Schopenhauer im Gegensatz zu der Gelehrtenrepublik eine Genialen-Republik genannt hat». [58]

Innerhalb der Universitäten beginnt indessen die Historiographie der G. [59] – ein Indiz dafür, daß das wilhelminische (Aus-)Bildungssystem dieser Metapher keine aktuelle Bedeutung mehr zuzuweisen vermag und sie deshalb in geschichtliche Distanz rückt –, während die außeruniversitäre ‹Geistesaristokratie› im Individualismus (Anarchie) und Sozialismus die politischen Dimensionen der ‹res publica› erkundet. Mit der Aufkündigung der akademischen Standesvorrechte und der Einordnung in die ‹klassenlose Gesellschaft› erkaufen sich die ‹Intellektuellen› politisches Mitspracherecht (Räterepublik). Während der Weimarer Republik gerät die ehemals akademische Rhetorik zwischen die Mühlsteine der politisch polarisierten Intelligenz und wird als Agitation und Propaganda verpulvert.

Ein versteckter Appell an die geistige Tradition der G. findet sich in H. Hesses ‹Glasperlenspiel› (1943). Das «Spiel mit sämtlichen Inhalten und Werten unsrer Kultur» ist konzipiert als Sammelbecken und Betätigungsfeld der nichtemigrierten deutschen Geistigkeit. Der Begriff «Universitas Litterarum» deckt sich mit der Geschichte der G. von Erasmus bis Novalis und zielt auf die Bildung «konzentrischer Systeme» gegen die neuen ‹barbari›: «Weiterhin führt die Spur seiner [des Glasperlenspiels] Vorgeschichte über die Scholastik und den Humanismus zu den Mathematiker-Akademien des siebzehnten und achtzehnten Jahrhunderts und bis zu den romantischen Philosophien und den Runen der magischen Träume des Novalis. Jeder Bewegung des Geistes gegen das ideale Ziel einer Universitas Litterarum hin, jeder platonischen Akademie, jeder Geselligkeit einer geistigen Elite, jedem Annäherungsversuch zwischen den exakten und freieren Wissenschaften, jedem Versöhnungsversuch zwischen Wissenschaft und Kunst oder Wissenschaft und Religion lag dieselbe ewige Idee zugrunde, welche für uns im Glasperlenspiel Gestalt gewonnen hat.» [60]

Im utopischen Roman ‹Heliopolis› (1949) – der Titel ist an Campanellas ‹città del sole› angelehnt – beschreibt E. Jünger einen Staat nach dem «großen Feuerschlag», in dem sich zwei Ideologien befehden – eine Allegorie auf das enthumanisierte und vom Exodus der Wissenschaften bedrohte jüngste Nachkriegsdeutschland. – Nach der atomaren Katastrophe des dritten Weltkriegs setzt die utopische Satire ‹Die Gelehrtenrepublik› (1957) von A. Schmidt ein. Der Besuch eines Reporters auf der künstlichen Gelehrteninsel erweist die anachronistische Fiktion einer Institution, die mit dem symbolischen Bezug auf Klopstocks Entwurf satirisch decouvriert wird: Die Selbstausgrenzung von Kunst und Wissenschaft, der Rückzug in den «Helikon im Sargassomeer» bleibt unproduktiv. Damit weist der Kurzroman voraus auf die bald danach einsetzende Diskussion um die gesellschaftliche Verantwortung der Wissenschaft.

Anmerkungen:
1 L. Olschki: Galilei und seine Zeit (1927) 113. – 2 C. Thomasius: Freimütige, lustige und ernsthafte, jedoch vernunftmässige Gedanken oder Monatsgespräche [...] (1689), Bd. 4 (ND 1972) 1169; zit. G. E. Grimm: Lit. und Gelehrtentum in Deutschland (1983) 383. – 3 vgl. W. Mayer: Art. ‹Republik› in: Gesch. Grundbegriffe. Hist. Lex. zur politisch-sozialen Sprache in Deutschland, hg. von O. Brunner, W. Conze, R. Koselleck, Bd. 5 (1984) 549–651, bes. 587ff. – 4 Cicero, De re publica I, 25 39, übers. von K. Büchner; vgl. H. Jaumann: Ratio clausa, in: S. Neumeister, C. Wiedemann (Hg.): Res Publica Litteraria. Die Institutionen der Gelehrsamkeit in der frühen Neuzeit, Bd. 2 (1987) 409–429, bes. 410. – 5 A. Buck: Die humanistischen Akad. in Italien, in: Der Akademiegedanke im 17. und 18. Jahrhundert, hg. v. F. Hartmann und R. Vierhaus (1977) 11. – 6 vgl. W. Kühlmann: G. und Fürstenstaat (1982) 21. – 7 D. Erasmus von Rotterdam: Opera omnia (Amsterdam 1969) I,1,68. – 8 F. Schalk: Von Erasmus' res publica literaria zur G. der Aufklärung, in: ders.: Stud. zur frz. Aufklärung (1977) 143–163, 144. – 9 T. Morus: Utopia, Übertragung von Hermann Kothe, hg. von H. Günther (1992) 150 und 148. – 10 E. Trunz: Der dt. Späthumanismus um 1600 als Standeskultur, in: R. Alewyn (Hg.): Dt. Barockforschung (1965) 147–181; zum Quellennachweis vgl. ebd. Anm. 6. – 11 J. V. Andreae: Christianapolis (1619), Originaltext und Übertragung nach D. S. Georgi (1741), eingel. und hg. von R. van Dülmen (1982) bes. 15f., 18. – 12 J. J. Berns: Zur Trad. der Sozietätsbewegung, in: Sprachges., Sozietäten, Dichtergruppen, hg. von M. Bircher und F. van Ingen (1978) 53–73, bes. 58f. – 13 W. Weiß: Die Gelehrtengemeinschaft: Ihre lit. Diskussion und Verwirklichung, in: Neumeister, Wiedemann [4], 133–151. – 14 F. Bacon: Neu-Atlantis; übers. von G. Bugge, durchges. und neu hg. von J. Klein (1982) 43. Zur Wirkung in Europa vgl. H. Minkowski: Die geistesgesch. und die lit. Nachfolge der Neu-Atlantis des F. Bacon, in: Neophilologus 22 (1937) 120–139, 185–200. – 15 W. Barner: Barockrhet. (1970) 406. – 16 P. Bayle: Art. ‹Latins›, behandelt und übers. in: Saavedra: Die Gelehrte Republic (1748) 221 (übers. von J. E. Kapp). Siehe dazu P. Koselleck: Kritik und Krise (⁶1989) 89–94. – 17 Eine Zusammenstellung gibt M. Kirchstein: Klopstocks Dt. G. (1928) 47. – 18 zit. G. Sauder: Christian Thomasius, in: R. Grimminger (Hg.): Hansers Sozialgesch. der dt. Lit. Bd. 3 (1980) 239. – 19 Jaumann [4] 411. – 20 J. E. Kappens Versuch einiger Anmerkungen über Saavedra gelehrte Republic. Anmerkung von dem Titul Respublica literaria, gelehrte Republic, Scribenten davon, Auszügen aus ihren Schr., in: Saavedra [16] 201–230. Die behandelten Texte: J. Thomasius: Programma XXXIX, XLI und L, in: Jacobi Thomasii Dissertationes LXIII [...] (1693); P. Bayle: Art. ‹Catius›, Fn. D., in: Dictionnaire historique et critique (1697); J. G. Pritz: Dissertatio Academica de Republica Literaria (1698); C. Loeber: Dissertatio Politica de Forma Regiminis Reipublicae Litterariae (1708); C. G. Hoffmann: Vorrede de Libertate sentiendi in Republica Eruditorum, in: Aufrichtige und Unpartheyische Gedanken über die Journale, Extracte und Monaths=Schrifften, Viertes Stück (1714) 299–310; C. A. Heumann: Conspectus Reipublicae Literariae sive Via ad Historiam Literariam [...] (1717); J. F. Schneider: Oratio Solemnis de Forma Reipublicae Litterariae / Von der Besten Art zu regieren in der Republik der Gelehrten [7] (1727); J. Hermansson: Dissertationis Philosophicae de Democratia Litteraria. Pars Prior (1735). – 21 Jaumann [4] 417. – 22 Kapp [20] 224 über Hermansson [20]. – 23 Jaumann [4] 419f. – 24 I. Kant: Beantwortung der Frage: Was ist Aufklärung?, in: Akad. Ausg. Bd. 8 (ND 1969) 37 und 41. – 25 G. W. Leibniz: Pensées poure faire une Relation de l'Estat present de la Repubiqve des lettres [...], in: Sämtliche Schr. und Br. IV,1 hg. von der Preuß. Akad. der Wiss. u. a. (ND 1983) 570. – 26 Schalk [8] 157; W. Schneiders: Gottesreich und gelehrte Ges. Zwei politische Modelle bei G. W. Leibniz, in: Hartmann, Vierhaus [5] 47–61, bes. 49f. – 27 A. Hauser: Sozialgesch. der Kunst und Lit. (1972) 558. – 28 vgl. G. Sauder: ‹Galante Ethica› und aufgeklärte Öffentlichkeit in der G.; R. Wild: Stadtkultur, Bildungswesen und Aufklärungsges., beide in: Grimminger [18] und die einzelnen Beiträge in C. Bürger, P. Bürger, J. Schulte-Sasse (Hg.): Aufklärung und lit. Öffentlichkeit (1980). – 29 Kant [24]. – 30 Barner [15] 417; G. Ueding: Popularphilos., in: Grimminger [18] 605–634, bes. 615ff. – 31 vgl. M. Fauser: Das Gespräch im 18. Jahrhundert. Rhet. und Geselligkeit in Deutschland (1991). – 32 G. E. Lessing: Werke und Br. (Frankf. Ausg.) Bd. 1, hg. von J. Stenzel (1989) 178. – 33 vgl. G.-L. Fink: Nationalcharakter und nationale Vorurteile bei Lessing, in: W. Barner, A. M. Reh (Hg.): Nation und G. Lessing im europäischen Zusammenhang (1984) 91–119. – 34 W. Barner: Res publica litteraria und das Nationale. Zu Lessings europäischer Orientierung, in: Barner, Reh [33] 69–90. – 35 Klopstock an Joseph II., 31.12.1768, in: Werke und Br. (Hamburger Ausg.) Bd. V,1 hg. von K. Hurlebusch (Berlin/New York 1989) 112; vgl. R.-M. Hurlebusch, K. L. Schneider: Die Gelehrten und die Großen. Klopstocks «Wiener Plan», in: Hartmann, Vierhaus [5]. – 36 vgl. G.-L. Fink: Vom universalen zum nationalen Literaturmodell im dt.-frz. Konkurrenzkampf (1680–1779), in: W. Barner (Hg.): Trad., Norm, Innovation (1989) 33–67. – 37 Klopstock: Die dt. G., in: [35] Bd. VII,1 hg. von R.-M. Hurlebusch (Berlin/New York 1975) 17. – 38 G. C. Lichtenberg: Schr. und Br., hg. von W. Promies, Bd. 1 (1968) 303 (D 483). – 39 J. H. G. von Justi: Scherzhafte und Satyrische Schr. (3 Bde), zweite verbesserte Aufl., 3. Bd. (1765) 319–352. – 40 ders.: gesammelte Politische und Finanzschr. [...], Bd. 1 (1761) 60. – 41 P. A. C. de Beaumarchais: Le Barbier de Séville, Szene I,2, übers. von G. Scheffel (²1981). – 42 vgl. K. Manger: Universitas Abderitica. Zu Wielands Romankomposition, in: Euph 77 (1983) 395–406, bes. 402. – 43 Idee zum ersten patriotischen Institut für den Allgemeingeist Deutschlands, in: Herders Sämmtliche Werke, hg. von B. Suphan, Bd. 16 (1887) 606f. – 44 J. G. Herder: Werke (Frankfurter Ausg.) hg. von M. Bollacher (1989),

Bd. 10: Ideen zur Gesch. der Philos. der Menschheit, 11. Buch, 461. – **45** Jean Paul: Werke, hg. von N. Miller, Bd. 5 (1963) 550. – **46** Peter Baylens Hist. und crit. Wtb., nach der neuesten Aufl. von 1740 ins Dt. übersetzt [...] von Johann Christoph Gottscheden (Leipzig 1741–1744) Bd. 2, 108. – **47** Klopstock [37] 26. – **48** vgl. H.-D. Dahnke, B. Leistner: Von der ‹G.› zur «Guerre ouverte». Aspekte eines Dissoziationsprozesses, in: dies. (Hg.): Debatten und Kontroversen. Lit. Auseinandersetzungen in Deutschland am Ende des 18. Jh., Bd. 1 (1989) 13–38. – **49** Eckermann: Gespräche mit Goethe, in: Goethe-Gedenk-Ausg. Bd. 24 (1948) 628. – **50** zit. M. Kirschstein: Br. Nicolais an Gerstenberg, in: Euph 28 (1927) 339. – **51** J. G. Fichte: Einige Vorles. über die Bestimmung des Gelehrten (1794), in: Ausgewählte Werke, hg. von F. Medicus, Bd. 1 (²1962) 256 und 258. – **52** Novalis: Schr., hg. von P. Kluckhohn und R. Samuel (²1965) Bd. 2, 451. – **53** T. Mann: GW in 13 Bd. (1990) XI, 742. – **54** S. Lechner: Gelehrte Kritik und Restauration (1977) 103. – **55** A. Müller an F. Gentz (8.5. 1819), in: Briefwechsel zwischen Friedrich Gentz und Adam Heinrich Müller 1800–1829 (1857) 286. – **56** vgl. A. Schopenhauer: Züricher Ausg. in 10 Bd. nach der hist.-krit. Ausg. von A. Hübscher, Bd. X: Parerga und Paralipomena II, 2. Teilbd., bes. § 252, S. 529f. – **57** ders.: Bd. VII: Parerga und Paralipomena I, 1. Teilbd., S. 201, Anm. – **58** F. Nietzsche: Werke, hg. van G. Colli und M. Montinari, Bd. 3, 2 (1973) 302. – **59** C. Schlottmann: De Reipublicae Litterariae Originibus Commentatio (1861); später Kirschstein [17]. – **60** H. Hesse: GW (Werkausg.) Bd. 9 (1970) 12f.

P. Huber

→ Akademie → Artes liberales → Aufklärung → Barock → Debatte → Dichter → Disputation → Gelehrtenliteratur, -sprache → Genie → Öffentlichkeit → Publikum → Publizistik → Sprachgesellschaften

Gemeinwohl (griech. κοινῇ ἀγαθόν, koiné agathón; κοινὸν ἀγαθόν, koinón agathón, κοινὸν συμφέρον, koinón symphéron; lat. bonum commune, utilitas publica; dt. auch Gemeinnutz, öffentliches Interesse; engl. common good, common weal, public interest; fr. bien commun, bien public; ital. bene comune, bene pubblico.
A. Def. – B. I. Antike – II. Frühes Mittelalter – III. Hoch- und Spätmittelalter – IV. Frühe Neuzeit – V. 19., 20. Jh.

A. Die Vielzahl der angeführten Benennungen des Konzepts des ‹G.›, denen sich weitere beifügen ließen, verweist auf seine Universalität, zumal in der okzidentalen Kultur. ‹G.› wird dabei mit zahlreichen anderen Konzepten – Gemeinwesen, Wohlfahrt, Glück, usf. – verbunden, die diese Universalität noch steigern. Ruft man heute elektronische Datenbanken ab, dann ergibt sich, daß so gut wie kein Bereich und keine Perspektive ausgelassen ist, die nicht zu ‹G.› in Beziehung gesetzt werden kann. In Sachwörterbüchern, Lexika und Enzyklopädien wird der Titel ‹G.› regelmäßig aufgeführt. [1] ‹G.› scheint so in theoretischer wie in praktischer Hinsicht eine ebenso unentbehrliche wie unbestimmt-unbestimmbare Kategorie zu sein, die alle Aspekte des Gemeinschaftslebens betrifft. Um so schwieriger ist ihre präzise theoretische Fassung, die in objektiver Weise zu mißlingen scheint. Auch der Versuch, ‹G.›-Theorien, etwa rationalistische, idealistische und realistische [2], systematisch zu differenzieren, ist unbefriedigend geblieben, zumal er fast ausschließlich an amerikanischem Material unternommen worden ist.

Struktur und Funktion des Konzepts lassen sich an einem der frühesten Belege für sein Auftreten andeuten. In dem Geschichtswerk des Thukydides treten die Melier den Unterwerfung fordernden Athenern mit dem Argument entgegen, es sei doch für beide «einträglich» (συμφέρον), «nicht das gemeinsam Gute aufzulösen» (μὴ καταλύειν [...] τὸ κοινὸν ἀγαθόν). [3] Sie glauben dieses Argument bekräftigen zu können, indem sie darauf hinweisen, daß den Athenern ein Gleiches widerfahren könne. Hier treten einander ausschließende Ansprüche auf: die Forderung der Athener nach Unterwerfung und der Anspruch der Melier auf Unabhängigkeit, und um diesen real schwächeren Anspruch einklagen zu können, berufen sich die Melier auf ein höheres Prinzip der Verbindlichkeit, letztlich auf die Gerechtigkeit als das ‹gemeinsam Gute›, also das beide streitende Parteien Verbindende. Die imperialistischen Athener weisen das ganze Argument als irrelevant zurück – und erleiden dann das gleiche Schicksal. Realität und konkrete Gestaltung des G. sind also stets strittig, und es wird in ‹emanzipatorischer› Absicht vielfach von der schwächeren Partei eingeklagt.

Als die Instanz, das ‹G.› zu verbürgen, ja es selbst darzustellen, tritt seit Platon das Gemeinwesen auf [4], und bei Cicero geht die ‹utilitas publica› in die Definition der *res publica* ein. [5] Damit sind zwei weitere fundamentale Strukturmomente des ‹G.›-Konzepts festgelegt. Zum einen ist es verbunden mit einer Spannung zwischen dem Universalen und dem Partikularen, die bis zur Destruktion des je anderen Momentes gehen kann. Es läßt sich sagen, daß das Konzept nur in solchen Kulturen und Gesellschaften auftritt, in denen es überhaupt so etwas wie ein von der Gesamtheit unterschiedenes gruppenmäßiges oder individuelles Einzelnes gibt und in denen zugleich ein Bewußtsein dieser Differenzierung sich ausgebildet hat, also in wenigstens tendenziell modernen Kulturen und Gesellschaften. Wo dergleichen nicht existiert, hat das Konzept keinen Boden, auf dem es sich entwickeln könnte, weil die Spannung zwischen den Momenten nicht existiert, die auch als Momente, d.h. als Unterschiedene, gar nicht auftreten. Die bis zur Auflösung führende Spannung der beiden Pole ist ein beständiger Charakter des Konzepts selbst: Es existiert nur in der Spannung seiner Momente von Universalität und Partikularität, ja Singularität, und hat allein darin seine Rechtmäßigkeit.

Zweitens: Die Anbindung des ‹G.› an das Gemeinwesen, die bis zur Identifikation geht, reicht durch alle seine geschichtlichen Gestalten von der griechischen Polis und der römischen *res publica* bis zum Staat der Neuzeit, dessen Zweckcharakter und Zielbestimmung auf das ‹G.› bezogen und ausgerichtet sind. [6] Dann aber gehört, das ist seit Platon so, ein Wissen um dieses ‹G.› zum Kernbestand dessen, worüber der politische Mensch verfügen muß, und kann vor allem vom ‹Staatsmann› verlangt werden [7], zumal von diesem Wissen die Realisierungsaussichten des G. abhängig gemacht werden. Die Frage nach der Erkennbarkeit des ‹G.› kehrt zurück. Sie gliedert sich in drei Aufgaben, die es zu lösen gilt: Existiert so etwas wie das ‹G.› überhaupt? Was ist es dann? Wie läßt es sich bestimmen?

Alle diese Erwägungen zeigen ebenso wie der später vorzunehmende Durchgang durch die Geschichte der ‹G.›-Konzepte, daß eine objektive theoretische Bestimmung scheitert: Das Konzept ist nicht theoriefähig. Es handelt sich um ein echtes rhetorisches Konzept. Das aber macht es gerade nicht unbrauchbar. Vielmehr kann und muß es in Argumentation und Gegenargumentation eingesetzt werden, wobei die theoretischen Konzepte als Projekte fungieren, die zur Orientierung dienen, also rhetorisch ernst genommen werden müssen. Die Bewahrung der Spannung zwischen der Universalität und der Partikularität der das ‹G.› konstituierenden Momente gehört dabei zu den Realisierungsbedingungen des Konzepts.

Sie ermöglicht überhaupt erst die rhetorische Anwendung. Da sich das Politische rhetorisch bestimmen läßt als das strittig Gemeinsame, sofern es ansinnungsfähig ist, erweist sich ‹G.› zugleich als ein genuin politisches Konzept. Die beiden Momente seiner Unbestimmbarkeit und seiner Unentbehrlichkeit bekunden gleichfalls die Genuinität seines politisch-rhetorischen Charakters.

B. I. *Antike*. In philosophischer Reflexion bringt PLATON das Konzept des ‹G.› auf einen Begriff, indem er den Primat des ‹Gemeinsamen› (κοινόν, koinón), das als solches das Gute ist, vor dem ‹Einzeln-Privaten› (ἴδιον, ídion) konstatiert: «Es ist dem Gemeinsamen und dem Einzeln-Privaten, in der Tat beiden, zuträglich, wenn das Gemeinsame wahrhaft dem Einzeln-Privaten vorgezogen wird.» [8] Als Begründung wird an gleicher Stelle angegeben, daß das ‹Gemeinsame› verbindet, das ‹Einzeln-Private› dagegen zerteilt und trennt, und zwar ‹in den Poleis›. Die Polis ruht auf dem Grunde des G., das sich in ihr und als sie für die Bürger darstellt. Die Sorge (ἐπιμέλεια, epiméleia), Besorgung und Bekümmerung zugleich, um das ‹G.› ist die Pflicht des politischen Menschen, aller (d. h. der Politen) und zumal derer, die zur Ausübung eines politischen Amtes berufen sind. Die Qualifikation dazu ist an den Erwerb und den Besitz des wahren politischen Wissens gebunden, welches im Transzendenzwissen der Ideen, vor allem der Idee des Guten, besteht. An dieser Stelle seines späten Dialogs ‹Gesetze› faßt Platon seine lebenslange Auseinandersetzung um das geglückte Gemeinwesen zusammen. Sie ist veranlaßt durch die Niederlage seiner Heimatpolis Athen im Peloponnesischen Krieg und den damit zusammenhängenden Justizmord an Sokrates. Seine Gegner sind die Sophisten, denen er den Verderb der Politiker – Themistokles und Perikles – zurechnet, die doch die Größe Athens begründet haben. Der so bestimmte Begriff des ‹G.› bei Platon läßt sich weiter konkretisieren durch die Erwägungen seiner anderen Dialoge, vor allem der ‹Politeia›. Auf jeden Fall erfüllt sich das ‹Gute› in seiner gemeinschaftsbildenden und -bewahrenden Kraft in der Idee der Gerechtigkeit als der eigentlichen Sozialtugend, und die Gerechtigkeit ist auf das Engste verbunden mit der Gleichheit. So ist gewährleistet, daß allen, Gleichen wie Ungleichen, vom Ganzen her das ihnen Zukommende zuteil wird. Das platonische Denken legt so einen Begriff des ‹G.› vor, dessen Universalität transzendent abgesichert ist, und zugleich dem Inhaber des Transzendenzwissens Herrschaftslegitimität zusichert. Das Problem besteht darin, wie sich das ‹G.› ermitteln läßt, wenn kein Transzendenzwissen zur Verfügung steht.

In der Bestimmung, die ARISTOTELES dem Begriff des ‹G.› gibt, sind zunächst alle Momente erhalten, die sich bei Platon finden. [9] Für ihn jedoch existiert die eidetische Transzendentalität des ‹Guten› nicht; sie ist keinem privilegierten Reflexionswissen zugänglich. [10] Die Konsequenz ist, daß das Verhältnis von ‹Gemeinsamem›, d. h. des ‹G.›, und Einzelnem anders geordnet werden muß als dies bei Platon durch vollständige Subordination geschieht, die bis zur Auflösung des Partikularen im Universellen gehen kann. Eine teleologisch verfaßte Ordnung, in der jeder Stufe ihr eigenes Gutes (συμφέρον τι, symphéron ti) zugewiesen ist, bildet einen Rahmen, der von ihm mit der politischen Gerechtigkeitsordnung identifizierten G. (κοινὸν συμφέρον, koinón symphéron) zusammengehalten wird. [11] Dieses Gemeinsame muß jeweils mit dem Partikularen vermittelt werden, denn es ist wahr und richtig, was Aristoteles sagt: «Für das Eigene (ἴδιον, ídion) sorgt man vorzugsweise, für das Gemeinsame (κοινόν, koinón) aber weniger oder doch nur, soweit es die Einzelnen berührt.» [12] Die Sprach- und Vernunftbegabung des Menschen als ζῷον λόγον ἔχων (zôon lógon échōn), die mit seiner Politikfähigkeit als ζῷον πολιτικόν (zôon politikón) identisch ist, läßt ihn über das Zu- und Abträgliche und damit über das Gerechte und Ungerechte sich auseinandersetzen. [13] So rekonstruiert Aristoteles gegen ihre platonische Diskriminierung die Rhetorik und weist ihr den Diskurs über das ‹G.› zu. [14]

Unter platonischem Einfluß [15] fügt CICERO das ‹G.› *(utilitas publica)* in die Zweckbestimmung des Gemeinwesens und schließlich in die Definition der *res publica* ein: «Est igitur res publica res populi; populus autem non omnis hominum coetus quoquo modo congregatus, sed coetus multitudinis iuris consensu et utilitatis communione sociatus.» (Es ist das öffentliche Ding das Ding des Volkes. Volk aber ist kein Zusammenhang einer auf beliebige Weise zusammengescharten Menge von Menschen, sondern der Zusammenhang einer solchen Menge von Menschen, die durch Zustimmung zum Recht und durch Teilhabe am ‹G.› vergesellschaftet sind.) [16] Leitend ist dabei die Vorstellung einer in Rechtsgesinnung und ‹G.›-Teilhabe sich darstellenden Harmonie (‹concordia›), so daß ‹res publica› mit ‹G.› gleichgesetzt werden kann, eine Adäquation, die dem *res publica*-Konzept bis in seine neuzeitliche Verwendung erhalten bleibt.

SENECA, bei dem sich unter mehreren ‹G.›-Formeln auch die des ‹bonum commune› findet [17], bindet dessen Verwaltung an den cäsarischen Herrscher und seine Tugend. Der autokratische Wille des Princeps (Nero!) soll moralisch gebunden werden, so daß nicht seine schrankenlose Willkür, sondern die Sorge (‹tuitio›, ‹cura›) um das Heil (‹salus›) des Gemeinwesens sein Handeln bestimmt: «non rem publicam suam esse, sed se rei publicae». [18] Der Herrscher wird auf das ‹G.› verpflichtet.

Die lateinische Patristik, obwohl primär nicht an sozialethischen Vorstellungen orientiert oder interessiert, sondern höchstens an einem ethischen Personalismus unter theologischer Perspektive, kann gleichwohl tradierte Konzepte aufnehmen. So ist bei AUGUSTINUS, dem auch die *res publica*-Formel bekannt ist [19], die er bis zur Auffindung des Palimpsests mit Ciceros Text dem Okzident übermittelt, der ciceronische Anklang unverkennbar. Jedoch sind alle Konzepte, auch das des ‹G.›, ekklesiologisch überwölbt. Das wahrhaft oberste Gut (‹summum bonum›) welches in der perfekten Konkordanz von *pax* und *iustitia* besteht [20], ist ausschließlich in der *civitas caelestis sive Dei* (himmlischer Staat Gottes) wirklich, weil verwirklicht. Dagegen ist der Status der *civitas terrena* (irdischer Staat) doppeldeutig. An ihr selbst ist sie die Perspektive des Unheils und daher – das Exempel ist Rom selbst – keine *res publica*. Die Angehörigen der weltlichen Reiche können jedoch mit dem Blick auf das Heil der göttlichen Gemeinschaft sich in Wanderschaft aufmachen und das ‹G.› hier anzustreben versuchen, was stets nur unvollkommen gelingt. Eine Vermittlung dieses ciceronianisch-senecaisch-augustinischen Bündels von G.-Vorstellungen wird in ISIDORS VON SEVILLA ‹Etymologien›, sozusagen einem Nachschlagewerk, tradiert. [21] Sofern und solange das alteuropäische Sozialdenken sich in hohem Maße auf den Herrscher bezieht, wird die Sorge um das ‹G.› floskelhaft zu seinen obersten Tugendpflichten gerechnet werden.

II. In den literarischen Quellen des *Frühmittelalters* – Urkunden sowohl als Geschichtswerken – sind vielfältige ‹G.›-Formeln auffindbar. So spricht z.B. ein Kapitular Ludwigs des Frommen von 823/25 von «utilitas publica». [22] Aus solchen Stellen ist ein ‹G.›-Denken konstruiert worden, dem mit äußerster Zurückhaltung begegnet werden muß. [23] Das läßt sich an zwei Darstellungen zeigen, in denen auch die Belege aufzusuchen sind. W. Merk hat in Aufnahme des nationalsozialistischen Germanenmythos eine echt «germanische» Prägung des Vorranges des gemeinen Besten in der «deutschen Staats- und Rechtsentwicklung» dieser und daher auch der folgenden Epochen annehmen zu können geglaubt. [24] P. Hibst konstruiert eine durchgängige handlungsleitende Realität des ‹G.›-Konzepts, die weiter reicht als die traditionelle Bekenntnis zu *pax et iustitia*. [25] Gegen solchen Verbalismus ist darauf zu verweisen, daß die Organisationsstruktur frühmittelalterlicher Verbände keinerlei Möglichkeit für die Abstraktion eines G.-Konzepts oder überhaupt anderer institutioneller Konzepte von der personalistischen, auf Haus, Clan, Gefolgschaft, Stamm usf. bezogenen ‹Verfassung› dieser Verbände hergibt. Das Auftreten von ‹G.›-Formeln erklärt sich dadurch, daß die Texte von einer schmalen Gruppe literater Kleriker geschrieben wurden, die nur oberflächlich mit dem antiken Vokabular bekannt waren. Dieses wandten sie in einer gelernten Sprache, dem Lateinischen, auf Sozialverhältnisse einer Gesellschaft an, die sich darüber kategorial ganz anders verständigte. In all diesen Texten findet auch niemals über floskelhafte Verwendung hinaus ein Diskurs darüber statt, was unter diesen Worten eigentlich zu verstehen sei.

III. *Hoch- und Spätmittelalter.* Erst mit der sogenannten ‹Renaissance des 12. Jh.› [26] setzt eine intensivere theoretische Reflexion auf das ‹G.›-Konzept ein, die auf einer umfassenderen und aktiveren Kenntnis der antiken Literatur, vor allem des Aristoteles, beruht. Bei THOMAS VON AQUIN wird die aristotelische teleologische Bestimmung des ‹G.› (‹bonum commune›) aufgenommen. Ihre drei wesentlichen Bestandteile sind: 1. der Vorrang des ‹G.› vor dem Partikularinteresse (‹bonum particulare/ privatum›) [27]; 2. stellt sich die Repräsentation des ‹G.› im Gemeinwesen dar, und ist es 3. die auf göttlicher Beauftragung beruhende Pflicht des Regenten, dieses vor allem in Friede und Gerechtigkeit [28] beruhende ‹G.› zu verwalten. [29] Über diese sozialtheoretischen Bestimmungen hinaus ist alles ‹bonum› ausgerichtet auf Gott als das ‹summum bonum›, und diese theologisch-metaphysische Durchorganisation der Seins- und Güterordnung wirkt auf jede Stufe zurück. [30] In der Thomas-Nachfolge, etwa bei REMIGIUS DE GIROLAMI [31], bleibt diese Struktur weitgehend erhalten. Die theologisch anders verfaßte Konzeption des DUNS SCOTUS erblickt im ‹G.› eine freie Äußerung des liebevollen Selbstbezuges des göttlichen Willens an seine Gemeinde. [32] Es ist fraglich und im Grunde zu verneinen, ob die politisierte ‹G.›-Konzeption des MARSILIUS VON PADUA durch ihre Bindung an das ‹Volk› (‹universitas civium›) bzw. dessen repräsentativen *valencior pars* (leistungsfähigeren Teil) moderne Vorstellungen impliziert. [33] So ist zwar ein theoretischer Diskurs eröffnet, aber seine handlungsleitende Bedeutung für die soziale Realität bleibt zweifelhaft. Der eröffnete theoretische Diskurs bleibt praktisch in Ermahnung stecken.

IV. Das ändert sich, allerdings langsam, im Übergang von der spätmittelalterlichen zur *frühneuzeitlichen* Gesellschaft. Nicht mehr wird das ‹G.›-Konzept allein in der Art der Fürstenspiegelliteratur in herrschaftslegitimierender, aber auch herrschaftskritischer Gestalt verwendet, deren Inhalt weitgehend mit der Wahrung von *pax* und *iustitia* identifiziert wird, sondern es nimmt eine sowohl das staatliche als auch das individuelle Wirtschaftshandeln einbeziehende aktivere Bedeutung an. Bemerkenswert ist dabei die Veränderung in der Einschätzung des Gegenkonzepts zum ‹G.›, des Eigennutzes. Die alteuropäische Verwerfung des lasterhaften Strebens nach Besitz wird durch eine positivere Beurteilung ersetzt. Gemeinhin wird diese Wandlung mit dem entwickelteren westeuropäischen Denken der B. DE MANDEVILLE und A. SMITH in Verbindung gebracht. W. Schulze [34] hat auf eine erstaunlich frühe Schrift des Ulmer Bürgers L. FRONSBERGER ‹Von dem Lob des Eigennutzen› hingewiesen, deren Kernthese lautet: «Es ist nie kein Gemeiner, sondern je und allweg nur ein eigener Nutzen gewesen.» [35] In dieser Radikalität bleibt die These allerdings in Deutschland vereinzelt, auch wenn die Berechtigung zum Verfolg des Einzel- und Eigeninteresses nicht mehr gänzlich moralisch diskriminiert wird. Es läßt sich daraus ein Hinweis auf veränderte gesellschaftliche Normen entnehmen, die einer sich wandelnden sozialen Realität entsprechen. Vor allem übernimmt der territoriale Fürstenstaat eine aktive wohlfahrtsstaatlich und sozialpolitisch orientierte Verwaltung des ‹G.›, auch unter Eindämmung der Schrankenlosigkeit des privaten Eigennutzstrebens, auf dessen Erträge er doch für seine größeren finanziellen Bedürfnisse angewiesen ist. [36]

Der egoistische Partikularismus des besitzindividualistischen Eigennutzstrebens scheint in der englischen und schottischen Moralphilosophie des 18. Jh. das vorherrschende Sozialmodell zu sein. Dafür spricht das berühmte Motto «private Laster, öffentliche Tugenden» von MANDEVILLES Bienenfabel (1714) ebenso wie die Erklärung von A. SMITH: «Nicht vom Wohlwollen des Metzgers, Brauers und Bäckers erwarten wir das, was wir zum Essen brauchen, sondern davon, daß sie ihr eigenes Interesse wahrnehmen. Wir wenden uns nicht an ihre Menschen-, sondern an ihre Eigenliebe, und wir erwähnen nicht die eigenen Bedürfnisse, sondern sprechen von ihrem Vorteil.» [37] Gleichwohl darf nicht verkannt werden, daß damit keineswegs jeglicher Altruismus des Menschen abgestritten wird. [38] Der gouvernementale Eingriff in die ökonomische Sphäre soll nur auf die Setzung von Rahmenbedingungen eingeschränkt werden, auf daß die ‹unsichtbare Hand› das als solches nicht intendierbare G. erwirken kann. Das zugrundeliegende Problem ist das der Vermittlung von Universalität (‹public good, good of the whole›) und Partikularität (‹private good, self-good›). Diese Vermittlung wird in der *englischen* Moralphilosophie mit bedeutender Wirkung auf die *schottische* dem moralischen Gefühl (‹moral sense, sentiment›) anvertraut. Es ist zu beachten, daß es sich dabei nicht um ein irrationales Vermögen handelt. SHAFTESBURY bezeichnet dasjenige, dem die reale Vermittlung und damit die Realität selbst des ‹G.› anvertraut ist, als «reflektierten Sinn» («reflective sense»). [39] In gleicher Funktion, aber unterschiedlicher Gewichtung der zu vermittelnden Momente, tritt der ‹moral sense› bei D. HUME, A. FERGUSON und A. SMITH auf; seine Vermittlungsleistung zwischen privatem Egoismus und sozialem Ganzen zur Konstitution des ‹G.› bleibt erhalten. [40]

Im *Französischen* setzt die Encyclopédie DIDEROTS

und D'ALEMBERTS das ‹bien public› dem ‹intérêt particulier›, also nicht dem ‹bien privé›, entgegen. [41] In gleichem Sinn kann ROUSSEAU formulieren: «Das erste Gesetz, ja das wahrhaft einzige fundamentale Gesetz, welches aus dem Gesellschaftsvertrag hervorgeht, ist, daß ein jeder in allen Angelegenheiten das größtmögliche ‹G.› (le plus grand bien de tous) vorzieht.» [42] Auf diese, alles Partikulare weitgehend vernichtende Konzeption läßt sich die revolutionäre Idee eines ‹salut public› beziehen. [43]

In der *deutschen* Naturrechtstheorie des 18. Jh. tritt das ‹G.›-Konzept zwar gelegentlich auf [44], aber seine Bedeutung ist geschwächt. Es ist kennzeichnend, daß HEGEL seine Abwehr des für ihn bestehenden atomistischen Individualismus der ‹Bürgerlichen Gesellschaft› nicht mehr in Kategorien des ‹G.›-Konzepts, sondern von der Idee des sittlichen Staates her vorträgt. [45]

V. 19., 20. Jahrhundert. Die starke Anbindung des ‹G.›-Konzepts an naturrechtliche Vorstellungen, welcher Art auch immer, läßt vermuten, daß seine Reflexion mit dem Ende des Naturrechts im 19. Jh. und seine Ersetzung durch Historismus und Positivismus geschwächt ist. So richtig das ist, so auffallend ist zugleich sein gehäuftes Auftreten in Lexika, Enzyklopädien, historischen Handbüchern etc., was sich an einer rein doxographisch verfahrenden, auf Deutschland beschränkten Auflistung belegen läßt. [46] In originären Texten reflexiver Theorie tritt das ‹G.›-Konzept dagegen, abgesehen von vagen Anspielungen, so gut wie nicht mehr auf. Trotzdem ist es keineswegs vollkommen erledigt. Schon die erwähnte Fülle seines Auftretens zeigt jedoch, wieviel Unklarheiten über seinen Status vorherrschen.

Wiederbelebt wird das ‹G.›-Konzept in der katholischen, auf naturrechtlicher Basis errichteten Soziallehre. Seine auf dem II. Vatikanischen Konzil aufgestellte Definition lautet: G. ist «die Gesamtheit jener Bedingungen des gesellschaftlichen Lebens, die sowohl den Gruppen als auch deren einzelnen Gliedern ein volleres und reicheres Erreichen der eigenen Vollendung ermöglicht.» [47] Aber schon vorher ist in autoritativen Äußerungen ebenso wie in katholischen Sozialethiken das ‹G.›-Konzept reaktiviert worden, und diese Denkungsart setzt sich bis in die Gegenwart fort. [48] Zugleich wird das Studium des thomasischen ‹G.›-Begriffs intensiviert. [49]

In der Epoche der Verfassungsgebung in Deutschland nach dem 2. Weltkrieg haben diese naturrechtlichen ‹G.›-Konzepte großen Einfluß auf die Verfassungsgerichtsbarkeit ausgeübt, so daß A. SÜSTERHENN von einem «naturrechtlichen Fundament» des Grundrechtsteils des Grundgesetzes für die Bundesrepublik Deutschland sprechen konnte. [50] Von der DDR-Theorie ist daran scharfe Kritik geäußert worden. [51] Die volle Problematik des ‹G.›-Konzepts kommt in seiner mißbräuchlichen Verwendung in der nationalsozialistischen Propaganda, Rechtstheorie und Rechtsprechung zum Vorschein. «Die Verwendung der Worte ‹Gemeinwohl›, ‹Gemeinnutz› und ihrer zahlreichen Varianten erreicht in der juristischen Terminologie des Nationalsozialismus eine bis dahin unbekannte Breite». [52] Schon im – bedeutungslosen – Parteiprogramm des NSDAP vom 24. 2. 1920 findet sich die Formel «Gemeinnutz geht vor Eigennutz.» [53] Seine Verwendung als Generalklausel ermächtigte zum willkürlichen Eingriff von im letzten an den ‹Führer› gebundenen diffusen Instanzen. Die Erfahrungen mit dieser ‹unbeschränkten Einlegung› haben dazu geführt, daß die Vokabel ‹G.› zu denen gezählt wurde, von denen gesagt worden ist: «Man sollte viele Worte des nazistischen Sprachgebrauchs für lange Zeit, und einige für immer, ins Massengrab legen.» [54]

Nicht nur die katholische Sozialtheorie versucht, das ‹G.›-Konzept widerzubeleben. Auch die davon keineswegs bestimmte Rechtstheorie ist, ebenso wie die Rechtsprechung, mit dem Problem der Feststellung des ‹öffentlichen Interesses› und des ‹G.› konfrontiert. [55] Das dabei auftretende Problem ist das der Ermächtigung durch generalklauselhaft unbestimmte Rechtsbegriffe. [56] Hinzuweisen ist auf den Ansatz der ökonomischen Politiktheorie, zu einer Kalkulierbarkeit des ‹G.› von dem seine Eigeninteressen kostenrational bestimmenden *homo oeconomicus* her zu gelangen. [57] Der Leitbegriff des Kommunitarismus ‹community› läßt sich ebenfalls als ein ‹G.›-Konzept interpretieren. [58]

Anmerkungen:

1 R. Herzog: Art. ‹G.›, in: HWPh, Bd. 3 (1974) Sp. 248ff.; W. Kerber, A. Schwan, A. Hollerbach, in: Staatslex. Recht – Wirtschaft – Ges., Bd. 2 (^{7}1986) Sp. 857ff.; M. Stolleis, in: Ev. Staatslex., Bd. 3 (^{3}1987) Sp. 1061ff. – **2** G. Schubert: The Public Interest. A Critique of the Theory of a Political Concept (Glencoe, Ill. 1962). – **3** Thukydides V 90. – **4** Platon, Nomoi 875af. – **5** Cicero, De re publica I, 25, 39. – **6** U. Scheuner: Staatszielbestimmungen, in: R. Schnur (Hg.): FS E. Forsthoff (1972) 324ff.; H. P. Bull: Staatsaufgabe. Ein Beitrag zum Verfassungsrecht der Bundesrepublik (1973). – **7** Platon, Nomoi 875af.: γνῶναι […] πολιτικὴ καὶ ἀληθεῖ τέχνη. – **8** ebd. – **9** Arist. Pol. 1282b 14f. – **10** Arist. EN 1096a 23f. – **11** ebd. 1160a 9f. et passim. – **12** Arist. Pol. 1261a 2f. – **13** ebd. 1252a 2f. – **14** Arist. Rhet. 1362a 15f. – **15** Cicero, De officiis I, 25, 85. – **16** Cicero, De re publica I, 25, 39. – **17** Seneca, De otio I, 28, 4. – **18** Seneca, De clementia I, 19, 8. – **19** Augustinus, De civitate Dei II, 21. – **20** ebd. IXX, 17. – **21** Isid. Etym. IX, 4 (die res publica-Def. aus Augustinus). – **22** MGH Capit. I, nr. 150, c. 15, S. 305. – **23** J. Fried: Der karolingische Herrschaftsverband im 9. Jh. zwischen ‹Kirche› und ‹Königtum›, in: Historische Zeitung 235 (1982) 1f. – **24** W. Merk: Der Gedanke des gemeinen Besten in der dt. Staats- und Rechtsentwicklung (1934; ND 1968); zur Kritik: M. Stolleis: G.-formeln im nationalsozialistischen Recht (1974) 13f. – **25** P. Hibst: Utilitas Publica – Gemeiner Nutzen – G. Unters. zur Idee des politischen Leitbegriffs von der Antike bis zum Spätmittelalter (1991). – **26** C. H. Haskins: The Renaissance of the 12th Century (Cleveland und New York 1927). – **27** Thomas von Aquin, Summa theologica II/II, quaestio 141 a8, 152 a4 ad 3. – **28** ebd. II/II, quaestio 58 a6. – **29** ders., De regimine principum I 1, 3a. – **30** A. P. Verpaalen: Der Begriff des G. bei Thomas von Aquin. Ein Beitrag zum Problem des Personalismus (1954). – **31** R. de Girolami, Tractatus de bono communi, in: M. C. de Matteis: La ‹telogia politica comunale› di R. de Girolami (Bologna 1977) Anhang 3f. – **32** Duns Scotus, Opus Oxoniense, Breviloquium de principatu tyrannico, Prologus, ed. P. Schulz (1944) 59. – **33** Marsilius von Padua, Defensor Pacis I I 11, 3. (ed. R. Scholz, MGH Fontes iuris Germ. ant. 7). – **34** W. Schulze: Vom Gemeinnutz zum Eigennutz. Über den Normenwandel in der ständischen Ges. der frühen Neuzeit, in: Historische Zeitung 243 (1986) 591f., 606f. – **35** Leonard Fronsberger: Von dem Lob des Eigen Nutzen (Frankfurt 1564) 22r. – **36** H. Maier: Die ältere dt. Staats- und Verwaltungslehre (^{2}1980). – **37** A. Smith: Vom Wohlstand der Nationen. Eine Unters. seiner Natur und seiner Ursachen, hg. von H. C. Recktenwald (^{3}1983) 17. – **38** N. Waszeck: Man's Social Nature. A Topic of the Scottish Enlightenment in its Historical Setting (Frankf./M. u. a. 1986); A. Meyer-Faje, P. Ulrich (Hg.): Der andere Adam Smith. Beiträge zur Neubestimmung von Ökonomie als Politischer Ökonomie (1991). – **39** A. A. Cooper: 3rd Earl of Shaftesbury. An Inquiry Concerning Virtue, Standard Ed. II, 2, hg. von G. Hemmerich, W. Benda, U. Schädelhauer (Stuttgart 1984) 66f. – **40** Art. ‹Moral Sense› in: Encyclopedia of Philosophy, ed. D. Edwards, Bd. 5 (New York 1967) 386f. – **41** Diderot, d'Alembert: Encyclopédie ou Dict. raisonné des sciences, des arts et des métiers (Paris 1751ff.) s. v. ‹bien public›. – **42** J. J. Rousseau: Premier version du Contract Social, in: C. B. Vaughan (Ed.): The Political Writings of J. J. Rousseau, Bd. I (Oxford 1962) 493. – **43** Art. ‹Comité du salut public›, in: Dict. critique de la révolution française, hg. von F. Furet und M. Dzouf (Paris 1988) 512f. – **44** C. Wolff: Philosophia moralis sive Ethica, 91. – **45** G. W. F. Hegel: Grundlinien der Philos. des Rechts (1829) § 258 Zusatz. – **46** Hibst [25]. – **47** Verlautbarung ‹Gaudium et Spes›, Nr. 26. – **48** J. Messner: Das G. Idee, Wirklichkeit, Aufgaben (1962); O. von Nell-Breunig, H. Sacher (Hg.): Zur christlichen Gesellschaftstheorie (²1954). – **49** Verpaalen [30]; J. Maritain: La personne et le bien commun (Paris 1947); S. Michel: La notion thomiste du bien commun (Brügge 1932). – **50** A. Süsterhenn: Der Durchbruch des Naturrechts in der dt. Verfassungsgebung nach 1945, in: H. Conrad, H. Kipp (Hg.): Gegenwartsprobleme des Rechts I (1950) 50; ders.: Das G.-prinzip als oberste Verfassungsnorm des Verfassungsgerichtshofes (1969). – **51** K. A. Mollnau: Der Mythos vom G. Zur Kritik der politisch-klerikalen Sozial- und Staatsideologie (1962). – **52** Stolleis [24] 1. – **53** G. Feder: Das Programm der NSDAP und seine weltanschaulichen Grundgedanken (1933) 125–33 (im Programm durch Druckanordnung und Fettdruck hervorgehoben). – **54** V. Klemperer: LTI. Die unbewältigte Sprache (1946 u. ö.) 25. – **55** P. Häberle: Öffentliches Interesse als juristisches Problem. Eine Anal. von Gesetzgebung und Rechtsprechung (1970); M. Stolleis: Öffentliches Interesse als juristisches Problem, in: Verwaltungsarch. 65 (1974) 1ff. – **56** W. Krawietz: Unbestimmte Rechtsbegriffe, öffentliches Interesse und gesetzliche G.-Klauseln, in: Der Staat 11 (1972) 349f. – **57** J. M. Buchanan, G. Tullock: The Calculus of Consent. Logical Foundations of Constitutional Democracy (Ann Arbor 1962). – **58** W. Kersting: Die Liberalismus-Kommunitarismus-Kontroverse, in: Politisches Denken – Jb. 1991 (1992) 82f.

Literaturhinweise:
R. Kaibach: Das G. und seine ethische Bedeutung (1928). – C. J. Friedrich (Hg.): The Public Interest, Nomos V (New York 1962). – F. von Zezschwitz: Das G. als Rechtsbegriff (1967). – Wohl der Allgemeinheit und öffentliches Interesse (= Schriftenreihe der Hochschule Speyer 39 (1968)). – H. H. von Arnim: G. und Gruppeninteresse. Die Durchsetzungsschwäche allg. Interessen in der pluralistischen Demokratie. Ein Beitrag zu verfassungsrechtlichen Grundfragen der Wirtschaftsordnung (1977). – H. Krüger: Interessenpolitik und G.-findung in der Demokratie (1978). – V. Wasmuth: Die Bestimmung gesellschaftl. Wohlfahrt auf der Grundlage des methodologischen Individualismus (1979).

E. Vollrath

→ Ethik → Ethos → Glaubwürdige, das → Gute, das → Handlungstheorie → Juristische Rhetorik → Öffentlichkeit → Politik → Politische Rede → Sensus communis

Geminatio (lat. auch epizeuxis, conduplicatio; gr. ἐπίζευξις, epízeuxis; dt. Verdoppelung; engl. doubling; frz. épizeuxe, redoublement; ital. geminatio, epizeusi)

A. Die G. – von dem lateinischen Verb ‹geminare›, ‹verdoppeln› abgeleitet [1] – bezeichnet eine *rhetorische Wortfigur*, bei der ein Wort oder eine Wortgruppe innerhalb einer Periode in unmittelbarer Abfolge wiederholt wird, also am Anfang (der bei weitem häufigste Fall), in der Mitte oder am Ende der Periode. [2] Ein Beispiel für eine G. bietet Goethes ‹Erlkönig›: «Mein Vater, mein Vater, und siehst du nicht dort / Erlkönigs Töchter am düstern Ort? – / Mein Sohn, mein Sohn, ich seh' es genau; / Es scheinen die alten Weiden so grau.» [3] Von der *Epanalepse* unterscheidet sich die G. dadurch, daß ein Wort oder eine Wortgruppe in unmittelbarem Kontakt wiederholt wird, von der *Anadiplose* dadurch, daß die Verdoppelung innerhalb derselben Periode erfolgt.

Diese scharfe Unterscheidung ist jedoch in der Geschichte des Begriffes nicht konsequent durchgeführt worden: «Der Übergang zur Anadiplose [...] ist im übrigen (auch terminologisch) fließend». [4]

QUINTILIAN unterscheidet hinsichtlich der Wirkungsintention zwei Arten der G.: [5] zum einen können Wörter um der Steigerung willen («amplificandi gratia») wiederholt werden, das erste Wort enthält dabei die eigentliche Mitteilung, während das zweite «nur der Bekräftigung dient» [6], zum anderen kann die G. auch Ausdruck des Klagens sein.

In der *musikalischen Figurenlehre* wird das Phänomen der G. meist mit dem Begriff ‹Epizeuxis› benannt, in J. G. WALTHERS ‹Musikalischem Lexikon› (1732) belegt: «Epizeuxis [...] ist eine Rhetorische Figur, nach welcher ein oder mehr Worte sofort hinter einander emphatischer Weise wiederholt werden. Z. B. Jauchzet, jauchzet, jauchzet dem Herrn alle Welt». [7] Das Anwendungsgebiet des Epizeuxis beschränkt sich aber nicht nur auf den Text eines Stückes; auch Teile der Melodie z. B. können wiederholt werden. [8]

B. *Antike und Mittelalter.* Als rhetorischer Terminus findet sich ‹G.› erstmals bei CICERO. Er nennt als Wirkung der G. zum einen Nachdruck («vis»), zum anderen Anmut («lepos»). [9] Der ‹AUCTOR AD HERENNIUM› kennt den Begriff ‹G.› nicht, stattdessen setzt er ‹conduplicatio› als Bezeichnung für ein weites Spektrum rhetorischer Wiederholungsfiguren ein, in dem die G. implizit enthalten ist: «conduplicatio est quom ratione amplificationis aut commiserationis eiusdem aut plurium verborum iteratio» (Eine Conduplicatio ist die Wiederaufnahme eines und desselben Wortes oder mehrerer Wörter mit der Absicht der Steigerung oder der Erregung von Mitleid). [10]

Als Terminus einer systematischenn Figurenlehre findet sich ‹G.› dann in QUINTILIANS ‹Institutio oratoria›: Die G., so Quintilian, gehöre in eine Gruppe von Figuren, welche durch Hinzufügung («adiectione») [11] entstünden. Ihre Aufgabe sei es, dem Sinn der Rede teils Reiz («gratia»), teils Kraft («vis») zu verleihen [12], doch könne diese Figur mit der nötigen Ironie auch zum Bagatellisieren verwendet werden: «Quae eadem figura nonnumquam per εἰρωνείαν [eirōneían] ad elevandum convertitur». [13] Ähnlich einer G. sei die Wiederholung («repetitio») nach einer Interjektion, doch sei diese in ihrer Wirkung noch heftiger. [14] Bei RUTILIUS LUPUS, den Quintilian zitiert, war noch kein spezieller Terminus zur Bezeichnung einer rhetorischen Doppelungsfigur vorhanden. Stattdessen hatte er die Definition der *Epanalepse* so weit gefaßt, daß sie auch Verdoppelungsfiguren enthält: «Hoc schema fieri solet, cum id quod dictum semel est, quo gravius sit, iteratur» (Diese Figur liegt dann vor, wenn das, was einmal gesagt wurde, wiederholt wird, damit es um so nachdrücklicher ist). [15] In der Schrift ‹de schematis lexeos› des PSEUDO-RUFINIANUS wird die ἀναδίπλωσις (anadíplōsis, lat. duplicatio) dann als «eiusdem verbi continuatim repetitio» (Zusammenliegende Wiederholung eines Wortes) [16] definiert; sie dient also als Begriff zur Beschreibung des Phänomens der G.

Eine andere Terminologie etabliert der griechische Rhetoriker HERODIANUS, indem er das griechische Wort ‹Epizeuxis› (ἐπίζευξις [epizeuxis]: ‹Wiederholung› [17]) in die rhetorische Theorie einführt. Als Wirkung der *Epizeuxis* nennt er hierbei «Verdeutlichung» (ἔκφανσις [ékphansis]). [18] Den Terminus ‹Epizeuxis› kann man in der Folge auch bei dem spätantiken Grammatiker

DONATUS nachweisen, der eine kurze und präzise Definition liefert: «Epizeuxis est eiusdem verbi in eodem versu sine aliqua dilatione congeminatio» (Die Epizeuxis ist die Verdoppelung eines Wortes in derselben Zeile ohne irgendeine Verzögerung).[19] Diese Definition findet sich fast im Wortlaut auch bei den Autoren der Donat-Schule, bei POMPEIUS, DIOMEDES und auch bei CHARISIUS und BEDA VENERABILIS; letzterer ersetzt lediglich die Beispiele aus der heidnischen Literatur durch Bibelstellen. [20] POMPEIUS grenzt die Epizeuxis von der verwandten *Epanalepse* ab: «Hoc interest inter epanalempsin et epizeuxin, quod epanalempsis habet multa verba in medio, [...] epizeuxis nullum verbum in medio habet [...]: iteravit quidem sermonem ipsum, sed sine intercapedine» (Dies ist der Unterschied zwischen der Epanalepse und der Epizeuxis, daß die Epanalepse viele Wörter, die Epizeuxis kein Wort in der Mitte hat: Sie wiederholt die Ausdrucksweise selbst, aber ohne Unterbrechung).[21] Die Definition des Donatus findet sich bei ISIDOR VON SEVILLA in abgeänderter Form wieder: «Epizeuxis est in uno sensu congeminatio verbi» (Die Epizeuxis ist die Verdoppelung eines Wortes innerhalb eines Satzes).[22] Bei ihm läßt sich aber auch eine zweite Definition einer Verdoppelungsfigur finden: die *Anadiplose* erscheint als «congeminatio verborum» (Verdoppelung von Wörtern)[23], eine Definition, die sich im Wortlaut beim ‹Auctor ad Herennium› und (leicht verkürzt als «geminatio verborum») auch in CICEROS ‹De oratore› als Definition der G. findet. [24] Eine Sonderstellung nehmen AQUILA ROMANUS und MARTIANUS CAPELLA ein: Beide benutzen als Bezeichnung für die Wiederholung eines Einzelwortes die Termini παλιλλογία (palillogía) und ‹iteratio›. [25]

In den *lateinischen Poetiken des 12. und 13. Jh.* spielt die *Epizeuxis* eine untergeordnete Rolle. Eine Definition läßt sich lediglich bei MATTHAEUS VON VENDÔME nachweisen [26]; seit GALFRED VON VINOSALVO ist die Tradition der ‹Rhetorica ad Herennium› vorherrschend: Dies zeigt sich daran, daß wiederum der Terminus *conduplicatio* als Bezeichnung einer rhetorischen Figur auftaucht. [27] Ihre Definition wird fast im Wortlaut aus der Herennius-Rhetorik übernommen, wie auch bereits bei MARBOD deutlich wird: «Conduplicatio est, cum ratione amplificationis aut miserationis unius, aut plurium verborum iteratio fit» (Eine conduplicatio liegt vor, wenn eine Wiederholung eines oder mehrerer Wörter in der Absicht der Steigerung oder des Bejammerns gemacht wird). [28] Andere Poetiken der Zeit bringen ähnliche Definitionen, wie etwa die von EBERHARD DEM DEUTSCHEN oder JOHANNES VON GARLANDIA. [29]

Die Rhetoriken und Poetiken der *frühen Neuzeit* verzeichnen das Phänomen der G. weitgehend, verwenden hierfür jedoch in aller Regel den Ausdruck ‹Epizeuxis›. [30] Stellvertretend für die *lateinische Tradition* mag hier J. SUSENBROTUS stehen, der die Epizeuxis als «eiusdem dictionis, citra moram [...] geminatio» (Verdoppelung desselben Ausdrucks ohne Verzögerung) [31] definiert. In den zeitgenössischen *englischsprachigen Rhetoriken*, etwa bei A. FRAUNCE, H. PEACHAM und G. PUTTENHAM, ist die *Epizeuxis* ein gängiger Eintrag. [32] Hervorzuheben ist Puttenhams origineller Versuch, ein passendes englisches Wort für die *Epizeuxis* zu finden: Er schlägt «Cockspell» (Kuckucksruf) [33] vor. Die jesuitische Rhetorik des C. SOAREZ dagegen greift wiederum die Tradition der Herennius-Rhetorik auf, was sich daran zeigt, daß der Begriff ‹conduplicatio› zur Bezeichnung eines Ensembles von Wiederholungsfiguren nachzuweisen ist, die Termini ‹Epizeuxis› oder ‹Epanalepse› aber fehlen. [34]

Ausführlich widmet sich G.J. VOSSIUS der *Epizeuxis*, wobei er sich vor allem um eine klare Abgrenzung zur verwandten Figur der *Anadiplose* bemüht. [35] Die ‹Teutsche Rhetorica oder Redekunst› des J.M. MEYFART (1634) unterscheidet zwei Typen der *Epizeuxis*: «Erstlich wenn ein oder zwey Wort stracks widerholet werden» und «zum Andern geschieht solches / wenn man eines oder zwey Wort darzwischen menget / vnd darauff die vorigen fertiger Weise widerholet». [36] Meyfart gibt auch Ratschläge, wie die *Epizeuxis*, «eine hefftige vnd gewaltige Figur» [37], auszusprechen sei: «Die Epizeuxis muß in vesten / beharrlichen vnd gleichen Thon / vnd nicht so gar langsam / ausgesprochen werden». [38]

In den von B. LAMY [39] geprägten Affektrhetoriken der *Aufklärung* ist die *Epizeuxis* eine gängige Figur. GOTTSCHED gibt folgende kurze Definition: «Epizeuxis. Wenn dasselbe Wort gleich hinter einander im Anfange eines Satzes wiederholt wird.» [40] Mit ihr soll der Rede sehr großer Nachdruck verliehen werden, wie dies auf alle Wiederholungsfiguren zutreffe. [41] J.C. ADELUNG teilt die Figuren hinsichtlich ihrer affektspezifischen Wirkung ein, die Wiederholungsfiguren werden darin den «Figuren für die Aufmerksamkeit» [42] zugeteilt. Die *Epizeuxis* diene dem Herausheben eines Begriffes vor anderen Begriffen, könne aber auch für eine «mahlerische Art zu schildern» gebraucht werden [43] Zu dieser Zeit wird die *Epizeuxis* auch Bestandteil der im *19. Jh.* aufkommenden nationalsprachlichen Stilistiken, so in W. WACKERNAGELS 1836 gehaltenen Vorlesungen über ‹Poetik, Rhetorik und Stilistik›. [44] In den Stilistiken ist sie bis weit ins 20. Jh. hinein nachweisbar, etwa in L. REINERS ‹Stilkunst›. [45] Vieles scheint darauf hinzudeuten, daß der rhetorische Terminus ‹G.› – wirkungsgeschichtlich ohne jeden Zweifel der unbedeutendere Begriff – erst seit H. LAUSBERGS ‹Handbuch der literarischen Rhetorik› (1960) Eingang in Rhetoriklehrbücher und Stilistiken gefunden hat. [46]

Anmerkungen:
1 H. Georges: Ausführl. Lat.-Dt. Handwtb., Bd. 1 (1913; ND 1951) Sp. 2910. – **2** vgl. H. Morier: Dictionnaire de poétique et de rhétorique (Paris ²1975) 427ff. Art. ‹épizeuxe›; H. Lausberg: Hb. d. lit. Rhet. (³1990) §§ 616ff.; Princeton Encyclopedia of Poetry and Poetics (²1975) 33f., Art. ‹Anadiplosis›. – **3** Goethe: Werke (Hamburger Ausg.) Bd. 1 (⁵1960) 155, 21ff. – **4** Lausberg [2] § 616. – **5** Quint. IX, 3, 28. – **6** ebd. – **7** J.G. Walther: Musikalisches Lex. oder musikalische Bibliothek (1732; ND 1953) 226. – **8** vgl. D. Bartel: Hb. der musikalischen Figurenlehre (1985) 165ff. – **9** Cic. De or. III, 206; vgl. Cic. Or. 39, 135. – **10** Auct. Ad Her. IV, 28, 38. – **11** Quint. IX, 3, 28. – **12** ebd.; vgl. Cic. De or. III, 206. – **13** Quint. IX, 3, 29. – **14** ebd. – **15** Rutilius Lupus: de figuris sententiarum et elocutionis, ed. E. Brooks (Leiden 1970) I, 11. – **16** Ps.-Iulius Rufinianus, De schematis lexeos, in: Rhet. Lat. min. 50, §8. – **17** W. Pape: Griech.-Dt. Handwtb., Bd. 1 (³1914; ND 1954) 941. – **18** Herodianus: περὶ σχημάτων, in: Rhet. Graec. Sp. III, 99, 22ff.; nach E. Huttner: Kunstformen der emphatischen Gemination (Gymnasium Christian-Ernestinum Bayreuth, Jahresbericht 1965) 3; vgl. J.C.T. Ernesti: Lexicon technologiae Graecorum rhetoricae (1795) 123. – **19** Donatus: Ars grammatica III, 5, in: Gramm. Lat. IV, 398, 12ff. (eig. Übers.) – **20** Pompeius: Commentum artis Donati, in: Gramm. Lat. V, 303, 6ff.; Diomedes: Ars grammatica II, in: Gramm. Lat. I, 446, 9ff.; Charisius: Instit. Gramm. III, in: Gramm. Lat. I, 281, 21ff.; Beda Venerabilis: De schematibus et tropis, in: Rhet. Lat. min. 607–618, hier 609; Carmen de figuris vel schematibus, in: Rhet. Lat. min. 63–70, hier V. 76ff.; vgl. U. Schindel: Die lat. Figurenlehren des 5.–7. Jh. und Donats Vergilkommentar (1975). – **21** Pom-

peius [20] (eig. Übers.). – **22** Isid. Etym. I, 36, 10 (eig. Übers.); vgl. Isidorus iunior: De vitiis et virtutibus orationis liber, in: Schindel [20] 204–241, hier 213; vgl. W. M. Lindsay (Ed.): Julian of Toledo: de vitiis et figuris (London 1922) 22, 28. – **23** Isid. Etym. II, 21, 3 eig. Übers. – **24** Auct. ad Her. IV, 28, 38; Cic. De or. 3, 206. – **25** Aquila Romanus: De figuris sententiarum et elocutionis, in: Rhet. Lat. min. 22–37, hier 31; Mart. Cap., ed. J. Willis (1983) § 533. – **26** Matthaeus von Vendôme: Ars versificatoria, in: E. Faral (Ed.): Les arts poétiques du XIIe et XIIIe siècle (Paris 1924; ND 1958) 109–193; vgl. L. Arbusow: Colores rhetorici (^{2}1963) 36; U. Krewitt: Metapher und tropische Rede in der Auffassung des MA (1971) 281ff.; hier 282 Anm. 2. – **27** Galfred von Vinosalvo: Poetria nova, in: Faral [26] 197–262, hier 233; vgl. ders.: Summa de coloribus rhetoricis, in: ebd. 321–327, hier 324; vgl. J. B. Kopp: Galfred von Vinosalvo: The New Poetics, in: J. J. Murphy (Hg.): Three Medieval Rhetorical Arts (Berkeley 1983) 27–108; Arbusow [26] 36. – **28** Marbod: De ornamentis verborum, in: ML 171 (1854) 1687–1692, hier 1691. – **29** Eberhard der Deutsche: Laborintus, in: Faral [26] 337–377, hier 355; Johannes von Garlandia: Poetria, in: G. Mari (Ed.): Poetria magistri Johannis anglici de arte prosayca metrica et rithmica, in: RF 13 (1902) 883–965, hier 934; vgl. Faral [26] 378–380. – **30** vgl. L. A. Sonnino: A Handbook to Sixteenth-Century Rhetoric (London 1968). – **31** J. Susenbrotus: Epitome troporum ac schematum et grammaticorum et rhetorum (1566) fol. 30^v. – **32** A. Fraunce: The Arcadian Rhetorike (1588), hg. von E. Seaton (Oxford 1950) I, cap. 16; G. Puttenham: The Arte of English Poesie (1589), hg. von G. D. Willcock u. A. Walker (Cambridge 1946) 200; H. Peacham: The Garden of Eloquence (London 1593; ND Gainesville 1954) 47f. – **33** Puttenham [32] 200. – **34** C. Soarez: De arte rhetorica libri tres (1590) 108. – **35** G. J. Vossius: Commentariorum rhetoricorum sive oratoriarum institutionum libri sex (1606; ND 1974) 293; vgl. ders.: Rhetorices contractae sive partitionum oratoriarum libri quinque (1660) 349. – **36** J. M. Meyfart: Teutsche Rhetorica oder Redekunst, Buch I (1634; ND 1977) 249ff. – **37** ebd. 255. – **38** ebd. Buch II, 22. – **39** B. Lamy: De l'art de parler (Paris 1676), übers. von J. C. Messerschmidt: B. Lamy: Kunst zu reden (1753; ND 1980) 113. – **40** J. C. Gottsched: Ausführl. Redekunst (1736; ND 1973) 279f.; vgl. F. A. Hallbauer: Anweisung zur verbesserten Teutschen Oratorie (1725; ND 1974) 478. – **41** J. C. Gottsched: Versuch einer crit. Dichtkunst (^{4}1751; ND 1962) 322. – **42** J. C. Adelung: Über den dt. Styl (1785; ND 1974) 283. – **43** ebd. 289f. – **44** W. Wackernagel: Poetik, Rhet. u. Stilistik (^{3}1906) 563f. – **45** L. Reiners: Stilkunst (1944) 573. – **46** Lausberg [2] § 616ff.

Literaturhinweise:
E. Wölfflin: Die Gemination im Lateinischen, in: ders.: Ausg. Schr. (1933) 285–328. – D. Fehling: Die Wiederholungsfigur und ihr Gebrauch bei den Griechen vor Gorgias (1969). – H. Brinkmann: Wiederholung als sprachl. Phänomen, in: Poetica (Tokio) 14 (1983) 1–21. – M. Frédéric: La répétition. Étude linguistique et rhétorique (1985). – E. Besch: Wiederholung und Variation (1989).

D. Till

→ Anadiplose → Epanalepse → Figurenlehre → Musikalische Figurenlehre → Wiederholung → Wortfiguren

Genera causarum (dt. Redegattungen, Arten von Fällen; engl. rhetorical genres, kinds of speeches or cases; frz. genres; ital. genere di retorica)
A. I. Def. Aspekte. – II. Bereiche. – B. I. Die Lehre von den Gattungen der Rede in der Antike. – 1. Die Gattungen der Rede vor Aristoteles. – 2. Die Einteilung der Gattungen der Rede durch Aristoteles. – 3. Die lateinischen Handbücher der Rhetorica ad Herennium, Ciceros und Quintilians. – 4. Die Gattungen der Rede in der ‹Zweiten Sophistik› und der christlichen Rhetorik des Augustinus. – II. Mittelalter. – 1. Frühmittelalterliche Kompendien und Enzyklopädien. – 2. Neue epochenspezifische Gattungen: ‹Ars dictaminis›, ‹Ars praedicandi› und ‹Ars poetriae›. – III. Neuzeit. – 1. Humanismus, Renaissance und Reformation. – 2. Die Barockrhetorik des späten 16. und 17. Jh. – 3. Das Zeitalter der Aufklärung. – 4. 19. und 20. Jh.

A. I. Unter ‹G.› (auch ‹*genera materiae*›, ‹*genera rerum*›, ‹*genera rhetorices*› oder ‹*genera orationis*› genannt) versteht man die Gattungen, in welche die griechisch-römischen Rhetorik-Handbücher für ihre systematischen und lehrbuchhaften Zwecke alle Reden aufteilen. Der Umfang, die Benennung [1] und Unterteilungen der einzelnen Gattungen werden schon von ARISTOTELES, dem AUCTOR AD HERENNIUM, CICERO und QUINTILIAN unterschiedlich festgelegt. Nach Quintilians Meinung umfassen jedoch die drei klassischen Gattungen alle möglichen Gegenstände der Rede: «Aristoteles tris faciendo partes orationis, iudicialem, deliberativam, demonstrativam paene et ipse oratori subiecit omnia; nihil enim non in haec cadit.» (Wenn Aristoteles die Rede in drei Gebiete einteilt, das gerichtliche, beratende und zur Unterhaltung dienende, so hat auch er fast alles dem Redner zugewiesen; denn nichts fällt aus diesen drei Bereichen heraus). [2] Die ‹Rhetorica ad Herennium› faßt im frühen 1. Jh. v. Chr. die damals vorherrschende Lehrmeinung zusammen: «Tria sunt genera causarum, quae recipere debet orator: demonstrativum, deliberativum, iudiciale. Demonstrativum est, quod tribuitur in alicuius certae personae laudem aut vituperationem. Deliberativum est in consultatione, quod habet in se suasionem et dissuasionem. Iudiciale est, quod positum est in controversia, quod habet accusationem aut petitionem cum defensione.» (Es gibt drei Arten von Fällen, derer sich der Redner annehmen muß: die darlegende, die beratende, die gerichtliche Art. Die darlegende Art ist diejenige, welche zum Lob oder Tadel einer bestimmten Person angewendet wird. Die beratende Art kommt bei der Beratschlagung vor; sie schließt die Rede dafür und die Rede dagegen ein. Die gerichtliche Art ist diejenige, die auf Streit beruht und die eine Anklage in Kriminal- oder eine Klage in Zivilangelegenheiten ebenso wie eine Verteidigung umfaßt). [3] Musterfall des δικανικόν γένος (εἶδος) (dikanikón génos / eídos; *genus iudiciale*; Gerichtsrede) [4] ist die Gerichtsrede vor Richtern, die über einen der Vergangenheit angehörenden Fall zu einem Urteil im Sinne der Anklage oder Verteidigung aufgefordert sind. Musterfall des συμβουλευτικόν γένος (symbuleutikón génos; *genus deliberativum / contionale*; beratende oder politische Rede, auch Volksrede) [5] ist die zur Beratung zusammengekommene und zur Beschlußfassung aufgeforderte Volksmenge in der Volksversammlung der griechischen Polisstaaten, die über eine zukünftige Entscheidung oder Handlung zu befinden hat. Das ἐπιδεικτικόν (πανηγυρικόν) γένος (epideiktikón oder panēgyrikón génos; *genus demonstrativum (laudativum)*; Fest- oder Prunkrede, Gelegenheitsrede) [6] wird am Musterfall der vor einer Festversammlung gehaltenen öffentlichen Rede zum Lob einer Person, einer Gemeinschaft, Tätigkeit oder Sache illustriert. Die ἐπίδειξις (epídeixis; *ostentatio*) zielt auf den prunkvollen, der Terminus ‹panēgyrikós lógos› stärker auf den festlichen Charakter der Rede. [7] Der Gegenstand der epideiktischen Rede kann *honestum* oder *turpe* sein, die behandelten Personen zu loben oder zu tadeln. Daher wird die epideiktische Rede entweder zum ἐγκώμιον (enkómion; *laus*; Lobrede) oder zum ψόγος (psógos; *vituperatio*; tadelnde Rede; Invektive). Die Gattungen der Rede werden in der antiken rhetorischen Praxis jedoch weniger streng voneinander geschieden als in der Theorie. [8].

Anmerkungen: **1** Vgl. εἴδη τῆς ῥητορικῆς (eídē tés rhētorikés) Arist. Rhet. I,3,1 1358a 36; γένη τῶν λόγων τῶν ῥητορικῶν (génē tôn lógōn tôn rhētorikón) ebd. I,3,2 1358b 7; partes orationis: Quint. II,21,23; partes rhetorices ebd. III,4,14; partes materiae, genera tria rhetorices, genera causarum ebd. III,4,15; Cic. De or. I,31 und 141; ders. Topica 91; Rhet. ad Her. I,2,2. – **2** Quint. II,21,23; Übers.: H. Rahn 1972; vgl. Arist. Rhet. I,2,1 1355b 26–35; ferner Quint. III,4,1–16; Cic. De inv. I,12; H. Lausberg: Hb. der lit. Rhet. (³1990) §§ 53–138 S. 51ff., insb. §§ 59–65; G. Ueding, B. Steinbrink: Grundriß der Rhet. Gesch., Technik, Methode (³1994) 254–57. – **3** Rhet. ad Her. I,2; Übers. T. Nüßlein (1994). – **4** Arist. Rhet. I,3,3 1358b 10–11. – **5** ebd. I,3,3 1358b 8–10; vgl. I. Beck: Unters. zur Theorie des Genos Symbuleutikon (1970). – **6** Arist. Rhet. I,3,3 1358b 12f. – **7** W. Hofrichter: Stud. zur Entwicklungsgesch. der Deklamation von der griech. Sophistik bis zur römischen Kaiserzeit. Ein Beitr. zur Gesch. des antiken Schulwesens (1935); V. Buchheit: Unters. zur Theorie des Genos Epideiktikon von Gorgias bis Aristoteles (1960). – **8** Quint. III,4,15–16.

II. Die Universalität der möglichen Redegegenstände verlangt zum Zweck der systematischen Analyse und Lehre der Rhetorik nach einer Gliederung der *materia* der *ars rhetorica*. Ausgangspunkt aller antiken rhetorisch-systematischen und gattungstheoretischen Überlegungen der Einteilungen von Reden ist die Ausbildung der Gerichtsrede als Redegattung in der politischen und juristischen Ordnung der griechischen Polisstaaten des 5. Jh. v. Chr. Die grundlegende Systematisierung und Beschreibung der drei rhetorischen Hauptgattungen findet sich aber erst bei ARISTOTELES in der ‹Rhetorik› im späten 4. Jh. v. Chr. Den Orientierungsmaßstab und das Einteilungskriterium für die Bestimmung der drei Hauptgenera liefert seit Aristoteles die unterschiedliche semiotische und kommunikative Beziehung zwischen dem Redner, den Hörern und dem Gegenstand der Rede. Die Verfasser von lateinischen Lehrbüchern zur Rhetorik bauen einerseits auf dieser klassischen griechischen Systematik auf, berücksichtigen aber auch die gesellschaftliche und juristische Praxis der römischen Republik. CICERO und QUINTILIAN vertreten eine systematische Unterteilung der drei großen Redegattungen, die auch für das lateinische Mittelalter und bis ins 18. Jh. in der Neuzeit grundlegend bleibt.

Die lateinisch-republikanischen Autoren betrachten die Gerichtsrede, die sie in ihren Subklassifikationen und Funktionen nach bestimmten *quaestiones* differenzieren, und danach die politisch-beratende Rede als die wichtigsten Gattungen. Unter den Gerichtsreden unterscheiden antike Theoretiker verschieden viele Arten von Fällen *(genera causarum)*. [1] Betrachtet man das Verhältnis zwischen dem Redner und dem Redegegenstand, so liegt eine erste Einteilung nach dem Schwierigkeitsgrad der Gegenstände für den Redner in allgemeinverständliche *(civiles)* oder spezielle bzw. fachliche *(artium propriae) quaestiones* nahe. Diese erste Einteilung wird wiederum selbst dreifach untergliedert: Eine *quaestio* kann zwei Grade der Konkretheit haben. Sie kann eine *causa infinita* oder *finita* betreffen. Nur die *causae finitae*, die begrenzten Frage- und Problemstellungen, gehören zum Bereich der Rhetorik, die *causae infinitae* dagegen zur Philosophie. Zweitens unterscheidet man nach dem Grad ihrer Komplexität einfache, zusammengesetzte und vergleichende Rechtsfragen. Die Sache, über die vor Gericht oder in einer politischen Versammlung verhandelt wird, ist entweder eine *causa simplex, coniuncta ex pluribus quaestionibus* oder *ex aliqua comparatione*. [2] Drittens wird nach der Feststellung der eigentlichen Rechtsfrage, dem *status* des Falles differenziert, der aus den widersprüchlichen Aussagen der Parteien in der Eröffnungsphase eines Prozesses resultiert. Die Lehre vom *status* (oder seiner στάσις, stásis) [3] wurde in der Antike für die Gerichtsrede detailliert formuliert. Man kann die G. auch danach unterscheiden, ob der Gegenstand der Rede sicher *(certum)* oder zweifelhaft *(dubium)* ist. Die Gerichtsrede befaßt sich dann natürlich mit letzterem. [4] Eine weitere Möglichkeit der Einteilung der Reden ergibt sich aus der Haltung des Zuhörers zum Gegenstand der Rede. Nach der Einschätzung des Verhältnisses zwischen dem behandelten Gegenstand, dem Zuhörerkreis und den Abstufungen der rechtlichen Vertretbarkeit eines Falles gemäß dem Rechts-, Wert- und Wahrheitsempfinden des Publikums differenzieren Cicero und Quintilian fünf *genera* (oder *species / modi / figurae) causarum* [5]: Im *genus honestum* (γένος / σχῆμα ἔνδοξον, génos / schéma éndoxon) behandelt der Redner eine Person oder einen Gegenstand, der nach dem allgemeinen Rechts- oder Werturteil eindeutig Anklage oder Verteidigung 'verdient' und bei dem die Zuhörer sogleich entsprechend Partei nehmen. Das Gegenteil hiervon ist das *genus humile* (γένος ἄδοξον, génos ádoxon). Wenn der Fall indessen eine anständige Person und zugleich unanständige Sache betrifft oder umgekehrt, liegt ein Fall des *genus anceps* oder *dubium* (γένος ἀμφίδοξον; génos amphídoxon) vor. Viertens gibt es Gegenstände, bei denen man sich wundern muß, daß überhaupt jemand sie angesichts des verbreiteten Rechts- oder Wertempfindens verteidigt. Diese bilden das *genus admirabile* (γένος παράδοξον; génos parádoxon). Es wurde selten in der Praxis, doch häufig in Schulübungen *(declamationes)* zum Thema genommen. Die letzte Gruppe bilden rechtlich (oder für das Wert- und Wahrheitsempfinden des Publikums) komplizierte Fälle, in die eine Vielzahl von Personen verwickelt ist oder wo es schwierige Probleme abzuwägen gilt. Quintilian nennt dies *genus obscurum* (γένος δυσπαρακολούθητον, génos dysparakoloúthēton). Dieser Einteilung der G. *(modi causarum / figurae controversiarum)*, die auch für die spezifische *actio* eines Falles Konsequenzen hat, schließen sich viele spätere Rhetoren an, darunter FORTUNATIANUS in seiner ‹Ars rhetorica› und SULPICIUS VICTOR in den ‹Institutiones oratoriae›. [6] Andere Rhetoren differenzieren in der Tradition der ‹Rhetorica ad Herennium› nur zwischen vier G., beispielsweise die Augustinus zugeschriebene Rhetorik: *honestum, turpe, dubium (anceps)* oder *humile*. [7] Die G. unterschied man auch nach den Konsequenzen der Beschaffenheit des Gegenstandes für die ‹actio›. Fortunatianus differenziert hierzu zwischen fünf G. [8]

Mit dem Ende der Republik und der neuen Prinzipatsverfassung treten strukturelle Veränderungen im politischen System und Rechtswesen Roms ein, in deren Konsequenz in der Kaiserzeit die Epideiktik (Panegyrik) mit ihren Untergattungen zur bedeutendsten Gattung wird. Die griechischen Anweisungen des HERMOGENES über Lobreden werden von PRISCIAN ins Lateinische übersetzt und gehen so in den Lehrbetrieb des Mittelalters über. Als gesonderte Gegenstände der Lobrede kennt die spätantike heidnische Theorie Reden über Götter (im christlichen Mittelalter natürlich nur über Gott oder die Heiligen), Menschen (u. a. den Kaiser), Länder, Städte, Tiere, Pflanzen, Jahreszeiten, Tugenden, Künste und einzelne Berufe. Im christlichen Mittelalter dominiert im lateinischen Westen wie im byzantinischen Osten die epideiktisch-panegyrische Rhetorik mit ihren epochenspezifischen Untergattungen. Als einflußreiche neue

Gattungen entwickeln sich aus antiken Wurzeln im Mittelalter die ‹ars dictaminis› oder ‹ars dictandi›, die ‹ars arengandi›, die ‹ars praedicandi› und die ‹ars poetriae›. Auch auf die mittelalterliche Geschichtsschreibung, Biographie und Hagiographie üben die Gattungskategorien und Stillehren der Rhetorik großen Einfluß aus.

Die ‹genera orationis› bleiben seit ihrer lehrbuchhaften Bestimmung in der Antike ein fundamentaler Teil des rhetorischen Systems und der rhetorischen Kunstlehre, der τέχνη (téchnē; ars/disciplina). Sie werden auch im Unterricht der Rhetorik als Schulfach bis ins späte 18. Jh. gelehrt, denn sie stellen die grundlegenden Kategorien der rhetorischen Befähigung der europäischen Eliten für ihre akademische, politische und juristische Praxis dar. Geübt werden vor allem die drei Hauptgattungen (exercitatio), wobei der Nachahmung (imitatio) berühmter Musterreden der einzelnen Gattungen, bekannter Musterfälle und Standardsituationen überragende Bedeutung zukommt. Die Benennung, Einteilung und Abgrenzung der drei rhetorischen Hauptgattungen stehen in einem untrennbaren Zusammenhang mit der Struktur der rhetorischen Texte und mit der Stiltheorie der drei ‹genera dicendi›. Dadurch behält die Lehre von den drei Gattungen der Rede in rhetorischen Lehrwerken selbst dann noch ihren Rang, als in der rednerischen Praxis schon lange eine Vielzahl neuer Redegattungen das Feld beherrschen.

Anmerkungen:
1 vgl. G. Ueding, B. Steinbrink: Grundriß der Rhet. (^{3}1994) 254–57. – **2** Quint. III,10,1–3; Cic. De inv. I,17. – **3** H. Lausberg: Hb. der lit. Rhet. (^{3}1990) §§ 79–138, S. 64ff. über die vier status generales, den status coniecturae, finitionis, qualitatis oder translationis. – **4** Quint. III,4,8. – **5** Cic. De inv. I,20; Quint. IV,1,40; vgl. R. Volkmann: Die Rhet. der Griechen und Römer (^{2}1885, ND 1987) 108–111; Ueding, Steinbrink [1] 238f.; Lausberg [3] § 64, S. 56–60. – **6** Fortun. Rhet. II,13 p. 109 Halm: fünf figurae materiarum; Sulp. Vict. 7–8 p. 316–317 Halm: fünf modi causarum. – **7** Rhet. ad. Her. I,5; Aug. Rhet. I,17 p. 147 Halm = Hermagoras Fr. 23a Matthes und Beispiele Aug. Rhet. I,18–21 p. 148–151 Halm. – **8** Fortun. Rhet. I,10 p. 88 Halm: fünf genera publica «propter modum actionis et genus elocutionis»; aber mit Rücksicht auf die Statuslehre zuvor ebd. I,8–9 p. 86–88 Halm zu sieben genera controversiarum.

B.I. *Die Lehre von den Gattungen der Rede in der Antike.* – *1. Die Gattungen der Rede vor Aristoteles.* Die Rhetorik als téchnē, als systematisch beschriebene und gelehrte Disziplin [1], entsteht im 5. Jh. vor Chr. aus den Besonderheiten des politischen Systems und der gerichtlichen Praxis der griechischen demokratischen Polisstaaten. Denn dort fallen die wichtigsten politischen Entscheidungen nach mündlichen Diskussionen der Bürger in der Volksversammlung. Die Fähigkeit, überzeugend reden zu können, wird zur politischen Schlüsselqualifikation der Bildung eines Bürgers. [2] Mündliche, durch Ankläger und Angeklagte als formalisierter Agon geführte Gerichtsverfahren mit beschränkter Redezeit vor einer Laienjury der Mitbürger führen dazu, daß die Fähigkeit zur Überzeugung oder Überredung der Hörer durch den Redner meist über den Ausgang entscheidet. [3]

Nach einigen Zeugnissen soll zwar schon EMPEDOKLES die Rhetorik als Disziplin begründet haben, doch stimmen die besten antiken Quellen darin überein, daß KORAX und TEISIAS (nach 467 v. Chr. in Syrakus) die ersten Verfasser einer rhetorischen Lehrschrift sind. [4] Es beruht nur auf unzuverlässigen Zuschreibungen, daß schon Korax die politische, Teisias die gerichtliche und sein Schüler GORGIAS schließlich die epideiktische Rede erfunden und erstmals lehrhaft beschrieben hätten. [5] ARISTOTELES und ISOKRATES weisen den beiden Syrakusanern lediglich die Gerichtsrede zu und behaupten, daß sich die rhetorischen Lehrbücher bis zu ihrer Zeit ausschließlich mit der Gerichtsrede befaßten. [6] Im späten 5. und 4. Jh. unterrichten ‹Sophisten› in den griechischen Polisstaaten gegen Bezahlung alle interessierten Bürger in der neuen rhetorischen Kunstlehre. [7] Gorgias, PROTAGORAS, PRODIKOS und HIPPIAS treten auch als Autoren sprachtheoretischer und rhetorisch-technischer Traktate hervor. Die fragmentarische Quellenlage zu den ‹Téchnai› des Protagoras, Gorgias, THRASYMACHOS oder ANTIPHON läßt kein fundiertes Urteil mehr darüber zu, zwischen welchen Gattungen der Rede sie in diesen Werken differenzierten.

PLATON diskutiert im ‹Gorgias› und ‹Phaidros› die Macht der Rede. Man kann beide Dialoge zusammen mit der Sprachtheorie im ‹Kratylos› als Entwurf einer philosophischen Rhetorik ansehen, die nur zwischen der Gerichts- und Volksrede als systematisch gelehrten Gattungen der öffentlichen Rede trennt. Allerdings beruft sich DIOGENES LAERTIOS auf eine platonische Lehre von 5 Unterteilungen der Rede: τὸ πολιτικόν, τὸ δὲ ῥητορικόν, τὸ δὲ ἰδιωτικόν, τὸ δὲ διαλεκτικόν, τὸ δὲ τεχνικόν (tó politikón, rhētorikón, idiōtikón, dialektikón, technikón; die politische, rhetorische, alltägliche, dialektische oder technische Rede). Wenig später nennt er (mit deutlich erkennbaren Anklängen an die aristotelische Lehre) wohl anachronistisch sechs eídē der Rhetorik nach Platon: τὸ μὲν ἐγκώμιον, τὸ δὲ ψόγος, τὸ δὲ προτροπή, τὸ δὲ ἀποτροπή, τὸ δὲ κατηγορία, τὸ δὲ ἀπολογία (enkṓmion, psógos, protropḗ, apotropḗ, katēgoría, apología; Enkomion, Invektive, Rede für oder gegen etwas, Anklage und Verteidigung). [8]

Isokrates befaßt sich in seinem Unterricht neben der gerichtlichen besonders mit der beratenden Rede. Er gibt auch selbst berühmte Beispiele für Enkomien, Invektiven und politisch-publizistische Broschüren heraus. Man darf aber bezweifeln, daß Isokrates in einer eigenen ‹Téchnē› schon die dritte Gattung der epideiktischen Rede systematisch von der gerichtlichen und beratenden trennte. [9] Isokrates hat den Ehrgeiz, alle bisherigen praktischen Lobredner mit seinen eigenen Reden zu übertreffen und in dieser Redegattung etwas Neues vorzulegen. Im ‹Euagoras› begründet er die folgenreiche Praxis, Lobreden auf zeitgenössische, historisch-politische statt nur auf mythische Personen oder solche der fernen Vergangenheit zu halten. [10]

Im 5. und 4. Jh. v. Chr. unterscheiden die Griechen zunächst nur zwischen dem εἶδος (eídos) oder γένος πρακτικόν (génos praktikón; *oratio in negotiis*; praktische Beredsamkeit) und dem γένος ἐπιδεικτικόν (génos epideiktikón; *genus in ostentatione positum*; reine Kunstberedsamkeit). Diese erste Differenzierung hat noch SYRIANOS VON ALEXANDREIA im 5. Jh. n. Chr. vor Augen. [11] Das γένος πρακτικόν entfaltet sich historisch in das γένος (εἶδος) δικανικόν, συμβουλευτικόν, ἐγκωμιαστικόν, πρεσβευτικόν und προσομιλητικόν (dikanikón, symbuleutikón und enkōmiastikón, presbeutikón und proshomilētikón). Die gleichen eídē oder génē lassen sich auch für die reine Kunstberedsamkeit benennen.

Schon die frühen Rhetoriklehrbücher des ANAXIMENES und des Aristoteles befassen sich fast ausschließlich mit den πολιτικοὶ λόγοι (politikoí lógoi; öffentlich-beratende Reden). Die ἴδιαι ὁμιλίαι (idíai homilíai; private Reden der unterschiedlichen Gattungen) spielen in griechischen und später lateinischen Lehrbüchern keine Rolle. Anaximenes von Lampsakos, vermutlich der Verfasser des ältesten erhaltenen griechischen Rhetorikhandbuches, der ‹Rhetorik an Alexander›, kennt im Bereich der öffentlich-praktischen Beredsamkeit (lógoi politikoí) nur die gerichtliche (dikanikón) und die beratende Rede (δημηγορικόν; dēmēgorikón). Diese beiden γένη (génē; Gattungen) umfassen wiederum sieben εἴδη (eídē; *species*; Arten): τὸ προτρεπτικόν; τὸ ἀποτρεπτικόν; τὸ ἐγκωμιαστικόν; τὸ ψεκτικόν; τὸ κατηγορικόν; τὸ ἀπολογητικόν; τὸ ἐξεταστικόν (tó protreptikón, apotreptikón, enkōmiastikón, psektikón, katēgorikón, apologētikón; exetastikón; raten und abraten, loben und tadeln, anklagen und verteidigen sowie untersuchen). [12]

Anmerkungen:
1 vgl. R. Volkmann: Die Rhet. der Griechen und Römer (²1885, ND 1987) 108–111; E. Norden: Die antike Kunstprosa (³1915; ND 1958); J. Martin: Antike Rhet. Hb. der Altertumswiss. II.3 (1974); M. Fuhrmann: Die antike Rhet. (1984); H. Lausberg: Hb. der lit. Rhet. (³1990); W. Eisenhut: Einf. in die antike Rhet. und ihre Gesch. (⁵1994). – **2** vgl. V. Ehrenberg: Der Staat der Griechen (²1965); H.-I. Marrou: Gesch. der Erziehung im klass. Altertum (1977; orig. Paris 1948) 105–128; J. Bleicken: Die Athenische Demokratie (²1994). – **3** vgl. R. J. Bonner, G. Smith: The Administration of Justice from Homer ot Aristotle, 2 Bde. (Chicago 1930–38; ND New York 1970); S. C. Todd: The Shape of Athenian Law (Oxford 1993; ND 1995); R. Sealey: The Justice of the Greeks (Ann Arbor 1994). – **4** L. Radermacher: Artium scriptores (Reste der voraristotelischen Rhet.), SB Österr. Akad. Wiss. Phil.-hist. Kl. 227,3 (Wien 1951) A V 1ff., B I 1 und B II 1–26 zu Empedokles, Korax und Teisias; I. Beck: Unters. zur Theorie des Genos Symbuleutikon (1970) 34–40; T. Cole: The Origins of Rhetoric in Ancient Greece (Baltimore 1992). – **5** vgl. P. Hamberger: Die rednerische Disposition in der alten Τέχνη ῥητορική, Rhet. Stud. 2 (1914) 12ff.; auch Beck [4] 34–40. – **6** Arist. Rhet. I,1, 1354b 16 = Radermacher [4] A V 37; Isocr. Or. XIII,19 (Gegen die Sophisten) = Radermacher [4] A V 39. – **7** M. Untersteiner: I sofisti, 4 Bde. (Florenz 1949–1962); C. J. Classen (Hg.): Sophistik, WdF 187 (1976); J. de Romilly: Greek Sophists in Periclean Athens (Oxford 1992). – **8** vgl. Plat. Phaidr. 261 a–b = Radermacher [4] A V 43; aber abweichend Platon, Sophistes 222c (und Quint. III,4,10); Diogenes Laertios III, 86–87 und 93–94. – **9** dazu K. Barwick: Das Problem der isokrateischen Techne, in: Philologus 107 (1963) 43–60 = F. Seck (Hg.): Isokrates, WdF 351 (1976) 275–295; Ausg.: F. Blass (1907); Interpr.: H. M. Hubbell: The Influence of Isocrates on Cicero, Dionysius and Aristides (New Haven 1913); C. Eucken: Isokrates. Seine Positionen in der Auseinandersetzung mit den zeitgenöss. Philos. (Berlin und New York 1983). – **10** Isocr. Or. IX (Euagoras); dazu V. Buchheit: Unters. zur Theorie des Genos Epideiktikon von Gorgias bis Aristoteles (1960) 64ff. – **11** Syriani in Hermogenem Commentaria, Bd. II p. 11,11–23 Rabe; Ausg.: H. Rabe, Rhet. Gr. XVI (1892–1893); aber ebd. Bd. I p. 2,19-3,3 zu den drei genera causarum. – **12** Auct. ad Alex. I,1–2 1421b 8–20; Ausg. M. Fuhrmann: Anaximenis ars rhetorica quae vulgo fertur Aristotelis ad Alexandrum (1966); dazu Beck [4] 89–143; Quint. III,4,9.

2. *Die Einteilung der Gattungen der Rede durch Aristoteles.* ARISTOTELES unterscheidet in der ‹Rhetorik› drei εἴδη (eídē; Gattungen) oder γένη (génē; *genera*, Arten) der Rede und fügt der gerichtlichen und politisch-beratenden als dritte Gattung der lehrbuchhaften Systematik ausdrücklich die epideiktische hinzu: «Es gibt drei Arten der Beredsamkeit; sie korrespondieren mit den drei Arten von Zuhörern. Es basiert nämlich die Rede auf dreierlei: dem Redner, dem Gegenstand, über den er redet, sowie jemandem, zu dem er redet, und seine Absicht zielt auf diesen – ich meine den Zuhörer. Der Zuhörer ist nun notwendig einer, der die Rede genießt, oder einer, der zu urteilen hat, und zwar zu urteilen über das, was geschehen ist oder geschehen soll. Zum Beispiel ist ein Mitglied der Volksversammlung jemand, der über Künftiges zu urteilen hat; wer aber über Geschehenes zu urteilen hat, ist ein Richter; ⟦wer schließlich über das rhetorische Vermögen zu urteilen hat, ist jemand, der die Rede genießt⟧. Hieraus ergeben sich notwendig drei Gattungen der Rede: die beratende, die gerichtliche und die Prunkrede. Die Gattung der beratenden Rede hat Zuraten oder Abraten zur Aufgabe; denn eines von beiden tun die immer, die entweder privat Rat erteilen oder die vor der Volksversammlung als Redner auftreten. Die Gattung der Gerichtsrede beinhaltet entweder Anklage oder Verteidigung; denn eines von beiden müssen die streitenden Parteien tun. Die Gattung der Prunkrede behandelt entweder Lob oder Tadel.» [1]

Seine fundamentalen Ausführungen leitet Aristoteles aus der rednerischen Praxis des damaligen Athen ab. Im kommunikativen Dreieck zwischen dem Redner, seinem Gegenstand und den Zuhörern der Rede entsteht die Unterteilung und Definition der drei Gattungen der Rede. Ihre beispielhafte Anwendung auf die Organe der athenischen Demokratie, insbesondere Volksversammlung und Gerichtshöfe, findet schon Ende des 4. Jh. Eingang in den Schulunterricht und die Handbücher der Rhetorik. [2] Der Typ des Auditoriums ist Grundlage der Bestimmung und Abgrenzung von drei Redegattungen: Aristoteles unterscheidet zwischen kunstliebenden und nur passiven (θεωροί, theōroí) sowie beurteilenden (κριταί, kritaí) Zuhörern. Bei diesen differenziert er zwischen Zuhörern, die über Geschehenes (Richter) oder Zukünftiges (Mitglieder der Volksversammlung) urteilen. Die beratende Rede zerfällt in die protreptische und apotreptische, die gerichtliche in anklagende und verteidigende, die epideiktische in lobende und tadelnde Reden. Unterschiedlich sind auch die Zeiträume, auf die sich die einzelnen Gattungen nach Aristoteles beziehen: Die beratende Rede hat es vorwiegend mit der Zukunft zu tun, die gerichtliche mit der Vergangenheit und die epideiktische mit der Gegenwart. [3] Schließlich weichen auch die Zwecke der Redegattungen, ihr τέλος (télos), voneinander ab. Für den beratenden Redner liegt das télos im Nützlichen und Schädlichen, für den Gerichtsredner im Gerechten und Ungerechten, für den Lobredner im Schönen und Häßlichen oder Ehrenhaften und Unehrenhaften. [4] Wichtig ist festzuhalten, daß die epideiktische Rede bei Aristoteles also auch den Bereich des Häßlichen oder Unehrenhaften (αἰσχρόν; aischrón) noch umfaßt. Die Aufgabe des symbuleutischen Redners ist nach Aristoteles schwieriger als die des Gerichtsredners. Daher hält er die symbuleutische für die bedeutendste Gattung [5] und behandelt sie zuerst. Im Hellenismus und in Rom dominieren die rein technische Rhetorik des Anaximenes und die formal-rhetorischen Elemente der Rhetorik des Aristoteles, die man jedoch aus ihrer Einbindung in sein ethisch-politisches Philosophiesystem herauslöst. [6] Im frühen Peripatos [7] und bei einigen Stoikern, darunter CHRYSIPPOS [8], wird die Einteilung der drei Redegattungen des Aristoteles übernommen. In der rhetorischen Praxis wird jedenfalls in der römischen Republik die Gerichtsrede zur wichtigsten Gattung, der einige Lehrer daher ihre gesamte Aufmerksamkeit widmen. [9]

Anmerkungen:
1 Arist. Rhet. 1,3,1–3 1358a 36 – 1358b 13; Ausg. R. Kassel (Berlin/New York 1976); Übers.: F. G. Sieveke: Aristoteles

Rhetorik (²1987); Komm.: W. M. A. Grimaldi: Aristotle Rhetoric I. A Commentary (New York 1980; ND 1988) 79–87. – **2** F. Kühnert: Allgemeinbildung und Fachbildung in der Antike, Dt. Akad. Wiss. Berlin, Schr. d. Sektion für Altertumswiss. 30 (1961); G. Kennedy: The Art of Persuasion in Greece (Princeton 1963); ders.: The Art of Rhetoric in the Roman World 399 B.C. – A. D. 300 (Princeton 1972). – **3** Arist. Rhet. I,3,4 1358b 13–20. – **4** ebd. I,3,5 1358b 21–29. – **5** ebd. I,4 1359a 30 – 1360b 3; V. Buchheit: Unters. zur Theorie des Genos Epideiktikon von Gorgias bis Aristoteles (1960) 163 und 236–241. – **6** Arist. Rhet. I,1,10b 22–31. – **7** W. W. Fortenbaugh, D. C. Mirhady (Hg.): Peripatetic Rhetoric after Aristotle (Plymouth 1994). – **8** Diogenes Laertios VII,42 = SVF II Fr. 295. – **9** z. B. Apollodoros nach Quint. III,1,1.

3. *Die lateinischen Handbücher der ‹Rhetorica ad Herennium›, Ciceros und Quintilians.* Die ‹Rhetorica ad Herennium› [1] stellt ca. 80–70 v. Chr. in der aristotelisch-hellenistischen Schultradition fest: «tria sunt genera causarum, quae recipere debet orator: demonstrativum, deliberativum, iudiciale.» (Es gibt drei Arten von Fällen, derer sich der Redner annehmen muß: die darlegende, die beratende, die gerichtliche Art). [2] Innerhalb des *genus iudiciale* wiederum unterscheidet dieses Lehrbuch vier Arten von Fällen: «genera causarum sunt quattuor: honestum, turpe, dubium, humile.» (Es gibt vier Arten von Fällen: die ehrenvolle, verwerfliche, unentschiedene und unbedeutende). [3]

HERMAGORAS VON TEMNOS, der Begründer der Stasis-Lehre, unterteilt am Ende des 2. Jh. v. Chr. Cicero und Quintilian zufolge die *materia oratoris* in ϑέσεις (théseis) und ὑποθέσεις (hypothéseis) oder *quaestiones* und *causae*. [4] Cicero knüpft an diese Diskussion an. Nach Cicero befaßt sich die Rhetorik mit begrenzten und bestimmten Fragen *(causae, quaestiones finitae)*, nicht mit unbestimmten *(quaestiones infinitae)*, die in den Bereich der Philosophie gehören. Zusammen mit Quintilian ist Cicero der einflußreichste Theoretiker der antiken Gattungen der Rede. [5] Er kennt eine Unterteilung in die praktische und nichtpraktische Beredsamkeit, *contentio* und *sermo*. [6] Drei Grundgattungen der praktischen Beredsamkeit werden in Ciceros ‹De inventione› mit Berufung auf Aristoteles genannt: «Aristoteles autem, qui huic arti plurima adiumenta atque ornamenta subministravit, tribus in generibus rerum versari rhetoris officium putavit, demonstrativo, deliberativo, iudiciali. demonstrativum est, quod tribuitur in alicuius certae personae laudem aut vituperationem; deliberativum, quod positum in disceptatione civili habet in se sententiae dictionem; iudiciale, quod positum in iudicio habet in se accusationem et defensionem aut petitionem et recusationem. et, quemadmodum nostra quidem fert opinio, oratoris ars et facultas in hac materia tripertita versari existimanda est.» (Aristoteles aber, welcher diese Kunst mit einer Menge von Hilfsmitteln und Zierrathen ausstattete, war der Meinung, die Aufgabe des Redners erstrecke sich auf drei Gattungen: auf den darstellenden, den berathenden und den gerichtlichen Vortrag. Der darstellende ist derjenige, welcher auf das Lob oder den Tadel irgend einer bestimmten Persönlichkeit gerichtet ist; der berathende der, welcher auf der Erörterung und Beleuchtung der staatlichen Verhältnisse beruht, und auch die Meinungsabgabe in sich begreift, der gerichtliche der, welcher Rechtssachen zum Gegenstande hat, er umfaßt die Anklage und die Vertheidigung, oder die Anforderung und die Zurückweisung. Und so wäre denn nach meinem Dafürhalten anzunehmen, daß in diesem dreitheiligen Stoff sich die ganze Kunst und Fertigkeit des Redners bewege).[7] Die gerichtliche Rede steht auch bei Cicero im Vordergrund des Interesses an der *materia tripartita*. Er verwendet auf die Gerichtsrede in ‹De inventione› 143 Paragraphen [8], dagegen auf die deliberative [9] und epideiktische oder festliche Gelegenheitsrede [10] zusammen nicht einmal ein Drittel davon. Die Bezeichnung des *genus demonstrativum* ersetzt er häufig durch das *genus laudativum*. [11] Cicero wiederholt die Lehrmeinung der drei G. noch in ‹De inventione›, [12] in den ‹Topica› [13] und im ersten Buch von ‹De Oratore›. [14] Zwar wird im zweiten Buch eine Reduzierung auf die beiden Gattungen der Volks- und der Gerichtsrede im Gespräch erwogen [15], aber insgesamt hält Cicero doch an der Dreizahl fest. [16] Er stellt seinem Leitgedanken der Verbindung von Philosophie und Rhetorik gemäß statt des bloßen *utile* als télos des *genus deliberativum* das doppelte télos des *utile* und des *honestum* auf. [17]

QUINTILIANS ‹Instituto oratoria› [18] unterscheidet im dritten Buch drei Teile der Rhetorik: «partes enim rhetorices esse dicebant laudativam, deliberativam, iudicialem. quae si partes sunt, materiae sunt potius quam artis. namque in his singulis rhetorice tota est, quia et inventionem et dispositionem et elocutionem et memoriam et pronuntiationem quaecumque earum desiderat. itaque quidam genera tria rhetorices dicere maluerunt, optime autem ii, quos secutus est Cicero, genera causarum.» (Denn man pflegte ja zu sagen, die Teile der Rhetorik seien die Lob-, Beratungs- und Gerichtsrede. Wenn dieses Teile sind, so eher des Stoffes als der Kunst; denn in jedem einzelnen von ihnen ist die Rhetorik ganz enthalten, da ja jede von ihnen Erfindung, Anordnung, Darstellung, Gedächtnis, Vortrag verlangt. Deshalb haben manche sie lieber die drei Gattungen der Rhetorik genannt, am besten aber die, denen Cicero gefolgt ist, Redegattungen). [19] Das anschließende vierte Kapitel des dritten Buches ist der Diskussion älterer Theorien über die Gattungen der Rede gewidmet. Kritiker der aristotelischen Einteilung führten an, daß er zwei Gattungen der Rede der Zuhörergruppe der kritaí zuweise und nur eine derjenigen der theōroí zuweise. Man sei sich nicht darüber einig, ob es zwei, drei (so nach Aristoteles) oder mehr Redegattungen gebe. Außerdem weichen die Benennungen der drei Gattungen voneinander ab. Die meisten nachfolgenden Rhetoren schließen sich zwar auch der Dreiteilung an [20], kritisieren aber die aristotelische Definition und Abgrenzung des epideiktikón génos oder *genus laudativum (demonstrativum)*. Quintilian referiert zuerst ausführlich einige Einwände, schließt sich dann aber doch trotz Bedenken dieser Gattungseinteilung und seinem Vorbild Cicero an. Doch plädiert Quintilian zugleich dafür, die Gattungen der Rede nicht zu schematisch zu differenzieren, weil ein zu starres Schema der Theorie mit den Berührungspunkten zwischen den drei Gattungen in der rhetorischen Praxis unvereinbar wäre: «Für uns ist es das sicherste, uns der Mehrheit der Schriftsteller anzuschließen, und so scheint es auch die vernünftige Überlegung zu gebieten. Es gibt also, wie gesagt, eine Gattung, die Lob und Tadel enthält, doch heißt sie nach der besseren Hälfte die lobende [...]. Die zweite Gattung ist die beratende, die dritte die gerichtliche. Alle Arten werden in diese drei Gattungen fallen: denn es wird sich keine bei ihnen finden lassen, in der wir nicht loben oder tadeln, raten oder abraten, etwas anstreben oder abwehren müßten. Gemeinsam haben sie auch, daß sie gewinnen, erzählen, lehren, steigern, abschwächen und durch Erregung oder Besänftigung der Leidenschaften die Gemütsverfassung der Hörer bestimmen. Ich möchte mich auch denen nicht anschließen, die meinen, der Stoff der Lobrede werde durch die Frage nach dem Guten, der der Beratungsrede durch die nach dem Nützlichen, der der Gerichtsrede durch die nach dem Gerechten bestimmt – eine mehr fix und fertige als wahrheitsgemäße Aufteilung! Denn alles beruht gewissermaßen auf wechselseitiger Aushilfe: auch beim Loben wird ja Gerechtigkeit und Nutzen behandelt; auch beim Raten das Gute, und selten dürfte man eine Gerichtsrede finden, bei der sich nicht in einem Abschnitt etwas von dem finden ließe, was wir oben genannt haben.» [21]

Anmerkungen:
1 T. Nüßlein: Rhetorica ad Herennium (1994); Lit.: J. Adamietz: Ciceros De inventione und die Rhetorik ad Herennium (1960). – 2 Rhet. ad Her. I,2 (Nüßlein). – 3 ebd. I,5. – 4 D. Matthes: Hermagorae Temnitae testimonia et fragmenta (1962) Fr. 6a–e. – 5 A. Michel: Rhétorique et philosophie chez Cicéron. Essai sur les fondements philosophiques de l'art de persuader (Paris 1960); K. Barwick: Das rednerische Bildungsideal Ciceros, Abh. Sächs. Akad. Wiss. Leipzig, phil.-hist. Kl. 54,3 (1963) 28–31; M. L. Clarke: Die Rhet. bei den Römern (1968) 70–83. – 6 Cic. De or. II,41–43; ebd. III,177; III,203. – 7 Cic. De inv. I,7; Ausg.: E. Stroebel (1915; ND 1977); Übers.: W. Binder: Von der rhet. Erfindungskunst (1859–1872) 13. – 8 ebd. II,11–154. – 9 ebd. II,157–176. – 10 ebd. II,177–178. – 11 vgl. ebd., I,7; auch Cic. De or. I,141 und III,109; II,43ff.; ders., Partitiones oratoriae 10: genera iudicii, deliberationis, exornationis. – 12 Cic. De inv. 1,12 (Stroebel). – 13 Cicero, Topica 91. – 14 Cic. De or. I,141; Ausg.: A. S. Wilkins (Oxford 1892; ND Hildesheim ²1990); Dt. Übers.: H. Merklin (1976) 121. – 15 Cic. De or. II,43–48. – 16 Quint. III,4,12. – 17 Cic. De inv. II,12; vgl. aber auch Quint. III,4,16. – 18 Ausg.: H. Rahn, 2 Bde., TzF 2–3 (1972–1975); dazu E. Zundel: Clavis Quintilianea. Quintilians ‹Institutio oratoria› aufgeschlüsselt nach rhet. Begriffen (1989) 43 s.v. genus; G. Kennedy: Quintilian (New York 1969); O. Seel: Quintilian oder die Kunst des Redens und Schweigens (1977; ND 1987). – 19 Quint. III,3,14–15; Übers.: Rahn [18]. – 20 vgl. D. G. A. Hinks: Tria Genera Causarum, in: Classical Quarterly 30 (1936) 170–176. – 21 Quint. III,4,12 und 15–16; Übers. Rahn [18]; ähnlich ebd. III,6,104 und danach zuerst über Lob und Tadel ebd. III,7; über Beratungsreden ebd. III,8 und die Gerichtsrede ebd. III,9.

4. *Die Gattungen der Rede in der 'Zweiten Sophistik' und der christlichen Rhetorik des Augustinus*. Im römischen Kaiserreich und im feudalistischen Mittelalter verlieren die Gattungen der symbuleutischen oder politisch-deliberativen Rede und der antiken agonalen Gerichtsrede ihr gesellschaftliches Fundament. Die freie politisch-beratende Rede verkümmert zur bloßen μελέτη (meléte; *suasoria* oder *declamatio*), einer fiktiven und theoretisch-schulmäßigen Redeübung. Die meisten Deklamationen nehmen ihren Stoff aus dem Bereich der (fiktiven) Gerichtsreden, nur seltener aus dem *genus deliberativum* und *demonstrativum*. Insgesamt bildet sich jedoch in der römischen Kaiserzeit kein eigenes *genus* der *declamationes* oder *controversiae* heraus, obwohl SENECA D. Ä. diese ein *novum genus materiae* nennt. [1] Zu den Deklamationen gehören nämlich Schulübungsreden und zu rhetorischen Übungszwecken fingierte Reden aus allen drei Genera. [2] Die Gerichtsrede entwickelt sich unter den Rahmenbedingungen des Kaiserreiches infolge der Kodifizierung des Rechtes und der Idee vom Kaiser als νόμος ἔμψυχος (nómos émpsychos; *lex animata*; beseeltem Gesetz) zu einem schematisierten und formalisierten Fachplädoyer. Für die 'Konzertredner' des römischen Kaiserreiches wie Ailios Aristeides war natürlich das panēgyrikón génos *(genus laudativum)* von größter Bedeutung.

ALEXANDER, der Sohn des Numenios und Verfasser der bekannten rhetorischen Figurenlehre, übernimmt unter den bekannten Sophisten des 2. Jh. n. Chr. noch die aristotelische Einteilung der G. [3] Auch HERMOGENES VON TARSOS an der Wende vom 2. zum 3. Jh. und später APHTHONIOS im 5. Jh. in seinen weit verbreiteten ‹Progymnasmata› wiederholen das alte Schema der drei Redegattungen, konzentrieren sich aber eindeutig auf das panēgyrikón génos, das man beispielsweise mit Aphthonios in ἐγκώμιον (enkōmion; Lobrede), ψόγος (psógos; tadelnde Rede bzw. Invektive), σύγκρισις (sýnkrisis; vergleichende Rede), ἠθοποιία (ēthopoiía; rednerische Charakterzeichnung) und ἔκφρασις (ékphrasis; ausmalende Beschreibung) aufgliedern kann. [4] Die lehrbuchhafte Systematik der drei rhetorischen Gattungen mit der korrespondierenden Dreistiltheorie wird in der Spätantike durch JOHANNES CHRYSOSTOMOS und AUGUSTINUS übernommen und für die Ziele des christlichen Glaubens instrumentalisiert. [5] Die pseudoaugustinische Rhetorik differenziert in klassischer Tradition zwischen vier *figurae controversiarum (genera causarum)* des *genus iudiciale*. [6] Augustinus formuliert in ‹De doctrina christiana› eine christliche Homiletik und Rhetoriktheorie. Er findet in der Heiligen Schrift Bezüge auf alle drei klassischen Redegattungen. [7] Zu den *genera dicendi* und *officia oratoris* zitiert Augustinus unmittelbar aus ‹De oratore› und dem ‹Orator› Ciceros. [8] Die für die klassische Gattungslehre seit Aristoteles entscheidende Beziehung zwischen Redner, Redegegenständen und unterschiedlichem Zuhörerkreis schlägt sich auch in den differenzierten Anweisungen des Augustinus für den idealen ‹divinarum scripturarum tractator et doctor› (Erklärer und Lehrer der heiligen Schriften) nieder. [9]

Anmerkungen:
1 Seneca d. Ä., Controversiae I praef. 12; Ausg.: L. Håkanson (1989). – 2 vgl. W. Hofrichter: Stud. zur Entwicklungsgesch. der Deklamation (1935). – 3 Alexander, in: Rhet.Graec.Sp. III (1856) p. 1,9–11. – 4 vgl. Hermogenis opera, Rhet. Graec. VI ed. H. Rabe (1913; ND 1985); Aphthonii Progymnasmata. Accedunt Anonymi Aegyptiaci, Sopatri, Aliorum Fragmenta, Rhet. Graec. X ed. H. Rabe (1926) Progymnasmata VIII–XII. – 5 vgl. M. L. W. Laistner: Christianity and Pagan Culture in the Later Roman Empire (Ithaca NY 1951); R. A. Kaster: Guardians of Language. The Grammarian and Society in Late Antiquity (Berkeley u. a. 1988); A. Cameron: Christianity and the Rhetoric of Empire. The Development of Christian Discourse (Berkeley u. a. 1994); P. Brown: Macht und Rhet. in der Spätantike. Der Weg zu einem ‹christlichen Imperium› (1995; orig. 1992). – 6 Aug. Rhet. 17 p. 147 Halm. – 7 vgl. Aug. Doctr. III, X (15); Ausg.: J. Martin: Corpus Christianorum Series Latina XXXII (Turnhout 1962); dazu C. S. Baldwin: Medieval Rhetoric and Poetic (to 1400) interpreted from representative Works (New York 1928; ND Gloucester, Mass. 1959) 51–73, insb. 72 und Anm. 26. – 8 Aug. Doctr. IV, XII (27) Martin [7]. – 9 ebd. VI, IV (6).

II. *Mittelalter.* – *1. Frühmittelalterliche Kompendien und Enzyklopädien*. In der byzantinischen Rhetorik wirken in bruchloser Kontinuität die spätantike Konzentration auf die epideiktisch-panegyrische Rede seit der Zweiten Sophistik [1] und die kaiserzeitliche rhetorische Gattungslehre fort. Ihre Regeln gelten für das byzantinische Ideal der καλλιλογία (kallilogía; Kunst der schönen Rede) mit ihren typischen Gattungen der Kaiserrede, Grabrede, Totenklage, Begrüßungsansprache, Hochzeitsrede und weiteren weltlichen Gelegenheitsreden, für alle Gattungen der geistlichen Rede, aber auch fast die gesamte sonstige Prosaliteratur. [2] In den Handbüchern des lateinischen Mittelalters bleibt die antike Einteilung der *materia tripartita* immer bekannt. An die antike Theorie der epideiktisch-panegyrischen Gattung angelehnt entfalten sich im Mittelalter jedoch epochenspezifische Subgattungen. [3] Typisch mittelalterliche Genera sind die ‹Ars poetriae›, die regulative Grammatik und Rhetorik der *versificatio*, die ‹Ars dictaminis› als die rhetorische Kunst der Brief- oder Urkundenkomposition, die ‹Ars arengandi› als Fertigkeit, Reden in öffentlichen Angelegenheiten zu halten, und geistesgeschichtlich als die wichtigste Gattung die ‹Ars praedicandi›, die rhetorische Predigtlehre. [4] Diese Gattungen beweisen die pragmatische Fähigkeit der mittelalterlichen Rhetoriker, das klassische Erbe für ihre spezifischen Bedürfnisse in einem fundamental veränderten kulturell-gesellschaftlichen Umfeld fortzuentwickeln.

Im 4. Jh. n. Chr. faßt C. JULIUS VICTOR in seiner ‹Ars rhetorica› [5] die ciceronianische Lehre zusammen und fügt drei Appendices *(De exercitatione, de sermocinatione* und *de epistolis)* bei. Weil die vorherrschende rhetorische Theorie den *sermo*, das informelle Gespräch, nicht genügend berücksichtige, unterscheidet Julius Victor in dem Appendix ‹de epistolis› auch zwischen offiziellen und privaten Briefen *(negotiales* und *familiares epistolae)*. MARTIANUS CAPELLA vermittelt etwa gleichzeitig mit Augustinus in ‹De nuptiis Philologiae et Mercurii› zusammen mit den späteren Enzyklopädisten CASSIODOR und ISIDOR den Kanon der *septem artes liberales* dem Mittelalter. Martianus Capella führt knapp aus: «Auditoris autem sunt genera tria: unum eius, qui secundum aequitatem aliquid statuit, et is est perpense iudex; aliud eius, qui honestate vel utilitate incerta dubius alienae sententiae persuasionem inexplicabilis deliberator expectat; tertium genus eius est, qui facti honestatem vel turpitudinem libera aestimatione perpendit: hunc aestimatorem convenit nominari. haec igitur sunt tria causarum genera, quae hypothesi continentur, id est iudicialis, deliberativa et demonstrativa.» (Es gibt drei Arten des Zuhörers: eine dessen, der gemäß der Gerechtigkeit zu einem Schluß kommt, und dieser ist genau genommen der Richter; eine andere dessen, der noch im Zweifel, weil die Ehrenhaftigkeit oder Nützlichkeit unklar sind, als Überlegender erwartet, von einer fremden, noch nicht hinreichend erklärten Meinung überzeugt zu werden; die dritte Art ist diejenige dessen, der die Ehrenhaftigkeit oder Schändlichkeit einer Tat in freier Einschätzung erwägt: diesen kann man treffend einen kritischen Beurteiler nennen. Dementsprechend gibt es daher drei Gattungen der Rede, die unter den Begriff der Hypothesis fallen, nämlich die gerichtliche, beratende und darlegende). [6] Seine Unterteilung der *tria genera* und sein Vokabular sind direkt von Cicero übernommen. [7] BOETHIUS (gest. 524 n. Chr.) behandelt in ‹De differentiis topicis› *genus, species* und *materia* der Rhetorik und unterteilt die *materia* knapp in die drei klassischen *partes (genera)*. [8] Cassiodor unterscheidet in den ‹Institutiones divinarum et saecularium litterarum› (zw. 551–562) «tria principalia genera causarum rhetoricae»: das *genus demonstrativum (in laude* oder *in vituperatione)*, *deliberativum (in suasione* oder *in dissuasione)* und *iudiciale (in accusatione* oder *in defensione* oder *in praemii petitione et negatione)*. [9] Auch Isidor von Sevilla wiederholt in seinen ‹Etymologiarum libri XX› am Anfang des 7. Jh. diese alte Lehre von der *materia tripartita*. [10] Von ALKUIN (ca. 735–804) und seiner an Cicero orientierten ‹Disputatio de rhetorica et de virtutibus› [11] wird der karolingische Hof direkt beeinflußt.

Anmerkungen:

1 G. A. Kennedy: Greek Rhetoric under Christian Emperors (Princeton 1983). – **2** G. L. Kustas: Studies in Byzantine Rhetoric, Analekta Blatadon 17 (Thessalonike 1973); H. Hunger: Die hochsprachliche profane Lit. der Byzantiner, Hb. der Altertumswiss. XII.5.1. (1978) 63–196. – **3** C. S. Baldwin: Medieval Rhetoric and Poetic (to 1400) (New York 1928; ND Gloucester, Mass. 1959); R. McKeon: Rhetoric in the Middle Ages, in: R. S. Crane (Hg.): Critics and Criticism (Chicago 1952) 260–296 (orig. 1942); J. J. Murphy: Rhetoric in the Middle Ages. A History of Rhetorical Theory from Saint Augustine to the Renaissance (Berkeley u. a. 1974); M. C. Leff: The Logician's Rhetoric, Boethius' De differentiis topicis, book IV, in: J. J. Murphy (Hg.): Medieval Eloquence. Studies in the Theory and Practice of Medieval Rhetoric (Berkeley u. a. 1978) 3–24; E. R. Curtius: Europäische Lit. und lat. Mittelalter (Bern ⁹1978) 163–168. – **4** Murphy [3] 135–355. – **5** C. Iulii Victoris rhetorica, ed. R. Giomini, M. S. Celentano (1980) – **6** Ausg.: J. Willis: Martianus Capella, De Nuptiis Philologiae et Mercurii (1983) § 447, S. 154f.; Übers. Verf. – **7** vgl. z. B. Cic. De inv. I,7. – **8** Boethius, De differentiis topicis Buch IV, Ausg.: Migne PL Bd. 64, sp. 1173C – 1216D, insb. 1206B – 1209A; Interpr.: Leff [3] 3–24. – **9** Cassiod. Inst. Kap. 1 zur Def. der Rhet. p. 495 Halm; Ausg.: Rhet. Lat. min. (1863); zu den drei genera causarum principalia ebd. Kap. 3 p. 495 Halm; zu fünf genera causarum als Arten von Fällen ebd. Kap. 8 p. 497ff. Halm. – **10** Isid. Etym. II,IV,1–8; Ausg.: W. M. Lindsay (Oxford 1911; ND 1957). – **11** Alkuin, Kap. 5 p. 526 Halm zu den drei genera (Redegattungen) und ebd. Kap. 21 p. 535 zu den fünf genera (Arten von Fällen); Ausg.: C. Halm: Rhet. Lat. min. (1863).

2. *Neue epochenspezifische Gattungen: ‹Ars dictaminis›, ‹Ars praedicandi› und ‹Ars poetriae›*. Die epochentypischste und wichtigste Entwicklung der christlich-mittelalterlichen Rhetorik sind die ‹Artes praedicandi›, die rhetorischen Predigtlehren. [1] Sie haben ihr Fundament in der antiken epideiktisch-panegyrischen und deliberativen Rhetorik, den christlich-rhetorischen Lehren des AUGUSTINUS, insbesondere ‹De doctrina christiana› und den Musterpredigten des Ambrosius, Augustinus und Gregors d. Großen. [2] Die christliche ‹Ars praedicandi› gibt praktische Ratschläge für die Erklärung der Bibeltexte, Ansprachen zu verschiedenen Gelegenheiten während des Kirchenjahres und religiöser Feiern an die christlichen Gemeinden und nicht zuletzt die Missionspredigt. Die Predigt benutzt also sehr verschiedene Anlässe zu einer Gelegenheitsrede, um ihre Hörer zu einer bestimmten Handlung oder einer moralischen Einstellung zu bewegen. [3] Es entwickeln sich viele regional unterschiedliche Stile des Predigens und der Lehrschriften dieser Redegattung, darunter der 'englische Stil' der Schule von Oxford und der 'französische' der Universität von Paris. ROBERTS VON BASEVORN ‹Forma praedicandi› (1322) und THOMAS WALEYS ‹De modo componendi sermones cum documentis› (ca. 1349) mögen nach Charland als repräsentative Beispiele gelten. [4] Die christliche Predigt ist – auch in der Neuzeit infolge der Reformation und der Mission – bis in die Gegenwart eine der langlebigsten und einflußreichsten Redegattungen des abendländischen Kulturkreises. Die rhetorischen Brief- und Urkundenlehren ‹Artes dictaminis› mit ihrem typischen Kanzleistil *(cursus)* als epochenspezifische Gattung entstehen zuerst im 12. Jh. besonders in den Schulen von Bologna und Montecassino und im 13. Jh. in Orléans; die ‹Artes arengandi› entstehen in den Communi Nord- und Mittelitaliens im 13. Jh. [5] Die zunehmende Verrechtlichung und die Verschriftlichung der

intensivierten Verwaltung in den Städten und Territorialherrschaften des späten Mittelalters fördern die Bedeutung der ‹Artes dictaminis› auch innerhalb der rhetorischen Systematik. Die ‹Artes poetriae› [6] übernehmen die meisten Regeln aus der epideiktisch-panegyrischen Rhetorik der Kaiserzeit und der ‹Ars poetica› des HORAZ. Dennoch kann man sie als Lehrbücher einer eigenständigen rhetorischen mittelalterlichen Gattung auffassen.

Anmerkungen:
1 C. S. Baldwin: Medieval Rhetoric and Poetic (to 1400) (New York 1928; ND Gloucester, Mass. 1959) 228–257; T.-M. Charland: Artes praedicandi. Contribution à l'histoire de la rhétorique au moyen âge, Publ. de l'institut d'études médiévales d'Ottawa VII (Paris und Ottawa 1936) insb. 107–225. – 2 vgl. Aug. Doctr. IV, I (1) Martin p. 116; dazu G. Klager: De doctrina christiana von Aurelius Augustinus: Die erste Anweisung zur christl. Redekunst (Wien 1970); H. Schwank: Gregor d. Gr. als Prediger (1934). – 3 vgl. Baldwin [1] 230–231. – 4 vgl. Charland [1]. – 5 F.-J. Schmale: Die Bologneser Schule der Ars dictandi: in: Dt. Archiv für Erforschung des MA 13 (1957) 16–34; J. J. Murphy: Rhetoric in the Middle Ages (Berkeley u. a. 1974) 194–268. – 6 E. Faral: Les arts poétiques du XIIe et du XIIIe siècle: Recherches et documents sur la technique littéraire du moyen âge (Paris 1924; ND 1958).

III. *Neuzeit.* – 1. *Humanismus, Renaissance und Reformation.* Quintilian und Cicero sind für alle lateinischen Lehrbücher der Rhetorik des Humanismus, der Renaissance und der Reformation in Europa auch in der Frage der Einteilung der drei Redegattungen verbindliche Autoritäten. [1] Die Gattungen der Rede findet man am Anfang der humanistischen Rhetoriklehrbücher behandelt. Als Beispiele seien GEORGS VON TRAPEZUNT ‹Rhetoricorum libri V› (1433–34), die ‹Artis rhetoricae praecepta› des ENEA SILVIO DE' PICCOLOMINI (1456), LORENZO VALLAS ‹De elegantiis linguae latinae› (1471) und der ‹Ciceronianus› des ERASMUS (1528) genannt. [2] Da viele humanistische Rhetoren gleichzeitig Juristen waren, darf man für ihre praktische rednerische Tätigkeit aber auch die mittelalterlichen Wurzeln bestimmter Reden in den ‹Artes Arengandi› und ‹Artes dictaminis› nicht unterschätzen. [3] Spezifische Regeln und Musterreden gab es für alle epochentypischen Gattungen der humanistischen weltlichen Rede: die Hochzeits- und Grabreden, die Universitäts- und Schulreden (für die es keine antiken Vorbilder gab), die politischen Reden von Gesandten und Staatsmännern, Begrüßungsansprachen zu verschiedenen Anlässen und seltener auch Gerichtsreden. Für die geistlichen Reden des Humanismus und der Renaissance gelten weiterhin die Regeln der an der antiken Panegyrik orientierten ‹Ars praedicandi›. Die jesuitische Rhetorik der scholastischen und humanistischen Tradition und damit der ciceronianischen Einteilung der G. verpflichtet. Dies illustrieren mehrere jesuitische ‹Rationes studiorum›, darunter schon die älteste deutsche Schulordnung, die ‹Kölner Ordnung› (1552ff.) [4], und die Schriften des einflußreichsten jesuitischen Theoretikers C. SOAREZ, vor allem ‹De Arte Rhetorica libri tres, ex Aristotele, Cicerone & Quinctiliano praecipue deprompti› (1577). Für die protestantischen Gelehrtenschulen und ihre Predigtlehre sind MELANCHTHONS Rhetorikschriften grundlegend wichtig, darunter insbesondere ‹Elementorum rhetorices libri duo› (1531 und erweitert 1542), ‹De officiis concionatoris› (1535) und ‹De Elementis Rhetorices. M. Crusii Quaestionibus adjectis› (1563). In den ‹Elementorum rhetorices libri duo› [5] hält er zwar an den alten drei Gattungen fest, versucht aber auch selbst innerhalb der protestantischen Schulrhetorik erfolglos, den Lehrvortrag als ‹genus didascalicum› und vierte Gattung einzuführen. In der Nachfolge Melanchthons entsteht eine reiche, aber nur selten originelle homiletische Theorieliteratur. Man nennt diese geistliche Rhetorik ‹oratoria ecclesiastica›, ‹rhetorica sacra› oder ‹ars concionandi›. Sie wird systematisch als eine Sondergattung der deklamatorisch-panegyrischen Rede betrachtet, auf die man deren allgemeine Regeln übertragen kann.

Anmerkungen:
1 vgl. T. Zielinksi: Cicero im Wandel der Jahrhunderte (^{3}1912); G. Streckenbach: Stiltheorie und Rhet. der Römer als Gegenstand der imitatio im Bereich des deutschen Humanismus (1932); J. Seigel: Rhetoric and Philosophy in Renaissance Humanism: The Union of Eloquence and Wisdom, Petrarch to Valla (Princeton 1968); J. J. Murphy (Hg.): Renaissance Eloquence: Studies in the Theory and Practise of Renaissance Rhetoric (Berkeley u. a. 1983); H. F. Plett (Hg.): Renaissance-Rhet. (Berlin und New York 1993). – 2 weitere Beispiele in: E. Garin, P. Rossi und C. Vasoli (Hg.): Testi umanistici su la retorica (Rom und Mailand 1953). – 3 vgl. P. O. Kristeller: Humanismus und Scholastik in der ital. Renaissance, in: ders.: Humanismus und Renaissance I. Die antiken und mittelalterl. Quellen (1974) 87–111, insb. 97f.; ders.: Humanistische Gelehrsamkeit in der ital. Renaissance, in: ders.: Humanismus und Renaissance II. Philos., Bildung und Kunst (1976) 9–29. – 4 Ausg.: ‹Kölner Ordnung› in: Monumenta Germaniae Paedagogica Bd. 2 (1887) 139–147; Ratio studiorum von 1586/1599 ebd. Bd. 5 (1887) 14–481. – 5 Ausg. ‹Elementorum rhetorices libri duo›, in: Corpus Reformatorum, Vol. XIII (1846; ND 1963) Sp. 413–506; ebd. 421f. zu den drei klass. genera und 423–425 zum vierten genus, dem didascalicum.

2. *Die Barockrhetorik des späten 16. und 17. Jh.* Der Rhetorikunterricht wird im Barockzeitalter an den protestantischen Gelehrtenschulen, den Jesuitengymnasien, den Ritterakademien und den Universitäten zunächst überwiegend nach dem traditionellen lateinischen Schema betrieben. [1] Weite Verbreitung erlangen die rhetorischen Schulwerke des J. STURM, insbesondere seine kommentierte lateinische Übersetzung der Stasis-Lehre des Hermogenes (1570) und ‹Ad Philippum comitem Lippianum. De Exercitationibus Rhetoricis Liber Academicus› (1575). Sturm lehrt traditionell die bekannten drei Gattungen der Rede. J. H. ALSTED nahm in seine einflußreiche Enzyklopädie ‹Sex libris informatus in Quorum I. Praecognita. II. Oratoria communis. III. Epistolica. IV. Methodus Eloquentiae. V. Critica. VI. Rhetorica Ecclesiastica. Accedit Consilium de Locis Communibus recte adornandis› (^{3}1616) ein ausführliches Kapitel über die christliche Predigt auf, orientierte sich aber ansonsten am klassischen Gattungsschema. Vielleicht der wichtigste Theoretiker dieser Epoche ist G. VOSSIUS mit seinen ‹Commentariorum Rhetoricorum, Sive Oratoriarum Institutionum Libri Sex› (1606/^{4}1643) und der Kurzfassung dieses Handbuches, den ‹Rhetorices Contractae, Sive Partitionum Oratoriarum Libri Quinque› (1621 und ^{2}1660). Die *genera orationis* werden bei Vossius konventionell im Anschluß an die aristotelisch-ciceronianische Dreigliederung zu Beginn des Werkes behandelt. [2]

Die humanistische, jesuitische und gelehrte protestantische Rhetoriktheorie isoliert sich mit ihren Handbüchern immer mehr von der sozialen Realität ihrer Zeit und den in der Praxis vorherrschenden Gattungen der Beredsamkeit des 17. Jh. Die deutschsprachige Rhetorik, von ihren Anfängen mit den Werken FRIEDRICHS VON

NÜRNBERG (1450/60), dem ‹Formulare und tütsch Rethorica› (1493) des H. GESSLER und dem ‹Spiegel der waren Retoric› (1493) des F. RIEDERER bis zu J. M. MEYFARTS ‹Teutsche Rhetorica oder Redekunst› (1634 und erneut 1653) [3], entwickelt sich nicht aus diesen lateinischen Rhetorik-Handbüchern der Humanisten, sondern aus der Übertragung der ‹Ars dictaminis›. Die erste deutsche Homiletik erscheint erst mit C. E. SIMONETTIS ‹Vernünftige Anleitung zur geistlichen Beredsamkeit› (1712). Das Feld der Rhetorik beschränkt sich keineswegs mehr auf die Gerichts-, Beratungs- oder Lobrede, sondern schließt jetzt die gesamte Poetik und auch verschiedene rhetorische Sondergattungen, darunter vor allem Deklamatorik, Predigtlehre und Briefkomposition ein. K. STIELER im ‹Allzeitfertigen Sekretarius› (1680), C. WEISE in den ‹Curiösen Gedancken von Deutschen Brieffen› (1691) oder P. HARSDÖRFFER im ‹Teutschen Secretarius› (1656) betonen die grundsätzliche Übereinstimmung von Brief und Rede und daher auch der rhetorischen Brief- und Redelehren. Die Praxis der muttersprachlichen 'Wohlredenheit' berücksichtigt zu Recht die gerichtliche oder politisch-beratende Rede nur wenig, weil sie im absolutistischen Zeitalter kaum Entfaltungsmöglichkeit hatte, sondern konzentriert sich auf die zahlreichen Untergattungen der Gelegenheitsrede.

Beispielhaft für die Einteilungen der Redegattungen der modernen, muttersprachlichen Rhetorik-Lehrbücher seien hier die einflußreichen Werke B. KINDERMANNS und C. Weises erwähnt. Kindermanns ‹Der Deutsche Redner/In welchen unterschiedene Arten der Reden auff allerley Begebenheiten, Auff Verlöbnisse/ Hochzeiten/Kind-Tauffen/Begräbnüsse/auf Empfahl- Huldig-Glückwünsch- Abmahn- und Versöhnungen Klag und Trost: wie auch Bitt, Vorbitt und Dancksagungen› (1660) läßt schon im Titel die wichtigsten Arten der Gelegenheitsrede erkennen, über die er handeln will. Weises ‹Neu-Erleuterter politischer Redner› (1684) steht zwischen den traditionellen Rhetorik-Lehrbüchern des Barock und den neuartigen der Aufklärungsepoche. [4] Weise (1642–1708) lehrt einen Pluralismus in der Stiltheorie, dem auch ein Neuansatz in der Gattungslehre entspricht. Seine pragmatische Einteilung der Gattungen der Rede orientiert sich an den im Leben seiner Leser häufig vorkommenden Gelegenheiten zur Rede. Er unterscheidet Schul- und Universitätsreden, Reden in Verwaltungs- und Staatsgeschäften, auf Gesandtschaften, auf der Kanzel und in der christlichen Gemeinde. Ferner gibt er Beispiele für alle Arten von Gelegenheitsreden des praktischen Lebens. Weise richtet seine Rhetorik an den ständischen Bedürfnissen des Hofmannes und des höheren, gebildeten Bürgertums aus, das von seiner politischen Lebens- und Redelehre am meisten profitiert. [5] Ein wichtiger rhetorischer Fachbegriff ist im ‹Politischen Redner› (1677) Weises das *Kompliment*. Das gesamte 2. Kapitel dieses Werkes handelt «von der Übung mit den Komplimenten». Weise unterscheidet drei Teile des rhetorischen Komplimentes, den eigentlichen Wunsch oder das Anliegen des Redners, das er äußert, die geschickte, auf den jeweiligen Hörer der Rede oder Gesprächspartner berechnete Schmeichelei oder Insinuation und spezifische Formeln der Unterwürfigkeit des Redners insbesondere in der Anrede und den Schlußformeln, z. B. die häufige Wendung vom Redner als dem «gehorsamsten Diener». [6]

Anmerkungen:
1 M. Wychgram: Quintilian in der dt. und frz. Lit. des Barock und der Aufklärung (1921); J. Dyck: Ticht-Kunst. Dt. Barockrhet. und rhet. Trad., Ars Poetica 1 (1966; ³1991); L. Fischer: Gebundene Rede. Dichtung und Rhet. in der lit. Theorie des Barock in Deutschland, Stud. zur dt. Lit. 10 (1968); W. Barner: Barockrhet. Unters. zu ihren gesch. Grundlagen (1970); G. K. Braungart: Hofberedsamkeit. Stud. zur Praxis höfisch-politscher Rede im dt. Territorialabsolutismus, Stud. zur dt. Lit. 96 (1988). – 2 G. Vossius: Commentariorum Rhetoricorum... (1630; ND 1974) lib. I, cap. III,I. – 3 J. M. Meyfart: Teutsche Rhetorica oder Redekunst (1634 und erneut 1653; ND 1977). – 4 C. Weise: Politischer Redner (1684; ND 1974). – 5 vgl. K.-H. Göttert: Einf. in die Rhet. (²1994) 158–169; Barner [1] 167–219. – 6 vgl. M. Beetz: Komplimentierverhalten im Barock, in: Amsterdamer Beitr. zur neueren Germanistik 13 (1981) 135–181.

3. *Das Zeitalter der Aufklärung (18. Jh.)*. Seit dem 18. Jh. unterscheidet man in den führenden Lehrbüchern eine Vielzahl von Redegegenständen und -anlässen und leitet davon einzelne Untergattungen der Rede ab, beispielsweise die politische Rede (als Volksrede, Wahlrede, Parlamentsrede, Aufruf, Proklamation, Thronrede), die epideiktische Rede (als Herrscherlob, Denkmals-, Jubiläums- oder Festrede, Prunkrede), die juristische Rede (als Accusatio, Defensio, Plädoyer), die homiletische Rede (als Gleichnisrede, Homilie, Kapuzinade, Sermon) und die vielfältigsten Formen der sonstigen praktischen Gelegenheitsreden (Kathederrede, Universitätsrede, Schulrede, Alltagsrede, Begrüßungsrede, Abschiedsrede, Hochzeitsrede, Geburtstagsrede, Tischrede usw.). Es bildet sich jedoch keine neue 'kanonische' Gattungseinteilung der Reden mehr aus. Nicht einmal über den Einteilungsgrund der Redegattungen herrscht seither in den Lehrbüchern der Rhetorik Einigkeit.

In der Praxis sind für das 18. Jh. außer der Gelegenheitsrede die Homiletik, Briefstellerei und die rhetorische Essayistik epochentypisch. In den politischen Systemen der meisten europäischen Länder des 18. Jh. war nämlich weder für eine hochentwickelte gerichtliche noch für eine freie und kunstvolle politische Rede der notwendige politisch-gesellschaftliche Rahmen gegeben. Die Festrede, die jetzt in verschiedenen neuen Untergattungen mit eigenen Namen nach ihren Anlässen beschrieben wird, dominiert. G. P. MÜLLER (‹Abriß einer gründlichen Oratorie, zum Academischen Gebrauch entworffen und mit Anmerckungen versehen›, 1711) und J. C. MÄNNLING neigen zu einer zeittypisch übertriebenen Differenzierung der Gelegenheitsreden nach ihren verschiedenen Anlässen. Dies zeigt die bombastische Aufzählung von Gattungen der Rede in J. C. Männlings ‹Expediter Redner Oder Deutliche Anweisung zur galanten Deutschen Wohlredenheit Nebst darstellenden Deutlichen Praeceptis und Regeln, auserlesenen Exempeln und Curieusen Realien› (1718): «Unter den Reden, so man vornehmlich bey den Deutschen brauchet, finden sich insgemein 1.) froeliche. 2.) traurige. Die froelichen sind theils Hochzeit-Reden. Wo (α) Werbungs- (β) Verloebniß- (γ) Braut- oder Hochzeit-Sermones vorkommen, und diese sind a) Ausbittung der Braut, vor der Trauung an einigen Orten, b) Übernehmung der Braut statt des Vaters, c) Reden an das Volck, als eine Invitation, Braut und Braeutigam in die Kirche zu begleiten, und beyden den Seegen erbitten zu helffen, d) Dancksagung nach der Trauung, e) Glueckwuenschung an die Vertrauten; Oder theils Gratulationes zu Ehren-Aemptern, Nahmens-Tagen, hohen Geburthen; Empfahung bey Einziehungen hoher Haeupter, Antretung eines neuen Jahres etc. und dann Trauer-Reden oder Parentationes, bey Alten, Jungen,

Soldaten, Geistlichen, Buergern oder Condolirungen und Lamentationes, bey erfolgtem Unglueck, Pest, Feuer, Krieg etc, worinn man sein Mittleiden und jenes Beklagen zu erkennen giebt.» [1] J. A. FABRICIUS unterscheidet in ‹Philosophische Oratorie, Das ist: Vernünftige Anleitung zur Gelehrten und galanten Beredsamkeit› (1724) knapper fünf Redegattungen: Reden im gemeinen Leben, Schulreden, politische Reden, juristische Reden und geistliche Reden. [2] F. A. HALLBAUERS ‹Anleitung zur Politischen Beredsamkeit wie solche bey weltlichen Händeln in Lateinisch- und Teutscher Sprache üblich› (1736) ersetzt die alten drei G. durch folgende eindrucksvolle Reihe von Gattungen und ihre zugehörigen Stile: den Gesprächsstil, den Briefstil, den historischen, gelehrten, philosophischen, theologischen, juristischen, medizinischen, galanten, lächerlichen, satirischen, deklamatorischen, poetischen und theatralischen Stil. [3] J. C. GOTTSCHED behandelt in ‹Ausführliche Redekunst, nach Anleitung der alten Griechen und Römer, wie auch der neuern Ausländer; Geistlichen und weltlichen Rednern zu gut, in zweenen Theilen verfasset und mit Exempeln erläutert› (1736) die großen Lobreden oder die epideiktische Hof- und Staatsrede besonders gründlich, weil in dieser Gattung der Redner ein Meisterstück seiner Kunst ablegen könne. [4]

Verschiedene Artikel des repräsentativen ‹Universal-Lexikons› J. H. ZEDLERS (1740/1741) lassen damals konkurrierende Einteilungen der Reden erkennen. [5] «Der Rhetoricae ihre Species sind: Oratio 1) Vocativa, 2) Imperativa, (sie mag seyn Praeceptiva oder Prohibitiva, 3) Deprecativa, 4) Exhortatoria & consolatoria simul; 5) Optativa; 6) Interrogativa. Der Logicae Orationes ihre Arten sind: Oratio Enunciativa, daher die Enunciation, und Oratio Divisiva, daher die Division». [6] Das Lexikon hält im Artikel ‹Rede-Kunst› noch an der schulmäßigen Unterteilung in die drei G. fest: «Die Sachen, wobey die Redekunst zu gebrauchen, werden in drey Haupt-Gattungen abgetheilet: Die erste heisset Genus demonstrativum, und enthält Erzählungen, Lobreden, Dancksagungen, Glueckwuenschungen, Bestraffungen, und dergleichen; Die zweyte Genus deliberativum, enthaelt An- oder Abrathungen, Vermahnungen, Warnungen, u. s. w. Die dritte Genus Judiciale, enthaelt Klagen oder Rechtfertigungen.» [7] Andererseits steht der Artikel ‹Rede› der damaligen Praxis der Beredsamkeit näher. [8] Einer der spätesten Vertreter der klassischen Einteilung der drei G. ist J. C. T. ERNESTI in seinem ‹Lexicon technologiae Graecorum rhetoricae› (1795) und dem analog konzipierten ‹Lexikon technologiae Latinorum rhetoricae› (1797). [9]

Anmerkungen:
1 J. C. Männling: Expediter Redner... (1718; ND 1974) 1. Teil, Kap. 1 § 13. – 2 J. A. Fabricius: Philosophische Oratorie (1724; ND 1974). – 3 F. A. Hallbauer: Anleitung (1736; ND 1974). – 4 J. C. Gottsched: Ausführliche Redekunst (1728; ⁵1759) III. Hauptstück § II p. 123 zu drey Classen, der erweisenden, rathschlagenden und gerichtlichen Gattung; in: P. M. Mitchell (Hg.): Werke, Bd. 7,1 (Berlin und New York 1975). – 5 J. H. Zedler: Großes Vollständiges Universal-Lexikon, Bd. 30 (1741; ND Graz 1961) s. v. ‹Rede, Oratio› Sp. 1588–1603; ebd. s. v. ‹Rede-Kunst, lat. Oratoria, Ars loquendi, Griech. Rhetorica› Sp. 1605–1608; ebd. Bd. 25 (1740; ND Graz 1961), s. v. ‹oratio› Sp. 1735f. – 6 Zedler [5] Bd. 25, Sp. 1735f. – 7 ebd. Bd. 30, Sp. 1606. – 8 ebd. Bd. 30, Sp. 1588 und auch Sp. 1593 zu Gattungsfragen. – 9 vgl. J. C. T. Ernesti: Lexicon technologiae Graecorum rhetoricae (1795; ND 1962) 87, 121 und 326.

4. *19. und 20. Jh.* Im ausgehenden 18. und frühen 19. Jh. wird die tradierte Schulrhetorik durch sprach- und literaturwissenschaftliche Fächer, durch Ästhetik und Poetik abgelöst und als wichtiger Unterrichtsstoff verdrängt. Als im Gymnasialunterricht, später auch auf den Universitäten, Latein als vorherrschende und auch in ihrer aktiven Beherrschung geübte Unterrichtssprache durch die Nationalsprachen Europas ersetzt wird, verliert die klassische Rhetorik als Schulfach und Unterrichtsstoff auch ein bildungspolitisches Fundament. [1] Die klassischen Redegattungen erleben im 19. Jh. in den einzelnen Ländern Europas ein sehr unterschiedliches Schicksal, das hier nur exemplarisch für den deutschen Sprachraum angedeutet werden kann. Durch die zunehmende Parlamentarisierung des staatlichen Lebens in den deutschsprachigen Staaten und die rhetorisch teilweise eindrucksvollen Debatten von 1848/49 in der ‹Paulskirche› [2] erlebte die politische Rede zunächst einen großen Aufschwung, der sich wenig später z. B. in den meisterhaften Staatsreden Bismarcks manifestiert, aber dann seit der wilhelminischen Epoche dem Zeitgeist entsprechend oft in Schwulst und übertriebenes patriotisches oder parteiliches Pathos umschlug. Obwohl die Demokratie als Verfassungsform im 20. Jh. und die modernen Mittel der Massenkommunikation theoretisch einen Rahmen für eine Blüte auch der politischen Beredsamkeit [3] bieten, kommt es derzeit häufig – von talentierten einzelnen Rednern abgesehen – nur zu einer Instrumentalisierung bestimmter rhetorischer Techniken der deliberativen und epideiktischen Rede für die Zwecke der politischen Propaganda oder auch der kommerziellen Werbung. Repräsentativ für die Theorie der deutschsprachigen gerichtlichen Beredsamkeit des 19. Jh. ist das Lehrbuch von K. S. ZACHARIÄ ‹Anleitung zur gerichtlichen Beredsamkeit› (1810). [4] Unter den Bedingungen des modernen Prozeßverfahrens kann die gerichtliche Beredsamkeit selbst in Rechtssystemen mit starker Stellung einer Laienjury und trotz der Rolle der Massenmedien keinen den antiken Verhältnissen gleichen Rang mehr erlangen – trotz manchmal medienwirksamer forensischer Beredsamkeit. Die Fest- oder Gelegenheitsrede bleibt in eine große Zahl von Redegattungen aufgespalten. Sie unterliegt oft zu ihrem Schaden einer formalen Beliebigkeit, die dem offenen Gattungsbegriff und dem Niedergang der verbindlichen rhetorischen Kunstregeln entspricht. Auch die geistliche Beredsamkeit löst sich nicht immer zu ihrem Vorteil aus ihrer großen homiletischen Tradition.

Insgesamt ist die wissenschaftliche Rhetorik des 20. Jh. weit davon entfernt, erneut verbindliche Redegattungen bestimmen zu wollen. Keine der drei Hauptschulen der ‹Neuen Rhetorik›, weder die psychologisch-kommunikationswissenschaftliche Rhetorik, noch die philosophisch orientierte Argumentations- und Kommunikationstheorie, noch schließlich die linguistisch oder semiotisch ausgerichtete Rhetorik betrachten die theoretisch-lehrbuchhafte Einteilung der Redegattungen als ein vordringliches Aufgabenfeld. [5] Manche modernen Rhetoriktheoretiker greifen (mit 'moderner' Begrifflichkeit) jedoch wieder die zeitlose Erkenntnis des Aristoteles auf, daß sich die G., die jetzt 'Textsorten' genannt werden, aus dem jeweils unterschiedlichen Verhältnis zwischen Rednern, Zuhörern und Redegegenstand bestimmen lassen. Überblicke über die aktuelle Diskussion zur Einteilung verschiedener Formen der Rede und Arten von Texten geben jüngst aus rhetorischer Sicht J. KOPPERSCHMIDT und D. COHEN. [6] Auch in der heutigen

Sprach-, Literatur-, Medien- und Kommunikationswissenschaft hat sich kein einheitlicher Gattungsbegriff der Formen der Rede mehr durchsetzen können. Daher ist auch von diesen Disziplinen in näherer Zukunft kein Anstoß für eine neue Systematisierung der G. in der modernen Rhetorik zu erwarten.

Anmerkungen:
1 vgl. M.-L. Linn: Stud. zur dt. Rhet. und Stilistik im 19. Jh., Marburger Beitr. zur Germanistik 4 (1963); M. Fuhrmann: Rhet. und öffentliche Rede. Über die Ursachen des Verfalls der Rhet. im ausgehenden 18. Jh., Konstanzer Universitätsreden 147 (1983); D. Breuer: Schulrhet. im 19. Jh., in: H. Schanze (Hg.): Rhet. Beitr. zu ihrer Gesch. in Deutschland vom 16.–20. Jh. (1974) 145–179. – **2** vgl. H. Heiber: Die Rhet. der Paulskirche (1953). – **3** vgl. O. Nass: Staatsberedsamkeit (^{2}1980); J. Lehmann, H. Glaser: Die Rede des Politikers. Aspekte der polit. Kommunikation und Rhet. (1974). – **4** vgl. H. F. Ortloff: Die gerichtliche Redekunst (^{2}1890). – **5** vgl. G. Ueding, B. Steinbrink: Grundriß der Rhet. (^{3}1994) 165–171. – **6** J. Kopperschmidt: Rhet. nach dem Ende der Rhet., in: ders. (Hg.): Rhet., Bd. 1 (1990) 1–31; D. Cohen: Classical rhetoric and modern theories of discourse, in: I. Worthington (Hg.): Greek Rhetoric in Action (London und New York 1994) 69–82.

J. Engels

→ Causa → Dreistillehre → Gattungslehre → Gerichtsrede → Hörer → Intention → Lobrede → Materia → Ordo → Politische Rede → Predigt → Quaestio → Redesituation → Redner, Rednerideal

General Semantics (dt. Allgemeine Semantik; poln. obščaja semantika)

A. G. S., eine Bewegung zur vernünftigen Betrachtung des alltäglichen Denkens und Sprechens, entstand in den Zwanziger und Dreißiger Jahren durch das Werk von A. KORZYBSKI (1879–1950), eines Amerikaners polnischer Abstammung, insbesondere durch sein Buch ‹Science and Sanity› [1], und zog von 1938 an ein treues Korps von Seminarteilnehmern und Autoren an, die die G. S. populär machten. Ein Mitglied dieses Kreises, W. JOHNSON, definierte G. S. als «a systematic attempt to formulate the general method of science in such a way that it might be applied generally in daily life» (einen systematischen Versuch, die grundsätzliche Methode der Wissenschaft in einer solchen Weise zu formulieren, daß sie allgemein im täglichen Leben angewendet werden könne). [2]

Korzybski präsentierte seine Ideen als Angriff auf die «aristotelische» Logik, wozu er zwei-wertiges Denken und die Subjekt-Prädikat-Struktur der Sprache zählte, und propagierte drei Prämissen, um dem Verständnis für *Sprache und Denken* eine neue Richtung zu geben: (a) Worte sind nicht mit den Dingen identisch, die sie bezeichnen; (b) Worte können Dinge nie in ihrer Gesamtheit repräsentieren; (c) Sprache ist selbst-reflexiv. Korzybski gab auch Anweisungen zum Sprachgebrauch heraus, um diese Erkenntnisse zu fördern; dazu gehörte: Worte zur größeren Klarheit mit Indices zu versehen (z. B., um den Unterschied zwischen Freud$_{1900}$ und Freud$_{1925}$ anzuzeigen), die Eliminierung von Wortklassen, die er als bedeutungslos und metaphysisch bezeichnete, die Verwendung operationeller statt intensionaler Definitionen und der Gebrauch von ‹etc.› anstelle eines einfachen Punktes am Ende der meisten Aussagen, abgeleitet aus der Erkenntnis (b). Als 1943 eine Zeitschrift für die Bewegung gegründet wurde, bekam sie den Titel ‹ETC.›.

Die Entwicklung und Verbreitung von G. S. fand in erster Linie außerhalb des akademischen Bereichs statt. Private Seminare, die vom ‹Institute of General Semantics› veranstaltet wurden (das 1938 gegründet wurde und noch heute besteht), wurden in den USA äußerst populär, vor allem als drei auf Korzybskis Prinzipien beruhende Monographien erschienen, verfaßt von S. CHASE [3], S. I. HAYAKAWA [4] und I. J. LEE. [5] Obwohl viele Wissenschaftler die Kult-Natur der Bewegung und die Art von Korzybskis Schriften störte, die sie als pseudo-wissenschaftlich ansahen, hatten diese Bücher in den 60er Jahren und darüber hinaus beträchtlichen Einfluß auf die *Aufsatzlehre* an amerikanischen Schulen und Hochschulen.

B. Korzybski stritt jegliche Beziehung zwischen seinem Werk und der linguistischen Beschäftigung mit der Semantik ab, die M. Bréal initiiert hatte. Einflüsse der polnischen mathematischen Logiker (A. TARSKI, L. CHWISTEK) sind wahrscheinlicher [6] und es gibt offenkundige Verbindungen zu B. L. WHORFS Hypothese von der *sprachlichen Determiniertheit* des Denkens. Aber Korzybskis Schriften sind insgesamt eine solche Mischung an Trends und Ideen, daß es schwierig ist, bedeutsame Beziehungen zu anderen herauszuarbeiten. In den Worten von R. MEYERS, des führenden Repräsentanten der Bewegung im medizinischen Bereich, ist «its ultimate goal [..] nothing less than the construction of an applied anthropology, an empirical science of man emphasizing the processes of evaluation as dynamic and inseparable components of individual behavior» (ist das Endziel nicht weniger als die Entwicklung einer angewandten Anthropologie, einer empirischen Wissenschaft des Menschen, die die Prozesse der Auswertung als dynamische und untrennbare Anteile individuellen Verhaltens versteht). [7] Unglücklicherweise – um den Hauptvertreter in der akademischen Welt, A. RAPOPORT, zu zitieren – zog die psychotherapeutische Natur des Seminars «eine erhebliche Anzahl von Menschen an, die nicht genügend Hintergrund hatten, um die philosophischen Implikationen von Korzybskis Ideen zu verstehen, [...] und trug so dazu bei, den Kult zu verbreiten». [8]

Die amerikanischen Linguisten ignorierten die Bewegung schlichtweg. Schließlich war sie gleichzeitig mit dem Bloomfieldschen Strukturalismus aufgekommen, der sich, was die Aufmerksamkeit für sprachliche Bedeutung betraf, entweder indifferent (z. B. L. Bloomfield) oder ablehnend (z. B. G. L. Trager) verhielt. Eine der schärfsten Attacken gegenüber G. S. und Korzybski kam vom Philosophen M. BLACK, der zeigte, daß die Feindseligkeit gegenüber Aristoteles einem gründlichen Mißverstehen der aristotelischen Logik entstammte, und schließlich behauptete, daß die Bewegung darauf hinauslaufe, nicht mehr zu sein als «some hypothetical neurology fortified with dogmatic metaphysics» (irgend so eine hypothetische Neurologie, auf eine dogmatische Metaphysik gestützt). [9]

In den frühen 70er Jahren, als das öffentliche Interesse an G. S. weitgehend verschwunden war, waren ihre Techniken, die Sprachanalyse und die zwischenmenschliche Kommunikation als Mittel, um Probleme in menschlichen Beziehungen anzugehen, von zahlreichen Zweigen der Psychotherapie übernommen worden.

Das semantische Frageinteresse der G. S. richtet sich generell auf die ideologische, soziologische und pragmatische Dimension des Sprechens. Angestrebt wird dabei das Ziel «der Verbesserung der Kommunikation zwischen Mensch und Welt, Menschengruppen und Individum» [10], als Befreiung vom linguistischen Determinismus bzw. aus der «Tyrannei» der Sprache. Die G.S.-Bewegung nimmt an, daß historisch gewachsene sprachliche Konventionen durch Erfahrungen, Abstraktionen und Symbolisierungen vorgeprägt sind und dadurch den objektiven Zugang zur Welt und zum Mitmenschen verhindern. Diese sprach- und bewußtseinskritische Implikation der G.S. führt denn auch zur Feststellung, daß diese Bedeutungs- und Wertungstheorie eine «weniger sprachwissenschaftlich als ideologisch ausgerichtete semantische Konzeption von Sprache» [11] sei. Diese Kritik gilt auch für die Absicht der G.S., die Sprache als trügerisches Abbild der Realität in pädagogisch-didaktischer Hinsicht zu thematisieren. Da die G.S. Sprache als Instrument der sozialen Kontrolle ansieht, wobei der affektive und bildliche Gehalt des Zeichensystems eine wichtige Rolle spielt, ist in rhetorischer Hinsicht auch die grundsätzliche Frage von Sprache und Herrschaft sowie das *res-verba-Problem* angesprochen.

Anmerkungen:
1 A. Korzybski: Science and Sanity (Lancaster, PA 1933). – **2** W. Johnson: People in Quandaries (New York 1946) 33. – **3** S. Chase: The Tyranny of Words (London 1938). – **4** S. I. Hayakawa: Language in Thought and Action (New York 1941). – **5** I. J. Lee: Language Habits in Human Affairs (New York 1941). – **6** vgl. A. W. Read: An Account of the Word ‹Semantics›, in: Word 4 (1948) 78–97. – **7** R. Meyers: The Nervous System and G.S., in: ETC, 5 (1948) 231–45. – **8** A. R. Rapoport: What is Semantics?, in: ETC, 10 (1952) 12–24. – **9** M. Black: Language and Philosophy (Ithaca, NY 1949) 233. – **10** T. Lewandowski: Ling Wtb., Bd. 1 (^{5}1990) 47. – **11** H. Bußmann: Lex. der Sprachwiss. (1983) 21.

Literaturhinweise:
A. Korzybski: The Manhood of Humanity (New York 1921). – M. Gorman: G.S. and Contemporary Thomism (Lincoln, NE 1962). – A. Neubert: Semant. Positivismus in den USA (1962). – K. Clauß: G.S. (1966). – U. Stiehl: Einf. in die Allg. Semantik (1970). – R. E. Paulson: Language, Science, and Action: Korzybski's G.S. (Westport, CT 1983). – M. Morain (Hg.): Bridging Worlds through G.S. (San Francisco 1984). – S. I. Berman (Hg.): Logic and G.S. (San Francisco 1989).

J. E. Joseph/L. G.

→ Bedeutung → Begriff → Etymologie → Intention → Polysemie → Res-verba-Problem → Semantik → Semiotik → Sprachauffassung, rhet. → Sprachgebrauch → Sprachkritik → Sprachphilosophie

Generalia/Specialia (griech. κοινόν / ἴδιον, koinón / ídion; dt. Allgemeines/Besonderes; engl. the general/the particular; frz. le général/le particulier; ital. generalità/specialità)
A. Def. – B. I. Antike. – II. Mittelalter, Renaissance. – III. Barock, Aufklärung. – IV. 19., 20. Jahrhundert.

A. Als rhetorischer Terminus gehört das Begriffspaar *generalia/specialia* in die *Topik*. Dort klassifiziert es Gesichtspunkte der Argumentation (tópoi) je nach deren Anwendungsbereich. Generalia sind umfassend einsetzbar, z. B. in der juristischen Topik für die Lösung eines jeden Rechtsfalls. Specialia kommen nur jeweils bei einer bestimmten Fallgruppe zum Zug; den Grenzfall bildet das singuläre Argument *(singularia)*, das nur für eine einzige Sach- und Problemlage gelten kann.

Beschrieben ist damit aber erst ein schmaler Ausschnitt aus dem Anwendungshorizont des Kategorienpaares Allgemeines/Besonderes. Auf *genus* und *species* sowie auf die Beziehung beider baut in der traditionellen (aristotelischen) Logik die Lehre von der *Definition* auf. Ein zu definierender Begriff wird bestimmt *per genus proximum et differentiam specificam*, durch den nächstliegenden Gattungsbegriff und (mindestens) ein besonderes Unterscheidungsmerkmal. Ein Spannungsverhältnis zwischen dem Allgemeinen und dem Besonderen ist außerdem konstitutiv für das normative Denken überhaupt. Werturteile über ein bestimmtes Verhalten kann man erst fällen, wenn ein allgemeiner Maßstab die Beurteilungsmerkmale liefert. Sind Maßstäbe kasuistisch vorhanden, so werden Entscheidungen durch *Analogie* zum überlieferten Fallbestand gewonnen. Ist eine allgemeine Regel gegeben, wirkt sie als Prämisse, unter die ein Sachverhalt (möglicherweise) subsumierbar ist. Die Gerichtsrede als Paradigma der (antiken) Rhetorik betrifft letztlich nichts anderes als den Zusammenhang zwischen rechtlichem Allgemeinen und anstößigem Besonderen.

B. I. *Antike.* Die älteste überlieferte Andeutung über Allgemeines/Besonderes handelt von einer Divergenz. HERAKLIT bedauert Störungen im Verhältnis zwischen dem allgemein Gültigen und den erfahrbaren individuellen Anschauungen. Das allen Menschen Gemeinsame, das Gemeinschaftliche (κοινόν, koinón) sei vorgegeben im Logos, ihm habe jeder sich anzuschließen; die Leute aber verhielten sich so, als würde jeder über eigene Wahrheit (ἴδιον, ídion; das Eigene) verfügen. [1] Auf die erkenntnistheoretische Beziehung zwischen Allgemeinem und Besonderem kommt SOKRATES in Platons Dialog ‹Menon› zu sprechen. Menon will wissen, ob die Tugend gelehrt werden könne; Sokrates erweitert die Fragestellung dahin, was die Tugend eigentlich sei. [2] Denn solange man von einer Sache nicht sagen könne, was sie ist, wisse man auch nichts über ihre einzelnen Eigenschaften (z. B. ihre Lehr- und Lernbarkeit). [3] Darum suche man «das in allen Einzelfällen enthaltene Identische» [4], das, worin sie nicht verschieden sind. [5] Sokrates verlangt also nach der Definition einer Sache bzw. ihres Begriffs. «Versuche [...], im allgemeinen [κατὰ ὅλου, katá hólou, wörtlich: auf das Ganze bezogen] zu erklären, was die Tugend ist, und höre auf, aus einem vieles zu machen» [6], nämlich bloß einzelne Verhaltensweisen oder Eigenschaften aufzuzählen, die tugendhaft sein könnten. Die Definition wird damit zum Erkenntnisgrund, rhetorisch gesehen: zum Beweisgrund (Argument). – ARISTOTELES, der Sokrates den Entdecker des Allgemeinen nennt [7], verwendet für dieses den Ausdruck καθόλου (kathólou, wörtlich: hinsichtlich des Ganzen) und bestimmt: «Allgemeines wird dasjenige genannt, was seiner Natur nach mehreren Gegenständen zukommt.» [8] Gegenbegriff zum Allgemeinen ist das Einzelne (καθέκαστον, kathékaston). Der Zusammenhang beider ist: «Aus vielen Einzelnen wird das Allgemeine offenbar.» [9] Dies soll allerdings nicht bedeuten, daß wir das Allgemeine(re) lediglich induktiv aus den individuellen, einzeln erkannten Gegenständen ermitteln würden. Nach Aristoteles ist uns vielmehr das Allgemeine von vornherein bekannter, vertrauter, es bildet deshalb den Ausgangspunkt für die Erkenntnis des Einzelnen. [10] Ein Wiedererkennen nach dem Modell der Platonischen Ideenlehre ist damit nicht gemeint, aber doch das Vorhandensein eines potentiellen Wissens [11], das mit der Erkenntnis des Einzelnen Gestalt annehme. – Die nacharistotelische Philosophie entwickelt Hierarchien von Allgemeinbegriffen, mit logischem und erkenntnistheoretischem Vorrang des allgemeineren vor dem geringer allgemeinen Begriff.

An der Grenzlinie zwischen dem Allgemeinen und dem Besonderen orientierte man sich auch, um den Gegenstand rhetorischer Anstrengung zu bestimmen. Der Redner hatte sich entweder mit einer allgemeinen Frage oder mit einem Einzelfall zu befassen. HERMAGORAS aus Temnos (2. Jh. v. Chr.), auf den diese Zweiteilung zurückgeht [12], nennt die Behandlung einer allgemeinen Frage ϑέσις (thésis), den Einzelfall ὑπόϑεσις (hypóthesis). Die römischen Autoren sprechen bei Themen der ersten Art von einer *quaestio, quaestio infinita* (unbegrenzte Frage) oder *quaestio generalis* [13]; CICERO gebraucht auch die Ausdrücke *propositum* [14] und *consultatio* [15]. Das konkrete Problem heißt als rhetorischer Gegenstand *causa* oder *quaestio finita* (begrenzte Frage); QUINTILIAN hat dafür noch den Namen *quaestio specialis* eingeführt. [16] Die *quaestio generalis* wird so gestellt, daß es auf beteiligte Personen und auf Umstände aus Ort und Zeit nicht ankommt. Bei der *quaestio specialis* geht es um die Verhältnisse eines einzelnen oder eines abgegrenzten Personenkreises; Ort, Zeit, individuelles Handeln oder ein bestimmtes Rechtsgeschäft werden berücksichtigt: *causa certis personis, locis, temporibus, actionibus, negotiis cernitur aut in omnibus aut in plerisque eorum.* [17] Ein Beispiel dafür (nach Quintilian) [18]: Unbegrenzt ist die Frage, ob ein Mann ein Weib nehmen solle, begrenzt dagegen die Frage, ob Cato ein Weib nehmen soll. Die Themenstellung im Beispiel verweist auf eine Beratungsrede [19]; exemplarisch wird die *quaestio generalis* stets im Kontext der Gerichtsrede (*causa* = Rechtsfall) abgehandelt.

Manche Rhetoriker, so bedauert Quintilian, würden irrigerweise glauben, daß allgemeine Fragen Sache der Philosophen und für den Redner nutzlos seien. [20] Sogar Cicero hatte zunächst diesen Standpunkt vertreten [21], ihn später jedoch verworfen [22] und die rhetorische Nützlichkeit des Rückgriffs auf das Allgemeine(re) gelehrt: Man könne umfassender über die Gattung sprechen als über die Art («latius dicere liceat de genere quam de specie»), und was für das Ganze bewiesen sei, gelte notwendigerweise auch für den Teil. [23] Entsprechend heißt es bei Quintilian, daß in jeder speziellen Frage eine allgemeine enthalten sei, denn das Allgemeine gehe dem Besonderen voraus: «in omni autem speciali utique inest generalis, ut quae sit prior». [24]

Spätere Autoren – so AUGUSTINUS und SULPITIUS VICTOR – verlangen vom Redner, daß er als erstes (in der *intellectio*, noch vor dem Einstieg in die *inventio* / Stoffsammlung) klären müsse, ob er eine *quaestio generalis* (Thesis) oder *specialis* (Hypothesis) zu behandeln habe. [25] Je nachdem ergeben sich Unterschiede in Zielsetzung und Verfahren: Bei der unbegrenzten Frage geht es um Einsicht in das Wesen einer Sache («perspectio [...] alicuius rei qualis sit»), bei der begrenzten Frage um einen Anwendungsfall [26]; bei jener wird untersucht, was alle tun müssen («quid omnes oporteat facere»), bei dieser nur, was ein einzelner oder einige wenige zu tun haben. [27] Ziel der *quaestio generalis* ist, eine Erkenntnis (*inspectio*) zu gewinnen, Ziel der speziellen Frage, einen Rechtsstreit zu entscheiden, ein Urteil zu bilden. [28] Auf Kontroverse und gerichtliches Verfahren ist die Hypothesis gerichtet, die Thesis aber auf Beweis und Widerlegung. [29] Die Thesis zielt auf die Zukunft, die Hypothesis auf die Gegenwart oder in die Vergangenheit. [30] Ist die *quaestio specialis* herausgearbeitet, so kann der Redner sich ihren *status* (den Fallfragen) zuwenden.

Eine gewisse (keine prägende) Bedeutung hat die Unterscheidung *generalis/specialis* schließlich in der Topik, die dem Redner Fundstätten (τόποι, tópoi; lat. *loci*) für Beweismittel anzeigt. Aristoteles trennt die Beweise in solche, die dem Redner vorgegeben seien (πίστεις ἄτεχνοι, písteis átechnoi), und in Beweise, die er durch seine Kunstfertigkeit selbst finden und gestalten könne (πίστεις ἔντεχνοι, písteis éntechnoi) [31]; im zweiten Fall sollen die Topoi Hilfestellung geben. [32] 28 beweiskräftige Topoi stellt Aristoteles in ungeordneter Aufzählung vor. [33] Erst NEOKLES, zitiert beim Anonymus Seguerianus [34], berichtet von Rednern, die zwischen τόποι κοινοί (tópoi koinoí) und τόποι ἴδιοι (tópoi ídioi) unterscheiden; die Topoi der ersten Gruppe seien mit Blick auf jede Fallfrage eines Rechtsstreits (also jeden *status*) verwendbar, die anderen jeweils nur bei einem einzigen *status*. In einem Katalog mit zehn allgemeinen Topoi [35] nennt Neokles insbesondere die Definition (ὅρος, hóros, und διαίρεσις, dihaíresis), die Analogiebildung, die Verwendung von Beispielen und das Heranziehen von Vorbildern (κρίσις, krísis, bei Quintilian erläutert als Berufung darauf, «was andere Stämme, Völker, weise Männer, berühmte Mitbürger und bedeutende Dichter über eine Sache gedacht haben» [36]).

Die aristotelische Zweiteilung der Beweise wird von den lateinischen Autoren übernommen. Die vorgegebenen Beweismittel sind *inartificiales* (gerichtliche Vorentscheidungen, Gerüchte, Folter, Urkunden, Eid, Zeugenaussagen), der Rhetor kann nur versuchen, ihre Wirkung abzuschwächen, oder die Beweise sind *artificiales*, nämlich durch die Kunst des Redners aus dem Fall selbst hervorgebracht. [37] Diese wiederum werden unterschieden in Indizien, Argumente und Beispiele: «omnis igitur probatio artificialis constat aut signis aut argumentis aut exemplis». [38] Über alle Differenzierungen hinweg hält jedoch QUINTILIAN fest, daß es Gemeinsamkeiten in der Beweisführung gebe («in omni probationum genere communia»). [39] Beweise betreffen eine Sache oder eine Person; diese Beweisgegenstände sind entweder jeweils für sich oder in Beziehung zu etwas anderem zu sehen; jeder Vorgang ist mit einem anderen entweder durch Folgerichtigkeit oder durch Widerspruch verbunden; beweisbar ist das eine immer nur durch ein anderes. [40] Bei der Beweisführung nach den Regeln der Kunst und bei der Entkräftung vorgegebener Beweise hält der Redner sich an die *loci*: «die Stellen, wo die Beweise ihren Sitz haben, wo sie sich verbergen und man sie suchen muß». [41] Die *loci* haben unterschiedliche Reichweite. Demgemäß spricht CICERO davon, daß bei jedem Rechtsstreit ein Teil der Argumente allein mit diesem besonderen Fall verschränkt sei und sich nicht auf gleichartige Fälle übertragen lasse, die übrigen Argumente jedoch für alle gleichartigen Fälle passen. [42] Für die erste Gruppe haben andere Autoren die Bezeichnung *loci proprii* (= tópoi ídioi) verwendet, die zweite Gruppe von Argumenten entstammt den *loci communes* (= tópoi koinoí). [43] Die *loci proprii* liefern jedoch nicht nur individuelle Argumente, sondern auch relativ-allgemeine, nämlich bezogen auf Teile des Rechtsstreits. Zu erwähnen sind hier etwa Verfahrenselemente, die nur der Anklage oder nur der Verteidigung dienen können: «sunt alii proprii in coniectura accusatoris et proprii defensoris». [44] Es ergeben sich zwei *loci* mit jeweils zwei Argumentationen: der *locus proprius accusatoris*, der lehrt, das Abscheuliche des angeklagten Verbrechens zu steigern und jegliches Mitleid mit dem Angeklagten auszuschließen; als Gegenposition der *locus proprius defensoris*, wonach der Verteidiger eine Anschuldigung als haltlos zurückweist und Mitleid mit dem Angeklagten zu wecken sucht. [45] Im Unterschied zu solchen *loci* mit spezieller Zielrichtung fügen sich die Gemeinplätze *(communes loci)* dem jeweiligen Verwendungszweck: sie «werden, wenn man einen Angeklagten hinzufügt, zu Anklagen» [46], und umgekehrt.

Anmerkungen:
1 Heraklit, VS 22 B 2. – 2 Platon, Menon, 72 c. – 3 ebd. 71 b. – 4 ebd. 75 a. – 5 ebd. 72 c. – 6 ebd. 77 a. – 7 Aristoteles, Metaphysika 987 b 1ff.; 1078 b 17ff. – 8 ebd. 1038 b 11. – 9 Aristoteles, Analytica posteriora 88 a 4ff. – 10 Aristoteles, Physika, 184 a 21ff. – 11 vgl. Aristoteles [7] 1087 a 16ff. – 12 Quint. III, 5, 14. – 13 ebd. III, 5, 5 und 9. – 14 z. B. Cicero, Topica 21, 80. – 15 Cic. De or. III, 28, 109. – 16 Quint. III, 5, 9. – 17 Cicero [14] 21, 80; ebenso Quint. III, 5, 18. – 18 ebd. III, 5, 8. – 19 ebd. – 20 ebd. III, 5, 12. – 21 Cic. De inv. I, 6, 8. – 22 Cic. Or. 14, 25; De or. III, 8, 30; Topica 21, 81. – 23 Cic. Or. 14, 25. – 24 Quint. III, 5, 9. – 25 Aug. Rhet., in: Rhet. Lat. min. 137, 5; Sulpitius Victor ebd. 315, 15. – 26 Aug. Rhet., ebd. 140, 19ff. – 27 ebd. 140, 22ff. – 28 Sulpitius Victor [25] 314, 25f. – 29 ebd. 314, 35. – 30 Aug. Rhet. [25] 140, 26. – 31 Arist. Rhet. I, 2, 1355 b 35; vgl. auch Quint. V, 1, 1. – 32 Arist. Rhet. II, 22, 1395 b 22. – 33 nach J. Martin: Antike Rhet. (1974) 107–110. – 34 Anonymus Seguerianus, bei J. Graeven: Cornuti artis rhet. epitome (1891) 32, 7ff. – 35 vgl. Martin [33] 110f. – 36 Quint. V, 11, 36. – 37 ebd. V, 1, 1f. und V, 8, 1. – 38 ebd. V, 9, 1. – 39 ebd. V, 8, 4. – 40 ebd. V, 8, 4–7. – 41 ebd. V, 10, 20. – 42 Cic. De inv. II, 14, 47. – 43 Martin [33] 119. – 44 Victorinus, Explanationum in Rhet. M. T. Ciceronis, in: Rhet. Lat. min. 271, 42. – 45 ebd. 272, 1–4. – 46 Quint. II, 4, 22.

II. *Mittelalter, Renaissance.* Die philosophischen Anstrengungen über die Jahrhunderte hinweg gelten dem *Begriff.* Ein Begriff handelt entweder vom Allgemeinen: «Generalia, quia multarum rerum sunt, ut ‹animal›» (der Oberbegriff für mehrere Gegenstände, z. B. ‹Lebewesen›). Oder er handelt von einem Unterfall eines Allgemeinen: «Specialia, quia partem demonstrant, ut ‹homo›» (‹Mensch› als Name für einen Ausschnitt aus ‹Lebewesen›). [1] Bis in die Schulphilosophie des 17. Jh. hinein dauert der Universalienstreit über die stoffliche oder geistige ‹Natur› des Allgemeinen. Im weiten Feld zwischen den realistischen und nominalistischen Extrempunkten wird er um alle denkbaren Varianten geführt; die Zusammenhänge zwischen *genus* (Gattung), *species* (Art) und *singularia* (Einzelne) werden je nachdem deduktiv oder induktiv ausgeformt. [2]

Die Rhetorik der Gerichtsrede erhält seit dem 12. Jh. entscheidende Anstöße durch Wiederentdeckung und Rezeption des im ‹Corpus Iuris Civilis› gesammelten römischen Rechts. Die Juristen beziehen daraus vor allem einen gewaltigen Fundus an Fallbeispielen, der bald als Inbegriff von Vernunft und Gerechtigkeit *(ratio scripta)* anerkannt ist und als ‹gemeines Recht› in Italien, Frankreich und dem Reichsgebiet angewendet wird. Herrschende Methode der Rechtsanwendung ist die Bildung von Analogien auf dem Weg über allgemeinere Rechtssätze; diese werden aus einem oder mehreren überlieferten Fällen (mit Vorliebe unter Berufung auf die *ratio* der Entscheidung) herausgearbeitet und dann als Obersätze für syllogistische Schlüsse, häufiger jedoch als bloße Argumente zugunsten des angestrebten Ergebnisses verwendet. [3] Die juristischen Lehrbücher (z. B. Johann Oldendorp: ‹Eisagōgḗ›, 1539; Nikolaus Everhardus: ‹Loci argumentorum legales›, 1581) verbreiten eine *topica legalis*, die zwischen allgemeinen und speziellen Argumenten unterscheidet. [4] Die einen entstammen dem rhetorischen Instrumentarium und sind für jeden Rechtsfall verwendbar, so die *argumenta ab auctoritate, ab definitione, ab etymologia* (Autoritätsbeweis, Definition, Herkunft eines Wortsinns). [5] Die zweite Gruppe bringt spezifisch juristische Inhalte; dazu gehören etwa die *praesumtiones* (Beweisvermutungen), die den rechtserheblichen Inhalt bestimmter Handlungen, freilich widerlegbar, feststellen (Beispiel: copula carnalis unter Verlobten bedeutet im Zweifel den Eheschluß). [6]

Spezifisch juristisch ist auch der Rückgriff auf den Hierarchieaspekt zwischen Allgemeinem und Besonderem, um einen Harmonisierungsbedarf zu decken, den der vorgegebene Rechtsstoff dank seiner Fülle mit sich bringt. Werden aus dem Fallmaterial Leitsätze gewonnen, die einander widersprechen, oder entdeckt man in dem Material Fälle, die anders als nach Maßgabe der abgeleiteten Maximen gelöst sind, so läßt sich das rechtliche Corpus über eine Rangfolgenregelung widerspruchsfrei halten. Auch die ständige Vermehrung der Rechtsquellen durch örtliche Gewohnheiten, Statuten und Gesetze der Territorialgewalten schafft Kollisionen, die aufzulösen sind. [7] Einige der wichtigsten Regeln hierfür sind: *Lex specialis derogat generali*, das spezielle Gesetz entkräftet das allgemeine; [8] *exempla regulam non restringant*, Beispiele schränken die Regel nicht ein. [9] Als Verbot für Ausnahmen kann angesehen weden: *Lex generaliter loquens generaliter debet intelligi.* [10]

Anmerkungen:
1 Isid. Etym. I, 7, 5f. – 2 K. Flasch: Art. ‹Allgemeines/Besonderes›, in: HWPh I, Sp. 169ff., H. Schepers: Art. ‹Allgemeines/Besonderes›, in: ebd. Sp. 177. – 3 T. Viehweg: Topik und Jurisprudenz (^{5}1974) 48; H. Coing: Europäisches Privatrecht I (1985) 21f., 23f. – 4 Coing [3] 21. – 5 ebd. 21. – 6 ebd. 21, 135. – 7 ebd. 128. – 8 vgl. Digesta 50,17,80. – 9 Coing [3] 130. – 10 ebd.

III. *Barock, Aufklärung.* Die juristische Rhetorik fällt dem sich ausbreitenden Rationalismus zum Opfer. Methodologisch streben die Juristen nach Axiomatisierung des Rechtssystems. Als erster hat LEIBNIZ den (gescheiterten) Versuch unternommen, aus dem ‹Corpus Iuris› ein System generell-abstrakter Regeln zu gewinnen, denen das Fallmaterial subsumierbar sein sollte. [1] Sein Konzept wird im Lauf des 18. Jh. zum Methodenideal wissenschaftlicher Jurisprudenz. Daneben schaffen die natur- und vernunftrechtlichen Kodifikationen (wie das ‹Preußische Allgemeine Landrecht› von 1794) ein Gesetzesrecht, das die Rechtsanwendung durch strenge Auslegungsregeln in enge Denkbahnen zu zwingen sucht.

Wo Beredsamkeit ihren Rang behält, wie in der Politik und zumal in einem parlamentarischen Staat wie dem britischen, gehört die Fertigkeit im Verallgemeinern und Reduzieren zur Ausstattung des Redners. Der Parlamentarier W. G. HAMILTON hält dazu einige Maximen bereit: «Fällt dir ein Faktum zu und ein schlagendes Beispiel, mach einen allgemeinen Grundsatz daraus.» [2] «Im alltäglichen Leben liegt die Hauptaufgabe der Argumentation darin, eine allgemeine Wahrheit auf besondere Fälle anzuwenden.» [3] «Zu verallgemeinern, was nicht allgemein gilt, eignet sich vorzüglich fürs Jammern und Aufbauschen.» [4]

Der Rhetorikunterricht des Barock bietet neben *inventio, dispositio* und *elocutio,* den klassischen Elementen der Disziplin, auch ein Fach ‹*generalia*›. [5] Für den Schulunterricht sucht die Pädagogik der Aufklärung nach einer sinnvollen Ordnung des Lehrstoffs. Der Pädagoge E. C. Trapp unterscheidet in seinem ‹Versuch einer Pädagogik› (1780) [6] zwischen «allgemeinnützigen», «gemeinnützigen» und «individuellnützigen» Kenntnissen; J. Dolch [7] nennt die ersten *Generalia*, die zweiten *Specialia*. Die Generalia sind für jeden Menschen unentbehrlich; der Bedarf an Specialia richtet sich nach Umständen wie Staatszweck, Wirtschaftsbedingungen oder dem Klima. Die Generalia sind: Sprechen, Schreiben, Zeichnen, Rechnen. Ohne vorgängige Ausbildung in den Generalia ist Schulung in Specialia nicht möglich; z. B.: ohne Sprechen keine Beredsamkeit.

Anmerkungen:
1 H. Coing: Europäisches Privatrecht (1985) 71. – **2** W. G. Hamilton: Die Logik der Debatte, hg. und übers. von G. Roellecke ([4]1991) 53. – **3** ebd. 31. – **4** ebd. 29. – **5** W. Barner: Barockrhet. (1970) 412. – **6** hg. von T. Fritzsch (1913). – **7** J. Dolch: Lehrplan des Abendlandes ([2]1965) 313f.

IV. *19./20. Jahrhundert.* Die drei herrschenden juristischen Doktrinen dieses Zeitraums – Historische Rechtsschule und Begriffsjurisprudenz im 19. Jh., der Gesetzespositivismus als zuletzt obsiegendes Konzept – haben wesentliche Strukturmerkmale gemeinsam: Sie begreifen das Recht als System, das aufbereitet ist für deduktive Nutzung und aus dem mittels ‹logisch› genannter Operationen die Antwort auf jede Rechtsfrage abgeleitet werden soll. Allgemeines und Besonderes begegnen einander in Gestalt der Norm einerseits, des nach Lösung verlangenden Konfliktfalls andererseits. Die Norm stammt nach Ansicht der Historischen Rechtsschule (Savigny) aus dem ‹Volksgeist›; die Begriffsjuristen konstruierten zu Kasuistik und Gesetzen rechtsdogmatische Oberbegriffe; der Positivismus verlangt für jedes rechtliche Resultat eine gesetzliche Grundlage. Die Verknüpfung zwischen Norm und Fall erfolgt über die syllogistische Brücke, der sog. ‹Justizsyllogismus› erscheint geradezu als Grundform des juristischen Denkens: «(a) Obersatz: Wer fremden Besitz stört, handelt widerrechtlich. (b) Untersatz: NN hat fremden Besitz gestört. (c) Schlußsatz: NN hat widerrechtlich gehandelt.» Das logische Muster kann jedoch nicht darüber hinwegtäuschen, welche Vorarbeiten der Jurist verrichten muß, bis Obersatz und Untersatz passend gemacht sind. Für den heutigen Normalfall, daß der Obersatz einem Gesetz entnommen wird, muß die Auslegung einen Gesetzessinn ermitteln, der sich in Beziehung zum Sachverhalt des Rechtsstreits setzen läßt. Dieser Sachverhalt muß aus seiner konkreten, realistischen Beschreibung abstrahiert und semantisch auf das nötige Untersatz-Niveau gehoben werden (im oben gegebenen Beispiel: die Tatsache, daß NN sein Fahrzeug auf einem freien Parkplatz abstellt, muß das rechtserhebliche Niveau ‹Besitzstörung› erreichen). Sämtliche Denkschritte sind zu begründen. Für die Gesetzesauslegung hält die juristische Hermeneutik Regeln bereit, vor allem den ‹Vierer-Kanon›: Auslegung nach Wortsinn, Systematik, Geschichte und Zweck. Dabei kommt in einigen Punkten auch die Rangfolge generell/speziell wieder zum Zug. Bei der Wortauslegung hat spezieller Sprachgebrauch (z. B. ein Terminus der Rechtsdogmatik) Vorrang vor dem allgemeinen Sprachgebrauch. In der systematischen Auslegung geht die spezielle Vorschrift der allgemeineren vor.

Einsicht in die methodologischen Schwächen der deduktiven Rechtskonzepte hat in den letzten Jahrzehnten dazu geführt, daß die Imitation naturwissenschaftlicher Stringenz in der juristischen Arbeitsweise aufgebrochen wurde und rhetorische Elemente eingezogen sind. T. Viehweg warb mit seiner programmatischen Schrift ‹Topik und Jurisprudenz› – mit mehr unterschwelligem als mit explizit zugestandenem Erfolg – für offene Diskussion der widerstreitenden «Beweggründe» einer Entscheidung. [1] Die Topik ist als Lehre vom Gebrauch juristischer Sachgesichtspunkte in die Rechtsfindung zurückgekehrt. G. Struck, der einen Katalog mit 64 gängigen juristischen Topoi zusammengestellt hat [2], nennt als deren wichtigstes Merkmal: «Allgemeinheit». Der Tatsache, daß ein Topos «allgegenwärtig» sei, auch wenn er fachspezifisch verkleidet auftrete, verdanke er erst seine Wirkung in der Argumentation. [3]

Anmerkungen:
1 T. Viehweg: Topik und Jurisprudenz ([5]1974) 28. – **2** G. Struck: Topische Jurisprudenz (1971) 20ff. – **3** ebd. 35ff.

Literaturhinweise:
F. Haft: Juristische Rhet. ([4]1990). – W. Gast: Juristische Rhet. ([2]1992).

W. Gast

→ Argumentation → Beweis → Casus → Causa → Definition → Frage → Gerichtsrede → Juristische Rhetorik → Prozeß → Quaestio → Statuslehre → These, Hypothese → Topik

Generative Rhetorik (engl. generative rhetoric; frz. rhétorique générative; ital. retorica generativa)
A. Es ist zu unterscheiden zwischen (1.) einer G. im weiteren Sinne, die als *ars bene dicendi* oder *bene dicendi scientia* nach aller Wahrscheinlichkeit vor und mit Sicherheit zugleich mit der von der herkömmlichen Literaturwissenschaft vor allem betonten interpretativen Komponente der *poetarum enarratio* oder *enarratio auctorum* seit der Antike Hauptanliegen der Disziplin war, und (2.) einer G. im engeren Sinne, die auf der Grundlage und mit der Begrifflichkeit und dem Beschreibungsrepertoire der von dem amerikanischen Linguisten A. N. CHOMSKY (geb. 1928) seit dem Jahre 1957 entwickelten generativen Sprachtheorie [1] im Rahmen der Rhetorik – insbesondere im Bereich der *elocutio* – studierte Prozesse und Phänomene zu beschreiben und zu erklären versucht. Die folgenden Darlegungen beschränken sich auf die G. im engeren Sinne.
B. Die generative Sprachtheorie sieht ihre Aufgabe in der Beschreibung der Fähigkeit des Menschen zu sprachlichem Handeln, seiner Sprachbeherrschung oder Sprachkompetenz im Sinne einer in seinem Gehirn gespeicherten Grammatik sowie von deren Erwerb, Aufbau, Anwendung und Veränderung unter besonderer Berücksichtigung der syntaktischen Mechanismen. Diese Grammatik besteht aus Regeln, die sich in eine syntaktische, eine semantische und eine phonologische Komponente gliedern. Die Regeln der syntaktischen Komponente erzeugen eine unendliche Menge syntaktischer Strukturen, denen die Regeln der semantischen Komponente Bedeutungsstrukturen und die Regeln der phonologischen Komponente Lautstrukturen zuordnen. Die Regeln der syntaktischen Komponente gliedern sich in die Formations- und die Transformationsregeln. Die Formationsregeln erzeugen eine Hierarchie syntaktischer Kategorien und Relationen wie Nomen, Verb,

Subjekt, Prädikat, Objekt, welche die abstrakte Tiefenstruktur eines Satzes bilden, die seine Bedeutung determiniert und als Strukturbaum darstellbar ist. Die Transformationsregeln ordnen die Elemente der Tiefenstruktur entsprechend ihren Funktionen und ihrem hierarchischen Verhältnis an, tilgen identische Elemente, fügen Flexionsmarkierungen hinzu und führen so die Konstituenten der abstrakten Tiefenstruktur über in einen wohlgeformten Satz und damit in die konkrete Oberflächenstruktur.

Die Formations- und Transformationsregeln operieren über der Komponente des Lexikons. Die Regeln des Lexikons legen für jedes Element fest, in welchen Kontexten es auftreten bzw. unter welchen Bedingungen es in einen Strukturbaum eingefügt werden kann, z.B. als Nomen oder Verb (Kategorialmerkmale), als Verb mit oder ohne obligatorisches Objekt (Subkategorisierungsmerkmale) oder als personales oder nicht-personales Nomen etc. (Selektionsmerkmale). Jedes Element unterliegt also entsprechend seiner durch das Lexikon gegebenen klassifikatorischen Matrix strikten Kategorisierungs-, Subkategorisierungs- und Selektionsbeschränkungen, die seine Operabilität in Formations- und Transformationsprozessen determinieren.

Die G. knüpft an Chomskys Spezifizierung unterschiedlicher Grammatikalitätsgrade zwischen wohlgeformten und strikt ungrammatischen Sätzen im Schlußkapitel der ‹Aspekte der Syntax-Theorie› an. [2] Danach ist eine Abweichung von der vollgrammatischen Norm um so größer, je höher in der Dominanz-Hierarchie das Merkmal steht, auf das eine durchbrochene Regel sich bezieht. Die Abweichung ist am größten und damit am wirkungsvollsten, wenn im Transformationsprozeß beispielsweise ein Verb durch ein Nicht-Verb ersetzt wird. Sie ist geringer, wenn ein transitives Verb durch ein intransitives Verb ersetzt wird. Sie ist noch geringer, wenn ein Verb, das kein abstraktes Subjekt zuläßt, durch ein Verb, das ein solches fordert, ersetzt wird. Daraus ergibt sich eine Skala der Abweichungen mit den folgenden Haupttypen:
1. Verletzung einer lexikalischen Kategorie,
2. Verstoß gegen ein Merkmal der Subkategorisierung,
3. Verstoß gegen ein Selektionsmerkmal.

Diese Verletzungen und Verstöße versteht die G. als nach expliziten Regeln erzeugte sprachschöpferische Figurationen, die einen regelmäßigen und beschreibbaren Zusammenhang mit vollgrammatischen Strukturen in dem Maße wahren, als sie die Sprachkompetenz nicht überschreiten und somit unverständlich würden. Es empfiehlt sich freilich, eine Differenzierung der Sprachkompetenz in eine grammatische und eine rhetorische Kompetenz vorzunehmen.

Die Beschreibung der Figurationen erfolgt, den Notationstechniken der generativen Sprachtheorie entsprechend, in Strukturbäumen. U. Oomen hat für die drei Haupttypen der Abweichung die folgenden (hier z.T. verkürzt wiedergegebenen) Notationen vorgeschlagen [3], wobei S für Satz, NP für Nominalphrase, VP für Verbalphrase, ADV für Adverbialphrase, V für Verb, Präp für Präposition, Art für Artikel und N für Nomen steht. In der Klammer erscheinen die Merkmale der betreffenden Einheit nach dem Lexikon, wobei Punkte das Vorhandensein weiterer Merkmale angeben, die für die modellhafte Präsentation vernachlässigt werden können.
1. Verletzung einer lexikalischen Kategorie.
Analysat: sie abenteuern zum raubhügelschloß (Kirsten)

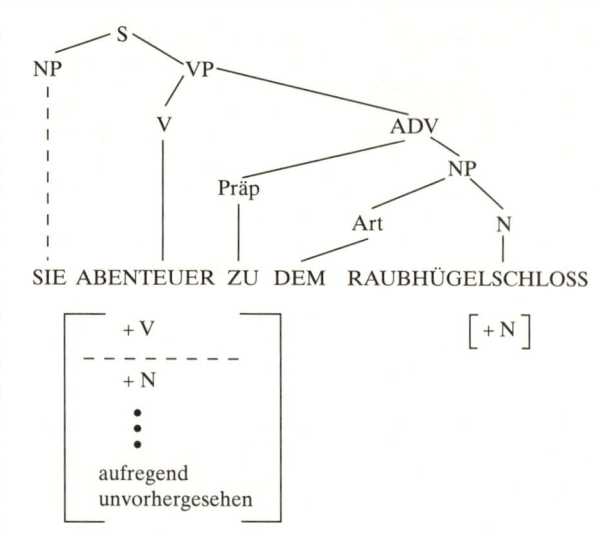

Abb. a)

Das nach dem Strukturbaum übergeordnete Merkmal [+ V] wird auf die Einheit ‹Abenteuer› übertragen und dominiert in dieser Struktur über das Merkmal [+ N], das der Einheit nach dem Lexikon zukommt. Die Eintragung unter der durchbrochenen Linie zeigt aber, daß das Merkmal [+ N] trotz der okkasionellen syntaktischen Ummarkierung der Einheit semantisch präsent bleibt – ebenso wie die anderen Merkmale der Einheit – und damit der Struktur ihren Reiz verleiht. Die Normüberschreitung der außersprachlichen Wirklichkeit wird durch ein rhetorisches Verfahren, das eine augenfällige sprachliche Normüberschreitung erzeugt, im Text ikonisch nachgebildet. Während in der deutschen Sprache stets eine Transformation erforderlich ist, um das neugebildete Verb mit einer Endung zu versehen, wäre dies im Englischen in der Regel nicht der Fall. Dementsprechend hat das Verfahren hier namentlich seit der Barockzeit eine große Rolle gespielt und wird insbesondere von Shakespeare meisterhaft eingesetzt. [4] An der englischen Sprache ist auch gut zu studieren, wie diese zunächst okkasionellen Bildungen usuell werden können, wenn der Ummarkierungsprozeß so oft wiederholt wird, daß das Merkmal [+ V] zum festen Lexikonmerkmal und damit zur Regel aufrückt. Es ist dann nicht weiter Teil der rhetorischen Kompetenz, sondern tritt in die grammatische über, die nun entsprechend erweitert wird. Dies ist im Deutschen in vielen (vgl. *löffeln, schulen, robben*), im Englischen in unzähligen Fällen erfolgt, wo die sog. Nullableitung vom Typ *to dial, to echo, to eye, to lecture, to sponsor* heute «das Hauptmuster für die Bildung neuer Verben» darstellt. [5]

2. Verstoß gegen ein Merkmal der Subkategorisierung. Analysat: Lippe... schweigt es zu Ende (Celan); vgl. Abb. b).

Das nach dem Strukturbaum übergeordnete Merkmal [+V_{trans}], in diesem Falle ein Subkategorisierungsmerkmal, wird auf das intransitive Verb ‹Schweigen› übertragen und dominiert in dieser Struktur über das Merkmal [–V_{trans}], das der Einheit nach dem Lexikon zukommt. Die Eintragung unter der durchbrochenen Linie zeigt an, daß das Merkmal [–V_{trans}] trotz der okkasionellen Ummarkierung der Einheit semantisch präsent bleibt und damit jenen Schwebezustand erzeugt, welcher der Struktur ihren Reiz verleiht. Im Bewußtsein präsent ist

```
              S
         /       \
        NP        VP
       /  \      /  \
      Art  N    V    NP
       |   |    |    |
       Ø  LIPPE SCHWEIGT ES
```

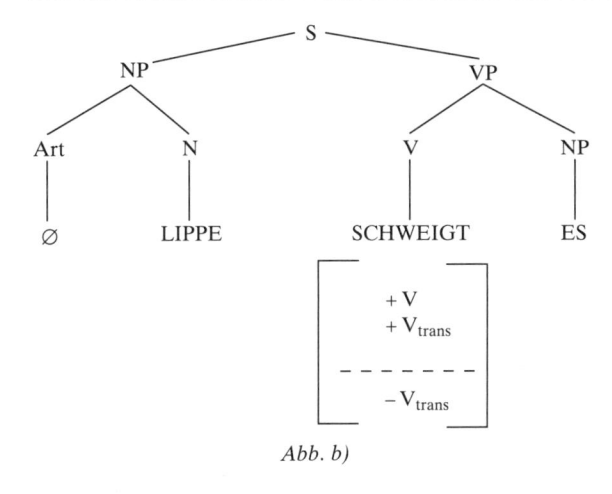

$$\begin{array}{|l|}\hline +V \\ +V_{trans} \\ \hline -V_{trans} \\ \hline\end{array}$$

Abb. b)

zweifellos auch die grammatische Normalstruktur *Lippe sagt / spricht / erzählt es zu Ende*, zu der sich *Lippe schweigt es zu Ende* im Verhältnis der Parasitärstruktur befindet, wodurch wiederum eine normüberschreitende Situation der außersprachlichen Wirklichkeit, in der die Rede verstummt, durch das normüberschreitende rhetorische Verfahren ikonisch evoziert wird. Wieder erweist sich die englische Sprache durch zahlreiche, längst erfolgte Lexikalisierungen wie *to fly a kite, to run a bus, to sink a ship, to march somebody off to prison, to walk somebody home* in bezug auf das Verfahren flexibler und instruktiver.

3. Verstoß gegen ein Selektionsmerkmal.
Analysat: Welle... sagt mir... die Welt ins Ohr (Krolow)

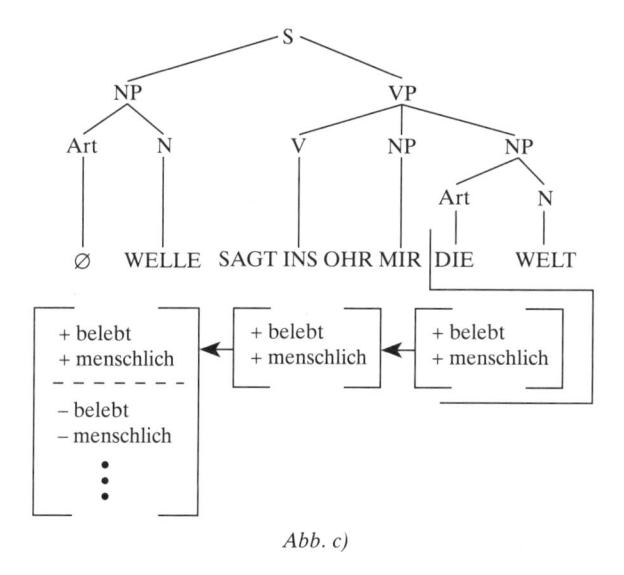

```
                    S
               /         \
              NP          VP
             /  \       / | \
            Art  N     V  NP  NP
             |   |     |  |  / \
                                Art N
             Ø  WELLE SAGT INS OHR MIR DIE WELT
```

Die Merkmale [+ belebt, + menschlich] der Verbkonstituente ‹SAGT INS OHR›, der eine bestimmende Rolle zukommt, verstärkt durch die Merkmale [+ belebt, + menschlich] der Nominalphrase ‹MIR›, werden übertragen auf das Subjekt ‹WELLE›, das diese Merkmale vom Lexikon her nicht aufweist. Das Verb bestimmt also die Norm, von der ‹WELLE› abweicht und damit - traditionell formuliert – die metaphorische Deutung der gesamten Struktur. Die durchbrochene Linie zeigt an, daß neben den aus dem Kontext übertragenen Merkmalen [+ belebt, + menschlich] die ursprünglichen, konträren Merkmale [− belebt, − menschlich] aus dem Lexikon erhalten bleiben, wie auch die anderen Merkmale des Lexems. Die metaphorische Bedeutung ist also ein Sekundärphänomen, das auf einer primären Struktur aufbaut. Übertragen werden nur einzelne Merkmale, nicht etwa der ganze Merkmalkomplex der implizierten Struktur. Wieder kann die zunächst okkasionelle Merkmalübertragung usuell und damit lexikalisiert werden: *die Welle der Empörung, der Arm des Gesetzes*. Interessant sind strategische Übertragungen der Werbesprache, wenn beispielsweise die abstrakte Kraft eines Reinigungsmittels zu einem hilfreichen *Ritter Ajax, Meister Propper, Weißen Riesen, Mustang* oder *Xtra Jumbo*, die abstrakte Kraft eines Vergasertreibstoffs zum *Tiger im Tank* konkretisiert und auch visualisiert wird (allegorische Personifizierung bzw. Animalisierung).

Wenn die Beschreibung lediglich zweier Figurenklassen – der klassischen *schemata per partes orationis* bzw. der *anthimeria* und der Metaphern – sich auch noch etwas bescheiden ausnimmt, so ist in den generativen Prozessen der Verletzung von Selektionsregeln und ihrer präzisen Analyse doch ein fundamentales Prinzip ästhetischer Präsentation und Rezeption erkannt und beschrieben. Die Phänomene werden in einen unerwarteten Zusammenhang gestellt, durch dieses Verfahren in ihrem Wirkungspotential verstärkt und in ihrem Verweispotential erweitert. Der Aktionskünstler H. A. SCHULT folgt dem gleichen generativen Prinzip, wenn er die Wahrnehmung eines Kraftwagens, also eines normalen Gebrauchsgegenstandes, durch Verletzung von Selektionsregeln entautomatisiert und auf diese Weise als ‹Fetisch Auto› bewußt macht, indem er ihn in Eis(-zeit?) und Stein(-zeit?) transponiert, in die Luft erhebt, ins Wasser taucht und schließlich – geflügelt wie Pegasus – auf dem Turm des Kölner Stadtmuseums dauerhaft ‹parkt›. Wenn diese Aktionen wirkungs- und bedeutungsvoller waren als das Betonauto ‹Ruhender Verkehr› des Fluxus- und Happening-Künstlers W. VOSTELL auf dem Mittelstreifen eines Kölner Boulevards, so zumindest auch durch die wiederholte und rigorosere Verletzung von Selektionsregeln.

Das entsprechend dem Ansatz Chomskys zunächst auf die Beschreibung von Phänomenen der Abweichung beschränkte Modell wird im Jahre 1971 grundlegend erweitert durch die generative Theorie der Formulierungsverfahren (FV) G. WIENOLDS, der den ersetzenden FV, die Chomskys Abweichungen entsprechen, die komplettierenden FV hinzufügt: «Die ersetzenden FV führen in das Resultat des ersten Regelkomplexes unter Tilgung der Füllung einer bestimmten Stelle an dieser Stelle das Resultat des zweiten Regelkomplexes ein. Die komplettierenden fügen die Resultate zweier Regelkomplexe ohne Tilgung zusammen. Bedingung für Ersetzung oder Komplettierung ist syntaktische oder semantische Identität von Teilen oder Merkmalen der beiden Resultate der Regelkomplexe.» [6] Ersetzende FV sind also Verfahren der *Selektion* (paradigmatische Achse der Sprache), deren Resultate sich als Phänomene der Divergenz markieren, komplettierende FV sind Verfahren der *Kombination* (syntagmatische Achse der Sprache), deren Resultate sich als Phänomene der Äquivalenz markieren. Beispiel für ein komplettierendes FV wäre die *oppositio* der klassischen Rhetorik, eine Kombination von Litotes und entsprechender vor- oder nachgestellter positiver Aussage als Figur der Verstärkung insbesondere auch bei Imperativen oder Wünschen: Don't worry, be happy! Analysat: Vivat Ruben et non moriatur.

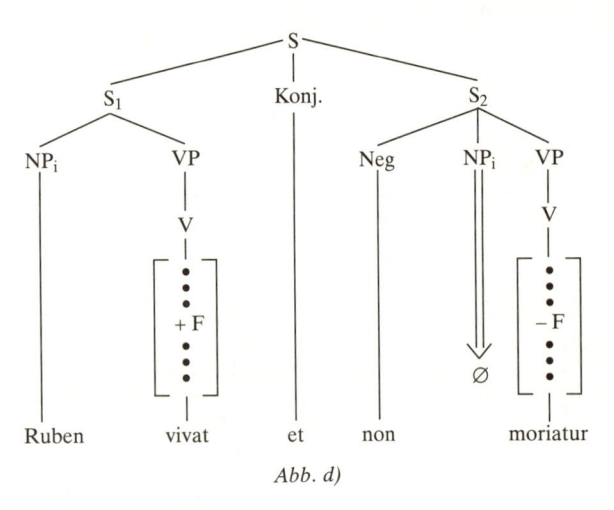

Abb. d)

Die beiden Sätze S₁ und S₂ stimmen sowohl im *deep subject* wie im *deep predicate* überein, gehen also letztlich auf die gleiche Tiefenstruktur zurück: ‹RUBEN VIVAT› und ‹RUBEN NON MORIATUR›. Bei der Überführung in die Oberflächenstruktur ist die Regel, daß identische Elemente der Tilgung verfallen, nur auf die Nominalphrase angewendet worden. Hingegen erscheinen zwei Verbalphrasen, die auf das gleiche *deep predicate* zurückgehen, wodurch die Figuration entsteht. Die Ausgabe von *logical meaning* oder grundlegender Bedeutung erfolgt durch ‹Ruben vivat›, der Erweiterung ‹et non moriatur› kommt *rhetorical significance* oder Oberflächenbedeutung zu. Sie stellt also eine Addition dar, die wie die Nominalphrase der Tilgung verfallen könnte, ohne daß die grundlegende Bedeutung berührt würde. Andererseits könnte auch die identische Nominalphrase in die Oberflächenstruktur übergeführt werden mit dem Resultat, daß sich die Oberflächenbedeutung im Sinne einer weiteren Ausdrucksverstärkung erneut verändern würde. «Wenn die grundlegende Bedeutung eines Satzes im weiteren Sinne mit dem, ‹was man sagt›, gleichzusetzen ist, dann stellt, ‹wie man es sagt›, in etwa das dar, was man als *Oberflächenbedeutung* bezeichnet, nämlich die bestimmte Dimension der Bedeutung, die durch den Stil eines Schriftstellers mitgeteilt wird. Ein guter Autor kennt oft, ohne sich dessen völlig bewußt zu sein, eine Anzahl von alternativen Möglichkeiten, eine grundlegende Bedeutung auszudrücken». [7] Der Strukturbaum enthält mit den semantischen Antonymen *vivat* [+ F] und *moriatur* [− F] sowie der Negation *non* die essentiellen Elemente aller FV dieser Beschreibung und stellt damit ihr Klassenmerkmal dar. Variationen im Detail wie beispielsweise die Umstellung von S₁ und S₂ sind selbstverständlich möglich.

A. WOLLMANNS Entwurf einer figurativen (F-)Komponente der Sprachkompetenz berücksichtigt sowohl das Prinzip der Abweichung von gegebenen grammatischen Regeln, das Divergenzfiguren wie die Metapher erzeugt, als auch das Prinzip der Befolgung zusätzlicher Regeln, das Äquivalenzfiguren wie die *oppositio* erzeugt. Die Regeln der F-Komponente bestimmen die von der syntaktischen Komponente ausgeworfenen Sätze in Form und Inhalt entscheidend mit. «Sie operieren vor und gleichzeitig mit den syntaktischen und zwar so, daß sie den generativen Prozeß auf verschiedenen Stufen steuern [...] Die beiden Regelsysteme sind miteinander verkoppelt und aufeinander angewiesen. Die figurative/kompositionelle Analyse rekonstruiert die Entscheidungen der F-Komponente und sichert damit, insbesondere bei Abweichungen, die korrekte Interpretation.» [8] Zur Erzeugung der Divergenzfigurationen wird ein Komplex von Abweichungsregeln konzipiert, zur Erzeugung von Äquivalenzfigurationen Komplexe von Kompositions- und Proportionsregeln. Erzeugung und Rezeption figurativer oder rhetorischer Strukturen unterliegt damit ähnlichen Regeln wie sie für primäre grammatische Strukturen gelten. Die entsprechenden Regelkomplexe der F-Komponente bilden die rhetorische Kompetenz wie die der grammatischen die grammatische Kompetenz bilden. Ihr genereller Aufbau greift über die umfassende Sprachkompetenz hinaus und muß auch außerlinguistische Strukturen berücksichtigen. Den hier diskutierten Kategorien von Divergenz und Äquivalenz entsprechen analoge Ordnungsprinzipien (Abweichung, Gegensatzbildung, Parallelität, Wiederholung etc.), die mit ähnlichen Effekten – «pleasure of surprise» und «pleasure of recognition» – auch in Theater, Musik, Werbung, Kinderspiel etc. auftreten können. Die rhetorische Kompetenz wäre danach zu beschreiben als ein Sonderfall in einer allgemeinen Theorie der ästhetischen Kompetenz.

Die besondere Stärke des hier skizzierten Ansatzes entspricht der Stärke des zugrundeliegenden Grammatikmodells, das insbesondere auf die Beschreibung und Erklärung der Struktur von Sätzen gerichtet ist. Die Vorstöße in den transphrastischen Bereich haben mehr den Charakter theoretischer Entwürfe und sind in der Darstellung der implizierten Verfahren teilweise nicht präziser als die herkömmliche Rhetorik. Die von der generativen Grammatik zu beschreibende Kompetenz besteht eben in der Äußerung unendlich vieler Sätze, nicht unendlich vieler Texte. Der Terminus *generativ* in diesen Zusammenhängen wird im weiteren Sinne gebraucht. Unbestritten ist, daß auch bei der Textbildung Regelkomplexe über Einheiten operieren, worauf beispielsweise die von W. PROPP geleistete Formalisierung der Struktur von Zaubermärchen weist. [9] An der altenglischen Beowulfdichtung konnte gezeigt werden, daß auch ein so komplexes Gebilde wie eine epische Dichtung letztlich nach einem einfachen Textmodell erzeugt worden ist, in dessen Zentrum die gleichen abstrakten Basiskonstituenten ‹Artikulation eines Mangels› und ‹Liquidation eines Mangels› stehen, die den Tiefentext moderner Werbeslogans bilden, z.B. «Mundgeruch macht einsam – Colgate macht dem Mundgeruch ein Ende!» Bezüglich später erfolgter Einflechtung von Episoden und Digressionen in die ursprünglich streng linear fortschreitende Märchenhandlung wird auf Chomskys ‹System verinnerlichter Formen› verwiesen: einen im konkreten *opus operatum* erkennbaren abstrakten *modus operandi* oder Regelkomplex, der in den unterschiedlichsten Ausdrucksformen und -bereichen generisch identische Einzelmuster erzeugt und der historischen Totalität und Vielfalt einer Epoche ihre innere Einheit vorgibt. [10] Das ästhetische Gestaltungsprinzip, das die eigentliche Handlung immer wieder vor den eingeflochtenen Episoden und Digressionen zurücktreten läßt, ist das Prinzip der Verflechtung *(interlace structure)*. Es erzeugt auch die Flechtbandornamente in anderen symbolischen Formen wie Handschriftenilluminationen, Steinskulpturen, Elfenbeinschnitzereien sowie Waffen und Schmuckstücken und hat dazu geführt, daß man das 7. und 8. Jh. als *interlace period* bezeichnet. [11] «Thematik und künstlerische Eigenart eines Schaffenden haben stets an der *Topik und Rhetorik*, dem historischen Sammelbecken von Themen und Formen, Anteil, die die kulturelle Tradition einer Gesellschaft oder Epoche definieren.» [12]

Anmerkungen:
1 vgl. insbes. A. N. Chomsky: Syntactic Structures (1957); A Transformational Approach to Syntax, in: Third Texas Conference on Problems of Linguistic Analysis in English (1962); Aspects of the Theory of Syntax (1965), dt. Übers. hg. v. Ewald Lang: Aspekte der Syntax-Theorie (1969). – **2** ders.: Aspekte der Syntax-Theorie [1] 188–206. – **3** U. Oomen: Linguistische Grundlagen poetischer Texte (1973). – **4** B. von Lindheim: Syntaktische Funktionsverschiebung als Mittel des barocken Stils bei Shakespeare, in: Shakespeare Jb. 90 (1954) 229–251. – **5** G. O. A. Tietze: Einf. in die Wortbildung des heutigen Englisch (1974) 58. – **6** G. Wienold: Formulierungstheorie, Poetik, Strukturelle Literaturgesch. am Beispiel der altengl. Dichtung (1971) 94. – **7** R. A. Jacobs, P. S. Rosenbaum: Transformationen, Stil und Bedeutung (1973) 17, Hervorhebung im Originaltext. – **8** A. Wollmann: Figuration und Komposition als generative Prinzipien der Sprachverwendung, in: Kongressbericht der 5. Jahrestagung der Ges. für angewandte Linguistik, hg. v. G. Nickel u. A. Raasch (1974) 291–296. – **9** W. Propp: Morphologie des Märchens (1972); vgl. auch E. Gülich, W. Raible: Linguistische Textmodelle (1977). – **10** K. Ostheeren: Beowulf, in: Enzyklop. des Märchens, II (1977) 117–134; vgl. P. Bourdieu: Zur Soziol. der symbolischen Formen (1974). – **11** vgl. das Kapitel ‹Interlaces› in: F. Schubel: Probleme der Beowulf-Forschung (1979) 24–28. – **12** Bourdieu [10] 121 (Hervorhebungen im Original).

Literaturhinweise:
Ohmann, Richard: Generative Grammar and the Concept of Literary Style, in: Word 20 (1964) 423–439. - K. Baumgärtner: Formale Erklärung poetischer Texte, in: Mathematik und Dichtung, hg. v. H. Kreuzer, R. Gunzenhäuser (1965) 67–84. – M. Bierwisch: Poetik und Linguistik, in: Mathematik und Dichtung, hg. v. H. Kreuzer, R. Gunzenhäuser (1965) 49-65. – S. Chatman, S. Levin: Linguistics and Poetics, in: Encyclopedia of Poetry and Poetics, hg. v. A. Preminger u. a. (1965) 450–457. – M. Bierwisch: Strukturalismus. Gesch., Probleme und Methoden, in: Kursbuch 5 (1966) 77–152. – K. Baumgärtner: Der methodische Stand einer linguistischen Poetik, in: JbIG 1 (1969) 15–43. – U. Weinreich: Erkundungen zur Theorie der Semantik (1970). – D. Delas: La Grammaire Générative Rencontre la Figure, in: Languages 51 (1978) 65–104. – J. J. Thomas: Théorie Générative et Poétique Littéraire, in: Languages 51 (1978) 7–64. – K. Ostheeren: Theorie und Praxis einer G. Zu Götz Wienolds Formulierungstheorie, in: Anglia 97 (1979) 439–451. – K. Ostheeren: Konzepte strukturalistischer und G., in: LiLi 11 (1981) 133–143.

K. Ostheeren

→ Änderungskategorien → Äquivalenz → Elocutio → Enarratio poetarum → Figurenlehre → Formalismus → Grammatik → Groupe μ → Oppositio → Sprachwissenschaft → Stillehre → Strukturalismus

Genie (auch Genius; lat. genius, ingenium; engl. genius; frz. génie; ital. genio, ingegno)
A. 1. Def. – 2. G. im rhet. System. – B. I. 18. Jh. 1. Frankreich. – 2. England. – 3. Deutschland. – II. 19. u. 20. Jh.

A. 1. Der neuzeitliche Begriff ‹G.› basiert auf (a.) griech. δαίμων, daímōn: guter oder böser Geist, der den Menschen von der Geburt bis zum Tod begleitet, dann griech. εὐφυία, euphyía: gute, natürliche Anlage, auch griech. ἐνθουσιασμός, enthusiasmós: göttliche Begeisterung (lat. furor); (b.) auf lat. *ingenium*, frz. esprit, engl. wit, dt. Witz: allgemeine Fähigkeit des Geistes zu schöpferischer Erkenntnis. ‹G.› bezeichnet außerdem (c.) eine besondere Neigung, ein spezielles Talent für etwas. Im Rahmen von *imitatio* (d.) bedeutet ‹G.›: Fähigkeit, in der Natur unmittelbar Neues, Originelles für die eigene Nachahmung zu finden (*inventio*). Schließlich (e.) in Opposition zum Nachahmungsgrundsatz ist ‹G.› der (gottähnliche) Erfinder übernatürlicher Wesen (engl. to create) sowie (f.) ein schöpferisches Vermögen, das seinen Grund allein in der Erfindungskraft hat.

2. *G. im rhetorischen System.* Begriffsgeschichtlich knüpft G. an *ingenium* an. Mit diesem und anderen Schlüsselbegriffen des rhetorischen Systems bleibt der Begriff des G. auch nach der Wende zum 18. Jh. auf doppelte Weise verknüpft: Den Grundsatz der *imitatio naturae* versucht das G. wie bei MORITZ, durch die Idee der ‹bildenden Nachahmung› des Schönen in sich aufzuheben; gegen das Postulat der *imitatio auctorum* polemisiert das G. im Namen seines Autonomieanspruchs. Der Aufgabe der *inventio* zeigt es sich durch die Souveränität seiner Erfindungsgabe in besonderem Maße gewachsen. – Bei KANT erreicht die genieästhetische Argumentation ihren philosophiegeschichtlichen Höhepunkt. G., das Kant zusammenfassend als «die musterhafte Originalität der Naturgabe eines Subjekts im *freien* Gebrauche seiner Erkenntnisvermögen» definiert [1], erfordert in der schönen Kunst «Einbildungskraft, Verstand, Geist und Geschmack». [2] Kant versteht unter G. «die angeborne Gemütsanlage (ingenium), durch welche die Natur der Kunst die Regel gibt». [3] Die schönen Künste müssen notwendig als Künste des G. betrachtet werden, denn: Die Beurteilung des *Schönen* kann nicht von einer *begrifflich* bestimmbaren Regel abgeleitet werden; ohne eine vorhergehende Regel kann ein Produkt aber niemals Kunst heißen. Folglich kann nicht der Verstand (als Vermögen der Begriffe), sondern «muß die Natur im Subjekte (und durch die Stimmung der Vermögen desselben) der Kunst die Regeln geben». Die Regeln der Produktion schöner Kunst werden nicht außer Kraft gesetzt, aber in das begrifflich nicht bestimmbare Spiel der Vermögen im Subjekt verlegt. «Originalität» ist erste Eigenschaft des G., aber «Exemplarität» ist ihm ebenso wesentlich. Die «Ideen» zur Produktion *schöner* Kunst «finden sich herbei», für ihre *inventio* gibt es weder Plan noch Vorschrift, folglich auch keine Wissenschaft: hier ist das Schaffen des Künstlers den Begriffen der Rhetorik und Poetik voraus. Als schöne *Kunst* jedoch verlangen auch die Werke des G. die «schulgerechte» Betätigung seines Talents: hier treten Poetik und Rhetorik wieder in ihre Rechte ein. [4] Doch tritt auch auf der Ebene des dem G. notwendigen Talents neben den klaren Verstand ein *je ne sais quoi*, das Kant dem frz. *esprit* und dem engl. *wit* entsprechend «Geist» nennt: «das Unnennbare in dem Gemütszustande [des Genies] bei einer gewissen Vorstellung auszudrücken und allgemein mitteilbar zu machen, [...] das erfordert ein Vermögen, das schnell vorübergehende Spiel der Einbildungskraft aufzufassen und in einen Begriff [...] zu vereinigen, der sich ohne Zwang der Regeln mitteilen läßt.» [5] Das Zusammenspiel unbegrifflicher und begrifflich bestimmbarer Produktion im Genie wiederholt sich bei der *Beurteilung* der Werke schöner Kunst durch den Geschmack. Auch dessen Regeln lassen sich zwar begrifflich nicht bestimmen, die ästhetische Urteilskraft legt ihre Reflexion aber Kriterien zugrunde, wie sie die Rhetorik in der ‹Angemessenheit› bzw. dem *aptum* und *decorum* systematisch ausgearbeitet hat. [6] Gerade in seiner Blütezeit im späten 18. Jh. erweist der G.-Begriff seine Herkunft aus der klassischen Rhetorik, die, insbesondere in der Schrift des Pseudo-Longin, mit der bis auf Platon zurückgehenden Tradition vom emotionalen und irrationalen Antrieb des Dichters durchdrungen wurde. Deshalb kann sich die G.-Ästhetik rhetorischer Termini bedienen. ‹Schönheit› und ‹Größe›, die das G. produziert, ordnen sich in diesen rhetorischen Zusammenhang ein, denn in der Formel vom *conciliare* und *concitare*, die beide dem *docere* als die Gemeinschaft der Emotionen auf den Stufen des Schönen und Erhabenen entgegenstehen, und im *ut-moveamur-ipsi*-Gebot, daß selber erregt gewesen sein müsse, wer andere erregen wolle, liefert Longins Schrift «vielleicht den wichtigsten Gemeinplatz für die Höherwertigkeit des Emotionalen und Irrationalen über die Vernunft». [7] Auf wirkungsästhetischen Prämissen und rhetorischen Grundsätzen muß gerade der insistieren, dem es um die Inthronisierung des mit Verstandesbegriffen nicht zu ergründenden G. zu tun ist. G.-Ästhetik ist deshalb immer so sehr Wirkungs- wie Produktionsästhetik. Da das G. über das *delectare* hinaus aufs *movere* zielt, bildet in der G.-Ästhetik der Begriff der Schönheit nur den Übergang zur Kategorie des Erhabenen. Erst dort kommen ästhetische Idee und dichterische Seelenlage zur Einheit: Das G. will kein schöner, sondern ein erhabener Geist sein. Mit diesem Anspruch tritt das G. im späten 18. Jh. die Nachfolge jener Leitbilder an, die einander als Held, Weiser und Heiliger, als ‹uomo universale›, ‹cortegiano›, ‹honnête homme›, ‹virtuoso› oder ‹gentleman› abgelöst haben und in deren Bestimmung stets auch Züge der rhetorischen Tradition und des *vir bonus dicendi peritus* eingeflossen sind. [8]

Anmerkungen:
1 Kant, KU § 49. – **2** ebd. § 51. – **3** ebd. § 46. – **4** ebd. § 47. – **5** ebd. § 49. – **6** ebd. § 50. – **7** K. Dockhorn: Macht und Wirkung der Rhet. (1968). 89. – **8** H. Dieckmann: Diderot's Conception of Genius, in: J. of the History of Ideas 2 (1941) 151; zur Frage der Verdrängung der topischen und rhet. Trad. durch den G.-Begriff und ihrer möglichen Restitution in einer nachidealist. Ästhetik vgl. U. Hebekus: Topik / Inventio, in: Einf. in die Lit.-wiss., ed. M. Pechlivanos u. a. (1995) 82–96; ferner E. Torra: Rhet., ebd. 91–111.

B. I. *G. im 18. Jahrhundert.* Um den Dichter als Nachahmer der Natur und der kanonischen Werke oder als Schöpfer einer neuen Welt, um sein Werk als *imitatio* oder *creatio* bewegen sich – unter Berufung auf die einschlägigen Termini der Rhetorik – die Produktionstheorien der Poetik und Ästhetik seit der Renaissance. Die antike Ansicht vom Demiurgen und *alter deus*, Platons Enthusiasmusbegriff und die Vorstellung vom leitenden Genius werden verschmolzen, um den Wahrheitswert der Fiktion zu verbürgen und die Tätigkeit des Künstlers vor aller handwerklichen Produktion auszuzeichnen. Vom G.-Begriff im modernen Sinn kann jedoch erst dort die Rede sein, wo die Autonomie des Schaffens nicht in mythischen oder rhetorischen Topoi, sondern in einer Analyse der Einbildungskraft verankert wird. Dieser Prozeß beginnt im 16. Jh. und erreicht seinen Höhepunkt im Frankreich, England und Deutschland des 18. Jh.

1. *Frankreich.* Frz. ‹génie› in der Bedeutung ‹(lit.) Erfindungskunst, Talent, Gabe, Begeisterung, Inspiration› tritt wohl zum erstenmal 1532 bei Rabelais auf. [1] Parallel läuft spätestens mit der Verwendung des Wortes bei Ronsard 1578 die Bedeutung von *génie* als guter oder böser Genius, Dämon, Schutzgeist, Führer und Verführer. Descartes führt den *genius malignus* als wichtige Argumentationsfigur in seine ‹Meditationes› ein. Varianten dieser Bedeutung von G. zwischen dem 17. und 19. Jh. lassen sich bei Chamfort, Mme. de Sévigné, Mme. de Staël und Balzac belegen. [2] Im 17. und 18. Jh. setzt sich jedoch die von *ingenium* herzuleitende und zuerst bei Rabelais belegte Bedeutung von G. als ‹angeborene Fähigkeit› bzw. ‹Person voller Talent› im Sinne von ‹caractère, esprit, nature› durch. In bestimmterem Sinne als ‹herausragende Fähigkeit für etwas› tritt das Wort zuerst 1549 bei Du Bellay auf. Corneille eröffnet 1643 im ‹Cinna› [3] die Verwendung von G. als Ensemble von Eigenschaften, die insgesamt die Natur, das Wesen, den Geist eines Volkes, einer Epoche, Sprache usw. bilden (vgl. z. B. Chateaubriand: ‹Le génie du Christianisme›). Perrault spielt G. gegen die Dichotomie von *ingenium* und *studium* aus, wenn er 1688 die himmlischen Urbilder des Schönen und nicht den antiken Kanon zum Modell künstlerischer Nachahmung erklärt. [4] Das G. kann als unverfügbarer Grund der Spontaneität des Geistes sowohl in Gegensatz zu den Kunstmitteln der Rhetorik treten wie auch deren Ursprung bezeichnen. La Bruyère schreibt über Fénelon: «[…] on sent la force et l'ascendant de ce rare esprit, soit qu'il prêche de génie et sans préparation, soit qu'il prononce un discours étudié et oratoire […]» ([…] man spürt die Kraft und die Herkunft dieses seltenen Geistes, ob er nun aus Genie und ohne Vorbereitung predigt oder einen gelehrten und oratorischen Vortrag hält […]). [5] Michelet dagegen betont: «Le haut génie de la Grèce […], ce fut cette invention des méthodes de la raison qui fit d'eux les suprêmes initiateurs de l'humanité à venir.» (Das hohe Genie Griechenlands […] bestand in jener Erfindung der Methoden der Vernunft, die aus ihnen die höchsten Wegbereiter der kommenden Humanität machte.) [6]

Ein zweifacher Wandel kennzeichnet seit dem 18. Jh. auch in Frankreich die Begriffsgeschichte von G.: Zunächst wird G. noch 1. als Talent eines Menschen aufgefaßt, etwas unmittelbar in der Natur zu finden und besser und schneller nachahmen zu können als andere, wobei 2. versucht wird, diese Fähigkeit aus einer glücklichen Kombination der unter günstigen klimatischen Umständen gebildeten Organe zu erklären. Für Du Bos bezeichnet G. «l'aptitude qu'un homme a reçu de la nature, pour faire bien et facilement certaines choses, que les autres ne sauraient faire que très mal, même en prenant beaucoup de peine» (die Fähigkeit, die ein Mensch von der Natur empfangen hat, um bestimmte Dinge gut und mit leichter Hand zu tun, die die andern nur sehr schlecht zu tun wüßten, selbst wenn sie sich dabei viel Mühe gäben). [7] Es bleibt ein Rest unaufklärbarer Begünstigung durch die ‹Natur› im G., im Kunstwerk und in der ästhetischen Erfahrung, auf das topisch durch die Formel *je ne sais quoi* hingewiesen wird. [8] Condillac diskutiert 1746 Erfindung, Talent, G. und Enthusiasmus als Spielarten der Vernunft und des Geistes [9] und versucht, das G. überhaupt von einem empiristischen Standpunkt aus als Kunst der grundlegend neuen Kombination des in den Sinnen Gegebenen zu definieren. Auch Batteux (1746) will die irrationalen Erbteile des antiken Inspirationsmythologems psychologisch aufklären: Gründlichkeit und Schnelligkeit der

Beobachtungs- und Auffassungsgabe ergänzen sich im G., das deshalb nicht auf die Kopie klassischer Muster angewiesen ist, sondern die Natur unmittelbar nachahmen kann. [10] Eine Formel ist erreicht, wo die Fähigkeit des G. als «créer en imitant» definiert wird: Schnelligkeit der Auffassungsgabe, produktive Selbsterregung und Lebhaftigkeit der Darstellung lassen als *creatio ex nihilo* erscheinen, was einzig das G. in der Natur finden konnte. [11] Das Mythologem vom göttlichen Wahnsinn des G. vermögenspsychologisch aufzuklären, ist nach Batteux auch Cahusac in seinem ‹Enthousiasme›-Artikel für d'Alemberts ‹Encyclopédie› bemüht. Dabei kann er an die rhetorische *ut-moveamur-ipsi*-Regel des Erhabenen anknüpfen: «lorsque la raison, par une opération rapide, lui présente un tableau frappant & nouveau qui l'arrête, l'émeut, le ravit & l'absorbe [...], j'entends par le mot génie l'aptitude naturelle à recevoir, à sentir, à rendre les impressions du tableau supposé.» (Wenn die Vernunft ihm durch ein rasches Verfahren ein frappierendes und neues Bild präsentiert, das ihn fesselt, erregt, entzückt und ganz in Anspruch nimmt, dann verstehe ich unter dem Wort ‹Genie› die naturgegebene Fähigkeit, die Eindrücke des vorgestellten Bildes aufzunehmen, zu fühlen und wiederzugeben.) [12] Kants Definition des G. wird sich fast wie eine Übersetzung dieser Passage lesen lassen. Voltaire hält die Beziehung zwischen der unreduzierbaren, als göttliche Inspiration verklärten Erfindungskraft des G. mit der rhetorischen Tradition fest: »Le terme de *génie* semble devoir désigner, non pas indistinctement les grands talents, mais ceux dans lesquels il entre de l'invention. C'est surtout cette invention qui paraissait un don des dieux, cet *ingenium quasi ingenitum*, une espèce d'inspiration divine.» (Der Begriff ‹Genie› scheint nicht etwa auf ganz unbestimmte Weise nur die großen Talente bezeichnen zu sollen, sondern jene, in denen Erfindungskraft wirkt. Es ist vor allem diese Erfindungskraft, die als eine Gabe der Götter, es ist diese ‹ungezeugte Schöpferkraft›, die als Spielart göttlicher Inspiration erschien.) [13] Zuvor jedoch bestand auch er darauf, daß die «imagination active» des G. zwar als «quelque chose d'inspiré & de divin» erscheint, das «créer» aber nur eine herausgehobene Weise des «arranger» sei. [14] Auch für Diderot kennzeichnet das Festhaltenkönnen des schnellen Spiels der Einbildungskraft durch die Besonnenheit des Darstellungsvermögens das G. Mindestens so sehr wie durch Beobachtungsgeist und Geistesgegenwart wird das G. jedoch dadurch geprägt, daß die Kraft seiner Phantasie im Stadium der Begeisterung die Grenze zwischen Wirklichkeit und Vision durchbricht: «Il est alors sur la dernière limite de l'énergie de la nature de l'homme, et à l'extrémité des ressources de l'art.» (Es steht jetzt an der äußersten Grenze der Kraft der menschlichen Natur und am höchsten Punkt der Quellen der Kunst.) [15] Mit dem Gedanken, daß das G. die naturbeherrschenden mit den geschichtsbildenden Kräften des Menschen zu harmonischer Vollendung verbindet, beeinflußt Diderot besonders die deutsche Diskussion. Weil das poetische G. die Seele in der physischen Natur spiegelt und den Charakter in wirklichkeitsgemäßen Handlungen darstellt, erforscht es nicht nur, sondern erweitert es kraft seines angeborenen Sinns für tiefere Zusammenhänge menschliche Möglichkeiten des Denkens, Fühlens und Handelns. Diderot rückt das poetische G. in die Nähe des wissenschaftlich-technischen Forschers, Erfinders, Entdeckers: Sie alle bilden als «hommes de génie» die Avantgarde des historischen Fortschritts. [16]

Das G. wird im Fortgang des 18. Jh. zum Inbegriff für eine auf äußere Faktoren und Einflüsse unreduzierbare ‹Gabe›, die die Person über den durchschnittlichen Menschen und seine Fähigkeiten und Talente weit und einsam hinaushebt. So kann Chamfort schreiben: «Le génie est un phénomène que l'éducation, le climat ni le gouvernement ne peuvent expliquer.» (Das G. ist eine Erscheinung, die weder Erziehung noch Klima, noch Regierungsform erklären können.) [17] Rivarol definiert G. als «faculté créatrice» und differenziert es im Hinblick auf ‹esprit› und ‹talent› als Vermögen der Erfindung neuer Ideen (idées = esprit) und neuer Ausdrücke (expressions = talent). [18] Hier zeigt sich abermals die rhetorische Verklammerung von G. und Talent: Das G. muß für seine Ideen neue Ausdrücke finden, also auch Talent haben, aber erst *das* Talent darf als G. gelten, in dessen Rede sich neue Ideen offenbaren. Dieser Zusammenhang wird, über die romantische Verklärung des G. hinweg, noch von Valéry bestätigt: «Le talent sans génie est peu de chose. Le génie sans talent n'est rien.» (Talent ohne G. ist wenig. G. ohne Talent ist nichts.) [19]

Anmerkungen:
1 Rabelais: Pantagruel, Tiers Livre (Paris 1532) I, III, in: Œuvres complètes, ed. M. Huchois u. F. Moreau (Paris 1994) 355 u. 362. – **2** Le Grand Robert de la langue française (Paris [12]1989) Tome IV, 877f. – **3** Corneille: Cinna (1643), in: ders.: Théâtre complet, hg. von A. Niderst (Rouen 1984) Tome I, vol. 2, 769–824. II. 1. – **4** Perrault: Le génie – Épistre à Monsieur de Fontenelle (= Annex zum 1. Bd. der "Parallèle des Anciens et des Modernes en ce qui regarde les Arts et les Sciences") (Paris 1688–1697; ND München 1964, hg. von H. R. Jauss u. M. Imdahl) 172–174. – Zum Gesamtzusammenhang vgl. K. S. Jaffe: The concept of Genius: its Changing Role in Eighteenth-Century French Aesthetics, in: J. of the History of Ideas 41 (1980) H. 4, 579–599; H. Sommer: A propos du mot «génie», in: ZRPh 66 (1950) 170–201. – **5** La Bruyère: Discours de réception à l'Académie Française (15. Juni 1693), in: Œuvres complètes, ed. J. Benda (Paris 1951) 497. – **6** Michelet: La Femme, in: Œuvres complètes, Bd. 18, ed. P. Viallaueix (Paris 1985) 472f. – **7** Dubos: Réflexions critiques sur la Poésie et sur la Peinture (Paris 1719) II, 6. – **8** vgl. E. Köhler: *Je ne sais quoi*. Ein Kap. aus der Begriffsgesch. des Unbegreiflichen, in: RJB 6 (1953/54) 21–59. – **9** Condillac: Essai sur l'origine des connoissances humaines, I. II. XI. § 104, in: Œuvres philosophiques, ed. Georges le Roy, Bd. 1 (Paris 1947) 34f. – **10** Batteux: Les Beaux-Arts réduits à un même principe (Paris 1746; ND Genf 1969) 14, 34f. – **11** D'Alembert: Discours préliminaire des éditeurs, in: Encyclopédie ou Dictionnaire raisonné des sciences, des arts et des métiers (Paris 1751; ND Stuttgart 1966), I, IX–X. – **12** M. de Cahusac: Art. ‹Enthousiasme›, in: Encyclopédie [11] (Paris 1755), V, 719–22. – **13** Voltaire: Art. ‹génie› zuerst in: Questions sur l'Encyclopédie, Bd. 6 (Genf 1771); wieder in: Œuvres complètes de Voltaire, ed. L. Moland, Bd. 19 (Paris 1879) 242–246, hier: 244. – **14** Voltaire: Art. ‹imagination› (1757) in: Encyclopédie [11] (Paris 1765) VIII, 560–563; wieder in: Les Œuvres complètes de Voltaire, Bd. 33 (Oxford 1987) 204–214. – **15** Diderot: Salon de 1767, in: Œuvres complètes, ed. J. Assézat u. M. Tourneux (Paris 1875–77) XI, 208. – **16** H. Dieckmann: Diderot's Conception of Genius, in: JHI 2 (1941) 151–182. – **17** Chamfort: Maximes et Pensées. «Sur la science», XIX; zit. nach: Le Grand Robert [2] IV, 878. – **18** A. de Rivarol: De l'Homme intellectuel et moral. § 6: Des facultés et opérations habituelles de l'esprit, in: Œuvres complètes (Paris 1808; ND Genf 1968), I, 125. – **19** P. Valéry: Mélange (Paris 1941) 163.

2. *England.* Aus seiner Untersuchung des Zusammenhangs «zwischen der Konzeption des Originalgenies in der frühen englischen Genielehre des 18. Jh. und dem Leitbild des Naturwissenschaftlers, das in der zweiten

Hälfte des 17. Jh. Profil und Gestalt gewann», hat B. Fabian die These abgeleitet, «daß man [...] den Naturwissenschaftler des anbrechenden Zeitalters der Experimentalwissenschaften als das erste Originalgenie der Moderne bezeichnen könnte». [1] Die frühen Theoretiker der G.-Konzeption – GERARD, YOUNG, DUFF – entnahmen, so Fabian, «entscheidende Attribute des künstlerischen G. aus dem Leitbild des Naturwissenschaftlers». ‹Discovery› und ‹invention› als Prädikate des künstlerischen G. sind insofern zugleich Kategorien der neuen Naturwissenschaft wie der traditionellen Rhetorik, wenn etwa DRYDEN in der Vorrede zu ‹Annus Mirabilis› den dichterischen Prozeß beschreibt [2] oder über Shakespeare als einen der Natur gleichrangigen Schöpfer (*creator*) spricht. Im Rahmen eines naiv-realistischen Fortschrittsdenkens wurde ‹Neuheit› zu einem Qualitätskriterium ersten Ranges. Es übergreift die im Rahmen der rhetorischen *natura-ars*-Dialektik relevante Unterscheidung von Natur-G. und Kunst-G., wie sie sich bei J. ADDISON ausgeprägt findet. [3] Etwa zur gleichen Zeit ist SHAFTESBURY an einer schöpfungsästhetischen Vermittlung von *ingenium* und *studium* im Rahmen der Formulierung eines klassizistischen gentleman-Ideals interessiert: «a second Maker; a just Prometheus under Jove» (ein zweiter Schöpfer; ein rechtmäßiger Prometheus unter Zeus) verdient *der* Künstler genannt zu werden, dessen plastisches Wirken die *inward form* (innere Form) des Menschen zu einer Welt der Kunst projiziert, zu einem Mikrokosmos, der die schönen Proportionen der ersten Schöpfung wiederholt. Indem der schöpferische *virtuoso* die Menschen durch die Schönheit seiner Werke und seine «mastership in life and manners» (Meisterschaft in Leben und Sitten) auf die Bildung ihrer eigenen Natur zurückführt, wirkt er als Philosoph und Erzieher. [4] In seinen ‹Conjectures on Original Composition› hat E. YOUNG als einer der ersten die Termini mystischer Inspirationsübung und rhetorischer Pathos-Lehre in die Sprache einer aufgeklärten G.-Ästhetik übersetzt. [5] Der – auch juristische und ökonomische – Besitztitel der ‹Neuheit› wird aus der das Erhabene hervorbringenden Begeisterung des G. abgeleitet, der Gegensatz von *ingenium* und *studium* aber nicht nur unter den enthusiasmusästhetischen Prämissen des Pseudo-Longin, sondern auch auf der rhetorischen Basis der Dreiteilung von *docere, delectare* und *permovere* diskutiert: Der höchste rhetorische Affekt bleibt dem G. vorbehalten. In der Entzückung hebt das G. sich selbst und den Hörer zu Höhen des Wissens und der Empfindung, die sich mit den Mitteln sachgerecht-nüchterner Belehrung auch dann nicht erreichen lassen, wenn das *probare* in die gefühlserregenden Formen des *conciliare* gekleidet wird. Young bringt die Schemata der Religion, Rhetorik und Poetik so zur Deckung, daß das Dichtergenie an die Spitze ihrer Hierarchie tritt. Zugleich sind Youngs ‹Conjectures on Original Composition› weniger eine Lehre des G. als ein Plädoyer für den ‹Fortschritt› der Literatur analog zu dem der Weltentdecker und Naturforscher. [6] Und es überkreuzen sich in Youngs Diskurs die Analogien des literarischen G. zur Entdeckertätigkeit des Naturwissenschaftlers mit denen zur organisch-unbewußten Gestaltbildung im Pflanzenreich. W. DUFF sucht 1767 mit seinem Begriff des ‹Original Genius› die rhetorischen Vorbilder *ingenium* und *inventio* zu überbieten: «By the word ORIGINAL, when applied to Genius, we mean that NATIVE and RADICAL power which the mind possesses, of discovering something NEW and UNCOMMON in every subject on which it employs its faculties.» (Unter dem Wort ‹original›, insofern es sich auf ‹Genie› bezieht, verstehen wir jene angeborene und ursprüngliche Kraft des Geistes zur Entdeckung des Neuen und Außergewöhnlichen überall dort, wo er seine Fähigkeiten einsetzt.) [7] Zur näheren Bestimmung der Entdeckungsweisen literarischer Rede wird dann aber meist der rhetorisch verankerte Begriff der ‹invention› (und dessen steigernde Variante ‹creation›) mit dem naturwissenschaftlichen Terminus ‹discovery› kontaminiert. So heißt es in A. GERARDS Definition explizit: «Genius is properly the faculty of invention by means of which a man is qualified for making new discoveries in science, or for producing original works of art.» (Genie ist im eigentlichen Sinne das Vermögen zur Erfindung, durch das ein Mensch fähig ist, in der Wissenschaft neue Entdeckungen zu machen oder originale Kunstwerke hervorzubringen.) [8]

Anmerkungen:

1 B. Fabian: Der Naturwissenschaftler als Originalgenie, in: Europäische Aufklärung. FS H. Dieckmann, hg. von H. Friedrich und F. Schalk (1967) 48; vgl. HWPh 3, Sp. 282–285. – **2** J. Dryden: Poems, ed. J. Kinsley (Oxford 1958) I, 46f. – **3** Spectator No. 160 (London, 3.9. 1711), ed. D. F. Bond (Oxford 1965) II, 126–130. – **4** Shaftesbury: Characteristics of Men, Manners, Opinions, Times etc. (London 1711), ed. J. M. Robertson (London 1900; ND Gloucester, Mass. 1963); darin: Soliloquy: Bd. I, 135ff.; Miscellany III, 1: Bd. II, 238–256. – **5** E. Young: Conjectures on Original Composition. In a Letter to the Author of Sir Charles Grandison (London 1759); dt. Übers. von H. E. von Teubern: Gedanken über die Original-Werke (1760; ND 1977, hg. von G. Sauder). – **6** Young: Conjectures [5] 75. – **7** W. Duff: An Essay on Original Genius (London 1767) 86f. – **8** A. Gerard: An Essay on Genius (London 1774; ND München 1966) 8.

3. *Deutschland*. Genieästhetische Anstöße englischer Kritiker (Shaftesbury, Addison, Steele) gelangen in Deutschland erst nach ihrer Umbildung im System der Leibniz-Wolffschen Metaphysik bei BAUMGARTEN zum Durchbruch. LEIBNIZ bestimmt in seinen ‹Lehrsätzen über die Monadologie› (1720) die Seele als Kraft zur Individuation, Erkenntnis und Hervorbringung. WOLFF ordnet diesen Ansatz mit den Mitteln der Logik zu einem System der Seele und ihrer Vermögen. Baumgarten bestimmt die schöpferische Kraft des Dichters, ohne den Begriff bereits zu verwenden, als G.: «Der Dichter muß etwas Neues schaffen, und, wie es die Franzosen ausdrücken, ein *esprit créateur* sein.» [1] In seinen ‹Meditationes philosophicae› (1735) interpretiert er die klassische Definition der Schönheit, Einheit in der Mannigfaltigkeit zu sein, als Psychologe in Termini eines die Dimensionen der Zeit strukturierenden Vorstellungsvermögens. Aus der divinatorischen Fähigkeit des Dichters, mit seiner Einbildungskraft Vergangenheit, Gegenwart und Zukunft zu überblicken und zu gestalten, gehen Schönheit und Wirkungsmacht seiner Werke hervor. Hinzu tritt die Geltung der rhetorischen Regel des *ut moveamur ipsi*: «Er muß die Sprache des Herzens reden, das ist rühren, soll er andre rühren, so muß er selbst zuvor gerührt sein.» Aber auch diese kombinierte Fähigkeit des Künstlers, Neues schöpfend rhetorisch wirksam zu werden, ist für Baumgarten im poetischen Zeitbewußtsein einer starken Einbildungskraft fundiert: Der Dichter holt das Neue aus den Möglichkeiten der Zukunft in die Gegenwart des Kunstwerks ein; mit seiner das Werk begründenden Wirkungsabsicht ist er auf künftige Rezeption gerichtet, aber er muß das Wirkungs-

potential auch immer schon in einer (vergangenen) Erregung an sich selber erprobt haben. Aus solcher Erfahrung bringt er es in den aktuellen Schaffensprozeß ein. Originalität der poetischen Erfindung und rührende Kraft des Neuen werden aus der die Zeit organisierenden Kraft der Imagination abgeleitet. Das Schöne ist die geschlossene, objektive Gestalt eines offenen, Subjekt und Objekt umgreifenden Zeitzusammenhangs von Schöpfung und Rezeption.

Weit von solchen Versuchen einer ästhetischen Grundlegung des G. entfernt, legt GOTTSCHED in seiner ‹Critischen Dichtkunst› (1730 u. ö.) den Sinn poetischer Produktion weiterhin in die Nachahmung der Wirklichkeit: Regelkenntnis, Schulung des Geschmacks und vernunftgeleitete Tugend konstituieren die poetische Darstellung und schließen die Hypostase des Dichters zum schöpferischen G. aus. In seiner Rezension der 2. Auflage der ‹Conjectures on Original Composition› von E. Young weist Gottsched noch 1760 den G.-Begriff zurück und fordert vom Dichter vor allem ‹Geist› und ‹Witz›. Gegen das Gebot der Nachahmung in der klassizistischen Poetik Gottscheds rebellieren die Schweizer BODMER und BREITINGER mit ihren ‹Critischen Briefen› (1746). Sie verstehen mit Leibniz ‹Natur› als einen Prozeß, durch den sich aus dem Universum der Möglichkeiten eine wirkliche Welt bildet. Gottes Schöpfungstätigkeit ist das Vorbild der poetischen Mimesis. Die Wirkungsabsicht des G. verlangt, die Wahrheit der wirklichen Welt ins Wunderbare einer möglichen Welt zu erhöhen. Das genial Neue wird aber auch hier als ein wirkungsästhetisches Ferment konzipiert. Die Überschneidungen von rhetorischer Regelpoetik und neuer G.-Ästhetik werden in der ‹Theorie und Geschichte der Red=Kunst und der Dicht=Kunst Anno 1757› des jungen WIELAND besonders deutlich. Zwar übernimmt Wieland hier die traditionelle Gliederung der Poetik in Regeln der Erfindung, Komposition, Expression und Versifikation, wie sie den rhetorischen Arbeitsphasen *inventio, dispositio, elocutio* und *pronuntiatio* entspricht. Durch die Entdeckung der ‹Natur› als schöpferischer Kraft des Gemüts bleibt der Autor aber nicht länger an einen vorgegebenen Kanon gebunden, sondern er darf seine Erfindung auf den «ganzen Bereich der Möglichkeit» beziehen. Der Wert des literarischen Werkes wird nicht am Grad der *imitatio* des Kanons, sondern an seiner Originalität gemessen. Die Rhetorik verliert deshalb jedoch nicht an Einfluß auf die G.-Theoretiker. [2]

Nicht zuletzt als eine Apologie der dithyrambischfreien Versmaße im Werk Klopstocks veröffentlicht F. RESEWITZ 1759 mit seinem ‹Versuch über das Genie› die erste deutschsprachige Abhandlung, die es unternimmt, der Erkenntnisweise der Poesie durch die Analyse des G. eine systematische Grundlegung zu geben. [3] Resewitz definiert das G. als Fähigkeit zur ‹anschauenden Erkenntnis› auch metaphysischer Gegenstände und bezieht das rhetorische *ut moveamur ipsi* in das System seiner (vorkritischen) Psychologie und Erkenntnislehre ein. Der Begriff der ‹anschauenden Erkenntnis› gestattet es ihm, alle Momente des genialen, originalen Kunstwerks zugleich auf der Ebene seiner Wirkung anzusiedeln und an die Affektstruktur des Rezipienten zu knüpfen. Er folgt damit dem «Grunddispositionsschema der Rhetorik», in dem, wie K. Dockhorn festhält, «die Darstellungsgegenstände [...] grundsätzlich nicht zuerst nach Wahrheit und Naturnachahmung, sondern nach Wirkung als einer Art Glaubhaftmachung im emotionalen Sinne gefragt» sind. [4] Resewitz drückt dieses rhetorische Schema in der Trias von «Schönheit, Stärke und Wahrheit» aus. [5] Die Poesie des G. läßt metaphysische Gegenstände nicht nur durch Ethos und Pathos der Darstellung konkret empfinden, sondern macht sie auch in ihrem Sachgehalt unmittelbar anschaulich. Resewitz wollte mit dem G.-Begriff nicht nur ein umstrittenes Modewort wissenschaftlich aufwerten und literarkritisch verfügbar machen; seine Analyse versucht, den pseudo-longinschen Zentralbegriff der ‹Phantasie› systematisch zu entfalten. Auf ihn gründet sich ja das Konzept der ‹erhabenen Poesie› ebenso wie das Bewußtsein der Dichter von ihrer ‹erhabenen Existenz›. In der Ästhetik nach Kant, zuletzt bei SCHOPENHAUER, wird G. wiederum als Vermögen der intellektuellen Anschauung gefaßt werden. – Den G.-Begriff der Schweizer Bodmer/Breitinger und ihrer Schüler Wieland und Klopstock grundiert ein religiöser Impuls. Er bleibt auch dort virulent, wo die Schriftsteller durch die Berufung auf ihr G. an patriotisches Pathos appellieren oder soziale und ökonomische Anerkennung einklagen. Der Staatsrechtler E. C. WIELAND will in seiner Schrift ‹Versuch über das Genie› (1779) mittels eines synchronen Schnittes durch die zeitgenössische Nation das G. als schöpferische Kraft der Aufklärung und als universales Ordnungsprinzip des Staatslebens nachweisen. G. besteht für ihn «in einer vorzüglichen und der Seele eigenthümlichen Kraft zu wirken», wobei das G. – ob als ‹wirtschaftliches G.› des Bürgers oder als ‹politisches G.› des Monarchen – durch sein Handeln zugleich den Wirkungskreis der Nation erweitert. [6] Unter Berufung auf PINDARS ‹Olympische Oden› und GLEIMS ‹Kriegslieder› stilisieren sich die Dichter des Göttinger Hain zu *Barden*, d. h. zu einem G.-Bund, in dem poetische Individualität und sittliche Autorität eine Einheit bilden und in dem sich der Nationalgeist eines Volkes verkörpert. HERDER zielt in seinen literaturkritischen und sprachgeschichtlichen Schriften darauf ab, «das Genie der Sprache zu untersuchen, und dasselbe zuerst mit dem Genie der Nation zusammen zu halten». [7] LESSING beharrt bei aller Sympathie mit der G.-Ästhetik auf der natürlichen Vernünftigkeit der dichterischen Phantasie und auf den Rechten der Kritik. [8] Bei HAMANN und in J. C. LAVATERS ‹Physiognomischen Fragmenten› erreicht die genialische Rede vom G. ihren Höhepunkt. [9]

Was G. im Überschwang dichterischer Begeisterung bedeutet, versucht der junge GOETHE im Brief an Herder vom Juli 1772 unter Bezug auf Pindars Achte Nemeische Ode auszudrücken: «Über den Worten Pindars ἐπικρατεῖν δυνάστει ist mirs aufgegangen. Wenn du kühn im Wagen stehst, und vier neue Pferde wild unordentlich sich an deinen Zügeln bäumen, du ihre Kraft lenckst, [...] bis alle sechzehn Füsse in einem Tackt ans ziel tragen. Das ist Meisterschafft, [...] Virtuosität.» Aus «tapferem Herzen» (ἦτορ δ'ἄλκιμον) arbeitet das G. «plastisch» am «Werk der unnahbaren Hände» (χεῖρες ἄαπτοι). [10] Über das ungebärdige Instrument des poetischen G. mit aller *virtus* herrschen können, ohne noch auf die Regeln sehen zu müssen, denen auch die geniale Schöpfung frei folgt: Dies ist der Grundgedanke der neuen G.-Ästhetik. Goethe zieht damit die poetologische Konsequenz aus Herders rhetorischem Grundsatz, daß «in der Dichtkunst» [...] Gedanke und Ausdruck wie Seele und Leib und nie zu trennen» seien und sich das rechte Wort wie von selbst einstelle, wenn nur auch die Empfindung wahr ist, die es ausdrücken soll. [11] Gelingt dem Künstler in seinem Werk eine solche unzertrennliche Einheit und Ganzheit, steht das G. vor seiner Schöpfung wie Prometheus vor seinen Geschöpfen. Die G.-Deklarationen des jungen Goethe mögen als Vorstufe einer neuen Kunsttheorie intendiert gewesen sein. Es ist jedoch nicht zum Aufbau einer nur aus der Erfahrung dichterischer Produktivität geschöpften G.-Ästhetik gekommen. Als ‹poetischer Redner› hält sich Goethe konsequent an das Prinzip der ‹dissimulatio artis›; im Blick auf das rhetorische Substrat in seiner Poetik hat H. Schanze darauf hingewiesen, daß «die Inventio, der Ursprung der Genielehre, [...] einer umfassenden Individualisierung und Universalisierung [unterfällt]». [12] Wird die Möglichkeit einer Theorie der Kunst zugestanden, so nur durch deren radikale Neubegründung in der Selbsterfahrung des G. jenseits traditioneller Poetik und Psychologie.

In F. L. STOLBERGS Traktat ›Über die Fülle des Herzens‹ von 1777 sind alle Schlüsselwörter versammelt, die sich, ausgehend von Shaftesburys Virtuoso-Ideal, in wechselnden Konstellationen um den G.-Begriff gruppieren. Das G. vereinigt in der ἀρετή, areté, der *virtus* seines Herzens Schönes und Erhabenes, Ethos und Pathos. Es birgt und offenbart in seinen mikrokosmischen Schöpfungen die *inward form* des Universums. Dies G. kann nicht analysiert, sondern nur im Gefühl stärkster Sympathie mitgeteilt werden. Freundschaft und Liebe sind deshalb Bedingung aller poetischen Rede, die allerdings mit leichter Verständlichkeit nichts zu tun hat. ‹Natur› bleibt höchste Instanz des G., aber der Künstler soll nicht ihre Oberfläche nachahmen, er muß das schöpferische Prinzip in ihr fühlen und sich als ein zweiter Prometheus mit ihr verwandt wissen. [13] – Auch in der Musik wird G. zum Losungswort der neuen Ästhetik. C. F. D. SCHUBART überträgt in seinen ‹Ideen zu einer Ästhetik der Tonkunst› (1784) die Ideen Klopstocks und des jungen Goethe auf seine Kunst. Für ihn gilt wie für Stolberg: «Das musikalische Genie hat das Herz zur Basis», und «Herzgefühl» entscheidet darüber, ob sich der «künftige Virtuos» wirklich zum G. bildet. Die Dialektik von *ingenium* und *iudicium* bleibt bestehen: Selbstbildung läßt den musikalischen Keim im G. wachsen, aber «Kultur» und «Übung» müssen «vollenden und ausfüllen, was die Natur roh niederwarf». [14] Im Ideal des «kultivierten Genies» bringt Schubart Natur und Kunst, Selbstbildung und Erziehung zur Synthese. Er hat in Komponisten wie J. F. REICHARDT solche kultivierten G. erblickt. [15] Reichardt geißelt in seiner autobiographisch gefärbten Romansatire ‹Leben des berühmten Tonkünstlers Heinrich Wilhelm Gulden› von 1779 früh die Auswüchse einer falschverstandenen G.-Ästhetik. Die Versuche des Autors, die Seelenzustände seiner G.-Figur als innere Erfahrung zu beschreiben, weisen in die Zukunft des Künstlerromans: MORITZ, TIECK, BRENTANO – alle drei hatten engen Kontakt zu Reichardt – geben in ihren Werken literarische Analysen von zutiefst durch die Rhetorik des G. geprägten jungen Künstlern. – Mit SCHILLERS Abhandlung ‹Über naive und sentimentalische Dichtung› (1795) findet die G.-Ästhetik des 18. Jh. ihren Abschluß. Darin wird die ursprünglich rhetorische *natura-ars*-Dialektik, die nach 1700 zur Unterscheidung von Natur-G. und Kunst-G. geführt hatte, durch die geschichtsphilosophische Rekonstruktion von Kants G.-Begriff hindurch zur auch gattungsästhetisch signifikanten Unterscheidung des naiven G. und des sentimentalischen Dichtergeistes entfaltet.

Anmerkungen:

1 vgl. H. Wolf: Versuch einer Gesch. des Geniebegriffs in der dt. Ästhetik des 18. Jh., Bd. 1 (1923) 102f. – **2** vgl. S. Masao: Die Verwandlung der Rhet. und die Entwicklung der Genieästhetik im 18. Jh., in: Doitsu Bungaku (Tokio) 78 (1987) 101–110. – **3** F. G. Resewitz: Versuch über das G., in: F. Nicolai (Hg.): Slg. vermischter Schr. zur Beförderung der schönen Wiss. und der freien Künste (1759f.) II, 131–170; III, 1–60. – **4** K. Dockhorn: Macht und Wirkung der Rhet. (1968) 51. – **5** Resewitz [3] III, 35. – **6** E. C. Wieland: Versuch über das G. (1779) 11f., 62. – **7** Herder: Über die neuere dt. Lit. I, in: Sämtliche Werke, hg. von B. Suphan I (1877) 165. – **8** vgl. J. Schmidt: Gesch. des G.-Gedankens (1985) I, 69–95. – **9** Lavater: Physiognomische Frg. zur Beförderung der Menschenkenntnis und der Menschenliebe (1775), hg. von C. Siegrist (1984) 292–308; zu Hamann vgl. Schmidt [8] I, 96–119. – **10** Goethe: Brief an Herder, etwa 10. Juli 1772, in: Der junge Goethe. Neu bearbeitete Ausg. in 5 Bdn., hg. von H. Fischer-Lamberg (1963–73) II, 255–257. – **11** Herder [7] III, I, 6, in: Sämtliche Werke I, 13. – **12** H. Schanze: Goethes Rhet., in: G. Ueding (Hg.): Rhet. zwischen den Wiss. (1991) 145. – **13** F. L. Stolberg: Über die Fülle des Herzens (1970) 3–17. – **14** C. F. D. Schubart: Ideen zu einer Ästhetik der Tonkunst (ND 1990 nach der Ausg. von 1806, hg. von F. u. M. Kaiser) 370. – **15** ebd. 93f.

II. *19. und 20. Jahrhundert.* In KANTS ‹Kritik der Urteilskraft› (1790) erreicht der G.-Begriff seine prägnanteste Fassung (s. A 2.). Die Philosophen des Deutschen Idealismus weiten ihn zwar zur «universalen Basis der Ästhetik» aus [1], können sich jedoch nicht mit der für das G. unabdingbaren und noch bei Kant festgehaltenen Unhinterfragbarkeit der begrifflos regelgebenden Natur des Subjekts abfinden und lösen es daher in die bewußtseinsphilosophisch transparenten Grundbegriffe ihrer rasch einander abwechselnden Systeme auf. In der Auseinandersetzung mit ihnen entstehen die G.-Konzepte der Frühromantik: NOVALIS knüpft an FICHTES Transzendentalphilosphie an, um das G. als Fähigkeit (nicht nur) des Künstlers zur Synthesierung der pluralen Identität des Ich in den komplexen Lebenswelten der Moderne zu denken. [2] F. SCHLEGELS Ironie-Konzeption kritisiert HEGEL vor dem Hintergrund seines Objektivitätsideals «als eine *göttliche Genialität*, für welche alles und jedes nur ein wesenloses Geschöpf ist, an das der freie Schöpfer, der von allem sich los und ledig weiß, sich nicht bindet, indem er dasselbe vernichten wie schaffen kann». Hegel selbst schließt den G.-Begriff an den der ‹Phantasie› als ‹produktiver Tätigkeit› an, «durch welche der Künstler das an und für sich Vernünftige in sich selbst als sein eigenstes Werk zur realen Gestalt herausarbeitet» und bestimmt G. als «die *allgemeine* Fähigkeit zur wahren Produktion des Kunstwerks sowie die Energie der Ausbildung und Betätigung derselben.» [3] Das Subjekt, das auf die reinste Weise intellektuell tätig, d. h. zu ‹anschauender Erkenntnis› fähig ist, definiert SCHOPENHAUER als G. In ihm hat sich der Intellekt von seinem Ursprung, dem Willen, emanzipiert. G. ist die in *einem* Bewußtsein konzentrierte Welt als Vorstellung. Die «Sonderung des Intellekts vom Willen» ist dem G. wesentlich, aber sie ist zugleich «naturwidrig», denn an sich ist der Intellekt «nichts Anderes, als ein Werkzeug zum Dienste des Willens». Deshalb ist das G. der größte und zugleich der problematischste Mensch: dem Wahnsinn benachbart. In immer neuen metaphorischen Anläufen stellt Schopenhauer für die G.-Klischees des 19. und noch des 20. Jh. das Material bereit: Das G. gleicht dem meist umwölkten, plötzlich aufleuchtenden Gipfel des Montblanc; es ist der einzig lebende Mensch unter lauter Drahtpuppen und noch dort groß, wo es im Verbrechen endet; wesentlich einsam und mit der Zeit in Widerspruch und Kampf, wird ihm das Gegenteil eines glücklichen Lebenslaufs zuteil; es «trifft in seine Zeit wie ein Komet in die Planetenbahnen»; es ist ein Schütze, der in Ziele trifft, bis zu welchem die kleinen Talente nicht einmal zu sehen vermögen; es ist «das perennierende Kind». Mit seinen anatomischen, physiologischen und neurologischen Zuschreibungen rückt Schopenhauer den G.-Begriff in die Perspektive der *décadence* ein, sie bereiten aber auch die spätere biologische G.-Forschung eines Lombroso und die am Geniekult orientierten Untersuchungen von Lange-Eichbaum vor. [4] Im Blick auf WAGNER, *die* Verkörperung des romantischen G. im späteren 19. Jh., versuchen sowohl die Dichter des französischen Symbolismus wie auch NIETZSCHE und T. MANN, hypernervöse Sensibilität und angespannteste Willenskraft des Künstlers im G. zusammenzudenken. BAUDELAIRE etwa nennt als Hauptmerkmale des G.-Phänomens Züge, die er am Schaffen WAGNERS bewundert: «volonté, désir, concentration, intensité nerveuse, explosion» (Willenskraft, Verlangen, Konzentration, nervöse Intensität, Explosion). [5]

Der G.-Begriff tritt nach 1800 als kunsttheoretische Kategorie zurück, aber die Verklärung von Künstlern (Goethe), Wissenschaftlern (Darwin) oder Politikern (Napoleon) zum G. erreicht im 19. Jh. ihren Höhepunkt. H.-G. Gadamer sieht in der «Sakralisierung des Künstlertums, die wir für die bürgerliche Gesellschaft des 19. Jh. charakteristisch gefunden hatten, [bestätigt], daß der Begriff des Genies im Grunde vom Betrachter aus konzipiert ist. Nicht dem schaffenden, sondern dem beurteilenden Geiste bietet sich dieser antike Begriff als überzeugend dar.» [6] Um ein G. können sich «Verehrergemeinden» bilden, die unter Berufung auf die normgebende Erscheinung ihres Gewährsmanns ihre oft ganz partikularen Interessen durchsetzen. [7] Auch dort, wo von G. terminologisch nicht mehr die Rede ist, bleibt der Problemgehalt des Begriffs in den Versuchen des späten 19. und des 20. Jh., die Erscheinung des großen Einzelnen oder den Kreativitätsprozeß zu analysieren, virulent. J. Schmidt hat die Problemgeschichte von G., G.-Kult und G.-Kritik für die deutschsprachige Literatur bis MUSIL und T. Mann, für die Philosophie Nietzsches, aber auch im Zusammenhang der Rassenlehren und des Führerkults der Nationalsozialisten dargestellt. [8] Daß auch in Theorien der modernen Kunst rhetorische Termini weiterreflektiert werden, zeigt schon der Titel einer Untersuchung zur Literaturgeschichte der Kreativität: ‹Das Geheimnis des Schöpferischen oder Ingenium est ineffabile?› G. Blamberger zeigt darin, daß sich in der zweiten Hälfte des 19. Jh. «zwei neue Schaffensparadigmata» herausbilden: «die Vorstellung von der völligen Intellektualisierung und Rationalisierung» (Poe, Mallarmé, Valéry, Benn) und die «von der Erneuerung überpersönlicher Schaffensprinzipien [...] durch die Hinwendung zur prälogischen Erfahrungswirklichkeit» (Rimbaud, Dada, Surrealismus). Ausgehend von H. Whites ‹master tropes› führt Blamberger die Vielzahl der Kreativitätsmodelle und Beschreibungsfiguren auf das tropologische Schema von Metapher, Metonymie, Synekdoche und Ironie zurück. [9] Noch weiter geht C. Schmidt, wenn er unter der Prämisse, spätestens seit Kant sei das G. «nicht nur eine Kategorie der ästhetischen Theorie, sondern zugleich Ursprung und Kritik an allen ästhetischen Kategorien», zu dem Ergebnis gelangt, daß «ästhetische Subjektivität» auch in der ‹Ästhetischen Theorie› ADORNOS ohne ein Weiterwirken des G.-Begriffs nicht zu denken wäre und daß eine «ingeniumslose Theorie der Kunst», wie sie LYOTARD polemisch gegen jede Form von G.-Ästhetik entwirft, sich selber aufhebt, so wie auch das «intentionslose Schöne» in der Musik von J. CAGE sich in das «Sein selbst» zurücknimmt, «dessen 'Ästhetik' freilich ein anderer verfaßt hat». [10]

Anmerkungen:
1 H.-G. Gadamer: Wahrheit und Methode (^{2}1965) 88. – **2** T. Grosser: Identität und Rolle (1991); bes. 55–63. – **3** Hegel: Vorles. über die Ästhetik, in: Werke 13 (1970) 95; 366. – **4** Schopenhauer: Die Welt als Wille und Vorstellung II, Ergänzungen zum dritten Buch, Kap. 31 (Vom G.), in: Sämtl. Werke Bd. II (1976) 484–514. – **5** Baudelaire: L'Art romantique XXI: Richard Wagner et Tannhäuser à Paris, in: Œuvres complètes, ed. Y.-G. Le Dantec (Paris 1954) 1073. – **6** Gadamer [1] 88. – **7** A. Gehring: G. und Verehrergemeinde (1968). – **8** J. Schmidt: Gesch. des Geniegedankens in der dt. Lit., Philos. und Politik (^{2}1988). – **9** G. Blamberger: Das Geheimnis des Schöpferischen (1991) 188–191. – **10** C. Schmidt: Die Endzeit des G. Zur Problematik des ästhet. Subjekts in der (Post-)Moderne, in: DVjs (1995) 172–195.

Literaturhinweise:
E. Zilsel: Die Geniereligion (1918; ND 1990). – ders.: Die Entstehung des Geniebegriffs (1926). – F. Ingeslev: G. und sinnverwandte Ausdrücke in den Schr. und Br. F. Schlegels (1927). – H. Thüme: Beitr. zur Gesch. des Geniebegriffs in England (1927). – B. Rosenthal: Der Geniebegriff des Aufklärungszeitalters (1933). – P. Grappin: La théorie du génie dans le pré-classicisme allemand (Paris 1952). – N. Willard: Le génie et la folie au 18me siècle (Paris 1963). – R. Currie: Genius. An Ideology in Literature (London 1974). – F.-J. Meissner: Wortgeschichtl. Unters. im Umkreis von frz. Enthousiasme und G. (1979). – J. Engell: The Creative Imagination. Enlightenment to Romanticism (Cambridge, Mass. 1981). – G. Peters: Der zerrissene Engel. Genieästhet. und lit. Selbstdarstellung im 18. Jh. (1982). – S. Vietta: Lit. Phantasie: Theorie und Gesch. Barock und Aufklärung (1986). – R. Campe: Affekt und Ausdruck. Zur Umwandlung der lit. Rede im 17. und 18. Jh. (1990).

G. Peters

→ Ars → Ästhetik → Aufklärung → Enthusiasmus → Erhabene, das → Geschmack → Ingenium → Natura-Ars-Dialektik → Phantasie

Genrestil
A. Def. – B. I. Antike. – II. Mittelalter. – III. Neuzeit. – IV. Roman. Sprachraum.

A. Unter dem Terminus ‹G.› werden die stilistischen Eigenschaften von Texten zusammengefaßt, die ihnen hinsichtlich ihrer Funktion und Gestalt zukommen, unabhängig von den Eigenheiten der jeweiligen *Individualstils (Persönlichkeitsstils)* und *Zeitstils (Epochenstils)*. Der Name ‹G.› geht auf das frz. *genre* zurück, das im Bereich der Literatur die verschiedenen Arten der Dichtung kennzeichnet. Rhetorische wie textlinguistische Entwicklungen lassen eine Erweiterung des Begriffs auf alle Textarten sinnvoll erscheinen. Diese kann man unter Berücksichtigung der Begriffsentwicklungen und der heutigen Textklassifikationen stilistisch nach folgendem Schema gliedern (s. Abb.).

Der G. bezieht sich somit ebenso wie die als synonym empfundenen Begriffe des *Gattungs-* oder *Textsortenstils* auf alle Textbereiche. Die traditionelle Bezeichnung ‹Gattungen› meint dabei die poetischen (literarischen) Texte; als ‹Textsorten› werden hier nichtliterarische Texte bezeichnet. [1] Diese Ausweitung ist erst seit den 50er Jahren unseres Jahrhunderts üblich geworden, seitdem man aufgrund sprachwissenschaftlicher Stiltheorien

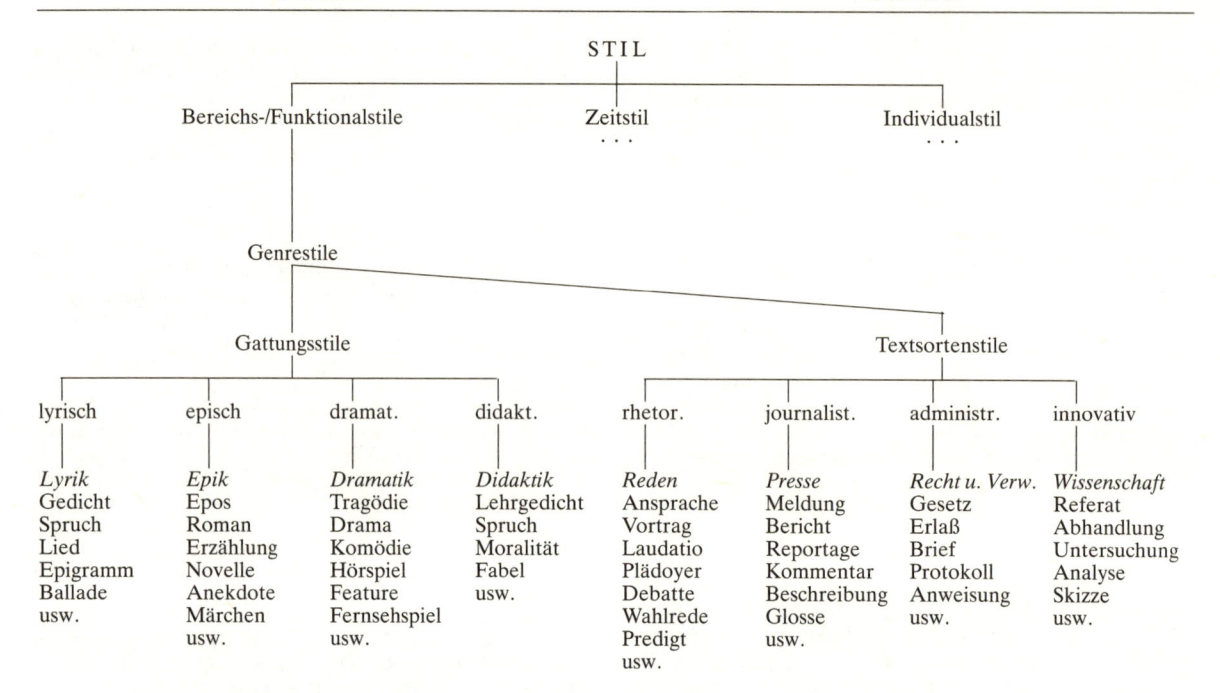

```
                                    STIL
                ┌────────────────────┼────────────────────┐
        Bereichs-/Funktionalstile  Zeitstil           Individualstil
                │                    ...                  ...


             Genrestile
        ┌────────┴────────┐
    Gattungsstile      Textsortenstile
```

lyrisch	episch	dramat.	didakt.	rhetor.	journalist.	administr.	innovativ
Lyrik	*Epik*	*Dramatik*	*Didaktik*	*Reden*	*Presse*	*Recht u. Verw.*	*Wissenschaft*
Gedicht	Epos	Tragödie	Lehrgedicht	Ansprache	Meldung	Gesetz	Referat
Spruch	Roman	Drama	Spruch	Vortrag	Bericht	Erlaß	Abhandlung
Lied	Erzählung	Komödie	Moralität	Laudatio	Reportage	Brief	Untersuchung
Epigramm	Novelle	Hörspiel	Fabel	Plädoyer	Kommentar	Protokoll	Analyse
Ballade	Anekdote	Feature	usw.	Debatte	Beschreibung	Anweisung	Skizze
usw.	Märchen	Fernsehspiel		Wahlrede	Glosse	usw.	usw.
	usw.	usw.		Predigt	usw.		
				usw.			

dazu überging, nicht mehr nur literarischen Texten mit ästhetischer Textfunktion, die unter den Gattungsstil subsumiert werden, Stilcharakter zuzusprechen, sondern auch den Gebrauchstexten mit nur pragmatisch-kommunikativen Textfunktionen. Unter Einfluß tschechischer und russischer Sprachwissenschaftler hat sich für die Gesamtheit der in der gesellschaftlichen Kommunikation vorkommenden Textstile der Terminus *Funktionsstile* (nach KRAHL, KURZ [2] *Bereichsstile*) durchgesetzt, wobei nach E. RIESEL folgende fünf Kommunikationsbereiche eigene Funktionalstile aufweisen: die Alltagssprache, die Publizistik, der Amtsverkehr (Verwaltung etc.), die Wissenschaft (einschl. Technik und Sachbereiche) und die Belletristik (schöne Literatur). Die Abgrenzung und die Zuordnung der verschiedenen Textsorten zu diesen Bereichen mag strittig bleiben; besonders im Bereich der Literatur, in dem auch Individualstil und Zeitstil stärker wirksam bleiben, ergeben sich zahlreiche weitere Gruppierungsmöglichkeiten. Aber auch nach linguistischen Textkriterien wären weitere Differenzierungen möglich. [3] Wenn im vorstehenden Schema den vier literarischen Stilbereichen des Lyrischen, Epischen, Dramatischen und Didaktischen die vier pragmatisch-kommunikativen Stilbereiche des Rhetorischen, Journalistischen, Administrativen und Wissenschaftlichen gegenübergestellt werden, so entspricht dies den üblichen Einteilungen. Lediglich der von Riesel u.a. konstatierte Bereich der Alltagsrede [4] wurde hier ausgelassen, da in ihm keine textsortenspezifischen Unterteilungen und auch keine primären schriftlich fixierten Textformulierungen bekannt sind; andererseits wurde hier mit dem Rhetorischen ein zusätzlicher Bereich eingeführt, der die zumeist schriftlich fixierten und mündlich realisierten Formen der Reden umfaßt, die zwar auch in anderen Kommunikationsbereichen (Administration, Publizistik z.B.) vorkommen können, aber sowohl aus historischen Gründen (u.a. des Zusammenhangs mit der antiken Rhetorik) als auch aus sachlichen Abgrenzungen (öffentliche Reden sind eigene Textsorten) getrennt berücksichtigt werden sollten. Die genannten Gattungsstile und Textsortenstile sind sowohl in sich als auch untereinander verschieden; sie verändern sich zudem im Laufe der Zeit mit dem Wandel der literarischen wie auch der pragmatisch-kommunikativen Textnormen.

Gattungsstile wie Textsortenstile wirken sich in makrostilistischen und in mikrostilistischen Eigenheiten aus. [5] Nach Krahl und Kurz, die im G. «die Gesamtheit der Stilzüge und Stilprinzipien einer Textsorte (eines Genres) vor allem in den Bereichen von Kunst und Publizistik» sehen [6], nennen Unterschiede in der Darstellungshaltung, der Perspektive, der Gedankenfolge, der Dichte, des Vorgangsgehalts, der Verwendung ästhetischer Mittel (z.B. Pointe, Sprachbild), der Syntax, Tempora, Lexik als konstitutiv für den G. Andere Elemente sind wahrscheinlich von Fall zu Fall zuzuordnen:

1. *Literarische Textformen (Gattungen):* Der *lyrische Gattungsstil* entsteht zunächst durch eine begrenzte Menge formal (in Rhythmik, u.U. auch in Vers und Strophen) gebundener, zumeist bildhafter, besonders gewählter Aussagen. Er ist zudem geprägt durch eine bestimmte Einstellung des lyrischen Subjekts zum Dargestellten oder Angesprochenen. Je nach der gewählten Form kommen Besonderheiten der Gestaltung hinzu, die ein Zusammenwirken der objektiven vorgegebenen Eigenheiten des Gattungsstils mit den subjektiven Abwandlungen des Individualstils deutlich werden lassen.

Im Gattungsstil der verschiedenen *epischen* Formen gehört die mehr oder weniger ausführliche und perspektivische Darstellung von Situationen, Vorgängen sowie Handlungen bestimmter Figuren in bestimmten Erzählhaltungen zu den konstitutiven Grundelementen. Die Darbietung in bestimmten, mitunter zeitlich und gesellschaftlich bedingt variierenden *Erzählformen* (z.B. Vers, Prosa, Roman, Novelle, Kurzgeschichte) gehört als Vorgegebenes ebenfalls zum *Gattungsstil*, deren subjektive Formung dagegen zum *Individualstil*. Die gattungsstilistischen Unterschiede zwischen *Epos* und

Roman sind dabei nicht nur solche zwischen Vers und Prosa; der Roman vermittelt vielmehr einen subjektiveren Weltausschnitt im Kontrast zur objektiveren Totalität in der Weltspiegelung des Epos. Die Novelle unterscheidet sich vom Roman weniger quantitativ als vielmehr durch die Konzentration auf das einmalige Geschehen bei der «sich ereigneten unerhörten Begebenheit», um es in GOETHES bekannter Formulierung auszudrücken, die J. P. Eckermann überliefert hat. Die Reihe der epischen Textformen könnte so im Vergleich wie in der Einzelbestimmung mit der Hervorhebung gattungsstilistisch typischer Konstituenten fortgesetzt werden. Hingewiesen sei nur noch auf das Faktum, daß manche Textarten je nach Betrachtungsaspekt auch in mehreren Gattungsrubriken erscheinen können. Die Zwitterstellung der *Fabel* als epische wie als didaktische Textform ist ebenso bekannt wie die Mehrfachzuordnung der *Ballade* (Lyrik, Epik, Dramatik), die Goethe deshalb als «poetisches Urei» bezeichnet hat.

Zu den gattungsstilistischen Konstituenten der *dramatischen* Textformen wird man zweifellos die Präsentation handelnder Figuren in Dialogen rechnen müssen. Auch die Typen des progressiv-sukzessiven wie des analytischen Dramas und der geschlossenen und offenen Form sind hierzu zu zählen. Tragödie und Komödie unterscheiden sich dagegen außer in der Handlungsführung und Wirkung in der unterschiedlichen Sprache, die durch Problematik oder Witz bestimmt ist.

Hörspiel, Feature und Fernsehspiel sind nicht nur durch veränderte Regieanweisungen gekennzeichnet, sondern bedingen auch spezielle Textkonstitutionen. Wenn hier zu den literarischen Gattungsbereichen auch die Didaktik zugeordnet wird, so geschieht dies besonders wegen ihrer literarischen Repräsentanz in Antike und Mittelalter, wo bestimmte Lehrinhalte in dichterischer Form und in einem bestimmten Stil *(genus subtile)* vermittelt wurden.

2. *Nichtliterarische Textformen:* Im Unterschied zu den literarischen Textformen, in denen als Ausdruck der künstlerischen Leistung der Individualstil neben dem Gattungsstil prinzipiell eine größere Rolle spielt, tritt dieser in den nicht-literarischen Formen sehr zurück, weil hier die pragmatischen und funktionalen Aspekte der Textbestimmung eine stärkere Zweckorientierung und Textnormierung erforderlich machen. Die Textnormierung kann mitunter soweit gehen, daß der Stilcharakter der Texte, sofern er auf einer selektiven Stiltheorie beruht [7], in Frage gestellt werden kann, wie etwa beim invariablen Formular. [8]

Innerhalb der Textsorte (oder Gattung) der *rhetorischen* (rednerischen) Texte, die alle Arten von Reden umfaßt und auf eine lange Tradition zurückblicken kann, läßt sich eine Reihe von Faktoren als für den Textsortenstil konstitutiv ermitteln. Neben der angemessenen Hervorhebung des *Redeanlasses* (Gedächtnis, Jubiläum, Würdigung, Begründung zur Zustimmung, Ablehnung oder Zurückweisung, Beschuldigung oder Entlastung usw.) und des *Redezwecks*, in denen zumeist *deiktische* und *argumentative* Sprachformen dominieren, spielt der *Hörerbezug*, vor allem das Bemühen um die *benevolentia* der Angesprochenen, eine wichtige Rolle. In politischen Reden ist der Einbezug von Hochwertwörtern, Schlagwörtern und Schlüsselwörtern, Euphemismen, Klischees und ideologischen Polysemien auffallend [9]; die Wahl des Wortschatzes im Sinne von *Miranda* (LASSWELL [10]) zur Aufwertung der eigenen Position oder als *Antimiranda* bzw. Invektion zur Abwertung des Gegners und seiner Position wird oft durch die Konnotationen der gewählten Ausdrücke mitbestimmt. In anderen Reden, Aufrufen, Aufforderungen, aber auch in Predigten, Anweisungen und Warnungen tritt häufig die *Appellstruktur* der Texte in den Vordergrund.

Für den Textstil der *Pressetexte* sind besonders die jeweiligen Darstellungsarten von kennzeichnender Bedeutung, durch die die einzelnen Textsorten geprägt sind. Bericht, Schilderung, Erläuterung und Kommentierung findet man in fast allen Pressetexten. Dabei wird auf die Angabe der Ursachen, Folgen und Umstände, häufig in Adverbial- und Präpositionalkonstruktionen ausgedrückt, besonderer Wert gelegt. Allerdings gibt es zwischen den journalistischen Textsorten auch große stilistische Unterschiede. Ein Bericht über politische Ereignisse ist stilistisch verschieden von einem Wirtschaftsbericht, nicht nur wegen der unterschiedlichen Fachterminologie. Auch gibt es Stilunterschiede zwischen den einzelnen Zeitungen, beispielsweise in Lexik, Satzbau und Satzlänge.

Unter dem Begriff des *administrativen* Textsortenstils werden hier Texte aus Justiz, Verwaltung und Wirtschaft zusammengefaßt. Als eine besonders wichtige Textsorte, die auch in anderen Bereichen vorkommen kann, sei zunächst der *Brief* genannt, der in Verwaltung und Wirtschaft zumeist auffordernden Charakters ist. Andere Texte, wie z. B. Gesetze, Erlasse, Anweisungen u. ä. weisen eine Appellstruktur als stilistisches Grundmodell auf. Geschickt verdeckte Aufforderungen finden sich auch in den unterschiedlichen Werbetexten. [11] Der Stil von Gesetzen und Verordnungen unterscheidet sich davon durch möglichst klare Kennzeichnungen der Fakten (z. B. Delikte) und der Folgen (z. B. Strafen). [12]

Als letzte Gruppe seien die *Texte der Wissenschaft* und vergleichbare Sachdarstellungen berücksichtigt, deren innovativer Textstil sich deutlich von anderen Textgruppen abhebt. Wissenschaftliche Texte wie auch entsprechende *Sachtexte* unterscheiden sich untereinander zunächst nach Gegenstandsbereichen und dementsprechend im Wortschatz, der häufig durch Fachterminologien bestimmt ist. Die Wahl des wissenschaftlichen oder sach- und fachgebundenen Wortschatzes und der analysierenden, erläuternden, darlegenden oder logisch folgenden, systematisierenden und abstrakten Darstellung ist eine Auswirkung des Textsortenstils; die Distribution und Intensität in der Verwendung dieser stilistischen Mittel mag dagegen individual-stilistisch variieren. Die Textsorten differieren indes vor allem in makrostilistischer Hinsicht. So ist das *Referat* eine zusammenfassende Wiedergabe fremder Gedanken und Ausführungen, die *Abhandlung* dagegen drückt die Ergebnisse eigener oder fremder Erkenntnisse in einer sachlich objektivierenden Sprachform aus. Die *Untersuchung* andererseits rückt vor den Resultaten auch ihren methodischen Gang und Verlauf in den Blick, um den Leser daran kritisch teilhaben zu lassen und zu überzeugen. Ähnlich, aber in knapperer Form verfährt die *Analyse*, etwa als Beschreibung naturwissenschaftlicher Prozesse oder auch als Lösung sprachwissenschaftlicher Aufgaben. Die sprachliche *Skizze* kann als Entwurf einer Untersuchung, eines Vorgangs oder Gedankengangs sich mit Stichworten über die wichtigsten Elemente und Schritte begnügen, aber auch einzelne Teile ansatzweise ausführen.

Allgemeine Eigenschaften des Wissenschaftsstils sind Sachlichkeit, Logik und Systematik, Klarheit und Faßlichkeit. [13]

B. I. *Antike.* Die Differenzierung von Texten und Stilen nach pragmatisch-kommunikativen Texten, wie sie heutigen Textsortenstilen zugrundeliegt, geht schon auf die griechische Poliskultur des 5. Jh. zurück. Bereits mit der Aufteilung der Reden in Gerichtsreden *(genus iudiciale)*, Ratsreden *(genus deliberativum)* und Lob- und Tadelreden oder Prunkreden *(genus demonstrativum)*, wie sie etwa bei ARISTOTELES vorliegt, waren Textsorten mit jeweils eigenen objektiv erforderlichen Stileigenheiten, also Textsortenstilen entstanden.

Diese pragmatische Rhetorik wird schon verhältnismäßig früh nach bestimmten Kategorien und Stufen systematisiert. Im Rahmen der *elocutio* werden die gedanklichen Entwürfe durch Tropen und rhetorische Figuren sprachlich ausgeschmückt. Dabei wurde für Gerichtsreden und politische Reden (Ratsreden) der jeweiligen Angemessenheit (dem *aptum*) entsprechend, nur in maßvoller Weise Redeschmuck *(ornatus)* verwendet, in Prunkreden, Lob- und Tadelreden dagegen mehr. In noch stärkerem Maße wurde im Laufe der Zeit auch die Dichtung in die rhetorische Ausschmückung einbezogen; besonders in der Stoa wurden Prosatexte und Redetexte oft schmucklos abgefaßt, poetische Texte dagegen stilistisch bereichert.

Allmählich bildeten sich so in den *genera dicendi* drei Stilstufen mit unterschiedlichem *ornatus*-Anteil heraus, die bis in die Neuzeit normative Geltung besaßen. Man unterschied: das *genus subtile* (auch *humile, tenue, gracile*) mit geringem *ornatus*-Anteil, vor allem aus Wort- und Satzfiguren; diese Stilstufe war in der Regel für belehrende und beweisende Texte *(docere* und *probare)*, auch für Briefe, vorgesehen, die die *virtus elocutionis* der *puritas* (der grammatischen Klarheit) und der *perspicuitas* (Verständlichkeit) hervorhoben. Das Gegenteil zu diesem einfachen Stil ist der bilderreiche, mitunter sogar schwülstige Stil, das *genus grande* (oder *sublime, grandiloquum, amplum, robustum*), das in seinem pathetischen, mitunter stark verfremdeten Pathos beeindrucken, ja erschüttern will *(movere)* und so besonders in der Tragödie üblich war, aber auch VERGILS ‹Aeneis› bestimmte. Zwischen diese beiden Stile ist als mittleres das *genus medium (mediocre, modicum, moderatum, floridum)* gestellt, das einen gemäßigten, lieblichen Redeschmuck aufweist, da es erfreuen soll *(delectare)* und nur leicht verfremdend wirkt. Es kommt so vor allem in der deskriptiven Lyrik und in der Erzählliteratur vor.

Diese Dreiteilung der Stile stellt somit eine frühe Stufe der Auffassung von G. dar. Im Gegensatz zur modernen Trennung in Gattungsstile und Textsortenstile, in ästhetisch und pragmatisch wirksame Texte, ist hier die Einheit aller bewußt gestalteten Texte noch bewahrt.

Die in der griechischen Rhetorik entwickelte *Dreistillehre* wird in der römischen Rhetorik rezipiert und weitertradiert, z. B. bei CICERO, QUINTILIAN [14], erfährt allerdings in der Spätantike gewisse Auflösungserscheinungen. [15] Ihre Dominanz wird jedoch im Prozeß der christlichen Rezeption der Antike durch die Autorität des AUGUSTINUS bewahrt, der die Stilverwendung ähnlich wie Cicero festlegt: den niederen Stil für Lehre und Schrifterklärung, den mittleren für Lob, Tadel und Mahnung und den großen und erhabenen für die Aktivierung der Affekte und dadurch des menschlichen Handelns. [16]

II. *Mittelalter.* Das mittelalterliche Schulsystem (artes liberales) tradiert die Dreistillehre augustinischer Prägung. [17] Die Zahl der Textstile wird allerdings durch neue Textformen erweitert, die mit der Ausbildung und christlichen Durchdringung der mittelalterlichen Kultur sowohl in lateinischer Sprache als auch in der jeweiligen Volkssprache entstanden, z. B. Litaneien, liturgische Texte, Legenden, scholastische Disputationen, didaktische Dialoge und Monologe, vor allem aber durch die neue rhetorische Form der *Predigt*, die mit einer Abkehr vom reichen Schmuck der Prunkreden im demonstrativen oder epideiktischen genus und einer Zuwendung zur einfachen persuasorischen Redeweise im Dienst der Belehrung und Bekehrung neue rhetorische Maßstäbe entwickelt. Insbesondere mit dem Aufkommen der Predigerorden im 13. Jh. erfährt die *ars praedicandi* eine starke Belebung.

Unter der Herrschaft KARLS DES GROSSEN und seiner Nachfolger wird wieder Wert auf die Pflege der Rhetorik in den klösterlichen Bildungsstätten gelegt. Karl stand hierbei unter dem Einfluß seines Beraters ALKUIN, wenn er in mehreren Edikten und Briefen Äbte auf die Pflege der Rhetorik hinwies. Im 10. und 11. Jh. wird das lateinische Klosterschrifttum in Deutschland durch eine neue Buchepik bereichert (Waltharius, Ruodlieb, Ecbasis captivi). Auch die antike Dreistillehre findet neue Beachtung. In dem Schema der *Rota Vergilii* taucht nun die Zuordnung der drei Stile *(genera dicendi)* zu den drei Hauptwerken VERGILS auf. Eine entsprechende Zuordnung der Stilarten und Kennzeichen zu literarischen Gattungen als Gattungsstile erfolgte indes eher im Schulunterricht und in rhetorischen Übungen als in der Wirklichkeit der Literatur, die aufgrund von Traditionen und didaktischen Intentionen eher durch Stilmischungen geprägt ist. Feste Gattungs- und Stilnormen scheinen ohnehin dem Mittelalter fremd gewesen zu sein.

Auch in der volkssprachlichen Dichtung des Mittelalters entstehen neue Textformen mit neuen Gattungsstilen. Nachdem im Rahmen der volkssprachlichen Adaption der lateinischen Bibelepik, zunächst nach der Form germanischer *Stabreime* (ags. Bibelepik, as. Heliand [18]), mit OTFRID VON WEISSENBURG (um 865) der *Endreim* in die deutsche Dichtung eingeführt worden war und dann bis ins 12. Jh. zahlreiche exegetische, pränetische und hagiographische Texte in dieser Form verfaßt wurden, setzt sich seit der Mitte des 12. Jh. eine ‹weltliche› Versepik und Lyrik durch, die fortan in zunehmenden Maße die Literatur bestimmen sollte. Im Minnesang und in der Höfischen Epik findet die Adelskultur des Hochmittelalters ihre stärkste Ausprägung [19], die bis ins 17. Jh. noch Nachwirkungen zeigt. Auch in der Textgestaltung dieser Dichtungen sind die Nachwirkungen der antiken Rhetorik deutlich erkennbar. Eine dramatische Dichtung mit eigenen Textstilen entwickelt sich dagegen erst allmählich aus szenischmimetischen Ansätzen der Osterliturgie einerseits und des Fastnachtsbrauchtums andererseits.

Mit der Verlagerung der kulturellen Schwerpunkte vom Adel zum Bürgertum der Städte im Spätmittelalter setzen sich neue Textformen durch, wie z. B. Minne-Allegorien, Schachallegorien, didaktische Epen, Versnovellen (Mären), Chroniken in Reim und Prosa, Lebenslehren, Sittenspiegel mit jeweils eigenen Gattungsstilen, zunächst noch in Versform, dann auch in Prosa. Auch mittelalterliche Versepen werden nun in volkstümliche Prosa umgesetzt. Häufiger erscheinen allerdings medizinische und naturkundliche wie auch religiöse *Sachtexte* in Prosa und deuten so die neuen Lebensinteressen des gebildeten und bildungsbeflissenen Bürgertums an. Aus der Vielzahl der neuen Textformen mit eigenen Gattungs- bzw. Textsortenstilen sei hier nur das Kanzleischrifttum erwähnt, das in einem neuen, stark rhetorischen und formelhaften *Kanzleistil* verfaßt wird.

III. *Neuzeit.* Die Literatur des 16. Jh. ist durch eine doppelte Interessenrichtung bestimmt: Zum einen werden die volkstümlichen und volkssprachlichen Literaturformen der vorangegangenen Zeit weitergeführt (z.B. geistl. Spiel, Fastnachtsspiel, Mären, Volksbücher, Volkslied, Gesellschaftslied, Spruchdichtung) und durch neue Formen mit neuen Gattungsstilen aus den reformatorischen Auseinandersetzungen bereichert (Schulspiel, Satiren, Kirchenlied), zum andern bringt die gelehrte Bewegung des Humanismus ein Zurückgreifen auf Vorbilder der lateinischen Dichtung und Rhetorik der vorchristlichen Zeit mit sich, wobei besonders Briefe und Gedichte eine wichtige Rolle spielen.

Die Schaffung der Gymnasien und ihre Bindung an die antiken Sprachen und Texte als Folge von Humanismus, Reformation und Gegenreformation führte wieder zu einer stärkeren Berücksichtigung rhetorischer Prinzipien und Regeln, zunächst im Schulunterricht, dann auch in der Literatur. Es entstehen nun auch zahlreiche Rhetoriklehrbücher sowie Poetiken, in denen für die Literaturgattungen bestimmte Stilregeln vorgegeben werden. Zu keiner Zeit nach der Antike haben normative Dichtungs- und Stillehren eine solch starke Beachtung gefunden wie im 17. Jh. Allerdings berücksichtigen die Autoren die inzwischen veränderte Textsituation, nach der rhetorischer Redeschmuck außerhalb der Dichtung fast nur noch bürgerlichen Prunk- und Trauerreden, besonderen Predigten und Briefen zukommt (von Übungstexten abgesehen), wogegen in der Poesie die drei Grundgattungen Lyrik, Epik und vor allem die Dramatik mit ihren Gattungsstilen in den Vordergrund rücken. Bereits bei J.C. SCALIGER (1561) werden die Musterwerke Vergils durch die Tragödie mit dem *hohen Stil* und die Komödie mit dem *niederen Stil* ersetzt, die ständische Zuordnung wird dabei beibehalten. Der *mittlere Stil* wird zwar in den Poetiken erwähnt, jedoch keiner bestimmten Gattung zugeordnet. Scaligers Zuweisungen werden in den nachfolgenden Poetiken wiederholt. Für M. OPITZ (1624) ist die Tragödie mit ihrem Pathos und ihrer Bildlichkeit die rhetorisch entscheidende Gattung. Nur bei G.P. HARSDÖRFFER (1648ff.) wird der mittlere Stil erwähnt und dem Bürgertum und seinen Freudenspielen zugeordnet. Die barocke Poetik und Literatur differenziert also weitgehend nur nach hohem und niederem, höfischem und unhöfischem Stil, auch in den hier nicht erwähnten Literaturbereichen der Lyrik und Epik. Gerade an Beispielen dieser Gattungen, z.B. an der Metaphernhypostasierung in der spätbarocken Lyrik, zeigt sich auch die Übersteigerung des hohen Stils, die im 18. Jh. zu seiner Ablehnung und zur Bevorzugung des mittleren Stils als Ausdruck der Natürlichkeit führt. [20] Stilistische Kriterien der *latinitas* und *perspicuitas* sowie die sachlichen Anforderungen der *argumentatio* gelten v.a. für die wichtigen Textsorten der Aufklärung wie den Dialog, den Brief, die wissenschaftliche Abhandlung oder den populärphilosophischen Traktat. Auf der stilistischen Tradition der Rhetorik beruhende Stil- und Gattungsbestimmungen finden sich jedoch z.B. bei GOTTSCHED, der «Schreibarten» (erhabene, niederträchtige, niedrige oder schwülstige) mit bestimmten Genres korreliert [21] und in seiner ‹Ausführlichen Redekunst› (1736) neben den «Zierrathen», «Figuren» und «Schreibarten» auch die Komposition verschiedener Gattungen exemplarisch diskutiert. [22] Ein anderes Beispiel für Gattungs- und Stilbestimmungen auf rhetorischer Grundlage liefert O.F. RAMMLERS ‹Universal-Briefsteller› noch im 19. Jh. [23] Mit dem Rückgang der Rhetorik im 19. Jh. schwinden jedoch die normativen Zuordnungen der Stilarten zu den Literaturgattungen und damit die antike Dreistillehre, wenn auch in einzelnen Fällen die Traditionen noch nachwirken (z.B. im Pathos mancher Dramen Schillers und in der Tönerhetorik des 19. Jh.). Mit der Abkehr von der Bindung literarischer Gattungen an rhetorisch bestimmte Stilmerkmale wird jedoch der Begriff des G. oder Gattungsstils nicht aufgegeben. Vielmehr müssen die stilistischen Eigenheiten von Gattungen im 19. u. 20. Jh. aufgrund stilistischer Analysen in Literaturwissenschaft und Linguistik ermittelt werden.

Neue Poetiken bemühen sich zwar um Definitionen literarischer Gattungen, jedoch nicht mehr aufgrund normativer Stilkennzeichnungen. Stilphänomene können heute allenfalls als erste Hinweise für Annäherungen an Gattungsbestimmungen gelten, wobei sich die Forschung der Historizität und Problematik der Gattungsfixierungen bewußt ist.

Generell kann gelten, daß der Stilbegriff und damit auch die Auffassung vom G. im 19. und 20. Jh. eine Entfaltung und Differenzierung nicht nur in den Literatur- und Sprachwissenschaften erfährt, sondern auch in Kunst-, Musik- und Sozialwissenschaften. Die Analyse von Genres, Textsorten und Gattungsstilen erfolgt nun vor dem komplexen Hintergrund der Beziehung zwischen Autor (Produktion), Text (Kunstwerk) und Betrachter (Rezeption), wobei anthropologische bzw. lebensweltliche, philosophisch-ästhetische und historische Konzeptionen des Stils ebenfalls eine Rolle spielen. Die methodische Bandbreite dieser Analyse reicht von hermeneutischen Vorgehensweisen bis zu stilquantifizierenden mathematischen Modellen und linguistischen Funktionsbestimmungen. Der Stilbegriff bleibt dabei ebenso eine umstrittene Kategorie wie die Untersuchung und Abgrenzung von Genres oder Textsorten. [24]

Anmerkungen:
1 vgl. W. Sanders: Linguist. Stiltheorie (1973). – **2** S. Krahl, J. Kurz: Kleines Wtb. der Stilkunde (1984) 21f. – **3** vgl. E. Gülich, W. Raible (Hg.): Textsorten (^{2}1975). – **4** vgl. E. Riesel: Der Stil der dt. Alltagsrede (1970). – **5** vgl. B. Sowinski: Stilistik (1991). – **6** Krahl, Kurz [2] 21. – **7** Sowinski [5] 35ff. – **8** ders.: Dt. Stilistik (^{3}1978) 22ff. – **9** vgl. R. Bachem: Einf. in die Analyse polit. Texte (1979) 54ff. – **10** ebd. 64. – **11** vgl. B. Sowinski: Werbeanzeigen und Werbesendungen (1979). – **12** vgl. H. Dölle: Vom Stil der Rechtssprache (1949). – **13** vgl. W. Fleischer, G. Michel: Stilistik der dt. Gegenwartssprache (1975) 260ff. – **14** B. Steinbrink: Die rhet. Theorie in der Antike, in: G. Ueding (Hg.): Einf. in die Rhet. (1976) 13–60. – **15** vgl. U. Reuper: Die Rhet. im MA, in: Ueding [14] 62f. – **16** vgl. D. Kartschoke: Bibeldichtung (1975) 20ff. – **17** vgl. Reuper [15] 68ff. – **18** vgl. B. Sowinski: Darstellungsstil und Sprachstil im. Heliand (1985). – **19** vgl. J. Bumke: Höfische Kultur I/II (1986). – **20** C. Brüggemann, E. Haas: Humanismus und Barock, in: Ueding [14] 92. – **21** Handlexicon oder kurzgefaßtes Wtb. der Wiss. und schönen Künste, hg. von J.C. Gottsched (1760) Sp. 1460ff. – **22** ders.: Ausführliche Redekunst (1736) 259ff., 371ff. – **23** vgl. O.F. Rammler: Universal-Briefsteller oder Musterbuch zur Abfassung aller... Briefe, Documente und Aufsätze (1836); G. Ueding, B. Steinbrink: Grundriß der Rhet. (1986) 138ff. – **24** vgl. W. Wackernagel (Hg.): Poetik, Rhet., Stilistik (1873); O. Walzel: Das Wortkunstwerk (1926); E. Riesel: Stilistik der dt. Sprache (Moskau ^{2}1963); H.F. Plett: Rhet., Stilmodelle und moderne Texttheorie, in: Götting. Gelehrte Anzeigen, H. 3/4 (1978) 272ff.; H.M. Gauger: Wiss. als Stil, in:

Merkur 34 (1980); H. M. Gumbrecht, K. L. Pfeiffer (Hg.): Stil (1986); R. Thieberger: Stilkunde (Bern 1988).

B. Sowinski

IV. *Romanischer Sprachraum.* Anders als beim Epochenstil ist die Kategorie des G. in der Rhetorik selbst angelegt; sie hat sich dementsprechend leicht in der gesamten Romania etablieren und bis in die Moderne erhalten können. Die historischen Metamorphosen der rhetorischen Auffassung von der *elocutio* und ihrer Ausfaltung in distinkte Stillagen konnten naturgemäß auch die Gattungspoetik nicht unbeeinflußt lassen.

Die erfolgreichste antike Stiltypologie, die triadische Lehre vom einfachen, mittleren und hohen Stil, bleibt im Mittelalter bekannt und, unter veränderten Rahmenbedingungen, wirksam. [1] Über das zu Lehrzwecken konzipierte ‹Rad des Vergil› *(rota Vergilii)* werden die drei Werke VERGILS der mittelalterlichen Stilvorstellung gemäß didaktisch aufbereitet. Auf diese Weise werden die Stilformen der *Aeneis,* der *Bucolica* sowie der *Georgica* zu gleichsam gattungstypischen Stilmustern von Epos, Ekloge und Lehrgedicht verallgemeinert. Über die Schriften spätantiker Grammatiker (DONAT, DIOMEDES) werden dem lateinischen wie auch dem volkssprachlichen Mittelalter des romanischen Kulturbereichs auch Kenntnisse von den dramatischen Hauptgattungen Tragödie und Komödie einschließlich der diesen adäquaten Stilebene normativ vermittelt.

Scheinen die genannten Stile in den lyrischen Genera des Mittelalters vergleichsweise schwach gewirkt zu haben, so ändert sich dies mit der Renaissance und ihrem Bemühen, die Palette der antiken Kleingattungen mit neuem Leben zu erfüllen. Für die Dichter der Romania besteht kein Zweifel darüber, daß jede Gattung ihren «vraye et naturel stile» (wahren und den ihrem Wesen gemäßen Stil) hat bzw. zu bekommen hat. [2] Allerdings werden die Gattungen anfangs weniger über systemhafte Definitionen als vielmehr über ihre antiken Musterautoren stilistisch identifiziert. Dieser Prozeß verläuft in vielen Fällen problemlos: So gewinnt etwa die Ode über ihre Anbindbarkeit an PINDAR alsbald allgemein anerkannte Würde als hohes Genre. Für einige Gattungen, zumal solche, die über keine antiken Wurzeln verfügen, wie das Sonett, ergeben sich indes Schwierigkeiten bei der Suche nach dem ihnen zukommenden Stil und Platz in der Gattungshierarchie. In Frankreich z. B. sucht das Sonett Anschluß nicht nur beim ‹einfachen› Epigramm sondern auch bei der ‹hohen› Ode und sogar beim gleichfalls ‹erhabenen› Epos, dies nicht zuletzt deshalb, weil Frankreich zu jener Zeit noch nicht über eine praktikable mittlere Stilebene verfügt. [3] Italien ist diesbezüglich der ganzen übrigen Romania gattungspoetisch wie stiltheoretisch deutlich voraus: Bei TASSO etwa erscheint das Sonett vorbehaltlos als Bestandteil der Lyrik, und diese wiederum wird dem mittleren Stil zugeordnet. [4]

Nach dieser Phase genrestilistischer Identitätssuche sorgen das 17. und 18. Jh. für definitorische Klarstellung und systemhafte Differenzierung. Das gilt nicht allein für altehrwürdige Genera wie Tragödie und Komödie sondern auch für neue Mischformen wie die Tragikomödie. Für letztere theoretisiert z. B. GUARINI im Rekurs auf die Mimesisdoktrin ebenso wie auf die antike Stillehre einen Mischstil der Mitte. Problematisch bleibt weiterhin die Lage in Frankreich insofern, als sich dort der mittlere Stil nur langsam etablieren kann, weshalb die stilistisch ‹unsicheren› Gattungen fast immer auf die ‹Eckstile› einfach und hoch ausweichen, insbesondere auf den deutlich aufgewerteten *style simple,* so etwa im Fall der seit LA FONTAINE stark poetisierten Versfabel. Selbstverständlich sind von dieser elocutionellen Mechanik des Gattungsaptum die diversen Textsorten außerhalb der kanonisierten *Belles Lettres,* vom Brief bis zur Predigt, nicht ausgenommen. Einen Sonderfall bei alledem stellt der Roman dar, der aus dem gattungspoetischen Odium der Traditionslosigkeit stilistisches Kapital schlagen kann: In ihm kann sich in Ermangelung normativer Vorgaben das im Gefolge der kartesianischen Affektrhetorik aufkommende Verständnis eines völlig natürlichen Sprechens und Schreibens am ungehindertsten entfalten.

So stark war das Konzept des G., daß es schließlich sogar die historische Rhetorik, die dieses einst begründet hatte, zuletzt noch überdauern konnte. So polemisch z. B. der Romantiker V. HUGO einerseits gegen die Stiltradition zu Felde zieht, so unverbrüchlich hält er bei seiner Theoretisierung des romantischen Dramas am Grundprinzip einer Harmonie von Stoff und dramatischen Gestaltungsmitteln fest: Weil sich in der Realität die Gegensätze vermischen, verbinde auch das Drama das Erhabene und das Groteske, denn «tout ce qui est dans la nature est dans l'art» (alles, was die Natur enthält, hat seinen Platz in der Kunst). [5]

Anmerkungen:

1 vgl. F. Quadlbauer: Die antike Theorie der genera dicendi im lat. MA (Wien 1962). – **2** J. Du Bellay: L'Olive, hg. v. E. Caldarini (Genf 1974) 44. – **3** vgl. H. Lindner: Der problematische mittlere Stil. Beiträge zur Stiltheorie und Gattungspoetik in Frankreich vom Ausgang des MA bis zum Beginn der Aufklärung (1988). – **4** vgl. den 3. der Discorsi dell'arte poetica, hg. v. L. Poma (Bari 1964) 42. – **5** Préface de Cromwell, in: Théâtre complet, hg. v. J.-J. Thierry u. J. Mélèze, Bd. 1 (Paris 1963) 425 (Übers. Verf.).

H. Lindner

→ Dreistillehre → Epochenstil → Funktionalstil → Gattungslehre → Individualstil → Kanzleistil → Kurialstil → Lapidarstil → Stil → Stilistikum → Stillehre → Text → Zeitstil → Zeremonialstil

Gentilhomme (dt. Edelmann, Kavalier)
A. Der G., Vertreter des französischen Geburtsadels *(noblesse,* früher auch *gentillesse),* versteht sich, unabhängig von konkreten Adelstiteln, Rangdistinktionen und Herrschaftsrechten, als Mitglied einer durch die Tradition legitimierten und durch ethische, ritterlich-militärische und herrschaftliche Qualitäten herausgehobenen Gruppe. Der absolutistische Monarch selbst rechnet sich ihr zu, wenn er sich als den *ersten G. des Königreichs* bezeichnet.

Der G. gilt als unumstrittener Vertreter eines jahrhundertealten, durch bedeutende Waffentaten legitimierten Adels – im Unterschied zu jenen *nobles,* die ihren Adel neu erworben haben bzw. einem Amt verdanken. Die Abwehr des Konkurrenzdrucks von unten her gibt dabei den Ausschlag [1], während sich das *gentleman*-Ideal in England einer zu Ansehen und Reichtum gelangten bürgerlichen Oberschicht öffnet. Solche restriktive, abgrenzende Tendenzen artikulieren sich bei den Generalständen von 1614. Doch auch Diderots ‹Encyclopédie› trägt ihnen Rechnung. Daneben bahnt sich seit dem 16. Jh. allerdings eine gegenteilige Differenzierung an: Als G. bezeichnet man z. T. einen abhängigen, im Dienst eines Mächtigen stehenden Adeligen (z. B. *gentilhomme servant*), bisweilen jedoch auch den Vertreter eines niederen, verarmten oder politisch einflußlosen Adels – im Unterschied zu *seigneur, prince, duc,* d. h. zu Vertretern der *grands.*

B. I. *Mittelalter und Renaissance.* Die ersten Belege für das Auftreten von G. (Mann von edler Abstammung), ähnlich wie von *chevalier gentil* (edler Ritter) im ‹Rolandslied› (ca. 1080) bezeugen, daß sich die militärische und herrschaftliche Schicht der feudalen Epoche Frankreichs ihrer gesellschaftlichen Sonderstellung bewußt ist und ihre Überlegenheit nicht nur militärisch und politisch, sondern auch ideell – im Verweis auf ein christlich fundiertes, Staat und Gesellschaft stabilisierendes ritterliches Ethos – zu begründen versucht. Wenig später wird sich dieses ständische Selbstbewußtsein auch kulturell artikulieren: in der Ausbildung eines verfeinerten Lebensstils, in der Horizonterweiterung durch die Kreuzzüge sowie in einer ersten Kontaktaufnahme der *Höfe* mit der Welt der Literatur und Bildung. Noch im Spätmittelalter, mitten in den Greueln des Hundertjährigen Krieges, hält die Literatur an idealisierten Bildern des G. und des *chevalier* fest – beispielsweise im ‹Roman de Perceforest› (ca. 1315–40), der Anleitungen zur ritterlichen Lebensgestaltung enthält. Im 16. Jh. wandelt sich, unter dem Einfluß der italienischen Hofmannsliteratur, auch der Begriff der *gentillesse,* der bisher Adel, Tapferkeit und edle Gesinnung umschloß, zur Bezeichnung der feinen Lebensart – im Sinn jener italienischen *gentilezza,* an der sich nun viele am Hof lebende Franzosen so sehr zu orientieren scheinen, daß die Vertreter nationaler Kulturtradition bereits vor einer Überfremdung warnen. [2]

II. *Absolutismus.* 1. *Zur Sozialgeschichte.* Im beginnenden 17. Jh. ist eine Annäherung des höheren Adels an das städtische Leben – mit Bindungen insbesondere an die Hauptstadt Paris, mit Kontakten zum Finanz- und Amtsadel – und eine stärkere Affinität zum absolutistischen Hof feststellbar, der bereits seit der Renaissance Teile des Adels an sich bindet. Die sich entwickelnde Gesellschaftlichkeit der *Salons* übt einen nachhaltigen kultivierenden Einfluß aus. Im Kontakt mit adeligen Damen und kultivierten Bürgern der Oberschicht, die ihrerseits die bürgerliche Lebensart abzulegen trachten, nimmt der G. mehr und mehr die Qualitäten des künftigen *galant homme* (Mann von Welt) und – in der Konversation – des *bel esprit* (Schöngeist) an. Allenfalls der Landadelige konnte es sich noch leisten, auf Bildung und verfeinerte Lebensart zu verzichten. [3] Im Zeichen des Absolutismus büßt der G. manches von seinem Einfluß ein – durch Verarmung insbesondere des ländlichen und des niederen Adels, Vergabe von Adelsbriefen an Nichtadelige, Reduktion traditioneller militärischer Aufgaben, Verdrängung aus administrativ und politisch einflußreichen Ämtern, die zunehmend mit Bürgerlichen und Verwaltungsleuten besetzt werden. Diese Einbußen versucht jedoch Ludwig XIV. zu kompensieren durch das Angebot einer die wirtschaftlichen Grundbedürfnisse absichernden und zugleich ehrenvollen, wenn auch politisch bedeutungslosen Bindung des G. an den Hof und durch dessen Kultivierung der Rangdistinktionen (Etikette). Der G. nimmt die Qualitäten eines *honnête homme de la cour* (höfischer Ehrenmann) an. Unter Ludwig XVI. werden die Chancen der Adeligen, in einflußreiche Ämter zu gelangen, wieder verbessert. Insgesamt fördert der Absolutismus, obwohl er den Adel machtpolitisch in Schach hält, dessen im Anspruch auf ein höheres Ethos und eine überlegene Gesittung begründetes Distinktionsbedürfnis. Auch kirchlicherseits wird letzteres unterstützt. [4] Angesichts des neuen, vom absolutistischen Fürsten geschaffenen Adels beruft sich der hereditäre Adel auf das Prinzip: «Le roi peut faire des nobles, et non des gentilhommes.» (Der König kann Adelige kreieren, aber nicht Edelleute.)

2. *Präzeptistik.* J. AMYOT gibt einen Überblick über die – einem recht bescheidenen, unliterarischen Bildungsniveau entsprechende – Topik der Unterhaltungen des G. am Hof: Da geht es um Waffen, Adelshäuser, Geschichtliches, Bauten, Jagd..., das Ganze in einer auf *douceur* (Annehmlichkeit) und Wohlklang achtenden Sprache. [5] B. CASTIGLIONE hatte dem französischen G. die Beschränkung der Interessen aufs Militärische vorgeworfen, und manche Adelige sollen in einem G., der Latein verstand, bereits eine Beleidigung des übrigen Adels gesehen haben. [6] Um einem solchen Defizit an Bildung und Gesittung zu begegnen, übernehmen viele Erziehungstraktate die Anregungen der italienischen Hofmannsliteratur, indem sie den G. mit *entregent* (angenehmem Umgang) oder *bienséance* (Schicklichkeit) ausstatten und zur geschmeidigen Anpassung an alle Situationen und Erwartungen raten. [7] Obwohl nach wie vor die ethische und gesellschaftliche Konsolidierung des G. auf der Basis des tradierten Standesbewußtseins im Vordergrund steht, plädiert man nun auch für «lettres» (literarische Bildung) und «belles parolles» (angenehme Diktion). [8] N. FARET erwartet in seinem für das 17. Jh. maßgeblichen Hofmannstraktat vom G. wenigstens jenes «durchschnittliche Vertrautsein mit den angenehmsten Fragestellungen, die bisweilen in der guten Gesellschaft aufgeworfen werden». [9] Auch die Anforderungen an die schriftliche Ausdrucksfähigkeit des G. bleiben bescheiden. Er soll sich in verschiedenen Briefsorten üben, und wenn er entsprechend begabt – und verliebt – ist, mag er sich in einzelnen poetischen Kleinformen versuchen. [10] Bildungsdilettantismus und Eintauchen in die Konversationswelt der Salons und des Hofes verschließen dem G. vielfach den Zugang zur anspruchsvolleren Literatur der Epoche.

3. *G. – Hofmann – Honnête homme.* Die erwähnte Schrift Farets sieht den G., von dessen höfischer Selbstverwirklichung sie nahezu ausschließlich handelt, zum ersten Mal im Licht des die französische Klassik bestimmenden, an sich ständeübergreifenden Leitbildes des *honnête homme* (Ehrenmann bzw. Mann von Welt). Spätere Autoren knüpfen hieran an, indem sie diesen *gentilhomme/honnête homme* (bei J. DE CALLIÈRES: «honnête gentilhomme» [11]) manchmal bruchlos in den *galant homme* überführen. Der Chevalier de LA CHÉTARDIE z. B. wendet sich an einen «seigneur honnête homme» (herrschaftlicher Ehrenmann), der gleichzeitig der «idée d'un galant homme» (Leitbild eines Weltmannes) zu entsprechen hat. [12] Neben moralischer Solidität und einer gewissen literarisch-historischen Bildung verfügt der *honnête gentilhomme* über jene *science du monde* (weltmännisches Wissen), die im Umgang mit Damen und *beaux esprits* erworben wird und sich vor allem in der Konversation mit den «personnes du monde» (Leuten von Welt) aktualisiert. [13] Dort strahlt er «je ne sais quoi de charmant qui imprime fortement ce que le discours veut persuader» (ein gewisses Etwas, das bezaubert und die Überzeugungskraft der Rede nachhaltig verstärkt) aus. [14] Seine Äußerung darf «ni éloquente ni étudiée» (weder beredt noch einstudiert) wirken. Vielmehr soll sie dem Zufall und der Spontaneität Raum geben. Eine geistreiche Diktion vermeidet Zweideutiges, Pointen und Wortspiele, findet jedoch «eine

gewisse Wendung, die überrascht und ergötzt». [15] Der zum *honnête homme* avancierte G. meidet in seinen Äußerungen die «affectation» (Affektiertheit) und strahlt statt dessen «une certaine grâce naturelle» (eine gewisse natürliche Anmut) aus. [16]

Der verbale und nicht-verbale Ausdruck dieses *honnête gentilhomme* steht somit unter den Prämissen der den Umgang der *honnêtes gens* prägenden Gesellschaftlichkeit und Ästhetik – mit jener charakteristischen Einschränkung allerdings, daß die vielgepriesene Natürlichkeit und Ungezwungenheit im gesellschaftlichen Umgang verfehlt und der Gegenstandsbereich der Konversation auf «indifferente Themen» reduziert wird, wo immer man es – und dies ist am Hof leider die Normalität – mit jenen «honnêtes espions» (ehrenwerten Spionen) zu tun hat, deren *honnêteté* sich im Anschein der Ehrbarkeit erschöpft. [17] Einige jener ethisch-gesellschaftlichen Einstellungen, die das Klima der Konversation – sowohl bei Castigliones ‹Hofmann› als auch im Verkehr der *honnêtes gens* untereinander – nachhaltig bestimmen, werden somit bei diesem *honnête gentilhomme* gerade durch das höfische Interaktionsfeld eher blockiert: Offenheit, Absichtslosigkeit, Toleranz und Wohlwollen. An ihre Stelle tritt das lauernde Beobachten aller Charaktere, Stimmungen und Veränderungen im gesellschaftlichen Umfeld sowie der Versuch, zielstrebig dieser «unendlichen Vielfalt der Begegnungen» mittels einer entsprechend unendlich vielfältigen Akkommodation beizukommen: «Il change à tous moments de langage et de maximes, selon l'humeur de ceux avec qui le hazard ou ses desseins l'engageront.» (Jeden Augenblick variiert er Sprache und Maximen, je nach Laune derer, auf die er zufälligerweise oder absichtlich trifft.) Angesichts dieser unendlichen Differenzierung müssen alle Regeln der Rhetorik versagen: «Il est impossible de donner des reigles certaines de la façon, avec laquelle il faut user des paroles.» (Es ist unmöglich, sichere Regeln über die Art und Weise zu geben, wie Worte einzusetzen sind.) [18]

Je mehr sich die adelige und höfische Präzeptistik die neuen Ideale des *honnête homme* bzw. *honnête gentilhomme* zu eigen macht, um so mehr entfernt sie sich von ihrer bisherigen standesspezifischen Orientierung, die das höfische Verhalten nach Art einer «profession» (Beruf) [19] regulieren zu können glaubte, – um sich, samt ihrer Ausdruckslehre und Rhetorik, in die Universalität der *honnêteté*-Konzeption hinüberzuretten. In der Tat konvergieren die Prinzipien dieser – inzwischen gewandelten – Präzeptistik mit jenen der modänen *honnêteté*. Ein jede Regelhaftigkeit transzendierender *esprit fin* (feinsinniger Geist) erfaßt mit *délicatesse* (Sinn für Nuancen) die subtilsten Neigungen des Gesprächspartners, um ihnen im kommunikativen Verhalten Rechnung zu tragen. Die Fähigkeit, sich angenehm zu machen *(agrément)* und zu gefallen *(plaire)*, die Orientierung an *grâce* (Anmut bzw. Gunst) und nicht zuletzt die unendliche Anpassungsbereitschaft sind für beide Leitbilder maßgeblich. Anderseits gehen aber in dieser Präzeptistik, insofern sie nach wie vor die *complaisance* (Gefälligkeit) als Waffe im Konkurrenzkampf empfiehlt, wesentliche Elemente der eher zur Selbstzweckhaftigkeit tendierenden «société commode» (Gesellschaft der Annehmlichkeit) der «honnêtes gens» [20] verloren. Deren konkrete Realisierung kann nämlich auf ein «einen gewissen Anflug von Leichtigkeit, der die ganze Annehmlichkeit erzeugt» keinesfalls verzichten. [21]

Die Aussagen einer der *honnêteté*-Konzeption angenäherten Adelspräzeptistik sind also insofern ambivalent, als sie einerseits ein taktisch-strategisches Handeln – im Rahmen des Wettbewerbs am Hof und als Durchsetzung *professioneller* Interessen – suggerieren, anderseits aber auch in den Dienst der erwähnten gesellschaftlichen *commodité* treten können. Gerade diese Ambivalenz enthüllt aber, daß die proklamierte Verschmelzung des G. (bzw. des *courtisan*) mit dem *honnête homme* ein kaum einzulösendes Postulat bleibt. Zeitgenössische Kritiker wie C. SOREL haben dies auch beanstandet und im Namen einer überprofessionellen *honnêteté* «unspezifische Vorschriften» gefordert. [22] Solche Unvereinbarkeiten dürften die bedeutendsten Vertreter der klassizistischen *honnêteté*-Konzeption – LA ROCHEFOUCAULD, MÉRÉ, SAINT-ÉVREMOND – dazu bewogen haben, die von Faret und seinen Nachfolgern postulierte Synthese aufzulösen, um eine eher der «horizontalen Struktur der Salons» als dem «vertikalen Aufbau des Hofes» verpflichtete Interaktion der *honnêtes gens* zu entwerfen. [23]

Die Präzeptistik des G. in der Ära des Absolutismus ist insofern dysfunktional, als sie – unter Anlehnung an das Leitbild des *honnête homme* – ständig den «grand Homme [qui] n'a point de poste fixe» (den großen, auf keinen Funktionsort fixierbaren Menschen) fordert. [24] Zwar wird gelegentlich, um der Funktionslosigkeit des Adels (der Herzog von SAINT-SIMON spricht von dessen «inutilité à tout» [Verwendungsfähigkeit für nichts]) zu begegnen, eine in England bereits praktizierte Abschaffung des Verbots unternehmerischer und wirtschaftlicher Tätigkeit des Adels erwogen, oder man fordert ein auf juridisch-administrative Kompetenzen abzielendes Bildungsprogramm. Doch die Abgrenzungsbestrebungen gegenüber bürgerlichem Interessedenken und bürgerlicher Bildungsbeflissenheit behalten die Oberhand, selbst wenn sich zunehmend, insbesondere im 18. Jh., alte Adelsfamilien im Überseehandel und in der Industrie engagieren. Vor den mondänen Defiziten der klerikal-bürgerlichen Bildungstradition wird nach wie vor gewarnt; diese könnten ja den G. allenfalls beflecken. Man muß ihn folglich «von diesem Schmutz reinigen». [25] Letztlich dient auch der sprachliche Purismus, den man dem Adeligen empfiehlt, solchen Abgrenzungsbestrebungen: «So wie sich die Edelleute von den Bürgerlichen durch die Geburt unterscheiden, sollen sie sich auch durch die Sprache von ihnen unterscheiden.» [26]

Anmerkungen:
1 vgl. D. Bitton: French Nobility in Crisis (Stanford 1969) 113. – **2** z. B. Philibert de Vienne: Le Philosophe de Court (Lyon 1547); H. Estienne: Deux Dialogues du nouveau langage François italianizé (Genf 1578). – **3** vgl. J.-P. Labatut: Les Noblesses européennes (Paris 1978) 165. – **4** vgl. C. Marois: Le G. parfaict (Paris 1631). – **5** vgl. M. Fumaroli: Le ‹langage de cour› en France, in: Europäische Hofkultur im 16. und 17. Jh., Bd. 2 (1981) 26. – **6** J. de Callières: Traitté de la Fortune des Gens de Qualité, et des Gentils Hommes particuliers (Paris 1658) 287. – **7** N. Pasquier: Le G. (Paris 1611). – **8** Du Souhait: La vraye Noblesse (Lyon 1599) 5, 20; ähnlich A. de Nervèze: La Guide des Courtisans (Paris 1606) und Pasquier [7]. – **9** N. Faret: L'Honneste homme ou l'art de plaire à la court (1630, éd. M. Magendie: Paris 1925) 26. – **10** Chev. de La Chétardie: Instructions pour un jeune seigneur, ou l'Idée d'un galant homme (Paris 1683) Bd. 1, 142–56. – **11** Callières [6] 295. – **12** La Chétardie [10] Vorwort. – **13** Chev. de Méré: Oeuvres complètes, prés. par C.-H. Bourdhors (Paris 1930) Bd. 2, 102. – **14** Callières [6] 396. – **15** Zitate: La Chétardie [10] Bd. 1, 54, 36; Bd. 2, 125–26. – **16** Faret [9] 18. – **17** Zitate: La Chétardie [10]

Bd. 1, 54; Callières [6] 113. – **18** Faret [9] 47–48; vgl. R. Galle: Honnêteté und sincérité, in: F. Nies u. K. Stierle (Hg.): Frz. Klassik (1985) 44–45. – **19** La Bruyère: Les Caractères. De la cour 19. – **20** La Rochefoucauld: De la société, in: J. Truchet (Hg.): Maximes (Paris 1967) 185–86. – **21** P. de Vaumorière: L'Art de plaire dans la conversation (Paris 1689) 240. – **22** La Bibliothèque françoise (Paris 1667) 65–66. – **23** vgl. H. Scheffers: Höfische Konvention und die Aufklärung (1980) 72; vgl. O. Roth: Die Gesellschaft der *Honnêtes Gens* (1981) 33, 241–49, 412–13. – **24** La Chétardie [10] Bd. 2, 14. – **25** Callières [6] 386. – **26** F. de Callières: Des mots à la mode et des nouvelles façons de parler (La Haye 1692) 50.

Literaturhinweise:
Yves de Paris: Le G. chrétien (Paris 1666). – W. L. Wiley: The Gentleman of Renaissance France (Cambridge/Mass. 1954). – F. Bluche: La Vie quotidienne de la noblesse française au XVIIIe siècle (Paris 1973). – A. Devyver: Le Sang épuré. Les préjugés de race chez les gentilshommes français (Bruxelles 1973). – C. Ossola: Dal ‹Cortegiano› al ‹Uomo di mondo› (Turin 1987).

O. Roth

→ Anmut → Allgemeinbildung → Decorum → Fürstenspiegel → Galante Rhetorik → Gentleman → Gespräch → Gesprächsrhetorik → Höfische Rhetorik → Höflichkeit → Honnête homme → Natürlichkeitsideal → Politicus

Gentleman (dt. ebenfalls Gentleman, Edel- bzw. Ehrenmann, Mann von Lebensart und Charakter).
A. In Großbritannien ursprünglich der wappenberechtigte Mann aus dem niederen Adel, später jedes Mitglied der guten Gesellschaft, das es zu Ansehen und Reichtum gebracht hat. Seit dem 16., insbesondere aber im 19. Jh., wird die G.-Haltung zum nationalen Erziehungsziel von Public Schools und Colleges.

Begriff und Phänomen des G. weisen eine große historische Dynamik und Bedeutungskomplexität auf. Der Begriff ist zwar geschlechtsspezifisch maskulin, bezieht aber in sein Ideal durchaus auch die ‹Gentlewoman› bzw. ‹Lady› mit ein. Er ist Indikator eines hohen, aber nicht notwendigerweise aristokratischen Status, weist hin auf ein vorbildhaftes gesellschaftliches Verhalten und Sprechen und bezeichnet schließlich ein ethisches Ideal der Ritterlichkeit und Rücksichtnahme, insbesondere gegenüber Schwächeren. Das Wort ‹G.› (dem frz. ‹gentilhomme› nachgebildet, obwohl im 17. und 18. Jh. eher dem ‹honnête homme› verwandt) lehnt sich im Mittelalter noch stark an die lateinischen Qualitäten von ‹gentilis› (freigeboren) und ‹generosus› (von edler Herkunft bzw. edelmütig) an, gibt aber bereits im späten 16. Jh. seine Bindung an den Landadel auf. Allerdings entzieht sich der Begriff einer eindeutigen semantischen wie soziokulturellen Festlegung, wie die vielfältigen Definitionsversuche in allen Jahrhunderten nachhaltig unterstreichen.

B. I. *Mittelalter und Renaissance.* Bereits G. CHAUCER versteht den G. als tugendhaften Mann, der «gentil dedis» (edle, aber auch großmütige Taten) vollbringt [1], bindet ihn aber nicht an den Adelsstand. Ebenso ist von Heinrich VIII. die Aussage überliefert, «a king may make a nobleman but he cannot make a gentleman» (ein König vermag in den Adelsstand erheben, aber er kann niemanden zum G. machen). Die ständemäßige Offenheit der Kategorie hebt auch T. SMITH hervor [2]: Der G. bildet zwar grundsätzlich die *nobilitas maior* (höherer Adel); daneben führt Smith aber auch den einfachen (simple) G., der sich durch adelige Abstammung, mehr noch aber durch das Verhalten und den Habitus eines Edelmanns auszeichnet. Jedermann konnte sich ja, wie etwa Shakespeare, beim Heroldsamt für gutes Geld ein neues Wappen erwerben. Die Anrede für den G. ist ‹master› und wird als Titel verwendet. Wenn T. ELYOT betont, daß «vertuous and gentle deeds» (tugendhafte und edle Taten) einen G. ausmachen [3], so tritt die Abstammung in den Hintergrund, und es dominieren ethische und rhetorische Qualitäten. Zusammen mit R. ASCHAM [4] gehört Elyot zu den humanistischen Lobpreisern des G.-Ideals, an dem er vor allem die harmonische Ausbildung von Körper und Geist und seine national-christliche Ausrichtung herausstreicht. Die großen englischen Public Schools, die seit dem späten 14. Jh. gegründet werden, nehmen dieses Menschenbild auf und machen es fortan zu ihrem Erziehungsideal. Sein Ethos strahlt im 16. Jh. auf alle Lebensbereiche aus, erfaßt standesmäßige Tätigkeiten und kulturelle Beschäftigungen, öffentliches Auftreten ebenso wie Moral und Ethik. [5] Allumfassendes Verhaltensideal ist die Anmut *(grace)*, eine auf CASTIGLIONES *grazia* zurückführbare Persuasionshaltung, die das spielerisch Leichte betonte und sich von gekünstelter *affectatio* absetzte. Die Affektation, in der Konversation vor allem das Zurschaustellen von Spezialwissen und Gelehrsamkeit, war verpönt, weil unvereinbar mit dem Stilideal des mußevollen Dilettantismus. Folglich galt die Verwendung von *hard words*, das waren insbesondere Latinismen, als Bruch der guten Manieren und des konversationalen *decorums*. Solche und andere spezifische Benimmregeln für den G. wie auch für die Gentlewoman liefert R. BRATHWAIT. [6] Mit Beginn des 17. Jh. bildet sich dann der Typ des *virtuoso* heraus, des gebildeten und sensiblen G., der mühelos und mit Autorität über alle Wissensbereiche sprechen konnte. [7]

II. *17. Jahrhundert. Restaurationszeit.* In der mit dem Jahr 1660 ansetzenden Restaurationsepoche ist das G.-Bild vor allem dem aristokratischen Verhaltens- und Sprechcode verpflichtet. Für die Hofgesellschaft um Karl II., die die Prinzipien von Libertinismus und Hedonismus verinnerlicht und das Hobbes'sche Wolfsbild vom Mitmenschen übernommen hatte, ist das elegante, öffentlichkeitsbewußte Rollenspiel *ultima ratio*. Gesellschaftliche Manieren *(manners)* rangieren eindeutig vor der Moral. So ist sexuelle Promiskuität, wie auch das Verhalten des Königs zeigt, der kunstvollen Selbststilisierung keineswegs abträglich, sofern nur der gesellschaftliche Schein gewahrt bleibt. Die Kunst der Verstellung und der aristokratischen Pose kennt nur ein Ziel, in der Gesellschaft zu glänzen. Ein stilvolles Auftreten war in jeder Hinsicht von höchster Überzeugungskraft.

Die höfisch-städtische G.-Vorstellung, die der Landedelmann (country-gentleman) wegen mangelnder Politesse häufig verfehlte, verbindet sich nahtlos mit dem *wit*-Ideal. *Wit* ist Geist, Esprit und Witz in einem und schlägt jedwedes gesellige Verhalten in seinen Bann. Über *wit*, und nicht über Titel oder Reichtum erwirbt man höchstes Sozialprestige. Es verlangt nach decorumsbewußter Umsetzung und situationsgemäßer Flexibilität. Vor allem in der Konversationskunst hatte sich der G. als *wit* zu erweisen [8], und zwar durch zwanglose und spontane Formulierung, sprachliche Eleganz, Schlagfertigkeit und witzige Pointenhaftigkeit. DRYDEN schließt sich mit seiner Forderung nach dem Städtischen *(urbana)*, Anmutigen *(venusta)*, Spritzigen *(salsa)* und Eleganten *(faceta)* im Konversations- wie im Komödiendialog ausdrücklich der Tradition Quintilians an. [9] Zwar ist die Vermeidungsregel von Latinismen und anderen Fremdwörtern, vor allem in Gegenwart von Damen, weiterhin in Kraft. Andererseits aber steht die Ausrichtung nach Frankreich, das der G. auf seiner Bildungsreise *(grand tour)* zusammen mit Italien mit Vorliebe besuchte, hoch in Mode, und der ornamentale Schmuck der Rede mit französischen Wendungen dient demgemäß als Kennzeichen sprachlicher Eleganz.

Die vom G. als *truewit* erwartete, aber nicht immer glücklich umgesetzte stilistische Brillanz wird von den meisterlichen Komödien der Zeit facettenreich und vor allem in ihrer fehlerhaften Lächerlichkeit widergespiegelt. Konversationales Herzstück (the soul of conversation) und somit Gradmesser für den *wit* ist im Gesprochenen wie im Geschriebenen das *repartee*, die witzige Entgegnung. Es sollte im konversationalen Florettfechten zu einem Überlegenheitslachen, dem Hobbes'schen «sudden glory», führen und den Gesprächspartner einem gutmütigen Spott *(raillery)* preisgeben. Die Dominanz und Ubiquität des Satirischen steht in vollem Einklang mit der egozentrischen Grundhaltung des aristokratischen Ethos, das alle kulturellen Bereiche, die zur Ästhetisierung des G. beitragen konnten, vor allem aber Mode, Kunst und Literatur, erfaßte. Das belletristische Dilettieren, die mannigfaltigen Komplimentieradressen und die Verse, die dem Liebeswerben Erfolg verschaffen sollten, alles ausgerichtet an der Rhetorik der Konversationskunst, bestätigen das Diktum von «the mob of gentlemen who wrote with ease», der G.-Sippschaft, die die Feder mit ungezwungener Leichtigkeit zu führen verstand. Analog zum frz. ‹honnête homme› versteht sich der englische G. als Kunstschöpfer – nicht jedoch aus primär literarischen Motiven, sondern um über die ästhetische Inszenierung seines Selbst die erstrebte Superiorität unter Beweis zu stellen. [10] Das Dichten aus Muße, gerichtet an den kleinen Kreis von Gleichgesinnten, wird für den G. zu einem klassenspezifischen Akt. Daher setzt er sich vehement von den einkommensorientierten Zielen des Berufsdichters ab und blickt als «gentleman-writer» entsprechend verächtlich auf den «trader in wit», den Händler der Schreibezunft, herab. [11] Durch derartige Verabsolutierungen des aristokratischen Standesethos hebt sich das G.-Ideal der Restaurationszeit deutlich von früheren Perioden ab. Mit der rapide zunehmenden Dominanz bürgerlicher Werte erfolgt dann im einsetzenden 18. Jh. ein klassenspezifischer Paradigmenwechsel.

III. *18. Jahrhundert. Neoklassizismus.* Vor allem J. ADDISON und R. STEELE gelingt es, in ihren moralischen Wochenschriften das neue G.-Ideal einem großen Leserkreis zu vermitteln. Es erfaßt jetzt den gesamten gehobenen Mittelstand und strebt eine Verschmelzung der sittlichen Lebenshaltung der Bourgeoisie mit den Umgangsformen des Adels an. In Verbindung mit der neuen Benevolenz-Philosophie SHAFTESBURYS etablieren sich Vernunft *(common sense)*, moralisches Bewußtsein und gute Manieren *(good-breeding)* als oberste Lebensprinzipien. Die aristokratische Egozentrik macht einem gutmütigen Altruismus Platz, die ehemaligen Verstellungstheorien weichen der neuen Hochschätzung der Aufrichtigkeit *(sincerity)*. Die bürgerliche Form der Ehrbarkeit manifestiert sich zwar weiterhin am Sprechideal, denn ein «feiner G.» ist weiterhin ein Mann der Konversation. [12] Aber gerade hier findet der Wandel seinen vielleicht deutlichsten Ausdruck: Das öffentlichkeitsbewußte, oft posenhafte und effektorientierte Parlieren wird entscheidend abgewertet und verdrängt durch das auf Kommunikation und Information ausgerichtete ungezwungene Gespräch. Mit der Natürlichkeit des Sprechens einher geht die Abwertung, ja Diskriminierung von *wit* und verletzendem Spott, so daß die satirische Bloßstellung durch das Überheblichkeitslachen als zutiefst unmoralisch empfunden wird. Korrektheit anstelle von witziger Spritzigkeit hat jetzt die Sprache des G. auszuzeichnen, sie ist die neue Eleganz. Interessanterweise legen aber viele Sprachkritiker, darunter auch DR. JOHNSON und CHESTERFIELD, nicht eine grammatische Regelhaftigkeit, sondern die sozio-spezifische Sprechvariante des G. als Korrektheitsnorm fest. [13] Der gebildete G., der sich in den zahlreich aufsprießenden Kaffeehäusern und Clubs mit seinesgleichen, d. h. Adeligen wie Bürgerlichen trifft, spricht jedoch nicht mehr wie der Libertin der Restaurationskomödie, so lautet die Grundregel der vielen zeitgenössischen Benimmbücher. Gegen Ende der neoklassizistischen Epoche insistiert freilich Chesterfield weiterhin auf der Bedeutung äußerlicher Etikette, die allein den «genteel man of fashion», den modebewußten G. also, vom vulgären Menschen unterscheidet. Die Grazien des guten Benehmens, so Chesterfields Postulat, sollen zusammen mit gesellschaftlicher Schicklichkeit *(decency* und *propriety)*, Gefälligkeit *(complaisance)* und Höflichkeit *(politeness)* zur *art of pleasing*, zur Perfektion in der Kunst des gefälligen Verkehrs, führen. [14] Nach Chesterfields elitärem Verständnis, das allerdings heftig umstritten bleibt, ist der G. aus ästhetischen wie auch gesellschaftlichen Gründen an seinen äußeren Formen erkennbar. Die alte, bereits von della Casa in Verhaltensregeln umgesetzte Persuasionsstrategie des Auftretens hat also in gewissen Adelskreisen weiterhin Gültigkeit.

IV. *Viktorianismus.* Auch im 19. Jh. wird die Frage, was einen echten G. ausmache, rege diskutiert und von führenden Geistesvertretern in direkte Verbindung mit Gesellschaftskritik, Ethik und Erziehung gebracht. Übereinstimmung besteht jetzt darin, daß sich der wahre G. weniger durch geschliffene Manieren auszeichnet als durch seine innere Einstellung. Sie kulminiert in einer noblen Geisteshaltung, Gelassenheit gegenüber Schicksalsschlägen und einem generellen Verantwortungsgefühl, Qualitäten, die bald Vorbildcharakter erlangen. W. M. THACKERAY suggeriert folgende Definition des neuen G.-Ideals: «Is it to have lofty aims, to lead a pure life, to keep your honour virgin; to have the esteem of your fellow-citizens, and the love of your fireside; to bear good fortune meekly; to suffer evil with constancy; and through evil or good to maintain truth always?» (Besteht es nicht darin, hochgesteckte Ziele zu haben, ein reines Leben zu führen, die Jungfräulichkeit seiner Ehre zu bewahren; von den Mitbürgern geachtet und im eigenen Heim geliebt zu werden; Glück demütig zu ertragen, Unglück mit Beständigkeit zu erleiden und im Guten wie im Bösen immer die Wahrhaftigkeit zu bewahren?) [15] So wird der G. zunehmend zu einem Charakteristikum des englischen Nationalcharakters, wie nicht zuletzt auch H. TAINE herausstellt. [16] Großmut, Bildung, Takt, Korrektheit im Handeln und Moral sind seine hervorstechenden Qualitäten, Merkmale, die als Werte auch im politischen Bereich, und zwar im konservativen wie liberalen Lager, zählen. Sie verbinden sich mit einer rigorosen Affektkontrolle, die sich rhetorisch vor allem in der Stilfigur des *understatement*, der Untertreibung, niederschlägt. Zum viktorianischen G.-Ideal gehört weiterhin der *sense of humour*, ein Humorgefühl, das sich aber deutlich vom scharfen, intellektuellen *wit* früherer

Zeiten abhebt und sich in eher emotionaler, subjektiver Weise an den exzentrischen Dingen des Lebens entzündet.

Auch im Erziehungsbereich spielt das G.-Ideal im 19. Jh. eine tragende Rolle. Im Mittelpunkt der Reformbestrebungen steht die Wiederbelebung der alten *Public-School*-Tradition. T. ARNOLD, seit 1828 Headmaster von Rugby, propagiert ein klassisch-humanistisches Bildungsmodell, das Vorstellungen des Christentums, der klassischen Antike und des Rittertums zu verschmelzen sucht. So entsteht das Leitbild des ‹Christlichen G.›, das Religiosität, Gelehrsamkeit und Ritterlichkeit in einem Bildungsgang vereinigen will. Sein Sohn M. ARNOLD übernimmt dieses Modell auch als generelles Bildungsziel für die Erziehung der Mittelklasse in staatlichen Schulen. «To the middle class, the grand aim of education should be to give largeness of soul and personal dignity.» (Das große Ziel bei der Erziehung der Mittelklasse sollte die Herausbildung von Seelengröße und persönlicher Würde sein.) [17] Über die Schulen findet dieses G.-Ideal im 19. Jh. eine landesweite Verbreitung und Akzeptanz. Die Schriftsteller, die den englischen G. insbesondere in den Romangestalten in verschiedenen Facetten beleuchten und sein Fehlverhalten satirisch bloßstellen, fixieren es für die Weltöffentlichkeit. Neben A. TROLLOPE, dem die charakterliche Bewährung in einem breiten gesellschaftlichen Spektrum ein wichtiges Erzählanliegen ist [18], tut sich vor allem Thackeray hervor. Jener erstellt mit subtiler Ironie aber auch plastische Skizzen vom Antipoden des G., nämlich dem Snob und dessen auf Äußerlichkeiten begründeter Überheblichkeit. [19]

V. 20. Jahrhundert. Im 20. Jh. ist das G.-Bild in widersprüchlichen Kontexten zu finden. Das viktorianische Ideal wird zwar weitgehend übernommen; der G. wird aber auch zunehmend zu einem komischen Stereotyp, zu einem zwar gutsituierten und gebildeten Individualisten, der sich aber durch eine farcenhafte Exzentrik und Weltfremdheit lächerlich macht. [20] Auch seine Rhetorik verliert ihre frühere Idealität. So stellen die Karikaturen in seiner Höflichkeit auch eine gewisse Überheblichkeit, ein Von-oben-herab-Sprechen heraus, das aber weniger als verletzend, vielmehr als unangemessen und komisch markiert ist.

Anmerkungen:
1 G. Chaucer: The Canterbury Tales (The Wife of Bath's Tale), hg. v. P. G. Ruggiers (Folkestone 1979) 282. – **2** T. Smith: De Republica Anglorum (London 1583); vgl. U. Suerbaum: Das elisabethanische Zeitalter (1989) 521ff. – **3** T. Elyot: The Book Called the Governor (London 1531). – **4** R. Ascham: The Schoolmaster (London 1570). – **5** vgl. R. Kelso: The Doctrine of the English G. in the Sixteenth Century (Gloucester, Mass. 1964). **6** R. Brathwait: The English G. (London 1630); ders.: The English Gentlewoman (London 1631). – **7** M. Vale: The G.'s Recreations. Accomplishments and Pastimes of the English G. 1580–1630 (Cambridge/Totowa, N. J. 1977) 86. – **8** vgl. D. A. Berger: Die Konversationskunst in England 1660–1740 (1978). – **9** J. Dryden: Of Dramatic Poesy and Other Critical Essays, Bd. 1, hg. v. G. Watson (London/New York 1962) 149. – **10** vgl. D. A. Berger: Aristokratische Lese- und Schreibkultur im England der Restaurationszeit, in: P. Goetsch (Hg.): Lesen und Schreiben im 17. und 18. Jh. (1994) 197ff. – **11** vgl. Rochester in ‹A Session of the Poets›. – **12** R. Steele in ‹Guardian› 24. – **13** Berger [8] 70. – **14** Chesterfield: Letters, hg. v. B. Dobrée (London 1932) u. a. III/1186. – **15** W. M. Thackeray: George the Fourth, in: Works, Bd. 11 (London 1910–11) 123. – **16** H. Taine: Notes on England (London 1872) 175; vgl. W. E. Houghton: The Victorian Frame of Mind. 1830–1870 (New Haven 1957) 283. – **17** M. Arnold: A French Eton, or Middle Class Education and the State (London/New York 1892) 63. – **18** S. R. Letwin: The G. in Trollope. Individuality and Moral Conduct (London/Basingstoke 1982). – **19** W. M. Thackeray: The Book of Snobs (1848), ursprünglich als Serie von humorvollen Charakterskizzen 1846–47 im ‹Punch› veröffentlicht. – **20** D. Sutherland: The English G. (London 1987).

Literaturverzeichnis:
E. H. Cady: The G. in America. A Literary Study in American Culture (New York 1969, zuerst 1944). – G. F. Pflaum: Gesch. des Wortes ‹G.› im Dt. (1965). – P. A. Lee: The Ideal of the English G. in the Early 17th Century (Ann Arbor 1981, zuerst 1966). – H. J. Shroff: The 18th Century Novel. The Idea of the G. (London 1983). – D. Castronovo: The English G. (New York 1987).

D. A. Berger

→ Decorum → Gentilhomme → Geselligkeit → Gespräch → Hofmann → Höflichkeit → Honnête homme

Gerichtsrede (griech. δικανικὸς λόγος, dikanikós lógos; lat. oratio iudicialis; engl. judicial oration, forensic oration; frz. discours judiciaire; ital. orazione forense)
A. Def. – B. I. Antike. – II. Mittelalter. – III. Renaissance, Barock. – IV. 18. – 20. Jh.

A. 1. Die G. ist die kennzeichnende Erscheinungsform der gerichtlichen Redegattung (δικανικὸν γένος, dikanikón génos; *genus iudiciale*), die in der auf ARISTOTELES zurückgehenden Dreiteilung zwischen die dem symbouleutikón génos *(genus deliberativum)* zugehörige Beratungsrede und die Festrede des epideiktikón génos *(genus demonstrativum)* tritt. [1] Charakteristisch für die G. ist das Gegeneinander von Ankläger und Angeklagtem (außerhalb des Strafprozesses: Kläger und Beklagtem); Anklage (Klage) und Verteidigung streiten um die rechtliche Beurteilung eines Sachverhaltes, der in der Regel (insbesondere im Strafprozeß) in der Vergangenheit liegt. In ihren G. legen beide Parteien den Urteilenden (Richtern oder Geschworenen) widerstreitende juristische Qualifizierungen der behaupteten Tatsachen nahe. Dieses dialektische Element des Gegensatzes zwischen einander widersprechenden Positionen in einer *controversia* ist in der G. stärker als in anderen Redetypen ausgeprägt. [2] Die rednerische Aufgabe *(officium)* der Anklage (Klage) ist die κατηγορία (katēgoría; *intentio* oder *accusatio,* zivilrechtl. *petitio*): die Darstellung des Verhaltens des Angeklagten (Beklagten) als unrecht (ἄδικον, ádikon; *iniustum*) und rechtswidrig, während der Verteidigung die ἀπολογία (apología; *depulsio* oder *defensio*) obliegt: die Charakterisierung desselben Verhaltens als gerecht (δίκαιον, díkaion; *iustum*) und rechtmäßig oder zumindest entschuldbar. [3] Das gegensätzliche Zusammenspiel von *accusatio* und *defensio* macht im wesentlichen den Prozeß *(actio)* aus. [4] Wenn es dabei auch oft subjektiv für die Parteien das Hauptziel sein mag, «den Richter zu überzeugen und sein Urteil zu der dem Willen des Redners gemäßen Entscheidung hinzuführen» [5], so bleibt doch die Orientierung am rechtlich systemleitenden und rhetorisch redegattungsbestimmenden Wert der Gerechtigkeit argumentativ unverzichtbar. Diese Ausrichtung auf das *iustum* als oberstes Ziel (τέλος, télos; *finis*) schließt es nicht aus, daß die für die Beratungsrede und Festrede kennzeichnenden Gesichtspunkte von Nutzen (συμφέρον, symphéron; *utile*) und Ehre (καλόν, kalón; *honestum*) [6] auch in der G. hilfsweise zur Geltung kommen können, ebenso wie Elemente der G. mitunter in den anderen Redegattungen Verwendung finden. [7]

Die theoretische Erfassung der G. ist ein Hauptanliegen der rednerischen Erfindungskunst *(inventio)* und der Lehre von den Redeteilen *(partes orationis)*. So ist etwa die bei QUINTILIAN [8] als vorherrschend bezeichnete Fünfteilung der Rede in Einleitung *(prooemium;* auch *exordium, principium)*, Sachverhaltsschilderung *(narratio),* Beweisführung *(probatio;* auch *argumentatio)*, Widerlegung gegnerischer Argumente *(refutatio;* auch *reprehensio)* und Schluß *(peroratio)* auf die G. zugeschnitten [9]; da Abweichungen von einer strikten Reihenfolge der mittleren Abschnitte in der Praxis recht oft vorkommen und durchaus auch von der Theorie nahegelegt werden, kann man diese sogenannten Teile wohl auch vielleicht sogar eher als typische Aspekte der G. auffassen, als Bestandteile der Aufgabe, die der Gerichtsredner erfüllen muß. Dabei liegen regelmäßig im *exordium* und in der *peroratio* Schwerpunkte auf der Erregung von Affekten: in der Einleitung stellt der Redner nicht nur den Fall vor, sondern rückt auch das ἦθος, éthos der eigenen Seite (der Partei und gegebenenfalls auch des Advokaten) in ein gutes Licht, während Schatten auf das Bild der gegnerischen Seite geworfen werden. [10] In der *peroratio* treten dann zur Zusammenfassung der Hauptpunkte der Rede oft noch verstärkte Appelle an das Gefühl des Urteilenden (πάϑος, páthos) hinzu, insbesondere die Aufforderung zum Mitleid mit der eigenen Seite *(conquestio)* und zur Abscheu vor der des Gegners *(indignatio)*. [11] Solche Affekte können aber auch in den anderen Teilen der Rede eine (wenngleich gewöhnlich weniger prononcierte) Rolle spielen. [12]

Im Mittelpunkt der G. steht die *argumentatio,* in der es um die rechtliche Beurteilung des relevanten Sachverhaltes geht. Der überwiegende Teil der Lehre von der *inventio* befaßt sich damit, dem Verfasser einer G. die Bestimmung der zentralen Streitpunkte und die Auffindung geeigneter Argumente zu diesen Punkten zu erleichtern. In der Statuslehre werden dabei Fälle, in denen es um die Feststellung strittiger Tatsachen *(coniectura),* um deren begriffliche Charakterisierung *(definitio)* oder um ihre Beurteilung nach allgemeinen rechtlichen und moralischen Grundsätzen *(qualitas)* geht, unter dem Oberbegriff *genus rationale* zusammengefaßt; ihnen stehen im *genus legale* Fälle gegenüber, deren Hauptstreitpunkt die Auslegung von rechtlichen Texten betrifft; [13] auch hier bestehen vielfältige Querverbindungen. [14] Die Topik stellt dann zu diesen Streitpunkten ein vielfältiges Arsenal von Argumentationsmustern bereit, die es den Rednern ermöglichen, in ihren G. in jedem Fall die gegensätzlichen Positionen der beiden Seiten kontrovers zu vertreten und damit auf das abschließende Urteil hinzuwirken.

In der Theorie stehen den Methoden der rednerischen Aufbereitung des Sachverhaltes die Techniken der Auslegungen der anwendbaren Rechtsnormen gleichberechtigt zur Seite; tatsächlich aber überwiegen in der G. Tatfragen bei weitem. Die Analyse der Behandlung von komplexen juristischen Fragen nahm zwar in der Theorie der G. ihren Ausgang, entwickelte sich aber zunehmend zu einer fachspezifischen juristischen Rhetorik und soll unter diesem Stichwort eingehender behandelt werden. Ebenso ist nicht zu übersehen, daß die rhetorische Kunstlehre ebenso wie die rednerische Praxis sich zwar sowohl zivilrechtlichen als auch strafrechtlichen Fällen widmet, daß aber doch den letzteren in der theoretischen Behandlung der G. das vornehmliche Interesse gilt. Diese Vorliebe schlägt sich auch in der Überlieferung zur Praxis der G. nieder, wohl nicht zuletzt deshalb, weil bei Strafsachen in der Regel der Schwerpunkt eher auf anschaulicheren menschlichen Konflikten und Tatumständen als auf komplizierten Rechtsfragen liegt, weswegen sie schon immer dem Spiel rednerischer Fähigkeiten größeren Raum bieten und auf breiteres öffentliches Interesse rechnen dürfen.

2. Neben die G. als Bestandteil der Gerichtspraxis tritt ihre Behandlung in literarischer Form. Hier ergibt sich ein Spektrum von Möglichkeiten: Der tatsächlich gehaltenen G. am nächsten steht ihre Veröffentlichung mit mehr oder weniger eingreifenden Veränderungen, wie sie uns in den überlieferten Reden von CICERO begegnen. [15] Daneben steht die G. in einem literarischen Werk, das einen tatsächlichen Prozeß zur Vorlage nimmt (Scopes: Inherit the Wind; Nürnberg: Judgment at Nuremberg), oder einen zwar erfundenen, aber dennoch mehr oder weniger realistisch geschilderten Prozeß (wie etwa Portias Plädoyer in Shakespeares ‹Der Kaufmann von Venedig› oder Fetjukowitsch in ‹Die Brüder Karamasoff›). [16] Weiterhin wäre an Darstellungen zu denken, die zwar stärker literarisch verfremdet sind, aber dennoch einen deutlichen rechtlichen Bezug enthalten oder sogar der pädagogischen Einführung in die Praxis der G. gewidmet sind; hier können als Beispiele einerseits die Verteidigungsrede Apollos in Aischylos' ‹Die Eumeniden›, andererseits mittelalterliche Schulddisputationen dienen, in denen gerichtliche Auseinandersetzungen zwischen biblischen Gestalten fingiert werden. [17] Schließlich kann die Form der G. den literarischen Rahmen zur Behandlung außerrechtlicher Streitfragen abgeben, wie in einigen mittelalterlichen geistlichen Prozeßdichtungen, in denen theologische Probleme erörtert werden [18], oder in der Diskussion weltlicher Belange, wie etwa in L. Labés ‹Le Débat de Folie et d'Amour› oder in P. Sidneys ‹The Apology for Poetry›. In all diesen Widerspiegelungen der G. hinterläßt die ihr eigentümliche Rhetorik deutliche Spuren, die allerdings mit wachsender Entfernung vom Ausgangspunkt in der Rechtspraxis von den rhetorischen Erfordernissen der neuen literarischen Umgebungen zunehmend überformt werden.

Anmerkungen:
1 Arist. Rhet. 1358b. – **2** H. Lausberg: Hb. der lit. Rhet. (^{3}1990) § 63 m. Nachweisen – **3** Arist. Rhet. 1358b; lat. Terminologie nach Cic. De inv. I, 8, 10; Quint. III, 4, 16; 9, 1; Auct. ad Her. I, 2, 2. – **4** Sulpicius Victor, Institutiones oratoriae 45, in: Rhet. Lat. min. 340. – **5** Apollodorus, zitiert bei Quint. II, 15. 12; z. Parteiinteresse (utilitas causae) auch Quint. IV, 3, 14 und V, 11, 16. – **6** Arist. Rhet. 1358b; Quint. III, 8, 22; 4, 16. – **7** So schon Arist. Rhet. 1358b; vgl. bes. Quint. III, 4, 16. – **8** Quint. III, 9, 1. – **9** Einzelheiten bei J. Martin: Antike Rhet. (1974) 32ff. – **10** Quint. IV, 1, 6ff.; weitere Nachweise bei Martin [9] 64ff. – **11** Quint. VI, 1, 9ff.; weitere Nachweise bei Martin [9] 158ff. – **12** zusamenfassend Quint. VI, 2, 2ff. – **13** Übersichten bei Lausberg [2] §§ 149ff., Martin [9] 28ff.; eingehende Diskussion bei L. Calboli-Montefusco: La dottrina degli «status» nella retorica greca e romana (Hildesheim/Zürich/New York 1986). – **14** Quint. VII, 10, 1ff.; dazu H. Hohmann: The Dynamics of Stasis: Classical Rhetorical Theory and Modern Legal Argumentation, in: American J. of Jurisprudence 34 (1989) 174ff. – **15** J. Humbert: Les plaidoyers écrits et les plaidoiries réelles de Cicéron (1925) nimmt sehr weitgehende Veränderungen an; zurückhaltender W. Stroh: Taxis und Taktik (1975) 31ff. – **16** vgl. M. Friedländer, Rechtsanwälte und Anwaltsprobleme in der schönen Lit. (1979); R. Weisberg: The Failure of the Word

(New Haven, Conn./London 1984); R. Posner: Law and Literature (Cambridge, Mass. 1988). – **17** H. Walther: Das Streitgedicht in der lat. Lit. des MA (1920) 126ff. – **18** F. W. Strothmann: Die Gerichtsverhandlung als lit. Motiv in der dt. Lit. des ausgehenden MA (1930) 31ff.

B. Im folgenden wird die Entwicklung der Theorie der G. in ihrer Haupterscheinungsform als Bestandteil der gerichtlichen Praxis behandelt:

I. *Antike.* Eine Ursprungslegende der Rhetorik rückt die theoretische Behandlung und praktische Lehre der G. in den Mittelpunkt der Frühzeit des Faches. CICERO berichtet unter Berufung auf ARISTOTELES, daß nach dem Sturz der Tyrannen in Sizilien KORAX und TEISIAS die ersten gewesen seien, die theoretische Anleitungen zur Ausübung der forensischen Beredsamkeit verfaßt hätten, mit deren Hilfe dann in der neubelebten Gerichtsbarkeit um die Wiedererlangung verlorenen Eigentums gestritten werden konnte. [1] Die Gesamtüberlieferung ist vielfach widersprüchlich [2], und es ist wahrscheinlich, daß spätere Autoren dem Haupt des Korax oder des Teisias allzu verfrüht eine bereits voll durchgeformte Lehrdarstellung entspringen ließen; man wird sich ihre τέχνη, téchnē und die ihrer unmittelbaren Nachfolger wohl eher als Sammlung exemplarischer, der Praxis entlehnter oder eigens als Lehrstücke erfundener Reden und Redeteile für Studium und Nachahmung denken müssen, denn als systematische Behandlung von abstrakten Vorschriften zur Abfassung von Texten. [3] Gleichwohl implizieren solche Sammlungen bereits eine Reflexion aufs Regelmäßige, aufs Typische und Wiederkehrende [4], und es ist anzunehmen, daß im Unterricht, der sich mit solchen Zusammenstellungen von Beispielen befaßte, eine Herausarbeitung von Regeln zumindest ansatzweise erfolgte. Wenn daher Cicero in seinen Beschreibungen von Aristoteles' Kompendium, der ‹Synagogé Technṓn›, auf überlieferte Vorschriften *(praecepta)* Bezug nimmt [5], so kann sich dies auf Regelelemente beziehen, welche die Musterpassagen in der Lehrtradition begleiteten und vereinzelt wohl auch als Erläuterungen in die Sammlungen selbst aufgenommen werden mochten. Man kann die Vielzahl der Anleitungen in Aristoteles ‹Rhetorica› nicht lesen ohne den Eindruck zu gewinnen, daß er hier eine reichhaltige, wenn auch nicht übermäßig systematische oder tiefschürfende Lehrtradition von expliziten Anweisungen zum wirkungsvollen Reden fortsetzt. Dieser Eindruck wird nicht nur durch die Lektüre der eher etwas früheren, ANAXIMENES zugeschriebenen ‹Rhetorica ad Alexandrum› [6] bestätigt, sondern auch durch Aristoteles eigene Gegenüberstellung einer rein beispielsbezogenen Unterweisung durch Sophisten wie GORGIAS und einer Lehrtradition in der Rhetorik, die auf explizite Anweisungen zur Verfassung von Reden reflektiert, eine Tradition, die er mit den Namen TEISIAS, THRASYMACHOS und THEODOROS verbindet. [7]

In dieser Tradition steht die Behandlung der G. zwar nicht allein und auch nicht unbedingt an erster Stelle [8], bildet aber doch einen entschiedenen Schwerpunkt, was gerade durch die gegen ihre Überbetonung gerichtete Polemik sowohl bei ISOKRATES als auch bei Aristoteles hervorgehoben wird. [9] Diese herkömmliche Gewichtung kommt bei Aristoteles auch darin zum Ausdruck, daß selbst er, trotz erklärten Vorzuges für die beratende Rede [10], die er auch zuerst behandelt, dann doch der G., die er erst nach der Festrede bespricht, merklich mehr Raum widmet. [11]

Über die Umrisse der voraristotelischen Behandlungen der G. als Redegattung gibt es nur bruchstückhafte Informationen. Vereinzelte Nachrichten machen es immerhin wahrscheinlich, daß die frühe Lehre dem Aufbau solcher Reden einige Aufmerksamkeit widmete, jedoch ohne vorerst ein allgemein anerkanntes Modell zu entwickeln. Aristoteles macht sich über die Tendenz der Nachfolger des THEODOROS VON BYZANTION (um 400 v. Chr.) lustig, die Teile der Rede übermäßig zu vervielfältigen. [12] Schon in Platons ‹Phaidros› wird diese Neigung zur überbordenden Erfindung kleinlicher Neuerungen satirisch aufs Korn genommen [13]; dort findet sich auch beiläufig eine Zusammenfassung von Theodoros' eigener Lehre vom Aufbau der G., wonach auf eine Einleitung als zweiter Teil die Darstellung des Falles mit Anführung der Zeugenaussagen folgt, sodann drittens Beweise und viertens Wahrscheinlichkeiten; weiter werden Beglaubigung und Nachbeglaubigung, sowie Widerlegungen und Nachwiderlegungen erwähnt, wobei allerdings nicht ganz klar ist, ob Theodoros diese als eigenständige Redeteile oder als Komponenten der Beweise und Wahrscheinlichkeiten behandelt. So könnten etwa die «Nachbeglaubigung» (ἐπιπίστις, epipístis) und «Nachwiderlegung» (ἐπεξέλεγχος, epexélenchos) die Replik und Duplik in einem zweiten Stadium des Gerichtsverfahrens sein, welches dem Vortrag der ursprünglichen Anklage- und Verteidigungsreden folgt. [14] Schließlich wird die ausnahmsweise Übereinstimmung aller Autoren über die sachliche Notwendigkeit, wenn auch nicht über die terminologische Identifizierung, eines Redeschlusses vermerkt.

Diese Stelle lenkt auch die Aufmerksamkeit auf ein besonderes Kennzeichen der frühen Lehre über die Beweisführung in der G.: die Betonung von Argumenten über Wahrscheinlichkeiten (εἰκότα, eikóta). Zugleich wird die moralische Bedenklichkeit solcher Argumente thematisiert, und entsprechend finden sich in den Quellen zusammen mit dem Gebrauch von Wahrscheinlichkeitsüberlegungen auch Gedanken, die diese Praxis bemängeln oder verteidigen. PLATON stellt nicht nur fest, daß den Wahrscheinlichkeiten von Theodoros ein eigener Redeteil zugewiesen wird, sondern teilt ferner in kritischer Absicht mit, daß Teisias und Gorgias sie höher bewertet hätten als Wahrheiten. Das zugehörige Beispiel [15] wird ähnlich auch von Aristoteles überliefert, von ihm allerdings dem Korax zugeschrieben und in seiner Struktur als Kern von dessen Lehre bezeichnet. [16] Danach können wahlweise Wahrscheinlichkeitsargumente entwickelt werden jeweils für oder gegen die Schuld eines Schwachen oder eines Starken, der einer Tätlichkeit angeklagt ist: einerseits ist die Täterschaft des Starken an sich wahrscheinlich, die des Schwachen unwahrscheinlich; andererseits kann argumentiert werden, daß ersterer die ihm ungünstige Wahrscheinlichkeit bedacht und somit nicht gehandelt, während letzterer die ihm günstige ausgenutzt und gerade deshalb angegriffen habe. Ein ähnliches Bild vermitteln die drei Tetralogien des ANTIPHON, der herausragend den auf die G. sich konzentrierenden Typ des Sophisten verkörpert. [17] In drei Gruppen von je vier kurzen Musterreden, in jedem Fall zwei für Anklage und Verteidigung im Wechsel, behandelt er drei Tötungsdelikte, wobei beide Seiten demselben Grundsachverhalt durch gegensätzliche Wahrscheinlichkeitsargumente einander widersprechende Deutungen geben. Besonders in der ersten Tetralogie steht die Tatfrage im Vordergrund: aufgrund von Indizien werden die Möglichkeiten von Raubmord oder absichtsloser Tötung als unwahrscheinlich abgetan, die Abwesenheit deutlicherer Beweise wird der Vorsicht des Täters zugeschrieben und der Angeklagte wird sowohl durch die Aufzeigung eines Rache-Motivs für die Tat als auch durch Hinweise auf seine kriminelle Neigung und Vorbelastung und auf die Aussage des Sklaven des Opfers belastet, der zusammen mit seinem Herrn angegriffen wurde, herzueilenden Helfern noch mitteilen konnte, daß er den Angeklagten unter den Angreifern erkannte, und dann seinen Wunden erlag. Die Verteidigungsrede wendet dann wiederholt nach Art des von Platon und Aristoteles wiedergegebenen Beispiels die Wahrscheinlichkeit der Täterschaft des Angeklagten zu seinen Gunsten, argumentiert ferner für die Wahrscheinlichkeit von Raubmord, die Möglichkeit der Tötung zur Verdunklung einer anderen Tat, deren Zeuge der Ermordete gewesen sein könnte, und lenkt die Aufmerksamkeit auf andere Feinde des Opfers. Sodann wird der Bericht des Sklaven als unzuverlässig abgetan: die Umstände der Tat machten genaue Wahrnehmung unwahrscheinlich, die Aussage könnte suggeriert worden sein, und Sklaven werden allgemein als unzuverlässige Zeugen betrachtet. Weiterhin werden Gründe des Angeklagten für die Nichtbegehung der Tat angeführt und hilfsweise wird argumentiert, daß der Angeklagte gerechtfertigt gewesen wäre, wenn er getötet hätte. Schließlich werden den Angriffen der Anklage auf den Charakter des Angeklagten Anzeichen für seine Großzügigkeit und für die unbedenkliche Herkunft seines Reichtums entgegengesetzt und es werden Zweifel geweckt an der Unbescholtenheit des Opfers und den Motiven der Anklage. Das zweite Redepaar ist dann der wechselweisen Vertiefung und Entkräftung solcher Argumente gewidmet.

Zum Ende hin allerdings sorgt der Angeklagte für eine Überraschung, indem er alle seine Sklaven als Alibi-Zeugen anbietet, die bestätigen können, daß er in der fraglichen Nacht sein Haus nicht verließ. [18] Damit wird bestätigt, was schon die Anklage eingangs andeutete: wo zuverlässige Zeugenaussagen vorliegen, sind sie reinen Plausibilitätsüberlegungen vorzuziehen; [19] die Tatsache (ἔργον, érgon) ist dem Wahrscheinlichen (εἰκός, eikós) als Beweismittel in der G. überlegen. Darauf deutet auch das in der dritten Tetralogie gebrauchte Argument hin, daß eine Überbewertung von Wahrscheinlichkeiten das Urteil der Geschworenen überflüssig machen würde. [20] Damit scheint Antiphon im Gegensatz zu dem von Platon für Teisias und Gorgias berichteten Vorzug fürs Wahrscheinliche zu stehen; der Widerspruch könnte allerdings auch auf einer polemischen Überzeichnung beruhen, entweder in der berichteten Behauptung selbst oder im Bericht. Denn die Überlegenheit der Wahrscheinlichkeit ist eine bedingte: sie besteht für den Redner eben darin, daß sie in jener Mehrzahl der Fälle weiterhilft, wo eindeutige Beweise fehlen, wo Ungewißheit durch Argumente verringert werden muß und wo gerade deshalb die Stunde der Redekunst schlägt. Ferner kann nicht übersehen werden, daß in der G., wie im Gerichtsverfahren insgesamt, nie die zugrundeliegenden Ereignisse selbst, sondern nur Anzeichen für und Berichte über sie zur Verfügung stehen, so daß Argumente Schwächen auch in scheinbar zuverlässigen Beweisen aufzudecken vermögen. Dieser Gedanke kommt auch in dem bei Aristoteles in der Behandlung des Zeugenbeweises wiedergegebenen Argument zum Ausdruck, daß Wahrscheinlichkeiten nicht bestochen und der Falschaussage überführt werden können. [21]

PLATONS moralische Entrüstung über den Gebrauch von Wahrscheinlichkeiten in der G. zur Untergrabung der Wahrheit beruht auf der in das hypothetische Beispiel eingeschlossenen Annahme, daß die Wahrheit bekannt ist und durch Argumente verdeckt wird, eine Annahme, die in der Realität des Gerichtsverfahrens nicht unbedingt zutrifft, wo stattdessen das in der G. besonders ausgeprägte Gegeneinander von widerstreitenden Argumenten als Mittel zur gründlichen Prüfung von Behauptungen und zur Annäherung an die Wahrheit dienen kann, eine Funktion, die Aristoteles in seiner Verteidigung des Argumentierens *in utramque partem* in der Rhetorik wie in der Dialektik betont. [22]

Auch wenn Aristoteles selbst den Gebrauch von schwächeren besonderen Wahrscheinlichkeiten, in Erwiderung auf stärkere allgemeine, als logisch fehlerhaften rhetorisch-eristischen Kniff kritisiert, mit Hinweis auf den berühmten Vorwurf gegen die Sophisten, sie könnten durch ihre Redekunst «die schwächere Sache als die stärkere erscheinen lassen» [23], so bedenkt er in diesem Zusammenhang doch nicht die Möglichkeit, daß diese Stärke eine nur scheinbare sein kann, deren Fragwürdigkeit durch Wahrscheinlichkeitsargumente erst aufgedeckt werden muß. [24] Die Verteidigung in Antiphons erster Tetralogie entgeht dem Vorwurf des Fehlschlusses hier ohnehin dadurch, daß sie den von der Anklage ins Spiel gebrachten besonderen Umstand der berechnenden Klugheit des Angeklagten anführt; [25] aber selbst wo entferntere Möglichkeiten zur Entlastung vorgebracht werden, kann dies mit der in den Tetralogien von der Verteidigung wiederholt betonten Beweislast der Anklage gerechtfertigt werden, womit der moderne Gedanke vorweggenommen wird, daß der Angeklagte bis zum Beweis der Schuld als unschuldig zu gelten hat [26], auch wenn es allgemein wahrscheinlicher sein mag, daß Angeklagte schuldig sind. Und ähnlich kann moralischen Bedenken gegen den Gebrauch mitunter auch durchaus trickreicher Argumente, insbesondere in der verteidigenden G., der Gesichtspunkt entgegengehalten werden, daß letztlich die Verurteilung eines Unschuldigen verwerflicher ist als der Freispruch eines Schuldigen, auch das ein Gedanke, der sich schon bei Antiphon in der Rede zum Mord an Herodes findet. [27]

Neben Wahrscheinlichkeitsargumente als Ergänzung oder auch Entgegnung zu fallbezogenen Beweisen treten schon in der frühen Behandlung der G. weitere Elemente, die sich vom Kern des Rechtsstreites entfernen und somit Kritikern Anlaß zu Zweifeln an der Sachlichkeit solcher Reden bieten. Da sind zum einen Ausführungen zur Person des Redners und seines Prozeßgegners. So finden sich bereits bei ANTIPHON regelmäßig Hinweise auf die rednerische Unerfahrenheit des Sprechers und die Lauterkeit seines Charakters und seiner Motive [28], während der Gegner als bedenkenloser Verfälscher der Wahrheit dargestellt wird, der mit oft raffinierten Manövern im Dienste verborgener Absichten die Gerechtigkeit zu untergraben sucht. [29] Darüber hinaus werden direkt die Gefühle der Geschworenen mobilisiert: Sympathie und Mitleid zum Vorteil des gegenwärtigen Redners [30], Abneigung und Abscheu zu Lasten seiner Gegner. [31] Ferner teilen die Quellen mit, daß die Anfänge der theoretischen Behandlung der G. auch stilistischen Mitteln der Rede einige Beachtung schenkten, sowohl im Hinblick auf allgemeine Techniken zur Ausdehnung oder Raffung des Stoffes, als auch in der Erläuterung eines stetig anwachsenden Repertoires von Redefiguren. [32] ARISTOTELES kritisiert später pauschal die Tendenz von Lehrern der G., sich einseitig darauf zu konzentrieren, wie man derart die Zuhörer einstimmen und für sich gewinnen könne, statt sich eingehend mit rationalen Überzeugungsmitteln zu befassen. [33]

In dieser Kritik seiner Vorgänger zielt Aristoteles darauf ab, die G. im Idealfall ganz auf die Behandlung der Tatsachen des Falles zu beschränken, und er wendet sich deshalb hier auch gegen Versuche, das Urteil der Geschworenen über die Gerechtigkeit oder Ungerechtigkeit des dem Fall zugrundeliegenden Verhaltens zu beeinflussen. [34] Allerdings ist aus dem 5. Jh. v. Chr. keine Nachricht verfügbar über gesonderte Anleitungen zu spezifisch juristischem Argumentieren im Sinne einer eingehenden Interpretation von Rechtsnormen. Mit diesem Befund stimmt es überein, daß bei Antiphon neben allgemeinen Appellen an die Gerechtigkeit [35] bestehende Gesetze zwar erwähnt und gepriesen werden und auch die Notwendigkeit ihrer genauen Befolgung betont wird, ihre Auslegung aber ganz überwiegend als eindeutig und unproblematisch behandelt wird. [36] In Fragen, die das geltende Recht nicht explizit regelt, wie etwa bei Problemen der genauen Voraussetzungen des Selbstverteidigungsrechtes, von Kausalität, Vorsatz und Fahrlässigkeit werden den Geschworenen zwar Argumente vorgetragen, die eine Auslegung im Sinne der jeweiligen Prozeßpartei nahelegen; diese Argumente zielen aber nicht so sehr auf eine explizite Interpretation und Definition von Rechtsbegriffen als vielmehr darauf, zu erweisen, wer denn nun wirklich den rechtswidrigen Erfolg herbeiführte oder die erforderliche Absicht hatte. [37] Einzig in der Rede zum Mord an Herodes finden sich im Ansatz einige Argumente, die später in allgemeinen Anleitungen zur Auslegung von juristischen Normen erneut auftreten: Die Verteidigung konzediert zwar der Anklage, daß das allgemeine Gesetz gegen Übeltäter dem Wortlaut nach auch auf Mörder anwendbar ist, betont aber, daß die bisherige Auslegungspraxis es nur auf leichtere Vergehen wie Diebstahl und Raub angewendet hat, schließt aus den besonderen Vorkehrungen, die das Gesetz für Mordfälle vorsieht, daß diese Sonderregelung nicht unterlaufen werden darf, und weist auf Unstimmigkeiten hin, die sich aus einer parallelen Anwendung von allgemeinem und besonderem Gesetz ergeben würden [38]; ähnlich wird auf die bisherige Praxis der Zulassung von Kautionen in Verfahren gegen Übeltäter hingewiesen. [39] Die spätere explizite Analyse der hier anklingenden Typen von Auslegungsargumenten wird allerdings an ihrer relativen Seltenheit in G. wenig ändern; in der überwiegenden Mehrzahl der Prozesse stehen damals wie heute Sachverhaltsprobleme im Vordergrund, weshalb auch im folgenden die Behandlung von rechtlichen Argumenten in der G. nur beiläufig zur Sprache kommen wird.

Eine relativ frühe zusammenhängend überlieferte explizite theoretische Behandlung der G. liegt vor in der ANAXIMENES zugeschriebenen ‹Rhetorica ad Alexandrum›. [40] Er unterscheidet sieben Arten der Rede, darunter auch Reden zum Zwecke der Anklage und Verteidigung [41], was den bei Aristoteles postulierten rednerischen Aufgaben der G. entspricht; die im überlieferten Text ebenfalls vorhandene Unterteilung in die drei aristotelischen Redegattungen dürfte allerdings interpoliert sein. [42] Die siebte Redeart, Untersuchung (εἶδος ἐξεταστικός, eídos exetastikós), befaßt sich mit der Aufzeigung von Widersprüchlichkeiten in den Absichten, Handlungen und Worten einer Person [43] und ist somit nicht klar in das aristotelische Redegattungsschema einzuordnen, da solche Überlegungen in allen drei Gattungen angebracht sein können; so betont denn auch Anaximenes die Überschneidungen zwischen allen Redearten. [44]

Seine Diskussion der Anklage- und der Verteidigungsrede folgt der Behandlung der Redegattungen, die dem Zu- und Abraten und dem Loben und Tadeln gewidmet sind; er definiert Anklage und Verteidigung als die Vorbringung oder Widerlegung von Verfehlungen oder Vergehen, deren jemand angeklagt oder verdächtigt ist. [45] Dabei werden verschiedene Arten von Übertretungen unterschieden: zum einen soll der anklagende Redner bei Verwerflichkeit der Tat den Schaden für das Gemeinwesen betonen, während bei Torheit die Konsequenzen für den Angeklagten selbst in den Vordergrund treten. Zum anderen wird differenziert zwischen solchen Vergehen, bei denen das Gesetz selbst die Bestrafung genau vorschreibt, und solchen, bei denen die Geschworenen die Strafe bestimmen; denn während bei ersteren der Redner sich ganz auf den Beweis der Tatbegehung konzentrieren muß, so weitet sich bei letzteren das Feld seiner Rede erheblich. Denn hier geht es nun auch um die ausführliche Betonung der Schwere der Tat und um die vorwegnehmende Entkräftung der möglichen Abstreitung des Vorsatzes oder anderer Entschuldigungen seitens des Angeklagten, wobei empfohlen wird, potentiellem Mitleid durch generalpräventive Hinweise auf die Gefahr zu begegnen, daß die bereitwillige Berücksichtigung solcher Entschuldigungen letztlich zu achtlosen oder sogar vorsätzlichen Vergehen ermutigen könnte. [46] Die der Verteidigung anempfohlenen Argumentationsweisen nehmen Elemente der später von HERMAGORAS durchgebildeten Statuslehre vorweg. Anaximenes führt aus, daß es drei Methoden der Verteidigung gebe: Bestreitung der Tatbegehung; falls dies nicht möglich ist, Führung des Nachweises, daß die Tat rechtlich oder moralisch und durch das Gemeinwohl gerechtfertigt war; oder, wenn auch dieser Weg nicht offensteht, Bitte um Entschuldigung (συγγνώμη, syngnốmē) aufgrund des Umstandes, daß die Tat auf einem Fehler oder Irrtum (ἁμάρτημα, hamártēma) beruhte, also nicht vorsätzlich war, durch ein Unglück oder bösen Zufall (ἀτύχημα, atýchēma) verursacht wurde, oder nur geringfügigen Schaden (μικρὸν βλάβος, mikrón blábos) anrichtete. [47] Diese Dreiteilung der Verteidigungen steht dem modernen Verbrechensbegriff [48] mit seiner Unterscheidung zwischen Tatbestandsmäßigkeit, Rechtswidrigkeit und Schuld sogar näher als die Lehre des Hermagoras, die einerseits innerhalb des Tatbestandes zwischen der reinen Tatfrage und der Definition auf die Tatsachen anwendbarer rechtlicher Begriffe unterscheidet (*status coniecturalis* und *status definitivus*), andererseits Rechtfertigung und Entschuldigung als Unterarten (*qualitas absoluta* und *qualitas assumptiva*) im *status qualitatis* zusammenfaßt. Und wieder wird unterschieden zwischen den Delikten, deren Bestrafung im Gesetz genau geregelt ist, und solchen, bei denen die Strafe im Ermessen der Jury steht: nur bei letzteren ist die Bitte um Entschuldigung angebracht. [49]

In der Behandlung der Beweise nimmt der Gebrauch verschiedener Arten von Wahrscheinlichkeitsargumenten einen breiten Raum ein [50]; soweit dabei auf die G. zugeschnittene Beispiele zur Sprache kommen, ergeben sich mehrere Berührungspunkte mit den Fallgestaltungen, die auch etwa in Antiphons ‹Tetralogien› behandelt werden. Während die Typen der Wahrscheinlichkeitsargumente in allen Redearten zur Anwendung kommen, sind die Kategorien der ergänzenden Beweise, mit Ausnahme der Meinungen des Redners, deutlich auf die G. zugeschnitten: hier finden wir freiwillige Zeugenaussagen, Aussagen unter Folter und eidliche Versicherungen.[51] Dagegen wird die Auslegung rechtlicher Texte nicht hier, sondern im Rahmen der Behandlung von zu- und abratenden Reden im Zusammenhang mit Fragen der Rechtlichkeit diskutiert[52], wobei interessanterweise die extensive analoge Auslegung im Vordergrund steht, und damit genau das Element der später von Hermagoras postulierten *status legales*, welches bei Aristoteles noch nicht explizit in Erscheinung tritt. Erst am Ende seiner Übersicht über die Merkmale aller Redearten weist dann Anaximenes ausdrücklich darauf hin, daß Fragen der Gerechtigkeit und Rechtlichkeit in allen Redegattungen auftreten, betont aber immer noch, daß sie eine besondere Rolle in der zuratenden Rede spielen.[53] In seinen Empfehlungen zum Aufbau von anklagenden G. beginnt er mit einer Einleitung, welche den anstehenden Fall einführt und in der Zuhörerschaft eine positive Einstellung zum Klienten des Redners und eine negative zu seinen Gegnern hervorruft oder bestärkt und negative Vorurteile gegen die eigene Seite bekämpft.[54] Dabei wird auch besonders das Vorgehen dessen besprochen, der ausnahmsweise für einen anderen spricht und sich dafür besonders rechtfertigen muß.[55] Die Tatsachenerzählung kann als Teil der Einleitung, in anderen Teilen der Rede oder auch als eigener Redeteil auftreten.[56] Es folgen als weitere Teile der Beweis, in dem die ergänzenden Beweise, soweit vorhanden, durch Wahrscheinlichkeitsargumente zu bekräftigen sind[57], und die Widerlegung des Gegners, in der dessen Argumente vorweggenommen und entkräftet werden.[58] Hierbei wird nun klarer als vorher[59] zwischen Tatfragen und Fragen der gesetzlichen Definition[60] und nochmals zwischen der Rechtfertigung aufgrund von Prinzipien von Recht und Gerechtigkeit und der Entschuldigung unterschieden, wobei auch wieder die bereits erwähnten allgemeinen Argumente gegen Entschuldigungen zur Sprache kommen.[61] Schließlich folgt eine Zusammenfassung der Anklagepunkte, verbunden mit der Erregung negativer Emotionen gegen den Angeklagten und positiver Gefühle für die eigene Seite.[62] Der Aufbau der Verteidigungsrede entspricht diesem Schema Punkt für Punkt, wenn auch natürlich mit inhaltlich umgekehrten Vorzeichen.[63] Dabei wird auch hier der Situation dessen, der für einen anderen spricht, und auch der des rechtlichen Beraters und Redenschreibers besondere Aufmerksamkeit geschenkt, wobei Professionalisierung und Entgeltlichkeit solcher Tätigkeiten als bedenklich und verteidigungsbedürftig, aber dennoch auch als geduldete Praxis erscheinen.[64] In der Entgegnung auf die Argumente der Anklage erscheint auch kurz die Behandlung einander widersprechender Gesetze.[65] Der Diskussion der Zusammenfassung in der Verteidigungsrede folgt dann noch eine ausführlichere Behandlung der Methoden zur Hervorrufung positiver und negativer Emotionen, wobei Parallelen zur zu- und abratenden Rede erwähnt werden.[66]

In seiner recht kurzen Besprechung stilistischer Fragen[67] geht ANAXIMENES nicht speziell auf die G. ein. Bedeutungsvoller ist sein Schweigen im Hinblick auf mögliche ethische Probleme, die sich aus der Spannung zwischen der dem Redner bekannten Wahrheit und einer für ihn günstigen Darstellung der Tatsachen ergeben können. Die ‹Rhetorica ad Alexandrum› steht hier ganz auf dem Boden der bedingungslosen Erfolgsorientierung, welche schon Kritiker wie Platon und Isokrates veranlaßt hatte, solche sophistischen Praktiken zu verurteilen. So wird etwa im Zusammenhang mit der Behandlung von Zeugenaussagen im Rahmen der ergänzenden Beweise ein Trick vorgestellt, mithilfe dessen eine Falschaussage produziert werden kann, die technisch nicht als solche erfaßbar ist. Zugleich werden zwar auch geeignete Gegenmaßnahmen präsentiert, was aber fehlt, ist jegliche grundlegende Reflexion auf die Bedenklichkeit solcher vorgängig ja empfohlenen Praktiken.

Es ist eben diese Tendenz der G. zur parteilichen Verzeichnung oder gar Verfälschung der Wahrheit, welche ARISTOTELES am Anfang seiner ‹Rhetorica› dazu veranlaßt, diese Redegattung im Rang hinter der Ratsrede zurückstehen zu lassen.[68] Er kritisiert die Verfasser älterer Anleitungen zur G., weil sie diese zuungunsten der Ratsrede bevorzugt und die rationalen Argumente zugunsten der emotionalen Beeinflussung der Geschworenen vernachlässigt hätten, und er macht keinen Hehl daraus, daß er es bevorzugen würde, wenn Gerichtsverfahren auf die korrekte Feststellung gesetzlich genau geregelter Tatbestände beschränkt wären.[69] Da dies aber nicht der Fall ist, paßt sich seine Behandlung der G. dann doch den Erfordernissen der Praxis weitgehend an. So betont er zwar eingangs, daß die durch die Rhetorik vermittelte Fähigkeit, in einer Streitfrage für beide Seiten zu argumentieren, nicht dazu gebraucht werden solle, eine falsche Position zu vertreten, sondern nur dazu, irreführende Argumente zu erkennen und zu bekämpfen[70]; in der detaillierten Behandlung einzelner spezifischer Redeanleitungen steht jedoch dann, gerade was die G. betrifft, auch bei Aristoteles der parteiliche Erfolg sehr im Vordergrund.

Im dritten Kapitel des ersten Buches seiner ‹Rhetorica› entwickelt Aristoteles das richtungsweisende dreiteilige Schema der Redegattungen und die begriffliche Bestimmung der G. Klarer noch als bei Anaximenes zeichnet sich bei Aristoteles die Gliederung des Stoffes der Rhetorik ab (strukturiert durch die Produktionsstadien und den Redeteilen zugewiesen): auf die Behandlung der Überzeugungsmittel im ersten und zweiten Buch folgen im dritten Buch Abschnitte über den sprachlichen Ausdruck und die Ordnung des Stoffes. Wiederum konsequenter als bei Anaximenes wird dabei unterschieden zwischen Gesichtspunkten, die sich auf alle Arten von Reden beziehen, und solchen, die für die einzelnen Gattungen kennzeichnend sind.

Der Behandlung der für die G. spezifischen argumentativen *tópoi* sind die letzten sechs Kapitel (10–15) des ersten Buches in der ‹Rhetorica› des Aristoteles gewidmet.[71] Im Vordergrund steht die rechtsverletzende Handlung, deren Ursachen und Motive zunächst minuziös zergliedert werden, wobei die Unterscheidung zwischen sieben Handlungsursachen (Zufall, Natur, Zwang, Gewohnheit, Vernunft, Zorn und Verlangen)[72] auf Grade der Verantwortlichkeit und mögliche Entschuldigungs- oder Strafmilderungsgründe hinweist. Da rechtliche Verantwortlichkeit im Kern freiwillige Handlungen betrifft, die ihrerseits stets mit der Erwartung unternommen werden, daß sie gute oder angenehme Folgen haben werden, wird sodann erläutert, was allgemein als angenehm oder unangenehm gilt.[73] Daran schließt sich ein Überblick über die typischen Charakteristiken, Umstände und Vorstellungen von Rechtsbrechern und ihren Opfern an. [74] Damit wird dem Redner im wesentlichen ein Repertoire von Wahrscheinlichkeitsüberlegungen zur Verfügung gestellt, mit dessen Hilfe nun wahlweise für oder gegen die Begehung einer gewissen Tat durch eine bestimmte Person argumentiert werden kann.

Auf die Tatfrage folgt die Rechtsfrage: hier rückt Aristoteles noch klarer als Anaximenes das Problem der rechtlichen Definition im Tatsächlichen unstreitiger Sachverhalte unter Bezug auf die Begriffe des geschriebenen Rechtes in den Blick. [75] Zugleich markiert er die Grenzlinie zu ungeschriebenen Normen, die einerseits rechtlich nicht sanktionierte Verhaltenspflichten aufstellen, deren Einhaltung oder Verletzung gleichwohl zu Lob und Tadel Anlaß gibt, die andererseits aber auch Maßstäbe der Billigkeit (ἐπιεικής, epieikés) setzen, welche unvermeidliche Unzulänglichkeiten des geschriebenen Rechts ausgleichen und somit auch die rechtliche Beurteilung von Handlungen beeinflussen, etwa indem sie eine allzu weite und somit in Ausnahmefällen zweckwidrige Legaldefinition einengen oder in Fällen von Irrtümern oder Unglücksfällen eine Entschuldigung oder zumindest ein vermindertes Strafmaß nahelegen. [76] Ein weiterer Abschnitt ist dann der Besprechung von zusätzlichen Faktoren gewidmet, welche den Grad der Schwere einer Unrechtstat beeinflussen. [77]

In all diesen Kapiteln über die G. findet eine bei Aristoteles kaum überraschende eher philosophische Ausrichtung darin ihren Ausdruck, daß er nicht so sehr explizite Anweisungen zum Verfassen von Reden gibt, als vielmehr das ihnen zugrunde liegende Material begrifflich differenziert ausbreitet. Es wird dem Leser überlassen, die advokatischen Nutzanweisungen selbst zu ziehen. Das ändert sich im letzten Kapitel des ersten Buches, das den von Aristoteles sogenannten nichtkunstabhängigen oder natürlichen Beweisen (ἄτεχνοι πίστεις, átechnoi písteis) gewidmet ist, wobei sich zahlreiche Parallelen zu den dort so genannten ergänzenden Beweisen bei Anaximenes ergeben. [78] Vielleicht noch deutlicher als diese Parallelen weist die plötzlich sich ändernde Darstellungsweise darauf hin, daß Aristoteles hier wahrscheinlich auf eine ältere Lehrtradition zurückgreift, denn nun wird dem Leser direkt bedeutet, welche Argumente im Hinblick auf geschriebene Gesetze, Zeugen (Autoritäten und Tatzeugen), Verträge, erfolterte Aussagen und Parteieide er in einer erfolgversprechenden G. vorbringen soll. Dabei nimmt die Diskussion von Interpretationsargumenten, welche im Hinblick auf Gesetze und Verträge das Verhältnis zwischen dem Wortlaut und übergeordneten Normen, widersprüchlichen Auslegungen eines zweideutigen Wortlauts und zwischen widersprüchlichen rechtlichen Texten betreffen, in manchem die später von Hermagoras behandelten *status legales* (νομικαί στάσεις, nomikaí stáseis) voraus. [79] Die zusammenfassende Besprechung von Anklage- und Verteidigungsrede im Hinblick auf nichtkunstabhängige Beweise führt hier (wie auch schon bei Anaximenes) dazu, daß sich die spezifischen rhetorischen Anweisungen für die gegnerischen Prozeßparteien Punkt für Punkt in einer noch deutlicheren Dialektik gegenüberstehen, als dies in der in anderer Hinsicht jeweils getrennten Diskussion von Anklage- und Verteidigungsrede in der ‹Rhetorica ad Alexandrum› der Fall ist.

In seiner Behandlung des sprachlichen Ausdrucks im dritten Buch der ‹Rhetorica› ordnet Aristoteles die G. stilistisch zwischen Ratsrede und Festrede ein: erstere gebe, da für sehr große Zuhörerschaften bestimmt, mehr Anlaß zu großflächiger Zeichnung, während die G., vor den in der Regel kleineren Geschworenengremien und insbesondere vor dem Einzelrichter, mehr Rücksicht auf genaue Einzelheiten als auf rhetorische Technik zu nehmen habe. Zugleich nähere sich die G. mehr dem geschriebenen Stil an, eine Tendenz, die in der oft ganz zum Lesen bestimmten Festrede noch stärker zum Ausdruck komme. [80]

In den abschließenden Kapiteln zur Ordnung des Redestoffes finden sich dann noch gesonderte Ausführungen zur G. in den Kapiteln über Einleitung, Tatsachenerzählung, Beweisführung und Redeschluß. Ein Kapitel über Befragung ist im wesentlichen auf Gerichtsverfahren zugeschnitten, betrifft allerdings eher Techniken der Zeugenvernehmung als Anleitungen zu zusammenhängender Rede. [81] Die Einleitung einer G. soll vor allem den Gegenstand der Rede klarstellen. Daneben kann sie dazu dienen, Vorurteile gegen den Angeklagten auszuräumen, die der Ankläger in seinem Redeschluß zu erwecken versucht hat, sowie allgemein dazu, die Zuhörer dem Redner gewogen zu machen, ihre Aufnahmebereitschaft und Aufmerksamkeit zu erwirken oder sie abzulenken, wo Aufmerksamkeit auf die Sache dem Redner schaden könnte. Aristoteles betont allerdings, daß solche rednerischen Aufgaben auch in anderen Teilen der G. wahrgenommen werden müssen. [82] Seine Diskussion der Methoden der Erwiderung auf vorurteilserzeugende Angriffe erfaßt dann auch u. a. ganz allgemeine Verteidigungsstrategien, wie sie später HERMAGORAS in der Statuslehre systematisiert: Abstreitung der Tatbegehung, Bestreitung, daß ein spezifisches (rechtlich definiertes) Verbrechen vorliegt, Rechtfertigungen oder Entschuldigungen wie Güterabwägung, Irrtum, Unglücksfall, Notwendigkeit oder mangelnder Vorsatz im Hinblick auf unvorhergesehene Tatfolgen oder auch Strategien wie Gegenangriffe auf den Ankläger oder die Behauptung, daß das gewählte gerichtliche Verfahren oder Forum unangebracht sei. [83]

Zur Tatsachenerzählung in der G. führt ARISTOTELES aus, daß es hier hauptsächlich um die Betonung der für den Redner günstigen und den Gegner ungünstigen Elemente des Falles geht, wobei besonderes Gewicht auf den Charakter (éthos) der als handelnd dargestellten Personen zu legen ist, da Charakter und Handlung sich wechselseitig verdeutlichen. [84] Im Hinblick auf die Beweisführung in der G. wiederholt er nochmals die Grundthemen der Ableugnung der Tatbegehung, der Verneinung des rechtlich relevanten Schadens und der Rechtfertigung oder Entschuldigung. Darüber hinaus betont er, daß sich Enthymeme, d. h. rhetorische Deduktionen, für diese Redegattung besonders eignen, während induktive Beispiele v. a. für Beratungsreden angemessen seien. [85] Seine abschließenden Bemerkungen über den Redeschluß erläutern kurz die allgemeinen Funktionen dieses Redeteils, die sich mit Elementen der Einleitung berühren: Hervorrufung einer positven Einstellung zum Redner und einer negativen zum Gegner durch gegensätzliche Charakterdarstellungen, sowie nunmehr Erinnerung anstatt Vorschau auf die Hauptpunkte der Rede; darüber hinaus geht es vor allem um weiteres Betonen oder Herunterspielen von günstigen oder ungünstigen Fallelementen und um die Mobilisierung von Emotionen der Zuhörerschaft, insbesondere Mitleid und Abscheu, Zorn und Haß, sowie Neid und Bewunderung, jeweils zugunsten der vom Redner vertretenen Sache und zuungunsten des Gegners. [86] Die Diskussion dieser Themen ist in diesem Schlußkapitel äußerst knapp gefaßt, weil Aristoteles ja auf die sehr ausführliche, wenn auch nicht spezifisch auf die G. zugeschnittene, Behandlung von êthos und páthos im zweiten Buch der ‹Rhetorica› verweisen kann.

Mit den Werken von Anaximenes und Aristoteles liegt damit bereits am Anfang der rhetorischen Lehrbuchtradition das theoretische Material zur G. in den wesentlichen Grundzügen vor. Was allerdings noch ausstand, war eine weitergehende systematische Durchdringung und Ordnung des Stoffes. Den entscheidenden Beitrag zur Bewältigung dieser Aufgabe leistet HERMAGORAS VON TEMNOS vor allem mit der ‹Statuslehre›, die sich zur Aufgabe stellte, die Grundtypen der in Gerichtsverfahren verhandelten Streitfragen in ein umfassendes und doch überschaubares System zu bringen; aber auch mit seiner Lehre von den sieben vereinzelnden (Handlungs-)Umständen (μόρια περιστάσεως, mória peristáseōs), die zwar in erster Linie der Abgrenzung allgemeiner (deshalb umstandfreier) von besonderen (somit umstandsgebundenen) Streitfragen gilt, zugleich aber auch einen klareren Überblick über die *tópoi* ermöglicht, welche sich auf die Feststellung der einem Rechtsfall zugrundeliegenden strittigen Tatsachen beziehen.

Hermagoras' Werke sind nur aus den Zeugnissen anderer Autoren bekannt; da aber die Grundzüge seiner Lehren zum Gemeingut der hellenistischen und römischen Rhetorik werden, sind sie trotz der lückenhaften Überlieferung klar erkennbar, auch wenn Einzelheiten mitunter strittig sind. [87] Die sieben Umstände werden mit sieben Fragen erfaßt: wer, was, wann, wo, warum, wie und mit welchen Mitteln. [88] Diese führen dann auf Argumente zur Unterstützung der Behauptung oder Bestreitung fallwesentlicher Handlungen hin. Die Statuslehre zeigt dann, wie sich die argumentative Strategie insbesondere der verteidigenden G. von solchen Tatfragen *(status coniecturalis)* zu Fragen der rechtlichen Definition der Tatsachen *(status definitivus)* hinwenden kann, wenn schlichte Ableugnung unmöglich oder von ungewisser Überzeugungskraft ist; wie sich sodann, wenn auch dieser Weg verschlossen oder unsicher ist, das Vorbringen von vielfältigen Rechtfertigungen und Entschuldigungen *(status qualitatis)* von unterschiedlichem Gewicht anbietet, bis hin zur rein emotionalen Bitte um Nachsicht; und wie schließlich als letzter Ausweg möglicherweise die Rügung von Verfahrensfehlern, speziell der Wahl eines unzuständigen Gerichtes zur Klageerhebung, verbleibt *(status translativus)*. Diesen sogenannten *status rationales* (logikaí) stehen die *status legales* (nomikaí) gegenüber, die sich auf die Auslegung von Rechtstexten beziehen: Buchstabe und Sinn *(scriptum et voluntas)*, Mehrdeutigkeit *(ambiguitas)*, widersprüchliche Gesetze *(leges contrariae)* und Analogie *(ratiocinatio)*; dabei geht es jeweils darum, welcher von mehreren möglichen Auslegungen der Vorzug zu geben ist. Die Gegenüberstellung von rationalen und rechtlichen *status* betont, daß die ersteren nicht auf rechtliche Fälle beschränkt sein sollen, daß vielmehr die Fragen nach der Existenz, Definition und Bewertung von Phänomenen in Streitigkeiten jeglicher Art ihren Platz haben; dennoch ist ihre Herkunft aus und enge Verbindungen mit der Theorie der G. unverkennbar, und die *status rationales* wurden darum auch weder von Hermagoras selbst noch von späteren Autoren konsequent auf die anderen Redegattungen angewendet. Wie bereits mehrfach angedeutet, finden sich vielerlei Ansätze zur Statuslehre schon bei älteren Autoren, aber erst Hermagoras hat die grundlegende Bedeutung der Feststellung des zentralen Streitpunktes für die Bestimmung der rhetorischen Strategie der G. erkannt und die Nützlichkeit des Systems der *status* für eine übersichtliche und praktisch gut zu handhabende Ordnung der vielfältigen in der G. verwendbaren argumentativen topoi, sowohl zu schulischen Lehrzwecken als auch zur Anleitung des Redners in der gerichtlichen Praxis, hervorgehoben. Das von ihm entwickelte Schema erobert einen zentralen Platz in der Theorie der Rhetorik, und da es so stark auf die G. ausgerichtet ist, wird diese bei späteren Autoren zum Musterfall der Rede überhaupt, so daß sich die rhetorische Theorie der Antike zunehmend und in erster Linie zur Theorie der G. entwickelt. Dadurch verloren Werke wie die ‹Rhetorica› des Aristoteles, die vor dieser Neuerung entstanden waren, rapide an unmittelbarem Einfluß, insbesondere auf die Theorie der forensischen *inventio,* auch wenn andere Elemente wie die aristotelische Dreiteilung der Überzeugungsmittel und der Redegattungen (und damit auch seine Bestimmung der allgemeinen Merkmale der G.) durchaus wegweisend blieben.

Diese Sachlage spiegelt sich in zwei Werken wieder, welche die typische Form der hellenistischen Rhetorik im Schulbetrieb der ausgehenden römischen Republik überliefern: CICEROS ‹De inventione› und die anonyme ‹Rhetorica ad Herennium›. In beiden geht die theoretische Behandlung der G. von der Bestimmung ihrer Merkmale innerhalb der drei aristotelischen Redegattungen aus, wobei sie zwar in der Aufzählung an dritter Stelle erscheint, in der ausführlichen Behandlung dann aber in der Reihenfolge und im Umfang den ersten Platz einnimmt; [89] beide Autoren beachten dabei in ihrer anfänglichen begrifflichen Bestimmung der G. den Unterschied zwischen strafrechtlicher Anklage und Verteidigung und zivilrechtlicher Klage und Erwiderung, und beide behandeln auch später vereinzelt Besonderheiten des Zivilprozesses, insgesamt aber steht hier, wie überhaupt in der rhetorischen Tradition zur G., der Strafprozeß im Vordergrund. [90]

Grundlage für die Behandlung der *inventio* in der G. bildet die Statuslehre, die zunächst allgemein dargestellt wird, und deren Einzelheiten dann im Rahmen der dem Beweis und der Widerlegung gewidmeten Redeteile ausgeführt werden. [91] Insgesamt wird die Auffindung des Redestoffes zunächst getrennt im Hinblick auf die einzelnen Redeteile diskutiert. [92] In den Ausführungen zur Einleitung [93] fällt dabei auf, daß beide Autoren der besonderen Dynamik, die sich aus der möglichen Personenverschiedenheit von Prozeßpartei und Sachwalter ergibt, noch keine besondere Beachtung schenken; die Möglichkeit, den guten Willen *(benevolentia)* der Zuhörerschaft durch eine Verbindung des êthos von Redner und Klient zu beeinflussen, wird nicht angesprochen.

Da die Behandlung der Tatsachen oft den Kern des Falles ausmacht [94], werden die *narratio* und im Zusammenhang mit ihr die *constitutio coniecturalis* besonders ausführlich diskutiert. Dabei ist für die Glaubhaftigkeit der Darstellung die Wahrscheinlichkeit wichtiger als die Wahrheit [95]; der AUCTOR AD HERENNIUM betont sogar, daß das Erfordernis, daß Tatsachenerzählungen *veri similis* sein müssen, in besonderem Maße bei erfundenen Darstellungen *(confictiones)* zu beachten ist. [96] Er warnt zwar, daß man besonders in Fällen, wo Dokumente und angesehene Zeugen vorhanden sind, mit Erfindungen vorsichtig sein solle, gibt aber keinen moralischen Rat im Hinblick auf solche Praktiken; auch der junge Cicero steht insgesamt ganz in der Tradition, welche die Theorie der G. vornehmlich als Anleitung zur erfolgreichen Praxis vor Gericht versteht und sich der moralischen Beurteilung dieser Praxis weitgehend enthält.

Der Beweis von Tatsachen wird breit behandelt; die hermagoreischen sieben Umstände sind in vielfache *topoi* zur Person und zur Handlung aufgefächert. [97] Dabei gilt dem Vorleben und dem allgemeinen Charakter der Beteiligten, insbesondere des Angeklagten im Strafprozeß, die besonders starke Aufmerksamkeit der gegnerischen Parteien [98]; nur wenn da für die eigene Seite nicht genügend Brauchbares zu entdecken ist, soll argumentiert werden, daß derlei bedeutungslos sei.

Beide Autoren bemühen sich, ihre Darstellung der G. im allgemeinen und der Statuslehre im besonderen zu einem gewissen Grade den besonderen Umständen des römischen Rechtslebens anzupassen. Beide erwähnen die Tatsache, daß wegen des vorgeschalteten Verfahrens *in iure* vor dem Prätor die *constitutio translativa,* d. h. die Rüge eines Verfahrensmangels, in der Regel im Prozeß selbst keinen Platz mehr hat. [99] Beide weisen auch darauf hin, daß die Bitte um Nachsicht *(deprecatio)* nicht eigentlich ins förmliche Gerichtsverfahren gehört, und hier allenfalls hypothetisch verwendbar ist: man argumentiert, daß dem Angeklagten zu verzeihen wäre, selbst wenn er, was nicht zugegeben wird, technisch schuldig ist. [100] Cicero unterscheidet ferner bei der Behandlung der *constitutio generalis* [101] zwischen zwei Teilen, deren erster, *iuridicialis,* die üblichen Teile des *status qualitatis (absoluta* und *assumptiva)* enthält, während der zweite, *negotialis,* sich mit dem befaßt, was nach bürgerlicher Sitte und Billigkeit rechtens ist *(quid iuris ex civili more et aequitate sit),* und er weist darauf hin, daß in Rom die Rechtsgelehrten *(iuris consulti)* als mit diesem Gebiet befaßt angesehen werden. [102] Für die G. ergibt sich daraus die Folgerung, daß bisweilen recht technische *controversiae iuris civilis* zu behandeln sind [103], wie etwa Erbschaftsfälle [104], wobei sich die Gelegenheit zur Verwendung argumentativer Gemeinplätze für und wider die Autorität der *iuris consulti* ergibt. [105] Der AUCTOR AD HERENNIUM weist bei der Behandlung der *constitutio legitima* [106] auf die Möglichkeit hin, daß verschiedene rechtliche Amtsträger wie Richter, Prätor, Konsul und Volkstribun widersprüchliche Entscheidungen *(iudicata)* treffen und damit den Prozeßparteien Munition liefern können, bezieht sich aber nicht auf die Rechtsgelehrten. [107]

Was in beiden Werken fehlt, ist eine eingehende Berücksichtigung der politischen Dimension mancher Prozesse, wie sie uns in Ciceros späterer Praxis der G. begegnet [108] und wie sie auch in seinem späteren Werk ‹De oratore› mehr Beachtung findet. Dort erscheint der Redner in der Rolle des römischen *patronus,* dessen Pflicht es ist, seine Klienten in vielgestaltigen Fällen zu vertreten und an der politischen Führung des Gemeinwesens teilzunehmen [109], Aufgaben, die in der Praxis nicht immer klar voneinander geschieden sind. Im zweiten Buch dieses Werkes läßt Cicero den Antonius einen Überblick über die Theorie der Rhetorik geben, in dem die G. sehr deutlich im Vordergrund steht: sie wird als äußerst schwieriges Unterfangen bezeichnet [110] und entsprechend ausführlich abgehandelt. Dabei werden die argumentativen Gemeinplätze relativ kurz abgehandelt und ihre Ausführung im einzelnen dem Wissen und der Erfahrung des Redners überlassen. [111] Da die rednerische Vortrefflichkeit mehr in der kunstgerechten Darstellung als in der Findung des Stoffes sich dartut [112], wird die Bedeutung von éthos und páthos betont [113], die als einander verwandt und mit stilistischen Überlegungen verbunden aufgefaßt werden. [114] Das éthos des Redners wird klar von dem des Klienten geschieden [115], beide stellen eigenständige Überzeugungsmittel dar. Noch wirkungsvoller aber sind in der G. die Appelle an stärkere Gefühle der Zuhörerschaft, denen bei weitem die größte Aufmerksamkeit in dieser Darstellung geschenkt wird [116], wobei ein besonderes Augenmerk dem Gebrauch von Witz und Humor gilt [117], einer Materie, die in der überlieferten Theorie eher beiläufig behandelt wurde, die aber nicht nur in Ciceros Praxis eine bedeutende Rolle spielt. [118] Die politische Dimension der G. in der römischen Republik wird besonders deutlich in der ausführlichen Behandlung von Beispielfällen aus der Praxis, in denen die Verbindung der Geschicke der Prozeßparteien mit denen des Gemeinwesens ein wichtiges Thema der Redner bildet. [119] Juristische Erwägungen kommen bei alledem nicht vordringlich zur Sprache; zwar hält im ersten Buch Crassus ein beredtes Plädoyer für die Bedeutung rechtlicher Studien in der Ausbildung des Redners [120], aber schon dort meldet Antonius entschiedene Zweifel an [121], und so ist seine Zurückhaltung in dieser Hinsicht hier kaum überraschend. Diese Einstellung entspricht auch durchaus Ciceros eigener Praxis; bei allem Interesse, das er rechtlichen Fragen entgegenbringt, und bei allem Wissen, über das er auf diesem Gebiet verfügt [122], nimmt doch das juristische Element in seinen G. insgesamt keine zentrale Stellung ein.

Auch QUINTILIAN räumt in seiner ‹Institutio oratoria› der G. unter den drei Redegattungen den breitesten Raum ein. Er betont, daß bei aller Vielgestaltigkeit dieser Gattung doch immer zwei Aufgaben des Redners konstant bleiben: (An)klage *(intentio)* und Verteidigung *(depulsio).* [123] Wie der spätere Cicero mißt auch er den Emotionen *(adfecta)* besondere Bedeutung zu und behandelt éthos und páthos als Erscheinungsformen ein und desselben Überzeugungsmittels. [124] Auch er besteht auf der Beachtung des éthos des Redners als gesondert von dem des Klienten [125] und auch er geht ausführlich auf Witz und Humor ein. [126] Insgesamt rückt aber doch die Argumentation wieder deutlicher in den Vordergrund der theoretischen Behandlung der G. [127] Das mag zum einen darauf zurückzuführen sein, daß Quintilian in der ‹Institutio oratoria› eine vollständige Behandlung der rhetorischen Theorie anstrebt, während es Cicero in ‹De oratore› mehr darum geht, gegenüber der Lehrtradition Akzentverschiebungen da vorzunehmen, wo diese Tradition seines Erachtens verfehlt oder unzureichend ist. Zum anderen zeichnet sich hier aber wohl schon eine Entwicklung ab, die mit Veränderungen insbesondere des Strafverfahrens in der Kaiserzeit zusammenhängen. Schon im ersten nachchristlichen Jahrhundert beginnt die außerordentliche Strafjustiz *(cognitio extra ordinem)* des römischen Stadtpräfekten *(praefectus urbi)* und in geringerem Maße die Gerichtsbarkeit des Senats und des Kaisers selbst die traditionelle Schwurgerichtsbarkeit zu verdrängen. [128] Damit wird der Wirkungskreis des Gerichtsredners zunehmend eingeengt: vor kleineren Entscheidungsgremien, oft mit Fachleuten besetzt, ist das eher sachbetonte Argument angemessener als die große rednerische Geste; der volle Einsatz von Person und Gefühl würde Gefahr laufen, den kleineren Rahmen nicht auszufüllen, sondern zu sprengen, zum Schaden des rednerischen

Erfolges. Quintilian betont auch die Bedeutung juristischer Fachkenntnisse für den Redner [129]; allerdings wird das durch abfällige Bemerkungen über Juristen relativiert [130], und insgesamt läßt seine Behandlung der G. kein eingehendes Interesse an der klassischen römischen Jurisprudenz erkennen.

In der ‹Institutio oratoria› findet sich auch eine recht ausführliche Diskussion von ethischen Fragen, welche die Praxis der G. betreffen. Wie Cicero in ‹De officiis› [131] spricht auch Quintilian eine Vorliebe für die Verteidigung vor der Anklage aus, auch wenn er die letztere etwas bereitwilliger in Betracht zieht als sein großes Vorbild und damit wohl auch kaiserzeitlichen Realitäten Rechnung trägt. [132] Und beide Autoren teilen die Auffassung, daß zwar die Strafverfolgung eines Unschuldigen stets verwerflich sei, daß aber die Verteidigung eines Schuldigen durchaus gerechtfertigt sein könne, wobei Cicero vorsichtig von einer Verteidigung des Wahrscheinlichen wenn auch weniger Wahren *(veri simile, etiamsi minus sit verum)* spricht, während Quintilian etwas deutlicher die Meinung vertritt, daß es manchmal vertretbar sei, dem Richter die Wahrheit vorzuenthalten *(auferre aliquando iudici veritatem)*. [133] Bei Cicero mag dabei eine gewisse Skepsis im Hinblick auf die Erkennbarkeit der Wahrheit mitschwingen, im übrigen beruft er sich auf Volkswillen, Herkommen und Menschlichkeit *(vult hoc multitudo, patitur consuetudo, fert etiam humanitas)*. [134] Demgegenüber stellt Quintilian mehr auf Umstände ab, in denen die Verbergung der Schuld einer höheren Gerechtigkeit dienen würde, wie etwa im Falle eines Verschwörers, der den Sturz eines Tyrannen geplant hat. [135] Allerdings bezeichnet er explizite politische Argumente, wie sie uns in manchen G. Ciceros begegnen, als nicht mehr zeitgemäß, da nunmehr der Alleinherrscher die Sicherheit des Gemeinwesens garantiere, die darum nicht mehr vom Ausgang eines Prozesses abhängen könne. [136]

In der Spätantike erstarrt die Theorie der G. bei Autoren wie FORTUNATIANUS, VICTORINUS und SULPICIUS VICTOR immer mehr in der Überlieferung eines festen Kanons von im wesentlichen weitgehend gleichbleibenden Ausführungen, hauptsächlich zur Statuslehre, zu den *loci communes* und zu den Redeteilen. Während bei Quintilian noch der lebendige Bezug zur Gerichtspraxis erkennbar ist, wenn er immer wieder aus seinen eigenen Erfahrungen als Gerichtsredner schöpfen kann und vor einer zu starken Betonung von allgemeinen Regeln unter Vernachlässigung der Besonderheiten des Einzelfalles warnt, so scheinen nunmehr die Erfordernisse eines Deklamationsunterrichtes [137] im Vordergrund zu stehen, welcher relativ mechanisch erlernbare Argumentationstechniken betont. Verfeinerungen betreffen allenfalls weitere Verästelungen des Kategorienbaumes, nicht aber eine Anpassung an neue Verhältnisse, ein Lernen aus neuen Erfahrungen. So erklärt etwa VICTORINUS in seinem Kommentar zu ‹De inventione› Ciceros Ausführungen zur *translatio* und zu den Argumenten für und gegen die Autorität der *iuris periti*, geht aber mit keinem Wort auf das Verfahrensrecht seiner Zeit oder auf die gewandelte Stellung der Juristen ein. [138] Auch in Werken, die sich nicht auf die Kommentierung Ciceros beschränken, ist die Gerichtspraxis fast ausschließlich durch Hinweise auf seine Reden präsent; die Gegenwart bot allem Anschein nach keine besonders bemerkenswerten Beispiele der forensischen Redekunst. Daß eine dergestalt eingeschränkte rhetorische Unterweisung in den Grundzügen der G. dennoch im wesentlichen hinreichend auf die Praxis vorbereitet [139], erhellt unter anderem aus der Tatsache, daß im Westen des römischen Reiches, anders als im Osten, ein formaler Rechtsunterricht zusätzlich zur rhetorischen Ausbildung niemals als Zulassungserfordernis für die Anwaltstätigkeit gilt. [140] Der zunehmende Verzicht auf rhetorische Höhenflüge entspricht wohl auch dem gewandelten Gerichtsalltag, in dem fachlich straffe Routine des überbordende große Drama verdrängt. So ist es wahrscheinlich insgesamt kennzeichnend für die G. in dieser Epoche, wenn SULPICIUS VICTOR die *species causarum* neu definiert, indem er die *causa iudicialis* der *causa ethica* und *causa pathetica* gegenüberstellt. Diese letzteren müssen sorgfältiger, schmuckreicher und auserlesener *(diligentius, cultius, lectius)* ausgeführt werden, und die *causa pathetica* insbesondere erfordert eine erhabenere und anrührendere Sprache *(celsius, commotius)*. Dagegen steht die *causa iudicialis* im Zeichen des knappen, ausgefeilten öffentlichen Vortrags *(pressa et teres et forensis actio)*; sie ist ganz dem schmucklosen Wortkampf *(nuda pugna)* gewidmet. [141]

Anmerkungen:
1 Cic. Brut. 46; Zweifel an der Existenz des Korax bei T. Cole: Who was Corax?, in: Illinois Classical Studies 16 (1991) 65ff. – 2 L. Radermacher: Artium scriptores: Reste der voraristotelischen Rhet., in: Österr. Akad. der Wiss., Philos.-hist. Kl., Sber. 227 (1951) 3. Abh.; G. Kennedy: The Art of Persuasion in Greece (Princeton, N.J. 1963) 58ff.; J. Martin: Antike Rhet. (1974) 213ff.; T. Cole: The Origins of Rhetoric in Ancient Greece (Baltimore 1991) 22ff. – 3 Cole [2] 71ff.; M. Fuhrmann: Unters. zur Textgesch. d. pseudo-aristotelischen Alexander-Rhet., in: Akad. d. Wiss. u. d. Lit. in Mainz, Abh. d. geistes- u. sozialwiss. Klasse Jg. 1964 Nr. 7 (1965) 705 m. w. Nachw. – 4 vgl. Thukydides I, 22, 4. – 5 Cic. De inv. II, 6; Cic. Brut. 46. – 6 zur Zuschreibung Fuhrmann [3] 681ff. – 7 Aristoteles, Sophistici elenchi 183b; vgl. Kennedy [2] 52ff. – 8 Cole [2] 95ff. – 9 Arist. Rhet. 1354b; Isokr. Or. XIII, 19. – 10 Arist. Rhet. 1354b;. – 11 ebd. 1359a–1366a; Qi.: 1368b–1377b. – 12 ebd. 1414b. – 13 Plat. Phaidr. 266dff.; Fuhrmann [3] 698f. – 14 vgl. D. M. MacDonald: The Law in Classical Athens (Ithaca, N.Y. 1978) 249. – 15 Plat. Phaidr. 272cff. – 16 Arist. Rhet. 1402a. – 17 M. Fuhrmann: Die antike Rhet. (1984) 22. – 18 Antiphon, Tetralogien II, 4, 8. – 19 ebd. IV, 4. 2. – 21 Arist. Rhet. 1376a. – 22 ebd. 1355a. – 23 ebd. 1402a. – 24 vgl. G. Kennedy (Übers. u. Hg.): Aristotle ‹On Rhetoric› (Oxford 1991) 210 Fn. 253. – 25 Antiphon [18] II, 2, 3. – 26 vgl. ebd. IV, 4, 9. – 27 ebd. V. 91. – 28 vgl. ebd. I, 1f. 21. 23f. 31; II, 1, 3f.; 2, 12; 4, 1. 11; III, 2, 1ff.; 3, 2; 4, 1f.; IV, 1, 1. 5; V, 1ff.; VI, 3. 8. 20ff. – 29 vgl. ebd. I, 5f. 22ff.; II, 2, 2; 3, 1ff.; IV, 2, 1ff.; 3, 1; 4, 1; V, 8ff. 25. 94; VI, 7. 9f. 20ff. 30ff. – 30 vgl. ebd. I, 25; II, 2, 1f. 13; 4, 12; III, 1, 2; 2, 2. 10ff.; 3, 3. 12; 4, 10; IV, 4, 1; V, 1f. 73. – 31 vgl. ebd. I, 26ff.; II, 1, 10f.; 3, 1; III, 3, 3; IV, 1, 6; 2, 7ff.; 3, 6f.; VI, 47ff.; vgl. auch Plat. Phaidr. 267df. – 32 vgl. Phaidr. 267bff. – 33 Arist. Rhet. 1354af.; vgl. auch Plat. Phaidr. 268aff. – 34 Arist. Rhet. 1354a. – 35 vgl. etwa Antiphon [18] I, 21ff.; II, 1, 10; 2, 13; III, 4, 10. – 36 vgl. ebd. I, 24; III, 1, 2; 3, 7; 3, 9; IV, 1, 2. 8f.; VI, 2. 4ff. – 37 vgl. ebd. III, 2, 9; 4, 8; IV, 2, 3. 5f.; 3, 2. 4; 4, 8. – 38 ebd. V, 9ff. 16. 85ff.; Lob des Gesetzes und Bestehen auf seiner korrekten Anwendung finden sich auch hier: Antiph. V, 14f. 94. 96. – 39 ebd. V. 17. – 40 vgl. Anm. [6]. – 41 Auct. ad Alex. 1421b. – 42 Fuhrmann [3] 150ff. – 43 Auct. ad Alex. 1427b. – 44 ebd.; vgl. ebd. 1445a. – 45 ebd. 1426b. – 46 ebd. 1427a. – 47 ebd. 1427a. – 48 vgl. F. Horak: Die rhet. Statuslehre u. d. moderne Aufbau d. Verbrechensbegr., in: F. Horak u. W. Waldstein (Hg.): Festgabe für Arnold Herdlitczka (1972) 121. – 49 Auct. ad Alex. 1427b. – 50 ebd. 1428aff. – 51 ebd. 1431bff. – 52 ebd. 1422a. – 53 ebd. 1427bf.; vgl. ebd. 1421b. – 54 ebd. 1441bff. – 55 ebd. 1442b. – 56 ebd. – 57 ebd. 1442bf. – 58 ebd. 1442af. – 59 ebd. 1427a. – 60 ebd. 1442b, 1443a. – 61 ebd. 1443a; vgl. ebd. 1427a. – 62 ebd. 1443b. – 63 ebd. 1443bff. – 64 ebd. 1444af. – 65 ebd. 1444b. – 66 ebd. 1444bf. – 67 ebd. 1434aff. – 68 Arist. Rhet. 1354b. – 69 ebd.

1354aff. – **70** ebd. 1355a. – **71** ebd. 1368bff. – **72** ebd. 1369a. – **73** ebd. 1369bff. – **74** ebd. 1372aff. – **75** ebd. 1374a. – **76** ebd. 1374af. – **77** ebd. 1374bf. – **78** D. Mirhady: Non-technical Pisteis in Aristotle and Anaximenes, in: American J. of Philol. 112 (1991) 5–28. – **79** Arist. Rhet. 1375aff. – **80** ebd. 1414a. – **81** E. M. Carawan: Erotesis: Interrogation in the Courts of Fourth-Century Athens, in: Greek, Roman, and Byzantine Stud. 24 (1983) 209–226. – **82** Arist. Rhet. 1415af. – **83** ebd. 1416a. – **84** ebd. 1416bff. – **85** ebd. 1417bf. – **86** ebd. 1419bff. – **87** L. Calboli-Montefusco: La dottrina degli «status» nella retorica greca e romana (1986) 1ff.; J. Martin [2] 28ff.; G. Kennedy [2] 303ff.; D. Matthes: Hermagoras v. Temnos 1904–1955, in: Lustrum 58 (1958) 68ff. – **88** Aug. Rhet. 7, in: Rhet. Lat. min. 141. – **89** Cic. De inv. II, 4, 13ff.; Auct. ad Her. II, 2, 3; vgl. ebd. II, 1, 1 und Cicero, Partitiones oratoriae 28, 98ff. – **90** Cic. De inv. I, 5, 7 (accusatio und defensio, petitio und recusatio); Auct. ad Her. I, 2, 2 (accusatio oder petitio, verbunden mit defensio). – **91** Cic. De inv. I, 8, 10ff.; II, 4, 13ff.; Auct. ad Her. I, 10, 18ff.; II, 2, 3ff.; vgl. auch Cicero, Part. or. 29, 101ff. – **92** Cic. De inv. I, 15, 20ff.; Auct. ad Her. I, 3, 4ff.; vgl. auch die kurzen Überblicke in Cicero, Part. or. 4, 14f. und 8, 28ff. – **93** Cic. De inv. I, 15, 20ff.; Auct. ad Her. I, 4, 6f. – **94** Auct. ad Her. II, 8, 12. – **95** Cic. De inv. I, 20, 28ff.; Auct. ad Her. I, 9, 14ff. – **96** Cic. De inv. II, 9, 16. – **97** Cic. De inv. II, 1, 24, 34ff.; II, 5, 16ff.; Auct. ad Her. II, 2, 3ff. – **98** Cic. De inv. II, 10, 32ff.; Auct. ad Her. II, 3, 5. – **99** Cic. De inv. II, 19, 57ff.; Auct. ad Her. I, 12, 22; vgl. auch Cicero, Part. or. 28, 99f. – **100** Cic. De inv. II, 34, 104; Auct. ad Her. I, 14, 24; II, 17, 26; in der veröffentlichten Fassung der Rede ‹Pro Milone› verwendet Cicero ein ähnliches Argument. – **101** von anderen oft als status qualitatis bezeichnet, beim Auct. ad Her. (I, 14, 24) als constitutio iuridicialis. – **102** Cic. De inv. I, 11, 14; statt iuridicialis und negotialis heißen diese Unterkategorien der qualitas in Cicero, Part. or. 37, 129 natura und lex. – **103** Cic. De inv. II, 21, 62. – **104** Cic. De. inv. II, 21. 62; II, 42, 122 (ein Fall, der der berühmten causa Curiana ähnelt); II, 49, 148f. (ein wohl erfundener Fall; ähnlich Auct. ad Her. I, 13, 23). – **105** Cic. De inv. II, 22, 68; solche Argumente finden sich in Ciceros Rede ‹Pro Murena›. – **106** eine Mischung aus constitutio definitiva und translativa (status definitionis und translationis) und den controversiae in scripto. – **107** Auct. ad Her. II, 13, 19. – **108** C. J. Classen: Recht-Rhet.-Politik. Unters. zu Ciceros rhet. Strategie (1985). – **109** G. Kennedy: The Art of Rhetoric in the Roman World (Princeton, N. J. 1966) 215. – **110** Cic. De or. II, 72. – **111** ebd. II, 130ff. – **112** ebd. II, 120. – **113** ebd. II, 178. – **114** ebd. II, 183ff. – **115** ebd. II, 114. 182. – **116** ebd. II, 185ff. – **117** ebd. II, 216ff. – **118** A. Haury: L'ironie et l'humour chez Cicéron (Leiden 1955). – **119** Cic. De or. II, 194ff. – **120** ebd. I, 159. 165ff. – **121** ebd. I, 234ff. – **122** E. Costa (Hg. G. Brini): Cicerone giureconsulto (Bologna 1927); zurückhaltender L. Wenger: Die Quellen des römischen Rechts (Wien 1953) 250f. und B. Frier: The Rise of the Roman Jurists (Princeton, N. J. 1985) 134f., 143f. – **123** Quint. III, 9, 1. – **124** ebd. III, 2, 2ff. – **125** ebd. IV, 1, 7. – **126** ebd. VI, 3. – **127** besonders in Quint. III, 6; V; VII, 2ff. – **128** W. Kunkel: Römische Rechtsgesch. (^{5}1967) 74ff.; Quint. III, 10, 1 bezieht sich auf diesen Wandel. – **129** Quint. XII, 3. – **130** ebd. XII, 3, 9. 11. – **131** Cicero, De officiis II, 14, 49f. – **132** Quint. XII, 7, 1ff. – **133** Cicero [131] II, 14, 51; Quint. XII, 1, 33ff. – **134** Cicero [131] II, 14, 51; vgl. auch Cicero, In P. Vatinium testem 5. – **135** Quint. XII, 1, 40. – **136** Quint. VI, 1, 35 bezieht sich speziell auf Cicero, Pro Murena. – **137** vgl. S. F. Bonner: Roman Declamation in the Late Republic and Early Empire (Liverpool 1949); S. F. Bonner: Education in Ancient Rome (Berkeley 1977) 288ff.; M. Winterbottom (Hg. u. Übers.): The Elder Seneca: Declamations (Oxford 1974); M. Winterbottom (Hg.): The Minor Declamations Acribed to Quintilian (1984); L. A. Sussman (Übers.): The Major Declamations Ascribed to Quintilian (1987); J. Dingel: Scholastica materia. Unters. zu den Declamationes minores und der Institutio oratoria Quintilians (1988). – **138** Victorinus, Explanationes in Rhet. M. T. Cic. libri duo II, 19. 22, in: Rhet. Lat. min. 276, 280. – **139** M. Winterbottom: Schoolroom and Courtroom, in: B. Vikkers (Hg.): Rhetoric Revalued (Binghamton, N. Y. 1982) 59ff. – **140** F. Schulz: History of Roman Legal Science (Oxford ^{3}1963) 268ff. – **141** Sulpicius Victor, Institutiones oratoriae 6, in: Rhet. Lat. min. 316.

II. *Mittelalter.* Hatte schon der römische Prozeß der Spätantike wenig Raum zur Entfaltung außergewöhnlicher Beredsamkeit in der G. geboten, so gilt das für die gerichtlichen Verfahren, welche diesen nach dem Niedergang der alten Ordnung im Westen des Reiches ersetzen, um so mehr. Soweit Dokumente vorliegen, die den Ablauf solcher Verfahren schildern, zeigen sie ein Bild, in dem in der Regel die Parteien selbst ihre Sache vortragen, und auch wenn, etwa für Geistliche oder Frauen, Prozeßvertreter das Wort führen, geht es eher schlicht zu: Behauptungen und Gegenbehauptungen, oft gestützt durch Berufung auf Urkunden und Zeugen, welche dann unter Umständen angezweifelt werden, stehen sich schmucklos gegenüber. Auch wenn man berücksichtigt, daß derlei Dokumente zu formalisierter Verkürzung des Hergangs neigen, ist wohl doch insgesamt die Feststellung berechtigt, daß «die Abwesenheit von Rhetorik in frühmittelalterlichen Rechtsfällen in der Tat bemerkenswert» ist. [1] Dennoch bleibt die Theorie der G. weiterhin ein wichtiger Bestandteil des Elementarunterrichts, der sich nach wie vor auf die Fächer des Trivium, und damit auch auf die Rhetorik konzentriert. Die schon in der spätantiken Fachrhetorik wahrnehmbare Tendenz zur Epitomierung setzt sich über enzyklopädisch angelegte Werke wie MARTIANUS CAPELLAS ‹De nuptiis Philologiae et Mercurii› (5. Jh.) in CASSIODORS ‹Institutiones› (6. Jh.) und den ‹Etymologiae› ISIDORS VON SEVILLA (7. Jh.) fort. Die auf die Rhetorik bezogenen Teile dieser Werke [2] räumen, darin ihren klassischen Vorlagen folgend, den konstituierenden Begriffsschemata des *genus iudiciale* relativ breiten Raum ein, gehen aber in der Erläuterung über einfache Definitionen und gelegentliche Beispiele kaum hinaus. Der Stoff wird als systematisches Wissen vermittelt, wird nicht grundlegend auf seine gegenwärtige praktische Anwendbarkeit hin reflektiert. Gleichwohl gibt diese Lehrtradition nicht nur rhetorische Grundkenntnisse weiter, sondern vermittelt mit dem Abriß der Theorie der G. den Studierenden auch rudimentäres Rechtswissen. [3] So findet sich im zweiten Buch von Isidors ‹Etymologiae› im Anschluß an die Behandlung der rhetorischen Syllogismen auch ein Kapitel über das Gesetz (‹De lege›), ein Thema, dem auch der größte Teil des fünften Buches gewidmet ist. Neben begrifflichen Mißverständnissen finden sich in diesem zehnten Kapitel [4] auch Anzeichen einer Tendenz, das Rechtsleben mit moralisch-religiösen Anforderungen zu konfrontieren, wenn in der Definition der *lex* diese ganz der Vernunft *(ratio)*, und damit der Religion *(religio)*, der Disziplin *(disciplina)* und dem Seelenheil *(salus)* unterstellt wird.

Diese Tendenz kommt auch in ALKUINS ‹Disputatio de rhetorica et de virtutibus› [5] (Wende zum 9. Jh.) zum Ausdruck, wenn sich an die Diskussion der Rhetorik, ganz überwiegend auf Ciceros ‹De inventione› beruhend, ein längerer Abschnitt über die vier Kardinaltugenden *(prudentia, iustitia, fortitudo* und *temperantia)* anschließt [6], welche das in der Verseinleitung angeschlagene Thema aufnimmt, daß es in dem Werk um die gesellschaftlichen Sitten *(civiles mores)* geht. [7] In seinen einleitenden Bemerkungen betont Alkuins Gesprächspartner Karl der Große den Nutzen der Rhetorik für die tagtäglichen Geschäfte des Reiches und des Hofes. [8] Es entspricht wohl auch einer Reformabsicht, wenn in die Behandlung der G. vor dem Überblick über deren Teile zur Unterweisung des an andere rechtliche Verhältnisse gewöhnten Lesers eine kurze Beschreibung einer auf römischem Vorbild beruhenden Gerichtsszene gegeben wird, in der Ankläger, Verteidiger und Zeugen, in festgelegter Ordnung im Raum postiert, einem Einzelrichter den Fall vortragen. [9] Und wenn bei der Behandlung der (nur) wahrscheinlichen Argumente (*probabilia*, im Gegensatz zu den notwendigen, *necessaria*) Karl die Frage nach deren Gültigkeit aufwirft, versichert ihn Alkuin ihres Wahrheitsgehalts [10], womit der Boden für eine mögliche Wiederbelebung rhetorischer Argumentation in der G. bereitet wird, in der ja Wahrscheinlichkeitsargumente traditionell eine besonders bedeutsame Rolle spielten.

Ein deutlicher Erneuerungswille kennzeichnet auch Notker Labeos ‹De arte rhetorica›, ein Werk, das es unternimmt, dem Leser dazu zu verhelfen, daß er an die Stelle einer nur naturhaften Beredsamkeit, die gemäß Notkers Zeugnis nach dem Ende der Antike allenthalben vorherrscht, wieder eine kunstgemäße (*artificialis eloquentia*) treten lassen kann und so zum vollgültigen *rhetor* wird. [11] In seiner Unterweisung legt Notker dabei besonderes Gewicht auf die Erfindung (*inventio*) der für das *genus iudiciale*, das er als *tiu dinchlicha* eindeutscht [12], kennzeichnenden Argumente; auch anderweitig übersetzt er zum Nutzen des Lesers wichtige Fachtermini ins Deutsche. In seinem althochdeutschen Kommentar zu Boethius' ‹De consolatione philosophiae› macht er deutlich, was auch in ‹De arte rhetorica› anklingt: daß er als das Ziel der «neuen Rhetorik», die er anstrebt, nicht den Sieg einer Seite über die andere, sondern ihre Fähigkeit zur Beseitigung von Zwietracht durch Sprache (*den strît mit rédo uerzéren chán*) und somit zur Herstellung von Eintracht (*éinúnga*) durch Unterredung (*gespráchi*) ansieht, eine Fähigkeit, die für ihn zudem den wahren *orator* ausmacht. [13] Damit richtet auch Notker sein Augenmerk auf eine ethische Einbindung der durch die Theorie der G. vermittelten rhetorischen Möglichkeiten.

In starkem Gegensatz zu solchen Bestrebungen steht ein Werk wie Anselms von Besate ‹Rhetorimachia›. [14] In Form eines Briefes geschrieben, will das um die Mitte des 11. Jh. entstandene Buch der rhetorischen Praxis dadurch dienen, daß es anhand einer fingierten rechtlichen Auseinandersetzung Anselms mit seinem Vetter Rotiland die theoretischen Vorschriften antiker Autoren durch Beispiele anschaulich macht. [15] Zu diesem Zweck fügt er auch Glossen bei, die auf wichtigen Passagen aus den antiken Werken, insbesondere Ciceros ‹De inventione› und die ‹Rhetorica ad Herennium›, hinweisen; darüber hinaus durchsetzen auch Zitate aus einigen Rechtsquellen das Werk. Insgesamt aber tritt der didaktische Zweck, die Einführung in die Techniken des *genus iudiciale*, eher hinter dem Unterhaltungswert der romanhaften Einkleidung zurück, die literarische Verwendung der Formen forensischer Beredsamkeit im eher spielerischen und moralisch bedenkenlosen Wortkampf gewinnt die Oberhand über praktische Erfordernisse der G.

Ein anderes Bild vermittelt die in der zweiten Hälfte des 12. Jh. vermutlich in Nordfrankreich entstandene ‹Rhetorica ecclesiastica›. [16] Dieses Werk setzt es sich in seiner Einleitung zum Ziel, den Studenten die Gesetze der göttlichen Gerechtigkeit (*leges divinae iustitiae*) zu vermitteln, wobei die Kenntnis der Regeln des kirchlichen Strafprozeßrechts (hier ganz überwiegend aus Gratians ‹Decretum› geschöpft) letztlich zu einer einfachen und vernünftigen Beendigung aller Streitigkeiten (*omnium controversiarum facilis et rationabilis terminatio*) führen soll. Zu diesem Zweck sollen die Prozeßbeteiligten (für deren Vierzahl: Richter, Zeuge, Ankläger, Verteidiger, sich der Autor auch auf Alkuin beruft, dessen Beschreibung ihrer Funktionen und Insignien er übernimmt) teils gemäß der Norm der kirchlichen *canones*, teils nach der Kunstlehre der Rhetoriker (*secundum artificiosam doctrinam rhetorum*) unterwiesen werden. [17] Es ist danach etwas überraschend, wenn im weiteren Verlauf des Buches Anlehnungen an eben diese Kunstlehre nur recht begrenzt festzustellen sind; so lassen sich etwa in der Behandlung der *exempla* deutliche Spuren spezifisch rhetorischer Unterweisung entdecken. [18] Dabei geht es um die Anführung von Parallelfällen, gestützt auf religiöse Autoritäten, welche eine bestimmte rechtliche Beurteilung des vorliegenden Falles nahelegen sollen; die ‹Rhetorica ecclesiastica› gibt nun an, wie solche Parallelfälle entkräftet werden können, wobei es hauptsächlich gilt, bedeutsame Unterschiede zwischen Fall und Parallelfall festzustellen. [19] Damit befinden wir uns im Bereich der *status legales* der *leges contrariae* und *ratiocinatio* und dem der *tópoi* zur Person und Handlung, die schon Augustinus in ‹De doctrina christiana› zum Zwecke einer normative Widersprüche vermeidenden Interpretation der Heiligen Schrift eingesetzt hatte. [20] Auch werden bei der Beurteilung von Zeugenaussagen Überlegungen angeführt, wie sie aus dem *status coniecturalis* vertraut sind. [21] In der Hauptsache aber geht es in diesem Werk um die Vermittlung der Rechtsregeln, welche das Gerichtsverfahren leiten. Das gilt insbesondere auch für die Abschnitte über den Ankläger und den Verteidiger, in denen es nicht um den beredten Vortrag, sondern um die formalen Voraussetzungen und Erfordernisse geht, denen die Tätigkeit der Prozeßparteien und ihrer Advokaten genügen müssen. [22] Damit wird hier eine Tendenz deutlich, die auch für die weitere Entwicklung der G. bedeutsam bleibt: die Verrechtlichung der ihr eigentümlichen Rhetorik.

Vornehmlich lebt in dieser Zeit die klassische Tradition der Theorie der G. in Glossen und Kommentaren zu Ciceros ‹De inventione› (im Mittelalter auch als ‹Rhetorica prima› bezeichnet) und zu der damals (häufig unter dem Namen ‹Rhetorica secunda›) ebenfalls Cicero zugeschriebenen ‹Rhetorica ad Herennium› fort. [23] Beispiele dieser Literatur, wie die Erläuterungen, die Thierry von Chartres zu diesen Werken verfaßt hat [24], zeigen, daß es dabei in der Regel um die gelehrte Verständlichmachung des antiken Textes für Unterrichtszwecke und um die scholastische Auflösung von Widersprüchen sowie die Analyse der von antiken Autoren verwendeten argumentativen *tópoi* geht, nicht aber vordringlich um die Adaptierung für den zeitgenössischen praktischen Gebrauch. So finden sich dann auch in den vereinzelten Quellen, die ein Bild vom Hergang von Gerichtsverhandlungen in dieser Zeit vermitteln, nur recht spärliche Anzeichen für einen Einfluß solchen rhetorischen Wissens auf die Praxis der G. [25] Zwar bietet die besonders im Verlauf des 12. Jh. stark zunehmende Verwendung von römischrechtlich beeinflußten Rechtsverfahren, zunächst hauptsächlich im kirchlichen, dann auch im weltlichen Prozeß, vermehrte Gelegenheiten für den Einsatz von Advokaten und deren Ausübung auch von rednerischen Fähigkeiten, da die Verfahrensordnung des gelehrten Prozesses nach der Beweiserhebung mündliche *disputationes et allegationes* vorsieht, also die Zusammenfassung und rechtliche Würdigung der dargelegten Tatsachen durch die Anwälte beider Seiten, wobei es auch Gelegenheit für Erwiderung und Gegenerwiderung gibt. [26] Dennoch liegt dabei das Hauptgewicht auf juristischen Gesichtspunkten, da selbst die Beweiswürdigung sehr weitgehend rechtlich geregelt ist [27]; dementsprechend stehen bei diesen Prozessen, die von zunehmend juristisch ausgebildeten Richtern auf der Grundlage von umfangreichen geschriebenen Sammlungen von Rechtsvorschriften entschieden werden, die kenntnisreiche Anführung und fachgerechte Interpretation von Rechtsquellen im Vordergrund, sehr viel stärker als in den weniger förmlichen Verfahren vor oft vielköpfigen Gremien von Laienrichtern, wie sie für die Gerichtsverfassungen in Athen und Rom in der Blütezeit der klassischen Rhetorik kennzeichnend waren. [28] Der mittelalterliche professionelle Richter will nicht, wie etwa der nur gelegentlich richtende gebildete Laie in der Antike, auch interessant unterhalten, ästhetisch befriedigt und emotional angesprochen werden, sondern ist vielmehr angesichts einer großen Zahl von Fällen an eher knapper sachdienlicher Unterrichtung über die wesentlichen Gesichtspunkte interessiert, wie wohl auch schon sein bürokratischer Kollege in den Gerichten der späten Kaiserzeit [29], wo ja auch eine gewisse rhetorische Atrophie der G. beobachtet werden konnte; längere Ausführungen der Advokaten werden zudem auch schriftlich eingereicht, was die Bedeutung der G. weiter verringert. [30] Einen Eindruck von dieser zwar rhetorisch informierten, aber nicht zu rednerischen Höhenflügen geneigten Praxis der G. vermittelt eine Sammlung von zehn Plädoyers, möglicherweise zu Unterrichtszwecken verfaßt, aus der Gegend von Lüttich, entstanden gegen Ende des 12. Jh. [31]: typisch folgt auf eine knappe Einleitung mit einer *captatio benevolentiae* (Lob des Richters, Bitte des Redners, sein etwaiges Ungeschick zu entschuldigen) die Darstellung der Tatsachen in einem der Sache des Advokaten günstigen Lichte. Das Hauptaugenmerk aber ist auf die rechtliche Argumentation, die Anführung und Anwendung geeigneter rechtlicher Normen gerichtet, auch wenn diese mit ethischen und biblischen Gemeinplätzen begleitet sein mögen; dabei wird in der Regel auch auf die vorgetragenen oder erwarteten Argumente der Gegenseite eingegangen. Eine kurze Schlußbemerkung kündigt die Bereitschaft an, weiteres vorzubringen, falls dies erforderlich sein sollte, und bittet ansonsten den Richter schlicht um sein gerechtes Urteil.

Die Wiederbelebung des römischen Rechts, die im 12. Jh. von Bologna ihren Ausgang nimmt [32], ist somit nicht von einer vergleichbaren Erneuerung der G. und ihrer Theorie begleitet. Zwar dient der Unterricht in den Fächern des Trivium in Bologna in der Regel als Propädeutik zum juristischen Studium [33], doch richten die Lehrer der Rhetorik hier wie auch anderswo ihr praktisches Hauptaugenmerk in diesem Zusammenhang auf die Entwicklung von Anweisungen und Formeln für das Abfassen von Schriftstücken, also die neue entstehende *ars dictandi* [34], nicht so sehr auf die Vorbereitung für das Plädoyer, die dem Studium von Ciceros ‹Rhetorica› überlassen wird. Eine interessante Ausnahme bildet die ‹Rhetorica novissima› (veröffentlicht 1235) von BONCOMPAGNO DA SIGNA, der um die Wende vom 12. zum 13. Jh. Lehrer der Rhetorik in Bologna wurde. [35] In der Einleitung zu diesem Werk betont der Autor, daß er es auf die Bedürfnisse der Jurastudenten zugeschnitten habe, denen Cicero als nicht mehr geeignet für ihr Studium erscheine. [36] Dementsprechend ist das Buch als rhetorische Unterweisung für Advokaten konzipiert [37], auch wenn dieser Zweck nicht immer geradlinig verfolgt wird. Zudem läßt Boncompagno eine eher ambivalente Haltung gegenüber der Tätigkeit der Juristen im allgemeinen und der Advokaten im besonderen erkennen. So definiert er die Aufgabe des Advokaten als die Darlegung der Wahrheit, Erfindung von Wahrscheinlichkeiten, Einhüllung von Lügen, Verschleierung von Falschheit unter dem Abbild der Wahrheit, Beratung der von ihm begünstigten Partei im Hinblick auf Vorbringen und Erwiderung und Veranlassung der Zeugen zur Bekräftigung dessen, war er zu beweisen oder zu widerlegen suche. [38] In Übereinstimmung mit seinen früheren Ausführungen zu den Hauptteilen des Briefes [39] identifiziert er die Hauptteile der G. als Einleitung *(exordium),* Tatsachendarstellung *(narratio)* und Verlangen *(petitio)* [40], wobei das *exordium* an die Stelle der für den Brief gültigen Begrüßungsformel *(salutatio)* tritt. Sie wird entsprechend breit dargestellt und nach der verschiedenen gesellschaftlichen Stellung von Redner und Adressat sowie unterschiedlichen sachlichen Anknüpfungspunkten vielfältig variiert. [41] Und wiederum bleibt wie in der Brieftheorie dann für die Behandlung der übrigen Teile wenig Raum. Die *narratio* wird nur noch insofern erwähnt, als sie an die Stelle des *exordium* treten kann [42], und der die *petitio* ausmachenden Argumentation ist weniger als ein Fünftel des Raumes gewidmet, der der Einleitung galt. [43] Dabei wird kurz auf rechtlich geregelte Vermutungen *(presumptiones)* und einige wenige Wahrscheinlichkeitsargumente eingegangen [44]; von den *status legales,* welche dem Juristen im Rahmen der Rechtsauslegung nützlich sein könnten, wird nur die Mehrdeutigkeit *(amphibologia)* mit einem praxisfernen Beispiel erläutert. [45] Wesentlich breiteren Raum nehmen dann wieder Ausführungen zum Gedächtnis *(memoria)* [46] und zum Redeschmuck [47] ein. Ein ganzes Buch ist den Anwürfen *(de invectivis)* gewidmet, wobei Boncompagno ein besonders breit ausgeführtes Beispiel den Glossatoren widmet, welches aus einem durchaus volkstümlichen Unbehagen mit dem juristischen Geschäft keinen Hehl macht, ein Unbehagen, das sich auch in einer Verurteilung der Prozeßsucht niederschlägt. [48] Diese ironische Distanz zum Rechtsbetrieb, die auch an vielen anderen Stellen des Werkes durchscheint, zusammen mit der Vernachlässigung des argumentativen Kerns der G., macht es wohl erklärlich, daß der ‹Rhetorica novissima›, im Gegensatz zur früheren, der *ars dictandi* gewidmeten ‹Rhetorica antiqua› des Autors, wenig Widerhall vergönnt war.

Im letzten Buch des Werkes geht er kurz auf Verhandlungen und Volksversammlungen ein, also auf andere Anlässe, bei denen sich die Gelegenheit zur Rede ergibt. [49] Boncompagnos ‹Rhetorica novissima› ist somit Teil der *ars arengandi,* jenes eher schmalen Zweiges der mittelalterlichen rhetorischen Theorie, der sich mit der weltlichen öffentlichen Rede befaßt [50], wobei wiederum die G. nur einen kleinen Teilbereich ausmacht. Als ein anderes Beispiel dieser Gattung, das die G. einschließt, sei die kurze ‹Ars arengandi› des JACQUES DE DINANT genannt [51], eines jüngeren Zeitgenossen von Boncompagno, der ebenfalls in Bologna als Lehrer der *ars dictaminis* tätig war. [52] In einer Einleitung in Versen bekennt der Autor seine starke Anlehnung an Cicero (Tullius) und steht damit im Gegensatz zu Boncompagnos betont behaupteter Unabhängigkeit von der antiken Tradition. Die Substanz des Leitfadens ist der ‹Rhetorica ad Herennium› entlehnt; nach einem Überblick über die drei *genera causarum* und die sechs Teile der Rede [53] wird das *exordium* relativ ausführlich behandelt [54], dann folgen knappe Bemerkungen zur *narratio* und *divisio* [55], worauf dann der Autor mitteilt, daß der Redner wissen müsse, wie Tullius die übrigen drei Redeteile *(confirmatio, confutatio, conclusio)* hier und da *(promiscue)* behandle, was er selbst aber dann nicht tut. Zur Entschuldigung bringt er vor, daß die unendliche Vielfalt der Beweisthemen nur allgemeine Regeln zulasse, welche die natürliche Intelligenz eher bereitstellen könne als die Lehrdoktrin [56], womit er allerdings seiner eigenen Kunst kein sehr gutes Zeugnis ausstellt. In der Darstellung der *inventio,* des schwierigsten Teils der Redekunst *(dificillima pars artis concionatorie),* spart er aus argumentative Kernstück aus und wendet sich dann einigen Ausführungen über den Redeaufbau *(dispositio),* den Vortrag *(pronunciatio),* das Gedächtnis *(memoria)* und den Stil *(elocutio)* zu. [57] Im Ergebnis geht Jacques de Dinant also noch viel weiter als sein Vorgänger Boncompagno in der Aussparung aller jener Elemente der rhetorischen Theorie, die besonders auf typisch von Rechtsfällen aufgeworfene Probleme und damit auf die G. als Anwendungsfeld hinweisen.

Den Raum, welcher der teilweise Rückzug der zeitgenössischen Rhetorik aus diesem Bereich freiläßt, nehmen bis zu einem gewissen Grade juristische Schriften ein, die sich der Ausbildung der Advokaten widmen und mitunter auch bescheidenen rhetorischen Rat erteilen. [58] So empfiehlt UBERTUS DE BOBBIO in seinem ‹Libellus cautele› (um 1236), das Lob des Richters in der Einleitung der Rede maßvoll zu halten, damit er sich nicht verspottet fühlt, was beim Gebrauch von manchen vollmundig-schmeichlerischen Phrasen, wie sie sich etwa bei Boncompagno finden, in der Tat leicht hätte geschehen können (und vielleicht nicht einmal ganz unbeabsichtigt gewesen wäre); auch finden wir die vertraute Anweisung, daß die Einleitung den Richter wohlwollend und aufmerksam *(benevolum et attentum)* machen solle, und der Autor teilt auch Ciceros Vorliebe für die Sache des Beklagten. Der Anwalt des Klägers wird zu Scharfsinn und Kürze angehalten; dem Advokaten des Beklagten werden zwar einige Ratschläge über hinhaltende Taktiken gegeben, aber auch ihm wird von übertriebener Verlängerung des Verfahrens abgeraten. [59] BONAGUIDA ARETINUS gibt dem Leser in seiner wenig später entstandenen ‹Summa introductoria super officio advocationis in foro ecclesie› (um 1249) sechsundzwanzig Beispiele für Einleitungen zu G. an die Hand, befaßt sich aber hauptsächlich mit dem prozeßrechtlichen Instrumentarium, das dem Anwalt zur Verfügung steht, und mit der Abfassung von Schriftsätzen. [60] Insgesamt bestätigen solche Anleitungen zur Praxis den Eindruck, daß der Gerichtsalltag eher nach solidem juristischem Handwerk als nach rednerischen Glanzleistungen verlangt.

Auf seiten der Fachrhetorik hielt die Eklipse der antiken Autoren, die sich auch in einer sehr deutlichen Verringerung der Zahl von Kommentaren zu Ciceros ‹De inventione› und zur ‹Rhetorica ad Herennium› im Verlauf des 13. Jh. gezeigt hatte, nicht an. [61] Versuche wie der Boncompagnos, die Klassiker durch zeitgenössische Werke zu ersetzen, welche sich von jenen entschieden abkehren, sind letztlich nicht erfolgreich. So wird auch in Bologna im Verlauf des 14. Jh. die ›Rhetorica ad Herennium‹ erneut Gegenstand von Kommentaren und regelmäßigen Vorlesungen für Jurastudenten, die nunmehr wieder auf diesem Wege umfassender in die Theorie der G. eingeführt werden. [62]

Anmerkungen:
1 W. Davies, P. Fouracre (Hg.): The Settlement of Disputes in Early Medieval Europe (Cambridge 1992) 217. – **2** Martianus Capella, Cassiodor, Isidor, Rhet. Lat. min. 449ff., 493ff., 505ff. – **3** F. A. Specht: Gesch. des Unterrichtswesens in Deutschland von der ältesten Zeit bis zur Mitte des 13. Jh. (1885, ND 1967) 120ff.; H. Fitting: Die Anfänge der Rechtsschule zu Bologna (1888) 15ff. – **4** Isidor, in: Rhet. Lat. min. 513. – **5** Alkuin, in: Rhet. Lat. min. 523ff.; T. M. Conley: Rhetoric in the European Tradition (Chicago 1994) 83ff. – **6** ebd. 547ff. – **7** ebd. 525. – **8** ebd.; vgl. auch 526: cotidiana occupationum necessitas. – **9** ebd. 534. – **10** ebd. 539. – **11** Notker Labeo, De arte rhetorica, in: P. Piper (Hg.): Die Schr. Notkers u. seiner Schule, Bd. I (1882) 643f. – **12** ebd. 646. – **13** vgl. E. H. Sehrt, T. Starck (Hg.): Notkers des Deutschen Werke Bd. I/1 (1933) 73f.; S. Jaffe: Antiquity and Innovation in Notker's Nova rhetorica: The Doctrine of Invention, in: Rhetorica 3 (1985) 165ff.; S. Sonderegger: Notker der Deutsche und Cicero: Aspekte einer wissenschaftlichen Rezeption, in: O. P. Clavadetscher et al. (Hg.): Florilegium Sangallense: FS J. Duft (St. Gallen/Sigmaringen 1980) 243ff. – **14** Anselm von Besate, Rhetorimachia, in: K. Manitius (Hg.): Gunzo, Epistola ad Augienses und Anselm von Besate, Rhetorimachia (1958) 95ff.; B. S. Bennett: The Significance of the Rhetorimachia of Anselm de Besate to the History of Rhetoric, in: Rhetorica 5 (1987) 231ff. – **15** Manitius [14] 77. – **16** Anonymus, Rhetorica ecclesiastica, in: L. Wahrmund (Hg.): Quellen zur Gesch. des röm.-kanonischen Processes im MA, Bd. I/4 (Innsbruck 1906) 1ff.; E. Ott: Die rhetorica ecclesiastica, in: Wiener Akademie, Sber. Phil.-Hist. Cl. 125/8 (1892) 1ff.; A. Lang: Rhet. Einflüsse auf die Behandlung des Prozesses in der Kanonistik des 12. Jh., in: FS E. Eichmann (1940) 94. – **17** Rhetorica ecclesiastica [16] 2. – **18** Lang [16] 94. – **19** Rhetorica ecclesiastica [16] 39ff. – **20** Augustinus, De doctrina christiana III, 10, 14ff. – **21** Rhetorica ecclesiastica [16] 75. – **22** ebd. 79ff., 88ff. – **23** J. O. Ward: From Antiquity to the Renaissance: Glosses and Commentaries on Cicero's Rhetorica, in: J. Murphy (Hg.): Medieval Eloquence (Berkeley 1978) 25ff. – **24** K. M. Fredborg (Hg.): The Latin Rhetorical Commentaries by Thierry of Chartres (Toronto 1988). – **25** vgl. zum folgenden J. O. Ward: Artificiosa Eloquentia in the Middle Ages (Diss. Toronto 1972) 328ff., 356ff. – **26** H. J. Budischin: Der gelehrte Zivilprozeß in der Praxis geistlicher Gerichte des 13. u. 14. Jh. im dt. Raum (1974) 220ff. – **27** ebd. 227ff. – **28** vgl. D. M. MacDowell: The Law in Classical Athens (Ithaca, N. Y. 1978) 33ff., 235ff.; W. Kunkel: Römische Rechtsgesch. (^{5}1967) 69ff. – **29** vgl. Kunkel [28] 135ff. – **30** Budischin [26] 220. – **31** H. Silvestre: Dix plaidoiries inédites du XIIe siècle, in: Traditio 10 (1954) 373ff. – **32** Überblick bei Wieacker: Privatrechtsgesch. der Neuzeit (^{2}1967) 45ff. – **33** B. Brugi: Il metodo dei glossatori bolognesi, in: Studi in onore di S. Riccobono, Vol. I (Palermo 1936) 23ff.; F. M. Powicke, A. B. Emden (Hg.): H. Rashdall: The Universities of Europe in the Middle Ages, Vol. I (Oxford 1936) 234; G. Otte: Dialektik u. Jurisprudenz (1971) 7ff. – **34** Übersicht bei M. Camargo: Ars Dictaminis, Ars Dictandi (Turnhout 1991); J. J. Murphy: Rhetoric in the Middle Ages (Berkeley 1974) 194ff. – **35** Boncompagno, Rhetorica novissima, in: A. Gaudenzi (Hg.) Bibliotheca iuridica medii aevi. Scripta anecdota glossatorum, Vol. 2 (Bologna 1892) 249ff.; dazu T. O. Tunberg: What is Boncompagno's «Newest Rhetoric»?, in: Traditio 42 (1986) 299ff.; Ward [16] 359ff., 379f. – **36** Boncompagno [35] 252 B. – **37** P. O. Kristeller: Humanism and Scholasticism in the Italian Renaissance, in: Studies in Renaissance Thought and Letters (1956) 566 Anm. 36. – **38** Boncompagno [35] 259 A. – **39** Boncompagno, Palma, in: C. Sutter: Aus Leben und Schriften des Magisters Boncompagno (1894) 109ff. – **40** ebd. 256 A. – **41** ebd. 262 Aff. – **42** ebd. 272 Bf. – **43** ebd. 274 Aff. – **44** ebd. 274 Bf. – **45** ebd. 275 Af. – **46** ebd. 275 Bff. – **47** ebd. 280 Bff. – **48** ebd. 291 Bff., 293 B. – **49** ebd. 296 Aff. – **50** M. Camargo [34] 40. – **51** Jacques de Dinant, Ars arengandi, in: A. Wilmart (Hg.): Analecta Reginensia (Città del Vaticano 1933) 121ff. – **52** vgl. Wilmart ebd.

113ff. – **53** ebd. 124f. – **54** ebd. 123ff. – **55** ebd. 126f. – **56** ebd. 127. – **57** ebd. 128, 128ff., 131ff., 134f. – **58** K. W. Nörr: Die Lit. zum gemeinen Zivilprozeß, in H. Coing (Hg.): Hb. der Quellen und Lit. der neueren europäischen Rechtsgesch., Bd. I (1973) 391; M. A. v. Bethmann-Hollweg: Der Civilprozeß des gemeinen Rechts in gesch. Entwicklung, Bd. VI (1874) 146ff. – **59** Bethmann-Hollweg [58] 151ff. – **60** ebd. 157ff. – **61** Ward [23] 37. – **62** J. R. Banker: The Ars Dictaminis and Rhetorical Textbooks at the Bolognese University in the Fourteenth Century, in: Medievalia et Humanistica, N. S. 5 (1974) 153ff., 162.

III. *Renaissance, Barock.* Die Rückbesinnung auf die klassische Theorie der G. setzt sich in der Renaissance verstärkt fort. Gleichzeitig nimmt aber auch die technische Komplexität des Rechtslebens deutlich zu; soweit dabei die G. nicht zugunsten von Schriftsätzen weiter zurückgedrängt wird, erhält sie vielfach einen mehr fachlich-juristischen Charakter. Das somit erforderliche Fachwissen muß der Advokat im juristischen Studium erwerben, während die Bedeutung der rhetorischen Ausbildung für die Praxis der G. zurücktritt. Die rhetorische Theorie der G. nimmt von diesem Wandel zwar Kenntnis, ihre Vertreter versuchen aber nur in begrenztem Umfang, ihre Lehren auf die neuen Gegebenheiten einzustellen. Die Behandlung der *inventio* bleibt weitgehend der antiken Theorie verhaftet, soweit die Findung, Auswahl und Anordnung der Argumente nicht ganz aus dem Blickfeld verschwindet und einer auf stilistische Fragen sich konzentrierenden Betrachtungsweise Platz macht, wie überhaupt die Tendenz zunimmt, die Rhetorik auf die literarische Gestaltung der Form zu beschränken, während Fragen des sachlichen Inhalts allgemein der Dialektik oder speziell den zunehmend sich ausdifferenzierenden Einzelwissenschaften vorbehalten bleiben. [1]

Zeitgenössische Beobachter im Italien des 15. Jh. bemerken, wie etwa VERGERIO in seinem Traktat ‹De ingenuis moribus› von 1404, daß die Beredsamkeit «aus dem Gerichtsverfahren ganz weitgehend vertrieben ist, wo nicht in zusammenhängender Rede, sondern, nach Art der Dialektik, mit wechselweise zum Fall geführten Rechtsnormen gestritten wird». [2] Damit bestätigt sich ein Wandel, den schon C. SALUTATI in einem Brief vom Januar 1369 dahingehend charakterisiert, daß die einst vorherrschende Vielfalt der Wahrscheinlichkeitsargumente durch die Anrufung von Rechtsnormen ersetzt worden sei, daß an die Stelle der kunstreichen Überzeugung *(artificiosa persuasio)* die Gewalt der Gesetze *(legum violentia)* getreten sei. [3]

In seinen ‹Rhetoricorum Libri V›, der wohl umfassendsten Gesamtdarstellung der Rhetorik in der Renaissance, folgt GEORG VON TRAPEZUNT dennoch klassischen Vorbildern, indem er bei der Behandlung der *inventio* das *genus iudiciale* und damit die G. ganz in den Vordergrund stellt. Dabei ist er bestrebt, selbst Quintilian an Ausführlichkeit zu überbieten, und fügt der lateinischen rhetorischen Tradition Elemente der griechischen, insbesondere des Hermogenes, hinzu; davon werden aber die Grundzüge der Behandlung der G. nicht berührt. Es bleibt bei den wesentlichen Redeteilen: *exordium, narratio, contentio* (unterteilt in *confirmatio* und *confutatio*) und *peroratio* [4]. Für die *status rationales* finden sich neben der traditionellen Terminologie *(constitutio coniecturalis, diffinitiva, iuridicialis* und *negocialis, translativa)* [5] auch die Benennungen der Grundfragen als *facti, nominis, generis, actionis,* wobei im ersten und vierten Begriff eine gewisse Angleichung an den rechtlichen Sprachgebrauch feststellbar ist [6]; auch die Behandlung der Ablehnung von Zeugen *(testium reiectio)* zeigt bei den Ablehnungsgründen Parallelen mit dem zeitgenössischen gelehrten Prozeß, die allerdings auch durch dessen Anleihen an der Rhetorik zu erklären sind. [7] Der Autor macht aber insgesamt keinen Versuch, in der Theorie allgemein oder auch nur in der Wahl seiner Beispiele, auf neue rechtliche Gegebenheiten einzugehen, insbesondere auch nicht bei der Behandlung von Interpretationsargumenten im Rahmen der *constitutio legitima.* [8] Allenfalls fügt er dem auch von Quintilian zur Verteidigung der Rhetorik angeführten Vergleich des Redners mit dem Arzt, dessen Kunst man es ja nicht zum Vorwurf machen könne, daß sie zum Bösen wie zum Guten verwendbar sei [9], nunmehr auch Hinweise auf die Juristen und die Rechtswissenschaft hinzu. [10]

In seiner oft stark an Aristoteles angelehnten, in italienischer Sprache verfaßten ‹Retorica› (²1559) bemerkt dann B. CAVALCANTI ausdrücklich, daß das *genere giudiciale,* zu dem die G. gehört, gegenwärtig nicht mehr so nützlich sei wie in der Antike mit ihrer von der heutigen so verschiedenen Prozeßgestaltung. [11] Er warnt zwar davor, deshalb dieses Gebiet geringzuschätzen, widmet ihm aber doch deutlich weniger Raum. Im vierten Buch gibt er, nach fast 70 Seiten über die Affekte [12], auf 8 Seiten einen kurzen Überblick über die *probationi non artificiosi,* welche für die G. am angemessensten seien *(leggi, conventioni, testimoni, tormenti, pregiudizii, voce della fama publica, giuramento);* dabei weist er aber darauf hin, daß diese Beweismittel nunmehr nach Maßgabe des gesetzten Rechts zu verwenden und damit hauptsächlich eine Angelegenheit der juristischen Fakultät geworden seien, auch wenn er sie gleichwohl «bis zu einem gewissen Punkt» berühren wolle, wobei dann Einzelheiten der gegenwärtigen Gerichtspraxis ausgespart bleiben. [13] M. A. BRAGADENUS kann dann in seinen ‹De Arte Oratoria Libri Quinque› schon davon sprechen, daß das *genus iudiciale* «von den meisten Rednern vernachlässigt» werde, während er auch die G. behandeln wolle, weil niemand ein vollkommener Redner genannt werden könne, der nicht alle Redegattungen beherrsche. [14] Auch er bleibt aber dabei seinen in der Widmungsvorrede genannten Vorbildern (Aristoteles, Cicero, Quintilian und Hermogenes) so eng verpflichtet, daß eine direkte Verbindung mit dem zeitgenössischen Advokatenwesen nicht deutlich wird.

Bei MELANCHTHON wird in den ‹Elementa Rhetorices› (1542) die Diskussion der G. ganz von der gerichtlichen Praxis losgelöst; er findet dort zwar noch ein gewisses Schattenbild der alten Redekunstfertigkeit *(imago quaedam veteris artificii)* vor, aber es sind die Juristen *(Iurisconsulti),* die ihre Fälle vortragen, und dabei zumeist ihre eigene Fachkunst anwenden, die sie aus Büchern beziehen, deren Autoren allerdings ihrerseits manches der Rhetorik entlehnen. Melanchthon selbst aber will den Stoff zur G. hauptsächlich zum Zwecke der Ausbildung der Urteilsfähigkeit und zur Vorbereitung auf theologische Disputationen vermitteln. [15] So verweist er bei der Behandlung des *iuridicialis status* ausdrücklich auf die Juristen als Quelle des einschlägigen Detailwissens über Gesetz und Gewohnheitsrecht [16]; und die Beispiele, die er im Zusammenhang mit den *status legales* diskutiert (bei deren Einteilung er dem Auctor ad Herennium folgt) sind religiösen Fragen gewidmet. [17] Im Rahmen der dem Verteidiger zu Gebote stehenden Entschuldigungsgründe erwähnt er, daß *purgatio* und *translatio criminis* auch bei den Juristen anerkannt sind, und beim *status legalis* der *translatio* findet sich dann noch einmal ein kurzer Hinweis auf die *exceptio* als ihre juristische Entsprechung [18]; insgesamt aber steht auch für ihn die Anwendung der Theorie der G. in der zeitgenössischen Gerichtspraxis nicht im Vordergrund des Interesses.

Das gilt auch für die erste englischsprachige Rhetorik, ‹The Arte or Crafte of Rhetoryke› von L. Cox (ca. 1530), ein Werk, das sich stark an die 1521 unter Melanchthons Namen erschienenen ‹Institutiones Rhetoricae› anlehnt. [19] In der Widmungsvorrede betont er zwar den Nutzen der Rhetorik für «aduocates and proctoures in the lawe» [20], und er behandelt die G. [21] an dritter Stelle ebenso ausführlich wie die Festrede und wesentlich breiter als die Beratungsrede; aber auch er muß bemerken, daß diese Gattung von den Juristen seiner Zeit großenteils vernachlässigt wird [22], und er begnügt sich mit einer summarischen Darstellung der Statuslehre und der Hauptteile der G. anhand von antiken Beispielen. Er bietet eine modernisierte Liste von Gemeinplätzen über die Charaktereigenschaften verschiedener Nationen im Rahmen der *tópoi* zur Person [23], aber die Beispiele zu den *status legales* («state legitime») bleiben ganz dem Altertum verbunden, auch wenn das Gesetz, welches Fremden das Besteigen der Stadtmauer verbietet, nun in Calais angesiedelt ist, und Schafe statt Silbergeschirr vererbt werden. [24]

T. ELYOT, der sowohl im Common Law als auch im römischen Recht ausgebildet war, betont dann in seinem ‹The Gouernour› (1531) erneut, daß das Studium der Beredsamkeit dem des Rechts keineswegs abträglich, sondern förderlich sei. [25] Er weist darauf hin, daß sich in der Gestalt der «moots», in denen in der Ausbildung stehende Juristen zu Übungszwecken Problemfälle kontrovers debattieren, nach wie vor «ein Schatten, ein Abbild der alten Rhetorik» in der rechtlichen Schulung seiner Zeit vorfindet, wobei die Lehren über die G., insbesondere die Prinzipien der *inventio* und *dispositio*, im Ergebnis nach wie vor weitgehend Anwendung finden. Gleichzeitig stellt er aber fest, daß wahre umfassende Eloquenz in der Gerichtspraxis kaum zu finden ist, auch wenn sich mancher Jurist bei angemessener Zahlung selbst in einem geringfügigen Fall zu «ganz vehementem Vortrag» verstehen mag. [26] Für diesen Zustand macht er hauptsächlich die «barbarische Sprache» des Rechts (das «law French») verantwortlich, dessen Ersetzung durch reines Latein oder Französisch ihm deshalb ein vordringliches Reformanliegen ist. [27]

In T. WILSONS ‹The Arte of Rhetorique› (1553) findet sich in der Behandlung der G. («oration judicial») [28] ein im Vergleich zu Cox etwas weitergehender Versuch der Anpassung an zeitgenössische Umstände. In der Theorie ist das Werk hauptsächlich einer auf die ‹Rhetorica ad Herennium› zurückgehenden Tradition verpflichtet, insbesondere was die Darstellung der *status* anbetrifft, welche deutlich im Mittelpunkt stehen; die Beispiele aber sind weitgehend auf englische Verhältnisse zugeschnitten, was allerdings nicht bedeutet, daß technische Feinheiten des Common Law behandelt würden. So weicht Wilson etwa bei den *contrariae leges* und *scriptum et sententia* auf biblische Beispiele aus (die sich teilweise mit den von Melanchthon in ähnlichem Zusammenhang besprochenen überschneiden) und begnügt sich beim *ambiguum* mit einer Anekdote, die juristische Spitzfindigkeit anprangert, ohne sie doch konkret einzufangen; ebenso stellt er die *translatio* in den Rahmen des englischen Gerichtssystems, ohne auf Einzelheiten einzugehen. [29]

Wenn auch G. HARVEYS zeitgenössisches Zeugnis dafür vorliegt, daß Wilsons Werk das «tägliche Brot unserer Advokaten und Redner» ist [30], so sind gleichwohl Ansätze zu einer Verschränkung der Theorie der G. mit den Erfordernissen der Gerichtspraxis insgesamt eher begrenzt, und es fehlt auch an klaren Anzeichen dafür, daß rhetorische Unterweisung einen wesentlichen Bestandteil der juristischen Ausbildung in den Inns of Court bildet; dennoch steht es außer Frage, daß bedeutende Juristen über fundierte rhetorische Kenntnisse verfügen, die sie aber eher im Wege des Selbststudiums oder an der Universität erwerben, deren Besuch als Vorstufe zur mehr praktisch ausgerichteten Rechtsausbildung sich im Verlauf des 16. Jh. zunehmend einbürgert. [31] Von eher literarisch orientierten Universitätslehren ist allerdings nicht unbedingt ein dringendes Interesse an der Behandlung der G. zu erwarten. Als Beispiel mögen die Vorlesungen über die ‹Rhetorica› des Aristoteles dienen, die J. RAINOLDS zwischen 1572 und 1578 in Oxford hielt. Er weist die Beschränkung der Rhetorik auf die drei *genera causarum* rundweg zurück und wertet die ‹Rhetorica ad Herennium› als hauptsächlich für einen «Gesetzeskrämer» *(leguleius)* brauchbar ab. [32] Die traditionelle Dreiteilung der Redegattungen werde von den Autoren vertreten, welche die Rhetorik auf gerichtliche Kontroversen zugeschnitten hätten; letztere würden aber «nunmehr gewöhnlich nicht von uns, sondern von Juristen behandelt». [33] Er bevorzugt eine A. HYPERIUS entlehnte Reihe von sechs *quaestionum quasi capita,* denn der Begriff *causa* rühre «von Advokaten und Gesetzeskrämern» *(a causidicis & leguleijs)* her. [34] So überrascht es kaum, wenn er seine Vorlesung vor Erreichen der von Aristoteles speziell der G. gewidmeten Kapitel [35] beendet.

A. FRAUNCE, der vom Universitätsstudium der Philosophie in Cambridge zur juristischen Ausbildung im Grays Inn in London überwechselt, beruft sich dann in ‹The Lawiers Logike› (1588) auf das Vorbild von Ciceros ‹Topica› [36] und empfiehlt seinen Kollegen in der Praxis des Common Law den Gebrauch einer auf P. RAMUS fußenden Logik, welche die dialektischen *tópoi* zur Grundlage der *inventio* für die G. macht und die *dispositio* als Widerspiegelung der logischen Struktur der Argumentation ganz in den Dienst des *iudicium* über die Gültigkeit des Gedankenganges stellt. Das rhetorische Element des Eingehens auf ein Auditorium gerät dabei ganz aus dem Blick, auch wenn sich etwa in der Behandlung der «efficient cause», wie auch bei Ramus selbst, durchaus noch Anklänge an Entschuldigungsgründe des rhetorischen *status qualitatis* erkennen lassen [37], und auch die Diskussion des «argument borrowed», d. h. der Verwendung von Zeugen und Autoritäten, weiter an die klassischen *probationes inartificiales* angelehnt bleibt. [38] Das Buch verarbeitet zur Illustration logischer Prinzipien ein reichhaltiges rechtliches Material; dennoch war ihm kein wesentlicher Einfluß auf die Gerichtspraxis beschieden.

Ein deutlich engeres Verhältnis zwischen Rhetorik und G. entwickelt sich in Frankreich. Auch hier entstehen im 16. Jh. Werke, welche die rhetorische Theorie in die Landessprache übertragen, ohne aber sonst in größerem Umfang Modernisierungen zu versuchen. Als Beispiel kann P. FABRIS ‹Le grant et vray art de pleine rhétorique› (1521) dienen; das Werk beruft sich in der Behandlung der *genera causarum* auf Cicero («Tulles»)[39], weist aber dem «genre iudicial» die dritte Stelle zu und gibt zunächst nur kurz einige Gemeinplätze zur Anklage und Verteidigung, Stellung und Zurückweisung von Ansprüchen an. [40] Er führt dann noch eine weitere Einteilung von Sprechweisen ein, welche der «manière socratique ou expositive» und der «manière narrative» eine «manière disputative ou argumentative» voranstellt, deren Zusammenhang mit Disputationen und dem Studium des Plädoyers und der Praxis der Advokaten er besonders betont. [41] Bei der ausführlichen Besprechung der sechs Redeteile, und insbesondere im Rahmen der wie in der Antike deutlich auf die Erfordernisse der G. zugeschnittenen Argumente zur «confirmation» und «confutation», bleibt es gleichwohl ganz überwiegend bei klassischen Anweisungen und Beispielen, auch wenn gelegentlich allgemein Zeitgenössisches erscheint, wie etwa eine königliche Verordnung über die Erhebung von Abgaben, die von Kaufleuten zu entrichten sind, welche durch Paris reisen. [42]

Auf die Dauer bedeutsamer als die bloße Existenz solcher allgemeinen Anleitungen zur Kunst der Überredung ist für die Verbindung von Rhetorik und Praxis der G. in Frankreich das lebhafte besondere Interesse der Advokaten selbst an der Beredsamkeit. Schon mit der Einrichtung des ‹Parlement sédentaire› in Paris gegen Ende des 13. Jh. war hier ein Forum geschaffen worden, welches später auch in anderen Teilen des Landes beispielgebend wirkt und den Plädoyers breiten Raum bietet. Schon im 14. Jh. beginnt man, diese in systematischen Aufzeichnungen zu erfassen, die sich aber auf Zusammenfassungen der vorgebrachten Argumente beschränken und somit kein sicheres Urteil über die breitere Anwendung rhetorischer Mittel in der G. dieser Zeit erlauben, auch wenn die gelegentliche Überlieferung von Plädoyers in aufsehenerregenden Fällen, hauptsächlich in Chroniken des 15. Jh., ein gewisses Fortleben von Elementen des klassischen Repertoires von Wahrscheinlichkeits-Argumenten, Charakter- und Gefühls-Appellen im Rahmen einer zeitgenössischen thematischen Predigt verwandten scholastisch geprägten Struktur erkennen läßt. [43] Im Verlauf des 16. Jh. deuten dann die immer noch recht spärlich fließenden Quellen die Herausbildung eines neuen und doch alten Plädoyer-Typs an, der sich in Übereinstimmung mit dem allgemeinen intellektuellen Tenor der Renaissance stärker an den Vorbildern aus der Antike orientiert und etwa anstelle der thematisch-syllogistischen Struktur der vorhergehenden Zeit mit ihrer Vorliebe für vielfältige symmetrische Divisionen und Sub-Divisionen die klassische Disposition der G. in sechs Teilen, wie sie ja auch Fabri referiert, wiederaufleben läßt. Damit ist für die G. in Frankreich eine erneuerte Grundlage geschaffen, von der die Entwicklung der folgenden Jahrhunderte nicht entscheidend abweicht, und die später auch in anderen Ländern wieder beispielgebend wirkt. [44]

Erst gegen Ende des 16. Jh. werden in größerem Umfang die vollen Texte von in Paris gehaltenen G. veröffentlicht, und um diese Zeit erscheinen auch die ersten, nunmehr von Advokaten verfaßten, speziellen Betrachtungen und Anleitungen zur gerichtlichen Praxis des Plädoyers. [45] Dabei kündigt sich ein Wandel der ästhetischen Vorstellungen über die ideale G. an. Während noch 1602 A. LOYSEL in seinem ciceronianischen ‹Dialogue des avocats du Parlement de Paris› auf gewissermaßen attische funktionale Einfachheit drängt, beklagt B. BRISSON schon in einer 1579 gehaltenen Rede über ‹Les causes de l'immutation et diminution de l'éloquence› die Unterlegenheit der zeitgenössischen Beredsamkeit gegenüber der Antike und richtet sein besonderes Augenmerk auf die relative Schmucklosigkeit des rednerischen Ausdrucks der Advokaten seiner Zeit; und G. DU VAIR regt in seinem knappen ‹Traité de l'éloquence française› von 1594 die Übersetzung von antiken Meisterwerken wie Demosthenes' ‹Kranzrede› und Ciceros ‹Rede für Milo› als Vorbilder zur zeitgenössischen Nachahmung an, welche sich gleich weit von einseitiger Betonung der Klarheit und von übertriebenem Redeschmuck fernhalten soll. Es ist dieser Klassizismus, dem die Zukunft der G. in Frankreich gehört. [46]

Deren Pflege und die lehrhafte Vermittlung der forensischen Beredsamkeit aber obliegt weiterhin mehr den Advokaten als den Verfassern von allgemeinen Werken über die Rhetorik; im 17. Jh. erscheinen zahlreiche Sammlungen von französischen G., welche die Kunst des zeitgenössisch-klassischen Plädoyers beispielgebend vorführen. [47] Demgegenüber zeigt die rhetorische Literatur selbst in Frankreich nicht immer ein großes Interesse an diesem Genre. Zwar widmet N. CAUSSIN der G. mehr als zwei Drittel des zwölften Buches von ‹De Eloquentia Sacra et Humana› (1619); dabei behandelt er auch ausführlich Eigenheiten des Gerichtswesens der Perser, Ägypter, Griechen und Römer des Altertums [48], und bei der Diskussion der Rolle der Advokaten dringt er sogar zu einem Gesetz Ludwigs II. von 1512 vor [49]; er bezieht sich auch auf den Gegensatz zwischen einer eher kommentarhaften, die Ausbreitung juristischer Gelehrsamkeit betonenden und einer weniger gelehrten, aber eleganteren Redeweise, wobei er sich dem Urteil du Vairs anschließt [50]; und er bietet eine recht gründliche Übersicht über die Statuslehre. [51] Aber die überwältigende Mehrzahl der Beispiele zur *civilis eloquentia* im dreizehnten Buch betrifft Ratsreden [52], und die Bücher XIV und XV über die sakrale Beredsamkeit nehmen fast das zweifache des speziell der G. gewidmeten Raumes ein [53], der insgesamt nur etwa vier Prozent des gesamten Werkes ausmacht, während insbesondere dem Stil und den Affekten sehr viel mehr Aufmerksamkeit gewidmet wird. Auch B. LAMY schenkt in seiner ‹Rhétorique, Ou l'art de parler› (1675) der G. und mit ihr der Statuslehre nur sehr kursorisch sein gesondertes Augenmerk; eher nebenbei modernisiert er Aristoteles' Liste der fünf nicht-kunstabhängigen oder natürlichen Beweise leicht, indem er anstelle von Parteieiden und erfolterten Aussagen die Gerichtspraxis und die Antworten von verhörten Personen erwähnt. [54] Insgesamt stehen auch hier deutlich die Affekte und die stilistischen Mittel zu ihrer Verstärkung im Vordergrund, und nur die Redegattung der Predigt erhält ein eigenes Kapitel, welches das ganze Werk beschließt. [55]

Da somit selbst in Frankreich, wo die G. im öffentlichen Leben eine nicht unbedeutende Stellung einnimmt und literarischen Rang beanspruchen kann, der G. von der Fachrhetorik keine vordringliche Aufmerksamkeit geschenkt wird, nimmt es nicht Wunder, wenn der G. anderwärts, wo wie in England die forensische Argumentation sich eher schmucklos-logisch gibt [56], oder wo wie auch in Deutschland wegen der in der Prozeßordnung betonten Schriftlichkeit des Verfahrens diese Redegattung eine sehr untergeordnete Bedeutung hat [57], oft gleicherweise keine starke Beachtung zuteil wird. Auch C. SOAREZ' weitverbreitete ‹De arte rhetorica libri tres› (1562) stehen zwar überwiegend im Zeichen der Rückkehr zur antiken Tradition und räumen der argumentativen *inventio* fast die Hälfte des Werkes ein; dennoch stehen die spezifischen Belange der G. nicht so sehr im Vordergrund wie bei seinen erklärten Vorbildern Aristoteles, Cicero und Quintilian, und besonders die Statuslehre ist deutlich vereinfacht. [58] G. J. Vossius behandelt dann allerdings in seinen ‹Commentariorum Rhetoricorum sive Oratoriarum Institutionum Libri sex› (1606) die *causa iuridicialis* und die Statuslehre sehr ausführlich und berücksichtigt dabei neben vielen antiken Autoren gelegentlich auch moderne Juristen wie etwa Alciatus [59]; gleichwohl stehen hier insgesamt wie später auch bei Caussin und Lamy allgemeine Fragen der Affekte und des Stils im Vordergrund. Und B. Keckermann gesteht zwar in seinem ‹Systema Rhetoricae› (1607) den *formulis orationum Iuridicarum* ein kurzes klassifikatorisches Kapitel zu, verweist aber für die Einzelheiten hauptsächlich auf die juristische Fachliteratur. [60] Hobbes legt in seinem ‹Briefe of the Arte of Rhetorique› (1637) im wesentlichen eine verkürzende Bearbeitung der ‹Rhetorica› des Aristoteles vor, dessen skeptische Bemerkungen zur Rhetorik der G. am Anfang des Werkes [61] Hobbes eigener Ambivalenz gegenüber der Redekunst [62] wohl entgegenkommen; er enthält sich auch in der Behandlung der Argumente zur G. («Judiciall Oration») völlig jeden Versuches der Anpassung an zeitgenössische Umstände. [63] Im einleitenden ersten Kapitel von J. M. Meyfarts ‹Teutscher Rhetorica oder Redekunst› (1643) werden auch die Gerichte «bey allen freyen und frewdigen Völckern» unter den Stätten der «WohlRedenheit» erwähnt. [64] In den folgenden Kapiteln aber fehlt die G. hier sogar ganz; vielmehr wird der Nutzen der Beredsamkeit für das Kriegswesen, die Fürsten und Edlen und die Bischöfe und Prediger hervorgehoben. [65] Statt der G. beherrschen Predigt, Staats- und Kriegsrede das rhetorische Feld in einer durchaus nicht freien und freudigen Zeit.

Anmerkungen:
1 Zu dieser Tendenz zur letteraturizzazione der Rhetorik s. G. Kennedy: Classical Rhetoric and Its Christian and Secular Tradition from Ancient to Modern Times (Chapel Hill 1980) 108ff. – **2** zitiert bei A. Galletti: L'eloquenza dalle origini al XVI secolo (Mailand 1938) 570. – **3** ebd. 570f. – **4** Georg von Trapezunt: Rhetoricorum Libri V (Basel 1522) fol. 3r.ff. – **5** ebd. fol. 26v.ff. – **6** ebd. fol. 20r. – **7** ebd. fol. 27r. – **8** ebd. fol. 1r.ff. – **9** Quint. II, 16. 5. – **10** Georg von Trapezunt [4] fol. 1v. – **11** B. Cavalcanti: La Retorica (Ferrara ²1559) 51. – **12** ebd. 173ff. – **13** ebd. 241ff. – **14** M. A. Bragadenus: De Arte Oratoria Libri Quinque (Venedig 1590) 35. – **15** K. P. Brettschneider (Hg.): Philippi Melanthonis Opera, Bd. XIII (1846; ND 1963) 430. – **16** ebd. 436. – **17** ebd. 440ff. – **18** ebd. 439, 445. – **19** F. I. Carpenter (Hg.): Leonard Cox: The Arte or Crafte of Rhetoryke (Chicago 1899) 29ff. – **20** ebd. 41. – **21** ebd. 71ff. – **22** ebd. 71. – **23** ebd. 75f. – **24** ebd. 85f. – **25** S. E. Lehmberg (Hg.): Sir Thomas Elyot, The Book named The Governor (London 1962) 53ff. – **26** ebd. 54. – **27** ebd. 51, 54. – **28** P. E. Medine (Hg.): T. Wilson: The Art of Rhetoric (University Park 1994) 120ff. (modernisierter Text der Ausgabe von 1560). – **29** ebd. 129ff. – **30** ebd. 9. – **31** R. J. Schoeck: Rhet. and Law in 16th-Century England, in: Studies in Philology 50 (1953) 110–127; D. S. Bland: Rhet. and the Law Student in 16th.-C. England, in: Studies in Philology 54 (1957) 498–508; R. J. Schoeck: Lawyers and Rhet. in 16th-C. England, in: J. J. Murphy (Hg.): Renaissance Eloquence (Berkeley 1983) 274–291. – **32** L. D. Green (Hg. u. Übers.): John Rainolds's Oxford Lectures on Aristotle's Rhetoric (Newark 1986) 248ff., 252. – **33** ebd. 254. – **34** ebd. 256. – **35** Arist. Rhet. 1368bff.; Rainolds kommentiert zuletzt 1366b. – **36** vgl. dazu A. Fraunce: The Lawiers Logike (London 1588; ND Menston 1969) in der nicht paginierten Vorrede «To the Learned Lawyers of England». – **37** ebd. fol. 11r.ff. – **38** ebd. fol. 65r.ff. – **39** P. Fabri: Le grand et vray art de pleine rhétorique (Rouen 1521; ND Genf 1972) fol. VIIIv.ff. – **40** ebd. fol. Xr.f. – **41** ebd. fol. Xv. – **42** ebd. fol. XXVIr. – **43** J. Munier-Jolain: La plaidoirie dans la langue française, Bd. I (Paris 1896; ND Genf 1971) 31ff., 43ff. – **44** ebd. 106ff., 121. – **45** ebd. 33ff., 106ff. – **46** ebd. 179ff. – **47** ebd. 232ff.; C. E. Holmès: L'éloquence judiciaire de 1620 à 1660 (Paris 1967). – **48** N. Caussin: De Eloquentia Sacra et Humana Libri XVI (Lyon 1643) 774ff. – **49** ebd. 781ff. – **50** ebd. 787ff. – **51** ebd. 792ff. – **52** ebd. 815ff. – **53** ebd. 889ff. – **54** J. T. Harwood (Hg.): The Rhetorics of T. Hobbes and B. Lamy (Carbondale 1986) 348f. – **55** Dieses letzte Kapitel fehlt in der englischen Übersetzung [48]; s. T. Conley: Rhetoric in the European Tradition (Chicago 1994) 175. – **56** s. o. Text zu [25]ff. – **57** vgl. G. Ueding; B. Steinbrink: Grundriß d. Rhet. (³1994) 123. – **58** C. Soarez: De arte rhetorica libri tres (Venedig 1565) fol. 10r.ff. – **59** J. G. Vossius: Commentariorum Rhetoricorum sive Oratoriarum Institutionum Libri sex (Leiden 1630; ND Kronberg 1974) 111ff. – **60** B. Keckermann: Opera Omnia, Bd. II (Genf 1614) 1659. – **61** Arist. Rhet. 1354af. – **62** vgl. V. Kahn: Rhetoric, Prudence, and Skepticism in the Renaissance (Ithaca 1985) 152ff. – **63** Harwood [54] 54ff. – **64** E. Trunz (Hg.): Johann Matthäus Meyfart: Teutsche Rhetorica oder Redekunst (1977) 4. – **65** ebd. 11ff.

IV. *18. bis 20. Jahrhundert.* Die ganz überwiegende Schriftlichkeit des Gerichtsverfahrens in Deutschland läßt auch im 18. Jh. die Behandlung der G. in der rhetorischen Theorie stark in den Hintergrund treten. [1] So ist in der ‹Philosophischen Oratorie› (1724) von J. A. Fabricius den «Juridischen reden und schriften» zwar ein eigenes Kapitel gewidmet, in dem aber die «mündlichen reden» in den ersten sechs Paragraphen recht kurz abgehandelt werden, während die verbleibenden dreiundzwanzig Paragraphen ganz den «schriftlichen reden» gewidmet sind. Zudem wird deutlich, daß mündlicher Vortrag hauptsächlich im Vergleichsverfahren und bei Zeugenvernehmungen zum Zuge kommt, und daß dabei der Richter das Wort führt, dem Fabricius ein behutsames und unparteiisches Vorgehen anempfiehlt. [2] Für die verschiedenen Schriftstücke gilt, daß «alles im stilo simplici kurtz und deutlich» abgefaßt werden soll. [3] Und derselbe Rat, verbunden mit der Ermahnung zu «gehörigem respect» vor dem Richter als Vertreter des Landesherren, ergeht an Advokaten, Parteien und Zeugen, soweit sie im Laufe des Verfahrens zu Worte kommen. [4]

Nicht leidenschaftliche Beredsamkeit, sondern die möglichst emotionslose Wahrheitsfindung soll im Vordergrund stehen: «der stilus ist Juristisch, die ordnung natürlich [...], dabey zwar die argumenta triftig, aber nicht pathetica seyn dürffen». [5] Immerhin läßt Fabricius' kurze Polemik gegen «biblische Sprüche, exclamieren, lerm=blasen, und vieles allegieren» [6] darauf schließen, daß der gerichtlichen Praxis ein gewisser rednerischer Überschwang in der G. vielleicht doch nicht völlig fremd war. J. C. Gottsched findet in seinem Werk ‹Ausführliche Redekunst› (1736) dann gar keinen Raum für eine gesonderte Behandlung der G. [7]

Als Gegenstück zu solchen Anpassungen und Ausblendungen finden sich, wie schon in vorangegangenen Geschichtsperioden, auch im 18. Jh. Werke, welche die G. weniger im Hinblick auf die Praxis der Gegenwart behandeln, als vielmehr ihre Theorie als Bestandteil der rhetorischen Tradition überliefern. So gibt etwa in Italien G. Vico in seinen ‹Institutiones oratoriae› (1711) für den lateinischen Rhetorikunterricht eine sehr gedrängte Darstellung der klassischen Hauptlehren zur G. [8] In der Ukraine formuliert F. Prokopovičs ‹De arte rhetorica libri X› (1706) ein Werk, das diese Lehren ausführlicher, wenn auch immer noch deutlich vereinfacht wiedergibt und für weitere Einzelheiten auf Buch II von Ciceros ‹De inventione› verweist. [9] Und in Spanien erscheint dann in der Mitte des 18. Jh. mit G. Mayans y Siscars ‹Retórica› (1757) noch einmal ein Werk, das die ciceronische Theorie der G. (hauptsächlich in Anlehnung an die ‹Partitiones oratoriae›) in der Landessprache gerafft darstellt, wobei der Autor auf die Notwendigkeit der Anpassung an die veränderte Gerichtspraxis hinweist, diese aber nicht selbst versucht. [10]

Auch in Großbritannien, wo der mündliche Vortrag im gerichtlichen Verfahren einen breiteren Raum einnimmt als in den meisten Ländern des europäischen Kontinents, steht die G. in dieser Zeit nicht in hoher Blüte. In seinem Essay ‹Of Eloquence› (1741) führt D. Hume als mögliche Gründe dafür die größere technische Komplexität des Rechts der Gegenwart und eine gewisse Skepsis gegenüber der emotionalen Seite der Beredsamkeit an, betont aber letztlich das unzulängliche Genie und Urteil zeitgenössischer Redner, welche die Vorzüge der antiken «sublime and passionate» gegenüber der modernen «argumentative and rational» Eloquenz mangels geeigneter Erfahrungen und Vorbilder im öffentlichen Leben der Gegenwart nicht zu schätzen und nutzen vermögen. [11] Ähnlich macht J. Lawson in seinen ‹Lectures Concerning Oratory› (1756) die Komplexität des modernen Rechts und die einseitige Konzentration der Advokaten auf dessen Studium für das Vorherrschen von «dry and unpleasing detail» in den Plädoyers verantwortlich. [12]

G. Campbell geht in seiner ‹Philosophy of Rhetoric› (1776) auf die G. nicht gesondert ein, behandelt sie aber vergleichend in einem Kapitel über die «different kinds of public speaking in use among the moderns», wo allerdings nicht so sehr den fachspezifischen Argumenten, als vielmehr den «different advantages in respect of eloquence» Beachtung geschenkt wird. Dabei betont er die besonderen Probleme, die sich für die Glaubwürdigkeit des Advokaten in der G. aus der Käuflichkeit seiner Bemühungen ergeben; er weist auf die größeren Schwierigkeiten der Anpassung an das Auditorium hin, die ein Plädoyer vor einer bunt zusammengesetzten Jury im Vergleich zur Ansprache an ein homogeneres Richterkollegium mit sich bringt; er besteht aber darauf, daß auch eine fachlich gebildete Zuhörerschaft emotionalen Appellen zugänglich ist, auch wenn diese dann wohl etwas subtiler ausfallen müssen. Gleichzeitig sieht er aber doch in der G. insgesamt weniger Raum für «pathos, vehemence, and sublimity» als in Predigten und Ratsreden, wenngleich die Ausrichtung von Rechtsfällen auf konkrete Individuen der Erregung von Leidenschaften eher günstig ist als die Behandlung abstrakter Fragen; auch bietet seiner Meinung nach die gerichtliche Beredsamkeit gegenüber der Predigt den Vorteil, daß das Auditorium oft eine gewisse Vertrautheit mit dem anstehenden Fall hat, und daß die Präsenz von Gegenspielern die Aufmerksamkeit der Advokaten wie ihrer Zuhörer anspornt. Allerdings schreibt der Prediger Campbell der G. wie auch der Ratsrede letztlich eine Betonung des unmittelbaren Effekts zu, während er die Predigt meist auf längerfristige und tiefergreifende Wirkungen abzielen sieht und sie auch deshalb insgesamt für die schwierigste Redegattung hält. [13]

J. Priestley erwähnt in ‹A Course of Lectures on Oratory and Criticism› (1777) Belange der G. nur beiläufig, etwa bei der Behandlung der Topik, wobei er aber eher auf klassische als auf zeitgenössische Beispiele hinweist. [14] A. Smith (1762–63) [15] und H. Blair (1783) [16] finden zwar in ihren Vorlesungen über Rhetorik Raum für Kapitel, die eigens der G. gewidmet sind; auch diese Autoren betonen dabei die größere Bedeutung von technischen Fachfragen, die das moderne Recht von der Welt der antiken Rhetorik unterscheide, der sie dann aber ihr Hauptaugenmerk widmen. Smith betont im Hinblick auf die zeitgenössische G. das Vorherrschen des «plain, distinct, and perspicuous Stile» insbesondere im Vortrag vor fachlich gebildeten Richtern, und die geringere Freiheit des modernen Advokaten in der Darstellung der Tatsachen und Auswahl der Argumente im Hinblick auf rechtliche Erfordernisse und die geschulte Aufmerksamkeit des Auditoriums. [17]

Auch Blair betont die rationalere Ausrichtung der G. im Vergleich zur Beratungsrede, ihr allgemein verständigeres Publikum und ihre Umgrenzung durch Recht und Gesetz; so daß insgesamt die gerichtliche Beredsamkeit «much more limited, more sober and chastened» sein muß als die politische Rede. [18] Er schließt daraus, daß antike G. zwar nur begrenzt als Vorbilder für die gegenwärtige Praxis brauchbar sind [19], aber dennoch im Hinblick auf die Techniken der Einleitung, Einstimmung der Richter, Anordnung des Stoffes, Eleganz des Tatsachenvortrags und Durchführung der Argumentation, wenn auch nicht in ihrer Übertreibung, Langatmigkeit, Pompösität und Emotionalität, nach wie vor maßgebend sind. [20] Weswegen er dann auch, im Anschluß an einige einzelne Anweisungen, für das eher «calm and temperate» moderne Plädoyer, das durch «close reasoning», Kürze und Klarheit gekennzeichnet sein muß [21], Ciceros Rede für Cluentius ausführlich bespricht, die er, im Hinblick auf ihre komplexen Strategien allerdings wohl nicht ganz unbedenklich [22], als «an excellent example of [...] order, elegance, and force» bezeichnet. [23]

Deutlicher noch als in Großbritannien bewahrt aber die G. in der Gerichtspraxis in Frankreich eine wiederhergestellte Kontinuität mit der Antike, und auch die rhetorische Theorie spiegelt dies wieder. C. Buffier gibt in seinem ‹Traité philosophique et pratique de l'éloquence› (1728) einige allgemeine Regeln für Plädoyers, wobei er gegenüber denen, die richterliche Einengungen der Beredsamkeit beklagen, die Notwendigkeit von gesundem Menschenverstand *(sens commun),* Kürze und Relevanz betont und besonderes Gewicht auf die Widerlegung der gegnerischen Argumente legt, ohne allerdings auf Einzelheiten spezifisch rechtlichen Argumentierens einzugehen. [24]

In C. Rollins ‹Traité des études› (1728) findet sich ein wesentlich längeres Kapitel über die Beredsamkeit vor Gericht *(de l'éloquence du barreau);* er verweist zurück auf seine allgemeine Diskussion der Regeln der Rhetorik in Anlehnung an Cicero und Quintilian und widmet sich dann besonders der ausführlichen Besprechung von Vorbildern aus der Antike, insbesondere Demosthenes und Cicero; dabei rühmt er als nachahmenswert die klare Gliederung und kraftvolle Ökonomie ihrer Argumente, die Dienstbarmachung des Stils für die Sache anstatt einer eher selbstzweckhaften Brillanz. Er beruft sich auf Fénelon und Tourreil als Zeugen für diese Einschätzung, und er lehnt ausdrücklich eine schmuckreichere Beredsamkeit wie etwa die Fléchiers als für Plädoyers ungeeignet ab. [25] Er behandelt auch die Abfassung von richterlichen Berichten *(rapports),* für die im Vergleich zu den Plädoyers ein eher gewichtiger und würdiger als lebhafter Stil angemessen ist; und er diskutiert ferner die Ausbildung und die moralischen Eigenschaften des Advokaten. [26] Auch er schenkt der juristischen Substanz der Argumente in der G. keine besondere Beachtung.

Es hat den Anschein, daß die Praxis der G. in Frankreich in der ersten Hälfte des 18. Jh. durchaus mit den Ermahnungen der Theorie zu einem eher nüchtern-intellektuellen Stil in Einklang steht: die Betonung liegt auf einem *esprit,* der auf Kraft und Festigkeit zielt. [27] In der zweiten Hälfte des Jahrhunderts tritt dann aber ein Wandel ein, der in der Hervorhebung der Bedeutung der Gefühle für das Überzeugen und Überreden in der allgemeinen rhetorischen Theorie der Zeit schon angelegt ist und der auch in der allgemeinen Literatur und Kunst der Zeit Parallelen findet: Das Vorherrschen des strengeren «philosophischen» Plädoyers der ersten Jahrhunderthälfte weicht allmählich dem des «sentimentalen» Plädoyers der zweiten, welches den Emotionen in einem extravaganteren Stil freieren Lauf läßt. [28]

Im englischsprachigen Raum macht sich dann eine ähnliche Auflockerung der G. seit der Wende zum 19. Jh. bemerkbar. Eine wichtige Rolle spielen dabei in England eine Reihe von Gesetzesänderungen, welche für die gerichtliche Beredsamkeit insbesondere im Strafrecht ein weiteres Feld eröffnen, wobei auch mehr Fälle vor Geschworenengerichten verhandelt werden, die effektvoller Redekunst eher zugänglich scheinen als Berufsrichter. [29] So kommt es, daß um die Mitte des Jahrhunderts die satirische Zeitschrift ‹Punch› ankündigt, daß das zentrale Londoner Strafgericht ‹Old Bailey› eine Lizenz als «Great National Theatre Royal, Old Bailey» beantragen werde. [30] Allerdings bringen dann die ‹Judicature Acts› von 1873 und 1881 eine Abkühlung des rednerischen Klimas mit sich, indem sie bewirken, daß wieder weitaus mehr Fälle ohne Mitwirkung von Geschworenen verhandelt werden. [31]

Die zeitgenössische rhetorische Theorie nimmt von solchen Entwicklungen kaum Notiz; so finden sich in R. WHATELYS ‹Elements of Rhetoric› (1828) nur vereinzelte Hinweise auf die G., der kein besonderer Abschnitt gewidmet ist; wenn er dem Charakter des Advokaten besondere Aufmerksamkeit schenkt, so hat er dabei mehr den politischen als den gerichtlichen Redner im Sinn. [32] Dagegen schenken Werke, die von Anwälten zur Anleitung für die gerichtliche Praxis geschrieben werden, der G. etwas mehr Aufmerksamkeit: E. W. Cox widmet in ‹The Advocate, His Training, Practice, Rights, and Duties› (1852) der «Kunst der Rede» ein eigenes Kapitel [33] und gibt auch besondere Anweisungen für die rednerische Gestaltung von Eröffnung, Verteidigung und Erwiderung; dabei warnt er allerdings vor dem übertriebenen Gebrauch von «flights of oratory». [34]

In den Vereinigten Staaten, wo der Geschworenen-Prozeß *(trial by jury)* in der Verfassung als Grundrecht verankert und auch in der Gerichtspraxis bedeutsamer ist als andernorts [35], findet entsprechend die Rhetorik der G. im 19. Jh. eingehendere Beachtung. J. Q. ADAMS, selbst als Jurist ausgebildet und juristisch wie politisch prominent tätig, ist der erste Inhaber des ‹Boylston Chair of Rhetoric› an der Harvard-Universität; in seinen 1810 veröffentlichten Vorlesungen betont er zwar, daß im Vergleich zur Antike eingehendere Regelungen, insbesondere des Beweisrechts, die strengere Trennung von Rechts- und Tatfragen und die Zuweisung des Begnadigungsrechts an die Exekutive dem zeitgenössischen Gerichtsredner ein engeres Feld zuweisen, nimmt aber dennoch für die G. wegen der großen Schwierigkeiten der durch sie gestellten rhetorischen Aufgaben nach wie vor den vornehmsten Platz in der Beredsamkeit in Anspruch. [36] Zudem weist er darauf hin, daß zwar die Anklage im Strafprozeß durch engere Relevanzvorstellungen am vollen Gebrauch des ciceronischen Arsenals gehindert sei, daß aber die Strafverteidigung vor der Jury weiterhin ein breiteres Spektrum der von Quintilian exemplarisch behandelten rednerischen Kunstmittel in Anspruch nehmen könne. [37]

Insgesamt macht sich bei Adams die Vorstellung bemerkbar, daß die fortschreitende Positivierung und Professionalisierung des Rechts eine zunehmende Verdrängung der Überredung zugunsten der Überzeugung möglich mache, und daß sich die G. dabei letztlich auf die Darstellung des Justizsyllogismus beschränken können sollte, eine Hoffnung, die schon bei Aristoteles anklang, und die das Programm einer Ersetzung von Rhetorik durch Methode, formuliert im Rationalismus des vorhergehenden Jahrhunderts, unter neuen Vorzeichen fortschreibt. [38] Dennoch ist Adams zu sehr in der Praxis zuhause, um übersehen zu können, daß etwa die strenge Trennung von Rechts- und Tatfragen, welche das positivistische Modell voraussetzt, nicht wirklich durchführbar ist, auch wenn er dann nicht klar die Folgerung zieht, daß somit Fragen der Gerechtigkeit, im Sinne einer umfassenderen Würdigung weiterer Umstände, doch immer noch bei der Tatsachenfeststellung und Rechtsinterpretation eine bedeutende Rolle spielen und deshalb auch für die G. durchaus bedeutsam bleiben. [39]

E. T. CHANNING, einer von Adams' Nachfolgern als Boylston Professor, weist in seinen ‹Lectures Read to the Seniors at Harvard College› (1856) wie schon sein Vorgänger auf die engeren Grenzen der Relevanz der G. im modernen Recht hin, vermeidet aber Details noch entschiedener als dieser. [40] Immerhin betont Channing, daß die Beredsamkeit jedenfalls im Geschworenenprozeß, anders als bei der Behandlung reiner Rechtsfragen, einen entschiedenen Platz hat. [41] Es entbehrt nicht der Ironie, daß diese Folgerung deutlicher als in der allgemeinen rhetorischen Literatur in Werken gezogen wird, die sich ausschließlich oder vornehmlich der Anleitung zur G. widmen. Weit umfassender und mit weniger Vorbehalten als Adams oder Channing behandeln Autoren wie D. F. MILLER in ‹Rhetoric as an Art of Persuasion from the Standpoint of a Lawyer› (1880) [42], R. HARRIS in ‹Hints on Advocacy, Intended for Practice in Any of the Courts› (1880) [43] und W. C. ROBINSON, Jura-Professor an der Yale University, in ‹Forensic Oratory. A Manual for Advocates› (1893) [44] die antike Tradition der G. als richtungweisend auch für die zeitgenössische Praxis. Darin mag sich allerdings auch die Tatsache widerspiegeln, daß diese Werke am Ende des 19. Jh. auf eine Tradition der G. zurückblicken, wie sie etwa in W. L. SNYDERS Auswahl ‹A Collection of Arguments and Speeches Before Courts and Juries by Eminent Lawyers› (1892) begegnet, in welcher Advokaten die klassischen Mittel unbekümmerter einsetzen, als ein quasi-mathematisches Ideal des rechtlichen Entscheidungsprozesses dies hätte erwarten lassen. [45] Es ist sogar so, daß Robinson zu dieser Zeit das Studium klassischer Modelle gerade darum empfiehlt, weil sie im Vergleich zur zeitgenössischen rednerischen Praxis insgesamt knapper, gezielter und eleganter seien. [46]

In Frankreich ist, nach einem gewissen Niedergang

des gerichtlichen Plädoyers im Verlauf der Revolution [47], die Wiederbelebung der G. um die Wende zum 19. Jh. zunächst sehr stark an klassischen Vorbildern orientiert, wie sie auch in der politischen Rede der Revolutionszeit oft deutlich zu erkennen sind, während dann nach 1820 in den Gerichten ein Redestil mit einem mehr romantischen Grundton in den Vordergrund tritt. [48] Dabei läßt insgesamt das Interesse des allgemeinen Publikums an der G. nach; wie auch anderswo richtet sich das Hauptaugenmerk auf strafrechtliche Fälle, in denen menschliche Dramen die Szene beherrschen und für emotional mitreißende Beredsamkeit Anlaß bieten. Nicht selten erscheint aber die Kunst des Advokaten vor Gericht nur als Vorbereitung auf die reizvolleren Aufgaben und den glänzenderen Ruhm des politischen Redners. [49] Die Ausbildung des forensischen Redners wird dabei nicht so sehr durch theoretische Anweisungen als vielmehr durch praktische Anschauung und Sammlungen geleistet, die es vornehmlich darauf abstellen, dem Lernenden hervorragende Vertreter und Beispiele der G. vor Augen zu führen, wie etwa BERRYERS ‹Leçons et modèles d'éloquence judiciaire› (1838) und L. DE CORMENINS ‹Le Livre des orateurs› (^{18}1869), zuerst veröffentlicht 1836 unter dem Pseudonym «Timon». [50] In der nüchterneren Zeit der Dritten Republik gegen Ende des Jahrhunderts treten dann die klassischen und romantischen Züge der Beredsamkeit zugunsten einer eher vereinfachten G. zurück, auch wenn Strafsachen nach wie vor dazu einladen, die nunmehr größeren Freiheiten des Advokaten, gerade auch in politischen Fällen, weitgehend auszuschöpfen. [51]

Das Beispiel der französischen Gerichtspraxis hat einen deutlichen Einfluß in Deutschland, wo politische Reformen im Verlauf des 19. Jh. zunehmend den Grundsatz der Mündlichkeit des Gerichtsverfahrens einführen und auch besonders dem Angeklagten im Strafverfahren mehr Möglichkeiten zur Verteidigung einräumen, wodurch insgesamt das Feld für die G. bedeutend erweitert wird. So ist es nicht überraschend, wenn ein frühes Werk, welches deutsche Advokaten mit diesen neuen Aufgaben vertraut machen will, K. S. ZACHARIÄS ‹Anleitung zur gerichtlichen Beredsamkeit›, 1810 in Heidelberg, auf dem Gebiet des Rheinbundes, erscheint. Der Autor weist ausdrücklich auf die neuerliche Einführung der öffentlichen und mündlichen Verhandlung im Königreich Westfalen hin, das seine Existenz ja Napoleon verdankt und von einem seiner Brüder regiert wird. Er bezieht sich zudem auf FALCONNETS Buch ‹Le barreau français› und fügt seiner Schrift als (einziges) Beispiel ein Plädoyer von D'AGUESSEAU in französischer Sprache bei. [52] Als Hauptkennzeichen der gerichtlichen Beredsamkeit betont Zachariä «die Fertigkeit objektiv-zweckmässige und subjectiv-interessante Reden vor Gericht zu halten». [53] Diese Fertigkeit sei am wichtigsten in der öffentlichen mündlichen Verhandlung, deren Vorzüge der Autor verficht, habe aber auch in schriftlichen Verhandlungen ihren Nutzen, weswegen sie an deutschen Schulen und Universitäten mehr als bisher vermittelt werden sollte; denn «[d]ie deutsche Literatur hat im Fache der gerichtlichen Reden bis jetzt nur Wünsche und Hoffnungen!». [54]

Da Zachariä als Hauptzweck der G. die Belehrung betont, spricht er sich, insoweit keuscher als die antike Theorie, entschieden gegen Versuche des Advokaten aus, «die Neigungen, Affecten oder Leidenschaften der Richter in sein Interesse zu ziehen». [55] Als legitime Interessen, welche die G. in verschiedenem Maße ansprechen darf, führt er moralische, ästhetische und sinnliche an und benutzt diese Unterscheidung im Verlauf des Werkes wiederholt als Einteilungsprinzip. [56] Er sieht in der G. nicht nur ein Mittel, auf ein Urteil hinzuwirken, sondern auch ein Instrument der staatsbürgerlichen Erziehung des Publikums. [57]

Den Kern des Werkes bildet die Diskussion der traditionellen fünf *partes* der Rhetorik: Die *inventio* wird recht ausführlich behandelt, wobei wie in den klassischen Handbüchern der Statuslehre besondere Aufmerksamkeit gewidmet wird [58]; dabei ist Zachariä aber nicht ganz unkritisch, sondern moniert, «wie sehr die alten Rhetoren, selbst was den Stoff der gerichtlichen Reden betrifft, die Grenzen der gerichtlichen Beredsamkeit verkannten», indem sie auch materiellrechtliche Fragen (etwa im Rahmen des *status qualitatis*) als Gegenstand rhetorischer Theorie behandelten, während es für ihn selbstverständlich erscheint, daß in dieser Hinsicht «der Stoff einer gerichtlichen Rede aus der theoretischen Rechtswissenschaft oder den Hülfswissenschaften derselben zu entlehnen» ist. [59] In der Behandlung der Redeteile *(dispositio)* stellt er die Notwendigkeit der Anpassung an die Umstände stark in den Vordergrund [60]; und er mahnt zur Kürze, wobei er Cicero «keinesweges» als Vorbild empfiehlt. [61] Im Hinblick auf den Stil *(elocutio)* hebt Zachariä die «Natürlichkeit des Vortrages» hervor [62]; auch die «Mnemonick» *(memoria)* und die «Declamation» finden Beachtung als Bestandteile des Redevortrages *(pronuntiatio)*, wobei auch die «Körpersprache» nicht übersehen wird. [63] Auf einen besonderen theoretischen Teil, der Einzelheiten zu den Teilen und Arten der gerichtlichen Rede bringt [64], folgt als Beschluß ein praktischer Teil, welcher kurzen Bemerkungen zur Ausbildung des Redners gewidmet ist. [65] Insgesamt lehnt Zachariä sein Werk in Aufbau und Darstellung der Theorie der G. ganz bewußt und sehr eng an die antike Theorie an, auf die immer wieder Bezug genommen wird, denn dort findet sich nach Überzeugung des Autors «so ziemlich alles, was sich über die *gerichtliche* Beredsamkeit sagen läßt». [66]

Die dennoch spürbaren Vorbehalte gegenüber den klassischen Vorbildern kommen dann vierzig Jahre später in O. L. B. WOLFFS ‹Lehr- und Handbuch der gerichtlichen Beredsamkeit› noch deutlicher und entschiedener zum Ausdruck: während bei Zachariä die Erfindung der Argumente noch eine zentrale Stellung einnahm, fehlt sie hier ganz, denn «[d]ie Beweisführung bei einer gerichtlichen Rede kann die Rhetorik nicht lehren; dies vermag nur die Rechtswissenschaft zu thun. Nur hinsichtlich der äußeren Darstellung der Beweise kann die Redekunst eine Anweisung geben». [67] Entsprechend faßt Wolff «die Redekunst im weiteren Sinne» als «die Theorie des Styls» auf, deren Besprechung das Werk eröffnet. Die Redeteile werden dann nur kurz abgehandelt, wobei Ciceros erste catilinarische Rede als (allbekanntes) Gliederungsbeispiel dient [68]; des weiteren gilt seine Aufmerksamkeit dem freien Reden und dem mündlichen Vortrag [69]; und schließlich wendet er sich speziell der gerichtlichen Beredsamkeit zu. [70]

Hier steht für ihn, ganz im Sinne des Rechtspositivismus, der Zweck im Vordergrund, die richtige Anwendung der Rechtsregeln zu ermöglichen [71]; gerade deshalb lehnt er die klassische G. als unmittelbare Vorbilder vehement ab, weil sie eben nicht «die vollkommenste Ermittlung der objectiven Wahrheit und in Folge dieser die richterliche Entscheidung eines Rechtsfalles nach dem Gesetz» als oberstes Prinzip im Auge haben, sondern «die Kunst, durch Täuschung den Sieg davon zu tragen, also das Recht zu verdrehen». [72] Wolff wirft der antiken Theorie der Beredsamkeit zentral die Vermengung von Inhalt und Form vor: nur die letztere sei Sache der Rhetorik; und auch die zeitgenössische Praxis der G. im Ausland kann vor seinem strengen Auge nicht bestehen: in England stehen seiner Meinung nach Manipulation der Jury und Wortklauberei im Vordergrund, in Frankreich werde den Emotionen in der G. zu viel Raum gewährt. [73] In der Besprechung der Teile der G. betont er demgemäß besonders für die Tatsachendarstellung (Exposition) «Wahrhaftigkeit, Vollständigkeit, Genauigkeit, Vermeidung alles Überflüssigen, und Deutlichkeit», und im Hinblick auf den Redeschluß ermahnt er den Leser nochmals, «die Alten als Norm durchaus zu verwerfen», weil sie die *peroratio* als Werkzeug benutzten, «durch welches die Zuhörer aufgeregt und gerührt werden sollten». [74]

Der weitaus größte Teil des Werkes (über drei Viertel) ist dann aber dem Abdruck (in Übersetzungen) von Reden aus der französischen Gerichtspraxis und der Einleitung einer englischen G. gewidmet, wobei auffällt, daß sich diese ja doch wohl als vorbildlich vorgestellten Musterreden durchaus nicht durchweg an seine strengen Grundsätze halten. Schon ein von ihm zergliedertes und besprochenes Beispiel von Dupaty wartet nicht einmal bis zum Redeschluß, um die Zuhörer aufzuregen und zu rühren, sondern bietet bereits in der von Wolff als «meisterhaft» apostrophierten Einleitung durchaus an antike Praktiken anklingende Passagen wie diese: «Sie waren unschuldig! Mögen fühlende Herzen sich beruhigen; diese drei Unschuldigen athmen noch! Durch den Parlamentsspruch verdammt, nach Chaumont zurückzukehren, um dort die Todesstrafe zu erleiden, sollten sie vor den Augen ihrer Frauen, ihrer Kinder, ihrer Mütter sterben, welche sie dann zum ersten Mal seit drei Jahren wiedergesehen und sie für schuldig gehalten hätten.» [75]

In gewisser Weise spiegelt der Kontrast zwischen den Werken von Zachariä und Wolff den Gegensatz zwischen der mehr materialen rhetorischen Theorie der Antike und ihrer wiederholten *letteraturizzazione,* ihrer Reduzierung auf formale Prinzipien der Anordnung und stilistischen Aufbereitung des Stoffes, wider. [76] Was beide verbindet, ist eine gewisse theoretische Berührungsangst gegenüber der affektiven Dimension der Rhetorik, von der es aber in der von ihnen als exemplarisch anerkannten Praxis der G. dann doch kein Entrinnen gibt.

Gegen Ende des Jahrhunderts kann H. ORTLOFF die Erneuerung der gerichtlichen Beredsamkeit in Deutschland im Zuge von Prozeßrechtsreformen, welche für Zachariä nur eine beginnende Hoffnung und für Wolff ein immer noch andauernder Wandel war, als vollendete Tatsache feiern. [77] Er widmet der G. sein umfangreiches Werk ‹Die gerichtliche Redekunst› (1887), in dem er eingangs ausdrücklich die Vorarbeiten von Zachariä und Wolff würdigt [78]; er kritisiert allerdings die vorausgegangene ‹Vorschule der gerichtlichen Beredsamkeit für Rechtsanwälte› von W. SCHALL und E. BOGER (1855), denen er vorwirft daß sie nach antikem und französischem Vorbild «als anderen Zweck der gerichtlichen Rede, außer dem der Gewinnung der rechtlichen Überzeugung, die Rührung des Gerichts zugrunde legen und folgenderweise der Redeform zur Erregung der Affekte, wie ihr Vorbild Delamalle und die Franzosen, ein Übergewicht einräumen, das unser deutsches Rechtsgefühl verletzt». Hier wird mit großem Pathos forensische Emotionslosigkeit als «heilige Pflicht der Wissenschaft» verklärt; und deshalb befürwortet er eine «deutsche Beredsamkeit», die sich von der «fremdländischen» durch Einfachheit und Nüchternheit unterscheiden soll. [79] Dann aber führt auch Ortloff durchgehend die antike Theorie an, und von seinen deutschen Vorgängern Zachariä und Wolff unterscheidet er sich mehr durch die Fülle der Details als in den Grundlinien. Auch er muß letztlich Grenzen seines Ideals konstatieren: «[d]er Ausspruch der Geschworenen und anderer Laienrichter (Schöffen) hängt sehr oft von einer bloßen Stimmung der Gefühle und des Gemütes ab, welches in dem sogenannten Totaleindruck sich sammelt. Daher versuchen es auch heute noch die Parteiredner, wie im Altertum, schon im Eingang ihrer Schlußreden auf die Gewinnung einer günstigen beziehungsweise Abschwächung oder Überwindung einer ungünstigen Stimmung hinzuwirken.» [80] Im Vergleich zu Wolff bietet er allerdings weit mehr zur Argumentation in der Beweisführung, deren ausführliche Besprechung mehr als die Hälfte seines Werkes einnimmt, das sich insgesamt durch eine sorgfältige Integration von rhetorischen Erwägungen und prozeßrechtlichen Rahmenbedingungen auszeichnet. [81]

Ortloff teilt am Ende des 19. Jh. nicht mehr die ungebrochene Überzeugung von der fortdauernden Aussagekraft der antiken Theorie der G., welche Zachariä am Anfang des Jh. noch so stark betont hatte; dennoch setzt auch der spätere Autor sich noch eingehend mit dieser Theorie auseinander. Dagegen entfernt sich die Behandlung der G. im Verlauf des 20. Jh. zumindest ihrem Bewußtsein nach immer weiter von diesen Ursprüngen. Ein englischer Beobachter sieht die Gegenwart als eine Zeit, die sich «in einem neuen und eher materiellen Umfeld von der klassischen Kultur der Vergangenheit und ihrem verfeinernden Einfluß weitgehend abwendet, um eine praktische, aber weitaus schmucklosere Ausdrucksweise für ihre Ansichten über Prinzipien und Umstände zu finden», eine Ausdrucksweise, deren Ideal darin besteht, «das, was man zu sagen hat, so kurz zu sagen, wie es mit einer ausreichenden Darstellung der Sache irgend vereinbar ist». [82] Ein deutscher Praktiker stellt fest: «Leider wird die Kunst des Plädierens heute nur noch selten gepflegt, wozu nicht zuletzt die Überbeanspruchung der Gerichte und der Anwälte beitragen mag» [83]; und ein anderer warnt: «Rhetorische Effekte sind für die richterliche Sachentscheidung in der Regel bedeutungslos. Leidenschaftliches Pathos wirkt vielfach unecht; jedenfalls erscheint es den Richtern meist überflüssig.» [84]

Die Wiederbelebung des Interesses an der Rhetorik in der Gegenwart geht zwar etwa bei C. PERELMAN stark von rechtlichen Fragestellungen aus, richtet sich aber mehr auf argumentationstheoretische Überlegungen zur Wertbegründung. [85] Während bei Zachariä «juristische Rhetorik» noch die Beschäftigung mit der G. bedeutete, schließt heute W. GAST in einem Werk mit jenem Titel diesen Sachbereich ausdrücklich aus; ihm geht es um die Rechtsanwendung, um die eigentlich juristische Argumentation, um die Interpretation von Normen, «eine im wesentlichen papierene Angelegenheit», nicht um die Glaubhaftmachung und Bestreitung von Tatsachenbehauptungen und die Beurteilung von Personen, welche von jeher die G. beherrschen. [86] Auch F. HAFT, der für eine stärkere Betonung des Falldenkens eintritt und «eine Tendenz zum Mündlichen verfolgt», muß doch letztlich dem Umstand Rechnung tragen, daß «die juristische Wirklichkeit [...] nun einmal durch Produktion und Verbrauch von Schriftstücken geprägt» ist. [87] Auch wo er den mündlichen Vortrag behandelt, geht es um die juristische Diskussion, nicht um die G. [88]

Allgemeine systematische Ausführungen zur Rhetorik der peruasiven Rede geben auch heute noch im wesentlichen die Theorie der G. wieder, da diese zur Zeit der Ausformung der klassischen Rhetorik das Feld beherrschte [89]; indem sie diese Begrifflichkeit aus dem rechtlichen Sachbezug weitgehend herauslösen, tragen moderne Darstellungen eher der Theorie der antiken Rhetorik Rechnung, welche allgemeine Anwendbarkeit betonte, als der Praxis jener Theorie, die sich auf die gerichtliche Beredsamkeit konzentrierte. Insgesamt kann man etwas überspitzt sagen, daß in der Gegenwart die rhetorisch bewußte Literatur nicht auf die G. ausgerichtet ist, während die auf die G. ausgerichtete Literatur nicht rhetorisch bewußt ist. Immerhin wird Cicero in Büchern zur anwaltlichen Praxis noch bisweilen zitiert, wenn auch eher ornamental [90]; und der Warnung vor «rhetorischen Effekten» folgt die Feststellung: «Vermeidung pathetischer Tiraden bedeutet aber nicht, daß monotone Vorlesungen gehalten werden sollten. Der Beruf des Verteidigers erfordert im Gegensatz zur statischen Funktion der richterlichen Tätigkeit ein dynamisches Wirken. Es gibt Fälle, die die ganze Leidenschaft des Verteidigers erfordern und auch erwarten lassen.» [91] N. J. GROSS hat als moderner Anwalt die Anwaltstätigkeit Ciceros als Ausdruck einer «mediterrane[n] Auffassung von einer dialektischen Durchsetzung des Rechts im 'Kampf um das Recht' auf dem Forum» gewürdigt, die in romanischen Ländern bis heute fortlebe. Dem stellt er eine in Deutschland vorherrschende Auffassung gegenüber, die an das Recht als Idee glaube, das sich gewissermaßen selbst verwirkliche, «aber keiner Beredsamkeit, keiner geschickten Darstellung des Sachverhalts, keiner Prozeßlist und keines gar personalen Einsatzes bedarf». [92] Nun trifft es zu, daß man in Werken zur G. aus dem romanischen Sprachraum auch im 20. Jh. noch einem ungebrocheneren Verhältnis zur antiken Tradition begegnet [93], während nicht nur im deutsch-, sondern auch im englischsprachigen Raum diese Tradition in der anleitenden Literatur zur G. eher zurücktritt [94]; dennoch ist der von Gross angesprochene Gegensatz mehr als eine Widerspiegelung regionaler Besonderheiten. G. BROGGINI weist darauf hin, daß die klassische Auffassung der G. von der Überzeugung bestimmt ist, daß «die gerechte Einzelentscheidung den Einsatz der dialektischen Vernunft erfordert, den Einsatz einer globalen Überzeugungstechnik, die den Prozeß und sein Ergebnis entscheidend humanisiert» [95]; andererseits betont C. J. CLASSEN, daß diese «globale Überzeugungstechnik», wie sie in der antiken G. begegnet, nicht nur der Gerechtigkeit, sondern nicht selten auch der Parteilichkeit dienstbar gemacht werden kann. [96] Somit reflektiert die Ambivalenz gegenüber der Tradition der G. sowohl eine Ambivalenz in der Auffassung des Rechts, das im Spannungsfeld zwischen unparteilicher Allgemeinheit und einzelfallbezogener Gerechtigkeit steht, als auch eine Ambivalenz gegenüber der Rhetorik insgesamt: Es ist zu vermuten, daß vielfach und vielerorts wiederkehrende Versuche, die G. aus dere Theorie der Rhetorik und die Rhetorik aus der Praxis der G. weitgehend auszuschließen, darauf zurückzuführen sind, daß diese Praxis stets besonders deutlich an die Wirksamkeit, die Möglichkeiten und die Gefahren einer Argumentation erinnert, die über eine abstrakte Logik hinausgeht, indem sie konkrete Personen und die Fülle der Umstände und Emotionen in die gemeinsame Problemsituation von Rednern und Zuhörern einbringt.

Anmerkungen:
1 G. Ueding, B. Steinbrink: Grundriß der Rhet. (^{3}1994) 123ff. – **2** J. A. Fabricius: Philos. Oratorie (1724, ND 1974) 479ff. – **3** ebd. 485. – **4** ebd. 485ff., 487. – **5** ebd. 489. – **6** ebd. 490. – **7** P. M. Mitchell (Hg.): J. C. Gottsched: Ausg. Werke, Bd. VII (1975). – **8** F. Nicolini (Hg.): G. B. Vico: Opere, Bd. VIII (Bari 1941) 166ff. – **9** R. Lachmann (Hg.): Feofan Prokopovič: De arte rhetorica libri X (1982) 379ff. – **10** A. Mestre Sanchis (Hg.): G. Mayans y Siscar: Obras Completas, Bd. III (Valencia 1984) 223ff., 224. – **11** D. Hume: Essays (Oxford 1963) 98ff., 109. – **12** N. Claussen, K. Wallace (Hg.): John Lawson: Lectures Concerning Oratory (Carbondale 1972) 93. – **13** L. F. Bitzer (Hg.): George Campbell: The Philosophy of Rhetoric (Carbondale ^{2}1988) 98ff., 105. – **14** V. Bevilacqua u. R. Murphy (Hg.): Joseph Priestley: A Course of Lectures on Oratory and Criticism (Carbondale 1965) 19ff. – **15** J. C. Bryce (Hg.): Adam Smith: Lectures on Rhetoric and Belles Lettres (Oxford 1983) 185ff. – **16** H. F. Harding (Hg.): Hugh Blair: Lectures on Rhetoric and Belles Lettres (Carbondale 1965) 74ff. – **17** Smith [15] 196f. – **18** Blair [16] 74ff., 76. – **19** ebd. 76. – **20** ebd. 78. – **21** ebd. 80ff., 81. – **22** W. Stroh: Taxis u. Taktik (1975) 194ff.; C. J. Classen: Recht–Rhet.–Politik (1985) 15ff. – **23** Blair [16] 86ff., 100. – **24** in: C. Buffier: Cours de Sciences (Paris 1732, ND Genf 1971) 357ff. – **25** M. Letronne (Hg.): Œuvres complètes de Rollin, Bd. 27 (Paris 1821) 230ff., 278. – **26** ebd. 281ff., 285ff., 305ff. – **27** J. Munier-Jolain: La plaidoirie dans la langue française, Bd. II (Paris 1897, ND Genf 1971) 13ff., 25ff. – **28** ebd. 16ff., 137ff. – **29** B. Kelly (Hg.): Famous Advocates and their Speeches (London ^{2}1949) 10ff. – **30** ebd. 25. – **31** ebd. 27f. – **32** D. Ehninger, D. Potter (Hg.): Richard Whately: Elements of Rhetoric (Carbondale 1963) 218ff. – **33** E. W. Cox: The Advocate, His Training, Practice, Rights, and Duties (London 1852) 173ff. – **34** ebd. 335ff., 442ff., 465ff., 472. – **35** U. S. Constitution, Amendments VI, VII. – **36** J. J. Auer, J. L. Banninga (Hg.): John Quincy Adams: Lectures on Rhetoric and Oratory, Bd. I (ND New York 1962) 277ff., 279ff., 317ff. – **37** ebd. 302ff. – **38** ebd. 292f.; vgl. Arist. Rhet. 1354af. – **39** ebd. 281f. – **40** D. I. Anderson, W. W. Braden (Hg.): Edward T. Channing: Lectures Read to the Seniors in Harvard College (Carbondale 1968) 90ff. – **41** ebd. 106ff. – **42** D. F. Miller: Rhetoric as an Art of Persuasion from the Standpoint of a Lawyer (Des Moines 1880). – **43** R. Harris: Hints on Advocacy, Intended for Practice in Any of the Courts (St. Louis 1880). – **44** W. C. Robinson: Forensic Oratory. A Manual for Advocates (Boston 1893) 47ff., 59ff. – **45** vgl. Adams [36] 316. – **46** Robinson [44] 334ff. – **47** J. Munier-Jolain: La plaidoirie dans la langue française, Bd. III (Paris 1900, ND Genf 1971) 3ff. – **48** ebd. 15ff., 19ff. – **49** J. Starobinski: La chaire, la tribune, le barreau, in: P. Nora (Hg.): Les lieux de la mémoire, Teil II: La nation, Bd. 3: Les mots (Paris 1986) 469ff. – **50** ebd. 467, 471. – **51** ebd. 437; L. Rambaud: L'Éloquence Française, Bd. II: 1800–1940 (Lyon o. J.) 269. – **52** K. S. Zachariä: Anleitung zur gerichtlichen Beredsamkeit (1810) V, VI, 259ff.; Ueding, Steinbrink [1] 145ff. – **53** Zachariä [52] 19. – **54** ebd. 24f., 41. – **55** ebd. 44, 55f. – **56** ebd. 45ff. – **57** ebd. 59f. – **58** ebd. 68ff., 69ff. – **59** ebd. 85, 83; vgl. auch 92f. – **60** ebd. 109ff., 114, 118, 120. – **61** ebd. 121f. – **62** ebd. 123ff., 139. – **63** ebd. 159ff., 166ff., 181ff., 191ff. – **64** ebd. 201ff., 242ff. – **65** ebd. 249ff. – **66** ebd. VIII. – **67** O. L. B. Wolff: Lehr- u. Handbuch d. gerichtlichen Beredsamkeit (Jena 1850) 81f. – **68** ebd. 31ff., 40ff. – **69** ebd. 44ff., 57ff. – **70** ebd. 66ff. – **71** ebd. 68. – **72** ebd. 75. – **73** ebd. 75f. – **74** ebd. 78ff., 80, 83. – **75** ebd. 89. – **76** G. A. Kennedy: Classical Rhetoric and Its Christian and Secular Tradition from Ancient to Modern Times (Chapel Hill 1980) 16f., 108ff. – **77** H. Ortloff: Die gerichtliche Beredsamkeit (1887) VI; Ueding, Steinbrink [1] 147f. – **78** Ortloff [77] Vff. – **79** ebd. VII f. – **80** ebd. 183f. – **81** ebd. 234ff. – **82** Kelly [29] vii. – **83** G. Commichau,

W. Fülleborn: Die anwaltliche Praxis in Zivilsachen (^{3}1988) 87. – **84** H. Dahs, H. W. Feigen: Taschenbuch des Strafverteidigers (^{4}1990) 236. – **85** C. Perelman: Das Reich der Rhet. (1980) 1ff. – **86** W. Gast, Juristische Rhet. (^{2}1992) VIII, 1ff.; der Untertitel des Buches lautet: Auslegung, Begründung, Subsumtion. – **87** F. Haft: Juristische Rhet. (^{3}1985) 22f. – **88** ebd. 162ff. – **89** Ueding, Steinbrink [1] 240ff.; B. Mortara Garavelli: Manuale di retorica (Milano 1988) 62ff. – **90** E. Müller: Strafverteidigung im Überblick (1989) 116; Commichau, Fülleborn [83] 88f. – **91** Dahs, Feigen [84] 236. – **92** N. J. Gross: Ein berühmter Rechtsanwalt: Marcus Tullius Cicero, in: Neue Juristische Wochenschrift (1988) 302ff., 307. – **93** vgl. etwa G. Cohendy: L'Art de la plaidoirie (Paris ^{3}1948); A. Majada: Oratoria forense (Barcelona ^{2}1962). – **94** vgl. etwa T. A. Mauet: Fundamentals of Trial Techniques (Boston 1980); P. Bergman: Trial Advocacy (St. Paul ^{2}1989). – **95** G. Broggini, in: Neue Juristische Wochenschrift (1962) 1649ff., 1656. – **96** C. J. Classen: Cicero – heute?, in: Neue Juristische Wochenschrift (1989) 367ff.

H. Hohmann

→ Accusatio → Advocatus dei/diaboli → Augenzeugenbericht → Casus → Causa → Conquestio → Excusatio → Forensische Beredsamkeit → Genera causarum → Indiz → Indignatio → Iudicatio → Iusiurandum → Juristische Rhetorik → Lüge → Notariatskunst → Plädoyer → Prozess → Purgatio → Rechtsformel → Relationstechnik → Rhetorische Rechtstheorie → Signum → Urteil → Verhör → Verteidigungsrede → Widerruf

Gesamtkunstwerk
A. Def. – B. Hist. Aspekte einer rhet. Ästhetik des G. – I. Mimesis und Bildlichkeit. – II. Die Wirkungsfunktionen. – C. Gesch. des G. im 19. und 20. Jh. – I. R. Wagners Konzept des G. – II. Vom totalen Theater zur Intermedialität.

A. 1. ‹G.› bezeichnet die Idee eines gleichberechtigten Zusammenwirkens aller Künste bzw. das Zusammenspiel verschiedener Ausdrucksformen und die Kombination oder Aufhebung mehrerer Künste in einem einheitlichen Werk um der gesteigerten Wirkung willen. Das Konzept findet seine Verwirklichung vor allem in den darstellenden Medien. Synästhesie, Verbindung von optischen, klanglichen und sprachlichen Ausdrucksformen verschaffen dem alle Sinne ansprechenden Theater, dem Multi-Media-Ereignis wie auch dem digitalen Hypermedium eine eigene, auf elementare Wirkmittel gegründete rhetorische Funktionalität.

Die Definition des Begriffes eines ‹G.› hat aber auch eine utopisch-politische Dimension zu beachten. Hierin, und nicht nur in der Bestimmung der Zusammenführung aller Künste zu einem einzigen Werk, hat der Begriff seine spezifisch rhetorische Bedeutung. Von der damit verbundenen Problematik des Begriffs ist auch im Blick auf die historische Begriffsbildung in der Mitte des 19. Jh. zu handeln.

Untrennbar ist der Begriff ‹G.› mit der Biographie und dem Werk R. WAGNERS verbunden, auch wenn er selbst von dem Begriff eher einen seltenen Gebrauch macht. [1] Frühere Ausbildungen des Begriffsinhalts, wie das Zusammenwirken der Künste im griechischen Drama, im mittelalterlichen Spiel, zu Beginn der Operngeschichte in der Florentiner Camerata, im Jesuitendrama, in der Repräsentationsoper des Barock, im Konzept des ‹romantischen Kunstwerks› und in der spätromantischen Ästhetik, nimmt Wagner pointiert und polemisch auf. Die Tradition wird durch sein Werk eindrucksvoll in ihren Möglichkeiten bestätigt, wie auch in eine abgehobene Sphäre des Außergewöhnlichen transportiert. Die moderneren Formen der Festspielkultur, die Konzepte M. REINHARDTS und HUGO VON HOF-MANNSTHALS für Salzburg, das Schauspielhauskonzept von L. DUMONT, das ‹Überdrama› bei Y. GOLL, das ‹politische Theater› bzw. ‹Totaltheater› bei E. PISCATOR, das ‹Bauhaustheater›, die Synthesekonzeptionen von GROPIUS und der ‹totalen Architektur›, sie alle setzen, auch noch im Widerspruch, das Wagnersche Konzept eines musikalisch überhöhten dramatisch-theatralischen Spiels im besonderen Bau voraus.

Davon abzugrenzen, wenn auch im deutlichen Bezug, sind Erscheinungsformen der Zusammenführung der Künste in den Formen der ‹Intermedia›, der ‹Mixed Media›, der ‹Multi-Media-Art› bis hin zur Videokunst und der Integration von Bildschirmmedien im Theater, sowie die Möglichkeiten, die sich aus der Digitalisierung von Text, Bild, Ton und der Speicherung auf einem Träger, dem ‹Hypermedium› ergeben. Der Computerbildschirm als Fenster zum Einblick in virtuelle Räume ergibt neue Formen der Integration, wie sie zuvor nur in den beschriebenen Räumen und Aktionen des ‹Romans› möglich schienen.

H. Schanze

2. Die Sache ist älter als der Begriff. Die systematisch-rhetorischen Aspekte der Konzeptionen eines ‹G.› sind, wie die rhetorische Begrifflichkeit insgesamt, im Kontext der Auseinandersetzung von Rhetorik und Philosophie zu betrachten. Die einschlägigen rhetorischen Kategorien gehen in die philosophische Ästhetik ein; gleichermaßen aber auch in die Literaturtheorie der frühen Romantik. Der erste Beleg für den Begriff, 1827 in der ‹Ästhetik› des spätromantischen Philosophen K. F. E. THRANDORFF [2], steht in diesem doppelten Zusammenhang. Während in der ästhetischen Theoriebildung die rhetorischen Komponenten systematisch überformt erscheinen, sind sie im romantischen Theoriezusammenhang ausdrücklich erwähnt.

In F. SCHLEGELS berühmtem Athenäumsfragment 114 wird sie zusammen mit der Philosophie als Disziplin genannt, die mit der Poesie «in Berührung» gesetzt werden soll. Im Begriff der Kritik, der in den der Universalpoesie aufgenommen wurde, knüpft Schlegel an den «alte(n) Streit von ”Ingenium“ und ”Iudicium“» an und versucht, ihn zu schlichten. [3] Auch in anderen Ausführungen Schlegels zur «absolute(n) Vereinigung» der poetischen Künste erscheinen die rhetorischen Genera als Teilfunktionen des Ganzen (etwa unter den Bezeichnungen der philosophischen, ethischen, politischen und kritischen Poesie). [4] Doch darüber hinaus wird das Verhältnis der Rhetorik zur Poesie mit dem der Dialektik zur Philosophie gleichgesetzt, die Rhetorik gleichsam als die wissenschaftliche, heuristische Methode der Auffindung und Anwendung der in der Natur der Poesie liegenden Gesetzmäßigkeiten und zugleich deren System selber bestimmt. Dessen traditionelle Gestalt, etwa als Trias von *inventio, dispositio* und *elocutio,* ist noch deutlich erkennbar: «Erfindung = Stoff + Ton. Anordnung = Form + Tendenz. Ausdruck = Styl und Manier.» [5] Der Vereinigungsgedanke liegt auch dem Anspruch zugrunde: «Der romant.[ische] Dichter muß doch auch, was der class.[ische] nie darf, rhetorisch sein». [6] Denn die Vereinigung aller Künste in einem unendlichen Progreß bedingt einerseits die Ziel- und Zweckspannung aller romantischen Kunst, andererseits stellt die Affektrhetorik, die Rhetorik des Enthusiasmus [7], das Bindeglied der Künste dar: «Die *Freiheit* durch *Rhetorik;* und das sollte wohl die einzige Bestimmung der Rhetorik sein». ‹Das Werk *Bestimmung des Menschen,* sollte von dieser Art sein.› Die unendliche Sehnsucht, Wehmuth und Erinnerung kann nur durch *Musik* erweckt werden. *Musik* und *Rhetorik* sind also der Philosophie und auch der Religion unentbehrlich. So hängen alle höhern Künste und Wissenschaften nah zusammen und fließen immer mehr ineinander. Alle *Predigten* sollen nur diesen Inhalt haben – und allerdings sind sie also der *Religion* wesentlich, so wie *Musik*». [8] Wenn Schlegel die «absolute Rhetorik» als Grundlage seines «Studiums» nennt [9], pointiert er abermals deren systematische Bedeutung für die leitenden Ideen seiner Poetik: die Rhetorik liefert ihm auch die Methode, mittels Konstruktion das romantische System der Künste in seinem universalen Zusammenhang hervorzubringen. Damit schließt er auf zwar eigenwillige, doch auch historisch konsequente Weise an die synthetische Funktion an, die für die Rhetorik in ihrem Verhältnis zu den Künsten seit der Antike immer wieder belegt ist.

B. *Historische Aspekte einer rhetorischen Ästhetik des G.* **I.** *Mimesis und Bildlichkeit.* Die Zuständigkeit der Rhetorik als der für alle Künste grundlegenden Produktionslehre ist in der Antike auch durch Platons Philosophie nicht ernsthaft gefährdet worden. Fuhrmann hat im Gegenteil gezeigt, wie der auch von PLATON verwendete Begriff der Mimesis gerade in seiner Vieldeutigkeit (er bezeichnete «einmal das optisch oder akustisch wahrnehmbare Abbilden sowie dessen Produkt, das Abbild», und diente «zum anderen als Ausdruck für das Nachahmen durch Handeln», sei es im Leben, sei es auf der Bühne) [10] die Unterschiede zwischen den Kunstgattungen Malerei und Dichtung einebnete. [11] ARISTOTELES wird in seiner ‹Poetik› gleichfalls Mimesis als grundlegendes gattungsübergreifendes künstlerisches Prinzip bezeichnen, in dem Epos, Tragödie, Komödie und Dithyrambendichtung ebenso wie Flöten- und Zitherspiel, die Tanzkunst oder die kunstgemäße Übung in Farben und Formen [12] (die Malerei also) zusammenkommen. Als unterscheidende Merkmale gelten ihm die Darstellungsmittel: Sprache, Rhythmus, Melodie, Form und Farbe, doch sind sie gegenüber der auf dem Nachahmungsbegriff basierenden Grundkonzeption nicht von wirklich wesentlicher Bedeutung. Nun gehört zwar die «Rhetorik [...] nicht zu den mimetischen Künsten», auch wenn sie «mimetische Elemente [...] als Hilfsmittel benutzt» und in der epideiktischen Rede der mimetischen Absicht der Dichtung nahekommt [13], doch schon HORAZ hat dieses bereits ursprünglich so unsichere Unterscheidungsmerkmal durch Einführung eines rhetorischen Nachahmungsbegriffs weiterhin neutralisiert. *Imitatio* wird von ihm zweifach, als Nachahmung eines lebendigen Vorbilds im «sittlichen Wandel» [14] und als Nachahmung literarischer Muster [15] aufgefaßt. «Die beiden Nachahmungsbegriffe [...] stehen in der *Ars poetica* beziehungslos nebeneinander. Erst die Theoretiker der Spätrenaissance haben sich bemüht, eine Beziehung herzustellen. Sie übernehmen sowohl die aristotelische als auch die rhetorische Mimesis, die rhetorische deshalb, weil sie die Werke der Antike in ähnlicher Weise als normgebend ansahen wie die antiken Klassizisten die Werke des 5. und 4. Jh. Sie suchten die von ihnen propagierte Nachahmung der antiken Literatur mit dem Argument zu rechtfertigen, daß dort die Wirklichkeit, die "Natur", musterhaft nachgeahmt sei.» [16]

Horaz ist es auch, der in seiner Poetik die Formel für die grundsätzliche Vereinbarkeit von Dichtung und Malerei geprägt hat: «ut pictura poesis». [17] Der Kontext dieser bis ins 18. Jh. programmatisch wirkenden Sentenz rechtfertigt zwar keineswegs die weitreichenden Konsequenzen, die aus ihr gezogen wurden, geht es darin doch um die kritische Perspektive des Rezipienten und darum, daß manche Dichtwerke wie Gemälde den hellen, scharfen Blick aus der Nähe nicht vertragen, weil dann ihre Mängel sichtbar werden. Allein, die Formulierung vermochte sich theoretisch zu verselbständigen, weil sie auf eine ältere Idee aufgetragen erschien, deren erste Fassung SIMONIDES VON KEOS zugeschrieben wurde: daß nämlich Dichtung ein sprechendes Bild und das Bild eine schweigende Dichtung sei. Die Idee entwickelte ein mächtiges Eigenleben, und das Bild wurde in seiner Bedeutungsvielfalt zum Schnittpunkt für die einheitliche Betrachtung der Künste, wobei sich drei Hauptperspektiven in den rhetorischen und poetischen Lehrwerken unterscheiden lassen:

1. *Das gemalte oder das beschriebene Abbild,* wobei beide sich wie poëtische und rhetorische Mimesis zueinander verhalten. «Es ist bis heute in Einzelfällen noch umstritten, ob die Gemäldebeschreibungen des Philostrat nun literarische Fiktion sind oder aber sich auf Bilder beziehen, die damals tatsächlich existierten. Der Unterschied ist bedeutend: Die Erfindung von Bildern mit den Mitteln der Literatur ist etwas anderes als die Beschreibung und Deutung existierender Bilder.» [18] Der Bildbeschreibung (Ekphrasis) stehen wie den Bildern der Maler selber bei der Handlungsvorstellung ein Arsenal fester Formen der Mimik, Gestik, Körperhaltung und Raummodellierung zur Verfügung, die für die rhetorische *actio* entwickelt oder aus der Schauspielerausbildung übernommen wurden. Damit avanciert die körperliche Beredsamkeit zu einem besonders augenfälligen Bindeglied von Rede-, Bild- und Bühnenkunst, das die Projektion auf den gesellschaftlichen Umgang noch verstärkte. [19]

2. Der psychologische Begriff einer *in Bildern denkenden Seele,* die auf ARISTOTELES zurückgeht [20] und der rhetorischen Lehre von der Imagination und Einbildungskraft zugrunde liegt. In Bildern *(imagines)* nämlich, so QUINTILIAN, vergegenwärtigen wir uns Abwesendes und Vergangenes, und die bildliche Vergegenwärtigung ist es dann auch, die die stärksten Gefühleswirkungen hervorbringt. [21] Memorative Bilder spielen sowohl für die emotionale Wirkung der Rede selbst wie auch im vierten Produktionsstadium der Rede, in dem es um das Einprägen des Redeablaufs geht, eine dominierende Rolle.

3. Als stilistisches Verfahren, das *phantasíai* oder *visiones* hervorruft und in der rhetorischen Figurenlehre systematisiert wurde. Das rhetorische Verständnis der Figuren als Sprache der Gefühle, wobei die Tropen in hervorgehobener Weise als affekterzeugende Bildfiguren (die man im Mittelalter synkretistisch *colores rhetorici* nannte) verstanden wurden, reicht bis ins 18. Jh. Die Figurenlehre ist auch ein besonders ausgezeichnetes Bindeglied zwischen sprachlicher, musikalischer und bildlicher Rede: unter dem Begriff der *figura musica* betrachtet man Tropen und Figuren ganz analog zur rhetorischen *elocutio*, und Bild (Sinnbild), Metapher, Allegorie und Symbol fungieren auch als malerische Tropen.

II. *Die Wirkungsfunktionen.* Die Verpflichtung des rhetorischen Kunstwerks auf die *persuasio* und des poëtischen Kunstwerks auf die Mimesis wirkt nur auf den ersten Blick als schroffe Distanzierung und hat die Herausbildung auf einen gemeinsamen Zweckbegriff nicht verhindert. Schon der aristotelische Nachahmungsbegriff ist ja nicht auf die bestehende Wirklichkeit fixiert, sondern zielt vielmehr «auf die Nachahmung von Möglichem» [22], gestattet also die Abweichung zum Besseren oder Schlechteren hin – je nach der Absicht des Dichters, entweder ein ideales Vorbild oder ein abschreckendes Negativbild zu zeichnen. Damit ist die Ansatzstelle zu einer rhetorischen Wirkungsästhetik gegeben, die – basierend auf der Trias von *pragma, ethos* und *pathos* bzw. *docere, delectare* und *movere* – die Künste in Europa beherrscht. Wirkungssteigerung und Persuasion bestimmen die Absicht der Festzüge der Renaissance, der Triumphzüge des Barock, der höfischen ‹Intermedien› und der Oper, in der sich Gefühls- und Bildüberschwang der Texte mit musikalischer Gefühlsstimulierung wechselseitig steigerten. Nicht anders die von den Raumkünsten (Architektur, Malerei, Plastik) dominierten G., die in Kirchenbauten, in Schloß- und Parkanlagen, aber auch in ganzen Stadtentwürfen realisiert wurden und auf repräsentative Totalwirkung angelegt sind. Buchmalerei, Literaturillustrationen, Figurengedichte belegen den engen Zusammenhang von Literatur und Malerei. Besonders offenkundig ist die «Nähe der Graphik zur Literatur». [23] Wie sehr in diesen Fällen nicht allein didaktische Ziele, sondern auch die affektsteigernden Wirkungen im Mittelpunkt standen, belegt die Historienmalerei mit ihrem Pathos. «Am Leitseil kunsttheoretischer Begriffe und Kontroversen kann man sich recht gut im Beziehungsgeflecht von Literatur und Malerei orientieren. Nicht wenige der kunsttheoretischen Begriffe [...] stammen aus der Rhetorik, aus der Poetik [...]». [24] Das gilt nicht weniger für das Beziehungsgeflecht aller anderen Künste («Die Grundzüge sind in allen Wissenschaften gleich und alle Wissenschaften stehen miteinander in Verbindung», dekretierte VITRUV [25] als Programm seiner rhetorischen Architekturtheorie, die bis in die Neuzeit für Europa musterhaft war.). Daran ändert auch der ästhetische Platonismus zunächst nichts, der im 16. Jh. mit seiner Originalitäts- und Schöpfungslehre in Opposition zur rhetorischen Theorie der Künste tritt. Es sollte noch 200 Jahre dauern, bis der Prozeß der Auflösung der rhetorisch dominierten Wirkungsästhetik zum Erfolg gelangt und sich mit dem einheitlichen Wirkungszweck auch das Ziel einer gattungsübergreifenden Gemeinsamkeit der Künste zeitweise verflüchtigt. Zum Programm konnte diese Idee erst nach ihrem faktischen Verlust werden; vorher war sie über das gemeinsame Band einer einheitlichen rhetorischen Produktionstheorie den Werken immer schon immanent. Ihre Thematisierung war daher nicht notwendig – auch nicht in der theoretischen Reflexion, wie sie in den Lehrbüchern seit der Antike überliefert ist. Bereits deren Konzeption liegt in den meisten Fällen ersichtlich das System der Rhetorik zugrunde, deren Lehren von den Produktionsstadien, von den *officia oratoris,* von den Rede-(= Werk-)Teilen, von den Stilqualitäten und Stilarten, schließlich von den Ausdrucksmitteln auf alle Kunstgattungen übertragbar waren. Erst in der bürgerlichen Neuzeit sollte dieser Konsens aufgekündigt werden, und der Verdacht liegt nahe, daß dies – wie schon F. SCHILLER vermutete – [26] unter dem Einfluß der Spezialisierung des Wissens der fortschreitenden Aufsplitterung menschlicher Tätigkeit geschah und an das Heraufkommen und die Durchsetzung der berufsbürgerlichen Gesellschaft und ihres Konkurrenzprinzips gebunden ist. Die Idee einer neuerlichen Verbindung der Künste zum G. wird damit vom Ende des 18. Jh. an immer auch eine kritisch-utopische Tendenz gegen die soziale Wirklichkeit und die ihr gemäße ästhetische Produktion behalten und sogar als Transportmittel revolutionärer Programme dienen. So ganz explizit bei R. WAGNER, der den Terminus ‹G.› in seiner Schrift ‹Kunst und Revolution› (1849) am Beispiel der griechischen Tragödie entwickelt und im Aufsatz über das ‹Kunstwerk der Zukunft› (1850) die utopische Qualität des G. herausstellt: «Das große Gesamtkunstwerk, das alle Gattungen der Kunst zu umfassen hat, um jede einzelne dieser Gattungen als Mittel gewissermaßen zu verbrauchen, zu vernichten zu Gunsten der Erreichung des Gesamtzwecks *aller,* nämlich der unbedingten, unmittelbaren Darstellung der vollendeten menschlichen Natur, – dieses große Gesamtkunstwerk erkennt er [sc. der Geist] nicht als die willkürlich mögliche Tat des Einzelnen, sondern als das notwendig denkbare gemeinsame Werk der Menschen der Zukunft». [27]

Redaktion

C. *Geschichte des G. im 19. und 20. Jh.* **I.** *R. Wagners Konzept des G.* Wenn also die Bestimmung der rhetorischen Bedeutung des G. von R. WAGNER ausgeht, sich in seiner Berufungsreihe auf das griechische Drama zurückwendet und dann die modernen und postmodernen Formen der Integration der Künste in den Blick nimmt, so reflektiert dieser definitorische Sprung nicht nur den Rang der Wagnerschen Realisate, er beinhaltet auch eine rhetorikhistorische Problematik: Ist doch der Begriff des G. zuerst in einer prononciert rhetorikfernen Situation im 19. Jh., im Rahmen einer heute eigentümlich zwanghaft anmutenden geschichtsphilosophischen Spekulation erschienen. Seine überzeugende Qualität gewinnt das Konzept, wenn man es in Beziehung setzt mit Wagners Werk.

In den ‹Flüchtigen Aufzeichnungen einzelner Gedanken zu einem größeren Aufsatze: Das Künstlertum der Zukunft›, datiert auf 1849, entwickelt Wagner eine Art Privattopik, ein argumentatives Gerüst mehr oder minder eklektischen Typs. Gedanken des Anarchisten Bakunin und aus der Geschichtsphilosophie der Romantik werden aufgenommen. Es handelt sich bei den ‹Aufzeichnungen› um Splitter erregter, in sich widersprüchlicher politischer Redevorbereitung im revolutionären Dresden, vor der Flucht ins rettende Exil, später redigiert vom Gründer der Bayreuther Festspiele. Sie sind von bestechender Authentizität, rhetorisch gesehen Konzepte, die mit späteren ‹Ausführungen› vom Autor selbst in eine fast gewaltsame biographische Verbindung gebracht worden sind. Die Vorläufigkeit des Texts zur behinderten und verhinderten Rede machen diese frühen Dokumente zu einem nicht nur philologischen, sondern auch ideologiegeschichtlichen Problemfall. Naheliegende Reduktion auf wenige Begriffsfetzen, ‹Kommunismus – Egoismus›, ‹Trennung und Wiedervereinigung der Künste›, ‹Genie der Gemeinsamkeit›, wie Wagner sie in den Zwischenüberschriften selbst vornimmt, kann den Zusammenhang, den ursprünglich emotional-rhetorischen Gestus des Konzepts nicht wiederherstellen, sie zerstört ihn vielmehr. Die deklarierte Spontaneität und Vorläufigkeit (zum eigenen Werk und zur späteren, sich ideologisch verfestigenden Theorie) macht aber die rhetorische Funktion der veröffentlichten Passagen des ‹wilden› Wagner aus. Wagner nutzt später den Konzeptcharakter, um den Kontext zu neutralisieren.

In ‹Das Kunstwerk der Zukunft› (1849) ist der hektische Ton des ersten Entwurfs bereits zugunsten einer missionarisch-schriftlichen Rhetorik für seine eigenen konkreten Projekte aufgegeben. In den Bestimmungen allerdings unterscheidet sich die Idee des G. kaum von denen der ‹flüchtigen Bemerkungen›. Sie wird aber in Form der hochpathetischen Druckrede objektiviert: das «höchste gemeinsame Kunstwerk ist das Drama: nach seiner möglichen Fülle kann es nur vorhanden sein, wenn in ihm jede Kunstart in ihrer höchsten Fülle vorhanden ist». [28]

Als Quintessenz dieser Privattopik, im abschließenden «Überblick», erscheint der Begriff des G. öffentlich wohl zuerst als kritisches Konzept: «Jede Einzelkunst kann heutzutage nichts Neues mehr erfinden, und zwar nicht nur die bildende Kunst allein, sondern die Tanzkunst, Instrumentalmusik und Dichtkunst nicht minder. Nun haben sie alle ihre höchste Fähigkeit entwickelt, um im Gesamtkunstwerk, im Drama, stets neu wieder erfinden zu können, d.h. aber nicht einzeln an sich allein, sondern eben nur in der Darstellung des Lebens, des immer neuen Gegenstandes.» [29]

G. bei Wagner ist das Drama, gefaßt in seiner utopisch griechischen Gestalt. Zu dieser Zukunft in der Vergangenheit sei zurückzukehren. Dem ehernen Zeitalter werde ein neues goldenes folgen, in dem vergangene Größe neu erscheint. Dies ist der genuin romantischgeschichtsphilosophische Gedanke, wie er schon in der ‹Europa-Rede› des NOVALIS strukturell vorgegeben ist. Die Problematik der zweiten Vorzeit bei Novalis, des ‹Christentums› neben ‹Antike›, wird von Wagner praktisch bedacht: sieht er doch, in seiner Mythenkompilation, das ‹Christlich-Germanische›, den Mythos von der ‹Götterdämmerung› und vom Toren Parsifal, als genuinen Gegenstand des ‹Lebens›, das seine Dramatik repräsentiert. Der praktische Verzicht auf griechische Mythologie, die germanisch-mittelalterliche Orientierung des Wagnerschen Dramas resultiert damit nicht zuletzt aus dem «romantischen» Konzept einer Doppelvorzeit.

Daß Wagner seinen Begriff vom G. auf dem ‹klassischen› Drama aufsetzt, bezeichnet die Epochengrenze zwischen ‹Romantik› und jedem ‹praktischen Klassizismus›, der die theoretische Signatur des ‹Nachmärz› darstellt. Zu Recht hat T. MANN Wagners ‹Tannhäuser› von 1845 als Gipfelwerk der Romantik schlechthin bezeichnet, ein Werk allerdings einer ‹Spätromantik›, die von radikalem Selbstzweifel über die Macht des gebuchten Wortes, ihres eigenen Kanons, erfüllt war. Aber noch in seinen ‹Operndichtungen› setzt Wagner die Priorität der Dichtung. Lange vor der musikalischen Komposition (der ‹Ausführung› im rhetorischen Sinne) ist jeweils die Dichtung abgeschlossen. Das Verfahren des romantischen Lieds, der musikalischen Ausführung eines literarischen Gedankens, dessen musikalische Grundstruktur gegeben ist, wird auf das große Werk, die ‹romantische› Dichtung übertragen. Die bereits bei Monteverdi aufkommende Trennung von ‹Sprechgesang› und ‹Ziergesang› (Rezitativ und Arie) wird in dem späteren Werk konsequent, im romantischen Sinn, aufgelöst. Gegenüber der repräsentativen Barockoper wird die Popularität durch die Wahl des romantisch-germanischen Mythos betont. Die ‹romantische› Technik der Erinnerungs- und Leitmotive (ein, rhetorisch gesprochen, topisches Verfahren) schafft den großen unauflösbaren Zusammenhang der getrennten Elemente.

Eine um die genannten romantischen Dimensionen verkürzte Perspektive der Wagnerschen Theorie des G. im Lichte eines praktischen Klassizismus' verdeckt die romantischen Ursprünge des Begriffs. Sie erklärt aber auch die Polemik Wagners gegen das ‹Wortdrama› SHAKESPEARES, das von der literarischen Romantik zum Kanon erhoben worden war. Ihm stellt Wagner keineswegs ein ‹Musikdrama›, sondern vielmehr das ‹Drama› schlechthin gegenüber. Eher schon will er sich mit der Bezeichnung ‹Oper›, also ‹Werk› anfreunden. [30]

Mit dem «Bühnenweihfestspiel» ‹Parsifal› (Entwurf 1865, Aufführung 1882), der Vollendung der eigenen Hoffnungen und Wünsche auf Haus und Spielort und der Aufgabe der öffentlichen Utopie von Dresden ist die kanonische Form des Wagnerschen G. erreicht. Es wird zur szenisch-dichterisch-musikalischen Form unter anderen. Ihre Repräsentation findet sie im dafür geschaffenen Bau. Das G. ist zum Sonderfall geworden.

Das Scheitern der revolutionären Hoffnungen und politische Begriff des G. aber sind untrennbar. Moderne Inszenierungen können versuchen, diese Wunde Wagners ins Bild zu bringen, so deutlich sich auch die Tradition des ‹Grünen Hügels› dem zu widersetzen scheint. Im Opernhaus ist der physisch vorgesehene Orchesterdeckel geöffnet, das Orchester kann nur noch überboten werden durch eigens geschulte Stimmwunder. Sprachliche Verständlichkeit, der genuine Bestand dramatischer Rede, bleibt auf der Strecke. Das Pathos des Musikalischen siegt über die menschliche Rede, deren Urprung und Wirkung Wagner im Musikalischen sah und der er wieder, wie schon das romantische Lied, dem Ursprung zurückgeben wollte. Vom ‹G.› entfernt sich das ‹Musikdrama› als dominant musikalische Form. Die neuere Bayreuth-Programmatik sucht hier Abstand zu gewinnen durch Betonung des szenischen Elements im ‹Regietheater›. Die Aufgabe, das Element des Wortes wiederzugewinnen, steht als Bringschuld an Wagner noch an.

II. *Vom ‹totalen Theater› zur Intermedialität.* Die Sonderfallsituation mit implizit politisch-utopischen Dimensionen bestimmt die Erscheinung von G. in der ersten Hälfte des 20. Jh. Gemeinsam ist ihnen das Pathetik der jeweiligen Programme, der Bezug auf die großen Menschheitsfragen. Der Begriff bezeichnet ein Großereignis, das die Dimensionen des herkömmlichen Kunstbetriebs sprengt, aber doch, am Sonderbesuchsort, ins Programm des sich dafür berufen erklärenden Publikums eingepaßt ist. Das Festspiel als ein die Künste und die Landschaft integrierendes Theaterereignis auf dem ‹Grünen Hügel› oder in Salzburg vollendet sich nicht in der einzelnen Vorstellung, sondern im Gesamt der Ereignisse. HOFMANNSTHAL hat die Formeln für das integrative Festspiel geprägt, sein Modell machte Schule. Auch hier kann Utopie und Realität konfrontiert werden, wie es die Salzburger ‹Nach-Karajan›-Ära versucht. Daß Hofmannsthal mit der Strenge des ‹Jedermann›-Spiels (‹Das Salzburger große Welttheater›, 1911) die vorromantischen Entwicklungen eines Zusammenwirkens der Künste mit einbezieht, spezifiziert das Salzburger Konzept 1922 historisch wie geographisch. Die Wagnersche Perspektivierung des Begriffs auf eine Wiedererweckung des griechischen Dramas als ‹Kunstwerk der Zukunft› verbirgt nicht nur die romantische Dimension des Konzepts, sondern auch historische Gestaltungsformen des Zusammenwirkens der Künste, wie sie in genuin rhetorischer Absicht in Renaissance und Barock entwickelt worden waren. Polemisch faßbar ist bei Wagner aber die repräsentative ‹Oper› als Gegenbild, in deren Geschichte sein Drama heute als eine Art bedeutende Ausnahme erscheint. Ausgeblendet sind im Geschichtsentwurf Wagners auch die älteren, im kirchlichen Raum entstandenen, der *Propaganda fidei* dienenden Darstellungsformen des Jesuitendramas und der *autos sacramentales* sowie die Traditionen des mittelalterlichen Spiels, die in Salzburg bewußt aufgenommen werden.

Am Gegenort, in der großen Stadt, entsteht E. PISCATORS bewußt politisches Theater (seit 1920). Das ‹totale Theater› ist ebenfalls Gesellschaftsereignis, wenn auch mit genau umgekehrter Zielsetzung. Nicht Bestätigung der guten Gesellschaft, sondern deren Kritik wird mit dem Einsatz ‹aller Mittel› bezweckt. Piscator betont das von Wagner zielstrebig verfolgte Konzept des Einsatzes neuer Techniken in einer gewandelten mediengeschichtlichen Situation. Hierin ist das Konzept des ‹Totaltheaters› mit dem Wagners durchaus verwandt. Wagner war es, der einen radikal neuen Bau mit neuen Möglichkeiten forderte und erreichte. Seine Bühne konzentriert sich auf das Kunstwerk. Das Foyer und das Rangtheater, die Spielorte des Publikums, werden abgeschafft oder auf Zugangswege reduziert. Der ‹Klangapparat› wird verdeckt: ein perfektes Mediensystem, realisiert zu einem Zeitpunkt, als der Kinematograph erst mit zittrigen Bildern aufwartet. Piscator, der die Formen der Revue nutzt, bezieht die neuen Medien mit in sein Konzept ein: Film, Projektion, laufendes Band. Das Konzept der Medienintegration erscheint auch ihm als Garant für die persuasive Verstärkung der politischen Absicht. Bewußt setzt er das neue politische Theater in den Großraum der Stadt: nur dort kann es seine politisch-künstlerische Wirkung entfalten.

Technisch kann man den Begriff ‹G.› wie zuvor auf Oper oder Singspiel auch auf Film und Fernsehen anwenden. Das Universalmedium Fernsehen verbindet Texte, Bilder und Töne; komplexe Bauten und Naturarrangements werden durch das ‹Auge› der Kamera und das ‹Ohr› des Mikrophons aufgenommen und durch Bildschirm und Lautsprecher mit einem technisch spezifizierten Dispositiv wiedergegeben.

Der Begriffsweg des G. geht jedoch gerade nicht über das ‹Kompositmedium›, sondern über die die modernen Massenmedien provozierenden, medienintegrierenden Künste. Als Innovationspotential erweisen sich die Überschneidungslinien von bildender Kunst, Musik und Literatur. Y. GOLLS ‹Überdrama› nutzt Pathetik und Komik der Maske. Auf das piscatorische Totaltheater folgen das Theater der Grausamkeit bei ARTAUD, BEKKETTS Reduktionsformen des Theaters, SCHWITTERS Collagen, die Bewegung des Happenings, des Fluxus und die Kunst mit dem Fernseher, die sog. Videokunst. ‹Intermedia› und ‹Mixed Media› formieren sich heute zu einer komplexen ‹Multimedia›-Welt, insbesondere in den Theaterereignissen, wie sie R. WILSON und P. SELLARS auf Großbühnen, unter Nutzung des Gesamtraums des Theaters und avanciertester elektronischer Technik gestalten oder im Film festhalten.

Das Konzept der Intermedialität fängt das G. auf. Zwar scheint in dem wirkungsbezogenen Projekt einer ‹Kunst für Alle› noch etwas von der politisch-romantischen Utopie des Ausgangs vorhanden zu sein, auch des Pathos im Vortrag der Konzepte bis hin zu einer 'Computermania', die an die affektrhetorische Gemeinsamkeit des G. erinnert. Vornehmlich aber ist der Begriff der Intermedialität technologisch bestimmt. Dies gilt vor allem für die bislang jüngste, die postmoderne Variante des Begriffs. Auch wenn der Begriff ‹Intermedia› schon seine Vorläufer in älteren Kompositformen hat, auch praktisch mit ‹Multimedia› verwechselbar erscheinen mag, so sind doch die ‹Hypermedien› als Digitalmedien in einem strikten Sinn nicht mehr szenisch-theatralische Ereignisse in einem wirklichen Raum, in der Realität eines Theaters. Ihre Existenzform sind allein die ‹Immateriaux›, gehalten im Speicher eines Computers und einer Processing Unit. Auf dem Bildschirm und dem angeschlossenen Lautsprecher erscheint eine Bild-Text-Ton-Oberfläche als Signal aus virtuellen Räumen und Zeiten, die durch Programme und interaktiven Benutzereingriff ‹vorgeschrieben› werden. Das ‹Leben als Buch›, als altes romantisches Programm, erscheint nun realisierbar. Die Bindung an den Ort und die Zeit des theatralischen Spiels wird obsolet.

H. Schanze

Anmerkungen:
1 S. Kunze: Richard Wagners Idee des «G.», in: Beitr. zur Theorie der Künste im 19. Jh., hg. von H. Koopmann, J. A. Schmoll gen. Eisenwerth (1972) Bd. 2; D. Borchmeyer: Das Theater Richard Wagners. Idee – Dichtung – Wirkung (1982). – **2** K. F. E. Thrandorff: Aesthetik oder Lehre von der Weltanschauung und Kunst, 2. Teil (1827) 318; vgl. R. Neumann: The Earliest Use of The Term ‹G.›, in: Philological Quarterly XXXV (1956) 191–193. – **3** H. Schanze: Romantik und Rhet. Rhet. Komponenten der Literaturprogrammatik um 1800, in: ders. (Hg.): Rhet. (1974) 131. – **4** F. Schlegel: Krit. Friedrich Schlegel Ausg., hg. v. E. Behler, Bd. XVI, 151, Nr. 765. – **5** ebd. Bd. XVI, 133, Nr. 574. – **6** ebd. Bd. XVI, 89, Nr. 42. – **7** vgl. H. Schanze: Romantik und Aufklärung (1976). – **8** Schlegel [4] Bd. XIX, 25, Nr. 226; zum Begriff und zur Funktion der Musik im romantischen Kontext vgl. H. Schanze: Die Gattung «Lied» im Spannungsfeld von Dichtung und Musik, in: M. Wendt (Hg.): Schumann und seine Dichter (1993) bes. 10–14. – **9** Schlegel [4], Bd. XVI, 105, Nr. 246. – **10** M. Fuhrmann: Die Dichtungstheorie der Antike. Aristoteles – Horaz – 'Longin' (²1992) 85. – **11** ebd. 87. – **12** vgl. Arist. Poet. 1, 1447a14ff. – **13** H. Lausberg: Hb. der lit. Rhet. (³1990) § 1163. – **14** Quintus Horatius Flaccus: De Arte Poetica liber, Vers 317f. – **15** ebd. Vers 128ff. – **16** Fuhrmann [10] 155. – **17** Horaz [14] Vers 361. – **18** H. Holländer: Lit., Malerei und Graphik. Wechselwirkungen, Funktionen und Konkurrenzen, in: Lit. intermedial. Musik, Malerei, Photographie, Film, hg. v. Peter von Zima (1995) 143. – **19** V. Kapp: Die Lehre von der actio als Schlüssel zum Verständnis der Kultur der frühen Neuzeit, in: ders. (Hg.): Sprache der Zeichen und Bilder (1990) 40ff. – **20** Aristoteles: De anima III, 7, 431a16. – **21** Quint. VI, 2, 29. – **22** Fuhrmann [10] 18. – **23** Holländer [18] 148. – **24** ebd. 142. – **25** Vitruv: Zehn Bücher über Architektur (De architectura libri decem), übers. v. C. Fensterbusch (²1976) I, 8, S. 30ff. – **26** F. Schiller: Briefe über die ästhet. Erziehung des Menschen, in: ders.: Sämmtl. Werke, hg. v. G. Fricke u. H. G. Göpfert, Bd. 5, 584. – **27** R. Wagner: Dichtungen und Schr., hg. v. D. Borchmeyer (1983) Bd. 6, 28f. – **28** ebd. 127. – **29** ebd. Bd. 5, 261. – **30** ebd. Bd. 9, 271–277.

Literaturhinweise:
E. von Hartmann: Das Problem der Verbindung der Künste in der modernen Ästhetik, in: Nord und Süd. Eine dt. Monatsschr. (Breslau 1886). – T. W. Adorno: Die Kunst und die Künste, in: ders.: Ohne Leitbild, Parva Aesthetica (1970). – H. Schanze: Medienkunde für Literaturwissenschaftler (1974). – K.-H. Hüter: Vom Gesamtkunstwerk zur totalen Architektur. Synthesekonzeptionen bei Gropius und dem Bauhaus, in: Wiss. Zs. der Hochschule für Architektur und Bauwesen, 5–6 (1976) 507–514. – H. Szeemann: Der Hang zum Gesamtkunstwerk. Europäische Utopien seit 1800 (1983). – G. Altmann: Musikalische Formenlehre (1979). – W. Thierse: «Das Ganze aber ist das, was Anfang, Mitte und Ende hat.» Problemgesch. Beobachtungen zur Gesch. des Werkbegriffs, in: K. Barck, M. Fontius, W. Thierse: Ästhetische Grundbegriffe. Stud. zu einem historischen Wtb. (1990) 378. – 414. – M. Schaudig: Lit. im Medienwechsel. Gerhart Hauptmanns Tragikomödie «Die Ratten» und ihre Adaptionen für Kino, Hörfunk, Fernsehen. Prolegomena zu einer Medienkomparatistik (1992). – T. Koebner: Handlungen mit Musik. Die Oper als Zeitspiegel, Leidenschaftsdrama, Gesamtkunstwerk – Stud. (Salzburg 1993).

→ Ästhetik → Kunst → Kunstgeschichte → Musik → Persuasion → Romantik → Theater → Ut-pictura-poesis-Doktrin → Wirkung → Wirkungsästhetik

Gesang (griech. ὠδή, ōdḗ, auch ἄσμα, ásma, μέλος, mélos; lat. cantus; engl. chant; frz. chant; ital. canto)
A. Der G. ist zunächst im Singen (lat. ‹canere, cantare›) die ursprünglichste Art und Weise einer bewußten musikalischen Äußerung mittels der menschlichen Stimme. Er wird durch die Verbindung mit dem Text und dessen Vortrag *(pronuntiatio)* in die Rhetorik einbezogen. In älterer Zeit ist ‹cantus› als umfassender Begriff weitgehend synonym mit ‹musica›, also der notierten, auch mehrstimmig komponierten Musik. Mit zunehmenden Anforderungen an einen kunstvollen G. bildet für den eindrucksvollen Gesangsvortrag die Gesangsausbildung bis hin zum Berufssänger eine wesentliche Voraussetzung.
B. I. *Antike.* Bereits ARISTOTELES behandelt die Möglichkeiten des rhetorischen Vortrages mittels verschiedener musikalischer Elemente wie Wohlklang (Euphonie), Stimmlage usw. Auch die römische Rhetorik sieht sich seit CICERO in nächster Verwandtschaft zum G.: «Est autem etiam in dicendo quidam cantus obscurior» (denn auch im Sprechen ist ein gewisser verborgener G.). [1] Insbesondere QUINTILIAN hat die Bedeutung der Musik, speziell des G., für die Rhetorik hervorgehoben; er widmet ihr ein ganzes Kapitel. [2] Ausgehend von den besonderen Wirkungen der Musik (Orpheus, Amphion) sieht er Entsprechungen zwischen Körperbewegungen beim G. und rednerischer Gestikulation, musikalischem Rhythmus und rhetorischer Wortstellung sowie Klang der Melodie und Stimmbeugungen im Tonfall des Redners. Quintilian hebt hervor, daß auch in der Rede «compositio et sonus» (Wortfügung und Ton) wie beim G. dem Inhalt der Aussage anzupassen seien. [3]
II. *Mittelalter.* Im ganzen Mittelalter gehörten die Disziplinen Musik und Rhetorik im Verbund der *septem artes liberales* zum verbindlichen Bildungskanon. Die mittelalterliche *Einstimmigkeit des gregorianischen* G. unterscheidet chorischen und solistischen Vortrag, in den Melodien mehr sprachnahen (‹accentus›), etwa in der Psalmodie, und mehr melismatischen (‹concentus›), etwa in den Responsorien (Wechselgesängen). Die Aufgabe des mittelalterlichen Kirchensängers bestand darin, «laudes Dei cantando pronuntiare» (das Gotteslob im G. vorzutragen). [4] Dabei hatte die Art des Vortrages sich in der Stimmgebung dem Inhalt und Ausdruck des Textes anzupassen. JOHANNES AFFLIGEMENSIS fordert so: «providendum igitur est musico, ut cantum moderetur, ut in adversis deprimatur et in prosperis exaltetur» (Der Musiker hat darauf zu achten, daß er den G. abwandelt, so daß er bei Widrigem gedrückt, bei Günstigem erhoben wird). [5] Im Sinne des weitverbreiteten Diktums ISIDORS VON SEVILLA «Musica movet affectus, provocat in diversum habitum sensus» (Die Musik bewegt Affekte, ruft in den Sinnen verschiedene Haltungen hervor) sind es besonders die *Affektcharakteristiken der acht Kirchentöne*, die sicherlich auch den Vortrag des jeweiligen gregorianischen Choralgesanges mitbestimmt haben. H. EGER, Verfasser einer rhetorischen Schrift, belegt in seinem ‹Cantuagium›, einer Chorallehre, daß sich infolge dieser affektiven Wirkungsabsicht sogar Normabweichungen in der Gestaltung der Melodien ergeben. [6] Erstmals hat 1470 J. TINCTORIS in seinem ‹Complexus effectuum musices› mehrere Stellen von Quintilian in einem Musiktraktat zitiert. Zwei Gesichtspunkte standen dem rhetorisch verstandenen Gesangsvortrag in der Praxis entgegen. Auf AUGUSTINUS geht der theologisch-asketische Standpunkt des «Deo non voce sed corde cantandus est» (Gott soll nicht mit der Stimme, sondern im Herzen gesungen werden) zurück. [7] Er stand allerdings im Gegensatz zur Vermittlung des römischen Gesangsideals durch ISIDOR VON SEVILLA: Der Kirchensänger hat nach Stimme und Kunstverstand glänzend zu sein, um durch Schönheit die Gemüter zu ergreifen. [8] Der perfekte, wohlklingende Gesangsvortrag wird aber nur an wenigen zentralen Orten wie in der päpstlichen Kapelle realisiert worden sein. Grundlegend für die Gesangsausbildung in den Lateinschulen war bis um 1600 das Singen der Intervalle vermittels durch sechs Tonsilben der ‹Solmisation› seit GUIDO VON AREZZO (um 1030); nur zu häufig bestand der Gesangsunterricht im Vor- und Nach-Singen. [9] Die im Kirchengesang eingerissenen Mißstände bekämpft CONRAD VON ZABERN in seiner Schrift ‹De modo bene cantandi› (1474). [10] Erstmals werden hier Fragen der chorischen Gesangspraxis thematisiert, die sonst nur sporadisch in kirchlichen Verordnungen behandelt werden. Sein Ideal des «bene cantare» (gut zu singen) beginnt erst jenseits der Fähigkeit, notengetreu und korrekt zu singen. Dazu gehören sechs Eigenschaften: «concorditer» (einmütig), «mensuraliter») (ebenmäßig), «mediocriter» (in mittlerer Stimmlage), «differencialiter» (unterschiedlich im Tempo an Fest- oder Werktagen), «devotionaliter» (andächtig) sowie «satis urbaniter» (städtisch subtil ohne bäurische Unarten wie Näseln, Pressen, Vokalverfärbung). Die Verbreitung sicherte auch die deutsche Übersetzung als ‹lere von kŏrgesanck› (um 1480). Seit der Erfindung der *Mehrstimmigkeit* mit dem Organum im 9. Jh. wurde der rhythmisierte mehrstimmige G. als ‹cantus mensurabilis› bzw. ‹figuralis› vom ‹cantus planus› des Choralgesangs unterschieden.
III. *Humanismus und Renaissance.* Im Gefolge des Humanismus löst die Verbindung zwischen Musik, Poesie und Rhetorik die bisherige mathematisch fundierte Musiklehre weitgehend ab. Kennzeichnend ist, daß J. COCHLAEUS 1511 an dem Unterschied zwischen *rhetor* und *orator* die Rangfolge von gelehrtem *musicus* und *cantor* als reinem Praktiker erläutert. [11] Bereits 1496 bejaht der humanistische Musiktheoretiker M. HERBENUS unter Berufung auf Cicero und Quintilian entschieden die Frage «num convenit excellenti musico rhetorem esse?» (ob es einem ausgezeichneten Musiker anstehe, ein Rhetor zu sein). [12] Seine Auffassung, daß man von den Rhetorikern lernen könne, wie der G. geschmückt und den Worten angepaßt werden könne, entspricht der neuen kompositorischen Richtung, die von JOSQUIN ausgeht. A. P. COCLICO orientiert 1552 auch die Lernmethodik der Musik an der Rhetorik: «arte nimirum, exercitatione et imitatione» (zweifelsohne durch Kunstlehre, Übung und Nachahmung). [13] Wenn sich auch die praktische Musikausübung weiterhin als «ars bene, recte et suaviter cantandi» (die Kunst gut, richtig und wohlklingend zu singen) definiert, tritt im musiktheoretischen Schrifttum immer mehr der rhetorische Gesichtspunkt des *ornatus* hervor. Er gilt für die Ausschmückung der Komposition, aber auch für den Gesangsvortrag. In den entsprechenden Singeregeln zeigen bereits die Kapitelüberschriften die rhetorischen Absichten. Beispiele dafür bieten A. P. Coclico ‹De elegantia et ornatu aut pronunciatione in canendo› (1552); C. PRAETORIUS ‹De pronunciatione et elegantia in canendo› (1574); G. QUIT-

SCHREIBER ‹De canendi elegantia› (1598). Zu den bereits erwähnten Anforderungen tritt speziell die *improvisierte Verzierungspraxis* hinzu. Coclico lehrt das Auszieren eines ‹cantus simplex› zum ‹cantus elegans et coloratus›. Auch H. FINCK behandelt 1556 im 5. Buch ‹De arte eleganter et suaviter canendi› [14] diese *Kunst der Diminution*, bei der vor allem längere Notenwerte in kleinere zerlegt und umspielt werden. [15] L. ZACCONI, der diesen Ziergesang 1592 ‹georgia› nennt, macht darauf aufmerksam, daß durch den virtuosen Gesangsvortrag die komponierte Kantilene eine neue Gestalt annimmt. [16] Wesentlich erscheint, daß der Autor der ersten systematischen Lehre von den musikalisch-rhetorischen Figuren, J. BURMEISTER, auch die Vortragslehre von Quintilian auf die Musik überträgt. [17] Die stärkste Wirkung des G. erzielt die «vox constans, elegans et affectuosa» (die beständige, elegante und affektive Stimmgebung). Zu letzterer gehören die ‹mordantiae› (schneller Verzierungsschlag) und ‹coloraturae› als ‹practicum decorum›; sie sollen Herz und Sinne bewegen.

Anmerkungen:
1 Cic. Or. 57. – 2 Quint. I, 10, 9–33. – 3 Quint. I, 10, 23. – 4 F. A. Gallo: Pronuntiatio. Ricerche sulla storia di un termine retorico-musicale, in: Acta musicologica 35 (1963) 40. – 5 Johannes Affligemensis: De musica (um 1100; ND Rom 1950) 118. – 6 H. Eger: Das Cantuagium (1380; ND 1952) 58. – 7 F. Müller-Heuser: Vox humana (1963) 12. – 8 Isidor von Sevilla: De ecclesiis officiis, in: ML 83, 792. – 9 vgl. K. W. Niemöller: Unters. zu Musikpflege und Musikunterricht an den dt. Lateinschulen vom ausgehenden MA bis um 1600 (1969) 604. – 10 K. W. Gümpel: Die Musiktraktate des Conrad von Zabern (1956). – 11 J. Cochlaeus: Tetrachordum musices (1511; ND 1970) I, 5. – 12 M. Herbenus: De natura cantus ac miraculis vocis (1496; ND 1957) 42. – 13 A. P. Coclico: Compendium musices (1552; ND 1954) Bl. B 2 v. – 14 P. Matzdorf: Die Practica Musica H. Fincks (1957) 150. – 15 I. Horsley: The Diminutions in Composition and Theory of Composition, in: Acta musicologica 35 (1963) 124. – 16 L. Zacconi: Prattica di musica (1592) I, 66; vgl. F. Chrysander: L. Zacconi als Lehrer des Kunstgesanges, in: Vierteljahrsschrift für Musikwiss. 7 (1891) 341. – 17 J. Burmeister: Musica autoschediastike (1601); vgl. M. Ruhnke: J. Burmeister (1955) 94.

K. W. Niemöller

IV. *Barockzeit und frühes 18. Jahrhundert.* Der Zeitraum um 1600 ist in vielerlei Hinsicht für die Vokalmusik von besonderer Wichtigkeit. Zum einen entstand in ihm die erste systematische, *musikalisch-rhetorische Figurenlehre*, die auf einer langen Tradition des 16. Jh. aufbaut, zum anderen entwickelte sich der *solistische Kunstgesang*, der zum wesentlichen Gestaltungskriterium der neu entwickelten Gattungen Oper, Kantate, geistliches Konzert, Oratorium usw. im 17. und 18. Jh. wurde.

Die Gesangsausbildung erfolgte durch Kantoren oder Gesangslehrer im Nachahmungsprinzip gemäß der allgemeinen Überzeugung, Kunst sei erlernbar. Da eine terminologische Grundlage fehlte, übernahm man die Begriffe aus der Rhetorik. Die musikalische Figur erhält auf diese Weise doppelte Funktion als *forma* (Urbild) und *figura* (Abbild), wodurch in musikalischer Faktur eine veräußerlichte Darstellung von Textinhalten oder Wortdarstellungen gegeben ist. Darüber hinaus vermag die komponierte musikalische Gestalt beim hörenden oder lesenden Nachvollziehen die durch sie beabsichtigten Affekte zu erregen. Zum ersten Mal hat J. BURMEISTER in seinen Traktaten eine systematische musikalische Figurenlehre veröffentlicht. Darin äußert er die Überzeugung, «daß man mit Hilfe dieser Termini und Bezeichnungen [...] die musikalischen Dinge in geeigneter Form kennenlernen kann.» [1] Burmeisters Bestreben liegt grundsätzlich in Modifikationen ebenfalls anderen Theoretikern der Musik- und speziell der Gesangslehre bis ins 18. Jh. zugrunde. [2] Hatte sich die enge Verbindung von Musik und Rhetorik vornehmlich im *deutschen* Ausbildungskanon der Kantoren, Alumnaten und Lateinschulen im Geiste des Humanismus ausgeprägt, so gestalteten sich die Formen des Kunstgesangs bei *italienischen* Theoretikern und Lehrern des 16. Jh. vornehmlich aus dem Gedankengut der ‹Camerata fiorentina›, die sich um die *Rekonstruktion der Aufführungsweise der griechischen Tragödie* bemühte. Doch hatte bereits 1555 N. VICENTINO nicht nur die richtige, sondern die der Wortbedeutung angemessene musikalische Gestaltung gefordert. [3] 1581 bezeichnete V. GALILEI die «imitatione di concetti» als den wichtigsten Teil der Musik. Es handelt sich um eine neue Qualität der «imitatio», wenn er nicht die Nachahmung des Textinhalts, sondern des Sprechens an sich empfiehlt. [4] Diese Art des G. benutzt J. PERI in seiner ‹Euridice›, die als erste Oper in der Musikgeschichte gilt. Die neue Gesangsart bezeichnet Peri als eine «cosa mezzana», ein ‹Mittelding›, das zwischen dem «parlare ordinario» (dem normalen Sprechen) und der «melodia del cantare» (der Gesangsmelodie) steht. [5] Bei anderen zeitgenössischen Komponisten finden sich ähnliche, die neue Art des Singens kennzeichnende Termini, so bei E. CAVALIERI «recitar cantando» oder «cantar recitando». [6] Bei G. CACCINI heißt sie schließlich «in armonia favellare» (musikalisch reden). [7] C. MONTEVERDI leitet diese neue Art des Singens von dem Grundsatz ab: «l'oratione sia padrona del armonia e non serva» (die Rede sei die Gebieterin der Musik und nicht ihre Dienerin). [8] Äußere Übereinstimmungen zwischen Text und Musik liegen bei den Betonungen, Längen und Kürzen der Silben sowie im Wortrhythmus – Kriterien, die das Wesentliche des Rezitativs, des Handlungsträgers der Oper und des Oratoriums ausmachen. Zur Darstellung des Textinhalts wurde eine neue Ausdrucksgestaltung des musikalischen Einzeltons und Kontexts notwendig. Bei G. Caccini finden sich sämtliche gesangstechnischen Erläuterungen, die sich sowohl auf die *Einzeltongestaltung* als auch auf den Gebrauch von *Verzierungen* beziehen. Beide Merkmale sollen eingesetzt werden, um bestimmte Affekte zu erzielen. An Verzierungen werden genannt: «Trillo», «Gruppo», «Ribattuta di Gola», «Cascata». Herausragende Bedeutung erhält jedoch die «Esclamazione», womit eine besondere und in ihrer unterschiedlichen Handhabung spezielle Einzeltongestaltung bezeichnet wird. [9] Die neue Gesangstechnik und -ästhetik, kombiniert mit einer Anzahl äußerer musikalischer Figuren und einer neuartigen Harmonikhandhabung, sollten zur Grundlage des kompositorischen Werkes, speziell zu den Monteverdis, werden, allgemein zum Ausgangspunkt für die vokale Komposition bis zum Ende des Generalbaßzeitalters und in Einzelbeispielen zur musikalischen Gestaltung von Text schlechthin. Die italienische Art der Gesangskunst verbreitete sich über Theoretiker wie M. PRAETORIUS, J. A. HERBST, J. C. BERNHARD, P. F. TOSI und J. F. AGRICOLA [10] in *Deutschland* und wurde zum kompositorischen Mittel in Werken von H. SCHÜTZ bis J. S. BACH (gest. 1750). Allerdings wird sie zu einer Form des gemischten Stils modifiziert, da in ihm italienischer Ausdrucksgesang mit rhetorisch formaler Gestaltung kombiniert erscheinen. Für diese neue Art findet J. Mattheson den Begriff der «Klangrede» und bezieht ihn sogar auf die musikalische Gestaltung selbst der Instrumentalmusik. [11] Auch in *Frankreich* setzt sich die Tradition der italienischen Gesangskunst durch und wird zur Grundlage theoretischer Schriften und Gesangslehren, u. a. von B. DE BACILLY, M. LAMBERT und P. DE NYERT. [12]

Anmerkungen:
1 J. Burmeister: Musica autoschediastike (1601) Vorrede. – 2 vgl. J. Nucius: Musices poeticae (1613); J. Thuringus: Opusculum bipartitum (1624); A. Kircher: Musurgia Universalis (Rom 1650; ND 1970); J. C. Bernhard, Tractatus compositionis augmentatus, in: J. M. Müller-Blattau: Die Kompositionslehre Heinrich Schützens in der Fassung seines Schülers C. Bernhard (²1963); W. C. Printz: Phrynis Mytilenaeus oder Satyrischer Komponist (1696); J. G. Ahle: Musikal. Frühlings-, Sommer-, Herbst- und Winter-Gespräche (1695–1701); T. B. Janowka: Clavis et thesaurum magnae artis musicae (Prag 1701); J. G. Walther: Praecepta der musical. Composition (1708); J. Mattheson: Der vollkommene Capellmeister (1739; ND 1954); ders.: Critica Musica (1722; ND Amsterdam 1964). – 3 N. Vicentino: L'antica Musica (Rom 1555; ND 1959). – 4 V. Galilei: Dialogo della Musica Antica et della Moderna (Florenz 1581; ND Rom 1934). – 5 J. Peri, Vorwort zu ‹L'Euridice›, in: Angelo Solerti: Le origini del melodramma (Turin 1903; ND 1969) 43–59, hier 45f. – 6 A. Guidotto: Vorwort zu ‹Rappresentatione di anima e di corpo› di E. de Cavalieri, in: Solerti [5] 9–12. – 7 G. Caccini, Vorwort zu ‹Le nuove musiche› (1602), in: Solerti [5] 53–71, hier 57. – 8 C. Monteverdi: Vorwort zu ‹Scherzi musicali a tre voci› (Venedig 1607), in: D. de' Paoli: C. Monteverdi: Lettere, Dediche e Prefazioni (Rom 1973) 396. – 9 Caccini [7] 63f. – 10 M. Praetorius: Syntagma Musicum 3 Bde. (1614/15–1619; ND 1958–1978); A. Herbst: Musica poetica (1643); J. C. Bernhard [2]; P. F. Tosi: Opinioni de' cantori antichi e moderni o sieno Osservazioni sopra il canto figurato (Bologna 1723; ND 1966); J. F. Agricola: Anleitung zur Singkunst (1757; ND 1966). – 11 J. Mattheson: Der vollkommene Capellmeister [2] 180ff. – 12 B. de Bacilly: Remarques curieuses sur l'art de bien chanter (Paris 1668), erweitert als: L'art de bien chanter (Paris 1679; ND Genf 1974); M. Lambert: Airs (1661 u. ö.).

D. Gutknecht

V. *1750 – Gegenwart. 1. Deklamation und Rezitativ.* Die Überzeugung, daß der G. musikalische ‹Rede› sei und daher sowohl bei seiner Komposition als auch bei seinem Vortrag rhetorischen Gesetzen zu gehorchen habe, vertieft sich im Zeitraum nach 1750 noch zusätzlich, ja, sie erfaßt in nahezu deckungsgleicher Weise auch die *Instrumentalmusik*. Besondere Übereinstimmung herrscht naturgemäß im Rezitativ, von dem ja schon J. G. WALTHER meint, es habe «eben so viel von der Declamation als von dem Gesange, gleich ob declamirte man singend, oder sänge declamirend». [1] Ähnlich lautet es in allen wichtigen Lehrwerken der nächsten Generation, wobei die dem *natürlichen Sprachduktus* entsprechende Ausführung als Ziel hervorgehoben wird. C. P. E. BACH z. B. lehrt, daß «Recitative nach ihrem Inhalte bald langsam, bald hurtig [...] abgesungen werden» [2] und daß daher der «Accompagnist» penibel auf die Deklamation zu achten habe; in J. G. SULZERS ‹Allgemeiner Theorie der schönen Künste› wird das Rezitativ als «eine Art des leidenschaftlichen Vortrages der Rede» bezeichnet, «die zwischen dem eigentlichen Gesang, und der allgemeinen Declamation das Mittel hält» [3]; und selbst der im allgemeinen Urteil nach besonders ‹kantabel› komponierende W. A. MOZART betont, daß im Rezitativ «nicht gesungen, sondern declamirt wird». [4] Geradezu ein Kompendium einer Rezitativ-Vortragslehre enthalten F. W. MARPURGS ‹Kritische Briefe über die Tonkunst› [5], wo jeder erdenkliche Affekt musikalische Charakterisierung und Ausführungs-Anweisung erfährt.

Das Prinzip des Rezitativs, das auch in der Instrumentalmusik Fuß faßt (‹Instrumental-Rezitativ›) und dort ebenfalls rhetorischen Gesetzen gehorcht, prägt dann im 19. Jh. das Oeuvre zahlreicher Lied- (z. B. H. WOLF) und Opernkomponisten (z. B. R. WAGNER); es wird bei letzterem zum Ausgangspunkt tiefgründiger Überlegungen zur «musikalischen Prosa» sowie zu der aus der «Vermählung der Dichtkunst mit der Musik» [6] hervorgehenden «Tonsprache». Im 20. Jh. steht es an der Wiege der im ‹Pierrot lunaire› (1912) A. SCHÖNBERGS erstmals eingesetzten «Sprechmelodie», die aus einer Musikalisierung der damals an sich schon «musikalisch gehobenen» Bühnensprache entstand und für eine «Rezitatorin» geschrieben wurde. Dieses Werk bzw. die ihm vorangestellten Überlegungen zur Ausführung des Vokalparts werden dann ihrerseits Fanal für die mannigfaltigen Mischformen zwischen Sprechen und Singen (mit semantischem oder auch asemantischem Text), die in den Vokalwerken des 20. Jh. zu finden sind.

2. *G. und Musik als ‹Sprache›*. Das Wissen um die syntaktische Kongruenz von Sprache und Musik führt bei der Komposition nun in vermehrtem Maß zur bewußten «Periodisierung» der Melodien [7], zur Überzeugung, daß für einen «vollständigen Sinn» eines «musikalischen Satzes» (!) «vier einfache Takte nöthig» [8] seien. Der Punkt wird mit der Kadenz gleichgesetzt, die «Klang-Rede» besitzt «Ab- und Einschnitte [...], welche man auch distinctiones, interpunctationes, posituras usw. nennet» [9] – dies alles muß nicht nur «ein guter Grammatikus, noch mehr ein Rhetor und Poet wissen», sondern auch (z. B.) «ein guter Violinist» und ein «rechtschaffener Componist». [10] Aus der Erkenntnis, daß «Einschnitte in dem Gesange sind, was der Vers in dem Gedicht ist» [11], werden die Themen in der Instrumentalmusik oft sogar wie in der Vokalmusik «versmäßig» gebaut; gelten die Instrumente doch – gemäß jahrhundertealter Tradition – nur als «Nachahmungen des Gesanges». [12] Folgerichtig sieht man das Konzert als «Nachahmung des Sologesanges mit vollstimmiger Begleitung» [13], die «viele Ähnlichkeit mit der Tragödie der Alten» [14] habe, die Sonate als «musikalische Conversation oder Nachäffung des Menschengesprächs» [15] bzw. als «Drama» mit deutlich der *Dramentheorie* entsprechender Gliederung [16] und die Symphonie gleichsam als Instrumentalchor [17] an; der «Tonkünstler» hat «in seinem Satze» überhaupt immer «wie in der rhetorischen Kunst» zu «verfahren, wo der Hauptsatz durch alle Künste der schönen Rede dargestellt» [18] wird. Im übrigen erklären zahlreiche Autoren des 18. und frühen 19. Jh. (KOCH, SULZER oder L. MOZART im ‹Notenbuch› für Wolfgang Amadeus) die Taktarten mit Hilfe von in Versen gefaßter Gesangsmusik.

3. *Gesanglicher Vortrag (‹gesangliche Rede›)*. Die allgemeine rhetorische Ausrichtung des G. im besonderen und der Musik im allgemeinen spiegelt sich auch in den Vortragsanweisungen wider. «Gut gesprochen ist halb gesungen» [19] heißt es bei J. A. HILLER, der genaue Anweisungen zur «Kunst der Declamation» gibt und die Sänger mahnt, den Text so zu behandeln, wie es in Rede der Fall wäre. Dies hat nicht zuletzt mit Hilfe der seinerzeit selbstverständlichen ‹Appoggiaturen› (Vorschläge) zu geschehen, die den Sprachtonfall nachahmen und auch die Rezitative ‹gesanglich› (im Sinne von den

Tonfall einer affektvollen Sprache nachahmend) gestalten. Genaue, der sprachlichen Rhetorik entnommene Aussprache- und Akzentuierungsregeln faßt u. a. J. S. Petri zusammen, der ein ganzes Gebäude einer musikalischen Syntax entwirft, die aus «Syntax, Rhetorik und Oratorie» [20] besteht. Auch der berühmte Gesangspädagoge M. P. García [21] und in der Folge sein Schüler J. Stockhausen [22] gehen noch von der Sprache und von rhetorischen Überlegungen aus, wenngleich das rein Technische sich hier schon übermäßig ausbreitet; in der Folge wird es zum allein bestimmenden Moment der *Gesangspädagogik*. Auch die *Kunst der Verzierung* wird zunächst noch im Sinne eines den Inhalt der Kompositionen vertiefenden «rhetorischen» Mittels gelehrt und an «Declamation und Ausdruck» [23] ausgerichtet, doch nimmt sie, wie etliche Autoren resignierend feststellen, langsam überhand und wird zum eitlen Selbstzweck; die Komponisten gehen daher immer mehr dazu über, selbst alle Fioriituren (Gesangsverzierungen) auszuschreiben. Deren ursprünglich rhetorische Dimension gerät aber bald – wie die musikalische Rhetorik insgesamt – in Vergessenheit; Vertiefung des Ausdrucks sowie Verdeutlichung von Inhalt und Emotion bleiben solche Verzierungen allerdings bis heute.

Gesanglicher Vortrag wird im übrigen auch von den Instrumentalisten gefordert, denen z.B. J. J. Quantz anrät, «die Singkunst zu erlernen». [24] Auch C. P. E. Bach und L. Mozart betonen, daß der Pianist «singend dencken» [25] bzw. der Geiger sich an einen «singbaren Vortrag» [26] gewöhnen solle; W. A. Mozart redet von «feinen, singenden Geschmack» [27], und L. van Beethoven, dessen eigene «Redekunst am Pianoforte» u. a. von der «rhetorischen Pause» geprägt erscheint, legt den Pianisten gar nahe, «bisweilen passende Worte einer streitigen Stelle unterzulegen und sie zu singen» [28], wie sein Biograph A. Schindler berichtet. Die Vortragsanweisung ‹cantabile› schließlich kündet bis heute von der alten Einheit vokalen und instrumentalen Vortrags, wenngleich die speziell rhetorische Basis nach und nach verloren ging.

4. *Rhetorische Figuren.* Auch das Wissen um die musikalische Figurenlehre ist nach 1750 noch viele Jahrzehnte präsent; insbesondere die Komponisten der ‹Wiener Klassik› reichern mit Hilfe musikalisch-rhetorischer Figuren ihre Werke mit spezieller Sinngebung an, und zwar gleichermaßen in den Gattungen der Vokal- wie der Instrumentalmusik. Noch 1821 analysiert F. A. Kanne die Mozartschen Klaviersonaten unter Verweis auf diese Stilmittel und gelangt solcherart zu inhaltlichen Bildern und Deutungen. [29] Letzten Endes sind auch die ‹poetisierenden› Beschreibungen Beethovenscher Werke durch E. T. A. Hoffmann, der bei einem aus der Bach-Tradition stammenden Lehrer studiert und zudem eine profunde rhetorische Ausbildung besitzt, von tiefem Wissen um die Figurenlehre geprägt. Daß noch F. Schubert, C. M. von Weber, F. Liszt oder R. Wagner zahlreiche symbolsprachliche Mittel aus diesem Fundus schöpfen, ist offenkundig, aber erst zum Teil untersucht – jedenfalls erstreckt sich das Nachwirken der rhetorischen Tradition über einen weit größeren Zeitraum, als noch bis vor kurzem angenommen wurde.

Anmerkungen:
1 J. G. Walther: Musical. Lex. (1732) 515. – 2 C. P. E. Bach: Versuch über die wahre Art das Clavier zu spielen II (1762) 314. – 3 J. G. Sulzer: Allg. Theorie der schönen Künste IV (²1787) 4. – 4 Br. vom 12. November 1778, in: Mozart: Br. und Aufzeichnungen II, hg. von der Int. Stiftung Mozarteum Salzburg (1962) 506. – 5 F. W. Marpurg: Krit. Br. über die Tonkunst (1760ff.) Nr. 97–117. – 6 R. Wagner: Gesamm. Schr. IX (1914) 278. – 7 J. Riepel: De Rhythmopoeia oder von der Tactordnung (1752). – 8 H. C. Koch: Musikal. Lex. (1802) Sp. 32. – 9 J. Mattheson: Der Vollkommene Capellmeister (1739) 180. – 10 L. Mozart: Versuch einer gründlichen Violinschule (1756) 108. – 11 Sulzer [3] II (²1786) 36. – 12 C. F. D. Schubart: Ideen zu einer Ästhetik der Tonkunst (Wien 1806) 335. – 13 Koch [8] 351. – 14 ebd. 354. – 15 Schubart [12] 360. – 16 A. Reicha: Traité de haute composition musicale (Paris 1824/26). – 17 Koch [8] 1386. – 18 F. A. Kanne: Der Zauber der Tonkunst, in: Allg. Musikal. Ztg. mit besonderer Rücksicht auf den österreichischen Kaiserstaat 5 (Wien 1821) 282. – 19 J. A. Hiller: Anweisung zum musikalisch-zierlichen G. (1780) 25. – 20 J. S. Petri: Anleitung zur praktischen Musik (²1782) 265. – 21 M. P. García: Traité complet de l'art du chant (Paris 1847). – 22 J. Stockhausen: Gesangsmethode (1884/86). – 23 Hiller [19] 130. – 24 J. J. Quantz: Versuch einer Anweisung die Flöte traversière zu spielen (1752) 96. – 25 Bach [2] I (1753) 122. – 26 L. Mozart [10] 108f., 264. – 27 Br. vom 27. Juni 1781, in: Mozart [4] III (1963) 135. – 28 A. Schindler: Biographie von Ludwig van Beethoven (1840; ND 1977) 493. – 29 F. A. Kanne: Versuch einer Analyse der Mozartischen Clavierwerke mit einigen Bemerkungen über den Vortrag derselben, in: Allg. Musikal. Ztg. 5 [18].

Literaturhinweise:
E. Schenk: Barock bei Beethoven, in: Beethoven und die Gegenwart. FS L. Schiedermair (1937) 177–219. – ders.: Zur Tonsymbolik in Mozarts ‹Figaro›, in: Neues Mozart-Jb. 1 (1941) 114–134. – H. H. Unger: Die Beziehungen zwischen Musik und Rhet. im 16.–18. Jh. (1941). – W. Gurlitt: Musik und Rhet. (1944), in: ders.: Musikgesch. und Gegenwart (1966). 62–81. – H. Goldschmidt: Vers und Strophe in Beethovens Instrumentalmusik, in: E. Schenk (Hg.): Beethoven-Symposion (Wien 1970) 97–120. – W. Kirkendale: Beethovens Missa solemnis und die rhet. Trad., in: ebd. 121–158. – N. Anfuso: Tecnica di canto e monodia di seconda practica, in: Poesia e Musica nell' Estetica del XVI e XVII secolo (Florenz 1976) 1–6. – C. Floros: Mozart-Stud. I (1979). – H. Krones/R. Schollulum: Vokale und allg. Aufführungspraxis (Wien, Köln 1983). – D. Bartel: Hb. der musikal. Figurenlehre (1985). – G. Born: Mozarts Musiksprache (1985). – D. Harrán: Word-Tone-Relations in Musical Thought (1986). – D. Harrán: Directions to Singers in Writings of the early Renaissance, in: Revue Belge de Musicologie 41 (1987) 45. – H. Krones: Rhet. und rhet. Symbolik in der Musik um 1800, in: Musiktheorie 3 (1988) H. 2, 117–140. – D. Gutknecht: ‹Sing-Gedicht› und ‹Klang-Rede›. Matthesons Theorie vom Sinngehalt der Instrumentalmusik, in: J. P. Fricke (Hg.): Die Sprache der Musik. FS K. W. Niemöller (1989) 239–249. – H. Danuser (Hg.): Musikal. Interpretation (1992). – K. W. Niemöller: Die musikal. Rhet. und ihre Genese in Musik und Musikanschauung der Renaissance, in: H. Plett (Hg.): Renaissance-Rhet. (1992) 5.

H. Krones

→ Actio → Color → Deklamation → Euphonie → Intonation → Klangrede → Libretto → Lied → Madrigal → Musik → Musikalische Figurenlehre → Pronuntiatio → Rezitation → Wechselgesang

Geschichtsschreibung (auch: Historiographie; griech. ἱστορία, historía, auch λόγος, lógos; lat. historia; engl. historiography; frz. historiographie, ital. storiografia)
A. Def. – B. I. Griech. Antike. – II. Röm. Antike. – III. Spätantike, Mittelalter. – IV. Renaissance, Barock, Frühaufklärung. – V. Aufklärung, Historismus. – VI. Moderne, Postmoderne.

A. G. ist die schriftliche, vorzugsweise erzählende Darstellung von Ereignissen und Strukturveränderungen, deren Authentizität durch materielle und/oder symbolische Zeichen (Eigennamen, Daten, Überbleibsel, Dokumente) als verbürgt gilt. G. geht auf Absichten zurück, deren pragmatische Funktionen sich u. a. an den textimmanenten Stilregistern des Beratens, des Überredens, des Erklärens, des Parteinehmens, des Verständlichmachens etc. ablesen lassen. Historiographische Texte erläutern frühere Sachverhalte im Licht späterer Sachverhalte (Retrospektion) und sind mehrfach kodiert.

Voraussetzungen. Die folgende Rekonstruktion der G. im Rahmen rhetorischer Fragestellungen bleibt auf den europäischen Raum beschränkt. Andere Formen vorzustellen, die außerhalb der rhetorischen Lehrtradition liegen – z. B. ägyptische und jüdische Historiographien [1] – ist hier nicht möglich. Diese Engführung hat den Vorteil, daß sie in den Brennpunkt rückt, was in Europa historisch zusammengehört. Denn G. und Rhetorik entwickelten sich zu reflektierten strategischen Darstellungstechniken im 5. Jh. v. Chr., in der Epoche der griechischen 'Aufklärung', unter den Bedingungen einer krisenhaften Übergangsphase, die zur Neudefinition politischen Handelns und einer entsprechenden Theoriebildung genötigt hat. Eine Konsequenz war die Abkehr der Vergangenheitskunde von den Formen mythischen und poetischen Wissens. [2] Wenn Kriege – gegen die Perser sowie auf der Peloponnes – Anlaß waren, das raumzeitlich ferne sowie nahe Geschehen erzählend zu memorieren, so geschah das mit der Absicht, Gegenwärtiges zu rechtfertigen, zu bewerten und Partei zu ergreifen. Dieser strategischen Funktion der G. kommt die Rhetorik entgegen, die darüber hinaus für Jahrhunderte zum maßgebenden Regelwerk der prosaischen, insofern auch der historiographischen Textproduktion geworden ist.

Der *rhetorischen Funktion* der G. – ihrem Gebrauch als Indizienbeweis, persuasives Sachargument, belehrendes Beispiel usw. im Konflikt zwischen Weltanschauungen, Nationen, Kulturen – begegnet die Moderne zwar mit der «Rationalisierung des historischen Denkens». [3] Die problematische Stellung der Historiographie zwischen Parteilichkeit und Objektivität ist jedoch durch die professionalisierten Normen wissenschaftlicher Rationalität nicht gänzlich aufzuheben. [4] Solange G. pragmatische Zwecke verfolgt, lautet das Leitmotiv, nimmt sie öffentlich Stellung im Meinungskampf um das Woher und Wohin eines Kollektivs und kann sich daher nicht allein mit wissenschaftlichen Theorien begnügen, sondern ist auch auf rhetorische Strategien – im weitesten Sinne dieses Begriffs – angewiesen.

Anmerkungen:
1 P. Gibert: La Bible à la naissance de l'histoire (Paris 1979); J. Assmann: Das kulturelle Gedächtnis. Schrift, Erinnerung und politische Identität in frühen Hochkulturen (1992). – **2** G. Kennedy: The Art of Persuasion in Greece (Princeton/N. J. 1963). – **3** J. Rüsen: ‹Moderne› und ‹Postmoderne› als Gesichtspunkte einer Gesch. der modernen Geschichtswiss., in: W. Küttler, J. Rüsen, E. Schulin (Hg.): Geschichtsdiskurs 1: Grundlagen und Methoden der Historiographiegesch. (1993) 20f. – **4** R. Koselleck, W. Mommsen, J. Rüsen (Hg.): Objektivität und Parteilichkeit in der Geschichtswiss. (1977).

B. I. *Griechische Antike.* Die G. beginnt mit der ethno- und geographischen Erkundung natürlicher und kultureller Grenzen, mit der Rekonstruktion einer über erinnerte Zeiten hinausreichenden Chronologie sowie mit der Frage nach den Geltungsgründen vorgeschichtlicher (mythischer) Traditionen. HEKATAIOS V. MILET (ca. 545–480) beschrieb als Geo- und Ethnograph im Geist der ionischen Naturphilosophie die damalige Welt (Περίοδος Γῆς, Períodos Gēs). In den Γενεαλογίαι, Genealógiai übertrug er die mythologische Zeitrechnung HESIODS auf profane Ereignisse, übte zugleich aber, vom Maßstab der Glaubwürdigkeit ausgehend, Kritik am mythischen Wissen. [1] EPHOROS VON KYME, der um die Mitte des 4. Jh. eine umfassende Historie der griechischen Welt in der Art des in der Isokratischen Rhetorik entwickelten epideiktischen Stils schreibt, klammert mit ähnlicher, aber schärfer pointierter Begründung die mythologischen Darstellungsmuster der Frühzeit aus der G. aus. [2] – Vier vergleichsweise rationale Kriterien gehören seitdem zu den Bestimmungsstücken der G.: 1. Beschreibung grenzübergreifender geographischer Räume (und Kulturen); 2. Konstruktion einer die gelebte Erinnerung überschreitenden Zeitrechnung; 3. Kritik der Überlieferung; 4. Prüfung der Glaubwürdigkeit (schriftlich) gegebener Zeugnisse. Kriterien, die den Übergang vom *mythischen* zum *kulturellen* Wissen markieren und die Entstehung der G. mit den kommunikationspragmatischen Interessen der zur gleichen Zeit aufgewerteten öffentlichen Beredsamkeit zusammenrücken.

Der Ionier HERODOT (ca. 484–430), von CICERO zum «Vater der Historie» ernannt [3], setzte sich kritisch mit seinem Landsmann Hekataios auseinander und rezitierte die eigenen Texte öffentlich vor städtischem Publikum. Die ersten Worte von Herodot – Ἱστορίης ἀπόδεξις (historíēs apódexis = der Erkundung Bericht) – unterscheiden zwischen Bestandsaufnahme und Darstellung und haben der G. den bis heute gültigen Namen gegeben. Die Semantik von griech. ἱστορία, historía bezieht sich freilich nicht auf die (schriftliche) Darstellung, sondern auf den Prozeß der Erkundung, dessen Resultate der Autor, der als Ohren- und Augenzeuge fremde, meist mündliche Kunde einholt, nachträglich zu Papier und im Vortrag zu Gehör bringt. Sowohl die Fundierung dieser frühen G. in der Zeugenschaft des Erzählers als auch die etymologische Nähe des Ausdrucks *historía* zum Stammverb ‹sehen›, verweisen auf die wirkungsästhetische Funktion einer Schreibart, die in der rhetorischen Stilistik unter dem Stichwort *evidentia* verhandelt wird und auf eine *augenscheinliche Vergegenwärtigung* der mimetisch nacherzählten Sachverhalte zielt. Noch der historiographische Leitbegriff *Ereignis*, der sich etymologisch vom Verb *eräugen* herschreibt, hält die Idee der symbolischen Präsenz fest, die um persuasiver Wirkungen willen den Rezeptionsakt mit der Illusion des Beteiligtseins verbindet und zu diesem Zweck die bildliche Vorstellungskraft der Hörer/Leser aktiviert. Der entscheidende Unterschied zur poetischen Evidenz liegt in der quasimedizinischen Genauigkeit (Autopsie), mit welcher der Erzähler die aufgespürte Materie untersucht, bevor er sie den rhetorischen Techniken der detaillierten *Illustration* und *Deskription* unterwirft. [4]

Herodots G. verfolgt drei Ziele: (a) Geschehenes vor dem Vergessen bewahren; (b) große Werke rühmen; (c) die Gründe für den Konflikt zwischen Griechen und 'Barbaren' (Persern) aufdecken. [5] Das verweist auf Motive, die zugleich mit der Erkundung des Fremden die Grenze zwischen 'barbarischer' und 'zivilisierter' Kultur zu bestimmen suchen. [6] Die Form von Herodots G. ist entsprechend komplex: Sie greift zurück in die 'Vorgeschichte' der Kriege und Völker, läßt voneinander abweichende Zeugnisse und Berichte nebeneinander stehen, ist reich an unterhaltsamen und belehrenden Exkursen und wechselt zwischen ethnographischen, geographischen, genealogischen u.a. Beschreibungsformen. Politische und militärische Entscheidungen werden im Text häufig von fiktiven Reden begleitet, in denen die Akteure Meinungen, Rechtsgründe und Absichten ihres Handelns abwägen. [7] Die Konstellation von Rede und Gegenrede verbindet moralische und politische Argumente in der Art der im sophistischen Rede-Agon geübten Antilogien. Herodot rechnet generationenübergreifendes Geschehen genealogisch und ordnet – in langen Exkursen – Völker- und Länderbeschreibungen den Expansionsbewegungen des Perserreiches zu. Er erzählt episodisch bzw. anekdotisch, konstruiert die Ereignisgeschichten meist lebenszyklisch und erkennt den Zufall als Agent des Geschehens an. [8] Den Geschichten schreibt er jedoch mit Hilfe des Analogieprinzips, das die Aufmerksamkeit auf die typischen Züge der Einzelhandlungen lenkt, einen exemplarischen Sinn zu: Alles Handeln schwankt zwischen Glück und Unglück, zwischen Freiheit und Knechtschaft und ist von Hybris bedroht. Die G. stellt sich damit in den Dienst jener kollektiven Interessen, die in vergangenen und fremden Ereignissen und Werken nach Exempeln für die normative Rechtfertigung klugen Handelns suchen. Diesem Pragmatismus entspricht auch die Absicht, die eigenkulturelle Identität durch Abgrenzung von den nichtgriechischen Ethnien zu sichern.

Krise und Desorientierung der Gegenwart gaben THUKYDIDES (ca. 460–400), dem anderen Klassiker der griechischen G., den Anstoß für eine schriftliche Bestandsaufnahme im Sinne exemplarischer Gegenwartshistorie: der Krieg zwischen Athen und den Gemeinden der Peloponnes sowie die Niederlage der attischen Polis. Ereignisse, an denen der Autor aktiv beteiligt war und über die er Zeitzeugen befragen konnte. Deutlicher als Herodot, gegen dessen ‹wilde› Darstellungsweise der Text indirekt polemisiert [9], konzipierte Thukydides seine Aufzeichnung des Peloponnesischen Krieges (431–404) aus der Sicht jener politischen Klugheitslehre (πολιτικὴ τέχνη, politikḗ téchnē), deren Rationalität in den Kreisen der sophistischen Aufklärer diskutiert und rhetorisch erprobt worden ist. Diesem Kontext entspricht die im Prooemium entfaltete Programmatik: Abgrenzung von Mythos und Poesie, «akribische» Prüfung der mündlichen Zeugnisse, Motivations- und Erfolgsanalyse, Enthaltsamkeit gegenüber Ich-Aussagen. [10] Eine narrative Bestandsaufnahme erlebter Geschichte, die die Gründe für Erfolg bzw. Mißerfolg des Handelns Einzelakteuren und Gruppen zurechnet und dennoch die transsubjektive Konstitution der *Ereignisse* von den subjektiv vermeinten Absichten der Handelnden löst. Die Durchführung bleibt ambivalent, da der Autor als Akteur parteiisch ist und daher die angestrebte Objektivität immer wieder verletzen muß. [11] Schon im ersten Satz stellt er sich als «Schriftsteller» (συγγραφεύς, syngrapheús) vor, was als Hinweis auf die *literarische*, vom Epos unterschiedene Komposition seines Textes zu verstehen ist. Seine Schreibweise ist reich an antithetischen Strukturen, gedrängten Reflexionen, politisch-moralischen Handlungsmaximen, dramatischen Szenen und gibt mit ihrer oft gerühmten Illusionslosigkeit der damals favorisierten imperialen Machtpolitik Athens angemessenen Ausdruck. [12] Zum Zweck intentionaler Sinnstiftung greift der Erzähler auf die von Herodot eingeführte Form fiktiver Reden zurück, konstruiert diese aber strenger als sein Vorgänger nach rhetorischen Regeln. Als Musterstücke politischer Agitation haben die Reden des Perikles bald Eingang in die Exempelsammlungen der Schulrhetorik gefunden. [13]

Die kanonische Geltung der G. sowohl von Herodot als auch Thukydides blieb ungeachtet ihrer zeitbedingten Rhetorik für Jahrhunderte unangefochten. Die Bücher des früheren wurden als modellbildend für den offeneren Typus der Kulturgeschichte, die des späteren für den geschlosseneren Typus der erlebten politischen Zeitgeschichte anerkannt. [14] Doch sind die Absichten und Auffassungen beider durchaus vergleichbar. Die Akteure handeln nicht autonom, Zufall und Zwang (ἀνάγκη, anánkē) setzen dem Grenzen, das Geschehen *vollzieht sich*. Die Ereigniserzählung soll daher als exemplarische, nämlich zeitübergreifende Klugheitslehre der Nachwelt nützen, indem sie die Affekte der Leser an den vom «Orkan der Vernichtung» (H. Strasburger) entfesselten Leiden (παθήματα, pathḗmata) beteiligen. Denn die Natur des Menschen – davon ist Thukydides überzeugt – wird sich niemals grundlegend ändern. [15] XENOPHON (ca. 425–354), der in seinen Ἑλληνικά, Hellēniká an Thukydides anknüpft, hat den rhetorisch-lehrhaften Zug der erlebten Historie nachdrücklich in den Vordergrund gerückt und strategische sowie beratende Eingriffsfunktionen stilistisch verstärkt. In den letzten fünf Büchern unterwirft er mit didaktischer Absicht den Ablauf der Ereignisse einem dreiphasigen Bewegungsmechanismus (Aufstieg-Wendepunkt-Niedergang): So wird die Historie Spartas lesbar als allegorischer Text und moralphilosophisches Exempel. [16]

Der im engeren Sinn darstellungstheoretische Begriff ‹Historie› ist nicht innerhalb der frühen G. aufgekommen, sondern wurde von ARISTOTELES im Rahmen der ‹Poetik› als «zufällige» Ereigniserzählung von den «in sich geschlossenen» Handlungseinheiten der dramatischen und epischen Dichtung abgegrenzt. [17] Diese Definition lenkte die Aufmerksamkeit der Historiographen auf Möglichkeiten und Grenzen ihres Diskurses. Unter den Fortsetzern der älteren G. hat DURIS VON SAMOS (ca. 340–270), ein Schüler des Peripatetikers THEOPHRAST, die aristotelischen Bestimmungen der mimetischen, den Prozeß des Handlungsablaufs dramatisch vergegenwärtigenden Fabelkomposition auf die Historie übertragen, um den wirkungsästhetischen und moraldidaktischen Appellcharakter der Darstellung zu steigern. [18]

POLYBIOS (ca. 200–120) ist der erste, der den griechischen Begriff ἱστορία, historía verwendet, um damit die Einheit der (römischen) Geschichte in der Vielheit ihrer einem organischen Entwicklungsrahmen eingeschriebenen Einzelereignisse zu bezeichnen. [19] Er, der Begründer der «pragmatischen», um Sachlichkeit bemühten G., kritisiert rhetorischen *ornatus* und Dramatisierung, um schlicht und sachlich die geopolitische Migration der Macht von Griechenland nach Rom zu schildern. Auch sein Werk nähert sich indessen der Überzeugungsfunktion des auf partikulare Ereignisse zurückgreifenden politisch-pragmatischen Arguments. Der Autor nimmt, wie behutsam auch immer, Partei für die neue Weltmacht. Seine Schreibweise folgt dem rhetorischen Schema: Erzählung *(narratio)* + Beweisführung *(probatio)* + Anwendung *(applicatio)*. [20] Allein auf der paradigmatischen Ebene der Leitmetaphorik deutet sich eine symbolisch konzipierte Einheit des Ganzen an: in Theater- und Organismusvergleichen. Die Regie der Summe aller Veränderungen auf syntagmatischer Ebene liegt jedoch außerhalb des Geschehens: in der Macht der Τύχη, Týchē *(fortuna)*. [21] Polybios periodisiert die naturale, nach Jahreszyklen meßbare Zeit der römischen Historie – unter Berufung auf TIMAIOS VON TAUROME-

NION – nach der Chronologie der Olympischen Spiele. [22] Das exemplarische Prinzip überwiegt: Die Einzelgeschichten fügen sich in reihender Sequenz einem metaphorisch vorgegebenen Rahmen, in dessen Binnenraum die kompositorische Anordnung der Ereignisse der topischen Disposition von «Ähnlichkeit *(similitudo)* und Verschiedenheit *(differentia)*» entspricht. [23] Ein analogischer Modus beherrscht die Urteilsbildung im Text, der die typisierten, wiederholbaren Züge der Einzelaktionen betont und die Erfolge der eigenen Partei panegyrisch umschreibt. [24] Der Stoiker POSEIDONIOS (ca. 135–ca. 50) hat, wie die erhaltenen Fragmente seiner ‹Historien› andeuten, an Polybios angeknüpft und unter reicher Verwendung rhetorischer und poetischer Darstellungsmittel – durchaus Partei ergreifend – den Verfall der römischen Macht aus der Störung der natürlichen Vernunftordnung durch permanente moralische Normverletzungen erklärt. [25] Damit liegt ein historiographisches Muster vor, das jenem spätzeitlichen Geschichtspessimismus entspricht, der sich auch zu anderen Zeiten kontemplativ-moralisierend dem Früheren zuwendet und die Gegenwart kritisch an der angeblich besseren Vergangenheit mißt.

Es sind die Rhetorikexperten, die sich seit dem Hellenismus in stärkerem Maße dem Studium der Form der älteren G. widmen, um den Kanon festzuschreiben und zwischen Historie, Biographie und antiquarischen Studien (Hypomnemata, Commentarii) zu unterscheiden. DIONYSIOS VON HALIKARNASSOS kommentiert im 1. Jh. v. Chr. Komposition und Stil der griechischen Klassiker. Im 2. nachchr. Jh. folgt ihm darin LUKIAN VON SAMOSATA mit der ersten rhetorischen Lehrschrift ‹Wie man Geschichte schreiben soll›. [26] Lukian, der wider den rhetorischen *ornatus* streitet, entwirft gleichwohl den Geschichtschreiber nach dem Modell des idealen Redners, verpflichtet ihn auf Treue gegenüber dem gegebenen Material und auf die Prosanorm eines 'mittleren' Stils: homogene, unpathetische, deutliche Darstellung. [27] Das sind stilistische Tugenden, von den Rhetorikhandbüchern für jenen Teil der Rede empfohlen, der zwischen Exposition und Beweisführung steht: die Erzählung/Schilderung *(narratio)* des Sachverhalts.

Anmerkungen:
1 Hekataios, in: Die Frg. der griech. Historiker [= FGrHist] IA.a, hg. v. F. Jacoby (1923); F. Jacoby: Hekataios von Milet, in: RE VII (1912) 2667–2769; K. Meister: Die griech. G. (1990) 20ff. – 2 FGrHist 70, T. 8, F9. – 3 Cicero, De legibus I,5. – 4 vgl. A. Momigliano: Hist. between Medicine and Rhet., in: Ottavo contributo alla storia degli studi classici e del mondo antico (Rom 1987) 14–25; zu den Techniken vgl. H. Lausberg: Hb. der lit. Rhet., (1960) § 369. – 5 Herodot I,1. – 6 F. Hartog: Le miroir d'Hérodote. Essai sur la représentation de l'autre (Paris 1980). – 7 Herodot IV, 80ff. – 8 Herodot I, 32. 207. – 9 Thukydides I,22. – 10 Thukydides I,20–23. – 11 S. Hornblower: Thucydides (London 1987) 45ff. – 12 E. Norden: Die antike Kunstprosa Bd. 1 (⁵1958) 97ff. – 13 Thukydides II,34–46.59–64; L. Spengel: Über das Studium der Rhet. bei den Alten (1842) 27f. – 14 vgl. z. B. J. B. Bury: The Science of Hist., in: Selected Essays of J. B. Bury, hg. v. H. Temperley (Cambridge 1930) 18ff. – 15 Thukydides I, 22; H. Strasburger: Die Wesensbestimmung der Gesch. durch die antike G. (1966) 96. – 16 R. Nickel: Xenophon (1979) – 17 Arist. Poet. IX, 1451b1. XXIII, 1459 a 24. – 18 Strasburger [15] 80ff. – 19 Polybios I,3,3f. – 20 K.-E. Petzold: Stud. zur Methode des Polybios u. zu ihrer hist. Auswertung (1961). – 21 Polybios XXIX,20,2. XXIII,10,16; A. Demandt: Metaphern für Gesch. (1978) 343f. – 22 Polybios I,1. XII,10,4. – 23 zur Verbindung dieses Argumentationsmusters mit *exempla* vgl. Cicero, Topica, § 41ff. – 24 Polybios I,4. – 25 FGrHist Nr. 87; Meister [1] 166ff. – 26 Dionysios von Halikarnassos, De Thucydidis idiomatibus, hg. von H. Usener, L. Radermacher: Dionysii Halicarnaseiquaeextant, Bd. 5 (1899; ND 1965); Lucian, vol. VI, hg. v. K. Kilburn (Cambridge/Mass. 1959). – 27 Lucian, Quomodo historia conscribenda sit 43–46.

Literaturhinweise:
E. Schwartz: Das Gesch. des Thukydides (1919). – K. v. Fritz: Die griech. Gesch. I: Von den Anfängen bis Thukydides (1967). – J. Cobet: Herodots Exkurse und die Frage der Einheit seines Werkes (1971). – A. Cameron: History as Text: The Writing of Ancient History (London 1989) – C. Meier: Athen. Ein Neubeginn der Weltgesch. (1993).

II. *Römische Antike.* Die Vorstellung einer einheitlichen Weltgeschichte lag jenen Historiographen näher, die – ausgehend vom imperialen Mittelpunkt Rom – in konzentrischen Kreisen die damalige Welt erkundeten und an der Tradition ihres Machtzentrums messen wollten.

QUINTUS FABIUS PICTOR, der erste römische Historiker, der sein (verlorengegangenes) Werk noch in griechischer Sprache schrieb, hat mit der Verbindung von Stadtgründung *(origo)* und Zeitgeschichte ein folgenreiches Darstellungsmodell entworfen. [1] Das erste Geschichtswerk in lateinischer Sprache mit dem bezeichnenden Titel ‹Origines› schrieb CATO (234–149), ein Politiker, der die römische Kultur von eben dem griechischen Einfluß zu reinigen suchte, dem er selber seine rhetorische Schulung verdankte. [2] Im 1. Jh. v. Chr. entsteht, beeinflußt von der hellenistisch-peripatetischen Rhetorik, eine G., die, ausgehend von den politischen Gegenwartskrisen, nach den Gründen des Niedergangs fragt und sich bewußt am Kanon der griechischen Klassiker orientiert.

SALLUST (86–35), ein Parteigänger CAESARS, schreibt nach seinem Rückzug aus der Politik Monographien über die großen Krisen, über den Jughurtinischen Krieg und die Verschwörung des Catilina, sowie in annalistischer Reihe erzählte ‹Historiae›. In diesen zeitgeschichtlichen, im archaischen Stil geschriebenen Büchern stellt der Römer wie Thukydides die Sachverhalte ereignis- und personenzentriert dar und porträtiert die Akteure wie ein Charaktermaler nach den Regeln und Wirkabsichten des rhetorischen *genus demonstrativum*. [3] Der Schriftsteller LIVIUS (59 v. Chr.–17 n. Chr.) beginnt um 30 v. Chr. ein monumentales, literarisch konzipiertes Werk ‹Ab urbe condita›, das POLYBIOS folgt und die römische Ereignishistorie in annalistischer Zeitfolge erzählt. [4] TACITUS (ca. 55–125 n. Chr.), der *sine ira et studio* berichten will, bleibt – Sallusts Schreibweise verfeinernd – den rhetorischen Intentionen der älteren G. treu. [5] Mit dem Hinweis auf die *Geschichtswürdigkeit* von politischen Krisen und Katastrophen definiert Tacitus noch einmal Rolle und Thema des der Zeitgeschichte zugewandten, über Ereignisse und Akteure *richtenden* Historikers. [6] Die dramatische Komposition seiner Erzählungen zielt auf die wirkungsmächtige Simulation der Autopsie *(evidentia).* In Tacitus' Texten, schreibt H. Taine über diesen Effekt, kommen wir mit der «wirklichen Welt» in Berührung. [7] Der römische Historiker sucht – als *laudator* [!] *temporis acti* (HORAZ) – bewußt die forensische Wirkung, um in den Krisen der Gegenwart die *exempla* früherer Größe als handlungsleitende Normen aufzurichten und die politische Entscheidungsfindung zu motivieren. Diese rhetorische, meist mit offener Parteilichkeit verbundene Absicht, die CICERO in die effektvolle Formel faßte, die Historie sei «voller Beispiele» (*plena exemplorum*) und eine «Lehrmeisterin des Lebens» (*magistra vitae*), war für die römischen Historiker ein treibendes Motiv, die von ihren griechischen Vorgängern geübte *rhetorische Synthese zwischen narrativem und argumentativem Diskurs* zu verbessern. [8] Die historiographische Rede erschien nicht nur – wie in der politischen Verhandlung – als das geeignete Mittel für eine kurzfristige, auf die aktuelle Situation bezogene Einstellungsänderung, sondern sie sprach als normatives «*monumentum*» (Mahn- und Erinnerungsmal) zum Langzeitgedächtnis des Publikums. Nach Livius' Worten in der *praefatio* bezieht historische Erkenntnis ihren Nutzen aus der *Anschauung* der exemplarischen Zeugnisse. Ihre lehrhafte Praxisorientierung (*docere*) äußert sich in der den Lesern unterstellten Disposition, dem guten Exempel, das den Status einer unmittelbar einsichtigen, vernünftigen Behauptung hat, nachzufolgen (*imitari*) und das schlechte zu meiden (*vitare*). [9] Diese Historie war nicht nur vergegenwärtigende Erinnerung vorgegebener Taten und charismatischer, jedoch hier und jetzt gefährdeter Werte, sondern auch – wie es bei Cicero hieß – «Leuchte der Wahrheit» (*lux veritatis*), einer Wahrheit, die mit der zeitübergreifenden römischen Machtideologie sich deckte. Die normative Auffassung exemplarischen Traditionswissens, ja eines von Veränderungen unberührten Wertgehalts (*auctoritas*) gab den Geschichtsschreibern (Livius, Sallust, Tacitus) die Freiheit, um der persuasiven Wirkung willen verschiedene Darstellungsarten zu kombinieren und stilistisch zu synthetisieren; Formen oratorischer, literarischer und dialektischer Provenienz: Bericht, Beschreibung, Argumentation, Dramatisierung, fiktive Rede, Ereigniserzählung, Kommentar, Sentenz. Die resultierende *hybride Form* der G. hat stets die ordnungsbesessenen Rhetoriker irritiert: QUINTILIAN bezeichnet sie, auf die Nähe zum Epos anspielend, als «Prosagedicht» (*carmen solutum*) und unterscheidet sie nach Cicero als bloße «Aufzählung» (*narratio*) von der beweisführenden Rede (*probatio*). [10] Dennoch liefert derselbe Quintilian dort die beste Begründung für die Synthese zwischen Erzählen und Argumentieren, wo er über Ort, Funktion und Ausdruck beider Formen in der forensischen Rede handelt. Beide verhalten sich komplementär: Ist «die Erzählung die zusammenhängende Ankündigung der Beweisführung» (*narratio est probationis continua propositio*), so ist «die Beweisführung die der Erzählung entsprechende Bestätigung» (*probatio narrationi congruens confirmatio*). [11] Die narrative Synthese zwischen Kunst der Beweisführung (*ratio iudicandi*) und rhetorischer Imagination (*ratio inveniendi*) garantiert die Überzeugungsfunktion der historiographischen Rede. [12]

Die explizite Rhetorisierung der historischen Erzählung beginnt mit CICERO, der im Dialog ‹De oratore› den konstatierten Mangel einschlägiger Regeln beseitigen will und den Attizismus als Stilnorm propagiert. Diese traditionsbildende Position beruft sich bewußt auf die vorbildliche Reihe der griechischen Historiker – vorab Herodot und Thukydides – und leitet von deren Eloquenz die Forderung ab, die römische G. vom annalistischen Muster schlichten Nacheinanders zu lösen. [13] Ciceros Vorschläge zielen auf die kommunikativen Funktionen jener praktischen Normenvermittlung, die historische Wahrheit als *Mittel* der Überredung und nicht als Zweck der Erkenntnis versteht. Er fordert vom Geschichtsschreiber Aufrichtigkeit und unterwirft seine Produktion einer Reihe von kompositorischen und stilistischen Ordnungsvorschriften: chronologische Anordnung (*ordo temporum*), geographische Beschreibung (*descriptio regionum*) und sachliche Distinktion mit Blick auf den Handlungsablauf. Um die Handlungserzählung für den Leser nachvollziehbar zu machen, hat der Historiker die rhetorische Statuslehre zu beachten: vom intendierten Plan (*consilium*) über die Ausführung (*acta*) zu den Folgen (*eventus*). Eine *induktive* Form der narrativen Argumentation, die schon ISOKRATES rhetorisch eingesetzt und ARISTOTELES mit der Überredungsfunktion des historischen Exempels (παράδειγμα, parádeigma) in der forensischen Rede verbunden hatte. [14] Situation, Umstände, implizite Motive, explizite Absichten und Konsequenzen zu beachten, gehört mithin nicht nur zur juristischen *quaestio facti*, sondern auch zum Geschäft des Historikers. Der Vergleich zwischen Richter und Historiker lag von Anfang an nahe. Noch Mitte des 19. Jh. war das Geschichtsstudium mancherorts ein Teilfach der Juristenausbildung. [15]

Daß Cicero den rhetorisch geschulten Historiker auffordert, die stilistischen Härten der Gerichtsrede zu vermeiden, spricht nicht gegen, sondern für die induktive Argumentation, die – wie vor Gericht – mit den Mitteln des Tatsachenberichts einem zweifelhaften Fall Glaubwürdigkeit (*fides*) verleihen und auf diese Weise die Zustimmung (*assensio*) des Publikums aktivieren sollte. Die mit diesem pragmatischen Zweck verbundene Darstellung der *res gestae* erhält indes nur dann die Form eines von der Erfahrung (Einzelfälle) auf Handlungsmaximen (Regeln) schließenden Arguments (Induktion), wenn der Geschichtsschreiber den Sachverhalt nach den Regeln der Topik (*ratio inveniendi*) bearbeitet, wenn er die Gesichtspunkte *a re* (was,), *a modo* (wie) und *a causa* (warum) auf diesen anwendet. [16] Unter dieser Voraussetzung gelingt es dem Hörer/Leser, an den *res gestae* abzulesen, aus welchen Gründen gehandelt wurde, und Erfolg bzw. Mißerfolg abzuwägen. Genau darum aber geht es der Induktion, die, ausgehend von einem Normenkonflikt, gegebene, exemplarisch bewertete Erfahrungen und Maximen als Orientierungshilfen für die hier und jetzt verlangte Konsensbildung nutzt. Dieser mit der patrimonialen Struktur des kollektiven Gedächtnisses in der alten Gesellschaft identischen Auffassung erschienen die tradierten Normen (*mos maiorum*) als ein Repertoire von jederzeit abrufbaren Rechtsgründen, dem ein Repertoire von Präzedenzfällen, Illustrationen und Exempeln in der Historiographie entsprach. Die Geschichtsschreiber des Altertums waren davon überzeugt, daß sich die Umstände des Handelns und die Natur des Menschen nicht wesentlich verändern. Sie rechneten auf der Handlungsebene mit der Wiederholbarkeit der Situationen und gliederten auf makrostruktureller Ebene den Zeitverlauf nach Lebensaltern. Wenn überhaupt ein Telos der historischen Bewegung angenommen wurde, dann das der Gegenwart. Das schließt Wertung und Parteinahme ein, die ohnehin in den Entstehungsbedingungen der frühen G. fundiert waren: Denn sie ist ein Kind der Krise und Krieg ihr konstitutiver Ereignisbegriff. Gegenwart und Vergangenheit sind nicht geschieden: die Tradition ist hier und jetzt Autorität. [17] Das Überlieferte hat den gegenwärtigen Wirren freilich voraus, daß es dem Parteiengezänk enthoben ist, also wie ein Modell zur Betrachtung *sine ira et studio* einlädt, um in der aktuellen Konfliktsituation, freilich wiederum für die Rechtfertigung von Parteistandpunkten, verwendet zu werden. In der Doppelcodierung des historischen Diskurses als Erzählung und Argumentation nimmt diese Funktion Gestalt an. Vom

Geschichtsschreiber verlangt die antike Lehre daher generell jene vom Ideal des Redners abgeleiteten Eigenschaften, die Tacitus so sehr an Livius bewundert hat: Glaubwürdigkeit *(fides)* und Beredsamkeit *(eloquentia)*. [18] Zur Formalsynthese von historischer Erzählung und Argumentation gehört darüber hinaus der allenthalben geübte Gebrauch fiktiver Reden. Nach Quintilian ein die rhetorischen Genera übergreifender Usus, dient die Einfügung dieser Reden in die Erzählung – bis ins 18. Jh. – dazu, einmal die vom Autor den Akteuren zugeschriebene politische Philosophie auf die Ereignisse anzuwenden, und zum andern über die fremde Rede an den Leser zu appellieren. Redend stellt der Akteur sich in scheinbarer Evidenz selbst dar, und seine Worte können – wie häufig bei Livius nachzulesen – zu Taten werden, um in der Binnenperspektive der historischen Erzählung die Einheit von Glaubwürdigkeit und Eloquenz bzw. von rechtem Handeln *(res)* und Reden *(verba)* effektiv und affektiv ins Bild zu setzen. [19]

Einen Beleg mehr für die pragmatische Doppelstruktur des historischen Diskurses liefert der im Rahmen der rhetorischen *inventio* erörterte Exempelgebrauch. Das *exemplum* bezieht – als artifizielle, d. h. von außen in die Rede eingefügte Sach- und Indizienbehauptung – vergleichend eine aktuelle Entscheidungssituation auf ein gegebenes und abgeschlossenes Ereignis *(res gesta)* bzw. auf ein Vorbild, das erzählend dargestellt oder worauf in synekdochischer Kurzform (Eigennamen, Daten) angespielt werden kann. Für QUINTILIAN ist das *exemplum* die Erinnerung *(commemoratio)* eines im Dienst der Überzeugung *(utilis ad persuadendum)* stehenden historisch erzählten Geschehens. [20] Dieser Bestimmung folgen die maßgebenden Lehrwerke der Spätantike und des Mittelalters: die ‹Rhetorica ad Herennium› und die ‹Etymologiae› ISIDORS VON SEVILLA. [21] Die aus spätrepublikanischer Zeit überlieferte Unterscheidung zwischen *historia* und *annales* enthält darüber hinaus einen wichtigen Hinweis auf die gattungsspezifischen Handlungsschemata historischen Erzählens. Wenden sich die *Annalen* den Stoffen zu, die aus dem Blickfeld der Gegenwart fallen und daher antiquarischer Studien bedürfen, so sprechen die zeitgeschichtlichen *Historien*, Autopsie suggerierend, unmittelbar zum Leser/Hörer. [22] Die Erzählung folgt mimetisch den bereits narrativ vorstrukturierten Handlungseinheiten. Ihr Maß ist die unterstellte Fähigkeit des mündlichen, mit der Kraft des Zeugen auftretenden Erzählers, das Geschehen so wiederzugeben, «als ob man es mit eigenen Augen sähe» *(sub oculos subiectio)*. [23] Dahinter steht die in der antiken Dichtungslehre verbreitete Annahme, das Geschehen lasse sich mit Worten «malen» *(ut pictura poesis)*. Um die evokative sinnliche Kraft des sprachlich simulierten Augenscheins zu steigern, haben die Rhetoriklehrer unter dem Titel *evidentia* eine Reihe von Kunstgriffen entwickelt *(illustratio, demonstratio, descriptio)*. Diese erlauben dem Erzähler, den konkreten Sachgehalt der dargestellten Ereignisse mit den Mitteln der realistischen Ergänzung so auszumalen, daß die Leser/Hörer über ihre Imaginationskraft am Geschehen quasi beteiligt werden. Es entspricht der zugleich Kultur und Geschichte begründenden Rolle der antiken Stadt, daß diese Darstellungstechnik mit großem Erfindungsreichtum vor allem in den Erzählungen über Städtekriege und -eroberungen angewendet wurde. [24]

Wenn der hellenistische Historiograph DIODORUS SICULUS die Historie als «Metropole der Philosophie» und «Magazin der Erfahrung» feiert, so deuten die Raummetaphern noch einmal die Genese der antiken G. an. Sie entstand nicht aus dem Bewußtsein eines zeitlichen Abstands zwischen Gegenwart und Vergangenheit, sondern aus einem mit der Stadtkultur identischen Gedächtnisraum, in dem sie – wie in einem lebendigen Bildersaal – die Tradition dem Leser vors Auge rückte und an der Autorität ihrer Rechtsgründe den normativen Rahmen der eigenen Lebenswelt überprüfte. [25]

Anmerkungen:
1 D. Timpe: Fabius Pictor und die Anfänge der röm. Historiographie, in: ANRW, Bd. I, 2, B (1972) 928ff. – **2** M. Gelzer, R. Helm, in: RE XXII,1 (1955) 108ff. – **3** Sallust's Bellum Catilinae, hg. u. komm. v. J. T. Ramsey (Atlanta 1984), T. F. Scanlon: Spes frustrata. A Reading of Sallust (1987). – **4** H. Tränkle: Livius u. Polybios (1977). – **5** Tacitus, Annales I,1,3. – **6** Tacitus, Annales IV,32f.; III,65,1. – **7** H. Taine: Essai sur Tite Live (Paris [5]1888) 348. – **8** Cicero, De divinatione I,50; De or. II,36. – **9** vgl. Livius, praefatio, Kap. 10. – **10** Quint. X,1,31; Cicero, De optimo genere oratorum 4,15, – **11** Quint. IV, 2,79. – **12** Taine [7] 254.313ff. – **13** Cic. De or. II, 54–56. – **14** Arist. Rhet. II,1393a20; zu Isokrates vgl. A. Demandt: Gesch. als Argument (1972) 18ff. – **15** vgl. z. B. J. Kenyon: History Men. The Historical Profession in England since the Renaissance (London [2]1993) 150; zur aktuellen Dimension des Vergleichs s. C. Ginzburg: Il giudice e lo storico (Turin 1992) 3ff. – **16** Cic. De or. II,62f.; De optimo genere oratorum 15. – **17** J. Gaillard: Auctoritas exempli. Pratique rhétorique et idéologie au 1er siècle avant J.-Chr., in: Revue des Études latines 56 (1978), 30ff. – **18** Tacitus, Annales IV,34, – **19** Livius I, 16–18. V,51–54 et pass. – **20** Quint. V,11,6. IV,2,31. – **21** Auct. ad Her. IV,49,62; Isid. Etym. I,37,34. – **22** Gellius, Noctes Atticae V,18; Isid. Etym. I,44. – **23** Quint. IV,2,64. IX,2.40; vgl. H. Strasburger: Die Wesensbestimmung der Gesch. durch die antike G. (1966) 411. – **24** Strasburger [23] 70ff. – **25** Diodorus Siculus, Bibliothéke I,2,2. 2,8.

Literaturhinweise:
R. Ullmann: La technique des discours dans Salluste, Tite-Live et Tacite (Oslo 1927). – P. G. Walsh: Livius. His Historical Aims and Methods (Cambridge 1961). – F. Châtelet: La Naissance de l'Histoire. La formation de la pensée historienne en Grèce (Paris 1962). – R. Syme: Sallust (Berkeley/Los Angeles 1964). – A Momigliano: Studies in Historiography (London 1966); – J. P. Chausserie-Laprée: L'expression narrative chez les historiens latins. Histoire d'un style (Paris 1969). – H. Diller, F. Schalk: Stud. zur Periodisierung und zum Epochenbegriff (1972). – C. Meier: Gesch., Historie: Antike, in: Gesch. Grundbegriffe, hg. v. O. Brunner et al. II (1975) 595ff. – J. Dangel: La phrase oratoire chez Tite-Live (Paris 1982). – E. Aubrion: Rhétorique et histoire chez Tacite (Metz 1985). – A. Cameron: History as Text: The Writing of Ancient History (London 1989). – A. Momigliano: The Classical Foundations of Modern Historiography (Berkeley 1990). – J. M. Alonso-Núñez (Hg.): Geschichtsbild und Geschichtsdenken im Altertum (1991). – A.M. Battegazzore (Hg.): Dimostrazione, argomentazione dialettica e argomentazione retorica nel pensiero antico (Genua 1993).

III. *Spätantike und Mittelalter.* Die lateinische G. der römischen Kaiserzeit – LUKANS Bürgerkriegsepos ‹Pharsalia› (62ff. n. Chr.), TACITUS' ‹Historiae› (ca. 109 n. Chr.) und ‹Annales› (früherer Titel: ‹Ab excessu divi Augusti›; ca. 114ff. n. Chr.) – blieb der unterrichtenden und zugleich richtenden Erzählung «der Taten und Gesinnungen berühmter Männer» *(clarorum virorum facta moresque)* treu. [1] Ihr idealisierendes Lob galt dem Wertehorizont der vergangenen römischen Aristokratie, ihr mit Pathos vorgetragener Tadel den orientalischen Neigungen der auf Augustus folgenden Regenten. TACITUS sah sich als Chronist des Verfalls und sein Werk als «glanz- und ruhmlose Arbeit» *(inglorius labor)*. [2]

Blieb diese G. vorab auf das Machtzentrum Rom beschränkt, so schrieb APPIAN aus Alexandria um die Mitte des 2. Jh. für den rhetorischen Schulgebrauch eine ‹Römische Geschichte› (Ῥωμαϊκά, Rhōmaïká), die das gesamte Imperium zu umspannen suchte. [3] Die zugrundeliegende ethnographische Perspektive erinnert an die Alexanderhistorie (Ἀνάβασις Ἀλεξάνδρου, Anábasis Alexándrou) des FLAVIUS ARRIANUS (ca. 95–175), die sich stilistisch an den griechischen Klassikern (HERODOT, THUKYDIDES) sowie an der Rhetorik der zweiten Sophistik orientiert und den römischen Kaisern das zum exemplarischen Typus des guten Strategen und Monarchen hochstilisierte Bild Alexanders zur Nachfolge empfohlen hat. [4]

Die entscheidende Wende zu einem universalistischen Geschichtsdenken, das den Interpretationsrahmen der Historien und – langfristig gesehen – ihre Kompositionsformen veränderte, ging von der Religion aus. Rhetorik und rhetorische Topik wurden in diesem Prozeß nicht überflüssig, sondern von den an dieser Stelle erwähnenswerten christlichen Historiographen den anderen, auf die Rechtfertigung des neuen und auf die Transformation des alten Weltbilds zielenden praktischen und theoretischen Interessen angepaßt. Vermittelt über des BOETHIUS ‹De differentiis topicis› und die Lehrbuchtradition der Kommentatoren und Glossatoren, die vor allem CICEROS ‹De inventione› und die demselben einst zugeschriebene HERENNIUS-Rhetorik erläuterten, blieben Topik und Rhetorik dem Mittelalter stets gegenwärtig. [5] Zu den signifikanten Veränderungen aber, die den *Interpretationsrahmen* der Zeitläufe in einem weltumspannenden Sinn betreffen, gehörten vor allem zwei Komponenten: 1. die exklusive Grenzziehung zwischen Gottesfreunden und Gottesfeinden, 2. die Überzeugung von einem schuldhaften Anfang (Sündenfall) und reinigenden Ende (Gericht) der Menschheitsgeschichte. [6] PAULUS hat die Opposition zwischen Christen und Nichtchristen mit der Erwartung verknüpft, daß dieser Gegensatz durch den «neuen Menschen» (*nova creatura*) überwunden werde. [7] Das vorpatristische Geschichtsdenken knüpft an eine reichhaltige Tradition sakraler und exegetischer Schriften an, in der die irdische Historie nach der im Buch DANIEL (2;7) vorweggenommenen Abfolge von vier Monarchien periodisiert und/oder den imperialen Mächten – z. B. in der JESAJA-Apokalypse wie auch in dem als *Consolatio* konzipierten, in Allegorien schwelgenden Sendschreiben der Offenbarung JOHANNIS [8] – ihr nahes Ende vorausgesagt wird. Sowohl die später im 7. Jh. von ISIDOR VON SEVILLA auf einen Wachstumsprozeß von Weltaltern (*aetates*) abgebildeten Periodisierungen als auch die Endzeitprophezeihungen sind Ausdruck einer *spekulativen*, von der Schriftauslegung abhängigen Sinnsuche, in der sich griechisch-römische und jüdische Traditionen des Geschichtsdenkens zu einem neuartigen, dem spezifisch christlichen Diskurs, verbinden. [9] Im Zentrum dieses Diskurses, der die Konflikte der Gegenwart auf einer Vergangenes und Künftiges einschließenden Ebene zu deuten sucht, steht die Frage, wie und unter welchen Bedingungen der friedensstiftende Logos im innerweltlichen Kampf der Mächte zur Entfaltung kommen wird. Es ist dieser biblische Logozentrismus, der dem Gang aller Dinge von Anfang bis Ende Sinn gibt. Vor diesem Hintergrund erscheint die mit dem Sündenfall anhebende Menschheitsgeschichte als ein geheimnisvoller Text, der erst von dem in unbestimmter Zukunft liegenden Ziel einer ewigen (geschichtslosen) Friedensordnung aus lesbar wird; eine Auffassung, die den christlichen Geschichtschreibern das Problem aufbürdet, den Gang der zeitlichen Ereignishistorie mit der Idee eines überzeitlichen *Ordo* vermitteln zu müssen, der dem endlichen Erkenntnisvermögen jedoch verschlossen ist. [10] Was es zu erzählen gibt, steht daher nicht im Belieben des gläubigen Historikers. Er ist der Schreiber (*scriba*), dem der eigentliche Autor, das «wahre Gesetz der Geschichte» (*vera lex historiae*), wie es bei BEDA VENERABILIS (672–735) heißen wird, das zu Berichtende diktiert. [11] Als «Geschäft der Erzählung» (*officium narrationis*) bleibt die Historie pragmatisch, werden alle Darstellungsfragen kommunikativen, d. h. argumentativen, belehrenden, erbaulichen, exegetischen etc. Zwecken untergeordnet. [12]

Eine eigenständige christliche G. entsteht im 4. Jh. Der römische Staat hat in dieser Zeit die neue Religion nicht nur verfolgt, sondern ihr auch Duldung erwiesen, diese mit dem Toleranzedikt von KONSTANTIN und LICINIUS im Jahr 313 besiegelt und das Christentum 381 auf dem Konzil zu Konstantinopel schließlich zur Staatsreligion erhoben. Die frühen Werke der G. erfüllen zumeist apologetische Funktionen, sind – ungeachtet ihrer aufzählenden (*chronographia*) oder erzählenden (*historia*) Form – Verteidigungstexte, die den rhetorischen Topos des Altersbeweises bemühen, um die Autorität (*auctoritas*) der neuen Religion zu begründen. EUSEBIUS VON CAESAREA (263–339) ist nicht nur der Verfasser einer später von HIERONYMUS (ca. 347–420) ins Lateinische übersetzten und fortgeschriebenen Chronik, sondern gilt auch als der erste Urheber der Kirchengeschichtsschreibung. [13] Seine tabellarisch angelegte, dem Formtypus der «series temporum» entsprechende Chronik (um 303 entstanden) beginnt mit Abraham, eröffnet die eigentlich historische Zeit (*spatium historicum*), in apologetischer Absicht, mit dem Wiederaufbau des Tempels in Jerusalem Ende des 6. vorchristlichen Jh. [14] Die von EUSEBIUS verfaßte ‹Kirchengeschichte› will – anders als die aufzählende Chronik – erzählend «ein Ganzes bieten» [15], dessen Sinnhaftigkeit von der zeitlichen Übereinstimmung der empirischen mit der Offenbarungshistorie lebt: die gleichzeitige Gründung des römischen Imperiums und der Kirche durch das Auftreten Christi. Dem von Quellenzitaten unterbrochenen Erzähltext ist ein umfangreiches Kapitel über die Präexistenz des Logos (= Christus) vorgeschaltet. EUSEBIUS folgt hier bis in Einzelheiten der von PAULUS geübten typologischen Exegese des Bibelkanons [16], eine Methode, die mit ihrer Suche nach solchen Textstellen, die durch die Relationen 'Ähnlichkeit' oder 'Kontrast' aufeinander verweisen, an die Inventionsmethode der rhetorischen Topik erinnert [17]; mit dem bezeichnenden Unterschied, daß im Fall der typologischen Lektüre auch eine zeitliche Komponente ins Spiel kommt, da das Frühere (Textstelle im AT) als symbolische und temporale Präfiguration des Späteren (Textstelle im NT) gedeutet werden kann. Die Konstruktion aber einer realhistorisch erzählbaren Einheit in den kirchengeschichtlichen Büchern bedient sich der apostolischen, über die Bischöfe, Gelehrten und Märtyrer bis in die Gegenwart des Verfassers reichenden linearen Abfolge (*series*) derer, die den Logos verwalten bzw. für ihn starben. Der theologische, mit hermeneutischen Mitteln geführte Präexistenzbeweis verhält sich zu den narrativen Teilen wie die theoretisch deduzierte Prämisse eines normativen Auslegungsrahmens zur Darstellung praktischer Fälle. [18] Die G. erscheint, um ein altes Wort zu variieren, als

Theologie in Beispielen und übernimmt damit die Funktion der *Theodizee*, der Rechtfertigung des Leidens vor der göttlichen Providenz, da sie im epideiktischen Stil die Taten und Leiden der christlichen Helden im Kampf zwischen Gott und Satan erzählt, die beide wie die Götter des Mythos ins weltliche Geschehen eingreifen. [19] Die Vorbildfunktion der zu rühmenden Taten verband sich besonders in den Heiligenviten – ein frühes, traditionsbildendes Beispiel ist die ‹Vita Sancti Martini› des SULPICIUS SEVERUS (ca. 363–420) – mit dem Appell an den Leser, durch die Lektüre einer exemplarischen Lebens- und Leidensgeschichte von den irdischen Erfahrungen zur Anschauung überirdischer Ideen aufzusteigen. [20]

Des EUSEBIUS Modell der Kirchengeschichtsschreibung wurde nach der Einnahme Roms durch die Goten (410) in Frage gestellt, da die Ereignisse die idealisierte Einheit von Imperium und Reich Christi widerlegt hatten. Auf die neue Situation antwortet AUGUSTINUS (354–430) mit der Trennung zwischen weltlichem *(civitas terrena)* und göttlichem Reich *(civitas Dei)* und beauftragt den Bischof PAULUS OROSIUS, eine apologetische Weltgeschichte «wider die Heiden» (‹Historiae adversus paganos›) zu schreiben, der die Behauptung zugrundeliegt, die alte, die vorchristliche Welt sei an ihren inneren, vom Aberglauben gezeichneten Unzulänglichkeiten zugrunde gegangen. [21] Den Fall des römischen Reiches rechtfertigt AUGUSTINUS mit dem Theodizeegedanken, daß alles irdische Geschehen vom Kampf zwischen Gegensätzen eingefärbt sei, dessen Sinn sich erst vom eschatologischen Ende, dem Sieg der *civitas Dei*, aus erschließe. [22] Augustinus' geschichtstheologisches Modell hat nicht nur die stoische und neuplatonische Theodizee-Literatur verarbeitet, es übertrug darüber hinaus die antithetischen Denkfiguren der antiken Rhetorik in theologische Kontexte und wies dem Studium der Beredsamkeit zusammen mit dem der anderen freien Künste eine propädeutische Aufgabe zu, die das Erkenntnisvermögen instandsetzen sollte, schrittweise in der Hierarchie der Ordnungen «vom Körperlichen zum Unkörperlichen weiterzugehen» *(a corporalibus ad incorporalia proficisci)*. [23] Auch die Elemente der *ars memorativa* (methodische Gedächtniskunst), ein Kernstück der antiken Rhetorik, waren Augustinus verfügbar. [24] Er hat im 10. und 11. Buch der ‹Confessiones› die von PLATONS Anamnesislehre über des ARISTOTELES Vermögenspsychologie und CICEROS Rhetorik sich erstreckende Tradition der Grundgedanken revidiert. [25] Die in der Rhetorik korrelativen Disziplinen der Mnemotechnik *(ars memorativa)* und der Findekunst *(inventio)* werden in dieser Revision zu hermeneutischen Kategorien umgewidmet, die in den Bildern und Zeichen der in der Vorstellung körperlich bzw. zeichenhaft präsenten Welt – eine Welt der Spuren *(vestigia)*, soweit es sich um Vergangenes handelt – das zu entziffern suchen, was den Menschen mit Gott verbindet [26]; *memoria* wird zu einem Synonym für Geistes-Gegenwärtigkeit und die Mnemotechnik – mit den Worten eines Buchtitels von BONAVENTURA (ca. 1221–1274) – zum ‹Itinerarium mentis in Deum›, zur Pilgerreise des Geistes zu Gott.

Die historiographische Literatur des christlichen Mittelalters bewegt sich mit Variationen in dem skizzierten Interpretationsrahmen. Traditionsbildend für die Reorganisation des überkommenen Wissens wurde die von Augustinus in ‹De doctrina christiana› angeordnete Subsumtion des theoretischen und praktischen Wissens unter die Prinzipien der Bibelauslegung. Als Erinnerungs- und Erzählgemeinschaft, die sich auf die Abendmahlsformel «Dies tut zu meinem Gedächtnis» (PAULUS, 1 Kor 11,24) berufen konnte, blickt das Christentum auf das *eine* Ereignis, auf das Eintreten des Logos in die Welt, von dem die eschatologische Hoffnung auf Erlösung lebt. In diesem Kontext bleibt die G. als *magistra vitae* der Belehrung *(docere)* treu; die Merk- und Lernfähigkeit des kulturellen Gedächtnisses *(memoria)* wird nun enger an die Spuren *(vestigia)* von Schrift und Bild gebunden, ohne daß die Nähe zwischen Historiographie und Rhetorik aufzukündigen ist: «Sobald man die [schriftlichen] Aufzeichnungen vernachlässigt», heißt es bei ISIDOR, «schwindet jede Erinnerung. Die vollkommene Beherrschung dieser Disziplin macht den Redner.» [27] Die so angesprochene mnemonische Bedeutung der G. hat sich in vielfältiger Weise in der Buchgestaltung, nicht zuletzt in der engen Verbindung zwischen Schrift und Bilddarstellung niedergeschlagen; eine Technik, die u. a. den Evidenzgrad der Historie zum Nutzen der Memorierung steigern sollte. [28] Die formelhafte Aufforderung in einem spätmittelalterlichen graphischen Darstellungstypus der Historie lautet dementsprechend: «was vor Augen liegt *(pre oculis habita)*, dem Gedächtnis übergeben». [29]

Formen und Gattungen der G. des Mittelalters sind nicht ohne weiteres nach den später entstandenen Wissenschaftskriterien zu unterscheiden. CASSIODOR (ca. 490–583), Verfasser einer ‹Chronik› und einer (in einem Abriß des IORDANES überlieferten) Geschichte der Goten (‹De origine actibusque Getarum›) definiert die «Chronik» als Aufzeichnung historischer «Bilder» *(imagines historiarum)* und sehr knapp verfaßter «Erinnerungen geschichtlicher Daten» *(commemorationes temporum)*. [30] Verbreitet, wenn auch nicht konsequent gehandhabt, war seit ISIDOR VON SEVILLA (ca. 560–636) die dreifache Unterscheidung zwischen «Historiae» für erlebte Geschichten (z. B. SALLUST), «Annales» für weit Zurückliegendes und einem aus beiden Zusammengesetzes *genus permixtum* (z. B. EUSEBIUS). [31] Im Hochmittelalter hat GERVASIUS VON CANTERBURY (gest. ca. 1210), Verfasser einer Chronik und der ‹Gesta regum› (Taten der Könige), schärfer die Formen und Funktionen der Haupttypen auseinandergehalten. Vom Chronisten bzw. Annalisten verlangt er über die nach Daten gegliederten Ereignisse, zu denen neben den Taten der Regenten auch die Wundergeschichten *(portenta vel miracula)* gehören, knappe Belehrung *(breviter edocet)*. Vom weitläufig *(diffuse)* «Handlungen, Gesinnungen und Leben» *(actus, mores, vitamque)* erzählenden Geschichtsschreiber *(historicus)* hingegen dürfen die Hörer oder Leser *(audientes vel legentes)* einen «sanften» und «erwählten» Sprachgebrauch *(sermo dulcis et elegans)* erwarten, der sie zugleich belehrt und unterhält. [32] Die empfohlenen Stileigenschaften *(dulcedo, elegantia)* entsprechen jenen rhetorischen *genera elocutionis (medium; subtile)*, die mit einfachen ornamentalen Mitteln das Interesse und die Aufmerksamkeit der Adressaten heischen. Die zitierten Beispiele zeigen, daß temporale Gliederungsprinzipien und inhaltliche Umfangbestimmungen zwar terminologisch nicht konsequent auseinandergehalten wurden, in der Schreibpraxis aber sind die Haupttypen der *chronica* und der *historiae* klar zu unterscheiden. Die in den Definitionsbemühungen aufspringende Differenz zwischen historischer Zeit und historischer Erzählung ließ (gemäß dem Plural *historiae*) den Erzählern die Freiheit, die in dauerndem Wandel *(mutabilitas rerum)* erscheinenden Ereignisse der *civitas terrena*, von lehrhaften Hinweisen, Argumenten etc. unterbrochen, episodisch darzustellen. [33]

Die Funktion der *elocutio* in der christlichen G. erschöpfte sich nicht in der Wirkungsdimension. Sie hat eine weit darüber hinausgehende, nämlich exegetische Bedeutung, da nach dem Johannesevangelium die Welt selbst eine Wort-Schöpfung ist: «Im Anfang war das Wort, und das Wort war bei Gott, und Gott war das Wort. [...] Alle Ding sind durch dasselbige gemacht.» (Joh 1,1; Übers. Luther). Die rhetorische Stillehre, insbesondere ihr die ästhetische Semantik betreffender Teil (Tropologie), schien daher geeignet, den Blick für die metaphorische und symbolische Lesbarkeit der weltlichen Dinge zu üben, um wie durch Fenster hindurch mit dem Logos kommunizieren zu können. [34] Diese Auffassung führt in jenen Büchern der mittelalterlichen G., die einem exegetischen bzw. divinatorischen Typus zuzurechnen sind (BEDAS ‹Historia ecclesiastica›, ABAELARDS autobiographische ‹Historia calamitatum›, OTTOS VON FREISING ‹Chronicon seu Historia de duabus civitatibus›) zu einer hermeneutischen Verwendung der qualitativen *elocutio*, die «zwischen den Widersprüchen der menschlichen Erfahrung und der Harmonie des göttlichen Plans» eine vermittelnde Aufgabe übernimmt. [35] Eine ähnliche Vermittlungsfunktion beanspruchen noch die im Hochmittelalter unter dem Eindruck eines umfassenden soziokulturellen Strukturwandels entstandenen Geschichtswerke. [36] Mit dem Wahrheitsanspruch an die G. stieg auch ihr belehrendes Gewicht, mit der Erweiterung der universalhist. Perspektive freilich auch die Not der Stofforganisation. «Die Zeitläufe *(gesta temporum)* sind beinah unendlich», klagte der Mönch HUGO VON ST. VICTOR. [37] Die Kreuzzüge leiten den Blick der Geschichtsschreiber über die Grenzen Europas hinaus, der Investiturstreit entfacht neuerdings eine Diskussion um Fortbestand und Einheit des römischen Reichs, man gewinnt wieder Interesse für jene G., die in engstem Kontakt mit der antiken Bildungstradition stand (HIERONYMUS, OROSIUS) und studiert neugierig die Profangeschichten des Altertums. [38] Die in dieser Epoche entstehende Universalgeschichtsschreibung sammelt in möglichst umfassender Weise das historische Wissen, systematisiert es nach enzyklopädischen Gesichtspunkten und legt sich metaphorische Titel zu, die sowohl auf die kompilatorische, von der Topik abhängige Form als auch auf die antiquarische Verwertbarkeit dieser Werke aufmerksam machen: ‹Speculum›, ‹Flores›, ‹Gemma›, ‹Compilatio› etc. [39] Zu den weitverbreiteten Büchern dieser Art, die in den Schreibstuben der damals in der G. führenden Dominikaner entstanden sind, gehören MARTINS VON TROPPAU (gest. 1278) synoptisches, schon im Titel den Bruch zwischen geistlicher und weltlicher Macht andeutendes ‹Chronicon pontificum et imperatorum Romanorum› und des VINZENZ VON BEAUVAIS (gest. 1264) ‹Speculum quadruplex, Naturale, Doctrinale, Morale, Historiale›. [40] VINZENZ' Enzyklopädie sammelt und systematisiert das verfügbare spekulative und praktische Traditionswissen, um dem als bedürftig erkannten Menschen «Schutz oder die Wiedererlangung des geistigen oder zeitlichen Heils» zu verschaffen. Die Universalhistorie erscheint in dieser Summe als eine der «Bewunderung, Erbauung, und [dem] Nutzen» gewidmete Kompilation von Geschichten, die als Exempla der Ethik zu lesen sind. [41]

Wenig später, zwischen 1260 und 1268, schreibt der Laie BRUNETTO LATINI ‹Li livres dou trésor›, die erste bedeutende volkssprachliche, in protohumanistischem Geist verfaßte Enzyklopädie. Dieses Werk orientiert sich nicht mehr am Schöpfungsbericht, sondern an der von CICERO zu Beginn von ‹De inventione› erzählten kleinen Kulturgeschichte der Menschheit, deren Motto lauten könnte: «In initio erat eloquentia.» (Am Anfang war die Beredsamkeit.) G., in der Gestalt der Universalhistorie, löst sich in dieser Enzyklopädie von der klösterlichen Schreibstube und tritt in den Dienst der *vita activa*; ihr Adressat ist die politische Führungsschicht der Stadtgesellschaft. [42]

Anmerkungen:
1 Tacitus, De vita Julii Agricolae I,1. – **2** Tacitus, Annales 4,32. – **3** E. Schwartz: Griech. Geschichtsschreiber (1957) 361ff. – **4** P. A. Stadter: Arrian of Nicomedia (Chapel Hill 1980). – **5** M. C. Leff: Boethius' ‹*De differentiis topicis*›, Book IV, in: J. J. Murphy (Hg.): Medieval Eloquence. Studies in the Theory and Practice of Medieval Rhet. (London 1978) 3–24; J. O. Ward: From Antiquity to the Renaissance: Glosses and Commentaries on Cicero's ‹*Rhetorica*›, in: Murphy ebd. 25–67. – **6** zur teleologischen Orientierung des spätantiken wie christlichen Geschichtsdenkens vgl. A. Momigliano: L'età del trapasso fra storiografia antica e storiografia medievale, in: La storiografia altomedievale I (Spoleto 1970) 89ff. – **7** Paulus, 2 Kor 5,14ff.; vgl. R. Bultmann: Das Urchristentum im Rahmen der antiken Religionen (1949) 200ff. – **8** A. N. Wilder: The Rhet. of Ancient and Modern Apocalyptic, in: Interpretation 25 (1971) 436–453. – **9** zum bibelhermeneutischen Hintergrund vgl. H. Graf Reventlow: Epochen der Bibelauslegung, Bd. I: Vom Alten Testament bis Origenes (1990); zu Isidor vgl. A. Borst: Das Bild der Gesch. in der Enzyklopädie Isidors von Sevilla, in: Dt. Arch. 22 (1966) 21ff. – **10** «Totum autem ordinem saeculorum sentire nullus homo potest.» (Die ganze Ordnung der Jahrhunderte aber zu erkennen vermag kein Mensch.) heißt ein Augustinus, De vera religione 22,43. – **11** Bede's Ecclesiastical Hist. of the English People, hg. von B. Colgrave u. R. A. B. Mynors (Oxford 1969) 6; C. B. Kendall: Bede's ‹Historia ecclesiastica›: The Rhet. of Faith, in: Murphy [5] 145–172. – **12** Auct. ad Her., I,8–9; Isid. Etym. I,41; vgl. dazu A. Demandt: Gesch. als Argument (1972); H.-W. Goetz: Gesch. als Argument. Hist. Beweisführung u. Geschichtsbewußtsein in den Streitschr. des Investiturstreits, in: Hist. Zs. 245 (1987) 31–69; G. Althoff u. S. Coué: Pragmatische G. und Krisen, in: H. Keller et al. (Hg.): Pragmatische Schriftlichkeit im MA. Erscheinungsformen und Entwicklungsstufen (1992) 95–129. – **13** O. Bardenhewer: Gesch. der altkirchlichen Lit. III (1912) 605ff. – **14** A.-D. von den Brincken: Stud. zur lat. Weltchronistik bis in das Zeitalter Ottos v. Freising (1957) 62f. – **15** Eusebius v. Caesarea: Kirchengeschichte, hg. von J. Kraft (1967) 83. – **16** Reventlow [9] 66ff. – **17** L. Goppelt: Typos. Die typologische Deutung des Alten Testaments im Neuen (1939). – **18** Ähnlich hat C. W. Jones die Relation zwischen Theorie der hist. Zeitrechnung und hist. Erzählung in den frühmittelalterl. Hagiographien beschrieben. Siehe C. W. J. : Saints' Lives and Chronicles in Early England, in: Romanesque Literature I (New York 1947) 17ff. – **19** W. Nigg nennt die Erzählweise des Eusebius deshalb «mythisch». Siehe ders.: Die Kircheng. Grundzüge ihrer hist. Entwicklung (1934) 1ff. – **20** Sulpice Sévère: Vie de Saint Martin I, hg. von J. Fontaine (Paris 1967) 72ff. – **21** Orosius, Historiarum adversum paganos libri VII, hg. v. K. Zangemeister (1889) 301. – **22** R. Koselleck: Vergangene Zukunft. Zur Semantik gesch. Zeiten (1979) 234ff. – **23** Augustinus, Retractationes I,3,1; Vgl. J. Kopperschmidt: Rhet. und Theodizee. Stud. zur hermeneut. Funktionalität der Rhet. bei Augustin, in: ders. (Hg.): Rhet. I: Rhet. als Texttheorie (1990) 340. – **24** F. A. Yates: Gedächtnis und Erinnern (1990) 49ff. – **25** vgl. die von D. Harth hg. Textdokumentation ‹Die Erfindung des Gedächtnisses› (1991). – **26** Augustinus, Confessiones XI,18,23. – **27** Isid. Etym. I,41ff.; II,2,2; zit. nach P. Meinhold: Gesch. der kirchlichen Historiographie I (1967) 184. Zur Bedeutung des Gedächtnisses für die Kultur des MA vgl. M. J. Carruthers: The Book of Memory. A Study of Memory in Medieval Culture (Cambridge 1990); weitere Literaturangaben

bei O. G. Oexle: Memoria in der Gesch. u. in der Kultur des MA., in: J. Heinzle (Hg.): Modernes MA. Neue Bilder einer populären Epoche (1994) 297ff. – **28** Yates [24] 82ff. – **29** G. Melville: Gesch. in graphischer Gestalt. Beobachtungen zu einer spätmittelalterl. Darstellungsweise, in: H. Patze (Hg.): G. u. Geschichtsbewußtsein im späten MA. (1987) 149ff. – **30** Cassiodor, Institutiones divinarum et humanarum litterarum I,17,2. – **31** Isid. Etym. [27]; dazu Meinhold [27] 183. – **32** Gervasius v. Canterbury, Chronica maior, Prologus; hg. von W. Stubbs: The Historical Works of Gervase of Canterbury I (London 1879; ND 1965) 84f. – **33** Otto von Freising: Chronik oder die Gesch. der zwei Staaten, hg. von W. Lammers (1960) 4; vgl. H.-W. Goetz: Das Geschichtsbild Ottos von Freising (1984) 97. – **34** vgl. die semiotische Grundlegung für eine solche Lesbarkeit der physischen Welt in Aug. Doctr. I,2,2. – **35** Kendall [11] 162. – **36** vgl. zu diesem Wandel B. Nelson: Der Ursprung der Moderne. Vergl. Stud. zum Zivilisationsprozeß ([2]1984) 140ff. – **37** Hugo von St. Victor, De tribus maximis circumstantiis gestorum, hg. von W. M. Green, in: Speculum 18 (1943) 491. – **38** A.-D. von d. Brincken [14] 187; J. Spörl: Wandel des Welt- und Geschichtsbildes im 12. Jh.? Zur Kennzeichnung der hochmittelalterl. Historiographie, in: W. Lammers (Hg.): Geschichtsdenken und Geschichtsbild im MA (1965) 278ff. – **39** G. Melville: Zur «Flores-Metaphorik» in der mittelalterl. G. Ausdruck eines Formungsprinzips, in: Hist. Jb. d. Görres-Ges. 90 (1970) 65–80; C. Meier: Grundzüge der mittelalterl. Enzyklopädistik. Zu Inhalten, Formen und Funktionen einer problematischen Gattung, in: L. Grenzmann u. K. Stackmann (Hg.): Lit. und Laienbildung (1984) 467–500. Siehe zur allg. Bedeutung der Topik für die enzyklopäd. Organisation des Wissens G. von Graevenitz: Mythos. Zur Gesch. einer Denkgewohnheit (1987) 45ff. et pass. – **40** summarischer Überblick bei W. Goez: Translatio Imperii. Ein Beitr. zur Gesch. des Geschichtsdenkens und der polit. Theorien im MA. und in der frühen Neuzeit (1958) 199ff. – **41** nach C. Meier: Vom Homo Coelestis zum Homo Faber. Die Reorganisation der mittelalterl. Enzyklopädie für neue Gebrauchsfunktionen bei Vinzenz v. Beauvais und B. Latini, in: H. Keller et al. [12] 172; 170. Zur Exempelfunktion der Historic vgl. auch P. v. Moos: Gesch. als Topik. Das rhet. Exemplum von der Antike zur Neuzeit u. die *historiae* im ‹Policraticus› des Johann von Salisbury (1988). – **42** C. Meier: Cosmos politicus. Der Funktionswandel der Enzyklopädie bei B. Latini, in: Frühmittelalterl. Stud. 22 (1988) 315–336; zum Form- und Funktionswandel der spätmittelalterl. G. vgl. J. Le Goff: Phantasie und Realität des MA (1990) 121ff.

Literaturhinweise:
R. McKeon: Rhet. in the Middle Ages, in: Speculum 17 (1942). – H.-I. Marrou: Saint Augustin et la fin de la culture antique (Paris 1958). – F. Vittinghoff: Zum gesch. Selbstverständnis der Spätantike, in: HZ 198 (1964). – E. R. Curtius: Europäische Lit. und lat. MA ([7]1969). – K. Heussi: Kompendium der Kirchengesch. ([13]1971). – J. O. Ward: ‹Artificiosa Eloquentia› in the Middle Ages (Diss. Toronto 1972). – J. J. Murphy: Rhet. in die Middle Ages: A Hist. of Rhetorical Theory from Saint Augustine to the Renaissance (Berkeley etc. 1974). – O. Engels: Gesch. Historie. Begriffsverständnis im MA., in: Gesch. Grundbegriffe, hg. von O. Brunner et al. II (1975) 610ff. – K. H. Krüger: Die Universalchroniken. Typologie des sources du moyen âge occidental XVI (Turnhout 1976). – A. Seifert: Historia im MA., in: ABg 21 (1977) 226–284. – H. Grundmann: G. im MA. Gattungen-Epochen-Eigenart ([3]1978). – B. McGinn: Visions of the End. Apocalyptic Traditions in the Middle Ages (New York 1979). – B. Guenée: Histoire et culture historique dans l'Occident médiéval (Paris 1980). – G. Melville: Spätmittelalterl. Geschichtskompendien. Eine Aufgabenstellung, in: Röm. Hist. Mitteilungen 22 (1980) 51–104. – J. Knape: ‹Historie› im MA. u. früher Neuzeit. Begriffs- und gatungsgesch. Unters. im interdisziplinären Kontext (1984). – H. Kraft: Einf. in die Patrologie (1991) – J. Coleman: Ancient and Medieval Memories. Studies in the Reconstruction of the Past (Cambridge 1992).

IV. *Renaissance, Barock, Frühaufklärung.* Gemessen an den langsamen Veränderungen der außereuropäischen Gesellschaften erscheint die dynamische Evolution der europäischen Staaten zu Beginn der Neuzeit dem retrospektiven Blick wie ein «Wunder». [1] Die Expansion des Handels, nicht zuletzt im Anschluß an die Öffnung transatlantischer Schiffspassagen, die Entwicklung der Waffen- und Schiffsbautechnik, Erfindung des Buchdrucks und damit einhergehende Reproduzierbarkeit des Tradierten, schließlich die Aufwertung des Erfahrungswissens (Historie) und der Naturwissenschaften (Physik) sowie die wachsende zwischenstaatliche Konkurrenz riefen ein neues Zeitbewußtsein hervor und veränderten die Einstellungen gegenüber dem vergangenen und zukünftigen Zustand der Kultur. [2] Noch bezog sich im hier behandelten Zeitraum der Begriff der *Historie* auf «Herkommen» und «Gedächtnis», aber schon bezeichnete er auch ein methodisch erschließbares Erfahrungswissen, das sich von der durch Autorität beglaubigten Tradition unterscheiden wollte. [3]

Die rhetorisch-pragmatische Funktion der G. kam zwei für den Humanismus repräsentativen Weltanschauungsprinzipien entgegen: der Aufwertung der *vita activa* in Opposition zur hochmittelalterlichen Wertschätzung der *vita speculativa* und der antimetaphysischen These, daß wahre Erkenntnis nur in jenen Gegenständen zu finden sei, die sich der kulturellen Arbeit verdanken *(verum et factum convertuntur)*. [4] Die humanistische G. stand im Dienst der frühneuzeitlichen soziopolitischen Legitimationsbedürfnisse und Differenzierungsprozesse und brachte eine umfangreiche theoretische Literatur hervor, die sich Gedanken über die Funktionen des historischen Gedächtnisses für die Ausbildung der praktischen Klugheit *(prudentia)* machte. Hierher gehören außer den vom aristotelischen Praxisbegriff und von historischen Beispielen abhängigen politischen Theorien die seit dem 16. Jh. in großer Zahl verbreiteten *artes historicae*. Um Beispiele zu nennen: F. ROBORTELLOS ‹De historia facultate disputatio› (1548), F. PATRIZIS ‹Della historia diece dialoghi› (1560), G. J. VOSSIUS' ‹De historiarum utilitate› (1632), R. RAPINS ‹Instructions pour l'histoire› (1677), D. WHEARES ‹The Method and Order of Reading histories› (1685). [5] Die meisten der genannten Programmatiker werteten im Geiste CICEROS die G. als «Tochter der Rhetorik» auf, betrachteten sie als integralen «Teil der Ethik und Politik» *(philosophia practica)* und zogen daraus für die Schreibart den Schluß: «Die Historie ist Erzählung und die Erzählung ist die rationale Diskussion eines Sachverhalts» (D. Atanagi). [6] Die Doppelcodierung *(narratio + argumentatio)* und die Verpflichtung gegenüber schriftlich tradiertem Erfahrungswissen blieben in Kraft. Auch folgte die rhetorische Pragmatik nach wie vor dem Grundsatz «praeteritorum exempla testimonia sunt futurorum» (die Vorbilder der Vorfahren sind Zeichen der Weisheit für die Nachgeborenen) und zielte auf die Exemplifizierung gegebener Normen. [7] Doch führte die konsequente Rhetorisierung zu einer folgenreichen Umdeutung der führenden aristotelischen Wissenschaftstradition. R. AGRICOLA, M. NIZOLIUS, ERASMUS VON ROTTERDAM, MELANCHTHON u. a. verallgemeinerten die Regeln der antiken Topik, um mit ihrer Hilfe das Inventar des historisch-empirischen Buchwissens systematisieren und in der Praxis rhetorisch anwenden zu können. Als Heuristik *(ars inveniendi)* erhielt die Topik den doppelten Status einer enzyklopädischen, die empirischen Daten inventarisierenden Methode und einer pragmatischen

Argumentationslehre, die das inventarisierte und zugleich geordnete historische Wissen mit den Prinzipien der moralischen Urteilsbildung und den Verfahren der rhetorischen (sprachlichen) Normenvermittlung zu verbinden suchte. [8] Auch Zweifel kamen auf, die sich ihrerseits aber wieder auf die Fusion zwischen Skepsis und Rhetorik bei dem Klassiker CICERO hätten berufen können. Der Neoplatoniker PATRIZI z. B. identifizierte die Historie mit den Nachbildern einer erfahrungsnahen Erinnerung, um ihren ideenphilosophischen Wahrheitsanspruch zu bezweifeln. Gleichwohl war ihm der praktische Nutzen der Historie eine positive Verallgemeinerung wert: Denn sie sei nicht mehr und nicht weniger als «das Gedächtnis der menschlichen Dinge» *(memoria delle cose humane)*, ein lehrreiches Zeughaus exemplarischer Konfusionen. [9]

Entschiedener als je zuvor wurden in der einschlägigen Gelehrtenliteratur die Kompetenz der Leser und die Methoden kritischer Lektüre berücksichtigt, traten die Strategien politischer Begriffsbildung ins Zentrum und wurden agnostisch die traditionellen Vorstellungen eines providentiellen, die überkommenen Herrschaftsformen legitimierenden Geschichtsablaufs in Frage gestellt. J. BODIN relativierte in seinen ‹Six livres de la République› (1576) die göttliche Legitimation weltlicher Herrschaft, band diese an moralische Maximen und Naturgesetze und legte Wert auf die historische Wandelbarkeit und klimatische Abhängigkeit der Institutionen. [10] Hundert Jahre später nimmt der englische Historiker T. BURNET den von ihm beobachteten permanenten Wandel von Staaten und Regierungen zum Anlaß, auf die Ursachen zurückzugehen: früher Versuch einer zugleich beschreibenden und *erklärenden* G. [11] Im ‹Methodus ad facilem historiarum cognitionem› (1566), einem einflußreichen, die methodische *inventio* akzentuierenden Lehrbuch, unterschied BODIN nach dem Muster der Rechtsfindung zwischen dem Aussagewert des beteiligten Zeugen und der höheren Glaubwürdigkeit des unbeteiligten Historikers. Das alte Augenzeugenkriterium tritt hier zurück hinter den auf ein kritisches Quellenstudium bezogenen Text der historischen Erzählung. [12] Damit ist eine Aufwertung der methodischen Literatur-Recherche verbunden, die im Unterschied zur antiken Auffassung den Wahrheitswert der schriftlichen Spur über den des mündlichen Zeugnisses stellt. Die Applikation der *historia humana* auf praktische Fragen blieb indessen dem heuristischen Rahmen der Rhetorik verpflichtet. Dem gegen die Ungewißheiten der Praxis sich wappnenden Leser galt es historische Exempla für die richtige Urteilsbildung *(consilia)*, für die wohlgeformte Rede *(dicta)* und für moralisch gute Taten *(facta)* zu liefern. [13]

Auch im Meinungskampf der religiösen und politischen Parteien gewann der rhetorisch-argumentative Gehalt der G. an Gewicht. Die Parteigänger der Reformation in Deutschland variierten oft nur die alten Formen, um sie für die eigene Sache zu instrumentalisieren. J. SLEIDAN schrieb im konventionellen Chronikstil ein verbreitetes, von beiden Religionsparteien studiertes Standardwerk über die Geschichte der Reformation, den ‹Commentarius de statu Religionis› (1556). MELANCHTHON paßte die von ihm umgeschriebene ‹Carionische Chronik› (1588) jener religiösen Unterweisungsrhetorik an, die – nach Luthers Worten – mithilfe historischer Exempel «leren, ermanen, warnen, abschrecken» soll. [14] Als Propädeutikum blieb überdies die G. fester Bestandteil weltlicher wie religiöser Bildungsprogramme und erhielt Auftrieb durch die humanistische Kanonisierung der griechischen und römischen Literatur in Schulen, Universitäten und Akademien. [15] Die Wiederentdeckung der Klassiker als Maßstab und Muster spielte eine Rolle vor allem in der politischen G. So schrieb L. BRUNI (1369–1444), der Übersetzer der Staatslehre des ARISTOTELES, im Stil des LIVIUS und in der Tradition des antiken Städtelobs eine ‹Laudatio Florentinae urbis› und zur Verteidigung republikanischer Ideen die ‹Historiae Florentini Populi›. [16] Der Autor griff das im Mittelalter vernachlässigte Modell der Annalen wieder auf, konzipierte seine Bücher als politische Klugheitslehren und folgte einer konventionellen Topik, um den Lesern – unter anderm über fiktive Reden – die interessengebundene Ratio politischen Handelns zu demonstrieren. Die Wirkung dieser aus dem Geist des frühbürgerlichen Humanismus entstandenen Bücher war groß. F. BIONDOS, von Bruni inspirierte Chronik ‹Historiarum ab Inclinatione Romanorum Imperii Decades III› (1483) näherte antiquarisch-archäologische Forschungen und rhetorische Darstellung einander an, eine wichtige Neuerung, die rhetorische und dokumentarische Evidenz in ein Gleichgewicht zu bringen suchte. Biondo wandte sich gegen die von OROSIUS propagierte Idee der *translatio imperii*, korrigierte mithilfe philologisch-kritischer Verfahren die mittelalterlichen Periodisierungsschemata und näherte sich jener dreigliedrigen Epocheneinteilung, die BEATUS RHENANUS (1485–1547) später verbessert und CELLARIUS in seiner ‹Historia Universalis in antiquam et medii aevi ac novam divisa› (1696) benutzt hat, um den Beginn der «Neuzeit» auf die Reformation zu datieren. [17]

Die Konstruktion historischer Großepochen ist Indiz für ein verändertes Zeitbewußtsein. Was PETRARCA bereits um 1340 als Erfahrung formuliert hatte, daß sich die Welt seit den Griechen und Römern grundlegend gewandelt habe, veranlaßt humanistische Historiographen und Antiquare, ›die Antike‹ als abgeschlossene Einheit von der Folge- und Jetztzeit abzugrenzen. [18] Zwar bestehen die providentielle Zeit und das alttestamentarische Einteilungsschema der vier Monarchien neben den säkularen Periodisierungen weiter; die deutschen Historiker WIMPFELING, NAUCLERUS, SCHEDEL halten sich an diese Gepflogenheit. [19] Mit der «Entdeckung» der Alten Welt als einer selbständigen, zeitlich geschiedenen Erfahrungswelt verschieben sich indessen die Zeitperspektiven zugunsten der Jetztzeit. [20] Ende des 17. Jh. hat sich die bis heute übliche, einst den Entwicklungsstufen der *Latinitas* zugeordnete makrohistorische Segmentierung der europäischen Geschichte – Antike, Mittelalter, Neuzeit – durchgesetzt. Was die thematische Organisation der erzählenden, von der antiquarischen Forschung sich absetzenden Historie betrifft, so unterschieden die humanistischen und barocken Kunstlehren der G. *(artes historicae)* schärfer als zuvor zwischen Kirchengeschichte *(hist. ecclesiastica)*, politischer Geschichte *(hist. civilis)*, Naturgeschichte *(hist. naturalis)* und Gelehrtengeschichte *(hist. litterarum)*. Als selbständige Gattung etabliert sich die historische Topographie, deren traditionsbildendes Muster – BIONDOS ‹Italia illustrata› (1474) – einen Kernbegriff der auf Evidenz zielenden rhetorischen Beschreibungstechnik *(illustratio)* im Titel zitiert. In Deutschland plante K. CELTIS eine nach diesem Muster verfaßte ‹Germania illustrata›, kam aber über Fragmente nicht hinaus. [21]

Mit der fortschreitenden Arbeitsteilung zwischen polyhistorischer Forschung und G. entstand für diese die

Herausforderung, ihre bis dahin als verbindlich angesehenen literarischen Zeugnisse um außerliterarische Quellen zu erweitern und die Authentizitätsprüfung der Buchtradition zu verbessern: Archäologie, Numismatik und nicht zuletzt Philologie traten in den Dienst einer die G. vorbereitenden und begleitenden historischen Recherche: Die antiken Klassiker wurden nicht mehr allein als rhetorische Muster und politische Ideengeber studiert, sondern am Wahrheitsgehalt ihrer Zeugnisse gemessen.[22] Der italienische Kardinal C. BARONIUS hat in seinen apologetischen ‹Annales ecclesiastici› (1588–1607) dieser Verbindung von Recherche und Erzählung eine neue Form gegeben. Nach dem Muster philologischer Textkritik seinen Annalen einen Zitaten-Apparat hinzufügend, markierte Baronius die Differenz zwischen Quelle und Darstellung und eröffnete dem Leser auf diese Weise eine kritische Auseinandersetzung mit der im Zitat gegenwärtigen Überlieferung. Eine Innovation, die sich die Technik des Buchdrucks zunutze gemacht, das Kriterium der vom Augenzeugen mündlich weitergegebenen Kunde in den Hintergrund gedrängt und zugleich den konjekturalen Charakter der historischen Forschung hervorgekehrt hat.[23] Im Unterschied zur klerikalen orientierte sich die politische, ohnehin parteiisch verfahrende G. unbefangener an rhetorischen Regeln und an der exemplarischen Induktion. P. DE COMMYNES erfüllte in den ‹Mémoires› (1489–98), mit denen er eine neue historiographische Gattung begründet hat, die Rolle des politischen, auf Exempel verweisenden Ratgebers und entmystifizierte zugleich die religiöse Rechtfertigung weltlicher Herrschaft.[24] Um die Mitte des 16. Jh. erschien mit den ‹Historiarum sui temporis libri› des P. GIOVIO das erste journalistische, von fürstlichen Auftraggebern unabhängige Geschichtswerk. F. GUICCIARDINI (1483–1540) schrieb mit der ‹Storia d'Italia› eine rasch als Modell anerkannte und imitierte Staatsgeschichte, die zwischen innen- und außenpolitischen Faktoren unterschied, um sie um so genauer auf die praktischen Rechtsgründe beziehen zu können. Er erzählte mit publizistischer Absicht die «Kalamitäten» *(le calamità)* Italiens, um anhand «unzähliger Exempel» den Hauptsatz zu demonstrieren, daß Kriege und Machtmißbrauch dem «Gemeinwohl» *(la salute commune)* nur Schaden zufügen können.[25] F. BACONS ‹History of the Reign of King Henry VII› (1621) verband die Topoi der panegyrischen und deliberativen Rede, um ein vom Autor vertretenes machiavellistisches Ethos zu propagieren.[26] BOSSUET (1627–1704) schließlich konzipierte seine Universalgeschichte, die er noch einem biblischen Epochenschema unterwarf, als «grand spectacle» für die politische Fürstenerziehung und definierte im Anschluß an BODINS Topik die *loci* des historischen Gedächtnisses als «Epochen», an denen der Leser innehalten sollte, um räsonierend zurück oder voraus zu schauen. Seine Universalhistorie – im Grunde eine Exempelsammlung für eine präventive politische Fürstenmoral – kam indessen über die Grenzen des *mundus christianus* nicht hinaus.[27] Nicht zuletzt aber veränderte die heftig zunehmende politische und militärische Konkurrenz zwischen den europäischen Staaten das traditionelle theologisch gefärbte Paradigma. Der absolute Staat und die Nation feierten sich bald selber als Subjekte einer neuen Historie: Die ‹Annales rerum Anglicarum et Hibernicorum regnante Elizabethae› (1615) des Engländers W. CAMDEN rühmten den Genius der «Nation».[28] Der französische Historiker LA POPELINIERE, Verfasser einer ersten Geschichte der Geschichtsschreibung (1599) und gemäßigter Anhänger des historischen Skeptizismus (Pyrrhonismus), forderte «Wahrheit» anstelle humanistischer «Eloquenz».[29] Hatten schon VALLA, POLIZIAN, BUDÉ und CUJAS den Wert der antiken römischen Institutionen und Rechtskodices relativiert, so greifen nun die Franzosen La Popeliniere, F. BAUDOUIN, N. VIGNIER die normative Geltung überhaupt des römisch-italienischen Modells an und propagieren eine säkulare, auf die eigene Nation beschränkte G.[30] Nicht nur die formale Mimesis der antiken Klassiker, sondern vorab ihre Kommentierung und Übersetzung standen am Beginn eines neuen politischen und ästhetischen Denkens.[31] Von N. MACHIAVELLI (1469–1527) bis C. THOMASIUS (1655–1728) entstanden in der Form von LIVIUS-Kommentaren politische Theorien.[32] HERODOT fand durch die lateinische Übersetzung L. Vallas (1407–1457) Eingang in jene Debatten über die Grenze zwischen 'Zivilisation' und 'Barbarei', die auf die Entdeckung der Neuen Welt antworteten.[33] TACITUS, auf den schon BOCCACCIO (1313–1375) hingewiesen hatte, wurde für zahlreiche historische Schriftsteller zum methodischen und stilistischen Vorbild. Zwischen 1580 und 1680 war es Mode, sich auf Tacitus zu berufen, um den Ciceronianismus zu bekämpfen und die G. als praktisch relevante Wissensdisziplin gegen die aufkommenden philosophischen Zweifel an ihrer Berechtigung zu verteidigen.[34]

Ein Paradigmenwechsel kündigt sich im Späthumanismus an, dessen Vorgeschichte bis in den Frühhumanismus zurückreicht. In den gelehrten Zirkeln formaler Theoriebildung richtete sich die Kritik – unterstützt von Dialektik und Philosophie – gegen den Universalanspruch der Rhetorik. B. KECKERMANNS ‹De natura et proprietatibus historiae commentarius› (1610) suchte die G. von der Rhetorik zu lösen, um sie der Logik zu subsumieren.[35] Die einflußreiche ‹Dialektik› (1543) des P. RAMUS hingegen gab der traditionellen Logik eine empiristische Wendung, indem er ihre Kategorien mit jenen Topoi identifizierte, die im Rahmen der *inventio* eingesetzt werden, um eine Menge von Daten inventarisieren und beschreiben zu können.[36] Damit entstand eine Methodenlehre, die zwischen historisch-empirischer Recherche *(inventio)* und logischer Verallgemeinerung unterschied, um – unabhängig von den klassischen Hierarchien des aristotelischen Syllogismus – Plausibilitätsurteile *(iudicium)* über Einzelereignisse fällen zu können.[37] Die Vertreter des polyhistorischen Wissensideals – unter ihnen VOSSIUS und MORHOF – hatten ähnliche Methoden und Ziele: historisches Wissen hieß für sie nicht nur enzyklopädische Gedächtnisbildung, sondern auch rhetorische Anwendung auf praktische, mit Plausibilitätsgründen verbundene Fragen.[38] R. DESCARTES endlich rechnete im ersten Teil des ‹Discours de la Méthode› (1637) nicht nur mit dem Studium der Poesie und Rhetorik ab, er bezweifelte auch den Wirklichkeitsgehalt der G. und verwarf die pragmatische Orientierung an historiographischen Exempeln als Ausdruck einer romanhaften Extravaganz.[39]

Wo die Grundlegung der neuen Erfahrungswissenschaften zur Debatte stand, wurde die alle Sachgebiete umfassende G. als Archiv empirischer Daten aufgewertet und zugleich – da seit Aristoteles mit dem Makel der Kontingenz behaftet – der Disziplin systematischer Begriffsbildung unterworfen. F. BACON erklärte in der ‹Vorbemerkung zur Natur- und Experimentalhistorie› *(Parasceue ad historiam naturalem et experimentalem)* von 1620 das gesamte historische Wissen zur Materialbasis jener induktiven Erkenntnis, die das Leitprinzip der «Neuen Wissenschaft» bildet. Er unterwarf – zumindest auf dem Boden der Theorie – das historische Wissen jenen strengen Prüfungskriterien, die in der Naturwissenschaft Geltung besitzen sollten. Überlieferungswissen und Erfahrungswissen traten mithin auseinander und in ein Verhältnis konkurrierender Wahrheitsanforderungen, das auch die Funktionen der Rhetorik transformieren mußte: auf der einen Seite die Autorität des literarisch-historischen Gedächtnisses (Traditionswissen), auf der anderen Seite die Rationalität der erfahrungswissenschaftlichen Erkenntnis. [40] Ein Echo fand diese Neueinschätzung des historischen Gedächtnisses gegen Ende des 17. Jh. im Streit um den Vorrang der Alten oder der Neueren («Querelle des Anciens et des Modernes»). In dieser für das Bewußtsein einer Übergangsphase repräsentativen Debatte lasen die «Modernen» den Abstand zwischen alter und neuer Lebenswelt am materiellen Fortschritt in Wissenschaften und Technik ab und bereiteten so jene Verzeitlichung der Historie vor, die nicht nur die Methoden der historischen Recherche und des rhetorisch-exemplarischen Vortrags ihrer Ergebnisse, sondern in einem Atem damit auch die scheinbar gesicherten Beziehungen zwischen Tradition und Vernunft nachhaltig verändern sollte. [41]

Anmerkungen:
1 E. L. Jones: The European Miracle. Environments, Economics and Geopolitics in the History of Europe and Asia (Cambridge 1981). – 2 P. Kennedy: The Rise and Fall of the Great Powers. Economic Change and Military Conflict from 1500 to 2000 (New York 1987) 16ff. – 3 J. Knape: ‹Historie› in MA und früher Neuzeit. Begriffs- u. gattungsgesch. Unters. im interdisziplinären Kontext (1984) 436; S. Wiedenhofer: Tradition, Traditionalismus, in: O. Brunner et al. (Hg.). Gesch. Grundbegriffe VI (199) 626ff. – 4 P. Kondylis: Die neuzeitliche Metaphysikkritik (1990) 48ff. – 5 J. Wolf: Artis historicae penus, octodecim scriptorum tam veterum quam recentiorum monumentis, et inter eos praecipue Bodini methodi historicae sex, instructa (Basel 1579); E. Kessler: Theoretiker humanistischer G. (1971). – 6 D. Atanagi: Ragionamento della istoria (Venedig 1559) 72; S. Speroni: Dialogo della istoria (1740) 346; beide: ND in Kessler [5]. – 7 G. A. Viperano: De scribenda historia liber (Antwerpen 1659) 14; ND in Kessler [5]. – 8 P. Joachimsen: Ges. Aufsätze. Beitr. zu Renaissance, Humanismus u. Reformation; zur Historiographie u. zum dt. Staatsdenken, hg. v. N. Hammerstein (1970) 387–442. – 9 F. Patrizi: Della Historia (Venedig 1560) 18v; ND in Kessler [5]. – 10 J. H. Franklin: J. Bodin and the 16th Century Revolution in the Methodology of Law and History (New York/London 1963). – 11 T. Burnet: History of the Reformation in England, hg. v. N. Pocock (Oxford 1865) I,3. – 12 Franklin [10] 137ff. – 13 J. Bodin: Methodus ad facilem historiarum cognitionem (Amsterdam 1650; ND 1967) 21. – 14 M. Luther: Vorrede zur ‹Historia Galeatii Capellae›, W. A. 50, 383ff. – 15 E. C. Scherer: Gesch. u. Kirchengesch. an den dt. Universitäten (1927); U. Muhlack: Gesch. wiss. im Humanismus u. in der Aufklärung (1991) 55f. – 16 N. Rubinstein: The Beginning of Political Thought in Florence, in: J. of the Warburg Inst. 5 (1942). – 17 Muhlack [15] 163ff. – 18 E. Kessler: Petrarca u. die Gesch. G., Rhet., Philos. im Übergang vom MA zur Neuzeit (1978). – 19 Muhlack [15] 162. – 20 R. Weiss: The Renaissance Discovery of Classical Antiquity (Oxford 1969). – 21 K. Celtis: Urbis Norimbergae descriptio (1518); P. Joachimsen: Geschichtsauffassung u. G. in Deutschland unter dem Einfluß des Humanismus (1968) 155ff. – 22 A. Momigliano: Wege in die Alte Welt (1991) 81ff.; Franklin [10] 85ff. – 23 C. Ginzburg: Montrer et citer. La vérité de l'histoire, in: le débat 56 (1989) 52f. – 24 Phillipe de Commynes: Mémoires, hg. v. J. Calmette, 3 Bde. (Paris 1924/25); J. Dufournet: La destruction des mythes dans les Mémoires de P. de Commynes (Genf 1966). – 25 F. Guicciardini: La Historia d'Italia [= Storia d'Italia] (Venedig 1565) 1r. In der Widmung dieser Ausg. lobt F. Sansovino die allg. gültigen Aussageformen dieses Buches: «cosi honorati discorsi, cosi rari avertimenti, cosi alte sentenze, & cosi eccellenti orationi [...] tanto eloquenti.» Allg. vgl. M. Phillips: F. Guicciardini: The Historian's Craft (Manchester 1977). – 26 J. F. Tinkler: The Rhetorical Method of F. Bacon's ‹History of the Reign of King Henry VII›, in: History and Theory 26 (1987) 32ff. – 27 J.-B. Bossuet: Discours sur l'histoire universelle (La Haye [5]1696) 7. – 28 J. Kenyon: The History Men. The Historical Profession in England since the Renaissance (London [2]1993) 10. – 29 H. L. Voisin, Sieur de La Popelinière: L'Histoire des histoires avec l'Idée de l'histoire accompli (Paris 1599) 3; vgl. auch H. W. Blanke: Historiographiegesch. als Historik (1991) 96ff. – 30 G. Huppert: The Renaissance Background of Historicism, in: History and Theory 5 (1966) 48–60. – 31 P. Burke: A Survey of the Popularity of Ancient Historians, 1450–1700, in: History and Theory 5 (1966) 135–152. – 32 F. Gilbert: Machiavelli and Guicciardini. Politics and History in Sixteenth-century Florence (Princeton 1965). – 33 A. Momigliano: Erodoto e la Storiografia Moderna, in: Aevum 31 (1957) 74ff. – 34 P. Burke: Tacitism, in: T. A. Dorey (Hg.): Tacitus (London 1969) 149–171. – 35 Blanke [29] 92ff. – 36 N. W. Gilbert: Renaissance Concepts of Method (New York 1960) 127ff. – 37 Kondylis [4] 107ff. – 38 G. J. Vossius: Tractatus philologici de rhetorica, de poetica, de artium et scientiarum natura ac constitutione (Amsterdam 1697); D. G. Morhof: Polyhistor literarius, philosophicus et practicus ([4]1740). – 39 R. Descartes: Discours de la Méthode, frz./dt., übers. u. hg. v. L. Gäbe (1960) 10ff. – 40 B. Pascal: Préface sur le traité du vide [1647], in: Oeuvres II (Paris 1908) 130ff.; vgl. S. Wiedenhofer [3] 628. – 41 J. Schlobach: Die klass.-humanistische Zyklentheorie u. ihre Anfechtung durch das Fortschrittsbewußtsein der frz. Frühaufklärung, in: K.-G. Faber, C. Meier (Hg.): Hist. Prozesse (1978) 127–142; D. Harth: Über die Geburt der Antike aus dem Geist der Moderne, in: Int. J. of the Classical Trad. 1 (1994) 89–106.

Literaturhinweise:
E. Fueter: Gesch. der neueren Historiographie (1911). – C. S. Baldwin: Renaissance Literary Theory and Practice (1400–1600) (Gloucester/Mass. 1939). – B. B. Reynolds: Latin Historiography: A Survey, 1400–1600, in: M. A. Shaaber (Hg.): Studies in the Renaissance II (New York 1955) 7–66 – A. Klempt: Die Säkularisierung der universalhist. Auffassung. Zum Wandel des Gesch.denkens im 16. u. 17. Jh. (1960). – W. Barner: Barockrhet. Unters. zu ihren gesch. Grundlagen (1970). – J. Seigel: Rhet. and Philos. in Renaissance Humanism. The Union of Eloquence and Wisdom, Petrarch to Valla (Princeton 1968). – C. Vasoli: La dialettica e la retorica dell' Umanesimo. «Invenzione» e «Metodo» nella cultura del XV e XVI sec. (Mailand 1968). – N. S. Struever: The Language of History in the Renaissance. Rhet. and Historical Consciousness in Florentine Humanism (Princeton 1970). – R. Landfester: Historia magistra vitae. Unters. zur humanist. Geschichtstheorie des 14. bis 16. Jh. (Genf 1972). – P. O. Kristeller: Humanismus u. Renaissance I. Die antiken und ma. Quellen, hg. v. E. Kessler (1973). – E. Cochrane: Historians and Historiography in the Italian Renaissance (Chicago/London 1981). – E. Kessler: Das rhet. Modell der Historiographie, in: R. Koselleck et al. (Hg.): Formen der G. (1982) 37–85. – ders.: Die Ausbildung der G. im Humanismus u. in der Renaissance unter dem Einfluß der wiederentdeckten Antike, in: A. Buck, K. Heitmann (Hg.): Die Antike-Rezeption in den Wiss. während der Renaissance (1983) 29–49. – J. J. Murphy (Hg.): Renaissance Eloquence: Studies in the Theory and Practice of Renaissance Rhet. (Berkeley/Los Angeles 1983). – W. Schmidt-Biggemann: Topica universalis. Eine Modellgesch. humanistischer und barocker Wiss. (1983).

V. *Aufklärung, Historismus.* Die bürgerlichen Emanzipationsbewegungen Europas im 18. Jh. rückten das Vergangene in ein neues Licht: Der Dritte Stand suchte seinen Ort zwischen alteuropäischer Welt und Moderne und entwarf «die Geschichte» in Bildern des Übergangs. Politische und kulturelle Revolutionen zerstörten mit den Institutionen des Ancien Régime das symbolische Gewebe der traditionalen Legitimation. Der Typus der Regentengeschichte war hinfort nicht mehr gefragt, und das Paradigma der «rhetorisierenden Historiographie» büßte, wie D. L. WACHLER rückblickend in seiner ‹Geschichte der historischen Forschung und Kunst› (1812–1820) schrieb, seine frühere Bedeutung ein. Es entstand eine Vielfalt *forschungszentrierter, kompilatorischer, zeitgeschichtlicher* und *literarischer* Darstellungstypen [1], deren gemeinsamer Konvergenzpunkt in jener komplexen, heterogene Materialien *synthetisierenden Erzählung* zu suchen ist, die phänomenologische Deskription, Zustandsänderung, allgemeine Begriffsbildung und Motivationsanalyse in der Perspektive eines Autors zu bündeln verstand. Die rhetorische Matrix der G. wurde unter dem Einfluß jener kritischen Reflexion, die zur historisierenden Umformung des *Traditionswissens* in *Geschichte* beigetragen hat, bekämpft und umgedeutet. In diesem Transformationsprozeß ging die Rhetorik nicht verloren. Das neue Denken hat sie vielmehr, ohne sich dessen immer bewußt zu sein, instrumentalisiert und theoretisch 'aufgehoben': nicht nur in der *Ästhetik* und *Hermeneutik*, sondern auch in jenen Versuchen mancher «Inventarwissenschaften», ihre disziplinären Strukturen und allgemeinbildenden Zwecke zu reorganisieren. [2] Für den Paradigmenwechsel in der G. war das von größter Bedeutung. Wo der Geschichtsschreiber im Namen der Gegenwart über die Vergangenheit richtet und seinem Urteil öffentliche Wirkung zu verschaffen sucht, wird er noch die strengste Forschungslogik mit Diskursstrategien verbinden, die jener Rhetorik nahestehen, die in der humanistischen Philologie literarisiert wurde. Im Gehäuse der universitären «facultas artium et philosophiae» verankert, erfüllte Geschichte ohnehin bis weit ins 19. Jh. das Amt einer allgemeinbildenden, die Rhetorik des *docere* bewahrenden «Vorbereitungswissenschaft». [3] Das Richteramt der Historie erhielt im 18. Jh. Auftrieb durch die universalistischen Geltungsansprüche der Vernunft. Die Bedeutung von «Historie» verschob sich unter der Herrschaft philosophischer Interessen zum absoluten Begriff der «Geschichte [...], der im 19. Jh. selbst zu einem geschichtlichen Faktor von großer Kraft geworden ist». [4] Für die G. wurde «Geschichte an und für sich» zur Herausforderung. Denn damit war ein Abstraktionsprozeß verbunden, der die Suche nach ereignistranszendierenden und überindividuellen Konzepten – nach Kausalketten, Prozeßverläufen und Bildungsprozessen – anleitete und eine neue Art des verstehenden Zugangs zur Vergangenheit signalisierte. Folge war u. a. die Umbildung des Diskurses zu einer eigenständigen Wissenschaftsprosa, die in der Folge – so lautete eine der Gründungsformeln der um Objektivität bemühten G. in RANKES berühmtem Erstlingswerk – der Absicht entsagen wollte, «die Vergangenheit zu richten» und «die Mitwelt zum Nutzen zukünftiger Jahre zu belehren.» [5]

In der Frühaufklärung stieß sich die G. vom mächtigen «Feudalsystem» der alten Welt ab und entdeckte ihre Eignung als Instrument der Traditionskritik und des zukunftsorientierten Kulturwandels. [6] Die um ihrer Neuheit willen viel bewunderte und nachgeahmte «philosophische G.» VOLTAIRES war von BOSSUETS christlich-eurozentrischer Universalhistorie ausgegangen und bei einem anthropologischen Konzept angekommen, das mit der providentiellen G. brach. Im Licht von Voltaires ‹Essai sur l'histoire générale et sur les moeurs et l'esprit des nations depuis Charlemagne jusqu'a nos jours› (1756) erschien die Menschheitsgeschichte als andauernder Kampf der zivilisatorischen Vernunft («esprit humain») mit der in der Natur des Menschen liegenden Neigung zur «degeneration». [7] Der von Rückschlägen nicht freie Weg zum Sieg der Vernunft, Voltaires Zukunfthypothese, mußte nicht einmal in Europa, sondern konnte genau so gut in Asien beginnen. Was Voltaires ‹Essai› und ‹Le siècle de Louis XIV› für die moderne französische G. wurde, Modell eines anthropozentrischen Geschichtsbewußtseins und stilbildendes Muster zugleich, das wurden für die angelsächsische Welt die ‹History of Scotland› (1759) von W. ROBERTSON, D. HUME'S ‹History of Great Britain› (1754–62) und nicht zuletzt ‹The Decline and Fall of the Roman Empire› (1776–88) von E. GIBBON. [8] Die deutschsprachige G. hingegen hat keine großen Werke hervorgebracht; sie zog sich, ausgehend von der die Tradition der humanistischen Rhetorik fortbildenden Klassischen Philologie, in methodologische Reflexionen zurück.

Diskutierten die humanistischen und barocken *artes historicae* vor allem die rhetorisch wirksamsten Redeformen der Gedächtnispflege und Traditionsvermittlung, so suchten die aufgeklärten *Theorien* bzw. *Philosophien der Geschichte* bald nach Antworten auf die Frage, wie historische Erkenntnis angesichts der revolutionär beschleunigten Auflösung verbindlicher Traditionen überhaupt möglich sei. [9] Das erwachende Interesse für die geschichtskonstitutive Aktivität des Erkenntnissubjekts hat die metahistorische Reflexion gestärkt und in der gleichzeitigen Phase der Verwissenschaftlichung die Fragen der Textkonstitution zurückgedrängt. [10] Wichtiger erschien den Aufklärern, jenen agnostischen Kritikern der alten kosmo-theologischen Weltbilder, die Aufwertung der materialen Historie zu einer Wissensform, aus deren Konjekturen auf den allgemeinen Fortgang der politischen und kulturellen Evolution geschlossen werden konnte. Zu diesem Zweck wurden Historie und Philosophie enger zusammengerückt als das bis dahin üblich war. Es sei, so dachte ROUSSEAU zusammen mit vielen anderen Zeitgenossen, Sache der Philosophie, die besonderen Tatsachen der Historie durch Hypothesen zu ergänzen, so daß ein zeitübergreifendes Muster des Zivilisationsprozesses – ein «System» – erkennbar werde. [11] Noch F. GUIZOT, der Repräsentant einer rhetorisch intendierten, rationalistisch gefärbten G., hat die Einheit seiner ‹Histoire de la civilization› (1828/30) mit ähnlichen Argumenten begründet. [12] Die unter dem Systembegriff verborgene motivierte, kausallogisch und/oder prozessual dargestellte Sukzession der Ereignisse und die Konstruktion von Fortschrittsprozessen galt den meisten Autoren als Remedium gegen Vorurteile und als Garantie für die vom Schüler der Geschichte zu ziehenden praktischen Schlußfolgerungen. [13] Im Rahmen dieses Konzepts transformierten die akademischen Theorien der G. die Rhetorik zu einer Kunstlehre der *geschichtswissenschaftlichen Rede*, die nicht das Modell des Redners, sondern das des Schriftstellers bevorzugte, der für eine anonyme Öffentlichkeit schrieb. [14] Auf öffentliche Wirkung setzten zwar die meisten Programme: von VICO, VOLTAIRE, MABLY bis CONDORCET einschließlich der akademischen Lehrschriften von CHLADENIUS, GATTERER, WACHLER, ROTTECK bis DROYSEN. [15] Doch der sozial bedingte Funktionsverlust der Rhetorik – ihre Verkümmerung zur Komplimentierkunst, Kanzelrhetorik und Schulberedsamkeit – und die gleichzeitigen Strukturveränderungen der Öffentlichkeit, haben den aufklärerischen Optimismus der

Historiker auch gedämpft. [16] HERDER konstatierte 1766, die «Beredsamkeit der Alten» sei «verwelkt, verbleicht, ausgestorben». [17] A. MÜLLER, der «Geist des Ganzen» allein der Poesie zugestand, urteilte 1812 über den Geschichtschreiber: «Wie alle Werke des Redners, so sind auch die seinigen Fragmente». [18]

Nicht die Weitergabe normierten Wissens, sondern dessen Genese beherrschte bald die Interessen der Geschichtsphilosophen und philosophischen Historiographen. [19] Das Ziel, die unterstellte Urteilsfähigkeit des Lesers zu aktivieren, ihn selbstdenkend vernünftige Schlüsse aus dem «System» der Geschichte ziehen zu lassen, war mit den persuasiven Techniken der rhetorischen G. allein nicht zu erreichen. [20] Hinzu kam das Bewußtsein einer sich von Tag zu Tag verändernden Realität, deren Zukunft nicht auf die Exempla der alten Welt zurückgreifen konnte, sondern nach zukunftsweisender Planung verlangte. [21] Denn die universalhistorische Idee einer die Menschheit umfassenden und generierenden Entwicklungsgeschichte machte die Zeit, *in* die bis dahin die Historien eingebettet waren, «zu einer Kraft der Geschichte selber» und stellte die rhetorisch intendierte G. vor unlösbare Fragen. [22] Was in dieser Tradition als ein «Aggregat» partikularer historischer Exempel angesehen wurde, sollte nun unter ein taxonomisch strukturiertes Ganzes – unter ein logisches «System» der universellen Verkettung von Ursachen und Wirkungen – oder unter die dynamischen «Systeme» konsistenter Prozeßverläufe subsumiert werden. [23] Wie LESSING nach einer «anderen» Fabel mit einer «anderen Moral» jagte, so suchte der Historiker nach einer Geschichte, die weder sich auf die Perspektive der Dokumente und Akteure beschränken noch mit der Chronik identisch sein wollte. [24] Neue raumzeitliche, die herkömmlichen Diskursformationen sprengende Grenzen wurden gezogen: epochale Grenzen – wie bei VOLTAIRE nachzulesen – zwischen Antike und Moderne, zwischen europäischen und außereuropäischen Kulturen, zwischen Vernunft und Aberglaube, zwischen Geschichte und Legende. [25] Der «Kampf um Erinnerung» [26] galt nicht zuletzt den «Fehlern» und «Irrtümern» der Vergangenheit, den Weltbildern antiker und theologischer Kosmologien und den innovationshemmenden Strukturen der alten Systeme. [27] Von MONTESQUIEU bis GIBBON blieb das Bild der Geschichte zweideutig: Zyklus und Progression zugleich. [28] Ein historisches Ereignis wie die Französische Revolution, das sich als allegorisches «Geschichtszeichen» (KANT) deuten und dennoch nicht hinreichend erklären ließ, hat den Sinn für das Besondere, Einmalige gestärkt und eine Kluft zwischen Hermeneutik und G. aufgerissen. Denn die Darstellung «der Geschichte» tendiert zum Allgemeinen, während die hermeneutische Methode das Besondere des Einzelfalles begreifen will. [29] Schon Voltaire hatte die Schwierigkeit geahnt, eine «Geschichte» *(récit)* zu erzählen, die Kritik *auf Abstand* gebracht hat: ein Hinweis auf die Differenz zwischen «Geschichte» als Erkenntnisgegenstand und als Produkt der narrativen Darstellung, der dem historischen Schriftsteller die ganze Verantwortung für den Wahrheitsgehalt nicht nur seiner Darstellung, sondern auch der Recherche aufbürdet und damit das historische Wissen von der rhetorischen Überlieferung unterscheidet. [30] Prägnant hat mit schulphilosophischen Mitteln CHLADENIUS das Inventar des Historikers, die registrierten «Begebenheiten», von ihrem subjektiven Vorstellungs- bzw. Gedächtnisbild und dieses vom Text der Darstellung (Erzählung) unterschieden und schließlich die «Verwandelung der Geschichte im Erzehlen» auf Absicht, Standort (Perspektivismus) und Darstellungskompetenz des Erzählersubjekts bezogen. Er identifiziert rhetorische Rede und historische Erzählung und macht den Redner zum Schüler der historischen «Erkenntnis». Einen ersten Schritt vom *naiven* zum reflektierten Erzählen bezeichnet seine Einführung des «Sehepunktes» bzw. «Standortes», den der Erzähler einnimmt, um sich von der in den Dokumenten enthaltenen Innenperspektive der Augenzeugen zu lösen. [31] Dieses vom rhetorischen Prinzip der «Angemessenheit» *(aptum)* inspirierte Argument führte ihn zur Einsicht in die je nach Darstellungsabsicht zugelassenen oder untersagten Techniken der historiographischen Fabelkomposition: Zergliedern der Begebenheiten, «Auslassungen», «Vergrössern und Verkleinern», «Ergänzen» sowie Stilisierung und Einheitsbildung. Diese von der Disposition des Stoffes abhängigen Techniken können das eigentliche Ziel der Historie, die moralisch-rechtliche Urteilsbildung *(iudicium)*, stärken oder schwächen. Denn jeder «historische Satz» urteilt über das, was er beschreibt, die Erzählung setzt sich aus «Anschauungsurtheilen» zusammen: «Ein Satz, dadurch eine Begebenheit, oder unser Urtheil von der Begebenheit ausgedruckt wird, wollen wir einen historischen Satz nennen.» [32] Soll die Erzählung «sinnreich» sein, d. h. die Sinne der Leser affizieren, so bedarf sie darüber hinaus auch jener stilistischen Kunst, deren Muster und Regeln in Poetik und Rhetorik enthalten sind. [33]

Als ein geeignetes Modell für die Integration von erzählendem Nachvollziehen, Theorie der Geschichte, Komposition der Ereignis- und Handlungsabläufe, von expliziten Bewertungen und Anschaulichkeit erschien vielen Autoren der soeben salonfähig gewordene *Roman*. Zumal diese Prosagattung sich in ihren «philosophischen», zugleich Urteilsfähigkeit und Imagination der Leser aktivierenden Spielarten selber als eine mit literarischen Mitteln operierende Form der «anschauenden Erkenntnis» verstand, in der «innere» und «äußere Geschichte» zusammenwirken sollten. [34] Zahlreiche Autoren – unter ihnen GATTERER, GIBBON und MABLY – plädierten nicht zuletzt deshalb für diese literarische Gattung als Orientierungsmodell, weil diese – mit den einleitenden Worten F. H. JACOBIS zu seinem Roman ‹Woldemar› (1779/94) – die «philosophische Absicht» hatte, «Menschheit wie sie ist, erklärlich oder unerklärlich, auf das Gewissenhafteste vor Augen zu legen», eine Absicht, der sich RANKE ausdrücklich angeschlossen hat. [35] Was der bürgerliche Roman am Faden einer Lebensgeschichte erzählte – «Individualität und individuelle Entwicklung» [36] – das übertrug der Historismus metaphorisch auf die Geschichte der Institutionen. Überdies erlaubte es die polyphone Struktur der Romanerzählung den Historikern, ihre Darstellungen zugunsten der Stilmischung von den rhetorisch festgelegten Stilregistern zu lösen, ohne die für den historischen Diskurs eigentümliche Doppelcodierung *(narratio + argumentatio)* preiszugeben. [37] Der große Lehrer der «philosophischen», das Denken von der Vormundschaft der Religion emanzipierenden G., VOLTAIRE, war auch der Verfasser philosophischer Romane, unter denen ‹Candide› (1759) die traditionelle Idee von der Gegenwart Gottes in der Geschichte ad absurdum zu führen suchte. [38] Der preußische Hofhistoriograph Ranke hat sich ebenso wie der liberale Parlamentarier T. B. MACAULAY vom Begründer des historischen Realismus, W. SCOTT, anregen lassen, und die Klassiker der G. des

19. Jh. – neben den genannten J. BURCKHARDT, J. MICHELET, T. MOMMSEN – verdankten ihre Erfolge nicht zuletzt der Anverwandlung ästhetischer Anschauungskategorien und literarischer Erzähltechniken an die Postulate der historischen Erkenntnis. [39] «Die Phantasie ist», erinnerte MOMMSEN noch einmal einen klassischen, das strenge Wissenschaftsethos beunruhigenden Grundsatz, «wie aller Poesie so auch aller Historie Mutter.» [40] Schon VICO hatte zu Beginn des 18. Jh., noch in traditioneller Terminologie, den Vorrang der «Kritik» *(iudicium)* mit dem Hinweis relativiert, «Phantasie und Gedächtnis» seien auf die *ars inventionis* angewiesen. [41] Wenn sich der Leser – wie es wenig später bei vielen Autoren heißen wird – mittels «historischer Sympathie» in das dargestellte Geschehen hineinversetzen sollte, um nicht nur das «ideale Ganze» der Geschichte im Sinne einer achronischen Vergegenwärtigung – GATTERERS «ideale Gegenwart» – *anzuschauen*, sondern auch das Individuelle als Teil einer kohärenten Ereignisfolge zu *verstehen* [42], so war der Geschichtschreiber gefordert, seine Darstellung nicht nur nach der «*Logik der Tatsachen*» und den «*Gesetzen des Werdens*» zu disponieren [43], sondern auch so zu erzählen, daß den Lesern die Freiheit blieb, ihre Einbildungskraft ins Spiel zu bringen. «Allgemeine Bilder» verlangte HERDER und formulierte den schriftästhetischen Imperativ: «lies erst und lerne sehen!» [44] Was in der Rhetorik «Evidenz» hieß und ein Produkt stilistischer Techniken war, wurde subjektiviert und als «Anschauung» an das Vermögen der Einbildungskraft verwiesen, das Vergangene retrospektiv zu «vergegenwärtigen», um – wie es später bei DROYSEN hieß – aus Überresten mosaikartig ein «Bild» zusammensetzen zu können. [45]

Nicht einzelne, vor dem Hintergrund typologischer oder chronologischer Ordnungen inszenierte Aktionen, vorbildlich bzw. abschreckend wirkende Taten, sondern die «permanenten Veränderungen einer ganzen Nation» – hatte schon FÉNÉLON bemerkt – gelte es darzustellen. [46] Die exemplifizierende Funktion weicht daher der Frage nach der narrativen Darstellbarkeit großer Zusammenhänge. Ganzheit nicht im quantitativ-chronologischen Sinne verstanden, sondern in der Bedeutung einer sowohl begrifflich strukturierten als auch anschaulich vergegenwärtigten Ereigniskette, die zugleich zur Urteilskraft *(iudicium)* – «Wahrheit der Beweise» – und zur Einbildungskraft *(imaginatio)* – «Wahrheit der Romane» – der Leser spricht; in den Begriffen der Zeit: zur «anschauenden Erkenntnis». [47] Auch wenn die bis heute übliche Metaphorik der historischen Wahrnehmung darüber hinwegtäuscht, «Anschauung» hat in diesem Zusammenhang nichts mehr mit der Ausschmückungstechnik der rhetorischen Evidenz zu tun. Sie ist vielmehr Welt-Anschauung im Sinne Kants, ein kognitiver Prozeß, an dem die Einbildungskraft maßgebend beteiligt ist. [48] Die anschauliche «Fülle» und «Evidenz» vergangenen Lebens – nicht nur die Evidenz *ex datis* – gilt es, nach NIEBUHR und RANKE, wiederherzustellen, eine Aufgabe, die dem Historiker die Rolle des «Restaurators» zugeschrieben hat. [49] Die «philosophische» G. hatte, anders als die «providentielle», den jüdisch-christlichen Kulturzentrismus relativiert und das Ende der Geschichte entweder auf eine zwar gern beschworene, aber durch Unsicherheiten verdunkelte innerweltliche Erlösung vertagt, oder es – wie CHLADENIUS formulierte – völlig preisgegeben: «Denn die Geschichte an und vor sich hat kein Ende: sie ziehet allemal Folgen nach sich». [50] Dieses neue, zukunftsoffene Konzept stürzte auch die alte Orientierung des Geschichtsbegriffs an den *causae finales*: das Nichtvorhersehbare, das Überraschende und Kontingente ließen sich nun nicht mehr ausklammern und störten bald den naturwissenschaftlich inspirierten Traum von einem universellen Kausalnexus in der Menschheitshistorie. Es lag daher für die weitere Theoriebildung nahe, die Einheitsprinzipien nicht mehr in Naturgesetzen oder rhetorischen Operationen zu suchen, sondern sie mit Kant als eine Synthesisleistung des anschauenden Subjekts zu begreifen und das Zusammenspiel von Betrachtung, Reflexion, Einbildungskraft und Divination methodisch zu disziplinieren. Eine Grundlegung der wissenschaftlichen Geschichtsforschung, deren Markstein das Werk B. G. Niebuhrs repräsentiert. [51]

KANT hatte nicht nur die konventionelle *ars oratoria* als «hinterlistige Kunst» gebrandmarkt, er war es auch, der die Umbildung des Exempels zum Exemplarischen auf Begriffe brachte. [52] BOLINGBROKE nannte in den ‹Letters on the Study and Use of History› (1752) die Historie in Anlehnung an DIONYSIOS VON HALIKARNASSOS noch einmal «philosophy teaching by examples». Er gab aber zu bedenken, die Exempelfunktion der Historiographie zu bewahren, sei nur dann sinnvoll, wenn der Geschichtschreiber zuvor mit dem Forschungsinstrument der Kritik Fiktion und Wahrheit in seinem Material geschieden habe. [53] Mit dem Eid auf die Vernunft als Unterscheidungskraft, ein Konzept, das VOLTAIRES erzählende *philosophie de l'histoire* mit so nachhaltiger Wirkung propagiert hatte [54], tritt der Geschichtschreiber aus dem Schatten eines persönlichen Auftraggebers und macht sich zum Parteigänger unpersönlicher, über dem Parteienstreit stehender Instanzen. [55] Die «philosophische G.» wollte erklärtermaßen nicht «Nachahmung» *(imitation)*, sondern den «Wettbewerb» *(emulation)* mit dem Besten, was je gedacht und getan worden ist. [56] Wenn der Autor der neuen G. sich daher auf «Exempel» berief, dann nicht um ihrer Vorbildlichkeit willen, sondern mit der erklärten Absicht, anhand von *illustrierenden Beispielen* etwa aus der «histoire des erreurs» das Alte zu überwinden. [57] In der französischen Aufklärungshistorie war diese Konzeption mit dem Vertrauen in den Lernprozeß des «esprit humain» verbunden. Die Größe des «siècle classique», des Zeitalters Ludwigs XIV., in der sich steigernden Zivilisationsgeschichte seit der Antike war für Voltaire der unübertroffene Beleg für die Berechtigung dieses Vertrauens. [58]

Was in rhetorischer Tradition *Exemplum* hieß und als narratives Argument die Geltung gegebener Normen bestätigen sollte, das wurde zum *Beispiel* für den permanenten Wandel aller überkommenen Geltungsansprüche. Die erzählende G. vor allem des Historismus fügte sich konzeptionellen Rahmenbedingungen, die – wie es z. B. bei HERDER, W. VON HUMBOLDT, DROYSEN und RANKE hieß – im Besonderen das Allgemeine, im Einzelakteur die Verkörperung von geschichtsbewegenden, die Einzelfälle übergreifenden «Ideen» und konkreten «Kräften» darzustellen suchte und den zeitlichen sowie institutionellen Wandel auf anonyme Kollektivsubjekte *(Staaten, Völker, Nationen, Gesellschaften)* bezog. [59] Ein solches Konzept verlangte nach Formen der symbolischen Präsentation, für die im traditionellen Regelwerk der Rhetorik allenfalls noch die Stilistik *(elocutio)* zuständig war. Das Individuelle mit dem Allgemeinen, in Rankes Worten: «das Reale» mit «dem Geistigen» oder «Formellen» übergeordneter, einheitsstiftender

Zwecke («Ideen») zu verschmelzen, das aber fiel in die Kompetenz der ästhetischen Theorie. [60] KANT hat in der ‹Kritik der ästhetischen Urteilskraft› das Exemplarische an die Unvergleichlichkeit des ästhetischen Einzelwerks gebunden und auf diese Weise dessen Beurteilung und Deutung von den Maßstäben gegebener Regeln unabhängig gemacht. Er hat damit die individuelle schöpferische Leistung (des Genies) in ihrer Besonderheit anerkannt, zugleich aber diese an eine überindividuelle Ursache gebunden, nämlich an die «Natur», die «durch das Genie [...] der Kunst die Regel vorschreibe». [61] Das Individuelle ist in dieser kunstphilosophischen Betrachtungsart, so paradox das klingt, zugleich auch Symbol für das Allgemeine übergeordneter praktischer Zwecke. Diese Denkfigur liegt auch W. v. HUMBOLDTS einflußreichem Vortrag ‹Über die Aufgabe des Geschichtsschreibers› von 1821 zugrunde, die da lautet: «Darstellung des Strebens einer Idee [Allgemeines], Daseyn in der Wirklichkeit [Einzelereignis] zu gewinnen.» [62] Humboldt löst, wie seine weitere Argumentation zeigt, «die Geschichte» von den die kruden Realien – das «Geschehen» – bekundenden Quellen. «Die Geschichte» ist unter diesen Bedingungen nichts Gegebenes, sondern sie entsteht überhaupt erst in der Darstellung des Historikers, gelingt es diesem, den *Erscheinungsformen* der disparaten Realien gleichsam wie einem symbolischen Text («Gewebe der Begebenheiten») die Semantik universeller Ideen einzuschreiben.

Humboldts behutsamer Vergleich des Historikers mit dem kreativen Künstler bezeichnet – zumindest auf theoretischer Ebene – das Ende der Tradition. DROYSEN, dessen Historik-Vorlesungen (1857–82) die Professionalisierung der Geschichtswissenschaft vorantrieben, hat Humboldts Gedanken aufgegriffen und modifiziert. Er wies entschieden die in rhetorischer Tradition bevorzugten «Exemplifikationen» als unangemessene Darstellungsmittel zurück und verwarf, gegen Rankes Objektivitätsideal polemisierend, jeden Abbildrealismus mit dem Hinweis, «daß die Tatsachen überhaupt nicht sprechen» und «uns die Vergangenheiten [...] nur in vermittelter Weise vorliegen». [63] In diesen das Allgemeine – die in ihnen verkörperten Strebekräfte und Ideen – zu erkennen, um sie zu jenem «großen System von Zuständen» zu synthetisieren [64], das überhaupt erst des Namens «Geschichte» würdig ist, das alles gehört bereits in das forschungslogisch austapezierte Laboratorium der staatlich subventionierten Geschichts-Konstruktionen verbeamteter Historiker. Hatte Droysen die Darstellungsformen der G. noch unter dem traditionsreichen Titel der «Topik» beschrieben und in Anlehnung an die klassischen *genera orationis* klassifiziert, so war das für die fachwissenschaftlichen Lehrbücher vom Ende des 19. Jh., E. BERNHEIMS ‹Lehrbuch der historischen Methode› (1889) und P. LACOMBES ‹De l'histoire considérée comme science› (1894), kein Thema mehr. Die Diskussion über die angemessenen Konstitutionsformen der G. aber kam damit nicht zur Ruhe. Im Gegenteil: sie wurde durch die einseitige Betonung szientistischer Normen verschärft. [65] Das hat in der Folgezeit zum Streit um fragwürdige Alternativen geführt: Ist die G. Kunst (*ars*) oder Wissenschaft (*scientia*)? Soll G. eher erzählen (*narrare*) oder eher analysieren (*argumentari*)? Darf der Autor urteilen oder muß er strengste Wertneutralität beobachten?

Anmerkungen:
1 D. L. Wachler: Gesch. der hist. Forschung u. Kunst seit der Wiederherstellung der litterärischen Cultur in Europa I/2 (1812) 574. – **2** von «Inventarwissenschaften» spricht P. Veyne: Die Originalität des Unbekannten. Für eine andere G. (1988) 21. Siehe auch M.-L. Linn: A. G. Baumgartens ‹Aesthetica› u. die antike Rhet., in: H. Schanze (Hg.): Rhet. Beitr. zu ihrer Gesch. in Deutschland vom 16.–20. Jh. (1974) 105–125. Schleiermacher beschreibt in seinen Notizen über die «Zusammengehörigkeit der Hermeneutik und Rhetorik» von 1828 erstere als «Umkehrung eines Akt des Redens», die den Interpreten darauf führt, «welches Denken der Rede zum Grunde gelegen.» F. D. E. Schleiermacher: Hermeneutik u. Kritik, hg. v. M. Frank (1977) 76; vgl. auch H. Schanze: Transformationen der Rhet. Wege der Rhetorikgesch. um 1800, in: Rhetorik 12 (1993) 60–72; J. Rüsen: Rhet. u. Ästhetik der G.: L. v. Ranke, in: H. Eggert et al.: Gesch. als Lit. Formen u. Grenzen der Repräsentation von Vergangenheit (1990) 1–11. Zur fachsystematischen Funktion der Rhet. in Droysens ‹Historik› vgl. D. Harth: Historik u. Poetik: Plädoyer für ein gespanntes Verhältnis, in: H. Eggert a. a. O. 18f. – **3** H.-J. Pandel: Wer ist ein Historiker? Forschung u. Lehre als Bestimmungsfaktoren in der Geschichtswiss. des 19. Jh., in: W. Küttler et al. (Hg.): Geschichtsdiskurs 1: Grundlagen u. Methoden der Historiographiegesch. (1993) 346–354. – **4** O. Brunner: Neue Wege der Verfassungs- und Sozialgesch. (1968) 27; W. Schmidt-Biggemann: Gesch. als absoluter Begriff. Der Lauf der neueren dt. Philos. (1991). – **5** L. Ranke: Geschichten der roman. u. german. Völker von 1494 bis 1535, Bd. I (1824) Vf. Zur Begriffsgesch. vgl. R. Koselleck: Gesch., Historie. V: Die Herausbildung des modernen Gesch.begriffs, in: O. Brunner et al. (Hg.): Gesch. Grundbegr. II (1975) 647ff. – **6** Zur Begründung der Gesellschaftsgesch. in der schottischen G. vgl. P. Burke: Scottish historians and the feudal system: The conceptualisation of social change, in: Transactions of the Fifth International Congress of the Enlightenment (Oxford 1980) 537ff. – **7** J. Rosenthal: Voltaire's Philosophy of History, in: JHI, XVI (1955) 169ff. – **8** M. Schlenke: Anfänge einer wiss. G. in Großbritannien im 18. Jh., in: K. Hammer, J. Voss (Hg.): Hist. Forschung im 18. Jh. Organisation, Zielsetzung, Ergebnisse (1976) 314–333; D. Forbes: Hume's Philosophical Politics (Cambridge 1975) 260ff.; G. W. Bowerstock (Hg.): E. Gibbon and ‹The Decline and Fall of the Roman Empire› (Cambridge/Mass. 1977); W. B. Carnochan: Gibbon's Solitude. The Inward World of the Historian (Stanford 1987). Zur langfristigen stilbildenden Wirkung Gibbons vgl. P. Gay: Stile in History (London 1975). – **9** Abbé Bazin [= Voltaire]: La philosophie de l'histoire (Amsterdam 1765). Zur «philosophical history» der Schotten vgl. J. Osterhammel: Epochen der britischen G., in: Küttler [3] 168ff. – **10** Zum Prozeß der Verwiss. in Deutschland vgl. H. W. Blanke: Historiographiegesch. als Historik (1991) 111ff. – **11** J. J. Rousseau: Diskurs über die Ungleichheit/Discours sur l'inégalité, hg. v. H. Meier (1984) 169. Weitere Belegstellen bei Koselleck [5] 669ff. – **12** F. Guizot: Histoire de la civilization de l'Europe depuis la chute de l'Empire Romain jusqu'à la Révolution française I (Berlin 1882) 31. Zu Guizots rhet.-argument. Stil vgl. G. Lefebvre: La naissance de l'historiographie moderne (Paris 1971) 175ff. – **13** Mably: De la manière d'écrire l'histoire, in: ders.: Œuvres complètes XXIV (Paris o. J.) 130; J. C. Gatterer: Von der Evidenz in der Geschichtkunde, in: F. E. Boysen (Hg.): Allg. Welthistorie (1767) 22ff.; G. G. Gervinus: Grundzüge der Historik [1837], in: ders.: Schr. zur Lit., hg. v. G. Erler (1962) 97. – **14** zur Verbreitung der Historiken an dt. Univ. vgl. H. W. Blanke, D. Fleischer, J. Rüsen: Historik als akad. Praxis. Eine Dokumentation der geschichtstheoretischen Vorles. an dt.sprachigen Univ. vom 1750 bis 1900, in: Dilthey-Jb. I (1983) 182–255. – **15** zu Vicos Rhetorismus vgl. K. O. Apel: Die Idee der Sprache in der Trad. des Humanismus von Dante bis Vico (²1975) 318ff.; Mably [13] 53ff.; Condorcet: Esquisse d'un tableau historique des progrès de l'esprit humain [1794], frz.-dt., hg. v. W. Alff (1963); J. C. Gatterer [13] 1ff.; K. v. Rotteck: Allg. Einl. in das Studium der Gesch. überhaupt, in: ders.: Allg. Gesch., vom Anfang der hist. Kenntniß bis auf unsere Zeiten (1813) 1ff. Zu J. G. Droysens Rhetorismus wider Willen vgl. D. Harth [2]. – **16** G. Braungart: Hofberedsamkeit. Stud. zur Pra-

xis der höfisch-polit. Rede im dt. Territorialabsolutismus (1988). – **17** J. G. Herder: Über die neuere dt. Literatur. Fragmente (1985) 524. – **18** A. Müller: Krit., ästhet. u. philos. Schr. I, hg. v. W. Schroeder u. W. Siebert (1967) 430. – **19** zur damit verbundenen neuen Zeiterfahrung und Entwertung des antiken *magistra*-Topos vgl. R. Koselleck: Vergangene Zukunft. Zur Semantik geschichtl. Zeiten (1979) 38ff. – **20** Die *pädagogische* Lit. hielt sich größtenteils an die rhet. Konventionen der G.; vgl. z. B. C. Schröter: Kurtze Anweisung zur Information der Adlichen Jugend (1704) 16; F. A. Hallbauer: Anleitung zur Polit. Beredsamkeit (1736) 119, 134; J. G. Lindner: Anweisung zur guten Schreibart (1755) 286. – **21** Koselleck [19] 59ff. – **22** R. Koselleck: Das 18. Jh. als Beginn der Neuzeit, in: R. Herzog, R. Koselleck (Hg.): Epochenschwelle u. Epochenbewußtsein (1987) 278. – **23** A. Smith: Eine Unters. über Natur u. Wesen des Volkswohlstandes [engl. 1776] II,4.9 (1973) 556. – **24** vgl. D. Harth: G. E. Lessing. Oder die Paradoxien der Selbsterkenntnis (1993) 21ff. – **25** Voltaire: Histoire, in: Œuvres de Voltaire, hg. v. M. Benchot (Paris 1829), Dictionnaire Philosophique, V, 191ff. – Siehe Voltaires Lob der Beredsamkeit im Artikel ‹Eloquence›, in: ders.: Questions sur l'Encyclopédie, Oeuvres complètes XVIII, hg. v. L. Moland (Paris 1877–82) 514f. – **26** J. Rüsen: Wissenschaftlichkeit und Rhet. in der Historie, in: H. W. Blanke, J. Rüsen (Hg.): Von der Aufklärung zum Historismus (1984), 61. – **27** Voltaire [25] 207. Zur Kritik an der fortschrittshemmenden Sklavenwirtschaft der Alten vgl. A. Smith [23] 551. – **28** R. Porter: E. Gibbon: Making History (London 1988) 136. – **29** J. Mittelstraß: Neuzeit u. Aufklärung. Stud. zur Entstehung der neuzeitl. Wiss. u. Philos. (1970) 158ff. – **30** Voltaire: Histoire [25] 220. – **31** J. M. Chladenius: Allg. Geschichtswiss. (1752) 19, 154. – **32** Chladenius [31] 3 vgl. ferner 115ff.; vgl. auch J. G. Droysen: Historik, Textausg. von P. Leyh (1977) 218. – **33** Chladenius [31] 127ff.; zur Teilhabe der G. an Kunst *(ars)* und Philos. *(iudicium)* vgl. auch die Aussagen der in der Aufklärungstradition stehenden Autoren Gervinus [13] 99 und Macaulay: Works V: Critical and historical essays, hg. v. Lady Trevelyan (New York 1866) 122f. – **34** F. von Blanckenburg: Versuch über den Roman (1774) 392ff.; W. Vosskamp: Romantheorie in Deutschland. Von M. Opitz bis F. von Blanckenburg (1973) 186ff.; F. Wahrenburg: Funktionswandel des Romans und ästhet. Norm. Die Entwicklung seiner Theorie in Deutschland bis zur Mitte des 18. Jh. (1976) 47ff. – **35** E. Schulin: Traditionskritik u. Rekonstruktionsversuch. Stud. zur Entwicklung von Geschichtswiss. u. hist. Denken (1979) 58. Zu Gibbon und Mably vgl. S. Bann: The inventions of history. Essays on the representation of the past (Manchester/New York 1990) 39f. – **36** F. Meinecke: Die Entstehung des Historismus, hg. v. C. Hinrichs (1959) 595. – **37** zur Entwicklung der komplexen Erzählstrukturen im Roman des 18. Jh. vgl. M. M. Bachtin: Formen der Zeit im Roman. Unters. zur hist. Poetik (1989) 214ff. – **38** K. Löwith: Weltgesch. und Heilsgeschehen. Die theolog. Voraussetzungen der Gesch.philos. (1953) 102ff. – **39** Schulin [35] 58; Macaulay [33] 123: «History begins in novel and ends in essay.» vgl. auch K. Young: T. Macaulay, in: I. Scott-Kilvert (Hg.): British Writers IV (New York 1981) 268–291; W. Hardtwig: G. zw. Alteuropa und moderner Welt. J. Burckhardt in seiner Zeit (1974) 165ff.; R. Barthes: Michelet (1980) 9ff. – **40** T. Mommsen: Röm. Gesch. (1932) 15. Zur Rolle der Phantasie während des Studiums der Quellen und ihre hypothesenbildende Funktion vgl. Droysen [32] 487. – **41** G. Vico: De nostri temporis studiorum ratione [1708], lat.-dt. Ausg. (1947) 26ff. – **42** Gatterer [13] 9.18f.; J. G. Wiggers: Versuch die verschiedenen Pflichten eines Gesch. schreibers aus einem Grundsatze herzuleiten [1784], ND in: H. W. Blanke, D. Fleischer (Hg.): Theoretiker der dt. Aufklärungshistorie II: Elemente der Aufklärungshistorik (1990) 450. – **43** T. Mommsen: Reden und Aufsätze (³1912) 199. – **44** J. G. Herder: Sämmtl. Werke V, hrsg. v. B. Suphan, (1891) 504f.; vgl. D. Harth: Kritik der Gesch. im Namen des Lebens. Zur Aktualität von Herders u. Nietzsches geschichtstheoret. Schr., in: Archiv für Kulturgesch. 68 (1986) 407–456. – **45** Droysen [32] 241. – **46** Fenelon: Projet d'un Traité sur l'Histoire [1714], zit. nach J. Ehrardt, G. P. Palmade: L'Histoire (Paris ²1965) 141f. – **47** Gatterer [13] 37 u. ö. – **48** H.-G. Gadamer: Anschauung und Anschaulichkeit, in: Neue Hefte für Philos. 18/19 (1980) 1–14. – **49** vgl. dazu: Schulin [35] 46f. und G. Walther: Niebuhrs Forschung (1993) 200ff. – **50** Chladenius [31] 147. – **51** Walther [49] 106ff. et pass. Zu Kants Begriff «hist. Erkenntnis» vgl. M. Riedel: Historie oder Geschichte? Sprachkritik u. Begriffsbildung in Kants Theorie hist. Erkenntnis, in: J. Mittelstraß (Hg.): Vernünftiges Denken. Stud. zur prakt. Philos. u. Wiss.theorie (1978) 252–268. – **52** I. Kant, KU § 53 (Anm.). Zu Kants antimimetischer Beispiel-Theorie s. G. Buck: Hermeneutik u. Bildung. Elemente einer verstehenden Bildungslehre (1981) 109ff. – **53** zit. nach B. R. Friedman: Fabricating History: English Writers on the French Revolution (Princeton 1988) 17. – **54** Lefebvre [12] 125ff. – **55** z. B. D. Hume: History of England [1754], der sich von Montesquieu anregen ließ; zur zeitgenöss. Auseinandersetzung mit dieser neuen Darstellungsweise vgl. J. Kenyon: The History Men. The Historical Profession in England since the Renaissance (London ²1993) 43ff. – **56** M. Mat-Hasquin: Voltaire e l'antiquité grecque (Oxford 1981) 238. – **57** vgl. z. B. Condorcet [15] 40. – **58** Voltaire: Le siècle de Louis XIV [1751], hg. v. A. Adam (Paris 1966) 35. – **59** D. Harth: Biographie als Weltgesch. Die theoret. und ästh. Konstruktion der hist. Handlung in Droysens ‹Alexander› u. Rankes ‹Wallenstein›, in DVjs 54 (1980) 58–104. – **60** zu Ranke vgl. Meinecke [36] 589, 593. Zur Gesch. der einschlägigen ästhet. Theorie vgl. L. Ferry: Der Mensch als Ästhet. Die Erfindung des Geschmacks im Zeitalter der Demokratie (1992) 82ff. – **61** Kant KU § 46. – **62** W. von Humboldt: Werke I: Schriften zur Anthropologie und Gesch., hg. v. A. Flitner, K. Giel (1960) 605. – **63** vgl. J. G. Droysen: Texte zur Geschichtstheorie, hg. v. G. Birtsch und J. Rüsen (1972) 19; Droysen [32] 484. – **64** Droysen [32] 484f. – **65** vgl. B. B. Croces Kritik am Szientismus, in: La storia ridotta sotto il concetto generale dell'arte (Neapel 1893) und die Antwort E. Bernheims in der 2. Aufl. seines Lehrbuchs (1894) 600.

Literaturhinweise:
J. H. Brumfitt: Voltaire Historian (Oxford 1958). – A. Kraus: Vernunft u. Gesch. Die Bedeutung der dt. Akademien für die Entwicklung der Geschichtswiss. im späten 18. Jh. (1963). – G. T. Gooch: Gesch. u. Geschichtsschreiber im 19. Jh. (1964). – F. Meinecke: Zur Gesch. der G., hg. v. E. Kessel (1968). – M. Foucault: Die Ordnung der Dinge. Eine Archäologie der Humanwiss. (1971). – G. G. Iggers: Dt. Geschichtswiss. Eine Kritik der trad. Geschichtsauff. von Herder bis zur Gegenwart (1971). – H.-U. Wehler (Hg.): Dt. Historiker I–V (1971/72). – J. Adamov-Autrusseau et al.: Les lumières (Paris 1972). – R. Koselleck, W.-D. Stempel (Hg.): Gesch. – Ereignis u. Erzählung (1973). – L. Marino: I maestri della Germania. Göttingen 1770–1820 (Turin 1975). – K. Hammer, J. Voß (Hg.): Hist. Forschung im 18. Jh. Organisation – Zielsetzung – Ergebnisse (1976). – J. Rüsen: Ästhetik u. Gesch. Geschichtstheoret. Unters. zum Begründungszusammenhang von Kunst, Gesellsch. u. Wiss. (1976). – J. Butt: The Mid-Eighteenth Century (The Oxford Hist. of English Lit. VIII), hg. v. G. Carnall (Oxford 1979). – P. Kondylis: Die Aufklärung im Rahmen des neuzeitl. Rationalismus (1981). – D. S. Goldstein: The Professionalisation of Hist. in Britain in the late Nineteenth and early Twentieth Centuries, in: Storia della Storiografia 3 (1983) 9–11. – A. T. Grafton: Polyhistor into ‹Philolog›. Notes on the Transformation of German Classical Scholarship, in: History of Universities III (1983) 159–192. – H. W. Blanke, J. Rüsen (Hg.): Von der Aufklärung zum Historismus. Zum Strukturwandel des hist. Denkens (1985). – M. Gottlob: G. zwischen Aufklärung u. Historism. J. von Müller u. F. C. Schlosser (1989). – H. Schanze, J. Kopperschmidt (Hg.): Rhet. u. Philos. (1989). – L. Raphael: Epochen der frz. G., in: W. Küttler et al. (Hg.): Geschichtsdiskurs 1: Grundlagen und Methoden der Historiographiegesch. (1993) 101–132.

VI. *Moderne, Postmoderne.* Die Ideologie des auf kulturelle und politische Identität bauenden Nationalstaats war im 19. und frühen 20. Jh. eine der stärksten Triebkräfte der Geschichtsforschung und G. in Europa. [1] Die Professionalisierung der Forschungsmethoden in den einzelnen Ländern jedoch verlief unabhängig von ideologischen Gewichtungen und brachte zwei einander bekämpfende Paradigmen hervor: einerseits eine in forschungslogische Probleme verstrickte, hier und da dem positivistischen Wissenschaftsideal zuneigende «Tatsachenwissenschaft», anderseits eine Disziplin, die ihr Fundament in der Poetik und ihren Zweck in historischer Bildung erkannte. [2] In Deutschland schrieben die angesehensten Historiker – RANKE (seit 1825) und MOMMSEN (seit 1848) – als Universitätslehrer; die vom englischen Lesepublikum wegen ihrer literarischen Schreibweise geschätzten Autoren – T. B. MACAULAY und J. R. GREEN – waren ohne feste Hochschulämter [3]; in Frankreich bemühte sich die akademische G. besonders früh um eine Modernisierung im Zeichen soziologischer Fragen und wiederholte die längst zum Klischee verkommene antirhetorische Polemik. [4]

Wurde die deutsche Historische Schule um die Jahrhundertwende noch als Muster eines wissenschaftlich organisierten Diskurses angesehen [5], so hat sich doch der professionalisierte historiographische Diskurs unter dem Einfluß neuer Theorien – der politischen Ökonomie, der Evolutionslehre und der Sozialwissenschaften – entscheidend verändert. Hier traten nun von Land zu Land unterschiedliche, von je nationalen Interessen abhängige Tendenzen hervor. In Deutschland hat die philosophische Kritik am Historismus und an dessen Darstellungsmodell, dem historiographischen Realismus, nicht lange auf sich warten lassen. Bereits 1874 hatte F. NIETZSCHE in ‹Vom Nutzen und Nachteil der Historie für das Leben› Zweifel am Sinn der wissenschaftlichen G. angemeldet, 1883 veröffentlichte W. DILTHEY unter dem Titel ‹Der Aufbau der geschichtlichen Welt in den Geisteswissenschaften› eine einflußreiche «Kritik der historischen Vernunft». 1892 hat G. SIMMEL, ähnlich wie Dilthey von Kant ausgehend, in ‹Die Probleme der Geschichtsphilosophie›, die «Vergewaltigung des Ich» durch den Historismus bekämpft und die Macht der «Geschichte» als ein Produkt theoretischer Anschauung relativiert. Die professionelle Geschichtswissenschaft hat davon nur zögernd Kenntnis genommen. Lange Zeit verbindlich blieb *Droysens* Forderung, die G. von Rhetorik und Poetik zu lösen, um ihre Regeln aus dem «Begriff» der «Wissenschaft und ihrer Methode» abzuleiten. [6] So konzentrierte sich die Fachwissenschaft zunächst auf methodologische und fachdidaktische Fragen, erweiterte die Politik- um Kultur- und Sozialgeschichte und verbannte die Darstellungsprobleme – wie E. BERNHEIM in seinem einflußreichen, 1889 zuerst veröffentlichten ‹Lehrbuch der historischen Methode› – in die fachfremden Bereiche «der Ästhetik, speciell der Stilistik und Rhetorik.» [7] Der normative Historismus des frühen 19. Jh. hatte am Ende des Säkulums sich zu einem relativistischen Historismus verändert, dessen Kern die Idee einer universellen «Historisierung alles unseres Denkens über den Menschen, seine Kultur und seine Werte» bildete. [8] Bis in die 50er Jahre des 20. Jh. orientierte sich die deutsche Geschichtswissenschaft – abgesehen vom Regreß in Propagandarhetorik während des totalitären Regimes – an diesem Konzept. [9] Erst der in den 60ern nachgeholte Anschluß an die Moderne hat die innerfachliche Auseinandersetzung um fragwürdige Traditionen neu belebt. Was – langfristig gesehen – nicht nur zur intensiveren Rezeption sozialwissenschaftlicher Methoden, namentlich der «verstehenden Soziologie» M. WEBERS, sondern – für kurze Zeit wenigstens – auch zur Selbstkritik an einem allzu spezialistischen, allzu öffentlichkeitsfernen Geschichtsdiskurs geführt hat. [10] Generell aber wurde und wird seitdem *die Verschiebung des Diskurses von der Erzählung zur Analyse* als eine notwendige Bedingung wissenschaftlicher Rationalität gedeutet. [11] Von den Techniken der Textkonstitution, vom Erzählen, von der Disposition und Komposition des Materials ist in der fachlichen Grundlagenliteratur nur selten die Rede; meist bleibt die Diskussion auf die Logik fachspezifischer Begriffsbildung beschränkt. [12] Geschichte als Wissenschaft hat sich, A. HEUSS beklagte das schon 1959 unter dem Titel ‹Verlust der Geschichte›, von der lebendigen Erinnerung losgesagt.

Was hier als Verlust verbucht wird, das hat die französische *Nouvelle Histoire*, deren Gründungsdatum mit der Veröffentlichung der ‹Annales d'histoire économique et sociale› im Jahre 1929 zusammenfällt, als Vorteil, nämlich als Zugewinn an Rationalität interpretiert. Für M. BLOCH und L. FEBVRE steht «das Studium der Toten» durchaus im Dienst der Lebenden, nimmt es die methodisch disziplinierte *Konstruktion* sog. «historischer Fakten» ernst. [13] Auch hier taucht die Opposition «entreprise raisonnée d'analyse» (rationales Analyseunternehmen) *versus* «séductions de la légende et de la rhétorique» (Verführungen durch Legende und Rhetorik) auf [14], die zum polemischen Standardrepertoire der meisten, unter dem Druck des Szientismus entstandenen Lehrschriften der modernen Geschichtswissenschaft zu gehören scheint. [15] Diese Gewichtung will die explikativ-analytische Funktion der Geschichtsforschung gegenüber der – meist unter dem Begriff der «Rhetorik» verborgenen – narrativen Synthesis in der G. aufwerten. Eine Entscheidung, die von der Einsicht in die «Asymmetrie vom Leben und Historie» ausgeht [16], um jeden historischen Determinismus abzustreifen. Die Alternative – einerseits Wissenschaft, anderseits Rhetorik – ist indessen falsch, zumal die «Realität» der vergangenen Lebenswelt dem Historiker nur in Gestalt eines schriftlichen Archivs, einer Urkundensammlung, vors Auge kommt. Um ein Beispiel zu nennen: Die probabilistische Faktorenanalyse in den geschichtswissenschaftlichen Erklärungsmodellen von M. WEBER und R. ARON hält die Grundzüge einer hermeneutischen, den Text- bzw. Handlungssinn konstituierenden Lesart fest: Sie folgt nicht der harten Kausallogik der Gesetzeswissenschaften, sondern – unter Rückgriff auf das Archiv – einer Logik des Zuschreibens von Gründen, die weder der narrativen Synthese noch der mehrfach kodierten Rhetorik historischer Wissensvermittlung noch dem ethischen Allgemeinbegriff der Entscheidungsfreiheit fremd gegenüberstehen muß. [17] Die narrative Synthese kann unter dieser Voraussetzung alle analytisch ermittelten, im Prä-Text des Forschungsprotokolls inventarisierten Faktoren – konkrete Umstände, intentionales Kalkül, Hilfsmittel, Widerfahrnisse, unbeabsichtigte Folgen etc. – in einem Text zu integrieren suchen, der offen ist für die kommunikative Teilhabe der Leser an der vom Autor zugleich erzählten und kommentierten Historie. [18]

Die Diskussion des «discours mixte» [19], der Mehrfachkodierung des historiographischen Textes, hat nicht nur der sprachanalytischen Kritik am wissenschaftlichen Empirismus Nutzen gebracht. [20] Auch der im Zeichen eines postmodernen Rationalitätszweifels angetretene Dekonstruktivismus hat sich auf die komplexen und daher leicht angreifbaren Texte der G. gestürzt, um den Nachweis anzutreten, der historische Diskurs sei ein Produkt aus Ideologie und Belletristik. [21] Die Rhetorik erscheint hier als Schatten: in den kaum noch erkennbaren Umrissen einer auf textanalytische Operationen reduzierten Stilistik *(elocutio)* und in der metaphorisch verzerrten Ableitung historiographischer Texttypen aus der qualitativen Figurenlehre (Tropologie). [22] Die zunehmende Einsicht in die sprachliche Verfaßtheit wissenschaftlich konstruierter Welten hat inzwischen zu einer Rehabilitierung der Rhetorik insbesondere in der Grundlagendiskussion der Human- und Kulturwissenschaften geführt. [23] Es ist dies eine andere, eine textanalytisch und semiologisch reformulierte Rhetorik, die nicht normativ wie die klassische Redelehre verfahren will. [24] Den historiographischen Text studiert sie nicht nur als Sachaussage, sondern nimmt ihn als eine in praktischer Absicht verfaßte «Rede» (parole) ernst. Ein Ziel der rhetorischen Analyse ist es, die sprachlichen und formalen Strategien zu beschreiben, mit deren Hilfe die «Rede» des Geschichtsschreibers zwischen der methodisch rekonstruierten Welt der Vergangenheit und den Interessen der gegenwärtigen Lebenswelt zu vermitteln sucht. [25]

Anmerkungen:
1 H. Seton-Watson: Nations and States. An Enquiry into the Origins of Nations and the Politics of Nationalism (Boulder 1977). – **2** vgl. zu dieser Opposition die programmat. Vorlesung von G. M. Trevelyan: History and the Reader (London 1945). – **3** J. Kenyon: The History Men. The Historical Profession in England since the Renaissance (²1993) 71ff., 164ff. – **4** C. O. Carbonell: Histoire et historiens 1865–1885 (Toulouse 1976). – **5** Kenyon [3] 149; J. Osterhammel: Epochen der britischen G., in: W. Küttler et al. (Hg.): Geschichtsdiskurs 1: Grundlagen und Methoden der Historiographiegesch. (1993) 173f.; C. O. Carbonell: Histoire narrative et histoire structurelle dans l'historiographie positiviste du XIXe siècle, in: Storia della storiografia 10 (1986) 158f. – **6** J. G. Droysen: Historik, Textausg. von P. Leyh (1977) 217. – **7** E. Bernheim: Lehrbuch der hist. Methode (1889) 511. – **8** E. Troeltsch: Der Historismus und seine Probleme. Ges. Schriften III (1922) 102. – **9** H. Schleier: Epochen der dt. G. seit der Mitte des 18. Jh., in: Küttler [5] 145ff. – **10** Von Bedeutung wurde vor allem Webers Kritik am Historismus in seiner 1904 veröff. Abhandlung ‹Die «Objektivität» sozialwissenschaftlicher Erkenntnis›; vgl. J. Kocka: Theorien in der Sozial- und Gesellschaftsgesch., in: Gesch. und Gesellsch. 1 (1975) 9–42; K.-G. Faber: Zur rhet. Dimension der Sprache des Historikers, in: XV. Congrés International des Sciences Historiques Vol. I (Bukarest 1980) 420–425. – **11** J. Kocka: Zurück zur Erzählung? Plädoyer für hist. Argumentation, in: Gesch. u. Gesellsch. 10 (1984) 395–408. – **12** R. Wittram: Das Interesse an der Gesch. (1958) 33ff.; K.-G. Faber: Theorie der Gesch.wiss. (1971) 147ff. seit Erscheinen des Sammelbandes ‹Gesch.-Ereignis und Erzählung›, hg. v. R. Koselleck, W.-D. Stempel (1973) hat sich die Situation verändert; vgl. auch J. Rüsen: Zeit und Sinn. Strategien hist. Denkens (1990) 50ff. – **13** M. Bloch: Apologie pour l'histoire ou métier d'historien [1941–44] (Paris ⁶1967) 15; L. Febvre: Combats pour l'histoire (Paris 1953) 437. – **14** Bloch [13] XIV. – **15** vgl. auch J. Elton: The Practice of History (Cambridge 1967) 103ff. – **16** H. M. Baumgartner: Kontinuität und Gesch. Zur Kritik und Metakritik der hist. Vernunft (1972) 253. – **17** M. Weber: Krit. Stud. auf dem Gebiet der kulturwiss. Logik, in: Arch. für Sozialwiss. und Sozialpolitik XXII (1906) 143–207; R. Aron: Introduction à la philosophie de l'histoire. Essai sur les limites de l'objectivité historique (Paris 1938). Dazu P. Ricœur: Zeit und Erzählung I: Zeit und hist. Erzählung (1988) 273ff. – **18** vgl. auch J. H. Hexters wissenssoziolog. Studie: The Rhet. of History, in: History and Theorie VI (1967) 3–13. – **19** M. de Certeau: L'écriture de l'histoire (Paris 1975) 109ff. – **20** A. C. Danto: Analytical Philosophy of History (Cambridge 1965); dt. Ausg. (1974). – **21** vgl. H. White: Metahistory. The Historical Imagination in Nineteenth-Century Europe (Baltimore 1973); dt. Ausg. (1991); S. Bann: The Clothing of Clio. A Study of the representation of History in Nineteenth-century Britain and France (Cambridge 1984); zur Kritik: L. B. Cebik: Understanding narrative Theory, in: History and Theory (Beih. 25): Knowing and Telling History. The Anglo-Saxon Debate (1986) 58–81; G. Walther: Fernes Kampfgetümmel. Zur angeblichen Aktualität von H. White's ‹Metahistory›, in: Rechtshist. Journ. 11 (1992) 19–40. – **22** Zur Kritik an der Metaphorisierung rhet. Grundbegriffe in der strukturalist. Texttheorie vgl. P. de Man: Allegorien des Lesens (1988) 31ff. – **23** J. S. Nelson, A. Megill, D. N. McCloskey (Hg.): Rhet. of the Human sciences (Madison 1987). – **24** Sie steht der lit. Rhet. nahe und wird nicht selten mit Poetik gleichgesetzt; vgl. z. B. P. Carrard: Poetics of the New History. French Historical Discourse from Braudel to Chartier (Baltimore/London 1992), eine Stud., deren Aufbau weitgehend dem der Rhet. folgt. – **25** vgl. J. Rüsen: Lebendige Gesch. Grundzüge einer Historik III: Formen und Funktionen des hist. Wissens (1989) 24ff. Rüsens Theorie der G., die am Vernunftinteresse hist. Aufklärung festhält, sucht die Traditionen der Erkenntniskritik, der Ästhetik u. Rhet. auf ein multifunktionales System wechselseitiger Korrekturen festzulegen.

Literaturhinweise:
H. Butterfield: Man on his Past: The Study of the History of Historical Scholarship (Cambridge 1955). – G. G. Iggers, H. T. Parker (Hg.): Int. Handbook of Historical Studies. Contemporary Research and Theory (London 1980). – R. Koselleck et al. (Hg.): Formen der G. (1982). – L. Niethammer: Posthistoire. Ist die Gesch. zu Ende? (1989). – L. Gossman: Between History and Lit. (Cambridge 1990). – J. Le Goff: Gesch. und Gedächtnis (1992). – W. Küttler et al. (Hg.): Geschichtsdiskurs 1: Grundlagen der Historiographiegesch. (1993). – R. Chartier: Zeit der Zweifel. Zum Verständnis gegenwärtiger G., in: Neue Rundschau 105 (1994) 9–20.

D. Harth

→ Ars historica → Bericht → Biographie → Dekonstruktion → Evidentia, Evidenz → Gesta → Hagiographie → Hermeneutik → Historia → Historismus → Hypomnema → Kommentar → Klugheit → Roman → Topik

Geschmack (lat. gustus, sapor; engl. taste; frz. goût; ital. gusto)
A. Def. – B. I. Antike. – II. Mittelalter. – III. Renaissance, Humanismus, Reformation. – IV. Barock. – V. Aufklärung. – VI. 19. und 20. Jh.

A. Charakteristisch für den G.-Begriff ist bereits die Tatsache, daß eine Definition nur in tautologischer Form möglich ist: G. als durch die Gesellschaft geformter ästhetischer Sinn für das Passende, das Schöne (das Ästhetische). Der Zirkel, den diese Definition enthält – der Gegenstand des G. liegt diesem bereits als dessen Ursache zugrunde – verweist darauf, daß einerseits der G. es ist, der sagt, was als passend und schön zu gelten hat, daß umgekehrt nur durch das, was in gesellschaftlichen Konventionen und Normierungen bereits vorgegeben ist, der Geschmackssinn seine Inhalte und seine Ausprägung empfängt. –

Erst das 17. und das 18. Jh. haben eine Theorie des G. ausgebildet; der Ertrag der insbesondere im 18. Jh. geführten Debatte bestimmt für die Folgezeit die Auffassung von der Bedeutung, der Wirkungsweise und der Funktion des G. In den vorangegangenen Jahrhunderten wird überall da, wo der G. als Terminus greifbar wird, die Problematik dieses Begriffs jedoch nicht bewußt. So muß in der historischen Darstellung zwischen zwei Ebenen unterschieden werden: von der Ebene der begrifflichen Diskussion ist eine metarhetorische Ebene [1] abzugrenzen. Auf der Ebene der begrifflichen Diskussion gilt es, Analoga und Vorläufer zu dem neuzeitlichen

G.-Begriff aufzuspüren: die Quellen in der rhetorischen Tradition aufzudecken, die in den neuzeitlichen G.-Begriff mit einfließen. Hinsichtlich der metarhetorischen Ebene kehrt sich die Blickrichtung um. Es stellt sich die Frage: Im Rahmen welcher Bedingungen wirkt ein G., an welchen Indizien und Symptomen ist das Funktionieren von G.-Vorstellungen ablesbar, ohne daß der Terminus als solcher präsent ist? Dieses ist der Punkt, an dem der Interpret ein Vorverständnis von G. an die Epoche heranträgt und Erkenntnisse voraussetzt, die erst im 18. Jh. artikuliert werden konnten. Die folgenden Koordinaten lassen sich in diesem Sinn festhalten; sie bilden den impliziten Maßstab für die anschließende historische Analyse: Der G. formuliert oder birgt eine Synthese zwischen kognitivem Aspekt und emotionalem Appell – G. ist immer G. an etwas, wobei konstitutiv für die Beziehung zum Gegenstand die emotionale Einfärbung ist (Gefallen und Mißfallen); die Synthese von Vernunft und Gefühl hängt unmittelbar damit zusammen. Des weiteren ist mit dem G.-Begriff ein Ausgleich anvisiert zwischen Subjektivem und Objektivem (Frage nach der Mitteilbarkeit des individuellen G.), zwischen Allgemeinem und Besonderem, dem Individuum und der Gesellschaft. Zwischen diesen Polen vermittelt der G.; erst da kann er als Problem sichtbar werden, wo sie sich als Variablen zeigen.

Anmerkungen:
1 J. J. Murphy: The Metarhetorics of Plato, Augustine, and McLuhan: A Pointing Essay, in: Philosophy and Rhet. 4 (1971) 201–214.

Literaturhinweise:
F. Schümmer: Die Entwicklung des G.-Begriffs in der Philos. des 17. und 18. Jh., in: ABg 1 (1955) 120–141. – B. Markwardt: Art. ‹G.›, in: RDL², Bd. 1 (1958) 556–569. – K. Stierle, H. Klein, F. Schümmer: Art. ‹G.›, in: HWPh, Bd. 3 (1974) 444–456.

B.I. *Antike.* Bevor der G. als Begriff existiert, werden von PLATON wesentliche Bestimmungen seines Inhalts bereits kritisch diskutiert. Die Gegnerschaft zwischen der Philosophie als Sachwalterin der wahren Redekunst und der (sophistischen) Rhetorik als Kunst der Überredung, in der die Wahrheit der Wahrscheinlichkeit weicht und die Stelle des Guten der subjektive Vorteil einnimmt – diese Gegnerschaft findet eine genaue Entsprechung in der Kontrastierung des Schönen und des bloß Angenehmen. [1] Die von Platon aufgestellte Antithese zwischen dem wahrhaft Schönen und dem, was nur gefällt, bildet die negative Folie für die Synthese, die der G.-Begriff darstellen wird; und zwar läßt sich der negative Bezug bis in die Formulierung hinein beleuchten. Das Schöne ist ontologisch definiert, es ist eine Qualität des Seins an sich. Es gehört dem Bereich der Ideen an und ist deshalb gerade da, wo es Ordnung, Maß und Proportion verbürgt, unabhängig von der subjektiven Wahrnehmung und Beurteilung. [2] Dagegen spricht das Angenehme das subjektive Empfinden an und trägt deshalb das Stigma der Beliebigkeit. Platon kreist im ‹Gorgias› die appellative, publikumsbezogene, am Erfolg orientierte Seite der Redekunst ein; seine Charakteristika präfigurieren die Konstituenten des G.-Begriffs: Die Rede, die (nur) Glauben erregen will, ist Schmeichelei, das Schmeicheln ist ihr Prinzip. [3] Sie sucht nur das jeweils Angenehme zu treffen ohne Rücksicht auf das Beste: ohne Orientierung an einem absolut gültigen Maßstab. Der Redner muß sich nach der Meinung der Menge richten, d.h. nach dem, was dieser gefällt. [4] Geradezu strukturbildend ist der Vergleich mit der Kochkunst. [5] Soweit der Erfolg des Redners nicht auf der Belehrung beruht, ist er darauf angewiesen, daß seine Argumente Lust und Wohlgefallen hervorbringen; diese aber stehen für Plato auf einer Ebene mit den Gaumenfreuden, die die Kochkunst erregt. Die Kochkunst kitzelt für den Augenblick den Geschmackssinn und schadet, ohne Kenntnis der Heilkunst betrieben, der Gesundheit. Analog bestätigt die (falsche) Redekunst die sinnlichen Interessen der Zuhörer auf Kosten der Gesundheit der Seele. Es ist die Symbiose von Glaubwürdigkeit, affektiver Strategie, persönlichem bzw. parteilich gebundenem Erfolgsstreben und Wohlgefallen des Publikums, die Plato in dem Vergleich mit der Kochkunst und dem Kontrast zur Heilkunst zu demaskieren versucht. – Alle diese Charakteristika, die die Opposition zu dem Wahren, Guten und Schönen sowie die Bindung an das Emotionale (*delectare; movere*) markieren, werden den G. kennzeichnen, wobei sie eine positive Wertung erhalten und man sie so begründen wird, daß sie nicht mehr im Gegensatz zum Begriff des Schönen stehen.

Zuerst faßbar wird der Sachverhalt des G. bei CICERO und QUINTILIAN. Der (metarhetorische) Rahmen, der die Bedingungen für die Prägung des Begriffs enthält, läßt sich als der Versuch bestimmen, die Kluft zwischen Philosophie und Rhetorik, die seit Platon bestand, rückgängig zu machen bzw. zu überwinden; dabei spielt der G. eine wichtige Rolle. Die Synthese ist bereits abzulesen an der Zuordnung der Redekunst zur Heilkunst: Quintilian vergleicht den Redner nicht mit dem Koch, sondern mit dem Arzt, der dem Kind oder dem Kranken die verzuckerte Pille reicht. [6]

Der Vorläufer, zugleich der Basisbegriff für den G., den *gustus*, ist das *iudicium*: ein Begriff, der seine Stellung und Funktion im Wirkungszusammenhang der Rede hat. Der korrespondierende Begriff ist das *decorum*. Das Urteil entscheidet darüber, ob die Rede der Situation angemessen ist, ob sie ihren Zweck erfüllen kann, ob sie dem Verständnis und den Erwartungen des Publikums gerecht wird. Gabler hat darauf aufmerksam gemacht, daß in der Praxis der forensischen Rede das Urteil der Laien den Maßstab abgab; denn bei ihnen mußte der Redner Erfolg haben. Das Laienurteil aber, so Gabler, impliziere Spontaneität und Emotionalität. [7] Die entscheidende Stelle bei Cicero lautet: «Omnes enim tacito quodam sensu sine ulla arte aut ratione quae sint in artibus ac rationibus recta ac prava diiudicant.» (Denn alle unterscheiden unbewußt ohne System und Theorie, was in den einzelnen Gebieten und Disziplinen richtig und verkehrt ist.) [8] Eindeutiger auf die Redesituation hin zugespitzt findet sich der Argumentationszusammenhang bei Quintilian. Der Redner müsse sich nach dem Urteil von philosophisch ungebildeten Leuten richten; sie müsse er zu unterhalten suchen; sie dürfe er, um sein Ziel zu erreichen, im mitreißenden Redefluß durch Gefühlswirkungen («adfectibus») verwirren. [9] Konzessionen an die Wahrhaftigkeit seien erlaubt [10]; und was gefalle, glaube sich leichter. [11] Nach Gabler orientiert sich Quintilian hier am G. des Publikums [12]; er verwendet das Wort «voluptas». [13] Quintilian berücksichtigt, indem er die Gefühle des Publikums einbezieht, das Unwägbare der Redesituation; und diesem Unwägbaren entspricht das Intuitive im Urteil des Redners: Die Lehre vom Urteilsvermögen lasse sich so wenig vermitteln wie Geschmack oder Geruch («quam gustus aut odor»). [14] Weder Cicero noch Quintilian verwenden *gustus* als einen Terminus für *iudicium*; vielmehr wird das *iudicium* mit der Wirkungsweise der Sinne *verglichen*, um sowohl dessen Treffsicherheit als auch dessen Unbewußtheit anzudeuten. [15] Diese Schicht des Gefühlshaften, Affektiven, Sinnlichen, von der ratio nicht restlos Aufzuhellenden, treffen Platons negative Wertungen. Bei Cicero und Quintilian wird die Möglichkeit einer negativen Bewertung aufgefangen durch das alles bestimmende *decorum*; dieses gilt gerade da, wo das Urteil unbewußt ist. Den Kontext des Cicero-Zitats bildet ein Preis der Naturordnung, wo Rhythmus, Ordnung und Zweckmäßigkeit herrschten [16]; so sei die Empfindung des Geziemenden angeboren wie die Wahrnehmung der Sinne. [17] Deutlich gesellschaftsbezogener denkt Quintilian. Bei ihm ist es die Kluft zwischen dem Wahren und Gefälligen, die das *decorum* überbrückt. Redner und Publikum sind gleicherweise unverbrüchlich darauf verpflichtet. Wie dieses *decorum* die ethische Ausrichtung garantiert, erhellt schlaglichtartig aus Quintilians Einschätzung der Apologie des Sokrates. Sokrates habe, als er durch seine Rede den Tod wählte, als Mensch geziemend gesprochen, weil er die ganze Nachwelt zu seinem Publikum gemacht habe. [18]

Dadurch daß sie *iudicium*, sinnliche Empfindung und *decorum* in *einen* Zusammenhang brachten, haben Cicero und Quintilian die Grundlage für die neuzeitliche Fassung des G.-Begriffs gelegt. Einzigartig ist dabei die Stellung des *decorum*; sie wird sich so nicht wiederholen: Das unbewußt wirkende *iudicium* wird nur deshalb zugelassen, weil das *decorum* sowohl die Haltung des Redners als auch die Reaktion der Zuhörer restlos durchdringt. Die Subjektivität, die im Moment des gefühlsmäßigen Urteils erscheint, verschwindet im *decorum* wieder.

Mit HORAZ' ‹Ars poetica› rückt das Problem des G. in den Kontext von Form- und Stilfragen. Fuhrmann zeigt, wie das äußere *aptum* zur Basis der Theorie wird, wie zugleich Horaz zum ersten Mal den rhetorischen Imitatiobegriff, die Nachahmung vorbildlicher Werke, auf die Dichtung anwendet. [19] Die Frage des Stils wird zentral. [20] Mit der Literarisierung der Rhetorik und der Rhetorisierung der Literatur in der römischen Kaiserzeit [21] wandeln sich die Rolle des Publikums und der Adressatenbezug: Die Rede wird entpolitisiert, die Deklamation verselbständigt sich; die Formseite gewinnt einen eigenständigen Wert. Bezeichnenderweise bildet sich keine ästhetische Theorie des G., obwohl durch Publikumsvorlieben Stilrichtungen sich ausprägen: ebenfalls ein Indiz für die Dominanz des Angemessenen als einer objektiv bindenden Kategorie.

Anmerkungen:
1 vgl. dazu Platons Dialoge ‹Gorgias› und ‹Phaidros›. – **2** vgl. E. Grassi: Die Theorie des Schönen in der Antike (1980) 108ff.; W. Perpeet: Antike Ästhetik (1961) 38–67. – **3** Plat. Gorg. 462bff., bes. 463b. – **4** Plat. Gorg. 462c–e; Phaidr. 258a. – **5** Plat. Gorg. 462d; Phaidr. 265e. – **6** Quint. III, 1, 4. – **7** H.-J. Gabler: G. und Ges. Rhet. und sozialgesch. Aspekte der frühaufklärerischen Geschmackskategorie (1982) 1–32. – **8** Cic. De or. III, 195; ähnlich Cic. Brut. 183ff. – **9** Quint. V, 14, 29. – **10** z. B. Quint. II, 17, 26ff. – **11** ebd. IV, 2, 119. – **12** Gabler [7] 28f. – **13** Quint. IV, 2, 122. – **14** ebd. VI, 5, 1; ähnlich VI, 3, 19; VIII, 3, 19; IX, 4, 120; XI, 1, 91. – **15** Cic. De or. III, 98–100. – **16** ebd. III, 178ff. – **17** ebd. III, 184; 195; ähnlich 151. – **18** Quint. XI, 1, 8ff. – **19** M. Fuhrmann: Einf. in die antike Dichtungstheorie (1973) 120ff. – **20** E. R. Curtius: Europäische Lit. und lat. MA (Bern/München ⁹1978) 75. – **21** M. Fuhrmann:

Rhet. und öffentliche Rede. Über die Ursachen des Verfalls der Rhet. im ausgehenden 18. Jh. (1983) 12f.; ders.: Die antike Rhet. Eine Einf. (³1990) 65ff.

II. *Mittelalter*. Im Mittelalter läßt sich kein terminologisches Äquivalent zum sinnlichen Laienurteil der antiken Rhetorik greifen. Aufschlußreich ist bereits die Überlieferungssituation: Die Schriften, deren Thema das rhetorische Bildungsideal ist, sind nur dünn tradiert. [1] Im folgenden seien erstens die Bedingungen präzisiert, an denen der Wandel im Vergleich zur Antike abzulesen ist. Von dieser metarhetorischen Ebene her wird zweitens die Frage nach der impliziten Wirkungsweise von G.-Urteilen gestellt, einer Wirkungsweise, die aus prägnanten Indizien erschlossen werden muß.

Die Redegattung, die vom Publikumsbezug her als Nachfolgerin der forensischen Rede gelten kann, ist die Predigt: sie lebt von ihrer affektiven Wirkung. [2] Grundlegend für die mittelalterliche Predigtliteratur ist AUGUSTINUS' Werk ‹De doctrina christiana› [3]; hier nun sind die Umwertungen des Christentums konkret festzumachen, durch die die Rhetorik in eine neue Beleuchtung rückt. Die beiden Kategorien, die das Verhältnis zum Publikum reflektieren, das *aptum* bzw. *decorum* und das *iudicium* (als die natürliche Empfindung der Laien), verlieren bei Augustinus ihren verpflichtenden Charakter; denn die entscheidende Orientierung erhält der Redner nunmehr von dem Bereich des Übersinnlichen, Geistigen, Jenseitigen. Auerbach hat das Prinzip der Stilmischung vor diesem christlichen Hintergrund beleuchtet. [4] Der Relativierung der *aptum*-Gebote entspricht die Entwertung des G. Was einst das Ziel der Rede war, nämlich den G. des Publikums zu treffen, ist jetzt Zugeständnis und nurmehr Mittel zum Zweck: Um die Herzen zu gewinnen, müsse man sich nach dem «verderbten Geschmack» der Menschen (fastidientibus) richten [5]; auf dem Spiel jedoch steht das ewige Heil der Seele. Das Vertrauen auf das Gefühl weicht dem Mißtrauen in die sündige Natur des Menschen. [6] Dies gilt auch für die *ars praedicandi*, wie sie sich um 1200 ausprägt. Anzusiedeln sind die Texte zur Predigttheorie im gelehrten Milieu der Universität; eine differenzierte Publikumsanalyse ist kaum zu erwarten. [7] Doch ist die ethische Ausrichtung signifikant. Vom Prediger wird der Verzicht auf weltliche Anerkennung – die Basis des antiken *decorum* – gefordert. [8] – Im weltlichen Bereich wandeln sich die G.-Vorstellungen unter dem Einfluß des *ordo*-Denkens. H. Wenzel zeigt, wie die gesellschaftliche Repräsentation gerade da, wo sie die Sinne anspricht, Verweisungscharakter trägt; Repräsentation ist Symbolisierung überzeitlicher Gehalte. [9] – Ebenso schränkt die kanonische Geltung der Dreistillehre, wie sie F. Quadlbauer für die nicht-augustinische Tradition nachgezeichnet hat [10], den subjektiven Freiraum der Beurteilung ein. Dieser Theorie zufolge ist der Stil bzw. die Stilhöhe auf objektive Weise von den Sachen selbst bedingt und hängt nicht von der Kunst des Redners ab. – Weitgehend objektiv ist auch die mittelalterliche Auffassung vom Schönen; die theologische Deutung ist hier bestimmend. [11]

In diesem Rahmen ist die Rekonstruktion der G.-Kategorie zu leisten. Wichtig wird das hohe Mittelalter, besonders die literarische Entwicklung ab der Mitte des 12. Jh.: eine Phase, für die Auerbach die Entstehung eines gebildeten Laienpublikums feststellt. [12] Das *aptum* bzw. *decorum* und das *iudicium* gewinnen seit dem 11. Jh. wieder an Bedeutung, wie MARBODS VON RENNES

‹Liber decem capitulorum› eindrucksvoll belegt: Das Werk beginnt mit dem Kapitel «De apto genere scribendi». [13] THOMAS' VON AQUIN Definition des Schönen bringt mit der Bestimmung «placere» und der Betonung der Wahrnehmung ein (subjektives) G.-Urteil ins Spiel: «pulchrum autem dicatur id cujus ipsa apprehensio placet» (schön aber das heißt, bei dem schon die Wahrnehmung gefällt). [14] – Prägnante Momente, in denen die Entfaltung eines G. sich andeutet, sind:

1. die *volkssprachliche höfische Literatur*. Allein die Vortragssituation stellt hohe Ansprüche an die sinnliche Wahrnehmungskraft der Zuhörer – mußten sich doch die Werke in der mündlichen Darbietung durchsetzen. [15] G.-Vorstellungen werden da wirksam, wo um die Gunst des Publikums gerungen wird. Daß zudem unterschiedliche Stilvorstellungen sich ausprägen, zeigt etwa der berühmte Dichterkatalog im ‹Tristan›: die «cristalline wortelin» Hartmanns von Aue werden der dunklen, unverständlichen Rede (vermutlich) Wolframs von Eschenbach gegenübergestellt. [16]

2. Parallel zu der Entwicklung der volkssprachlichen Literatur entsteht die *Dichtungstheorie*. Sechs Poetiken sind erhalten, die zwischen 1175 und 1280 verfaßt wurden (von MATTHAEUS VON VENDÔME; GALFRED VON VINOSALVO, dem neben der ‹Poetria nova› auch das Prosawerk ‹Documentum de modo et arte dictandi et versificandi› zugeschrieben wird; JOHANNES VON GARLANDIA; EBERHARD VON BREMEN; GERVASIUS VON MELKLEY). [17] Der Titel des berühmtesten Beispiels (von Galfred) zeigt ein geradezu stolzes Autorbewußtsein: ‹Poetria nova› – die ‹Ars poetica› des HORAZ soll durch eine neue Poetik ersetzt werden. [18] J.B. Kopp sieht dieses Neue vor allem darin, daß die Komposition des Werks als eines Ganzen thematisiert wird. [19] Entsprechend wichtig ist das *iudicium* als die Fähigkeit, das richtige Maß zu erkennen. [20] Auch die Notwendigkeit der Anpassung an den Verständnishorizont der Zuhörer wird reflektiert. [21] Außerdem ist die G.-Metaphorik vorhanden. [22] Sie steht im Rahmen einer breit ausgeführten Lichtmetaphorik, welche strukturbildend ist. So tritt zugleich das Unterscheidende hervor, das die ‹Poetria nova› von der antiken Rhetorik trennt: Die G.-Metaphorik bezeichnet den Reichtum des Redeschmucks; das Urteil, ob eine Rede, die gut bzw. richtig komponiert ist, deswegen auch schön ist, steht nicht zur Diskussion; das Schöne bleibt eine Kategorie der Transzendenz, wie die Lichtbildlichkeit markiert. Klopsch hat denn auch auf den neuplatonischen Hintergrund dieser um 1200 entstandenen Poetiken aufmerksam gemacht. [23] Dennoch läßt die wichtige Rolle, die der Lehre vom Redeschmuck in den Poetiken (ebenso wie in den *artes dictaminis*) beigemessen wird – Galfred zum Beispiel schrieb auch eine ‹Summa de coloribus rhetoricis› – darauf schließen, daß man nicht unempfindlich für den sinnlichen Reiz einer Rede gewesen ist.

3. Im Mittelalter prägt sich ein besonderer Wortgebrauch von G. und ‹schmecken› aus: In der *philosophischen Mystik* dient das Wort als Terminus für die Erkenntnis der höchsten Gegenstände («Gott schmekken»)[24]; man könnte von einer Spiritualisierung des kognitiven Gehalts sprechen. Gerade für die Bezeichnung derjenigen Schicht im Menschen also, die der antike G.-Begriff ausklammerte – der Schicht des Übersinnlichen –, wird der G.-Sinn herangezogen. Dieser übertragene Wortgebrauch läßt sich bis ins 18. Jh. verfolgen; er ist auch für den rhetorischen Kontext mit zu bedenken.

Anmerkungen:
1 H. Szklenar: Magister Nicolaus de Dybin. Vorstud. zu einer Ed. seiner Schr. Ein Beitrag zur Gesch. der lit. Rhet. im späteren MA (1981) 14–28. – 2 Erasmus: Ciceronianus sive de optimo dicendi genere, in: Ausgewählte Schr., hg. von W. Welzig, Bd. 7 (1972) 137; vgl. E. Auerbach: Literatursprache und Publikum in der lat. Spätantike und im MA (Bern 1958) 69; H.F. Plett: Rhet. der Affekte. Engl. Wirkungsästhetik im Zeitalter der Renaissance (1975) 35. – 3 J.J. Murphy: Rhetoric in the Middle Ages. A History of Rhetorical Theory from Saint Augustine to the Renaissance (Berkeley/Los Angeles/London 1974) 275, 284, 286ff. – 4 Auerbach [2] 25–63. – 5 Aug. Doctr. IV, 13, 29, übers. von S. Mitterer (1925). – 6 Murphy [3] 294ff. – 7 ders.: (Ed.): Three Medieval Rhetorical Arts (Berkeley/Los Angeles/London 1971) XVIIff.; Murphy [3] 309ff. – 8 Robert von Basevorn, Forma praedicandi, Cap. 5, in: T.-M. Charland: Artes Praedicandi. Contribution a L'Histoire de la Rhétorique au Moyen Age (Paris/Ottawa 1936) 242f. – 9 H. Wenzel: Repräsentation und schöner Schein am Hof und in der höfischen Lit., in: H. Ragotzky, H. Wenzel (Hg.): Höfische Repräsentation. Das Zeremoniell und die Zeichen (1990) 171–208. – 10 F. Quadlbauer: Die antike Theorie der genera dicendi im lat. MA (Wien 1962). – 11 W. Perpeet: Ästhetik im MA (1977). – 12 Auerbach [2] 218ff. – 13 R. Düchting: Art. ‹Marbod v. Rennes›, in: LMA, Bd. 6 (1993) 217f. – 14 Thomas von Aquin, Summa theol. I, II, 27,1; Übers.: Die dt. Thomas-Ausg., Bd. 10 (Graz/Wien/Köln 1955) 76. – 15 vgl. P. Zumthor: La poésie et la voix dans la civilisation médiévale (Paris 1984). – 16 G. Schweikle (Hg.): Dichter über Dichter in mhd. Lit. (1970) 6f.; vgl. W. Haug: Literaturtheorie im dt. MA. Von den Anfängen bis zum Ende des 13. Jh. (²1992) 155ff. – 17 Murphy [3] 135ff. – 18 J.B. Kopp: Einl. zu: Geoffrey of Vinsauf, The New Poetics, in: Murphy [7] 30; Murphy [3] 169ff. – 19 Kopp [18] 31. – 20 Galfred von Vinosalvo, Poetria nova, in: E. Faral: Les arts poétiques du XIIe et du XIIIe siècle (Paris 1924) 199 (Vers 55), 257 (Vers 1949). – 21 ebd. 230 (Vers 1061ff., bes. 1080f.). – 22 ebd. 205 (Vers 266ff.). – 23 P. Klopsch: Einf. in die Dichtungslehren des lat. MA (1980) 121. – 24 F. Schümmer: Die Entwicklung des Geschmacksbegriffs in der Philos. des 17. und 18. Jh., in ABg 1 (1955) 123.

Literaturhinweise:
E. de Bruyne: Études d'esthétique médiévale, Bd. 1–3 (Brügge 1946). – E.R. Curtius: Europäische Lit. und lat. MA (Bern/München 1948, ⁹1978) 144–146 («Speisemetaphern»). – K. Lange: Geistliche Speise. Unters. zur Metaphorik der Bibelhermeneutik (Diss. Kiel 1962). – H. Brinkmann: Schönheitsauffassung und Dichtung vom MA bis zum Rokoko, in: Stud. zur Gesch. der dt. Sprache und Lit. (1966) 289–306. – E. Gallo: The Poetria Nova and Its Sources in Early Rhetorical Doctrine (The Hague/Paris 1971). – H. Brinkmann: Mittelalterl. Hermeneutik (1980).

III. *Renaissance, Humanismus, Reformation*. Mit der Auffindung eines vollständigen Textes der ‹Institutio oratoria› Quintilians (1416) und der einsetzenden Rezeption der philosophisch ausgerichteten Werke Ciceros ist die neue Quellenlage der Renaissance bezeichnet. [1] Der G.-Begriff taucht zwar vereinzelt auf; R. Brandt nennt eine spanische Quelle aus dem Ende des 15. Jh. [2] Doch besitzt er noch keine theoriebildende Kraft. Generell hat sich die Forschung an der These von K. Borinski orientiert, der dem Terminus jede Bedeutung für die Renaissancezeit absprach. [3] In M. Donkers und G.M. Muldrows ‹Dictionary of literary rhetorical conventions› z.B. ist ein Stichwort ‹taste› nicht aufgenommen [4]; M. Fumaroli spricht vom «sens du *decorum*». [5] Zugleich ist in der Spurensuche der Forschung immer von dem G. im ästhetischen Sinn die Rede. H.-G. Gabler hat darauf aufmerksam gemacht, daß die Verankerung des Begriffs in der rhetorischen Tradition erst Graciáns Leistung gewesen ist. [6]

Drei Faktoren bestimmen die metarhetorische Ebene, von der her nach terminologischen Vorläufern des (neuzeitlichen) G.-Begriffs gefragt werden muß. Erstens ein der römischen Antike vergleichbares Bestreben, die Trennung von Philosophie und Rhetorik aufzuheben und zu einer Philosophie zu gelangen, die rhetorisch durchgebildet ist. [7] Zweitens ein Verhältnis von Individuum und Gesellschaft, das ganz vom *decorum* bestimmt ist. [8] Drittens – und dieser Faktor unterscheidet die Renaissance von der Antike – die Geltung christlicher Glaubensinhalte. Die Hinwendung zum Diesseits bringt zwar eine Aufwertung der irdischen Natur und der sinnlichen Schönheit mit sich. Doch bleibt deren Wahrnehmung eingebunden in ein christlich-neuplatonisches Modell: Der ‹Cortegiano› des B. CASTIGLIONE etwa schließt mit dem Preis der himmlischen Liebe.

Zunächst wäre auf breiter Basis zu untersuchen, ob die Fassung des *iudicium* als eines sinnlichen Urteils eindringt in die Rhetoriken und Poetiken der Zeit, ob das *iudicium* erneut mit der Wahrnehmung der Sinne verglichen wird, um es als eine natürliche Empfindung zu charakterisieren, und welche Konsequenzen sich gegebenenfalls für die Auffassung vom *decorum* und vom *aptum* ziehen lassen. RAMUS räumt dem *decorum* eine zentrale, die gesamte menschliche Lebenswelt beherrschende Rolle ein; es ist ihm deshalb Gegenstand der Dialektik und nicht der Rhetorik. [9] Das korrespondierende Erkenntnisorgan für das *decorum* ist die «humanitatis ratio und sapientia», «cognitio», «scientia et usus». [10] Ähnlich dominiert in MELANCHTHONS ‹Elementorum Rhetorices libri duo› das intellektuelle Moment. Das Ziel der *eloquentia* ist, daß ein Sachverhalt transparent wird: «Nam res sine lumine verborum intelligi nequeunt.» (Denn ohne das Licht der Worte können die Dinge nicht erkannt werden.) [11] Vor dem Anspruch der Wahrheitsvermittlung treten die *aptum*-Gebote und das *iudicium* in den Hintergrund bzw. sie sind in diesem Anspruch mit enthalten. [12] Dagegen taucht in den Renaissance-Poetiken der Vergleich des sprachlichen Schmucks mit der verzuckerten Pille des Arztes auf. H. F. Plett stellt Beispiele aus dem englischen Sprachraum (T. WILSON, SIR P. SIDNEY) zusammen. [13] Seine Untersuchung macht deutlich, wie das Moment der *evidentia* (engl. ‹force›) an Bedeutung gewinnt und wie damit zugleich das Wirkungsziel des *movere* verstärkt reflektiert wird. Dies impliziert den Appell an die Sinnlichkeit.

Einen neuen Aspekt eröffnet ERASMUS' Dialog ‹Ciceronianus sive de optimo dicendi genere›, geschrieben als Beitrag im zeitgenössischen Streit um die rechte Nachahmung Ciceros. [14] Es geht um Stilfragen, um die Wahl stilistischer Vorbilder; die rechte Wahl zu treffen, ist Sache des *iudicium* – die moderne Übersetzung verwendet hier das Wort ‹G.›. [15] An einer Stelle läßt sich sogar die sinnliche Komponente greifen. Erasmus verteidigt das Prinzip der *variatio* mit der Forderung des *delectare*; die Rede bzw. ein Text wird einem Gastmahl verglichen, die stilistischen Präferenzen der Leser werden in Analogie zu den verschiedenen Vorlieben des Gaumens gesehen – «inter quos vix duo palati iudicio consentiunt» (von denen doch kaum zwei den gleichen Geschmack haben). [16] Diesem sinnlichen Wohlgefallen zuliebe müsse der Autor Abstriche bei der (stilistischen) Qualität machen. Generell beruft sich Erasmus auf die Natur (des Redners, der Sachen, der veränderten Verhältnisse), wenn er sich gegen die sklavische Nachahmung Ciceros wendet. Allerdings scheint es, daß er kein G.-Urteil zuläßt für das rhetorische Hauptmerkmal der Rede: für die Angemessenheit, zu der die Verkündigung der Glaubenswahrheiten verpflichtet. [17] – Brandt führt einen englischen Beleg an, der ebenso in den Kontext der ‹Stilkritik› gehört. Er zitiert aus einer Schrift von J. EARLES (1628): «Hee [gemeint ist der ‹Criticke›] tastes Styles, as some descreeter Palates doe Wine.» (Er probiert die Stile, wie manche vorsichtigeren Gaumen den Wein.) [18]

Es ist bezeichnend für den neuzeitlichen G.-Begriff, der sich nicht nur an die Antike anlehnt, daß sein Ursprung von einer anderen Textgattung als den Rhetorik-Lehrbüchern sich herschreibt. Gemeint ist die Gattung der Hofliteratur. In der Renaissance ist sie am erfolgreichsten vertreten durch CASTIGLIONES ‹Il Libro del Cortegiano›. [19] Das Werk ist Ciceros ‹De oratore› nachgebildet, wie der zeitgenössische englische Übersetzer T. HOBY in seiner Vorrede erklärt. [20] Ein neuer Gegenstand des *iudicium* ist geschaffen: die von persönlichen Beziehungen geprägte individuelle Gesprächssituation, in der vieles auf das Verschweigen ankommt. F. Baumgart nennt – neben «decoro» – den Begriff «discretione» als Vorläufer von Graciáns «gusto». [21] «Discretio» bezeichnet insbesondere das rechte Verhalten der Partner in der Heimlichkeit der Liebesbeziehung. [22] – Die frühesten Übersetzungen in die Nationalsprachen stellt A. Farinelli zusammen; er nennt auch die ersten deutschen Übersetzer (KRATZER 1565; J. E. NOYSE 1593). [23]

Die G.-Terminologie in England differenziert zwischen ‹smack› und ‹taste›, wie Schümmer herausgearbeitet hat. [24] Im ‹Euphues› benutzt J. LYLY die Wendung ‹smack›, wenn er das oberflächliche Wissen des Weltmanns bezeichnen will [25]; ‹taste› dagegen wird gebraucht, wo die Erkenntnis heiliger Gegenstände auf dem Spiel steht [26] – die spirituell-kognitive Bedeutungsvariante. Beide Bezeichnungen stehen außerhalb der rhetorischen Begrifflichkeit im strengen Sinn. T. HOBY gibt Castigliones Termini mit «judgement», «a certaine naturall judgement» [27], «discreation» [28] wieder; zwischen ‹taste›, ‹savour›, ‹smack› wird, so Schümmer, auf figürlicher Ebene nicht weiter nach bestimmten Gegenstandsbereichen differenziert. [29]

Anmerkungen:
1 J. J. Murphy: Rhet. in the Middle Ages (Berkeley/Los Angeles/London 1974) 357ff. – **2** R. Brandt: Marginalie zur Herkunft des Geschmacksbegriffs in der neuzeitlichen Ästhetik (Baltasar Gracián), in: Arch. für Gesch. der Philos. 60 (1978) 169; vgl. A. Farinelli: Rez. zu K. Borinski: Baltasar Gracián und die Hoflitt. in Deutschland (1894), in: Zs für vergleichende Litt.-gesch. NF 9 (1896). – **3** K. Borinski: Die Poetik der Renaissance und die Anfänge der litt. Kritik in Deutschland (1886) 308ff.; vgl. A. Baeumler: Das Irrationalitätsproblem in der Ästhetik und Logik des 18. Jh. bis zur Kritik der Urteilskraft (1923; ND ²1974) 19ff.; G. Ueding: Schillers Rhet. Idealistische Wirkungsästhetik und rhet. Trad. (1972) 33ff. – **4** M. Donker, G. M. Muldrow: Dict. of literary rhetorical conventions of the English Renaissance (Westport, Connecticut/London 1982). – **5** M. Fumaroli: L'AGE DE L'ÉLOQUENCE. Rhétorique et ‹res literaria› de la Renaissance au seuil de l'époque classique (Genf 1980) 89. – **6** H.-J. Gabler: G. und Ges. Rhet. und sozialgesch. Aspekte der frühaufklärerischen Geschmackskategorie (1982) 36ff. – **7** E. Grassi: Macht des Bildes: Ohnmacht der rationalen Sprache. Zur Rettung des Rhet. (1979) 194ff. – **8** L. Fischer: Gebundene Rede. Dichtung und Rhet. in der lit. Theorie des Barock in Deutschland (1968) 202ff. – **9** ebd. 204f. – **10** ebd. 205. – **11** P. Melanchthon: Elementorum rhetorices libri duo (1531), in: C. G. Bretschneider: Corpus Reformatorum, Bd. 13 (1846; ND 1963) 459, Übers. des Verf. – **12** Fischer [8] 203. – **13** H. F.

Plett: Rhet. der Affekte. Engl. Wirkungsästhetik im Zeitalter der Renaissance (1975) 21, 128, 134. – **14** T. Payr: Einl. zu: Erasmus: Ausgewählte Schr., hg. von W. Welzig, Bd. 7 (1972) XXXIIIff. – **15** vgl. Erasmus [14] 56f. – **16** ebd. 328 rsp. 329. – **17** ebd. 127ff. – **18** Brandt [2] 170, übers. von Verf. – **19** vgl. H. Kiesel: ‹Bei Hof, bei Höll›. Unters. zur lit. Hofkritik von Sebastian Brant bis Friedrich Schiller (1979) 78ff. – **20** T. Hoby: The Book of the Courtier. From the Italian of Count Baldassare Castiglione (1561; ND 1900) 7f. – **21** F. Baumgart: Einl. zu: Das Buch vom Hofmann (o. J.; 1960) LXIV. – **22** B. Castiglione: Il Libro del Cortegiano, z. B. III, 69; Ausg. von E. Bonora (Mailand 1988) 274; vgl. II, 13, ebd. 118. – **23** Farinelli [2] 406. – **24** F. Schümmer: Die Entwicklung des Geschmacksbegriffs in der Philos. des 17. und 18. Jh., in: ABg 1 (1955) 122f. – **25** J. Lyly: Euphues (1579; ND 1900) 155. – **26** ebd. z. B. 170, 171, 176. – **27** Hoby [20] 73. – **28** ebd. 119. – **29** Schümmer [24] 123.

Literaturhinweis:
J. E. Spingarn: A History of Literary Criticism in the Renaissance (New York 1908).

IV. *Barock.* Im Barockzeitalter setzt sich der ‹G.› als ein synthetischer Begriff (und nicht lediglich als Vergleichsmoment für das *iudicium* dienend) durch. Die metarhetorischen Bedingungen für die Ausprägung des Begriffs seien anhand von GRACIÁNS ‹El Criticón› skizziert; drei kontrastierende Stellen markieren die Umrisse. G. wird dem Andrenio zugesprochen, solange er noch im Zustand der Unschuld ist; G. steht hier auf einer Ebene mit der angeborenen Erkenntnis der göttlichen Ordnung, wie sie in der Natur verkörpert ist. [1] Der G. erscheint nach dem Eintritt in das Weltleben als Inbegriff der Täuschung und Verführung durch die Sinne [2]; G. gehört hier in den Kontext der *theatrum mundi*-Symbolik [3]; die irdische Welt ist nicht mehr Spiegel der himmlischen Ordnung. Schließlich wird der gute G. errungen, d. i. Menschenkenntnis und die Fähigkeit, die Rollen zu dechiffrieren. [4] So hat der G. die Aufgabe, zwischen der Verderbtheit der Gesellschaft und dem angeborenen Wissen um den ursprünglichen Sinn der Schöpfung zu vermitteln. Dieses Moment der *kritischen* Erkenntnis fehlt in Castigliones Begriff ‹discretione›. Der G. ist bei Gracián das Vermögen, den Doppelsinn des gesellschaftlichen Zusammenlebens zu durchschauen; ein Vermögen, das dem Menschen auf unableitbare Weise innewohnt.

Gracián gilt als der Schöpfer des G.-Begriffs in dem umrissenen synthetischen Sinn. Die Schriften, die vornehmlich rezipiert wurden, sind das Erstlingswerk ‹El Héroe› (1637), das Spätwerk ‹El Criticón› (1651–1657) und vor allem das ‹Oráculo manual y Arte de Prudencia› (1647). Das Begriffssystem der Lebenskunst und Lebensphilosophie bei Gracián haben H. Jansen und F. Schümmer erschlossen. [5] Dabei ist es Jansens besonderes Verdienst, durch den Vergleich mit zeitgenössischen Wörterbüchern den Verlauf der Begriffsprägung transparent gemacht zu haben. In Jansens Gliederung gehört «gusto» zu den «Vorzügen» der «persona» und fällt unter den Bereich der Norm und der Regel. [6] «Juicio», «genio» und «ingenio», «discreción», «elección» sind Nachbarbegriffe: «Bei Gracián ist ‹gusto› = der G. in sinnlicher wie (überwiegend) in geistig-ästhetischer Hinsicht; als G. im Sinne von Urteilsfähigkeit und Urteilsweise eines Menschen ist gusto = genio (auch im Sinne von Veranlagung, Neigung) und im gleichen Begriffskreis auftretend. [...] Auch Wissen und G. gehören zusammen.» [7] Schümmer betont die Koppelung des «gusto» mit den Kräften der Vernunft. [8] So steht der G. bei Gracián auch im Zusammenhang mit der ‹agudeza›, der Kunst des Scharfsinns. [9] In der Vorrede des Herausgebers zum ‹Oráculo manual› [10], insbesondere jedoch in der Begründung der Druckgenehmigung (von A. Munnos de Otalora), wird der G. der Zeit regelrecht als Lust am Entziffern dunkler Stellen umschrieben. [11] Zum ‹Durchschauen› des G. im *theatrum mundi* stellt die Bildauffassung des *Concettismus*, der intellektuell-dunkle Gleichnisstil, eine Parallele dar.

Wichtig für die Rezeption des G.-Begriffs sind die Gracián-Übersetzungen: In Frankreich erscheint 1645 eine Übersetzung des ‹Héroe›, 1652 in England [12]; 1684 kommt die Übersetzung des ‹Oráculo manual› von A. DE LA HOUSSAIE heraus. [13] Diese französische Ausgabe dient als Grundlage der frühesten Übertragungen ins Deutsche (1686 von A. G. KROMAYER; 1687 von J. L. SAUTER [14]) und ins Englische (1685 anonym [15]). Eine Analyse der Rezeption hat dem Umstand Rechnung zu tragen, daß der Begriff in einen veränderten Kontext übernommen wird, und zwar den der (Früh-)Aufklärung: ein Kontext, in dem nicht lediglich ein neues Stilideal herrscht, sondern nunmehr im Namen des guten G. dem Zeitalter Graciáns ein schlechter G. bescheinigt wird. Verstehbar wird dieser Wandel, wenn man die doppelte Schichtung des Begriffs, seinen kognitiven und emotionalen Gehalt, in ihrem Zusammenhang mit dem äußeren und inneren *aptum* erkennt. Das kognitive Element lenkt die Zuordnung von *res* und *verba*: An die Stelle des Durchschauens bei Gracián tritt in der Aufklärung mehr und mehr das Schauen der Dinge selbst. Die Zuordnung von sprachlicher Einkleidung und Sache geschieht nicht mehr um des übersinnlichen Gedankens willen, sondern der Gegenstand soll anschaulich gemacht werden. Das emotionale Element bestimmt den Adressatenbezug: Es wird im Prozeß der Rezeption des Begriffs zuerst reflektiert; von hierher kommen dann die Anstöße, die zu der Neufassung des inneren *aptum* führen. Die folgende Darstellung orientiert sich an dieser Leitlinie. Zunächst werden am Beispiel zweier Barockpoetiken Parallelphänomene bzw. Analogien zu Graciáns G. aufgedeckt; die Analyse der politischen Klugheit bei C. WEISE leitet danach über zur Aufklärung; die Entfaltung der G.-Terminologie in Frankreich und England wird später im Aufklärungskapitel behandelt.

M. Windfuhr konnte zeigen, daß und wie die Rhetorisierung der Bildlichkeit im Barock in Wechselwirkung steht mit der Auffassung vom Gleichnischarakter der Welt; von hierher leitet er das Übergewicht des *ornatus* ab. [16] L. Fischers Befund vom Zurücktreten des (inneren) *aptum* schließt sich an. [17] Ausgehend von diesen Rahmenbedingungen ist die Frage nach der Position des G.-Begriffs in der Barockpoetik und -rhetorik zu stellen; die Frage nach einem Einfluß Graciáns muß dabei offenbleiben. HARSDÖRFFER benutzt, um die Wirkung der Schauspielkunst zu charakterisieren und zu rechtfertigen, den Vergleich des sprachlichen Schmucks mit einer Arznei; das die Sinne vereinnahmende Moment wird betont: «Wie die beste Artzney nicht nutzet/wann sie von den Kranken nicht will/oder kan gebraucht werden; also ist auch die allerübertrefflichste Tugendlehre dem gemeinen Mann nicht dienlich/wann er solche nicht zu Sinne bringet/welches durch besagte Vorstellungen solcher Gestalt beschiehet/als wie man einem Kind/durch der Seugamme Brüste die Artzney einflösset/welcher es sonsten nicht geniessen möchte.» [18] An anderer Stelle trennt er die Bild-Seite der Gleichnisse, die die Sinnlichkeit des Rezipienten anspricht, von dem Kern, der Wahrheit der Aussage. Das Getränk solle in einem schönen Gefäß zum Nutzen des Genießenden überreicht werden: «Ich sage zu seinem Nutzen/in dem der Geschmack/aber nicht die Artzney in ihren wesentlichen Stucken zu ändern/gut geheissen wird.» [19] Das Aufsuchen von Gleichnissen bringt er häufig mit dem Erkenntnistrieb in Verbindung [20]; ebenso verbindet er das *movere* mit der Erhebung des Herzens zu einem übersinnlichen Ziel. [21] Diese Struktur der Verbindung eines anschaulichen Moments mit einem abstrakten Gehalt weist auch der G. in Harsdörffers ‹Lobrede des Geschmackes› auf. Die Auszeichnung des G. liege darin, daß seine Urteilskraft weiter reiche und sicherer wirke als die der übrigen Sinne. «Aus besagtem erhellet/warum der Geschmack auch dem Verstande beygemessen wird/ so gar/daß bey den Lateinern das Wort *Sapientia* und *Sapore* von *Sapore* dem Geschmack und der sichern Unterscheidung des nutzlichen und schädlichen hergeführet wird.» [22] Eine wichtige Stelle in Harsdörffers Argumentation nimmt dabei der biblische Gebrauch des Wortes ‹schmecken› ein. [23] In einem vergleichbaren Bezugsfeld steht das Wort bei SCHOTTEL; auch hier verbindet sich das emotional-affektive Moment der beeindruckenden Wirkung mit dem übersinnlichen Gehalt des sprachlichen Schmucks. [24] Einen neuen Akzent erhält der Wortgebrauch dadurch, daß Schottel den G. in Beziehung mit der Aufwertung der Nationalsprache setzt: Ein veränderter G. fordere die Ablösung der griechischen und lateinischen Vorbilder durch deutsche Muster: «Wir müssen [...] die lieblichste Göttinnen/welche in dem Teutschlande allen Geschmak und Gehör der Frömden verlohren/mit Teutscher Zierligkeit an uns locken.» [25] Eine stehende Wendung bei Schottel ist der Gebrauch von «schmak» im Sinne von «Saft und Kraft»; er spricht vom «schmak» der deutschen Sprache [26] oder davon, daß Sprichwörter der «schmak» der Sprache sind. [27]

Da die barocke Rhetorik bezweckt, das Gemüt des Adressaten zum Übersinnlichen hinzulenken, tritt der Appell an die Sinnlichkeit in den Hintergrund. Dies ändert sich da, wo man das Augenmerk auf die Möglichkeiten und Bedingungen der Wirkung selbst richtet. Hier wird die sinnliche Komponente des G.-Begriffs argumentativ entfaltet; diejenige Bedeutungsschicht bei Gracián, die mit den personalen Bedingungen des Hoflebens, dem Einsatz der *ganzen* Persönlichkeit, verbunden ist, rückt ins Licht. Das ‹Oráculo manual› trägt den Untertitel: «Arte de Prudentia». Barner, der das Material aus dem Bereich der Klugheitslehren sichtet, formuliert es als das geschichtliche Gebot der Stunde, die Weltphilosophie dieser Literatur mit der Rhetorik, die ja schließlich die Anweisung zu wirkungsvollem Sprechen sei, zu verbinden; Weise habe mit dem ‹Politischen Redner› diese historische Aufgabe erfüllt. [28] Borinski gibt Hinweise stofflicher Art zu den Rezeptionslinien [29]; H. Kiesel erforscht den hofkritischen Gehalt der einschlägigen Texte und Textgruppen und macht die historische Entwicklung transparent. [30] Das letzte Glied in der Argumentationskette fügt H.-J. Gabler hinzu, wenn er Rolle und Funktion des G.-Begriffs in der Verschmelzung von Klugheitslehre und Rhetorik aufschlüsselt; er ordnet dann auch Weise der Frühaufklärung zu. [31] Weise habe die Rhetorik erneut an den Bedürfnissen der Lebenspraxis ausgerichtet; dazu gehöre die Verschränkung des äußeren *aptum* mit dem Appell an die Sinnlichkeit, wie sie in dem Einsatz der G.-Metaphorik greifbar

wird. Die Kunst der Überredung verschmilzt mit der Kunst, sich einzuschmeicheln, zu insinuieren und komplimentieren. Der Adressat muß gewonnen werden, indem man dessen G. trifft: «Sein Geschmack ist der Schlüssel zu seinen Willensentscheidungen und gilt deshalb als Hebelpunkt der rednerischen Strategie.» [32] Weise definiert das oratorische *iudicium* als die Fähigkeit, sich bei den Leuten angenehm zu machen [33]: «so muß ein Politis[cher] Redner dieses wissen/wie er alles mit schönen und freundlichen Namen/mit schlauen Epithetis, und andern klugen Redens=Arten gleich als mit Zucker überstreuen mag.» [34] Verstärkt kommt die G.-Metaphorik da zum Zuge, wo es Weise darum geht, Kritik an der überkommenen Rhetorik mit ihrer Toposlehre zu üben: «Hingegen wer sich in Praxi nach den Personen und andern Umständen richtet/der überwirfft sich mit den Regeln so lange/biß er alles anständig nachdrücklich und appetitlich eingerichtet hat.» [35] Weise ist eine Gestalt des Übergangs. Denn obgleich er für die Erneuerung der Rhetorik, gerade was ihre *realia* anbelangt [36], plädiert, bleibt er in seiner eigenen Sprachgebung ganz dem Barockstil verhaftet; seine Nachfolger werden seine Argumente aufgreifen, um sie gegen ihn zu wenden. [37] Als ein Parallelbeispiel könnte man LOHENSTEIN betrachten, der zu den frühen Rezipienten Graciáns gehört. [38] Lohensteins Trauerspiele stehen im Zeichen der politischen Klugheit [39]; sein rednerischer Stil wird in der Zeit der Aufklärung als Beispiel für ‹Schwulst› und Dunkelheit, die durch die sinnentleerte Bilderhäufung entstünden, angeführt. – Zwei Punkte sind abschließend zu konstatieren. Zum einen: Die Einbürgerung des *Terminus* ‹G.› in Deutschland beginnt *nicht* mit Weise; das Moment der Berechnung der Affekte ist (noch) stärker ausgeprägt als das der Intuition. Zum anderen: Noch immer ist für diese Zeit der Sachverhalt charakteristisch, daß sich keine Theorie des G. ausbildet; ‹gusto› ist bei Gracián ein unreflektierter Begriff in einem Bezugsfeld, das viele Konnotationen enthält. Als Grund dafür könnte man dessen intellektuell-kontemplative Ausrichtung anführen (die Hofkritik birgt keine Theorie der Veränderung) und die Tatsache, daß der Sinnlichkeit als solcher keine aktiv-schöpferische Rolle zuerkannt wird.

Anmerkungen:
1 B. Gracián: El Criticón. Edición crítica y comentada, hg. von M. Romera-Navarro, Bd. 3 (Philadelphia/London 1938) 132. – **2** ebd. 237ff., bes. 241. – **3** vgl. W. Barner: Barockrhet. Unters. zu ihren gesch. Grundlagen (1970) 124ff.; H. Kiesel: Bei Hof, bei Höll. Unters. zur lit. Hofkritik von Sebastian Brant bis Friedrich Schiller (1979) 183ff. – **4** Gracián [1] Bd. 3 (1940) 117. – **5** H. Jansen: Die Grundbegriffe des Baltasar Gracián (1958); F. Schümmer: Die Entwicklung des Geschmacksbegriffs in der Philos. des 17. und 18. Jh., in: ABg 1 (1955). – **6** Jansen [5] VII. – **7** ebd. 66, 69. – **8** Schümmer [5] 125f. – **9** Jansen [5] § 16. – **10** B. Gracián: Oráculo Manual y Arte de Prudencia. Edición crítica y comentada, hg. von M. Romera-Navarro (Madrid 1954) 9f. – **11** B. Graciáns Oracul, Das man mit sich führen, und stets bey der hand haben kan [...], übers. von A.F. Müller (²1733) 10. – **12** H. Klein: There is no disputing about taste. Unters. zum engl. Geschmacksbegriff im 18. Jh. (1967) 2. – **13** Barner [3] 143, Anm. 52. – **14** ebd. 143, Anm. 53. – **15** Klein [12] 2. – **16** M. Windfuhr: Die barocke Bildlichkeit und ihre Kritiker. Stilhaltungen in der dt. Lit. des 17. und 18. Jh. (1966). – **17** L. Fischer: Gebundene Rede. Dichtung und Rhet. in der lit. Theorie des Barock in Deutschland (1968) 214ff. – **18** G.P. Harsdörffer: Poetischer Trichter (T.1: 1650; T.2: 1648; T.3: 1653; ND 1969) T.2, 73. – **19** ebd. T.3, 30. – **20** ders.: Frauenzimmer Gesprächspiele, T.1 (1644; ND 1968) 38ff. – **21** ders.: [18] T.2, 49f. – **22** ders.: Lobrede des G. (1651), in: Die

Fruchtbringende Ges. Quellen und Dokumente in vier Bden, hg. von M. Bircher, Bd. 1 (1971) 33. – **23** ebd. – **24** J. G. Schottelius: Ausführliche Arbeit Von der Teutschen HaubtSprache (1663; ND 1967) T. 1, 114f. – **25** ebd. T. 1, 108. – **26** ebd. T. 2, 1111f. – **27** ebd. T. 2, 1111. – **28** Barner [3] 167; vgl. V. Sinemus: Poetik und Rhet. im frühmodernen dt. Staat. Sozialgesch. Bedingungen des Normenwandels im 17. Jh. (1978). – **29** K. Borinski: Baltasar Gracián und die Hoflitt. in Deutschland (1894) 53ff. – **30** Kiesel [3]. – **31** H.-J. Gabler: G. und Ges. Rhet. und sozialgesch. Aspekte der frühaufklärerischen Geschmackskategorie (1982) 47ff., 75, 106f., 123ff. – **32** ebd. 126. – **33** z. B. C. Weise: Neu=Erleuterter Politischer Redner (1684) 223; vgl. Gabler [31] 160. – **34** C. Weise: Politischer Redner (o. J.; Dedikation 1677) 183f. – **35** ders.: Politische Nachricht von Sorgfältigen Br. (Dresden/Leipzig 1693) Bd. 1, 149; Gabler [31] 75. – **36** C. Weise: Curiöse Gedancken Von Dt. Versen (1693): Nachricht Wegen des Kupffertituls. – **37** Gabler [31] 116. – **38** Barner [3] 142ff. – **39** ebd. 145 ff.

Literaturhinweis:
J. Dyck: Ticht-Kunst. Dt. Barockpoetik und rhet. Trad. (³1991).

V. *Aufklärung.* Das 18. Jh. ist das ‹Jahrhundert des G.›. [1] Im Bewußtsein der Epoche gilt Gracián als der Schöpfer des Begriffs [2]; und dies, obwohl das Wort ‹G.› in den verschiedenen Nationalliteraturen gebraucht wird, bevor die Gracián-Rezeption einsetzt. Seit dem Erscheinen von K. Borinskis Buch über die Hofliteratur wird dieses Faktum in der Forschung kontrovers diskutiert. [3] R. Bray sammelt die Belegstellen für das Aufkommen des Begriffs in Frankreich [4], H. Klein für die Einbürgerung in England. Klein macht auf eine anfängliche Konkurrenz von ‹judgement› und ‹taste› aufmerksam [5]; zugleich kann sie zeigen, daß ‹taste› im Kontext einer literarischen Kontroverse auftaucht (SIR R. HOWARD vs. J. DRYDEN), mutmaßlich unabhängig von der Gracián-Rezeption. [6] H.-J. Gabler gibt eine exemplarische Analyse der Übernahme und Verbreitung des Begriffs in Deutschland. [7] – Der G. wird zu einer zentralen Kategorie des gesellschaftlichen, wissenschaftlichen, literarischen und kulturellen Lebens der Epoche; die Abhandlungen über den G. wachsen ins Uferlose. [8] Frankreich geht in der international geführten Debatte voran; im Laufe von kaum 50 Jahren werden die beiden extremen Deutungsmöglichkeiten formuliert: G. ist nur Vernunft – G. ist nur Gefühl. Diese Entwicklung soll zuerst gezeigt werden. Vorherrschendes Charakteristikum der Rezeption in England ist die Interpretation des Begriffs von den Prämissen einer empiristischen, sensualistischen Philosophie her (F. HUTCHESON, D. HUME, E. BURKE). [9] Deutschland findet erst als «verspätete Nation» Anschluß an die internationale Debatte. Vielleicht gerade deshalb ist die systematische Orientierung ein auffallendes Merkmal der deutschen G.-Literatur; hier wird eine fast ängstlich-bemühte Definitionsarbeit geleistet. Die deutschen Texte eignen sich deshalb besonders dafür, die komplexe Schichtung des Begriffs aufzuzeigen. Daran orientiert sich der im folgenden entwickelte Überblick. An wichtigen Stellen werden die Linien des internationalen Dialogs eingezeichnet. – Die Forschungshypothese, aufgrund derer hier der G.-Begriff neu beleuchtet wird, verwertet die Ergebnisse von P. Kondylis' grundlegendem Werk über die Aufklärung. [10] Der G. zeigt sich dabei als einer der wichtigsten Begriffe innerhalb des monistischen Denkens der Aufklärung. Der Ausgleich von Vernunft und Sinnlichkeit wird gerade da zum Programm erhoben, wo von ‹Urteilskraft› gesprochen wird. KANT, das zeigt Kondylis, steht mit seinem dualistischen Ansatz wie ein erratischer Block innerhalb dieser monistischen Bewegung. (Kants eigener Ansatz sowie seine klärende Leistung werden unter dem Stichwort ‹G.-Urteil› abgehandelt.)

Die Rolle der Vernunft: Frankreich im 17. und 18. Jh. Die fast unüberschaubare Vielfalt der Dokumente zum G.-Begriff läßt sich in drei Textgruppen gliedern: 1.) Die in einem engeren Sinn literaturkritischen Schriften, d. i. die Schriften der Theoretiker der *doctrine classique*. Bray hat das Material in vorbildlich strukturierter Form aufgearbeitet. [11] Hervorzuheben ist die Bedeutung der *Querelle des Anciens et des Modernes*; indem der Vorbildcharakter der antiken Dichtung angezweifelt wird, taucht die Konzeption eines «beau relatif» (einer nur relativ, nicht absolut geltenden Schönheit) (C. PERRAULT) auf. [12] – 2.) Die Schriften der französischen Moralisten (LA BRUYERE, LA ROCHEFOUCAULD, SAINT-ÉVREMOND), in denen Literaturkritik als ein Teil der Gesellschaftskritik fungiert. [13] – Den Standard der zeitgenössischen Diskussion spiegeln schließlich 3.) die Artikel der großen Lexika. Zu nennen sind das ‹Dictionnaire de Trévoux› (1704; ²1771), Voltaires ‹Dictionnaire philosophique›, das ‹Dictionnaire des arts de peinture, sculpture et gravure› (1792; hg. von WATELET und LEVESQUE) [14] und die ‹Encyclopédie›. In ihr finden sich acht Artikel zum ‹goût›; den G. im figürlichen Sinn behandeln DIDEROT, MONTESQUIEU, D'ALEMBERT, VOLTAIRE. [15] – An dieser Stelle soll der Strukturzusammenhang von vier Begriffen erläutert werden: ‹la raison› (die Vernunft) – ‹le goût› (der G.) – ‹le je ne sais quoi› (im 18. Jh. verwendet man die Übersetzung wie einen Terminus: ‹das ich weiß nicht was›) – ‹le sentiment› (das Gefühl). Zunächst erscheint der G. als eine Funktion innerhalb des Koordinatensystems, das die Vernunft errichtet. Die Regeln der Poetik werden durch die Vernunft begründet. [16] Es ergibt sich eine Kette von Gleichungen: das Natürliche, das Schickliche, das Wahrscheinliche, der G. – alle diese Kategorien müssen sich vor der Vernunft legitimieren. Doch die Bruchstelle in diesem System wird von der Vernunft selbst bezeichnet, denn mit ihr ist das menschliche Subjekt in die Zentralposition gerückt. A. Bäumler verweist auf die Logik des Umschlags von der Vernunft zum Gefühl als der Urteilsinstanz: aus der Reflexion auf den Akt des Denkens («un act qui se sent») erwachse die Betonung des erlebenden Bewußtseins – des ‹sentiment›. [17] An CROUSAZ liest Bäumler den Umschlag ab; eine extreme Position zugunsten des Gefühls ist mit DU BOS' ‹Réflexions critiques sur la poésie et la peinture› erreicht. «Sentiment» ist der Zentralbegriff; die Parallelisierung mit dem körperlichen G. macht deutlich, daß es sich um ein Synonym für ‹goût› handelt. [18] Wie der einzige Wirkungszweck der Dichtung in die Erregung von Leidenschaften verlegt wird, so gilt nun als einziger Maßstab der Beurteilung die gefühlsmäßige Reaktion. Alle Regulative der ‹bienséance› (des Anstands) entfallen: das Theater befriedige in sublimierter Form die gleichen Bedürfnisse wie im antiken Rom die Gladiatorenspiele. [19] – Es wäre exakt zu bestimmen, inwieweit und inwiefern die Entfaltung des G.-Begriffs als einer selbständigen Kategorie mit der Integration des ‹je ne sais quoi› in die Kunst- und Gesellschaftskritik zu parallelisieren ist. Die Geschichte des Begriffs ‹je ne sais quoi› stellt E. Köhler dar. [20] In D. BOUHOURS Schrift ‹La Manière de Bien Penser› zeichnen sich die folgenden Zuordnungen ab: Über die Wahrheit eines Kunstwerks, den Bereich der «justesse», richtet die Vernunft; über das spezifisch Schöne, das über alle Vernunft hinaus gefällt, entscheidet der G. [21] Die Wirkung des poetischen Schmucks als solchen wird in das ‹je ne sais quoi› verlegt. [22] Als das dritte Prinzip des guten G. tritt neben das Erhabene und Anmutige die ‹délicatesse›. Zu ihr gehören das Geheimnisvolle, Beziehungsreiche und Vieldeutige. [23] Es offenbart sich das Doppelantlitz des G., seine Ambivalenz, die zugleich eine spezifische Synthese bedeutet, denn einerseits ist die Emanzipation des ‹goût› von der ‹raison› zugleich eine Emanzipation des Gefühls, andererseits ist mit dem G. ein Erkenntnisorgan für das ‹je ne sais quoi› gefunden, ist eine Dimension des Unbekannten dem menschlichen Subjekt erschlossen. – Die Spannweite des G.-Begriffs spiegelt sich in den Artikeln der ‹Encyclopédie›. Während Montesquieu, d'Alembert und Diderot die empiristische, psychologisierende Richtung weiterverfolgen, verpflichtet Voltaire den G. wieder auf die Regeln der Vernunft. [24]

Quellenhinweise:
La Rochefoucauld: Maximes, hg. von J. Truchet (Paris 1967) Reg.: ‹Goût›; La Bruyère: Les Caractères, hg. von R. Garapon (Paris 1962) Reg.: ‹Goût› und ‹Goûter›. – Die frz. Moralisten, hg. und übers. von F. Schalk, Bd. 1/2 (1973/74) Reg.: ‹G.›. – Theater der Aufklärung. Dokumentation zur Ästhetik des frz. Theaters im 18. Jh., hg. und komm. von R. Petermann und P.-V. Springborn (München/Wien 1979) Reg.: ‹G.› und ‹Nationalgeschmack›.

Einbürgerung des Begriffs ‹G.› in Deutschland; Definitionen. Die Einbürgerung des G.-Begriffs in Deutschland hat Gabler minutiös verfolgt [25]; die wichtigsten Autoren sind: SILENTES (Übersetzung von DE LA HOUSSAIES Gracián-Ausgabe, des ‹L'Homme de Cour›), A.F. MÜLLER (Rückgriff auf das spanische Original; spanisch-deutsche Ausgabe des ‹Oráculo manual›); THOMASIUS mit seinem berühmten Gracián-Kolleg; sodann U. KÖNIG, GOTTSCHED, BODMER und BREITINGER. König informiert bereits über die Wortgeschichte und gibt eine detaillierte Zusammenfassung der europäischen G.-Debatte. [26] Des weiteren kann Gabler zeigen, wie wichtige Definitionen des G. (König, Gottsched, G.F. MEIER, F.J. RIEDEL, H. BLAIR) auf Ciceros Inthronisierung des Laienurteils Bezug nehmen. [27] An dieser Stelle nun ist die gewandelte Stellung des *decorum* zu reflektieren. Der Wandel wird greifbar anhand von ZEDLERS Definition der Wohlanständigkeit, die er nicht mit der menschlichen Natur und Vernunft identifiziert wissen will. [28] Er tadelt Cicero dafür, das *decorum* mit der vernünftigen Natur des Menschen gleichgesetzt zu haben; denn diese stehe jenseits der Mode und Konvention. Mit anderen Worten: Die Gegenstände des G. (Wohlanständigkeit, *decorum*) sind hier als Variablen bezeichnet. Die schöpferisch-integrierende Funktion des G. steht nun zur Diskussion; sie wird begründet werden müssen; man wird nach Maßstäben suchen, die nicht ohne weiteres die gesellschaftlich herrschenden sind. So treffen erst jetzt die Bedingungen dafür zusammen, daß der G. zum Thema gemacht wird und eine Theorie des G. entsteht. – Beschäftigt man sich mit den Definitionsversuchen, die die Übernahme des G.-Begriffs begleiten, so sind zunächst die Umschreibungen zu beachten; durch Synonyme wird der Begriff von seinem Kontext her eingekreist. Gabler stellt die Wendungen zusammen, mit denen SILENTES ‹goût› wiedergibt: «ergötzen», «gefallen» und «Vergnügen», «Urtheil», «delicate Wahl», «Begierden», «scharffsinnige Menschen» oder allgemein «Sinn der Leute». [29] Ähnlich facettenreich ist das Wortfeld, in das KÖNIG den G.-Begriff einfügt. [30] Darüber hinaus läßt sich bei diesem eine Grundlage von paradigmatischem Charakter erkennen. Immer wieder behauptet er die «genaue Gleichheit» [31] zwischen dem körperlichen und dem figürlichen G. Er führt sie auf zwei Momente zurück. Zunächst auf die Intensität des Gegenstandsbezugs. Die Konnotation ‹schmecken› bleibt in der Übertragung auf die geistige Ebene erhalten; weil eine unmittelbare Berührung mit dem Gegenstand stattfinde, deshalb biete sich der G. zu metaphorischem Gebrauch an. [32] Das andere Moment ist die Identität von Eindruck und affekthafter Reaktion. Nur der körperliche Sinn des G. verbinde mit der Empfindung zugleich ein Lust- oder Ekelgefühl; genau so aber funktioniere der geistige G. [33] An dieser Stelle kommt die Kategorie des *iudicium* ins Spiel. Denn bei dem «G. des Verstandes» [34] schlössen Zuneigung und Abneigung ein Urteil in sich, analog dem Urteil der Vernunft. Im G. zeige sich eine Seelenkraft sui generis, die «Urtheilungs=Krafft». [35] Wiederum ist König darum bemüht, die Ähnlichkeit mit dem körperlichen G. aufrecht zu erhalten. Anders als das Urteil der Vernunft sei das Urteil des G. eine «fertige Empfindung», die sich gleich auf den «ersten Eindruck eines Gegenstandes» [36] hin einstelle, ohne daß Beweisgründe angegeben werden könnten; durch Nachdenken allerdings gelange die Vernunft zu dem gleichen Ergebnis. – Das Paradigmatische an Königs Untersuchung liegt in dem Bestreben, durch ständigen Rekurs auf die Ebene der wörtlichen Bedeutung von G. den Anteil der sinnlichen Empfindung aufzudecken, und zwar hinsichtlich der kognitiven und affektiven Komponente. In anderen Definitionsversuchen wechselt die Gewichtung, die der Vernunft und dem Gefühl gegeben wird. GOTTSCHED geht von dem Primat des Verstandes aus; die Norm, an der das Urteil sich orientiert, ist ihm das Entscheidende: die Kenntnis der Regeln begründet und ersetzt für ihn die G.-Empfindung. [37] Zusammengefaßt erscheinen die Positionen in BODMERS ‹Brief-Wechsel›. [38] Der eine Briefpartner vertritt die These, daß das vorratige Element in der Beurteilung der Werke der Beredsamkeit die Metapher aus dem Bereich der körperlichen Sinne rechtfertige; sein Kontrahent verweist dagegen auf den Hiatus, der zwischen der (passiven) sinnlichen Empfindung und dem (geistig aktiven) Urteil der Seele bestehe. – *Weil* der G. der «cörperlichste und begreiflichste» aller Sinne sei, so KÖNIG [39], biete er sich als Metapher für die innerliche Empfindung an: durch diese Betonung der Schicht des Sinnlichen wird der G. zu einem Kernbegriff der Aufwertung der Sinnlichkeit, die die europäische Aufklärung insgesamt charakterisiert. Vom Gegenstandsbezug her gehört der Begriff in den Kontext der anschauenden, sinnlichen und lebendigen Erkenntnis; die revolutionierende Rolle, die ihm qua Aufwertung der Sinnlichkeit zukommt, tritt besonders deutlich im Subjektbezug zutage. Der G. steht hier auf einer Ebene mit dem ‹internal sense› HUTCHESONS; ‹taste› wird von Hutcheson als Synonym gebraucht. [40] Im ‹internal sense› sind körperliche und geistige Empfindung bereits terminologisch als untrennbare Einheit benannt. Neu ist die Radikalität, mit der Hutcheson das Problem des Gegenstandsbezugs löst: Schönheit eigne den Dingen nicht an sich; nur die Voraussetzung für die Empfindung der Schönheit sei in der Natur und Kunst anzutreffen; als solche Voraussetzung gilt ihm «Uniformity amidst Variety» (Einheit in der Mannigfaltigkeit). [41] Ein Rückblick auf Graciáns ‹Criticón› vermag die Wende zu verdeutlichen. Dort tritt eine Allegorie des ‹sechsten Sinnes› auf: Es ist der Sinn des Mangels («Egenio»), die intellektuelle Fähigkeit, das Irdische am Maßstab der Vollkommenheit zu messen und das Fehlende zu erkennen. [42] Bei Hutcheson wird das Vollkommene selbst, die Schönheit, die nur in der Empfindung ist, vom inneren Sinn erzeugt.

G. und Gesellschaft. Die «regeln des wohlstandes» «zeigen uns, wie wir alle äusserliche umstände, auch die geringsten kleinigkeiten, nach dem geschmack derer, denen wir zu gefallen ursach haben, einrichten müssen». (J. A. FABRICIUS) [43] «Der Geschmack im bürgerlichen Leben urtheilet von der Wohlanständigkeit des äusserlichen Betragens der Menschen nach dem Verhältnisse desselben zur Geselligkeit». (J. A. SCHLEGEL) [44] Die Zusammenhänge, die hinter solchen Sätzen stehen, erklärt Gabler in seiner Untersuchung über den G. [45] Er entdeckt den G.-Begriff in der Klugheitsliteratur der Frühaufklärung; seine Textreihe ließe sich durch Beispiele aus der zweiten Jahrhunderthälfte ergänzen, etwa durch GARVES folgenreiche Abhandlung ‹Über die Maxime Rochefaucaults›. [46] Gabler beleuchtet die ‹Rehabilitation der Sinnlichkeit› vom Kontext der rhetorischen Tradition her. Das aufstrebende Bürgertum habe sich gegen das veraltete Regelsystem der Schulrhetorik gewendet; die Orientierung am G. des Publikums bzw. an dessen unreflektierten Vorlieben indiziere eine Rückbesinnung auf die ursprüngliche Wirkungsabsicht der Beredsamkeit. In der G.-Kategorie treffen sich, Gablers Analyse zufolge, Praxisnähe, Adressatenbezug, Affektlenkung und Erfolgsstrategie. So wird die zentrale Rolle durchschaubar, die der G. in der Etablierung einer neuen, der bürgerlichen, Gesellschaft mit ihrem eigenen *decorum* spielt, wodurch sich auch das Verhältnis von Rhetorik und Ästhetik genauer bestimmen läßt. Bei GELLERT z. B. bedeutet der G. die durch die Werke «der Künste» geweckte «Empfindung von der Ordnung, dem Anstande, der Übereinstimmung», angewendet auf den Umgang mit Menschen, aktiviert im Rahmen der «gesellschaftlichen und häuslichen Angelegenheiten»; er «lehret [...], ohne daß wir daran denken, die Regeln des Wohlstandes, der Ordnung, der Natur» zu beobachten. [47] Die Einseitigkeit allerdings, mit der Gabler sämtliche Komponenten des G. von der gesellschaftlichen Wirkungsabsicht der Rhetorik herleitet, ist zu relativieren. Den gewandelten G. einer neuen Zeit erkennt J. A. FABRICIUS daran, daß sich die Auffassung von den «realibus» in einer Rede geändert habe. Früher «hielte man exempla und testimonia auch wohl emblemata, similia, medaillen [...] für realia. Heut zu tage hat sich der geschmack geändert, und man glaubt, daß das reelle einer rede, in einem gründlichen und nach der klugheit angebrachten raisonnement bestehe.» [48] Nicht nur Klugheit und Menschenkenntnis sind mit dem neuen G. gemeint, sondern auch ‹gründliches raisonnement›. Die ‹vernünftige Oratorie› zeichnet sich nach Fabricius dadurch aus, daß die Worte die Gegenstände so klar und deutlich ausdrücken wie die Malerei [49]: ein neues Verständnis von ‹Natur› ist daran abzulesen. Dazu kommt der Zusammenhang zwischen Klugheitslehre und «Erfahrungsseelenkunde». So begründen auch die Neuansätze in der Philosophie, daneben diejenigen in der Psychologie und Anthropologie den G.-Begriff; rhetorische und philosophisch-psychologische Prinzipien konvergieren in ihm und offenbaren ihre wechselseitige Abhängigkeit.

Psychologie des G. In den meisten Abhandlungen zum G.-Begriff folgt der Erklärung der wörtlichen Bedeutung die Bestimmung des G. innerhalb des Haushalts und der Ökonomie der Seelenkräfte. Das herausragende Beispiel für die psychologisierende Deutung des G. ist A. GERARDS ‹An Essay on Taste›. [50] Auch auf dem Kontinent wurde, wie Rezensionen und Übersetzungen zeigen, Gerards von der Edinburgher Akademie preisgekrönte Schrift als erschöpfende Darstellung des Themas verstanden. [51] Gerard knüpft an Hutchesons Theorie des ‹inneren Sinnes› an [52]; zur Diskussion steht der G.-*Sinn*, ein psychisches Vermögen. Gerard geht von folgender Definition aus: «Der Geschmack besteht vornemlich[!] in der Verbesserung derjenigen Fähigkeiten, welche gemeiniglich die *Kräfte der Einbildung* genannt, und von den neuern Weltweisen als *innere* oder *reflectirte Sinne* betrachtet werden [...], die uns mit weit feinern und zärtern Empfindungen versehn, als alles, was eigentlich auf äusere[!] sinnliche Werkzeuge gezogen werden kann.» [53] Er begreift den G. nicht als einfache, sondern als eine zusammengesetzte Kraft der Seele und zerlegt ihn in seine verschiedenen «Prinzipien»: den G. «des Neuen», «der Größe und des Erhabenen», «des Schönen», «der Nachahmung», «der Harmonie», «des Lächerlichen», «der Tugend». Durch den neuen, den unermeßlich großen, den schönen, den nachgeahmten Gegenstand werde die Seele in eine entsprechende reaktive Bewegung versetzt; in dieser Bewegung der Seele, ihrer «lebhaften oder erhöhten Fassung», beruhe die «angenehme Empfindung». [54] Doch erst das harmonische, proportionierte Zusammenwirken aller dieser Komponenten mache den G. in seinem vollen Umfang aus. – Unschwer lassen sich in Gerards psychologischen Prinzipien rhetorische Begriffe wiedererkennen. Die «Neuheit» entspricht der *obscuritas*, die «Größe» dem ‹Erhabenen›; das «Schöne» wird gefaßt mit den Kategorien des ‹Schicklichen›, der Angemessenheit an einen Endzweck; hinter dem G. «der Nachahmung» steht das Mimesis-Prinzip; der G. der «Harmonie» impliziert die psychologische Begründung von prosodischen Lehrsätzen. Besonders deutlich tritt diese Psychologisierung der rhetorischen Grundlagen da hervor, wo Gerard die Figuren der Rede von den Prinzipien des G. herleitet [55] oder wo er die Gesetze der Komposition durch diejenigen der Sensation und Assoziation begründet. [56] Psychologisierung der rhetorischen Grundlagen bedeutet allerdings auch Rhetorisierung der Psychologie, d. h.: die Psyche wird nach den gleichen Normen (des Schicklichen, Harmonischen etc.) ausgelegt, die in der Rhetorik gelten. So bleibt der G. eingebunden in einen noch gültigen kulturellen und gesellschaftlichen Kontext; selbstverständlich greift Gerard auf die Kultur zurück, wo es um die Verbesserung des G. geht. [57] – In Deutschland ist die ‹Psychologisierung des G.› nur im Kontext der Leibniz-Rezeption zu verstehen. LEIBNIZ erläutert die Konzeption der ‹kleinen Perzeptionen› mit dem Hinweis auf das ‹je ne sais quois› des G. [58] In der Spätaufklärung werden die kleinen Perzeptionen – als «dunkle Vorstellungen» – zu einem psychologischen Denkbild; unbewußte Seelenvorgänge werden beleuchtet. Zu ihnen tritt der G. in Beziehung. W. Riedel zeigt anhand von SULZERS Ästhetik die Bedeutung, die die G.-Pädagogik angesichts der ‹Entdeckung des Unbewußten› gewinnt. [59]

G. und Einbildungskraft. Gerard subsumiert den G., der als G.-Sinn zu den Kräften der Seele gehört, unter die Einbildungskraft. Da beide nach den gleichen Gesetzen der Assoziation wirken, wird eine terminologische

Abgrenzung schwierig; die Zuordnung gerät zur Identifikation. Den Grund-Text für die Gleichstellung von G. und Einbildungskraft bilden die im ‹Spectator› veröffentlichten Essays von J. ADDISON (Nr. 409–421). Addison definiert ‹taste› als das Vermögen der Seele, die Schönheiten eines Kunstwerks mit Vergnügen aufzufassen [60]; die Analyse der «Pleasures of the Imagination» schließt sich an. [61] Die Nähe von G. und Einbildungskraft zeigt sich besonders darin, daß die Gegenstände, die bei Addison das Vergnügen der Einbildungskraft erwecken, keine anderen als diejenigen sind, die Gerard auf den G. bezieht: «Greatness», «Novelty», «Beauty». Deutlich tritt die Aufwertung der Subjekt-Position durch den Rekurs auf die neue Philosophie hervor: Addison spielt auf die Entdeckung an, daß die sinnlichen Qualitäten der Dinge nicht diesen ‹an sich› zugehören, sondern erst durch die Sinnesorgane ‹wirklich› werden; parallel dazu sieht er die Tätigkeit der Einbildungskraft. [62] Programmatisch beginnt die Essay-Reihe über die «Pleasures of the Imagination» mit dem Topos zur Feier des Auges: «Our Sight is the most perfect [...] of all our Senses.» (Das Gesicht ist der vollkommenste [...] unserer Sinne.) [63] – Addison zeichnet den Weg vor, den auch BODMER und BREITINGER einschlagen. «Die Sinnen sind die ersten Lehrer der Menschen» und «Das Gesicht ist der vornehmste Sinn», lauten die Programm-Sätze aus Bodmers Abhandlung ‹Critische Betrachtungen über die Poetischen Gemählde Der Dichter›. [64] Wie Addison verweist Bodmer auf die «neue Philosophie» (wohl: Newtons Forschungen auf dem Gebiet der Optik) als Quelle oder Basis für eine neue Richtung der Einbildungskraft. [65] Doch Addisons Verständnishorizont ist durch J. Locke abgesteckt; Bodmer dagegen denkt in den Bahnen der Leibnizschen Philosophie; der Subjektivierung der Einbildungskraft steht der Versuch einer Verankerung in objektiven Zusammenhängen entgegen. Deshalb sind in den Schriften der Schweizer G., Einbildungskraft und Naturnachahmung in einem unlöslichen Zusammenhang miteinander verkettet, der zugleich das Problem des ‹stofflichen Interesses› enthält, um dessen Lösung es Schiller gehen wird.

G. als Einbildungskraft und Nachahmung der Natur. Als Faktum ist die tautologische Verwendung der Begriffe G. und ‹Einbildungskraft› festzuhalten. ‹Von dem Einfluß und Gebrauche Der Einbildungs-Krafft; Zur Ausbesserung des Geschmackes› heißt der Titel des frühen (1727), von BODMER und BREITINGER gemeinsam verfaßten Werks. Zu fragen ist nach den Ursachen, den Implikationen und Konsequenzen der terminologischen Gleichstellung. Sie ergibt sich aus der Vorstellungspsychologie der Aufklärung. Breitinger definiert den G. als «sinnliche Empfindung» und «Ergetzen», die sich von der Wirkungsabsicht der Dichtung her erklären. Diese ziele darauf, das Gemüt einzunehmen und zu bewegen *(delectare* und *movere)*; das Gemüt jedoch wird, so die implizierte Prämisse, durch Vorstellungen bewegt, durch Bilder, die die Phantasie beschäftigen. Die Dichter stellen Wahrheiten sinnlich vor Augen; sie wirken auf die Einbildungskraft. Diese aber gehört nach der damaligen Auffassung zu den sinnlichen Vermögen der Seele; wird sie (durch Bilder) bewegt, gerührt und ergötzt, so handelt es sich um eine sinnliche Empfindung, für die (u. a.) das Wort G. zur Verfügung steht; es erhellt, wie sehr hier der Gegenstandsbezug (‹G. an etwas›) mitgedacht ist. Das skizzierte Argumentationsmuster findet sich z. B. in Bodmers ‹Brief-Wechsel›. [66] In der wichtigen ‹Abhandlung von der Natur [...] der Gleichnisse› gebraucht Breitinger Umschreibungen wie «fühlbare Wirkung» [67], «empfindliche Lust» u. ä.: «Die Wohlredenheit machet, wie die Magie, die uncörperlichen Dinge sichtbar, sie giebet den Todten das Leben, und machet den Sinnen begreifflich, was der Verstand sonst [...] nicht ohne ein tiefes Nachdencken erreichen kan» [68]; durch die Gleichnisse, in die sie die abstrakten Sachverhalte verwandele, mache die «Wohlredenheit» einen solchen Eindruck, daß sie das Gemüt «mit einer empfindlichen Lust anfüllet und an sich zieht». [69] Wie das *delectare*, so wird auch das *movere* von der sinnlichen Empfindung her begründet. Von besonderer Wichtigkeit ist dabei das affektive Moment, das sich mit der Einbildungskraft verbindet: «mittelst herrlicher und schöner Bilder» mache sich der Dichter zum «Meister» «von dem Gemüthe des Lesers»; er stelle die «Umstände lebhaft» vor, «wodurch das Gemüth kan gerühret, und der Affect angeflammet werden.» [70] Dem affektiven Moment inhäriert das Moment des G. Denn wenn in der «hertzrührenden Schreibart» die «Leidenschaft nicht in dem Hertzen brennet», so treffe der Dichter im Ausdruck nicht das rechte Maß. [71] Die «starke Neigung für den Gegenstand» [72] müsse die Einbildungskraft erhöhen; dann werde sie, ganz erfüllt von der Vorstellung dieses Gegenstandes, vor dem Gebrauch ausschweifender Gleichnisse gefeit sein. – Die Verschmelzung von Einbildungskraft und G. wird ablesbar an der Wendung «Schaugerichte», die Bodmer und Breitinger oftmals gebrauchen. [73] In der ‹Critischen Dichtkunst› läßt sich die argumentative Logik, die zu der Symbiose führt, anhand der verwendeten Begriffe verfolgen. Dort werden das Vorgehen des Philosophen und dasjenige des Dichters miteinander kontrastiert. Weil der Philosoph nur den Verstand anspreche, deshalb seien seine Werke «ungeschmackt»; die Natur habe dem Menschen aber ein ganzheitliches «Ergetzen» zugedacht und ihn deshalb mit «den Sinnen, als mit Werckzeugen begabet» [74]; das «sinnliche Ergetzen», das die «Eindrücke» der Natur verursachten, ahmten die Dichter nach, indem sie durch «lebendige Nachbildungen» der Sachen die «Phantasie» genau so einnähmen, wie es die «natürlichen Gegenstände» täten [75]; wie jedoch der sinnliche G. wählerisch sei – breit wird das Gleichnis der Kochkunst ausgeführt [76] –, so müsse auch die Einbildungskraft einer Ordnung gehorchen. Hier nun wird deutlich, daß die Schweizer das sinnliche Ergötzen nie losgelöst von dem *iudicium* betrachten; auf die «geschickte» «Wahl der Bilder» kommt es ihnen an. [77] Neben das affektive tritt das kognitive Element des G., neben das Prinzip der Einbildungskraft das der Nachahmung der Natur; der subjektive Pol wird ergänzt durch den objektiven. Denn die «Wahl der Bilder» geschehe durch den Vergleich des Abbilds mit dem Urbild, mit der Natur. Wenn in dem frühen ‹Brief-Wechsel› dieses Vergleichen noch als eine rein intellektuelle Tätigkeit verstanden und von dem sinnlichen Empfinden des G. unterschieden wird [78], begreifen die Schweizer in ihren späteren Schriften gerade die Fähigkeit, das Abbild gemäß der Natur zu gestalten, als Fähigkeit des G.; Breitinger bedient sich nunmehr der Wendung «Geschmack des Geistes». [79] Unter ‹Natur› versteht er, im Anschluß an die Philosophie Leibniz' und Wolffs, einen Kosmos, der nach «Zahl, Gewicht und Maß» [80] geordnet ist; in der «wohl=geordneten Harmonie und Übereinstimmung des Mannigfaltigen, in seinem geschickten Zusammenhang» bestehe die «Vollkommenheit der Dinge, und eine tiefe Einsicht und genaue Beobachtung dieser Vollkommenheit machet dasjenige aus, was wir in den Künsten und Wissenschaften den guten Geschmack zu nennen pflegen.» [81] Der Vergleich mit der Kochkunst soll das Vermögen erläutern, die Gleichnisse nach ‹Maß, Zahl und Gewicht› anzuordnen. [82] Ein neues Verständnis von ‹Natur›, ‹Nachahmung› und ‹Bildlichkeit› zeichnet sich ab, das der neuen G.-Vorstellung korrespondiert. [83] Die Phantasie erscheint engstens an den Gegenstandsbereich gebunden; ihre Basis ist die sinnliche Erkenntnis; die «Sinnen sind die ersten Lehrer der Menschen» [84]; der Erkenntnis der Dinge, die die Sinne vermitteln, folgt (im doppelten Sinn des Wortes) die Einbildungskraft. Bodmer verweist den «künftigen Poeten» an die «neue Philosophie», «welche die Sinnen und vornehmlich das Auge mit neuen Werckzeugen versehen hat», so daß man «wie mit neuerworbenen Sinnen die herrlichsten Entdeckungen gemachet hat, dadurch die alte Welt der Dinge in einer gantz veränderten Gestalt erschienen ist.» [85] Diese «neue Philosophie» ersetzt geradezu die rhetorische *inventio*-Lehre. Aus dem neuen Weltbild, den Entdeckungen und Erfindungen der Naturwissenschaften, soll der Dichter seine Gleichnisse schöpfen – die sinnliche Erscheinungswelt wird zum ‹Fundort› für rhetorische Figuren. [86] Weil sie die Orientierung an der sichtbaren Natur, dem Gegenstand der sinnlichen Erkenntnis, vermissen lassen, deshalb gelten Lohenstein und Hofmannswaldau als Vertreter eines «verdorbenen Geschmacks». [87] Wie im Barock sollen die sichtbare und die unsichtbare Welt aufeinander bezogen werden. Doch nicht der Doppel-Charakter der Welt soll aufleuchten, sondern «die Begriffe von uncörperlichen und geistlichen Dingen» sollen «durch sinnliche Vorstellungen» «sichtbar» werden, «wodurch die Harmonie zwischen dem *Mundo intellectuali & visibili*, der geistlichen Welt und der cörperlichen Welt, nicht ohne Ergetzen wahrgenommen wird». [88]

G. und ‹moral sense›. Im Zuge der SHAFTESBURY-Rezeption rückt der G. in die Nähe des ‹moral sense›, des angeborenen Gefühls für das Gute. [89] Häufig erscheint die Formel «G. für das Schöne und Gute». [90] Die gesellschaftliche Bedeutung des G. erhält eine anthropologische Begründung. Wiederum ist die Aufwertung der menschlichen Natur entscheidend. Die hierdurch ausgelöste Beunruhigung wird spürbar in dem Dialog, den J. A. SCHLEGEL mit C. BATTEUX führt. Für Batteux ist der G. (auch) ein Erkenntnisorgan für das Gute [91]; und ‹gut› ist für ihn zunächst das, was der sinnlichen Natur des Menschen schmeichelt. Dagegen macht Schlegel, der Theologe, auf die Problematik der Empfindungen aufmerksam und wehrt sich gegen die Gleichsetzung von G. und Tugend. [92] Böse Neigungen seien dem Menschen angeboren, die nicht durch eine ästhetische Erziehung (G.-Bildung), sondern nur durch religiöse Unterweisung gezähmt werden könnten. G.-Kultur tritt in Konkurrenz zur Religion: deutlicher könnte die Hinwendung zum Diesseits nicht hervortreten.

G. und Ästhetik. Vom G. her wird die Ästhetik, die neue philosophische Disziplin, begründet. *Weil* ein G.-Sinn existiert, so die Argumentation, *muß* es eine Ästhetik (als die Wissenschaft vom Gegenstand des G.) geben; MEIER leitet den Begriff ‹Ästhetik› von «schmecken» und G. ab. [93] Die bislang herausgearbeiteten Strukturen des Begriffs begegnen wieder. Im G. wird das Zusammenwirken von Vernunft und Gefühl gesehen; der G. ist für Meier eine «sinliche Beurtheilungskraft» [94], SULZER definiert ihn als einen «inneren Sinn». [95] Wesentliche Bedeutung gewinnt die integrative Funktion des G. im Haushalt der Seelenkräfte. Meier sieht im G. «eines der vornehmsten Vermögen» der Seele [96]; er sei mit allen ihren Kräften verbunden; diese also müßten gebildet werden, damit jener ‹gut› werde [97], wie umgekehrt ein ‹guter G.› harmonisierenden Einfluß habe. Ähnlich zeichnet für Sulzer den «Mann von Geschmak» das Vermögen aus, die Kräfte des Verstandes, der Phantasie und des Herzens «alle [...] auf einmal in Würksamkeit» zu versetzen. [98] M. HERZ nimmt geradezu SCHILLERS Ideal des ‹ganzen Menschen› vorweg: «Der Geschmack aber ist [...] diejenige Fähigkeit, welche am wenigsten das Ausschliessende unter den Neigungen und Kräften der Seele duldet; er erfordert vielmehr einen verhältnißmäßigen Grad unter allen». [99] Des weiteren ist für die Definition des G. im Rahmen der Ästhetik der Gegenstandsbezug konstitutiv. Ob eine Erkenntnis «in Absicht auf ihren Gegenstand» betrachtet wird oder «in Absicht auf dasienige Erkentnisvermögen, wodurch die Erkentnis gewürcket wird», ist für Meier «einerley». [100] Gegenstand des G. ist das ‹Schöne›. Die Synthese von Vernunft und Sinnlichkeit findet sich entsprechend im Begriff der Schönheit. Generell wird die Definition BAUMGARTENS übernommen, des Begründers der Ästhetik als der ‹Wissenschaft von der sinnlichen Erkenntnis›: Schönheit ist die Vollkommenheit der sinnlichen Erscheinung. [101] Weil der G. eine Erkenntnis sei, die von den ‹niederen›, den sinnlichen Seelenkräften bewirkt wird, so Meier in enger Anlehnung an Baumgarten, deshalb könne er «durch das Vermögen erklärt werden, die Schönheiten und Häßlichkeiten der Dinge zu erkennen» [102], d. i. ihre sinnliche Erscheinung zu beurteilen. Die Erkenntnis, daß der G. nur durch seinen Gegenstand, die Schönheit, zu bestimmen sei, prägt Herz' gesamte Analyse; sie hebt an mit der Definition der Schönheit als der in die Erscheinung getretenen Vollkommenheit. [103] Der Gedankengang wird zu einem feststehenden Argumentationsmuster; Schiller spricht ironisch von den ‹Vollkommenheitsmännern›. [104] Für Sulzer ist das Schöne die sichtbare Form, die das Wahre und Gute durchscheinen läßt; von hierher leitet er die Definition des G. ab: «Er giebt den Vorstellungen nicht nur eine schöne Form, sondern verbindet mit derselben auch das Schöne, das aus dem Gebiete des Wahren und Guten genommen ist, auf eine so unzertrennliche Weise, daß der mit diesem Geschmak ausgebildete Gegenstand auf einmal den Verstand, die Einbildungskraft und das Herz einnimmt.» [105] – Gablers Erkenntnis, daß die Wurzeln des G.-Begriff in der Rhetorik zu suchen sind, läßt die ursprüngliche gesellschaftliche Valenz auch der Ästhetik hervortreten. Durch den Bezug auf den G. bleibt das Schöne im Kontext der Gesellschaft verankert. Für Herz sind «Geselligkeit und Geschmack am Schönen» «verschwisterte Eigenschaften, die sich nicht bequem von einander trennen lassen» [106]; der G. am Schönen wird von ihm in Beziehung zu der Entfaltung der Seelenkräfte im geselligen Mit- und Füreinander gebracht. Deshalb auch wird für Herz der G. zu einem Begriff, der die Forderung nach Gedankenfreiheit, religiöser Toleranz, nach Wohlstand und allgemeiner Hebung der Kultur impliziert. [107] Sulzer konstatiert, daß die «Bildung des Geschmaks eine große Nationalangelegenheit» [108] sei, und erinnert an das demokratische Athen, wo «das ganze Volk» das war, «was in Deutschland die kaum zu merkende Zahl guter Kenner ist; es hatte Geschmak». [109] So wird der G. mit der in ihm greifbaren Synthese von Sinnlichkeit und Vernunft zum Garanten der Hoffnung, daß eine Erziehung des Menschen zu einer Kultur möglich sei, die die sinnliche Basis nicht unterdrückt, sondern miteinbegriffen. – Der Gegenstandsbezug des G. bedingt den Zirkelschluß der Definition (G. ist Empfindung des Schönen; und das Schöne ist das, was, ohne begründet werden zu können, gefällt [110]). SCHILLERS ästhetische Theorie ist hier anzusiedeln: Schiller will diesen Zirkel durchbrechen. Die Ergebnisse von Kants Erkenntniskritik nutzend, hebt er die Voraussetzung der bisherigen Ästhetik auf, daß das Schöne, es werde nun inhaltlich oder formal bestimmt, im Stoff objektiv enthalten sei. Er gelangt zu der Definition der Schönheit als «Freiheit in der Erscheinung» [111]; hierzu bildet der G. das Korrelat. Er wird für Schiller zu dem Vermögen, die Autonomie eines Gegenstandes, seine Organisation von innen heraus, zu empfinden. Die Betonung liegt auf der Synthese von sinnlichem Eindruck und geistiger Aktivität. Von keiner am Stofflichen haftenden Anschauung könne der G. irgendwelche Inhalte empfangen, weder «Zweckmäßigkeit, Ordnung, Proportion, Vollkommenheit» [112] noch Regelmäßigkeit – die Aufhebung der Regelpoetik ist impliziert. [113] Nur durch die völlige Lösung vom Gegenstand, vom ‹sinnlichen Interesse› [114], wird für Schiller der G. als das Vermögen der Freiheit begründbar. Und nur wenn diese Freiheit gewährleistet ist, so die Konsequenz des Gedankengangs, kann der G. seine regulative Funktion gegenüber der in der Gesellschaft herrschenden Fremdbestimmung entfalten.

G. und Genie. Seit dem Aufkommen des G.-Begriffs wird der «hervorbringende Geschmack» von dem «beurteilenden» [115] unterschieden. [116] Doch kennzeichnet es die klassizistische Richtung der Aufklärung, wenn der begrifflichen Unterscheidung keine inhaltliche Differenzierung entspricht, wenn es nur *eine* Norm für Künstler wie Rezipienten gibt. [117] Die Gültigkeit von Regeln vorausgesetzt, wird nach dem Verhältnis von Genie (*ingenium*) und G. (*iudicium*) gefragt. Genie und G. sind für GERARD zwei Wirkungsweisen der Einbildungskraft, die er nicht prinzipiell voneinander trennt; die Intensität der Einbildungskraft ist es, die bei ihm das Genie auszeichnet; deshalb benötige es den G. als Regulativ. [118] Im Prozeß des Erfindens und Hervorbringens bereits müsse der G. seine mäßigende und ordnende Kraft entfalten; bleibe das Schaffen blind und urteile der G. erst im Nachhinein, so werde nie etwas Vollkommenes entstehen. [119] Dieser Ausgleich zwischen Genie und G. wird in der Genieästhetik des Sturm und Drang aufgehoben; das Originalgenie definiert sich gegen den herrschenden G. Diese Zusammenhänge hat J. Schmidt ausführlich dargestellt. [120] Ein Aspekt soll hier lediglich ergänzend betont werden. Die gewandelte Auffassung des Sturm und Drang von der Schöpferkraft des Künstlers, daß sie unmittelbar Ausdruckskraft sei und in ihrem Ausdruck inkommensurabel, wird nicht rückgängig gemacht; mit der Neufassung des Schöpferischen hat der G. seine theoriebildende Funktion verloren. Schlaglichtartig erhellt dies aus der klassischen Kunsttheorie, gerade weil ihre Vertreter die Objektivität der Schönheit und die gesellschaftliche Verpflichtung des Genies gegenüber subjektiver Willkür behaupten. Drei Beispiele mögen zur Erläuterung dienen. HERDERS preisgekrönte Schrift über die ‹Ursachen des gesunknen Geschmacks› ist insofern ein wichtiger Text, als zu ihr eine vom Standpunkt der Aufklärung verfaßte Antwort vorliegt: die bereits herangezogene Abhandlung von HERZ. [121] Wie dieser sieht Herder keinen Gegensatz zwischen Genie und G.; wie für Herz sind für ihn Ordnung, Harmonie, Maß, Proportion und Regelmäßigkeit die Ingredienzien des G. [122] Aber Herder leitet keine Normen ab, die den Maßstab für die Beurteilung des G.-Verfalls bilden könnten, und zwar deshalb nicht, weil für ihn die Elemente des G. natürliche Äußerungsweisen des Genies sind, weil sie diesem innewohnen. Das Genie ist die übergeordnete Instanz. – Mit großer Schärfe zieht K. P. MORITZ in der Schrift ‹Über die bildende Nachahmung des Schönen› die Grenze zwischen dem Genuß des Künstlers im Hervorbringen und dem nur nachempfindenden G. [123] Genau das ‹ich weiß nicht was›, die irrationale Komponente, die ursprünglich als das den G. definierende Moment verstanden wurde, erscheint nunmehr als das Kriterium des Schöpferischen. Dieses ‹schöpferische Unbewußte› ist eingebunden in den Rahmen der Leibnizschen Philosophie; die bei Bodmer und Breitinger noch abbildende Funktion des G. ist der Urbilder schaffenden Organisationstätigkeit des Künstlers gewichen. GOETHE, der Moritz' Schrift rezensiert [124], knüpft an dessen Argument an. Auf den «Grundfesten der Erkenntniß» müsse der Künstler sein Werk errichten [125]; um dies tun zu können, müsse er zugleich in die «Tiefe seines eigenen Gemüths» hinabsteigen; zu den Tiefen des Gemüts bildet der G. den Gegenbegriff. [126] Häufiger tritt bei Goethe die Konfrontation «Charakter» und G. auf [127]: der «Charakter» meint das Tüchtige, Gehaltvolle und Bedeutende; der G. dagegen das Inhaltsleere, sich mit der Form Begnügende. Besonders wo der G. bei ihm in einer positiven Wertung erscheint, zeigt sich die Unterordnung unter die Bildungskraft des Künstlers. Der Gedanke, daß die scheinbar gesetzlose «Einbildungskraft» «am glücklichsten» «durch den Geschmack» geregelt werde [128], erinnert an Gerards Position. Doch wo die Einbildungskraft wahrhaft produktiv wird, ist sie bei Goethe gegenständlich und in sich gesetzhaft. [129] «Der Geschmack ist dem Genie angeboren», heißt es in der «Geschmack» betitelten Anmerkung zu ‹Rameaus Neffe› [130]; und weiter: «Doch leider ist der Geschmack der nicht hervorbringenden Naturen verneinend, beengend, ausschließend und nimmt zuletzt der hervorbringenden Classe Kraft und Leben.» [131]

Anmerkungen:
1 B. Markwardt: Art. ‹G.›, in: RDL², Bd. 1 (1958) 558. – **2** H.-J. Gabler: G. und Ges. Rhet. und sozialgesch. Aspekte der frühaufklärerischen Geschmackskategorie (1982) 39 (Belege). – **3** ebd. 38ff. – **4** R. Bray: La Formation de la Doctrine Classique en France (Paris 1957) 137–139. – **5** H. Klein: There is no disputing about taste. Unters. zum engl. Geschmacksbegriff im 18. Jh. (1967) 2. – **6** ebd. 9ff., 2. – **7** Gabler [2] 33ff. – **8** vgl. J. G. Sulzer: Art. ‹Geschmak› [sic], in: Allg. Theorie der schönen Künste (1771–74; ³1792; ND 1970) T. 2, 377ff. (Bibliogr.); Vom Laienurteil zum Kunstgefühl. Texte zur dt. Geschmacksdebatte im 18. Jh., hg. von A. v. Bormann (1974); Genius and Taste. Engl. Literaturtheorie im 18. Jh., hg. von H. Mainusch, T. 1/2 (o. J. [1974]). – **9** Klein [5]; H. Mainusch: Romantische Ästhetik. Unters. zur engl. Kunstlehre des späten 18. und frühen 19. Jh. (1969) 314ff. – **10** P. Kondylis: Die Aufklärung im Rahmen des neuzeitlichen Rationalismus (1981). – **11** Bray [4]. – **12** J. Schmidt: Die Gesch. des Genie-Gedankens in der dt. Lit., Philos. und Politik 1750–1945, Bd. 1 (1985) 16. – **13** P. E. Knabe: Schlüsselbegriffe des kunsttheoretischen Denkens in Frankreich von der Spätklassik bis zum Ende der Aufklärung (1972) 239ff., 245, 247f. – **14** ebd. 276f. – **15** ebd. 239f. – **16** Bray [4] 114ff. – **17** A. Bäumler: Das Irrationalitätsproblem in der Ästhetik und Logik des 18. Jh. bis zur Kritik der Urteilskraft (1923; ND 1967) 35, 47. – **18** J.-B. Du Bos: Réflexions Critiques Sur la Poësie et Sur la Peinture, T. 2 (Paris ⁶1755) 341.

− **19** ebd. T. 1 (⁶1755) 14ff.; vgl. B. Hathaway: The Age of Criticism. The Late Renaissance in Italy (Ithaca/New York 1962) 230ff. − **20** E. Köhler: ‹Je ne sais quoi.› Ein Kap. aus der Begriffsgesch. des Unbegreiflichen, in: RJB 6 (1953/54) 21−59. − **21** D. Bohours: La Manière de Bien Penser dans Les Ouvrages D'Esprit. Dialogues (Amsterdam 1688) 75, 78. − **22** ebd. 76. − **23** ebd. 78; vgl. H. v. Stein: Die Entstehung der neueren Ästhetik (1886) 86ff. − **24** K. Stierle: Art. ‹G.›, in: HWPh, Bd. 3 (1974) 447; E. Cassirer: Die Philos. der Aufklärung (³1973) 414ff. (zu Diderot); Stein [23] 95f. (Montesquieu). − **25** Gabler [2] 33ff. − **26** J. U. König: Unters. von dem guten G. In der Dicht= und Rede=Kunst, in: ders. (Hg.): Des Freyherrn von Canitz Gedichte [...] (²1734) 371−476, bes. 373−405. − **27** Gabler [2] 5f. − **28** J. H. Zedler: Grosses vollständiges Universal-Lex., Bd. 58 (1748; ND 1962) 82f. − **29** Gabler [2] 35f. − **30** ebd. 36. − **31** König [26] 390 u. ö. − **32** ebd. 392ff. − **33** ebd. 394f. − **34** ebd. 401, 404. − **35** ebd. 405. − **36** ebd. 421. − **37** J. C. Gottsched: Versuch einer Critischen Dichtkunst (⁴1751; ND 1962) 118−141 («Vom guten Geschmacke eines Poeten»), bes. 122f. − **38** J. J. Bodmer: Brief-Wechsel von der Natur des Poetischen G. (Zürich 1736; ND 1966). − **39** König [26] 392f. − **40** F. Hutcheson: Collected Works, hg. von B. Fabian (Faksimile), Bd. 1 (1971): An Inquiry into the Original of our Ideas of Beauty and Virtue (1725) 7 («Internal Sense»), 8 («Taste»). − **41** ebd. 26. − **42** B. Gracián: El Criticón. Edición crítica y comentada, hg. von M. Romera-Navarro, Bd. 1 (Philadelphia/London 1938) 365ff. − **43** J. A. Fabricius: Philos. Oratorie, Das ist: Vernünftige anleitung zur gelehrten und galanten Beredsamkeit [...] (1724; ND 1974) 366. − **44** J. A. Schlegel: Von der Nothwendigkeit, den G. zu bilden, in: Herrn Abt. Batteux' [...] Einschränkung der Schönen Künste auf einen einzigen Grundsatz [...] (1751; ³1770) T. 2, S. 57. − **45** Gabler [2]; vgl. V. Sinemus: Poetik und Rhet. im frühmodernen dt. Staat. Sozialgesch. Bedingungen des Normenwandels im 17. Jh. (1978) 161ff. − **46** C. Garve: Versuch über die Maxime Rochefaucaults: das bürgerliche Air verliehrt sich zuweilen bey der Armee, niemahls am Hofe (1792), in: Popularphilos. Schr., hg. von K. Wölfel, Bd. 1 (1974) 559ff., z. B. 690f.; vgl. Goethes Werke, Hamburger Ausg. Bd. 7 (¹⁰1981) 755ff.; Anm. zu 290,17. − **47** C. F. Gellert: Sämmtl. Werke, Bd. 5 (1818: = Sammlung der vorzüglichsten dt. Classiker, Bd. 77) 79f. − **48** Fabricius [43] 54. − **49** ebd. Vorrede (ohne Seitenzählung: 2./3. S.) 142f. − **50** A. Gerard: An Essay on Taste. With three Dissertations on the same Subject, by Voltaire, D'Alembert, and Montesquieu (London 1759; Edinburgh ³1780; ND Gainesville/Florida 1963). − **51** B. Fabian: Einl. zu: A. Gerard: An Essay on Genius. 1774 (1966) X. − **52** A. Gerard: Versuch über den G. [...], aus dem Engelländischen übers. (Breslau/Leipzig 1766) 2f., Anm. a. − **53** ebd. 1f. − **54** ebd. 4. − **55** ebd. 176. − **56** ebd. 171. − **57** ebd. 106f. − **58** z. B. Leibniz: Neue Abhandlungen über den menschlichen Verstand, Philos. Schr., B. 3,1, hg. und übers. von W. v. Engelhardt und H. H. Holz (²1986) S. XXIV. − **59** W. Riedel: Erkennen und Empfinden. Anthropologische Achsendrehung und Wende zur Ästhetik bei Johann Georg Sulzer, in: H.-J. Schings (Hg.): Der ganze Mensch. Anthropologie und Lit. im 18. Jh. DFG-Symposion 1992 (1994) 410−439. − **60** The Spectator, hg. von D. F. Bond, Bd. 3 (Oxford 1965) 528, Übers. des Verf. − **61** ebd. 530. − **62** ebd. 546ff. − **63** ebd. 535. − **64** J. J. Bodmer: Critische Betrachtungen über die Poetischen Gemählde Der Dichter (Zürich 1741; ND 1971) 4 und 8. − **65** ebd. 18f. − **66** Bodmer [38] 29f. − **67** J. J. Breitinger: Critische Abh. Von der Natur den Absichten und dem Gebrauche der Gleichnisse [...] (Zürich 1740; ND 1967) 112. − **68** ebd. **69** ebd. 113. − **70** ebd. 68. − **71** ders.: Critische Dichtkunst (Zürich 1740; ND 1966) Bd. 2, 368. − **72** Bodmer [64] 20. − **73** Bodmer und Breitinger: Von dem Einfluß und Gebrauche Der Einbildungs-Krafft [...], in: Schr. zur Lit., hg. von V. Meid (1980) 34; Breitinger [67] 87, 262. − **74** Breitinger [71] Bd. 1 (1966) 79f.; vgl. ebd. 6. − **75** ebd. 80. − **76** ebd. 80f. − **77** ebd. 81; vgl. Bodmer [64] 25f., 27. − **78** Bodmer [38] 49ff., 86. − **79** Breitinger [67] 194. − **80** ebd. 239. − **81** ebd. − **82** ebd. 161ff., 193f. − **83** vgl. H. P. Herrmann: Naturnachahmung und Einbildungskraft. Zur Entwicklung der dt. Poetik von 1670 bis 1740 (1970). − **84** Bodmer [64] 4. − **85** ebd. 18f. − **86** Breitinger [67] 286ff. − **87** vgl. A. Schöne: Emblematik und Drama im Zeitalter des Barock (²1964) 119ff.; M. Windfuhr: Die barocke Bildlichkeit und ihre Kritiker. Stilhaltungen in der dt. Lit. des 17. und 18. Jh. (1966) 339ff. − **88** Breitinger [67] 58. − **89** H. Klein: Art. ‹G.›, in: HWPh, Bd. 3 (1974) Abschnitt II, 449. − **90** Belege bei Bormann [8] 96ff. − **91** Batteux [44] T. 1, 74, 75, 80ff. − **92** J. A. Schlegel [44] bes. 62; vgl. ebd. Von der frühzeitigen Bildung des G., 79−130. − **93** G. F. Meier: Anfangsgründe aller schönen Wiss., T. 1 (1748) 3. − **94** ebd. T. 2 (1749) 505. − **95** Sulzer [8] 371. − **96** Meier [93] 503. − **97** ebd. 507f. − **98** Sulzer [8] 373. − **99** M. Herz: Versuch über den G. und die Ursachen seiner Verschiedenheit (1776) 52. − **100** Meier [93] 15. − **101** vgl. W. Heise: Die Wirklichkeit des Möglichen. Dichtung und Ästhetik in Deutschland 1750−1850 (1990) 121ff. − **102** Meier [93] 505. − **103** Herz [99] 11f. − **104** F. Schiller: Sämtl. Werke, hg. von G. Fricke und H. G. Göpfert, Bd. 5 (⁶1980) 394. − **105** Sulzer [8] 373. − **106** Herz [99] 108f. − **107** ebd. 135ff. − **108** Sulzer [8] 366. − **109** ebd. T. 1, 373 (Art. ‹Beredsamkeit›). − **110** ebd. T. 2, 371. − **111** Schiller [104] 401f. − **112** ebd. 419. − **113** vgl. D. Borchmeyer: Tragödie und Öffentlichkeit − Schillers Dramaturgie in Zusammenhang seiner ästhet.-politischen Theorie und die rhet. Trad. (1973), bes. 32ff. − **114** Schiller [104] 37ff. − **115** ebd. 593. − **116** vgl. Gabler [2] 151ff. − **117** vgl. Sulzer [8] 372. − **118** Gerard [52] 391ff. − **119** ebd. 393f. − **120** Schmidt [12] 150ff. − **121** Herz [99] 3ff. − **122** vgl. Schmidt [12] 120ff. − **123** K. P. Moritz: Schr. zur Ästhetik und Poetik. Krit. Ausg. hg. von H. J. Schrimpf (1962) 78ff. − **124** Goethes Werke, hg. im Auftrage der Großherzogin Sophie von Sachsen, 1. Abt., Bd. 47 (1896) 84−90. − **125** ebd. 80. − **126** ebd. 12. − **127** ebd. Bd. 41/1 (1902) 244; Bd. 42/2 (1907) 414, 419. − **128** ebd. Bd. 49/2 (1900) 343. − **129** ebd. 2. Abt., Bd. 11 (1893) 282ff. − **130** ebd. 1. Abt., Bd. 45 (1900) 176. − **131** ebd. 176.

Literaturhinweise:
B. Croce: Ästhetik als Wiss. vom Ausdruck und allg. Sprachwiss. Theorie und Gesch., übers. von H. Feist und R. Peters. = Schr., hg. von H. Feist, Bd. 1 (1930). − W. J. Bate: From Classic to Romantic: Premises of Taste in Eighteenth-Century England (1946; ND New York 1961). − H. Paetzold: Einl. zu: A. G. Baumgarten: Meditationes philosophicae de nonnullis ad poema pertinentibus. Philos. Betrachtungen über einige Bedingungen des Gedichtes (1983) VII−LX. − F. Nies, K. Stierle (Hg.): Frz. Klassik. Theorie. Lit. Malerei (1985). − S. Vietta: Lit. Phantasie: Theorie und Gesch. Barock und Aufklärung (1986). − T. Pago: Gottsched und die Rezeption der Querelle des Anciens et des Modernes in Deutschland (Frankfurt/M./Bern/New York/Paris 1989). − H. Reiss: Die Einbürgerung der Ästhetik in der dt. Sprache des 18. Jh. oder Baumgarten und seine Wirkung, in: Jb. der dt. Schillerges. 37 (1993) 109−138.

VI. *19. und 20. Jahrhundert*. A. MÜLLERS ‹Zwölf Reden über die Beredsamkeit und deren Verfall in Deutschland› (1812) können als ein Paradigma dienen, an dem die Weichenstellungen für die Entwicklung des G.-Begriffs im 19. und 20. Jh. abzulesen sind. Müller unterscheidet zwischen der poetischen und rhetorischen Dichtung [1]; dieser Unterscheidung entspricht die Trennung zwischen Ästhetik und Rhetorik: eine Trennung, die bei Müller in der Differenzierung zwischen dem Sinn für Schönheit und dem Sinn des G. ihren Ausdruck findet. Ex negativo tritt nochmals die Synthese hervor, die für das 18. Jh. im G.-Begriff geleistet war. Der G. ist bei Müller eine dunkle Vorstellung des Ganzen, er ist ein dunkler Sinn, der der Aufklärung *nicht* fähig ist [2] − die Möglichkeit der sinnlichen Erkenntnis spielt keine Rolle mehr. Dagegen ist der Sinn für Schönheit ausgezeichnet durch Klarheit, das Auge ist sein Organ; die Anschauung des Schönen jedoch hat bei Müller ihre Quelle und ihren Gegenstand in der Natur und nicht in der Gesellschaft. [3] Gesellschaftsbezogen hinwiederum ist der G.-Sinn; seine Dunkelheit wird durch die Zerstreuung des gesellschaftlichen Lebens begründet, in dem das schöne

Ganze, der Maßstab auch für den G., nicht mehr zur vollgültigen Erscheinung und Sichtbarkeit gelange. [4] Mit der Festlegung auf die nicht aufzuklärende Empfindung und mit der Unterscheidung vom Sinn für das Schöne verliert der G.-Begriff die Konnotation des Aktiven ebenso wie die des Erzieherischen. Der G. wird zu einem passiven, negativen Vermögen ohne normativen Charakter. Die gesetzgebende Funktion wird allein dem Schönen zugesprochen [5]; das Urteil des G. dagegen bewähre sich in der Anpassung an den «Wechsel der Welterscheinung». [6]

Modelle der Rhetorik. D. Breuer [7] hat die Forschungsmeinung revidiert, daß das 19. Jh. durch den Verfall der Rhetorik gekennzeichnet sei [8]; überzeugend kann er darlegen, daß und wie im Schulunterricht die Tradition der Rhetorik zunächst ungebrochen fortbesteht. Das von ihm gesammelte Material läßt die folgende Linie erkennen: Ähnlich wie im Vorfeld der G.-Debatte des 18. Jh. darnach gefragt wurde, wie das rhetorische Regelwerk den neuen Verhältnissen angeglichen werden könne, wird auch jetzt ein Streit im Namen der Rhetorik gegen das veraltete System ausgefochten; dieser Prozeß führt zur Ablösung der Rhetorik durch die Stilistik. Im 18. Jh. kristallisierte sich der G. als ein Kernbegriff, als systemstiftendes Theorem heraus; im 19. Jh. steht der Terminus nur noch als bloße Formel zur Verfügung. In den Richtlinien für die Lehrplangestaltung wird von dem «Anstande» [9] gesprochen, der auszubilden sei, dem «Sinn für Schicklichkeit und Angemessenheit» [10], dem «Sinn für's Schöne» [11], die kultiviert werden müßten, von dem «guten Geschmack», der zu wahren [12], dem «Takt»-Gefühl, das zu üben sei [13], und schließlich von dem «ästhetischen Eindruck», der in seiner Integrität erhalten werden müsse. [14] Signifikant erscheint auch, daß 1820 eine neue Übersetzung der Rhetorik-Vorlesungen H. BLAIRS (1788) herauskommt: jener Vorlesungsreihe, die mit einer Abhandlung über den G. beginnt. [15] Die kulturelle Verankerung und die entsprechende Aussagekraft des Begriffs ist jeweils ausfindig zu machen. Hier können nur Hinweise gegeben werden. Mitzubedenken ist der Einfluß der Ästhetik, die sich parallel entfaltet und eine neue Einheit zwischen *res* und *verba* stiftet. W. WACKERNAGELS Lehrbuch ‹Poetik, Rhetorik und Stilistik› etwa zeugt von diesem Einfluß. An keiner Stelle mehr ist von dem G. als dem ‹Sinn› für das Wort die Rede; er erscheint zerlegt in seine drei Komponenten: Einbildungskraft, Gefühl, Verstand. [16] In W. SCHERERS ‹Poetik› (1888 posthum) spielt der Publikumsbezug eine wichtige Rolle; darnach wird der G.-Begriff reflektiert und profiliert. Eklatant tritt der Verlust seines normativen, orientierenden Charakters hervor. Der G. des Publikums [17] ist für Scherer ein zu konstatierendes Faktum, ein Gegenstand der positivistischen Wissenschaft. Erhellend ist in diesem Zusammenhang die Tatsache, daß Scherer sich auf G. T. FECHNER und dessen ‹Vorschule der Ästhetik› beruft. [18] Eine Ästhetik «von unten» will Fechner begründen [19]; das Gesetz der «ästhetischen Schwelle» [20], das die gefühlshafte Reaktion auf Kunst reguliert, ist analog zum Gesetz der ‹Empfindungsschwelle› gedacht: Kunsteindrücke rangieren auf der gleichen Ebene wie psychophysische Reize.

Modelle der Ästhetik. Die ästhetischen Entwürfe der Vertreter des Idealismus fußen auf der Literatur- und Kunstkonzeption Goethes und der Romantiker; F. SCHLEGEL und NOVALIS sind vor allem zu nennen. Das Spezifische der romantischen Theorie beruht darin, daß Literatur und Kunst von dem Gebot der Nachahmung [21] befreit werden sollen; grundlegend wird hier die Erkenntnis, daß die Sprache sich ihre Gegenstände selbst schafft.

Keinesfalls darf man aber von einer pauschalen Abwertung der Rhetorik ausgehen, im Gegenteil: Novalis und Schlegel bemühen sich um eine Synthese; Rhetorik, Philosophie und Poesie sollen vereinigt werden. [22] Das Vokabular der Rhetorik wird mit einem Gehalt gefüllt, den die idealistische Philosophie bereithält; das impliziert, daß die Tradition gegenwärtig bleibt, daß nach ihren Gründen, nach ihrem ursprünglichen Sinn gefragt wird. Am Wirkungspostulat wird nicht gerüttelt. «Gemütherregungskunst» ist für Novalis die Poesie [23]; Schlegel betont immer neu den Mitteilungscharakter der Dichtung; er fordert Popularität. [24] Entsprechend vielschichtig ist der G.-Begriff bei beiden Autoren. Er erscheint als wertneutrale Formel in dem nunmehr etablierten Sinn; in den ‹Wiener Vorlesungen› etwa spricht Schlegel von dem «französischen Geschmack». [25] Doch er weist dem G. auch einen Platz in seinem ambitionierten Kunstprogramm zu. Im ‹Gespräch über die Poesie› wird die erstrebte Vereinigung von Poesie (als Sprache der Natur) und Rhetorik (als Sprache der Gesellschaft) ablesbar am Einsatz des G.-Begriffs. Zunächst wird er negativ ausgelegt: er bezeichnet die rhetorische Nachahmung, die Mimesis und beruht nach Schlegel somit auf einer falschen Kodifizierung von falschen Regeln. [26] Das Ideal der Geselligkeit [27] führt dann jedoch zu einer positiven Bewertung des G., genauer: zu einer Verbindung des Äußerlichen mit den ‹Tiefen des Geistes›. Konzeptionen, die zum Kontext des Begriffs gehören, tauchen in ironischer Brechung auf und signalisieren so den Neuansatz: «Urbanität» etwa [28] – bei Quintilian bereits ist vom ‹gustus urbis› die Rede [29], oder «Virtuose» [30] – das englische Pendant zum «honnête homme» [31], schließlich «Delikatesse». [32] Das ‹Gespräch› wird einem Gastmahl verglichen: im wörtlichen und im platonischen Sinn. [33] Als das Prinzip, das die Glieder der Gesellschaft verbindet, wird der G. zuletzt zu dem Faktor, der das Geheimnis der individuellen Bildung berührt: «Und wenn wir nun nicht übereinstimmen, so heißt es am Ende: Ich liebe das Süße. Nein, sagt der andre, ganz im Gegenteil, mir schmeckt das Bittre besser.» [34] – Novalis weist dem G. eine Funktion in der Bildung einer neuen Gesellschaft, wie er sie in ‹Glauben und Liebe› anvisiert, zu [35]: die historische Stellung der Aphorismensammlung wäre vor dem Hintergrund der Hof- und Klugheitsliteratur und ihrer Maximen zu bestimmen.

Der Versuch, mit Hilfe der Begriffsstützen der idealistischen Philosophie Rhetorik und Poesie auf einer höheren Ebene zu vereinigen, blieb einmalig. Die anschließende Entwicklung ist durch die *Trennung von Ästhetik und Rhetorik* bestimmt. Unsere Darstellung der Geschichte des G.-Begriffs hat dabei zwei Linien herauszuarbeiten. Zum einen sind die Argumente zu skizzieren, mit deren Hilfe der G. aus dem Bereich der Ästhetik ausgeschieden wird. Zum anderen ist nach den Termini, die innerhalb der ‹Lehre vom Schönen› den G.-Begriff ablösen, zu fragen. Vorausgesetzt ist beidemale das Axiom, daß die Kunst *nicht* Nachahmung der Natur sei. SCHELLING, SOLGER, HEGEL, VISCHER: Sie alle lehnen den G.-Begriff ab, weil der G. auf der Ebene der sinnlichen Wahrnehmung verharre und nur das Äußere erfasse (Hegel [36]), weil in diesem Begriff das Postulat enthalten sei, Schönheit hafte dem Gegenstand in stofflicher

Weise an. [37] Stellvertretend für die fast stereotype Argumentation sei Solger angeführt: «Der Ausdruck ‹Geschmack› aber ist nicht gut in die wissenschaftliche Sprache aufzunehmen, da er bloß von der sinnlichen Wahrnehmung hergenommen ist.» [38] Dabei wird der Begriff selbst durchaus weiter verwendet. Schelling faßt das Spezifische der mittelalterlichen Dichtung mittels der Wendung «Geschmack am Rittertum» [39]; Solger sieht in Quintilian einen «geschmackvollen Kenner». [40] – Verschränkt und aufeinander bezogen erscheinen G. und Schönheitssinn in Vischers Ästhetik. Dem G. mit seiner gesellschaftlichen Kompetenz wird ein relativ großer Spielraum innerhalb der ästhetischen Urteilsbildung zugestanden: Verstöße gegen die ästhetische Norm seien zugleich Verstöße gegen den G.; die Gerichtssprache, die Vischer verwendet («Geschmacksforum» [41]), indiziert, daß er sich der rhetorischen Tradition bewußt ist. Doch um so deutlicher tritt die nunmehrige Unterordnung des rhetorischen Terminus unter das Prinzip des Ästhetischen hervor. Denn die bejahende, die wertsetzende Funktion ist dem G. genommen; eine Differenzierung zwischen ‹poetischer› und rhetorischer Kunst, für die A. Müller noch plädierte, kennt Vischer nicht mehr.

Die Konstruktion des Sinns für das Schöne ist parallel zur Konstruktion der Kunst zu sehen. Der Nachfolgebegriff des G. heißt ‹ästhetische Anschauung› [42], im ‹Ältesten Systemprogramm› des deutschen Idealismus noch ‹ästhetischer Sinn› genannt. [43] Wie die Kunst losgelöst wird vom Gebot der Mimesis, so die ‹Anschauung› vom unmittelbaren Gegenstandsbezug der sinnlichen Wahrnehmung. Gegenstand der Anschauung (d. h. das ‹Schöne›) ist bei Schelling die nach Urbildern schaffende Natur [44], bei Solger die Synthese von Begriff und Erscheinung [45], bei Hegel das sinnliche Scheinen der Idee. [46] Die im G.-Begriff vollzogene Synthese von Sinnlichkeit und Vernunft wiederholt sich auf der Ebene der Bewußtseins-Philosophie. Erst mit Blick auf die Einfühlungsästhetik der Wende zum 20. Jh. kann deshalb vom Irrationalismus der Ästhetik [47] gesprochen werden, der die Rationalität des rhetorischen Denkens verdeckt habe. Die idealistische Ästhetik ist auf dem Prinzip des Wissens und der «Einsicht» aufgebaut. [48] Dagegen bildet der Lebensbegriff der Jahrhundertwende das Fundament der «ästhetischen Apperzeption» bei T. Lipps [49]; Einfühlung des Lebens in das Objekt wird als ästhetische Haltung begriffen.

Neben den Ästhetiken, die im 19. Jh. die idealistische Tradition fortführen (Vischer), stehen ästhetische Theorien, die den naturwissenschaftlichen Entdeckungen, dem Realismus und Positivismus Rechnung zu tragen suchen. In krasser Gegenwendung zur Deduktion des ‹ästhetischen Sinns› aus dem Bewußtsein und wie in Rückwendung zur Herleitung des G. aus der Körpersphäre im 18. Jh. wird erneut die physiologische Basis betont; G. wird als eine biologische Konstante aufgefaßt. Ablesbar erscheint dies an Fechners ‹Vorschule der Ästhetik›. Eine doppelte Tendenz prägt das Kapitel «Vom Geschmacke». [50] Zum einen wird der empirische Befund von der Vielfalt des G. zugrundegelegt [51], zum anderen der kleinsten Einheit, der unmittelbaren Lust und Unlust, ein normativer Charakter zugesprochen: Derjenige G. sei ein ‹guter› G., bei dem der individuelle Genuß zugleich der gesamten Menschheit förderlich sei. Positionen der Aufklärung verbinden sich mit dem (naturwissenschaftlichen) Entwicklungsgedanken. [52] – Auf J. Henles physiologische Deutung des G. sei verwiesen, da G. Keller dessen ‹Anthropologische Vorträge› im ‹Grünen Heinrich› verarbeitet hat. [53] Henle spricht vom ‹ästhetischen Urteil› und meint damit die Lust- und Unlustgefühle der körperlichen Sinnesorgane («Geschmack und Gewissen»); G. als Urteil über ‹schön› und ‹häßlich› liegt für ihn auf der gleichen Ebene wie die sinnliche Wahrnehmung; der G.-Sinn ist für ihn, ähnlich wie für Fechner, ein biologischer Faktor, ein in der psychophysischen Konstitution des Menschen verankertes Regulativ.

G. als Prinzip des Individualismus. Mit der Wende zum 20. Jh. gewinnt der G.-Begriff eine neue Dimension: Er wird zum Leitbegriff des Individualismus. Faßbar wird die Wende in Nietzsches facettenreichem Gebrauch des Terminus. Nietzsche, der Kenner der Rhetorik [54], knüpft an die französischen Moralisten an [55]; er benutzt den Begriff in einem Sinn, der in nahezu allen Punkten der Tradition widerspricht. Diente der G. als Argument für eine geistige Fassung der Sinnlichkeit, so verweist Nietzsche, wo er ‹G.› sagt, provokativ auf die sinnlichen Wurzeln des Geistes («Schmecken Beethovens» [56]); G. kann zum Synonym für Instinktsicherheit werden. [57] Die Berufung auf den G. wird zur Kampfansage gegen die konventionelle, die gesellschaftlich verankerte Moral; und der G. wird zum Gegenbegriff gegen die philosophische Erkenntnis. Zu Recht spricht Nietzsche von einem «umgekehrten» G. des ‹freien› Philosophen. [58] Die Vornehmheit des G. ist ein isolierendes Prinzip; sie zeichnet den großen Einzelnen aus. [59] Die gleiche Umkehrung bzw. Umwendung des Begriffs zeigt sich bei G. Simmel. In dem Essay ‹Die Mode› z. B. spielt er die «Normen der Allgemeinheit» gegen den G. der «feinen und eigenartigen Menschen» aus, die ihr «persönliches Empfinden» vor der «Gesellschaft» verbergen wollten. [60] Die literarische Parallele ist in der Figur des Dandy zu sehen: des Außenseiters, der sich durch seinen kultivierten G. von der Menge abhebt. Des Esseintes, die Hauptfigur aus J. K. Huysmans Roman ‹A Rebours›, erscheint als die idealtypische Verkörperung dieser Tendenz. Eines der Symbole für die Exzentrik von Des Esseintes ist eine Sammlung von Likörfäßchen: der Geschmack der einzelnen Getränke vermittelt ihm den Genuß der erlesensten Melodien. [61]

Von hier aus ist keine weitere Theoriebildung mehr möglich. Der G.-Begriff diffundiert; die Literaturkritik wendet sich gegen ihn (vgl. dazu das Stichwort ‹G.-Urteil›); die Soziologie bemächtigt sich seiner und beweist seine klassenspezifische Bedingtheit (und Beliebigkeit). Inzwischen scheint man zur Maxime der scholastischen Philosophie über den körperlichen G.-Sinn: «De gustibus et coloribus non [est] disputandum» [62] zurückkehren zu wollen. Aber es scheint auch so, daß die Abwesenheit einer gesellschaftlich verbindlichen Theorie erneut in Wechselbezug zu der Omnipräsenz des Begriffs im Alltagsbewußtsein steht – ähnlich wie dies bei der Konzeption des Angemessenen, dem Korrespondenzbegriff zum G., der Fall ist.

Anmerkungen:
1 H.-J. Gabler: G. und Ges. Rhet. und sozialgesch. Aspekte der frühaufklärerischen Geschmackskategorie (1982) 1ff. – **2** A. Müller: Zwölf Reden über die Beredsamkeit und deren Verfall in Deutschland, in: Krit., ästhet. und philos. Schr. Krit. Ausg. hg. von W. Schroeder und W. Siebert, Bd. 1 (1967) 357f., 362. – **3** ebd. 355, 357, 361f. – **4** ebd. 357. – **5** ebd. 355f. – **6** ebd. 363. – **7** D. Breuer: Schulrhet. im 19. Jh., in: H. Schanze (Hg.): Rhet. Beiträge zu ihrer Gesch. in Deutschland vom 16.–20. Jh.

(1974) 145–179. – **8** H. Schanze: Romantik und Rhet., in: Schanze [7] 126ff. – **9** Breuer [7] 159. – **10** ebd. 160. – **11** ebd. – **12** ebd. 167. – **13** ebd. 168. – **14** ebd. 170. – **15** Schule der Redekunst und schönen Wiss. überhaupt nach Hugo Blair. Für Deutsche bearbeitet von J. Eiselein, Bd. 1/2 (1820) 12–28 («Uiber den Geschmak»). – **16** W. Wackernagel: Poetik, Rhet. und Stilistik. Acad. Vorles., hg. von L. Sieber (1873) 3ff. – **17** W. Scherer: Poetik, hg. von G. Reiß (1977) 125. – **18** ebd. 130, 132. – **19** G. T. Fechner: Vorschule der Ästhetik, T. 1 (1876) 1ff. – **20** ebd. 49ff.; vgl. Scherer [17] 132f. – **21** E. Behler: Stud. zur Romantik und zur idealistischen Philos. (1988) 230ff. – **22** F. Schlegel: Krit. Ausg., hg. von E. Behler, J.-J. Anstett und H. Eichner, Bd. 2 (1967) 182 (Nr. 116), 137 (Nr. 137) u. ö.; vgl. Schanze [8]; Behler [21] 46ff. – **23** Novalis: Schr., hg. von P. Kluckhohn, R. Samuel, H.-J. Mähl und G. Schulz, Bd. 3 (1968) 639 (Nr. 507). – **24** Schlegel [22] 189 (Nr. 153) 286. – **25** ebd. Bd. 6 (1961) 333. – **26** ebd. Bd. 2, 302. – **27** vgl. M. Neumann: Unterwegs zu den Inseln des Scheins. Kunstbegriff und lit. Form in der Romantik von Novalis bis Nietzsche (1991) 335ff., 370ff. – **28** Schlegel [22] 296. – **29** Quint. VI, 3, 17. – **30** Schlegel [22] 329. – **31** H. Klein: There is no disputing about taste. Unters. zum engl. Geschmacksbegriff im 18. Jh. (1967) 4. – **32** Schlegel [22] 338; vgl. ebd. 166 (Nr. 6). – **33** ebd. 328. – **34** ebd. 349. – **35** Novalis [23] Bd. 2 (1965) 491ff. (Nr. 27 und 29). – **36** Hegel: Vorles. über Ästhetik I. Auf der Grundlage der Werke von 1832–1845 neu ed. Ausg., Bd. 13 (²1989) 32. – **37** F. T. Vischer: Aesthetik oder Wiss. des Schönen, 2. Aufl. hg. von R. Vischer, T. 3 (1922) 85. – **38** K. W. F. Solger: Vorles. über Ästhetik, hg. von K. W. L. Heyse (1973) 6; 49. – **39** Schellings Werke. Nach der Originalausg. in neuer Anordnung hg. von M. Schröter, Bd. 3 (unveränderter ND des 1927 erschienenen Jubiläumsdrucks: 1965) 459; vgl. 379. – **40** Solger [38] 19. – **41** Vischer [37] 87. – **42** Schelling [39] 381 («Kunstsinn»), 384 («Anschauung»). – **43** Das älteste Systemprogramm des dt. Idealismus, in: Aus der Frühzeit des dt. Idealismus. Texte zur Wissenschaftslehre Fichtes 1794–1804, hg. von M. Oesch (1987) 85. – **44** Schelling [39] Erg. Bd. 3 (1959; ND 1968) 388ff. – **45** Solger [38] 47ff. – **46** Hegel [36] 151. – **47** Breuer [7]. – **48** Solger [38] 9. – **49** T. Lipps: Von der Form der ästhet. Apperception, in: Philos. Abh. Dem Andenken R. Hayms (1902) 365–406. – **50** Fechner [19] 231–264. – **51** ebd. 248f. – **52** ebd. 256ff. – **53** vgl. Keller: Der grüne Heinrich. Erste Fassung, hg. von T. Böning und G. Kaiser (1985) 1290f. – J. Henle: Anthropologische Vorträge, H. 1 (1876) 77ff. – **54** J. Goth: Nietzsche und die Rhet. (1970). – **55** F. Nietzsche: Werke. Krit. Gesamtausg. hg. von G. Colli und M. Montinari, 6. Abt., Bd. 2 (1968) 207 (Nr. 254). – **56** ebd. 195 (Nr. 245). – **57** ebd. 177 (Nr. 232). – **58** ebd. 11 (Nr. 2). – **59** ebd. 288 (Nr. 263), 240f. (Nr. 282). – **60** G. Simmel: Philos. Kultur. Gesamm. Essays, hg. von J. Habermas (²1986) 54. – **61** J.-K. Huysmans: Gegen den Strich. Aus dem Frz. von H. Jacob (1981) 118. – **62** K. Stierle: Art. ‹G.›, in: HWPh, Bd. 3 (1974) 445.

Literaturhinweise:
M.-L. Linn: Zur Stellung der Rhet. und Stilistik in der dt. Sprachlehre und Sprachwiss. des 19. Jh. (Diss. 1963). – P. Bourdieu: La distinction. Critique sociale du jugement (Paris 1979); dt.: Die feinen Unterschiede. Kritik der gesellsch. Urteilskraft. Übers. v. B. Schwibs und A. Russer (1987). Kursbuch 79 (1985): ‹G.›. – L. Ferry: Der Mensch als Ästhet. Die Erfindung des G. im Zeitalter der Demokratie. Aus dem Frz. von P. Braitling (1992).

M. Fick

→ Angemessenheit → Ästhetik → Aufklärung → Decorum → Genie → Geschmacksurteil → Gesellschaft → Ingenium → Iudicium → Klugheit → Kritik → Kunst → Mimesis → Obscuritas → Phantasie → Poetik → Psychologie → Schönheit, das Schöne → Sensus communis

Geschmacksurteil

A. Im Unterschied zum ‹Geschmack› ist für das ‹G.› die Verbindung von intuitiver Wertung und intellektueller Rechtfertigung kennzeichnend; im G. wird die Geschmacksempfindung reflektiert; sie muß sich als diskursiv begründbar ausweisen. Der Gegenstand dieses Urteils wird eingegrenzt auf den Bereich des Ästhetischen, d. i. auf Werke der Kunst und Literatur. Die Bedeutungsverengung – G. als Kunst- bzw. literaturkritisches Urteil *(iudicium)* – kristallisiert sich aus der Geschmacksdebatte des 18. Jh. heraus; KANTS ‹Kritik der Urteilskraft› kommt dabei die ausschlaggebende Rolle zu. Die Darstellung muß deshalb mit der Klärung des Begriffsfeldes im 18. Jh. beginnen.

B. I. *Kant und das Problem der Wertung im 18. Jh.* In dem Moment, in dem der Geschmack nicht mehr allein als ein selbstverständlich hinzunehmendes Faktum gilt, sondern als eine Variable erkannt wird und man nach seiner Begründung, seiner Funktion und seinem Wesen fragt, ist das Problem der Wertung aufgeworfen: Es gibt den guten und den schlechten Geschmack. [1] Der Geschmack wurde, als ein psychisches Vermögen, im Gesamt der Seelenkräfte der Urteilskraft zugeordnet. Als die «zusammengesetzte Krafft der Seele zu empfinden und zu urtheilen» definiert ihn J. U. KÖNIG [2]; für J. J. BODMER ist der Geschmack ein «Vermögen, oder eine Krafft des Gemüthes», welches die «Eigenschafften der Rede mit Vernunft» unterscheidet und «beurtheilet». [3] GOTTSCHED rechnet «zuvörderst den Geschmack zum Verstande» und differenziert: «Ich sage aber, daß er ein urtheilender Verstand sey: weil diejenigen, die ihn wirklich zu Unterscheidung der Dinge anwenden, entweder äußerlich, oder doch innerlich, den Ausspruch tun; dieß sey schön, und jenes nicht. Ich setze ferner, daß sich dieses Urtheil nur auf die bloße Empfindung gründet.» [4] A. GERARD analysiert den «Einfluß der Beurtheilungskraft [engl. ‹judgement› auf den Geschmack». [5] Noch KANTS Terminologie in der ‹Kritik der Urteilskraft› spiegelt die Herkunft aus der Vermögenspsychologie. Als letzter Zeuge sei SCHILLER angeführt: «Der Geschmack ist ein Vermögen der Urteilskraft [...].» [6] – Die psychologische Herleitung nun ist parallel zu sehen mit einer Frage logischer Art: der Frage nach der Begründung des Urteils, nach den Maßstäben, Regeln und Normen, die das Urteil bestimmen. Die Frage entfaltet ihre Sprengkraft da, wo von einem Urteilsvermögen der *Empfindung* und der *Sinne* die Rede ist. Es zeigt sich die Ambivalenz der Aufwertung der Sinnlichkeit, die das Zeitalter der Aufklärung charakterisiert. [7] Als ein *analogon rationis* analysiert A. G. BAUMGARTEN die sinnliche Erkenntnis. [8] Er faßt die Schönheit als ‹Vollkommenheit der sinnlichen Erscheinung› [9]; der Geschmack ist der korrespondierende Begriff: das verworrene (d. i. gefühlsmäßig ausgesprochene) Urteil über die Vollkommenheit der Sinne *(iudicium sensuum).* [10] Wenn so einerseits den Sinnen und damit der vorrationalen Empfindung ein Urteilsvermögen zuerkannt ist, so wird doch andererseits als Norm des Urteils ein Vernunftbegriff aufgestellt: die Vollkommenheit. [11] Der gleiche Begriff von Vollkommenheit, der die Vernunft leitet, steuert (bei Baumgarten) auch die sinnliche Erkenntnis; nach den gleichen Maßstäben der Urteilsbildung, an denen die Vernunft sich orientiert, richtet sich auch die Empfindung. Sind aber so nicht Urteil und Erkenntnis der Sinne ersetzbar durch den Ausspruch der Vernunft? Wie ist eine Eigenwertigkeit der ‹sinnlichen Erkenntnis› zu behaupten?

Diese Fragen stehen hinter der Zuordnung von ‹Geschmack› und ‹Urteil› in der vorkantischen Poetik und Literaturkritik. Die folgende terminologische Differenzierung setzt sich durch: ‹Geschmack› zeichnet den

Kenner aus; Urteil und Kritik übt der ‹Kunstrichter› (‹Kritiker›). HERDER bringt die Abgrenzungen auf den Begriff: «Genie *erschafft*, Geschmack *kostet*, Kritik *urtheilt*. Mithin will sie *Gründe* des Urtheils [...].» [12] Prinzipiell lassen sich zwei Möglichkeiten unterscheiden, das Verhältnis von Urteil und Geschmack zu bestimmen. Für H. BLAIR beispielsweise ist die Empfindung die Basis für das Urteil; eine Basis, die sich selbst nicht weiter rational begründen läßt. [13] Die Aufgabe der Kritik sieht Blair darin, die Geschmacksempfindungen in ein System zu bringen, das dann dem Künstler eine sichere Anweisung an die Hand zu geben vermag: «True Criticism is the application of Taste and of good sense to the several fine arts. The object which it proposes is, to distinguish what is beautiful and what is faulty in every performance; from particular instances to ascend to general principles; and so to form rules or conclusions concerning the several kinds of beauty in works of Genius.» («Aechte Kritik ist nichts anders, als die Anwendung des Geschmacks, und der Grundsätze der gesunden Vernunft auf die schönen Künste. Das Geschäft derselben ist, das Schöne von dem Fehlerhaften in Werken des Geistes zu unterscheiden, von einzelnen Fällen zu allgemeinen Grundsätzen aufzusteigen, und daraus Bemerkungen oder Vorschriften, über die verschiedenen Arten der Schönheit in schriftlichen Aufsätzen überhaupt, herzuleiten.») [14] Umgekehrt begründet GOTTSCHED das Verhältnis von Geschmack und Urteil (Kritik); das vernünftige Urteil des Kunstrichters hat Priorität vor dem Geschmack des Liebhabers; es ist dessen Basis. «Derjenige Geschmack ist gut, der mit den Regeln übereinkömmt, die von der Vernunft, in einer Art von Sachen, allbereit fest gesetzet worden.» [15] Wenn sich Blairs Auffassung gegenüber das Problem stellt, mit welchem Recht die Grundsätze der Vernunft auf die ursprüngliche Empfindung angewendet werden, so bleibt Gottsched, demzufolge die Vernunft erste und letzte Urteilsinstanz ist, die Erklärung für die spezifische Leistung des Geschmacks schuldig. – Einen dritten Weg geht LESSING, auf GOETHES gegenstandsorientierter Kunstlehre vorausweisend. Lessing hält zwar an der Differenzierung von Geschmack und Urteil fest: der «Mann von Geschmack» beruft sich «auf die bloße Empfindung», der «Kunstrichter» unterstützt «seine Empfindung mit Gründen». [16] Die Regeln jedoch, nach denen der Kunstrichter seinen Geschmack bildet, sieht Lessing in der «Natur der Sache» verankert [17]; das System der Regeln steht nicht *a priori* zur Verfügung, sondern es wird von dem objektiven Gegenstandsbereich hergeleitet.

KANTS Analyse des G. zielt auf die Auflösung der skizzierten Aporie. Grundsätzlich ist festzuhalten, daß Kant nicht den ‹Monismus› der Spätaufklärung teilt, sondern Sinnlichkeit und Vernunft dualistisch, als zwei getrennte Kräfte im Menschen faßt. [18] Er sondert die Erkenntnisleistung der Sinnlichkeit von derjenigen der Vernunft, so daß keine von der anderen aufgehoben werden kann. – In der «Analytik der ästhetischen Urteilskraft» zerlegt Kant den ‹Geschmack› und das ‹Schöne› in seine verschiedenen ‹Momente›. Er stellt dabei Geschmack und G. auf eine Ebene; beide verhalten sich zueinander wie ein allgemeines Vermögen und dessen Ausübung, Anwendung auf einen besonderen Fall. – Die Matrix der Ableitungen bildet der Satz: «*Geschmack* ist das Beurtheilungsvermögen eines Gegenstandes oder einer Vorstellungsart durch ein Wohlgefallen oder Mißfallen *ohne alles Interesse*. Der Gegenstand eines solchen Wohlgefallens heißt *schön*.» [19] Das Schöne definiert er folgendermaßen: «*Schön* ist, was ohne Begriff als Gegenstand eines *nothwendigen* Wohlgefallens erkannt wird.» [20] Weiter wird der Geschmacksbegriff so differenziert, «daß er ein Beurtheilungsvermögen eines Gegenstandes in Beziehung auf die *freie Gesetzmäßigkeit* der Einbildungskraft sei». [21] – Zwei Momente werden später für die Rezeption der ‹Kritik der Urteilskraft› von besonderer Tragweite sein: Die Begründung der Subjektivität des G. und die Begründung der allgemeinen Mitteilbarkeit. In beiden Momenten zeichnet sich mit der Subjektivierung zugleich die Intellektualisierung des G. ab.

Das Schöne wird nach Kant «ohne Begriff» als Gegenstand eines Wohlgefallens erkannt. Wenn er das Schöne somit abgrenzt von den Gegenständen der Vernunfterkenntnis, durch welche die Anschauung auf Begriffe bezogen wird, so schreibt Kant dennoch dem G. eine hohe intellektuelle Leistung zu. Denn in ihm sei ein Gegenstand, ohne daß ein Zweckbegriff vorläge, unter der Form der Zweckmäßigkeit aufgefaßt. [22] Das heißt, daß die Beurteilung eines Gegenstandes als schön zwar ‹nur› ästhetisch ist, daß die Anschauung zwar ‹nur› auf das Subjekt bezogen wird, daß sie sich aber deshalb nicht allein auf dessen Sinnlichkeit erstreckt, sondern zugleich auf die Einbildungskraft und die Vernunft. Die Anschauung des Schönen löse im Subjekt eine freie Übereinstimmung zwischen der Einbildungskraft und dem Erkenntnisvermögen überhaupt aus; diese Übereinstimmung werde als Zweckmäßigkeit (ohne Zweckbegriff) dem (schönen) Gegenstand unterlegt. Mit der fundamentalen Trennung von der Vernunfterkenntnis («ohne Begriff»; Zweckmäßigkeit ‹ohne Zweck›) ist die Eigenart des G. anerkannt; ebenso wird die unauswechselbare Individualität des Gegenstandes sichergestellt. Mit der Beziehung auf das Spiel der Erkenntniskräfte hebt Kant den Bereich des Schönen heraus aus der Sphäre der niederen Seelenkräfte und begründet die Autonomie des Schönen als dessen Unabhängigkeit vom sinnlichen Interesse.

Die Intellektualisierung der Geschmacksaussage schließt für Kant auch die Rechtfertigung der Verallgemeinerung in sich. Denn das freie und harmonische Spiel der Erkenntniskräfte, auf dem die ästhetische Lust beruht, ist für ihn eine rationale Leistung; die Seelenkräfte «tun» bei der Empfindung und Beurteilung des Schönen «nichts anderes», «als ihnen durch die Urteilskraft a priori aufgetragen ist.» [23] Weil das ästhetische («interesselose») Wohlgefallen keine unreflektierte Reaktion auf die unmittelbare Einwirkung der affizierenden Gegenstände ist, deshalb ist es auch der Willkür des bloß subjektiven Empfindens entzogen und darf Anspruch auf Allgemeingültigkeit erheben. [24] Voraussetzung für die «subjektive Allgemeingültigkeit» des G. ist bei Kant die Mitteilbarkeit der ästhetischen Lust (bzw. Unlust); mitteilbar aber werden diese interesselosen Gefühle nur dann, wenn man davon ausgeht, daß alle Menschen ein Sensorium für das freie Spiel der Erkenntniskräfte besitzen und für die «ästhetische Beurteilung [...] eines Gegenstandes» «gefühlsmäßig empfänglich sind». [25] Diese Empfänglichkeit ist für Kant durch den ‹Gemeinsinn› gewährleistet. Er versteht darunter «keinen äußern Sinn, sondern die Wirkung aus dem freien Spiel unserer Erkenntnißkräfte». [26] Deutlich zeigt sich hier eine Loslösung des ästhetischen Urteils von den Konventionen des Geschmacks bzw. von dessen Einbindung in die Geselligkeit und deren Normen. Zwar analysiert Kant den Bezug des Geschmacks auf die Gesellschaft; er faßt diesen Bereich als das ‹empirische Interesse› am Schönen. [27] Doch stuft er die Präferenzen, die sich hieraus ableiten, als sekundär für das reine ästhetische Urteil ein. [28] Mitteilbarkeit wird bei Kant nicht länger durch einen gesellschaftlich sanktionierten Regelkodex begründet, sondern, soweit sie a priori zu gelten hat, durch die subjektive Leistung der Erkenntniskräfte. [29]

II. ‹*Geschmack*› *und* ‹*Urteil*› *in der Ästhetik des 19. Jh.* Für die ästhetischen Entwürfe des 19. Jh. ist die Auseinandersetzung mit Kant konstitutiv. [30] Generell wird das ästhetische Urteil als unabhängig vom ‹Geschmack› gesetzt, ja, es wird als dessen Gegenbegriff entworfen; der Geschmack wird als Erkenntnisorgan aus der Kunstkritik verbannt. An seine Stelle tritt der ‹Sinn für das Schöne›. Hinter den Verschiebungen steht die neue Lehre von der künstlerischen Schöpfung und der Rolle der Einbildungskraft, wie sie namentlich von den Romantikern entwickelt wurde. [31] Auf dieser neuen Ebene nun spielt sich ein Zuordnungsverhältnis ein, das demjenigen von ‹Geschmack› und ‹Urteil› vergleichbar ist. Das ästhetische Urteil verbalisiert die Erkenntnis des ‹Sinns für das Schöne›; es gibt die Gründe an. Daß die Konstruktion des ‹Kunstsinns› zunächst keineswegs eine irrationale Überhöhung des Ästhetischen einschließt, sondern gerade an die Kritikfähigkeit des Rezipienten appelliert, erhellt ex negativo aus dem Vorschlag zu einem Volksbuch, mit dem F. I. NIETHAMMER an Goethe herantrat (1808). Niethammer beklagt sich darüber, daß der wahre «Kunstgeschmack» so selten sei [32]; als Grund nennt er das Überhandnehmen der «Kunsttheorie», jener «Sucht des Zergliederns und Bekrittelns der geistigen Kunstwerke». [33] GOETHE selbst weist die Kritik, die auf dem bloßen Geschmack beruht, dem Dilettantismus zu; der Kritik durch «strenge Urtheile» habe sich der Künstler zu beugen. Die «feste[n] Grundsätze» und ihre «Anwendung» entspringen dabei für ihn aus anderer Quelle als die Aussagen des Geschmacks. [34] – A. W. SCHLEGEL knüpft in den Berliner ‹Vorlesungen über schöne Literatur und Kunst› bei seiner Definition des ästhetischen Urteils an die Bestimmung der Aufklärung an: «Kritik [ist] die Fertigkeit, Werke der schönen Kunst zu beurteilen.» [35] Der Unterschied zur Aufklärungsästhetik tritt da hervor, wo Schlegel das «Kunstgefühl» dem Geschmack überordnet: «Man bildet [...] seinen Geschmack oft auf Kosten des echten Kunstgefühls aus; nämlich man erwirbt sich die Fertigkeit der Wahl und des Urteils nicht durch eine selbsttätige Reflexion über seine Empfänglichkeit, sondern durch Abstumpfung derselben, indem bei der inneren Leerheit und Kälte alle Eindrücke auf der Oberfläche bleiben.» [36] Die Regeln bzw. Prinzipien, nach denen Kunst beurteilt wird, werden von Schlegel von dem «physiognomischen» Sinn abgeleitet: von einem ‹Sinn›, durch den der Mensch *a priori* Bild und Bedeutung als eine Einheit auffasse. [37] – SCHELLING bezieht das «ächte Urtheil» auf das, «was der wahre Kunstsinn im Concreten anschaut» [38]; die Bestimmungsgründe des Urteils «in Ideen» auszusprechen, sei die Aufgabe der «Philosophie der Kunst». [39] – In F. T. VISCHERS Ästhetik schließlich erscheint die neue Schichtung des Begriffsfeldes befestigt. Vischer kritisiert Kant, weil er das G. mit dem Sinn für das Schöne verwechselt habe. [40] Der Gegenstand des ästhetischen Urteils seien die Produkte des ‹Schönheitssinnes›, der Phantasie [41], die ihre Regeln in sich selbst trage; Gegenstand des Geschmacks und des G. sei das Konventionelle, das innerhalb des gesellschaftlichen Verkehrs Schickliche: das, was nicht unter den Begriff des Schöpferischen falle. [42]

III. *Das Problem der Wertung im 20. Jh.* Das Geschmacksproblem stellt sich in der Literaturkritik des 20. Jh. neu als Problem der literarischen Wertung; das ‹Wertgefühl› könnte als Nachfolgebegriff gelten. Im Unterschied zu Geschmack und G., die man im 18. und 19. Jh. rational durchleuchten und auf Regeln zurückzuführen sucht, wird das Wertgefühl zunächst auf eine irrationalistische Grundlage gestellt. [43] Mecklenburg zeichnet die einzelnen Stationen in der Ausbildung einer Wertungstheorie nach und erläutert die verschiedenen Kontexte, von denen her Wertmaßstäbe entwickelt werden. [44] Die Debatte setzt dabei den Pluralismus der modernen Gesellschaft, zugleich auch die Desillusionen des 20. Jh. voraus. Der Horizont, in dem das Wertproblem sich stellt, ist deshalb mit dem Bezugsrahmen für das G. nicht mehr vergleichbar. Ihn darzustellen, wäre die Aufgabe einer wissenschaftsgeschichtlich orientierten Untersuchung.

Anmerkungen:

1 vgl. H.-J. Gabler: Geschmack und Ges. Rhet. und sozialgesch. Aspekte der frühaufklärerischen Geschmackskategorie (1982) 186ff. – 2 J. U. König: Unters. von dem guten Geschmack In der Dicht= und Rede=Kunst, in: ders. (Hg.): Des Freyherrn von Canitz Gedichte [...] (^{2}1734) 404; vgl. A. v. Bormann (Hg.): Vom Laienurteil zum Kunstgefühl. Texte zur dt. Geschmacksdebatte im 18. Jh. (1974) 19ff. – 3 J. J. Bodmer: Brief-Wechsel von der Natur des Poetischen Geschmackes (Zürich 1736; ND 1966) 12. – 4 J. C. Gottsched: Versuch einer Critischen Dichtkunst (^{4}1751; ND 1962) 123f.; vgl. A. Bäumler: Das Irrationalitätsproblem in der Ästhetik und Logik des 18. Jh. bis zur KU (1923; ND 1967) 71ff. – 5 A. Gerard: An Essay on Taste (1759) [...] (Edinburgh ^{3}1780; ND Gainesville/ Florida 1963) 83ff., Übers.: Versuch über den Geschmack [...], Aus dem Engelländischen [...] (Breslau/Leipzig 1766) 93ff. – 6 F. Schiller: Sämtl. Werke, hg. von G. Fricke und H. G. Göpfert, Bd. 5 (^{6}1980) 1024. – 7 vgl. P. Kondylis: Die Aufklärung im Rahmen des neuzeitlichen Rationalismus (1981). – 8 vgl. H. Paetzold: Einl. zu: A. G. Baumgarten: Meditationes philosophicae de nonnullis ad poema pertinentibus. Philos. Betrachtungen über einige Bedingungen des Gedichtes. Übers. und [...] hg. von H. Paetzold (1983) XLVIIf. – 9 ebd. XLVI; vgl. W. Heise: Die Wirklichkeit des Möglichen. Dichtung und Ästhetik in Deutschland 1750–1850 (1990) 130ff., bes. 131. – 10 Paetzold [8] XXXIV. – 11 ebd. XXV, Lf.; vgl. T. Pago: Gottsched und die Rezeption der Querelle des Anciens et des Modernes in Deutschland. Unters. zur Bedeutung des Vorzugsstreits für die Dichtungstheorie der Aufklärung (1989) 63. – 12 G. W. Herder: Sämmtl. Werke, hg. von B. Suphan, Bd. 22 (1880) 219. – 13 H. Blair: Lectures on Rhet. and Belles Lettres, Bd. 1 (Basel 1788) 34, 36. – 14 ebd. 41, übers. von K. G. Schreiter, Bd. 1 (1785) 57. – 15 Gottsched [4] 125. – 16 G. E. Lessing: Werke, hg. von H. G. Göpfert, Bd. 5 (1973) 331. – 17 ebd. Bd. 4 (1973) 317. – 18 vgl. Kondylis [7]. – 19 KU § 5; Akad.-Ausg., Abt. 1, Bd. 5 (1908) 211. – 20 KU § 22; ebd. 240. – 21 KU § 22; ebd. 240. – 22 KU § 11; ebd. 221. – 23 C. Fricke: Kants Theorie des reinen G. (1990) 160. – 24 ebd. 2. – 25 ebd. 161. – 26 KU § 20; Akad.-Ausg. [19] 238; vgl. KU § 40; ebd. 293ff. – 27 KU § 41. – 28 KU § 41; Akad.-Ausg. [19] 297. – 29 vgl. D. Borchmeyer: Tragödie und Öffentlichkeit – Schillers Dramaturgie im Zusammenhang seiner ästhet.-politischen Theorie und die rhet. Trad. (1973) 66ff.; bes. 69f. – 30 z. B. A. W. Schlegel: Krit. Schr. und Br. II, hg. von E. Lohner (1963) 60ff.; K. W. F. Solger: Vorles. über Ästhetik, hg. von K. W. L. Heyse (1973) 31ff.; G. W. F. Hegel: Vorles. über Ästhetik I. Auf der Grundlage der Werke von 1832–1845 neu ed. Ausg., Bd. 13 (^{2}1989) 83ff. – 31 vgl. I. Strohschneider-Kohrs: Die romantische Ironie in Theorie und Gestaltung (^{2}1977) bes. 54ff.; E. Behler: Stud. zur

Romantik und zur idealistischen Philos. (1988) 230ff. – **32** Goethes Werke, hg. im Auftrage der Großherzogin Sophie von Sachsen, 1. Abt., Bd. 42, 2 (1907) 399ff., hier 401. – **33** ebd. 402. – **34** ebd. Bd. 47 (1896) 49. – **35** Schlegel [30] 25. – **36** ebd. 33. – **37** ebd. 67; vgl. auch 25, 52, 81ff., bes. 82, 91f. – **38** Schellings Werke, hg. von M. Schröter, Bd. 3 (1927; ND 1965) 381; vgl. auch 379. – **39** ebd. 381. – **40** F. T. Vischer: Ästhetik oder Wiss. des Schönen, hg. von R. Vischer, T. 3 (²1922) 84f.; vgl. T. 1 (²1922) 13ff. – **41** ebd. T. 3, 86. – **42** ebd. 85f.; vgl. T. 1, 215f. – **43** vgl. P. Gebhardt: F. Schlegel und Ansätze. Aspekte zur Literaturkritik und lit. Wertung, in: Literaturkritik und lit. Wertung, hg. von P. Gebhardt (1980) 412–469, hier 454. – **44** vgl. N. Mecklenburg: Einl. zu: Lit. Wertung. Texte zur Entwicklung der Wertungsdiskussion in der Lit.wiss., hg. v. N. Mecklenburg (1977) VII–XLIII.

Literaturhinweise:
G. Ueding: Schillers Rhet. Idealistische Wirkungsästhetik und rhet. Trad. (1971). – H. G. Gadamer: Wahrheit und Methode (⁴1975). – J. Schulte-Sasse: Lit. Wertung (²1976). – W. Barner (Hg.): Literaturkritik – Anspruch und Wirklichkeit. DFG-Symposion 1989 (1990). – J. Stenzel: Das erste Knopfloch. Vom Wert lit. Werturteile, in: Jb. des Freien Dt. Hochstifts (1991) 238–261. – P. V. Zima: Lit. Ästhetik. Methoden und Modelle der Lit.-wiss. (1991).

M. Fick

→ Angemessenheit → Ästhetik → Aufklärung → Geschmack → Kunst → Kunstrichter → Literaturkritik → Poetik → Schönheit, das Schöne → Sensus communis

Geselligkeit (lat. socialitas; engl. sociability; frz. sociabilité; ital. socialità)

A. Der Begriff der G. steht in der (alt)europäischen Tradition im Mittelpunkt des Denkens über das Wesen des Menschen. Von der Frage, ob diese G. einem natürlichen Trieb entspricht oder ob man umgekehrt von einer ungeselligen Natur auszugehen habe, hängen die Normen des Zusammenlebens in der Moral ebenso wie im Recht und in der Politik ab. Weiterhin betroffen ist die Rolle und Bedeutung zwischenmenschlicher Beziehung auf der Ebene des informellen Kontakts, der G. also im organisatorischen Sinne, die besonders unter der Annahme einer geselligen Natur zu einer Art Grundlage, ja Erprobungsfeld gesellschaftlichen Handelns wird. Auch in der Rhetorik spielt die Alternative eine wichtige Rolle. Wo die Annahme einer geselligen Menschennatur mit dem Sprachvermögen motiviert wurde, entstand jener Humanismus, der in der Gemeinsamkeit der Kultur den letzten Garanten aller Ordnung sah. Gerade die konkreten Formen der G. konnten dann von der Rhetorik, speziell von ihrem Kunstbegriff her, mit Konturen versehen werden. In dem Maße, wie das politisch-rechtliche Denken zu Beginn der Moderne von neuartigen Problemstellungen ausging, verlor der Begriff der G. seine zentrale Funktion und verblaßte zu einer Bezeichnung für einen nicht mehr als wesentlich empfundenen Bereich menschlicher Aktivität.

B. I. *Antike.* Den Ausgangspunkt der alteuropäischen Diskussion bildet die Bestimmung der Natur des Menschen als ζῷον πολιτικόν, *zôon politikón*, wie sie ARISTOTELES in seiner ‹Politik› gab. [1] Der Mensch allein ist – im Gegensatz zum Tier und zu Gott – auf die Stadt bzw. Gesellschaft angewiesen; dazu verfügt er über Sprache, mit deren Hilfe er sich in der Gestalt des Rechts der ihm angemessene Ordnung schafft. Der Zusammenfall von G., Rechtlichkeit und Natürlichkeit ist in den hellenistischen Schulen nur von EPIKUR bestritten worden. Nach seiner Lehre strebt der Mensch auf natürliche Weise nach Verwirklichung der je eigenen Lust und vermag eine Rechtsordnung nur künstlich, durch Vertrag, zu garantieren. [2] Auch in der STOA ist diese Art der Selbsterhaltung als Trieb ausdrücklich anerkannt; aber der natürliche Egoismus wird überformt von dem stärkeren Trieb nach Gemeinschaftsbildung, der sich im übrigen nicht auf den Kreis der Stadt bzw. der eigenen Gesellschaft beschränkt, sondern in einem Kosmopolitismus zuletzt die Menschheit insgesamt umfaßt. [3] Gerechtigkeit und Ordnung beruhen entsprechend nicht auf (bloßer) Vereinbarung, sondern auf der vernünftigen Einsicht in den wahren Nutzen altruistischen Verhaltens. Den Zusammenhang von G. und Sprachvermögen hat CICERO in ‹De officiis› formuliert [4], in ‹De oratore› ist der Gedanke unter dem Gesichtspunkt der *congregatio*, der Zusammenführung der Menschen und der daraus hervorgehenden Gesittung, ausgeführt. [5] Im Lager der Stoa wurde die Lehre vom geselligen, auf Wohlwollen und gegenseitigen Nutzen berechneten Leben am emphatischsten von MARC AUREL vorgetragen. [6] Bei SENECA finden sich in einer Mischung stoischer und epikureischer Gedanken Warnungen vor einem wölfischen Gebaren des Menschen, speziell in der Masse. [7] Dabei entsteht als Alternative zum Leben in Gesellschaft ein solches in Einsamkeit bzw. die Empfehlung eines Wechsels der Lebensformen. [8] Diese Themenstellung läßt sich bis ans Ende des 18. Jhs. verfolgen.

II. *Mittelalter, Renaissance, Humanismus.* Im Mittelalter tritt die Lehre von der geselligen bzw. ungeselligen menschlichen Natur hinter theologischen Bestimmungen, speziell hinter der Lehre von der Erbsünde, zurück; Gerechtigkeit und Liebe erscheinen unter voluntaristischen Vorzeichen, d. h. sie werden statt als natürliche Gebote als göttlicher Befehl aufgefaßt. Die aristotelische Bestimmung taucht erst wieder bei THOMAS VON AQUIN auf, der den Begriff des *zôon politikón* als *animal sociale* wiedergibt und damit den Akzent vom Politischen zum Allgemein-Menschlichen verlagert. [9] Im übrigen dominiert die Wertschätzung eines kontemplativen und damit einsamen Lebens. Noch PETRARCA formuliert in ‹De vita solitaria› (1356) dessen Überlegenheit, obwohl er sich selbst als *homo occupatus* (vielbeschäftigten Menschen) sieht und im übrigen der *vita solitaria* (dem einsamen Leben) Züge einer literarisch-schöpferischen Tätigkeit gibt. [10] Der Umschlag zu einem Preis der humanistischen *societas* (Gesellschaft) erfolgt im Quattrocento. L. B. ALBERTI spricht sich in ‹Della Famiglia› für eine Entfaltung der individuellen Kräfte in der gesellschaftlichen Ordnung aus, und zwar speziell im familiär-häuslichen bis freundschaftlichen Kreis. [11] Allerdings hat es noch lange konservative Auffassungen gegeben wie etwa bei POGGIO.

Ein erster Höhepunkt der Lehre vom geselligen Leben liegt im 16. Jh. B. CASTIGLIONES ‹Il libro del cortegiano› (1528) stellt den idealen Hofmann in den Kreis miteinander um die Gunst des Fürsten werbender Akteure und stattet sie mit denjenigen Mitteln aus, die angesichts der egoistisch-zerstörerischen Kräfte der menschlichen Natur und vor allem angesichts des Konkurrenzkampfs Störungen vermeiden helfen. [12] Dazu dient in erster Linie eine lässige Anmut, die ihre Züge dem rhetorischen Konzept des *artem celare*, der Verbergung der Kunst, verdankt, wie es besonders bei Cicero und Quintilian ausgebildet ist. Eher traditionellen aristotelisch-thomistischen Gedanken verpflichtet, entwirft der in der Gegenreformation tätige Bischof G. DELLA CASA im ‹Galateus› (1558) das Bild einer städtischen Gesellschaft, die in den als Manieren aufgefaßten *mores* entscheidende Ordnungsstrukturen ausbildet. [13] Mit den Mitteln der Gefälligkeit sowie auf der Grundlage eines förmlich-zeremoniellen Handelns, das freilich Extreme vermeidet, unter Verzicht auf Spott wie Geschwätzigkeit und vieles andere mehr soll eine Zivilisierung erfolgen, die die grundsätzliche gesellige Naturanlage künstlich weiter überformt. S. GUAZZOS ‹La civil conversatione› (1574) knüpft demgegenüber an den Sprachhumanismus der Rhetorik an, speziell an den Topos der *congregatio*, woraus ein Programm des geselligen Lebens gegen die Einsamkeit entwickelt wird. [14] Geschichtlichkeit und Öffentlichkeit der Wahrheitssuche bestimmen das Vertrauen in eine Gesprächskultur, die im *sentimento commune*, im common sense, ihren Mittelpunkt hat.

Im 16. Jh. gibt es allerdings auch die Wendung gegen die G. zugunsten der Einsamkeit; und zwar war es A. DE GUEVARA, der in zwei Schriften (beide 1539) eine scharfe Hofkritik formulierte, die in GRIMMELSHAUSENS ‹Simplizissimus› bei der Entscheidung für die Weltflucht nachklingen sollte. [15] Noch allerdings gilt der Blick den Mängeln einer Ordnung, die als solche nicht nur nicht in Frage gestellt ist, sondern auf die hin der Leser letztlich vorbereitet werden soll.

III. *Barock, französische Klassik.* Eine grundsätzlich neue Situation entstand in dem Augenblick, als das politische Denken den Rahmen des aristotelisch-thomistischen Naturrechts sprengte und das Problem der gesellschaftlichen Ordnung nicht mehr im Sinne einer Tugendordnung für die auf natürliche Weise zum Wohl des Ganzen strebenden einzelnen stellte, sondern als Problem der Selbsterhaltung dieser einzelnen angesichts ihres unaufhebbaren Antagonismus. Damit kommen alte epikureische Gedanken ins Spiel und bilden die Grundlage der für die Neuzeit typischen Suche nach ‹technischen› Lösungen, wie sie als erster MACHIAVELLI für die Machterhaltung des Fürsten formuliert hat. Die Übertragung dieses Ansatzes auf den Bereich ‹privater› zwischenmenschlicher Beziehung nahm B. GRACIÁN im ‹Oraculo manual› (1647) vor. Von der These des Kriegs gegen die Bosheit des Menschen ausgehend [16], erscheint der Kontakt mit dem anderen in düstersten Farben gezeichnet, Narrheit und Betrug als Normalbild, wogegen sich der Weise nur mit Rückzug bzw. Gegenbetrug wappnen kann. ARISTOTELES' Diktum, wonach der die Einsamkeit suchende einzelne nur Gott oder Tier sein könne, wird dergestalt umgewandelt, daß man besser mit allen gescheit, d. h. sich der allgemeinen Narrheit anpassen solle, als sich alleine zum Narren zu machen. [17]

Von der gleichen These der natürlichen Ungeselligkeit des Menschen ausgehend, aber statt an Entlarvung allein auch am Versuch einer Herstellung von gesellschaftlicher Ordnung auf genau dieser Grundlage orientiert, hat T. HOBBES das moderne Naturrecht begründet. [18] In ‹De cive› (1647) verwirft er ausdrücklich die noch von seinem Vorgänger H. GROTIUS zugrundegelegte aristotelische These: der Mensch suche zwar tatsächlich Gesellschaft, aber nicht um ihrer selbst, sondern um seines ganz persönlichen Vorteils bzw. schlicht um der Ehrsucht willen. [19] Nur die Einsicht in die Schädlichkeit des natürlichen Willens zum Kampf aller gegen alle führe zur Suche nach Frieden, zu dessen Voraussetzung es gehört, daß der einzelne im Zuge einer Verzichtsleistung seine Rechte einem Souverän abtritt. Auch in diesem Fall ist die Anwendung auf den ‹privaten› Bereich rasch erfolgt. Diese Entwicklung hängt wesentlich mit der Augustinus-Renaissance seit der Mitte des 17. Jh. zusammen, die vor allem in Frankreich durch den (katholischen) Jansenismus getragen wurde. Die These der erbsündlichen Verderbtheit des Menschen, die sich besonders in seiner unausrottbaren Selbstliebe zeigt, verschmolz mit den modernen naturrechtlichen Vorstellungen einer ungeselligen Menschennatur und führte zum Konstrukt einer Höflichkeitsordnung, die die Gefährdungen kompensieren sollte. [20]

Zu den bedeutendsten Vertretern dieser Lehre gehört PASCAL. In seinen ‹Pensées› (bis 1662) ist die Analyse der Selbstliebe und der Versuch einer Stabilisierung von Beziehung auf ihrer Grundlage in einer Mischung von Faszination und Skepsis formuliert. Auch LA ROCHEFOUCAULD zeichnet in seinen ‹Réflexions› (seit 1665) ein ähnliches Bild. Die Bewunderung für das Maskendasein mündet in einen Ästhetizismus mit resignativen Zügen. Die Gesellschaft der *honnêtes gens* ermöglicht eine gewisse Stabilität der Beziehung, indem sie die widrige Realität in ein Spiel verwandelt, aber all dies um den Preis der inneren Leere, ja des Selbstbetrugs. Bei Autoren wie dem Theologen P. NICOLE trägt die Gnade Gottes dazu bei, die Konflikte des augustinisch-hobbistischen Ansatzes zu dämpfen. Wieder andere Autoren haben das Spiel der mondänen Konversation in heiteren Farben geschildert. Für die selbst einen berühmten Salon führende M. DE SCUDÉRY rechtfertigt der Humanismus mit der These von der Verbindung aller Menschen auf der Grundlage der Sprache eine freilich rein adlig-exklusive G., deren schärfster Feind die Langeweile darstellt. [21] Die Rhetorik mit ihrer Kunst bis hin zur Befolgung etwa der *dispositio* dient als Vorbild einer Konversation, die sich ganz dem *plaire*, dem Gefallen, verschreibt. [22]

In Deutschland war es C. THOMASIUS, der sowohl das moderne Naturrecht wie die Konversationstheorien Graciáns und der Franzosen rezipierte. [23] Thomasius knüpfte dabei an seinen Lehrer PUFENDORF an, der im Gegensatz zu HOBBES statt der Ungeselligkeit die G. als Prinzip seines Naturrechts zugrundelegte, einer G., die er zwar nicht mehr traditionell als natürliche Neigung auffaßte, wohl aber als eine Folge der menschlichen Bedürftigkeit, der *imbecillitas*. Statt bloßer Vorteilshaftigkeit altruistischen Verhaltens liegt der Akzent nun auf einer natürlichen Verbundenheit aller, bei der es Thomasius in erster Linie um die Frage der vernünftigen Ausgestaltung gehen sollte. Nach ersten Formulierungen, die schon die aufklärerische Geselligkeitseuphorie vorwegnehmen, hat er in der kleinen Schrift ‹Kurzer Entwurff der politischen Klugheit› (1707) nähere Ausführungen zu einer vernünftigen G. gegeben, die das bei GRACIÁN entwickelte Programm einer ‹politischen› Klugheit festschreibt und insbesondere für die unterschiedlichen Ebenen einer täglichen Konversation sowie einer unter Freunden weiter ausbuchstabieren. Dabei dominiert ein vorsichtig-skeptischer Grundtenor, der die Jahrzehnte um die Jahrhundertwende bestimmt. Auch die zeitgleiche Rhetorik hat mit C. WEISE das Konzept der ‹politischen› Klugheit für die Zwecke der förmlichen Redeanlässe ausgearbeitet. [24]

IV. *Aufklärung.* Den entscheidenden Bruch mit dem Ungeselligkeitsprinzip des modernen Naturrechts vollzog LOCKE. [25] Zwar bleibt der Staat jene Utilitätsanstalt, die die zerstörerischen Kräfte der menschlichen Natur bändigen sollte, aber zum Garanten der Ordnung wird statt des Souveräns mit seiner Zwangsgewalt die Gemeinschaft der Bürger selbst, die in öffentlicher Diskussion auf der Grundlage von Übereinstimmung ihre Probleme löst.[26] Auch wenn sehr rasch Differenzierungen erfolgten: Gemeinsamkeit, Öffentlichkeit und Konsens sollten die Leitbegriffe der Aufklärung in ganz Europa werden. Sie haben das 18. Jh., das Jahrhundert der Aufklärung, zum vielberufenen Jahrhundert der G. gemacht.[27] Aus den galanten französischen Salons des 17. Jh. wird der debattierende Zirkel des 18. Bis in den Stil des Philosophierens selbst drangen die neuen Forderungen ein: nur was allen verständlich ist, kann Anspruch auf Wahrheit haben. Das Unternehmen der französischen Enzyklopädie ist unabtrennbar vom Wunsch, die Selbstbefreiung der Menschheit in einem Klima der Gemeinsamkeit zu vollziehen. KANTS Philosophie sollte unter diesem Gesichtspunkt (z. B. von WIELAND) scharf angegriffen werden. [28]

Schon LOCKE selbst gab auch für den Bereich des geselligen Umgangs Hinweise, wobei er auf eine natürliche Menschenliebe baute, die die Vorsichtigkeiten der alten Höflichkeitskultur überwindet.[29] Lockes Schüler SHAFTESBURY hat diesen Ansatz zu einer Philosophie des Wohlwollens ausgeführt, in der das eigene Interesse mit dem allgemeinen zusammenfällt. In den ‹Moralists› (1709) ist die alte Salonkonversation mit ihrer Maskenhaftigkeit scharf kritisiert und an ihre Stelle eine durch Offenheit gekennzeichnete freundschaftliche Beziehung getreten, in der gemeinsames Lernen möglich wird.[30] Allerdings bleibt der Kreis solcherlei G. beschränkt; nur die beiden Freunde eröffnen nach ihrer Flucht aus der höfisch geprägten ‹gemischten Gesellschaft› einander ihre Herzen. Wo das Konzept eines offen-wohlwollenden Umgangs auf bürgerliche Formen der G. übertragen wurde, zeigen sich Abstriche bzw. Kompromisse. Das Paradebeispiel dafür stellt der ‹Spectator› (1711–12) dar, in dem sich eine scharfe Polemik gegen die französische Salonkultur findet[31], aber auch erhebliche Warnungen die euphorischen Ausführungen durchkreuzen.[32] Die Wahrung des geselligen Vergnügens als Schonbezirk des Lebens, die Absage an unnötige Streitlust sowie die Hoffnung auf konsensuelle Hervorbringung der Wahrheit in allen Bereichen gehören jedoch zum Kern der Ausführungen.

Das aufklärerische Grundkonzept ist rasch auch in Deutschland rezipiert worden. Zur Leitfigur wird hier C. WOLFF, der das neue Naturrecht der G. im Rückgriff auf die (aristotelische) Schuldphilosophie begründet.[33] In seiner ‹Deutschen Ethik› (1720) ist das Streben nach Glückseligkeit als ein Miteinanderstreben definiert, ja als ein Programm gegenseitiger Förderung, auch wenn es bei einer kühlen Abwägung des Nutzens bleibt, die durchaus mit einer lasterhaften Umwelt rechnet. Weitergetrieben wurde der Gedanke der Soziabilität demgegenüber in den Moralischen Wochenschriften, die dem englischen Vorbild folgten.[34] Der Wolff-Schüler G. F. MEIER hat in der zusammen mit S. G. LANGE herausgegebenen Wochenschrift ‹Der Gesellige› (1748–50) die Thematik programmatisch entwickelt, wobei kommunikative Offenherzigkeit zu den zentralen Forderungen gehört, wenn auch hier wieder die Anleihen an die Vergangenheit eine Rolle spielen. Aber die Forderung nach einer «wahren Republik in dem geselligen Leben»[35] sowie die Karikierung aller Formen von ungeselligem Verhalten zeigen die neue Stoßrichtung. Im übrigen gehört zur G. eine Nutzenabwägung, die deutliche Züge des Markts trägt. Die Kunst (miteinander) zu leben erscheint als Kunst, sich und seine Interessen zur Wirksamkeit zu bringen, ja «in allen Sätteln gerecht» zu sein.[36] Schließlich wird dem ‹guten› im Sinne des interesselosen Gesprächs als Ort des Ausgleichs und der Rekreation bis hin zum Ort der Wahrheitsfindung Rechnung getragen.[37] Auch in Deutschland und auch noch unter den Bedingungen der natürlichen G. dient die Rhetorik als Orientierungsmacht für die Entfaltung einer konversationellen Kultur. Autoren wie J. H. LOCHNER oder C. C. SCHRAMM etwa haben zu diesem Zweck speziell die Topik zum Vorbild genommen.[38]

V. *Popularphilosophie, 19. Jh. und Gegenwart.* Das aufklärerische Modell einer «egalitär diskursiven Gesellschaftskultur» ist im Verlauf des 18. Jh. unter zunehmenden Druck geraten.[39] Wieweit dabei latente Inkonsequenzen bzw. Paradoxien[40], wieweit äußere Ereignisse wie das Erlebnis des Siebenjährigen Krieges[41], schließlich wieweit der innere Umbau der Gesellschaft in der Richtung funktionaler Differenzierung mit der Herausbildung von Politik, Wirtschaft, Kultur usf. als Sonderbereichen mit eigenen Kommunikationsanforderungen eine Rolle gespielt haben[42], ist schwer zu sagen. Feststeht, daß die Euphorie nachließ und für differenziertere Beobachtungen Raum schuf. Dies läßt sich zunächst im Rahmen der Popularphilosophie verfolgen, die an die erfahrungswissenschaftlich geprägte englisch-schottische Moralphilosophie anknüpfte. Ein Autor wie C. GARVE, der sich mit den verschiedenen Dimensionen des Räsonnierens befaßt hat, geht durchaus noch von der Wahrung der geselligen Tugenden aus, wenn er beispielsweise bei der öffentlichen Diskussion vor den Gefahren der Parteilichkeit warnt[43]; noch scheint Gewaltsamkeit das einzige Problem einer Behinderung des Selbstaufklärungsprozesses. Aber Garve hat vor allem in seinem Spätwerk ‹Über Gesellschaft und Einsamkeit› (1797–1800) auch schon eine Funktionsanalyse vorgenommen.[44] Dabei werden immer noch die Vorteile der Gesellschaft und Nachteile der Einsamkeit aufgeführt, aber ebenso umgekehrt die Nachteile der Gesellschaft und Vorteile der Einsamkeit. Die gemischten Gesellschaften, seit SHAFTESBURY im kritischen Visier, trifft scharfe Verurteilung, speziell im Hinblick auf Zerstreutheit, Oberflächlichkeit, Frivolität. Umgekehrt ist der Wissenschaft eine Einsamkeit zugebilligt, die ausdrücklich – wenn auch unter dem Vorbehalt der Vorläufigkeit – Systemgeist mit entsprechend eingeschränkter Zugänglichkeit entwickeln darf.

Noch weiter verflogen ist die Euphorie bei KANT, der in seinem philosophischen Denken längst die Abkoppelung von den Anforderungen der G. vollzogen hatte. Als er in seiner Schrift ‹Idee zu einer allgemeinen Geschichte in weltbürgerlicher Absicht› (1784) die Frage behandelte, wie die Menschheit in einer bürgerlichen Verfassung ihre Glückseligkeit erreichen könne, benannte er die «ungesellige Geselligkeit», den Antagonismus der geselligen und ungeselligen Kräfte, als Hauptproblem, allerdings auch als Motor der für ihn entscheidenden Entwicklung hin zu einer Rechtsordnung, in der die Freiheit aller ihre optimale Voraussetzung haben könne.[45] Damit ist jeder affektiven, an Wohlwollen oder Freundschaft orientierten Fundierung gesellschaftlicher Ordnung der Boden entzogen. Das Räsonnement, von dem Kant ausging, ist durch Egalität nur noch im Sinne der Unterwerfung aller unter die Gebote der Vernunft gekennzeichnet. G. mag weiterhin vernünftig sein, aber sie erzeugt keineswegs mehr wie von selbst Vernunft. Wie ein Rückschritt sieht demgegenüber F. SCHLEIERMACHERS These im ‹Versuch einer Theorie des geselligen Betragens› (1799) aus, in dem – angeregt durch eigene

Erlebnisse im Berliner Salon der Henriette Hertz – noch einmal wesentliche Bestimmungen der alten Konversationskunst restauriert werden. [46] Aber Schleiermacher sucht letztlich nach Möglichkeiten, den kantischen Begriff einer Moralität als Wirken der Freiheit nach Gesetzen der Vernunft in (von Kant so nicht behandelte) konkrete Sittlichkeit zu übertragen. Gegen die traditionelle Vermeidungsstrategie sollten in der G. die Ansprüche der Individualität mit denen der Gesellschaft in einen fruchtbaren Austausch («freie Wechselwirkung») gebracht werden.

Im 19. Jh. hat sich die G. rein äußerlich in Form einer geselligen Kultur durchaus behauptet, wenn nicht verbreitet [47] – als Problem ist sie auf hohem Niveau nicht mehr behandelt worden. Wo das Thema dann wie bei O. Bie in seinem Essay ‹Der gesellige Verkehr› (1902) erneut auftaucht, handelt es sich um Restaurationen speziell der alteuropäischen Konzepte von Castiglione bis zur Aufklärung; auch der Aufsatz ‹Vom deutschen Ideal der Geselligkeit› von H. Nohl sucht lediglich alte Positionen in die Gegenwart zu retten – bis hin zur Identifizierung der Jugendbewegung als Garant einer neuen Geselligkeitskultur. [48] Schließlich der Versuch von G. Simmel, G. soziologisch als «Spielform der Vergesellschaftung» auszuweisen [49], benennt kaum mehr als (die alten) Bedingungen einer Salonkonversation, die zu den wesentlichen Bedürfnissen der Gesellschaft nicht mehr viel beiträgt.

Anmerkungen:
1 Arist. Pol. II 2, 1253a; vgl. G. Bien: Die Grundlegung der polit. Philos. des Aristoteles (³1985) 70ff. – **2** W. Schmid: Epikur, in: RAC 5 (1962) 681–819. – **3** M. Pohlenz: Die Stoa (⁶1984) 111ff., 131ff. – **4** Cic. de or. 1, 16, 50f. – **5** Cicero: De officiis. Vom pflichtgemäßen Handeln. Übers. von H. Gunermann (1976) 1, 33. Zur Trad. des Topos vgl. K. O. Apel: Die Idee der Sprache in der Trad. des Humanismus von Dante bis Vico, in: ABg 8 (1963) 148ff. – **6** Des Kaisers Marcus Aurelius Antoninus Selbstbetrachtungen. Übers., Einl. und Anm. von A. Wittstock (1979), bes. das 5. Buch. – **7** Seneca: An Lucilius. Br. über Ethik, in: ders.: Philos. Schr., Bd. 3, hg. von M. Rosenbach (1967), ep. 103. – **8** Seneca: Über die Seelenruhe, in: [7] Bd 2 (1976) 167f. – **9** Thomas von Aquin: Summa theologica I quaestio 96, 4; vgl. J. Habermas: Die klass. Lehre von der Politik in ihrem Verhältnis zur Sozialphilos., in: ders.: Theorie und Praxis (³1969) 13–51, bes. 18ff. – **10** C. Trinkaus: Petrarch's Views on the Individual and His Society, in: Osiris 11 (1954) 169–98. – **11** F. Schalk: Einl. zu: L. B. Alberti: Vom Hauswesen (1986). – **12** vgl. E. Loos: B. Castigliones ‹Libro del Cortegiano› (1955). – **13** G. della Casa: Galateus, verdeutscht von N. Chytraeus (1597), hg. von K. Ley (1984) Nachwort. – **14** vgl. R. Auernheimer: Gemeinschaft und Gespräch (1973). – **15** Aegidius Albertini (= Übers.): Institutiones vitae aulicae oder Hofschul, hg. von M. M. und E. A. Metzger (1978) Vorwort. – **16** B. Gracián: Handorakel, dt. von A. Schopenhauer, hg. von A. Hübscher (1980) 13. – **17** ebd. Nr. 133. – **18** vgl. K.-H. Ilting: Naturrecht und Sittlichkeit (1983). – **19** T. Hobbes: Vom Menschen. Vom Bürger. Übers. und hg. von G. Gawlick (1959) Kap. 1, 2. – **20** vgl. hier und zum Folgenden O. Roth: Die Ges. der Honnêtes Gens (1981). – **21** vgl. C. Schmölders: Die Kunst des Gesprächs (1979) 139, 166ff. – **22** vgl. C. Strosetzki: Konversation (1978) 58ff. – **23** vgl. W. Schneiders: Naturrecht und Liebesethik (1971) 97ff. – **24** vgl. W. Barner: Barockrhet. (1970) 135ff. – **25** vgl. W. Euchner: Naturrecht und Politik bei J. Locke (1969). – **26** vgl. J. Habermas: Strukturwandel der Öffentlichkeit (³1968) 102ff. – **27** vgl. etwa U. Im Hof: Das gesellige Jahrhundert (1982). – **28** vgl. J. Jacobs: Wielands Romane (1969) 40ff. – **29** J. Locke: Gedanken über Erziehung. Übers., Anm. und Nachw. von H. Wohlers (1970) §§ 134ff. – **30** Shaftesbury: Die Moralisten. Übers., eingel. und mit Anm. von K. Wolff (1930). – **31** The Spectator (London 1819) Nr. 6, 103, 119, 193 u. ö. – **32** ebd. Nr. 143, 197. – **33** vgl. Schneiders [23] 318ff. – **34** vgl. W. Martens: Die Botschaft der Tugend (1968) 288ff. – **35** Der Gesellige, hg. von W. Martens (1987) 2. St. – **36** ebd. 233. St. – **37** ebd. 82. St. – **38** vgl. M. Fauser: Das Gespräch im 18. Jh. (1991) 194ff. – **39** W. Mauser: G., in: Aufklärung 4/1 (1989) 5–36, bes. 27. – **40** K.-H. Göttert: Kommunikationsideale (1988) 101ff. – **41** Mauser [39] 30ff. – **42** N. Luhmann: Interaktion in Oberschichten, in: ders.: Ges.struktur und Semantik (1980) 72–161, bes. 158ff. – **43** C. Garve: Von der Popularität des Vortrages, in: ders.: Popularphilos. Schr., hg. von K. Wölfel (1974). – **44** ders.: Über Ges. und Einsamkeit, in: G. W. hg. von K. Wölfel, 1. Abt., Bd II (1985). – **45** I. Kant: Werke in sechs Bdn., Bd. 6, hg. von W. Weischedel (1964) 37. – **46** F. Schleiermacher: Werke in Auswahl, hg. von O. Braun und O. Bauer, Bd. 2 (1913) 3–31. – **47** vgl. I. Drewitz: Berliner Salons (1965); G. Henckmann: Gespräch und G. in Goethes ‹West-östlichem Divan› (1975). – **48** Mauser [39] 34ff. – **49** G. Simmel: Soziologie der G., in: Verh. des 1. dt. Soziologentages (1911) 1–16, bes. 4. –

Literaturhinweis:
A. von Gleichen-Rußwurm: Gesch. der europäischen G. 6 Bde. (1909–21).

K.-H. Göttert

→ Angemessenheit → Ethik → Gesellschaft → Gespräch → Gesprächsrhetorik → Höfische Rhetorik → Höflichkeit → Honnête homme → Sensus communis

Gesellschaft
A. Def. – B. I Antike. – II. Mittelalter. – III. Renaissance, Humanismus. – IV. Barock. – V. Aufklärung. – VI. 19./20. Jh.

A. Die Tatsache, daß Menschen sich durch Sprachzeichen verständigen, zeigt, daß sie aufeinander angewiesen, also von der G. abhängig sind. Der Mensch ist als ‹Mängelwesen›, als das ihn H. Blumenberg [1] beschrieben hat, nicht autark und also darauf angelegt, sich anderen mitzuteilen und zu Übereinkünften mit ihnen zu kommen. [2] Diese spezifisch menschliche, soziale Fähigkeit ist die Voraussetzung für jede weitere – künstlerische und politische – Kultur. Durch die Sprache und die Möglichkeit der Verständigung macht der Mensch seine Welt dem Denken und Handeln verfügbar; stellt er aus einer ungeordneten, undurchschaubaren Umgebung eine sinnvolle und geordnete her. Die gemeinsame Sprache macht die gesellschaftliche Zusammengehörigkeit von Menschen erfahrbar und führt zur Bildung gemeinsamer Institutionen. Insbesondere leistet die Sprache, daß sich der Mensch einer Tradition zugehörig erfährt. Es ist eine wichtige «soziale und kulturelle Leistung der Sprache, daß nicht jedes Individuum die gesamte Kultur wieder von Anfang an aufbauen muß, indem es über eine indirekte Erfahrung der ‹Sachen› verfügen kann.» [3] In der Rhetorik sind die der Sprache immanenten Möglichkeiten zur Verständigung perfektioniert. Die kulturstiftende Qualität der Rhetorik ist deshalb seit der Antike immer gesehen worden; durch die Rhetorik wird «die Form der Sprache zu einer Weise des menschlichen Verhaltens […], einer ‹Umgangsform›». [4] Der Redner wird als Integrationsfigur gesehen, durch dessen Wirken gegensätzliche Interessen zum Ausgleich gelangen können und gemeinsames Denken und Handeln möglich wird. Dem Optimismus, daß sich durch rhetorische Kommunikation jeweils ein Konsens erreichen läßt, steht allerdings die Erfahrung gegenüber, daß die Sprache als «ein gesellschaftliches, nicht natürliches Faktum» in ihrer Gültigkeit prinzipiell eingeschränkt ist und ihr deshalb immer wieder Mißtrauen entgegengebracht wurde. [5]

B. I. *Antike.* Daß die *Griechen* von der Möglichkeit, durch die Rhetorik konkurrierende Konflikte auszugleichen und Einheit im staatlichen Zusammenleben zu erhalten, überzeugt waren, zeigt sich exemplarisch im letzten Drama der Orestie des Aischylos, den ‹Eumeniden›. Athena gelingt es in diesem Stück, durch die Redekunst die Erinnyen – die den Tod des Agamemnon rächen wollen – zu besänftigen. Durch ihre Verwandlung in Eumeniden (wohlwollende Schutzgottheiten) wird das Gesetz der Blutrache unterbrochen und ein drohender Bürgerkrieg abgewendet. [6] Die Sprachauszeichnung des Menschen wird in der griechischen Antike am nachdrücklichsten von den SOPHISTEN betont. Die in ihrem Umkreis entwickelten Kulturentstehungstheorien stellen die Erfindung der Sprache als Gipfel der menschlichen Entwicklung und als Voraussetzung für den weiteren kulturellen Fortschritt heraus. [7] In dem Mythos, den PROTAGORAS in dem gleichnamigen Dialog Platons entwirft [8], wird die Bedeutung der Rhetorik für die menschliche Gemeinschaft deutlich. Die an physischer Stärke den Tieren unterlegenen Menschen müssen in Städten leben und dieses staatliche Zusammenleben mit Gesetzen nach innen sichern. Diese kommen durch Vereinbarung zustande, bei der jeder Bürger mitwirken kann, und deshalb sind sie verbindlich. Da nach Protagoras die meisten Menschen die Auswirkungen politischer Entscheidungen nicht sicher vorhersehen können, soll der Sophist gewährleisten, daß die gemeinsam getroffenen Entscheidungen auch tatsächlich dem Gesamtinteresse einer Polis dienen. Indem der Redner dafür sorgt, daß den Staaten nur das tatsächlich Vorteilhafte als solches erscheint [9], setzt er «seine besonderen Fähigkeiten zum Nutzen der Allgemeinheit in den Entscheidungsprozeß» [10] ein. Das Sprechenkönnen wird für die Sophisten zum «Inbegriff menschlichen Könnens überhaupt» [11], gerade weil zwischen der Realität und dem Wort für sie keine zuverlässige Verbindung, keine «ontologische [...] Rückbindung des Wortes an die Sache, die das ältere Denken noch weitgehend bestimmt hatte und ihm als selbstverständliches Wahrheitskriterium gedient hatte» [12], besteht. Das Wort ist deshalb für die Sophisten «nicht Abbild, sondern Faktor von Realität» und in bisher unbekannter Verfügbarkeit als «Organon menschlicher Beeinflussung von Realität» einsetzbar. [13] Das politische Zusammenleben der Menschen wurde durch diese neue Qualität der Rhetorik geprägt. Jede öffentliche Entscheidung war grundlegend von der Durchsetzungsfähigkeit des jeweiligen Redners abhängig. Eine gute Einsicht ohne die Fähigkeit, ihr rhetorisch zum Sieg zu verhelfen, galt als wertlos. [14] An sich ist der Gebrauch der sophistisch geprägten Rhetorik wertfrei, doch daß sie ein die Gemeinschaft und den Gemeinschaftssinn bedrohendes Potential in sich trug, ist im 5. Jh. v. Chr. wiederholt ausgesprochen worden: als schlimmste moralische Verfallsform stellt THUKYDIDES in seiner sog. Pathologie heraus, daß man im Peloponnesischen Krieg die gemeinsamen Begriffe verloren habe: die Begriffsinhalte wurden vielmehr den Interessen einzelner verfügbar gemacht, eine gemeinsame moralische Bewertung war mit ihnen nicht mehr möglich. [15] Der sog. ANONYMUS IAMBLICHI [16] mahnt, daß die Rhetorik nur für moralisch einwandfreie Zwecke eingesetzt werden sollte. Dieser Appell zeigt, daß das nicht selbstverständlich war, und nimmt damit Gedanken Platons [17] vorweg.

Die Bedeutung der Rhetorik für die «geistige Selbstrepräsentation» [18] der Kultur Athens wird besonders bei ISOKRATES deutlich. «Die Rhetorik, nicht die Philosophie im platonischen Sinne, erschien dem Isokrates als die geistige Form, die den politischen und ethischen Ideengehalt der Zeit am vollkommensten in sich auszuprägen und zum Allgemeingut zu machen fähig war.» [19] Bildung zeigt sich für Isokrates vorrangig im rhetorischen Können, gerade weil sich der nach griechischem Verständnis kultivierte Mensch in der Fähigkeit, rhetorisch wirkungsvoll sprechen zu können, von den Tieren und den Barbaren abhob. In der ‹Rede des Nikokles oder Rede an die Zyprioten› werden diese Qualitäten der Rhetorik eindrucksvoll von Isokrates beschrieben: Durch seine Sprachfähigkeit unterscheidet sich der Mensch von den Tieren; deshalb ist er in der Lage, staatliches Zusammenleben durch Gesetze zu organisieren und eine Kultur hervorzubringen. Durch die Rhetorik gelingt es dem Menschen, sich über das, was gerecht und ungerecht ist, zu verständigen; durch Worte werden schlechte Menschen erzogen, gute gelobt, und mit ihrer Hilfe ist eine Diskussion darüber möglich, worüber keine Klarheit besteht. Zusammenfassend stellt Isokrates fest: Keine vernünftige Handlung geschieht ohne die Hilfe der Sprache; diese hat bei allem Tun und Denken die Führung. [20] Athen hat nach Ansicht des Isokrates eine besonders hohe Form der Rhetorik hervorgebracht: auf diesem Gebiet hat diese Stadt alle anderen Menschen [21] hinter sich gelassen; die Schüler Athens sind Lehrer der anderen geworden, heißt es im ‹Panegyrikos› – der Rede, die ihrerseits durch die Rhetorik Einigkeit unter den Griechen herstellen möchte. [22] Indem Isokrates der Rhetorik eine «kulturtragende Bedeutung» [23] zuerkennt, geht er über PLATON, für den die Rhetorik im ‹Gorgias› primär als agonales Kampfmittel erscheint, und GORGIAS deutlich hinaus, dessen Musterrede ‹Helena› der Rhetorik zwar «magische Kraft und unwiderstehlichen Zauber» [24] zuschreibt, jedoch keine tiefergehende soziale Bedeutung.

Für CICERO war das Sprach- und Redevermögen ein ‹proprium humanitatis› [25], die konstitutive Kraft menschlicher und gesellschaftlicher Gesittung. Als solche wird sie von Crassus in ‹De oratore› beschrieben [26]: der entscheidende Vorzug des Menschen vor den Tieren sei seine Sprachbegabung. Deshalb müsse es Bewunderung finden, wenn ein Redner gerade in dieser besonderen menschlichen Fähigkeit andere übertrifft. [27] Cicero greift den Gedanken des Isokrates auf, daß durch die Rhetorik die ursprünglich verstreut lebenden Menschen vereinigt und sie aus einem wilden Leben zur menschlichen und politischen Gemeinsamkeit geführt worden sind. Und eben deshalb beruhe auf dem Walten des Redners nicht nur sein eigener Rang, sondern auch das Wohl der Privatpersonen und des gesamten Staates. [28] Diese Gedanken wiederholt Cicero an anderen Stellen. [29] In ihnen kommt eine Legitimation der Rhetorik zum Ausdruck, zu der das *vir-bonus*-Ideal die auf die individuelle Rednerpersönlichkeit bezogene Entsprechung bildet. [30] Im von Cicero skizzierten Idealbild des Redners ist die Trennung von Philosophie und Rhetorik wieder aufgehoben [31]: «Von einem Redner aber muß man dialektischen Scharfsinn verlangen, philosophische Gedanken und eine schon fast dichterische Ausdrucksweise, das Gedächtnis von Juristen, die Stimme von Tragöden und die Gebärdensprache fast der besten unter den Schauspielern.» [32] Auf diese Weise wird der Redner zum «Musterbild gesellschaftlicher Erziehung, in dem alle Bildungstendenzen der Zeit zu ihrer Blüte aufgehen». [33] Im Redevermögen *(oratio)* manifestiert sich die Ähnlichkeit zwischen Gott und Mensch: aus diesem Grund kann nur der Mensch bestimmte moralische Qualitäten wie Gerechtigkeit, Edelmut, Anstand entwickeln, während die Tiere allenfalls zur Tapferkeit imstande sind. [34] Für Cicero stiftet insbesondere die eigene, lateinische Sprache kulturelle Identität, und er stellt ihren Wert deshalb wiederholt gegenüber der griechischen Sprache heraus. [35] Hinter diesem Beharren auf der Bedeutung der eigenen Sprache steht die – den Humanismus antizipierende – Auffassung, «welche in der Sprache die ererbte ‹Form der Kultur schlechthin›, gleichsam die ‹Institution der Institutionen› erblickt». [36] Der Gedanke, daß der Mensch durch die Redegabe vor allen anderen Lebewesen ausgezeichnet ist, kehrt bei QUINTILIAN wieder. [37] Für ihn ist die Vernunft (ratio) ohne die Redekunst wertlos, die Rhetorik hat also auch für ihn eine integrierende Funktion im staatlichen Zusammenleben. [38] In diesem Sinn setzt er Rede- und Staatskunst (civilitas) geradezu gleich. [39] Der Redner ist nach der Konzeption Ciceros und Quintilians derjenige, «der die in allen bereitliegende Sprache als maßgebende Institution des gesellschaftlichen Lebens, als Gefäß aller Kulturüberlieferung und Bildung am besten zu handhaben weiß.» [40]

II. Das *Mittelalter* schätzt die sozialisierende und kulturelle Macht der Rhetorik insgesamt geringer ein. [41] Ein wichtiger Grund hierfür liegt in der Sprach- und Zeichentheorie des AUGUSTINUS, die er in den Schriften ‹De magistro› [42] und ‹De doctrina Christiana› entworfen hat und die für das Mittelalter grundlegend bleiben. Der Wert der Sprachzeichen – und der antiken Rhetorik- und Bildungstradition – ist für Augustinus deshalb eingeschränkt, weil zwischen ihnen und den Dingen nur eine arbiträre Zuordnung besteht [43] und der Sachgehalt der Zeichen nicht durch Zeichen garantiert werden kann. Die Ohnmacht der menschlichen Sprache erweist für Augustinus «die Herrlichkeit des göttlichen Wortes». [44] Die wesentliche Sprache ist also nicht die des Menschen, sondern die Gottes, der nicht nur durch das Wort, sondern vor allem duch seine Schöpfung, durch die Dingwelt (res) spricht. Diese bildet eine «zweite Sprache». [45] HUGO VON ST. VICTOR hat in ‹De scripturis et scriptoribus sacris› auf den Unterschied dieser beiden Sprachen und die Höherwertigkeit der ‹Sprache› der Dingwelt hingewiesen. [46] Das *vir-bonus*-Ideal nimmt Augustinus zwar auf, wertet es aber um. Der christliche Redner überzeugt eher durch das Beispiel, das er durch sein Leben gibt, als durch seine Redekunst. War im antiken *vir-bonus*-Ideal eine Einheit zwischen moralischer Qualität und Wortbeherrschung angestrebt, geht es bei Augustinus um den «Wert des Vorbildes an sich, das in stummer Beredsamkeit stärker wirkt als bloße Worte». [47]

Trotzdem hat auch das Mittelalter die Integrationskraft der Rhetorik gesehen und für seine spezifischen Zwecke genutzt. In der geistlichen Literatur wird Sprache als Verkündigungsmittel eingesetzt. [48] Schon für Augustinus war es das Ziel des christlichen Redners, die Seelen für Christus zu gewinnen. [49] Die rednerischen Bemühungen zielten also auf ein allen gemeinsames, transzendentes Ziel ab. Insofern werden durch die christliche Verkündigungsrhetorik die Folgen des sündhaften Turmbaus von Babel, auf die Sprachverwirrung und der sich darin offenbarende Verlust an menschlicher Würde zurückgeht, überwunden. Der Gedanke, daß der Mensch sich durch seine Sprachfähigkeit vom Tier unterscheide, wird im Mittelalter besonders bei THOMAS VON AQUIN aufgegriffen. [50] Die Sprache stiftet für ihn Geselligkeit, und mit ihrer Hilfe kann der Mensch – im Gegensatz zum Tier – über Dinge reflektieren, die über seine lokale und zeitliche Gebundenheit hinausgehen. [51] JOHANNES VON SALISBURY entwickelt in seinem ‹Metalogicon› (1159) [52] eine Methodologie des Wissens, bei der die Wissenschaft «an die Grundlage des allgemein vorfindlichen Welterfahrens geknüpft» [53] ist. «Dieses liefert die Meinungen, aus denen die Wissenschaft *topoi*, Gesichtspunkte, entnimmt, die sie zum Argument präzisiert.» [54] Indem Johannes von Salisbury die dialektische Methode der Wissensfindung mit der Rhetorik verbindet, werden die Ergebnisse der Wissenschaft wieder dem gemeinsamen Leben aller Menschen, von denen sie ihren Ausgang genommen haben, zugänglich gemacht. Wie Cicero sieht auch er im Wort, das sich mit Vernunft (ratio) verbindet, eine kulturstiftende Kraft wirksam. Werde jedoch die Beredsamkeit von der Philosophie getrennt, werde das Band der menschlichen Gesellschaft (societas humana) zerrissen und die Menschen fielen auf die Stufe der Tiere zurück. [55]

III. *Renaissance, Humanismus.* «Die Humanisten betrachten die Welt nicht als Welt der *seienden,* sondern als Welt der *zu Wort gekommenen* Dinge. Das heißt: Nach ihrer Auffassung begegnet der Mensch nicht einer objektiv seienden Dingwelt, die er nachträglich mit Hilfe von Sprachzeichen benennt, sondern er bemächtigt sich der Dinge im subjektiven Medium der Sprache selber.» [56] Wenn die Welt, über die man sich verständigt, immer die in Sprache verwandelte Welt ist und es außerhalb der Sprache keine Universalien gibt [57], dann kommt der Rhetorik eine essentielle Bedeutung zu: ihre Aufgabe besteht darin, «eine gleichsam apriorische Gesetzlichkeit ausfindig zu machen», und sie ist dazu prädestiniert, «weil die Rhetorik *in der Sprache selbst die Gesetzlichkeiten der Sprache* aufzuweisen vermag». [58] Die Humanisten erheben deshalb die Rhetorik «zur generellen Leitwissenschaft» [59], und so vollendet sich, was sich schon bei Cicero angekündigt hat, daß das humanistische Wissen von der Sprache «überhaupt erst alles Bildungswissen und darüber hinaus alle Lebensart des gebildeten Menschen in der Gesellschaft» [60] begründet. Im Humanismus wird eine Traditionslinie geschaffen, die von PETRACA, L. VALLA, ERASMUS und CASTIGLIONE bis zum Ideal der Geselligkeit im 17. u. 18. Jh. führt. Die Sprache wird zur «‹Norm› und ‹Außenhalt› des bürgerlichen Lebens, als institutionelle ‹Form› aller Formen, durch welche die ‹humanitas› des ‹civis› in der ‹res publica› sichergestellt [...] ist». [61] Ziel der humanistischen, in der Rhetorik gebündelten Ausbildung ist nicht der Privatgelehrte, sondern «der der Gesellschaft und dem Staat zugewandte Bürger». [62] Ganz wie es bei Isokrates und Cicero formuliert ist [63], soll durch die humanistische Gesinnung das Zusammenleben im Staat gefördert werden. [64]

Wenn bei den Humanisten von der Sprachauszeichnung des Menschen die Rede ist, ist zunächst immer an die lateinische Sprache gedacht. Erst allmählich wird der Wert der Volkssprache wichtig. Den Boden hierzu hat DANTE ALIGHIERI in seiner Abhandlung ‹De vulgari eloquentia› bereitet, in der zum ersten Mal «Idee und Primat der Muttersprache» [65] formuliert wird. Für Dante steht der Mensch zwischen der Sphäre der Engel, die als reine Geistwesen keine Sprache brauchen, und der Stufe der Tiere, die durch ihre Instinkte sprachlos lebensfähig sind. Zweck des Sprechens ist für ihn – ebenso wie für zahlreiche weitere Autoren [66] –, anderen die eigenen geistigen Vorstellungen offenbar zu machen. Dante stellt der grammatisch geregelten Bildungssprache Latein die «geschichtlich-lebendige» Muttersprache [67], der *lingua artificialis sive gram[m]atica* die *lingua naturalis* gegenüber. Den Vorteil der lateinischen Sprache, «welche die Kommunikation einer höheren Kulturmenschheit erst möglich macht» [68], sieht er in ihrer Universalität und Stabilität. Die zum dichterischen Ausdruck befähigte Volkssprache, für die sich Dante einsetzt, soll als neue ‹lingua regulata› diese Vorteile übernehmen. P. BEMBO versteht die Vorherrschaft des Lateinischen historisch: ebenso wie die lateinische die griechische Sprache verdrängt habe, müßte jetzt die Volkssprache dominieren. [69] Die Humanisten – vor allem Bembo [70] – haben die Sprache in ihrer schriftlichen Form als ein Mittel begriffen, durch das Kommunikation mit der Nachwelt möglich ist. Durch das geschriebene Wort wird Tradition begründet und Überlieferung praktiziert; umgekehrt ist nur durch die Schrift die geistig erlebte Gemeinschaft mit überlieferten Autoren möglich. Schließlich entdeckt der Humanismus die Kraft der Sprache, «den Menschen in seiner Innerlichkeit und Subjektivität zu treffen, und hier ist auch die ‹Erweckungsfunktion› der Sprache beschrieben, die auf dem Höhepunkt des Sprachhumanismus der Renaissance zur lutherischen Theologie des Wortes führen wird». [71]

In der Topik zeigt sich die Gemeinsamkeit begründende Qualität der Rhetorik gewissermaßen in ihrer Urzelle. Auch das ist von den Humanisten gesehen worden. R. AGRICOLA hat in ‹De inventione dialectica› die Topoi ausdrücklich als «die sprachliche Basis möglicher Übereinstimmung» [72] charakterisiert. Die rhetorische Topik macht im «Medium der Sprache Welt verfügbar» [73], sie erleichtert dem Individuum die Orientierung in der Welt und bewirkt, daß sich der einzelne der sozialen und kulturellen Ordnung zugehörig empfindet. Sie wirkt als «Umschlagplatz zwischen Kollektiv und Individuum, Bewußtsein und Unbewußtem, Konvention und Spontaneität, Tradition und Innovation, Erinnerung und Imagination». [74] Die Rhetorik selbst läßt sich in diesem Spannungsfeld zwischen Konvention und Innovation beschreiben. Sie vermittelt zum einen standardisierte Regeln zur Lösung sprachlicher Probleme – und diesem Aspekt verdankt sie ihre relativ effektive Lehrbarkeit; auf der anderen Seite will sie dazu anleiten, aus ihren Regeln individuelle Lösungen herzustellen. [75]

IV. *Barock*. Das Weltverständnis des Menschen ist im Barock von der Auffassung geprägt, die Welt sei ein Theater und der Mensch bewege sich wie ein Schauspieler in ihr. Die Barockrhetorik ist deshalb ihrem Wesen nach «auf Mitspielen, auf Kommunikation ausgerichtet [...]. So wenig der Schauspieler sich isolieren und auf sich selbst zurückziehen kann, so wenig kann es der *homo eloquens* des 17. Jh. Nicht allein durch die Fähigkeit, sich sprachlich zu äußern, ist sein Menschsein gekennzeichnet, sondern durch die stete Notwendigkeit, zu agieren, zu schauspielern, seine Rolle zu spielen im Ganzen des Welttheaters.» [76] Die Barockkultur hat einen ausgeprägt öffentlichen und auf Repräsentation angelegten Charakter. So wie Kostüme, Gebärden, Masken, Gebäudefassaden, geschmückte Titelblätter etwas repräsentieren, so stellt der Mensch primär durch seine Fähigkeit zur rhetorisch gestalteten Rede etwas dar. Im ersten Reyen (V. 509ff.) des Trauerspiels ‹Leo Armenius› von A. GRYPHIUS wird die Macht der menschlichen Rede eindrucksvoll bezeugt. [77] In diesem Drama wird die Sprache «nicht als sekundäres Akzidens des Menschen dargestellt, sondern als das vornehmste, das eigentliche ‹werckzeug› seines Verstandes (vgl. V. 521)». [78] Da der Hof «vollkommenes Abbild des 'theatrum mundi'» [79] und er diejenige Sphäre ist, in der die größtmögliche Öffentlichkeit hergestellt ist, werden in ihm die Spielarten, die die Barockkultur herausgebildet hat, besonders deutlich. Er ist der Ort zahlreicher Feste [80], die in ihrer Inszenierung Gemeinsamkeit verbürgen, und vor allem ist er das Forum des Hofmannes, zu dessen Formung Graf B. CASTIGLIONE in seinem ‹Buch vom Hofmann› (Il libro del Cortegiano, 1527) auf die rhetorisch-humanistische Tradition zurückgegriffen hat. Im Hofmann wird das ciceronianische Ideal des *vir bonus* ebenso aufgenommen wie die «Überzeugung, daß Sprache wirkungsbezogenes Mittel der Verständigung und Medium aller kulturellen Tätigkeit sei». [81]

V. Die *Aufklärung* mit ihrer Forderung nach einer gemeinsamen, dialogischen Wahrheitssuche, nach einer Verbreitung des Wissens über den engen Kreis der jeweiligen Fachgelehrten hinaus und die mit ihr einhergehende Herausbildung einer bürgerlichen Öffentlichkeit ist durch ihr Programm bereits auf die Gemeinsamkeit herstellende Eigenschaft der Sprache und der Rhetorik angewiesen. «Aufklärung und Dialog gehören [...] eng zusammen [...].» [82] Vernunft und Dialog, der im freien Austausch der Meinungen Irrtümer aufdeckt und überwindet, konstituieren den aufklärerischen Optimismus, der die Freiheit des Individuums in seiner Erkenntnisfähigkeit und der Urteilskraft, die zwischen richtigem und falschem Handeln unterscheiden kann, begründet sieht. Das gesellige Gespräch der Aufklärung setzt die Gleichheit der Redepartner, gegenseitige Toleranz sowie den «Willen, selbständig und zugleich gemeinsam zu denken und zu argumentieren» [83], voraus. Der Dialog wird zu einem Medium, das Gemeinschaft unter den Bürgern, deren politisches und soziales Selbstbewußtsein stetig zunimmt, schafft und das sich zugleich von den Kommunikationsweisen der Kirche und des Hofes abgrenzt. [84] Die Ansicht, «daß Kommunikation eine der bedeutendsten Pflichten des Menschen ist [...]» [85], daß Einsichten und Erkenntnisse mitgeteilt werden sollen, damit der allgemeine Fortschritt zunehme, gilt in der Aufklärung unbestritten. Es ist deshalb kein Zufall, wenn in dieser Epoche die Tradition der Konversationskunst aufgegriffen wird. Sie reicht zurück zu G. PONTANUS, dessen Werk ‹Über das Gespräch› (De sermone, 1499) das erste theoretische Unterweisungsbuch hierfür ist. [86] In den zahlreichen Texten, die im folgenden zur Kunst des Gesprächs verfaßt werden, bleibt die rhetorische Tradition deutlich spürbar. E. TESAURO hat in seiner Moralphilosophie (‹La filosofia morale›, Torino 1670) die Besonderheit des Menschen darin gesehen, daß er geselliger als alle anderen Lebewesen ist. Da die Menschen sich unterscheiden, lernen sie einer vom anderen durch die Konversation, und durch die Schrift kommunizieren sie mit denjenigen, die sie mündlich nicht erreichen können. Für Tesauro beruht die Zugehörigkeit zum staatlichen Leben auf diesem geselligen Charakter des Menschen. Wer sich dem verweigert, trennt sich vom Austausch (commercio), der das Band der Republik ist. [87] Bei MADELEINE DE SCUDÉRY heißt es in ihren ‹Conversations sur divers sujets› (1680), daß die Konversation das gesellschaftliche Band aller Menschen und das beste Mittel sei, um Höflichkeit, Moral, Liebe zum Ruhm und zur Tugend in die Welt zu bringen. [88] Ähnliche Gedanken finden sich bei H. FIELDING in seinem 1742 entstandenen Essay über die Konversation (‹An Essay on Conversation›) [89] und bei N. TRUBLET in seinen ‹Essais› (1735). [90] Im deutschen Sprachraum steht C. THOMASIUS in seinem ‹Kurtzen Entwurf der Politischen Klugheit› in dieser Tradition: «Der Mensch ist ein zahmes und geselliges / nicht aber ein wildes noch zur Einsamkeit geschaffenes Thier. Der Grund aller Gesellschaften ist die Conversation [...].» [91] Das Aufeinanderbezogensein der Menschen ist auch die Voraussetzung für das einflußreiche Werk A. FREIHERR VON KNIGGES ‹Über den Umgang mit Menschen› (1788), in dem das richtige Verhalten in der Gesellschaft gelehrt wird. Knigges Entwurf ist deutlich der rhetorisch-humanistischen Tradition verpflichtet. [92] «Da die Rhetorik immer schon nicht allein die Kunst der richtigen und wahren Wirkung der Rede, sondern auch der des Redners in einem gesellschaftlichen Bereich gewesen ist, konnte die Kunst, mit seinem Publikum ‹umzugehen›, zu einer allgemeinen Kunst des ‹Umgangs mit Menschen› erweitert werden.» [93] Knigge «begreift nach dem Muster der Rhetorik den Umgang mit Menschen als ‹gesellschaftliche Beredsamkeit› [...]». [94] Die Rhetorik steht im übrigen «im Zentrum aller bürgerlichen Bemühungen im 18. Jahrhundert, die auf die Herstellung einer öffentlichen Meinung, Ausdruck bürgerlicher Mündigkeit und sozialer Emanzipation zielten». [95] GOTTSCHED, der «Gesetzgeber der Sprache einer ganzen Nation» [96], der das Deutsche gegenüber dem Lateinischen und Französischen für überlegen hielt [97], strebte eine «Konstituierung einer bürgerlichen Lebensform» an und unternahm diesen Versuch durch die Sprache «als nationale, bürgerliche, allgemeine und gleiche Verkehrsform von Menschen». [98] Durch den geselligen Umgang sollte sich das Bürgertum nach außen behaupten und kulturelle Identität nach innen gewinnen. LEIBNIZ hatte zuvor schon in zwei Abhandlungen den allgemeinen Wert der Sprache betont. In der Schrift ‹Unvorgreifliche Gedanken, betreffend die Ausübung und Verbesserung der deutschen Sprache› hebt er hervor, «daß die Sprache ein Spiegel des Verstandes ist und daß die Völker, wenn sie den Verstand hoch schwingen, auch zugleich die Sprache wohl ausüben [...]». [99] In dem Aufsatz ‹Ermahnung an die Deutschen, ihren Verstand und ihre Sprache besser zu üben› stellt er die Sozialität fördernde Kraft einer gemeinsamen Sprache heraus. [100] Indem Leibniz eine deutsche Wissenschaftssprache fordert, zeigt er sich von der «Idee einer allgemeinen Aufklärung und Erziehung und des Austausches der geistigen Güter innerhalb der Nation» [101] bestimmt. Die Entwicklung einer allgemein gebräuchlichen und akzeptierten Sprache war umso schwieriger, als das Latein als Sprache der Gelehrten und der Wissensvermittlung noch nicht vollständig abgelöst war und bei der Durchsetzung der Volkssprache zahlreiche Widerstände zu überwinden waren. Das Latein war in der Renaissance die allen Gelehrten gemeinsame Sprache, es war dasjenige Medium, das «die Einheit der Bildung über nationale und religiöse Gegensätze» [102] hinweg garantieren konnte. Als Galileo seine Erkenntnisse auf Italienisch veröffentlichte, sah Kepler, der kein Italienisch verstand, in der Verwendung der Volkssprache einen Verlust der *humanitas*. [103]

VI. *19., 20. Jahrhundert.* Das aufklärerische Konzept der Geselligkeit setzt sich in der Romantik fort. «Denn Geselligkeit ist das wahre Element für alle Bildung, die den ganzen Menschen zum Ziele hat [...]» [104] schreibt F. SCHLEGEL 1799. Und ein Jahr später heißt es: «Wo die Künstler eine Familie bilden, da sind Urversammlungen der Menschheit.» [105] Ihre konkrete Umsetzung finden diese Gedanken in den romantischen Salons, die «einen sozialen Kompromiß zwischen sonst voneinander getrennten Bevölkerungsgruppen» [106] ermöglichen und im Medium der Sprache kulturelle Gemeinsamkeit herausbilden. «Freie Geselligkeit, gebildetes Gespräch, gemeinschaftliche Wirksamkeit sind für die romantischen Schriftsteller nicht bloße Theorie geblieben. Überspitzt formuliert: was für die Klassiker das reale Herzogtum Sachsen-Weimar, das war für die Romantiker ihre eigene soziale Lebenswirklichkeit in der Gruppe. Ein wichtiger Unterschied besteht, soziologisch gesehen, zunächst einmal darin, daß die romantische Gruppe in Distanz zur höfischen Gesellschaft ihre Geselligkeitsformen entwickelt, ihr Ort ist die erweiterte Familie oder der Salon.» [107] A. MÜLLER zeigt sich diesem Geselligkeitsideal verpflichtet und verwirklicht es «durch sämtliche Sphären des öffentlichen und privaten Lebens hindurch». [108] Er hat einen umfassenden Begriff vom Gespräch in seiner 1812 gehaltenen Rede ‹Vom Gespräch›, die im Rahmen seiner ‹Zwölf Reden über die Beredsamkeit und deren Verfall in Deutschland› steht, entworfen. Das Gespräch ist für ihn «der erste aller Genüsse, weil es die Seele aller anderer Genüsse ist». [109] Daß der wichtigste Zweck der Sprache in ihrer Fähigkeit, die gesellschaftliche Entwicklung voranzutreiben, begründet liegt [110], wird im 19. Jh. am stärksten von C. G. JOCHMANN in seiner Schrift ‹Über die Sprache› (1828) herausgestellt. Jochmann betont – an die Aufklärung anknüpfend – die notwendige Verbindung zwischen Öffentlichkeit und Sprache. Da sich das öffentliche Leben der Deutschen nur «in Schreibstuben und auf Paradeplätzen» [111] ereigne, fehle es an einer «Gesellschaft im besseren Sinne des Wortes» [112] und an einer allgemeinen Sprache, die zur Verwirklichung dieses Ziels geeignet ist. Die Sprachkritik Jochmanns versucht deshalb, «eine pluralistische, im gesamtgesellschaftlichen Maßstab entworfene Kommunikationssituation» [113] zu erreichen, deren Ziel es ist, «ein gemeinsames sprachliches Handeln zu bewirken, das seinerseits ein politisches Handeln auslöst». [114] Ähnlich wie Jochmann setzt auch W. v. HUMBOLDT – besonders in seinen Abhandlungen ‹Ueber den Einfluss des verschiedenen Charakters der Sprachen auf Literatur und Geistesbildung› (1822) und ‹Ueber die Verschiedenheit des menschlichen Sprachbaus› (1827–1829) – den prägenden Einfluß der Sprache auf den Charakter einer Nation sehr hoch an: die Eigenart eines Volkes drücke sich vornehmlich in seiner Sprache aus. Im ganzen gesehen wird im 19. Jh. die Identität von Sprache, Staat und Nation erreicht. [115] Sie ist die Voraussetzung dafür, daß die politische Rede, die bislang im deutschen Sprachraum nur geringe Bedeutung hatte, von der Frankfurter Nationalversammlung 1848 an eine gewisse Blüte erlebte. Allerdings stellt später die Propaganda des Dritten Reiches zugleich die schlimmste Verfallsform der politischen Rede dar: durch massenwirksame Inszenierung, durch das Vernachlässigen rationaler Argumentation und eine Orientierung an affektischen Wirkungsmitteln versuchte sie, ein diffuses Gemeinschaftserlebnis, das häufig an sakralen und kultischen Formen ausgerichtet war, zu erzeugen. [116]

Das Verhältnis zwischen Rhetorik und G. in der jüngsten Vergangenheit und der Gegenwart ist nicht zuletzt wegen der Inhomogenität unserer modernen Lebensformen nur schwer zu erfassen. Der Versuch, sich an die gesamte Sprachgemeinschaft zu wenden, scheint anachronistisch geworden zu sein. In den Formen der öffentlichen Kommunikation – von der Zeitung bis zu den audiovisuellen Medien – herrscht die durch die Kommerzialisierung zunehmende Aufsplitterung des Adressatenkreises in Zielgruppen vor. Auch die politische Rede der Gegenwart richtet sich häufig jeweils nur an eine bestimmte Gruppe. Da Beratungen und Entscheidungen nicht selten in Gremien und Ausschüssen fern einer breiten Öffentlichkeit stattfinden, sollen durch sie «vornehmlich Vorurteile und bestehende Meinungen gefestigt» [117] werden. Es läßt sich außerdem eine zunehmende Neigung in der Sprache der Politik feststellen, Begriffe zu ‹besetzen›, ihnen eine für den jeweiligen Standpunkt günstige Bewertung zu geben. Die Kommunikationsforschung legt «einen Zusammenhang zwischen standardisierter emotiver Besetzung von Worten und den Krisen und Konflikten einer Gesellschaft nahe. Es hat sich gezeigt, daß im Zuge sozialer Spannungen und Konflikte eine Emotionalisierung ursprünglich neutral-deskriptiver Wörter beobachtet werden kann.» [118] Die gemeinsame Kommunikation ist zudem erheblich durch die Kluft, die sich zwischen den Fachsprachen und der Gemeinsprache gebildet hat, erschwert. Die allgemeine Verständlichkeit von Sprache ist daher zu einem dringlichen Problem geworden. Es stellt sich die Aufgabe, das vorhandene Wissen über den immer kleiner werdenden Kreis der jeweiligen Experten hinaus zu vermitteln und den Stand der wissenschaftlichen, aber auch der politischen Diskussion einer breiten Öffentlichkeit transparent zu machen. Bei der Vermittlung von Wissen stehen sich gewissermaßen zwei Sprachen gegenüber: auf der einen Seite diejenige, die der Sprecher spricht und die durch die besonderen Bedingungen seines Wissens und Faches vorgegeben wird; auf der anderen Seite die Sprache des Adressaten. [119] Einen Ausgleich zwischen beiden herzustellen, ist eine Aufgabe der Rhetorik, die dazu deshalb geeignet ist, weil sie schon immer einen Verständigungsbeitrag zwischen den einzelnen Fachdisziplinen geleistet hat. [120] Dazu zählt, Divergierendes zusammenzuführen, zwischen unterschiedlichen Erfahrungsweisen, Standpunkten und Interessen zu vermitteln und auf diese Weise eine integrierende und den Stand der Zivilisation sichernde Wirkung zu entwickeln. Die Rhetorik hat hier nicht zuletzt deshalb eine besondere Verantwortung, weil andere soziologische und kommunikationstheoretische Ansätze der Gegenwart – zu denken ist vor allem an J. HABERMAS, der die Sprache nur als Mittel der Verständigung, zur Erreichung eines rational vermittelten Konsenses, nicht aber als parteiliches Meinungsmedium, auffaßt – unrhetorisch bleiben [121] und deshalb wichtige Parameter der menschlichen Kommunikation vernachlässigen.

Die Verbindung des einzelnen mit der Gemeinschaft über die Sprache sollte immer wieder gesichert werden. Wie schnell der Besitz einer gemeinsamen Sprache verloren gehen kann und welches die Auswirkungen eines solchen Verlustes sind, zeigte sich mit der Exilierung zahlreicher Schriftsteller nach 1933 paradigmatisch. OVID hatte in der Antike in seinem Exil diese Erfahrung bereits vorweggenommen: «Hier bin ich Barbar, der ich von keinem verstanden werde, und dumm belachen die Geten die lateinischen Worte», sagt er in einem seiner Exilgedichte. [122] Und 1939 betont der Philosoph E. BLOCH in dem in New York gehaltenen Vortrag ‹Zerstörte Sprache – zerstörte Kultur› den Zusammenhang zwischen Sprache und Kultur: «Man kann Sprache nicht zerstören, ohne in sich selber Kultur zu zerstören. Und umgekehrt, man kann eine Kultur nicht erhalten und fortentwickeln, ohne in der Sprache zu sprechen, worin diese Kultur gebildet ist und lebt.» [123]

Anmerkungen:
1 H. Blumenberg: Anthropologische Annäherung an die Aktualität der Rhet., in: ders.: Wirklichkeiten, in denen wir leben (1981) 104ff. – **2** Verschiedentlich ist so die Frage, wie die Sprache entstanden ist, beantwortet worden. Vgl. F. Engels: Dialektik der Natur, in: K. Marx, F. Engels: Werke, Bd. 20 (1962) 446ff.; A. Smith: Considerations concerning the first formation of languages. Addendum zu The Theory of Moral Sentiments (London 1759). – **3** E. Coseriu: Die Gesch. der Sprachphilos., Bd. 1 (²1975) 142. – **4** J. Lohmann: Das Verhältnis des abendländischen Menschen zur Sprache, in: Lexis III, 1 (1952) 30. – **5** F. Coulmas: Die Wirtschaft mit der Sprache (1992) 31. – **6** Aischylos: Eumeniden, Eu. 794ff., 892ff., 970ff., 988ff.; vgl. hierzu C. Meier: Politik und Anmut (1985). – Euripides hat in krasser Umwertung in seinem ‹Orestes› gerade die Gefährdung der Gemeinschaft durch die Rhet. betont; vgl. hierzu U. Neumann: Gegenwart und mythische Vergangenheit bei Euripides (1995) 77ff. – **7** vgl. auch das erste Stasimon der ‹Antigone› des Sophokles (353ff.). – **8** Platon, Protagoras 320dff. – **9** Platon, Theätet 167c. – **10** K. Döring: Die politische Theorie des Protagoras, in: G. B. Kerferd: The Sophists and their Legacy (Wiesbaden 1981) 115. – **11** T. Buchheim: Die Sophistik als Avantgarde normalen Lebens (1986) 79. – **12** M. Kraus: Name und Sache. Ein Problem im frühgriech. Denken (1987) 171. – **13** Buchheim [11] 97. – **14** Thukydides II, 60, 6. – **15** Thukydides III, 82, 4; vgl. hierzu C. Meier: Der Wandel der politisch-sozialen Begriffswelt im 5. Jh. v. Chr., in: ders.: Die Entstehung des Politischen bei den Griechen (1980) 275–325. – Sallust, Catilina 12 hat diesen Gedanken aufgenommen. – **16** Anonymus Iamblichi 89 DK (3, 1). – **17** Plat. Gorg. 457a–c; ders., Menon 95c; vgl. auch K. Raaflaub: Politisches Denken und Krise der Polis, Historische Zeitschrift 255 (1992) 1–60. – **18** W. Jäger: Paideia (ND 1973) 1014. – **19** ebd. 986. – **20** Isokrates, Rede des Nikokles oder Rede an die Zyprioten (III), 6–9. – **21** Das gilt natürlich besonders für die Barbaren; vgl. hierzu J. Jüthner: Hellenen und Barbaren (1923). – **22** Isokrates, Panegyrikos (IV), 48–50. Isokrates nimmt offensichtlich einen Gedanken aus dem Epitaphios des thukydideischen Perikles auf II, 41, 1. – Ähnlich auch Isokrates, Antidosis (XV), 253–257, 292f.; vgl. auch Xenophon, Memorabilien IV, 3, 11ff. – **23** C. Eucken: Isokrates. Seine Positionen in der Auseinandersetzung mit den zeitgenössischen Philosophen (1983) 254. – **24** ebd. – **25** Cic. De or. I, 32. – **26** vgl. auch Cicero, De legibus I, 27: die Rede (oratio) sei das Verbindungsglied der menschlichen Gemeinschaft (conciliatrix societatis humanae). – **27** Cic. De or. I, 33. – **28** ebd. I, 34. – **29** Etwa Cic. De inv. I, 2f. – **30** vgl. G. Ueding: Rhet. Konstellationen im Umgang mit Menschen, in: ders.: Aufklärung über Rhet. (1992) 105. – **31** Für Cicero ist diese mit Sokrates eingetreten: Cic. De or. III, 60f. – **32** Cic. De or. I, 128, übers. v. H. Merklin (1976). – **33** Ueding [30] 105. – **34** vgl. Cicero, De officiis I, 11f. u. 50; ders., De finibus bonorum et malorum II, 45; ders., De legibus I, 23; ders., De natura deorum II, 79. 133. – **35** Bes. im Proömium zu De fin. – **36** K.-O. Apel: Die Idee der Sprache. In der Tradition des Humanismus von Dante bis Vico. (1980) 135. – Valerius Maximus, Facta et dicta memorabilia II, 2, 2 erwähnt, daß die alten römischen Beamten deshalb mit griech. Politikern nur lateinisch verhandelt hätten. – **37** Quint. II, 16, 12. – **38** ebd. II, 16, 15. – **39** ebd. II, 33; ähnlich auch Cic. De inv. II, 5, 6. – **40** Apel [36] 149. – **41** B. Vickers: Rhet. und Philos. in der Renaissance, in: H. Schanze, J. Kopperschmidt (Hg.): Rhet. und Philos. (1989) 135. – **42** Insbesondere diese Schrift wertet die menschliche Sprache konsequent ab. Durch die Sprache könne der Mensch keine Belehrung erfahren: Et id maxime tibi nitor persuadere [...], per ea signa, quae verba appellantur, nos nihil discere. (De mag. 10, 34; ML 32, 1215). – **43** K. Kuypers:

Der Zeichen- und Wortbegriff im Denken Augustins (Amsterdam 1934) 82f. – **44** K. Flasch: Augustin. Einf. in sein Denken (1980) 125. – **45** vgl. H. Brinkmann: Mittelalterl. Hermeneutik (1980) 21–44 u. E. Hegener: Stud. zur ‹zweiten Sprache› in der religiösen Lyrik des 12. Jh. (1971). – **46** Hugo v. St. Victor, c. 14 (= ML 175, 20f.). – **47** H.-I. Marrou: Augustinus und das Ende der antiken Bildung (1982) 435; vgl. Augustinus, Sermones 179, 1, 1 (= ML 38, 966). – **48** A. Borst: Der Turmbau von Babel. Gesch. der Meinungen über Ursprung und Vielfalt der Sprachen und Völker (1957ff.) 755. – **49** Marrou [47] 434; Augustinus, Contra Faustum 32, 10 (= ML 42, 502). – **50** Thomas v. Aquin, Kommentar zu Aristoteles ‹Peri Hermeneias› I, 2, 12. – **51** ebd. – **52** Johannes von Salisbury: Metalogicon, ed. C. C. I. . Webb, (Oxford 1929). – **53** H.-B. Gerl: Rhet. und Philos. im MA, in: Schanze, Kopperschmidt [41] 114. – **54** ebd. – **55** Johannes von Salisbury [52] 827b–c. – **56** S. Otto: Renaissance und frühe Neuzeit (1984) (= Bd. 3 der Gesch. der Philos. in Text und Darstellung, hg. v. R. Bubner) 99. – **57** Otto [56] 171. – **58** Otto [56] 190; vgl. F. Patrizi: Della retorica dieci dialoghi (Zehn Dialoge über die Rhet.) (1562). – **59** G. Ueding: Klass. Rhet. (1995) 101. – **60** Apel [36] 270. – **61** ebd. 273. – **62** A. Buck: Humanismus (1987) 176. – **63** vgl. A. Poliziano: Oratio super Fabio Quintiliano et Statii Sylvis, in: Prosatori latini del Quattrocento, a cura di E. Garin (Mailand/Neapel 1952) 882ff. – Poliziano formuliert den Ciceronischen Gedanken, es sei der Redekunst zu verdanken, daß die Menschen in gesitteter Weise in Städten zusammenleben. – **64** vgl. Salutati, Epistolario I, 179f. (nur durch die Rhet. könne ein Mensch einem anderen helfen) und J. E. Seigel: Rhet. and Philos. in Renaissance Humanism (Princeton/New Jersey 1968) 77. – **65** Apel [36] 98. – **66** SVF II 167; Platon, Theätet 206d. – **67** Apel [36] 99. – **68** ebd. 116. – **69** ebd. 206. – **70** ebd. 208. – **71** Otto [56] 107. – **72** ebd. 134. – **73** Apel [36] 139. – **74** L. Bornscheuer: Topik (1976) 105. – **75** vgl. G. Antos: Rhet. Textherstellen als Problemlösen. Ansätze zu einer linguistischen Rhet., in: LiLi 43 (1981) 220. – **76** W. Barner: Barockrhet. (1970) 89. – **77** hierzu W. Barner: Gryphius und die Macht der Rede. Zum ersten Reyen des Trauerspiels ‹Leo Armenius›, DVjs 42 (1968) 325–358. – **78** Barner [77] 334. – **79** Barner [76] 117. – **80** vgl. R. Alewyn: Das große Welttheater (1985). – **81** G. Ueding, B. Steinbrink: Grundriß der Rhet. (^{3}1994) 88. – **82** H.-G. Winter: Dialog und Dialogroman in der Aufklärung (1974) 10. – **83** ebd. – **84** ebd.; M. Fauser: Das Gespräch im 18. Jh. (1991) 443f. – **85** J. Dyck: Philos. Ideal und rhet. Praxis der Aufklärung: Eine Problemskizze, in: Schanze, Kopperschmidt [41] 194. – **86** C. Schmölders (Hg.): Die Kunst des Gesprächs (1986) 22. – **87** Schmölders [86] 162. – **88** ebd. 166. – **89** H. Fielding: An Essay on Conversation, in: Miscellanies. 3 Bde., ed. by H. K. Miller (Oxford 1972) 89–94. – **90** N.-C.-J. Trublet: Pensées de la conversation, in: Essais sur divers sujets de littérature et de morale. (Paris 1735) Bd. 1, 19–22; 28–31; 44–49. – **91** C. F. Thomasius: Politische Klugheit (1710; ND 1971) 5. Kap. § 1. – **92** A. Freiherr von Knigge: Über den Umgang mit Menschen, hg. v. G. Ueding (1987), Nachwort v. G. Ueding 451. – **93** Ueding, Steinbrink [81] 119. – **94** Ueding: Nachwort zu [92] 437. – **95** Ueding, Steinbrink [81] 119f. – **96** E. A. Blackall: Die Entwicklung des Deutschen zur Literatursprache 1700–1775 (1966) 85. – **97** ebd. 88. – **98** Ueding [30] 111. Auch für die Herausbildung einer dt. Hochsprache ist die rhet. Tradition wirksam gewesen; vgl. E. Haas: Rhet. u. Hochsprache. Über die Wirksamkeit der Rhet. bei der Entstehung der dt. Hochsprache im 17. u. 18. Jh. (1980). – **99** G. W. Leibniz: Unvorgreifliche Gedanken, betreffend die Ausübung und Verbesserung der deutschen Sprache. Zwei Aufsätze, hg. v. U. Pörksen (1983) 5. – **100** ebd. 48. – **101** Nachwort v. U. Pörksen zu [99] 115. – **102** L. Olschki: Bildung und Wiss. im Zeitalter der Renaissance, Bd. 2 (1922) 71. – **103** ebd.; vgl. U. Pörksen: Der Übergang vom Gelehrtenlatein zur dt. Wissenschaftssprache, in: ders.: Dt. Naturwissenschaftssprachen (1986) 59. – **104** A. W. Schlegel, F. Schlegel (Hg.): Athenaeum, Bd. 2, Erstes Stück (1799; ND 1960) 26. – **105** F. Schlegel: Krit. Schr., hg. v. W. Rasch (1964) 103. – **106** K. Feilchenfeldt: Die Berliner Salons der Romantik, in: B. Hahn u.a. (Hg.): Rahel Levin Varnhagen (1987) 155. – **107** G. Ueding: Klassik und Romantik (1987) 107. – **108** ebd. 106. – **109** A. Müller: Vom Gespräch, aus: Zwölf Reden über die Beredsamkeit und deren Verfall in Deutschland, hg. v. J. Wilke (1983) 20. – **110** vgl. J. Schiewe: Sprache u. Öffentlichkeit. C. G. Jochmann und die politische Sprachkritik der Spätaufklärung (1989) 194. – **111** C. G. Jochmann: Politische Sprachkritik, hg. v. U. Pörksen (1983) 81. – **112** ebd. 82. – **113** Schiewe [110] 274. – **114** ebd. – **115** Coulmas [5] 52. – **116** vgl. U. Maas: «Als der Geist der Gemeinschaft eine Sprache fand». Sprache im Nationalsozialismus (1984). – **117** Ueding, Steinbrink [81] 178. – **118** B. Badura: Sprachbarrieren. Zur Soziologie der Kommunikation (1971) 35. – **119** H. J. Heringer: Verständlichkeit. Ein genuiner Forschungsbereich der Linguistik, in: ZGL 7 (1979) 258. – **120** vgl. U. Neumann: Wodurch wird Verständlichkeit erzeugt? Zur rhet. Textoptimierung – ein vernachlässigter Aspekt der Rhet., in: Rhetorik 14 (1995) 59ff. – **121** vgl. K.-H. Göttert: Rhet. u. Kommunikationstheorie, in: Rhetorik 7 (1988), 87ff. u. R. Burkart, A. Lang: Die Theorie des kommunikativen Handelns von J. Habermas, in: R. Burkart, W. Hömberg (Hg.): Kommunikationstheorien (Wien 1992) 40–68. – **122** Ovid, Tristien 5, 10, 37f.; vgl. zu diesem Zusammenhang E. Doblhofer: Exil und Emigration (1987). – **123** E. Bloch: Zerstörte Sprache – zerstörte Kultur (1939), in: E. Schwarz u.a. (Hg.): Verbannung (1964) 179.

Literaturhinweise:
M. L. Colish: The Mirror of Language (New Haven 1968). – J. Vogt: Reichsbildung und Sprachgemeinschaft in der römischen Republik, Saeculum 26 (1975). – K.-H. Göttert: Kommunikationsideale (1988). – H. Petersmann: Die Urbanisierung des römischen Reiches im Lichte der lat. Sprache, in: Gymnasium 96 (1989). – U. Pörksen: Genauigkeit, Durchsichtigkeit und Form. Was ist eine vollkommene Sprache?, in: ders.: Wissenschaftssprache u. Sprachkritik (1994) 297–321.

→ Decorum → Erziehung, rhetorische → Ethik → Geselligkeit → Gespräch → Konsensustheorie → Kultur → Sprachauffassung, rhetorische → Vir bonus

U. Neumann

Gesetz der wachsenden Glieder (griech. αὔξησις, aúxēsis; lat. incrementum, modus per incrementa; engl. rule of planned progression; frz. gradation ascendante; ital. gradazione crescente)
A. 1. Das G. ist ein Prinzip der *dispositio*. a) Im Bereich der werk-externen *dispositio*, d.h. der auf die Überredung *(persuasio)* des Situationsmächtigen zielenden, der konkreten Ausformulierung der Rede vorausgehenden Verarbeitung und Darbietung des Stoffs, erscheint es als eine der vier Formen *(genera)* der als Hauptmittel zur Erreichung von Glaubwürdigkeit dienenden *amplificatio*. Diese wird von H. Lausberg definiert als «eine im Interesse der *utilitas causae* vorgenommene gradmäßige Steigerung des von Natur aus Gegebenen durch die Mittel der Kunst». [1] Sie realisiert sich als vertikale, logische Steigerung des Redegegenstandes (der *res*) und infolgedessen auch als horizontale Verbreiterung des sprachlichen Ausdrucks (der *verba*). Die Ausführung der *amplificatio* erfolgt durch die vier *genera amplificationis*: *comparatio*, *ratiocinatio*, *congeries* und insbesondere das G. *(incrementum)*, welches als das wichtigste der vier *genera* in der «Vergrößerung einer Sache sowohl durch die in Stufen aufsteigende Setzung der res als auch durch die in Stufen aufsteigende Benennung der res» [2] besteht. b) Im Bereich der werk-internen *dispositio*, d.h. der Umsetzung der auf der Ebene der werk-externen *dispositio* festgesetzten Ziele durch Auswahl *(electio)* und Anordnung *(ordo)* von *res* und *verba* zu einem Rede-Ganzen, gilt das G. als eines der acht Grundprinzipien *(modi)* des *ordo naturalis*. Das von FORTUNATIAN als *modus per incrementa* bezeichnete

Gesetz regelt die Abfolge der Glieder eines beliebigen Ganzen (z.B. Gesamtrede, *pars orationis*, Abschnitt, Satz) dergestalt, daß das stärkste Glied an den Schluß gestellt wird. Die Stärke kann durch die Quantität des Wortkörpers, aber auch durch dessen semantische Intensität markiert sein. [3]

2. Im Bereich der *elocutio* kommt das G. als ein die *compositio*, d.h. die syntaktische Gestaltung des Satzes (Wortstellung) regelndes Prinzip zur Anwendung. Bei der Strukturierung des Satzganzen unterscheidet man drei Verarbeitungsgrade: die der Umgangssprache nahekommende lockere syntaktische Reihung (*oratio soluta*), die straffere, dominant parataktische, jedoch Hypotaxe zulassende Fügung (*oratio perpetua*) und schließlich die kunstvoll hypotaktische Periodenbildung (*periodus*), deren syntaktische Einheiten so strukturiert sind, «daß zu Anfang der Periode unfertige, integrationsbedürftige Gedankenelemente vorkommen, die erst am Schluß der Periode zum Gedankenganzen integriert werden, während die mittleren Teile durch dieses Verfahren umfaßt und auf das Ganze hin orientiert werden». [4] Die komplexen, kreisförmigen Satzperioden stellen demnach eine erhebliche Abweichung von den Konventionen der Normalsprache dar. Dennoch ist gewährleistet, daß die Tendenzen zur Chaotisierung der Syntax nicht überhandnehmen. Denn auch die Periodenkomposition folgt gewissen Gesetzen, insbesondere dem *ordo*-Prinzip und dem damit konstitutiv zusammenhängenden G. Dieses kommt z.B. bei Figuren der Häufung (wie koordinierte Aufzählung, *cumulatio*) zur Geltung. Seine Realisierung erfolgt entweder quantitativ («to sports, to wildness, and much company» – weil er der Lust, der Wüstheit, den Gelagen sich ergibt [5]) oder durch wachsende semantische Intensität («et la chaste Diane, et l'auguste Junon, et tous les dieux enfin» – Und die keusche Diana und Juno, die Hehre, ja alle Götter schließlich [6]) oder durch eine Kombination beider Prinzipien («tu istis faucibus, istis lateribus, ista gladiatoria totius corporis firmitate» – du mit deiner Kehle, deiner Brust, der gladiatorenhaft robusten Verfassung deines Körpers [7]). Ein komplexer und instruktiver Fall ist die Position des Kollektivbegriffs in einer *enumeratio*. Denn ob der Kollektivbegriff nun nachgestellt («que la terre, le ciel, que toute la nature...» – Mag die Erde, der Himmel, die ganze Natur... [8]) oder vorangestellt ist («Tout nous trahit: la voix, le silence, les yeux», – Alles verrät uns: die Stimme, das Schweigen, die Augen [9]) – in beiden Fällen folgt die Konstruktion dem G.: im ersten Beispiel löst der Kollektivbegriff selbst die geforderte semantische Intensivierung ein, da er die beiden ihm untergeordneten (hyponymen) Begriffe semantisch resümiert und totalisiert, während im zweiten Beispiel, wo die Position des übergeordneten Begriffs eigentlich dem G. zuwiderläuft, dieses dennoch durch die semantische Intensität des komplizierten Zeugmas erfüllt wird. [10]

B. In der *Antike* ist das G. als *modus amplificationis* ein wichtiges Prinzip im Bereich der Gerichtsrede. Ziel des Gerichtsredners ist die Überredung des Situationsmächtigen. Deshalb kommt es ihm in erster Linie darauf an, die *res* zu steigern. Zu diesem Zweck ist eine Steigerung der *verba* erforderlich, die im Dienste der Sache stehen. Es geht also nicht um selbstzweckhafte Ausschmückung der Rede, sondern um persuasive Effizienz. [11]

Im *Mittelalter*, dessen Theorie von der Amplifikation auf Quintilian [12] zurückgeht, wird der im Kontext der antiken Gerichtsrede noch vorrangige Wirkungsaspekt fallengelassen, weil sich das Rechtssystem gewandelt hat und das klassische *genus iudiciale* nicht mehr existiert. Statt dessen richten mittelalterliche Theoretiker ihr Augenmerk ganz auf den Umfang der Darstellung, sie privilegieren also die *verba* zu Lasten der *res*. Die horizontale hat die vertikale Steigerung verdrängt. Trotz der veränderten pragmatisch-funktionalen Zusammenhänge leben aber die antiken Prinzipien der *amplificatio* und des G. im Mittelalter fort. Dies zeigt sich exemplarisch bereits bei Augustinus im letzten Satz der ‹Confessiones›, wo die Figuren des Parallelismus, des Trikolon, des Homoioteleuton, der Anapher und des G. eine eindrucksvolle Verbindung eingehen: «A te petatur, in te quaeratur, ad te pulsetur: sic, sic accipietur, sic invenietur, sic aperietur.» (Von dir sei es erbeten, in dir erfragt, bei dir anklopfend erkundet: So, so allein wird es vernommen, so gefunden, so eröffnet werden.) [13]

Eine prominente Rolle spielt das G. im französischen *Klassizismus*, dessen auf Logik und Rationalität basierender Sprachästhetik dieses auf strenger Progression beruhende Stilprinzip entgegenkommt. P. Fontanier beschreibt das Gesetz unter dem Stichwort *gradation*, welche Figur «consiste à présenter une suite d'idées ou de sentiments dans un ordre tel que ce qui suit dise toujours ou un peu plus ou un peu moins que ce qui précède» (die darin besteht, daß eine Folge von Gedanken oder Gefühlen in solcher Reihenfolge präsentiert wird, daß das Folgende jeweils entweder ein bißchen mehr oder ein bißchen weniger als das Vorangehende aussagt). [14] Demgemäß gibt es zwei Varianten der *gradation*, nämlich die *gradation ascendante* (G.) und ihr symmetrisches Gegenstück, die *gradation descendante*. Beide sind ästhetisch gleichwertig, vorausgesetzt, daß sie logisch einwandfrei sind, d.h. daß eine echte schrittweise Progression stattfindet. Die geforderte graduelle Steigerung oder Abschwächung ist dabei immer, wie aus den zitierten Beispielen hervorgeht, eine der Gedanken (der *res*), nicht eine der lautlichen Gestalt (der *verba*). [15]

Ein Hinweis darauf, daß die Stilfigur der *gradation ascendante* im Laufe des 19. Jh. zu einem Sprachklischee mondän-unverbindlicher Höflichkeit abgesunken ist, findet sich bei M. Proust. Die aus altem Adel stammende Mme de Cambremer versucht in einem Brief, die gesellschaftlich von ihr erwartete Liebenswürdigkeit durch Anwendung der Drei-Adjektiv-Regel (*la règle des trois adjectifs*) zum Ausdruck zu bringen, sie scheitert jedoch an der geforderten aufsteigenden Progression: «Mais ce qui lui était particulier, c'est que, contrairement au but social et littéraire qu'elle se proposait, la succession des trois épithètes revêtait dans les billets de Mme de Cambremer l'aspect non d'une progression, mais d'un *diminuendo*.» (Aber sie hatte die Eigenart, daß, im Widerspruch zu dem gesellschaftlichen und literarischen Ziel, das sie sich setzte, die Abfolge der drei Epitheta in den Briefen von Mme de Cambremer nicht eine Steigerung, sondern ein *Diminuendo* darstellte.) [16] In diesem ironisch gebrochenen Scheitern spiegelt sich das bei Proust zentrale Problem der Inkongruenz von Sprache und Wirklichkeit, der Verlust des Sinns hinter einer nur noch klischeehaft funktionierenden Sprache, wofür die ritualisierte Sprechweise des Adels exemplarisch einsteht.

Prinzipien der periodisch-syntaktischen Erweiterung formuliert der Indogermanist und Junggrammatiker O. Behagel, ausgehend von einem Corpus antiker und neuzeitlicher Literatur. Er unterscheidet Wortgruppen als *Bestimmungsgruppen* (Determination anderer syntaktischer Einheiten) und *Erweiterungsgruppen* (gleichberechtigte syntaktische Einheiten). [17] Die Erweiterung von Satzgliedern erzeugt periodische Bauformen *(compositio)*, in denen steigernde Mittel *(gradatio*, Klimax) zur Anwendung kommen. Damit verbunden ist ein publikumswirksames, rhythmisches Element des Sprechens, indem vom kürzeren zum längeren, vom weniger wichtigen zum bedeutsamen Aussagegehalt übergegangen wird, was Behagel als «das Gesetz der wachsenden Glieder bezeichnen möchte». [18] Auf diese Wirkungsfunktion graduierender Rede verweist schon R. VOLKMANN: «Die Rede darf nicht abnehmen, sie darf auf ein stärkeres Wort kein schwächeres folgen lassen, sondern sie muß immer zunehmen und anschwellen.» [19]

Anmerkungen:
1 H. Lausberg: Elemente der lit. Rhet. (^{5}1976) §71. – **2** G. Ueding: Einf. in die Rhet. (1976) 273. – **3** H. Lausberg: Hb. der lit. Rhet. (1960) §§ 447–451. – **4** ebd. § 924. – **5** Shakespeare: Julius Caesar II, 1, 189; Übers. v. A. W. Schlegel. – **6** Racine: Phèdre V, 1, 1404f. – **7** Cicero, In Verrem II, 25, 63, zit. n. Quint. VIII, 4, 16. – **8** Racine: Phèdre II, 2, 1133; Übers. v. W. Willige. – **9** Racine: Andromaque II, 2, 575. – **10** Lausberg [1] § 300f. – **11** Cic. De Or. III, 104ff.; Quint. VIII, 4. – **12** Quint. VIII, 4, 15–26; vgl. L. Arbusow: Colores rhetorici (^{2}1963) 22. – **13** Augustinus, Confessiones XIII, 38, 53; Übers. v. K. Flasch u. B. Mojsich; vgl. E. R. Curtius: Europ. Lit. u. lat. MA (^{2}1954) 84. – **14** P. Fontanier: Les figures du discours (1821–30; ND Paris 1968) 333. – **15** ebd. 333–336. – **16** M. Proust: A la recherche du temps perdu (1913–27; Paris 1987–89) III, 336. – **17** vgl. O. Behagel: Beziehungen zwischen Umfang und Reihenfolge von Satzgliedern, in: Indogerm. Forsch. 25 (1909) 110. – **18** ebd. 139. – **19** R. Volkmann: Die Rhet. der Griech. und Röm. (^{2}1885, ND 1987) 512; vgl. Demetrios von Phaleron, De elocutione 50; Cicero, Philippica in M. Antonium II, 52.

Literaturhinweis:
A. Scaglione: The Classical Theory of Composition (Chapel Hill 1972) 30.

T. Klinkert

→ Accumulatio → Amplificatio → Congeries → Cumulatio → Enumeratio → Incrementum → Klimax → Ordo → Periode

Gespräch (griech. διάλογος, diálogos; lat. sermo, colloquium, dialogus, disputatio, collocutio; engl. conversation, talk; frz. conversation; ital. conversazione)
A.I. Def. – II. Gegenstandsbereiche. – B.I. Historische Gesprächsforschung. – II. Empirische Gesprächsforschung. – III. Strukturelle Gesprächsforschung. – IV. Prozedurale Gesprächsforschung. – V. Angewandte Gesprächsforschung.
A.I. In seiner ‹Allgemeine[n] Theorie der Schönen Künste› nimmt J. G. SULZER 1773 viele spätere Bestimmungen des Gegenstandes vorweg, wenn er ‹G.› definiert als «Kurze unter mehrern Personen abwechselnde Reden, nach Art derjenigen, die in dem täglichen Umgang über Geschäffte, Angelegenheiten, oder über spekulative Materien vorfallen. Dergleichen Gespräche machen eine besondere Art der Werke redender Künste, die eine nähere Beleuchtung der Critik verdienet». [1] Das kollektivierende Präfix des Nomens (mhd. gesprœche, ahd. gisprāhhi) verweist auf das Gemeinsame der Redenden, das sie im G. herstellen. Als sprachlicher Austausch zwischen zwei oder mehreren Personen ist das G. eine der Grundformen menschlichen Miteinanders. Als *primum humanum* des sozialen Verkehrs und als Einheit der Rede setzt das G. und seine Analyse einen dualen Sprachbegriff voraus, wie ihn W. VON HUMBOLDT 1827 besonders prägnant formuliert hat: «Es liegt aber in dem ursprünglichen Wesen der Sprache ein unabänderlicher Dualismus, und die Möglichkeit des Sprechens selbst wird durch Anrede und Erwiederung bedingt». [2]

Im alltäglichen Sprachgebrauch ist der Begriff gekennzeichnet durch die Konstellation der Gesprächspartner, durch den Wechsel ihrer Gesprächsbeiträge, durch das Medium des Mündlichen, der in einer Situation gesprochenen Sprache, durch die Gemeinsamkeit des Handelns und der inhaltlichen Orientierung. In der wissenschaftlichen Gesprächsanalyse hat man weitere einschränkende Kriterien gesucht: die Symmetrie des Rollenwechsels von Sprecher und Hörer, die Simultaneität des Handelns in unmittelbarer Situationsgebundenheit, der thematisch zentrierten Interaktion, des freien Wechsels von Themeninitiierung und Themenakzeptierung, der wechselseitigen Unterstellung der Kongruenz der Relevanzsysteme, der Natürlichkeit oder Alltäglichkeit der Kommunikationssituation.

Solche und ähnliche Kriterien zielen auf die Möglichkeit allgemeiner Aussagen über Bedingungen, Regeln, Strukturen, Funktionen von G. zwischen gleichberechtigten Partnern, schließen freilich dadurch auch interessante Formen aus, die wir in der Asymmetrie der Engagementkonturen beim ‹Aneinandervorbeireden› in Alltagsgesprächen, in literarischen oder philosophischen Verfremdungen ästhetisch verdichteter oder argumentationslogisch kondensierter G., in asymmetrischen Konstellationen institutioneller Kommunikation (‹Amtsgespräche›, Beratungsgespräche etc.) beobachten können.

Über die Abgrenzung von Nachbarbegriffen wie ‹Dialog›, ‹Konversation›, ‹Diskurs› besteht nach wie vor keine Einigkeit. ‹G.› wird zuweilen, besonders von Linguisten, als Oberbegriff festgelegt, demgegenüber ‹Dialog› eingeschränkt ‹Zwiegespräch› bedeutet zwischen zwei Partnern (was sich etymologisch nicht rechtfertigen läßt) oder allenfalls das «ernsthafte Gespräch über ein bedeutungsvolles Thema, ‹Konversation› mehr die konventionelle oberflächliche, unverbindliche Unterhaltung». [3]

Diese Auffassung steht in der Tradition europäischer und speziell deutscher Dialogforschung, die sich bis heute in den Wörterbüchern und Synonymiken spiegelt und in der Dialog meist dadurch von G. und Konversation abgegrenzt wird, daß ihm ein «Thema von allgemeiner menschlicher Wichtigkeit» zugeschrieben wird [4], in dem man «sich erörternd in die Gegenstände versenkt und deshalb nicht [wie in der Konversation] wie ein Schmetterling von einem zum andern flattern kann». [5]

Nach kommunikationstheoretisch-textwissenschaftlicher Auffassung [6] wird unterschieden zwischen dem ‹Dialog› als wechselseitige Kommunikation zwischen (realen oder fiktiven) Partizipanten als sozialen Subjekten unter Einschluß der Summe ihrer äußeren (semiotisch manifestierten) und inneren (kognitiven, interpretativen, motivationalen) Handlungen mit dem Ziel der Verständigung über Sachverhalte, dem ‹G.› als sprachliche, vorzugsweise mündliche Kommunikation zwischen (zwei oder mehreren) Partnern in direktem oder technisch vermitteltem Kontakt und gemeinsamer Situationsgebundenheit, der ‹Konversation› (im Deutschen) als Alltagsgespräch mit überwiegend ‹phatischer Funktion› in ‹natürlicher›, als ‹zwanglos› definierter Kommunikationssituation, und ‹Diskurs› (im Deutschen) als Äußerungsmodus im Sinne einer generellen Reflexionslogik kommunikativen Handelns bzw. Zeichengebrauchs [7], in philosophisch spezifischerem Sinne [8], insbesondere in methodisch kontrollierten Erörterungen mit dem Ziel der Begründung von Geltungsansprüchen zum Zwecke der Konsensherstellung über die Wahrheit von Behauptungen oder die Richtigkeit von Normen. In der Sprechwissenschaft und Gesprächsrhetorik [9] wird ‹G.› als Prototyp mündlicher Kommunikation ähnlich definiert als «intentionale, wechselseitige Verständigungshandlung mit dem Ziel, etwas zur gemeinsamen Sache zu machen, bzw. etwas gemeinsam zur Sache zu machen».

II. *Gegenstandsbereiche.* Gegenstandsbereiche lassen sich im Hinblick auf ‹G.› bzw. Gesprächsforschung synchronisch mindestens in zwei Hinsichten auffächern: in disziplinsystematischer Perspektive danach, in welchen Disziplinen das G. heute Forschungsgegenstand ist und welches die für sie je objektspezifischen Erkenntnisinteressen und Relevanznahmen sind; in konstellationstypologisch bzw. handlungspragmatisch funktionaler Perspektive danach, in welchen sozialen Rahmen *(frames)* oder Domänen *(social domains)* G. gebraucht werden, wie ihre je spezifischen Formen, Strukturen, Funktionen zu beschreiben und zu klassifizieren sind. In der *Rhetorik* ist die ‹Gesprächsrhetorik› das Gegenstück zur Rederhetorik, wobei diese aber bei weitem entfalteter erscheint als jene. Es ist sogar die Frage nicht unberechtigt, ob die Rhetorik überhaupt eine Lehre vom Gespräch, eine *téchnē* oder *ars dialogica* entwickelt habe: «Eine eigentliche Rhetorik des Gesprächs ist nie ausgebildet worden. Die antike Rhetorik bezog die Erwiderung nicht in ihr kasuistisches System ein». [10] Wie die Rhetorik von den Sprach-, Text- und Literaturwissenschaften längst wiederentdeckt wurde als «zentrale Redekunstlehre einer fast zweitausendjährigen Epoche, blieb das Gespräch als ebenso alte, wenn nicht ältere Redekunst in bezeichnender theoretischer Vergessenheit». [11]

Deshalb wird mit Recht gefordert, die Gesprächsrhetorik theoretisch zu rechtfertigen, historisch zu rekonstruieren und systematisch zu entfalten. [12] Die historische Begrifflichkeit im Bezirk von *ars dialogica, ars sermonis, ars dialectica, ars disserendi, ars disputandi, ars colloquendi, ars dicendi,* von *colloquium, collocutio, contentio, controversia, disputatio, eloquentia* muß linguistisch neu instrumentiert werden. Es ist zu prüfen, ob und inwieweit die klassischen Aufgaben der *inventio, dispositio, elocutio, actio* für die moderne Gesprächsanalyse und Anleitung zur wirkungsbezogenen Gesprächsführung fruchtbar gemacht werden können.

In den 80er Jahren bildet sich das G. immer stärker zu einem Konvergenzpunkt aus für das pragmatische Interesse zahlreicher kommunikationsbezogener Disziplinen. Das empirische Interesse der *Linguistik* an den Organisationsformen und Regularitäten dialogförmiger Kommunikation im natürlichen, alltäglichen G. steht dabei im Vordergrund. Von den Ergebnissen der linguistischen Gesprächsanalyse dürfte die Entwicklung der Gesprächsrhetorik am meisten profitieren, weshalb sie konsequenterweise im Mittelpunkt der exemplarischen Darstellung einiger Instrumentarien der empirischen Gesprächsforschung und ausgewählter Ergebnisse der angewandten Gesprächsforschung stehen muß.

In der *Philosophie* ist das G. seit jeher ein zentraler Gegenstand, insofern sie es als Bedingung der Möglichkeit von Erkenntnis und damit von Wissenschaft überhaupt thematisiert. In den modernen konkurrierenden Entwürfen hermeneutischer und analytischer Provenienz wurde das gemeinsame Interesse am ‹Dialog› zu einem Impuls konvergierender Tendenzen bei der Überwindung des sog. Positivismusstreites. Die Erlanger Schule entwirft eine Dialogtheorie als Grundlage der Erkenntnistheorie [13]; die Frankfurter Schule sieht in der Konsensustheorie der Wahrheit eine Antwort auf die Frage nach der transzendentalen Voraussetzung jeglicher Wahrheitsfindung durch Dialogpartner als Mitglieder einer Kommunikationsgemeinschaft [14]; der Berliner Entwurf einer «Philosophie des Dialogs als Gegenentwurf zur Transzendentalphilosophie» [15] übt heute weit über die Grenzen der Philosophie hinaus Wirkung aus auf Literatur-, Geistes- und Sozialwissenschaften; mit dem Versuch einer hermeneutischen Begründung kritischer Gesellschaftstheorie verbinden sich interessante Brückenschläge zwischen dialogzentrierten Ansätzen französischer und amerikanischer Gegenwartsphilosophie. [16]

Der Akzent liegt in diesen Ansätzen eher auf dem Dialog als dem G. und finden deshalb dort ihren gemäßen Zusammenhang. Dies gilt auch für das ästhetisch geformte G., das meist unter dem Stichwort des literarischen Dialogs thematisiert wird, obwohl in jüngster Zeit die Ergebnisse der linguistischen Gesprächsanalyse auch für die Untersuchung literarischer Dialoge fruchtbar gemacht werden, weil dies nicht nur eine wichtige heuristische Funktion haben kann für die Explikation von Konventionen und Strukturen dialogförmiger Kommunikation schlechthin [17], sondern auch für den Aufschluß über die Entwicklung ihrer Formen im Rahmen einer historischen Gesprächsforschung. [18]

Unter dem Stichwort ‹Discourse Analysis› hat die Analyse von faktischen Gesprächen jedoch auch für weitere Disziplinen eine große Bedeutung erlangt. [19] Dies gilt für das Unterrichtsgespräch in den Erziehungswissenschaften; für das therapeutische G. in der Psychotherapie und Psychiatrie; für das Verhältnis kognitiver und affektiver Bedingungen des G. in der Psychologie; für das anamnestische G. in der Medizin; für das G. als Ausdrucksform sozialer Interaktion in der Soziologie, aus der die europäische Gesprächsforschung durch die Rezeption der ‹Konversationsanalyse› entscheidende Impulse erhielt; für das G. als Manifestationsform sozialer Konflikte, sozialer Kontrolle und Gruppenstrukturen in der Sozialpsychologie; für das G. als Organisationsform von Selbstverständlichkeitsstrukturen der Alltagswelt verschiedener Kulturen in der Ethnomethodologie und in der Anthropologie; für das G. als Vollzugsform asymmetrischer Kommunikation zwischen Repräsentanten und Klienten von Institutionen im Rechts-, Gesundheits-, Bildungswesen; für den öffentlichen ‹Diskurs› in Publizistik und Politologie; für das technisch vermittelte und das öffentlich inszenierte G. in den Medien(-wissenschaften) (Telefonkommunikation, Talkshow etc.); für das liturgische G., das Beichtgespräch, das seelsorgerische G. in der Theologie.

Die interdisziplinär thematisierte soziale Praxis sprachlich handelnder Menschen in den verschiedensten Kommunikationssektoren der Gesellschaft begründet ‹Gesprächsbereiche› jedoch auch in funktionaler und redekonstellativer Hinsicht: «In der Handlungsgrammatik einer Gesellschaft sind Gesprächsbereiche als Typisierungen der sprachlichen Interaktionen festgelegt». [20]

Mit Hilfe dieses im Anschluß an A. SCHÜTZ *(domains of relevance)* und J. A. FISHMAN *(sociolinguistic domains*: «the large-scale aggregative regularities that obtain between varieties and societally recognized functions»; komplex zusammengesetzten Regularitäten, die zwischen [sprachlichen] Varietäten und sozial etablierten Funktionen [der Sprache] bestehen [21]) gebildeten Begriffes lassen sich faktische G. mittels bestimmter (z. T. schon in der Stilforschung der Prager Schule ähnlich vorformulierter) Kriterien (wie instrumentell vs. phatisch, privat vs. öffentlich, direkt vs. vermittelt, fiktiv vs. mundan, symmetrisch vs. asymmetrisch etc.) zu Gesprächstypen sortieren. Aus der Anwendung auf immer weitere Gesprächsbereiche und Gesprächstypen gewann die Gesprächsanalyse in den letzten Jahren eine enorme Ausweitung ihres Gegenstandsfeldes und wichtige Impulse für die Differenzierung ihres methodischen Instrumentariums. Heute liegen empirische Untersuchungen vor zu nahezu allen der vor wenigen Jahren noch aus systematisch-klassifikatorischem Interesse programmatisch als Forschungsdesiderate formulierten Gesprächsbereichen. [22]

B. I. *Historische Gesprächsforschung.* Ist historische Gesprächsanalyse überhaupt möglich? Ist das Vorhaben, Formen von Gesprächen in Epochen zu rekonstruieren, in denen ihre technische Aufzeichnung noch nicht möglich war, nicht ein Widerspruch in sich selbst? Entsprechenden Versuchen wird meist entgegengehalten [23], daß einer historischen Gesprächsanalyse «sehr enge Grenzen gesetzt» seien, ihre Ergebnisse «letztlich hypothetisch» blieben; wer etwa mittels der Analyse literarischer Dialoge den historischen Strukturen alltäglicher G. nahezukommen suche, müsse bedenken, daß «auch Dialoge, die natürlichen Gesprächen nachgebildet sind, insofern immer künstliche Produkte darstellen, als sie vom Autor im Rahmen eines bestimmten literarischen Programms entworfen werden.» Es ist also die Frage berechtigt, inwiefern «literarische Texte überhaupt *Beispiel*charakter für Regeln alltagsweltlicher Kommunikation haben können, wo ihnen doch der *Beweis*charakter für diese Regeln in der alltagsweltlichen Kommunikation abgesprochen wird». [24] Ist es nicht – wenn G. als Prototyp mündlicher Kommunikation definiert wird – «absurd, eine *Geschichte des Sprechens* zu schreiben, wenn wir doch nur über *schriftlich fixierte Quellen* verfügen?» [25]

Das methodologische Dilemma läßt sich nicht prinzipiell aufheben, aber in seinen Auswirkungen mildern, wenn wir literarische Dialoge als eine Klasse von Dokumenten historischer Gesprächsauffassung und konversationeller Konventionen annehmen und ihre Autoren als vortheoretische ‹Gesprächsanalytiker› akzeptieren: «Der Dramatiker ist, sofern er Dialoge innerhalb der Handlungseinheit Drama entwirft, selbst Gesprächsanalytiker, der in einer literarischen Gesprächs- bzw. Dialogtradition steht». [26] Der literarische Autor ist auch Praktiker des Gesprächs, sein Alltagswissen über die in seiner eigenen Kommunikationserfahrung gewonnene Gesprächspraxis läßt ihn deren grundlegende Regularitäten, deren Gefährdungen und Abweichungen, sensibel registrieren und stilistisch verfremden im Rahmen seines ästhetischen Programms.

Zum literarischen Dialog treten weitere Klassen von Dokumenten hinzu. Die wichtigste darunter fällt in die Tradition der Gesprächsrhetorik. Die rhetorischen Lehrbücher sind auf ihre Hinweise zur Gesprächskommunikation hin zu durchforsten, weil sie Aufschluß darüber geben, was zu bestimmten Zeiten als angemessene Gesprächsführung galt. Die in den Texten von der griechisch-römischen Antike bis zum Beginn der etwa mit LAZARUS gegen Ende des 19. Jh. einsetzenden wissenschaftlichen Gesprächsforschung [27] versammelten Maximen konversationellen Umgangs nehmen viel von dem vorweg, was sich bis heute in einigen modernen Konversationstheorien erhalten hat. Der Bogen dieser Tradition spannt sich also – hier seien aus den detaillierteren Angaben zu den Stichworten ‹Dialog› und ‹Gesprächsrhetorik› nur die wichtigsten Stationen exemplarisch benannt [28] – vom sokratischen dialektischen G. in den platonischen Dialogen als dem Vorbild einer *ars disserendi* und von der aristotelischen Differenzierung zwischen didaktischen, dialektischen, peirastischen, eristischen, apodiktischen Gesprächsformen, von CICEROS Überlegungen zum Gespräch (*sermo, disputatio, contentio*), von QUINTILIANS Erläuterungen zum Verhältnis von Redestil und Gesprächsstil, von PLUTARCHS ‹Tischgesprächen› als Exempel einer eleganten *ars sermonis* und DIOGENES LAERTIUS' Katalogen von Dialogsorten über die Theologen-Dispute im Mittelalter und das Lehrgespräch der Kirchenväter (PETRUS ABAELARDUS, THOMAS VON AQUIN, ALBERTUS MAGNUS), über dialogrhetorische Rückgriffe auf die Antike im Humanismus (HUTTENS ‹Gesprächsbüchlein›) und das ciceronianische Ideal des geselligen Umgangs (*sermo facetus*) in der Renaissance (CASTIGLIONE, GUAZZO, MONTAIGNE), über LUTHERS ‹Tischreden› in der Reformation und das höfische Konversationsideal im deutschen Barock, über HARSDÖRFFERS ‹Frauenzimmer-Gesprächsspiele› und die Kultur der Salonkonversation (SCUDÉRY, FARET, GRACIÁN), über die Ausbildung einer den Namen rechtfertigenden Gesprächsrhetorik im Zeitalter der Aufklärung (HALLBAUER, SCHRAMM, WIELAND, MENDELSSOHN, SULZER, THOMASIUS usf. [29]), über die Praxis und Reflexion idyllisch-romantischer, patriotischer, politischer Gesprächsführung im 19. Jh. (MÜLLER, SCHLEIERMACHER), und die Anfänge dialogtheoretischer (HUMBOLDT) und dialogphilosophischer (FEUERBACH, JACOBI) Überlegungen bis hin zu der modernen (und sogar post-modernen) breiten Thematisierung diskurstheoretischer und konversationsanalytischer Fragestellungen in einer ganzen Palette von Disziplinen und im Blick auf die unterschiedlichsten sozialen Domänen.

Es versteht sich dabei natürlich von selbst, daß die heutige Auffassung von ‹Konversation› im amerikanisch-konversationsanalytischen Sinne oder von ‹Diskurs› im kommunikationssoziologisch-geltungsphilosophischen Sinne eine historisch eher junge Form des Miteinandersprechens bezeichnet. Auf die kommunikationsethisch motivierte Abstraktion vom empirisch Vorfindlichen wurde schon hingewiesen. Neben die historische Relativierbarkeit solcher Modelle tritt die kulturelle. Die historisch und interkulturell ungeprüfte Unterstellung universalistischer Geltungsansprüche für Konversationsregeln verliert an Plausibilität, wenn man sich die Gesprächsregeln anschaut, die zu anderen Zeiten, an anderen Orten wirksam waren und sind.

Neben dieser im weitesten Sinne gesprächsrhetorischen Tradition bieten sich unter dokumentarischem Paradigma jedoch noch weitere wichtige Texte und Textsorten als Quellen historischer Gesprächsforschung an, die freilich erst in Ansätzen erschlossen zu werden beginnen: die Wörterbücher und Stillehren, die über den jeweils zeitgenössischen Stand der Dialogtheorie Aufschluß geben, die Traktate und Abhandlungen, Kritiken und Essays, Pamphlete und Predigten, die Beschreibungen gesellschaftlicher Ereignisse in den Gazetten, die Anstandsbücher mit Vorschriften über Regeln und Normen vorbildlicher Konversation, die erinnerten Aufzeichnungen bedeutsamer Gespräche durch einen der Teilnehmer (BOSWELL, ECKERMANN).

Eine europäische Gattungsgeschichte der Anstandsbücher, die die Entwicklung von CICEROS ‹De officiis› und AMBROSIUS' ‹De officiis libri tres› über die ‹Tischzuchten› des Mittelalters und ERASMUS' ‹De civilitate morum puerorum› (1528), über die Etikette-Handbücher von CASTIGLIONE, DELLA CASA und GUAZZO im 16. Jh., die Konversationslehren der MLLE DE SCUDÉRY und des CHEVALIER DE MÉRÉ im Frankreich des Sonnenkönigs, die klassischen ‹courtesy books› und die ‹books of good conduct› im georgianischen England bis zu Deutschlands KNIGGE und GARVE und heutigen Ratgeber-Bestsellern, in ihrem Wandel der jeweils propagierten Umgangsformen nachzeichnete, eine solche Gattungsgeschichte steht bislang aus. Sie wäre, wie die ersten für das 18. und 19. Jh. vorliegenden Ansätze zeigen [30], gewiß eine ebenso reiche Fundgrube für die historische Gesprächsforschung wie jene Texte, die zwar zu ganz anderen Zwecken notiert wurden, aber auch über Traditionen des Sprechens und des G. in bestimmten sozialen Domänen Aufschluß geben können, die Sammlungen von Barbarismen, die Protokolle von Inquisitionsverhören und polizeilichen Vernehmungen, von Parlamentsdebatten und Kaffeehausdisputen, die Theaterbücher, Reiseberichte, Fachdebatten, Krankheitsgeschichten, Lehrgespräche. [31]

II. *Empirische Gesprächsforschung.* Verständigung in der Form des G. ist heute Gegenstand zahlreicher sozialwissenschaftlicher und kommunikationsbezogener Disziplinen. Ihr empirisches Interesse richtet sich auf die Struktureigenschaften und Ablaufprozeduren von G. und die in ihnen gebrauchten Verfahren der Sinnkonstitution. Das für ihre systematische Untersuchung erforderliche Quellenmaterial kann auf verschiedene Weise gewonnen werden: durch die eigene Kommunikationserfahrung als Gesprächsteilnehmer (Erinnerungszitat), durch die Konstruktion von Regeln oder Schemata gesprächsförmiger Kommunikation im Vertrauen auf die eigene Kompetenz (Introspektion), durch die Protokollierung faktischer G. mit der Hilfe bestimmter Beobachtungskategorien (Protokollnotiz), durch die Beschreibung literarisch konstruierter G. als ästhetischem Kondensat realer Gesprächserfahrung der Autoren (Literatur- und Theaterdialog), durch die Aufzeichnung von G. mittels technischer Hilfsmittel (Tonträger, AV-Medien) und deren Verschriftlichung (Corpuserhebung und -speicherung). In den verschiedenen Disziplinen haben sich für sie typische Funktionen der Materialerhebung bzw. Corpusgewinnung herausgebildet, weil ihr je spezifisches Interesse auch eine diesem jeweils gemäße Materialgrundlage erfordert. Vor der Analyse der Daten steht also deren angemessene Dokumentation nach Maßgabe des gewählten ‹Feldes› gesprächsanalytischer Fragestellungen und Arbeitshypothesen. Danach richtet sich die Entscheidung zwischen den zur Wahl stehenden Typen empirischer Gesprächsforschung, die sich in doppelter Konfrontation mit der Empirie zu bewähren haben, insofern nämlich die Beobachtung und Beschreibung (vorgefundenen, erinnerten, konstruierten, technisch gespeicherten) Materials zur Formulierung von Hypothesen führt, deren Geltung wiederum aus der methodisch kontrollierten Anwendung auf die Empirie bestimmt wird. Das Erkenntnisinteresse ist dabei die Lösung eines empirischen oder praktischen ‹Problems› [32]: entweder als empirischer Teil einer Gesprächstheorie (wie in der Rhetorik, Kommunikationswissenschaft, Argumentationstheorie, Dialoglogik, Sprechakttheorie, in Modelltheorien der Kybernetik, Informationswissenschaft, Generativen Grammatik etc.) oder als praktischer Teil einer Systematik von Beobachtungen aus Fallstudien (wie in der historischen Gesprächsforschung oder der empirischen Sozialforschung, in Anthropologie, Ethnographie, Sozialpsychologie, Konversationsanalyse etc.). Die ‹Funktion› der Gesprächsanalyse konturiert mithin das empirische ‹Feld›. In funktionalmethodologischem Zugriff und oberhalb der Fachgrenzen lassen sich gegenwärtig mindestens sechs Paradigmen gesprächsanalytischer Problemkonstitution und Lösungsprozedur unterscheiden [33], ohne daß ihnen freilich exakt diskrete Mengen von Forschungsansätzen korrespondieren müssen: das alltagsweltlich-dokumentarische Paradigma mit der phänomenologischen Analyse von G. in Literatur, Philosophie, Pädagogik und Alltag als ‹Dokumenten› das darin sedimentierten Alltagswissens über diese Kommunikationsform (z.B. GOFFMAN, GARFINKEL), das interpretativ-formalpragmatische Paradigma mit der strukturell-prozeduralen Analyse von empirisch erhobenen Corpora im Hinblick auf formale Strukturen der Gesprächsorganisation (SACKS, SCHEGLOFF), pragmatische Bedingungen der Gesprächsführung (GUMPERZ, HYMES), interaktive Verfahren der Sinnkonstitution und des Gesprächsmanagements (SCHÜTZ, CICOUREL), das operational-detektorische Paradigma mit der kategorial gesteuerten Analyse von Gesprächsprotokollen im Dienste gesprächsanalytischer Begriffsbildung (ARGYLE, UNGEHEUER), das konstruktiv-pragmatische Paradigma mit der quasi-experimentellen Analyse introspektiv gewonnener Regelhypothesen über universalpragmatisch idealisierte Gesprächskompetenz (CHOMSKY, HABERMAS [34]), das modelltheoretische Paradigma mit der experimentell-maschinellen Analyse simulierter G. zur Prüfung konzeptionell entworfener Gesprächsmodelle (z.B. Mensch-Maschine-Interaktion, Multimediale Kommunikation), das prozessual-integrative Paradigma mit der semiotischen Analyse von G. verschiedener Interaktionsmodalität unter Anwendung einer je nach Focus und Prozeßphase plausiblen (funktional adäquaten) Auswahl aus dem gegenwärtig insgesamt zur Verfügung stehenden Inventar dialoganalytischer Instrumentarien (HESS-LÜTTICH). [35]

Unabhängig vom gewählten Ansatz wird die Rhetorik des G., sofern und insoweit sie sich nicht auf die Registratur historisch philologischer Ansätze reduzieren lassen mag, von den Ergebnissen der im strikteren Sinne empirischen Beobachtung im Alltag geführter G. profitieren können. Wie Menschen ‹natürliche› G. führen, wenn sie sich unbeobachtet wähnen, läßt sich nur durch deren systematische Beobachtung ermitteln. Dieses sogenannte «Beobachterparadoxon» (LABOV: *observer paradox* [36]) läßt sich durch die Versuchsanordnung zwar nicht prinzipiell auflösen, aber in seinen praktischen Auswirkungen mildern. Die Authentizität des G., die Unbefangenheit der Teilnehmer, die Spontaneität des Redens werden begrenzt durch die Bedingungen der Aufnahmesituation. ‹Verdeckte› Aufnahmen stoßen jedoch ebenfalls auf Grenzen, praktische der Datengenauigkeit und juristisch-ethische des Datenschutzes. In dieses «ethische Dilemma» [37] gerät der Empiriker bei der Entscheidung zwischen erkenntnistheoretisch optimaler und moralisch akzeptabler Prozedur. Auch die Methodologie der ‹teilnehmenden Beobachtung› *(participant observation)* befreit den Gesprächsforscher in seiner problematischen Doppelrolle als quasi-authentischer Gesprächspartner und distanzierter Beobachter nicht aus diesem Konflikt.

Zwischen die Gesprächswirklichkeiten und ihre Abbildung im Corpus oder im Modell schieben sich weitere Filter, die der medienspezifischen und der notationsspezifischen Datenselektion. [38] Die technische Aufnahme vermag das Gesprächsgeschehen nicht unverkürzt abzubilden. Die Primärdaten des komplexen Zeichenprozesses werden auf das reduziert, was in den Ausschnitt paßt, den die elektronischen Medien einfangen können. Diese elektronisch mehrkanaligen (akustischen, optischen) und semiotisch mehrfach codierten (verbalen, paraverbalen, nonverbalen) Sekundärdaten bilden ein flüchtiges Kontinuum, das für die Zwecke der Detailanalyse fixiert werden muß: im Medium der schriftlichen Aufzeichnung. Die audiovisuellen Sekundärdaten werden also auf das verkürzt, was das jeweilige Notationssystem zu erfassen vermag. Die so gewonnenen (überwiegend digitalen, symbolischen, linear-sequenziell geordneten, sukzessiv gelesenen, analytisch gegliederten) Tertiärdaten unterscheiden sich in ihrem semiotischen Status prinzipiell von denen, für die sie stehen, den simultan und multimodal, digital und analog, symbolisch, ikonisch, indexikalisch realisierten Ensembles von Primärdaten in des G. komplexer ‹Gestalt›. Insofern stellen die Stufen der Datenselektion vom wirklich geführten G. bis zu dessen Wiedergabe im Transkript nicht nur ein empirisches Problem dar, sondern auch ein zeichentheoretisches (wie verändert sich die Semiose beim Übergang von einem Medium in ein anderes?), natürlich auch ein erkenntnistheoretisches (wie nahe kann ich der Wirklichkeit des G. kommen angesichts der Begrenztheit meiner Instrumentarien, der Erfahrungshaltigkeit meiner Kategorien, des Prämissensystems meiner Interpretation?). Die Relativität der Wahrnehmung findet jedoch ihr Korrektiv in der Pluralität der Sehweisen. [39] Dazu bedarf es einer verläßlichen, d. h. fixen, wiederholt verschiedenen Personen zugänglichen Materialbasis. Die optimale Tiefenschärfe des Notats ist dabei eine Funktion des Analyseziels. Je detailreicher das Notat, desto kleinräumiger der Aufmerksamkeitsfocus: richtet er sich auf makrostrukturelle Aspekte etwa der Gesprächsphasen oder der Themenstruktur, mag die ‹literarische› Niederschrift einer Tonbandaufnahme ausreichend sein; geht es um das Verständnis der inneren Struktur kontroverser Auseinandersetzungen, kann die argumentationslogische Rekonstruktion erhellend sein; gilt das Interesse etwa individuellen Sprechermerkmalen, kann die phonetische Transkription (z. B. von dialektalen oder idiolektalen Merkmalen) oder gar sonagraphische Aufzeichnung (von z. B. paraverbalen Merkmalen) erforderlich sein; für Gespräche mit fremdgesteuertem Sprecherwechsel ist die Textnotation, für solche mit spontanem Sprecherwechsel und den damit einhergehenden Überlappungen die Partiturnotation geeigneter; das komplexe Zusammenspiel mimisch-gestischer, intonatorischer, lexikalisch-syntaktischer Zeicheneinheiten beim lokalen Management der Gesprächsgliederung, der Redeübergabe, des Rückmeldeverhaltens usw. wird vielleicht erst eine Kombination von Partiturnotation und Zeitreihenverfahren hervortreten lassen, bei denen das suprasegmentale Zeichenkontinua nonverbaler Interaktion dem Einzelbild der Film- oder Videoaufnahme entsprechend codiert werden. [40] Die technischen Möglichkeiten im Bereich der elektronischen Datenverarbeitung eröffnen hier unter dem Stichwort «Multimedia Communication» völlig neue Perspektiven empirischer Gesprächsforschung. [41]

III. *Strukturelle Gesprächsforschung.* Während die ersten wesentlichen Impulse empirischer Gesprächsforschung vor allem der Ethnologie, Soziologie, Psychologie und Sozialpsychologie entstammen, sind die bislang präzisesten Ergebnisse struktureller Gesprächsforschung überwiegend der Linguistik zu danken. Sie sind für die Rekonstruktion bzw. Entwicklung einer systematischen Rhetorik des G. von besonderer Bedeutung, auch wenn die derzeit ermittelten Einheiten und Strukturen und die Kategorien ihrer Beschreibung vielleicht nur zum Teil mit klassischen rhetorischen Konzepten zu verbinden sind.

Das Miteinandersprechen ist ein kooperatives Handeln, das im Sinne der rhetorischen *actio* stimmliche und körperliche Komponenten vereint *(figura vocis, motus corporis)*. «Alles das, was ein Individuum tut und sagt, während es an der Reihe ist» [42], wird als grundlegende Struktureinheit des G., als ‹Gesprächsschritt› («turn») zusammengefaßt. Bedingt er einen ihm korrespondierenden Gesprächsschritt seines Gesprächspartners, bilden beide Schritte eine ‹Gesprächssequenz› oder *adjacency pair* wie Frage – Antwort, Vorwurf – Rechtfertigung, Gruß – Gegengruß *(slot and filler-, summons-answer-Struktur)*. Besonders der Anfang und das Ende des Gespräches sind von solchen ‹rituellen Klammern› (GOFFMAN) geprägt: diese Abschnitte der Einleitung, des Schlusses und die eigentlichen Kernbereiches bilden in erster Grobgliederung die grundlegenden ‹Gesprächsphasen›. Ihre Gliederung kann teilweise der der Rede *(partes orationis)* entsprechen, insbesondere im Hinblick auf den hohen Ritualisierungsgrad des Anfangs (opening sequences; *exordium*) und des Schlusses (closing sequences; *peroratio*) sowie in Fällen narrativer *(narratio)* oder argumentativer *(argumentatio)* ‹Episoden› in der Binnenstruktur (topic talk, side sequences) der ‹Kernphase› von G.

Für die Phasenstrukturanalyse von G. könnten rhetorische Kategorien vielleicht am ehesten fruchtbar gemacht werden (was freilich bislang noch nirgendwo systematisch durchgeführt wurde). Die Eröffnungsphase dient der gemeinsamen Orientierung der Aufmerksamkeit *(attentum parare)* auf die Gesprächssituation, deren Definition und der wechselseitigen Versicherung der Gesprächsbereitschaft. Für bestimmte Elemente der Gesprächseinleitung (vgl. prœmium) wie die Begrüßung oder die Wohlergehenssequenz ließen sich rhetorische Entsprechungen suchen (z. B. in der Rhetorik des Briefes, in der Exordialtopik; *salutatio, captatio benevolentiae*). Das gilt auch für die Phase der Gesprächsbeendigung, in der ausgehandelt wird, ob das Thema (oder die Themen) gemeinsam als (vorläufig) erschöpfend behandelt gelten dürfen, in der ein Fazit gezogen wird *(conclusio)*, vielleicht die Ergebnisse resümiert werden *(enumeratio)*, in der man Floskeln des Dankes und der guten Wünsche austauscht, um sich der Beziehung zu versichern (die Affekterregung durch *delectare* oder *movere*) bevor das Gesprächsschrittpaar oder die Gesprächssequenz des Abschiedsgrußes das Gesprächsende signalisiert. Für die noch weniger gut erforschte Binnensegmentierung der Kernphase ließen sich neben rhetorischen Konzepten *(propositio, digressio, argumentatio)* Ansätze der strukturalen Literaturwissenschaft, der Motiv- und Erzählforschung, der Argumentationstheorie und vor allem der Textlinguistik fruchtbar machen. Ansätze zur argumentationslogischen Rekonstruktion der Phasenstruktur [43] oder zur kommunikationssemantischen Gliederung der Themenstruktur [44] oder zur handlungspragmatischen Strukturierung des Aufbaus von Handlungsstrategien, -plänen und -zügen [45] bieten bereits ein methodisch anspruchsvolles Kategorienarsenal makrostruktureller Gesprächsanalyse.

Die Kategorien der Mikroebene sind demgegenüber das eigentliche Terrain linguistischer Strukturanalyse im engeren Sinne, die freilich in der Gesprächspraxis eine nicht zu unterschätzende Bedeutung für die Gliederungs- und Ablaufstruktur des G. erlangen. Hierher gehören die internen Elemente dialogischer ‹Äußerungen›, ihre syntaktische, lexikalische, phonologische und prosodische Struktur mit all den Merkmalen, wie sie in der umfangreichen Literatur zur Erforschung der gesprochenen Sprache zusammengetragen wurden [46], aber auch die para- und nonverbalen Zeichen, wie sie insbesondere in der Sozialpsychologie beobachtet [47] und beispielsweise in der Kinesik [48] und Proxemik [49] zu systematisieren versucht wurden. Erst ihr Zusammenwirken in der Redepraxis gibt Aufschluß darüber, wie die Gesprächspartner ihr Miteinandersprechen mimisch, gestisch, proxemisch, intonatorisch, phonotaktisch, lexikalisch (z. B. Partikeln, «Gesprächswörter» [50]), syntaktisch (z. B. Anakoluthe, Parenthesen [51]), pragmatisch (Anredeformen, Honorifikatoren, Aufmerksamkeitsappelle, Be- und Entwertungen) tatsächlich organisieren. Auf dieser Ebene sind die Differenzqualitäten zwischen Alltagsgespräch und rhetorisch bzw. ästhetisch geformtem G. am augenfälligsten.

Dies gilt gewiß auch für die mittleren Einheiten gesprächstypischer Äußerungen. Unter den Kategorien mediostruktureller Gesprächsanalyse sind neben den bereits genannten Grundeinheiten des Gesprächsschrittes (bzw. des Redebeitrages) und der Gesprächssequenz (bzw. des Gesprächsschrittpaares) vor allem die für den rhetorischen Aspekt der Redewirksamkeit ebenfalls bedeutsamen Mittel des Rückmeldeverhaltens *(feed back; back channel behaviour)* zu nennen, also die Hörersignale, Kontakt- und Kommentarparenthesen, mittels derer der eine Gesprächspartner dem anderen, «der gerade an der Reihe ist», seine Aufmerksamkeit, sein Verstehen oder Noch-nicht-Verstehen, seine Zustimmung oder Ablehnung signalisiert oder auch den Wunsch, selber an die Reihe zu kommen («gesprächsschrittbeanspruchende Signale»). Dem Wechsel der Gesprächsrollen *(turn-taking)* als dem Kern dieser Form der Kommunikation galt bislang das ausgeprägteste Interesse konversationsanalytisch inspirierter Gesprächsforschung. Anders als im literarischen Dialog ist im mündlichen G. der glatte Wechsel von einem Sprecher zum nächsten keineswegs die Regel, sondern bedarf insbesondere in Fällen, in denen das Gespräch nicht durch einen Gesprächsleiter organisiert wird, der das Rederecht vergibt oder verwehrt, oder in asymmetrischen G., in denen das Recht, das Wort zu erteilen, nur bei einem der Partner liegt, sorgfältiger Abstimmung und Aushandlung mittels eines Registers von ‹Gliederungssignalen›, Zeichen der Aufforderung zur Übernahme der Sprecherrolle, der Bereitschaft, diese Rollen *(chaining rules)* abzugeben, des Wunsches, sie zu übernehmen *(claiming of the turn)*. Dennoch kommt es auch subtiler Regeln des (kulturspezifischen) Pausenmanagements zum Trotz, zu Unterbrechungen und deren Abwehr, zu Simultansequenzen und Überlappungsturbulenzen *(overlapping; simultaneous talk)*. Geschulte Redner (insbesondere routinierte Interview-Partner und Talkshow-Gäste) haben wirksame rhetorische Strategien entwickelt, sich im Gespräch zu behaupten (z. B. Pausen gerade nicht an redeübergaberelevanten Stellen syntaktischer Sinnschließung zu setzen u. ä.). Dieser zur klassischen Rhetorik komplementäre Sektor gezielter Gesprächsschulung wird heute mehr und mehr zu einem wichtigen und rapide expandierenden Feld der angewandten Dialog-Rhetorik.

IV. *Prozedurale Gesprächsführung.* Die strukturale Gesprächsforschung mit ihrer systematischen Beschreibung von Einheiten und Strukturen des G. kann ergänzt werden durch prozessorientierte Verfahren zur Rekonstruktion der Verlaufsformen des interaktiven Geschehens im G. Diese Verfahren wurden in den 70er Jahren zunächst von Schülern der amerikanischen Soziologen und Sozialpsychologen H. GARFINKEL und E. GOFFMAN inauguriert. Ihr Interesse galt den Ordnungsschemata sozialen Handelns und damit der Bedingungen der Konstitution gesellschaftlicher Wirklichkeit in der ‹Lebenswelt› des Alltags. Ihr Verständnis erschließt sich aufgrund ihres Vollzugscharakters aus der phänomenologischen Beschreibung der Prozeduren, mittels derer die Teilnehmer sie organisieren: «The activities whereby members produce and manage settings of organised everyday affairs are identical with members' procedures for making those settings ‹account-able›» (Die Aktivitäten, mit denen Kommunikationpartner alltägliche Situationen hervorbringen und bewältigen, sind identisch mit den Verfahren, mit denen diese Situationen ‹berechenbar› gemacht werden können). [52] Soweit sich solche Verfahrensanalysen von Interaktion auf G. beziehen, fassen wir sie daher als Ansätze prozeduraler Gesprächsforschung zusammen. Sie gehen davon aus, «daß die Verfahren der Gesprächspartner im Prinzip die gleichen Verfahren sind, die auch der Gesprächsanalytiker anzuwenden hat, wenn er den Sinn der sozialen Interaktion ‹Gespräch› ermitteln will». [53] Der Sinn wird gemeinsam gestiftet im wechselseitigen Zusammenspiel von «Vollzug und Mitvollzug» der Partner. [54] Ihre Handlungen sind «Gemeinschaftshandlungen» mit dem Ziel der Verständigung. [55]

Aus solchen hier nicht näher zu spezifizierenden Prämissen läßt sich ein Modell dialogförmiger Kommunikation ableiten, das die gängigen Kommunikationsmodelle kybernetischer Provenienz mit ihrer Informationsstrom-Metaphorik zu überwinden erlaubt. [56] In seinem Rahmen können die Prozeduren erfaßt werden, mittels derer die Gesprächspartner ‹Sinn› produzieren, sich ‹verständigen durch Sprechen›. Ihre Handlungsstrategien, -taktiken, -routinen folgen einer Interaktionslogik, deren Regeln teils die in einer Gemeinschaft geltenden (historisch-ethnisch relativen) Normen, teils die (pragmatisch-logisch universalen) Konstitutionsbedingungen von Gesprächen betreffen. Zu den wichtigsten Prinzipien dieser Interaktionslogik dialogförmiger Kommunikation gehören u. a. die wechselseitige Unterstellung der Reziprozität der Perspektiven von *ego* und *alter* und der Kongruenz ihrer Relevanzsysteme bzw. ihrer Wirklichkeitswahrnehmung (A. SCHÜTZ), die essentielle Vagheit der ausgetauschten Symbolgesten (H. GARFINKEL), die prinzipielle Indexikalität (Kontextbezogenheit) sprachlicher Handlungen (H. SACKS), die Annahme der Iterierbarkeit von Erfahrungen und der Stabilität von Typisierungen (J. PIAGET), die Voraussetzung von Normalformerwartungen und Reinterpretationsroutinen (A. CICOU-

REL) in ‹kritischen Momenten› ‹problematischer› Kommunikation. [57]

Auf dem Boden dieser Grundannahmen ist das faktische Gesprächshandeln zu analysieren als Bündel von interpretativen Prozeduren der Bedeutungsproduktion und -rezeption im Hinblick auf die kommunikativen Aufgaben der praktischen Kooperation (Grice), der Sicherung wechselseitigen Verstehens, der Organisation kohärent verschränkter Äußerungen in Raum und Zeit, des Vollzugs und der Ratifikation von Handlungsschemata, des Aushandelns von Interaktionsmodalitäten, der Konstitution sozialer Identitäten und Erwartungsmuster, der ‹Reparatur› oder höhersymbolischen Reinterpretation bei Regelverstößen oder uneigentlicher Redeweise usw. (Konversationsmaximen; *formulations*, *remedies*, *repairs*, *reformulations*). Das mit diesen Stichworten hier nur anzudeutende Programm prozeduraler Gesprächsforschung steht am Beginn seiner Bewährung in einer Fülle empirischer Projekte angewandter Gesprächsforschung, die das Wissen über die in G. unterschiedlichster Art ablaufenden Prozeduren der Teilnehmer enorm bereichern werden. Es bleibt dabei (mit Cicourel) methodisch bewußt, daß diese Prozeduren im Grundsatz denen entsprechen, die der Gesprächsanalytiker vollzieht, wenn er den Sinn von Gesprächen zu erfassen sucht, aber auch denen, die der Autor nachempfindet, wenn er seine Erfahrungen als Gesprächspartner im literarischen Dialog ästhetisch kondensiert.

V. *Angewandte Gesprächsforschung.* Im G. Strittiges *(quaestio)* öffentlich zu verhandeln wird meist als Ursprung der klassischen Rhetorik angesehen. Schon in der Antike wurde neben der Gerichtsrede und der Parteirede *(genos dikanikon, genus iudicale)* als den *controversiae* auch den Beratungsreden *(suasoriae)* und der rhetorischen Schulung in der Ausbildungspraxis besondere Aufmerksamkeit geschenkt. Es ist vielleicht kein Zufall, daß die moderne Gesprächsforschung gerade in diesen Anwendungsfeldern der *rhetorica utens* in den letzten Jahren ihre größte Fruchtbarkeit entfaltet hat. In der Gesprächstheorie wurde aus wohlmeinend-emanzipatorischer Parteinahme lange Zeit die Fiktion einer Diskursrepublik aufrechterhalten, «in der man mit Hilfe von idealisierenden Annahmen in ausschließlich vernünftigen Prozessen zu ausschließlich vernünftigem Konsens gelangt, weil die in jeder Hinsicht kompetenten Mitglieder dieser eher transzendentalen Kommunikationsgemeinschaft kaum noch irdische Ziele zu verfolgen scheinen». [58] Demgegenüber konnte der Angewandten Gesprächsforschung nicht verborgen bleiben, daß G. in der Praxis des gesellschaftlichen Alltags nicht selten systematisch verzerrt sind und alles andere als herrschaftsfrei symmetrisch ablaufen. Dies kommt besonders deutlich in der sogenannten institutionellen Kommunikation zum Ausdruck, deren Beobachtung die Gesprächsforschung der letzten Jahre wesentliche Impulse verdankt. Zur Illustration seien deshalb im folgenden aus diesem Forschungssektor einige Beispiele genannt, ohne deshalb die Ergebnisse in anderen Bereichen angewandter Gesprächsforschung unterzubewerten. Im Gegenteil: eine Forschungsübersicht [59] würde auf die wichtigen Untersuchungen einzugehen haben, die international im Laufe der 80er Jahre etwa zur Rolle des Gespräches in der Literatur, in der Philosophie, in der Psychoanalyse [60], in der Familie [61], in Sozialisation und Adoleszenz [62], in der Beratung [63], in der rituellen, maschinellen, industriellen, interkulturellen Kommunikation [64] entstanden sind.

Unabhängig von dem rhetorischen Interesse an der Gerichtsrede oder Aspekten der forensischen Argumentation widmet sich ein fruchtbarer Zweig der Angewandten Gesprächsanalyse dem G. in der Institution Gericht, anhand dessen die problematischen Verständigungsbedingungen in der strikt reglementierten Situation der ‹Verhandlung› zwischen den Vertretern der Institution und dem Angeklagten als ihren Klienten exemplarisch zu beschreiben sind. In einem Strafverfahren etwa wird das G. zwischen Richter und Angeklagtem durch das detaillierte Reglement der Strafprozeßordnung bestimmt, die allein für die Hauptverhandlung 25 Einzelsegmente verbindlich vorschreibt. Das G. ist hochgradig ritualisiert und rhetorisch strukturiert. [65] Seine einzelnen Phasen (wie die der Vernehmung zur Person und der zur Sache) werden in der Regel durch tradierte Formeln explizit voneinander abgegrenzt. Die Form des G. ist geregelt durch Vorschriften, die das Frage-/Antwort-Schema bestimmen. Der Angeklagte darf die Antwort in dieser Phase nicht verweigern, allenfalls verzögern, was jedoch in der Regel vergeblich ist. Sein Dilemma besteht darin, daß das asymmetrische G. zugleich auf einem Modus der Kooperation festgelegt ist, von dem er praktisch nur unter der Bedingung abweichen kann, daß er dem Richter einen Verfahrensfehler nachweist. Aber das setzt wiederum verfahrensrechtliche Kenntnisse voraus, über die er in der Regel nicht verfügt.

Die ‹Vernehmung zur Sache› wird durch den Hinweis des Richters eingeleitet, daß der Angeklagte aussagen könne, aber nicht müsse. Die Form dieses Hinweises kann die Antwort beeinflussen. Ist sie negativ, kann sie den kooperativen Gesprächsmodus gefährden. Ist sie positiv, stehen verschiedene Strategien zur Wahl, den Tatsachverhalt darzustellen (bestätigen, leugnen, umdeuten, rechtfertigen, entschuldigen, ausweichen usw.). Von der Wahl der Strategie hängt für den Angeklagten viel ab: wechselt er zwischen zwei Strategien oder koppelt zwei miteinander nicht zu vereinbarende Strategien, gerät er unter neuen Rechtfertigungsdruck; weicht er aus, wird auch das entsprechend bewertet; schweigt er, leitet der Richter zur Ausgangssequenz zurück; wechselt er das Thema, gilt das als Ausweichmanöver usw. Seine einzige Möglichkeit, auf den ‹Vorhalt› eines Sachverhaltes nicht einzugehen, ist die Verweigerung der Aussage, was freilich seine Bereitschaft zur Zusammenarbeit (Kooperationsmaxime) in Frage stellt. Läßt er sich zur Sache ein, wird die ‹Befragung› die Plausibilität, Folgerichtigkeit, Widerspruchsfreiheit der Darstellung zu erweisen haben, sofern sie glaubwürdig sein soll. Das Beispiel illustriert einige typische Merkmale: das Ungleichgewicht der Redekonstellation, in der Vorsitzende die Gesprächsführung innehat, das Recht vergibt, die Dauer der Redebeiträge bestimmt, Themen einführt und wechselt, die Sprachebene wählt und Bewertungen vornimmt. Umgekehrt muß der Angeklagte den thematischen Vorgaben folgen, seine Beiträge müssen logisch stringent sein und den Sachverhalt treffen, den der Vorsitzende meint; die Argumentationsschritte müssen folgerichtig aufbauen und dürfen keine Widersprüche enthalten, sie müssen vom Gegenüber als zur Erhellung der Sache geeignet empfunden werden, man darf nicht erzählen, was einem selber wichtig erscheint. Verstöße gegen solche Maximen haben Sanktionen zur Folge, sofern nicht sogleich Motive oder Erklärungen oder Korrekturen geboten werden.

Ähnlich wie die Ursprünge der Rechtsfindung liegen

auch die der Heilung im vorhistorischen Dunkel der (Sprach-)Magie. Schon in den Ritualen der Medizinmänner kam der Sprache besondere Bedeutung zu. Während das psychotherapeutische G. Mittel zum Zweck der Heilung ist, ist das zwischen Arzt und Patient Voraussetzung zum Zweck der Heilung. Dennoch verläuft es unter den Bedingungen institutioneller Kommunikation nicht immer ohne Konflikte. Die ärztliche Visite ist dafür ein anschauliches Beispiel. [66] Auch hier ist die Asymmetrie des Kommunikationsverhältnisses Quelle potentieller Konflikte, die den Beteiligten nicht immer bewußt sind, aber dennoch Wirkung zeitigen in dem Unbehagen, das viele Patienten in dieser hochspezifischen Gesprächssituation empfinden, in der fast alle Regeln mißachtet werden, die für Alltagsgespräche gelten. Er ist weniger Gesprächspartner, *mit* dem gesprochen wird, als ein Gegenstand, *über* den gesprochen wird. Er sieht, daß über ihn gesprochen wird, hört aber oder versteht nicht, was über ihn gesagt wird. Der Jargon der klinischen Laborsprache erschwert ihm, dem G. zu folgen. Dieser Jargon enthält Ellipsen, Andeutungen, Verkürzungen und andere rhetorische Mittel der Gesprächsökonomie, die es ihm neben der verschachtelten und ineinander verfugten Struktur ihm unverständlicher Themen praktisch verwehren, sich als Gesprächspartner in einer Weise einzubringen, die nicht als störende Intervention empfunden würde. Entsprechende Versuche werden oft mit einer Reihe von ‹Abweisungsstrategien› beantwortet, mittels derer der Arzt oder das Krankenhauspersonal das G. zu steuern und im Sinne der Institution zu effektivieren strebt. Wenn solche Strategien nicht als konfliktträchtig bewußt werden, dann liegt das vielleicht daran, daß ihre rhetorische Form den im Alltagsgespräch genutzten Mitteln entspricht. Die Rückfragen, Erläuterungen, Wiederholungen, Paraphrasen, Ergänzungen, Richtigstellungen, Begründungen, die normalerweise der Verständnissicherung dienen, bewirken hier durch ihren verstärkten Einsatz eine massive Steuerung: eine etwas zu ausführliche Begründung erschlägt den Patienten mit Informationen, eine fachsprachlich zu präzise Erläuterung läßt ihn verstummen, eine etwas zu beharrliche Paraphrase ihn resignieren. Die Steuerung ist ebenso wirksam wie unauffällig, weil von dem einen Gesprächspartner als Mittel der Verständnissicherung geltend gemacht werden kann, was von dem anderen eher als Mittel der Verständnisbehinderung erfahren wird. Die genaue Analyse des tatsächlichen Ablaufs solcher G. ist jedoch die Voraussetzung für die Entwicklung von Gesprächsleitfäden, die für die gesprächsrhetorische Schulung und Fortbildung im Rahmen der ärztlichen Ausbildung allmählich an Bedeutung gewinnen. Man kann dies für den Unterricht überhaupt verallgemeinern, denn genauere Kenntnisse darüber, wie das Unterrichten als institutionelles G. abläuft, bringt uns vielleicht auch den Ursachen seines oft beklagten Mißlingens oder Scheiterns näher. Zahlreiche Untersuchungen sind in den letzten Jahren nach der Rezeption entsprechender Forschungsreihen in den USA auch im deutschsprachigen Gebiet zum ‹schulischen Diskurs› zwischen Lehrer und Schüler durchgeführt worden. [67] Die institutionellen Bedingungen des G. schlagen sich in den Maximenkonflikten und der Widersprüchlichkeit der Handlungsmuster nieder.

Die in Schulen und Hochschulen durchgeführten Beratungsgespräche sind ein anderer Gesprächstyp, dem am Beginn der empirischen Gesprächsforschung das Interesse von in diesen Institutionen arbeitenden Gesprächsanalytikern galt und das sich sehr rasch ausdehnte auf Beratungen in den Medien (Ratgebersendungen im Rundfunk), in Behörden, Kirchen und anderen öffentlichen und halböffentlichen Institutionen. Am Beispiel von G. auf dem Sozialamt konnten die Besonderheiten der Kommunikation in Verwaltungsbehörden besonders deutlich herauspräpariert werden. [68] Der Beamte sucht aus den Redebeiträgen des Klienten zu seinen individuellen Anliegen jene objektiven Merkmale herauszufiltern, die im Sinne der rechtlichen Bestimmungen für die Prämissen seines Handelns als Agent der Institution relevant sind. Zum Zwecke der ‹Prüfung› bedient er sich einer Reihe von rhetorischen Strategien, die mehr oder weniger kooperativ sein können. Zu den eher kooperativen Strategien zählen solche des ‹aktiven Zuhörens› (Hörersignale), der Verstehenssicherung, der zielführenden Gesprächssteuerung durch Paraphrasen, Resümees, Rechtfertigungen, Normenverweise. Solche Strategien können jedoch auch, wie schon die Beispiele der G. zwischen Richter und Angeklagtem, Arzt und Patienten, Lehrer und Schüler, gezeigt haben, eher unkooperativ gebraucht werden. Eine Verstärkung der Hörersignale kann auch ein Zeichen für Ungeduld oder Desinteresse sein. Unterbrechungen können auf straffere Darstellung und genauere Argumentation zielen, aber auch der Abwehr unerwünschter oder für unerheblich gehaltener Informationen dienen. Zusammenfassungen, Wiederholungen, Paraphrasen können auf Verstehenskontrolle zielen, aber auch auf Uminterpretation des vorgebrachten Themas. In ihrer Kumulation häufen sie sich zuweilen im Verein mit Unterstellungen, Fragen, Aufforderungen, Rechtfertigungen, Hinweisen auf das Gesetz und die eigene Weisungsgebundenheit, Selbstinszenierung (*image*) durch Allaussagen und topische Sentenzen und stereotype Schematismen zu einer verhörähnlichen Strategie, der sich der Klient als Laie hilflos ausgesetzt sieht. Der Konflikt in solchen G. erklärt sich aus der unterschiedlichen Wahrnehmung der Wirklichkeit. Der Bürger erklärt seine Lage aus äußeren Umständen, die Bürokratie aus zu verantwortenden Verhalten. Die Erklärung des Bürgers wird vorsorglich als Schutzbehauptung gewertet, der ein eigenes taktisches Programm entgegengesetzt wird, das dem Zweck der Institution dient und die routinemäßige Bearbeitung des Vorgangs garantiert. Der Mangel an Authentizität wurde schließlich bei einem in sich außerordentlich vielfältigen Gesprächsbereich herauspräpariert, bei dem Alltäglichkeit und institutionelle Restriktionen, Spontaneität und Inszenierung in einer eigentümlichen Wechselbeziehung stehen: den Mediengesprächen. [69] Sie werden zugleich zwischen den Partnern und für ein Publikum geführt, sie sind auf Öffentlichkeit hin angelegt, für sie arrangiert. Dies erklärt ihre spezifische trialogische Gesprächsform, die gekennzeichnet ist durch eine Diskrepanz zwischen formal partnerzentriertem Gesprächsverhalten (z. B. bei den Anredeformen) und faktisch öffentlichkeitsorientierten Handlungszielen und Wirkungsabsichten.

Die gängigsten dialogischen Textsorten der Massenmedien sind Interview, Diskussion und, fernsehtypisch, Talkshow. Sie dienen entweder primär der journalistischen Informationsvermittlung (Interview) oder der Unterhaltung (Talkshow) oder beidem (Diskussion). Das Interview wurde bislang gesprächsanalytisch am gründlichsten untersucht im Hinblick auf dessen besondere Redekonstellation, die Techniken der Gesprächssteuerung, der Redigierung der mündlichen Form zum schriftlichen Text im Presse-Interview, der Varianten von Radio- und Fernsehinterviews. [70] Die Diskussion in Radio und Fernsehen soll dem Hörer oder Zuschauer die Möglichkeit geben, sich zu dem diskutierten Thema eine Meinung zu bilden auf der Grundlage des in den Gesprächsbeiträgen entfalteten Informationsspektrums. Der rituelle Charakter dieses Gesprächstyps zeigt sich besonders deutlich an den Gesprächsrändern mit den rituellen Schritten der An- und Abmoderation, aber auch in der Inszenierung der Kontroverse zum Zwecke politischer Werbung. [71] Die Talkshow als (meist im Fernsehen, aber auch auf der Bühne) zur Schau gestelltes G. dient demgegenüber weniger der argumentativen Themenbehandlung als der Selbstdarstellung der Protagonisten. Der genrespezifische Zwang zur Zwanglosigkeit erinnert an die Konversationsmaximen Mlle de Scudérys. Er wird balanciert durch die vermeintliche Authentizität der inszenierten ‹Show› des G., in der der Gesprächsleiter und seine Gäste einander durch Protektionsstrategien in gutem Lichte erscheinen zu lassen oder durch Provokationsstrategien aus der Reserve zu locken oder gar durch Disqualifikationsstrategien zu entlarven versuchen. Zuweilen wird das G. der Gäste im inneren Zirkel ergänzt durch die Einbeziehung weiterer in sich gestaffelter Öffentlichkeitsforen des Publikums im Studio oder der Zuschauer an den Geräten zu Hause, die sich mittels Telephon (vgl. auch die *phone ins* im Radio) in das G. einschalten können. Die Untersuchung dieses Bereiches führt zurück zu dem weiten Feld der Telephonkommunikation, mit deren Analyse die Angewandte Gesprächsforschung ihren Anfang nahm [72] und damit eine der wesentlichen Voraussetzungen schuf für die Entwicklung einer empirisch fundierten Rhetorik des G.

Anmerkungen:
1 J. H. G. Sulzer: Allg. Theorie der schönen Künste. 1. T. (1773) 632f. – **2** W. v. Humboldt: Über den Dualis, in: W. v. H.: Schr. zur Sprachphilos. (1963 [1827]) 138. – **3** K. Brinker, S. F. Sager: Linguistische Gesprächsanalyse (1989) 9. – **4** J. A. Eberhard et al.: Deutsche Synonymik. Durchgesehen, ergänzt und vollendet von C. H. Meyer, 2 Bde. (1852; ND 1971) Bd. 2, 436. – **5** R. Hirzel: Der Dialog, 2 Bde. (1895; ND 1963) Bd. I, 5. – **6** vgl. E. W. B. Hess-Lüttich: Grundlagen der Dialoglinguistik (1981) 76. – **7** C. W. Morris: Zeichen, Sprache und Verhalten (1973) 215–248; vgl. ders.: Pragmatische Semiotik und Handlungstheorie (1977). – **8** J. Habermas: Theorie kommunikativen Handelns (1981). – **9** H. Geißner: Sprechwissenschaft. Theorie der mündl. Kommunikation (1981) 45. – **10** G. Bauer: Zur Poetik des Dialogs (1969) 3. – **11** C. Schmölders (Hg.): Die Kunst des G. Texte zur Gesch. der europäischen Konversationstheorie (²1986) 9. – **12** vgl. H. Geißner: «Gesprächsrhetorik», in: LiLi 11, 43/44 (1981) 66–89. – **13** vgl. P. Lorenzen, K. Lorenz: Dialogische Logik (1978). – **14** vgl. K. O. Apel: Transformation der Philos. (1976); ders. (Hg.): Sprachpragmatik und Philos. (1976). – **15** M. Theunissen: Der Andere. Stud. zur Sozialontologie der Gegenwart (²1977). – **16** H.-H. Kögler: Die Macht des Dialogs. Kritische Hermeneutik nach Gadamer, Foucault und Rorty (1992). – **17** E. W. B. Hess-Lüttich (Hg.): Lit. und Konversation (1980); ders.: Kommunikation als ästhetisches Problem (1984); ders.: Soziale Interaktion und lit. Dialog, 2 Bde. (1981 u. 1985). – **18** H. Sitta (Hg.): Ansätze zu einer pragmatischen Sprachgesch. (1980); B. Schlieben-Lange: Traditionen des Sprechens. Elemente einer pragmatischen Sprachgeschichtsschreibung (1983). – **19** vgl. für die einschlägigen Ansätze in Soziol., Päd. und Psychol. E. W. B. Hess-Lüttich: Angewandte Sprachsoziol. (1987) und die dort zusammengestellten umfangreichen bibliographischen Hinweise. – **20** H. Henne, H. Rehbock: Einf. in die Gesprächsanalyse (²1982). – **21** J. A. Fishman: Sociolinguistics (1970) 51. – **22** vgl. Henne, Rehbock [20] 28–38 u. 259–261; T. v. Dijk: Textwissenschaft (1980) 221–267; vgl. insbesondere G. Antos et al. (Hg.): Textwissenschaft. Ein int. Hb. der Text- und Gesprächslinguistik (i. Vorb.). – **23** K. Brinker, S. F. Sager: Linguistische Gesprächsanalyse. Eine Einf. (1989) 13. – **24** J. Trabant: Linguistische Gesprächsanalyse und Literaturwissenschaft, in: lendemains 27 (1982) 103–118, 105. – **25** B. Schlieben-Lange [18] 37. – **26** H. Henne: Probleme einer historischen Gesprächsanalyse, in: H. Sitta (Hg.) [18] 89–102, 94. – **27** M. Lazarus: Über Gespräche, in: Ideale Fragen (1878) 237–264. – **28** Zum Gesamtkomplex vgl. Schmölders [11]; K.-H. Göttert: Kommunikationsideale. Unters. zur europäischen Konversationstheorie (1988). – **29** M. Fauser: Das Gespräch im 18. Jh. (1991); vgl. Henne, Rehbock [20] 234–241; Henne [26]. – **30** A. Linke: Zum Sprachgebrauch des Bürgertums im 19. Jh., in R. Wimmer (Hg.): Das 19. Jh. Sprachgesch. Wurzeln des heutigen Deutsch (1991) 250–281. – **31** vgl. Schlieben-Lange [18] 39f. u. d. dort genannte Literatur. – **32** G. Ungeheuer: Gesprächsanalyse und ihre kommunikationstheoretischen Voraussetzungen, in: D. Wegner (Hg.): Gesprächsanalysen (1977) 27–65. – **33** vgl. H. Richter, H. W. Schmitz: Funktionale Kontexte von Gesprächsanalyse, in: Hess-Lüttich (Hg.) (1980) [17] 23–39. – **34** vgl. hier auch die Ansätze zur Entwicklung einer ‹Dialoggrammatik› von F. Hundsnurscher und Schülern. – **35** Hess-Lüttich [6] 83–91; vgl. Brinker, Sager [23] 171–185. – **36** W. Labov: Das Studium der Sprache im sozialen Kontext, in: W. Klein, D. Wunderlich (Hg.): Aspekte der Soziolinguistik (1971) 135; vgl. H. U. Bielefeld, E. W. B. Hess-Lüttich, A. Lundt (Hgg.): Soziolinguistik und Empirie. Beiträge zu Problemen der Corpusgewinnung und -auswertung (1977). – **37** J. Hufschmidt, K. J. Mattheier: Sprachdatenerhebung. Methoden und Erfahrungen bei sprachsoziol. Feldforschungen, in: W. Viereck (Hg.): Sprachliches Handeln – Soziales Verhalten (1976) 105–138; vgl. Brinker, Sager [23] 25–31. – **38** vgl. Henne, Rehbock [20] 52–88; E. W. B. Hess-Lüttich (Hg.): Multimedia Communication I: Semiotic Problems of its Notation (1982). – **39** vgl. H. Schnelle: Sprachphilos. und Linguistik. Prinzipien der Sprachanalyse a priori und a posteriori (1973) 19. – **40** vgl. S. Frey, H.-P. Hirsbrunner, U. Jorns: Time-Series Notations: A Coding Principle for the Unified Assessment of Speech and Movement in Communication Research, in: Hess-Lüttich (Hg.) [36] 30–58; zu weiteren Notationsverfahren vgl. ebd. sowie T. Luckmann (Hg.): Verhaltenspartituren: Notation und Transkription (= ZS für Semiotik 1.2–3) (1979); P. Winkler (Hg.): Methoden der Analyse von Face-to-Face-Situationen (1981); K. Ehlich, B. Switalla: Transkriptionssysteme. Eine exemplarische Übersicht, in: StL 2 (1976) 78–105. – **41** E. W. B. Hess-Lüttich: Die Zeichen-Welt der Multimedialen Kommunikation, in: ders. (Hg.): Medienkultur – Kulturkonflikt. Massenmedien in der interkulturellen und int. Kommunikation (1992) 431–450; vgl. W. Grießhaber: Gesteswiss. Arbeitstechniken und Computereinsatz, in: Osnabrücker Beitr. zur Sprachtheorie 39 (1988) 105–127. – **42** E. Goffman: Das Individuum im öffentlichen Austausch. Mikrostud. zur öffentlichen Ordnung (1974) 201. – **43** G. Ungeheuer [32] 27–63; zur Anwendung auf literarische Dialoge vgl. ders. (am Beispiel von Lessings ‹Freigeist›): Gesprächsanalyse an literarischen Texten, in: E. W. B. Hess-Lüttich (Hg.) (1980) [17] 43–71. – **44** G. Schank: Unters. zum Ablauf natürlicher Dialoge (1981). – **45** Vgl. J. Rehbein: Komplexes Handeln (1977). – **46** A. Betten: Erforschung gesprochener Standardsprache, in: DS 5 (1977) 335–361, 6 (1978) 21–44; H. Ramge: Alltagssprache (1978); R. Rath: Kommunikationspraxis. Analysen zur Textbildung und Textgliederung im gesprochenen Deutsch (1979). – **47** M. Argyle: Soziale Interaktion (²1974); A. Kendon: Nonverbal communication, interaction and gesture (1981). – **48** R. L. Birdwhistell: Kinesics and Context. Essays on Body-Motion Communication (1973). – **49** E. T. Hall: Proxemics, in: Current Methodology 9 (1968) 83–108. – **50** H. Henne: Gesprächswörter. Für eine Erweiterung der Wortarten, in: ders., W. Mentrup, D. Möhn, H. Weinrich (Hg.): Interdisziplinäres dt. Wtb. in der Diskussion (1978) 42–47; A. Burkhardt: Gesprächswörter. Ihre lexikologische Bestimmung und lexikographische Beschreibung, in: W. Mentrup (Hg.): Konzepte zur Lexikographie (1981). – **51** A. Betten: Ellipsen, Anakoluthe und Parenthesen – Fälle für Grammatik, Stilistik, Sprech-

akttheorie oder Konversationsanalyse?, in: DS 4 (1976) 207–230. – **52** H. Garfinkel: What is ethnomethodology?, in: ders.: Studies in ethnomethodology (1967) 1; vgl. J. Bergmann: Ethnomethodologische Konversationsanalyse, in: P. Schröder, H. Steger (Hg.): Dialogforschung (1981) 9–52. – **53** Brinker, Sager [23] 117; vgl. A. V. Cicourel: Sprache in der sozialen Interaktion (1975). – **54** B. Waldenfels: Der Spielraum des Verhaltens (1980) 170. – **55** Vgl. G. Ungeheuer: Was heißt ‹Verständigung durch Sprechen›?, in: ders.: Kommunikationstheoretische Schr. I: Sprechen, Mitteilen, Verstehen (1987) 34–69, 37. – **56** Hess-Lüttich (1981) [6]; vgl. ebd. 187–226. – **57** vgl. Cicourel [53] 28–42; W. Kallmeyer: Kritische Momente. Zur Konversationsanalyse von Interaktionsstörungen, in: W. Frier, G. Labroisse (Hg.): Grundfragen der Textwissenschaft (1979) 59–109; Hess-Lüttich (1974) [17]. – **58** H. Geißner [12] 75. – **59** Wichtige Hinweise bieten z. B. das ‹Handbook of Discourse Analysis› von T. v. Dijk (1985) und die Bände der Reihe ‹Beiträge zur Dialogforschung› (1991ff.) sowie das ‹Handbuch der Dialoganalyse› von G. Fritz, F. Hundsnurscher (Hg.) (i. Vorb.); vgl. auch E. W. B. Hess-Lüttich: Dialogizität, Intertextualität, Medienkomparatistik: Tradition und Tendenz, in: Kodikas/Code. Ars semeiotica 12.1–2 (1989) 191–210; K. Stierle, G. Warning (Hg.): Das Gespräch (1984). – **60** vgl. A. Lorenzer: Psychoanalyse als Dialogwissenschaft, in: Schröder, Steger [52] 493–503; D. Flader, R. Wodak-Leodolter (Hg.): Therapeutische Kommunikation. Ansätze zur Erforschung der Sprache im psychoanalytischen Prozeß (1979). – **61** vgl. K. Martens: Sprachliche Kommunikation in der Familie (1974). – **62** vgl. H. Henne: Jugend und ihre Sprache (1986); Hess-Lüttich [19] Kap. 2. – **63** vgl. R. Fiehler, W. Sucharowski (Hg.): Kommunikationsberatung und Kommunikationstraining. Anwendungsfelder der Diskursforschung (1992). – **64** vgl. I. Werlen: Ritual und Sprache (1984); I. Paul: Rituelle Kommunikation (1990); R. Weingarten; R. Fiehler (Hg.): Technisierte Kommunikation (1988); J. Rehbein (Hg.): Interkulturelle Kommunikation (1985) sowie die Bände der Gesellschaft für ‹Interkulturelle Germanistik› (hg. von B. Thum, A. Wierlacher) oder der Reihe sic. ‹Studies in Intercultural Communication› (1987ff.; hg. v. E. W. B. Hess-Lüttich). – **65** vgl. L. Hoffman: Kommunikation vor Gericht (1983). – **66** T. Bliesener: Die Visite – ein verhinderter Dialog (1982). – **67** vgl. K. Ehlich, J. Rehbein: Muster und Institution. Unters. zur schulischen Kommunikation (1986); dies. (Hg.): Kommunikation in der Schule und Hochschule (1983). – **68** A. Wenzel: Verstehen und Verständigung in G. am Sozialamt (1984). – **69** H. Burger: Das G. in den Massenmedien (1991); A. Linke: G. im Fernsehen. Eine diskursanalytische Unters. (1985). – **70** F.-J. Berens: Analyse des Sprachverhaltens im Redekonstellationstyp «Interview» (1975); J. Schwitalla: Dialogsteuerung im Interview (1979); R.-R. Hoffman: Polit. Fernsehinterviews. Eine empirische Analyse sprachlichen Handelns (1982). – **71** W. Holly, P. Kühn, U. Püschel: Polit. Fernsehdiskussionen. Zur medienspezifischen Inszenierung von Propaganda als Diskussion (1986); dies. (Hg.) Redeshows – Fernsehdiskussionen in der Diskussion (1989). – **72** Forschungsgruppe Telefonkommunikation (Hg.): Telefon und Ges. Beitr. zu einer Soziol. der Telefonkommunikation, 3 Bde (1989–90).

E. W. B. Hess-Lüttich

→ Ars → Controversia → Debatte → Dialektik → Dialog → Diskurs → Diskussion → Geselligkeit → Gesprächserziehung → Gesprächsrhetorik → Interview → Kolloquium → Konversation → Kommunikationstheorie → Maieutik → Mündlichkeit → Sermo → Streitgespräch → Totengespräch → Verkaufsgespräch

Gesprächserziehung

A. G. hat zum Ziel die Entwicklung der Gesprächsfähigkeit, die Gesprächs-Verstehensfähigkeit einschließt. Sie orientiert sich in Didaktik und Methodik – unter Vernachlässigung elementarer, z. B. physiologischer und phonetischer Vorgänge beim Sprechen und Hören – an den kommunikativen Grundfähigkeiten «Sprech-Denken» und «Hör-Verstehen», durch die überhaupt in reziproken Prozessen ein Gespräch zustandekommt. G. als Zentralbereich jeder nicht-reduktionistischen «Sprecherziehung» hat folglich «Gesprächsfähigkeit» als globales Lernziel. [1] «Gespräch als Prototyp mündlicher Kommunikation» [2] wird intra- und interkulturell in verschiedenen Formen mit verschiedenen Zielen vollzogen. Gespräche, in denen Menschen jenseits der Alltagsroutine intentional in soziale Situationen eingreifen mit dem Ziel der Verständigung über Möglichkeiten der Veränderung, werden in spezifischem Sinne rhetorisch. «Mündliche Kommunikation» gewinnt dann die Qualität der «rhetorischen Kommunikation». [3] Aus gesprächsrhetorischem Verständnis wird folglich G. zu einer spezifischen «Didaktik der rhetorischen Kommunikation». [4]

Erziehung zu gesprächsrhetorischem Handeln verbindet in sozialem und kognitivem Lernen die Entwicklung ganz verschiedener Fähigkeiten. Das «Schibboleth ‹Kompetenz›» [5] löst sich auf in die Fähigkeiten [6]: sich an verschiedenen – regel‹losen› und geregelten – Gesprächen zu beteiligen (zu beginnen, zu beenden, auch: abzubrechen); zuzuhören, nachzufragen, eigene Meinungen klar und situationsangemessen zu formulieren; sich gruppendienlich zu verhalten, ohne eigene Meinungen einfach preiszugeben; wenn es strittig ist oder wird, konfliktfähig zu sein oder werden, an der Konfliktlösung mitzuarbeiten, aber auch zur Konfliktvermeidung fähig zu sein; sachangemessen und hörverständlich zu begründen, die eigene Meinung argumentativ zu vertreten sowie verantwortungs- und kritikfähig zu werden.

Diese Fähigkeiten werden nicht zum Selbstzweck entwickelt, sondern für das humane Zusammenleben der vergesellschafteten Subjekte. Aus dem Grund einer «dialogischen Ethik» [7] hat gesprächsrhetorische Erziehung oder rhetorische G. – in den Grenzen ökonomischer und politischer Zwänge – kritische Mündigkeit [8] zum Ziel.

B. I. *Antike.* «Why is the history of western rhetoric taught as if it began in the 5th century BC in Greece and not in the 11th century BC in Israel?» (Warum wird die Geschichte abendländischer Rhetorik so gelehrt, als ob sie im 5. Jh. v. Chr. in Griechenland und nicht im 11. Jh. v. Chr. in Israel begonnen hätte?) [9], fragte Y. Malkin vor kurzem, und er meinte beides, Rede und Gespräch. Oder warum beginnt die Geschichte der Rhetorik nicht mit der «Sophistik in China», auf die Friedrich Tenbruck hingewiesen hat? [10] Noch älter sind freilich ägyptische Weisheitsbücher, die auch für die Gesprächserziehung von großem Interesse sind. Dies gilt vor allem für die ‹Maximen des Ptahhotpe› [11], die wahrscheinlich aus dem 23. Jh. v. Chr. stammen. [12] Darin heißt es: «1. Sei nicht stolz auf dein Wissen, sondern sprich mit einem Ungebildeten wie mit einem Gebildeten; denn die Grenze des Lernbaren hat noch niemand erreicht. 2. Wenn du auf einen Disputanten triffst, der das Sagen hat und dir vorgesetzt ist, dann laß deine Arme unten und verbeuge dich; wenn du nicht mit ihm übereinstimmst, er wird sich nicht gewinnen lassen. Werte seine üblen Sprüche nicht durch Gegenargumente auf; das meint, er steht da als Ignorant, wenn deine Selbstkontrolle seiner Weitschweifigkeit gleichkommt. 3. Wenn du einen Disputanten triffst, der dir gleichgestellt ist, dann zeige deine Stärke dadurch, daß du schweigst, wenn er unangemessen redet [...]. 4. Wenn du einen Disputanten triffst, der niedriger gestellt ist als du, dann greife ihn nicht an aus Rücksicht auf seine niedrigere Stellung. Laß ihn (mit sich) allein, damit er seinen Irrtum einsehen kann [...]. 7. Wenn du Gast an der Tafel eines Mächtigen bist, nimm, was dir vorgesetzt wird [...] sprich ihn nicht an, bis er dich dazu auffordert, denn niemand weiß, was ihm mißfallen mag; sprich nur, wenn er dich anredet, und was du dann sagst, sei (ihm) angenehm [...]». [13]

Die «Ethnie der klassisch Gebildeten» wird vermutlich die Geschichte der rhetorischen Erziehung auch künftig in Griechenland anfangen lassen, eher bei PLATON und ARISTOTELES als bei den Sophisten, denn diese waren auch – wie SOKRATES ausschließlich – Gesprächsrhetoriker. Wenn in Gesprächen Wissen erworben und weitergegeben werden, wenn in gemeinsamem Beraten εὐβουλία (euboulía) erreicht werden und Überzeugen ermöglicht werden soll, dann müssen Gespräche auch gelehrt werden. Die rhetorische Erziehung (διδασκαλία, didaskalía) braucht «Begabung und Übung» und «von der Jugend anfangen muß man lernen». [14] Diese Ansicht des PROTAGORAS gilt nicht nur für die zusammenhängende Rede (Megalogie), sondern in den ‹Antilogien› auch für die Diskussion, die kurze Wechselrede (βραχυλογία, brachylogía). [15] Daß SOKRATES explizit und implizit ein Lehrer der Gesprächsrhetorik war, muß nicht eigens belegt werden. Seine als μαιευτική (maieutiké, Maieutik) bezeichnete Methode des Fragens wirkt bis heute. Wie Sokrates im ‹Menon› sagt, geht es darum, daß «ich nichts lehre, sondern alles nur frage». [16] Insgesamt gilt die «téchnē der Seelenführung durch Reden [...] auch im gemeinen Leben und in kleinen sowohl als großen Dingen». [17] ‹Für alle Fälle› also ist zu üben, und dies aus dreierlei Gründen, wie ARISTOTELES sagt [18]: Für die Gesprächsübung selber, denn ohne feste Methode wird ein Gespräch schwierig, für den Gedankenaustausch mit anderen und schließlich für die Philosophie selbst. Auch die verschiedenen Gattungen von Begründungen, die beim Disputieren erforderlich sind, werden im Disputieren gelernt. [19] Was Aristoteles für die Rede sagt, gilt auch als Gesprächsmaxime: «[...] Es genügt nicht, das zu wissen, was man sagen soll, sondern auch notwendig, wie man dies sagen soll [...]». [20] Das gilt für «alles, was in den Rahmen einer Auseinandersetzung zwischen Menschen fallen kann», wie CICERO sagt [21], und zwar für die Inhalte wie für die Sprache, denn «die Worte des Gesprächs sind ja dieselben wie die der Auseinandersetzung, und für die Umgangssprache schöpft man aus derselben Quelle wie für die Bühne und die feierliche Rede». [22] Es gilt schließlich für die in Gespräch und Rede erforderlichen Argumente, zu deren Ausfindigmachen drei Dinge eine Rolle spielen, «Scharfsinn, Methode und Fleiß». [23] Der Katalog, den Cicero für das *ineptus esse* gibt, läßt sich e contrario als Katalog für das *aptum* verstehen, das wiederum für Gespräch und Rede gleichermaßen gilt: «Denn wer nicht sieht, was die Umstände erfordern, wer zu viel redet, wer sich aufspielt, wer keine Rücksicht auf den Rang oder das Interesse der Leute nimmt, mit denen er zu tun hat, ja, wer überhaupt in irgendeinem Punkt Takt oder Maß vermissen läßt, von dem sagt man, er treibe Unfug (ineptus esse dicitur)». [24]

Wie die Ausbildung, die *eruditio* im einzelnen vor sich geht, schildert QUINTILIAN Schritt für Schritt. Dabei handelt er – zumindest mittelbar – auch vom Gespräch; denn beim geläufigen Sprechen, beim Nacherzählen, beim Für und Wider-Argumentieren ist die Gruppe der Mitschüler nützlich. [25] Das dialektische Argumentieren muß gelernt werden, weil es – hier greift er auf die ‹Phaidros›-Stelle zurück – «auch im privaten und im häuslichen Leben» die Rhetorik gebe. [26] Was er von den Argumenten sagt, gilt ebenso für die Rede *(oratio perpetua)* wie für das Gespräch *(oratio concisa)*, für die er ‹Gewißheitsregeln› gibt. [27] Für die G. ist wichtig, was er über das fünfgliedrige *epicheirema* schreibt [28] und über die verschiedenen Rollen von Sprechenden und Hörenden. [29] Bei den Deklamationen, den Argumentationen, den Narrationen und Paraphrasen scheint Quintilian das Prinzip des Wettkampfs beibehalten zu haben. [30] Die Tradition des pädagogischen *agon* hält sich über das *certamen* und die *disputatio* bis in die *debating tournaments* unserer Tage.

II. *Mittelalter, Renaissance, Humanismus, Reformation, Barock.* Das Lehrbuch des Quintilian gewann für die nächsten Jahrhunderte exemplarische Bedeutung. Aus der Zeit der Patristik verdient vor allem ‹De doctrina christiana› von AUGUSTINUS Erwähnung, in dem der frühere Rhetoriklehrer sich im zweiten Buch ausführlich mit der Dialektik beschäftigt. [31] Auch sein ‹Büchlein vom ersten katechetischen Unterricht› (De catechizandis rudibus) hatte eine große Wirkung. [32] Allerdings läßt sich aus den beiden Schriften nicht erkennen, auf welche Weise sie in gesprächspädagogische Praxis übersetzt worden sind. Dies kann für die ‹scholastische Methode› mit Sicherheit angenommen werden, seit sie im 12. Jh. durch ABAELARD in Philosophie und Theologie eingeführt wurde. Das dialektische ‹sic et non›-Verfahren der *quaestiones* und *interrogationes* führte auch ‹foro interno› zu rationaler Problemlösung. Aber letztlich konnte der Wahrheitsgehalt erst ‹foro externo› in öffentlichen Disputationen erwiesen werden. [33] Die scholastische Methode entwickelte sich aus der wiedererlangten Kenntnis der aristotelischen Werke, besonders seiner ‹Topik›. Da der akademische Unterricht jener Zeit durch die *disputatio* entscheidend geprägt war, mußten die Studierenden notwendigerweise disputieren lernen. Nur so konnten sie in den *disputationes ordinariae* bestehen, die oft jede Woche stattfanden, und erst recht in den *disputationes de quolibet*, die zweimal im Jahr öffentlich vor einem großen Zuhörerkreis stattfanden. [34] Es lag nahe, daß die *ars disputandi* zur Vorbereitung auf das Studium auch in den Gymnasien eingeführt wurde. Gelehrt und geübt wurden nicht mehr nur vor der Klasse vorzutragende Reden, sondern «zur *ars declamatoria* als monologischer Form tritt die *ars colloquendi*». [35] Disputiert wurde an den Gelehrtenschulen zunächst in lateinischer, später auch in deutscher Sprache. Offensichtlich gerieten diese *exercitationes* bald zum Selbstzweck; denn schon früh melden die Reformpädagogen des 17. Jh. ihre Einwände gegen diese Erziehung zur Spitzfindigkeit und Haarspalterei an, durch die ein Schüler schließlich – wie Weise sagt – zu einem «animal disputax» erzogen werde. [36]

III. *18. und 19. Jahrhundert.* Trotz solcher Bedenken scheint sich das Disputationswesen auch an den Schulen länger gehalten zu haben. Sonst wäre die Kritik unverständlich, die HALLBAUER (1725) oder J. J. SCHATZ (1734) an der deutschen Schulrhetorik üben. [37] Zwar entwirft C. C. SCHRAMM 1741 nach dem Urteil M. Fausers [38] eine fast vollständige *Gesprächsrhetorik*, aber über ihre Umsetzung in unterrichtlichem Handeln ist nichts bekannt. Was von Schramms ‹praecepta› gesagt wurde, läßt sich auch für die aus Knigges ‹Umgang mit Menschen› herauszulösenden Gesprächsmaximen feststellen. [39] Auch die «Schulrhetorik im 19. Jh.» [40] kennt keine spezielle G., vielmehr ist über die Stilistik die Brücke zum Aufsatzunterricht geschlagen, der inhaltlich immer stärker der Nationalerziehung dienstbar gemacht wird. [41] Gut gemeinte Empfehlungen wie die BASEDOWS, «Konversationsstunden» dort einzuführen [42], wo der offizielle Sprachunterricht den Kindern keine Gesprächsmöglichkeiten gäbe, oder so hehre Vorstellungen wie die Einführung von «Conversatorien», die SCHLEIERMACHER (1808) zur Ergänzung der akademischen Vorlesungen vorschlägt [43], ebenso FICHTE, der (1807) in seinem Plan für die zu gründende Berliner Universität das sokratische Gespräch und «Conversatoria» zur lebensnäheren Wissensvermittlung empfohlen hat – alle Vorschläge scheiterten am politischen Willen, für den als Beispiel eine Äußerung des Herzogs von Weimar aus dem Jahre 1736 stehen soll: «Das vielfache Räsonnieren der Untertanen wird hiermit bei halbjähriger Zuchthausstrafe verboten, und haben die Beamten solches anzuzeigen. Maszen das Regiment von Uns und nicht von den Bauern abhängt, und Wir keine Räsonneure zu Untertanen haben wollen». [44] Ungefähr hundert Jahre später äußert der Preußische Kultusminister K. O. VON RAUMER: «Die höheren Stände sind im Besitz aller Bildungsmittel, die unteren sollen sie gar nicht haben, das Volk darf nicht weiter unterrichtet werden, als es zu seiner Arbeit paßt». [45] Zu dieser ständestaatlichen Entmündigung der Vielen gesellte sich die fortschreitende Verinnerlichung der literarischen Gebildeten, eine Form der Entmündlichung, aus der sich kaum ein Streben nach G. ableiten ließ. Gespräch kam einem bekannten Schulmann wohl überhaupt nicht in den Sinn, als er (1893) sagte: «Nicht Redner, sondern Leser soll die Schule erziehen». [46]

IV. *Gegenwart.* An dieser Grundeinstellung hat sich im Kaiserreich trotz eines Parlamentes nichts Wesentliches geändert. Eine erstaunliche Ausnahme bildet B. OTTO. Er suchte in seiner ‹Hauslehrerschule› in Berlin ab 1906 die Gedanken zu verwirklichen, die er zuvor in seinem Buch über die ‹Zukunftsschule› entwickelt hatte: Der Unterricht sollte bestimmt sein durch die Fragen der Schüler. Die Schüler wurden mitbeteiligt an der Organisation von Schule und Unterricht. Das *Gespräch* war die zentrale Bildungsform. Das heißt, die Kategorien des Denkens sollten im Gespräch und in der Beobachtung des Sprechens gefunden werden. In Anlehnung an britische und amerikanische Erfahrungen gab es nicht nur Debattierabende, sondern ein Schülerparlament. [47] Was OTTO im kleinen praktizierte, versuchten die Reformpädagogen in die allgemeinen Schulen zu bringen wie KERSCHENSTEINER, der sich schon 1908 auf J. DEWEYS Pädagogik bezog, und GAUDIG, der (1911) mit seinem Grundansatz «Selbsttätigkeit in Gemeinschaft» ohne G. gar nicht auskommen konnte und deshalb der Schülerfrage entscheidendes Gewicht gab. [48] Zu den Grundprinzipien der «Arbeitsschule» bekannte sich auch – zumindest während der Weimarer Zeit – der Begründer der Sprecherziehung, E. DRACH. 1920 schrieb er: «Eine Übung in der Kunst der Rede und Diskussion, mit Dispositionsübungen, mit Belehrung über die Anwendung der parlamentarischen Geschäftsordnung, ist heute allsemesterlich eines vollen Saales sicher. Dabei mag es der Dozent als eine Ehrenpflicht ansehen, nicht bloß Debattiergeschicklichkeit und Phrasengewandtheit auszubilden, sondern die Teilnehmer durch strenge Kritik zur redenden Qualitätsleistung, zur Exaktheit der Begründung, Sachlichkeit des Urteils, und nicht zum mindesten zur Achtung vor der fremden Überzeugung anzuhalten». [49] Noch während politische und pädagogische Reformer versuchten, «die staatsbürgerliche Durchbildung unseres Volkes» [50] in die Wege zu leiten, formierte sich bereits die «Partei der Rede». Für sie gab es Propaganda und kein Gespräch; «denn die Diskussion ist die Bewegungsform der bürgerlichen Gesellschaft. Sie ist die Suche nach dem Kompromiß; der nationalsozialistische Staat kennt keine Opposition, sondern nur das Volk und seine Feinde – und darum auch weder Diskussion noch Kompromiß». [51]

NS-Staat und DDR waren geprägt von agitatorischer Rederhetorik, nicht von Gesprächsrhetorik. [52] Nach dem Zweiten Weltkrieg hat sich in Westdeutschland vor allen Dingen unter dem Einfluß der angelsächsisch gesteuerten Demokratisierung (re-education) ein Bewußtsein für die Notwendigkeit von *discussion and debate* entwickelt. Zu einer parlamentarischen Demokratie gehört nicht nur dem Namen nach das Instrument der parlamentarischen *Debatte*. Insofern ist es konsequent, daß in der parlamentarisch verfaßten Bundesrepublik Gesprächsrhetorik in Theorie und Praxis neue Beachtung fand. Den Vertretern dieser ‹Demokratie-These› wurde vorgeworfen [53], sie übersähen den zwischenzeitlich erfolgten Wandel in den Produktionsbedingungen, der andere Kommunikationsformen verlange. Daraus schließen die Vertreter der sogenannten ‹Produktions-These› auf das Zunehmen von Rhetorik-Trainings für Manager, wie die Anhänger einer ‹Medien-These› auf die Zunahme von Gesprächs-Sendungen, vor allem im Fernsehen. Industriebetriebe und Medien sind Institutionen innerhalb einer demokratisch verfaßten Gesellschaft. Zwar entziehen sich beide der unmittelbaren Partizipation der Bürgerinnen und Bürger, die nur als Gesprächs- und Kritikfähige sich der schleichenden Entpolitisierung widersetzen können. Deshalb ist Erziehung zur *rhetorischen Kommunikation* erforderlich in Schule und Erwachsenenbildung. [54] Freilich holt die «Dialektik der Aufklärung» [55] auch die «schulische Gesprächserziehung» [56] ein, und nicht nur diese.

Wie Gespräche an Grenzen kommen, so auch G. Dennoch sind auch unter massenstaatlichen Verhältnissen die symbouleutischen, deliberativen Fähigkeiten zum Klären und Streiten unverzichtbar, zumindest solange an der Idee von Demokratie festgehalten wird. Dies gilt auch in einer – wie DEETZ jüngst darlegte [57] – «democracy in an age of corporate colonization» (in einem Zeitalter der Kolonisierung durch Institutionen und Körperschaften).

Anmerkungen:
1 H. Geißner: Sprecherziehung. Didaktik u. Methodik der mündlichen Kommunikation (^{2}1986) 12. – 2 H. Geißner: Sprechwiss. Theorie der mündlichen Kommunikation (^{2}1988) 45. – 3 vgl. ebd. 152. – 4 vgl. H. Geißner: Rhet. u. polit. Bildung (^{3}1986). – 5 U. Maas: Argumente für die Emanzipation von Sprachstudium und Sprachunterricht (1974) 32. – 6 vgl. Geißner [1] 11–14. – 7 H. Geißner: Zwischen Geschwätzigkeit und Sprachlosigkeit. Zur Ethik mündlicher Kommunikation, in: S u S, 9 (1982) 9–31; J. Habermas: Erläuterungen zur Diskursethik (1991). – 8 vgl. T. Adorno: Kritik (1971) 10. – 9 Y. Malkin: Dialog 2 (1990) IV; eig. Übers. – 10 F. Tenbruck: Zur Soziol. der Sophistik, in: Neue Hefte für Philos. 10 (1976) 51–72; 74 u. 77. – 11 The Maxims of Ptahhotpe, hg. von E. Blyten (1986). – 12 ebd. 22. – 13 eig. Übers. – 14 Protagoras: Fragment 3, in: VS II, 267 (1954). – 15 vgl. W. Nestle: Vom Mythos zum Logos (1942) 289f. – 16 Platon, Menon 82e; vgl. A. B. Bodenheimer: Von der Obszönität des Fragens (^{2}1985). – 17 Plat. Phaidr. 261 a,b. – 18 Aristoteles, Topik 101a 25–37. – 19 Aristoteles, Sophist. Widerlegungen 165 a 1ff. – 20 Arist. Rhet. 1403 b; vgl. O. Baumhauer: Die sophist. Rhetorik (1986) 126. – 21 Cic. De or. II,5. – 22 ebd. III, 177. – 23 ebd. II, 147. – 24 ebd. II, 17. – 25 Quint. II,4, 15ff. – 26 ebd. II,21,4. – 27 ebd. II,10, 11–17. –

28 ebd. V, 14,5. – **29** ebd. XI, 1,39 u. 45. – **30** ebd. X,5,5. – **31** Augustinus: Des hl. Kirchenvaters Aurelius Augustinus ausg. praktische Schr. homiletischen und katechetischen Inhalts, aus dem Lat. übers. und mit Einl. versehen von P. S. Mitterer (o. J.), De doctrina christiana, 1–225. – **32** ebd.: Büchlein vom ersten Katechetischen Unterricht (De catechizandis rudibus) 227–309. – **33** Abaelard, in: F. Überwegs Grundriß der Gesch. der Philos. II ([13]1958) 213. – **34** ebd. 351ff. – **35** W. Barner: Barockrhet. (1970) 289. – **36** C. Weise zit. in Barner [35] 291. – **37** vgl. H. J. Frank: Gesch. des Deutschunterrichts (1973). – **38** vgl. M. Fauser: Das Gespräch im 18. Jh. (1991) 211. – **39** A. Knigge: Über den Umgang mit Menschen ([5]1796). – **40** vgl. D. Breuer: Schulrhet. im 19. Jh., in: H. Schanze (Hg.): Rhet. (1974) 145–179. – **41** vgl. Frank [37]. – **42** ebd. 102. – **43** vgl. I. Weithase: Zur Gesch. der gesprochenen dt. Sprache, 2 Bde (1960) I, 220. – **44** zit. in: A. Damaschke: Gesch. der Redekunst (1921) 185. – **45** zit. in: Weithase [43] I, 522. – **46** O. Sallwürk, zit. in: Weithase [43] II, 144, Anm. 329. – **47** B. Otto: Lehrgang der Zukunftsschule (1901). – **48** H. Gaudig: Der Begriff Arbeitsschule (1911). – **49** E. Drach: Stimmkunde und Sprachkunst an der Universität; Zs f. Deutschkunde 34 (1920) 236–243, 238; ders.: Grundlagen der Sprecherziehung, in: Der dt. Arbeitsunterricht (1926) 17–39. – **50** Damaschke [44] 319. – **51** A. E. Günther (1933), zit. in: Frank [37] 831. – **52** M. Beck: ‹Rhet. Kommunikation› und ‹Agitation und Propaganda›. Zu Funktionen der Rhet. in der DDR (1991). – **53** J. Dyck: Zur Kritik des herrschenden Rhetorikverständnisses, in: ders. (Hg.): Rhet. in der Schule (1974). – **54** H. Geißner: Rhet. Kommunikation im Unterricht, in: H. F. Plett (Hg.): Rhet. (1977) 293–303; R. Dahmen (Hg.): Erziehung zur polit. Mündigkeit (1980). – **55** M. Horkheimer, Th. Adorno: Dialektik der Aufklärung (1947). – **56** W. Dieckmann: Diskussion und Demokratie – Zum Diskussionsbegriff in der schulischen G., in: ders.: Polit. Sprache – Politische Kommunikation (1981) 159–186. – **57** St. Deetz: Democracy in an Age of Corporate Colonization (1992).

Literaturhinweise:
H. Hirschfeld: Zur Entwicklung einer didakt. Rhet., in: Päd. Rundschau 30 (1976) 783–812. – H. Behme: Zur Theorie und Praxis des Gesprächs in der Schule – eine Bibliogr. (1977). – J. Pilz-Gruenhoff: Gesprächsführung im Unterricht (1979). – M. Pschibul: Mündl. Sprachgebrauch (1980). – G. Ritz-Fröhlich: Das Gespräch im Unterricht ([2]1982). – R. Kaus: Rhet. und Päd. (1984). – G. Buck: Das Lehrgespräch, in: K. Stierle, R. Warnig (Hg.): Das Gespräch (1984) 191–210. – K. H. Bausch, S. Grosse (Hg.): Prakt. Rhet. (1985). – H. Geißner (Hg.): Ermunterung zur Freiheit. Rhet. und Erwachsenenbildung (1990).

H. Geißner

→ Debatte → Dialog → Disputation → Diskurs → Diskussion → Erziehung, rhet. → Gespräch → Gesprächsrhetorik → Kommunikationstheorie → Konversation → Streitgespräch

Gesprächsrhetorik

A. 1. Def. – 2. Gegenstandsbereich. – B. I. Griech. Antike. – II. Röm. Antike. – III. Mittelalter, Barock. – IV. 18. Jh. – V. Gegenwart.

A. 1. Die G. (auch Dialog-Rhetorik) [1] ist als Terminus neu, der Sache nach alt. G. – mit ihrem Komplement: Gesprächs-Hermeneutik (auch Dialog-Hermeneutik) [2] – wird verstanden als die Theorie der Formen, Strukturen und Funktionen von Gesprächen in gesellschaftlichen Situationen.

Das Untersuchungsfeld der G. bezeichnen bereits in der griechischen Antike ἡ περὶ τοὺς λόγους τέχνη (hē perí toús lógous téchnē, die Kunst oder Fertigkeit, zu reden), das διαλέγεσθαι (dialégesthai, im Wechselgespräch etwas ins Klare bringen) und die Tugend des συμπείθειν (sympeíthein, miteinander bereden). Auf den gesprächsweisen Umgang der Menschen miteinander verweisen die Begriffe διαλογικῶς (dialogikós) oder ὁμιλητικῶς (homilē-

tikós), auf den Gegenstand, das Gespräch, die Termini διάλογος (diálogos) und διάλεκτος (diálektos). In der lateinischen Tradition wird die Kunst der zwanglosen, erkenntnisorientierten oder kontroversen Unterredung als *ars colloquendi*, *ars sermonis*, *ars dialogica*, *ars dialectica* oder *ars disputandi* bezeichnet. Insofern unterscheidet schon die antike Theorie Formen des Sprechens, die jeweiligen Intentionen und sozialen Umstände sowie die rhetorischen und phatischen (psychischen, emotionalen) Qualitäten der dialogischen Kommunikation.

2. *Gegenstandsbereich*. Im Deutschen bezeichnet der Kollektiv-Singular ‹Ge-spräch› den Vorgang des Miteinandersprechens. Dieser umständliche Ausdruck ‹mit-ein-ander-sprechen› ist eine genaue Explanation des Phänomens: (wenigstens) eine Person spricht mit einer anderen. Vorausgesetzt ist (im Normalfall), daß jede der Personen nicht nur physiologisch hören und physiologisch sprechen kann, sondern verstehen und denken. Verstehen, was gehört, weil gedacht, was gesprochen wurde. W. VON HUMBOLDT brachte dies zugespitzt zum Ausdruck: «Verstehen und Sprechen sind nur verschiedenartige Wirkungen der nämlichen Sprachkraft». [3] Auf Sprechdenken bezogenes Hörverstehen, reziprok auf Hörverstehen bezogenes Sprechdenken haben als Anlaß *(causa efficiens)* und zum Ziel *(causa finalis)* die Absicht, «etwas zur gemeinsamen Sache zu machen». Dies ist eine angemessene Übersetzung von *communicare*, bzw. von κοινωνεῖν (koinōnein). Daraus folgt: «Gespräch ist der Prototyp der mündlichen Kommunikation». [4] Mögen auch die gemeinsam zu machenden Sachen *(res)* und die Äußerungsformen (z. B. die *verba*) das Gemeinsammachen unterscheiden, jenseits solcher Unterschiede liegt als *fundamentum inconcussum* die Gesprächshaftigkeit. Ist diese fundamentale Dialogizität wirkungsbezogen, mit ARISTOTELES τὸ ἐνδεχόμενον πιθανόν (tó endechómenon pithanón) [5] oder mit CICERO «ad persuadendum accomodate» [6], dann ist sie *rhetorisch*.

Die rhetorische Dialogizität geschieht in der G. aktuell, in der Rederhetorik dagegen virtuell. Die Rhetorizität *(rhetoricity)* ist nicht nur das Gemeinsame von Gespräch und Rede, sondern das «Rhetorische ist das Umfassende». [7] Deshalb können G. und Rede-Rhetorik unter dem Oberbegriff «rhetorische Kommunikation subsumiert werden». [8] Ob und seit wann für welche der beiden Erscheinungsformen des Rhetorischen eine *téchnē*, eine *ars* entwickelt wurde, ist aus der Geschichte zu diskutieren, aber die *ars* folgt der Rhetorizität, sie fundiert sie nicht: «artificium ex eloquentia natum». [9]

Das Gelingen von Prozessen rhetorischer Kommunikation setzt bei allen Beteiligten zwei komplementäre Fähigkeiten (Kompetenzen) voraus: einerseits Gesprächs- und Gesprächsverstehensfähigkeit, andererseits Rede- und Redeverstehensfähigkeit.

Gesprächs- und Gesprächsverstehensfähigkeit hat BADURA [10] wie folgt dargestellt:

zunächst intrapersonal

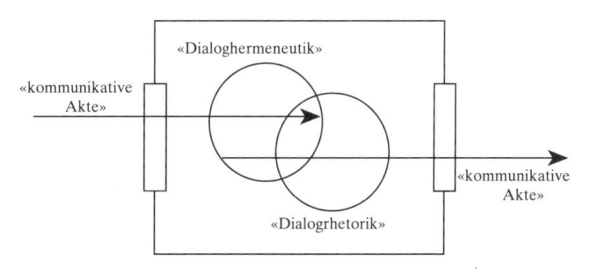

sodann interpersonal

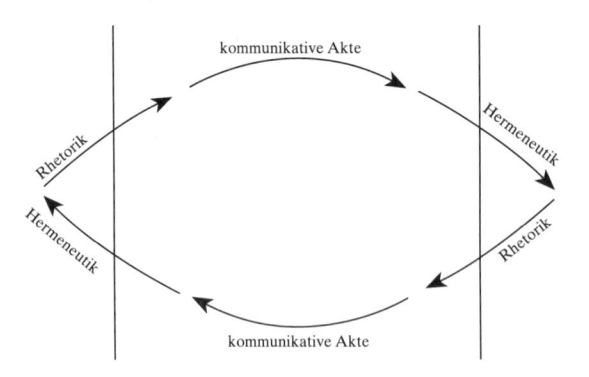

```
           kommunikative Akte
     ────────────────────────→
   Rhetorik            Hermeneutik
   Hermeneutik         Rhetorik
     ←────────────────────────
           kommunikative Akte
```

Vorgreifend ist an dieser Stelle wenigstens eine Orientierung über die verschiedenen Gesprächsarten zu geben. Auf semiotischer Basis versuchte C. W. MORRIS [11] ohne definitorischen Anspruch das ‹Universe of discourse› zu ordnen und mit Hilfe von vier Signifikationsmodi und vier primären Gebrauchsweisen der Zeichen in eine Matrix mit sechzehn Typen zusammenzustellen:

Beispiele der hauptsächlichen Diskurstypen

Gebrauch Modus	informativ	valuativ	inzitiv	systemisch
designativ	wissenschaftlich	fiktiv	rechtlich	kosmologisch
appreziativ	mythisch	poetisch	moralisch	kritisch
präskriptiv	technologisch	politisch	religiös	propagandistisch
formativ	logisch-mathematisch	rhetorisch	grammatikalisch	metaphysisch

Morris diskutiert anschließend [12] diese – wie er sie nennt – «hauptsächlichen Diskurstypen». Dabei ist daran zu erinnern, daß der Diskursbegriff in verschiedenen Sprachen zu verschiedenen Zeiten Verschiedenes bedeutet; z.B. ist der von Morris zur Klassifikation verwendete Diskursbegriff nicht identisch mit dem bei Foucault, so wenig wie diese beiden mit den bei Habermas gebräuchlichen. Da der Diskursbegriff die Ambiguität von Gespräch und Rede nicht – oder nur im Hegelschen Verständnis – ‹aufhebt›, sind für eine gesprächsrhetorische Grundlegung die spezifischen Differenzen der «Formen des Gesprächs» darzustellen. Ebenfalls ohne definitorischen Anspruch wurde ein derartiger Versuch mit Hilfe der Kategorien Personen-Gespräch und Sach-Gespräch sowie mit Graden der «Verbindlichkeit» als eine erste vorläufige Orientierung 1957 unternommen [13] (siehe Tabelle).

Wenn diese Tabelle auch in einigen ihrer wissenschaftstheoretischen Grundannahmen und in ihrer Terminologie überholt ist, vermag sie noch immer einen Überblick über die Vielfalt der Gesprächsformen zu vermitteln, mit denen G. sich zu beschäftigen hat.

B.I. *Griechische Antike.* ῥητορική (rhētorikḗ), Rhetorik als terminus technicus erscheint zuerst bei PLATON, vermutlich zur Etikettierung der Schule seines Gegners Isokrates. [14] In den Jahrhunderten vorher war *lógos* der Zentralbegriff. Er umfaßte beides: Wahrheit und Wirkung in Gespräch und Rede. Wie in jeder gesellschaftlichen Situation gab es auch in der Sophistik Rhetorizität, aber «no surviving pre-platonic text refers to a sophist as a rhetor» (kein erhaltener vorplatonischer Text bezeichnet einen Sophisten als Rhetor). [15] Es besteht auch keine begriffliche Äquivalenz zwischen rhētoriké téchnē und lógōn téchnē. Die Lehre von den lógoi schloß die Dialektik ein, die Argumente, die Diskussionen, das Fragen und Antworten, den διάλογος (diálogos), das διαλέγεσθαι (dialégesthai) – eben «Formen des Gesprächs». [16] Philosophie und Rhetorik waren ungeschieden. «Die Sophistik hat die Unzertrennlichkeit von Denken und Reden (...) entdeckt». [17] Die Sophisten übertragen die von der ionischen Naturphilosophie «entfachte Aufklärung» [18] in die Grundlagen der Erziehung einer sich demokratisierenden *polis*. Nicht das Beweisbare findet ihr Interesse, sondern das Begründbare. Nur wer Wahres vom Falschen zu unterscheiden vermag, kann auch richtig handeln. Das Wahre aber muß «sich aus Rede und Gegenrede öffentlich zwingend ergeben». Mit diesem Anspruch setzten die (älteren) Sophisten «die Wissenschaft selbst in Gang». [19] λέγειν (légein) und ἀντιλέγειν (antilégein) geschieht nicht nur in zusammenhängender Rede vor großer Versammlung,

Gesprächsformen

PERSONENGESPRÄCH

BEGEGNUNG	GRUSS	BEGRÜSSEN
Empfang Besuch «Vortrag» Audienz	**Geplauder**	**Unterhaltung** Konversation Andeutung Flirt
Geschwätz Gerede Gefasel Geschwafel Phrase	**Klatsch** Nörgelei Meckerei Gekeife Denunziation	**Gerücht** Getuschel Geflüster «Parole» Lüge
Liebes/Freundesgespräch	**Miteinandersprechen** Sich-Aussprechen Mitteilung...	**Selbstgespräch** «Monolog»
↓ Ermahnung	Belehrung	Überzeugung
↑ **Aufforderung** Bitte Forderung Empfehlung	**Anweisung** Richtlinie Anleitung Auftrag	**Befehl** Anordnung Gebot Gesetz
Erforschung Sachfrage Interview Exploration	**Vernehmung** Rapport Verhör Untersuchung	**Entscheidung** Urteil Verkündung Absolution
Unterredung	**Besprechung** Beratung Absprache	**Verhandlung**
Klärungs- Erörterung Erfahrungs-, Meinungs-, Gedankenaustausch «Aussprache»	**Streit-** Disputatio Auseinandersetzung Meinungsverschiedenheit Wortgefecht	**Kampfgespräch** Disput Gezänk Reizrede Agitation

SACHGESPRÄCH

sondern überall, auf Plätzen, in Höfen, zwischen Marktbuden oder in Gärten, es geschieht gesprächsweise.

Die ἀντιλογικὴ τέχνη (antilogiké téchnē) gilt, wie es im ‹Phaidros› heißt, «für alles, was geredet wird». [20] In Spruch und Widerspruch entstehen Streitgespräche wie öffentliche Reden über Streitfragen. [21] In der agonalen téchnē des Argumentierens verbinden die Sophisten Dialektik und Rhetorik. In den διαλέξεις (dialéxeis, den sogenannten dissoí lógoi) [22] heißt es, ein Mann müsse «kurz ein Gespräch führen können» (βραχὺ διαλέγεσθαι, brachý dialégesthai) und «öffentlich reden» (δαμαγορεῖν, damagoréin). [23] Wenn es über «jede Sache zwei einander entgegengesetzte Aussagen gibt» – eine Meinung, die dem Protagoras zugeschrieben wird [24] – wie soll dann über wahr und falsch entschieden werden? Es entwickeln sich zwei Lösungsversuche: auf der einen Seite die Spitzfindigkeiten der Eristik, auf der anderen Seite die Aporien des fragenden SOKRATES. Sokrates hielt keine Reden. Er verwickelte seine Gesprächspartner in dialektische Gespräche, und nicht nur, was dies anlangt, könnte man ihn einen sophistischen Gesprächsrhetor nennen. Da er seine dialektische téchnē nicht nur selber praktizierte, sondern sie anderen z. B. im Theaitet beizubringen versuchte, sollte akzeptiert sein, daß es sich im strengen Sinne um eine «gesprächsrhetorische téchnē» handelt. [25] Zwar besteht Sokrates darauf, daß «Gespräche miteinander führen und Reden halten» verschiedene Dinge seien [26], aber dies schließt nicht aus, daß beide dialektisch sein können. Daß Sokrates ein Gesprächsrhetoriker war, ergibt sich schon aus seiner absoluten Mündlichkeit. Erst in den schriftlichen Dialogen des PLATON wird die Meinung des Sokrates allmählich verändert, wird Sokrates platonisiert. Die Wandlung der Positionen Platons von der anfänglichen Auseinandersetzung mit der sophistischen Rhetorik im ‹Protagoras› und ‹Gorgias› bis zum Entwurf einer philosophischen Rhetorik im ‹Phaidros› läßt eine Änderung seiner Meinung zu gesprächsrhetorischen Fragen nicht erkennen. Nachgewirkt hat vor allen Dingen seine Trennung von Rhetorik und Dialektik. Während Platon die Rhetorik ein Gegenstück der Kochkunst nennt [27], nennt ARISTOTELES sie das korrespondierende Gegenstück (antístrophos) zur Dialektik. [28] «Mit diesem unübersehbaren Affront gegen Platon beginnt des Aristoteles Rhetorika». [29] Rhetorik und Dialektik sind für Aristoteles nicht nur komplementär, sondern beides sind téchnai, aus Erfahrungswissen kondensierte Theorien. [30] Dies wird noch deutlicher in den ‹Sophistischen Widerlegungen›, in denen Aristoteles vier Formen des Gesprächs unterscheidet: das didaktische, das dialektische, das peirastische und das eristische. [31] Aristoteles weist darauf hin, daß er eine fünfte Art, die apodeiktikoí, an anderer Stelle abgehandelt habe. [32] Diese verschiedenen Dialogformen zeigen, daß der dialogische Peripatetiker keine strenge Trennung zwischen epistémē und dóxa vorgenommen hat. Indem er die dialektischen Schlüsse aus wahrscheinlichen Vernunftgründen (good reasons) akzeptierte und sie von den eristischen Gründen unterschied, unterschied er bereits im Bereich der dóxa zwei Begründungsarten; d. h. er machte die platonische Dichotomie zwischen epistémē und dóxa nicht mit, eine im Verlauf der G. entscheidende Ansicht. [33]

II. *Römische Antike.* Auch CICERO nennt die Dialektik eine Nachbarwissenschaft der Rhetorik. Gewiß seien Rede (oratio) und Disput (disputatio) nicht dasselbe, aber beide begegneten sich in der Erörterung. Aufgabe des Redners sei die Kunst der schmuckreichen Rede, die des Dialektikers die wissenschaftliche Untersuchung und Darlegung. Auf jeden Fall erwarte er vom vollkommenen Redner, daß er «den gesamten Bereich der dialektischen Methode beherrsche». [34] QUINTILIAN verbindet die hier noch geschiedenen Formen bereits unter dem Oberbegriff Rede (oratio). Er nennt die rhetorische Rede ‹fortlaufend› (perpetua), die dialektische ‹zerspalten› (concisa). [35] Wichtiger als der Unterschied zwischen fortlaufender Rede und einer Wechselrede in kürzeren Äußerungen ist für die Gesprächstheorie, daß Cicero Formen des Gesprächs unterscheidet, z. B. *sermones disputationesque*. [36] Die Disputationen, die Auseinandersetzungen, die durchaus sehr heftig sein können, werden noch übertroffen von der *contentio*, dem energischen Streit. Daran habe den Griechen mehr gelegen als an der Wahrheit. [37] Gerade im Unterschied zu den Streitgesprächen gewinnt die Gesprächsform *sermo* die Qualitäten des angenehmen, eleganten Sichunterhaltens. [38]

Abgesehen davon, daß sich Cicero auch zu anderen Gesprächsformen äußert, und auch Quintilian Verbindungen herstellt zwischen Formen des Gesprächsstils und des Redestils, in der Folgezeit hat offensichtlich das Idealbild des eleganten Unterhalters gewirkt. Die *ars sermonis* mit ihrem «doppelten Ideal der erholsamen, geselligen Fröhlichkeit und der rücksichtsvollen Konzilianz gibt ein brauchbares Schema zur Einteilung der späteren, oft ungemein detaillierten Konversationslehren ab». [39]

Nachdem zunächst einmal die dialektischen Gesprächsformen ausgeklammert oder der Philosophie überwiesen waren, ist von anderen Gesprächsformen zunächst wenig wahrzunehmen. Dies ist bemerkenswert, weil im dritten nachchristlichen Jahrhundert DIOGENES LAERTIUS [40] insgesamt vierzehn Dialoggattungen benennt. Er unterscheidet Dialoge des Erforschens und Untersuchens von denen der Anleitung und Instruktion; die Forschungsdialoge, die er zetetische nennt, unterteilt er in einübende (gymnastikós) und in Streitgespräche (agonistikós). Die gymnastischen Dialoge untergliedert er weiter in *maieutische* und *peirastische*. Die agonistischen untergliedert er in anzeigende und widerlegende. Die zweite Gruppe der Instruktions- oder Anleitungsdialoge untergliedert er in theoretische und praktische und unterscheidet bei den theoretischen noch einmal zwischen physikalischen und logischen, bei den praktischen zwischen ethischen und politischen Dialogen. Diogenes Laertius definiert oder erklärt keine seiner Dialogbezeichnungen näher. Es fällt auf, daß er bei der einen Großgruppe, den sogenannten Instruktionsdialogen, nur Inhalte nennt – theoretisch, praktisch, physikalisch, logisch, ethisch, politisch – die Forschungsdialoge, die zetetischen Dialoge dagegen nach den Tätigkeiten der Gesprächsteilnehmer: gymnastisch, agonistisch, maieutisch, peirastisch, endektisch und anatreptisch. Weiterhin fällt auf, daß die alten Dialog-‹charakteres› fehlen (dialektisch, eristisch, elenktisch, protreptisch, apodeiktisch). Wie zuverlässig auch immer die Äußerungen des Diogenes Laertius eingeschätzt werden mögen, es läßt sich heute mit einiger Sicherheit sagen, daß die Antike eine eigenständige Rhetorik des Gesprächs in allen Einzelheiten nicht ausgebildet hat. [41] Wäre aber, worauf schon Hirzel [42] hingewiesen hat, «die sophistische Literatur nicht so trauriger Weise zerstört worden», vielleicht erwiese sich der Katalog des Diogenes Laertius aus anderen Quellen als begründet.

III. *Mittelalter, Barock.* Einen zweiten entscheidenden

Einschnitt erfahren gesprächsrhetorische Ansätze nach der Christianisierung. Wenn es eine einzige Wahrheit gibt und diese dogmatisiert ist, also ‹außer Streit gestellt ist›, dann ist Gespräch als gemeinsame Suche nach Wahrheit, dann ist das wechselseitige Sichüberzeugen mit Vernunftgründen ausgeschlossen. Insofern fand die Rederhetorik in der christlichen Predigt eine neue Domäne, die G. jedoch zunächst nicht. Es ist konsequent, wenn sich eine Theologie des Schweigens entwickelt hat, wie in der Pflichtenlehre des Ambrosius oder dem ‹Taciturnitas-Gebot› der Benediktinerregel. Bei den Benediktinern vollzog sich selbst das *orare* der ‹ora et labora›-Formel im gesungenen Choral. Auch in den Klostergemeinschaften der anderen Orden bestimmte bis ins 12. Jh. die *lectio* der ‹Heiligen Texte› das Leben. Im Gegensatz zu dem Leben in klösterlicher Abgeschiedenheit entwickelt sich im städtischen Umfeld z. B. der Pariser Universität ein heftiger Streit miteinander rivalisierender Theologenschulen. Dies führt dazu, «daß der disputatio und der Dialektik der erste Platz eingeräumt wird». Bourdieu sagt weiter: «Ganz gleich, ob die disputatio ihren Ursprung dem Prozeß des Sic et Non verdankt, den Petrus Abaelardus in Anknüpfung an die Kanonika in die Universitätspraxis, oder die aristotelischen Schriften und insbesondere die topica, eingeführt hatte, feststeht, daß die disputatio als eine Methode, die auf Versöhnung der Gegensätze abzielt, zweifellos das typischste Produkt der Schule als Institution ist». [43] Die Ablösung der meditativen *lectio* durch die gesprächsrhetorische *disputatio* wurde vor allem durch die führenden Köpfe des Dominikanerordens, des Predigerordens, THOMAS VON AQUIN und ALBERTUS MAGNUS, vorangetrieben. Wieweit das scholastische Prinzip des *inter se disputando* die Zeit beeinflußt hat, konnte Panofsky an einem Musterbuch für eine frühgotische Kathedrale zeigen. [44] Waren die *quaestiones disputatae* auch Kernstück scholastischen Denkens und Mittelpunkt innertheologischen Streitens, das Kirchenvolk blieb davon ausgeschlossen. Es dauerte noch Jahrhunderte, bis auch dieses gesprächsrhetorische Verfahren in die säkularisierten Schulen gelangte. Freilich befürchteten manche Humanisten [45], daß mit der *ars disputandi* auch die theologische Dogmatik wieder in die Universitäten einziehen würde.

Einige Formen regelgeleiteter oder motivgleicher Gespräche halten sich durch die Jahrhunderte bis in die Zeit von Humanismus und Reformation. Von der Renaissance an entwickelt sich im Rückgriff auf Ciceros Ideal vom *sermo facetus* in den ‹Hofmanns-Traktaten› [46] ein neues Konversationsideal. Als typisch für diese Gattung kann B. CASTIGLIONES ‹Cortegiano› von 1528 gelten. Da der Hofmann einerseits seinem Prinzen gefallen muß, andererseits sich selber behaupten soll, gewinnen seine Dialoge Spielcharakter. Die aristokratische Oberschicht diszipliniert sich in ihren Konversationen bei Hofe selbst. Die Konversation verliert auch diese Funktion, als in den neu entstandenen Territorialstaaten ein absolutistischer Monarch bestimmt, für welche Funktionen er welche Einzelpersonen benötigt. [47] Castigliones höfisches Konversationsideal prägt in der Barockzeit auch die Adelserziehung in Deutschland. [48] Etikette und Salonkultur verlangen auf andere Weise den «Zwang zur Zwanglosigkeit» – wie Claudia Schmölders es treffend nennt – im konversationellen Umgang. [49]

IV. *18./19. Jahrhundert.* In der sich ausdifferenzierenden bürgerlichen – auch sprachlich – patriotischer werdenden Gesellschaft kommt es zu Gegenmeinungen. Bezeichnend sind etwa des Hallenser Pietisten FRANCKE ‹Dreißig Regeln zur Bewahrung des Gewissens und guter Ordnung in der Conversation oder Gesellschaft› (1698). Aus religiösen und aufklärerischen Strömungen hat sich im Verlaufe des 18. Jh. zum erstenmal eine ‹Rhetorik des Gesprächs› entwickelt, die M. Fauser gerade unter diesem Gattungsnamen überzeugend dargestellt hat. [50] Fauser hält die siebzehn *praecepta*, die C. C. SCHRAMM 1741 vorgelegt hat, für «eine nahezu vollständige» G. [51] Streben die aufklärerischen Gespräche vor allem auf die Verwirklichung «freier Geselligkeit», dann gewinnen andere, z. B. die Frauen der Jenenser Romantiker, für ihre Gespräche eine neue Tiefendimension hinzu. [52] Die nach der französischen Revolution einsetzende allmähliche Entfeudalisierung läßt auch das letztlich feudalistische Konversationsideal allmählich verschwinden, wie sich beispielsweise auch am Schicksal der Salons der Rahel Varnhagen zeigen läßt. Zu Beginn des 19. Jh. ist folglich kaum noch von Konversation die Rede. Stattdessen wird das ‹Gespräch› zu einem zentralen Thema. Für W. v. HUMBOLDT ist es der «Urtyp der Sprache» (1820). «Das lebendige [...] Wechselgespräch ist schon an sich gleichsam der Mittelpunkt der Sprache». [53] Schleiermacher arbeitet die ‹Dialektik als Kunst der Gesprächs-Führung› (1822) aus und begründet erneut den unlöslichen Zusammenhang zwischen Dialektik und Hermeneutik bzw. Rhetorik und Hermeneutik. [54] Aus F. H. JACOBIS und A. FEUERBACHS Gedanken entwickelt sich eine Dialogphilosophie. HEGELS Dialektik und ihre materialistische Umdeutung durch Marx und Engels markieren eine andere Entwicklungslinie. [55] Verglichen damit ist die Hinwendung zu volkstümlichen Formen des Erzählens weniger spektakulär, zumal sich in den napoleonischen Zeiten die Kultur des ‹Halb-Gesprächs› [56], die Kultur des Briefeschreibens verstärkt ausbreitete. Nicht übersehen werden soll, daß der Versuch mit der Pauls-Kirchen-Demokratie ein Versuch mit politischer Beratung (symboulía) und der Entscheidung nach kontroverser Auseinandersetzung war. So vielfältig diese Strömungen auch sind, zur Weiterentwicklung einer G. haben beispielsweise A. MÜLLER oder C. GARVE, obwohl er bereits ‹Debatte als Ideal des Gespräches› kennt [57], weniger beitragen als SCHLEIERMACHER mit seiner Unterscheidung von drei Gesprächstypen: 1. «Das freie Gespräch», das überwiegend dem «künstlerischen Denken» angehört, die zweckfreie wechselseitige Mitteilung; 2. das zweckgebundene Gespräch «auf dem Gebiet des geschäftlichen Denkens»; 3. «das eigentliche Gespräch, das dialektische Gespräch», das auch «Zweifel» oder «Streit» entsteht. [58]

In den angelsächsischen Ländern ist die Lage seit zwei Jahrhunderten völlig anders. ‹Discussion and debate› gehören nicht nur zur alltäglichen, zur universitären und parlamentarischen Praxis, sondern sie sind zugleich mit dem ganzen Spektrum der Gesprächsformen Gegenstände der Forschung. Allerdings sind auch im Rhetorischen beträchtliche Unterschiede zwischen Großbritannien und den USA festzustellen, wie die unterschiedlichen Denkansätze von E. BURKE und K. BURKE zeigen. [59]

V. *Gegenwart.* Mit dem stärker werdenden interkulturellen Ausgleich hat sich die Situation verändert. Das 20. Jh. ließe sich vielleicht sogar als das Jahrhundert des Gesprächs bezeichnen, wären da nicht die beiden Weltkriege und die sich jedem Gespräch entziehenden Greueltaten.

Zwar liefern historische Sprachwissenschaft und universalistische Linguistik auch weiterhin Grundlagen, bleibt Literaturwissenschaft in all ihren Ausprägungen in Geltung, aber von unterschiedlichen Theoriekonzeptionen aus rückt Sprache in ihrem mündlichen Vollzug in den Mittelpunkt von Forschung und Lehre, eben als Gespräch. Es käme einem enzyklopädischen Versuch gleich, den Zusammenhang aller Disziplinen aus den humanities, den social sciences oder den Geistes- bzw. Kulturwissenschaften mit dem Dialogischen belegen zu wollen. Genannt werden müssen hier: Sprachtheorien, Sprachphilosophie (Sprechen und Verstehen als Existenzial, als ‹Ort› der Wahrheit), dialogische Theologien mehr als die dialektische, die verschiedenen Hermeneutiken (klassische, objektive, empirische, kritische), Psychoanalyseverfahren bis hin zur Tiefenhermeneutik, dialogische und hermeneutische Logik, Argumentationstheorie, philosophische Anthropologien im Unterschied zu Anthropobiologien, symbolischer Interaktionismus, Kommunikationstheorien, Diskurstheorien, Konversationstheorien, semantische Gebrauchstheorien, Alltagstheorien, Ethnotheorien, Medientheorien und -analysen, besonders diejenigen, die sich mit den medienvermittelten neuen Gesprächsformen beschäftigen. Was Ipsen und Karg bereits 1928 konstatierten, «Sprache ist wirklich im Gespräch», gilt dabei im doppelten Sinne. [60]

Vor allem unter dem Einfluß der elektronischen (nicht gedruckten) Medien hat sich eine *secondary orality* [61] entwickelt, die in der Mehrzahl der medialen wie der *face-to-face*-Vollzugsformen dialogisch ist. Von hier aus eröffnet sich eine neue Verstehenschance für die Dialogizität in «primärer Oralität» sowohl im Griechenland der ersten Sophistik [62] als auch der in noch nicht literarisierten Kulturen. Soll ein ethnozentristischer «bias of communication» [63] überwunden werden auch dort, wo schriftliche Zeugnisse fehlen, dann stehen Ethnohermeneutik [64] und Ethnorhetorik [65] vor neuen Aufgaben, gerade wenn ihr leitendes Interesse gesprächsrhetorisch ist. Spätestens vor diesem Horizont wird deutlich, daß die alten Klassifikationsversuche des Rhetorischen *(tria sunt genera)* nicht ausreichen [66], daß der Versuch, sie kulturübergreifend überall zu ‹suchen›, Zeichen des erwähnten Ethnozentrismus sein können, Zeichen aus der «Ethnie der rhetorisch Gebildeten». Die Formen des Gesprächs sind vielfältiger als die téchnē-regulierten dikanischen, symbouleutischen oder epideiktischen Reden. Dabei ist einerseits zu berücksichtigen, daß diese Reden – wenn auch vor unterschiedlichen Hörern – am selben Ort gehalten werden konnten, daß andererseits – zumindest im Falle der symboulía – die Orte so waren, daß nicht kunstgemäß geredet werden mußte, sondern gesprächsweise (dialektikós) beraten werden konnte. Das legen aus dem Altertum zumindest die halbkreisförmigen ekklēsía bei Agrigent und das noch kleinere bouleutérion in der Nähe von Syrakus nahe, genauso wie es die heutigen Parlamente nahelegen, die als Amphiteater gebauten, wie das britische Unterhaus, sogar noch mehr.

Zu den klassischen Orten Gericht, Versammlungsort, Festsaal kamen im Laufe der Jahrhunderte hinzu: Kirche, Universität und Schule, Fabrik und Verwaltung, Arztpraxis und Krankenhaus, die Hör- und Sehmedien. Kirche bedeutet seltener Predigt als *pastoral counseling*, Seelsorge, Beichte, Katechese, Tröstung und Aufmunterung, Universität seltener Vorlesung als Labor und Seminar, Schule seltener Lehrvortrag als fragend entwickelndes Verfahren, Gruppenunterricht und Spiel. Fabrik und Verwaltung kennen so wenig eigenständige Redeformen, wie Arztpraxis und Krankenhaus, Hörmedien (vor allem das Telefon) und Fernsehen. Sie kennen aber die unterschiedlichsten Gespräche, etwa zur Beratung, Belehrung, Verkauf, Reklamation, Beurteilung, Kritik, zur Vorbereitung von Entscheidungen, zur Suche nach Problemlösungen, zur Untersuchung, zur Belehrung, zur Unterhaltung, zum Spaß und Vergnügen. Die unvollständige Aufzählung zeigt, daß zwar die alten Ziele des *docere, movere, delectare* auch vorkommen, daß sie aber nicht zureichen, die Fülle der Gesprächsformen zu klassifizieren. Dies gilt auch für ihre Übersetzungen ins Englische. Im Amerikanischen unterscheidet man das Reden nach *to inform, to persuade, to entertain*. Inzwischen hat sich längst herausgestellt, daß zumindest im Fernsehen die Mischkategorie zwischen informieren und dem Entertainment vorherrscht, die man als «Infotainment» bezeichnet. Neben den Sendeformen des Infotainment bleiben die der Persuasion bzw. des puren Entertainment. Allerdings ist es in Amerika inzwischen üblich, statt der Sendungen mit dem Ziel des *persuade* von Sendungen mit dem Ziel *to sell* zu reden. Folgerichtig spielt dann das *selling yourself* eine entscheidende Rolle, nicht nur in den Medien. Von daher erübrigt sich auch der Versuch, die Ambiguität im Terminus ‹Persuasion› bzw. ‹persuasiv› aufzulösen und ‹manipulativ› für überreden und ‹konviktiv› für überzeugen zu benutzen. [67]

Mit dem Strukturwandel der Öffentlichkeit [68] haben sich auch die Formen der Rhetorizität gewandelt. Geblieben ist in autoritären Zeiten ein Vorherrschen der Rede-Rhetorik, wie noch die jüngste Vergangenheit beweist. Weder in der Zeit des Nationalsozialismus noch in den 40 Jahren DDR-Stalinismus gab es eine gesprächsrhetorische Öffentlichkeit. «Gespräch ist [...] formal nicht bestimmt durch die Verteilung des Redestroms auf wenigstens zwei Partner, sondern durch den offenen Prozeß chancengleichen, wechselseitigen Fragens und Antwortens. [...] Wer Wechselseitigkeit offenen Fragens und Antwortens nicht duldet, setzt sich als unfehlbar in Geltung, muß mit Verbot und Tabu sich eingrenzen. Mißachtung des Gesprächs ist allemal Ausdruck von Dogmatismus und/oder menschenverachtender Selbstgewißheit, letztlich von Herrschaft: Unfähigkeit zum Gespräch [...] ist als pendant allemal Ausdruck des individual- oder sozial-pathologischen Zustands der Unmündigkeit als Folge individueller oder sozialer Obsessionen und Repressionen, ist letztlich Ausdruck der Unterdrückung». [69] Angesichts der Vielfalt der rhetorischen Gesprächsformen scheint der Versuch, sie wie die Formen der Rede in einer Matrix nach den Gesprächsorten und den Gesprächsarten bzw. -zielen zu klassifizieren, zum Scheitern verurteilt. Dies gilt vor allem dann, wenn nicht nur von den gelingenden Gesprächen ausgegangen wird, sondern ebenso von den mißlingenden, wofür wiederum die Gespräche in den Medien insofern ein Beispiel sind, als sie zwar mündlich geführt werden, aber im Verhältnis zu den Hörenden und Sehenden nur scheindialogisch zu nennen sind. [70]

G. hat sich nicht nur wie die content analysis mit Inhalten zu beschäftigen, auch nicht nur wie die Konversationsanalyse mit den Abfolgen des turn-taking, den opening- und closing-Signalen usw., sondern auch mit den gruppen- und/oder kulturspezifischen Verständigungsmöglichkeiten und ebenso mit den entsprechenden Verständigungshindernissen. Die Rhetorizität der

Scheingespräche ist ebenso ihr Gegenstand wie eine – um mit Schleiermacher zu sprechen - Hermeneutik des Mißverstehens. Gelingen und mißlingen können gesprächsrhetorische Prozesse in den beiden Grundformen *symboulía* und *agón*, *sermo* und *contentio*, *klären* und *streiten*, mit denen vergesellschaftete Subjekte versuchen, sich über Wege und Ziele künftigen Handelns zu verständigen und erkannte Mißstände gemeinsam zu verändern.

Anmerkungen:
1 H. Geißner: G., in: Lili 11 (1981) 66–89. – **2** B. Badura: Kommunikative Kompetenz, Dialoghermeneutik und Interaktion, in: Soziol. der Kommunikation, hg. v. B. Badura, G. Gloy (1972) 246–264; H. Geißner: Zur Hermeneutik des Gesprochenen, in: SuS 1 (1968) 13–30; M. Hyde, C. R. Smith: Hermeneutics and Rhetoric: A seen but unobserved relationship, in: Quarterly Journal of Speech 65 (1979) 347–363. – **3** W. v. Humboldt: Werke VII (1903ff.) 56. – **4** H. Geißner: Sprechwissenschaft ([2]1988) 45. – **5** Arist. Rhet. 1355b. – **6** Cic. De or I, 138. – **7** H. Rahn: Die rhet. Kultur der Antike, in: Der altsprachl. Unterricht (1966) 23–49; 44. – **8** B. Frank-Böhringer: Rhet. Kommunikation (1963); J. C. McCroskey: An Introduction to Rhetorical Communication (Englewood Cliffs 1968, [4]1982); H. Geißner: Rhet. Kommunikation, in: SuS 2 (1969) 70–81 und in: Praxis Deutsch 33 (1979) 10–21; 10. – **9** Cic. De or. I, 146. – **10** Badura [2] 260f. – **11** C. W. Morris: Zeichen, Sprache und Verhalten (1946), dt. m. e. Einf. von K. O. Apel (1973) 218. – **12** ebd. 219–288. – **13** H. Geißner: Sprechkundliche Grundlegung, in: Das Gespräch, hg. von I. Gentges, C. Winkler (1957) 27–44; 35; vgl. H. Henne, R. Rehbock: Einf. in die Gesprächsanalyse (1979) 32f. – **14** O. A. Baumhauer: Die sophistische Rhet. (1986) 78f. – **15** E. Schiappa: Rhētorikē: What's in a Name? Toward a Revised History of Early Greek Rhetorical Theory, in: Quarterly Journal of Speech 78 (1992) 1–15; 4. – **16** Xenophon, Memorabilia 1,2, 33–34. – **17** W. Nestle: Vom Mythos zum Logos (1942) 257. – **18** ebd. 261. – **19** F. H. Tenbruck: Zur Soziol. der Sophistik, in: neue hefte f. Philos. 10 (1976) 51–77; 66; vgl. J. Poulakos (ed.): The Sophists, in: Argumentation 10 (1991) No. 2. – **20** Plat. Phaidr. 261 e. – **21** Baumhauer [14] 437f. – **22** Nestle [17] 437f. – **23** VS ([7]1954) II 414, 27; 415, 17ff. – **24** ebd. II, 6a. – **25** Plat. Phaidr. 261 d10-e4; vgl. Baumhauer [14] 91. – **26** Plat. Gorg. 448d 11–12. – **27** ebd. 465 d7. – **28** Arist. Rhet. 1354 a 1. – **29** Baumhauer [14] 75. – **30** ebd. 75. – **30** ebd. 75ff. – **31** Aristoteles, Sophistici elenchi, übers. u. m. Anmerkungen versehen von E. Rolfes (ND 1968) 105 a und b. – **32** ebd. 105 b15. – **33** S. Toulmin: Die Verleumdung der Rhet., in: neue hefte für Philos. 26 (1986) 55–68. – **34** Cic. Or. 113–115, 114. – **35** Quint. II,20,7. – **36** Cic. De or. II, 19. – **37** ebd. I, 47. – **38** ebd. I, 32. – **39** C. Schmölders: Die Kunst des Gesprächs (1979) 15. – **40** Diogenes Laertius B 3, 49ff. – **41** M. Fauser: Das Gespräch im 18. Jh. (1991) 157. – **42** R. Hirzel: Der Dialog, 2 Bde. (1895) I, 383. – **43** P. Bourdieu: Zur Soziol. der symbolischen Formen (dt.) (1974) 142. – **44** E. Panofsky: Gotische Architektur und Scholastik (dt.) (1989) 42–52. – **45** W. Barner: Barockrhet. (1970) 393. – **46** vgl. W. Hinz: Rhet. Strategien des Hofmanns (1992). – **47** ebd. 451. – **48** Barner [45] 369f. – **49** Schmölders [39] 29. – **50** Fauser [41] 147–300. – **51** ebd. 208. – **52** R. Busto-Kühn: Kommunikation und Kommunikationsstruktur in frühromantischer Lit., dargestellt an Friedrich Schlegels «Gespräch über die Poesie» (1979), unveröff. Habil.-Schrift. – **53** Humboldt [3] IV, 435. – **54** D. F. Schleiermacher: Hermeneutik und Kritik, hg. und eingel. v. M. Frank (1977); ders.: Hermeneutik. Nach den HSS hg. und eingel. v. M. Kimmerle (1959) 80; ders.: Dialektik, hg. v. R. Odebrecht (ND 1942, 1976); vgl. G. Scholtz: Die Philos. Schleiermachers (1984). – **55** H. Schrey: Dialogisches Denken (1970, [3]1991). – **56** Hirzel [42] II,8. – **57** vgl. Schmölders [39] 234. – **58** Schleiermacher: Dialektik [54] 8ff. – **59** H. Gauger: Die Kunst der politischen Rede in England (1952); J. W. Goulden, G. F. Berquist, W. E. Coleman: The Rhetoric of Western Thought (Dubuque 1976, [2]1978). – **60** Cic. Ipsen, F. Karg: Schallanalytische Versuche (1928) 259. – **61** W. Ong: Orality and Literacy (Ithaka 1982). – **62** E. A. Havelock: The Orality of Socrates and the Literacy of Plato, in: New Essays on Socrates, ed. E. Kelly (Lanham 1984) 67–93; ders.: The Muse learns to write (New Haven/London 1986); R. L. Enos: Socrates Questions Gorgias, in: Argumentation 5 (1991) 5–15. – **63** H. A. Innis: The Bias of Communication (Toronto 1951); ders.: Empire and Communication (Toronto 1950, [2]1972). – **64** H. Bosse: Diebe, Lügner, Faulenzer. Zur Ethnohermeneutik von Abhängigen (1979). – **65** G. Philipsen: Navajo World Views and Culture Patterns of Speech. A case study in Ethnorhetoric, in: CM 39 (1972) 132–139; W. Starosta: On Intercultural Rhetoric, in: Methods for Intercultural Communication Research, W. B. Gudy Kunst, Y. Y. Kim (eds.) (Beverly Hills/London/New Delhi 1984) 229–238. – **66** H. Geißner: Rede in der Öffentlichkeit (1969) 55ff.; N. Gutenberg: Formen des Sprechens (1981) 416. – **67** Geißner [1] 79. – **68** J. Habermas: Strukturwandel der Öffentlichkeit (1962). – **69** H. Geißner: Rhet. und politische Bildung ([3]1986) 196. – **70** B. Lutz, R. Wodak: Information für Informierte (1987); E. S. Herman, N. Chomsky: Manufacturing Consent (New York 1988); H. Sturm: Fernsehdiktate: Die Veränderung von Gedanken und Gefühlen (1991); H. Geißner: Vor Lautsprecher und Mattscheibe. Medienkritische Arbeiten 1965–1990 (1991).

Literaturhinweise:
R. Bubner, K. Cramer, R. Wiehl (Hg.): Dialog als Methode, in: neue Hefte f. Philosophie 2/3 (1972). – C. C. Arnolds, J. W. Bowers (Hg.): Handbook of Rhetorical and Communication Theory (Boston 1984). – K. H. Stierle, R. Warning (Hg.): Das Gespräch (1984). – C. W. Kneupper: Visions of Rhetoric (Arlington 1987). – J. Lehtonen: Kommunikative Kompetenz – Ein Paradoxon, in: SuS 19 (1988) 111–118. – T. M. Lenz: Orality and Literacy in Hellenic Greece (Carbondale 1989). – H. Geißner: Das Dialogische in der Klemme, in: LiLi 20 (1990) 79, 88–109. – H. Geißner: The Prospect of Oral Communication..., in: E. Slembek (ed.): Culture and Communication (1991) 15–26. – M. Beck: ‹Rhet. Kommunikation› oder ‹Agitation und Propaganda› (1991).

H. Geißner

→ Agonistik → Ars → Controversiae → Debatte → Dialektik → Dialog → Diskurs → Diskussion → Gespräch → Gesprächserziehung → Kolloquium → Konversation → Kommunikationstheorie → Maieutik → Mündlichkeit → Sermo → Streitgespräch → Totengespräch → Verkaufsgespräch

Gesprächsspiel

A. Das G. gilt als eine literarische Dialogform des deutschen Barock. Seine rhetorische Wirkungsabsicht ist: *docere* durch *delectare*. Besonderes Interesse haben HARSDÖRFFERS ‹Frauenzimmer-Gesprechsspiele› erfahren, die sich bei anderen Autoren der Gattung wie RIST, THOMASIUS oder GRIMMELSHAUSEN nicht finden. Den adeligen und großbürgerlichen Damen (und Herren) wurde in dieser Art ‹Lesekonzert› – durchaus mit gelegentlichen Spieleinlagen – ‹Weltwissen› dargeboten durch ‹Konversation› für Konversation; Fortsetzungsspiele konnten enzyklopädisches Ausmaß annehmen.
B. I. *Antike.* Sizilien, dem kolonisatorischen ‹melting pot› Groß-Griechenlands, verdanken wir nicht nur den legendären Ursprung dikanischer Rhetorik, sondern auch wesentliche Anregungen für die Dialogliteratur. «An den Komödien Epicharm's und den Mimen Sophron's lernte man zum erstenmal, welcher Wirkungen die Form des Gespräches in der Dichtung fähig sei». [1] Thematisch sind diese Gesprächsbilder aus dem Leben der Menschen ein Anknüpfungspunkt für die spätere Bukolik. Auch nach Athen kamen Syrakusaner, um bei Symposien aufzuspielen; denn allgemein gehörten neben geistreichen Gesprächen auch Unterhaltung, Spiele, Rätsel und Rezitationen zu den *convivia*, wie die

Symposialliteratur seit XENOPHON belegt. [2] Oftmals waren die Symposien «ein Geflecht aus Ernst und Scherz, aus Maskenspiel und Geschäft». [3] Viel Ernst neben manchem Scherz findet sich auch in den von CICERO geschilderten unterhaltsamen Zusammenkünften, soweit es das *aptum* des *sermo facetus* erlaubt. [4] Bei PLUTARCH sind die früher freien Gespräche bereits schulmäßig formalisiert, so im Dialog ‹Ob die Land- oder Wassertiere klüger sind›. Ein Richterkollegium wird ernannt, die Meinungen werden in bestimmter Reihenfolge vertreten. Darauf erfolgt der schiedsrichterliche Spruch eines – bei Cicero hieß er – *honorarius arbiter*. [5]

Über tausend Jahre später wird ein vergleichbares Ritual in den scholastischen *quaestiones disputatae* mit heiligem Ernst vollzogen. Dieses Verfahren hat «den mittelalterlichen Universitätsunterricht mehr und mehr beherrscht». [6] Barner beschreibt das Ritual dieser disputatorischen Praxis: In der meist wöchentlichen *disputatio ordinaria* wurde unter der Leitung eines Präsidenten zu einer bestimmten Anzahl von Thesen pro und contra argumentiert. Der Erfolg entschied über das ‹Vorrücken› zum baccalar, dann zum magister; auch zur Doktorpromotion gehörte eine längere Disputation. In den Folgejahren breitet sich das Disputationswesen aus, bei Katholiken und Protestanten, aber nicht nur bei Theologen. Von H. SACHS stammt aus dem Jahre 1555 «Zwaier philosophi disputacio ob peser hayraten sey oder ledig zw pleiben ainem weissen Mann». [7]

II. *Literarische Vorläufer.* G. Boccaccios ‹filocolo› (1336–40) scheint weniger ein Paradigma gewesen zu sein. Dort gibt es eine Gesprächsrunde von Frauen und Männern. Eine Frau wird zur Königin der Runde gewählt. Daraufhin werden Fragen in der Reihenfolge der Sitzordnung gestellt, jeder muß der Königin widersprechen, worauf diese zum zweitenmal antwortet. Gewirkt haben könnte auch Boccacios ‹Decamerone› (1348, das seit 1472 in dt. Übersetzung vorlag). Gesprächshaft ist die Rahmenerzählung der Florentiner Adligen, die vor der Pest aufs Land geflohen sind und sich dort die Zeit vertreiben, indem sie sich Novellen erzählen. Von geringem Einfluß scheint auch der ‹Cour d'amours› gewesen zu sein, der im Frühjahr 1401 während einer Pestepedemie in Paris gegründet wurde zu ‹Ehre, Lob, Empfehlung und Dienst aller Frauen und Fräulein›. Es galt, geistreich über Liebesfragen zu sprechen, Gedichte zu verfassen oder Refrains zu finden und neue Versformen auszuprobieren. Die Damen belohnten rednerische Leistungen mit Preisen. [8] Als unmittelbare Vorläufer können italienische Spiele aus dem 16. Jh. betrachtet werden. Zu nennen ist eine Sammlung von Spielen, die I. RINGHIERI 1551 in Bologna veröffentlicht hat (‹cento giuochi liberalis et d'ingenio›). In diesen Spielen gibt es Spielführer, Themenvorschläge, bestimmte Rollen je Person, Fragemöglichkeiten und Pfänder bei mißlungenen Antworten, die auf verschiedene Weise ausgelöst werden mußten. [9] Die größte Wirkung hatten neben S. Guazzos ‹La civil conversazione› (1574) vor allem die Brüder GIROLAMO und SCIPIONE BARGAGLI aus Siena. Girolamos ‹De Giuochi che nelle vegghie sanesi si usano di farce› (1581) spielt zur Zeit der Neugründung der Sienensischen Akademie nach einem Bürgerkrieg. Für die Herren ist am würdigsten die Unterhaltung mit tugendhaften Damen. Sie gelten als Lehrerinnen der Tugend, des Geistes und des Wissens. Statt trivialer Unterhaltungen wie Tanzen oder Kartenspielen gilt es, für die Damen neue Spiele zu erfinden, eben Unterhaltungsspiele, in denen es um Geist, Erfindungsgabe, Scherz und auch um erotische Anspielungen geht. Amüsant ist beispielsweise ein ‹Blindenspiel›, ein Anlaß, der sich «ins Amouröse» umbiegen ließ. Als Schiedsrichterin fungierte eine der Damen. [10] Eher am Vorbild des Decamerone hat Scipione Bargagli seine ‹Trattimenti› (1587) orientiert. Zur Zeit der Belagerung der Stadt in den Karnevalstagen 1554 treffen sich drei Damen und fünf Herren im Haus der Clarice. Sie wollen fröhlich sein, sie sprechen miteinander, sie spielen miteinander und erzählen sich Geschichten. Bei den Spielen gibt es wiederum einen Spielführer, einen Gouvernator. Auch hier gibt es ein Blindenspiel: Jedem der Herren wird eine Dame zugeteilt, die dann die Art des Blindenspiels beurteilt, die ihn auch ‹strafen› kann. [11] Die G. der Italiener sind geistreich, witzig, amüsant und amourös. Gerade im Kontrast zu ihren eher düsteren Rahmenerzählungen vermitteln sie den Eindruck heiteren Vergnügens einer gesellschaftlichen Kunst. Die ältere deutsche Dialogliteratur scheint keinen Einfluß ausgeübt zu haben, weder der ‹Ackermann aus Böhmen› (1400) noch ULRICH VON HUTTENS ‹Gesprächsbüchlein› (1521). [12] Ob die sprechenden, parodistischen Personennamen aus der Antike übernommen wurden, wie ‹Eusebius› oder ‹Chrysostomus› oder ‹Philodoxus› oder ‹Misologus› oder eher dem Fasnachtsspiel, läßt sich nicht entscheiden. Dort kommen Namen vor wie ‹Josef Ehrbarkeit›, ‹Polikarpus Schindengast›, ‹Adam Nimmergnug›, ‹Emerita Schmollbäckly› oder ‹Rosina Suppenschmiedin› u. ä. Erstaunlich ist auch, daß die *colloquia familiaria* (1534) des ERASMUS VON ROTTERDAM ohne Wirkung geblieben zu sein scheinen, der diese «vertrauten Gespräche» unterteilte in profane, religiöse, politische und fabulierende. [13] Ungewiß bleibt auch, ob Platons Dialoge nicht nur in Rollen vorgelesen, sondern gelegentlich gespielt wurden [14] und ob in der Renaissance auch ciceronianische Dialoge dargestellt worden sind. [15] Gewiß ist dagegen, daß Castigliones ‹Cortegiano› (1528) unmittelbar gewirkt hat. [16] Der elegante Hofmann wird nach dem modelliert, was CICERO für das äußere Auftreten des Redners verlangt: «Quae motu corporis, quae gestu, quae vultu, quae vocis conformatione ac varietate moderanda est» (Er muß durch die Bewegung seines Körpers, durch seine Gesten, durch sein Mienenspiel, durch Stimmausdruck und Modulation das rechte Maß erhalten). [17] Der Hofmann kultiviert eine distanzierte Gefälligkeit, weil er alle Schwierigkeiten, alle Fallstricke, alle Ecken und Kanten kennt, die es zu vermeiden gilt.

III. *Harsdörffer und Nachfolger.* Kernstück der barocken Gesprächsspielliteratur sind die der Gattung den Namen gebenden Texte des Nürnberger Patriziers G. P. HARSDÖRFFER (1607–1658), der zuletzt Ratsherr war. Harsdörffer legt in den Jahren 1641–1649 insgesamt acht Bände mit G. vor, von denen die drei ersten den Titel tragen ‹Frauenzimmer-Gesprechspiele›. Wie bei den italienischen Vorläufern werden die Damen, die «Frauenzimmer» in die Spiele einbezogen; denn auch ihnen ist «[...] wohl Teutsch zu reden und recht zu schreiben so nötig als zierlich: nötig in Auferziehung ihrer Ehepflantzen [...] zierlich aber, weil sie ihre schönen Gedanken mit unartigen Worten ausreden mögen». [18] Es gibt wieder einen Spielführer, der hier «Regent» heißt. Er besitzt einen Spielstab, der auch als Richterstab verwendet wird, mit dem er Fehler bestrafen kann; der Strafe kann man sich durch Pfandgeben entziehen. Die Sitzordnung regelt auch hier die Abfolge der

Gesprächs-Beiträge. In den acht Bänden gibt es 300 Spiele, die sämtlich von den gleichen Personen bestritten werden. Es sind dies: Vespasian von Lustgaw, ein alter Hofmann; Julia von Frewdenstein, eine kluge Matron; Angelica von Keuschewitz, eine Adeliche Jungfraw; Raimund Discretin, ein gereister und belesener Student. Dieses Quartett wird später ergänzt durch: Cassandra Schönliebin, eine Adeliche Jungfraw und Degenwert von Ruhmen, ein verständiger und gelehrter Soldat.

In seinem Buch ‹Poetischer Trichter› (1647) geht Harsdörffer an verschiedenen Stellen auf die G. ein. Was er dort von der Aufgabe des Dichters sagt, gilt mit Einschränkung auch für die Spiele: «Die Erfindung wird entweder herbeigeführt von dem Wort oder von dem Dinge selbsten, davon man handelt, oder von den Umständen desselben oder von gehörigen Gleichnissen.» Wird Erfindung als *inventio* übersetzt, dann sind hier die rhetorischen Grundlagen bezeichnet: *verbum, res, circumstantiae* und *exempla*. [19] Viele der Spiele sind Wortspiele im weiten Sinne. Es gibt Buchstabenspiele, Städtenamen, Ländernamen, Flußnamen, die mit demselben Buchstaben beginnen, es gibt Lipogramme, Wörter, in denen ein Laut fehlt, oder es gibt Kombinationen von gleich anlautenden Eigennamen und Gegenständen. Es gibt Silbenspiele, Wörter mit gleichem Präfix oder mit gleichem Suffix. Die Aufgabe ist, passende Reimwörter zu finden. Es gibt Wortspiele, z. B. zu einem bestimmten Wort Geschichten zu erzählen; entsprechende Kombinationsspiele. Es gibt Spiele, die nur aus Sprichwörtern bestehen, oder zu einem Sprichwort Ursprung, Gebrauch und eine Geschichte zu erzählen sind. Es gibt Fragespiele, wobei die Fragen vorgegeben sind (ob, was, wie, wozu, wo, wann, woher und zu was etwas taugt bzw. was zu entgegnen sei). Es gibt Erzählspiele, in die je nach Aufgabe nur Gleichnisse oder Sinnbilder aufgenommen werden dürfen. Daß es auch Rätselspiele gibt, versteht sich in diesem Zusammenhang. Lobreden dagegen wirken etwas befremdlich.

Der äußere Ablauf ist häufig sehr scholastisch. Wenn z. B. Cassandra fragt, «welches das größte Laster und die vortrefflichste Tugend sei?», dann müssen die anderen in der Reihenfolge antworten Degenwert, Julia, Vespasian, Angelica, Raimund; (fragt dagegen Degenwert z. B., «warum man die Undankbaren nicht am Leben strafe?», dann folgen die Antwortgeschichten in der Reihenfolge Julia, Vespasian, Angelica, Raimund, Cassandra.) Durch diese Form von Reihenfragen und Antwortketten soll das Behalten der Inhalte erleichtert werden, oder mit Harsdörffer: «von einer Sache nach der Kürze ausführlich handeln, ermangelt selten des Verdrusses/ unterschiedlich und öftermals davon reden, bringt Belusten/ und fast vergessene in sichere Wiedergedächtnis». [20] Dieses pädagogische Einerlei wird gelegentlich aufgehellt durch Musik und Gesang, vor allem aber durch die ‹Freudenspiele›, die so genannt werden, «weil ihr Inhalt und Ende fröhlich und lustig ist». [21] Die Personen dieser «Schäfereien», «welche nach der Italiener Gebrauch eingeführt werden/ sind meistenteils Hirten/ so von den eclogis, oder Feldliedern abgesehen/ Spielweis auf den Schauplatz geführt worden». [22] Schäferspiele waren bis zu Goethes ‹Laune des Verliebten› sehr beliebt. Von derartigen gelegentlichen Aufheiterungen abgesehen, sind die ‹rahmenlosen› 300 Harsdörfferschen Spiele kaum als heitere Gespräche zu bezeichnen. Das dozierende Bildungsbemühen wirkt alles andere als amüsant. [23] Den teilnehmenden Typen eher als Personen wird Wissen aus allen möglichen Bereichen eingetrichtert. Die Spiele lassen sich verstehen als «kompendienartige Zusammenfassung der Bestrebungen der Sprachgesellschaften und ihrer Bildungsziele». [24]

Die Nachfolger Harsdörffers entfernen sich noch weiter von dem, was der Gattungsname G. zu versprechen schien. J. Rist hat von den zwölf geplanten ‹Monatsgesprächen› (1663ff.) nur sechs selbst ausgeführt. Die Reihe wurde von Finx fortgesetzt. Es handelt sich um fingierte Gelehrtengespräche, die ohne jeden Spielcharakter in bekannten Dialogformen geführt werden. Z. B. übernimmt in einem Gespräch je einer der Teilnehmer eine Position zu der Frage, ‹Welche die edelste Lebensform wäre›, die des Soldaten, die des Stadtmenschen, des Landmenschen oder bei Hof, wobei in Erinnerung an die Bukolik dem Landleben der Vorzug gegeben wird. Auch die ‹Schertz- und ernsthafften Gedancken. Monatsgespräche› des C. Thomasius (1688ff.) sind keine G. Bei ihnen handelt es sich um die fingierte Unterhaltung einer Gesellschaft der ‹Müßigen›, in der es vor allem um literarische Kritik geht. [25] Im Unterschied zu diesen beiden ‹Monatsgesprächen› führte ‹das fruchtbringende Gesprächs-Spiel›, das Lassenius 1666 vorlegte, noch ‹Spiel› im Titel, es handelt sich aber um freie Gespräche zwischen fünf Partnern bei Tisch über Themen der Zeit.

Zusammengenommen läßt sich sagen, daß diese G. die Brücke darstellen, «von den Colloquien und Novellen der Renaissance zu den moralischen Wochenten des 18. Jh.» [26], für die Gottscheds ‹vernünftige Tadlerinnen› (1725–27) als Beispiel gelten mögen.

Ein Unikum unter den G. ist C. Grimmelshausens ‹Ratsstübel Plutonis› (1672). Es spielt nicht am *locus amoenus* oder in einer Gelehrtenstube, sondern mitten im Dorf, auch nicht unter Ciceros Platane, sondern unter der Dorflinde. Dort treffen sich keine Typen, sondern Menschen: Simplex, der alte Knan, die alte Meuder und viele andere aus dem Dorfe, die über Alltagsfragen miteinander reden: Wie man reich wird, was diese Kuh kosten soll u. ä. Dabei kommt es auch zu Streitigkeiten. Sprache spielt eine Rolle, aber nicht in der Theorie, auch nicht in der poetischen Verwendbarkeit einzelner Sprachmittel, sondern in den Verstehensschwierigkeiten, die aus dem Sprechen verschiedener Dialekte herrühren. Zwar sind die Antworten der Teilnehmenden nach ihren Berufen, nach den sozialen Stellungen in der Gesellschaft geordnet, aber im Ganzen ist es ein lebendiges G. in einer realen Gesprächssituation.

IV. *Gegenwart.* Ein Blick in die nichtliterarische Alltagspraxis zeigt, daß sich viele der in den Gesprächsspielen vorfindlichen Unterhaltungsformen bis in die Gegenwart gehalten haben. Das gilt sowohl für das Blindekuh-Spiel oder für Sprech- und Schreibspiele bei Kindergeburtstagen oder bei Regenwetter im Urlaub. Das gilt für Rätselspiele nach dem Muster «Ich seh etwas, was Du nicht siehst» oder im Homonymenspiel vom «Teekessel». Was zumindest für Kinder galt und gilt, läßt sich in der kollektiven Infantilisierung durch das Fernsehen auf Schritt und Tritt beobachten. Wie viele sogenannte Talkshows sind Scheingesprächsspiele, wie viele Wortspiele der unterschiedlichsten Art gibt es. Zu raten sind Redewendungen, Sprichwörter, Eigennamen, Begriffe, Metaphern, was auch immer. Mögen sie heißen «Wortschätzchen» oder «Ruck-zuck – Wort und Begriffe sind gefragt», «Ein Spiel um Wörter und Begriffe» oder «Geh aufs Ganze», «Hast Du Worte», «Donner-Lippchen» oder «Dingsda». Als Eckpunkte der Skala sind auf der einen Seite Sendungen wie «Die Montagsmaler», auf der anderen Seite die krude Gesprächslosigkeit in «Tutti Frutti». Selbst die großen Ratesendungen kommen selten ohne Peinlichkeiten aus, vor allem nicht ohne Quiz-Wissen. Quiz-Wissen ist eine Form des Wissens, für die einmal das Konversations-Lexikon geschaffen war, zuerst sogar galt, daß Frauen sich an den Konversationen beteiligen können sollten. Frauenzimmer-Gesprächsspiele waren Anleitungen für die Konversationen spielender Frauen.

Anmerkungen:
1 R. Hirzel: Der Dialog, 2 Bde (1895) I,26. – **2** M. Fauser: Das Gespräch im 18. Jh. (1991) 281; vgl. Hirzel [1] II, 45. – **3** Hermogenes, vgl. Hirzel [1] I, 365 a 1. – **4** Cic. De or. I, 32. – **5** Hirzel [1] II, 176ff. – **6** W. Barner: Barockrhet. (1970) 392ff. – **7** ebd. 404. – **8** R. Hasselbrink: Gestalt und Entwicklung des G. in der dt. Lit. des 17. Jh. (Diss. 1956) 89. – **9** ebd. 68. – **10** ebd. 74. – **11** ebd. 79ff. – **12** G. Niemann: Die Dialoglit. der Reformationszeit (1905). – **13** Erasmus von Rotterdam: Colloquia familiaria (Vertraute Gespräche), übers., eingel. und mit Anmerkungen versehen von W. Welzig (1967); vgl. M. Fauser [2] 283. – **14** Hirzel [1] II, 84. – **15** Barner [6] 290 a, 162. – **16** Hasselbrink [8] 87. – **17** Cic. De or. I, 18. – **18** G. P. Harsdörffer: Frauenzimmer Gesprächsspiele (1641–1649; ND 1968–70) III, 289; vgl. Hasselbrink [8] 5. – **19** G. P. Harsdörffer: Poetischer Trichter (1647); Poetik des Barock, hg. von M. Szyrocki (1968) 111–119; ebd. 117. – **20** Hasselbrink [8] 57. – **21** Harsdörffer [19] 120–153; 147. – **22** ebd. 150. – **23** Hasselbrink [8] 90ff. – **24** G. Weydt: Gesprächsspiele (1958), in: RDL², Bd. II, 577–579; 578. – **25** ebd. – **26** ebd.

Literaturhinweise:
A. Liede: Dichtung als Spiel, 2 Bde. (1963). – E. Berne: Games People Play (1964). – A. Langen: Dialogisches Spiel (1966). – G. Bauer: Zur Poetik des Dialogs (1969). – L. Lucas: Dialogstrukturen (1969). – W. Ingendahl: Sprechspiele – Rollenspiele (1973). – R. Zeller: Spiel und Konversation im Barock (1974). – B. Kochan (Hg.): Rollenspiel als Methode (1975). – C. Schmölders: Die Kunst des Gesprächs (1979). – N. Gutenberg: Sprechspielen, in: SuS 15 (1985). – R. Muth: Die Götterburleske in der griech. Lit. (1992).

H. Geißner

→ Barock → Delectare → Dialog → Docere → Galante Rhetorik → Gespräch → Gesprächsrhetorik → Konversation

Gesta

A. Mit ‹gesta› bzw. ‹res gestae› werden die Fakten bzw. das Beweismaterial in einem Gerichtsprozeß bezeichnet, die in der *narratio* argumentativ dargelegt und interpretiert werden. Im engeren Sinne beziehen sich die Begriffe auf die Taten, die in einer historischen Schilderung erzählt werden, wie sie sich tatsächlich oder wahrscheinlich ereignet haben; als Untergattung der Historie konzentrieren sich G. auf die Taten einer oder mehrerer Personen. In den romanischen Volkssprachen bezeichnet ‹geste› eher fiktive Heldentaten, die weniger wahr oder plausibel sind, als es bei den meisten lateinisch-sprachigen ‹gesta› der Fall sein sollte.

B. I. *Antike.* In der Rhetorik galten die *res gestae* als wesentlicher Bestandteil der *narratio*: «Narratio est rerum gestarum aut ut gestarum expositio.» (Die narratio ist die Darstellung von Ereignissen, die tatsächlich oder angeblich stattgefunden haben.) [1] Die authentische bzw. glaubwürdige Darstellung der Taten orientiert sich an der Seite des Falles, die der Redende vertritt: «Exponimus rem gestam et unum quidque trahimus ad utilitatem nostram vincendi causa.» (Wir schildern die Fakten und legen jede Einzelheit zu unserem Vorteil aus, um den Sieg davonzutragen.) [2] *Res gestae* können Rohmaterial für die forensische, beratende und epideiktische Rede sein. [3] Sie bilden die Fakten in der Schilderung des Sachverhalts *(narratio)*. Die Fakten sollten kurz, deutlich und glaubwürdig dargelegt werden. [4]

Die Fakten können der Legende entnommen, historisch oder wahrscheinlich sein. [5] Historische *res gestae* sind eine spezifische Art der G.: «Historia est gesta res, sed ab aetatis nostrae memoria remota.» (Historie ist die Darstellung geschehener Taten, die von der Erinnerung unserer Zeit jedoch weit entfernt sind.) [6] Trotz der Grenzen, an die man bei historischen Ereignissen aus einer fernen Vergangenheit stößt, eröffnete das Einbeziehen historischer Beispiele den Weg für eine Erweiterung der Rhetorik um die Geschichtsschreibung. Zum Beispiel enthält PRISCIANS Definition der *narratio historica* keine Abgrenzung mehr: «historica ad res gestas exponendas» (historisch, um Taten darzulegen). [7] Wie in der Rhetorik sollen sich die *res gestae* so eng wie möglich an die chronologische Reihenfolge der Ereignisse halten. Diese Grundkriterien stellen sicher, daß der Bericht wahr und glaubwürdig ist.

II. *Mittelalter.* Die mittelalterliche Rhetorik behielt die antike Begrifflichkeit bei. Die ‹res gestae› sind die Fakten der *narratio*. Der Bericht soll kurz, klar und wahrscheinlich sein und der Chronologie möglichst genau folgen. [8] Auch wenn Geschichte noch definiert wird als Bericht von Taten einer weiter entfernten Vergangenheit, verliert sich diese Beschränkung allmählich und ‹Geschichte› bezieht sich generell auf vergangene Ereignisse, auch auf die der jüngsten Vergangenheit: «Historia est narratio rei gestae, per quam ea, quae in praeterito facta sunt, dinoscuntur.» (Geschichte ist der Bericht von Taten, durch die Dinge, die in der Vergangenheit geleistet wurden, bekannt werden.) [9] Dadurch entsteht eine scharfe Trennung zwischen *historia* als dem Dokument, das Ereignisse festhält, und G. als dem Ereignis bzw. den Ereignissen, die festgehalten werden. [10] Im rhetorischen Sinne bedeutet dies, daß die Darlegung der Fakten zwei Elemente enthält: die Fakten selbst, die G., einerseits, und die Darstellung bzw. *historia* oder *narratio* andererseits. Der Begriff ‹G.› erhält in der mittelalterlichen Geschichtsschreibung auch Bedeutung als Gattungsbezeichnung. Viele mittelalterliche Geschichtswerke tragen den Titel bzw. werden bezeichnet als Darstellung von G.: ‹Gesta regum Anglorum›, ‹Gesta Dei per Francos›, ‹Gesta episcoporum Leodiensium›, ‹Gesta Stephani episcopi›, ‹Gesta Chuonradi II›, ‹Geste des Bretuns›, ‹Geste des Normanz› usw. [11]

Der Historiker wurde allerdings vom Redner insofern unterschieden, als er die Fakten nur berichten, das heißt darstellen, nicht jedoch einen Standpunkt vertreten sollte. Er sollte die Tatsachen kurz, aber deutlich angeben, wie er sie aus Augenzeugenberichten oder zuverlässigen Quellen kannte. Da in den meisten Fällen freilich nicht alles, was sich ereignet hatte, berichtet werden konnte, auch wenn Kürze gewünscht und erzielt wurde [12], mußte eine Auswahl getroffen werden. HUGO VON ST. VICTOR stellte die Kriterien dafür auf: Jedes Geschichtswerk müsse die Personen enthalten, die beteiligt waren, sowie deren Handlungen, und Zeit und Ort der Ereignisse. Er faßt Geschichte auf als einen Bericht über Taten bzw. G., der den überlieferten topischen Gesichtspunkten folgt: «quid gestum sit, quando gestum sit, ubi gestum sit et a quibus gestum sit» (was getan wurde, wann es getan wurde, wo es getan wurde und von wem es getan wurde). [13] Die G. sind für Hugo das *negotium* (Aufgabe) historischen Erzählens. Sie enthalten nur Fakten, die sich auf die Person bzw. Personen beziehen, die im Titel genannt werden und die vor allem dem Zweck des historischen Textes angemessen sind sowie der Rolle, die der Person bzw. den Personen in dem neuen Geschichtwerk zugedacht ist. Könige treten zum Beispiel durch Eroberungen oder guten Rat hervor, Bischöfe durch Ratschläge und eine religiöse Betätigung, die ihrem kirchlichen Amt angemessen ist. Weitere Kriterien sind das einzelne Ereignis bzw. Ereignisse, die berichtet werden sollen, wie etwa ein bestimmter Kreuzzug, sowie die Zeitspanne, die für den Bericht vorgesehen ist. Die ‹Gesta regum Anglorum› erzählen von der Regierungsfolge englischer Könige, die ‹Gesta Dei per Francos› vom Ersten Kreuzzug und die ‹Gesta episcoporum› und ‹Gesta abbatum› von den Taten und Wundern, welche die Häupter kirchlicher Gründungen vollbrachten. [14]

Doch behielt der Historiker die epideiktische Absicht bei, die berichteten Taten zu loben oder zu tadeln. [15] *Decorum* war ein Faktor für die Auswahl. Der Geschichtsschreiber berichtete das, was unter den bekannten Fakten angemessen war, und unterdrückte, was der Absicht des Geschichtswerks nicht entsprach, insbesondere schlechtes oder unsoziales Verhalten. Karl der Große konnte als Verteidiger der Kirche dargestellt werden, als gerechter Herrscher oder edler Krieger, jedoch nicht als vitaler, liebender Ehemann. [16] Hier spielt wieder die rhetorische Anpassung der Fakten an die Erzählintention der mittelalterlichen Geschichtsschreibung eine Rolle. In der Terminologie des Mittelalters ist dies die Anpassung der G. an den Stil, der dem Gegenstand angemessen ist, das heißt, an das Material, das Personentypen präsentiert und erläutert, indem es sie und ihre Handlungen dem Typus entsprechend beschreibt. Als ein letzter Faktor hat auch das Publikum – insbesondere, wenn es sich um den Herrn bzw. Auftraggeber handelt – Einfluß darauf, inwieweit G. hereingenommen oder weggelassen werden, und darauf, wie die Beschreibung ausgemalt wird, besonders wenn epideiktische Absichten bei einem Bericht über zeitgenössische Taten eine Rolle spielen. [17]

Volkssprachliche *gestes* – vor allem die französischen *chansons de geste* – boten in den frühesten Zeugnissen mündlicher Improvisation vor allem Darstellungen von wirklichen und später auch fiktiven Ereignissen. ‹Geste› behielt die Bedeutung von ‹Heldentaten› bei und war die Bezeichnung vor allem für solche Aktionen, die den Ruhm einer fiktiven oder realen Familie begründeten oder etablierten. Die wichtigsten *gestes* sind im 13. Jh. zu finden, wo die *chansons* zu Zyklen gruppiert wurden: zum Zyklus der Könige, basierend auf der Familie Karls des Großen, zum Zyklus über Wilhelm, beruhend auf den Taten und der Familie von Wilhelm, und dem Zyklus über aufständische Barone, der von einer Anzahl von Lehnsfamilien handelt und deren Kriegen untereinander und gegen den König. [18]

Anmerkungen:
1 Cic. De inv. I, 19, 27. – 2 Auct. ad Her. I, 8, 12. – 3 vgl. Auct. ad Her. III, 4, 7; III, 7, 13. – 4 Auct. ad Her. I, 9, 14 und A. Seifert: Historia im MA, in: ABg 21 (1977) 229; O. Engels: Begriffsverständnis im MA, in: O. Brunner, W. Conze, R. Koselleck (Hg.): Gesch. Grundbegriffe (1988) Bd. II, 620–622. – 5 Auct. ad Her. I, 8, 13. – 6 ebd. I, 9, 13. – 7 Praeexercitamina II, 5, 8f. – 8 M. Schulz: Die Lehre von der hist. Methode bei den Geschichtsschreibern des MA (VI.–XIII. Jh.), in: Abh. zur mittleren und neueren Gesch. 13 (1909) 98–108. – 9 Isid. Etym. I 41, 1; siehe B. Lacroix: L'historien au moyen âge (Montreal/Paris 1971) 16. – 10 H.-W. Goetz: Die «Geschichte» im Wissenschaftssystem des MA, in: F.-J. Schmale: Funktion und Formen mittelalterl. Geschichtsschreibung (1985) 165–213, bes. 182–188. – 11 Man muß allerdings unterscheiden zwischen mittelalterl. Gattungen und Titeln und denen, die moderne Herausgeber und Wissenschaftler mittelalterl. Werken gegeben haben; vgl. Schmale [10] 107. – 12 Dies war jedoch nicht immer der Fall, manchmal war sie nicht erwünscht; vgl. Schulz [8] 108–119. – 13 Hugo v. St. Viktor, Didascalicon, hg. v. C. H. Buttimer (Washington, DC 1939) 114; vgl. Goetz [10] 191. – 14 M. Sot: Gesta episcoporum gesta abbatum, Typologie des sources du moyen âge occidental (Turnhout 1981). – 15 Schulz [8] 69. – 16 Johannes von Garlandia, Parisiana poetria, hg. v. T. Lawler (New Haven 1974) 86. Korrekt Lacroix [9] 214, Anm. – 17 Schulz [8] 50–66. – 18 siehe K. Keuck: Historia: Gesch. des Wortes und seiner Bedeutungen in der Antike und in den romanischen Sprachen (1934) 47–55; J.J. Duggan: Medieval Epic as Popular Historiography: Appropriation of the Historical Knowledge in the Vernacular Epic, 285–311; D. Tillmann-Bartylla: Höfische Welt und Geschichtsbedürfnis: die anglo-normannischen Verschroniken des XII. Jh., in: La littérature historiographique des origines à 1500, hg. v. H.U. Gumbrecht, U. Link-Heer, P. M. Spangenberg, Grundriß der romanischen Lit. des MA, Bd. XI 1, 1–3 (1986/87) 313–350.

D. Kelly/L. G.

→ Ars historica → Bericht → Beweis, Beweismittel → Biographie → Chanson de geste → Geschichtsschreibung → Historia → Narratio

Gestik (lat. gestus, gesticulatio; engl. gestures; frz. gesticulation; ital. gesticolazione)

A. Die Gestik gilt als Kunstfertigkeit, die seit dem klassischen Griechenland einhellig als auf drei Elementen beruhend angesehen wird: *natura, ars* und *exercitatio*. «Sokrates: Mit dem Können, so daß einer ein vollkommener Kämpfer wird, wird es wahrscheinlich, ja vielleicht notwendig eben die Bewandtnis haben, wie in anderen Dingen. Wenn du nämlich von Natur rednerische Anlagen hast, so wirst du ein berühmter Redner werden, sofern du noch Wissenschaft und Übung hinzufügst; an welcher aber von diesen es dir fehlt, von der Seite wirst du unvollkommen sein.» [1]

Die Tradierung der antiken Kunstfertigkeit erfolgt durch Praktiker und Lehrer: Redner, Prediger, Opernsänger und Schauspieler werden aufgefordert zum Studium und zur Nachahmung der Haltungen und Gesten klassischer Statuen und Gemälde, deren Schönheit auf einer subtilen, fast mathematischen Gestaltung von Symmetrie und Proportionalität beruht [2], was auch für die ebenfalls zur Nachahmung empfohlenen klassizistischen Gemälde von Poussin, Le Brun oder Le Sueur gilt. Diese *imitatio* schult *pronuntiatio* und *actio* bis zum Beginn des 19. Jh. auf der Kanzel und dem Podium, auf der Bühne und im Salon, um die klassische Schönheit zu erzielen, die erwartet wurde, wie in der ‹Rhetorica ad Herennium› und anderen Quellen formuliert: «Pronuntiatio est vocis, vultus, gestus moderatio cum venustate». (Der Vortrag beruht auf einer gefälligen Abstufung von Stimme, Miene und Gebärde.) [3]

Anmerkungen:
1 Plat. Phaidr. 269d., übers. von F. Schleiermacher und D. Kurz: Platon. Werke in acht Bd., griech. und dt., 5. Bd. (1983). – 2 vgl. dazu auch: D. Barnett: The Art of Gesture: The practices & principles of 18th century acting (1987) T. IV. – 3 Auct. ad Her. I,2,3.

B.I. *Grundgesten.* Man verfügt heute über exemplarische Muster für Redefiguren, wohlgerundete Sätze und sogar ganze Reden, von denen manche noch aus der Antike stammen; es gibt jedoch keine Beispiele für die dazugehörigen Gesten, die für deren Vortrag unverzichtbar waren. Für konkrete Informationen über diese Gesten sind wir daher auf die – glücklicherweise häufigen – rhetorischen Lehrbücher angewiesen, die von geübten Rhetorikern verfaßt wurden; sie enthalten Beschreibungen der sichtbaren Details, ohne die es unmöglich wäre, die G. wiedererstehen zu lassen oder sie überhaupt zu erörtern.

Die klassische Kunst der G. beruht auf einem Vokabular von Grundgesten und ist Teil der *ars* der klassischen Rhetorik: 1. *Andeutende Gesten:* Durch eine Geste der Hand oder der Augen oder durch beides wurde auf einen Gegenstand, einen Ort oder ein Ereignis gezeigt: «Non in demonstrandis locis atque personis adverbiorum atque pronominum obtinent vicem? [...] ad se manum referre, cum de se ipso loquatur» (Übernehmen sie zur Bezeichnung des Ortes und der Person nicht die Rolle der Adverbien und Pronomina? [...] die Hand auf sich zu richten, wenn man von sich selbst spricht). [1]

Abb. 1.1: Andeutende Gesten I: G. Austin (37, 38)

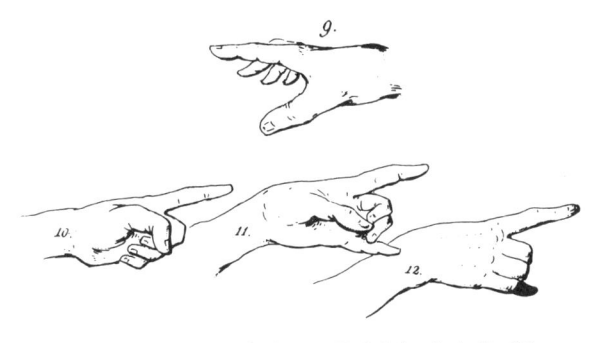

Abb. 1.2: Andeutende Gesten II: J. Jelgerhuis (9–12)

«Man erhebt es, [das Auge] wenn von Gott, dem Himmel, etc. die Rede ist, man senkt es herab, wenn man von der Erde, der Hölle, etc. spricht; man schauet dahin, wo man dasjenige, von dem man spricht, wirklich sieht, und natürlicher Weise sehen kann». [2] 2. *Nachahmende Gesten:* a) Gesten oder Haltungen, die benutzt werden, um ein bestimmtes Merkmal eines Gegenstandes, einer Person oder eines Ereignisses durch Nachahmung darzustellen, wie z.B. Geschwindigkeit, Größe usw.: («C'est la main qui mesure la distance, l'éntendue, la hauteur, la profondeur»; die Hand umreißt die Entfernung, die Ausdehnung, die Höhe, die Tiefe. [3]); b) Nachahmende Gebärden. «Nachahmen heißt hier: Eine Sache so darstellen, wie man sich dieselbe richtig gedenkt oder wie sie wirklich ist, um beim Zeichen die bezeichnete Sache zu erkennen. Sage ich z.B. die Sonne gehet auf in Osten und sinkt nieder in Westen, so beschreibe ich es, nachdem es mir mein Standort erlaubt, durch eine allmähliche Anhebung des einen Armes und durch das Senken des andern. Überhaupt ahme ich die Dinge in gefälliger Darstellung, nach ihrer Beschaffenheit, z.B. Größe, Höhe, Tiefe, Fortstoßen, Zurückhalten, Ziehen, Umarmen, Fällen, Stürzen, Werfen». [4]

Abb. 2: Nachahmende Geste bei G. Austin (25)

3. *Ausdrucksgesten:* eine Haltung oder eine Stellung, die ein Redner einnimmt, um seine Gefühle darzustellen bzw. die einer Person, die er charakterisieren will. a) *Trauer:* «The Demission or hanging down of the Head is the consequence of Grief & Sorrow». (Niedergeschlagenheit oder das Hängenlassen des Kopfes ist die Folge von Trauer und Leid.) [5] «Notandum & aliud in affectu tristitiae. Frequens in isto fit manuum complicatio, insertis inter se digitis, & vel sursum elevari, vel infra lumbos solent demitti. In utroque situ id servandum, ut ad alterutrum latus, sive dextrum, sive sinistrum, prout libebit, dirigantur junctae manus, non autem medio corpore teneantur». (Weiter ist beim Affekt der Trauer zu bemerken, daß man dabei häufig die Hände zusammenfaltet, mit ineinander verschränkten Fingern, und sie entweder emporreckt oder bis unter die Hüften sinken läßt. Bei beiden Stellungen ist zu beachten, daß man die gefalteten Hände nach einer Seite richtet, gleichgültig ob nach rechts oder links, sie aber nicht mitten vor den Leib hält.) [6]

Abb. 3: Geste der Trauer bei F. Lang (7, VII)

b) *Überraschung:* «exclamamus, bracchiis sursum decenter extensis, utraque manu nonnihil explicata, & ad invicem conversa, nec non parum inversa, qua rei magnitudo notetur». (Beim Aufschreien breiten wir die Arme dezent nach oben aus, machen die Hände ziemlich flach, kehren sie gegeneinander und verdrehen sie ein wenig: hierdurch soll die große Bedeutung einer Sache ausgedrückt werden.) [7] c) *Abneigung:* «[...] sed cum aversantes in laevam partem velut propillemus manum, sinister humerus proferendus, ut cum capite ad dextram ferente consentiat». ([...] jedoch müssen wir, wenn wir die Hand abwehrend nach links gleichsam vorschnellen, die linke Schulter vorstrecken, damit sie mit dem Kopf, der nach rechts gerichtet ist, in Einklang steht.) [8]

Abb. 4: Geste der Abneigung bei J. Jelgerhuis, nach J. Engel; ursprünglich bei Le Brun (41)

4. *Gesten der Anrede:* Eine Geste oder Haltung, bei der Augen, Hand oder Körper zu der Person gewandt werden, die man anspricht.

Abb. 5: Geste der Anrede bei G. Austin (11)

«A widow cries. Be husband, to me, heav'n» (Eine Witwe ruft aus: Sei mir Ehemann, Himmel.) [9] Situationen, die Gesten der Anrede erfordern, werden in Opernpartituren des 18. Jh. häufig durch handschriftliche Zusätze gekennzeichnet, wie im folgenden Beispiel der Pariser Opéra. [10]

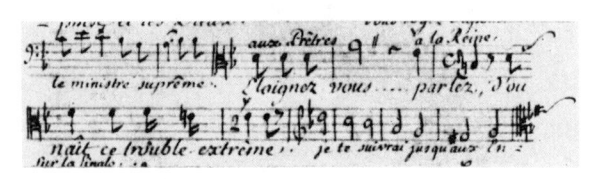

Abb. 6: Schriftliche Anweisungen für Gesten der Anrede in einer Gesangspartitur aus Les Boréades von Rameau.

5. *Emphatische Gesten:* Eine prägnante Bewegung, meist der Hand, um ein wichtiges Wort oder einen wichtigen Gedanken zu betonen. «Der Redner würde sehr überladen, wenn er jedes Urteil mit Gesten begleiten wollte, aber er wird Hauptsätze gewiß stets durch Gesten als Akzente zugleich hervorheben und das Uebrige von Zeit zu Zeit mit malenden Gesten begleiten müssen». [11] a) *Anfangende Gesten:* Ein leichtes oder ausladendes Heben der Hand oder der Augen, um den Beginn einer Rede, einer Gedichtstrophe oder die Wiederaufnahme eines Liedtextes nach einem Ritornell anzukündigen: «[...] dextra, cum iam incipiendum erit, paulum prolata ultra sinum gestu quam modestissimo, velut spectans quando incipiendum sit». ([...] die rechte [Hand], wenn man gerade anfangen will, etwas über den Bausch vorgestreckt in der allerbescheidensten Gebärde, als hielte sie Ausschau, wann es anfangen soll. [12] «Presque toujours au Théatre, avant de rompre le silence, on doit préparer son discours par quelque action, & le commencement de cette action doit précéder de plus ou moins d'instans le discours selon les circonstances». (Im Theater muß man, bevor die Stille durchbrochen wird, seinen Text nahezu immer durch einige Gesten vorbereiten, die dem gesprochenen Text – gemäß der Situation – um einige Augenblicke vorausgehen müssen.) [13] b) *Schlußgesten:* Ein Senken von Hand oder Augen, um das Ende einer Rede, eines Satzes, einer Strophe oder einer Lied- oder Rezitativpassage anzukündigen: «Hic veteres artifices illud recte adiecerunt, ut manus cum sensu et inciperet et deponeretur» (Hier haben die alten Meister der Vortragskunst zu Recht die Regel angeschlossen, die Hand müsse ihre Bewegung zusammen mit dem Satz beginnen und beenden). [14] «Auch sollen die Hände niemals von der Aktion in ihre ruhige Lage zurückkehren, ehe ich meine Rede nicht ganz vollendet habe, und auch dann nur nach und nach, so wie die Rede sich ende». [15]

Anmerkungen:
1 Quint. XI, 3, 87 und 89. – **2** I. Wurz: Anleitung zur geistlichen Beredsamkeit, Bd. II (Wien 1772) 349. – **3** [P. Barbe]: Manuel des rhétoriciens... (Paris 1759–62) II, 465. – **4** J. G. Pfannenberg: Über die rednerische Action... (1796) 194f. – **5** C. Gildon: The Life of Mr Thomas Betterton... (London 1710) 43. – **6** F. Lang: Dissertatio de actione scenica (1727) 49, dt. Übers. von A. Rudin (1975) 198. – **7** ebd. – **8** Quint. XI, 3, 113; vgl. auch J. Jelgerhuis: Theoretische lessen over de gesticulatie... (Amsterdam 1827) 145. – **9** G. Austin: Chironomia; or a Treatise on Rhetorical Delivery... (London 1806) Tafel 11. – **10** J. P. Rameau: Les Boréades V 4. B. nat. Wmb 198 (Paris 1764). – **11** G. A. Seckendorff: Vorlesung über Deklamation und Mimik (1816) II, 368. – **12** Quint. XI, 3, 159. – **13** P. Rémonde de Sainte Albine: Le Comédien (Paris 1747) 185. – **14** Quint. XI, 3, 106. – **15** J. W. Goethe: Regeln für Schauspieler (1803) 4, §50, in ders.: Sämtl. Werke, Münchener Ausg., Bd. 6.2, hg. von V. Lange u. a. (1988) 737.

II. *Schönheit in der G.* 1. Die Grundgesten müssen mit Schönheit ausgeführt werden, wie in der ‹Rhetorica ad Herennium› definiert und während der Renaissance und der folgenden Jahrhunderte wiederholt wurde: «Actio corporis est totius corporis, & partium eius pro rerum animo conceptarum, & elocutionis, & affectuum varietate moderatio cum venustate». (Die körperliche Darstellung [= Gestik] ist die anmutige Lenkung des gesamten Körpers und seiner Teile entsprechend je verschiedener Gedanken, Worte und Affekte.) [1] und: «Actio sive Pronuntiatio est vocis et gestus in dicendo moderatio cum venustate». (Darstellung [actio] oder Vortrag [pronuntiatio] ist die anmutige Lenkung der Stimme und der Gebärden beim Sprechen.) [2] CICERO spricht in seinen

Werken ‹De oratore›, ‹Orator› und ‹Brutus› mit einer auffälligen Häufigkeit (33 Belege) von *venustas* verbunden mit Beispielen sichtbarer Schönheit und Anmut.

Jene klassische Schönheit kann jedoch nur durch *natura, ars* und *exercitatio* erzielt werden, d. h. durch natürliche Begabung, ein systematisches Studium der Regeln der Kunst und ausdauernde Übung: «Facultas orandi consummatur natura, arte, exercitatione, cui partem quartam adiciunt quidam imitationis, quam nos arti subicimus». (Die Redegabe erfüllt sich im Zusammenwirken von Natur, Kunst und Übung, wozu manche als vierten Teil noch die Nachahmung hinzufügen, die wir der Kunst unterordnen.) [3]; «Pronunciatio perficitur, comparaturque natura, arte, & exercitatione». (Der Vortrag kommt zustande und wird erworben durch Natur, Kunst und Übung.) [4]; «Pronunciatio […] comparatur, perficitur, arte, natura, & exercitatione». (Der Vortrag wird erworben und kommt zustande durch Kunst, Natur und Übung.) [5] Dieses Grundprinzip, das bereits zu Aristoteles' Zeiten seinen festen Platz hatte [6], wird in Frankreich zum Beispiel noch im 20. Jh. betont: «La puissance d'action oratoire est en partie un don naturel, et en partie le fruit d'une formation, de l'exercise». (Die Ausdruckskraft der rednerischen actio ist zum Teil eine natürliche Gabe und teilweise beruht sie auf Ausbildung und Übung.) [7] Die *ars rhetorica* enthält eine Sammlung der Regeln, welche die Bewegungen derjenigen Körperteile festlegen, die zur rednerischen Kommunikation benutzt werden, also der Finger, Hände, Arme, Füße, Beine, des Rumpfes, Kopfes und der Augen. Diese Regeln sind strikt formuliert und erlauben die Bestimmung der Bedeutung verschiedener Körperteile sowie die Realisierung der klassischen Schönheitsvorstellung. Die gestische Kunst kann so als Universalsprache gebraucht und verstanden werden.

2. Das Regelsystem der Rhetorik enthält folgende Techniken für schöne G. und eine schöne Körperhaltung: a) Es gibt zwei Grundpositionen für die Hand; sie sind in den folgenden Stichen von Lang und Jelgerhuis dargestellt:

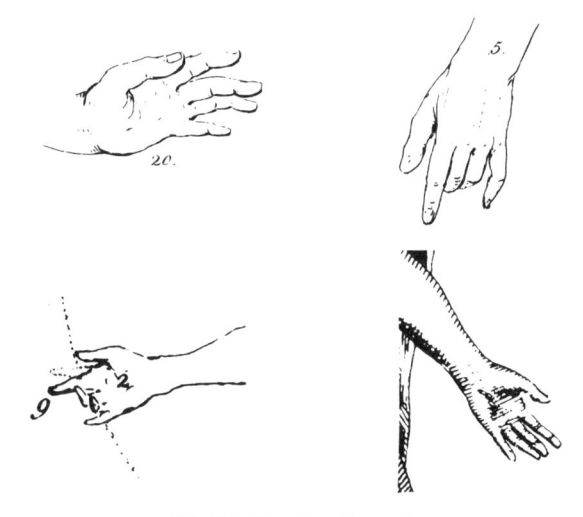

Abb. 7.1: Grundpositionen I

Diese zwei Handstellungen sind auf Gemälden und an Statuen des 18. Jh. und früherer Zeiten häufig zu sehen [8] und waren für Männer und Frauen gedacht, für Prediger, Schauspieler, Opernsänger, kurz: für jeden

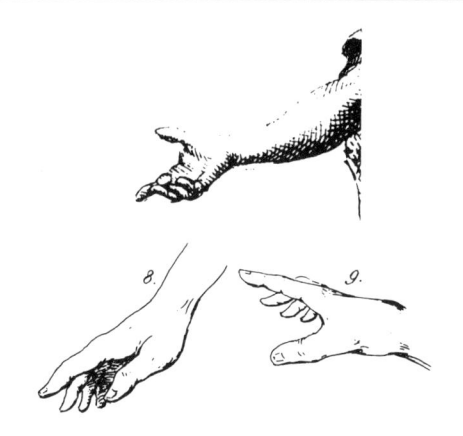

Abb. 7.2: Grundpositionen II

Redner. b) Eine der häufigsten Anweisungen von Quintilians Zeiten bis in die Mitte des 19. Jh. ist, daß die Hand nicht über den Kopf (in manchen Handbüchern: nicht über die Höhe der Augen) erhoben noch unter die Taille sinken sollte. [9] c) Die Arme sollten nie in einer geraden Linie ausgestreckt werden: «Les mouvements des bras ne doivent jamais être roides ni anguleux. L'orateur doit effacer les coudes, et simuler autant que possible une courbe de l'épaule à la main, comme si son bras n'était qu'un muscle sans os. Les linges courbes sont généralement plus agréables à l'œil». (Die Bewegungen der Arme dürfen niemals steif oder eckig sein. Der Redner muß die Ellenbogen gleichsam verschwinden machen und so gut wie möglich vorspiegeln, es gebe eine ununterbrochene Kurvenlinie von der Schulter bis zur Hand, so als sei sein Arm nichts weiter als ein Muskel ohne Knochen. Kurvige Linien sind im allgemeinen dem Auge angenehmer.) [10] Bögen, wie auch Jelgerhuis' Kontraste und Gegensätze, sind eine wesentliche Komponente schöner G. wie schon Mason 1748 betont. [11]

Abb. 8: Gebogene Arme und Armbewegungen bei G. Austin

d) «Les deux bras ne doivent jamais se tenir sur la même ligne horizontale, à moins qu'on ne veuille exprimer l'égalité, la balance, car alors c'est le geste propre; mais, hors ce cas, le bras qui est tourné vers l'auditeur, ou qui fait le geste principal, doit toujours être plus élevé que l'autre; celui-ci exécute en miniature et au-dessous tout ce que le premier fait en grand». (Die beiden Arme dürfen niemals auf derselben horizontalen Linie gehalten werden, es sei denn, man möchte Gleichheit, Gleich-

gewicht ausdrücken, denn dann ist es die geeignete Geste. Aber außer in diesem einen Fall muß der Arm, der dem Zuhörer zugewandt ist oder der die entscheidende Geste ausführt, immer etwas höher gehalten werden als der andere. Dieser nun wiederholt im Kleinen und etwas unterhalb all das, was jener im Großen zum Ausdruck bringt.) [12] e) Um eine elegante Wirkung zu erzielen, sollten die Arme ungefähr 15 cm Abstand zum Körper haben [13]; eine Handschrift aus Nantes, Frankreich, gibt folgenden knappen, nützlichen Rat: «Manus modice a pectore projiciantur ne hinc inde velut manicae pendeant ne digiti in pugnum agglomerentur»; (Die Hände sollten in mäßigem Abstand von der Brust vorgestreckt werden; die Ärmel sollten nicht unordentlich herabhängen und die Finger keine Faust bilden.) [14]
f) Ein Wechsel in der Körperhaltung kann eleganter vorgenommen werden, wenn ihm eine kleine Veränderung der Kopfhaltung vorausgeht. [15] g) Der eine Fuß sollte ein wenig vor dem anderen stehen; wenn sich die rechte Hand vorne befindet, sollte der linke Fuß auch vorne sein, weil «Les convenances veulent que les proportions géométriques et harmoniques soient fidèlment observées» (es die Schicklichkeit verlangt, daß die geometrischen und harmonischen Proportionen genau beachtet werden). [16]; das Gewicht sollte ganz auf einem Fuß ruhen, und sollte dies der linke Fuß sein, müssen z. B. der Oberkörper und der Kopf ein wenig nach rechts geneigt sein, um so die Schönheit der συμμετρία (symmetría) und der harmonischen Proportionen zu erlangen, wie sie von den darstellenden Künsten der Antike und des Neo-Klassizismus überliefert sind. Entsprechend sollte der Kopf ein wenig nach links oder rechts gedreht werden; die Augen sollten nicht direkt nach vorne schauen, sondern leicht nach rechts oder links; und wenn eine andere Person angesprochen wird, sollte ihr die Brust nicht direkt zugewandt werden. Solche Techniken für die Schönheit von G., Stellung und Haltung lassen sich gut in den ‹Theoretische Lessen over de Gesticulatie en Mimik› des Dramatikers (und Malers) J. Jelgerhuis studieren. [17]

Anmerkungen:
1 J. Herbetius: de Oratore... (Paris 1574) C 32. – **2** J. F. Burgius: Elementa oratoria (Moskau 1776) 152. – **3** Quint. III, 5, 1. – **4** Herbetius [1] V 32. – **5** S. Caulerius: Rhetoricorum libri quinque (Paris 1600) 606. – **6** Diogenes Laertios, Loeb-Ausg. Bd. I, V 18, S. 460. – **7** L. Rambaud: L'Art oratoire (o. J.) 193. – **8** D. Barnett: The Art of Gesture: the Practices & Principles of 18th-Century Acting (1987) Teil IV. – **9** Quint. XI, 3, 112. – **10** L. D. Champeau: Principes de lecture publique et de Déclamation... (Paris 1874) 177; J. Mason: An Essay on Elocution and Pronunciation (London 1748) 37. – **11** vgl. Champeau [10] 177. – **12** Champeau [10] 177. – **13** [M. Le Faucheur]: Traité de l'action de l'orateur ou de la Prononciation et du geste (Paris 1657) 223. – **14** Anon. Bibliothèque Municipale de Nantes, France: Tractatus de eloquentia MS 107 (1743) 1373. – **15** [Bernier de Maligny] Aristippe: Théorie de l'art du comédien... (Paris 1826) 188. – **16** P. P. Dorfeuille: Le Eléments de l'art du comedien... (Paris 1801) IV 10. – **17** J. Jelgerhuis: Theoretische lessen over de gestikulatie (Amsterdam 1827) siehe Bildtafeln und Text; vgl. J. Massy-Westropp: «Idealization of characters and specialization of acting in eighteenth-century tragic acting», in: Theatre Research International, Bd. 9, Nr. 2 (London 1984) 111.

III. *Anpassung der actio an das Wort.* 1. Im fünften Teil ihres Systems, der *actio/pronuntiatio*, liefert die *ars* der Rhetorik Regeln und Vorschriften für den Einsatz von Gesten, die das gesprochene Wort in Reden, Predigten, Dichtkunst, Rezitationen von Dichtung, Tragödien oder Rezitativen der Ernsten Oper begleiten sollen. Zu diesen Regeln gehört: a) Keine Geste soll ohne bewußte Absicht verwendet werden: «[...] you may easily see the right and gather this rule, that as much as possible every gesture you use should express the nature of the words you utter, which would sufficiently and beautifully employ your hands.» ([...] dies ist wohl leichter einzusehen, und die Regel zu verstehen, daß jede Geste, die Sie einsetzen, das Wesen der Worte ausdrücken sollte, die Sie sprechen, was ihre Hände ausreichend und in schöner Weise beschäftigt. [1] b) «Action must be exactly with utterance & every gesture should express the Nature of the words he is uttering.» (Die Actio muß der Äußerung genau entsprechen und jede Geste soll das Wesen der Worte, die geäußert werden, zum Ausdruck bringen.) [2] «Manus cum sensu incipiat: & deponatur». (Die Handbewegung soll mit dem Gedanken beginnen und enden.) [3] Eine deutlich erkennbare Verbindung zwischen Wort und Geste ist unerläßlich, um den Zuschauern wesentliche Informationen zu liefern. Ist der Redner gewandt, kann das Ergebnis sehr anschaulich sein, denn, so heißt es, «the hearer [...] will seem almost actually to contemplate all that the speaker describes» (der Hörer [...] wird nahezu wirklich sehen können, was der Sprechende beschreibt). «[...] in the recitation of descriptions of any kind, the speaker must, in imagination, have the picture placed before his eyes, & each object must be disposed in the same order, as if actually painted. If this imaginary picture in the speaker's mind be faulty in the composition, confused, or illgrouped, his gesture will confound rather than illustrate; but if it be well conceived, & well disposed in all its parts, the speaker will see to give it the interests of life by his skilful gesture and recitation; and the imagination of the hearer will be charmed & enlightened, so that he will seem almost actually to contemplate all that the speaker describes». (Im Rezitieren von Beschreibungen jeder Art muß der Sprecher in der Vorstellung das Bild vor Augen haben, und jeder Gegenstand muß in der Weise angeordnet sein, als sei er gemalt. Wenn das gedachte Bild im Kopf des Sprechers fehlerhaft aufgebaut, wirr oder schlecht angeordnet ist, wird seine G. eher verwirren, als daß sie anschaulich wäre; wenn es aber gut erdacht und mit all seinen Teilen gut aufgebaut ist, wird der Sprecher ihm durch seine gewandte G. und seinen Vortrag Leben einhauchen können; und die Vorstellung des Zuhörers wird bezaubert und inspiriert, so daß er nahezu wirklich sehen können, was der Redende beschreibt.) [4] Quintilian hatte bereits den griechischen Begriff für diese Wirkung verwendet und betont: «non enim satis efficit neque, ut debet, plene dominatur oratio, si usque ad aures valet» (die Rede leistet noch nicht genug und übt ihre Herrschaft noch nicht völlig, wie sie es muß, wenn ihre Kraft nur bis zu den Ohren reicht). [5] c) Gesten werden üblicherweise mit der rechten Hand ausgeführt; um starke oder heftige Gefühle auszudrücken, kann jedoch die linke Hand zur Unterstützung der rechten ins Spiel gebracht werden, indem sie die rechte im Kleinen kopiert und dabei ein wenig tiefer und nicht ganz so weit nach vorne gebracht wird. [6] d) Gesten werden selten isoliert eingesetzt: Sie sollen in graziöser und unauffälliger Weise miteinander verbunden werden, entsprechend den Wendungen, Sätzen oder sogar Perioden einer Rede, eines Rezitatives oder dergleichen. [7] e) Die emphatische Geste sollte gleichzeitig mit der Äußerung eines wichtigen Wortes erfolgen, insbesondere sollte sie mit der betonten Silbe des Wortes zusammenfallen. [8] f) Minimale, feine Gesten werden erfolgreich verwendet, um Versmaß und Prosarhythmen sowie andere subtile Merkmale des Textes hervorzuheben und zu betonen. [9] g) In ähnlicher Weise werden kleine, aber prägnante Gesten zur Kennzeichnung von Kommata, Strichpunkten und Punkten eingesetzt, wie von Pfannenberg und anderen beschrieben. [10] h) Eine weitere verbreitete, wirkungsvolle Technik der Verdeutlichung und Betonung besteht darin, die Hand der Stimme, das Auge der Hand vorausgehen zu lassen. [11] i) Bewegungen der Hand sollten sich nicht stetig fortsetzen, sondern Steigerungen enthalten und wieder abklingen. Dies hat sich nach dem Text zu richten, mit leidenschaftlichen Gesten für leidenschaftliche Abschnitte und ruhiger G. für ruhige Passagen. [12]

2. Es ist hier festzuhalten, daß die Gesten-Sprache, die aus dem Gebrauch der oben angegebenen Regeln der Kunst entsteht, die folgenden vier grundlegenden Kriterien für einen guten Gesten-Stil erfüllt. Diese Kriterien, die bis ins 19. Jh. und darüber hinaus anerkannt waren, bilden eine aufschlußreiche Parallele zu Ciceros häufig verwendeten und auf der griechischen Praxis beruhenden vier Kriterien der stilistisch guten Wortwahl. Auf die G. angewandt können Ciceros Kriterien folgendermaßen umrissen werden: *Korrektheit*. Es sollten nur Gesten des anerkannten Vokabulars eingesetzt werden. Sie müssen graziös ausgeführt und miteinander verbunden werden, dem Inhalt und Aufbau des Textes entsprechend. *Klarheit*. Es darf keine Geste geben, die nicht erkennbar an ein Wort oder eine Wendung des Textes gekoppelt ist. Die Geste muß gleichzeitig mit dem entsprechenden Wort erfolgen, mit der betonten Silbe des Wortes zusammenfallen. Die Augen müssen im Normalfall die gleiche Richtung weisen wie die Hände. Klarheit kann durch kleine prägnante Gesten von zwei bis drei Zentimetern Länge erzielt werden, Gesten, die durchaus gut zu erkennen und oft sehr beredt sind. *Ausschmückung*. Hierzu gehört der Einsatz von Bogenbewegungen der Hände, von vorbereitenden Gesten, von schönen und vielfältigen Gesten, von Pausen und einem gewissen Maß an Schau, Feierlichkeit und Elan. *Angemessenheit*. Die Gesten müssen an Größe, Schnelligkeit der Bewegung und Schmuck dem Stil des Textes, der Art des Publikums und der Größe des Raumes angemessen sein.

3. *Gesten für Redefiguren*. Die G. wird dem einzelnen Wort angepaßt, auch wenn dieses Wort figürliche Verwendung findet. Die Bedeutung eines metaphorisch eingesetzten Wortes, zum Beispiel, kann durch eine andeutende Geste deutlicher und konkreter gemacht werden, indem auf die sichtbare oder gedachte Sache hingewiesen wird, die das Wort im ursprünglichen Sinne bezeichnet. Da der figurative Gebrauch von Wörtern als der schönste Schmuck einer Rede angesehen wird, spielt der umsichtige Einsatz von Gesten bei Redefiguren eine ausgeprägte Rolle, wenn Techniken des Stils bzw. der *elocutio* in die Praxis umgesetzt wurden. Dieser Gebrauch von Gesten bei Redefiguren wird von Luis de Granada und Batteux erläutert: «[...] toutes les figures ayant, chacune, comme leur geste et leur manière d'élocution particulière, elles demandent aussi une prononciation spéciale qui leur convienne». ([...] da alle Figuren, jede für sich, etwas wie die ihnen jeweils zugehörige Geste und ihre besondere Art der elocutio besitzen, verlangen sie je auch eine speziell auf sie zugeschnittene Aussprache.) [13] Batteux gibt folgende allgemeine Erklärung für den Einsatz von Gesten bei einigen Redefiguren, die in der *elocutio* vorgeschrieben werden: «Dans la métaphore, la métonimie, l'antonomase, l'hyperbole, le ton & le geste sont plus forts, plus foncez. La répétition, la conversation, la complexion, les différencient dans les commencemens, dans les chûtes, ou dans l'un & dans l'autre. La gradation les fait monter ou descendre; la subjection les fait concerter en basse & en dessus; l'antithèse & la comparaison les coupent & les tranchent par des symmétries tantôt croisées, tantôt parallèles, dans un sens tantôt direct & naturel, tantôt renversé. En un mot il n'y pas une seule figure de pensée à laquelle il ne réponde aussi une figure de gestes & de tons [...]» (Bei Metapher, Metonymie, Antonomasie und Hyperbel sind Töne und Gesten stärker, feuriger. Die Wiederholung, die Umkehrung, die Zusammenfassung verändern sie gleich am Anfang, am Ende oder an beiden Stellen. Die Gradation läßt sie herauf- oder heruntersteigen. Frage und Antwort lassen sie in Bässen oder Diskanten konzertieren; Antithese und Vergleich teilen und zerschneiden sie nach gekreuzten und parallelen Symmetrien auf natürliche und direkte oder veränderte/umgekehrte Weise. Kurz gesagt, es gibt keine Gedankenfigur, der nicht auch eine Figur des Gestus und Tones entspräche [...]). [14] Auch Pfannenbergs wichtiges Handbuch zur G. erwähnt ein Beispiel für den Einsatz von Gesten bei Redefiguren; und sogar noch 1901 wird von Harmand-Dammien, einem Professor für mündliche Beredsamkeit in Paris, eine kurze Darstellung davon gegeben. [15]

4. *Gesten für die Teile der klassischen Rede*. Allgemein wird bei Versen oder Prosa ein bestimmtes Wort oder eine bestimmte Wendung durch eine bestimmte Geste, zum Beispiel eine andeutende oder nachahmende, verstärkt. Neben dieser Methode der Zuordnung von Gesten zu einem Text beschreibt Quintilian eine weitere Technik, die einen bestimmten Stil für die Ausführung der Gesten festlegt, damit er den Stil des Textes eines bestimmten Teils der klassischen Rede entspräche: «Für die Einleitung der Rede schickt sich am häufigsten ein ruhiger Vortrag. [...] Meist indessen wird sich eine maßvolle Stimme, ein bescheidenes Gebärdenspiel [...] und eine ruhige Seitenwendung [...] schicken, wobei die Augen der Bewegung folgen. Der Erzählteil erfordert dann in den meisten Fällen schon weiteres Vorstrecken der Hand [...], ausgeprägte Gebärden [...] und einfache Klangfarben [...]. Am abwechslungsreichsten und vielfältigsten ist der Vortrag bei der Beweisführung. [...] Die Beweisführung selbst [...] verlangt auch ein mit der Rede zusammenhängendes Gebärdenspiel, also kühne schnelle Bewegungen. [...] Die Exkurse sind gewöhnlich ruhig, lieblich und gelöst [...].» [16] Dieses Verfahren, den Stil der Gesten einem bestimmten Teil der Rede anzupassen, z. B. dem *exordium*, der *narratio*, dem Beweis usw., wird im umfassenden Werk von Herbetius folgendermaßen weiterentwickelt: «Proemium [...] requirit [...] gestum modestum, & laterum lenem in utramque partem motum, eodem spectantibus oculis. Narratio magis prolata manu gestum distinctum [...] Confirmatio plaerumque acriorem, & alacriorem tum vocem, tum gestum. Peroratio, si ad concitandum composita [...] motum requirit concitatum: si ad mitigandum, postulat modestos gestus [...] si ad moerorem, requirit [...] gestus tardos, ac fractos: si ad laetitiam, requirit alacrem, celerem, excitatum gestum.» (Die Einleitung [...] erfordert [...] eine maßvolle Gestik und eine leichte Bewegung des Rumpfes auf beide Seiten, wobei die Augen der Bewegung folgen. Die Erzählung [erfordert] eine deutliche Gestik mit weiter vorgestreck-

ter Hand. Die Beweisführung [verlangt] meist eine energischere und lebhaftere Stimmführung und Gestik. Der Redeschluß erfordert, wenn er auf Aufrüttelung angelegt ist [...], eine heftige Bewegung: ist er auf Beschwichtigung angelegt, verlangt er maßvolle Gesten [...] ist er auf Trauer [angelegt], erfordert er [...] langsame und schwache Gesten: ist er auf Freude [angelegt], erfordert er eine lebhafte, rasche und erregte Gestik.) [17] Auch M. Junius empfiehlt Quintilians Methode: «Itaque in principiis gestus modestus, & laterum utramque in partem levis motus laudatur. Narratio magis manum prolatam, gestum distinctum postulat. Probationum actio multiplex est: & argumentatio gestum orationi consentientem, hoc est, fortem et celerem requirit: exigit lenem ac remissum digressio. In laudationibus, gratiarum actionibus, exhortationibus, & similibus laeta, magnifica, sublimis actio commendatur: in funeribus, consolationibus, causis plerisque reorum tristis ac submissa placet [...] in contentione per continuationem bracchio celeri, mobili vultu, aspectu acri utendum: in contentione per distributionem celerem bracchii porrectionem, acrem & defixum aspectum admittunt prudentes.» (Deshalb ist die Gestik am Redebeginn maßvoll, und es empfiehlt sich eine leichte Bewegung des Rumpfes auf beide Seiten. Die Erzählung fordert eine weiter vorgestreckte Hand und eine deutliche Gestik. Die Darstellung bei der Beweisführung ist vielfältig: auch die Argumentation verlangt eine der Rede entsprechende, d.h. kräftige und rasche Gestik; der Exkurs (digressio) erfordert eine leichte und entspannte Gestik. Bei Lobreden, Danksagungen, Ermunterungen und dergleichen empfiehlt sich eine freudige, pathetische und erhabene Darstellung; bei Begräbnissen und Trostreden ist eine traurig-demutsvolle [Darstellung] angebracht, die auch den Angeklagten im Rechtsstreit gefällt; bei einer fortlaufenden Streitrede sind rasche Armbewegungen, ein lebhaftes Minenspiel und ein energischer Blick einzusetzen; bei einem Streitgespräch lassen die erfahrenen Praktiker das rasche Vorstrecken des Armes sowie einen energischen und festen Blick zu.) [18] Spätere Handbücher, wie das von Breton aus dem Jahr 1703, beschreiben Quintilians Methode ebenfalls: «L'exorde veut ordinairement une prononciation modérée [...] parler d'un ton modéré, être modeste dans le geste & sie donner un mouvement reglé, agréera toujoûrs [...] La Narration demande plus d'action, le geste plus grand [...] mais le tout plus modéré que dans la Réfutation, ou la Péroraison [...] Quand on est venu aux preuves, l'Action sie fait en diverses manières, la Proposition, la Division, l'Interrogation, sie font d'un ton familier, les arguments pour l'ordinaire comme plus vifs, & plus pressans, veulent des gestes plus prompts, & plus vifs [...] Les digressions doivent être douces, & modérées, & faites sans violence [...] Si L'Epilogue [...] est pour entflammer les Auditeurs, il faut des mouvements forts & véhémens.» (Das exordium verlangt gewöhnlich eine gemäßigte Sprechweise [...] gemäßigter Tonfall, zurückhaltende Gestik und wohlgeordnete Bewegungen werden immer erfreuen. [...] Die narratio fordert mehr Handlung, größere Gesten [...] aber alles noch verhaltener als in der refutatio oder der peroratio. [...] Wenn man bei den Beweisen angelangt ist, fächert sich das Spektrum der actio auf: die propositio, die divisio und die interrogatio werden in zwanglos alltäglichem Tonfall gehalten, für die Argumente dagegen braucht es, da sie üblicherweise lebhafter und dringlicher vorgetragen werden, flinkere, lebendigere Gesten. [...] Die digressiones müssen wiederum sanfter, gemäßigter, ohne Heftigkeit ausgeführt werden [...] Wenn der Epilog [...] die Zuhörer in Erregung versetzen soll, benötigt er dafür eine kraftvolle, gewaltige Gestik.) [19]

Die ‹Rhetorica ad Herennium› gibt eine andere, ähnliche Technik an, bestimmten Darstellungstile für Gesten und *actio* zu spezifizieren, um jeweils dem Stil verschiedener Passagen des Textes zu entsprechen, wie etwa in einer würdevollen Passage oder einer Argumentationspassage. Diese Methode, den Stil festzulegen, in dem die G. auszuführen sei, wird auch von vielen späteren Rhetorikern übernommen. Eine dritte Technik wird verwendet, um den Stil der Gesten den *genera dicendi* anzupassen: dem erhabenen, dem schlichten und dem mittleren Stil. Einzelheiten dieser Technik sind in Austins ‹Chironomia› (S. 452ff.) und bei Michaelis (S. 156ff.) aufgeführt.

Anmerkungen:
1 C. Gildon. The Life of Mr Thomas Betterton... (London 1710) 76. – 2 Anon.: Some Rules for Speaking and Action (London 1716) 26. – 3 A. Mancinellus: Scribendi orandique modus (Venedig 1493), in: de Pronuntiatione. – 4 G. Austin: Chironomia; or a Treatise on Rhetorical Delivery... (London 1806) 583; C.F. Michaelis: Die Kunst der Declamation... (1818). – 5 Quint. VIII, 3, 62. – 6 ebd. XI, 3, 114–116; [M. Le Faucheur]: Traité de l'action de l'orateur ou de la Prononciation et du geste (Paris 1657) 243f.; J.W. Goethe: Regeln für Schauspieler (1803) 4, § 61, in: ders.: Sämtl. Werke, Münchener Ausg., Bd. 6.2, hg. von V. Lange u.a. (1988) 740; G. Austin: Chironomia... (London 1806) 421f.; L. Lang: Dissertatio... (1727) 34; L.D. Champeau: Principes de lecture publique... (Paris 1874) 177. – 7 G.E. Lessing: Der Schauspieler, in: Werke, hg. von H.G. Göpfert, Bd. 4 (1973) 724ff.; J.G. Pfannenberg: Über die rednerische Action... (1796) 207–9, 210–12, 17f.; M.J. Hérault – [de] Séchelles: Réflexions sur la déclamation... (Paris 1795) 415. – 8 Austin [4] 337; J.J. Engel: Ideen zu einer Mimik (1785–6) I, 54f.; J. Barber: A Practical Treatise on Gesture (Cambridge, Mass. 1831) 44 und 48. – 9 W. von Humboldt: Über die gegenwärtige frz. tragische Bühne, in: Werke, hg. von A. Leitzmann, Bd. 2 (1904) 385; C. Newton: Studies in... Reading and Recitation... Delivery (Norwich c. 1817) 85. – 10 Pfannenberg [7] 262–4. – 11 F. Lang: Dissertatio de actione scenica... (1727) 45–7; [K.K. Bottiger]: Entwicklung des Ifflandischen Spiels... (1796) 276, 277, 326; Anweisung zur Amtsberedsamkeit christlicher Lehrer... (1784) 169; [P. Barbe]: Manuel des rhétoriciens... (Paris 1759–62) II, 443. – 12 F. Levasseur: Préceptes de l'éloquence (Paris 1826) II a 80. – 13 Louis de Granade: La Rhétorique de l'Eglise... traduite... de l'espagnol... (Barcelona 1698) 326. – 14 C. Batteux: Cours de belles-lettres (Paris 1753) 218f., Übers. Red. – 15 Pfannenberg [7] 260; vgl. Harmand-Dammien: L'Art de se faire écouter (Paris 1901) 107. – 16 Quint. XI, 3, 161–164. – 17 J. Herbetius: de Oratore... (Paris 1574) 67f. – 18 M. Junius: Artis dicendi praecepta... (Straßburg 1590) 437f. – 19 [Breton]: de la Rhétorique... (Paris 1703) 515–7.

IV. *Historiographische Kritik.* Von zwei Problemen abgesehen sind die historiographischen Fragen, auf die man bei der internen oder externen Kritik an klassischen und neo-klassischen Handbüchern stößt, nicht gravierend: Die meisten Handbücher stammen von Augenzeugen, von Menschen, die selbst beteiligt waren, oft als professionelle Rhetoriklehrer an Gymnasien oder Universitäten, als Prediger oder Theaterdirektoren. Ihre Glaubwürdigkeit ist daher groß. Solche Handbücher verwenden einheitlich ein Vokabular präziser Begriffe, deren Bedeutung bei allen gleich ist; viele gehen sehr stark ins Detail; sie sind normativ, niemals innovativ, und nicht selten wird *imitatio* einsetzt, indem Inhalte aus anderen Handbüchern übernommen werden. Sie weisen für den gesamten Bereich einen hohen Grad an Übereinstimmung auf.

Die beiden ungelösten Probleme in diesem Zusammenhang sind die Folge eines Mangels an Quellen zu physischen Einzelheiten der Gesten des klassischen Griechenlands und des Mittelalters: a) Aufgrund fehlender Zeugnisse ist kein Kommentar zu den physischen Einzelheiten griechischer G. und ihrer Beziehung zum gesprochenen Wort möglich. Die Tatsache jedoch, daß die römischen Rhetoriker sich von der asianischen Rhetorik absetzen, während sie keine Unterschiede zwischen griechischer und römischer G. ansprechen, scheint als argumentum ex silentio nahezulegen, daß die *actio*, wie andere Teile der römischen Rhetorik auch, der griechischen im wesentlichen entspricht. b) Die Kunst der G., wie sie in der Zeit nach der klassischen Periode Roms bis zur Mitte des 16. Jh., der Zeit von Willich und Herbetius, praktiziert wird, ist heute nicht mehr nachvollziehbar. Die erhaltenen Handbücher vermitteln zu wenig konkrete und anschauliche Hinweise, die notwendig wären, um erkennen zu können, auf welche Gesten sie sich beziehen, und in welcher Beziehung sie zum gesprochenen Wort stehen. Obwohl es im Mittelalter zahlreiche Exemplare von Quintilians ‹Institutio oratoria› und der ‹Rhetorica ad Herennium› gibt, wenn auch von unterschiedlicher Vollständigkeit, wird es weiterer Forschung bedürfen (vielleicht durch weiteres Studieren der Kommentare zu diesen Werken), um feststellen zu können, ob die Ausführungen zur *actio* in der zeitgenössischen Rede und Schauspielerkunst studiert und angewandt wurden oder nicht.

V. *Die Kunst der G.* 1. Die Gebärdensprache wird im allgemeinen als eine universelle Sprache dargestellt. Die ausführlichste und umfassendste Beschreibung dieser Sprache ist die von G. AUSTIN, Ende des 18. Jh. verfaßt und 1806 veröffentlicht. Dieses Werk mit dem Titel ‹Chironomia› gründet fest auf den drei klassischen Autoren der Rhetorik sowie auf zahlreichen späteren Quellen. Austin, ein Rhetoriklehrer in Dublin, behandelt mehr Themen in größerer Ausführlichkeit als die meisten anderen Quellen und bietet mehr Illustrationen als jeder andere Autor mit Ausnahme von Jelgerhuis. Das Werk ist klar aufgebaut und führt einen ausführlichen Buchstaben-Code ein, der über den Wörtern und Sätzen, die gesprochen werden sollen, eingetragen wird, damit das Deklamieren gegebener Werke zusammen mit der G. erlernt und geübt werden kann.

Austins Abhandlung wird von C. F. MICHAELIS übersetzt und in seinem Werk ‹Die Kunst der rednerischen Declamation nach alten und neuern Grundsätzen› (1818) bearbeitet. Außerdem bestätigt Schebest in bemerkenswerter Weise die Gültigkeit von Michaelis' Regeln und Vorschriften für die Bühne. Schebest war vierzig Jahre lang eine der führenden Sängerinnen und Schauspielerinnen Deutschlands. In ihrem Buch ‹Rede und Geberde› (1861), berichtet sie, daß Michaelis' Werk die beste Anleitung für Schauspieler sei, und fügt hinzu, daß ihre eigene Schauspielerei auf dessen Anweisungen und Methoden basiere. Sie bespricht neben der Schauspielerei auch die Redekunst und zitiert zahlreiche klassische Regeln von Michaelis und Quintilian für den Gebrauch. 2. Obwohl die römischen Quellen von Quintilian und Cicero und die anonyme ‹Rhetorica ad Herennium›, was die *actio* betrifft, weniger vollständig und ausführlich sind als die Abhandlungen von Austin, reichen ihre Beschreibungen der G. aus, um darauf schließen zu können, daß die Kunst der G. jener Zeit im großen und ganzen der im England und Deutschland des 18. und frühen 19. Jh. sehr ähnlich ist.

Daß die Kunst der G. auch im 16. und 17. Jh. in Deutschland und Frankreich floriert, kann man anhand der grundlegenden und sachlichen Handbücher der Rhetoriker WILLICH (1555) und HERBETIUS (1574) und dem wichtigen Werk von HENISCH (Augsburg 1593) erkennen. [1] Daß es sich im 17. und 18. Jh. geradezu um eine universelle Kunst handelt, läßt sich aus den Handbüchern der Zeit deutlich ersehen, die immer noch klassisch sind und auf *natura, ars, exercitatio*, dem Einsatz von *exempla* und auf der *imitatio* basieren. Die bedeutsamen Handbücher jener Zeit, alle von professionellen Rhetorikern, Schauspielern oder Theaterdirektoren verfaßt, stammen von Le Faucheur (1657), Bretteville (1689), Grevius (1697), Breton (1703), Dressler (1777), Lang (1727), Dinouart (1754), Lekain (Mitte des 18. Jh.), Barbe (1759–62), Burgh (1701), Wurz (1772), Walker (1781, 1785, 1789), Steinbart (1784), Curdes (1791), Pfannenberg (1796) und Hubert (1827). [2]

Die Kunst der Rhetorik einschließlich der G. wird durch die wissenschaftlichen, ausführlichen Abhandlungen von H. A. KERNDÖRFFER von der Universität Leipzig [3], H. A. SCHOTT von der Universität Jena [4] und, zum Beispiel, von C. F. AMMON in Nürnberg [5] ins 19. Jh. übernommen. Diese systematischen Arbeiten geben einen theoretisch ausgerichteten Abriß der Ausdrucksmittel und Gesetzmäßigkeiten wie Zweckmäßigkeit, Wahrheit und Schönheit. Vor allem Kerndörffers Abhandlung von 1823 enthält eine weitgefaßte und detaillierte Darstellung der Akzentuierung oder Wortbetonung. [6] Seine Ausführung über die systematische Verwendung der Akzente liefert uns ein Regelsystem für emphatische Gesten beim Vortragen eines Textes. Sie ist daher ein Teil der rhetorischen *ars* und Element der gestischen Kunst. H. A. Schotts Werk von 1815–1828, das sich mit der geistlichen Beredsamkeit befaßt, enthält einen ausführlichen Teil über die G. mit Kommentaren zur Ästhetik der Bewegung, zum Einsatz runder Bewegungen der Hände und zur Vermeidung spitzer Winkel und steif ausgestreckter Arme. Schott erörtert auch die Verwendung von Gesten, die einem ganzen Satz, einzelnen Wörtern oder sogar Perioden Betonung verleihen, und bespricht die daraus resultierende Verdeutlichung von logischen Beziehungen und Antithesen. [7] Diese Verallgemeinerung des Einsatzes von G. wird sowohl auf die Theorie als auch auf die Praxis des Vortrags bezogen. Kerndörffers Werk von 1831 zur «declamatorischen Behandlung der in den königlichen Preussischen Landen angeordneten Kirchen=Agende» liefert Regeln für den Akzent und analysiert ausführlich das Verhältnis zwischen G. und Inhalt des vorzutragenden Textes. [8] Auch wenn sie neues Material enthalten, sind die Werke von Schott und Kerndörffer in ihrer Ausrichtung und nach den Regeln, die sie aufstellen, klassisch. Ammons wichtiges Buch von 1826 ist ebenfalls ein Werk der klassischen Rhetorik. Es gibt einen Abriß der G. der geistlichen Beredsamkeit und behandelt einige Unterschiede zwischen katholischer und protestantischer Rhetorik. Es enthält einen Teil zur *actio* und empfiehlt jungen Predigern, die «recitative und melodramen (der Medea, Ariadne, Pygmalions von Bendas Meisterhand)» zu studieren und verweist für eine korrekte Körperhaltung auf die «Hülfe der Tanz= und Zeichenkunst». [9]

Die klassische Kunst der G. und der Schauspielerei wird aus dem 19. Jh. ins frühe 20. Jh. übernommen, z. B.

durch die Werke von Castellar (1926), Mestre (1883, 1922) und Schebest (1861). Die Gesten und einige Methoden ihrer Ausführung sind – als Kunstwerke zusammengestellt und für den Darsteller aufbereitet – zu finden in Austins ‹Chironomia› von 1806 (Passagen aus Grays ‹Elegy Written in a Country Churchyard›, Shakespeares ‹Julius Caesar› und Youngs ‹Night Thougts›), bei Michaelis (1818, ‹Der Geizhals und Plutus›) und bei Pfannenberg (1796, ‹Oden› von Horaz in Lateinisch (S. 246–255) und Deutsch (S. 260f.)).

Anmerkungen:
1 J. Willich: Quaestiones de pronunciatione (Basel 1555); J. Herbetius: de Oratore... (Paris 1574); G. Henisch: Praeceptionum rhetoricorum libri V (1593). – **2** [M. le Faucheur]: Traité de l'action de l'orateur (Paris 1657); E. D. Bretteville: L'Eloquence de la chaire... (Groningen 1689); J. Grevius: Orationes duae... (Paris 1697); [Breton]: de la Rhétorique (1703); E. C. Dressler: Theater-Schule für die Deutschen... (1777); F. Lang: Dissertatio... (1727); J.-A.-T. Dinouart: L'Eloquence du corps (Paris 1754); H.-D. Lekain: Matériaux pour le Travail de mon répertoire tragique... (Paris, Mitte des 18. Jh.); [P. Barbe]: Manuel de rhétoriciens... (Paris 1759–62); [J. Burgh]: The Art of Speaking (London 1701); I. Wurz: Anleitung zur geistlichen Beredsamkeit (Wien 1772); J. Walker: Elements of Elocution (London 1781); ders.: A Rhetorical Grammar (London 1785); ders.: The Academic Speaker (Dublin 1789); G. S. Steinbart: Anweisung... (1784); [F. C. Curdes]: Über die Action angehender Prediger auf der Kanzel (1791); J. G. Pfannenberg: Über die rednerische Action (1796); C.-J. Hubert: Précepts de rhétorique... (Paris 1827). – **3** H. A. Kerndörffer: Anleitung zur gründlichen Bildung des guten declamatorischen Vortrags, besonders für geistliche Beredsamkeit (1823); H. Kerndörffer: Anleitung zu der richtigen und würdevollen declamatorischen Behandlung der in den königlichen Preussischen landen angeordneten Kirchen-Agende (1831). – **4** H. Schott: Die Theorie der Beredsamkeit... (1815–1828). – **5** C. Ammon: Hb. der Anleitung zur Kanzelberedsamkeit für ev. Religionslehrer (1826). – **6** Kerndörffer (1823) [3] 274ff. – **7** Schott [4] 318f. – **8** Kerndörffer (1831) [3] 115. – **9** Ammon [5] 335f., 352, 35f.

VI. *G. im 19. und 20. Jahrhundert.* 1. Mitte des 19. Jh. werden Ratschläge und Empfehlungen hinsichtlich der Auswahl und Darstellung von Gesten gegeben, die wie andere Künste der Zeit einige Merkmale der Romantik aufweisen. In der Tat läßt sich neben der romantischen Literatur, Malerei und Musik auch eine romantische *actio* bestimmen.

Die neuen Handbücher, die sich mit der G. beschäftigen, sind oft eher individualistisch als normativ und raten in manchen Fällen dazu, auf den Instinkt zurückzugreifen sowie auf den unbewußten Einsatz von G.: «Das beste Mienenspiel, das beste Gebärdenspiel ist das unwillkürliche» [1]; «Shall we gesture? [...] no, if you mean formal, planned motions. Gesture, but do not *make* gesture [...] to gesture is instinctive, ‹natural› in the best sense of the word [...]» (Sollen wir gestikulieren? [...] nicht, wenn damit die förmliche, geplante Bewegung gemeint ist. G. ja, aber man *mache* die Gesten nicht [...] Gestikulieren geschieht instinktiv, im besten Sinne des Wortes ‹natürlich› [...]) (Winans 1938); «When in the process of delivering his thought the speaker should be perfectly oblivious to his gestures and to the way in which he uses his body to communicate his thought». (Während der Sprecher seine Gedanken vorträgt, sollte er sich seiner Gesten überhaupt nicht bewußt sein und auch nicht der Art und Weise, wie er seinen Körper einsetzt, um seine Gedanken mitzuteilen.) (Crocker 1941); «No rule can be given to determine when, where and how to gesture, except possibly the general one – be natural». (Es kann keine Regeln dafür angegeben werden, wann, wo und wie man Gesten einsetzen sollte, außer vielleicht die allgemeine Regel: sich natürlich zu verhalten.) (Altgeld 1901); «Je tiens qu'aucune étude n'est nécessaire pour le geste qui vaut surtout par le spontanéité. Il faut toutefois bien s'entendre. Il est bon de s'habituer, par des exercices physiques, à avoir les mouvements libres et dégagés: au geste ensuite à partir de lui-mê; c'est l'esclave de la pensée il lui obéira d'autant mieux que rien en lui ne sera prémédité [...] Dans tous les arts, l'originalité seule compte pour quelque chose. Savoir écrire, c'est d'abord connaître sa langue; c'est ensuite et surtout avoir un style personnel. Avoir uns tyle personnel, c'est s'inspirer de tous les grands maîtres et n'en imiter aucun». (Ich halte jegliche Einübung der Gestik für überflüssig, denn sie wirkt vor allem durch ihre Spontanität. Dennoch sollten wir uns recht verstehen. Es ist sinnvoll, sich durch körperliche Übungen eine freie und unverkrampfte Bewegungsweise anzugewöhnen: an den Gestus dann aus ihm selbst. Er ist der Sklave des Gedankens und wird ihm um so willfähriger sein, je weniger er im voraus geplant ist. [...] Bei allen Künsten kommt es allein auf Originalität an. Schreiben können heißt zunächst, die eigene Sprache beherrschen; dann aber heißt es vor allem anderen, einen persönlichen Stil haben. Einen persönlichen Stil haben bedeutet, sich von allen großen Meistern inspirieren zu lassen, aber keinen von ihnen nachzuahmen) (Dupont-Vernon 1897); «Qu'il soit bien pénétré de ce qu'il lit, et son ame lui donnera, sans qu'il y pense, des attitudes convenables comme des intonations justes». (Wenn er nur von dem ganz durchdrungen ist, was er vorliest, so wird seine Seele ihm, ohne daß es ihm bewußt würde, schon die passenden Bewegungen und die richtigen Betonungen eingeben.) (Harmand-Dammien 1901). [2] H. Allihns Abhandlungen von 1898 über mündlichen Vortrag und Gebärdensprache für den evangelischen Prediger zeigt eine ähnliche Anwendung von romantischen Prinzipien und Methoden. Nachdem er einige klassische Standardanweisungen und -beschreibungen für Augen, Hände, Brust usw. zitiert hat, die H. A. Schott in seinem Werk von 1815–1828 über die geistliche Beredsamkeit formulierte [3], behauptet Allihn, daß «... in der Tat kein Geistlicher unserer Tage mit solch speciellen Beschreibungen und direkten Anweisungen etwas anfangen kann». [4] Allihn geht noch weiter und weist Schotts Empfehlungen der klassischen *imitatio* überragender Redner zurück: «Ferner dienen treffliche Redner zu guten Vorbildern, nicht um sie nachzuahmen, sondern um ihnen mehr nachzuempfinden.» [5] Auch wendet sich Allihn gegen die unmittelbare Nachahmung von Figuren klassischer Gemälde: «Man wird bei einigem Nachdenken finden, daß immer eine Beziehung zwischen der äusseren Gebärde und dem inneren Geistigen Vorgange vorhanden ist. Wo diese Beziehungen deutlich hervortreten, da ist eben die Geste eine bestimmte und bedeutsame. Alle diese Beobachtungen helfen dann sehr gut dazu, die richtigen und verständigen Gesten an rechter Stelle zwanglos und fast unbewusst anzuwenden.» [6]

2. Den Abhandlungen, die diese charakteristischen Prinzipien aufstellen, fehlt selbst viel von der Einhelligkeit, Präzision, Konkretheit und Ausführlichkeit der klassischen Handbücher des 18. Jh. und früherer Epochen. Die spontane Natur tritt an die Stelle der *ars*, des Studiums und der Umsetzung eines klassischen Regelsystems. Selten ist Schönheit ein erklärtes Ziel, und meist

werden keine Regeln angegeben, wie sie zu erlangen sei. Dagegen zeigen einige Illustrationen einen durchaus überlegten Gebrauch paralleler Arm-, Bein- und Körperhaltungen. Es gibt auch keine Spezifizierung eines allgemein akzeptierten, allen bekannten Vokabulars der G.; wer sie erlernen will, wird vielmehr angewiesen, unbewußte, spontane Gesten einzusetzen. Originalität, Individualismus, Instinkt, die übliche Vermeidung der *imitatio*, sei es in Form der Nachahmung eines anderen Schauspielers oder Redners, sei es durch Zitieren aus dem Buch eines anderen, und der häufigere Gebrauch expressiver Gesten (ein Werk des 20. Jh. listet achtzig verschiedene Ausdrucks-Gesten auf [7]), ersetzen die klassische Basis, die sich durch langes Studium und die organische Verbindung von *natura, ars* und *exercitatio* herausgebildet hat.

3. Es muß betont werden, daß gemeinsam mit dem romantischen Stil der G. auch die klassische Kunst der G. weit in 20. Jh. hinein floriert, und zu diesem Zweck werden weiterhin klassische Handbücher publiziert, wie etwa die von De Mestre und Rambaud, oder Castellars Handbuch für die Ecoles Normales. [8] Diese Bücher und die Abhandlungen der Romantik haben kaum etwas miteinander gemein.

Anmerkungen:
1 O. Legel: Wie werde ich Redner (1941) 84. – **2** J. A. Winans und C. K. Thomas: Speech-making (New York/London 1938) 41; L. Crocker: Publik Speaking for College Students (Chicago 1941) 38; J. P. Altgeld: Oratory... (Chicago 1901) 13; H. Dupont-Vernon: L'Art de bien dire (Paris 1897) 233 und 254f.; Harmand-Dammien: L'Art de se faire écouter... (Paris 1901) 47. – **3** H. A. Schott: Theorie der Beredsamkeit... mit besonderer Anwendung auf die geistliche Beredsamkeit (1828) 316. – **4** H. Allihn: Der mündliche Vortrag und die Gebärdensprache des ev. Predigers (1898) 337. – **5** ebd. 338. – **6** ebd. 338. – **7** A. M. Hartley. The Academic Speaker (um 1850) 26–32. – **8** L. De Mestre: Préceptes de rhétorique... (1883); L. Rambaud: L'Art oratoire (Paris o. J.); M. Castellar: L'Art du lecteur, l'art du diseur, l'art de l'orateur (Paris 1926).

Literaturhinweise:
D. Anton: Die Kunst des äußeren Vortrags (1923). – M. Jousse: Méthodologie de la psychologie du geste (Paris 1931). – H. Hommel: Vox und gestus, in: Stud. zu Tacitus, FS C. Hosius (1936). – I. Weithase: Die Gesch. der dt. Vortragskunst im 19. Jh. (1940). – H. Strehle: Mienen, Gesten u. Gebärden (1960). – G. Neumann: Gesten und Gebärden in der griech. Kunst (1965). – M. Argyle: Körpersprache und Kommunikation (²1982). – M. Barasch: Giotto and the language of Gesture (Cambridge 1990). – Rhet. Ein internationale JB, Bd. 13: Körper u. Sprache (1994).

D. Barnett/L. G.

→ Actio → Chironomie → Gebärde → Mimik → Physiognomik → Schauspiel → Tanzkunst → Theater

Ghostwriter (dt. Redenberater, Redenschreiber; frz. nègre)

A. Ein G. ist ein Schreiber, der Texte im Auftrag eines anderen verfaßt, fremdorientiert arbeitet und dabei anonym bleibt oder zumindest seinen Anteil am Werk verschweigt. Urheberrechtlichen Schutz genießt er im Normalfall nicht. Ausnahmen bestehen, wenn er als Ko-Autor am Werk beteiligt wird oder vertragliche Regelungen mit dem Auftraggeber getroffen hat. Der G. entwirft Reden oder verfaßt kleinere oder größere Schriftstücke. Das Maß seiner schöpferischen Arbeit reicht, je nach Auftrag, von der Überprüfung ausformulierter Texte auf logische Mängel, stilistische und andere Fehler bis hin zur freien, inhaltlichen Gestaltung eines gegebenen Themas. Typische Tätigkeitsbereiche sind autobiographische Texte, z. B. die in Buchform gebrachten Lebenserinnerungen prominenter Personen (Memoiren) und Auftragsarbeiten in der Bestseller-Literatur. Unersetzlich geworden sind G. als *Redenschreiber* in Politik und Wirtschaft, aber auch für private Anlässe. Im Bereich akademischer Abschlußarbeiten und wissenschaftlicher Forschungsarbeiten ist in den vergangenen Jahren ein zunehmend wichtiges, rechtlich allerdings diffuses Tätigkeitsfeld entstanden. Ghostwriting wird haupt- oder nebenberuflich, freiberuflich oder im Angestelltenstatus betrieben.

Von einem G. kann nur gesprochen werden, wenn er für eine Einzelperson tätig ist, nicht aber, wenn er für ein Gremium oder einen Vorstand arbeitet. In einem solchen Fall handelt es sich um eine Form der Pseudonymität. G. sind daher gegen Autoren abzugrenzen, die unter Verlagspseudonymen und Allonymen (Sonderform des Pseudonyms, bei der der Name einer bekannten Persönlichkeit verwendet wird) publizieren, sowie gegen Autorenkollektive, in denen die beteiligten Autoren gleichermaßen Urheberrechte haben. Eine deutliche Unterscheidung muß zwischen G. und Fälscher gemacht werden.

Anwendungsbereiche. 1. *Rede.* In Berufen, in denen Reden gehalten werden müssen, werden verstärkt Redenberater eingesetzt. Jede politische Partei unterhält Schreibbüros, und jeder Minister wird von persönlichen Beratern unterstützt. Die Arbeit der Redenberater erfordert überdurchschnittliche Qualifikation und hohe Flexibilität; sie besetzen oft Schlüsselpositionen in Politik und Wirtschaft. Eine Vorplanung von Reden ist nur bei festliegenden Terminen möglich. Kurzfristige Redeanlässe verlangen vom Redner eine schnelle und gute Gliederung, die normalerweise vom G. angefertigt wird. In der freien Wirtschaft gibt es G.-Büros, die teilweise auf Spezialthemen vorbereitet sind und bei denen Reden und andere Texte gekauft werden können. Hier arbeiten G. als freie Mitarbeiter oder Angestellte. Sie verfassen Reden zu verschiedenen Anlässen *(Gelegenheitsreden)*, z. B. für Vorträge, Wahlen und Feste.

2. *Fiktionale Literatur.* G. arbeiten beim Abfassen von Dokumentarliteratur, insbesondere *Autobiographien* (Memoiren) mit. Um den Text so authentisch wie möglich zu gestalten, müssen sie sich mit der Tätigkeit und dem Leben dessen auseinandersetzen, der im Buch Hauptakteur werden soll und seinen Stil so gut es geht nachahmen. Daher schreiben beispielsweise oft Sportjournalisten die Memoiren von Sportlern. Als G. bleiben sie entweder anonym oder erscheinen als Ko-Autoren im Vorwort. [1] In der ethnographischen und soziologischen Dokumentation werden Protokolle, Tonbandaufnahmen, Interviews u. a. verarbeitet; ihre Zusammenstellung in einem Text obliegt normalerweise einem Autor, der oftmals G. ist. G. arbeiten häufig an Bestseller-Literatur mit, insbesondere dann, wenn der Autorenname Garant für Verkaufserfolg ist und von ihm viele Bücher erscheinen (z. B. P.-L. SULITZER) oder wenn es um die Fortsetzung einer erfolgreichen Geschichte geht (z. B. die Feuilletonromane von A. DUMAS, deren Episoden von einem zum anderen Tag geschrieben wurden). Bei Bestsellern spielen Literaturagenturen als Vermittler von G. eine Rolle. In der fiktionalen Literatur gibt es zahlreiche Beispiele, in denen die Partnerinnen berühmter Schriftsteller ihnen als G. zuarbeiteten (z. B. schrieb

die französische Schriftstellerin COLETTE für ihren Mann H. GAUTHIER-VILLARS, alias WILLY mehrere Romane).

3. *Sach- und Fachliteratur.* G. sind in Wissenschaft und Forschung tätig. Auftraggeber sind z. B. Doktoranden, die ihre Dissertation schreiben lassen, aber auch Studenten, die Diplom-, Magister- oder Seminararbeiten verfassen müssen. Hierfür bieten akademische G. – Büros, die in Tages- und Wochenzeitungen werben, ihre Dienste an. In rechtliche Schwierigkeiten kommt dabei nur der Auftraggeber, nicht aber der G., da für ihn das Geschäft mit dem Verkauf des Textes beendet ist. Eine andere Form des wissenschaftlichen Ghostwriting ist es, wenn ein Hochschullehrer Arbeiten und Bücher schreiben läßt, ohne seine Zuarbeiter zu nennen. Ein Professor kann auch zum G. werden, z. B. wenn er ein Manuskript für hochrangige Vorstands- oder Aufsichtsratsmitglieder erstellt oder durchsieht.

B. I. *Geschichtliche Vorformen.* Ghostwriting im strengen Sinn kann es nur vor dem Hintergrund wohldefinierter Begriffe von ‹Autorschaft›, ‹geistigem Eigentum›, ‹Urheberschutz› und deren gesetzlicher Regelung geben. Diese sind in Antike und Mittelalter noch nicht anzutreffen. [2] Von ‹Vorformen des Ghostwriting› läßt sich hier also nur in einem sehr weiten, unpräzisen Sinne sprechen. Die Auftragsdichtungen antiker und mittelalterlicher Autoren etwa unterscheiden sich vom Ghostwriting durch den Umstand, daß sie von ihren Auftraggebern nie als ihre eigenen ausgegeben wurden. Eine dem Ghostwriting entfernt vergleichbare Tätigkeit übten jedoch die attischen Logographen aus; nach dem attischen Prozeßrecht konnten sich Kläger und Angeklagte nicht, wie später in Rom, vor Gericht von ihren Anwälten vertreten lassen, sondern mußten ihre Plädoyers selbst vortragen. Aufgabe der juristisch und rhetorisch geschulten Anwälte war es daher, ihre Gerichtsreden auf Charaktere, Status, Alter usw. ihres Mandanten zuzuschneiden. Die meisten der großen attischen Redner betätigten sich auch als Redenschreiber für andere. [3] Möglicherweise geht die Schulübungsform der ‹Ethopoeia› [4], der Charakterdarstellung historischer und fiktiver Personen, die in der römischen Kaiserzeit einen Teil der rhetorischen Propädeutik (‹Progymnasmata›) bildete, auf die Praxis der attischen Logographen zurück.

Mäzene spielten im *Mittelalter* und in der *beginnenden Neuzeit* eine große Rolle für das kulturelle Leben. In gewisser Weise können sie als Auftraggeber angesehen werden, für die anonyme Zuarbeiter tätig waren. Die Bindung an einen Mäzen bedeutete für einen Dichter oder anderen Künstler finanzielle Sicherheit. Ihr Preis war die Abhängigkeit. Von den anonymen Dichtern wurden beispielsweise Gedichte, vor allem Liebesgedichte verfaßt, die der Mäzen dann unter eigenem Namen weiterleitete. Da der Gedanke des geistigen Eigentums noch keine Rolle spielte, ergaben sich aus solcher Praxis keine Schwierigkeiten. Die Menestrel, die fest angestellten Hofdichter, leisteten hauptsächlich Auftragsarbeit und blieben dabei anonym. Im 16. und 17. Jh. betrieben hochgestellte Persönlichkeiten ein Mäzenatentum, indem sie einen *homme de lettres* beschäftigten, der als Sekretär fungierte und dessen Name in der Regel unbekannt blieb. Wer in einem solchen Dienstverhältnis stand, brauchte sich nicht um den Verkauf seiner Werke zu kümmern. Der Mäzen blieb bis zum Ende des 18. Jh. Geld- und Namensgeber, der Künstler fungierte als anonymer Zuarbeiter. [5]

II. *19. Jahrhundert.* Die Bezeichnung ‹G.› zur Benennung eines Schreibers, der unter dem Namen und im Auftrag eines anderen publiziert, kam Ende des 19. Jh. im Englischen auf. [6] Als Berufsbezeichnung ist sie bis heute umstritten. Voraussetzung für die Entstehung der Tätigkeit waren die Emanzipation des Schriftstellers und die Entstehung des literarischen Marktes. Durch das Verständnis von Autonomie wurde das Verhältnis des Schriftstellers zu seinem Werk individuell geprägt; durch den literarischen Markt änderten sich die schriftstellerischen Produktionsbedingungen, die Arbeitsteilung sinnvoll werden ließ.

Im 19. Jh. erlangte der G. in Frankreich unter der Bezeichnung ‹nègre› große Berühmtheit. [7] Er war in Schreiberwerkstätten tätig, die als Folge des literarischen Marktes und des enorm angestiegenen Bedarfs an leicht lesbarer, unterhaltender Literatur entstanden. Um die in der Presse abgedruckten Feuilletonromane in schneller Folge zu schreiben, assoziierten sich beliebte Autoren mit literarischen Kulis. Die bedeutendsten Schreiberwerkstätten unterhielten A. DUMAS und E. SUE. Die nègres erhielten nur Tageslohn und waren vom Erfolg ihres Auftraggebers abhängig. Ihre Tätigkeit hatte nichts mit schriftstellerischer Kreativität zu tun, sondern glich in vielem der eines Fabrikarbeiters. Sie entwarfen erzählerische Versatzstücke, die in den nur grob festgelegten Rahmen der Gesamthandlung eingepaßt wurden. Sie kümmerten sich um Materialforschung in der Bibliothek, Aufbereitung der Stoffe, Ausarbeitung der Intrige u. a. Die Koordination der einzelnen Stücke übernahm ein anderer. Jede Folge entsprach etwa dem Tagwerk der Mitarbeiter am Roman. [8]

III. *Gegenwart.* Das Arbeitsfeld, auf dem G. tätig sind, ist breit und erweitert sich ständig. Ghostwriting tritt mehr und mehr aus dem Schatten eines Tabubereichs heraus und wird als Dienstleistung in verschiedenen Berufen angesehen. Allerdings gibt es landesspezifische Unterschiede. In den USA ist der G. inzwischen so fest verankert, daß bereits ein Berufsbild entstehen konnte. Das Prinzip der Arbeitsteilung ist dort stärker entwickelt, es gibt einen Arbeitsmarkt, auf dem sich G. entsprechend ihrer Spezialisierung anbieten. In Europa, insbesondere in Frankreich, ist vom G. wenig die Rede, was allein daran zu erkennen ist, daß die französische Bezeichnung ‹nègre› nur wenig gebraucht wird und negativ konnotiert ist. G. arbeiten hier häufig unter dem Deckmantel des *écrivain public* (öffentlicher Schreiber). Die Tätigkeit wird nur eine gewisse Zeit ausgeübt. Da eine Berufsausbildung und eine Abgrenzung zu anderen Berufen fehlen, werden G. nur selten als solche engagiert. Sie arbeiten vielmehr als Assistenten, Berater, Sekretäre oder wissenschaftliche Mitarbeiter in unterschiedlichen Berufen. In Deutschland führt die wachsende Zahl von G.-Büros allmählich zur Herausbildung eines Berufsbildes. Die Vergütung richtet sich nach dem Schwierigkeitsgrad der gestellten Aufgabe, den Ansprüchen des Auftraggebers und der Häufigkeit der Zusammenarbeit. Die Arbeit des G. beruht auf einer mündlichen Absprache oder auf einem schriftlichen Vertrag mit dem Arbeitgeber. Auch eine mögliche Gewinnbeteiligung wird dabei festgelegt. Die Praxis zeigt, daß zwischen Auftraggeber und G. immer wieder Schwierigkeiten auftreten, besonders wenn der Text einen finanziellen Erfolg hat, der nicht zu erwarten war. Ende der achtziger Jahre traten beispielsweise die G. von P.-L. SULITZER mit ihrem Wissen an die Öffentlichkeit.

Durch die Fremdorientierung des G. kann es zu Identifikationsproblemen kommen. Eine starke Identifikation mit dem Auftraggeber zeugt für eine geringe eigene Identität, da die Abgrenzung und das Verweisen auf individuelle Ausprägung fehlen. Bei schwacher Identifikation ist der Abstand zum anderen groß genug, um den eigenen Spielraum zu wahren und dadurch der Gefahr einer Abhängigkeit zu entgehen.

Äquivalente zum G. gibt es auch im außersprachlichen Bereich in der *bildenden Kunst* und in der *Musik* – z. B. zeichnete A. RODIN Arbeiten seiner Gehilfin CAMILLE CLAUDEL mit seinem Namen, und FELIX MENDELSSOHN-BARTHOLDY gab Kompositionen seiner Schwester FANNY als seine eigenen aus.

Anmerkungen:
1 vgl. G. Ueding: Mein Spiel als Leben. Sportlerautobiographien von Max Schmeling bis Franz Beckenbauer, in: O. Grupo (Hg.): Kulturgut oder Körperkult. Sport und Sportwiss. im Wandel (1990) 131–153. – 2 vgl. T. Seng: Art. ‹Autor›, in: HWR, Bd. 1 (1992) Sp. 1276. – 3 vgl. S. Mansion: Art. ‹Logographen›, in: LAW, Sp. 1763f. – 4 vgl. G. Naschert: Art. ‹Ethopoeia›, in: HWR, Bd. 2 (1994) Sp. 1512–1516. – 5 J. von Stakkelberg: Der Homme de Lettres. Zur schwierigen Lage des Schriftstellers im Ancien Régime. Sozialstatus, Verdienstmöglichkeiten und Zensur, in: ders.: Themen der Aufklärung (1979) 30–52. – 6 Pall Mall, G. 23.6. 1884; vgl. The Oxford English Dictionary Bd. VI (Oxford ²1989) 493. – 7 vgl. L. N. Bescherelle: Nouveau Dictionnaire National ou Dictionnaire Universel de la Langue Française (Paris 1892/93) s. v. ‹nègre›. – 8 vgl. H.-J. Neuschäfer u. a.: Der frz. Feuilletonroman. Die Entstehung der Serienlit. im Medium der Tagesztg. (1986).

Literaturhinweise:
P. Kammerer: Die veränderten Konstitutionsbedingungen politischer Rhet. Zur Rolle der Redenschreiber, der Medien und zum vermeintlichen Ende öffentlicher Rede, in: Rhetorik 14 (1995) 14–29. – U. Mielke: Der Schatten und sein Autor. Eine Unters. zur Bedeutung des Ghostwriters (1995).

U. Mielke

→ Autobiographie → Autor → Dichter → Ethopoeia → Homme de lettres → Logographen → Sophistik

Glaubwürdige, das (griech. τὸ πιθανόν, to pithanón; lat. quod fidem facit, credibile; engl. the believable; frz. le croyable, le crédible; ital. il plausibile)

A. Def. – B. I. Geschichtliches. – II. Das G. in der Kommunikationsforschung.

A. Synonyme für das ‹G.› im Deutschen sind: ‹glaublich›, ‹glaubhaft›, ‹vertrauenerweckend›, ‹überzeugend›, ‹verläßlich›. Griech. πείθομαι, peíthomai (lasse mich überreden) bzw. πείθειν, peíthein (überzeugen, überreden, bekehren, annahmefähig machen) und πιθανόν, pithanón (glaublich, glaubwürdig) leiten sich her von πιστός, pistós mit der Bedeutung ‹zuverlässig›, ‹vertrauend›; εὐπειθής, eupeithés (folgsam). Lat. ‹fidus›, ‹foedus› (Bündnis) und ‹fidere› (trauen, vertrauen) nennen die Dimensionen von Vertrauen und Glauben, Treue und Bündnis. Die Wortbedeutungen verweisen in ihrer Vielfalt auf den komplexen Sachverhalt, auf Relationalität und Multifunktionalität von Glaubwürdigkeit. Das G. verweist 1. auf die Sache, die glaubwürdig ist oder glaubwürdig gemacht werden muß durch Sprache, Argumente, sprachlichen Schmuck; 2. auf die Gründe, die jemanden dazu bewegen, sich dem G. zu unterziehen, zu folgen, sich dazu zu bekehren; 3. auf die Person, die glaubwürdig ist *für* oder glaubwürdig wirkt *auf* jemanden. PLATON hat das G. der πίστις, pístis, zugeordnet und diese dann innerhalb einer aufsteigenden Reihe von Geistestätigkeiten an die zweite Stelle gesetzt: εἰκασία, eikasía (Einbildung), πίστις, pístis, (sinnliche Wahrnehmung, Beweis, ein Wissen ohne Gründe), διάνοια, diánoia (unvollständiges Kausalwissen), νόησις, nóesis (Einsicht, Verstehen). [1]

B. I. *Geschichtliches.* Das geschichtliche Nachdenken über das G. muß einsetzen mit den Anfängen von Philosophie und Rhetorik in Griechenland. EMPEDOKLES versetzt Vertrauen (pístis) in die Ordnung der Sinneswahrnehmung, ist darauf bedacht, dem Gesicht (ὄψις, ópsis) gleich viel Vertrauen zu schenken wie dem Gehör, und mahnt, die Glaubwürdigkeit «der übrigen Glieder» nicht zurückzustellen, «soweit es nur eben einen Pfad zum Erkennen gibt». [2] PARMENIDES, nachdem er seine Grundthese vom Ganzen des Seins ausgesprochen hat, nennt diese Rede «verläßlich» (πιστὸν λόγον, pistón lógon), ist sie doch Denken über die Wahrheit. [3] Von THEODOROS DEM BYZANTINER berichtet Platon, jener habe als vierten Redeteil der Gerichtsrede das Beweisverfahren über die *Wahrscheinlichkeiten* (τὰ εἰκότα, ta eikóta) angeführt, dann aber noch von «Beglaubigung» (πίστωσις, pístosis) und «Nebenbeglaubigungen» (ἐπιπίστωσις, epipístosis) gesprochen. [4] Von SOKRATES heißt es, er habe seine eigene persuasive Kompetenz, sein Glaublichmachenkönnen um der größeren Glaubwürdigkeit willen zurückgenommen, wollte er doch von sich aus zur Annahme (seiner Thesen) nichts beibringen (nihil ipse [S.] afferre ad persuadendum volebat [...]). [5] Hamann bemerkt dazu: «Was ist natürlicher, als daß er sich genöthigt sahe immer zu fragen um klüger zu werden; daß er leichtgläubig that, jedes Meynung für wahr annahm [...]». [6] GORGIAS macht deutlich, daß das G. sachlich in den Zusammenhang von peíthein gehört. ‹Glaubwürdig› bzw. ‹unglaubwürdig› sind dann wie Signaturen, die sich in die Sache einprägen. Die Reden der Himmelskundigen etwa lassen stets «das Unglaubwürdige (ἄπιστα, ápista) und das Unsichtbare (τὰ ἄδηλα, tá ádela) den Augen der Ansicht erscheinen». [7] Buchheim übersetzt δόξα, dóxa mit «Annahme» bzw. «Angebot zur Annahme». [8] Das G. ist dann von der Grundbedeutung her geeignet, bereits semantisch auf die sinnliche Annahme, die dóxa, hinzuweisen. Glaubwürdig machen (peíthein) wäre somit eine zur Bekehrung, Hinwendung, Annahme führende rhetorische Leistung und hätte zu ihrem eigentlichen Gegenstand das G. (pithanón). Obschon nur die Wissenden wahrhaft vertrauenswürdig sind, nicht aber die, die eine Ansicht für eher glaubwürdig halten als die Wahrheit [9], gilt: Für jemanden, der seiner Glaubwürdigkeit verlustig ging, ist das Leben nicht lebenswert. [10] Platons SOKRATES ist der Überzeugung, ein Leben ohne Selbstprüfung sei nicht lebenswert, was wiederum schwer zu glauben sei. [11] Gorgias' Definition der Rhetorik schließlich hebt ab auf Bekehrung (πειθοῦς δημιουργός, peithoús dēmiourgós) durch «Mittel der Glaublichkeit» (πιστευτικῆς, pisteutikḗs), nicht der Belehrung (οὐ διδασκαλικῆς, ou didaskalikḗs). [12] Gorgias rückt Wissende und Glaubende unter den gemeinsamen Nenner des Überredetseins, sind sie doch beide πεπεισμένοι, pepeisménoi, Überredete. [13] Platon dagegen unterstellt das G. dem Gegensatz von wissend/unwissend; das G. fällt dann ab und verliert an epistemischem Wert. Für Unwissende allemal glaubwürdiger (πιθανώτερος, pithanóteros) als der Wissende, vorausgesetzt, daß der Unwissende als Redner glaublich wirkt. [14] Glaubwürdiger freilich wirkt er um den Preis der Wahrheit, muß er doch den Sachverhalt (τὰ πράγματα, tá prágmata) nicht kennen; seine Glaubwürdigkeit beruht auf dem von ihm erzeugten Schein (φαίνεσθαι, phaínesthai), mehr zu wissen als die Sachverständigen. [15]

Mit ARISTOTELES rückt das G. in den der Sache angemessenen wissenstheoretischen Zusammenhang; psychologisch bezeichnet es eine *Grundbefindlichkeit*, «denn der Lernende muß glauben», heißt es dazu bündig. [16] Ontologisch ist das G. das *Mögliche*. In seiner Poetologie begründet Aristoteles das Verfahren der Tragiker, historisch bezeugte Personen auftreten zu lassen, mit der Grundkategorie der δύναμις (dýnamis, Möglichkeit), der er ontologisch das G. zuordnet. [17] Die Geschichtlichkeit des Namens fungiert in der poetologischen Argumentation als Glaubwürdigkeitsstütze [18], ist doch Mögliches immer schon glaubwürdiger als etwas, das unmöglich ist. Glaubwürdig/unglaubwürdig ist wichtiges Kriterium für die regelkonforme Handhabung der rhetorischen Technik. Das G. hat eine kritische Funktion im historiographischen Kontext: Hesiod und mit ihm sämtliche 'Theologen' hätten sich ausschließlich um das gekümmert, was ihnen glaubwürdig erschien; sie blieben sozusagen in ihrer eigenen Mentalität gefangen. G. im Sinne von ‹annehmbar› ist somit für Aristoteles ein wichtiges Kriterium zur Beurteilung von älteren Autoren. [19] – Aristoteles hat für das G. eine diesem entsprechende Logik entwickelt. Das G. ist ein Vernunftprodukt, und sein epistemologischer Ort ist die dem apodiktischen Syllogismus entgegengesetzte dialektische Begründung des induktiven Verfahrens. Es ist glaubwürdiger, transparenter, sinnlich faßbarer und der Menge vertrauter. [20] Die ‹Topik› führt auch den λόγος πιθανός, lógos pithanós, die «Wahrscheinlichkeitsbegründung» ein [21] und weist das G. den dialektischen Sätzen zu. [22] Die entscheidende Bedeutungserweiterung erfährt das G. bei Aristoteles durch die Synonyma εἰκός (eikós, wahrscheinlich) [23] und ἔνδοξον (éndoxon, gängige Meinung). [24] Die ‹Rhetorik› bringt die erforderlichen Nuancen. Glaubwürdiges Reden ist immer dann erforderlich, wenn es ums Urteilen (κρίσις, krísis) geht [25] (jetzt Werturteile). Das G. unterliegt der topischen Regel des «Argumentierens aus dem Gegenteil», woraus folgt, daß wenn die Lügen oft im Schein der Wahrheit daherkommen, auch umgekehrt gilt, «daß manches wahr sei, was unglaublich uns erscheint». [26] Epistemologisch werden drei Stufen des G. unterschieden: eine natürliche, im Sachverhalt (αὐτὰ τὰ πράγματα, autá ta prágmata) selbst liegende, eine mittlere, die durch sprachlichen Ausdruck (λέξις, léxis) erzeugte, dann eine der Wirkung nach höchste, nämlich die im mündlichen Vortrag (ὑπόκρισις, hypókrisis) erzeugte. [27] Am entschiedensten wahrheitsorientiert äußert sich Aristoteles im ersten Buch der ‹Rhetorik›: Was der Sache nach wahrer ist, ist immer auch das Glaubwürdigere. [28] Die Annehmbarkeit einer Sache wird durch den präzisen, treffenden Ausdruck (ἡ οἰκεία λέξις, hē oikeía léxis; *loqui proprie*) für den Hörer (Rezipienten) gesteigert. [29] In der Begriffsbestimmung des *Redners* darf das G. nicht fehlen. Zum einen muß er sich selbst in seiner Rede durch sein Ethos als glaubwürdig präsentieren (Ethos als eines der drei entechnischen, d. h. zur Kunst gehörenden Überzeugungsmittel der Rede); zum anderen wird er im Hinblick auf seine «Vollendung» definiert als einer, der es «versteht, bei jedem Ding das G. herauszufinden», genauer: das «*möglicherweise* G.»; «sein Geschäft ist nicht direkte *Überredung*, sondern bei jedem Thema zu überlegen, welche Mittel der Überredung in ihm enthalten sind». [30] Nach Aristoteles definiert sich die Rhetorik geradezu als Vermögen, das sich darauf versteht, das an der Sache G. zu untersuchen, nicht aber ist es Aufgabe der Rhetorik zu überreden (τὸ πεῖσαι, to peísai). [31] Was dem Logiker bereits als glaubwürdig erscheint, einfach deshalb, weil es, obschon leer und allgemein, widerspruchsfrei und folgerichtig (εὔλογον, eúlogon) ist (etwa so: gibt es ein Erstes, aus dem das Ganze wird, gibt es auch etwas, aus welchem jeder Teil wird ...), das erhält dann seine konkrete, sachhaltige Bekräftigung erst durch die Erfahrung. [32] Auch der Zusammenhang mit den Affekten ist zu beachten, denn «am glaublichsten (pithanótatoi) sind, bei gleicher Begabung, die sich in Leidenschaft versetzt haben». [33] Den entscheidenden Wink gibt Aristoteles mit dem Satz: «Stets ist das G. *für* jemanden glaublich.» [34] Die *Erwartung*, die nach Luhmann für das Vertrauen konstitutiv sein wird, ist bei Aristoteles im Ansatz als Kriterium des Glaublichkeitsgehaltes da. Denn unglaubwürdig/glaubwürdig ist, was sich zum erwarteten Vertrauen (pístis) zweideutig verhält. [35] Das G. ist Bezugsgröße und schließt in seiner Definition die Verstehens- und Akzeptanzkompetenz eines Hörers mit ein. [36]

QUINTILIAN betont einerseits die Annehmbarkeit und Glaubwürdigkeit des Beweises *(probatio)*, sofern dieser auf *inventio* (des G.) beruht, andererseits aber ebenso sehr den Ausdruck *(elocutio)*, ohne den es keine Rede gibt. [37] Dem G. dienen deshalb vorab die Redefiguren. [38] Für Beweisführungen gilt dasselbe formale Schema der Glaubwürdigkeitsgrade: zwingend *(necessariae)*, annehmbar *(credibiles)*, widerspruchsfrei *(non repugnantes)*. [39] Im Zusammenhang mit künftigen Sachverhalten, den εἰκότα, eikóta, gilt: stärkster Grad des G. kommt dem zu, was fast immer gilt; zweiter Grad dem, was zur Gewißheit neigt; dritter Grad dem, was ohne Widerspruch gilt. Diese allem G. voraufgehende systematisierende Rationalitätsstruktur erlaubt es, das herauszufinden, was «zu jedem Ding und zu jedem Menschen gehört». [40] Quintilian resigniert freilich vor dieser nur mit adäquaten und d. h. statistisch abgestützten Methoden und mathematischen Verfahren zu bewältigenden empirischen Vielfalt: «potius infinitum est» (das grenzt ans Unendliche). [41]

Bereits im 16. Jh. wird die Frage des G. im Rahmen einer 'Wissenstheorie' abgehandelt. ANTONIUS LULLUS' ‹De oratione Libri septem›, eine Summe damaliger rhetorischer Theorie, handelt das G. im Rahmen der «oratio mentalis» (mentales Reden) ab, worunter er die «cogitatio» (die bloße Überlegung, frz. cogiter) versteht. Eine *cogitatio*, der der Intellekt zustimmt, «wird zur Meinung» *(opinio)* [42]; ohne Zustimmung ist sie bloße Einbildung; zögert der Intellekt, dann ist sie Vermutung *(suspicio*, ὑπόληψις, hypólēpsis). Aus wahrer *opinio* entstehen Erfahrung *(experientia)*, Glaube *(fides)* und Kunst *(ars)*. Lullus entfaltet dann die Definition von Glaube aus dessen Genesis: die Meinung eines Menschen beruht auf der Autorität (εὐδοκία, eudokía, Ansehen) eines andern, und hieraus entsteht dann auf dem Weg der Persuasion der Glaube («ex ea persuasione fides existit»). [43] Eudokía versteht Lullus als affektive Bewegtheit jemandem gegenüber *(affectio)*, die bewirkt, daß der Betreffende dessen Worten *eher* Glauben schenkt als denen eines andern. Weil Rhetorik die Kunst ist, «das Wahrähnliche zu finden», schafft sie auch das G. [44] Diese Geistestätigkeit faßt Lullus in den Begriff der «computatio» (Berechnung). Er definiert sie als «ratio rationum», Verfahren aller Verfahren. *Computatio* ist das, worin alle Künste, alles Denken und Wissen sich wie im Ziel und Abschluß konstituieren und vollenden. *Ars computatoria* ist dermaßen rational, daß, wer sie nicht kennt, gar nicht als Mensch gilt. [45] Sobald eine an sich unfaßliche Zahl, etwa zehn mal hunderttausend, redend bzw. 'zählend' begleitet wird, wird sie faßbar; wie jemand Zählsteine *(calculos)* aufreiht, so der Redner seine Rede. *Computatio* ist immer *dicta*, ausgesprochen, denn sie wird «im Reden» *(sermone)* realisiert und braucht keine andere Handlung mehr. So ist denn der Computus als Verfahren, das zur höchsten Glaubwürdigkeitsstufe führt, auch schon jene Höchstleistung, zu der ein Denken fähig war, das die Wahrscheinlichkeit *(verisimile)* noch verstand als Grund der *Annäherung* an eine angemessene Erfassung des Sachverhaltes durch Aussage – «sermone peragitur», wie Lullus formuliert.

Dies sollte sich in dem Moment ändern, als das Wahrscheinliche, G., Wahrähnliche (τὰ εἰκότα, tá eikóta) dem mathematischen Ansatz unterworfen wurde. Wahrscheinlichkeit nennt denn auch, seit LEIBNIZ, den Grund der Möglichkeit dafür, daß ein erwartetes Ereignis eintritt. Dieser neue Wahrscheinlichkeitsbegriff hat sowohl den herkömmlichen abgelöst als auch die Methode, das G. überhaupt rational zu erfassen, radikal verändert. Beleg dafür ist die statistische Methode, die freilich erst relativ spät das G. zu ihrem Untersuchungsgegenstand genommen hat. Beleg dafür ist auch, daß G. VOETIUS in seinen 1643 vorgetragenen geistlichen Anleitungen für die akademische Jugend vom «leeren Glaublichkeitsgeschwätz» *(inanis pithanologia)* sprechen konnte. [46] KANTS Bestimmung des G. geschieht nicht ausdrücklich, verläuft aber am systematischen Ort des ‹Kanons der reinen Vernunft› [47] innerhalb der ‹Transzendentalen Methodenlehre›. Weil spekulativer Gebrauch der reinen Vernunft nie zur synthetischen Erkenntnis führt, kann der von Kant vorgegebene Kanon («Inbegriff der Grundsätze a priori des richtigen Gebrauchs gewisser Erkenntnisvermögen überhaupt» [48]) nur den praktischen Gebrauch betreffen. Meinen, Wissen und Glauben sind legitime, wenn auch kritikbedürftige Weisen des Vernunftgebrauchs. Sie wurden bisher in der rhetorischen *téchnē* abgehandelt, von ihr gesteuert und geprüft. Kant nun unterstellt sie dem Kanon der reinen Vernunft. Seine Ausführungen nehmen ihren Ausgangspunkt beim *Fürwahrhalten*: einer «Begebenheit in unserem Verstande», die sowohl auf objektiven Gründen beruhen *kann* wie zusätzlicher subjektiver Ursachen bedarf. Kants Argumentation und Terminologie lassen es als höchst plausibel erscheinen, daß es sich dabei um eine Umbesetzung des Gegenstandes der Rhetorik *par excellence*, nämlich des *pithanón* handelt – vorgenommen entsprechend den Grundsätzen a priori zum richtigen Gebrauch von Erkenntnisvermögen. Die objektiven Gründe für das Fürwahrhalten finden sich, entsprechend der Aristotelischen Definition des Skopus der rhetorischen Techne, im *möglichen Glaublichen*. Die Lexiszuschüsse wiederum dienen dem subjektiven Zweck der Affekterregung *(movere)* und des Ergötzens des Gemüts *(delectare)* und können als jene «subjektiven Ursachen im Gemüt» gelten, die zum Fürwahrhalten erforderlich sind und dieses ermöglichen. Die von der Rhetorik gemäß überprüfbaren Kriterien schon immer intendierte Überzeugung endlich kann rechtens Anspruch auf allgemeine Gültigkeit erheben, «so fern er [jedermann] nur Vernunft hat» und der Grund des Fürwahrhaltens «objektiv hinreichend» ist. [49] Die Überredung qua Urteil tut Kant als Schein ab. Zum Prüfstein des Fürwahrhaltens macht Kant zum einen die Möglichkeit des *Mitteilens*, der Kommunikation und des möglichen allgemeinen Konsenses; hierzu kommt, als innerer Grund, «eine Vermutung» (στοχασμός, stochasmós, *status coniecturae*). Denn die Urteilseinstimmigkeit werde trotz aller Vielfalt der beteiligten Subjekte «auf dem gemeinschaftlichen Grunde, nämlich dem Objekte, beruhen». [50] Die Urteilsbewahrheitung schließlich realisiert sich in der Übereinkunft aller Urteile im Objekt.

II. *Das G. in der modernen Kommunikationsforschung.* Hat sich Sokrates noch vornehm von «den Vielen» distanziert [51], so wandelt sich für die oft uneingestandenen Erben der rhetorischen Hinterlassenschaft, für die Kommunikationsforscher also, die Situation radikal. Die Massenmedien setzen das Thema Glaubwürdigkeit auf die oberste Dringlichkeitsstufe. Vertrauen ist nun das bevorzugte Synonym für das G. und wird im sozialen und psychologischen Kontext der «medialen Realitäts(re)konstruktion» [52] ein zentrales Thema unserer Gesellschaft. Die Vielschichtigkeit ist bereits in der Relationalität, in Aristoteles' «pithanón tiní pithanón» [53] sowie in der rhetorischen Standardtrias ‹res – orator – auditor› qua Rückkoppelungssystem angelegt; nun rückt sie zum eigentlichen Problem innerhalb der Kommunikationsforschung auf. [54] Die zeitgenössische Glaubwürdigkeitsforschung nahm 1959 mit der ersten Meinungsumfrage ihren Anfang. Sie bildet inzwischen einen eigenen Forschungszweig und gilt als Beispiel für eine «Forschungsanstrengung mit Wissenszuwachs». [55] Die empirische, vor allem angelsächsisch-amerikanische Forschung definiert Glaubwürdigkeit als «eine Eigenschaft, die Menschen, Institutionen oder deren kommunikativen Produkten [...] von jemandem (Rezipienten) in bezug auf etwas (Ereignis, Sachverhalt usw.) zugeschrieben wird», und zwar nicht als inhärente Eigenschaft, sondern als «Element einer zumindest vierstelligen Relation». [56] Zwei Bedingungen sind zur Glaubwürdigkeit erforderlich: «Der Kommunikationspartner (Rezipient) Y muß darauf vertrauen können, daß die Aussagen X_{1-n} über die Ereignisse Z_{1-n} wahr sind, daß sie Z_{1-n} adäquat beschreien; das kommunikative Verhalten von X muß ein Mindestmaß an Kohärenz aufweisen, es muß "stimmig" sein.» [57]

Ausgangspunkt der Glaubwürdigkeitsforschung bilden die Arbeiten von C. I. HOVLAND [58] und M. V. CHARNLEY. [59] Grundlegende neuere Untersuchungen stammen von C. GAZIANO und K. MCGRATH. [60] Wie die rhetorische Tradition wußte, ist Glaubwürdigkeit «ein komplexes, multidimensionales Konzept»; sie kann nur anhand von «operationellen Definitionen» in einschlägigen Bereichen erfolgreich gesucht werden. [61] In seinem Forschungsbericht kommt BENTELE zu folgenden drei Einsichten. 1. Glaubwürdige Kommunikation (Quellen) bewirkt größeren Meinungswandel als Texte, deren Urheber als unglaubwürdig eingeschätzt werden – eine Einsicht freilich, auf die wir nicht unbedingt haben warten müssen. 2. Bezüglich des reinen Informationstransfers gibt es keine signifikanten Unterschiede (das Pathos ist ausgeblendet), innerhalb der Bewertung von Fairneß jedoch, in der Darstellung von Texten und der Berechtigung der Schlußfolgerungen, die die Kommunikatoren aus den Tatsachen gezogen haben, gibt es sehr wohl Unterschiede: glaubwürdige Texte werden günstiger, fairer beurteilt. 3. Die Akzeptanz von Texten mit wenig glaubwürdigen Quellen nimmt nach einiger Zeit wieder zu. Bentele referiert die Forschungsergebnisse in den USA und in der BRD. [62]

Das G. hat sich als Begriff erschöpft, und der Begriff *Vertrauen* ist an seine Stelle getreten. Vertrauen ist, wie das G., eine historische Größe. Es zeigt sich in entsprechend vielfältigen Darstellungsformen, die vom personengebundenen Vertrauen (*pístis, fides, fiducia* des Rhetors) bis zum Vertrauen in universale Mechanismen von Systemen reichen. Eine eindeutige Zuweisung an einen ethischen Topos ist nicht (mehr) möglich, auch deshalb nicht, weil die *ästhetische* Komponente, von der rhetorischen téchnē getragen, am Zustandekommen des G. und des Vertrauens mitwirkt. N. LUHMANN verlegt die mögliche Einheit dieser Vielfalt in die *Funktion.* [63] Seine These: Vertrauen *reduziert* Komplexität, indem es Informationen «überzieht», d. h. auf die Zukunft hin entwirft (aristotelisch: Eröffnung von *Möglichkeiten*) und deren Bestimmung riskiert; Vertrauen *generalisiert* Verhaltenserwartungen, indem es fehlende Informationen durch eine intern garantierte Sicherheit ersetzt. [64] Vertrauen siedelt Luhmann exakt dort an, wo Aristoteles die Erkenntnis der eikóta ansetzte, am Schnittpunkt nämlich von Episteme und Empirie, von apodiktischem Wissen und wissensfreiem Probieren, d.h. innerhalb der rhetorisch programmierten praktischen Vernunft, der konjekturalen téchnē also. Im Luhmannschen Kontext: Vertrauen ist im Bereich der positiven Wissenschaften (epistḗmai) gar nicht nötig, weil dank der behaupteten Übereinstimmung von Wahrnehmung und Begriff die intersubjektive Gewißheit erreicht wird, die Willkür des *alter ego* gebändigt ist und der weltweite Erfolg dieses Evidenzmusters (fast) unbestritten bleibt.

Doch es erhebt sich die Frage: Was geschieht mit und in den Wissensbereichen, in denen intersubjektive Gewißheit gerade nicht erreichbar ist? Und: Was soll intersubjektive Gewißheit an der Stelle von Wahrheitsevidenz? [65] Es ist Luhmann gelungen, auf diese Kernfrage, die das Thema des G. schon immer begleitete, eine an Überzeugungskraft bislang nicht erreichte wissenstheoretische und systematisch kohärente Antwort zu geben. Wie das G. gerade an der Spitze philosophischer Evidenzargumentationen als Instanz einfallen kann, zeigt J. HABERMAS in seiner Beurteilung der Philosophie als «philosophischer Schattenriß» des Evangeliums, als den M. THEUNISSEN sie entworfen haben wollte. Philosophische Gründe für ein solches Unterfangen sähe er (Habermas) nicht, «allenfalls rationale Motive für die *Überzeugung* [Hervorh. d. A.], solche Gründe zu haben». [66]

Anmerkungen:
1 vgl. Plat. Pol. VI, 509d 6–511e 5; VII, 531c 1–535a 4. – 2 Empedokles: VS 31 B 3, 9–13. - 3 Parmenides: VS 28 B 8, 50. – 4 Plat. Phaidr. 266e 2–6. – 5 Cic. De Inv. I, 2. – 6 J. G. Hamann: Sokratische Denkwürdigkeiten. Aesthetica in nuce, hg. von S. A. Jorgensen (1968) 57. – 7 Gorgias: Helena, Frg. 11 (13), in: Gorgias: Reden, Fragmente und Testimonien, hg. mit Übers. u. Kommentar von T. Buchheim (1989) 10. – 8 Buchheim [7] XIII und Anm. 23. – 9 vgl. Gorgias: Palamedes, Frg. 11a (24); Buchheim [7] 30. – 10 vgl. ebd. 11a (21), Buchheim [7] 26. – 11 vgl. Platon: Apologie 38a 5–8. – 12 Gorgias: Testimonia (28), Buchheim [7] 148. – 13 Plat. Gorg. 454e 1–2. – 14 vgl. ebd. 459b 3–5. – 15 ebd. 459b 5–c2. – 16 Aristoteles: Sophistici Elenchi 165b 1. – 17 vgl. Arist. Poet. 9, 1451b 16–19. – 18 vgl. H. Lausberg: Hb. der lit. Rhet. (³1990) §§ 1216–1218. – 19 vgl. Arist. EN I 4, 1096b 5. – 20 Arist. Topik I 2, 105a 15–16. – 21 ebd. I 11, 104b 14. – 22 vgl. ebd. I, Kap. 10. – 23 vgl. Arist. Rhet. II 23, 1400a 11–12; 25, 1461b 12. – 24 vgl. ebd. I 2, 1356b 27, 32. – 25 vgl. ebd. II 18, 1391b 8. – 26 ebd. II 23, 1397a 7–19; vgl. Cic. De inv. I, 30, 46. – 27 vgl. ebd. III 1, 1403b 19–22. – 28 vgl. ebd. I 1, 1355a 38. – 29 vgl. ebd. III 7, 1408a 19–20. – 30 ebd. I 2, 1355b 26–27, 35–1356a 25, die Stelle übers. von T. Hobbes (Oxford 1823) 8 und Anm. i. – 31 vgl. ebd. I 1, 1355b 8–11. – 32 vgl. Aristoteles: De generatione animalium I 17, 721b 26–28. – 33 Arist. Poet. 17, 1455a 30–31. – 34 Arist. Rhet. I 2, 1356b 28. – 35 vgl. Auct. ad Alex. 17, 1432a 32; 16, 1431b 21. – 36 vgl. G. K. Mainberger: Rhetorica I (1987) 164f. – 37 vgl. Quint. II, 15, 13–18. – 38 vgl. ebd. IX, 1, 19. – 39 vgl. ebd. V, 8, 6. – 40 ebd. V, 10, 16–17. – 41 ebd. V, 10, 18. – 42 Antonius Lullus: De oratione Libri septem (Basel 1558) 281. – 43 ebd. – 44 ebd. 284. – 45 vgl. ebd. Siehe dazu A. Borst: Computus. Zeit und Zahl in der Gesch. Europas (1990). – 46 G. Voetius: ΤΑ ΑΣΚΗΤΙΚΑ (Groningen 1664) 862. – 47 I. Kant: Kritik der reinen Vernunft B 848–858. – 48 Ebd. B 824. – 49 Ebd. B 848. – 50 Ebd. B 849–850. – 51 Plat. Gorg. 474a 5–11. – 52 W. Schulz: Die Konstruktion von Realität in den Nachrichtenmedien (1976). – 53 Arist. Rhet. I 2, 1356b 28. – 54 vgl. M. Rühl: Rez. Luhmann: Vertrauen, in: Publ. 14 (1969) 3, 355. – 55 G. Bentele: Der Faktor der Glaubwürdigkeit: Forschungsergebnisse, in: Publ. 33 (1988) 2/3, 409. – 56 ebd. 408. – 57 ebd.; etwas anders: S. Lund, A. Rolland: Faith in die Media – An unmixed Good?, in: The Nordicom Review of Nordic Media Communication Research (1987) 1, 1–8. – 58 C. I. Hovland u. a. (Ed.): Communication and Persuasion (New Haven, Connect. 1953); C. I. Hovland, W. Weiss: The Influence of Source Credibility on Communication Effectiveness, in: Public Opinion Quarterly 15 (1951) 635–650. – 59 M. V. Charnley: Preliminary Notes on a Study of News Paper Accuracy, in: Journalism Quarterly 13 (1936) 394–401. – 60 C. Gaziano, K. McGrath: Measuring the Concept of Credibility, in: Journalism Quarterly 63 (1986) 3, 451–462; C. Gaziano: How Credible ist the Credibility Crisis?, in: Journalism Quarterly 65 (1988) 2, 267–278 u. 375. – 61 C. Gaziano (1988) [56] 269 u. Anm. 18, 270. – 62 vgl. Bentele [51] 411–413 u. 413–421. – 63 vgl. N. Luhmann: Vertrauen. Ein Mechanismus der Reduktion sozialer Komplexität (²1973) 105. – 64 vgl. ebd. 105f. – 65 vgl. ebd. 22. – 66 J. Habermas: Kommunikative Freiheit und negative Theologie, in: E. Angehrn u. a. (Hg.): Dialektischer Negativismus. FS M. Theunissen (1992) 30.

Literaturhinweise:
J.-P. Marhuenka: Journaux, radio, télévision: qui croire?, in: Revue française de communication 1 (1979) 3, 50–59. – G. Riotta: La stampa americana e la fine del mito. Perchè mass media hanno perso credibilità, in: Problemi dell'informazione 9 (1984) 3, 347–362. – S. Weischenberg: Die Glaubwürdigkeitslücke des Fernsehjournalismus, in: Media Perspektiven 11 (1987) 711–717. – M. Wachtel: Die Darstellung von Vertrauenswürdigkeit in Wahlwerbespots: Eine argumentationsanalytische und semiotische Unters. zum Bundestagswahlkampf 1987 (1988). – M. J. Robinson u. a. (Hg.): Believability and the Press, in: Public Opinion Quarterly 52 (1988) 2, 174–189.

G. K. Mainberger

→ Endoxa → Ethik → Ethos → Fides → Manipulation → Massenkommunikation → Politische Rhetorik → Redner, Rednerideal → Wahrheit, Wahrscheinlichkeit

Gleichnis, Gleichnisrede (griech. παραβολή, parabolé, auch εἰκών, eikṓn; lat. collatio, similitudo, simile; engl. parable, simile; frz. similitude, parabole; ital. parabola, similitudine)

A. Das G. ist eine sprachliche Ausdrucksform, bei der ein Sachverhalt (Sachsphäre) mit einem anderen, analogen Sachverhalt (Bildsphäre) verglichen wird. Es stellt also eine spezifische Form des Vergleichs dar. Die präzise Bestimmung dessen, was ein G. ist, sieht sich vor die Schwierigkeit gestellt, daß der Begriff zu allen Zeiten als eine Art ‹terminologischer Joker› im Bereich des bildlichen Sprechens verwendet wurde und so verschiedene Formen wie die Metapher und den Vergleich, das G. im engeren Sinn, die Parabel und die Allegorie unter sich vereinigt. [1] Schon bei den antiken Rhetorikern gab es keine eindeutige Unterscheidung. Diese terminologische Unschärfe hat das G. mit dem Begriff der Gleichnisrede gemein, der seit dem 16. Jh. synonym mit G. gebraucht wird und ebenfalls als Sammmelbegriff für alle Arten der bildlichen Rede dient. [2] Unter diesem Vorbehalt kann das G. als rhetorische Amplifikationsfigur bestimmt werden, eine Form des erweiterten Vergleichs, die aufgrund einer vom Redner festgestellten Ähnlichkeitsrelation *(tertium comparationis)* zwei Größen oder Sinnzusammenhänge nebeneinander stellt. Formal ist es in der Regel am Vorhandensein von Vergleichspartikeln (‹wie... so›) zu erkennen, doch können Bild- und Sachsphäre, die im Unterschied zur Parabel nicht unausgesprochen bleibt, auch unverbunden nebeneinander stehen.

In der Rede hat das G. die Aufgabe, die Aussage zu veranschaulichen, zu verdeutlichen und auszuschmücken. Von daher kann es sowohl Gegenstand der *inventio* als auch der *elocutio* sein. [3] Was die (1) *inventio* anbelangt, so wird das G. vorrangig (aber nicht nur) im Rahmen der Beweisführung behandelt [4]; es gehört wie das Beispiel aus Geschichte und Geschichtsschreibung *(exemplum)* zu den von außen an die Sache herangetragenen, künstlichen Beweisen. Seine Beweiskraft bezieht es aus dem Stoff, der der allgemeinen, menschlichen Erfahrung entnommen ist, somit keinen besonderen Bildungsstand erfordert und jedermann einsichtig ist. (2) In der *elocutio* zählt das G. zu den Sinnfiguren *(figurae sententiae)* des *ornatus*. [5] Was generell für die Rede gilt, gilt auch für das G.: Gefordert sind Klarheit und Bekanntheit, wobei ein zu hoher Vertrautheitsgrad den Reiz des G. vermindert. Dagegen spricht ein mittlerer Bekanntheitsgrad dem Schmuckbedürfnis der Rede am besten und gilt als erreicht, wenn die Verbindung zwischen Bild und Sache relativ ungewöhnlich ist. [6]

B. I. *Antike.* Das Urteil, demzufolge HOMER ein Meister des G. ist und die Verfasser von rhetorischen Lehrbüchern die meisten Zeugnisse hierfür bei ihm suchten, geht zurück auf QUINTILIAN. [7] Wenngleich die homerische Dichtung noch keinen festen Begriff für diese Art der Rede ausgeprägt hat, lassen sich die streng gebauten G. aus der ‹Ilias› und der ‹Odyssee› aufgrund ihres dreiteiligen Schemas doch ohne Mühe identifizieren. Den Beginn macht der *Stichsatz*, d. h. der Teil der Erzählung, der das Stichwort für das G. bringt, es folgen das *Wie-Stück*, das in variierender Ausführlichkeit das G. enthält, und das *So-Stück*, das wieder in die Erzählung zurückführt [8]: «Heran jetzt brausten die Völker. Gleichwie Schwärme von Bienen in dichtem Gewimmel sich nahen; Immer neue strömen hervor aus der Höhlung des Felsens; Dann in Trauben gedrängt; umfliegen sie Blumen des Lenzes; Hier jetzt schwärmet ein Volk, und andere schwärmen da drüben: Also zogen die Massen der Völker von Schiffen und Zelten.» [9] Seinen Stoff nimmt das homerische G. aus dem Leben der Hirten und Jäger, es beschreibt charakteristische Vorgänge aus der Tierwelt, Naturerscheinungen und allgemein menschliche Situationen. [10] Dabei geht es dem Dichter nicht so sehr um die Veranschaulichung von etwas Unbekanntem als vielmehr um Weltdeutung: das G. Homers hat «definitorischen Charakter». [11] Daneben will es stimulieren und verstärken, gelegentlich auch schmücken. [12]

ARISTOTELES macht das G. erstmals zum Gegenstand rhetorischer Reflexion. Zwar finden sich schon vor ihm vereinzelt Belege für die Verwendung der εἰκών (eikón, imago) als Mittel der Überredung, so bei ARISTOPHANES [13] und vor allem bei PLATON [14], doch bleibt es Aristoteles vorbehalten, das G. in den Rahmen einer rhetorischen Theorie zu spannen, wobei er noch einmal zwischen παραβολή, parabolé (collatio) und εἰκών trennt. [15] Während erstere zu den Beispielen, also den Beweismitteln aus allgemein anerkannter Erfahrung gehört und zusammen mit der Fabel nach der Art Äsops unter die erdichteten Beispiele im Gegensatz zu den historischen *exempla* fällt [16], rechnet er die zweite zu den Stilfiguren und begreift sie als eine Spielart der *Metapher*: «Es ist aber auch das Gleichnis (εἰκών) eine Metapher; denn der Unterschied zwischen beiden ist nur gering.» [17] Formal bestehen zwischen παραβολή und εἰκών genausowenig Unterschiede wie zur äsopischen Fabel einerseits und zum historischen Beispiel andererseits, auch der Länge nach nicht. Entscheidend ist das Vorhandensein eines Vergleichswortes wie ‹ähnlich›, ‹so – wie› usw. [18] Die späteren Lateiner sind Aristoteles zwar in der Sache, aber nur zum Teil in der Terminologie gefolgt. Letzteres gilt noch für die ‹Rhetorica ad Herennium›, die wie Aristoteles zwischen *similitudo* bzw. *simile* – beides wird wechselweise und ohne Unterschied für G. benutzt, kann aber auch Ähnlichkeit oder Ähnliches bedeuten – und *imago* unterscheidet, in der Definition aber kaum Unterschiede erkennen läßt: «similitudo est oratio traducens ad rem quampiam aliquid ex re dispari simile» (Die similitudo ist eine Rede, die auf eine Sache etwas Ähnliches von einer davon verschiedenen Sache überträgt); «imago est formae cum forma cum quadam similitudine conlatio» (die imago ist die Vergleichung einer Form mit einer anderen Form mit einer bestimmten Ähnlichkeit). [19] Dem unbekannten Autor der ‹Rhetorica ad Herennium› zufolge soll das G. schmücken oder beweisen, einen Sachverhalt passender ausdrücken oder deutlicher vor Augen stellen [20]; das Schwergewicht liegt aber zweifelsohne auf der Beweisführung. [21] Im Beispiel vom Kitharoden [22] entsprechen sich Bild und Sache Punkt für Punkt, doch werden an späterer Stelle gewisse Freiheiten in der Formulierung eines G. eingeräumt, wenn nur der Vergleichspunkt gut getroffen ist. [23] Das gilt mutatis mutandis ebenfalls für CICERO, der nicht nur in der Begrifflichkeit *(conlatio, similitudo, simile, imago)*, sondern auch in der Verwendung innerhalb der Rede große Variationsbreite bezeugt: das G. ist Teil des Wahrscheinlichkeitsbeweises ebenso wie der *narratio* und der *peroratio*. [24] Hier schließt QUINTILIAN unmittelbar an, der darüber hinaus für das *prooemium* «ein Gleichnis, freilich ein kurzes» [25] erlaubt, ansonsten aber die wesentliche Bestimmung der *similitudo* in der Beweisführung und dem Redeschmuck sieht: «Praeclare vero ad inferendam rebus lucem repertae sunt similitudines: quarum aliae sunt, quae probationis gratia inter argumenta ponuntur, aliae ad exprimendam rerum imaginem compositae» (Eine herrliche Erfindung aber, die Dinge ins hellste Licht zu rücken, sind die Gleichnisse. Unter ihnen sind die einen, die der Beweisführung dienen, unter die Beweismittel zu rechnen, andere sind geschaffen, um das Bild der Dinge deutlich herauszubringen). [26]

Biblische G. Der in den synoptischen Evangelien Mt, Mk und Lk zur Bezeichnung der G. Jesu gebräuchliche Begriff παραβολή bringt über die Brücke der ‹Septuaginta› das weite Bedeutungsspektrum seines hebräischen Äquivalents ‹maschal› ein, die eine Fülle von meist kurzen Redefiguren umfaßt: den geheimnisvollen Orakelspruch (Num 23,7), das Rätsel (Ps 49,5) oder das Spottwort (Hab 2,6). Von daher kann παραβολή (in der Einteilung nach Jülicher) so unterschiedliche Formen wie Vergleich und Metapher, Bildwort, G. im engeren Sinn, Parabel, Beispielerzählung oder die Allegorie bezeichnen. [27] Die teilweise auch im gnostischen koptischen Thomasevangelium überlieferten Texte haben ihre nächsten Analogien in der alttestamentlichen Natansparabel (2 Sam 12,1-7), der antiken Fabeltradition und in den rabbinischen G. Einflüsse von seiten der Rhetorik sind zumindest auf der Ebene der Redaktion [28], möglicherweise auch schon für Jesus selbst festzustellen [29], da er in seinen G. die Hörer mit der Botschaft von der anbrechenden Gottesherrschaft auf einladende und werbende Weise konfrontiert und somit die Adressaten zu einer Stellungnahme zwingt.

II. *Mittelalter, Humanismus, Renaissance.* Das schon im NT in Ansätzen zu beobachtende *allegorische* Verständnis der G. Jesu [30] wird in der Folgezeit dominierend. Wie die Überblicke zu ihrer Auslegung und Erforschung zeigen [31], legen Kirchenväter und Exegeten des Mittelalters die biblischen Texte nach dem mehrfachen Schriftsinn aus (wörtlich, allegorisch im engeren Sinn, tropologisch, anagogisch), wobei sie die Überzeugung leitet, daß in der Schrift unter der Oberfläche des Wortsinns eine tiefere Wahrheit verborgen liegt. Das ermöglicht die Umdeutung von Aussagen, die als belastend empfunden werden (apologetisches Interesse), und die Aktualisierung über einen beträchtlichen Zeitabstand hinweg (hermeneutisches Interesse); dazu kommt die Absicht, die eigene Position zu legitimieren. [32] Ein illustres Beispiel ist AUGUSTINUS' Auslegung des G. vom barmherzigen Samariter: der Verwundete ist auf die gesamte Menschheit zu deuten, der Samariter auf Christus, die Herberge auf die Kirche, der Wirt auf den Apostel Paulus, usw. [33] Den Zweck der G. sieht Augustinus darin, «daß der Mensch die Wahrheit viel lieber durch Vermittlung von Gleichnissen erforscht und an ihrem Auffinden viel mehr Freude hat, wenn es mit einiger Schwierigkeit verbunden ist». [34] Allerdings bezeichnet der Begriff hier keineswegs mehr nur die neutestamentlichen G., sondern jede Art von dunkler und zweideutiger Rede, und das ist für Augustinus alles, was im eigentlichen Sinn weder auf die Sittenlehre noch auf die Glaubenswahrheit bezogen werden kann. [35] Beides, das Vergnügen am Enträtseln der G. sowie die ins Diffuse abgleitende Begrifflichkeit, findet sich bei den nachfolgenden Theoretikern des Mittelalters (CASSIODOR, HRABANUS MAURUS) wieder. [36]

Überhaupt zeigt sich die mittelalterliche Rhetorik sehr traditionsbewußt, auch und gerade was das G. angeht, so daß man über das von Cicero oder Quintilian Gesagte kaum hinausgelangt. Wann immer die Rede auf die kunstgemäße Beweisführung *(artificialis argumentatio)* kommt, stellen die *similitudines* (neben Fabel und Exemplum) konstant eine Möglichkeit unter den *loci a simili*, den Beweisen aus der Ähnlichkeit, dar. [37] Letzteres wiederum kann auch der *similitudo* zugeordnet werden: PRISCIAN, VICTORINUS, JULIUS VICTOR sowie dessen Benutzer MARTIANUS CAPELLA kennen drei Weisen, auf die sich die *similitudo* realisieren läßt: als *imago* (εἰκών), als *collatio* (παραβολή) und eben als *exemplum* (παράδειγμα). [38] Gegenüber der Verwendung als Beweismittel tritt die ornamentale Funktion deutlich zurück, verblaßt aber nicht ganz. Das ist einem fast wörtlich auf Quintilian zurückgehenden Zitat zu entnehmen (s. o.): «ornant elocutionem etiam similitudines: quarum aliae sunt illae, quae probationis gratia inter argumenta ponuntur, [...]; aliae ad exprimendam rerum imaginem compositae[...] id est ornatus» (Es schmücken die elocutio auch Gleichnisse. Von diesen sind die einen jene, die um der Beweisführung willen unter die Argumente gestellt werden [...]; andere sind für den bildlichen Ausdruck der Dinge geschaffen [...], d. h. den Schmuck). [39] Und wie schon bei Quintilian ist das G. in JOHANNES' VON GARLANDIA Anleitung zum Briefeschreiben auch für das *exordium* gestattet; das von ihm gegebene Beispiel ist allerdings eine Fabel. [40]

Diese terminologische Unschärfe bzw. die synonyme Verwendung der Ausdrücke Fabel, Parabel und G., wie sie in HUGO VON TRIMBERGS ‹Renner›, in den Erzählungen des STRICKER, bei STEINHÖWEL und ALBERUS oder in den von Exempeln, Fabeln und G. strotzenden Kanzelreden der GEILER VON KAISERSBERG, MÜNTZER und ABRAHAM A SANCTA CLARA sichtbar wird, hält sich bis weit ins 18. Jh. hinein, und findet ihren vielleicht prägnantesten Ausdruck in J. B. SCHUPPS vielzitiertem Diktum, das auf die funktionale Gleichwertigkeit von Fabel und Parabel als Predigtexempel anspielt: «Eine Fabel ist eine Parabol, und eine Parabol ist eine Fabel.» [41] Daß die Wirkung der reformatorischen Predigt nicht zuletzt vom Gebrauch der *exempla* und G. abhänge, hatte LUTHER bereits früher dargelegt: «Ein Prediger soll ein Dialecticus und Rhetor sein, das ist, er muß können lehren und vermahnen. Wenn er nu von einem Dinge oder Artikel lehren will, soll ers erstlich unterscheiden, was es eigentlich heißet; zum Andern definiren, beschreiben und anzeigen, was es ist; zum Dritten soll er die Sprüche aus der Schrift dazu führen und damit beweisen und stärken; zum Vierten mit Exempeln ausstreichen und erklären; zum Fünften mit Gleichnissen schmücken; zu letzt die Faulen ermahnen und munter machen». [42] Gegenüber der oben herausgestellten begrifflichen Unschärfe erscheint der niederländische Humanist G. J. Vossius in seiner umfangreichen Rhetorik von geradezu wundersamer Klarheit, wenn er das G. im Rückgriff auf Aristoteles zusammen mit der Fabel und zugleich streng von ihr geschieden unter die *exempla* stellt: «fictum est duplex; παραβολή, quae Ciceroni similitudo, aut collatio; & λόγος seu μῦθος, qui Latinis fabula» (Das fingierte [Beispiel] gibt es auf zweifache Art: Als Parabel, die bei Cicero similitudo oder collatio heißt; und als Lehrrede oder [äsopische] Erzählung, die bei den Lateinern Fabel genannt wird). [43] G. P. HARSDÖRFFER kommt nur wenig später zu noch wesentlich schärferen Distinktionen. Im ‹Poetischen Trichter› unterscheidet er drei Arten von G.: Erstens das Lehrgedicht, «wann in vielen Stücken das Gleichniß fortgesetzet wird: wie dort in dem Evangelio das Gleichniß von dem Seemann» [44], weil es gute Lehren auszubilden und vorzustellen pflegt; zweitens die Exempel und Geschichten, wodurch das «Aug unsers Gemüts mächtig angehalten» wird [45], und drittens solche G., die zu einem Zweck angeführt werden. [46] Die hier schon in Ansätzen zu erkennende Trennung zwischen Lehrgedicht – damit bezeichnet Harsdörffer die Parabel – und G. tritt noch signifikanter im gleichfalls von ihm verfaßten ‹Nathan und Jotham› hervor, wo er den Unterschied zwischen einem G., das «in wenigen Worten bestehet / und einem Lehrgedicht / daß eine kurze Erzehlung einer lehrreichen Begebenheit darstellet» [47], erstmals auf den Begriff bringt. Damit gelingt Harsdörffer eine entscheidende Weichenstellung für die Entwicklung eines eigenständigen Erzählgenres Parabel und d. h. zugleich für die Differenzierung zwischen Parabel und G., obwohl die Terminologie noch lange nach ihm schwankend bleibt. [48] Im übrigen ist Harsdörffer der Auffassung, daß nicht alle G. dem Poeten dienlich sind, sondern häufig dem Redner besser anstehen, und rät zu einem sparsamen Gebrauch der G.

Wichtig sei außerdem, daß sie am Leser bzw. Hörer ausgerichtet, nicht gar zu gemein und zu gezwungen sind. [49]

III. *Barock, Aufklärung, 19. Jahrhundert.* Daß «zu einer weitleufigen und ausgeputzten Rede» herrliche G. gehören, gilt den Theoretikern und Praktikern des Barock als selbstverständlich [50], weshalb sie in ihren Beispielen für Hochzeits- und Grabreden, Gratulationen und Begrüßungen auch reichlich davon Gebrauch machen. [51] Die hier zum Ausdruck kommende Wende weg von der humanistischen Schulrhetorik hin zur Komplimentierrhetorik C. WEISES ist für das G. nicht ohne Folgen. Zwar behält es seine amplifikatorische, d. h. erläuternde Wirkung und steht damit in einer Reihe mit Exempel und Zeugnis, doch entfaltet es diese im Rahmen der *Chrie* [52], ein für die antike Rhetorik unmöglicher Vorgang, der aber in G. SCHRÖTERS ‹Gründliche(r) Anweisung nach deutschen Oratorie nach dem hohen und sinnreichen Stylo der unvergleichlichen Redner unseres Vaterlandes› von 1704 Gefolgschaft findet. Weil die Rede nichts anderes als eine Kette von *Chrien* ist, ist der Redner in der Disposition des G. frei: es kann an jeder Stelle der Rede stehen. Im übrigen nimmt es Weise mit dem Begriff nicht gerade genau, was nach dem von Harsdörffer angestoßenen Begriffsklärungen wieder einen Rückschritt darstellt. Zuweilen steht das G. der äsopischen Fabel, zuweilen dem Vergleich sehr nahe [53], dann wieder spricht die Allegorie durch G. [54]

Davon unterscheidet sich aufgeklärte Rhetorik, etwa die von J. A. FABRICIUS' und insbesondere GOTTSCHEDS, fundamental. Die Zuordnung des G. zur *Chrie* wird verworfen, seine Funktion als Beweismittel ebenso: «bey denen similibus, comparatis, emblematibus, symbolis und aller gegeneinanderhaltung meines obiecti mit andern dingen, wird wohl nicmand auf die gedancken gerathen, daß sie zum beweis-gründen zu rechnen, sondern daß sie vielmehr als illustrantia anzusehen, ... und als dinge welche dienlich eine rede auszudehnen und auszuputzen.» [55] G. gehören zu den ‹Erläuterungen› einer Rede und sind immer dann am Platz, wenn eine Sache dunkel ist und leicht mit anderen Augen angesehen werden kann, als es der Redner wünscht. Sie helfen darüber hinaus, die Aufmerksamkeit des Hörers zu bewahren. [56] Hier zeigt sich deutlich der Einfluß von seiten B. LAMYS, der Ähnliches bereits ein halbes Jahrhundert früher geäußert hatte, ansonsten aber eine eigenwillige Position bezog, insofern er das G. nicht als *Gedankenfigur*, sondern als eine Figur definierte, die die *Leidenschaften* des Redners zum Ausdruck bringen sollte. [57] Die Ablehnung des G. als Beweismittel hat ihren Grund darin, daß von außen an die Sache herangetragene Beweise grundsätzlich nicht akzeptiert werden, wenngleich ein Redner mit dem nötigen Witz gelegentlich G. unter den Beweisgründen aufspüren wird [58], einer mit einem armseligen Witz dagegen immer wieder G. verwendet, die schon unzählige Male vor ihm gebraucht worden sind. [59] Was den Stoff anbelangt, so soll das G. nicht zu weit hergeholt sein, am besten aus der Natur oder dem täglichen Leben, weil die gewöhnlichen Dinge am leichtesten zu verstehen sind. Was die Form betrifft, so ist ein vollkommenes Verhältnis der Teile nicht anzustreben, es genügt, «daß ein paar Sachen nur in gewissen Hauptstücken, davon hauptsächlich die Rede ist, uebereinkommen». [60] Mit J. J. BREITINGER gewinnt rhetorisches Denken für die Dichtkunst an Bedeutung. Seine ursprünglich als dritter Teil der ‹Critischen Dichtkunst› konzipierte und dann doch als getrenntes Werk publizierte ‹Critische Abhandlung von der Natur, den Absichten und dem Gebrauch der Gleichnisse› aus dem Jahre 1740 reicht zwar vom Umfang her weit über Gottsched hinaus, weist aber in der Substanz etliche Gemeinsamkeiten auf. So gehört auch nach Breitinger Witz dazu, zwischen verschiedenen Dingen Ähnlichkeiten zu entdecken; der Zweck des G. liege darin, einen Gedanken in volles Licht zu setzen, damit der Leser einen deutlicheren und lebhafteren Eindruck bekomme. [61] Ihm zufolge sind die besten G. die, «welche nicht allein den Geist erfreuen, sondern auch die Wissensbegierde befriedigen; welche einen Gedanken mit Schönheit ausschmücken und zugleich den Verstand mit neuen Begriffen und Wahrheiten bereichern». [62] Gegen Fabricius und Gottsched hält er daran fest, daß das Ergötzen des Lesers um so größer wird, je seltener und neuer die Personen sind, die der Dichter auf den Schauplatz stellt. [63] Über alledem steht die Warnung, daß G. mit Maß verwendet werden müssen. [64]

In Breitingers Feststellung, «daß der Begriff von einem dienen könne, den Begriff des anderen deutlich und mit Nachdruck abzubilden» [65], liegt schon der Ansatzpunkt für ein zunehmend *hermeneutisches* Gleichnisverständnis, wie es dann später, etwa bei GOETHE («Gleichnisse dürft ihr mir nicht verwehren, ich wüßte mich sonst nicht zu erklären») [66] und noch stärker bei SCHOPENHAUER zu beobachten ist. G. sind von großem Wert, sofern sie ein unbekanntes Verhältnis auf ein bekanntes zurückführen; alle Begriffsbildung beruht im Grunde auf G. Weil G. ein so mächtiger Hebel für die Erkenntnis sind, zeugt das Aufstellen überraschender und doch treffender G. von einem tiefen Verstand. [67] HEGEL hatte das knappe zwei Jahrzehnte früher ähnlich und doch anders gesehen. Ihm ist das G. Ausdruck der dichterischen Kraft der Phantasie, zusammenzubinden, was dem äußeren Zusammenhang nach entfernt liegt. Die von der rhetorischen Tradition immer wieder ins Feld geführte Zweckbestimmung, daß das G. «um der größeren Deutlichkeit willen» gesprochen werde, fällt dagegen der Kritik Hegels anheim. [68]

IV. *20. Jahrhundert.* Das Gleichnisverständnis des 20. Jh. ist maßgeblich durch den Neuttestamentler A. JÜLICHER geprägt, der in seinem bahnbrechenden Werk ‹Die Gleichnisreden Jesu› die allegorische Gleichnisdeutung als haltlos erwiesen und im Rückgriff auf aristotelische Kategorien neue Begriffsbestimmungen einführte. Jülicher definiert das G. «als diejenige Redefigur, in welcher die Wirkung eines Satzes (Gedankens) gesichert werden soll durch Nebenstellung eines ähnlichen, einem andern Gebiet angehörigen, seiner Wirkung gewissen Satzes» [69], und differenziert zwischen G. im engeren Sinn, Parabel und Beispielerzählung. Das G. im engeren Sinn bietet einen typischen, auf der Evidenz der alltäglichen Erfahrung beruhenden Vorgang im Präsens; die Parabel erzählt eine einmalige, meist ungewöhnliche Geschichte im Vergangenheitstempus, ebenso die Beispielerzählung, die Vorbildliches schildert und zur direkten Nachahmung auffordert (vgl. Lk 10,37). [70]

Jülichers Thesen sind in der Folgezeit nicht ohne Widerspruch geblieben. Vom rabbinischen Vergleichsmaterial her korrigierten Autoren wie C. A. Bugge [71] oder P. Fiebig [72] die schroffe Entgegensetzung des G. als ‹eigentliche Rede› zur Allegorie als ‹uneigentlicher Rede›; mit C. H. Dodd insistiert J. Jeremias auf einer Interpretation der G. Jesu von ihrer ursprünglichen

Sprechsituation her (also gemäß der Autor-Intention) und polemisierte insbesondere gegen die von Jülicher eingeführten Gattungsdistinktionen nach den «Kategorien griechischer Rhetorik». [73] Der Umschlag in die *existentiale* Interpretation verbindet sich mit Namen wie E. Fuchs, E. Jüngel und E. Linnemann; letzterer gelang mit der Herausarbeitung des Phänomens der «Verschränkung» die Öffnung der Fragestellung hin auf die *Wirkweise beim Hörer*. [74] In derselben Tradition steht H. Weder, der das G. in Analogie zur Metapher als ein Sprachgeschehen auffaßt, das auf unübersehbare Weise eine neue Wirklichkeitsdimension (auf der Ebene Jesu: die Gottesherrschaft) so erschließt, daß diese im G. und nur dort anwesend wird. [75] Mit der seit A. Jülicher wohl wichtigsten Arbeit im deutschsprachigen Raum, H. J. Klaucks ‹Allegorie und Allegorese in synoptischen Gleichnistexten› (1978) ist die scharfe Abgrenzung des G. zur Allegorie endgültig zweifelhaft geworden. Jene stellt nämlich keine geschlossene Erzählung mehr dar, sondern ist eine rhetorische und poetische Verfahrensweise, die mit den verschiedensten Gattungen, nicht zuletzt mit dem G., eine mehr oder minder enge Verbindung eingeht und dem Text eine über sich hinausweisende Dimension verleiht. [76] Damit steht Klauck im deutlichen Gegensatz zur jüngeren anglo-amerikanischen Gleichnisforschung, die – inspiriert von der Literaturwissenschaft linguistisch-strukturaler Prägung – den G. den Status von autonomen ästhetischen Objekten zubilligt. [77] Die Bestimmung der G. als «Kommunikative Handlungen» durch E. Arens zielt auf die *dialogisch-argumentative* Funktion des G. ab. [78] Einflüsse auf diese Position von seiten der Habermasschen Kommunikationstheorie sind nicht zu verkennen, sie nähert sich aber auch wieder beträchtlich – jedenfalls was die Zweckbestimmung der G. als werbende und überzeugende Rede betrifft – der ‹rhetorischen› Auffassung Jülichers an. Diese Annäherung hat E. Rau endgültig vollzogen, wenn er erneut die (antike) Rhetorik als Rahmen für die Auslegung der G. wählt und darin Textpragmatik, Rezeptionsästhetik und Erzählforschung integriert. [79]

Die Thesen Jülichers zeitigten nicht nur innerhalb der Theologie, sondern auch in angrenzenden Disziplinen wie der *Literaturwissenschaft* und der *Germanistik* breite Wirkung. Das zeigt sich etwa in den verschiedenen Arbeiten R. Dithmars zu Fabel, Parabel und G., wo wiederholt auf Jülicher rekurriert und dieser auch rezipiert wird. [80] Doch kommt man auch hier zu gegenteiligen Auffassungen: G. Kurz macht z. B. mit Klauck im G. allegorische Anteile aus. [81] Rhetorischer Einfluß wird spürbar, wenn P. Michel zur Unterscheidung der von ihm so genannten w-G. und s-G. direkt auf Quintilian zurückgreift. [82] Doch kann das alles nicht darüber hinwegtäuschen, daß die Bedeutung des G. im Schwinden begriffen ist. Titel wie T. Elms ‹Die moderne Parabel› oder der gleichfalls von ihm veranstaltete Sammelband ‹Die Parabel› [83] deuten an, daß das G. im 20. Jh. gegenüber der Parabel an Boden verliert, da dieser Begriff als übergreifender Darstellungs- und Verstehensbegriff moderner Dichtung besser geeignet zu sein scheint als das G. Dieses Abrücken vom G. macht sich schließlich in der Rhetorik selbst bemerkbar, wenn in G. Uedings und B. Steinbrinks ‹Grundriß der Rhetorik› das G. nur mehr historische, aber keine praktische Beachtung findet. [84]

Anmerkungen:
1 R. Zymner: Uneigentlichkeit. Stud. zur Semantik und Gesch. der Parabel (1991) 122; Grimm, Bd. IV (1984) 8195. – 2 ebd. 8205. – 3 H. Lausberg: Hb. der lit. Rhet. (^{3}1990) §§ 422–425; 843–847. – 4 Quint. V, 11, 1–31. – 5 ebd. VIII, 3, 72. – 6 Quint. VIII, 3, 72–75. – 7 ebd. X, 1, 49. – 8 H. Fränkel: Die homerischen G. (1921) 4. – 9 Homer, Ilias II, 86–91. – 10 G. Knebel: Art. ‹G.›, in: LAW I, 1091. – 11 W. Schadewaldt: Von Homers Welt und Werk (^{3}1959) 150; W.D. Anderson: Notes on the Simile in Homer and His Successors, in: The Classical Journal 53 (1957) 83. – 12 Fränkel [8] 98f. – 13 Aristophanes, Nubes 559; ders., Equites 864–867; ders., Ranae 905f. – 14 Plat. Gorg. 493d–494a; Phaedr. 87b. – 15 M. H. McCall: Ancient Rhetorical Theories of Simile and Comparison (Cambridge 1969) 52. – 16 Arist. Rhet. II, 20, 1–16. – 17 ebd. III, 4, 1. – 18 vgl. ebd. II, 20, 4; III, 4, 3. – 19 Auct. ad Her. IV, 45, 59; 59, 62 (eig. Übers.). – 20 ebd. IV, 45, 59. – 21 McCall [15] 71; vgl. Auct. ad Her. II, 49, 46. – 22 Auct. ad Her. IV, 47, 60. – 23 ebd. IV, 48, 61. – 24 Cic. De Inv. I, 30, 49; 19, 27; Partitiones oratoriae 16, 55. – 25 Quint. IV, 1, 70. – 26 ebd. VIII, 3, 72. – 27 H. J. Klauck: Art. ‹G., Gleichnisforschung›, in: Neues Bibel-Lex. I (1991) 852. – 28 B. Heininger: Metaphorik, Erzählstruktur und szenisch-dramat. Gestaltung in den Sondergutgleichnissen bei Lukas (1991) 225f. – 29 E. Rau: Reden in Vollmacht. Hintergrund, Form und Anliegen der G. Jesu (1990) 238ff. – 30 Mk 4,14-20. – 31 A. Jülicher: Die Gleichnisreden Jesu. ($^{3/2}$1910; ND 1976) I, 203ff. – 32 H. J. Klauck: Art. ‹Allegorese›, in: Neues Bibel-Lex. I (1991) 75–77. – 33 Augustinus, Quaestiones Evangeliarum II, 19; Text bei M. Black: Die G. als Allegorien, in: W. Harnisch (Hg.): G. Jesu (1982) 262f. – 34 Aug. Doctr. II, 6, 8. – 35 ebd. III, 10, 19; II, 16, 23. – 36 U. Krewitt: Metapher und tropische Rede in der Auffassung des MA (1971) 137ff.; 172ff. – 37 Julius Victor, Ars. Rhet. VI, 3, in: Rhet. Lat. min. 399, 13ff.; Martianus Capella, Liber de Arte Rhet. 21f.49, in: Rhet. Lat. min. 465 u. ö. – 38 Krewitt [36] 84f. – 39 Julius Victor, Ars Rhet. XII, in: Rhet. Lat. min. 437, 5–9. – 40 T. Lawler (ed.): The Parisiana Poetria of John of Garland (New Haven/London 1974) 60f. – 41 J. B. Schupp: Streitschr. 2. T. (1660; ND 1911) 118. – 42 M. Luther: Tischreden (Weimarer Ausg.) II, 368. – 43 G. J. Vossius: Commentariorum Rhetoricorum, sive Oratoriarum Institutionum libri sex (1606; ND 1974) 312 (eig. Übers.) – 44 G. P. Harsdörffer: Poetischer Trichter. (1648–53; ND 1971) 51. – 45 ebd. 55. – 46 ebd. 56. – 47 ders.: Nathan und Jotham, Bd. 1–2, (1650–1651) I, 11. – 48 Zymner [1] 67. – 49 Harsdörffer [44] 54; 58. – 50 B. Kindermann: Der dt. Redner (1660; ND 1974) 1. – 51 C. Hofmann von Hofmannswaldau: Dt. Redeübungen. (1695; ND 1974) 91. – 52 C. Weise: Politischer Redner (1683; ND 1974) 24f. – 53 ebd. 37; 69. – 54 ebd. 12f. – 55 J. A. Fabricius: Philos. Oratorie (1724; ND 1974) 85. – 56 ebd. 114. – 57 B. Lamy: De l'art de parler. Kunst zu reden (1980) 109ff. – 58 Fabricius [55] 85. – 59 J. C. Gottsched: Ausführl. Redekunst (^{5}1759), in: ders.: Ausgewählte Werke, hg. von P. M. Mitchell, Bd. VII/1 (1975) 197. – 60 ebd. 195. – 61 J. J. Breitinger: Crit. Abh. von der Natur, den Absichten und dem Gebrauche der G. (1740; ND 1967) 10–13. – 62 ebd. 134f. – 63 ebd. 324. – 64 ebd. 162f. – 65 ebd. 11. – 66 Goethes Werke (Sophien-Ausg.) I (1893) 5, 18b. – 67 A. Schopenhauer: Sämtl. Werke (1963–1965) Bd. 5, 646f. – 68 vgl. G. W. F. Hegel: Ästhetik. Hg. von F. Bassenge (o.J.) I, 397–407. – 69 Jülicher [31] I, 80. – 70 ebd. I, 80ff. – 71 C. A. Bugge: Die Hauptparabeln Jesu (1903). – 72 P. Fiebig: Altjüd. G. und die G. Jesu (1904). – 73 J. Jeremias: Die G. Jesu (^{9}1977) 16. – 74 E. Linnemann: Die G. Jesu. Einf. und Auslegung (^{7}1978). – 75 H. Weder: Die G. Jesu als Metaphern (^{3}1983). – 76 H. J. Klauck: Allegorie und Allegorese in synopt. Gleichnistexten (^{2}1986) 354. – 77 D. O. Via: Die G. Jesu: Ihre lit. und existentiale Dimension (1970). – 78 E. Arens: Kommunikative Handlungen. Die paradigmat. Bed. der G. Jesu für eine Handlungstheorie (1982). – 79 Rau [29] 12. – 80 R. Dithmar: Die Fabel. Gesch., Struktur, Didaktik (^{6}1984); ders. (Hg.): Fabeln, Parabeln und G. (^{8}1988) 15; ders.: Texte zur Theorie der Fabeln, Parabeln und G. (1982) 33; 197–202. – 81 G. Kurz: Metapher, Allegorie, Symbol (1982) 51. – 82 P. Michel: Alieniloquium. Elemente einer Grammatik der Bildrede (Bern 1987) 214f. – 83 T. Elm: Die moderne Parabel. Parabel und Parabolik in Theorie und Gesch.

(²1990); ders., H. H. Hiebel (Hg.): Die Parabel. Parabol. Formen in der dt. Dichtung des 20. Jh. (1986). – **84** G. Ueding, B. Steinbrink: Grundriß der Rhet. (1986) 82; 103; 273.

Literaturhinweise:
W. Hörmann: G. und Metapher in der griech. Tragödie (1934). – W. Kranz: G. und Vergleich in der frühgriech. Philos., in: Hermes 73 (1938) 99–122. – R. Bertheau: Apropos des variétés de similitudo dans la Rhétorique à Hérennius, in: Latomus 36 (1977) 471–474. – C. Moulton: Similes in the Homeric Poems (1977). – W. S. Kissinger: The Parables of Jesus (London 1979) (Bibliogr.). – R. Rieks: Die G. Vergils, in: ANRW, II/31.2 (1981) 1101–1110. – W. Harnisch: Die neutestamentl. Gleichnisforschung im Horizont von Hermeneutik und Literaturwiss. (1982). – ders.: Die Gleichniserzählungen Jesu (1985). – C. Thoma, R. Lauer: Die G. der Rabbinen (Bern 1986). – J. Champion: The Parable as an Ancient and as a Modern Form, in: Journal of Literature and Theology 3 (1989) 16–39. – R. von Heydebrandt: Art. ‹Parabel›, in: HWPh, Bd. 7 (1990) 65–74. – C. L. Blomberg: Interpreting the Parables (Leicester 1990). – D. Stern: Parables in Midrash. Narrative and Exegesis in Rabinic Literature (Cambridge Mass. 1991).

B. Heininger

→ Allegorie, Allegorese → Beispiel → Bibelrhetorik → Chrie → Exemplum → Gedankenfigur → Hermeneutik → Imago → Lehrdichtung → Metapher → Parabel → Similitudo

Glosse (griech. γλῶσσα, glóssa; lat. glossa, verbum peregrinum, verbum gentilium; frz. glose; ital. glossa)
A. 1. In der ‹Poetik› des ARISTOTELES bezeichnet G. ein Wort innerhalb eines Textes, das einer Dialektvariante oder einer historischen Variante der Sprache entstammt und vom Dichter wie Metaphern, Schmuckworte, Neubildungen u. a. verwendet wird, um den Text von der Alltagssprache abzuheben. [1] QUINTILIAN unterscheidet zwischen «verbum peregrinum» (Wort aus einer Fremdsprache) und «verbum gentilium» (Dialektwort). [2] Die Verwendung von G. auf der Ebene der *elocutio* wird als «barbarolexis» bezeichnet. Wie Aristoteles warnt auch Quintilian vor dem zu häufigen Gebrauch dieses Mittels, der sonst zum *Barbarismus* führe. Im 17. und 18. Jh. wurden *verba peregrina* und *verba gentilia* als poetische Mittel im Zuge der Bemühungen um eine gereinigte Nationalsprache überwiegend abgelehnt. [3]
2. Seit ISIDOR VON SEVILLAS ‹Etymologiae› (um 600) wird unter G. nicht mehr nur ein Einzelwort verstanden, sondern die Kombination aus einem erklärungsbedürftigen Textwort (‹Lemma›) und dem ihm hinzugefügten erklärenden Wort oder Satz (‹Interpretament›). [4] Eine Liste von aus dem Textzusammenhang gelösten Lemmata und deren zugehörigen Interpretamenten ergibt das *Glossar*. Die Sammlung sämtlicher Einzelglossen zu einem Ausgangstext in der durch den Text vorgegebenen Ordnung ergibt die G. oder den *Apparatus glossarum* dieses Textes. Wird diese Sammlung als maßgeblich angesehen, bezeichnet man sie als ‹Glossa ordinaria›.
Entsprechend ihrer Stellung im Text unterscheidet man Interlinearglossen (zwischen den Zeilen), Marginalglossen (am Rand des Textes) und Kontextglossen (in den Text eingefügt). Auch wenn Einzelworterklärungen häufiger in der Form der Interlinearglosse notiert wurden, scheint es keine funktionelle Differenzierung zwischen den verschiedenen Glossenarten zu geben.
3. Seit der Frühneuzeit wird die G. als Textsorte in der Publizistik verwendet. In ihr werden Zitate aus einem Prätext in polemischer Absicht ausgewählt und in der Texterläuterung dem Verfasser eine bestimmte Aussageabsicht unterstellt. Einzelwortglossen dienten hingegen zunächst ausschließlich der Unterstützung des Textverständnisses bei der Zeitungslektüre, finden heute aber vor allem als Mittel der Sprachkritik Verwendung.
4. Seit 1945 wird in der Publizistik auch der kurze, satirische Kommentar als G. bezeichnet, entweder weil er sonst unbeachtet Bleibendes aufgreift und ‹zur Sprache bringt› oder weil er in einer Randspalte abgedruckt wird.
5. Die Verwendung der Bezeichnung ‹Glosa› für eine spanische Gedichtform und die Bezeichnung ‹Glossenlied› für ein bestimmtes Verfahren der Textkonstitution ist von der Textglossierung der mittelalterlichen Scholastik beeinflußt.
B. I. Die *Glossierung juristischer und theologischer Texte* erfolgte im Mittelalter im Rahmen des gelehrten Unterrichts. Dabei wurden von der Rhetorik geprägte Zugänge zu den Texten verwendet. Entsprechend gliedert sich die Gesamtglosse zu einem Text in verschiedene Abschnitte: Im *Prooemium* wird der *accessus ad auctorem* gesucht. Der Text wird nach seinem Gegenstand, der angewandten Methode, seiner Absicht und seiner Stellung innerhalb der Wissenschaft beschrieben und eingeordnet. *Introductiones* fassen die Hauptabschnitte zusammen und geben so die Gliederung des Textes an. Die Einzelglossen zu Textabschnitten und Worten geben Varianten, Erklärungen, Umschreibungen und Beispiele für die Wortverwendung. Auch Parallel- und Konträrstellen zum Ausgangstext werden angeführt (Allegationen). In den *quaestiones legitimae* wurden auftretende Widersprüche zu den Allegationen aufgelöst, was schließlich zur Ablehnung der G. als wissenschaftlichem Instrument führte, da die Auflösung in der Regel auf dem Weg der Harmonisierung erfolgte. Für die juristische Praxis waren die *argumenta*, die vom Text ausgehend formuliert wurden, wichtig, da in ihnen der Versuch unternommen wurde, den Text auf andere Fälle anwendbar zu machen. Die Stichhaltigkeit der Argumente wurde durch das Auffinden von ihnen widersprechenden Argumenten überprüft. Ein Paar sich widersprechender Argumente wird als *brocardica* bezeichnet. [5] Diese einzelnen Bestandteile der Gesamtglosse wurden in den Text hinein und an ihm entlang notiert, wozu zunächst Leerzeilen und Spalten freigehalten wurden. [6] Später allerdings wurden auch selbständige Fassungen der G. niedergeschrieben, die über die Angabe der Textgliederung und der Lemmata die Verbindung zum Prätext herstellten. An die Stelle der Unterscheidung einzelner Elemente der G. trat die diskursive Abhandlung des Textes. [7]
Einen Sonderfall stellen die zweisprachigen G. dar, denn nur selten wurden zur Erklärung nichtlateinische Wörter verwendet. Anderseits sind die Glossare mit alphabetisch geordneten Wortlisten oder solche, die die Lemmata in der Reihenfolge bieten, in der sie im glossierten Text stehen, die ersten Zeugen der deutschen Sprache (Abrogans, um 780). Die einmal eingetragenen Wörter wurden auch in neuen Zusammenstellungen oft unverändert weiter überliefert, so daß sich in den volkssprachlichen G. ein sehr alter Sprachstand erhalten hat. Sie sind deshalb als frühe Zeugnisse der deutschen Sprache zusammengetragen worden. [8]
Die G. beherrschte den wissenschaftlichen Umgang mit autoritativen Texten *vom 11. bis ins 13. Jh.* Einzelne Bücher der Bibel wurden schon in der Karolingerzeit glossiert. Die Zusammenfassung und endgültige Gestaltung zur *Glossa ordinaria* erfolgte wohl durch ANSELM

von Laon (um 1100) und seine Schüler. [9] Die Annahme, Walahfrid Strabo sei der Verfasser der Randglosse, während die Interlinearglosse von Anselm stamme, geht auf einen Irrtum des 16. Jh. zurück, in dem die *Glossa ordinaria* vor allem bei Katholiken und Anglikanern durch den Buchdruck (erster Druck Straßburg 1481) erneut Wirkung zeigte, während sie von den reformierten Theologen abgelehnt wurde. [10]

Grundlegende Texte des kirchlichen und weltlichen Rechts erfuhren nach dem Vorbild des Bologneser Juristen Irnerius (gest. nach 1125) und seiner Schüler eine Glossierung. Die Glossatoren des kanonischen Rechts werden nach dem Hauptgegenstand ihrer Glossierungstätigkeit, den päpstlichen Dekreten, auch *Dekretalisten* genannt. Die von den Gelehrten in den G. formulierten Summen konnten an die Stelle des eigentlichen Textes treten. Auch hier kam es bei wichtigen Texten zur Ausbildung der *Glossa ordinaria*, die keiner wesentlichen Veränderung mehr unterzogen wurde. Den Abschluß in der Entwicklung juristischer G. bildet die *Glossa Ordinaria* des Accursius zum *Corpus iuris* (ca. 1230). [11]

Der Übergang von der G. zum *Kommentar* erfolgte mit der Einsicht, daß sich Widersprüche nicht immer durch Harmonisierung lösen lassen, wie das die Glossatoren versuchten. Die vorgenommene Textkritik unterscheidet Kommentatoren von Glossatoren. Die Wissenschaftssatiren des 15. und 16. Jh. dokumentieren, daß die G. vielfach als eine überholte Form wissenschaftlicher Arbeit galt. [12] Dennoch war bis in das 18. Jh. hinein das Bewußtsein dafür erhalten, daß die Wurzeln der modernen Lexikographie in den Glossaren des Mittelalters liegen. So diskutierte z. B. J. H. Zedler in der Vorrede zu seinem ‹Universal-Lexicon› [13] unter Rückgriff auf die antike Wortbedeutung die Frage, ob das Werk als ‹Glossarium› zu bezeichnen sei.

II. Zwischen der G. in der *Publizistik* und der wissenschaftlichen G. des Mittelalters besteht genetisch ein enger Zusammenhang. Beide Erscheinungsformen – Wortglosse und Textglosse – treten im Bereich der Publizistik auf. *Zeitungen* enthalten Begriffe und berichten von Sachverhalten, die dem Leser unbekannt sein können. Diese wurden im 17. und 18. Jh. mit Hilfe von G., später auch in Fußnoten erklärt. Zur Unterstützung der Lektüre erschienen Glossare wie das ‹Zeitungs- und Conversations-Lexicon› J. Hübners. [14] Die Tradition der Worterläuterung in der Zeitung ist bis heute erhalten und wird auch in den audiovisuellen Medien fortgeführt. Exemplarisch ist das ‹Aktuelle Lexikon› der ‹Süddeutschen Zeitung›. Schon im 18. Jh. dienten die ursprünglich rein informierenden Wortglossen aber auch der *Sprachpflege und -kritik*. Zeitungskritische Schriften wie die des K. Stieler [15] wandten sich anhand exemplarischer Wörter, die entsprechend glossiert wurden, vor allem gegen Neologismen und den Einfluß von Fremdsprachen. Im Bereich der Dichtung verfolgte C. O. Frhr. von Schönaich mit ‹Die ganze Aesthetik in einer Nuß oder Neologisches Wörterbuch› (1754) dieselben Ziele. Heute greifen Autoren wie R. W. Leonhardt, Wolfgang Schneider oder E. C. Hirsch in Zeitungs- und Zeitschriftenrubriken Anglizismen, Einflüsse des Jargon, zunehmend aber auch Nachlässigkeiten im Umgang mit der Grammatik auf. [16]

Das auf ganze Texte bezogene glossierende Verfahren der mittelalterlichen Scholastik fand noch vor dem Erscheinen der ersten Zeitungen in der *frühneuzeitlichen Publizistik* Verwendung. Diese Textglossen benutzen Zitate aus Schriften des politischen, religiösen, im 18. Jh. auch literarischen Gegners, erläutern sie und legen sie in ihrem Sinn polemisch fest. So glossierte Luther das kaiserliche Edikt von 1531 [17], in dem die lutherische Lehre verworfen wurde, und umging dabei unter Benutzung der Form der G. das kaiserliche Verbot, Schriften neuen Inhalts drucken zu lassen. Im Literaturstreit zwischen dem Gottsched-Kreis und den Schweizern Bodmer und Breitinger gehörte das Verfassen von «Anmerkungen» zu Dichtungen und theoretischen Texten zu den Mitteln der polemischen Auseinandersetzung. [18] Die Liberalisierung der Presse in der zweiten Hälfte des 19. Jh. brachte auch der G. einen neuen Aufschwung. Am wirkungsvollsten bediente sich wohl K. Kraus dieser Form. Um 1900 hatte er das der G. zugrundeliegende Prinzip von Prätext-Zitat und Glossierung in seiner Zeitschrift ‹Die Fackel› so weit vervollkommnet, daß schon der Abdruck eines Zitats aus einem Vorlagentext in der Rubrik ‹G.› eine unausgesprochene Kommentierung beinhaltete. Die ‹Fackel› dürfte bei vielen ähnlichen Rubriken in der Presse ab der Jahrhundertwende Vorbild gewesen sein.

Definitionen der G. durch die Publizistik stützen sich allerdings in der Regel nicht auf die bis K. Kraus reichende mittelalterliche Tradition, sondern schließen sich an den *alltagssprachlichen Gebrauch des 18. und 19. Jh.* an. Demnach ist die G. im Anschluß an frz. ‹gloser› eine kurze, spöttische Bemerkung im Gespräch. F. Himpele hat die G. an Beispielen aus der nationalsozialistischen Presse definiert. Sie ist für ihn grundsätzlich kurz und greift an, indem sie lächerlich macht. Ähnlich fordern auch E. Dovifat und W. Haacke epigrammatische Kürze und Eleganz. Entscheidender aber als die Festlegungen in Lehrbüchern des Journalismus ist die stilbildende Kraft der als vorbildlich geltenden Rubriken einzelner Tageszeitungen wie das ‹Streiflicht› der ‹Süddeutschen Zeitung› oder die Kommentar-Texte im Feuilleton der ‹Frankfurter Allgemeinen Zeitung›. Diese gehen auf die anglo-amerikanische Form der *Kurzkommentars* (column, Kolumne) zurück. Daneben wurden Einflüsse feuilletonistischer Formen wie der *Skizze* oder des *Feuilleton* im engeren Sinn wirksam, so daß unter G. heute in der Regel ein ironischer Kurzkommentar zu einem politischen oder kulturellen Sachverhalt verstanden wird. [19] Daneben existiert die alte Tradition der G. weiter fort: Wortglossen verfolgen in der Regel das Ziel der Sprachkritik, vor allem zur Sprache der Medien. In der Auseinandersetzung mit in Texten signifikant hervortretenden Haltungen findet auch die Textglosse noch Verwendung.

III. Die Bezeichnung von vor allem *geistlichen Liedern des Spätmittelalters* als Glossenlieder geht auf das 19. Jh. zurück und wurde wohl von P. Wackernagel im Anschluß an die in der *deutschen Romantik* rezipierte spanische Glosa eingeführt. [20] Ob tatsächlich ein Zusammenhang zwischen der spanischen Glosa und den deutschen Glossenliedern besteht, läßt sich nicht sicher feststellen, sie dürften aber vor dem gleichen Entstehungshintergrund zu sehen sein.

Die deutschen spätmittelalterlichen Glossenlieder stehen in der Tradition *liturgischen Singens*. In der Sequenz wurden Tonfolgen mit einem Text unterlegt, der in einem inhaltlichen Zusammenhang mit dem ursprünglichen Text der Liturgie steht. Im Unterschied zur Sequenz haben die Glossenlieder eine strophische Gliederung und der zugrundeliegende Text – in der Regel handelt es sich um «Ave Maria», «Pater noster», «Magnificat», «Salve Regina», «Veni Creator» – ist nach nicht genauer bestimmten Regeln über den Text des

Glossenliedes verteilt. Er kann als ganze Textzeile beliebig plaziert sein, findet sich aber auch häufig syntaktisch aufgelöst, wenn z. B. die Worte des Ausgangstextes die Eingangsworte von Liedstrophen oder -zeilen bilden. [21]

IV. *Die spanische Glosa* ist wie das deutsche Glossenlied metrisch nicht festgelegt, folgt aber im Umgang mit dem Ausgangstext festen Regeln. Dieser wird Zeile für Zeile in den jeweils zugehörigen Strophen interpretiert, paraphrasiert oder amplifiziert, so daß die Zeilenzahl des ‹texto› die Anzahl der Strophen bestimmt. Auch das Metrum der Glosa ist durch den ‹texto› vorgegeben. Der zum Ende des 16. Jh. ausgebildete, klassische Typ der Glosa hat ein vierzeiliges Thema, das in 10-zeiligen Strophen behandelt wird, aber auch Sonette und Romanzen wurden im 15. und 16. Jh. als Themen verwendet. Jede Strophe der Glosa enthält die gleiche Anzahl von Zeilen des ‹texto› und gibt sie an der gleichen Stelle wieder, wobei die Stellung der Zitate innerhalb der Strophe vom Verfasser frei gewählt werden kann. Das Zitat darf nicht verändert werden und muß sich in die Semantik, die Syntax und das Reimschema der Glosenstrophe einfügen. Auch die Bildlichkeit des ‹texto› muß in der Glosa aufgenommen werden. Das 17. Jh. betrachtete die Glosa als *gesellschaftliches Spiel*, so daß für die Teilnehmer zusätzliche Regeln für den Umgang mit dem ‹texto› formuliert werden konnten. [22] CERVANTES nennt u. a. die Vorgabe, daß das Prätextzitat nicht einem Sprecher in den Mund gelegt werden dürfe. [23]

Die Glosa gilt als typisch spanische Form, auch wenn es im 15. Jh. ähnliche Formen in der katalanischen, provenzalischen und nordfranzösischen Literatur gegeben hat. Das legt nahe, ihren Ursprung weniger in arabischen Einflüssen als in mittelalterlichen Auslegungstraditionen zu suchen, die sich in Spanien erhalten haben, während sie in anderen europäischen Ländern durch Renaissance und Humanismus abgelöst wurden. [24] Für die Entwicklung entscheidend wurden Texte von MONTEMAYOR, vor allem aber von L. DE VEGA. Die von ihm gepflegte ‹glosa burlesca› leitete allerdings auch den Niedergang der Form ein. [25] Deutschen Literaten war die Glosa lange bekannt. Schon F. ZESEN beschrieb sie und verglich sie mit dem *Spruchlied*. [26] LESSING druckte ein spanisches Beispiel im 63. Stück der ‹Hamburgischen Dramaturgie› ab. [27] Aber erst das Interesse für die romanischen Literaturen zur Zeit der *Romantik* führte zu eigenen Versuchen. Vorbildlich wurden die Glosen, die F. und A. W. SCHLEGEL in der Zeitschrift ‹Europa› 1803 zu demselben Motto veröffentlichten. [28] TIECK nahm dieses in seiner ‹Glosse› (1816) wieder auf [29], was die Eignung der Glose für literarische Gesellschaft und poetischen Wettbewerb belegt. Entsprechend gibt es auch nur wenige bekannte Texte, dafür eine bemerkenswerte Rezeption dieser Form in Poetiklehrbüchern und Schulbüchern im 19. Jh.

Anmerkungen:
1 Arist. Poet. 22. – **2** Quint. I, 5, 3; I, 5, 55. – **3** Aristoteles: Dichtkunst, übers. von M. C. Curtius (1753; ND 1973) 296, 299. – **4** G. Goetz: Art. ‹Glossographie›, in: RE, Bd. 7, Sp. 1433; vgl. Isid. Etym. I, 30. – **5** P. Weimar: Die legist. Lit. der Glossenzeit, in: H. Coing (Hg.): Hb. der Quellen und Lit. der neueren europäischen Privatrechtsgesch. Bd. 1 (1973) 140ff. – **6** B. Smalley: Art. ‹Glossa ordinaria›, in: TRE, Bd. 13, 454. – **7** P. Weimar [5] 170. – **8** E. Steinmeyer, E. Siewers: Ahd. G. 5 Bde. (1879–1922). – **9** ML 113–114. – **10** B. Smalley [6] 455. – **11** Corpus Glossatorum Iuris Civilis 7–11 (Turin 1968/69). – **12** G. Hess: Dt.-lat. Narrenzunft (1971) 175–258. – **13** J. H. Zedler: Universal-Lex., Bd. 1 (1731; ND Graz 1961) 4. – **14** J. Hübner: Zeitungs- und Conversations-Lex. (1704 u. ö.). – **15** K. Stieler: Zeitungs Lust und Nutz (1695; ND 1969). – **16** W. Sanders: Sprachkritikastereien (1992) 5–27. – **17** M. Luther, WA 30, 3, 321–388. – **18** T. L. Pitschel: Anm. über das Ergänzungsstück zur Vorrede vor dem Trillerischen neuen Fabelwerke, in: Belustigungen des Verstandes und des Witzes (1741) 162–182; 265–284; 352–380. – **19** E. Rohmer: Die lit. G. (1988) 43ff. – **20** Reg. der Formen in: P. Wackernagel: Das dt. Kirchenlied von der ältesten Zeit bis zu Anfang des XVII. Jh.) 5 Bde. (1864–1877; ND 1964). – **21** F. Brunhölzl: Art. ‹Glossenlied›, in: LThK², Bd. IV, Sp. 971f. – **22** R. Baer: Span. Verslehre auf hist. Grundlage (1962) 246. – **23** M. Cervantes-Saavedra: Der Sinnreiche Junker Don Quijote von der Mancha (1979) 679f. – **24** Baer [22] 243f. – **25** ebd. 246. – **26** P. Zesen: Dt.-lat. Leiter zum hochdt. HELIKON (1656) 49ff. u. 68. – **27** G. E. Lessing: Schr., Bd. X (1894) 50–52. – **28** Europa. Eine Zs, hg. von F. Schlegel, 1. Bd. 1. Stück, 78–85. – **29** L. Tieck: Gedichte. 3 Tle. (1821–23; ND 1967) T. 2, 33–35.

Literaturhinweise:
F. Himpele: Die G. in der dt. Presse, in: Zeitungswiss. 13 (1938) 509–518. – R. Weigand: Art. ‹G., kanonistische›, in: TRE XIII (1984) 457–459. – R. Camen: Die G. in der dt. Tagespresse (1984).

E. Rohmer

→ Accessus ad auctores → Barbarismus → Etymologie → Feuilleton → Grammatik → Journalismus → Kolumne → Kommentar → Lexikographie → Presse → Publizistik → Satire → Scholastik → Sprachkritik → Zitat

Gnome, Gnomik (griech. γνώμη, gnṓmē; lat. sententia; dt. Sinnspruch, Spruchdichtung; engl. maxim, gnomic poetry; frz. maxime, poésie gnomique; ital. massima, poesia gnomica)

A. Das Substantiv G. bezeichnet im Griechischen als *Begriff des Wissens* zunächst die menschliche Erkenntnisfähigkeit und deren Resultate auf politischem, juristischem oder philosophischem Gebiet. [1] Einen sicheren Beleg für den rhetorischen Gebrauch des Begriffes G. bietet dagegen erst ISOKRATES' ‹Rede an Nikokles› (um 373 v. Chr.), worin er «τὰς καλουμένας γνώμας» (tás kalouménas gnṓmas; die sogenannten Gnomen) zum Exzerpt aus den Dichtern Hesiod, Theognis und Phokylides empfiehlt. [2] Eine Definition bietet Isokrates allerdings nicht. Von Detail zu Detail nicht unerheblich variierend, findet sich diese erstmals in den rhetorischen Lehrbüchern des AUCTOR AD ALEXANDRUM (wohl Anaximenes von Lampsakos) und des ARISTOTELES [3]: Danach meint die G. als rhetorischer Terminus eine zum Weisheits- oder Sinnspruch verdichtete Erkenntnis von allgemeingültigem Charakter und einprägsamer Kürze, die einer anerkannten Persönlichkeit des öffentlichen Lebens zugeschrieben wird oder einem ihrer Werke entstammt («voces sapientum» [4]) und gemeinhin mit Namensnennung zitiert wird. Der Vermittlung von Lebensklugheit verpflichtet, reflektiert sie thematisch auf alle Problembereiche menschlicher Existenz und beleuchtet die *conditio humana* in ihrer ethisch-religiösen Dimension sowohl hinsichtlich der Beziehungen des Menschen zu sich oder seinesgleichen als auch bezüglich seiner Umwelt oder transzendenter Mächte. [5] Dabei erscheint die G. meist in der Form eines einfachen Aussagesatzes; Aufforderungen begegnen freilich ebenso wie rhetorische Fragen oder Nominalsätze. In Versform oder literarischer Prosa andeutend, verhüllend oder frappierend formuliert, präsentiert sich die G. nicht mahnend (paränetisch), sondern anratend (präzeptiv) und vorschreibend (präskriptiv). Formale Abgeschlossenheit und Lehrhaftigkeit begründen dabei die isolierte Zitierbarkeit «als in einem gegebenen Milieu objektiv anerkannter Grundsatz bzw. als subjektiv im Sinne des Sprechenden anzunehmende Wahrheit.»[6] Rhetoriklehrer der hellenistischen Periode wie die Progymnasmatiker HERMOGENES und APHTHONIUS tradieren dieses G.-Verständnis mit geringfügigen Abwandlungen und helfen es durch seine Einführung in den Schulunterricht weiter befestigen (G. als Aufsatzthemata im Kontext rhetorischer *exercitationes*). [7] Verschiebungen des besagten Begriffsinhaltes ergeben sich jedoch spätestens mit den lateinischen Lehrbüchern der Rhetorik seit Quintilian. QUINTILIAN identifiziert die griechische G. nicht nur mit der lateinischen Sentenz: «(S)ententiae vocantur, quas Graeci γνώμας appellant» (Als Sentenzen werden bezeichnet, was die Griechen G. nennen)[8]; eine Nebenlinie griechischer Rhetoriktradition aktualisierend[9], nivelliert er auch das bei den griechischen Rhetoriklehrern deutlich spürbare Bewußtsein für die Differenz zwischen der G. als nachweisbarem Dichter- oder Philosophenzitat und dem selbständig überlieferten Weisheitsspruch (ὑποθήκη, hypothḗkē), indem er den Terminus ‹G.› auf jeden geformten Gedanken der Volksweisheit *(vox universalis)* angewendet wissen möchte. [10] Diese Gleichsetzung hielt sich über die Rhetoriktradition des Mittelalters bis ins 20. Jh. Tatsächlich gestalten sich wissenschaftliche Differenzierungsversuche [11] nicht gerade einfach. Mit K. Kanzog darf man den entscheidenden Unterschied vielleicht wie folgt formulieren: «Im engeren Sinne ist die Sentenz immer Teil eines größeren Textzusammenhanges, jedoch in dem Maße isolierbar, in dem die Aussage inhaltlich und formal die Grundbedingungen spruchhafter Rede erfüllt.» [12] Solche Bedeutungsverschiebungen und Definitionsprobleme haben auf die Position der G. innerhalb des rhetorischen Systems freilich keinen Einfluß: Als autoritätshaltigem, prägnant formuliertem und kontextenthobenem (infinitem) Weisheits- oder Sinnspruch kommt der G. dort die Funktion von Beweismittel oder Redeschmuck *(ornatus)* im Rahmen einer *quaestio finita* zu; [13] sie ist in *prooemium, narratio* und *argumentatio* gleichermaßen einsetzbar. Wird die G. dabei, weil selbst rätselhaft oder einem bestimmten Vorverständnis dienstbar gemacht, mit begründender Erläuterung versehen, so spricht man von einem *enthýmēma* (Enthymem). [14] Als affektisch aufgeladenes *epiphṓnēma* (Epiphonem) wiederum markiert die G. häufig das Ende eines Gedankenganges mit schlußfolgerndem oder feststellendem Charakter. [15] Stets jedoch sollte die G. den Eindruck axiomatischer Unanfechtbarkeit oder philosophischer Überhöhung des Hauptgedankens vermitteln.

B.I. *Antike.* Ein aufkeimendes Bewußtsein für definitorische Einzelaspekte der G. darf wohl schon gegen Ende des 5. Jh. v.Chr. vorausgesetzt werden. Dieser These fügt sich nicht nur die Empfehlung des Isokrates; offenbar unter direkter Anspielung auf Praktiken sophistischer Rhetoren spricht schon ARISTOPHANES in verschiedenen seiner Komödien höchst ironisch von den Rednertalenten der «Gnomenschmiede» (ἄνδρες γνωμοτύποι; ándres gnōmotýpoi). [16] XENOPHON, PLATON und DIOGENES LAERTIOS bezeugen außerdem die Memorierung und Diskussion gnomischer Sinnsprüche in Philosophenschulen der spätklassischen Zeit. [17] Vor diesem Hintergrund entwickelt sich ein stetig wachsendes Interesse an gnomologischen Äußerungen aus früheren Jh.: So werden die Sprüche der ‹Sieben Weisen› tradiert und um weitere G. angereichert; Platon etwa schreibt den Sieben Weisen sogar die gemeinsame Abfassung der delphischen G. Γνῶθι σαυτόν zu (Gnṓthi sautón; Erkenne dich selbst) und Μηδὲν ἄγαν (Mēdén ágan; Nichts im Übermaß) zu. [18] Der Vorsokratiker HERAKLIT wiederum wird seiner gnomologischen Schreibweise wegen geschätzt und Homer diesbezüglich ausgewertet. [19] HESIOD, THEOGNIS und PHOKYLIDES schließlich avancieren nicht nur für Isokrates zu quasi kanonischen Gnomologen; auf sie beruft sich noch Kaiser JULIAN APOSTATA (361–363 n.Chr.) zur überbietenden Abwehr biblischer Weisheitsliteratur; [20] jüdisch-hellenistische Kreise wiederum veröffentlichen unter dem Namen des Phokylides eine biblisch inspirierte Gnomensammlung. [21] Überhaupt erfreut sich gerade diese Form der Tradierung von G. in hellenistischer und kaiserzeitlicher Ära immenser Beliebtheit: Zu Anthologien (γνωμολογίαι, gnōmologíai; Gnomensammlungen, Gnomologien) gebündelt, thematisch bzw. alphabetisch geordnet und mit den (angeblichen) Namen ihrer Verfasser versehen, vermitteln Gnomologien vor allem praktische Lebensweisheit in erbaulicher Form für persönliche, schriftstellerische oder schulische Zwecke. Entsprechend weitverzweigt und editorisch bislang nur unvollständig erschlossen, präsentiert sich denn auch die Überlieferungslage: [22] Von einiger Bedeutung ist dabei die fälschlicherweise dem Isokrates zugeschriebene und noch in der Renaissance gern gelesene Rede ‹Ad Demonicum› [23] mit ihrer geschickt verknüpften Zusammenstellung von Lebensregeln. Auf der Häufigkeits- und Beliebtheitsskala hellenistischer und kaiserzeitlicher Gnomologen standen indes G. aus den Schriftstellern EURIPIDES, MENANDER oder THUKYDIDES obenan: G. des Euripides beherrschen etwa auch die monumentale, vom Verfasser offenbar auf relative Vollständigkeit berechnete und zu weiten Teilen erhaltene Gnomologie des JOHANNES VON STOBOI (4./5. Jh. n.Chr.). [24] Sammlungen von ‹Μενάνδρου γνῶμαι μονόστιχοι› (Menándrou gnōmai monóstichoi; dt. einversige Gnomen des Menander) erfahren eine ähnlich weite Verbreitung. [25] Exzerpierte G. des Thukydides schließlich finden sich sogar neuzeitlichen Werkausgaben vorangestellt. [26] Eine noch größere Wirkungsgeschichte entfalteten allerdings antike Gnomologien, die auf eine werbende Verbreitung philosophischer Lehrmeinungen berechnet waren: Epikureische (Kyriai Doxai u.a.), neuplatonische (Porphyrii ad Marcellam), neupythagoreische (Sexti Pythagorici Sententiae) und stoische (Epicteti et Moschionis Sententiae) Gnomensammlungen wurden den Theologen des altkirchlichen Christentums zu homiletischer Fundgrube und apologetischem Instrument in einem [27]: Schon die neutestamentlichen Zitate aus heidnischen Schriftstellern (Apg 17,28: Arat, Euripides; 1 Kor 15,33: Menander; Tit 1,12: Epimenides) sind ausnahmslos G. und entstammen mit hoher Wahrscheinlichkeit verbreiteten Gnomologien. [28] Patristische Autoren (CLEMENS VON ALEXANDRIEN: ‹Stromateis›; GREGOR VON NAZIANZ: ‹Gnomologia Tetrasticos›; EUAGRIOS PONTICUS: ‹Sententiae›; AUGUSTINUS: ‹Speculum› u.a.) oder byzantinische Schriftsteller (JOHANNES DAMASCENUS: ‹Hiera parallela›; PSEUDO-MAXIMUS CONFESSOR: ‹Florilegium›; ANTONIOS: ‹Melissa›) benutzen entweder antike G. als Stütze der eigenen theologischen Argumentation oder schaffen den philosophischen Gnomologien formal ganz ähnliche Gnomensammlungen zur Popularisierung der eigenen Lehre; viele von ihnen bleiben dem lateinischen

Mittelalter präsent. Durch christliche und nichtchristliche Beispiele angeregt, entstehen am Ausgang der Spätantike schließlich Gnomensammlungen aus Väterzitaten: ISIDORS VON SEVILLA ‹Sententiarum libri tres› und die formal längst nicht mehr einheitlich gnomisch ausgerichteten ‹Apophthegmata Patrum› vermitteln auch diese Praxis den späteren Jahrhunderten. [29]

II. *Mittelalter.* Weil der alttestamentlichen Spruchweisheit (Spr; Sir) nicht ganz unähnlich, sichert die generelle Akzeptanz durch patristische Autoren auch nichtchristlichen Gnomologien des Altertums eine gewisse Rezeption im lateinischen Mittelalter: Verbreitet bleiben etwa die ‹Monosticha› des Menander, ‹Sentenzen› des Sextus Pythagoricus oder Teilabschriften der monumentalen Gnomologie Johannes' von Stoboi. An Beliebtheit werden solche Sammlungen aber rasch übertroffen durch die sog. ‹Dicta Catonis› (seit der gleichnamigen Edition durch ERASMUS VON ROTTERDAM auch ‹Disticha Catonis›). [30] Wahrscheinlich im 3. Jh. n. Chr. entstanden und irrtümlich Cato dem Zensor (234–149 v. Chr.) zugeschrieben, enthält diese Gnomensammlung auf vier Bücher verteilt sowie thematisch einigermaßen geordnet Lebensregeln und Sinnsprüche in jeweils zwei Hexametern. Gemeinsam mit den Fabeln des Avianus bildeten die ‹Dicta Catonis› das ganze Mittelalter hindurch nicht nur die Anfangslektüre im Grammatikunterricht; sie wurden glossiert, kommentiert (REMIGIUS VON AUXERRE) und allmählich in viele Volkssprachen (auch das Mittelhochdeutsche) übersetzt. Konkurrierenden Projekten (etwa OTHLOHS VON ST. EMMERAM ‹Libellus Proverbiorum›) blieb vor diesem Hintergrund eine größere Breitenwirkung versagt. [31] Dabei verraten die ‹Dicta Catonis› ebenso wie Othlohs ‹Proverbia› durchaus einschlägiges Formbewußtsein im Sinne der antiken Begriffsbildung: (Fiktive) Namensnennung, durchgängige Prägnanz, thematische Ausrichtung, ethischer Tenor und eine rhetorische Bestimmung zum griffigen Zitatenschatz für Predigt, Rede oder Dichtung zeichnen diese Sinnsprüche aus. Anders als andere Beispiele lyrischer Spruchdichtung des Mittelalters kommt noch FREIDANKS mittelhochdeutsch verfaßte ‹Bescheidenheit› (1. Drittel 13. Jh.) dem Formcharakter einer Gnomologie zumindest nahe: Nicht umsonst benutzt Freidank für seine treffsicher formulierten, meist zwei- oder vierzeiligen und unter einheitlichen Kapitelüberschriften subsumierten Reimsprüche mit ethisch-religiösem Anspruch auch antike Gnomologien. [32] Gnomologische Strukturen begegnen letztlich selbst in den volkssprachlichen Weisheitsliteraturen germanischer Provenienz; natürlich differiert dabei der Abstand vom rhetorisch geprägten Gnomenverständnis: Während etwa die Unterschiede zu Teilen der ‹Old English gnomic poems› [33] oder weisheitlich anmutenden Versen des mhd. ‹Nibelungenliedes› [34] eher für gravierend zu halten sind, kommen einzelne Strophen der altnordischen, dem Hauptgott Odin in den Mund gelegten Spruchsammlung ‹Hávamál› aus der ‹Saemundar Edda› (Anfang 10. Jh. n. Chr.) antikem Gnomenverständnis erstaunlich nahe (Str. 40, 47, 52 u. a.). Bezeichenderweise gelang K. von See denn auch ein überzeugender Nachweis deutlicher Spuren der spätlateinischen ‹Dicta Catonis› in den altnordischen Strophen der Hávamál-Dichtung. [35]

III. *Renaissance und Barock.* Trotz der weitgehenden Gleichsetzung von G., Sentenz und selbständigem Weisheitsspruch durch die lateinische bzw. mittelalterliche Rhetorik schwand das Bewußtsein für die spezifische Form der G. auch in der volkssprachlichen Literatur nicht gänzlich: Pointenhaft gesteigert und häufig satirisch orientiert, findet die G. als *Priamel* Eingang in die deutschsprachigen Fastnachtsspiele des 14. und 15. Jh. (HANS ROSENPLÜT, KONRAD FOLZ u. a.); [36] SEBASTIAN BRANT wiederum veranstaltet unter dem Titel ‹Der Freydanck› eine bis 1583 immer wieder aufgelegte Neuausgabe der ‹Bescheidenheit›. [37] Dem Renaissance-Humanismus schließlich ist nicht nur eine Neubesinnung auf den Gnomenbegriff der griechischen Rhetoriklehrer zu danken (SCALIGER, ERASMUS VON ROTTERDAM); humanistische Gelehrte vor allem aus der Schweiz und Frankreich (JOHANNES FROBEN, ADRIAN TURNEBUS, JOACHIM CAMERARIUS u. a.) treiben auch die Drucklegung griechischsprachiger G. und Gnomologien voran. [38] Mit den ‹Carmina gnomica graeca et latina› des JOHANNES CASELIUS entsteht 1624 sogar ein beachtenswertes Werk neuzeitlicher Gnomendichtung. [39] Dieser Versuch bleibt während des Barocks und der Aufklärung freilich ohne Nachahmung. Überhaupt beschränken sich die Rhetoriklehrer des Barockzeitalters (VOSSIUS, HALLBAUER, SCHRÖTER, OPITZ u. a.) mit unterschiedlichen Akzentuierungen auf theoretische Festschreibung und pädagogische Vermittlung bisheriger Traditionen: «Man sieht sein Verdienst nicht in der Neugestaltung, sondern in der erneuten und ergänzenden Darstellung des Altbewährten.» [40] G. gelangen von daher nicht nur in lateinische Phraseologien für den schulischen Gebrauch; sie prägen auch die beliebten und weitverbreiteten ‹Poetischen Schatzkammern› eines P. HARSDÖRFFER, J. P. TITZ oder G. TREUER. Als Lehr- und Denksprüche «des Trauerspiels Grundseulen» (P. Harsdörffer) werden G. dabei hauptsächlich von den Dramatikern des Barock extensiv verwendet. [41] Indirekt hatte dies schon Aristoteles angeraten. [42]

IV. *19. und 20. Jh.* Die Geschichte der G. im 19. und 20. Jh. darf mit P. Bernath als fortschreitende ‹Formkrisis› interpretiert werden: [43] «Die große Autorität Goethes läßt […] keine Spr(uchdichtung) von vergleichbarem Rang aufkommen.» [44] Allerdings enthalten GOETHES Spruchsammlungen (Buch der Sprüche [aus dem Westöstlichen Divan], Maximen und Reflexionen, Zahme Xenien u. a.) neben einer Fülle ganz unterschiedlicher Spruchformen auch G.; eine eigentliche, von Goethe ausdrücklich mit dem rhetorischen Terminus G. in Verbindung gebrachte Blütenlese eigener «Sinnsprüche und Reime» bilden jedoch hauptsächlich die beiden Sammlungen ‹Gott, Gemüt und Welt› sowie ‹Sprichwörtlich›. [45] Tatsächlich war gewissen G. dieser Sammlung («Willst du ins Unendliche schreiten,/Geh nur im Endlichen nach allen Seiten.» [46]) mehr Erfolg beschieden als vergleichbaren Versuchen aus F. RÜCKERTS sechsbändigem, in Alexandrinern abgefaßtem und thematisch wie stofflich recht uneinheitlichem Werk ‹Die Weisheit des Brahmanen›. [47] Größerer Beliebtheit erfreute sich dagegen im 19. Jh. L. SCHEFERS Gnomologie ‹Das Laienbrevier› mit kurzen Lehrgedichten für jeden Tag des Jahres: Wenngleich danach völlig vergessen, erlebte es bis 1898 19 Auflagen. [48] Formbildend wirkte Schefers Laienbrevier deswegen freilich ebensowenig wie S. GEORGES mystifizierender und aggressiv-kerygmatischer Kurzgedicht-Zyklus ‹Der Stern des Bundes›. [49] Statt dessen beförderte die Kanonisierung der Weimarer Klassik seit dem Ende des 19. Jh. sentenziös ausgerichtete Klassiker-Anthologien (Mit Goethe durch das Jahr u. a.); dagegen wiederum grenzt sich die literarische Avantgarde duch eine bewußte Bevorzugung aphoristischer Formen oder entlarvend-travestierender Tonfärbung spätestens seit B. BRECHTS ‹Hauspostille› ab: «Und es kommt nichts nachher./Zu Fron und Ausgezehr!» [50] Einer eventuellen Gnomendichtung ist die beschriebene Kluft ebenso abträglich wie der wissenschaftlichen Gnomenforschung: Die umfassende Beschreibung historischer Entwicklungen des rhetorischen Gnomenbegriffes von der Antike bis ins 20. Jh. steht jedenfalls noch aus.

Anmerkungen:
1 vgl. B. Snell: Die Ausdrücke für den Begriff des Wissens in der vorplatonischen Philos. (1924) (= Philol. Unters., H. 29) 20–39; S. N. Mouraview: Gnômê, in: Glotta. Zs für griech. und lat. Sprache 51 (1973) 69–78. – **2** Isocr. Or. II,44 (ed. G. E. Benseler, F. Blass, Leipzig 1913, Bd. 1, 23). – **3** vgl. Auct. ad Alex. 11; Arist. Rhet. II,21; H. Framm: Quomodo oratores Attici sententiis usi sint (Diss. Straßburg 1912). – **4** A. Otto: Die Sprichwörter und sprichwörtlichen Redensarten der Römer (1890) XVII. – **5** vgl. J. Dalfen: Formgesch. Unters. in den Selbstbetrachtungen Marc Aurels (Diss. München 1967) 45–60; 232–234. – **6** W. Spoerri: Art. ‹G. I›, in: Der kleine Pauly, Hg.: K. Ziegler, W. Sontheimer, Bd. 2 (1975) 823; vgl. Arist. rhet. II 21,15. – **7** Hermog. Prog. 4; Aphthonius, Progymnasmata 4. – **8** Quint. VIII,5,3. – **9** vgl. etwa Xenophon, Memorabilia 4,2,9; Aischines, Gegen Ktesiphon 134. – **10** Quint. [8]. – **11** vgl. P. Niemeyer: Die Sentenz als poetische Ausdrucksform vorzüglich im dramatischen Stil (1934) (= Germ. Stud. 146) 1–23. – **12** K. Kanzog: Art. ‹Spruch›, in: RDL², Bd. 4 (1984) 154. – **13** vgl. H. Lausberg: Hb. der lit. Rhet. (²1973) §§ 872–879; § 1121. – **14** vgl. Arist. Rhet. II,21,2. – **15** vgl. Quint. VIII,5,11; Hermog. Inv. 4,9. – **16** vgl. Aristophanes, Frösche 877; Ritter 1379; Wolken 952; Thesmophoriazusae 55. – **17** vgl. Xenophon [9] 1,6,14; Platon, Protagoras 339a; Phaidros 267c; Leges VII,811; Diogenes Laertios VI,31. – **18** vgl. Platon, Protagoras 343a/b; B. Snell: Leben und Meinungen der Sieben Weisen (1938). – **19** vgl. E. Ahrens: G. in griech. Dichtung (Homer, Hesiod, Aeschylus) (Diss. Halle 1937). – **20** vgl. Iulian: C. Galilaeos 224c/d (ed. J. Neumann, Leipzig 1880, 203). – **21** vgl. P. W. van der Horst: The sentences of Pseudo-Phocylides (Leiden 1978). – **22** vgl. allgemein K. Horna: Art. ‹G., Gnomendichtung, Gnomologien›, in: RE Suppl. VI (1935), 74–87; Spoerri [6] 822–829. – **23** Isocr. Or. I. – **24** vgl. Ioannis Stobaei Anthologium (ed. C. Wachsmuth, O. Hense, 6 Bd., Berlin 1884–1923). – **25** vgl. Menandri Sententiae (ed. S. Jaekel, Leipzig 1964); Spörri [6] 826 (Lit.). – **26** vgl. C. Meister: Die Gnomik im Geschichtswerk des Thukydides (Winterthur 1955), 10–12. – **27** vgl. Gnomica (ed. A. Elter, 2 Bd., Leipzig 1892); Horna [22] 79–81; Spoerri [6] 828. – **28** K. Berger: G., Hypotheke, sententia, in: ders.: Hellenistische Gattungen im NT, in: ANRW II,25,2, 1049–1074. – **29** vgl. zur christl. G.: H. Chadwick: Art. ‹Florilegium›, in: RAC VII (1969) 1131–1160. – **30** vgl. Erasmus von Rotterdam: Catonis Disticha (Löwen 1517); M. Boas (Hg.): Disticha Catonis (Amsterdam 1952) (krit. Edition); D. Briesemeister u. a.: Art. ‹Disticha Catonis›, in: LMA, Bd. 3 (1986) 1123–1127. – **31** vgl. Otloh von St. Emmeram: Libellus Proverbiorum (ed. G. C. Korfmacher (Chicago 1936). – **32** vgl. H. E. Bezzenberger (Hg.): Fridankes Bescheidenheit (1872; ND 1962); G. Eifler: Die ethischen Anschauungen in Freidanks Bescheidenheit (1969) 27–36. – **33** vgl. C. T. Berkhout: A critical edition of the Old English gnomic poems (Diss. Ann Arbor 1975). – **34** vgl. W. W. Moelleken: G. im Nibelungenlied (Diss. Ann Arbor 1965). – **35** vgl. K. von See: Disticha Catonis und ‹Hávamál›, in: Beiträge zur Gesch. der dt. Sprache und Lit. (PBB) 94 (1972) 1–18. – **36** vgl. K. Euling: Die Priamel bis Hans Rosenplüt (1905). – **37** vgl. S. Brant: Der Freydanck (Straßburg 1508). – **38** vgl. Karl Bielohlawek: Hypotheke und G. (1940) (= Philologus Suppl. 32, H. 3) 74–80. – **39** vgl. Johannes Caselius: Carmina gnomica graeca et latina (1624). – **40** R. Hildebrandt-Günther: Antike Rhet. und dt. lit. Theorie im 17. Jh. (1966) 13; vgl. auch W. Barner: Barockrhet. (1970). – **41** vgl. Marian Szyrocki (Hg.): Poetik des Barock. Texte dt. Lit. 1500–1800 (1968); A. Schöne: Emblematik und Drama im Zeitalter des Barock (1964) 145–156. – **42** Arist. Rhet. II,21. – **43** P. Bernath: Die Sentenz im Drama von Kleist, Büchner und Brecht. Wesensbestimmung und Funktionswandel (1976) 7. – **44** Kanzog [12] 160. – **45** J. W. Goethe: Gott, Gemüt und Welt; Sprichwörtlich (WA I. Abt., Bd. 2, 213–220; 223–251); vgl. auch Tagebücher 11./12. 1. 1814; 18.–23. 1. 1815 (WA 3. Abt., Bd. 5, 92; 148). – **46** Goethe: Gott, Gemüt und Welt [45] 216. – **47** vgl. F. Rückert: Die Weisheit des Brahmanen. Ein Lehrgedicht in Bruchstücken (1836–39); R. Dove: Art. ‹F. Rückert›, in: Lit.-Lex., hg. v. W. Killy, Bd. 10 (1991) 59–61. – **48** vgl. Leopold Schefer: Das Laienbrevier. 2 Bde. (1834/35); B. u. L. Clausen: Zu allem fähig. Versuch einer Soziobiographie zum Verständnis des Dichters L. Schefer, 2 Bde. (1985). – **49** vgl. S. George: Der Stern des Bundes (1914); Kindlers Lit. Lex. Bd. 2 (²1989) 232f. – **50** vgl. B. Brecht: Hauspostille (1927) 142.

A. Hummel

C. *Englischer Sprachraum.* Die angelsächsische Literaturgeschichte und -wissenschaft dokumentiert gnomische Formen entweder als Aphorismus (aphoristic verse), als ‹gnomic verses›, ‹gnomic poetry› oder als ‹gnomic literature›. [1] Die Verwendung gnomologischer Ausdrucksformen läßt sich schon in der altnordischen und altenglischen Poesie nachweisen. Sie ist gekennzeichnet durch «common elements of their Indo-European heritage.» (übliche Elemente ihres indo-europäischen Erbes). [2] «The popularity of gnomes among the Germanic peoples is also shown by the two collections in Old English, the *Cotton* and the *Exeter* Gnomes.» (Die Popularität gnomischer Formen bei den germanischen Völkern zeigt sich auch in den beiden Sammlungen ‹Cotton› und ‹Exeter Gnomes›.) [3] Ebenso enthält der ‹Beowulf› eine Reihe von gnomologischen Passagen. [4] Mittelalterliche Gnomik «differs from earlier gnomic literature in several ways» (unterscheidet sich in einigen Aspekten von früherer Gnomik): In thematischer Hinsicht liegt die Betonung mehr auf den menschlichen Handlungsweisen, strukturell wird die Stanze für den musikalischen Vortrag bevorzugt, stilistisch dominiert eine mehr weitschweifige Ausdrucksweise und kulturell findet sich eine Hinwendung zur christlichen Ethik und zur Literatur der klassischen Antike. [5] Die Tradition der Gnomik läßt sich in England bis in die Neuzeit nachweisen, sowohl als Form als auch in entsprechenden Sammlungen. «[...] Francis Quarles' *Book of Emblemes* (1633) is one of the best known collections.» ([...] Francis Quarles' ‹Book of Emblemes› (1633) ist eine der bekanntesten Sammlungen.) [6] Folgende anonyme ‹gnomic verses› zählen zu den beliebtesten englischen Exempeln, die z. T. auch in den alltäglichen Sprachgebrauch aufgenommen wurden:

«He that is in the battle slain
will never rise to fight again:
But he that fights and runs away
will live to fight another day.»

(Wer im Kampf erschlagen wird, der wird niemals wieder fechten: Aber wer zum Kampf antritt und flüchtet, wird leben, um in zukünftigem Krieg zu kämpfen.) [7]

Anmerkungen:
1 vgl. A. Preminger (ed.): Princeton Encyclopedia of Poetry and Poetics (London 1974) s. v. – **2** Dictionary of the Middle Ages, Vol. 5 (New York 1985) 569. – **3** Preminger [1] 324. – **4** vgl. J. A. Cuddon: A Dictionary of Literary Terms (London 1977) 283. – **5** Dictionary [2] 569. – **6** Cuddon [4] 283. – **7** K. Beckson, A. Ganz: A Reader's Guide to Literary Terms (London 1961) 76.

Literaturhinweise:
B. C. Williams: Gnomic Poetry in Anglo-Saxon (1914; ND New York 1966). – K. Jackson: Early Welsh Gnomic Poems (1935; ND Cardiff ³1973). – R. McGregor Dawson: The structure of Old English Gnomic Poems, in: Journal of English and Germanic Philology 61 (1962).

G. Kalivoda

→ Aphorismus → Apophthegma → Denkspruch → Enthymem → Epiphonem → Exercitatio → Geflügelte Worte → Maxime → Motto → Priamel → Progymnasmata, Gymnasmata → Sentenz → Sprichwort

Gongorismus (span. gongorismo, auch estilo culto, cultismo)

A. G. (gongorismo) ist die eigenständige Variante des europäischen Barockstils bzw. Manierismus in Spanien, die auf den Dichter LUIS DE GÓNGORA Y ARGOTE zurückgeht (1561–1627). Bezeichnet wird diese Form des Schreibens auch als *estilo culto* oder *cultismo (culteranismo)*, was auf einen gebildeten Stil der Fremdwortverwendung, der lateinischen Satzbilder und der klassischen Gelehrsamkeit *(ingenium, eruditio)* hinweist. [1] Daneben finden sich als Stilelemente überladene und gekünstelt-virtuose Wendungen (Schwulst, Bombast), reiche rhetorische Figuren, Hyperbolik und Metaphorik, Antithetik und Wortspiel *(ornatus)*. Ebenso zeichnen den G. eine gewollt schwierige, gedrängte und dunkle Sprache *(Latinitas, perspicuitas, obscuritas)* sowie Merkmale des *conceptismo* aus. [2] Der preziöse und esoterische Stil des G. fand Beifall und viele Nachahmer, in deren Texten ein frühbarockes Weltbild zum Ausdruck kam. Im 20. Jh. erfährt diese Stilrichtung (Epochen-, Individualstil) z. B. bei G. DIEGO, F. GARCÍA LORCA und R. DARIO eine erneute Wertschätzung.

Anmerkungen:
1 vgl. Metzler Lit. Lex., hg. von G. und I. Schweikle (1984) 176. – 2 vgl. D. Alonso: La lengua poética de Góngora (Madrid ²1950); F. García Lorca: Das dichterische Bild bei Góngora (1954); W. Pabst: Luis de Góngora im Spiegel der dt. Dichtung und Kritik (1967); T. Heydenreich: Culteranismo und theol. Poetik (1977).

G. Kalivoda

B. Die Entwicklung der lyrischen Dichtung von LUIS DE GÓNGORA Y ARGOTE führt über frühe Gedichte, wie das Sonett ‹Descaminado, enfermo, peregrino› (1594) oder Romanzen wie ‹En un pastoral albergue› (1602) und ‹En los pinares de Júcar› (1603) sprachlich, technisch und thematisch mit innerer Folgerichtigkeit zu den ‹Soledades› und ‹El Polifemo› als Höhepunkte spanischer und europäischer *Barockpoesie*. Góngora hat bewußt für wenige Eingeweihte geschrieben, obwohl ihm die volkstümliche Überlieferung (letrillas, romances, villancicos) vertraut war, und er auch Satire, Burleske, grobe Invektive, Parodie meisterhaft handhabte. Seine Dichtung ist gewollt schwierig und kunstvoll, aber nicht unverständlich. In dieser Schöpfung, die D. Alonso als Wunder begreift [1], gibt es nichts Zufälliges, Spontanes und kein Zugeständnis an Gefühle, sondern rational konstruierte Beziehungen zu hochgradig poetisierten Dingen, Stoffen, Gestalten im Medium eines verblüffenden Wortzaubers und im Rahmen eines humanistischen Bildungskosmos, dessen in langer Tradition vermittelte Formen, Motive, Muster, Sprache und poetische Verfahren zu einer neuen ästhetischen Ordnung gefügt werden. Góngora verhüllt die Dinge in einer dem alltäglichen Sprachgebrauch entrückten, verrätselten Bildersprache, er meidet das Vertraute, Erwartete und stellt die Dinge nicht beschreibend vor, sondern umschreibt sie in spielerischer Verwandlung, erschafft sie in poetischer Überhöhung neu. Góngoras unübertreffliche Meisterschaft erweist sich gerade in der *Metaphorik*. Die sich überstürzenden, gesuchten, kühnen Metaphern weiten zusammen mit dem virtuosen Rückgriff auf die Mythologie die dichterischen Ausdrucksmöglichkeiten mit Hilfe der Rhetorik bis an die Grenzen der Mitteilbarkeit. Die Metapher bietet die Möglichkeit, das Entlegenste, Ausgefallene und Gegensätzliche gedanklich überraschend zusammenzuspannen. Vergleiche, Analogien, Synekdochen, Metonymien, Periphrasen, Antithesen, Summationsschemata, neubestimmte Wörter rekonstruieren die wahrgenommene Wirklichkeit geistreich verfremdet und überraschend verformt. Góngoras Metaphern sind wie Gleichungen dritten Grades (Dámaso Alonso [2]). Ihr Rohstoff sind weder die gesprochene noch die gebildete Sprache, sondern die Metaphern der Metaphern dieser Sprechweisen und ihrer literarischen Ausformung. Sie müssen im Vorgang des Lesens als geistreiche Herausforderung entziffert, erschlossen und sinnvoll zurückübersetzt werden. Hyperbata sollen der Sprache weniger ein äußerlich latinisierendes Gepräge geben als vielmehr mittels ungewöhnlicher Spreizfügungen emphatische Hinweise vermitteln und mehrdeutige Ausdrucksspannung erzeugen. Góngora rühmt sich selbstbewußt, der erste spanische Dichter zu sein, der das Kastilische auf die Höhe des Lateins geführt und damit die Ebenbürtigkeit beider Sprachen erreicht habe. Ungewöhnliche Lexik greift vielfach auf ältere Sprachbefunde zurück und belebt überdeckte Bedeutungen. Im stilistisch-rhetorischen Raffinement sieht Góngora das entscheidende Merkmal eines künstlerisch gelungenen Werks und seines ästhetischen Geltungsanspruchs. Die Architektur der Sprache bzw. ein architektonisches Sprachverständnis zeigt sich auch in Góngoras Satzbau: er konstruiert mit verschachtelten syntaktischen Fügungen (z. B. mit ablativus absolutus, Parenthesen, Präpositionalkonstruktionen, einschränkenden Konjunktionen) reichgegliederte Wortgebäude. Was L. Spitzer die syntaktische ‹Verknäulung› nennt, beschrieb J. Caramuel de Lobkowitz schon bei der Gegenüberstellung von Lope und Góngora als labyrinthische, mäandrierende, ornamentreiche Syntax. [3] Dem entspricht der Versbau, etwa durch Kontrastierung, Parallelisierung, Symmetrien, Chiasmen, Anaphern. Die Empfindsamkeit für visuelle, dekorative Sinnesqualitäten, das die Dinge ins Körperlose auflösende Farbenspiel, die Lichtfülle schaffen faszinierende malerische Wirkungen, lassen aber Vorgänge, unbelebte Dinge und Gestalten gewollt undeutlich zusammenfließen.

Góngoras hochartifizielle Poetik ist vorgezeichnet im ‹Libro de la erudición poética› (1611, ²1613) von L. DE CARRILLO Y SOTOMAYOR (1581/2–1610), einem Manifest des *cultismo*. Carrillo hatte in Italien gelebt und kannte sowohl Marinos als auch Stiglianis Dichtung. Concetti und Kultismen prägen Góngoras poetischen Prunkstil. B. GRACIÁN charakterisiert ihn in ‹Agudeza y arte de ingenio›, 1642 (im disc. V: De la agudeza de improporción y disonancia) pointiert als Poet des *cultismo*, schöpferisch und scharfsinnig, ausgestattet mit einem ungewöhnlichen *ingenium*. Schon V. ESPINEL hatte in seiner ‹Aprobación› von 1620 für die Ausgabe ‹Obras en verso› (1627) Góngora gepriesen als bestehend in Stil und sprachlicher *elegantia* und auf seine ingeniösen neuen Konzeptionen hingewiesen, die zur *imitatio* anregen.

Die beiden zu Lebzeiten Góngoras nur in Abschriften verbreiteten großen Dichtungen ‹El Polifemo› und ‹Soledades› lösten eine in der spanischen Literatur beispiellose Auseinandersetzung um deren Sprachstil aus, bei der sich Freunde und Feinde des *cultismo (culteranismo)* heftig befehdeten. Góngoras Freund, der angesehene Humanist und Philologe PEDRO DE VALENCIA (1555–1620), äußert sich in seiner ‹Censura de las Soledades, el Polifemo y obras de Don Luis de Góngora› anerkennend über *ingenium* und *ars* des Dichters, er kritisiert weniger die Metaphorik als vielmehr die durch übermäßigen Gebrauch von Hyperbata und ungewöhnlichen Wörtern dunkel und geschraubt wirkende Sprache. In ‹Epistel VIII› seiner ‹Cartas filológicas› (1634) behandelt der Kritiker und Literaturtheoretiker F. CASCALES ablehnend die Dunkelheit Góngoras, die durch die Ambiguität der Hyperbata und der endlosen Metaphorik entstehen.[4] Góngora selbst faßte die Dunkelheit *(obscuritas)* als Mittel zur Schärfung des Verstandes und als ästhetische Herausforderung für anspruchsvolle Leser auf. LOPE DE VEGA schätzte die ‹neue Poesie› wegen ihrer ungewöhnlichen Metaphorik *(transposiciones)* und Tropen nicht, seine mit Hinweisen auf Aristoteles und Garcilaso als Vorbild gestützten Vorwürfe versuchte DIEGO DE COLMENARES (1621) zu entkräften. Der Dichter, Maler, Übersetzer und Literaturtheoretiker JUAN DE JÁUREGUI (1583–1641) griff Góngoras Dichtung im ‹Antídoto contra la poesía de las Soledades, aplicado a su autor para defenderle de sí mismo› sowie im ‹Discurso poético› (1423) heftig an, obwohl er sich später selbst dem kulteranen Stil verschrieb, den er als formale Spielerei abgetan hatte. P. DÍAZ DE RIVAS erwiderte in seinem ‹Discurso apologético por el estilo del Polifemo y Soledades› (datiert 1624) auf Jáuregui mit dem Hinweis, Góngora habe der dichterischen Sprache *belleza* und *cultura* gebracht. Als Schlüsselbegriff für die Erfahrung ihrer Wirkung taucht ‹deleite› auf, womit auf den Aspekt der Unterhaltung und des Genusses *(delectare)* verwiesen ist. DÍAZ DE RIVAS nahm Góngora in Schutz u. a. gegen die Kritik an der Stilmischung, der Redundanz, dem gesuchten Wortschatz und schwierigen Satzbau, den *Hyperbeln* und *exaggerationes* sowie der Metaphorik. Den Vorwurf der Dunkelheit führt er zurück auf mangelnde Verständnisbereitschaft oder -fähigkeit seitens des Lesers. Auch M. VÁZQUEZ SIRUELA erklärt im ‹Discurso sobre el estilo de Don Luis de Góngora› die Schwierigkeit der poetischen Erkenntnis bzw. des Verständnisses mit einem gleichsam theologischen Paradoxon als *abundancia de luz* (Überfluß des Lichtes). Eine erste Liste der Bewunderer, Anhänger und Verteidiger Góngoras stellte M. DE ANGULO Y PULGAR in seinen ‹Comentarios a la Egloga fúnebre a Don Luis de Góngora, de versos entresacados de sus obras› (Sevilla 1638) zusammen. Außerordentlich scharf reagierte QUEVEDO sowohl mit seinen Literatursatiren (‹La Perinola›, ‹La culta latiniparla›, ‹La aguja de navegar cultos›) als auch mit der demonstrativen Gegenveröffentlichung der Gedichte von FRAY LUIS DE LEÓN und FRANCISCO DE LA TORRE (1631) auf Góngora. Andere griffen mit Parodien auf Góngora in die Kontroverse ein. Die Fehde um Stil und ästhetische Theorie wirkte auch im kolonialen Amerika nach (SOR JUANA INÉS DE LA CRUZ, J. DE ESPINOSA MEDRANO; ‹Apologético en favor de don Luis de Góngora contra Manuel Faria e Sousa› Lima 1694). Die zahlreichen unbedarften Nachahmer Góngoras bewertet Juan Caramuel de Lobkowitz abschätzig als dumme und delirierende Unternehmungen. [5]

Wichtig ist die Form der kommentierten Ausgaben (J. PELLICER DE SALAS TOVAR 1630, G. DE SALCEDO CORONEL 1629) nicht nur für die zeitgenössische Kanonbildung (ähnlich wie bei JUAN DE MENA und GARCILASO DE LA VEGA), sondern vor allem für die Aufwertung der Literaturwissenschaft. Hier vollzieht sich die Geburt der literarischen Kritik aus dem Geist der Klassischen Philologie und Texthermeneutik in der Anwendung auf die moderne Dichtung. Der ‹dunkle› Góngora bedarf der gelehrten Erklärung und Auslegung. Dabei bildet sich die neue ästhetische Fachterminologie heraus *(bizarro, gallardo)*.

Góngora und der G. sind nicht verständlich ohne die großen abendländischen Dichtungstraditionen (Horaz, Ovid, Petrarca). Wetteifernde Nachahmung und Überbietung der antiken wie der modernen Musterautoren prägen die hochrhetorisierte gongorinische Dichtung. Das angemessene, geregelte Verhältnis zwischen *res* und *verba* verschiebt sich zugunsten der Vorherrschaft der Sprache. Es kommt zu einer folgenreichen Überbetonung des Stils. Auch die Trennung der Stilebenen wird nicht unbedingt beachtet. Gerade die Stilmischung bereichert die Palette beabsichtigter Wirkungen. Der Dichter stellt die möglichst artifizielle poetische Bild-Erfindungskraft und Sprachkunst zur Schau, die das schöpferische *ingenium* in den Vordergrund stellt und von der *imitatio naturae* abrückt.

Nach langer Zeit mangelnden Verständnisses und vereinzelter bzw. bruchstückhafter Kenntnis im 18. und 19. Jh. brachte das Gedenkjahr 1927 den Durchbruch zu einem neuen philologisch-ästhetischen Góngora-Verständnis. Eine ganze Dichtergeneration (F. GARCÍA LORCA, R. ALBERTI, G. DIEGO, J. GUILLÉN) sah in dem ‹Erzdichter von Córdoba› die reine Poesie in idealer Form verwirklicht.

Anmerkungen:

1 vgl. D. Alonso: Estudios y ensayos gongorinos, in: ders.: Obras completas, Bd. 5 (Madrid 1978–1984) 241ff.; ders.: Spanische Dichtung (1962) 112ff. – **2** vgl. ebd. – **3** J. Caramuel de Lobkowitz, zit. bei A. Porqueras Mayo: La teoría poética en el manierismo y barroco españoles (Barcelona 1989) 353. – **4** F. Cascales: Cartas filológicas (Madrid 1634), hg. von J. García Soriano (Madrid 1951–1954) T. 1, 162. – **5** vgl. Caramuel [3] 347.

Literaturhinweise:

1. L. de Góngora, Werke: Soledad, Das Spätwerk Gongoras, übers. und bearb. von F. Eggarter (1962); Obras en verso, Faksimile (1627), hg. von D. Alonso (Madrid 1963); Letrillas, hg. von R. Jammes (Madrid 1980); Sonetos, hg. von B. Ciplijauskaite (Madison 1981). – *2. Literatur:* E. Carilla: El gongorismo en América (Buenos Aires 1946). – K. Maurer: Góngora als dunkler Dichter, in: Archiv für das Stud. der neueren Sprachen und Lit. 198 (1961) 353–367. – B. Müller: Góngoros Metaphorik (1963). – A. Marasso: Góngora, hermetismo poético y alquimia (Buenos Aires 1965). – M. Fuhrmann: Obscuritas, in: Immanente Ästhetik, hg. von W. Iser (1966). – U. Mölk: Góngora und der dunkle Ovid, in: Archiv für das Stud. der neueren Sprachen und Lit. 203 (1967) 415–427. – M. J. Woods: The Poet and the Natural World in the Age of Góngora (Oxford 1978). – E. Orozco Díaz: Introducción a Góngora (Barcelona 1984). – F. Abad: Retórica de Góngora en las Soledades, in: M. A. Garrido Gallardo (Hg.): Crítica semiológica de textos literarios hispánicos (Madrid 1986). – A. Pariente: En torno a Góngora (Madrid 1987). – M. Romanos: Sobre aspectos de la elocutio gongorina..., in: Filología 22 (1987) 119–135. – N. Ly: La confusión, in: Homenaje al prof. Antonio Vilanova (Barcelona 1989) vol. 1, 355–375.

D. Briesemeister

→ Acutezza → Conceptismo → Epochenstil → Euphuismus → Manierismus → Marinismus → Metapher → Obscuritas → Schwulst → Stil → Stillehre

Gorgianische Figuren (Γοργίεια σχήματα, Gorgíeia schémata)
A. ‹G.› [1] heißen diejenigen absichtsvollen und zum Zwecke der Kunst eingesetzten Abweichungen von der gewöhnlichen Gestaltung einer Rede, welche durch GORGIAS VON LEONTINOI (ca. 484–376 v. Chr.), einem der maßgeblichen Redner und Sophisten des 5. Jh. [2] und dem Begründer der attischen Kunstprosa [3], mit besonderer Vorliebe verwendet wurden. Als hauptsächliche Beispiele für die G. nennt die spätere rhetorische Überlieferung [4] insbesondere: *Antithese* (Gedankengliederung in Form der Gegenüberstellung) [5], *Parisose* (Isokolon) (Serie syntaktisch gleichgebauter, mehrgliedriger Satzteile) [6] und *Parhomoiose* (Homoioteleuton, Homoioarkton, Parechese) (Gleichklang von Satzteilen). [7]
B. Man kann jedoch nicht behaupten, daß diese Aufzählung von Figuren als die für Gorgias typischen vollständig ist. Bereits die Art der Auswahl: Parisose und Parhomoiose aus dem Kreis von Figuren der Sprachführung (*figurae elecutionis*; σχήματα λέξεως, schémata léxeōs) und Antithese aus dem anderen der Gedankenführung (*figurae sententiae*; σχήματα διανοίας, schémata dianoías) [8] legt es nahe, daß die genannten eher beispielhaft für den allgemeinen Figurenreichtum der gorgianischen Rede gedacht sind und gar keine erschöpfende Auflistung darstellen sollen, zumal viele der in Anm. 4 zitierten Stellen auf Verwandtes pauschal hinweisen. Als weitere Figuren der Sprachführung werden für Gorgias häufiger angegeben: Neigung zu *Tropen* und *Metaphern* (welche hier der Einfachheit halber zu den Figuren gerechnet werden) [9] nebst *poetischer* und überhaupt gesuchter, feierlicher Ausdrucksweise, auch als ‹tragischer Stil› des Gorgias bezeichnet [10] (wodurch er beispielsweise ein Vorbild für den Tragöden Agathon wurde). [11] Obwohl gerade für diesen Bereich künstlicher Diktion viel kritisiert, finden sich in seinen Texten meisterliche tropische Bildungen, wie z. B. «die Augen der Meinung» [12] oder die Allegorie «sturmzerzauste [statt: gefolterte] Sklaven» [13]. Eine wichtige Quelle für die metaphorische Kunstfertigkeit des Gorgias war EMPEDOKLES VON AKRAGAS, der als ein Lehrer des Gorgias gelten kann. [14] Darüber hinaus findet man an weiteren Figuren erwähnt: die Bildung von *Doppelwörtern* (διπλᾶ ὀνόματα, diplá onómata) [15] und die *Paronomasie* [16] (Wortspiel und Zusammenstellung gleichstämmiger Worte [17]). Die Suda [18] fügt in einer längeren Liste noch die *Anadiplose* (Verdopplung desselben Worts) [19], das *Hyperbaton* (Trennung syntaktisch zusammengehöriger Satzteile) [20], die *Epanalepse* (Wiederaufnahme desselben Ausdrucks) [21] und die *Apostrophe* (Abwendung vom bisherigen Zuhörer) [22] hinzu. Die letztere gehört bereits wieder zu den Figuren der Gedankenführung, aus deren Bereich andernorts noch die αὔξησις-ταπείνωσις (aúxēsis-tapeínōsis; *amplificatio-humilitas*; Steigerung oder Verkleinerung des Gegenstandes) [23], die *loci communes* (Topoi, Gemeinplätze) [24], das *Paradoxon* [25] und die *Apostase* (plötzliche Neuansetzung des Gedankens innerhalb der Rede) [26] gelegentlich angeführt werden. Aber auch die jetzt genannten Figuren zusätzlich zu den G. im engeren Sinn ergeben kein vollständiges Bild des Figurenreichtums gorgianischer Prosa. Vielmehr ist mit CICERO zu sagen, daß die Vielfalt möglicher Formungen der Rede (d. h. der Figuren) «praktisch unbegrenzt» ist: «Formantur autem et verba et sententiae paene innumerabiliter.» [27]

Allerdings hat Gorgias keine der genannten Figuren zuerst geprägt, sondern sie waren schon in früher Prosa (z. B. bei HERODOT und besonders bei HERAKLIT [28]) und vor allem in der Dichtung (vgl. als mögliche Vorbilder [29] vor allem PINDAR [30] und EMPEDOKLES) verbreitet. [31] Die besondere Leistung des Gorgias besteht darin, die dichterische Art zu reden von ihrer Versgebundenheit gelöst und in die für weitere Zielsetzungen offene Prosa übernommen zu haben. [32] Dies wird einerseits vom Tenor der Kritik [33] der später attizistisch geprägten Rhetorik an ihrem eigenen Begründer bestätigt. Nach dem Vorgang PLATONS [34] wurde diese Kritik durch die kanonische Ablehnung dichterischer Prosa bei ARISTOTELES [35] vorherrschend, dann aufgenommen von THEOPHRAST [36] und durch ihn an die gesamte rhetorische Tradition der Antike [37] vermittelt. Anderseits hat Gorgias diese Leistung selbst hervorgehoben, wenn er schreibt: «Nach meinem Verständnis ist alle Dichtung eine Rede, die ein Versmaß besitzt.» [38], so daß alle übrigen Charakteristika der Dichtung insoweit als das zu gelten hätten, was Prosarhetorik zu ihrer vollen Form auszubilden geeignet ist. Diese Auffassung der Rede hatte zunächst großen Einfluß bei den Schülern des Gorgias wie ISOKRATES, der sie allerdings unter dem Eindruck anhaltender Gegnerschaft in seiner Zeit bereits nur einem philosophisch halbierten Anspruch unterstellt [39], dann bei POLOS, ALKIDAMAS und auch anderen wie THUKYDIDES, AGATHON [40], PERIKLES, MENON sowie in der medizinischen Wissenschaft. [41] Doch entstand schon früh und besonders bei konservativen Zeitgenossen ein gewisses Mißtrauen gegen diese Auffassung [42], denn die Sprachmittel der Dichtung setzen in der Prosarede beträchtliche Wirkung frei [43], ohne daß dieser damit ein bestimmter, fiktionaler Funktionsrahmen vorgegeben wäre. Sie kann vielmehr als politisch-praktisches Universalwerkzeug eingesetzt werden. [44] Folgerichtig zählt beispielsweise ARISTOPHANES den Gorgias unter diejenigen, die glauben, «alles mit der Zunge verdauen und ausrichten» zu können (πανοῦργον ἐγγλωττογαστόρων γένος). [45]

Jedoch wird zweifellos erst durch die klassische griechische Philosophie mit Platon [46] und Aristoteles eine bis heute vorherrschende Gegenauffassung von der Rede entwickelt, welche den eigentlichen Grund aller späteren Geschmacksurteile über die figurenreiche gorgianische Rhetorik bildet. Gorgias selbst hatte demgegenüber sein konträres Urteil auch in einer fundamental *anderen* Auffassung von dem, was ein Logos ist und vermag, begründet. Für diese Entwicklung ist die rhetorische Systematik des ARISTOTELES entscheidend, der sein Werturteil explizit an eine Gorgias direkt zuwiderlaufende philosophische Grundauffassung vom Wesen der Rede geknüpft hat: «Die Tugend der Sprachführung soll damit definiert sein, daß sie klar sei (Indiz dafür ist die Rede selbst, die ja ihre Funktion nicht erfüllt, wenn sie nicht deutlich macht) und weder zu niedrig sei noch hinausgehe über das für gut Befundene, sondern angemessen.» [47] Mit dieser Funktionsbestimmung der Rede wird ihre sprachliche Formung durch Figuren als bloßes Beiwerk (περίεργον, períergon) [48] oder, wie in der späteren Rhetorik allgemein üblich, als ‹Ornatus› [49] gegenüber der primären Pflicht einer klaren Darstellung der beredeten Sache eingestuft: «Zuerst wurde der Natur nach das untersucht, was natürlicherweise das Erste ist, nämlich woraus die Sachen selbst ihre Glaubwürdigkeit beziehen.» [50] Da jedoch Gorgias eben die bei Aristoteles genannte Funktion der Rede als eine ihrer Möglichkeiten ausdrücklich leugnet [51], ist der von ihr abhängigen Beurteilung seiner figurierten Redeform schlechthin der Boden entzogen. Gorgias begründet das so: «Wie nämlich das Sehen nicht Laute erkennt, so hört das Gehör keine Farben, sondern Laute. Und es spricht, wer spricht – aber nicht eine Farbe und auch keine Sache; [...] man kann also nichts] durch Rede oder irgendein Zeichen, andersartig als die Sache, auffassen.» [52] Daher ist für ihn – umgekehrt wie bei Platon und Aristoteles – ausdrücklich «die Wahrheit» der «Ornat» (κόσμος, kósmos [53]) der Rede, während die Figur, d.h. die künstlich gestaltete Abweichung von einer Norm, ihren eigentlichen Boden ausmacht. Die kunstvolle Gestaltung ist also das Prinzip der Rede selbst, wie dies Gorgias mit kaum überbietbarer Radikalität feststellt: Die Rede ist «in Kunst verfaßt, nicht mit Wahrheit dargelegt». [54] Deshalb ist auch – zumindest soweit es das Verständnis des Gorgias betrifft – den Strömungen der rhetorischen Tradition recht zu geben, die, wie z.B. CAECILIUS, die Figur als *Abweichung* von der normalen Sprechweise statt als Schmuck [55] definieren: «Die Figur ist eine Wendung zu nicht-natürlicher Gedanken- und Sprachführung.» [56] Das steht zumal in Einklang auch mit ihrer Definition als ἐξάλλαξις (exállaxis, ‹Abweichung›) [57] und der immer bemerkten Ausrichtung solch einer Redeweise auf das ξενίζον (xenízon, das ‹Fremdartige› und ‹Befremdende›). [58] Beachtenswert ist auch, daß bereits Gorgias selbst mit dem Terminus der ἀπάτη (apátē, wörtlich ‹Abweichung› oder ‹Entführung›, sonst ‹Täuschung›) ein Wort systematisch so gebrauchte, daß dieser Boden aller Rede zum Ausdruck brachte. [59] Dementsprechend ist also die Figur für eine Rede gorgianischer Prägung so sehr als der Weg zur Wirksamkeit [60] überhaupt anzusehen, daß die dem rhetorischen Anspruch genügende Rede gar nicht eine Darstellung von Sachverhalten ist, sondern vielmehr die den Hörer bewegende Lenkung des Gedankens (φρόνημα, phrónēma) und der Meinung (δόξα, dóxa [61]) in eben die ‹Abweichung› (apátē) von dem, was von selbst und ohne diese Rede das aus alter Gewohnheit Gedachte wäre (vgl. den systematisch wichtigen Begriff der πειθώ, peithṓ, d.h. der zu einer gewandelten Auffassung bringenden ‹Bekehrung› [62]). Gorgias versteht diesen Vorgang so: «Durch Reden erleidet bei *fremder* Belange Glücken und Mißlingen die Seele ein je *eigenes* Leiden.» [63] Die Grundfunktion der Rede im gorgianischen Verständnis kann daher als solch eine Versetzung aus bisheriger in neue Gewohnheit des Denkens [64] gefaßt werden. Ihr aber könnte die Rede nicht gerecht werden, wenn sie nicht durch die Kunst abweichender Figurierung in einer Seele anders aufwecken würde, als es das schon Gemeinte war. Und so scheint die auf Platons ‹Phaidros› zurückgehende Definition der Rhetorik im gorgianischen Sinn als ψυχαγωγία τις διὰ λόγων (Seelenführung durch Reden) sie am Ende doch durchaus gut treffen zu können. [65]

Anmerkungen:
1 Für die Bezeichnung s. Dionysios von Halikarnossos, Demosthenes 25, 4; vgl. Lysias 3; zumindest teilweise ist die Quelle dafür Timaios. Ähnliches zuerst bei Xenophon, Symposion II, 26: Γοργιείοισι ῥήμασι εἰπεῖν (in gorgianischen Redewendungen sprechen). – **2** vgl. im allgemeinen dazu: Gorgias von Leontinoi: Reden, Frg. und Testimonien, hg. von T. Buchheim (1989). – **3** vgl. E. Norden: Die antike Kunstprosa, Bd. 1 (⁵1958) 15–25 und 63–71. – **4** Die wichtigsten sind: Cic. Or. 52, 175 Antithese, Parisose, Parhomoiose; vgl. ebd. 12, 39; Diodorus Siculus XII, 53, 4 ebenfalls alle drei; Dionysios von Halikarnassos, Demosthenes 1,1 (Frg.) Parisose und Parhomoiose; ebd. 4,4 Antithese und Parisose (ferner 5, 6; 25, 4); Hermogenes, De ideis II (p. 337, 10–19, ed. Rabe) bes. Parisose. – **5** vgl. als typisch für Gorgias Frg. 5b; 11, 1.3; 11a, 2; 8; 26 u.v.a. – **6** vgl. insbesondere Gorgias Frg. 11, 7.9.13; 11a, 22; 20; 27 u.v.m. – **7** charakteristisch: Gorgias Frg. 11, 7.9.13; 11a, 22; 20; 27 u.v.m.; gerade die drei genannten Figuren finden sich, allerdings ohne Nennung des Gorgias, als grundsätzliche Typen auch bei Arist. Rhet. III 9. 1410a22–25 sowie dem Auct. ad Alex. 27–29. Zur Abgrenzung und eingehenderen Beschreibung von Redefiguren generell siehe besonders H. Lausberg: Hb. der lit. Rhet. (³1990). – **8** Die Grenzen sind fließend; vgl. hierzu z.B. Cic. Brut. 17, 69. Beide Arten werden auch in der *elocutio* zusammengefaßt und als *figurae verborum* gegenüber *figurae sententiae* unterschieden. Siehe zum Thema überhaupt W. Kroll: Rhet., in: RE Suppl. 7 (1940) 1039–1138; J. Martin: Antike Rhet. (1974). – **9** vgl. Arist. Rhet. II 3. 1406b4–11 mit Zitat von Gorgias Frg. 16; Dionysios von Halikarnassos (nach Timaios) Lysias 3, 4–5; Athanasius, Prolegomena zu Hermogenes' Περὶ τῶν στάσεων Prolegomenon Sylloge ed. Rabe, p. 180, 9–20) mit Zitat von Gorgias' Metapher «lebende Gräber» für «Geier» (= Gorgias, Frg. 5a); vgl. Ps.-Long. De subl. 3, 2. – **10** Neben vielen der in [2], [4] und [9] bezeichneten Stellen siehe bes. Arist. Rhet. III 1. 1404a24–27, 1406b15–19 (mit seltenem Lob für Gorgias wegen «bester tragischer Manier», von einer Schwalbe besch. zu rufen: «wie häßlich von dir, o Philomela»); sodann Platon, Menon 76e (tragischer Stil); Plat. Gorg. 450b–c mit Olympiodoros: In Platonis Gorgiam commentaria 4, 9 (gesuchte, ausgefallene Wortwahl); Syrianus, Komm. zu Hermogenes I, p. 11, 20–23, ed. Rabe. – **11** siehe die Stilparodie des Agathon mit ausdrücklicher Zuordnung zu Gorgias am Ende bei Platon, Symposion 197c–e. – **12** Gorgias, Frg. 11, 13. – **13** Gorgias, Frg. 11a, 11. – **14** vgl. T. Buchheim: Maler Sprachbildner. Zur Verwandtschaft des Gorgias mit Empedokles, in: Hermes 113 (1985) 417–429; siehe dazu auch D. Bremer: Aristoteles, Empedokles und die Erkenntnisleistung der Metapher, in: Poetica 12 (1980) 350–376. – **15** Arist. Rhet. III 3. 1405b34–38 mit Zitat von Gorgias Frg. 15; vgl. Frg. 11, 4.9. – **16** mit allerdings sehr loser Verbindung zum Namen des Gorgias: Aquila Romanus, De figuris sententiei et elocutionis 27 (vgl. 21). – **17** vgl. z.B. Gorgias Frg. 11, 2 τοῦ ὀνόματος φήμη ὃ τῶν συμφορῶν μνήμη γέγονεν (des Namens Fama, der zum Mahnmal des Unglücks ward); Frg. 11, 9.16 u.v.m. – **18** s. v. ‹Gorgias› (I, p. 533, ed. Adler). – **19** bei Gorgias nur polyptotisch; vgl. z.B. Frg. 11, 19; 11a, 36. – **20** z.B. Gorgias Frg. 6, 4. – **21** Gorgias Frg. 11, 6.7. – **22** Gorgias Frg. 11a, 4.11.22.28. – **23** Plat. Phaidr. 267a: τὰ τε σμικρὰ μεγάλα καὶ τὰ μεγάλα σμικρὰ φαίνεσθαι ποιεῖν (das Kleine groß und das Große klein erscheinen lassen) – was natürlich eine Umkehrung des Steigerungsgesetzes der Rede ist, wie es Gorgias aus der Dichtung übernommen hat; vgl. Frg. 11, 1 und z.B. Pindar, Nemeae 8, 38f.; ferner Cic. Brut. 12, 47; Philostratos, Vitae Sophistarum I 9, 2. Für die Anwendung bei Gorgias vgl. z.B. Frg. 6; 11, 7.19; 11a, 29.30. – **24** Cic. Brut. 12,46f.; Quint. III, 1, 12; vgl. bei Gorgias z.B. Frg. 11,1.17; 11a, 1.24.35. – **25** Philostratos [23] I, 9, 2. Bei Gorgias ist oft die gesamte Anlage seiner Reden paradox, so das ‹Lob Helenas› (Frg. 11) oder die berühmte Schrift ‹Über das Nichtseiende› (Frg. 3); daneben vgl. z.B. Frg. 23. – **26** Philostratos [23] I, 9, 2; Epistulae 73; erwähnt neben der unsicheren ‹Prosbolé›. Zur Apostase vgl. J. Frei: Beiträge zur Gesch. der griech. Sophistik, in: Rhein. Museum 7 (1850) 527–554. Bei Gorgias vgl. z.B. Frg. 11, 8–9. – **27** Cic. De or. III, 200. – **28** vgl. dazu E. Norden [3] 15–50. sowie G. Rudberg: Vor Gorgias. Bemerkungen zur ältesten griech. Prosa, in: Eranos 40 (1942) 128–142. – **29** vgl. K. Reich: Der Einfluß der griech. Poesie auf Gorgias den Begründer der attischen Kunstprosa, in: Jahresber. des

Human. Gymn. Ludwigshafen (1907/8 u. 1908/9); T. Buchheim [2] p. XXI ff., sowie [14]. – **30** vgl. W. H. Race: Style and Rhet. in Pindar's Odes (Atlanta 1990). – **31** vgl. D. Fehling: Die Wiederholungsfiguren und ihr Gebrauch bei den Griechen vor Gorgias (1969). – **32** Generell statuiert eine solche Entstehung kunstvoller Prosa aus der Dichtung: Strabon I, 2, 6; vgl. speziell zu Gorgias die in [35]–[37] angeführten Stellen und Syrianus (nach Dionysios von Halikarnassos: De imitatione Frg. 8) mit der Beobachtung, daß Gorgias den poetischen Ausdruck in Reden mit politischem Einschlag übernommen habe (Komm. zu Hermogenes I p. 11, 20–23 ed. Rabe). Vgl. zum Thema auch O. Navarre: Essai sur la Rhét. Grecque avant Aristote (Paris 1900) bes. 80ff.; J. de Romilly: Gorgias et le pouvoir de la poésie, in: Journal of Hellenistic Studies 93 (1973) 155–162; F. Wehrli: Der erhabene und der schlichte Stil in der poetischrhet. Theorie der Antike, in: Phyllobolia, FS P. von der Mühll z. 60. Geb. (Basel 1946), 3–34. – **33** In der Tat sind die allermeisten Bezugnahmen auf Gorgias kritisch; Ausnahmen davon: einmal Aristoteles: Rhet. III 3. 1406b 15–19; dann das Lob seiner Techne auf einem Epigramm seines Großneffen (in Olympia Nr. 875a, p. 534 ed. Kaibel); sein prinzipieller Bewunderer Philostratos [23] I 9, 11-4; Epistulae 73, und erst spät z. B. ein anonymer Autor in seinen Prolegomena zur Rhet. (Prolegomenon Sylloge, ed. Rabe, p. 27, 13–28, 8). – **34** vgl. bes. Plat. Phaidr. 261–267 u. ferner [42]. – **35** Arist. Rhet. III 1. 1404a 24–27; 3. 1406b 4–11; 7. 1408b 17–20. – **36** Theophrast bei Dionysios von Halikarnassos, Lysias 14; vgl. Cic. Or. 24, 79. – **37** vgl. neben den in [1], [4] u. [9] genannten Stellen noch Demetrius, De elocutione 15.29; Dionysios von Halikarnassos, Isaios 19, 2. – **38** Gorgias Frg. 11, 9. – **39** siehe zunächst Isokrates, Adversus sophistas 1.16f.; Antidosis 46f.; Nikokles 6–9, sodann die deutliche Absetzung in späterer Zeit, z. B. Panathenaikos 2–3; vgl. dazu ferner C. Eucken: Isokrates. Seine Position in der Auseinandersetzung mit den zeitgenöss. Philosophen (1983). – **40** vgl. Platon, Symposion 197 c–e. – **41** vgl. z. B. Περὶ φυσῶν im Corpus Hippocraticum. – **42** vgl. Aristophanes, Vögel 1695f.; Wespen 421; und vgl. als typisch die Kritik an solchen Redekünsten bei Thukydides 3, 37–41; sodann bes. Plat. Phaidr. 238 d: οὐ πόρρω διθυράμβων τινῶν (auf Gorgias bezogen von Dionysios von Halikarnassos, Lysias 3, 4); ebd. 261–267; 266e: λογοδαίδαλοι (auf Gorgias bezogen von Cic. Or. 12, 39); Platon, Symposion 198c: «Haupt des Gorgias» mit Anspielung auf die lähmende Macht der Gorgo; ferner den Dialog ‹Gorgias› 450–456; Philebos 58 a–b; Xenophon s. [1]. – **43** Gorgias selbst kehrt des heraus: Frg. 11, 8–11. 13.–14; vgl. hierzu T. G. Rosenmeyer: Gorgias, Aeschylus and Apate, in: American Journal of Philology 76 (1955) 225–260 u. C. P. Segal: Gorgias and the Psychology of the Logos, in: Harvard Studies of classical Philol. 66 (1962) 99–155. – **44** hierzu T. Buchheim: Die Sophistik als Avantgarde normalen Lebens (1986). – **45** Aristophanes, Vögel 1695f. – **46** vgl. dazu die Angaben unter [42]. – **47** Arist. Rhet. III 2. 1404b 1–4. – **48** Arist. Rhet. III 1. 1404a 7. – **49** vgl. wiederum Arist. Rhet. III 1: [λέξιν ποιεῖν] κεκοσμημένην (die Sprachführung schmuckvoll machen) und III 14. 1415b 38; ferner Arist. Poet. 22. 1458a 33. – **50** Arist. Rhet. III 1. 1408b 18–20. – **51** vgl. auch G. Ueding, B. Steinbrink: Grundriß der Rhet. (²1986) 15. – **52** Gorgias, Περὶ τοῦ μὴ ὄντος (= [Arist.] De Melisso Xenophane Gorgia 980a 22-b 5). – **53** Gorgias Frg. 11, 1. – **54** Gorgias Frg. 11, 13. – **55** wie z. B. Arist. siehe [47]–[49] oder Cic. De or. III, 149ff.; Cic. Or. 23, 79ff.; Auct. ad Her. IV, 18. – **56** nach Phoibammon, Περὶ σχημάτων ῥητορικῶν I (s. Rhet. Graec. W. Bd. 8, 494 = Sp. Bd. III, 44). – **57** bei Alexandros (Sophist), Περὶ τῶν τῆς διανοίας καὶ τῆς λέξεως σχημάτων I 2 (s. Rhet. Graec. W. Bd. 8, 426 = Sp. III, 11), vgl. Phoibammon [56] (s. Rhet. Graec. W. Bd. 8, 494f. = Sp. III, 44); ähnlich auch Quint. IX 1.14; siehe dazu H. Lausberg [7], Bd. 1, § 499. – **58** vgl. z. B. Arist. Rhet. III 1. 1404b 8–11: 3. 1406a 15f.; Diodorus Siculus XII 53, 3; Dionysios von Halikarnassos, Lysias 3, 3–4. – **59** Gorgias bes. Frg. 11, 10; 23. – **60** Gorgias insbes. Frg. 11, 8–14; ferner Frg. 8; 23; vgl. außerdem Plat. Gorg. 456a. – **61** vgl. jeweils in typischer Verwendung: Gorgias Frg. 11, 17 (φρόνημα); Frg. 3, 17–20 [= [Arist.] De Melisso Xenophane Gorgia 980a 10–19, vgl. Sextus Empiricus, Adversus mathematicos 7, 77–80]. Frg. 11, 10–11.13; 11a (δόξα). – **62** zur peithó vgl. Gorgias Frg. 11, 11–13; Plat. Gorg. 452e–453a. – **63** Gorgias Frg. 11, 9; vgl. ferner Frg. 11, 10.11.14; Frg. 12; 23; 27. – **64** bezeichnend in diesem Sinn: Gorgias Frg. 11, 2.8.10f.13f.16f.21. – **65** Plat. Phaidr. 261a.

Literaturhinweise:
F. Blass: Die attistische Beredsamkeit. 1. Abt. (²1887). – H. Schrader: ΣΧΗΜΑ und ΤΟΠΟΣ in den Homerscholien, in: Hermes 39 (1904) 563–603. – W. Süß: Ethos. Stud. zur älteren griech. Rhet. (1910). – L. Voit: Δεινότης Ein antiker Stilbegriff (1934). – G. Rudberg: Herakleitos und Gorgias, in: Symbolae Osloenses. Suppl. 11 (1943) 128–140. – V. Buchheit: Unters. zur Theorie des Genos Epideiktikon von Gorgias bis Isokrates (1960). – K. Deichgräber: Rhythmische Elemente im Logos des Heraklit (Abh. d. Akd. Mainz 9, 1962). – F. Zucker: Der Stil des Gorgias nach seiner inneren Form, in: ders.: Semantica, Rhetorica, Ethica (1963), 85–95. – G. Kennedy: The Art of Persuasion in Greece (Princeton 1963). – G. Calboli: Paronomasia ed etimologia. Gorgia e la tradizione della prosa classica, in: Fabrica 1 (1983) 51-69. – M. Fuhrmann: Die antike Rhet. Eine Einf. (1984). – L. Salvioni: Persuasione e grandezza. Il dibattito antico intorno alle retoriche e l'origine delle classificazione stilistiche (Vicenza 1985).

T. Buchheim

→ Affektenlehre → Elocutio → Figurenlehre → Kunstprosa → Sophistik → Sprachauffassung, rhetorische → Stillehre

Grammatik (griech. γραμματικὴ τέχνη, grammatiké téchnē; lat. grammatica; engl. grammar; frz. grammaire; ital. grammatica)
A. Def. und Problemfeld. – B.I. Antike. – II. Mittelalter. – III. Humanismus, Renaissance und 17. Jh. – IV. Aufklärung, Romantik und 19. Jh. – V. 20. Jh.

A. Ein ‹Grammatiker› ist noch zu Zeiten PLATONS und ARISTOTELES' ein des Lesens und Schreibens Kundiger (γράμμα, grámma bedeutet eingeritztes Kennzeichen, Buchstabe). Bei den Alexandrinern wird der ‹Grammatiker› zum Fachmann für Geschriebenes (γράμματα, grámmata), der sich vor allem um hohe Formen der *litterae*, Prosa und Poesie, zu kümmern hat. Er ist im modernen Sinne ein Philologe, dessen praktische Kunstfertigkeit sich vor allem in der Textedition und der Textkritik von dunklen und schwer zugänglichen Klassikern erweist. Aus den vielfältigen, anfänglich begrifflich noch nicht geschiedenen Fertigkeiten und Kenntnissen dieses Philologen kristallisieren sich bis zum ersten vorchristlichen Jahrhundert die folgenden vier Arbeitsmittel (ὄργανα, órgana) bzw. Aufgabenbereiche *(officia)* der klassischen philologischen G. heraus: (1) Wortschatzanalyse, (2) Realienkunde, (3) Metrik und (4) das ὄργανον τεχνικόν (órganon technikón), das eigentlich ‹technische Arbeitsmittel›, also die G. im engeren (und modernen) Sinne. Die G. im engeren Sinne kann sich erst Ende des 2. Jh. v. Chr. als eigenständiges Teilgebiet innerhalb der Philologie herausbilden – G. als Fachdisziplin entsteht also viel später als ihre beiden Schwestern Rhetorik und Dialektik. Die zentralen Teile dieser τέχνη γραμματική (téchnē grammatiké) bzw. dieser *ars grammatica* sind Lautlehre (Phonetik und Orthographie) und Formenlehre (Wortarten, Wortbildung und Flexion).

Laut- und Formenlehre bilden bis heute den Kernbereich der G., insbesondere der Schulgrammatik. Ob freilich mit Laut- und Formenlehre allein das Aufgabenfeld der G. hinreichend bestimmt ist, war schon in der Antike umstritten. So fügen einige lateinische Grammatiken einen dritten Teil hinzu, in dem die *vitia* (Laster/Fehler) und die *virtutes* (Tugenden) des sprachlichen Ausdrucks untersucht werden. Dieser erweiterte Kernbereich sollte für die G. bis in die Renaissance bestimmend werden.

Doch mit dieser Erweiterung entsteht für die *ars grammatica* ein Abgrenzungsproblem gegenüber der *ars rhetorica*. In diesem dritten Teil werden nämlich wie in der Rhetorik die Metaplasmen, (rhetorische) Figuren und Tropen, abgehandelt, und es resultiert die Frage, ob die Behandlung dieser Erscheinungen in Grammatik und Rhetorik identisch ist und welche der beiden Künste als legitime Verwalterin des guten Stils gelten kann.

Diese *ars grammatica* der Lateiner bleibt freilich auch gegenüber Philosophie, Dialektik und Logik geöffnet. Einerseits wendet sie sich dezidiert gegen die logisch-dialektischen Sprachanalysen der Stoa, andererseits kann sie diese Tradition nie ganz abschütteln. So fließen gerade auch in die Definitionen der grammatischen Grundkategorien semantisch-logische Gesichtspunkte ein, und schon im 2. Jh. n.Chr. kommen syntaktische Probleme in den Blick, die den engen Rahmen einer grammatischen Laut- und Formenlehre sprengen. Dennoch entfaltet die antike G. die in der Dialektik und Sprachtheorie der Stoa in Ansätzen vorliegende satzsyntaktische und philosophische G. nicht weiter. Erst im Mittelalter entwickeln die ‹Modisten› wieder eine philosophische G., um die alte Frage zu klären, wie man sich mit Sprache Wirklichkeit *als* Wirklichkeit aneignet. Dieser Traditionsstrang der philosophischen G. wird im 16. Jh. von Linacre, J. C. Scaliger, Sanctius und, ein Jahrhundert später, vor allem von der ‹Grammaire Générale› von Port-Royal wieder aufgegriffen und bestimmt das sprachtheoretische Denken bis Ende des 18. Jh. Auch heute sind neben der traditionellen G. noch verschiedene Strömungen der philosophischen G. zu unterscheiden. Doch auch kommunikativ-pragmatisch ausgerichtete G., die zum Teil Erkenntnisse der klassischen Rhetorik wieder aufgreifen oder 'neu' entdecken, bestimmen das heutige sprachwissenschaftliche Denken. Die mühevoll erreichte Ausdifferenzierung von logisch-philosophischer, von pragmatisch-stilistischer und von morphologisch-syntaktischer Sprachbetrachtung, also von Dialektik, Rhetorik und Grammatik, hat sich als brüchig erwiesen. Deshalb geht es gerade heute darum, ihr komplexes Zusammenwirken neu zu bestimmen. Für die G. selbst ergibt sich damit eine auf den ersten Blick vielleicht paradoxe Konsequenz: G. muß, um ihrem Gegenstand – Strukturen und Produktionsregeln der Sprache – gerecht zu werden, notwendig ihre alten Schwestern Dialektik und Rhetorik in ihrer heute in Sprachphilosophie, linguistischer Pragmatik, Diskurs- und Konversationsanalyse, Stilistik, Textlinguistik und Argumentationstheorie erreichten Form integrieren.

B. I. *Antike.* Die antike Philologie entsteht mit der Gründung der Bibliothek von Alexandria im 3. Jh. v.Chr.. Diese alexandrinische Philologie (Kallimachos, Zenodotes, Apollonios von Rhodos, Eratosthenes und vor allem Aristophanes von Byzanz und Aristarch von Samothrake), deren Blütezeit in das 2. Jh. v.Chr. fällt, entwickelt im Zusammenhang mit der Sammlung und Edition insbesondere der griechischen Klassiker (Homer, Sophokles, Aischylos, Pindar, Euripides usw.) nicht nur Standards der Textedition und -kritik, sondern auch zentrale grammatische Unterscheidungen. Ihr Einfluß zeigt sich darin, daß das für das 1. Jh. v.Chr. belegte Lehrgebäude der G. letztlich philologisch bleibt: Neben den vier Aufgabenbereichen (Wortschatzanalyse, Realienkunde, Metrik und G. im engeren Sinne) unterscheidet diese philologische G. noch die folgenden vier Arbeits- und Analyseschritte am konkreten Text [1]: (1) lautes Lesen des Textes, (2) Auslegung des Textes unter Rückgriff auf «das zum Verständnis des Inhalts erforderliche Material aus Geschichte, Sagenüberlieferung, Altertümern usw.» [2], (3) textkritisches Ver- und Ausbessern der Vorlage und (4) ästhetische und sachliche Wertung des Textes. Exegese, Diorthose und Kritik formen das Bild des Grammatikers in der Antike. Der γραμματικός (grammatikós) bzw. *grammaticus* gilt bei Griechen und Römern nicht nur als ein Spezialist für sprachliche Formen und Strukturen, sondern geradezu auch als Fachmann für Literatur und vor allem für poetische Texte. Im Gegensatz zum Elementarlehrer (γραμματιστής, grammatistés), der die Grundkenntnisse im Lesen und Schreiben vermittelt, ist der Grammatiker für höhere Bildung [3] zuständig. Dieser doppelte Aufgabenbereich wird von Quintilian hervorgehoben: G. ist die «Wissenschaft vom richtigen Sprechen *[scientia recte loquendi]* und die Erläuterung der Dichter *[enarratio poetarum]*». [4] Die Erklärung der Dichter behandelt Quintilian in I,8 seiner ‹Institutio Oratoria› (wo er das Vorlesen, die Worterklärung und die historische Erklärung unterscheidet); die G. im engeren Sinn (Laut- und Formenlehre, Sprachfehler, Kriterien der Sprachrichtigkeit, Rechtschreibung) wird in I,4−7 dargestellt.

Wie sich aus dieser Philologie die G. als Sprachlehre (mit der Laut- und Formenlehre als Kernbereich) herausbildet, läßt sich gut an der zwar kurzen, bis heute aber noch kontrovers diskutierten Grammatikschrift des Dionysios Thrax verdeutlichen. So zeigt Di Benedetto in einer Reihe von Aufsätzen, daß Dionysios' überlieferte ‹τέχνη γραμματική› (téchnē grammatikē) wahrscheinlich eine Kompilation des 4. Jh. n.Chr. ist, nur die einleitenden Passagen sind Ende des 2. Jh. v.Chr. geschrieben worden [5] – und nicht der ganze Text, wie die traditionelle Forschung bisher vermutete bzw. zum Teil noch vermutet. [6] Die Grammatikdefinition der Dionysios-Schrift verweist eindeutig auf die alexandrinisch-philologische Tradition: «G. ist die praktische Untersuchung dessen, was von Dichtern und Schriftstellern meistens gesagt wird». [7] Auch die Unterscheidung der folgenden sechs Teile steht in dieser Tradition: (i) lautes Lesen; (ii) Auslegung (mit Berücksichtigung der literarischen Tropen); (iii) Erklärung dunkler Wörter und historischer Bezüge; (iv) Etymologie; (v) Analyse der regelmäßigen Sprachmuster; (vi) Bewertung der Gedichte – letzteres ist «von all dem, was die grammatische Kunst beinhaltet, das Schönste». [8] Doch nur im folgenden Paragraphen, der vom Lesen handelt, wird dieses Programm durchgeführt; in den §§ 6−20 hingegen ist von all dem nicht mehr die Rede: in diesem Hauptteil werden Phoneme, Silben und die ‹Redeteile› beschrieben, d.h. Nomen, Verb, Partizip, Artikel, Pronomen, Präposition, Adverb und Konjunktion. Dieser Gegenstandsbereich, aber auch die Art seiner Behandlung, die sich weit von der stoischen Sprachtheorie entfernt, sind typisch für die späte G. der Antike, in der diese Laut- und Formenlehre zum Kernbereich wird. Frühe Kommentare zum ursprünglichen Text machen zudem deutlich, daß Dionysios Thrax selbst auch unter dem Einfluß der sprachtheoretischen Unterscheidungen der Stoa stand. Hinzu kommt schließlich, daß die wenigen Schriftstücke (‹Papyri›) vom 1.−3. Jh. n.Chr., die Fragmente zur G. enthalten, von der Dionysios zugeschriebenen G. abweichen; erst im 4. Jh. n.Chr. finden sich in einigen Papyri direkte Hinweise zur grammatischen ‹Téchnē› des Dionysio. [9] Für eine späte Kompilation spricht schließlich die Tatsache, daß diese ‹Téchnē›, die immerhin seit dem 5. Jh. n. Chr. bis in die Renaissance als grammatisches Kompendium anerkannt wird, bei QUINTILIAN und bei SEXTUS EMPIRICUS, aber auch bei den Grammatikern APOLLONIOS DYSKOLOS oder HERODIANUS (beide im 2. Jh. n. Chr.) unerwähnt bleibt. Wie man auch immer die einzelnen Teile datieren mag: die Dionysios-Schrift enthält zwei Schichten, die auf zwei unterschiedliche G.-Konzeptionen (bzw. G.-Paradigmen) verweisen, einmal nämlich auf G. als Philologie, zum andern aber auf G. als Laut- und Formenlehre.

Das Wort (λέξις, léxis) wird bei Dionysios Thrax als «kleinster Teil eines richtig konstruierten Satzes [λόγος, lógos]» bestimmt. Der Satz selbst als eine «Zusammenstellung» von Wörtern, die «einen in sich vollständigen Gedanken zum Ausdruck bringt». [10] Wesentlich ist, daß die acht Redeteile (Nomen, Verb, Partizip, Artikel, Pronomen, Präposition, Adverb, Konjunktion) nicht isoliert, sondern vom Satz her bestimmt werden: sie sind «Satzteile», (μέρη του λόγου, mérē tou lógou; lat. *partes orationis*). [11] Die Reihenfolge der Satzteile, die sich auch bei Herodianus oder Apollonios Dyskolos [12] findet und allgemein für die griechische G. typisch ist, ist in mehrfacher Hinsicht in sich stimmig: So sind die ersten fünf Wortklassen flektierbar, nicht aber die drei letzten. Nomen (ὄνομα, ónoma) und Verb (ῥῆμα, rhēma) stehen – als wichtigste Satzteile – an erster Stelle. Darin ist freilich noch eine Spur älterer sprachphilosophischer Bestimmungen von Aristoteles bis zur STOA zu erkennen, die ónoma als Subjekt und rhēma als Prädikat einer Aussage bestimmen. Die zentrale Bedeutung von Nomen und Verb bestimmt Apollonios Dyskolos mit einem klassisch gewordenen Sinnkriterium: Wenn in einem Satz Nomen oder Verb weggelassen werden, wird er sinnlos oder zumindest unbestimmt; wenn die übrigen Satzteile weggelassen werden, bildet der Rest immer noch eine Sinneinheit. [13] Das Partizip schließlich steht an dritter Stelle, weil es an Eigenschaften des Nomens *(casus)* und des Verbs 'teil hat'.

Außer in Schriften des von Apollonios Dyskolos beeinflußten PRISCIAN [14] finden sich in lateinischen G. unterschiedliche Reihenfolgen: relativ früh ist eine Reihenfolge, die sich noch bei DIOMEDES (4. Jh. n. Chr.) nachweisen läßt (Nomen, Pronomen, Verb, Partizip, Adverb, Konjunktion, Präposition, Interjektion), später setzen sich dann Listen wie etwa die von DONAT (4. Jh. n. Chr.) durch (Nomen, Pronomen, Verb, Adverb, Partizip, Konjunktion, Präposition, Interjektion). [15] Da Latein eine artikellose Sprache ist, fehlt in beiden Listen der Artikel. Neu ist die Berücksichtigung der Interjektionen. Die Diomedes-Liste hält sich noch relativ eng an die griechische Reihenfolge, da zuerst die flektierbaren, dann die nicht-flektierbaren Wortklassen genannt werden. In der Donat-Reihung wird hingegen – wohl aus pädagogischen und mnemotechnischen Gründen [16] – ein Parallelismus zwischen Nomen/Pronomen und Verb/Adverb hergestellt: Damit aber wird in der G. des Donat, die im Mittelalter als Standard-Schulgrammatik gilt, eine wichtige Restspur logisch-philosophischen Denkens ausgelöscht. Vergleicht man diese kanonischen Listen der Spätantike mit der Erörterung der *partes orationis* bei Quintilian [17], so fällt dessen unsystematische Darstellung auf; nacheinander werden Verben, Nomina, Artikel, Präpositionen, Appellativa («Allgemeinnamen»), Pronomina, Partizipien, Adverbien und Interjektionen aufgeführt und ein seit der Stoa umstrittenes Problem (ob man Appellativa nicht als eigenständige Kategorie – und nicht bloß als eine Art der Nomina – gegen die Eigennamen unterscheiden sollte) zweimal gestreift; die ganze Diskussion wird dann mit dem Hinweis abgebrochen, daß es jedem überlassen bleibt, «das Appellativum dem Nomen unterzuordnen oder auch nicht, weil dem nur geringe Bedeutung zukommt». [18]

Diese Quintiliansche Darstellung kann unmöglich in Kenntnis der uns vorliegenden ‹Téchnē› des Dionysios Thrax verfaßt worden sein. Dies gilt gerade auch für die Feinanalyse der einzelnen Redeteile bei Dionysios, die bei Quintilian keinerlei Erwähnung findet. Das sei am Beispiel des Nomens verdeutlicht. Das Nomen wird zugleich formal (es hat verschiedene Fälle) und inhaltlich bestimmt («es bezeichnet einen Körper wie z. B. 'Stein' oder eine Handlung wie z. B. 'Erziehung'; es kann für Allgemeines wie 'Mensch, Pferd' oder für Besonderes wie 'Sokrates' verwendet werden») [19]). Das Nomen hat fünf Akzidentien (so die gängige lateinisch-romanische Übersetzung): Geschlechter, Arten, Gestalten, Anzahl, Fälle. Geschlecht (Genus), Anzahl (Numerus) und Fall (Kasus) sind bis heute Grundkategorien der G. geblieben. Arten und Gestalten sind hingegen nur bis in die Renaissance Gemeingut der G.. Die Gestalt (σχῆμα, schēma; lat. *figura*) eines Nomens kann einfach, zusammengesetzt oder aus einem zusammengesetzten Wort abgeleitet sein (vgl. dt. «Schmidt, Kleinschmidt, Kleinschmidtchen»). Umfangreicher und aus heutiger Sicht ungewöhnlicher sind die Arten der Nomina. Entweder sind sie ‹prototypisch› (d. h. nicht abgeleitet) oder abgeleitet. Bei den abgeleiteten Nomina unterscheidet Dionysios zunächst sieben Unterarten: (i) patronymische N. (vom Vater oder von Vorfahren abgeleitete Namen); (ii) possessive N. (der *Meyersche* Grundbesitz); (iii) komparative N. *(größer* oder *besser)*; (iv) superlative N. *(größte* oder *beste)*; (v) diminutive N. *(Männchen)*; (vi) denominale N. (von einem Allgemeinnamen abgeleitete Nomina); (vii) deverbale N. *(Lesen, Gesang)*.

An späterer Stelle der vorliegenden ‹Téchnē› werden die zunächst genannten Arten des Nomens – ohne nähere Begründung – um eine Liste von weiteren 24 Arten ergänzt, die keinerlei innere Systematik erkennen läßt. Auch dies spricht für eine Kompilation des Textes. [20] Faßt man diese Unterarten zu Gruppen zusammen, so ergibt sich folgendes Bild: 1. Eigennamen, Allgemeinnamen (Appellativum), Epitheton (Adjektiv), Interrogativum, Indefinitum *(wer auch immer)*, Anapher, Kollektivum, Distributivum *(jeder impliziert eine Gruppe von zwei oder mehr Personen/Sachen)*, Ordinalnomen *(erstens, zweitens)*, Kardinalnomen *(eins, zwei)*, Genus (Gattungsname), Species (Artname), Absolutum *(Gott)*; 2. Relatives N. *(Vater, Sohn, rechts, links)*, quasi-relatives N. *(Tag, Nacht, Leben, Tod)*, Homonymie, Synonymie; 3. Pheronym (auf eine Person passender Name: *Megapenthes = Großkummer*), Doppelname, Beiname (Poseidon der *Erdenschüttler*), Ethnoname (signalisiert die Herkunft: *Africanus*); 4. Onomatopoetisches N., Inclusivum, Participativum. Die Beispiele zeigen, daß auch Adjektive zu den Nomina gerechnet werden: ὄνομα (ónoma) bedeutet wie lat. *nomen* in einem allgemeinen Sinn ‹Wort›, im spezifischen Sinn aber ‹Namen› (einer Person) – *nomina* sind deshalb im Sinne von ‹Namen› für Personen, Sachen, Eigenschaften, Handlungen, Relationen zu verstehen. Gerade im Nicht-Abtrennen des Adjektivs als eigenständiger Wortklasse kommt ein gegenstandsorientiertes Denken bzw., wie Steinthal betont, die «substantielle

[...] Anschauungsweise des Altertums» [21] zum Ausdruck: Erst in einer philosophischen G., die Akzidentien von Substanzen radikal trennt und auf die Sprache abbildet, wird die Trennung von Substantiven und Adjektiven sinnvoll und notwendig.

Ebenso charakteristisch für das antike Sprachdenken ist die Tatsache, daß die Eigenschaften der Nomina vor allem an den Personennamen exemplifiziert werden. Personennamen sind für die antike G. geradezu prototypische Vertreter dieser Wortklasse. Das zeigt nicht nur die Unterscheidung in Patronymika (= (i)) und in verschiedene Typen von Personennamen (= 3), sondern auch die Tatsache, daß zur Illustrierung der einzelnen Kategorien vor allem Personennamen verwendet werden. So wird etwa die Homonymie nicht nur an der «Erdmaus» und der «Meeresmaus» verdeutlicht (μῦς, mys bedeutet *Maus* und *Muschel*), sondern auch am Beispiel des *Ajax*, ein Eigenname, der ja auf *mehrere* Personen zutrifft. Auffallend bei diesen Listen der Nomina-Arten ist ihre Heterogenität: so dominieren zwar rein grammatische Kriterien ((ii)–(vii) und Liste 1), andererseits aber finden semantische (Liste 2), ethnisch-familiäre ((i) und Liste 3), phonetische (Lautmalerei), ja sogar substanzphilosophische (Liste 4) Kriterien Berücksichtigung: Participativa wie *hölzern* oder *eisern* partizipieren an den jeweiligen Substanzen *Holz* und *Eisen*. Besonders deutlich wird diese Heterogenität beim Inclusivum (Liste 4), bei dem Formales, Inhaltliches und Logisches zusammengedacht sind: in der Wortform des Inclusivum selbst wird nämlich das, was die gemeinte Sache in sich enthält, bezeichnet: παρθενών, *parthenōn* (Zimmer für junge Mädchen) enthält in diesem Sinne παρθένος, *parthénos* (junges Mädchen). Eine Folge dieser Heterogenität ist ihr unsystematischer Charakter und ihre Nicht-Distinktheit: dasselbe Wort kann unter mehrere Kategorien fallen (*Megapentheses* ist Eigenname, Homonym, Pheronym oder auch Beiname) und die Grenzen zwischen einzelnen Kategorien sind nicht immer eindeutig bestimmbar (so bereitet die Abgrenzung zwischen dem Interrogativum, dem Indefinitum und der Anapher sowohl Scholiasten als auch der modernen Forschung [22] einige Probleme.

Diese Einteilung der Nomina ist sicher nicht «völlig ungrammatisch» und der ‹Téchnē› des Dionysios Thrax nicht «ganz äußerlich aufgepfropft» [23], denn auch «die Römer» haben diese Einteilung, «nicht bloß Priscian, sondern auch Donat», und die «haben sie noch mehr verwirrt». [24] In der Tat finden sich bei Priscian zusätzlich noch temporale (z.B. *Monat*) und lokale Namen (z.B. *nächste*) und Donat unterscheidet nicht wie Dionysios Thrax fünf Akzidentien (Genus, Art, Gestalt, Numerus, Casus), sondern sechs: Qualität, Conparatio (Vergleich), Genus, Numerus, Gestalt, Kasus – wobei in der *conparatio* die beiden Unterarten Komparative und Superlative zusammengefaßt sind. [25] Die Dionysios-Téchnē ist im wesentlichen identisch mit der Schulgrammatik des Donat. Deshalb repräsentiert die ‹Téchnē› sehr wohl den Erkenntnisstand der spätantiken Schulgrammatik: einerseits, in der Unterscheidung der Grobkategorien, ein relativ eindeutiges grammatisches Klassifikationssystem; andererseits aber, in der Feinbestimmung der einzelnen Wortklassen, noch eine Fülle von heterogenen Unterscheidungen, die eine recht große Nähe zur alltagsweltlichen Wirklichkeit zeigen und die ihre Herkunft aus der Philologie, aber auch aus der Philosophie nicht leugnen können.

Innerhalb dieser dominierenden Laut- und Formenlehre, die mit der Schulgrammatik bis in die Renaissance tradiert wird, können sich dennoch syntaktische Ansätze entwickeln, die den Fragehorizont ihrer Zeit überschreiten. Der bedeutendste Syntaktiker ist APOLLONIOS DYSKOLOS (2. Jh. n.Chr.), von dem Einzelstudien zum Pronomen, zum Adverb, zur Konjunktion und vor allem die Schrift ‹Über Syntax› erhalten geblieben sind. Apollonios ist kein radikaler Bilderstürmer, er steht vielmehr noch fest auf dem Boden seiner Zeit. So diskutiert auch er in der Syntax die acht Wortklassen (Nomen, Verb, Partizip, Artikel, Pronomen, Präposition, Adverb, Konjunktion) und versucht, die Berechtigung dieser Reihenfolge zu begründen. Dabei argumentiert auch er oft gegenstandsorientiert: So muß z.B. in dieser Liste (aber auch in einem gelungenen Satz) das Nomen unbedingt vor dem Verb stehen, «denn etwas bewirken oder etwas erleiden ist den Körpern eigentümlich, und Körper sind das, worauf sich Nomina beziehen» [26], Nomina müssen also wie Körper zuerst da sein, bevor etwas aus ihnen oder mit ihnen geschehen kann. Die Ordnung der Sprache soll somit der Ordnung der Dinge folgen. Entsprechend müssen die Verursacher einer Handlung zuerst genannt werden, weil «das Bewirkende früher als das Erleidende ist». [27] Die Nicht-Einhaltung dieses Prinzips kann im Griechischen (in dem bei bestimmten Infinitivkonstruktionen Agens und Patiens im Akkusativ stehen) zur syntaktischen Mehrdeutigkeit (Amphibolie) führen. Ebenso zeittypisch ist Apollonios' Suche nach den ersten und ursprünglichen Sprachformen. So bilden der Nominativ (für die Kasussystem), das Maskulinum (für das Genus), der Indikativ (für die Modi), das Aktiv (für Passiv und Medium) und das Attische (gegenüber allen anderen griechischen Dialekten) [28] die Basisformen, aus denen die übrigen abzuleiten sind. Daß er in der Tradition der alexandrinischen Philologie steht, zeigt nicht nur sein häufiges Zitieren alexandrinischer Autoren [29], sondern auch seine Suche nach *analogen* Strukturen [30]. Solche Analogien erlauben Apollonios, den Indikativ-, Imperativ- oder Optativmodus als Resultat einer verdichtenden Transformation aus einer Infinitivkonstruktion und einem Verb, das die Modusbedeutung zum Ausdruck bringt, zu beschreiben: *geh!* ist somit ein Amalgam aus *Ich BEFEHLE dir zu gehen* genauso wie *Ich gehe* aus *Ich ERKLÄRE hiermit zu gehen* abzuleiten ist. [31] Diese Analyse erinnert an die moderne Sprechakttheorie, nach der die illokutionäre Kraft in *geh!* durch performative Verben wie BEFEHLEN expliziert werden kann. Dennoch ist hier die moderne Auffassung nicht vorweggenommen. Deshalb läßt sich auch διάθεσις ψυχική (diáthesis psychiké) [32] nicht mit *illocutionary force* (illokutionärer Kraft) [33], sondern nur mit *geistig-seelische Disposition* übersetzen. Hinzu kommt, daß es Apollonios hier vornehmlich um das Aufzeigen einer analogen Struktur geht. So wie *mehr+schrecklich→schrecklicher* und *Sohn-von+Hektor→Hektorides*, so auch *ich-befehle+gehen→geh!* [34]

Diese Darstellungen verbleiben noch innerhalb des Rahmens der alexandrinischen Tradition. Neu hingegen und das «größte Verdienst des Apollonios, seine schöpferische Tat, ist die Syntax». [35] Was unter Syntax zu verstehen ist, sagt Apollonios gleich zu Beginn seiner gleichnamigen Abhandlung: «In unseren bisherigen Untersuchungen [...] ging es um die Lehre bezüglich der Wörter. Die vorliegende Abhandlung behandelt die Kombination *(sýntaxis)* dieser Wörter im Hinblick auf die Kohärenz (καταλληλότης, katallēlótēs) des vollständigen (αὐτοτελής, autotelés) Satzes». [36] Damit sind zwei

Schlüsselbegriffe genannt: die Wohlgeformtheit, Kohärenz oder Kongruenz zwischen mindestens zwei Wörtern (PRISCIAN übersetzt katallēlótēs mit *consequentia*) und die Vollständigkeit eines Satzes (dieses Kriterium verweist auf die stoische Tradition). Ein Satz ist genau dann vollständig, wenn er einen Sinn ergibt. So ist etwa «Mann singt» unvollständig, erst der Artikel macht aus ihm einen sinnvollen und wohlgeformten Satz. Daraus folgt weiter, daß Nomina allein keine referentielle Funktion haben, Referenz wird erst durch den Artikel («*der* Mann *da* singt») hergestellt. Damit aber sind bestimmte Verwendungsweisen des Artikels funktional äquivalent mit den Personalpronomen der 3. Person. [37] Deshalb weist Apollonius die These zurück, der Artikel markiere das Genus, indem er einmal zeigt, daß ein mehrdeutiges Wort wie σώφρων, sóphrōn (vernünftig), das im Griechischen männlich und weiblich ist, im Kontext mit einem Partizip oder einem Nomen, die hinsichtlich des Genus eindeutig markiert sind, disambiguiert wird; zum andern verweist er auf Fälle wie ἐκ τῶν θεῶν, ek tṓn theṓn (durch die Götter/durch die Göttinnen), in denen die Ambiguität trotz Artikel erhalten bleibt. [38] Ein anderes Beispiel [39]: Ist *Dieser!* oder *Der da!* (gr. οὗτος, hoútos!) ein vollständiger Satz? Zunächst kann man mit Apollonios feststellen, daß ein Satz nur dann vollständig ist, wenn er ein Nomen im Nominativ und zumindest ein Verb (bei intransitiven Konstruktionen) bzw. wenn er «noch mehr» enthält, sofern das Verb nicht intransitiv ist. Deshalb ist etwa *Dieser spaziert herum* wohlgeformt, nicht aber *Dieser beschimpft*. Nimmt man nun an, *Der da!* sei die Antwort auf *Wer hat dich geschlagen?*, so ist *Der da!* durchaus wohlgeformt, weil diese Antwort mit der Frage das Verb und das Objekt teilt. Wenn freilich mit *Der da!* eine Frau gemeint ist, dann könnte man die These vertreten, das sei zwar grammatisch richtig, nicht aber referentiell korrekt, also ein Sprachfehler. Diese Auffassung widerlegt Apollonios mit dem ironischen Hinweis, daß dies nur tagsüber gilt; bei Dunkelheit nämlich wird diese Äußerung wieder akzeptabel. Man müßte also konsequenterweise folgende Ausnahme formulieren: *Der da!* als Bezeichnung für eine Frau ist ein Sprachfehler, es sei denn, diese Äußerung wird nachts formuliert. «Das aber», so Apollonios, «ist dumm». [40] Diese Überlegungen führen dann zur prinzipiellen Feststellung, daß sprachliche Wohlgeformtheit selbst von Blinden erkannt werden kann, allein das Hören ist nämlich für die Beurteilung der sprachlichen Richtigkeit zuständig.

Die Beispiele aus Apollonios' ‹Syntax› zeigen, daß er syntaktische Probleme der Kohärenz und Wohlgeformtheit von Sätzen sehr differenziert untersucht hat. Das wird allein schon dadurch deutlich, daß er seine Überlegungen in der Regel immer an vollständigen Sätzen exemplifiziert. Sein Untersuchungsfeld ist nach oben durch den Satz, nach unten durch Syntagmen mit mindestens zwei Elementen (z. B. Artikel/Nomen oder Nomen/Verb) begrenzt. Zu fragen ist, wie bei diesem eindeutigen Befund die seit EGGER und STEINTHAL bis hin zu HOUSEHOLDER und BARATIN [41] vorherrschende Auffassung zu erklären sei, Apollonios habe die wirklichen syntaktischen Erscheinungen wie Subjekt, Prädikat, direktes und indirektes Objekt usw. nicht gesehen und deshalb keinen wirklichen Begriff von Syntax gehabt. Nach BECARES BOTAS, dem spanischen Herausgeber und Übersetzer der ‹Syntax›, ist das Fortbestehen dieser Auffassung auf «die offenkundige Unkenntnis» der Originaltexte und die Unsitte, Meinungen von Autoritäten ungeprüft zu wiederholen, zurückzuführen. [42] Der wahre Grund ist wohl eher in einer unterschiedlichen Bestimmung der Syntax zu suchen. Das läßt sich aus den Formulierungen Steinthals selbst verdeutlichen: «Apollonios fragt nicht: wie wird der Satz gebaut, und welches sind die Elemente des Satzes? sondern nur: wie verbinden sich Wörter im Satze? Daher fehlt ihm jede Kategorie für Satzverhältnisse; er weiß nichts von Subject und Object, Prädicat und Attribut. Statt dessen erscheinen nur Nominativ und Accusativ, Verbum, Transition, d. h. Wortverhältnisse.» [43] Dem ist zuzustimmen. Freilich unterstellt hier Steinthal einen Syntaxbegriff, der letztlich aus einem (onto-)logischen Zugriff auf Sprache resultiert. In der Tat sind die auch heute noch in vielen Schulgrammatiken zu findenden Begriffe ‹Subjekt› und ‹Prädikat› keine rein syntaktischen Kategorien, da ihnen eine logische Analyse des Satzes als ‹Aussage› zugrunde liegt. Ganz im Gegensatz dazu ist Apollonios' Syntax an vielen Stellen reine, d. h. *kombinatorische* Syntax. Deshalb spricht er weder vom Satzsubjekt oder vom Akkusativobjekt (sondern nur von den Kombinationsmöglichkeiten von Nomina im Nominativ bzw. im Akkusativ) noch vom Subjekt eines Verbs (sondern von «Personen, die an der durch ein Verb bezeichneten Handlung teilnehmen») noch von intransitiven Verben (sondern von «Verben, die nur mit einem Nominativ konstruiert werden») [44]): An diesen Stellen (wie Becares Botas) ‹Nominativ› mit nominativo-sujeto oder ‹Akkusativ› mit accusativo-sujeto wiederzugeben, stellt somit ein völliges Mißverständnis dieser kombinatorischen Syntax dar. Daß er sich gegen jede logische G. wendet, macht Apollonios selbst in den ersten 13 Paragraphen seiner ‹Syntax› deutlich, in denen er eine Analogie zwischen Phonemen/Wörtern und Wörtern/Sätzen postuliert und durchspielt. So wie Phoneme und Silben nach bestimmten syntaktischen Konstruktionsregeln zu Wörtern geformt werden, so werden auch die Elemente der nächsthöheren Ebene, eben die Wörter, nach bestimmten Regeln zu Sätzen gebildet. Und genauso wie in der Phonetik selbständige (d. h. Vokale) und unselbständige Phoneme (d. h. Konsonanten) unterschieden werden können, genauso lassen sich auch auf der Satzebene autosemantische Wörter wie *gut!* oder *jetzt!* von unselbständigen und mit-bedeutenden Wörtern wie Artikel, Präpositionen und Konjunktionen unterscheiden. Wenn man diese Syntax mit modernen Ansätzen vergleichen will, dann wird man auf moderne Valenztheorien wie etwa TESNIERES strukturale Syntax [45] verweisen können – aber auch auf moderne ‹Parser›, d. h. in bestimmten Algorithmen oder Computersprachen geschriebene Programme, welche natürliche Sätze automatisch analysieren und in ihre syntaktischen Elemente zerlegen. [46]

Mit Apollonios löst sich die G. endgültig von der Philologie und entwickelt sich zur eigenständigen Disziplin. Wie weit der Weg von der alten alexandrinischen Philologie des 3. und 2. Jh. v. Chr. war, sei durch eine kurze Analyse von VARROS ‹De lingua Latina› (45–44 v. Chr.) verdeutlicht, die gleichsam zwischen der alten Philologie und der neuen G. steht. Diese Analyse soll gleichzeitig die Frage beantworten helfen, welche historische Realität der von Varro behaupteten und ihm zufolge schon seit dem 3. Jh. v. Chr. andauernden Auseinandersetzung zwischen Anomalisten und Analogisten in der antiken G. tatsächlich zukommt. Der weitaus größte Teil von Varros Schriften ist jedoch nicht überliefert; von seiner 25-bändigen Abhandlung über die lateinische Sprache (‹De lingua Latina›) sind nur noch die Bücher V–X erhalten geblieben. Varro [47] unterscheidet drei Problemfelder menschlicher Rede *(oratio)*: 1. Auf welche Weise wurden und werden den Dingen Wörter *(vocabula)* zugeordnet? 2. Wie werden die so geschaffenen Wörter flektiert? 3. Wie werden diese Wörter systematisch zu einem Satz *(sententia)* verbunden? [48] Den Dingen Wörter zuordnen – *imponere*, diese Wörter flektieren – *declinare*, flektierte Wörter zu Sätzen zusammenstellen und verbinden – *coniungere*, das sind für Varro nicht nur Teilfelder menschlicher Rede, sondern auch Sprachebenen, die von der G. erklärt und beschrieben werden müssen: Wortschöpfung, Wortbildung/Flexion, Syntax. Da die Bücher über die Syntax nicht überliefert sind, muß sich die Darstellung auf die beiden ersten Ebenen beschränken.

Die *declinatio* umfaßt bei Varro alle morphologischen Prozesse, also die Flexion der Nomina und der Verben, aber auch die Derivation und Komposition. [49] Varro unterscheidet nur vier Wortklassen *(partes orationis)*: *vocabula* (= Nomina einschließlich der Adjektive) (haben Kasus-Markierung), Verben (markieren Tempus), Adverbien (haben weder Tempus- noch Kasusmarkierung), Partizipien (drücken sowohl Kasus als auch Tempus aus). [50] Diese vier Wortklassen gehören zum *genus fecundum*, d.h. zu jenen Wörtern, deren Zahl durch ein produktives Wortbildungs- oder Flexionsmuster *(declinatio)* beliebig erweiterbar ist. Zum *genus sterile* hingegen gehören nicht-flektierbare Wörter wie *iam* (schon), *vix* (kaum) oder *cur* (warum). [51]

Wesentlich für das Verständnis der Sprachtheorie Varros ist jedoch seine Abgrenzung der *declinatio* von der *impositio*, d.h. der Wortschöpfung. Die *impositio* ist immer willkürlich *(voluntaria)*: Einem in Ephesus gekauften Sklaven [52] kann man ja nach dem Kaufort den Namen ‹Ephesius› geben; oder auch, wenn der Name des Verkäufers Artemidorus war, einen diesem ähnlichen Namen wie etwa ‹Artemas›; natürlich könnte man den Sklaven auch ‹Ion› nennen, d.h. nach der Gegend, in der Ephesus liegt. Die Flexion eines einmal gegebenen Namens muß freilich den vom Sprachsystem vorgegebenen Mustern folgen – also etwa ‹Ephesi› oder ‹Ionis› für die Genitivformen von ‹Ephesus› und ‹Ion›. In der Flexion zeigt sich das Wesentliche der Sprache, ihre Natur [53] und ihre *ratio*. Deshalb bezeichnet Varro diese auch als *declinatio naturalis*. Von diesem von der Stoa ererbten Sprachverständnis sind alle modernen Vorstellungen eines Gegensatzes zwischen Natur und Vernunft fernzuhalten, macht es doch gerade die Natur der Sprache aus, *ratio*, *proportio* und *constantia* zu besitzen; das bedeutet aber auch, daß die Natur diese regelmäßigen Flexionsmuster allen Sprechern verbindlich vorschreibt. «Die Imposition liegt in unserer Macht, wir selbst aber in der Macht der Natur: jeder kann nämlich Namen geben, wie er will, jeder muß aber so flektieren, wie es die Natur will». [54] Von hier aus erhält auch die varronische Rede von der *declinatio voluntaria* ihren Sinn: Betrachtet man nämlich eine Derivation wie *Ephesus → Ephesius*, so ist die Willkürlichkeit der Namensgebung *(impositio)* noch direkt sichtbar; deutlicher wird dies noch in *Romulus → Roma* (d.h. der Bezeichnung der Stadt Rom aus dem Eigennamen Romulus), vor allem, wenn man bedenkt, daß es bei Berücksichtigung der Analogie nicht «Roma», sondern «Romula» hätte sein müssen». [55] Deshalb liegt, so Varro [56], bei der *declinatio voluntaria* «inconstantia», bei der *declinatio naturalis* dagegen «constantia» vor, und man kann mit Taylor die *declinatio voluntaria* als «Derivation», die *declinatio naturalis* hingegen als «Flexion» (von Nomina, Adjektiven und Verben) bezeichnen. [57] Offensichtlich ist nun die *declinatio voluntaria* nicht völlig willkürlich, da sie ja auch bestimmten Derivationsmustern folgt. Der Unterschied zwischen den beiden Arten der Wortbildung – Derivation und Flexion – ist somit letztlich nur graduell. Von hier aus wird auch verständlich, daß Varro den von ihm selbst aufgestellten Gegensatz zwischen *declinatio voluntaria* (Derivation) vs. *naturalis* (Flexion) häufig aufweicht: «[...] bisweilen ist sowohl in der *declinatio voluntaria* 'Natur' als auch in der *declinatio naturalis* 'Willkür' zu beobachten». [58] Deshalb ist es konsequent, wenn er an anderen Stellen nur einen graduellen Unterschied feststellt: «[...] in der Flexion ist mehr Analogie» und: «in der Derivation ist mehr Anomalie». [59]

Mit der Gegenüberstellung von *impositio* vs. *declinatio* und innerhalb der Wortbildung zwischen *declinatio voluntaria* vs. *naturalis* zeigt Varro, daß Sprache zugleich historisch und systematisch ist. Sprache ist widersprüchliche Einheit von *historia* vs. *natura*, von *consuetudo* vs. *ratio*, von *inconstantia* vs. *constantia* und von *anomalia* vs. *analogia*. Wille, Gewohnheit, Unregelmäßigkeit und Anomalie zeigen sich besonders in der Imposition und Derivation, ihr Wesen, ihre Regelmäßigkeit, ihre Rationalität und Systematizität ist besonders klar in der Flexion greifbar. Beide Aspekte der Sprache – *historia* und *natura* – müssen von der G. geklärt werden, d.h. Etymologie und Analogie gehören gleichermaßen zur varronischen G. [60] Freilich unterscheiden sie sich in methodischer Hinsicht fundamental: Die etymologische Untersuchung der Herkunft der Wörter geht notwendig historisch und enzyklopädisch vor, die Beschreibung der Flexionsmuster ist hingegen synchron und systematisch.

Von hier aus ist verständlich, daß die Etymologie Varros nicht nach sprachlichen, sondern nach eher philosophischen Gesichtspunkten, die zudem einen «mit Pythagorismus gefärbten Platonismus» [61] erkennen lassen, verfährt: im V. Buch von ‹De lingua Latina› behandelt Varro die (Bezeichnungen für) Örter (Erde, Himmel, Wasser, Himmel, usw.) und Körper (Pflanzen, Tiere, Menschen, usw.), im VI. Buch dann die Zeiten (Tag, Nacht, Jahreszeiten, Feste, usw.) und Aktivitäten (Denken, Sprechen, Tun). Viele der rund 1350 Etymologien Varros sind recht spekulativ [62], jedoch läßt sich in der neueren Forschung eine positivere Einschätzung feststellen. [63] Festzuhalten bleibt hier die enge Verzahnung von semantischen, enzyklopädischen und formalen Gesichtspunkten in den varronischen Etymologien; ein Beispiel: «*armenta*, Großvieh, weil man die Rinder vornehmlich zu dem Zwecke züchtete, aus ihnen Tiere zum Pflügen, *arare*, auszuwählen. Von da an nannte man sie *arimenta*, später wurde dann der dritte Laut, *i*, ausgestoßen». [64]

Varros ‹De lingua Latina› ist in seinen etymologischen und realienkundlichen Teilen noch Philologie. Zugleich entwickelt diese Schrift erste Ansätze einer Systematisierung grammatischer Strukturen, die jedoch weit von der ‹Téchnē› des Dionysios Thrax entfernt bleiben. Wesentlicher erscheinen deshalb Varros Reflexionen zum Verhältnis von Sprache als gesellschaftlich-geschichtliches Phänomen und Sprache als System. Für Varro bilden Sprachgebrauch und Sprachsystem (bzw. *usus* und *analogia*) keine unaufhebbaren Gegensätze: «Gewohnheit und Analogie sind viel enger miteinander verbunden als jene Leute [wie z.B. Chrysippos und Aristarchos] das glauben, denn die Analogie ist aus einem gewissen Gebrauch entstanden und aus diesem Gebrauch ist ebenso die Anomalie entstanden». [65] Gudeman sieht in dieser Äußerung «eine Bankerotterklärung» bezüglich der «alten Streitfrage» [66], ob Wortbildung und Flexion durch Analogie *(ratio, proportio, similitudo)* oder Anomalie *(usus, consuetudo, dissimilitudo)* bestimmt ist. Nun hat Fehling [67] gezeigt, daß die gängige Auffassung problematisch ist, nach der die antike G. durch eine heftige Auseinandersetzung zweier Schulen, nämlich den alexandrinischen Analogisten (Aristophanes von Byzanz, Aristarchos) und den stoisch-pergamenischen Anomalisten (Chrysippos, Krates von Mallos), gekennzeichnet sei. In der Tat kann sich diese Auffassung nur auf Varro selbst (und in einem eingeschränkten Sinn auf SEXTUS EMPIRICUS) als Kronzeugen berufen. Im 8. Buch seiner ‹De lingua Latina› faßt Varro nämlich die Argumente der Anomalisten zusammen, um sie dann im 9. Buch mit denen der Analogisten zu konfrontieren. Deshalb scheint die Vermutung durchaus plausibel, Varro habe eine Kontroverse zwischen Krates und Aristarchos hinsichtlich der Etymologie im Sinne der ciceronischen Argumentationstechnik des *disputare in utramque partem* übertrieben und sogar 'hochgespielt' [68], um seine eigene Position, nämlich die eines gemäßigten Analogisten, in einem besseren Lichte erscheinen zu lassen. Siebenborn [69] hat dagegen mit dem Hinweis auf den unterschiedlichen Flexionsbegriff der Stoiker und der Alexandriner versucht, dieser von Varro behaupteten Kontroverse eine gewisse historische Berechtigung zuzuschreiben. Die Stoiker [70] faßten nämlich unter der Flexion (gr. κλίσις, klísis) alle eine Grundform verändernden Prozesse zusammen, also Derivation und Flexion (im engeren Sinn). Im Gegensatz dazu verstehen die Alexandriner unter klísis ursprünglich nur die Kasus-Flexion. In der Tat beziehen sich die von Varro zitierten Stoiker und Pergamener auf die Unregelmäßigkeit der Wortbildung und Derivation, um zu zeigen, daß Sprache auch anomale Ableitungen zuläßt. Siebenborns Rettungsversuch unterstellt freilich, daß den Pergamenern und den Alexandrinern ihr unterschiedlicher Flexionsbegriff verborgen blieb – was wohl keine plausible Annahme ist. Auch Ax versucht mit Pfeiffer noch etwas von der alten Auffassung zu retten, obgleich er Callanan zugestehen muß, daß Aristophanes «kein Analogist in der Weise [ist], wie man ihm dies seit mehr als einem Jahrhundert unterstellt hat. Gegen Ausnahmen von der Regel hat er nämlich nichts einzuwenden: er verteidigt sie geradezu». [71] Dennoch scheint Varros Entgegensetzung von Anomalisten und Analogisten keine Unterstellung zu sein, kommt in ihr doch zum Ausdruck, daß vor Varro eine begriffliche Unklarheit und sicher auch eine Kontroverse über die verschiedenen Formen von Wörter verändernden Sprachprozessen vorhanden ist. Diese Kontroverse löst Varro mit seiner Unterscheidung in *declinatio naturalis* und *declinatio voluntaria*, also in Flexion und Derivation. Da die Analogie nur für Flexion gefordert wird, kann man Varros theoretische Position als gemäßigten Analogismus bezeichnen.

In der Praxis freilich ist Varro ein radikaler Sprachpurist und 'Analogist'. [72] Dies ist kein Widerspruch, sondern eine Konsequenz aus seiner theoretischen Position. Wenn nämlich die Flexion die natürliche – und d.h. analogische – Beugung ist, dann muß die Analogie gerade bei unregelmäßigen Flexionen durchgesetzt werden. Gemäßigter ist hier CAESAR (in seiner Schrift ‹De analogia›), der sich bei seinen Verbesserungsvorschlägen so weit wie möglich an die *consuetudo*, also an den Sprachgebrauch hält. [73] Ganz anders die Rhetoriker: Sie wenden sich – teils vehement, teils ironisch – gegen diesen Sprachpurismus der Grammatiker. CICERO listet im ‹Orator› [74] eine Fülle dieser von den Grammatikern monierten unregelmäßigen, aber doch gebräuchlichen Formen auf, und Quintilian zeigt sich fast empört über die kleinliche und lästige Pedanterie [75] der analogistischen Sprachpuristen. Wahre Autorität in Sachen Sprachrichtigkeit «pflegt man bei Rednern und Historikern zu suchen» [76] und vor allem im Sprachgebrauch *(consuetudo)*. Dieser Sprachgebrauch, so schließt Quintilian seine Überlegungen zur G. ab, ist nicht die *consuetudo* des breiten Volkes *(vulgus)*, sondern der Gebrauch, der sich aus dem «Konsens der Gebildeten» *(consensus eruditorum)* [77] ergibt. Hier wird deutlich, daß hinter der von Varro hochstilisierten Kontroverse zwischen Anomalisten und Analogisten letztlich die Frage der sprachlichen Richtigkeit steckt.

In der Tat entstehen mit der Herausbildung der G. als relativ autonomem Bereich innerhalb der Philologie vom ersten vorchristlichen Jh. an eine Fülle von Schriften, die Kriterien für das richtige Griechisch (ἑλληνισμός, hellēnismós) bzw. das richtige Latein *(Latinitas)* zu entwickeln suchen. Für das Griechische seien ANTIOCHIOS VON ASKALON, PHILOXENOS, TRYPHON und EIRENAIOS, für das Latein neben VARRO und CAESAR, PANSA und CAPER genannt. [78] Diese Diskussion wird auch in einschlägigen grammatischen ‹Téchnai› geführt und sie hat in jenem Teil der spätantiken G., der sich um Tugenden und Laster *(virtutes et vitia)* kümmert, ihren sichtbaren Niederschlag gefunden. Sinn und Notwendigkeit dieser Diskussion werden erst dann einsichtig, wenn man sich vergegenwärtigt, daß die antiken Grammatiker keinen über verschiedene kulturelle und staatliche Instanzen (vor allem Schule) als verbindlich gesetzten Sprachgebrauch vorfanden, sie mußten vielmehr oft, neben der rein deskriptiven Analyse, zugleich normative Fragen lösen. Deshalb ist Lyons' Feststellung, der Antike sei es nicht gelungen, die deskriptive von der präskriptiv-normativen G. klar zu trennen [79], sicher richtig. Daß freilich Deskription und Präskription eindeutig getrennt werden können, wie Lyons unterstellt, ist ein szientistisches Mißverständnis, das vor dem Hintergrund der modernen soziolinguistischen Forschung in dieser Form nicht mehr aufrechterhalten werden kann. Insofern ist die Suche der antiken Grammatiker nach Kriterien der Sprachrichtigkeit immer noch aktuell. Schon früh finden sich Viererlisten [80] wie etwa bei Varro selbst mit *natura, analogia/ratio, consuetudo, auctoritas*; dies bestätigt auch Quintilian, der in seiner ‹Institutio› (I,6) *ratio, vetustas, auctoritas, consuetudo* unterscheidet: *consuetudo* ist hier der Sprachusus einer Elite, *auctoritas* ist der Sprachgebrauch der großen Autoren, *vetustas* sind altertümliche Sprachformen (die für bestimmte rhetorische Zwecke das passende Ausdrucksmittel darstellen), *ratio* schließlich unterteilt Quintilian in Analogie und Etymologie (durch Etymologie könnte man z.B. das gewöhnliche *meridies* (Mittag) in *medidies* (in der Mitte des Tags) [81] verbessern). Auch bei Varro meint *consuetudo* den Sprachgebrauch einer Elite, der freilich verderbt sein kann *(mala consuetudo)*, wenn er nicht den Regeln der Analogie folgt. Deshalb ist nur dem richtigen Gebrauch *(consuetudo recta)* zu folgen [82], *auctoritas* und *analogia/ratio* haben die gleiche Bedeutung wie bei Quintilian; mit *natura* schließlich ist hier wohl nicht «Sprachgefühl» [83] gemeint, sondern, wie ein Kommentar des DIOMEDES nahelegt, die Tatsache, daß hinsichtlich der Lautform (‹signifiant›) kein Entscheidungsspielraum gegeben ist: Wenn einer nämlich *scrimbo*, statt *scribo* («ich schreibe») sagt, dann braucht man keine Analogie zu bemühen, um ihn von seinem Fehler zu überzeugen, sondern muß einfach auf die vorgegebene ‹Natur› der Sprache verweisen. [84]

Nun werden diese Kriterien der sprachlichen Richtigkeit erst durch ihre Gewichtung und Hierarchisierung aussagekräftig. Für Cicero und Quintilian ist die höchste Norminstanz der Sprachgebrauch einer gebildeten Elite. Das entspricht ganz Ciceros Bild vom Redner als *perfectus orator* – Idealfigur und Selbstidealisierung des freien Bürgers. Dieser Bürger ist letzte Entscheidungsinstanz in Fragen der Moral, des Stils und der Sprachrichtigkeit. In Varros Sprachpurismus und Privilegierung der Analogie kommt sicher nicht nur die Pedanterie des Grammatikers zum Ausdruck, sondern auch die Faszination, die die Analogie und mathematische Proportion auf das antike Sprachdenken [85] vor allem im Umfeld und in der Tradition der Alexandriner ausgeübt hat. Analogie ist nicht nur Proportion, Systematizität und Regelmäßigkeit, Analogie ist auch Ausdruck der Vernunft, des Maßes und der Harmonie. Das bestätigt gerade auch Apollonios Dyskolos. Doch diese Faszination kann, wie bei Varro, nicht nur zu Sprachpurismus, sondern auch zu Spekulationen [86] führen, die sich weit von der Sprachrealität entfernen.

Im Gegensatz zu den Römern findet man bei den Griechen keinerlei Bestreben, den Sprachgebrauch analogistisch zu korrigieren. Sie erklären vielmehr unregelmäßige Derivationen und Flexionen als Ergebnis von Veränderungen einer ursprünglichen Form des Griechischen, in der Analogie vorherrschte. Etymologie erhält hier dann die Funktion, diese ursprünglichen Regelmäßigkeiten wieder aufzuzeigen. Hier entwickelt sich sogar eine «Pathologie der Sprache» [87], welche die sprachlichen Unregelmäßigkeiten als Folge von Affekten interpretiert. Heilung sollte freilich nicht durch rigorosen Eingriff erzielt werden, sondern durch Einsicht in die Gründe und Prozesse, die eine ursprünglich korrekte Form unregelmäßig werden ließen. Es ist klar, daß mit der Normierung und Konsolidierung des Lateinischen in der Spätantike dieses Erklärungsmodell auch in lateinischen G. herangezogen wird. In späteren griechischen G. findet sich oft im Kontext orthographischer Überlegungen folgende Viererliste: Etymologie, Analogie, Dialekt (διάλεκτος, diálektos), Historia (ἱστορία, historía). [88] Etymologie und Analogie sind mit den lateinischen Kriterien identisch, historía entspricht dem lateinischen *auctoritas*, also dem Sprachgebrauch der großen und anerkannten Autoren. Da in dieser Liste das griechische Äquivalent zu *consuetudo* fehlt, nämlich συνήθεια, synḗtheia (Sprachgebrauch, Umgangssprache), hat die frühere Forschung diálektos in der griechischen Viererliste als «Sprachgebrauch» [89] interpretiert. Das ist falsch. Nach Siebenborn [90] fehlt hier der Sprachgebrauch, weil es um Fragen der Rechtschreibung geht, für die ja der (mündliche) Sprachgebrauch keine Rolle spielt. Offenbar wird der Sprachgebrauch dort aufgeführt, wo er relevant ist – also etwa bei Herodian im Kontext der Bestimmung der Prosodie. [91] Daß auch für die Griechen der Sprachgebrauch ein zentrales Kriterium für das richtige Griechisch war, macht der Skeptiker Sextus Empiricus im 10. Kapitel des 1. Buches seiner Streitschrift gegen die Grammatiker (‹Adversus mathematicos›) deutlich, in dem der Sprachgebrauch (synḗtheia) gegen die allzu pedantischen Analogisten ausgespielt wird. Wenn man, so das zentrale Argument von Sextus Empiricus, den Sprachgebrauch als Kriterium für das richtige Griechisch (hellēnismós) ablehnt, «dann lehnt man auch Analogie ab, denn aus diesem entsteht ja auch die Analogie». [92]

Erklärungsbedürftig ist, daß sich die griechischen Grammatiker zugleich auf ihren eigenen Sprachgebrauch und den Homers bzw. der attischen Klassik berufen. Versteegh [93] hat gegen die von Steinthal «mit Entschiedenheit» vorgetragene und auch heute noch oft vertretene Auffassung, daß Anfang des 3. Jh. v. Chr. «die alte hellenische Sprache tot ist» [94], plausibel gemacht, daß die kulturelle Elite selbst in der Spätantike noch ein dem klassischen Standard nahekommendes «attisches» Griechisch spricht. Nach den Eroberungskriegen Alexanders, durch die das Attische weite Verbreitung findet, wird dieser Dialekt zur Verkehrssprache *(lingua franca)*, die verschiedene Merkmale der Pidginisierung, also der Vereinfachung und Reduktion sprachlicher Komplexität aufweist. Da freilich das klassische Attisch des 5. Jh. v. Chr. (vor allem auch wegen der großen Klassiker Homer und Pindar) immer eine Prestigenorm ist und bleibt, bildet sich nach Versteegh schon früh eine Diglossie-Situation heraus, die durch ein von der breiten Masse gesprochenes Gemeingriechisch einerseits und durch ein von einer Elite geschriebenes und in formalen Kontexten gesprochenes Standardgriechisch (das sich stark an das Attische anlehnt) andererseits gekennzeichnet ist. Das Attische dient zur kulturellen und sozialen Distinktion. Dieser Distinktionsmechanismus [95] verstärkt sich mit dem Attizismus, der ja gerade von der alexandrinischen Schule propagiert wird. Hier ist wahrscheinlich auch die historische Wahrheit der von Varro behaupteten Anomalie/Analogie-Kontroverse zu suchen. [96] Gegen die Anomalisten – Stoiker und Pergamener – setzt sich faktisch die attische Standardvarietät durch: Nur so ist zu erklären, daß es «oft unmöglich ist, nachklassische Griechisch-Texte sprachlich von klassischen attischen Texten zu unterscheiden». [97] Die Beziehung zwischen dem gesprochenen Gemeingriechisch und der Standardvarietät, die in der traditionellen Forschung undifferenziert als κοινή (koiné), d. h. als «griechische Gemein- und Umgangssprache», zusammengefaßt werden, besteht wie in allen Diglossiesituationen in einem Kontinuum, das durch zwei entgegengesetzte Bewegungen gekennzeichnet ist: einmal bewegt sich das gesprochene und kolloquiale Gemeingriechisch weg vom Standardgriechischen, andererseits beeinflußt die Sprache der Elite – in einem ebenso typischen Distinktionseffekt nach unten – das von der Masse gesprochene Gemeingriechisch. Aus all dem folgt: «The συνήθεια was not the colloquial» (Der [normsetzende] Sprachgebrauch war nicht der kolloquiale».). [98] In diesem über Jahrhunderte dauernden Prozeß entfernt sich das Standardgriechisch nur gering vom Attischen, freilich weit genug, um als koiné diálektos, d. h. als eine von allen gebildeten Griechen gemeinsam geteilte Standardvarietät erfahren zu werden. Gegenüber diesem einer kulturellen und sozialen Elite gemeinsamen Griechisch sind die Dialekte – also das Attische, das Ionische, das Äolische und das Dorische – regionale Varietäten, die wohl deshalb nie stigmatisiert wurden, weil in ihnen in der klassischen Periode wichtige Werke geschrieben worden waren. All dies erklärt nicht nur, daß in den griechischen Kriterienkatalogen der Spätantike auch die Dialekte als Kriterien der sprachlichen Richtigkeit herangezogen werden, sondern auch, daß Apollonios Dyskolos in einem Atemzug einen Vers Homers neben selbst konstruierten Beispielen zitieren kann, ja sogar, daß er Homer kritisiert, weil dieser sich nicht an die Regeln des Standardgriechischen hält.

Deshalb ist der Begriff der *consuetudo* der römischen Rhetoren im wesentlichen identisch mit dem der synêtheia der griechischen Grammatiker; beide bezeichnen die Prestigenorm und den normsetzenden Sprachgebrauch einer Elite. Von hier aus läßt sich die Aufgabe der Grammatiker klar bestimmen: Sie haben diese Prestigenorm nicht nur zu beschreiben, sondern auch Abweichungen von dieser Norm zu brandmarken. Darüber besteht Konsens. Doch mit der Herausbildung einer eigenständigen grammatischen téchnē wird der G. zugleich das Recht abgesprochen, «das Schönste der grammatischen Kunst» [99] zu tun, d. h. Sprache und Stil der Redner und Dichter zu bewerten. Dieser Prozeß der Herauslösung der literarischen Kritik aus der G. ist besonders deutlich bei Quintilian faßbar. In den Grammatikteilen seiner ‹Institutio› behandelt er nämlich von den drei «Tugenden» der rhetorischen *oratio* (Rede) – *emendata, dilucida, ornata* (korrekt, klar, schmuckvoll) [100] – nur die erste Tugend. Diese Tugend entspricht der *Latinitas*. Ein Verstoß gegen dieses korrekte Sprechen ist ein Fehler *(vitium)*. Bei der Behandlung dieser Fehler unterscheidet Quintilian wie die Grammatiker vor und nach ihm zwei Arten: Barbarismen (Fehler innerhalb eines Wortes) und Solözismen (aus Wortverbindungen entstehende Fehler). Diese Zuordnung läßt sich bis zur HERENNIUS-Rhetorik zurückverfolgen, da dort explizit die Untersuchung dieser Verstöße gegen die *Latinitas* der *ars grammatica* zugewiesen wird. [101] Nach der Erörterung dieser Fehler betont Quintilian dann: «Die Behandlung des klaren und schmuckvollen Ausdrucks verwehre ich zwar nicht den Grammatikern, da ich aber noch die Kompetenzen des Rhetors zu besprechen habe, stelle ich diese Fragen für eine größere Erörterung zurück». [102] Dieses Programm, d. h. die Erörterung der klaren und schmuckvollen Rede (Tropen, Rede- und Gedankenfiguren), wird dann im achten und neunten Buch durchgeführt. Doch Quintilians Text ist nicht stimmig: (A) Der Grammatiker soll zwar Fehler wie (a) Barbarismen, uneigentliche Verwendungen von Wörtern und Solözismen behandeln, «nicht aber, um daraus unbedingt den Dichtern einen Vorwurf zu machen», denn diese verdienten, weil sie oft unter dem Zwang des Verses und des Metrums stehen «so viel Nachsicht, daß dieselben Fehler in einem Gedicht einen anderen Namen bekommen», nämlich: (b) Metaplasmen, Schematismen und Schemata. (B) Dann soll der Grammatiker (a) mehrdeutige Wörter klären und (b) die Glosseme (d. h. die selten gebrauchten Wörter) analysieren. (C) Schließlich soll er alle (a) Tropen und (b) Figuren «sowohl die Wort- als auch die Gedankenfiguren» [103] lehren.

Dieser Lehrkanon entspricht offenbar den drei Stilkriterien: korrekt/unkorrekt (A), klar/unklar (B), schmuckvoll (C). Die Ausführungen Quintilians sind freilich durch ein eigentümliches Zögern in der Sache gekennzeichnet: So gehört die Untersuchung des Stils zwar in die Rhetorik, die Grammatiker dürfen freilich noch mit ihren Schülern Stilfragen gleichsam auf einem Niveau behandeln. Damit belegen diese Stellen zugleich, daß Stil und Kritik noch nicht ganz aus der G. ausgegliedert sind. Doch Quintilians Text macht auch klar, daß hinsichtlich der *Latinitas* die Abweichungen negativ und positiv beurteilt werden: sagt ein Schüler *eo intus* (ich gehe drin) statt *eo intro* (ich gehe hinein), dann ist das ein Solözismus, sagt VERGIL hingegen *magnum dat FERRE talentum* (Er gibt ihm ein großes Gewicht *zu tragen*) statt *magnum talentum dat FERENDUM (zum Tragen)* [104], dann ist dies eine erlaubte Abweichung, ein *Schema*. Dennoch ist den Dichtern nicht alles erlaubt. So wird ein Grammatiker etwa LUKREZ' *potestur* (statt *potest* – er kann) sicherlich nicht empfehlen, sondern als starke und in jedem Fall zu vermeidende Abweichung markieren. Umgekehrt wird er, wenn z. B. ein Kollektivum mit Plural verwendet wird (statt des korrekten Singular) – wie dies bei Vergil mit *PARS in frusta secant* (statt Sing. *secat*) (Ein Teil (von ihnen) zerschneidet sie in Stücke) zu finden ist –, nachsichtiger urteilen und diesen Gebrauch vielleicht sogar für bestimmte stilistische Zwecke empfehlen. Man muß deshalb spezifische Grade der Abweichung unterscheiden. Letztlich ist nicht die Tatsache entscheidend, daß Dichter eine besondere Wertschätzung verdienen, sondern die Tatsache, daß der ungewöhnliche Gebrauch gewollt und überlegt ist. «Eine wirkliche Figur *[verum schema]* hat fast immer einen rationalen Grund *[ratio]*». [105] Dieses Prinzip der Rationalität, das schon von der Sprachpathologie herangezogen wurde, findet sich auch in den G. nach Quintilian. So ist auch für Apollonios Dyskolos oder Priscian ein ungewöhnlicher Sprachgebrauch dann verstehbar und akzeptierbar, wenn eine ihm immanente Rationalität aufgezeigt werden kann. In diesem Sinne spielt die G. auch eine «Rolle der Entbergung». [106] Letzte Entscheidungsinstanz ist und bleibt aber der Sprachgebrauch der gebildeten Elite. Sie entscheidet über das 'Maß der Zulässigkeit' einer nicht-gewöhnlichen Äußerung. Deshalb kann, wie Quintilian [107] hervorhebt, eine Abweichung zur geltenden Gewohnheit werden, wie umgekehrt eine alte Gewohnheit zur *figura* – also zu einem als ungewöhnlich empfundenen Sprachgebrauch – erstarren kann. Daraus folgt: Verstöße gegen das Stilkriterium der Korrektheit werden negativ bewertet, d. h. als Barbarismus, uneigentlicher Gebrauch, Solözismus, oder positiv, d. h. als Metaplasmen, Schematismen, Schemata (vgl. A). Unklare Wörter, d. h. mehrdeutige Wörter und Glosseme, sind keine Verletzungen des Sprachusus und können deshalb durch geeignete Verfahren interpretiert und geklärt werden (vgl. B). Abweichungen hingegen wie Tropen, Gedanken- und Wortfiguren sind lizensiert und dienen dem Schmuck der Rede (vgl. C). Die Reihe (Aa) wird in den Grammatikteilen der ‹Institutio› abgehandelt, (Ab), (B) und (C) gehören nach Quintilian eigentlich in die Rhetorik, ohne daß er der G. ganz das Recht auf deren Erörterung absprechen will.

Nun behandelt Quintilian entgegen seinen Ankündigungen in den Stilteilen (VIII,3–IX) nur (B) und (C). (Ab) wird nicht gesondert behandelt, sondern gleichsam mit den rhetorischen Kategorien (C) verschmolzen: die Schematismen werden im Kapitel über die Tropen (VIII,6) und die Schemata als Wortfiguren *(figurae verborum)* in IX,3 erörtert. Verwirrend ist die Behandlung der Metaplasmen: ein Teil nämlich wird mit den Barbarismen in I,5 behandelt, ein anderer Teil in der Syntax des Stils *(compositio)* in IX,4, wo nicht nur Fragen der Verbindung von Wörtern und Sätzen, sondern auch der Silben zu Wörtern (vor allem Rhythmus und Metrik) erörtert werden. Da dies nicht explizit gemacht wird, hat die Stelle, an der Quintilian die Reihe (Ab) – Metaplasmen, Schematismen, Schemata – einführt, der Forschung viel Kopfzerbrechen bereitet. [108] Quintilian bezieht sich hier wohl auf eine nicht bekannte grammatische Abhandlung, in der neben den auch in der späteren

Tradition verwendeten Termini ‹Metaplasmus› und ‹Schema› zusätzlich ‹Schematismus› im Sinne von uneigentlicher, aber akzeptierbarer Wortverwendung unterschieden wird. Diese Terminologie wird dann im Text Quintilians selbst durch die rhetorische Terminologie verdrängt – damit wären die terminologischen Unstimmigkeiten im Text Ausdruck der skizzierten und bloß halbherzig vorgenommenen Ausgliederung der G. in Fragen des Stils und der Kritik.

Von hier aus lassen sich Stellenwert und Aufbau des Teils über die *virtutes et vitia* (Tugenden und Laster), der sich als dritter Teil nach den Teilen zur Lautlehre und zur Formenlehre z.B. bei Donat findet, leicht erklären. Im dritten Teil seiner ‹Ars maior› behandelt Donat nämlich einerseits Barbarismen, Solözismen und «andere Fehler», andererseits Metaplasmen, Schemata und Tropen. [109] Betont sei, daß sich diese sechs Abschnitte nur bei einem Teil der spätantiken lateinischen G., nämlich bei SACERDOS, CHARISIUS, DIOMEDES, Donat und ihren Kommentatoren finden; in griechischen G. der Zeit werden Schemata und Tropen nicht behandelt, sie gehören ausschließlich zur Domäne der Rhetorik. [110] Der ambivalente Einfluß Quintilians auf die Sechserliste Donats ist unverkennbar. So behandelt Donat bei den Schemata nur die Wortfiguren, da die Gedankenfiguren «ad oratores pertinent» [111], also zu den Rednern gehören. Auch bei Donat findet sich die *quadripartita ratio*, die Vierteilung der möglichen Veränderungen einer Wort- oder Satzstruktur (d.h. ein Element hinzufügen (*adiectio*), wegnehmen (*detractio*), Elemente umstellen (*transmutatio*) und ersetzen (*immutatio*)). [112] Freilich wendet er diese nur bei der Klassifikation der Barbarismen explizit an (bei den Metaplasmen ist sie nur implizit enthalten, da dort die griechischen Termini (Aphärese, Synkope, Apokope usw.) das Gliederungsprinzip bilden); die Vierteilung findet sich nicht bei den Solözismen (wo Donat die Grammatikfehler nach Wortarten klassifiziert). Wie bei den Metaplasmen bilden auch bei den Schemata (Zeugma, Anapher, Polyptoton usw.) und bei den Tropen (Metapher, Katachrese, Metalepsis, Metonymie, Antonomasie, Epitheton, Synekdoche, Onomatopöie [!], Periphrase, Hyperbaton, Hyperbel, Allegorie, Homoiosis) die griechischen Bezeichnungen das Gliederungsprinzip.

Die griechischen Termini verweisen nicht nur auf die Herkunft dieser Unterscheidungen, die Listen der Schemata und Tropen sind auch rhetorischen Ursprungs (die Metaplasmen, die z.B. auch Apollonios Dyskolos oder Herodian bekannt sind, wurden, wie Holtz [113] vermutet, von der G. im Kontext der erwähnten Sprachpathologie entwickelt. Ganz im Gegensatz zu diesen rhetorischen Listen steht die Behandlung der Solözismen, der eine grammatische Einteilung in Wortklassen zugrunde liegt. Deshalb hält sich auch Donat letztlich an Quintilians ambivalente Auffassung, die Grammatiker hätten die Laster (eben Barbarismen und Solözismen) zu analysieren, wobei er ihnen nicht ganz die Behandlung der Tugenden (Metaplasmen, Schemata, Tropen) verwehren will. Dennoch zeigt aber eine Feinanalyse, daß zwischen beiden ein fundamentaler Unterschied besteht. Donat behandelt nämlich im Solözismus-Kapitel nur noch die *immutatio*-Fehler (z.B. Verwendung eines Konjunktivs *statt* eines Imperativs) und im Schemata-Kapitel nur noch die Abweichungen, die sich aus der *adiectio*, der *detractio* und der *transmutatio* ergeben. Quintilian weist hingegen in seiner Erörterung der Solözismen darauf hin, daß manche Autoren die drei letztgenannten Arten nicht zu den Solözismen rechneten, nur die *immutatio* sei ohne «controversia». [114] Gleiches läßt sich bei der Diskussion der Wortfiguren beobachten, wo Quintilian ebenfalls zwei Gruppen unterscheidet: (i) *immutatio*; (ii) *adiectio, detractio, transmutatio*.

Hier ist zu beachten, daß durch *immutatio* Sprache in ihrer paradigmatischen Dimension, hingegen durch *adiectio, detractio, transmutatio* in ihrer syntagmatischen Dimension thematisiert ist. Die in (ii) genannten Änderungskategorien betreffen somit syntaktische Phänomene. Da Quintilian freilich G. nur als paradigmatisches System von Wortformen denkt, muß er Abweichungen der ersten *immutatio*-Gruppe als «grammatisch» bezeichnen, bringen sie doch eine neue Logik in die Sprache (z.B. *das* Kamin statt *der* Kamin), die der zweiten Gruppe als «eher rhetorisch». [115] Abgesehen davon, daß sich hier ein neuer Widerspruch ergibt (Quintilian behandelt von ihm selbst als Grammatikfiguren gekennzeichnete Abweichungen im Rhetorikteil seiner ‹Institutio›), dürfte von hier aus einsichtig sein, daß Donat (und mit ihm der größte Teil der Spätantike) diese Widersprüchlichkeit löst, indem er die *immutatio*-Wortfiguren als Solözismen der G. zuschlägt, die übrigen hingegen als Schemata den eigentlich rhetorischen Tugenden der Rede. Daß dies nur eine scheinbare Lösung ist, mag folgendes deutsches Beispiel verdeutlichen: (i) *Er sagte, er kommt morgen*; (ii) *er sagte, morgen er käme* (statt des gewöhnlichen *er sagte, er käme morgen*). (i) ist nach Donat ein Solözismus, also ein Grammatikfehler; (ii) ist ein Schema, also ein Stilfehler – und *kein Syntax*fehler. Diese Beobachtungen zeigen nochmals die der antiken G. immanente Grenze auf: Syntax kommt nicht als Problem sui generis, sondern nur verschoben als rhetorisches Problem von syntagmatischen Wortfiguren in den Blick. Die ‹Ars maior› des Donat hat somit dem Mittelalter auch Syntaxprobleme hinterlassen – freilich im eigentlich nicht-grammatischen Teil über die Tugenden der Rede versteckt. Doch in diesen Teilen stecken auch rhetorische Probleme. Denn weder Quintilian noch Donat ist es gelungen, die Tropen (insb. die Metapher) hinreichend zu bestimmen. Nach gängiger Auffassung interpretiert nicht nur Quintilian, sondern die ganze Rhetorik den Tropus als Ergebnis einer *immutatio*. [116] Nun definiert Quintilian Tropen sowohl als *mutatio* [117] als auch als *translatio*, d.h., «wie die Grammatiker meist sagen, als Ausdruck *[dictio]*, der von der Stelle, an der er seine eigentliche Bedeutung hat, auf jene Stelle übertragen *[translata]* ist, in der er uneigentlich verwendet wird». [118] Donat definiert den Tropus ebenfalls als «dictio translata». [119] Auch hier bleibt die Frage des Verhältnisses von *immutatio* vs. *translatio* ungelöst, hier noch dadurch erschwert, daß semantische Probleme der Bedeutungsübertragung mit ins Spiel kommen. Doch auch dieses Problem, bei dem es letztlich um das Verhältnis von Paradigma und Syntagma geht, kann die antike G. deshalb nicht lösen, weil sie Sprache nur als Paradigmenliste, d.h. als System von Wortformen begreift. Neben dieser Laut- und Formenlehre kann sich freilich mit Apollonios Dyskolos eine kombinatorische G. entwickeln, in die, wie im folgenden deutlich werden soll, wesentliche Unterscheidungen und Prinzipien der stoischen Dialektik und Sprachtheorie integriert sind.

Nach Barwick hat die römische G. ihre wesentlichen Unterscheidungen, auch die der *vitia et virtutes*, von der Stoa geerbt. Baratin und Desbordes [120] weisen dagegen darauf hin, daß der stoische ‹Tugendkatalog›: korrektes Griechisch (hellēnismós), Klarheit, Kürze, Angemessenheit, Eleganz [121] in keinem Fall mit der Idee der positiven Abweichung von einer Norm im Sinne der *ornatus*-Theorie der Römer in Zusammenhang gebracht werden darf. Der stoische Tugendkatalog benennt die Norm des korrekten Griechisch-Sprechens selbst. Die Prestige-Varietät zu sprechen heißt zugleich, sich klar, präzise, angemessen und elegant auszudrücken. Man kann diese Norm nicht erreichen, indem man Wort- oder Grammatikfehler (Barbarismen oder Solözismen) macht, d.h. auch unklar, weitschweifig oder unpassend spricht. Man braucht diese Norm somit nicht für rhetorische Zwecke zusätzlich ausschmücken. Hier wird deutlich, daß die römische *ornatus*-Theorie nicht nur eine Normal- und Nullstufe des richtigen Sprechens voraussetzt, sondern auch unterstellt, daß der Sinn menschlicher Reden auf dieser Nullstufe mit gewöhnlichen Worten sagbar ist.

Dieser unterschiedlichen Bestimmung der Tugenden der Rede entspricht eine andere Definition der Rhetorik durch die Stoa: Rhetorik ist neben der Dialektik Teil der Logik. Rhetorik ist das «gut Reden», Dialektik ist das «gut Disputieren». [122] Diese stoische Dialektik ist die erste philosophische G. des Abendlandes; sie bildet sich mit und gegen Aristoteles heraus. Aristoteles schrieb ein großes sprachphilosophisches und logisches Werk: Kategorienlehre, Lehre vom Satz (‹De interpretatione›), Dialektik (‹Topik›), Prädikatenlogik und syllogistische Schlußlehre (‹Analytiken›), aber auch praktische und interessegeleitete Argumentation (‹Rhetorik›). Doch Aristoteles unterstellt in seinen logisch-dialektischen Schriften durchgängig, daß Logik letztlich von Sprache unabhängig ist. Sprachliche Mehrdeutigkeit, metaphorisches oder emotionales Sprechen können zwar die Einsicht in logische Zusammenhänge erschweren, prinzipiell aber sind logische Gesetzmäßigkeiten unabhängig vom *Wie* ihrer sprachlichen Formulierung. So ist ihm die Frage, wie und mit welchen sprachlichen Mitteln bestimmte Schlüsse vollzogen werden, völlig fremd. [123] Fragen der Sprachstruktur werden deshalb bei Aristoteles nur am Rande mitbehandelt. Neben vielen Einzelbemerkungen finden sich so nur drei Stellen, in denen er explizit auf die Sprache als strukturiertes Laut- und Bedeutungssystem eingeht. Es sind dies – neben einer Stelle in ‹Über die Seele› [124] – die ersten vier kurzen Kapitel aus ‹De interpretatione› und das 19. und 20. Kapitel der ‹Poetik›. In ‹De interpretatione› sagt er: «Es ist also das, was in der Stimme ist, Symbol [sýmbolon] seelisch-geistiger Eindrücke und das Geschriebene Symbol dessen, was in der Stimme ist. Und wie nicht alle dieselben Schriftzeichen haben, so sind auch die Stimmlaute nicht bei allen dieselben. Die seelisch-geistigen Eindrücke aber, für die Laut und Schrift zuallererst Zeichen [sēmeíon] sind, sind überall gleich und so auch die Dinge, deren Abbilder die seelisch-geistigen Eindrücke sind». [125] Obwohl Aristoteles hier zwei verschiedene Termini (σύμβολον, sýmbolon und σημεῖον, sēmeíon) verwendet, finden beide schon in der lateinischen Tradition, aber auch in der jüngsten Forschung eine identische Übersetzung (nämlich lat. *nota*; dt. *Zeichen*). Wenn man die gegen diese Gleichsetzung von ECO u. a. [126] vorgebrachten Einwände berücksichtigt, läßt sich diese Stelle wie folgt paraphrasieren: Das, was in der Stimme ist, d.h. die durch die menschliche Stimme produzierten Lautkörper, ist Symbol für seelisch-geistige Eindrücke, die wiederum Abbilder der Dinge sind. Wenn hingegen einer uns gegenüber diese Lautkörper äußert, dann sind das Zeichen (Indizien, Belege, Symptome) dafür, daß diese Eindrücke in seiner Seele existieren. Ein Wort hat in diesem semiotischen Modell somit zwei Seiten: Lautkörper und Bedeutung: «ὄνομα [...] ἐστὶ φωνὴ σημαντικὴ κατὰ συνθήκην» («Das Wort [ónoma] ist ein Lautkörper [phōné], der bedeutet [sēmantiké] gemäß Übereinkunft [katá synthékēn]» [127]) – phōné ist hier metonymisch im Sinne von (ein durch die Stimme produzierter) Lautkörper zu verstehen. Die Verbindung zwischen Lautkörper und Bedeutung besteht gemäß Übereinkunft, d.h. konventionell. Daß dieser Lautkörper aus bedeutungslosen Elementen, d.h. Phonemen zusammengesetzt ist, folgt aus weiteren Bestimmungen im zweiten und vierten Kapitel von ‹De interpretatione› und vor allem aus der ‹Poetik›, wo das Phonem – «Grundelement» (στοιχεῖον, stoicheíon) der Sprache – als «nicht weiter teilbarer Stimmlaut» definiert wird, der zur Bildung eines «zusammengesetzten Stimmlautes» (synthetḗ phōnḗ) [128] dient. Die zusammengesetzten Stimmlaute können somit durchaus im Sinne von Saussure als *signifiants* (Signifikanten) verstanden werden. [129] Wörter, Sätze oder Reden sind damit zunächst *signifiants*, Phonemverbindungen. Zwischen Wörtern einerseits und Sätzen/Reden/Texten (griech. jedesmal lógos) besteht ein wesentlicher Unterschied: die Teile der Wörter, eben die Phoneme, sind bedeutungslos, die Teile der Sätze/Reden/Texte hingegen sind Wörter bzw. Wortverbindungen, haben also Bedeutung. Man kann mit Hilfe der drei unterschiedenen Merkmale (nicht)teilbar, (nicht) konventionell und (nicht)bedeutend mehrere Typen von ‹Lauten› klassifizieren: so ist der menschliche ‹Sprachlaut› (Phonem) nicht-teilbar, konventionell, nichtbedeutend, ein Wort hingegen ist teilbar, konventionell, bedeutend, während ein Tierlaut nicht-teilbar, nichtkonventionell, bedeutend ist. Von hier aus erklärt sich die Definition des Verbs (ῥῆμα, rhḗma): «Das Verb ist ein Wort, das zusätzlich 'Zeit' bedeutet, wobei seine Teile selbst nichts bedeuten». [130] So ist etwa *das Lachen* ein Nomen, *lacht* hingegen ein Verb, weil damit zusätzlich Gegenwart ausgedrückt wird. Eine Verbform wie *lacht* hat zwar wie jedes Wort Bedeutung, für sich allein verwendet sagt es nichts über die Wirklichkeit aus. Erst innerhalb eines Urteilsaktes wie *Philon lacht* kann diese Verbform zum Prädikat werden, mit dem etwas über ein Subjekt ausgesagt wird. Diesen Urteilsakt nennt Aristoteles lógos apophantikós («Aussage», «aussagende Rede»). Allein solche Aussagen können wahr oder falsch sein.

Diese Begriffsbestimmungen sind für Aristoteles linguistische Vorüberlegungen, welche zur Abgrenzung des eigentlichen lógos dienen, eine Logik, in der es um verschiedene Typen von Prädikaten, von Aussagen und von Schlüssen geht, nicht mehr um Sprache. Genau hier grenzt sich die Stoa mit ihrer Auffassung, daß sich Logik nie von Sprache trennen lasse, von Aristoteles und dessen peripatetischer Schule ab. Die stoische Dialektik will nicht bloß Formen und Gesetzmäßigkeiten des Denkens und Disputierens beschreiben, sondern zeigen, wie in und mit Sprache logisch gedacht und gehandelt wird. Deshalb hat diese Dialektik zwei Gebiete zu behandeln, nämlich das «des Gemeinten» und das «des Stimmlichen» (phōné). Dieses Stimmliche umfaßt die ganze sprachlich-grammatische Organisation menschlicher Rede: Laut- und Formenlehre, Wort- und Grammatikfehler, Stil. [131] In Kontexten, in denen es um die semiotische Bestimmung des Zeichens geht, wird das Stimmliche auch als das «Bedeutende» (sēmaínon) bezeichnet, das «Gemeinte oder Bedeutete» (sēmainómenon) auch als lektón («das Gesagte»). [132] Bei der Sprachanalyse unterscheidet die Stoa zwischen dem sprachlichen Ausdruck (léxis) und der sinnvollen Aussage (lógos). Léxis wird auch als artikulierter Laut *(vox articulata)* bzw. als geschriebener Laut *(vox literata)* näher bestimmt. Zwischen beiden besteht kein Gegensatz, wie Ax [133] annimmt: Jede Buchstaben-Schrift ist Ergebnis einer Phonemanalyse. Ist diese Analyse richtig durchgeführt, entspricht die Struktur des geschriebenen Wortes seiner phonologischen Struktur. Deshalb kann z. B. stoicheíon (Element) je nach Kontext ‹Phonem› oder ‹Buchstabe› bedeuten. Dieser stoische Begriff der léxis als artikulierte und aufschreibbare Stimme entspricht sowohl dem aristotelischen Begriff der ‹zusammengesetzten Stimme› (synthetḗ phōnḗ) als auch dem Saussureschen Terminus ‹signifiant›: so zitieren verschiedene Autoren gerne den bedeutungslosen Signifikanten ‹blítyri› [134], um zu zeigen, daß die léxis im Gegensatz zum lógos auch ohne Bedeutung sein kann. [135] Von hier aus ist verständlich, daß die Satzteile (Wortklassen) in der Stoa als Teile des lógos, Phoneme oder Buchstaben hingegen als Teile der léxis bezeichnet werden.

Die Relevanz dieser Unterscheidung in phōnḗ/lektón, in Signifikant/Signifikat, in Wortstruktur/Gemeintes, in léxis/lógos usw. zeigt sich auch darin, daß z.B. beim Verb die gleiche Differenzierung vorgenommen wird, nämlich in rhḗma/katēgórēma: ersteres meint das Verb als materiellen Wortkörper mit einer bestimmten Struktur (Stamm/Endungen), letzteres ist das vom Verb Gemeinte, das Prädikat. Das Prädiakt ist somit das lektón des Verbs. Mit dieser Unterscheidung versucht die Stoa das von Aristoteles hinterlassene Problem der Mehrdeutigkeit des Terminus ‹rhḗma› zu lösen. In ‹De interpretatione› und allgemein in logischen Kontexten versteht Aristoteles ‹rhḗma› als Prädikat einer Aussage (in diesem Sinn interpretiert Steinthal [136]), an anderen Stellen ist ‹rhḗma› hingegen eher als Verb zu verstehen. Nur so ist der Widerspruch zu lösen, daß in ‹De interpretatione› von der Vergangenheitsform *war gesund* gesagt wird, sie sei kein rhḗma, während in der ‹Poetik› zu lesen ist, *er lief* sei ein rhḗma, da diese Form zusätzlich ‹Zeit› ausdrückt. [137] In ‹De interpretatione› erläutert und normiert nämlich Aristoteles seinen logischen Sprachgebrauch am Beispiel des Nominativs im Singular und des Indikativs in der 3. Person: «Philon lacht». «Philon» ist hier ónoma im Sinne von Subjekt, «lacht» ist hier rhḗma im Sinne von Prädikat, die Verbindung ist ein apophantischer Logos, also eine Aussage, die wahr oder falsch sein kann. Der Genitiv «Philons» oder das Präteritum «lachte» sind hingegen bloße Flexionsformen (ptōsis) [138], also keine richtigen Namens- und Prädikatsformen. Das zeigt sich, so der Gedanke Aristoteles', wenn man beide zu «Philon lachte» zusammenstellt.

Diese fehlende explizite Trennung von Verb/Prädikat und von Nomen/Subjekt führt (auch heute noch) zu vielen Diskussionen und Mißverständnissen. Sicher ist, daß die Stoa beides klar unterscheidet, nicht nur terminologisch, sondern auch sachlich. So untersucht die Stoa unpersönliche Konstruktionen wie *Es gereut den Sokrates*, reflexive oder reziproke Konstruktionen, mehrstellige Prädikate, Konstruktionen im Aktiv, Passiv oder Medium [139] – allesamt Konstruktionen, mit denen sehr wohl Aussagen gemacht werden können, ohne daß sie der kanonischen Form des apophantischen Logos bei Aristoteles entsprächen. Die Stoa kann sogar aufgrund ihres philosophisch-linguistischen Blicks auf Sprache eine Tempus- und Aspektlehre entwickeln, deren Unterscheidungen nicht nur die lateinische, sondern die ganze abendländische G. beeinflußt. [140] Im Bereich der Nomina führt die Bestimmung des Nominativs als Kasus durch die Stoa teilweise zu vehementen Auseinandersetzungen mit den Peripatetikern. Den Nominativ als Kasus zu bestimmen, stellt ja einen direkten Angriff auf Aristoteles dar, für den allein der Nominativ die Bezeichnung ónoma verdient. Die privilegierte Stellung des Nominativs, so die Peripatetiker, zeige sich ja gerade auch an seinem Namen: der gerade und direkte Fall (ὀρθή, orthḗ oder εὐθεῖα, eutheía; lat. *rectus*). Strenggenommen ist nämlich jeder Fall (das ist die Grundbedeutung des griechischen ptōsis (lat. *casus*)) vom Nominativ 'heruntergefallen': «Denn es ist ja klar, daß jeder 'Fall' billigerweise von etwas höher Postiertem hin erfolgen muß». Die stoische Antwort: «Auch der Nominativ ist von etwas heruntergefallen, nämlich vom Gedanken in der Seele. Denn wenn wir den Gedanken an Sokrates in uns haben und ihn kundtun wollen, dann äußern wir den Namen 'Sokrates'». [141] Ob diese Argumentation ernst oder unernst gemeint ist, läßt sich nicht rekonstruieren; jedenfalls macht sie klar, daß es bei diesem Streit nicht bloß um die Anzahl der Kasus – fünf (Nominativ, Genitiv, Dativ, Akkusativ, Vokativ) oder nur vier – geht, sondern darum, ob man bestimmte sprachliche Formen wie etwa den Nominativ ungeprüft mit logischen Kategorien wie ‹Subjekt einer Aussage› gleichsetzen darf, oder ob man nicht präzise wie die Stoa zwischen sprachlichen und logischen Kategorien trennen muß, um das Zusammenwirken beider besser verstehen zu können.

Die Logik von Aristoteles hingegen ist keine ‹Sprachlogik›. Deshalb finden sich seine wenigen Beobachtungen zur G. auch nicht in den logischen Schriften, sondern in der ‹Poetik›, eine Schrift, die auch den sprachlichen Ausdruck – léxis – behandeln muß. Die in den Kapiteln 19–22 gemachten Ausführungen stellen die erste vollständige Kurzgrammatik dar: Aristoteles unterscheidet einmal (i) verschiedene Sprechakte wie Befehlen, Bitten, Erzählen, Drohen, Fragen usw.; diese bezeichnet er als schḗmata tēs léxeōs, also als schḗmata der léxis (Ausdrucksmuster). Zum andern (ii) skizziert er die Grundelemente einer Laut- und Formenlehre, wobei er folgende Teile der léxis unterscheidet: Phonem/Buchstabe, Silbe, Konjunktion, Artikel, Namen (ónoma), Verb (rhḗma), Kasus (ptōsis), Satz/Text (lógos). Dem folgt eine Einteilung der Wörter in einfache vs. zusammengesetzte, in gängige vs. außergewöhnliche Wörter, aber auch eine Behandlung der Neologismen, des Genus und – vor allem – der Metapher. Abschließend diskutiert er (iii) die Tugenden des dichterischen Ausdrucks. Zu fragen ist, ob hier und in den anderen verstreuten Bemerkungen Aristoteles' zur Sprache schon, wie Ax [142] feststellt, «alle Dispositionsglieder der späteren ars grammatica [...] vertreten» sind. Diese Frage läßt sich nur dann bejahen, wenn man unter ‹Dispositionsglieder› bestimmte Problemfelder versteht, die freilich sowohl im methodischen Zugriff als auch in der Feinanalyse verschieden ausgeleuchtet werden. So geht es bezüglich des Problemfeldes (iii) in der ‹Poetik› um die Tugenden des poetischen Stils und nicht um die Bestimmung des hellēnismós wie in der Stoa. Das Problemfeld (ii) steckt zwar den Kernbereich der späteren G. ab, die Liste der léxis-Teile zeigt freilich, daß die beiden Seiten der Sprache – Laut vs. Bedeutung, Signifikant vs. Signifikat, Sprachform vs. Sprachinhalt – noch nicht begrifflich getrennt sind; daß nur die Nominativform wegen ihrer logischen Funktion in bestimmten Sätzen als ónoma bezeichnet wird; daß die Analyse der Sprachmittel noch nicht von ihrer logischen Funktion in bestimmten Verwendungsweisen absehen kann; daß deshalb auch die Beschreibung der sprachlichen Form der Wörter (bzw. der Verbal- oder Nominalflexion) nicht systematisch von der Analyse ihrer logischen Funktion in bestimmten Satztypen getrennt wird. Einen großen Teil dieser Fragen kann die Stoa vor allem deshalb lösen, weil sie immer fragt, wie *mit* und *in* Sprache sinnvoll gedacht wird. Diese Fragestellung verlangt eine klare Trennung von léxis und lógos, von phōnḗ und lektón, von Stimme und Gemeintem. Das Gemeinte, die lektá können unvollständig und vollständig (autotelḗs) sein. Unvollständig sind etwa für sich allein verwendete Prädikate, das gilt aber auch für alle übrigen Satzteile. [143] Vollständige lektá sind neben dem (1) apophantischen Logos, den die Stoa als axíōma (Aussage) bezeichnet, folgende nicht-assertorischen Redeformen: (2) Entscheidungsfrage, (3) Bestimmungsfrage *(Warum bist du hier?)*, (4) zweifelnde Frage *(Er ist hier. Was wird er tun?)*, (5) Befehl, (6) Eid, (7) Wunsch (Verwünschung), (8) Anrede, (9) (hypothetische) Annahme *(Falls er kommt,...)*, (10) Quasiaussage *(Wie schön doch dieses Gebäude ist!)*. [144] Ob in diese Unterscheidungen «durchweg und wesentlich eine sprechakttheoretische Komponente» eingeht [145], muß bezweifelt werden. Sicher werden in einzelnen Texten [146] Überlegungen in diese Richtung angestellt, doch die Stoa hat nie die pragmatische Ebene von der semantischen Dimension trennen können, eine Trennung, die für das Verständnis der Sprechakte als illokutive Akte notwendig ist. Hinzu kommt, daß diese Klassifikation grammatische (2)/(3), logische (9)/(10), soziale (8) und existentiell-literarische (4)/(6)/(7) Fragen vermischt. Deshalb wird man hier den Peripatetikern folgen müssen, die nur Behauptung, Frage, Wunsch (manchmal noch den Anruf) unterschieden. [147] Diese Unterscheidung stellt insofern einen Erkenntnisfortschritt dar, als sie genau den im Griechischen grammatikalisierten Sprechaktmodi entspricht: Aussage- und Fragesatz, Imperativ, Optativ. Dies gilt auch für die Ablehnung der stoischen Trennung der Eigennamen und Appellativa in zwei verschiedene Wortklassen, zumal die stoische Begründung, die Eigennamen zeigten eine spezifische Flexion, [148] nicht stimmig ist. Dennoch besteht zwischen den Peripatetikern und den Stoikern eine Verwandtschaft: beide privilegieren den apophantischen Logos. Dies ist auch die Grenze der antiken philosophischen Reflexion auf Sprache.

Anmerkungen:
1 vgl. H. Usener: Ein altes Lehrgebäude der Philol., in: ders.: Kleine Schr. II (1912/13) 265–314; E. Siebenborn: Die Lehre von der Sprachrichtigkeit u. ihren Kriterien. Stud. z. antiken normativen G. (1976) 32ff. u. 159ff.; W. Ax: Quadripertita Ratio, in: D. J. Taylor (Hg.): The History of Linguistics in the Classical Period (Amsterdam 1987) 17–40, 30ff. – **2** Usener [1] 267. – **3** vgl. H.-I. Marrou: Histoire de l'éducation dans l'antiquité (³1955) 203ff., 223ff., 370ff.; L. Holtz: Donat et la tradition de l'enseignement grammatical (Paris 1981) 6ff. – **4** Quint. I,4,2.; vgl. K. Barwick: Remmius Palaemon und die römische ars grammatica (1922). – **5** V. Di Benedetto: Dionisio Trace e la techne a lui attribuita, in: Annali della Scuola Norm. Sup. di Pisa, Cl. di Lettere, Storia e Filosofia 27 (1958) 169–210 u. 28 (1959) 87–118; ders.: At the Origins of Greek Grammar, in: Glotta 68 (1990) 19–39 (ähnlich schon 1822 C. G. Göttling in seiner Einl. zur Grammatica des Theodosios von Alexandria,

Vff.). Der Auffassung Di Benedettos folgen u. a.: J. Pinborg: Classical Antiquity: Greece, in: T. A. Sebeok (ed.): Current Trends in Linguistics 13 (The Hague/Paris 1975) 69–126; Siebenborn [1]; M. Baratin, F. Desbordes: La troisième partie de l'ars grammatica (1987), in: Taylor [1] 41–66; M. Baratin: La constitution de la grammaire et de la dialectique, in: A. Auroux (éd.): Histoire des idées linguistiques, I (Liège 1989) 186–206. – **6** vgl. G. Uhlig, den Hg. der ‹Techne› des Dionysios Thrax, in: Grammatici Graeci I,1 1883; H. Steinthal: Gesch. der Sprachwiss. bei den Griechen und Römern, 2 Bde. (²1890/91); A. Gudemann: G., in: RE, Bd. 7 (1912) Sp. 1780–1811; R. H. Robins: Ancient and Mediaeval Grammatical Theory (London 1951); ders.: Dionys Thrax and the Western Grammatical Theory in Europe, in: Transactions of the Philological Society (1957) 67–106; vgl. kritisch gegen Di Benedetto: R. Pfeiffer: Gesch. der klass. Philol. (1970) 324ff. und H. Erbse: Zur normativen G. der Alexandriner, in: Glotta 58 (1980) 236–258. – **7** Dionysios Thrax 1, in: Gramm. Graec. I/1,5. Sofern nicht anders vermerkt, werden die griech. G. nach den Grammatici Graeci, die lat. nach E. Keil: Grammatici Latini zitiert. – **8** ebd. – **9** vgl. A. Wouters: The Grammatical Papyri from Graeco-Roman Egypt (Brüssel 1979) und Di Benedetto (1990) [5] 29ff. – **10** Dionysios Thrax 11, in: Gramm. Graec. I/1,22. – **11** ebd.; zum folg. Steinthal [6] I,297ff. u. II,209ff., Barwick [4] 4ff. u. 81ff.; Robins (1951) [6] 40ff.; Holtz [3] 58ff., F. Lambert: Théorie syntaxique et tradition grammaticales: Les parties du discours chez Apollonius Dyscole, in: Arch. et Doc. de la Soc. d'Hist. et d'Epistémologie des Sciences du Langage 6 (1985) 115–132. – **12** vgl. Apollonios Dyscolos I,13ff., in: Gramm. Graec. II/2,15ff. – **13** ebd. I,14, in: Gramm. Graec. II/2,16. – **14** vgl. Priscian II,16ff., in: Gramm. Lat. II,54ff.; ders.: XVII, 12ff., in: Gramm. Lat. III,155f. – **15** Diomedes, in: Gramm. Lat. I,300; Donatus, in: Gramm. Lat. IV,355 und in Holtz [3] 585. – **16** vgl. Holtz [3] 66. – **17** vgl. Quint. I,4,17–21. – **18** ebd. I,4,21. – **19** Dionysios Thrax 12, in: Gramm. Graec. I,1,24; zum folg. Steinthal [6] II,237ff. – **20** vgl. Di Benedetto (1959) [5] 100ff. – **21** Steinthal [6] II,255. – **22** vgl. Di Benedetto (1959) [5] 104ff. – **23** Steinthal [6] II,260. – **24** ebd. – **25** vgl. Priscian II,31, in: Gramm. Lat. II,62; Donatus, in: Gramm. Lat. IV,373ff. und in Holtz [3] 614ff. – **26** Apollonios Dyscolos I,16, in: Gramm. Graec. II/2,18. – **27** ebd. III,87. – **28** ebd. II,18; III,147; III,136; III,148; I,28; vgl. V. Bécares Botas: Introducción, in: ders. Apolonio Díscolo: Sintaxis (Madrid 1987) 9–70, 24ff. – **29** vgl. ebd. 29. – **30** Apollonios Dyscolos III,16, in: Gramm. Graec. II/2, 351ff. – **31** ebd. I,51; III,25; III 61. – **32** vgl. F. Lambert: Le terme et la notion de diáthesis chez Apollonius Dyscole, in: J. Collart: Varron, grammaire antique et stylistique latine (Paris 1978) 245–262. – **33** vgl. F. W. Householder: Introduction, in ders.: The syntax of Apollonios Dyscolos, transl. and with comm. (Amsterdam 1981) 10ff. und 163 (Übers. zu III 25). – **34** Apollonios Dyscolos III,61. – **35** Steinthal [6] II,339. – **36** Apollonios Dyscolos I,1. – **37** ebd. I,25 sowie II,9 und II,28. – **38** ebd. I,39. – **39** vgl. ebd. III,8–10. – **40** ebd. III,9. – **41** vgl. E. Egger: Apollonius Dyscole. Essai sur l'histoire des théories grammaticales dans l'antiquité (Paris 1854; ND 1987) 150ff. u. 237ff.; Steinthal [6] II, 339ff.; F. Householder [33] 2ff.; D. L. Blank: Ancient Philosophy and Grammar. The Syntax of Apollonios Dyscolos (Chico 1982) 7ff.; Baratin (1989) [5] 231ff. – **42** Bécares Botas [28] 36. – **43** Steinthal [6] II,341. – **44** vgl. Apollonios Dyscolos III,61 u. 157. – **45** vgl. L. Tesnière: Eléments de syntaxe structurale (Paris 1959). – **46** vgl. V. Lenders, G. Willée: Linguistische Datenverarbeitung (1988) 106ff. – **47** vgl. bes. D. J. Taylor: Declinatio. A study of the linguistic theory of M. T. Varro (Amsterdam 1974); H. Dahlmann: Varro und die hellenistische Sprachtheorie (1932); ders.: Varro: De lingua latina Buch VIII (1940, ²1966); J. Collart: Varron. De ling. lat. livre V (Strasbourg 1954); Collart [32]; A. Traglia: Introduzione zu: M. T. Varronis De lingua Latina X, (Rom 1967); F. Cavazza: Studio su Varrone etimologo e grammatico (Florenz 1981); P. Flobert: Introduction zu: Varron. La langue latine. Livre VI, Paris, éd., trad. et comm. (Paris 1985). – **48** vgl. Gramm. Lat., VIII,1 und VII,110 (zit. n. Goetz-Schoell 1910; ND 1964). – **49** vgl. R. G. Kent: Varro: On the Latin Language, ed. and transl., 2 Bde. (Cambridge 1951) 381. – **50** Varro VIII,44; IX,31 X,17, in: Gramm. Lat. – **51** ebd. VIII,9. –

52 ebd. VIII,21-22. - 53 vgl. Taylor [47] 39ff. - 54 Varro [50] X,53. - 55 ebd. VIII,80. - 56 ebd. IX,35. - 57 Taylor [47] 26ff.; vgl. dagegen Dahlmann (1932) [47] 85ff. und Dahlmann (1940) [47] 84ff. - 58 Varro [50] VIII,23. - 59 ebd. VIII,23 und X,16. - 60 vgl. Dahlmann (1932) [47] 11ff. - 61 Flobert [47] vi. - 62 vgl. R. Schröter: Stud. zur varronischen Etymologie I, Akad. Mainz, 12 (1959); ders.: Die varronische Etymologie, in: Entretiens sur l'antiquité classique 9, Varron, Fondation Hardt (Genf 1963) 79–100. - 63 Vgl. W. Pfaffel: Quartus gradus etymologiae, Unters. zur Etymologie Varros in "De lingua Latina" (1981); ders.: Wie modern war die varronische Etymologie? in: Taylor [1] 207–228 und die Kommentare von Flobert [47]. - 64 Gramm. Lat. V,96, übers. v. Pfaffel [63] 211. - 65 ebd. IX,2–3. - 66 Gudeman [6] 1801. - 67 vgl. D. Fehling (1956/57): Varro und die grammatische Lehre von der Analogie und der Flexion, Glotta 35, 214–270/Glotta 36, 48–100; ebenso Pinborg [5] 106ff.; J. Collart: Analogie et anomalie, Entretiens sur l'antiquité classique 9, Varron, Fondation Hardt (Genf 1963) 117–132; vgl. dagegen Dahlmann (1932) [47]. - 68 vgl. Collart [67] 129. - 69 Siebenborn [1] 100ff. - 70 vgl. K. Barwick: Probleme der stoischen Sprachlehre und Rhet., Abh. Sächs. Ak. d. Wiss., phil.-hist. Kl. 49,3 (1957) 34ff. - 71 C. K. Callanan: Die Sprachbeschreibung bei Aristophanes von Byzanz (1987) 112; W. Ax: Aristophanes von Byzanz als Analogist, in Glotta 68 (1990) 4–18; Pfeiffer [6] 213ff. - 72 vgl. Fehling [67] 78 ff.; Siebenborn [1] 114ff. - 73 vgl. Siebenborn [1] 112ff. - 74 Cic. Or. 155–162. - 75 vgl. Quint. I,6,1–27, bes. I,6,17. - 76 ders. I,6,2. - 77 ders. I,6,45. - 78 vgl. Siebenborn [1] 32ff. - 79 J. Lyons: Introduction to Theoretical Linguistics (London 1968; dt. 1971) 7. - 80 Belege sind bei Fehling [67] 222ff. und 233ff. zusammengestellt und zitiert; vgl. Barwick [4] 213ff.; Collart [67] 125ff.; Siebenborn [1] 53ff. - 81 vgl. Quint. I,6,30. - 82 vgl. Varro [50] IX,6,11,14,18 u. Siebenborn [1] 96f. - 83 Siebenborn [1] 153. - 84 Diomedis, Art. Gramm. Lib II, De Latinitate, in Gramm. Lat. I, 439. - 85 vgl. Siebenborn [1] 56ff. Zur Analogie in der Rhet.: E. Eggs: Die Rhet. des Aristoteles (1984) 316ff., 391ff. - 86 vgl. Taylor [47] 46ff. - 87 J. Wackernagel: De pathologiae veterum initiis (Diss. 1876); vgl. Siebenborn [1] 108ff., 150f.; Ax [1] 25f. - 88 vgl. Fehling [67] 251ff.; Siebenborn [1] 54ff. - 89 Usener [1] 296ff.; Barwick [4] 258. Anm. 3. - 90 Siebenborn [1] 92. - 91 Herodiani technici reliquiae, in: Gramm. Graec. III/1,5. - 92 Sextus Empiricus, Adversus mathematicos I,200. - 93 K. Versteegh: Latinitas, Hellenismos, 'Arabiyya, in: Taylor [1] 251–274; dazu Rez. v. F. W. Householder, in: Historiographia Linguistica 16 (1989) 131–148. - 94 Steinthal [6] II,25/6. - 95 vgl. P. Bourdieu: Ce que parler veut dire (Paris 1982). - 96 vgl. Collart [67] 130f. - 97 Versteegh [93] 256. - 98 ebd. 261. - 99 vgl. [7]. - 100 Quint. I,5,1ff. - 101 Auct. ad Her. IV,12,17. - 102 Quint. I,6,32; vgl. VIII,5,35. - 103 ders. I,8,14–16. - 104 ders. IX,3,9. - 105 ders. I,5,53. - 106 M. Baratin: Les difficultés de l'analyse syntaxique, in: Auroux [5] 228–242, 236. - 107 vgl. Quint. IX,3,1. - 108 vgl. etwa Anm. 148, S. 123 der Übers. v. H. Rahn, Bd. I (1988); richtig Baratin, Desbordes [5] 58ff. - 109 vgl. Holtz [3] 136–216. - 110 vgl. ebd. 183ff.; Baratin, Desbordes [5] 46ff. - 111 Donat, Ars maior III,5, in: Gramm. Lat. IV,397; Holtz [3] 663. - 112 Quint. I,5,38ff.; vgl. H. Lausberg: Hb. d. lit. Rhet. (1973) I,250ff.; Ax [1]. - 113 Holtz [3] 172ff. - 114 Quint. I,5,41. - 115 ders. IX,3,2. - 116 vgl. Lausberg [112] 282. - 117 Quint. VIII,6,1. - 118 ders. IX,1,4. - 119 Donat, Ars maior III,6, in: Gramm. Lat. IV,399. - 120 M. Pohlenz: Die Begründung der abendländischen Sprachlehre durch die Stoa, in: Nachr. v. d. Ges. d. Wiss. zu Göttingen, NF 3 (1938/39) 151–198; Barwick [6] 95ff.; Baratin, Desbordes [5] 44ff. - 121 vgl. FDS fr. 594–604. Zur Stoa R. T. Schmidt: Stoicorum Grammatica (1839; dt. Übers. K. Hülser 1979); Pohlenz [120]; M. Frede: The Origins of Traditional Grammar, in: R. E. Butts, J. Hintikka (eds.): Historical and Philosophical Dimensions of Logic, Methodology and Philosophy of Science (Dordrecht 1977) 51–79; ders.: Principles of Stoic Grammar, in: J. M. Rist (ed.): The Stoics (Berkeley 1978) 27–76; U. Egli: Stoic Syntax and Semantics, in: Taylor [1] 107–132; allg. vgl. M. L. Colish: The Stoic Tradition from Antiquity to the Early Middle Ages, 2 Bde (Leiden 1985). - 122 FDS fr. 55; vgl. fr. 33–35. - 123 vgl. Eggs [85] 412ff. - 124 Aristoteles, De anima II 8; dazu W. Ax: Laut, Stimme und Sprache (1986) 122ff. - 125 Aristoteles, De interpretatione 16a3–9. - 126 U. Eco, R. Lambertini et al.: On animal language, in: U. Eco, S. Marmo: On the Mediaeval Theory of Signs (Amsterdam 1989) 3–41, 5ff. - 127 Aristoteles [125] 16a 19. - 128 ders.: Poetik 1456b 22ff. - 129 vgl. F. de Saussure: Cours de linguistique générale (Paris 1916/1969). - 130 Aristoteles [125] 16b 5. - 131 vgl. Diogenes Laërtius VII 41ff. (= FDS fr. 33). - 132 vgl. Sextus Empiricus [92] VIII 1ff.; Ax [124] 153ff. - 133 Ax [124] 202ff.; allg. zu Phonem/Schrift J. Derrida: De la grammatologie (Paris 1967). - 134 vgl. aber Ax [124] 198ff. - 135 vgl. FDS fr. 475,504,510. - 136 vgl. Steinthal [6] I, 240ff.; H. Koller: Die Anfänge der griech. G., in: Glotta 37 (1958) 5–40, 28ff. - 137 Aristoteles [125] 16b 14ff.; ders. [128] 1457a 14ff. - 138 ders. [125] 16b 9ff. - 139 vgl. FDS fr. 791–806. - 140 vgl. FDS fr. 807–826; vgl. C. H. M. Versteegh: The Stoic Verbal System, in: Hermes 108 (1980) 338–352. - 141 FDS fr. 776 (Übers. Hülser). - 142 Ax [124] 138. - 143 vgl. FDS fr. 773–779. - 144 vgl. D. M. Schenkeveld: Stoic and Peripatetic Kinds of Speech Act and the Distinction of Grammatical Moods, in: Mnemosyne 37 (1984) 291–353, 310; FDS fr. 897–908. - 145 so Hülser in FDS 1132. - 146 vgl. FDS fr. 909. - 147 vgl. FDS fr. 899. - 148 vgl. FDS fr. 567.

II. *Mittelalter.* Griechisch ist zunächst Bildungssprache in Rom und noch lange sollten die römischen Knaben zuerst in Griechisch unterrichtet werden: «Mit der griechischen Sprache», so QUINTILIAN, «soll der Knabe am besten anfangen, weil er das Lateinische, dessen sich ja die meisten bedienen, sowieso auch gegen unseren Willen in sich aufsaugen wird; zugleich auch deshalb, weil die griechischen Unterrichtsfächer, von denen ja auch die unseren sich herleiten, den Anfang bilden müssen». Doch dies dürfe nicht «so übertrieben» geschehen, «daß der Knabe lange Zeit nur griechisch spricht oder lernt, wie das so weithin üblich ist». [1] Diese Wertschätzung des Griechischen zeigt sich auch darin, daß in den östlichen und griechisch-sprechenden Provinzen die Verwaltungsakte ins Griechische übersetzt werden: südlich der ‹Via Egnatia›, also jener Straße, die von Apollonia über Thessalonica nach Byzanz führte, kann sich das Latein nie durchsetzen. [2] Erst im 3. Jh. n. Chr. nimmt diese Hochschätzung des Griechischen an weströmischen Schulen spürbar ab. In Ostrom freilich erobert sich das Griechische wieder die Domäne des Rechts und der Verwaltung; Kaiser JUSTINIAN erläßt im 6. Jh. in Konstantinopel mit großem Bedauern seine Gesetze auf Griechisch: «das römische Reich wurde tatsächlich zu einem hellenischen Imperium». [3] In der Westromania freilich bleibt Latein auch nach dem Niedergang des Römischen Reichs und nach den Völkerwanderungen die Sprache einer kulturellen Elite. Auf diese weltliche, aber auch auf die inzwischen entstandene geistliche Elite können sich im 8. Jh. die Karolinger stützen. Mit diesen wird «Latein [...] zur Gelehrtensprache und bleibt es während des ganzen Mittelalters». [4] Doch mit dem Latein übernimmt das Mittelalter – begleitet und überwacht vom römisch-lateinischen Klerus – die römische Kultur in ihrer ganzen Breite: Recht, Verwaltung, Wissens- und Erziehungsorganisation. Latein wird zwar im Mittelalter zur Rechts-, Verwaltungs- und Gelehrtensprache, es wird jedoch nie, wie das Griechische, zur Standardvarietät einer kulturellen Elite. Diese spezifische Situation erklärt nicht bloß die besondere Bedeutung der lateinischen Schulgrammatik im Mittelalter (um zur Elite in kirchlicher und weltlicher Verwaltung zu gehören, mußte man die 'Fremdsprache' Latein lernen) und des römischen Bildungssystems; diese Situation erklärt auch, daß die mittelalterliche G. gegenüber der pragmatischen Dimension von Sprache (wie sie in den

'Sprechakten' der Stoa, aber auch im 'Sprachgefühl' des Apollonios Dyskolos zum Vorschein kam) blind bleiben muß und letztlich nur eine spekulative G., d. h. eine philosophische Fundierung und Systematisierung der antiken G. hervorbringen kann. Schulgrammatik und spekulative G. bilden die Pole der beiden gegenläufigen Tendenzen der mittelalterlichen G.: einerseits Didaktisierung der (lateinischen) Sprache, andererseits ihre Logisierung.

Im Hinblick auf die Schulgrammatik nur festzustellen, daß DONAT und PRISCIAN zu den wichtigsten grammatischen Traktaten werden [5], verdeckt die Tatsache, daß Donat der Schulautor ist und bleibt ('Donatus' konnte deshalb synonym zu G. verwendet werden), während Priscians ‹Institutio grammaticae›, in der Regel auf einer höheren Unterrichtsstufe unterrichtet, zu einer intensiven theoretischen Reflexion und Diskussion, gerade auch in der spekulativen G. der Modisten, Anlaß gibt.

Daß sich die ‹Ars Donati› aus dem 4. Jh. gegen die Abhandlungen der Zeitgenossen – CHARISIUS, CONSENTIUS, DIOMEDES u. a. – durchsetzen konnte, führt Holtz auf die folgenden vier Gesichtspunkte zurück: (i) Die pädagogisch motivierte Unterscheidung in zwei Phasen des Grammatikunterrichts (1. ‹Ars minor›, in der die Satzteile in Frage/Antwortform eingeübt werden; 2. ‹Ars maior› mit den drei Teilen (I) Lautlehre, (II) Formenlehre, (III) Fehler/Tugenden); (ii) die Kürze der Darstellung: wenig Definitionen, dafür eine Aufzählung von Termini mit Beispielen; (iii) der Verzicht auf explizite Nennung der zitierten Autoren; (iv) die Behandlung der schwierigen Fragen am Ende eines Abschnitts. [6] Der Durchbruch gelingt freilich erst mit SERVIUS, Nachfolger Donats als *grammaticus urbis Romae*. Dem folgen im 5. und 6. Jh. eine Fülle von Kommentatoren in der ganzen Romania – bis hin nach Konstantinopel, wo Priscian im 6. Jh. seine ‹Institutio grammaticae› schreibt (Priscian benutzt Donat als Quelle, grenzt sich aber zugleich von ihm ab), aber auch außerhalb der Romania [7] – bis hin nach Irland, wo sich schon früh eine von christlichen Missionaren und Mönchen angeregte grammatische Kultur entwickelt (erste Kommentare zu Donat sind für das 7. Jh. belegt). [8] Auch in der karolingischen Renaissance wird Donat zum Kompendium für den Grammatikunterricht; doch diese Renaissance bringt auch eine größere Kenntnis anderer Traktate mit sich, insbesondere des Monumentalwerks Priscians in 18 Büchern, das freilich nicht als Ganzes, sondern in Exzerpten, Teilmanuskripten und Kommentaren gelesen und tradiert wird. Doch am Ende der Karolingerzeit beginnen ‹Ars minor› und ‹Ars maior› auseinanderzubrechen. Nach 1100 werden beide nicht mehr zusammen überliefert: die ‹Ars minor› wird bis ins 15. Jh. im Elementarunterricht eingesetzt (freilich mit vielen Zusätzen und Veränderungen). Gleichzeitig wird die ‹Ars maior› insbesondere für den höheren Unterricht immer mehr von Priscian verdrängt; der dritte Teil der ‹Ars maior›, die *vitia* und *virtutes*, verselbständigt sich immer mehr und wird mit vielerlei Zusätzen und Umstellungen als Einzelwerk tradiert. [9] Dieser Teil fehlt im Priscian. Priscian verdrängte Donats Laut- und Formenlehre nicht nur wegen der Syntaxbücher XVII und XVIII seiner ‹Institutio grammaticae›, sondern auch, weil die Lautlehre (I,1–II,14) und vor allem die Formenlehre (II,14–XVI) ausführlicher und kompetenter behandelt werden. Priscian ist sicherlich ein Epigone, insofern er aber dem Apollonios Dyskolos folgt und selbst oft auf die griechische Tradition, insbesondere die Stoa, verweist, stellt er für das Mittelalter ein wichtiges Bindeglied zur griechischen Sprachphilosophie und G. dar, die wiederum dem Mittelalter erst wieder 'direkt' durch Übersetzungen aus dem 12. Jh. zugänglich wird. Doch auch Priscian wird nicht integral tradiert: die Syntaxkapitel kursieren als ‹Constructiones› (oder als ‹Priscianus minor›), die übrigen Teile, auch als ‹Priscianus maior› bezeichnet, werden oft mit Kommentaren und Erläuterungen versehen im Unterricht eingesetzt. [10] Im 12. Jh. finden sich sogar Manuskripte mit dem Titel ‹Incipit Barbarismus Prisciani› («Hier beginnt der Barbarismus Priscians») [11], obwohl mit Barbarismus ursprünglich der dritte Teil des ‹Donatus maior› (das erste Wort dieses Teils ist *barbarismus*) bezeichnet wird und Priscian, hierin ganz der griechischen Tradition folgend, diesen Teil nicht gesondert in seiner G. behandelt. Man muß also von einem Geflecht von Kommentaren, anonymen Zusätzen oder Einzeldarstellungen zu grammatischen Fragen ausgehen, in dem sich zwar Donat und Priscian als Bezugsautoren herauskristallisieren, ohne freilich spätlateinische Grammatiker wie Diomedes, Servius u. a. oder Enzyklopädisten wie CAPELLA (4./5. Jh.), CASSIODOR (6. Jh.) und vor allem ISODOR [12] ganz verdrängen zu können.

Hinter diesem vielfältigen Geflecht lassen sich jedoch eindeutig vier Bereiche und *officia* der G. ausmachen: es sind dies die beiden Kernbereiche der antiken G., (i) Laut- und (ii) Formenlehre sowie die beiden Randbereiche der antiken G., (iii) Laster/Tugenden und (iv) Syntax. Für die *grammatica positiva* [13] des Mittelalters, also die G., die sich um richtige und zugleich didaktisch griffige Regeln für die Vermittlung des Lateins zu kümmern hat, gibt es kein ambivalentes Zögern hinsichtlich des Redeschmucks wie für die Antike mit und nach Quintilian: *vitia* und vor allem *virtutes* (also fast die ganze *elocutio* der klassischen Rhetorik) gehören zur G. Dies bestätigen auch die beiden mittelalterlichen Grammatiken, die den Traktat Priscians ablösen wollen und zum Teil auch können: das ‹Doctrinale› (1199) von ALEXANDER VON VILLA DEI [14] und der ‹Graecismus› (1212) von EBERHARD VON BETHUNE (ca. 1200). [15] Der Erfolg dieser beiden Grammatiken ist nach Abelson und Murphy nicht nur darauf zurückzuführen, daß sie in Versen geschrieben sind, sondern vor allem auch darauf, daß sie insofern aktueller sind, als sie einige wenige Beispiele aus der Bibel und neue, im mittelalterlichen Latein verwendete Termini der Volkssprachen enthalten. [16] So wird etwa im ‹Graecismus› ein Psalm Davids zitiert und der Beelzebub taucht im 1. Kapitel auf [17] – dennoch sind diese Beispiele im Vergleich zu den Zitaten aus den Klassikern Horaz, Lucan, Ovid und Vergil verschwindend gering. [18]

In der Sache aber unterscheiden sie sich nicht von ihren römischen Vorbildern, deren Teile sie jedoch mischen, anders anordnen und anders gewichten. Die ‹Ars minor› von Donat behandelt nur die Formenlehre («Satzteile»), seine ‹Ars maior› hingegen hat drei Teile: Lautlehre (I), Formenlehre (II) Laster und Tugenden (III); der letzte Teil fehlt bei Priscian, der stattdessen die Syntax abhandelt (die Formenlehre nimmt in der ‹Institutio› Priscians den weitaus größten Raum ein: Lautlehre (I,1–II,14), Formenlehre (II,14–XVI), Syntax (VXII–VXIII)). [19] Im ‹Doctrinale› wie im ‹Graecismus› werden Laster/Tugenden und Syntax mit abgehandelt, sie haben also, obgleich nur in Kapitel eingeteilt, vier verschiedene Teile: In den zwölf Büchern des ‹Doctrinale› werden zunächst die Formenlehre (1–7), dann die Syntax (Rektion und Konstruktion) (8–9), dann die Verslehre (Quantität und Akzent) (10–11) und schließlich der Redeschmuck (12) abgehandelt (die beiden letzten werden in Handschriften des 13. und 14. Jh. oft zu einem Teil zusammengefaßt). Im ‹Graecismus› werden hingegen die *virtutes* und *vitia* (Metaplasmen, Schemata, Tropen; Barbarismen und Solözismen; einige Varia) zuerst abgehandelt, dann die Laut- und Formenlehre und schließlich die Syntax.

Das ‹Doctrinale› ist didaktischer konzipiert und deshalb auch erfolgreicher als der ‹Graecismus›. So werden im ‹Doctrinale› zuerst die regelmäßigeren Deklinations- und Konjugationsformen, dann die Ausnahmen abgehandelt. Diese Form setzt sich langfristig durch – so findet sie sich etwa noch in der lateinischen Schulgrammatik von LANCELOT (1677). Das ‹Doctrinale› und der ‹Graecismus› sind nicht für den Anfangsunterricht bestimmt, sie setzen vielmehr schon die Kenntnis des ‹Donatus minor› voraus – beide treten somit in Konkurrenz zu Priscian. [20] Beide Traktate – sicherlich auch durch die Versform bedingt – verstärken jedoch die schon bei Donat beobachtete Tendenz, G. auf Klassifikationslisten zu reduzieren.

Doch hinter diesen Listen in Versform zeigt sich in beiden Werken eine Tendenz zur Verselbständigung des Poetisch-Literarischen. Aufgrund einer langen philologischen Praxis gehört dieses bei den Griechen und Römern gleichsam noch natürlich zur G. An Dichtern illustriert man nicht nur den abweichenden, sondern gerade auch den gewöhnlichen Sprachgebrauch. Diese Ordnung durchbricht der ‹Graecismus› in doppelter Hinsicht: einmal dadurch, daß er den Redeschmuck zuerst behandelt, zum andern, daß er Akzent, Rhythmus und Metrik, also Versfragen, vor der eigentlichen Lautlehre abhandelt (Donat behandelt diese Fragen in seiner Lautlehre nach den Phonemen/Graphemen und Silben). Diese Tendenz zur Herauslösung und Verselbständigung des Poetischen aus der G. (und der Rhetorik) verstärkt sich im 13. Jh. und führte nach Murphy zu einer Reihe von «preceptive grammars of the ars poetriae» [21] wie etwa der ‹Poetria nova› des GALFRED VON VINOSALVO, dem ‹Laborintus› von EBERHARDUS ALEMANNUS oder dem Traktat ‹De Arte prosayca, metrica, et rithmica› des JOHANNES VON GARLANDIA. [22] Diese präskriptiv-didaktischen Poetiken kann man einfach deshalb nicht als Grammatiken bezeichnen, weil in ihnen der Kernbereich jeder G., eben die Laut- und Formenlehre, nicht zur Sprache kommt. Man kann deshalb das Entstehen dieser Poetiken im 13. Jh. nur als Beginn der die Neuzeit kennzeichnenden Autonomisierung des Poetisch-Literarischen begreifen.

Die Figurenlehre gehört noch für JOHANNES VON SALISBURY ganz natürlich zur G. Sein ‹Metalogicus› (1159) diskutiert nicht nur pädagogische Fragen des Triviums, er ist zugleich eine 'ciceronianisch eingefärbte' erkenntnis- und wissenstheoretische Diskussion des Triviums mit eindeutiger Privilegierung der Logik gegenüber der Rhetorik (letztere wird erst innerhalb der Logik zusammen mit der Dialektik im Kontext der wahrscheinlichen Schlüsse behandelt). [23] Die G. hingegen behält ihre Rolle als Propädeutikum, aber auch als Grundlage jeder Logik und Philosophie. Dies unterstreicht Salisbury am Ende des ersten Kapitels des ‹Metalogicus›, in dem die G. abgehandelt wird, durch einen Verweis auf Quintilian [24] – *orator* ist freilich bei Salisbury nicht mehr der Redner und Rhetor, sondern der Philosoph und Gelehrte. Auch Salisbury steckt das klassische Arbeitsfeld der G. (Laut-, Formenlehre, Tugenden/Laster) ab, die Trennung von Barbarismen und Solözismen einerseits und von Metaplasmen, Schemata, Tropen/Figuren andererseits ist vorhanden, dennoch handelt es sich um eine fundamental andere Bestimmung der klassischen Grammatikteile. So ist zwar die Kenntnis von Schemata, Tropen und Figuren wichtig, nicht aber, um damit den normalen Sprachgebrauch auszuschmücken: «Die menschliche Rede ist nämlich eingerichtet worden, um den Intellekt zu explizieren (Nam sermo institutus est, ut explicet intellectum)». [25] Alles abweichende Sprechen führt im Verbund mit Scheinschlüssen zur «Vernebelung der Köpfe der Zuhörer»; deshalb moniert Salisbury auch, daß einige seiner Zeitgenossen die Tugenden und Laster der Rede nicht mehr behandelten, eine «Nachlässigkeit» in Anbetracht der Tatsache, daß die meisten großen Grammatiker «Donat, Servius, Priscian, Isidor, Cassiodor, unser Beda und viele andere» dies getan hätten. [26] Man muß sich mit diesen Autoren eine profunde Kenntnis der Abweichungen, Mehrdeutigkeiten und Unklarheiten an konkreten Texten erarbeiten, um sie selbst vermeiden zu lernen: «Die höchste Tugend der Rede ist Präzision und Klarheit [perspicuitas] sowie leichte Verständlichkeit [facilitas intellegendi]». [27] Wenn Metaplasmen, Schemata, Tropen und Figuren überhaupt verwendet werden, dann nur als Redeschmuck in der Dichtung. Damit ist auch bei Salisbury die Trennung von Poetik und G. vollzogen. Daß diese auch für seine Epoche gilt, bestätigen seine Ausführungen in I,17, wo er von mehreren Autoren spricht, welche die Poetik von der G. abtrennen. Es bleibt zu fragen, warum Salisbury dann noch für eine Integration der Poesie in die G. plädiert. Die Antwort ist in dem alten Topos zu suchen, daß «die Regeln [praecepta] der Poesie die Seinsweisen [mores] der Natur klar ausdrücken». [28] Da auch die G. die Natur nachahmt – eine Auffassung, die schon in der Sprachpathologie zu finden ist [29] – gehört die Poetik in die G. Wenn Sprachen auch konventionell und *ad placitum* sind, so ahmt G. in vermittelter Weise immer noch die Natur nach, weil ein Teil der Sprache seinen Ursprung in der Natur hat: das sähe man noch heute an bestimmten Analogien bzw. Strukturidentitäten zwischen Sprachen und Natur wie z. B. der Tatsache, daß es in allen Sprachen nach Salisbury nur fünf Vokale gibt. [30]

Diese Trennung von G. und Poetik geht mit einer Logisierung der G. einher. So wird das Nomen substantialistisch definiert: Ein Wort ist dann «ein Substantiv [nomen substantivum], wenn es die Substanz bezeichnet»; damit wird es klar vom Adjektiv unterscheidbar, das als «etwas, das in der Substanz drin ist, oder etwas in der Art» [31] bestimmt wird. Diese Logisierung zeigt sich auch in der ausführlichen Diskussion des Unterschieds zwischen *prima impositio* und *secunda impositio* [32] – auch dies ein Novum im Vergleich zur antiken G. Der Unterschied zwischen beiden Impositionen läßt sich leicht am beliebten mittelalterlichen Beispiel «das kategorische Pferd» verdeutlichen: «Pferd» ist hier die erste, «kategorisch» die zweite Setzung *(impositio)*; moderner gesagt: «Pferd» ist ein objektsprachlicher, «kategorisch» ein metasprachlicher Ausdruck. Salisbury stellt sich das ganz realistisch vor: zuerst haben die Menschen die ersten, objektsprachlichen Wörter gesetzt, dann die zweiten, metasprachlichen, 'Wörter *über* Wörter'. Diese Unterscheidung findet sich schon in der spätantiken Logik, wird aber erst in der mittelalterlichen Sprachtheorie zu einer Art Zweischichtenmodell systematisch ausgebaut. [33] Salisbury ist Schwellenautor: einerseits übernimmt und verteidigt er das Aufgabenfeld der römisch-lateinischen G., andererseits bricht er durch die Trennung von Poetik und G. sowie durch die Logisierung der G. mit dieser Tradition.

Mit dieser Logisierung der G. wird vor allem im 12. Jh. der Weg zur spekulativen G. geebnet. Die schon im 10. Jh. beginnende «Boethius-Renaissance» [34], d. h. die Beschäftigung mit der ‹logica vetus› (vornehmlich ‹Kategorienlehre›, ‹De interpretatione› und ‹Topik›), wie sie vor allem in den Schriften von BOETHIUS und seinen Kommentaren zu Aristoteles und Cicero vorlag, führt zu einer schrittweisen Aufhebung der Grenzen zwischen Logik und G. Diese Bewegung wird im 12. Jh. durch die Übersetzungen der großen aristotelischen Logik-Schriften (‹Analytiken›, ‹Topik›, ‹Sophistische Widerlegungen›) so verstärkt, daß man mit Pinborg von «der Verschmelzung von G. und Logik, die für das 12. Jh. typisch ist» [35], sprechen kann.

Diese Verschmelzung ist «zunächst fruchtbar, weil die beiden sich aus ihren Quellen ergänzen und die Problemstellungen so verfeinert werden konnten» [36], sie wirkt sich dann aber auch nachteilig aus, weil die G. oft zu weit der logischen Norm folgt und die Logik zu sehr die lateinischen Kategorien verabsolutiert. Doch gegen diese Verschmelzung, wie sie etwa bei ANSELM VON CANTERBURY, GILBERT VON POITIERS oder ABAELARD zu finden ist, lassen sich schon früh – insbesondere in den Priscian-Kommentaren des PETRUS HELIAS (um 1140–1150) [37] – Bestrebungen ausmachen, beide Disziplinen streng auseinanderzuhalten. Beide Bewegungen führen dann in der G. zur Konzeption einer allgemeinen Linguistik (die im 13. Jh. in der spekulativen G. der Modisten entwickelt wird) und in der Sprachphilosophie zur terministischen Logik bzw. zur Suppositionslehre.

Die terministische Logik versucht, die Bedeutung und Funktion der Grundterme in einem Urteil zu klären. Ein prinzipielles Problem ergibt sich schon aus der von Priscian gegebenen Definition des Nomens, dessen Eigentümlichkeit darin besteht, «Substanz und Qualität zu bedeuten» (Proprium est nominis substantiam et qualitatem significare). [38] Die scholastische Diskussion der Frage nach der Bedeutung von ‹significare› ist nur zu verstehen, wenn man sich die oben zitierte aristotelische Definition des sprachlichen Zeichens in Erinnerung ruft: «Es ist also das, was in der Stimme ist, Symbol seelisch-geistiger Eindrücke und das geschriebene Symbol dessen, was in der Stimme ist. Und wie nicht alle dieselben Schriftzeichen haben, so sind auch die Stimmlaute nicht bei allen dieselben. Die seelisch-geistigen Eindrücke aber, für die Laut und Schrift zuallererst Zeichen sind, sind überall gleich und so auch die Dinge, deren Abbilder die seelisch-geistigen Eindrücke sind». [39] Diese Stelle wird im 12. und 13. Jh. fast durchgängig [40] so verstanden, daß das ‹Stimmliche›, die *vox* direkt den Begriff bedeutet *(significare)* und die außersprachlichen Dinge oder Zustände *(res)* indirekt – weil vermittelt über diesen Begriff – bezeichnet *(appellare, nominare)*. Danach ist *significare* bei Priscian doppelt zu verstehen: ein Nomen hat eine bestimmte Bedeutung *(significatio)*, über die eine Referenz zur Wirklichkeit *(appellatio)* hergestellt wird. Dabei ist die Beziehung zwischen *vox* und *conceptus* wie schon bei Aristoteles *ad placitum* – so die lateinische Übersetzung des katá synthḗkēn in der aristotelischen Definition: «Das Wort [ónoma] ist ein Lautkörper [phōnḗ], der bedeutet [sēmantiké] gemäß Übereinkunft [katá synthḗkēn]». [41] Auch die mittelalterliche

Philosophie diskutiert in diesem Kontext sehr detailliert die Gemeinsamkeiten und Unterschiede der verschiedenen Geräusche und Stimmen, der Tier- und Menschenlaute sowie der Sprachlaute. [42] Wenn auch die Bezeichnungen in dem skizzierten dreigliedrigen Grundmodell *vox-conceptus-res* schwanken und die einzelnen Wortarten unterschiedlich hinsichtlich des Bedeutens und Bezeichnens interpretiert werden [43], im wesentlichen besteht bis ins 13. Jh. hinein Konsens über dieses realistische Sprachmodell, das ja impliziert, daß Begriffe Wirklichkeit 'real' abbilden. Doch im gleichen Jahrhundert sollte ROGER BACON diesen Konsens mit seinem fast 'behavioristischen' zweigliedrigen Modell *vox-res* aufbrechen: Wörter werden zu bloßen Zeichen der Dinge, sie «beginnen direkt auf einzelne Dinge zu zeigen». [44] In diesem nominalistischen Kontext ist *significatio* nur noch als Referenz (Bezeichnung, Denotation) zu verstehen. Dieses zweigliedrige nominalistische Modell wird im 14. Jh. von WILHELM VON OCKHAM systematisch ausgebaut – nicht überraschend ist, daß Ockham seine Position in einem ausführlichen Kommentar zu Aristoteles' ‹De Interpretatione› deutlich macht. [45] Der Unterschied zwischen ‹Realismus› und ‹Nominalismus› wird besonders in der radikal anderen Interpretation des Urteils deutlich: In den großen logischen Traktaten des 13. Jh. der Realisten WILHELM VON SHERWOOD [46] und PETRUS HISPANUS [47] erscheint ein Urteil wie «Dieser Mann (R) ist weiß (P)» als doppelter Akt: mit dem Subjekt wird auf einen bestimmten Gegenstand referiert, von dem dann ausgesagt wird, daß ihm das Prädikat P zukommt. R hat hier eine Bezeichnungsfunktion, P hingegen schreibt dem Gegenstand eine bestimmte begriffliche Bedeutung («das Weiße») zu. Nach realistischer Auffassung gibt es nicht nur weiße Dinge, sondern auch «das Weiße», das auch begrifflich-intentional erfaßt werden kann. Ganz anders die nominalistische Position, für die nur Einzeldinge existieren: so gibt es die weißen Dinge oder die Dinge, die man mit Mann bezeichnet. In einem Urteil wie «Dieser Mann (R_1) IST (C) weiß (R_2)» sind «Mann» und «weiß» reine Zeichen, die ohne mentale Begriffsrepräsentation direkt auf einzelnes zeigen; im Urteilsakt wird dann durch IST nur gesagt, daß es einen Gegenstand gibt, der zugleich «Mann» und «weiß» ist. Freilich erhält hier die Copula ‹ist› eine wesentliche Funktion, weil allein durch sie die Identität der beiden Referenzobjekte R_1 und R_2 hergestellt wird, ganz im Gegensatz etwa zu Wilhelm von Sherwood, für den die Copula nur eine «mitbedeutende» Funktion hat. [48]

Doch Wörter sind nicht nur mehrdeutig, sondern werden auch uneigentlich verwendet. Da das Erkennen des uneigentlichen Sprechens gerade auch für eine Analyse der Schlüsse notwendig ist, werden schon im 12. Jh. im Kontext der Analyse von Scheinschlüssen *(fallaciae)* mehrere Arten der *translatio* (Bedeutungsverschiebung) bestimmt. [49] So werden neben der *translatio poetica* (vor allem die Metapher), der *translatio aequivocationis* (das sind die sprachlichen Mehrdeutigkeiten), der *translatio grammatica* noch die *translatio dialectica* unterschieden. Eine grammatische Verschiebung liegt etwa in «Mensch ist ein Nomen» vor, eine dialektische etwa in «Mensch ist eine Art (der Lebewesen)». Solche Überlegungen führen schon Ende des 12. Jh. zu ersten Entwürfen einer Suppositionslehre, d. h. der Untersuchung der unterschiedlichen Denotationsformen von Nomen wie z. B.: (i) ‹Mensch› ist ein einsilbiges Wort; (ii) (Der) ‹Mensch› ist das würdigste Lebewesen; (iii) (Jeder)

‹Mensch› ist ein Lebewesen (im Lateinischen immer ‹homo›). Da die Subjekte in (i)–(iii) unterschiedliche Typen von Referenzobjekten (Denotaten, Supposita) haben, sind sie hinsichtlich ihrer *suppositio* verschieden: (i) ist eine *suppositio materialis*, weil es um ‹Mensch› als materialen Wortkörper geht; (ii) ist eine *suppositio simplex*, da ‹Mensch› 'einfach' als Gattungs- und Allgemeinbegriff verwendet wird; (iii) ist ein *suppositio personalis*, weil hier von den einzelnen, unter den Gattungsbegriff fallenden Menschen ('Personen') die Rede ist. Da man in einer *suppositio personalis* bestimmt oder unbestimmt auf einzelne oder viele Personen referieren kann, wird diese unterteilt in eine *suppositio discreta* («Sokrates läuft da») und eine *suppositio communis* (d. h. mit Allgemeinbegriffen herstellbar), letztere zerfällt in eine *suppositio determinata* («Irgendein Mensch läuft da») und eine *suppositio confusa* («Jeder Mensch ist ein Tier»). [50] Die Beispiele zeigen, daß es bei der Supposition um sprachliche Denotation geht, ohne daß Supposition mit Referenz gleichgesetzt werden dürfte: so ist etwa in «Sokrates läuft» die konkrete Person ‹Sokrates› Referenz(objekt), Supposition hingegen ist, daß man sich mit Eigennamen auf wohlunterschiedene und diskrete Dinge bezieht. Diese Suppositionslehre wird dann Ende des 12. Jh. integraler Teil jeder logischen Abhandlung. Auch für Ockham ist die Logik «scientia de sermone» (Wissenschaft der Rede) mit den drei Teilen: (i) Analyse der Termini und ihrer Referenz (Suppositionslehre); (ii) Untersuchung der Urteile; (iii) Schlußlehre (Syllogismen). [51]

Doch innerhalb dieses für das Mittelalter zentralen Problemfeldes der Suppositionslehre lassen sich fundamentale Unterschiede ausmachen. Zunächst stellt sich die Frage, ob Wörter allein oder nur innerhalb einer Aussage auf Wirklichkeit referieren und diese in einer bestimmten Weise supponieren. Hier vertritt das 14. Jh. fast durchgängig die Auffassung, daß es außerhalb der Aussage keine *suppositio* gibt: «numquam nisi in propositione» (Niemals außer in der Aussage). [52] Für die Mehrheit der Logiker des 13. Jh. hingegen haben Nomen für sich allein eine *suppositio*. So liegt etwa auch für Petrus Hispanus bei Eigennamen eine *suppositio discreta* vor, beim Allgemeinnamen unterscheidet er aber die natürliche von der akzidentellen Verweisform. Eine natürliche Supposition liegt vor, wenn die Allgemeinnamen für sich allein stehen (z. B. Mensch), akzidentell sind ihre Suppositionen, wenn sie im Kontext mit anderen Wörtern verwendet werden. Innerhalb der akzidentellen Verweisformen unterscheidet er die *suppositio simplex* («Der Mensch ist ein Lebewesen»). Hier ist von «Menschen» als Spezies die Rede, während in der *suppositio personalis* von einzelnen Personen bzw. Dingen die Rede ist: entweder auf unspezifische Weise («Jeder Mensch ist ein Tier» – s. *confusa*) oder auf bestimmte Weise («Irgendein Mensch geht da» – s. *determinata*). [53] Die Unterscheidung in eine natürliche vs. akzidentelle Supposition, die sich auch in anderen Traktaten (teilweise in einer anderen Bezeichnung) findet [54], verweist letztlich auf einen Begriffsrealismus, in dem Wörter allein Wirklichkeit zugleich bedeuten und bezeichnen. Hier stellt der Nominalismus mit seiner These, daß die Denotation (Referenz wie Supposition) erst im Satz hergestellt wird, sicherlich einen Fortschritt bzw. eine Wiederbesinnung auf Aristoteles dar, für den Wörter erst im apophantischen Logos sich auf Wirklichkeit beziehen können. Freilich stellt diese nominalistische Reduktion der sprachlichen Bedeutung auf extensionale Semantik insofern auch einen Rückschritt dar, als die sinn- und bedeutungskonstitutive Funktion der Sprache negiert wird. Für Ockham bezieht sich die *vox* «Mensch», d. h. der geschriebene oder gesprochene Signifikant ‹Mensch› in «Sokrates ist ein Mensch» nicht auf einen Begriff im Sinne einer *comprehensio*, sondern extensional auf die Menge der (einzelnen) Menschen *(res)*. Die Beziehung zwischen *vox* und *res* ist willkürlich. Davon zu trennen ist die sprachunabhängige Beziehung zwischen den Dingen und den geistigen Zeichen, die wir in unserem Innern von den *res* bilden. Diese Beziehung ist für Ockham genau so natürlich wie etwa die Beziehung zwischen dem Zeichen *Rauch* für ‹Feuer› oder dem Zeichen *Lachen* für ‹innere Freude›. [55] Begriffsbildung bedarf also nicht der Vermittlung durch Sprache. Diese in einer Art 'innerem Monolog ohne Sprache' gebildeten geistigen Zustände *(intentiones animae)* sind freilich keine Begriffsvorstellungen, sondern bloß geistige Zeichen. Das gilt gerade auch für die Allgemeinbegriffe. Deshalb kann jeder Allgemeinbegriff oder – wie Ockham sagt – jedes Allgemeine *(universale)* auch als Einzelding *(res singularis)* verstanden werden, das «allein durch die 'Referenz' [significatio] allgemein ist, weil es nämlich Zeichen mehrerer [signum plurium] ist». [56] Eine Konsequenz dieser Auffassung ist, daß Allgemeinbegriffe nicht extramental sind, sondern nur im menschlichen Geist *als* existieren.

Dieser nominalistische Zeichen- und Erkenntnisbegriff bewirkt eine Uminterpretation der Suppositionen. Ockham unterscheidet drei Arten: personal, einfach, material. [57] Materiale Supposition liegt vor, wenn ein Term nicht inhaltlich verwendet wird, sondern für den Laut oder die Schrift steht («Mann hat vier Buchstaben»). Dies entspricht der realistischen Auffassung. Völlig anders hingegen ist die Bestimmung der personalen und der einfachen Supposition: Eine einfache Supposition liegt für Ockham nur in «Mensch ist eine Art» vor, nicht aber in «Der Mensch ist zum Lachen fähig» (da hier aus nominalistischer Sicht nur scheinbar über die Gattung Mensch geredet wird, ist dieser Satz als: «Wenn x ein Mensch ist, dann ist x zum Lachen fähig» zu verstehen). Im Gegensatz zum artikellosen Latein sind im Deutschen die gemeinten Unterschiede leicht nachvollziehbar: Äußerungen über Wörter wie (i) «Mensch hat sechs Buchstaben» oder (ii) «Mensch ist eine Art» werden immer im Singular ohne Artikel verwendet – in (i) geht es um den Signifikanten, im Fall der einfachen Supposition (ii) geht es um die Bedeutung. Deshalb kann Ockham sagen, eine einfache Supposition liegt vor, «wenn der Term für eine innere Intention [intentio animae] supponiert, aber nicht signifikativ verwendet wird» [58] – nicht signifikativ verwenden heißt, einen Term nicht extensional (zur Bezeichnung von Dingen *(res)*) verwenden. In der personalen Supposition hingegen verweisen Terme entsprechend ihrer Bedeutung auf Dinge: «Jeder Mensch ist ein Lebewesen» – Mensch «supponiert hier für sein Signifikat [pro suo significato] und wird extensional [significative] verwendet». Die personale Supposition untergliedert Ockham in eine (1) determinierte («Irgendein Mensch läuft») und eine konfuse (= nicht-determinierte) Supposition. Letztere kann (2a) distributiv sein («Jeder Mensch atmet») oder (2b) «bloß konfus» *(confusa tantum)* wie «Jeder Mensch ist ein Lebewesen». Im letzten Beispiel ist «Lebewesen» wie etwa «Mädchen» in «Jeder Junge liebt ein Mädchen» einfach nicht determiniert *(confusa tantum)*. Demnach haben wir für «Messer» in «Ein Messer ist hier sehr teuer» (im Sinne von: «Messer sind hier sehr teuer») eine determinierte Supposition (1), in «Ich habe ein Messer gekauft» eine distributive Supposition (2a) und in «Dafür braucht man ein Messer» eine bloß konfuse Supposition (2b). [59]

Diese Beispiele zeigen, daß die mit der Suppositionslehre angeschnittenen Fragen durchaus noch aktuell sind. [60] Diese Aktualität der Fragestellungen (nicht unbedingt der vorgeschlagenen Lösungen) läßt sich auch für die spekulative G. der Modisten zeigen. Sie ist, wie schon betont, aus der fruchtbaren Symbiose von Logik und G. im 12. Jh. und ihrer sich daran anschließenden neuerlichen Trennung entstanden. Daß diese spekulative G. eine Radikalisierung der antiken Formenlehre und der in ihr ansatzweise entwickelten kombinatorischen Syntax aus philosophischer Sicht darstellt, sei kurz verdeutlicht. Die modistische G. erlebt ihre Blütezeit zwischen 1270–1310. Wichtige Vertreter sind MARTINUS VON DACIEN, BOETIUS VON DACIEN (1270–1280), JOHANNES VON DACIEN, SIMON VON DACIEN, RADULPHUS BRITO (1280–1300), SIGER VON COURTRAI und THOMAS VON ERFURT (1300–1310). [61] Die ‹Grammatica speculativa› von Thomas von Erfurt ist die wohl einfachste, wenn auch nicht reflektierteste Darstellung der *modi significandi*. [62] Sie hat drei Teile: *Prooemium, Etymologia, Diasynthetica*. Im ‹Proömium› werden die Grundbegriffe geklärt (I–VII), in der ‹Etymologia› werden die *modi significandi* der verschiedenen Redeteile besprochen (VIII–XLVIII) und im letzten Teil werden syntaktische Probleme behandelt (XLIX–LIV). Diese G. hat somit nur zwei Teile: Formenlehre und Syntax, die Tugenden und Laster werden überhaupt nicht mehr erwähnt, die *vox* wird einleitend mit dem Argument ausgegrenzt, daß der Ausdruck den Grammatiker nicht als solcher interessiert, sondern nur insofern er Zeichenfunktion hat. [63] G. hat es mit Wörtern mit Bedeutung *(dictio)* und vor allem mit Redeteilen *(partes orationis)* zu tun; dadurch grenzt sie sich auch von der Logik ab, die Termini innerhalb einer Aussage zu analysieren hat. [64] Was ist ein *modus significandi* («Art-zu-bedeuten»)? Betrachtet man eine Wortreihe wie «dolor» (Schmerz), «doleo» (mich schmerzt), «dolenter» (schmerzhaft) und «heu!» (Auh!) [65], so kann man diesen vier verschiedenen Wortklassen – Nomen, Verb, Adverb, Interjektion – eine gemeinsame Kernbedeutung zuschreiben. Das, was nun durch die jeweiligen Wortarten zusätzlich zu dieser Bedeutung hinzukommt, sind die *modi significandi*. Kernbedeutungen kommen nie isoliert vor, sie sind gleichsam immer schon in den *modus significandi* eines Redeteils eingepackt. Anders gesagt: Wörter haben immer eine Kernbedeutung und mindestens einen *modus significandi*. Da jeder *modus* zusätzlich zur Kernbedeutung 'mit-bedeutet', drückt sich in ihm auch eine *ratio consignificandi* aus. Der Ausdruck *con-significare* (mit-bedeuten) macht klar, daß die *modi significandi* sekundär im Vergleich zu den Kernbedeutungen sind. Bestimmend wurde für die Modisten die Einteilung in acht Redeteile (Nomen, Pronomen, Verb, Partizip, Adverb, Konjunktion, Präposition, Interjektion), die – abgesehen von der Umstellung von Partizip und Adverb – der Liste aus Donat entspricht. Manche Modisten unterscheiden einen *modus generalis* (I–III; gilt für mehrere Redeteile) und einen *modus specificus* (1–8; gilt für einen Redeteil) [66]:

I. Stabilität *(modus habitus et quietis*; «Modus des Habens und der Ruhe»)

    1. definite Referenz (M. des determinierten Begreifens) → Nomen (Substantiv/Adjektiv)
    2. indefinite Referenz (M. des nicht-determinierenden Begreifens) → Pronomen
II. Wechsel *(modus fluxus et fieri*; «M. des Fließens und des Geschehens»)
    3. Prädikabilität *(m. distantis)* → Verb
    4. Nicht-Prädikabilität *(m. indistantis)* → Partizip
III. Veränderung *(modus disponentis)*
    5. Aktdeterminierend *(m. derterminantis actum)* → Adverb
    6. Ein Objekt auf einen Akt beziehend *(m. retorquendi substantiam ad actum)* → Präposition
    7. Vereinheitlichend *(m. uniendi)* → Konjunktion
    8. Die Seele affizierend *(m. afficientis animam)* → Interjektion

Bei Thomas von Erfurt ist der «allgemeinste essentielle Modus» (modus significandi essentialis generalissimus) des Nomens derjenige, der «über die Form eines Seienden und eines determinierten Begreifens (per modum entis, et determinatae apprehensionis)» [67] bedeutet. Daß Nomen Wirklichkeit in Form eines fest abgegrenzten und permanenten Seienden 'abschatten', begründet er an gleicher Stelle ontologisch: den zwei Arten der seinsmäßigen Gegebenheit der Realität, nämlich dem Modus des *Seienden (modus entis)* und dem Modus des *zu sein (modus esse)* korrespondieren auf sprachlicher Ebene Nomen und Verb. Dieser essentielle Modus des Nomens wird in der ‹Gramatica speculativa› in einen Modus, der (Ia) Allgemeines (Stadt, Fluß) bzw. (Ib) der Singuläres (Rom, Bonn) ausdrückt, unterteilt (= *per modum communis* vs. *appropriati)*. (Ib) kennt nur vier Unterarten: Eigenname *(nomen proprium)*, Vorname *(praenomen)*, Familienname *(cognomen)*, Beiname *(agnomen)*. [68] Der allgemeine Modus hingegen wird in die beiden Untermodi (Ia-i) *modus per se stantis* (Substantive) und (Ia-ii) *modus adiacentis* (Adjektive) eingeteilt. Die Nomina, die für sich allein stehen (IIa-i), haben fünf Unterarten: generisch (Tier, Farbe), spezifisch (Mensch, das Grüne), patronymisch (Priamides), diminutiv (Blümlein, Häschen), kollektiv (Volk, Schwarm).

Die Adjektive (Ia-ii) haben hingegen 24 Modi: denominativ (hölzern), generisch (farbig), spezifisch (grün), possessiv (steinern), diminutiv (neuerlich), kollektiv (städtisch), aufteilend (jeder), ethnisch (griechisch), herkommend-von (römisch), interrogativ (wer), responsiv (soviele – als Antwort auf eine Frage), unbestimmt (wer auch immer), negativ (kein), demonstrativ (dieser), relativisch (der), positiv (schwarz), komparativ (schwärzer), superlativ (am schwärzesten), relativ-zu (ähnlich), deverbal (fürchterlich), temporal (nächtlich), lokal (nachbarlich), numeral (zwei), ordinal (zweite). [69] Neben diesen essentiellen Modi unterscheidet Thomas von Erfurt noch sechs akzidentelle Modi: Spezies (einfach/abgeleitet), Genus, Numerus, Figur (einfach/zusammengesetzt/komplex), Kasus, Person. [70]

Diese Einteilungen des Nomens wie auch die gesamte Lehre der acht Redeteile zeigen noch deutlich ihre Herkunft aus der spätlateinischen G. Auch die Feineinteilung in die Unterarten (Ia-ii) lehnt sich eng an Priscian an. [71] Trotz der damit ererbten Heterogenität ist diese Feineinteilung insgesamt deshalb homogener, weil die ‹Grammatica speculativa› eine klare Trennung zwischen Substantiven und Adjektiven vornimmt.

Die Trennung in den *modus per se stantis* (Substantiv) und den *modus adiacentis* (Adjektiv) ist Ergebnis einer grammatischen und zugleich philosophischen Reflexion. Rein philosophischer Natur sind die Überlegungen der Modisten hinsichtlich des Verhältnisses Wirklichkeit-

Denken-Sprache *(modi essendi – modi intellegendi – modi significandi)*. Diese Überlegungen bewegten sich ganz im Rahmen des aristotelischen triadischen Systems, wonach «die modi significandi den modi intelligendi entsprechen, welche wiederum den modi essendi entsprechen». [72] Dieses dreistufige Korrespondenzmodell findet sich bei den frühen Modisten, wie etwa Martinus von Dacien: (1) Wirklichkeit: *RES – modi essendi*; (2) Denken: *CONCEPTUS – modi intelligendi*; (3) Sprache: *SIGNIFICATUM – modi significandi*. [73] Dem Denken kommt hier eine vermittelnde Funktion zu: Nicht Sprache bedeutet, sondern Sprache dient dem Ausdruck des Denkens. Für den Status der *modi significandi* oder, allgemeiner, der sprachlichen Bedeutungen gilt: Bedeutungen sind keine Eigenschaften der Dinge, sie sind irgendwie mit den Wörtern, ohne jedoch ein Teil ihrer *vox* (Signifikant, Wortkörper) zu sein; andererseits können sie nicht im Denken sein, weil es schwer vorstellbar ist, daß das Denken etwas real außerhalb von ihm Existierendes – die *vox* – determiniert. [74] Dieses Problem versuchen die späteren Modisten durch die Unterscheidung von aktiven und passiven Modi zu lösen. Ausgangspunkt ist der *modus essendi* «das Erlebbare überhaupt, [...] das im absoluten Sinne dem Bewußtsein Gegenüberstehende, die "handfeste" Wirklichkeit». [75] Die Dinge dieser empirischen Wirklichkeit haben verschiedene Eigenschaften. Sind diese vom Geist begriffen, handelt es sich um *modi intelligendi*. Wenn diese begriffenen Eigenschaften durch ein Sprachzeichen *(vox)* ausgedrückt werden, handelt es sich um *modi significandi*. Für die Modisten sind diese drei Modi nur formaliter verschieden, nicht aber von der Sache her (materialiter), da es «um die gleiche Eigenschaft geht – extramental, begriffen und bedeutet». [76] Das Begreifen der Seinsweisen eines Dings ist nun immer ein aktiver Akt, ein *modus intelligendi activus*; in den begriffenen Seinsweisen, dem Resultat des Erkennens, ist jedoch notwendig ein passives Moment enthalten, insofern als der Inhalt dieses Begriffenen dem Geist von der Sache gleichsam aufgedrängt wurde: «Der Modus intelligendi passivus ist die in die Erkenntnis eingegangene Wirklichkeit». [77] Entsprechend sind die passiven Bedeutungsmodi *(modi significandi passivi)* die in Bedeutungen eingegangenen Seinsweisen der Dinge, die von der *vox* bezeichnet werden. Daß Wörter aber überhaupt bedeuten, ist Ausdruck der aktiven Bedeutungsmodi. Nach Thomas von Erfurt wirkt der Geist *(intellectus)* doppelt auf die *vox* ein: einmal, daß er die *vox* überhaupt erst zum Bedeuten bringt; zum andern, daß er dieser immer auch zugleich die Form eines Redeteils gibt. Die Bedeutungsmodi der Redeteile, die ja immer eine *ratio consignificandi* ausdrücken, sind deshalb auch aktive Modi des Bedeutens. Nur diese sind einer grammatischen Analyse zugänglich [78] (die Behandlung von Kernbedeutungen wie in «Schmerz, schmerzhaft, schmerzen oder Aua!» gehört nach modistischer Auffassung in die Logik). Da diese abstrakten Überlegungen nur durch wenige Beispiele erläutert werden, führen sie zu einer recht facettenreichen Auslegungsliteratur [79], die von Heideggers [80] hermeneutischer Auslegung der ‹Grammatica speculativa› von Thomas von Erfurt (die er dem Wissensstand seiner Zeit entsprechend Duns Scotus zuschreibt) über die extensionalistische Lektüre der Modisten durch Enders [81] bis hin zu Henrys [82] Interpretation des Boethius von Dacien als Vorläufer der modernen Kategorialgrammatik reicht.

Im Gegensatz zu diesen erkenntnistheoretischen Diskussionen orientiert sich die modistische Analyse der Redeteile und vor allem der Syntax eher an sprachlichen Gegebenheiten. Hier muß man von einer konstruktiven Erneuerung der bisherigen Tradition sprechen. Das zeigt sich schon an den drei Zuständen der Rede *(passiones sermonis): constructio, congruitas, perfectio*, die ja über PRISCIAN und APOLLONIOS DYSKOLOS zurück zur STOA verweisen. Bei Priscian bedeutete *constructio* noch das Zusammenfügen von mehreren Elementen zu einem Syntagma oder auch zu einem Satz. [83] Nach anfänglichem Schwanken [84] verengt sich dieser Begriff bei den Modisten und bezieht sich nur noch auf die Verbindung von zwei und nur zwei Wörtern (die gemäß der Modus-Significandi-Konzeption notwendig Redeteile sind). Diese Zweier-Konstruktionen müssen (wie dies bei Priscian für jede Konstruktion gilt) bestimmten Regeln der *congruitas* (der Wohlgeformtheit bzw. der katallēlótēs) folgen. Erst dann ist gewährleistet, daß die kongruenten Konstruktionen einen sinnvollen und vollständigen Satz *(perfectus* bzw. autotelés) bilden können. Hinsichtlich der *perfectio* des Satzes folgen die Modisten zwar der Definition Priscians: «oratio est ordinatio dictionum congrua, sententiam perfectam demonstrans» (Der Satz ist die wohlgeformte Anordnung von Wörtern, die einen vollständigen Sinn aufzeigt) [85], sie unterscheiden sich aber von diesem in der Analyse der Konstruktionsgeschichte des vollständigen Sinns, da für sie ein Satz eine Verbindung von kongruenten Konstruktionen zu einem sinnvollen Ganzen darstellt. Das sei kurz verdeutlicht.

Sämtliche Konstruktionen werden in zwei Klassen eingeteilt: intransitiv (I) und transitiv (II). Zwischen den beiden Gliedern einer Konstruktion besteht immer eine Abhängigkeit, die als Relation von einem abhängigen *(dependens)* zu einem bestimmenden *(terminans)* Element definiert wird. Sobald Redeteile innerhalb von Konstruktionen betrachtet werden, werden sie als *constructibilia* bezeichnet. Thomas von Erfurt verdeutlicht die Relationen zwischen verschiedenen *constructibilia* an folgenden Beispielen [86]:

I. INTRANSITIV: (i) ^{1}Socrates ← ^{2}legit (S. liest); (ii) ^{2}a → ^{1}Socrate (von Sokrates); (iii) ^{1}Socrates ← ^{2}albus ([der] weiße S.); (iv) ^{1}currit ← ^{2}bene (läuft gut)
II. TRANSITIV: (i) ^{1}legit → ^{2}Vergilium (liest Vergil); (ii) ^{1}filius → ^{2}Socratis (Sokrates' Sohn); (iii) ^{1}similis → ^{2}Socrati (ähnlich [dem] S.)

(Der Pfeil weist immer vom *dependens* zum *terminans*.)

Die Beispiele verdeutlichen, daß die Relationen prinzipiell nur zweigliedrig sind (deshalb kann etwa Socrates ← legit → Vergilium (S. liest Vergil) sowohl als intransitive als auch als transitive Konstruktion verstanden werden). Covington hat plausibel gemacht, daß der modistische Dependenzbegriff eine Erweiterung des Begriffs der ‹Rektion› (der Terminus wird von den Modisten nicht verwendet) darstellt, der in der lateinisch-römischen G. allgemein das ‹Regieren› eines Satzteils über einen anderen meint (so regiert etwa in «*liest* das Buch» das Verb sein Objekt insofern es den Akkusativ verlangt, entsprechend regiert in «*wegen* seiner Tat» die Präposition das von ihr bestimmte Nomen). Dieser auch heute noch oft verwendete Rektionsbegriff wird erst im frühen Mittelalter entwickelt, erste Belege finden sich im 8. Jh. [87] Da «filius Socratis» (II (ii)) nicht zu diesem Rektionsbegriff paßt, bestimmt die modistische G. die Dependenz in den gegebenen Beispielen präziser: in allen Beispielen regiert das dependente Glied das terminante Glied in dem Sinne, daß dem *dependens* die Referenz fehlt, die durch das *terminans* beigebracht wird. In der Tat sind die dependenten Glieder «a, legit, bene» oder «filius» nur Bedeutungspotentiale, die, um einen spezifischen Sinn zu bekommen, referentiell durch ein zweites Glied 'aufgefüllt' werden müssen (ohne diese Auffüllung ‹Sohn des Sokrates› kann man mit ‹Sohn› allein keine Referenz herstellen).

Neben der Dependenzrelation unterscheidet die ‹Grammatica speculativa› die Beziehung des ersten zum zweiten *(primum/secundum)*, die in den obigen Beispielen durch Subskripte gekennzeichnet sind. Diese Beziehung ist zugleich ontologisch und grammatisch definiert. So ist das Nomen – das den *modus significandi* des 'Fürsich-allein-Stehens' hat – nur dann ein *primum constructibile* (ein primäres Konstruktionsglied), wenn es in Subjektstellung oder nach einer Präposition verwendet wird. Wie für Aristoteles ist auch für die Modisten ein Satz nur dann vollständig, wenn er zumindest ein substantivisches Nomen und ein Verb enthält: «^{1}Sokrates ^{2}läuft». Das Verb ist auch deshalb sekundär im Vergleich zum Subjekt, weil es dieses in bestimmter Weise modifiziert. Allgemein gilt für die Modisten, daß alle modifizierenden Teile eines Satzes sekundär sind: «der weiße Sokrates läuft gut» wird also analysiert in: ([der] ^{2}weiße – Sokrates) (läuft – ^{2}gut). Es ist klar, daß bestimmte Elemente in bestimmter Hinsicht primär, in anderer aber sekundär sein können: so ist etwa «läuft» in «Sokrates ^{2}läuft» sekundär, in der Konstruktion «^{1}läuft gut» hingegen primär. Da in der ‹Grammatica speculativa› auch Sätze wie «Sokrates liest ein Buch» in zwei Konstruktionen zerlegt werden (intransitiv: «Sokrates liest» – transitiv: «liest ein Buch») ist klar, daß jeder Satz notwendig eine intransitive Kernkonstruktion enthält. Dies gilt auch für implizite Konstruktionen, bei denen das fehlende Glied mit Hilfe des Geistes *(secundum intellectum)* [88] rekonstruiert wird. Zur Verdeutlichung sei der Satz «Socrates albus currit bene» («[der] weiße S. läuft gut») durch folgendes Schaubild dargestellt [89]:

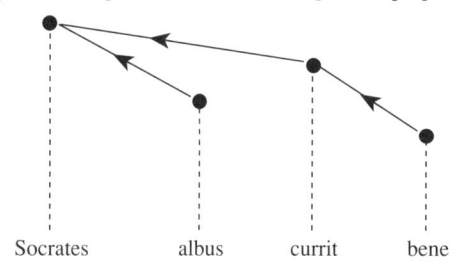

Socrates   albus   currit   bene

Von hier aus läßt sich der Unterschied zwischen den transitiven und intransitiven Konstruktionen sinngemäß mit Thomas von Erfurt [90] leicht bestimmen: transitiv sind Konstruktionen, bei denen das primäre Glied zugleich das abhängige ist *(primum + dependens)*; intransitiv sind Konstruktionen, bei denen das sekundäre Glied zugleich das abhängige ist *(secundum + dependens)*.

Das Problem Wohlgeformtheit *(congruitas)* wird in der modistischen G. auf einer konkreteren Ebene abgehandelt. So müssen etwa Adjektive mit ihrem Bezugsnomen in Genus, Kasus und Numerus übereinstimmen, und in einer Konstruktion wie «Sokrates läuft» müssen Person und Numerus, aber auch die definitive Verbform und der Nominativ harmonieren. Da dies für unpersönliche Konstruktionen wie «mich ärgert sein Kommen» nicht hinreicht, präzisiert Martinus von Dacien dahingehend, daß er für Konstruktionen wie «Sokrates läuft / mich ärgert sein Kommen» nicht mehr den Nominativ, sondern nur noch «einfach einen Kasus» *(casus simpliciter)* verlangt. Diese Bedingung der Wohlgeformtheit bleibt auch für spätere Modisten verbindlich. [91] Um sich von den Logikern abzugrenzen, verwenden die Modisten bei der Behandlung der *perfectio* statt der Termini ‹Subjekt› und ‹Prädikat› die Termini ‹*suppositum*› und ‹*appositum*›. Probleme der Referenzialisierung, wie sie in der Suppositionslehre behandelt wurden, bleiben deshalb auch ausgeklammert. Daraus ergeben sich für Thomas von Erfurt folgende Kriterien für einen vollständigen Satz: [92] (i) er muß *suppositum* und *appositum* enthalten; (ii) alle in ihm enthaltenen 'Zweier-Konstruktionen' müssen kongruent sein; (ii) kein Relationsglied darf fehlen (so ist etwa «Sokrates holt» unvollständig, weil in der transitiven Relation das zweite Relationsglied (etwa: «holt ein Buch») fehlt).

Diese Ausführungen zeigen, daß die modistische G. weder als Vorläufer der Valenzgrammatik Tesnières [93] noch der generativen Transformationsgrammatik Chomskys [94] interpretiert werden kann. Der wesentliche Unterschied zur Valenzgrammatik besteht darin, daß letztere sich auf ein abstraktes Handlungs- und Aktantenmodell mit dem Verb als Zentrum stützt, während die modistische G. bei wesentlichen Bestimmungen auf eine Onto-Logie mit dem Substantiv als Primum des Seins und des Satzes zurückgreift. Und im Unterschied zur Transformationsgrammatik sind die Basiseinheiten der modistischen G. Wortklassen und nicht Phrasen bzw. Konstituentengruppen wie ‹Nominalsyntagmen› oder ‹Verbalsyntagmen›). Vor allem aber: Der modistischen ‹Grammatica speculativa› ist die Vorstellung einer Tiefenstruktur, aus der Oberflächenstrukturen abgeleitet werden könnten, völlig fremd. All diesen G. ist freilich die Ausgrenzung des rhetorischen Sprachgebrauchs eigentümlich. Aus dieser Sicht ist die ‹Grammatica speculativa› die erste G., die aus dem 'vollen Körper' der alten G. die mit Stimme und engagierter Kommunikation verbundenen Teile – *vox* und *figura*, Lautlehre und Tugenden/Laster – faktisch herausgeschnitten hat.

Anmerkungen:
1 Quint. I,1,12f.; vgl. H.-I. Marrou: Histoire de l'éducation dans l'antiquité (^{3}1955) 352ff. – 2 Marrou [1] 346ff. – 3 ebd. 350. – 4 E. R. Curtius: Europäische Lit. and lat. MA (^{6}1967) 35. – 5 ebd. 53. – 6 L. Holtz: Donat et la tradition de l'enseignement grammatical (Paris 1981) 91ff. – 7 ebd. 223ff. u. 240ff. – 8 ebd. 266–314; vgl. V. Law: The Insular Latin Grammarians (Woodbridge 1982). – 9 vgl. Holtz [6] 344ff. u. 505ff. – 10 vgl. R. W. Hunt: The History of Grammar in the Middle Ages (Amsterdam 1980). Allgemein: H. Roos: Sprachdenken im Mittelalter, in: Classica et Mediaevalia 9 (1947) 200–215; R. H. Robins: Ancient and Mediaeval Grammatical Theory (London 1951); G. L. Bursill-Hall: The Middle Ages, in: T. A. Sebeok: Current Trends in Linguistics, vol. 13, Historiography of Linguistics (The Hague 1975) 179–230; H. Enders: Sprachlogische Traktate des MA und Semantikbegriff (1975); M. Beuchot: La filosofía del lenguaje en la Edad Media (México 1981); J. F. Huntsman: Grammar, in: D. L. Wagner (Hg.): The Seven Liberal Arts in The Middle Ages (Bloomington 1983) 58–95; G. L. Bursill-Hall: A Census of Medieval Latin Grammatical Manuscripts (1981); A. de Libera, I. Rosier: La pensée linguistique médievale, in: S. Auroux (éd.): Histoire des idées linguistiques, II (Liège 1992) 115–186. – 11 Holtz [6] 507. – 12 M. Capella: De nuptiis Philologiae et Mercurii, ed. A. Dick, J. Préaux (1925/1978); M. Aurelius Cassiodorus: De artibus ac disciplinis liberalium litterarum, in: ML 70; Isodorus: Etymologiarum sive originum libri XX, ed. W. Lindsay, 2 Bde. (Oxford 1911). – 13 vgl. J. Pinborg: Die Entwicklung der Sprachtheorie im MA (1967) 58. – 14 Alexander von Villa Dei, Doctrinale, in: Monumenta Germaniae paedagogica, XII (1893), hg. von D. Reichling. –

15 Eberhard von Bethune, Graecismus, hg. von J. Wrobel (1887; ND 1987). – **16** vgl. P. Abelson: Seven Liberal Arts (New York 1906) 43f.; J. J. Murphy: Rhetoric in the Middle Ages (Berkeley 1974) 148f. – **17** Eberhard [15] II 10 u. I 71. – **18** vgl. Index Wrobel [15] 250–1. – **19** vgl. Grammatici Latini II u. III; Holtz [6] 49ff., 603ff. – **20** vgl. C. Thurot: Extraits de divers manuscrits latins pour servir à l'histoire des doctrines grammaticales au Moyen Age (Paris 1869; ND 1964) 101ff.; Reichling: Einleitung, in: Reichling [14] LXXIII. – **21** Murphy [16] 161. – **22** vgl. ebd. 163ff., 177ff. und ders.: Introduction, in: Three Medieval Rhetorical Arts (Berkeley 1985), darin auch d. Poetik v. G. v. Vinsauf 27–108. – **23** vgl. E. Eggs: Art. ‹Argumentation›, in: HWR, Bd. I, Sp. 950ff. – **24** Johannes von Salisbury, Metalogicus I,25; Quint. I,4,5. – **25** Johannes [24] I,19. – **26** ebd. – **27** ebd. – **28** ebd. I,17. – **29** vgl. ebd. – **30** ebd. I,14. – **31** ebd. I,15. – **32** ebd. I,15–16. – **33** Pinborg [13] 45ff. u. ders.: Logik u. Semantik im MA (1972) 34ff. u. 59ff. – **34** Pinborg [13] 22. – **35** Pinborg [33] 16ff. – **36** ebd. 46. – **37** vgl. R. Hunt: Studies on Priscian in the Eleventh and Twelfth Centuries, I: Petrus Helias and his Predecessors, in: Hunt [10] 1–38; Pinborg [13] 23ff. – **38** Priscian, Institutiones II,18, in: Gramm. Lat. II 55. – **39** Aristoteles, De interpretatione 16a3–9. – **40** U. Eco, R. Lambertini et al.: On animal language, in: U. Eco, S. Marmo: On the Medieval Theory of Signs (Amsterdam 1989) 3–41, 21ff. – **41** Aristoteles [39] 16a 19. – **42** vgl. Eco, Lambertini [40]. – **43** vgl. L. M. de Rijk: Logica Modernorum, 2 vols. (Assen 1967); U. Eco: Denotation, in: Eco, Marmo [40] 43–77. – **44** Eco, Lambertini [40] 21. – **45** Ockham, Komm. zu Aristoteles' Peri hermeneias, in: D. Perler (Hg.): Satztheorien. Texte zur Sprachtheorie u. Wissenschaftstheorie im 14. Jh., lt.-dt. (1990) 75–128 (= Vorrede). – **46** Wilhelm von Sherwood, Introductiones in logicam, hg. v. M. Grabmann (Sitz. ber. Bayr. Al. 1937, 1); vgl. auch Übers. v. N. Kretzmann (Minneapolis 1966). – **47** Petrus Hispanus, Tractatus (called afterwards Summulae logicae), hg. v. L. M. de Rijk (Assen 1972). – **48** vgl. Wilhelm [46] I,11. – **49** Rijk [43] II,491ff. – **50** ebd. 548ff.; vgl. Pinborg [33] 61ff. – **51** vgl. Perler [45] 10f. – **52** Ockham, Summa logicae I, 63 (ed. P. Boehner 1974); vgl. L. M. de Rijk: The Development of Suppositio naturalis in Mediaeval Logic, I. Natural Supposition as Non-contextual Supposition, in: Vivarium 9 (1971) 71–107, II. 14th-Century Natural Supposition as Atemporal (Omnitemporal) Supposition, in: Vivarium 11 (1973) 43–79. – **53** vgl. O. Ducrot: Supposition, in: ders.: Logique, Structure, Enonciation (Paris 1989) 13–65, 19ff. – **54** vgl. Rijk [52] I; ders.: Introduction, in: Rijk [47] LXXVff. – **55** Ockham [52] I,14. – **56** ebd. – **57** ebd. I,64. – **58** ebd. – **59** vgl. Ducrot [53] 41ff. – **60** vgl. P. T. Geach: Reference and Generality (Cornell 1962); Ducrot [53]. – **61** vgl. Bursill-Hall [10] 210ff.; ders.: Speculative Grammar of the Middle Ages (The Hague 1971); H. Roos: Die Modi Significandi des Martinus de Dacia (1952); Pinborg [13]; ders.: Speculative Grammar, in: N. Kretzmann et al.: The Cambridge History of Later Medieval Philosophy (Cambridge 1982) 254–269; I. Rosier: La grammaire spéculative des Modistes (Lille 1983); M. A. Covington: Syntactic Theory in the High Middle Ages (Cambridge 1984); R. Lambertini: Sicut tabernarius vinum significat per circulum: Directions in the contemporary interpretations of the Modistae, in: Eco, Marmo [40] 107–142. – **62** Thomas von Erfurt, Grammatica speculativa, ed. G. L. Bursill-Hall (with transl. and comm.) (London 1972). – **63** ders. VI,12. – **54** ders. VI,11. – **65** vgl. Boethius Dacus, Modi significandi sive Quaestiones super Priscianum maiorem, hg. von J. Pinborg, H. Roos (1969) 14. – **66** vgl. Pinborg [61] 258ff.; ders.: Introduction, in: Sigerus de Cortraco: Summa modorum significandi sophismata, ed. J. Pinborg (Amsterdam 1977) xxiiiff. – **67** Thomas von Erfurt [62] VIII,15. – **68** ebd. XIII,22. – **69** ebd. XII,21. – **70** ebd. XIV–XX; vgl. Rosier [61] 104ff. – **71** vgl. Priscian [38] II,28–31. – **72** Pinborg [61] 262. – **73** vgl. Covington [61] 30ff.; Roos [61] 144ff. – **74** vgl. Pinborg [61] 264. – **75** M. Heidegger: Die Kategorien- und Bedeutungslehre des Duns Scotus (1915) in: Gesamtausgabe I: Frühe Schriften (1978) 189–411, 318. – **76** Radulphus Brito: Quaestiones super Priscianum minorem, ed. H. Enders, J. Pinborg (1980) I,153; vgl. I. Rosier: La théorie médiévale des Modes de signifier, in: Langages 65 (1982) 117-128; J. Jolivet: Radulphus Brito: L'intellect et le langage selon Radulphus Brito, in: Z. Kaluza, P. Vignaux (Hg.): Logique, ontologie et théologie au XIVe siècle (Paris 1984) 83–95. – **77** Heidegger [75] 319. – **78** Thomas von Erfurt [62] I,2–3. – **79** vgl. etwa die Schaubilder in Bursill-Hall [61] 348ff., in Bursill-Hall [62] 323 u. in Covington [61] 32. – **80** Heidegger [75]. – **81** H. Enders: Die logischen u. semantischen Thesen des Radulphus, in: Radulphus Brito [76] 27–86. – **82** D. P. Henry: The most subtle question (Quaestio subtilissima). The metaphysical bearing of medieval and contemporary linguistic disciplines (Manchester 1984); vgl. Lambertini [61]. – **83** vgl. Priscian [38] XVIII 4ff. – **84** vgl. Covington [61] 42ff. – **85** ebd. II,15. – **86** Thomas von Erfurt [62] XLV, 88ff. – **87** Covington [61] 50ff. – **88** ebd. 71ff. und Thomas von Erfurt [62] LIV, 119. – **89** vgl. Covington [61] 39. – **90** Thomas von Erfurt [62] XLVII, 91. – **91** ebd. 99f.; vgl. Covington [61] 66ff.; Rosier [61] 182ff. – **92** Thomas von Erfurt [62] LIV, 116. – **93** vgl. Covington [61] 36f. – **94** vgl. R. Godfrey: A Medieval controversy concerning the nature of a general grammar, in: General Linguistics 7 (1967) 79–104; J. A. Trentman: Speculative Grammar and Transformational Grammar: A Comparison of Philosophical Presuppositions, in: H. Parret (Hg.): History of Linguistic Thought and Contemporary Linguistics (1976) 279–301.

III. *Humanismus, Renaissance, 17. Jahrhundert.* Sprachtheoretische und spekulative Reflexionen über Sprache mögen zwar den Verstand schärfen, sie bringen aber keinerlei Gewinn für die praktische Sprachbeherrschung. Deshalb wendet sich die Magisterfakultät von Wien in ihrer Sitzung vom 13. 10. 1428 gegen sprachlogische Spekulationen im Sprachunterricht; Lehrer, die ihre Studenten auf das Bakkalaureatsexamen vorbereiten, sollten diese so unterrichten, daß diese ihre Gedanken lateinisch «richtig formulieren» können. «Man soll sie in volkssprachlichen Darstellungen [expositiones vulgares] über die Redeteile gemäß der verschiedenen grammatischen Akzidentien belehren und man soll ihnen volkssprachliche Sätze vorlegen und fragen, wie sie diese in einem ähnlichen lateinischen Satz ausdrükken wollen, und sie auch dadurch prüfen, daß man sie verschiedene lateinische Sätze in der Volkssprache erklären läßt»; bei der Behandlung des ‹Doctrinale› des ALEXANDER VON VILLA DEI «soll immer der entsprechende Stoff bei Donat herangezogen werden – die Redeteile, die Akzidentien, die Regeln und die Grammatik-Einteilungen». [1] Hier deutet sich nicht nur an, daß die ‹Ars minor› *Donats* in der Renaissance und im Humanismus eine erneute Blütezeit erlebt, sondern auch, daß das 15. und 16. Jh. zum Zeitalter der Volkssprachen wird. Sicher greifen schon die Benediktiner bei der Missionierung der 'barbarischen' Völker im Osten, Norden und Westen Europas auf die Methode der volkssprachigen Glossierung des Donat zurück (direkte Belege für Irland und England finden sich schon im 7. Jh.) [2]; die gleiche Praxis manifestiert sich durch das ganze Mittelalter in volkssprachigen Glossen, Kommentaren oder Übungsstücken zu Donat und zum Grammatikunterricht [3]; und vereinzelt sind sogar Übersetzungen überliefert (wie die Notkers des Deutschen, der um 1000 nicht nur die ‹Consolatio Philosophiae› von Boethius, sondern auch die beiden ersten Bücher der ‹Nuptiae Philologiae et Mercurii› von Martianus Capella ins Althochdeutsche überträgt [4]) oder sogar in einer Volkssprache verfaßte Grammatiken (wie die in Altenglisch im 10. Jh. geschriebene Lateingrammatik des AELFRIC [5]). All dies ist jedoch in didaktischer Intention vorgebracht und nicht als Gegenbewegung zur dominierenden mittelalterlichen Latinität zu verstehen. Erst vom Ende des 15. Jh. an werden die Volkssprachen zum Ausdruck von neuen nationalen Kulturen und Muttersprachen, die sich zusammen mit dem Buchdruck, dem Handelskapitalismus und den modernen Nationalstaaten herausbilden. Ein äußeres Anzeichen dieser Konsolidierung der Volkssprachen zu Nationalsprachen ist die Ordonnanz von Villers-Cotterêts (1539), mit der Franz I. für offizielle Rechts- und Verwaltungsakte den Gebrauch des Lateins untersagt und nur noch die französische Muttersprache (langage maternel françois) [6] zuläßt. Diese gegen das lateinische Mittelalter gerichtete volkssprachliche Bewegung ergreift – ausgehend von Italien – zuerst die romanischen Länder, um dann mit mehr oder weniger großer zeitlicher Verzögerung das übrige Europa zu erfassen. [7]

Nach Percival hat die Sprachtheorie der Renaissance ihren Ursprung in lateinischen Grammatikabhandlungen Norditaliens und der Provence, die «ungefähr im 11. Jh.» entstehen und besonders im 13. Jh. entwickelt werden; diese ‚italienische' Tradition sei «eher rhetorisch als dialektisch» [8], im Gegensatz zur Entwicklung im übrigen Europa, die durch die modistische G. und die Versgrammatiken (‹Doctrinale› und ‹Graecismus›) bestimmt sei. Nun belegt Percival seine weitreichende These (die u. a. auch von Brekle akzeptiert wird) [9] nur mit dem Hinweis, daß der dritte Teil der ersten vollständigen G. «im humanistischen Stil», nämlich der G. des N. PEROTTI (1468), eine Abhandlung zur Briefkunst (ars dictaminis) enthält. [10] Seine Darstellung verschiedener Grammatikabhandlungen vor Perotti selbst belegt jedoch das genaue Gegenteil: in diesen G. sind keinerlei rhetorische Beschreibungselemente enthalten, es sind vielmehr vereinfachende, in der Regel aus didaktischer Intention entstandene Darstellungen, die durchaus im Rahmen des traditionellen lateinischen Grammatikgerüsts bleiben und zum Teil sogar modistische Unterscheidungen vorwegnehmen (etwa *suppositum/appositum* statt Nomen/Verb) bzw. integrieren. Die These Percivals scheint vor allem deshalb problematisch, weil sie die gesamteuropäische Einheit der mittelalterlichen 'Gelehrtenrepublik' negiert. Diese Einheit bleibt gerade auch für die Renaissance bestimmend. Nur so ist zu erklären, daß im 16. Jh. philosophische G. wie die von Scaliger oder Sanctius, aber auch noch im 17. Jh. die ‹Grammaire générale› von Port-Royal gesamteuropäisch wirken.

Dies steht nicht im Widerspruch zur Tatsache, daß für jede Nationalsprache eine spezifische Entwicklung kennzeichnend ist. Diese ist durch mehrere Faktoren bestimmt: (i) Entwicklungsstand der Literatur; (ii) Existenz eines relativ unabhängigen Bürgerstands und einer kulturellen Elite; (iii) Grad der politischen Organisation (zentralistisch wie in Spanien und Frankreich oder regionalistisch wie in Deutschland oder Italien); (iv) Religion; (v) Grad der Standardisierung einer Sprache als Verwaltungs- und Kanzleisprache; (vi) Entwicklung des Buchdrucks; (vii) Abstand der Volkssprache vom Latein; (viii) regionale Varietäten. Wie auch immer die spezifischen Voraussetzungen eines Landes aussehen mögen, die Normierung und Standardisierung einer Volkssprache zu einer Nationalsprache läuft in der Regel nach folgendem Muster ab: (1) die erste Phase grammatischer Reflexion bilden Abhandlungen zur Orthographie, welche die schon entstandene Schrifttradition (in Literatur, Verwaltung und Handwerk), die mehr oder weniger uneinheitlich ist, vereinheitlicht und standardisiert (besonders markant nach der Erfindung des Buchdrucks); dem folgen (2) zweisprachige Wortlisten (anfänglich noch Latein-Volkssprache, später auch Volkssprache-Volkssprache) und Flexionslisten sowie (3) zweisprachige Text- und Konversationsstücke. Die nach diesen Vorarbeiten entstehenden (4) G. folgen prinzipiell dem lateinischen Vorbild, wobei man eine Nachahmung in der Sache (z. B. Italien) von einer Nachahmung im Wort (z. B. Deutschland) – mit vielen Zwischenstufen – unterscheiden kann. In der Tat entwickelt sich die G. vieler Volkssprachen in einer muttersprachlichen Umsetzung von Donats Werk: zunächst wird der Donat in die Volkssprache übersetzt – wobei die jeweils anderen Sprachstrukturen durch mehr oder weniger große Veränderungen im Detail reflektiert sind; danach wird in einer immer differenzierteren Reflexion auf die spezifischen Sprachstrukturen der Volkssprache, aber auch der donatschen Systematik selbst in einem oft mühevollen und widersprüchlichen Prozeß die G. einer Volkssprache entwickelt. Dies sei im folgenden verdeutlicht.

1. Von der Schönheit des Lateins und der *lingua vulgaris*. Die Ablösung des Humanismus vom Mittelalter verläuft in zwei sich zum Teil überschneidenden Phasen: zunächst richtet sich die Kritik gegen das unnatürliche und hölzerne Latein der Scholastik. Epochale Bedeutung erlangte die Schrift ‹De linguae latinae elegantia› des Italieners L. VALLA, eine mit leidenschaftlicher persönlicher und nationaler Vehemenz vorgetragene Kritik am Gelehrtenlatein der Scholastik, das im Vergleich zum eleganten und lebendigen Latein der römischen Dichter und des römischen ‹Triumvirats› (nämlich Donat, Servius und Priscian) zu sein «Stammeln» zu sein scheint. [11] Intention Vallas ist zugleich eine Art kulturell-spirituelle Erneuerung des römischen Imperiums unter der Führung der italienischen Humanisten – was gerade in der deutschen Forschung des 19. Jh. oft noch zur Empörung über diese «Kriegserklärung [sc. Vallas] gegen die mittelalterliche Latinität und die scholastische Lehrmethode» [12] führt. Diese Kritik, von italienischen Latein-Grammatikern wie S. VERULANUS, A. MANCINELLUS, A. MANUTIUS und vielen anderen bis zum Ende des 15. Jh. immer wieder vorgebracht, richtet sich nicht nur gegen scholastische Philosophie und spekulative G., sondern auch gegen das ‹Doctrinale› von Alexander von Villa Dei. [13] Bedeutsam für die Erneuerung des Grammatikunterrichts im deutschsprachigen Raum werden die ‹Rudimenta Grammatica› (1473) von PEROTTI. Hier wird freilich die Kritik am ‹Doctrinale› moderater vorgetragen: so akzeptiert etwa noch B. PERGER, engagierter Reformer der Universität Wien und Nachfolger Perottis, in seiner ‹Grammatica nova› von 1482 den Alexander von Villa Dei als sekundären Referenzautor. [14] Rund fünfzig Jahre später jedoch hat das ‹Doctrinale› auch an süddeutschen Universitäten keinen Platz mehr: in Tübingen z. B., so ein Bericht aus dem Jahre 1531, werden die Studenten nicht mehr mit Donat und Alexander, sondern mit der 1508 geschriebenen G. des BRASSICANUS unterrichtet. [15] Einig war man sich freilich in ganz Europa in der radikalen Ablehnung der modistischen G. So betont A. HEGIUS, wichtigster Vertreter der Pädagogik der «Brethren of the Common Life», in einer 1486 erschienenen Streitschrift, daß man den Namen Grammatiker nicht verdient, wenn man die *modi significandi* der einzelnen Redeteile bestimmen kann, sondern nur, wenn «man richtig sprechen und schreiben kann». [16]

Nicht nur in Latein, sondern auch in der eigenen Volkssprache richtig sprechen und – (zumindest) genau so schön wie die Griechen und Lateiner – schreiben: das ist die innere Triebfeder der zweiten Phase der Loslösung von der mittelalterlichen Latinität. Diese nationalsprachliche Selbstbestimmung der europäischen Völker wendet sich nicht gegen die Neubewertung des klassischen Lateins im Humanismus, sondern ergänzt diese durch eine Aufwertung der eigenen Volkssprachen. Freilich müssen zunächst die unterschiedlichen Orthographien der einzelnen Volkssprachen vereinheitlicht und standardisiert werden, ein komplexer, zum Teil bis weit ins 17. Jh. reichender Prozeß, in den sprachtheoretische, sprachnormative, aber auch politische und ökonomische Gesichtspunkte einfließen und an dem deshalb nicht nur Grammatiker wie NEBRIJA (Spanien), MEIGRET (Frankreich) oder LAMBRECHT (Niederlande) oder Schriftsteller wie TRISSINO (Italien) und DU BELLAY (Frankreich) teilnehmen, sondern auch Drucker wie TROY und DOLET (Frankreich). [17]

Da eine entwickelte Literatur eine grammatische Reflexion mit sich bringt, finden sich schon im 13. Jh. in Nachfolge der Troubadour-Lyrik zwei provenzalische Abhandlungen, nämlich die ‹Razos de trobar› (mit einem provenzalisch-italienischen Glossar) von RAIMON VIDAL und der ‹Donat proensal› («Provenzalische Donat») (mit einem provenzalisch-lateinischen Reimlexikon) von UC FAIDIT, wobei der ‹Donat› vor allem in Italien Verbreitung findet (die provenzalische Dichtung ist im Italien des 13. Jh. noch Vorbild) [18] – mit dem Rückgang des Provenzalischen als Literatursprache verlieren dann beide schnell an Bedeutung. Die erste G. der toskanischen *lingua volgare* ist die L. B. ALBERTI zugeschriebene ‹Grammatichetta› (ca. 1450) [19], ein schmaler Traktat ohne erläuternde Definitionen, der nacheinander die Vokale, dann Numerus und Kasus der Nomina, Pronomina, Konjugationen, Adverbien, Interjektionen und Konjunktionen im Toskanischen knapp beschreibt. Ebenso eng lehnt sich ANTONIO DE NEBRIJA in seiner ‹Grammatica castellana› (1492) [20] an das klassische Vorbild der spätantiken G. (vor allem Quintilian und Donat) an. Diese erste spanische Grammatik ist freilich im Vergleich zur Alberti-Abhandlung eine vollständige G. mit ausführlichen Beschreibungen der klassischen Teile: Lautlehre und Prosodie (Buch I und II), Formenlehre der Redeteile (III), Syntax (IV), denen Nebrija eine ‹Kurzgrammatik für Ausländer› (V) hinzufügt. Das vierte Buch enthält nicht nur einige einfache Grundregeln der Wortstellung, sondern auch – wie der ‹Donatus maior› – die Tugenden und Laster, also Barbarismen und Solözismen, Metaplasmen und eine größere Liste von «anderen Redefiguren», die ohne erkennbare Ordnung aufgelistet sind. Nebrija unterscheidet sich freilich von der lateinischen Tradition dadurch, daß er die Interjektion nicht mehr berücksichtigt und zusätzlich drei weitere Redeteile, nämlich Artikel, Gerundio und das unbestimmte Partizipnomen [21] – allesamt für das Spanische spezifische Erscheinungen – berücksichtigt.

Dieses innovative Moment innerhalb des klassisch-lateinischen Rahmens ist in der ersten in Frankreich verfaßten französischsprachigen [22] G. ‹Le tretté de la grammere françoeze› (1555) von L. Meigret [23] kaum entwickelt: Dieser Traktat ist ein verkürzter Priscian (ohne Syntax) [24] mit dem Kernbereich der antiken G.: Laut- und Formenlehre (dem sich einige Bemerkungen zur Intonation und zum Akzent anschließen). Wie akribisch Meigret der Tradition folgt, zeigt sich nicht nur in der fast wörtlichen Übernahme der klassischen Definitionen der Redeteile und ihrer Unterarten (so werden Adjektive wieder zu den Nomina gerechnet), sondern auch darin, daß er zwar kurz den Artikel abhandelt, ohne ihn freilich zu den Redeteilen zu zählen. Dies gilt nicht für die schon 1530 erschienene, englisch geschriebene G. ‹Lesclaircissement de la langue francoyse› von J. PALSGRAVE [25], der sich trotz der Beibehaltung des klassischen Rahmens relativ weit vom lateinischen Vorbild lösen kann. Dies ist sicherlich auch darauf zurückzuführen, daß Palsgrave in einer langen englischen Tradition der Vermittlung des Französischen für Engländer steht: So verfaßt schon um 1400 der Engländer BARTON für Kinder, die «danach hungern, Französisch zu lernen» [26], einen ‹Donait francois›, also einen französischen Donat (der, noch unter modistischem Einfluß stehend, sich in einzelnen Beschreibungen relativ weit vom lateinischen Vorbild entfernt) [27]; und wenige Jahre vor Palsgrave erscheinen die ‹Introductoire to wryte and pronounce frenche› (Einführung in französische Rechtschreibung und Aussprache) (1521) von BARCLAY und eine Einführung ins Französische (1528) von VALENCE; daneben existierten mehrere kleine Wörterbücher und kleinere Konversationsstücke. Diese didaktische Tradition findet ihren Niederschlag im Aufbau der G. von Palsgrave: im ersten Teil werden Aussprache und Redeteile (Buch I und II), im zweiten – und ausführlicheren – Teil werden die einzelnen Redeteile in extenso (jeweils mit Wörterbuch) dargestellt. Die praktische Intention Palsgraves erklärt auch, daß er dann zusätzliche Unterscheidungen einführt, wenn dies vom Französischen her notwendig gemacht wird: so behandelt er z. B. nicht nur den Artikel als Redeteil, sondern unterscheidet auch beim Verb ein zusätzliches Akzidens, nämlich die Umschreibung, um der periphrastischen Konstruktion des *passé composé* (Perfekt) im Französischen gerecht zu werden.

Im Vergleich zu den romanischen Sprachen ist die volkssprachliche Grammatikproduktion in Deutschland und England im 16. Jh. kaum entwickelt: erst 1586 erscheint die ‹Bref Grammar for English› von W. BULLOKAR [28], der dann 1594 die ‹Grammatica Anglicana› von P. GREAVES folgt. Durch die Grammatiken von J. HEWES (1624), J. POOLE (1646) und vor allem von J. WALLIS (1653) entsteht dann in der ersten Hälfte des 17. Jh. eine sich schon weit vom lateinischen Vorbild entfernende englische Grammatiktradition. [29] In Deutschland verfaßt 1537 V. ICKELSAMER eine ‹Teutsche Grammatica›, die sich freilich vor allem um Probleme der Schrift und Rechtschreibung kümmert und Fragen der Wortbildung in einer etymologischen Fragestellung nur kurz behandelt. [30] Dem folgen eine Reihe von ‹Lesekünsten› (‹Leeskonst› oder ‹Syllabierbüchlein›), die allesamt im Kontext der Auseinandersetzung um eine einheitliche deutsche Orthographie stehen. [31] Erst zwischen 1573 und 1578 erscheinen die noch stark der lateinischen G. verpflichteten Traktate von L. ALBERTUS (in Latein), von A. ÖLINGER und vor allem von J. CLAJUS, erste und wichtige Wegbereiter einer relativ eigenständigen deutschen Grammatiktradition. [32] Die ersten großen G. werden erst im 17. Jh. publiziert: J. G. SCHOTTELIUS' ‹Teutsche Sprachkunst› [33] von 1641 und J. WALLIS' 1653 in Latein geschriebene ‹Grammatica linguae Anglicanae›. [34] Doch diese beiden G. sind recht verschieden: die ‹Teutsche Sprachkunst› erscheint zunächst wie eine gelehrte Eindeutschung der antiken lateinischen G. (Nomen, Pronomen, Verb, Partizip, Präposition werden z. B. als Nennwort, Vornennwort, Zeitwort, Mittelwort, Vorwort wiedergegeben); zum Nomen heißt es: «Das Nennwort ist ein wandelbares Wort / ein Nahm oder

Nennung eines Dinges / oder welches anzeiget ein Ding / ohn Zeit und Tuhn» [35]; die englische Grammatik von Wallis hält sich zwar äußerlich an den traditionellen Kernbereich der Laut- und Formenlehre (mit einer detaillierten Behandlung der englischen *pronunciatio*): faktisch aber wird der traditionelle Rahmen u. a. dadurch aufgelöst, daß das Adjektiv als eigenständige Wortklasse behandelt wird, daß das Pronomen wie bei Ramus zum Nomen gerechnet wird, daß für das Verb nur zwei Zeiten unterschieden werden, usw. Wallis gelingt es, das «lateinische Joch abzuwerfen» [36]; das zeigt sich schon äußerlich darin, daß er unmittelbar im Anschluß an seine Erläuterung der verschiedenen Wortklassen syntaktische Probleme (insbesondere der Wortstellung und der Wortbildung) diskutiert – dies reflektiert die Tatsache, daß das Englische im Gegensatz zum (klassischen) Latein eine Sprache mit fester Wortstellung ist. Doch auch Schottelius löst sich bei genauerem Hinsehen in vielen Details vom lateinischen Vorbild; und im Bereich der für das Deutsche spezifischen Wortbildungsmuster (Derivation und Komposition) trennt er sich ganz von diesem Vorbild. Da Schottelius diese Derivationen und Kompositionen (Schottelius spricht von Verdoppelung [37]) auch in seinem großen Hauptwerk ‹Ausführliche Arbeit Von der Teutschen Haubtsprache› (1663) in extenso auflistet, entsteht der Eindruck einer barocken 'Wortbesessenheit'. [38]

Die gegebenen Beispiele verdeutlichen, daß es gerade das von der lateinischen G. entwickelte Kategoriensystem ist, das im Erfahren der Andersartigkeit eine bessere Erkenntnis der tatsächlichen Strukturen der jeweiligen Volkssprache mit sich bringt. Dies bestätigt auch die Rezeptionsgeschichte des Donat in Mittel- und Osteuropa. Hier führt nämlich gerade die Beschäftigung mit Donat zur Vermittlung des Lateins zu einer besseren Kenntnis der eigenen Sprache. Das sei kurz verdeutlicht. In Deutschland entstehen schon im Frühhumanismus zweisprachige lateinisch-deutsche Donatausgaben, die durch den Buchdruck eine große Verbreitung finden. [39] Diese Ausgaben dienen nicht nur der Übersetzung der lateinischen Termini und Beispiele ins Deutsche, sondern gerade auch der Vereinheitlichung des Deutschen. Da diese Übersetzungen zudem eine implizite G. des Deutschen enthalten, stellen sie ein wichtiges Bindeglied zur Herausbildung der G. des Deutschen im 17. Jh. dar. Doch im 16. Jh. läßt sich zunächst eine rückläufige Tendenz des volkssprachlichen Anteils feststellen: da der Humanismus zu einem kritischen Verständnis der Texttraditionen führt, wird auch der ‹Donat› wieder historisch-kritisch betrachtet, mit anderen antiken Grammatiken (Priscian, Diomedes u. a.), aber auch mit neueren italienischen Abhandlungen (Perotti, Verulanus u. a.) verglichen. Dies führt einmal zur ersten kritischen Edition der ‹Ars minor› durch H. GLAREAN (1522) in Basel, zum anderen aber zu einer Abnahme der deutschsprachigen Teile – nur noch die Beispiele werden ins Deutsche übertragen. In protestantischen Ländern verdrängt zwar die G. von MELANCHTHON nach 1525 die übrigen Lehrwerke im fortgeschrittenen Unterricht, der ‹Donat› bleibt aber Elementarwerk für den Grundunterricht, wobei er stofflich dem neuen Zeitgeist entsprechend überarbeitet und von allen 'Verunstaltungen' gereinigt wird. [40] Stoffliche und formale Überarbeitungen, die vor allem der Vereinfachung, Straffung und Systematisierung dienen, führen nach 1580 im Späthumanismus zu einem neuen Typ der Elementargrammatik, die nur noch äußerlich durch die Beibehaltung der acht Redeteile und der traditionellen Form der Deklinations- und Konjugationsschemata dem alten ‹Donat› entspricht: so erscheint 1586 in Magdeburg der ‹Deutsche Donat› von ROLLENHAGEN, in dem lateinisch-deutsche Flexionsschemata ohne umständliche Definitionen aufgeführt sind (z. B.: «Quid est Nomen? Cui addi potest, Ein / Da man in unserer teutschen Sprache das Wörtlein / Ein / kan vorsetzen» [41]). Da in diesen Abhandlungen der volkssprachliche Anteil wieder zunimmt, stellen sie das «unmittelbare Übergangsstadium» zu deutschen G. wie der des Schottelius dar. Der größte Erfolg ist dem späthumanistischen ‹Donatus latino-germanicus› von J. RHENIUS beschieden, der – vor allem im östlichen Deutschland, in Böhmen, der Slowakei, Polen und Ungarn verbreitet – von 1611 bis Ende des 18. Jh. über sechzig Ausgaben erlebt. [42] Im Niederdeutschen setzt sich nach den Bearbeitungen von BONNUS (1531/1575) und N. KOCHHAFE (CHYTRAEUS) (1604) der ‹Donatus latino-germanicus› von J. KIRCHMANN (1636) durch, der bis 1777 nicht nur im norddeutschen Raum, sondern auch «über Pommern und Preußen bis ins Baltikum und nach Polen» verbreitet wird. [43] Wie in Deutschland dienen auch – zum Teil mit zeitlicher Verschiebung – in der Tschechei, in Polen, der Slowakei und in Ungarn die lateinisch-volkssprachlichen Donatbearbeitungen der Herausbildung einer volkssprachlichen Terminologie und eines neuen Sprachbewußtseins. [44] Dieser Prozeß des Abarbeitens der lateinischen G. bei der Beschreibung von Volkssprachen bleibt nicht nur auf Europa beschränkt. So dient etwa die lateinische G. von Nebrija (1481) bis ins 18. Jh. als Beschreibungsrahmen lateinamerikanischer Indianersprachen. [45]

2. *Sprachrichtigkeit und Sprachnorm*. Die Entwicklung einer nationalsprachlichen G. verlangt immer den Nachweis der Schönheit und Größe der jeweiligen Volkssprache. Diese «défense et illustration» (Verteidigung und Illustrierung) (Du Bellay) und diese «Lobrede» (Schottelius) auf die eigene Sprache wird dann eher überzeugen, wenn schon eine große literarische Tradition vorliegt. Dies ist im Italien des 16. Jh. der Fall, das auf eine große Dichtung, insbesondere auf das in Toskanisch geschriebene Werk des Dreigestirns des 13./14. Jh. – Dante, Boccaccio und Petrarca – zurückblicken kann. Da auch Rhetorik, Brief- und Schreibkunst im Vergleich zum übrigen Europa weit entwickelt sind, wird die Auseinandersetzung um das richtige Italienisch mit stilistisch-rhetorischer Vehemenz geführt. Im Zusammenhang mit dieser *questione della lingua* kann man deshalb mit Percival durchaus von einem 'eher rhetorischen' Italien sprechen.

In der italienischen Diskussion um eine verbindliche Sprachnorm wird die schon 1304 verfaßte Schrift DANTES ‹De vulgari eloquentia› (Über das Dichten in der Muttersprache [46]) – die fast zwei Jahrhunderte lang keinerlei Rolle spielte – durch die Vermittlung von TRISSINO zu Beginn des 16. Jh. zum wichtigen Referenztext. [47] Dante unterscheidet die *lingua vulgaris* («Volkssprache») von einer «sekundären Sprache [...], welche die Römer Grammatik genannt haben» [48]: *gram(m)atica* – das ist das gelehrte Latein, *lingua vulgaris* – das ist die geschichtlich-lebendige Sprache, «die wir die Amme nachahmend ohne jede Regel erwerben». [49] Jede Volkssprache ist insofern natürlich, als sie den Menschen von Gott gegeben ist. Mit dem Turmbau von Babel haben sich die Volkssprachen durch menschliches Verschulden von der Ursprache (für Dante ist dies das Hebräische) entfernt. [50] Dante geht es freilich nicht um eine italienische Gemeinsprache, sondern um die Bestimmung einer Stilart der *lingua vulgaris*, die dem Lateinischen als Literatursprache zumindest ebenbürtig ist. Dies ist das *vulgare illustre*, das Dante der rhetorischen Stiltheorie entsprechend gegen das *vulgare mediocre* und das *vulgare humile* abgrenzt. [51] Von den romanischen Sprachen – die Dante selbst in die drei Gruppen Okzitanisch/Provenzalisch (zu dem er auch das Spanische zählt), Französisch und Italienisch einteilt [52] – gibt er dem Italienischen wegen seiner Nähe zum Latein und wegen der schon vorliegenden «edleren» *(subtilius)* Lyrik den Vorzug; freilich erfüllt keiner der vierzehn italischen Dialekte [53] die idealen Anforderungen einer hohen und überregionalen Literatursprache. Diese Literatursprache – dieses *vulgare illustre, cardinale, aulicum et curiale* (illustre, erste, erhabene und höfisch-kuriale Sprache) [54] – ist zwar in vielerlei Ansätzen in einigen Dialekten, Kanzleistilen oder Dichtungen vorhanden, muß aber als Ganzes erst noch von den Dichtern geschaffen werden. Ideales Ziel ist eine dem Latein vergleichbare, unveränderbare und damit nicht dem Wandel und Verfall ausgesetzte Kunstsprache.

Das *vulgare illustre* Dantes ist also nicht als eine von einer kulturellen Elite tatsächlich gesprochene Varietät zu verstehen. In diesem Sinne begreifen jedoch die Befürworter einer *lingua cortigiana* (höfische Sprache) bzw. einer *italianità del volgare letterario* (Italianität der Sprache der Gelehrten) wie CASTIGLIONE und TRISSINO im 16. Jh. das *vulgare illustre*. [55] Castiglione ist Repräsentant der höfischen Verwaltungselite seiner Zeit, die ihren gemeinitalienischen Sprachgebrauch gegen die Idealisierung der toskanischen Literatursprache als Bezugsnorm durch BEMBO durchsetzen will. Bembo vertritt 1525 in seinen Dialogen ‹Prose della Volgar Lingua› (1525) die These, daß die *volgar lingua* nicht nur «natürlicher» als das Latein, sondern diesem «an Ausdrucksfähigkeit [copia], an Größe [grandezza] und Anmut [piacevolezza] gleich, wenn nicht überlegen» [56] ist – er kann diese These vertreten, weil vor allem die großen toskanischen Dichter (mit Boccaccio und Petrarca an der Spitze) faktisch eine hochentwickelte Literatursprache geschaffen haben. Es geht Bembo also um die Durchsetzung einer nicht-gesprochenen regionalen Kunst- und Literatursprache (dem Toskanischen) im Gegensatz zu Castiglione, der ein von einer höfischen Elite gesprochenes Gemeinitalienisch propagiert. Diese ‹Questione della lingua› ist somit auch als eine ideologische Auseinandersetzung um kulturelle und politische Vorherrschaft im zersplitterten Italien des 16. Jh. zu verstehen. Das wird deutlich, wenn man die beiden Zwischenpositionen in diesem Sprachstreit hinzuzieht. Dies ist einmal die von MACHIAVELLI, TOLOMEI und GELLI vertretene Auffassung, das moderne und von einer Regionalelite gesprochene Toskanisch als sprachlich-literarische Norm zu setzen, und zum andern die konservative Position von MUZIO, der eine archisierende und gesamtitalienische Literatursprache *(lingua italiana)* propagiert, die aus allen schon verschrifteten italienischen Dialekten zusammengesetzt sein sollte *(lingua composita)*. Da Italien nicht zur politischen Einheit findet, setzt sich auch die von Bembo vertretene Position durch. Das literarische Toskanisch kann sich – vermittelt über die 1582 gegründete ‹Accademia della Crusca› – als italienische Literatursprache etablieren: «mit dem Triumph» Bembos ist freilich «der Zusammenhang mit der lebendigen Sprache zerschnitten und die Entwicklung einer wirklichen 'lingua nazionale' versperrt». [57] Italienisch bleibt bis ins 19. Jh. eine nur einem Fünftel der Italiener zugängliche Literatursprache; erst MANZONI kann mit den ‹Promessi Sposi› (1840–1842) den *uso vivente* (lebendigen Sprachgebrauch) als Standardnorm durchsetzen. Dies ist jedoch nicht das vom Volk gesprochene Toskanisch, sondern «die Sprache einer gebildeten Oberschicht». [58] Damit setzt sich nach drei Jahrhunderten letztlich doch die Position von Castiglione durch.

Dieses Programm, den *uso vivente* einer kulturellen und politischen Elite als Standardnorm zu setzen, wird – vor allem durch den ‹Dialogo delle lingue› (1542) von S. SPERONI [59] vermittelt – für Frankreich bestimmend: J. DU BELLAYS ‹Deffense et illustration de la langue françoise› (1549) [60] dokumentiert den Glauben einer kulturellen Elite in ihre eigene sprachschöpferische und normsetzende Kraft. Wie Speroni entkräftet Du Bellay die gegen die Volkssprache vorgebrachten Einwände, nämlich daß sie barbarisch, arm an Ausdrucksmitteln, nicht harmonisch und deshalb für Literatur und Wissenschaft nicht geeignet sei. [61] Das Französische ist sicher noch eine *plante et vergette*, ein «zarter Sproß», der durch die sprachschöpferische Tätigkeit einer Elite schnell erblühen und große Früchte tragen wird. [63] In dieser schon bei Bembo und Speroni verwendeten Pflanzenmetaphorik ist der Hauptvorwurf gegen das Latein konkret faßbar: Latein ist eine tote Sprache, die nicht mehr zum Leben erweckt werden kann bzw. sollte. [63] Da sich freilich der «zarte Sproß» Französisch zu schnell und zu wildwüchsig entwickelt (Du Bellay akzeptierte z.B. noch das 'Aufpfropfen' des Französischen mit griechischen und lateinischen Wörtern), muß sie im 17. Jh. gestutzt werden. Dieses Geschäft übernimmt die auf staatliche Initiative hin gegründete ‹Académie française› (1634). Eine besondere Bedeutung in diesem Sprachnormierungsprozeß des 17. Jh. erhält die Schrift ‹Remarques sur la langue Françoise› (1647) von C. V. DE VAUGELAS. Vaugelas bestimmt den *bon usage* – den «guten Sprachgebrauch» – als die Sprechweise «des gesündesten Teils des Hofs konform zur Schreibweise des gesündesten Teils der zeitgenössischen Autoren». [64] Dieser *bon usage* entspricht offenbar Quintilians Begriff des Sprachgebrauchs einer kulturellen Elite *(consuetudo)*. Hoher sozialer Status und großes schriftstellerisches Ansehen bleiben bis heute in Frankreich die beiden Charakteristika eines legitimen und normbildenden Sprachgebrauchs.

In Spanien verläuft die Diskussion um den richtigen und guten Sprachgebrauch weniger spektakulär. Allgemein anerkannter Bezugsautor ist Quintilian, wobei eine Richtung, die rationalistische, von den beiden normsetzenden Kriterien Quintilians – *ratio* und *consuetudo* – die *ratio* privilegiert (Sanctius); die *consuetudo* wird in zwei sich bekämpfende Richtungen aufgespalten: die normativistische Richtung, welche die Formel vom *consensus eruditorum* als Konsens von Schriftgelehrten versteht, die ihr Urteil auch von einer exzellenten Kenntnis des Lateinischen her fällen können (NEBRIJA, VILLALON), und die anti-normativistische Richtung, die den tatsächlichen *uso* (Gebrauch) der kastilischen Volkssprache als Referenznorm setzt (ALDRETE, VALDES). Die letztere Position versteht sich als ‹anti-quintilianisch›, obwohl auch sie wie Quintilian den Sprachgebrauch einer aufsteigenden kulturellen Elite bevorzugt. Dieses Mißständnis, das sich fast notwendig aus der Epoche ergibt, findet sich auch heute noch in der Forschung. [65]

Auch in Deutschland ist die Volkssprache nicht die Sprache des Volkes. Mit fast einem Jahrhundert Verspätung wird hier die Verteidigung und Illustrierung des Deutschen vorgenommen. Das zeigt sich deutlich im Hauptwerk des 'deutschen Varro' Schottelius. Die ‹Ausführliche Arbeit Von der Teutschen Haubtsprache› von 1663 hat nämlich vier Teile: I. Zehn Lobreden von der Kraft und Schönheit des Deutschen; II. G. (mit Orthographie, Wort- und Formenlehre (Etymologie), Syntax der Redeteile); III. Verskunst; IV. Enzyklopädische Varia zum Deutschen. Im letzten, stark an Varro erinnernden Teil behandelt Schottelius die Herkunft der deutschen Eigennamen, dann Sprichwörter und Stammwörter des Deutschen, aber auch sprachlich-stilistische Regeln («Wie man recht verteutschen soll»), und er liefert sogar eine kurze Literaturgeschichte ‹Von Teutschlands und Teutschen Scribenten›. [66] Dieser Aufbau reagiert auf die in der ersten Hälfte des 17. Jh. entstandenen poetischen Abhandlungen (Gryphius, Harsdörffer, Opitz) und reflektiert die Bemühungen vieler deutscher Sprachgesellschaften – vor allem der ‹Fruchtbringenden Gesellschaft› – um die Sprachnorm des Deutschen. [67] Anfänglich will Schottelius wie sein lateinisches Vorbild Varro in Zweifels- und Problemfällen mit Hilfe der Analogie sprachpuristisch wirken, d.h. der Sprache wieder ihre Vernunft geben *(rationem reddere)*. Der *usus* soll nur dann gelten, wenn «die andere Quelle, die Analogie, d.h. die Weisheit des Grammatikers, versiegt, was denn in Wirklichkeit sehr bald eintrat». [68] Faktisch setzt sich auch in Deutschland der Sprachgebrauch einer kulturellen Elite durch. Diese Lehrer- und Gelehrtenelite übernimmt immer mehr den ostmitteldeutschen Sprachgebrauch, der sich, obwohl er sich auf die ‹Luther-Bibel› stützen kann, erst im 18. Jh. gegen das Meißnische und noch später gegen das Oberdeutsche durchzusetzen vermag. [69]

3. Lateinische G., Allgemeine G. und Rhetorik. Schottelius' Abhandlung trennen Welten von der drei Jahre früher erschienenen G. von ‹Port-Royal›, d.h. der ‹Grammaire générale et raisonnée› (1660) von ARNAULD und LANCELOT. [70] Nicht nur, weil das Französische dieser G. schon so weit normiert ist, daß es sich nur noch unwesentlich vom modernen Französisch unterscheidet, sondern vor allem, weil beiden Abhandlungen ein fundamental anderes Sprach- und Grammatikkonzept zugrunde liegt: Das Werk von ‹Port-Royal› ist eine philosophische G., die zeigen will, wie Menschen ihr Denken mit Sprache ausdrücken, Schottelius' Schrift ist eine philologische Abhandlung, die Deutsch als Nationalsprache etablieren will und deshalb zuallererst Ordnung in dieses heterogene ‹Pflanzengeflecht› Deutsch bringen muß. Schottelius markiert den Anfang einer eigenständigen Grammatiktradition, dennoch aber ist er kein Begründer der «rationalisierenden Grammatik» wie Jellinek [71] noch meinte. Schottelius' *ratio* bezieht sich weder auf Denken noch auf Logik, sondern wie bei Varro auf die Analogie, d.h. die Systematizität sprachlicher Formen. Einig sind sich die deutsche und die französische Abhandlung in der faktischen Ausgrenzung von Prosodie, Poetik und Rhetorik aus der G. So hat ‹Port-Royal› nur noch zwei Teile: der erste Teil untersucht den materiellen Wortkörper (also Laute, Buchstaben und Silben), der zweite Teil behandelt die verschiedenen Formen der *signification* der Wörter bzw. der Wortklassen. Schottelius ‹Ausführliche Arbeit› deckt zwar das gesamte Gebiet der antiken philologischen G. ab, freilich bezeichnet er nicht mehr das Gesamtgebäude als G., sondern nur noch den II. Teil, der im wesentlichen Orthographie und Redeteile behandelt.

In der Tat führen Humanismus und Renaissance zwar zu einer Auflösung der Grenzen zwischen Logik und Rhetorik, in Italien und in der ‹Dialektik› RUDOLF AGRICOLAS sogar zu einer «Rhetorikdialektik» [72], die Türen zwischen G. und Rhetorik werden jedoch doppelt geschlossen: einmal wird der Redeschmuck (abgesehen von den seit Priscian zur G. gehörenden Konstruktionsfiguren) völlig von der G. abgetrennt, zum andern kann die G. nicht mehr in eine rhetorische Universaldisziplin wie noch bei Quintilian integriert werden. Die G. gewinnt gerade in der Renaissance so sehr an Selbständigkeit und Universalität, daß sie im 18. Jh. in einer ihrer Ausprägungsformen – der ‹Allgemeinen G.› – der Logik das Recht auf die Analyse des Verhältnisses von Sprache und Denken streitig machen wird. Logik und G. bilden schon bei ‹Port-Royal› eine komplementäre Einheit. Das zeigt sich schon äußerlich darin, daß die Logik von ‹Port-Royal› – ‹La logique ou l'art de penser› (1662/83) von ARNAULD und NICOLE [73] – Teile der ‹Grammaire générale› wörtlich zitiert. Sicher ist Padley zuzustimmen, wenn er die Rhetorik von B. LAMY (‹De l'Art De Parler›, 1676) zum Lehrgebäude von ‹Port-Royal› rechnet; falsch hingegen ist es, wenn er diese Rhetorik als «gleichermaßen komplementär» [74] zu den beiden anderen Disziplinen begreift und sogar behauptet, die Grenzen zwischen Rhetorik und G. würden auch bei ‹Port-Royal› 'verschwimmen'. [74] Richtig ist, daß ‹Port-Royal› einen radikalen, Aufklärung und Moderne bestimmenden Bruch zwischen G. und Logik einerseits und Rhetorik andererseits festschreibt: G. und Logik sind 'seriöse' und 'rationale' Wissenschaften, weil sie sich mit Prinzipien des Denkens und Sprechens beschäftigen; Rhetorik ist nur dann 'seriös', wenn sie nicht den Anspruch erhebt, für G., Logik, Dialektik und Argumentation zuständig zu sein, sondern sich mit der Analyse des Stils und der Redefiguren, die Ausdruck von Emotionen und *passions* sind, bescheidet. In dieser Trennung von Rationalität (Logik, G.) und Irrationalität (Rhetorik) folgt ‹Port-Royal› der Dichotomie DESCARTES' von *res cogitans* und *res extensa*, von Geist und Körper. In G. und Sprachtheorie ist ‹Port-Royal› freilich nicht «cartesianisch» wie Chomsky dies lange behauptete. Dieses historische Fehlurteil Chomskys hat R. Lakoff schon 1969 mit dem Nachweis zurechtgerückt, daß die Wurzeln der ‹Grammaire générale› nicht bei Descartes, sondern im Werk des spanischen Grammatikers Sanchez (SANCTIUS) zu suchen sind. [76]

Die mit dem Zerbrechen der mittelalterlichen Latinität einhergehende Wiederentdeckung der griechisch-römischen Antike, die Existenz der Volkssprachen, aber auch die Entdeckung neuer Sprachen machen die Vielfalt und Heterogenität, wie auch die Arbitrarität und Mehrdeutigkeit menschlicher Sprachen sinnlich erfahrbar. Dies erklärt die vielen Abhandlungen zur Ursprache, zu jener Zeit also, in der «alle Welt einerlei Zunge und Sprache» [77] hatte, und in der Sprache und Denken noch identisch gewesen sein sollen. [78] Dies erklärt auch die Tatsache, daß die Frage, ob die Sprache 'von Natur aus' (phýsei) oder 'willkürlich gesetzt' (thései) sei, ins Zentrum des Interesses rückt. So zeigt etwa J. C. SCALIGER in ‹De causis linguae latinae› (1540) in einer langen Erörterung, daß «die Sprache nicht natürlich ist». [79] Da dieses Problem innerhalb der G. bis dahin noch nie in dieser Ausführlichkeit behandelt worden war, drückt sich darin auch die Erfahrung eines Bruchs zwischen Sprache und Denken aus. Diese Erfahrung wiederum führt – nach einer frühhumanistischen 'Sturm-

und Drangperiode' – notwendig zu einer Problematisierung der grammatischen Kategorien selbst.

Diese Problematisierung wird vom Aristoteliker Scaliger recht vehement vorgetragen. Scaligers Kritik bezieht sich fast ausschließlich auf den traditionellen Kernbereich der G., die Laut- und Formenlehre. Er ist sicherlich, wie schon Hjelmslev notiert, von der «scholastischen Grammatik» [80] beeinflußt; dennoch unterscheidet sich der Humanist Scaliger in seiner Anerkennung des *usus* und in seiner detaillierten Auseinandersetzung mit der Grammatiktradition (insb. Priscian), aber auch in der Anwendung aristotelischer Kategorien stark von den Modisten. Scaliger sichtet mit Aristoteles diese Tradition neu. So sind für ihn Nomen und Verb die beiden wesentlichen Wortklassen, aus denen die übrigen abzuleiten sind; das Verb bezeichnet nicht nur ein Geschehen *(per modum fluxus)*, sondern wird auch wie von Aristoteles als Prädikat bestimmt (so ist in «Caesar IST milde» das Verb ‹IST› ein «Bindeglied, durch das Milde von Caesar ausgesagt wird»); doch der Blick fürs Detail läßt Scaliger auch erkennen, daß ‹IST› in Vergangenheits- und Passivkonstruktionen nur die Funktion eines Hilfsverbs hat; die Verben selbst werden – entsprechend der philosophischen These, daß jedes Geschehen/Handeln aktiv oder passiv sei – nur noch in die zwei Gruppen *aktiv* und *passiv* unterteilt (unpersönliche Konstruktionen entfallen somit) [81]; wie bei Aristoteles ist ‹Zeit› eine wesentliche *consignificatio* der Verben; und weil schließlich alle Dinge entweder absolut oder relativ sind, teilt Scaliger auch die Nomina entsprechend ein, wobei er die absoluten Nomina mit Hilfe der aristotelischen Kategorien Substanz, Qualität, Quantität, Zeit und Ort weiter differenziert. [82] In dieser G. ist für die rhetorischen Tugenden und Laster kein Platz mehr. Nur noch ein Rest von acht Konstruktionsfiguren wird auf neun Seiten (bei 332 Seiten Gesamttext) [83] behandelt – ausgegrenzt bleiben die Tropen und Metaplasmen, die der Rhetorik zugeordnet werden. Diese acht Konstruktionsfiguren sind: *appositio, evocatio, conceptio* (Syllepse), *iugatio* (Zeugma), *anticipatio* (Prolepse), *compositio* (Synthese), *comprehensio* (Synekdoche), *antiptosis*. Colombat weist nach, daß diese Liste Gemeingut der frühen Humanisten wie N. Perotti, A. de Nebrija, A. Manuce und J. Despauterius ist. [84] Die Liste selbst ist recht heterogener Natur und Herkunft: die beiden ersten stammen aus der mittelalterlichen G., die übrigen vor allem aus dem Donat, aber auch aus Priscian, wobei einige in ihrer langen Auslegungsgeschichte mehrfach uminterpretiert werden (so etwa die Synekdoche, die eigentlich zu den Tropen gehört). Die einzige Neuerung, die Scaliger zu dieser Tradition beitragen kann, ist eine Übersetzung der griechischen Termini.

Eine ganz andere Behandlung dieser Figuren findet sich in der schon 1524 posthum veröffentlichten Schrift des Engländers I. LINACRE ‹De emendata structura Latini sermonis›: im ersten Buch hält sich Linacre bei der Behandlung der acht Redeteile noch eng an die Tradition; im zweiten Buch freilich wird die Enallage ausführlich diskutiert, also jene Form der *substitutio*, die darin besteht, daß ein Redeteil statt eines anderen (etwa Adjektiv statt Adverb) bzw. ein Akzidens statt eines anderen (etwa Passiv statt Aktiv) verwendet werden. [85] Ebenso fällt die detaillierte Behandlung der Konstruktionsfiguren im sechsten Kapitel aus dem traditionellen Rahmen. Hier behandelt Linacre nochmals die Enallage, aber auch eine Fülle von Figuren wie Zeugma, Syllepse, Pleonasmus usw. und vor allem die Ellipse *(eclipsis)*: [86] So müssen etwa die folgenden elliptischen Äußerungen durch das jeweils in Klammern stehende Wort ergänzt werden: Parisii ‹homines› («Pariser ‹Menschen›») oder Cicero erat ‹homo› brevis staturae («Cicero war ‹ein Mann› von kleiner Statur») und pluit («es regnet») muß als ‹pluvia› pluit («‹Der Regen› regnet») verstanden werden. Diese Beispiele verdeutlichen ein Bewußtsein darüber, daß auch gewöhnliches Sprechen figurativ, uneigentlich und rhetorisch ist. Wenn Linacre auch mit Scaliger das elliptische und das uneigentliche Sprechen als defektiv bestimmt, ist er doch insofern radikaler, als er a) diese figurativen Verfahren zum gängigen Sprachgebrauch rechnet und b) diese als syntaktische Phänomene beschreibt. Die intensive Beschäftigung mit den Konstruktionsfiguren bringt nun Linacre dazu, die überlieferte Klassifikation zu durchforsten und auf vier Klassen zu reduzieren: Ellipse, Pleonasmus, Hyperbaton, Enallage. [87] Diese vier Klassen entsprechen offenbar der *quadripertita ratio* der Lateiner mit den Operationen *detractio, adiectio, permutatio (transmutatio), substitutio*.

Hierin folgt ihm der Spanier F. SANCTIUS mit seiner epochemachenden Schrift ‹Minerva: seu de causis linguae Latinae› (1587) (schon 1562 war eine kleine ‹Minerva exigua› erschienen). Man kann diese Schrift zunächst vereinfachend als eine Synthese aus Linacre und Scaliger bestimmen. [88] Sanctius interessiert sich nur noch am Rande für phonetische und morphologische Fragen: «oratio sive syntaxis est finis grammaticae» (Der Zweck der G. ist die Rede bzw. die Syntax) [89]. Die *partes orationis* werden im I. Buch, die *constructio* des Nomens im II. und die des Verbs im III. Buch diskutiert. Das IV. Buch (fast ein Drittel der ganzen Abhandlung) ist den Konstruktionsfiguren gewidmet, die Sanctius wie Linacre in die vier Klassen: Ellipse, Pleonasmus, Hyperbaton, Syllepse (statt Enallage) [90] mit leichten Veränderungen im Detail [91] einteilt. Schon der einfachste Satz kann eine Figur enthalten (so ist z. B. das gewöhnliche *lego* («ich lese») Figur, weil es explizit *ego lego* heißen müßte). Im Zentrum steht in der ‹Minerva› die Ellipse, die Sanctius durch eine Fülle von jeweils alphabetisch angeordneten Beispielen (wobei das fehlende Wort das Gliederungsprinzip bildet) für jede einzelne Wortklasse illustriert. So fehlt in *manum de tabula* (Hand vom Tisch) das Verb ‹nimm›, *sonipes* (lauten Fußes) impliziert ‹equus› (Pferd) und in *factum volo* fehlt ‹esse› (Ich will, daß das getan ‹sei›); ein Imperativ wie *lies!* ist als ‹ich ermahne dich zu lesen› und in *das war nicht richtig, suchen wir einen anderen Weg* muß im zweiten Satz ‹igitur› (deshalb) eingefügt werden. [92] Die Beispiele lassen nicht nur erkennen, daß die Ellipse pragmatische, semantische, syntaktisch-morphologische und logische Phänomene umfaßt, sondern auch, daß in der ‹Minerva› das Denken als Richtschnur für den Sprachgebrauch fungiert. Das bestätigt folgendes Beispiel: (i) «Digitorum medius est longior» (der mittlere Finger ist länger) müßte eigentlich lauten: (ii) «Ex numero digitorum medius digitus est longior quam caeteri digiti sint longi» (Aus der Menge der Finger ist der mittlere Finger länger als die übrigen Finger lang sind). [93]

Dennoch wäre es falsch, Sanctius als Logiker oder Aristoteliker zu bezeichnen, nicht nur, weil er sich selbst – unter Rückgriff auf Varro und Ramus – vehement gegen jede logische und philosophische Analyse sprachlicher Erscheinungen wendet, sondern auch, weil er bei der Bestimmung der Wortarten auf formale Kriterien zurückgreift: so wird wie bei Ramus das Nomen als «ein Lautzeichen *(vox)* mit Numerus, Kasus und Genus» und das Verb als ein Wort, das Numerus, Person und Zeit anzeigt, bestimmt. [94] Im III. Buch freilich definiert er mit Priscian das Verb als «Redeteil mit Tempus, ohne Kasus, mit dem Handeln und Erleiden ausgedrückt wird». [95] Kurz zuvor, im Einleitungskapitel zum III. Buch greift er sogar mit einem Zitat aus Quintilian auf die auf Aristoteles zurückgehende Bestimmung des Nomens und des Verbs als Satzgegenstand und Satzaussage zurück. [96] Daraus ist auch seine zentrale These, daß jeder Satz *(dictio)* notwendig ein Nomen und ein Verb enthalten muß, abgeleitet – eine These, die wiederum erst ermöglicht, bestimmte Äußerungen als elliptisch zu bestimmen. Deshalb fehlt nicht nur in *lego* das Subjekt ‹ego›, auch sämtliche unpersönlichen Konstruktionen wie *curritur* (es wird gelaufen) oder *pluit* (es regnet) müssen durch ihre eigentlichen Subjekte ‹cursus› (der Lauf) bzw. ‹pluvia› (der Regen) – wie schon bei Linacre – ergänzt werden. [97] All dies führt zum zentralen Widerspruch der G. des Sanctius: G. soll ohne Rückgriff auf Logik und Dialektik (aber auch Rhetorik) – hierin folgt er Ramus – gemacht werden. In der Durchführung und Begründung ist seine G. jedoch auch philosophische G. Diese Widersprüchlichkeit ist Ausdruck einer Umbruchszeit, in der nicht nur die überlieferten Grammatikkategorien, sondern auch das Verhältnis der G. zur Dialektik und Rhetorik neu durchdacht werden mußten.

Diese vielschichtige Widersprüchlichkeit fehlt der ‹Grammaire générale et raisonnée› (1660) von ARNAULD und Lancelot – die G. von ‹Port-Royal› ist und versteht sich auch als philosophische G. Der Einfluß von Sanctius auf ‹Port-Royal› ist unverkennbar, besonders deutlich ist er in LANCELOTS ‹Abrégé de la nouvelle méthode pour apprendre facilement la langue latine› (1644) [98] greifbar, in dem eine Fülle von teilweise wörtlichen Vergleichsstellen mit Sanctius zu finden ist: Das bestätigt Lancelot selbst im Vorwort zur 3. Auflage von 1653, in dem er die bahnbrechende Leistung des Sanctius auf dem Gebiet der Syntax voller Lob hervorhebt. [99] Bei allen Überschneidungen darf jedoch nicht übersehen werden, daß der G. von ‹Port-Royal› eine völlig andere Grammatikkonzeption zugrunde liegt, die gerade in der Bestimmung des Verbs zu Tage tritt: das Verb ist «un mot dont le principal usage est de signifier l'affirmation» (ein Wort, dessen hauptsächliche Verwendung darin besteht, die Behauptung zu bedeuten). [100] Unmittelbare Konsequenz dieser Bestimmung ist, daß eine Aussage wie «Peter lebt» als ‹Peter IST lebend› analysiert wird. In «*lebt*» ist die Behauptung eingeschlossen. [101] Sekundär und akzidentell ist aus dieser Sicht, daß Verben zusätzlich Numerus, Person und Zeit ausdrücken. Dieser Analyse liegt offenbar die Idee des logischen Urteils zugrunde, in dem einem Gegenstand eine Qualität zugeschrieben wird. In der G. von ‹Port-Royal› bestimmt die Logik des Denkens die Logik der Sprache. «Sprechen – das ist seine Gedanken durch Zeichen ausdrücken, welche die Menschen zu diesem Zweck erfunden haben». [102] Es wundert deshalb nicht, daß die Ableitung der Grundkategorien in der ‹Grammaire› im wesentlichen identisch mit denen in der ‹Logique› ist. [103] Der menschliche Geist kennt drei Operationen: *concevoir, juger, raisonner* (begreifen, urteilen, argumentieren). Der Geist begreift zunächst die Dinge *(Erde, Haus...)* und Eigenschaften *(rund, groß...)*; diese bringt er in einem Urteil zusammen: «Die Erde IST rund». Argumentieren heißt schließlich, aus zwei Aussagen auf eine dritte folgern. Substanzen wie *Erde, Haus* entsprechen sprachlich die Substantive, Akzidentien wie *rund, groß* entsprechen die Adjektive. Diese ursprüngliche Funktion der Substantive und Adjektive darf freilich nicht verallgemeinert werden. Man hat nämlich auch die Satzteile, «die in der Rede für sich allein stehen können, Substantive genannt» [104], obwohl sie das sachlich gar nicht sind (wie z.B. *Röte, Klugheit, Menschheit,* aber auch *König, Philosoph, Maler* – die eigentlich Adjektive sind, da sie Akzidentien von bestimmten Menschen bezeichnen). [105] Diese logische Analyse der Redeteile führt notwendig zur Bestimmung des Verbs als Wort, in dem die Affirmation 'eingeschlossen' ist. Sicher findet man vor ‹Port-Royal› ähnliche Zerlegungen des Verbs – so bei dem Modisten MARTINUS VON DACIEN [106], aber auch bei humanistischen Grammatikern wie DESPAUTERIUS. [107] In der Radikalität der Logisierung der G. und ihrer Fundierung in einer auf Aristoteles zurückgehenden Begriffs-, Kategorien- und Aussagenlehre stellt ‹Port-Royal› freilich einen Bruch mit der bisherigen G. dar. So wichtig dieser logisch-analytische Zugriff für die Präzisierung vieler grammatischer Erscheinungen auch war, so negativ hat er sich auf das Hausrecht der Rhetorik in der G. ausgewirkt. Das zeigt sich nicht nur darin, daß ‹Port-Royal› nur noch mit wenigen Zeilen auf die Konstruktionsfiguren Syllepse, Ellipse, Pleonasmus und Hyperbaton eingeht, sondern vor allem darin, daß diese Figuren nur als 'bloße' rhetorische Figuren verstanden werden. Deshalb akzeptiert ‹Port-Royal› die Ellipse nur dann, wenn das fehlende Element normalerweise verwendet wird (also nur als abweichenden Sprachgebrauch). Für Sanctius hingegen bezeichnen diese Figuren, insbesondere die Ellipse, fundamentale Konstruktionsprozesse der Sprache selbst. [108] Diese prinzipiell andere Einschätzung der Konstruktionsfiguren läßt sich sehr einfach verdeutlichen: wenn man mit Sanctius *lies!* als ‹Ich ermahne dich zu lesen› analysiert und gleichzeitig *lies!* als korrekte synthetische Form akzeptiert, unterstellt man zugleich, daß die Ellipse eine nicht-abweichende syntaktische Konstruktionsfigur ist.

Der Erfolg der Pädagogen, Grammatiker, Logiker und Aristoteliker um ‹Port-Royal› ist auch dadurch bedingt, daß es ihnen in ihrem sprachlich-logischen Gesamtgebäude – *logique, grammaire, rhétorique* – gelungen ist, die schon von Ramus vorgenommene Abtrennung der Rhetorik von den beiden anderen 'seriösen' Wissenschaften festzuschreiben. Padley behandelt in seiner Untersuchung zu den Lateingrammatiken von 1976 Ramus noch neben Scaliger und Sanctius; in Padleys Untersuchung von 1985 zu den volkssprachlichen G. wird Ramus hingegen gesondert und ausführlich im Kontext von G. und Pädagogik behandelt. Diese ausführliche Darstellung überrascht, weil Padley mehrfach selbst betont, daß der Einfluß des Grammatikers Ramus selbst im protestantischen Deutschland und in England sehr gering war. [109] Deshalb beziehen sich die Ausführungen Padleys vor allem auch auf die ramistische Dialektik und Rhetorik. In der Tat hat die ramistische Schule vor allem durch ihre Dialektik und ihre Rhetorik gewirkt – das bestätigt die große Studie zu Ramus von Ong, in der G. von Ramus nur einmal kurz erwähnt wird. [110] Daß weder die lateinische noch die französische G. von Ramus nachwirkte, ist aus seinem reduzierten Begriff der G. selbst zu erklären. Genau so wie die Dialektik zwei Teile hat, «Inventio und Urteil (jugement)», genau so hat die G. zwei Teile: «im ersten Teil werden die Redeteile dargestellt, im zweiten Teil, der Syntax, wird ihre Konstruktion beschrieben». [111] Tatsächlich behandelt Ramus in seiner ‹Grammaire› von 1572 im ersten Buch die Laut- und Formenlehre, im zweiten Buch die Syntax. Aber Ramus gibt keinerlei Definition der Redeteile, und die ‹Syntax› beschränkt sich auf Fragen des *accord* von Nomen und Adjektiv, von Nomen und Artikel usw. und auf das Feststellen von unregelmäßigen Gebrauchsweisen, die jedoch zum Fundus der traditionellen G. gehören. Diese Selbstbeschränkung auf eine fast formale Kombinationssyntax folgt aus der wissenschaftstheoretischen Grundüberzeugung von Ramus, nach der jede Wissenschaft nur einen bestimmten Gegenstandsbereich hat, der sich mit keiner anderen Wissenschaft überschneiden darf. Demnach ist die Dialektik für die Logik, die Rhetorik für den Stil und die G. für das richtige Sprechen zuständig. Deshalb ist jede Bezugnahme auf logische Kriterien untersagt (dies gilt selbst für eine Bestimmung des Verbs als Redeteil, der auch ‹Zeit› ausdrückt, weil darin eine versteckte Dinglogik ist). Mit diesem reduzierten Grammatikmodell vermag Ramus sicherlich einige ungewöhnliche Zusammenhänge zu verdeutlichen [112] – seine fast formale Kombinationssyntax kann sich einfach deshalb nicht durchsetzen, weil in der langen Geschichte der europäischen G. eines klar geworden war: ohne Sinn, Logik und Reflexion läßt sich keine G. machen.

Anmerkungen:
1 Abdruck in: A. Lhotsky: Die Wiener Artistenfakultät 1365–1497, SB Wien, phil.-hist. Kl. 247 (1965) 121f.; vgl. E. Ising: Die Herausbildung der G. der Volkssprachen in Mittel- und Osteuropa (1970) 33ff. – 2 Ising [1] 22ff. – 3 vgl. C. Thurot: Extraits de divers manuscrits latins pour servir à l'histoire des doctrines grammaticales au Moyen Age (Paris 1869; ND 1964) 168ff. – 4 Notker der Deutsche: Martianus Capella, "De nuptiis Philologiae et Mercurii", ed. J. C. King (1979) (in: Werke 4). – 5 Aelfrics Grammatik u. Glossar, ed. J. Zupitza (1880; ND 1966). – 6 E. Wolf (Hg.): Texte u. Dokumente zur frz. Sprachgesch., 16. Jh. (1969) 52. – 7 H. W. Klein: Latein und Volgare in Italien (1957); F. Bruni: L'italiano: Elementi di storia della lingua e della cultura (Torino 1987) 43ff.; M. M. Guchmann: Der Weg zur dt. Nationalsprache, 2 Bde. (1969/70); K.-O. Apel: Die Idee der Sprache in der Tradition des Humanismus von Dante bis Vico (²1975); C. Livet: la grammaire française et les grammairiens du XVIe siècle (Paris 1859; ND Genève 1967); F. Brunot: Histoire de la langue française, t. 2 (1967) 124ff.; J.-C. Chevalier: Histoire de la syntaxe; naissance de la notion de complément dans la grammaire française, 1539–1750 (Genève 1968); P. Koch: Italienisch: Externe Sprachgesch. I, in: LRL, IV (1988) 343–360; T. P. Salani: Italienisch: Grammatographie. Storia delle grammatiche, in: LRL, IV (1988) 774–786; P. Swiggers: Grammaticographie (Französisch), in: LRL, V (1990) 843–869; O. Funke: Die Frühzeit der englischen G., in: Schriften der literarischen Ges. Bern IV (1941) 1–91; Kukenheim: Contribution à l'histoire de la grammaire italienne, espagnole et française à l'époque de la Renaissance (Amsterdam 1932); K. Percival: The Grammatical Tradition and the Rise of the Vernaculars, in: Current Trends in Linguistics 13 (Historiography of Linguistics) (The Hague 1975) 231–276 und H. E. Brekle: The seventeenth Century, ebd., 277–380; W. Bahner: Skizzen zur Gesch. der romanischen Sprachwiss. von der Mitte des 15. bis zu den Anfängen des 17. Jh., in: Beitr. zur Roman. Philol. 22 (1983) 177–222; G. A. Padley: Grammatical Theory in Western Europe, 1500–1700. Trends in Vernacular Grammar I (London 1985); R. Baum: Die ersten G. der romanischen Sprachen, in: H.-J. Niederehe, B. Schlieben-Lange (Hg.): Die Frühgesch. der romanischen Philol.: von Dante bis Diez (1987) 15–43.; S. Auroux (Hg.): Histoire des idées linguistiques, tome 2 (Liège 1992) 187–405. – 8 Percival [7] 233. – 9 H. E. Brekle: Zur Sprach- und Grammatikauffassung von J. L. Vives, in: ders.: Einf. in die Gesch. der Sprachwiss. (1985) 88–115, 89f. – 10 Percival [7] 239. – 11 vgl. L. Valla: De linguae latinae elegantia (Basel 1540) 41. – 12 D. Reichling: Einleitung, in: Das Doctrinale des Alexander de Villa-Dei, ed. D. Reichling (New York 1974). – 13 vgl. ebd. LXXXV ff.; T. Heath: Logical Grammar, Grammatical Logic, and Humanism in Three German Universities, in: Studies in the Renaissance 18 (1971) 9–64, 16. – 14 Heath [13] 17. – 15 ebd. 26ff., 31f. – 16 zit. in Heath [13] 18; vgl. J. Wiese: Der Pädagoge Alexander Hegius u. seine Schüler (1892). – 17 B. Migliorini: Storia della lingua italiana (Firenze 1961) 381ff.; F. Brunot [7] 93ff.; A. Petrucci: Libri, scrittura e pubblico nel Rinascimento (Rom 1979); N. Catach: L'orthographe française à l'époque de la Renaissance (Genf 1968); M. H. Jellinek: Gesch. der neuhochd. G., I und II (1913/14) I,28ff. – 18 E. Stengel: Vorwort, in: Die beiden ältesten provenzalischen Grammatiker, ed. E. Stengel (1878; ND 1971) XIV; J. H. Marshall: Introduction, in: The Donatz Proensals of Uc Faidit (London 1969) 79ff.; vgl. P. Swiggers: Les premières grammaires occitanes, in: ZRPh 105 (189) 134–147. – 19 L. B. Alberti: La prima grammatica della lingua volgare, ed. C. Grayson (Bologna 1964). – 20 A. de Nebrija: Gramática castellana, ed. G. Romeo, O. Nuñoz (Madrid 1946). – 21 vgl. F. Tollis: A propos des 'Circunloquios' du verbe Castillan chez Nebrija: Le 'nombre participal infinito', in: Historiographia Linguistica 11 (1984) 55–76. – 22 vgl. E. Stengel: Chronologisches Verzeichnis französischer G. (14.–18. Jh.) (1890; ND 1970) 20. – 23 L. Meigret: Le Traité de la Grammaire française, ed. J. Hausmann (1980). – 24 vgl. F. J. Hausmann: L. Meigret, humaniste et linguiste, in: Historiographia Linguistica 7 (1980) 334–350. – 25 J. Palsgrave: L'éclaircissement de la langue française, ed. F. Guérin (Paris 1852); vgl. D. A. Kibbee: J. Palsgrave 'Lesclaircissement...', in: Historiographia Linguistica 12 (1985) 27–62. – 26 vgl. Kibbee [25] 30. – 27 vgl. Swiggers [7] Sp. 843ff.; ders.: La tradition de l'Ars de Donat et les premières grammaires vernaculaires du français, in: W. Dahmen u. a. (Hg.): Zur Gesch. der G. romanischer Sprachen (1991) 139–159. – 28 W. Bullokar: Bref grammar for English, ed. M. Plessow, in: Palaestra 52 (1906) 331–388; vgl. O. Funke: William Bullokars Bref Grammar for English (1586), in: Anglia 62 (1938) 116–37. – 29 vgl. Padley [7] 57ff., 156ff., allg.: A. P. R. Howatt: A History of English Language Teaching (Oxford 1984); J. Rousse, M. Verrac: Les traditions nationales: Grande-Bretagne, in: Auroux [7] 339–358. – 30 vgl. M. H. Jellinek [17] I 50ff.; Padley [7] 90ff. – 31 Padley [7] 52ff. – 32 ebd. 62ff.; 73ff.; 79ff.; vgl. A. Ölinger: Vnderricht der Hoch Teutschen Spraach (1574; ND 1975); F. Weidling (Hg.): Die dt. G. des J. Clajus (1894); W. Ratke: Grammatische Schr. (1612–1630), in: E. Ising: W. Ratkes Schr. zur dt. G. (1959) Teil II. – 33 J. G. Schottelius: Teutsche Sprachkunst (Braunschweig 1651). – 34 ed. J. A. Kemp (with translation) (London 1972); vgl. Padley [7] 190ff. – 35 Schottelius [33] 386. – 36 Padley [7] 214. – 37 Schottelius [33] 145ff. – 38 vgl. W. Hecht: Nachwort, in: J. G. Schottelius: Ausführliche Arbeit Von der Teutschen Hauptsprache, ed. W. Hecht, I–II (1967) II 12. – 39 Ising [1] 45ff. – 40 vgl. ebd. 79. – 41 vgl. ebd. 93. – 42 ebd. 96ff. – 43 ebd. 125. – 44 ebd. 126ff., 147ff., 170ff., 179ff. – 45 C. Dümmler-Cote: Die Beschreibung columbianischer Indianersprachen am Modell lateinischen G., in: Niederehe, Schlieben-Lange [7] 45–63; G. Ineichen: Zur Stellung der spanischen G. Nebrijas, in: Dahmen [27] 227–241; M. Adnès: Parler un Nouveau Monde: le cas du Pérou, in: Auroux [7] 271–298. – 46 Dante Alighieri: De vulgari eloquentia, ed. P. V. Mengaldo (mit italien. Übers.), in: Opere Minori II (Milano 1979) 3–237 (dt. Übers. R. Dornseif, J. Balloch 1925). – 47 vgl. Klein [7] 67ff.; Apel [7] 104ff.; A. Pagliaro: I 'primissima signa' nella dottrina linguistica di Dante, in: Nuovi saggi di critica semantica (Messina 1956) 215–238; P. V. Mengaldo: Introduzione, in: Dante [46] 3–25. – 48 Dante [46] I,i,3. – 49 ebd. I,i,2. – 50 ebd. I,vi,7. – 51 ebd. II,iv,6; vgl. Klein [7] 29ff., 110ff. – 52 Dante [46] I,viii,6. – 53 ebd. I,x,3ff. – 54 ebd. I,xvi,6. – 55 vgl. Apel [7] 201ff.; Klein [7] 67ff.; T. Labande-Jeanroy: La Question de la langue en Italie (Strasbourg 1925); M. Vitale: La questione della lingua (Palermo 1978): A. Lepschy: Die ital. Sprache (1986); C. Marrazzini: Les traditions nationales: Italie, in: Auroux [7] 313–328. – 56 Klein [7] 73; vgl. Apel [7] 205ff. – 57 G. Rohlfs: Romanische Philol., Teil 2 (1959) 31. – 58 ebd. 32, vgl. J. Albrecht: Consuetudo, usus, usage, uso: Zur Sprach-

normproblematik bei Vaugelas und Manzoni, in: Niederehe, Schlieben-Lange [7] 109–121. – **59** in: P. Villey: Les sources italiennes de la 'Deffence et illustration de la langue françoise' de Joachim du Bellay (Paris 1908) 111–146. – **60** J. du Bellay: Deffence et illustration de la langue françoise, ed. H. Chamard (Paris 1970). – **61** vgl. Villey [59] 33ff. – **62** Du Bellay [60] I,iii. – **63** vgl. Klein [7] 90ff.; Apel [7] 244ff. – **64** C. V. de Vaugelas: Remarques sur la langue Française, ed. J. Streicher (Paris 1934) iii; vgl. W. Settekorn: Sprachnorm und Sprachnormierung in Frankreich (1988) 52ff.; B. Bagola: Sprachdiskussionen in Italien und Frankreich (1991) 149ff. – **65** vgl. J. M. Pozuelo Yvancos: Norma, uso y autoridad en el siglo XVI, in: H.-J. Niederehe, A. Quilis (Hg.): The History of Linguistics in Spain (Amsterdam 1986) 77–94. – **66** Schottelius [38] II, 1217ff. u. 1149ff. – **67** vgl. Jellinek [30] 160ff. – **68** ebd. 136. – **69** vgl. W. König: dtv-Atlas zur dt. Sprache (1985) 104ff. – **70** A. Arnauld, C. Lancelot: Grammaire générale et raisonnée, préface M. Foucault (Paris 1969). – **71** Jellinek [30] 32. – **72** vgl. E. Eggs: Art. ‹Argumentation›, in: HWR, Bd. 1, Sp. 963ff. – **73** A. Arnauld, P. Nicole: La logique ou l'art de penser, ed. L. Martin (Paris 1970) : **74** Padley [7] 294. – **75** ebd. 295f. – **76** vgl. N. Chomsky: Cartesian Linguistics: A Chapter in the History of Rationalist Thought (New York 1966); R. Robins: Rez. zur Ausg. der Grammaire générale et raisonnée von H. H. Brekle (1966), in: Language 45 (1969) 343–364. – **77** l. Mose 11. – **78** vgl. M. Foucault: Les mots et les choses (Paris 1966) 32ff.; C.-G. Dubois: Mythe et langage au seizième siècle (Paris 1970). – **79** J. C. Scaliger: De Causis Linguae Latinae libri Tredecim (Lyon 1540) 117ff.; vgl. allg.: K. Jensen: Rhetorical Philosophy and Philosophical Grammar. J. C. Scaliger's Theory of Language (1991). – **80** L. Hjelmslev: Principes de grammaire générale (Kopenhagen 1928) 11. – **81** Scaliger [79] 220ff. (Kp. 110); vgl. J. Stéfanini: J. C. Scaliger et son De causis linguae Latinae, in: H. Parret (Hg.): History of Linguistic Thought and Contemporary Linguistics (1976) 317–330; Padley [7] 58ff. – **82** Padley [7] 181ff. – **83** Scaliger [79] 332–340 (Kp. 176–182). – **84** vgl. B. Colombat: Le livre XII du De causis linguae latinae (1540): J.-J. Scaliger et le syntaxe figurée, in: K. D. Dutz (Hg.): Speculum historiographiae linguisticae (1989) 77–94. – **85** vgl. Tomae Linacre Britanni de emendata structura Latini sermonis libri sex (1524; zit. n. d. Ausg. Leipzig 1576) 93ff.; vgl. G. a. Padley: Grammatical Theory in Western Europe, 1500–1700. The Latin Tradition (Cambridge 1976) 21ff., 40ff., 54ff.; D. F. S. Thomson: Linacre's Latin Grammars, in: F. Maddison et al.: Essays on the Life and Work of Thomas Linacre (Oxford 1977) 24–35. – **86** Linacre [85] 362ff. – **87** vgl. B. Colombat: Donat ou Priscien? Syntaxe et figure de construction dans la grammaire latine au XVIe siècle, in: Cahiers de Philosophie Ancienne 5 (1986) 445-462, 456ff. – **88** vgl. W. K. Percival: Deep and Surface Structure Concepts in the Renaissance and Mediaeval Syntactic Theory, in: Parret [81] 238–263, 243ff. – **89** F. Sanctius Brocensis: Minerva seu de causis linguae Latina (1587; ND 1986) (mit Einleitung von M. Breva-Claramonte) 9r (I,2); vgl. Robins [76]; G. Clerico: F. Sanctius: histoire d'une réhabilitation, in: A. Joly, J. Stéfanini: La grammaire générale: Des modistes aux idéologues (Lille 1977) 125–143; M. Breva-Claramonte: Sanctius' Theory of Language (Amsterdam 1983). – **90** Sanctius [89] 164r (IV). – **91** vgl. Colombat [87] 459ff. – **92** vgl. Sanctius [89] 165v, 180r, 205r, 207v, 217v. – **93** Sanctius [89] 165r (IV); vgl. Percival [88] 240f. – **94** vgl. Sanctius [89] 15v (I,5), 28r (I,12). – **95** ebd. 90r (III,2). – **96** ebd. 84r (III,1); vgl. Quint. I,4,18. – **97** vgl. ebd. III,3. – **98** C. Lancelot: Abrégé... (zit. nach der Ausg. 1677). – **99** vgl. Robins [76] 355ff. Zum Einfluß allg.: R. Donzé: La Grammaire générale et raisonnée de Port-Royal (Bern ²1971); M. Breva-Claramonte: The Sign and the Notion of 'General' Grammar in Sanctius and Port-Royal, in: Semiotica 24 (1978) 353–370; Padley [85] 105ff.; zu Port-Royal vgl. neben Foucault [78] 72ff.; Pariente [111]; H. E. Brekle: Die Bedeutung der Grammaire générale et raisonnée für die heutige Sprachwiss., in: Indogerm. Forsch. 72 (1967) 1–21; A. Joly: La linguistique cartésienne: une erreur mémorable, in: Joly, Stéfanini [89] 165–199; C. Porset: Grammatica philosophans. Les sciences du langage de Port-Royal aux Idéologues (1660–1818), in: Joly, Stéfanini [89] 11–95; M. Dominicy: La naissance de la grammaire moderne (Brüssel 1984); P. Swiggers: Port-Royal et le 'Parallélisme logico-grammatical': réflexions méthodologiques, in: Histoire de la linguistique 16.1 (1990) 23–36. – **100** Arnauld, Lancelot [70] 66. – **101** ebd. 70. – **102** ebd. 7. – **103** vgl. ebd. 23ff.; 77ff. und Arnauld, Nicole [73] 73ff., 150ff. – **104** Arnauld, Lancelot [70] 25. – **105** ebd. 26. – **106** vgl. M. a. Covington: Syntactic Theory in the High Middle Ages (Cambridge 1984) 66f.; 143ff. – **107** vgl. Padley [85] 105f. – **108** vgl. Einleitung von M. Breva-Claramonte zu Sanctius [89] LI. – **109** vgl. Padley [7] 46f.; 57f. – **110** W. J. Ong: Ramus. Method, and the Decay of Dialogue (Cambridge/Mass. 1958) 250; vgl. Eggs [72] Sp. 958ff. – **111** P. Ramus: Dialectique (1555), éd. M. Dassonville (Genf 1964) 61; ders.: Gramere (1562); Grammaire (1572), Dialectique (1555) (alle in Slatkine Reprints 1972); vgl. E. Eggs: L'actualité du débat sur les topoï dans la rhétorique et la dialectique traditionnelles, in: C. Plantin (éd): Lieux communs, topoï, stéréotypes, clichés (Lyon 1993) 393–409. – **112** vgl. P. Wunderli: Die G. von Ramus zwischen Tradition und Innovation, in: Dahmen [27] 161–198.

IV. *Aufklärung, Romantik und 19. Jahrhundert – Allgemeine und historische Grammatik.* Nach Hoinkes, der sich auf Forschungen von Auroux und Swiggers [1] stützt, ist für das «Klassische Zeitalter» (= 17. Jh.) «die Beschränkung der Satzbetrachtung auf den λόγος ἀποφαντικός [lógos apophantikós] bestimmend». Die Syntaxtheorien des 18. Jh. seien freilich «als eine bewußte Loslösung von der aristotelischen Einschränkung der Satzanalyse auf den λόγος ἀποφαντικός interpretierbar». [2] Diese These ist falsch, da man leicht zeigen kann, daß zwischen der ‹Grammaire raisonnée› von ‹Port-Royal› und der ‹Allgemeinen G.› der Enzyklopädisten eine Kontinuität besteht. Die folgenden Erörterungen – in der Bemühungen wie etwa die von LEIBNIZ um eine *lingua universalis* ausgeklammert bleiben [3] – sollen zudem zeigen, daß es in beiden Jahrhunderten letztlich um das Problem der Ausgrenzung der Rhetorik aus der 'seriösen' G. geht.

Zunächst ist gegen Hoinkes festzuhalten, daß Aristoteles in ‹De interpretatione› und später in den ‹Analytiken› eine prädikatenlogische und keine linguistische Satzanalyse vornimmt. Beobachtungen zur linguistischen Struktur des Satzes finden sich nur in der ‹Poetik›, wo Aristoteles Sprechakte (schémata) wie Befehlen, Bitten, Erzählen, Drohen usw. unterscheidet. Diese letztlich rhetorischen Schemata werden dann nach einem langen Weg über die Stoa und die spätantiken G. Gemeingut der G. – selbst die Modisten gehen auf diese nicht-apophantischen Modi ein. Auch die ‹Grammaire générale› von ‹Port-Royal› steht noch ganz in dieser Tradition, wenn sie betont, daß Verben auch verwendet werden können, «um andere 'geistig-seelische Operationen' [mouvements de notre âme] wie wünschen, bitten, befehlen, usw. auszudrücken». [4] In II,16 der ‹Grammaire générale› werden dann modifizierte Formen der Behauptung (wie der *subjonctif*; Konjunktiv) und andere Modi des Verbs (Optativ, Potentialis, Imperativ) ausführlich erörtert. [5] Von letzteren heißt es explizit, sie stellten eine «manière de notre pensée» (Form unseres Denkens) dar. [6] Doch gerade die Abgrenzung der Aussagesätze von den übrigen Modi wird zum zentralen Problem der ‹Grammaire générale›. Dieses Abgrenzungsproblem kennzeichnet das grammatische Denken des 17. und 18. Jh. Das wird schon in ‹De L'Art de parler› (1676) von B. LAMY, der Rhetorik von ‹Port-Royal› also, greifbar: Lamy hält sich zunächst sehr eng an die Darstellung der Grundkategorien in der ‹Grammaire› und in der ‹Logique› [7], bei den Modi der Verben hingegen unterscheidet er «manières de l'affirmation»

(Modi des Behaupteten) wie *Indikativ, Imperativ, Optativ, Subjonctif* und *Infinitiv* [8] – Imperativ, Optativ und Subjonctif werden somit nicht mehr wie in der ‹Grammaire› als Modi des Nicht-Behaupteten dem Behauptungssatz gegenübergestellt, sie sind vielmehr «manières de l'affirmation». Diese Unterordnung der rhetorischen Modi *Befehl, Wunsch* usw. unter den Behauptungsmodus hat offenbar nur dann Sinn, wenn «affirmation» nicht als Behauptung, sondern allgemein im Sinne von *Aussage* oder *Ausdruck* verstanden wird: Imperativ oder Subjonctif sind so gleichermaßen «Aussagemodi» wie der Indikativ oder irgendeine andere Konjugationsform. Deshalb muß die Feststellung Swiggers, die ‹Allgemeine G.› von ‹Port-Royal› und des 18. Jh. «ist ohne Zweifel die empirische Forschung nach universellen Prinzipien der Sprache» [9] durch: «bei gleichzeitiger Ausgrenzung des rhetorischen Sprachgebrauchs» ergänzt werden.

Die Analyse dieser universellen Prinzipien kann sich auf eine beliebige Sprache stützen, «vorausgesetzt», so 1729 Du Marsais, «man weiß diese schon zu gebrauchen». Jede historische Sprache hat jedoch spezifische Eigenschaften und Strukturen, die eine ‹Grammaire particulière› verlangen: Aber «die besonderen Beobachtungen bezüglich der französischen Sprache setzen allgemeine Kenntnisse voraus [...]; d.h. die Erklärung dessen, was ein Nomen, ein Verb usw. ist». [10] Entsprechend lesen wir im von Beauzée (und Douchet) verfaßten Artikel ‹grammaire› (1757) in der ‹Enzyklopädie› von D'Alembert und Diderot, daß die allgemeine G. «eine vernunftgeleitete Wissenschaft [science raisonnée] der unveränderlichen und allgemeinen Prinzipien der gesprochenen oder geschriebenen Rede in allen Sprachen ist», während die besondere G. nur eine «Kunst» (art) ist, die darin besteht, diese Prinzipien auf «arbiträre und dem Usus entsprechende Gegebenheiten einer besonderen Sprache» anzuwenden. Deshalb ist die allgemeine G. «früher als alle Sprachen». [11] Beauzée folgt hier noch der alteuropäischen Trennung der Wissensformen und -disziplinen in Künste und Wissenschaften, so wie sie schon bei Aristoteles [12] vorgenommen wurde. Danach bezieht sich Kunst *(téchnē, ars)* auf ein veränderliches und unselbständiges Sein, während die Wissenschaft *(epistḗmē, scientia)* unveränderliche und selbständige Gegenstandsbereiche untersucht. Die Frage nun, ob die G. eine Kunst oder eine Wissenschaft ist, ist so alt wie die G. selbst. [13] In der Regel wurde die G. als *ars* bestimmt, erst die Modisten bezeichneten sie als «Wissenschaft, die auf das Erkennen von Prinzipien» *(ex cognitione principiorum)* [14] gründet, und grenzten sie gegen die *grammatica positiva* ab. Diese Unterscheidung wird in der ‹Grammaire générale› wieder aufgegriffen und – das ist das Neue – systematisch als Trennung von allgemein-prinzipieller und positiv-besonderer G. bestimmt. Diese Trennung hat auch einen epistemologischen Zweck, ermöglicht sie doch, die These von der Vernünftigkeit der Sprache aufrecht zu erhalten («eine gesunde Logik ist die Grundlage der Grammatik») [15], obwohl die einzelnen Sprachen voller Unregelmäßigkeiten, Ungereimtheiten, ja sogar voller Fehler sind. Die Ursache für diese Abweichungen sind für Beauzée im Sprachgebrauch zu suchen: «der usage [Sprachgebrauch] autorisiert wirkliche Fehler gegen die unveränderlichen Prinzipien, die von der Natur selbst vorgeschrieben werden». [16]

Doch diese sprach- und wissenschaftstheoretischen Überlegungen haben keinerlei Einfluß auf das Grammatikgebäude selbst. Die von Beauzée in der ‹Enzyklopädie› konzipierte G. [17] zeichnet sich in einigen Details durch eine bessere Strukturierung und einsichtigere Klassifizierung aus, insgesamt aber bleibt sie ganz im Rahmen der traditionellen G.: Von den beiden Teilen der G., der *Orthographie* und *Orthologie*, behandelt der erste Teil wie die traditionelle G. Phonetik, Prosodie und Rechtschreibung. Im zweiten Teil, der das «Richtig-Sprechen» (Orthologie) untersucht, wird die *Lexicologie* (Wortkunde) von der *Syntax* unterschieden. Die Wortkunde (I) hat drei Teile: a) Untersuchung des «Wortmaterials» (Wortfiguren und Prosodie); b) Wortbedeutung; c) Etymologie (Wortbildung, Herkunft und «Kritik»). Die Syntax (II) behandelt: a) die Teile der Aussage (Subjekt, Attribut, Kopula) und die Arten der Aussage (einfach, zusammengesetzt, beigeordnet, untergeordnet, usw.); b) die Form der Aussage (Rektion, normale Konstruktion, Konstruktionsfiguren).

'Neu' in diesem Grammatikgebäude ist sicher die gleichzeitige Behandlung der Aussage als logisches und grammatisches Objekt. 'Neu' ist auch die Unterscheidung von drei Wortbedeutungen (Ib), nämlich: (i) Grundbedeutung; (ii) spezifische Bedeutung; (iii) akzidentelle Bedeutung. Die spezifischen Bedeutungen entsprechen den *modi significandi* der Modisten, sie sind also für die jeweiligen Wortarten konstitutiv; die akzidentellen Bedeutungen sind identisch mit den traditionellen Akzidentien (also etwa, daß bestimmte Wortarten einen Numerus, einen Kasus, ein Genus, usw. haben können). Die Grundbedeutung entspricht der Kernbedeutung in der modistischen G.; wird ein Wort gemäß dieser Grundbedeutung verwendet, dann liegt der *sens propre* («die eigentliche Bedeutung») vor, wird es hingegen rhetorisch verwendet, handelt es sich um einen *sens figuré*, d.h. um eine Trope. [18] Hier zeigt das logische Gebäude der ‹Allgemeinen G.› offenbar eine Einbruchstelle für die Rhetorik. Doch es gibt noch zwei weitere Bruchstellen: es sind dies einmal die «Wortfiguren» in (Ia), die mit den traditionellen Metaplasmen identisch sind, und die «Konstruktionsfiguren» in (IIb), also den traditionellen Schemata. Die Rhetorik behält also mit den Metaplasmen, den syntaktischen Schemata und den Tropen auch in der ‹Grammaire générale› ihr Hausrecht.

Diese G. stellt freilich einen Kompromiß im Kampf der Grammatiker-Philosophen gegen die Terrainansprüche der Rhetorik dar. Das sei an zwei intensiv diskutierten Phänomenen verdeutlicht: der *Interjektion* und der *Inversion*. Die von den Lateinern statt des Artikels in die G. eingeführte Interjektion hat im Gegensatz zu den übrigen Wortarten keinen begrifflichen Bedeutungsmodus. Dies führte schon bei den römischen Grammatikern zu einer Diskussion über diesen Redeteil, wobei sich zwei gleichermaßen auf die Rhetorik zurückgreifende Interpretationen herausschälten: einmal werden die Interjektionen als Ausdruck von Affekten, zum andern als Ausdruck des Ethos (Herkunft, sozialer Status, usw.) des Redners interpretiert. [19] Für Beauzée dienen die Interjektionen nur dem Ausdruck von Affekten, sie sind Teil einer «Sprache des Herzens, die von der Natur angeregt wird». [20] Auch nach de Brosses sind die Interjektionen allesamt «primitiv», weil sie an den Körper und «an das Gefühl der menschlichen Natur» gebunden bleiben. [21] Deshalb bezeichnet Beauzée die Interjektionen auch als *mots affectifs* (Affektwörter), um sie von allen übrigen Wortarten, den *mots énonciatifs* (Aussagewörtern) abzugrenzen. [22]

Auch in der die ganze Aufklärung umfassenden Diskussion um die Inversion manifestiert sich eine antirhetorische Grundhaltung. Schon ‹Port-Royal› interpretiert bei der kurzen Erörterung der von der Renaissance ererbten vier Konstruktionsfiguren (Syllepse, Ellipse, Pleonasmus, Hyperbaton – allesamt «Irregularitäten in der Grammatik» [23]) das Hyperbaton nicht bloß als Umstellung, sondern als *renversement* (Umkehrung/Umsturz) des *ordre naturel* (natürliche Ordnung). [24] Die Unterscheidung in einen *ordo naturalis* und einen *ordo artificialis* (Inversion), die sich in der G. bis ins 13. Jh. zurückverfolgen läßt [25] und wohl auf die rhetorische Unterscheidung in einen *ordo naturalis/artificialis* innerhalb der *dispositio* zurückzuführen ist [26], dient im 17. Jh. auch dazu, die Überlegenheit des Französischen zu belegen. So betont 1669 LE LABOUREUR in seiner Schrift ‹Avantages de la langue française sur la langue latine› (Vorteile der französischen Sprache gegenüber dem Latein), daß die Lateiner durch ihre freie Wortstellung und ihren *désordre* (Unordnung) manchmal das Verstehen einer Rede trüben, während die Franzosen in ihren «Reden genau der Ordnung des Denkens, welche die der Natur ist, folgen». [27] An einem oft diskutierten Beispiel verdeutlicht: «Alexander vicit Darium» (Alexander besiegte Darius) muß im Französischen durch «Alexandre vainquit Darius» wiedergegeben werden. Das ist die logische und natürliche Ordnung; im Lateinischen kann auch umgestellt werden: «Darium vicit Alexander» – das ist die Inversion oder ein *ordo artificialis*, weil das Objekt der Handlung vor dem Subjekt genannt wird. Da die natürliche Ordnung einen Gedanken gleichsam logisch 'zerlegt', nennt sie Beauzée auch *ordre analytique*. Sprachen, die diese analytische Ordnung einhalten, sind *analoge* Sprachen (d. h. analog zum Denken), Sprachen mit einem reichen Flexionssystem, die diese feste Wortstellung nicht einhalten müssen, sind *transpositive* Sprachen. [28] Da wir nach Beauzée beim Hören einer transpositiven Sprache diese automatisch in die analytische Ordnung bringen, folgt daraus, daß der «unveränderliche Prototyp» aller Sprachen, die Ursprache vor dem Turmbau von Babel also, notwendig analytisch war. [29] Von hier aus ist verstehbar, daß – wie die Renaissance – auch die Aufklärung die Frage nach der Ursprungssprache zu klären sucht, bei Beauzée freilich mit der neuen Variante, daß die Ursprache nicht nur als regelmäßig und eindeutig, sondern auch als der natürlichen Ordnung der Logik folgend begriffen wird. [30]

Gegen diese Auffassung der natürlichen Ordnung wendet sich schon 1746 CONDILLAC in seinem ‹Essai sur l'origine des connaissances humaines›. [31] Dabei stützt er sich, was von der Forschung nicht gesehen wurde, vor allem auf eine an die modistische Rektionsanalyse erinnernde Argumentation. Es ist nämlich nicht die logische Abfolge von Subjekt und Prädikat, welche die Ordnung der Sprache bestimmt, sondern die «liaison d'idées» (Verknüpfung von Ideen). So ist in *Alexander (N) vicit (V) Darium (O)* die Idee ‹Darius› unmittelbar mit der Idee ‹besiegte› verbunden (O → V) und ‹besiegte› ist unmittelbar mit ‹Alexander› verbunden (V → N). Da diese Relationen gleichermaßen in *Alexander vicit Darium* (N ← V ← O) und *Darium vicit Alexander* (O → V → N) ausgedrückt werden, «ist die eine Konstruktion genau so natürlich wie die andere». [32] Zudem, so ein weiteres linguistisches Argument von Condillac, hätten die Vertreter der natürlichen Wortstellung des Französischen «ihren Fehler vermeiden können», weil man im Französischen ja durchaus die Möglichkeit hat, das Objekt voranzustellen (Extraposition): «Darius que vainquit Alexandre.» [33] Von hier aus wird verständlich, daß eine Inversion wie *Vicit Darium Alexander* «nicht mehr natürlich ist [...], weil nämlich *Alexander* zu weit von *vicit* entfernt wäre». [34] Diese Inversionen, die sich nicht mehr «an die größte Verknüpfung der Ideen» halten, würden sich äußerst nachteilig auswirken, «wenn das Lateinische dem nicht durch die Beziehung, welche die Endungen zwischen den normalerweise [naturellement] nicht zu trennenden Wörtern setzen, abhelfen würde». [35] Dieser Flexionsreichtum des Lateinischen erklärt zudem, daß es eine relativ freie Wortstellung hat und nicht wie das Französische bestimmte Verknüpfungen durch eine feste Wortstellung ausdrücken muß. So modern die Analyse Condillacs auch scheinen mag, er formuliert noch nicht den einfachen Befund, daß es Sprachen mit (mehr oder weniger) *freier* bzw. *fester* Wortstellung gibt. Diese Feststellung trifft erst fast hundert Jahre später H. WEIL. [36] Bei Condillac bleibt die Wortstellung noch eng an das Denken gebunden. Auch Condillac kennt noch eine natürliche Wortstellung. Freilich wird die Natürlichkeit nicht wie bei dem Rationalisten Beauzée durch die Logik des Aussagesatzes, sondern durch eine letztlich auf LOCKE [37] zurückgehende sensualistische Theorie der Verknüpfung von Ideen hergestellt. Neben dieser linguistisch-philosophischen Begründung einer anderen Theorie des *ordo naturalis* gibt Condillac eine Reihe von rhetorischen Argumenten für die Inversion: sie schafft (i) Harmonie; gibt der Rede (ii) Lebendigkeit, stellt – wenn stilistisch gut gemacht – das Gedachte wie ein (iii) *tableau* (Gemälde) vor, ja sie kann sogar (iv) zur Präzision beitragen. [38] Auf all diese stilistischen Vorteile geht Condillac dann detailliert in seiner ‹Art d'écrire› (1758) ein. [39] Diese rhetorischen Gesichtspunkte radikalisiert der Rhetoriklehrer BATTEUX in seinen ‹Briefen zur Inversion› (1747). Für ihn sind «die moralische Ordnung, die sich auf das Interesse des Redners stützt», und die Intention, «verstanden zu werden», wesentlichere Strukturprinzipien der Rede als die «metaphysische» Ordnung der Rationalisten. [40] Und in seiner ‹Rhetorik› von 1763 unterscheidet er sogar drei Arten und Prinzipien der Anordnung für Wörter: (i) die grammatikalische, (ii) die logisch-metaphysische, (iii) die rhetorische. [41] Grammatik, Logik, Rhetorik als Ordnungsprinzipien der Rede – diese Idee greift nicht nur das antike Denken zu *phōnē, léxis* und *lógos* auf, sondern formuliert eine ganz moderne Einsicht: Aufbau und Struktur jeder Rede und jedes Diskurses stellen eine mehr oder weniger gelungene Balance zwischen Grammatik, Logik und Rhetorik dar. Doch diese von einem Rhetoriklehrer vorgetragene Einsicht konnte im 18. Jh. kein Gehör finden.

Gehör finden hingegen die Thesen zur *construction figurée* (= *ordo artificialis*) bzw. zur *construction simple* (= *ordo naturalis*) von DU MARSAIS. Dieser Grammatiker der Enzyklopädie greift in seinem Artikel ‹Construction› auf altbekannte Topoi zurück: «Der Grammatiker-Philosoph muß das Geheimnis der Unregelmäßigkeiten [der figurativen Konstruktionen] durchdringen, und – trotz der von ihnen getragenen Maske der Anomalie – zeigen, daß sie dennoch analog zur einfachen Konstruktion sind». [42] Es wundert deshalb nicht, daß du Marsais auf die in der Renaissance entwickelten Konstruktionsfiguren zurückgreift: Ellipse, Pleonasmus, Syllepse (Synthese), Hyperbaton – wobei er wie SANCTIUS der Ellipse die größte Bedeutung zumißt. Der Grammatiker-Philosoph du Marsais ist freilich noch Praktiker genug, um anzuerkennen, daß der tatsächliche Sprachgebrauch gerade auch im Französischen oft nicht der natürlichen

Ordnung folgt. Deshalb entschärft er durch die Berücksichtigung einer dritten Konstruktionsform, der *construction usuelle*, den Gegensatz zwischen natürlicher und figurativer Konstruktion. Die dem Sprachusus folgende Konstruktion, die aus den beiden anderen Konstruktionstypen zusammengesetzt ist, ist nichts anderes als der «in den Büchern, den Briefen und der Konversation von ehrenwerten Leuten [honnêtes gens]» zu beobachtende Sprachgebrauch. [43] Der rechte Sprachgebrauch bleibt somit auch in der Aufklärung wie schon bei QUINTILIAN der Sprachgebrauch einer kulturellen Elite. Das ist auch im Artikel ‹Bon mot› (gelungenes Wort) des Chevalier DE JAUCOURT nachzulesen: Mit einem *bon mot* wird «ein Gefühl lebendig und elegant ausgedrückt»; die meisten trefflichen Worte sind doppelbödig: «Dieser doppelte Sinn ist, bei einem Mann ohne Genie, ein Mangel an Präzision und Sprachbeherrschung: bei einem Mann mit Esprit jedoch ist diese Doppelbödigkeit des Sinns eine Geschicklichkeit». [44] Grammatiker-Philosophen, die nur gelernt haben, «der Strenge des Denkens zu gehorchen», hätten sich deshalb oft in der Beurteilung der *bons mots* getäuscht. [45]

Auch für Beauzée ist der *bon usage* letzte Entscheidungsinstanz. Daß er sich dabei auch auf VAUGELAS bezieht, ist von der Forschung mehrfach betont worden. [46] Die Beschränkung des rechten Sprachgebrauchs auf den «gesündesten Teil des Hofes und der Schriftsteller» bei Vaugelas stößt schon im 17. Jh. innerhalb der kulturellen Elite auf Kritik: so will etwa ARNAULD die *ville* (d. h. die Elite der Stadt Paris) berücksichtigt wissen, und BUFFIER will sogar in einer Abhandlung von 1714 den «gesündesten Teil» durch den «größten Teil» (la plus nombreuse partie) ersetzt wissen. In dieser Auseinandersetzung geht es nicht um die Alternative ‹elitär› (Vaugelas) und ‹demokratisch-mehrheitlich› (Buffier), wie etwa Montreal-Wickert [47] meint, sondern um eine eliten-interne Hierarchisierung. Das bestätigt auch Beauzée, wenn er die Formel von Vaugelas in seinem Artikel zum *usage* wie folgt variiert: «Der bon usage ist die Redeweise des größten Teils des Hofes konform zur Schreibweise des größten Teils der am meisten geschätzten Autoren der Zeit». [48] Diese Bestimmung der Elite ist sicher konservativer als die von du Marsais, der die 'ehrenwerten Leute' (honnêtes gens) als legitime Norminstanz bestimmt. Montreal-Wickert interpretiert diese Berücksichtigung des Sprachgebrauchs beim 'Rationalisten' Beauzée als «Einbruch des empirischen [...] Prinzips in das Sprachdenken Beauzées» [49], erst nachträglich sei ihm die Verwandtschaft «mit dem sensualistischen Gedankengut» aufgefallen, «und im Artikel *Analogie* der *Encyclopédie méthodique* rückt er das Bild wieder dadurch zurecht, daß er der raison durch das Prinzip der Analogie wieder Raum schafft in Sprache und Grammatik». [50] Hoinkes, für den die Grenzen zwischen Empirismus und Rationalismus in der französischen Aufklärung fließend sind und für den Beauzée «innerhalb dieser Spannung von Empirismus und Rationalismus stand» [51], muß deshalb die Auffassung von Montreal-Wickert als «von falschen Voraussetzungen» [52] ausgehend kritisieren. Doch auch Hoinkes Kritik geht fehl, weil er genauso wenig wie diese die Tatsache berücksichtigt, daß Beauzée in seiner Gegenüberstellung von *usage* und *analogie* auf ein altes Argumentationsmuster der G. zurückgreift: in strittigen Fällen kann man auf den Sprachgebrauch oder die Analogie zurückgreifen. Die jeweilige konkrete Entscheidung für das eine oder andere ist letztlich vom Konsens einer mit «Einsicht» und «Augenmaß» urteilenden Elite abhängig. Von dieser Diskussion ist die erkenntnis- und wissenschaftstheoretische Problematik des Empirismus und Rationalismus unbedingt fernzuhalten. Ein rationalistischer Cartesianer kann sich ja durchaus in einem Fall für eine regelmäßige und analoge Konstruktion, im andern Fall hingegen für die dem Sprachgebrauch entsprechende Konstruktion entscheiden. Sicherlich haben Grammatiker wohl nicht nur seit VARRO die Tendenz, Regelmäßigkeit und Analogie zu verabsolutieren. So auch Beauzée, wenn er betont, daß «allein die Analogie vor den Mißständen einer unendlichen Nomenklatur und den lästigen Unsicherheiten einer regellosen Syntax retten kann [...]. Man kann deshalb sagen, [...] daß die Analogie – extra vom Himmel herabgestiegen – vom Augenblick der Schaffung der Menschen an gekommen ist, um die Form der Sprache zu determinieren». [53] Doch selbst diese Apotheose der Analogie läßt nicht auf einen erkenntnistheoretischen Rationalismus Beauzées schließen, sondern nur darauf, daß Beauzée seiner Berufsrolle als Grammatiker vollauf entspricht. Doch er bleibt *honnête homme* genug, um auch den *usage* als komplementär zur Analogie anzuerkennen, ist doch der *usage* «eine ebenfalls notwendige Autorität, ebenfalls nicht vorzuschreiben, ebenfalls legitim». [54]

Die gemachten Beobachtungen legen – gegen die zur Zeit in der Forschung noch dominierende Auffassung – folgende Feststellungen nahe: Die ‹Allgemeine G.› der Aufklärung und der großen Enzyklopädie stellt keinen radikalen Bruch mit der grammatischen Tradition dar. Sie ist vielmehr eine problematische Synthese zwischen traditioneller und philosophischer G.. Das zeigt sich in eindrucksvoller Weise in der großen G. von Beauzée ‹Grammaire générale ou exposition raisonnée des éléments nécessaires du langage› (1767) [55]: Sie enthält (i) die Lautlehre (Phonem, Silbe, Prosodie), (ii) die Lehre der Wortarten und ihrer Formen, (iii) die Syntax – wie bei PRISCIAN. Neu ist die Logisierung der Analyse der Wortarten und ihrer Akzidentien, vor allem aber der Syntax, die im wesentlichen der logischen Satzanalyse von ‹Port-Royal› folgt. Doch diese Einheit von Grammatik und Logik wird durch rhetorische Relikte wie Ellipse, Syllepse, Pleonasmus und Inversion (deren Behandlung immerhin fast ein Drittel des Syntaxbuchs einnimmt) zerbrochen. Deshalb ist es wohl sinnvoller, die ‹Allgemeine G.› von Beauzée als Versuch zu begreifen, das Gebäude der traditionellen G. durch Logisierung auf das Fundament des Denkens zu stellen, ohne jedoch der Rhetorik ihr altes Hausrecht streitig machen zu können.

Nach ‹Port-Royal› und den Enzyklopädisten kann man eine dritte Phase der ‹Allgemeinen G.›, die der ‹Idéologues›, unterscheiden. Eine wesentliche Rolle spielt die G. des Engländers J. HARRIS: ‹Hermes oder Philosophische Untersuchung über allgemeine Grammatik› (1751), die 1796 von F. THUROT ins Französische übersetzt wird (der Einfluß auf Deutschland läßt sich an der deutschen Übersetzung von 1788 nachweisen). [56] Die «Ideologie» umfaßt bei DESTUTT DE TRACY nicht nur die «Ideen», sondern auch Erkenntnistheorie, Grammatik, Logik, Ethik, Handlungstheorie (ökonomisches und politisches Handeln) und Psychologie der Affekte. [57] Insbesondere in den logischen und grammatischen Schriften der Ideologen – DOMERGUE (1799), THIEBAULT (1802), SILVESTRE DE SACY (1803) und Destutt de Tracy (1803) [58] – ist der Einfluß des Aufklärers CONDILLAC unverkennbar. Die G. des Sensualisten Condillac unterscheidet sich nicht prinzipiell von der des 'Rationalisten' Beauzée: «Ich betrachte die Grammatik als den ersten Teil der Lehre vom Denken (art de penser). Um die Prinzipien der Sprache zu entdecken, muß man also beobachten, wie wir denken». [59] Deshalb finden wir auch die Analyse der Aussage in drei Elemente (Subjekt-Kopula-Attribut), wobei wie auch sonst in der ‹Allgemeinen G.› Konstruktionen wie «ich gehe» in «ich+BIN+gehend» zerlegt werden. [60] Und im II. Teil, der eine ‹grammaire particulière› des Französischen enthält, behandelt Condillac die bekannten Redeteile und Aspekte der Syntax (die er wie du Marsais von der Wortstellung [construction] unterscheidet). Da sich Condillac zudem auf die zentralen Grammatik-Kategorien beschränkt, ist seine G. sogar analytischer als die Beauzées. Der wesentliche Unterschied zu Beauzée ist deshalb im erkenntnis- und sprachtheoretischen Begründungsdiskurs zu suchen. In der Tat enthält der I. Teil der ‹Grammaire› Condillacs prinzipielle Überlegungen zum Verhältnis Sprache-Denken-Wirklichkeit. Denken wird als «sensation transformée» (transformierte Empfindung) bestimmt, die freilich Erinnerungsvermögen und Reflexion voraussetzt. Die sprachlichen Zeichen sind nicht arbiträr, sondern «artifiziell», d. h. in einem langen entwicklungsgeschichtlichen Prozeß «gemacht», dessen erste Stufe eine «langage d'action» (Handlungssprache) ist, in der mit Gestik und Mimik, wenn auch konfus und ungegliedert, kommuniziert wird. [61] In diesem langen Prozeß verdinglicht sich das noch diffuse und sich noch nicht selbst bewußte Denken in der Sprache – und in der Reflexion auf seine eigenen sprachlichen Manifestationen kommt es gleichsam zu sich selbst. Sprache dient also nicht bloß der Kommunikation von Gedanken, sondern geradezu der Herausbildung des Denkens selbst. Deshalb kann Condillac sagen: «Die erste Aufgabe der Sprache ist es also, das Denken zu analysieren». [62] Die in diesem gesellschaftlichen Prozeß entstehenden Sprachen können somit auch als unterschiedliche Verfahren des 'Zerlegens des Denkens' begriffen werden: "Toute langue est une méthode analytique, et toute méthode analytique est une langue" (Jede Sprache ist eine analytische Methode und jede analytische Methode ist eine Sprache). [63] Diese Auffassung sollte für die Ideologen bestimmend werden, die freilich, «um der Philosophie rationelle große Fortschritte zukommen zu lassen und um die Kenntnis des Menschen zu ihrer Vollendung zu führen» [64], den logisch-analytischen Aspekt der ‹Allgemeinen G.› so sehr in den Vordergrund stellen, daß die Sprache selbst fast aus dem Blick gerät. [65]

Diese Abstraktheit war sicher ein Grund dafür, daß die ‹Allgemeine G.› nach 1815 selbst in Frankreich immer mehr in Vergessenheit gerät. Beauzée selbst wird nur noch selten erwähnt, und in der zweiten Hälfte des 19. Jh. scheint sein Andenken «völlig erloschen». [66] Dieser Verfall kündigt sich schon in der ‹Grammaire philosophique et métaphysique› von THIEBAULT an: eine eklektische und oft widersprüchliche Abhandlung, der es nicht gelingt, systematische von historischen Fragestellungen zu trennen. [67] Damit beginnt ein neues Zeitalter der Sprachbetrachtung: die ‹Historische G.›. In der Schulgrammatik von NOEL und CHAPSAL, der ‹Nouvelle grammaire française› (1. Aufl. 1823) sollte jedoch die ‹Allgemeine G.› bis weit in die 2. Hälfte des 19. Jh. in vereinfachter, verkürzter und didaktisierter Form den Schulalltag von mehreren Generationen Franzosen bestimmen. Sie lernen, das logische vom grammatischen Subjekt zu unterscheiden; und sie lernen, mit Hilfe der Konstruktionsfiguren *Inversion, Syllepse, Pleonasmus* und vor allem *Ellipse* den eigentlich gemeinten Sinn – wie schon die Schüler LINACRES im 16. Jh. – zu rekonstruieren. Daß freilich die Kritik an dieser G. so spät einsetzt, verwundert, wenn man bedenkt, daß die französischen Schüler einen Satz wie «Je m'adresse à vous» (Ich wende mich an Sie) wie folgt zerlegen mußten: «C'est existant que je suis adressant me à vous» (Als Existierender bin ich ein mich an Sie Wendender). [68] Diese «scholastischen Kindereien» [69] werden dann durch eine funktionale G. ersetzt, die vor allem aus einer Differenzierung der im Französischen ähnlich konstruierten indirekten Objektergänzung *(complément indirect)* und der Umstandsbestimmung *(complément circonstanciel)* entstanden ist, ein didaktisches Grammatikmodell, das bis heute erhalten geblieben ist. [70]

Auch für Deutschland gilt, daß die nach dem französischen Vorbild geschriebenen ‹Allgemeinen G.› – MEINER (1781), ROTH (1795), BERNHARDI (1801), VATER (1801) [71] – ihre Bedeutung schon in den dreißiger Jahren des 19. Jh. für die Entwicklung der wissenschaftlichen G. verlieren. [72] In der pädagogischen G. bleibt der Einfluß der ‹Allgemeinen G.› – wenn auch in vermittelter Form – bis heute erhalten. Dies ist sicher darauf zurückzuführen, daß sich in deutschen Lehrwerken nie die extreme Logisierung der G. wie bei Noel/Chapsal durchsetzen kann. Das zeigt sich schon in der ‹Deutschen Sprachlehre› (1781) des 'Rationalisten' ADELUNG, der vor allem auf die ‹Philosophische und allgemeine Sprachlehre› (1781) Meiners zurückgreift. [73] Im Vergleich zur noch diffusen und unsystematischen G. von GOTTSCHED (1748) [74] stellt Adelungs Abhandlung durch ihre vorsichtige und pädagogisch umsichtige Anwendung von Unterscheidungen der ‹Allgemeinen G.› nicht nur einen Höhepunkt, sondern einen qualitativen Sprung in der deutschen Grammatikschreibung dar. Das zeigt sich in der jede extreme Logisierung vermeidenden Behandlung (i) der ‹Etymologie› (welche die Wörter «ihrer Materie nach» als «wurzelwörter, oder abgeleitete oder zusammen gesetzte») [75] analysiert, (ii) der Wortarten (d. h. der jeweiligen «Form» der Wörter bzw. «der Art des Begriffes», welche Wörter «bezeichnen» – wie Adelung mit der ‹Allgemeinen G.› in Anlehnung an die Modisten formuliert) [76] und besonders (iii) der Syntax. Wie vorsichtig Adelung die traditionelle G. mit der ‹Allgemeinen G.› vermittelt, mag ein Blick auf die Syntax verdeutlichen: hier untersucht er zunächst in ganz klassischer Manier die Verbindung einzelner Wortarten miteinander [77], dann ganz im Sinne der ‹grammaire générale› die *construction*, also die «Wortfolge» oder die «Ordnung, wie die Wörter in der Rede aufeinander folgen» [78] – wobei er sogar die *Inversion* behandelt [79] –, um schließlich auf einfache und komplexe Sätze einzugehen [80]: diese Satzsyntax wird freilich mit der nötigen Kürze abgehandelt, birgt sie doch auf Schritt und Tritt (Subjekt/Prädikat, Disjunktiv-, Konditional-, Kausal-, Konzessivsatz, usw.) die Gefahr des Abgleitens ins rein Logische mit sich. Nach JELLINEK ist Adelungs Sprachlehre der Höhepunkt der 'alten' Sprachbetrachtung: Dieses Urteil ist nur dann berechtigt, wenn man wie Jellinek erst mit der ‹Historischen G.› die 'neue' Sprachbetrachtung beginnen läßt. Naumann zeigt dagegen, daß Jellinek «die Bedeutung der Allgemeinen Grammatik [...] Meiners für Adelung und die deutsche Grammatikschreibung nicht erkannt» [81] hat. In der Tat kann man Adelungs ‹Sprachlehre› als den Prototypen der deutschen Schulgrammatik bezeichnen, der über zweihundert Jahre fortwirkt. Zum Beispiel finden sich die von Adelung unterschiedenen zehn Wortarten (Artikel, Substantiv, Pronomen, Adjektiv, Numerale, Verb, Adverb, Präposition, Konjunktion vs. Interjektion (letztere wird auch von Adelung von den übrigen als Wortart der «Empfindung» abgegrenzt)) in gleicher Anzahl in der ‹Duden-Grammatik› von 1966. [82]

Im Wissenschaftsbetrieb setzt sich in Deutschland im 19. Jh. (und dann in der ganzen Fachwelt) die ‹Historische G.› als wissenschaftliches Paradigma durch. Sie steht besonders in Deutschland im Kontext der romantischen Sprachtheorie und Sprachphilosophie, wie sie HAMANN (1730–1788), HERDER (1744–1803) und vor allem HUMBOLDT (1767–1835) konzipieren. Freilich verstecken sich hinter dem Etikett ‹historisch› zwei fundamental verschiedene Zugriffsweisen auf Sprache: reflexiv-spekulativ bei Humboldt, empirisch-positiv bei Grimm. Apel zeigt den Traditionszusammenhang, in dem die romantische Sprachphilosophie mit dem rhetorischen Humanismus der Renaissance – aber auch mit dem topisch-rhetorischen, gegen den «jansenistisch-cartesischen 'Art de penser' von Port-Royal» [83] gerichteten Sprachentwurf von Vico – steht. Herders Idee von Mutter- und Nationalsprachen, in denen sich der Charakter eines Volkes ausdrückt [84], führt im auch sprachlich noch zersplitterten Deutschland zu einer neuen volkssprachlichen Bewegung. Humboldt wird diesen Gedanken nicht nur aufnehmen («da auch auf die Sprache in derselben Nation eine gleichartige Subjectivität einwirkt, so liegt in jeder Sprache eine eigenthümliche Weltansicht» [85]), sondern auch anthropologisch radikalisieren: «Der Mensch ist nur Mensch durch Sprache; um aber die Sprache zu erfinden, müsste er schon Mensch seyn.» [86] Sprache ist gleichsam ein intellektueller Naturinstinkt der Vernunft [87]; sie wird in jedem Sprech- und Verstehensakt immer wieder subjektiv geschaffen und tendenziell verändert, als geschaffenes Produkt wirkt sie wieder auf das Denken und Fühlen zurück: «Die Sprache ist gerade insofern objectiv einwirkend und selbständig, als sie subjectiv gewirkt und abhängig ist.» [88] Das ist eine schon bei Condillac vorgedachte radikale Neubestimmung des Verhältnisses Sprache-Denken-Wirklichkeit. Im 20. Jh. führt dieses ‹Apriori› der Sprache vor allem in Deutschland zu einer Humboldt-Renaissance, die von WEISGERBERS ‹Muttersprache und Geistesbildung› (1929) über GIPPERS ‹Bausteine der Sprachinhaltsforschung› (²1969) bis hin zu APELS – Peirce, Heidegger und Wittgenstein integrierendem – hermeneutisch begründetem ‹Apriori der Kommunikationsgemeinschaft› [89] reicht. Humboldt versucht noch, die in Sprachen geronnenen unterschiedlichen Weltanschauungen doppelt, d.h. durch die äußere und innere Sprachform zu belegen. Hinsichtlich der inneren Sprachform (d.h. der semantisch-begrifflichen Strukturen) führt dies zu klugen, wenn auch in der Regel allgemeinen Beobachtungen und Reflexionen [90], hinsichtlich der äußeren Sprachform (phonetische, morphologische und syntaktische Strukturen) bleibt Humboldt allzu oft im Spekulativen stecken (z.B. «Wenn in dem griechischen Formengebrauch in der That [...] eine mehr gereifte intellectuelle Tendenz liegt, so entspringt sie wahrhaft aus dem dieser Nation innewohnenden Sinne für schnelle, feine und scharf gesonderte Gedankenentwicklung» [91]).

Solche spekulativen Überlegungen fehlen in F. BOPPS Arbeiten zur ‹Vergleichenden Sprachwissenschaft›, insbesondere in seiner Schrift ‹Ueber das Konjugationssystem der Sanskritsprache› (1816), die in der Nachfolge der Entdeckung und Beschreibung des Sanskrit durch W. Jones und H. T. Colebrooke steht. [92] Dieser empirische Zugriff ist auch für die vierbändige ‹Deutsche Grammatik› (1819–37) von J. GRIMM kennzeichnend, der sich in dieser ersten und epochemachenden ‹Historischen G.› auf die Beschreibung der äußeren Sprachform beschränkt. Grimm wendet sich sowohl gegen die «philosophische» als auch gegen die «kritische» G., «deren Wesen auf das Praktische hingeht» [93] – also die ‹pädagogische G.›: Damit wird mit der Herausbildung der ‹Historischen G.› zugleich ein Bruch zwischen *wissenschaftlicher* und *pädagogischer* G. vollzogen. Nach eigenem Selbstverständnis stellt sich diese ‹Historische G.› als eine radikale Abkehr von der ‹Allgemeinen G.› dar: in der Vorrede zum I. Band von 1819 wendet sich Grimm gegen die ‹Allgemeine G.› von A. F. BERNHARDI (1805) [94], die zu abstrakt vorgehe und «ohne Rücksicht auf die Wurzeln der Wörter die bloß allgemein gedachten Formen und Formeln einer Sprache logisch erörtert». [95] «Allgemeinlogischen Begriffen», schreibt er dann in der 2. Auflage, «bin ich in der grammatik feind; sie [...] hemmen [...] die beobachtung, welche ich als die seele der sprachforschung betrachte». [96] Was Grimm genau beobachtet, sind die historischen Veränderungen in Phonologie, Morphologie und Syntax der germanischen Sprachen, wobei semantische, satzlogische und rhetorische Überlegungen ausgeblendet bleiben. Dieser empirisch-historische Zugriff erlaubt Grimm in Weiterführung von Überlegungen des Dänen R. K. RASK die Formulierung der ersten (germanischen) und der zweiten (hochdeutschen) Lautverschiebung, Fakten, welche in der 2. Hälfte des 19. Jh. die Junggrammatiker als Lautgesetze bezeichnen. Doch diese ‹Historische G.› stellt bei genauerer Betrachtung keinen radikalen Bruch mit der ‹Allgemeinen G.› dar. Auroux weist zu Recht darauf hin, daß gerade die mit vielen Spekulationen verbundene Suche nach einer Ursprungssprache zu vielen vergleichend-empirischen Untersuchungen geführt hat, um die Ursprache am nächsten kommende Sprache bestimmen zu können. [97] Hinzu kommt, daß in der traditionellen G. die etymologische Untersuchung der Entwicklung der Wortformen einen festen Platz hat. Die ‹Historische G.› berücksichtigt somit nur jene Teile der traditionellen G., die phonetische, morphologische und syntaktische Strukturen der Sprachform bzw. des sprachlichen Signifikanten untersuchen. Ein Blick auf die vier Bücher der Grimmschen G. mag das verdeutlichen: im I. Buch («Von den Buchstaben») erscheint die bekannte Laut- und Silbenlehre; im II. Buch werden die «Wortbiegungen» (Deklination, Konjugation), im III. die «Wortbildung» und im IV. die «Syntax» abgehandelt. Dabei wird im III. Buch (mit der Behandlung von Ableitung, Zusammensetzung, Pronominalbildung, Adverbien, Präpositionen, Konjunktionen, Interjektionen, Genus, Comparation, Negation, Frage/Antwort) der alte grammatische Stoff neu 'gemischt' – die traditionellen Redeteile sind akzeptiert und können deshalb in historischem Zugriff innerhalb der Wortbildung behandelt werden. Ganz traditionell ist auch das IV. Buch, die Syntax, in der der Gebrauch des Verbs, des Nomens usw. und Phänomene wie Rektion und Wortfolge untersucht werden – wobei alle referenz- und satzlogischen Fragen ausgeklammert bleiben. Bemerkenswert ist, daß Grimm nur bei spezifisch germanischen Erscheinungen (starke vs. schwache Verben, Ablaut, Umlaut usw.) deutsche Termini verwendet, sonst hält er sich an die lateinische Terminologie der traditionellen G., die er offensichtlich ausgezeichnet kennt. Ein Beispiel: «Die Präpositionen sind partikeln, die sich auf ein raumverhältnis beziehen und von denen ein obliquer casus abhängt, dergestalt daß dadurch eine unmittelbare relation des nomens, dessen casus gesetzt ist, ausgedrückt wird».[98] Diese ‹Historische G.› Grimms mit den Teilen Lautlehre, Formenlehre und Syntax bildet den Prototyp aller bis weit in das 20. Jh. entstehenden historischen G.: also etwa von PAUL (1881) bis MITZKA (1959) für das Mittelhochdeutsche oder von DIEZ (1836) bis LAUSBERG (1962) für die romanischen Sprachen. [99] Diese G. steht einerseits ganz in der Kontinuität der traditionellen G., andererseits bricht sie dadurch mit dieser Tradition, daß sie die G. auf die empirische Untersuchung der historischen Entwicklung sprachlicher Formen in Phonetik, Morphologie und Syntax reduziert.

Anmerkungen:
1 S. Auroux: La sémiotique des Encyclopédistes (Paris 1979); P. Swiggers: Les Conceptions linguistiques des Encyclopédistes (1984). – 2 U. Hoinkes: Philos. und G. in der frz. Aufklärung (1991) 226/7; zur Sprachphilos. im 17. und 18. Jh. E. Coseriu: Die Gesch. der Sprachphilos. von der Antike bis zur Gegenwart, II (1972). – 3 H. Parret (Hg.): History of Linguistic Thought and Contemporary Linguistics (1976), darin: A. Heinekamp: Sprache und Wirklichkeit nach Leibniz, 518–570 und W. Lenders: Kommunikation und G. bei Leibniz, 571–592; A. Heinekamp (Hg.): Leibniz: Questions de logique (1988); H. Burkhardt: The Leibnizian Characteristica Universalis as Link between Grammar and Logic, in: D. Buzzetti, M. Ferriani (Hg.): Speculative Grammar, Universal Grammar and the Philosophical Analysis of Language (Amsterdam 1987) 43–63. – 4 A. Arnauld, C. Lancelot: Grammaire générale et raisonnée (1660), préface M. Foucault (Paris 1969). – 5 ebd. 77ff. – 6 ebd. 78. – 7 vgl. B. Lamy: De l'art de parler, ed. E. Ruhe (1980) 10ff (I,1–2). – 8 ebd. 20ff. (I,2,iv). – 9 P. Swiggers: Les conceptions linguistiques des Encyclopédistes (1984) 10. – 10 C. C. Du Marsais: Les véritables principes de la grammaire" (1729), in: Œuvres Choisies I, ed. H. E. Brekle (1971) 81f. – 11 N. Beauzée: Grammaire, in: Encyclopédie (1751–1772; ND 1966f.) tome 7, 842a; auch in: S. Auroux: L'encyclopédie 'grammaire' et 'langue' au XVIII siècle (Paris 1973) 61–90, 67. – 12 vgl. E. Eggs: Die Rhet. des Aristoteles (1984) 56ff. – 13 vgl. E. Siebenborn: Die Lehre von der Sprachrichtigkeit und ihren Kriterien. Stud. zur antiken normativen G. (1976) 105ff. – 14 vgl. T. v. Erfurt: Grammatica speculativa, ed. with Transl. and Comm. G. L. Bursill-Hall (London 1972) 135. – 15 Beauzée [11] 64 (841b). – 16 ebd. 71 (842b). – 17 vgl. Schaubild 90 (847a). – 18 ebd. 76ff. (843b). – 19 vgl. I. Sluiter: Ancient Grammar in Context (Amsterdam 1990) 173ff. – 20 vgl. N. Beauzée: Mot, in: Encyclopédie méthodique: Grammaire et Littérature, éd. p. N. Beauzée et Marmontel, 3 vols (Paris 1782–1786) tome II, 571a; auch in: P. Swiggers: Grammaire et théorie du langage au dix-huitième siècle (Lille 1986) 38. – 21 C. de Brosses: Interjection, in: Encyclopédie [11] tome 8, 827a. – 22 vgl. Beauzée [20] 38f., 48f. (571a, 581a–b). – 23 Arnauld, Lancelot [4] 107. – 24 ebd. 108. – 25 vgl. E. Thurot: Extraits de divers manuscrits latins pour servir à l'histoire des doctrines grammaticales au Moyen Age (Paris 1869) 343ff.; M. H. Jellinek: Gesch. der neuhochdt. G. (1914) II, 426ff. u. 432ff. – 26 vgl. H. Lausberg: Hb. der lit. Rhet. (^{2}1973) 245ff. und U. Ricken: L'ordre naturel du français. Naissance d'une théorie, in: A. Joly, J. Stéfanini (Hg.): La grammaire générale. Des modistes aux idéologues (Lille 1977) 201–216; S. Delesalle, J. C. Chevalier: La problèmatique de l'ordre des mots, in: dies.: La linguistique, la grammaire et l'école. 1750–1914 (Paris 1986) 37–77. – 27 vgl. U. Ricken: Grammaire et philosophie au siècle des Lumières (Lille 1978) 20; zur Diskussion im 18. Jh. vgl. U. Ricken: Rationalismus und Sensualismus in der Diskussion über die Wortstellung, in: FS W. Kraus, hg. von W. Bahner (1962) 97–122; ders.: Die Kontroverse Du Marsais und Beauzée gegen Batteux, Condillac und Diderot, in: Parret [3] 460–487; ders.: Sprache, Anthropologie, Philosophie in der frz. Aufklärung (1984); Delesalle, C. Chevalier [26]. – 28 vgl. Beauzée: Langue (1765), in: [11] tome 9, 257bff. und in: Auroux [11] 133ff. – 29 ebd. 140 (258b). – 30 ebd. 100ff. (250aff.); vgl. H. Aarsleff: The Tradition of Condillac: The Problem of the Origin of Language..., in: D. Hymes (Hg.): Studies in the History of Linguistics (Bloomington 1974) 93–156, 105 (auch in: ders.: From Locke to Saussure (London 1982) 146–209); Auroux [1] 58ff.; J. Gessinger, W. v. Rahden: Theorien vom Ursprung der Sprache, 2 Bde. (1989); Hoinkes [2] 65ff., 83ff., 90ff. – 31 E. Condillac: Essai sur l'origine des connaissances humaines (1746), in: Œuvres complètes I (1821–2; ND 1970); vgl. Ricken [32] 90ff.; Hoinkes [2] 187ff.; Delesalle, Chevalier [26] 45ff. – 32 Condillac [31] 303. – 33 ebd. 303. – 34 ebd. – 35 ebd. 305. – 36 H. Weil: L'ordre des mots dans les langues anciennes comparées aux langues modernes (1844; ND Paris 1869); vgl. Delesalle, Chevalier [26] 70ff. – 37 J. Locke: An Essay Concerning Human Understanding (1690), ed. J. W. Yolton (London 1965); vgl. Hoinkes [2] 34ff. – 38 vgl. Condillac [31] 305ff. – 39 E. Condillac: L'art d'écrire, in: Condillac [31] Oeuvres VI. – 40 C. Batteux: Lettres sur l'inversion (1747/8); zit. in: Delesalle, Chevalier [26] 51–2. – 41 C. Batteux: Traité de la construction oratoire (1763; ND der Ausg. 1774, Genf 1867) 446–526, 448; vgl. Hoinkes [2] 200f. – 42 Zit. n. C. C. Du Marsais: Mélanges de Grammaire, de Philosophie, etc., in: Œuvres Choisies III (1797; ND 1971) 18. – 43 ebd. 36. – 44 De Jaucourt: Mot (bon), in: Beauzée [20] 585a. – 45 ebd. 585b. – 46 I. Montreal-Wickert: Die Sprachforschung der Aufklärung im Spiegel der großen frz. Enzyklopädie (1977) 79ff.; Hoinkes [2] 156ff. – 47 Montreal-Wickert [46] 82f. – 48 Beauzée: Usage, in: ders. [20] tome 17, 516b. – 49 Montreal-Wickert [46] 87. – 50 ebd. 90. – 51 Hoinkes [2] 123. – 52 Hoinkes [2] 158. – 53 Beauzée: Analogie, in: Encyclopédie méthodique [20] I,177. – 54 ebd. I,178. – 55 N. Beauzée: Grammaire générale, I–II (1757; ND 1974). – 56 J. Harris: Hermes, or a Philosophical Inquiry concerning Universal Grammar (London 1751; ^{2}1765; ND 1976), dt. Übers. 1788 (ND 1987); vgl. F. Thurot: Tableau des progrès de la science grammaticale. Discours préliminaire à 'Hermes', éd. A. Joly (Paris 1970); A. Joly: James Harris et la problématique des parties du discours, in: Parret [3] 410–430; zur Entwicklung in England vgl. I. Michael: English Grammatical Categories and the Tradition to 1800 (Cambridge 1970); H. Aarsleff: The Study of Language in England, 1780–1860 (Princeton 1967). – 57 A. L. C. Destutt de Tracy: Eléments d'idéologie I–V (Paris 1801–1815; ND 1977): – 58 F.-U. Domergue: Grammaire générale analytique (Paris 1799); A. I. Silvestre de Sacy: Principes de grammaire générale mis à la portée des enfants (Paris 1799, ^{3}1803; ND 1975); D. Thiébault: Grammaire philosophique ou la métaphysique, la logique, et la grammaire, réunies en un seul corps de doctrine (Paris 1802; ND 1977); De Tracy [57] II: Grammaire (1803); vgl. S. Delesalle, J. Cl. Chevalier: Encyclopédistes et Idéologues, in: Delesalle, Chevalier [26] 79–160. – 59 E. B. de Condillac: Grammaire (Parme 1775; ND 1986) 2. – 60 ebd. 102ff. – 61 ebd. 5ff.; 65ff. – 62 ebd. 58. – 63 E. B. de Condillac: La langue des calculs (1798), hg. von S. Auroux et A.-M. Chouillet (Lille 1981) 1.; vgl. zu Condillac: Coseriu [3] 223ff.; Hoinkes [2] 42ff.; 75ff. J. Sgard: (Hg.): Condillac et le problème du langage (Genf 1981). – 64 De Tracy [57] 11. – 65 vgl. W. Oesterreicher: Ere française et Deutsche Bewegung. Les Idéologues, in: W. Busse, J. Trabant (Hg.): Les Idéologues (Amsterdam 1986) 97–143; J. C. Chevalier: Grammaire philosophique ou décadence de la grammaire et de la philosophie. La Grammaire en 1800, in: Buzzetti, Ferriani [3] 85–95; B. Schlieben-Lange et al. (Hg.): Europäische Sprachwiss. um 1800 (1989). – 66 M. Wilmet: Une 'filière française': La postériorité de Beauzée, in: H. Aarsleff et al. (Hg.): Papers in the History of Linguistics (Amsterdam 1987) 327–334. – 67 vgl. D. Droixhe: Introduction zu: Thiébault [58] 5–65, 64f. – 68 vgl. A. Chervel: Histoire de la grammaire scolaire (Paris 1977) 158; vgl. 108ff.; 134ff. – 69 ebd. 205. – 70 ebd. 161ff. – 71 vgl. B. Naumann: G. der dt. Sprache zwischen 1781 und 1856 (1986) 46ff. – 72 vgl. ebd. 84ff. – 73 J. W. Meiner: Versuch an der menschlichen Sprache abgebildeten Vernunftlehre oder Philos. und allgemeine Sprachlehre (1781; ND 1971). – 74 J. C. Gottsched: Vollstän-

dige und Neuerläuterte Deutsche Sprachkunst (1748, ⁵1762; ND 1978); vgl. Jellinek[25] 227ff. u. Naumann[71] 95ff. – **75** J. C. Adelung: Dt. Sprachlehre (1781; ND 1977) 83. – **76** ebd. – **77** ebd. 401ff. – **78** ebd. 509ff. – **79** ebd. 532ff. – **80** ebd. 537. – **81** Naumann [71] 350. – **82** vgl. ders. 123ff.; 132ff. – **83** K. O. Apel: Die Idee der Sprache in der Tradition des Humanismus von Dante bis Vico (²1975) 337; vgl. E. Eggs: Art. Argumentation, in: HWR, Bd. I Sp. 971ff. – **84** J. G. Herder: Abhandlung über den Ursprung der Sprache (1772; hg. von H. D. Irmscher 1966) 104ff.; vgl. H. Gipper, P. Schmitter: Sprachwiss. und Sprachphilos. im Zeitalter der Romantik (1979) 60ff.; C. Ahlzweig: Muttersprache – Vaterland. Die dt. Nation und ihre Sprache (Opladen 1994). – **85** W. v. Humboldt: Über die Verschiedenheit des menschlichen Sprachbaues und ihren Einfluß auf die geistige Entwicklung des Menschengeschlechts (1830–35), in: ders. Werke III (1963) 368–756, 434; vgl. Gipper, Schmitter [84] 77ff. – **86** Humboldt: Über das vergleichende Sprachstudium..., in: Humboldt [85] III,1–25. 11. – **87** vgl. ebd. – **88** ebd. – **89** vgl. K.-O. Apel: Charles S. Peirce. Schriften I–II (1967/70); ders.: Transformation der Philos. I–II (1973). – **90** vgl. Humboldt [85] 582ff. – **91** ebd. 580. – **92** F. Bopp: Über das Conjugationssystem der Sanskritsprache (1816; ND 1975); vgl. Gipper, Schmitter [84] 49ff. – **93** J. Grimm: Vorrede (1819), zit. n. H. Arens: Sprachwiss. Der Gang ihrer Entwicklung von der Antike bis zur Gegenwart I (²1969) 198; vgl. Gipper, Schmitter [84] 54ff.; K. Koerner: Jacob Grimm's Place in the Foundation of Linguistics as a Science, in: ders.: Practicing Linguistic Historiography (Amsterdam 1989) 303–323. – **94** A. F. Bernhardi: Anfangsgründe der Sprachwiss. (1805; ND 1990). – **95** J. Grimm: Vorrede (1819), zit. n. Arens [93] 198; vgl. Gipper, Schmitter [84] 54ff.; Koerner [93] 303–323. – **96** J. Grimm: Deutsche G. I–IV (1822–1837; zit. n. d. Ausg. 1870) I,vi. – **97** vgl. Auroux [1] 58f. – **98** Grimm [96] III,242. – **99** H. Paul: Mittelhochdt. G. (1881) (19. Aufl. bearb v. W. Mitzka, 1963); F. Diez: G. der romanischen Sprachen, I–III (1836/1838/1843); H. Lausberg: Romanische Sprachwiss. (I. Vokalismus; II. Konsonantismus; III. Formenlehre; IV. Wortlehre und Syntax) (1962ff.); vgl. H. M. Gauger et al.: Einf. in die romanische Sprachwiss. (1981) 14ff.

V. 20. Jahrhundert. Rhetorik, so scheint es, hat in der ‹Historischen G.› keinen Platz mehr. Das legt zumindest die Lektüre einiger neuerer Darstellungen nahe. [1] Doch ein Blick in die inzwischen in 8. Auflage gedruckten ‹Prinzipien der Sprachgeschichte› (zuerst 1880) des Junggrammatikers H. PAUL zeigt, daß die Rhetorik durch die Hintertür des Bedeutungswandels ihr Hausrecht in der Sprachgeschichte und G. zurückerobert hat: Paul erklärt nämlich einen Großteil der Bedeutungsveränderungen mit Hilfe rhetorischer Figuren und vor allem der Tropen. Mit seinen ‹Prinzipien› wendet sich Paul gegen eine starke Richtung innerhalb der junggrammatischen Schule (Braune, Behagel, Delbrück u.a.), die Sprachwissenschaft auf die Beschreibung der äußeren Sprachform, insbesondere der Laute, einschränken will. Regelmäßige Lautentwicklungen werden nicht bloß zu Lautgesetzen erklärt, sondern auch im Sinne von Naturgesetzen verstanden. Für Paul ist Sprache nicht nur äußere physische, sondern auch innere psychische Form. «Das psychische Element ist der wesentlichste Faktor in aller Kulturbewegung». [2] Die Aufgabe der Prinzipienlehre besteht darin, «die allgemeinen Bedingungen darzulegen, unter denen die psychischen und physischen Faktoren, ihren eigenartigen Gesetzen folgend, dazu gelangen, zu einem gemeinsamen Zweck zusammenzuwirken». [3] Diese psychologischen Faktoren versteht Paul nicht im Sinne der ‹Völkerpsychologie› von Steinthal oder von Wundt [4], sondern als Individualpsychologie. [5]

Doch Paul scheint die rhetorische Herkunft seiner Begriffe verdecken zu wollen, spricht er doch nur beiläufig davon, daß die «aus der lateinischen Stilistik als pars pro toto bekannte Figur, sowie manches andere, was noch im Folgenden zu behandeln sein wird» [6], für den Bedeutungswandel bedeutsam ist. Dem entspricht, daß er außer im Fall von Metapher, Euphemismus und Litotes die rhetorischen Termini übersetzt bzw. umschreibt: so bezeichnet er die Hyperbel als Übertreibung «sowohl nach der positiven als nach der negativen Seite» [7] und aus der Synekdoche und der Metonymie wird die «Übertragung auf das räumlich, zeitlich oder kausal mit dem Grundbegriff Verknüpfte». [8] Daß den Bedeutungsveränderungen tropische und besonders metaphorische Verfahren zugrunde liegen, ist der alten G. wohl bekannt. Für den Enzyklopädisten TURGOT ist sogar die Metaphorisierung neben dem unmittelbaren Gefühlsausdruck und der Onomatopöie ein zentrales Verfahren der Bedeutungsschöpfung. Doch für Turgot sind Metaphern noch Ausdruck eines unentwickelten Denkens. [9] Für Paul hingegen ist die Metapher «eben etwas, was mit Notwendigkeit aus der menschlichen Natur fliesst und sich geltend macht nicht bloss in der Dichtersprache, sondern vor allem auch in der volkstümlichen Umgangssprache». [10] Metaphorischer und tropischer Sprachgebrauch führen zu ‹okkasionellen› Bedeutungen, die, wenn sie von einer größeren Gruppe übernommen und der nächsten Generation weitergegeben werden, zu ‹usuellen› Bedeutungen werden. Da okkasioneller Sprachgebrauch durchaus im Sinne von *rhetorischer Sprachgebrauch* zu verstehen ist, bringt die Paulsche Theorie von der Sache her nichts Neues. Neu ist freilich, daß er den sprachlichen Bedeutungswandel als Ergebnis kognitiv-psychischer Prozesse begreift. Daß Paul mit seiner Auffassung eine breite Zeitströmung ausdrückt, macht er dadurch deutlich, daß er etwa vierzig Titel zu Beginn des Kapitels zum Bedeutungswandel zitiert. Neben Arbeiten von REISIG, TOBLER, WÖLFFLIN, ERDMANN u.a. sind dies die beiden französischen Abhandlungen von DARMESTETER (‹La vie des mots›) und BREAL (‹Essai de sémantique›). [11] Der Einfluß dieser beiden, insbesondere Darmesteters, auf Paul ist unverkennbar. Im Unterschied zu Paul sagt Darmesteter freilich explizit, daß die für ihn wesentlichen *tropes* und «procédés d'esprit» (Verfahrensweisen des Geistes) – nämlich die Synekdoche, die Metonymie, die Metapher und die Katachrese – zuerst in der Rhetorik unterschieden wurden. [12] Aus linguistischer Sicht gibt es freilich «keinen Unterschied zwischen den Stilfiguren eines Schriftstellers und denen der Volkssprache». [13] Doch diese Feststellung bedeutet nicht, daß beide Sprachvarietäten gleichwertig sind. Wie schon bei vielen Rhetorikern und Grammatikern vor und nach ihm, ist auch für Darmesteter der Sprachgebrauch einer literarischen Elite besser als der des Volkes. Deshalb muß eine Sprachveränderung von 'unten', die zur Sprachgewohnheit geworden ist, erst von anerkannten Schriftstellern übernommen worden sein, bevor sie als neuer *usage* akzeptiert werden kann. [14] Das von DELESALLE/CHEVALIER festgestellte «Auseinanderbrechen von Wissenschaft und Purismus» [15] ist somit sicher nicht nur für Damesteter charakteristisch.

Doch Darmesteter scheint sich durch eine von SCHLEICHER [16] übernommene biologisch-evolutionistische Metaphorik von Paul zu unterscheiden. Das zeigen schon der Titel (‹Das Leben der Wörter›) oder auch Kapitelüberschriften (‹Wie Wörter sterben› [17]) an. Gleich zu Beginn der Abhandlung heißt es, daß Sprachen «lebende Organismen» seien, die sich in einer «fortwährenden Evolution» befänden. [18] Hinter dieser metaphorischen Schicht läßt sich freilich leicht wie bei Paul eine kognitiv-psychologische Argumentation ausmachen: Auch für Darmesteter ist die Bedeutungslehre Teil der «Geschichte der Psychologie»; deshalb ist erstes Ziel seiner Untersuchung, «die logischen Charakteristika dieses intellektuellen und moralischen Lebens, das unser Denken den Wörtern gibt, zu umgrenzen; anders gesagt, zu zeigen, durch welches geistig-kognitive Verfahren [procédé d'esprit] [...] Wörter entstehen und sich entwickeln». [19]

Daß diese kognitiv-psychologische Richtung innerhalb der ‹Historischen Sprachwissenschaft› durchaus aktuell ist, verdeutlicht nicht nur die bahnbrechende Untersuchung des Psychologen STÄHLIN: ‹Zur Psychologie und Statistik der Metaphern›, die in der aktuellen Diskussion wesentlich dazu beigetragen hat, daß das Phänomen *Metapher* nicht bloß als Substitution von Wörtern, sondern als komplexer und spannungsgeladener Prozeß der Interaktion von Bildspender und Bildempfänger, von Vergleichsbereich und thematischem Bereich begriffen werden kann [20]; der Einfluß dieser historischen Semantik zeigt sich auch noch bis in die 70er Jahre in ULLMANNS [21] Arbeiten. Gerade auch die moderne ‹kognitive Semantik›, wie sie etwa von LAKOFF vertreten wird, greift wieder zentrale Erklärungsmuster (vor allem Metonymie und Metapher) [22] der historisch-psychologischen Semantik auf (ohne dies freilich explizit zu machen): so entsprechen etwa der «radial structure» oder dem «chaining» (Verketten) von Lakoff bei Darmesteter dem «rayonnement» und dem «enchaînement»: letzteres liegt im Französischen bei «plume» vor, das sich von «(Vogel)Feder» über «(Schreib)Feder» bis hin zu «Feder(halter)» entwickelt hat. [23] Daß die Überlegungen der historischen Sprachwissenschaft Gemeingut der Linguistik des 20. Jh. sind, mag ein Blick in die epochemachende Abhandlung ‹Language› (1933) von BLOOMFIELD, dem Begründer des amerikanischen Strukturalismus, belegen. Bloomfield zitiert im Kapitel zum Bedeutungswandel die bekannten Prozesse: Bedeutungsverengung und -erweiterung; Metapher, Metonymie, Synekdoche, Hyperbel, Litotes usw. [24] Entgegen einer gängigen Meinung (nach HELBIG trägt Bloomfields Behaviorismus «vulgär-materialistische Züge» [25]) steht Bloomfield noch ganz in der Tradition der historischen, aber auch der allgemeinen G. So zeigt er etwa, daß Wortklassen *(form-classes)* nicht referenzsemantisch von den Dingen her abgeleitet, «sondern nur in Begriffen von linguistischen Merkmalen (d.h. lexikalisch oder grammatikalisch) definiert werden können». [26]

Von hier aus wird man die Neuorientierung der Sprachwissenschaft durch den ‹Cours de linguistique générale› (1916) von F. DE SAUSSURE [27] nicht nur als Fortschritt, sondern gerade auch als Rückschritt interpretieren müssen. «Sprache» *(langue)* ist für Saussure ein System von Zeichen, das nur seine eigene Ordnung enthält. [28] Das *Wie* der Realisierung dieses Systems, das konkrete Sprechen *(parole)* also, ist nicht Gegenstand der Sprachwissenschaft, sondern wird der Psychologie, der Stilistik usw. zugeordnet. Die sprachlichen Zeichen werden wie in der Tradition als Einheit von Lautform *(signifiant)* und Bedeutung *(signifié)* bestimmt, die Bedeutungen sind freilich weder Abbilder noch Resultat begrifflicher Repräsentationen der Wirklichkeit: Nicht das Denken bestimmt die Sprache, sondern jede Sprache strukturiert mit ihrem spezifischen Bedeutungssystem das Denken. Diesen Gedanken wird die Wortfeldtheorie bzw. die auf HUMBOLDT zurückgreifende Sprachinhaltsforschung aufgreifen und zum Forschungsprogramm machen. [29] So wichtig die Betonung des Systemcharakters der Sprache auch ist, durch die Ausgrenzung des Sprachgebrauchs *(parole)* aus der Sprachwissenschaft zerbricht Saussure die alte dialektische Einheit von Analogie und Anomalie, von Systematizität und Geschichte, kurz: von *analogia* und *usus*. Von hier aus erweist sich COSERIUS Unterscheidung in eine «funktionelle» und «historische» Sprache bzw. in «System» und «Norm» als Wiedereinführung des altehrwürdigen Gegensatzpaares. [30] Doch auch bei Coseriu bleibt die «Rede» *(parole)* ausgeklammert, obwohl doch allein im produktiven und rhetorischen Anwenden von Sprache ihr Wesen manifest wird. Die dieser Rede zugrunde liegenden – universellen – Prozesse hat die traditionelle G. – insbesondere seit der Renaissance – mit Hilfe der Konstruktionsfiguren Ellipse, Pleonasmus, Hyperbaton, Enallage (Syllepse) beschrieben. Damit wird ein weiterer Mangel des Saussureschen Strukturalismus deutlich: die *constructio* und die Syntax haben in diesem Sprachmodell keinen Platz, Sprache wird wieder wie in der frühen antiken G. auf den Kernbereich Laut- und Formenlehre reduziert. In dieser Reduzierung kommt zugleich ein objektivistisches Verhältnis zur Sprache zum Ausdruck: sprachliche Strukturen und Realisierungsstandards werden als objektiv vorgegeben und quasi-natürlich 'hingenommen'. Das Problem der Legitimierung des richtigen Sprachgebrauchs, das genuiner Bestandteil der alten G. war, wird nicht mehr innerhalb der Sprachwissenschaft behandelt, sondern einer Sonderdisziplin, der Soziolinguistik, zugewiesen. [31]

Deshalb kann die Geschichte der nach-strukturalistischen Sprachwissenschaft auch als schrittweise Rücknahme der Saussureschen Reduktionen gelesen werden. Hier ist auf das Organon-Modell [32] von K. BÜHLER hinzuweisen, das die drei Kommunikationsfaktoren Sprecher, Hörer, Sachverhalte in die Sprachbeschreibung integriert und auf die in den 30er Jahren der Prager Schule entwickelte Theorie der ‹funktionalen Satzperspektive› [33], die deutlich macht, daß jede Äußerung eine Thema/Rhema-Struktur aufweist, eine Unterscheidung, die Paul noch als Unterschied zwischen psychologischem Subjekt und psychologischem Prädikat begriffen hatte. [34] Zu nennen ist auch BENVENISTE, der in einer Reihe von Aufsätzen zum ‹Menschen in der Sprache› [35] die rhetorisch-kommunikative Funktion von Sprache in Erinnerung ruft: Personalpronomen, Anredeformen, Interjektionen, tropische Verfahren der Wortbildung, Modi des Sprechens wie *Befehl, Frage, Bitte, Drohung*, usw. Schließlich ist auf die Textlinguistik [36], die Analyse der Abtönungspartikeln [37], die Konversationsanalyse [38], die Argumentationsanalyse [39] und die Sprechakttheorie zu verweisen. Im Hinblick auf die traditionelle Behandlung der Modi des Sprechens stellt die Sprechakttheorie von AUSTIN und SEARLE [40] sicher eine Revolution dar: der apophantische Logos, der Behauptungsakt also, wird nämlich nicht mehr privilegiert, sondern als *illokutiver Akt* den Sprechakten des Befehlens, Drohens, Bittens, Fragens, Versprechens, usw. gleichgestellt. Doch schon früh wird deutlich, daß die Sprechakttheorie eine Handlungs- und keine Sprachtheorie ist und deshalb auf zentrale Fragen der Beschreibung sprachlicher Strukturen keine Antwort geben kann.

Dies erklärt, daß die Sprechakttheorie inzwischen im

Diskursuniversum Linguistik, G. und Sprachlogik keinen Platz mehr hat: Platz gegriffen haben hingegen jene logischen oder linguistischen G., die Sprache ganz im Sinne der ‹modistischen› und ‹allgemeinen G.› als System von Aussagen begreifen. Zu dieser Strömung zu rechnen sind (i) logisch-philosophische G. wie die Kategorialgrammatik [41] und die MONTAGUE-Grammatik [42], (ii) Valenz- und Dependenzgrammatiken und (iii) strukturalistische und transformationelle G.. Neu im Vergleich zu früheren Epochen ist besonders bei G. des Typs (i) und (ii) die starke Formalisierung der Beschreibungssprache.

Obwohl sich L. TESNIERE gegen die Zerlegung des Satzes in Subjekt und Prädikat wendet und seine ‹Dependenzgrammatik› das Verb als zentrale Kategorie des Satzes bestimmt, bleibt auch sein Gegenstandsbereich der Aussagesatz. Ein Satz wie «Der kleine Junge singt sehr oft ein schönes Lied» wird deshalb wie folgt zerlegt: [43]

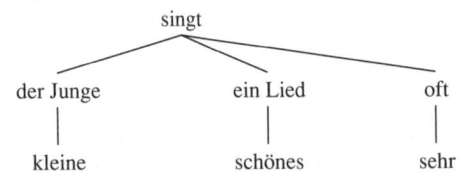

```
              singt
       /        |        \
  der Junge  ein Lied    oft
      |         |
   kleine    schönes    sehr
```

Bedeutsam für die spätere Diskussion [44] ist die Unterscheidung in *actants* (Aktanten) und *circonstants* (Umstandsbestimmungen). Aktanten bezeichnen ‹Handlungsrollen›, die zum vom Verb bezeichneten Prozeß gehören. So hat etwa die folgende Äußerung drei Aktanten und zwei *circonstants: Otto (A_1) kauft von Hans (A_2) das Buch (A_3) in seinem Büro (C_1) um drei Uhr (C_2)*. Hans ist ein fakultativer Aktant, der genauso weggelassen werden kann wie die beiden Umstandsbestimmungen, ohne daß dadurch ein grammatikalisch falscher Satz entstünde. Mit diesen Unterscheidungen verläßt Tesnière freilich den Boden der reinen Syntax, da ihnen offenbar eine logische Analyse des Satzes zugrunde liegt. Die Entwicklung der Valenz- und Dependenzgrammatik ist durch eine Präzisierung der skizzierten Grundannahmen gekennzeichnet, die vor allem auch durch die Integrierung der – im Deutschen recht komplexen – Kasusverhältnisse notwendig wurde. Die Valenz- und Kasusgegebenheiten sind in den G. von HELBIG, EISENBERG oder ENGEL [45] recht gut beschrieben, sie sind – das ist ein Novum – inzwischen fester Bestandteil jeder G. des Deutschen. Dies erklärt wohl auch, daß Valenz- und Kasusregeln den ‹Kern› des maschinellen Übersetzungsprogramms ‹Eurotra› bilden. [46]

Am pointiertesten wendet sich CHOMSKY mit seiner ‹generativen Transformationsgrammatik› gegen strukturalistische, aber auch traditionelle Ansätze. Chomsky will die Kompetenz jedes Sprechers rekonstruieren, unendlich viele und zum Teil völlig neue Sätze bilden zu können. Damit integriert Chomsky in sein Grammatikmodell die von Saussure verbannte Syntax und Psychologie. Dabei geht es ihm nicht nur um die Beschreibung und Analyse grammatischer Strukturen, sondern auch darum, Einsichten in die kognitiven Prozesse des «human mind» (menschlichen Geistes) zu gewinnen. [47] Der ersten Form der generativen G. liegt ein *derivationelles* Grammatikmodell zugrunde, da sie in einem Basisteil abstrakte syntaktische Tiefenstrukturen ableitet, die dann durch geeignete Transformationen in Oberflächenstrukturen umgewandelt werden. Chomsky unterscheidet vier Transformationen: Tilgung, Insertion, Substitution, Permutation – was offenbar der alten *quadripertita ratio (detractio, adiectio, immutatio, transmutatio)* entspricht. Dennoch wäre es falsch, die antike G. als Vorläufer der generativen G. zu verstehen, da die Chomsky-Transformationen auf Sätzen operieren. Ebenso problematisch ist eine Rückprojektion der generativen G. auf die G. von ‹Port-Royal›, von Sanctius oder von Linacre [48], da bei diesen der logisch-semantische Sinn eines Satzes Maßstab der Bewertung seiner Abweichung bildet. Bei Chomsky sind die Tiefen- wie Oberflächenstrukturen formale Phrasenstrukturen, bei deren Konstitution semantische, logische, aber auch grammatische Aspekte keinerlei Rolle spielen. So ergibt sich allein aus der Position einer Nominalphrase innerhalb einer Ableitung, ob diese als Subjekt oder als Objekt fungiert. [49] Weil mit diesem derivationellen Modell eine Fülle von Erscheinungen (Nicht-Ableitbarkeit der Redeteile und ihre Stellung im Satz, funktionale Satzperspektive und Topikalisierung, Kasus, Tempus, usf.) nicht erklärt werden kann, wird es schon Mitte der 70er Jahre durch ein repräsentationelles Modell, nämlich der Rektions- und Bindungstheorie ersetzt, in der es nur noch darum geht, universelle Regeln der Wohlgeformtheit von Sätzen aufzustellen. [50] Diese ‹Theory of Government and Binding›, die sich als universelle G. begreift, erscheint wie eine Rückkehr zu alten grammatischen Kategorien und Fragestellungen: Schon in der Basis werden vier wohlbekannte Wortarten (Nomen, Verb, Adjektiv, Präposition) eingeführt; und mit dem Prinzip des Kasusfilters [51] wird nicht nur dem Kasus wieder zu alten Ehren verholfen, sondern auch die Tatsache berücksichtigt, daß der Kasus die Wortstellung beeinflußt: «alle Sprachen [kennen] zumindest einen Kasus [...], den typischerweise ein Verb seinem Komplement zuweist. Dieser Kasus wird üblicherweise als *Objektiv* oder *Akkusativ* bezeichnet». [52] Der Kasus kann morphologisch oder strukturell, d.h. durch bestimmte Positionsbeschränkungen wie etwa im Englischen, markiert sein. Nur regierende Elemente können Kasus zuweisen. Für Nebensätze im Deutschen gilt etwa, daß Nominalphrasen mit Kasus vor dem Verb stehen müssen *(ich glaube, daß er dem Mann hilft)*; da auch Nominalphrasen *vor* Adjektiven stehen müssen und von diesen ihren Kasus erhalten, sind Sätze wie **Er ist treu seiner Frau* ebenso ungrammatisch wie **Er ist seine Frau treu*. Im Englischen und Französischen hingegen wird der Kasus generell nach rechts zugewiesen: *Il est fidèle à sa femme*. Allgemein gilt, daß Sprachen die Tendenz zeigen, eine bestimmte Zuweisungsrichtung zu generalisieren. So zeigen das Englische und Französische eine Subjekt-Verb-Objekt (SVO)-Stellung (das Verb weist dem rechts von ihm stehenden Objekt den Kasus zu), während Sprachen mit Linkszuweisung wie das Japanische und Türkische eine SOV-Stellung haben. Auch das von Chomsky neu eingeführte ‹Theta-Kriterium› steht ganz in der grammatischen Tradition. Danach muß jeder Nominalphrase ein Tiefenkasus (vgl. schon FILLMORE [53]) bzw. eine ‹thematische› oder ‹Theta-Rolle› (vom griechischen Θ in ‹*Thema*› abgeleitet) zugewiesen werden. So kann man den Subjekten der folgenden Sätze die jeweils kursiv gedruckten Theta-Rollen zuweisen: «Hans holte sich eine Erkältung» – *Patiens*; «Hans erhielt einen Brief» – *Empfänger;* «Hans bekommt das Buch» – *Ziel*; «Hans profitiert von meinem Unglück» – *Benefizient*. Teilt man nun jedem Verb bestimmte Rollen zu, also etwa [*Agens* schlagen *Patiens*] oder [*Agens* benutzen *Instrument]*, so folgt, daß etwa *benutzt Messer ungrammatisch ist, weil eben die Theta-Rolle ‹Agens› von *benutzen* nicht ausgefüllt ist. Diese Überlegungen erinnern einerseits an APOLLONIOS DYSKOLOS (der Kasus als Handlungskonfiguration bestimmt), andererseits aber auch an SANCTIUS (der den Grad der Wohlgeformtheit einer Konstruktion vom vollständig explizierten Sinn her analysiert). Neu in dieser letzten Version der generativen G. ist die Bindungstheorie, die im wesentlichen besagt, daß nur reflexive Ausdrücke (sich, einander) innerhalb einer Konstruktion gebunden sind (in: «Ich wünsche, [daß Peter$_i$ sich$_i$ das Buch kauft]» bindet ‹Peter$_i$› ‹sich$_i$› hinsichtlich der Koreferenz); referentielle Ausdrücke *(Peter, Haus, Mann)* sind immer ungebunden (d. h. in «Der Mann$_i$ / Peter$_i$ glaubt, daß der Mann$_r$ / Peter$_r$ tapfer ist» sind die Nominalphrasen im Matrixsatz und im untergeordneten Satz notwendig nicht koreferent); bei pronominalen Ausdrücken schließlich kann Koreferenz vorliegen («Peter$_i$ glaubt, er$_{i/r}$ sei tapfer»).[54]

Mit ihrer Beschränkung auf den Satz als rein syntaktisches Phänomen klammert die generative G. auch in ihrer neuen Form eine Fülle von Fragen aus. Bestimmte syntaktische Phänomene können nicht rein syntaktisch erklärt werden. So muß z. B., um die Frage klären zu können, warum ‹Blume› in «Eine Blume ist rot» spezifisch, in «Eine Blume ist zum Schenken da» hingegen generisch verstanden wird, auf die alte logische Unterscheidung zwischen akzidentellen und essentiellen Prädikaten zurückgegriffen werden; bestimmte syntaktische Konstruktionen wie «Tiger sind vom Aussterben bedroht» sind nur möglich, wenn das Subjekt eine Spezies denotiert («*Tiger in unserem Zoo sind vom Aussterben bedroht» ist deshalb nicht wohlgeformt); ähnliche Überlegungen sind nötig, um begründen zu können, daß im Deutschen der Satz «*Die* Hunde in unserer Straße bellen jeden Morgen» nur mit dem bestimmten Artikel wohlgeformt ist; selbst die Tropen müssen direkt in die syntaktische Basis integriert werden, um klären zu können, daß in «Hans$_i$ kam ins Zimmer. Dieser Bär$_i$ / Der Bär$_r$ war mal wieder schlechter Laune» nur ‹dieser Bär› mit ‹Hans› koreferent ist, nicht aber die Phrase mit dem bestimmten Artikel. [55] Diese Ansätze stellen sich bewußt in die Tradition der ‹Allgemeinen und philosophischen G.›, die nie die Tatsache leugnete, daß mit Sprache Wirklichkeit überhaupt erst begrifflich angeeignet werden kann. Selbst die Rhetorik muß an der syntaktischen Basis angesetzt werden, um bestimmte Erscheinungen überhaupt erst beschreiben zu können. So ist etwa der Satz «Peter hat wenig gearbeitet; *deshalb wird er die Prüfung bestehen» nicht nur logisch, sondern auch syntaktisch inkohärent, weil er dem Topos ‹Je weniger man arbeitet, umso geringer der Erfolg› widerspricht und weil ‹wenig› mit ‹nicht› argumentativ koorientiert ist, d. h. die gleiche Konklusion erlaubt; durchaus wohlgeformt wäre dieser Satz mit ‹ein wenig›, da ‹ein wenig› mit ‹viel› argumentativ koorientiert ist. Ebenso muß bei der Analyse von «Meyer$_i$ hat ‹nicht einmal› 200 Stimmen erhalten; also wird der Niedersachse$_r$ Parteivorsitzender» auf Topoi zurückgegriffen werden, die allein erklären können, daß bei einer Verwendung von ‹mehr als› statt ‹nicht einmal› Niedersachse$_i$ mit Meyer$_i$ koreferent wäre. [56] Diese Beispiele zeigen, daß die G. Logik und Dialektik integrieren muß, um ihrem Gegenstand gerecht zu werden. Dies schließt die Anerkennung der Syntax als relativ autonomes Gebiet nicht aus. Doch auch rhetorische Konstruktionsfiguren wie Ellipse, Pleonasmus, Hyperbaton und Enallage (Syllepse) sind Teil der G., da sie fundamentale Prozesse syntaktischer Strukturbildung und -veränderung formulieren. Nur so wird die G. ihr inzwischen über zweitausend Jahre altes Forschungsprogramm erfüllen können: Laut- und Formenlehre, Syntax, Strukturveränderung (Tugenden und Laster). Vielleicht kommt der G. wieder die Funktion der Kritik zu, d. h. der reflektierten Bewertung sprachlicher Äußerungen. Dann könnte sie klären, warum die Nachstellung von Nominalphrasen bei Adjektiven im Deutschen wie «**Fritz ist treu seiner Frau*» [57] nicht immer ungrammatisch ist. Das zeigen die folgenden Zeilen aus Hölderlins ‹Die Jugendzeit›:

«Unentweiht von selbsterwählten Götzen,
Unverbrüchlich ihrem Bunde treu,
Treu der Liebe seligen Gesetzen
Lebt die Welt ihr heilig Leben frei.»

Anmerkungen

1 vgl. H. Arens: Sprachwiss. Bd. 1 (1969); H. H. Christmann: Sprachwiss. des 19. Jh. (1977); H.-M. Gauger et al.: Einf. in die Romanische Sprachwiss. (1981). – **2** H. Paul: Prinzipien der Sprachgesch. (1880; ^{5}1920; ^{8}1970) 6. – **3** ebd. 7. – **4** H. Steinthal: G., Logik und Psychol. (1855; ND 1968) 387ff.; W. Wundt: Völkerpsychol., Bd. I: Die Sprache (1900). – **5** Paul [2] vff.; 12ff. – **6** ebd. 83. – **7** ebd. 101. – **8** ebd. 97. – **9** Turgot: ‹Etymologie›, in: Encyclopédie (1751–1772; ND 1966f.) tome 6; ders.: Sur les progrès successifs de l'esprit humain (1750), in: C. Porset (Hg.): Varia linguistica (Bordeaux 1970) 125; vgl. H.-M. Militz: Sprachbedeutung und Wortbedeutung bei Turgot; in: Beitr. z. Rom. Philol. 20 (1981) 109–115. – **10** Paul [2] 94. – **11** A. Darmesteter: La vie des mots étudiée dans leurs significations (Paris 1887; zit. n. Ed. 1979); M. Bréal: Essai de sémantique (Paris 1897; ND 1982); vgl. S. Delesalle, J.-C. Chevalier: Sémantique, norme et esthétique à la fin du XIXe siècle, in: dies.: La linguistique, la grammaire et l'école. 1750–1914 (Paris 1986) 273–310. – **12** Darmesteter [11] 46. – **13** ebd. 46f. – **14** vgl. ebd. 104f.; vgl. Delesalle, Chevalier [11] 280ff. – **15** ebd. 283. – **16** A. Schleicher: Compendium der vergleichenden G. der indogermanischen Sprachen (1861, ^{4}1876; ND 1971); ders.: Die Darwinsche Theorie und die Sprachwiss. (1863), in: Christmann [1] (frz. übers. Paris 1868). – **17** Darmesteter [11] 129. – **18** ebd. 13 und 15. – **19** ebd. 30; vgl. Delesalle, Chevalier [11] 276ff. – **20** W. Stählin: Zur Psychol. und Statistik der Metaphern, in: Archiv f. d. gesamte Psychol. 31 (1914) 297–425; vgl. G. Kurz, T. Pelster: Metapher. Theorie und Unterrichtsmodell (1976). – **21** vgl. S. Ullmann: Semantics. An Introduction to the Science of Meaning (Oxford 1962; dt. Übers. 1973). – **22** G. Lakoff: Women, fire, and dangerous things (Chicago 1987) 77ff.; 113ff.; 272ff. – **23** vgl. ebd. 91ff., 95ff., 418ff.; Darmesteter [11] 68ff. – **24** L. Bloomfield: Language (1933; London ^{2}1935) 425ff. – **25** G. Helbig: Gesch. der neueren Sprachwiss. (1974) 73. – **26** Bloomfield [24] 268. – **27** F. de Saussure: Cours de linguistique générale (Lausanne 1916; Paris 1968); vgl. O. Ducrot: Der Strukturalismus in der Linguistik, in: F. Wahl (Hg.): Einf. in den Strukturalismus (1973; frz. Original 1968) 13–104; Helbig [25] 33ff.; R. Engler: European structuralism: Saussure, in: T. A. Sebeok: Current Trends in Linguistics, vol. 13: Historiography of Linguistics (The Hague 1975) 829–886; F. Gadet: Saussure. Une science de la langue (Paris 1987). – **28** Saussure [27] 33f. und 43f. – **29** vgl. H. Geckeler: Zur Wortfelddiskussion (1971); Sprache – Schlüssel zur Welt. FS für L. Weisgerber (1959). – **30** vgl. E. Coseriu: Pour une sémantique diachronique structurale, in: Travaux de linguistique et de littérature 2 (1964) 139–186; E. Coseriu: Sprache, Strukturen, Funktionen (darin: System, Norm und Rede) (1970); E. Eggs: Sprachnorm, Sprachsystem, Redetechniken, in: W. Settekorn (Hg.): Sprachnorm und Sprachnormierung (1990) 139–152, 145ff. – **31** vgl. H. Steger (Hg.): Soziolinguistik (1982); J. Rubin et al. (Hg.): Language Planning Processes (The Hague 1977); C. Bachmann et al. (Hg.): Langage et communications sociales (Paris 1981); P. Bourdieu: Ce que parler veut dire (Paris 1982); R. W. Shuy: A Brief History of American Sociolinguistics. 1949–1989, in:

Historiographia Linguistica 17 (1990) 183–209. – **32** vgl. K. Bühler: Sprachtheorie (1934; 1978) 24ff. – **33** E. Beneš: Die funktionale Satzperspektive (Thema-Rhema-Gliederung) im Deutschen, in: Deutsch als Fremdsprache 4 (1962) 23–7; F. Daneš (Hg.) Papers on Functional Sentence Perspective (Prag 1974); P. Sgall et al.: Topic, Focus and generative Semantics (1973); H.-W. Eroms: Funktionale Satzperspektive (1986). – **34** vgl. Paul [2] 282ff.; vgl. G. v. der Gabelentz: Die Sprachwiss. (1901; ND 1969) 307ff. – **35** vgl. E. Beneveniste: L'homme dans le langage, in: Problèmes de linguistique générale I (Paris 1966) 223ff. – **36** W. Dressler: Einf. in die Textlinguistik (1972); H. H. Plett: Textwiss. und Textanalyse (1975); E. Gülich, W. Raible: Linguistische Textmodelle (1977); T. A. v. Dijk: Textwiss. (1980). – **37** H. Weydt (Hg.): Partikeln der dt. Sprache (1979); ders. (Hg.): Partikeln und Interaktion (1983); O. Ducrot et al.: Les mots du discours (Paris 1980); Colloque de pragmatique (Genève): Connecteurs pragmatiques et structure du discours, in: Cahiers de linguistique 5 (1983); J. Dahl: Abtönungspartikeln im Deutschen (1988). – **38** W. Kallmeyer, F. Schütze: Konversationsanalyse, in: Studium Linguistik 1 (1976) 1–28; J. Dittmann (Hg.): Arbeiten zur Konversationsanalyse (1979); J. Schenkein (Hg.): Studies in the Organisation of Conversational Interaction (New York 1978); T. Givón (Hg.): Discourse and Syntax (Syntax and Semantics 12) (New York 1979); P. Schröder, H. Steger (Hg.): Dialogforschung (1980); F. Klein-Andreu (Hg.): Discourse Perspectives on Syntax (New York 1983); J. Moechler: Argumentation et conversation (Paris 1985); W. Motsch (Hg.): Satz, Text, sprachliche Handlung (1987); C. Kerbrat-Orecchioni: Les interactions verbales (Paris 1990); U. Dausendschön-Gay et al. (Hg.): Linguistische Interaktionsanalysen (1991). – **39** vgl. Artikel zu ‹Argument, Argumentatio, Argumentation›, in: HWR, Bd. 1 (1992). – **40** J. L. Austin: How to do things with words (Oxford 1962); J. S. Searle: Speech Acts (Cambridge/M. 1969; dt. 1971); E. Eggs: Zum Universalitätsanspruch der Sprechakttheorie, in: Zs. für Literaturwiss. u. Linguistik 14 (1974) 31–64; D. Wunderlich (Hg.): Linguistische Pragmatik (1972); ders.: Stud. zur Sprechakttheorie (1976). – **41** K. Ajdukiewicz: Die syntaktische Konnexität, in: Studia Philosophica 1 (1935) 1–27; J. Bar-Hillel: A quasi-arithmetical notation for syntactic description, in: Language 29 (1953) 47–58; J. v. Benthem: Categorial Grammar (Dordrecht 1958) Kp. 8. – **42** R. Montague: Formal Philosophy, Hg. R. Thomason (New Haven 1974); D. Dowty: Grammatical Relations and Montague Grammar, in: P. Jacobson, G. Pullum (Hg.): The Nature of Syntactic Representation (Dordrecht 1982) 79–130; G. Sandri: Strategies in Universal Grammar: The Case of the Meaning Postulates in Classical Montague Grammar, in: D. Buzzetti, M. Ferriani (Hg.): Speculative Grammar, Universal Grammar and Philosophical Analysis of Language (Amsterdam 1987) 229–251; M. Chambreuil: Grammaire de Montague. Langage, traduction, interprétation (Clermont-Ferrand 1989). – **43** vgl. L. Tesnière: Eléments de syntaxe structurale (Paris 1959; ²1965) 14ff. – **44** vgl. G. Seyfert: Zur Theorie der Verbgrammatik (1976); H. Happ: Grundfragen einer Dependenz-Grammatik des Lateinischen (1976); W. Abraham (Hg.): Valence, Semantic Case and Grammatical Relations (Amsterdam 1978); K. M. Welke: Einf. in die Valenz- und Kasustheorie (1988). – **45** G. Helbig: Valenz – Satzglieder – semantische Kasus – Satzmodelle (1982); P. Eisenberg: Grundriß der dt. G. (1986) 70ff.; U. Engel: Dt. G. (1988) 361ff. – **46** vgl. H. Steiner et al. (Hg.): From Syntax to Semantics. Insights from Maschine Translation (London 1988). – **47** vgl. N. Chomsky: Syntactic Structures (Den Haag 1957); ders.: Aspects of the Theory of Syntax (Cambridge/M. 1965; zit. n. d. dt. Übers. ‹Aspekte›, 1973); ders.: Language and Mind (New York 1968/1972); ders.: Regeln und Repräsentationen (1981; engl. Original 1980); ders.: Knowledge of Language. Its Nature, Origin, and Use (New York ²1986); vgl. G. Fanselow, S. W. Felix: Sprachtheorie I: Grundlagen und Zielsetzungen; II: Die Rektions- und Bindungstheorie (1987) I,14ff.; J. Keller, H. Leuninger: Kognitive Linguistik (Frankfurt 1991). – **48** vgl. N. Chomsky: Cartesian Linguistics: A Chapter in the History of Rationalist Thought (New York 1966); R. Robins: Rez. zur Ausg. der Grammaire générale et raisonnée von H. H. Brekle (1966), in: Langage 45 (1969) 343–364; M. Breva-Claramonte: The Sign and the Notion of 'General' Grammar in Sanctius and Port-Royal, in: Semiotica 24 (1978) 353–370; W. K. Percival: Deep and Surface Structure Concepts in the Renaissance and Mediaeval Syntactic Theory, in: H. Parret: History of Linguistic Thought and Contemporary Linguistics (1976) 238–253. – **49** ebd. 94ff.; vgl. Fanselow, Felix [47] II, 57ff. – **50** vgl. N. Chomsky: Lectures on Government and Binding (Dordrecht 1981); ders.: Some Concepts and Consequences of the Theory of Government and Binding (Cambridge/M. 1982); Fanselow, Felix [47]; H. Haider: Dt. Syntax, generativ – eine Einf. in die Theorie von Rektion und Bindung (1987); A. v. Stechow, W. Sternefeld: Bausteine syntaktischen Wissens. Ein Lehrbuch der modernen generativen G. (1987). – **51** vgl. Chomsky [50] 1981, 49f., 175ff. – **52** ebd. 71. – **53** F. Fillmore: The case for case, in: E. Bach, R. Harms (Hg.): Universals in Linguistic Theory (New York 1968) 1–88. – **54** vgl. Fanselow, Felix [47] II,93ff.; Keller, Leuninger [47] 148ff. – **55** vgl. G. Kleiber: Nominales. Essais de sémantique référentielle (Paris 1994); E. Eggs: Grammaire du discours argumentatif (Paris 1994). – **56** vgl. J.-C. Anscombre, O. Ducrot: L'argumentation dans la langue (Bruxelles 1983); O. Ducrot: Le dire et le dit (Paris 1984); Eggs [55] 24ff. – **57** vgl. Fanselow, Felix [47] II, 64.

E. Eggs

→ Änderungskategorien → Analogie → Ars → Barbarismus → Compositio → Ellipse → Etymologie → Grammatikunterricht → Hochsprache → Latinitas → Logik → Logos → Modisten → Muttersprache → Ordo → Orthographie → Ratio → Semantik → Sprachauffassung, rhet. → Sprachgebrauch → Sprachphilosophie → Technik, Technologie → Universalsprache → Virtutes-/Vitia-Lehre

Grammatikunterricht (engl. grammar lesson; frz. l'enseignement de la grammaire)
A. Def. – B. I. Antike. – 1. Orient. – 2. Griechenland. – 3. Rom. – II. Mittelalter. – 1. Westeuropa. – 2. Byzanz. – 3. Islamische Kultur. – III. Renaissance, Reformation, Barock. – IV. Aufklärung. – V. 19. und 20. Jahrhundert.

A. In der griechischen Antike bedeutet die Unterweisung in Grammatik (γραμματικὴ τέχνη, grammatiké téchnē) zunächst Buchstabenlehre (γράμμα, grámma; Buchstabe, d. h. Einübung der grundlegenden Kulturtechniken des Schreibens und Lesens (Elementarunterricht).[1] Mit der Ausformung des griechischen Bildungssystems seit dem 4. Jh. v. Chr. z. B. durch ISOKRATES und im entfalteten Unterricht der ἐγκύκλιος παιδεία (enkýklios paideía; Fächerkanon) ist nicht nur die Alphabetisierung das didaktische Ziel des Grammatiklehrers (γραμματιστής, grammatistḗs; γραμματικός, grammatikós), sondern auch die Literatur- und Stilkunde, die Unterweisung in der Deklamation sowie im Gebrauch musterhafter sprachlicher Wendungen am Beispiel kanonischer Texte (μίμησις, mímēsis; παράδειγμα, parádeigma). Vom 1. Jh. v. Chr. an wird die Grammatik auf wissenschaftlichem Fundament methodisch gelehrt, aufbauend auf den philologisch-linguistischen Erkenntnissen von PROTAGORAS, PLATON, ARISTARCH VON SAMOTHRAKE und DIONYSIOS THRAX. [2]

Die griechische Zweiteilung des G. in die Schulung von Sprachkenntnis und Literaturwissen wird im römischen Bildungswesen tradiert (*artes liberales*): Die Grammatik gilt als Sprachwissenschaft bzw. als Anleitung zum regelkonformen Sprechen (*recte loquendi scientia, ars recte dicendi*) und wird gelehrt im Hinblick auf den grammatikalischen Formenbestand (*doctrina, regulae*), wie er z. B. in VARROS ‹De lingua Latina› formuliert ist, und im Rahmen der *enarratio poetarum* oder *enarratio auctorum* (Literaturlehre) anhand von Texten vorbildlicher Schriftsteller (*exempla, imitatio; interpreta-*

tio). Beide Gegenstandsbereiche des G. vermitteln so die sprachliche Urteilsfähigkeit (*iudicium*), die Sprachrichtigkeit (*Latinitas*) und die stilistische Sicherheit (*elocutio, eloquentia*). [3] Die Grammatik ist in der Antike und im Mittelalter die erste der *artes liberales* und wird stets im Verbund mit Rhetorik und Logik gelehrt. Sie tritt aber auch in Konkurrenz zu diesen Fächern des Triviums, was auf dem Feld der *elocutio* (z. B. Bestimmung der Redefiguren) oder bei der Vorbereitung auf weiterführende Studien (z. B. scholastische Sprachlogik) manifest wird.

Die propädeutische Funktion des grammatikalischen Unterrichts im Rahmen der Rednerausbildung wird u. a. von QUINTILIAN besonders hervorgehoben: «Zunächst gehört der Knabe, wenn er geläufig schreiben und lesen gelernt hat, den Grammatikern.» [4] Das Ziel des G. ist die korrekte Beherrschung der griechischen und lateinischen Sprache, wobei über den literarischen Stoff dieses Unterrichts (z. B. prosaische Kurzformen, lyrische Texte oder Fabeln) auch ethisch-gesellschaftliches Wissen vermittelt wird. Die sprachliche und literarische Orientierung des G. und die Auffassung der Grammatik als *ars prima* wird über die Kloster- und Domschulen des christlichen Mittelalters und die humanistischen Lehrpläne bis zu den Schulordnungen der protestantischen Gelehrtenschule und des Jesuitengymnasiums im Barock [5] fortgeschrieben: «Die Grundlage des gesamten Unterrichts ist der Elementarunterricht im Lateinischen, ein solider Grammatikunterricht systematischer Art. Neben der Formenlehre werden besonders Prosodie und Metrik geschätzt [...].»[6] Dieses grammatikalische Propädeutikum ist die Grundlage für Griechischkurse sowie für die Lektüre historiographischer, poetischer, rhetorischer und philosophischer Texte. Neben der lateinischen und griechischen Sprache wird seit dem 16. Jh. auch die Grammatik der Muttersprache (Lesen und Schreiben) zum Gegenstand des Unterrichts. [7] Wegbereitend sind hier die mit deutschen Interlinearglossen ausgestatteten Drucke (vor 1500) der spätantiken ‹Ars minor› des DONAT und v. a. die ‹Teutsche Grammatica› (1534) von V. ICKELSAMER, denen bis Ende des 16. Jh. eine umfangreiche Literatur zur deutschen Grammatik und Orthographie folgt. [8] Dieser Prozess wird im 17. Jh. intensiviert durch W. RATKE und die Werke von J. A. COMENIUS, der Vollkommenheit in Muttersprache und Latein zum Ziel des G. erklärt [9], sowie durch D. G. MORHOFS ‹Unterricht von der Teutschen Sprache› aus dem Jahr 1682. Im 18. Jh. erfährt der G. in der Muttersprache eine weitere Konsolidierung durch J. C. GOTTSCHEDS ‹Deutsche Sprachkunst› (1762) und durch J. C. ADELUNGS wissenschaftlich fundiertes ‹Umständliches Lehrgebäude der Deutschen Sprache› von 1782.

Mit der Auflösung des inhaltlich abgestimmten und didaktisch gestuften Kontinuums von Grammatik-, Literatur-, Stil- und Redelehre setzt im 19. Jh. auch eine Differenzierung und Neugestaltung des G. ein: Gelehrt wird nun ein sprachwissenschaftlich fundiertes mutter- und fremdsprachliches grammatisches Regelwissen, wobei die Terminologie jedoch aus der grammatisch – rhetorischen Tradition übernommen wird. Literaturunterricht, Textproduktion (Aufsatz), Sprach- und Kommunikationserziehung werden zu eigenständigen Unterrichtseinheiten und die *eloquentia* (Beredsamkeit) als rhetorisches Hauptziel auch des G. ist nicht mehr ausformuliert.

Die Moderne ist gekennzeichnet durch eine Reihe von Neubestimmungen des mutter- und fremdsprachlichen G. (Reformen), die jeweils abhängig sind von linguistischen Theoriebildungen (inhaltlich, formal, pragmatisch orientierte Konzepte). Daneben spielt die Binnendifferenzierung des G. eine wichtige Rolle: Syntax, Semantik, Lautlehre, Sprachgeschichte und verbale Kommunikation beeinflussen als theoretische Konzepte die inhaltliche Ausrichtung. Die Disziplin des G. erweist sich dabei durchgehend als pädagogisch-didaktisches Problemfeld (abstrakter Inhalt, formale Schulung). [10]

Anmerkungen:
1 vgl. H.-I. Marrou: Gesch. der Erziehung im klass. Altertum (1957) 221 ff. – **2** vgl. ebd. 249 ff; Dionysios Thrax, Ars grammatica, in: Gramm. Graec. I, 1; vgl. M. Fuhrmann: Das systematische Lehrbuch (1960) 29 ff., 145 ff. – **3** vgl. H. Lausberg: Hb. der lit. Rhet. (^{3}1990) §§ 16–31. – **4** Quint. I,4,1; vgl. Dante Alighieri: Divina Commedia, Paradiso 12, 137 f., Übers. von A. Vezin (1956) 898 f. – **5** vgl. J. Dolch: Lehrplan des Abendlandes (^{3}1971) 176 ff., 266 ff. – **6** ebd. 178; vgl. W. Moog: Gesch. der Päd., Bd. 2 (1928) 46. – **7** Dolch [5] 242 ff. – **8** vgl. J. Müller: Quellenschriften und Gesch. des deutschsprachlichen Unterrichts (1969) 120 ff., 416 ff. – **9** vgl. Dolch [5] 288; W. Ratke: Memorial (1612); J. A. Comenius: Magna didactica, hg. und übers. von A. Flitner (1954). – **10** vgl. G. Rötzer (Hg.): Zur Didaktik der dt. Grammatik (1973); K.-D. Büntig, D. C. Kochan: Linguistik und Deutschunterricht (1973) 107 ff.; W. Böttcher, H. Sitta: Der andere G. (1974); H. Sitta, J. Tymister: Linguistik und Unterricht (1978); W. Eichler: G., in: Taschenbuch des Deutschunterrichts, Bd. 1 (^{3}1980) 210 ff.; DU, Heft 2 (1980); Diskussion Deutsch, Heft 103 (1988).

B. I. *Antike*. Im indo-europäischen Sprachraum haben sprachwissenschaftliche Reflexion und grammatikalische Lehre ihren Ursprung in der antiken Idee des λόγος, *lógos* [1] (indisch: sphota) im Sinne von Vernunft, Urteil, Wort, Satz oder Rede. Die Analyse des Sprachgebrauchs zur Bestimmung grammatikalischer Strukturen zielt zunächst auf eine Theorie der Benennung und des sprachlichen Urteils (Philosophie, Logik) bzw. auf die Deskription sprachlicher Formen und Regeln (Grammatik). Ein wichtiger – auch naturwissenschaftlicher – Ausgangspunkt ist dabei der artikulierte und klassifizierte Laut (φωνή, *phōné*; Stimme und γράμμα, *grámma*; Buchstabe). Anlaß und Gegenstand antiker Grammatik ist die Aneignung, regelhafte Exegese und philologisch korrekte Tradierung sakraler oder literarischer Texte (Ethos, Mythos), ehe die Erfordernisse der gesellschaftlichen Organisation die Konzeption einer standardisierten Verkehrs- und Verwaltungssprache (κοινή, *koiné*; *consuetudo*, Hoch-, Umgangssprache) und die Überwindung dialektaler Zersplitterung notwendig machen. Sprachliche Unterweisung ist insofern eng verbunden mit der Ausbildung von Priestern, Philologen oder Verwaltungsbeamten und wird erst allmählich – im Elementarunterricht der Tempel- und Schreibschulen – auch anderen Schichten des Volkes zugänglich.

Antiker G. ist immer eine spezifische Kombination aus literarisch-stilistischer und grammatisch-orthographischer Schulung, auf der oratorisch-textbezogene Studien aufbauen. Grammatikalische Lehre wird in der Antike als wichtige formale (und disziplinierende) Schulung des Denkens und als kanonische Grundlage weiterführender Studien angesehen. Grammatik – literarisches Wissen und Eloquenz wiederum sind bedeutsame soziale Unterscheidungssignale und öffnen den Weg in die priesterliche und profane Elite. [2] Die grammatisch-stilistische und textuale Kompetenz – das Ziel des G. – wird in der Antike in technischem Sinne als ‹Fertigkeit›,

d. h. als anwendungsbezogenes Wissen verstanden, was sich im Titel der Lehrbücher entsprechend niederschlägt: τέχνη γραμματική, téchnē grammatikḗ; *ars grammatica*). [3] Das normative Interesse von Sprachforschung und -unterricht findet einen adäquaten Ausdruck im Terminus der ‹Sprachrichtigkeit› (ἑλληνισμός, hellēnismós; *Latinitas*, ʿArabīya und Sanskrit), zu deren Festlegung die antiken Grammatiker v. a. auf klassisch-kanonische Texte (*auctoritas*, *vetustas*; ἱστορία, historía), auf die Analogiebildung (ἀναλογία, analogía; *ratio*) und den Sprachgebrauch der Eliten (συνήθεια, synḗtheia; *consuetudo*) sowie auf Etymologie und Euphonie rekurrieren. [4]

Anmerkungen:
1 vgl. dazu W. Nestle: Vom Mythos zum Logos (1940). – 2 vgl. R. A. Kaster: Guardians of Language (London 1988) 14 ff. – 3 vgl. M. Fuhrmann: Das systematische Lehrbuch (1960) 29. – 4 vgl. E. Siebenborn: Die Lehre von der Sprachrichtigkeit und ihren Kriterien (1976); K. Versteegh: Latinitas, Hellenismos, Arabīya, in: Historiographia Linguistica XIII, 2/3 (1986) 425 ff.

1. Orient. Eine Verbindung zwischen grammatikalisch – literarischer und rednerischer Schulung läßt sich schon für das Erziehungssystem des antiken *Ägypten* nachweisen: In Brieform werden Weisheitslehren und Regeln verfaßt, die in religiös motiviertem Kontext (bezogen auf die Götter Thot und Seschat) und nach einer altägyptischen Ganzheitsmethode die Prinzipien der Textaneignung, der Grammatik und der Redekunst vermitteln. [1] Im Alten Reich (ca. 2600–2100 v. Chr.) ist sprachliche Unterweisung zunächst auf fürstlich-familiären Elementarunterricht beschränkt, wobei für die zukünftigen Beamten v. a. die Lese- und Schreibkunde im Vordergrund steht. Im Mittleren Reich (ca. 2040–1650 v. Chr.) findet sich erstmals ein Schulbuch: die ‹Kemit›, eine Schreibschule. Im Neuen Reich (ca. 1551–1070 v. Chr.) ist die schulische Ausbildung in Klassen belegt: Basal sind sprachlich-grammatische Kenntnisse für spezifische berufliche Zwecke. [2] Grammatische Übungen i.e.S. spielen in der klassischen ägyptischen Periode keine entscheidende Rolle (es werden z. B. Konjugationsübungen durchgeführt). «Erst in der Spätzeit [ab 745 v. Chr.] nehmen diese Aufgaben innerhalb der Schulübungen außerordentlich an Umfang und Bedeutung zu.» [3] Dominante Unterrichtsmethode ist das Diktieren und Abschreiben von Texten auf Papyrus oder Ostraka, belegt in hieratischer Schrift seit 2460 v. Chr. [4] Systematische Übungen schließen sich an: Analytisch-zerlegende Wort- und Satzbetrachtungen (Satzteile und -formen), Arbeit mit Listen zu Zeichen/Wortformen und Homonyma, Konjugationen, Nominalbildungen, Kausativkonstruktionen oder spezifische Aufgaben wie: «Bilde 34 Sätze im Optativ» [5], wobei im Unterricht der Spätzeit der Einfluß des griechischen Bildungs- und Erziehungssystems deutlich wird. Seit dem 6. Jh. v. Chr. lassen sich (nach der Schriftform benannte) sog. ‹demotische› Grammatikübungen nachweisen. [6] Darauf bauen Übungen zur Disputation (Streitgespräch) auf sowie die Unterweisung in offiziellen Formeln, in Briefkunde und in gewandter höfischer Rede. Wortspiele, Fremdwörter, Sentenzen und Allusionen ergänzen diese Unterrichtsinhalte, wobei die Exempel aus didaktischen Mustern, Lehren, Weisheiten, Reden oder literarischen Texten (z. B. ‹Geschichte des Sinuhe›) entnommen werden. Frühe Formen dieser Unterrichtsweise finden sich schon im Buch ‹Kemit›, das als Schreib- und Standeserziehung das Abschreiben des Kemit-Buches, das Verfassen von Briefen, die Formulierung von Anreden, Erzählungen und biographischen Texten vorsieht. [7] Auch der ‹Papyrus Anastasi I› übermittelt eine rhetorische Diskussion (Dialog-Lehre) in Brieform, in der die gewandte Ausdrucksweise der Beamten Gegenstand der Unterweisung ist. [8] Die Verbindung von Sprach-, Sitten- und Verhaltenslehre in der Erziehung des ägyptischen Beamten (Schreiber) auch im Sinne eines Fürstenspiegels zeigt die Lehre des Ptahhotep: Nach den Regeln der Redekunst soll der Unwissende zum Wissen erzogen werden. [9]

Am Anfang sprachwissenschaftlicher Reflexion und grammatischer Lehre im antiken *Indien* steht die Analyse religiös-literarischer (Ṛg-Veda) bzw. ritueller Texte (Sūtras). Frühestes Zeugnis ist die Schaffung einer «Wort für Wort-Rezitation» (padapāṭha) als Korrespondenz zu einer «fortlaufenden Rezitation» (saṃhitapāṭha) des Veda in der Zeit vom 10. – 7. Jh. v. Chr. [10] Mit der Abgrenzung der Wörter, der Analyse der Formen und Composita, der Bestimmung der Äußerungsgrenzen und der Entwicklung des Akzentsystems wird die definitive Struktur eines oralen Kontinuums herausgearbeitet und in den ‹Prātiśākhya-Texten› festgehalten. Im Zentrum der wesentlich mündlichen Kultur steht die Äußerung (uccāraṇa) und nicht die syntaktische Form (vākya), stehen die realisierten Einheiten (saṃkhyā), nicht die generellen Regeln (sāmānyasūtra). Eine Ausnahme bildet die Ausarbeitung des phonetischen Regelsystems (sandhi-Rules), wobei die Beziehung zwischen menschlicher Klassifizierungsleistung und göttlichem Wort (Padasaṃhitā-Relation) erkenntnisleitend ist. Insofern kann man auch von einem «Vorrang der Lautlehre vor der Schriftkunde sprechen». Die Anordnung der Verschlußlaute (sparśa) und die Artikulationsstellen gelten «als besonderer Teil des Lehrstoffes.» [11] Diese linguistisch-theologisch orientierten Veda-Schriften der Brahmanen (Priester, Poeten) befördern die Grammatik, wobei die «geschmückte Sprache» [12] des klassischen, nicht korrumpierten Sanskrit im Mittelpunkt steht. Sie dienen als Lehrwerke religiöser Wissenschaft in den vedischen Schulen: «Korrekt Sanskrit zu sprechen, galt als Standespflicht des Brahmanen.» Dies wird über die «Kunstmittel der grammatischen Unterweisung» sichergestellt und tradiert wie im ‹Mahābhāṣya› des PATAÑJALI (2. Jh. v. Chr.). [13] In philologischer Hinsicht ist damit die Korrektur mangelhafter Textredaktion und die Kritik an den Fehlern der Umgangssprache und des Dialektes (Prakrit) intendiert. Auch wird in diesen Lehrwerken die profane Literatur in der Bhāṣa (Sprache der Gebildeten der damaligen Zeit) nicht reflektiert – Objekt sind die hl. Texte des Ṛg-Veda. [14] Ziel dieser theologisch gebundenen Forschung und Lehre ist es, dem Priester die wirkungsvoll-affektreiche Umsetzung des literarisch-rituellen Sprachmaterials zu ermöglichen (Kunstregeln v. a. im Rahmen des Sāmaveda). [15] Das altindische Unterrichtssystem ist zunächst auch nur den Brahmanen zugänglich, ehe es von Kaste zu Kaste geöffnet wird. Im Lehrplan steht dabei nicht sprachliche oder mathematische Elementarerziehung, sondern religiöse Unterweisung im Vordergrund (bis ca. 8. Lebensjahr). Danach erfolgt schrittweise (bis zum 20. Lebensjahr) die Ausbildung in den ‹fünf Schastras› (Wissenschaften): Grammatik, Logik, Philosophie, Medizin und Kunst beim persönlichen Guru. Vom 20. Lebensjahr an werden die Schastras in einem Hochschulstudium im Rahmen klösterlicher Disziplin ca. zwölf Jahre lang vertieft. Erziehungsfunktion haben aber nicht nur diese Studien, sondern auch der öffentliche Vortrag und die Deklamation indischer Epen wie des ‹Mahābhārata› (der Ilias vergleichbar) aus dem 5. Jh. v. Chr. [16] Das Grammatikstudium selbst dient dazu, Barbarismen zu vermeiden, das Selbst der Rede zu enthüllen, die Reichtümer des Sanskrit wissenschaftlich zu bemeistern und den Redenden Anweisung zu geben. [17]

Die allgemeine Festlegung der theologisch-philologischen Sprachanalyse (vyākarama) auch für den Unterricht und profane Anwendungsbereiche erfolgt zwischen 500 und 150 v. Chr. durch Sanskritgrammatiker wie den Brahmanen-Schüler PĀṆINI, dem die früheste vollständige Grammatik einer Einzelsprache im indo-europäischen Kulturraum zugeschrieben wird: das ‹Aṣṭādhyāyī›, das achtbändige Werk. Dieses Lehrbuch (Sūtra) ist vermutlich um 500 v. Chr. entstanden. Es kompiliert, systematisiert und vervollständigt die Analyseergebnisse von etwa 64 Vorgängern, die sich wie ĀPIŚALI oder GĀRGJA schon mit etymologischen (Wortlisten, gaṇapāṭha) oder morphologischen (Verbalwurzeln, ahātupāṭha) Studien beschäftigen. [18] Pāṇinis Werk gliedert sich in vier Abschnitte mit insgesamt 4000 Regeln und enthält eine Liste der Verbalwurzeln, auf die der ganze Sprachschatz des Sanskrit zurückgeführt werden kann (Wurzeln, Stämme, Derivationen mit Form- und Lautgesetzen). Seine Lehrmethode folgt der Intention, die Kriterien der Sprachrichtigkeit festzulegen und zielt auf vollständige Erfassung, Vermeidung von Wiederholung und extrem knappe Darstellung der sprachlichen Regeln (sūtra), Metaregeln (paribhāṣā) und Formen. [19] Er reduziert damit den überbordenden Stil der alten theologischen Texte auf die Schreibform der *brevitas*, den Stil des Sūtra. Dieser Stil «ist der charakteristische Stil der indischen Wissenschaft». [20] In Pāṇinis Grammatik ist er durch ein raffiniertes System von Abbreviaturen, technischen Symbolen und Relationen zur höchsten Ausbildung gebracht, was sich auch im Unterrichtsstil manifestiert. «Der Lehrer "trug mit großer Sorgfalt die Grammatik vor, so daß auch nicht ein einziger Laut unnütz war"». [21] Jedoch schafft diese Form von Lehrwerk und Unterricht auch Verständnisprobleme, denn sie ist nur knappster «Anhalt für das Gedächtnis der Lernenden, durchaus unverständlich ohne beigegebenen Schlüssel, der diesen Texten nie gefehlt haben kann». [22] Jede der 4000 Regeln ist in Form eines mnemotechnischen Beispiels ausgedrückt, das durch den Lehrer kommentiert wurde – durch Zitate aus den klassischen Texten mit den entsprechenden Interpretationshilfen. [23] Die Inhaltsebene des G. wird durch diese kanonischen Texte als sakralen, poetischen und juristischen Sprachgebrauchsbereichen (bhāṣā) bestimmt. Obwohl Pāṇini an die theologische Analysetradition anknüpft – seine Grammatik beginnt mit einem Hinweis auf den göttlichen Ursprungsmythos (Śivasūtra) – setzt er in der Hinwendung zur Gebrauchssprache und profanen Literatur ein Unterscheidungssignal zur religiösen Prātiśākhya-Tradition. [24] KĀTĀYAYANAS Interpretationsregeln (um 300 v. Chr.) und PATAÑJALIS Kommentare folgen Pāṇinis Werk in dieser Hinsicht. Die Aneignung, Spezifizierung und Vereinfachung von Pāṇinis Lehrwerk reicht von Patañjali über NĀGOJĪ BHAṬṬA (18. Jh.) bis heute. [25] Besonderen Einfluß übt es nicht nur auf rituell-religiöse, sondern auch auf philosophische, logische und poetische Studien aus. V. a. semantische Probleme werden zwischen Grammatikern, Logikern und Poeten diskutiert, wobei der G. z. T. durch indische Dichter und in sog. ‹Purāṇas› erfolgt. [26] Auf Grund der engen Bindung zwischen Grammatik und Sanskrit/Veda ist kein Einfluß der griechischen Grammatik anzunehmen. Dagegen existieren überraschende Übereinstimmungen zwischen den Kategorien des Aristoteles und der Logik der Nyāya-Schule, die v. a. durch den Grammatiker und Logiker Patañjali ('Aristoteles' Indiens) weiterentwickelt wird. [27] Einfluß auf die sprachwissenschaftliche Forschung und Lehre in Indien hat auch der Streit zwischen Hindu-Realisten und Buddhist-Nominalisten (Nominalisierungsfrage) – dem mittelalterlichen Universaliendiskurs der Scholastik vergleichbar. Der Realismus ist hierbei auch die Tendenz der Grammatiker: Sie gehen von der Einheitlichkeit und der Unveränderlichkeit der Mantras aus, von ewigen Ideen und hl. Texten des Sanskrit, während die Buddhisten die Sprache als Konvention (saṃketa) ansehen und vernakulär (Prakrit) orientiert sind. [28]

Die exegetisch und philologisch motivierte Bewegung vom Mythos zum Logos, von der Theologie zur Sprachlehre läßt sich auch für das antike *Judäa* konstatieren, wobei v. a. in der Spätantike der Einfluß der hellenistischen Bildung deutlich wird. An der Wende vom 2. zum 1. Jh. v. Chr. gilt in den Schreibschulen des Tempels die Mahnung, die Kinder die Schrift (γράμματα, grámmata), zu lehren, «damit sie Verstand haben in ihrem ganzen Leben, indem sie unablässig das Gesetz Gottes lesen.» [29] Die Schreibschule des Tempels, die jüdische Elementarschule, ist die Vorstufe zum rabbinischen Text- und Predigtunterricht. Durch den Stand der γραμματεῖς τοῦ ἱεροῦ (grammateís tou hieroú) und der Schriftgelehrten (sôferîm) wird sowohl Grammatik gelehrt als auch in jüdischen Weisheitslehren, im mosaischen Gesetz und der jüdischen Rechtstradition unterwiesen – u. a. in einer συναγωγὴ γραμματέων (synagōgḗ grammatéōn) als Ort der Prüfung und Textauslegung sowie der korrekten Tradierung der hl. Texte (Thora). [30] Allerdings ist davon auszugehen, daß nur wenige griechischsprechende Juden ein komplettes Studium der Grammatik, Rhetorik und Philosophie durchliefen, wobei v. a. der Stadt Alexandria eine wichtige Funktion als Bildungsort zukam. [31]

Anmerkungen:
1 vgl. A. Ermann: Die Lit. der Ägypter (1923) 270ff.; H. Brunner: Altägyptische Erziehung (1957) 102. – **2** vgl. Brunner [1] 11ff. – **3** ebd. 73. – **4** vgl. W. Durant: Kulturgesch. der Menschheit. Der alte Orient und Indien (1935) 2. Kp. III,6; A. Schlott: Schrift und Schreiber im Alten Ägypten (1989) 179. – **5** vgl. Brunner [1] 78. – **6** vgl. ders. 79. – **7** vgl. Schlott [4] 201ff.; Brunner [1] 101ff. – **8** vgl. Ermann [1] 270f. – **9** vgl Schlott [4] 198. – **10** J. F. Staal: The Origin and Development of Linguistics in India, in: Dell Hymes (ed.): Studies in the History of Linguistics (London 1974) 63. – **11** B. Breloer: Studie zu Panini, in: Zs für Indologie und Iranistik 7 (1929) 115ff. – **12** H. Oldenberg: Die Lit. des alten Indien (1903) 136. – **13** ebd. 137f., 140. – **14** vgl. O. Böhtlingk: Paninis Grammatik (1887, 1964) XV f. – **15** vgl. Staal [10] 66. – **16** vgl. Durant [4] 7. Kap. I–V. – **17** vgl. Oldenberg [12] 140. – **18** vgl. dazu: Staal [10] 66ff.; Böhtlingk [14] IX; H. Arens: Sprachwiss., Bd. 1 (1969) 167; P. Thieme: Panini and the Veda (Allahabad 1935) IX. – **19** vgl. Arens [18] 167f.; Böhtlingk [14] XVf.; T. A. Amirova u. a.: Abriß der Gesch. der Linguistik (1980, orig. Moskau 1975) 77ff. – **20** Oldenberg [12] 144. – **21** ebd. 142. – **22** ebd. 144. – **23** vgl. Amirova [19] 77. – **24** vgl. Staal [10] 66. – **25** ebd. 69. – **26** vgl. L. Renou: Panini, in: T. A. Sebeok (ed.): Current Trends in Linguistics, Vol. 5 (The Hague/Paris 1969) 481ff. – **27** vgl. ders. 497f.; Staal [10] 69f. – **28** vgl. Staal [10] 70. – **29** M. Hengel: Judentum und Hellenismus (²1973) 151. – **30** vgl. ders. 144ff. – **31** vgl. ders. 128.

2. Griechenland. Hauptproblem bei der Darstellung des antiken G. ist die fragmentarische und ungleichmäßige Quellenlage. So gibt aus der Zeit vor dem 1. Jh. v. Chr. kaum Belege über Lehrbücher und Unterrichtsformen. Schulbücher i.e. S. existieren wohl erst seit dem 1./2. Jh. n. Chr. Davor erfolgt v. a. mündliche Unterweisung im G. verbunden mit Sprachübungen sowie Diktaten und schriftlichen Übungen auf Ostraka, Wachstafeln und Papyri (vgl. Abb. 1–3 [1]). Vom 4. Jh. n. Chr. an ist eine größere Zahl einfacher Schulgrammatiken und umfangreicher wissenschaftlicher Grammatiken nachweisbar (meist von Lehrern für Lehrer). [2] Praxisformen des antiken griechischen G. sind erkennbar in Ostraka- und Papyrusfunden sowie in Abbildungen auf Schalen und Vasen, die v. a. aus Ägypten überliefert sind. [3] So veranschaulicht z. B. die ‹Schale des Duris› (5. Jh. v. Chr.) Unterrichtsszenen aus der ‹Palaestra› wie die Unterweisung durch den Grammatisten (vgl. Abb. 4) [4], ein Papyrusfund liefert ein Verzeichnis sprachlicher Unterrichtsinhalte: 25 Teile Alphabet und Silben/Wörter, 40 Teile Schreibübungen, 13 Teile Sentenzen, 45 Teile Diktate, Kopien, Erzählungen, 9 Teile Grammatik und 21 Teile Homer (neben 15 Teilen Mathematik). [5] Übungssentenzen wie «Sei fleißig, so brauchst du keine Prügel» oder «Der vornehmste Beginnn der Weisheit sind die Buchstaben» [6] illustrieren stoffliche Aspekte der Unterrichtspraxis. Festzuhalten ist, daß die Begriffe ‹Grammatik› und ‹G.› nicht explizit zwischen Fach-/Lehrbuch und Schülerbuch bzw. Lehrer und Schüler differenzieren. «Die historische Entwicklung geht aber beim Lehrbuch eindeutig von der Schüler- zur Lehrergrammatik, von der mehr pädagogisch angelegten Εἰσαγωγή [Eisagōgḗ] zum perfektionistischen Stoffreservoir ...» [7] Insofern ist der G. insbesondere von der didaktisch geschickten Anleitung und der beispielhaften Illustration durch den Grammatiklehrer abhängig.

Das Schulwesen selbst findet seinen Beginn in der familiären Elementarerziehung (besonders in der Oberschicht) und in den ersten Ansätzen einer organisierten Grundstufe. Über diese Elementarbildung hinausführende Schulen gibt es vermutlich erst seit dem 5. Jh. v. Chr. «Den ersten sicheren literarischen Hinweis auf eine „Elementarschule" liefert uns Herodot (6, 27)» um 494 v. Chr. [8] Schon die archaische παιδεία, paideía unterscheidet schon (ab dem 7. Jh. v. Chr.) zwischen körperlicher Ertüchtigung und kulturell-geistigen Fähigkeiten (Sprache, Literatur, Musik), zu denen der – nach Fächern nicht klar gegliederte – Unterricht der Grammatisten, Kitharisten und Pädotriben hinführt, wobei die sprachliche Bildung – im Gegensatz zu Ägypten – ausschließlich muttersprachlicher Unterricht ist. [9] Der orthographisch und orthoepisch (richtiges Sprechen, Lesen, Schreiben) orientierte Elementarunterricht wird vom 5. Jh. v. Chr. an ausgeweitet und fachlich gegliedert, bedingt durch den Zuwachs an naturwissenschaftlichen und philosophisch-sprachwissenschaftlichen Erkenntnissen sowie durch soziale Erfordernisse (Verwaltung und überregionale Kommunikation). V. a. die Sophisten des 5. und 4. Jh. v. Chr. sind Träger der Reform des alten attischen Lehrplanes und bringen in ihren Lehrfächern (τέχναι, téchnai) die Rhetorik, Grammatik und Dialektik in einen didaktisch gestuften Zusammenhang mit dem Ziel, die geistig-sprachliche Gewandtheit sowie die Rede- und Disputierkunst zu schulen [10] und damit die politische ἀρετή, areté (Tüchtigkeit) des Bürgers zu gewährleisten. Im Konzept der ἐγκύκλιος παιδεία, enkýklios paideía (Bildungsideal und Kreis der Wissensgegenstände) [11] ist der entfaltete Unterricht des griechischen Bildungssystems auf klassische Weise repräsentiert: von den Vorstufen (προπαιδεύματα, propaideúmata) bis zu den ausgebildeten rhetorischen oder philosophischen Kenntnissen. Die Schulgrammatik, der Unterricht und die systematische Einordnung sprachlicher Erziehung in den Lehrplan sind abhängig von der Entwicklung der Grammatik als Wissenschaft

---

BUCHSTABENSCHREIBEN

Ostrakon im British Museum, G. 5. 079 × 064 mm. J. Grafton Milne, n. 1.

Α	Ω	Ι	Π
Β	Ψ	Κ	Ο
Γ	Χ	Λ	Ξ
Δ	Φ	Μ	Ν
Ε	Υ		
Ζ	Τ		
Η	Ϲ		
Θ	Ρ		

Zum gebrauch von ostraka vgl. Diog. Laert. VII 174 τοῦτόν (Κλεάνθην) φασιν εἰς ὄστρακα καὶ βοῶν ὠμοπλάτας γράφειν ἅπερ ἤκουε παρὰ τοῦ Ζήνωνος, ἀπορίᾳ κερμάτων ὥστε ὠνήσασθαι χαρτία. zur einübung des alphabets vorwärts und rückwärts vgl. Quintil. Inst. or. I 1, 25. Quae causa est praecipientibus, ut etiam, cum satis adfixisse eas pueris recto illo quo primum scribi solent contextu videntur, retro agant rursus et varia permutatione turbent. dazu die ganz ähnliche übung auf einem säulenstück von Sparta Ann. Brit. School Athens XII 476 und den Papyrus von Hermopolis (I n. Chr.) bei Wessely, Stud. II s. XLV n. 2. entsprechend schreiben der zahlzeichen papyr. erzherzog Rainer L. P. 61 bei Wessely Stud. II s. LVI. übung der ordinalzahlen Grafton Milne n. 16.

Abb. 1

SCHREIBÜBUNGEN UND DIKTATE

Fünf wachstafeln aus Abusir (12,05×16), jetzt in New York, zuerst veröffentlicht von Felton Proceedings of the Amer. Acad. of Arts and Sciences III (1857) 371 f. nachträge IV (1858) 23; danach von Welcker Rhein. Mus. XV (1860) 157; Froehner Ann. Soc. de la Société franç. de Numism. III (1868) p. LXVIII ff.; Kaibel, Ep. gr. 1117a; Anth. Pal. App. ed. Cougny n. 57; E. J. Goodspeed Mél. Nic. 182 n. 7.

Ὅταν ποιῶν πονηρά | χρηστά τις λαλῇ καί | τὸν παρόντα πλη-|σίον μὴ λανθάνῃ δι-||πλασίως αὐτῷ γίνε-|ται ἡ 5 πονηρία. ||

Mehrfach wiederholt nach der vorschrift des lehrers in grösseren buchstaben. eine wiederholung zeigt nach Felton Proc. IV 23 die unterschrift des lehrers ὁ πρῶτος εὖ ποι[ήσας] oder nach der lesung von Edv. Smith bei Fröhner Ann. Soc. Numism. III p. LXXII εὖ ποιεῖ, ein zeugnis der zufriedenheit nach Welcker.

Abb. 2

FREIERE ÜBUNGEN

Quader aus dem unteren Gymnasium von Priene. Inschr. v. Priene 316a.

Τῶν ἐφόρων· | Κλεομένους | Αὐγέου Κυρίου | Τυρταίου ||
5 Θηρικύωνος | Λυσάνδρου | Γυλίππου | Βρασίδα | Ἄγιδος ||
10 Δωριέως | Ὀθρυάδα | Ζευξιδάμου | Ζμινδάρου | Λεωτρεφίδου ||
15 Λεωνίδου.

„Der junge, der die namen der 'ephoren' einhauen sollte, hat sich die sache leicht gemacht. er nahm aus der spartanischen königsliste die bekannten namen Kleomenes, Agis, Leonidas, sowie dessen bruder Dorieus und Leotychides, den er sich als Leotrephides mundgerecht macht, dazu Zeuxidamos. diese namen standen bei Herodot; ebenso Othryadas, der held im kampfe um die Thyreatis. dazu nahm er den berühmten dichterhelden Tyrtaios, dessen gedichte er wahrscheinlich hatte auswendig lernen müssen, zwei aus Thukydides' geschichte des peloponnesischen krieges bekannte gestalten Brasidas und Gylippos und den bei Kyzikos gefallenen nauarchen Mindaros. nachweislich Ephoros ist von allen, soviel ich sehe, nur Brasidas im jahre 431/30 gewesen." Hiller von Gaertringen.

Abb. 3

Abb. 4: Schale des Duris, 5. Jh. v. Chr., mit Schreibunterricht, Deklamation, Musik

und vom Verhältnis von Mutter- und Fremdsprache (Griechisch für Ägypten und Rom, Lateinisch für das europäische Mittelalter). [13] Für die griechische Antike kann dabei von folgender Entwicklung ausgegangen werden: *1. Entdeckungsperiode* (ca. 700–250 v. Chr., vgl. Abb. 5). [14] Der Weg vom Sprachmythos zur Sprachanalyse, vom «mythischen zum logischen Denken» [15] verläuft über die sprachlichen Operationen des Vergleichs/Gleichnisses, der Metaphernbildung und des Analogieschlusses bzw. über phonetisch-prosodische und etymologische Untersuchungen, wie sie zu Texten HOMERS durchgeführt werden, oder in der Entschlüsselung des Sinns altgriechischer Formeln durch Dichter und Rhapsoden aus dem 7./6. Jh. v. Chr. [16] Neben diesen literarischen Quellen sind philosophische Reflexionen zur Sprache von Bedeutung (z. B. die Fragmente der Vorsokratiker), die z. T. auch semiotische Bedeutung besitzen wie die Aussagen von PARMENIDES und HERAKLIT. [17] Dem geht seit dem 9. Jh. v. Chr. die Übernahme und Modifizierung der phönikischen Schrift voraus, wobei der «Besitz der Schrift anfangs auf die reiche, aristokratische Oberschicht beschränkt war.» [18] Erste Buchstaben- und Lautklassifikationen (γράμμα, grámma; φωνή, phōnḗ) sowie erste Nominalflexionsmuster (παραδείγματα, paradeígmata) datieren aus der Zeit des 7. Jh. v. Chr. Ergänzend hinzu kommt die sprachtheoretische Reflexion der Vorsokratiker zum Ursprung der Sprache, der Diskurs über die natürliche oder konventionelle Motiviertheit der sprachlichen Zeichen (φύσει/θέσει-Lehre). [19]

Im Erziehungsprogramm der Sophisten (ab 5. Jh. v. Chr.) wird eine systematische Lehre zur poetischen, dia-

Zeitraum	Hauptperioden der Grammatik-Entwicklung	Bedeutung für die Schulgrammatik
ca. 700–350 v. Chr.	I. *Entdeckungsperiode* 1. Dichter und Rhapsoden 2. Philosophen (Vorsokratiker) 3. frühe Rhetoren 4. Sophisten 5. Platon	Systembildung

ca. 350–100 v. Chr.	II. *Systematisierungsperiode*
	1. Aristoteles
	2. Stoiker u. Pergamener
	3. Alexandriner
	   a) Dionysios Thrax
	   b) Apollonios Dyskolos
		Systembildung

ca. 150 v. Chr. – 500 n. Chr.	III. *Übertragungs- und Anpassungsperiode* 1. Varro 2. Remmius Palaemon 3. Donat (u. a.) 4. Priscian	(Wenig veränderte Übernahme der Fremdsprachen- als Muttersprachengrammatik

ca. 500–1450	IV. *Reproduktionsperiode*
	1. Donat- und Priscian-Reproduktion
	   a) Alcuin
	   b) Aelfric
	   c) Alexander de Villa Dei und Eberhardus von Béthune
	   d) byzantinische Grammatiker
	
	2. Modistae
		(unveränderte) Übernahme der Muttersprachen- als Fremdsprachengrammatik
		
		inhaltliche Theologisierung
		
		erster Anreiz zur Grundlagenreflexion

ca. 1450–1850	V. *Observationsperiode* 1. Humanistengrammatik (Bsp.: Sanctius) 2. Grammaire générale (= 'universale' oder philosophische Grammatik) 3. Deskriptive synchronische Großgrammatik des 18. und 19. Jh.	‚Scientia recte loquendi et scribendi' (Rückgang auf die Klassik) universale, philosophische Perspektive Stoff-Erweiterung (Syntax); Übergang der Schulgrammatik zum Handbuch
ca. 1850 bis zur Gegenwart	VI. *Periode der Verwissenschaftlichung* 1. Vergleichende und Historische Grammatik 2. Moderne 'linguistische' Grammatik	 diachronische Perspektive Zwang zur Überprüfung der Grundlagen: Präzisierung

Abb. 5

lektischen und rhetorischen τέχνη, téchnē realisiert, wobei dem G. grundlegende Funktionen in der Ausbildung des Redners (ῥήτωρ, rhḗtōr) zukommt. [20] Der sophistisch-perikleische Lehrplan des PROTAGORAS (um 480–410) ordnet auf der musischen Seite das Lesen und Schreiben dem Knabenalter, die Grammatik und Rhetorik dem Jünglingsalter zu. Die Muster und den Übungsstoff des G. liefern rhetorisch-literarische Exempel, d. h. insbesondere das Werk von Homer. [21] Muttersprachliche Kompetenz (ὀρθοέπεια, orthoépeia; ὀρθότης τῶν ὀνομάτων, orthótēs tōn onomátōn; Sprachrichtigkeit) und die Exegese der Dichter sind zentrale Unterrichtsziele.

Inhaltlich ergänzt wird die Ausbildung durch die linguistischen Erkenntnisse der Sophisten: «Was Protagoras, der "Vater der Wortrichtigkeit", in bezug auf die Wortgeschlechter, die Zeiten und die Satzarten entdeckte, Prodikos in der Synonymik leistete, Hippias in der Betonungslehre [...] konnte sehr wohl bei der Erklärung der Dichter seine Dienste tun.» [22] Eine zusammenfassende Darstellung dieser Entdeckungs- und Bildungsperiode gibt PLATON im ‹Kratylos›, eine Schrift, die auch sprachphilosophische und zeichentheoretische Bedeutung besitzt. Sein Politeia-Lehrplan begreift den G. (Lesen und Schreiben) als Propädeutikum, sein späterer

Lehrplan der ‹Nomoi› ordnet die Grammatik der 2. Ausbildungsstufe (10.-12. Lebensjahr) zu, wobei als sprachliche Fächer Orthographie, Lektüre, Grammatik, Prosa und Poesie genannt sind. Die anthropologisch-pädagogische Zielsetzung ist bei Platon jedoch nicht mehr der Rhetor, sondern der Wissenschaftler und Philosoph – die Rhetorik wird zugunsten der Philosophie abgewertet. [23]

2. *Systematisierungsperiode* (ca. 350–100 v. Chr.). Mit ARISTOTELES werden Grammatik, Dialektik und Rhetorik wieder zur wichtigen fachlichen Triade im Rahmen der muttersprachlichen Bildung. Aus seinen Schriften läßt sich ein erster Lehrplan für den G. entnehmen, der auch für andere Fächer als fundamental gilt. Im Hinblick auf das grammatische Wissen kann der Anfang des sog. linguistischen Kapitels seiner ‹Poetik› als eine erste beispielhafte Synthese und Systematisierung angesehen werden. Die Aussagen von Aristoteles lassen sich als Vorstufe zur autonomen τέχνη, téchnē (Lehrbuch) kennzeichnen. Sie sind noch wesentlich Laut- und Formenlehre, enthalten jedoch in sprachlogischer Hinsicht auch einen Blick auf die Syntax: der Satz als Kombination von Nomen und Prädikat mit Kopula (σύνθεσις = ὄνομα, σύνδεσμος, ῥῆμα; sýnthesis = ónoma, sýndesmos und rhḗma i. S. d. apophantischen Logos). [24] Aristoteles' Schriften stehen am Anfang einer intensiven sprachlogischen, grammatischen und philologischen Phase, in der sich das linguistische Wissen festigt und der Lehrplan der hellenistischen enkýklios paideía systematisch entfaltet. Dies ist v. a. das Verdienst der Stoa bzw. der Schulen von Pergamon und Alexandria. Im Zentrum von deren Arbeit stehen die Sprachphilosophie und die Philologie (v. a. die Untersuchung der Werke Homers). Das Ergebnis ist die Konturierung des antiken Grammatikbegriffs, der die Textphilologie als Analyse und Exegese (μέρος ἰδιαίτερον, méros idiaíteron), die Realienkunde (μέρος ἱστορικόν, méros historikón) und die Sprachlehre (μέρος τεχνικόν, méros technikón) umfaßt. Entwickelt werden zwei Typen von Sprachlehren: a) die Darstellung der Redeteile (μέρη τοῦ λόγου, mérē toú lógou) und b) die Bestimmung des Hellenismos (ἑλληνισμός), d. h. der Sprachrichtigkeit. [25] Hinsichtlich der Korrektheit des sprachlichen Ausdrucks spezifiziert die Stoa die vorplatonische ὀρθοέπεια, orthoépeia durch die Festlegung der Urteilskriterien: es sind die ἀναλογία (Analogiebildung), die ἱστορία, historía (literarische Tradition), die συνήθεια, synḗtheia (Sprachgebrauch) und die ἐτυμολογία, etymología (Wortgeschichte). Zum Streitfall zwischen Pergamenern (KRATES VON MALLOS) und Alexandrinern (ARISTARCH VON SAMOTHRAKE) wird die Frage der Analogie, deren Generalisierungstendenz zu gebrauchswidrigen Absurditäten führt. Während Krates ein Konzept der Anomalie vertritt, folgen die Alexandriner dem Prinzip der analogen Bildung. [26] Im dritten Buch seiner ‹Rhetorik› (zur sprachlichen Formulierung) nimmt schon Aristoteles Aspekte der Sprachrichtigkeitsdiskussion vorweg: er handelt über die Vollkommenheit des Ausdrucks (ἀρετὴ τῆς λέξεως, aretḗ tḗs léxeōs), verweist auf den richtigen Gebrauch der Konjunktionen, Genera und des Numerus, fordert die Vermeidung von Ambiguitäten und gibt Anweisungen zum Satzbau (Parataxe, Hypotaxe). [27] Bei den Stoikern wird die richtige Satzfügung (σύνταξις, sýntaxis) unter dem Begriff der καταλληλότης, katallēlótēs besprochen und die Bedeutung der Konjunktionen wird z. B. von POSEIDONIOS in ‹περὶ συνδέσμων› behandelt. Insgesamt zeichnet sich hier ein rhetorischer Anteil in der Schulgrammatik der Stoa ab [28], die mit Werken zur Lautlehre (τέχνη περὶ φωνῆς, téchnē perí phōnḗs) beginnt, wie bei ZENON und DIOGENES VON BABYLON, und von der Lehre der Redeteile (Wortarten), wie bei CHRYSIPP, bis zur Syntax von APOLLONIOS DYSKOLOS (2. Jh. n. Chr.) reicht. [29]

Am Ende der Systematisierungsperiode stehen eine entwickelte griechische Sprachlehre, ein konsolidierter G. und eine normierte Umgangssprache (κοινή, koinḗ). Dieses sprachliche Wissen findet einen paradigmatischen Ausdruck in der ‹τέχνη γραμματική, téchnē grammatikḗ›, die dem DIONYSIOS THRAX zugeschrieben wird (vermutlich 1. Jh. v. Chr.) – ein Lehrbuch, das als erste bekannte Darstellung der alexandrinischen Grammatik gelten kann und eine umfangreiche Scholienliteratur hervorgerufen hat. Noch in der Antike entsteht z. B. eine Bearbeitung für die armenische Sprache. [30] Dionysios, Schüler des Aristarch, leitete auf Rhodos eine Grammatikschule und begreift Grammatik als ἐμπειρία, empeiría. Mit seiner Darstellungsmethode nach den analytisch-deskriptiven Prinzipien von διαίρεσις, dihaíresis (stufenweise, gliedernde Entfaltung), γένος, génos und εἶδος, eídos (Begriffsrelationen) und διαφορά, diaphorá (Gattungsbestimmung, Definition) tradiert er eine Form der Scholastik, die vom 5. Jh. v. Chr. bis zum Mittelalter reicht. [31] Obwohl die Grammatik des Dionysios nicht die Differenziertheit und die «unvergleichliche Tiefe der Grammatik des Sanskrit» [32] besitzt, hat sie in Europa außerordentlichen Erfolg: Das knappe Traktat wird unaufhörlich abgeschrieben und für den G. verwendet. Es trägt über Varro und Remmius Palaemon zur Entwicklung der lateinischen Schulgrammatik bei. Erst im 12. Jh. wird dieses Lehrbuch im byzantinischen Bereich in einen grammatisch-dialogischen Katechismus umgeschrieben (ἐρωτήματα, erōtḗmata). Noch für Melanchthon gilt Dionysios als ὁ τεχνικός, ho technikós (der Techniker). [33]

Die Grammatik des Dionysios beginnt mit einer Definition, die das philologisch-literarische Interesse der Formbeschreibung deutlich macht: Grammatik ist die Kunde (empeiría) dessen, was bei den Dichtern in der Regel gesagt ist. Sie kann insofern als empirisch fundierte Sprachnormkunde angesehen werden. Nach Fuhrmann enthält sie 20% Lautlehre und 80% Formenlehre – ein Prototyp der syntaxlosen Grammatik bis ins 18. Jh. [34] Der Definition folgt die Akzent-, Interpunktions-, Laut- und Silbenlehre, denen sich die Formenlehre anschließt: Wortdefinition, Satzdefinition und die Bestimmung von acht Redeteilen (Wortarten) mit Flexion. [35]

Frühe Praxisformen des antiken griechischen Unterrichts zeigen eine enge Zusammengehörigkeit von Musik, Tanz, Dichtung und Grammatik. Die Anfangsgründe (τὰ πρῶτα στοιχεῖα, tá prṓta stoicheía) des Unterrichts im γραμματεῖον, grammateíon umfassen Rhythmus, Gesang und Sprachlehre. Den Schülern werden die Eigenheiten (χαρακτῆρες, charaktḗres) der Buchstaben z.T. in schauspielerischer ὑπόκρισις, hypókrisis vermittelt: «[...] in Sophokles' Amphiaraos traten sogar Satyrn auf, die die Buchstaben 'tanzten' (fr. 117).» [36] Dies ist geeignet für den Anschauungsunterricht und zur Unterhaltung von Erwachsenen und gilt bei KLEARCHOS (‹περὶ γρίφων›) als Buchstabenschau (γραμματικὴ θεωρία, grammatikḗ theōría). ARCHYTAS und ARISTOXENOS glaubten, «daß zur Musik auch die Grammatik gehöre (subiectam grammaticen musicae putaverunt) [...].» [37] Gedacht wird u. a. an einen Chor von 24 Buchstaben (‹Alphabet› existiert als Begriff erst in der Spätantike) wie er in einer

‹Buchstaben-Tragödie› (γραμματικὴ τραγῳδία, grammatikḗ tragōdía) des athenischen Lustspieldichters KALLIAS (um 400 v. Chr.) auftritt. [38] Die musisch-tänzerische *actio* gilt als Umsetzung der Rhythmik und Ausdruckskraft des Wortes. So werden bei Lukian in ‹περὶ ὀρχήσεως› (Über den Tanz) ausdrücklich Tanz- und Wortkunst, der Tänzer und der Rhetor verglichen (Kap. 35 und 63). [39] Verse, Sentenzen, Lieder, Bilder, Elfenbein- oder Holzmodelle ergänzen diesen grammatisch-orthographischen Elementarunterricht, wobei der Lehrer auf die Beachtung von korrekter Aussprache, Rhythmus, Sprechmelodie/Intonation, Stimme und Deklamation besonderen Wert legt. Didaktisch zentral ist das Vor- und Nachschreiben, das Vorsagen und Wiederholen, das gesprochene Wort und der anleitende Dialog. Homers Werke werden dabei als sprachliche, historische, philosophische und ethische Quelle herangezogen: «Homeros ist somit die παίδευσις selbst.» [40]

Die Ausbildung auf dieser Elementarstufe liegt in der Hand des γραμματιστής, grammatistḗs und vermittelt die philologischen, lexikalischen und orthographischen Prinzipien. Die mittlere Stufe ist das Aufgabenfeld des γραμματικός, grammatikós, des Grammatiklehrers, der auch φιλόλογος, philólogos oder κριτικός, kritikós genannt wird. Der vertiefte G., das Studium der Literatur mit Erzählungen, Fabeln, Diktat, Etymologie, Brieftexten, Vorträgen, Homer-Exegese und ersten rhetorischen Vorübungen (προγυμνάσματα, progymnásmata) sowie stilistische Studien bilden den Lerninhalt für fortgeschrittene Schüler. Die Oberstufe schließlich ist wissenschaftlicher G. und Literaturunterricht, der dem ῥήτωρ, rhḗtōr oder σοφιστής, sophistḗs vorbehalten ist. Rhetorik und philologische Textanalyse stehen hier im Zentrum. [41] Das vertiefte Studium der Dichter und anderer klassischer Schriften wird in der hellenistischen Epoche kanonisiert (z. B. Kanon der 10 attischen Redner, 10 Historiker, 10 Maler, Dichter, Bildhauer, Philosophen etc.). Diese Werke werden z. T. vom Grammatiker zur Verfügung gestellt wie z. B. von SYMMACHOS (um 100 n. Chr.). Dabei ist schon in der griechischen Antike von einem Kompetenzstreit zwischen Grammatikern und Rhetorikern um die Auslegung der Dichter auszugehen. [42] Ehe die grammatikalische Arbeit an Dichter- und Rednertexten beginnt, werden die Schüler durch Zusammenfassungen mit den epischen, dramatischen oder rhetorischen Inhalten vertraut gemacht (ποιητικαὶ ὑποθέσεις, poiētikaí hypothéseis). Dann beginnen die vier Operationen der Textanalyse: Lektüre (ἀνάγνωσις, anágnōsis), Erklärung (ἐξήγησις, exḗgēsis), Textkritik (διόρθωσις, diórthōsis) und Beurteilung (κρίσις, krísis), wobei die Exegese mit lexikalisch-etymologischen und hermeneutischen Modellen arbeitet. Vor allem die Bestimmung der γλῶσσαι, glṓssai (schwierige Wörter, Wendungen, Figuren) und die skrupulöse Suche nach der klassischen attischen Form sind ein Hauptanliegen des G. [43] Vom Lehrer werden im Studienabschnitt der Ausbildung nicht nur Kenntnisse in Poetik, Grammatik und Rhetorik gefordert, sondern auch in Musik, Philosophie oder Astronomie und anderen Realien. Solche Forderungen an das Lehrpersonal finden sich z. B. bei ASKLEPIADES VON MYRLEIA (um 100 v. Chr.), gegen den Sextus Empiricus polemisiert, indem er nachzuweisen versucht, daß die Dichterauslegung nicht vom Grammatiker geleistet werden könne. [44] Vom Grammatiker werden offensichtlich nicht selten «auch die Grundzüge einer ποιητικὴ τέχνη (poiētiké téchnē) gelehrt. So hatte z. B. Neoptolemus von Parion (3. Jh. v. Chr.), der als Grammatiker und Dichter tätig war, eine ποιητικὴ τέχνη verfaßt, die Horaz in seiner Ars Poetica nach dem Zeugnis des Porphyrio benützt hat.» [45] Unklare Kompetenz- und Fachgrenzen zeigt auch das Beispiel des ARISTODEMUS VON NYSSA, der im 1. Jh. v. Chr. auf Rhodos vormittags Rhetorik und nachmittags Grammatik lehrte. [46] Gleichwohl kann festgehalten werden, daß die grammatisch-literarische Erziehung im antiken Griechenland das Fundament für die Ausbildung des eloquenten Bürgers ist und daß eine didaktische und inhaltliche Interdependenz der sprachlichen Fächer den Unterricht prägt.

Anmerkungen:

1 Abb. aus E. Ziehbarth: Aus der antiken Schule (1910) 3, 5, 14. – **2** vgl. dazu: E. Hovdhangen: The Teaching of Grammar in Antiquity, in: P. Schmitter (Hg.): Gesch. der Sprachtheorie, Bd. 2 (1991) 377ff. – **3** vgl. M.P. Nilsson: Die hellenistische Schule (1955) 10ff.; F. Winter: Schulunterricht auf griech. Vasenbildern (1916) 276. – **4** vgl. J. Dolch: Lehrplan des Abendlandes (²1965) 19. – **5** vgl. Revue égyptologique I (1919) 200ff. – **6** Nilsson [3] 12. – **7** J. Latacz: Die Entwicklung der griech. und lat. Schulgrammatik, in: J. Gruber, F. Maier (Hg.): Hb. der Fachdidaktik, Alte Sprachen 1 (1979) 193. – **8** H. Blank: Das Buch in der Antike (1992) 23; vgl. Hovdhangen [2] 377. – **9** vgl. Dolch [4] 19; Nilsson [3] 11. – **10** vgl. W. Jaeger: Paideia, Bd. 1 (³1954) 372; W. Nestle: Vom Mythos zum Logos (²1942) 260. – **11** vgl. G. Rechenauer: Art. ‹Enkyklios paideia›, in: HWR, Bd. 2 (1994) Sp. 1160ff. – **12** vgl. Dolch [4] 27. – **13** vgl. Latacz [7] 193. – **14** Zur Periodisierung vgl. ebd. 196ff. – **15** B. Snell: Die Entdeckung des Geistes (⁶1986) 178. – **16** vgl. LAW, Art. ‹Grammatik›, Bd. 1 (1990) Sp. 1129ff.; Latacz [7] 198ff.; M. Pohlenz: Die Begründung der abendländischen Sprachlehre durch die Stoa, in: Nachrichten von der Ges. der Wiss. zu Göttingen, Phil.-Hist. Klasse, Altertumswiss., NF, Bd. 3, Nr. 6 (1939) 151. – **17** vgl. Latacz [7] 198ff.; W. Nestle: Die Vorsokratiker (1956) 32, 36, 103, 113. – **18** Blank [8] 22. – **19** vgl. M. Kraus: Name und Sache (1987) 154ff., 195ff. – **20** vgl. G. Reich: Muttersprachlicher G. von der Antike bis um 1600 (1972) 20; Isokrates, Antidosis 267 (Orationes 15); H.-J. Marrou: Gesch. der Erziehung im klass. Altertum (1957) 126. – **21** vgl. Dolch [4] 26; Platon, Protagoras 325f. – **22** Dolch [4] 27; vgl. Nestle [10] 264ff.; O. Navarre: Essai sur la rhétorique grecque avant Aristote (Paris 1900) 40ff.; Latacz [7] 198ff.; Reich [20] 19; LAW [16] Sp. 1129; Marrou [20] 89. – **23** vgl. Platon, Nomoi 820e, 966dff.; Latacz [7] 198f.; Dolch [4] 33ff. – **24** vgl. Arist. Pol. VIII, 3, 1338 a; Arist. Poet. 20, 1456 b20ff.; Reich [20] 25; Latacz (7) 200f.; Dolch [4] 40ff.; LAW [16] Sp. 1129. – **25** vgl. W. Ax: Aristarch und die „Grammatik", in: Glotta 60, 1/2 (1982) 96ff.; H. Erbse: Zur normativen Grammatik der Alexandriner, in: Glotta 58 (1980) 236ff.; U. Egli: Sprachwiss. in hellenist. Zeit, in: B. Asbach-Schnitker, J. Roggenhofer (Hg.): Neuere Forschungen zur Wortbildung und Historiographie der Linguistik (1987) 263ff. – **26** vgl. E. Siebenborn: Die Lehre von der Sprachrichtigkeit und ihren Kriterien (Amsterdam 1976). – **27** vgl. Arist. Rhet. III, 2, 1ff. – **28** vgl. dazu: K. Barwick: Probleme der stoischen Sprachlehre und Rhet. Abhandlg. der sächsischen Akad. der Wiss. zu Leipzig, Philol.-hist. Klasse 49, 3 (1957) 25f.; Pohlenz [16] 180ff. – **29** vgl. Barwick [28] 88; LAW [16] Sp. 1129f. – **30** vgl. LAW [16] Sp. 753; Pohlenz [16] 180f.; Hovdhagen [2] 385f.; W. Ax: Sprache als Gegenstand der alexandrinischen und pergamenischen Philol., in: Schmitter [2] 277ff.; Dionysios Thrax, Ars Grammatica, in: G. Uhlig (Hg.): Gramm. Graec. I, 1 (1883); Scholien in: A. Hilgard (Hg.): Gramm. Graec. III (1901). – **31** vgl. M. Fuhrmann: Das systematische Lehrbuch (1960) 8ff. – **32** Marrou [20] 250. – **33** ebd.; vgl. Latacz [7] 203. – **34** vgl. Fuhrmann [31]; Latacz [7] 203, 205. – **35** vgl. LAW [16] Sp. 1130; Latacz[7] 203. – **36** Pohlenz [16] 152. – **37** L. Grasberger: Erziehung und Unterricht im klassischen Alterthum, Teil II (1875) 255. – **38** Athenaios 7, 276a; 10, 448b, 453c; vgl. Blank [8] 24ff.; Grasberger [37] 263; P.M. Gentinetta: Zur Sprachbetrachtung bei den Sophisten und in der stoisch-hellenischen Zeit (Winterthur 1961) 97. – **39** vgl. H. Koller: Die Anfänge der griech. Grammatik, in: Glotta 37 (1958) 14f. – **40** Grasberger

[37] 285. – **41** vgl. Marrou [20] 221ff.; Dolch [4] 49f.; L. Cole: A History of Education (New York 1950) 38; Reich [20] 32f.; Philon von Alexandrien: De congressu eruditionis gratia. – **42** vgl. Marrou [20] 236ff.; J. Cousin: Etudes sur Quintilien, Bd. 1 (Paris 1935) 565ff. – **43** Marrou [20] 243ff. – **44** Sextus Empiricus, Adversus mathematicos I, 300; vgl. F. Kühnert: Allgemeinbildung und Fachbildung in der Antike (1961) 88. – **45** Kühnert [44] 34. – **46** vgl. J. Watt: Grammar, Rhetoric and the Enkyklios Paideia in Syriac, in: Zs der dt. Morgenländischen Ges. 143 (1993) 56.

Literaturhinweise:
R. Schneider, G. Uhlig et al. (ed.): Grammatici Graeci, 11 Bde. (1878–1910). – G. Weltring: Das Semeion in der aristotelischen, stoischen, epikureischen und skeptischen Philos. (Diss. Bonn 1910). – A. Dihle: Analogie und Attizismus, in: Hermes 85 (1957) 170ff. – R.H. Robins: Ideen- u. Problemgesch. der Sprachwiss. (1973). – L. Romeo: Heraclitus and the Foundation of Semiotics, in: Quaderni di Studi Semiotici 15 (1976). – H. Arens: Aristotle's Theory of Language and its Tradition (1984). – Historiographia Linguistica XIII, 2/3 (1986). – W. Ax: Laut, Stimme, Sprache (1986). – C. K. Callanan: Die Sprachbeschreibung bei Aristophanes von Byzanz = Hypomnemata 88 (1987). – A. Kemp: The Tekhne grammatike of Dionysios Thrax, translated into English, in: D.J. Taylor (ed.): The History of Linguistics in the Classical Period (1987). – D. L. Blank: Apollonius Dyscolus, in: ANRW, Teil II, Bd. 34.1 (1993) 708–730.

3. *Rom.* In der Zeit von 150 v. Chr. bis 500 n. Chr. *(Übertragungs- und Anpassungperiode)* wird das in der griechischen Antike bzw. im Hellenismus entfaltete und strukturierte System der enkyklios paideía (lat. *encyclios disciplina*), der Zyklus der allgemeinbildenden Fächer, schrittweise als Bildungsideal und praktisches Unterrichtswesen in die römische Kultur übernommen und in Form der *septem artes liberales* etabliert: Dazu gehören die vier mathematischen *artes* der Geometrie, Arithmetik, Astronomie und Musik (seit BOËTHIUS, 480–524, das *quadrivium*) und die drei sprachlichen *artes* der Grammatik, Rhetorik und Dialektik (im 8. Jh. n.Chr. als *trivium* bekannt). Die *ars grammatica*, die römische Variante der téchnē grammatikḗ, bleibt grundlegendes Fach für den Erwerb der anderen Bildungsinhalte. Die Adaption des griechischen Modells impliziert 1. die Technik des syntaxfreien Lehrbuches, 2. die Kriterien der Sprachrichtigkeit, 3. den systematischen Verbund der sprachlichen Fächer und 4. die Dreiteilung des Schulwesens in elementare, aufbauende und wissenschaftliche Ausbildung. Dazu gehört auch die anthropologische Konzeption des eloquenten und gebildeten Bürgers, des *vir bonus dicendi peritus*. [1] Die pädagogische Grundidee des von VARRO (116–27 v.Chr.) als *disciplinae liberales* bezeichneten Erziehungswesens wird auch auf einer Inschrift im ionischen Priene (um 84 v.Chr.) sentenzenhaft gefaßt: Es gilt «die Jugend in Sprache und Literatur (φιλολογία) zu unterrichten, wodurch die Seele zur Tugend (ἀρετή) und zur Humanität (πάθος ἀνθρώπινον)» angeleitet wird. Auch in CICEROS Funktionalisierung dieser Disziplinen zur Ausbildung des Orators als *vir bonus* gilt der G. als Beitrag zur wahren *humanitas*. [2] «Jeder Rhetor ist durch eine Grammatikschule gegangen [...] In seinem Bemühen um attizistische Reinheit der Sprache muß er oft den Rat des Grammatikers einholen.» [3] Umgekehrt gilt, daß die meisten Grammatiker auch eine höhere Rhetorenschule durchlaufen haben, was ebenfalls zu Kompetenz- und Abgrenzungsproblemen beitrug wie bei NIKOKLES aus Sparta (Grammatiker und Rhetor), beim Neuplatoniker LONGINOS, bei dem Porphyrios lernte, bei AUSONIUS (Advokat, Grammatiker und Rhetor) oder CALLIOPIUS sowie DIPHILIUS und CLEOBULUS, die Grammatiker und Dichter waren. [4]

Im Vergleich zu Griechenland besteht für Rom jedoch der wesentliche Unterschied, daß die Grammatik zunächst im Fremdsprachenunterricht erworben wird: Griechisch ist die Sprache der Schule und der Gebildeten, ehe sich das Lateinische schrittweise als gleichberechtigte Bildungs- und Literatursprache etablieren kann. Titus Livius berichtet zwar von Elementarlehrern in Falerii im frühen 4. Jh. v. Chr. und Plutarch darüber, daß 234 v.Chr. von Spurius Carvilius die erste Schule gegen Bezahlung in Rom eingerichtet wurde, doch trotz dieser lateinischen Tradition wird es während des Hellenismus mit der Übernahme der griechischen Kultur für die Gebildeten selbstverständlich, zweisprachig zu sein: «par in utriusque orationis facultate». [5] Diese Übernahme orientalisch-griechischer Heuremata (kultureller Erfindungen) – eine Ost-West-Wanderung von téchnai – bezeichnet F. J. Worstbrock als *translatio artium (studii, sapientiae)*, die sich in Rom – befördert v. a. durch Cicero – als *aemulatio Graeca* im Sinne einer kreativen Aneignung zeigt. [6] Sie läßt sich noch in der Spätantike in den Eröffnungssequenzen der ‹Institutiones› von Priscian und Cassiodor bzw. der ‹Etymologiae› von Isidor nachweisen.

Als initiierend für die Übernahme der griechischen Kultur und Sprachwissenschaft erweisen sich der Kreis um P. CORNELIUS SCIPIO (185–129 v.Chr.) und der um 169 v.Chr. in Rom lehrende Pergamener KRATES VON MALLOS. [7] Die Anbindung der römischen *ars grammatica* an die stoisch-pergamenische Konzeption führt zu einer Erweiterung des knappen alexandrinischen Modells von Dionysios Thrax: Nicht nur die Definition der Grammatik und die Wortformen sind Bestandteil römischer Lehrbücher, sondern integriert sind auch Aspekte der Phonologie und Metrik sowie die rhetorisch bedeutsamen Fragen des Stils (Figurenlehre, *virtutes-vitia*-Lehre: sprachliche Fehler) und der Sprachrichtigkeit *(Latinitas)*. [8] Die Reihe der für das römische Bildungswesen bedeutsamen ‹grammatici Latini› wird eröffnet durch den Philologen und Grammatiker L. AELIUS PRAECONINUS gen. STILO (ca. 150–70 v.Chr.). [9] Seine Literaturanalyse, seine grammatische ‹ars› und sein Ziel des korrekten Lateins beeinflussen seinen Schüler VARRO (116–27 v.Chr.), der in seiner großen Grammatik ‹De lingua Latina› (um 45 v.Chr.) Grundlegendes für die lateinische Sprache leistet. Er reformuliert Sprachrichtigkeitskriterien nach dem griechischen Vorbild *(natura/analogia (ratio regula), consuetudo* (Gebrauch), *auctoritas* (literarischer Kanon) und *vetustas/etymologia* (Herkunft)) und legt die Aufgaben des G. fest: Die Lehre vom richtigen Sprechen *(recte dicere)*, die Auslegung der Dichter *(enarratio)*, die Textkritik *(emendatio)* und die Textbewertung *(iudicium)* gelten als *officia grammaticae*. Von den 25 Büchern seines Werkes sind die sechs erhaltenen (V–X) das wichtigste Zeugnis der hellenistisch-stoischen Sprachreflexion, wobei er eine gemäßigt analogistische Position vertritt. [10] Eine Erweiterung der varronischen Grundlagen mit unmittelbarer Bedeutung für den G. und das Schulbuch stellt die ‹ars grammatica› des REMMIUS PALAEMON dar (1. Jh. n.Chr.). Konstituiert ist damit ein Typ römischer Schulgrammatik, der ohne große Veränderung im lateinischen Sprachraum tradiert wird – allenfalls kompiliert, glossiert oder angereichert mit spezifischen Wortlisten oder Exempeln. Als musterhaft für diese Grammatik kann folgender Aufbau gelten:

1. Definition/Aufgaben: Grammatik als Sprach- und Literaturlehre *(officia grammaticae)*; 2. De partibus orationis: De nomine etc. (Redeteile); 3. De accentibus: De voce etc. (Stimme, Metrik); 4. Virtutes et vitia orationis: De barbarismo, de soloecismo, de schematibus, de tropis (Fehler- und Figurenlehre).

Mit dieser inhaltlichen Festlegung ist auch die systematische Integration des G. in die Ausbildung des *orator* vorgegeben. [11] In literarischer Hinsicht treten in dieser Phase neben Homer auch die lateinischen Autoren: So interpretieren LIVIUS ANDRONICUS (mit dem die lateinische Literatur beginnt, 3. Jh. v. Chr.) und ENNIUS (239–169 v. Chr.) eigene Werke im Unterricht und sind tätig als *grammaticus Graecus* und *Latinus*. QUINTUS CAECILIUS EPIROTA lehrt um 26 v. Chr. über Vergil, ehe im 1. Jh. n. Chr. Ovid, Lukan, Statius, Horaz, Cicero und Sallust bedeutende Schulschriftsteller werden. [12] Mit diesen grammatikalischen und literarischen Werken ist auch die Entwicklung in der Folgezeit vorgeformt. «Die lateinische Grammatik der Spätantike, die im späten 3. Jh. [...] als bloße Epitomierung der Tradition beginnt und erst mit Sacerdos [...] eine eigenständigere Rekonstitution der sprachlichen Kultur bezeugt, ist durchweg ein Produkt der Schule. Als ihr Horizont ist eine relativ homogene Gruppe von professionellen Grammatiklehrern vorauszusetzen [...].» [13] Dazu gehören im 2. Jh. zunächst FLAVIUS CAPER und sein Werk ‹De Latinitate› sowie TERENTIUS SCAURUS mit einer ‹Ars minor› in dialogischer Form und ARRUNTIUS CELSUS. Ihnen folgt im 3. Jh. n. Chr. MARIUS PLOTIUS SACERDOS, der *grammaticus urbis* in Rom. Seine ‹Artes grammaticae› sind die älteste erhaltene römische Schulgrammatik in drei Büchern (Kategorien, Stilistik, Flexionslehre und Metrik). PALLADIUS entfaltet das Programm von Sacerdos ebenfalls in einem ‹Artes grammaticae› benannten Werk, während CHARISIUS in Byzanz die umfangreichste Grammatik vor Priscian formuliert. Seine ‹Ars grammatica› enthält eine fast komparative griechisch-lateinische Syntax, angereichert mit Quellen und Zitaten zur römischen Grammatik-Tradition. Auf sein Werk baut die ‹Ars grammatica› des DIOMEDES um 370 n. Chr. auf. [14] Nach Sacerdos lassen sich 3 Typen der Schulgrammatik unterscheiden: 1. Die Elementargrammatik wie die spätere ‹Ars minor› von Donat, 2. die Grammatik mit erläuternden Zusätzen wie die von Charisius und 3. die wissenschaftliche Grammatik wie die von Caper und die spätere von Priscian. [15]

Vor allem AELIUS DONATUS, Grammatiker, Rhetoriklehrer und Kommentator von Vergil und Terenz (um 350 Lehrer des Hieronymus), prägt mit seiner ‹Ars grammatica›, aufgeteilt in eine ‹Ars minor› (Grundkurs) und eine ‹Ars maior› für Fortgeschrittene, den Lehrplan der Spätantike und des Mittelalters so entscheidend, daß Elementarbücher allgemein als ‹Donat› und Schüler der Grundstufe als ‹Donatisten› bezeichnet wurden. Nach dem Zerfall des Bildungssystems in der Spätantike bedeutet Donats Wirken «institutionell wie pädagogisch einen Höhepunkt der wiedergewonnenen Schulkultur im Westen des Reiches; seine Lehre stellt zugleich eine Synthese der dogmatischen wie didaktischen Aktivität der vorhergehenden zwei Generationen [...] dar.» [16] Sein doppelter Lehrgang für Anfänger und Fortgeschrittene beruht auf einer Idee Cominians (Schüler von Sacerdos und Lehrer von Charisius) und kann als «Grundbuch der europäischen Latinität» am Übergang zum Mittelalter angesehen werden. Donat gilt als Autorität auch für Priscian, Cassiodor, Isidor und prägt noch zu Beginn der Neuzeit die muttersprachlichen Grammatiken Europas. [17] Einen Ausnahmefall im Rahmen der syntaxlosen Schulgrammatiken stellt in der Antike das Werk des APOLLONIOS DYSKOLOS dar, der im 2. Jh. n. Chr. in Alexandria nach eingehender Analyse des Satzes eine systematische Syntax für das Griechische verfaßt (περὶ συντάξεως). Am Anfang des Mittelalters wendet Priscian diese Syntax auf die lateinische Sprache an, und noch die griechische Grammatik Melanchthons beruht auf den Erkenntnissen des Apollonios.

Nach Kaster trägt der Unterricht spätantiker Grammatiker zur sprachlichen, geographischen und sozialen Stabilität, zur geordneten Lebensform einer urbanen Elite bei. Der Beruf des Grammatiklehrers gilt als «the basic literary profession». [18] Der Unterricht selbst ist genauso fachlich wie sozial konturiert: Distinktionsfähigkeit, Sprachbeherrschung und Eloquenz sind ein gesellschaftliches Unterscheidungssignal. Kaster geht davon aus, «daß der Grammatikunterricht eines ausgezeichnet leistete: Sicherung der Sprachform und der Moralvorstellungen, durch die eine soziopolitische Elite ihre Mitglieder erkannte.» [19] Als erster Lehrer der Schüler aus der Oberschicht vermittelt der Grammatiklehrer auch *civitas* und *urbanitas*, während die Masse unzulängliche Elementarschulen mit schlecht ausgebildeten Lehrern besucht und nur rudimentäre orthographische Kenntnisse erwirbt. [20] Die wissenschaftlich führenden Grammatiker unterrichten in Rom und gelten als *historiae custos* oder *imperii custos*, als Wächter der Tradition, des Staates und der Latinität in der Ausübung ihrer *professio litterarum*. [21] Sie sind die Sprachwächter *(custos Latini sermonis, vocis articulatae custos)* [22] und werden dennoch z. T. polemisch-ironisch bekämpft wegen falscher, spitzfindiger, pedantischer oder formalistischer Sprachbetrachtung und ungerechtfertigter Kompetenzaneignung v. a. bei der Exegese der Dichter. [23] So wird noch Remmius Palaemon nach Sueton von Tiberius und Claudius als unmoralischer Emporkömmling verurteilt, während der Grammatiker und (Privat-)Lehrer Sulpicius Apollinaris z. B. von Gellius gelobt wird, da er nicht nur eine banale ‹ars›, sondern auch hochgebildete belletristische ‹Epistulae› schrieb. [24] Kaster geht in seiner soziologischen Studie davon aus, daß erst ab dem 2. Jh. n. Chr. sich auch Personen aus der führenden Schicht der schulischen Grammatik widmen, als Ausbilder der politischen *(curiales)* und kulturellen *(auctores* und *rhetores)* Eliten schrittweise anerkannt werden und um ihren Standort in der Hierarchie der Gebildeten wetteifern können. [25]

Beispielhaft und institutionell wirkungsvoll wird der didaktisch-pädagogische und inhaltliche Zusammenhang zwischen Grammatik und Rhetorik von QUINTILIAN (ca. 35–100) dargestellt. Er widmet der grammatischen Erziehung die Teile I,4,1 – I,9,6 seiner ‹Institutio oratoria› im Rahmen einer abgestuften Ausbildung des Redners. Sein Lehrbuch kann als das klassische Werk einer integrierten sprachlich-grammatischen, literarisch-stilistischen und rhetorischen Erziehung angesehen werden – abgestellt auf die sozialen und schulischen Bedürfnisse seiner Zeit. Ausgebildet wurde Quintilian u. a. beim Grammatiker Remmius Palaemon und beim Redner Domitius Afer. Wissenschaftlich ausgewiesen und anerkannt ist er in Rom als Anwalt, Redner und Rhetoriklehrer tätig. Maßstäbe seines Urteils über den Sprachgebrauch findet er in den Kriterien der Latinitas und im klassischen Stil von Vergil und Cicero. Insofern wendet er sich gegen den asianischen Schwulst und die Verfallserscheinungen in der epideiktischen Deklamationsrhetorik. [26] Sein Werk, das im Mittelalter nahezu unbekannt ist, wird als vollständige Handschrift von Poggio in St. Gallen aufgefunden (1415/16) und prägt danach den Rhetorikunterricht bis ins 18. Jh.

Die Werke von Varro und Plinius d. Ä. *(Latinitas)*, Remmius Palaemon *(ars grammatica)* und Verrius Flaccus *(orthographia)* bilden die Grundlage der Grammatik-Kapitel in der ‹institutio›, in denen die Stufung von Elementarunterricht, G. und rhetorischer Erziehung vorgesehen ist. Auch für Quintilian gilt die ‹ars grammatica› als «scientia recte loquendi» und «enarratio poetarum», als Sprach- und Literaturunterricht. [27] Basis ist die Rechtschreibung, die Lesefertigkeit *(scientia recte scribendi, legendi)* und die Schulung der Urteilskraft *(iudicium)*. Griechisch und Lateinisch sind die Unterrichts- und Zielsprachen in einer fehlerlosen, klaren und schmuckvollen Verwendungsweise («ut emendata, ut dilucida, ut ornata sit»). [28] Der Definition und Gliederung der Grammatik folgen die Darstellung der Buchstaben, Silben und der *partes orationis* (Wortarten) mit Flexionsformen, Kasusfragen und kontrastiven Analysen zum Griechischen und Lateinischen. Fragen des Sprachwandels (Archaismus), die Behandlung der Sprachfehler in Wort (Barbarismus) und Satz (Soloecismus) mit dem Hinweis auf begründete Ausnahmen *(auctoritas, licentia, usus)* sowie die Betrachtung spezifischer lexikalischer Probleme (Fremdwort, Composita, Neologismus) sind weitere Schritte in der Lehre. Die Regeln des Sprachgebrauchs und der Orthographie sowie die damit verbundenen Probleme runden den sprachwissenschaftlichen Teil des Kapitels ab. Leitlinie für die *Latinitas* ist nach Quintilian die *consuetudo* (der aktuelle Gebrauch) im Sinne eines *consensus eruditorum* (Übereinstimmung der Gebildeten). In Zweifelsfällen gelten Analogie, Tradition oder dichterische Autorität. [29]

Dem literarischen Teil des G. ist die Textanalyse (Wortformen, Metrik, Sprachfehler, Glossemata, Figuren und Tropen) und die historische Sacherklärung *(enarratio historiarum)* zugewiesen, wobei die Schüler anhand der Werke Homers oder Vergils lernen, was sprachlich *und* sittlich gut ist. [30] Intonatorisch-deklamatorische Übungen und sinnerschließendes Lesen sind Teil des literarischen Programms, das durch rhetorische Vorübungen (προγυμνάσματα, progymnásmata bzw. *praeexercitamenta*) abgeschlossen wird. Dazu gehören Lese- und Schreibübungen am Beispiel äsopischer Fabeln, das Paraphrasieren und die Arbeit mit Sentenzen, Chrien und Ethologien. [31]

Quintilians grammatischer Kursus gibt auch Einblick in die Unterrichtspraxis: Die Arbeit am exemplarischen Material ausgewählter Texteinheiten, die Feststellung von Redeteilen, Metrum und Rhythmus, die Prüfung von Abweichungen, Ambiguitäten, schwierigen Wörtern und Figuren sowie die Beurteilung der stilistisch-kompositorischen Gelungenheit sind wichtige Momente im G. Das Alphabet kann mit Elfenbeinstäbchen erlernt und auf «Täfelchen eingegraben werden». Diktate und Schreibübungen schulen die Handschrift, Verse und Sentenzen die Merkfähigkeit, Zungenbrecher und schwierige Wortfolgen die Artikulation. [32] Kollektaneen von Standardfehlern sind in der Zeit Quintilians ebenfalls üblich. Als didaktische Grundprinzipien gelten die Beobachtung *(observatio)*, das Auswendiglernen *(memoria)* und das Nachahmen *(imitatio)*, wobei auch Wettkämpfe im Lesen, Schreiben, Rezitieren und Deklamieren durchgeführt werden. [33] Das Ziel ist es, den sozial verachteten Status der *illiterati* (ἀγράμματοι, agrámmatoi) zu überwinden (im 1. bis 3. Jh. ca. 70% Analphabetentum) und die Voraussetzungen für die Ausbildung des Redners und das Studium der *artes* zu schaffen. [34] Ein spätantikes Taufgebet illustriert diese soziale Intention: «Gott, gib mir die Gnade des guten Verstehens, damit ich die Schrift erlerne und meine Kameraden überflügele». [35] Der dazu notwendige elementare und aufbauende G. zeigt z. T. jedoch eine Tendenz zur fragmentierten, streng regulierten und detailorientierten Wissensvermittlung, zum strengen Pauken von Formen, Regeln und literarischen Exempeln ohne Kenntnisse von Zusammenhängen, Wandlungsprozessen und den komplexen Beziehungen zwischen Sprache und Gesellschaft. Dieser mechanisierten Sprachlehre versucht Quintilian mit einer kindgemäßen, toleranten und humanen Erziehungshaltung gegenzusteuern. [36]

Der von Quintilian plausibel entwickelte Dreischritt in der sprachlichen Ausbildung (elementare Spracherziehung, Grammatik und Literatur, Rhetorik und Stilistik) findet allenfalls in Rom und anderen Bildungszentren einen angemessenen institutionellen Ort: Der *litterarum ludus* (Grundschule), die *schola grammatici* (Grammatik-Schule), die *schola rhetoris* (Rhetorikstudium) und die Bildungseinrichtungen für die anderen *artes liberales* sind als komplettes und definiertes Bildungssystem eine hauptstädtische Erscheinung. Das ‹Edikt› von Diokletian (284–305 n. Chr.) bringt eine gewisse Stabilisierung des Schulwesens und der beruflichen Zuordnung der Lehrer. Der *magister institutor litterarum (ludi magister, litterator, magister primus)* ist für die sprachliche Elementarerziehung zuständig, der *grammaticus (magister artis grammaticae, magister graecus/latinus)* für die Sekundarstufe und auf der Ebene der Studien unterrichten *rhetores* und *professores*. [37]

Der am Ende der Antike gegebene Stand der Sprachphilosophie, der wissenschaftlichen und unterrichtspraktischen Grammatik, des Dichterkanons und der philologischen Textexegese bildet das Fundament, auf dem im Mittelalter das wissenschaftliche und pädagogische System des christlich-europäischen Kulturraumes aufbaut und mit dem sich die islamische Philosophie und Philologie auseinandersetzen.

Anmerkungen:
1 vgl. J. Dolch: Lehrplan des Abendlandes (1965) 55ff.; W. Kranz: Kosmos, in: Archiv für Begriffsgesch. II, 2 (1957) 115–282; Philon von Alexandria: De congressu eruditionis gratia; W. Kroll: Die Kultur der ciceronischen Zeit (1933); G. Reich: Muttersprachlicher G. von der Antike bis um 1600 (1972) 38ff.; H.-J. Marrou: Gesch. der Erziehung im klassischen Altertum (1957) 355ff.; H. Blumenberg: Anthropologische Annäherung an die Aktualität der Rhet., in: ders.: Wirklichkeiten in denen wir leben (1981) 104ff. – **2** vgl. R. A. Kaster: Guardians of Language: The Grammarian and Society in Late Antiquity (London 1988) 15, Übers. Verf.; Dolch [1] 59ff.; Sueton, De grammaticis et rhetoribus 1; Cic. De or. III, 15, 58. – **3** P. Wolf: Vom Schulwesen der Spätantike (Diss. Basel 1951) 36f. – **4** vgl. ebd. 37ff.; Aristeides, Orationes 32, 11. – **5** vgl. Livius V, 27, 1; Plutarch, Questiones Romanae 59; Cicero, De officiis 1, 1; H. Blank: Das Buch in der Antike (1992) 31f. – **6** vgl. F.J. Worstbrock: Translatio artium, in: Archiv für Kulturgesch. 47, 1 (1965) 1ff. – **7** vgl. LAW, Art. ‹Grammatik›, Bd. 1 (1990) Sp. 1131; J. Latacz: Die Entwicklung der griech. und lat. Schulgrammatik, in: J. Gruber, F. Maier (Hg.): Hb. der Fachdidaktik, Alte Sprachen 1 (1979) 193ff.; Reich [1] 41f.; S.F. Bonner: Education in Ancient Rome (London 1977) 52ff.; Sueton [2] II; K. Barwick: Remmius Palaemon und die röm. Ars Grammatica, in: Philologus, Suppl. Bd. 15,2 (1922) 260. – **8** vgl. Barwick [7] 110, 260. – **9** vgl. Sueton [2] 3; Reich [1] 43;

Bonner [7] 54f. – **10** vgl. LAW [7] 1131, Reich [1] 43f.; Latacz [7] 206; Barwick [7] 203f.; Bonner [7] 54f.; P.M. Gentinetta: Zur Sprachbetrachtung bei den Sophisten und in der stoisch-hellenistischen Zeit (Winterthur 1961) 12; M. Fuhrmann: Das systematische Lehrbuch (1960) 166. – **11** vgl. LAW [7] Sp. 1131; Latacz [7] 206f.; Bonner [7] 54f. Barwick [7] 4ff., 241. – **12** vgl. Blank [5] 35f.; Marrou [1] 368ff.; M. Glück: Priscians Partitiones und ihre Stellung in der spätantiken Schule (1967) 46ff. – **13** R. Herzog, P.L. Schmidt: Hb. der lat. Lit. der Antike, Bd. 5 (1989) 101. – **14** vgl. dies. 108ff.; Barwick [7] 228, 239f.; Latacz [7] 207. – **15** vgl. Latacz [7] 207. – **16** Herzog, Schmidt [13] 144. – **17** ebd. 145. – **18** Kaster [2] X, XII. – **19** ebd. 14, Übers. Verf. – **20** vgl. ders. 18ff. – **21** vgl. Augustinus, De musica 2.1.1.; Sidonius Apollinaris, Epistulae 5, 2, 1; Ennodius, Carmina 2. 90. 1. – **22** vgl. Seneca, Epistulae 95. 65; Augustinus, Soliloquia 2. 19. – **23** vgl. Aulus Gellius, Noctes Atticae XIV, 5, § 1–4; Sueton [2] 25, 2; Sextus Empiricus, Adversus mathematicos. – **24** vgl. Kaster [2] 55ff. – **25** vgl. ebd. 49ff. – **26** vgl. LAW, Bd. 2 (1990) Sp. 2500f.; M. Lechner: Erziehung und Bildung in der griech.-röm. Antike (1933) 173f.; Cic. De or. I, 187; Auct. ad Her. IV, XII, 17f.; J. Cousin: Etudes sur Quintilien, 2 vol. (Paris 1936, ND 1967); F.H. Colson: The Grammatical Chapters in Quintilian I, 4–8, in: The Classical Quarterly, vol. VIII (1914) 33f.; Kurt von Fritz: Ancient Instruction In „Grammar" According To Quintilian, in: American J. of Philology, vol. LXX, 4 (1949) 337. – **27** Quint. I, 4, 2. – **28** ebd. I, 5, 1f. – **29** vgl. ebd. I, 6, 1ff. – **30** ebd. I, 8, 4. – **31** ebd. I, 9, 1ff. – **32** ebd. I, 1, 25ff. – **33** vgl. Bonner [7] 47, 189, 199. – **34** vgl. Kaster [2] 36. – **35** Eustratius, Vita Eutychii 8. – **36** vgl. Kaster [2] 12. – **37** vgl. R. Kaster: Notes on „Primary" and „Secondary" Schools in Late Antiquity, in: Transactions of the American Philological Association 113 (1983) 323ff.; Reich [1] 48ff.; Kaster [2] 443ff.

Literaturhinweise:
A. Buttmann: Des Apollonios Dyskolos vier Bücher über die Syntax (1877). – J. Koch (Hg.): Artes liberales (1959). – H. Steinthal: Gesch. der Sprachwiss. bei den Griechen und Römern (ND 1961). – R. Coleman: Two Linguistic Topics in Quintilian, in: Classical Quarterly 13 (1963) 1ff. – P. Schmitter: Zur Vorgesch. der Kommunikationstheorie, in: Sprachwiss. 6 (1981). – M. Boratin, F. Desbordes: La ,Troisième Partie' De L'Ars Grammatica, in: Historiographica Linguistica XIII, 2/3 (1986) 215–240. – R. Herzog: Restauration und Erneuerung. Die lat. Lit. von 284 bis 374 n.Chr. (1989). – I. Sluiter: Ancient Grammar in Context (1990). – P. Schmitter (Hg.): Sprachtheorien der abenländischen Antike (1991).

II. *Mittelalter.* 1. *Westeuropa.* Die durch christliche Zielsetzung transformierte Übernahme antiker Bildungsgüter in die lateinisch geprägte Epoche des Mittelalters erfolgt in der Wendezeit des 4.–6. Jh. vor allem durch die Vermittlung über patristisch-religiöse und enzyklopädisch-profane Werke. Die Verbindung antiker Bildung und christlicher Weltsicht zeigt sich z.B. im φιλόλογος (philólogos) des SIDONIUS APOLLINARIS (5. Jh.). [1] Er besitzt in KLEMENS VON ALEXANDRIA einen Vorläufer, der schon im 2. Jh. n. Chr. für den gebildeten Christen fordert, daß er «von der Geometrie und der Musik und von der Grammatik [...] das Brauchbare entnimmt und damit den Glauben unangreifbar [...] macht». [2] Die eigentliche theologische Rechtfertigung findet sich bei AUGUSTINUS (354–430), der auch Erfahrung als Grammatiklehrer in Thagaste und als Rhetor in Karthago und Mailand besitzt. Als fester Bestandteil seines *disciplinae-* oder *artes-*Begriffs erscheint die Grammatik z.B. in seinen Schriften ‹De grammatica› oder ‹De doctrina christiana›, d.h. als Teil der Vorstudien zur Theologie. Er unterscheidet drei Ausbildungsstufen der Sprachlehre: a) *litteratio: grammaticae infantia*, b) *progressa ratio: partes orationis* und c) *grammatica perfecta: litteratura* und *historia.* In seinem maieutischen Lehrdialog ‹De magistro› über Sprache, Zeichen und Lernprozeß formuliert er zudem ein sprachwissenschaftliches Unterrichtsprogramm. [3] Die christliche Ausrichtung des G. erfolgt v.a. durch die Kontrolle über den literarischen Kanon: Die antiken Klassiker werden verdrängt und durch *exempla* aus Bibel und christlichen Autoren ersetzt (Gebete, Psalmen, Sentenzen, Legenden). Hier ist auch auf die Bibelübersetzung des HIERONYMUS (ca. 345–419) hinzuweisen, die ‹Vulgata›. Der Schüler Donats (Grammatik, Rhetorik, Philosophie) schafft mit dieser Übersetzung die Grundlage des mittelalterlichen Gelehrtenlateins. [4]

Der eigentliche Schöpfer des Lehrplans für die christliche Schule ist CASSIODOR (480–575), der die Grammatik zur Grundlage des *artes-*Unterrichts macht. Er knüpft an Donat an und gibt Hinweise auf weiterführende grammatische Werke: »Prima enim grammaticorum schola est fundamentum pulcherrimum litterarum, mater gloriosa facundiae, quae cogitare novit ad laudem, loqui sine vitio [...] grammatica magistra verborum, ornatrix humani generis [...]» (Denn die erste Schule, die der Grammatiker, ist die schönste Grundlage der Wissenschaft, die ruhmreiche Mutter der Redegewandtheit [facundia], die löblich zu denken und fehlerfrei zu sprechen versteht [...]. Die Grammatik ist die Lehrerin der Wörter, die Schmückerin der Menschheit [...]) [5] Dieses Konzept wird von ISIDOR VON SEVILLA (ca. 570–636) weitergegeben, wobei er in den ‹Etymologiae› mit den Lehrgebieten der Grammatik, Rhetorik und Dialektik beginnt und die Lehrinhalte den Schulstufen und akademischen Fakultäten zuordnet. [6]

Wichtige Werke für die *translatio* der antiken *artes liberales* verfassen BOETHIUS (ca. 480–524) mit seinen Kommentaren zu den Werken von Aristoteles (Kategorien, De interpretatione), die großen Einfluß auf die scholastisch-logische Sprachbetrachtung gewinnen, sowie MARTIANUS CAPELLA (5. Jh.), der in seiner Enzyklopädie mit dem Titel ‹De nuptiis Mercurii et Philologiae› die Grammatik der Philologie zuordnet und als Frauengestalt mit einem Messer (gegen Sprachfehler) allegorisiert. Das Unterrichtswerk von Martianus kann ebenfalls als bedeutsame Quelle der mittelalterlichen Bildung angesehen werden. Hilfreich für Annahmen über die Wochenstundenzahl einzelner Fächer ist das Umfangsverhältnis der Bücher 3–9: Grammatik, Rhetorik und Dialektik beanspruchen fast die Hälfte und teilen gleichmäßig unter sich. Martianus begreift den Menschen als ‹animal grammaticum› und sieht es als seine Aufgabe an, von der Natur *(natura)*, vom Gebrauch *(usus)* und dem Stoff *(materia)* der Rede zu handeln. «Oratio ipsa vero tribus gradibus eruditur, id est ex litteris, syllabis et ex verbis». (Die Rede selbst aber wird in drei Stufen unterrichtet, d.h. durch Buchstaben, Silben und Wörter.) [7] Die Redeteile sind Teil der sprachlichen *natura.*

Die wichtigsten Lehrbücher im mittelalterlichen G. sind die Werke von DONAT (elementare und aufbauende Kurse) und PRISCIAN (Studium). Die ‹ars grammatica› des Donat ist in wenigstens drei Varianten im Mittelalter im Umlauf: a) als eigentliche ‹ars minor› (durch Handschriften aus dem 8. Jh. belegt), b) als ergänzter Text aus der Schulpraxis (Kommentare und Wortlisten) und c) als ‹Ianua› benannte Variante aus dem 13. Jh. (mit syntaktischen Einheiten und einem Anhang grammatischer Grundbegriffe). Daneben existieren volkssprachlich orientierte Varianten wie der (alt-)preußische ‹Donat› von WILHELM VON MODENA (13. Jh.), der provencalische von UC FAIDIT (13. Jh.), ein ‹Donatus gallicus› und

‹Donatus anglice› sowie mittelhochdeutsche Varianten als Teilübersetzungen. Modifikationen finden sich in AELFRICS Grammatik des Angelsächsischen (9. Jh.). Auch ist eine Donat-Variante für das Griechische, ein ‹Donatus graece›, im 12. Jh. in Canterbury nachgewiesen, und möglicherweise übersetzte JOHN OF BASINGSTOKE eine griechische Elementargrammatik ins Lateinische. Faktisch tut dies ROGER BACON (1214–1292), der neben seiner ‹Summa grammatica› eine griechische Grammatik für Lateiner formuliert. Außerhalb der irisch-angelsächsischen Linie der *translatio* wird die griechische Grammatik unterrichtspraktisch nicht rezipiert. [8]

Priscians 18 Bücher umfassende ‹Institutio de arte grammatica› (5./6. Jh.) ist die größte erhaltene Darstellung der lateinischen Grammatik. Sie entsteht im unmittelbaren Kontext der griechisch-byzantinischen Tradition auf der Grundlage der Werke von Apollonios Dyskolos (Syntax) und HERODIAN. Als schulisches Standardwerk ist sie für den über Donat hinausgehenden wissenschaftlichen G. gedacht und stellt zugleich das Ende der *Anpassungs-* bzw. den Beginn der *Reproduktionsperiode* dar (500–1450). Wichtigste Neuerung ist das Kapitel zur Syntax (De constructione). Allerdings enthält diese Grammatik kein rhetorisch-stilistisches Kapitel und wird deshalb für den Schulgebrauch durch die entsprechenden Donat-Kapitel (‹Barbarismus› genannt) ergänzt, um die Besprechung der Figuren und Sprachfehler zu ermöglichen. Eine ergiebige Fülle klassischer Literaturzitate ergänzen die ‹Institutio›, die auch Ansätze zu einem griechisch-lateinischen Sprachvergleich enthält. Mit seiner Schrift ‹Partitiones duodecim versuum Aeneidos principalium› legt Priscian eine erotematische Lehrbuchvariante mit metrisch-grammatikalischer Analyse vor, um die Griechen in die lateinische Literatur (v. a. Vergil) einzuführen – eine 500jährige schulische Kanon-Tradition, die mit Epirota und Quintilian beginnt. [9] Grammatische Traktate in der Linie Donat und Priscian zeigen als Gesamtdarstellungen folgende Gliederungsweise:

1) Definition der ars grammatica
   De voce (Lautlehre)
   De littera (Buchstabenlehre)
   De syllaba (Silben und Quantitäten)
   De pedibus (Versfüße)
   De tonis (Akzente)
   De posituris (Satzzeichen)
2) Octo partes orationis (Wortarten)
3) Stilistik
   De barbarismo (Wortfehler)
   De soloecismo (Satzfehler)
   De ceteris vitiis (weitere Stilfehler)
   De metaplasmo (metrisch bedingte Wortvariation)
   De schematibus (Figurenlehre)
   De tropis (Tropen)
4) fakultativ: De constructione (Satzlehre) [10]

Der mit solchen Lehrwerken gestaltete mittelalterliche G. hat im wesentlichen drei Funktionen: 1. Im Lateinunterricht der Kloster- und Domschulen fördert er die korrekte Beherrschung der *lingua franca* von Verwaltung und Wissenschaft bzw. der *lingua sacra* klösterlicher Kommunikation und theologischer Exegese. 2. Er bereitet auf das Studium der *artes* der Dichtung, Predigt und Briefkunde vor. 3. Er fundiert das Studium von Rhetorik, Logik und Theologie.

Die Unterweisung in Grammatik, der *scientia intro-ductoria*, bekommt durch die karolingische Bildungsreform ab 789 eine erste institutionelle Ordnungsstruktur, die sich v. a. dem Wirken von ALKUIN (um 730–804) verdankt. Karl der Große, motiviert durch seine norditalienischen Grammatiklehrer PAULUS DIACONUS, PETRUS VON PISA und PAULINUS VON AQUILEIA *(venerabilis artis grammaticae magister)*, beklagt 787 die grammatischen und rhetorischen Mängel in vielen Eingaben von fränkischen Geistlichen und Beamten und verordnet bald darauf – im Edikt der Aachener Synode von 789 – den G. in allen Kloster- und Domschulen. [11] Der Theologe, Verwaltungsfachmann und Pädagoge Alkuin – mit Beda Venerabilis Vertreter der irisch-angelsächsischen *translatio studii* – steht an der Spitze der fränkischen Bildungsbewegung. Als Leiter der kaiserlichen Palastschule *(schola palatina)* und der Klosterschulen von York und Tours formuliert er eine ‹ars grammatica› sowie die Schriften ‹De orthographia› und ‹De rhetorica et virtutibus›. Der erotematische Typ seiner Grammatik ist auch als ‹Dialogus Saxonis et Franconis› bekannt – ein Lehrbuch für Latein als Fremdsprache in der Nachfolge von Donat und Priscian. HRABANUS MAURUS (um 780–856) und REMIGIUS VON AUXERRE (um 841–908) geben die wissenschaftlich-didaktischen Leistungen Alkuins weiter. [12] Der Hinweis des Karl-Biographen Einhard, der Kaiser habe eine muttersprachliche Grammatik, eine ‹grammatica patrii sermonis› begonnen, läßt sich nicht verifizieren. [13]

Erste überlieferte Bemerkungen zur deutschen Grammatik stammen von OTFRIED VON WEISSENBURG, Schüler des Hrabanus Maurus. Es handelt sich um Beobachtungen zur Phonetik und Korrektheit der ahd. Sprache mit der entsprechenden Kritik an ihrem barbarischen Zustand. [14] «Die Schwierigkeiten, mit welchen die ersten Verdeutschungsversuche [...], mithin auch jeder Versuch einer grammatischen Regelung der deutschen Sprache zu kämpfen hatte», erkennt man z. B. «aus Otfrieds Prolog zu seinem Evangelienbuch (Krist) vom Jahre 868 und aus Notkers III. Brief an Bischof Hugo II. von Sitten aus den Jahren 1015–20.» [15] Schul- und Bibeltexte (etwa ab 780 im Oberdt.) mit ahd. Glossierungen zeigen nur den Einsatz der Muttersprache als Hilfsinstrument des Lateinunterrichts. [16] Der erste dokumentierte Versuch einer lateinisch-deutschen Grammatik ist das Fragment einer Pergamenthandschrift aus dem Kloster St. Gallen (Nr. 556, Bibl.-HS): ein Brief RUODPERTS vom Anfang des 11. Jh. Ruodpert knüpft wahrscheinlich an die ‹nova rhetorica› Notker Labeos an. Sein Unternehmen ist v. a. auch als terminologischer Versuch interessant: «Nomen námo. Pronomen fúre dáz nomen. Verbum uúort [...] Genus thiz chúnne». [17]

Einen wesentlichen Beitrag zur Entwicklung der deutschen Sprache *(lingua nostra, propria)* auch als Übersetzungsmedium leistet der St. Gallener Theologe NOTKER LABEO oder TEUTONICUS (952–1022) durch die Übertragung der antiken Rhetorik und die Lehrplan-Eindeutschung der *septem artes* (síben bûohlisto), wobei ihm die Grammatik als die erste der Künste gilt: «Téro síbeno íst grammatica diu êresta, diu únsih lêret recteloquium, dáz chít réhto spréchen [...] Tiu ánderîn íst rhetorica, tíu únsih férrôr leitet, uuánda sí gíbet úns tía gespráchi». [18]

Zur weiteren Entwicklung des G. in der lateinischen Tradition tragen die Lehrbücher von ALEXANDER DE VILLA DEI (1160–1250) und EBERHARD VON BÉTHUNE (gest. um 1212) bei – versifizierte Grammatiken, die z. T. Donat und Priscian aus dem Unterricht verdrängen.

Alexander empfiehlt in seinem ‹Doctrinale puerorum›, das bis in die Renaissance im G. verwendet wird, den Gebrauch der Volkssprache *(lingua laica)* für Erklärungen im Lateinunterricht (Vers 7–10) – eine didaktische Entscheidung, in der ihm schon WALTHER VON SPEYER (984) in seinem ‹Libellus Scolasticus› vorangeht: In der Domschule von Speyer wird zunächst zwei Jahre im Schreiben, Lesen, Psalmodieren und Singen mit muttersprachlicher Hilfe unterwiesen, ehe die lateinische ‹Grammatica› unterrichtet wird. [19] Als Schulbuch stellt Eberhards ‹Graecismus› eine Variante dar: Dem grammatischen Lehrstoff geht eine Erklärung griechischer Wörter voraus. Eine weitere Modifikation findet sich bei DOMINICUS GUNDISSALINUS (12. Jh.), der in seinen Schriften eine Synthese zwischen griechisch-arabischer Wissenschaft und christlicher Weltanschauung anstrebt. In ‹De divisione philosophiae› unternimmt er eine Neueinteilung der Wissenschaften, wobei die Grammatik als Propädeutikum gilt und unter *scientia litteralis* bzw. als Teil der *scientiae eloquentiae* firmiert. [20]

Der Lateinunterricht des Hochmittelalters wird durch eine Reihe weiterer Lehrbücher modifiziert und ausgestaltet: So empfiehlt beispielsweise ANSELM VON CANTERBURY (1033–1109), Autor des Traktats ‹De grammatico›, die mündliche Explikation der *partes orationis* mit den Mitteln der Deklination, Konjugation und Metrik im Frage-Antwort-Schema, während HUGO VON ST. VIKTOR (um 1096–1141) in ‹De vanitate mundi› noch Rezitation, Memorierung und Disputation hinzunimmt. In seinem pädagogischen Hauptwerk ‹Didascalicon› vereinigt er aristotelisches und platonisches Gedankengut – bezeichnet mit dem Terminus ‹philosophia›. Grammatik und Rhetorik firmieren unter dem Oberbegriff ‹Logik›. Hingewiesen sei auch auf das schulisch bedeutsame Werk ‹Metalogicon› des JOHANNES VON SALISBURY, in dem v. a. die literarische Dimension des G. deutlich wird: Zitate aus Autoren belegen, was einfach und regelmäßig ist, dann werden grammatische Figuren, rhetorische *colores* und die sachlichen Grundlagen von Texten behandelt. *Aptum* und *Latinitas* sind Leitlinien des Ausdrucks, der durch *exempla, imitatio* und *memoria* geschult wird. Zentrum dieses Programms sind die christlichen Progymnasmata. [21]

Mittelalterliche Lernstoffe sind auch muttersprachliche Wissensübersichten, Enzyklopädien und Standeslehren, die zur Ausbildung der Volkssprachen und Nationalliteraturen beitragen. Im französischen Sprachraum sind dies z. B. das ‹L'image du monde› von GAUTHIER VON METZ und der ‹Tresor› des Florentiners BRUNETTO LATINI sowie THOMASINS VON ZERCLAERE ‹Wälscher Gast› im deutschen Sprachraum. [22]

Im Hinblick auf das Lehrbuch und die Praxis des G. ist schließlich auch auf die Schriften zur *ars poetriae/versificatoria* hinzuweisen, in denen Dichtkunst und Grammatik eine produktive Verbindung eingehen (Redeteile, Tropen, Figuren) und recht eigentlich ein Exempel sind für die klassische Auffassung des G. als Sprach- und Literaturschulung. Als Autoren können hier genannt werden 1. JOHANNES VON GARLANDIA (ca. 1195–1272), der neben seiner ‹Poetria› ein Anfängerlesebuch (‹Dictionarius›; mit deutscher Glossierung) und ein umfangreiches ‹Compendium grammaticae› mit Metrik, Formenlehre und Syntax verfaßt (gedacht auch als Polemik gegen Eberhard von Béthune und Alexander de Villa Dei) und 2. MATTHÄUS VON VENDÔME und seine ‹Ars versificatoria› (12. Jh.), GEOFFROI DE VINSAUF mit einer rhetorisch angelegten ‹Poetria nova› (12. Jh.) sowie EBERHARDUS ALEMANNUS, der in der Schrift ‹Laborintus› (13. Jh.) und als Leiter der Domschule in Bremen eine metrische, allegorisch eingekleidete ‹Poetik› formuliert, verbunden mit einer Klage über das Schulwesen und Lehrerdasein. Anschaulich schildert er, wie die Schüler aus den Brüsten der Grammatik die Grundlagen der poetischen und rhetorischen Künste saugt (Vers 171ff.). [23] Die enge Verbindung zwischen Grammatik und Poetik führt auch zu fachlichen Abgrenzungs- und Zuständigkeitsproblemen nicht nur zwischen diesen beiden Disziplinen, sondern auch zwischen Grammatik und Rhetorik im Hinblick auf Fragen der Figurenlehre, Stilistik und Textexegese – die Polemiken sind dafür ein Indiz.

Der grammatikalisch-literarische *Lateinunterricht* in den Kloster- und Domschulen findet in drei Stufen statt, bei denen – in jeweiliger Variation – folgende Inhalte üblich sind:

a) Unterstufe: Elementarunterricht mit Alphabet, Lesen, Schreiben, lateinischen Wortschatzübungen, kurze Gebete und Psalmen, Übersetzung ins Deutsche und v. a. Memorieren und Rezitieren.
b) Mittelstufe: Donat und Alexander de Villa Dei, lateinische Sentenzen mit deutscher Übersetzung, lateinische Konversation.
c) Oberstufe: Höhere Schule mit Übersetzungen aus ‹Doctrinale› und ‹Graecismus›, Syntax und Exponieren, Lektüre und *accessus ad auctores* mit Glossierung und Kommentierung der Schulautoren *(interpretatio christiana)*, Verfassen eigener Texte (Prosa, Dichtung).

Zum Lektüre-Kanon dieser Ausbildungsphase, die auf das Studium der *artes* vorbereitet und etwa mit dem 15. Lebensjahr abgeschlossen ist, finden sich Empfehlungen z. B. im ‹Dialogus super auctores› des KONRAD VON HIRSAU (ca. 1070–1150), im ‹Laborintus› oder im ‹Registrum multorum auctorum› des HUGO VON TRIMBERG (ca. 1235–1313), der 80 Texte zur Hebung des Bildungsstandes vorschlägt und in seinem Werk ‹Der Renner› (1290–1300) eine umfassende enzyklopädische Stoffübersicht gibt. ALANUS AB INSULIS (1125/30–1203) und PRISCIAN gelten ihm als Vorbild. Als Autoren der heidnischen Antike werden Cicero, Vergil, Horaz, Juvenal, Ovid, Seneca und Lukan angeführt, als christliche Autoren sind Juvencus, Prudentius, Sedulius, Sidonius, Boethius genannt und als ‹Moderni› werden Nivard von Gent, Walter von Châtillon, Alanus ab Insulis oder Petrus Riga genannt. [25] *Lectio, interpretatio, expositio* und *disputatio* sind didaktisch-methodische Techniken im Umgang mit Texten. [26] Florilegien, Vokabularien und ‹Derivationes› wie die von PAPIAS und HUGUCCIO VON PISA (um 1200) oder Aussprache- und Betonungslehrbücher (ars lectoria) wie das von JOHANN VON BEAUVAIS ergänzen den Unterricht. [27] Unterstellt ist die Grammatik als «fons et origio omnium» (Johannes von Salisbury), als «mater et domina» (Thierry von Chartres) bzw. als «scientia interpretandi poetas atque historicos» (Hrabanus Maurus). In metaphorischer Überhöhung bezeichnet sie Johannes von Salisbury auch als «necessaria pueris, iucunda senibus» (der Jugend eine Notwendigkeit, dem Alter ein Vergnügen) und Alkuin stellt in Anknüpfung an die Antike fest: «Grammatica est custos recte loquendi et scribendi» (Grammatik ist die Wächterin des richtigen Sprechens und Schreibens). [28] In Reimform läßt sich das Lob der Grammatik bei Thomasin nachlesen: «die besten, die wir an grammaticâ han, das was Dônâtus und Priscjân.» [29]

Dieser Epideiktik ist der Alltag des G. im Mittelalter – dessen Erforschung ein Desiderat ist – oft geradezu entgegengesetzt: «Vorzüglich während des Grammatikunterrichts, der die Geduld des Lehrers oft auf die härteste Probe stellte, setzte es die meisten Schläge ab. Ratherius von Verona (gest. 974) gab daher einem von ihm bearbeiteten Grammatikkompendium den Titel „sparsa dorsum", Rückenschoner.» [30] Einblick in die Schulwirklichkeit gibt z. B. WILLIAM FITZSTEPHEN, der um 1170 etwa 12–14 Schüler einer Londoner Bischofsschule beschreibt, die u. a. in Latein wettbewerbsartig über Lobrhetorik, Syllogismen, grammatische Prinzipien oder Regeln der Perfekt- und Futurbildung diskutieren.[31] Eine aufschlußreiche Darstellung des Bildungswesens in einer frühmittelalterlichen Klosterschule enthält das Tagebuch von WALAFRID STRABO (808/9–849), Abt des Reichenauer Klosters und Schüler des Hrabanus Maurus: «Um unsere grammatischen Studien zu vervollständigen, wurden wir beauftragt, den Winter hindurch in der nämlichen Weise die neu eingetretenen Schüler in der Sprach- und Schreiblehre zu unterrichten, wie andere früher an uns getan hatten. Gleichzeitig machte uns Meister Gerard, der Lehrer der Grammatik, mit Figuren und Tropen der Rede bekannt, wobei er uns dieselben zuerst in der Heiligen Schrift nachwies und nachher verlangte, daß wir ihm aus den Dichtern, die wir bereits gelesen, wie aus Statius und Lucanus, die wir jetzt lasen, Seitenstücke und Beispiele dazu vorzeigten. Diejenigen unter uns, welche zur Unterweisung anderer weder Beruf noch Anlage fühlten, beschäftigten sich nach Anleitung des Lehrers mit Abschreiben von Grammatiken Priscians, Marius Victorinus und Cassiodors, oder übten sich in Anfertigung lateinischer und deutscher Sätze, die dem täglichen Leben, der biblischen Geschichte oder den gelesenen Schriftstellern entnommen waren. Hierbei konnten wir das Wörterbuch der Synonyme benutzen, welches Magister Gerard unterdessen für uns ausgearbeitet hatte, und das uns auch beim Versemachen die trefflichsten Dienste leistete. Unter derartigen Beschäftigungen kam die Zeit heran, wo alle diejenigen, welche aus der Grammatik in die Rhetorik übergingen, durch die Schlußprüfungen dazu befähigt werden sollten. Wir wiederholten daher Ende des Sommers mit unseren Lehrern die drei Teile der Grammatik; die Etymologie, die Orthographie und die Metrik sowie auch die Lehre von den Figuren und Tropen. Am 3. November begannen wir unsere rhetorischen Studien. Unser Lehrbuch war Cassiodor, der den meisten von uns schon bekannt war, weil man uns in der Grammatik seine auf das Fach bezüglichen Schriften gegeben und zur Lektüre empfohlen hatte.» [32] Am Schluß der grammatischen Ausbildung werden die Schüler dazu angehalten, gleichsam als Zeugnis ihrer Reife ein größeres *dictamen metricum* zu verfassen. So formuliert Walahfrid Strabo, mit etwa 18 Jahren, auf Grund einer vorgelegten Prosaschrift sein Gedicht ‹De visionibus Wettini› in mehr als 900 Hexametern.[33]

Eine Allegorisierung der Spracherziehung vom Buchstaben bis zu den Redeteilen findet sich bei HONORIUS AUGUSTODUNENSIS (ca. 1080–1137): Er vergleicht die Grammatik mit der städtischen Architektur: «Die erste Stadt, durch die man der Heimat zustrebt, ist die Grammatik. Die Sprache ist das Stadttor, durch das man mit den in Vokale und Konsonanten eingeteilten Buchstaben geht, und so gelangt man zu den Wohnungen der Sätze [...]. In dieser Stadt herrschen Substantiv und Verb als Konsuln [...]. [34]

Die Lese- und Schreibfähigkeit bleibt im Mittelalter im wesentlichen auf den Klerus beschränkt und ist auch für Fürsten nicht selbstverständlich. Obwohl das kanonische Recht bestimmt, daß keine *illiterati* Priester werden können, bleiben auch große Teile des (niederen) Klerus Analphabeten *(defectus scientiae)*. Dies ändert sich merkbar erst im 14. Jh. Dagegen lernt auch der einfache jüdische Bürger im Hebräisch-Unterricht der Synagogenschule in aller Regel lesen und schreiben.[35]

Wer in der Grammatik ausgebildet ist, die lateinische Sprache beherrscht, die gebräuchlichen Dichter gelesen und die Verskunst erlernt hat, verfügt über das Bildungsfundament, das zum Studium der Fächer des Triviums an den Universitäten (hervorgegangen aus den Domschulen) vorausgesetzt wird.[36] Das Studium beginnt (nach dem Stand des 12./13. Jh.) etwa im 14./15. Lebensjahr, wobei zunächst ca. 7 Jahre wissenschaftliche Grammatik nach Priscian, Logik und Rhetorik sowie eine Einführung in Astronomie und anschließend ebenfalls ca. 7 Jahre das Quadrivium studiert werden. Danach erfolgt – mit ca. 28 Jahren – das Studium der Jurisprudenz oder Theologie. Die Didaktik dieser Studien ist geprägt durch *lectio* (Formwissen) und *quaestio/disputatio* (Problematisierung und Diskurs).[37]

Im hochmittelalterlichen Studium des Triviums zeigt das Lehrangebot eine Tendenz von der deskriptiv-literarisch orientierten Grammatik (Donatus maior, Priscian) zur logisch-universalistischen Sprachtheorie. Pinborg unterscheidet dabei drei Phasen im Sprachdenken der Scholastik: a) Beginn der Logisierung zwischen 1150 und 1260, b) Traktate zu den ‹modi significandi› zwischen 1260 und 1330 (Hauptphase) und c) Niedergang der Logisierung durch die Kritik der Nominalisten und Humanisten nach 1330. Intensivierend auf das Logik-Studium (Beginn um 950) wirken u. a. die Schriften von ABAELARD und GILBERT VON POITIERS. Die Kritik an deskriptiver Grammatik und lateinischen Donatglossen spricht sich für eine systematische Grammatik nach logisch-semantischen Aspekten aus, wie sie erstmals greifbar wird bei PETRUS HELIAE (Paris um 1150) in einem Priscian-Kommentar (‹Summa super Priscianum Minorem›), danach im ‹Compendium Grammaticae› von PETRUS HISPANUS (um 1195–1272) oder in der universell und einzelsprachlich interessierten ‹Summa grammatica› des ROGER BACON (um 1195–1294), der als ‹doctor mirabilis› seine Aristoteles-Kenntnisse v. a. aus islamischen Quellen schöpfte.

Mit den aristotelischen Kategorien (De interpretatione) wird die Grammatik der *antiqui* abgelöst. [38] Wie bei ANSELM VON CANTERBURY (‹De grammatico›) zielt die Entwicklung auf eine universalistisch-logische Sprachtheorie, ein Konzept, das in der Schule von Port-Royal, bei Leibniz und in der Moderne von Chomsky und Montague (universal grammar) reformuliert wird. Das Programm der scholastisch-logischen Sprachanalyse ist festgelegt in den Schriften ‹De modis significandi›, die v. a. von den Dänen MARTINUS, BOETHIUS und JOHANNES DE DACIA oder SIGER VON COURTRAI formuliert werden.[39] Mit seinen ‹Novi modi significandi› schließt THOMAS VON ERFURT (14. Jh.) diese Reihe ab.

Die linguistische Grundidee der Modisten besteht in der universalistisch-logischen Rekonstruktion der *partes orationis* nach den Aussageweisen *(modi)* der Sprache, den *modi significandi* (sprachl. Existenz der Dinge), die auf den *modi essendi* (physische Existenz der Dinge) und den *modi intelligendi* (mentale Existenz der Dinge) beruhen. Unterschieden ist dabei eine lexikalische *(significare)* und syntaktische *(consignificare)* Dimension der Aussage. [40] Gegen diesen formalistischen Zugang zur Sprache wendet sich z. B. JOHANNES AURIFABER in seiner ‹Determinatio› (1332), indem er den Modistae eine überflüssige grammatische Logik ohne praktischen Erkenntniswert vorwirft – der Gebrauch *(usus)* steht gegen das abstrakte Konstrukt *(ratio)*. [41] Das universitäre Lehrprogramm der Scholastik faßt die Trivium-Wissenschaften unter dem Leitprinzip der ‹Logica› zusammen und unterscheidet nach *artes sermocinales* (Rhetorik), *artes verbales* (Grammatik) und *artes logicae* (Logik, Dialektik), wobei die Logisierung z. B. im Lehrplan der Artistenfakultät von Paris sinnfällig wird (Statuten vom 12. 3. 1255: 26 Wochen Logica vetus (Kategorien, Arist. De int.) und 26 Wochen Priscian und Logica nova (Aristoteles: Topik und Metaphysik). [42] Mit ihrem wissenschaftlich-formalistischen Unterricht setzen die Modistae auch ein deutliches Unterscheidungssignal zu den traditionellen Grammatik- und Literaturlehrern, die auch entsprechend enger mit dem Lehrfach Rhetorik verbunden sind. Exemplarisch läßt sich diese Abgrenzung im Lehrplanstreit des 13. Jh. nachvollziehen: in der ‹bataille des sept arts›. [43] Der Disput handelt über den Vorrang der *artes* (Logik, logische Grammatik) oder *auctores* (deskriptive Grammatik, Literatur, Rhetorik) im Studium der Artistenfakultät und wird v. a. zwischen den Universitäten Paris und Orléans ausgetragen. Paris plädiert für einen revidierten *artes*-Lehrplan ohne deskriptive Grammatik (diese gehört als Propädeutikum in die Schule), Orléans votiert für eine solide Grammatikausbildung und die Lektüre der klassischen Autoren – ein frühhumanistisches Konzept. Während sich das Pariser Modell an den Universitäten durchsetzt, orientiert sich der schulische G. am Konzept von Orléans, auf dem v. a. die *ars poetriae* und die Kunst der Interpretation aufbauen.

Ein anderer kritischer Disput, der schon den philologischen Anspruch des Humanismus anzeigt, wird von italienischen Grammatikern wie SULPICIUS VERULANUM, ANTONIUS MANCINELLUS oder ALDUS MANUTIUS ausgelöst – ein Disput, der sich gegen das barbarische, unverständliche und fehlerhafte Latein des Mittelalters richtet und u. a. auch das ‹Doctrinale› des Alexander de Villa Dei scharf verurteilt und aus dem G. verdrängt. [44] Schließlich ist noch auf ein Spannungsverhältnis hinzuweisen, das während des ganzen Mittelalters latent vorhanden ist: das Verhältnis zwischen Theologie und (heidnischer) Grammatik, befördert durch das christliche Telos von Erziehung und Unterricht. Die Vorgeschichte beginnt schon bei Cassiodor, der mit dem praktischen Versuch einer Synthese von christlich-religiöser Erziehung und klassisch-antiker Schule, mit seiner *schola vivarium* (bei Squillace), scheitert. [45] Manifest wird die Kritik an den antiken *artes* bei GREGOR D. GR. (um 540–604), der z. B. in einem Brief an Bischof Didier von Vienne den heidnischen G. verdammt. Gregor – selbst korrektes Latein beherrschend – geht sogar soweit, «eine Art christlicher Anti-Grammatik aus Metacismen, Barbarismen und falschen modi und casus zu vertreten.» [46] Der antike *grammaticus* gilt als *haereticus*, als natürlicher Feind der Bibelsprache. Für Gregor ist es unwürdig, die himmlische Botschaft auf die Regeln des Donat festzulegen («restringam sub regulis Donati»). PETRUS DAMIANI (1007–1072) reformuliert diese metaphorisch zugespitzte Kritik: Ein «wissen-schaftliches Studium, an dessen Anfang die vom Teufel gemachte Grammatik als Beginn des Lehrplans steht, ist nichts anderes wie Götzendienst.» [47] In die Reihe der Kritiker reiht sich auch EKKEHARD IV. von St. Gallen ein: Die erhaltene Sammlung seiner Schülergedichte (11. Jh.) enthält u. a. auch eine ‹confutatio grammatice›, eine Zurückweisung der heidnischen Sprachlehre. [48] Allerdings bleibt diese Kritik für den G. des Mittelalters ohne Folgen.

Anmerkungen:

1 vgl. R.A. Kaster: Guardians of Language (London 1988) 70ff. – **2** Klemens von Alexandria, Stromateis I, 9, 43; vgl. J. Dolch: Lehrplan des Abendlandes (1965) 73. – **3** Augustinus, De magistro, Übers. von G. Weigel (1973) 249ff.; ders., De ordine II, 12; Dolch [2] 75. – **4** Werke in ML 22–30. – **5** Cassiodor, Variae, in: MGH, Auct. antiqu., Bd. 12, S. 286; IX, 21; vgl. ders., Institutiones divinarum et saecularium litterarum II, 1, 1–3; Dolch [2] 79; J.J. Murphy: Rhetoric in the Middle Ages (Berkeley u. a. 1974) 64ff. – **6** vgl. Isid. Etym. II, 16, 2 und ML 82, 73a – 78c. – **7** Mart. Cap. III, 231, Übers. Verf.; ders. IV, 349; vgl. Dolch [2] 69; T. Ballauf, G. Plamböck: Päd., Bd. 1 (1969) 206; E.R. Curtius: Das mittelalterl. Bildungswesen und die Grammatik, in: RF 60 (1947) 1ff. – **8** vgl. W.O. Schmitt: Lat. u. griech. „Donatus", in: Philologus 1/123 (1979) 99ff. – **9** vgl. dazu: M. Glück: Priscians Partitiones und ihre Stellung in der spätantiken Schule (1967). – **10** vgl. ebd. 23ff. – **11** vgl. J. Müller: Quellenschr. und Gesch. des deutschsprachlichen Unterrichts (ND 1969) 189, Anm. 3; F.X. Thalhofer: Unterricht und Bildung im MA (1928) 32ff. – **12** vgl. Alkuin, in: ML 100, 101; MG, Epistulae IV, 2; Verfasserlex. Bd. 1 (1978) Sp. 249f.; Gramm. Lat. VII, 295–312; Dolch [2] 99ff.; Curtius [7] 12f. – **13** H. Weber: Die Ausbildung der dt. Grammatik, in: Histoire, Epistémologie, Langage IX, 1 (1987) 111ff. – **14** ebd. 114. – **15** Müller [11] 195. – **16** vgl. P. Ochsenbein: Latein und Dt. im Kloster St. Gallen, in: A. Masser, A. Wolf (Hg.): Geistesleben um den Bodensee im frühen MA (1989) 110. – **17** Müller [11] 1. – **18** MGH, Leges II, 1, 60; MGH, Paed. 41, 143; vgl. Dolch [2] 110; S. Sonderegger: Notker III. von St. Gallen und die ahd. Volkssprache, in: Masser, Wolf [16] 139ff.; P. Piper (Hg.): Die Schr. Notkers und seiner Schule, Bd. I–III (1882/83); S. Jaffe: Antiquitiy and Innovation in Notkers Nova Rhetorica, in: Rhetorica, III/3 (1985) 165ff.; T.M. Conley: Rhetoric in the European Tradition (Chicago/London [2]1994) 89f. – **19** vgl. S. Heinimann: Zur Gesch. der grammatischen Terminologie im MA, in: Zs für Roman. Philol. 79 (1963) 27f.; Murphy [5] 160. – **20** Dominicus Gundissalinus, De divisione philosophiae, hg. von L. Baur (1903) 193. – **21** vgl. dazu Murphy [5] 167ff.; Dolch [2] 136ff. – **22** vgl. J. Huizinga: Herbst des MA ([6]1952) 152; E.R. Curtius: Europ. Lit. und lat. MA ([10]1984) 134ff.; W. Goetz: Die Enzyklop. des 13. Jh. (1936) 242ff. – **23** vgl. Thalhofer [11] 124; zu den Werken: E. Faral: Les arts poétiques du XIIe et XIIIe siècle (Genf/Paris 1982); W.M. Purcell: Eberhard the German and the Labyrinth of learning, in: Rhetorica XI, 2 (1993) 99; D.M. Schenkeveld: Figures and tropes. A border-case between grammar and rhetoric, in: G. Ueding (Hg.): Rhet. zwischen den Wissenschaften (1991) 149ff.; vgl. Onulf von Speyer, Colores rhetorici, hg. von W. Wattenbach, in: Sitzungsber. der Preuß. Akad. der Wiss. 20 (1894) 359ff.; P. Salmon: Über den Beitrag des grammatischen Unterrichts zur Poetik des MA, in: Archiv für das Studium der neueren Sprachen und Literaturen 199 (1963) 65ff. – **24** vgl. Thalhofer [11] 113; R. Köhn: Schulbildung und Trivium im lat. Hochmittelalter, in: J. Fried (Hg.): Schulen und Studium im sozialen Wandel des hohen und späten MA (1986) 226ff. – **25** vgl. Curtius [22] 59, 61; Dolch [2] 147f.; Köhn [24] 237f. – **26** vgl. S. Ijsseling: Rhet. und Philos. (1988) 75ff. – **27** vgl. Köhn [24] 250f. – **28** Johannes von Salisbury, Metalogicon I, 12 und I, 25, in: ML 199, 840 D und 856 D; Thierry von Chartres, Prolog zum ‹Heptateuchon›; Hrabanus Maurus, De institutione clericorum, in: ML 107, 395; Alkuin, in: E. Garin: Gesch. und Dokumente der abendländischen Pädagogik I (1964) 42, Anm. 9; vgl. H. Wolter: Gesch. Bildung im Rahmen der Artes liberales, in: J. Koch (Hg.): Artes liberales (1959) 70ff. –

29 Thomasin von Zerclaere: Der wälsche Gast (1215–16) Vers 8937. – **30** F. A. Specht: Gesch. des Unterrichtswesens in Deutschland (1885) 205. – **31** vgl. Murphy [5] 160, 172f. – **32** Text in: D. Limmer: Pädag. des MA (1958) 48f. – **33** vgl. Specht [30] 113. – **34** Honorius Augustodunensis, De animae exilio, in: ML 172, 1243 A, übers. von J. Bühler; vgl. Dolch [2] 116. – **35** vgl. A. Wendehorst: Wer konnte im MA lesen und schreiben?, in: Fried [24] 19ff. – **36** vgl. Specht [30] 114. – **37** vgl. H. Roos: Die modi significandi des Martinus de Dacia (1952) 77ff. – **38** vgl. dazu: J. Pinborg: Mittelalterliche Sprachtheorien, in: Fides Quaerens Intellectum, FS H. Roos S.J. (Kopenhagen 1964) 66ff.; J. F. Huntsman: Grammar, in: D. L. Wagner (ed.): The seven Liberal Arts in the Middle Ages (Bloomington 1986) 80ff.; E. Gössmann: Antiqui und Moderni im MA (1974). P. H. Salus: Universal Grammar 1000–1850, in: H. Parret (ed.): History of Linguistic Thought and Contemporary Linguistics (1976). – **39** vgl. H. Roos: Sprachdenken im MA, in: Classica et Medievalia, 9 (1947); ders.: Die Modi Significandi des Martinus De Dacia (1952); Siger de Courtrai, Summa modorum significandi, in: G. Wallerand: Les philosophes belges, VII (1913). – **40** vgl. Huntsman [38] 82ff.; Pinborg [38] 68ff. – **41** vgl. Pinborg [38] 73ff. – **42** vgl. H. Roos: Die Stellung der Grammatik im Lehrbetrieb des 13. Jh., in: Koch [28] 95; Wolter [28] 70. – **43** vgl. J. L. Paetow: The Battle of the Seven Arts = Memoirs of the University of California 4, 1 (1914); R. H. Robins: Ideen- und Problemgesch. der Sprachwiss. (1973) 15. – **44** vgl. Ballauf, Plamböck [7] 543ff. – **45** vgl. D. Illmer: Formen der Erziehung und Wissensvermittlung im frühen MA (1971) 61. – **46** vgl. Gregor d. Gr., Epistula XI, 34 in: MG Epistulae II, S. 303; Illmer [45] 64. – **47** vgl. H. Fichtenau: Mensch und Schrift im MA (1946) 151; Dolch [2] 112; Petrus Damiani, De sancta simplicitate scientiae ..., in: ML 145, 695 Bff. – **48** vgl. P. Stotz: Dichten als Schulfach – Aspekte mittelalterl. Schuldichtung, in: Mittellat. Jb. 16 (1981) 2.

Literaturhinweise:
J. Freundgen: Alkuins päd. Schr. (1889, ²1906). – E. Lesne: Les écoles de la fin du VIIIᵉ à la fin du XIIᵉ siècle (Lille 1940). – M. M. Dubois: Aelfric – Sermonaire, docteur et grammerien (Paris 1943). – A. Kleinclausz: Alcuin (Paris 1948). – W. Wühr: Das abendländische Bildungswesen im MA (1950). – J. Fleckenstein: Die Bildungsreform Karls d. Gr. als Verwirklichung der norma rectitudinis (1953). – A. Holl: Die Welt der Zeichen bei Augustin (1963). – G. Glauche: Schullektüre im MA (1970). – J. Pinborg: Logik und Semantik im MA (1972). – N. Orme: English Schools in the Middle Ages (London 1973). – D. Reichling: Das Doctrinale des Alexander von Villa-Dei, krit.-exeg. Ausg. (ND New York 1974). – F. Mc Grath: Education in Ancient and Medieval Ireland (Dublin 1979). – H. Arens: Verbum cordis. Zur Sprachphilos. des MA, in: Historiographia Linguistica 7, 1/2 (1980) 13ff. – G. Hampel: Die dt. Sprache als Gegenstand und Aufgabe des Schulwesens vom Spätmittelalter bis ins 17. Jh. (1980). – J. J. Murphy: The Teaching Of Latin As A Second Language In The 12Th Century, in: Historiographia Linguistica VII : 1/2 (1980) 159ff. – L. Holtz: Donat et la tradition de l'enseignement grammatical (Paris 1981). – H. Ruef: Augustin über Semiotik und Sprache (1981). – H.-I. Marrou: Augustinus und das Ende der antiken Bildung (1982). – T. S. Maloney: The semiotics of Roger Bacon, in: Mediaeval Studies 45 (1983) 120ff. – S. Ebbesen (Hg.): Sprachtheorien in Spätantike und MA (1995).

2. *Byzanz.* Der oströmische Kulturraum steht in unmittelbarer Tradition der hellenistischen enkýklios paideía und der griechischen grammatiké téchnē, wobei zwischen einem rhetorischen Zweig des Lehrplanes (mit Grammatik) und einem philosophischen Ausbildungsgang unterschieden wird. Vom 13. Jh. an werden – wohl unter arabischem Einfluß – auch Mathematik und Realien unterrichtet. [1] An der Epochenschwelle von der Spätantike zum Mittelalter prägt die Autorität des griechisch und römisch-lateinisch gebildeten PRISCIAN die Wissenschaft und den Unterricht der Grammatik. Als Grammatiklehrer in Byzanz nimmt er nicht nur Einfluß mit seiner ‹Institutio›, sondern auch mit unterrichtsorientierten Werken wie den ‹Partitiones› oder der Regelsammlung ‹Institutio de nomine et de pronomine et verbo›. [2] Als einziges erhaltenes Lehrbuch in griechisch-lateinischer Sprache (fast als Interlinearversion mit lateinisch-griechischem Glossar) geht seinem Werk die Grammatik des DOSITHEUS (3./4. Jh.) voraus. Diese Grammatik zielt v. a. auf den rhetorischen und juristischen Gebrauch, wobei später angefügte Übersetzungsübungen als (Pseudo-)‹Dositheana Hermeneumata› tradiert werden. [3] Durch phonetische Änderungsprozesse entstehen eine Reihe von phonologischen Traktaten wie ‹περὶ τόνων› (Akzente), ‹περὶ πνευμάτων› (Hauchlaute) oder ‹περὶ ἀντιστοίχων› (Homonymie), die den Lautlehreanteil des G. modifizieren. [4] Zwischen dem 5. und 14. Jh. wird das grammatische Wissen und der G. geprägt durch die Schriften von THEODOSIUS VON ALEXANDREIA (5./6. Jh.), GEORGIOS CHOIROBOSKOS (8. Jh.), MICHAEL SYNKELLOS (9. Jh.), der auch die Syntax aufnimmt, GREGORIOS PARDOS (12. Jh.), der Dialekte bespricht, MAXIMOS PLANUDES (13. Jh.), der einen grammatischen Dialog formuliert oder MANUEL MOSCHOPULOS (14. Jh.), der neben erotematischen Texten auch ein attizistisches Lexikon vorlegt. [5]

Der Unterricht beginnt traditionell «mit den grammata, d. h. Lesen, Schreiben, einfacher Sprachlehre, Lektüre der Klassiker, besonders des Homer; dann Rhetorik und Dialektik einschließlich Syllogistik». [6] Eine Stoffverteilung des G. kann folgendes Muster haben: 1. Alphabetisch geordnete Vokal- und Konsonantenkombinationen (als Majuskeln gelehrt); 2. Silben, Wortteile, Wörter; 3. Schreibung des eigenen Namens; 4. Übung von Formeln (Anrufung Gottes), Briefanfängen, Gebeten und Psalmen als Basis für grammatische Analysen und 5. Diktate (Reden, Fabeln) sowie kleine Aufsätze. Dieses profane Programm byzantinischer Schulen zielt auf fehlerfreies Schreiben (ἀσφαλτί, asphaltí) und grammatisch regelhafte Kombination (συντάσσειν, syntássein). [7] Im Elementarunterricht durchgeführte Konjugationsübungen demonstrieren an ausgewählten Paradigmen u. a. auch Schulstrafen: «τύπτω, týptō (schlagen) als Exempel für Verben auf ω (ō). Für dieses Beispiel – Belege schon im 2. u. 4. Jh. auf Papyri – verwendet z. B. Theodosios 40 Seiten. [8] Grundlage der eigentlichen grammatischen Unterweisung sind zunächst die Werke von Dionysios Thrax, Apollonios Dyskolos und Ailios Herodianos, versehen mit Scholien und sog. Epimerismen (unterrichtspraktische Übungseinheiten), orientiert am μερισμός, merismós, d. h. an der Zerlegung des Sprachstoffes in Redeteile und Wortklassen (grammatische Zergliederung) – eine Unterrichtsform mit einer langen Tradition (z. B. schon bei Sextus Empiricus beschrieben) und mit dem Ziel, die Elementargrammatik textnah zu vermitteln. Epimerismische Schriften liegen vor von Choiroboskos (zu Psalmen) und Priscian (zu Vergil). Sie können angesehen werden als eine lehrbuchhafte schriftliche Fixierung des didaktischen Gesprächs, die u. a. im Anlegen alphabetisch geordneter Wörterverzeichnisse mündet. Die Zerlegung eines Satzes oder Verses findet sich als Übung vom 11. Jh. an in ‹Schedographien›. Als Textgrundlage werden – neben der christlich-biblischen Literatur – die Werke von Homer (v. a. Ilias), Euripides, Menander oder Demosthenes im Unterricht verwendet. [9] Da keine Schulpflicht existiert, genießen nur wenige eine solide grammatisch-rhetorische Ausbildung, wobei vom Ausgang der Spätantike bis zum 7. Jh.

ein höherer Bildungsstand bei Klerus und Beamten angenommen werden kann als in späterer byzantinischer Zeit. [10]

Anmerkungen:
1 vgl. J. Dolch: Lehrplan des Abendlandes (²1965) 159. – **2** vgl. M. Glück: Priscians Partitiones und ihre Stellung in der spätantiken Schule (1967) 29. – **3** vgl. ebd. 30f. – **4** vgl. LMA, Art. ‹Grammatik›, Bd. IV (1989) Sp. 1639. – **5** vgl. ebd. – **6** Dolch [1] 158 – **7** vgl. H. Hunger: Schreiben und Lesen in Byzanz (1989) 76ff. – **8** vgl. ebd. 76 – **9** vgl. LMA [4]; Glück [2] 31ff.; 46. – **10** vgl. Hunger [7] 79ff.

Literaturhinweise:
L. Voltz: Zur Überlieferung der griech. Grammatik in byzantinischer Zeit, in: Fleckeisens Neue JB 139 (1889) 579ff. – H. Hunger: Die hochsprachl. Lit. der Byzantiner, Bd. 2 (1978) 10–50, 78–83.

3. *Islamische Kultur.* Die philologisch gesammelte und kommentierte vorislamische Dichtung, der Sprachgebrauch der arabischen Beduinen und die Texte des Koran stellen das Sprachmaterial dar, bei dessen Beschreibung, Normierung und Tradierung die arabische Nationalgrammatik entwickelt wird. Der Aufstieg des Arabischen zur geographisch weiträumigen Kultursprache verstärkt die normative Intention (Kalām al-ʿArab), deren wesentliches Kriterium die Analogie ist. Insofern wird die Grammatik zu einer «Grundwissenschaft des Islam», wobei die Lehrer der Grammatik eine autonome arabische Lehrüberlieferung begründen, obwohl der Islam «in das geistige Milieu des ausgehenden Hellenismus hineingeboren» wird. [1] Die arabische Grammatik, Logik und Philosophie kann zwar den «Einfluß der hellenistischen Bildung in den städtischen Zentren nicht verleugnen [...]», doch «kommen die Anstöße zur Begründung der Sprachwissenschaft von innen, und sie folgt ihrem eigenen Gesetz.» [2] Die arabischen Grammatiken erwähnen zwar keine griechischen Vorgaben, dennoch sind Strukturähnlichkeiten zu erkennen 1. in der Terminologie, die von griechisch/aramäisch sprechenden Schülern an die arabischen Lehrer vermittelt wird, 2. in der Adaption des Analogieprinzips (qiyās), 3. im Kasus- und Flexionssystem (ṣarf), 4. im logischen Satzbegriff (kalām), 5. im Stellenwert der Sprachrichtigkeit (ʿArabīya, i ʿrab), 6. in der Wortklasseneinteilung (griech. ónoma – rhēma; arab. ism – fiʿl) sowie 7. in der Exegese heiliger und dichterischer Texte (tafsīr, ḥadīṯ), verbunden mit deren korrekter Tradierung (riwāya) und gerichtet gegen *corrupta eloquentia* und fehlerhaften Sprachgebrauch (laḥn). [3] Die These vom hellenistischen Einfluß geht auch von der Vermittlung durch syrische Gelehrte und Grammatiker aus. So war z. B. Dionysios Thrax in syrischer Übersetzung vorhanden sowie ‹De interpretatione› (Lehre vom logischen Satz) von Aristoteles – ein Einfluß grammatisch-logischer Schriften insbesondere auf die Lehre (kalām) im Hochmittelalter. [4] Syrische Texte zu Grammatik und aristotelischer Philosophie liegen seit dem 6. Jh. vor (z. B. von Sergius von Reshina, gest. 536) und prägen den hellenistisch strukturierten Bildungsweg syrischer Wissenschaftler wie er z. B. von Jakob Bar Shakkos (gest. 1241) im 1. Buch seiner ‹Dialoge› beschrieben wird: Grammatik, Poetik und Rhetorik mit *copia*-Übungen (Lexik) im Syrischen. Vorübungen mit Fabel (matlā), Sentenz (peletā) und Charakterisierung (ʿbīdūt parṣōpā) sind Teil des Erziehungsprogramms – ausgeführt am Beispiel des syrischen Dichterkanons (Aswana, Ephraim Balai, Isaak von Antiochien, Jakob von Sarug). Ein wichtiges Zeugnis für eine abgestufte sprachliche Ausbildung liefert die ‹Rhetorik› des Antonius von Tagrit (ca. 9. Jh.), der die Nützlichkeit der Grammatik und Poetik für die rhetorische Lektüre (l-gryn 'rhyṭry') hervorhebt. Auf dieser Basis wird das Studium von Logik/Philosophie, Theologie, Medizin und Recht aufgebaut. [5]

Als Begründer der arabischen Grammatik gilt der Basraner Abu L'Aswad (gest. 688), als dessen Gewährsmann der Prophetenneffe ʿAli-ben-Abi Tâlib angesehen wird. [6] Die Ausarbeitung von Wissenschaft und Lehrprinzipien erfolgt v. a. in Bagdad (Juristen, Theologen, Dichter) etwa ab 763 z. B. durch Al-Halil Ibn Aḥmad (gest. zwischen 776 u. 791) und durch den Perser Sibaweih (gest. ca. 796) in Basra, der das erste umfassende Werk der arabischen Grammatik vorlegt und als arabischer 'Priscian' gilt. Sein Werk ist für seine Nachfolger in den Philologenschulen von Basra, Kufa und Bagdad das ‹al-kitāb›, das Buch schlechthin. Das ‹Kitāb› umfaßt 574 Abschnitte zu Syntax, Lexik, Kasus und Phonetik und gilt als «Koran der Grammatik». Es wird für Unterrichtszwecke mit Kommentaren, Kollationen und Randglossen (ḥāšiya) versehen und zielt – synchron-deskriptiv interessiert – auf die ʿArabīya, die sprachliche Korrektheit. «Über dieses Ziel [...] hinaus hat die Grammatik auch eine große Bedeutung als Hilfswissenschaft für die traditionellen islamischen Wissenschaften, die Koranexegese (tafsīr), das Recht (fiqh), die Wissenschaft der Koranlesarten (quirāʾa) und die Auslegung der religiösen Tradition (ḥadīṯ).» [7] Neben der theologisch-philologischen Richtung läßt sich eine philosophisch-logische Sprachbetrachtung unterscheiden, die die Sprache als rational beschreibbare Konvention (iṣṭilāḥ) betrachtet und durchaus hellenistisch beeinflußt ist. Eine Zusammenschau findet bei Ibn As-Sarrag (gest. 928) statt, der Sibaweihs Grammatik rational rekonstruiert. Er ist Schüler des Logikers Al-Farabi (gest. 950), an dessen lateinisch übersetzte Werke (‹De scientiis›) z. B. der mittelalterliche Polyhistor Vincenz von Beauvais anknüpft. [8] Obwohl auch Az-Zaggagi (gest. 949) mit aristotelischen Kategorien vertraut ist, formuliert er wie al-Farabi eine arabische Grammatik: sinā ʿat an-naḥw. Zudem bleibt der Autoritätsanspruch der philologisch-theologischen Lehrrichtung bis ins 14. Jh. bestehen. [9] Eine andere Konkurrenz läßt sich zwischen den Schulen von Basra und Kufa beobachten: Basra und Sibaweih folgen als Systematiker dem Prinzip der Analogie (qiyās), während in Kufa z. B. Al-Farra (gest. 822) eine Position der Anomalie (šaḏḏ) vertritt und an literarischen Werken orientiert ist, ein Diskurs (maǧālis), der dem *artes-auctores*-Streit des westeuropäischen Mittelalters vergleichbar ist. [10]

Da der G. kein offizielles Curriculum besitzt und oft freiwillig stattfindet, sind die meisten Grammatiklehrer aus Gründen des Lebensunterhaltes hauptamtlich Juristen, Richter oder Koranexperten. Auch sind sprachliche Subtilitäten und grammatische Probleme Gegenstand von Debatten am Hof der Kalifen. Grammatiker werden häufig als Prinzenerzieher nach Bagdad oder Samarra berufen, denn Grammatik gehört ganz zur feinen Bildung (adab). [11] Ein wichtiges didaktisches Buch der Bagdader Zeit ist das ‹Kitāb al-Ǧumal› von az-Zaǧǧāǧi und beispielhaft das Werk von Ibn Ginni (gest. 1002) über Phonetik, Morphologie, Koran-Lesarten, Prosodie, Dichterexegese, Syntax, Sprachursprung und Rhetorik, das nicht nur die Analogie, sondern auch den Gebrauch (samāʿ, naql; fuṣaḥā) reflektiert. Gebräuchlich sind auch erotematische Lehrbücher wie das von AR-RUMMANI (‹Šarḫ›) und versifizierte Werke wie ‹al-'Awāmil al-mi'a› von AL-GURGANI oder ‹Alfīya› von IBN MALIK (gest. 1274). Schriften über die Sprachfehler des Volkes (laḥn al-'amma), z. B. die in Sizilien enstandenen Texte des IBN MAKKI AS-SAQALI (11. Jh.) ergänzen diese Grammatiken. Die Verbreitung erfolgt durch Lehrer von Persien über Ägypten, Nordafrika und Spanien bis zum Polyhistor AS-SUYUTI (gest. 1505). [12] Als Grundstruktur einer arabischen Grammatik kann eine Dreigliedrigkeit angenommen werden: 1. naḥw (Satz, Wortarten, grammatische Kategorien), 2. ṣarf (Wortveränderung, Wurzel, Derivation) und 3. tagwīd (Buchstaben und Lautlehre). [13]

«Die semantische Seite der Sprache war dabei von keiner Bedeutung für den Grammatiker: Zwar hat jedes Wort sowohl eine phonetische (lafẓ) wie eine semantische Seite (ma'nā), aber das Studium der Bedeutungen (ma'ānī) war den *Rhetorikern* vorbehalten [...].» [14] Im 12./13. Jh. ist die Funktion und der Lehrinhalt der Rhetorik festgeschrieben: Als ein Grundpfeiler der sprachlichen Bildung bestimmt sie die Auswahl der grammatischen Muster nach dem jeweiligen Überzeugungsziel, bespricht sie Metapher und Gleichnis sowie die Figuren und den Redeschmuck. Dabei gilt, daß Korrektheit und Klarheit des Ausdrucks (faṣāḥa) die Voraussetzungen der Beredsamkeit (balāga) sind. Dieses terminologische Paar entspricht also dem lateinischen *recte dicendi* und *bene dicendi scientia*. [15] Auch bildet sich eine rhetorische Koranexegese heraus wie im ‹kitāb al-badī'› des IBN AL-MU'TAZZ (gest. 908), in deren Rahmen unter lexikalischen und grammatischen Aspekten Bedeutungsnuancen (wuǧūh) von schwierigen (muškil), mehrdeutigen (mutašābīh) oder ungewöhnlichen (ġarīb) Koranstellen untersucht werden. «Den Höhepunkt rhetorischer Studien in der islamischen Welt» bezeichnet das Werk des Persers AL-GURGANI (gest. 1078), in dem Grammatik und Rhetorik eine spezifische Verbindung eingehen mit einer modern anmutenden Feststellung von Sprecherintentionen und mit einer syntaktisch-lexikalischen sowie semantisch-figürlichen Untersuchung der Sprache. [16] Schließlich beginnt im 10. Jh. eine Poetik mit Dichtervergleich und -kritik, Stilbeschreibung und Figurenanalyse mit Hilfe eines literarischen Begriffsarsenals, das vom 13. Jh. an in einer schulgemäßen Rhetorik festgeschrieben wird – auch im Sinne einer Rhetorisierung der Literaturtheorie. [18] Insofern befindet sich die Grammatik – ebenso wie im mittelalterlichen Westeuropa – auch im arabischen Sprachraum in einem Spannungsfeld zwischen Rhetorik, Schriftexegese, Logik und Poetik.

Anmerkungen:
1 G. Endress: Grammatik und Logik. Arabische Philol. und griech. Philos. im Widerstreit, in: B. Mojsisch (Hg.): Sprachphilos. in Antike und MA (Amsterdam 1986) 165, 176. – **2** ebd. 167. – **3** vgl. ebd. 169ff.; C.H.M. Versteegh: Die arabische Sprachwiss., in: H. Gätje (Hg.): Grundriß der arabischen Philol., Bd. II (1987) 148, 151f. – **4** vgl. F. Rundgren: Über den griech. Einfluß auf die arabische National-Grammatik, in: Acta Societatis Linguisticae Upsaliensis, Nova Series, 2:5 (1976) 124f.; Endress [1] 178; Versteegh [3] 151f. – **5** vgl. J. Watt: Grammar, Rhetoric, and the Enkyklios Paideia in Syriac, in: Zs. der dt. Morgenländ. Ges. 143 (1993) 45ff.; N. Rescher: The development of Arabic Logic (Pittsburgh 1964); F.E. Peters: Aristoteles Arabus (Leiden 1968). – **6** vgl. Rundgren [4] 119; A.F.M. von Mehren: Die Rhetorik der Araber (Kopenhagen/ Wien 1853; ND 1970) 3; Versteegh [3] 150. – **7** Versteegh [3] 148, 150; Endress [1] 167f. – **8** vgl. Versteegh [3] 148; P. Salmon: Über den Beitrag des grammatischen Unterrichts zur Poetik des MA, in: Archiv für das Studium der neueren Sprachen und Literaturen 199 (1963) 72f. – **9** vgl. Endress [1] 201ff., 233. – **10** vgl. Versteegh [3] 156ff. – **11** vgl. ebd. 149. – **12** vgl. ebd. 149; 162ff. – **13** vgl. T.A. Amirova u.a.: Abriß der Geschichte der Linguistik (1980, orig. Moskau 1975) 141f. – **14** Versteegh [3] 165; von Mehren [6] 6. – **15** vgl. U.G. Simon: Mittelalterl. arabische Sprachbetrachtung zwischen Grammatik und Rhetorik (1993) 3ff. – **16** vgl. ebd. 13, 15f. – **17** vgl. W. Heinrichs: Poetik, Rhetorik, Literaturkritik, Metrik und Reimlehre, in: Gätje [3] 177ff.

Literaturhinweise:
K. Versteegh: Latinitas, Hellenismos, Arabiya, in: Historiographia Linguistica XIII: 2/3 (1986) 425ff. – G. Dahan et al.: L'arabe, le grec, l'hébreu et les vernaculaires, in: S. Ebbesen (Hg.): Sprachtheorien in Spätantike und MA (1995) 265ff.

III. *Humanismus, Reformation, Barock*. 1. Italienische Humanisten, bürgerliche Wissenschaftler, Poeten und Lehrer formulieren als erste die Prinzipien einer neuen bildungs- und geistesgeschichtlichen Aneignung der Antike, in bewußter Absetzung von der mittelalterlichen Weltsicht und mit einer differenzierten Übernahme des umstrittenen *artes*-Lehrplanes. Allerdings beginnt die humanistische Bewegung bereits im späten Mittelalter v. a. mit DANTES (1265–1321) Werk ‹De vulgari eloquentia› (um 1304) und mit den Schriften von PETRARCA (1304–1374) und COLUCCIO SALUTATI, die mit ihren muttersprachlichen Reflexionen und ihrer an der Antike geschulten Beredsamkeit auch auf die Schulbildung einwirken. [1] Gegen den scholastischen Primat von Logik und Dialektik, gegen die Abwertung von Rhetorik und Grammatik zu schulischen Vorübungen und Hilfswissenschaften formuliert der Renaissance-Humanismus ein dezidiert rhetorisch-grammatikalisches Programm: Nicht die Metaphysik einer spekulativen Grammatik, nicht die Formalismen der *disputatio* sollen gelehrt werden, sondern die kluge Rede und das gebildete Gespräch über alle Wissensgegenstände *(ars bene dicendi, eloquentia)* sowie der regelgemäße Gebrauch der Sprache *(ars recte dicendi, grammatica)*. Vorgetragen wird ein philologisch und philosophisch ausgearbeitetes humanistisches Bildungsprogramm gegen die «Pseudophilosophen» und für die «wahre philosophische Methode». [2] MARIUS NIZOLIUS empfiehlt in seinem Werk ‹De veris principiis, 1553› folgende Grundsätze: 1. Gründliche Kenntnis der griechischen und lateinischen Sprache, 2. genaue Beherrschung der grammatischen und rhetorischen Regeln, 3. kontinuierliche Lektüre anerkannter griechischer und lateinischer Autoren und Beherrschung der eigenen Muttersprache, 4. freie und unvoreingenommene Form des Denkens sowie 5. klare und verständliche Begriffsbildung. [3] Die Jugend ist nach dem Vorbild der antiken Klassiker zu angemessenem, richtigem Sprachgebrauch zu erziehen, wobei die gegebene Situation und die geschichtlichen Umstände zu beachten sind. [4] Die Klassiker werden dabei nach philologischen Methoden angeeignet (allen voran Cicero), übersetzt, interpretiert und neu herausgegeben. *Sapientia* (Philosophie) und *eloquentia* (Rhetorik) bringt der Humanismus im Sinne von Ciceros philosophischem Rednerideal wieder in ein neues Fundierungsverhältnis. «In dieser Überzeugung wurzeln humanistische Bildung und humanistische Pädagogik, wurzelt die Hochachtung vor der sprachlichen Form [...]» [5], ein Bildungsbegriff, den LEONARDO BRUNI in seiner Allgemeingültigkeit entfaltet. [6] Gegen die Scholastik und Theologie, gegen rationalistischen Aristotelismus und die *artes reales* (Naturwissenschaften) werden die *artes sermocinales* in den

Mittelpunkt gerückt und damit die Rhetorik und Grammatik neben der Geschichte und Poetik *(studia humanitatis)*. [7]

Dies wird befördert durch Schriften von LORENZO VALLA (‹Elegantiae Latini sermonis›, 1444) oder durch die ‹Minerva› (Lyon 1562) von SANCTIUS, deren Einleitung programmatisch für die gesamte Renaissance ist: «Grammatici [...] sermonis Latini custodes sunt, non auctores» (Die Grammatiker sind die Wächter, nicht die Schöpfer der lateinischen Sprache). Zuvor hatte schon GUARINO VON VERONA (gest. 1460) den Lehrplan konsequent auf die *studia humanitatis* ausgerichtet: Rhetorik stellt nach Elementarerziehung und G. die höchste Ausbildungsstufe dar. Dem G. sind dabei die *exercitatio* der lateinischen Sprache, Autorenexzerpte und Musterphraseologien zugeordnet. [8] Wichtig für die philologische Formung der lateinischen Sprache und die Antike-Rezeption sind z.B. Werke von THEODOROS GAZA (1389–1475), ein griechischer Gelehrter, der 1447 öffentlicher Lehrer für Griechisch in Ferrara wurde. Seine erstmals 1495 publizierte Grammatik (vgl. Abb. 6), die von Erasmus 1516 ins Lateinische übersetzt wurde, sowie seine Aristoteles- und Theophrastübersetzungen tragen bei zur Ausbreitung des Griechischstudiums in Europa. Als wegbereitend erweisen sich auch die Publikationen von J.C. SCALIGER, der in ‹De causis linguae Latinae libri XII› (1540) u. a. die Sprachrichtigkeitsfrage thematisiert, die Varro-Philologie von J.J. SCALIGER (‹Coniectanea in Varronem›, 1565) oder der ‹Antibarbarus› (1520) und die Schrift ‹De octo partium constructione› (1511) von ERASMUS VON ROTTERDAM. [9]

Der Sprachunterricht ist der Aussprache, der Korrektheit und dem Stil gewidmet, wobei die Grammatik als Teil der Rhetorik bzw. als ihre notwendige Ergänzung begriffen wird: «Manche Autoren definierten deshalb diese beiden Künste recht elegant κατ' αναλογίαν, indem sie sagten, Grammatik, das sei die heranwachsende Rhetorik, Rhetorik aber die erwachsene und ausgereifte Grammatik.» [10] Erstes Ziel der humanistischen Spracherziehung ist die Eloquenz, alle anderen Fächer werden der Beredsamkeit untergeordnet. «Die ersten vier Jahre waren fast ausschließlich der Grammatik der antiken Sprachen vorbehalten, dazu wurden [...] klassische Autoren gelesen; nach dieser gründlichen Vorbereitung erst begannen die Studien in Rhetorik und Dialektik, denen die Fächer des Quadriviums folgten.» [11] Eine Änderung dieser Gewichtung der Artesfächer bringt erst die Reformation mit der Betonung der Muttersprache und des Religionsunterrichts *(sacra studia)*. Zunächst gilt jedoch der Primat der G., wie eine protestantische Schulordnung von 1546 zeigt: «Erstlich soll die Grammatica, als die Mutter und Ernährerin der anderen Künste, mit führnehmlichem Fleiß betrieben werden mit allen ihren Zugehörigen, als Orthographie, Etymologie, Syntax und Prosodie. Darneben nützliche lectiones aus guten Autoribus, al ex Terentio, Plauto, Cicerone, führnehmlich Epistolae Ciceronis et officia [...]» [12]. Zur Gewährleistung dieses Unterrichtsstoffes muß im Kollegium auch ein «Mag. philosophiae und Professor graecae linguae» sowie ein «Grammaticus und Rhetor» [13] zur Verfügung stehen. Ein ähnliches Muster zeigt der Lehrplan des A.S. PICCOLOMINI (1405–1464) im Traktat ‹De liberorum educatione, 1450›, und B. CASTIGLIONE (1478–1529) setzt im ‹Cortegiano, 1528; dt. 1565› neben die körperliche und ethische Erziehung des Adligen auch die humanistischen Studien: Latein, Griechisch sowie «gutes Reden und Schreiben der Muttersprache.» [14]

In Deutschland setzt sich der humanistische Lehrplan und die Dominanz des rhetorisch-grammatischen Unterrichts nur langsam durch, wobei die Naturwissenschaften *(artes mechanicae)* nicht verdrängt werden, wie Denken und Werk des NIKOLAUS VON CUES zeigen. [15] Dies gilt z. B. auch für das gewichtige dialogisch-didaktisch aufgebaute Werk des schwäbischen Kartäuserpriors GREGOR REISCH, die ‹Margarita philosophica› (Ausgaben ab 1496). [16] Gekennzeichnet ist dieses Werk durch eine Reihe von Graphiken und Illustrationen, die es zu einem Vorläufer des ‹Orbis pictus› machen. Davon ist das lehrplangeschichtlich bedeutsamste Bild das der Grammatik, das «erstmals ganz markant auch den Schüler, den Lernenden in die Darstellung aufnimmt.» [17] Auch dieses Werk setzt ein mit einer einfachen Buchstabenlehre und Grammatik nach Donat, kombiniert mit Prosa- und Lyriklektüre («grammaticae Latinae rudimenta, prosa & carmine»), auf denen Dialektik und Rhetorik aufbauen. [18]

Der Unterricht des Hoch- und Späthumanismus ist geprägt durch einen «frührationalistischen Ordnungsgedanken», der die gezielte Planung und Strukturierung des Schulwesens vorantreibt, beginnend im 15. Jh. und entwickelt im 16. Jh., das man als das Jahrhundert der Schulordnungen bezeichnen kann. [19] Die straffe Gliederung des Unterrichts ist wesentlich eine Leistung im deutschen Sprachraum. Zentrale Elemente dieser didaktisch-fachlichen Ausgestaltung sind das Lehrbuch, der Klassenverband und das Lehrerkollegium. [20] Dies bedeutet eine Abstimmung zwischen stofflichem Angebot, Lerngruppen und -alter sowie z. T. genau ausgearbeitete Stundentafeln und Tagespensa. Der G. wird dabei einer didaktisch-stofflichen Gliederung unterzogen, die von der «ABC-Tafel» und der donatischen Buchstabenlehre (Jüngste) bis zur Behandlung komplizierter Sprachprobleme und der Lektüre schwieriger Texte («Boetium oder rhetoricam») bei den Ältesten reicht (Ordnung der Wiener Schule zu St. Stephan). [21] Entsprechende Schulbücher werden produziert, wobei Elementargrammatiken immer noch unter dem Namen ‹Donate› firmieren, ohne mit der Grammatik Donats etwas gemeinsam zu haben. [22] Ein Stufenlehrplan mit ‚Klassen' (Sessiones, Zirkel, Rotten, Haufen) findet sich z. B. in Melanchthons ‹Unterricht der Visitatoren› (1528): «Der erste Haufen sind Kinder, die Lesen lernen [...] Der andere Haufe sind Kinder, so lesen können und sollen nun die Grammatik lernen.» Schließlich «mag man die Geschicktesten auswählen und den dritten Haufen machen.» [23] Für diesen gilt die Lektüre rhetorischer (Cicero) und schwerer poetischer Texte (Vergil, Ovid).

Neben den rhetorisch-traditionellen, grammatikgeschichtlichen und philosophisch-scholastischen Prägungen des G. wirken sich im Zeitalter des Humanismus und der Reformation auch muttersprachliche und konfessionelle Gestaltungsabsichten aus. LUTHER und MELANCHTHON (der eine griechische (1518) und lateinische (1526) Grammatik formuliert) betonen zwar den religiösen Wert der sog. ‹Kreuzsprachen› Hebräisch, Griechisch und Latein, denn nur deren Kenntnis trägt zum Erhalt des Evangeliums bei [24], doch kann sich in reformierten Gebieten auch der muttersprachliche Unterricht einen bescheidenen Platz in der Lateinschule erobern. Parallel dazu erfolgt der Religionsunterricht ebenfalls in deutscher Sprache. [25] Wichtige Anstöße für die muttersprachliche Ausbildung geben JOHANNS VON TEPL ‹Ackermann aus Böhmen› (1400) und Luthers Bibel-

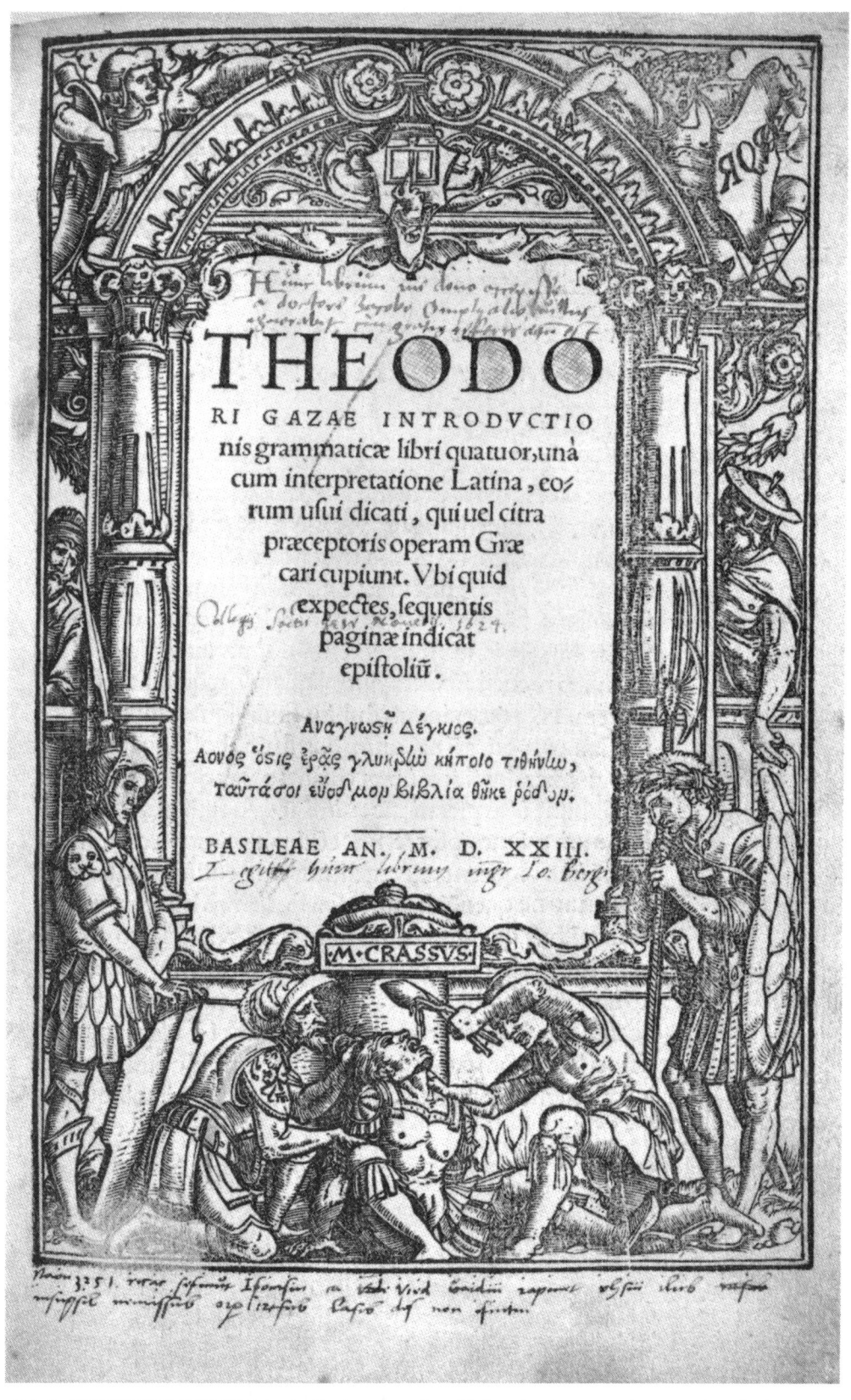

Abb. 6: *THEODORI GAZAE Introductionis grammaticae libri quatuor, una cum interpretatione Latina, eorum usui dicati, qui uel citra praeceptoris operam Graecari cupiunt. Ubi quid expectes, sequentis paginae indicat epistoliu.* Basel 1523

übersetzung (ab 1522). Der Elementarunterricht erfolgt anhand von ‹Donaten› mit deutschen Interlinearglossen, ehe mit V. ICKELSAMERS ‹Teutscher Grammatica› (1534) und einer Reihe von Folgewerken bis zum Ende des 16. Jh. eine reiche Literatur zur deutschen Grammatik und Orthographie entsteht. [26]

Dem gehen zunächst deutsche Orthographien voraus, die mit den Briefen und der Rhetorik ‹Schryfftspiegel› des NIKLAS VON WYLE (Stadtschreiber in Eßlingen 1443–69) beginnen, bzw. Grammatiken, die einen Sprachvergleich (Deutsch-Latein) aufnehmen und so mit zur Standardisierung der Muttersprache beitragen, wie das ‹Quadrivium Grammatices› (1511) von JOHANNES COCLAEUS oder die ‹Rudimenta grammaticae› (1517) von JOHANNES TURMAIR (AVENTINUS). [27] Neben solchen Grammatiken wird 1620 von J. BRÜCKNER eine ‹Teutsche Grammatic› vorgelegt, die als Einführung in die deutsche Rhetorik aufgefaßt werden kann: Auf die Bedürfnisse des praktischen Lebens und der Kanzlei abgestellt, behandelt diese Vorschule der Redelehre v. a. stilistisch wichtige Redeteile und bringt – als einzige deutsche Grammatik – einen Anhang zur Syntax (Periodenbau) sowie eine beispielreiche Interpunktionslehre. [28] In diese Reihe gehört auch die an Donats ‹ars minor› orientierte Schrift ‹Rudimenta grammatices› (1556) von JOHANNES MERCURIUS (Donatus latinogermanicus). [29] Die deutsche Sprache entwickelt sich so schrittweise von der *ancilla latinae linguae* (Magd des Lateins) zum eigenständigen Unterrichtsgegenstand. Dazu gehört auch eine Selbstrechtfertigung der Grammatiklehrer und Sprachpfleger v. a. vor den Fürsten im Hinblick auf die Ausbildung von Verwaltungsbeamten (Kanzeley): «ein Secretarius aber muß/.../auch ein guter Redner/fertiger Sprachmeister/und kluger Statskündiger seyn». [30]

Dies ist auch ein Gewinn für den G. in der deutschen Stadt- und Volksschule, deren eigentlicher Ursprung «im selbständigen Unterrichtsgewerbe der Schreib- und Rechenmeister in den aufblühenden Städten» [31] liegt. Entsprechende Schulbücher enthalten Schreibvorlagen, deutsche Grammatiken sowie Praktiken, Kanzleitexte und Formulare. Der deutsche G. in den besseren Schulen umfaßt zumindest Lesen, Schreiben als Schönschreiben, Rechtschreiben, Sprachlehre sowie Brieftexte und Geschäftsschreiben. [32] Wirklichen Wert auf muttersprachlichen Unterricht legt erst die ‹Stralsunder Schulordnung› von 1591. Die *lingua vernacula* bzw. der *sermo germanicus* werden jedoch auch hier unter religiöser Zielsetzung angeboten. [33]

Der gegenreformatorische Lehrplan des Jesuitengymnasiums ist Ergebnis der ‹Ratio studiorum› von 1599, ein humanistisch orientiertes Unterrichtswerk mit sprachlich-literarischem Schwerpunkt, deutscher Lektüre, deutsch-lateinischen Gesprächen sowie mit griechischer und lateinischer Grammatik und Poetik. Getrennt wird zwischen Philosophie, Theologie und Humaniora (Grammatik, Geschichte, Poetik, Rhetorik) in Ausrichtung am *orbis catholicus*. Der jesuitische Lehrplan gilt in den katholischen Gebieten europaweit. Der Klassenverband, der Lehrer und die formale grammatische Schulung bestimmen den Unterrichtsablauf. «Der Aufbau der Klassen samt der Bezeichnung der Schüler ist folgender:

Grammatica infima, 1–2 Jahre (Rudimentistae oder Parvistae)
Grammatica media, 1 Jahr (Principistae)
Grammatica suprema, 1 Jahr (Grammatistae)
Humanitas oder Poesis, 1 Jahr (Poetae)
Rhetorica, meist 2 Jahre (Rhetores)

Das ist der normale Gymnasialkurs, der eine elementare Vorbildung (Abecedarii) voraussetzt.» [34] Das Unterrichtswerk des E. ALVAREZ S.J. (1526–1582), die ‹De institutione grammatica libri tres› (Lissabon 1572), wird zum Standardbuch des Jesuitengymnasiums (ab 1599). Der Stoff ist folgendermaßen gegliedert (griechischer G.):

Infima: Anfänge, einfache Nomina, das substantivische Zeitwort und die einfachen Verba.
Media: Kontrahierte Nomina, Verba circumflexa [...], leichtere Formationen.
Suprema: Übrige Redeteile.
Humanitas: Ganze Syntax.
Rhetorik: griechische Metrik. [35]

Die Diskussion des Lehrplanes und die systematische Ordnung des Unterrichts in der Zeit des Humanismus und der Reformation sind kennzeichnend für die gesamte europäische Bildungsgeschichte. Die *ratio* der planenden Gestaltung im Schulwesen setzt sich durch gegen die bloße *traditio* mittelalterlicher Artes-Ordnungen.

2. In *England* bewirkt ein früh einsetzendes Nationalgefühl die Muttersprachlichkeit des Unterrichts (ab 1362). Die klerikale Ausrichtung, der Artes-Lehrplan und die Grammatiken des Donat und Priscian bestimmen jedoch zunächst den Bildungsweg. Die lateinischen *grammar schools* bleiben neben den *public schools* (2. Hälfte des 14. Jh.) erhalten. [36] Die sprachlich-grammatische Ausbildung und die *artes reales* werden jedoch gleichermaßen geschätzt. Das Schulwesen orientiert sich danach v. a. am Werk von T. ELYOT ‹The Boke named The Gouvernour› (1531), ein modernisierter Artes-Lehrplan. Die fünfklassige grammar school zeigt die dominierende Rolle des Lateinischen, den Einfluß neuer Schulbücher (z. B. Eton-Grammatik) und Gesprächsbücher *(colloquia)*, Übersetzungsübungen, Versschulen, Klassikerlektüren und – als Besonderheit – Französisch als Wahlfach. Griechische Grammatik wird selten gelehrt. [37]

Ehe sich im 16. Jh. das Englische im G. durchsetzen kann, dominieren lateinische Grammatiken, die jedoch für die nationalen Sprachlehren paradigmenbildend sind. Dazu gehört die bis 1867 wirksame Schrift von W. LILY ‹A shorte Introduction of Grammar – Brevissima Institutio› (1567) sowie die Bücher von T. LINACRE (‹Rudimenta Grammatices›, 1556) und P. RAMUS (‹Grammatica›, 1572). [38] Vor allem Ramus zielt auf ein «new program for grammar and rhetoric as well as for logic» (neues Programm sowohl für Grammatik und Rhetorik als auch für Logik). [39] Ramus legt fest: «Grammar is the art of speaking well [...]. Grammar is composed of two parts, etymology and syntax» (Grammatik ist die Kunst des richtigen Sprechens [...]. Grammatik besteht aus zwei Teilen, der Herkunfts-/Bedeutungslehre und der Satzlehre). [40] Kommunikative Kompetenz als Bildungsziel ist auch für den G. und das Erziehungsprogramm in England wesentlich. T. WILSON bringt dies in Versform zum Ausdruck:

«Grammar dothe teache to vtter vvordes.
To speake bothe apte and playne.»

(Grammatik lehrt die Wörter zu gebrauchen, sowohl angemessen als auch klar zu sprechen.) [41]

Englische Grammatiken für Hochschule, grammar schools und elementary schools verfassen u. a. W. BULLOKAR (‹Bref grammar for English›, 1586), der für den Lateinunterricht eine «perfect knowledge of English grammar» (vollständige Kenntnis der englischen Grammatik) voraussetzt, P. GREAVES (‹Grammatica Anglicana›, 1594) und A. GILL (‹Logonomia Anglica›, 1621). [42] Die didaktische Idee dabei ist häufig, nicht nur native speakers über die Grammatik der Muttersprache zu instruieren, sonderen das Englische auch als Fremdsprache erlernbar zu machen. Dies gilt z.B. für die ‹Grammatica Linguae Anglicanae› (1653) von J. WALLIS, der eine mechanistische Übertragung lateinischer Kategorien auf die englische Sprache ablehnt. [43]

3. In *Spanien* und den *Niederlanden* besitzt das Lehrplan-Buch ‹De disciplinis› (1531) von J.L. VIVES große Bedeutung. Er baut die Grammatik «zu einer humanistisch geprägten Sprachenschule» [44] aus. Neben der religiös-ethischen Fundierung bestimmt das Sprachliche *(eloquentia)* sein pädagogisches Konzept. Muttersprachliche Erziehung ist bei Vives Angelegenheit der Familie. Die Primärstufe in seinem Plan (7.–15. Jahr) ist wesentlich lateinische Vorbereitungsschule: Grundlegende Sprachelemente, Formen- und Satzlehre, dann eingehende Grammatik mit viel Lektüre, Aufsätze und einfache Griechisch-Studien. [45] Zugleich spielt bei Vives das rationalistisch bestimmte *iudicium* eine wichtige Rolle. In seinem Werk ‹De causis corruptarum artium› (1531) ist das 2. Buch der Grammatik gewidmet, wo er auch die Aufgabe des Lehrers *(grammatici officium)*, des *grammatistes* oder *litterator* anspricht: «Also ist es die Pflicht des Grammatikers, die Sprache und die Handschrift des Knaben zu formen, dann den Verstand, damit er sich zu den übrigen Künsten wendet [...]». [46] Ein frühes Beispiel der Anpassung einer Grammatik an eine lebende Sprache zeigt die ‹Gramática de la lengua castellana› (1492) von E.A. DE NEBRIJA (1444–1532). Als erste ausgearbeitete Grammatik einer romanischen Sprache und angelehnt an das lateinische Modell (Donat) zielt sie auf die Erlernung des Kastellanischen auch als Fremdsprache sowie auf die Erleichterung des Dialogs zwischen spanischen, lateinischen und arabischen Sprechern. Nebrijas Grammatik wiederum ist modellbildend für die Entwicklung der Grammatiken von Indianersprachen durch sog. Grammatikermissionare wie DOMINGO DE SANTO TOMAS (1560) oder BERNARDO DE LUGO (1619). [47]

4. Konkurrenzen zwischen sprachlich-literarischer und naturwissenschaftlich-logischer Schulung sind zunächst auch epochales Kennzeichen in *Frankreich*, verbunden mit der rationalistischen Kritik am Trivium bei RABELAIS, MONTAIGNE und RAMUS. [48] In Verbindung damit steht die Forderung nach Realitätsnähe und Pflege der Muttersprache – so in Ramus' französischer Grammatik. Die formalen Sprachtheorien und Grammatikmodelle von Port Royal (‹Grammaire Générale et Raisonnée›, 1660) werden dagegen nur akademisch wirksam und sind für den schulischen G. ohne Konsequenzen. Die ‹Grammairiens›, die auch pädagogisch interessiert sind, wenden sich gegen die Latinisierungsabsichten des südeuropäischen Humanismus und formulieren neben Verteidigungsschriften für das Französische auch nationale Grammatiken wie J. DUBOIS (1531), J. DU BALLAY (1549) oder P. RAMUS (^{2}1572). [49] «Ils avaient l'espoir de montrer le français aussi régulier que le latin» (Sie hatten die Hoffnung, nachweisen zu können, daß das Französische ebenso regelgerecht ist wie das Lateinische). [50] Der muttersprachliche G. der ‹Grammariens› enthält folgende Einheiten: 1. Orthographie (Buchstabenlehre), Aussprache (Lautlehre), Etymologie (Bedeutungslehre); 2. Rudimentäre Syntax (Wortarten, Satzlehre); 3. Lektüre (Beispielhafte Autoren); 4. Redeaufbau, -teile. [51] Im Laufe der Gegenreformation setzt sich jedoch wieder der klassisch orientierte Lehrplan des Humanismus durch, dessen Grundstufe 3 Klassen Grammatik des Lateinischen und Griechischen, 2 Klassen Lektüre und 1 Klasse Rhetorik aufweist. Für die Gymnasien gilt anschließend der Jesuitenlehrplan, die ‹Ratio et institutio›. [52]

Insgesamt kann gelten, daß der westeuropäische Humanismus des 15. und 16. Jh. eine Epoche der Sammlung, Diskussion und Weiterentwicklung vorausgegangener Bildungstheorien und Lernstoffe ist, daß die Konkurrenz zwischen logisch-philosophischen (Scholastik, Port-Royal), grammatisch-rhetorischen *(artes liberales)* und muttersprachlichen (Bibel, Literatur) Einflüssen auf den G. sowohl die Epoche prägt als auch Grundlage ist für die Entwicklung der Sprachwissenschaft (Philologie, Linguistik) und des G. (stofflich-didaktische Differenzierung) bis in die Moderne.

Anmerkungen:
1 vgl. J. Dolch: Lehrplan des Abendlandes (^{3}1971) 147ff.; G. Ueding, B. Steinbrink: Grundriß der Rhet. (^{3}1994) 74ff.; E. Kessler: Das Problem des frühen Humanismus (1968) 150ff.; B.L. Ullmann: The humanism of Colluccio Salutati (Padua 1963); K. Foster: Petrarch. Poet and Humanist (Edinburgh 1984); K. Leonhard: Dante (1981). – **2** Marius Nizolius: De veris principiis, übers. von K. Thieme (1980) Titel. – **3** ebd. 7 – **4** vgl. Ueding, Steinbrink [1] 75. – **5** ebd. 76. – **6** vgl. E. Garin: Gesch. und Dokumente der abendl. Pädag., Bd. I (1964) 190f. – **7** Dolch [1] 177. – **8** vgl. R.R. Bolgar: The Classical Heritage and Its Beneficiaries (Berkeley/Los Angeles 1978) 174ff.; Garin [6] Bd. II (1966) 37ff.; J. Latacz: Die Entwicklung der griech. und lat. Schulgrammatik, in: J. Gruber, F. Maier (Hg.): Alte Sprachen 1 (1979) 210ff. – **9** vgl. D. Cherubim: Varro Teutonicus, in: ZGL 23.2 (1995). – **10** Nizolius [2] 354. – **11** Ueding, Steinbrink [1] 77. – **12** R. Vormbaum (Hg.): Die evang. Schulordnungen des sechzehnten Jh., Bd. 1 (1860) 53f. – **13** ebd. – **14** Dolch [1] 181. – **15** vgl. ebd. 182. – **16** vgl. ebd. 253; L. Baur: Art. ‹Nizolius, M.›, in: LThK2, Bd. VII, Sp. 1013. – **17** Dolch [1] 184. – **18** vgl. W. Schmidt-Biggemann: Topica universalis (1983) 34f. – **19** vgl. Dolch [1] 188f. – **20** vgl. L. von Stein: Das Bildungswesen III, 1 (1884) 200f. – **21** Dolch [1] 190; vgl. F. Paulsen: Gesch. des gelehrten Unterrichts, Bd. 1 (^{6}1928) 130f.; J. Müller: Vor- und frühreformatorische Schulordnungen (1885/86) 56ff.; W. Moog: Gesch. der Pädag., Bd. 2 (1928) 139. – **22** Dolch [1] 191. – **23** vgl. Vormbaum [12] 5ff. – **24** vgl. H. Leser: Das pädag. Problem in der Geistesgesch. der Neuzeit, Bd. 1 (1925) 48ff. – **25** vgl. Dolch [1] 194f. – **26** vgl. M.H. Jellinek: Gesch. der nhdt. Grammatik, 1. Halbbd. (1913) 24, 47ff.; J. Müller: Quellenschr. und Gesch. des deutschsprachl. Unterrichts (ND 1969) 217ff. – **27** vgl. Jellinek [26] 35ff. – **28** vgl. ebd. 104ff. – **29** vgl. H. Puff: Grammatica Latina Deutsch, in: Daphnis 24/1 (1995) 62ff. – **30** vgl. A. Gardt: Sprachreflexion in Barock und Frühaufklärung (1994) 463. – **31** Dolch [1] 203; vgl. F.M. Schiele: Gesch. der Erziehung (1909) 84; W. Flitner: Die vier Quellen des Volksschulgedankens (^{2}1949). – **32** vgl. Dolch [1] 245. – **33** vgl. ebd. 207; Ueding, Steinbrink [1] 97ff. – **34** Dolch [1] 241; vgl. Paulsen [21] 423. – **35** Dolch [1] 241. – **36** vgl. ebd. 229; S.J. Curtis: History of education in Great Britain (^{3}1953) 24f.; B. Dreßler: Gesch. der englischen Erziehung (1928) 12. – **37** vgl. Dolch [1] 230. – **38** vgl. E. Vorlat: The Development of English Grammatical Theory 1586–1737 (Leuven 1975) 6ff. – **39** W.S. Howell: Logic and Rhetoric in England, 1500–1700 (New York 1961) 147. – **40** ebd. 151. –

41 T. Wilson: The rule of Reason (London 1551) Sig. B2r. – **42** vgl. Vorlat [38] 10ff. – **43** vgl. ebd. 28ff.; M. Lehnert: Die Grammatik des englischen Sprachmeisters John Wallis (1616–1703) (1936) 47ff. – **44** Dolch [1] 231. – **45** ebd. – **46** J. L. Vives: Über die Gründe des Verfalls der Künste, lat.-dt. Ausg. (1990) 267 u. 65ff. – **47** vgl. A. Lopez Garcia: Nebrija und die nichteuropäische grammatikalische Tradition, in: K. H. Wagner, W. Wildgen (Hg.): Rhetorik – Sprache und Denken – Ethnolinguistik (1993) 11ff. – **48** vgl. Dolch [1] 232; R. Hubert: Histoire de la pédagogie (1949) 41ff.; Latacz [8] 212. – **49** vgl. W. Meyer-Lübke: Historische Grammatik der frz. Sprache (^{5}1934) 15ff.; K. Nyrop: Grammaire historique de la langue française (Kopenhagen ^{5}1967) 72. – **50** vgl. P. Rickard: La langue française au seizième siècle (Cambridge 1968) 30; P. Swiggers, W. van Hoecke (Hg.): La langue française au XVIe siècle (Paris 1989). – **51** vgl. Rickard [50] 30. – **52** vgl. Dolch [1] 234.

Literaturhinweise:
P. Ramus: Scholae in Liberales Artes (Basel 1569; ND 1970). – H. Breitinger: Zur Gesch. der frz. Grammatik 1530–1647 (Frauenfeld 1867). – W. Scheel: Die dt. Grammatiken des 16. Jh. und ihr Verhältnis zum dt. Unterricht, in: Mitteilungen der Ges. für Erziehungs- und Schulgeschichte 15 (1905) 87–99. – S. B. Meech: Early Application of Latin Grammar to English, in: Publications of the Modern Language Association 50 (1935) 1012–1032. – O. Funke: Die Frühzeit der englischen Grammatik (Bern 1941). – L. Kukenheim: Contributions à l'histoire de la grammaire grecque, latine et hebraïque à l'epoque de la Renaissance (Leiden 1951). – C. G. Allen: The Sources of „Lily's Latin Grammar", in: The Library 5.9 (1954) 85–100. – S. Watanabe: Stud. zur Abhängigkeit der frühneuenglischen Grammatiken von den mittelalt. Lateingrammatiken (1958). – H. Weinrich: Vaugelas und die Lehre vom guten Sprachgebrauch, in: ZRPh 76 (1960) 1–33. – E. Ising: Die Herausbildung der Grammatik der Volkssprachen in Mittel- und Osteuropa (1970). – G. A. Padley: Grammatical Theory in Western Europe 1500–1700 (Cambridge 1976). – E. Kessler: De significatione verborum, in: Res Publica Litterarum 4 (1981). – R. Bergmann: Zur Normierung der neuhochdt. Schriftsprache, in: Sprachwiss. 7 (1982) 261–282. – ders.: Der rechte Teutsche Cicero oder Varro, in: Sprachwiss. 8 (1983). – F. v. Ingen: Die Sprachgesell. des 17. Jh., in: Muttersprache 96 (1986) 137–146. – J. Erben: Die Entstehung unserer Schriftsprache und der Anteil der Grammatiker am Normierungsprozess, in: Sprachwiss. 14 (1989) 6–28. – K. Jensen: Rhetorical Philosophy And Philosophical Grammar (1990). – W. Dahmen et al. (Hg.): Zur Gesch. der Grammatiken roman. Sprachen (1991). – W. P. Klein: Am Anfang war das Wort... (1992). – M. Tsiapera: The Port-Royal Grammar: Sources and Influences (1993). – H. Puff: Von dem Schlüssel aller Künsten/nemblich der Grammatica (1995).

IV. *Aufklärung.* 1. Universalistisch-enzyklopädische Ideen, die Entfaltung der Geistes- und Naturwissenschaften sowie ein polyhistorisches und realistisch-anthropologisches Bildungskonzept sind der kulturgeschichtliche Rahmen eines Zeitraumes, für den der Begriff der Aufklärung gilt. Die damit verbundenen Traditionen sind mit geprägt durch die Werke von Scaliger, Bacon, Vives, Alsted und G. P. HARSDÖRFFER (1607–1658), der 'Sprachspiele' verbunden mit nützlichem Sachwissen und unter Vermeidung von Fremdwörtern und Vulgarismen anbietet, um sprachliche Erziehungsarbeit zu leisten und die sittliche Integrität des deutschen Volkes, speziell der Jugend, zu heben – eine Alamode-Kritik am Sprach- und Sittenverfall und zugleich Sprachpflege. [1] Solche Werke tragen bei zur Entwicklung einer systematischen Lehrplantheorie, die an die Alters- und Lernstufen des Kindes angepaßt ist. Pädagogisch-enzyklopädisches Denken, wie in D. G. MORHOFS ‹Polyhistor literarius› (1688) mit dem Kapitel ‹De curricula scholastico› und in J. T. FREIGIUS' ‹Paedagogus› (1583) ist auch für die Entwicklung des G. bedeutsam. Freigius verbindet muttersprachliche Reflexionen mit Kapiteln zur lateinischen, griechischen und hebräischen Sprache und bietet umfangreiches und detailliertes Sachwissen an. [2] Der schrittweise Aufbau des Lernstoffes entsprechend der kognitiven Entwicklung des Schülers nach der pädagogisch-psychologischen Formel des COMENIUS: «gradatim procedere», die gestufte Verwendung von Lehrbüchern sowie die Einführung fachlicher Begriffe und Zielvorgaben findet sich für den lateinischen G. schon bei M. Neander (1525–1595) in den Werken ‹Compendium Grammaticae›, ‹Kurze Grammatik› oder ‹Parva Grammatica›. [3] Diese didaktisch differenzierte humanistisch-barocke Tradition der Lateinschule dominiert zunächst auch in der Zeit der Aufklärung, ehe mit dem 17. Jh. die Realdisziplinen konkurrenzfähig werden und der Unterricht eine klare Trennung aufweist zwischen Grammatik, Fremdsprachenunterricht, Logik und Rhetorik, wobei die Logik – im Gefolge der Theorien von Port-Royal – z. T. als Integrationsfach für Grammatik und Rhetorik angesehen wird. [4] Für das Jesuitengymnasium gilt nach wie vor der Lehrplan der ‹Ratio› mit der Grammatik des Alvarez, die 1754 erstmals ins Deutsche übertragen wird als ‹Anweisung zur lateinischen Sprach aus Alvari institutionibus kurz zusammengezogen [...]›. [5] Es gilt die Folge ‹grammatica – rhetorica – dialectica› sowie die Nachordnung der Realien und das Ziel der *eloquentia*. Der Lehrplan des G. weist drei Klassen auf: 1. Quinta (elementare Formenlehre, praecepta aus Donat, einfache interpretatio); 2. Quarta: Donat-Regeln, Wortschatzübungen, imitatio der Autoren, Übersetzung Dt. – Lat.; 3. Tertia: schwierige Grammatik, disputatio, Stilübungen, danach Poetik, Rhetorik und Griechisch. [6] Orientiert an der *eloquentia latina* bzw. den *artes dicendi* ist auch der lateinische G. an der protestantischen Gelehrtenschule nach den Plänen von MELANCHTHON und J. STURM. [7]

Die humanistische Hinwendung zur Muttersprache, ihre Pflege, Normierung und unterrichtspraktische Vermittlung erfährt neben der Erziehungs- und Lehrplantheorie eine weitere Entfaltung im 17. u. 18. Jh. Damit verbunden ist eine schrittweise Ablösung des G. von der Bindung an Elementarschulen und Rhetorikunterricht, wobei deutsche Rhetoriken, wie die von C. WEISE (1683), J. A. FABRICIUS (1724) oder F. A. HALLBAUER (1725) Übergangsstufen bilden. Die Intensivierung des muttersprachlichen G. an Elementarschulen und höheren Schulen richtet sich gegen die Tradition des Lateinischen als Muttersprache, nicht Grammatica, sondern «Schreiberey» und «Buchstaben» werden gelehrt, nicht Rhetorik, sondern «Rednerey» steht auf dem Plan. [8] Schon in einem anonymen Salzburger Unterrichtswerk (um 1550), herausgegeben von S. EISENMENGER, steht das Lesen und Schreiben in der Muttersprache am Anfang des Unterrichts. Weitere Einflüsse auf den deutschen G. üben Werke aus wie J. V. ANDREAES ‹Rei publicae Christiano politanae descriptio› (1610), in dem in einem utopischen Entwurf für die 1. Klasse eine muttersprachliche Grammatik gefordert wird oder das Engagement der deutschen Sprachgesellschaften, die über Sprachreinigung *(puritas)*, Lexika, Grammatik- und Orthographielehrbücher auf eine allgemeine Durchsetzung und Normierung der Muttersprache als Hochsprache hinwirken. [9] In diesen Kreis gehören auch G. SCHOTTELS (1612–1672) Schriften ‹Teutsche Sprachkunst› (1641) und ‹Teutsche Haubt-Sprache› (1663) sowie D. G. MORHOFS ‹Unterricht von der Teutschen

Sprache› (1682). Am Ende des 17. Jh. wird muttersprachlicher Unterricht *(lingua vernacula)* auch für die Oberklassen gefordert, veranlaßt durch die Bedürfnisse der Ökonomie und Administration sowie die Lehrplanreformer Ratke und Comenius, deren didaktischer Realismus durch den Empiriker Bacon beeinflußt ist. W. RATKES (Ratichius, 1571−1635) ‹Entwerfung der Allunterweisung› (1619) enthält sogenannte didaktische Dienstlehren, wozu eine ‹Dienstlehr der Rede› gehört, die in α. Rednerlehr *(rhetorica)*, β. Gedichtslehr *(poetica)*, γ. Sprachlehr *(grammatica)* unterteilt ist. [10] Die stofflich − didaktische Gliederung reicht dabei vom einfachen Lesen und Schreiben (1. Klasse) über die deutsche Sprachlehre (2. Klasse), die allgemeine Sprachlehre (3. Klasse), die lateinische Sprachlehre (4./5. Klasse) bis zur griechischen Grammatik. Logik, Rhetorik, Französisch und Hebräisch schließen sich als fakultativer Privatunterricht z. B. für Studenten an. [11] Basis dieses ‹Köthener Planes› von Ratke ist der G. in Deutsch. Wie Ratke fordert auch J. A. COMENIUS (1592−1670) in seiner ‹Didactica Magna› (1657) den Primat der Muttersprache und die Einrichtung des Faches ‹Deutsch›, in dem «besonders die Grammatik zu pflegen» sei. [12] Comenius plädiert für ein gestuftes Schulsystem − zuerst die «Muttersprachschule», dann die «Lateinschule» [13] − denn zur *elocutio* und *eruditio* realis führt der Weg über die Muttersprache. Reste des Artes-Planes finden sich auch noch bei Comenius, der Rhetorik, Grammatik und Muttersprache in eine didaktische Verbindung bringt: «Die kindliche Grammatik wird darin bestehen, die Muttersprache richtig erklingen zu lassen, d. h. Laute, Silben und Sätze deutlich auszusprechen. [...] Die Anfänge der Rhetorik macht das Kind, wenn es die bildlichen Ausdrücke (tropi et figurae), die in der Alltagssprache vorkommen, nachahmt.» [14] In der Lateinschule gilt es danach, aus Jünglingen Grammatiker zu machen, «die über alle sprachlichen Gesetze im Lateinischen und in der Muttersprache vollkommen, im Griechischen und Hebräischen so viel als nötig Auskunft geben können.» [15]

Die ‹nova didactica› von Ratke und Comenius ist orientiert 1. an der Muttersprache, 2. an der Verbindung von Grammatik- und Sachunterricht und 3. am Memorieren grammatischer Paradigmen ergänzt durch eine neue Methodik (ganzheitlich-begreifend, Bild und Text). Als Stufung vorgesehen ist bis zum 6. Lebensjahr die familiäre Spracherziehung (mit dem Nachsprechen von Figuren und Tropen) und vom 6.–20. Lebensjahr die *schola vernacula* (elementare Spracherziehung), die Lateinschule (Grammatik dt., lat. und griech./hebräisch «ad necessitatem»/Rhetorik) sowie die Universität (Lektüre der *auctores*). [16]

Eine bedeutende Leistung für die Normierung des Deutschen als Hoch- und Schriftsprache mit den entsprechenden Auswirkungen auf den G. sind die Werke von J. C. GOTTSCHED in der Spätphase der Aufklärung. Seine ‹Grundregelung einer deutschen Sprachkunst› (1748) ist dabei noch an rhetorischen Prinzipien *(puritas, perspicuitas, ornatus* und *decorum)* orientiert und legt die Grammatik fest gemäß *ratio* (Regeln), Überlieferung *(vetustas)*, Mustertext *(auctoritas)* und Sprachgebrauch der Gebildeten *(consuetudo)*. [17] Die Lehre der Sprachkunst ist bei Gottsched wesentlich Stilgrammatik.

Auf die Organisation auch des G. wirkt die Lehrplan-Theorie von E. C. TRAPP (1745–1818) ein. In seinem Werk ‹Versuch einer Pädagogik› (1780) läßt sich eine Unterscheidung zwischen Allgemeinkenntnissen *(generalia)* und Spezialkenntnissen *(specialia)* [18] feststellen, wobei Grundkurse im muttersprachlichen Bereich (Sprechen, Schreiben, Rechnen) zu den allgemeinen und z. B. die Beredsamkeit zu den besonderen Kenntnissen zählt: Trapps Konzept umfaßt einen zehnjährigen Schulbesuch mit Volks- und Gymnasialstufen (6.–16. Lebensjahr), wobei zu den grammatischen Grundkenntnissen die Vermittlung von Deutsch, Latein und Französisch hinzukommt. Grundgelegt werden sollen die Kenntnisse für Studium oder Beruf. [19] Philologischer (altsprachlicher) G. soll nur in der Universität betrieben werden. Kennzeichen dieses Zeitabschnitts ist schließlich die Differenzierung zwischen Elementarschule, Realschule und Gymnasium mit den entsprechend abgestimmten und aufbauenden Curricula. Das Fach Deutsch etabliert sich schrittweise nach grammatikalischen, aufsatzerzieherischen sowie literarischen Inhalten und angepaßt an die Erfordernisse des Schultyps (Elementar-/Volksschule: Grundkenntnisse; Realschule: Sachwissen; Gymnasium: Philologisches Wissen). Ein entfalteter muttersprachlicher G. gilt jedoch für alle Schularten im Rahmen des Faches Deutsch. Dieses Fach nimmt auch die Lerninhalte der klassischen Rhetorik in nationalsprachlicher Hinsicht auf und bietet einen kombinierten Lehrstoff aus Sprachlehre, Lektüre, mündlichem und schriftlichem Sprachgebrauch. Rhetorik als eigenständiges Fach wird damit aus dem Schulunterricht ebenso verdrängt wie Reste der Artes − Bildung aus der Tradition der Lateinschulen. Entsprechend differenziert erfolgt der Unterricht in den klassischen und inzwischen wichtigen modernen Fremdsprachen. Zur Gliederung, wissenschaftlichen Fundierung und nationalen Standardisierung des G. am Ende des 18. Jh. tragen Werke bei wie J. C. ADELUNGS (1732–1806) empirisch angelegtes ‹Umständliches Lehrgebäude der Deutschen Sprache zur Erläuterung der Deutschen Sprachlehre für Schulen› von 1782, ein auch pädagogisch wirksames hochsprachliches Unternehmen, das Adelung durch einschlägige Wörterbücher weiter entfaltet. [20] Daß im muttersprachlichen G. auch ein klassisches rhetorisches Bildungsideal für die deutsche Sprache fruchtbar gemacht wird, zeigt sich an der Idee der literarisch − stilistischen Schulung *(elegantia, aptum)*. J. B. BASEDOW, J. G. SULZER und K. P. MORITZ können neben Gottsched als Förderer und Theoretiker eines deutschen Stils angesehen werden, der im G. als Zusammenhang von Sprachlehre und Wohlredenheit auszubilden ist. In A. H. NIEMEYERS (1754–1828) Werk ‹Grundsätze der Erziehung und des Unterrichts› (1796) ist Stilbildung und der entsprechende literarische Kanon − als Sprach- und Geistesbildung − Element des Deutschunterrichts: Gefordert werden neben grundlegenden sprachlichen Fertigkeiten 1. eine «tiefere Kenntniß der Sprachlehre», 2. die Aneignung des «Sprachreichthums» und 3. die «Vollkommenheit des Stils» als kulturelle Zierde. [21] Grammatische Korrektheit, logische Schulung und stilistische Übung gehen so in G. und Literaturkunde eine dynamische Verbindung ein. [22]

Neben dem empirisch − sprachgebrauchsorientierten Konzept des G. gelangt Ende des 18. Jh. die logische Grammatik wieder ins Blickfeld des schulischen Interesses: Die Rezeption der Idee einer universellen oder theoretischen Grammatik, wie sie 1660 in der Linguistik von Port − Royal und 1678 in der Universalsprache von Leibniz thematisiert wurde, knüpft an eine in der Antike beginnende abendländische Traditionskette an: «Die grammatischen Kategorien wurden als logische Kategorien entworfen, und so entstand jenes Lehrgebäude, dessen Grundriß sich von der »Techné grammatiké« des Dionysius Thrax über die »Ars grammatica« des Donat bis in die neuzeitlche Grammatik der europäischen Nationalsprachen erhalten hat.» [23] Der G. als formale Sprach- und Denkschulung (Vernunftlehre) findet in diesen Sprachbegriffen den deutlichsten Ausdruck. In Deutschland gehört z. B. die ‹Systematische deutsche Sprachlehre› (1799) von G. M. Roth zu dieser grammatikalischen Schule, in England J. Harris' ‹Hermes, or a philosophical inquiry concerning universal grammar› (1751) und in Frankreich S. de Sacys Schrift ‹Principes de grammaire générale, mis à la portée des enfants› von 1799.

Ende des 18. Jh. ist Deutsch als Schulfach mit dem entsprechenden G. fest etabliert unter den Bezeichnungen «Unterricht im Deutschen», «Deutschsprachiger Unterricht» oder «Deutscher Sprachunterricht», als dessen Ziel die «Beherrschung der deutschen Sprache in Wort und Schrift» festgelegt wird. [24] Dies entspricht Herders Forderung im ‹Reisejournal› von 1769: "Weg also das Latein, um an ihm Grammatik zu lernen; hierzu ist keine andere in der Welt als unsere Muttersprache.» [25]

2. In *England* dominiert im G. der ‹grammar schools› zunächst die griechisch–lateinische bzw. die ramistisch–logische Tradition. [26] *Liberal arts* oder *free arts* konstituieren eine *liberal education*. Die Kritik von Bacon und J. Milton an den erstarrten Schemata des Unterrichts und die bereitwillige Rezeption der Ideen von Comenius ändern daran nur wenig. Im 17. Jh. bleibt das englische höhere Schulsystem noch «unaffected by the criticisms of the period and by the new ideas developing on the continent» (unberührt von der aktuellen Kritik und den sich auf dem Kontinent entwickelnden Ideen). [27] Muttersprachliche Grammatiken können dies nur schrittweise ändern. Dazu gehört J. Aickins ‹The English Grammar› von 1693. «He defends the teaching of English before Latin [...]» (Er setzt sich dafür ein, daß zuerst Englisch und erst danach Latein unterrichtet wird.) Die ‹John Brightlands Grammar : A grammar of the English tongue› (1711/12) ist gedacht für Kinder, Frauen und andere ohne Lateinkenntnisse, während sich W. Loughtons ‹A Practical grammar of the English Tongue› (1734) bereits als elementare muttersprachliche Schulgrammatik versteht. [29] Insofern kann sich muttersprachlicher G. auch in England zunächst nur im Elementarschulbereich etablieren, beginnend mit Lesen und Schreiben anhand von ‹Horn-Books› oder ‹Primers›. Im Unterricht der Realgymnasien und grammar schools konkurriert der muttersprachliche Unterricht bis ins 18.Jh. mit den klassischen Sprachen. So fordert V. Knox in seiner Schrift ‹Liberal education› noch 1751 «Latein und Griechisch als Hauptstudium; Muttersprache mit Rhetorik, Zeitunglesen, Französisch» für die höhere Bildung. [30]

3. Vergleichbare Entwicklungsschritte gelten für den G. und die muttersprachliche Bildung in *Frankreich*. In Richelieus Plan von 1640 für die Kollegien–Schule dominieren die altsprachlichen Stoffe den Realienanteil am Unterricht. Vorgesehen sind folgende Inhalte: 1. Klasse: Sprachlicher Elementarunterricht in Grammatik, Poesie, Rhetorik und Gespräch; 2. Klasse: Syntax, Briefstil; 3. Klasse: Metrik; 4. Klasse: Sprachfiguren, Rede; 5. Klasse: Griechisch; 6. Klasse: Vergleichende Sprachlehre. [31] Die Kritik an dieser pädagogischen Tradition in der französischen Studienschule formulierte z. B. Montaigne (1533–1592) schon fast ein Jahrhundert vorher [32], doch konnte sich muttersprachlicher G. zunächst nur in den Elementarschulen und in den Kollegien der Oratorianer (Juilly) durchsetzen. Verstärkt werden diese Ansätze u. a. durch Malherbe (1555–1628) und seinen Kampf gegen Sprachfehler, Archaismen und Dialektformen. Als Kritiker, Philologe und Grammatiker («grammairien – poète» [33]) widmet er sich einer systematischen Beschreibung der französischen Sprache, deren Normierung seine Nachfolger – v. a. die Académie française – weiter vorantreiben. Dazu gehören die ‹Remarques sur la langue française› (1647) von C. Favre (Sieur de Vaugelas), der v. a. Laute und Formen fixiert (in Entwicklung bleiben noch die französische Syntax, der Sprachgebrauch und der Stil), die Wörterbücher von Richelet (1680), und Furetière (1690) und das der Académie (1694) sowie die Grammatik von Régnier – Desmarais von 1706 «Traité de la grammaire françoise». [34] Dies sind Schriften der «période classique», die mit dem Ziel der «regularité» und «uniformité» sowie getragen vom Gedanken der *puritas* und der Sprachpflege Einfluß auch auf den G. nehmen. [35] «Mit Malherbe an der Spitze erscheinen die Grammatiker als Sprachreiniger», deren Ziel die Kodifizierung dessen ist, was man als «bel usage de la langue» bezeichnen kann. [36] Dennoch kann sich in Realschulen und Gymnasien erst im 18. Jh. muttersprachlicher G. und Unterricht in modernen Fremdsprachen durchsetzen. [37] Zugleich gewinnt in diesem Jahrhundert die ‹grammaire générale› von Port Royal erneut Einfluß auf den G. mit den Zielen der Einfachheit, Klarheit und Regelmäßigkeit, verbunden mit der Bewunderung der klassischen französischen Literatur. [38] Damit gilt auch in Frankreich ein Konzept des G., in dem formale und stilistische Schulung ineinandergreifen.

Anmerkungen:
1 vgl. A. Gardt: Sprachreflexion in Barock und Frühaufklärung (1994) 441. – **2** vgl. J. Dolch: Lehrplan des Abendlandes (^{3}1971) 266ff. – **3** vgl. ebd. 297. – **4** vgl. M. Beetz: Rhet. Logik (1980) 59, 63. – **5** vgl. W. Barner: Barockrhet. (1970) 333. – **6** vgl. ebd. 260, 275, 283f. – **7** vgl. E. Laas: Die Päd. des Johannes Sturm (1872). – **8** vgl. Dolch [2] 275. – **9** vgl. M. H. Jellinek: Gesch. der neuhochdt. Grammatik, 1. Halbbd. (1913) 38ff. – **10** vgl. Dolch [2] 271f.; Barner [5] 278; G. Vogt: Wolfgang Ratichius (1894); K. Seiler: Das pädag. System Wolfgang Ratkes (1931). – **11** vgl. Vogt [10] 62, 67. – **12** Dolch [2] 283. – **13** J. A. Comenius: Große Didaktik, hg. von A. Flitner (^{7}1992) 198, 204. – **14** ebd. 195. – **15** ebd. 205. – **16** vgl. Gardt [1] 443ff.; Jellinek [9] 88ff. – **17** vgl. G. Ueding, B. Steinbrink: Grundriß der Rhet. (^{3}1994) 133. – **18** vgl. Dolch [2] 283. – **19** ebd. 316. – **20** vgl. J.C. Adelung: Grammatisch-kritisches Wtb ... (1774–86); Ueding, Steinbrink [17] 133. – **21** R. Windel: Aus Lehrbüchern für den dt. Unterricht ..., in: Neue Jahrbücher für Pädag., hg. von B. Gerth, 7. Jahrgang (1904) 395f. – **22** vgl. J. Eckhardt, H. Helmers (Hg.): Theorien des Deutschunterrichts (1980) 29 ff.; H. J. Frank: Dichtung, Sprache, Menschenbildung (1973) 77ff. – **23** Frank [22] 155. – **24** ebd. 153. – **25** Herder: Journal meiner Reise im Jahr 1769, in: Werke Bd. 4, hg. von B. Suphan (1877/1913) 388. – **26** vgl. E. Vorlat: The development of English Grammatical Theory 1586–1737 (Leuven 1975) 49ff. – **27** S.J. Curtis: History of Education in Great Britain (London ^{3}1953) 115; vgl. B. Dreßler: Gesch. der engl. Erziehung (1928) 108f. – **28** Vorlat [26] 33. – **29** vgl. ebd. 34ff. – **30** Dolch [2] 325. – **31** vgl. M. Glatigny: Histoire de l'enseignement en France (Paris 1949) 63f. – **32** vgl. F. Laue: Das frz. Schulwesen (1926) 2. – **33** vgl. K. Nyrop: Grammaire historique de la langue française (Kopenhagen ^{5}1967) 73. – **34** vgl. M. Minckwitz: Beitr. zur Gesch. der frz. Grammatik, in: Zs. für frz. Sprache und Lit. 19 (1897) 128ff.; Nyrop [33] 81. – **35** vgl. Nyrop [33] 69f. – **36** W. Meyer – Lübke: Historische Grammatik der frz. Sprache (^{5}1934) 18f.; – **37** vgl. Dolch [2] 320ff. – **38** vgl. Meyer-Lübke

[36] 18f.; A. François: La grammaire du Purisme et l'Academie française au XVIIIᵉ siècle (Paris 1905).

Literaturhinweise:
C. Rollin: Traité des Etudes (Paris 1765). – J. Gessinger: Sprache und Bürgertum (1980). – U. Herrmann: Das päd. Jahrhundert (1981). – M. Strohbach: Johann Christoph Adelung (1984). – B. Naumann: Grammatik der dt. Sprache zwischen 1781 und 1856 (1986). – J. Gessinger: Schriftspracherwerb im 18. Jh., in: Osnabrücker Beitr. zur Sprachtheorie 39 (1988) 12–35. – A. Jahreiss: Grammatiken und Orthographielehren aus dem Jesuitenorden. Eine Unters. zur Normierung der dt. Schriftsprache in Unterrichtswerken des 18. Jh. (1990). – J. Stefanini: Histoire de la grammaire (Paris 1995).

V. *19. und 20. Jahrhundert.* 1. In der *Periode der Verwissenschaftlichung* (ca. 1850 bis Gegenwart) erfolgt nach Gottsched und Adelung und vom Beginn des 19. Jh. an die Begründung der Sprachwissenschaft als einzelsprachliche Philologie und als kontrastiv arbeitende Disziplin. Dazu gehören v. a. in der romantischen Geisteswissenschaft die Arbeit an der altindischen Grammatik (F. VON SCHLEGEL), dann das vergleichende Sprachstudium und die Sprachphilosophie (W. VON HUMBOLDT), die Indogermanistik und die vergleichende Grammatik (F. BOPP), die psychologisch interessierte Sprachbetrachtung (H. STEINTHAL) sowie die Formulierung der Lautgesetze und die Entwicklung einer exakten Gesetzes-(Natur-)Wissenschaft (K. VERNER und Junggrammatiker). Von ausschlaggebender Bedeutung auf der Ebene von wissenschaftlicher Sprachbetrachtung und Grammatiklehre ist der zeichentheoretische Paradigmenwechsel an der Wende vom 19. zum 20. Jh.: die Konzeption des sprachlichen Zeichens bzw. des Sprachsystems und die Trennung von *langue* und *parole* sowie von Synchronie und Diachronie durch F. DE SAUSSURE. [1] Allerdings wirken diese wissenschaftlichen Neuorientierungen nur sehr langsam und nur in Teilaspekten auf den höheren G. ein: Rezipiert werden v. a. sprachpsychologische und sprachgeschichtliche Anteile. Ein weiterer Faktor im Bildungswesen des 19. Jh. ist die Differenzierung des Schulsystems nach den Kriterien der Volksbildung (elementare Grammatik und Lektüre religiöser Texte), der mittleren und an Realien orientierten Bildung (berufsbezogene Sprachbetrachtung), der höheren Bildung (klassische Grammatik, alte und moderne Fremdsprachen) und der universitären Bildung (wissenschaftlich-philologische Sprachbetrachtung). Damit verbunden ist eine schrittweise Neugestaltung der muttersprachlichen Erziehung bzw. die feste Etablierung des Deutschunterrichts als Schulfach: In der höheren Bildung wird eine Differenzierung nach Sprachlehre, Literaturlehre (mit deutschem Kanon), Textproduktion (Aufsatz), Deklamation (Sprechlehre), Sprachgeschichte und rhetorischen bzw. metrischen Inhalten gebräuchlich, wobei nach wie vor eine klassisch-humanistische Idee der Allgemeinbildung pädagogischer Leitgedanke bleibt – erweitert um die Gleichrangigkeit von Muttersprache und Nationalliteratur. Im Gegensatz zur Unterrichtspraxis erfolgt auf wissenschaftlicher Ebene jedoch eine Verdrängung der Rhetorik (als zentrale sprachwissenschaftliche Disziplin) durch Literaturwissenschaft, Poetik, Stilistik und Ästhetik, die wiederum prägend auf die schulische Bildung einwirken – eine Verdrängung, die auch durch die Kritik am Bildungswert der lateinischen Sprache und der fremdsprachlichen Tradition mit verursacht ist. [2] Dem entspricht im Rahmen des Sprachunterrichts ein langsamer Prozeß der schrittweisen Ersetzung von zunächst noch klar definierten rhetorischen Lehrinhalten – aufbauend auf einer grammatisch-literarischen Grundbildung – durch Literatur- und Verslehre, Stilanalyse und Aufsatzunterricht; ein Prozeß, der bis zum Ende des 19. Jh. andauert. [3] So ist auch der höhere Deutschunterricht anfangs bestimmt vom «rhetorischen Kursus der alten Latein- und Gelehrtenschule» und vom Muster der logisierenden lateinischen Grammatik. [4] Dies gilt z. B. auch für die französische Schulgrammatik, die wie die deutsche wesentlich im 19. Jh. formuliert wird: «elle reproduit les schémas de la grammaire latine» (sie wiederholt die Schematismen der lateinischen Sprachlehre). Dazu werden die W-Fragen der klassischen Rhetorik auf den syntaktischen Bau der Sprache angewandt, um in Form einer *analyse rhétorique* die Redeteile herauszufinden. [5] Donat und Priscian bestimmen paradigmatisch den Sprachunterricht bis in die Goethezeit, ein Lehrinhalt, den schon Herder als 'totes Gebäude' ablehnt. Ehe sich muttersprachliche Kategorien und inhaltlich-funktionale Denkweisen durchsetzen können, dominieren klassische Paradigmata (Laute, Lexik), Satzzergliederung (Redeteile), memorierte Regeln und mechanische *exercitatio*, wobei der G. im Mittelpunkt steht: Sprachrichtigkeit und Normativität im Sinne der *ars*, der ‹Sprachkunst› oder Fertigkeit beeinflussen die Lernziele. Es dominiert eine rationalistische Sprachbetrachtung, eine enge Bindung von Grammatik und Logik, die den G. als disziplinierende ‹Denkschulung› konstituiert. [6] Dieser *ratio*-Gedanke, d. h. die enge Bindung zwischen grammatischem Satz und logischem Urteil, zeigt sich z. B. – wie im 18. Jh. bei G. M. Roth, J. Harris und S. de Sacy – im ‹Lehrbuch der allgemeinen Grammatik für höhere Schul-Classen› (1805) von J. S. VATER. [7] Vernunftorientierte und am Lateinischen ausgerichtete Sprachbetrachtung fordert u. a. auch JEAN PAUL, zumal «logisch-kultivierte Völker erst an einer fremden Sprache die eigne konstruieren lernten und Cicero früher in die griechische Schule ging als in die lateinische [...]». [8] Eine Intensivierung des Vernunftpostulats – allerdings in kritischer Distanz zum Lateinischen und Französischen – findet sich auch in den Schriften zur grammatisch orientierten deutschen Sprachpflege: So postuliert etwa C. F. KRAUSE (1814), Mitglied der ‹Berlinischen Gesellschaft für deutsche Sprache›, eine am Ideal des Sanskrit geformte rationale Sprache und fordert von Grammatikern und Schriftstellern, «alle Fehler der gegenwärtigen Sprache [...] nach den Gesetzen der Vernunft und der indogermanischen Tradition zu korrigieren» sowie Verzeichnisse deutscher Stammwörter (Urwortthum) anzulegen – eine Kombination von *puritas*, *etymologia* und *ratio*. [9]

Als Beispiel für Lehrbücher, in denen die Redelehre als bedeutsamer Teil der Spracherziehung hervorgehoben ist, sei zunächst das Werk ‹Teut, oder theoretisch-praktisches Lehrbuch der gesamten Deutschen Sprachwissenschaft› (1807–12) von T. HEINSIUS (1770–1849) genannt, das neben der Sprachlehre auch Rhetorik, Stilistik, Poetik, Deklamatorik, Mimik und Literaturgeschichte enthält. Es ist ein Hinweis darauf, daß die Redelehre (und v. a. die klassischen Rede-Exempel) nicht nur Inhalt des Lateinunterrichts sind. Dies gilt auch für F. THIERSCH (1794–1860), der als aufbauendes Element in einer «höheren Classe [...] Studien der Beredsamkeit» vorsieht und 1820 feststellt: «Deutsche Grammatik ist ein Unding. Deutschen Stil lernt man am besten vom Cicero.» [10] Dazu gilt die Empfehlung, z. B. im rhetorischen Verstandesaufsatz der Oberstufe die Richtigkeit einer klassischen Sentenz nach dem griechischen Chrien-Schema nachzuweisen und Texte detailliert inhaltlich und grammatikalisch zu analysieren. [11] Ein institutionelles Beispiel für die Verankerung der Rhetorik liefert der ‹Lehrplan für höhere Schulen in Preußen› von 1867, der neben der Sprachlehre für die Untersekunda Unterricht in Poetik, Rhetorik, Aufsatz und Rezitation vorsieht, in der Obersekunda noch mittelalterliche Literatur und historische Grammatik hinzunimmt und für die Oberprima die Lektüre deutscher Klassiker, Aufsätze mit Disponierübungen und rhetorische Erörterungen (z. B. zu den Figuren) festschreibt. Besonders deutlich wird die Integration der Rhetorik in den Sprachunterricht bei E. LAAS (1837–1885) vor allem im Zusammenhang mit der Aufsatzschulung: Seine Werke ‹Der deutsche Aufsatz in der ersten Gymnasialclasse› (1868) und ‹Der deutsche Unterricht auf höheren Lehranstalten› (1872) sehen als Lernbereiche Grammatik, Literatur (Poetik, Metrik) und – darauf aufbauend – Aufsatz, Stilistik und Rhetorik vor. Der Deutschunterricht gilt ihm als grammatische und logisch-rhetorische Disziplin, die sich wesentlich in der Aufsatzerziehung manifestiert – wobei der Aufsatz als Weg (μέϑοδος, méthodos) zum Hochschulstudium gilt: «Wir wollen ihn in der inductiven und deductiven Methode, im Definieren, Distinguieren und Combinieren, in der Divisio und Partitio, in der Aufgabenstellung und Lösung von Problemen, in der sorgfältigen Lectüre von Büchern, in zweckbestimmtem Excerpieren, urtheilvollem Sichten und Gruppieren, nach methodischem Stufengang von Unter-Secunda an geübt wissen.» [12] Allerdings lehnt Laas das antike Chrien-Schema, den sezierenden ‹Alexandrinismus› ab und spricht sich für das logische Definieren und schlußfolgernde, themenorientierte Problemlösen aus. Dennoch befürwortet er auch die Bildung durch antike Sprachen und Meisterwerke, indem er die sittliche Bildung, den rhetorischen Gewinn und die logische Zucht durch die Grammatik der alten Sprachen hervorhebt – neben der Ausbildung durch einen systematischen deutschen G. und der Bildung des literarischen Geschmacks durch die deutschen Sprachdenkmäler und Klassiker. [13] In unmittelbarer Anknüpfung an den Lateinunterricht als Modell für die muttersprachliche Bildung integrieren A. ARNOLD (1789–1860) und L. BISCHOFF (1794–1867) die Redelehre als zentralen Lernbereich in den Unterricht (vgl. Abb. 7): Vorgesehen sind der G. als theoretische und praktische Unterweisung, der Literaturunterricht (Lesen, Ästhetik), der Aufsatzunterricht (Schreiben, Stilistik) und die Rhetorik (Sprechen, Deklamieren). [14]

Konzepte des G., die der *Logik* und Denkschulung verpflichtet sind, lassen sich in Lehrwerken der Volksbildung ebenso nachweisen wie in den Schriften für die höheren Schulen: So unterscheidet NIEMEYER zwischen mechanisch-technischen Fertigkeiten (Sprechwerkzeuge, Laute), grammatischen Regeln (Wort, Satz), Stilbildung und Wohlredenheit (Lektüre, Aufsatz) und fordert als Lernziel das logisch und grammatisch richtige Schreiben (Sprachrichtigkeit und Verständlichkeit). Erreicht wird dies durch grammatisch-logische Aufgaben, historische Aufsätze, Beschreibungen und Geschmacksbildung (Lektüre). [15] F. D. SCHLEIERMACHER (1768–1834) sieht in der Muttersprache das unmittelbare Organ des Verstandes und empfiehlt einen «Kursus von Grammatik, ausgedehnte Lese- und Stilübungen nebst Auszügen» zur Vorbereitung auf die «wissenschaftlichen Theorie der redenden Künste»: Verschiedene Gattungen der ungebundenen Rede, Sachlichkeit des Ausdrucks, Numerus und materieller Wohllaut sowie Interpretation und Metrik. [16] Der logischen Denkrichtung verpflichtet sind auch K. F. BECKER, der ein Idealsystem der Grammatik anstrebt und Sprachübungen als Denkübungen kennzeichnet, sowie J. H. PESTALOZZI (1746–1827) und A. W. DIESTERWEG (1790–1866), bei denen noch ein technologischer Grammatikbegriff *(ars)* i. S. von Logik, Urteil, Schlußfolgerung und Verstandesbildung vorherrscht. L. SCHWEITZERS (1799–1846) muttersprachliche Erziehung als ‹Denk-Sprachunterricht› nach analytisch-synthetischer Methode folgt ebenfalls dem Vernunft- und Urteilskriterium. [17] Die Kritik an der logisch-klassischen Auffas-

	Theoretischer Unterricht	Praktischer Unterricht: Lesen	Schreiben	Sprechen
I.	Erster, niederer Kursus in der Sprachlehre (§ 8)	Niedere Prosa und Dichtersprache (§ 13)	Niedere Prosa (orthographisch-grammatik. richtig) (§ 16)	Nacherzählen (§ 19)
II.	Vollständiger, höherer Kursus der Sprachlehre und die Verskunst (§ 8)	Poesie und höhere Prosa. Erklären (§ 14)	Mittlere Prosa. Fertigkeit in der Verskunst (§ 17)	Künstlerischer Vortrag (Deklamation) (§ 20)
III.	Philosophie der Sprache: 1. allgemeine vgl. Sprachwissenschaft 2. Poetik 3. Rhetorik (§ 9) Philosophie: 1. Psychologie 2. Logik (§ 10) Geschichte der deutschen Sprache und Literatur (§ 11)	Wissenschaftliche Sprache (§ 15)	Höhere Prosa. Poetische Sprache (§ 18)	Freies Sprechen (§ 20)

Abb. 7: Über den Umfang und die Anordnung des Unterrichts in der Muttersprache, § 21. Schulschrift Gymnasium Bromberg, 1825, von A. Arnold

sung des G. knüpft am Begriff der ‹natürlichen Sprachbildung›, an Sprachinhalt und Sprachgeschichte sowie an der Muttersprache und Nationalliteratur an: Unterstellt ist ein organisch-inhaltlich-funktionaler Sprachbegriff, wie er von Herder vorgedacht wurde: die Empfindung soll «erste Rhetorik der Sprachenergie» sein, und Grammatik gilt es aus der lebendigen Muttersprache zu lernen. [18] Dieser Gedanke findet sich auch in W. v. Humboldts ‹enérgeia›-Begriff, in dem die Dynamik des Gebrauchs dem abstrahierten System (érgon) gegenübergestellt wird, eine sprachphilosophische Orientierung an Form und Wesen, Natur und Geschichte der Sprache, die v. a. im wissenschaftlichen Lehrbetrieb von Bedeutung ist. [19] Herders Kritik wird v.a. von J. GRIMM, dem Begründer der Germanistik, intensiviert: Grimm fordert ein historisches Verstehen, eine historische Laut-, Formen- und Satzlehre – wobei er allerdings Zweifel an der Möglichkeit eines schulischen G. äußert. [20] Auf der Ebene des Unterrichts wird die Anschauung der 'natürlichen' Sprachbetrachtung dennoch angestrebt z. B. von P. WACKERNAGEL, der sich gegen das System-Denken ausspricht und v.a. von R. HILDEBRAND (1824–1894), der unmittelbar an Herder und das organisch-historische Modell anknüpft und die Hochsprache im Anschluß an die vorfindlichen Volkssprachen (Dialekte) lehren möchte, ein ‹Naturverfahren›, das den Vorrang der gesprochenen und gehörten über die geschriebene und gelesene Sprache betont. Orientierungsgröße ist der ‹natürliche Sprachanlaß›. [21] Vor dem Hintergrund dieser logisch-formalen und historisch-inhaltlichen Betrachtungsweisen lassen sich als weitere Variationen muttersprachlichen Unterrichts noch die Konzeptionen von R.H. HIECKE (1805–1861) und C. KEHR (1830–1885) anführen, die dem Lesebuch bzw. der Lektüre gewidmet sind und auf Lesemündigkeit und hochdeutsche Schriftsprache (deutscher Kanon) abheben, oder das Werk von F. OTTO (1806–1876), in dem nach niederer und höherer Sprachbildung unterschieden wird und das dem Lesebuch ebenfalls einen wichtigen didaktischen Stellenwert zuordnet. Diese Werke sprechen sich gegen einen isolierten formalen G. aus und schlagen eine Verbindung von elementarer Sprecherziehung (Hören, Sprechen, Schreiben, Lesen), Grammatik (Sprachform, Satz- und Stilform), Aufsatz und Lektüre vor. [22] Insgesamt zeichnet sich für das 19. Jh. ein komplexes Muster an parallelen und konkurrierenden Entwicklungen des Sprachunterrichts ab, in dem sich klassisch-lateinische und muttersprachlich-nationale, logisch-formale und historisch-inhaltliche, antike Paradigmen und neuzeitliche Methoden sowie rhetorische und literarisch-stilistisch-textproduktive Konzepte gegenüberstehen.

2. Die Kunsterzieherbewegung der Jahrhundertwende, die durch W. Diltheys Philosophie geprägte Erlebnispädagogik und die damit verbundene Betonung individueller Kreativität und Gestaltungsfreiheit veranlassen eine unterrichtspraktische Neuorientierung auch in den sprachlichen Fächern. Dies zeigt sich deutlich in der Konzeption des freien Aufsatzes bzw. des Erlebnisaufsatzes, der endgültig vom klassisch-rhetorischen Muster abrückt und mit zur ‹Entrhetorisierung› des G. und Literaturunterrichts beiträgt. [23] Exemplarisch kann hier auf ‹Die deutsche Sprache der Gegenwart› (1900) von L. SÜTTERLIN verwiesen werden. Sütterlin formuliert eine scharfe Kritik an der Abhängigkeit vom Lateinischen, an der Logik bzw. an der aus logisch-rhetorischen Gründen in Griechenland erfundenen Satzzergliederung und postuliert eine psychologische Sprachbetrachtung, in der die Tonalität, die Sprechabsicht, der Redezusammenhang, der Satz als lebende Sprecheinheit, die Anschauung und Ausdrucksbewegung als Lerninhalte ausformuliert sind (die sich allerdings auch als Krypto-Rhetorik lesen lassen). [24] Spuren rhetorischer Reflexion des Gegenstandes ‹Grammatik und Sprache› finden sich auch in den Werken von A. SCHULTZ (geb. 1861) und F. PAULSEN (1846–1908), die den Deutschunterricht in einer dreigliedrigen Thematik entfalten. Als ‹Goldene Dreiheit› gilt Schultz 1. das Verständnis (Nachbildung des fremden Denkaktes; Etymologie, Onomatik, Poetik), 2. die Sprachrichtigkeit (Grammatik, Orthographie, Phonetik) und 3. die Fertigkeit (Tätigkeit des Sprechaktes; Einfachheit, Richtigkeit, Deutlichkeit, Bestimmtheit), wobei der Ausdruck durch die Lese- und Schreibkunst (Stilistik) zu schulen ist. Paulsen unterscheidet die drei Lernbereiche des G., der Lektüre sowie der mündlichen und schriftlichen Übungen, die er klassisch (wie im altsprachlichen Unterricht) als *praeceptum*, *exemplum* und *imitatio* (mit *variatio* und *amplificatio*) bezeichnet. Als Unterrichtsziele nennt Paulsen die Sprachfertigkeit, das Sprachverständnis und die Kenntnis der Sprachgeschichte, die als Basis für die Bildung in Stil und Stilgefühl angesehen werden. Die grammatisch-stilistisch-rhetorische Linie ist hier noch unmittelbar zu erkennen. [25]

Eine sprechwissenschaftliche Variante des G. findet sich in der ‹Sprecherziehung› (1922) von E. DRACH, der den Sprechvorgang und die freie Rede auch syntaktisch zu fassen versucht: Die *Satzmelodie* (Klanggestalt; im Gefolge der Psychologie M. Wundts) hat Anteil an Sinnformung und syntaktischer Fügung. Als Übungsfeld des Sprachunterrichts schlägt Drach ‹Sprechsituationen› vor, in denen der Dreischritt ‹Denkvorgang – Satzplan – syntaktische muttersprachliche Füllung› didaktisch umzusetzen ist. [26]

Von 1919 an läßt sich zum einen – in der bürgerlichen Reformpädagogik – eine Vernachlässigung des G. beobachten, zum anderen eine zunehmend nationalistisch-volkstümelnde Tendenz im Deutschunterricht, deren Ursprung in den nationalpathetischen und volkskundlichen Ideen des Kaiserreichs zu finden ist und die zwischen 1933 und 1945 ihren Gipfelpunkt erreicht. [27] Schriften von W. SEIDEMANN (‹Das Wesen der inneren Sprachbildung›, 1927) oder K. LINKE (‹Gesamtunterricht und Deutschunterricht›, 1927) operieren mit einer metaphorisch überhöhten Theorie und idealistischem Pathos (Seidemann: Geist der Sprache, sprachliches Vollerlebnis, sprachliche Kraftentfaltung, innere Sprachschönheit) oder lehnen den G. zugunsten einer ‹volkstümlichen Bildung› und eines ‹Sach- und Lebensunterrichtes› strikt ab (wie Linke) – Positionen, die von W. LINDEN (‹Das neue Antlitz der Deutschkunde›, 1933) oder G. FERCHLAND (‹Volkstümliche Hochsprache›, 1935) ideologisch intensiviert werden: für den G. gilt z. B. das deutsche Wesen in der Sprache, für die Stillehre die volkstümliche Eigenart im Satzbau. [28]

In der Zeit von 1945 bis zur Mitte der sechziger Jahre erfolgt zunächst eine Anknüpfung an die Idee des volkstümlichen und höheren Bildungsweges – gereinigt von der nationalistischen Ideologie – wie z.B. die ‹Volkstümliche Sprachbildung› (1951) von H. FREUDENTHAL zeigt: Sie trennt zwischen Volkssprache (Urbild: Mundart) und dem «Laut- und Formbestand, dem Wortschatz und dem Satzbau der Literatursprache und der Fachsprachen der Wissenschaft, der Presse und des Amtsverkehrs».

Ziel ist die «gemeingültige Umgangssprache» der 'Laien', verbunden mit einer «echten Sprachpflege» ohne «Sprachtümelei und -pedanterie.» Bevorzugt werden natürlicher Sprachschatz und parataktische Fügung. [29]

Neue methodische Formen präsentieren in Sprach-, Aufsatz- und Stilerziehung die Arbeiten von F. RAHN und W. PFLEIDERER (mit einer neuen Satzlehre) oder die ‹Methodik des Deutschunterrichts› (1956) von E. ESSEN, die an der ‹Sprachtheorie› von K. Bühler (1934) ausgerichtet ist: Ausgangspunkt sind Sprechen und Gespräch, die Syntax ist in Spannfiguren (Bogen und Zusatzbogen) dargestellt, und die literarischen Gattungen sind nach Bühlers Zeichenbegriff zugeordnet: Ausdruck = Lyrik, Appell = Drama, Darstellung = Epos – eine Konzeption, die sich als ‹Gestaltungslehre› versteht. [30]

Seit den sechziger Jahren läßt sich eine vielfach differenzierte Entwicklung des G. konstatieren, die v.a. durch die sprachwissenschaftlichen Schulbildungen und Beschreibungsmodelle ausgelöst wurde (Linguistisierungsphase). Als Typen moderner Grammatik können gelten 1. linguistisch-theoretische Konzepte (strukturale, generative Grammatiken), 2. vereinfachend-auswählende Konzepte (angewandte Linguistik), 3. additive Modelle (v.a. Lehrerhandbücher) und 4. Filtermodelle (Auswahl aus theoretischen Konzepten). [31] Dahinter stehen jeweils spezifische Intentionen des Deutschunterrichts, die sich als kritisch-emanzipatorische (v.a. Literaturunterricht), kompensatorische (sprachliche Kompetenz), inhaltliche (Sprache und Weltsicht), funktionale (sprachliche Gestaltung), formale (Strukturen) oder pragmatische (Kommunikation, Argumentation) Zielsetzung kennzeichnen lassen. Die theoretisch-formal bestimmten Modelle, besonders für die universitäre Lehre gedacht, zeigen durchaus scholastisch-logische und rationalistisch-cartesianische bzw. universalistische Prägung (N. Chomsky, R. Montague), während inhaltliche bzw. pragmatische Konzepte eine gewisse Nähe zu rhetorischen Fragestellungen aufweisen. Hier können L. WEISGERBERS ‹Grundzüge einer inhaltsbezogenen Grammatik› (^{3}1962) genannt werden, die an Humboldts enérgeia-Begriff, an die Vorstellung von Sprache als Weltsicht anknüpfen und die ‹Bedeutung und Wort›, ‹Form und Funktion› in den Mittelpunkt rücken. Eine Vermittlung zwischen inhaltlich-funktionaler und strukturell-formaler Position strebt H. GLINZ an mit seinem Werk ‹Die innere Form des Deutschen› (^{3}1962): Glinz geht es darum, die Grundbilder des Satzbaus zu verstehen, die Redekerne zu entdecken und die Archetypen sprachlicher Gestaltung zu erfassen. [32]

Der G. in den 70er Jahren zeigt 1. eine Hinwendung zu kritisch-emanzipatorischen Lernzielen wie bei H. HELMERS (‹Deutschunterricht als Mittel der Aufklärung›, 1979), der mit Bezug auf A.H. Niemeyer (1827) ein Konzept gegen die ‹Unmündigkeit› intendiert und i.S. der Gesamtschulidee eine elementare und höhere Sprachbildung für alle Schüler fordert (Persönlichkeit, Vernunft und Hochsprache); 2. die Ausarbeitung eines pragmatischen und projektorientierten Deutschunterrichts, der die Situationsanalyse, das Curriculum, die Motivation aus der Bedürfnislage, die soziale Interaktion und die kommunikative Kompetenz in den Mittelpunkt stellt und eine aufbauende Sprachlehre und Textanalyse erst im Anschluß an die Erfassung der sozialen Dimension von Sprachverwendung vorsieht. Der Deutschunterricht findet in ‹Sprachlernsituationen› statt und zielt auf die Fähigkeit zu selbstbestimmtem sprachlichem Handeln [33]; 3. die Forderung nach einer Re-Integration der Rhetorik in den Deutschunterricht, wie sie etwa von H.G. HERRLITZ, H.H. BUKOWSKI und E. OCKEL erhoben wird. Dies steht in Zusammenhang mit der pragmatischen Wende, mit der Orientierung am Sprachgebrauch, an der kommunikativen Kompetenz und der Fähigkeit zur sprachlichen Selbstdarstellung sowie an den Sprachhandlungen des Begründens und Argumentierens. [34]

Auch die spracherzieherische Diskussion seit den 80er Jahren ist bestimmt durch stoffliche und didaktisch-methodische Fragen, die den formalen Bildungswert, die Aufgaben und Lernziele, den fachlichen und interdisziplinären Ort, die Inhalte und Stufungen sowie das gültige sprachwissenschaftliche Paradigma des G. thematisieren. Funktional-pragmatische und strukturell-formale Optionen stehen sich dabei nach wie vor gegenüber (im Deutsch- und Fremdsprachunterricht): Einerseits wird die Auflösung formaler grammatischer Analysen im «Kontext komplexer Sprachverwendungsprozesse» gefordert, d.h. ein integrierter G. ohne autonome Gegenstandsbereiche [35], andererseits finden sich Lernzielkataloge, die klassisch-formale und funktionale Aspekte des Sprachlernprozesses verbinden wie: Einsicht in den Bau/die Struktur der Sprache, Erwerb von grammatischem Wissen für interdisziplinäre Aufgaben, Reflexion der formalen Anteile des Kommunikationsprozesses, Aneignung von Kategorien der Textanalyse, Ausbildung von Sprachfertigkeit – auch i. S. der Weitergabe von Kultur. [36] Daß auch die antike Idee von der Verbindung zwischen G. und Literaturunterricht neu diskutiert werden kann, zeigen Überlegungen zu einer sog. ‹Verstehensgrammatik›, die deskriptive Begriffe zur «Deutung des sprachlichen Kunstwerkes» bereitstellen könnte. Hierbei wären linguistische Operationen auf poetische Texte anzuwenden mit dem Ziel der formalen und inhaltlichen Analyse. Grundlage solcher Konzepte sind Arbeiten zur Textlinguistik (-pragmatik, -grammatik, -semantik), zum Zusammenhang zwischen Linguistik und Literaturwissenschaft wie von R. Jakobson, J. Ihwe, J.M. Lotman oder H. Weinrich. [37]

Auf die 'neue Offenheit' der 90er Jahre und die ungelösten Probleme des G. weisen die neuesten Publikationen in den fachdidaktischen Zeitschriften hin, wobei die Grundidee eine Verbindung zwischen formalem Wissen und pragmatisch fundierter Vermittlung zu sein scheint: Der Erwerb von Grammatikalität und Sprachrichtigkeit bleibt ein Lernziel, das über die kommunikativ-pragmatische Orientierung des G. erreicht werden soll. Der Unterricht dient also nicht nur dem grammatischen Formenkanon, sondern ist immer auch Anleitung zu *sprachlichem Handeln*. Erworben werden sollen funktionales Wissen, Formulierungskompetenz und Fähigkeiten zur Textanalyse, wobei das Isolieren und Thematisieren von einzelnen grammatischen Formen immer ein Element des G. sein wird. Angesichts der reduzierten grammatischen Wissensbestände (v.a. auf den Stufen 4–8), der mangelnden Funktionalisierung des grammatischen Wissens für Textherstellung und Literaturanalyse sowie der ungenügenden Einpassung formaler Einheiten in Sprechhandlungskontexte bleibt die Forderung nach einem integrierten, pragmatisch-funktionalen und didaktisch durchstrukturierten G. noch uneingelöst. [38]

Anmerkungen:
1 vgl. H. Arens: Sprachwiss., Bd. 1 (1969) 160ff. – **2** vgl. M. Fuhrmann: Rhet. und öffentliche Rede (1983) 23. – **3** vgl. G.

Ueding, B. Steinbrink: Grundriß der Rhet. (³1994) 151ff. – **4** H. Zimmer: Bedingungen und Tendenzen des Deutschunterrichts im 19. und 20. Jh., in: A. Mannzmann (Hg.): Gesch. der Unterrichtsfächer I (1983) 39. – **5** A. Chervel: Histoire de la grammaire scolaire (Paris 1977) 9ff. – **6** vgl. A. Elschenbroich: Die Frage nach dem Bildungswert des G., in: Die Dt. Schule 58, II (1966) 87ff.; H.D. Schmid: Die Gesch. des Deutschunterrichts im Spiegel der methodischen Werke, in: DU 1 (1960) 21. – **7** vgl. H.J. Frank: Dichtung, Sprache, Menschenbildung. Gesch. des Deutschunterrichts von den Anfängen bis 1945, Bd. 1 (1973) 151ff. – **8** Jean Paul: Levana oder Erziehungslehre (1807), in: Werke, hg. von N. Miller, Bd. 5 (1967) 831. – **9** zit. nach E. Straßner: Dt. Sprachkultur (1995) 205. – **10** Ueding, Steinbrink [3] 138f., 151f.; F. Thiersch: Ueber gelehrte Schulen ... (1826–29) 314; Schmid [6] 21f. – **11** vgl. Schmid [6] 22. – **12** E. Laas: Der dt. Unterricht auf höheren Lehranstalten (1872) 198. – **13** vgl. Frank [7] 200ff.; J. Eckhard, H. Helmers (Hg.): Theorien des Deutschunterrichts (1980) 168ff. – **14** vgl. A. Arnold: Über den Umfang und die Anordnung des Unterrichts in der Muttersprache (1825); Eckhard, Helmers [13] 8, 57ff. – **15** vgl. A.H. Niemeyer: Vom dt. Sprachunterricht ... (1796/1824), in: Eckard, Helmers [13] 45ff. – **16** F.D. Schleiermacher: Unterricht in der dt. Sprache (1810), in: Eckard, Helmers [13] 45ff. – **17** vgl. K.F. Becker: Schulgrammatik der dt. Sprache (1831); J.H. Pestalozzi: Übungen aus dem Unterricht in der Muttersprache (1811); A.W. Diesterweg: Der Unterricht in der dt. Sprache (1834); L. Schweitzer: Unterricht in der Muttersprache (1833); Eckhard, Helmers [13] 45ff.; Elschenbroich [6] 92f. – **18** vgl. Herder: Journal meiner Reise im Jahr 1769, in: Werke, ausgew. und eingel. von R. Otto, Bd. 1 (²1978) 316. – **19** vgl. W. v. Humboldt: Über die Verschiedenheit des menschlichen Sprachbaues, Einleit. in das Kawi-Werk, 3 Bde. (1836–40). – **20** vgl. J. Grimm: Dt. Grammatik (1819) Vorrede; Frank [7] 443ff. – **21** P. Wackernagel: Der Unterricht in der Muttersprache (1842) 48; R. Hildebrand: Vom dt. Sprachunterricht ... (1867) – **22** vgl. R.H. Hiecke: Wichtigkeit der dt. Lektüre (1842); F. Otto: Die Aufgaben des schulmäßigen Unterrichts in der Muttersprache (1844); C. Kehr: Theoretischpraktische Anweisung zur Behandlung dt. Lesestücke (1859). – **23** vgl. Ueding, Steinbrink [3] 181ff. – **24** vgl. H.D. Erlinger: Sprachwissenschaft und Schulgrammatik (1969) 36. – **25** vgl. A. Schultz: Methodik des Unterrichts in der dt. Sprache (1906); F. Paulsen: Der dt. Unterricht (1909). – **26** vgl. Schmid [6] 29ff. – **27** vgl. Eckhard, Helmers [13] 18ff.; Frank [7] Bd. 2, 485ff. – **28** vgl. Eckhard, Helmers [13] 200ff.; Schmid [6] 32. – **29** vgl. Eckhard, Helmers [13] 24, 282ff. – **30** vgl. Schmid [6] 39ff. – **31** vgl. K.-R. Bausch: Konzepte für didaktische Grammatiken, in: C. Rohrer (ed.): Logos Semantikos, Vol. IV (1981). – **32** vgl. Elschenbroich [6] 159f.; H. Glinz: Grammatik und Sprache, in: H. Moser (Hg.): Das Ringen um eine neue dt. Grammatik (1962) 42ff. – **33** vgl. Eckhard, Helmers [13] 374ff., 293ff.; E. Nündel: Der projektorientierte Deutschunterricht (1975). – **34** vgl. J. Dyck (Hg.): Rhet. in der Schule (1974); Empfehlungen der ‹Studienreformkommision Sprach- und Literaturwiss.› von 1982. – **35** vgl. W. Boettcher, H. Sitta: Grammatik in Situationen, in: P. Braun, D. Krallmann (Hg.): Hb. des Deutschunterrichts, Bd. 1 (1983) 377. – **36** vgl. W. Eichler: Sprache und Grammatikunterricht, in: T. Diegritz (Hg.): Diskussion Grammatikunterricht (1980) 28. – **37** vgl. M. Scherner: „Nützt die Grammatik der Textinterpretation?", in: DU 2 (1986) 86–103. – **38** vgl. P. Klotz: Sprachliches Handeln und grammatisches Wissen, in: DU, IV (1995) 3–13.

Literaturhinweise:
H.G. Herrlitz: Der Lektüre-Kanon des DU im Gymnasium (1964). – W. Barfaut (Hg.): Der Schreibunterricht (1968). – H. Arndt: Wissensch. Grammatik und pädagogische Grammatik, in: Neusprachl. Mitteilungen 22 (1969) 65–76. – S. Wyler: ‹Generativ-transformationelle Grammatik und Schul-Grammatik›, Bulletin CILA 11 (1970) 33–51. – H. Ivo: Kritischer DU (³1971). – R. Ulshöfer: Methodik des Deutschunterrichts, 3 Bde. (1971ff.). – H. Ide (Hg.): Projekt DU (1971ff.). – S. Pape, G. Zifonun: Grammatik und Lateinunterricht, in: Linguistik und Didaktik 8 (1971) 262–278. – O. Hoppe: Operation und Kompetenz, in: Linguistik und Didaktik 3 (1972) 85–97. – J.S. Noblitt: «Pedagogical Grammar ...», in: Iral 10 (1972) 313–331. – U. Ammon: Dialekt, soziale Ungleichheit und Schule (²1973). – K.D. Bünting, D.C. Kochan: Linguistik und DU (1973). – F. von Besien, M. Spoelders: Vers une grammaire pédagogique, in: Scientia Paedagogica Experimentalis 10 (1973) 215–256. – W. Eichler: Sprachdidaktik Deutsch (1974). – D. Breuer: Schulrhet. im 19. Jh., in: H. Schanze (Hg.): Rhet. (1974) 145–179. – H. Adamczewski: Le montage d'une grammaire seconde, in: Langages 9 (1975) 31–50. – J.P.B. Allen: Pedagogic Grammar, in: ders., S.P. Corder (ed.): Techniques in Applied Linguistics (London 1975) 59–92. – R.S. Fink: Aspects of a Pedagogical Grammar (1977). – G. Zimmermann: Grammatik im Fremdsprachenunterricht (1977). – E. Straßner: Aufgabenfeld Sprache im DU (1977). – H. Helmers: Didaktik der dt. Sprache (¹⁰1979). – J. Eckhard, H. Helmers: Reform des Aufsatzunterrichts (1980). – F. Hinze: Dt. Schulgrammatik, Neufassung (1980). – W. Köller: Funktionaler G. (1983). – D. Seelbach: Linguistik und frz. G. (1983). – H.-Å. Forsgren: Die dt. Satzgliedlehre 1780–1830 (1985). – Diskussion Deutsch, H. 103 (1988): Grammat. Wissen. – Grundschule, H. 6 (1988): Grammatik. – O. Ludwig: Der Schulaufsatz (1988). – H. Ivo, E. Neuland: Grammat. Wissen, in: Diskussion Deutsch 121 (1991) 437–493. – H. Ivo: Muttersprache – Identität – Nation (1994). – H. Ehrhardt, E. Sonntag (Hg.): Hist. Aspekte des Deutschunterrichts in Thüringen (1995). – C. Gnutzmann, F.G. Königs (Hg.): Perspektiven des G. (1995).

G. Kalivoda

→ Ars → Artes liberales → Aufsatzlehre → Barbarismus → Deutschunterricht → Elementarunterricht → Enarratio poetarum → Grammatik → Hochsprache → Latinitas → Lautlehre → Lehrbücher → Literaturunterricht → Orthographie → Philologie → Schreibunterricht → Sprachwissenschaft → Stillehre

Grands Rhétoriqueurs (dt. große Redner)
A. Def. – B. I. Begriffsgesch. und Gegenstand. – II. Hist. Entwicklung. – III. Poetik und Rhetorik.

A. Das Wort ‹G.› ist ein Sammelbegriff für die Literaten, die in der zweiten Hälfte des 15. Jh. in Frankreich an den Fürstenhöfen, vorrangig im Herzogtum Burgund, daneben in der Bretagne und dem Bourbonnais sowie am Hof des französischen Königs leben. Sie sind Gelegenheitsdichter, Lobredner und Hofchronisten («poètes, orateurs, historiens» [1]), die für den kleinen Kreis der jeweiligen Hofgesellschaft zeremoniale Anlässe mitgestalten und die erinnerungswerten Ereignisse aufzeichnen, um im Auftrag ihrer Mäzene den Rang des jeweiligen Geschlechts rühmend ins Gedächtnis zu prägen. Zusammen mit den bücherkundigen Beamten, Gelehrten, Schreibern und Miniaturmalern bilden sie die Träger der höfischen Schriftkultur, die sich unter den Valois neben den alten Zentren der Schreibproduktion (Klöster/Universitäten) zu entwickeln beginnt.

B.I. *Begriffsgeschichte und Gegenstand.* Den Bedingungen und Formen spätmittelalterlicher Hofdichtung kann der Sammelbegriff nur bedingt Rechnung tragen. Entgegen lange geläufiger Auffassung [2] ist die Bezeichnung G. nicht von diesen selbst gewählt. Das Wortfeld *poète* umfaßt in den zeitgenössischen Trakten zur Reimkunst Synonyme wie *aucteur, faiseur, orateur, rhetoricien, rymeur*, nicht aber *rhetoriqueur*. [3] Tatsächlich stammt der Begriff aus einer Satire auf die Rechtsprechung: In ‹Les Droitz nouveaulx› (1480) werden die G. als Adressaten neben *sophistiqueurs, topiceurs, decliqueurs* (Haarspaltern, Disputierern, Großsprechern) genannt. Héricault, der die Wortprägung in einem Abriß zur französischen Poesie 1861 erstmals verwendet, verkennt die pejorative Bedeutung ebenso wie die Literaturgeschichtsschreibung, die den Terminus

Ende des 19. Jh. einführt. [4] Allerdings trifft sich diese Konnotation des dann einschlägigen Begriffs mit einem von der romantischen Literaturhistorie ererbten Vorbehalt gegenüber der spätmittelalterlichen Hofdichtung. Auch Lanson schreibt die seit Sainte-Beuve gültige Auffassung fort, modifiziert aber die Bewertung einer nicht dem Originalitätsgedanken verpflichteten Dichtung als Verfallssymptom: «Nicht alles am extravaganten Aufblühen jener [...] 'Rhetorik' [...] ist verrückt oder falsch: unter dem wirren Zeug eitlen feudalen Tands, zwischen hohlen Großartigkeiten und albernem Geschreibsel leuchtet manchmal wahres Kunstempfinden auf. Das Wissen um Literatur wird reicher [...].» Die für die G. charakteristische sprachliche Formulierung wird als epochenspezifisches formales Verfahren bezeichnet: Zwar belasteten die G. die literarische Architektur mit den «Narreteien der Spätgotik [...], doch immerhin spüren sie, daß Wörter und Sätze geformt sein wollen». [5]

Tatsächlich stellen die G. die Literaturkritik im allgemeinen vor das Problem, daß der spätmittelalterlichen Hofdichtung ein rhetorisches Modell von Literatur zugrundeliegt, welches weder der systematischen Gliederung der Renaissance noch den Geschmacksnormen der Klassik gehorcht. In der monumentalen Konstruktion der Nationalliteratur bilden daher die Lyriker des frühen 15. Jh. und die Dichter der Pléiade die markanten Trägerpersönlichkeiten, hinter denen die G., zur Gruppe vereint, verschwinden. Wenn H. Guy im Zuge positivistischen Vervollkommnungsstrebens die spätmittelalterliche Hofdichtung unter dem dann kanonischen Titel ‹L'école des rhétoriqueurs› gleichwohl in die ‹Histoire de la poésie française du XVIe siècle› integriert, weist er der künftigen Forschung den Weg. [6] Die Revision des in Frankreich national besetzten Epochenkonzepts der Renaissance [7] führt, zusammen mit den Impulsen einer wirkungs- und rezeptionsgeschichtlich orientierten Humanismusforschung, zur Aufwertung der G. [8] Hier wird die für die spätmittelalterliche Hofdichtung charakteristische Rhetorisierung nicht mehr als Zeichen ästhetischer Dekadenz, sondern als ein «Versuch einer Erneuerung der Künste» gewürdigt. [9] Ihren Eigenwert hat besonders Zumthor betont. [10] Huizingas Entwurf folgend [11], lenkt seine Studie programmatisch auf die methodologische Problematik der literarhistorischen Behandlung der G. Ihrerseits der Texttheorie der Nouvelle Critique verpflichtet, identifiziert sie die Verskunst der G. als Zeugnis nicht erlebnisbezogener Dichtung mit einer autoreferentiellen *écriture*. [12] Ähnlich hatte bereits der Surrealist Eluard Texte der G. in seiner alternativen ‹Anthologie vivante de la poésie du passé› [13] als Vorläufer einer avantgardistischen Stilistik aufgeführt. Die jüngere Forschung hat in einer Reihe von Einzelstudien [14] und vor allem durch kritische Editionen [15] die historische Referenz wieder zu Bewußtsein gebracht. Sie stellt die hochformalisierten literarischen Verfahrensweisen der spätmittelalterlichen Hofdichtung in Rechnung, ohne deren befremdende historische Andersheit mit dem Mehrwert Modernität zu versehen.

II. *Historische Entwicklung.* Mit den kritischen Editionen gerade der kleineren Textkorpora steht nun zusätzlich zu den Ausgaben der Werke von GEORGES CHASTELLAIN, JEAN MOLINET, GUILLAUME CRÉTIN und JEAN LEMAIRE DE BELGES [16] ein literarhistorisches Material zur Verfügung, das die dezentrierte Kulturgeographie Frankreichs für den Zeitraum zwischen 1450 und 1520 sichtbar werden läßt. Das Land zerfällt vor der territorialstaatlichen Einigung, die Ludwig XI. ab 1461 durch Maßnahmen auf den Gebieten der Verwaltung, des Finanzwesens und der Rechtsprechung einleitet, bis sie von Heinrich IV. 1599 mit einer Staatsreform besiegelt wird, in regionale politisch-kulturelle Zentren miteinander konkurrierender feudaler Fürstenhöfe. [17] Unter den Seitenlinien der Valois (Anjou/Berry) profiliert sich der Herzog von Burgund als mächtigster Vasall und zugleich Feind des französischen Königs; bis auf die endgültige Vertreibung der Engländer durch Karl VII. (1453) und die Rekonsolidierung der Monarchie geht die kulturelle Hegemonie auf Burgund über. Unter Philipp dem Guten und Karl dem Kühnen gewinnt die burgundische Hofkultur das ihr eigene Profil eines höfisch-feudalen Regionalstils. [18] Aus der Pflege einer von den Valois ererbten Wertschätzung des Geschriebenen erwächst die für die burgundischen Herzöge sprichwörtliche Bibliophilie: Sie legen Bibliotheken mit kostbaren Handschriften an, engagieren Illuminatoren und ziehen *escripvains* an den Hof, der hiermit zum Entstehungsort eines neuen Schriftstellertypus wird. [19] Während Dichten ursprünglich Bestandteil der adligen Erziehung mit dem pädagogischen Ziel einer raffinierten Gefühlsbildung – Höflichkeit – ist, zeichnet sich die literarische Tätigkeit der G. statt dessen durch Professionalität aus; sie besitzen fast immer eine universitäre Ausbildung. Dem entspricht ihre soziale Mobilität. Die Vertreter der spätmittelalterlichen Hofdichtung kommen nicht mehr zwangsläufig aus dem Adel, werden aber gelegentlich, wie Chastellain durch Karl den Kühnen, nobilitiert.

Man hat in GEORGE CHASTELLAIN (1415–1475) zu Recht den «Meister» der G. erkannt. [20] Chastellain verkörpert den «erfahrenen Redner-Dichter (expert orateur)», der «sehr beredsam, gelehrt, scharf im Zugriff» und, wie der ‹Vater› der römischen Literatur Ennius, «in drei Sprachen zu Hause [...] und einzigartig in seiner Zeit» gewesen ist. [21] JEAN MOLINET (1435–1507), der in der Nachfolge Chastellains am burgundischen Hof die Stellung des offiziellen Geschichtsschreibers bekleidet, betont die Professionalität der Aufgabe des *indiciaire*: Er ist «der Schriftkundige (vray scribe), der gelehrte Kompilator, der mit meisterhaftem Schnitt kostbare Gemmen von den hervorragenden Persönlichkeiten dieses siegreichen Herrscherhauses schnitzt». Dem *indiciaire* obliegt die schriftliche Überlieferung. Seine Geschichtsschreibung verleiht der Dynastie Glanz, indem sie zum einen deren mythologischen Ursprung erzählt und zum andern die Ereignisse der jüngsten Vergangenheit aufzeichnet, um, so Molinet, «ruhmreichen Heldentaten, das lobenswerte Verhalten und die edlen Waffengänge» der Fürsten der eigenen Zeit als beispielhaft ins Gedächtnis zu rufen. [22]

Es entbehrt nicht der Ironie, daß diejenigen unter ihnen, deren Geschichtswerk den Aufstieg Burgunds zur Macht festhält [23], unversehens zu Zeugen des Untergangs des burgundischen Zwischenreichs werden. Schon 1461 wird die Vormacht Burgunds, analog zur politischen Kräfteverschiebung in der zweiten Jahrhunderthälfte, symbolisch mit der Krönung Ludwigs XI. durch Philipp den Guten gebrochen. Endgültig nach dem Tod Karls des Kühnen (1477) gewinnt der Pariser Hof auch kulturell zunehmend an Einfluß. Bis auf Jean Lemaire de Belges, der in Savoyen und Flandern unter Margarethe von Österreich dient und dem die Anbindung an den französischen Hof nur partiell gelingt, verlegt die zweite Generation der G. ihre Aktivität ins Zentrum der

Monarchie: OCTOVIEN DE SAINT GELAIS (1468–1502) steht mit JEAN ROBERTET (?–1503) in Diensten von Karl VIII.; JEAN MAROT (1450–1526), wie Jean Meschinot (1420–1491) zunächst am Hof von Anne de Bretagne, begleitet Ludwig XII. auf dessen Italienfeldzügen; PIERRE GRINGORE (1475–1539?) wirkt, wie ANDRIEU DE LA VIGNE (ca. 1470–1515), am Pariser Hof unter Ludwig XII.; der «Vater der Schriftsteller» Franz I. beschäftigt GUILLAUME CRÉTIN (1460–1525) und JEAN BOUCHET (1476–ca. 1557), den letzten der G. [24] Unter den Königen Karl VIII. und Ludwig XII. wächst den G. in ihrer Funktion als *indiciaires* eine neue und für den Prozeß der Einigung Frankreichs ideologisch bedeutsame Aufgabe zu. Die Geschichtsschreibung der G. der zweiten Generation deutet die mittelalterliche Chronik um, insofern sie deren heilsgeschichtliche Ausrichtung zusätzlich mit einer gallikanischen Zielsetzung versieht. [25] Sie ist Teil der Hofpropaganda, die die G. im Rahmen der Italienfeldzüge (1494–1513) für die Interessen der Monarchie betreiben. Diese Texte dokumentieren eine Verschiebung im Bezugssystem der Historiographie von der Feudalbindung weg hin zur Nation. [26] Die politische Leitopposition zwischen Burgund und dem König, welche die ‹Chroniques› von Chastellain, Molinet sowie die ‹Mémoires› von OLIVIER DE LA MARCHE bestimmt und die die Dichtung des Bretonen Meschinot durchzieht, verschwindet nach 1499 zugunsten der Verherrlichung Frankreichs. [27] Der kulturpolitisch bedeutendste Beitrag dieser Zeit entsteht unter dem Mäzenat von Anne de Bretagne. In Lemaire de Belges' Schriften wird die französische Sprache zum Schlüsselbegriff einer die regionale Vielfalt bindenden Gemeinschaft. Wenn der Schüler Molinets, der mit seinem Geschichtswerk, den ‹Singularitez de Troye et Illustrations de Gaule› (1509–1513), den letzten Panegyricus auf die «gallische» Dynastie Burgunds geschaffen hat, zugleich als erster aus dem Schatten der Gruppe spätmittelalterlicher Hofdichter tritt, so verdankt er seine Aufnahme in die Nationalliteratur dem programmatischen Vorhaben der Pléiade: Dieser G. wird von der Dichtergruppe, die die Vereinheitlichung der Kultur unter Obhut des französischen Königshauses vollzieht, zum Musterautor einer Literatur in französischer Sprache erwählt. [28]

III. *Poetik und Rhetorik.* Die progagandistische Ausrichtung, die in den Chroniken der Italienfeldzüge Karls VII. und Ludwigs XII. faßlich wird, ist freilich in einer Dichtung angelegt, die ihren Anlässen und Themen nach ins Hofgeschehen eingebunden ist. Dieser Umstand legt die weitere schriftstellerische Produktion der G. von Beginn an auf bestimmte Bereiche fest. Sie verwertet neben kriegerischen und politischen vorzüglich dynastische Ereignisse, die, wie Geburten, Hochzeiten und Todesfälle, Gelegenheit zum Auftreten des Hofdichters bieten. Huldigungen wie MOLINETS ‹Le Trosne d'Honneur› oder ‹L'Arbre de Bourgogne›, ‹La temple d'Honneur et de Vertu› von LEMAIRE DE BELGES oder ‹Panégyrique du Chevalier sans reproche› von BOUCHET sind für zeremoniale Anlässe konzipiert. [29] Neben den enkomiastischen Themen befaßt sich diese besonders mit Fragen der Moral und Religion. Hier ist nicht festliche Erhöhung, sondern Belehrung des Fürsten, wie beispielhaft in den berühmten ‹Lunettes des Princes› von MESCHINOT, sowie Trost und Erbauung das Ziel. Zur stofflichen Bereicherung ihrer Texte greifen die G. auf gelehrtes Wissen zurück. Der Kanon der Autoren, auf die sie sich berufen (v. a. Vergil, Ovid, Seneca, Valerius Maximus), bleibt wie die biblische Geschichte und antike Mythologie allerdings im Rahmen mittelalterlicher Gelehrsamkeit. Selbst Lemaire de Belges und CRÉTIN, die mit dem Humanismus in Berührung kommen, begreifen die Antike nicht als distinktes geschichtliches Milieu. [30] Bei den Gattungen treffen die G. eine klare Wahl: Die Mischung von gebundener und ungebundener Rede, das Prosimetrum, ist den Texten vorbehalten, die Fragen der Politik und Moral (vorab der Herrscherethik) verhandeln; die Gattungen des Streitgesprächs (Débats/Diz), des Lehrgedichts (Doctrinal), und Kurzformen wie Ballade und Rondeau, die allesamt mittelalterliche Literaturformen tradieren, werden, wie die Epistel, variabel zur Didaxe und praktischen Sittenlehre eingesetzt.

Was für den Débat ein konstitutives Merkmal bildet, gilt der Tendenz nach für die gesamte Dichtung der G. Sie bewahrt die Möglichkeit mündlicher Realisation. Zu Recht hat daher Zumthor auf ihren performativen Charakter verwiesen [31]; allerdings sind die kommunikativen Bedingungen, die das Umfeld des Hofes liefert, mediengeschichtlich zu präzisieren. In die Schaffensphase der G. fällt zwar die Einführung des Buchdrucks; doch hält noch die jüngere Generation neben einer Verbreitung durch Inkunabeln gleichzeitig an der älteren Veröffentlichungspraxis fest und läßt die Dichtung vortragen und gegebenenfalls in aufwendig gestalteten Handschriften niederlegen. Pragmatische Kontinuität gilt auch hinsichtlich der Rezeption: Zeugnisse zur Lesekultur des Adels lassen ein Übergewicht des Vorlesens gegenüber der stillen Lektüre erkennen. [32] Hierzu steht die elaborierte Schriftlichkeit der G. in einem gewissen Widerspruch. Die artifizielle Verfeinerung der Dichtung, die sich besonders in einer komplizierten Reimkunst niederschlägt, übersteigt die auditive Aufnahmefähigkeit selbst lesekundiger Hörer. Leser hingegen können die Fülle oft äquivoker Reime, untereinander reimender Zäsuren, *vers-rimes* oder sinnreicher Wortspiele mühelos dekodieren. (Ein Beispiel von Crétin: «Molinet n'est sans bruyt, ne sans nom, non/ Il a son son, et comme tu vois, voix [...]», sinngemäß zu deutsch: Molinet, 'die Windmühle', ist nicht ohne Klang und Namen, nein/ Er hat seinen Ton und, wie du vernimmst, auch Stimme. [33]) Auf der anderen Seite wird die mündliche Realisation in der oratorischen Anlage der Dichtung mitbedacht: Apostrophen, Exklamationen und rhetorische Fragen beziehen potentiell Hörer ins Geschehen ein, der Wechsel von Vers und Prosa in den Großgattungen sichert beim Vortrag die Aufmerksamkeit. Vergleichbaren Indikationswert haben Stilistika wie Worthäufungen v. a. synonymer Verben oder Umschreibungen. Sie treten an rhetorisch besonders markierten Stellen auf. Die oft alliterativ gesteigerte Klanglichkeit solcher Passagen zielt auf die affektive Beteiligung der Adressaten. Auch der Einsatz von Allegorien, häufig als epigonales Konstrukt verdammt, folgt dem Prinzip medialer Funktionalität. Denn die Allegorie ist ein genuines Mittel, das imaginative Miterleben der Rezipienten zu steuern. Desgleichen der Einsatz illustrativer Verfahren wie der bildlichen Assoziation von Namen und Ereignissen mit solchen aus der biblischen Geschichte und Mythologie. In der Geschichtsschreibung wird dies in zahllosen *amplificationes* faßlich. [34] Mit derlei Verfahren bleibt die spätmittelalterliche Hofdichtung offen für eine semi-orale Rezeption. Sie wahrt zum einen mündliche Strukturen, ja sie verstärkt durch die Dialogisierung von Gattungen wie der Ballade oder des Rondeau [35] die pragmatische Kontinuität des mittelalterlichen Literatursystems, um andererseits die Schriftlichkeit durch eine hochelaborierte, stilistisch berechnete Dichtkunst voranzutreiben.

Die für die Dichtung der G. spezifische Interaktion von Mündlichkeit und Schriftlichkeit bestimmt zudem die ihr eigene Rhetorizität. Sie läßt sich an einem der glänzendsten Beispiele spätmittelalterlicher Hofdichtungs, ‹Le Trosne d'Honneur›, mustergültig erschließen. Dieser literarische Thron, den MOLINET 1467 zu Ehren von Philipp dem Guten errichtet [36], ist seiner Anlage nach ein Epitaph, der in der Inszenierung der Trauer um den Verstorbenen, seiner Glorifikation bis hin zur Explikation der Inschrift seines Namens, alle Möglichkeiten einer klassischen Leichenrede einsetzt, um die Trauer des Hauses Burgund vor Augen zu führen und für die Nachwelt zu bezeugen. [37] Der mündliche Vortrag der kunstvoll im Prosimetrum gestalteten Dichtung zielt auf die Affekte des Publikums. Die allegorische Rahmenhandlung schafft die Disposition, die es diesem erlaubt, den Tod Philipps in der Rolle von Zuschauern nochmals zu imaginieren, um dann das Erleben der Trauer (das im assonanzenreichen Glockengeläut der achten Strophe klanglich untermalt und nach mehreren Apostrophen zum kollektiven Weinen des Hofs und ganz Burgunds gesteigert wird) im gefühlsmäßigen Mitvollzug zu sublimieren. Nach der *lamentatio*, die in einem großartigen Leichenzug berühmter Trauernder der biblischen und antiken Überlieferung endet, wechselt Molinet das Register und ermahnt zur Mäßigung des Affekts. Die *persuasio* in den folgenden Prosapartien dient der Erbauung der adligen Adressaten im literalen Sinn. Die mit den Buchstaben des Namens Philippus assoziierten Herrschertugenden, allen voran das praktische Komplement der Weisheit, *prudence*, ordnen sich zu einem Emblem, das den Verstorbenen dann wie auf einem Tafelbild in einer Sphäre quasi-religiöser Anbetung entrückt, um im abschließenden Panegyricus Philipps Herrschaft ein für allemal dem Gedächtnis des Hofes und seines Sohnes Karl einzuschreiben.

Die G. sind sich des besonderen Status der Schriftlichkeit bewußt; gleichwohl bleiben sie an für die Memorialkultur des Hofes charakteristische semi-orale Konventionen gebunden. So verknüpfen sie ihre dichterischen Schriften eng mit dem Namen des besungenen Fürsten, dessen Ruhm im Gegenzug dem des Autors Unsterblichkeit verleiht. Ein Wandel dieser Auffassung wird v. a. im Selbstverständnis von LEMAIRE DE BELGES greifbar. Er verkoppelt den Dichterruhm ausdrücklich mit der Frage des Nachlebens von Texten. [38] Dementsprechend verbindet er Gedächtnispflege und schriftliche Fixierung der Dichtung: Die Aufgabe der «edlen Schriftsteller» besteht ihm zufolge darin, die fortlaufende Chronik der Ereignisse «in Marmor einzugravieren». [39] Tatsächlich sorgt die Humanismusrezeption, die, von Karl VIII. befördert, unter den G. in den 90er Jahren einsetzt [40], zusammen mit dem Buchdruck im Wechselspiel von Kontinuität und Veränderung für eine Aufwertung der Schrift gegenüber komplementären Medien der Überlieferung wie Architektur oder Tafelbild und damit für die Festigung eines durch Schriftlichkeit vermittelten Autorbewußtseins. Jenes Wechselspiel ist in den Miniaturen zu fassen, die den Handschriften und Drucken der G. beigegeben sind. Sie halten ein Nebeneinander des tradierten und des von den italienischen Humanisten gepflegten Ruhmesgedankens fest: Der ältere Typus zeigt den G. bei der Überreichung des Textes, wie noch CRÉTIN kniend vor Franz I., zusammen mit seinem Mäzen (siehe

Guillaume Crétin überreicht seine Chronik an König Franz I. Miniatur aus einer französischen Handschrift, frühes 16. Jh. (Cliché Bibliothèque Nationale de France, Paris; Man. FR 2817)

Abb.). Eine der monastischen Schreibkultur entlehnte Variante bildet den Autor hingegen allein am Pult ab, so z. B. OCTOVIEN DE SAINT GELAIS, den berühmten Übersetzer der ovidischen ‹Heroides› (1498) und von Vergils ‹Aeneis› (1500). Zu seinen Füßen liegt ein kleiner Hund, das Symboltier humanistisch-philologischer Schreibarbeit. [41]

Der Verschriftlichungsschub wird deutlich in den ‹Arts de Seconde Rhétorique› – Kompendien, in denen das komplizierte Regelwerk der metrisch gebundenen Rede festgehalten wird. Den Traktaten, in denen ab Beginn des 15. Jh. die *science de versifier* schriftlich niedergelegt wird, sind nicht selten Reimlexika beigegeben, in einem Fall Abecedarien, um «gute Orthographie» und das Buchstabieren zu erlernen. [42] Dies unterstreicht die genuin praktische Zielsetzung solcher *artes*. Dementsprechend enthalten sie keine Dichtungstheorie [43], sondern geben Anleitung zum Versemachen. Systematisch gehen die ‹Arts de Seconde Rhétorique› auf die mittelalterliche Grammatik zurück. Deren Paradigma folgt ‹L'Art de Rhétorique› von JEAN MOLINET (um 1493 gedruckt). Molinet überträgt eine Definition der ‹Parisiana Poetria› des Grammatikers Johannes von Garlandia, der die Metrik als einen Zweig der Musik bestimmt hatte («Rithmica est species artis musice.» [44]), eingangs auf seinen Gegenstand: «Rhetorique vulgaire est une espece de musique appellée richmique, laquele contient certain nombre de sillabes avec aucune suavité de equisonance, et ne puet faire sans diction, ne diction sans sillabes, ne sillabes sans lettres. La lettre est la moindre partie de la diction ou sillabe qui ne se puet diviser.» (Volkssprachige Redekunst ist eine Art von Musik, die man rhythmisch [d. h. nach Wortakzent gebaut] nennt und welche eine bestimmte Anzahl von Silben mit manch süßem Gleichklang enthält; und sie kann nicht ohne Worte gemacht werden wie Worte nicht ohne Silben und Silben nicht ohne Buchstaben. Der Buchstabe ist der kleinste Teil des Wortes oder der Silbe, der sich nicht mehr teilen läßt.) [45] Diese Definition reproduziert in ihrem zweiten Teil das Elementarwissen des Schreibenlernens im Grammatikunterricht des 14. und 15. Jh. [46] und verkoppelt es mit der lernbaren Technik des Dichtens. Molinet fügt den Vorschriften der vorgestellten Gattungen jeweils Schreibmuster bei.

Aufgrund dieser Vermischung von Rhetorik, Grammatik und Poetik ist es bei den G. zu keiner theoretischen Formulierung ihres Redeideals gekommen. Es läßt sich nur indirekt erschließen, doch geben die ‹Douze Dames de Rhétorique› [47] einen Fingerzeig: So wie für die von den Damen verkörperten intellektuellen und moralischen Tugenden der *vir bonus dicendi peritus* das Modell darstellt [48], so gewiß ist den G. die moralische Fundierung ihrer Redekunst. Dies nähert vor allem den am französischen Königshof ausgebildeten rednerischen Stil der Oratorik des ‹Parlement de Paris› an, in der die *eruditio moralis* überwiegt. [49] Eben die Demonstration von Gelehrsamkeit in der Rede, und hierzu liefert die Historiographie der G. zahllose Belege, führt zu einem Mißverhältnis von Wissen und Beredsamkeit, wobei letztere meist unterliegt. Vergleichbares gilt es für die Musterautoren festzuhalten. Wenn sich die Geschichtsschreibung der G. auf Sallust und Livius bezieht [50], dann nicht auf die Stilistiker, sondern auf die Garanten der Romidee als Modell par excellence des Staatsgedankens der französischen Monarchie: Die römische Geschichte liefert eine Folie für Fragen der Herrscherethik. [51] Gleichwohl darf man in den Prosaschriften und der Dichtung der G. frühe Zeugnisse für eine muttersprachliche Beredsamkeit erkennen.

Anmerkungen:
1 J. Lemaire de Belges: La concorde des deux langages, in: Œuvres, hg. von J. Stecher (Löwen 1882–91), Bd. 3, 99. – **2** R. H. Wolf: Der Stil der Rhétoriqueurs. Grundlagen und Grundformen (1939) 6f. – **3** E. Langlois: Recueils d'Arts de Seconde Rhétorique (Paris 1902) 459. – **4** G. Coquillart: Les Droitz nouveaulx, hg. von M. L. Miranda (Rom 1988) 56, v. 13–18; . H. Héricault, Le Moyen Age sous Louis XII, in: Les Poètes français: Recueil de chef d'œuvres de la poésie française depuis les origines jusqu'à nos jours, hg. von E. Crépet (Paris 1861) 503; P. Jodogne: Les 'Rhétoriqueurs' et l'Humanisme. Problème d'histoire littéraire, in: Humanism in France at the end of the Middle Ages and in the early Renaissance, hg. von A. H. H. Levi (New York 1970) 150–175, 153. – **5** G. Lanson: L'Art de la prose (Paris 1908) 24f. – **6** H. Guy: Histoire de la poésie française au XVIe siècle, Bd. 1: L'Ecole des Rhétoriqueurs (Paris 1910). – **7** F. Wolfzettel: Einf. in die frz. Lit.geschichtsschreibung (1982). – **8** H. Chamard: Histoire de la Pléiade (Paris 1939) Bd. 1, 135ff.; A. M. Schmidt: L'Age des Rhétoriqueurs (1450–1530): in: Encyclop. de la Pléiade. Histoire des littératures (Paris 1963) 175–190. – **9** F. Simone: La scuola dei 'Rhétoriqueurs', in: Umanesimo, Rinascimento, Barocco in Francia (Milano 1968) 169–201, 191. – **10** P. Zumthor: Le masque et la lumière. La poétique des G. (Paris 1978); ders.: Anthologie des G. (Paris 1978). – **11** J. Huizinga: Herbst des MA (^{11}1975). – **12** C. Thiry: La poétique des G. A propos d'un ouvrage récent, in: Le Moyen Age 35 (1980) 117–133. – **13** P. Eluard: La poésie du passé (Paris 1960) 104, 164–183, 193–197, 203–207, 210–221. – **14** P. Jodogne: J. Lemaire de Belges, écrivain franco-bourguignon (Brüssel 1971); C. Martineau-Géniëys: Le thème de la mort dans la poésie française de 1450 à 1550 (Paris 1978). – **15** J. Bouchet: Epistres morales et familières, hg. von J. Beard (Paris 1969); J. Robertet: Œuvres, hg. von M. Zsuppán (Genf 1970); J. Meschinot: Les Lunettes des Princes, hg. von C. Martineau-Géniëys (Genf 1972); J. Marot: Œuvres (1723; ND Genf 1970); ders.: Le voyage de Gênes und Le voyage de Venise, hg. von G. Trisolini (Genf 1974 und 1977); O. de Saint-Gelais: Le Séjour d'Honneur, hg. von J. A. James (Chapel Hill 1977); ders.: Complainte sur le départ de Marguerite, hg. von M. B. Winn, in: Moyen Français (1979) 65–80. Andrieu de la Vigne: Le mystère de Saint-Martin, hg. von A. Duplat (Genf 1979); ders.: Le voyage de Naples, hg. von A. Slerca (Mailand 1981); O. de Saint-Gelais: La Chasse d'Amour, hg. von M. B. Winn (Genf 1984). – **16** G. Chastellain: Oeuvres, hg. von J. Kervyn de Lettenhove, 8 Bd. (Brüssel 1863–66); J. Lemaire de Belges [1]; G. Crétin: Œuvres poétiques, hg. von K. Chesney (Paris 1932); J. Molinet: Chroniques, hg. von G. Doutrepont, O. Jodogne, 3 Bde. (Brüssel 1935–37); ders.: Les Faictz et les Dictz, hg. von N. Dupire, 3 Bde. (Paris 1936–39). – **17** G. Gröber: Grundriß der Romanischen Philol., NF, Gesch. der mittelfrz. Lit. II (1937). – **18** D. Poirion: Le Poète et le Prince (Paris 1965) 43–57. – **19** G. Doutrepont: La Littérature française à la Cour des Ducs de Bourgogne (Paris 1909) XII–LI und 456–460. – **20** V. L. Saulnier: Sur Georges Chastellain poète et les rondeaux qu'on lui attribua, in: Mélanges de langue et de littérature du Moyen Age et de la Renaissance offerts à J. Frappier (Genf 1970) Bd. 2, 987–1000. – **21** J. Molinet: Aultre Prologue, Chroniques [16] Bd. 2, 593. – **22** ebd. 594 und ders.: Prologue, Chronique [16] Bd. 1, 28. – **23** Chastellain [16]; O. de la Marche, Mémoires, hg. von H. Beaune, J. d'Arbaumont, 4 Bde. (Paris 1883–1888). – **24** Zumthor: Anthologie [10] 246. – **25** C. J. Brown: The Shaping of History and Poetry in Late Medieval France. Propaganda and Artistic Expression in the Works of the Rhétoriqueurs (Birmingham/Alabama 1985). – **26** ebd. 148. – **27** Zumthor [10] 66. – **28** Du Bellay: La Deffense et Illustration de la Langue Françoyse, hg. von F. Angué (Paris 1972) II/2, 66. – **29** Molinet: Faictz [16] 36–58, 232–250; Lemaire de Belges [1] Bd. 4, 183–242; J. Bouchet: Panégyrique du Chevalier sans reproche (Paris 1837). – **30** Jodogne [14] 422f. und 433. – **31** Zumthor: Anthologie [10] 8f. – **32** Doutrepont [19] 468. – **33** Crétin: Canon [16] 324. – **34** P. Jodogne: La rhétorique dans l'historiographie bourguignonne, in: Culture et pouvoir au temps de l'Humanisme et de la Renaissance, hg. von L. Terreaux (Genf 1978), 51–69. – **35** O. Jodogne: La ballade dialoguée dans la littérature française médiévale, in: Fin du Moyen Age et Renaissance. Mélanges de philol. fr. offerts à R. Guiette (Antwerpen 1961) 71–85. – **36** Molinet: Faictz [16]. – **37** C. Thiry: Au carrefour des deux rhétoriques: Les prosimètres de J. Molinet, in: Du mot au texte, Actes du IIIe Colloque International sur le Moyen Français, hg. von P. Wunderli (1982) 213–227. – **38** J. Frappier: Einf. in: J. Lemaire de Belges, L'Epître de l'Amant vert (Genf 1947) XXXVIII; C. J. Brown: The Rise of literary Consciousness in Late Medieval France: J. Lemaire de Belges and the Rhétoriqueurs Tradition, in: JMRS 13 (1983) 51–74. – **39** Lemaire de Belges [1] Bd. 4, 190; vgl. den Epitaph für Molinet, ebd. 319f. – **40** F. Joukovsky: La Gloire dans la poésie française et néolatine du XVIe siècle (Genf 1969). – **41** P. Reutersward: The Dog in the Humanist's Study, in: ders.: The Visible and Unvisible in Art (Wien 1991) 206–225. – **42** Langlois [3] 36. – **43** ebd. Einf. VII; M. R. Jung: Poetria. Zur Dichtungstheorie des ausgehenden MA, in: Vox romanica 30 (1971) 43–64. – **44** The Parisiana Poetria of John of Garland, hg. von T. Lawler (New Haven/London 1974) 158, Zeile 469–70. – **45** Molinet: L'Art de Rhétorique, in: [3] 214–252, hier 216. – **46** G. Vogt-Spira: Vox und Littera. Der Buchstabe zwischen Mündlichkeit und Schriftlichkeit in der grammatischen Trad., in: Poetica 23 (1991) 295–327, 320f. – **47** Robertet [15] 112–135. – **48** M. R. Jung: Les Douze Dames de Rhétorique, in: Wunderli [37] 229–40, 233; J. C. Muhlethaler: Un manifeste poétique de 1463: Les 'Enseignes' des Douze Dames de Rhétorique, in: Les G., Actes du Ve Colloque International sur le Moyen Français (Mailand 1985) 83–102, 97. – **49** M. Fumaroli: L'Age de l'éloquence (Paris 1980) 427ff. – **50** Gröber [17] 202. – **51** H. Wolff: Histoire et pédagogie princière au XVe siècle: G. Chastellain, in: Terreaux [34] 37–48.

Literaturhinweise:
F. Simone: Il Rinascimento Francese (Turin 1961). – F. Rigolot: Le Texte de la Renaissance. Des Rhétoriqueurs à Montaigne (Genf 1982).

B. Rommel

→ Ars dictandi, dictaminis → Ars versificatoria → Dichtung → Epideiktische Beredsamkeit → Herrscherlob → Humanismus → Leichenpredigt → Mittelalter → Mündlichkeit → Schrift, Schriftlichkeit

Gravamen (dt. Beschwer, Beschwerung, Beschwerde; engl. grievance; frz. doléance; ital. gravame)
A. Der Begriff ‹G.› (Pl. ‹Gravamina›) kommt von lat. *gravamen*: Beschwerlichkeit, Last. [1] Der entsprechende dt. Ausdruck ‹Beschwer› mit seinen Ableitungen [2] bezeichnet zum einen reguläre Belastungen innerhalb bestehender Rechtsverhältnisse wie persönliche Dienst- und Leistungspflichten und dingliche Lasten (Fronen, Zinse, Reallasten, Hypotheken, Steuern, Zölle), zum andern tendenziell im Sinne einer Bedrückung eher willkürlich auferlegte oder erhöhte persönliche und materielle Belastungen sowie drittens allgemein die Beeinträchtigung von Rechten, speziell wiederum innerhalb eines Prozesses durch Zwischenurteile oder durch das prozessuale Endurteil.

Das mündliche oder schriftliche Vorbringen einer Beschwer oder verschiedener, eventuell artikulierter Beschwerden gehört zu den universalen und überzeitlichen Reaktionen von Menschen im Verhältnis der Gleichrangigkeit, vor allem aber in dem der Subordination auf sehr vielgestaltige wirtschaftliche, soziale, rechtliche, politische oder kirchlich-religiöse Belastungen, Beeinträchtigungen und daraus resultierende Mißstände. Rechtsförmlich wird die Beschwer in eine Petition (meist älter und synonym: Supplikation, Supplik) gekleidet mit («flehentlicher») Bitte um Abhilfe oder Reform vorgebracht; ferner ist eine Beschwer im Sinne einer ungerechten Behandlung prozessual wie extra- und postjudiziell Voraussetzung für die Ergreifung von Rechtsmitteln und Rechtsbehelfen (Supplikation, Protestation, Appellation). Es gehört zu den Rechten der einzelnen Untertanen oder von Ständeversammlungen, in Form von Petitionen Beschwerden *(gravamina)* und Wünsche *(desideria)* unter Beachtung der erforderlichen Bekundungen von ‹Devotion› und ‹Submission› an die Obrigkeit (König, Landesherr, Stadtrat) einzureichen. Darüber hinaus enthalten die zunächst subjektiv, später objektiv gefaßten Petitionen bestimmte Urkundenelemente wie *intitulatio* und Adresse, ferner das Gesuch und eventuell dessen Begründung. Supplikationen an den Papst müssen vom 13. Jh. an im *stilus curiae* abgefaßt sein, auch die wesentlichen dispositiven Formulierungen enthalten, die in den Text der erbetenen (‹impetrierten›) Urkunde eingehen sollen. Sie werden von einem Notar angenommen, von diesem eventuell nach den erforderlichen Kriterien bearbeitet und dann dem Papst vorgelegt. An den weltlichen Höfen, wo der ursprünglich mündliche Vortrag länger erhalten bleibt, werden Petenten vor allem in den Kanzleien beraten.

Seit dem 8. Jh. enthalten Formularbücher und Briefsteller Vorlagen für die Abfassung von Supplikationen, außerdem geben im späteren Mittelalter Lehrbücher der *ars dictandi* dazu einige Anleitungen. [3] Leute aus niedrigen Schichten übergeben ihre Supplikationen – dem Wort entsprechend – kniefällig und bringen den Charakter der «flehentlichen» Bitte körpersprachlich durch Falten und Winden der Hände zum Ausdruck. [4] Gruppenpetitionen werden häufig von Wortführern nach einer Ansprache übergeben; seit der frühen Neuzeit kommt es gelegentlich zu Massenpetitionen, die aber teilweise verboten werden. Die Obrigkeit verfaßt, vorbereitet durch ein beauftragtes Ratskollegium (Hofrat), einen Supplikations- oder Petitionsausschuß einer Ständeversammlung, eine spezielle Kommission oder Behörde (chambre de requêtes) zu der Petition ihre Resolution («fiat, placet»), die urkundlich in der Form eines herrscherlichen Reskripts oder Dekrets ergeht. Auf diese Weise kann ein G. zum Ausgangspunkt für einen Unklarheiten, Beschwerungen, Mißbräuche oder Mißstände beseitigenden obrigkeitlichen Erlaß oder parlamentarischen und herrscherlichen Gesetzgebungsakt werden, in England speziell über den Weg einer ‹private› oder einer ‹common petition›, die zur parlamentarischen Petition oder Bill (Gesetzesvorlage) und durch die königliche Sanktion zum Act (Gesetz) wird. Die in Mittelalter und früher Neuzeit formgebunden erforderliche Stilisierung von Petitionen durch Demuts- und Untertänigkeitsformeln, die Gravamina als Ausgangspunkt der Begehren enthalten, kann im Einzelfall darüber hinwegtäuschen, daß der in stilistischer Responsion «gnädig und huldvoll» Beschwerden Abhilfe gewährende Herrscher dazu von machtvollen Ständen oder Parlamenten in Wirklichkeit politisch genötigt wurde. Auch ist es Ständeversammlungen und Parlamenten in Europa verschiedentlich gelungen, die Übernahme der vom Herrscher geforderten finanziellen und steuerlichen Lasten von der vorherigen Abstellung ihrer Gravamina (engl. ‹redress of grievances›) abhängig zu machen.

Das Beschwerde- und Petitionsrecht hat sich bis heute in gewandelter Gestalt und Funktion erhalten. In der modern-demokratischen Ordnung fehlt die Korrespondenz zwischen ‹demütiger Untertänigkeit› und ‹herrscherlicher Gnade›. Das Beschwerde- und Petitionsrecht ist auch nicht mehr wie das Supplikationsrecht im Mittelalter ein unmittelbares Recht eines jeden Untertanen und Standes, sich bei grundsätzlich offenem Zugang an den Herrscher zu wenden, oder wie im Absolutismus ein rechtliches Selbsthilfemittel außerhalb des ordentlichen Rechts- und Verwaltungsweges, sondern ein Grund- und Menschenrecht. [5] Nicht mehr dem ‹Untertanen› des Mittelalters und des Absolutismus oder dem ‹Staatsbürger› des 19. Jh., sondern ‹jedermann› steht das Recht zu, sich einzeln oder in Gemeinschaft mit anderen schriftlich mit Bitten oder Beschwerden, die eigene oder auch allgemeine Interessen verfolgen, an die zuständigen Stellen und an die Volksvertretung mit ihrem Petitionsausschuß zu wenden. Ferner gibt es bis heute im Prozeßrecht die Beschwer als Rechtszugvoraussetzung für Rechtsmittel und die Beschwerde als Rechtsbehelf, der zur Nachprüfung der angefochtenen Entscheidung oder Maßnahme durch die nächsthöhere Instanz führt, auf nahezu allen Rechtsgebieten.

Gravamina können auch außerhalb der Rechtsförmlichkeit in literarischen und publizistischen Formen vom Maueranschlag und Flugblatt bis hin zum Traktat und Buch vorgetragen werden. Die Elemente rhetorischer Appellstruktur lassen sich bei der Verschiedenheit der Textformen kaum verallgemeinern und bedürfen zur Ergänzung teilweise noch ausstehender stilistischer Untersuchungen.

B. I. *Antike.* Das lat. Wort ‹gravamen› taucht bei den Autoren nicht vor dem 3. Jh. n. Chr. auf, doch gibt es im Lat. wie im Griech. die Sache bezeichnende Synonyma. [6] Als Rechtswort findet es sich im ‹Codex Theodosianus› und insbesondere im ‹Codex Iustinianus› des ‹Corpus iuris civilis›. [7] Diese Gesetzessammlungen der Spätantike bestimmen dann maßgeblich die Rechtsentwicklung im europäischen Mittelalter. Vor allem der

‹Codex Iustinianus› regelt den gesamten Bereich der Supplikationen (Bittgesuche) an den Kaiser in Rechtssachen sowie in öffentlichen und privaten Angelegenheiten. Im Anschluß an das ‹Corpus iuris civilis› wird das Supplikenwesen im Mittelalter für den kirchlichen Rechtsbereich der römischen Kurie durch das kanonische Recht und auf der Grundlage des römisch-kanonischen Rechts für Königreiche und weltliche Herrschaften, deutlich faßbar seit dem Spätmittelalter, stärker behörden- und geschäftsmäßig geordnet.

II. *Mittelalter und Neuzeit.* Verschiedene Gruppen von Gravamina haben besondere Berühmtheit erlangt. Es sind dies die kirchenrechtlichen und kirchenpolitischen ‹Gravamina nationis Germanicae› des 15. und 16. Jh., die verschiedenen Beschwerdeartikel der Bauern im Bauernkrieg von 1525, die parlamentarischen Petitions, Bills und Remonstranzen des 17. Jh. in Auseinandersetzung mit dem Stuart-Königtum in England und in Frankreich, die den Vertretern der drei Stände zu den Generalständen (états généraux), namentlich zu den Generalständen von 1789, beigegebenen ‹Cahiers de doléances›.

Die kirchlichen ‹Gravamina nationis Germanicae›, wie sie von der Mitte des 15. Jh. an bis zum Augsburger Reichstag von 1530 immer wieder vorgebracht werden, sind auf dem Hintergrund der kirchlichen Reformkonzilien von Konstanz (1414–1418) und Basel (1431–1449) und der Auflösung der Kircheneinheit durch nationalkirchliche Sonderabmachungen (Konkordate) mit dem Papsttum erwachsen. Im Zusammenhang mit der *causa reformationis* werden während der Konzilien und danach in verschiedenen Dokumenten Reformforderungen erhoben, die auf Beschwerungen beruhen, so in der Denkschrift der deutschen Konzilsnation vom 17. September 1417, in den ‹Avisamenta Nationis Germanicae› von 1418, in der fürstlichen ‹Mainzer Akzeptation› von 26 Basler Reformdekreten des Jahres 1439 oder in dem kurfürstlichen Reformprogramm der ‹Avisamenta Moguntina› von 1441. Eine wichtige Rolle spielen später auch Gravamina, die Verletzungen des Wiener Konkordats von 1448 geltend machen, jenes Konkordates, das zwischen König Friedrich III. und Papst Nikolaus V. «pro natione Alamanica» abgeschlossen wurde und das die konziliaren Errungenschaften zugunsten eines wiedererstarkten Papsttums und einer Konsolidierung des landesfürstlichen Kirchenregiments weitgehend wieder zurücknimmt. Die kirchlichen Gravamina der deutschen Nation seit der Mitte des 15. Jh. haben verschiedene Urheber und werden aus unterschiedlichen Quellen gespeist. Es finden sich kirchenpolitische Gravamina des niederen Klerus, geistlicher Fürsten (Erzbischof Jakob von Trier 1452/53) und von Versammlungen geistlicher und weltlicher Fürsten (Frankfurt 1456), von Domkapiteln und Provinzialsynoden, von weltlichen Fürsten, Städten und von Reichstagen. In erster Linie sind es zunächst Standesklagen des hohen Klerus gegen die römische Kurie, gegen die kuriale Ämter- und Pfründenvergabe, gegen den kurialen Fiskalismus und gegen kuriale Übergriffe in die Gerichtsbarkeit des deutschen Episkopats, während die Gravamina eines anonymen niederen Klerikers von 1451 (Mainzer Libell) darüber hinausgehend in scharfen polemischen Formulierungen Geldgier, Verschwendungssucht und Sittenverderbnis an der römischen Kurie anprangern. Vorwürfe des prominenten Juristen und damaligen Mainzer Kanzlers M. MAIR wegen kurialer Praktiken und Mißbräuche, welche die deutsche Nation ruinierten, versucht E. S. PICCOLOMINI, der Humanist, damalige Bischof von Siena und spätere Papst Pius II., 1458 mit einem Brieftraktat, der sog. ‹Germania›, beschwichtigend zu entkräften. [8] Noch 1515 erscheinen als Reaktion auf diese Schrift die ‹Responsa et replice ad Eneam Silvium› des elsässischen Humanisten J. WIMPHELING, der bereits 1510 im Auftrag König Maximilians I. Gravamina in einem Entwurf zu einem der französischen Pragmatischen Sanktion von Bourges (1438) vergleichbaren nationalkirchlichen Grundgesetz für Deutschland mit seinen ‹Medulla excerpta› zusammengestellt hat. Gravamina kirchlicher und weltlicher Art greifen im 15. Jh. auch Reformschriften wie die ‹Concordantia catholica› des NIKOLAUS VON KUES von 1433, die in der Reformationszeit in verschiedenen Drucken verbreitete ‹Reformatio Sigismundi› von 1439, seit der Wende zum 16. Jh. der sog. ‹Oberrheinische Revolutionär› (ca. 1500), Schriften der Humanisten, insbesondere die leidenschaftlichen und extrem kirchen- und romfeindlichen Schriften ULRICHS VON HUTTEN auf.

Auf den Reichstagen werden Gravamina gegen Rom eingehender seit dem Freiburger Tag von 1497 und dem Augsburger Tag von 1500 behandelt. Auf dem Augsburger Reichstag von 1518 begründen die Reichsstände ihre Ablehnung einer Türkensteuer mit einem Hinweis auf die bisherigen Belastungen, die sich für den gemeinen Mann aus den Beschwerungen durch die römische Kurie ergäben. LUTHERS Schrift ‹An den christlichen Adel deutscher Nation von des christlichen Standes Besserung› von 1520 faßt den Kanon der traditionellen Gravamina des 15. Jh. und die ihm bekannten Augsburger Beschwerden von 1518 sprachmächtig-polemisch durchgeformt und mit enormem publizistischem Erfolg zusammen, erschöpft sich indessen wegen der von Luther eingeführten genuin theologischen Begründungszusammenhänge nicht in einer bloßen Aufbereitung der Tradition. Auf der andern Seite wirkt Luthers Schrift inhaltlich auf die Abfassung der ‹hundert Gravamina›, die Auflistung von 102 Beschwerden des Wormser Reichstages von 1521 gegen Rom, aber auch gegen die Geistlichkeit im Lande, vor allem gegen deren Geldschinderei, den Lebenswandel der Kleriker und das Ausgreifen der geistlichen Gerichte auf Laien und weltliche Streitsachen. Die Artikel bleiben Entwurf, bilden aber die Grundlage für die weitere Reichstagsdiskussion über die Gravamina und daran angeschlossene Reformgutachten bis 1530. Städtische Gravamina beanstanden mit besonderer Akzentuierung städtischer Reibungspunkte die Sonderstellung des Klerus im öffentlichen Leben, seinen anstößigen Lebenswandel, seine konkurrierende Erwerbstätigkeit und die Vernachlässigung von Gottesdienst und Seelsorge. Die Verhandlungen des Reichstags zu Speyer 1526 zeichnen sich dadurch aus, daß neue Beschwerdegruppen hinzukommen, nämlich nunmehr Beschwerden der Geistlichen gegen die Weltlichen und – als Ergebnis des ausgebrochenen Bauernkrieges – Beschwerden der Untertanen gegen die Obrigkeiten. Die Beschwerden des gemeinen Mannes, die teilweise auf den ‹Zwölf Artikeln› der Bauernschaft [9] fußen, richten sich gegen Zins, geistlichen Zehnt und andere Abgaben, gegen Frondienste und Leibeigenschaft; sie betreffen die Almendnutzung und beklagen allgemein die Rechtsunsicherheit des gemeinen Mannes. Auf dem Augsburger Reichstag von 1530 münden die Gravaminaverhandlungen in eine Reform in Gestalt der ‹Concordata der geistlichen und weltlichen beschwerung constitutionsweiss zusammengezogen›, die Kaiser Karl V. zwar als Reichskonkordat verkünden läßt, die jedoch aufgrund der Ablehnung auch durch einige altgläubige Stände unwirksam bleiben. Die Frage der Gravamina als Verhandlungskomplex auf den Reichstagen kommt in Augsburg zu einem ergebnislosen Abschluß. In katholischen Teilen des Reiches wirken die Gravamina gegen die römische Kurie in der Neuzeit fort. [10]

Die historisch und bis zum heutigen Tage eindrucksvollste Meinungsbefragung eines Volkes zu Beschwerden und Reformvorschlägen stellen die Versammlungen dar, in denen im März und April 1789 im Hinblick auf die anberaumten états généraux (Generalstände) auf den verschiedenen Lokal- und Verwaltungsebenen ganz Frankreichs die Beschwerden der drei französischen Stände, des Klerus, des Adels und des Dritten Standes, vorgebracht und in schriftlicher Form in den ‹Cahiers de doléances› (Beschwerdehefte) niedergelegt werden. Beschwerden gegenüber der Krone formulieren in Frankreich verschiedene Institutionen, die cours souveraines, die états provinciaux und die états généraux. Cahiers der verschiedenen Stände sind eine Vorstufe für die Beschwerden der Provinzialstände und der zuletzt 1614 und erst wieder 1789 tagenden Generalstände. Mit etwa 30000 solcher cahiers des Jahres 1789 ist zu rechnen. Die cahiers des Dritten Standes werden zunächst auf der Ebene der Primärversammlungen, d.h. der Dorfgemeinden, der städtischen Körperschaften, der Pfarreien und der freien Stadtbürger, verfaßt und dann auf der höheren Ebene der Versammlungen der Haupt- und Nebenwahlkreise (bailliages) in einem weiteren Gang der Redaktion zusammengeführt. Diese abschließenden cahiers aller drei Stände bilden die zum imperativen Mandat gehörigen politischen Instruktionen, die den gewählten Deputierten an die Hand gegeben werden. Man könnte annehmen, daß die auf den Primärversammlungen erstellten cahiers die Beschwerden wirtschaftlicher, sozialer und rechtlicher Art der breiten Bevölkerung auf dem Lande und in den Städten unmittelbar wiedergeben. Die Authentizität der Beschwerden vor allem der ländlichen cahiers wird indessen dadurch gemindert, daß die in den Versammlungen mündlich vorgetragenen Beschwerden bei der schriftlichen Fixierung geordnet, geformt und neu akzentuiert oder umformuliert werden, und zwar vor allem durch königliche oder seigneuriale Amtsträger, Juristen, Advokaten, Notare und Prokuratoren, die oft in den Versammlungen der ländlichen Gemeinden den Vorsitz führen, es sei denn, daß es gelegentlich Dorfgemeinden gelingt, den Gemeindepfarrer oder ihren Gemeindevorsteher zum Vorsitzenden zu machen. Die gleiche soziale und intellektuelle, von der alten Verwaltungs- und Richterkultur geprägte und verschiedentlich mit aufklärerischen Gedanken sympathisierende Gruppe der Juristen beherrscht auch die Redaktion der abschließenden cahiers des Dritten Standes auf der Ebene der bailliages (Gerichts- und Verwaltungsbezirke). Die ländlichen Beschwerden unterscheiden sich von den städtischen dadurch, daß sie, wie schon TOCQUEVILLE festgestellt hat [11], unmittelbarer an den konkreten und spezifischen alltäglichen Bedürfnissen und weniger an allgemeinen und abstrakten Rechten orientiert sind. Es geht in den ländlichen cahiers um die ärmlichen bis erbärmlichen Lebensbedingungen, die grundherrliche Gerichtsbarkeit, die grundherrlichen Rechte, insbesondere die Bannrechte, die neuen Güterverzeichnisse, den Pachtzins, das adelige Jagdrecht und die herrschaftlichen Taubenschläge, die persönliche Unfreiheit, die Frondienste und die Kirchenzehnten. Die städtischen cahiers richten sich vor allem gegen die Kirche und ihr Pfründensystem sowie gegen die Geburts- und Standesprivilegien im Hinblick auf Steuergerechtigkeit und freien Zugang zu Ämtern und Würden. Die bürgerlichen Beschwerden in den cahiers der allgemeinen Wahlkreise und diejenigen des Adels sind zwar von spezifischen Interessenunterschieden der beiden Stände geprägt, weisen jedoch, auch darauf hat schon Tocqueville aufmerksam gemacht [12], ein weites Spektrum von Gemeinsamkeiten auf, was die Frage der Menschenrechte, der individuellen Freiheitsrechte sowie der künftigen Justiz- und Verfassungsordnung anlangt.

Anmerkungen:

1 K.E. Georges: Ausführl. Lat.-dt. Handwtb. Bd. I ([11]1962) Sp. 2970. – 2 Dt. Rechtswtb. 2. Bd., bearb. v. E. Frh. v. Künßberg (1932–1935) Sp. 124–129. – 3 H. Breßlau: Hb. der Urkundenlehre für Deutschland und Italien, Bd. 2 ([3]1960) 25. – 4 J.H. Zedler: Großes vollständiges Universal-Lex. aller Wiss. und Künste, Bd. 41 (1744; ND Graz 1962) s.v. ‹Suppliciren›, Sp. 371. – 5 H. Neuhaus: Reichstag und Supplikationsausschuß. Ein Beitrag zur Reichsverfassungsgesch. der 1. Hälfte des 16. Jh. (1977) 311, Anm. 69; J.H. Kumpf, Art. ‹Petition›, in: Handwtb. zur dt. Rechtsgesch., Bd. 3 (1984) Sp. 1639–1646. – 6 O. Heg (Hg.): Thesaurus linguae latinae, vol. VI, 2 (1925–1934) Sp. 2265. – 7 H. Heumann, E. Seckel: Handlex. zu den Quellen des römischen Rechts ([10]1958) 232. – 8 E.S. Piccolomini: Deutschland. Der Brieftraktat an M. Mayer, übers. u. erl. von A. Schmidt (1962) (Die Geschichtsschreiber der dt. Vorzeit, Bd. 104). – 9 K. Kaczerowsky (Hg.): Flugschr. des Bauernkrieges (1970) 9–14. – 10 Zedler [4] (1735; ND Graz 1961) Bd. 11, s.v. ‹Grauamina Nationis Germanicae›, Sp. 632f. – 11 A. de Tocqueville: L'Ancien Régime et la Révolution, t. 2: Fragments et notes inédites sur la Révolution (Paris 1958) 126. – 12 ders.: in: t. 1 (Paris 1954) 144.

Literaturhinweise:
B. Gebhardt: Die gravamina der Dt. Nation gegen den römischen Hof. Ein Beitrag zur Vorgesch. der Reformation ([2]1895). – A. Störmann: Die städtischen Gravamina gegen den Klerus am Ausgang des MA und in der Reformationszeit (1916). – M. Kaser: Das römische Zivilprozeßrecht (1966). – P. Herde: Beiträge zum päpstlichen Kanzlei- und Urkundenwesen im 13. Jh. ([2]1967). – R. Chartier: Kulturelle Ebenen und Verbreitung der Aufklärung im Frankreich des 18. Jh.: die ‹cahiers de doléances› von 1789, in: H.U. Gumbrecht, R. Reichardt, T. Schleich (Hg.): Sozialgesch. der Aufklärung in Frankreich (Ancien Régime, Aufklärung und Revolution) Bd. 4 (1981) 171–199. – K. Kluxen: Gesch. und Problematik des Parlamentarismus (1983). – A. Grundmann: Die Beschwerden der Dt. Nation auf den Reichstagen der Reformation. Erläuterung und Begründung der Sonder-Edition, in: H. Lutz, A. Kohler (Hg.): Aus der Arbeit an den Reichstagen unter Kaiser Karl V. (1986) 69–129. – P. Blickle: Unruhen in der ständischen Ges. 1300–1800 (1988).

E. Isenmann

→ Accusatio → Anrede → Arenga → Ars dictandi, dictaminis → Bittrede → Briefsteller → Captatio benevolentiae → Exordium → Formel → Formelbücher → Flugblatt, -schrift → Tadelrede

Gräzismus

A. Der Terminus ‹G.› (aus lat. ‹Graecus›) verweist auf die Entlehnung lexikalischer, syntaktischer und idiomatischer Eigenheiten der altgriechischen Sprache. In rhetorischer Hinsicht wird damit der Bereich der Sprachrichtigkeit *(Latinitas)* als Tugend *(virtus)* der *elocutio* berührt. Sprachwissenschaftlich thematisiert ‹G.› das Problemfeld von Fremd- und Lehnwort bei Interferenzen zwischen dem Griechischen und anderen Sprachen.

Dabei sind intensivere Phasen dieses Sprachkontaktes mit gravierender Bedeutung für Wortschatzwandel und Wortbildungslehre der Nehmersprachen zu unterscheiden von Zeitabschnitten, in denen sich der kulturelle Einfluß des Griechischen sprachlich kaum auswirkt.

B. I. *Antike und Mittelalter.* Die Rhetorik der römischen Antike räumt der griechischen Sprache eine Sonderstellung ein. Im Gegensatz zu sonstigem nichtlateinischem Wortgut stellen die ‹verba Graeca› eine erlaubte Abweichung von der *Latinitas* dar, da sie als Lehnwörter Träger der geistigen Kultur sind. [1] Daß ihr Gebrauch nicht als *vitium* der Barbarolexis angesehen wird, erklärt sich zudem aus der Begrenztheit des lateinischen Wortbestandes, die Anleihen bei Wortschatz und -bildung des Griechischen notwendig macht. So rechtfertigt QUINTILIAN dieses Vorgehen mit dem Hinweis auf die «paupertas» (Armut) des Lateinischen, auch wenn er eingesteht, daß manche der wortbildungsmäßigen G. «ziemlich hart erscheinen». [2] CICERO übernimmt neben den von der Stoa entwickelten Möglichkeiten sprachlicher Neuschöpfung [3] auch die Bildungsprinzipien der *similitudo* (Analogie) und *imitatio* (Nachahmung). [4] Vor allem letztere dient ihm als Modus zur lateinischen Nachbildung griechischer Wörter bei der Erläuterung von Reden griechischer Klassiker. [5]

Mit Cicero erreicht das Neben- und Ineinander der beiden Sprachen seine markanteste Ausprägung, die eine seit dem 3. Jh. v. Chr. andauernde Zweisprachigkeit in Erziehung, Bildung und Verwaltung zu ihrem Höhepunkt führt. [6] Die Entwicklung einer eigenständigen römisch-nationalen Literatur unter Kaiser Augustus mit der Gruppe der Neoteriker als Wegbereitern der augusteischen Dichtung verdrängt danach die griechischen Muster aus dem Kanon der *auctores* und entbindet zumindest teilweise von der Notwendigkeit griechischer Sprachkenntnisse. Am längsten hält sich das griechische Element in der Erziehungsauffassung konservativer Adelskreise Roms und in der christlichen Kirche, bis das Umschwenken Italiens auf das Lateinische als Sprache der Liturgie und Theologie das ehemals dominierende Griechische endgültig seiner Bedeutung beraubt. [7] In dieser Sprache Bewanderte sind bereits zu Zeiten des AUGUSTINUS rar. Dieser begründet seine lateinische Niederschrift von ‹De trinitate› damit, er verfüge zu diesem Thema zwar über ausgezeichnete Quellen in Griechisch, doch könne er kaum jemanden finden, der ihm ihren Inhalt zu vermitteln wisse. [8]

Der für das 4. Jh. n. Chr. schließlich umfassend zu konstatierende Mangel an Griechischkenntnissen im weströmischen Reich steht symptomatisch für die Spaltung der mediterranen Einheit in einen griechischen Osten und einen lateinischen Westen. Eine Berührung mit Griechischem ist seit dieser Zeit nur noch über die römische Zivilisation möglich, die aus dem Griechischen entlehnte Begriffe an Drittvölker weitergibt. Für die Germanen hat das Lateinische eine derartige Mittlerfunktion besonders im Bereich der Wohn- und Gartenkultur und bei der Christianisierung des deutschen Wortschatzes. Im Althochdeutschen führt der über das Lateinische und das Gotische vermittelte Einfluß des Griechischen zu Wortentlehnungen wie ‹munih› (Mönch; griech. μόναχος, mónachos) oder ‹alamuosa› (Almosen; griech. ἐλεημοσύνη, eleēmosýnē, Mitleid) und initiiert vor allem Wortschöpfungen nach fremdsprachlichem Vorbild. Über den Handel und die Kreuzzüge, die im Hochmittelalter den Kontakt zwischen östlicher und westlicher Welt aufrechterhalten, gelangen vereinzelte Wörter aus dem Mittelgriechischen ins Mittelhochdeutsche, so die bis heute erhaltenen Lehnwörter ‹Wams› (mhd. wambeis, mgriech. βάμβαξ, bámbax Baumwolle > mlat. bambax, aostfrz. wambais) oder ‹Samt› (mhd. samit, mgriech. ἑξάμιτον, hexámiton, ‹sechsfädiges Gewebe› mlat. examitum, afrz. samit). [9]

Die lateinische Lexikographie des Hochmittelalters nimmt ebenfalls griechisches Wortmaterial auf und verarbeitet dieses durch massiven Eingriff in Deklination und Konjugation zu einem ‹Schulgriechisch›, das bis ins Spätmittelalter an Schulen und Universitäten überdauert. [10] Gegen Werke wie die postum ‹Grecismus› benannte Lateinische Grammatik des EBERHARD VON BÉTHUNE wenden sich im England des 13. Jh. ROBERT GROSSETESTE, JOHANNES VON BASINGSTOKE und ROGER BACON, die mit ihren Studien und Lehrbüchern neues Interesse an einem reflektierten Sprachverständnis des Griechischen bekunden. [11] Generell ist das Latein der mittelalterlichen Wissenschaften mit griechischen Lehnwörtern stark durchsetzt. Indirekt wirkt die gräzisierende lateinische Fachsprache bei der Auseinandersetzung der Scholastik mit griechischer Literatur im 12. und 13. Jh. auch auf die volkssprachliche Rezeption der theologischen und wissenschaftlichen Literatur im Spätmittelalter, und über das Wissenschaftssystem der ‹septem artes liberales› dringen in dieser Zeit mit lateinischer Vermittlung die ersten ursprünglich griechischen Fachtermini ins Deutsche ein (z. B. ‹logik›, ‹philosophie›, ‹metaphysik›, ‹paedagog› oder ‹rethorik›). [12]

II. *Humanismus.* Die im 14. Jh. einsetzende, zunächst nur der lateinischen Literatur geltende Suche nach im Mittelalter verschollenen Handschriften bringt in der Renaissance auch die griechische Sprache wieder ins Bewußtsein der Öffentlichkeit. Durch den Zustrom griechischsprachiger Gelehrter nach Italien aus dem 1453 an die Türken gefallenen Konstantinopel wird die Kenntnis des Griechischen im Westen gefördert. Bald werden antike griechische Autoren von den ersten deutschen Kennern der Sprache wie R. AGRICOLA, J. REGIOMONTANUS, W. PIRCKHEIMER, J. REUCHLIN und P. MELANCHTHON ins Lateinische übersetzt. Die von der Reformation begünstigte Einrichtung universitärer Lehrstühle für Griechisch seit der ersten Hälfte des 16. Jh. und die neue Schulform des humanistischen Gymnasiums machen die griechische Sprache in Deutschland bekannt. Dabei verzögert die ausschließlich lateinische Vermittlung die Einbürgerung neuer griechischer Wörter ins Deutsche, während sie bei dem bereits entnommenen Lehngut auch zu Revisionen führt: An die Stelle von ‹(zwelf)bote› tritt ‹Apostel›, ‹Prophet› setzt sich gegen ‹weyssage›, ‹Tyrann› gegen ‹wütrich› durch. [13] Orthographisch normiert werden bei griechischen Lehnwörtern die spezifischen Grapheme ‹th›, ›rh›, ‹rrh›, ‹y› und ‹ph›. Für die Aussprache des Griechischen erlangen die von ERASMUS VON ROTTERDAM aufgestellten, auf lateinischer Transkription beruhenden Regeln Geltung. Etymologische Studien der Zeit kennen bereits den Terminus ‹G.›, wie das ‹Tagebuch auf das Jahr 1538› von M. A. LAUTERBACH – die Hauptquelle der ‹Tischreden› Luthers – zeigt. [14]

Die größten Auswirkungen auf das Deutsch des 16. Jh. ergeben sich aus dem Kontakt der Wissenschaften mit den wiederentdeckten griechischen Autoren. Neben den Fächern der *studia humanitatis*, zu denen auch die Rhetorik zählt, sind in besonderem Maße Philosophie und Medizin produktiv bei der Aufnahme griechischer Lehnwörter aus der antiken Fachliteratur und entwickeln erste Neuprägungen mit Hilfe griechischer Wortstämme und Wortbildungsmittel. Auf PARACELSUS gehen z. B. ‹Mikrokosmos›, ‹Epidemie›, ‹physisch› und ‹physiognomisch› zurück, während die Terminologie der Mathematik von A. DÜRER entscheidend geprägt wird. [15]

III. *Barock und Klassizismus.* Im 17. und 18. Jh. löst das Französische die lateinische Sprache als Vermittler des Griechischen ab. Die Orientierung an deutschen Schreibkonventionen bewirkt dabei mitunter Regräzisierungen (*Katastrophe* < *catastrophe* < καταστροφή; *Phantom* < *fantome* < φάντασμα, *phántasma*), die Betonung folgt jedoch meist dem französischen Wortakzent oder dem lateinischen Paenultimagesetz. [16] Eine große Zahl von Lehnübersetzungen stammt von Sprachgesellschaften, die seit dem 17. Jh. den deutschen Sprachbestand von ausländischem Wortgut reinigen wollen. Aus dem Umkreis von J. G. SCHOTTELIUS, P. VON ZESEN und G. P. HARSDÖRFFER gehen etwa ‹Bücherei› für ‹Bibliothek›, ‹Lehrart› für ‹Methode›, ‹Rechtschreibung› für ‹Orthographie› oder ‹Redekunst› für ‹Rhetorik› hervor. [17] Einen maßvollen Umgang mit nichtdeutschen Wörtern empfehlen um der Deutlichkeit *(perspicuitas)* des Vortrags willen auch die zeitgenössischen Schriften zur Rhetorik. So zählt J. C. GOTTSCHED Entlehnungen aus der griechischen Sprache zu den unverständlichen und deshalb vom Redner zu meidenden Wörtern. [18] Hingegen sieht J. J. ESCHENBURG im Gebrauch griechischer Lehnwörter einen «Fehler wider die Reinigkeit der Sprache» *(puritas sermonis = Latinitas).* [19] Bediene man sich «der Bedeutungen und Wendungen einer fremden Sprache», so entstünden «Gräcismen, Latinismen, Gallicismen». [20]

Gegen diese puristische Richtung argumentieren ab der zweiten Hälfte des 18. Jh. sprachwissenschaftliche Arbeiten, die die nahe Verwandtschaft des Griechischen mit der deutschen Sprache betonen. [21] Die beiden Sprachen gemeinsame Möglichkeit, durch Zusammensetzung neue Wörter zu bilden, veranschaulichen in der deutschen Klassik vor allem die Homerübersetzungen von J. H. Voss. Seine adäquate Wiedergabe der homerischen *epitheta ornantia*, die in auf lateinischer Vermittlung beruhenden Übersetzungen ausgespart blieben, regt GOETHE, SCHILLER und Vertreter des Schwäbischen Klassizismus zur Aufnahme der Epithesentechnik in ihre Dichtungen an. Dem Vorbild Vossischer Entsprechungen für ἑκατηβόλος, *hekatēbólos* (fernhintreffend) oder ἱππόβοτος, *hippóbotos* (rossenährend) folgend, bildet Schiller z. B. ‹erdgeboren› oder ‹menschenerhaltend› bzw. ‹göttergleich›, ‹angstumschlungen› oder ‹schilfumkränzt›. [22]

IV. *Historismus und Moderne.* Einen geringeren Einfluß auf das Deutsche als diese G. nach homerischem Muster, die noch für die Dramendichtung GRILLPARZERS stilbildend sind [23], nimmt die wesentlich von NIETZSCHE bestimmte Auseinandersetzung mit dem antiken Griechenland ab der zweiten Hälfte des 19. Jh. Die um ein historisch genaues Griechenlandbild bemühte deutsche Altertumswissenschaft forciert dabei die Entlatinisierung griechischer Fremdwörter und Eigennamen und baut – wie die Fachsprachen anderer Wissenschaften – ihr auf antiker Terminologie beruhendes Bezeichnungssystem weiter aus. [24] Bei der Prägung neuer Fachtermini ist das Griechische im morphologischen Bereich bis heute für die internationale Bildungs- und Wissenschaftssprache von Bedeutung. Besonders Morpheme wie ‹neo-›, ‹poly-›, ‹para-›, ‹-ismus›, ‹-ose›, ‹-logie› oder ‹-manie› spielen für Begriffsbildungen in der deutschen Gegenwartssprache eine Rolle. Auch kann griechisches Wortgut vermischt mit anderem Sprachenmaterial im Deutschen in Erscheinung treten, so bei Produktnamen (z. B. ‹Rhinospray›) oder zur Bezeichnung technischer Errungenschaften (z. B. ‹Automobil›, ‹Katalysator›). Graphematisch in das deutsche Schreibsystem integriert werden meist nur häufig gebrauchte Wörter (z. B. ‹Telefon›, ‹Fotografie›), die die Alltagssprache oft zu zweisilbigen, auf -o endende Kurzformen umbildet (z. B. ‹Auto›, ‹Bio›, ‹Disko›, ‹Foto›, ‹Kilo›, ‹Kino›, ‹Öko›).

Anmerkungen:
1 vgl. Quint. I, 5, 58. – **2** ebd. VIII, 3, 33. – **3** vgl. K. Barwick: Probleme der Stoischen Sprachlehre und Rhet. (1957). – **4** vgl. Cicero, Partitiones oratoriae 16. – **5** vgl. Cic. De or. I, 155. – **6** vgl. H.-I. Marrou: Gesch. der Erziehung im klass. Altertum, hg. von R. Harder (1957) 373–79. – **7** vgl. ebd. 382f. – **8** vgl. Augustinus, De trinitate III, Prooem. – **9** vgl. N. Holzberg: Art. ‹Griech./Dt.›, in: W. Besch, O. Reichmann, S. Sonderegger (Hg.): Sprachgesch. Ein Hb. zur Gesch. der dt. Sprache und ihrer Erforschung, 1. Halbbd. (1984) 864f. – **10** vgl. W. Berschin: Griech.-lat. MA. Von Hieronymus zu Nikolaus von Kues (Bern/München 1980) 44. – **11** vgl. ebd. 293ff. – **12** vgl. P. Möller: Fremdwörter aus dem Lat. im spätern Mhd. und Mittelniederdt. (Diss. Gießen 1915) 205ff. – **13** vgl. Holzberg [9] 865. – **14** vgl. M. A. Lauterbach: Tagebuch auf das Jahr 1538, hg. von J. K. Seidenmann (1872) 30. – **15** vgl. H.-F. Rosenfeld: Humanistische Strömungen (1350–1600), in: F. Maurer, H. Rupp (Hg.): Dt. Wortgesch., Bd. I (³1974) 502ff. – **16** vgl. J. Werner: Zur Betonung griech. Fremdwörter, in: ZDS 22 (1966) 125f. – **17** vgl. W. Flemming, K. Stadler: Barock, in: Maurer, Rupp [15] 25. – **18** vgl. J. C. Gottsched: Ausführliche Redekunst (1736; ND 1973) 232ff. – **19** J. J. Eschenburg: Entwurf einer Theorie und Lit. der schönen Wiss. (1783; ND 1976) 220. – **20** ebd. 221. – **21** So z. B. F. G. Klopstock in seinen ‹Grammatischen Gesprächen› (1794) oder K. P. Moritz in seiner Akademierede von 1792. – **22** vgl. F. Kainz: Klassik und Romantik, in: Maurer, Rupp [15] Bd. II (³1974) 272ff. mit zahlreichen Belegen. – **23** vgl. ebd. 303f. – **24** vgl. K. Wagner: Das 19. Jh., in: Maurer, Rupp [15] Bd. II, 520.

Literaturhinweise:
F. Dornseiff: Die griech. Wörter im Dt. (1950). – H. Gindele: Griech.-Lat.-Dt. ‹Lehnmuster› als hist. Elemente einer strukturellen Analogie in der Wortbildung, in: H. Kolb, H. Lauffer (Hg.): Sprachliche Interferenz. FS für W. Betz zum 65. Geb. (1977) 376–87. – O. Lendle: Altgriech. Einflüsse auf die dt. Sprache, in: ders.: Mediterrane Kulturen und ihre Ausstrahlung auf das Dt. (1986) 18–39.

R. Jacob

→ Antibarbarus → Etymologie → Fachsprache → Fremdwort → Latinismus → Latinitas → Muttersprache → Neologismus → Purismus → Sprachkritik → Wortschöpfungstheorien

Grobianismus (engl. *literature on boorish manners, grobianism;* frz. *contenance de table, peinture de moeurs rustres;* ital. *letteratura del contegno grobianesco/villanesco*)

A. Der Begriff ‹G.› leitet sich her von der Figur des Grobian, die für einen flegelhaften, unerzogenen, ungehobelten Menschen steht. ‹Grobian› erscheint zuerst 1482 in ZENINGERS ‹Vocabularius theutonicus› als Entsprechung zu ‹rusticus› (Bauer) und ist gebildet aus mhd. ‹grob› (ungebildet, unfein) und der Namensendung «-ian» (in Analogie zu Heiligennamen wie Cyprian). Im Sinne von ‹Dummkopf, Flegel› ist ‹Grobian› bis heute gebräuchlich.

Erstmals als literarische Figur findet sich Grobian in

S. Brants ‹Narrenschiff› (1494) als Schutzheiliger eines neuen Ordens der Säufer und Fresser.[1] Durch die Verwendung der Figur in F. Dedekinds Tischzuchtensatire ‹Grobianus. De morum simplicitate libri duo› (1549) und in dessen deutscher Übersetzung durch K. Scheidt ‹Grobianus. Von groben sitten, vnd vnhoflichen geberden› (1551)[2] werden die Begriffe ‹grobianisch› und ‹G.› geprägt. Sie dienen schon im 16. Jh. zur Benennung von fehlerhaften Verhaltensformen[3], finden aber vor allem in der literatur-, geistes- und sozialwissenschaftlichen Begriffsbildung des 19. und 20. Jh. Verwendung. Dort kennzeichnen sie einerseits das 16. Jh. als angeblich sittenlose Zeit zwischen Feudalismus und Absolutismus («Das grobianische Zeitalter»[4]), andererseits diejenigen literarischen Texte, die im Anschluß an Dedekind soziale Unangepaßtheit satirisch-ironisch durch scheinbar positive Darstellung grobianischen Verhaltens tadeln («Grobianische Dichtung»[5]).

Den Bereich der Rhetorik berührt ‹G.› insofern, als seit der Behandlung des sittlich Guten *(honestum)* in Ciceros ‹De officiis› diesem das Anstandsgefühl *(decorum)* zugeordnet wird[6], und, obwohl es eigentlich nur das äußerliche Verhalten *(ornatus vitiae, temperantia et modestia*[7]) meint, doch als solches auch Ausdruck der inneren, geistigen Haltung ist. ‹G.› in diesem Kontext ist also Verfehlung des Angemessenen *(aptum)* und dadurch Zeichen auch einer inneren Unmoral.

Ein zweiter Berührungspunkt ergibt sich durch die Sprachrolle, die dem Grobian in verschiedenen Texten zugewiesen wird. Verfehlen des Anstands wird hier signifiziert durch unangemessene Sprachverwendung, die sich als Verstoß gegen einen bestehenden Sprachgebrauch *(consuetudo)* darstellt. Dies geschieht etwa durch Profanierung von Sakralsprache, durch den immer fehlschlagenden Versuch, sich in der latcinischen Gelehrtensprache auszudrücken, was zu einer komischen Sprachmischung mit einer Häufung von Barbarismen und Solözismen führt, oder schließlich durch die gehäufte Verwendung von sexuell-obszönem oder skatologischem Vokabular. Auch diese grobianische Sprachhaltung, die nicht nur in den grobianischen Dichtungen im engeren Sinne auftaucht, wird als ‹G.› bezeichnet.[8] Der Begriff subsumiert so verschiedene Phänomene, ist dadurch insgesamt uneindeutig und müßte durch die Forschung noch differenziert werden.

B. Der «Prozeß der Zivilisation» ist nach N. Elias[9] u. a. gekennzeichnet durch den immer stärker werdenden Zwang zur Selbstkontrolle der Affekte, dessen Ausmaß jeweils durch die überlieferten, schriftlich kodifizierten Verhaltensnormen dokumentiert wird. Im Mittelalter findet man solche Anstandsregeln in lateinischsprachigen Bereich sowohl in den Fürstenspiegeln wie etwa dem ‹Policraticus› des Johannes von Salisbury[10] als auch in der klösterlichen Unterweisungsliteratur wie der ‹Disciplina clericalis› des Petrus Alfunsi (12. Jh.).[11] Die deutschsprachige Tradition begründet der ‹Welsche Gast› des Thomasin von Zirclaere (um 1215), der in seiner Lehre von der *hovezuht* einen Normenkatalog höfischen Anstands bietet, darunter auch Regeln für das Benehmen zu Tische.[12] In dieser Tradition stehen auch noch die sich im Spätmittelalter als eigene Gattung etablierenden ‹Tischzuchten›, die zwar schon für bürgerliche Adressaten geschrieben sind, sich aber noch immer an den Konventionen des Hofes orientieren.[13] Wenn nun im 16. Jh. T. Murner in seiner ‹Schelmenzunft› (1512)[14] oder H. Sachs in seiner ‹tisch-zucht› (1534)[15] grobianisches Tischbenehmen

beschreiben und tadeln, dann folgt auch dieser Tadel höfischer Norm. Ihr Vorbild haben diese abschreckenden Schilderungen falschen Benehmens in den Liedern Neidhards (13. Jh.), den ‹Neidhardspielen› (15. Jh.), und in H. Wittenwilers Bauernsatire ‹Der Ring› (um 1400), in denen der *dörper* seinen bäuerlichen Stand zu überschreiten sucht, die Nachahmung höfischer Sitten ihm aber zur Karikatur gerät. Während allerdings die Perspektive dieser Texte noch die des Adels ist, der sich mittels des bäuerlichen Gegenbildes seiner eigenen, mittlerweile brüchigen Identität versichert,[16] zielen die «grobianischen» Schilderungen Murners und Sachsens auf das Bürgertum, das durch zunehmende Komplexität des gesellschaftlichen Zusammenlebens in der Stadt gezwungen ist, sich einer verstärkten Affektkontrolle zu unterwerfen.[17] ‹G.› ist hier also tatsächlich kein Phänomen der Sittenverwilderung, sondern der zunehmenden Tabuisierung von vordem Erlaubtem. Die Figur des Grobian ist Relikt aus einer früheren Welt, von dem sich der Bürger zu distanzieren hat. Ein anderes Phänomen liegt in dem ‹G.› der humanistischen Schriften vor. In der Renaissance versucht die kleine Schicht der Humanisten als akademische Elite einen eigenen Code zu etablieren, der sich am Bildungsprogramm der *studia humanitatis* orientiert. Paradigmatisch dafür sind im deutschen Raum im 15. Jh. E. S. Piccolomini mit seinen Briefen ‹De studiis et litteris› (1443) und ‹De miseriis curialium› (1444)[18], wobei er besonders im letzteren die Tischsitten am kaiserlichen Hof aus der Perspektive des humanistisch gebildeten Italieners kritisiert, und im 16. Jh. die Schrift ‹De civilitate morum› (1530) des Erasmus' von Rotterdam.[19] Entscheidend neu im Vergleich zu mittelalterlichen Anstandsbüchern, die Konventionen tradierten höfischen Verhaltens als Norm faßten, ist die Orientierung an einem Ideal der *civilitas*, das das eigenverantwortliche, nur den Normen einer humanistischen Bildung unterworfene Individuum in den Mittelpunkt stellt. Das in diesem Umfeld entworfene Bild des ‹G.› ist nun nicht Beschreibung einer gesellschaftlichen Realität, sondern als *simplicitas* Spiegelbild der *civilitas* unter negativem Vorzeichen. Die Figur des ‹Rusticus› bei Dedekind ist eine fiktionale Konstruktion, an der alle Facetten von unkultiviertem, barbarischem Verhalten im Sinne des Humanismus exemplifiziert werden und die dem Leser gleichzeitig ästhetisches Vergnügen und Befriedigung über die Superiorität seines eigenen Kulturideals gibt.

Beide Erscheinungsformen grobianischen Verhaltens, das reale Unangepaßtsein im Sinne eines Beharrens auf früheren Zivilisationsstandard und das fiktive Gegenideal im Kontext eines humanistischen Kulturentwurfs, werden nun in je eigenen Textformen mit differenten literarisch-rhetorischen Mitteln und in verschiedenen Traditionen dargestellt. In beiden Fällen bedient sich der Tadel der Satire, wobei er aber im ersten Fall darstellend, im zweiten lenkend vorgeht.[20] Die darstellende grobianische Satire, als deren Prototyp der lateinische Text Dedekinds gelten kann, erwartet von dem Leser eine umkehrende Interpretation der positiv dargestellten Grobianismen, ohne dazu textinterne Signale zu geben. Daß sich Dedekind dieser hermeneutischen Fähigkeit, Ironie zu erkennen, nicht ganz sicher war, zeigt seine Vorrede.[21] Trotzdem konnte er aufgrund der dem humanistischen Publikum vertrauten Gattungstradition, auf die er in seinem Untertitel verweist (‹Iron chlevastes Studiosae Iuuentuti›, Der ironische Spötter der lernbegierigen Jugend), darauf vertrauen, denn durch das ‹Laus stultitiae› des Erasmus' (1511) oder die ‹Epistolae obscurorum virorum› (1515/17) war man mit dem ironischen Enkomion, das das eigentlich Tadelnswerte lobpreist, bekannt geworden. In der Form nahm sich Dedekind, der zur Zeit der Abfassung Student in Wittenberg war, die spätantiken ‹Disticha Catonis› zum Vorbild, die, ursprünglich als Anstandsbuch intendiert, zum maßgeblichen Text des lateinischen Anfängerunterrichts geworden waren. [22] Der von Dedekind fingierte Vortrag eines Magister Grobianus darüber, wie sich ein Diener oder Gast recht grobianisch zu verhalten habe, imitiert so den Sprachgestus tradierter Unterrichtstexte, was durch gelehrte Erörterungen und durch Zitate aus antiken und humanistischen Schriftstellern noch verstärkt wird. Das ästhetische wie satirische Vergnügen *(delectare)*, das dieser Text bei dem von Dedekind intendierten humanistisch-akademischen Publikum erweckte, speist sich also genau aus der Diskrepanz zwischen gelehrtem Sprachgestus – gerade dem Gegenteil von grobianischem Sprechen! – und dem behandelten Gegenstand.

Die deutschsprachige grobianische Satire (z. B. Brant, Murner und Sachs) dagegen muß den Leser, der diese tradierten Erwartungshaltungen nicht besitzt, steuern: dadurch etwa, daß sie die gewünschte, in den Tadel einstimmende Leshaltung durch wertende Kommentare des Typus «Eyn yeder narr will suw werck triben» [23] oder durch Vergleiche «Alß die sauw dût in der stig!» [24] präfiguriert. Auch entspringt die Komik nicht einem Gegensatz zwischen sprachlicher Organisation des Gesamttextes und Gegenstand, sondern der direkten Bloßstellung des Grobians durch die ihm zugewiesene Sprachrolle.

Bei Murner etwa zeigt er sich als Sprachgrobian durch seinen inkompetenten, dadurch unfreiwillig komischen Versuch der Teilhabe an der lateinischen Sprache [25], bei J. Fischart, dessen assoziative Wortreihen in seiner ‹Geschichtsklitterung› (1575) als Höhepunkt grobianischen Sprechens gelten können, erweist er sich als Sittengrobian durch die übermäßige Häufung von Obszönitäten. [26] Der dadurch erzielte komische Effekt ist gleichzeitig Kritik an einer Sprache, die ihre Grenzen nach oben wie unten zu überschreiten sucht, und dadurch als äußeres Abbild eine innere Entwurzelung signifiziert.

In den folgenden Jahrhunderten haben sowohl die ironische Darstellung grobianischen Verhaltens wie die Verwendung sprachlicher Grobianismen ihre je eigene Rezeption. Dedekind, der, von der Übersetzung Scheidts angeregt, 1552 den ‹Grobianus› erweitert und ein drittes Buch über eine weibliche ‹Grobiana› angefügt hatte, wird bis 1704 immer wieder gedruckt, noch fünfmal ins Deutsche und zweimal ins Englische übersetzt. [27] Damit findet die Figur des Grobian auch ihren Eingang in das Arsenal literarischer Typen [28]; und grobianisches Sprachverhalten wird in der Nachfolge Fischarts, etwa bei C. Reuters ‹Schelmuffsky› (1696/97), eigenständiges Stilmittel ohne satirische Absicht. Die Spuren reichen bis in die moderne Literatur, wo grobianisches Sprechen wieder, wie etwa in der Lyrik des Expressionismus oder Dadaismus oder im Werk von G. Grass, durch seinen auf bürgerliche Literaturerwartungen abzielenden Schockeffekt eine moralische Dimension gewinnt.

Anmerkungen:
1 S. Brant: Das Narrenschiff, hg. von M. Lemmer ([2]1968) Kap. 72. – 2 F. Dedekind, K. Scheidt: Grobianus, hg. von B. Könneker (1979). – 3 vgl. Scheidt [2] 218. – 4 vgl. B. Zaehle: Knigges Umgang mit Menschen und seine Vorläufer (1933). – 5 vgl. A. Hauffen: Caspar Scheidt, der Lehrer Fischarts. Stud. zur Gesch. der grobianischen Lit. in Deutschland (1889). – 6 Cicero, De officiis I, 27, 93. – 7 ebd. – 8 vgl. G. Hess: Deutschlat. Narrenzunft. Stud. zum Verhältnis von Volkssprache und Latinität in der satirischen Lit. des 16. Jh. (1971). – 9 N. Elias: Über den Prozeß der Zivilisation, 2 Bde ([2]1969). – 10 vgl. W. Berges: Die Fürstenspiegel des hohen und späten MA (1938). – 11 vgl. J. Bumke: Höfische Kultur (1986) 267f. – 12 Der Wälsche Gast des Thomasin von Zirclaria, hg. von H. Rückert (1965) 13–15. – 13 vgl. P. Merker: Die Tischzuchtenlit. des 12.–16. Jh. (1913); A. Winkler: Selbständige deutsche Tischzuchten des MA (1982). – 14 T. Murners Dt. Schr. Bd. 3, Die Schelmenzunft, hg. von M. Spanier (1925) Kap. 21. – 15 in: T. P. Thornton: Grobianische Tischzuchten (1957) 55f. – 16 vgl. U. Gaier: Satire. Stud. zu Neithart, Wittenwiler, Brant und zur satirischen Schreibart (1967). – 17 vgl. Elias [9] Bd. 1, 139ff. – 18 Der Briefwechsel des E. S. Piccolomini, hg. von R. Wolkan, I, 1 (1909) 222–236, 453–487. – 19 vgl. Elias [9] Bd. 1, 89–109. – 20 vgl. J. Brummack: Zu Begriff und Theorie der Satire. DVjs 45 (1971) Sonderheft 275–377; Gaier [16]. – 21 Dedekind [2] 7, Z. 30ff. – 22 vgl. N. Henkel: Dt. Übersetzungen lat. Schultexte (1988). – 23 Brant [1] 183. – 24 Murner [14] 95. – 25 Murner [14] Bd. 9, Von dem großen Lutherischen Narren, hg. von P. Merker (1918) 99f. – 26 J. Fischart: Geschichtsklitterung, hg. von U. Nyssen u. H. Sommerhalder (1963); vgl. D. Seitz: Johann Fischarts Geschichtsklitterung. Zur Prosastruktur und zum grobianischen Motivkomplex (1970). – 27 vgl. F. Dedekinds Grobianus, hg. von G. Milchsack (1882) XIV–XXXIII; E. Rühl: Grobianus in England (1904). – 28 vgl. E. H. Zeydel: Goethe, Grobianus and Wolfram von Eschenbach, in: German Quarterly 22 (1949) 223–229.

Literaturhinweise:
B. A. Correll: Grobianus and civilisation (1982). – M. Beetz: Frühmoderne Höflichkeit (1990) 44ff. – B. Könneker: Satire im 16. Jh. (1991) 118–134.

F. Fürbeth

→ Angemessenheit → Anstandsliteratur → Antibarbarus → Barbarismus → Decorum → Enkomion → Ethik → Fürstenspiegel → Höflichkeit → Honestum → Ironie → Kultur → Parodie → Satire → Solözismus → Travestie

Groteske (das, die Groteske von ‹grotesk›: wunderlich, überspannt, verzerrt; engl. (the) grotesque; frz. le, la grotesque; ital. grottesco, grottesca)

A. Das Wort ‹G.› ist entstanden aus griech. χρύπτη, krýptē (Höhle, Grotte) und entwickelte sich über lat. *crypta*, spätlat. *crupta* und ital. *grotta* zum meist im Plural verwendeten Hauptwort ‹grottesca›: «[...]che oggi chiamano grottesche». [1] Im Frz. (Montaigne) und gelegentlich im Engl. (Florio) bis ins frühe 17. Jh. erscheint es auch in der von altfrz. ‹crot› abgeleiteten Form ‹crotesque›. Als Nomen (die G.) wurde es zunächst bezogen auf die bildliche Ornamentik im zweiten pompejanischen Stil, auf die man bei Ausgrabungen in Rom am Ende des 15. Jh. in den Ruinen des ‹Goldenen Hauses› *(domus aurea)* des Kaisers Nero stieß [2] und die als flächiger Schmuck «mit pflanzlichen Formen, Tieren, Halbmenschen und Fabelwesen, die auf eine meist durch einen Kandelaber gebildete Mittelachse bezogen sind», definiert werden können. [3] Nachgeahmt wurde dieser Schmuck 1502 von Pinturicchio in den Fresken der Deckengewölbe der Bibliothek am Dom von Siena und um 1515 von Raphael auf den Pfeilerflächen der päpstlichen Loggien.

B. I. *Allgemeines.* Auf die Literatur übertragen und somit als ästhetische Kategorie (das G.) ausgewiesen wurde der Begriff von MONTAIGNE in seinem Essay ‹De l'amitié›, in dem die gemalten G. als «peintures fantasques, n'ayant grâce qu'en la variété et estrangeté» (phantastische Gemälde, die sich einzig und allein durch Vielfalt und Seltsamkeit auszeichnen) beschrieben werden, worauf die folgende Nutzanwendung auf die eigene Schreibweise erfolgt: «Que sont-ce icy [d. h. in den Essais] aussi, à la vérité, que crotesques et corps monstrueux, rappiecez de divers membres, sans certaine figure, n'ayants ordre, suite ny proportion que fortuite?» (Was sind diese Essays in Wirklichkeit anderes als Grotesken und Monstren, aus unterschiedlichen Gliedern zusammengestückelt, ohne bestimmte Form, ohne Ordnung und Proportion als solche, die der Zufall baut?) [4] Montaignes Stil folgt denn auch nicht mehr den klassischen rhetorischen Mustern wie etwa der Dreistillehre. Er vermittelt vielmehr anstelle des Rangunterschieds der Sachen die subjektive Perspektive des Autors in familiärer Sprechweise und lässiger, von mäandrischen Amplifikationen gekennzeichneter Komposition. Dahinter steht die Verachtung der tradierten Rhetorik; sie bringt Montaigne dazu, rhetorische *vitia* in stilistische Tugenden umzuwandeln. Seither ist das G. allgemein unter dem Vorzeichen der Heterogenität und des inhärenten Widerspruchs gebräuchlich, weshalb, wie G. Harpham richtig bemerkt, eine Äquivalenz des (expliziter oder impliziter) visuellen G. mit dem (verbalen) Paradox besteht[5], und, wie P. Thomson richtig folgert, «the lack of resolution of the conflict» (das Fehlen einer Lösung des Konflikts) ein wesentliches Kriterium darstellt.[6]

Das G. dient als Bezeichnung für eine teils ernsthafte, teils komische Darstellung von Lebewesen und Dingen in der Kunst, wobei die Mischung dieser Bestandteile, auch was die Intensität der zugrundeliegenden Stimmung und der vermittels ihrer zu erzielenden Wirkung von Werk zu Werk und von Künstler zu Künstler angeht, verschieden ist und im Gesamtspektrum vom Monströsen und Grauenhaften bis hin zum Grobkomischen (Burlesken) reicht (s. Abb.). Ausgeschlossen aus der Sphäre des G. sind jedenfalls sowohl das bloß Schauerliche als auch das nur Lächerliche. Im theatralischen Bereich können daher weder das Melodrama noch die Farce, sondern höchstens die Tragikomödie [7] (etwa SHAKESPEARES ‹King Lear›) Anspruch auf Teilhabe am Weltbild des G. erheben. In der Neuzeit ist, beginnend mit dem Manierismus, das G. als Alternative bzw. Gegenströmung zum Klassizismus und somit als für Krisen- und Übergangszeiten symptomatische Geistes- und Stilhaltung ausgewiesen, wie E. R. Curtius und sein Schüler G. R. Hocke deutlich zu machen suchen.[8] Es ordnet sich damit in die lange Tradition der Auseinandersetzung zwischen manieristischen und klassizistischen Stilrichtungen ein, die sich in Literatur und bildender Kunst abspielte und rhetorisch-ästhetisch gesehen bis auf den Kampf zwischen Asianismus und Attizismus zurückgeht.

Als wichtigstes frühes Synonym für das G. darf, im Vorgriff auf das im Surrealismus besonders stark ausgeprägte traumhafte Element, die um die Mitte des 16. Jh. aufgekommene Bezeichnung «sogni dei pittori» (Träume der Maler) [9] gelten. In der Romantik wurde vor allem der Begriff ‹Arabeske› synonym verwendet, so etwa bei F. SCHLEGEL und bei E. A. POE im Vorwort zu den ‹Tales of the Grotesque and Arabesque› (1840). Andererseits trifft W. SCOTT, der sich zusätzlich des Terminus ‹diablerie› bedient, in seiner für Poes Auffassung entscheidenden Rezension der ‹Nachtstücke› E. T. A.

Abb. aus: R. Berliner: Ornamentale Vorlageblätter des 15. bis 18. Jh., Teil I: 15. und 16. Jh. (Leipzig 1925) 38

HOFFMANNS («Wirklich ähnelt die Groteske in Hoffmanns Werken zum Teil der Arabeske in der Malerei.» [10]) eine, wenngleich fragwürdige, Unterscheidung. Hingegen läßt sich eine *Maureske* («eine zarte durchwegs flächige [...] Ornamentik auf einheitlichem Untergrund [...], bei der als Motive ausschließlich streng stilisierte Blätter und Ranken verwendet werden» [11]) nur in ihrer Anwendung auf den (Morisken-) Tanz in das Mosaik des G. einfügen. Bei Hoffmann lassen sich, sowohl von der Intention als auch von der Ausführung her, die ‹Fantasiestücke› und die ‹Nachtstücke› als Exponenten des literarisch G. bezeichnen. So bietet das Vorwort zu den «in Callots [des Zeichners und Radierers] Manier» geschriebenen ‹Fantasiestücken› (1814) den bezeichnenden Satz: «Die Ironie, welche, indem sie das Menschliche mit dem Tier in Konflikt setzt, den Menschen mit seinem ärmlichen Tun und Treiben verhöhnt, wohnt nur in einem tiefen Geiste, und so enthüllen Callots aus Tier und Mensch geschaffene groteske Gestalten dem [...] Beschauer alle die geheimen Andeutungen, die unter dem Schleier der Skurrilität verborgen liegen.» [12] Unter den ‹Nachtstücken› (1817) befindet sich ‹Der Sandmann›, eine Geschichte, die W. Scott fälschlich als Produkt eines dem Wahnsinn verfallenen Opiumsüchtigen deutet und die S. FREUD in seiner Schrift ‹Das Unheimliche› (1919) im psychoanalytischen Sinn von der Augensymbolik her interpretiert. [13] (Auf Freud berufen sich bei ihren Analysen des G. mehrere Forscher, auf JUNG v. a. A. CLAYBOROUGH, der das G. als Beispiel «regressiv-negativer» Kunst heranzieht. [14]) Gleichfalls auf Callot zielt das mit acht Kupferstichen des französischen Meisters geschmückte *Capriccio* ‹Prinzessin Brambilla›, dessen Gattungsbezeichnung übrigens auch bei Goya (Caprichos) auftaucht.

In engem Zusammenhang mit dem G. steht, einer weit verbreiteten Meinung zufolge, die *Karikatur* («Zerrbild, das durch Überbetonung einzelner [...] Charakterzüge komisch oder satirisch wirkt» [15]), welche sich dadurch von ihm unterscheidet, daß ihr das Moment des Schrecklichen abgeht. Auch der bei der Satire im Vordergrund stehende sozialkritische Aspekt, der bei der Karikatur zur Geltung kommt, fehlt in der Gestaltung des G. Das schließt jedoch nicht aus, daß sich die bildliche Satire grotesker Mittel bedient, wie die bei Harpham abgebildeten Darstellungen aus der Reformationszeit – L. CRANACHS ‹Papstesel› (1523) und E. SCHÖNS ‹Teufel mit der Sackpfeife› (1535) – verdeutlichen.

Als Antonym zum G. erscheint v. a. in der Romantik das *Sublime,* so etwa in V. HUGOS ‹Preface à Cromwell› (1827), wo das G. als Sonderform des Häßlichen dem klassischen Ideal der Schönheit gegenübergestellt und seiner unendlichen Vielfalt wegen gelobt wird: «Le beau n'a qu'un type; le laid en a mille. C'est que le beau [...] n'est que la forme considérée dans son rapport le plus simple, dans sa symétrie la plus absolue, dans son harmonie la plus intime avec notre organisation. Aussi nous offre-t-il toujours un ensemble complet, mais restraint comme nous. Ce que nous appelons le laid, au contraire, est un détail d'un grand ensemble qui nous échappe et qui s'harmonise, non pas avec l'homme, mais avec la création tout entière.» (Das Schöne kennt nur einen Typ, das Häßliche aber tausend Typen. [...] Das kommt daher, daß das Schöne nur die auf den einfachsten Nenner gebrachte Form ist, der absoluten Symmetrie gehorcht und mit der Organisation des Menschen am besten harmonisiert. Auch stellt es stets ein Ensemble dar, das so vollständig, aber auch so begrenzt ist wie das unsere. Das, was wir häßlich nennen, hingegen ist Teil eines großen Ensembles, das unfaßlich ist und das nicht mit dem Menschen, sondern mit der ganzen Schöpfung harmonisiert.) [16] Für den 'romantischen Realisten' Hugo wird dementsprechend Wirklichkeit durch die Verknüpfung von Körper und Geist, d. h. des G. mit dem Sublimen, konstituiert: «Le réel résulte de la combinaison toute naturelle de deux types, le sublime et le grotesque, qui se croisent dans le drame comme ils se croisent dans la vie et dans la création.» (Die Wirklichkeit resultiert aus der ganz natürlichen Verknüpfung der beiden Typen – des Sublimen und des Grotesken –, die sich im Drama genauso überschneiden wie im Leben und in der Schöpfung.) [17]

Außer in der Malerei, in der das Phänomen des G. zuerst beobachtet und benannt wurde, und der Literatur, auf welche Montaigne den Begriff übertrug, erscheint die Bezeichnung ‹grotesk› auch in anderen Künsten, freilich ohne nachhaltige Resonanz. So wird, nach Sulzer, «die erste oder unterste Klasse (der theatralischen Tänze) Groteske genannt» [18]; und im französischen und englischen Theater des 19. Jh. bezeichnet ‹le grotesque› (engl.: ‹the grotesque›) eine bestimmte Art von Komiker («clown, buffoon, or merry andrew» [19]). In der Musik hat sich, abgesehen von M. RAVELS unveröffentlichter ‹Sérénade grotesque› (1893) für Klavier, die Gattungsbezeichnung ‹G.› wohl deshalb nicht durchgesetzt, weil sie vorrangig auf inhaltlichen Voraussetzungen beruht und in der absoluten, will heißen: instrumentalen, Tonkunst nur schwer zum Ausdruck kommt, im Musiktheater, insbesondere dem des 20. Jh., allerdings schon eher – man denke an S. PROKOFIEFFS ‹Liebe zu den drei Orangen› und SCHOSTAKOWITSCHS Gogol-Oper ‹Die Nase›. Die komischen Aspekte des G. werden in dieser Kunstsparte vielmehr durch Gattungen wie die *Burleske* («ein meist instrumentales, lebhaftes Charakterstück, vorwiegend für Klavier, von wechselnder Größe und Form, seit dem 18. Jh. nachweisbar» [20]) und die von R. SCHUMANN lancierte *Humoreske* («Bezeichnung für ein instrumentales Charakterstück humorvoller Prägung» [21]) in etwa abgedeckt. Dazu gesellt sich das definitorisch schillernde und daher begrifflich schwer zu fassende *Capriccio.* [22] Eine bemerkenswerte Ausnahme bildet, im Hinblick auf Hugo kaum zufällig, ein Hauptwerk des literarisch orientierten Romantikers H. BERLIOZ, dessen ‹Symphonie fantastique› (1830), besonders deren in Anlehnung an Shakespeare und Goethe mit «Songe d'une nuit du Sabbat» betitelter fünfter Satz. Dieser klingt in einer für das G. typischen Vermischung einander fremder musikalischer Sphären aus, die der Komponist in seinem zweiten Programm (1845/6) wie folgt kommentiert: «La mélodie aimée reparaît encore, mais elle a perdu son caractère de noblesse et de timidité; ce n'est plus qu'un air de danse ignoble, trivial et grotesque [...] [une] parodie burlesque du ‹Dies irae› [et] ‹Ronde du sabbat›. La ‹Ronde du sabbat› et le ‹Dies irae› ensemble.» (Die geliebte Melodie erscheint noch einmal, hat aber ihren vornehmen und schüchternen Charakter verloren. Sie ist nur noch eine gemeine Tanzweise, trivial und grotesk [...], eine burleske Parodie des Dies irae [und] des Sabbat-Rundtanzes. Der Sabbat-Rundtanz und das Dies irae zusammen.) [23] Berlioz verwendet den Gattungsbegriff ‹grotesque› auch in dessen idiomatischer Variante in mehreren Kapitelüberschriften seiner Aufsatzsammlung ‹Les Grotesques dans la musique› (1859). – In der Druckkunst schließlich nennt man Groteskschriften jene «im ersten Drittel des 19. Jh. entstandene[n] Antiqua-Blockschriften [...] mit gleichmäßig starker Strichführung», die «keine Serifen» kennen. [24]

II. *Geschichte.* Da Begriff und Phänomen des G. zu unterscheiden sind, lassen sich natürlich künstlerische Manifestationen des G. auch schon vor der Prägung dieser Bezeichnung feststellen. Das gilt insbesondere für die prähistorischen Kulturen. [25] Da jedoch die Deutungen bzw. Identifizierungen des G. hier oft nur schwer möglich sind, weil der kulturelle Kontext vielfach zu fremd ist, seien die folgenden Ausführungen auf den vertrauten Rahmen der europäischen Kulturgeschichte beschränkt.

1. *Antike.* Charakteristisch für das Wesen des G. im Altertum ist die Chimäre (griech.: χίμαιρα, chímaira), ein feuerschnaubendes, schnellfüßiges Mischwesen der Vorwelt mit drei Köpfen (Löwe, Schlange/Drachen und Ziege), wie es HESIOD in seiner ‹Theogonie› [26] beschreibt, während HOMER in der ‹Ilias› [27] es als dreiteilig vorstellt. [28] Ins Ästhetische gewendet und, genau

wie bei Montaigne anderthalb Jahrtausende später, von der Malerei auf die Literatur übertragen, findet sich die Entsprechung zum chimärenhaft G. am Beginn der ‹Poetik› des HORAZ: «Humano capiti cervicem pictor equinam/iungere si velit et varias inducere plumas/undique collatis membris, ut turpiter atrum/desinat in piscem mulier formosa superne,/spectatum admissi risum teneatis, amici?/credite [...] isti tabulae fore librum/persimilem cuius velut aegri somnia vanae/fingentur species, ut nec pes nec caput uni/reddatur formae [...] non ut placidis coeant inmitia, non ut/serpentes avibus geminentur, tigribus agni.» (Stellt es euch vor: ein menschlich Haupt auf dem Halse eines Rosses!/Also verlangt es die Laune des Malers. Und wo er sie findet,/sucht er die Glieder zusammen und schmückt sie mit buntem Gefieder,/Oben ein reizendes Mädchen, wird's unten ein schwimmendes Scheusal./Könntet ihr [...] bei solchem Anblick das Lachen verbeißen?/Ganz im Ernst: dem Gemälde gliche ein Buch [...]/Welches phantastisch zusammenhanglose Gebilde vereinte,/Haltlos wie Träume im Fieber, wo weder der Kopf noch die Füße/Einer gestalteten Form sich fügen [...]/Nie darf man freundliches Wesen mit wildem verkoppeln,/Darf nicht Schlangen mit Löwen und Tiger mit Lämmern nicht paaren.) [29]

Die Absicht des Horaz ist klar: Er will gleich zu Beginn seiner poetologischen Ausführungen bildlich zeigen, welche Folgen sich aus ein keine Regeln haltende 'Drauflosdichten' zeitigt. Doch zugleich benennt er mit dem Hinweis auf das Gelächter, das durch dieses mißglückte poetische Fabelwesen ausgelöst wird, eine der unterhaltsamen Wirkungen, die das G. haben kann und die bei einer ernsthaften künstlerischen Bemühung durchaus intendiert sind. Das beste Beispiel sind wiederum die G. der pompejanischen Malerei, deren spielerisch-dekorativer Effekt überhaupt im Vergnügen liegt, das sie dem Betrachter bereiten und das zum Bereich des rhetorischen *delectare* gehört. Natürlich geraten diese sozusagen 'asianischen' Elemente der mit dem G. arbeitenden Kunst immer wieder in Konflikt mit dem klassizistisch orientierten Kunstwollen, wie es sich etwa in VITRUVS herber Kritik am zweiten pompejanischen Stil deutlich zeigt. [30] Die Wahlverwandtschaft von G. und Chimäre bestätigen übrigens auch neuzeitliche Autoren, unter ihnen DIDEROT und DEMAREST DE SAINT SORLIN. [31] Gleichsam parenthetisch wäre in bezug auf die Literatur, und nicht nur die des Altertums, zu sagen, daß im Gegensatz zur Malerei, etwa beim ‹Asinus aureus› (Goldenen Esel) des APULEIUS, Verwandlungen zum gängigen Repertoire grotesker Darstellung gehören. Die ‹Metamorphosen› des OVID aber fallen nicht unter diese Rubrik, weil darin eine Deutung der fabelhaften Geschehnisse erfolgt, die sie aus mythologischer Sicht sinnvoll erscheinen läßt.

2. *Mittelalter bis Gegenwart.* Der Chimäre als emblematische Figur des G. im Altertum entspricht im Mittelalter der im Englischen als ‹gargoyle› (abgeleitet vom lat. ‹gurgulio› über das altfranzösische ‹gargouille›) bezeichnete, als «waterspout carved grotesquely, projecting at the upper part of a building, usually from the roof gutter» [32] definierbare Wasserspeier. Seit der Mitte des 18. Jh. wird das Mittelalter, verstanden als die ‹dark ages›, als umfängliches Reservoir grotesker Formen und Gestaltungen betrachtet, welche sich unter dem Oberbegriff ‹Gothic› zusammenfassen lassen. So charakterisiert W. HAZLITT 1820 die englische Literatur als schlechtin «Gothic and grotesque» [33], womit er offensichtlich auf die ‹Gothic novel› (Schauerroman) anspielt, als deren Prototyp H. WALPOLES ‹Castle of Otranto› gelten darf (1764).

In seinen ‹Stones of Venice› spielt J. RUSKIN die ‹sportive [will sagen: rein ornamentale] grotesque› der Renaissance gegen die von ihm bevorzugte ‹terrible grotesque› des Mittelalters aus, die einzige, die seiner Meinung nach dieses Namens würdig ist; denn «es gibt viele mit großer Mühe und Sorgfalt gefertigte Grotesken, auf die genau so viel Arbeit verwandt wird wie an einen vornehmen Gegenstand. [...] Wenn der [Künstler] unter diesen Umständen das Gefühl des Schreckens erregt, so tut er dies auf wahrhaft erhabene Weise. Seine Stärke liegt in seinem Werk, und er darf auf keinen Fall einem Anflug von wirrer Phantasie unterliegen. [...] Hierin liegt der wahre Unterschied zwischen der gemeinen Groteske Raffaels und der echten gothischen Groteske». [34] Was die Literatur angeht, so sieht Ruskin in DANTE, dem Autor des ‹Inferno›, den wahren Meister des G. So behauptet er vom 21. und 22. Canto dieses Cantico, sie seien in ihrer Mischung von «fiendish nature» und «ludicrous actions and images [...] the most perfect instances with which I am acquainted of the terrible grotesque. [35]

Was Dante, unter dem Aspekt des G. gesehen, für das Hochmittelalter bedeutet, exemplifiziert, M. BACHTIN zufolge, F. RABELAIS für das Spätmittelalter und die Frührenaissance. Ausgehend von einer Kritik an W. Kayser, dem er vorwirft, seine «allgemeine Theorie des Grotesken» sei eigentlich «eine Theorie (und kurze Geschichte) der romantischen und modernistischen Groteske, streng genommen sogar nur der letzteren» [36], entwickelt er seine eigene Theorie, die des «grotesken Realismus». Dieser weicht freilich von der zu fordernden Dosierung von Grauen und Lachen bei der intendierten Wirkung – analog zum Schauerroman, nur am anderen Ende des Spektrums – insofern ab, als er das Sinnliche und Grobkomische, ja Burleske, in den Vordergrund rückt. Für Bachtin ist nämlich «die Degradierung, d.h. die Übersetzung alles Hohen, Geistigen, Idealen und Abstrakten auf die materiell-leibliche Ebene, in die Sphäre der untrennbaren Einheit von Körper und Erde», ein Grundzug des grotesken Ausdruckswillens. [37] Überhaupt spielt in Bachtins Überlegungen der Materialismus eine entscheidende Rolle, besteht doch für ihn «eine Haupttendenz der grotesken Körpermotive darin, *zwei Körper in einem zu zeigen,* einen, der gebiert und abstirbt, und einen, der empfangen, ausgetragen und geboren wird». [38] Das Augenmerk des Groteskkünstlers muß nach seiner Meinung also auf die «grobe, materiell-leibliche Sphäre (die des Essens, Trinkens, der Verdauung und des Sexuallebens) richten». [39] Eine adäquate Theorie des G. hätte sich in der Tat als Kompromiß zwischen den dialektisch miteinander verbundenen Auffassungen Kaysers und Bachtins darzustellen.

In der bildenden Kunst der Renaissance stehen H. BOSCH und P. BRUEGEL im Mittelpunkt des wissenschaftlichen Interesses. Bosch ist dabei insofern ein Sonderfall, als bei ihm die Möglichkeit – ja Wahrscheinlichkeit – einer hermetischen Verschlüsselung, und somit einer Sinngebung, besteht, wie sie auch im Werk des präsumptiven Realisten Bruegel aufscheint. – Verwendet man das Wort ‹grotesk› in seiner ursprünglichen Bedeutung, so müßte man auch den Manieristen G. ARCIMBOLDI zum Groteskmaler *par excellence* erklären. Die von ihm verfertigten Porträts mit ihren sowohl allegorischen wie karikaturhaften Zügen sind teils aus Naturalien (Blumen und Früchten), teils aus Lebewesen (Tieren) oder Gegenständen (Geräten und Büchern) bunt zusammengesetzt und stellen somit eine Art von Anamorphose dar. [40]

Der erste Höhepunkt in der Groteskkunst der Neuzeit wurde im 16. Jh. erreicht und im 17. Jh. überschritten. Das Rokoko pflegte sie, im Gegensatz zum Barock, nur auf verspielte und verschnörkelte Weise. Der Rationalismus der Aufklärung stand, weniger in England (SWIFT und STERNE) als in Deutschland und Frankreich, dieser Art von künstlerischer und gekünstelter Produktion skeptisch, wenn nicht gar feindlich, gegenüber. Erst im Umfeld des Sturmes und Dranges sowie seiner französischen Entsprechung (préromantisme) erwacht neuerlich das Interesse an solchen betont anti-klassizistischen Bestrebungen, die sich gegen alle Orientierung an tradierten Normen und Regeln des Künstlerischen wenden. Vor allem in Deutschland kommt es in dieser Zeit zu ersten Bemühungen, das Phänomen des G. theoretisch und historisch zu fassen. Ein Beispiel sind C. M. WIELANDS ‹Unterredungen mit dem Pfarrer von XXX› (1775), in denen freilich das G. nicht unter seinem eigenen Namen, sondern unter dem Oberbegriff ‹Karikatur› erscheint. Gezielt wird es in J. MÖSERS polemischer Schrift ‹Harlekin› oder die Verteidigung des Grotesk-Komischen› (1761) behandelt, in der, wie häufig in diesem Bereich, ein Rückgriff auf die *commedia dell'arte* erfolgt.

Ihre zweite Blüte erlebt die Kunst des G., wie gesagt, in der Romantik. Aber mit dem Aufkommen des Realismus im fortschreitenden 19. Jh. läuft diese intensive Phase schnell aus; denn sowohl in Deutschland wie in England – wo C. DICKENS in seinen Romanen mit der prägnanten Darstellung eines immer wieder ins Komische umkippenden bürgerlichen Dämonismus brilliert – wird das G. (so bei T. FONTANE und weniger konsequent bei G. KELLER) zusehends bagatellisiert und ins Bizarre umgebogen. Der einzige gewichtige Versuch aus dieser Epoche, eine Theorie des (Grotesk-)Komischen aufzubauen, stammt von BAUDELAIRE, dessen Essay ‹De l'Essence du rire et généralement du comique dans les arts plastiques› (1855) folgende wichtige Unterscheidungen trifft: «J'appellerai [...] le grotesque comique absolu comme antithèse au comique ordinaire, que j'appellerai comique significatif, qui est un langage plus clair, plus facile à comprendre pour le vulgaire et surtout plus facile à analyser. [...] Mais le comique absolu, se rapprochant beaucoup plus près de la nature, se présente sous une espèce *une* qui veut être saisie par intuition.» (Ich bezeichne im Folgenden das G. als das absolut Komische, im Gegensatz zu dem gewöhnlich Komischen, das ich als bedeutungstragendes Komisches bezeichne. Letzteres spricht eine dem Plebs leichter verständliche Sprache und läßt sich besser analysieren. [...] Aber das absolut Komische, der Natur um Vieles näher, stellt eine Art von Einheit dar, die intuitiv erfaßt werden muß.) [41] In Anbetracht dieser Definition überrascht es kaum, daß im 6. und letzten Abschnitt dieses Essays zwei Werke des in Frankreich enthusiastisch rezipierten E. T. A. HOFFMANN – ‹Die Königsbraut› und ‹Prinzessin Brambilla› – als Musterbeispiele des comique absolu vorgestellt werden.

Im 20. Jh., in dem das eine, klassizistische Ideal formvollendeter Schönheit endgültig tabuisiert wird, ist das seinem Wesen nach heterogene G. in vielen avantgardistischen und neoavantgardistischen Bewegungen zu spüren, so im Surrealismus, Expressionismus und im Dadaismus, wo es im Dienste des anarchistisch auftretenden *non-sense* steht. Unter den surrealistischen Künstlern sind es u. a. S. DALÍ, M. ERNST und A. KUBIN - letzterer auch in seinem phantastisch-parodistischen Roman ‹Die andere Seite› –, welche dem G. in einer von der Friktion zwischen Bewußtsein und Unterbewußtem dominierten Welt Tribut zollen. In der Literatur, in der LAUTRÉAMONT (I. DUCASSE) schon im 19. Jh. die suggestive Formel von der «Begegnung eines Regenschirms mit einer Nähmaschine auf einem Seziertisch» prägte, läßt sich, zumindest aus einem bestimmten Blickwinkel, F. KAFKA durchaus als Surrealist bezeichnen. Als Beispiel kann seine ‹kalte› G. ‹Die Verwandlung› gelten, in der die von Ovid vorgenommene reinliche Trennung von mythologischer Sinngebung und groteskem Erscheinungsbild zurückgenommen wird und die Interpretation psychoanalytisch vorgehen muß. In der expressionistischen Kunst, deren bildnerisches Ideal sich, W. WORRINGER zufolge, aus jenem «unheimliche[n] Pathos» herleitet, «das der Verlebendigung des Anorganischen [in der gothischen Ornamentik] anhaftet» [42], verwirklicht sich das G. auf vielerlei Art. T. MANN hat das im Hinblick auf den exzentrischen Stil seines Bruders Heinrich, wenn auch recht undifferenziert, beschrieben. [43] Was das zeitgenössische Drama anlangt, so spielt dort das G. nicht nur im *teatro del grottesco* eines ROSSO DI SAN SECONDO, das von dem hochrangigen Bühnenwerk L. PIRANDELLOS in den Schatten gestellt wird, eine wichtige Rolle, sondern auch das Theater des Absurden, in dem, wie P. Thomson bemerkt, das G. formbildend wirkt, gehört in diesen Umkreis. [44] In der nordamerikanischen ‹fiction› schließlich hat die ‹Southern Grotesque›, als deren Hauptvertreterin F. O'CONNOR gilt, einen festen Platz.

Anmerkungen:

1 zit. W. Kayser: Das G.: Seine Gestaltung in Malerei und Dichtung (^{2}1961) 21. – **2** N. Dacos: La Découverte de la domus aurea et la formation des grotesques à la Renaissance (London 1969). – **3** Art. ‹G.›, in: Brockhaus Enzyklop., Bd. 9 (^{9}1989) 209. – **4** M. de Montaigne: De l'amitié, in: Essais (Paris 1969) Livre 1, 231. Zu Montaignes Stil vgl. H. Friedrich: Montaigne (Bern/München ^{2}1967) 339f. sowie C. Balavoine: Les Essais: Une écriture emblématique?, in: F. Lestringent (Ed.): Rhétorique de Montaigne. Actes du Colloque de la Société des Amis de Montaigne (Paris 1985) 59–60. Zur Rhetorikverachtung von Montaigne vgl. den Essay ‹De la vanité des paroles› (Buch I, Nr. LI). – **5** vgl. G. G. Harpham: On the Grotesque: Strategies of Contradiction in Art and Lit. (Princeton 1992) 19. – **6** P. Thomson: The Grotesque (London 1972) 21. – **7** vgl. G. Wilson Knight: The Wheel of Fire (London 1930) 192. – **8** E. R. Curtius: Europ. Lit. u. lat. MA (Bern ^{2}1954) Kap. 15; G. R. Hocke: Die Welt als Labyrinth: Manier und Manie in der europ. Kunst (1957), bes. 72ff. – **9** W. Kayser [1] 22. – **10** W. Scott: The Novels of E. T. A. Hoffmann, in: ders.: Miscellaneous Prose Works, Bd. 18 (London 1835) 270–332, hier: 306, – **11** W. Kayser [1] 23. – **12** E. T. A. Hoffmann: Fantasie- und Nachtstücke, hg. von W. Müller-Seidel (1960) 12f. – **13** S. Freud: Psychol. Schrift., in: Studienausg. (1970), Bd. 4, 251–257. – **14** vgl. A. Clayborough: The Grotesque in Engl. Lit. (Oxford 1965) Kap. V, Section 25, 88–101. – **15** G. v. Wilpert: Sachwtb. der Lit. (^{5}1969) 378f. – **16** V. Hugo: Théâtre complet (Paris 1967) Bd. 1, 420f. – **17** ebd. 425. – **18** zit. Grimm, Bd. IV., 1. Abteilung, 6. Teil, Sp. 593. – **19** Clayborough [14] 253. – **20** R. Sietz: Art. ‹Burlesca›, in: MGG, Bd. 2, Sp. 487. – **21** W. Kahl: Art. ‹Humoreske›, in: ebd. Bd. 6, Sp. 936. – **22** H. Engel: Art. ‹Capriccio›, in: ebd. Bd. 2, Sp. 808–818. – **23** zit. W. Dömling: H. Berlioz: Die symphonisch-dramatischen Werke (1979) 147. – **24** Art. ‹Groteskschrift›, Brockhaus [3] Bd. 9, 210. – **25** Harpham [5] 48–76. – **26** Hesiod: Theogonie, Z. 319–324. – **27** Homer: Ilias 6, Z. 181f. – **28** Der kleine Pauly:

Lexikon der Antike (1964) Bd. 1, Sp. 1147. – **29** Horaz: Ars poetica 1–13, übers. von H. Rüdiger, in: ders. (Hg.): Horaz: De arte poetica liber/Die Dichtkunst (Zürich 1961). – **30** vgl. Vitruv: De architectura libri decem, bes. liber septimus V. 3ff. – **31** Desmarest de Saint-Sorlin: Les Visionnaires, zit. W. Kayser [1] 206 Anm. 16. – **32** Webster's New Collegiate Dict. (Springfield 1949). – **33** zit. W. Kayser: [1] 82. – **34** J. Ruskin: The Stones of Venice, Bd. 3 (London/New York 1853) 130. – **35** ebd. 135. – **36** M. Bachtin: Rabelais und seine Welt, übers. von G. Leupold (1987) 97. – **37** ebd. 70. – **38** ebd. 76. – **39** ebd. – **40** vgl. B. Geiger: Arcimboldi, dt. Ausg. (1960). – **41** C. Baudelaire: Œuvres complètes (Paris 1963). – **42** W. Worringer: Abstraktion und Einfühlung (³1959) 116, 151. – **43** T. Mann: Betrachtungen eines Unpolitischen, in: Gesamtausg. der Werke (1956) 539. – **44** P. Thomson [6] 31f.

Literaturhinweise:
K. F. Flögel: Gesch. des Grotesk-Komischen (1788). – T. Wright: A History of Caricature and Grotesque in Lit. and Art (London 1865). – H. Schneegans: Gesch. der grotesken Satire (1894). – P. Knaak: Über den Gebrauch des Wortes «grotesque» (1913). – B. Krudewig: Das G. in der Ästhetik seit Kant (1913). – L. B. Jennings: The Ludicrous Demon (Berkeley 1965). – F. Barasch: The Grotesque: A Study in Meaning (Den Haag 1971).

U. Weisstein

→ Arabeske → Asianismus → Häßliche, das → Humor → Ironie → Karikatur → Klassizismus, Klassik → Komik, das Komische → Kunst → Lachen, das Lächerliche → Manierismus → Ornament → Paradoxon → Phantasie → Satire

Groupe μ

A. Unter den von der neueren deskriptiven Sprachwissenschaft inspirierten Beiträgen zu einer linguistisch-semiotischen Neuinterpretation und präziseren Beschreibung der von der traditionellen Rhetorik behandelten Phänomene muß die Leistung des Generativismus bisher als begrenzt und episodisch bezeichnet werden. Dagegen wurde auf der Grundlage des Strukturalismus bereits ein umfassendes, systematisches und ausbaufähiges Modell rhetorischer Analyse erarbeitet. Dies ist insbesondere das Verdienst der Forschergruppe μ am Centre d'Etudes Poétiques der belgischen Universität Lüttich, in der sowohl Sprach- wie Literaturwissenschaftler, Philosophen wie auch Vertreter der Kommunikations- und Naturwissenschaften in wechselnder Verbindung zusammenarbeiten. Das mehrfach edierte und vielfach übersetzte Hauptwerk ‹Rhétorique générale› [1], wurde von J. DUBOIS, F. EDELINE, J. M. KLINKENBERG, P. MINGUET, F. PIRE und H. TRINON verfaßt. Die herausragende und weithin anerkannte Leistung der Forschergruppe liegt 1. in der Neufassung der traditionellen *elocutio* im Rahmen der Systematik und mit der Begrifflichkeit der strukturalistischen Sprachwissenschaft. Aus der Arbeit in diesem Bereich ergab sich auch die Wahl des Namens für das Forscherkollektiv: ‹Groupe μ› nach der Initiale des Wortes μεταφορά (metaphorá), «das im Griechischen die hervorragendste aller Figuren bezeichnet». Die weitere Entfaltung des Forschungsprogramms über dieses Reduktionsmodell der rhētorikē téchnē hinaus in Richtung einer universal anwendbaren, allgemeinen Rhetorik vollzieht sich in drei weiteren, von den Forschern selbst als noch tentativ bezeichneten Schritten rhetorischer Modellbildung und Analyse zur Anwendung auf 2. narrative Formen semiotischer Präsentation wie Roman, Drama, Hörspiel, Film, comic strip, Trajanssäule, Kirchenfenster etc. [2], 3. lyrische Formen semiotischer Präsentation [3] und schließlich 4. non-verbale visuelle Formen semiotischer Präsentation wie Photographie, Film, Theater, Skulptur, gegenständliche wie abstrakte Malerei etc. [4].

B. I. Die Neufassung der *elocutio* in der ‹Rhétorique générale› geht aus von den grundlegenden Analyseverfahren der strukturalistischen Methode, Segmentierung und Klassifizierung, die, auf Sprache und Text angewendet, unterschiedliche Gliederungsebenen und innerhalb dieser unterschiedliche Analyseeinheiten ergeben: 1. die graphemische oder graphologische Ebene der Sprache mit den Analyseeinheiten der Grapheme, im Text konkret repräsentiert in den Graphen oder Buchstaben; 2. die phonemische oder phonologische Ebene der Sprache mit den Analyseeinheiten der Phoneme, im Text konkret repräsentiert in den Phonen oder Lauten; ein Phonem ist weiter analysierbar in untersprachliche Merkmale wie stimmhaft/stimmlos, die als Pheme bezeichnet werden; 3. die morphologische Ebene der Sprache mit den Analyseeinheiten der Morpheme, im Text konkret repräsentiert in den Morphen oder bedeutungstragenden Einheiten; die Morpheme werden nach ihrer Vorkommensweise in freie und gebundene (nur in Verbindung mit einem freien Morphem auftretende) untergliedert; 4. die syntagmemische Ebene der Sprache mit den Analyseeinheiten der Syntagmeme oder Satzbaupläne, im Text konkret repräsentiert in den Syntagmen; 5. die semantische Ebene der Sprache mit den Analyseeinheiten der Sememe, die die inhaltliche Seite oder semantische Komponente der Morpheme bilden; ein Semem ist weiter analysierbar in untersprachliche Merkmale wie konkret/abstrakt, belebt/unbelebt, die als Seme bezeichnet werden. Die rhetorischen Figuren oder Abweichungen von der stilistischen Ruhelage, die als Nullstufe bezeichnet wird, entstehen, indem die Änderungskategorien *Detraktion, Addition, Immutation* und *Transmutation* auf die Einheiten der jeweiligen Gliederungsebene wirken. So werden beispielsweise die merkmallosen Nullstufen *He was pleased/It was freezing* durch Addition und Transmutation von Einheiten der morphologischen Ebene in die figurierten hochaffektischen Strukturen *Jesus, was he pleased!/God, was it freezing!* transformiert (Segal: Love Story, 13). Die durch diese Operationen auf allen Gliederungsebenen generierbaren Abweichungen werden unter dem Oberbegriff ‹Metabolie› zusammengefaßt. Ist die Form der Wörter betroffen, so spricht man von *Metaplasmen*, ist es der Inhalt, von *Metasememen*. Ist die Anordnung der Wörter, die Syntax betroffen, so spricht man von *Metataxen*. Entsprechend den diesen Metabolien zugrundeliegenden linguistischen Gliederungsebenen würde sich eine schärfere Untergliederung der Metaplasmen in Metagraphen, Metaphone und Metamorphe empfehlen. Eine Kategorie, die Widerspruch erregt hat, sind die *Metalogismen*, d. h. Abweichungen von einer logischen Korrespondenzwahrheit der außersprachlichen Wirklichkeit (z. B. die alten Gedankenfiguren *Ironie, Hyperbel, Litotes*). «Gegen eine solche Auffassung spricht das Argument, daß die Autoren damit – wie im übrigen schon historische Vorgänger – das linguistische Arbeitsgebiet verlassen, das heißt: innerhalb des im ihnen gewählten Systems inkonsequent werden.» [5] Dem ist entgegenzuhalten, daß es das erklärte und konsequent verfolgte Ziel der Gruppe ist, sich nicht auf die Rhetorik sprachlicher Texte zu beschränken, sondern eine allgemeine Rhetorik aller semiotischen Systeme zu erarbeiten, in der etwa ein Schwarzweißfilm als Resultat von Detraktionstransformationen auf der chromatischen Ebene beschreibbar sein muß, wobei wieder – wie bei der Grenzkategorie der Metalogismen – die Verhältnisse in der außerfilmischen Wirklichkeit die erforderliche Nullstufe repräsentieren. Weitgehende Anerkennung fand die Behandlung der Metasememe, insbesondere die Beschreibung der *Metapher* als Kombination von zwei Synekdochen. Als Beispiel diene die komplexe Figur der Metapher mit Ablenkung oder korrigierte Metapher (in der Skaldenpoetik: Kenning), die hier m. E. erstmals präzise beschrieben wird, also *Drahtesel* für *Fahrrad* oder *Lungentorpedo* für *Zigarette*. Durch Detraktion von Semen (generalisierende Syndekdoche) gelangt man zur Invariante ‹Fortbewegungs›- bzw. ‹Tötungsinstrument›, durch Addition von Semen (partikularisierende Synekdoche) zu ‹Esel› bzw. ‹Torpedo›. Soweit die Metapher. Nun die Ablenkung (die eigentlich eine Rücklenkung ist) oder Korrektur: zur Metapher tritt eine Teilmenge aus dem Semkomplex des Ausgangssemems, die so gewählt wird, daß sie zu den bei der Detraktion getilgten Semen und nicht zu den bewahrten Semen der Invariante oder den addierten der Metapher gehört: ‹aus Draht/Metall bestehend› bzw. ‹für die Lunge schädlich›. In der folgenden Graphik bedeutet A = Ausgangssemem (Nullstufe), $-(-)\to$ = Semdetraktion (generalisierende Synekdoche), I = Invariante, $-(+)\to$ = Semaddition (partikularisierende Synekdoche), M = Metapher, ⌢ = Ablenkung/Korrektur (A_T = Teilmenge von A).

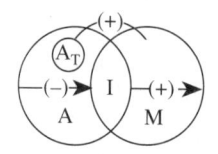

Die hier angewandten analytischen Operationen der strukturalen Semantik machen deutlich, daß durch das Kooperieren von Semem und Metasemem beliebige Schnitte durch die lexikalisierten Semkomplexe einer Sprache gelegt werden können, die für spezifische Ausdrucksintentionen nukleare Seme oder Semkomplexe zu fokalisieren und von im Sinne dieser Ausdrucksintentionen parasitären Semen oder Semkomplexen zu scheiden vermögen. Die figurierte Sprache verfügt damit über unbegrenzte Möglichkeiten spontaner Bildung semantischer Strukturen, die von denen der Normalsprache unabhängig sind. In der Demonstration dieser Möglichkeiten darf wohl die größte Leistung der G. gesehen werden.

Die grundlegende Kritik an diesem ebenso stringenten wie einfachen Modell ist zugleich ein Vorschlag zu seiner folgerichtigen Vervollständigung. Sie richtet sich gegen die Klassifizierung von Äquivalenzphänomenen wie *Alliteration, Reim, Geminatio, Anaphora, Parallelismus* etc. als durch Adjektion erzeugte Metabolien, was eine Verkennung der hierarchischen Position dieser Phänomene in der ästhetischen Theorie wie in der strukturalistischen Sprachbeschreibung bedeutet. Die ästhetische Theorie unterscheidet zwei Grundtypen ästhetischer Erfahrung, die wir als das Abenteuer, den Einbruch des Unerwarteten, Unbekannten (pleasure of surprise) und das Ritual, die Wiederkehr des Vertrauten, Wohlbekannten (pleasure of recognition) bezeichnen können.[6] Die strukturalistische Sprachbeschreibung unterscheidet zwischen dem abstrakten System der Sprache, in dem die Ausdrucksmittel in Äquivalenzklassen oder Paradigmen organisiert sind, und den konkreten Realisationen der Rede, in der die Ausdrucksmittel zu Syntagmen kombiniert werden. Textbildung, die als Selektion von Elementen aus den Paradigmen und deren Kombination zu Syntagmen beschreibbar ist, kann nun – entsprechend der ästhetischen Theorie – in einer das ästhetische Empfinden und die Aufmerksamkeit der Rezipienten in besonderer Weise aktivierenden Form erfolgen, indem man bei der Selektion, wenn die Äquivalenzklasse zu beachten ist, diese vernachlässigt und so eine paradigmatische Figur oder Abweichung von der Norm gewinnt. In gleicher Weise kann man bei der Kombination, wenn Äquivalenzphänomene normalerweise keine Rolle spielen, so verfahren, daß der Text Äquivalenzen oder syntagmatischen Figuren aufweist. Beispielsweise erlaubt die markante Struktur «Pack den Tiger in den Tank / Put a tiger in your tank / Mettez un tigre dans votre moteur» etc. (statt «Tanken Sie Esso») die Ausdehnung des allzeit lohnenden Appells an die Raubtierinstinkte der Autofahrer auch auf jene Kreise, für welche die Produkte der Nobelmarke, die das Raubtier schon als Bildmetapher auf der Haube führt, nicht erschwinglich sind. Dabei ist die Abweichung «Tiger» (statt Jaguar oder eines anderen Raubtiers) wohlgewählt, da diese die Übertragung des bei der Selektion vernachlässigten Prinzips der Äquivalenz auf die Achse der Kombination erlaubt und damit eine weitere (phonische) Markierung der Struktur sicherstellt, die darüber hinaus die semantisch unvereinbaren Terme durch lautlichen Gleichklang verknüpft: «**T**iger – **T**ank / **t**iger – **t**ank / **t**igre – **m**oteur». Auf der gleichen hierarchischen Ebene mit den Metabolien oder Figuren der Selektion, die sich im Bezugsrahmen der Sprache *(langue)* als Divergenzen markieren und die ‹pleasure of surprise› erzeugen, stehen also die Figuren der Kombination, die sich im Bezugsrahmen der Rede *(parole)* als Äquivalenzen markieren und die ‹pleasure of recognition› erzeugen. Für letztere wird die Bezeichnung *Isotopie* als Oberbegriff vorgeschlagen. Wie die Metabolien können sie auf allen Ebenen des Textes auftreten, also als Isographen, Isopheme, Isophone, Isomorphe, Isotaxen, Isoseme und Isosememe. Die G. verwendet die Bezeichnung Isotopie bereits für Äquivalenzphänomene der semantischen Ebene. Die konsequente Erweiterung der Definition erfolgte durch F. Rastier: «Jedes wiederholte Vorkommen einer sprachlichen Einheit [im Text] nennen wir Isotopie. Die elementare Isotopie umfaßt also zwei Einheiten der sprachlichen Manifestation. Danach ist die Anzahl der für eine Isotopie konstitutiven Einheiten theoretisch unendlich.» [7]

Daß die Klassifikation und Beschreibung der Isotopien als Adjektionsphänomene unbefriedigend bleiben muß, soll praktisch anhand der Analyse einer Antimetabole dargelegt werden, die in der ‹Rhétorique génerale› lediglich als «Metasemem per Adjektion» beschrieben wird. [8] Die Darstellung durch einen Strukturbaum soll das Zusammenspiel von Isotopien und Metabolien deutlicher werden lassen und die Vorzüge dieser Form der Notation auch für rhetorische Figuren dokumentieren, namentlich wenn syntaktische Phänomene impliziert sind (in der Notation $\left[\dfrac{\text{Subst}}{\text{Adj}}\right]$ bedeutet die unterbrochene Linie, daß ein Adjektiv in der syntaktischen Funktion eines Substantives verwendet wird).

Analysat: Fair is foul and foul is fair (Shakespeare)

```
                    S
        ┌───────────┼───────────┐
        S₁         Konj         S₂
    ┌───┴───┐               ┌───┴───┐
  Subj     Präd           Subj     Präd
    │    ┌──┴──┐            │    ┌──┴──┐
 ┌─────┐ V    Adj        ┌─────┐ V    Adj
 │Subst│                 │Subst│
 │-----│                 │-----│
 │ Adj │                 │ Adj │
 └──┬──┘                 └──┬──┘
    │    │     │            │    │     │
  [+F]  [−F]  [−F]         [−F] [−F]  [+F]
    │    │     │            │    │     │
   Fair  is  foul   and   foul  is   fair
```

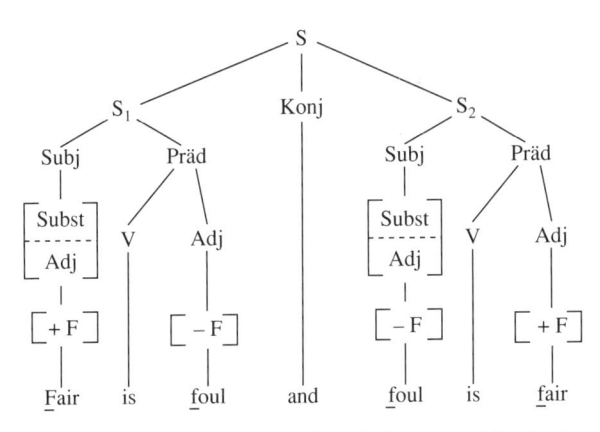

Zwei markante Metabolien der Inhaltsseite – Metalogismen – werden auf der Ausdrucksseite ausnahmslos als Isotopien realisiert: zwei Isotaxen, isomorphisch gefüllt, aber transmutiert, wobei die prosodisch äquivalenten und etymologisch homogenen semantischen Antonyme (ausschließlich einsilbige Wörter germanischer Herkunft) phonisch durch Alliteration verbunden sind. Die Funktionsverschiebung der Adjektive zu Substantiven, die bei Shakespeare in der Regel Normverletzungen der außersprachlichen Wirklichkeit ikonisch nachbildet, schafft eine weitere Markierung, die durch die Präsenz der gleichen Wörter in normgerechter Verwendung verstärkt bewußt gemacht wird. Die Beschreibung der Antimetabole als Metasemem per Adjektion umfaßt also keineswegs alle Erscheinungsformen der Figur. Welch hoher Grad der Figuriertheit vorliegen kann – logisch, semantisch, syntaktisch, morphologisch, phonologisch und prosodisch – demonstriert am überzeugendsten die Notation der generativen Grammatik. Zugleich wird deutlich, weshalb dieser Kernsatz des Textes jedem, der ihn einmal gehört hat, im Gedächtnis haftet. Die Dichte der rhetorischen Figuration hat «sonderlich diesen Nutzen, daß wir an einen nachdencklichen Satz, welchen wir vor andern bemercket wissen wollen, hierdurch ausdrükken. Mancher, der auf die Wichtigkeit der Sachen nicht so genau würde gesehen haben, behält den Satz, weil er so artig eingekleidet worden.» [9]

II. Auf die weiteren, von den Autoren selbst als tentativ bezeichneten Entwürfe zur Rhetorik literarischer Präsentationsmodi können nur illustrierende Hinweise gegeben werden. Die noch in der ‹Rhétorique générale› enthaltene Rhetorik der narrativen Präsentation geht von L. HJELMSLEVS Unterscheidung zwischen Form und Substanz des Ausdrucks und des Inhalts der Sprache aus und sieht die Analogie zur Form des Ausdrucks des sprachlichen Zeichens in der erzählenden Rede des narrativen Zeichens, die Substanz seines Ausdrucks im jeweiligen Roman, Film, comic strip etc. Der Form des Inhalts des sprachlichen Zeichens entspricht beim narrativen Zeichen das eigentlich Erzählte, der Substanz des Inhalts die wirkliche oder erdachte Welt. Als eine Figur auf der Ebene der Substanz des Ausdrucks wird beschrieben, wenn in einem Roman bestimmte Episoden durch Beigabe von Illustrationen besonders hervorgehoben werden oder wenn entgegen der herrschenden Norm entbehrliche Zwischentitel erscheinen (Godard, Eine Frau ist eine Frau, Die Karabinieri). Die implizierte Änderungskategorie ist in beiden Fällen die Adjektion. Das besondere Interesse der Autoren gilt den sich aus den jeweiligen Relationen zwischen der Form des Ausdrucks und der Form des Inhalts des narrativen Zeichens ergebenden Figurationen. Hier werden die Relationen der Dauer (les relations de durée) studiert, wobei die Detraktion den raffenden Erzähltext mit seinen spezifischen Ausdrucksintentionen erzeugt usw. Weitere Kategorien sind die Ereignisfolge (direction chronologique), die Kausalität (déterminisme causal), die Lokalisierung (localisation spatiale) und der Erzählerstandpunkt (point de vue).

III. Die ‹Rhétorique de la poésie› versucht das Spezifische des lyrischen Diskurses nicht mehr in Figurationen der Ausdrucksseite oder in besonders strukturierten Relationen der Ausdrucks- zur Inhaltsseite (phonisch-semantische Parallelismen etc.), zu erweisen, sondern im universalen Operieren mindestens zweier semantischer Isotopien (super-isotopies ou catégories), als ‹Anthropos› und ‹Cosmos› bezeichnet, zwischen denen der ‹Logos› durch rhetorische Einheiten, metasememisch gebildete sogenannte Bi- oder Pluri-Isotopien, vermittelt (triadisches Modell). Beispielsweise dominiert in den ersten drei Strophen des Sonetts ‹L'Albatros› von C. Baudelaire die durch den Titel bezeichnete Isotopie (i_1). In der vierten Strophe wird unerwartet als sogenanntes allotopes Element «le poéte» eingeführt und konstituiert eine zweite Isotopie (i_2), die aber metaphorisch mit der ersten verschmolzen wird. Um diese Verschmelzungen voll realisieren zu können, muß beim lyrischen Diskurs zur linearen Rezeption die tabularische treten.

IV. Der ‹Traité du signe visuel› stellt die konsequente Fortführung des Forschungsprogramms einer allgemeinen Rhetorik in die außersprachlichen Bereiche semiotischer Präsentationsformen, insbesondere die Malerei, die Skulptur und die Architektur, dar.

Als Grundlage einer Rhetorik der (non-verbalen) visuellen Zeichen ist zunächst eine *Semiotik* dieser Bereiche zu erarbeiten. Wie im sprachlichen Bereich sind grundsätzlich zwei Typen visueller Zeichen zu unterscheiden: 1. die ikonischen oder motivierten Zeichen (signes iconiques, wie z.B. Photographie, Stadtplan, Piktogramm, figürliche Malerei und Skulptur), welche vermittels verschiedener Transformationen unter Bewahrung von Invarianten aus den Referenten der außerbildlichen Wirklichkeit erzeugt werden, über diese Invarianten durch das Merkmal der Similarität mit den Referenten verbunden bleiben und dadurch über ein gesichertes Verweispotential auf diese Referenten verfügen, und 2. die arbiträren oder unmotivierten Zeichen (signes plastiques, wie z.B. der Kreis als Zeichen der Gottheit in religiösen Systemen, der Perfektion in Warenzeichen, des Imperativs in Verkehrszeichen), deren Relation zu den Referenten beliebig ist. Beide Zeichentypen können in visuellen Texten kombiniert auftreten. Alle visuellen Zeichen sind nach Form, Farbe und Oberflächengestaltung (texture) beschreib- und analysierbar. Für diese Basismerkmale sind unterschiedliche Erscheinungsmodalitäten möglich, beispielsweise operieren über den Formen die übergeordneten abstrakten Formeme *Positionierung, Dimensionierung* und *Orientierung*, über den Farben die Chromeme *Dominanz, Leuchtkraft* und *Sättigungsgrad*. In dem bekannten Verkehrszeichen mit der Information «Überholverbot für Lastkraftwagen» kooperieren in einem Syntagma ikonische und arbiträre Signifikanten in verschiedenen Formen und Farben unter verschiedenen Formemen und Chromemen: die arbiträre Kreisform steht für den Imperativ, die arbiträre Farbe Rot für das Verbot; in zentraler Position erscheinen die Ikone der Fahrzeuge im Überholvorgang, wobei der vom Verbot betroffene Lastkraftwagen wiederum durch die Farbe Rot gekennzeichnet ist. Wie alle visuellen Mitteilungen im öffentlichen Raum bedienen sich die Zeichen der Straßenverkehrsordnung – wie i. d. R. auch die Produktwerbung – dominierender Farben (Rot, Gelb, Grün), vorzugsweise beleuchtet oder auch in Präsentationsmodalitäten, welche die Leuchtkraft erhöhen bzw. Beleuchtung reflektieren, mit hohem Sättigungsgrad.

Rhetorische Strukturen entstehen nun durch Anwendung der bekannten Verfahren der Addition, Detraktion, Immutation und Transmutation (Änderungskategorien) auf segmentierbare Einheiten der visuellen Botschaft. Beispielsweise kann das Syntagma der Kraftfahrzeugikone durch eine brennende Zigarette, den Buchstaben A oder ein mit einem Malerpinsel inkompetent herumkleksendes schwarzes Männchen ersetzt (Immutation) und die ersetzenden Ikone bzw. das Symbol A zusätzlich durch einen roten Diagonalbalken ‹durchstrichen› werden (Addition), wodurch nicht nur kürzere und universal verständliche, sondern auch einprägsamere Ausdrucksformen für die sprachlichen Imperative «No smoking / Nichtraucher», «No nukes / Atomkraft, nein danke» bzw. «No moonlighting / Keine Schwarzarbeit» erzeugt werden. Der Surrealismus bedient sich vergleichbarer rhetorischer Verfahren, wenn z. B. M. Ernst auf einen menschlichen Körper den Kopf eines Vogels setzt (Immutation) oder S. Dali aus dem Hals einer Giraffe Flammen schlagen läßt (Addition). Entsteht die Figuration durch Anwendung der Änderungskategorien auf die Zeichen eines etablierten visuellen Codes wie das System der Verkehrszeichen oder auf die bekannten Gegebenheiten der abgebildeten Wirklichkeit, die in unserem Bewußtsein als Typen gespeichert und damit wiedererkennbar sind, so stellt die Rekonstruktion der Nullstufe, aus der die Rhetorizität der Figuration erkennbar wird, kein Problem dar (degré zéro général). Ist eine außertextliche Norm nicht gegeben, wie i. d. R. bei den arbiträren oder abstrakten Zeichen etwa von der Art der geometrisierten Bildräume V. de Vasarélys oder der Gruppe ‹Espace›, so erfolgt die Bestimmung der Rhetorizität einer Botschaft auf der Basis der durch die Isotopien dieser Botschaft selbst konstituierten Norm bzw. Normen (degré zéro local). Zwei einfache Beispiele: im Mortuarium am Kreuzgang des Domes zu Eichstätt wird die Isotopie schlichter polygonaler Pfeiler zu Beginn und am Ende der Reihe durch je einen mit gewundener Schaftordnung gebrochen, unter denen wiederum die sog. ‹Schöne Säule› durch besonders kunstvolle Oberflächengestaltung markiert wird (durch Addition von Merkmalen erzeugte Allotopie); im nördlichen Seitenschiff des Domes zu Braunschweig besteht die normsetzende Isotopie in sechs Rundpfeilern, um die vier schlauchartige Runddienste in gewundener Schaftordnung geführt werden, wobei die Richtung der Drehung von Pfeiler zu Pfeiler wechselt. Der siebente Pfeiler bringt den Isotopiebruch bzw. die Allotopie: die Runddienste sind in jeweils drei junge Dienste aufgefasert und zwischen diesen laufen parallele Kehlungen und Gratbänder, so daß die gewundene Schaftordnung völlig dominiert und ein Rundpfeiler so gut wie gar nicht mehr erkennbar ist. [10]

Es handelt sich um das Verfahren des 'Stilistischen Kontextes', das M. RIFFATERRE für die linguistische Stilistik eingehend analysiert hat: «a pattern broken by an unpredictable element» [11]; Beispiele: «Karl der Große – August der Starke – Hulstkamp der Klare»; «She loved Mozart and Bach. And the Beatles. And me.» (Segal: Love Story, 1); «Erst ein Capuccino, dann ein bischen Vino und dann sehr viel Du!» In sprachlicher Realisierung wird das Verfahren in der Regel linear, in bildlicher in der Regel spatial rezipiert. Gemeinsam ist sprachlicher und bildlicher Realisierung, daß der Itosopiebruch im zentralen Feld durch fortgeführte Isotopien in nachgeordneten Bereichen gleichsam abgefangen bzw. überbrückt wird: bei den sprachlichen Beispielen durch Isophonien und Isotaxen (**B**ach – **B**eatles, **M**ozart – **m**e; August der Starke, Hulstkamp der Klare), bei den Pfeilerordnungen durch Isotopien bei den Parametern Form und Farbe, während die Allotopie in der Oberflächengestaltung (Textur) erscheint.

Nach Maßgabe der beiden Typen oder Klassen visueller Zeichen sind also eine ikonische und eine arbiträre oder abstrakte Rhetorik zu entwerfen, deren Figurationen auf unterschiedliche Nullstufen zu beziehen sind. Im ikonischen Bereich sind die Umsetzungen oder Transformationen der außerbildlichen Wirklichkeit in die bildliche Botschaft von besonderer Bedeutung, da durch sie die rhetorischen Figurationen erzeugt werden. Man unterscheidet homogene und heterogene Transformationen. Wird eine farbig gegebene Wirklichkeit in ein Schwarzweißbild umgesetzt, so hat diese Detraktion im Bereich der Farbe Verweisfunktion, wenn die technischen Voraussetzungen des Vermittlungsmediums eine Wahl zwischen farbiger oder schwarzweißer Umsetzung zulassen. Sind alle Elemente der Botschaft in gleicher Weise von der Detraktion betroffen, so handelt es sich um eine homogene Transformation, der aber wegen ihres Abweichungscharakters vom *degré zéro général* bereits Rhetorizität eignet. Wenn beispielsweise E. Reitz in dem Fernsehfilm ‹Heimat› wiederholt von der farbigen zur schwarzweißen Wiedergabe wechselt, so kommt diesem Verfahren ein Verweispotential zu, das der Deutung bedarf. Erfolgt in einer Illustriertenanzeige die Umsetzung einer Abendgesellschaft durchgehend in Schwarzweiß, die des Getränkes in den Gläsern der Gäste und die der Flaschen auf den Tabletts der Butler aber farbig, so handelt es sich um eine heterogene Transformation im Bereich der Farbe zur Hervorhebung des beworbenen Produkts. Auch die Chromeme können betroffen sein, wenn z. B. in einem Werbespot, in dem dominierende Farben hoher Leuchtkraft und hohen Sättigungsgrades vorherrschen, die Konkurrenzprodukte in gemischten Farben geringer Leuchtkraft und geringen Sättigungsgrades präsentiert werden. Auch die Darstellung des beworbenen Produktes kann in Bezug auf diese Chromeme als Folge einer heterogenen Transformation Detraktionen unterliegen, wenn beispielsweise die besonders schonende Wirkung eines Reinigungsmittels (ikonisch) suggeriert werden soll. Im Bereich der Formen läge eine heterogene Transformation vor, wenn in einem mittelalterlichen Tafelbild Christus gegenüber den Heiligen und diese gegenüber den Stiftern unproportional vergrößert dargestellt und so hervorgehoben werden (sog. Bedeutungsmaßstab). Entsprechend verfährt die moderne Anzeigenwerbung, wenn sie das beworbene Produkt gegenüber dem Kontext in unproportionaler Vergrößerung abbildet. Heterogene Transformationen zum Zwecke rhetorischer Akzentuierung operieren auch, wenn beispielsweise in der altägyptischen Flachbildmalerei die menschliche Figur aus lateraler, Augen und Schultern aber aus frontaler Perspektive präsentiert werden (Immutation), oder wenn Picasso einem Portrait, in dem die frontale Perspektive dominiert, spezifische Elemente aus lateraler Perspektive hinzufügt (Addition). Der Grad der Rhetorizität einer ikonischen bildlichen Botschaft wird also wesentlich bestimmt von der Anzahl der an ihren Erzeugungsprozessen beteiligten heterogenen Transformationen, welche nicht nur die Basismerkmale Farbe, Form und Textur, sondern auch die entsprechenden Chromeme, Formeme und Textureme betreffen können.

Besonderes Interesse dürften die Beobachtungen zur Semiotik und Rhetorik der Begrenzung (bordure) der bildlichen Botschaft verdienen, die – den sprachlichen Texteingangs- und Textschlußsignalen vergleichbar – den Umfang der Mitteilung als eines einheitlichen und abgeschlossenen Kommunikats definiert und indiziert und i. d. R. als Rahmen (cadre), Sockel, Vitrine etc. realisiert ist. Das rhetorische Verfahren der Addition kann die eigentliche Mitteilung hinter diesem semiotischen Element zurücktreten lassen oder auch ganz auslöschen. Als extreme Beispiele werden die Emballagen Christo Javacheffs genannt. Ob nun die Macht und Autorität suggerierende, gründerzeitliche Monumentalarchitektur eines Reichstagsgebäudes oder die die Transparenz demokratischer Entscheidungsprozesse indizierende Glasfront eines neuzeitlichen Parlamentsgebäudes verhüllt wird, stets werden fragwürdige semiotische Postulate kurzfristig ausgelöscht und dadurch langfristig in Frage gestellt. Als extremes Beispiel für eine Detraktion im Bereich der Begrenzung kann die Installation ‹Refraction House› dienen, die M. Kuball vom 1. März bis zum 29. April 1994 in der Synagoge zu Pulheim-Stommeln zeigte. Im Innern des Gotteshauses, das bisher den Rahmen für die Installationen bildete, sind Hochleistungsprojektoren so auf Gerüste montiert, daß sie ein schattenloses Licht nach draußen strömen lassen, welches die steinernen Konturen auflöst. Die visuelle Botschaft ist auch durch die Reichweite der Lichtflut nicht begrenzt, denn die diese umfangende, unendliche Finsternis (des Rassen- und Fremdenhasses und der Verdrängung) ist integraler Bestandteil der Aussageintention und des Appells der Installation. Das Konzept einer ‹Rhetorik des Rahmens› stellt so Analysekategorien bereit, vermittels derer die verschiedenen Modalitäten der Be-, insbesondere aber der Entgrenzung des ästhetischen Objektes und seiner Botschaft intensiver bewußt und präziser beschreibbar gemacht werden.

Anmerkungen:
1 Rhétorique générale (Paris 1970; [2]1982); dt. J. Dubois u. a.: Allgemeine Rhet., übers. und hg. von A. Schütz (1974). – **2** vgl. das Kap. Figures de la narration, in: Rhétorique générale [1]171–199; dt. Übers., 280–325; Groupe μ: Rhétoriques particulières, in: Communications 16 (1970) 70–124. – **3** J.-M. Klinkenberg: Rhétorique et spécificité poétique, in: H. F. Plett (Hg.): Rhet. Kritische Positionen zum Stand der Forschung (1977) 77–92; Groupe μ: Rhétorique de la poésie. Lecture linéaire, lecture tabulaire (Brüssel 1977/Paris 1990). – **4** Groupe μ: Traité du signe visuel. Pour une rhétorique de l'image (Paris 1992). – **5** H. F. Plett: Textwiss. und Textanalyse (1975) 251; vgl. [3] 137. – **6** J. L. Lowes: Convention and Revolt in Poetry (London [2]1930) 63. – **7** F. Rastier: Systematik der Isotopien, in: W. Kallmeyer, W. Klein, R. Meyer-Hermann, K. Netzer, H. J. Siebert (Hg.): Lektürekolleg zur Textlinguistik, Bd. 2: Reader (1974) 153–190, hier: 157; vgl. auch Rhétorique de la poésie [3] 33–36. – **8** Rhétorique générale [1] 122; dt. Übers. [1] 203. – **9** J. H. Zedler: Großes vollständiges Universal-Lex., Bd. 2 (ND Graz 1961), s. v. Antimetabole Sp. 561f. – **10** vgl. dazu K. Gerstenberg: Deutsche Sondergotik (1969) 50–57. – **11** M. Riffaterre: Le contexte stylistique, in: Essais de stylistique structurale (1971) 64–94; dt. Übers.: Strukturale Stilistik (1973) 60–83.

Literaturhinweise:
M. Charles, J.-B. Comiti: Rezension der Rhétorique générale, in: Langue francaise 7 (1970) 116–119. – P. Delbouille: Un traité de rhétorique générale, in: Cahiers d'analyse textuelle 12 (1970) 95–118. – G. Genette: La rhétorique restreinte, in: Communications 16 (1970) 158–171. – P. Kuentz: Rhétorique générale ou rhétorique théorique?, in: Littérature 4 (1971) 108–115. – S. Chatman: Rezension der Rhétorique générale, in: Foundations of Language 8 (1972) 436–446. – M. R. Mayenowa: Rezension der Rhétorique générale, in: Linguistics 121 (1974) 105–113. – M. Rutten: Retoriek en Poëtiek, in: Forum der Letteren 15 (1974) 53–71. – P. Ricoeur: La métaphore vive (1975). – N. Ruwet: Synecdoques et métonymies, in: Poétique 6 (1975) 371–388. – S. Levin: The Semantics of Metaphor (1977). – K. Ostheeren: Theorie und Praxis einer generativen Rhet., in: Anglia 97 (1979) 439–451. – K. Ostheeren: Konzepte strukturalistischer und generativistischer Rhet., in: Zs für Literaturwiss. und Linguistik 11 (1981) 133–142. – I. Hantsch, K. Ostheeren: Linguistik und Rhet. Positionen der neueren Forschung, in: Sprachtheorie und Angewandte Linguistik. FS für Alfred Wollmann (1982) 87–111. – R. Podlewski: Rhet. als pragmatisches System (1982). – G. Damblemont: Rhet. und Textanalyse im franz. Sprachraum, in: Rhet. 7 (1988) 109–131. – K. Ostheeren: Figuren der Kommunikationspartner, in: Anglistentag 1990 (1991) 71–95. – G. Sonesson: Die Semiotik des Bildes. Zum Forschungsstand am Anfang der 90er Jahre, in: Zs für Semiotik 15 (1993) 127–160. – A. Wendler: Die Rhet. der Lütticher Forschergruppe unter besonderer Berücksichtigung der Figuren der Kommunikationspartner. Darstellung und Kritik (1993).

K. Ostheeren

→ Änderungskategorien → Elocutio → Erzähltheorie → Figurenlehre → Generative Rhetorik → Metapher → Semiotik → Strukturalismus

Gründerzeit
A. Def. – B. I. Rhetorik. – II. Dichtung. – III. Malerei. – IV. Architektur. – V. Musik. – C. Wirkungsgeschichte.

A. Der Begriff ‹G.› hat, je nach Verwendung in sozioökonomischer, politischer oder kulturhistorischer Theorie, unterschiedliche Dimensionen. So bezeichnet er 1. die Phase explosiven Wirtschaftswachstums in Deutschland nach dem Friedensvertrag vom Mai 1871, der den Kriegsverlierer Frankreich zu den später sprichwörtlich gewordenen Reparationszahlungen in Höhe von fünf Mrd. Francs innerhalb der nächsten drei Jahre verpflichtet, bis zum sog. «Gründerkrach» im Oktober 1873. Der plötzliche Kapitalzustrom forciert Industrialisierung und Technisierung, löst eine hektische Suche nach Anlageobjekten bzw. Spekulationsmöglichkeiten aus und führt bis 1873 zur Gründung von fast tausend Aktiengesellschaften, deren Bankrott den Zusammenbruch führender Wirtschaftszweige nach sich zieht. Ökonomisch gesehen, hebt der Begriff G. also eine kurze, gewissermaßen künstlich induzierte und für das spät industrialisierte Deutschland charakteristische Modernisierungskrise aus den Entwicklungszyklen des europäischen und amerikanischen Kapitalismus heraus. [1] 2. umgreift die Epochenbezeichnung G. die sog. «Ära BISMARCK» von 1862–1890 mit den Kriegen von 1864, 1866 und 1870/71 sowie die Jahre der Regentschaft von Kaiser WILHELM I. (1871–1888) mit dem herausragenden Datum der Gründung des Deutschen Reiches am 1. Januar 1871. Diese Eckdaten begrenzen einen lange vorbereiteten historischen Prozeß, in dessen Verlauf die industrielle und technische Revolutionierung der Lebenswelt und die Entwicklung einer bürgerlich-liberalen Nationalbewegung einem monarchisch-autoritären Obrigkeitsstaat untergeordnet, zeitweilig sogar dienstbar gemacht werden können, ohne daß sie ihre systemsprengenden Kräfte völlig einbüßen. In politischer Hinsicht steht die Formel G. für eine erst 1914 zerbrechende, anti-modernistisch ausgerichtete (doch nach modernen Maßstäben funktionierende) Allianz von Kaiser, Militär, Kirche und Bürokratie preußischer Prägung. Zwar beginnt der deutsche Sonderweg, der schließlich in den Nationalsozialismus mündet, lange vor dem 2. Deutschen Kaiserreich, doch dessen «Gründer» machen ihn erstmals politikfähig. [2] Am schwierigsten ist es 3., die G. als kulturhistorische Epoche zu definieren, will man deren Einheit nicht vorschnell durch eine kollektive «Blut und Eisen»- (O. v. BISMARCK) oder «Geldsack»-Mentalität (W. RAABE) bestimmen. Europäische Architektur, Kunst, Literatur bieten mit so disparaten Stilrichtungen wie Realismus, Impressionismus, Symbolismus, Victorian Style, Präraffaelismus, Neobarock, Neogotik usw. ein Bild betonter Vielfalt. In ihrer der G. gewidmeten Monographie gehen R. HAMANN und J. HERMAND deshalb von einem bewußten Stilpluralismus, von einer Schätzung des jeweils Einmaligen und Unvergleichlichen als dem verbindlichen Grundzug der Epoche aus. [3] Die kosmopolitische Inanspruchnahme aller Kunstformen (Effekt des «ästhetischen Historismus» [4]) wird von den avancierten Techniken der Kunstproduktion und -distribution ermöglicht und ist zugleich sichtbare Entsprechung des staatlichen Bemühens, mit Kunst alle gesellschaftlichen Klassen und Schichten zu erreichen und zu befrieden. [5] Die für die G. charakteristische Verbindung von Warenästhetik und Nationaldidaxe suspendiert die Kunstformen von ihren traditionellen Funktionszusammenhängen und ästhetischen Normierungen. Die einzelnen Versatzstücke werden «von ihren jeweils besonderen Anlässen und Aufgaben ablösbar und unter neuen Bedingungen und in neuen Verbindungen anwendbar: die gotische Fabrik, das barocke Postamt, die Basilika als Bahnhof». [6] Dieser Traditionsverlust prägt sich den historischen Kunstwerken um so tiefer ein, als er der «transzendentalen Obdachlosigkeit» (G. LUKACS) der Gesellschaft, dem «Wertvakuum» [7] hinter ihren glänzenden Fassaden entspricht. Die Kultur der G. versucht den Verlust ihrer historisch-praktischen Beziehungen durch übersteigerten Eklektizismus, durch eben jene Vordergrundsphänomene wie falsche Erhabenheit, «Pathos, Prunk und Schwulst» [8], über die schon ihre zeitgenössischen Kritiker spotteten, zu kompensieren. Das gelingt jedoch nur in den Grenzen und zu den Bedingungen, die der neue deutsche Nationalstaat definiert, der seinerseits auf eine ästhetische Legitimation ausweichen muß, weil ihm die historisch-politische Verankerung fehlt. Die Kulturhistoriker E. FRIEDELL und D. STERNBERGER sprecher deshalb von einer fundamentalen Idealisierung, Ästhetisierung bzw. Poetisierung der G.-Gesellschaft [9] und weisen auf, daß die künstlerischen Freiheits- und Einheitsforderungen des deutschen Idealismus sich am Ende des 19. Jh. zu weit in die Geschichte zurückgreifenden Reichsapologien verkehren. Im Zentrum von ‹Kunststaat› und ‹Staatskunst› (J. LANGBEHN) steht ein modernes Translationskonzept: Wenn Kaiser WILHELM sich am 18. 1. 1871, dem preußischen Krönungstag seit 1701, in Versailles zum Kaiser proklamieren läßt oder wenn er den Reichstag am 21. 3. 1871 im Berliner Schloß auf Barbarossas erzenem Thron eröffnet, täuschen die ästhetischen Requisiten und Rituale vor, daß die Neuformung des Nationalstaates nichts anderes sei als die Wiederbegründung des Heiligen Römischen Reiches Deutscher Nation. «Continuität» [10] muß augenfällig hergestellt, die Historie nach «Aktualisierbarem» [11] durchgemustert und die Gegenwart zum Fluchtpunkt historischer Bedeutungsversprechen stilisiert werden. Schulen, Rathäuser, Verwaltungsgebäude, Bahnhöfe werden zum Hintergrund für monumentale Fresken, als sei ihr aktueller Zweck eine verschämte *inscriptio* zur großformatigen *pictura* der Staatsidee. 1870 wird das Berliner Zeughaus zur «Ruhmeshalle» umgestaltet und von A. v. WERNER (1843–1914) mit einem römischen Triumphzug ausgemalt – ein Beispiel unter vielen für die Verwandlung von Funktion in Repräsentation, von Geschichte in Ideologie, von Politik in deren ästhetische Rechtfertigung. Alle Lebensbereiche unterliegen dieser Metamorphose. Der seinerzeit berühmte Rechtshistoriker R. v. IHERING (1818–1892) findet dafür die Formel: «der Kampf ums Recht ist die Poetisierung des Charakters». [12] Sogar bei den oppositionellen Kräften, in der sich zur Partei formierenden Arbeiterbewegung, spielt ästhetische Selbstdarstellung und -reflexion eine bedeutende Rolle. [13] Es ist diese für die G. spezifische Symbiose von Staat und Kunst, die F. NIETZSCHE in seinen ‹Unzeitgemäßen Betrachtungen› (1872–1876) beschreibt und analysiert, indem er z.B. konstatiert, «daß wir [...] in der Bedeutung von Kunstwerken unsre höchste Würde haben – denn nur als *ästhetisches Phänomen* ist das Dasein und die Welt ewig *gerechtfertigt*». [14] Nietzsches Philosophie dekonstruiert die G.-Ideologie der Translationen, Suppositionen, unendlichen Relationen als den puren ästhetischen Schein, den die herrschende Meinung als Wahrheit ausgeben will. «Was aber ist Wahrheit?», fragt er in der Schrift ‹Über Wahrheit und Lüge im außermoralischen Sinne› (1873): «Ein bewegliches Heer von Metaphern, Metonymien, Anthropomorphismen». [15] Nietzsches Kritik der idealistischen (Staats-)Philosophie mit dem Ziel, alle Erkenntnis als Illusion und die Sprache als prinzipiell rhetorisch zu entlarven, führt zur Aufwertung des Ästhetischen und Rhetorischen. Der G., so lautet Nietzsches Diagnose, wird alles zum Zeichen. Sie ist als ein semiotisches System zu betrachten, dem die transzendentalen Signifikate fehlen, und statt solche herbeizureden, sei es notwendig, dieses Zeichensystem mit rhetorischen Kategorien zu analysieren und die ihm immanenten Machtstrukturen aufzudecken. Nietzsches Philosophie stellt die fundamentale «Rhetorizität» [16] seiner Epoche als Signatur ihrer – unbegriffenen – Modernität heraus. Der Begriff der «Rhetorizität» ist deshalb Voraussetzung und steter Bezugspunkt für die folgende Darstellung der G.-Rhetorik und der epochenspezifischen Kunstgattungen Dichtung, Malerei, Architektur und Musik.

B. *Aspekte der G.-Kultur:* **I.** Für die *Rhetorik* der G. ergibt sich ein widersprüchlicher Befund. Obwohl Rhetorik allerorten praktiziert wird, ist sie Gegenstand schärfster Verachtung. Populär sind Argumentationen, die I. KANTS, J. G. HERDERS und G. W. F. HEGELS Rhetorikkritik nationalistisch verkürzen: «Dem deutschen Volkscharakter ist die Anwendung jener rhetorischen Mittel im großen Ganzen zuwider [...]», heißt es beispielsweise bei H. ORTLOFF. [17] Komplementär dazu bleibt HEGELS Definition der «zweckfreien» Kunst, die allein «das Absolute», «das Wahre, den Geist, zu ihrem eigentlichen Gegenstande» [18] habe, in der G.-Poetik unwidersprochen. Das bezeugen u. a. die literarischen Programme der beiden prominentesten Dichterkreise, des Berliner ‹Tunnel über der Spree› (mit P. HEYSE, A. MENZEL, T. STORM und T. FONTANE) und des von

MAXIMILIAN I. unterstützten Münchner Dichterbundes ‹Die Krokodile› (mit E. GEIBEL, P. HEYSE). Der ‹Kunst-Staat› propagiert nicht die (reale) Staatskunst, sondern gibt diese Staatskunst mit rhetorischen Mitteln als die zweckfreie Poesie schlechthin aus. Weil das spezifisch Rhetorische verpönt ist, siedelt sich die Rhetorik gut getarnt in der Gesprächs- und Schreibkultur der G. an. Ein Blick in die Romane von T. FONTANE (1819–1898) oder F. SPIELHAGEN (1829–1911) genügt, um darin die Reflexion dieser Migration, die kunstvolle Nuancierung der Dialoge und die Aufwertung des Sprechens zu einem unmittelbaren Ausdruck der jeweiligen Persönlichkeit zu erkennen. Nach 1870 wird den Schülern lautes Vorlesen, chorischer oder individueller Vortrag und den Lehrern die Beobachtung der «seelischen Klangfarbe» [19] ihrer Rede empfohlen. Diese Deklamationsübungen transportieren strengste Nationaldidaxe. Wer, besonders in Preußen, die kurzen, elliptischen Sätze, das stereotype Vokabular und den «schneidigen» Tonfall der Offiziere nachzuahmen gelernt hat, muß keine militärische Karriere hinter sich haben, um als Staatsbürger anerkannt zu werden. [20]

Ein Residuum der traditionellen Rhetorik bleibt das Gymnasium der G., obwohl sich in den preußischen Lehrplänen (anders als in Süddeutschland oder Österreich) nach 1825 ein philosophisch-ästhetisches Bildungsprogramm zugleich mit einer Neubewertung des Deutschunterrichts durchzusetzen beginnt. *Inventio, dispositio* und *elocutio* werden nun in den «Stylstunden» gelehrt [21], und auch die Lehrplan-Verordnungen von 1882 lassen auf die Integration einer umgewidmeten Rhetorik schließen. «Besonders Wertvolles aus der klassischen Dichtung des eigenen Volkes als einen unverlierbaren Schatz im Gedächtnis zu bewahren, ist eine nationale Pflicht jedes Gebildeten», heißt es dort, «die Schule sorgt für die Erfüllung, indem sie aus den zum Verständnisse der Schüler gebrachten Dichtungen Memorier-Aufgaben für die ganze Klasse zweckmäßig auswählt. Der sachgemäße Vortrag des Memorierten trägt zugleich dazu bei, das Verständnis zu befestigen». [22] Da der Lektüre-Unterricht der Fächer Latein, Griechisch und Deutsch vom Wirkungsaspekt der Sprache bestimmt bleibt, behält das rhetorische Beschreibungsmodell seine Gültigkeit und wird Teil der Gesinnungsbildung, ohne daß persuasorische Prozesse selbst der Analyse zugänglich gemacht würden.

Der gerichtlichen Redekunst der G. werden durch die «rechtspositivistische Bindung des Richters und der Prozeßparteien an das Gesetz» [23] enge Grenzen gezogen. Den größten Raum nimmt in H. F. ORTLOFFS ‹Gerichtlicher Redekunst› neben einer Darstellung der antiken Forensik die Beweislehre ein. Die Rhetorik hat darin kaum mehr als «strukturierende Funktion». [24] Obwohl Ortloff auf Angemessenheit des Ausdrucks Wert legt, «Kraft», «Knappheit», «Lebhaftigkeit» und sparsamsten Gebrauch der Figuren und Tropen fordert (§ 24), zollt auch er der G.-Theatralik seinen Tribut: Zur «Gestaltung der Gerichtsreden» schlägt er vor, «einen guten Schauspieler zur Kritik beizuziehen». [25]

Vergleichbare Differenzen zwischen zurückhaltender Theorie und rhetorisch-theatralischer Praxis kennzeichnen den Bereich der Kanzelberedsamkeit. [26] Auch hier ist zu beobachten, daß mit der Schwächung der Rhetorik als institutioneller Praxis eine Entgrenzung der Redekunst, eine Rhetorisierung der gesamten Gesellschaft einhergeht. In den meisten Fällen ist allerdings eine ebenso schrankenlose Trivialisierung mit dem Einzug der geistlichen Beredsamkeit in Besinnungstraktate, historische Dramen und Kolportageromane verbunden. Hinzu kommt als Charakteristikum der G. die fanatische Ideologisierung der religiösen Rhetorik durch den sog. «Kulturkampf». Äußerer Anlaß für den von BISMARCK initiierten und von dem preußischen Kultusminister A. FALK demagogisch geführten Kampf gegen den «ultramontanen» Katholizismus war das von Papst PIUS IX. am 18. 7. 1870 verkündete Unfehlbarkeitsdogma. Hätte Bismarck jedoch die gesellschaftliche Polarisierung nicht für sein Bündnis mit den Nationalliberalen gegen die 1870 gegründete, konservativ katholische Zentrums-Partei nutzen können, wäre der politische Konflikt zwischen dem Alleinvertretungsanspruch des säkularen Staates und der bis in dessen Sozial- und Kultusgesetzgebung hineinreichenden Macht des Vatikan moderater ausgetragen worden. Bismarcks Wendung zur antiliberalen Schutzzollpolitik ermöglicht 1878 den Ausgleich mit dem neuen Papst LEO XIII., wenn auch das ‹Jesuitengesetz› bis 1917 und der ‹Kanzelparagraph› (Verbot der politischen Predigt) bis 1957 gelten. Bereits 1869 hatte K. HASE ein ‹Handbuch der protestantischen Polemik gegen die Römisch-Katholische Kirche› veröffentlicht; 1877 dokumentiert E. LEISTNERS Sammlung ‹Wie das Volk über die Pfaffen spricht›, in welch bestürzendem Maße sich diese Polemik inzwischen radikalisiert hatte. [27] Die Kulturkampf-Rhetorik durchdringt die G.-Kultur bis in die Alltagssprache. Zu prominenten Nebenschauplätzen der Auseinandersetzung avancieren die historischen Romane, z. B. A. E. BRACHVOGELS ‹Der fliegende Holländer› (1871), K. BOLANDERS ‹Canossa› (1872, 1873), F. DAHNS ‹Kampf um Rom› (1876), H. SCHMIDTS ‹Bauernrebell› (1876) u. a. Es verfestigt sich die Tendenz, oppositionelle Kräfte zu (Reichs-)Feinden zu stempeln und stereotyp zu symbolisieren (Jesuiten als Männer mit Kutte und Krummstab), überdies sehr unterschiedliche Gegner mit entsprechenden rhetorischen Mitteln in enge Nachbarschaft zu rücken (z. B. «Rote» und «Schwarze Internationale»). [28] Es schließen also die ‹Sozialistengesetze› (1878–1890) nicht nur zeitlich an die Kulturkampfperiode an.

Nirgendwo indes wird der widersprüchliche Prozeß der Entdifferenzierung und Ausweitung der Rhetorik auf der einen, öffentlich proklamierter Rhetorikverachtung auf der anderen Seite deutlicher als im Bereich der politischen Rede. Der 1871 gegründete deutsche Nationalstaat stellte eine Föderation monarchischer Staaten mit dem Bundesrat, dem Kanzler und dem Kaiser als Exekutive dar, der das Parlament (Reichstag) mit seinen legislativen Befugnissen gegenübertrat. O. v. BISMARCKS (1815–1898) Staatskunst bestand darin, die außenpolitisch erfolgreiche diplomatische Neutralisierungsstrategie (1879 Zweibund mit Österreich; 1881 Dreikaiserbündnis Deutschland, Rußland, Österreich; 1882 Dreibund Österreich, Italien, Deutschland u. a.), mit der er, Bismarck, die wechselnden europäischen Machtverhältnisse stabilisierte, auch innenpolitisch zu nutzen. So wurden die Spannungen zwischen Föderalismus und Unitarismus, Preußen und Reich, Legislative un Exekutive durch ein prekäres Gleichgewicht der Mächte eingedämmt. Für den aus Staatsraison bis 1878 mit den Nationalliberalen praktizierenden, seiner Herkunft nach jedoch monarchisch-konservativ orientierten Bismarck gilt der parlamentarische Rhetor als Gegenbild zum ernsthaften Staatsmann. Das Terrain der kämpferischen Rede überläßt er den Sozialdemokraten A. BEBEL (1840–1913) und W. LIEBKNECHT

(1826–1900), dem Zentrumsabgeordneten L. WINDT-HORST (1812–1891), den Liberalen R. v. BENNIGSEN (1824–1902), E. LASKER (1829–1884) u. a. Er selbst ordnet seine Redebeiträge strikt dem überparteilichen Staatsinteresse unter («‹Moi je suis l'Etat›» [29]), eilt erst kurz vor seinem Auftritt in das Parlament, um es anschließend sofort wieder zu verlassen und seine Verlautbarungen über die regierungstreue ‹Norddeutsche Allgemeine› zu verbreiten. Bereits Bismarcks berühmt gewordene erste Rede vor der preußischen Budgetkommission am 30. 9. 1862 enthält en miniature sein Programm, den parlamentarischen Dialog mithilfe gezielt eingesetzter rhetorischer Tropen zu entmachten: «Nicht durch Reden und Majoritätsbeschlüsse werden die großen Fragen der Zeit entschieden», heißt es dort, «sondern durch Eisen und Blut». [30] Synekdochen und Ellipsen prägen die von Bismarck virtuos verkürzte ‹Emser Depesche› vom 13. 7. 1870, die Frankreichs Kriegserklärung provoziert. Metaphern und Allegorien werden bei der effektvoll inszenierten Kaiserproklamation 1871 politikmächtig; der Historiker T. NIPPERDEY spricht deshalb von der «Symbolpolitik» der G. [31]

In seiner Basler Rhetorik-Vorlesung vom Sommer 1874 definiert F. NIETZSCHE (1844–1900) die «synecdoche» neben Metapher und Metonymie als fundamentales sprachliches Strukturprinzip: «Die Sprache drückt niemals etwas vollständig aus, sondern hebt überall nur das am meisten hervorstechende Merkmal hervor.» [32] Nietzsche greift damit G. GERBERS Gedanken vom künstlerischen Ursprung des Wortes (als eines Übertragungs- bzw. Ersetzungsphänomens) [33] auf und prägt sie seinem Philosophieren ein. Die Bismarcksche Beredsamkeit und die G.-Rhetorik scheinen ihm nichts anderes als eine unredliche «Rhet[orik] aus Noth» [34] zu sein, weil der Wille zur maximalen Wirkung die Rhetorizität aller Rede verkennt. Auch die moderne Kunst, vertreten z. B. durch V. HUGO, H. DE BALZAC, R. WAGNER, wird von dieser Kritik getroffen, denn eine Kunst vielfältigster Sinnenreize für die große ‹Masse› entspringt Nietzsche zufolge der «corrupta eloquentia» [35] und hat teil an der Ambivalenz von Asianismus und Barockstil. Es kann folglich nicht um eine Wiederherstellung der traditionellen Rhetorik gehen, sondern im Gegenteil um eine Aufhebung der Rhetorik ins Ästhetische, wie sie Nietzsches bis in die Schriftzeichen hinein expressiver Stil beispielhaft vorführt. [36] Darüber hinaus wird die Rhetorik zu einer Semiotik derjenigen Relationen generalisiert, auf die sich die menschliche Erkenntnis ‹nach dem Tode Gottes› allein noch beziehen kann. Indem Nietzsche die Rhetorizität von Sprache und Erkenntnis zum Fundament und Prinzip seines Philosophierens macht, ist er zu unübertroffen präziser Beschreibung der G.-Epoche fähig und wird zugleich zu ihrem avantgardistischen Interpreten, an den neostrukturalistische Philosophie (J. DERRIDA) und dekonstruktivistische Literaturwissenschaft (P. DE MAN) anschließen können.

II. Gemeinsam ist allen Gattungen der *G.-Dichtung* ihr retrospektiver Charakter. Dem formalen Traditionalismus (und seiner Steigerung zum Archaismus) entspricht die Hinwendung der Literatur zur Geschichte als bevorzugtem Sujet, sofern diese Geschichte sich als mythographisches Fundament des 2. Deutschen Kaiserreichs eignet. Wie die anderen historistischen Künste auch, erzwingt die G.-Literatur ein allegorisch-typologisches Geschichtsverständnis, das die G.-Gegenwart als Erfüllung historisch nicht eingelöster Versprechen rechtfertigt. Während die heute kanonisch gewordenen Autoren des Spätrealismus G. KELLER, W. RAABE und T. FONTANE ebenso wie der Satiriker W. BUSCH in der G. zu den Autoren der Peripherie gehören, sind die damaligen Publikumsheroen J. V. v. SCHEFFEL (1826–1896), W. JORDAN (1819–1904), R. HAMERLING (1830–1889) u. a. heute vergessen. Das liegt nicht nur an der mangelnden ästhetischen Qualität ihrer Werke, sondern auch daran, daß die sich 1890 durchsetzende Entidealisierung und Individualisierung der Kunst Staatsapologien in P. HEYSES Sinn («Es soll der Dichter mit dem König gehen...» [37]) in Verruf gebracht haben. Zur Reichsaffirmation gehört das *genus grande*, dessen dominante Züge nach J. HERMAND die «Hinwendung zur großen Gestalt», zum «autonomen und absoluten Übermenschen», «die dramatische Zuordnung antipodischer Figuren», «der Kult der Form, der prunkvollen, hypertrophisch barocken Dekoration, der plastischen, überdimensionalen Vordergrundsgestalt», «ein Nicht-Belassen der normalen Maßstäbe, eine oft sogar maßlose Potenzierung, eine vitalistische oder aristokratisch-herrenhafte Zuspitzung» [38] sind. Die Lyrik zeigt dabei am deutlichsten, daß auf der Kehrseite des patriotischen und kriegerischen Maximalismus (von H. v. LINGGS ‹Zeitgedichten› von 1870 bis zu der Sammlung ‹Aus dem Felde› (1891) von J. WOLFF) ein hemmungsloses Sentiment zu finden ist. Nichts dokumentiert die Allianz von «machtgeschützter Innerlichkeit» (T. MANN) und Trivialität besser als die Auflagenhöhe der 1853 gegründeten Familienzeitschrift ‹Die Gartenlaube› (1870: 270000 Ex.; 1875: 382000 Ex. [39]). Weil alle rhetorischen Modi dem *movere* untergeordnet werden, weil «die völlige Aufhebung der ästhetischen Distanz zwischen der Fiktion des literarischen Werks und der realen Situation der Rezipienten» [40] höchstes Ziel ist, mischen sich die Gattungen. Man spricht trotz der vielbändigen Produktion von Dramatikern wie P. HEYSE (1830–1914), E. v. WILDENBRUCH (1845–1909), L. ANZENGRUBER (1839–1889) u. a. vom «Verfall des Dramas» [41] in der G. Gleichzeitig ist jedoch zu beobachten, daß wichtige dramatische Strukturelemente in die Lyrik und Epik auswandern und daß genau diese Exil- und Mischformen nach 1890 in den modernen ‹epischen› bzw. ‹lyrischen› Dramen des Naturalismus und Expressionismus wieder zusammengeführt werden. [42] Die Novelle, von P. HEYSE als «Schwester des Dramas» [43] definiert, entspricht dem konstruktivistischen Stilwillen der G. am besten. Während sich C. F. MEYER, P. HEYSE, T. STORM bewußt auf das Kleinformat der Novelle konzentrieren, schwellen so beliebte Romanciers wie F. SPIELHAGEN diese Gattung zur Monumentalform auf. Die episodische Erzählweise und potentielle Unendlichkeit der G.-Romane spiegelt dabei das serielle Prinzip wider, dessen Logik sich alle Autoren unterordnen müssen, wenn sie auf die profitablen Vorabdrucke ihrer Werke in Familienzeitschriften oder Tageszeitungen nicht verzichten wollen. Als eine besonders charakteristische Gattung der G.-Dichtung gilt das nationale Versepos. [44] Auch hier wird Historisches ideologisch aktualisiert (W. JORDAN: ‹Nibelunge›, 1867–1875; J. WOLFF: ‹Rattenfänger von Hameln. Eine Aventiure›, 1878); ihre wahre Epochenzugehörigkeit beweisen F. W. WEBERS ‹Dreizehnlinden› (1878; 60. Auflage 1893) und J. V. v. SCHEFFELS ‹Trompeter von Säckingen› (1854; 50. Aufl. 1876, 100. Aufl. 1882; 322. Aufl. 1921) jedoch durch ihre spezifische Marktkonformität.

Die Kommerzialisierung der G.-Literatur, die Durchdringung ihrer Produktion und Rezeption mit kapitalistischen Marktgesetzen, spiegelt sich in einem ‹Gründerrausch› eigener Art. So steigt die Zahl der Buchverlage von 668 (1865) auf 1238 (1880), die der Sortimentshandlungen von 887 (1843) auf 3375 (1880), dazu kommen 704 ausgewiesene Kolportagesortimenter. Moderne Antiquariate versenden Remittenten zu Schleuderpreisen bis in die entfernte Provinz [45], ärmeren Schichten wird der Kauf von Kolportageromanen als Heftchenfolge empfohlen. Parallel zu Goethe- und Schillerausgaben im Billigangebot aus ‹Reclams Universalbibliothek› nach 1867 (als das Klassikerprivileg des Cotta-Verlages erlischt) wird das kostbar illustrierte Buch als Repräsentationsobjekt und Konsumattribut gehandelt. Das ‹Magazin für den deutschen Buchhandel› 1874 bietet z. B. «mit den Prachtwerken dem Gründer und was ihm im geistigen Horizonte und im Geld gleich steht, ein[en] seiner Bildungsstufe angepaßte[n], künstlerische[n] Salonschmuck» [46] an. Diese Komplementarität verdeutlicht, wie wenig die Expansion des Buchmarktes tatsächlich mit der theoretisch von ihr geförderten Demokratisierung der G.-Gesellschaft zu tun hat. Neben dem Leser wird auch der erfolgreiche und scheinbar der Anonymität enthobene Autor tendenziell zur Funktion des literarischen Marktes: 1868 wird «Dr. Loewensteins Büro für Vermittlung literarischer Geschäfte» gegründet, ein Umschlagplatz für Manuskripte jeglicher Art und kulant verschwiegener Provenienz; 1884 gibt es bereits vier konkurrierende Agenturen.

Unter kommerziellem Gesichtspunkt entspricht dem prunkvoll illustrierten Buch das neue Repräsentations- und Geschäftstheater der G. [47] In Wien, der Theaterhauptstadt bis zu O. Brahms Gründung der Berliner ‹Freien Bühne› 1890, übernimmt 1871 F. Dingelstedt (1814–1881) die Intendanz des Burgtheaters und begeistert sein Publikum mit spektakulären, von moderner Bühnentechnik effektvoll unterstützen Inszenierungen der Klassiker, historisierender Lustspiele und Salondramen. Die für die G. charakteristische Verselbständigung des Szenischen, der historistischen Dekoration und Kostümierung, verbindet sich indes mit dem Namen der ‹Meininger›. Die profilierte, durch zahlreiche Gastspiele weithin bekannte Schauspieltruppe des Herzogs Georg II. von Sachsen-Meiningen (1826–1914) gründet ihren Erfolg auf eine klug dosierte Mischung aus Illusionismus und klassischer Bildung, (aristokratischer) Repräsentativkunst und (bürgerlicher) Warenästhetik.

III. Wie in der Dichtung ist Historie in der *Malerei* der G. Mittel und Effekt der ästhetischen Illusion, selbst wenn zahlreiche Bildtitel dokumentarische Absichten vortäuschen (H. Makart: ‹Einzug Karls V. in Antwerpen›, 1878; O. Piloty: ‹Tod Alexander des Großen›, 1886; A. v. Werner: ‹Das Etappenquartier in Paris›, 1871, 2. Fassung 1881). Viele Werke der deutschen Künstler A. Boecklin (1827–1901), H. v. Marees (1837–1887), A. Feuerbach (1829–1880), W. Leibl (1844–1900), F. v. Lenbach (1836–1904) lassen sich der konservativen akademischen «Salonmalerei» zurechnen, für die eine «Rekapitulation der Kunststile der Vergangenheit» [48] ebenso charakteristisch ist wie die Fixierung auf eine Mischung aus Genre und (mythologischem) Historienbild. Ihren Zeitbezug heben die monumentalen Bilder der G. (Makarts ‹Einzug Karls V.› mißt ca. 50 m^2, O. Pilotys ‹Thusnelda im Triumphzug des Germanicus› (1873) ist ca. 7 m lang), formal durch die inhärente Spannung zwischen idealistischem Putz und «panoptikalem Naturalismus» [49] hervor, eine Spannung, die durch die Konkurrenz zwischen Malerei und den modernen Medien (Panorama, Diarama und Fotografie) forciert wird. Inhaltlich gesehen, überwiegen dagegen alltagsflüchtige, mythologische, exotisch-erotische Themen. J. Hermand und R. Hamann stellen fest, daß «das künstlerische Ergebnis» des zum Alltag gewordenen militanten Patriotismus «keine preußischen Ulanen», sondern «Medeen und Iphigenien» seien. [50] A. Boecklins Zentauren, Tritonen und Neriden lassen sich noch hinzuzählen, will man verdeutlichen, daß die allegorischen Bildprogramme auf einer Verschiebung und Verdichtung der identitätsbedrohenden Realitätsmächte Krieg, Umweltzerstörung und Sexualität beruhen. Zu den Stilmerkmalen der G.-Malerei zählen R. Hamann und J. Hermand ferner die nahbildliche Personencharakteristik (W. Leibl: ‹Dorfpolitiker›, 1877), die bedeutungssteigernde Funktion des Hintergrundes (A. Boecklin: ‹Venus Anadyomene›, 1872) und die kontrastive szenische Darstellung (A. Boecklin: ‹Odysseus und Kalypso›, 1883; W. Leibl: ‹Das ungleiche Paar›, 1877). [51] Wie im Fall der Literatur wird die Modernität der G.-Malerei im europäischen Vergleich sichtbar: 1874 stellen die französischen ‹Impressionisten› erstmals gemeinsam aus, in England wirken die ‹Präraffaeliten›, deren Formtradition der Jugendstil aufgreifen wird. Daß subtile Deformationen, emailglänzende oder schrille Farben, Gliederung und Rhythmisierung der Bildfläche als dekorative Elemente zugleich die dominierenden sinnstiftenden Darstellungsmittel sind, wird durch D. G. Rossetti (1828–1882) oder E. Manet (1832–1883) deutlicher als durch Boecklin oder Feuerbach. L'Art pour l'art ist das bildkünstlerische Pendant zu der von Nietzsche diagnostizierten Rhetorizität der Sprache. Keiner hat das ‹Gesamtkunstwerk› G. effektvoller inszeniert als der österreichische «Malerfürst» H. Makart (1840–1884) mit seinem ‹Festzug der Stadt Wien anläßlich der silbernen Hochzeit des Kaiserpaares am 27. 4. 1879›. [52] Hier wird R. Wagners auf Dauer gestelltes Vorbild durch eine reizvoll flüchtige Symbiose von Stadtarchitektur, Malerei, Dichtung, Schauspiel, von Akteuren und Zuschauern überboten.

IV. Die Wiener Ringstraße, entstanden im Zuge der Stadterweiterung und -modernisierung nach 1858, ist ein besonders charakteristisches Beispiel für die «malerische» [53] *Architektur* der G. Das Ensemble von Parlamentsgebäude (im antiken Tempelstil), Votivkirche (der französischen Kathedralgotik nachempfunden), Rathaus (an der Spätgotik der flämischen Bürgerstädte orientiert), Schulen im Stil der Neorenaissance u. a. verdeutlichen, daß historisch-dekorative Formelemente einerseits frei verfügbar sind, man also durchaus mit klassizistischen Versatzstücken antiklassizistisch bauen kann, daß andererseits all diese locker, asymmetrisch gruppierten und Nebensächliches betonenden Elemente in ihrem neuen Zusammenhang Träger einer kunstgeschichtlich fundierten Nationalidee sind, also allegorisch verstanden werden müssen. [54] Auch die Architektur der G. kann als ein selbstreferentielles Zeichenspiel interpretiert werden, selbst wenn nicht alle Bauten ihre dekorative Funktion zum Prinzip erheben wie die Schlösser Neuschwanstein (1869–1886), Linderhof (1874–1878) und Herrenchiemsee (1878–1885) von Ludwig II. In England, dem Ursprungsort der Neogotik (Parlament 1840–1860), und in Frankreich (Ausbau des Louvre 1852–1857, Pariser Oper 1861–1875), wo der Stil zur Theorie wird [55], zeigt sich die den Bauwerken immanente Spannung zwischen moderner Funktionalität, neuen Baumaterialien (Eisen und Glas) und historistischer Allegorik. Gerade in diesen traditionellen Industrienationen, in denen Umweltzerstörung früh zutage tritt und das Stadtbild von Fabriken geprägt wird, ist zu beobachten, daß sich Industriebauten der G. allegorisch als Kunst ausgeben, ohne daß sie wie in Deutschland ihre Modernität verleugnen: Beispiele sind die für die Weltausstellung 1851 errichtete monumentale Eisen-Glas-Konstruktion im Londoner Hyde-Park, «Kristallpalast» oder «Tempel der Industrie» genannt, oder der Pariser Eiffelturm (1887–1889). Generell ist an der Weltausstellungsarchitektur der G. eine der Warenästhetik konforme Allegorik des öffentlichen Lebens zu entdecken, wie sie W. BENJAMIN paradigmatisch an den italienischen (Galleria Vittorio Emanuele II., Mailand, 1865–1877) und vor allem den Pariser Passagen zeigte. [56]

Das Deutsche Reich stellt den ebenso literalen wie allegorischen Charakter seiner Repräsentationsarchitektur noch gesondert in monumentalen Denkmälern aus, wobei es nicht nur kriegerische Heroen aus Erz und Stein (Hermannsdenkmal 1875, Niederwalddenkmal 1887) sind, die zentrale Plätze schmücken, sondern bevorzugt die deutschen Dichter. Oft sind die Symbole moderner wirtschaftlicher Prosperität, die Bahnhöfe, und J. Kerner- oder Schillerdenkmäler einander sinnfällig zugeordnet und markieren als Zentralachse der Städte die Verbindung von Besitz und Bildung. Die Standbilder ‹poetisieren› den ‹prosaischen› Stadtalltag, und ihre feierliche Enthüllung unter starkem Polizeiaufgebot bestätigt immer wieder aufs Neue die Spannung zwischen exklusivem Bildungsbesitz und der Staatsforderung nach populärer Zustimmung. [57]

V. Der Altertumsforscher J. BURCKHARDT (1818–1897) findet diese ‹Poetisierung› durch ein zufälliges Ensemble Frankfurter G.-Bauten beglaubigt: «Dann gibt es Fassaden», schreibt er am 24.7. 1875, «die wie eine Szene bei R. Wagner in verschiedene grell abwechselnde kleinere Stücke zerfallen». [58] Sein Vergleich hebt die Durchmischung aller Künste in der G. hervor und führt das ‹Gesamtkunstwerk› G. zugleich auf sein musikdramatisches Vorbild in R. WAGNERS (1813–1883) Werk zurück; ein Werk, das in der Wirkungsgeschichte der G. die *Musik* von J. BRAHMS und A. BRUCKNER in den Hintergrund gedrängt hat. Wagners Bemühen, die tradierte Trennung zwischen Wort-, Klang- und Bildkunst aufzuheben, spiegelt sein sozialrevolutionäres Engagement während der Revolution von 1848, das sich – nach dem Schweizer Exil und der Rückkehr nach Deutschland 1864 – in einen diffusen und später nationalistisch-antisemitisch gefärbten Kulturpessimismus verwandelt. [59] Anarchische Gattungsästhetik auf der Grundlage einer revolutionären (wenn auch elitär verfremdbaren) Sozialutopie: das ist zugleich ein Programm, mit dem Wagner auf die romantische Dichtung und deren «Neue Mythologie» Bezug nimmt. Davon zeugen z.B. Onomatopoetik und Alliteration, letztere verstanden als «spontanes dichterisches Moment der Sprache» [60], ebenso musikalische Leitmotive oder chromatische Tonfolgen. Wie NIETZSCHES durch die Begegnung mit dem Komponisten 1869 inspirierten ‹Unzeitgemäßen Betrachtungen› (1872–1876) und die späteren, wagnerkritischen Schriften, beschreibt und analysiert Wagners Monumentaloper, vor allem ‹Der Ring des Nibelungen›, die G.-Epoche. Der Text der Tetralogie entsteht in den Jahren 1848–1853, zwischen 1853 und 1874 komponiert Wagner ‹Rheingold›, ‹Die Walküre›, ‹Siegfried› und die ‹Götterdämmerung›. Während Siegfrieds Tod und Brünnhilds Selbstopfer in der Textfassung von 1848/49 die Nibelungen vom Fluch des Goldes befreien und Wotans humane Weltordnung ermöglichen, ist die spätere ‹Götterdämmerung› durch A. SCHOPENHAUERS Pessimismus geprägt: Weil sich auch in der neuen Welt Goldgier und Machtstreben durchsetzen, folgen die Götter den Helden in den Tod. Aus den vielschichtigen Sinnstrukturen der ‹Ring›-Tetralogie ist im Zusammenhang der G. vor allem die Darstellung gesellschaftlicher Machtausübung und der darin gespiegelten Wiederholungszwänge individuellen Verhaltens herauszugreifen, die «Urgeschichte der Subjektivität» [61], die als Allegorie des kapitalistischen Systems entfaltet wird. Nach der glanzvollen Uraufführung des ‹Rings› 1876 in dem von Ludwig II. finanzierten Bayreuther Festspielhaus bricht Nietzsche mit Wagner. Wann immer Nietzsches Schriften nach 1876 auf Wagner Bezug nehmen (programmatisch geschieht dies 1888 in ‹Der Fall Wagner. Ein Musikanten-Problem› [62]), erscheint er ihm als Exponent der «decadenten» G., die ihren eigenen Ästhetizismus nicht durchschaut. Das Musikdrama weist voraus auf ein zukünftiges Zeitalter unverstellter Rhetorizität und gehört zugleich dem 19. Jh. als dessen «hinreißender Trauermarsch» [63] an.

C. *Wirkungsgeschichte.* So unterschiedliche ästhetische Bewegungen nach 1880 wie Naturalismus, Jugendstil, Expressionismus, die im Zeichen der «Moderne» antreten, verbindet eine panische Ablehnung der «epigonalen» G.-Kunst. Weil Kontinuitäten durch exponierte Gegensätze willentlich überspielt werden, sind Traditionslinien schwer zu erkennen. Zudem differieren die Wirkungsgeschichten einzelner Kunstgattungen bzw. Werke der G. erheblich, so daß die Postmoderne, obwohl sie durch den ihr eigenen Historismus die G. zu ihrer direkten Vorläuferin macht, diesen Traditionsbezug nur in wenigen Bereichen konkretisiert. Doch nicht erst die Postmoderne, sondern bereits der Jugendstil hat gezeigt, daß Monumentalität, Disproportionalität und sogar das, was seit 1870 als «Kitsch» [64] bezeichnet wird, gesellschafts- und überlieferungsfähig ist. Die Abwertung der Disproportionalität geht zurück auf NIETZSCHES Kritik an der «corrupta eloquentia» der G. [65], an ihrer prinzipiellen Vernachlässigung des *aptum* (der Angemessenheit), die ihn überall die Verselbständigung kleinster Elemente («Anarchie der Atome» [66]) zu Lasten des Ganzen sehen und Wagner als den «größten Miniaturisten der Musik» [67] schmähen läßt. Historisch relativiert wird diese Abwertung durch ihren engen Zusammenhang mit Nietzsches klassizistischem Stilideal. Trotzdem bietet das rhetorische Prinzip des *aptum* die Möglichkeit, in der G.-Kultur eine imperiale Machtdynamik in Gestalt einer manipulativ genutzten künstlerischen Medienkonkurrenz aufzudecken. Der Begriff der Medienkonkurrenz stellt das Form-Inhalt-Spannungsverhältnis zwischen verschiedenen Künsten heraus, das sich im Rezeptionsakt gerade zugunsten einer gesteigerten Bedeutungshaltigkeit verflüchtigen soll. Beispiele für die Kolonisierung des Textes durch das Bild bieten die illustrierten Familienzeitschriften und die Klassiker-Prachtausgaben in großer Zahl, wenn auch nur wenige Titelbilder, -vignetten oder Initialornamentierungen die Textrezeption so virtuos fehlzusteuern wissen wie A. v. WERNERS Illustrationen zu V. v. SCHEFFELS ‹Juniperus› und ‹Der Trompeter von Säckingen›. [68] Doch gehört ebenfalls die Kritik solcher Machtgesten zur G., wie die produktive, ironische Differenz von Text und Bildfolge in W. BUSCHS Bildergeschichten zeigt. ‹Die fromme Helene› (1872), ‹Fipps der Affe› (1878), ‹Maler Klecksel› (1884) u. a. sind verzweifelt komische Satiren auf das Kaiserreich und können als Gegenentwürfe verstanden werden, die ex negativo die gewaltsame Unterordnung der künstlerischen Medien im ‹Gesamtkunstwerk› G. verdeutlichen. [69] Die in der G. aktualisierte (aus dem Mittelalter stammende) Rhapsodentradition läßt eine andere Überfremdung des Wortes deutlich werden, nämlich seine ideologische Vereindeutigung durch eine Art akustischer Pantomime. Von den Rezitationsveranstaltungen des Münchner Hofschauspielers E. V. POSSART (1841–1921) wird berichtet, für Auswahl und Redaktion seiner Vortragstexte sei allein ausschlaggebend gewesen, weil die «Stimmittel» des Deklamators an einem «Possartabend mit Goethe» am besten «zur Geltung» gebracht werden könnten. [70] Der Neorhapsode W. JORDAN schreibt seinem ‹Nibelunge›-Epos die werbe- und profitträchtige Deklamierbarkeit von vornherein ein. [71] Doch auch zur deklamatorischen Ideologisierung des Wortes läßt sich ein kritisches zeitgenössisches Gegenmodell finden: T. FONTANES Romane lenken die Aufmerksamkeit des Lesers auf die prinzipielle Mehrschichtigkeit, Sinnvielfalt, «Dialogizität» [72] des Wortes hin. Zur Wirkungsgeschichte der G. und ihrer von NIETZSCHE entdeckten «Rhetorizität» gehört ebenfalls, daß die ihr gewidmeten kulturhistorischen Arbeiten z. B. von E. FRIEDELL und D. STERNBERGER trotz ihres «physiognomischen» [73] Anspruchs zu ausgedehnten Metaphorologien werden. Friedell entdeckt das bürgerliche Interieur der G. als eine materialisierte Metapher; in ihm maskiere sich «getünchtes Blech [...] als Marmor, Papiermaché als Rosenholz, Gips als schimmernder Alabaster». [74] Wenn die «prächtige Gutenbergbibel» als «Nähnecessaire», der «türkische Dolch» als «Buttermesser» fungiert [75], dann ist kein tertium comparationis zwischen ‹eigentlicher› und ‹uneigentlicher› Bedeutung des Gegenstandes zu finden, sondern nur ein permanenter Verwandlungsprozeß zu registrieren, den die «abwesende Arbeitgeberin», die «Aktie» [76], in Bewegung hält. Sternberger spürt die unendliche Metamorphose von Natur in Technik, Technik in Natur, von organischer in anorganische Materie und umgekehrt in den monistischen Schriften von C. DARWIN, L. BÜCHNER, E. HAECKEL und W. BÖLSCHE [77] auf. Im «Kreislauf der unsterblichen Stoffe» [78] haben qualitative Differenzen keinen Platz, gleitende Übergänge herrschen vor, deren Reinszenierung Sternberger im dämmrigen «Innern des Hauses» [79] und den darin aus eigener Kraft glänzenden Satin- und Brokatstoffen wiederfindet. Wie für W. BENJAMIN die Pariser Passagen zum Kristallisationspunkt seiner materialen Geschichtsphilosophie des 19. Jh. werden und deren allegorische Grundstruktur vorgeben, so beschreibt Sternberger die Kaiserpanoramen der G. als Zeugen ihrer öffentlichen, das bürgerliche Interieur als Spiegel der von ihr geprägten privaten Lebenswelt. Auch für Sternberger hat das dekorierte Wohnzimmer paradigmatischen Status und gilt als materialisierte Metapher, und dies in einem für die G. charakteristischen Doppelsinn. Denn einerseits verlangt dieses Interieur mit seinen opaken, von Schlingpflanzen und Textildraperien verhüllten Fenstern wie Leibniz' ‹fensterlose› Monade nach einem von außen gewährleisteten Zusammenhang. Andererseits aber kommt hinzu, daß gerade das Fenster literaturgeschichtlich als poetologische Chiffre der Transparenz und Metaphernbildung verbürgt ist, also das blinde Fenster der G. sich selbst als ein auf anderes verweisendes Zeichen in Frage stellt. Indem es das dämmrige Interieur als selbstreferentiellen Raum abschirmt, realisiert es genau das, was seit MALLARMES ‹poésie pure› eine «absolute Metapher» genannt wird. [80]

Anmerkungen:
1 K.-H. Beeck: Die Frage nach der G. als Ansatz für die Unters. einer spezifischen hist. Mentalität im Rahmen der Wuppertaler Region, in: ders. (Hg.): G. Versuch einer Grenzbestimmung im Wuppertal (1984) 13–35,13. – 2 H. Böhme: Deutschlands Weg zur Großmacht. Stud. zum Verhältnis von Wirtschaft und Staat während der Reichsgründungszeit 1848–1881 (1966); U. Wehler: Das dt. Kaiserreich 1871–1918 (⁴1980); G. A. Ritter (Hg.): Das dt. Kaiserreich 1871–1914. Ein hist. Lesebuch (⁴1981); T. Nipperdey: Dt. Gesch. 1866–1918, Bd. II. Machtstaat vor der Demokratie (1992). – 3 R. Hamann, J. Hermand: G. Epochen der dt. Kultur von 1870 bis zur Gegenwart, Bd. I (1971) 33. – 4 H. Schlaffer, H. Schlaffer: Stud. zum ästhetischen Historismus (1975) 7–22. – 5 W. v. Löhneysen: Der Einfluß der Reichsgründung von 1871 auf Kunst und Kunstgeschmack in Deutschland, in: Zs. für Religions- und Geistesgesch. 12, Heft 1 (1960) 17–44, 34; P.-U. Hohendahl: Lit. Kultur im Zeitalter des Liberalismus 1830–1870 (1985) 400. – 6 Löhneysen [5] 36. – 7 H. Broch: Hofmannsthal und seine Zeit. Eine Studie (1974) 30–40. – 8 G. Ueding, B. Steinbrink: Grundriß der Rhet. (1986) 155. – 9 E. Friedell: Kulturgesch. der Neuzeit. Die Krisis der europäischen Seele von der Schwarzen Pest bis zum 1. Weltkrieg (1974) 1280–1370; D. Sternberger: Panorama oder Ansichten vom 19. Jh. (1974). – 10 J. Imelmann: Die siebziger Jahre in der Gesch. der dt. Lit. (1877) 6. – 11 M. Bucher, W. Hahl u. a. (Hg.): Realismus und G. Manifeste und Dokumente zur dt. Lit. 1848–1880, 2 Bde. (1976) Bd. 1, 181. – 12 R. Ihering: Der Kampf um's Recht (1877), zit. nach Friedell [9] 1294. – 13 F. Trommler: Sozialistische Lit. in Deutschland (1976). – 14 F. Nietzsche: Die Geburt der Tragödie, in: F. Nietzsche, Sämtl. Werke. Krit. Studienausgabe in 15 Bdn., hg. von G. Colli, M. Montinari (1988) Bd. I, 47. – 15 F. Nietzsche: Ueber Wahrheit und Lüge im aussermoralischen Sinne, in: F. Nietzsche, Sämtl. Werke (14), Bd. I, 880. – 16 K. H. Göttert: Einf. in die Rhet. (1991) 217f.; J. Bender, D. E. Wellbery: Rhetoricality. On the Modernist Return of Rhetoric, in: dies. (Hg.): The Ends of Rhetoric. History, Theory, Practice (Stanford 1990) 3–39. – 17 H. Ortloff: Die gerichtliche Redekunst (1887) 114. – 18 G. W. F. Hegel: Ästhetik, hg. von F. Bassenge (1955) Bd. 1, 109, 117. – 19 I. Weithase: Zur Gesch. der gesprochenen Sprache, 2 Bde. (1961) Bd. 1, 465. – 20 ebd. 466. – 21 D. Breuer: Schulrhet. im 19. Jh., in: H. Schanze (Hg.): Rhet. (1974) 145–179, 160. – 22 ebd. 163. – 23 Ueding, Steinbrink [8] 148. – 24 ebd. 148. – 25 Ortloff [16] 149. – 26 Ueding, Steinbrink [8] 149. – 27 G. Hirschmann: Kulturkampf im hist. Roman der G. 1859–1878 (1978) 81. – 28 Nipperdey [2] 380. – 29 L. Gall (Hg.): Bismarck. Die großen Reden (1981) 12. – 30 ebd. 63. – 31 Nipperdey [2] 79. – 32 F. Nietzsche, Gesammelte Werke (Musarion-Ausgabe) (1923) Bd. 5, 318. – 33 G. Gerber: Die Sprache als Kunst (1871). – 34 J. Goth: Nietzsche und die Rhet. (1970) 77. – 35 vgl. ders. 37, 51. – 36 ders. 90. – 37 Zit. nach: J. Hermand: Zur Lit. der G., in: DVjs 41 (1967) 202–232, 209. – 38 Zusammenfassung bei G. Mahal (Hg.): Lyrik der G. (1973) 7f. – 39 D. Goltschnigg: Vorindustrieller Realismus und Lit. der G., in: V. Žmegač (Hg.): Gesch. der dt. Lit. vom 18. Jh. bis zur Gegenwart, Bd. 2 (²1985) 1–108,9; W. Beutin, K. Ehlert, W. Emmerich u. a.: Dt. Literaturgesch. von den Anfängen bis zur Gegenwart (1992) 300f. – 40 Goltschnigg [39] 12. – 41 E. McInnes: Das dt. Drama des 19. Jh. (1983) 120–139. – 42 P. Szondi: Theorie des modernen Dramas (1880–1950) (¹⁰1974). – 43 P. Heyse im Brief an G. Keller vom 14. 8. 1881, in: Hermand [37] 217. – 44 J. Kühnel: Nationale Versepik, in: H. A. Glaser (Hg.): Dt. Lit. Eine Sozialgesch., Bd. 7. Vom Nachmärz zur G., Realismus 1848–1880 (1982) 182–189. 45 Bucher [11] 171. – 46 ebd. 184. – 47 H. Schanze: Hof- und Stadttheater, in: Glaser [44] 295–344. – 48 H. J. Hansen (Hg.):

Das pompöse Zeitalter. Zwischen Biedermeier und Jugendstil. Kunst, Architektur und Kunsthandwerk in der 2. Hälfte des 19. Jh. (1970) 113. – **49** Hansen [48] 115. – **50** Hamann, Hermand [3] 156. – **51** ebd. 56,66,73. – **52** R. Kassal-Mukula: Der Festzug; Gerbert Frodl: Makart und Klimt, in: R. Waissenberger (Hg.): Traum und Wirklichkeit. Wien 1870–1930 (1985) 40–50,50–56. – **53** Hansen [48] 22. – **54** ebd. 21f. – **55** E. Viollet-le-Duc: Dictionnaire raisonné de l'architecture francaise du XIe siècle au XVIe siècle, 10 Bde. (Paris 1854–1869; ^{2}1875). – **56** W. Benjamin: Charles Baudelaire. Ein Lyriker im Zeitalter des Hochkapitalismus, hg. von R. Tiedemann (1974); W. Benjamin: Das Passagenwerk, hg. von R. Tiedemann, 2 Bde. (1983). – **57** R. Selbmann: Dichterdenkmäler in Deutschland. Literaturgesch. in Erz und Stein (1988) 118f. – **58** Brief von J. Burckhardt an M. Alioth vom 24. 7. 1875; zit. nach Goth [34] 43. – **59** D. Mach, E. Voss (Hg.): R. Wagner. Leben und Werk in Daten und Bildern (1978); U. Müller, P. Wapnewski (Hg.): Richard-Wagner-Hb. (1986). – **60** Goltschnigg [39] 37. – **61** H. Pfotenhauer: Wagners Kunstmythologie und Nietzsches Ästhetik, in: Glaser [44] 345–357,351. – **62** D. Borchmeyer (Hg.): Friedrich Nietzsche. Der Fall Wagner. Schr. und Aufzeichnungen über Richard Wagner (1983) 93–129. – **63** Friedell [9] 1316. – **64** L. Giesz: Phänomenologie des Kitsches. Ein Beitr. zur anthropologischen Ästhetik (1960). – **65** Goth [34] 37f, 63. – **66** Borchmeyer [62] 108. – **67** ebd. 109. – **68** R. Selbmann: Dichterberuf im bürgerlichen Zeitalter. J. V. v. Scheffel und seine Lit. (1982) 170–250. – **69** W. Pape: Wilhelm Busch (1977); G. Ueding: Wilhelm Busch. Das 19. Jh. en miniature (1977) 129. – **70** Weithase [19] 536. – **71** ebd. 539–563. – **72** M. Bachtin: Die Ästhetik des Wortes, hg. von R. Grübel (1979). – **73** Sternberger [9] 8. – **74** Friedell [9] 1302. – **75** ebd. 1302. – **76** ebd. 1283. – **77** Sternberger [9] 87–120, 135–140. – **78** ebd. 123. – **79** ebd. 150–176. – **80** G. Kurz: Metapher. Allegorie, Symbol (^{2}1988) 7–27; A. Haverkamp (Hg.): Theorie der Metapher (1983) 1–30.

C. Blasberg

→ Angemessenheit → Decorum → Denkmalsrhetorik → Erhabene, das → Historismus → Jugendstil → Klassizismus, Klassik → Naturalismus → Ornatus → Pathos → Prunkrede → Realismus → Schwulst → Stil

Gruppensprache (auch: Soziolekt; engl. social variety; frz. sociolecte; ital. socioletto)
A. Der sprachwissenschaftliche Terminus ‹G.›, der im deutschen Sprachraum insbesondere seit H. STEGER geläufig ist [1], hat bisher noch keinen eindeutigen definitorischen Ort. Mit G. wird im allgemeinen eine sprachliche *Varietät* bezeichnet, die sich – auf der Grundlage einer übergeordneten Gemeinsprache – durch Abweichung vom standardisierten Sprachgebrauch von diesem abhebt. Diese Abweichungen betreffen meist den Wortschatz, weniger die Aussprache oder die Grammatik [2], und bewirken, wie dies bei jedem sprachlichen *Code* bemerkbar ist, eine selektive Verstehensbarriere als Abgrenzung gegen nicht zur eigenen ‹Gruppe› gehörende Sprachteilnehmer; zudem fördern sie die Konstitution bzw. Stärkung einer Gruppenidentität.
B. 1. Mit dem Terminus ‹G.› sind einige definitorische Probleme verknüpft. Geht man von der Standardsprache aus, die für eine größere, historisch und territorial konstituierte Gemeinschaft, etwa eine Nation, die gültigen Normen des allgemeinen Sprachsystems repräsentiert, so kommt man zu unterschiedlichen sprachlichen Subsystemen [3], die gemeinhin in *diatopische* (dialektale), *diastratische* (durch die soziale Differenzierung hervorgerufene) und *diaphasische* (stilistische Unterschiede, etwa formell/familiär) unterteilt werden. [4] Ob dieser prinzipiellen Anordnung noch ein «ethnisch-religiös» zu definierendes Subsystem angefügt werden muß [5], hängt wohl mehr von den jeweiligen Gegebenheiten ab, die etwa in den USA andere sind als in Deutschland, zugleich aber auch davon, wie man das Verhältnis von sprachlichem *Standard* und korrespondierender *Varietät* faßt. Soll die G. in dieses Schema der innersprachlichen Varietäten sinnvoll eingefügt werden, so ist sie natürlich zunächst zu scheiden von den Dialekten, bei deren regional zu fassender Sprechergemeinschaft man nicht von einer ‹Gruppe› im soziologischen Sinn sprechen kann. Bei der Einordnung in die *diastratische* und die *diaphasische* Kategorie ergibt sich die Schwierigkeit, daß das Verhältnis von G. zu einer bereits vorhandenen Terminologie geklärt werden muß. NABRINGS etwa ordnet der diastratischen Dimension, der «die für bestimmte soziale Gruppen typischen sprachlichen Varietäten zugerechnet» werden [6], den *Soziolekt* sowie die *Sondersprachen* zu, d. h. geschlechtsspezifische Varietäten, altersspezifische Varietäten, Berufssprache und schließlich die G.; Fachsprachen und Stilniveaus zählen nach Nabrings' Einteilung zu der diasituativen, d. h. der *diaphasischen* Kategorie. Die Problematik solcher Schematisierungen ergibt sich aus ganz offensichtlichen Überlappungen: der *Soziolekt*, also eine bestimmte soziale Varietät, kann durchaus in engem Zusammenhang mit dem *Stilniveau* stehen; auch die Unterteilung nach der sozial definierten Gruppe, die eine Sprache gebraucht, oder dem Objektbereich, den diese Sprache in erster Linie abbildet, ist nicht überzeugend, wie das Beispiel *Berufssprache* vs. *Fachsprache* zeigt. Es ergibt sich, «daß eine strenge Abgrenzung der Dimensionen ohnehin undurchführbar ist und daß die Varietäten zugleich innerhalb verschiedener Dimensionen beschreibbar sind». [7]

Nach zwei Seiten hin muß eine wissenschaftliche Definition des Terminus ‹G.› ausgreifen: Zuerst erhebt sich die Frage nach der soziologischen Kategorie *Gruppe*. Im ‹Lexikon sprachwissenschaftlicher Termini› etwa wird ‹G.› als Synonym für *Sondersprache* gefaßt: «Sondersprache, Wortschatz einer sozial eng zusammengehörenden Gruppe von Menschen, die für die verschiedensten Dinge und Erscheinungen des Lebens eigene Bezeichnungen entwickelt haben, die neben den gemeinsprachlichen stehen (Gaunersprache, Soldatensprache, Schülersprache usw.)». [8] In dieser Definition werden als Gruppe alle soziologisch abgrenzbaren Verbände wie Berufsgruppen verstanden. LABOV [9] unterscheidet «groups according to age, sex and social class». [10] MILROY umgeht die Auseinandersetzung mit dem Gruppen-Begriff, indem er sich für den von BARNES [11] eingeführten ‹analytischen Begriff› des *social network* entscheidet. [12] GUMPERZ erschließt sein Gruppen-Konzept über die Kategorie *ethnicity*, wobei er an eine soziale, politische und ethnische Einteilung denkt; er unterscheidet «interaktive Gruppenbildung, wo eine Gruppe von einer anderen durch Ähnlichkeiten und überlappende ‹Netze› unterschieden wird, und reaktive Gruppenbildung, wo eine ethnische Gruppe ihre historisch gewachsenen Abgrenzungen von anderen Gruppen innerhalb eines gemeinsamen politischen Systems verstärkt». [13] Diese *new ethnicity*, im Gegensatz zu früheren Arten der Gruppenidentität, «definiert sich mehr über den Bedarf politischer und sozialer Unterstützung bei der Verfolgung gemeinsamer Interessen, als über regionale Ähnlichkeit oder berufsspezifische Bande». [14] Für Gumperz ist die sprachlich sich vermittelnde soziale Identität nicht von persönlichen Kontakten abhängig, denn der «Zusammenhalt neuer ethnischer Gruppen kann nicht mehr in geographischem Zusammenhang oder innerer Homogenität bestehen.» [15]

Im Gegensatz dazu läßt sich aber der Begriff der *Gruppe* auch enger als ‹Kleingruppe›, d. h. als ein zahlenmäßig überschaubarer Kreis von Menschen, die regelmäßig direkten sprachlichen Kontakt miteinander haben, fassen, wie etwa Steger tut [16], und wie das auch Nabrings als die geläufigere Auffassung darstellt: «Der Begriff G. ist in der Regel für die Sprache der kleineren Untergruppen benutzt worden, d. h. für die Sprache aktueller Gruppen» [17]; hier eröffnet sich dann aber die zweite Seite, nach der hin der Terminus ‹G.› bestimmt werden muß: bei kleineren Gruppen, bei denen es meist lediglich zu einigen vom Sprachstandard abweichenden semantischen Übereinkünften kommt, stellt sich die Frage, inwiefern man überhaupt noch von einer sprachlichen Varietät sprechen kann, d. h. inwiefern die Rede von Gruppensprache als einem sprachlichen Subsystem sinnvoll ist. In dem sehr verbreiteten ‹Lexikon der Sprachwissenschaft› von H. Bußmann etwa fehlt denn auch der Eintrag G. völlig.

2. Die in langwierigen historischen Prozessen erreichte und in steter Fortbildung befindliche sprachliche Uniformität hebt keineswegs die Notwendigkeit einer inneren Ausdifferenzierung auf, wie sie sich aus den unterschiedlichen kommunikativen Bedürfnissen der verschiedenen gesellschaftlichen Gruppen ergibt. Ein uniformer Sprachstandard war ein dringliches Desiderat des bürgerlichen Nationalstaates, was sich sehr genau an der Sprachpolitik der französischen Revolution oder der ‹Questione della Lingua› am Anfang des 19. Jh. in Italien verfolgen läßt [18]; in den durch die elektronischen und die modernen Druckmedien und schließlich auch durch die hohe Alphabetisierung in den industrialisierten Ländern immer universelleren und zugleich dichter werdenden Kommunikationsflüssen ist ein nationaler Sprachstandard, der prinzipiell allen noch so heterogenen Teilen der Gesellschaft zugänglich ist, ein wichtiges Instrument der medial vermittelten kulturellen Identität. Dieser sprachliche Standard hinsichtlich der Aussprache (Phonetik), des Wortschatzes (Semantik) und der Grammatik (Morphologie und Syntax) vermag aber als solcher noch nicht die unterschiedlichen Kommunikationsbedürfnisse all der Sprechergruppen abzudecken, die an diesem Standard kulturell partizipieren. Schon das Beispiel der modernen Medien zeigt, daß ein Standard nicht ausreichen kann für all die in ihren Formierungen und Interessen so stark voneinander abweichenden gesellschaftlichen Gruppierungen, wie sie das vielgestaltige innere Leben einer Sprachnation ausmachen.

Nachdem die Ausstrahlung der beiden äußerst einflußreichen Theoriekonzepte des SAUSSUREschen ‹Strukturalismus› und der ‹Generativen Transformationsgrammatik› von CHOMSKY in der Sprachwissenschaft unseres Jahrhunderts lange die Annahme des «Homogenitätspostulats» [19] durchzusetzen vermochte, besann man sich in den 60er und insbesondere in den 70er Jahren immer mehr darauf, daß diese vereinheitlichenden Systematisierungen dem sozialen Phänomen Sprache in seiner empirischen Realität nicht gerecht wurden. [20] Das Entstehen der *Soziolinguistik* [21], die sich die Fragestellung zur Aufgabe gemacht hat, «wann und zu welchem Zweck spricht (oder schreibt) wer welche Sprache (oder welche Sprachvarietät) mit wem (an wen)?» [22], bedeutete hier eine entscheidende Akzentverschiebung des wissenschaftlichen Interesses zugunsten der *Heterogenität* größerer Sprachsysteme, da sie das Zusammenspiel verschiedener sozialer Determinanten und des jeweils unterschiedlichen Sprachgebrauchs zu erfassen sucht. Diese stärkere Fokussierung der sozialen Bedingungen von Sprache ging einher mit dem Beginn der linguistisch-pragmatischen Forschung, die den Sprachgebrauch in einen engen Bezug zu den Kategorien der Handlung brachte und damit ebenfalls die von Fall zu Fall erheblich variierenden Modalitäten sprachlicher Performanz in den Vordergrund rückte: «Linguisten müssen letzten Endes die Sprache zu beschreiben und zu erklären suchen, wie sie von den Leuten in ihrem alltäglichen Leben benutzt wird». [23]

3. Diese Studien haben ein vertieftes Verständnis der Sprache in ihrer psychologischen, sozialen und kulturellen Realität ermöglicht. Die Annahme des idealtypischen Sprechens eines uniformierten Sprachstandards würde nämlich lediglich bedeuten, genau die Unterschiede hinsichtlich der je individuellen lebensweltlichen Prägung, Wahrnehmung und Verarbeitung der einzelnen Sprecher zu unterschlagen, die von der Rhetorik von Anfang an als eine *conditio humana* angesehen und methodisch berücksichtigt wurden. Gerade in der inneren Heterogenität einer Sprache kommt die große Variantenbreite des sozialen kommunikativen Gestus zum Ausdruck und er wird als solcher dechiffrierbar. Die sprachliche Varianz bietet Indizien: «Aus Äußerungsmerkmalen kann etwa ableitbar sein, aus welcher Gegend ein Sprecher kommt, über welche Bildung er verfügt, in welchem emotionalen Zustand er sich augenblicklich befindet u. a. m., oder es werden Urteile über Geschlecht und Alter oder über die soziale Stellung möglich.» [24] Weit mehr als in anderen Attributen, die in der sozialen Begegnung für die Einschätzung des jeweiligen Gegenübers eine Rolle spielen, kommt in der Sprache die ganze Person zur Geltung und macht sich bis hin zu ihren unbegriffenen Voraussetzungen wahrnehmbar. Sprachliche Kommunikation ist, wie die Forschung in den letzten Jahrzehnten immer klarer herausstellt [25], nicht allein das Medium zur Übertragung von gedanklichen Inhalten, sondern in erheblichem Maße auch Instrument der Gestaltung von Beziehungen. HARTUNG sieht in diesem letzten Aspekt sogar eine Voraussetzung für den ersten: «Gedankliche Inhalte sind nur dann übertragbar, wenn ein in seinem Wesen sozialer Kontakt zwischen Individuen hergestellt ist und zumindest während der Kommunikation aufrechterhalten wird.» [26]

Dieser *Beziehungsaspekt* der Sprache führt nun seinerseits wiederum zu Strategien der sozialen Identifizierbarkeit. In der Einschätzung durch andere, der man in der sprachlichen Kontaktnahme unweigerlich ausgesetzt ist, liegt ein Potential für die eigene soziale Identität, das nicht frei ist von Gefährdungen derselben. Die *Gruppenidentität* bietet dem Individuum die Möglichkeit, eine bis zu einem gewissen Grad vorgeprägte soziale Identität in relativer Unabhängigkeit von seiner jeweiligen *sozialen Performanz* aufrechtzuerhalten. Für die Prozesse der Manifestation und Wahrnehmung der Gruppenzugehörigkeit kommt der Sprache zentrale Bedeutung zu: «social identity and ethnicity are in large part established and maintained through language». [27] Das Respektieren gruppeninterner Konventionen signalisiert, daß man sich auf einem Fundament wechselseitiger Akzeptanz bewegt. Semantische Prägungen, die in gruppenspezifischen Varianten die Hauptrolle zu spielen scheinen [28], repräsentieren ja nicht nur eine Art verspielten *Codes*, sondern in ihnen ist zugleich eine begriffliche Wertung der Lebenswelt enthalten, deren Geltung der Sprecher als für sich verbindlich signalisiert. So etwa wenn in dem Ausdruck ‹Pauker› Schüler sich gegenseitig in der Übereinstimmung darin bestärken, daß man Lehrern mit gewissen kritischen Vorbehalten begegnen sollte, die darin gründen, daß diese sich völlig dem einseitigen Aspekt der Wissensvermittlung verschrieben haben. In gruppenspezifischen Sprachformen – unabhängig davon, wie weit oder eng man den Begriff der ‹Gruppe› faßt – kommen gesellschaftlich relevante bzw. durch bestimmte Funktionen oder Objektbezüge dieser Gruppe geprägte Grundeinstellungen zum Ausdruck; die Partizipation an diesem sprachlichen Gestus gibt sich immer auch als eine Partizipation an dem von ihm repräsentierten ‹Programm› zu verstehen – eine Anteilnahme, die sich, etwa zur Sympathiegewinnung, natürlich auch instrumentalisieren läßt.

G. enthalten also nicht nur Signale, die bei der Herstellung und Aufrechterhaltung sozialer Kontakte die wechselseitige umfassende Akzeptanz der jeweiligen Sprecher sicherstellen, sowie sprachliche Konventionen, die vom allgemeinen Sprachstandard abweichen, die Abgrenzung nach ‹außen› markieren und damit die eigene Gruppenidentität konstituieren sollen; sie fordern – in einem jeweils näher zu bestimmenden Maß – zugleich die Zustimmung zu der in ihrem sprachlichen Inventar formierten Grundansicht der Dingwelt ein. Dabei ist natürlich hervorzuheben, daß jeder Mensch «im Laufe seiner Entwicklung verschiedenen Grundgruppen» angehört [29], oft sogar in einem kurzen Zeitabschnitt sich auf verschiedene gruppensprachlich definierbare Sprachvarianten einstellen muß (Beruf, Familie, Amt, Freundeskreis, Sportverein).

Die skizzierten Implikationen des G.-Konzepts machen deutlich, warum hinsichtlich des Begriffs ‹Gruppe› genaue Differenzierungen oder eindeutige definitorische Festlegungen notwendig sind. Unterschiedliche Typen von G. – Fachsprachen, Jargons, schichten-, geschlechts- oder altersspezifische Sprachen usw. – sind hinsichtlich der hier aufgezeigten grundsätzlichen Aspekte mit ganz unterschiedlichen Fragestellungen verknüpft. Auf der anderen Seite hat der Terminus ‹G.› etwa gegenüber dem Begriff ‹Sondersprache› den wesentlichen Vorteil, daß er die Varietäten innerhalb eines großen sprachlichen Standards als ein Phänomen zu erkennen gibt, in dem der Beziehungsaspekt der Sprache, das Problem der kommunikativ einzulösenden sozialen Identität und eine über das sprachliche Inventar vorgeformte, gruppenspezifische Sachperspektive eine entscheidende Rolle spielen.

C. Die gesamte rhetorische Methodik gründet auf der doppelten Einsicht in die Bedeutung, die der sprachlichen Kommunikation für die prozessuale Formung menschlicher Selbstbilder und Lebensentwürfe zukommt, und in die je individuell bzw. *gruppenspezifisch* ausgeformte Verschiedenartigkeit der menschlichen ‹Sprachverfassung›; so muß der Redner die Ausdrucksweise auch der eigenen Person entsprechend wählen, «weil jeder Art von Menschen und jedem Zustande eine ihm besonders zukommende Ausdrucksweise eignet». [30] Der Mehrschichtigkeit sprachlich sich vollziehender sozialer Kontakte trägt die Rhetorik sowohl analytisch als auch methodisch Rechnung, indem sie neben der reinen gedanklichen Mitteilung *(docere)* es dem Redner zur Aufgabe macht, sein Gegenüber unter Berücksichtigung von dessen kultureller, sozialer und psychischer Verfaßtheit mit den eigenen Worten nicht nur zu treffen *(movere)*, sondern zugleich mithilfe von sprachlichen Signalen hinsichtlich der wechselseitigen sozialen Identifizierbarkeit und Akzeptanz einen Sympathiegewinn anzustreben *(delectare)*; die *Sympathie*, recht verstanden, ist durchaus kein ‹billiges› Mittel, sondern der zentrale Begriff einer Auffassung von menschlicher Kommunikation, die über die instrumentalisierbaren Elemente von Verständigung hinausgeht.

Was die Spezifizität von sozialen Gruppen selbst betrifft, so kann auf die berühmte aristotelische Charakterologie des Zuhörers verwiesen werden; der Redner müsse die Menschen «gemäß ihrer Leidenschaften, ihrer Lebensweisen, ihres Alters und der Glücksumstände» einteilen [31] – Attribute, in denen sich ohne weiteres die für die *diastratische* Ausdifferenzierung der sprachlichen «Subsysteme» relevanten Elemente (sozialer Status, Geschlecht, Alter, Beruf usw.) erkennen lassen. Auch die Dynamik der gruppenspezifischen Varietät als solcher, nämlich durch sprachliche Besonderung eine Intensivierung des Kommunikationserlebnisses und eine Steigerung der sprachlich vermittelten Gruppenidentität zu erreichen, ist ein in der Rhetorik geläufiges Element; dem aufmerksamen Sprecher wird dort eine gewisse Fremdartigkeit in der Rede [32], eine Abweichung von der «consuetudine vulgari» [33] empfohlen.

Anmerkungen:
1 H. Steger: G. Ein methodisches Problem der inhaltsbezogenen Sprachforschung, in: Zs für Mundartforschung 31 (1964) 125–138. – **2** vgl. K. Nabrings: Sprachliche Varietäten (1981) 111ff. – **3** vgl. B. Schlieben-Lange: Soziolinguistik: Eine Einf. (^{3}1991) 89. – **4** vgl. ebd. 89 ff. – **5** vgl. J. A. Fishman: Soziol. der Sprache. Eine interdisziplinäre sozialwiss. Betrachtung der Sprache in der Ges. (1975) 25f. – **6** Nabrings [2] 88. – **7** ebd. 110. – **8** R. Conrad (Hg.): Lex. sprachwiss. Termini (^{2}1988) 89. – **9** W. Labov: Sociolinguistic Patterns (Philadelphia 1972). – **10** L. Milroy: Language and Social Networks (Oxford 1980) 45. – **11** J. A. Barnes: Class and committees in a Norwegian island parish, in: Human Relations 7 (1954). – **12** Milroy [10] 45. – **13** J. J. Gumperz (Hg.): Language and social identity (Cambridge 1982) 5. – **14** ebd. 5. – **15** ebd. 6. – **16** Steger [1]. – **17** Nabrings [2] 136. – **18** vgl. R. Bernecker: Italian Idéologues and the Semiotic of Progress, in: Idéologues, Recherches sémiotiques/Semiotic Inquiry XIII, 3 (Montréal 1993). – **19** vgl. Nabrings [2] 10. – **20** ebd. 10ff. – **21** vgl. Schlieben-Lange [3] 27–84. – **22** Fishman [5] 15. – **23** Milroy [10] VII. – **24** W. Hartung: Differenziertheit der Sprache als Inhalt kommunikativer Erfahrung, in: W. Hartung, H. Schönfeld (Hg.): Kommunikation und Sprachvariation (1981) 12. – **25** vgl. P. Watzlawick, J. H. Beavin, D. D. Jackson: Menschliche Kommunikation. Formen, Störungen, Pardoxien (1969). – **26** Hartung [24] 13. – **27** Gumperz [13] 7. – **28** Dazu Nabrings [2] 127. – **29** J. Donath: Gruppentätigkeit und sprachliche Differenzierungen, in: Hartung, Schönfeld [24] 107. – **30** Arist. Rhet. III, 7, 6. – **31** ebd. II, 12, 1. – **32** ebd. III, 2, 3. – **33** Quint. II, 13, 11.

Literaturhinweise:
A. van Gennep: Essai d'une théorie des langues spéciales, in: Revue des Études Éthnographiques et Sociologiques 1 (1908) 327–337. – H. Bausinger: Dialekte, Sprachbarrieren, Sondersprachen (1972). – U. Ammon: Neue Aspekte der Soziolinguistik (1975). – D. Flemming: Wege der Sondersprachenforschung, in: Semantische Hefte 2 (1974/75) 129–195. – J. E. Baird: Sex differences in group communication: a review of relevent research, in: The Quarterley Journal of Speech 62 (1976) 179–192. – W. Klein: Sprachliche Variation, in: StL 1 (1976) 29–46. – K.-H. Bausch: Sprachvariation und Sprachwandel in der Synchronie, in: Sprachwandel und Sprachgeschichtsschreibung im Deutschen (1977) 118–144. – H. Arndt: Determinanten sprachlicher Interaktion: Gruppen- und Interaktionstypen, in: Die Neueren Sprachen 27 (1978) 300–317. – M. Bierwisch: Struktur und Funktion von Varianten im Sprachsystem, in: W. Motsch (Hg.): Kontexte der Grammatiktheorie

(1978) 81–130. – U. Quasthoff (Hg.): Sprachstruktur – Sozialstruktur. Zur linguistischen Theoriebildung (1978). – W. Fleischer (Hg.): Sprachnormen, Stil und Sprachkultur (1979). – H. Kubczak: Was ist ein Soziolekt? Überlegungen zur Symptomfunktion sprachlicher Zeichen unter besonderer Berücksichtigung der diastratischen Dimension (1979). – H.-R. Fluck: Fachsprachen (1985). – G. Holtus, E. Radtke (Hg.): Sprachlicher Substandard I–III (1986, 1989, 1990). – G. Berruto: Sociolinguistica dell'Italiano contemporaneo (Rom 1987).

R. Bernecker

→ Code → Fachsprache → Funktionalstil → Hochsprache → Jargon → Soziolinguistik → Sprachauffassung, rhetorische → Sprachgebrauch → Vetustas

Gutachten (lat. responsum prudentium, consilium sapientis; engl. expertise, expert/advisory/counsels opinion; frz. expertise, ital. perizia, parere legale)
A. Unter ‹G.› versteht man die begründete Stellungnahme eines Sachkenners zu einer sein Fachgebiet betreffenden Frage, insbesondere dann, wenn die Antwort schriftlich ergeht und für Dritte nachvollziehbar erkennen läßt, auf welchem Wege sie gefunden wurde. Das deutsche Wort ‹G.› ist eine Zusammenrückung aus der Verbindung ‹etwas gut achten› und seit Beginn des 16. Jh. [1], in der älteren deutschen Rechtssprache seit Mitte des 16. Jh. nachweisbar. [2] Der Sache nach sind G. jedoch schon der Antike bekannt. Der Begriff des ‹G.› ergibt sich aus der Abgrenzung zu den anderen Formen sachverständiger Stellungnahme – Urteil, Belehrung und Beratung. Dabei ist die Belehrung der Gegenbegriff mit dem weitesten Umfang. Im Unterschied zu ihr, die Sachfragen auch unabhängig vom Vorliegen konkreter Fälle erörtert, weil sie auf allgemeine Unterrichtung zielt, ist ein G. immer und ausschließlich auf Fragen im Rahmen eines gegebenen Einzelfalls bezogen. Darin gleicht das G. der Beratung. Auch die fachkundige Beratung erfolgt fallbezogen, und beide werden jeweils da in Anspruch genommen, wo eine Entscheidung getroffen werden soll, die von Voraussetzungen abhängt, zu deren Ermittlung und Bewertung das Wissen des Entscheiders selbst nicht ausreicht oder durch Befangenheit getrübt sein könnte. Während Beratung dabei meist informell verfährt und sich darauf beschränkt, eine an den Bedürfnissen des Ratsuchenden orientierte Empfehlung für ein sachgemäßes Verhalten gerade dieses Ratsuchenden abzugeben, trifft ein G. eine förmliche, objektive und allgemeingültige Aussage, die deshalb auch Dritten als Grundlage einer Entscheidung dienen kann, also verkehrsfähig ist. [3] Diese Eigenschaft, nach Form und Inhalt, und oft auch der Bestimmung nach, auch für Dritte maßgebend sein zu können, teilt das G. mit dem ebenfalls fallbezogen und von unabhängiger Stelle ergehenden Urteil. Das Urteil aber spricht bereits die Entscheidung, zumindest für die am Fall Beteiligten; Zweck des G. hingegen ist, auch wenn es zu dem gleichen Ergebnis kommt, immer nur die Klärung der Voraussetzungen der Entscheidung. Das G. geht dem Urteil daher stets voraus. Dem funktionalen Unterschied entspricht die gegensätzliche Struktur von G. und Urteil [4]: Das Urteil stellt die Antwort an den Anfang und begründet sie dann, ohne die Frage, auf die geantwortet wird, nochmals aufzuwerfen; auf der Ebene des gesamten Textes wie auf der Ebene des einzelnen Satzes steht die Folge vor den Gründen, die sie tragen. Umgekehrt stellt das G. die Antwort an das Ende und eröffnet mit der Frage, die, wenn sie sich als zu komplex erweist, in Teilfragen zerlegt wird. Dabei dürfen jedoch nicht mehr (Teil-)Fragen aufgeworfen werden als anschließend beantwortet werden; diejenige Frage, die als letzte gestellt wird, ist als erste zu beantworten. Die Einzelergebnisse erscheinen jeweils am Ende der Teilerörterungen, das Gesamtergebnis, die Antwort auf die Eingangsfrage, ergibt sich erst aus dem Schlußsatz. Auf der Ebene des gesamten Textes wie auf der Ebene des einzelnen Satzes stehen die Gründe vor der Folge, die aus ihnen resultiert; es sei denn, es handelt sich um unstreitige oder unproblematische Feststellungen: sie werden kurz und bündig im Urteilsstil abgefaßt. [5] Diese Struktur erlaubt, den Leser von seiner eigenen Frage her in den Gedankengang des Verfassers einzuführen, zwingt diesen, folgerichtig einen Gedanken aus dem anderen zu entwickeln und ermöglicht, den Leser schrittweise, von einem Teilergebnis zum anderen zu führen und dadurch gemeinsam zu der für richtig gehaltenen Antwort zu gelangen. [6] Diese Struktur findet sich exemplarisch in der juristischen Relationstechnik [7]; sie ist im Grundsatz auch auf alle außerjuristischen G. anwendbar. – In der Systematik der Rhetorik zählt das G. zur Klasse der außertechnischen Beweismittel *(probationes inartificiales)* [8], also jener Beweismittel, die aus der Sicht des Redners bereits gegeben sind und nicht erst durch seine Kunst hergestellt werden müssen. [9] Die Erstellung eines G. ist dann kein genuin rhetorisches Problem, sondern eher eine Sache der zuständigen Fachdisziplin; der Redner muß lediglich wissen, wie er ein G. zu würdigen oder zu entkräften hat. Die Lehrbücher der Rhetorik haben dem G. daher nur marginale Aufmerksamkeit gewidmet, und bis heute ist das G. rhetorisch unerschlossenes Gebiet geblieben. Daraus folgt nicht, daß sich das G. prinzipiell der Rhetorik entzieht, zumal die Rhetorizität von Fachgutachten bereits in der antiken Rhetorik bemerkt worden ist. [10] Vielmehr spiegelt sich in der marginalen Bedeutung des G. für die rhetorische Tradition deren Orientierung an den Bedürfnissen des Staatsbürgers, des gebildeten Jedermann. Die rhetorische Ausbildung des Fachmannes blieb den Fachdisziplinen selbst überlassen; daher hat es deren jeweilige Fachliteratur übernommen, Anleitungen für die Produktion und Präsentation von G. zu verfassen. [11] Hinzu kommt, daß das G. als Textsorte erst unter den Bedingungen des Siegeszuges der neuzeitlichen Wissenschaft breiten Aufschwung nahm, also im Zuge einer Entwicklung, die sich außerhalb und in Abkehr von der Tradition der Rhetorik vollzog.
B. I. *Antike.* Ob den Hellenen der Begriff des G. geläufig war, ist zweifelhaft. Die griechischen Lehrbücher erwähnen G. mit keinem Wort, auch die überlieferten Reden lassen eine Verwendung von G., etwa in Gerichtsverfahren, nicht erkennen; selbst die Beiziehung von Ärzten als medizinische Sachverständige scheint sich auf einzelne Fälle beschränkt zu haben. [12] – Den Römern dagegen sind G. als Erscheinung ihres Rechtslebens wohl vertraut. Fach-G. *(arbitria)* nichtjuristischer Sachverständiger sind zumindest für die Kaiserzeit außerhalb des urteilsgerichtlichen Verfahrens belegt [13], die Rechts-G. der römischen Juristen *(responsa prudentium)* prägen die Entwicklung des römischen Zivilrechts sogar von Anbeginn. [14] Die *responsa* der Juristen waren daher als Textsorte und Beweismittel längst etabliert, als es zur Rezeption der griechischen Rhetorik kam. In den Lehrbüchern der römischen Rhetorik werden sie deshalb von vornherein als gegebenes, folglich außertechnisches Beweismittel geführt. Aber auch bei den Darstellungen dieser Beweismittel werden

sie nur aufgezählt, nicht diskutiert[15], so bei C. IULIUS VICTOR[16], oder beiläufig erwähnt, wo es um den Rangstreit zwischen Gerichtsredner und Rechtsgelehrten geht, so bei QUINTILIAN. [17] CICERO begnügt sich in seinem rhetorischen Hauptwerk ‹De oratore› ebenfalls mit solchen Streiflichtern[18], doch gelangt er in seiner Spätschrift ‹Topica›, mit der er sich an einen befreundeten Juristen wendet, zu einer genaueren Bestimmung. Das *responsum* bildet dort das Musterbeispiel des *locus extrinsecus*, einer von außen herangezogenen Fundstelle für Argumente. «Was aber von außen herangezogen wird, das wird meistens *ex auctoritate* (aus einer Autorität) abgeleitet. Deshalb nennen die Griechen solche Argumentationen ‹atéchnous›, d.h. ‹außertechnisch›; wenn du also respondierst: Weil [eine Autorität wie] P. Scaevola den Hausbereich so weit reichen läßt, wie das zum Schutz über einer gemeinsamen Hausmauer angebrachte Dach vorkragt, mit der Maßgabe freilich, daß das Regenwasser in das Atrium dessen abfließt, der das Dach überstehen ließ, muß dir dies als Recht gelten.»[19] Oft aber enthielten die *responsa* gar keine Begründung und teilten nur die Antwort mit, die regelmäßig, wie in Ciceros Beispiel, nur aus einem Satz bestand und stets unter dem Vorbehalt erging, daß der vorgelegte Sachverhalt der Wahrheit entsprach. [20] Als *argumentum* diente dann die *auctoritas* des Respondenten selbst, die seit Kaiser Augustus auch rechtlich abgesichert und gebunden war. [21] Nicht weniger lakonisch sind die überlieferten G. nichtjuristischer, vereidigter Sachverständiger abgefaßt, die an die Wiederholung der Fragestellung lediglich den Befund als Antwort knüpfen[22], und damit ebenfalls ihre Überzeugungskaft aus dem Ansehen des Gutachtenden schöpfen. Bedenkt man außerdem, daß es nicht üblich war, die Gutachter in der Gerichtsverhandlung noch einmal mündlich zu vernehmen, erklärt sich, warum die römische Rhetorik dem Begriff des G. keine weitere Aufmerksamkeit gewidmet hat.

II. *Mittelalter und frühe Neuzeit.* Lehre und Literatur der Rhetorik dieser Epochen erörtern das G. nicht. Gleichwohl wirkt rhetorischer Einfluß in der umfangreichen juristischen Gutachtertätigkeit, die sich im Zuge der Rezeption des römischen Rechts in allen europäischen Ländern entwickelt, die an dieser Rezeption teilnehmen.[23] Sie setzt im 13. Jh. in Oberitalien ein, wo sich die Rechtsgelehrten die *responsa* der Antike zum Vorbild nehmen, aber eine eigene Form des G. herausbilden, das *consilium sapientis iudiciale*. Das *consilium* ist die schriftliche Antwort eines Rechtslehrers über eine Rechtsfrage der Praxis[24] und im Gegensatz zu den antiken G. meist begründet; und gerade dies machte die *consilia* so bedeutsam für die Ausbreitung des Gemeinen Rechts in der gerichtlichen Praxis. [25] Der Form nach folgt das *consilium* der scholastischen *quaestio disputata*, deren Schema sich ersichtlich dem klassischen Redeaufbau der Rhetorik verdankt: zu Beginn steht die Schilderung des Sachverhalts *(casus, species facti)*, eine *narratio*. Auf sie folgt die Herausarbeitung der Rechtsfrage *(quaestio)*, mit der sich der Verfasser dann gutachtlich auseinandersetzt, indem er zunächst die abzulehnenden *(rationes dubitandi)*, danach die für richtig gehaltenen Argumente *(rat. decidendi)* anführt, um am Schluß die Lösung *(solutio)*, die Antwort auf die Rechtsfrage, zu formulieren.[26] Da die konkreten Umstände der jeweiligen Frage für die Gestaltung des einzelnen *consilium* immer mitbestimmend waren, ist dieses Schema nur bei einem kleinen Teil der Konsilien völlig rein verwirklicht; der Anlage nach ist es bis zum Ende der Konsiliarpraxis im 18. Jh. maßgebend geblieben. [27] Auch das in der deutschen Justiz seit dem 16. Jh. übliche, gerichtsinterne G. zur Vorbereitung einer Kollegialentscheidung, die ‹Relation›, entwickelt sich aus diesem Muster, das seit dem 17. Jh. in einer breiten, fachinternen Anleitungsliteratur tradiert wird.[28] – Für das G. des nichtjuristischen, gerichtsmedizinischen Sachverständigen sind seit dem Ende des 16. Jh. Anleitungsbüchlein[29] und Mustersammlungen[30] greifbar, die im Ansatz das scholastische Dispositionsschema noch erkennen lassen.

III. *Moderne.* Im 19. und 20. Jh. sind G. nicht mehr nur im Bezirk der Gerichte, sondern nach und nach in allen Bereichen anzutreffen, in denen zur Entscheidung praktischer Fragen auf wissenschaftliche Erkenntnisse zurückgegriffen wird, bis hin zur Anhörung von Sachverständigen im Parlament. – In dem schmalen rhetorischen Schrifttum bis zur Mitte des 20. Jh. befassen sich lediglich Werke zur gerichtlichen Redekunst mit dem G., und dies auch nur, soweit es als Sachverständigenbeweis vor Gericht in Betracht kommt. Detaillierte Hinweise zur Würdigung und Kritik von Sachverständigen-G., einschließlich der mündlichen Vernehmung, finden sich bei H. ORTLOFF. [31] In der neueren Literatur, die sich um eine Wiedergewinnung der Grundlagen der Rhetorik bemüht, berücksichtigt C. PERELMAN das G. indirekt, indem er in Übereinstimmung mit der antiken Auffassung den Rückgriff auf Expertenmeinungen als Form des Autoritätsbeweises anführt.[32] Diesem spärlichen Befund auf seiten der Rhetorik steht eine stetig wachsende, fachbezogene Anleitungsliteratur bei den gutachtenden Wissenschaften selbst gegenüber.[33] Sie wird ergänzt durch fachübergreifende Handbücher zum Sachverständigenrecht, die sich an Gutachter und Auftraggeber gleichermaßen richten.[34] Beweiskraft erhält das G. nach einhelliger Auffassung dieser Schriften nur, soweit es die gestellte Frage genau, nachvollziehbar und nach Stand und Regeln der jeweiligen Wissenschaft beantwortet[35], nicht aber schon durch das Ansehen, das der Gutachtende unabhängig davon als Person genießt. Immer wieder wird vor Gefälligkeit gewarnt, wenn etwa von Patienten Daten zu erheben sind, und zur Verständlichkeit ermahnt, besonders für die Ausfertigung der Antwort selbst, die bei widerstreitenden Interessen oftmals eine Gratwanderung verlangt.[36] Der Analyse solcher Probleme hat sich in sprachlicher Hinsicht die Linguistik angenommen[37]; für die rhetorische Forschung, die diese Analyse gerade um eine wirkungsgeschichtliche Perspektive bereichern könnte, stellt das Thema ‹G.› noch ein Desiderat dar.

Anmerkungen:
1 Grimm, Bd. 9, Sp. 1370f. – **2** Wtb. der älteren dt. Rechtssprache, hg. von der Dt. Akad. der Wiss., Bd. IV (1951) Sp. 1316. – **3** C. R. Wellmann: Der Sachverständige in der Praxis (^{5}1988) 3. – **4** F. Haft: Juristische Rhet. (^{3}1985) 104f. – **5** U. Diederichsen: Die BGB-Klausur (^{7}1988) 77ff. – **6** W. Sirp: Bericht, G. und Urteil (^{31}1989) 47. – **7** ebd. 48; vgl. W. Grunsky: Wert und Unwert der Relationstechnik, in: Juristische Schulung (1972) 29, 137, 524. – **8** R. Volkmann: Die Rhet. der Griechen und Römer in systemat. Übersicht (^{2}1885; ND 1963) 179. – **9** J. Martin: Antike Rhet. (1974) 96ff. – **10** Cicero, Topica XIV, 56; XVII,, 65f. – **11** K. Müller: Der Sachverständige im gerichtlichen Verfahren (^{3}1988) 323f. – **12** S. Placzek: Gesch. der gerichtlichen Medizin, in: Hb. der Gesch. der Medizin, hg. von M. Neuburger und J. Pagel (1905) III, 733. – **13** Kaser: Das römische Zivilprozeßrecht (1966) 284; W. Hepner: Richter und Sachverständiger (1966) 19ff. – **14** M. Kaser: Römische Rechtsgesch. (^{2}1967) 161ff., 178ff. – **15** Martin [9] 98. - **16** Iul. Victor,

Ars rhetorica VI, 5 und VI, 6, in: Rhet. Lat. min. 403, 31 und 406, 32–407, 3. – **17** Quint. XII, 3, 7. – **18** Cic. De or. II, 27, 116; I, 55, 250; III, 33, 133. – **19** Cicero, Topica IV, 24. – **20** H. Lange: Das Rechtsg. im Wandel der Gesch., in: Juristenzeitung 24 (1969) 157–163, 158. – **21** H. Berger: Art. ‹Iurisprudentia›, in: RE Bd. X, 1 (1918) Sp. 1162–1174. – **22** L. Wenger: Institutionen des römischen Zivilprozeßrechts (1925) 285f. – **23** E. Meyer: Die Quaestionen der Rhet. und die Anfänge juristischer Methodenlehre, in: Savigny-Zs für Rechtsgesch., Romanistische Abt., NF 68 (1951) 30–73. – **24** N. Horn: Die legistische Lit. der Kommentatorenzeit, in: H. Coing (Hg.): Hb. der Quellen und Lit. der neueren europäischen Privatrechtsgesch. II, 1 (1975) 336. – **25** H. Gehrke: Art. ‹Konsilien, Konsilienslgg.›, in: Handwtb. zur Dt. Rechtsgesch. (= HRG), hg. von A. Erler und E. Kaufmann, Bd. II (1978) Sp. 1102–1105, 1103. – **26** Horn [24] 337. – **27** Gehrke [25] Sp. 1104. – **28** W. Hülle, W. Sellert: Art. ‹Relation›, in: HRG Bd. IV (1990) Sp. 859–862, 860. – **29** A. Paré (Paris 1583) zit. Placzek [12] 738; R. von Castro: Tractatus Medicus-Politicus sive de officiis medico-politicis tractatus (Hamburg 1614). – **30** B. Codronchi: Methodus testificandi (Venedig 1597). – **31** H. Ortloff: Gerichtliche Redekunst (1887) 464–469. – **32** C. Perelman, L. Olbrechts-Tyteca: Traité de l'Argumentation. La nouvelle rhétorique (Brüssel ²1970) 417. – **33** Überblick bei Müller [11] 323f. – **34** W. Klocke: Der Sachverständige und seine Auftraggeber (²1987); W. Bayerlein: Praxishb. Sachverständigenrecht (1990). – **35** Müller [11] 324ff.; Wellmann [3] 21ff. – **36** E. Fritze (Hg.): Die ärztliche Begutachtung (⁴1992) 8ff.; H. H. Marx: Die Begutachtung als ärztliche Aufgabe, in: ders.: Medizinische Begutachtung (⁶1992) 1–8. – **37** z. B. E. Oksaar: Sprachliche Mittel der Kommunikation zwischen Fachleuten und zwischen Fachleuten und Laien im Bereich des Rechtswesens, in: W. Mentrup (Hg.): Fachsprachen und Gemeinsprache. Jb. 1978 des Instituts für dt. Sprache (1979) 100–113.

Literaturhinweise:
R. Heiss: Methodik und Problematik des G., in: ders. (Hg.): Hb. der Psychol. Bd. 6: Psychol. Diagnostik (1964) 975–996. – J.P. Kisch: The Oracles of the Law (Ann Arbor 1968). – G. Kisch: Consilia (1970). – H. Gehrke: Die privatrechtliche Entscheidungslit. Deutschlands. Charakteristik und Bibliogr. der Rechtsprechungs- und Konsilienslgg. vom 16. bis zum Beginn des 19. Jh. (1974). – W. Kurth: Das G. Anleitung für Mediziner, Psychologen und Juristen (1980). – M. Ascheri: I consilia dei giuristi medievali per un repertorio-incipitario computerizzato (Siena 1982). – Verband der Rentenversicherungsträger (Hg.): Leitfaden für die sozialmedizinische Begutachtung in der gesetzlichen Rentenversicherung (⁴1986). – K. Jessnitzer: Der gerichtliche Sachverständige (⁹1988). – D. Liebs: Römische Rechtsgutachten und ‹Responsorium libri›, in: G. Vogt-Spira (Hg.): Strukturen der Mündlichkeit in der römischen Lit. (1990) 83–94.

A. Kemmann

→ Argumentation → Auctoritas → Bericht → Beweis, Beweismittel → Dispositio → Docere → Fachsprache → Glaubwürdige, das → Hochsprache → Ingenium → Iudicium → Juristische Rhetorik → Kanzleistil → Parteilichkeit → Perspicuitas → Quaestio → Relationstechnik → Statuslehre → Urteil

Gute, das (griech. τὸ ἀγαθόν, to agathón; lat. bonum; engl. the good; frz. le bien; ital. il bene)
A. Def. – B. I. Rhet. Gebrauch. – II. Geschichtliches.

A. Τὸ ἀγαθόν, to agathón wie *bonum* (Neutra) nennen ununterscheidbar das G. oder das Gut, den (die) Gute(n). *Agathón* gehört etymologisch zu ἄγαμαι, ágamai: bewundern, staunen. Der vom Staunenswerten ausgelöste Affekt verbindet sich mit der Sache, dem G., das sich gegenständlich als Vorzug, Tauglichkeit, Tüchtigkeit darstellt: eine ‹gelungene Sache› (σπουδαῖον, spoudaîon). Sachbezogen nennt *agathón* das Ehrenwerte (sittlich G.), das Nützliche und das Lustbringende. [1] Das G. ist, unter allen drei Aspekten, Gegenstand des freien Strebens; das Böse, das Schädliche, das Unangenehme und Unlusterzeugende sind Anlaß des Fliehens. Unter dem Aspekt des *Liebenswerten* (φιλητόν, philētón) bietet sich das G. an sich an (αὐτό, autó; καθ᾽ αὐτό, kath hautó; *simpliciter, per se*) bzw. das, was den Menschen gut ist oder gut erscheint. [2] Gutsein nennt eine Wesenseigenschaft (οἰκεῖον, oikeîon), die die gute Sache als in ihrer Bestimmung erfüllt (τέλειον, téleion) vorstellt. Die *ratio boni* ist die mit dem Streben untrennbar verbundene Zielhaftigkeit, die das G. zum Erstrebenswerten (*appetibile*) macht. [3] Das G. als Ziel allen Strebens ist identisch mit dem Zweck (τὸ οὗ ἕνεκα καὶ τὸ τέλος, to hou héneka kai to télos). Gut nennt sowohl das Gutsein der Sache selbst (die ‹guten› Augen) als auch das Gutsein für jemanden (den Sehtüchtigen). [4] Das G. nennt Seiendes, das nützlich ist, dem Mangel abhilft und schließlich vervollkommnet: das πρακτὸν ἀγαθόν, praktón agathón, als das dank menschlicher Tätigkeit erreichbare Gut. [5] Personenbezogen nennt *agathós* den tüchtigen, beherrschten und schließlich tugendhaften, also tadelsfreien, lobenswerten Menschen (ἐπαινετός, epainetós), wichtiger Gesichtspunkt (σκόπος, skópos) für den Redner. [6] Der Tüchtige ist immer auch der Gute [7], Mittelbegriff ist das Maßvolle (οὐκ ἄμετρον, ouk ámetron).

B. I. *Rhetorischer Gebrauch.* Die Rhetorik befaßt sich nicht mit dem G. an sich, das sich der Definition entzieht und deshalb beschrieben (*descriptio*) werden muß [8], ein Umstand, der in der Sophistik als Streit zwischen Doxa und Episteme ausgetragen wird. [9] Gut, nützlich, angenehm fungieren rhetorisch als formale Aspekte, werden jedoch nicht als Realia unterschieden. Das G. kommt rhetorisch unter der *ratio laudis* (ἔπαινος, épainos; ἐγκώμιον, enkómion) als die zu lobenden Güter in den Blick, gehört in das *genus demonstrativum*; *Lob* gilt strenggenommen (μετὰ σπουδῆς, metá spoudés) [10] dem ästhetisch Schönen, das immer auch sittlich gut sein muß. «Laus est expositio bonorum quae alicui accidunt» (Lob stellt die Güter, die jemandem zufallen, zur Schau). [11] In rhetorischen Lehrbüchern etwa der Renaissance, die sich in diesem Punkt mehr oder weniger an der Aristotelischen ‹Rhetorik› orientieren [12], werden – über das *(bonum) honestum*, das *(bonum) utile* und das *(bonum) iucundum* – die Orte ausfindig gemacht, in denen Lobenswertes vorliegt und die für die Argumente entsprechend ausgeschöpft werden können. Dihairetisch werden die einschlägigen Gegenstände bzw. die Sachen und Personen, die von Gütern begleitet oder besetzt sind, detailliert aufgeführt. Richtungsweisende Vorgaben und Kriterien sind, für Personen: Ursache, Effekt, Zugehörigkeit (*adjunctio*, wie Heimat, Vorfahren, die Güter der Seele, des Leibes, der Fortüne), Vergleich, Ähnlichkeit; für Sachen: Gattung, Art, Ursache, Effekt, Gegenteil, Zugehörigkeit. Bei Sachen und Werken (*praktá agathá*), die es zu loben gilt, kommt die *ratio boni* erst dann zur Wirkung, wenn erwogen wird *(ponderandum est)*, ob das zu Lobende ehrenwert/ schimpflich, der Religion und dem Staat nützlich/schädlich, auszuführen leicht/schwierig, für die Betroffenen angenehm/lästig sei. [13] Das G. fungiert im *genus deliberativum* als Ort, wo unter der *ratio honesti* Argumente zum Ratgeben geschöpft werden können. In diesem «noblen, öffentlichkeitsorientierten Geschäft» geht es darum, zum G. zu raten, vom Schlechten abzuraten.

Die wichtigsten Argumentationsformen in dieser Redegattung stehen alle unter der *ratio boni*, die sich ihrerseits wiederum unter den Aspekten des Notwendigen, Ehrenwerten, Ansehnlichen, Nützlichen, Angenehmen, Ruhmreichen, Gerechten, Möglichen und Leichten (mit jeweiligen Gegenteilen) darstellt. [14] Das Ehrenwerte ist vorzüglicher Fundort für *suasorische* Argumentationen, umfaßt es doch (fast) sämtliche Aspekte des konkretisierten G.: was von Gott und der Religion befohlen wird, was der *ratio recta*, den Gesetzen, den Aussprüchen und Mahnungen der Weisen entspricht. [15] Die rhetorische Produktion im Rahmen der beiden erwähnten Redegattungen spiegelt sowohl die *Metaphysik* des G. als auch die darauf beruhende *Ethik*, die in rhetorischer Absicht vornehmlich das *Ethos*, also die sittliche Grundhaltung, thematisiert. Nicht nur Ehrenwertes, auch Nützliches hat an der *ratio boni* teil; als nützlich gilt, was die Güter der Seele, des Leibes oder des Schicksals erwirbt, mehrt oder bewahrt. [16] Das G. unter dem Aspekt des Angenehmen «perfundit animum iucunditate» (durchströmt das Gemüt mit Entzücken). [17] Bei der *persuasorischen* Argumentation wiederum hat der Redner darauf zu achten, mit was für einem Publikum er es zu tun hat: Ist es nobel und generös, dann können die Argumente aus dem Bereich des Ehrenwerten geschöpft werden; ist es «plebejischer und niedriger *(mechanici animi)* Gesinnung», empfiehlt sich das Nützliche, weil diese Sorte Leute davon am ehesten bewegt werden. In der Jurisprudenz *(genus iudiciale)* wird das G. (bzw. das Schlechte) zu den «transcendentia legalia» (Rechtstranszendentalien) gezählt, entsprechend den «transcendentia naturalia», den seinshaften Transzendentalien *(ens, res, aliquid, unum, verum, bonum)* [18] in der Philosophie. M. GRIBALDI MOPHA (‹De ratione studendi›, 1514) setzt sie ein als «Orte für Axiome» *(loci axiomatum)*, die er als häufig und allgemein zu wählende Fundorte einschätzt. Das G. stellt sich als ebenso vielfältig wie fruchtbar dar, leiten sich von ihm (wie vom Schlechten) doch insgesamt 18 Axiome ab, wie etwa «Zum Guten läßt sich Besseres finden», «Das weniger Schlechte ist vergleichbar mit dem Schlechteren, es hat die *ratio boni*», «Das Gute ist zu vermeiden, wenn daraus Schlechtes erwächst». [19]

II. *Geschichtliches.* Eine Grundform der archaischen Rede ist das *Lob*; es setzt das G. voraus. Die Prädikation des G. erfolgt im Modus der Preisung. Die Rede bringt zum Vorschein, was Anspruch auf Lob hat. «Die schöne Tat stirbt, wird sie verschwiegen.» [20] GORGIAS ist dieser Tradition verpflichtet, weitet sie aus und hält die Rede zum Organ des menschlichen Handelns überhaupt: sie ist handlungs- und gefühlsorientiert, registriert Glücks- und Unglückserfahrungen [21] und vermittelt so der Seele die Affekte. Sprache erzeugt das G., im Sinn des *guten Lebens*. Das sophistische Paradigma für das G. ist das *Gedeihen* (ἀρετή, areté). Es bleibt maßgeblich und wirkungsgeschichtlich bedeutsam für die Auffassungen vom G. im rhetorischen Gebrauch. Gorgias versteht rhetorische Techne nicht als Lehre über Gerechtes und Ungerechtes [22], auch nicht über das G. an sich; ihr eigentümliches Betätigungsfeld bestehe vielmehr darin, sich «mit Mitteln der Plausibilität» (πιστευτικῆς, pisteutikēs) [23] den Fragen des G. und Schlechten zu widmen. Der in der bürgerlichen Gesellschaft heimische Mensch ist zufrieden, wenn er sieht, daß «das von Rechts wegen Gute geschieht». [24] So wie das Schöne mit dem Gesetz, so geht das G. zusammen mit dem Recht (διὰ τὴν δίκην, diá tēn díkēn). [25] Psychologisch-subjektive Kriterien für das Schlechte sind Neid, üble Machenschaften, verbrecherische Absicht; wer aber «die Heimat rettet», wer «den Unrecht Tuenden zur Rechenschaft zieht», gilt als «enorm tüchtig» (ἄριστος ἀνήρ, áristos anḗr). [26] Das G. fungiert sowohl als Motiv einer Handlung bzw. als deren (sittliches) Kriterium wie auch als juristisches Beweismittel: eine Tat, die sich nicht zum Guten auszahlt, begeht einer nicht. [27] Im Gerichtsverfahren gilt das «wahrhaftig Gute» (τῶν ἀληθῶν ἀγαθόν, tōn alēthōn agathón) als letzte Appellationsinstanz. [28] So wie mit dem Recht das G. einhergeht, so mit der Besonnenheit (φρόνησις, phrónēsis) die gute Gesinnung der Weisen, die «gegenwärtiges Gutes» (παρόντων ἀγαθῶν, paróntōn agathón) dem Schlechten vorziehen und die «allergrößten Fehlhandlungen» meiden. [29] Das G. braucht der sich vor Anklagen verteidigende Palamedes als Topos zur Erbringung des *Tatbeweises*. [30] Um Ziel und Zweck des rednerischen Könnens, «das Bekehren» (τὸ πείθειν, to peíthein), im politischen wie forensischen Bereich zu bestimmen, greift Gorgias zur höchsten Auszeichnung, zum «größten Gut» (μέγιστον ἀγαθόν, mégiston agathón). [31] – An sokratische Bescheidenheit erinnert der anonyme dorische Verfasser der ‹Dissoi Logoi› mit der Bemerkung: «Ich sage nicht, was das Gute ist, aber ich versuche darzulegen, daß Gut und Schlecht nicht dasselbe ist, sondern jedes von beiden etwas anderes.» [32] Die daraus resultierende relativistische moralische Einstellung beruht auf ethnographischem Material, das PROTAGORAS und seine Genossen gesammelt haben [33]; sie korrespondiert mit dem sublimierten protagoreischen Hedonismus, *gut* leben heiße *angenehm* leben, vorausgesetzt, diese Lebensart beruhe auf schönen Dingen. [34] Nach sophistischer Lehre geht das G. zusammen mit dem Gerechten, beide spezifizieren die menschlichen Tätigkeiten und ordnen sie sich zielhaft unter. [35] Das G. gibt es nur in Form «der Übereinstimmung Vieler und der schöpferischen Konvention». [36] Vollkommen gut ist, wer seine natürliche Anlage zum G. nutzt. «Das Verlangen nach den guten und schönen Dingen, die Grundvoraussetzung für die Entfaltung ethisch wertvoller Tätigkeiten, ist also, wie sich zeigt, immer an die Verfolgung rechtlich-sozialer, d.h. im weitesten Sinn politischer Ziele gebunden.» [37] Das G. erscheint vornehmlich auf dem Hintergrund erzieherischer Tätigkeit; die Sophisten waren weder reine Pragmatiker noch überhebliche Menschenverächter. Ihr Utilitarismus vollzieht sich im Lichte des *philanthropisch* G. Das G. gibt es nicht einfach, die Lebenserfahrungen gestatten gar keine absoluten Maßstäbe, auch nicht in der Frage des G. [38] Reinheit und Maß [39], konstitutive Elemente des G., geben die Kriterien ab für die Ordnung der Lüste: die wahren und reinen, die notwendigen und die niedrigen. Sophistische Moral «postuliert die Einheit der absoluten geistigen Werte, sie vereint in der Idee des G. das Schöne und das Wahre». [40]

Für PLATON ist die Idee des G. Ermöglichungsgrund des Wahrseins des Seienden; kraft dieser Idee ist auch die Seele *in* der Wahrheit. Freilich bleibt die vorgängige Einheit des *agathón* unaussagbar dem Logos entzogen, fällt somit außerhalb jeglicher rhetorischen Techne. Dem *agathón* begegnet der Logos nie als Seiendes. «Das Gute, das um des Guten willen getan wird [...], ist nicht faktisch dingfest zu machen.» [41] Soweit das G. im Bannkreis der «logischen Affirmation» steht, diese aber dem G. gilt, hat erstere «den Charakter einer nicht zu rechtfertigenden Vorwegnahme oder eines Wagnisses, wenn nicht gar eines Paradoxes». [42] Die Rhetorik vermag hier nichts auszurichten. Daher auch Platons Kampf gegen die Sophisten-Rhetoren, gegen Gorgias, Polos und den Politiker Kallikles, ein Kampf, der deutlich macht, daß wenn es um das G. geht, zwei *Lebensweisen* (βίοι, bíoi) auf dem Spiele stehen, nämlich die rhetorisch programmierte Existenzweise und das Leben im Modus der Philosophie (ἐν φιλοσοφία, en philosophía). [43] Der Platonische Dialog erzwingt die Unterscheidung zwischem dem formalen Aspekt des G. (alle streben danach – auch der Bösewicht) und der inhaltlichen Bestimmung, die von den Rhetoren zureichend nicht erfaßt werden kann. R. Ferbers neueste Studie macht deutlich, wie zentral die Funktion der Idee des G. – «das große Junktim von Platos Epistemologie, Ontologie und Wissenschaftstheorie, materialer und formaler Ethik, Pädagogie und Politologie» – zu veranschlagen ist und daß dieses Thema durchaus angemessen behandelt werden kann, ohne die rhetorische Problematik auch nur zu streifen. [44] Andererseits hat die Sophistikforschung ergeben, daß die anschwärzend-polemische Einschätzung der Sophisten durch Platon kaum mehr vertretbar ist. Differenzierend kommt E. DUPRÉEL zum Schluß, der Autor der ‹Dialoge› habe mit seiner Widerlegung der alten Sophisten seine eigenen Rivalen, die die sophistischen Thesen teilten, treffen wollen. Platon hat sich der Ideen der Sophisten und der Praktiken der Rhetoren *bedient,* sie aber spekulativ-philosophisch begründet und so seinen Partnern eine Lektion erteilt. [45]

Mit ARISTOTELES nimmt die Thematik des G. eine Wende ins Konkret-Lebensweltliche. [46] Die ‹Topik› entwirft die Methode und schreibt die semantischen Regeln vor, um zwischen *Synonymen* und *Homonymen* unterscheiden zu können. Grundlage ist die vielfache Aussageweise des Seins, am Beispiel des G. illustriert und im metaphysischen Kontext auch illustrierbar. [47] ‹Gut› läßt sich auf viele Sachen anwenden, aber die Bedeutung ändert sich jeweils radikal. Das G. als solches entbehrt der Sachhaltigkeit (οὐσία, ousía); es ist zwar als Allgemeines ein Erstes, aber das Erste allgemein zu fassen sei ein Irrtum, meint Aristoteles. [48] Hieraus entsteht dann die Polemik gegen Platons Idee des Guten: «Die Behauptung, es gebe eine Idee nicht nur des höchsten Guten, sondern auch irgend eines anderen Dinges, ist reine Abstraktion (λογικῶς, logikós) und inhaltsleer (κενῶς, kenós).» [49] Aristoteles hat damit den Weg geöffnet, das G. «in Hinsicht auf das rechte Leben und auch in Hinsicht auf das Handeln» [50] zu erörtern. Die Rhetorik als handlungsorientierte Techne gehört auf die prohairetische Seite der Vernunft. Sie hat an der *deliberativen Wunschkraft* teil, die all dem gilt, was in unsere *Zuständigkeit* fällt. [51] Sie ist, als der sich erfindende Vollzug des Überzeugens, an der *situativen Vielfalt* des G. orientiert. Die Prädikation des G. erfordert jedenfalls eine Rechtsgrundlage: Entsprechung und Kairos bei Gorgias [52], das Überhinaus (ἐπέκεινα τῆς οὐσίας, epékeina tēs ousías) bei Platon [53], die phronetische Angemessenheit bei Aristoteles [54], Schicksal und Naturhaftigkeit (συμφυές, symphyés) bei den Stoikern.

In der ‹Rhetorik› des Aristoteles ist das G. in den vielfältigen Topoi präsent und stützt deren Argumentation. In den Topoi mit Folgerungen *(loci ex consequentibus)* beruht das enthymematische Schlußverfahren auf Axiomen, die ihrerseits auf die Evidenz des G. (bzw. Schlechten) zurückgehen. [55] Die Erörterung zu diesem Topos beginnt mit einer Erfahrungsgröße: «Da es bei den meisten Dingen der Fall ist, daß aus der gleichen Sache etwas Gutes und etwas Schlechtes folgt» [56], ergibt sich der Topos der Konsequenz, mit dessen Hilfe Argumente in den drei Redegattungen realisiert werden können. Nebst dem, was der Fall ist, kommt zur Bekräftigung der Argumentation die Regel ins Spiel: «bonum est faciendum, malum vitandum» (das Gute tun, das Böse lassen). Zur Unterscheidung von echten und unechten Enthymemen freilich genügt es nicht, auf die Geltungskraft des G. zu rekurrieren, sondern man muß das Argument einer logischen Analyse unterziehen. [57] Das G. hat eine ebenso triftige wie vielfältige Funktion bei der Analyse der Handlungsmotive, den Affekten (πάθη, páthē). Ein Beispiel ist der Freund, dessen liebender Affekt ihn dazu treibt, dem Freund das zu wünschen, was dieser für Güter *(agathá)* hält. [58] Auch beim Zorn erweist sich die *ratio boni* als motivierend und ethosrelevant, beruht doch Zorn auf der Aussicht auf mögliche Rache; es gilt aber als *angenehm,* sich vorzustellen, man werde das, wonach man strebt, erreichen – eine Vorstellung, die dem Affektbesetzten als *erreichbares* G. vorkommen muß [59], da bekanntlich Unmögliches gar nicht erstrebt wird. Was einer für gut oder übel hält, mißt er nicht nur an diesem selbst, auch nicht nur an sich, sondern an demjenigen, *für* den das Vorgestellte gut oder übel ist. Gut oder übel hat dann das Kriterium in dem, dem der Affekt gilt. Jemandem gegenüber Affekte hegen, der keiner Wahrnehmung mehr fähig ist (ein Verstorbener), oder gegen das, was recht ist und jemandem zu Recht widerfahren ist, verstößt gegen Billigkeit. [60] Kriterium dafür, gut oder schlecht überhaupt zu bestimmen, ist also der andere und dessen Befinden. In jedem Fall halten sich Affekte nach Aristoteles an das G., Schöne, Nützliche, Angenehme (oder deren Gegenteil). Je nach den Zielen der Redegattungen kommt außerdem die Werthaftigkeit (gut, vortrefflich, gerecht) ins Spiel. Da die Rhetorik zum Handeln motivieren soll, kann über den Gesichtspunkt des G. *so wie es uns erscheint* (und dessen Gegenteil) erwirkt werden, daß etwas getan oder unterlassen wird. Je nach dem sittlichen Charakter (ἦθος, éthos) wird der Mensch freilich unterschiedlichen Affekten nachgeben oder ihnen widerstehen wollen. Im Ethos versammeln und verdichten sich die verschiedenen Affekte und werden von ihm bestimmt; letztere wiederum geben vom Ethos in vielfältiger, spontaner Weise Ausdruck; zusammen mit dem Ethos und dem rhetorischen Vernunftgebrauch, dem praktischen Logos, ermöglicht Ethos die Selbstverwirklichung des Menschen im gelingenden Leben (εὐδαιμονία, eudaimonía). Da das Unvordenkliche der Einheit im G. über die inneren menschlichen Möglichkeiten hinausweist, bleibt der «sterbliche Gott» Mensch [61] stets diesseits dessen, was er sein kann, und ist an die Daueranstrengung verwiesen: ἀεὶ γὰρ πονεῖ τὸ ζῷον (aeí gar poneí to zóon, das Lebewesen ist immer angestrengt). [62]

CICERO, obwohl bemüht, Philosophie und Rhetorik zu versöhnen [63], teilt die beiden in der ungeteilten Weisheit vereinten Instanzen in die Belange der Gelehrsamkeit und der Eloquenz [64], strebt aber dennoch nach dem hohen, unerreichbaren Ideal des rechtschaffenen und zugleich beredten Mannes, wie es CATO mit dem Ausdruck *vir bonus dicendi peritus* prägnant formuliert hat. Das G. ist untrennbar mit dem «besten Stil» *(stilus optimus)* verbunden, der, an die strikten Regeln des «Schicklichen» *(aptum)* gehalten, der Rede Glanz verleiht und die Verbindung mit der Weltharmonie herstellt. Was Cicero vorschwebt, ist die Konkretion des G. in einem Mann, «wie wir ihn suchen und als Urheber öffentlichen Rats, als Staatenlenker, als Wortführer im Senat, im Volk und in Prozessen wünschen». [65] Das G. erscheint Cicero in der Gestalt idealisierter Redekunst, die von einer derartigen Kraft sei, daß sie Ursprung, Wirkung und Gestaltungen aller Dinge, Tugenden und Pflichten samt den naturhaften Veranlagungen umfasse. [66] Der entscheidende Vorzug der Beredsamkeit liegt freilich im Schmuck der Rede, was von der prinzipiell *ästhetischen* Version des G. bei Cicero zeugt [67]: jede sachliche Darlegung eines Themas erfordert die geschmackvolle und ansprechende *(suavis atque ornatus)* Formulierung. Das *Schöne* ist der Gesichtspunkt, der die dreifache Vielfalt *(tripartita varietas)* von Philosophie, Politik und Beredsamkeit zusammenfaßt: jeder Redner ist auch kontemplativer Verehrer der *einen* Idee des Schönen – das eigentlich ciceronianische Unbedingte. [68] Die konsequent am G. bzw. Schlechten orientierte Lebensführung entwickelt Cicero in ‹De finibus bonorum et malorum›. Der tragende Grundsatz heißt, was nicht in den «Lichtkreis der Tugend» *(virtutis radius)* gehört, stürzt ins Dunkle ab. [69] Die Tugend übernimmt hier pragmatisch die Funktion der Idee des G., ist dessen Umbesetzung in lebensdienlicher Hinsicht. Es gibt daher kein *reines* G.; Verluste gibt es überall, weshalb sollte es sie im Leben nicht auch geben? Um des G. willen ist freilich alles zu ertragen. Darin gipfelt Ciceros Lehre vom G., eine Lehre, in der die Tugend alles überragt (propter caelestem quandam et divinam tantamque praestantiam). [70]

AUGUSTINUS handelt in ‹De doctrina christiana› das Verhältnis zum G. unter dem Aspekt einer Liebesordnung *(ordo dilectionis)* ab und unterscheidet, historisch wirksam, zwischen dem Benutzen *(uti)* aller dem Menschen zur Verfügung stehenden Güter einerseits und dem Kosten und Genießen (frui), das dem einen höchsten Gut, dem Gott allein vorbehalten ist, andererseits. [71] Die Rhetorik darf sich nicht als G. gebärden, ist doch das G. an sich Gott vorbehalten. Augustinus steht unter diesem Zwang auch in seinem literarischen Schaffen. «Er schuf die Prosa der modernen Subjektivität nur, indem er sie dem christlichen Gott opferte, dem Ort einer Schönheit, die keine andern menschlichen Schönheiten neben sich duldet.» [72]

Die makrohistorischen Zusammenhänge zwischen der *Welt des Mittelalters* und den herrschenden, sich auch widerstreitenden Lehren des G. skizziert K. Flasch [73] und macht die Ontotheologie des G. für heutige Leser plausibel. Die mittelalterlichen Denker benutzten Werke von PS.-DIONYSIUS, Augustinus und BOETHIUS [74] (letzterer wurde von L. VALLA kritisiert [75]) als Quellen und programmatische Anleitungen zur Entfaltung der Lehre vom G. Die platonischidealistisch angelegte Stufenordnung des Aufstiegs *(ascensus)* und Abstiegs *(descensus)* innerhalb der Transzendentalien Sein, Eins, Wahr, Gut und des damit einhergehenden kosmischen Optimismus und der ‹Theokalie› (K. Barth) [76] vermochte die nach 1200 einsetzende Rezeption von Texten des Aristoteles und arabischer Aristoteliker nicht grundsätzlich umzustürzen.

Wichtiger Vermittler (dank Übersetzungen) der «östlichen, vom genuinen Neuplatonismus des Plotin, Porphyrios und Proklos wesentlich bestimmten Theologie an das lateinische Mittelalter» [77] ist JOHANNES SCOTUS ERIUGENA. Er braucht die Sieben Freien Künste, vor allem Dialektik und Rhetorik, auch die (aristotelische) Kategorienlehre und die Logik zur argumentativen Sicherung der Lehre vom G., ebenfalls zur legitimatorischen Bestimmung des Bösen als nichtseiend, weil einen Mangel *(privatio)* darstellend. [78] Eriugena unterscheidet diese formal-methodischen Aspekte klar von offenbarungsabhängigen Inhalten und dogmatischen Vorgaben. Gleichwohl ist eine Trennung von Philosophie und Theologie für ihn nicht denkbar. Bereits THIERRY VON CHARTRES interpretierte den Schöpfungsbericht (Gen 1) – biblische Quelle für die Ontologie von Sein und Gut, durch den Schöpfer selbst sanktioniert – am Schema der Vierursachenlehre. [79] Dieser Ansatz erlaubt es den «göttlichen Philosophen» (Thierry), höchstes Gut und Gott in der Sache *(re)* zu identifizieren, zwingt sie aber, beides begrifflich *(ratione)* zu unterscheiden. Im Zuge des von den Schulen geförderten philosophischen Rationalitätsschubs werden die begrifflichen Unterscheidungen, die Formalaspekte und Eigentümlichkeiten des G. erweitert und systematisiert. Hochdifferenziertes Resultat sind u. a. die ‹Quaestiones› XXI (De bono) und XXII (De appetitu boni, et voluntate) in ‹De Veritate› des THOMAS VON AQUIN. [80] Die Identität des einzigen höchsten G. mit Gott ist zwingender Endpunkt der stufenlogisch organisierten Vernunfttätigkeit ebenso wie aller analog konstituierten sublunaren Seienden. Gottes Güte ist ontologisch gesichert, wird jedoch bei Eriugena dialektisch-negativ nochmals sämtlicher positiv-kreatürlicher Bestimmungen entledigt. [81] Diese Negativspekulation wird erst wieder von MEISTER ECKHART aufgenommen, jedoch als Univozitätsverhältnis zwischen ‹Gutheit (abstrakt) – Guter (konkret)› postuliert. [82] Nach Mojsisch ist für Eckhart «das Sein der Gutheit das Sein des Guten als solchen». [83] Begriffsgeschichtlich betrachtet wird Eriugenas Bestimmung des G. bruchlos rezipiert: Gott «allein ist höchste und wahre Gutheit und Schönheit» (solus summa ac vera bonitas et pulchritudo) [84], «Eigentümlichkeit der göttlichen Güte ist es, Seiende, die nicht waren, in die (An)wesenheit zu rufen» (divinae siquidem bonitatis proprium est, quae non erant, in essentiam vocare). [85]

Daß «alle Mitteilung Gottes ein Werk seiner Güte sei», daß es in seinem Wesen liege, sich zu verausgaben, ist zwar «gänzlich unaristotelisch» [86], aber ein immer wiederkehrender Gedanke in mittelalterlichen Abhandlungen zum G., begriffsgestützte Folgerung aus der von Ps.-Dionysius übermittelten Definition des G. als «diffundierend» *(diffusivum sui)*, ermittelt über die strikte Analogie zur Sonne, die «allein durch ihr Sonnesein leuchtet», und ihrer Strahlen: «so teilt das Gute selbst [...] durch seine Existenz allen Seienden analog die Strahlen der ganzen Gutheit» mit. [87] Das Gute streut aus, bestehen doch durch die Strahlen der Gutheit «alle Intelligenzen und intelligiblen Wesen, alle Substanzen, Kräfte und Akte». [88] Thomas «emendiert» das Emanationsschema mit der Erklärung, das G. sei diffundierend, genau «so wie vom Ziel gesagt wird, es bewege», also durch Attraktion, nicht aber wie die Wirkursache durch Produktion. [89] Mit der innertrinitarischen Dialektik des G. als «donum et donator», des Hl. Geistes als Gabe und Geber, der keiner Vermittlung mehr bedarf (im Gegensatz zum Wort, dem Sohn), tritt BONAVENTURA gegen die am diffundierenden Geist orientierte Philosophie des Geistes des JOACHIM VON FIORE an [90] und spricht dem Sohn, der als Logos (Wort) die «ratio exprimendi», den «Grund aller Darstellbarkeit», enthält, die geschichtsbildende Vermittler- und Mitteilungsfunktion zu. So erweist sich Bonaventura als eigentlicher «Theoretiker der Geschichte». [91] Die Frage der Darstellbarkeit des G. war im Laufe des Mittelalters vordringlich, vor allem im Zusammenhang mit dem Bösen. Maßgeblich war dabei das von Aristoteles vorgestellte Kunstmittel der «Gegenüberstellung (Parallelismus) von Gegensätzlichem» [92], wodurch Gegensätzliches «am ehesten sichtbar» wird. Auf dieses Darstellungstheorem haben auch die Repräsentanten der Theodizee, vor allem C. WOLFF und LEIBNIZ, noch zurückgegriffen. [93] Der Historiograph für das Gute und Böse wiederum, GALBERT VON BRÜGGE (vor 1150) [94], will für seine Berichte den Redeschmuck *(eloquentiae ornatum)* nicht bemühen, sondern die «Wahrheit der Sachen» *(rerum veritatem)* referieren. [95] Anthropologisch und handlungsrelevant, also im Kontext von Moral und Sittlichkeit betrachtet, wird das G. zum *Gut des Menschen*, «das zu verwirklichen das Postulat des Sittlichen ausmacht». Es ist «ein der Wirklichkeit gemäßes und ihrem Anspruch gerecht werdendes Leben». [96]

In der *Renaissance* wird der Standard des G., von Cicero in die *elocutio* gesetzt, der *inventio* zugeordnet. So gerät das G. in den Bannkreis menschlicher Aktivitäten. Der Primat des Willens, ein scotistischer und franziskanischer Topos, ist Ausdruck der irdischen Berufung des Menschen und findet seinen Inbegriff im Wahlspruch von C. SALUTATI: «Standum est in acie, conserendae manus, luctandum pro iusticia, pro veritate, pro honestate.» (Es gilt, an vorderster Front zu stehen, Hand anzulegen, für Gerechtigkeit, Wahrheit und Ehre zu kämpfen.) [97] Die Einflüsse von DUNS SCOTUS auf BERNARDINO DA SIENA, L. BRUNI und M. FICINO sind unverkennbar: Der «feste Wille ist der Kaiser des Weltalls», der Mensch, «fast gottgleich, erhält durch ununterbrochene Nachfolge das menschliche Geschlecht. Und dankbar erstattet er der Natur wieder, was sie ihm geliehen hat.» Die Idee des G. hat damit den vorbehaltlos gerühmten Gütern des bürgerlichen Lebens, der Ehe, dem Fortkommen, dem Ansehen zu weichen, *humanitas* ist eine «rein kulturelle Angelegenheit», die *litterae* werden tendenziell in Rhetorik aufgelöst. [98] Dort ist das G. präsent in der Forderung von M. NIZOLIO, Rhetorik und Grammatik seien zwar unentbehrlich, würden aber dank der anzustrebenden Nützlichkeit *(utilitas)* einerseits die seelischen Prozesse und ihr Innewerden fördern, andererseits die Beziehungen zu Moral, Politik und Wirtschaftslehre knüpfen. «Unser Bildungsuniversum kommt zustande durch das Vernehmen und Annehmen alles dessen, was einmalig in die Gattung des *Singulären* gehört, ohne jegliche Abstraktion, einzig und allein dank der verstehenden Einsicht in das Singuläre.» (Nostrum vero universum efficitur per comprehensionem et acceptationem omnium cuiusque generis singularium simul et semel, sine ulla intellectus a singularibus abstrahentis ope, sed solo intelligentiae singularia ipsa comprehendentis auxilio.) [99] Trotz des in der Renaissance neu aktivierten Platonismus ist das Thema des G. kaum mehr präsent, was freilich im humanistischen Kontext die Transzendenz nicht ausschließt. E. Grassi hat überzeugend nachgewiesen, daß das individuelle Leben sich nicht in sich selbst kehrt und sich dort erschöpft, sondern *objektive Transzendenz* bekundet und spiegelt. Die Idee des G. wirkt im Humanismus in der Gestalt des *Erhabenen* (Ps.-LONGINUS) weiter; das Erhabene überredet nicht, die an ihm orientierte Rhetorik bezeugt, «daß die Transzendenz, aus der das menschliche Wort entspringt und deren Ausdruck es ist, nie als Gegenstand aufgefaßt werden kann». [100] Das *agathón* findet so seine humanistische Rezeptionsgestalt. Die Trennung des literarisch G. vom sittlich G., also die Auflösung des catonisch-ciceronischen Ideals des *vir bonus dicendi peritus*, hat E. DOLET in seiner in emanzipatorischer Absicht geführten Polemik gegen ERASMUS vollzogen [101] und ging dafür in den Feuertod. Seine «Religion des Schönen» ist entscheidendes Vorspiel zur «éloquence française» [102] des 17. Jh.

1648 veröffentlicht B. GRACIÁN die ‹Agudeza y arte de ingenio›. [103] *Agudeza* [104], von Gracián in den ersten zwei Kapiteln theoretisch abgehandelt, vereinigt die hauptsächlichsten Merkmale des platonischen *agathón* auf sich. «Ein Verstehen ohne Pointen und findige Besonderheiten ist eine Sonne ohne Lichter und Strahlen.» [105] Im Vergleich mit dem Glanz des Geistes sind himmlische Konstellationen geradezu grob. Eine Pointe wahrzunehmen ist «adlergleich», sie zu produzieren «engelhaft». [106] Dank der Pointe hat der Mensch Zugang zu einer außergewöhnlichen Hierarchie. Die Pointe gehört zu jenen Dingen, die in Umrissen wohlbekannt, im Detail aber den wenigsten geläufig sind. Eine Pointe «läßt sich wahrnehmen, entgeht aber der Definition, auch die geringste Beschreibung ist noch willkommen». [107] Worauf diese Anschauung beruht, sagt Gracián kurz und bündig: «Der Geist begnügt sich nicht mit der Wahrheit allein, wie im Urteil: er zielt aufs Schöne.» [108] Die «absolute Ursache» der Pointe aber sei das *Kunstprodukt*, letzte metaphysische Instanz und zugleich Beleg dafür, daß es Gracián darauf abgesehen hat, ein Phänomen, das bislang dem Zugriff des Menschen entgangen ist, auf Prinzipien und produktive Regeln zurückzuführen. [109]

Die rhetorische Produktion vorab des vom Verfall der Metaphysik gekennzeichneten *19. Jh.* entspricht ganz der Verfassung der Rhetorik als Tropen- und Figurenlehre, läßt somit das Thema des G. nicht mehr zu. Es finden sich nicht einmal mehr Spuren davon, weder bei C. CHESNEAU DU MARSAIS [110] und P. FONTANIER [111] noch in den zeitgenössischen Rhetoriken des 20. Jh. Letztere stehen unter dem faktischen Gebot der Pluralität der Werte, sind nicht mehr der *einen* Idee des G. verpflichtet. Als Teil der Kommunikationswissenschaften fällt ihnen die (sittliche) Aufgabe zu, das herrschaftlich-totalitäre Schema von «Gut oder Böse» zu vermeiden und dem Publikum das G. situationsgerecht akzeptabel zu machen. [112] Gegen die ideologisch mit dem *einen* G. sich legitimierenden Absolutismen [113] tritt die *morale par provision* an [114] und bestimmt maßgeblich die Kommunikationstheorien. Der Konsensus – bis zur Moderne auf der Idee des G. und der Guten basierend – sei zwar immer noch eine ‹Idee›, die sich rhetorischer Wirkung verdankt, sei inzwischen aber, meint H. BLUMENBERG, wie das G. selbst, leer und redundant geworden. K.-O. APEL [115] subsumiert unter die regulative Idee die «ideale Kommunikationsgemeinschaft», Voraussetzung für die kognitive Verständigung über Etwas in der Welt. Dieses Postulat ist ein (legitimer) Abkömmling der Idee des G., deren kommunikationstheoretisch angelegte Transformation. Die rein kognitive, auf Objektwissen angelegte Gesamtstruktur soll ergänzt werden durch «cosubjektive Paradigmen», die den *Sinn* von Texten und die Erkenntnis von Werten überhaupt erst möglich machen. Apels nicht hintergehbare Präsuppositionen haben den gleichen Stellenwert wie das G. etwa bei Aristoteles; dieser entfaltet die leere Idee als Eudaimonie, jener als formale Struktur, um Geltungsansprüche erheben zu können und zu rechtfertigen. Hieraus ergeben sich die entsprechenden Topoi: Partner müssen gleiche Rechte haben, müssen Geltungsansprüche erheben können, dürfen einander nicht belügen. *Agathón* erscheint nun transformiert in der Version einer Ethik der Kommunikation bzw. in Form ihrer ethischen Grundnormen. Die Idee des G. kann der Ethik eine *formale* Einheit gewährleisten, gegen die Zersplitterung des *Ethos* im kaum überschaubaren, komplexen literarischen, rhetorischen, juristischen und wirtschaftlichen Kontext, inzwischen von der elektronischen Kommunikation eingeholt, vermag sie aber kaum verbindlich Einspruch zu erheben. [116]

Anmerkungen:
1 vgl. Arist. EN II 2, 1104b 30–1105a 1. – 2 vgl. ebd. VIII 2, 1155b 17–27; I 1, 1094a 18; I 4, 1096b 13; ders.: Topik III 1, 116b 8. – 3 vgl. Aristoteles, Physik II 3, 195a 23–25; Thomas von Aquin: Summa Theologica I, 5, 4c; ders.: De Veritate 21, 1 und 2; ders.: De div. nom. 1, lect. 3. – 4 vgl. Arist. EN II 5, 1106a 15–26; ausgeprägt unter Freunden und Gleichgesinnten, ebd. VIII 7, 1157b 33–1158a 1. – 5 vgl. ebd. I 5, 1097a 23. – 6 Arist. Rhet. I 9, 1366a 24; 1366b 33–36. – 7 vgl. Platon: Timaios, 87c 4–5. – 8 vgl. H. Lausberg: Hb. der lit. Rhet. (³1990) § 1133. – 9 vgl. Plat. Gorg. 454d–455a. – 10 vgl. Arist. Rhet. I 9, 1366a 29. – 11 Hermog. Prog. 7, in: Rhet. graec, Sp. II, 1; Prisciani praeexercitamina ex Hermogene versa, in: Rhet. Lat. min. 17; vgl. Quint. III, 7, 6. – 12 vgl. Arist. Rhet. I Kap. 4–14. – 13 vgl. M. Radau: Artis oratoriae breviarium (Venedig 1702) 123. – 14 vgl. Auct. ad Alex., 1421b 24–27, wo freilich anders gewertet wird und die Orte anders zugewiesen werden. Vgl. dazu: M. H. Wörner: Das Ethische in der Rhet. des Aristoteles (1990) 128, Anm. 43. – 15 vgl. Radau [13] 125. – 16 Arist. EN VIII 2, 1155b 19–20; Radau [13] 125. – 17 Radau [13] ebd. – 18 J. F. Coutine: Suarez et le système de la Métaphysique (Paris 1990) 325–401. – 19 M. Gribaldi Mopha: De ratione studendi (Lyon 1514) 140f., 148f. Gribaldi Mopha steht in einer bereits etablierten rhet.-juristischen Lehrtradition, empfiehlt er seinen Lesern doch, nebst den «modernen Kommentaren» jene eines Divi, Cini, Bartoli, Baldi, Signorelli, Alberici, Saliceti [...], Senensium, Ticinensium zu lesen; vgl. ebd. 140. – 20 Pindar: Frg. 121 (Snell/Maehler ²1955). – 21 vgl. Gorgias: Helena, Frg. 11 (9), in: Gorgias: Reden, Fragmente, Testimonien, hg. mit Übers. u. Kommentar von T. Buchheim (1989) 8, XXIV. – 22 vgl. Plat. Gorg. 455a 3–5. – 23 Anon. Proleg. 217, 8–9 (Rabe); Gorgias: Testimonia (28), Buchheim [21] 148. – 24 Gorgias: Helena, Frg. 11 (16), Buchheim [21] 12. – 25 vgl. ebd. – 26 Gorgias: Palamedes (3), Frg. 11a, Buchheim [21] 18. – 27 vgl. ebd. (18), Buchheim [21] 26. – 28 ebd. (29), Buchheim [21] 32. – 29 ebd. (26), Buchheim [21] 30. – 30 vgl. ebd. (3), Buchheim [21] 16f. – 31 Gorgias: Testimonia (28), Buchheim [21] 146; vgl. Plat. Gorg. 452d 5–e 4. – 32 Dissoi logoi, 1 (17), VS II 90, 407, 15–16. – 33 vgl. W. Kranz: Vorsokratisches IV: Die sogenannten ΔΙΣΣΟΙ ΛΟΓΟΙ, in: C. J. Classen(Hg.): Sophistik (1976) 634. – 34 vgl. Platon: Protagoras 351c 1–2. – 35 Anonymus Iamblichi: VS 89,3, II 401, 16–18. – 36 E. Dupréel: Protagoras, in: ders.: Les sophistes (Neuenburg 1980) 38; zur Moral des Hippias: vgl. ebd. 333ff. – 37 A. Levi: Anonymus Iamblichi, in: Classen [33] 616. – 38 E. Bignone: Ethische Vorstellungen Antiphons, in: Classen [33] 516 – 39 vgl. Platon: Philebos 52c1–d1. – 40 E. Dupréel: Hippias d'Elis II, in: ders. [36] 340. – 41 H. Kuhn: Das Sein und das Gute (1962) 86f. – 42 ebd. 94. – 43 vgl. Plat. Gorg. 500c 7–8; Kuhn [41] 211. – 44 vgl. R. Ferber: Platos Idee des Guten (²1989) 149. – 45 Dupréel [36] 101; B. Cassin: Positions de la sophistique (Paris 1986) – 46 vgl. C. Natali: Aristote et les méthodes d'enseignement de Gorgias, in: Cassin [45] 105–116. – 47 vgl. Aristoteles: Topik I 15, 107a 5. – 48 vgl. ders.: Ethica Eudemia VI 2, 1236a 23–25. – 49 ebd. I 8, 1217b 20–26. – 50 ebd. I 8, 1217b 25–26; vgl. dazu: P. Aubenque: Le problème de l'être chez Aristote (Paris ²1966) 176–178. – 51 vgl. Arist. EN III 5, 1113a 11. – 52 vgl. Gorgias: Epitaphios, Frg. 6 (2), Buchheim [21] 72. – 53 vgl. Platon: Parmenides 509b 9. – 54 vgl. Arist. EN II 6, 1106b 36–1107a 6. – 55 vgl. Arist. Rhet. II 23, 1399a 9–17, 17–28; II 24, 1401b 20–29. – 56 ebd. II 23, 1399a 11–17. – 57 vgl. Wörner [14] 349–352. – 58 vgl. Arist. Rhet. II 4, 1380b 36–37. – 59 vgl. ebd. II 2, 1378a 30–1378b 5. – 60 vgl. ebd. II 3, 1380b 25–28 u. 15–18. – 61 Aristoteles: Protreptikos, Frg. 10c (Ross [1955] 42); vgl. Cicero: De finibus bonorum et malorum II, 13, 40. – 62 Arist. EN VII 15, 1154b 7. –

63 vgl. G. K. Mainberger: Rhetorica I (1987) 295ff. – 64 vgl. Cic. De or. III, 69. – 65 ebd. III, 63. – 66 vgl. ebd. III, 76. – 67 vgl. ebd. III, 104ff.; I, 49. – 68 Cic. Or. II, 7–9; vgl. dazu: A. Michel: Rhétorique et philosophie chez Cicéron (Paris 1960) Kap. V, bes. 298ff., 322; M. Fumaroli: L'Age de l'éloquence (Genf 1980) 53. – 69 Cicero [61] V, 90. – 70 ebd. V, 95. – 71 vgl. Aug. Doctr. I, Kap. 20, 21; vgl. dazu Mainberger [63] § 22. – 72 Fumaroli [68] 15. – 73 K. Flasch: Das philos. Denken im MA (1987) 86–88. – 74 Boethius: Consolatio philosophiae. Trost der Philos., hg. von K. Büchner, Bd. 3 (1971) 7–10, 95–106; P. Courcelle: La Consolation de Philosophie dans la tradition littéraire (Paris 1967) 101–158, 159ff. – 75 L. Valla: De vero falsoque bono, hg. von M. De Panizza-Lorch (Bari 1970) 14f.; Flasch [73] 530ff. – 76 W. Hübener: ‹Malum auget decorem in universo›. Die kosmologische Integration des Bösen in der Hochscholastik, in: A. Zimmermann (Hg.): Die Mächte des Guten und Bösen. Vorstellungen im 12. und 13. Jh. über ihr Wirken in der Heilsgesch. (1977). – 77 W. Beierwaltes: Eriugena. Aspeke seiner Philos., in: H. Löwe (Hg.): Die Iren und Europa im frühen MA, Bd. 2 (1982) 799; ders.: Eriugena. Grundzüge seines Denkens (1994). – 78 Johannes Scotus Eriugena: De divina praedestinatione liber, hg. von G. Madec (Turnhout 1978) (= Corpus Christianorum L); K. Flasch: Einf. in die Philos. des MA (1987) 32–34. – 79 N. M. Häring (Hg.): Magistri Theoderici Carnotensis Tractatus de sex dierum operibus: de causis et ordine temporum/ Die Erschaffung der Welt und ihr Schöpfer nach Thierry von Chartres und Clarenbaldus von Arras, in: W. Beierwaltes (Hg.): Platonismus in der Philos. des MA (1969) 232–233. – 80 E. Berti: Il bene in Tommaso d'Aquino (Bologna 1988); J. Pieper: Die Wirklichkeit und das Gute (⁵1949); S. MacDonald (Hg.): Being and Goodness. The Concept of the Good in Metaphysics and Philosophical Theoloy (Ithaca/London 1991). – 81 Johannes Scotus Eriugena: De divisione naturae III 19, 681 C. – 82 Meister Eckhart: Daz buoch der goetlichen troestunge, Deutsche Werke Bd. 5, hg. von J. Quint (1976) 1–105; B. Mojsisch: Meister Eckhart: Analogie, Univozität und Einheit (1983) 70f. – 83 Mojsisch [82] 81. – 84 Eriugena [81] I 212, 27. – 85 ebd. III 2, 627 C. – 86 C. Baeumker: Der Platonismus im MA, in: Beierwaltes [79] 45. – 87 Ps.-Dionysius: De divinis nominibus IV § 1, MG 3, 693 B. – 88 ebd. – 89 Thomas von Aquin: Summa theologica I q. 5 a. 4 ad 2. – 90 S. Otto: Bonaventuras christologischer Einwand gegen die Geschichtslehre des Joachim von Fiore, in: Zimmermann [76] 113–130. – 91 ebd. 130. – 92 Arist. Rhet. III 2, 1405a 12–13. – 93 Hübener [76] 2f. – 94 LMA, NS s.v. Sp. 1081f. – 95 Galbert von Brügge: Passio Karoli comitis Flandriae, hg. von H. Pirenne, Collection de textes 10 (1891) 2. – 96 E. Schockenhoff: Bonum hominis. Die anthropologischen und theologischen Grundlagen der Tugendethik des Thomas von Aquin (1987) 575; E. Kaczynski, F. Compagnoni (Hg.): La virtù e il bene dell'uomo: il pensiero tomista nella teologia postmoderna (Bologna 1991). – 97 C. Salutati: De saeculo et religione I, 1, Cod. Riccard 872, fol. 30–42, zit. nach E. Garin: Der italienische Humanismus (1947) 21. – 98 ebd. 39. – 99 M. Nizolio: De veris principiis et vera ratione philosophandi contra pseudophilosophos libri IV, zit. I, 7 (Parma 1553). Die Schrift wurde 1674 von Leibniz neu herausgegeben. Vgl. dazu Garin [97] 206, Anm. 8. – 100 E. Grassi: Verteidigung des individuellen Lebens (1946) 167. – 101 vgl. E. Dolet: De imitatione ciceroniana (Lyon 1535; ND hg. von E. V. Telle, Genf 1974). – 102 Fumaroli [68] 110–115. – 103 zit. nach: B. Gracián: La Pointe ou l'art du génie, hg. von M. Gendreau-Massaloux, P. Laurens (Unesco 1983). – 104 vgl. Art. ‹Acutezza›, in: HWR I, Sp. 88–100. – 105 Gracián [103] 43. – 106 ebd. 44. – 107 ebd. 46. – 108 ebd. – 109 vgl. Gendreau-Massaloux, Laurens [103]: Introduction, 26. – 110 vgl. C. C. Du Marsais: Traité des Tropes (1730; ND Paris 1977). – 111 vgl. P. Fontanier: Les figures du discours (1821; ND Paris 1968); A. Compagnon: Martyre et résurrection de Sainte Rhétorique, in: B. Cassin: Le plaisir de parler (Paris 1986) 157–172. – 112 vgl. A. Lempereur (Hg.): L'homme et la rhétorique (Paris 1990); F. G. Wimmer: Die Relevanz von Werthaltungen im internationalen Vergleich (1991). – 113 vgl. K. R. Popper: Der Zauber Platons (1957). – 114 H. Blumenberg: Anthropologische Annäherung an die Rhet., in: ders.: Wirklichkeiten, in denen wir leben (1981) 109ff. – 115 K. –

O. Apel: Transformation der Philos. Das Apriori der Kommunikationsgemeinschaft, Bd. 2 (1976) 220ff.; 358ff. – **116** vgl. G. K. Mainberger: Inflationäre Ethik – geschwächtes Ethos. Rhet. und Kommunikations-wiss. im Vergleich, in: A. Holderegger (Hg.): Ethik der Kommunikation. Grundlagen (1992) 121–149.

Literaturhinweise:
A. MacIntyre: The Privatisation of Good, in: The Revue of Politics 52 (1989) 344ff. – R. Bubner: Theorie und Praxis bei Platon, in ders.: Antike Themen und ihre moderne Verwandlung (1992) 22–36. – ders.: Das G. in der Aristotelischen Metaphysik, ebd. 164–187. – L.-M. Nodier: Anatomie du Bien. Explication et commentaire des principales idées de Platon concernant le plaisir et la souffrance, la bonne façon de vivre et la vie en general (Paris 1995).

G. K. Mainberger

→ Affektenlehre → Ethik → Ethos → Gemeinwohl → Philosophie → Politische Rhetorik → Redner, Rednerideal → Utilitas

Gymnasialrede

A. Def. – B. I. Antike. – II. MA. – III. Frühe Neuzeit. – IV. Aufklärung. – V. 19. Jh. – VI. 20. Jh.

A. Unter G. ist die mündliche, im eigentlichen Sinne oratorische Praxis des höheren Bildungswesens zu verstehen. Sie ist der schriftlichen rhetorischen *exercitatio* gegenüber bisweilen quantitativ geringer, qualitativ jedoch fast immer von großer Bedeutung, da den schriftlichen Übungen *(Aufsatzlehre)* wenigstens bis Ende des 18. Jh.s curriculär nach-, d. h. übergeordnet und ihrer Finalität nach auf Öffentlichkeit hin orientiert. An ihr haben Schüler und Professoren des Gymnasiums gleicherweise als Verfasser wie als praktisch Ausführende teil. Die Nähe zur *declamatio* [1] als allgemeiner Übung des mündlichen Vortrages einer – meist schriftlich ausgearbeiteten und nur sehr selten extemporierten – ganzen Rede ist evident. Dies markiert deutlich den Unterschied zur *disputatio* als spontaner Kontrovers-Rede. [2] Daß schon Quintilian die *declamatio* als Erholung von den forensischen *disputationes* beschreibt [3], unterstreicht diese Differenz.

Zwei Teilbereiche lassen sich unterscheiden. Zum ersten gibt es jenen Typus der G., die in der täglichen Unterrichts-Routine ihren Platz hat und deren Ausführende ausschließlich die Schüler selbst sind. Hierbei handelt es sich um Übungen zum Auswendiglernen der Muster, zur allgemeinen Schulung von *memoria* und vor allem als Übung von *actio* bzw. *pronuntiatio*. Solche *declamationes* in Prosa und in Vers konnten sich also auf auswendig vorgetragene Texte der *praecepta* beziehen und traten dann oft schon sehr früh im Curriculum auf; oder sie betrafen auch von Schülern selbst verfaßte Texte, was erst in den oberen Klassen der Fall war. Die G. vom Typus der ausschließlich von Schülern innerhalb des Unterrichts gehaltenen Rede ist in einem noch engeren Sinn als der außenorientierte Typus, deren propädeutische Vorform er darstellt, an die pädagogischen Absichten der Institution Schule gebunden. Doch obwohl der öffentliche mündliche Vortrag das stete Ziel der pädagogischen Bestrebungen auf den gelehrten Schulen war, geben selbst Lehrbücher, die explizit darauf hinführen, oft keinen Hinweis auf die Art der mündlichen Übungen. [4] Man ist also häufig auf andere Quellen als die rhetorischen Lehrbücher selbst angewiesen bzw. auf einen anderen Begründungszusammenhang für den Status der G., und zwar auf Erziehungslehren,

Schulprogramme, Curricula, Verordnungen, Erlässe u. ä. – mit anderen Worten: auf die pädagogischen Quellen im weiteren Sinn. Eine Geschichte der unterrichtsbezogenen G. kann daher ausschließlich im Rahmen der pädagogischen Absichten und Konzepte der Schule dargestellt werden, die ebenso wie die institutionellen Formen ihrer Selbstrepräsentation sozialgeschichtlich begründet sind.

Zum zweiten hat man jenen Typus der G. vor sich, welcher die meist festliche Repräsentation der Schule nach außen hin betrifft und nach Anlässen differenziert ist: Semesterbeginn, Habilitations- oder Antrittsrede, anlaßbezogene politische Reden und Ansprachen (Friedensschluß, Fürstenvermählung, Regierungsjubiläen etc.), schulische *actus* [5] zu weltlichen und kirchlichen Festen sowie politischen Ereignissen, Schultheater etc. Dieser Typus der G. hat fast immer Professoren zu Verfassern, Ausführende sind sowohl diese wie auch Schüler (die von Schülern verfaßten festlichen G. stellen eher die Ausnahme dar). Nur dieser repräsentative Typus der G. hat letztlich echten Textstatus erlangt und sich dank dessen überhaupt in schriftlicher Überlieferung erhalten. Der unterrichtsbezogene Typus dagegen ist, selbst wo er sich als vom Schüler verfaßte Übungsrede vertextlicht hat und nicht bloß memoriale Wiedergabe der *praecepta* darstellt, fast ausschließlich als Verbrauchsrede definiert und nicht überliefert.

Die genannten sozialen und pädagosichen Ansprüche der Schulpraxis definieren somit das Genus G. systematisch wie historisch. Über die G. läßt sich somit nur sprechen, wenn zugleich der *institutionsgeschichtliche Status des Gymnasiums* geklärt wird. «Gymnasium» ist ein Name für diachron wie synchron durchaus Heterogenes. In der griechischen *Antike* versteht man darunter einen gegliederten Gebäudekomplex, welcher der Jugendbildung dient, zu der sowohl körperliche (Gymnastik) als auch geistige Übungen (Rhetorik und Philosophie) gehören. Die Römische Republik kennt noch keine vergleichbaren Gebäude, in der Kaiserzeit vertreten dann öffentliche Bäder deren Stelle. Die Gymnasien des *Mittelalters* entstehen aus den Dom-, Stifts- und Klosterschulen, deren Verfall im Verein mit dem Aufblühen der Städte zu zahlreichen Neugründungen von Gymnasien als Gelehrte Stadtschulen vor allem seit dem 15. Jh. führt. Gymnasium einerseits und Hohe Schule/Universität andererseits sind bis zum Beginn der Frühen *Neuzeit* jedoch nicht klar geschieden; noch im 16. Jh. werden die Begriffe für das gesamte höhere Bildungswesen synonym gebraucht. [6] – Die historischen Ausführungen zur G. betreffen für das Mittelalter bis zum 16. Jh. also auch die *Universitätsrede*, für welche jedoch im weiteren Verlauf eine eigene Tradition anzusetzen ist. [7] Im Laufe des 16. Jh. vollzieht sich die Ausdifferenzierung der Bildungsinstitutionen praktisch wie begrifflich nur langsam; in der Terminologie des Lateinischen, das das Bildungswesen dominiert, ist sie durch «schola privata» (Gymnasium) und «schola publica» (Universität) angezeigt. [8] Mit «Gymnasium» kann fortan und bis heute jene Vielfalt an Institutionen bezeichnet werden, deren gelehrter Unterricht auf das Studium an einer Universität vorbereitet, selbst wenn der Name «Gymnasium» während der gesamten Neuzeit nicht von allen diesen Institutionen auch wirklich geführt wird.

Anmerkungen:
1 vgl. H. Lausberg: Hb. der lit. Rhet. (1973) § 1146–48. – **2** vgl. G. François: «Declamatio» et «disputatio», in: L'Antiquité

Classique 32 (1963) 513–540. – **3** Quint. X 5, 14. – **4** vgl. J. Willich: DE FORMANDO STVDIO IN QVOLIBET ARTIVM ET SACRARVM ET PROphanarum genere consilium. AVTO. D. IODO. Vuillichio Reselliano. [Vignette.] FRANCOFORTI ad Viadrum per Iohann. Eichorn ANNO M.D. LI, Fol. 2r–v. – **5** vgl. W. Barner: Barockrhet. (1970) 291–302. – **6** vgl. E. Reicke: Magister und Scholaren. Illustrierte Gesch. des Unterrichtswesens (1901; ND 1976) 97. – **7** vgl. Barner [5] 387–447. – **8** R. Stichweh: Der frühmoderne Staat und die europäische Univ. (1991) 253.

B. I. Antike.

Declamatio, disputatio, Progymnasma und Gymnasma werden seit dem 4. Jh. v. Chr. als «letzte von allen Formen des rhetorischen Unterrichts erfunden». [1] Der Begriff der G. läßt sich demnach im Horizont der antiken *declamatio* dort auflösen, wo diese von der rhetorischen Theorie selbst explizit zu Zwecken der schulischen Jugendbildung instrumentalisiert wird. In Griechenland lehrt am Gymnasium der ῥήτωρ *(rhétōr)* eine stark formalisierte Abfassung von Texten, von den Progymnasmata des APHTHONIUS und des HERMOGENES ausgehend. Ziel ist die Verfertigung von praxisbezogenen Reden, die zumeist dem *genus iudiciale* zugehören. Die römische Rhetorik übernimmt dieses Konzept zum Teil. Bei QUINTILIAN etwa gelten die *declamationes,* «quales in scholis rhetorum dicuntur» (die in den Rhetorikschulen vorgetragen werden), für die Heranwachsenden als gute Übung im Hinblick auf *inventio* und *dispositio,* wenn diese *declamationes* der Wirklichkeit angepaßt und Reden gleich sind. [2] Zur Übung schlägt Quintilian vor, daß prozeßähnliche Stellen aus Komödien deklamiert werden und daß die Schüler bei einem Lehrer der Ringschule Körperunterricht nehmen [3], um für die *actio* zu üben.

Damit ist zugleich der weite Bereich der antiken *Schulrede* angesprochen, wie sie seit dem 5./4. Jh. v. Chr. belegt ist. [4] An ihr partizipieren sowohl die Schüler wie auch die Lehrer und erwachsene Besucher der privaten rhet. Schulen, die die einzige extensive Form der höheren Bildung bereitstellen. [5] Die Schulrede dient daher nicht allein der rhetorischen Ausbildung, sondern setzt Musterreden zur allgemein theoretisch-praktischen Unterweisung der Schüler ein. Zumal in der römischen Kaiserzeit zog sich die Schulrede (als *scholastica* bezeichnet im Unterschied zur öffentlichen Rede) häufig auf das *genus epideicticum* zurück, bot aber auch einen Freiraum, der es erlaubte, daß sogar republikanische Ideen ohne Furcht vor Konsequenzen geäußert werden konnten – zumindest unter Augustus. [6] Zugleich ist dadurch jedoch eine Abkoppelung der im wirklichen Leben verankerten forensischen *oratio* von der Schulrede als Form der *declamatio* angezeigt, die diese bisweilen als «exotic products» [7] erscheinen läßt. Quintilian reflektiert diese Diskrepanz zwischen Schule und wirklichem Leben, wenn er mit Nachdruck fordert, die schulische *declamatio* müsse eine Übung für die forensische Rede sein [8], so daß im Idealfall kein Unterschied besteht [9], er zugleich jedoch den Verfall der G. als den Hauptgrund für den Verfall der modernen Beredsamkeit verantwortlich macht. [10] Ähnliche Kritik an der Praxis der *declamatio* äußert TACITUS im ‹Dialogus›. [11]

Anmerkungen:
1 H. Rahn: Morphologie der antiken Lit. (1969) 90. – **2** Quint. II,10, 1–9; X,5, 14. – **3** ebd. I,11, 12–19. – **4** vgl. G. Ueding, B. Steinbrink: Grundriß der Rhet. Gesch. – Technik – Methode (²1986) 13. – **5** G. Kennedy: The Art of Rhet. in the Roman World 300 B.C. – A.D. 300 (Princeton 1972) 318. – **6** vgl. S.F. Bonner: Roman Declamation in the Late Republic and Early Empire (Liverpool 1949) 43. – **7** ebd. – **8** Quint. II,10, 4 u. 10, 7f. u. 10, 12. – **9** ebd. II,10, 9. – **10** ebd. II, 10, 3. – **11** Tac. Dial. 30, 1–2; 34, 1–7; 35, 1–5.

Literaturhinweise:
L. Grasberger: Erziehung und Unterricht im klass. Altertum. 3 Bde. (1881). – C. Ritter: Die Quintilianischen Declamationen (1881; ND 1967). – H. Banecque: La déclamation et les déclamateurs d'après Séneque le père (Lille 1902). – B. Appel: Das Bildungs- und Erziehungsideal Quintilians nach der institutio oratoria (1914). – D.L. Clark: Rhet. in the Greco-Roman Education (New York 1957). – H.-I. Marrou: Gesch. der Erziehung im klass. Altertum (1957). – F.H. Turner: The Theory and Practice of Rhet. Declamation from Homeric Greece through the Renaissance. (Phil. Diss. Temple Univ. 1972). – J. Martin: Antike Rhet. Technik und Methode (1974). – S.F. Bonner: Education in Ancient Rome (London 1977). – M. Fuhrmann: Die antike Rhet. Eine Einf. (1984).

II. Mittelalter.

Den philologischen Bedürfnissen und der sich daraus ergebenden Unterrichtspraxis des Mittelalters gemäß, verharrt die Schulrede auf dem Usus, auswendiggelernte *praecepta* mündlich vorzutragen. Die G. vom außenorientierten Typus läßt sich ab dem Mittelalter in ihrem sozialen Stellenwert, ihren Zielen und ihrer Erscheinungsweise deutlicher spezifizieren als der unterrichtsbezogene Typus. Die G. hat innerhalb der Institution ‹Gymnasium› (im von der Universität noch nicht differenzierten Sinn) bis zur Frühen Neuzeit drei Formen: die Semesteranfangs-, d.h. die Inauguralrede; die Vorlesungs- und die Habilitationsrede. Gegenstand einer Inauguralrede war üblicherweise das Lob der Wissenschaften bzw. ihrer einzelnen Fächer. Die Aufforderung, eine Inauguralrede zu halten, erging vom Rektor und betraf bisweilen auch neu angestellte Professoren. «Eine solche Inauguralrede wurde dann zugleich als Habilitationsrede betrachtet.» [1] Auch die Vorrede zu einer Vorlesung konnte «die Stelle einer Habilitationsrede» [2] vertreten; sie konnte u.U. auch von einem Schüler des Professors als Anmahnung zum Fleiß an die Hörer gehalten werden. Wie die Inauguralrede erscheint die Vorlesungsvorrede bisweilen als repräsentativer Typus der G., wenn etwa der Fächerkanon des Gymnasiums oder des die Rede haltenden Professors in Gegenwart städtischer und/oder adeliger Honoratioren gelobt wurde. Hauptsächlicher Gegenstand dieser Reden ist die Interpretation eines vorbildlichen Autors, wobei die idealtypisch achtteilige Redegliederung dafür bis in die Frühe Neuzeit nach dem folgenden Schema erhalten bleibt: *intentio auctoris* (Absicht des Verfassers) – *utilitas* (Nutzen) – *cuius sit liber* (wer das Buch verfaßt hat) – *titulus* (Titel) – *ordo* (Aufbau) – *divisio* (Unterteilungen) – *modus doctrinae* (Art der Lehre) – *ad quam philosophiae partem reducatur liber* (auf welchen Teil der Philosophie das Buch zurückgeführt werden kann). [3] Sichtlich wird der Mustertext auf seine in ihm enthaltenen universellen Wahrheiten hin zergliedert. [4]

Anmerkungen:
1 Reden und Briefe ital. Humanisten. Ein Beitr. zur Gesch. der Päd. des Humanismus. Mit Unterstützung der Kais. Akad. der Wiss. in Wien veröffentlicht v. K. Müllner (Wien 1899; ND 1970) V. – **2** ebd. VI. – **3** vgl. ebd. V. – **4** vgl. R. Stichweh: Der frühmoderne Staat und die europäische Univ. (1991) 115.

Literaturhinweise:
J.J. Murphy: Rhet. in the Middle Ages (Los Angeles/London 1974). – J.J. Murphy (Ed.): Renaissance Eloquence (London 1983).

III. *Frühe Neuzeit.* Das 16. Jh. begründet die am Lateinischen orientierte humanistische Gelehrtenschule, die im protestantischen wie im katholischen – hier normbildend: die jesuitischen Gymnasien – Raum zur leitenden Bildungsinstanz aufsteigt. Die erste gleichsam offizielle reformatorische Schulordnung ist die von MELANCHTHON konzipierte Kursächsische aus dem Jahr 1528. Deutsch, Griechisch und Hebräisch sind ausdrücklich ausgeschlossen. Stilistisches Vorbild ist Cicero, was auch für STURMS Straßburger Schulordnung (1538) gilt, die allerdings erst nach einem deutschen Propädeutikunterricht zum Lateinischen voranschreitet. Rhetorik wurde generell in den obersten Jahren gelehrt. [1] Analoges gilt für die Jesuitengymnasien, die seit der Mitte des 16. Jh. die gegenreformatorischen Bestrebungen unterstützen. Die Unterschiede in der Substanz des gelehrten Unterrichts sind zwischen den protestantischen und den katholischen Gelehrtenschulen zu vernachlässigen. [2] Pädagogisches Ziel sind hier wie dort *pietas* (Frömmigkeit), *virtus* (Tugend) und *eloquentia* (Beredsamkeit). Die G. soll innerhalb dieses Rahmens als Vorbereitung auf die lebensweltliche Redepraxis in Hof, Stadt und Kirche dienen: Erst die mündlichen Übungen «erheben die sprachlich-kompositorische Fertigkeit zur eigentlichen Eloquenz». [3] Seit dem Humanismus verschmilzt die rednerische *actio* auf dem Gymnasium tendenziell mit der Schauspielkunst (Schul- und Ordenstheater). Konvergenzpunkt zwischen G. und Schauspiel sind für das traditionell gelehrten Bereich *declamatio* und *dialogus* [4], für die Ritterakademien zusätzlich die *consultationes*. [5] Anders formuliert: Schon im unmittelbaren Gefolge von Sturms Straßburger Schulordnung steht die G. in einem Gradusmodell nützlicher mündlicher Übungen vor der *disputatio* und dem Schultheater, das auch soziale Rollen und Normen einüben helfen soll. Exemplarisch dafür sei auf die ‹Palaestra nobilium› (1654) von J. PASTORIUS verwiesen: Öffentliche Vortragsübungen *(recitationes)* in Gegenwart von Oberstufenlehrern basieren auf der Grundlage von korrigierten Aufsätzen begabterer Schüler; die Vortragenden werden hinsichtlich ihrer Fehler in der *elocutio* oder in der *actio* korrigiert; bisweilen schließen sich daran Schulactus, die den Schüler in die öffentliche Oratorie einüben sollen. [6] Die überragende Stellung, die der Rhetorik in der Ausbildung wie im Leben zugemessen wurde, erklärt die riesige Menge an Schulrhetoriken, die im protestantischen wie im katholischen Raum der Zeit entstehen. [7]

Die Reformbestrebungen des pädagogischen Realismus, die auf veränderte soziale Ansprüche dem Gelehrtenstand gegenüber antworten, tasten die Bedeutung der Rhetorik nicht an, sondern definieren sie neu; sie gehen zunächst aus dem protestantischen Schulbetrieb hervor (z.B. W. RATKE, J. A. COMENIUS, J. B. SCHUPP), breiten sich aber auch bei den Humanisten aus. G. VOSSIUS z. B. entwirft ein pädagogisches Konzept, das die traditionelle Unterweisung in *res* und *verba* deutlich hin auf die Aneignung der Realien im Rhetorik-Unterricht verschiebt und die Redepraxis der Schule dem Zweck der Sachkenntnisse unterwirft. [8] *Historia* (auch: *historia naturalis*), *scientia naturalis*, *ars medica* und Jurisprudenz gehören neben Mathematik, Logik, *prudentia civilis* und Theologie zu den gelehrten Disziplinen, deren künftiger Erwerb über die rhetorisch-poetologische Unterweisung gesichert werden soll [9], was konsequenterweise auch eine Absage an den überlebten Ciceronianismus [10] bedeutet; vielmehr soll die Sprache den Anforderungen der modernen Landwirtschaft, des Militärs und der Architektur angepaßt werden. [11] Oberstes didaktisches Instrument und Ziel gleicherweise ist daher die mündliche *exercitatio*; denn es gilt: *oratoria* «politicæ est instrumentum». [12]

Die Orientierung der G. am Bedarf der modernen Realienkunde bedeutet eine Abkehr von allen stilistischen und dispositorischen Mustern einer *imitatio*, die ihre antiken Vorbilder strikt normativ versteht und sich solcherart zunehmend den Vorwurf des Pedantismus einhandelt. [13] In diesem Sinne schreibt J. B. SCHUPP in einem auf das Jahr 1638 datierten Traktat: «Jn Schulen sind wir die allerberühmteste[!] Redner/ kommen wir aber auffs Rathauß/ oder in die Kirche/ so verursachen wir entweder ein Gelächter/ oder ein Mitleiden.» [14] Die künftige Berufspraxis des Schülers ist hier – und damit lange vor C. Weises «politischer Rhetorik» – der Fokus der Pädagogik am Gegenstand der G.: «Gleich wie ein kluger Feld=Herr seine Soldaten in steter Musterung unterhält: Also wollen wir auch in diesen Schulwesen das jenige zu reden/ uns unterfangen/ dessen wir dermaleins in dem Regiment/ oder auff der Cantzel werden benötigt seyn.» [15] Hiermit ist natürlich nicht eine je fachliche Ausbildung der Schüler bereits durch die Schulrhetorik gemeint, sondern vielmehr die universalistische Geltung der Rhetorik als Grundlage aller Universitätsfächer betont [16], auf welche die G. hinführen soll.

Das gilt von der lateinischen Rhetorik ebenso wie von der deutschsprachigen, der auf dem Gymnasium erst nach 1700 im protestantischen Bereich durch die Bemühungen C. WEISES Bahn gebrochen wird. (Regionale Differenzierungen sind auch hier zu berücksichtigen: In Gotha etwa gehören deutsche Redeübungen auf dem Gymnasium schon im 17. Jh. zum Curriculum. [17]) Hat schon bei Vossius die Mündlichkeit an oberster Stelle der Sprachbeherrschung gestanden [18], so ist die «oratio practica» bei Weise der Fluchtpunkt all seiner pädagogischen Anstrengungen; die schriftliche *exercitatio* erscheint nachgerade als ihre Propädeutik. [19] Der G. kommt die Vorbereitung auf das öffentliche Reden als berufliches Officium zu, das sich in der geistlichen und der politischen Rede konkretisiert. Mit dem Begriff «Schul=Reden» bezeichnet Weise demnach ein Inventar an Reden, die von der späteren beruflichen Verantwortung geprägt sind und daher nicht vom Schüler als Verfasser ausgehen, sondern den Professor als «auctor» aufweisen. [20] «Schul=Reden» sind: 1.) «Orationes extemporales» [21] (fachliche Erläuterungen, Ermahnungen, Antwort- und Dankreden auf Schülerreden); 2.) «Orationes præmeditatae» [22] (öffentliche und Festreden, Reden in Schulactus und «Jn Comœdien [23]»); 3.) «Orationes singulares» [24] (der Schulmann als geistlicher und politischer Redner, z. B. bei Landtrauer, Friedensschluß etc.). Wie radikal Weise in der Tat auch den gesamten Text einer «Comœdie» als G. versteht, wird deutlich, wenn man sich deren *dispositio* vor Augen hält, die bei Weise identisch mit der *dispositio* einer *oratio* ist und dem folgenden Schema gehorcht: *Antecedens* (Thema des Stücks) – *Connexio* (Intrigen, Verwirrungen) – *Consequens* (der fröhliche Ausgang). [25] Auffällig daran ist, daß zwar das ganze Stück als Rede gilt, daß aber der einzelne Schüler in seiner Rolle eben keine vollständige *oratio* mehr vorträgt, sondern nur einen Teil, der in seiner notwendig kontroversiellen (dialogischen) Gestaltung sich beinahe der *disputatio* anzunähern scheint. Doch erstens ist dem Schüler noch nicht die Verantwortung für seine Äußerung überlassen (er extemporiert nicht), und zweitens macht sich im Sinne einer modernen, politischen Rhetorik ein Normenwandel bemerkbar: Im Hinblick auf eine höfische Welt als Adressaten der meisten öffentlichen Reden darf die sprachliche Äußerung des einzelnen nicht mehr die pedantische Qualität eines fertigen «Werkes» besitzen, sondern muß gleichsam prozessual, perspektivisch angepaßt, versatil und kurz sein. [26] Genau dies wird dem Theater spielenden Schüler hier vermittelt. Erst bei Weise werden als Sonderform der G. die «Orationes singulares», die vom schulischen Anlaß abgelösten geistlichen oder politischen Reden eines Schullehrers, in den Kontext der «Schul=Reden» gerückt. Dies ist ein Unterschied zu akademischen Reden, die wesentlich früher eine politisch-öffentliche Funktion einnehmen. Verschränkungen der beiden Bereiche lassen sich indessen etwa für das 16. Jh. aufzeigen. So verfaßte D. Chytraeus, Professor an der Universität Rostock und seit 1563 ihr Rektor, im Rahmen seiner Organisationstätigkeit für die protestantischen Kirchen in Niederösterreich und der Steiermark zwei Reden, die am 27. und am 31. Mai 1574 «in [...] Schola prouincialium Stiriæ» gehalten wurden – die erste, eine geistlich-politische mit dem Titel ‹ORATIO DE SCHOLARVM IN ECCLESIA DEI NECESSITATE ET SVCCESSIONE perpetua› von Chytraeus selbst, die zweite, eine panegyrische auf Kaiser Ferdinand, von einem «nobilis adolescens», dem Grafen Sigismund Saurau. Beide Texte wurden gemeinsam im folgenden Jahr gedruckt [27] und später im Verbund mit Chytraeus' Universitätsreden weiter überliefert. [28]

Die Drucklegung von G. ist im Unterschied zu den akademischen Reden jedoch eine seltenere und allgemein spätere Erscheinung. Absicht war es dabei, diese G. selbst zu *praecepta* zu machen und sie zur *imitatio* im Unterricht einzusetzen; so gibt Weise in den genannten ‹Oratorischen Fragen› (1706) stets *exempla* aus eigener Feder, die allerdings im Kontext der jeweiligen theoretischen Anweisung verbleiben. Etwas anderes sind dagegen selbständig publizierte G. Musterbeispiel eines solchen Drucks sind die Reden, die Petrus Lambecius in seiner Eigenschaft als Professor für Geschichte am Hamburger Gymnasium (seit 1652) sowie als Rektor ebenda (1660–1662) gehalten hat. Die ‹ORATIONES ALIQUOT in illustri Gymnasio Hamburgensi habitæ› enthalten u. a. die Inauguralreden zu seiner Professur, seinem Rektorat sowie seiner Liviusvorlesung (Oktober 1653), aber auch Programme, d. h. kurze dispositionell-argumentative Skizzen von Reden, die sich auf die Nützlichkeit der Künste oder des Reisens beziehen sowie Inaugurationen von Kollegen umfassen. [29] Der Funktionstyp dieser G. ist unverkennbar an jener alten Form orientiert, die zwischen Schule und Universität noch nicht unterschieden hatte.

Anmerkungen:
1 vgl. F. Paulsen: Gesch. des gelehrten Unterrichts auf den dt. Schulen und Univ. vom Ausgang des MA bis zur Gegenwart. Mit bes. Rücksicht auf den klass. Unterricht. Bd. 1 (1919) 423ff. – 2 vgl. B. Bauer: Jesuitische «ars rhetorica» (1986), bes. 87ff., 119ff., 177ff., 247ff., 255ff., 319ff., 457ff., 546ff. – 3 W. Barner: Barockrhet. (1970) 449. – 4 vgl. ebd. 350f. – 5 vgl. M. Kramer: Rhetorikunterricht und dramatische Struktur. Am Beispiel der *consultationes*, in: A. Schöne (Hg.): Stadt – Schule – Univ. – Buchwesen und die dt. Lit. im 17. Jh. Vorlagen und Diskussionen eines Barock-Symposions der Dt. Forschungsgemeinschaft 1974 in Wolfenbüttel (1976) 261–274. – 6 vgl. J. Pastorius: Palaestra nobilium (1654), in: T. Crenius: De philologia (1696) 252. – 7 vgl. D. Breuer u. G. Kopsch: Rhetoriklehrbücher des 16. bis 20. Jh. Eine Bibliogr., in: H. Schanze (Hg.): Rhet. Beitr. zu ihrer Gesch. in Deutschland vom 16.–20. Jh. (1974) 219–355. – 8 vgl. G. Vossius: Diss. generalis. In: GERARDI IO. VOSSY et aliorum Dissertationes de STUDIIS Bene Instituendis. TRAIECTI ad RHENVM. Typis: Theod. Ackersayck et Gysb: Zylii. Anno 1650. – 9 vgl. ebd. 3–5. – 10 vgl. ebd. 15. – 11 vgl. ebd. – 12 ebd. 6. – 13 vgl. dazu W. Kühlmann: Gelehrtenrepublik und Fürstenstaat. Entwicklung und Kritik des dt. Späthumanismus in der Lit. des Barockzeitalters (1982) (= Stud. und Texte zur Sozialgesch. der Lit. 3). – 14 J. B. Schupp: Der Ungeschickte Redner/ Mit Einwilligung seines Meisters übersetzt von M. B. Kindermann, in: Doct: Ioh: Balth: SCHUPPII Schrifften. O. O. u. J. 848–971 [recte: 871]; hier 849. – 15 ebd. 850. – 16 vgl. ebd., 869. – 17 vgl. E. Reicke: Magister und Scholaren. Illustrierte Gesch. des Unterrichtswesens (1901; ND 1976) 117. – 18 vgl. Vossius [8] 20. – 19 vgl. die Disposition von C. Weise: Oratorische Fragen (1706). – 20 vgl. ebd., 522. – 21 ebd., 523–532. – 22 ebd., 524 u. 532–548. – 23 ebd., 534. – 24 ebd., 524 u. 548f. – 25 vgl. ebd., 547. – 26 vgl. G. Braungart: Hofberedsamkeit. Stud. zur Praxis höfisch-politischer Rede im dt. Territorialabsolutismus (1988) (= Stud. zur dt. Lit. 96). – 27 vgl. D. Chytraeus: ORATIO IN SCHOLÆ PROVINCIALIVM STIRIAE INTRODVctione, habita A DAVIDE CHYTRAEO. Alia item DE FERDINANDO CÆSARE, ARCHIDVCE AVstriæ & principe Stiriæ &c. in eadem Schola prouincialium Stiriæ recitata. WITEBERGAE EXCVDEBAT IOHANNES CRATO, ANNO M.D. LXXV. – 28 vgl. z. B. DAVIDI CHYTRÆI THEOLOGI AC HISTORICI EMINENTISSIMI, ROSTOCHIANA IN ACADEMIA Professoris quondam primarii ORATIONES, Quarum seriem sexta abhinc pagina exhibet. Nunc demum in luce editæ A DAVIDE CHYTRÆO AUTHORIS filio. [Vignette.] HANOVIÆ, Typis Wechelianis, apud hæredes Ioannis Aubrii. M.DC. XIV, 41–60 u. 313–336. – 29 vgl. PETRI LAMBECII HAMBURGENSIS ORATIONES ALIQUOT in illustri Gymnasio Hamburgensi habitæ; unà cum PROGRAMMATIBUS NONNULIS publicè ibidem propositis. [Vignette.] HAMBURGI TYPIS MICHAELIS PIPERI A. Æ. C. M.DCLX.

Literaturhinweise:
U. Stötzer: Dt. Redekunst im 17. und 18. Jh. (1962). – K. Erlinghagen: Kath. Bildung im Barock (1972). – G. E. Grimm: Lit. und Gelehrtentum in Deutschland (1983). – M. van der Poel: De «declamatio» bij de Humanisten (Nijmegen 1987).

IV. *Aufklärung.* Die Theorie der G. in der Frühaufklärung, die Weise vorzubereiten geholfen hatte, setzt seine Pendantismuskritik fort; sie fokussiert ihre Kritik zunächst nur gegen die jüngeren Weiseaner (das sind Weidling, Schröter u. a.) [1], gelangt jedoch aufgrund des deutlichen sozialen Normenwandels bald zu Positionen, die Weises Konzepte selbst in Frage zu stellen beginnen (J. C. Gottsched). Hatte Weises «politische» Intention die Dreistillehre aufgelöst, so vollzieht F. A. Hallbauer eine klassizistische Erneuerung der römischen Rhetorik insofern, als er ihre *officia*-Trias *(docere, delectare, movere)* restituiert. [2] Dabei darf aber nicht übersehen werden, daß dies nicht als einfache Wiederbelebung eines überlebten Ciceronianismus geschieht, sondern unter der Voraussetzung, daß die Gegenwart sich eigene Regeln zur Erfüllung der *officia* zu setzen habe. Die strikte Befolgung der aus der antiken Rhetorik überlieferten Regeln unterliegt vielmehr einer scharfen Pedantismus-Polemik, die sich nun – und das ist ein Leitmotiv der Aufklärung – auf die Verwendung des Deutschen als Nationalsprache im Sinne eines Modernitätskriteriums zu berufen beginnt. Die deutsche Oratorie sei, so spottet Hallbauer in seiner ‹Anweisung Zur Verbesserten Teutschen Oratorie› (1725), in manchen Schulen so unbekannt «als die Zobeln im Thüringischen Walde». [3] Die meisten lernten die deutsche Oratorie nach falschen Regeln und gewöhnten sich also «keine natürliche und übliche/ sondern eine pedantische Schul=Beredsamkeit» [4] an. Aristoteles und Cicero seien keine Vorbilder, weil «unsre Republik eine gantz andere Art der Beredsamkeit erfordert». [5] Der Pedantismus-Vorwurf, der hierin steckt, ist nunmehr nicht formalistisch begründet, sondern politisch durch den wie auch immer metaphorisch verwendeten Begriff «unsre Republik». Unter den deutschen Reden versteht Hallbauer fünf Kategorien: 1. «Schul=Reden», 2. «Lob=Reden», 3. «Parentationen», 4. «politische Reden», 5. «geistliche Reden». [6] Die «Schul=Reden», die von «Lehrenden und Lernenden gehalten werden», «müssen von gelehrten Materien handeln, und selbige auch gelehrt, und nicht pedantisch ausführen». [7] Nur deutsche *declamationes* und *actus* läßt Hallbauer zu, weil die Jugend «in der Mutter=Sprache dereinst am meisten, oder wol gantz allein zu reden hat» [8] und weil sie auch mit dem Verstand erfassen soll, was sie vorträgt. Das Theaterspiel als jener Teil der Schulrhetorik, der am frühesten – d. h. noch im 18. Jh. – völlig abgeschafft werden wird, gerät in vorsichtige Kritik, ansonsten bleibt jedoch das Gefüge der anlaßbezogenen festlichen Redepraxis der Schulen unangetastet. [9]

Erst GOTTSCHED fundiert die Rhetorik und damit auch die G. philosophisch-logisch, doch baut er über weite Strecken hin auf Hallbauer auf. Für beide ist der Stil ein «Spiegel der Gemütsbeschaffenheit, insbesondere des Verstandes»; die Redekunst gründet auf der Natur des Menschen und hat das Ziel, mit wahrscheinlichen Beweisen zur Wahrheit zu überreden, wenn das den Zuhörern und der Allgemeinheit dient: «Oberster Maßstab ist die vernunftgemäße Natürlichkeit.» [10] Entsprechend werden alle vorgefertigten Versatzstücke einer Rede abgelehnt (Collectaneen, Amplifikationslehren), ebenso die Allegorie, die Galanterie, der Mißbrauch des *ornatus*, affektierte Aussprache und Gebärden: «Zu einer solchen falschen Beredsamkeit führt die galante Schul=Oratorie» [11], wie Hallbauer es formuliert. Der Begriff der Schuloratorie selbst gerät hiermit in einen pejorativen Kontext, was zunächst nur als Polemik gegen die ältere G. gemeint ist, aber dennoch bereits die spätere Unsicherheit im Hinblick auf den Status der Schulrede in der Aufklärung andeutet.

So spricht Gottsched in der Einleitung seiner Progymnasmata, den ‹Vorübungen der Beredsamkeit, zum Gebrauche der Gymnasien und größern Schulen›, davon, «daß man die Jünglinge auf Schulen zwar nicht zu Rednern machen; aber wohl NB. zur Beredsamkeit vorbereiten könne.» [12] Diese Einschränkung leitet sich von der Cicero geschuldeten Anschauung her, daß nur der ein guter Redner sein könne, der zuvor ein guter Philosoph geworden sei, d. h. die «Weltweisheit gefasset» [13] habe. Daher sei Schülern die «Ausarbeitung großer Reden» noch nicht möglich, sondern nur Vorübungen, die sie «geschickt» machen; erst «dereinst bey reifern Jahren» könnten sie eine «völlige Redekunst» [14] lernen. Solcherart gelangt Gottsched zu einer Restauration der antiken Progymnasmata, vornehmlich der des Aphthonius, den er als vorbildlich gegen Vossius, Weise u. a. aufführt. [15] Die Stoßrichtung der Kritik ist deutlich: Man könne nur von Dingen reden, die man selbst verstehe, andernfalls mache man bloß beliebige Worte. [16] Gottscheds Skepsis richtet sich noch nicht gegen die Rhetorik selbst, deren Wert unbezweifelt bestehen bleibt, so daß sich ein rhetorisches Ausbildungsprogramm der Jugend nach wie vor auch positiv formulieren läßt: Die jungen Leute müssen «ihr Gedächtniß im Auswendiglernen, ihren Mund in der guten Aussprache, und ihren ganzen Körper beym Hersagen der Reden, in guten Stellungen üben.» [17] Gottscheds Skepsis richtet sich vielmehr gegen die Unfertigkeit der Jugend; die Psychologisierung der Anthropologie führt zu einer Entmündigung der Jugend: «Man frage doch nur gelehrte und vernünftige Männer, was sie in Schulen für Reden gemachet? wie sauer es ihnen dabey geworden? Ob sie selbst, oder ihre Lehrer mehr Antheil daran gehabt?» [18]

In der Tat ist die Frage berechtigt, bald radikaler noch, als sie hier gestellt wird. Das Gymnasium der Spätaufklärung antwortet zwar offensichtlich auf Gottscheds Restriktion einerseits mit der Vereinnahmung der Philosophie, andererseits mit einer funktionellen Neubegründung der G. als Selbstdarstellung der Schule nach außen hin. JEAN PAUL hält die erste seiner beiden überlieferten Hofer G. [19] am 13. Oktober 1779 als Siebzehnjähriger zu dem Thema ‹Über den Nutzen des frühen Studiums der Philosophie› und erklärt darin die Weltweisheit zur Dienerin aller übrigen Wissenschaften. ‹Über den Nutzen und Schaden der Erfindung neuer Wahrheiten› ist das Thema seiner zweiten Rede, gehalten am 11. Oktober 1780. SCHILLERS beide G. zeigen ein ähnliches, moralphilosophisches Themenprofil. [20] – Die angesprochene neue Funktion der G. besteht in zwei Stoßrichtungen: der Legitimation der Schule erstens als öffentlicher Institution, die mit dem Privatunterricht konkurriert [21], und zweitens als staatlicher Institution, die dem Landesherrn zur Heranziehung von «dienstfertigen Staatsbürgern, pflichtbewußten Hof- und Magistratsbeamten» [22] dient. (Das wurde über die Karlsschule gesagt, hat aber breite Gültigkeit: Nicht zuletzt im spätaufklärerischen Österreich läßt sich erkennen, wie der vordringliche Einsatz der deutschen Sprache im höheren Bildungswesen, allerdings meist bloß im schriftlichen Bereich, die öffentliche Verwaltung vereinfachen soll. [23]) Beides wird innerhalb von Schulactus realisiert, die zu durchaus herkömmlichen Anlässen abgehalten werden. (Jean Pauls erste Rede wird auf einem Schulakt zur Geburtstagsfeier für die Mutter des regierenden Markgrafen gehalten, die zweite ist seine Abgangsrede vom Hofer Gymnasium; Schiller verfaßte und hielt beide Reden zur Feier des Geburtstages von Franziska von Hohenheim am 10. Januar 1779 und 1780.) Dennoch ist Gottscheds oben angesprochene Frage in einem grundlegenderen Sinn, als sie von ihm formuliert wurde, berechtigt. Die gegen Ende des Jh. manifest werdende gesellschaftliche Kluft zwischen öffentlichem und privatem Leben verursacht die bekannte Krise der Rhetorik, die ihren propädeutischen wie praktischen Status unsicher macht. «Unentschlossenheit und Zweifel kennzeichnen sein [sc. Schillers] Verhältnis zur rhetorischen Tradition.» [24] Dieser gesellschaftliche Normenwandel bleibt nicht ohne gravierenden Einfluß auf die G., die nun am Ende der Aufklärung daher und als weitere Konsequenz von Gottscheds Skepsis ihren Vorrang vor der schriftlichen *exercitatio* verliert. «Die Schulreformen der Aufklärung verzichten darauf, Dichter und Redner auszubilden; sie erziehen vielmehr Schreiber und Leser.» [25] J. G. HERDERS 40 G., die er als Lehrer zwischen 1764 und 1802 verfaßt und mit einer Ausnahme selbst gehalten hat, geben in ihrem häufigen Bezug auf das Lehrprogramm über diese Umorientierung des Rhetorik-Unterrichts Auskunft. 1796 sagt er: «*Lesen* heißt diese Uebung; aber ein *Lesen* mit Verstande und Herz, ein *Lesen* im Vortrage jeder Art; und neben ihm *eigne Composition* und ein lauter lebendiger Vortrag derselben. Dies ist die Schule, in welcher die Rede des Menschen gebildet und geübt wird [...]. Dies laute Lesen, Auswendiglernen, Vortragen bildet nicht nur die Schreibart, sondern es prägt Formen der Gedanken ein und weckt eigne Gedanken; es giebt dem Gemüth Freude, der Phantasie Nahrung, dem Herzen einen Vorschmack großer Gefühle, und erweckt, wenn dies bei uns möglich ist, einen Nationalcharakter. [...] [Dazu] gehört nothwendig die eigne Composition, so eingeschränkt diese auch seyn möge.» [26] Herder setzt bereits voraus, daß der vom Schüler selbst verfaßte Text nur noch selten vorgetragen wird; um so mehr Gewicht liegt auf der *recitatio*, die begrifflich immer mehr mit der *declamatio* verschmilzt, und schließlich auf dem Aufsatz: «Die Schulrhetorik geht über in den schriftlichen Diskurs.» [27]

Anmerkungen:
1 vgl. V. Sinemus: Poetik und Rhet. im frühmodernen dt. Staat. Sozialgesch. Bedingungen des Normenwandels im 17. Jh. (1978) 383. – 2 ebd. 195. – 3 F. A. Hallbauer: Anweisung Zur Verbesserten Teutschen Oratorie Nebst einer Vorrede von Den Mängeln Der Schul=Oratorie (1725; Faks. 1974) Fol. [a6]v. – 4 ebd. Fol. [a7]r. – 5 ebd. – 6 ebd. 750. – 7 ebd. 751. – 8 ebd. – 9 vgl. ebd. 752 f. – 10 Sinemus [1] 195. – 11 Hallbauer [3] Fol. [b5]r. – 12 J. C. Gottsched: Vorübungen der Beredsamkeit, zum Gebrauche der Gymnasien und größern Schulen (^{3}1764) Fol. a3r. – 13 ebd. Fol. a3v. – 14 ebd. Fol. a4r. – 15 vgl. ebd. – 16 vgl. ebd. Fol. [a6]r–v. – 17 ebd. 225. – 18 ebd. Fol. [a7]v–[a8]r. – 19 Jean Paul: Schulreden [Über den Nutzen des frühen Stud. der Philos.; Über den Nutzen und Schaden der Erfindung neuer Wahrheiten], in: ders.: Sämtl. Werke, hg. v. N. Miller unter Mitw. v. W. Schmidt-Biggemann. Abtlg. II: Jugendwerke und vermischte Schr. 1. Bd.: Jugendwerke (1974) 9–33. – 20 F. Schiller: Gehört allzuviel Güte, Leutseligkeit und grosse Freigebigkeit im engsten Verstand zur Tugend?, in: ders.: Sämtl. Werke, hg. v. G. Fricke u. H. G. Göpfert, Bd. 5: Erzählungen/Theoretische Schr. (^{5}1975) 243–249; ders.: Die Tugend in ihren Folgen betrachtet, ebd. 280–288. – 21 vgl. H. Bosse: Dichter kann man nicht bilden. Zur Veränderung der Schulrhet. nach 1770, in: Jb. für Int. Germanistik 10/1 (1978) 80–125; hier 83. – 22 G. Ueding: Schillers Rhet. Idealistische Wirkungsästhetik und rhet. Trad. (1971) 20. – 23 vgl. G. Jäger: Schule und lit. Kultur, Bd. 1: Sozialgesch. des dt. Unterrichts an höheren Schulen von der Spätaufklärung bis zum Vormärz (1981) 11. – 24 Ueding [22] 4. – 25 Bosse [21] 117. – 26 J. G. Herder: Schulreden, in: ders.: Sämtl. Werke, hg. v. B. Suphan. Bd. XXX = Poetische Werke, hg. v. C. Redlich, Bd. 6 (1889; ND 1968) 1–290; hier 219–222. – 27 Bosse [21] 81.

Literaturhinweis:
M. Fuhrmann: Rhet. und öffentliche Rede. Über die Ursachen des Verfalls der Rhet. im ausgehenden 18. Jh. (1983).

V. *19. Jahrhundert.* Der Aufsatz verdrängt nach 1770 nicht zuletzt deshalb zunehmend die mündliche Rede, weil er die Überprüfung der nationalen Bildung erleichtert. [1] Damit ist im doppelten Umfang die Weichenstellung für das ganze 19. Jh. vorgegeben. Der gesamte höhere Schulunterricht ist stärker denn je darauf hin orientiert, dem Staat treue Untertanen heranzuziehen. Nicht allein die österreichische Restauration instrumentalisiert das Gymnasium dazu [2], sondern auch die bayerische Gymnasialreform durch F. Thiersch, die «die Leitlinien deutscher Schulgesetzgebungen um 1830 abbildet» [3] und für viele deutsche Territorialstaaten (Hessen-Darmstadt, Württemberg, Baden u. a.) vorbildlich wirkt. Thiersch reflektiert gar den Verfall der mündlichen *exercitatio*, deren spätere Bedeutung für Gericht und Verwaltung er betont und die er restauriert sehen möchte: «Ungeübt aber in dem mündlichen Vortrag, verkannt, verachtet und versäumt, ist das lebendige Wort auch in sich selber schwach und schmucklos geworden, und wenn es möglich wäre, so hätten wir mit dem Gebrauche der freien männlichen Rede auch die Erinnerung daran verloren, um sie ganz und gar in die endlosen Stöße von beschriebenen Papieren zu begraben.» [4] Die thematische Füllung des deutschen Rhetorik-Unterrichts zeigt allerdings die ideologische Stoßrichtung. «Stoffe dazu werden hauptsächlich aus den älteren Schicksalen und Einrichtungen sowohl fremder Völker, als des eignen Volkes genommen, z. B. aus der attischen Geschichte [...]. Aus der römischen [...]. Aus der deutschen: [...] ob Rudolph von Habsburg den Römerzug antreten solle. Dazwischen Ermahnungen an die Landesgenossen, der fremden Art und Sitte nicht die einheimische aufzuopfern, oder in der Wissenschaft nach dem Höchsten zu streben [...] oder Betrachtung über die Vorzüge der deutschen Sprache und die besten Werke der deutschen Literatur [...].» [5] Die moralphilosophisch-pragmatische Orientierung der G. der Aufklärung ist damit preisgegeben zugunsten einer historisierend-patriotischen.

Auf den österreichischen Gymnasien der ersten Jahrhundert-Hälfte, wo alle Gegenstände – und damit auch der Rhetorik- und Deutschunterricht – auf Latein gegeben wurden, waren die Verhältnisse ähnlich. Zwischen 1808 und 1848 galt neben den umfangreichen schriftlichen rhetorischen Übungen eine doppelte Deklamierpraxis, nämlich erstens «Declamirübungen mit eigenen Aufsätzen oder memorirten klassischen Stellen» sowie zweitens die «Uebung im mündlichen lateinischen Vortrage über Lehrkenntnisse, gelehrte Geschichte etc.» [6] Die G. ist dabei großteils an der Vermittlung sachlicher Kenntnisse weniger interessiert als an formalen Aspekten; in der Verordnung heißt es weiter: «Bei Reden ins besondere gehe» der Lehrer «die Hauptheile genauer durch, und zeige, wo der Verfasser den Eingang hernehme, mit welchen Gründen er seinen Satz unterstütze, woher er diese schöpfe, welche Beweiskraft sie haben, wie er die Beweise führe, in welcher Ordnung er sie aufstelle, und warum gerade in dieser.» [7] Das lat. Rhetorik-Lehrbuch ‹Institutio ad eloquentiam›, das bis 1848 in Gebrauch bleibt, wird von einer Anthologie ‹Sammlung Deutscher Beyspiele zur Bildung des Styls› begleitet. *Exempla* für das Genus ‹Rede› sind hier für den akademischen Bereich ein Text von J. von Sonnenfels (1772) mit dem Titel ‹Von der Bescheidenheit im Vortrage seiner Meinung›, für den geistlichen von Zollikofer ‹Über den Werth der Freundschaft› und von Heydenreich ‹Über den Einfluß der Gefühle, welche die Scenen der Natur im Herbst erregen, auf Sittlichkeit und Religiosität›, für den panegyrischen eine Rede von Sonnenfels auf den Geburtstag von Maria Theresia (1762) und für den Bereich der Trauerrede ein Text von Knox auf den Todesfall von Elisabeth, der Gattin des österreichischen Kronprinzen Joseph. [8] Die thematische Ausrichtung ist nicht weniger historisierend-patriotisch als bei Thiersch, transportiert aber noch einen Rest von trivialaufklärerischer Philosophie und Theologie.

In der zweiten Jahrhundert-Hälfte verlagert sich das Gewicht immer mehr auf Lektüre und Aufsatz, wobei der Begriff der Rhetorik häufig durch die Praxis der *declamatio* besetzt ist und *inventio, dispositio* und *elocutio* unter «Stilistik» zusammengefaßt werden. [9] Der Lehrplan des Gymnasiums der Theresianischen Akademie für das Schuljahr 1865/66 kann die weitestgehende Koppelung von Lektüre, *memoria* und *declamatio* exemplarisch verdeutlichen. Im Deutsch-Unterricht der 2. Klasse gibt es «Uebungen [...] im Memoriren und Vortragen»; die 3. Klasse hat Cornelius Nepos «gelesen und größtentheils memorirt» sowie «Uebungen im mündlichen Vortrag prosaischer und poetischer Lesestücke» durchgeführt; die 4. Klasse hat sechs Stücke aus Ovids «Metamorphosen» durchgenommen und «2 davon memorirt» sowie «Vorträge prosaischer und poetischer Lesestücke» vollzogen; die 7. Klasse hat «Memoriren und Vortrag von werthvollen» deutschen Exempla geübt; nur die 8. Klasse hat eine Stunde «Mündliche Vorträge eigner Ausarbeitung». [10] Für die G. im weiteren Sinn ist neben ausufernden Lese-, Memorier- und Deklamationsübungen wenig Raum geblieben. Schließlich wird die Rhetorik und damit die G. fast gänzlich aus dem Oberstufen-Lehrplan des Gymnasiums verdrängt – in Preußen zuerst (1892/98), wo ein dogmatisch-patriotischer Deutsch-Unterricht als Stütze des Staates neben Geschichte und Religion tritt und keine individuellen oder gar selbständigen Stellungnahmen – nicht einmal mehr panegyrische – duldet. [11]

Anmerkungen:
1 vgl. G. Jäger: Schule und lit. Kultur. Bd. 1: Sozialgesch. des dt. Unterrichts an höheren Schulen von der Spätaufklärung bis zum Vormärz (1981) 41. – **2** vgl. exemplarisch W. Neuber: Zur Dichtungstheorie der österreichischen Restauration. Die ‹Institutio ad eloquentiam›, in: H. Zeman (Hg.): Die österreichische Lit. Ihr Profil an der Wende vom 18. zum 19. Jh. (1750–1830). (1979) 23–53. – **3** D. Breuer: Schulrhet. im 19. Jh., in: H. Schanze (Hg.): Rhet. Beitr. zu ihrer Gesch. in Deutschland vom 16.–20. Jh. (1974) 145–179; hier 151. – **4** F. Thiersch: Ueber gelehrte Schulen (1826); zit. ebd. 153. – **5** ders. ebd. 155. – **6** F. I. Lang: Allg. Theorie des Stils im fünften und sechsten Gymnasialjahre, in: C. U. D. von Eggers (Hg.): Nachrichten von der beabsichtigten Verbesserung des öffentlichen Unterrichtswesens in den österreichischen Staaten mit authentischen Belegen (1808) 144. – **7** Sammlung der Verordnungen über die Verfassung und Einrichtung der Gymnasien (Wien 1808) 96; zit. G. Jäger: Zur lit. Gymnasialbildung in Österreich von der Aufklärung bis zum Vormärz, in: H. Zeman (Hg.): Die österreichische Lit. Ihr Profil an der Wende vom 18. zum 19. Jh. (1750–1830) (Graz 1979) 85–118; hier 103. – **8** Slg. Dt. Beyspiele. 2. Bd. (Wien 1841) 109–127; 127–138 u. 138–144; 145–177; 178–185. – **9** vgl. Breuer [3] 160. – **10** Jahresber. über das Gymnasium der k. k. Theresianischen Akad. für das Schuljahr 1865–66 (Wien 1866) 25–30. – **11** vgl. Breuer [3] 164.

Literaturhinweise:
G. Schaub: Büchner und die Schulrhet. Unters. und Quellen zu seinen Schülerarbeiten (1975). – W. Neuber: Nestroys Rhet. Wirkungspoetik und Altwiener Volkskomödie im 19. Jh. (1987).

VI. *20. Jahrhundert.* Auf den bayerischen, sächsischen und österreichischen Lehrplänen kann sich der Rhetorik-Unterricht im Gegensatz zu Preußen zunächst halten, meist jedoch selbst dort, wo er die G. betrifft, bloß als Aufsatz-Propädeutik bzw. als formal-kommunikatives Instrumentarium [1] ohne näher bestimmten gesellschaftlichen Zweck oder institutionell zu definierenden Adressatenkreis. Die weitgehende Verkürzung der Rhetorik auf die Stilistik läßt sie ihr Profil verlieren: durch die unspezifische Orientierung von «Rede-» bzw. «Gedächtnisübungen», denen ein anzustrebendes Bild öffentlich-praktischen Redens bereits in der mangelnden Vorgabe eines eindeutigen Adressatenbezugs abgeht. Durch das schließliche Ende der Rhetorik als Gymnasialfach übernimmt der schriftliche Aufsatz – im besten Fall als Einübung in problemorientiertes Argumentieren – die Führung in der *exercitatio*, die sich aber generell auf elokutionelle, d. h. stilkundliche Übungen reduziert und alle Elemente von rhetorisch geregelter *inventio* und *dispositio* außer acht läßt. Nationale wie internationale Jugend-Redewettbewerbe stehen weniger unter dem Signum einer spezifischen, praxisorientierten Oratorie als unter den Absichtserklärungen eines «humanistisch» geprägten Kulturbildes.

Anmerkung:
1 D. Breuer: Schulrhet. im 19. Jh., in: H. Schanze (Hg.): Rhet. Beitr. zu ihrer Gesch. in Deutschland vom 16.–20. Jh. (1974) 164–169.

Literaturhinweis:
J. Dyck (Hg.): Rhet. in der Schule (1974).

W. Neuber

→ Actio → Actus → Antibarbarus → Artes liberales → Aufsatzlehre → Deklamation → Disputation → Exercitatio → Gymnasium → Inauguralrede → Memoria → Pädagogik → Schulrhetorik

Gymnasium (griech. γυμνάσιον, gymnásion; lat. gymnasium; engl. classical secondary school, grammar school; frz. gymnase classique, lycée; ital. liceo classico, ginnasio)
A. Def. – B. I. Klassische und hellenistische griech. Antike. – II. Röm. Republik, Kaiserzeit bis Spätantike. – III. Mittelalter. – IV. Humanismus, Reformation, Aufklärung. – V. Neuhumanismus bis Gegenwart.

A. Der Begriff ‹G.› bezeichnet in der griechischen Antike zunächst eine öffentliche Anlage, in deren Räumen (παλαίστρα, palaístra; Turnschule) Knaben und Männer nackt (griech. γυμνός, gymnós) ihren Körper unter Anleitung von Gymnasiarchen ausbildeten. Intention dieser Leibesübungen war vor allem die physische und mentale Erziehung zur Kriegstüchtigkeit (Körper- und Charakterformung). In hellenistischer Zeit versteht man unter G. auch einen Versammlungsraum der Philosophen und Sophisten, einen staatlichen Festsaal oder einen Ort des politischen Diskurses. Das später erweiterte Bildungsangebot des G. umfaßte musische Fächer, Grammatik- und Literaturunterricht bzw. allgemeinbildende Unterweisung (Körper- und Geistesbildung der hellenistischen Ephebie), wozu an zentraler Stelle auch die rednerische Schulung gehörte. [1] Das römische Bildungswesen trennt kritisch zwischen der (gymnasialen) Sportausbildung (Palästra-Anlagen, Thermen) und der musisch-geistigen Unterweisung in Grammatik- und Rhetorikschulen. [2]

Aus der christlich-klösterlich geprägten lateinischen *schola* des Mittelalters geht erst nach der Reformation das G. hervor (später auch Lyzeum, Pädagogium, Kloster-, Domschule, Fürstenschule). Modellbildend wirken hier die in Bologna und Paris seit dem 12. Jh. entstehenden ‹Hohen Schulen›, die in der Humanistenzeit auch als *academia* bezeichnet werden. Als Stiftungsbrief für die Einrichtung von deutschen G. wird die kursächsische Schulordnung von 1528 genannt. Die Definition des G. als eine Anstalt mit vollständigem Kursus in Griechisch und Latein schließt die Muttersprache zunächst aus, die Prinzipien der *artes liberales* dominieren den Unterricht.

Veränderungen des artistischen Lehrplans zeigen sich erst wieder bei den Jesuitengymnasien. Unter dem Einfluß der entstandenen Grammatiken wird im 16. Jh. die Forderung nach volkssprachlichem Unterricht laut. 1612 legt W. RATKE das als ‹Köthener Plan› bekannte Memorial vor, das aus dem Nebeneinander von deutscher Schule und G. ein Nacheinander macht. Gegen Ende des 17. Jh. übernehmen einige G. ‹galante Fächer› aus dem Lehrplan der konkurrierenden Ritterakademien. Gegenüber dem G. mit integrierter Grundschulstufe, das einen einheitlichen Lehrplan gewährleistet, setzt sich die Auffassung des G. als einer Studienschule durch, die den Besuch einer Volks- oder Elementarschule voraussetzt. 1788 steht der Lehrplan fest, so daß Preußen die Abiturientenprüfung einführen kann. [3] Die heutige Gestalt der G. ist geprägt durch die Bildungsidee des Neuhumanismus (Vermittlung klassischen Kulturgutes) und die Durchsetzung der Realien/Naturwissenschaften als Unterrichtsstoff (Realgymnasium, Oberrealschule). Im 19. Jh. ergeben sich Verschiebungen innerhalb der Lehrplantheorien, doch das G. hat seinen Charakter als Vorbereitungsschule für das Universitätsstudium bis heute bewahrt. [4] Im Rahmen der gymnasialen (höheren) Schulbildung kommt der Theorie und Praxis der Rhetorik (zumindest bis ins 19. Jh.) ein gewichtiger Stellenwert im Lehrplan zu: Übungen *(exercitatio)* am Beispiel von Vorbildern *(auctoritas)* und im Rahmen von *dicere, legere* und *scribere* gestalten die oratorischen und literarischen Ausbildungseinheiten. Der rhetorische Bildungsstoff findet sich heute (z. T. unter neuer Begrifflichkeit) in den sprachwissenschaftlichen Fächern wieder.

Die Lerninhalte der klassischen Rhetorik, die in Frankreich in der classe de rhétorique bis ins 20. Jh. gelehrt werden, sind in Deutschland seit den Reformen des Neuhumanismus Teil eines differenzierten mutter- und fremdsprachlichen Unterrichts. Die Produktion mündlicher und schriftlicher Texte, freie Rede und darstellendes Spiel, Gattungslehre und Strukturanalyse, Stilistik und Poetik, Lektüre kanonischer Werke und Auslegung finden sich z. B. im Fach Deutsch unter den Begriffen Aufsatzlehre, Sprachkunde und Grammatik, Literatur und Interpretation als Lerngegenstände wieder. Unter dem Terminus ‹Rhetorik› werden im G. jedoch auch Kurse und abgegrenzte Unterrichtseinheiten (v. a. Politische Rede, Werbetexte) angeboten, oder Rhetorisches wird im Rahmen von Sprachpragmatik und Argumentation mitbehandelt. [5]

Anmerkungen:
1 vgl. H.-I. Marrou: Gesch. der Erziehung im klass. Altertum (1957) 61ff., 171ff. – 2 vgl. ebd. 337ff., 355ff., 401ff. – 3 vgl. J. Dolch: Lehrplan des Abendlandes (1965) 197ff., 240ff., 277ff. – 4 vgl. W. Böhm: Wtb. der Päd. ([12]1982) 223. – 5 vgl. J. Dyck: Rhet. in der Schule (1974).

G. Kalivoda

B. I. *Klassische und hellenistische griechische Antike.* Mit der Einführung der Kampfweise der Hoplitenphalanx und der Ausprägung der Polis als bürgerlicher Lebensordnung in der griechischen Welt steigt das Ansehen der Leibesübungen innerhalb der tradierten Bildung und der sozialen Wertschätzung. Nach der staatlichen Neuorganisation der Ephebie im 4. Jh. werden G. [1] für die Epheben als Exerzierplatz, öffentliches Sportgebäude, Versammlungs- und Bildungsraum genutzt. Der Aspekt der paramilitärischen Ausbildung der Bürgermilizen in den G. verbindet sich in der Demokratie mit dem tradierten Adels-Ideal der καλοκἀγαθία (kalokagathía; Ehrenhaftigkeit, Vortrefflichkeit) und der ἀρετή (areté;

Vollkommenheit). Bei PLATON wird der Lernbereich der G. umrissen: ἐν δὲ τούτοις πᾶσιν διδασκάλους ἑκάστων πεπεισμένους μισθοῖς οἰκοῦντας ξένους διδάσκειν τε πάντα ὅσα πρὸς τὸν πόλεμόν ἐστιν μαθήματα τοὺς φοιτῶντας ὅσα τε πρὸς μουσικήν [...] (In diesen allen müssen um Lohn gedungene, fremde Lehrer, die da wohnen, den Unterricht in allen auf den Krieg und auf die musische Kunst bezüglichen Unterrichtsgegenständen erteilen [...]). [2] Gymnastische Agone prägen das Bild der panhellenischen Wettkampfspiele. Durch die Sophistik, dann systematischer durch den geordneten Schulbetrieb der großen Philosophen – und Rhetorenschulen setzt sich unter bestimmendem Einfluß PLATONS und ISOKRATES' ein neues Bildungsideal durch, die ἐγκύκλιος παιδεία (enkýklios paideía). Darunter versteht man die allgemeine, nicht-fachmännische Bildung eines freien Bürgers anhand des nicht zu detaillierten und langdauernden Studiums bestimmter Fächer (paideía der Politen) gegenüber der minder angesehenen Berufsausbildung und dem Fachwissen der Spezialisten (téchnē der Banausen). Nach der im 1. Jh. v. Chr. kurz vor VARRO abgeschlossenen Kanonisierung der Fächer der enkýklios paideía sollte dieses Konzept unter dem Namen der *septem artes liberales* wesentlich die Bildungsinhalte des höheren Unterrichtes auch noch des neuzeitlichen G. bestimmen. Die *septem artes liberales* [3] umfassen fortan das *Trivium* (Grammatik, Rhetorik und Dialektik) und das *Quadrivium* (Geometrie, Arithmetik, Astronomie und Musik). Zu der gymnastisch-militärischen findet daher in den G. des Hellenismus auch regelmäßig eine musisch-intellektuelle Jugendbildung statt. Philosophie und Rhetorik sind dabei die angesehensten Fächer. [4] Gymnastik und Rhetorik [5] haben in ihrer Entwicklung und Verbindung die Kontinuität der griechischen Bildung über alle politischen Veränderungen hinweg garantiert.

Zumindest ein G. gilt PAUSANIAS neben den öffentlichen Amtsgebäuden, einem Theater und einer Agora als unerläßlich für eine griechische Polis: στάδια δὲ ἐκ Χαιρωνείας εἴκοσιν ἐς Πανοπέας ἐστὶ πόλιν Φωκέων, εἴ γε ὀνομάσαι τις πόλιν καὶ τούτους οἷς γε οὐκ ἀρχεῖα οὐ γυμνάσιόν ἐστιν, οὐ θέατρον οὐκ ἀγορὰν ἔχουσιν [...] (Von Chaironeia sind es zwanzig Stadien nach Panopeis, einer phokischen Stadt, wenn man auch einen solchen Ort eine Stadt nennen darf, der weder Amtsgebäude, noch ein Gymnasion, noch ein Theater, noch einen Markt besitzt [...]). [6] Zentrale bauliche Elemente sind die Palästra (für Boxen, Ringkampf und Pankration), Säulenhallen, Kampfbahnen im Freien (Laufen, Wurfbahnen) und bescheidene Baderäume. Vorbildlich große Anlagen finden wir in Olympia und Delphi. Die wachsenden Zahlen von Schülern und Lehrern erfordern seit dem 4. Jh. Anbauten für Versammlungen und Unterrichtszwecke. Die Spezialisierung und Professionalisierung des Sportes im Hellenismus führt dazu, daß für jede Sportart eine normierte Anlage errichtet wird. Stiftung, Unterhaltung und Verwaltung der G. durch Magistrate, private Genossenschaften [7] oder einzelne Euergeten gewinnen angesichts der politischen Machtlosigkeit der Polis immer stärkeres soziales Prestige. G. sind zugleich auch Stätten des Kultus. Die Errichtung von Theatern und G. gewinnt im Rahmen der städtebaulichen Selbstdarstellung hohe Bedeutung und wird zu einem Indikator der Hellenisierung wenigstens der lokalen Oberschichten [8] nichtgriechischer Völker in Asien und Ägypten. Das G. übt also auf drei Gebieten Einfluß auf die griechisch-hellenistische Kultur aus: Bildungswesen, Städtebau und Hellenisierung nichtgriechischer Eliten.

II. *Römische Republik, Kaiserzeit bis Spätantike.* Die Italiker haben ihre Palästra-Gymnasion-Anlagen primär für sportliche Schauwettkämpfe errichtet (vgl. die vier Palästra-Anlagen in Pompeji). Die architektonischen Reste zeigen auch, daß die Palästra-Komplexe nunmehr immer deutlicher zu Anbauten der Thermen-Anlagen werden. Römischem Schamgefühl widersprechen nackte sportliche Übungen, die der griechischen Dekadenz zugeschrieben werden: «Mihi quidem haec in Graecorum gymnasiis nata consuetudo videtur, in quibus isti liberi et concessi sunt amores» (Mir scheint dies eine in den griechischen Gymnasien entstandene Sitte zu sein, wo denn solche [homosexuellen] Liebesverhältnisse frei und erlaubt sind). [9] Man unterstellt die Förderung der Homosexualität und des Lasters durch G., wie PLINIUS deutlich macht: «Usum eius [des Öles] ad luxuriam vertere Graeci, vitiarum omnium genitores, in gymnasiis publicando» (Die Griechen, Urheber aller Laster, haben seine [des Öles] Verwendung auf den Luxus ausgedehnt, als sie es in den Ringschulen zum allgemeinen Gebrauch freigaben). [10] Die römischen G. dienen daher vorrangig der Gesundheitspflege (Thermen) und dem Gespräch der Besucher. Den militärischen Nutzen halten die Römer für gering. Die Aufgaben des G. in der literarischen, grammatischen und rhetorischen Bildung werden im römischen Bildungswesen von Grammatik- und Rhetorikschulen übernommen. Die enkýklios paideía ohne erkennbaren Nutzen für militärisch-staatliche Aufgaben oder das beruflich-wirtschaftliche Leben widerspricht dem tradierten römischen Wertekanon. Daher erfolgt eine Instrumentalisierung besonders der Rhetorik im utilitaristischen Sinne. Die durch PANAITIOS und POSEIDONIOS an die römische Werte- und Staatsordnung angenäherte jüngere Stoa (humanitas-Ideal), CICEROS Sprachstil, SENECAS Pädagogik und QUINTILIANS Rhetorik [11] beeinflussen die Geschichte des modernen G. wesentlich. Vorbehalte gegenüber dem griechischen Ideal der nackten körperlichen Schönheit, die kulturelle Abstammung aus dem Judentum und die Verbindung der G. zu heidnischen Götter- und Herrscherkulten führen zur überwiegenden Ablehnung durch die frühen Christen («quid ergo Athenis et Hierosolymis? quid academiae et ecclesiae? quid haereticis et christianis?»; Was also hat Athen mit Jerusalem zu schaffen? Was die Akademie mit der Kirche? Was die Häretiker mit den wahren Christen?) [12], der nur vereinzelte Stimmen in der Tradition des gebildeten Hellenentums [13] gegenüberstehen. Das Ziel der christlichen Erziehung wird die ἐν Χριστῷ παιδεία (en Christó paideía). Parallel zur religiösen Erziehung in Familien und Gemeinden erhalten Christen aber zusammen mit Heiden je nach Status eine Bildung in den heidnischen Bildungsinstitutionen. AUGUSTINUS versuchte mit ‹De doctrina christiana› und ‹de ordine› die ‹Disciplinarum libri XI› des VARRO für die christliche *eruditio* zu überarbeiten. Die *artes* werden dabei in den Dienst der christlichen Umdeutung (Allegorien, Lehre von mehrfacher Textbedeutung) antiker Wissensinhalte gestellt. Doch erst BOETHIUS, MARTIANUS CAPELLA, CASSIODOR und ISIDOR VON SEVILLA schaffen die Handbücher, aus denen dem frühen Mittelalter wenigstens ausschnitthafte Kenntnisse der *artes liberales* vermittelt wurden. [14]

III. *Die Schola des Mittelalters.* Die symbiotische Rivalität zwischen der sich entfaltenden christlichen Bildungswelt und den weiterwirkenden heidnischen griechisch-römischen Traditionen prägt die spätantike und frühmittelalterliche Bildungsgeschichte. In Byzanz [15] können wir eine kontinuierliche Beschäftigung mit der antiken Literatur feststellen. Ein höheres Studium war jedoch nur in der Hauptstadt des Reiches möglich. Auffällig gering ist die Rolle der byzantinischen Kirche im gesamten Bildungswesen, dem sogar eine institutionalisierte theologische Ausbildung fehlt. Es existieren keine bedeutenden Klosterschulen. Daher entfalten die meisten byzantinischen Klöster auch keine bildungsgeschichtliche Ausstrahlung. In den politischen Umwälzungen des 6. Jh. verfallen die antiken Bildungsinstitutionen des ehemaligen weströmischen Reiches endgültig. Dank ihrer Organisation und ihrer geistigen Autorität bleibt die christliche Kirche die einzige noch intakte Großorganisation. Zur Heranbildung von Geistlichen und Mönchen, aber auch zur Abwehr der allgemeinen Auflösung des geistigen Lebens gründet daher die Kirche eigene christliche Schulen. In den frühmittelalterlichen Parochial-, Dom- und Klosterschulen ist der Bildungsplan stark von klösterlichen Idealen geprägt: Lesen, Schreiben, liturgischer Gesang, Sakramentslehre, Studium der Heiligen Schriften. Neben der Bibel fristen die *artes liberales* insgesamt eine auf Grammatikstudien und Komputistik reduzierte Randexistenz. [16] Die karolingische Renaissance versucht, feste Ausbildungsordnungen [17] für Kleriker und Mönche zu erreichen. Karls Hof wird durch ausgezeichnete Berater, die die *artes* im christlichen Sinne der Antike fördern wollten (ALKUIN, CLEMENS SCOTUS, PAULUS DIACONUS) zu einer Art Akademie. Außer den an Kloster- und Domschulen ausgebildeten Klerikern darf man aber für den Laienstand auch im 9. und 10. Jh. nur eine geringe Bildung [18] voraussetzen. Illiterati unter den Laien sind aber nicht identisch mit Ungebildeten oder gar Analphabeten, doch es fehlen ihnen Lateinkenntnisse.

Die steigende Macht der Nationalstaaten im 12. Jh., der Investiturstreit und die Kirchenreform, der wirtschaftliche und demographische Aufschwung des Städtewesens, zahlreiche Kontakte zwischen Byzanz und dem Abendland und die Rückgewinnung wesentlicher Teile der antiken philosophischen und wissenschaftlichen Literatur aus dem Arabischen ins Latein (ARISTOTELES) führen auch zu heftigen Umbrüchen der Bildungswelt. [19] Die Klosterschulen schließen ihre Pforten für alle externen Schüler und erhöhen das Mindestalter ihrer Novizen. Als Konkurrenz zu den Klosterschulen entstehen immer bessere unter geistlicher Leitung stehende Dom- und Stiftsschulen sowie Stadtschulen unter der Leitung des Rates. Zunächst bestimmen Latein als Unterrichtssprache, die Heilige Schrift sowie die Liturgie den Lehrplan. Daran aber schließen sich nach Neigung der Schüler und Angebot der Schulen einzelne *artes*, vor allem Dialektik, Grammatik und Rhetorik an. Auch viele einfache Ritter ab dem 12. und Kaufleute und Notabeln in den Städten ab dem 13. Jh. partizipieren an der Laienbildung. Das Spätmittelalter [20] bringt eine weitere Pluralisierung der Bildungsformen unter kirchlicher, kommunaler oder landesherrschaftlicher Trägerschaft und zunehmend muttersprachliche Stadtschulen.

IV. *Humanismus, Reformation, Aufklärung.* In der Zeit von der Renaissance bis zur Aufklärung setzt sich in der Wissenschaft die Idee der autonomen, voraussetzungslosen Vernunft und Forschung durch, der die Autonomie des Individuums entspricht. [21] Die Wurzel der Rückwendung zur Antike ist nicht einfacher Bildungshunger oder christliche Indienstnahme der antiken Bildungsgüter, sondern eine innere Wesensverwandtschaft des neuen natur- und weltzugewandten Lebensgefühls der Renaissance und des Humanismus mit der griechisch-römischen Antike. Dementsprechend ist das neue, elitäre Bildungsideal der *homo universalis*, der «literarisch und künstlerisch gebildete, philosophisch aufgeschlossene und weltgewandte Mensch». [22]

Die Hinwendung auch zu christlichen Urtexten und die starke Stellung der Griechischstudien sind ein Kennzeichen des nordwesteuropäischen Humanismus. Er prägt die Lateinschule und das neuzeitliche Gymnasium. [23] Bildungsziele sind *eruditio et eloquentia*. Hierzu werden humanistische Schulausgaben, Kommentare der antiken lateinischen Texte (CICERO, QUINTILIAN, HORAZ, VERGIL) und Lehrbücher der Poetik und Rhetorik geschrieben. Der Humanismus fördert die Lateinschulen und Universitäten, er verschärft zusammen mit der protestantischen Gelehrtenschule und mit jesuitischen Lateinschulen den Gegensatz zwischen Gebildeten und Ungebildeten, dem deutsch sprechenden Volk.

Während LUTHER selbst von tiefem Mißtrauen gegen die heidnisch-antike Literatur, den Kult um das klassische Latein der Humanisten und die Idee einer autonomen Wissenschaft beherrscht blieb, ist MELANCHTHON zum Begründer des protestantischen Schulwesens geworden. MELANCHTHON strebt einen Ausgleich zwischen Reformation und Humanismus an. Die Aufhebung der Stifte und Klöster in den reformierten Gebieten vernichtet den Kern des bisherigen (kirchlichen) Schulwesens. Für die in protestantischen Gebieten zahlreich gegründeten Gelehrtenschulen [24] werden durch die Landesherren Landesschulordnungen erlassen. Die reformatorische Pädagogik will die Schüler ‹seliglich›, aber auch ‹nützlich› für die innerweltliche Bewährung machen. Die humanistische Bildung ist für MELANCHTHON nur der Weg zum ‹reinen Wort›, wird aber zum wesentlichen formalen und propädeutischen Bildungsgut erklärt. Die deutsche Muttersprache wird dagegen vernachlässigt, Mathematik, Geographie und Geschichte werden nur beiläufig betrieben. Das klassische Latein dominiert völlig trotz bald einsetzender Vorwürfe einer weltfremden Bildung. Seit dem Trienter Konzil (1545–1563) versucht die katholische Kirche, auf das höhere Bildungswesen in den katholischen Staaten wieder stärkeren Einfluß zu nehmen. Hierbei ist der Jesuitenorden als ‹Schulorden› ausgesprochen erfolgreich. Das jesuitische Schulprogramm [25] regelt Bildungsziele, Inhalte und Unterrichtsmethoden im Detail und behält eine international dauerhafte Geltung. Das formale Bildungsziel der jesuitischen Lateinschulen ist unbeschadet scharfer theologischer Kontroversen fast identisch mit dem der protestantischen Gelehrtenschulen die *eloquens et sapiens pietas*. Umfangreiche humanistisch-antike Bildungsgüter werden in den Unterricht übernommen, sofern sie sich mit der posttridentinischen Katholizität vertragen.

Die Systematisierung der Schultheorie und -praxis im 17. und 18. Jh. ist natürliche Konsequenz ähnlicher Tendenzen in Philosophie, Wissenschaft und Politik. Während die Latein- und Gelehrtenschulen im 17. Jh. zu einer Studienschule werden, die den Besuch einer Volks- oder Elementarschule voraussetzt, geraten sie durch die Dominanz des Lateinischen und der formalen Bildung in Widerspruch zu den Theorien führender Pädagogen. [26] Die weltliche Obrigkeit nimmt die Schulen zunehmend unter ihre Kontrolle und fördert aus utilitaristischen Gründen die Einführung der allgemeinen Schulpflicht, methodische Didaktik, muttersprachlichen Unterricht, Realienkunde sowie neue Berufsfachschulen. Die vornehmen Stände finden ihr Ideal des *gentilhomme* durch den Besuch von Ritterakademien weit besser gefördert. Durch die Realschulen als Schule der Bildungsinteressen des kaufmännischen und gewerbetreibenden Bürgertums erwächst neue Konkurrenz. ZEDLITZ' Begründung des Oberschulkollegiums als höchste, nur dem König unterstellte Behörde des Erziehungs- und Bildungswesens ist Ausdruck des schwindenden kirchlichen Einflusses auf das Schulwesen. Diese Behörde führt 1788 das Abiturientenexamen als Zugangsberechtigung für die Universitäten ein. Die Lateinschulen, an denen die staatlich beaufsichtigte und anerkannte Abiturientenprüfung stattfand, werden zu Gymnasien im modernen Sinne. Von 1788 [27] bis heute hat das Gymnasium seine Stellung als Schule mit abschließender Zugangsberechtigung zur Universität behalten.

V. *Neuhumanismus bis Gegenwart.* «Nicht Abrichtung zum gehorsamen Untertanen, zum korrekten Gesellschaftsmenschen, zum blinden Anhänger eines kirchlichen Systems, sondern Bildung zum Menschen, Bildung zur vollen freien Persönlichkeit durch Entwicklung aller von der Natur in dieses Wesen gelegten Kräfte, Bildung zur Humanität». [28] Dieses Ideal ROUSSEAUS hatte in Deutschland vermittelt durch BASEDOW und PESTALOZZI und um die historische und sprachphilosophische Dimension HERDERS erweitert auf den Neuhumanismus großen Einfluß. Das Ideal einer naturgemäßen Kultur und Bildung wurde in der antiken griechischen Welt gefunden. Die Begründung des modernen G. gehört untrennbar in den Rahmen der Stein-Hardenberg-Humboldtschen Reformen [29] des preußischen Staates. Drei Bedingungen ermöglichen den Entwurf dieses Ideals um die Wende vom 18. zum 19. Jh.: Die Geringschätzung der christlichen Religion als kultur- und bildungsfeindlich und das Studium des Altertums als ‹Ersatzreligion›, die Ablehnung der politisch dominierenden französischen Nation und Kultur sowie der soziale Aufstieg des Bürgertums.

HUMBOLDT [30] und SÜVERN sind die leitenden Köpfe der Schul- und Universitätsreform, die im nationalen wie internationalen Rahmen als fortschrittlich und vorbildlich gilt. Ihr Bildungsideal ist ein harmonisch-proportioniertes Ausbilden aller Kräfte des Menschen. Diese formale, allgemeine Menschenbildung ist von berufspraktischen Fächern und Kenntnissen, also aller Ausbildung, zu trennen. Für die Reform des G. sind wichtig: die Neuordnung der Lehrerbildung (*examen pro facultate docendi*, 1810), der neue Lehrplan (Latein, Griechisch, Deutsch und Mathematik als Kernfächer) und die Neuordnung der Abitur-Prüfung 1812. Die Grundgedanken HUMBOLDTS von der allgemeinen Menschenbildung werden allerdings im Laufe des 19. Jh. im Sinne der Philosophie HEGELS (Vorrang des Allgemeinen vor der Freisetzung zu Menschenbildung und individueller Reife), im tendenziellen Kampf gegen das ‹Neuheidentum› HUMBOLDTS und durch Konzentration auf das Hauptfach Latein in der Unterrichtspraxis des Gymnasiums verdrängt. Die zunehmende Bedeutung von Technik, Industrie und Handel führt zur Ausbildung eines höheren realistischen Schulwesens, weil das Gymnasium vorrangig Beamte, Theologen, Philologen, Juristen, aber keine naturwissenschaftlich, technisch und ökonomisch ausgebildeten Spezialisten hervorbrachte (1882 werden Realschulen 1. Ordnung zu Realgymnasien). Die neuen Lehrpläne der G. von 1891 [31] zeigen als Reaktion eine Einschränkung des lateinischen Unterrichtes, starke Betonung des Deutschen, mehr Sportunterricht, Verringerung der Stundenzahl. 1901 [32] wird staatlich die Gleichwertigkeit der drei höheren Schulen, des klassischen G., des Realgymnasiums und der Oberrealschule bei unterschiedlichen Schwerpunkten anerkannt. Die Niederlage des Deutschen Reiches im Ersten Weltkrieg und die Begründung der Weimarer Republik [33] ließen eine Reform des wilhelminischen Schulsystems politisch und pädagogisch unaufschiebbar scheinen. Aber zu einer politischen Erziehung zur Demokratie, die diese Republik in ihren Eliten dringend nötig gehabt hätte, oder grundlegenden Reformen gibt es nur schwache Ansätze. Als neue Schulformen der höheren Bildung werden die Deutsche Oberschule und die Aufbauschule eingerichtet. Man könnte vordergründig annehmen, daß sich im höheren Schulwesen zwischen der Weimarer Republik und der Diktatur des Nationalsozialismus [34] ein bruchloser Übergang vollzogen hätte. Selbst die Reform von 1938 mit ihrer Vereinheitlichung der drei modernen Formen der höheren Schulen zur Oberschule und Verkürzung auf acht Jahre läßt das G. institutionell weitgehend unversehrt. Doch durch die ideologische Gleichschaltung der Lehrerschaft, des Geistes und der Inhalte der einzelnen Fächer sollte das humanistische Wesen des G. zerstört werden. Weil aber Mißtrauen der nationalsozialistischen Elite gegen das G. bestehen bleibt, richtet man erste eigene Kaderschulen ein (NAPOLA, Adolf-Hitler-Schulen, Reichsschulen der NSDAP).

Die erste Phase der Entwicklung des G. nach 1945 steht im Zeichen des Wiederaufbaus und der Neuorientierung und findet im ‹Rahmenplan› des Deutschen Ausschusses 1959 ihren Abschluß. [35] Wenngleich im Gymnasialbereich ein Anknüpfen an die Strukturen der Weimarer Republik Gegnern des G. das Schlagwort der Restauration liefert, so ändern sich doch die Leitvorstellungen (Christentum, Humanismus, Demokratie), die Fachinhalte, nach und nach auch Klima und Stil des Unterrichtes in der Bundesrepublik. In der DDR sollte das Schulsystem tragende Säule der sozialistischen Diktatur werden (demokratische Einheitsschule nach sowjetischem Vorbild). Das G. wird daher zerschlagen. Seit 1989 ist die Bildungslandschaft erneut im Wandel.

Der Rahmenplan von 1959 löst eine öffentliche Diskussion über das dreigliedrige Schulwesen der 50er Jahre und insbesondere das G. aus. Der Rahmenplan unterscheidet zwei Grundformen des künftigen G.: die Studienschule des griechischen oder französischen Typs und drei gymnasiale Reformtypen, den naturwissenschaftlichen, den sprachlichen und den musischen Zweig. Die gesellschaftliche Reformdiskussion der 60er Jahre mündet im ‹Strukturplan› von 1970 und ‹Bildungsgesamtplan› von 1973. [36] Leitideen sind Chancengleichheit und Bildung als Bürgerrecht. Bildungsdefizite bestimmter Schichten sollen abgestellt und eine Verringerung der Schulabbrecherquote durch didaktische und curriculare Reformen erreicht werden. [37] Die Abiturienten- und Studentenzahlen steigen auf ungekannte Höhen. In einem sich in Stufen aufbauenden Bildungswesen soll gegenwärtig Chancengleichheit garantiert werden. Nicht mehr drei Schultypen, G., Real- und Hauptschule, sondern Bereiche oder Stufen gliedern das Schulwesen. Der pädagogische und politische Streit zwischen Anhängern des reformierten G. und denen der integrierten Gesamtschule bleibt unvermindert hart. Denn das G. erfreut sich weiterhin des ungebrochenen Wohlwollens vieler Eltern. Erst eine Auswertung aller bisherigen pädagogischen Erfahrungen, aber auch schulpolitische Vorgaben werden über die Zukunft des G. entscheiden.

Anmerkungen:
1 J. Oehler: RE, 14. Hlbd. (1912) Sp. 2004–2026 s. v. Gymnasium; J. Delorme: Gymnasion. Étude sur les monuments consacrés à l'éducation en Grèce (des origines à l'Empire romain) (Paris 1960); J. Delorme, W. Speyer: Art. ‹G.›, in: RAC 13 (1986) Sp. 155–176; I. Weiler: Der Sport bei den Völkern der Alten Welt (^{2}1988). – 2 Platon, Nomoi 804 c/d = VII, 11, dt. von W. F. Otto u. a. (Hg.): Platon, Sämtl. Werke, Bd. 6 (1959; ND 1980) 174; vgl. auch 813c–813d = VII, 17. – 3 vgl. D. Illmer: Art. ‹Artes liberales›, in: TRE, IV (1979) 156–171; H. Fuchs: Art. ‹Artes liberales›, in: RAC, V (1962) 365–398. – 4 vgl. F. Kühnert: Allgemeinbildung und Fachbildung in der Antike (1961); J. Christes: Bildung und Ges. (1975); H.-Th. Johann (Hg.): Erziehung und Bildung in der heidnischen und christlichen Antike, in: Wege der Forsch. 377 (1976); H.-I. Marrou: Gesch. der Erziehung im klassischen Altertum (1977); F. A. G. Beck: Bibliography of Greek Education and Related Topics (Sydney 1986). – 5 vgl. H. Volkmann: Die Rhet. der Griechen und Römer in systematischer Übersicht (^{2}1885, ND 1963); J. Martin: Antike Rhet. Technik und Methode (1974). – 6 Pausanias, Perihegesis X,4,1; dt. von E. Meyer (Hg.): Pausanias. Beschreibung Griechenlands, B. VIII–X (^{3}1979) 479; vgl. Vitruvius, De architectura V, 11,1–4. – 7 Delorme [1] 352ff.; F. Poland: Gesch. des griech. Vereinswesens (1909) 88–106. – 8 vgl. zu Ägypten W. Orth: Zum G. im römerzeitlichen Ägypten, in: Althist. Stud. f. H. Bengtson (1983) 223–232, insb. S. 223. – 9 Cicero, Tusculanae disputationes 4,70, hg. und übers. von O. Gigon (^{4}1979) 304; vgl. L. Friedländer: Darstellungen aus der Sittengesch. Roms..., 2. T. (^{10}1919) 491f.; Livius, Ab urbe condita XXIX, 19,12; Plinius, Naturalis historia XV, 19; Tacitus, Annales XIV, 20,4. – 10 Plinius [9] XV, 19; hg. und übers. von R. König (1981) 118; vgl. K. J. Dover: Homosexualität in der griech. Antike (1983) 55f., 145. – 11 M. L. Clarke: Higher Education in the Ancient World (London 1971); Marrou [4] 425ff. zu Rom, 573ff. zu Christentum und klassischer Erziehung; St. F. Bonner: Education in Ancient Rome. From the elder Cato to the younger Pliny (London 1977). – 12 Tertullianus, De praescriptione haereticorum 7,9; Übers. Verf.; vgl. F. Prinz: Askese und Kultur (1980). – 13 vgl. Kühnert [4] 96f., 143. – 14 H.-I. Marrou: Saint Augustin et la fin de la culture antique, Paris (^{4}1958); W. Jaeger: Das frühe Christentum und die griech. Bildung (1963); E. A. Judge: ‹Antike und Christentum›: Towards a Definition of the Field. A Bibliographical Survey, in: ANRW, II, 23,1 (1979) 3–58; P. Riché: ‹Bildung›, IV. Alte Kirche und MA, in: TRE, VI (1980) 595–611. – 15 P. Lemerle: Le premier humanisme byzantin (Paris 1971). – 16 F. A. Specht: Gesch. des Unterrichtswesens in Deutschland von den ältesten Zeiten bis Mitte des 13. Jh. (1885); E. Schoelen (Hg.): Erziehung und Unterricht im MA, ausgewählte päd. Quellentexte (^{2}1965); L. Boehm: Das mittelalterliche Erziehungs- und Bildungswesen, in: Propyläen Gesch. der Lit., Bd. 2 (1981–84; ND 1988) 143–181; P. Riché: Les écoles et l'enseignement dans l'Occident chrétien de la fin du Ve siècle au milieu du XIe siècle (Paris ^{2}1989). – 17 J. Fleckenstein: Die Bildungsreform Karls d. Gr. als Verwirklichung der norma rectitudinis (1963); W. Edelstein: Eruditio und sapientia. Weltbild und Erziehung in der Karolingerzeit (1965). – 18 H. Grundmann: Litteratus – illiteratus. Der Wandel einer Bildungsnorm vom Altertum zum Mittelalter, Arbeiten zur Kirchengesch. 40 (1958) 1–65; H. Fichtenau: Lebensordnungen des 10. Jh. (1992; orig. 1984) 376–396. – 19 J. Fried (Hg.): Schulen und Stud. im sozialen Wandel des hohen und späten MA (1986). – 20 B. Moeller u. a. (Hg.): Stud. zum städtischen Bildungswesen des späten MA und der frühen Neuzeit (1983); J. Fried [19]. – 21 F. Paulsen: Gesch. des gelehrten Unterrichts auf den dt. Schulen und Universitäten vom Ausgang des MA bis zur Gegenwart, 2 Bde. (^{3}1919–1921, ND 1965); W. Dilthey: Weltanschauung und Analyse des Menschen seit Renaissance und Reformation, in: Ges. Schr. II (^{7}1964); A. Reble, Th. Hülshoff: Zur Gesch. der Höheren Schule, Bd. I: 16.–18. Jh. (1967) Bd. II: 19. und 20. Jh. (1975); H. Schiffler, R. Winkeler: Tausend Jahre Schule. Eine Kulturgesch. des Lernens in Bildern (1985);

A. Reble: Gesch. der Päd. ([12]1975; ND 1981); E. Lichtenstein, H.-H. Groothoff (Hg.): Das Bildungsproblem in der Gesch. des europäischen Erziehungsdenkens. – **22** Reble (1981) [21] 72. – **23** G. Müller: Bildung und Erziehung im Humanismus der italienischen Renaissance, Grundlagen – Motive – Quellen (1969); W. Reinhard (Hg.): Humanismus im Bildungswesen des 15. und 16. Jh. (1984); Ch. Hubig: Humanismus – die Entdeckung des individuellen Ichs und die Reform der Erziehung, in: Propyläen Gesch. der Lit., Band 3, 31–67 und Lit. 560 (1981–1984, ND 1988). – **24** I. Asheim: Glaube und Erziehung bei Luther. Ein Beitrag zur Gesch. des Verhältnisses von Theol. und Päd. (1961); H. Liedtke: Theol. und Päd. der Deutschen Ev. Schule im 16. Jh. (1970); I. Asheim: Bildung V. Reformationszeit, in: TRE, VI (1980) 611–623 und K. Dienst, Bildung VI. 17.–19. Jh., ebd. 623–629. – **25** G. Merz: Die Päd. der Jesuiten (1898); K. Erlinghagen: Kath. Bildung im Barock (1972). – **26** vgl. W. Ratke: ‹Memorial› für die deutschen Stände auf dem Wahltag in Frankfurt 1611/12, ‹Köthener Plan› für eine dt. Schule, ‹Die neue Lehrart›. – **27** Paulsen [21] Bd. 2, 95f. – **28** F. Paulsen: Das dt. Bildungswesen in seiner gesch. Entwicklung (1906) 98f. – **29** C. Menze: Die Bildungsreform Wilhelm von Humboldts (1975); M. Landfester: Humanismus und Ges. im 19. Jh. Unters. zur polit. und ges. Bedeutung der humanistischen Bildung in Deutschland (1988). – **30** A. Flitner, K. Giel (Hg.): Wilhelm von Humboldt, Werke in fünf Bänden, darin insbesondere Band IV: Schr. zur Politik und zum Bildungswesen, [3]1982, u. a. Nr. 9 Generalverwaltungsbericht der Sektion Juli 1809, Nr. 13 Antrag auf Errichtung der Universität Berlin, Nr. 14 Über städtische Schulbehörden 1809, Nr. 20 Der Königsberger und der Litauische Schulplan, Nr. 24, Bericht der Sektion des Kultus und Unterrichts an den König, Dez. 1809, Nr. 29, Über die innere und äußere Organisation der höheren wissenschaftlichen Anstalten in Berlin. – **31** vgl. Paulsen [21] Bd. 2, 601f. – **32** Paulsen [21] Bd. 2, 746 zitiert aus dem Erlaß Wilhelms II. vom 26. 11. 1900. Zu den Mädchenschulen u. Lycéen: L. Voß; Gesch. der höheren Mädchenschule (1952). – **33** C. Führ: Zur Schulpolitik der Weimarer Republik ([2]1972); P. Lundgreen: Sozialgesch. der dt. Schule im Überblick, Bd. 2: 1918–1980 (1981); M. Kraul: Das Dt. Gymnasium 1780–1980 (1984). – **34** Aus Sicht des NS-Systems: E. Kriek: Nationalpolitische Erziehung ([22]1938); A. Bäumler: Politik und Erziehung (1937); aus heutiger wiss. Sicht: R. Eilers: Die nationalsozialistische Schulpolitik (1963). – **35** L. Kerstiens: Die höhere Schule in den Reformplänen der Nachkriegszeit, in: Zs für Päd. 11 (1965) 538–561; R. Ulshöfer (Hg.): Die Gesch. des G. seit 1945. Dokumente und Kommentare (1967); Reble [21] 318–335; Kraul [33] 185–216. – **36** Wichtige bundesweite Reformabkommen des G. nach 1945 sind: das Düsseldorfer Abkommen 1955, das Hamburger Abkommen 1964, die Vereinbarung der Kultusministerkonferenz zur Neugestaltung der gymnasialen Oberstufe Sek. II, Bonner Beschluß 1972, die Empfehlungen zur Arbeit in der gymnasialen Oberstufe 1977, die Rahmenvereinbarungen zur gegenseitigen Anerkennung der Abschlüsse der Gesamtschulen 1979. – **37** H. Schelsky: Schule und Erziehung in der industriellen Ges. ([3]1961); G. Picht: Die Dt. Bildungskatastrophe. Analyse und Dokumentation (1964); R. Dahrendorf: Bildung ist Bürgerrecht, Plädoyer für eine aktive Bildungspolitik (1965).

J. Engels

→ Akademie → Allgemeinbildung → Artes liberales → Bildung → Classe de rhétorique → Deutschunterricht → Enkyklios paideia → Eruditio → Grammatikunterricht → Gymnasialrede → Hochsprache → Humanitas → Kanon → Literaturunterricht → Muttersprache → Pädagogik → Schulrhetorik

H

Habitus (griech. ἕξις, héxis; dt. Haltung, Erscheinung, Gewohnheit, Sitte, Fertigkeit; engl. habit, attitude; frz. maintien, attitude; ital. abito, abitudine)

A. Das seit dem Mittelalter in der deutschen Sprache gebräuchliche Wort ‹Habit› (mhd. abit) für (Ordens-)Kleidung (von *clericalis*) schränkt den lat. Begriff ‹H.› auf nur eine seiner Bedeutungen ein [1], die allerdings auch die Rhetorik betrifft. Begriffsgeschichtlich am umfassendsten erschlossen ist H. im Sinne von Gewohnheit, also der dauernden Beschaffenheit eines Wesens, die aber nicht ursprünglich, sondern als ‹andere Natur› erworben ist. [2] H. wird seit ARISTOTELES sowohl transitiv (‹habere›) verstanden als ἕξις (héxis; lat. *dispositio*, Anlage), wie auch intransitiv (‹se habere›) als Benehmen (*gestus, habitudo*), Verhalten (*mos*) [3], ethisch etwa als «Eigenschaft, durch die wir uns zu den Leidenschaften richtig oder falsch verhalten.» [4] Daran schließen sich in der Philosophiegeschichte vielfältige u. a. ontologische, metaphysische, psychologische, phänomenologische Unterscheidungen an [5], die in der Theologie seit THOMAS VON AQUIN noch um den übernatürlichen, durch göttliche Gnade verliehenen *h. infusus* ergänzt werden. [6] In der Rhetorik umschreibt der oratorische H. allgemein das ideale Menschenbild des *vir bonus dicendi peritus*, sein universelles Wesen, seine wahrhaftige und sittliche Geisteshaltung und seine auch im äußerlichen Auftreten sichtbare Würde. Zum anderen begegnet H. als technischer Begriff: er bezeichnet die für die *actio* als Wirkungsmittel gemeinsam mit Stimme und Gebärde zu kontrollierende Körperhaltung des Redners sowie seine vorausgesetzte Wohlgestalt (*h. corporis*), ferner bei der Gedankenfindung (*inventio*) eine Quelle für die Personencharakteristik, schließlich die geistige Verfassung (*h. mentis*) und die äußere Gesamterscheinung. In CICEROS einflußreicher Definition aus ‹De inventione› kommen einige dieser Bedeutungen zum Ausdruck: «Habitum autem appellamus animi aut corporis constantem et absolutam aliqua in re perfectionem, ut virtutis aut artis alicuius perceptionem aut quamvis scientiam et item corporis aliquam commoditatem non natura datam, sed studio et industria partam.» [7] (H. nennen wir die beständige und vollendete Ausbildung des Geistes oder des Körpers in irgendeiner Sache, wie z. B. die Aneignung einer Tugend oder einer Fertigkeit, oder irgendeines Wissens, desgleichen eine körperliche Geschicklichkeit, die nicht von Natur gegeben, sondern durch sorgfältige Übung und Fleiß erworben ist.)

B. I. *Antike und Mittelalter:* QUINTILIAN strebt mit seinem Ideal des *vir bonus* den «habitus des vollendeten Menschseins» an und begründet damit den oratorischen Geist als eine «Habitusbildung durch Wissen». [8] Das Erziehungsziel der Rhetorik greift weit über das der Grammatik hinaus, die sich als «recte loquendi scientia et poetarum enarratio» [9] auf den richtigen Sprachgebrauch und die Erklärung der Dichter einschränkt. Für Quintilian ist die Rhetorik «nicht nur Vermittlung artistischer Technik, sondern auch Unterweisung in dem, was der Mensch wissend erreicht hat. Insofern ist der oratorische Habitus der des Menschen schlechthin, der vernünftig ist.» [10] Der *vir bonus* wird so zum Ideal des in den *artes liberales* universal Gebildeten erhoben, er verkörpert den «Habitus des trivial-quadrivial Erfahrenen» [11] und besitzt «die zum Habitus (ἕξις) gewordene Leichtigkeit der Rede.» [12] Dieser übergeordnete Gebrauch von H. spiegelt das Programm der ‹Institutio oratoria› wider, der Begriff kommt aber in dem Werk nur in speziellerem Sinne vor. [13] Am häufigsten wird er bei der Aufzählung von Wirkungs- und Überzeugungsmitteln aus dem Bereich der *actio* verwendet. Eine Rede bleibt wirkungslos und matt, wenn der Vortrag nicht durch «voce, vultu, totius prope habitu corporis» («die Stimme, das Mienenspiel und nahezu alles in der Haltung des Körpers») belebt wird. [14] Durch sie könne man Gunst («favor») und Mitgefühl («miseratio») gewinnen. [15] Die Haltung des Körpers und einzelner Gliedmaßen wie auch die Kleidung (*cultus*) werden von Quintilian ausführlich im *actio*-Kapitel (XI,3) behandelt. Wie er betrachten später FORTUNATIANUS und MARTIANUS CAPELLA neben *vox, vultus* und *gestus* auch «*cultus* und *habitus*, also die äussere Haltung des Redenden.» [16] In der Lehre von den Beweisgründen (*loci*), die Personen betreffen (*argumenta a persona*), werden u. a. die Prüfung der Körperbeschaffenheit (*h. corporis*) neben denen der Abstammung (*genus*), des Volks (*natio*), des Vaterlands (*patria*), des Geschlechts (*sexus*), des Alters (*aetas*), der Erziehung und der Ausbildung (*educatio et disciplina*), der Wesensart (*animi natura*) empfohlen. [17] Gelegentlich begegnet H. auch zur Bezeichnung der geistigen Verfassung (*h. mentis*) [18] oder eines Seelenzustandes (*h. animorum*), der sich aus Miene und Gang («vultu ingressuque») [19] erschließen oder durch die Stimme in das Gemüt anderer übermitteln läßt. [20] Zur Illustration detaillierter, veranschaulichender Schilderung (*evidentia*) wird H. schließlich in einem narrativen Beispiel herangezogen, in dem die Aufmachung einer Person (H.) mit sprachlichen Mitteln deutlich vor die geistigen Augen («oculi mentis») der Phantasie gestellt wird. [21] Die zuletzt angeführten Bestimmungen gehören alle zum Bereich der Personenbeschreibung, für die schon vor Quintilian CICEROS elf *attributa personae* in ‹De inventione› einschlägig sind. [22] Im Mittelalter bilden diese Topoi oder *loci inventionis*, unter ihnen der H., die Grundlage zu jeder literarischen Personenschilderung [23], so etwa in MATTHÄUS' VON VENDÔME ‹Ars versificatoria›. [24]

II. *Frühe Neuzeit.* J. L. VIVES wendet sich in ‹De ratione dicendi› (Basel 1537) mit dem Versuch einer philosophischen Wesensbegründung der Rhetorik gegen die überkommenen Gepflogenheiten antiker Autoren, indem er deren klassische Ordnungsmuster wie *rhetorices partes* oder *genera dicendi* als willkürliche Festlegungen kritisiert. Dabei widerspricht er «auch der *quintilianischen* Ineinssetzung von vir bonus und orator, von ‹ethischem› und ‹oratorischem› Habitus. Bene dicere und bene sentire sind nicht dasselbe.» [25] Durch die Konzentration auf das *bene dicere* führt S. FOX MORCILLO in ‹De imitatione seu de informandi styli ratione› (Antwerpen 1554) eine neue Bedeutung von H. ein, nämlich im Sinne einer Physiognomik des Stils, an dem sich «wie am Gesicht und am Verhalten Natur und Gewohnheit eines jeden Einzelnen erkennen» lasse. [26] Nicht nur der H. des Redners, sondern auch der H. der Rede ergibt sich aus dem Stil: «est enim stylus habitus orationis» [27], heißt es in diesem Sinne auch in A. GARCIA MATAMOROS' ‹De formando stylo› (1570). Für alle drei Autoren zeichnet den «wirklichen oratorischen (= humanen) Habitus» eine Verwirklichung des *bene dicere* aus, bei der die angemessene «Erfassung der Sache» mit «der Wahl der richtigen Mittel der Wiedergabe» in Einklang steht. [28] Die Ethik aus dem H. des Redners auszublenden ist aber bei den Humanisten nicht die Regel. Vielmehr besinnt man sich verstärkt auf die alten Ideale des *vir bonus* und betont die notwendige Harmonie von *scientia* und *honestum*. «Neque hoc agendum, ut solum belli locutores,» – bemerkt J. CAMERARIUS in seinen ‹Praecepta vitae puerilis› (1579) – «sed etiam actores boni vitae existant» (Es ist nicht nur darauf hinzuwirken, daß Schönredner, sondern auch Gutlebende entstehen). [29] Dies bleibt freilich kein Selbstzweck, denn man weiß um die Transparenz des nicht zu verbergenden Inneren, das sich durch den «sermo corporis» [30] im H. offenbart. CICEROS Grundsatz: «Omnis enim motus animi suum quendam a natura habet vultum et sonum et gestum» (Denn jede Regung des Gemüts hat von Natur ihren charakteristischen Ausdruck in Miene, Tonfall und Gebärde) [31], prägt wie kaum ein anderer die Tradition bis über die Aufklärung hinaus. Ob ERASMUS VON ROTTERDAM festhält, daß man aus dem Körper auf die Gemütsverfassung schließen dürfe («de corpore […] licet habitum animi conjicere») [32], oder O. BRUNFELS erklärt: «Habitus enim mentis in corporis statu cernitur» (der H. des Geistes zeigt sich in der Haltung des Körpers) [33], so handelt es sich stets um Variationen der ciceronischen Lehre. Diese bildet die Basis für die H.-Lehren höfischer Konversationsliteratur, die genaue Anweisungen für die Körperhaltung und das Betragen enthalten. J. H. ALSTED faßt diese Tradition zusammen, wenn er H. und *gestus* in seiner ‹Encyclopaedia› (1630) unter dem Begriff der «Civilitas» behandelt, die er als Zeremonialtugend («virtus ceremonialis») definiert, «quae componit totum corporis habitum ad elegantiam» (welche die ganze Körperhaltung zum Anstand fügt), und für die er Regeln anführt. [34]

III. *18. und 19. Jahrhundert.* Durch die sprachlichen Reformbestrebungen wird das Fremdwort ‹H.› zunehmend seltener, nicht nur der «Frauenzimmer Verdruß» ist durch Übersetzung zu besänftigen, die G. P. HARSDÖRFFER mit «beständige Fertigkeit» angibt. [35] In den deutschsprachigen Rhetoriken läßt sich der Begriff nur noch hinter gängigen Wendungen wie Stellung, Haltung, Bewegung des ganzen Leibes etc. vermuten. Der seit Quintilian zu beobachtende Doppelsinn von H. als ethisches *vir bonus*-Ideal der Gesamtpersönlichkeit und als *h. corporis* bleibt dabei erhalten. Eine solche Zusammenschau bietet etwa die barocke ‹Teutsche Rhetorica oder Redekunst› von J. M. MEYFART: «Zu einem rechtschaffenen Redner gehöret ein schöne Gestalt / ein gerader Leib / ein dapfferes Ansehen / eine holdselige Lippen / ein scharffer Verstandt / eine fertige Zungen / eine schleunige Verfertigung / ein reiches Gedächtniß / ein vnerschrockener Muth / ein reiner Halß / viel=geschickte / vnd abgemeisterte Stimmen / zwo starcke Lenden.» [36] Zwischen den im höfischen *decorum* festgelegten «regeln des wohlstandes und einer guten conduite» [37] auf der einen und den immer lauter werdenden aufklärerischen Forderungen nach Natürlichkeit und Offenheit auf der anderen Seite gerät die Lehre vom H. in einen Konflikt. J. A. FABRICIUS verlangt wie manch anderer, daß in «gesellschaft und gegen höhere […] die bewegung modest seyn» müsse, beklagt aber zugleich, «daß die heutige welt mehr die schalen als den kern, mehr den äusserlichen glantz als den innerlichen werth beobachte, und auch wohl diesen nach ienen beurtheile.» [38] Diese Diskrepanz bewirkt einerseits einen Wandel in der Auffassung vom Anständigen, der H. wird entkonventionalisiert und naturalisiert, andererseits führt sie zu einer strikteren Unterscheidung bestimmter Rednerrollen. F. A. HALLBAUER zufolge dürfen deshalb etwa «politische Redner [...] solche Gestus nicht machen, als ein Prediger auf der Canzel oder ein Schul-Redner. Sie müssen ganz gelinde, mäßig und ehrerbietig seyn. Sie bewegen den Arm wol gar nicht, die Hand selten und sehr mäßig, etc. Sie sollen Ehrerbietung, Demuth und Gravität zeigen». [39] Jedem Typus von Redner wird so ein erkennbarer H. zugeordnet, der möglichst authentisch sein sollte, damit er von den seit der Frühaufklärung zunehmend verfeinerten Techniken der Gemütsspionage nicht als Verstellung entlarvt wird. An diese, den H. zum Gegenstand machende Dechiffrierkunst, schließt sich in der zweiten Hälfte des Jahrhunderts eine vielfältige Renaissance der Physiognomik an. In ihr kommt der Begriff des H. durch die Theorie der Habitualisierung zu neuer Geltung und Verwendung: wie die «Empfindungsart der Seele habituell» wird, erklärt SCHILLER, so auch die «Bewegungen des Körpers». [40] Nach und nach graben sich dann die mimisch-gestischen Aktionen in die festen Züge ein. Physiognomisches Denken bleibt indes nicht auf den H. des Menschen eingeschränkt, sondern wird auch analogisch auf andere Gegenstände übertragen: HERDER spricht von der «Gestalt» eines Briefes und übersetzt diese Wendung durch «gestus, habitus, Mine» [41]; GOETHE ist überzeugt, daß auch «Kleider und Hausrath eines Mannes sicher auf dessen Charakter schließen» lassen [42]; NOVALIS erkennt die «Welt als Signatur», als «Universaltropus des Geistes», denn schließlich «klärt *das Ganze den Theil* und *der Theil das Ganze auf.*» [43] Auch J. G. SULZER bedient sich eines physiognomischen Gedankens, um den übergeordneten Begriff der ‹Haltung› gegen den spezielleren der ‹Gebärde› abzugrenzen: «Fast alle Arten des sittlichen Charakters können, bey jeder Art der Stellung und Gebehrdung, schon durch die Haltung des Körpers ausgedrückt werden [...]. Die Haltung ist gleichsam der Ton der Stellung und der Gebehrden; denn wie einerley Worte durch den Ton, in dem sie gesagt werden, von ganz verschiedener Kraft seyn können, so können auch einerley Gebehrden durch die Haltung einen verschiedenen Charakter bekommen.» [44] Ergänzend zu diesen Fortschreibungen des *h. corporis* berufen sich K. P. MORITZ und I. KANT wieder auf den H. als aktuierbare Anlage im Sinne von «Fertigkeit» [45], also einer durch Gewöhnung erlangten «Leichtigkeit zu handeln». [46] Von dieser unwillkürlichen Fertigkeit unterscheidet Kant die freie der Tugend (*h. libertatis*), nämlich willentlich, allein dem moralischen Gesetz verpflichtet, zu handeln. Philosophisch universalisiert schließt sich so der Kreis zum moralischidealen H. des *vir bonus*.

Nach Überwindung der festgefügten gesellschaftlichen ‹Kleiderordnung› werden seit dem frühen 19. Jh. Begriffe für neue, nach dem H. unterscheidbare Sozialcharaktere geprägt: Bohemien, Dandy, Snob, Flaneur, Philister, Spießer, Proletarier usw. [47] «Die in persönlichen Besonderheiten wie in kulturellen Forderungen bzw. Erwartungen fundierten Verhaltensmuster bilden den spezifischen Habitus (das Gehabe) des einzelnen bzw. die spezielle Tradition (auch Konvention) der Gruppe.» [48] Natürlich äußert sich dieser kulturpsychologische H. wiederum körperlich und geistig.

IV. *20. Jahrhundert.* Erst in jüngerer Zeit hat die Topos- und Symbolforschung wieder theoretisches Interesse am H. erlangt. Den Ausgangspunkt dafür bildet die kunstgeschichtliche These von E. PANOFSKY, daß gewisse Stilelemente, etwa der gotischen Architektur, sich aus ‹mental habits› einer Epoche erklären lassen, wie sie auch in anderen Disziplinen der gleichen Zeit bestehen und durch Schulbildung verbreitet werden. [49] An diesen Gedanken anknüpfend schlägt P. BOURDIEU in Anlehnung an die generative Transformationsgrammatik vor, «*Habitus* als ein System verinnerlichter Muster [zu] definieren, die es erlauben, alle typischen Gedanken, Wahrnehmungen und Handlungen einer Kultur zu erzeugen – und nur diese.» [50] Von der Kunstgeschichte über die ‹Soziologie der symbolischen Formen› gelangt mit L. BORNSCHEUERS ‹Topik› der H. an seinen Platz in der Rhetorik zurück, aus der er einst hervorging. Topik wird hier verstanden als «Argumentationshabitus» oder «Disputationshabitus». «Ein Topos ist ein Standard des von einer Gesellschaft jeweils internalisierten Bewußtseins-, Sprach- und/oder Verhaltenshabitus, ein Strukturelement des sprachlich-sozialen Kommunikationsgefüges, eine Determinante des in einer Gesellschaft jeweils herrschenden Selbstverständnisses und des seine Traditionen und Konventionen regenerierenden Bildungssystems.» [51]

Anmerkungen:
1 vgl. J.C. Adelung: Versuch eines vollständigen grammat.-krit. Wtb. 2 (1775) Sp. 877; Grimm 4.II. (1877) Sp. 94f. – **2** vgl. G. Funke: Gewohnheit (1958, ²1961) (= ABg 3). – **3** vgl. Arist. Metaphysik V, 19–21, 1022b 1–14; vgl. Arist. Rhet. 1370a u. 1369b; H. ist auch eine der zehn Kategorien, vgl. Arist. De categoriae 1b 25ff. – **4** Arist. EN II, 4, 1105b 26ff. (Übers. O. Gigon). – **5** vgl. G. Funke: Art. ‹Gewohnheit›, in: HWPh, 3 (1974) Sp. 597–616. – **6** vgl. J. Auer: Art. ‹H.›, in: LThK², 4 (1960) Sp. 1298–1301; M. Bauer: Art. ‹H.› in: LMA, 4 (1989) Sp. 1813–1815; B.R. Inagaki: ‹H.› and ‹Natura› in Aquinas, in: J.F. Wippel (Hg.): Studies in Medieval Philosophy (Washington 1987) 159–175. – **7** Cicero: De inventione I, 25, 36. Lat.-engl. hg. von H.M. Hubbell (London 1949) 72 (Übers. des Verf.). – **8** vgl. G. Funke [2] 99–118, hier: 115 u. 105. – **9** Quint. I, 4, 2. – **10** G. Funke [2] 101. – **11** ebd. 122. – **12** E.R. Curtius: Europ. Lit. u. lat. MA (¹⁰1984) 436. – **13** vgl. E. Bonnellus: Lex. Quintilianeum (1834; ND 1962) 375f. – **14** Quint. XI, 3, 2; vgl. u.a. Quint. II, 15, 22. – **15** Quint. IV, 2, 77. – **16** R. Volkmann: Die Rhet. der Griechen u. Römer (²1885) 573. – **17** Quint. V, 10, 23–31. – **18** Quint. VI, 2, 9; XI, 1, 29; XI, 3, 78. – **19** Quint. XI, 3, 66. – **20** Quint. XI, 3, 62. – **21** Quint. VIII, 3, 62–65. – **22** vgl. Cic. De inv. I, 24f. – **23** vgl. L. Arbusow: Colores rhetorici (²1963) 70f. – **24** Matthäus von Vendôme, Ars versificatoria I, 77–92 (I, 85: «ab habitu»), in: E. Faral: Les arts poétiques du XIIᵉ et du XIIIᵉ siècle (Paris 1958) 136–143. – **25** vgl. G. Funke [2] 170–182, hier: 179. – **26** ebd. 184. – **27** ebd. – **28** ebd. 186. – **29** J. Camerarius: Praecepta vitae puerilis (1579) 17 (Übers. des Verf.). – **30** Cic. De or. III, 222. – **31** Cic. De or. III, 216. – **32** Erasmus von Rotterdam: De civilitate morum puerilium (1530), in: Opera omnia, Tom. I (Leiden 1703; ND 1961) sp. 1036. – **33** O. Brunfels: De Institutione puerorum (1519) Cap. 39 (Übers. des Verf.). – **34** J.H. Alsted: Encyclopaedia septem tomis distincta (1630), hg. von W. Schmidt-Biggemann (1989) Bd. 3, 1331–1335, hier: 1331. – **35** G.P. Harsdörffer: Frauenzimmer Gesprächsspiele II. T. (1657) LIV, 40, hg. von I. Böttcher (ND 1968) 58. – **36** J.M. Meyfart: Teutsche Rhetorica oder Redekunst, 2.Bd. (1634; ND 1977) 38f. – **37** J.A. Fabricius: Philos. Oratorie, das ist: Vernünftige Anleitung zur gelehrten und galanten Beredsamkeit (1724; ND 1974) 538. – **38** ebd. 537f. – **39** F.A. Hallbauer: Anweisung zur verbesserten teutschen Oratorie (1725; ND 1974) 564. – **40** F. Schiller: Werke. Nationalausg., Bd. 20.I (1962) 69. – **41** J.G. Herder: Briefe. Gesamtausg. 2. Bd., bearb. von W. Dobbek, G. Arnold (1977) 296. – **42** J.W. von Goethe: Werke. Weimarer Ausg. I, 37 (1896) 329. – **43** Novalis: Schr., hg. v. P. Kluckhohn, R. Samuel (1960–75), Bd. III, 266; II, 600; III, 59. – **44** J.G. Sulzer: Art. ‹Haltung des Körpers›, in: Allg. Theorie der schönen Künste II (²1792) 460. – **45** K.P. Moritz: Grammat. Wtb. der dt. Sprache, fortg. v. J.E. Stutz II (1794; ND 1970) 243. – **46** I. Kant: Metaphysik der Sitten, in: Gesamm. Schr. VI (1914) 407. – **47** vgl. die Dokumentation ‹Kulturfiguren und Sozialcha-

raktere des 19. u. 20. Jh.›, 5 Bde., hg. v. G. Stein (1984/85). – **48** G. Funke: Art. ‹Gewohnheit› [5] Sp. 607. – **49** E. Panofsky: Gothic Architecture and Scholasticism (Pennsylvania 1951) 35. – **50** P. Bourdieu: Zur Soziol. der symbolischen Formen (1974) 125–158, hier: 143; vgl. C. Bohn: H. und Kontext. Ein krit. Beitrag zur Sozialtheorie Bourdieus (1991); vgl. L. L. Schneider: Reden zwischen Engel und Vieh. Zur rationalen Reformulierung der Rhet. im Prozeß der Aufklärung (1994). – **51** L. Bornscheuer: Topik. Zur Struktur der gesellschaftl. Einbildungskraft (1976) 91–108, hier: 94 u. 96.

A. Košenina

→ Actio → Angemessenheit → Chironomie → Deklamation → Ethos → Gebärde → Kleidung → Menschenkenntnis → Mimik → Physiognomik → Pronuntiatio → Redner, Rednerideal → Vir bonus

Hagiographie (auch Hagiologie; m/nlat. hagiographia; engl. hagiography; frz. hagiographie; ital. agiografia)
A. Def. – B. I. Byzanz – II. Lat. MA.

A. Der Begriff ‹H.› bezeichnet sowohl Texte, die das Leben und Wirken Heiliger zum Inhalt haben, als auch die wissenschaftliche Disziplin, die sich in theologischer, philologischer oder kulturgeschichtlicher Hinsicht mit Heiligen befaßt.

Die Verknüpfung dieses Begriffs mit Heiligen ist sekundär. Zunächst versteht man unter ἁγιόγραφα (hagiógrapha, heilige Schriften) die nach dem Pentateuch und den Propheten dritte Gruppe des Alten Testaments, die ‹Schriften› [1], später die biblischen Schriften im allgemeinen. Während aus byzantinischer Zeit kein Oberbegriff für Texte über Heilige bekannt ist und sich Composita von ἅγιος (hágios, heilig) und γράφειν (gráphein, schreiben, zeichnen) in nachbyzantinischer Zeit auf die bildliche Darstellung von Heiligen beziehen [2], bezeichnet *hagiographia* im Lateinischen um die Wende vom 12. zum 13. Jh. zum ersten Mal gesichert eine Schrift über Heilige. Die Bezeichnung ‹H.› setzt sich allerdings erst ab dem 18. Jh., vor allem dank des Sprachgebrauchs der Bollandisten, der ersten Vertreter einer wissenschaftlichen H. [3], wirklich durch. Seit den letzten Jahrzehnten wird versucht, den Begriff ‹Hagiologie› (ἁγιολογία, hagiología), der bereits im 17. Jh. gebräuchlich ist, als Terminus für eine wissenschaftlich fundierte H. einzuführen. [4]

Hagiographische Literatur ist Biographie in vorwiegend parainetisch – enkomiastischer Ausgestaltung. Die Absicht der oft unbekannten Autoren ist neben der Förderung der Heiligenverehrung im besonderen die Erbauung des Publikums. Unter diesem Gesichtspunkt ist auch die bei der Auswertung hagiographischer Texte oft vermißte historische Zuverlässigkeit zu sehen. Sie ist nicht das erste Ziel hagiographischer Literatur und sollte daher nicht als Kriterium zu ihrer Beurteilung herangezogen werden. Aufgabe der Hagiographen ist vielmehr die Darstellung der idealen christlichen Lebensweise. Ihr Hauptanliegen ist die Vorbildwirkung der gezeichneten Charaktere. [5] Prozeßakten der Märtyrer, die bald als Grundlage für *passiones* (μαρτύριον, martýrion; *passio*; Leidensgeschichte) dienen, stehen am Beginn der hagiographischen Literatur (2. Jh.). Mit dem Ende der Christenverfolgung und dem Aufschwung des Mönchtums im 4. Jh. entsteht ein neues Heiligenideal, das in Form der Lebensbeschreibung (βίος, bíos; *vita*) propagiert wird. Sowohl *passio* als auch *vita* erfahren weitere rhetorische Umgestaltungen, auf die im einzelnen noch einzugehen sein wird. Gemeinsam ist den hagiographischen Texten – unabhängig vom Grad ihrer Durchdringung mit Elementen der antiken Rhetorik – das *exemplum* (παράδειγμα, parádeigma; Beispiel) als Mittel zur Hervorhebung des parainetischen Anspruchs dieser Literatur. In Texten, die in der Tradition des *genus demonstrativum* stehen, tragen *exempla* zudem dem *ornatus* Rechnung. Die *imitatio* (μίμησις, mímēsis; Nachahmung) begegnet sowohl auf formaler als auch auf stilistischer Ebene, wobei das Verhältnis der christlichen zur antiken Biographie Gegenstand einer bis heute andauernden Diskussion ist, in deren Mittelpunkt die Antonius-Vita des ATHANASIUS VON ALEXANDRIA und die Martins-Vita des SULPICIUS SEVERUS stehen. [6] Sie wirkten beispielhaft für die Lebensbeschreibungen der Heiligen.

M. DE CERTEAU definierte zuerst 1968 den ‹hagiographischen Diskurs›. [7] Dieser Ansatz wird in jüngster Zeit von M. VAN UYTFANGHE wieder aufgegriffen und in erweiterter Form auch auf nichtchristliche Literatur ausgedehnt. Dabei wird die literarische Gattung ‹H.› zugunsten des in verschiedenen literarischen Formen auftretenden hagiographischen Diskurses aufgegeben. [8]

Anmerkungen:
1 G. Wanke: Art. ‹Bibel I. 2. Gesch. der Kanonisierung›, in: TRE, VI (1980) 3–7. – **2** Ἱστορικὸν λεξικὸν τῆς νέας ἑλληνικῆς I (Athen 1933) s. v. ἁγιογραφία, -γραφίζω, -γράφισμα u. a. – E. Kriaras: Λεξικὸ τῆς μεσαιωνικῆς ἑλληνικῆς δημώδους γραμματείας I (Thessalonike 1968) s. v. ἁγιογραμμένος, -γραφισμένος. – **3** K. Hausberger: Das krit. hagiographische Werk der Bollandisten, in: G. Schwaiger (Hg.): Hist. Kritik in der Theol. Beitr. zu ihrer Gesch. (Stud. zur Theol. und Geistesgesch. des 19. Jh., Bd. 32, 1980) 210–244. – **4** G. Philippart: Hagiographes et hagiographie, hagiologes et hagiologie: des mots et des concepts, in: Hagiographica 1 (1994) 1–16. – **5** T. Hägg: Socrates and St. Antony: A Short Cut through Ancient Biography, in: R. Skarsten, E. Johansen Kleppe, R. Bjerre Finnestad: Understanding and History in Arts and Sciences (Acta Humaniora Universitatis Bergensis 1, Oslo 1991) 81–87. – **6** Zusammenfassung bei M. van Uytfanghe: Heiligenverehrung II, in: RAC, XIV (1988) 150–183, hier 159–164; Hägg [5] 83, 85–87. – **7** M. de Certeau: Encyclopaedia Universalis VIII (Paris 1968) 208–209; ders.: L'écriture de l'histoire (Paris 1975) 274–288. – **8** M. van Uytfanghe [6]; ders.: L'hagiographie: un ‹genre› chrétien ou antique tardif?, in: Analecta Bollandiana 111 (1993) 135–188.

Literaturhinweise:
R. Aigrain: L'hagiographie (Paris 1953). – H. Delehaye: Les légendes hagiographiques (Brüssel ⁴1955). – Ders.: Les passions des martyrs et les genres littéraires (Brüssel ²1966). – H. Musurillo: The Acts of the Christian Martyrs (Oxford 1972). – G. L. Müller: Gemeinschaft und Verehrung der Heiligen. Gesch.–systemat. Grundlegung der Hagiologie (1986). – R. Grégoire: Manuale di agiologia: introduzione alla letteratura agiografica (Fabriano 1987).

B. I. *Byzanz*. In der byzantinischen hagiographischen Literatur, für die eine Untersuchung nach literarhistorischen Gesichtspunkten noch aussteht, sind bei einer Gliederung nach inhaltlichen Kriterien folgenden Textgruppen zu erkennen: 1. Beschreibungen von Martyrien (μαρτύριον, martýrion; *passio*); eine eigene Gruppe stellen darunter *passiones* dar, die die Schilderung des Martyriums besonders ausgestalten und die Erzählung mit Ereignissen aus dem Leben des jeweiligen Heiligen ergänzen (‹passion épique› [1]). 2. Lebensbeschreibungen (βίος καὶ πολιτεία, bíos kai politeía; *vita*). 3. Aphorismen und kurze erbauliche Erzählungen aus dem Umfeld des Mönchtums, die in Sammlungen zusammengefaßt werden. 4. Berichte über Wunder. 5. Berichte über Reliquientranslationen. (Die beiden letztgenannten Gruppen treten sowohl als eigenständige Texte als auch als Anhang an Martyrien oder Viten auf.)

Das Idealbild des Heiligen in dieser Literatur ist kein beständiges, und sein Wandel bleibt nicht ohne Auswirkungen auf ihre stilistische Gestaltung. In der frühbyzantinischen H. (4.–7. Jh.) sind es neben den Märtyrern vor allem Mönche, Asketen (Eremiten, Styliten, heilige Narren) und Bischöfe, deren meist weltabgewandtes Leben überwiegend in einer einfachen, die Entwicklung des Griechischen widerspiegelnden Sprache geschildert wird. Als Beispiele sind die von KYRILLOS VON SKYTHOPOLIS (6. Jh.) und die von LEONTIOS VON NEAPOLIS (1. Hälfte des 7. Jh.) verfaßten Viten sowie die Vita des Theodoros von Sykeon (2. Hälfte des 7. Jh.) zu nennen. Beliebt sind in der frühbyzantinischen H. auch Sammlungen von Aphorismen und Kurzbiographien (PALLADIOS: Historia Lausiaca [1. Hälfte des 5. Jh.]; Apophthegmata Patrum [5./6. Jh.]; JOHANNES MOSCHOS: Pratum spirituale [1. Hälfte des 7. Jh.]) sowie Sammlungen von Wundererzählungen (der Heiligen Kosmas und Damian, des Heiligen Demetrios [beide 6. Jh.], der Heiligen Kyros und Johannes, des Heiligen Artemios [beide 7. Jh.]). Die Sprache dieser Texte ist vom rhetorischen Klassizismus weitgehend unbeeinflußt, Ansätze einer Rhetorisierung sind nur in einzelnen Textpassagen (Prolog, Epilog) zu bemerken, die sich durch das Bemühen um periodische Satzstruktur, um *figurae elocutionis* und in der Wortwahl vom übrigen Text abheben. Enkomien (ἐγκώμιον, enkómion; *laudatio*; Lobrede) sind in der frühbyzantinischen H. selten. Sie werden nur zu Beginn dieser Periode von GREGOR VON NYSSA, BASILEIOS DEM GROSSEN, GREGOR VON NAZIANZ, JOHANNES CHRYSOSTOMOS und auch von ASTERIOS VON AMASEIA verfaßt und entsprechen den theoretischen Anweisungen des PSEUDO-MENANDROS. [2]

Schon in der H. des Ikonoklasmus, der erneut Märtyrer und Bekenner hervorbringt [3], und im besonderen dann in den Texten nach der Mitte des 9. Jh. und in denen des 10. Jh. begegnet man Heiligen, die sich durch soziales oder kirchenpolitisches Engagement auszeichnen und nicht selten der Mittel-, wenn nicht der Oberschicht angehören. [4] In diesen Kreisen ist auch das Publikum der sehr anspruchsvollen, in der Tradition der antiken Rhetorik stehenden hagiographischen Produktion dieser Jahrhunderte zu suchen. Hier sind Werke wie die des IGNATIOS DIAKONOS (9. Jh.; Viten der Patriarchen Tarasios und Nikephoros), des Patriarchen METHODIOS (9. Jh.; Vita des Euthymios von Sardeis, Enkomion auf Theophanes Confessor) oder des NIKETAS DAVID PAPHLAGON (frühes 10. Jh.; Vita des Patriarchen Ignatios) zu nennen. [5] Einen großen Teil der H. dieser Zeit machen auch rhetorische Umarbeitungen (μεταφράσεις, metaphráseis) älterer Texte aus.

Ein Einschnitt in der Entwicklung der byzantinischen H. ist im 10. Jh. zu verzeichnen. SYMEON, der aufgrund seiner Tätigkeit den Beinamen ὁ μεταφραστής (ho metaphrastés) erhält, unterzieht in der 2. Hälfte des 10. Jh. die Menologien, die Sammlungen hagiographischer Texte für den liturgischen Gebrauch, einer Umarbeitung. [6] Seine Bearbeitung hat die Vereinheitlichung der stilistisch sehr unterschiedlichen Texte der Menologien zum Ziel. Bei seinen Vorlagen handelt es sich nämlich sowohl um ursprüngliche, sprachlich weniger anspruchsvolle Martyrien und Viten als auch um rhetorische Metaphrasen (Enkomien des Niketas David Paphlagon). Die Anhebung des Stils erzielt Symeon durch die Periodisierung der vorwiegend paratktischen Strukturen der älteren Vorlagen – dabei fällt auch die Tendenz zur Umformung der direkten Rede in *oratio obliqua* auf. Zudem weisen seine Bearbeitungen gegenüber ihren Quellen größere Vielfalt im Gebrauch der Tempora (historisches Präsens, Plusquamperfekt) und des Modus (verstärkter Gebrauch des Optativs) auf. Auch die Verwendung der bereits ungebräuchlichen Dualformen ist zu beobachten. Andererseits verzichtet der Metaphrast auf Zitate aus der antiken Literatur, löst Anspielungen auf Bibelstellen durch deren wörtliche Zitate auf und vertritt vor allem in lexikologischer Hinsicht und im Hinblick auf die *figurae elocutionis* eine mittlere Stilstufe in der byzantinischen Literatur. [7]

Die nachmetaphrastische H., die von der byzantinistischen Forschung im Vergleich mit den vorangegangenen Jahrhunderten vernachlässigt wurde, bringt auf sprachlich-stilistischem Gebiet keine Neuerungen. Das klassizistische Ideal wird – wie im gesamten Bereich der hochsprachlichen byzantinischen Literatur – weiterhin verfolgt. Die Autoren der nachmetaphrastischen H. sind meist durch andere Werke besser bekannt: MICHAEL PSELLOS (11. Jh.), THEODOROS PRODROMOS (12. Jh.), GREGORIOS II. KYPRIOS (2. Hälfte des 13. Jh.), THEODOROS METOCHITES (13./14. Jh.). Eine Ausnahme stellt KONSTANTINOS AKROPOLITES (13./14. Jh.) dar, der als einziger ein umfangreicheres Corpus hagiographischer Texte verfaßte. [8] Daß er dafür ca. 350 Jahre nach Symeon den Beinamen ‹der neue Metaphrast› erhielt, bezeugt zumindest dessen beispielhafte Wirkung auf die byzantinische H. ab dem 10. Jahrhundert.

Anmerkungen:
1 H. Delehaye: Les légendes hagiographiques (Brüssel ⁴1955) 171–226. – **2** ebd. 133–169; Pseudo-Menandros: περὶ ἐπιδεικτικῶν, hg. von D. A. Russel, N. G. Wilson (Oxford 1981). – **3** I. Ševčenko: Hagiography of the Iconoclast Period, in: A. Bryer, J. Herrin (Hg.): Iconoclasm (Birmingham 1975) 113–131. – **4** W. Lackner: Die Gestalt des Heiligen in der byzant. H. des 9. und 10. Jh., in: The 17th Intern. Byz. Congr. (Washington 1986. Major Papers) 523–536. – **5** L. Rydén: Byzantine Hagiography in the Ninth and Tenth Centuries: Literary Aspects, in: Kungl. Humanistiska Vetenskaps-Samfundet i Uppsala, Årsbok (1986) 69–79. – **6** J. Dummer: Symeon Metaphrastes und sein hagiograph. Werk, in: Byzant. Forschungen 18 (1992) 127–136. – **7** H. Zilliacus: Zur stilistischen Umarbeitungstechnik des Symeon Metaphrastes, in: Byzant. Zs 38 (1938) 333–350; E. Peyr: Zur Umarbeitung rhet. Texte durch Symeon Metaphrastes, in: Jb. d. Österr. Byzantinistik 42 (1992) 143–155. – **8** H.-G. Beck: Kirche und theol. Lit. im byzant. Reich (1959) 698–699.

Literaturhinweise:
A. Ehrhard: Überlieferung und Bestand der hagiograph. und homilet. Lit. der griech. Kirche von den Anfängen bis zum Ende des 16. Jh. I–III (1937–1952). – Bibliotheca Hagiographica Graeca I–III (Brüssel ³1957). – L. Perria: I manoscritti citati da Albert Ehrhard (Rom 1979). – I. Ševčenko: Levels of Style in Byzantine Prose, in: Jb. der Österr. Byzantinistik 31/1 (1981) 289–312.– F. Halkin: Novum Auctarium Bibliothecae Hagiographicae Graecae (Brüssel 1984). – C. Hannick: Art. ‹H. III. Orthodoxe Kirchen›, in: TRE, XIV (1985) 371–377.

E. Schiffer

II. *Lateinisches Mittelalter.* Die Textgruppen, die sich aus der Gliederung nach inhaltlichen Kriterien ergeben (vgl. B. I. Abs. 1), sind auch im lateinischen Bereich zu erkennen. Sie verteilen sich freilich auf eine Vielzahl von Formen und Gattungen [1], denen sie als Stoffe zugrundeliegen. Dabei ist die Fülle der hagiographischen Literatur überwältigend [2]; ein großer Teil der namentlich bekannten lateinisch schreibenden christlichen Autoren hat in der einen oder anderen Weise zur H. beigetragen; hinzu treten zahllose Anonymi. Die Texte, v. a. zu liturgischem und paraliturgischem Gebrauch bestimmt, dienen in erster Linie der Erbauung und Belehrung, verfolgen daneben jedoch auch propagandistische und literarische Ziele. Sie gehen leicht von einer Kategorie in die andere über oder gehören mehreren an. Die liturgisch verwendeten Texte werden am Gedächtnistag des Heiligen, gewöhnlich dem Todestag, dem ‹(dies) natalis› (dem Tag der Geburt für das ewige Leben), in der Messe und im Stundengebet vorgetragen; in paraliturgischer Funktion erscheinen sie in der Unterweisung religiöser Gemeinschaften (Kapitelansprache, Tischlesung) sowie in der Laienunterweisung (Gemeinde-, Wallfahrerpredigt). Ihre sprachliche Form bewegt sich im Spannungsfeld zwischen der Würde des Gegenstandes und dem Streben nach Verständlichkeit. So kommt neben den kunstlos-schlichten Bericht über Leben und Wirken der Heiligen auch die hochrhetorisierte hagiographische Panegyrik zu stehen, wobei Stilhöhe und Faktur von der jeweiligen Zielsetzung, dem jeweiligen Zielpublikum, aber auch von Zeitströmungen und Moden (s. u., Hildebert) und nicht zuletzt von der rhetorisch-literarischen Bildung des Hagiographen bestimmt wird. Den höchsten Anteil an artifizieller Sprachgestaltung weist naturgemäß die poetische H. auf (vgl. jedoch unten, II, zu ‹opus geminum›), die neben rein literarischen Hervorbringungen auch als liturgische Heiligendichtung in Erscheinung tritt in der Form von hagiographischen Hymnen [3] und Antiphonen, seit dem 9. Jh. erweitert um Sequenzen und Reimoffizien [4], im paraliturgischen Bereich um die spätmittelalterlichen, vorzüglich Maria gewidmeten Psalterien, Leselieder, Reimgebete. [5]

1. *Antike und Zeit des Übergangs.* a) *Prosa.* Unter den ältesten Passionen [6] steht auch im lateinischen Bereich die protokollartige Wiedergabe des Verfahrens (z. B. in den ‹Acta martyrum Scillitanorum› [7]), die jedoch wohl von den Zeitgenossen bereits als eine bescheidene Literaturform erkannt wird [8], neben dem Bericht mit deutlicherem emotionalem Anteil und Ausgestaltung der Wechselreden des Verhörs zum apologetischen Disput, die bis zur geradezu dramatischen Darbietung gesteigert werden kann. [9] Mit dem ‹Leben und Leiden des Bischofs Cyprian› [10], verfaßt von seinem Diakon PONTIUS (Mitte des 3. Jh.), wird der Panegyrikus in die Märtyrerliteratur eingeführt [11]; die Vita zeigt sich vom ersten Satz an als das Werk eines Rhetors [12], während der hagiographische Roman, wie wir ihn etwa in den ps.-klementinischen Recognitionen vorfinden, auch sprachlich die Nähe zur volkstümlichen Unterhaltungsliteratur wahrt. [13] Die ‹Vita Antonii› des ATHANASIOS († 373) in lateinischer Übersetzung, die ‹Vita Pauli› des HIERONYMUS († 420) und die Martinsschriften des SULPICIUS SEVERUS (um 400) entwickeln – nach Inhalt und Form – die hagiographische Topik, die für Eremiten- und Mönchsviten der Folgezeit zum maßgeblichen Vorbild wird. [14] Indem Sulpicius sich verschiedener literarischer Typen bedient (Bios, Briefe, Dialog) [15], stellt er die hagiographische Vita ebenso in den Bezugsrahmen der antiken Schriftkultur mit ihren literarischen (und rhetorischen) Traditionen wie Hieronymus mit seiner ‹Vita Malchi› [16], die er als Ich-Erzählung gestaltet. (Das Selbstzeugnis erscheint nebem dem Augenzeugenbericht bereits als Teil der ‹Passio Perpetuae et Felicitatis› [17], es nimmt seit Augustin einen festen Platz in der H. ein. [18]) Seit dem Ende des 6. Jh. entstehen hagiographische Sammelwerke: Die ‹Miraculorum libri VIII› GREGORS VON TOURS († 594) und die ‹Dialogorum libri IV› GREGORS DES GROSSEN († 604). [19] Beiden ist gemeinsam, daß sie kunstvolle Sprache nicht mehr als selbstverständlich betrachten, verschieden ist jedoch die Einstellung dazu: Gregor von Tours beklagt – übertreibend – seine mangelhafte Bildung [20] und zeigt zugleich in den Viten, Passionen und Wundergeschichten das Bestreben nach höherem Stil und engerem Anschluß an literarische Vorbilder als in seinen andern Werken. [21] Gregor der Große († 604) meint dagegen, seine ausgezeichnete literarische Bildung zurückstellen zu müssen und trachtet nach einfachem Ausdruck, nach fesselnder und bunter Lektüre, wie sie vor allem vom Volk und dem es betreuenden Klerus erwartet wird. [22] Im unrhetorischen ‹lateinischen Bibelstil› abgefaßt sind auch die in ihren ursprachlichen Vorstufen ins 2./3. Jh. zurückreichenden apokryphen Legenden um biblische Personen (Kindheit Jesu, Marienleben, Longinus, Pilatus, Veronika, Apostel) [23], doch erklärt sich hier die Schlichtheit des Stils nicht – wie bei Gregor dem Großen – aus bewußtem Verzicht, sondern aus ihrer Entstehung in volksnahen, wenig literarischen Kreisen, wie gleichfalls das Eindringen romanhafter Züge (Paulus und Thekla) bezeugt. Apostelapokryphen werden später, wohl im 8. Jh. und möglicherweise im Salzburger Raum, in der Sammlung der ‹Passiones apostolorum› vereinigt. [24]

b) *Poesie.* In die lateinische Poesie findet die H. Eingang mit dem Hymnus. [25] Unter den zwölf dem AMBROSIUS († 395) heute zugeschriebenen Hymnen befinden sich sieben Heiligenhymnen, darunter auch einer zu einer *inventio* (Reliquien-Auffindung). In einfacher metrischer Form und poetischer, dennoch leicht verständlicher Sprache werden Volk und Gebildete gleichermaßen angesprochen, wodurch der ambrosianische Hymnus (auch in der seit dem 6. Jh. aufkommenden rhythmischen Umformung) zum unbestrittenen Vorbild für die nachfolgende liturgische Hymnendichtung wurde, während die panegyrischen, hochrhetorischen und pathetischen Heiligenhymnen des PRUDENTIUS († nach 404), die nach antiker Tradition in verschiedenen Metren gedichtet und zu einem Buch (‹Peristephanon›) vereinigt sind, erst allmählich und nur in bearbeiteter Form in die Liturgie gelangten. Die Tradition der epischen Poesie in Hexametern, die von Juvencus (4. Jh.) für die christliche Literatur gewonnen worden war, findet mit den Martinsviten des PAULINUS VON PETRICORDIUM (2. Hälfte des 5. Jh.) [26] und des VENANTIUS FORTUNATUS (2. Hälfte des 6. Jh.) [27] Eingang in die H. Von da an sind Viten, Passionen, *miracula* und Translationen häufige Gegenstände in der Schulpoesie wie in der unterhaltenden Dichtung.

2. *Frühes Mittelalter und Karolingerzeit.* a) *Prosa.* Der Niedergang der Darstellungskunst im frühen Mittelalter bis hin zur karolingischen Erneuerung ist an zahlreichen Heiligenleben der Zeit zu beobachten. [28] Im Biographischen ist die chronologische Form zugunsten einer Reihung von Einzelerzählungen aufgegeben [29], in denen das Wunderbar-Unglaubliche als Nachweis der Heiligkeit unverzichtbar wird. Aus diesem Legitimationszwang entwickelt die frühmittelalterliche H. eine eigene Topik, Tropik und Metaphorik [30], aber auch eine eigene «Rhetorik der Prunkwörter», seltener, gesuchter Wörter und Häufung von Synonymen. [31] In England hat die von THEODOR VON TARSOS († 690) begründete gelehrte Tradition allerdings Hagiographen von Rang hervorgebracht; u. a. beleben sie eine literarische Form, die im 5. Jh. durch SEDULIUS begründet wor-

den war, das ‹opus geminum›, die Doppelfassung desselben Stoffes in Versen und in der von ihm höher eingeschätzten ‹rhetorischen Prosa›. [32] ALDHELM († 709) schreibt sein als Tugendlehre gedachtes Sammelwerk über heilige Männer und Frauen (‹De virginitate›) in hochartifizieller, ‹asianischer› Prosa – die Schule gemacht hat [33] – und in leichter verständlichen Hexametern [34]; BEDA († 735) verfaßt neben stilistischen Bearbeitungen älterer Werke die Lebensbeschreibung des hl. Cuthbert in Versen und danach in klarer, maßvoller Prosa. [35]

In der Karolingerzeit hat die H. teil an der Bildungserneuerung. Alte Viten, deren Sprache und Stil den neuen Ansprüchen nicht mehr genügen, werden umgearbeitet oder neu geschrieben; der Vergleich beider Fassungen zeigt den Wandel des Geschmacks und Anspruchs. [36] Das Musterbeispiel der Umstilisierung einer alten Vita im Sinne der karolingischen Erneuerung bietet, auch mit programmatischen Äußerungen, ALKUIN († 804) in seinem ‹Leben des hl. Richarius›. [37] Aufschlußreich sind auch wieder Stilunterschiede innerhalb des Werks eines Autors: EINHARDS († 840) [38] Lebensbeschreibung Karls des Großen zeigt die strenge Schulung an klassischen Mustern, während sein Bericht über die Überführung der Gebeine des Marcellinus und Petrus geradezu eine Abenteuergeschichte in viel einfacherer Sprache darstellt. [39]

b) *Dichtung*. Rhythmen, viele davon Abecedare, bilden die Hauptform der frühmittelalterlichen Dichtung. [40] Unter ihnen ist manches Hagiographische zu finden. Die Anrede an ‹Brüder› und die Aufforderung zum Zuhören lassen die Bestimmung zum (gesungenen) Vortrag erkennen. Die rhythmischen Verse, die JONAS VON BOBBIO (7. Jh.) seiner Columbansvita beifügt, sind «in eius festivitate ad mensam canendi» (an seinem Fest bei Tisch zu singen). [41] Für die mit der Karolingerzeit wiedergewonnene freie und scheinbar mühelose Beherrschung der sprachlichen und stilistischen Mittel bietet auch die H. viele Beispiele: WALAHFRID STRABO († 849) verfaßt sein Mammes-Leben als *carmen heroicum* mit ausgedehnten epischen Vergleichen, NOTKER BALBULUS († 912) erfüllt die alte Form des Prosimetrum [42] mit persönlichsten Lebenszügen.

3. *Hohes Mittelalter*. Seit dem Ende des 9. Jh. geht manches von der Selbstverständlichkeit der Sprachbeherrschung wieder verloren: Unnatürliche Konstruktionen und gesuchte Wörter – oft griechische oder pseudogriechische – erschweren in Poesie und Prosa das Verständnis und machen oft Glossierung durch den Autor nötig. Geradezu kurios ist die ‹Vita et passio s. Christophori› des WALTER VON SPEYER (verf. 982/83), ein mit Gelehrsamkeit überladenes *opus geminum*, das dem Autor u.a. dazu dient, den eigenen Bildungsgang ausführlich darzustellen. [43] In dieser Zeit entsteht auch völlig Neues: HROTSVITH VON GANDERSHEIM († um 975) verfaßt nicht nur Legenden in leoninischen Hexametern und Distichen, sondern stellt auch in sechs hagiographischen Lesedramen Leben und Leiden verschiedener (weiblicher) Heiligen in lebendiger Reimprosa dar mit der erklärten Absicht, die Komödien des Terenz aus dem Unterricht zu verdrängen. [44] Die geistlichen Spiele, die seit dem 11./12. Jh. auch hagiographische Stoffe darstellen (z.B. Nikolaus) wurzeln dagegen in der Liturgie. [45] In der zweiten Hälfte des 11. Jh. setzt ein Aufschwung ein, der im 12. Jh. eine neue Hochblüte der Literatur und der Sprachkunst herbeiführt, an der auch die H. teilhat. So erhöht schon PETRUS DAMIANI († 1072), zwar im Prinzip der weltlichen Gelehrsamkeit abhold, die elegante Prosa seiner ‹Vita Romualdi› [46] mit allem rhetorischen Schmuck. Zu den berühmtesten Dichtungen des schon in seiner Epoche als klassisch angesehenen HILDEBERT VON LAVARDIN († 1133) gehört das ‹Leben der Aegyptischen Maria›. [47] Die literarische Neuformung des alten Stoffs ist kennzeichnend für den Autor, bei dem «im Vergleich zu früheren oder zeitgenössischen Dichtern ein besonders großer Aufwand an Rhetorik festgestellt» wurde. [48] Spätere Dichter der Epoche übertreffen ihn darin noch, so etwa MATTHAEUS VON VENDÔME († Ende 12. Jh.) in seinem ‹Tobias›. [49]

4. Die H. des *späten Mittelalters* ist in vielfacher Hinsicht durch das Aufkommen der Bettelorden und ihrer Spiritualität geprägt. Liebe zur Armut, zum ‹einfachen Leben›, und die Aufgaben der Mendikanten als Volksseelsorger verbieten dabei von vornherein die Anwendung eines ‹elitären› Stils. Abgesehen davon neigt das Spätmittelalter weit eher zu Sachinformation als zur Zurichtung der Texte für ästhetischen Genuß. So sind nicht nur die für die römischen Heiligsprechungsprozesse erstellten Dossiers [50] von Haus aus nüchtern; auch die großen Sammlungen [51] wie die überaus erfolgreiche ‹Legenda aurea› [52] streben nach durchsichtiger, schnörkelloser Sprache, in der die rhetorischen Kenntnisse der Autoren zwar gegenwärtig sind, aber nicht herausgekehrt werden. Die lateinischen Selbstzeugnisse der Mystiker und Visionäre [53] sind häufig literarisch ausgefeilt (SEUSE, GERTRUD DIE GROSSE), während die volkssprachlichen nicht selten sprachlich unbefriedigend sind. Hagiographische Formen und Inhalte werden vielfach parodiert [54] oder auch satirisch gebraucht, z.B. im ‹Tractatus Garsiae›. [55] Kritik am Wunderglauben äußert z.B. ein unbekannter Dichter, der sich über die märchenhafte Reiselegende [56] ‹Navigatio Brandani› [57] lustig macht [58], und GUIBERT VON NOGENT († 1124) in seinen vier Büchern ‹De pignoribus sanctorum›. [59]

5. Die literarischen Interessen der Humanisten wandten sich anderen Gegenständen zu. In der *Neuzeit* gelangt der Heilige durch Kanonisation zur Ehre der Altäre: Das Typische tritt zurück zugunsten des Persönlichen und des Belegten. Die Lutherische Reform weist den Begriff des Heiligen zurück. Das zwingt die römisch-katholische Welt, sich dem Problem der H. zu stellen. Sie tut es u.a. vor allem durch Sichtung und Sammlung des Überlieferten. [60] Das führt nach und neben der Arbeit vieler höchst bedeutender Männer zum Werk der Bollandisten, dem es freilich zunächst auf Historizität ankommt und gerade nicht auf das eigentlich Hagiographische.

Anmerkungen:
1 Zur Formgesch. und literaturgesch. Gruppierung vgl. die eingehende Darst. von W. Berschin: Biogr. und Epochenstil in lat. MA, Bd. I–III (1986ff.); hier jeweils im Anhang Gruppierung der Texte nach lit. Typen. – **2** Die umfangreichste Slg. sind die von den Bollandisten in der Ordnung des Heiligenkalenders seit 1643 hg. bisher 70 Bde. der ‹Acta sanctorum quotquot toto orbe coluntur› (ND Brüssel 1965ff.). Eine umfassende Bibliogr., nach Heiligen geordnet, bietet die ‹Bibliotheca hagiographica latina antiquae et mediae aetatis›, edd. Socii Bollandiani (Brüssel 1898–1901) (= BHL) dazu Suppl. (²1911) und H. Fros: BHL Novum Suppl. (Brüssel 1986). Die hagiograph. Lit. bis Beda († 735) ist verzeichnet in: E. Dekkers: Clavis patrum latinorum (Steenbrugge ²1961), nach Regionen chronologisch geordnet S. 468–501. Im Entstehen ist eine ‹Clavis scriptorum latinorum medii aevi›, bisher erschienen: ‹Auctores Galliae 735–987›, Bd. I (Turnhout 1994). Neue Lit. verzeichnet die Zs ‹Medioevo

latino› (Spoleto 1980ff.), jeweils in der Abt. ‹Agiografia›. – **3** C. Leonardi: Agiografia, in: Lo spazio letterario del medioevo, I. Il medioevo latino, edd. G. Cavallo, C. Leonardi, E. Menestò, Bd. I, 2 (1993) 421–462, hier 436f. – **4** vgl. LMA s. v. ‹Antiphon, Antiphonie›, Bd. I, Sp. 719–722; s. v. ‹Reimoffizium›, Bd. VII, Sp. 656f. – **5** vgl. LMA s. v. ‹Reimgebet›, Bd. VII, Sp. 653–656; Marienlexikon, hg. v. R. Bäumer, L. Scheffczyk (1988ff.) s. v. ‹Psalterium›, Bd. V, 357–364. – **6** Berschin [1] Bd. I, 33–110. – **7** R. Knopf, G. Krüger, G. Ruhbach (Hg.): Ausgewählte Märtyrerakten (⁴1965) 28f.; BHL Nr. 7527; Berschin [1] Bd. I, 38–46. – **8** Berschin [1] Bd. I, 40. – **9** ebd. 41f., 74–88, 107–109. – **10** Vita di Cipriano, ... ed. A. A. R. Bastiaensen (Mailand 1975). – **11** Berschin [1] Bd. I, 101. – **12** ebd. 57–65. – **13** ebd. 109f. – **14** zur ganzen Gruppe vgl. Berschin [1] Bd. I, 111–191. – **15** zur Struktur und zum Stil des Werkes vgl. J. Fontaine, in: Sulpice Sévère, Vie de Saint Martin, ed. J. Fontaine, Bd. I (1967) 59–134. – **16** ML 23, Sp. 55–62. – **17** BHL 6633; vgl. Berschin [1] Bd. I, 46–56 (dort auch über den Sprachgebrauch). – **18** Leonardi [3] 450ff. – **19** F. Brunhölzl: Gesch. der lat. Lit. des MA, Bd. I (1975) S. 56–59. – **20** Brunhölzl [19] 128. – **21** B. K. Vollmann, Art. ‹Gregor von Tours›, in: RAC, XII (1983) Sp. 895–930, hier 916ff. – **22** R. Manselli, Art. ‹Gregor der Große›, in: RAC, XII (1983) Sp. 930–951, bes. 940–942, 946–950. – **23** Berschin [1] Bd. I, 88–94; Leonardi [3] 430–32. – **24** K. Zelzer: Zu den lat. Fassungen der Thomasakten 2, in: Wiener Stud. NF 6 (1972) 185–212, hier: 189f. – **25** Die Hymnen bis etwa 600 sind ediert von W. Bulst: Hymni latini antiquissimi LXXV psalmi III (1956). – **26** Paulini Petricordiae quae supersunt rec. M. Petschenig (Wien 1888), in: Poetae christiani minores I (= Corpus scriptorum ecclesiasticorum latinorum 16) 17–159. – **27** Ed. F. Leo, in: MGH, Auctores antiquissimi IV, 1 (1881) 293–370. – **28** MGH, Scriptores rerum Merovingicarum I–VII (1884–1920); die span. Heiligenleben des frühen MA verzeichnet M. C. Diaz y Diaz: Index scriptorum latinorum medii aevi Hispanorum (Madrid 1959); Ausg. (teilweise) bei: A. Fábrega Grau: Pasionario hispánico (Madrid 1953, 1955). Zu irischen Heiligenleben vgl. J. F. Kenney: The Sources for the Early History of Ireland, Bd. I (New York 1929) passim, bes. 293–309; Ausg. (teilweise) in: Vitae sanctorum Hiberniae, ed. W. W. Heist (Brüssel 1965). – **29** Berschin [1] Bd. II, 5f. – **30** G. Scheibelreiter: Die Verfälschung der Wirklichkeit. H. und Historizität, in: Fälschungen im MA, Int. Kongreß der Monumenta Germaniae Historica, München, 16.–19. September 1986, Bd. V (1988) 283–319, hier: 286. – **31** Berschin [1] Bd. II, 29–32. – **32** Sedulii opera omnia rec. I. Huemer (Wien 1885) 171. – **33** Berschin [1] Bd. II, 259–61, Bd. III, 8; 22. – **34** Brunhölzl [19] 204–206, bes. 205. – **35** Brunhölzl [19] 214–216 (hier auch über die Anfänge der angelsächs. H.). – **36** Scheibelreiter [30] 292f. – **37** Berschin [1] Bd. III, 149–157. – **38** Brunhölzl [19] 318–323. – **39** Brunhölzl [19] 321f. – **40** MGH, IV 447ff.; vgl. auch die Initien 1139f.; Brunhölzl [19] 62, 152–155, 517, 529. – **41** Berschin [1] Bd. II, 36f. – **42** Zu prosimetrischen Texten in der hagiograph. Lit. vgl. B. Pabst: Prosimetrum (1994) 609–792. – **43** Brunhölzl [19] Bd. II, 404f. – **44** LMA, s. v. ‹Hrotsvit v. Gandersheim›, Bd. V, 148f.; Brunhölzl [19] Bd. II, 406–414. – **45** vgl. K. Young: The Drama of the Medieval Church (Oxford 1933) bes. Bd. II, 197–360. – **46** BHL, 7324; ML 144, Sp. 953–1008. – **47** Vita b. Mariae Aegyptiacae, in: ML 171 Sp. 1321–1340. – **48** P. von Moos: Hildebert von Lavardin 1056–1133 (1965) 63. – **49** Mathei Vindocinensis opera, ed. F. Munari, Bd. II (Rom 1982) 161–255. – **50** Leonardi [3] 447. – **51** Leonardi [3] 448–450. – **52** Jacobi a Voragine Legenda Aurea vulgo Historia Lombardica dicta rec. T. Graesse (³1890); Jacobus de V.: Legenda aurea, dt. von R. Benz (1925); vgl. LMA, s. v. ‹Legenda aurea›, Bd. V, Sp. 1796–1801. – **53** Leonardi [3] 450–452. – **54** vgl. P. Lehmann: Die Parodie im MA (²1963). – **55** Tractatus Garsiae Or The Translation of the Relics of SS. Gold and Silver, ed. R. M. Thomson (1973). – **56** Zu Reiselegenden vgl. LMA, s. v. ‹Reise, Reisebeschreibungen› II, Bd. VII, Sp. 675–680; Berschin [1] Bd. II, 221–225. – **57** Navigatio sancti Brendani abbatis, ed. C. Selmer (1959); vgl. LMA, Bd. VI, 1063f. – **58** Vitae Sanctorum Hiberniae, ed. C. Plummer (Oxford 1910) Bd. II, 293f. – **59** ML 156, c. 607–680. – **60** Leonardi [3] 421–425.

Literaturhinweise:
D. von der Nahmer: Die lat. Heiligenvita. Eine Einf. in die lat. H. (1994). – T. H. Heffernan: Sacred Biography (New York/ Oxford 1988). – (Zs:) Hagiographica, 1994 ff.

G. Bernt, K. Vollmann

→ Augenzeugenbericht → Bericht → Beschreibung → Biographie → Byzantinische Rhetorik → Christliche Rhetorik → Enkomion → Epideiktische Beredsamkeit → Geschichtsschreibung → Historia → Heilige Sprachen → Laudatio → Legende → Predigt → Sermo → Topik

Handlungstheorie (engl. theory of action)
A. Def. – B. I. Antike. – II. Mittelalter bis 17. Jh. – III. Aufklärung bis 20. Jh.

A. Die Kategorien der Handlung und der theoretischen Reflexion auf sie betreffen so gut wie alle Wissenschaftszweige, die in irgendeiner Form mit dem Menschen zu tun haben. In der Handlung manifestieren sich biologisch-evolutionär, philosophisch, soziologisch, psychologisch, politisch, ökonomisch, ethisch-moralisch, rechtlich, linguistisch oder pädagogisch beschreibbare Dimensionen der menschlichen Lebensgestaltung; nach allen Seiten seines Daseins tritt der Mensch als Handelnder in Erscheinung und setzt sich auf der Grundlage seiner Erfahrung mit einem komplexen sozialen Kontext auseinander, in dem seine eigenen, nicht zuletzt aus einem überpersönlichen Bezugsfeld gespeisten Ziele und Wünsche einem sozialen Abforderungsrahmen gegenüberstehen. Es liegt auf der Hand, daß sich an diese dynamische Konstellation eine ganze Reihe unterschiedlicher Fragestellungen herantragen lassen, etwa die nach Freiheit und Determiniertheit von Handlungen und Entscheidungen (z. B. bei der juristisch relevanten Frage der Zurechnungsfähigkeit), nach der ethischen Begründung von Recht und Legitimität (Bestrafung bzw. moralische Ächtung bestimmter Handlungen) oder nach Motivationsstrukturen (für die Einflußnahme auf Handlungen). Die Reichhaltigkeit der Aspekte, die mit dem Phänomen der Handlung einhergehen, äußert sich auch in dem betreffenden Wortfeld, wo die verwandten Begriffe jeweils eine andere Bewertungsperspektive evozieren: Tat, Akt, Verhalten, soziale Praxis, Arbeit oder Vorgang. Entsprechend können sich H., deren Ziel es ist, «das wechselseitige Zusammenwirken von Zielen (individuelle oder soziale), Bedingungen (Mittel, Widerstände), Wirkung und Bewertung (Normen, Regeln) von Handlungen im Rahmen eines Gesamtkonzepts zu beschreiben» [1], an ganz unterschiedlichen theoretischen Ansätzen orientieren.

Rhetorik und H. berühren sich in ganz grundlegenden Fragestellungen. Ausgehend von dem Bedingungsverhältnis des Charakters bzw. des persönlichen *Ethos* des Handelnden (Redners) zu seinen Taten (Worten), das von der antiken Rhetorik immer wieder hervorgehoben wird, über die Reflexion auf die situativen Bedingungen, die jedes (sprachliche) Handeln in der Notwendigkeit seiner konkreten Bezugnahme beeinflussen, bis hin zum rhetorisch-topologischen Instrumentarium, das im juristischen Kontext den *Status*, d. h. die für das Urteil maßgebliche Bewertung einer Tat zu ermitteln hilft. Den mimetischen Aspekt der (Rede-)Handlung (Gesten, Gebärden, Stimmfall) problematisiert die Rhetorik in der Abteilung *actio*. Schließlich ergibt sich für die H. und die Rhetorik in ihrer jeweiligen theoretischen Grundlegung im Rahmen einer philosophischen Anthropologie das übereinstimmende Moment, daß beide in ihrem Problembereich auf die Kontingenz des menschlichen Willens stoßen, eine Größe, die sich dem naturwissenschaftlichen Methodenideal der Systematisierbarkeit und Berechenbarkeit von Vorgängen auf der Grundlage empirischer Daten weitgehend entzieht. Die Rhetorik verdankt die wesentlichen Impulse zu ihrer Entfaltung der gerichtlichen, religiösen und politischen Sphäre, in denen die prinzipielle Unverfügbarkeit einer fremden Willensentscheidung sich als konkretes Hindernis für den subjektiven Lebensplan und die soziale Organisation darstellt und widmet sich daher ganz jenen Aspekten der menschlichen Existenz, die sich dem mathematischen Methodenideal entziehen. Dabei erweist sich die Sprache als das entscheidende Instrument zur Erschließung jenes Gestaltungspotentials, mit dem der Mensch der prinzipiellen Kontingenz seines Lebensvollzugs begegnet.

B. I. *Antike*. Reflexionen, die sich dem Oberbegriff der H. unterordnen lassen, sind aus naheliegenden Gründen stets in besonderem Maße von dem geschichtlichen Erfahrungshorizont und den sozialen und politischen Determinanten abhängig, unter deren prägendem Einfluß sie angestellt werden. Ein frühes Beispiel für die Reflexion auf die Motivstruktur kollektiver Handlungen und für die entsprechende rhetorische Einflußnahme findet sich in der ‹Ilias›; Agamemnon will die Achaier zum Angriff bewegen und wendet, um den Erfolg sicherzustellen, dazu ein damals offenbar übliches Verfahren zur Aufstachelung des Heldenmutes an: «Selber zuerst durch Worte versuch' ich sie, wie es Gebrauch ist, / Und ermahne zur Flucht in vielgeruderten Schiffen; / Ihr dann, anderswo andre, beredet sie wieder zu bleiben» [2]; dieses Verfahren stellt sicher, daß die Gegengründe in der Entscheidung bereits aufgehoben sind und nicht mehr kritisch gegen sie gewendet werden können. Diesem Führungswissen steht jedoch eine Religiosität gegenüber, die Anlaß und Erfolg von Handlungen letztlich dem göttlichen Willen anheimgestellt sah. So beginnt HESIOD sein Gedicht über die Arbeiten und Werke des Menschen, die ‹Erga›, mit dem topischen Verweis auf Zeus als die Instanz, die über das Gelingen oder Scheitern von Taten gebietet; in seiner berühmten Darstellung der Zeitalter [3] sieht Hesiod den menschlichen Charakter durch die gottverfügte Grundprägung der jeweiligen Epoche bestimmt, die auch entsprechende Handlungstypen bedinge. Steht dieser Entwurf auch im Kontext von Hesiods Gegenwartskritik, so ist er doch charakteristisch für die Auseinandersetzung mit der Problematik des menschlichen Handelns, wie sie schließlich im antiken Drama auf höchstem künstlerischen Niveau gestaltet wird. Dort ruft menschliches Handeln schicksalhafte Verstrickungen hervor, die der Handelnde nicht absehen konnte und die neue Taten und Notwendigkeiten hervorrufen, bis, wie im Beispiel des Ödipus, ein solches Handlungsgefüge in der völligen Auswegslosigkeit endet. Hier findet die Überzeugung ihren künstlerischen Niederschlag, daß im Handeln auch jene Kräfte des menschlichen Wesens sich Geltung verschaffen, die von den bewußten Motiven unberücksichtigt bleiben, und daß der Mensch somit in den Folgen seines Tuns immer tiefer in den Bann dessen gerät, was er von sich nicht angenommen hat; je mehr der zum Handeln Gezwungene seine bewußten Intentionen akzentuiert, um so entschiedener begegnet ihm in den Folgen seines Tuns der nicht verfügbare Teil seines Wesens, sein Schicksal. Zentrales Thema der antiken Tragödie ist die Unentrinnbarkeit des Bestimmten. Das Tragische dieser Dynamik impliziert aber zugleich die Annahme der freien Entscheidung als einer elementaren anthropologischen Kategorie. So läßt sich Neoptolemos von Odysseus bewegen, dem kranken und einsamen Philoktet den Bogen des Herakles zu stehlen, ohne den dieser sterben müßte; schließlich führt ihn aber die Begegnung mit Philoktet und dessen Leid zu der Entscheidung, vielmehr diesem Alten beizustehen. In der Entscheidung wird kategorial Geschiedenes zu einer Synthese geführt, die der Handelnde aushalten und verantworten muß. Zur Herstellung einer solchen pragmatischen Synthese, die sich jeweils über zahlreiche Aspekte und Bedenken hinwegsetzen muß, bedarf es nicht nur der richtigen Argumente, sondern auch der Mobilisierung affektiver Energien, wie die Überredung des Neoptolemos durch Philoktet zeigt; muß doch der Sohn Achills so weit gebracht werden, die von Odysseus vertretenen Interessen des ganzen achaischen Heeres zurückzustellen.

Eine philosophische Überwindung dieser tragischen Konzeption des Handlungsbegriffs leistet der platonische SOKRATES. Zwar sieht er im ‹Staat› eine «schöne und gerechte Handlung» allein durch den Zusammenklang der drei Seelenvermögen Verstand (λογιστικόν, logistikón), Mut (θυμός, thymós) und Begierde (ἐπιθυμητικόν, epithymētikón) gewährleistet [4] und weiß auch darum, daß begehrliche, schmerzliche und freudige Regungen alle unsere Handlungen begleiten [5]; seine Konzeption der Handlung ist jedoch insofern intellektualistisch, als er die Einsicht zum entscheidenden Handlungsmotiv erhebt; Ursache allen Übels sei folglich das Nichtwissen (ἄγνοια, ágnoia), das zu wissen sich einbildet, denn es versteigt sich zu Handlungen, für die ihm die Kompetenz abgeht. [6] Besonnenheit (σωφροσύνη, sōphrosýnē) besteht für PLATON in dem Wissen darum, was man weiß und was man nicht weiß, denn jeder könne nur das tun, wovon er ein Wissen besitze. [7] Das von Erkenntnis (ἐπιστήμη, epistḗmē) geleitete Handeln ist für Platon notwendig gut: «denn dies ist ja das einzige Schlechthandeln, der Erkenntnis beraubt sein». [8] Mit der allgemein verbreiteten Lustethik seiner Zeit, die das Handeln des Menschen von affektiven und sinnlichen Motiven beherrscht sah, setzt sich Platon ausführlich im ‹Protagoras› auseinander. Zwar ist auch er der Auffassung, daß alle Handlungen das Angenehme und die Lust zum Ziel haben sollten, die Platon mit dem Guten identifiziert; aber um dieses lustethische Kriterium umzusetzen, bedürfe es der Einsicht in die tatsächlichen Folgen jeder Handlung. Somit sei das, was man als das «Überwundenwerden von der Lust» bezeichne, lediglich Unwissenheit (ἀμαθία, amathía); ausschlaggebend für den Wert einer Handlung sei allein die Qualität der ihr zugrunde liegenden Erkenntnis. [9]

Vermutlich ist die Rolle der Sophistik für die Entwicklung der philosophischen Ethik von Platon/Sokrates sehr hoch zu veranschlagen; K. Raaflaub weist darauf hin, daß die sophistische Bewegung in Zusammenhang gesehen werden muß mit den Erfolgen in der politischen Neuorganisation durch Kleisthenes und mit dem «Vertrauen in die eigene Leistungsfähigkeit» und den neuen «Dimensionen menschlicher Handlungs- und Planungsfähigkeit», die sich nach militärischen Erfolgen wie Salamis einstellen. [10] Die optimistische Einschätzung von Denk- und Handlungsmöglichkeiten und die damit einhergehende enorme Aufwertung der rhetorischen Ausbildung, wie sie von den Sophisten propagiert und vermittelt wird, stehen im historischen Kontext der demokratischen Polis, in der die traditionellen Adelsprivilegien weitgehend zurückgedrängt sind: «Die Adelsgesellschaft verarmt, verliert Macht und innere Geschlossenheit, und ihr Ideal der Arete zieht sich in die Innerlichkeit zurück oder wird als Gegenstand planmäßiger Belehrung frei verfügbar». [11] In diesem Zusammenhang muß eine offenbar recht erfolgreiche Schrift des Sophisten PRODIKOS, von der XENOPHON in seinen ‹Erinnerungen an Sokrates› berichtet [12], als bezeichnendes Dokument des neuen Handlungsbewußtseins gedeutet werden: es handelt sich um die Erzählung von der Begegnung des Herakles mit den Frauengestalten ‹Tugend› und ‹Laster›, in der nicht nur die Erhebung der Willensinstanz zur freien Bestimmung eines Lebensentwurfs bemerkenswert ist, sondern auch die Darstellung des Ideals einer bürgerlichen *vita activa*, die von Arbeit an sich selbst und für das politische Gemeinwesen geprägt ist.

Die historischen Erfahrungen der Polis heben die handlungstheoretische Reflexion auf ein Niveau, von dem der in einem wiederum veränderten geschichtlichen Bezugsraum schreibende ARISTOTELES Zeugnis gibt. Seine Ethik kehrt die Fragestellung wieder stärker in eine maßvolle Abwägung von Handlungskriterien hinsichtlich einer privaten bürgerlichen Existenz und setzt sich zugleich, was bei Platon nur andeutungsweise der Fall ist [13], ausführlich mit der juristischen Problematik der Freiwilligkeit von Handlungen auseinander. [14] Seiner philosophischen Grundhaltung entsprechend geht er dabei stärker als Platon auf empirische Gegebenheiten ein und erörtert mit dem Gestus eines Juristen ethische Kriterien anhand von Einzelfällen und besonderen Situationen, denn «Gegenstand des Handelns ist das Einzelne». [15] Dennoch ist auch für Aristoteles handlungsauslösendes Moment ein *Syllogismus*, mit dem ein Einzelnes einem Allgemeinen subsumiert wird. [16] Als grundlegend erweist sich diese Bestimmung des Handelns für seine bedeutende Schrift über die Rhetorik. Von der Überlegung ausgehend, daß der «Einzelfall unendlich und nicht Gegenstand exakter Wissenschaft ist» [17], gelangt Aristoteles zu der Feststellung, daß es zwar eine Theorie der Rhetorik gebe, daß diese sich aber mit einem Gegenstand befasse, von dem wir «keine systematischen Wissenschaften besitzen» [18], nämlich mit der Beratung im Hinblick auf eine Willensentscheidung. Die Rhetorik als eine auf Entscheidung und Handlung zielende τέχνη (téchnē) hat es mit der Kontingenz zu tun, der diese anthropologischen Kategorien unterliegen: «denn die meisten Fälle, worüber Urteile gefällt und Erwägungen angestellt werden, sind von solcher Art, daß sie sich auch anders verhalten können; menschliches Handeln nämlich, was Gegenstand der Beratung und der Erwägung ist, ist generell von solcher Art und nichts davon sozusagen aus Notwendigkeit». [19] Die prinzipielle Freiheit des menschlichen Willens steht am Ausgangspunkt aller theoretischen Erwägungen, die die Rhetorik betreffen. Die *ars rhetorica* – und darin unterscheidet sie sich von den am Ideal der *mathesis universalis* ausgerichteten Wissenschaften – begreift den Menschen in seinem innersten Selbstverständnis als selbstbestimmt handelndes Wesen. Das große Gewicht, das der Rhetorik im abendländischen Bildungskanon während zwei Jahrtausenden zukam, ist u. a. darauf zurückzuführen, daß sie, als Konsequenz ihres emphatischen Freiheitsbegriffs, die besondere Notwendigkeit erkannte, dem Individuum beim Prozeß seiner Selbst- und Weltvergewisserung Hilfestellungen zu geben, die inhaltlich und methodisch auf das überlieferte Wissen zurückgreifen. Die reichhaltige *Topik*, die Vermittlung von Argumentationstechniken und differenzierenden Betrachtungsweisen, die innerhalb der Rhetorik stets der Perspektive einer zugleich sozialen und fachlichen Kompetenz untergeordnet sind, dienen der «Entschränkung der individuellen Sicht» und der Vermittlung von Zugängen «zur Wirklichkeit durch Steigerung von artikuliertem Möglichkeitsbewußtsein». [20]

Der genuine Bezug des Rhetorischen zum Kontingenten des Willens und jedes Handelns schlägt sich auch in der Betonung des situativen Kontextes nieder, in den der konkrete Kommunikationsvollzug jeweils eingebettet ist; in Platons ‹Phaidros› etwa bestimmt der *spiritus loci* den gesamten Verlauf des Gesprächs und verhilft ihm zu der entscheidenden Wende. Die Rhetorik als Technik erfolgreicher Rede versucht insbesondere diese situative Komponente in den Griff zu bekommen, in der sich die nicht verfügbaren Momente des Kommunikationsverlaufs zur Geltung bringen, also etwa die spezifische Disposition der Zuhörer, der z. B. Aristoteles eingehende Analysen widmet. [21] Das Prekäre der Handlung, daß es, obwohl sie über Glück und Unglück entscheidet, für sie keinen allgemeingültigen Leitfaden geben kann, schlägt sich auch in dem antiken Topos vom καιρός (kairós; *occasio*) nieder: καιρὸς ψυχὴ πράγματος (kairós psyché prágmatos; die Gelegenheit ist die Seele der Handlung), heißt es bei APOSTOLIOS [22]; die *occasio* wird bekanntlich *fronte capillata* vorgestellt, um sie «beim Schopf» ergreifen zu können; im Nacken hingegen, d. h. als vorübergezogene, ist sie kahl.

Eine spezifische Differenzierung erfährt die H. im antiken Rechtswesen. Hier ist die *Statuslehre* von besonderer Bedeutung, wie sie sich u. a. in der ‹Rhetorica ad Herennium› ausgeführt findet. Der anonyme Autor unterscheidet zwischen drei Status-Tpyen; die *constitutio coniecturalis* zielt auf die Bestreitung des dem Angeklagten angelasteten Sachverhalts, die *constitutio legitima* auf Fragen der Subsumtion von Handlungen unter bestehende Gesetze und ihre möglichen Auslegungen, in der *constitutio iuridicialis* schließlich wird über die Tat mit Rechtfertigungsgründen gesprochen, wenn in Frage steht, ob sie zu Recht oder ungerechterweise begangen wurde. [23] Im Zuge der Erläuterung dieser drei Status-Varianten und ihrer Unterarten führt der Autor eine Reihe von Beispielen für entsprechende Handlungskonstellationen an. Besonders im dritten Status, wo es auf die Handlungsbewertung ankommt, sind handlungstheoretische Differenzierungen zu finden: von *purgatio* etwa ist die Rede, wenn der Angeklagte verneint, mit Vorsatz gehandelt zu haben. Sie wird unterteilt in *inprudentia* (Unwissenheit), *fortuna* (Zufall) und *necessitas* (Notwendigkeit, Zwang). Auch bei der in diesem Status angeführten *translatio criminis* (Verlagerung der Schuldfrage) und bei der *remotio criminis* (Zurückweisung der Verantwortung) wird die Handlungsbewertung abhängig gemacht von dem Maß an Verantwortung, das dem Angeklagten im Moment der Handlung gerechterweise zuerkannt werden kann.

Die Reflexion auf den genuinen Zusammenhang von rhetorischen und ethischen – und somit handlungstheoretischen – Fragestellungen nimmt in der römischen Rhetorik einen zentralen Platz ein, wie es anders nicht sein konnte in einer Gesellschaft, in der die Elite vom Ideal einer ruhmvollen Laufbahn geprägt ist. Mit Blick auf CICERO hält A. Michel fest: «Die Beredsamkeit, angesiedelt in der Mitte des Lebens, ermöglicht ausgewogenes menschliches Handeln. So erfüllt sich in der Redekunst die Harmonie von Ruhe und Würde, Kontemplation und Aktivität, theoretischem Nachdenken und praktischer Verantwortung, worin Cicero das Beste der römischen Moral erblickt.» [24] Auch QUINTILIAN verknüpft in der Tradition der römischen Rhetorik die Redekunst mit dem Persönlichkeitsideal des *vir bonus*: «nam et orationis omnes virtutes semel conplectitur et protinus etiam mores oratoris, cum bene dicere non possit nisi bonus» (denn sie umfaßt mit einem Wort alle Vorzüge der Rede und zugleich auch die sittlichen Lebensgrundsätze des Redners; denn gut reden kann nur ein guter Mensch). [25] Den Nutzen der Rhetorik sieht Quintilian in der sozialen Dimension von wichtigen Handlungen, und er zögert nicht, an dieser Stelle die bedeutendsten Handlungen im Ehrverständnis eines Römers anzuführen: «defendere amicos, regere consiliis senatum populum, exercitum in quae velit ducere» (seine Freunde zu verteidigen, Senat und Volk durch seinen Rat zu lenken, ein Heer dahin zu führen, wohin man es haben möchte). [26] So widmet er auch der «sittlichen Grundlage der echten Redekunst», wie H. Rahn es überschreibt, ein ausführliches Kapitel. [27] Quintilian referiert die aristotelische Dreiteilung der Künste in ϑεωρητική (theōrētikḗ, betrachtend), πρακτική (praktikḗ, handelnd) und ποιητική (poiētikḗ, hervorbringend, bildend); vor ihrem Hintergrund «iudicandum est rhetoricen in actu consistere, hoc enim, quod est officii sui, perficit: atque ita ab omnibus dictum est» (kann man wohl zu dem Urteil kommen, die Rhetorik bestehe im Handeln; denn sie vollzieht das, was zu ihrer Aufgabe gehört, und so ist es denn auch von allen gesagt worden). [28] Quintilian schränkt dieses überlieferte Urteil insofern ein, als er der Rhetorik Attribute auch der anderen beiden Künste zusprechen möchte; müßte man sich aber für eine der drei entscheiden, so sollte die Rhetorik, «quia maxime eius usus actu continetur atque est in eo frequentissima, dicatur activa vel administrativa» (weil ihre Verwendung vor allem im Handeln sich abspielt und hierin am häufigsten zur Geltung kommt, als Kunst der praktischen Betätigung oder politischen Lenkung bezeichnet werden). [29] Als *ars activa*, Kunst des Handelns, wie Quintilian die Rhetorik nennt, impliziert sie selbst, in ihrem ganzen Umfang genommen, eine vollständige H. Sie reflektiert auf Bedingungen, Motive und Ziele von Handlungen und auf die sprachlichen Mittel, die geeignet sind, intendierte Handlungen herbeizuführen. Dabei erfaßt sie die sprachliche Struktur und Dynamik jener Vorgänge, die im Subjekt zu Entscheidungen und mithin zu bestimmten Lebenshaltungen führen, und berührt die Prozesse, in denen sich die geistige Konstitution des Menschen manifestiert.

II. *Mittelalter bis 17. Jh.* In der Perspektive des Christentums verschob sich die juristische Frage der Tat-Verantwortung hin zur theologischen Frage nach der Freiwilligkeit bzw. der Vermeidbarkeit der Sünde. In ‹De vera religione› schreibt AUGUSTINUS noch: «Nunc vero usque adeo peccatum voluntarium malum est, ut nullo modo sit peccatum si non sit voluntarium» (nun aber ist die Sünde so sehr ein freigewollt Böses, daß man schlechterdings von Sünde nicht reden könnte, wenn sie nicht frei gewollt wäre). [30] Die Auseinandersetzungen mit PELAGIUS, der das Vermögen des Menschen emphatisiert, mit den Mitteln der freien Entscheidung und der Selbstkontrolle das Gute zu wählen, führen ihn jedoch im Alter zu einer stärkeren Betonung des Gnadenaspekts. Versucht er auch, in seinen ‹Retractationes› das Moment der Freiwilligkeit zu erhalten, indem er selbst die Erbsünde freiwillig nennt («quia ex prima hominis mala voluntate contractum factum est quodam modo hereditarium»; weil sie aus dem ersten bösen Willen des Menschen stammt und so gewissermaßen vererbt ist [31]), so ist es doch für den späten Augustinus gerade das Unvermögen des Menschen, sein Heil aus eigener Kraft zu bewerkstelligen, was der göttlichen Gnade ihren Glanz verleiht. [32] Angesichts der Grundannahme göttlicher Allmacht spielt im Rahmen der theologischen Dogmatik die Frage nach der Freiheit des menschlichen Willens, wie sie etwa Ende des 11. Jh. in der Schrift ‹De libertate arbitrii› des ANSELM VON CANTERBURY abgehandelt wird, eine herausragende Rolle.

Im Mittelalter wird der von Augustinus präformierte christlich-scholastische Diskurs über Determinismus (Prädestination, Vorsehung) und Freiheit des Willens- und Handlungsentscheidung *(liberum arbitrium)* fortgesetzt – so z.B. bei THOMAS VON AQUIN, der von einem menschlichen Wahlvermögen *(vis electiva)* ausgeht und zwischen Handlungsnotwendigkeiten *(necessitate)* und Entscheidungsfreiheiten *(propria sponte)* unterscheidet. Menschliche Handlungspraxis sieht Thomas im Unterschied zu individuellen Anlagen und Vermögen *(habitus, potentia)* und verbunden mit Erkenntnis- und Urteilskraft *(iudicium)*, die das menschliche Handeln als entscheidungsorientiertes von der natürlichen, triebhaften Instinktreaktion unterscheiden. Die Freiheit und Vernunft *(ratio)* des Wahlentscheides im Rahmen des Kontingenten zeigen sich nach Thomas beispielhaft im Diskurs um die Handlungsweise, d.h. in der «Rhetorik»: «[...] wie es bei den dialektischen Syllogismen und in der rhetorischen persuasio aufscheint» (ut patet in dialecticis syllogismis, et rhetoricis persuasionibus). Thomas hält den Menschen für den «Herrn seiner Akte» (suorum actuum dominus), wobei er im Hinblick auf das politische Handeln *(actio civilis)* auf die aristotelische Ethik und den Katalog der Staatstugenden zurückgreift. [33] Am Beginn der Neuzeit gewinnt die Debatte über Willensfreiheit und göttliche Teleologie u.a. bei CUSANUS und G. BRUNO, später im Streit zwischen ERASMUS und LUTHER (‹De servo arbitrio›, 1525) erneut an Bedeutung.

Im Spannungsfeld zwischen der Frage nach der Freiheit des Willens und der Allgegenwart Gottes bewegt sich auch die christliche Mystik, für die, wie bei MEISTER ECKEHART, der menschliche Eigenwille die usurpatorische Aneignung eines göttlichen Gutes bedeutet, das wiederum dem Menschen in genau dem Maße zuteil werde, wie er von seinem eigenen Willen ablasse: «[...] wenn einer für sich selbst nichts will, für den muß Gott in gleicher Weise wollen wie für sich selbst». [34]

Im Mittelalter ist die Rhetorik nicht mehr die wichtigste Sachwalterin sozialer und ethischer Kompetenz; ihr Gegenstandsbereich wird weitgehend auf die Homiletik, die Brieflehre und die Bereitstellung literarischer Techniken eingegrenzt. Die Reflexion auf menschliches Handeln wird in die christliche Tugendlehre eingegliedert, wo sie zur Entstehung der *exempla* und darauf aufbauend zur beispielhaftes Handeln vergegenwärtigenden Novellistik führt. Besondere Bedeutung kommt hierbei der Vita von Heiligen zu: In Kunst- und Volkslegenden oder Hagiographien wird ihr vorbildhaftes Handeln zur Unterweisung und Kontemplation vermittelt und als belehrende Exemplifizierung personifizierter Tugenden zur *imitatio* handlungsanleitend angeboten. Profane Formen der Handlungsnormierung finden sich in bürgerlich-didaktischen und höfischen Dichtungen (Sittenlehre) sowie in alltagspraktisch orientierten ‹Tisch- und Hofzuchten›. [35]

Im 14. Jh. greift C. SALUTATI auf den Herkulesmythos zurück (‹De laboribus Herculis›), um erneut auf die Bedeutung der den ganzen Menschen in seiner kulturellen Lebenswirklichkeit erfassenden Beschäftigung mit Sprache und Literatur hinzuweisen. Dieser dem urbanen Rednerideal verpflichtete Humanismus bereitet auch einem Denker wie MACHIAVELLI den Weg, bei dem die λέξις (léxis), wie Battistini/Raimondi bemerken, wieder den unmittelbaren Kontakt zur politischen πρᾶξις (práxis) sucht. [36] Machiavelli macht die *virtù* «zu einem ethisch wertfreien Gradmesser für Leistungsfähigkeit und Durchsetzungsvermögen» [37] und stellt ihr die *fortuna* als Komplex all jener Kräfte entgegen, auf die der Handelnde keinen Einfluß hat. Die politische Entwicklung Europas schafft aber mit dem Aufstieg der Fürstenhöfe im 16. und 17. Jh. neue Bedingungen für die Reflexion auf Grundlagen und Ziele menschlichen Handelns. Kreist der berühmte ‹Libro del Cortegiano› (1528) von B. CASTIGLIONE noch um das Problem der angemessenen Selbstdarstellung des *cortegiano* bei Hofe, so konstatiert um die Mitte des 17. Jh. der spanische Jesuit B. GRACIÁN: «Das Leben des Menschen ist ein Krieg gegen die Bosheit des Menschen. Die Klugheit führt ihn, indem sie sich hinsichtlich ihres Vorhabens der Kriegslisten bedient.» [38] Das höfische Subjekt, permanent gefährdet durch den drohenden Verlust von Stellung und Ansehen, soll durch Graciáns Anleitung zu einer umfassenden Technik des Handelns geführt werden, die ihn befähigt, sich bei Hofe zu erhalten und sich gegen Konkurrenten durchzusetzen, wobei dem Verhüllen der eigenen Intentionen und dem Erkennen verborgener Absichten anderer eine zentrale Bedeutung zukommen.

III. *Aufklärung bis 20. Jh.* Der Naturalismus der Aufklärung und die immer stärkere Unterwerfung anthropologischer Fragestellungen unter das außerordentlich erfolgreiche methodische Paradigma der Naturwissenschaften führt zu handlungstheoretischen Modellen, die auf der Grundlage des Sensualismus etwa bei CONDILLAC und den IDÉOLOGUES von der leiblichen Lust/Schmerz-Dichotomie ausgehen, um alles menschliche Verhalten zu erklären. Im Utilitarismus J. BENTHAMS erreicht diese Strömung einen Höhepunkt. Rein moralische Überlegungen will Bentham als unwissenschaftlich aus dem handlungstheoretischen Diskurs ausgeschaltet sehen; er orientiert sich an der berechenbaren Maximierung des sozialen Nutzens, an dem die Einzelhandlungen mittels der Konditionierung über Lust und Schmerz ausgerichtet werden sollten. Für die Rhetorik ist von Bedeutung, daß sich diese aufklärerische Konzeption auf eine Semiotik stützt, die sich am Vorbild der Universalität und Uniformität der Mathematik orientiert und die Perspektive der sprachlichen Vermittlung freier Subjektivität, wie sie der Rhetorik zugrunde liegt, mittels einer Reduktion des subjektiven Faktors zu überwinden bestrebt ist.

KANT wiederum bewahrt die Dimension der freien Intelligibilität, indem er im Menschen zwar zum einen «eine von den Erscheinungen der Sinnenwelt, und in so fern auch eine der Naturursachen, deren Kausalität unter empirischen Gesetzen stehen muß», sieht, zum andern aber nehme sich der Mensch «in seinen Handlungen und inneren Bestimmungen, die er gar nicht zum Eindrucke der Sinne zählen kann», als intelligibles Wesen wahr. [39] Die besondere intelligible Denkungsart jedes einzelnen und somit «die eigentliche Moralität der Handlungen (Verdienst und Schuld)» sei jedoch unergründbar; «[...] Zurechnungen können nur auf den empirischen Charakter bezogen werden», so daß nicht nach völliger Gerechtigkeit gerichtet werden könne. [40] An diese Unterscheidung knüpft Kant sodann im ‹Übergang zur Kritik der praktischen Vernunft› an. [41] Für HEGEL steht wieder ganz die Subjektivität als Moment des dialektisch zu sich selbst findenden absoluten Geistes im Vordergrund; in der Handlung sieht er die «Äußerung des Willens als *subjektiven* oder *moralischen*»; sie enthält für ihn die grundlegenden Bestimmungen, «α) von mir in ihrer Äußerlichkeit als die meinige gewußt zu werden, β) die wesentliche Beziehung auf den Begriff als ein Sollen und γ) auf den Willen anderer zu sein». [42] Dabei sind für Hegel die Handlungen gegenüber der Abstraktheit des bloß Vorgestellten «die klarste Enthüllung des Individuums» [43] und der maßgebliche Ausdruck seiner Subjektivität.

Im 20. Jh. ist für die Soziologie M. WEBERS Begriff des ‹sozialen Handelns› von grundlegender Bedeutung, durch den «der prinzipielle Erkenntnisbereich dieser Wissenschaft eingegrenzt» und «sämtliche soziologischen Begriffe definierbar» werden sollten [44]; Weber sieht den Sinn des Handelns erschließbar über seine Bezogenheit auf das Verhalten anderer Menschen. Die analytische H., wie sie sich seit den 60er Jahren des 20. Jh. vor allem im anglo-amerikanischen Raum etabliert hat, knüpft freilich nicht an die soziologischen Handlungsmodelle Webers oder A. SCHÜTZ' an; sie nimmt mit dem Werk L. AUSTINS ihren Ausgang vielmehr von der Feststellung, «daß die traditionelle Diskussion des Handlungsbegriffs unbefriedigend geblieben ist». [45] G. Meggle bezeichnet in seiner Einleitung zu einer repräsentativen Aufsatzsammlung die analytische H. als das Unternehmen einer Metatheorie zu den einzelnen H., von denen er als die drei wichtigsten die empirische H. (Psychologie, Soziologie), die normative H. (Ethik) und die rationale H. (Spieltheorie, Entscheidungstheorie) [46] nennt; mit dem Entwurf einer Handlungslogik in Analogie zur Modallogik befaßt sich vor allem G. H. VON WRIGHT. [47] Die analytische H., die sich im wesentlichen mit Fragen der Handlungsbeschreibung, -erklärung und -bewertung befaßt, ist jedoch weit davon entfernt, über kohärente Kategorien und uniforme methodische Prinzipien zu verfügen. Schon die Definition des Terminus ‹Handlung› bereitet den Wissenschaftlern erhebliches Kopfzerbrechen; nur ein Aspekt dieses Problems ist der Umstand, daß Handlungen zugleich immer auch als Elemente von ihnen übergeordneten Makrohandlungen aufgefaßt werden können, wie bei a) den Türgriff betätigen, b) die Tür öffnen, c) das Haus verlassen, d) einen Spaziergang machen usw. [48] Ein nicht konsequent durchführbarer Lösungsansatz und zugleich ein Beispiel für die Art der handlungstheoretischen Begriffsbildung ist A. DANTOS Modell der ‹Basis-Handlungen›: «A basic action is one where a man does b without doing something which causes b to happen» (von Basis-Handlungen spricht man, wenn ein Mensch b tut, ohne doch etwas zu tun, das b verursachte) [49]; als Beispiel nennt er das Heben des Armes: es soll sich nach Danto hier nicht um einen willentlich gesteuerten, sondern um einen rein physiologischen Vorgang handeln: «Wasser kocht genau dann, wenn es 100°C erreicht; der Arm hebt sich genau dann, wenn sich der Muskel beugt». [50] Bemerkenswert ist nicht nur an diesem Beispiel, daß in der handlungstheoretischen Diskussion immer wieder die Unterscheidung von intentionalen und mechanistischen Erklärungsansätzen eine Rolle spielt, etwa bei der Problematisierung des Verhältnisses von Grund/Ursache oder Handlung/Bewegung, ohne jedoch eindeutig geklärt werden zu können. Der von HEIDEGGER beeinflußte P. Rohs geht daher von der Notwendigkeit aus, eine auf der prinzipiellen Unterscheidung von ekstatischer (subjektiv erlebter) und dimensionaler (objektiver) Zeit beruhende zweireihige H. zu entwerfen. [51] Einflußreiche nordamerikanische Handlungstheoretiker wie D. DAVIDSON sind hingegen von der Sorge beunruhigt, die Dichotomie zwischen geistigen und physikalischen Vorgängen könne sich weiter vertiefen: «Es ist der Kausalitätsbegriff, der unser Weltbild zusammenhält, ein Bild, das sich andernfalls in ein Diptychon des Geistigen und des Körperlichen zerspalten würde». [52] Der grundlegende Zusammenhang dieser philosophischen Pragmatik, deren großer Einfluß wissenschaftsgeschichtlich auch als *pragmatic turn* bezeichnet wird, mit sprachtheoretischen Kategorien kommt in der von Austin und J. R. SEARLE begründeten Sprechakttheorie zum Ausdruck, die bestimmte Sprechakte (z. B. Versprechen, Entschuldigungen) als eine spezielle Klasse von Handlungen interpretiert; in der *Perlokution* wird diese Sprechhandlung *(Illokution)* dann wiederum zu einer handlungsauslösenden sprachlichen Einheit. Am sprechakttheoretischen Ansatz läßt sich zum einen kritisieren, daß er sich auf die von den sogenannten performativen Verben implizierten Typen sprachlichen Handelns beschränkt und dabei die aus dem jeweiligen situativen Kontext resultierenden Kategorien vernachlässigt [53], zum anderen, daß sowohl Austin als auch Searle «den Satz und nicht den Text oder genauer den Diskurs als den eigentlichen Ort des Sprechakts ansehen», womit sie in der Tradition der Logik stehen, «die sich immer als eine Logik von Sätzen und nicht von Texten verstanden hat». [54] Bei ‹Perlokution› und ‹Einzelsatz-Orientierung› zeigen sich auch Gemeinsamkeiten und Unterschiede zwischen linguistischer Pragmatik (Sprechakt-Theorie) und Rhetorik: Zum einen formuliert die Rhetorik über die Kategorien von Redeintention und -wirkung eine klassische Bestimmung der Perlokution (i. S. von Handlungsanleitung), zum anderen zieht sie stets das Rede-/Textganze in Betracht, wenn es um den Zusammenhang von Rede und Handlung geht. Neuere Forschungen zur ‹Textpragmatik› nähern sich diesen rhetorischen Erkenntnissen wieder an. [55] Für die handlungstheoretische Fundierung einer Literaturwissenschaft, die «die Einheit der Rede als Einheit der Handlung, den Redekontext als Handlungskontext systematisch erfassen kann», ist nach Stierle die Sprechakttheorie viel weniger geeignet als der philosophisch fundiertere und besser ausgearbeitete Ansatz des von E. HUSSERL und Weber beeinflußten A. Schütz in ‹Der sinnhafte Aufbau der sozialen Welt›. [56] Für einzelne Theoriezweige wie die Literaturwissenschaft oder die Soziolinguistik verbindet sich mit einer handlungstheoretischen Grundlegung die Hoffnung, die Vielfalt der Kategorien, die bisher nur eine alternative oder selegierende Fokussierung ermöglichte, in einem umfassenderen Modell zusammenführen zu können. [57]

Die fundamentale Bedeutung sowohl des sozialen Kontextes als auch der sprachlichen Dimension menschlicher Handlungen wird deutlich, wenn man sich den Unterschied zwischen den Vorgängen *Jagen* und *Wildern* veranschaulicht; hinsichtlich der Extension kann es sich um völlig identische Abläufe handeln *(auf ein Tier schießen)*, die erst vor dem Hintergrund eines komplexen sozialen Ordnungsgefüges den Sinn erhalten, den die semantische Differenzierung bereits voraussetzt. Die in der modernen H. in anderer Form wieder aktualisierte Frage nach dem Verhältnis von Handlung und Sprache ist freilich seit jeher die Kernfrage auch der *ars rhetorica*, so daß eine Einbeziehung der rhetorischen Kategorien in die H. sich als förderlich erweisen dürfte, und sei es nur für die Reflexion auf die besondere Geschichte dieses Wissenschaftszweiges – ist doch kaum ein wissenschaftliches Interesse nachhaltiger von den jeweiligen historischen Bedingungen geprägt als die Frage nach den Grundlagen, den Bewertungen und den Möglichkeiten menschlichen Handelns.

Anmerkungen:
1 H. Bußmann: Lex. der Sprachwiss. (1987) 183. – 2 Homer, Ilias II, 73–75. – 3 Hesiod, Erga 106ff. – 4 Plat. Pol. 443e. – 5 ebd. 606. – 6 ders.: Alkibiades I, 117d u. 118a. – 7 ders.: Charmides 172b. – 8 ders.: Protagoras 345b (n. Schleiermacher). – 9 ebd. 352ff. – 10 K. Raaflaub: Politisches Denken und Handeln bei den Griechen, in: Propyläen Gesch. der Lit., Bd. 1 (²1988) 54. – 11 O. Gigon: Einleitung, in: Aristoteles: Die Nikomachische Ethik (1972) 15. – 12 Xenophon, Memorabilia II, 1, 21–34. – 13 vgl. Platon, Gesetze 866e ff. – 14 Arist. EN 1109b 30ff. – 15 ebd. 1147a1 f. – 16 ebd. 1147a25. – 17 Arist. Rhet. I, 2, 10. – 18 ebd. I, 2, 12. – 19 ebd. I, 2, 14 (n. F. G. Sieveke). – 20 J. Villwock: Rhet. und Poetik: theoretische Grundlagen der Lit., in: Propyläen Gesch. der Lit., Bd. 3 (²1988) 115. – 21 Arist. Rhet. II, 12–17. – 22 Apostolios 9, 42, zit. n. R. Tosi: Dizionario delle sentenze latine e greche (Mailand 1993) 271. – 23 Auct. ad Her. I, 24. – 24 A. Michel: Rhétorique et philosophie chez Cicéron (Paris 1960) 38f., Übers. Red. – 25 Quint. II, 15, 34 (n. H. Rahn). – 26 ebd. II, 16, 19. – 27 ebd. XII, 1. – 28 ebd. II, 18, 1–2. – 29 ebd. II, 18, 5. – 30 Augustinus, De vera religione 27 (Übers. v. W. Thimme). – 31 ders.: Retractationes I, 12, 5 (Übers. v. W. Thimme). – 32 vgl. auch H. Barth: Die Freiheit der Entscheidung im Denken Augustins (1935). – 33 T. von Aquin: Summa Theologiae I, quaest. 83 a. 1; quaest. 21 a. 1; quaest. 83, 1 resp. 5; ders.: Summa contra gentiles I, 88; vgl. auch A. Dihle: Die Vorstellung vom Willen in der Antike (1985). – 34 Meister Eckehart: Dt. Predigten und Traktate, hg. und übers. von J. Quint (1979) 53. – 35 vgl. Metzler Lit. Lex. (²1990) 261f.; E. R. Curtius: Europ. Lit. und lat. MA (¹⁰1984) 168f., 265; R. Schulmeister: Aedificatio et imitatio (1971); N. Elias: Über den Prozeß der Zivilisation, Bd. 1 (¹⁵1990); A. Winkler: Selbständige dt. Tischzuchten des MA (Diss. Marburg 1982). – 36 vgl. A. Battistini, E. Raimondi: Le figure della retorica (Turin 1990) 97. – 37 V. Kapp (Hg.): Italienische Literaturgesch. (1992) 123. – 38 B. Gracián: Handorakel und Kunst der Weltklugheit, übers. von A. Schopenhauer (1946) 8. – 39 Kant: Kritik der reinen Vernunft B 575. – 40 ebd. B 579. – 41 ders.: Grundlegung der Metaphysik der Sitten B 111f.; vgl. auch F. Kaulbach: Kants Theorie des Handelns, in: H. H. Lex: H., interdisziplinär, Bd. 2 (1977–81) 643–670. – 42 Hegel: Grundlinien der Philosophie des Rechts, Werke Bd. 7 (1986) 211 (§ 113). – 43 ders.: Ästhetik I, Werke Bd. 13 (1986) 285. – 44 H. Girndt: Soziales Handeln, in: HWPh, Bd. 3, 994. – 45 L. W. Ferguson: Austins H., in: G. Meggle (Hg.): Analytische Handlungsbeschreibungen, Bd. 1 (1977) 45. – 46 vgl. Meggle [45] 415–428; grundlegend dazu R. D. Luce, H. Raiffa: Games and Decisions (New York 1957); jüngeren Datums, z. T. mit starkem Zuschnitt auf die Ökonomie, J. McMillan: Games, Strategies and Managers (Oxford 1992); W. Güth: Spieltheorie und ökonomische (Bei-)Spiele (1992) sowie das einführende Buch von C. Rieck: Spieltheorie (1993). – 47 vgl. G. H. v. Wright: Norm and Action. A Logical Enquiry (London, N. Y. 1963; dt. 1979). – 48 vgl. dazu G. Harras: Handlungssprache und Sprechhandlung. Eine Einf. in die handlungstheoretischen Grundlagen (1983) sowie die Aufsatzsammlungen von Meggle [45]; A. Beckermann (Hg.): Analytische H., Bd. 2 (1977); J. J. Loubser u. a. (Hg.): Allgemeine H. (1981); Lenk [41]. – 49 A. Danto: Analytical Philosophy of Action (Cambridge 1973) 75. – 50 ebd. 62; vgl. auch die kritischen Stellungnahmen von J. R. Martin: Basishandlungen und einfache Handlungen, in: Meggle [45] 111–136 und A. Baier: Auf der Suche nach Basis-Handlun-

gen, in: Meggle [45] 137–162. – **51** P. Rohs: Die Zeit des Handelns. Eine Unters. zur Handlungs- und Normentheorie (1980). – **52** D. Davidson: Handlung und Ereignis (1985, orig. 1980) 7. – **53** vgl. K. Bayer: Sprechen und Situation (²1984). – **54** K. Stierle: Sprechsituation, Kontext und Sprachhandlung, in: Lenk [41] Bd. 1, 440. – **55** vgl. dazu D. Breuer: Einf. in die pragmatische Texttheorie (1974). – **56** Stierle [54] 480. – **57** So etwa G. Gebauer: Warum das Sprechen von der Grammatik abweicht, in: Lenk [41] Bd. 1.

Literaturhinweise:
T. Parsons: The Structure of Social Action (1937). – G. H. Mead: The Philosophy of the Act (Chicago 1938). – H. Lübbe: Zur Theorie der Entscheidung, in: Collegium philos. = FS J. Ritter (1965). – J. Winckelmann, H. Girndt, W. Sprondel: Das soziale Handeln als Grundkategorie erfahrungswiss. Soziol. (1967). – A. R. White (Hg.): The Philosophy of Action (Oxford 1968). – J. R. Searle: Speech acts (Cambridge 1969; dt. 1971). – E. Schwanenberg: Soziales Handeln (1970). – W. Kamlah: Philos. Anthropologie (1972, ²1973). – P. Winch: Ethics and Action (London 1972). – U. Maas, D. Wunderlich: Pragmatik und sprachliches Handeln (1972, ³1974). – R. Bubner: Handlung, Sprache, Vernunft (1976). – Neue Hefte für Philos. 9 (1976). – W. Viereck (Hg.): Sprachliches Handeln – Soziales Verhalten (1976). – P. Ricœur, D. Tiffeneau (Hg.): La sémantique de l'action (Paris 1977). – G. Harras: Kommunikative Handlungskonzepte (1978). – J. Rehbein: H., in: Studium Linguistik 7 (1979) 1–25. – F. Kaulbach: Einf. in die Philos. des Handelns (1982). – H. Posner (Hg.): Philos. Probleme der H. (1982). – S. C. Levinson: Pragmatik (²1994).

R. Bernecker

→ Ethik → Ethos → Kommunikationstheorie → Sprachgebrauch → Sprachphilosophie → Sprachspiel → Sprechakttheorie → Tugendkatalog → Vir bonus → Wirkung

Harmonie (griech. ἁρμονία, harmonía; lat. armonia/harmonia; engl. harmony; frz. harmonie; ital. armonia)
A. Definitorische Aspekte. – B. Begriffsgeschichte und -verwendung in Poetik, Rhetorik und Ästhetik der Dichtung.

A. Dem Wort ‹H.› liegt etymologisch die Bedeutung ‹Zusammenfügung von (zwei oder mehreren) Teilen zu einem Ganzen› zugrunde (idg.-griech. Stammsilbe ἀρ (har) = fügen; griech. ἁρμόττειν (harmóttein) = zusammenfügen, verbinden). Der Ausdruck kann 1. das Verbindungsmittel innerhalb eines Gefüges bezeichnen; im entsprechenden Sinne von Klammer, Fuge, Gelenk wird er in der griechischen Antike früh im Bereich des Schiffsbaus [1], außerdem in der Baukunst und der Anatomie verwendet. Er kann 2. die Fügung bzw. das Gefüge selbst und 3. die Art und Weise der Fügung bzw. die besondere Qualität oder das innere Prinzip des Gefüges – im Sinne von ‹Ordnung›, ‹Übereinstimmung›, ‹Ausgleich›, ‹Ausgewogenheit› – bezeichnen. Innerhalb dieser letztgenannten, besonders wirkungsmächtigen Bezeichnungstradition wird mit dem Ausdruck vor allem die Übereinstimmung zwischen vielgestaltigen, disparaten oder der Ausgleich von gegensätzlichen Elementen benannt. Ein derartiges Verständnis begegnet erstmals in der vorsokratischen Philosophie bei HERAKLIT, PHILOLAOS und EMPEDOKLES. Eine entsprechende Definition von ‹H.› (die fälschlicherweise Philolaos zugeschrieben wurde) überliefert NIKOMACHOS im 2. Jh. n. Chr.:

«Harmonie [ἁρμονία] entsteht in jeder Hinsicht aus Gegensätzen. Denn Harmonie ist die Vereinigung vielgemischter Dinge und die Übereinstimmung verschieden gestimmter Dinge.» [2] Vor allem in späteren Epochen wird der Ausdruck aber auch gleichsam neutral im Sinne von ‹Ordnung aus verschiedenen Teilen› gebraucht. So definiert DIDEROT 1765 ‹H.› als «l'ordre général qui regne entre les diverses parties d'un tout» (die allgemeine Ordnung, die zwischen den verschiedenen Teilen eines Ganzen herrscht). [3]

In der pythagoräisch-platonischen Tradition wird mit ‹H.› ein den gesamten Kosmos und die menschliche Seele durchdringendes Ordnungsprinzip bezeichnet, das in dem Gedanken der Proportionalität fundiert ist. Das Paradigma dieses Proportionsideals bilden die musikalischen Grundintervalle, die sich auf einfache Zahlenverhältnisse (2:1 Oktave; 3:2 Quint; 4:3 Quart) zurückführen lassen. Die Konzeption einer auf Zahlengesetzlichkeit beruhenden H. des Makro- und Mikrokosmos stellt ein die gesamte antik-abendländische Geistesgeschichte durchdringendes Denkmodell dar. [4]

Die Begriffsgeschichte von ‹H.› wird zudem stark durch die musiktechnische Verwendung des Terminus geprägt. Dem musiktheoretischen Begriff ‹H.› in der frühen griechischen Antike scheint die Vorstellung einer kunstgemäß gefügten Oktavstruktur aus fixierten, ‹zusammenklingenden› (σύμφωνοι, sýmphōnoi) und aus beweglichen, ‹auseinanderklingenden› (διάφωνοι, diáphōnoi) Intervallen zugrundezuliegen. [5] Allerdings ist der Ausdruck gerade im Bereich der musiktechnischen Verwendung durch eine ausgeprägte Polysemie charakterisiert. ‹H.› tritt in der griechischen Musiklehre als Bezeichnung für Stimmung, Tonmischung, Tonleiter, Oktave, Tonart, Transpositionsskala, Tonsystem, Klanggeschlecht, Musik, Melodie, Konsonanz u. a. auf. Noch am Ende des 15. Jh. definiert J. TINCTORIS «armonia» neutral als «amenitas quedam ex convenienti sono causata» (eine aus zusammenstimmendem Klang verursachte Annehmlichkeit) und synonymisiert den Ausdruck mit «eufonia», «melodia» und «melos». [6] Erst in der späteren Neuzeit wird die musiktheoretische Verwendung des Terminus auf die moderne Bedeutung ‹Zusammenklang›, ‹Akkordzusammenhang› eingeengt. Im 18. Jh. bilden ‹H.› und ‹Melodie› ein begriffliches Gegensatzpaar, das mit kontroversen musikästhetischen und philosophischen Implikationen aufgeladen ist. [7]

Die hier nur skizzierbare Vielgestaltigkeit der Verwendung des Ausdrucks in allgemein-strukturellen, mathematisch-proportionalen, ontologisch-kosmologischen, medizinisch-psychologischen und musikalischen Bedeutungszusammenhängen bringt es mit sich, daß ‹H.› zu einer Vielzahl anderer Ausdrücke in synonymer oder bedeutungsverwandter Beziehung steht und daß verschiedene Bedeutungen des Ausdrucks bei bestimmten Autoren oder in bestimmten Epochen in andere Termini gefaßt werden. Solche verwandten und im konkreten Einzelfall schwer von ‹H.› abzugrenzenden Termini sind etwa ‹structura›, ‹synthesis›, ‹compositio›, ‹consensus› (‹consensio›), ‹convenientia›, ‹concinnitas›, ‹symmetria›, ‹proportio›, ‹consonantia›, ‹symphonia›, ‹melodia›, ‹musica› und ‹euphonia›. Bei vielen Autoren – auch außerhalb der Musiktheorie – ist der Terminus musiktechnisch geprägt, so daß besonders im Bereich von nicht-musikalischen Harmonievorstellungen andere Termini an die Stelle von ‹H.› treten. So faßt L. B. ALBERTI 1485 das seiner Definition des Schönen zugrundeliegende proportionale Harmonieideal in den aus der Rhetorik entlehnten Ausdruck ‹concinnitas› [8], während er ‹H.› als «uocum consonantiam suauem auribus» (ein den Ohren angenehmes Zusammenklingen der Töne) definiert. [9]

B. I. *Antike und Mittelalter.* PLATON beschreibt die μουσικὴ τέχνη (mousikḗ téchnē, Musenkunst) als Einheit aus

Wort (Dichtung), Ton (Musik) und Bewegung (Tanz). ‹H.› bezeichnet in diesem Zusammenhang die spezifisch musikalischen Elemente der μουσική (mousiké), also Ton, Melodie, Tonart. [10] Diese Bedeutung liegt dem Terminus wohl auch in jener bekannten Stelle der ‹Politeia› zugrunde, in der μέτρον, ῥυϑμός und ἁρμονία (métron, rhythmós und harmonía; Versmaß, Rhythmus und Tonart) als Mittel der dichterischen *Mimesis* erwähnt werden. [11] In einem engeren, rein sprachbezogenen Sinn tritt der Ausdruck bei Platon außerdem in der Bedeutung von ‹Betonung› [12] und von sprachlichem ‹Wohlklang› [13] auf.

In der ‹Poetik› des ARISTOTELES ist ‹H.› Teil der Mittel-Trias ῥυϑμός, λόγος, ἁρμονία (rhythmós, lógos, harmonía; Rhythmus, Sprache, Melodie) [14] und bezeichnet dort das musikalische Mittel der dichterischen *Mimesis*, d. h. Ton, Tonfolge, Melodie. In dieser Bedeutung erscheint der Ausdruck auch in der Lehre von den zwei Ursachen der Dichtung [15] und in den Erläuterungen zur Tragödien-Definition. [16] Aristoteles verwendet ihn aber auch im Sinne von ‹Tonfall› eines bestimmten sprachlichen Stils [17] und als Bezeichnung für ‹Stimmlage›. [18]

Der Ausdruck begegnet dann in der späthellenistischen Rhetorik bei DIONYSIOS VON HALIKARNASSOS, der seine drei Wortfügungsarten (die «herbe Fügung», die «glatte Fügung», die «mittlere wohlgemischte Fügung») ‹harmoniai› nennt. [19] Dionysios verwendet ‹harmonía› aber auch im Sinne von ‹synthesis› als allgemeine Bezeichnung für die klangvolle, kunstvolle Fügung von Wörtern, Kola und Perioden. Ausschlaggebend für den Wortgebrauch bei Dionysios scheint die Präsenz von musikalischen und bauhandwerklichen Bedeutungsaspekten im Begriff ‹harmonía› zu sein. [20] Diese Verwendungsweise blieb allerdings ohne direkte Nachfolge; in der lateinischen Rhetorik vor und nach Dionysios begegnen in diesem Zusammenhang Ausdrücke wie ‹structura›, ‹constructio›, ‹compositio›, ‹concinnitas› oder ‹collocatio›, nicht aber ‹harmonia›.

Eine wichtige wortgeschichtliche Tatsache ist darin zu sehen, daß weder der AUCTOR AD HERENNIUM noch CICERO in seinen rhetorischen Schriften noch HORAZ in seiner ‹Dichtkunst› noch QUINTILIAN den Terminus ‹H.› verwenden. Auch in der sich vor allem an Cicero und der Herennius-Rhetorik orientierenden mittelalterlichen Rhetorik und Poetik scheint der Ausdruck keine wichtige Rolle zu spielen. Der für das Hoch- und Spätmittelalter grundlegende Kommentar der Aristotelischen Poetik von AVERROES (übersetzt durch Hermannus) setzt die Ausdrücke ‹sonus›, ‹symphonia› oder ‹consonantia› an die Stelle von ‹harmonia›, so daß auch hier die Bezeichnungstradition abbricht. [21]

II. *16. bis 18. Jahrhundert.* Sie wird erst in der italienischen Renaissance durch die Wiederentdeckung, Übersetzung und Kommentierung des aristotelischen Originals neu belebt. Vor allem im 16. Jh. läßt sich eine Fülle von Belegen für den Gebrauch des Wortes im Zusammenhang mit der Lehre vom Ursprung und den Gestaltungsmitteln der Dichtkunst, in der *Mimesis*-Diskussion, in grundlegenden Bestimmungen zur Dichtung allgemein und zu verschiedenen Gattungen sowie innerhalb von Kontroversen um einzelne antike oder neuzeitliche Autoren beibringen. [22] So definiert J. MAZZONI 1587 die Poesie als «una imitatione fatta coll'harmonia col rithmo, e col uerso scompagnati, o congiunti di cosa credibile, e marauigliosa» (Nachahmung eines wahrscheinlichen und wunderbaren Gegenstandes mittels Harmonie, Rhythmus und Vers, die einzeln oder zusammen gebraucht werden können). [23] Aber auch in Aussagen zum sprachlichen Wohlklang und zur Wort- bzw. Versfügung tritt der Terminus wieder auf, so z. B. 1572 in einem Lob der Dichtkunst von A. MENECHINI: Kein anderer sprachlicher Stil sei lieblicher und angenehmer als «un leggiadro suono, & puro concento di armoniosi uersi felicissimamente spiegati» (der liebliche Klang und das reine Zusammenstimmen von wohlklingenden, trefflich angeordneten Versen). [24]

Ganz ähnlich verwendet BOILEAU im späten 17. Jh. in seinem an Horaz und die Renaissance-Poetik anschließenden Lob der zivilisatorischen Funktion der Dichtung die Ausdrücke ‹harmonieux› und ‹harmonie› im Sinne von «wohlklingend» und ‹Wohlklang› [25]; als «doux» und «harmonieux» beschreibt er den mittleren Stil («ton») des epischen *Proömiums*. [26] In der Bedeutung von ‹Wohlklang› tritt der Terminus dann in zahlreichen Arbeiten englischer, französischer und deutscher Autoren des 18. Jh. zur Stilistik, Wortfügung, Metrik und Prosodie auf. [27]

C. BATTEUX bezeichnet 1746 die H. als «Seele» der schönen Künste: «L'Harmonie, en général, est un rapport de convenance, une espece de concert de deux ou de plusieurs choses. Elle naît de l'ordre, & produit presque tous les plaisirs de l'esprit. Son ressort est d'une etendue infinie, mais elle est sur-tout l'ame des beaux Arts.» (Die Harmonie überhaupt ist ein Verhältniß der Uebereinkunft, eine gewisse Zusammenstimmung zweyer oder mehrerer Dinge. Sie entspringt aus der Ordnung, wie hinwider ihr fast alle Vergnügungen des Geistes ihren Ursprung verdanken. Ihr Gebiet ist von einem unendlichen Umfange; und vornehmlich ist sie die Seele der schönen Künste.) [28] Er unterscheidet drei Arten der H.: 1. eine H. des Stils, der mit dem gewählten Sujet übereinstimmen muß («celle du style, qui doit s'accorder avec le sujet qu'on traite»); 2. eine H., die in der Bezogenheit der Klänge und Wörter auf den gedanklichen Gegenstand besteht («la seconde sorte d'harmonie consiste dans le rapport des sons & des mots avec l'objet de la pensée»); 3. eine ausschließlich für die Verskunst charakteristische «künstliche Harmonie» («harmonie artificielle»), die – vergleichbar mit einem Gesang – der natürlichen Bedeutung der Wörter eine zusätzliche Ausdruckskraft verleiht («une autre sorte d'expression, qui ajoute encore à la signification naturelle des mots»). [29] Der Begriff wird hier – wie schon bei Dionysios (den Batteux ins Französische übersetzt) – in die Nähe der rhetorischen Stil- und Aptumlehre gerückt. Die drei Arten der H. überträgt Batteux in seine Wortfügungslehre und seine Redelehre. [30] Im Zuge der deutschen Batteux-Rezeption werden die Kategorien seines Harmoniebegriffs erläutert und weitergedacht (etwa bei C. W. RAMLER), aber auch kritisch hinterfragt (wie etwa von J. A. SCHLEGEL). [31]

Die Synonymisierung von ‹H.› und ‹Wohlklang› im 18. Jh. zeigt sich auch an der Übersetzung der Aristotelischen ‹Poetik› durch M. C. CURTIUS, der ‹harmonía› mit ‹Wohlklang› wiedergibt. [32] J. C. ADELUNG verwendet beide Ausdrücke synonym als Oberbegriff zu ‹Euphonie› und ‹Numerus›. [33]

Für DIDEROT markiert das gestalterische Bemühen um stilistische H. sprachgeschichtlich den Zustand der Vollendung, der freilich gerade wegen seiner Künstlichkeit krisenhafte Züge trägt [34]; in der Natur sieht Diderot diejenige Kraft, die dem Künstler die wahrhafte, eigentliche H. des Stils diktiert. [35]

‹H.› stellt im 18. Jh. außerdem eine wichtige Kategorie der klassischen und frühromantischen Dichtungsästhetik dar. In der ‹Aesthetica› von BAUMGARTEN tritt der Ausdruck ‹harmonia› zwar nicht auf, wohl aber der verwandte Terminus ‹consensus›. In Anlehnung an LEIBNIZ' Definition der H. (und Schönheit) als «unitas in varietate» (Einheit in der Mannigfaltigkeit)[36] und im Anschluß an die *Aptum*-Doktrin der Rhetorik bestimmt Baumgarten die allgemeine Schönheit der sinnlichen Erkenntnis als «consensus cogitationum [...] inter se ad unum» (die Übereinstimmung der Gedanken unter sich zur Einheit) und als «consensus ordinis [...] et internus et cum rebus» (die Übereinstimmung der Ordnung mit sich selbst und mit den Sachen).[37] Bei KANT begegnet ‹Harmonie› als Bezeichnung für die Übereinstimmung der Erkenntnisvermögen im betrachtenden Subjekt. So spricht Kant 1790 von der «Verbindung und Harmonie beider Erkenntnißvermögen, der Sinnlichkeit und des Verstandes».[38] Er begründet damit einen im engeren Sinne ästhetischen Harmoniebegriff als subjektiven Wahrnehmungsbegriff.

Die Verwendung des Ausdrucks in den großen ästhetischen Schriften von SCHILLER läßt sich auf Kant zurückführen. Schiller faßt in den Terminus den für sein ästhetisches Denken zentralen Gedanken einer Aufhebung des Gegensatzes von Sinnlichkeit und Vernunft im ästhetischen Erleben («in einer schönen Seele ist es also, wo Sinnlichkeit und Vernunft, Pflicht und Neigung harmoniren»[39]) und damit auch sein Ideal einer ästhetischen Erziehung: «Eine Erziehung zum Geschmack und zur Schönheit [...] hat zur Absicht das Ganze unsrer sinnlichen und geistigen Kräfte in möglichster Harmonie auszubilden»[40]; «der Geschmack allein bringt Harmonie in die Gesellschaft, weil er Harmonie in dem Individuum stiftet.»[41]

19. und 20. Jahrhundert. In der frühromantischen Dichtungsästhetik wird mit dem Ausdruck in Zusammenhang mit der Konzeption der Universalpoesie operiert. Bei F. SCHLEGEL erscheint H. als die höchste Synthetisierungsstufe im romantischen Kunstwerk: «Universalität ist Wechselsättigung aller Formen und aller Stoffe. Zur Harmonie gelangt sie nur durch Verbindung der Poesie und der Philosophie: auch den universellsten vollendetsten Werken der isolierten Poesie und Philosophie scheint die letzte Synthese zu fehlen; dicht am Ziel der Harmonie bleiben sie unvollendet stehn.»[42] Schiller kritisiert in einer gegen Schlegel gerichteten Xenie dessen Bestimmung, Charakteristikum der antiken Tragödie sei die schließliche Herstellung der höchsten H.: «Die höchste Harmonie | Oedipus reißt die Augen sich aus, Jokasta erhenkt sich, | Beide schuldlos; das Stück hat sich harmonisch gelößt.»[43] In einem präzise definierten Sinn verwendet Schlegel im Anschluß an Leibniz und Kant ‹H.› in seiner Abhandlung ‹Von der Schönheit in der Dichtkunst› als Bezeichnung für die «Erscheinung der Einheit» (des Mannigfaltigen) im betrachtenden Subjekt.[44]

Als musikbezogener Terminus bleibt der Harmoniebegriff auch in der Poetik des 20. Jh. lebendig. So formuliert P. VALÉRY 1927 in ‹Poésie pure› eine Idealvorstellung von «poèmes, où la continuité musicale ne serait jamais interrompue, où les relations des significations seraient elles-mêmes perpétuellement pareilles à des rapports harmoniques» (Gedichten, in denen die musikalische Kontinuität niemals unterbrochen wäre, in denen sogar die Verhältnisse der Bedeutungen fortwährend harmonischen Verhältnissen gleich wären).[45]

Für die Ästhetik des 20. Jh. konstatiert ADORNO eine Emanzipation vom traditionellen Harmoniebegriff und von den ihm zugrundeliegenden Ideen der Proportionalität, Symmetrie und Einheit der Teile. Er wertet diese Emanzipation zugleich als «Aufstand gegen den Schein».[46] Andererseits bildet für ihn ein neutral gefaßter ‹struktiver› Harmoniebegriff weiterhin eine wichtige Voraussetzung für die Stimmigkeit von Kunstwerken: «Die bestimmte Antithese eines jeglichen Kunstwerks zur bloßen Empirie fordert dessen Kohärenz.» Damit sei ein «eingreifend Organisiertes, Stimmiges zumindest als Fluchtpunkt» mitgedacht: «Noch die von harmonistisch-symmetrischen Vorstellungen befreiten Kunstwerke sind formal charakterisiert nach Ähnlichkeit und Kontrast, Statik und Dynamik, Setzung, Übergangsfeldern, Entwicklung, Identität und Rückkunft.»[47] Diese Positionsbestimmung Adornos umreißt zugleich die engen Grenzen, die einem emphatischen Harmoniebegriff in der Reflexion über Kunst im 20. Jh. gesteckt sind.

Anmerkungen:
1 Homer, Odyssee 5, 248 und 361. – **2** Nikomachos, Introductionis arithmeticae libri II, hg. von R. Hoche (1866) 115,2–4; H. Diels, W. Kranz: Die Frg. der Vorsokratiker (⁶1951; ND 1985) 410 (Frg. B 10); Boethius, De institutione arithmetica libri duo, hg. von G. Friedlein (1867; ND 1966) 126; vgl. W. Burkert: Weisheit und Wiss. Stud. zu Pythagoras, Philolaos und Platon (1962) 232; C. A. Huffman: Philolaos of Croton. Pythagorean and Presocratic (Cambridge 1993) 416f.; die Übers. orientiert sich an W. Tatarkiewicz: Gesch. der Ästhetik, Bd. 1, übers. von A. Loepfe (1979) 112. – **3** Diderot, d'Alembert: Encyclopédie ou Dictionnaire raisonné des Sciences, des Arts et des Métiers, Bd. 8 (Neufchastel 1765; ND 1965) s. v. ‹H.›. – **4** vgl. J. Pépin: Art. ‹H. der Sphären›, in: RAC, Bd. 13 (1986) 593–618; J. Haar: Art. ‹Music of the spheres›, in: The New Grove Dictionary of Music and Musicians Bd. 12 (London 1980) 835f. – **5** vgl. Riemann Musiklex. (¹²1967), Sachteil, 361f., s. v. ‹Harmonia›. Zur Problematik des Philolaos-Frg. B 6 (Diels, Kranz[2] 408ff.) vgl. F. Reckow: Art. ‹Diapason, diocto, octava›, in: Handwtb. der musikal. Terminologie (1978) 1–3. – **6** J. Tinctoris: Terminorum musicae diffinitorium, Faks. der Inkunabel Treviso 1495 (1983), s. v. ‹Armonia›, ‹Eufonia›, ‹Melodia›, ‹Melos›, übers. von M. Staehelin: ‹Euphonia› bei Tinctoris, in: International Musicological Society. Report of the twelfth Congress Berkeley 1977, hg. von D. Heartz und B. Wade (1981) 622. – **7** vgl. F. Reckow: Die ‹Schwülstigkeit› Johann Sebastian Bachs oder ‹Melodie› versus ‹Harmonie›, in: Aufbruch aus dem Ancien régime. Beiträge zur Gesch. des 18. Jh., hg. von H. Neuhaus (1993) 211–243. – **8** L. B. Alberti: De re aedificatoria (Florenz 1485), Index verborum, bearbeitet von H.-K. Lücke, Bd. 4: Faksimile (1975) f. 93'; vgl. J. Poeschke: Zum Begriff der ‹concinnitas› bei Leon Battista Alberti, in: Intuition und Darstellung, Erich Hubala zum 24. März 1985, hg. von F. Büttner und C. Lenz (1985) 45–50. – **9** Alberti[8]f. 166'. – **10** vgl. Plat. Pol. 397 b7 und b9; 398 d2 und d8; 399 e9; 400 d4; 401 d6 und analoge Stellen in den ‹Nomoi›. – **11** Plat. Pol. 601 a8/b1. Die Übers. folgt H. Koller: Die Mimesis in der Antike (Bern 1954) 160. – **12** Platon, Kratylos 416 b9. – **13** Plat. Theaitet 175 cf. – **14** Arist. Poet. 1447 a22, übers. nach M. Fuhrmann (1982) 5; in 1447 b25 wird als Mittel-Trias ῥυθμός, μέλος, μέτρον (rhythmós, mélos, métron) genannt. – **15** Arist. [14] 1448 b20. – **16** Arist. [14] 1449 b29. – **17** Arist. [14] 1449 a28; vgl. auch Arist. Rhet. 1408 b33. – **18** Arist. Rhet. 1403 b31. – **19** Dionysios von Halicarnaß, De compositione verborum 21–24, in: Dionysii Halicarnasei opuscula, hg. von H. Usener und L. Radermacher, Bd. 2 (1904) 94–122; dt. Übers. bei K. Pohl: Die Lehre von den drei Wortfügungsarten. Unters. zu Dionysios von Halikarnassos, De compositione verborum (1968) 160–175; vgl. auch Dionysios, De Demosthene 37–46, in: Opuscula Bd. 1 (1899) 209–231. – **20** vgl. Pohl[19] 5ff. und 123ff. – **21** Aristoteles latinus XXXIII. De arte poetica, hg. von L. Minio-Paluello (Bruxelles/Paris ²1968) 42f. – **22** vgl.

die Belege bei B. Weinberg: A History of Literary Criticism in the Italian Renaissance, 2 Bde. (Chicago/Toronto 1961) s.v. ‹Harmony›. – **23** J. Mazzoni: Della difesa della Comedia di Dante (1587) Sec. 64; zit. Weinberg [22] 638. – **24** A. Menechini: Delle lodi della poesia, d'Omero, et di Vergilio (1572) e iij; zit. Weinberg [22] 192. – **25** N. Boileau: L'Art Poétique, hg., eingel. und kommentiert von A. Buck (1970) 42 (I, 109); 86 (III, 76); 127f. (IV, 139, 151). – **26** ebd. 91 (III, 277); vgl. H. Lausberg: Hb. der lit. Rhet. (³1990) § 1246; 953. – **27** R. de Saint-Mard: Réflexions sur la Poésie en général (La Haye 1734; ND 1970) 12ff.; C. Batteux: Les Beaux Arts Réduits à un Même Principe (Paris 1746; ND 1969) 197ff.; ders.: Principes de la Littérature (Paris 1777) Bd. 5 (De la Construction oratoire) u. Bd. 6 (Du Genre Oratoire); D. Diderot [3] 52f.; ders.: Lettre sur les Sourds et muets (1751), in: Œuvres complètes, Bd. 1 (Paris 1875) 372ff.; ders.: Loutherbourg, in: Salons Vol. III: 1767, hg. von J. Seznec und J. Adhémar (Oxford 1963) 257–260; J. Mason: An Essay on the Power of Numbers (London 1749; ND 1967); ders.: An Essay on the Power and Harmony of Prosaic Numbers (London 1749; ND 1967); W. Mitford: An Essay upon the Harmony of Language (London 1774; ND 1972); J. Priestley: A Course of Lectures on Oratory and Criticism (London 1777; ND 1968) 298ff.; D. G. Morhof: Unterricht von der teutschen Sprache und Poesie (²1700), hg. von H. Boetius (1969) 267ff.; C. W. Ramler: Einl. in die schönen Wiss., Bd. 4 (1758) 116–188; J. A. Schlegel: Herrn Abt Batteux [...] Einschränkung der Schönen Künste auf einen einzigen Grundsatz, 2. T. (1770; ND 1976) 431ff.; J. C. Adelung: Über den dt. Styl, 1. T. (1785; ND 1974) 225ff.; J. G. Sulzer: Allg. Theorie der Schönen Künste, T. 4 (²1794; ND 1967) 739–742, s.v. ‹Wolklang›. – **28** Batteux: Les Beaux Arts [27] 197; Übers. von Schlegel [27] 195. – **29** ebd. 198; 200f. – **30** Batteux: Principes de la Littérature [27]. – **31** Ramler [27]; Schlegel [27]. – **32** M. C. Curtius: Aristoteles. Dichtkunst (1753; ND 1973) 2; 7; 12. – **33** Adelung [27]. – **34** Diderot, Lettre sur les Sourds et muets [27]; vgl. J. Chouillet: La Formation des Idées Esthétiques de Diderot 1745–1763 (Paris 1973) 219–250. – **35** Diderot, Loutherbourg [27] 259. – **36** vgl. Y. Belaval: L'idée d'harmonie chez Leibniz, in: Studium generale 19 (1966) 558–567; Art. ‹Schöne (das)›, in: HWPh, Bd. 8 (1992) 1369f. – **37** A. G. Baumgarten: Theoret. Ästhetik. Die grundlegenden Abschn. aus der ‹Aesthetica› (1750/58), übers. und hg. von H. R. Schweizer (1983) 12f. (Sectio I §§ 18–19). – **38** I. Kant: Kritik der Urtheilskraft § 51, in: ders.: Werke, hg. von der Königl. Preuß. Akademie der Wiss., Bd. 5 (1913) 321. – **39** Schiller: Ueber Anmuth und Würde (1793), in: ders.: Werke (Nationalausgabe), Bd. 20 (1962) 288. – **40** ders.: Ueber die ästhet. Erziehung des Menschen in einer Reihe von Br. (1795), in: ebd. 376. – **41** ebd. 410. – **42** F. Schlegel: Athenäums-Fr. 451, in: ders.: Krit. Schr. und Frg., hg. von E. Behler und H. Eichner, Bd. 2 (1988) 156. – **43** Schiller: Gedichte, Nationalausgabe, Bd. 1 (1943) 349; Bd. 2, T II A (1991) 568ff. – **44** F. Schlegel: Von der Schönheit in der Dichtkunst, in: ders.: Krit. Schr. [42] Bd. 5 (1988) 172. – **45** P. Valéry: Poésie pure, in: ders.: Œuvres Bd. 1 (Paris 1957) 1463, übers. von K. Leonhard (Hg.): P. Valéry. Zur Theorie der Dichtkunst (1962) 88f. – **46** T. W. Adorno: Ästhet. Theorie, Gesamm. Schr. Bd. 7 (1970) 154ff.; 167ff.; 236ff. – **47** ebd. 235f., 238.

Literaturhinweise:
B. Meyer: APMONIA. Bedeutungsgesch. des Wortes von Homer bis Aristoteles (Zürich 1932); T. Georgiades, F. Zaminer: Musik und Rhythmus bei den Griechen (1958); Beiträge von M. Lurker, M. Vogel, O. Gigon, H. Hüschen, G. Nádor, Y. Belaval, F. Steinbacher in: Studium generale 19 (1966), H. 9; J. Schmidt: Maß und H. Hellenischer Ursprung einer abendländischen Ideologie (1968); W. Richter: ΣΥΜΦΩΝΙΑ. Zur Vor- und Frühgesch. eines musikolog. Begriffs, in: Convivium Musicorum. FS W. Boetticher zum sechzigsten Geburtstag, hg. von H. Hüschen und D.-R. Moser (1974) 264–290; T. J. Mathiesen: Problems of Terminology in Ancient Greek Theory: ‹APMONIA›, in: Festival Essays for P. Alderman, hg. von B. L. Karson (Provo 1976) 3–17; D. Koenigsberger: Renaissance Man and Creative Thinking: A History of Concepts of H. 1400–1700 (Hassocks 1979); W. Tatarkiewicz: Gesch. der Ästhetik, 3 Bde.

(Basel/Stuttgart 1979, 1980, 1987); A. Barker (Hg.): Greek Musical Writings, 2 Bde. (Cambridge 1984–1989); I. Husar: Der antike Harmoniebegriff – Fortleben und Umbildung, in: Überlieferungsgeschichtl. Unters., hg. von F. Paschke (1981) 317–329; G. Pochat: Gesch. der Ästhetik und Kunsttheorie (1986); B. J. Blackburn: On Compositional Process in the Fifteenth Century, in: Journal of the American Musicological Society 40 (1987) 210–284.

W. Hirschmann

→ Ästhetik → Compositio → Concinnitas → Dichtkunst → Euphonie → Metrik → Musik → Poetik → Schöne Seele → Schönheit, das Schöne

Häßliche, das (gr. τὸ αἰσχρόν, to aischrón; lat. deforme, turpe; engl. the deformed, the ugly; frz. le difforme, le laid; ital. il brutto)
A. Def. – B. I. Antike. – II. Mittelalter. – III. Neuzeit.

A. Das H. erscheint als Gegensatz des Schönen. Anstelle von Wohlgefallen erregt es Mißfallen, d. h. einen widrigen ästhetischen Effekt, der sich von Widerwillen und Abscheu bis hin zu Ekel [1] steigern kann. Auf eine solche, letzte Unterscheidung des Schönen und H., die dem Muster einschlägiger Handbuchartikel folgt, ließe sich gewiß das Gebiet des Ästhetischen gründen [2], würde dieser Versuch einer systematischen Terrainarrondierung nicht durch die historisch vielfältige Phänomenologie des Nicht- bzw. Nicht-mehr-Schönen [3] durchkreuzt werden, bei der das H. im Zusammenhang mannigfaltiger Ambivalenzen diskutiert wird. So gilt das H. als *deformitas* zwar als ein gegen das *aptum* der Rede verstoßendes *vitium* [4], doch diente es gleichwohl stets zur Darstellung des Lächerlichen und des Pathetischen, so daß die Gestaltungsformen des H. vom Niedrigen und Obszönen bis zum Erhabenen reichen. Dadurch tritt das H. aus der evaluativen Gleichsetzung mit dem «künstlerisch Wertlose[n]» [5], die eine auf Kallistik reduzierte, d. h. auf das bloß Schöne fixierte Ästhetik suggeriert, heraus und erhält einen begrifflich schwer zu definierenden, ‹chamäleonhaften Charakter›. [6] Die Entgrenzung des Schönheitskanons führt zur Ästhetik. [7] Aus phänomenologischer Sicht ist daher als Gegenpol des Schönen nicht die ‹interessante› Häßlichkeit anzuvisieren, sondern das Langweilige, weil sich erst darin das «ästhetisch Hoffnungsloseste» verkörpert. [8] Überdies wird der schwer greifbare Charakter des H. von der begrifflichen Zweideutigkeit *deformis/turpis* überlagert, da die erste Ausdrucksweise auf eine werkpoetisch gelagerte ‹Theorie der Inkorrektheit›, die zweite auf eine wirkungsästhetisch orientierte ‹Theorie des Häßlichen› (F. SCHLEGEL) zielt.

Aus kulturanthropologischer Sicht erweisen sich das Schöne und H. nicht als Pole eines Gegensatzes, vielmehr stehen beide Phänomenbereiche in einem schwer durchschaubaren Mischungs- und Abhängigkeitsverhältnis, wodurch die philosophische Auffassung, daß das Schöne ein Absolutes, das H. dagegen ein Relatives sei, fragwürdig wird. Das Schöne erscheint dem H. abgerungen, wie die Medusa Rondanini der entstellenden Fratze einer Gorgo, so daß «das Schöne eher im Häßlichen entsprungen [ist] als umgekehrt». [9] Mit dem H. schlagen die rohen Ausdrucksgebärden des Körpers in ihre kulturellen Sublimationsformen zurück. Die Vieldeutigkeit des H. erklärt sich daraus, daß unter der formalen Kategorie alles subsumiert wurde, worüber ein Verdikt verhängt worden war, sei es das sexuell Polymorphe, das, als H. aufgefaßt, künstlerisch ins Komische oder Groteske gewendet, sei es das durch Gewalt Verunstaltete und Tödliche, das ästhetisch zum Schrecklichen, Pathetischen und Erhabenen sublimiert werden konnte. Die spätzeitlichen Inventuren des H. gleichen daher stets einem ‹ästhetischen Kriminalkodex›, der einen «Kanon von Verboten» [10] verzeichnet.

B. I. *Antike.* Während im Deutschen die Ableitung von ‹häßlich› im aktiven Sinn von ‹Haß habend, feindselig› und ‹Haß erregend, gehässig› im Vordergrund steht, hält die Etymologie für das *Griechische* die Nähe zu ‹Schande› und ‹schänden› fest. [11] ‹Häßlich› (αἰσχρόν, aischrón) kann auch für ‹böse› (κακόν, kakón) stehen. [12] Der Phänomenbereich des H. ist der großen griechischen Dichtung nicht fremd. Es erscheint vielmehr als ein «urwüchsiger Bestandteil alter Poesie». [13] Darin dient es der künstlerischen Darstellung negativer Wirklichkeiten, sei es die Grundmißlichkeit menschlicher Existenz wie in HESIODS ‹Theogonie› (Krankheit, Vergreisung, Sterben, Tod; Elend, Plage, Hunger, Schmerz; Kampf, Krieg, Mord; Lüge, Verblendung u. ä.), oder das menschliche Erleiden gottgewollter Schuld wie in der Grausen, Entsetzten und Furcht erregenden Tragödie, sei es schließlich das Niedrige, Gemeine und Obszöne, kurz: das «dionysisch Häßliche und Überhäßliche» [14] wie in der Alten Komödie. Als Archetyp des H. kann neben der ekelhaften Triefnase der Achlys [15], dem entsetzlichen Chor der Erinnyen, der Orest verfolgt [16], oder den unförmigen Dickbäuchen mit ihren verzerrenden Masken bei ARISTOPHANES vor allem die homerische Gestalt des Thersites – der «häßlichste Mann vor Ilios» [17] – gelten, dessen körperliche Häßlichkeit nach Ansicht des Rhapsoden mit seiner moralischen Schändlichkeit und sozialen Minderstellung korreliert. Zugleich freilich wird durch solche Abnormität zuallererst individuelle Charakterisierung im Rahmen oraler Überlieferung möglich.

Indem PLATON den «alte[n] Streit zwischen Philosophie und Dichtkunst» [18] zu seinen Gunsten entscheidet, verliert sich der Verstehenshorizont für den Anspruch der Rhapsoden und Dramatiker, gottgegebene, d. h. theologische Weisheit weiterzugeben. Die Mythen des Epos, das H. der Alten Komödie und das Pathos tragischen Leidens sind der Sphäre des Noetischen, dem ontologisch begründeten Ideal sittlicher Reinheit und der Idee reiner Schönheit «wesensfremd». [19] In Platons Ontologie wird daher das H. in privativem Sinn bestimmt und als ein bloßer Mangel mit dem Nichtseienden gleichgesetzt. Es verhält sich zum Schönen wie das Laster zur Tugend, der Stoff zur Form oder das Nichts zum Sein. Das H. ist folglich nicht ideenfähig: Im Gegensatz zum Guten, Gerechten und Schönen, denen jeweils Ideen bzw. Begriffe entsprechen, kommen solche dem H. nicht zu. Es ist für Platon lächerlich und albern anzunehmen, daß es auch für Dinge «wie Haare, Kot, Schmutz und was sonst noch recht geringfügig und verächtlich ist», Ideen gäbe. [20] Während das Schöne dem Göttlichen entspricht, erscheint das H. dem Göttlichen unangemessen. Daraus folgt unmittelbar der insbesondere im Neuplatonismus folgenreiche ethische Begriff der *Kalokagathie* (Schöngutheit), d. h. der Vorstellung, daß das Schöne Erscheinungsform des Guten und umgekehrt, daß H. Gestalt des Bösen sei – ein physiognomisches Mentalitätsdispositiv, das als *habitus corporis* unter den *loci a persona* [21] bis in die Gegenwart prägend geblieben ist. Das H. gilt als minderwertig, abstoßend, ekelhaft und deprimierend. Es wird nicht geliebt und bereitet keine Lust, sondern es erzeugt Verachtung, Haß und Schmerz. [22]

Der Neuplatonismus PLOTINS profiliert den nicht zuletzt gnostisch beeinflußten [23] Dualismus von Stoff und Form und identifiziert das Unterscheidungs-, Ordnungs- oder Gestaltungsprinzip mit dem Schönen. Was nicht Teil hat am Logos solcher Formtendenz, also das Maß-, Form- oder Gestaltlose, ist schlechthin häßlich. Das H. ist das Ungeformte oder Nicht-Durchgeformte. Als «locus classicus de natura et origine deformitatis» (klassische Stelle zu Natur und Ursprung des H.) gilt seit Ficinos Plotin-Kommentar [24] eine Passage, die den Gegensatz zwischem dem Schönen und H. von der anziehenden bzw. abstoßenden Wirkung her zu fassen sucht. Das Schöne sei eine Qualität, die kraft einer inneren Verwandtschaft unmittelbar von der Seele wahrgenommen werde: «wenn ihr Blick dagegen auf das Häßliche trifft, so zieht sie sich zurück, weigert sich ihm und lehnt es ab, denn es stimmt nicht zu ihr und ist ihr fremd» [25]. Plotin bestimmt das H. näherhin als eine fremde, verunreinigende Beimischung der Seele, d. h. als eine Hinwendung zum Körperlichen und zum Stoffe, von der sie entschlackt werden müsse. [26]

Ambivalent dagegen steht ARISTOTELES, der die Platonische Dichtungsverurteilung durch die Aufwertung des menschlichen Affekthaushalts im Zuge seiner Metriopathielehre zu revidieren trachtete, dem H. gegenüber. Einerseits setzt er die Schönheitsmetaphysik seines Lehrers mit ihrer Beiordnung des Schönen und Guten, H. und Bösen fort, insofern er insbesondere die Rhetorik. der Lob- bzw. Tadelrede darauf orientiert, daß notwendigerweise das schön ist, was Tugend hervorbringt [27], häßlich aber, was das zu tadelnde Laster darstellt. Der repulsive Effekt des H. wird auf diese Weise in der *vituperatio* rhetorisch funktionalisiert, um gegenüber Schande und Schmach Haß und Verachtung zu erregen. [28] Andererseits konfrontiert die ‹Poetik› mit der beunruhigenden Frage, warum uns in der Kunst gerade das besonders anzieht, was uns im Leben abstößt. Die Profilierung der Kunstdifferenz, die zum klassisch-klassizistischen Topos der «Schönheit häßlicher Bilder» [29] avancieren sollte, dient Aristoteles im anthropologisch grundlegenden 4. Kap. der ‹Poetik› dazu, die naturwüchsige Lust an Nachahmungen überhaupt zu erläutern. Gegenüber der Platonischen Schönheitslehre räumt dieser «unbequeme Passus» [30] die künstlerische Darstellung des H. ein: «Denn von Dingen, die wir in der Wirklichkeit nur ungern erblicken, sehen wir mit Freude möglichst getreue Abbildungen, z. B. Darstellungen von äußerst unansehnlichen Tieren und von Leichen.» [31] Durch einen solchen Rekurs auf die Grunderfahrung ästhetischer Distanz droht freilich jene in der ‹Rhetorik› anvisierte Funktionalisierung des H. durchkreuzt und neutralisiert zu werden. Gleichwohl erscheinen Aristoteles' Tragödie und Komödie gegenüber dem Platonischen Verdikt als Grenzzonen der Kunst, in denen H. nur unter der Bedingung zur Darstellung gebracht werden dürfe, daß von den dadurch erregten Affekten in letzter Instanz eine sittliche Läuterung [32] hervorgebracht werde. Sowohl das tragische Pathos als auch das Lächerliche in der Komödie haben am H. teil. Beide Definitionen sind antithetisch aufeinander bezogen [33], doch scheint die Lizenz des H. in der Tragödie enger, in der Komödie weiter gezogen. Pathos ist ein mit Häßlichkeit verbundener Fehler, der Schmerz und Verderben verursacht, «wie z. B. Todesfälle auf offener Bühne, heftige Schmerzen, Verwundungen und dergleichen mehr». [34] Abscheuliches und Grauenvolles bleiben aber tabuisiert [35], weil dessen Darstellung den als sinnvoll gefügt erachteten Kosmos der Aristotelischen Philosophie zu erschüttern gedroht hätte. Umgekehrt ist das Lächerliche «ein mit Häßlichkeit verbundener Fehler, der indes keinen Schmerz und kein Verderben verursacht, wie ja auch die lächerliche Maske häßlich und verzerrt ist, jedoch ohne den Ausdruck von Schmerz». [36] Die Entschärfung des H. durch Lachen verweist es in den Kreis der niederen Gattungen von der Komödie bis zur Karikatur. Durch die Aristotelische Doppeloption wird das H. gleichermaßen im Kontext vom *Komik* und *Pathos* situiert, wodurch in der Folgezeit das H. einerseits mit dem *Niedrigen* gleichgesetzt werden kann, andererseits jedoch auch dort, wo das *Erhabene* möglich scheint, das «Häßliche dauernd nah [...] ist». [37] Zwar geht das H. in den Grenzen, die die Dreistillehre vorschreiben sollte, meist mit der Kennzeichnung sozialer und moralischer Minderwertigkeit einher, doch empfiehlt etwa PSEUDO-LONGINOS zur pathoserregenden Darstellung ‹peinigende›, d. h. widernatürliche und normalerweise unvereinbare Wortverdichtungen, bei denen die Gedanken im ‹rohen Zustand› und gleichsam ‹ungekämmt und struppig› vor Augen gestellt werden. [38] Die rhetorische Vergegenwärtigung pathoshaltiger Situationen läuft freilich stets Gefahr, sich zu ‹peinlich seltsamen Ausschreitungen› zu versteigen [39], so daß die *amplificatio* vom Hohen ins Tiefe bzw. vom Pathos ins Bathos hinabstürzt. [40]

Das komplementäre Definitionspaar der ‹Poetik›, durch das das H. einerseits zum Pathos sublimiert, andererseits zum Komischen aufgelöst wird, ist über den poetologischen Aristotelismus des Cinquecento bis weit in die Moderne für alle weiteren Bewältigungsversuche des H. – etwa bei Lessing oder Nietzsche – leitend geworden.

Die *römische* Dichtung, insbesondere der Kaiserzeit und Spätantike, zeigt insgesamt einen beträchtlichen Reichtum an häßlichen Motiven, wobei skatologische Direktheiten und sexuelle Obszönitäten im Repertoire der niederen Gattungen, Krankheit, Verwundung, Tod, Verwesung sowie andere grausige Deformationen und Auflösungsarten des menschlichen Leibes in erhabenen Genres gestaltet und kultiviert wurden. Insbesondere die Figur der *evidentia* zielt durch Detaillierung des Gesamtgeschehens etwa bei kriegerischen Ereignissen (Schlachtgetümmel), Naturkatastropen (Seesturm bzw. Schiffbruch) oder Seuchen (Pest) auf eine ‹realistische› bzw. glaubwürdige oder auf eine durchdringende affekterregende Wirkung. [41] Für die Augusteische Klassik hingegen, in der Dezenz, Würde und Zuversicht als gesellschaftliche Regularien der Kunstproduktion lenkend waren, hatte HORAZ der künstlerischen Darstellung des H. und Abscheulichen Grenzen gezogen, die für spätere Typen klassizistischer Theoriebildungen topisch geblieben sind und argumentationsdeterminierend gewirkt haben. Werkpoetisch wird am Formideal innerer Stimmigkeit, das durch die Leitbegriffe *unum* (Eines), *totum* (Ganzes) und *simplex* (Einfaches) operationalisiert wird, die Darstellung sämtlicher Arten von Misch-, Miß- und Ungestalten als lächerlich diskriminiert, wodurch die literarische Fauna mythologischer Mischwesen an die Peripherie des künstlerisch Erlaubten gedrängt wurde. [42] Gegenüber dieser paradigmatischen Formulierung ‹klassischer› Stilreinheit ist umgekehrt zu beobachten, daß ‹romantische› Favorisierungen einer Stil- und Gattungsmischung stets auch mit einer Aufwertung des H. einhergehen sollten.

Wirkungsästhetisch werden von Horaz zwar die Formen literarischer Vergegenwärtigung bevorzugt, doch verbannt er die Darstellung schrecklicher und abscheulicher Geschehnisse des Mythos (Kindsmord der Medea, Kannibalismus des Thyestes u. a.) hinter die Szene und evoziert sie allenfalls als Botenbericht bzw. Mauerschau (Teichoskopie): «ne pueros coram populo Medea trucidet» (damit ihre Kinder vor allem Volke Medea nicht schlachte). [43] In der Epik VERGILS ist dem Prinzip der Stiltrennung gemäß eine Art Ständeklausel des H. zu beobachten, insofern gräßliche Deformierungen des menschlichen Körpers zwar oftmals detailliert vor Augen geführt werden, jedoch immer nur an unbedeutenden Figuren. Die Verwundungen großer Helden verstümmeln dagegen bei Vergil niemals die Integrität des adligen Leibes. [44]

Die ‹Metamorphosen› OVIDS, die Dramen SENECAS (z. B. ‹Thyestes›) oder LUKANS ‹Pharsalia› u. a. bieten, meist im Rückgriff auf den griechischen Mythos, einen umfassenden Katalog häßlicher Stoffe, Motive und Topoi. [45] Der kaiserzeitliche Kult des H. wird sowohl als sozial- und mentalitätsgeschichtliche Folge von Kriegerkultur, Gladiatorenspielen und Tierhetzen aufgefaßt als auch innerliterarisch mit den Deklamationsübungen der Rhetorenschulen in Zusammenhang gebracht, insofern das Pathos grausiger Stoffe (Tyrannenmilieu, Kinderraub, Piraten und Giftmorde) [46] bei den *declamationes* des *genus iudiciale* am beliebtesten sind. Einerseits ist die Vergegenwärtigung, Wiederholung und Häufung des H. als Kontrastschilderung motiviert, der gegenüber der Stoizismus eines Helden um so wirkungsvoller inszeniert werden kann. Das indirekte Darstellungsprinzip des stoischen Kontraposts setzt sich in modifizierter Form im Preis des christlichen Märtyrers fort. Andererseits führen literarischer Neuerungs- und Überbietungsdruck zur Verselbständigung häßlicher Motive nach dem Prinzip der nachahmenden Steigerung (*imitatio*/*aemulatio*).

II. Das *Mittelalter* begreift Häßlichkeit als eine mindere Schönheit. Obwohl dem H. (*deformitas*) kein eigenes Seinsprinzip zukommt, ist die kirchliche Lehre komplex. [47] Nur in Bezug auf Durchgeformtes wirkt minder Geformtes als häßlich. Radikal H. gibt es nicht. [48] Die *descriptio*, deren theoretische Grundlagen von Cicero übernommen werden, entfaltet in der mittelalterlichen Rhetorik eine geradezu unerhörte Herrschaft. Das H. kommt dabei insbesondere in der Personenschilderung zum Tragen, insofern die epideiktische Alternative von *laudare* und *vituperare* fast nur von hyperbolischer Schwarzweiß-Zeichnung ohne Nuancen und Übergänge gekennzeichnet ist. [49] Ein Beispiel einer typologischen mittelalterlichen Darstellung des H. bietet MATTHÄUS VON VENDÔME in der ‹Ars versificatoria› (vor 1175), die überhaupt erstmals beschreibender Literatur höchsten poetologischen Rang einräumt, mit der *descriptio* der Beroë. [50] Bei AUGUSTINUS erhält die Existenz des H. eine Bedeutung, die sie im nicht-christlichen Altertum nicht gehabt hat. [51] Sicherlich ist Augustinus' ‹Ästhetik› «im wesentlichen ein Derivat der platonischen, stoischen und neuplatonischen Philosophie». [52] Durch die Theodizeefrage stellt sich jedoch das Problem, wie das H. in einer von Gott geschaffenen Welt überhaupt möglich sei, in verschärfter Weise. Unter dem Druck, die Anwesenheit des H. in Gottes Schöpfung zu rechtfertigen, wird es nicht als Positivum, sondern als ein bloßer Mangel definiert. Im Gegensatz zum Schönen, das sich durch Einheit, Ordnung, Harmonie und Form auszeichnet, ist das H. durch das Fehlen solcher Qualitäten bestimmt, wodurch es als defizienter Modus des Schönen erscheint: «So heißt zum Beispiel beim Affen, weil beim Menschen die Schönheit größer ist, dessen Schönheit vergleichsweise ‹Häßlichkeit› [deformitas].» [53] Diese forciert privative Definition führt zur ontologischen Aufwertung des Niedrigen und Verächtlichen, so daß noch jenen Dingen, die aufgrund ihrer abstoßenden Wirkung gemeinhin als ‹häßlich› bezeichnet würden, eine Art von Schönheit eignet: «Ich muß [...] gestehen, daß ich nicht weiß, weshalb Mäuse und Frösche, Fliegen und Würmer erschaffen wurden. Ich sehe jedoch, daß alle in ihrer eigenen Art schön sind, wenngleich viele uns wegen unserer Sünden widrig erscheinen.» [54] Die Darstellung der Passion Christi erzwingt für Augustinus eine neuartige Rechtfertigung des H. und begründet gegenüber der klassisch-lateinischen Tradition die «Eigentümlichkeit einer christlichen Sondersprache». [55] Die Konzeption des *sermo humilis* ermöglicht im Vergleich zur ciceronianischen Tradition der Stiltrennung eine gänzlich «unantike Mischung des Erhabenen mit dem Niedrigen.» [56] Die krasse Leiblichkeit, mit der das Martyrium konfrontiert, ist mit dem körperfeindlichen Platonismus schwer zu vereinbaren. Durch die christliche Heilslehre erfährt das Grausige und H., das in der Passion Christi und den Martern der Heiligen entgegentritt, eine neue Sinngebung, so daß die von der Folter gräßlich entstellten Leiber der Märtyrer «[...] in einer starken inneren Schönheit [leuchten]». [57] Bei Augustinus eröffnet die *deformitas Christi* die Möglichkeit, daß etwas in häßlicher Gestalt erscheinen und doch von seelischer Schönheit sein kann. [58]

Die Grundlage des mittelalterlichen Platonismus bildet das ‹Corpus Areopagiticum›, insbesondere der von JOHANNES SCOTUS ins Lateinische übersetzte Traktat ‹De divinis nominibus›, in dem die «Schönheit des Mißgestalteten und des Grauenhaften» [59] gepriesen wird. In dem Maße, wie wir an der Unvollkommenheit des Unförmigen, Kranken oder Sündigen leiden, fühlen wir ein Begehren nach der Vollkommenheit, die jene nicht hat. Die Entbergung und Verbergung verschränkende Theorie der unähnlichen Bilder [60] begründet und rechtfertigt den Expressionismus der Spätscholastik. Der pseudo-areopagitische Gedanke von der Anschaubarkeit des Bösen stellt das H., Grausame und Entsetzliche in einen dialektischen Gegensatz, durch den die wahre Schönheit erst eigentlich hervortritt. Die holzschnittartige Schematik mittelalterlicher Heiligenlegenden ordnet sich in ein solches polarisierendes Muster ein, in dem Häßlichkeit die Distanz gegenüber Gott ausmißt. Es geht darum, daß Position bezogen wird und der Heilige entweder dem Teufel verfällt oder die Gnade Gottes gewinnt. «Alles Ästhetische steht prinzipiell im Dienst des Ethischen.» [61] Der Grundsatz des stoischen Kontraposts lebt in solcher christlich funktionalisierten Kontrastwirkung fort, insofern die Schönheit durch die Antithese des H. erhöht wird. Dadurch wird die Häßlichkeit zugleich in das Gesamtgeschehen eines Werks eingeordnet und relativiert. Das Böse in seiner Häßlichkeit macht durch den Gegensatz das Gute noch heller. Deswegen zählen zu den Freuden des Paradieses auch jene Vergnügen, den Qualen der Verdammten zuzuschauen. Noch der Spätscholastiker DIONYSIUS DER KARTÄUSER rekurriert auf diesen Grundsatz: «Nec est turpior in mundo cloaca, quam peccator impoenitens vitiosusque homo: qui tamen in sua natura et specie multum naturalis pulchritudinis habet.» (Auch gibt es auf der Welt keinen abscheulicheren Pfuhl als den reuelosen Sünder und lasterhaften Menschen, und doch hat er in seiner Natur und in seinem Bilde viel von der natürlichen Schönheit.) [62] Eine solche Kontamination von Theodizee und Schreckenslust sollte erst die aufklärerische Debatte über die ‹Ewigkeit der Höllenstrafen› im 18. Jh. zunichte machen, in der sich die Tradition der Metaphysik (Leibniz), die reformjuristische Diskussion über lebenslange Strafen (Lessing, Beccaria, Bergk) und der Diskurs über die ästhetische Provokation des ‹angenehmen Grauens› (Dubos, Burke, Mendelssohn) kreuzten. Die Ansicht, daß die Seligen sich an den Martern der Verdammten erfreuen, weist Mendelssohn aus Furcht vor einem misanthropischen Gottes- und einem sado-masochistischen Menschenbild zurück. [63]

Abt SUGER VON ST. DENIS hält zwar theoretisch unschöne und häßliche Darstellungen in der Gotteslehre für erlaubt, weil allein die Mißgestalt solcher Bilder die Seele auf die Erhabenheit Gottes hinlenkt. Tatsächlich aber wagen die Luministen der Gotik kein häßliches Bild, sie ergehen sich vielmehr in reiner Lichtmetaphysik. [64] Gegenüber der mittelalterlichen Kallistik, die oftmals statisch erscheint, insofern die Seele zur Ruhe kommt, wenn sie das Schöne erblickt, entwickelt die mittelalterliche ‹Ästhetik des Häßlichen› (E. de Bruyne) eine raffinierte, gegenläufige Dynamik. Der repulsive Effekt des H. erweckt die Seele und setzt sie in Bewegung. Sie kommt nicht zur Ruhe, sondern wird durch das H. gezwungen, das Schöne zu begehren: «Le laid est encore plus beau que le beau lui-même. Celui-ci, de fait, nous enchaîne au monde sensible et éteint en nous le désir de la beauté parfaite; celui-là nous délivre de la grâce passagère en nous donnant la nostalgie de l'idéal dont le laid déchoit en y aspirant.» (Das Häßliche ist noch schöner als das Schöne selbst. Tatsächlich fesselt uns dieses an die Sinnenwelt und löscht in uns das Begehren nach der vollkommenen Schönheit aus; jenes errettet uns von der vergänglichen Anmut, indem es in uns die Sehnsucht nach dem Ideal hervorbringt, von dem das Häßliche, obwohl es sich danach verzehrt, abgefallen ist.) [65] Mehr noch als das Schöne beweist das H., daß die sichtbaren Formen nichts als Symbole seien, die auf eine vollkommene Schönheit verweisen. HUGO VON ST. VIKTOR profilierte Lehre der ‹dissimilis similitudo›, derzufolge Gott selbst am reinsten aus jenen Dingen zu erkennen sei, die ihm unähnlich sehen, bildet einen neuen Schritt in der «Freisetzung des Häßlichen» [66], insofern es dem Schönen auf dem Weg zur Erkenntnis vorzuziehen ist. Einer solchen cluniazensischen «Mystik des Schreckens» [67] setzt BERNHARD VON CLAIRVAUX einen zisterziensischen Klassizismus entgegen. [68] Die Darstellung des Unnatürlichen, Monströsen und Phantastischen wird darin als Übel aufgefaßt. Bernhards oxymorale Formel «deformis formositas ac formosa deformitas» (häßliche Schönheit und schöne Ungestalt) richtet sich gegen einen bizarren Kirchenschmuck, der Neugier erweckt und von Gott ablenkt: «Coeterum in claustris coram legentibus fratribus quid facit illa ridicula monstruositas, mira quaedam deformis formositas ac formosa deformitas? Quid ibi immundae simiae? quid feri leones? quid monstruosi centauri? quid semihomines?» (Was will aber in den Klöstern, vor den Augen der lesenden Mönche, jene lächerliche Ungeheuerlichkeit, jene seltsam unschöne Schönheit und schöne Unschönheit? Was wollen die unreinen Affen, die wilden Löwen, die mißgestalteten Kentauren, die Halbmenschen [...]?) [69] Auf die ontologische Schönheitslehre Augustinus' greift ULRICH VON STRASSBURG zurück [70], wenn er lehrt, daß das H. entweder etwas vom Schönen an sich habe, wie z. B. die Mißgestalt, oder aber durch Kontrastwirkung der Hervorbringung des Schönen diene. [71] Auch bei Ficino steht fest, daß H. im Gesamtgefüge eines Werks zur Schönheit beiträgt.

Eine privative Definition des H. hat sich bis ins 18. Jh. gehalten, in dem einerseits die Theodizee mit dem Epochendatum des Erdbebens von Lissabon ins Wanken geriet und andererseits mit dem emotionalistischen Neueinsatz [72] in der Kunst- und Literaturtheorie begonnen wurde, Phänomene des Nicht-mehr-Schönen sowie der mit ihnen korrelierenden vermischten Empfindungen zu diskutieren. Die von Kant unternommene Operation, negative Größen in die Philosophie einzuführen, macht aus der Verabscheuung eine negative Begierde und aus dem Haß eine negative Liebe. Indem der repulsive Effekt als eine negative Attraktion definiert wird, verwandelt sich die Häßlichkeit in «eine *negative Schönheit*». [73] Die neuere Philosophie faßt das Negative und den Widerspruch nicht bloß als verneinend auf, sondern fragt nach seinem Zusammenhang mit dem Positiven, wodurch das H. als ein «organisches Element» [74] in die Ästhetik integriert und auch der Teufel zum «Ideal der Bosheit» [75] promoviert wird.

III. *Neuzeit.* Als Folge der Rezeption der griechischlateinischen Poetik und Rhet. bleibt die kunsttheoretische Rede über das H. seit der Renaissance hochgradig an überlieferte Topoi gebunden. Einen eigenständigen Diskurs über das H. gibt es bis in das 18. Jh. hinein jedoch nicht. Vielmehr begegnet die Problematisierung von H. in unterschiedlichen diskursiven Strängen, die einander überdies vielfach überkreuzen, und zwar näherhin im Zusammenhang der aristotelischen Mimesisdebatte, der horazschen Thematisierung eines inneren und äußeren *aptum*, dem Effekt des Komischen sowie der rhetorisch disponierten Abstoßungswirkung von Häßlichkeit. Die *façon de parler*, daß die ‹klassische Rhetorik› im 16. und 17. Jh. durch eine manieristische Denkform «*deformiert*» [76] und durch eine ‹Para-Rhetorik› ergänzt worden sei, die auf irrationale Wortverbindungen, ungewöhnliche Metaphern und staunenerregende Symbole gezielt habe, weist auf die Affinität zwischen Manierismus und Häßlichkeit in einem engeren Sinn. In der ‹agudeza›-Ästhetik von GRACIÁN und TESAURO stehen Ingenium, Intensität und eine energetische Sprachauffassung im Mittelpunkt. [77] Die *aptum*-Lehre wird dabei auf den Kopf gestellt, insofern Gracián nicht die Verbindung des Zusammengehörigen, sondern die Vereinigung einander «widerstrebender Extreme» zum Programm macht. [78] Begrifflichkeiten wie ‹Unmaß›, ‹Übermaß›, ‹Überspannung› oder ‹Unnatur› indizieren eine konzeptistische Erfindungskunst, die am Difformen orientiert und auf die Schockwirkung unerwarteter Wendungen aus ist.

Die *opinio communis* der akademischen Kunsttheorie des 17. Jh. dagegen faßt der Holländer GERARD DE LAIRESSE im Rahmen der wirkungsästhetischen Regel, daß Schönheit Liebe, «Heßlichkeit und Ungestalt» dagegen Ekel errege, dahingehend zusammen, daß der Künstler sich vor häßlichen Sujets hüten müsse, wobei nicht nur äußere Mißgestalt oder sittliche Schändlichkeit, sondern insbesondere auch «unzüchtige und ärgerliche Vorbildungen» [79], d.h. das Obszöne, gemeint ist. Auch andere Kunstlehren der europäischen Akademismen, wie diejenigen von JOACHIM VON SANDRART, ROGER DE PILES oder C. L. VON HAGEDORN, dekretieren in Abwehr manieristischer Tendenzen, daß alle «Unform [...]/die wider die Regeln der Natur und Kunst streiten», zu vermeiden ist, weil daraus beim Rezipienten «Ungunst und Mißfälligkeit» entstehe. [80] Die Grundregel einer «Vermeidung des Häßlichen, und was die feinern Empfindungen beleidiget», die den bildenden Künstler vor «Abwegen» bewahren will, bleibt bis weit ins 18. Jh. verbindlich. [81] Selbst A. G. BAUMGARTENS Projekt einer Ästhetik bleibt dem Phänomenbereich des H. gegenüber verschlossen. Da das Ziel der Ästhetik die Vervollkommnung der sensitiven Erkenntnis sei, wird das Unvollkommene, d.h. H., als kunstunwürdig aus dem Gegenstandsbereich der Ästhetik ausgesperrt. [82] Baumgartens Schüler G. F. MEIER übernimmt das Verbot des H., das er werkpoetisch als einen Mangel an Übereinstimmung, wirkungspoetisch als etwas Verletzendes, Beleidigendes, Unwürdiges oder Unanständiges («male moratum», «injustum», «inhonestum», «indecorum») definiert. [83] Unförmigkeiten («deformitates»), Fehler («vitia») und Flecken («maculae») sind zu vermeiden, das Widersprüchliche, Unbegründete und Zufällige wird als ästhetische Falschheit («falsitas aesthetica») abgewehrt. [84] Zwar wiederholt Baumgarten die aristotelische Einsicht, daß häßliche Dinge als solche schön gedacht werden können [85], doch setzt sich in seiner Ästhetik unter Berufung auf Horaz' poetologische Verbannung der Misch- und Fabelwesen grundsätzlich ein «Verdikt des Absurden» [86] durch, da die Welt der Chimären und Träume drohte, die Kohärenz des aufgeklärten Weltbildes in Frage zu stellen.

Gleichwohl relativiert der an der Nachahmung der schönen Natur ausgerichtete Klassizismus dieses Dogma in Hinsicht auf die Kunstdifferenz dergestalt, daß selbst der künstlerischen Darstellung unwürdige Sujets, wie durch Schmerz, Raserei oder Tod entstellte, d. h. häßliche Körper «auf das schönste präsentieret» werden können. [87] Als *locus classicus* der sich mit Aristoteles legitimierenden mimesistheoretischen Erklärung, daß Häßliches gefällt, kann das Bild der «gemahlte[n] Schlange» [88] gelten, mit dem in *Frankreich* BOILEAU eingangs des dritten Gesangs seiner ‹Dichtkunst› die (griechische) Tragödie gegenüber dem Verdikt, die Dezenzforderung der «bienséance» zu verletzen, verteidigt: «Il n'est point de Serpent, ni de Monstre odieux,/ Qui par l'Art imité ne puisse plaire aux yeux./D'un pinceau delicat l'artifice agréable/Du plus affreux objet fait un objet aimable.» [89] ("Kein Ungeheuer ist so gräßlich, keine Schlangen,/Die nicht durch kluge Kunst für uns noch Reiz erlangen./Des Pinsels Zaubermacht, des Künstlers weise Hand/Macht aus dem häßlichsten den schönsten Gegenstand.") [90] Der von Boileau pointierte Aspekt der Gestaltung des Ungestalten dominiert die weiteren Äußerungen zum H. zumal im französischsprachigen Raum. [91] DE CROUSAZ deutet hinsichtlich scheußlicher, häßlicher und grauenerregender Dinge auf das Vergnügen, das sich beim Vergleich zwischen Vorbild und geschickter Nachahmung einstellt. [92] Der junge DIDEROT zielt mit der Feststellung, daß das Ungestalte gefällt, wenn es gut gestaltet wird, ebenfalls auf die Unterscheidung von Beschriebenem und Beschreibung («la chose décrite»/«la description»). [93] Entgegen der Erwartung, die der Grundsatz von der Nachahmung der schönen Natur suggeriert, schließt BATTEUX das Böse, Häßliche und Widrige ebenfalls nicht aus dem Bereich der nachahmenswerten Sujets aus. Vielmehr beantwortet er die Frage, «d'où vient que les objets qui déplaisent dans la Nature sont agréables dans les Arts» ("woher es komme, *daß die Gegenstände, die in der Natur misfallen, in den Künsten so angenehm sind*")[94], im Rekurs auf die künstlerische Illusion, bei der auf einen ersten Takt unangenehmer Täuschung ein zweiter Takt angenehmer Ent-Täuschung folgt, der von widrigen Eindruck erleichtert. In der deutschsprachigen Batteux-Rezeption wird daraus im Zusammenhang mit den Wirkungen der widrigen Affekte Ekel und Entsetzen eine Folgerung gezogen, die das Band von Ethik und Ästhetik aufsprengt, und zwar daß in der Kunst als poetisch gut erscheint, was «in der Natur das *Schlimmste* ist».[95] Bei diesen Erklärungsmustern, seien sie mimesis- oder illusionstheoretischer Art, steht jedoch nicht das H. allein zur Debatte. Die widrige Wirkung des H. wird vielmehr in Verbindung mit ähnlich repulsiven Affekten wie Schrecken, Entsetzen oder Grauen gebracht, wodurch sich der diskursive Kontext zur Tragödientheorie hin öffnet, und zwar werkpoetisch zum Bereich der gräßlichen Dinge (*res atroces*), wirkungsästhetisch zum weiten Feld des Katharsisproblems.

Das H. gehört nur zu einer der vielen Kehrseiten des Schönen, die im Zuge des Ästhetik-Schubs im 18. Jh. an Interesse gewinnen. Die Emotionalisierung der Kunsttheorie erfüllt das Bedürfnis nach einer «Selbstaffirmation des Vernunftwesens»[96], d. h. dem Wunsch des Subjekts, angesichts aufbrechender Kontingenzerfahrungen sich seiner selbst fühlend inne zu werden. Für eine solche Selbstvergewisserung, die als ein «plaisir à se sentir émouvoir»[97] gleichursprünglich mit dem autonomen Subjekt herausgebildet wird, sind an Kunst gemachte Ambivalenzerfahrungen offenbar am geeignetsten. Die starre Opposition des Schönen und H., an der noch der Artikel «Laideur» in der ‹Encyclopédie› festhält[98], bricht dadurch zusammen, so daß seither das H. kaum mehr als ein distinkter Begriff, sondern nur noch innerhalb des komplexen Ensembles nicht mehr schöner Künste thematisiert werden kann. In Hinsicht auf das Bedürfnis, gerührt zu werden, favorisiert FONTENELLE den «douleur agréable»[99]; DUBOS stellt das Paradox, daß die Kunst niemals mehr Beifall erhalte, als wenn es ihr gelingt, schmerzhafte Empfindungen zu erregen, an den Beginn seiner Überlegungen.[100] Dieser Vorgabe folgend, analysiert schließlich MENDELSSOHN mit den «schmertzhaftangenehmen Empfindungen»[101], die von Phänomenen des Unvollkommenen erregt werden, die affektive Basis empfindsamer Ästhetik und popularphilosophischer Anthropologie.

Ähnlich wie Boileau faßt J. ADDISON in *England* gegen Anfang des 18. Jh. seine Erklärung, daß nicht nur das Schöne, «but any Thing that is Disagreeable when looked upon, pleases us in an apt Description.»[102] ("sondern selbst alles, was beym Ansehen einen widrigen Eindruck auf uns macht, vergnügt uns in einer lebendigen, angemessenen Beschreibung").[103] Das Vergnügen am Kleinen, Gewöhnlichen und Ungestalten[104] bzw. Häßlichen[105] – bei Addison heißt es «Little, Common or Deformed» – entsteht aufgrund einer heimlichen Vergleichung, die der Verstand zwischen Ab- und Urbild vornimmt, so daß selbst das Bild eines Misthaufens zu einer angenehmen Erscheinung wird. Die Differenz in der Übersetzung der einschlägigen Passage aus dem ‹Spectator› dokumentiert eine entscheidende Wende in der Auffassung des hier thematisierten Begriffs, der durch den Umbruch vom poetologischen Rationalismus zum emotionalistischen Neuansatz im 18. Jh. zustande kommt. Addison begreift üblicherweise «Beauty or Deformity»[106] als Gegensätze. In diesem Sinne thematisiert W. HAY in seinem Essay ‹Deformity› die Diskriminierung, die mißgebildete, verwachsene Personen ertragen müssen, weil sie aufgrund ihrer körperlichen Deformation entweder als Ungeheuer diskreditiert oder als Krüppel verachtet und verspottet werden.[107] Noch im 19. Jh. wird eine umfassende Inventur des ‹Deformierten› vorgelegt, dessen Merkmale als übersteigerte oder abgeschwächte Qualitäten des Schönen begriffen werden.[108] BURKE dagegen löst die Lehre vom Schönen und Unschönen von ihrer Äquipollenz mit Proportion und Disproportion. Den Gegensatz zur Schönheit bildet bei ihm nicht «deformity», sondern «ugliness», woraus folgt, daß sinnliche Objekte ihre Schönheit behalten, auch oder gerade, wenn sie mit Ideen der Unvollkommenheit (Schwäche, Krankheit, Not u. a.) assoziiert sind. Umgekehrt öffnet die Dissoziation von Unvollkommenheit bzw. Unzweckmäßigkeit und Häßlichkeit diese Kategorie für eine Annäherung an die Idee des Erhabenen, allerdings nur insofern, als das H. mit solchen Qualitäten verbunden ist, die Schrecken zu erregen imstande sind.[109] Praktisch heißt das, daß die Verbindung des H. mit «power»[110] oder «énergie»[111], die traditionell in der das Böse verkörpernden Gestalt Satans vollzogen ist, eine enorme Aufwertung erfährt. Flankiert durch aufklärerische Religionskritik einerseits, die Trennung von Ethik und Ästhetik andererseits, macht der Teufel Karriere, was sich bis in die Dekadenz ‹schwarzer Romantik›[112] fortsetzen wird. Sie deutet sich aber bereits in DIDEROTS Artikel ‹Laideur› an, insofern die Verschwörung eines gewissen Grafen von Bedmar gegen die Venezianer moralisch gesehen abscheulich («atroce») und häßlich («hideux»), ästhetisch betrachtet dagegen erhaben («grand») gewesen sei[113], setzt sich in der paradigmatischen Hochschätzung von Miltons Satan bei Burke[114] (und bei BAUDELAIRE[115]) fort, und reicht bis zu SCHILLERS Vorliebe für «Ungeheuer mit Majestät»[116], bei denen «abscheuliche Laster» mit «Größe», «Kraft» und «Gefahren»[117] vereint sind.

Im *deutschsprachigen* Raum trifft die vielstimmig geführte Diskussion über die nicht mehr schönen Künste, in der das H. unter dem Mantel des Erhabenen Theorie- und Kunstwürdigkeit erlangt, auf eine gleichermaßen komplexe wie kompliziert zu dokumentierende Resonanz.[118] Die Frage nach «den Ursachen des Vergnügens, welches uns die Beschreibungen unvollkommner Dinge bey den Rednern und Dichtern geben»[119], steht seit 1740 auf der Tagesordnung poetologischer Reflexion, mögen darin auch die Häßlichkeit und Obszönität assoziierende Allegorie von der Kopulation der Sünde mit dem Tod aus Miltons ‹Paradise Lost› oder die ekelhafte Beschreibung eines häßlichen alten Weibes in BROCKES' ‹Neujahrsgedicht von 1722› umstritten bleiben. Die Debatte, deren Beiträge (J.J. BODMER, J.J. BREITINGER, J.E. SCHLEGEL, J.A. SCHLEGEL, F. NICOLAI, M. MENDELSSOHN, C.L. VON HAGEDORN u. a.) in einem feinfädigen poetologischen Intertext verwoben sind, in den auch das mit dem H. einhergehende Gefühl des Ekels einbezogen wird[120], führt im Resultat zur ästhetischen «*Bejahung des Häßlichen*».[121] LESSING knüpft an diese Vorgaben an, systematisiert sie aber hinsichtlich der jeweiligen Kunstarten, deren materiale Eigengesetzlichkeiten er in der Medienästhetik des ‹Laokoon› zunächst herausgearbeitet hat. Da Lessing Handlungen in der Zeit als den eigentlichen Gegenstand der Dichtung ausweist, wird von ihm das H., das aufgrund der Narration von der Seite der Wirkung her gleichsam aufhört, häßlich zu sein, als ein «Ingrediens» zur Erregung vermischter Empfindungen sanktioniert. Aristoteles folgend, unterscheidet Lessing dabei – nicht zuletzt, um einerseits den Thersites des Homer, andererseits Richard III. von Shakespeare vor klassizistischem Purismus zu retten – eine «unschädliche Häßlichkeit», die Lachen macht, von einer «schädliche[n] Häßlichkeit», die in Schrecken setzt. [122] Diese Effekte können durch Hinzugabe von Ekel intensiviert werden, insofern das Ekelhafte das Lächerliche vermehrt und das Schreckliche zum Gräßlichen steigert. [123] Gleichwohl kennzeichnet es Lessings letztlich klassizistische Befangenheit, daß er sich nicht hat entschließen können, die an Burke orientierte Folgerung, die ein Entwurf zog, daß schädliche Häßlichkeit schrecklich und daher «erhaben» sei [124], in die Druckfassung des ‹Laokoon› zu übernehmen. Hinsichtlich der Darstellung des H. sind demgegenüber der Malerei, die exemplarisch für die bildenden Künste überhaupt steht, enge Grenzen gesteckt, deren Berechtigung HERDER mit Blick auf das «große[n] Gesetz der häßlichen Schönheit» [125] nochmals überprüfen sollte. Da Körper im Raum ihren eigentlichen Gegenstand bilden, ist die bildende Kunst nicht imstande, das Häßliche zu transzendieren. Vergleichend heißt es bei LESSING: «In der Poesie [...] verlieret die Häßlichkeit der Form, durch die Veränderung ihrer coexistierenden Theile in successive, ihre widrige Wirkung fast gänzlich [...]. In der Mahlerey hingegen hat die Häßlichkeit alle ihre Kräfte beysammen, und wirket nicht viel schwächer als in der Natur selbst.» [126] Hier sticht vom Lächerlichen das abscheuliche, vom Schrecklichen das unförmliche Darstellungsmittel unmittelbar in die Augen. GOETHE hat den Durchbruch festgehalten, den Lessings ‹Laokoon› ausübte, weil darin gegenüber der ut-pictura-poesis-Doktrin, welche die Kunstarten aneinander fesselte, der Unterschied zwischen den bildenden Künsten und den Redekünsten herausgestellt worden war. Jene würden «für den äußeren Sinn, der nur durch das Schöne befriedigt wird», arbeiten, diese aber «für die Einbildungskraft, die sich wohl mit dem Häßlichen noch abfinden mag.» [127] Der von Lessing konzedierten Bewältigung des H. durch Pathos weicht Goethe jedoch aus. Die Lektüre der «grenzenlosen Schrecknisse» und «Abominationen», mit denen ihn die damalige französische Gegenwartsliteratur, namentlich HUGO, konfrontierte, bricht er ab, da das «Häßliche, das Abscheuliche, das Grausame, das Nichtswürdige [...] ihr satanisches Geschäft» [128] sei. Den sublimierenden «Triumph der Kunst» über das Widerwärtige und Abscheuliche räumt er vielmehr ausschließlich dem Lächerlichen ein, insofern die Kunst «[...] nicht Herr vom Häßlichen [wird], als wenn sie es komisch behandelt.» [129] Dieses klassische Diktum wirkt noch bei W. T. KRUG nach, bei dem das H. ein «indirectes Lustgefühl» zu erregen vermag, «wofern es [...] das Gepräge des Lächerlichen angenommen hat». [130] Ob Komisierungsstrategien auch noch die Schreckensbilder des 20. Jh. zum Makabren [131] hin abzubiegen vermögen, muß offenbleiben.

Einen eigenständigen Artikel reserviert J. G. SULZER dem H. Darin betrachtet er es als das Gegenteil des Schönen, das wirkungsästhetisch durch die «zurüktreibende [!] Kraft» von Mißfallen und Ekel, dem eigens ein Artikel gewidmet ist, werkpoetisch als formale Verwirrung, Mißstimmung und Unebenmaß bestimmt ist. Eine häßliche Erscheinung indiziert einen sittlich «abscheuliche[n] Charakter». Analog zu Gott, der das H. der Form bzw. das Widrige des Geruchs nutzt, um Mensch und Tier z. B. vor giftigen Pflanzen zu warnen, macht sich auch der Künstler das Häßliche zueigen, um durch Erregung «widrige[r] Empfindungen» vor dem Bösen abzuschrecken bzw. von schädlichen Dingen abzuhalten. Ausdrücklich wird der Künstler als ein Redner aufgefaßt, «der durch seinen Vortrag in den Gemüthern eine gewisse Würkung hervorzubringen hat.» Die rhetorische Funktion des H. kollidiert jedoch mit dessen ästhetischer Darstellung, da der Künstler «[...] auch häßliche Dinge schön sagen [muß]». [132]

KANTS Überlegungen zum H. im engeren Sinne gehen über klassizistische Gemeinplätze kaum hinaus, wenn er feststellt, daß die schöne Kunst – gemeint sind Dicht-, Rede- und Malerkünste – ihre Vorzüglichkeit darin zeigt, daß sie Dinge, die in der Natur häßlich oder mißfällig sein würden, wie z. B. Furien, Krankheiten, Kriegsverwüstungen und andere Schädlichkeiten, «schön beschreibt». Von dieser Lizenz bleiben jedoch die Häßlichkeit des Ekels auf der einen und die Bildhauerkunst auf der anderen Seite ausgeschlossen. [133] Der eigentliche Ort, an dem Kant das H. thematisiert, indem er späteren, «radikal modernen Möglichkeiten» [134] Raum gibt, ist jedoch das Erhabene, da dieses Geistesgefühl durch eine Unlust hervorgebracht wird, die sich am Formlosen, Ungestalten und Gräßlichen, an Unordnung, Chaos und Verwüstung entzündet. Indem Kant mit dem Begriff der «Subreption» belegt, daß das Erhabene ein Gefühl der Achtung für die Idee der Menschheit in unserem Subjekte ist, überläßt er die Objektwelt den traditionellen Bestimmungen von *deformitas*. [135]

Ähnlich doppeldeutig argumentiert SCHILLER. Die kurzen ‹Gedanken über den Gebrauch des Gemeinen und Niedrigen in der Kunst›, die vom Gesichtspunkt der Stillehre betrachtet, ein Gegenstück zu Schillers einschlägigen Schriften zum Pathetischen und Erhabenen bieten, halten sich gänzlich auf der durch Lessings Aristotelismus vorgegebenen Bahn, insofern sie das Niedrige in der Dicht- und Redekunst einerseits da, «wo es Lachen erregen soll», andererseits, da wo es «[...] durch das *Schreckliche* versteckt [wird]» und «ins *Furchtbare* übergeh[t]», gestatten. Das Ekelhafte auf der einen, bildende Kunst auf der anderen Seite, ziehen auch hier die Grenzen in Hinsicht auf Sujet und Medium. [136] Die moderne Sicht auf das H., die die Ästhetik des 18. Jh. aufgebracht hatte, schlägt sich dagegen dort nieder, wo Schiller das Ambivalenzgefühl des «angenehmen Grausen[s]» [137] thematisiert, mit dem das mündiggewordene Subjekt sich seiner selbst versichert. In diesem ‹setting› ist das H. zu einem mächtigen Stimulans geworden. Das furchtbare Schauspiel eines Gewitters [138] z. B., das die Sinne gleichermaßen zurückstößt wie anzieht, ist mit seiner Größe und Schreckbarkeit, wie Schiller heraushebt, eine ästhetische «Quelle von Vergnügen», obwohl es sachlich betrachtet, «eher *verderblich* als *gut*», «eher häßlich als schön» und «eher schmerzhaft als annehmlich» ist. [139] Die Trennung von Ethik und Ästhetik und die Aufnahme des Erhabenen, komplementäre Prozesse, die im 18. Jh. forciert werden, bieten Schiller die Bedingung der Möglichkeit zur «ästhetischen Rechtfertigung des Häßlichen». [140]

F. SCHLEGELS Aufsatz ‹Über das Studium der griechischen Poesie› ist seit dem Rosenkranz-Schüler Schasler [141] stets als zentrales Dokument einer Ästhetik des H. gewertet worden. [142] Kant und Schiller vergleichbar, ist freilich auch für Schlegel eine doppelte Verortung des H. kennzeichnend, insofern er es in zwei unterschiedlichen diskursiven Kontexten thematisiert. Schlegel begreift das H. einerseits in historischer Hinsicht als eine radikale Gestaltungsform des Interessanten, das aufgrund seiner subjektiven ästhetischen Kraft als ästhetisches Grundprinzip der Moderne disponiert wird, andererseits in normativer Absicht als Prolegomena zu einer objektiven Prinzipienlehre «*des ästhetischen Tadels*» [143]. Anders als die Theoretiker des H. auf der Linie von Lessing bis Rosenkranz, die darum bemüht sind, die Integrationsmöglichkeiten des H. in den Künsten zu prüfen, zielt Schlegel mit seinem «*ästhetischen Kriminalkodex*», der aus einer wirkungsästhetisch orientierten «*Theorie des Häßlichen*» (‹turpitudo›) und einer werkpoetisch perspektivierten «*Theorie der Inkorrektheit*» (‹deformitas›) samt deren Bestimmungen Unvermögen, Ungeschick, Unvollkommenheit, Widerspruch und Unzusammenhang zusammengesetzt wird [144], jedoch auf Ausgrenzung und Diskriminierung. Häßlichkeit bestimmt Schlegel als Negation von Schönheit. Während das Schöne als Erscheinungsform des Guten Genuß bereitet, verursacht das H. als unangenehme Erscheinungsform des Schlechten Schmerz. Das Ekelhafte, Quälende und Gräßliche des H. erregt Widerwillen und Abscheu. [145] Bei «*erhabner Häßlichkeit*» schließlich, die Schlegel als Negation «*erhabne[r] Schönheit*» begreift, ist der Schmerz zu «absoluter» Intensität gesteigert, wodurch ein Maximum an Ekel, Pein, Unwillen und Verzweiflung erregt wird. [146] Entkleidet man den ‹ästhetischen Kriminalkodex› jedoch von seiner normativen Funktion im Rahmen einer Apologie der griechischen Poesie und projiziert die darin entfalteten Bestimmungen auf Schlegels Diagnose der Moderne, dann verwandelt sich das H. in die ästhetische Kategorie, die deren Werke einholt. Gerade die gelungensten Werke der Moderne, wie Schlegels Analyse von Shakespeares ‹Hamlet› zeigt, sind Musterbeispiele erhabener Häßlichkeit. Das H. ist der modernen Poesie zu «ihrer Vollendung unentbehrlich». [147] Im Zuge seiner Phänomenologie moderner Kunst erfaßt Schlegel das verschleißende Resultat einer ins Leere laufenden Innovationsästhetik, bei der das «*rastlose unersättliche Streben*» nach dem «*Piquanten, Frappanten* und *Choquante*[n]», sei es abenteuerlich, ekelhaft oder gräßlich», in «ekelhafte[n] Kruditäten» seitens der Werke und «entschiedene[r] Nullität» seitens des Publikums endet. [148] Schlegels Pathographie der Moderne gipfelt daher in der Feststellung, daß ihr künstlerisches Grundprinzip nicht das Schöne, sondern das Interessante sei, weshalb ihre «trefflichsten Werke ganz offenbar Darstellungen des *Häßlichen* sind». [149] Durch Schlegels Geschichtsphilosophie der Kunstformen rückt das H. aus der logischen Kontraposition zum Schönen mit der Konsequenz heraus, daß es zur Kategorie eines ästhetischen Interregnums, als das Schlegel die Moderne begreift, promoviert wird: Das H. ist das Schöne in dürftiger Zeit. Die ‹Ästhetik des Häßlichen› gerät freilich gegenüber ihrer Gegenwart bereits zu diesem Zeitpunkt in Konkurrenzdruck, so daß sich ihre Aporie nicht erst im 20. Jh. mit dem Datum Auschwitz herausstellt. Zeitgleich mit Schlegel konstatiert etwa D. A. F. Marquis de Sade, daß man die Hölle zu Hilfe nehmen und ins Reich der Chimären hinabsteigen müsse, um «interessante» Sujets zu finden, die auch nur beiläufig mit den Greueln von Revolution und Koalitionskrieg mithalten können. [150] Goya findet seine Motive nicht in der Traumwelt des Unbewußten, sondern bei den Massakern der Napoleonischen Truppen.

Gegenüber der Diagnose- und Divinationskraft Schlegels, in der sich sowohl eine ‹rechte› Kultur- als auch eine ‹linke› Kapitalismuskritik [152] leicht wiedererkennen konnte, fallen die Versuche der Hegel-Schule in der ersten Hälfte des 19. Jh. (C. H. Weisse, A. Ruge, F. T. Vischer, A. W. Bohtz, G. M. Dursch, K. Fischer, K. Rosenkranz) [153], das H. als dialektische Entfaltungsform des Schönen in ein ästhetisches System zu bringen, ab. Hegel selbst verstellt sich den Zugang zum H. in seiner ‹Ästhetik› systematisch, weil er sie auf eine «*Philosophie der schönen Kunst*» [154] reduziert. Insofern darin die Bestimmung des Schönen als das sinnliche Scheinen der Idee und der Satz vom Ende der Kunst komplementär aufeinander bezogen sind, spielt das H. nur eine Negativrolle zur kritischen Kennzeichnung der romantischen Kunstform, die dem Zufälligen, Gewöhnlichen und «Unschönen einen ungeschmälerten Spielraum» gönnt, das Negative, Schlechte und Böse der «inneren Häßlichkeit» in allen Formen durchspielt und die «Fratzenhaftigkeit der Ironie» sowie bei E. T. A. Hoffmann den «Humor der Abscheulichkeit» hervorgebracht hat. [155] H. Heine übernimmt die Kritik an der «bacchantischen Zerstörungslust» und den «grauenhafte[n] Gespenstern» der Romantik; er definiert sie aber als eine Polemik gegen die «katholische Klerisei» und deren «abscheuliche[n] Themata – Martyrbilder, Kreuzigungen, sterbende Heilige[n], Zerstörung des Fleisches» [156] – um.

C. H. Weisse kommt das Verdienst zu, «die Inaugurierung einer ästhetischen Theorie des Häßlichen» [157] geleistet zu haben. Doch der Gewinn gegenüber Hegel wird mit dem Verlust an historischer Dimensionierung erkauft. Nicht die historische, sondern die systematische Auseinanderfaltung der Totalität des Schönen in ihre einzelnen Momente, die um den ästhetischen Phänomenbereich gewissermaßen einen Ring schlagen, führt bei Weisse zur Häßlichkeit, die er in Analogie zum Bösen «als die *verkehrte* oder *auf den Kopf gestellte Schönheit*» [158] auffaßt. Das Erhabene fungiert als die einfache Negation des Schönen, die zum H. hin vermittelt, das Komische als einfache Negation des H., die zum Schönen zurückführt. Es ist Lessings Grundidee, die von der dialektischen Bewegung verflüssigt wird. Auch für Vischer hat das H. seinen Ort zwischen dem Furchtbar-Erhabenen und dem Komischen, «so daß es Alles, was positiv an ihm ist, an die eine oder andere dieser Sphären abgibt, während ihm selber nichts bleibt als dieses Abgeben, diese Bewegung des Zergehens, so daß es, wie man zu sagen pflegt, zwischen zwei Stühlen niedersitzt». [159]

Zur Entfaltung der Dialektik des Schönen wird das H. notwendig gebraucht, damit jedoch zugleich in Gesamt schöner Kunst bewältigt und aufgehoben. Diese Grundfigur nachidealistischer Kunstphilosophie gilt auch für die ‹Ästhetik des H.›, mit der K. Rosenkranz in die «Hölle des Schönen» [160] hinabsteigt. Tatsächlich gelingt ihm ein «Linnésches System des Häßlichen» [161], das in dessen Begriffsgeschichte einen «Höhe-, zugleich aber auch ihren toten Punkt» [162] bezeichnet. Rosenkranz' Klassizismus, der sich auf Lessing beruft [163], wird besonders bei der Behandlung des problematischen Wohlgefallens am H. greifbar. Unterschieden wird eine «gesunde» und eine «krankhafte Weise» solchen Wohlgefallens. Bei jener rechtfertigt sich das H. in der Totalität eines Kunstwerks als eine relative Notwendigkeit, die durch die Gegenwirkung des Schönen aufgehoben wird. Bei dieser dagegen dient das Unerhörteste, Disparateste und Widrigste in einer physisch und moralisch verderbten Zeit dazu, «die abgestumpften Nerven aufzukitzeln [...]. Die Zerrissenheit der Geister weidet sich an dem Häßlichen, weil es für sie gleichsam das Ideal ihrer negativen Zustände wird.» [164] Während Weisse das H. auf den Übergang vom Erhabenen zum Komischen festgelegt hatte, stellt Rosenkranz es dem gesamten Bereich des Schönen gegenüber. Indem er das H. zwischen den Begriff des Schönen, dem das Erhaben-, Gefällig- und Absolutschöne untergeordnet, und den Begriff des Komischen, dem das Naive, Scherzhafte und Witzige subsumiert ist, in die «negative Mitte» [165] der Ästhetik treten läßt, wird er seinem Konzept, es als das «Negativschöne» [166] zu fassen, vollkommen gerecht. Daraus ergeben sich drei Arten der ‹Defiguration›, die neben der Formlosigkeit und der Inkorrektheit die wesentlichen Bestimmungen des H. ausmachen: das Gemeine ist Gegensatz zum Erhabenen, das Widrige zum Gefälligen und die Karikatur, mit der das Widrig-H. ins Lächerliche übergeht, zum Schönen. [167] Eine umfassende Inventur des häßlichen Phänomenbereichs überwuchert freilich dessen begriffliche Bewältigung. Das H. fungiert auf weiten Strecken als ästhetisches Symptom industriellen Fortschritts, der in Verstädterung und Vermassung seine eigenen Zerrbilder hervortreibt, so daß sich große Städte wie London, Paris oder Berlin in den charakteristischen Figuren ihres Straßenelends selbst persiflieren: «das Proletariat derselben besteht fast nur aus Caricaturen». [168] Durch die Aischrologie des 19. Jh. wird die Karikatur als deren eigentliche Gestaltungsform zur Kunst erhoben. [169]

Die im 18. und 19. Jh. vollzogene Aufwertung des H. durch Einbindung in die Dialektik des Schönen spiegelt sich auch in den einschlägigen Hand- und Wörterbüchern wider. Während man in GOTTSCHEDS ‹Handlexicon› (1760) oder in J.G. WALCHS ‹Philosophischem Lexicon› (⁴1775) unser Lemma vergeblich sucht und J.H. CAMPE nur eine negative Definition zu geben vermag [170], dekliniert I. JEITTELES die Anwendung des H. in Hinsicht auf die abstoßende «Zweckwidrigkeit seiner Form» penibel für alle Literaturgattungen und Kunstarten durch. [171] Noch weiter geht W. HEBENSTREIT, der mit Blick auf die «neueren Aesthetiker» die Relativierungsstrategien bezüglich des H., es im Tragischen als ein Untergehendes erscheinen zu lassen, durch seinen Kontrast das Schöne zu erhöhen oder es durch einen komischen Zweck «unschädlich» zu machen, zusammenfaßt. [172]

Auf die Tradition der Stilmischung im christlichen *sermo humilis* einerseits, der romantischen Theorie der Gattungsmischung mit ihrer Gegenüberstellung von antikem «Nomos» und modernem «Chaos» [173] andererseits, greift V. HUGO in der ‹Préface de Cromwell› zurück, in der das Prinzip der Groteske mit ihrem pittoresken, burlesken, bizarren, gotischen und barocken Formenreichtum als eigentümliche Schlüsselkategorie literarischer Modernität fixiert wird: «Il [= le grotesque] y est partout; d'une part, il crée le difforme et l'horrible; de l'autre, le comique et le buffon.» (Man findet es [= das Groteske] überall; im einen Fall schafft es das Mißgestaltete und Erschreckende, im anderen das Erheiternde und Possenhafte.) [174] Da der Begriff des Grotesken bei Hugo die Duplizität des Groteskkomischen und Grausiggrotesken beinhaltet [175], umfaßt es sowohl den Aspekt karnevalistischer Lachkultur im Sinne Bachtins [176] als auch die von W. Kayser [177] herausgestellte Perspektive auf eine entfremdete Welt. Die oxymorale Stilmischung wird zum Maß für den Realitäts- und Wahrheitsgehalt des Kunstwerks. Fluchtpunkt aller Mischungen in der Moderne ist das H., das gegenüber der eintönigen Schönheit der Antike ästhetische Polymorphie garantiert: «Le beau n'a qu'un type; le laid en a mille.» (Das Schöne hat nur eine Erscheinungsform, das Häßliche hat tausend.) [178] Hugos ‹Préface› bezeichnet einen Wendepunkt der Ästhetikgeschichte, weil darin die klassische Kallistik zugunsten einer Synästhesie der Gegensätze, die das Schöne und H., das Erhabene und Groteske, das Gute und Böse zusammenbringt, aufgekündigt wird. Gegenüber Hugos «*Le laid, c'est le beau*» [179] sollte noch bei Rosenkranz das H. ein bloß «secundäres Dasein» erhalten, insofern es als das ‹Negativschöne› an die «*positive Voraussetzung*» des Schönen fixiert blieb. [180] An solchen Hegelianischen Systemzwang ist Hugo nicht gebunden. Dadurch, daß er das H. zu einem selbständigen Modus künstlerischer Mimesis und das Groteske zu einem Element moderner Kunst macht, wird das Schöne marginal und an den Rand der Ästhetik gedrängt.

Beim Erkunden neuer Möglichkeiten für das Gedicht «[...] en *pétrarquisant* sur l'horrible» [181], setzt C. BAUDELAIRE die «*Entgrenzung des Kunstfähigen*» [182] fort, indem er auch das Genre der Lyrik für den hoffmannesken «goût de l'horrible» und die «jouissance de la laideur» öffnet. [183] Statt die «Region der Verwesung und Halbvernichtung» in eine «lemurische Posse» umzubiegen [184], gestaltet er in dem manieristische Motive aufgreifenden Gedicht ‹Une Charogne› (1857) aus dem Zyklus der ‹Fleurs du Mal› [185] die Dekomposition des schwitzenden Aases in einem «umgekehrte[n] Preislied» [186]. Baudelaire entbindet aus dem H. einen aggressiven Reiz, der befremden und überraschen soll. Der skandalisierende Schockeffekt, auf den er mit dem Bildnis der ‹Schönheit des Bösen› («la *beauté* du Mal» [187]) zielt, resultiert aus der Konzentration auf das Abseitige, Abstoßende und Satanische auf seiten des Sujets und aus dem Stilbruch [188], der das H. mit dem Hohen (*genus sublime*) amalgamiert, auf seiten der Darstellungsebene. Der «deformierende Wille» des modernen Schriftstellers produziert eine dichterische Häßlichkeit, in der, wie im Falle A. RIMBAUDS, anatomische oder pathologische Wirklichkeitssplitter im Rahmen eines von Neubildungen und Argot-Wörtern durchsetzten Mischstils einen «Mythos der ungeheuerlichsten Häßlichkeit» schaffen. [189] Die Intensität des H. ist jedoch nur eines unter mehreren ästhetizistischen Kunstmitteln, die auf eine «Rhetorik des Bösen» [190] (E.A. POE, G. FLAUBERT, I. DUCASSE) hin angelegt sind, deren Strategie darauf zielt, alle denkbaren Sinngebungsversuche zu verweigern. Die Neu- und Umwertung des H. nutzt NIETZSCHE, um die «weiße Antike» [191] eines epigonalen Gipsklassizismus des 19. Jh. nachhaltig zu schwärzen. Das «ungeheure *Grausen*» [192] dionysischer Überschreitung geht mit einem «*Verlangen nach dem Hässlichen*» [193] einher. Doch läßt die einseitige Fixierung auf die Energien dionysischer Entfesselung, auf die sich der Vitalismus der futuristischen und expressionistischen Formzertrümmerer berufen sollte, die apollinische ‹Gegenbewegung› außer acht, bei der es Nietzsche schon früh darum geht, «*das Chaos zu organisieren*». [194] Die Strategie, das Grauen über das Absurde des Daseins «in Vorstellungen umzubiegen, mit denen sich leben lässt», übernimmt Nietzsche von Lessing, wenn es heißt, daß das *Erhabene* das Entsetzliche bändigt und das *Komische* vom Ekel entlädt. [195] Das H. wird von Nietzsche sowohl bejaht als auch verneint. [196]

Als schöpferisches Kraftpotential, das als «partie infâme du coeur» [197] zum Ausdruck kommt, ist es willkommen, als bloßer Impuls des Ungestalten, das moderner Dekomposition und Gattungsmischung zugrundeliegt, «*ruinirt*» [198] es die Künste. Der ‹klassische› Zug Nietzsches bricht insbesondere in seiner späten ‹Physiologie der Ästhetik› [199] durch, wo das H. als «Symptom der Degenerescenz» [200] verstanden wird, weil es nicht «*tonisch*», sondern «*depressiv*» wirkt. [201]

Die Autoren der ‹klassischen Moderne› greifen das H., das mit seiner Positivierung theoretisch im wesentlichen ausgereizt zu sein scheint, auf, um Bilder dafür zu finden, was der Fortschritt den Menschen Zerstörendes angetan hat. Die Milieustudien des Naturalismus stellen das Niedrige aus, weswegen die lebhafte Diskussion über das H. in der Kunst zur Jahrhundertwende [202] in erster Linie eine Auseinandersetzung um die Legitimation der naturalistischen Strömung ist. Der Futurismus will das H. gebrauchen, um das «Feierliche» zu töten [203], und ersetzt die Schönheit der Siegesgöttin von Samothrake durch das Rennautomobil. Die Defigurationskräfte von ‹simultaneità› und ‹parole in libertà› zielen jedoch weniger auf H. als auf entgrenzende Dynamik. Eine radikal schockierend-häßliche Ausdrucksdimension gewinnt dagegen der literarische Expressionismus durch Nutzung von Krankheits-, Verfalls- und Zerstörungssymptomen auf der Sujet-, Techniken der Sprachzerstörung auf der Darstellungsebene. [204] Zur krebsartigen Desintegration des menschlichen Körpers in G. BENNS ‹Morgue›-Gedichten (1912) ist seither die Krankheit Aids als Metapher hinzugetreten. [205] Die konservative Reaktion auf die Moderne exekutieren die Nazis dagegen 1937 mit ihrem Urteil über «entartete Kunst». [206] Eine Summe des H. in historischer wie systematischer Absicht zieht nach dem Zweiten Weltkrieg L. KRESTOVSKY. Das H. in der Moderne gilt ihr als Indiz einer «Déshumanisation de l'Art». [207] Die vielfältige Vermischung des H. mit dem Bösen, die in der «*Contre-Forme*» [208] Gestalt findet, mit der die Revolte gegen die Regeln und die traditionellen Normen geführt wird, erscheint als Resultat der Einsamkeit, Isolation und Vereinzelung des modernen Künstlers. [209] Doch innerhalb des ontologisch überhöhten Dramas der Entwicklung markiert das H. nur eine Etappe auf dem Weg zu einer neuen Schönheit, die der Welt ihre verlorene Mitte wiedergeben wird: «On verra se rétablir le rythme et l'équilibre perdu.» [210] Aus der Sicht einer tragischen Anthropologie sollte – R. CAILLOIS oder R. GIRARD vergleichbar – G. BATAILLE gegen eine solche Ästhetik des H. «pour Hollywood» versuchen, «l'horreur de la beauté» auf den Bereich des religiösen Opfers zurückzuführen. [211]

Gegenüber ontologischen oder anthropologischen Dispositionen des H. hat ADORNO dagegen nochmals dessen gesellschaftkritische Dimension forciert. Das häßliche Werk und die häßliche Welt werden dialektisch aufeinander bezogen, insofern die unschöne und abstoßende Formlosigkeit als «Chiffre des Widerstands» [212] gegen die häßliche Wirklichkeit, der sie entstammt, fungiert. Daher die Nähe der neuen Kunst zum Ekelhaften und Widerlichen. Deformation, Dissonanz und Dissoziierung sind nunmehr Kriterien für die innere Stimmigkeit gelungener Werke, die das «als häßlich Verfemte zu ihrer Sache machen [...], um im Häßlichen die Welt zu denunzieren, die es nach ihrem Bild schafft und reproduziert [...].» [213] Angesichts der ubiquitären Häßlichkeit der Medienwelt in unserer Zeit hat die Kategorie des H., die im 19. Jh. Eigenständigkeit gewann, um der Ästhetik gegenüber den Phänomenen der modernen Kunst die Sprache zurückzugewinnen, ihren Wert verloren. Wo nichts mehr verfemt ist, hat die kritische Kraft des H. ihren Stachel verloren. Offenbar hat Adorno diese Konsequenz der Kulturindustrie gesehen, denn in letzter Instanz peilt seine ästhetische Theorie gar nicht die Erkenntnis der Negativität der Welt [214] durch häßliche Kunst an, sondern zielt mit dem Hinweis auf deren «Rätselcharakter» [215] auf ein Nichtidentisches, das «[...] dem Heterogenen Gerechtigkeit widerfahren [läßt]» [216] – dessen Kategorie ist jedoch nicht das H., sondern das Erhabene.

Anmerkungen:
1 A. Kolnai: Der Ekel, in: Jb. f. Philos. und phänomenolog. Forschung 10 (1929; ND 1974) 515–569. – **2** C. Schmitt: Der Begriff des Politischen (1932; 1963) 26. – **3** vgl. Die nicht mehr schönen Künste. Grenzphänomene des Ästhetischen, hg. von H. R. Jauß (1968). – **4** H. Lausberg: Hb. der lit. Rhet. (³1990) § 1244, p. 680. – **5** M. Damnjanovic: H., das, in: Europäische Enzyklop. zu Philos. und Wiss., hg. von H. J. Sandkühler, Bd. II (1990) 497–498, hier: 497. – **6** vgl. R. Bodei: Introduzione, in: K. Rosenkranz: Estetica del Brutto, ed. R. Bodei (Bologna 1984) 7–28. – **7** C. Zelle: Die doppelte Ästhetik der Moderne. Revisionen des Schönen von Boileau bis Nietzsche (1995) pass. – **8** O. Becker: Von der Hinfälligkeit des Schönen und der Abenteuerlichkeit des Künstlers, in: FS E. Husserl zum 70. Geb. gewidmet (Halle/S. 1929) 27–52, hier: 33. – **9** T. W. Adorno: Ästhet. Theorie (1970) 81. – **10** Adorno [9] 74. – **11** vgl. Trübners Dt. Wtb., hg. von A. Götze, Bd. 3 (Berlin 1939) s. v. ‹häßlich›, 342ff.; Dict. étymolog. de la langue grecque. Ed. P. Chantraine (Paris 1968) I, 40, s. v. ‹αἶσχος›. – **12** vgl. W. T. Krug: Allg. Handwtb. der philos. Wiss. Bd. II (Leipzig 1833) s. v. ‹Hässlich›, 367f. – **13** G. Müller: Bemerkungen zur Rolle des H. in Poesie und Poetik des klass. Griechentums, in: Die nicht mehr schönen Künste [3] 13–21, hier: 20. – **14** Müller [13] 16. – **15** vgl. Ps.-Long. De subl. 9, 5. – **16** Aischyl. Eum., pass. – **17** Hom. Il. 2, 212ff. – **18** Plat. Pol. X 8, 607b. – **19** Müller [13] 17. – **20** Plat. Parm. 130c. – **21** bes. Cic. De inv. I, § 35. – **22** Platon, Symposion 206d und 211a-e. – **23** vgl. Plotins Schr., übers. von R. Harder, Bd. I b: Anm. (1956) 365. – **24** Plotin, Enneaden, hg. von Ficino (Basel 1580) 52 a; zit. U. Franke: H., in: HWPh 3 (1974) 1003–107, hier: 1003, Anm. 4. – **25** Plotin, Enneaden [24] I 6, 2; zit. Plotins Schr., übers. R. Harder, Bd. I a: Text und Übers. (1956) 7. – **26** vgl. Plotin, Enneaden [24] I 6, 5. – **27** Arist. Rhet. I 9, 14 (1366b). – **28** vgl. Quint. III, 7, 19–22. – **29** M. Brod: Über die Schönheit häßlicher Bilder (1967). – **30** M. Fuhrmann: Einf. in die antike Dichtungstheorie (1973) 10. – **31** Arist. Poet. 4 (1448b 10ff.). – **32** Fuhrmann: Einf. [30] 97f. – **33** Fuhrmann: Einf. [30] 61. – **34** Arist. Poet. 11 (1452b 10ff.) – **35** vgl. Arist. Poet. 13 (1452b 35ff.) und 14 (1453b 10). – **36** Arist. Poet. 5 (1449a 35ff.) – **37** G. Ueding: Schillers Rhet. Idealistische Wirkungsästhetik und rhet. Trad. (1971) 97. – **38** Ps.-Long. De subl. 10, 6 und 15, 5. – **39** Ps.-Long. De subl. 10, 6 und 15, 5. – **40** vgl. J. J. Schwabe: Anti-Longin, oder die Kunst in der Poesie zu kriechen (Leipzig 1734). – **41** Lausberg [4] §§ 810–819, bes. 813. – **42** vgl. Horaz, Ars poetica 1ff. – **43** Horaz, Ars poetica 185ff. (Übers. E. Schäfer). – **44** M. Fuhrmann: Die Funktion grausiger und ekelhafter Motive in der lat. Dichtung, in: Die nicht mehr schönen Künste [3] 23–66, bes. 39f. – **45** vgl. Fuhrmann: Die Funktion [44] pass. – **46** Lausberg [4] § 1147. – **47** vgl. A. Wiegand: Die Schönheit und das Böse (1967) pass. – **48** vgl. W. Perpeet: Ästhetik im MA (1977) 38. – **49** L. Arbusow: Colores rhetorici. Eine Auswahl rhet. Figuren und Gemeinplätze als Hilfsmittel für akad. Übungen an mittelalterl. Texten (²1963) 70 und 117. – **50** E. Faral: Les arts poétiques du XIIᵉ et du XIIIᵉ siècle. Recherches et documents sur la technique littéraire du moyen âge (Paris 1915; ND 1971) 76 und 130ff. – **51** vgl. W. Tatarkiewicz: Gesch. der Ästhetik, Bd. 2: Die Ästhetik des MA [poln. 1962] (Basel/Stuttgart 1980) 65f. – **52** Vierte Diskussion: Gibt es eine ‹christliche Ästhetik›?, in: Die nicht mehr schönen Künste [3] 583–609, hier: 585 (M. Fuhrmann). – **53** Augustinus: De natura

boni 14 (PL 42, 555) (Übers. W. Tatarkiewicz, A. Loepfe [51] 77). – **54** Augustinus: De genesi contra Manichaeos I 16, 26 (PL 34, 185) (Übers. R. Assunto/C. Baumgarth [59] 162). – **55** E. Auerbach: Sermo humilis, in: ders.: Literatursprache und Publikum in der lat. Spätantike und im MA (Bern 1958) 25–53, hier: 48. – **56** H. R. Jauß: Die klass. und die christl. Rechtfertigung des H. in mittelalterl. Lit., in: Die nicht mehr schönen Künste [3] 143–185, hier: 157. – **57** U. Eco: Kunst und Schönheit im MA (ital. 1959; erw. engl. 1986; 1991) 23. – **58** Jauß: Die klass. und die christl. Rechtfertigung [56], 157. – **59** R. Assunto: Die Theorie des Schönen im MA [1963] (Neuausg. 1982) 88 und 85. – **60** P. Michel: ‹Formosa deformitas›. Bewältigungsformen des H. in mittelalterl. Lit. (1976) § 148, 117f. – **61** W. Haug: Der Teufel und das Böse im mittelalterl. Roman [1985], in: ders.: Strukturen als Schlüssel zur Welt. Kleine Schr. zur Erzähllit. des MA. (1989) 67–85, hier: 71. – **62** Dionysius der Kartäuser: Enarrationes in librum II. De consolatione philosophiae XVIII (Übers. R. Assunto/C. Baumgarth [59] 249). – **63** M. Mendelssohn: Sache Gottes oder die gerettete Vorsehung [1784], in: Ges. Schr. Jubiläumsausg, hg. von I. Elbogen u. a. (Berlin 1929ff.) III, 2, § 77, 250. – **64** vgl. Perpeet [48] 63 und 72. – **65** E. de Bruyne: Études d'esthétique médiévale, 3 Bde. (Brügge 1946; ND Genf 1975) II, 215. – **66** Vierte Diskussion: Gibt es eine ‹christliche Ästhetik›?, in: Die nicht mehr schönen Künste [3] 583–609, hier: 608f. (J. Taubes). – **67** Assunto [59] 96 und 89. – **68** Michel [60] § 223, 169ff. – **69** Bernhard von Clairvaux: Apologia ad Guillelmum Sancti Theoderici abbatem XII (Übers. R. Assunto/C. Baumgarth [59] 196). – **70** vgl. Michel [60], § 65, 54. – **71** vgl. Ulrich von Straßburg: Summa de bono II 3 iv, De pulchro (Übers. R. Assunto/C. Baumgarth [59] 228). – **72** vgl. C. Zelle: ‹Angenehmes Grauen›. Literaturhist. Beiträge zur Ästhetik des Schrecklichen im 18. Jh. (1987) 117ff. – **73** I. Kant: Versuch, den Begriff der negativen Größen in die Weltweisheit einzuführen [1763], in: ders.: Werkausg., Bd. II, hg. von W. Weischedel (1968) 775–819, hier: 794. – **74** K. Rosenkranz: Ästhetik, in: Conversationslex. der Gegenwart, 4 Bde. (Leipzig 1838–1841) I, 251–255, hier 252. – **75** S. Erhard: Apologie des Teufels, in: Phil. J. einer Gesellschaft Teutscher Gelehrten 1 (Neu-Strelitz 1795) H. 2, 105–140, hier 110. – **76** G. R. Hocke: Manierismus in der Lit. Sprach-Alchemie und esoterische Kombinationskunst (1959) 131. – **77** G. Schröder: Logos und List. Zur Entwicklung der Ästhetik in der frühen Neuzeit (1985), pass. – **78** Hocke [76] 59. – **79** G. de Lairesse: Grosses Mahler=Buch [holl. 1707]. 2 Tle. (Nürnberg 1728/30) I, 167 und 117f. [getr. Pag.]. – **80** J. von Sandrart: L'Academia Tedesca [...]: oder Teutsche Academie der edlen Bau= Bild= und Mahlerey=Künste, 3 Tle. (Nürnberg 1675) III, 12–14 [getr. Pag.]. – **81** C. L. von Hagedorn: Betrachtungen über die Mahlerey, 2 Tle. (Leipzig 1762) I, 108–131. – **82** A. G. Baumgarten: Theoretische Ästhetik. Die grundlegenden Abschn. aus der ‹Aesthetica› (1750/58); lat./dt. (1983) § 14, 11. – **83** G. F. Meier: Anfangsgründe aller schönen Wiss. [1748/50] 2., verb. Aufl. 3 Bde. (Halle 1754–1759; ND 1976) I, § 25, 42 und § 75, 143ff. – **84** Baumgarten [82] § 21, 13 und §§ 445–477, 75–109. – **85** Baumgarten [82] § 18, 13. – **86** vgl. U. Franke: Kunst als Erkenntnis. Die Rolle der Sinnlichkeit in der Ästhetik A. G. Baumgartens (1972) 102ff. – **87** Lairesse [79] I, 29f. – **88** M. Mendelssohn: Von der Herrschaft über die Neigungen, in: Ges. Schr. Jubiläumsausg. [63] II, 147–155, hier: ‹Von der Illusion›, 154f. – **89** N. Boileau-Despréaux: L'Art Poétique [1674] III, 1–4. – **90** Übers. Hagedorn [81] I, 117. – **91** weitere Belege bei P. E. Knabe: Laideur/laid, in: ders.: Schlüsselbegriffe des kunsttheoretischen Denkens in Frankreich von der Spätklassik bis zum Ende der Aufklärung (1972) 365–373. – **92** J.-P. de Crousaz: Traité du Beau (Amsterdam 1715; ND Genf 1970) 45. – **93** D. Diderot (Übers.): Principes de la Philos. morale [1745], in: ders.: OEuvres complètes, ed. J. Assézat (Paris 1875) I, 3ff., hier: 34 (Fußn. von Diderot). – **94** C. Batteux: Les beaux arts réduit à un même principe [1746] (Paris ^{3}1773; ND Genf 1969) 117; ders.: Einschränkung der schönen Künste auf einen einzigen Grundsatz, übers. von J. A. Schlegel (1751; Leipzig ^{2}1759) 70. – **95** M. Mendelssohn: 87. Brief, die neueste Litt. betreffend (1760), in: Ges. Schr. Jubiläumsausg. [63] V, 147–151, hier 150. – **96** K. Eibl: Abgrund mit Geländer. Bemerkungen zur Soziol. der Melancholie und des ‹angenehmen Grauens› im 18. Jh., in: Aufklärung 8 (1993) H. 1, 3–14, hier 13. – **97** R. Descartes: Les Passions de l'Ame (Paris 1649), xciv. – **98** D. Diderot: Laideur, in: Encyclopédie. T. IX (Neuchastel 1765) 176. – **99** Fontenelle: Réflexions sur la poétique [um 1692], in: ders.: OEuvres. Nouvelle Édition. T. III (Paris 1766) 125–206, hier: xxxvi, 161f. – **100** J.-B. Dubos: Réflexions critiques sur la Poésie et sur la Peinture [1719] (Paris ^{7}1770; ND Genf 1967) bes. I, i-iii. – **101** M. Mendelssohn: Über die Empfindungen (1755), in: Ges. Schr. Jubiläumsausg. [63] I, bes. ‹Beschluß›, 107–111. – **102** J. Addison, R. Steele: The Spectator. No. 418 (June, 30, London 1712). – **103** Auszug des Englischen Zuschauers, übers. von J. L. Benzler, K. W. Ramler, 8 Bde. (Berlin 1782/83) VI, 135. – **104** Der Zuschauer, übers. von L. A. V. Gottsched u. a. 9 Tle. (Leipzig 1739–1744) 6. T., 105. – **105** Benzler/Ramler [103] VI, 136. – **106** Addison/Steele [102] No. 412 (June, 23, London 1712). – **107** W. Hay: Deformity. An Essay (London 1754); ders.: Versuch von der Häßlichkeit [!], übers. von R. von Neufville (Breslau 1759). – **108** M. A. Schimmelpenninck: Theory on the Classification of Beauty and Deformity [...] (London 1815); vgl. K. Huebner: Über das Schöne und das Deformierte. Systematische und hist. Darstellung der ‹Theory on the classification of beauty and deformity› von M. A. Schimmelpenninck (1969). – **109** E. Burke: A Philos. Enquiry into the Origin of our Ideas of the Sublime and Beautiful (1757, ^{2}1759), ed. J. T. Boulton (London 1958) III, v, 104, III, ix, 110 und III, xxi, 119. – **110** Burke [109] II, v, 64–70. – **111** vgl. M. Delon: L'idée d'énergie au tournant des Lumières (1770–1820; ND Paris 1988). – **112** vgl. M. Praz: Liebe, Tod und Teufel. Die schwarze Romantik (ital. 1930; dt. 1960; ^{2}1981) 66–95. – **113** Diderot: Laideur [98] 176. – **114** Burke [109] II, iv, 61f. – **115** C. Baudelaire: Journaux intimes, in: ders.: OEuvres complètes, 2 vol., ed. C. Pichois (Paris 1975/76) I, 647–708, Fusées X, 657f. – **116** F. Schiller: Die Räuber. [Unterdrückte] Vorrede [1781], in: ders.: Werke. Nationalausg. III, 243–246, hier 244. – **117** F. Schiller: Die Räuber. Vorrede [zur ersten Auflage] [1782], in: ders.: Werke [116] III, 5–8, hier 6. – **118** Zelle: ‹Angenehmes Grauen› [72] 203ff. und 295ff. – **119** in: Bemühungen zur Beförderung der Critik und des guten Geschmacks 1 (Halle 1743), 3. St., 159–178. – **120** Zelle: ‹Angenehmes Grauen› [72] bes. 381–395. – **121** H. Dieckmann: Das Abscheuliche und Schreckliche in der Kunsttheorie des 18. Jh., in: Die nicht mehr schönen Künste [3] 271–317, hier: 292. – **122** G. E. Lessing: Laokoon oder Über die Grenzen der Malerei und Poesie [1766], in: ders.: Werke, 8 Bde., hg. von H. G. Göpfert (1970–1979) VI (1974), hier: xxiii, 148–152. – **123** Lessing [122] xxv, 156–165. – **124** Lessing [122] 570f. – **125** J. G. Herder: Plastik [1778], in: ders.: Sämtl. Werke, hg. von B. Suphan, Bd. 8 (Berlin 1892), bes. 30–34. – **126** Lessing [122] xxiv, 155. – **127** J. W. von Goethe: Aus meinem Leben. Dichtung und Wahrheit, II. Tl., 8. Buch [1812], in: ders.: Poet. Werke. Berliner Ausg., XIII, 343. – **128** Goethe an Zelter, Weimar, 18. Juni 1831, zit. in: Goethes Br. Hg. K. R. Mandelkow. Bd. IV (1967) 430–432. – **129** Goethe: Der Tänzerin Grab [1812], in: Propyläen-Ausg. XXIII (1913), 321–328, hier 324. – **130** Krug [12] 367f. – **131** vgl. U. Link-Heer: Versuch über das Makabre. Zu Curzio Malapartes ‹Kaputt›, in: LiLi 19 (1989) H. 75, 96–116; dies.: Versuch über das Makabre. Bilder vor und nach Auschwitz, in: M. Köppen (Hg.): Kunst und Lit. nach Auschwitz (1993) 83–96. – **132** J. G. Sulzer: Allg. Theorie der schönen Künste (1771/74). Neue verm. zweyte Aufl., 4 Bde., Reg. (Leipzig 1792–1799) s. v. ‹Häßlich›, II, 457–459. – **133** I. Kant: KU [1790] § 48, B 189f. – **134** Adorno [9] 497. – **135** I. Kant: KU [1790] §§ 23–29, bes. § 27, B 97. – **136** F. Schiller: Gedanken über den Gebrauch des Gemeinen und Niedrigen in der Kunst (1802), in: ders.: Werke [116] XX, 241–247, bes. 243 und 244f. – **137** F. Schiller: Zerstreute Betrachtungen über verschiedene ästhet. Gegenstände [1794], in: ders.: Werke [116] XX, 222–240, hier: 227. – **138** vgl. R. Alewyn: Die Lust an der Angst (zuerst 1965), in: ders.: Probleme und Gestalten. Essays (1974) 307–330. – **139** Schiller: Zerstreute Betrachtungen [137] 225. – **140** vgl. Ueding [37] 89–108, hier: 94. – **141** M. Schasler: Krit. Gesch. der Aesthetik. Grundlegung für die Aesthetik als Philos. des Schönen und der Kunst (Berlin 1872; ND 1971) xxiv, vgl. 792–795. – **142** vgl. G. Oesterle: Entwurf einer Monographie des ästhet. H. Die Gesch. einer ästhet. Kategorie von F. Schlegels Studium-Aufsatz bis zu K. Rosenkranz' Ästhetik des H. als Suche nach dem Ursprung der Moderne, in: D. Bänsch (Hg.): Zur Modernität der Romantik (1977) 217–297. – **143** F. Schlegel: Über das Studium der Griech. Poesie [1795/97], in: Krit. F.-Schlegel-Ausg., hg. von E. Behler u. a. (1958 ff.) I, 203–367, hier 310. – **144** Schlegel [143] I, 311 und 315. – **145** Schlegel [143] I, 311 f. – **146** Schlegel [143] I, 313 f. – **147** Schlegel [143] I, 241. – **148** Schlegel [143] I, 228, 254 und 223. – **149** Schlegel [143] I, 219. – **150** D. A. F. Marquis de Sade: Idée sur les romans (1799/1800), in: Franz. Poetiken, 2 Tle., hg. von F.-R. Hausmann u. a. (1975/78) I, 268–276 [Ausz.], hier: 270. – **151** H. Sedlmayr: Verlust der Mitte (Salzburg 1948) pass. – **152** Adorno [9] 74–81. – **153** vgl. K. Lotter: Der Begriff des H. in der Ästhetik. Zur Ideologiekritik der Ästhetik des Hegelianismus (1974); H. Funk: Ästhetik des H. Beiträge zum Verständnis negativer Ausdrucksformen im 19. Jh. (1983); W. Jung: Schöner Schein der Häßlichkeit oder Häßlichkeit des schönen Scheins. Ästhetik und Geschichtsphilos. im 19. Jh. (1987). – **154** G. W. F. Hegel: Vorl. über die Ästhetik (1818/1829), 3 Bde., in: ders.: Werke, hg. von E. Moldenhauer, K. M. Michel (1970) 13, 13. – **155** Hegel: Vorl. über die Ästhetik [154] 14, 139 und 13, 288 f. – **156** H. Heine: Die romantische Schule (1835), in: ders.: Sämtl. Schr. 12 Bde., hg. von K. Briegleb (1981) V, 357–504, hier 447, 457 und 368 f. – **157** Oesterle: Entwurf [142] 259. – **158** C. H. Weisse: System der Ästhetik als Wiss. von der Idee der Schönheit, 2 Bde. (Leipzig 1830; ND 1966) I, § 26, 179. – **159** F. T. Vischer: Aesthetik oder Wiss. des Schönen, 6 Bde. (1846–1857), 2. Aufl. hg. von R. Vischer (1922/23) I, § 152, 369. – **160** K. Rosenkranz: Aesthetik des H. (Königsberg 1853; ND 1979) 3. – **161** W. Henckmann: Vorwort, in: Rosenkranz [160] v*–xxi*, hier: xvii*; vgl. Bodei [6]; D. Kliche: Pathologie des Schönen: Die ‹Ästhetik des H.› von K. Rosenkranz, in: K. Rosenkranz: Ästhetik des H., hg. von D. Kliche (1990) 401–427. – **162** D. Kliche: Grenzüberschreitungen des Schönen. Versuch einer Begriffsgesch. des H. bis zur Mitte des 19. Jh., in: Ästhet. Grundbegriffe. Stud. zu einem hist. Wtb., hg. von K. Barck u. a. (1990) 345–377, hier 366. – **163** Rosenkranz [160] 435, Anm. 1. – **164** Rosenkranz [160] 52. – **165** Rosenkranz [160] 53. – **166** Rosenkranz [160] 5 und pass. – **167** Rosenkranz [160] 63. – **168** Rosenkranz [160] 415. – **169** vgl. G. Oesterle, I. Oesterle: Karikatur, in: HWPh IV (1976) 696–701; dies.: «Gegenfüßler des Ideals» – Prozeßgestalt der Kunst – «mémoire processive» der Gesch. Zur ästhet. Fragwürdigkeit von Karikatur seit dem 18. Jh., in: K. Herding, G. Otto (Hg.): Nervöse Auffangsorgane des inneren und äußeren Lebens. Karikaturen (1980) 87–130. – **170** J. H. Campe: Wtb. der dt. Sprache. Bd. II (Braunschweig 1808) 559. – **171** I. Jeitteles: Aesthet. Lex. 2 Bde. (Wien 1835) s. v. ‹Häßlich›, I, 336 f. – **172** W. Hebenstreit: Wiss.-lit. Encyklop. der Aesthetik (Wien 1843; ND 1978) s. v. ‹Häßlich›, 336 f. – **173** A. W. Schlegel: Vorl. über dramatische Kunst und Lit. 2 Bde. (Wien 1809/11), in: ders.: Krit. Schr. und Br. 7 Bde., hg. von E. Lohner (1962–1974) V/VI, hier: VI, 112. gun – **174** V. Hugo: Préface de Cromwell [1828], in: ders.: Théâtre complet I. Ed. R. Purnal, J.-J. Thierry, J. Mélèze (Paris 1963) 409–454, hier: 418; ders.: Vorrede zu ‹Cromwell›, in: Franz. Poetiken [150] II, 31–56 [Ausz.], hier: 35. – **175** vgl. Zelle: Die doppelte Ästhetik [7] 291–304. – **176** M. Bachtin: Lit. und Karneval. Zur Romantheorie und Lachkultur (russ. 1929; ²1963; 1965; 1985) pass. – **177** W. Kayser: Das Groteske in Malerei und Dichtung (1957; 1960) pass. – **178** Hugo [174] 420; (ders.: Vorrede [174] 37). – **179** vgl. Vischer [159] I, § 149, 362, Anm. 1; Rosenkranz [160] 259. – **180** Rosenkranz [160] 7 und pass. – **181** Sainte-Beuve an Baudelaire, 20. Juni 1857, zit. Sainte-Beuve: Correspondance générale, ed. J. Bonnerot, Vol. 10 (Paris 1960) 422–424, hier: 423. – **182** Kliche: Grenzüberschreitungen [162] 372. – **183** Baudelaire: Choix de maximes consolantes sur l'amour [1846], in: ders.: Œuvres complètes [115] I, 546–552, hier: 548 f. – **184** Goethe: Der Tänzerin Grab [129] 321 und 324. – **185** Baudelaire: Les Fleurs du Mal [1861], in: ders.: Œuvres complètes [115] I, 1–134, xxix, 31 f. – **186** K. Maurer: Ästhet. Entgrenzung und Auflösung des Gattungsgefüges in der europäischen Romantik und Vorromantik, in: Die nicht mehr schönen Künste [3] 319–341, hier: 322. – **187** Baudelaire: Préface des Fleurs [entst. 1859/61], in: ders.: [115] I, 181 f. – **188** E. Auerbach:

Baudelaires Fleurs du Mal und das Erhabene, in: ders.: Vier Untersuchungen zur Gesch. der frz. Bildung (Bern 1951) 107–127. – **189** H. Friedrich: Die Struktur der modernen Lyrik [1956]. Erw. Neuausg. (1967; ³1970) 77 ff. – **190** K.-H. Bohrer: Das Böse – eine ästhet. Kategorie? [1985], in: ders: Nach der Natur. Über Politik und Ästhetik (1988) 110–132. – **191** P. Pütz: Nachwort, in: F. Nietzsche: Die Geburt der Tragödie aus dem Geist der Musik (1984) 160–188, hier 162. – **192** F. Nietzsche: Die Geburt der Tragödie (1872), in: ders.: Sämtl. Werke. Krit. Studienausg. 15 Bde., hg. von G. Colli, M. Montinari (1980) I, 28. – **193** Nietzsche: Die Geburt der Tragödie [192] I, Versuch einer Selbstkritik (1886) 16. – **194** Nietzsche: Unzeitgemäße Betrachtungen II: Vom Nutzen und Nachtheil der Historie für das Leben (1874), in: ders.: Sämtl. Werke. [192] I, 333. – **195** Nietzsche: Die Geburt der Tragödie [192] I, 57. – **196** vgl. T. Mayer: Nietzsche und die Kunst (1993) 93, Anm. 6. – **197** Nietzsche: Nachgel. Fragm. (1887/89), in: ders.: Sämtl. Werke [192] XIII, 81 f.; vgl. K. Pestalozzi: Nietzsches Baudelaire-Rezeption, in: Nietzsche-Stud. 7 (1978) 158–178. – **198** Nietzsche: Nachgel. Fragm. (1884/85), in: ders.: Sämtl. Werke [192] XI, 48. – **199** vgl. H. Pfotenhauer: Die Kunst als Physiologie. Nietzsches ästhet. Theorie und lit. Produktion (1985) pass. – **200** Nietzsche: Götzen-Dämmerung (1889), in: ders.: Sämtl. Werke [192] VI, 124. – **201** Nietzsche: Nachgel. Fragm. (1887/89), in: ders.: Sämtl. Werke. [192] XIII, 296. – **202** vgl. J. E. Schweiker: Das H. in der Kunst, in: Lit. Warte 2 (1901) 630–632; H. Hölzke: Das H. in der modernen dt. Lit. (1902); A. von Hartmann: Das Problem des H., in: Preußische Jb. 161 (1915) 295–314; E. von Ritoók: Das H. in der Kunst, in: Zs. für Ästhetik und allg. Kunstwiss. 11 (1916) 4–27. – **203** F. T. Marinetti: Die futuristische Lit. Technisches Manifest [1912], in: P. Demetz: Worte in Freiheit (1990) 193–200, hier 199. – **204** vgl. S. Vietta: Die lit. Moderne (1992) 219–234. – **205** vgl. S. Sontag: Krankheit als Metapher (1978); dies.: Aids und seine Metaphern (1989). – **206** vgl. ‹Entartete Kunst›. Das Schicksal der Avantgarde in Nazi-Deutschland, hg. von S. Barron (1992). – **207** L. Krestovsky: La laideur dans l'art à travers les âges (Paris 1947) 167 ff. – **208** L. Krestovsky: Le problème spirituel de la beauté et de la laideur (Paris 1948) 59. – **209** Krestovsky: Le problème [208] 85. – **210** Krestovsky: Le problème [208] 200. – **211** G. Bataille: La laideur belle ou la beauté laide dans l'art et la littérature [= Rez. Krestovsky: Le problème (192)], in: Critique 34 (1949) 215–220. – **212** Adorno [9] 144. – **213** Adorno [9] 79. – **214** vgl. K. Sauerland: Einf. in die Ästhetik Adornos (1979) pass. – **215** Adorno [9] Frühe Einl., 516. – **216** Adorno [9] 285.

Literaturhinweise:
J. Stolnitz: Ugliness, in: The Encyclop. of Philos. (New York/London 1967) 3, 174–176. – U. Franke: Art. ‹H., das›, in: HWPh 3 (1974) 1003–1007. – R. Macchia: Bello/brutto, in: Enciclop. Einaudi., ed. R. Romano (Turin 1977) 2, 232–250. – A. Souriau: Laid/laideur, in: Vocabulaire d'Esthétique, ed. A. Souriau (Paris 1990) 939–940.

C. Zelle

→ Ästhetik → Erhabene, das → Groteske → Interessante, das → Komik, das Komische → Lachen, das Lächerliche → Manier, Maniera → Pathos

Heilige Sprachen (lat. linguae sacrae)
A. Def. – B. I. Christentum. – II. Islam. – III. Vedische Religion.

A. Als H. gelten in den Religionen Europas, Arabiens und Indiens jene Sprachen, in denen die kanonischen Texte der göttlichen Wahrheitsoffenbarung ursprünglich überliefert sind (Bibel, Koran, Veda-Literatur). Mit der *auctoritas* der geheiligten Sprachen und Texte ist die Autorität der Priesterschaft verbunden: Ihrer Bildung und Sprachkenntnis wird die buchstabengetreue und verbindliche Exegese der Offenbarungsschriften anheimgestellt.

Im Christenum gehört zunächst das Hebräische, dann das Griechische und Lateinische zu den H. oder Kreuzsprachen. Mit diesen Sprachen ist eine religiösgeschichtsphilosophische Vorstellung von einer zeitlichen Abfolge sowie einer Übertragung von theologischen und kulturell-sittlichen Werten von einer Sprache zur anderen verbunden. Für APEL ist dies eine v. a. durch die Kirchenväter vermittelte *translatio* der religiösen Sprachen, in «denen die Spur des geistigen Aufbruchs unserer Kultur zuerst sich eingegraben hat...». [1]

In der Spätantike und v. a. im slawischen Sprachraum wurde die christliche Messe zunächst in der Volkssprache *(lingua vulgari)* der jeweiligen Provinz gefeiert, ehe sich mit den vorherrschenden Kultursprachen des Griechischen und Lateinischen die theologische Idee von den drei heiligen Hauptsprachen durchsetzen konnte. Das Hebräische galt dabei als Mutter aller Sprachen. Zur Begründung der sprachlichen *auctoritas* wird nicht nur auf den Offenbarungs- und Traditionskontext verwiesen, sondern auch auf zahlen- und sprachmystische Zusammenhänge (Kreuzesinschrift und Buchstabensymbolik). V. a. das Lateinische wird in Spätantike und Mittelalter als H. zum Medium von Schriftauslegung, Verkündigung *(ars praedicandi)* und religiöser Elitebildung. Der mittelalterlichen Theologie gilt das besonders von AUGUSTINUS, AMBROSIUS und HIERONYMUS beförderte Kirchenlatein als 'Gefäß der göttlichen Offenbarung' und als Gegengewicht zur babylonischen Sprachverwirrung [2] bzw. zum Barbarismus der Volkssprachen und Dialekte – eine theologische Interpretation von *Latinitas* und *perspicuitas*. Hier knüpfen die Kirchenväter an eine schon bei Cicero belegte «Auffassung der lateinischen Sprache als Formgefäß der menschlichen Kultur» an. [3] Gegen diesen Primat des Lateinischen wendet sich DANTE im ersten Abschnitt seines Werkes ‹De vulgari eloquentia›, in dem er die Vorrangstellung und Pflege der Volkssprache als primäres Sprachgut der Dichtung hervorhebt. Er initiiert damit eine nationalsprachliche Entwicklung und Reflexion, die parallel zur Tradierung der *auctoritas* des Lateinischen in Kirche und Gesellschaft verläuft. Als H. und Gelehrtensprache dominiert das Lateinische jedoch bis in die Zeit der Renaissance und der Reformation. So betont z.B. L. VALLA in seiner sprachhumanistischen Position erneut die kulturelle Vorrangstellung des Lateinischen als *magnum sacramentum* und reformuliert damit die religiös tradierte *auctoritas* dieser Sprache auf philosophisch-profaner Ebene. [4] Im Spannungsfeld, das sich zwischen der kirchlichen Lehre von den drei H. und einer «Selbstbegründung der nationalen Heilssprachen» [5] zur Verkündigung des Evangeliums aufbaut, hält auch LUTHER am Primat der H. fest, gesteht jedoch den Volkssprachen eine Teilhabe an der religiösen Weihe der H. dann zu, wenn sie «in strenger, wortgetreuer philologischer Übersetzungsarbeit ebenfalls zum konkreten Gefäß der biblischen Offenbarung» [6] werden.

Obwohl vom 16. Jh. an die Muttersprachen als Medium des Unterrichts zunehmend akzeptiert werden, fordert auch ZWINGLI die Erlernung der Kreuzsprachen aus rein religiösen Gründen. Er fördert damit die Vorrangstellung dieser Sprachen im reformatorischen Lehrplan. Dem Lateinischen kommt hierbei die Hauptrolle zu, da es nicht nur in theologischer, sondern auch in profan-wissenschaftlicher und kulturell-lebenspraktischer Hinsicht von großer Bedeutung ist. [7] Die drei H. bilden «den Hauptstamm des Lehrplanes der evangelischen Gelehrtenschule, Latein bleibt ihr wichtigstes Fach». [8] Folgerichtig steht auch der Religionsunterricht als selbständiges Lehrfach (Katechismus) an zentraler Stelle des Lehrplanes, die artistische Bildung tritt an die zweite Stelle. Der Erwerb der H. dient genauso wie die Kenntnis von Philosophie und Rhetorik dem Ziel der Bildung des Christenmenschen. [9] Als humanistisch-reformatorisches Bildungsideal ist die Aneignung der H. in Verbindung mit der buchstabentreuen Exegese und den Tugenden der *eloquentia* besonders und exemplarisch in den Schriften MELANCHTHONS befördert worden.

Anmerkungen:

1 K.-O. Apel: Die Idee der Sprache (^{3}1980) 41. – **2** ebd. 95ff., 132; vgl. E. R. Curtius: Neuere Arbeiten über den ital. Humanismus, in: Bibliothèque d'Humanisme et Renaissance, Bd. X/9 (1947/48) 77. – **3** Apel [1] 160f. – **4** vgl. Dante: De vulgari eloquentia, in: Opere minori, Vol. 5, Tom. II (Mailand/Neapel 1979) I, i. 3–5; vgl. dazu auch E. R. Curtius: Europ. Lit. und lat. MA (^{10}1984) 355ff.; vgl. L. Valla: Praefatio in sex libros Elegantiarum, in: E. Garin: Prosatori latini del Quattrocento (Mailand/Neapel 1952) 594ff. – **5** vgl. Apel [1] 191. – **6** ders. 256; vgl. H. J. Frank: Gesch. des Deutschunterrichts (1973) 29ff. – **7** vgl. J. Dolch: Lehrplan des Abendlandes (1965) 200ff.; H. E. Stier: Die geistigen Grundlagen der abendländischen Kultur (1947). – **8** Dolch [7] 204; vgl. G. Reich: Muttersprachlicher Grammatikunterricht von der Antike bis um 1600 (1972) 114f.; Luther: An die Bürgermeister und Ratsherren... (1524); I. Asheim: Glaube und Erziehung bei Luther (1961) 83. – **9** vgl. Reich [8] 96.

G. Kalivoda

B. I. *Christentum.* Die Idee von den drei H., typisch für die lateinische Christenheit, deutet sich zuerst bei Bischof HILARIUS VON POITIERS (gest. 367) an. Hebräisch, Griechisch und Latein seien die «Hauptsprachen», weil in ihnen «hauptsächlich das Geheimnis des Willens Gottes und die Erwartung des seligen Reiches verkündet» werde; er bezieht sich auf die Kreuzesinschrift, die Pilatus so dreisprachig hatte schreiben lassen (Joh 19,19f.), findet dafür aber eine historische Begründung darin, daß die «Lehre des Evangeliums in besonderer Weise im Römerreich Fuß gefaßt hat, von dem auch Hebräer und Griechen umfaßt sind». [1] Für AUGUSTINUS ist das Hebräische ausgezeichnet durch die Juden, die sich des Gesetzes Gottes rühmen können, das Griechische durch die heidnischen Weisen, das Lateinische durch die Römer, die über fast alle Völker herrschen (Tract. in Joh 117,4 und Enarr. in Psalm. 58). [2] Den Gedanken hat später BEDA VENERABILIS (gest. 735) in seinen ‹Ascetica› fast wörtlich wiederholt. [3] ISIDOR VON SEVILLA (gest. 633) spricht von den drei «linguae sacrae» [4]; das Griechische gilt ihm als die klarste und wohlklingendste Sprache, das Hebräische als die eine Ursprache aller Völker, wie schon Hieronymus in seinem Sophonias-Kommentar [5] aus der Reihenfolge in Joh 19,20 geschlossen hatte. Später vertritt ALKUIN in seinem Johannes-Kommentar [6] den Gedanken im Karolingerreich. Aber die Synode von Frankfurt erklärt 794 (can. 52), niemand dürfe glauben, man könne Gott nur in (diesen) drei Sprachen anbeten; in allen Sprachen werde Gott angebetet und der Mensch erhört, wenn er um Gerechtigkeit bittet.

Papst NIKOLAUS I. verteidigt im Jahre 865 die lateinische Sprache gegen den byzantinischen Kaiser Michael, weil sie zusammen mit dem Hebräischen und dem Griechischen durch den Kreuzestitel ausgezeichnet ist und weil sie allen Nationen Jesus von Nazareth als König der

Juden predigt. [7] Dieser Papst soll nach der Vita des Slavenapostels Methodius (Kap. 6) diejenigen, die unter Berufung auf die drei H. den Gottesdienst in slavischer Sprache verboten wissen wollten, als Pilatianer bezeichnet und damit ihr Argument zurückgewiesen haben; aber schon F. Grivec vermutet, die Vita lege damit dem Papst ein «Zitat aus der Verteidigungsschrift, welche Konstantin in lateinischer Übersetzung dem Papst vorgelegt hat» [8], in den Mund. Der vielleicht unechte Brief Nr. 295 von Papst JOHANNES VIII. an den Slavenfürsten Sventopulk schreibt i. J. 880 Gottesdienst in slavischer Sprache vor; derselbe Gott, der die drei Hauptsprachen schuf, habe auch alle übrigen Sprachen zu seinem Lobe geschaffen; das Evangelium sei aber vor der Verlesung in slavischer Sprache zuerst «wegen der größeren Ehrerbietung» lateinisch vorzutragen. [9] Der Brief von Papst HADRIAN II. an die Slavenfürsten, der nur in der slavischen ‹Vita Methodii› erhalten ist, begründet die Doppelsprachigkeit der liturgischen Lesungen ausführlicher: So solle der Psalmvers (116,1) erfüllt werden: «Den Herrn werden alle Völker loben» und das Wort aus der Apostelgeschichte (2,4.11): «Alle verkündeten die Großtaten Gottes in verschiedenen Sprachen, wie der Hl. Geist es ihnen eingab».

Der irische Mönch COLUMBAN (gest. 615) z.B., der nach Italien kam und das Kloster Bobbio gründete, stellte sich dem Papst Bonifaz IV. in den drei Sprachen vor: Er heiße hebräisch Jona, griechisch Peristera, lateinisch Columba, möge sich aber lieber hebräisch nennen, weil er fast denselben Schiffbruch erlitten habe wie der biblische Jona. [10] Für eine gewisse Kenntnis des Griechischen und Hebräischen bei Iren und Schotten zeugt eine lateinische Erklärung des hebräischen und des griechischen Alphabetes [11], die den symbolischen Erklärungen des HIERONYMUS [12] folgt. Daß aber das Hebräische und das Griechische hier als Bibelsprachen, nicht nur als ‹Kreuzessprachen› gelten, zeigen die Erklärungen einzelner Buchstaben, wo sie als Zahlen verstanden werden; das my (40) bedeute die Tage des Sintflutregens (Gen 7,12), das xi (60) das Alter für die Aufnahme in den Witwenstand (1 Tim 5,9).

Im 10. Jh. widmet Bischof REGINOLD VON EICHSTÄTT, ein Dichter und Musiker [13], seinem Vorgänger Willibald (8. Jh.) ein Lobgedicht in den drei Sprachen, das lateinisch beginnt, griechisch fortgeführt wird und nach einem knappen hebräischen Mittelteil wieder ins Griechische und dann ins Lateinische zurückkehrt, weil Willibald über Italien und Griechenland ins Heilige Land zog und auf demselben Wege wieder zurückkehrte. Liturgische Texte, z.B. das ‹Kyrie eleison›, das sich ja griechisch im lateinischen Ritus erhalten hat, werden gelegentlich mit weiteren griechischen und hebräischen Anrufungen angereichert. [14]

Auch in wissenschaftlicher Literatur des Mittelalters findet sich die Theorie von den drei H. HUGO VON SANKT VIKTOR (gest. 1141) z.B. behandelt sie in den ersten Kapiteln seiner ‹Grammatica›. [15] Das Hebräische gilt ihm als die älteste Sprache, weil die Bezeichnung der griechischen Buchstaben von den hebräischen abgeleitet sei. Bei den drei Völkern der Hebräer, Griechen und Lateiner findet er hervorragende *studia litterarum*. Diese drei *linguae sacratiores* brauche man besonders, um das Dunkelheit der Heiligen Schriften aufzuklären; einen Hinweis auf den Kreuzestitel gibt Hugo nicht. Aus der ‹Ansprache über die Bedeutung des Namens des Tetragramms›, die ARNALDUS VON VILLANOVA am 20. Juli 1292 im Kreise von Papst Bonifaz VIII. gehalten hat, erfährt man, daß Arnald weder den Griechen noch den Lateinern Kenntnis des Hebräischen zutraut, selbst aber im Tetragramm in hebräischen wie in lateinischen Buchstaben das Geheimnis der Trinität so bezeichnet findet: «Der Ursprung ohne Anfang haucht, der Ursprung aus dem Anfang haucht ebenso [...].» [16]

Im Osten kommt den H. nicht diese Geltung zu; nicht nur den Slaven wird das Wort Gottes durch die beiden griechischen Missionare Kyrill und Method in ihrer Sprache verkündet; auch die erste Bibelübersetzung ins Germanische durch Wulfila findet im Osten statt. Zuvor schon wird der christliche Glaube bei den Armeniern und Georgiern in ihren Sprachen verkündigt und bei diesen Völkern beginnt die nationale Literatur mit den Übersetzungen von Bibel und Liturgie.

Zu Beginn der Neuzeit erneuern die Humanisten zwar die Kenntnis der alten Sprachen, erschüttern aber zugleich die Vorrangstellung der drei H. Mit LUTHER erreicht das Übersetzertum des deutschen Humanismus seinen Gipfel; gegen die Entwertung des historischen Buchstabens durch die Schwärmer verteidigt er die H., in denen das Wort Gottes überliefert ist. [17] T. TURNER versucht dagegen 1520, die drei ‹Haupt- und regulierten Sprachen› als ausschließliche Gottesdienstsprachen zu verteidigen; andere katholische Schriften berufen sich ganz traditionell auf die dreisprachige Kreuzesinschrift. In der Einleitung zu seiner ‹Deutschen Messe und Ordnung des Gottesdienstes› vom Jahre 1526 erklärt Luther, er würde am liebsten, falls die Sprachen hinlänglich bekannt wären, «einen Sonntag um den anderen in allen vier Sprachen – Deutsch, Lateinisch, Griechisch, Hebräisch – Messe halten, singen und lesen» lassen; aber der Grund ist nicht die Ehrfurcht vor den H., sondern sein missionarisches Anliegen; Luther möchte gern «Leute aufziehen, die auch in fremden Landen» das Evangelium verkünden könnten. So bleibt Luther in der Tradition der Dominikaner und Franziskaner, die sich schon im 13. Jh. um Fremdsprachenkenntnis bemüht hatten, natürlich zunächst um das Griechische, aber auch wegen der Judenmission um das Hebräische und um weitere östliche Sprachen.

Die Vorstellung von den drei H. verblaßt im Laufe des 16. und 17. Jh. immer mehr, wenn auch manche Grammatiker zunächst an der Idee des Hebräischen als Ursprache noch festhalten.

Anmerkungen:
1 Hilarius von Poitiers: Prologus in librum psalmorum 15, in: ML 9, 41 A, B. – **2** vgl. Augustinus, in: Corpus Christianorum, Series Latina 34, 653; 39, 729f. – **3** vgl. Beda Venerabilis, in: ML 94, 547 D. – **4** Isidor von Sevilla, Etymologiarum lib. IX, 3, in: ML 82, 326 D. – **5** vgl. Hieronymus, Commentariorum in Sophoniam liber. cap. III, in: ML 25, 1384 B. – **6** Alkuin, Johannes-Kommentar, Buch VII, in: ML 100, 981f. – **7** vgl. Nikolaus I., in: ML 199, 938. – **8** F. Grivec: Konstantin und Method (1960) 76. – **9** Johannes VIII., Epistulae, in: MGH, Epist. 7, 223f. – **10** vgl. Columban, Epistulae 5, in: MGH, Epist., 3, 176, 36ff. – **11** vgl. MGH, Poetae III, ed. L. Traube, 698–700. – **12** vgl. Hieronymus, Epistola XXX, 6, in: ML 22, 441ff. – **13** vgl. Reginold, in: MGH, Scriptores 7, 255, 257. – **14** vgl. Analecta Hymnica 47 (1905) 214. – **15** Hugo von St. Victor: De Grammatica, ed. J. Leclercq, Archives d'hist., doct. et littér. du Moyen Age 18/20 (1943/45) 269f. – **16** Arnaldus von Villanova, Ansprache, hg. von H. Finke: Aus den Tagen Bonifaz VIII (1902) CXXVIIf. – **17** vgl. K.-O. Apel: Die Idee der Sprache (³1980) 251–268; Luther, Werke, Weimarer Ausg. XV, 37f.

Literaturhinweise:
1. Monographien: J. Schwering: Die Idee der drei H. im MA, FS A. Sauer (1925) 3–11. – B. Altaner: Zur Kenntnis des Hebräi-

Hebräischen im MA, in: Biblische Zs, 21 (1933) 288–308. – ders.: Die Kenntnis des Griechischen in den Missionsorden während des 13. u. 14. Jh., in: Zs für Kirchengesch., 53 (1934) 436–493. – B. Bischoff: Das griech. Element in der abendländischen Bildung des MA, in: Byzantinische Zs, 44 (1951) 27–55. – E. C. Suttner: Die Christianisierung der Slawen, in: Kirche im Osten, 36 (1993) 11–28.
2. *Quellen:* F. Miklosich (Hg.): Vita Sancti Methodii Russico-Slovenice et Latine (Wien 1870). – D. G. Morin: Une étrange composition liturgique de l'évêque d'Eichstätt Reginold..., in: Hist. JB, 38 (1917) 773–775.

H.-J. Vogt

II. *Islam.* **A.** Die bereits in der frühen islamischen Theologie [1] diskutierte Vorstellung des Arabischen als einer göttlich ausgezeichneten Sprache beruht einerseits auf der Wahrnehmung, daß in dieser Sprache eine neue Offenbarung vermittelt worden ist, und gründet andererseits auf einem begrifflichen Vorbild, nämlich auf der rabbinischen Bezeichnung des biblischen Hebräisch als «leshon ha-qodesh» [2], als *lingua sacra.* Der Anspruch auf den Rang der ‹Sprache Gottes› wird für das Arabische laut, als es nach der Kanonisierung des Koran gilt, dessen formale und inhaltliche Einzigartigkeit abzusichern. Die Sprachgestalt des Koran wird zu einem Bestätigungswunder für die Wahrheit der Offenbarung erhoben; es bildet sich das Dogma von der «*Unnachahmlichkeit des Koran*» (iʿǧāz al-qurʾān [3]) heraus, das zugleich dem Arabischen höchstes rhetorisches Niveau und seinen Sprechern sublime Fähigkeiten der Wahrnehmung sprachlicher Feinheiten und damit geistige Überlegenheit gegenüber den Rezipienten früherer Offenbarungen attestiert.
B. Der Koran versteht sich zunächst als Botschaft an eine Gemeinschaft, in deren Sprache noch keine Warnung vor dem nahen Gericht erteilt worden ist. [4] Sie erscheint angesichts ihrer Dringlichkeit in «klarer arabischer Sprache» (bi-lisānin ʿarabāyin mubīn [5]) – in Abgrenzung zu denjenigen Botschaften, die aufgrund ihres nicht-arabischen Charakters den Arabern nicht klar verständlich sind [6], in Abgrenzung jedoch auch zu den als solchen dunkel gehaltenen Botschaften der Wahrsager und Orakelpriester der altarabischen Umwelt. Die frühen Suren, ca. das letzte Dreißigstel des Koran ausfüllend, legen selbst Zeugnis ab von der vom Propheten erwarteten Vortragstechnik: in deutlicher Rezitation (tartīl [7]), d. h. wohl von Anfang an in feierlicher *Kantilene*, mit dem Ziel, starke emotionale Reaktionen hervorzurufen [8] – eine Technik, deren Details später in der Disziplin der *Euepie* (taǧwīd, Wohlredenheit) geregelt werden. Telos des Vortrags ist nicht Meditation, sondern Weitervermittlung. – Die Sure als zum feierlichen Vortrag bestimmte Texteinheit ist genetisch auf Rezitierbarkeit angelegt. Frühe Suren zeigen aufgrund ihrer enggefügten Versstruktur und der Diversifikation ihrer in kürzesten Abschnitten entfalteten Einzelthemen Ähnlichkeit zu den Psalmen. Auf pointierte Lautkombinationen reimende Versausgänge markieren das Ende einer Atemeinheit (Kolon), das hier mit der Vers- und zumeist auch Satzgrenze zusammenfällt. Spätere Suren mit längergliedrigen, aus mehreren Teilsätzen bestehenden Versen sind derart gleichmäßig in Kola zerlegbar, daß auch bei ihnen eine Rezitation atemtechnisch mühelos möglich ist. [9] Hier ist anstelle des Endreims als Schlußsignal die *Klausel* getreten – eine nach verschiedenen Mustern gestaltete Versauslietungsformel, die häufig auch semantisch für sich steht, indem sie den im Vers entfalteten Redeverlauf durch einen metatextuellen Einschub ›kommentiert‹ und religiös wertet. Diese Art des Versschlusses bietet dem Vortragenden einen willkommenen Ruhepunkt und ist aufgrund der zwischen den Klauseln bestehenden Klangkorrespondenz als gliederndes Element unüberhörbar. Trotz ihrer nun auf Schrift [10] gestützten Genese bleiben doch auch diese Suren zu liturgischer Rezitation bestimmte mündliche Rede. – Die Wahrnehmung, daß das koranische Arabisch in Lexik und Syntax von den bis dahin geläufigen Mustern abwich [11], hat schon bald zur Entwicklung einer Koranphilologie geführt. Am Anfang steht dabei der Versuch, die H. als mit der irdischen identisch zu erweisen: der älteste Korankommentar ist eine Koranapologie, die die Lexik des Koran als mit der Poesie gemeinsam ausweisen will: «Masāʾil Nāfiʿ b.al.Azraq» [12], eine Sammlung von Parallelisierungen zwischen Koran- und Dichtungsversen mit einem gleichen Lexem. Die Zusammenbündelung wird dem Prophetenneffen Ibn ʿAbbās zugeschrieben, der so die später in der Philologie übliche Beibringung von Testimonien für Sprachrichtigkeit aus Poesie *und* Koran ein für alle Mal religiös legitimiert. Deutlich in rabbinischer Tradition steht der zweite Ansatz islamischer Koranexegese, der die gottgewollte Mehrdeutigkeit von Lexemen der Heiligen Schrift [13] zum Ausgangspunkt nimmt: der Versuch, die «*Gesichter des Koran*» (wuǧūh al-qurʾān) d.h. vermeintliche Homonyme, faktisch metaphorische Gebräuche einzelner Lexeme, zu isolieren und zu bestimmen. [14] – Die innerislamische Tradition schießt zwar über das Ziel hinaus, wenn sie die Entwicklung der arabischen Philologie als ganze aus der für die nicht-arabischen Muslime notwendig werdenden Koranerklärung ableitet [15] – zweifellos verdankt sich jedoch der Impuls zur grammatikalischen und rhetorischen Durchdringung [16] des Arabischen dem neuen Rang als *lingua sacra.* Vor allem aber stellt die Buchwerdung des Koran, der in die Korangenese selbst fallende mediale Wandel von Mündlichkeit zu Schriftlichkeit, das Gründungsereignis der arabischen Literatur insgesamt dar.

Anmerkungen:
1 J. Wansbrough: Qurʾanic Studies (Oxford 1977) 79–84. – **2** M. Segal: A Grammar of Mishnaic Hebrew (Oxford 1927) 2–3. – **3** A. Neuwirth: Das Dogma der Unnachahmlichkeit des Koran in literaturwiss. Sicht, in: Der Islam 60 (1983) 166–183. – **4** Koran 12.2; 20.113; 14.4; 39.28; 41.3; 42.7; 43.3. – **5** Koran 26.194f. – **6** Koran 41.44; 16.103. – **7** Koran 73.4. – **8** Koran 19.51. – **9** A. Neuwirth: Stud. zur Komposition der Mekkanischen Suren (1981) 153–174. – **10** A. Neuwirth: Face of God – Face of Man, in: A. Baumgarten (Hg.): Self, Soul and Body (Leiden 1996). – **11** T. Nöldeke: Zur Sprache des Korans, in: Neue Beiträge zur semitischen Sprachwiss. (1910) 1–30. – **12** A. Neuwirth: Die Masāʾil Nāfiʿ b.al-Azraq, in: Zs für arab. Linguistik (1993) 233–250. – **13** A. Hyman: Maimonides' "Thirteen Principles", in: Jewish Medieval and Renaissance Studies (1967) 119–44. – **14** A. Neuwirth: Koran, in: H. Gätje (Hg.): Grundriß der arabischen Philol. II (1987) 96–135. – **15** A. Neuwirth: Gotteswort und Nationalsprache. Zur Motivation der frühen arabischen Philol., in: Forschungsforum. Berichte aus der Otto-Friedrich-Universität Bamberg 2 (1990) 18–28. – **16** W. Heinrichs: Poetik, Rhet., Literaturkritik, Metrik und Reimlehre, in: Gätje [14] 177–206.

A. Neuwirth

III. *Vedische Religion.* **A.** In der vedischen Religion gilt als H. die in Sanskrit verfaßte Literatur des Veda (wörtlich: *das Wissen*). Der Veda besteht aus vier Textsammlungen (saṃhitā), die als Wahrheitsoffenbarung von der brahmanischen Priesterschicht mündlich überliefert wurden. Im Zentrum der vedischen Religion stehen die Verehrung und Speisung der verschiedenen vedischen Götter im Rahmen eines Opfers (yajña), das nach P. Thieme als ein «stilisiertes Gastmahl» [1] interpretiert werden kann. In den Veden, deren älteste Teile um ca. 1200 v. Chr. datiert werden, ist das rituelle Wissen gesammelt, das der Opferpriester beim Vollzug der ihm zukommenden Aufgabe durch die sprachliche Formulierung realisieren muß. Im Ṛg-Veda sind die hymnischen Preisungen (sūkta) der Götter enthalten, mit denen sie zum Opfer eingeladen werden. Der Sāma-Veda verzeichnet die zu diesen Hymnen gehörenden Gesangsmelodien. Die Opfersprüche (yajus), die eine konkrete rituelle Handlung begleiten, sind im Yajur-Veda tradiert. Der Atharva-Veda ist die jüngste Textsammlung und enthält neben weiteren Hymnen vor allem Zauberformeln.

B. 1. *Veda in der indischen Tradition*. Die auf die Veden folgende Literatur der Brāhmaṇa markiert eine Veränderung im Verständnis der H.: Der Priester ist nicht länger ein Dichter, der seine Visionen in hymnischen Preisungen formuliert, sondern wird zum Rezitator von bereits tradierten Wahrheits- bzw. Ritualformeln. Der Veda wird später insgesamt als ‹śruti› (das Gehörte) bezeichnet und zur autoritativen Offenbarung erhoben. In der auf die Exegese des Veda spezialisierten, philosophischen Tradition der Mīmāṃsā (ab dem 2. Jh. n. Chr.) wurde der Ursprung der H. neu interpretiert: der Veda existiert durch sich selbst, er ist ewig und hat keinen Autor (apauruṣeyatva). In der Schule des Nyāya-Vaiśeṣika und in zahlreichen Theologien wurde hingegen ein höchster Gott (īśvara) zum Urheber des Veda als der alleingültigen H. erklärt. Der Veda bleibt für die späteren theologischen Traditionen des Hinduismus auch dann ein autoritatives Fundament der eigenen Lehre (vedamūlatva), wenn sie sich in ihren Inhalten weit davon entfernt. [2]

2. *Opfervollzug und Wahrheitsoffenbarung*. Aufgrund ihrer dichterischen Gestaltung und ihrer rhetorischen Eigenarten kommt vor allem den Hymnen des Ṛg-Veda der Status einer H. zu. Nach P. Thieme läßt der Stil der Hymnen Einflüsse sowohl aus der Tradition der «Gastmahlspoesie» als auch aus der Kunstform der «esoterischen Wahrheitsformulierung» erkennen. [3] Die Hymnen werden als die sprachlich-dichterische Formulierung (brahman) einer Wahrheitsschau (dhī) der Dichter (kavi) bzw. Seher (ṛṣi) angesehen. In dieser Schau erkennt der ṛṣi die von den Göttern gestiftete Wahrheitsordnung (ṛta). Erst durch seine «(heilige) Fähigkeit [um ihrer kunstvollen Gestaltung willen heilige Dichtungen] zu formen» wird seine Schau autoritativ. [4] Die H. wird hier weniger aus dem heiligen Wort der Götter abgeleitet, sondern als sprachliche Form einer Wahrheit begriffen, wie sie in der Opferordnung zum Ausdruck kommt.

3. *Stilkonventionen*. Der vedische Seher ist bei der Formulierung seiner Inspiration auf die dichterischen Traditionen und Konventionen ebenso bezogen, wie auf die Akzeptanz durch die priesterliche Opfergemeinschaft. Die ‹Übersetzung› der dichterischen Schau in eine von mündlicher Tradierung geprägte Sprache machte sie nicht nur rituell verwendbar, sondern verleiht ihr auch eine Wirkkraft. Die in zehn Liederkreisen (maṇḍala) angeordneten 1028 Hymnen sind weder in Stil noch Inhalt einheitlich: Gebete und Anrufungen der Götter, Preisungen ihrer mythischen Taten gehören ebenso dazu wie Rätsel- und Zauberlieder und sog. ‹spekulative Hymnen›. Die meisten Hymnen des Ṛg-Veda sind metrisch gebunden und dadurch für liturgische Rezitation und mündliche Tradierung prädestiniert. Die metrische Struktur ist vor allem durch ‹Isosyllabismus› geprägt. [5] Jede Strophe ist in sich geschlossen, wobei die versübergreifende Einheit durch bestimmte Muster der Wiederholung (phonetisch, formulaisch, syntaktisch) gebildet wird: Alliteration, Anaphora, Reim und Refrain, Responsio, Polyptoton. [6] Stilistisch relevant sind weiterhin verschiedene Formen syntaktischer Parallelismen, die sowohl dazu dienen, versübergreifende Zusammenhänge zu stiften, als auch wechselseitige Beziehungen zwischen nicht-identischen Begriffe anzuzeigen. Solche Beziehungen sind von besonderer Bedeutung für das religionsprägende Verständnis von Wahrheit im Sinne eines kosmischen, rituellen und sprachlichen Gefüges. Dabei kommt neben der Adnomination, der Figura etymologica auch der Chiasmus zu häufiger Verwendung. Die Repetition bestimmter Phrasen markiert insbesondere bei ‹hyperbolic eulogies› [7] eine Eigenart dieser Religion, die von M. Müller als ‹Henotheismus› [8] bezeichnet wurde: Der zum jeweiligen Opfer geladene Gott wird als der höchste gepriesen: «[...] die Dichter neigten nahezu immer dazu, den gerühmten Göttern gleiche oder ähnliche hohe Eigenschaften zuzuschreiben.» [9] Weiterhin wichtig sind enigmatische Formulierungen und die Verwendung von Paradoxa und Antithesen. Nachdem sich die ältere Forschung auf die Sammlung rhetorischer Figuren konzentriert hat, deren Verwendung manchmal als «bizarr» gewertet wurde, beschäftigt man sich in neuerer Zeit mit dem Verhältnis dieser Rhetorik zu den Inhalten der vedischen Religion. [10] Stilmittel werden nicht mehr nur als eine zusätzliche Ornamentierung betrachtet, sondern als Ausdruckswerte dieser Sprache selbst. Es besteht eine weitgehende Einigkeit darüber, daß die Stilmittel im Veda nicht einer Lehre von rhetorischen Figuren folgen, wie sie in den späteren Lehrbüchern über die sprachliche Ausschmückung (alaṅkāraśāstra) vorliegt und für die indische Kunstdichtung (kāvya) maßgeblich geworden ist.

Anmerkungen:
1 P. Thieme: Vorzarathustrisches bei den Zarathustriern, in: Zs der Dt. Morgenländischen Ges., 107 (1957) 90. – 2 vgl. J. C Heesterman: Die Autorität des Veda, in: G. Oberhammer (Hg.): Offenbarung: Geistige Realität des Menschen. Arbeitsdokumente eines Symposiums zum Offenbarungsbegriff in Indien (Wien 1974) 30. – 3 Thieme [1] 95. – 4 P. Thieme: Brahman, in: Zs der Dt. Morgenländischen Ges., 102 (1952) 117. – 5 J. Gonda: Vedic Literatur (Saṃhitās and Brāhmaṇas) (1975) 174. – 6 vgl. J. Gonda: Stylistic repetition in the Veda (Amsterdam 1959). – 7 Gonda [5] 213. – 8 M. Müller: Vorlesung über den Ursprung und die Entwicklung der Religion (Strassburg 1880). – 9 Gonda [5] 214, Übers. Red. – 10 vgl. Gonda [6].

Literaturhinweise:
A. Bergaigne: Quelques oberservations sur les figures de rhétorique dans le Rig-Véda (Paris 1880). – A. Hillebrandt: Ritualitt. Vedische Opfer und Zauber (Strassburg 1897). – K. F. Geldner: Der Rig-Veda aus dem Sanskrit ins Deutsche übersetzt und mit einem laufenden Kommentar versehen (1951). – A. Guérinot: De rhetorica vedica (Lyon 1900). – H. Oldenberg: Die Religion des Veda (1917). – Die Hymnen des Rigveda, hg. von T. Aufrecht (1955). – J. C. Heesterman: The inner conflict of tradition. Essays in Indian Ritual, Kingship, and Society (Chicago 1985).

A. Malinar

→ Ars praedicandi → Auctoritas → Bibelrhetorik → Christliche Rhetorik → Evangelium → Patristik → Predigt → Schriftauslegung → Schriftsinn

Hellenismus (engl. Hellenistic period; frz. hellénisme; ital. ellenismo).
A. Def. – B. I. Politisches und Soziales. – II. Kultur und Sprache. – III. Erziehung. – IV. Philosophie. – V. Dichtung. – VI. Philologie und literarische Kritik. – VII. Prosa. – VIII. Sprachtheorie. – IX. Stellung der Rhetorik.

A. ‹H.› ist der Zeitraum von ca. 320 bis 30 v. Chr., die Epoche nach dem Tode ALEXANDERS DES GROSSEN bis zur römischen Weltherrschaft. Diese Abgrenzung des H. ist die gewöhnliche in der Altertumswissenschaft, obwohl manchmal auch die Lebensjahre Alexanders (356–323) dazu gerechnet werden und das Ende der Epoche bis in die römische Kaiserzeit verlegt wird. [1] Nach der archaischen (bis 500) und der klassischen Periode (500–320) ist der H. die letzte antike Epoche, in der das Hauptgewicht auf der griechischen Seite liegt; darauf folgt die römische Kaiserzeit. Diese Definition des H. ist eine politisch-historische, aber auch eine allgemein kulturelle, die von der modernen Wissenschaft formuliert wurde.

Politisch-historisch ist der H. die Zeit der Entstehung von großen Monarchien, die Griechenland, Makedonien, Vorderasien und Ägypten beherrschen, während die alten griechischen Poleis ihre Unabhängigkeit verlieren; außerdem ist sie die Epoche des ständigen Vordringens Roms in den Ostteil des mediterranen Gebietes. In kultureller Hinsicht ist der H. die Epoche der stetigen Ausbreitung griechischer Kultur nach Ost und West. Es ist aber unangebracht, vom hellenistischen Wesen zu reden; dafür sind die Unterschiede auf vielen Gebieten zu erheblich. – Die Einschätzung des H. als nachklassische und deshalb geringwertige Periode findet sich noch immer. Sie weicht aber einer Anerkennung der eigenen Verdienste dieser Zeit. [2]

Während im Altertum der Begriff Ἑλληνισμός (Hellēnismós, vgl. lat. *Latinitas*) meistens im Sinne «korrekter Gebrauch des Griechischen» benutzt wird [3], im weiteren Sinne auch «griechische Denkart, griechische Kultur» (z.B. 2 Makk 4.13) und in der christlichen Literatur soviel wie «Heidentum» bedeutet [4], meint im Englischen bzw. Französischen ‹hellenism› bzw. ‹hellénisme› oft die griechische Kultur schlechthin. Der Gebrauch des Terminus ‹H.› für eine bestimmte Periode in der griechischen Geschichte geht auf J. G. DROYSEN zurück. Er definiert mit ‹Hellenismos› die von Alexander dem Großen eingeleitete Epoche, die Droysens Meinung nach die Verschmelzung des Griechischen mit orientalischen Elementen mit sich brachte und auf diese Weise den Aufstieg und die Verbreitung des Christentums ermöglichte. [5] Der Gedanke einer griechisch-orientalischen Mischung hat sich als illusorisch erwiesen, der Terminus ‹H.› ist aber als bequem allgemein akzeptiert worden. Besonders das dazugehörige Adjektiv ist in ähnlicher Bedeutung inzwischen in allen Sprachen heimisch. [6]

Anmerkungen:
1 R. Bichler: ‹H.› (1983). – **2** P. Green (Hg.): Hellenistic History and Culture (1993) 1ff. – **3** Früheste Belegstelle ist Diogenes Laertios VII, 59; die Bezeichnung findet sich vom 4. Jh. an. – **4** z. B. Eusebios, Praeparatio evangelica I, 5, 12 (ed. K. Mras, Die griech. christl. Schriftsteller der ersten Jh., 43, 1954–56). – **5** J. G. Droysen: Gesch. Alexanders des Großen (1833); ders.: Gesch. des ‹H.› Bd. 1 (1836). Erst die Neuauflage (1877–78) wirkte bestimmend für die Anerkennung des Begriffs ‹H.›. – **6** R. Bichler: Über die Gesch. des ‹H.›-Begriffs in der Historiographie, in: S. Said (Hg.): Hellenismos (1991) 363–86.

B. I. *Politisches und Soziales*. Nach dem Tode Alexanders streiten seine Nachfolger (Diadochen), die makedonischen Kommandanten, lange um das Erbe. Die Kämpfe enden um 270 mit einer faktischen Dreiteilung des Alexanderreiches: Ägypten und Libyen gehören jetzt den Ptolemaiern, Makedonien den Antigoniden und Asien bis nach Afghanistan den Seleukiden. Neben diesen drei Großmonarchien entstehen kleinere wie in Pergamon (Attaliden). Griechenland ist größtenteils der makedonischen Hegemonie unterworfen; dennoch sind Poleis wie Athen und Sparta in beschränktem Maße selbständig. Kleinere Poleis schließen sich zu Bünden zusammen. Die Großmächte kämpfen fortdauernd um Grenzgebiete, in Griechenland streiten die Bünde untereinander. Allmählich wird Rom in diese Konflikte hineingezogen. Griechenland fällt den Römern 168, Makedonien 148 zu, Pergamon wird 133 freiwillig überlassen, und 64 wird der Rest des Seleukidenreiches zur Provinz gemacht, nachdem die Parther schon früher östliche Teile erobert haben. Die Einnahme Alexandriens durch OCTAVIAN 30 v. Chr. bedeutet das Ende der letzten hellenistischen Hegemonie.

Für die Ausbreitung der griechischen Kultur sind die von Alexander und den nachfolgenden Monarchen neugegründeten Städte (mehr als 300!) wichtig. Der politische Status der neuen und der alten Städte ist verschieden: Einige werden vollkommen durch den König dominiert (z.B. Pergamon), andere sind weitgehend unabhängig (Rhodos). Die meisten neuen Poleis übernehmen die demokratische Organisation mit βουλή, boulé (Rat) und ἐκκλησία, ekklēsía (Volksversammlung) und kennen auch die traditionellen Ämter, wie das Archontat. Dennoch tritt langsam eine Oligarchisierung ein, welche die noch immer als Norm anerkannte Demokratie unterminiert, denn die Volksversammlung stimmt mehr und mehr nur dem zu, was der Rat ihr vorschlägt, und der Rat wird das Gremium der untereinander zusammenarbeitenden Magistrate. Um 150 v. Chr. bekommen außerdem einzelne Personen, die besondere Leistungen für das Gemeinwesen erbringen, die sogenannten «Wohltäter» (εὐεργέται, euergétai) – darunter viele Frauen – großen politischen Einfluß. Trotzdem beweisen die Inschriften und literarischen Mitteilungen das Fortleben echter politischer Aktivität und damit nicht nur der epideiktischen, sondern auch der symbuleutischen (beratenden) Beredsamkeit. [1]

II. *Kultur und Sprache*. In kultureller Hinsicht zeigt der H. sowohl eine Erneuerung, z.B. in Poesie und Wissenschaften, Philosophie und bildenden Künsten, wie auch eine Erstarrung durch den aufkommenden Klassizismus. Die bekanntesten Zentren sind Athen, Alexandrien, Pergamon und Rhodos. Manche behaupten diese Rolle entweder durch die Tradition (so Athen) oder verdanken ihre führende Stellung der Anwesenheit eines Hofes, wie Alexandrien und Pergamon.

Von größter Bedeutung für die Kulturausbreitung ist die Entstehung des Gemeingriechischen im 5. und 4. Jh., der κοινή, koiné. Diese Sprache entstand aus dem Attischen, vermischte sich aber mit anderen Dialekten. Ein starker Impuls zu ihrer Verbreitung war das Faktum, daß Alexanders Vater am makedonischen Hof die koiné zur Verwaltungssprache machte. Sie behielt unter den Diadochen dieselbe Stellung bei und gewann auch in Wirtschaft und Verkehr schnell Anerkennung. Vereinzelt leben neben der koiné auch Dialekte weiter, z.B. in offiziellen Dokumenten auf Rhodos. Gering ist allerdings der Einfluß fremder Sprachen, eine Mischsprache entsteht nicht; eher durchdringt die koiné andere Sprachen, z. B. das Latein. Die koiné ist nicht einheitlich, da sie Formen von der Kanzlei- bis zur Vulgärsprache umfaßt. In der literarischen Prosa der Historiker nimmt der Anteil der Schriftsprache immer mehr zu, was sich etwa an den größeren Satzperioden mit vielen Partizipialkonstruktionen zeigt. Am Ende dieser Epoche entsteht ein literarischer Klassizismus, der auf attische Vorbilder zurückgreift (Attizismus), aber erst im zweiten nachchristlichen Jh. zu einer Hemmung der sprachlichen Entwicklung führt. Die ganze Epoche hindurch bleibt das Bemühen um korrektes Griechisch (Ἑλληνισμός, Hellēnismós), was nicht dasselbe wie Klassizismus ist. [2]

III. *Erziehung.* Im H. werden die älteren Bildungsziele durch das neue Ideal der ἐγκύκλιος παιδεία (enkýklios paideía) ersetzt, einer Universalbildung für Schüler, die den Elementarunterricht absolviert haben. Bildungserwerb bedeutet Unterricht in den später so genannten ‹artes liberales›, wozu als sprachliche Fächer Grammatik, Rhetorik und Dialektik, sowie als mathematische Fächer Geometrie, Arithmetik, Astronomie und Musiktheorie gehören. Dieses Ideal bleibt über die Antike hinaus für Jahrhunderte bestehen. Über den Unterricht der letzten vier Fächer im H. sind wir schlecht informiert; wahrscheinlich lernen die Schüler nur einige Grundtatsachen. Dialektik wird in den Philosophenschulen gelehrt. [3]

Das Unterrichtswesen ist meistens Privatsache, steht aber unter staatlicher Aufsicht und wird oft von privaten Wohltätern finanziert. Stellenweise, z. B. in Milet, gibt es ein aus öffentlichen Mitteln unterhaltenes Schulsystem. Die am Schluß der Ausbildung stehende Ephebie (d. h. Mannbarkeit) ist fast immer von den Behörden vorgeschrieben und normiert. In einigen Städten gibt es auch Schulen für den Unterricht in Musik und Literatur für Mädchen. In der ersten Stufe bekommen die Kinder vom 7. bis zum 14. Lebensjahr von verschiedenen Lehrern Unterricht in Musik, Gymnastik und Schreiben bzw. Lesen. Letzteres gibt der γραμματιστής (grammatistés, *ludi magister*), der den Schreibunterricht mit den einzelnen Buchstaben anfängt, dann alle möglichen Kombinationen von Konsonant und Vokal durchläuft, die Silben und Einzelwörter einübt und schließlich bei den Sätzen endet. Das Lesen der Texte braucht viel Zeit, weil sie ohne Worttrennung geschrieben sind und die Kinder am Ende des Unterrichts, ohne zu stocken, Dichterstücke (Homer, Euripides usw.) laut lesen sollen. Vieles wird auswendig gelernt, auch weil Bücher sehr teuer sind. Schreibmittel sind Griffel und Wachstafel. In der zweiten Stufe (der des γραμματικός, grammatikós, *grammaticus* oder *litterator*) werden die Übungen in Gymnastik und Musik weitergeführt. Die Lektüre der Klassiker wird fortgesetzt, dazu kommt die Auslegung der Texte. Die Schüler werden in die Grammatik eingeführt und machen einfache Redeübungen, die späteren ‹Progymnasmata›. Danach kommen sie zum ῥήτωρ, rhḗtōr, der rhetorische Theorie und praktische Übungen lehrt, dazu zum Studium der Redevorbilder anhält. Statt zum Rhetor können die Schüler auch zum Philosophen gehen, denn in dieser Zeit konkurrieren Rhetoren- und Philosophenschulen um die Jugendbildung. Wieviele Jahre die Schüler beim Grammatiker und Rhetor verbringen, ist unsicher, vielleicht insgesamt fünf. Schwer ist auch das Verhältnis zur Ephebie zu bestimmen. Ursprünglich eine militärische Trainingsperiode, wird diese zu einer abschließenden Stufe der Erziehung, die in Athen mit dem 18., anderswo schon mit dem 14. Lebensjahr endet.

IV. *Philosophie.* Athen ist die bedeutendste Stadt für die Philosophie. Neben den Schulen des *Platonismus* (der Akademie), *Aristotelismus* (des Peripatos) und des *Kynismus* entstehen hier zwischen 330 und 290 die Philosophien der *Stoa,* des *Kepos* (der Garten EPIKURS) und des *Pyrrhonismus* (Skeptizismus). Schüler aus der ganzen Welt des Mittelmeers kommen nach Athen. Von hier aus breiten sich die Philosophien über die alte Welt aus.

Alle griechischen Philosophen beschäftigen sich mit der Frage nach dem glücklichen Leben, oft nur negativ gefaßt als Freiheit von Ängsten und Sorgen. Diese ethische Orientierung führt zur Definition der Philosophie als Lebenskunst *(ars vitae).* [4] SOKRATES wird darum zum Vorbild des echten Philosophen, der sich hauptsächlich um das moralische Leben bemüht. Dennoch ist auch die Kenntnis der Natur und der Logik für einen Philosophen notwendig. Die philosophischen Lehren bewegen sich zwischen Skeptizismus und Dogmatismus (δόγμα, dógma = Lehrmeinung). Die Logik wird von den Stoikern weiter entwickelt; die Naturphilosophie blüht in der Stoa und bei den Epikureern. Das breite philosophische bzw. wissenschaftliche Programm des ARISTOTELES wird nur noch eingeschränkt betrieben, während z. B. naturwissenschaftliche Untersuchungen von Nichtphilosophen wie ARCHIMEDES (Mathematik) vorgenommen werden und die Philologie in Alexandrien entsteht.

V. *Dichtung.* Im H. ist Alexandrien das bedeutendste griechische Kulturzentrum für Poesie, Philologie und Wissenschaften. Viele Gelehrte und Dichter arbeiten auf Staatskosten im *Museion,* wo sie über eine ständig wachsende Bibliothek verfügen. Dichter, wie APOLLONIOS VON RHODOS (3. Jh.), sind zugleich Bibliothekare. Die so entstehende alexandrinische Poesie ist eine Dichtung, die beim Leser gründliche Kenntnis der klassischen Literatur in allen ihren Aspekten voraussetzt. In formaler Hinsicht erscheint die Poesie meist konservativ, weil sie die alten Literatursprachen fortsetzt, doch stilistisch kennt sie auch Experimente. Inhaltlich ist vieles neu, so die Tendenz zur Beschreibung des Sensationellen oder des täglichen Lebens, die Lust zum Abstrusen oder die Neigung zur Betonung der Erotik, etwa im Epos. Pathos und Schwulst werden dagegen gemieden. Diese Dichtung gewinnt im 1. Jh. v. Chr. in Rom großen Einfluß und später auch auf die gesamte europäische Literatur. Sie bestimmt das Bild der Dichtung im H. und wird deshalb oft gleichgestellt mit hellenistischer Dichtung insgesamt. Doch dabei übersieht man leicht die nicht-alexandrinische Dichtung, wie die in Athen blühende ‹Neue Komödie› (MENANDER, 4./3. Jh.), welche die römische Komödie des PLAUTUS und TERENZ, und so später die bürgerliche Komödie in Europa, mitbestimmt, oder die sogenannten historischen, Königen und Staaten zu Ehren verfertigten Epen, die aber, wie sehr viel anderes aus dieser Zeit, verloren sind. Dieser Verlust macht es schwer, die noch übrige Dichtung exakt einzuschätzen, weil auch der Beitrag des 4. Jh. zu dieser Poesie sehr schlecht zu bestimmen ist. Nicht in Alexandrien, sondern am Hofe anderer Diadochen arbeitet ARATOS (um 260), der dennoch im Geiste der Alexandriner dichtet. Die alexandrinische Poesie ist nicht mehr wie noch die klassische und vorklassische für die öffentliche Aufführung oder den Vortrag gedacht. Die soziale Stellung des Dichters ist eine ganz andere geworden als die der athenischen Dramatiker. Die Behandlung von sozialen Problemen wird jetzt von Philosophie und Redekunst übernommen. Der Aspekt des Unterrichtens, den die alte Poesie mit dem Vergnügen verband, tritt in den Hintergrund. Gedichte, die Fakten und Ereignisse mitteilen, wie ARATOS' ‹Phainomena›, sind vor allem da, um zu zeigen, wie man unpoetische Stoffe in poetischer Weise darstellen kann. Diese Poesie ist überdies das Produkt einer Schriftkultur, welche die Möglichkeit bietet, mit den alten Formen zu experimentieren.

Der hervorragendste Dichter dieser Zeit ist KALLIMACHOS, der als Gelehrter in seinen ‹Pinakes› (Verzeichnissen) ein Inventar der vorhellenistischen Autoren aller Gebiete aufstellt. Von seiner Dichtung vollständig bewahrt sind sechs ‹Hymnen› neben über sechzig Epigrammen; von seinem Hauptwerk ‹Aitia› (Ursprünge, Ursachen; vier Bücher) in elegischen Distichen, hat man sich in den letzten Jahrhunderten dank der Papyrusfunde ein genaueres Urteil bilden können. Nach seinen eigenen Äußerungen hat seine Dichtung viele zur Opposition gereizt, aber auch andere Quellen deuten auf einen regen Literaturstreit in Alexandrien. Wie Kallimachos untersucht Apollonios das mögliche Benehmen der Menschen in einer mythischen Welt. THEOKRIT dagegen erschließt ein neues Literaturgebiet, wenn er die mimetischen Volksgedichte für seine ‹Idyllen› benutzt, in denen Hirten, Hausfrauen, Soldaten usw. miteinander im Singen streiten oder konversieren. Weil die ersten zehn Idyllen meist Hirten als Sprecher haben, spricht man von ‹Bukolik›, eine Bezeichnung, die sich später durch Vergils ‹Bucolica› (auch ‹Eklogen› genannt) fest einbürgert. Aratos hat großen Erfolg mit seiner poetischen Darstellung von astronomischen und meteorologischen Sachverhalten. Sein Gedicht ‹Phainomena› wird bald wie ein Handbuch gelesen und kommentiert. In Rom haben es u. a. CICERO und GERMANICUS ins Lateinische übertragen. Der Prolog enthält einen Hymnus auf Zeus im stoischen Sinn, und Paulus zitiert daraus in seiner Areopagrede (Apg 17, 28). ERATOSTHENES, zur Zeit des Kallimachos Bibliothekar in Alexandrien, schreibt u. a. ein Epos ‹Erigone›, das im Geiste des Kallimachos eine Geschichte von Dionysos erzählt. HERODAS verfaßt die ‹Mimiamboi›, kleine Skizzen aus dem alltäglichen Leben. Zu großer Blüte kommt die literarische Epigrammatik. Wir kennen sie besonders aus der ‹Anthologia Palatina›, einer Sammlung von Gedichten, die auf frühere, z. B. den ‹Stephanos› des MELEAGROS, zurückgeht. Kallimachos ist ein Meister in diesem Genre. Berühmt sind auch ASKLEPIADES und LEONIDAS. Sie üben die thematische Variation als Kunstprinzip. [5]

Die Werke dieser Dichter zeigen kaum rhetorischen Einfluß. Kallimachos benützt zwar rhetorische Fragen und Anaphern, aber es würde zu weit führen, seine Poesie deswegen als rhetorisch einzustufen. Dasselbe gilt für Theokrits Gedichte mit den dort anzutreffenden Wortgefechten. Die Reden im Epos des Apollonios könnte man vor allem mit den homerischen vergleichen, da sie meist knapp und gedrängt sind und ihr Tempo entsprechend eilig ist; sie haben aber nur wenig rhetorischen Schmuck.

VI. *Philologie und literarische Kritik.* Eine Glanzleistung des H. ist das Aufkommen der Philologie. Zentrum ist Alexandrien, wo die Gelehrten die Bibliothek des Museions benutzen können. Geleitet vom Streben, das literarische Erbe zu konservieren, zugänglich zu machen und zu benutzen, entwickeln sie Methoden, um diese Ziele zu erreichen. Bekannt sind ZENODOTOS (Anfang 3. Jh.), ARISTOPHANES von Byzanz (um 250–180?) und ARISTARCHOS von Samothrake (um 215–144); aber auch z. B. Kallimachos und Apollonios von Rhodos arbeiten auf diesem Gebiet. Die Mitglieder des Mouseions heißen offiziell φιλόσοφοι, philósophoi, ein Name, der auf das umfassende Programm des Peripatos hinweist. Eratosthenes nennt sich jedoch φιλόλογος, philólogos. [6] Dieses Wort hat die allgemeine Bedeutung ‹gelehrt, wissenschaftlich›, setzt sich aber nicht als Fachname durch. Zunächst wird κριτικός, kritikós die übliche Benennung für das, was heute ‹Philologe› heißt, dann γραμματικός, grammatikós. [7] Deshalb bezeichnet DIONYSIOS THRAX (um 170–90) die γραμματική, grammatikḗ als «das praktische Studium der normalen Ausdrucksweise von Dichtern und Prosaschriftstellern». [8]

Die philologische Methode des Zenodotos und anderer [9] besteht zunächst in der ‹Diorthose› (Textfeststellung, lat. *recensio*) durch Vergleich mehrerer Textexemplare und unter Verwendung eigener Meinungen. So beurteilt Aristarchos wiederholt auftauchende Verse als nicht-homerisch, wenn sie nach ihm nicht funktionell sind. Mit Zeichen wird der Leser auf wiederholte oder unechte Verse aufmerksam gemacht. Separatschriften erläutern diese Zeichen; sie enthalten auch die Worterklärungen und die Exegese inhaltlicher Probleme, Frucht des anderen Aspekts der philologischen Tätigkeit. Diese betrifft hauptsächlich die Poesie, es werden aber auch Prosawerke korrigiert und erklärt. In Einzelschriften behandeln die Philologen dazu Teilprobleme der Texte und über Einzelautoren hinausgehende Sachverhalte. Ihre Literaturkritik, besonders die Poetik, gründet sich auf Aristoteles. [10] In der Exegese gehen sie vom Prinzip des «Homer aus Homer erklären» aus und brauchen keine Allegorese. Die allegorische Dichtererklärung wird dagegen von anderen angewandt, darunter auch die Stoiker, obwohl sie hier nicht, wie man oft meint, an erster Stelle zu nennen sind. [11] Der Einsatz philologischer Tätigkeit für rhetorische Texte ist ziemlich begrenzt. KALLIMACHOS beschäftigt sich etwa in seinen ‹Pinakes› mit den Titeln oder der Zuweisung einzelner Reden an einen bestimmten Verfasser, wie Isokrates und Deinarchos. Am Ende des H. schreibt DIDYMOS CHALKENTEROS Kommentare zu attischen Rednern, so beispielsweise zu Demosthenes' ‹Philippika›. Davon sind große Teile erhalten; in diesen Fragmenten verweist er auch auf frühere Kommentatoren. [12] Für Didymos ist gesichert, daß seine ‹Hypomnemata› Fragen der Echtheitskritik, Datierung, Stilistik, Grammatik, Worterklärung, Realien usw. besprochen haben. [13] Den alexandrinischen Philologen wird meistens auch die Aufstellung eines Kanons von zehn attischen Rednern zugeschrieben; ihre Autorschaft ist aber umstritten. [14]

Literaturtheorie betreiben die Philologen nur wenig. NEOPTOLEMOS von Parion (3. Jh.) etwa führt die alte Unterscheidung zwischen ποίημα (poíēma, Dichtwerk), ποίησις (poíēsis, Dichtung) sowie ποιητής (poiētḗs, Dichter) weiter fort und betont den Wert der Dichtung als ψυχαγωγία (psychagōgía, Lenkung der Seelen). PHILODEM lehnt jeden ethischen Anspruch für die Dichtung ab. Inhalt und Stil sind für ihn untrennbar; er unterscheidet zwischen dem Eigenen eines Dichters und dem mit anderen Gemeinsamen. Darum bekämpft er die ‹Kritikoí›, für die die Originalität eines Werkes nicht in Inhalt oder Wortgebrauch, sondern in der Zusammenfügung der Wörter besteht. [15]

In Rom beginnt die philologische Beschäftigung im 2. Jh., wie Sueton überliefert, mit dem Aufenthalt des KRATES von Mallos im Jahr 168. [16] Wir hören von Kommentaren zu römischen Dichtern wie Naevius,

Ennius und Lucilius. AELIUS STILO (um 90) untersucht die Authentizität der dem Plautus zugeschriebenen Komödien. M. TERENTIUS VARRO (116−27) schreibt über sehr viele Themen und ist der weitaus bedeutendste Philologe im 1. Jh. [17]

VII. *Prosa*. Die hellenistische Prosa ist vor allem aus der Geschichtsschreibung bekannt. Viele Autorennamen und Titel sind überliefert, meistens allerdings nur Fragmente. Ausnahmen sind die ‹Historiai› des POLYBIOS (ca. 208−122) und die ‹Bibliothek› des DIODOROS VON SIZILIEN (1. Jh.). Die Geschichtsschreiber widmen ihre Bücher der Universal- und Lokalgeschichte, dem Leben und den Taten Alexanders oder der Ethnographie von Städten, Ländern (auch nichtgriechischen) und behandeln dabei mit großer Aufmerksamkeit Altertümer, den religiösen Kultus, die Institutionen usw. Einige Autoren verfolgen die Absicht, mit lebendiger Schilderung Vergnügen beim Leser zu erregen, was ihnen Polybios' Vorwurf einbringt, Geschichtsschreibung mit dem Verfassen von Tragödien zu verwechseln. [18] Schon im 4. Jh. hat die Historiographie Anschluß an die epideiktische Rhetorik gesucht, um ihrem Lesepublikum zu gefallen. Die richtige Zuweisung von Lob und Tadel wird eine wichtige Funktion der Historiographen. Rhetorische Einflüsse sind besonders in den Reden, aber auch in den Exkursen und Digressionen spürbar. Polybios verteidigt seine Benutzung der rhetorischen Amplificatio (griech. αὔξησις, *aúxēsis*) in seiner Monographie über den König Philopoimen. [19] Der Rhetor und Historiker HEGESIAS von Magnesia (4./3. Jh.) hat die zweifelhafte Ehre, von Dionysios von Halikarnassos und anderen als der Begründer des asianischen Stils angegriffen zu werden. In den Fragmenten seiner Alexandergeschichte erscheinen als Hauptmerkmale die Vermeidung der klassischen Periode, die Verwendung kurzer, stark rhythmischer Kommata, Wortspiele sowie gewagte Metaphern. [20] Polybios selbst schreibt seine Geschichte zwischen 220 und 146 v. Chr., um zu zeigen «wie, wann und wodurch alle bekannten Teile der Welt unter Roms Herrschaft gekommen sind». [21] In seine Beschreibung mischt er auch theoretische Aspekte über Geschichtsschreibung und Geschichte. Er bevorzugt eine auf Tatsachen und persönlichen Beobachtungen gegründete «pragmatische» Darstellungsmethode, die dem Leser von Nutzen sein soll. Er preist Roms Verfassung für ihre Mischung von monarchischen, oligarchischen und demokratischen Elementen. [22] Diodors ‹Bibliothek› ist wertvoll wegen ihrer Benutzung von Studien früherer Autoren.

Neu entsteht am Ende des H. der Roman, oft eine Erzählung von zwei Liebenden, die einander wiederfinden. Er handelt aber auch beispielsweise von Reiseerlebnissen. Diese literarische Gattung ist besonders in der Kaiserzeit verbreitet. Ihr frühester Vertreter ist wahrscheinlich CHARITON (um 50 v. Chr.?), der Autor von ‹Chaireas und Kallirhoë›. Diese Gattung benutzt rhetorische Mittel, sowohl in den Beschreibungen von spannenden Ereignissen wie auch in den Monologen, Dialogen und öffentlichen Reden. Das Pathos wird nicht gescheut, Ekphrasen sind beliebt. Diese Merkmale werden später unter dem Einfluß der Zweiten Sophistik noch stärker. [23] Ein neues Genus entsteht auch mit der philosophischen Diatribe. Hiermit ist eine Textgattung der antiken Populärphilosophie gemeint, die unter Benutzung lebendiger Ausdrucksformen sittliche Inhalte vermitteln will. Ein bekannter Vertreter dieser Zeit ist BION von Borysthenes (gest. um 245). Kurze Sätze, Vermeidung von Hypotaxis, eine Tendenz zu konkreten, nicht abstrakten Wörtern sind charakteristisch für seine Reden. Dazu gebraucht er sehr viele rhetorische Figuren, um den Eindruck von Unmittelbarkeit zu bewirken: direkte Anrede, Paronomasie, Enumeratio, Anapher usw. [24]

VIII. *Sprachtheorie*. Die hellenistische Sprachtheorie wird vor allem von den STOIKERN weiterentwickelt. Ihre Überlegungen zu Sprachzeichen und Bedeutung wurden später von den Grammatikern übernommen. Die Stoa geht von dem Unterschied zwischen σημαῖνον, *sēmaínon* (Bedeutendem) und σημαινόμενον, *sēmainómenon* (Bedeutetem) aus. In der Analyse des *sēmaínon* entwickelt sie eine Lautlehre (τέχνη περὶ φωνῆς, *téchnē perí phōnḗs*), wo zugleich eine allgemeine Einteilung der Laute, die Unterschiede von λόγος, *lógos* und λέξις, *léxis* sowie die Einteilung der Buchstaben und Wortarten gegeben wird. Dazu kommen Ausführungen über Fragen der Sprachrichtigkeit bzw. der grammatischen Fehler. Die Theorie der Sprache beginnt also bei den Stoikern, wie immer im Altertum, mit den Elementen von Laut, Buchstabe und Wort. Die syntaktische Analyse setzt dann im Rahmen der Überlegungen zum *sēmainómenon* ein, und zwar in engem Zusammenhang mit einer Theorie der Logik. Diese Art des Vorgehens wird von den Grammatikern allerdings kaum übernommen. Erst APOLLONIOS DYSKOLOS (2. Jh. n. Chr.) behandelt die Syntax ausführlich.

Hellenistische Philologen benutzen das stoische System in ihrer Textexegese und entwickeln es weiter. Sie kommen auf eine Zahl von acht oder neun Wortarten. DIONYSIOS THRAX (2./1. Jh.) kodifiziert in einem Handbuch die Sprachlehre der Philologie. Nur die ersten fünf Abschnitte sind erhalten; der Rest der ihm zugeschriebenen *Téchnē* stammt aus späterer Zeit. [25] Im 1. Jh. weist ASKLEPIADES von Myrlea der Grammatik einen eigenen Platz im Ganzen der Philologie zu. Am Ende des H. wird die Grammatik eine selbständige Disziplin, obwohl sie immer mit der Philologie verbunden bleibt. [26] Aufs Ganze gesehen ist die antike Grammatik eine Einheit. Philosophen und Philologen arbeiten mit denselben Begriffen. Es gab zwar Divergenzen zwischen Aristarchos und KRATES von Pergamon über die Geltung wichtiger Begriffe wie Analogie und Anomalie, d. h. über die Frage, inwieweit die Sprache regelmäßig sei oder nicht. Ein großer Streit ist aber nie daraus entstanden, obwohl VARRO dies in einem seiner Werke suggeriert. [27]

IX. *Stellung der Rhetorik*. Wie schon gesagt, behauptet die Rhetorik eine feste Stellung im Unterrichtswesen des H. Wir kennen die Schulrhetorik des H. nur indirekt aus späteren Quellen (CICERO usw.). Die Übung der ‹Progymnasmata› wird weitergeführt; der Student beginnt, rhetorische Theorie durch Vorträge und Anweisungen des Rhetors zu lernen und rhetorische Texte zu analysieren. Resultat dieses Unterrichts sind Handbücher wie die spätere ‹Rhetorica ad Herennium›. Auch die neue Lehre des HERMAGORAS (2. Jh. v. Chr.) mit ihrer Stasistheorie wird ziemlich bald in der Schule übernommen und praktiziert. [28] Die Einführung des Rhetorikunterrichtes in Rom hat große Schwierigkeiten mit sich gebracht. Im Jahr 161 v. Chr. wurden Rhetoren (und Philosophen) aus Rom zunächst ausgewiesen. Aller Wahrscheinlichkeit nach handelte es sich hier um einzelne Griechen, deren Unterricht nach Meinung des Senats für die Jugend als schädlich galt. Später, im Jahr 92, haben die Zensoren noch einmal ein gleiches Edikt gegen lateinische Rhetoren erlassen. Laut Sueton unterrichteten die ersten Grammatiker auch Rhetorik, manche von ihnen haben sogar *commentarii* hinterlassen. [29] Dennoch ist Quintilians Mitteilung, daß der Redner M. ANTONIUS als erster ein kleines Buch über Rhetorik im Lateinischen geschrieben hat, zuverlässiger. [30] Um 90 erschienen die ‹Rhetorica ad Herennium› und Ciceros ‹De inventione›. Viel Aufhebens wird oft von der *stoischen Rhetorik* gemacht. Dieser Schule wird z. B. die Entwicklung einer ausgearbeiteten Lehre von Tropen und Figuren zugeschrieben. [31] Solche Rekonstruktionen sind aber haltlos. Die Stoiker erweisen sich als Gelehrte, die das alte System übernehmen, z. B. die *virtutes dicendi* des Theophrast, wobei sie ein Hauptgewicht auf den Inhalt des Gesagten – mehr als auf die Form – legen. Deshalb bevorzugen sie auch stilistisch die Kürze (συντομία, syntomía; *brevitas*) und beschäftigen sich besonders mit der Argumentation, deren theoretische Basis sie durch die Ausarbeitung einer eigenen Dialektik verbreitern. ZENON, einer der Gründer der Stoa, sieht die Differenz zwischen Dialektik und Rhetorik nur in der Form (kurze, knappe vs. breit ausholende Argumentation bzw. Darstellung), nicht in ihren Inhalten. Diese Zuwendung zum Inhalt und gleichzeitige Vernachlässigung des Ornatus haben zur Folge, daß Redner wie Cicero die Praxis der Stoischen Redekunst für eine Fehlleistung erachten, obwohl sie solche Redner wegen ihrer Aufrichtigkeit bewundern. [32]

Der Lehrer der Rhetorik heißt ῥήτωρ (rhétōr) oder σοφιστής (sophistés). Letzterer ist ein anderer Typus als der frühere Sophist der klassischen Zeit und des frühen 3. Jh. Während der frühere Sophist ein herumreisender Lehrer ist, der neben Rhetorik auch andere Fächer unterrichtet, ist der spätere Sophist nur Lehrer der Rhetorik, der mittels Übungen und Benutzung der Handbücher, aber auch des Vortrages eigener Prunkreden und des Studiums der klassischen Redner (Demosthenes und Isokrates) seine Schüler als Politiker und Rechtsanwälte ausbildet. Dieser Typus des Sophisten ist identisch mit dem der ‹Zweiten Sophistik›. [33] Der ältere Typus verschwindet im 3. Jh.; nach einer längeren Unterbrechung taucht im 1. Jh. dann der neue auf. Dieses Ergebnis neuerer Untersuchungen kritisiert die herrschende Meinung von einer ununterbrochenen Aufeinanderfolge der ersten zur zweiten Sophistik. [34] Die Annahme einer Unterbrechung in den Aktivitäten der Rhetoren als einer Berufsgruppe wird von anderen Seiten her bestätigt: Ein Fortschritt in der Theorie wird z. B. erst wieder mit Hermagoras (um 150) ersichtlich. Aller Wahrscheinlichkeit nach kommt es in der 2. Hälfte des 2. Jh. zu einer Renaissance der Rhetorik. [35] In diese Periode fällt auch die von einigen Philosophen geführte Diskussion über die Frage, ob die Rhetorik eine téchnē sei. Nicht nur Akademiker wie KARNEADES, der Peripatetiker KRITOLAOS und Stoiker um DIOGENES von Babylon, sondern auch der Epikureer ZENON von Sidon sind an der Debatte beteiligt. [36] Diese Wiederbelebung eines alten Themas findet ihre Erklärung in der tradierten Rivalität zwischen Rhetorik und Philosophie bei der Erziehung der künftigen Politiker, die bis in die Anfänge beider Disziplinen zurückreicht.

Anmerkungen:
1 K. Goudriaan: Over Classicisme (Amsterdam 1989) 29–64. – **2** vgl. z. B. Arist Rhet. III, 5. – **3** H.-I. Marrou: Histoire de l'Education dans l'Antiquité ([5]1960; dt. 1957) 2. Teil. – **4** Epicurea, ed. H. Usener (1887) Frg. 219; SVF III, 598. – **5** S. L. Tarán: The Art of Variation in the Hellenistic Epigramm (Leiden 1977). – **6** Sueton, De grammaticis 10. – **7** A. Dihle, in: H. Flashar, O. Gigon (Hg.): Aspects de la philosophie hellénistique (Genf 1986) (= Entretiens sur l'Antiquité classique 32) 200ff. – **8** Dionysios Thrax, Ars grammatica, in: Gramm. Graec. I, 1, S. 5. – **9** R. Pfeiffer: History of Classical Scholarship (1968; dt. 1970); A. Rengakos: Der Homertext und die hellenistischen Dichter (1993) 12–48. – **10** R. Meijering: Literary and Rhetorical Theories in Greek Scholia (Groningen 1987). – **11** A. A. Long: Stoic Readings of Homer, in: R. Lamberton, J. J. Keaney (Ed.): Homer's Ancient Readers (Princeton 1992) 41ff. – **12** Didymus, In Demosthenem Commenta, hg. von L. Pearson und S. Stephens (1983). – **13** M. Lossau: Unters. zur antiken Demosthenesexegese (1964) (= Palingensia 2) 66ff. – **14** Pfeiffer [9] 131, 206ff., 278. – **15** G. A. Kennedy (Ed.): A Cambridge History of Literary Criticism I (Cambridge 1989) 204, 215ff. – **16** Sueton [6] 2. – **17** E. Rawson: Intellectual Life in the Late Roman Republic (London 1985). – **18** Polybios II, 5, 67. – **19** W. R. Connor, in: B. Knox, P. E. Easterlin: The Cambridge History of Classical Literature I (Cambridge 1985) 464ff.; E. Gabba: Dionysios and the History of Archaic Rome (Berkeley 1991) (= Sather Lectures 56) 73–78. – **20** E. Norden: Die antike Kunstprosa, Bd. I ([5]1985) 134ff. – **21** Polybios III, 1, 4. – **22** P. Pédech: La méthode historique de Polybe (1964). – **23** T. Hägg: The Novel in Antiquity (1983); H. Kuch u. a. (Hg.): Der antike Roman (1989). – **24** vgl. HWR 2 unter ‹Diatribe›. – **25** A. Kemp: The Emergence of autonomous Greek, in: P. Schmitter (Hg.): Gesch. der Sprachtheorie 2: Sprachtheorie der abendländischen Antike (1991) 302ff. – **26** D. M. Schenkeveldt: Scholarship and Grammar, in: F. Montanari (Ed.): La philologie grecque (Genf 1994) (= Entretiens sur l'Antiquité classique 40) 263ff. – **27** Varro, De lingua Latina VIII, 23; vgl. dazu W. Ax: Sprache als Gegenstand der alexandrinischen und pergamenischen Philologie, in: Schmitter [25] 275ff. – **28** G. Kennedy: The Art of Persuasion in Greece (Princeton 1963) 270f. – **29** Sueton [6] 25. – **30** Quint. III, 1, 19. – **31** vgl. Kennedy [28] 290ff. – **32** C. Atherton: Hand over Fist. The Failure of Stoic Rhet., in: Classical Quart. 38 (1988) 3923ff. – **33** G. W. Bowersock: Greek Sophists in the Roman Empire (1969) 8ff. – **34** K. Goudriaan: Van eerste naar tweede sofistiek, in: S. R. Slings, I. Sluiter (Hg.): Ophelos (1988) 20–39. – **35** Goudriaan [1] 29–64. – **36** J. Barnes: Is Rhet. an Art?, in: Darg Newsletter 2 (1986) 2–22; A. D. Leeman, H. Pinkster: Komm. zu Cic. De or. I (1981) 190–194.

Literaturhinweise:
C. Schneider: Kulturgesch. des H., 2 Bde. (1967–9). – P. M. Fraser: Ptolemaic Alexandria (Oxford 1972). – A. A. Long: Hellenistic Philosophy (London 1974). – M. Forscher: Die stoische Ethik (1981). – G. O. Hutchinson: Hellenistic Poetry (Oxford 1988). – B. Hughes Fowler: The Hellenistic Aesthetic (Bristol 1989). – M. Fuhrmann: Dichtungstheorie der Antike. Aristoteles, Horaz, 'Longin'. Eine Einf. ([2]1992). – G. Cambiano u. a. (Ed.): Lo spazio letterario della Grecia antica I, 2: L'Ellenismo (Rom 1993).

D.-M. Schenkeveldt

→ Aristotelismus → Asianismus → Attizismus → Enkyklios paideia → Geschichtsschreibung → Grammatikunterricht → Kunstprosa → Philologie → Philosophie → Platonismus → Rhetorik → Sophistik → Stoa

Hendiadyoin (griech. ἓν διὰ δυοῖν, hen diá dyoín; dt. eins durch zwei; engl., frz. hendiadys; ital. endiadi)
A. Das H. wird in der rhetorischen und stilistischen Theorie bis heute nicht einheitlich definiert. Eine solche Bestimmung könnte ansatzweise lauten, daß in der Gedankenfigur des H. ein Epithet (seltener: Adverb) durch Nominalisierung (Verbalisierung) und syndetisch paratakische Beifügung in seiner Bedeutung aufgewertet wird; dabei unterliegt das Verhältnis der beiden so verbundenen Begriffe zueinander einigen Restriktionen: Das H. ist insbesondere abzugrenzen von Synonymie, Tautologie, *enumeratio,* Epexegese und ihren Son-

derformen. Durch die Verfremdung des Ausdrucks wird die Aufmerksamkeit des Zuhörers verstärkt auf einen speziellen und sonst vernachlässigten Aspekt des *einen* bezeichneten Objekts gelenkt; diese Einheit des Bezeichneten ermöglicht hierbei schließlich die Abgrenzung des H. gegen das formal eng verwandte Zeugma. Das H. ist vor allem im Lateinischen, weniger in den modernen Sprachen geläufig, aus denen gleichwohl als Beispiel GOETHES «Und mir leuchtet Glück und Stern»[1] (für: Glücksstern) angeführt sei.

B. Über eine Verwendung des Begriffes H. bei den griechischen rhetorischen Fachschriftstellern ist nichts bekannt; hinzuweisen ist jedoch auf Umschreibungen, wie sie sich beispielsweise in einem möglicherweise hellenistischen Scholion zu Homers ‹Ilias› finden, wo es, unter Verweis auf ähnlich gelagerte Fälle in Vers 3,318 und 11,267, zu Vers 24,499b («εἴρυτο δὲ ἄστυ καὶ αὐτούς» (Er schützte die Stadt und ihre Bewohner)) heißt: «καὶ ἓν πρᾶγμα δυσὶ περικοπαῖς πέφρασται» (Eine Sache ist durch zwei Einzelbegriffe ausgedrückt). Der erste erhaltene Beleg des Begriffes selbst[2] ist ein Passus im Horazkommentar des POMPONIUS PORPHYRIO (2./3. Jh. n. Chr.), der zu Horaz' ‹carmina› 2, 15, 18–20 («[...], oppida publico / sumptu iubentes et deorum / templa novo decorare saxo.» (Befehlend, die Städte und die Tempel der Götter auf Staatskosten zu renovieren) nach kurzer Paraphrase anmerkt: «Est ergo hic [figura] schema, quod ἓν διὰ δυεῖν (sic!) dicimus [, unum in duobus, quia unum in duo sensus divisit], oppida enim et deorum templa pro eo, quod est 'oppidorum templa'» (Hier liegt also die Figur vor, die wir H. nennen [, also eins in zweien, weil es eine Sache in zwei Bedeutungen aufspaltet], denn «Städte» und «Tempel der Götter» stehen für «Tempel der Städte»). Der, wie die gewählte Formulierung zeigt, offensichtlich schon vor Porphyrio existente und diskutierte Terminus H., der kein lateinisches Pendant besitzt, wird dann wieder im 4./5. Jh. n. Chr. mehrfach von SERVIUS verwendet, der u. a. – dies das immer wieder zitierte Standardbeispiel – VERGILS ‹Georgica› 2,192: «pateris libamus et auro» (wir opfern mit Schalen und Gold) für «pateris aureis» als H. bezeichnet; ein weiteres von ihm angeführtes Exempel (Vergil, ‹Aeneis› 1,61) zeigt, daß auch Genitivattribute zu den ersetzbaren Epitheta gehören: «molemque et montes» (Masse und Berge) steht für «molem montium» (= montes (eindringliche Periphrase)). Zahlreiche andere Belege aus Servius' Aeneiskommentar bestätigen diese Auffassung; sie bezeugen jedoch zugleich die schon in der Antike bestehenden Abgrenzungsschwierigkeiten zu Epexegese und Synonymie einerseits (so könnten schon sowohl die Beispiele des Ilias-Scholions wie auch das des Porphyrio als Epexegese verstanden werden, während in ‹Aeneis› 5,410 Servius «caestus et arma» (Riemen und Rüstung) mit der Begründung «'arma' id est caestus» als H. auffaßt), und zur Reihung semantisch verschiedener Begriffe andererseits (‹Aeneis› 4,33: «nec dulces natos veneris nec praemia» (weder zarte Kinder noch den Lohn der Liebe). Letztere klassifiziert Servius als «hysterologia», stellt seiner Deutung dann aber mit «et volunt quidam ἓν διὰ δυοῖν esse» (einige behaupten, es handle sich hier um ein H.) eine konträre Position gegenüber; zu ‹Aeneis› 9,603f.: «natos [...] gelu duramus et undis» (unsere Söhne härten wir durch Kälte und Wasser ab) argumentiert er: «undis gelidis: et est ἓν διὰ δυοῖν [...]: nam nemo quod plus est prius dicit; si enim duo essent, ante aquam diceret, sic gelu.» (In den kalten Wellen: dies ist ein H. [...]: denn niemand nennt das, was mehr ist, an erster Stelle; wenn es nämlich zweierlei wäre, würde er das Wasser an erster Stelle nennen, so aber die Kälte.) Der in der ‹Vita Donatiana› zitierte Tadel des Vergil-Zeitgenossen M. Vipsanius Agrippa, Vergil sei Urheber einer *cacozelia* «ex communibus verbis» (aus zusammengehörigen Begriffen)[3], bezieht sich daher wohl auf dieses Ensemble stilistischer Phänomene insgesamt und nicht speziell auf das H.

Rein formal ist das H. insbesondere in den beiden alten Sprachen geläufig, darf dort jedoch nur fallweise als Stilmittel verstanden werden. Denn die Möglichkeiten der Setzung insbesondere eines adjektivischen Epithets zu einem Nomen ebenso wie der Bildung nominaler Komposita sind in der griechischen wie in der lateinischen Sprache stark restringiert; die Einschränkungen betreffen vor allem die Verbindung abstrakter Nomina mit konkreten Adjektiven.[4] Die sich hieraus ergebende sprachliche Notwendigkeit, zwei syndetisch beigeordnete Nomina zur Bezeichnung eines Signifikates zu verwenden, bedeutet daher, daß als erstes Kriterium für die *stilistische* Verwendung des H. die Möglichkeit einer das *aptum* nicht verletzenden Bildung eines einfacheren (subordinierenden) Ausdrucks gegeben sein muß; zur möglichen Problematik selbst dieser Bestimmung vgl. Hofmann/Szantyr[5] mit ihrer weitgehenden Leugnung eines ciceronianischen H.

Ein zweites Kriterium ergibt sich, wie aus dem bereits zitierten Kommentar des Servius zu ‹Aeneis› 9, 603f. hervorgeht und wie dann insbesondere C. F. W. Müller hervorgehoben hat[6], aus der Untersuchung des Kontextes, der erweisen muß, ob es sich im Einzelfall nicht statt um ein H. um eine Verbindung zweier semantisch disparater Begriffe handelt.[7] Zu welch komplexen Problemen es hier kommen kann, zeigt folgendes Beispiel aus CICEROS Rede ‹Pro Archia›: «Atque hoc idem eo mihi concedendum est magis, quod ex his studiis haec quoque crescit oratio et facultas, quae, quantacumque est in me, numquam amicorum periculis defuit» (Und gerade dies ist mir umso mehr zuzugestehen, als von diesen meinen Bemühungen auch diese Rede jetzt zehrt und überhaupt meine oratorischen Fähigkeiten, die ich ohne jede Einschränkung meinen Freunden in allen Notlagen zur Verfügung gestellt habe). [8] Die Junktur «crescit oratio et facultas» ist als H. verstanden worden, da man mit «facultas dicendi» oder «facultas orationis» (rednerische Fähigkeiten) eine subordinierende Formulierung substituieren zu können meinte.[9] Jedoch spricht Cicero nicht nur vom Bildungsgerüst seiner rhetorischen Begabung allgemein, sondern verweist darüber hinaus auf seine konkrete Manifestation in der aktuellen Rede («haec [...] oratio»), so daß der Begriff ‹oratio› nicht lediglich auf ‹facultas› zu beziehen ist, sondern zusätzlich eine eigene unabhängige Bedeutung besitzt. Ein H. liegt hier also nicht vor, da kein ungeteiltes ἕν (hen) im eigentlichen Sinne bezeichnet wird.

Auf der Basis der Kontextanalyse hat man dann auch die Existenz eines H. überhaupt ausschließen wollen.[10] In diesem Zusammenhang steht auch die Beobachtung, daß das H., selbst wenn man es weit faßt, in den alten Sprachen in größerem Umfange erst bei VERGIL (und dann wieder bei TACITUS) nachweisbar ist; die hieraus abgeleitete, weniger radikale These, der Begriff sei überhaupt zur Vergil-Erklärung geprägt worden[11], ist nicht von der Hand zu weisen (und würde auch sein Fehlen in der griechischen Fachliteratur erklären).

Hält man jedoch an einer weitergehenden stilistischen Eigenständigkeit des von den antiken Autoren als H.

bezeichneten Phänomens fest und ist daher eine präzise und vollständige Bestimmung des H. unentbehrlich, so ist über die beiden genannten Kriterien der Subordinierungsmöglichkeit und der Kontextabhängigkeit hinaus entscheidend, in welcher Beziehung genau die beiden in ihm vereinten Begriffe zueinander stehen. Die auch bei Lausberg - «Eine koordinierende Häufung anstelle einer subordinierenden Häufung [..] ist das ἓν διὰ δυοῖν» [12] - angedeutete Möglichkeit ihrer Synonymie sollte hier deshalb restriktiv ausgeschlossen werden [13], weil sonst das H. als eine bloße Sonderform der einen Pleonasmus variierenden *congeries* (*geminatio* [14]) *synonymica* («Feuer und Flamme» für «feurige Flamme, flammendes Feuer») angesehen werden müßte, deren Spezifica nur die für die Synonymie untypische Beschränkung auf zwei Glieder (anstelle von beliebiger kumulativer Erweiterbarkeit [15]) sowie die ebenso untypische Verwendung einer Konjunktion [16] wären; auch tautologische, epexegetische und enumerative Junkturen sollten aus Gründen definitorischer Ökonomie nicht in das H. einbezogen werden. [17] Entsprechend stellt die sogenannte Satzhendiadys nur einen Spezialfall der Tautologie im weiteren Sinne [18] dar und ist richtig als Pseudohendiadys bezeichnet worden. [19] Synonymie und Synathroismos sind semantisch abundante Figuren, während im H., wie die meisten Beispiele des Servius zeigen, beide Begriffe zur Bezeichnung eines realiter ungeteilten ἕν (hen) semantisch notwendig sind; gleichwohl ist, wie oben beschrieben, die Einbeziehung synonymer und epexegetischer Fügungen bereits bei dem antiken Kommentator präfiguriert.

Bei Bemühungen um eine endgültige Definition des H. wird man möglicherweise auch Müllers Postulat zweier Begriffe heranziehen, die unabhängig voneinander Geltung haben, sich aber gegenseitig individualisierend zu einem ungeteilten Begriff zusammenschließen, «also gewissermaßen in ihrer reellen Erscheinung sich gegenseitig genus und species sein [..] können», was Nägelsbach mit seiner Forderung, daß «[...] innerhalb ihrer Verbindung jeder als in dem anderen enthalten gedacht werden können» muß, aufgegriffen hat. [20] Diese Bestimmung erlaubt, in Abhängigkeit vom Kontext, exakte Differenzierungen. Denn sie beruht auf der für eine präskriptive Stilistik (und daneben für die Abgrenzung zum Zeugma) wesentlichen Beobachtung, daß eine Subordinierungsstruktur nur dann in ein H. umgewandelt werden kann, wenn das substantivierte Epithet auch allein mit dem Prädikat des gesamten Ausdrucks zu einer eigenständigen Aussage kombiniert werden kann, die das gemeinte ἕν (hen) unter *einem* Aspekt, der unterscheidbar sein muß von der Perspektive des zweiten Begriffs, vollwertig beschreibt.

Der amplifizierende Effekt des stilistischen H. entsteht mithin gerade aus dem Paradox von tatsächlicher semantischer Einheit der Signifikate im realiter ungeteilten ἕν (hen) und syntaktischer Trennung der Signifikanten, die, da auch keine Präferenz für eine Regelmäßigkeit in der Reihenfolge der Begriffe erkennbar ist [21], beim Hörer den Eindruck der Selbständigkeit des an sich als subordiniert aufgefaßten Begriffes erweckt. Dies hat die Desautomatisierung der gewöhnlichen Sprachauffassung zur Folge und lenkt das Augenmerk des Rezipienten im besonderen Maße auf die vorliegende Aussage; das H. darf daher mit Recht als Gedankenfigur angesehen werden. [22]

Die *mittelalterliche Dichtung* verwendet das H. in einem solchen Maße, daß man von einer «Schwäche der Zeit» gesprochen hat. [23] Auch hier zeigt sich allerdings in den Beispielen, daß ein H. im oben beschriebenen strengen Sinne keineswegs immer vorliegt. So läßt sich zwar «in dem velse und in dem berge» als H. identifizieren, mit «schate unde gras» hingegen ist letztlich wohl Zweierlei bezeichnet, auch wenn man diese Wendung mit «beschatteter Grasfleck» paraphrasieren könnte. [24]

Während die Bestimmung im ‹Dictionarium Latinogermanicum› des PETRUS DASYPODIUS [25] – «Ein zerteylung des adiectivi und substantivi, oder so das adiectivum wirt verwandelt in ein substantivum, ut, Per famam ac populum, pro per famosum populum.» – zwar nicht ins Detail geht, aber doch der in der Antike geläufigen Begriffsverwendung folgt, wird man von den ebenfalls nicht einheitlichen Definitionen des H. in der Barockrhetorik nur J. SUSENBROTUS zustimmen können, der das H. wie folgt definiert «Hendiadis est, cum res una coniunctione interueniente in duo carminis gratia diducitur, siue alterum e uocibus rem illam significantibus, adiectiuum, siue utrunque substantiuum fuerit» (Ein H. liegt vor, wenn eine Sache aus Gründen des poetischen Stils in zwei aufgeteilt wird, sei es daß einer der Begriffe, die jene Sache bezeichnen, adjektivisch, sei es daß beide substantivisch gewesen sind). [26] Wesentlich unpräziser ist G. PUTTENHAM: «To make two of one not thereunto constrained»; auch die beiden von ihm angeführten Beispiele entsprechen nicht der oben entwickelten strengen Definition: «Your lowers nor your looks» (für: your lowering looks ~ neither your angry glances nor the way you look at me) stellt eine Verbindung sich steigernder Synonyme dar, während in «Of fortune nor her frowning face» (für: nor of fortune's frowning face) ein rein possessives Verhältnis vorliegt, womit die oben erläuterte Forderung nach semantischer Vollwertigkeit jedes der beiden Bestandteile nicht erfüllt ist. [27] Ganz unverständlich schließlich bleibt H. PEACHAM, der zwar eine auf den ersten Blick einigermaßen treffende Bestimmung gibt («When a substantive is put for an adjective of the same signification»), dessen Beispiele aber zeigen, daß ein H. nicht einmal im uneigentlichen Sinne vorliegt: Sowohl in «A man of great wisdom» (für: a wise man) als auch in «A man of great wealth» (für: a wealthy man) ist lediglich ein adjektivisches Epithet durch ein Genitivattribut ersetzt worden. [28]

Im *19. Jh.* begann in den lateinischen Stilistiken eine intensive Auseinandersetzung mit dem formalen wie dem eigentlich stilistischen Phänomen des H., dessen hohe Frequenz in den alten Sprachen mit seinem auch heute noch betonten «Seltenheitswert» [29] in den modernen Sprachen und insbesondere im Deutschen mit seiner Fähigkeit vor allem zur Nominalkomposition kontrastiert wurde. Die schon in der Antike bestehenden Abgrenzungsschwierigkeiten setzten sich in dieser Diskussion fort und führten, wie erwähnt, im Extremfall zur Leugnung der Figur insgesamt oder speziell für das Deutsche. [30] Einerseits sind in der Tat in den meisten Fällen scheinbarer deutscher H. die beiden Begriffe tatsächlich zwei miteinander verbundene, aber Verschiedenes bezeichnende Termini, oder entstammen einem einzigen Genus, sind also weitgehend synonym und dienen der Verstärkung jedes einzelnen von ihnen («bitten und flehen», «weinen und klagen»), wie auch die in einigen (dem Synathroismos zuzurechnenden) Wendungen bevorzugte Alliteration zeigt («Geld und Gut», «Haus und Hof», «mit Mann und Maus», «Kind und Kegel»); daher sind äquivalente Übersetzungen der altsprachlichen H. ins Deutsche ohne Verletzung des Sinns oder des *aptum* fast nie möglich, wie einige Beispiele zeigen: ‹flores coronaeque› (Blumenkränze; die wörtliche Übersetzung «Blumen und Kränze» hingegen würde im Deutschen stets als Reihung von zweierlei begriffen werden, die es – abhängig vom Kontext – natürlich auch im Lateinischen sein könnte) [31]; «veteranos coloniamque deducere» (Eine Veteranenkolonie gründen) [32]; «reperio apud scriptores senatoresque [...]» (Bei Schriftstellern, die ein Senatorenamt innehatten, finde ich [...]; hier wäre eine wörtliche Übersetzung («bei Schriftstellern und Senatoren») geradezu sinnentstellend). [33] Andererseits lassen sich auch in moderner Literatur Wendungen finden, die alle definitorischen Kriterien des H. erfüllen, so beispielsweise bei G. BRITTING: «[...] wenn einer in einer sanften, guten Schlaflosigkeit lag, [...] und wenn ihn eine harte, hölzerne Pritsche trug, so spürte er auch die Härte nicht und nicht das Holz.» [34] (für: hartes Holz).

Das Fehlen einer einheitlichen Definition in der antiken Rhetorik in Verbindung mit der semantischen Vieldeutigkeit des Terminus H. selbst, die Verwechslungsmöglichkeit von figurativer und grammatischer Verwendung, die zunehmende Freiheit zur Abstraktion im Gebrauch des Epithets in den modernen Sprachen sowie schließlich die hohe Frequenz scheinbar analoger Phänomene haben mithin zu einem Wildwuchs sowohl der sogar systemimmanent oft unpassenden Beispiele als auch insgesamt der Definitionen geführt. Diese reichen von «Aufspaltung einer Vorstellung in zwei Wörter» [35] über Definitionen, die sich auf das Kriterium der Subordinierbarkeit beschränken [36] bis zur Festlegung auf die Synonymie der beiden Begriffe. [37] Eine einheitliche Erklärung auf der Basis einer detaillierten Sichtung des umfangreichen Materials wäre daher ein Desiderat.

Anmerkungen:
1 J. W. von Goethe: Westöstlicher Divan 88,131. – **2** übersehen von G. Hatz: Beiträge zur lat. Stilistik (zur Hendiadys in Ciceros Reden), Programm der k. bayer. Studienanstalt Schweinfurt für das Schuljahr 1885/86 (1886) 3–68 (mit umfangreicher Beispielsammlung), hier 4. – **3** Vergili Vita Donatiana, in: Tiberius Claudius Donatus: Interpretationes Vergilianae, hg. I. Brummer (1969) 10. Unter cacozelia ist die fehlerhafte, übertriebene Nachahmung guter stilistischer Muster zu verstehen. – **4** vgl. hierzu u. a. bes. K. F. v. Nägelsbach/I. Müller (bearb.): Lat. Stilistik für Deutsche ([8]1888) 282f., sowie von H. Menge/A. Thierfelder (bearb.): Repetitorium der lat. Syntax und Stilistik ([11]1953; ND 1979) passim (s. Index s. v. ‹H.›). – **5** J. B. Hofmann, A. Szantyr: Lat. Syntax und Stilistik (1965; verb. ND 1972) 782f. – **6** C. F. W. Müller: Ueber das sogenannte hen dia dyoin im Lat., in: Philologus 7 (1852) 297–318. – **7** R. Kühner, C. Stegmann: Ausführl. Grammatik der lat. Sprache. Zweiter Teil: Satzlehre, 2. Band ([2]1914, ber. [3]1955, ber. [4]1962, ber. [5]1976; ND 1992) 27 (§ 154,5, A.3). – **8** Cicero, Pro Archia 13. – **9** Kühner, Stegmann [7] 26; Hatz [2] 56. – **10** so für Tacitus beispielsweise von P. Spitta: De Taciti in componendis enuntiatis ratione, pars prior (Diss. Göttingen 1866); E. Ulbricht: Taciti qui ad figuram ἓν διὰ δυοῖν referuntur ex minoribus scriptis locos congessit atque interpretatus est E. U. (Progr. d. Gymnasiums zu Freiberg 1875); für Vergil E. A. Hahn: Hendiadys: Is there such a thing? in: The Classical Weekly 15 (1922) 193–197. – **11** vgl. G. Calboli: ‹Endiadi›, in: Enciclopedia Vergiliana Bd. II (Rom 1985) mit Aufarbeitung der älteren Forschung und Literaturangaben. – **12** H. Lausberg: Hb. der lit. Rhet. ([3]1990) § 673. – **13** so auch Nägelsbach [4] 282 und Hofmann/Szantyr [5]; anders beispielsweise J. Straub: De tropis et figuris, quae inveniuntur in orationibus Demosthenis et Ciceronis (Progr. des Gymnasiums zu Aschaffenburg 1883) 122ff., Hatz [2] (deswegen kritisiert von Hofmann/Szantyr [5]) und G. von Wilpert: Sachwtb. der Lit. ([6]1979). – **14** Calboli [11]. – **15** vgl. G. Maurach: Enchiridion poeticum zur lat. Dichtersprache ([2]1989) § 20. – **16** vgl. Lausberg [12] § 653 u. 654. – **17** vgl. Maurach [15], der sie per definitionem abgrenzt, in den Folgeparagraphen allerdings wieder einbezieht. – **18** vgl. Lausberg [12] § 502. – **19** L. Arbusow: Colores Rhetorici ([2]1963) 30f. – **20** Müller [6] 305; Nägelsbach [4] 283. – **21** Anders Kühner, Stegmann [7] 26. – **22** H. Morier: Dictionnaire de Poétique et de Rhétorique (Paris [4]1989). – **23** vgl. Arbusow [19]. – **24** Gottfried von Straßburg: Tristan 14627 und 16776. – **25** P. Dasypodius: Dictionarium Latinogermanicum (Straßburg 1536; ND 1974) s. v. ‹Endiadys›. – **26** J. Susenbrotus: Epitome troporum ac schematum et grammaticorum et rhetorum (Zürich 1541) 38. – **27** G. Puttenham: The Arte of English Poesie (London 1589), ed. A. Walker, G. D. Willcock (Cambridge 1936) 177. – **28** H. Peacham: The Garden of Eloquence (London 1577, 1593), ed. W. G. Crane (Menston 1971), s. v. ‹Hendiadis›. – **29** W. Schneider: Stilist. dt. Grammatik ([3]1963) 105. – **30** Müller [6] 302. – **31** Q. Curtius Rufus, Historia Alexandri Magni 4,17. – **32** Tacitus, Annales 12,27. – **33** ebd. 2,88. – **34** G. Britting: Lebenslauf eines dicken Mannes, der Hamlet hieß (1932) 237 (Hinter der weißen Mauer, 1). – **35** B. Sowinski: Dt. Stilistik (1973) 87. – **36** Lausberg [12]; Morier [22]; Schneider [29]. – **37** G. Ueding, B. Steinbrink: Grundriß der Rhet. ([2]1986) 280f., revidiert ([3]1994) 303; K.-H. Göttert: Einführung in die Rhet. ([2]1994) 55 mit dem fragwürdigen Beispiel «fühle und erkenne».

P. von Möllendorff

→ Enumeratio → Epexegese → Figurenlehre → Gedankenfigur → Synathroismos → Synonymie → Tautologie → Zeugma

Hermeneutik (griech. ἑρμηνευτική, hermēneutiké; lat. hermeneutica, ars interpretandi; dt. Auslegekunst, -lehre; engl. hermeneutics; frz. herméneutique; ital. ermeneutica)

A. I. Def. – II. Anwendungsgebiete. – B. I. Antike. – II. Christentum und Mittelalter. – III. Frühprotestantismus, Humanismus und Aufklärung. – IV. Romantik und 19. Jh. – V. 20. Jh.

A. I. Die H. versteht sich als Kunst der Auslegung. Beschränkte sie sich früher in erster Linie auf die Auslegung von Texten, nahm sie im 20. Jh. die Gestalt einer Philosophie mit Universalitätsanspruch an, die Verstehen und Auslegung als Grundmerkmale menschlichen Daseins herausstellt.

II. *Anwendungsgebiete.* Als Kunst der Auslegung bezog sich H. ursprünglich auf die Interpretation religiöser Texte und Sinngebilde. Dieses gilt sowohl für die griechische Orakel- und Homerinterpretation wie für die Bibelinterpretation im rabbinischen Judentum (bei PHILON), in der Patristik (ORIGENES, AUGUSTINUS) und der frühprotestantischen H. (LUTHER, MELANCHTHON, FLACIUS). Das eigentliche Tätigkeitsfeld der H. liegt damit in der Exegese im weitesten Sinne (griech. ἐξήγησις; exhēgēsis; lat. *enarratio*), die ursprünglich ein Bestandteil der alten Rhetorik war. [1] Die H. ist aber nicht identisch mit der Exegese; sie beschäftigt sich vielmehr mit den kunstmäßigen Regeln (Kanones genannt) ihres Tuns. Als Hilfswissenschaft tritt sie vor allem bei der Interpretation *dunkler* Stellen *(ambigua)* in Erscheinung. Später entwickelten andere Wissenschaften, die es mit der Interpretation von halbwegs kanonischen Texten zu tun haben, ihre spezifische H. Das gilt seit der Renaissance für das Recht *(hermeneutica juris)* und die Philologie *(hermeneutica profana)* und im 19. Jh. für die Geschichtswissenschaft. Da schließlich alle Wissenschaften eine Interpretationsleistung vollziehen, wurde ihnen die Notwendigkeit einer hermeneutischen Grundbesinnung immer bewußter. So ist etwa das Interesse an H. in der gegenwärtigen Literaturwissenschaft beträchtlich. Der

Gedanke, daß Interpretation und Verstehen allen Auslegungswissenschaften zugrunde liegen, führte DILTHEY am Ende des 19. Jh. zu der Hypothese, H. könne als eine allgemeine Methodologie der Geisteswissenschaften fungieren. Er meinte, eine hermeneutische Methodologie könnte den sonst verdächtigten wissenschaftlichen Status dieser Disziplinen sichern helfen. Auch wo das angeblich szientistische Ideal einer solchen Methodologie preisgegeben wurde, wird H. heute oft als Grundlagenreflexion der Geisteswissenschaften praktiziert. Eine Wendung ins Philosophische und damit ins Universale nahm die H. im 20. Jh., als Verstehen und Auslegung zu Wesenszügen des geschichtlichen Menschen erhoben wurden. Anzeichen davon lassen sich zwar in der Lebensphilosophie des späten Dilthey, aber auch in NIETZSCHES Potenzialisierung des Interpretationsbegriffs («es gibt keine Fakten, sondern nur Interpretationen») finden.[2] In diesem Sinne bewußt entwickelt wurde jedoch der H.-Begriff erst bei HEIDEGGER und seinem Schüler GADAMER. Während die H. bei Heidegger eine Philosophie anzeigen soll, die auf das Selbstverständnis des faktischen Menschen abhebt, setzt Gadamer bei den Geisteswissenschaften an, um die Geschichtlichkeit und Sprachlichkeit unserer Welterfahrung hervorzukehren. Auch wo Gadamer nicht maßgebend ist, werden heute allgemeine Philosophien der Auslegung als H. vertreten bzw. bezeichnet. Die Identifikation der H. mit einem gewissen sprachlichen und geschichtlichen Relativismus ließ sie auch neuerdings in die Nähe des sog. Postmodernismus (VATTIMO, RORTY) und ins Gespräch mit der französischen Strömung der Dekonstruktion kommen.[3] Negativ gewendet: Jede philosophische Theorie, die die Möglichkeit einer übergeschichtlichen Wahrheit verteidigt, muß sich mit der universalen H. auseinandersetzen bzw. vor ihrem Hintergrund profilieren.

Wenngleich sie bis vor kurzem als solche wenig diskutiert wurden, haben sich thematisch und historisch mehrfache Beziehungen zwischen der H. und der *Rhetorik* geknüpft. Das liegt zunächst in der Ähnlichkeit ihres Gegenstandes begründet. Beide haben es nämlich mit der Sinnvermittlung zu tun, wobei die Rhetorik um die Vermittlung des intendierten Sinns auf den überredenden Ausdruck bemüht ist und die H. vom Ausdruck auf den intendierten Sinn zurückgeht. Es empfiehlt sich also, zwischen der *rhetorischen* und der *hermeneutischen* Sinnvermittlung zu unterscheiden: Während die erste *ad extra* geht, verläuft die andere umgekehrt vom Ausdruck auf seinen ‹inneren› Gehalt hin, oder – um eine psychologistische Verengung zu vermeiden – auf das, was ein Ausdruck zu sagen hat (Gehaltsinn). Es springt zweitens in die Augen, daß manche hermeneutischen Regeln direkt der Rhetorik entlehnt wurden. u. a. die Tropenlehre und die Grundannahme des hermeneutischen Zirkels, wonach das Einzelne aus dem Ganzen zu verstehen sei. Die wichtigsten Vermittler waren dabei AUGUSTINUS und MELANCHTHON, die die Auslegungskunst nach dem Vorbild des reicheren Rhetorikcorpus ausrichteten. Diese Anleihen verdanken sich auch dem Umstand, daß Rhetorik und H. auf aristotelische Termini und Traktate gleichen Namens – die ‹Rhētoriké› und ‹Perí hermēneías› (dt. oft: ‹Hermeneutik›, obgleich der Titel nicht von Aristoteles ist) zurückgehen, was im Laufe der Geschichte zu gewissen Parallelisierungen verlocken mußte. Ferner hatten Rhetorik und H. denselben Kampf gegen einen einseitigen, methodenorientierten Wissenschaftsbegriff zu bestreiten, wenn auch aus verschiedenen Anlässen (Isokrates gegen den Platonismus, Vico gegen den Cartesianismus, Dilthey gegen den Positivismus, Heidegger und Lipps gegen die Herrschaft der Aussagenlogik, Gadamer gegen das Methodenparadigma in den Geisteswissenschaften). Aus diesem Grund finden sie sich bis heute denselben Vorwürfen ausgesetzt, nämlich daß sie sinn- oder effekt- anstatt wahrheitsorientiert seien. Dieser Vorwurf gegen die Rhetorik geht bekanntlich auf Platon zurück. Dazu kommt, daß das platonische Corpus, bei dem das Wort ἑρμηνευτική, hermēneutiké erstmalig belegt ist, auch von H. in diesem Sinne spricht.[4]: sie könne ermitteln, was gemeint, aber nicht, ob es *wahr* sei. Rhetorik und H. haben fernerhin eine ähnliche Entwicklung ihres Selbstverständnisses erleben müssen. Zunächst als technische Regelwissenschaften konzipiert, die gleichsam Rezepte vermitteln sollten, um zu einem Ergebnis (resp. Überredung, Verstehen) zu gelangen, sind sie zunehmend von diesem eng normativen Selbstverständnis abgekommen. Obwohl gewisse Berufe sie noch als technische Wissenschaften gebrauchen und pflegen, verstehen sie sich theoretisch zunehmend als Reflexionen über eine schon geübte Praxis und vertreten einen verwandten Universalitätsanspruch.[5] Schließlich kann man auf einen stillschweigenden geschichtlichen Ablösungsprozeß von Rhetorik und H. hinweisen. Rhetorikkenner sprechen von einem Tod der Rhetorik um das Jahr 1750[6], um ihren allmählichen Autoritätsverlust als Wissenschaft und Lehrgegenstand seit der Aufklärung zu kennzeichnen. Die Beförderung der H. als Disziplin, die bis dahin als Hilfswissenschaft nach außen hin wenig sichtbar geblieben war, folgte unmittelbar auf diesen Autoritätsverlust der Rhetorik, als ob die H. in ihrem Widerstand gegen den Exklusivitätsanspruch des Methodendenkens das Erbe der Rhetorik in der Anwaltschaft des menschenmöglichen Wissens angetreten hätte. Auf diese Ablösung bzw. Nachfolge hat Gadamer selbst angespielt: Indem «die H., statt sich der ‹Logik› unterzuordnen, auf die ältere Tradition der Rhetorik zurückorientieren mußte, mit der sie ehedem [...] eng verknüpft war, [...] nimmt sie einen Faden wieder auf, der im 18. Jahrhundert abgebrochen war».[7] Erst aus der jüngsten Hochkonjunktur der universalisierten H. heraus ließen sich in jüngster Zeit für das allgemeine Bewußtsein das vergessene, von der neuzeitlichen Rationalität unterdrückte Gedankengut und die Aktualität der Rhetorik wiederentdecken, als ob die H. auf diese Weise ihre alte Schuld der Rhetorik gegenüber beglichen hätte.

Anmerkungen:
1 Quint. I,9. – **2** vgl. J. Figl: Interpretation als philos. Prinzip (1982): A. D. Schrift: Nietzsche and The Question of Interpretation. Between Hermeneutics and Deconstruction (New York 1990). – **3** zu dieser Ausdehnung der H. vgl. M. Joy: Rhet. and Hermeneutics, in: Philosophy Today 32 (1988) 273–285. – **4** Platon, Epinomis 975c; diese Stelle stammt wahrscheinlich nicht von Platon. – **5** vgl. exemplarisch J. Kopperschmidt (Hg.): Rhetorik, Bd. I: Rhet. als Texttheorie (1981); Bd. II: Wirkungsgesch. der Rhet. (1991). – **6** vgl. W. Jens: Ars rhetorica, in: Kopperschmidt [5] Bd. II, 200. – **7** H.-G. Gadamer: GW. Bd. II, 111.

B.I. *Antike.* Daß es in der Antike eine H. im Sinne einer Kunst der Auslegung gegeben hat, ist alles andere als evident. Namhafte Historiker der H. (darunter Dilthey) sehen erst im Frühprotestantismus das Geburtsdatum der H.[1] Die lateinische Wortbildung *hermeneutica* begegnet zwar erst im 17. Jh. bei J. C. DANNHAUER. Dennoch lassen sich zwei Anhaltspunkte in der Antike für eine Rückbesinnung der H. auf ihre eigene Vorgeschichte ausmachen. [2] Der erste ist sakraler Art und verbindet sich mit der Aufgabe der allegorischen Mytheninterpretation. Der zweite ist profaner Art und knüpft an den Traktat ‹Perí hērmēneías› von Aristoteles an. In seiner sakralen Bedeutung tritt das Wort *hermēneutikḗ* zum ersten Mal im Corpus PLATONS auf. [3] Was dieser darunter versteht, ist nicht unmittelbar zu ermitteln, weil *hermēneutikḗ* jeweils im Zuge einer Wissenschaftsaufzählung erscheint. An zwei Stellen wird sie jedoch neben der μαντική, mantiké oder Wahrsagekunst erwähnt. Sind beide Termini gleichbedeutend, wie oft angenommen wird? Schwerlich, wenn Platon dafür zwei distinkte Begriffe verwendet. Platons Ansicht von der Wahrsagekunst ist vom ‹Timaios› [4] her gut dokumentiert. Dem Wahrsager wohnt ein Wahnsinn (μανία, manía) inne, ein Außersichsein, das es ihm verwehrt, sich über den Sinn seiner Erfahrung klarzuwerden. Nach dem ‹Timaois› ist es die Aufgabe des Propheten (προφήτης, prophḗtēs), den Sinn der manischen Erfahrung zu erklären. Als Deuter des im Wahnsinn Gesehenen wird der Prophet auch Hermeneut (ἑρμηνεύς, hermēneús) genannt. So legt sich der Schluß nahe, daß die *hermēneutikḗ* die Wahrsagekunst *ergänzen* soll, indem sie den Sinn des Erfahrenen erläutert. Der Hermeneut funktioniert also als Sinnvermittler. So bezeichnet Platon im ‹Ion› [5] die Dichter als ἑρμηνῆς τῶν θεῶν, hermēnḗs tōn theōn, als Interpreten der Götter. Diese Verbindung hat bereits in der Antike dazu geführt, die vermittelnde Aufgabe des Hermeneuten etymologisch mit dem Götterboten Hermes in Verbindung zu bringen. So einleuchtend sie sein mag, gilt heute diese Etymologie als unhaltbar.

Die Aufgabe der Sinnvermittlung bedingt auch die ‹profanere› oder rein sprachliche Bedeutung von H., die sich vor allem an den Begriff ἑρμηνεία, hērmēneía anlehnt. Obwohl *hērmēneía* im aristotelischen Traktat ‹Perí hērmēneías› nicht vorkommt, war der Begriff Aristoteles und Platon sehr vertraut, um den ausgesprochenen Logos (den ‹Satz›) zu bezeichnen. Dabei wird vorausgesetzt, daß die *hērmēneía* nichts anderes ist als die Veräußerlichung eines Innerlichen, der παθήματα, pathḗmata der Seele, wie sich ARISTOTELES in ‹Perí hērmēneías› [6] ausdrückt. So wurde *hērmēneía* im Lateinischen durchweg mit *interpretatio* übersetzt. Die Aussage ist insoweit eine ‹Interpretation›, als sie Gedachtes in Worte zu übersetzen versucht. In ‹De interpretatione›, der lateinischen Übersetzung von ‹Perí hērmēneías›, ist freilich nicht von Interpretation im modernen Sinne der Rede. Gleichwohl erkennt man, daß es Aufgabe einer jeden Interpretation sein muß, zu dem hinter den Worten (oder Aussagen) Gedachten vorzustoßen. Die interpretierende Tätigkeit ist damit die Umkehrung des Aussagevollzugs, der vom Gedachten zum Wort ging. Diese Tatsache unterstrichen die STOIKER mit ihrer Unterscheidung zwischen dem λόγος προφορικός, lógos prophorikós und dem λόγος ἐνδιάθετος, lógos endiáthetos, dem äußeren und inneren Logos: Hinter jeder sprachlichen Veräußerlichung gilt es, den intendierten Sinn nachzuvollziehen.

So waren es die Stoiker, die wohl als erste [7] eine allegorische Interpretation der anstößig gewordenen Mythentradition ausarbeiteten. Der Ausdruck ἀλληγορία, allēgoría stammt ursprünglich aus der Rhetorik und wurde von einem Grammatiker, dem PSEUDO-HERAKLEITOS (1. Jh. n. Chr.), geprägt. Er definierte die Allegorie als einen rhetorischen Tropus, der es ermöglicht, etwas zu sagen und gleichzeitig auf etwas anderes hinzuzeigen. [8] Mit dem öffentlich oder buchstäblich Geäußerten kann ein zunächst Verborgenes gemeint sein. Wenn ein buchstäblicher Sinn anstößig erscheint, kann ein allegorischer Sinn vermutet werden. Für die allegorische Deutung sakraler Dokumente wurde dies sogar zu einer Regel erhoben: Da ein vom Göttlichen handelnder oder gar direkt inspirierter Text keinen Unsinn erzählen könne, *muß* buchstäblicher Widersinn allegorisch gedeutet werden. So bezeichnet die *Allegorese* (im Unterschied zur Allegorie als rhetorischer Redefigur) den *Interpretationsvorgang*, der vom geäußerten Wort auf ein Verborgenes hingeht. Den Stoikern ging es dabei um den rationalen bzw. moralischen Kern des Mythos. Zwielichtige Stellen sind allegorisch umzudeuten, um die Vernünftigkeit des Göttlichen zu retten.

Die allegorische Praxis der Stoa fand einen fruchtbaren Nährboden im Werk von PHILON VON ALEXANDRIEN (ca. 25 v. bis 40 n. Chr.), der sie auf den Kanon der jüdischen Bibel anwendete. Auch Philon ging es wohl zunächst um eine rationale Deutung der hebräischen Texte. Er wurde jedoch auch von der griechischen Mystagogentradition stark geprägt, als er in den Hl. Schriften die Offenbarung von esoterischen Mysterien zu finden unternahm. Die Allegorese ging damit nicht mehr auf den rationalen Kern anstößiger Texte, wie bei der Stoa, sondern auf einen Eingeweihten vorbehaltenen Sinn, der den borniertten Verstand der Menge übersteigt. Diese gnostischen Züge machten indessen Philon in seiner eigenen jüdischen Tradition verdächtig, zumal die Allegorese dem Primat der biblischen Literalinterpretation zuwiderlief.

Anmerkungen:
1 W. Dilthey: Ges. Schr. Bd. XIV/1,597. – **2** vgl. J. Grondin: The Task of Hermeneutics in Ancient Philosophy, in: Proceedings of the Boston Area Colloquium in Ancient Philosophy, Bd. 8 (1992) 211–230. – **3** Platon, Politikos 260d, Epinomis 975c. – **4** ders., Timaios 71–72. – **5** ders., Ion 534e. – **6** Aristoteles, Perí hērmēneías 16a4. – **7** Zur Allegorese bei Platon vgl. jedoch J. Tate: Plato and Allegorical Interpretation, in: Classical Quarterly, 23 (1929) 142–154. – **8** Pseudo-Herakleitos: Quaestiones Homericae, ed. F. Oelmann (1910) 2; vgl. hierzu H.-J. Klauck: Allegorie und Allegorese in synoptischen Gleichnistexten (1978) 45–53 und J. Pépin: Mythe et allégorie (Paris ²1976) 159–167.

II. *Christentum und Mittelalter.* Umso nachhaltiger wirkte dafür die philonische Allegorese im Christentum. Die Weichen dafür hatte bereits das Auftreten Christi gestellt. Er hatte eine zwiespältige Haltung der Bibel gegenüber eingenommen, die damit für die Christen zum ‹Alten Testament› wurde. Einerseits hatte sich Christus gelegentlich über den Buchstaben der Thora hinweggesetzt («der Sabbath ist da für den Menschen, nicht umgekehrt»), andererseits hatte er sich auf die Prophetentradition berufen und sie nach dem Zeugnis seiner Jünger auf sich selbst bezogen: «Durchforscht die Schriften [...], sie sind es, die Zeugnis von mir geben.» (Joh 5,39) Jesus galt schließlich als die Erfüllung der messianischen Erwartung der alten Bibel. Daß dies der Fall war, war von der hebräischen Tradition her alles andere als einleuchtend. In seiner Relativierung der Thora erschien Jesus eher als Gotteslästerer. Von messianischer Erfüllung der Schrift im wörtlichen Sinne konnte angesichts des Kreuzestodes Jesu auch nicht die Rede sein. Um die Beziehung zu den Hl. Schriften aufrechtzuerhalten und vor allem die messianische Erfüllung glaubwürdig zu machen, mußte eine allegorische Deutung mithilfe des hermeneutischen Schlüssels, den die Person Jesu lieferte, aufgebaut werden. Diese allegorisierende Deutung des auf Jesus bezogenen Alten Testamentes erhielt später – und zwar erst im 19. Jh. – den Namen der Typologie. Sie bestand darin, im Alten Testament «Typoi», d. h. Vorprägungen der Gestalt Christi, ausfindig zu machen, die vor der Erscheinung Jesu als solche unkenntlich bleiben mußten. Das Opfer von Isaac durch Abraham sollte z. B. den Opfertod Christi durch seinen Vater, die drei von Jonas im Walfisch verbrachten Tage den Zeitraum zwischen Tod und Auferstehung Christi ankündigen. Diese typologische Lesart der Bibel, die Jesus selbst empfohlen haben soll (Joh 5,39), nannte sich damals dem Zeitgeist entsprechend «allegorisch». Der erste, der hier von Allegorie sprach, war sogar PAULUS in seinem Brief an die Galater (4,21–24). Dort erarbeitet er eine «typologische» Interpretation der Geschichte von den zwei Söhnen Abrahams, den von der Sklavin (Hagar) und den von der Freien (Sara). Dies, erklärt Paulus, sei allegorisch gesagt worden (ἀλληγορούμενα, allēgoroúmena). Denn der von der Sklavin geborene Sohn meint das jetzige Jerusalem, das sich in der Sklaverei, d. h. unter dem Gesetz befindet. Der von der Freien geborene hingegen ist nicht Sklave des Gesetzes (oder des Fleisches), sondern frei, weil er Erbe des Geistes ist. Damit wurde das gesamte Alte Testament zu einer Allegorie des Neuen.

Die allegorische Interpretation erwies sich auf diese Weise als ein unentbehrliches Instrument für die messianische Legitimierung des Frühchristentums. So spielte sie bei den Kirchenvätern eine hervorragende Rolle. Ihr wohl bedeutendster und eifrigster Praktiker wurde ORIGENES (ca. 185–254). Im vierten Buch seines Traktates ‹Über die Prinzipien› entwickelt er in Anlehnung an Philon [1] seine berühmte Lehre von den drei Sinnschichten der Hl. Schrift: dem körperlichen, seelischen und spiritualen Sinn. Diese Dreiteilung entspricht der neutestamentlichen und philonischen Dreiteilung des Menschen in Körper, Seele und Geist. [2] Origenes legt Wert auf die geistige Progression, die diese Lehre markiert. Der körperliche oder buchstäbliche Sinn (auch somatisch oder historisch genannt) ist da für die einfachen Menschen. Der seelische Sinn richtet sich an die Adresse derer, die im Glauben schon fortgeschrittener sind. Nur den Vollkommenen erschließt sich der spirituelle Sinn, der die allerletzten Mysterien der göttlichen Weisheit, die im Buchstaben verborgen liegen, offenbaren soll. Die drei Schichten des Bibelsinnes seien so von Gott gewollt, um den Christen einen Fortschritt vom Sichtbaren zum Unsichtbaren, vom Körperlichen zum Intelligiblen zu ermöglichen. So hat der Heilige Geist (der als Verfasser der Schrift gilt) gezielt Unstimmigkeiten und Diskordanzen in seiner Erzählung verstreut, um den Geist des würdigen Lesers auf die Notwendigkeit einer Überschreitung des Buchstabens aufmerksam zu machen. Die Allegorese war zwar für die Etablierung des Christentums wichtig, doch sie geriet aus zwei Gründen in Verruf. Erstens schien sie der Willkür bei der Bestimmung des überbuchstäblichen Sinnes Tür und Tor zu öffnen. Durch die mystagogisch geprägte Gewagtheit ihrer Einzelinterpretationen haben Philon und Origenes diesem Verdacht auch Vorschub geleistet. Gegen die Allegorese sprach zweitens der Umstand, daß die Bibel im Prinzip allgemein zugänglich sein wollte. Gott wollte sich gerade durch seine Offenbarung allen Menschen

verständlich machen. So rief die allegorisierende Deutung der ‹Alexandrinischen Schule› (wo Philon und Origenes wirkten) den Widerstand der ‹Antiochenischen› Auslegungsschule hervor, die auf dem feststellbaren grammatisch-historischen Sinn der Schrift bestand. [3] So schrieb der Antiochener THEODOR VON MOPSUESTIA (ca. 350–428) fünf Bücher ‹Contra allegoricos›. Ihre Praxis der κρίσις, krísis im Sinne der Textkritik konnte sich auch auf die empirisch gesonnenen Anweisungen des Arztes und Hippokratesexegeten CLAUDIUS GALENUS (ca. 131–201) berufen. In der Renaissance wird Galen weiterhin als ein Vorfahr der wiedererweckten *ars critica* Anerkennung finden. [4]

Das Erbe der allegorischen Schule wirkte in der *Lehre vom vierfachen Schriftsinn* nach, die zu einem bleibenden Instrument mittelalterlicher Exegese wurde. [5] Sie ist zunächst bei JOHANNES CASSIANUS im 4. Jh. greifbar. Die Schrift enthält ihr zufolge einen buchstäblichen, einen allegorischen, einen tropologischen oder moralischen sowie einen anagogischen Sinn. Im späteren Mittelalter wurde diese Lehre von AUGUSTINUS VON DAKIEN auf den berühmten Merkvers gebracht: «Littera gesta docet, quid credas allegoria, moralis quid agas, quo tendas anagogia» (Der wörtliche Sinn lehrt, was geschehen ist; der allegorische, was du glauben, der moralische, was du tun sollst und der anagogische, worauf du hinstrebst). Wie aus der Diskussion dieser Theorie bei THOMAS VON AQUIN hervorgeht [6], operierte man faktisch mit zwei Sinnmöglichkeiten, der buchstäblichen und der spirituellen, welche ihrerseits drei Horizonte haben konnte. Der anagogische Sinn, erläutert Thomas, hat es mit der ewigen Herrlichkeit (quae sunt in aeterna gloria) und der moralische (oder tropologische) mit Handlungsanweisungen zu tun. Der allegorische Sinn drängt sich auf, wenn das mosaische Gesetz eine typologische Vorahnung des Evangeliums enthält (wo etwa Jerusalem, die heilige Stadt der Juden, die ewige Kirche versinnbildlichen soll). Der *sensus tropologicus* verweist direkt auf die rhetorisch-affektive Tradition zurück. [7] Daß die Rede eine Wirkung auf Affekt und Lebenswandel haben soll, ist ja eine Grundeinsicht der Rhetorik. In seiner kritischen Aneignung der Lehre vom vierfachen Schriftsinn gab später Luther der Tropologie den Vorrang vor der Allegorie [8], was der Rhetorik eine zentrale Funktion in der frühprotestantischen H. (insbesondere bei Melanchthon) zuwies.

Eine profunde Anlehnung der Auslegungskunst an die Rhetorik läßt sich aber bereits in AUGUSTINUS' ‹De doctrina christiana› nachweisen, von der mit Recht behauptet wurde, sie sei «das geschichtlich wirksamste Werk der Hermeneutik» [9] gewesen. Zweck des Werkes ist es, Anweisungen (praecepta) für die Interpretation der Schrift zu geben. Das Licht zur Schriftdeutung soll in erster Linie von Gott selbst kommen [10]. So gelten Glaube, Hoffnung und Liebe als die drei Säulen dieser Kunst. Das vereinigende Prinzip ist aber die Liebe (caritas): Wer die Schrift auslegen will, muß zunächst alle kanonischen Bücher lesen und dunkle Stellen durch klarere Parallelstellen zu erklären versuchen. Damit werden die Grundlagen einer Deutung der Schrift aus ihr selbst (*sola scriptura* avant la lettre) gelegt. Die Schrift will nämlich allgemeinverständlich sein. Die Zweideutigkeiten, die sich in ihr finden, rühren meist aus der Verwechslung des eigentlichen (propria) mit dem übertragenen (translata) Sinn her. Für die Deutung dieser dunklen Stellen entnimmt Augustin praktische Anweisungen aus der Rhetorik, die ihm als Rhetorikprofessor gut vertraut war. Er hebt insbesondere die Bedeutung der Tropenlehre (Metapher, Katachrese, Ironie, usw.) hervor. Augustinus übernimmt auch sieben hermeneutische Regeln aus dem ‹Liber regularum› des Donatisten Tyconius († um 400), was umso merkwürdiger ist, als Augustinus sonst den Donatismus bekämpfte. Seine ‹Doctrina christiana› wurde zum Lehrbuch der gesamten mittelalterlichen Exegese.

«In der Spätantike wird die Allegorese nicht nur von den Kirchenvätern auf die Bibel, sondern auch von heidnischen Neuplatonikern (Macrobius) und christlichen Kommentatoren (Fabius Planciades Fulgentius) auf die Dichtungen Vergils sowie auf geeignet erscheinende Prosatexte (z.B. Ciceros ‹Somnium Scipionis›) angewandt.» [11] Man glaubt, auch hinter dem Wortlaut poetischer Fiktionen eine verborgene, tiefere philosophische Wahrheit entdecken zu können. Im 12. Jh. wird im Umkreis der Schule von Chartres (Bernardus Silvestris) diese außerbiblische H. unter der Bezeichnung ‹integumentum› (Einkleidung, Verhüllung) nun auch theoretisch erörtert und als selbständiges Verfahren neben die Bibelexegese *(allegoria)* gestellt. [12] Inwieweit sich aber im Hochmittelalter tatsächlich eine rein weltliche Allegorese etablierte und ob und wie diese wiederum auf das dichterische Schaffen in der volkssprachlichen Literatur eingewirkt hat, ist in der Forschung umstritten. [13]

Anmerkungen:
1 J. Daniélou: Origène (Paris 1948) 179–190. – 2 Über die terminologischen und z.T. sachlichen Abweichungen dieser Lehre bei Origenes vgl. H. de Lubac: Histoire et esprit (Paris 1950) 141ff. – 3 vgl. C. Schäublin: Unters. zu Methode und Herkunft der antiochenischen Exegese (1974). – 4 vgl. H.-E. Hasso Jaeger: Stud. zur Frühgesch. der H., in: ARg 18 (1974), 45. Siehe Galens prägnante Definition der vermeintlichen ἐξήγησις als ἀσαφοῦς ἑρμηνείας ἐξάπλωσις (ebd. 72). – 5 vgl. H. de Lubac: Éxégèse médiévale. Les quatre sens de l'Écriture (Paris 1959–64). – 6 Thomas von Aquin: Summa theol.: q. I, art. 10, conclusio. – 7 vgl. K. Dockhorn: Rez. von H.-G. Gadamer: ‹Wahrheit und Methode› in den Göttingschen Gelehrten Anzeigen, 218 (1966) 169–206, 179. – 8 ebd. – 9 G. Ebeling: Art. ‹H.› in: RGG, Bd. III. 249. – 10 Aug. Doctr. I, 38. – 11 vgl. P. Klopsch: Einf. in die Dichtungslehren des lat. MA (1980) 104f. – 12 vgl. Bernardus Silvestris, Prolog zum Martianus-Kommentar, in: H.J. Westra (Hg.): The Commentary on Martianus Capella's ‹De nuptiis Philologiae et Mercurii› attributed to Bernardus Silvestris (Toronto/Ontario 1986) 45; C. Meier: Überlegungen zum gegenwärtigen Stand der Allegorie-Forschung, in: Frühmittelalterl. Stud. 19 (1976) 1–69,10. – 13 vgl. Meier [12] 12; F.P. Knapp: Integumentum und Aventiure, in: Lit.wiss. Jb. 28 (1987) 299–307.

III. *Frühprotestantismus, Humanismus und Aufklärung.* In der Reformation wurde die Hermeneutik erneut zum Schlüssel für eine theologische Neuorientierung, wie es schon die paulinische Allegorese als Fundierung der eigenen Legitimität des Christentums gegenüber dem Alten Testament bewirkt hatte. Luther erneuerte die Forderung nach einer immanenten Schriftauslegung *(sola scriptura)*, was man als Affront gegen die Autorität der Tradition und des kirchlichen Lehramts empfand. Einziger Maßstab der Schriftauslegung ist die Schrift selbst, sie ist ihr eigener Interpret *(sui ipsius interpres).* Dabei legt Luther den Akzent auf den *sensus litteralis.* Er verwirft zwar allmählich die scholastische Lehre vom vierfachen Schriftsinn, ist jedoch darauf bedacht, wie bereits gesagt, dem aus der Rhetorik stammenden tropologischen Sinn, der Wirkung der Schrift auf die Seele, besondere Bedeutung zuzumessen. Angesichts seiner Verwerfung des scholastischen Lehrkanons und menschlicher (Wissens)Leistungen überhaupt zeigt sich hier Luthers relative Hochschätzung der Rhetorik bei der Schriftauslegung. In einem Brief aus dem Jahr 1518 fordert er, nicht mehr Aristoteles solle gelehrt werden, sondern Plinius, die Mathematiker und Quintilian. [1] Die Allegorese lehnt auch er entschieden ab, verwendet sie jedoch weiterhin als Mittel der *applicatio* (Anwendung) [2], also wiederum in rhetorischer Absicht.

P. Melanchthon kommt bei der Ausarbeitung der frühprotestantischen H. eine zentrale Funktion zu. Geschult in der humanistischen Rhetoriktradition während seiner Heidelberger und Tübinger Studienzeit, also vor seiner Begegnung mit Luther, entwickelte er von früh an einen Sinn für die Bedeutung der *artes liberales.* Er verteidigte ihre Unentbehrlichkeit in seiner Wittenberger Antrittsvorlesung (1519) in Anwesenheit von Luther (‹De corrigendis adolescentiae studiis›). Der Verfall biblischer Studien, führt er dort aus, hängt auch mit einem Verfall liberaler Studien zusammen. Es sei nicht nur so, daß die scholastischen Künste den Intellekt schärfen helfen und damit bei der Häresiebekämpfung eine wichtige Rolle spielen können, sondern die Heiligen Bücher selbst seien nach den Maßstäben der Rhetorik verfaßt. [3] Rhetorik wird sich also bei der Deutung der Schrift als unabdingbar erweisen. Diese hermeneutische Akzentuierung tritt bereits in der Zwecksetzung von Melanchthons eigenen Lehrbüchern der Rhetorik (Ausgaben von 1519, 1521, 1531) sehr klar zutage: Die rhetorischen Lehren sollen «junge Leute weniger zur eigenen korrekten Ausdrucksweise als vielmehr zum klugen Verständnis von Texten anderer anleiten» (non tam ad recte dicendum, quam ad prudenter intelligenda aliena scripta). [4] Rhetorik wird vermittelt, «um junge Leute bei der Lektüre guter Autoren zu unterstützen (ut adolescentes adiuvent in bonis autoribus legendis), die sie ansonsten nicht wirklich verstehen könnten.» [5] Damit erfolgt eine Wendung der Rhetorik von der (aktiven) Produktion überzeugender Reden zur (passiven) Lektüre oder Deutung von Texten. Die *ars bene dicendi* wird zur *ars bene legendi*: «Die Beschäftigung mit der rhetorischen Theorie dient nicht dazu, Beredsamkeit zu erzeugen, sondern für die auszubildende Jugend ein methodisches Rüstzeug bereitzustellen, um elaborierte Texte kompetent zu beurteilen». [6]

Wie bereits Dilthey feststellte, war diese Rhetorik «gewissermaßen auf dem Weg zur Hermeneutik». [7] In einer wichtigen Studie von 1976 über ‹Rhetorik und Hermeneutik› hat H.-G. Gadamer Melanchthon an den Beginn der neuzeitlichen H.-Geschichte gestellt. [8] Die «Umwendung der rhetorischen Tradition auf das Lesen klassischer Texte» [9] erklärt er dort damit, daß die Redekunst «seit dem Ende der römischen Republik ihre politische Zentralstellung verloren» hat. Melanchthons humanistisch geprägte Erneuerung der Rhetorik trat auch «mit zwei folgenschweren Dingen zusammen, der Erfindung der Buchdruckerkunst und, im Gefolge der Reformation, der gewaltigen Ausbreitung des Lesens und Schreibens, die mit der Lehre von dem allgemeinen Priestertum verknüpft war.» [10]

Dem hergebrachten Trivium von Grammatik, Dialektik und Rhetorik gemäß entfaltet sich Melanchthons Rhetorik in enger Wechselwirkung mit der Dialektik, die als die Kunst der richtigen Beweisführung galt. War die Rhetorik für Melanchthon ursprünglich Teil der Dialektik, errang sie immer mehr Selbständigkeit [11]: Während die Dialektik die Sachverhalte sozusagen nackt vorstelle, füge die Rhetorik mit der sprachlichen Gestaltung das Gewand hinzu.[12] Da sich aber Sachverhalte nur sprachlich ausdrücken lassen, kann man von einer zunehmenden Verschmelzung rhetorischer und dialektischer Gesichtspunkte bei Melanchthon sprechen. Die Anwendung der Rhetorik auf das Lesen von Texten zeigt sich zum ersten Male in Melanchthons Behandlung der Exegese *(de enarrativo genere)* und des Kommentars *(de commentandi ratione)* in seiner ‹Rhetorica› von 1519.[13] Dort wendet er sich gegen die allegorisierende Deutungsmethode zugunsten des *sensus litteralis*. Es sei verfehlt, Geschichten, die *uns* moralisch anstößig erscheinen, allegorisch wegzuerklären. Die Bibel wollte gerade das menschlich Anstößige schildern, um uns an die Sündhaftigkeit und Eitelkeit unserer Natur zu erinnern. Melanchthon legt in diesem Sinne die Geschichte vom Opfer Isaaks durch seinen Vater Abraham aus. Diese Geschichte sei gar nicht gemein *(ignobilis)*. Aus Abrahams Gehorsam Gott gegenüber könnten wir vielmehr moralische Lehren ziehen (die Läuterung der Affekte des Fleisches und ihre notwendige Vernichtung). Gegen die Lehre vom vierfachen Schriftsinn macht Melanchthon geltend, daß ein Text ungewiß wird, wenn man ihm einen derart vielfältigen Gehalt zuschreibt.[14] Diese künstliche Teilung zeuge von einem Mangel an rhetorischer Bildung. Melanchthon hebt insbesondere die auf seiner Ansicht nach verfehlte Auffassung des «tropologischen» Sinnes ab. Unter «Tropologie» werde irrigerweise eine Übertragung auf die Moral verstanden. Der Begriff *tropologia* bedeute dagegen ursprünglich keine Beschäftigung mit Moral, sondern etwas Rhetorisches, nämlich figurativ Ausgedrücktes.[15]

An Melanchthons hermeneutischer Praxis fällt indessen auf, wie sehr ihm an einer *moralischen* Ausdeutung des *sensus litteralis* liegt. In der Hl. Schrift sieht er überall einen Unterricht über die heilsnotwendigen *loci communes*, die in seiner Theologie überhaupt eine hervorragende Rolle spielen und denen er 1521 ein eigenständiges Werk gewidmet hat. *Loci communes* (Gemeinplätze) sind universalgültige Lehren über die Hauptanliegen des Menschen (Tugend, Sünde, Gnade, usw.). Didaktischer Zweck der Hl. Schrift ist es demnach, Beispiele *(exempla)* von Gemeinplätzen für unsere Erbauung vorzuführen. Die *loci* fungieren damit als hermeneutischer Schlüssel für die Bibel. Melanchthon übernimmt dabei die hermeneutische *scopus*-Regel der Aristoteleskommentatoren, insbesondere des Simplicius[16], indem er besonderen Wert auf den *scopus* der Hl. Schrift legt: Jede einzelne Stelle muß hermeneutisch auf die Hauptabsicht der Bibel zurückgeführt werden, die im Grunde in der Vermittlung der *loci* über Gesetz, Sünde und Gnade besteht.[17] Es fällt dabei auf, daß die Lutherische Rechtfertigungslehre den interpretatorischen Rahmen der Scopuslehre abgibt. Ob dabei ein theologisches Vorurteil das Schriftverständnis nicht zirkulär vorherbestimmt und damit die schlechthinnige Geltung des *sola-scriptura*-Prinzips in Frage stellt, wie ihm von katholischer Seite vorgeworfen werden wird, wird von Melanchthon nicht eigens bedacht.[18] In der rhetorisch-didaktisch geprägten Rückbeziehung des Bibelsinnes auf den allgemeineren *scopus* der Schrift gelangt Melanchthon indessen zu Vorahnungen des hermeneutischen Zirkels von Teil und Ganzem: «Da Unerfahrene keine ausführlichen und komplizierten Abhandlungen verstehen können, wenn sie den Text nur oberflächlich zur Kenntnis nehmen, ist es nötig, ihnen das Ganze des Textes *(universum)* und seine Bestandteile *(regiones)* zu zeigen, so daß sie fähig werden, die einzelnen Elemente in den Blick zu nehmen und zu prüfen, inwieweit Übereinstimmung herrscht».[19] In dieser rein didaktisch gehaltenen Schilderung der hermeneutischen Zirkularität kommt ein Bewußtsein ihrer erkenntnistheoretischen Fragwürdigkeit offenbar noch nicht auf. Erst im 19. Jh. wird man hier aus einem positivistisch überspitzten Cartesianismus heraus einen zu vermeidenden Kurzschluß vermuten. Melanchthons Rhetorik war eine enorme, hier nicht nachzuzeichnende Wirkungsgeschichte beschieden (zu seinen Lebzeiten allein kamen die verschiedenen Versionen seiner Rhetorik in 80 Einzeldruckausgaben heraus [20]). Sie ermöglichte u. a. eine Versöhnung zwischen Reformationsbewegung und antiker Bildungstradition, die der protestantischen H. von Flacius bis Schleiermacher und darüber hinaus den Weg wies.

Die sichtbarste Frucht dieser rhetorisch fundierten H. zeigt das Werk des Melanchthonschülers M. FLACIUS ILLYRICUS (1520–1575). Seine ‹Clavis scripturae sacrae› (Schlüssel zur Hl. Schrift) von 1567 entstand als Antwort auf die Angriffe des Tridentiner Konzils, das die Unzulänglichkeit des *sola-scriptura*-Prinzips bei der Entzifferung dunkler *(ambigua)* Stellen bekräftigte. Die Dunkelheit der Schrift, erwiderte Flacius, läge nicht an dieser, sondern an den mangelnden Grammatik- und Sprachkenntnissen, die sich die damalige katholische Kirche habe zuschulden kommen lassen. Damit wurde auch in der Nachfolge Melanchthons das Gewicht rhetorisch-sprachlicher Kenntnisse für die protestantische H. unterstrichen. Der erste Teil der ‹Clavis› ist ein reines Bibellexikon, das eine ausführliche Konkordanz der Parallelstellen bietet. Gegen die rein grammatikalische Schwierigkeit der Schrift propagiert Flacius im 2. Teil eine Reihe von Heilmitteln *(remedia)*. Ihm schwebt damit eine strikt immanente Deutung der Schrift, nämlich durch das Heranziehen von Parallelstellen, vor, gleichsam als Konkretion der Lutherischen Auffassung, daß die Schrift *sui ipsius interpres* sei. Wie die meisten Anweisungen, die Flacius gibt, findet sich das Prinzip der Parallelstellen bereits bei Augustinus. Flacius beruft sich im übrigen häufig auf die Autorität des Augustinus und anderer Kirchenväter, wohl aus dem ihn kennzeichnenden[21] Bestreben heraus, das Neue des Protestantismus durch Nachweis von Vorgängern als schon alt und damit wohlbegründet zu charakterisieren. Von Melanchthon übernimmt er auch die aus der alten Rhetorik stammende Scopuslehre. Dabei verwendet er oft die Platonische Metapher des Textes als eines organischen Körpers: «Es ist nämlich unmöglich, daß irgend etwas vernünftig geschrieben ist, was nicht einen sicheren Gesichtspunkt und eine gewisse Körperlichkeit (um es so auszudrücken) aufweist, und bestimmte Teile oder Glieder in sich umfaßt, die nach gewisser Ordnungsweise und gleichsam Proportion sowohl untereinander als auch mit dem ganzen Körper, und zumal mit ihrem Gesichtspunkt, verbunden sind.»[22] Obwohl es als der erste wirkliche Hermeneutiktraktat des Protestantismus gelten darf, zeigt das Lehrbuch von Flacius doch Kompendiumcharakter. Die Nützlichkeit seines Bibellexikons und die glückliche Zusammenstellung hermeneutischer Regeln aus den Traditionen der Patristik und des Luthertums ließen es zum Grundbuch der altprotestantischen H. bis hin zum späten 18. Jh. werden.[23]

Im Sog dieser Tradition ließ das Auftauchen des

Begriffs *hermeneutica* nicht mehr lange auf sich warten. Er begegnet zum erstenmal bei dem Straßburger Theologen J. C. DANNHAUER, der mit seiner ‹Hermeneutica sacra› von 1654 auch als erster ein Buch verfaßte, in dessen Titel der Begriff der H. vorkam. Den Neologismus *hermeneutica* hatte er jedoch viel früher, und zwar erstmalig in seinen Rhetorik-Vorlesungen von 1629, verwendet. [24] Aufgabe der H., wie er 1630 in seiner Programmschrift ‹Idea boni interpretis› ausführte, ist es, bei dunklen, aber einsehbaren Stellen den wahren vom falschen Sinn zu scheiden. In der H. geht es allein um den intendierten Sinn, nicht um die sachliche Wahrheit selber, mit der sich die Logik beschäftigt. Die Notwendigkeit einer H., die den *sensus* des Ausgedrückten zu bestimmen hat, erläutert Dannhauser durch ausdrücklichen Hinweis auf die Erfindung der Typographie und die damit einhergehende Verbreitung schriftlich fixierter Bedeutungen. [25] Wie die Logik gehörte eine solche Wissenschaft in die Propädeutik allen Wissens. Das hieß, daß sie in allen höheren Fakultäten (Theologie, Recht, Medizin) angewandt werden kann. Damit erlangt die H. eine der Logik und der Grammatik vergleichbare Allgemeinheit. [26] Dies verdient eigens hervorgehoben zu werden, denn oft wird Schleiermacher der Verdienst zugesprochen, als erster eine allgemeine H. entfaltet zu haben, die allen speziellen H. voranstünde. Dieser Sicht hat Schleiermacher selber das Wort geredet, als er gleich zu Beginn seiner Notizen zur H. bemerkte: «Die Hermeneutik als Kunst des Verstehens existiert noch nicht allgemein, sondern nur mehrere spezielle Hermeneutiken.» [27] Originell ist bei Schleiermacher, wie wir sehen werden, eine neue Wendung in der Selbstreflexion des Verstehens, nicht jedoch die Transzendierung der speziellen H. auf eine allgemeine H. hin. Eine andere brisante Frage ist, inwiefern man in Dannhausers Konzept die Krönung der Idee der H. erblicken darf. Für diese Sicht der Dinge hat insbesondere H.-E. Hasso Jaeger in seinem äußerst gelehrten, aber stark polemischen Aufsatz von 1974 plädiert. Das Geschäft einer streng wissenschaftlichen H. würde allein in der Sinnerschließung des Gedachten unabhängig von dessen sachlichem Wahrheitsanspruch bestehen. Hasso Jaeger hat einen solchen enggefaßten, gleichwohl allgemeinheitfordernden H.-Begriff gegen modernere, seiner Ansicht nach verschwommene und relativistische H.-Konzeptionen auszuspielen versucht. In zwei wichtigen Erwiderungen von 1976 hat Gadamer [28] Hasso Jaeger eine mangelnde Berücksichtigung der Rhetorik vorgeworfen. [29] Dies führt Gadamer zur Frage, ob man einen Text erschließen könne, ohne seinen Wahrheitsanspruch auf uns mit in Rechnung zu stellen: «Es ist in Wahrheit eine verkürzende Perspektive, wenn man die Aufgabe der Interpretation von Texten unter das Vorurteil der Theorie der modernen Wissenschaft und unter den Maßstab der Wissenschaftlichkeit stellt. Die Aufgabe des Interpreten ist in concreto niemals eine bloße logisch-technische Ermittlung des Sinnes beliebiger Rede, bei der von der Frage der Wahrheit des Gesagten ganz abgesehen würde.» [30] Ein weiterer moderner Hermeneutiker, O. Marquard, hat neuerdings Dannhausers Erfindung des Wortes *hermeneutica* in den Kontext des Dreißigjährigen Krieges gestellt. [31] Dieser Krieg sei ein «Bürgerkrieg um den absoluten Text» gewesen, der zwei hartnäckige, rechthaberische H. entgegengesetzt hätte. Grundannahme dieser (kriegführenden) H. sei es, daß der Hl. Text nur *einen* Sinn haben könne. In beiden Fällen hätte man es mit einer «singularisierenden» H. zu tun. Dannhauers Einführung des Begriffs *hermeneutica* nach dieser Auseinandersetzung um den einen Sinn der Hl. Schrift würde das Aufkommen einer anderen, pluralistischen H. signalisieren: «Der Augenblick, in dem die singularisierende in die pluralisierende H. umkippte, kam erst dort, wo dieser hermeneutische Streit *blutig* wurde, und zwar generationenwierig: im konfessionellen Bürgerkrieg, der – zumindest auch – ein *hermeneutischer Krieg* war: ein *Bürgerkrieg um den absoluten Text*.» [32] An die Stelle des Blutvergießens über die Einheitlichkeit des Sinnes, trete eine unter dem Prinzip der *hermeneutica* initiierte Denkweise für die Annahme der Pluralität der Sinnesdeutung. Marquards Interpretation ist freilich eine Modernisierung, denn Dannhauer wie wohl seine meisten Zeitgenossen und unmittelbaren Nachfolger vertraten eine ‹singularisierende› H. Dennoch weist Marquard mit Recht darauf hin, daß das «Prinzip Hermeneutik», wie es wahrscheinlich erst im 20. Jh. zum Durchbruch kam, einen gelasseneren, toleranten Umgang mit der Pluralität der Auslegungen zur Konsequenz hat.

Dannhauers Entwurf einer allgemeinen H. fand zahlreiche Nachfolger im Rationalismus, etwa bei J. CLAUBERG und G. F. MEIER. Die wichtigste allgemeine H. der Aufklärung wurde die von J. M. CHLADENIUS (1710–1759) verfaßte ‹Einleitung zur richtigen Auslegung vernünftiger Reden und Schriften› (1742). Er setzte die allgemeine H. weiterhin parallel zur Logik als dem anderen großen Zweig menschlicher Wissensleistung an. Die Arbeiten der Gelehrten lassen sich nämlich in zwei Grundsparten einteilen: Zum einen vermehren sie die Erkenntnis durch Selbstdenken und ihre eigenen Erfindungen, zum anderen aber sind sie mit dem beschäftigt, «was andere vor uns nützliches oder anmuthiges gedacht haben, [...] und geben Anleitung, derselben Schriften und Denkmale zu verstehen, das ist, sie legen aus.» [33] Für beide Möglichkeiten des Wissens, die ihre eigenen Vor- und Nachteile haben, gibt es zwei Arten wissenschaftlicher Regeln. Die ersten lehren uns richtig zu denken und machen die «Vernunftlehre» aus, während die Regeln, die uns richtig auszulegen helfen, die allgemeine Auslege-Kunst, die Chladenius auch «philosophische Hermeneutick» nennt, lenken. Bei der Auslegung geht es vornehmlich darum, die zum richtigen Verständnis notwendigen Hintergrundkenntnisse zu beschaffen: «Auslegen ist daher nichts anderes, als diejenigen Begriffe beybringen, welche zum vollkommenen Verstand einer Stelle nöthig sind». Dabei weist Chladenius mit Nachdruck auf die Bedeutung des «Sehe-Punktes» hin, den er ausdrücklich aus Leibniziens Perspektivenlehre entlehnt. Von der Sache her erinnert dieser Begriff offenbar an die ältere Scopuslehre der Rhetorik und der H. Doch weist er zunehmend subjektive Konturen auf: «Diejenigen Umstände unserer Seele, unseres Leibes und unserer ganzen Person, welche machen oder Ursache sind, daß wir uns eine Sache so und nicht anders vorstellen, wollten wir den Sehe-Punckt nennen». [34]

Die subjektiven Zustände der Seele spielen auch in den *pietistischen* H. des 18. Jh. eine wichtige Rolle. Gegen die logisch-scholastische Ausrichtung der protestantischen Orthodoxie will der Pietismus der affektiven Dimension der Interpretation zu ihrem Recht verhelfen. Er kann sich dabei auf die rhetorische Affektenlehre berufen. Jede Rede, so lehrt J. J. RAMBACH in seinen einflußreichen ‹Institutiones hermeneuticae sacrae› von 1723, ist die Übertragung eines Affektes. Man kann «unmöglich die Worte eines *scriptoris* gründlich einsehen und erklären [...], wenn man nicht weiß, was für Affekte in seinem Gemüt damit verbunden gewesen, da er diese Worte gepsrochen». [35] Der Affekt ist dabei nicht eine Begleiterscheinung, sondern auch «anima sermonis», die Seele der Rede. [36] Wer etwa die Hl. Schrift richtig verstehen will, muß auf dieses Affektive hin zielen. Die rhetorisch-affektive Dimension der H. ist in der pietistischen *applicatio*-Lehre sehr klar zu erkennen. Die Aufgabe der H. besteht traditionell in der doppelten Ausübung von *intelligere* (Verstehen) und *explicare* (Erklären). Das 18. Jh. spricht hier von einer *subtilitas intelligendi et explicandi*. Ein Interpret muß seinen Text zunächst verstehen und dann erklären können, was dem Pietismus nicht genug oder noch zu intellektuell ist. Dem Interpreten muß es auch um die Anwendung des Verstandenen gehen. So gesellt sich der *subtilitas intelligendi* und *explicandi* eine dritte Auszeichnung hinzu, die *subtilitas applicandi*. Die Kompetenz, den Affekt der Hl. Schrift auf die Seele des Hörers zu übertragen. Dem Pietismus war die rhetorische Herkunft dieser *applicatio* bewußt. Eine erfolgreiche Interpretation mußte auch die Hörer durch unmittelbare Anwendung für sich gewinnen, d. h. überzeugen. Die *applicatio*-Lehre fand ein bedeutsames Echo in einem zentralen Kapitel von Gadamers ‹Wahrheit und Methode› (1960), das in der Anwendung, wie sie von der pietistischen H. thematisiert wurde, das hermeneutische Grundproblem wiederzugewinnen suchte. [37] Bei Gadamer ist freilich die Applikation «nicht eine bloße Anwendung des Verstehens, sondern dessen wahrer Kern». [38] Jedes gelungene Verstehen ist von Hause aus ein auf uns angewendetes. Gadamer folgt dabei Heidegger, dem zufolge Verstehen stets ein Sichverstehen impliziert.

Anmerkungen:
1 vgl. K. Dockhorn: Rez. von H.-G. Gadamer: ‹Wahrheit und Methode› in den Göttingischen Gelehrten Anzeigen 218 (1966) 179. – 2 G. Ebeling: Art. ‹H.› in: RGG, Bd. III, 252. – 3 vgl. J. R. Schneiders grundlegende Studie: Philip Melanchthon's Rhetorical Construal of Biblical Authority. Oratio Sacra (Lewiston 1990) 18. – 4 P. Melanchthon: Rhetorik, hg. und übers. von J. Knape (1993) 63, 121. – 5 ebd. 64, 121. – 6 ebd. 107, 158. – 7 W. Dilthey: GS Bd. XIV/1, 601. – 8 in: Gadamers GW Bd. II (1986) 276–291; vgl. auch J. Knapes Einl. zu Melanchthons Rhet., 1. – 9 Gadamer: ebd., 280. – 10 ebd. 279. – 11 vgl. Knape [8] 6ff. u. Schneider [3] 55ff. – 12 Melanchthon, Rhet. [4] 65, 122. – 13 P. Melanchthonis de rhetorica libri tres (Wittenberg 1519) 29–41. – 14 Melanchthon [4] 95, 145. – 15 ebd. 95, 146. – 16 vgl. H.-E. Hasso Jaeger: Stud. zur Frühgesch. der H., in: ABg 18 (1974) 46f. – 17 vgl. J. R. Schneider [3] 201. – 18 ebd. 180. – 19 Melanchthon [4] 85, 140. – 20 vgl. Knape [8] 23. – 21 vgl. L. Geldsetzer: Einl. zum Neudruck des 2. Teiles der ‹Clavis scripturae sacrae› unter dem Titel: De ratione cognoscendi sacras litteras. Über den Erkenntnisgrund der Heiligen Schrift (1968). – 22 ebd. 97. – 23 vgl. J. Wach: Das Verstehen, Bd. I (1926; ND 1966) 14. – 24 vgl. Hasso Jaeger: [16] 49. – 25 ebd. 50. – 26 J. C. Dannhauer: Idea boni interpretis (Straßburg 1630) 10. – 27 F. Schleiermacher: H. und Kritik, hg. v. M. Frank (1977) 75. – 28 H.-G. Gadamer: Rhet. und H., in: GW. Bd. II, 276–300. – 29 ebd. 279. – 30 ebd. 285. – 31 O. Marquard: Frage nach der Frage, auf die die H. die Antwort ist, in: ders.: Abschied vom Prinzipiellen (1981) 117–146. – 32 ebd. 129. – 33 J. M. Chladenius: Einl. zur richtigen Auslegung vernünftiger Reden und Schr. (1742; ND 1969), Vorwort o. S. Für die Bedeutung von Chladenius in philologisch-literaturwiss. Hinsicht vgl. P. Szondi: Einf. in die lit. H. (1975). – 34 Chladenius [33] Einl. – 35 zit. nach dem leicht zugänglichen Auszug bei H.-G. Gadamer, G. Boehm (Hg.): Seminar: Philos. H. (1977) 62. – 36 ebd. 65. – 37 H.-G. Gadamer: Wahrheit und Methode, GW Bd. I (1986) 312–317. – 38 ders.: H. als theoret. und prakt. Aufgabe, in: GW Bd. II. (1986) 312.

IV. *Romantik und 19. Jahrhundert.* Die reflexive Dimension des Verstehens ist auch in der epochemachenden H. von F. Schleiermacher (1768–1834) ein zentrales Moment. Wie erläutert, läßt sich dessen origineller Beitrag zur H. nicht allein darin erblicken, den partikulären H. eine allgemeine H. voranzustellen. Schleiermachers Eigenart liegt vielmehr in der spezifischen Konzeption dieser H. als einer Kunstlehre des Verstehens. Er trifft eine folgenreiche Unterscheidung zwischen einer *laxeren* und einer *strengeren* Praxis der Interpretation. Die laxere (in der bisherigen H.-Geschichte übliche) Praxis geht davon aus, «daß sich das Verstehen von selbst ergibt, und drückt das Ziel negativ aus: Mißverstand soll vermieden werden». Schleiermacher spielt dabei auf die herkömmliche Stellenhermeneutik an, die Anleitungen zum Verständnis von *dunklen* Stellen *(ambigua, obscura)* vermitteln wollte. Er selbst zielt hingegen auf eine strengere Praxis ab, die eher davon auszugehen hätte, «daß sich das Mißverstehen von selbst ergibt und das Verstehen auf jedem Punkt muß gewollt und gesucht werden». [1] Was hier «laxere» Praxis genannt wird, wird mit einem kunstlosen Verfahren gleichgesetzt. [2] Die H. als Kunstlehre hat dagegen die Aufgabe, kunstgemäße Regeln zu entwickeln, um das vom Mißverständnis ständig bedrohte Verstehen möglichst sicherzustellen: «Das Geschäft der Hermeneutik darf nicht erst da anfangen, wo das Verständniß unsicher wird, sondern vom ersten Anfang des Unternehmens an, eine Rede verstehn zu wollen.» [3] So verlangt Schleiermacher: «Die hermeneutischen Regeln müssen mehr Methode sein». [4] In dieser Wendung «mehr Methode» liegt beinahe der Wahlspruch der modernen H., die Schleiermacher einführt. Damit gewinnt die Kunst des Verstehens eine betont rekonstruktive Funktion. Um eine Rede richtig zu verstehen, muß man sie möglichst von Grund auf in ihrer eigenen Konsistenz rekonstruieren. Darauf bezieht sich Schleiermachers berühmtes Diktum (von dem es verschiedene Fassungen gibt), nach dem es gelte, «die Rede zuerst ebenso gut und dann besser zu verstehen als ihr Urheber.» [5] Kritiker Schleiermachers wie Gadamer haben in solchen Formulierungen den Einfluß des neuzeitlichen Methodendenkens gesehen. So unbestreitbar das erscheinen mag, darf die rhetorische Herkunft und Tragweite derartiger Formeln nicht in Vergessenheit geraten. In der Rhetorik und lange vor dem Methodenbewußtsein der Neuzeit ging es immer darum, *eine Rede zu konstruieren*. Schleiermacher ist sich über diese Zusammenhänge völlig im Klaren, wie er ausdrücklich feststellt: «Die Zusammengehörigkeit der H. und Rhetorik besteht darin, daß jeder Akt des Verstehens die Umkehrung eines Aktes des Redens ist, indem in das Bewußtsein kommen muß, welches Denken der Rede zum Grunde gelegen.» [6] Insofern ist «die Auslegungskunst von der Komposition abhängig». [7] Schleiermacher erweist sich damit weniger als ein Sohn neuzeitlicher Wissenschaftlichkeit denn als ein (bewußter) Erbe antiker Rhetorik.

So kann es nicht verwundern, daß Schleiermacher auch auf den Zirkelverlauf des Verstehens zu sprechen kommt. Dies geschieht in seinen Berliner Akademiereden von 1829: ‹Über den Begriff der Hermeneutik mit Bezug auf F. A. Wolfs Andeutungen und Asts Lehrbuch›, seiner einzigen öffentlichen Stellungnahme zur

H. (die Notizen aus seinen Heften und Vorlesungen zur H. wurden erst posthum veröffentlicht). F. Ast hatte in seinen ‹Grundlinien der Grammatik, Hermeneutik und Kritik› (1808) diese Zirkularität, deren rhetorischer Charakter schon bei Melanchthon und Flacius erkannt war, zu einem Grundprinzip der H. erhoben: «Das Grundgesetz alles Verstehens und Erkennens ist, aus dem Einzelnen den Geist des Ganzen zu finden und durch das Ganze das Einzelne zu begreifen.» [8] Der Schellingschüler Ast hatte jedoch diesem Zirkel eine idealistische Deutung gegeben. Das Ganze, aus dem sich das Einzelne begreifen läßt, sei ein idealistischer Geist, der sich durch alle Epochen der Menschheit hindurch erstreckt. So lasse sich ein griechisches Werk aus dem Ganzen des antiken Geistes und dieser wiederum aus dem allumfassenden Geist heraus verstehen. Die idealistische Potenzierung dessen, was später hermeneutischer Zirkel genannt werden wird, ist Schleiermacher zu überschwenglich. So bemüht er sich, die Zirkelbewegung nach zwei Richtungen, nämlich der objektiven Seite der Literaturgattung und der subjektiven Seite der schaffenden Individualität hin zu begrenzen: «Es ist leicht zu sehen, daß jedes Werk in zweifacher Hinsicht ein solches Einzelnes ist. Jedes ist ein Einzelnes in dem Gebiet der Literatur, dem es angehört, und bildet mit andern gleichen Gehaltes zusammen ein Ganzes, aus dem es also zu verstehen ist in der einen Beziehung, nämlich der sprachlichen. Jedes ist aber auch ein Einzelnes als Tat seines Urhebers und bildet mit seinen anderen Taten zusammen das Ganze seines Lebens, und ist also nur aus der Gesamtheit seiner Taten [...] zu verstehen.» [9] Es ist schwer zu sagen, inwieweit Schleiermacher in dieser Zirkularität bereits ein gravierendes *epistemologisches Problem* erkennt. Auch bei ihm scheint die Zirkelstruktur noch rein deskriptiv gehalten zu sein. Sie beschreibt das ständige Hin und Her des zirkulär verfahrenden Verstehens, das Schleiermacher konsequent als eine «unendliche Aufgabe» hinstellt. Daß er jedoch von «Aufgabe» spricht, zeugt von einem aufkeimenden epistemologischen Problembewußtsein, das noch ungelöst bestehen bleibt: «Jede Lösung der Aufgabe erscheint uns hier immer nur als eine Annäherung.» [10] Die zweifache Ausrichtung des Zirkels nach der sprachlichen und individuellen Seite hin entspricht übrigens der thematischen Einteilung der H. Schleiermachers in eine grammatikalische und eine psychologische. Während die erste sich um den Gesamtzusammenhang der sprachlichen Gattung kümmert, geht es der psychologischen Interpretation um das Verständnis der individuellen Seele. Als Mittel der Interpretation nennt Schleiermacher die komparative Methode [11], die in der sprachlich-grammatikalischen Deutung maßgebend ist, und die «divinatorische», die bei der psychologischen Interpretation überwiegen muß. Daß Schleiermacher an dieser psychologischen Interpretation besonders lag, lehrt seine späte Definition der hermeneutischen Tätigkeit: «Die Aufgabe der Hermeneutik [besteht] darin, den ganzen inneren Verlauf der komponierenden Tätigkeit des Schriftstellers auf das vollkommenste nachzubilden.» [12] Selbst wenn neuere Interpreten (insbesondere M. Frank [13]) zu Recht an das Eigengewicht der grammatikalischen Interpretation erinnert haben, ist es doch die psychologische Orientierung der H. Schleiermachers, die am stärksten auf die Nachwelt (positiv bei Dilthey, negativ bei Gadamer) gewirkt hat.

In der unmittelbaren Nachfolge von Schleiermacher steht das Werk seines Schülers A. Boeckh (1785–1867), der Altertumswissenschaftler war. In seinen Vorlesungen zur ‹Enzyklopädie und Methodenlehre der philologischen Wissenschaften› entwickelte er eine einflußreiche «Theorie der Hermeneutik». Ihre Aufgabe war es, der H. (neben der Kritik) eine methodologische Grundlagenfunktion bei der Selbstbesinnung der philologischen Wissenschaften zu geben. Von da aus ist es nur noch ein kleiner Schritt, ihre methodologische Kompetenz auch auf die Geschichtsschreibung (Droysen) und schließlich alle Geisteswissenschaften (Dilthey) auszudehnen. Es ist nämlich fraglich, ob Schleiermacher, der gleichwohl die begrifflichen Grundlagen dafür gelegt hatte, eine derartige methodologische Funktion der Hermeneutik im Auge hatte, zumal ihm die Problematik der im 19. Jh. entstandenen Geisteswissenschaften und ihrer Beziehung zu den Naturwissenschaften kein Thema war. Erst bei Boeckh wird ein solches erkenntnistheoretisches Bedürfnis nach «geisteswissenschaftlicher» Methodologie richtig spürbar. In der Tradition humanistischer Altertumswissenschaft geschult, ist Boeckh die von Schleiermacher herausgestellte Zusammengehörigkeit von Rhetorik und H. noch sehr präsent. Sie läßt sich unmißverständlich heraushören aus seiner berühmten Definition des philologischen Verstehens als eines «Erkennens des vom menschlichen Geist Producierten, d. h. des Erkannten». [14] Das Verstehen ist die Wiederaneignung des in schriftlich fixierten Denkmälern niedergelegten Geistes, also die Umkehrung des Aktes der Elokution. [15] Auch für Boeckh läßt sich der hermeneutische Zirkel «nie vollständig vermeiden». [16] Daraus ergibt sich nur, daß der Auslegung «Grenzen gesteckt» [17] sind, die damit zusammenhängen, daß das Erkennen des Erkannten stets approximativ bleiben muß.

J. G. Droysen (1808–1886) folgt dem Muster seines Lehrers Boeckh in seinen Vorlesungen zur Enzyklopädie und Methodologie der Geschichte, die später in einem Grundriß unter dem Titel ‹Historik› erscheinen werden. Dennoch spielt überraschenderweise bei ihm der Begriff der H. so gut wie keine Rolle. Seine ‹Theorie der Interpretation› bildet auch nur ein entlegenes Kapitel in der ‹Historik›. Dafür verwendet er den Begriff des Verstehens häufig und in einer neuartigen Weise, indem er ihn dem ‹Erklären› der Naturwissenschaften gegenüberstellt. Neu ist vor allem diese Entgegensetzung. Früher, etwa in der oben dargestellten Lehre von den *subtilitates* gestaltete sich das Verhältnis des Verstehens *(intelligere)* und des Erklärens *(explicare)* als ein komplementäres: Das Verständnis muß auch in der Lage sein, das Verstandene zu erklären. Bei Droysen hingegen bezeichnen Verstehen und Erklären die jeweiligen und spezifischen *Verfahren* der Geistes- und Naturwissenschaften. Erklärt wird eine gegebene Tatsache durch Rückführung auf ein allgemeines Gesetz. Verstanden wird unterdessen ein *Sinn*, der aber nicht unmittelbar gegeben ist und nur in Ausdrücken zu erraten ist. Das Verstehen hat es also überhaupt nicht mit Tatsachen, sondern mit dem, was hinter den Tatsachen liegt, zu tun: «Es heißt die Natur der Dinge, mit denen unsere Wissenschaft beschäftigt ist, verkennen, wenn man meint, es da mit objektiven Tatsachen zu tun zu haben. Die objektiven Tatsachen liegen in ihrer Realität unserer Forschung gar nicht vor.» [18] Historisches Verstehen ist ‹forschendes Verstehen› in dem präzisen Sinne, daß es stets hinter das Gegebene, etwa die erhaltenen Zeugnisse der Vergangenheit, zurückfragen muß, um zu einem Sinn vorzudringen, der sich aber nie dinghaft geben läßt. So ist der verstehende Forscher an der Gestaltung seines eigenen Gegenstandes mit beteiligt.

Die recht tastenden metholodogischen Bemühungen des 19. Jh., in denen wohlbemerkt die H. meist eine sekundäre Rolle als Hilfsdisziplin der Philologie (neben der Grammatik und der Kritik) spielt, münden in das Werk von W. DILTHEY (1833–1911) ein. Seine Lebensaufgabe war die Entwicklung einer Methodologie der Geisteswissenschaften, die er unter das Leitmotiv einer «Kritik der historischen Vernunft» stellte. Prüft man die vorhandenen Quellen seines verstreuten Werkes ist es schwierig, auszumachen, ob, inwiefern und ab welchem Zeitpunkt die H. einen Beitrag zu dieser Methodologie leistet. Die H. wird z.B. kein einziges Mal im ersten historisch orientierten Band seiner ‹Einleitung in die Geisteswissenschaften› von 1883 erwähnt (den zweiten systematischen Band beförderte er nie zum Druck). Die Grundlage der Geisteswissenschaften scheint Dilthey in dieser mittleren Periode seines Denkens eher in einer (allerdings «verstehenden») Psychologie zu sehen. Die Beschäftigung mit der H. liegt vielmehr am Anfang und am Ende seines Denkweges. Dissertation und erste Forschungen waren Schleiermacher gewidmet. Seine von der Schleiermacher-Stiftung geförderte, auch nach heutigen Maßstäben erstaunlich gelehrte Jugendarbeit über ‹Das hermeneutische System Schleiermachers in der Auseinandersetzung mit der älteren protestantischen Hermeneutik› (1860) ließ er unveröffentlicht. Er plante damals eine Schleiermacherbiographie, von der der erste Band erschien. Den angekündigten zweiten, systematisch angelegten Band veröffentlichte er nie. Erst am Ende seines Lebens kam er auf Schleiermacher und die H. zurück: zunächst in seinem wichtigen Vortrag von 1900 ‹Über die Entstehung der Hermeneutik› [19] und in seinem letzten programmatisch-fragmentarisch belassenen Werk: ‹Der Aufbau der geschichtlichen Welt in den Geisteswissenschaften› (1910). [20] Hauptsächlich aus diesen zwei Quellen ergeben sich zwei distinkte H.-Konzepte beim späten Dilthey, soweit man von ausgearbeiteten Entwürfen sprechen darf: H. steht *erstens* – im Vortrag von 1900 – für den Entwurf einer wissenschaftlichen Methodologie der Geisteswissenschaften und *zweitens* – in den im siebten Band seiner Schriften versammelten Studien über den Aufbau der geschichtlichen Welt – für eine allgemeine Philosophie des geschichtlichen Lebens, von der die Geisteswissenschaften lediglich der beredteste Ausdruck sind. Es steht aber so gut wie fest, daß Dilthey selber diese allgemeine Lebensphilosophie nie H. genannt oder als hermeneutisch qualifiziert hat. Unzweifelhaft ist freilich, daß Dilthey in seiner Schule so *gewirkt* hat. Sein Schüler G. MISCH war es vor allem, der die Arbeiten des späten Dilthey als Vorbereitungen einer hermeneutischen Philosophie ausgab. So wurde in den 20er Jahren H. zu einem Modewort für eine Philosophie der Geschichtlichkeit, an die ein Autor wie Heidegger sich anlehnen konnte. In Diltheys Texten überwiegt indes ein noch rein technisches Verständnis von H. (meist erörtert als philologische Grunddisziplin neben der Kritik). Im Zeitalter des Historismus wächst allerdings einer normativen Disziplin wie der H. «eine neue bedeutsame Aufgabe» zu, die Dilthey darin sieht, «die Sicherheit des Verstehens gegenüber der historischen Skepsis und der subjektiven Willkür» zu verteidigen. [21] So formuliert Dilthey das Programm, das an sein Vorhaben einer Methodologie der Geisteswissenschaften gemahnt: «Gegenwärtig muß die Hermeneutik ein Verhältnis zu der allgemeinen erkenntnistheoretischen Aufgabe aufsuchen, die Möglichkeit des Wissens vom Zusammenhang der geschichtlichen Welt darzutun und die Mittel zu seiner Verwirklichung aufzufinden.» [22] Dilthey geht von Schleiermachers Ansatz des Verstehens als eines «Vorganges, in welchem wir aus Zeichen, die von außen sinnlich gegeben sind, ein Inneres erkennen» aus, und definiert die H. als eine «Kunstlehre des Verstehens schriftlich fixierter Lebensäußerungen». [23] Sie könnte für alle Geisteswissenschaften Relevanz erlangen, sofern allen dieselbe «Richtung auf die Selbstbesinnung» hinter den fixierten Ausdrücken gemeinsam ist: In allen Verstehensakten – somit in allen Geisteswissenschaften – geht es darum, hinter dem Ausgedrückten das innere Gespräch der Seele, wie Platon das Denken nannte, zu erreichen. Dilthey selber hat eine Kunstlehre solchen Verstehens nicht ausgearbeitet, und es mochte vielen seiner Nachfolger fraglich erscheinen, ob es so etwas gibt. Eine späte Verwirklichung fand jedoch sein Programm im Werk des italienischen Juristen E. BETTI (1890–1968) unter dem Diltheyschen Titel ‹Die Hermeneutik als allgemeine Methodik der Geisteswissenschaften›. [24] Für die unmittelbare Fortentwicklung der H. wurde unter Vernachlässigung des ursprünglich methodologischen Vorhabens die radikalisierte Richtung auf die «Selbstbesinnung» zum wesentlichsten Erbe Diltheys.

Anmerkungen:
1 F. Schleiermacher: H. u. Kritik, hg. von M. Frank (1977) 92; ders.: H., hg. von H. Kimmerle (²1974) 29–30. – **2** vgl. M. Potepa: H. und Dialektik bei Schleiermacher, in: Schleiermacher-Archiv, I (1985) 492. – **3** F. Schleiermacher: Allgemeine H. von 1809/10, in: Schleiermacher-Archiv, I (1985) 1272. – **4** ders. [1] 84. – **5** ebd. 94. – **6** ebd. 76. – **7** ebd. – **8** F. Ast: Grundlinien der Grammatik, H. und Kritik (1808) § 75. – **9** Schleiermacher [4] 335. – **10** ebd. 334. – **11** ebd. 323. – **12** ebd. 321. – **13** M. Frank: Das individuelle Allgemeine, Textstrukturierung und -interpretation nach Schleiermacher (1977). – **14** A. Boeckh: Enzyklopädie und Methodenlehre der philolog. Wiss. (1877; ND 1977) 10. Vgl. F. Rodi: Erkenntnis des Erkannten (1990). – **15** ebd. 80. – **16** ebd. 85. – **17** ebd. 86. – **18** J. G. Droysen: Historik (1937; ND 1977) 20. – **19** W. Dilthey: Ges. Schr. (1924) Bd. V, 317–331. – **20** ders.: Ges. Schr. (1927) Bd. VII, 79–188. **21** ders.: Ges. Schr. (1927) Bd. VII, 217. – **22** ders.: Ges. Schr. (1927) Bd. VII, 218. – **23** ders.: Ges. Schr. (1924) Bd. V, 318. – **24** erschienen 1962; vgl. auch Bettis hermeneutisches Manifest: Zur Grundlegung einer allgemeinen Auslegungslehre (1955; ND 1988), das die Ideen seiner umfangreichen ‹Teoria generale della Intrepretazione› (Mailand 1955; dt. ‹Allgemeine Auslegungslehre› 1967) glücklich zusammenfaßt. In der Nachfolge Bettis steht das Werk von E. D. Hirsch: Prinzipien der Interpretation. (1972). Siehe J. Grondin: L'herméneutique comme science rigoureuse selon Emilio Betti (1890–1968), in: Archives de philosophie 53 (1990) 121–137.

V. 20. Jahrhundert. An Diltheys Erbe konnte der junge HEIDEGGER anknüpfen in seinen frühen Vorlesungen um die ‹Hermeneutik der Faktizität›, die die Selbstauslegung des faktischgegebenen Menschen zum Thema hatten. Heideggers Grundeinsicht ist dabei, daß uns die Welt stets und primär im Modus der Bedeutsamkeit begegnet. In diesem Sinne spricht er von «hermeneutischer Intuition» – wohl das erste Vorkommen des Begriffs ‹H.› in seinem Frühwerk. [1] Die Deutungen kommen nicht zu den Dingen hinzu, sondern gehören ihnen ursprünglich an. So erfährt jedenfalls ein um sein eigenes Sein besorgtes Dasein zumeist seine «Lebenswelt». In der langen Vorbereitungsphase seines Hauptwerkes ‹Sein und Zeit› (1927) verfolgt Heidegger das Programm einer dieser sorgenden Bedeutsamkeit nachgehenden H. der Faktizität in enger Anlehnung an die alte Rhetorik. So hält er im Sommersemester 1924 eine Vorlesung, in der die Rhetorik des Aristoteles im Zentrum steht. [2] Eine Erinnerung an diese rhetorische Herkunft der H. Heideggers erhält sich noch in ‹Sein und Zeit›: «Aristoteles untersucht die πάϑη im zweiten Buch seiner ‹Rhetorik›. Diese muß – entgegen der traditionellen Orientierung des Begriffs der Rhetorik an so etwas wie einem "Lehrfach" – als die erste systematische Hermeneutik der Alltäglichkeit des Miteinanderseins aufgefaßt werden.» [3] Damit stellt Heidegger seine H. in die direkte Nachfolge der aristotelischen Rhetorik. In Anlehnung an Kants berühmtes Urteil über die formale Logik bemerkt auch Heidegger, daß «die grundsätzliche ontologische Interpretation des Affektiven überhaupt seit Aristoteles kaum einen nennenswerten Schritt vorwärts hat tun können.» [4] So wird das Affektive (1927 unter dem Sammelbegriff «Befindlichkeit» gefaßt) zu einem grundlegenden Merkmal, d. h. zum «Existenzial» in der Konstitution des Daseins erhoben. Da «Befindlichkeit je ihr Verständnis [hat], wenn auch nur so, daß sie es niederhält», wird das *Verstehen* zum zweiten grundlegenden Existenzial des Daseins. Der aus den methodologischen Diskussionen des 19. Jh. bekannte Terminus des Verstehens wird seines rein kognitiven Charakters entkleidet: «Verstehen ist immer gestimmtes». [5] Wie in der Umgangsformel «sich auf etwas verstehen» bedeutet fener Verstehen ein Können «in der Bedeutung von "einer Sache vorstehen können", "ihr gewachsen sein"». [6] Im Verstehen geht es vordringlich um ein mögliches Seinkönnen des Daseins: Verstehend entwirft sich das Dasein auf Möglichkeiten seiner selbst hin. Da sie aber immer schon faktisch vollzogen werden, bleiben diese Verstehenshorizonte meist unthematisch. Das sich auf Möglichkeiten entwerfende Verstehen kann sich aber selbst «ausbilden». Die Selbstaufklärung des Verstehens nennt Heidegger «Auslegung». [7] Dieser selbstkritische Auslegungsbegriff führt unmittelbar zur Problematik des sog. hermeneutischen Zirkels, denn: «Alle Auslegung, die Verständnis beistellen soll, muß schon das Auszulegende verstanden haben.» [8] Dieser 'circulus' sei nicht 'vitiosus', führt Heidegger aus, weil es die ursprüngliche Aufgabe allen ernsthaften Erkennens sei, sich über die eigenen Voraussetzungen (nach Vorhabe, Vorsicht und Vorgriff) klarzuwerden: «Das Entscheidende ist nicht, aus dem Zirkel heraus-, sondern in ihn *nach der rechten Weise* hineinzukommen.» [9] Heidegger geht es unverkennbar um eine Sicherung der Verstehensentwürfe «von den Sachen her», wie er sich betont phänomenologisch ausdrückt. [10] Die Schwierigkeit einer solchen Aufhellung verbirgt sich jedoch bereits in der Ansetzung des Verstehens als eines *Entwerfens*. Findet sich nicht das faktische Dasein in Möglichkeiten seiner selbst geworfen, über die es nicht ganz Herr werden kann? Diese Einsicht wird infolge einer Kehre im Denken des späten Heidegger zu einer Radikalisierung der geworfenen Endlichkeit des Daseins führen. [11] Nunmehr wird eine epochale «Seinsgeschichte» zum Ursprung aller Verstehensentwürfe. Heidegger wird dabei konsequent sein hermeneutisches Programm fallenlassen, weil es zu sehr um das menschliche Dasein zu kreisen scheint und damit den neuzeitlichen Subjektivismus zu befestigen droht. Selbst wenn Heideggers spätes Seinsdenken manchen abstrus oder nicht nachvollziehbar vorkommen mag, lassen sich doch hermeneutische Lehren aus seiner Radikalisierung der geschichtlichen Geworfenheit und ihrer Überwindung des modernen Subjektivismus ziehen. Bei Heidegger selber sind sie in der Hinwendung zum Selbstgespräch der Sprache (‹Unterwegs zur Sprache› 1959) und zur Kunst als ‹Ins-Werk-Setzen-der-Wahrheit› (‹Vom Ursprung des Kunstwerkes› 1935) bereits augenfällig.

Die rhetorisch gestimmte H. von ‹Sein und Zeit› fand eine erste Fortpflanzung in den ‹Untersuchungen zu einer hermeneutischen Logik› (1936) des Göttinger Phänomenologen H. LIPPS (1889–1941). Aufgabe dieser hermeneutischen Logik ist es, eine pragmatische Typik der wirklich gesprochenen Rede anstatt einer starren Morphologie des Urteils zu entwickeln. Die klassische Logik habe nämlich immer vernachlässigt, daß eine jede Rede dazu da ist, um «jemandem etwas zu erkennen zu geben.» Die Wahrheit einer Rede haftet also nicht an der Aussage selber [12], sondern an der Situation, in der eine Bemerkung für jemanden aufschlußreich wirkt. «Lipps will an den Anderen, dem ich etwas zu erkennen gebe, von Anfang an in die Bestimmung des Logos mit hineinnehmen.» [13] In dieser hermeneutischen Logik wird allgemein eine Antizipation der Sprechakttheorie von SEARLE und AUSTIN gesehen. Ihre Destruktion der herkömmlichen Logik im Namen eines situationsbezogenen pragmatischen Wahrheitsbegriffs läßt sich aber auch aus dem bis Heidegger verdrängten Erbe der Rhetorik heraus verstehen.

H.-G. GADAMER versucht, die Einsichten des späten Heidegger in die geschichtliche Geworfenheit des Daseins mit ihrem hermeneutischen Ausgangspunkt wieder zu verbinden. In seiner bahnbrechenden Synthese der H.-Tradition nimmt er aber auch den Faden der von Dilthey entfachten Diskussionen um die hermeneutisch-methodologische Eigenart der Geisteswissenschaften wieder auf. Seit dem 19. Jh. in eine defizitäre und defensive Position gegenüber den Naturwissenschaften gedrängt, hatten sie erneut ihre wissenschaftliche Respektabilität durch eine Methodenreflexion zu erringen gehofft. Dagegen macht Gadamer geltend, «daß der Begriff der Methode als Legitimationsinstanz der Geisteswissenschaft unangemessen ist. Es geht hier nicht um die Behandlung eines Gegenstandsgebietes durch unser Verhalten. Die Geisteswissenschaften, für die ich eine Lanze breche, indem ich ihnen eine angemessenere theoretische Rechtfertigung anbiete, gehören vielmehr selber in den Erbgang der Philosophie. Sie unterscheiden sich von den Naturwissenschaften nicht nur durch ihre Verfahrensweisen, sondern auch durch ihre vorgängige Beziehung zu den Sachen, durch die Teilhabe an der Überlieferung, die sie immer wieder neu für uns zum Sprechen bringen.» [14] Bis Kant konnten sich die Wissenschaften vom Menschen (die *humaniora*) noch aus den Grundanliegen des rhetorischen Humanismus verstehen. Darin ging es um die Bildung des Menschen, die Kultivierung des Geschmacks, der Urteilskraft und des *sensus communis*, die ebensoviele Wissensmöglichkeiten darstellen, die sich aber keinesfalls methodisieren lassen. Nach Gadamer hat jedoch Kant diesen Instanzen einen Wahrheitsanspruch abgesprochen, weil sie den strengeren Standards der exakten Wissenschaften nicht genügen. Was diesen Kriterien nicht standhält, genießt nur noch eine rein subjektive Geltung. So standen die Geisteswissenschaften vor der fatalen Alternative zwischen ästhetischer Trivialisierung und Anlehnung an die methodischen Wissenschaften. Um dieser falschen Alternative entgegenzuwirken, versucht Gadamer eine den Geisteswissenschaften gerecht werdende H. auszuarbeiten. Gegen das methodische

Ideal der Selbstauslöschung des Interpreten hebt er mit Heidegger die positive Bedeutung der Geschichtlichkeit und der Vorurteilsstruktur des Verstehens hervor. Er kritisiert die von der Aufklärung propagierte Diskreditierung der Vorurteile als eine weitere, vom Methodenbewußtsein nahegelegte Abstraktion. Ein totaler Neuanfang steht unserer geschichtlichen Vernunft nicht zu. Die Geschichtlichkeit bildet kein Hindernis, sondern vielmehr eine Bedingung des Verstehens. Die Zugehörigkeit zu einer in uns wirkenden Geschichte ermöglicht es ferner, wahre von falschen Vorurteilen zu scheiden. Das vom 19. Jh. stolz entwickelte «historische Bewußtsein» ist nicht derart ein Novum, daß es diese Wirkungsgeschichte unterbrechen würde. Es ist durch ein ‹wirkungsgeschichtliches Bewußtsein› zu ergänzen, das sich als Ergebnis einer mitzuvollziehenden, aber nie in eine volle Transparenz zu überführenden Geschichte weiß. Das individuelle Verstehen «ist selber nicht so sehr als eine Handlung der Subjektivität zu denken, sondern als Einrücken in ein Überlieferungsgeschehen, in dem sich Vergangenheit und Gegenwart beständig vermitteln.» [15] Die scheinbare Passivität dieses Verstehensbegriffs schränkt Gadamer dadurch ein, daß er eine bewußte Vollstreckung dieser Verschmelzung von Gegenwart und Vergangenheit postuliert. Den *kontrollierten* Vollzug der Horizontverschmelzung, kraft dessen man der eigenen Fragesituation bewußt wird, bezeichnet Gadamer als «die Wachheit des wirkungsgeschichtlichen Bewußtseins». [16] Die den Geisteswissenschaften angemessene H. ist folglich nicht von einer szientistischen oder historistischen Methodologie, sondern aus einer Logik von Frage und Antwort zu erwarten: Aus der Zugehörigkeit zu einer Tradition, einer historischen Situation und einer Fragestellung heraus ergeben sich die Wahrheitsansprüche, die in den Geisteswissenschaften debattiert werden. Die Dialektik von Frage und Antwort ist gleichwohl nicht als ein autonomes Spiel des forschenden Subjektes zu mißdeuten. Es wird gezielt vom Platonischen und Hegelschen Modell aus als ein Geschehen gedacht, an dem wir nur teilhaben. – Von diesem Frage-Antwort-Schema ausgehend konnte der Konstanzer Literaturwissenschaftler H. R. JAUSS das anspruchsvolle Programm einer literarischen H. verfolgen, die das literarische Kunstwerk als Antwort auf eine gegebene geschichtliche Situation versteht und damit dem rezeptiven Moment neben dem produktiven zu seinem Recht verhilft. [17]

GADAMERS Dialogik von Frage und Antwort leitet eine Universalisierung der H. am Leitfaden der Sprache in die Wege. Daß jede Wahrheit eine Antwort auf eine situierte Frage verkörpert, ist nicht bloß eine Besonderheit der Geisteswissenschaften, sondern vielmehr eine Eigenschaft unserer sprachlichen Welterfahrung überhaupt. Es gilt aber, auch hier eine szientistisch motivierte Abstraktion zu vermeiden: den Vorrang der Aussage, die sich einer methodischen, isolierenden Behandlung unterwerfen läßt. Gadamers H. der Sprachlichkeit weiß sich in einem «äußersten Gegensatz» [18] zu diesem Begriff der Aussage, der insofern abstrakt ist, als er das Gesagte von seinem Motivationshorizont, d. h. von der Frage oder der Situation, auf die es die Antwort ist, abzukoppeln droht. So bemüht sich sie, Sprache von ihrem dialogischen Boden aus zu thematisieren. Eine Ahnung davon hat sich vor allem in der augustinischen Verbumlehre gerettet, die das geäußerte Wort als die prozessuale Verlautbarung eines inneren Wortes zu hören verstand. Diese universale Dimension unserer Sprachlichkeit, ihr Rückverweis auf Vorhergehendes und Darüberhinausgehendes, nennt Gadamer auch «spekulativ». Das Wort leitet sich aus der Spiegelmetapher (lat. *speculum*) her: Im Gesagten spiegelt sich immer eine Unendlichkeit von Sinn wider, die dialogisch mitgehört und – vollzogen werden will. Dieses Element der Sprache betrifft auch einen universalen Aspekt der Philosophie, wie Gadamer am Ende seines Werkes ‹Wahrheit und Methode› andeutet. Eine Philosophie, die sich aus einem vorgängigen Dialog und einer sie ermöglichenden Frage oder Unruhe heraus versteht, wird sich auch anders reflektieren müssen, als dies vom herrschenden Methodenparadigma suggeriert wird. Sie wird hermeneutisch sein müssen. Für diese hermeneutische Selbstbesinnung der Philosophie konnte sich Gadamer auf das Erbe der Rhetorik berufen: «Woran sonst sollte auch die theoretische Besinnung über das Verstehen anschließen als an die Rhetorik, die von ältester Tradition her der einzige Anwalt eines Wahrheitsanspruches ist, der das Wahrscheinliche, das *eikós (verisimile)*, und das der gemeinen Vernunft Einleuchtende gegen den Beweis- und Gewißheitsanspruch der Wissenschaft verteidigt?» [19] Es ist freilich nötig, wie Gadamer 1993 schreibt, «der Rhetorik ihre weitreichende Geltung wieder zurück[zu]geben, aus der sie in der beginnenden Neuzeit von der mathematischen Naturwissenschaft und Methodenlehre vertrieben worden ist. Rhetorik meint das Ganze des sprachlich verfaßten und in einer Sprachgemeinschaft ausgelegten Weltwissens.» [20] Läßt sich H. geradezu als die Kunst definieren, «Gesagtes oder Geschriebenes erneut zum Sprechen zu bringen», [21] so geht ihr Allgemeinheitsanspruch mit der Universalität der Rhetorik einher. [22]

J. HABERMAS knüpfte positiv an Gadamers Begriff der Verständigung bei seiner Ausarbeitung einer linguistisch fundierten Sozialwissenschaft an [23], glaubte jedoch den Universalitätsanspruch der H. und dessen zu starke Anlehnung an die Rhetorik eingrenzen zu müssen. Daher spielte die Rhetorik eine zentrale Rolle in der berühmten Debatte zwischen H. und Ideologiekritik. So hieß Gadamers erste Erwiderung auf Habermas ‹Rhetorik, Hermeneutik und Ideologiekritik› (1967) [24], wobei wohl auch Habermas' entflammte Rhetorik der gesellschaftlichen Emanzipation gemeint war. In seiner Diskussion des hermeneutischen Standpunktes hat Habermas zur Geltung gebracht, daß «ein scheinbar 'vernünftig' eingespielter Konsensus sehr wohl auch das Ergebnis von Pseudokommunikation sein kann». [25] Das dialogische Einverständnis könne nämlich aus einer ideologisch verschleierten Herrschaftsstruktur resultieren. Kommunikatives, d. h. reflexiv eingesehenes Einverständnis müßte von einem rein rhetorischen oder strategischen (d. h. manipulativ erzielten) Konsens unterschieden werden. Die Einsicht, daß «jeder Konsensus, in dem Sinnverstehen terminiert, grundsätzlich unter dem Verdacht [steht], pseudokommunikativ erzwungen zu sein»[26], ist nach Habermas die einer Meta- oder Tiefenhermeneutik, die «Verstehen an das Prinzip vernünftiger Rede, demzufolge Wahrheit nur durch *den* Konsensus verbürgt sein würde, der unter den idealisierten Bedingungen unbeschränkter und herrschaftsfreier Kommunikation erzielt worden wäre», bindet. [27] Damit wird H. in Ideologiekritik überführt. Dagegen kontert Gadamer in einer Replik von 1970: «Ich finde es erschreckend unwirklich, wenn man – wie Habermas – der Rhetorik einen Zwangscharakter zuschreibt, den man zugunsten des zwangsfreien rationalen Gesprächs hinter sich lassen müsse. Man unterschätzt damit nicht nur die Gefahr der beredten Manipulation und Entmündigung der Vernunft, sondern auch die Chance beredter Verständigung, auf der gesellschaftliches Leben beruht. Alle soziale Praxis – und wahrlich auch die revolutionäre – ist ohne die Funktion der Rhetorik undenkbar.»[28] In seinen späteren Arbeiten ist Habermas vom rhetorischen Paradigma einer Ideologiekritik abgerückt, das auf einer sozial gewendeten Psychoanalyse beruht. Seit 1981 bemüht er sich um die Entwicklung einer Theorie des kommunikativen Handelns sowie einer daraus zu entwickelnden Diskursethik und Rechtstheorie [29], die immer mehr Anschluß an das in der faktischen Sittlichkeit eingespielte Verständigungsmodell sucht. Darin liegt unverkennbar eine Annäherung an die Position der H., die ihm ein Weggefährte wie K.-O. APEL in einem Versuch, «mit Habermas gegen Habermas zu denken», glaubte vorwerfen zu müssen. [30]

Kritisierte Habermas bei Gadamer eine zu große Anlehnung an die Rhetorik, so monierte die von J. DERRIDA ausgegangene Dekonstruktion fast das Gegenteil, nämlich eine Unterschätzung der rhetorischen Sprachmacht und die mit ihr einhergehende Unterminierung des Wahrheitsbegriffs. Derrida nimmt zunächst Anstoß an Gadamers Rede von einem «guten Willen» bei der Verständigungssuche. [31] Liegt darin nicht, so fragt er, ein metaphysischer Rest, nämlich eine Fortsetzung der Metaphysik des Willens? Der weitreichende Vorwurf hat mindestens zwei Implikationen: Es wird gefragt, ob sich dahinter erstens nicht ein totalitärer Aneignungswille der Andersheit gegenüber und zweitens ein zu großes Vertrauen in den prätendierten Sachbezug von Sprache verstecke. Über Heidegger (Metaphysik des Willens) hinaus ist Derrida in dieser Hinsicht Nietzsches und Paul de Mans rhetorischem Sprachverständnis verpflichtet. Destruiert wird die Vorstellung, daß Sprache je einen Bezug zu einer feststellbaren Sachlichkeit sichern könne. Kann Sprache überhaupt etwas anderes oder mehr sein als ein rhetorisches Spiel? In ihrem Beharren auf einem Willen zum Verstehen hätte also die H. die Tragweite der von der Dekonstruktion thematisierten Panrhetorik unterschätzt. Postmoderne Theoretiker wie R. RORTY [32] und G. VATTIMO [33] vertreten die Ansicht, daß auch die von Heidegger und Gadamer ausgegangene H. einem solchen Panrhetorismus huldigen müßte. Von der philosophischen H. aus läßt sich jedoch in der relativistischen Verabschiedung eines sachbezogenen Wahrheitsbegriffs vielmehr eine stillschweigende Nachwirkung des Historismus und ihres fundamentalistischen Wissenskonzepts wiedererkennen. Sollte die postmoderne H., wenngleich auf negative Weise, allein den kartesianischen, wissenschaftlichen Wahrheitsbegriff gelten lassen, könnte ihr Panrhetorismus unversehens ein schwerwiegendes Mißverständnis der rhetorischen Tradition verraten.

Anmerkungen:
1 vgl. T. Kisiel: The Genesis of Heidegger's Being and Time (Berkeley 1993) 498. – 2 Diese Vorlesung wird demnächst erscheinen als Bd. 18 der Gesamtausgabe. – 3 M. Heidegger: Sein und Zeit (^{15}1979) 138. Vgl. P. L. Oesterreich: Die Idee der existentialontologischen Wendung der Rhet., in: M. Heideggers ‹Sein und Zeit›, in: Zs für philos. Forschung 43 (1989). – 4 ders. [3] 139. – 5 ebd. 142. – 6 ebd. 143. – 7 ebd. 148. – 8 ebd. 152. – 9 ebd. 153. – 10 ebd. – 11 vgl. J. Grondin: Le tournant dans la pensée de M. Heidegger (Paris 1987). – 12 H. Lipps: Unters. zu einer hermeneut. Logik (1938) in: Werke II, 18. – 13 F. Rodi: Die energetische Bedeutungstheorie von H. Lipps, in Journal of the Faculty of Letters. The University of Tokyo 17 (1992) 2. Zum Werk von H. Lipps vgl. auch die wichtigen Beiträge im Dilthey-Jahrbuch 6 (1989). – 14 Gadamer im Gespräch, hg. von C. Dutt (1993) 14. – 15 H.-G. Gadamer: Wahrheit und Methode, GW Bd. I (1986) 295. – 16 ebd. 312. – 17 vgl. H. R. Jauß: Literaturgesch. als Provokation (1970). – 18 Gadamer in [14] 472. – 19 ebd. 236, 488–89. – 20 ders.: Wer bin ich und wer bist du? in: GW Bd. IX (1993) 406. – 21 ders.: H. als theoret. und prakt. Aufgabe, in: GW Bd. II (1986) 305. – 22 ders.: [20] ebd.; Logik oder Rhetorik? in: GW Bd. II (1986) 291. – 23 J. Habermas: Zur Logik der Sozialwiss. (1970). – 24 ders. in: GW Bd. II II, 232–250 (1967 im 1. Band von Gadamers Kl. Schr. und 1975 im Sammelband ‹H. und Ideologiekritik› erschienen.) – 25 J. Habermas: Der Universalitätsanspruch der H., in: H. und Ideologiekritik [24] 152. – 26 ebd. 153. – 27 ebd. 154. – 28 Gadamer, Nachw. zur 3. Auf. von ‹Wahrheit und Methode›, in: GW Bd. II, 467. – 29 vgl. J. Habermas: Theorie des kommunikativen Handelns (1981), Moralbewußtsein und kommunikatives Handeln (1983), Faktizität und Geltung. Beitr. zur Diskurstheorie des Rechts und des demokratischen Rechtsstaates (1992). – 30 K.-O. Apel: Normative Begründung der 'Kritischen Theorie' durch Rekurs auf lebensweltliche Sittlichkeit? Ein transzendentalpragmatisch orientierter Versuch, mit Habermas gegen Habermas zu denken; in: A. Honneth u. a. (Hg.): Zwischenbetrachtungen (1989) 15–65. – 31 J. Derrida: Guter Wille zur Macht: Drei Fragen an H.-G. Gadamer, in P. Forget (Hg.): Text und Interpretation (1984). – 32 R. Rorty: Philosophy and the Mirror of Nature (Princeton 1979); dt. Philos. und der Spiegel der Natur (1981). – 33 G. Vattimo: Wahrheit und Rhet. in der hermeneutischen Ontologie, in: ders: Das Ende der Moderne (1990); vgl. B. Krajewski: Traveling with Hermes: Hermeneutics and Rhet. (Amherst 1992).

Literaturhinweise:
P. Ricœur: Die Interpretation. Ein Versuch über Freud (1965; dt. 1969). – H. Brinkmann: Mittelalterliche H. (1980). – H. R. Jauß: Ästhet. Erfahrung und lit. H. (1982). – O. F. Bollnow: Stud. zur H., 2 Bde. (1982–83). – D. P. Michelfelder, R. Palmer: Dialogue and Deconstruction. The Gadamer-Derrida Encounter (Albany 1989). – J. Grondin: Einf. in die philos. H. (1991). – H. Ineichen: Philos. H. (1991).

J. Grondin

→ Accessus ad auctores → Allegorie, Allegorese → Auctoritas → Dekonstruktion → Gespräch → Hermeneutischer Zirkel → Historismus → Integumentum → Interpretation → Schriftsinn

Hermeneutischer Zirkel
A. ‹H.› ist der Titel für ein Interpretationsverfahren, in dem Entwurf und Beleg des Textverstehens zirkelhaft ineinandergreifen. Bedeutsam wird der H. vor allem in der Moderne durch seine ontologische Radikalisierung bei M. HEIDEGGER und H. G. GADAMER, die in ihm die Grundstruktur der geschichtlich bedingten Erkenntnisweise des Menschen überhaupt sehen.
B. Begriff und Phänomen des H. weisen in die Geschichte der Rhetorik zurück und entwickeln sich parallel zur Geschichte der Hermeneutik selbst. Die Rhetorik, die Schwesterdisziplin der Hermeneutik, reflektiert als erste die Zirkularität sprachlicher Konstrukte, und zwar unter dem Aspekt des Verhältnisses von Teil und Ganzem in der Textgestaltung. Daß Teil und Ganzes wechselseitig den Textsinn konstituieren müssen, erläutert schon PLATON im ‹Phaidros› und erklärt, «daß eine Rede wie ein lebendes Wesen müsse gebaut sein und ihren eigentümlichen Körper haben, so daß sie weder ohne Kopf ist noch ohne Fuß, sondern eine Mitte hat und Enden, die gegen einander und gegen das Ganze in einem schicklichen Verhältnis gearbeitet sind». [1]

Bei dem protestantischen Hermeneutiker FLACIUS ILLYRICUS begegnet das Phänomen der Zirkularität von Teil und Ganzem zum ersten Mal in hermeneutischem Kontext. Flacius weist auf die Bedeutung des ‹scopus›, des den Text zentrierenden Zieles, hin. Dabei hat er gemäß hermeneutischer Intention nicht mehr die Gestaltung des Textes, sondern dessen angemessene Rezeption, die Auslegung, im Auge. Er erläutert dieses Verhältnis mit der durch Platon klassisch gewordenen Metaphorik von Kopf und Gliedern, von ‹caput› und ‹membra›. [2]

Die früheste explizite Formulierung und auch Radikalisierung des H. findet man bei F. AST. In den 1808 erschienenen ‹Grundlinien der Grammatik, Hermeneutik und Kritik› [3] schreibt er: «Das Grundgesetz alles Erkennens ist, aus dem Einzelnen den Geist des Ganzen zu finden und durch das Ganze das Einzelne zu begreifen.» [4] Das Prinzip, daß ein Einzelnes nur aus seinem Zusammenhang verstanden werden kann, entfaltet dabei eine erkenntnistheoretische Brisanz je nachdem, welche Entität als relevante Ganzheit verstanden und inwieweit dieselbe als für den Interpreten zugänglich und verfügbar angesehen wird. Ast versteht unter dem Ganzen den originären kulturellen Horizont eines Werkes. Diesen faßt er begrifflich als «Geist der ursprünglichen Einheit alles Seins». [5] Geist individualisiert sich je unterschiedlich in Epochen, Personen, Werken und ihren Abstufungen. Die damit angelegte problematische Aufgabe des Zugangs zu einer allgemeineren Geist-Stufe, z. B. der Entstehungsepoche, aus weniger allgemeinen Teilen, wie etwa einem Buch, überspringt der Schellingschüler Ast identitätsphilosophisch. Weder Teil noch Ganzes sind «früher als das andere», erklärt Ast, und erläutert, daß «vielmehr beide sich wechselseitig bedingen und Ein harmonisches Leben sind». [6] Der philologisch gebildete Interpret ist aufgrund der ursprünglichen Einheit aller Dinge im Geist [7] in der Lage, das jeweilige Ganze dem Teil in einer «Ahnung» «zur anschaulichen und klaren Erkenntnis» zu entwickeln. [8]

Die These einer ursprünglichen Vermittlung von Ganzem, Teilen und Interpret lehnt F. D. E. SCHLEIERMACHER dagegen ab. Damit wird der Zugang zu der Ganzheit, welche das Interpretandum bestimmt, zu einem epistemologischen Problem. Die Zirkularität des Zugangs erweist das hermeneutische Verstehen als eine Erkenntnisform, die nicht dem klassischen Adäquationsmodell der Wahrheit entspricht. Schleiermacher erklärt, daß die Interpretationsbewegung über verschiedene Stufen von Teil-Ganzes-Verhältnissen – Wort, Satz, Text etc. – in Richtung auf zwei letzte Gesamtheiten voranschreitet, aus denen der Text heraus zu verstehen ist. Die grammatische Interpretation betrachtet das Interpretandum als Teil des Sprachgebietes des Verfassers; die psychologische Interpretation bemüht sich, den Text als Tatsache im Denken, d. h. aus dem Leben des Verfassers, zu verstehen. [9] Beiden Interpretationsweisen kommen zwei Methoden zu, die komparative und die divinatorische. Die komparative Methode bemüht sich, aus dem Vergleich mit ähnlichen und verwandten Stellen, Texten und Geschehnissen, den Sinn des Interpretandums zu bestimmen. Die divinatorische Methode richtet sich auf das Individuelle, das Neue in der Formulierung und im Denken und versucht, dies zu ‹erraten›. [10] Da sich aber die beiden für die Auslegungsbemühung konstitutiven Gesamtheiten nicht in Totalität rekonstruieren lassen [11] und auch die Erratung des Individuellen dieses nicht mit Sicherheit zur Bestimmtheit bringen kann, hält Schleiermacher die gestellte Aufgabe, «die Rede besser zu verstehen als ihr Autor», für eine «unendliche», in welcher sich das «Nicht-verstehen niemals auflösen will». [12]

Ontologisch radikalisiert wird der H. dann in M. HEIDEGGERS Daseinshermeneutik. Die bisher im Vergleich mit der naturwissenschaftlichen Erkenntnis als Mangel empfundene Rekursivität und Bedingtheit der Zirkelbewegung stellt Heidegger als eigentliches Konstitutivum menschlicher Erkenntnis dar. Der H. «ist nicht ein Kreis, in dem sich eine beliebige Erkenntnisart bewegt, sondern er ist Ausdruck der existenzialen *Vor-Struktur* des Daseins selbst». [13] Dabei sucht Heidegger den terminologischen Begriff des H. aufgrund seiner pejorativen Konnotation eher zu vermeiden. Dem Menschen, der Seiendes ursprünglich auf Verhaltens- bzw. Auslegungsmöglichkeiten hin versteht, sind eben diese Möglichkeiten in seiner geschichtlichen Situierung vorgegeben. Mit dieser Rückbindung des Verhaltens an die geschichtliche Situation des Menschen wird eine entscheidende Neubestimmung des H. geleistet. Das Ziel einer Rekonstruktion des originären Horizonts eines Interpretandums wird als unvereinbar mit der ursprünglich geschichtlichen Verfassung des Menschen gesehen. Es ist die Welt des Daseins, seine eigene Ganzheit, aus der heraus das Interpretandum verstanden werden muß. Diese Ganzheit kann sich das Dasein nicht mehr objektivierend verfügbar und zugänglich machen. Seine Erkenntnismöglichkeiten wurzeln in der Faktizität der Geworfenheit [14] und sind damit geschichtlich.

Affirmativ und erläuternd greift H. G. GADAMER in seiner philosophischen Hermeneutik diese Charakterisierung des H. auf. «Wer einen Text verstehen will, vollzieht immer ein Entwerfen. Er wirft sich einen Sinn des Ganzen voraus, sobald sich ein erster Sinn im Text zeigt. Ein solcher zeigt sich wiederum nur, weil man den Text schon mit gewissen Erwartungen auf einen bestimmten Sinn hin liest. Im Ausarbeiten eines solchen Vorentwurfs, der freilich beständig von dem her revidiert wird, was sich bei weiterem Eindringen in den Sinn ergibt, besteht das Verstehen dessen, was dasteht.» [15] Der Interpretationsvorgang bleibt dabei stets an die ursprüngliche Sinnerwartung des Lesers rückgebunden, welche aber entsubjektiviert und dem geschichtlich gewordenen ‹objektiven Geist› – Familie, Gesellschaft und Staat – anheimgestellt wird. [16] Die Arbeiten Heideggers und Gadamers wirken auch auf andere Disziplinen, beeinflussen z. B. Theologie und Literaturwissenschaft. Doch erfährt der Begriff des H. hier keine entscheidende Erweiterung.

Anmerkungen:
1 Plat. Phaidr. 264c. – **2** vgl. M. Flacius Illyricus: Clavis scripturae sacrae (Basel 1567/Frankfurt a. M./Leipzig 1719) §§ 9ff. (ND von 1719 in: ders., Über den Erkenntnisgrund der heiligen Schrift, hg. v. L. Geldsetzer (1968)), auszugsweise in H.-G. Gadamer, G. Boehm: Seminar: Philos. Hermeneutik (1976) 44f.; vgl. auch H.-G. Gadamer: Wahrheit und Methode II (1986) 96. – **3** G. A. F. Ast: Grundlinien der Grammatik, Hermeneutik und Kritik (1808); vgl. den Auszug bei Gadamer, Boehm [2] 111–130. – **4** Ast [1] § 75. – **5** ders. ebd. – **6** ebd. § 75. – **7** vgl. ebd. § 70. – **8** vgl. ebd. § 79. – **9** vgl. F. D. E. Schleiermacher: Hermeneutik und Kritik, hg. und eingel. v. M. Frank (1977) 77. – **10** vgl. Schleiermacher [9] 169f., 338f. – **11** vgl. ders. [9] 80f. – **12** vgl. ders. [9] 328f. – **13** M. Heidegger: Sein und Zeit (^{16}1986) 153. – **14** vgl. ders. [15] 134f. – **15** H.-G. Gadamer: Wahrheit und Methode I (^{5}1986) 271. – **16** vgl. ders. [16] 281.

Literaturhinweise:
J. C. Maraldo: Der H. Stud. zu Schleiermacher, Dilthey und Heidegger (1974). – J. Grondin: Einf. in die philos. Hermeneutik (1991). – H. Ineichen: Philos. Hermeneutik (1991).

U. Stieglitz

→ Auctoritas → Bibelrhetorik → Hermeneutik → Imitatio → Interpretation → Philosophie → Schriftauslegung → Schriftsinn → Sprachauffassung, rhetorische → Übersetzung

Herrscherlob (auch Fürstenlob/-preis, Herrscherpreis, Höfische Panegyrik, Kaiserlob etc.)
A. I. Def. – II. Allgemeines. – B. I. Antike. – II. Mittelalter. – III. Renaissance, Humanismus, Reformation. – IV. Barock. – V. 18. Jh. – VI. 19. Jh. – VII. 20. Jh.

A. I. ‹H.› ist eine inhaltlich-funktionale Sammelbezeichnung für verschiedene Formen, eine Herrscherpersönlichkeit zu verherrlichen, bzw. Themenbereich verschiedener Einzelformen. Wo ‹H.› in der Literaturwissenschaft als Gattungsbegriff verwendet wird, ist zumeist an den *Panegyricus* gedacht, eine großangelegte Lobrede oder ein Lobgedicht, das dem Herrscherpreis gewidmet ist. ‹H.› und ‹Panegyrik› werden häufig synonym gebraucht, sind aber nicht identisch. Panegyrik ist als solche gleichbedeutend mit dem *genus demonstrativum* der Rhetorik, das H. ist in diesem Spektrum – Lob und Tadel von Personen und Sachen – nur eine Möglichkeit, wenn auch wohl die häufigste und prominenteste. Der Begriff des H. stammt aus der literaturwissenschaftlichen Forschung vor allem der Mediävistik [1] und steht damit quer zum traditionellen System der literarischen Einzelgattungen. Er ist auch in der Kunstwissenschaft üblich. [2]

H. ist weder an bestimmte rhetorische oder poetische Einzelgattungen gebunden noch auf den literarischen Bereich beschränkt, neben seinen sprachlichen Varianten gibt es auch bildliche und musikalische Formen. H. ist oftmals Bestandteil größerer Formen, die selbst nicht ausschließlich die Funktion des H. haben, z. B. die Festdekorationen im Rahmen eines Herrschereinzuges. Als Gattung läßt sich das H. daher nur unter Vernachlässigung des formalen Aspektes betrachten. H. läßt sich allgemein als kommunikativer Akt (in sprachlicher, bildlicher oder musikalischer Form) definieren, der inhaltlich durch das Lob einer Herrscherpersönlichkeit bestimmt ist und dessen Intentionalität sich aus dem konkreten (z. B. politischen) Zusammenhang ergibt. [3]

II. *Allgemeines.* In der rhetorischen Theorie ist das H. dem *genus demonstrativum* bzw. ‹eídos panegyrikón› zugeordnet. Dort ist es ein Spezialfall des Personenlobs. Es kann in einer großen Vielfalt von Formen erscheinen: in der Rhetorik natürlich in allen epideiktischen Formen, wenn sie sich auf eine Herrscherpersönlichkeit beziehen, z. B. anlaßbezogene Formen wie Abschieds- oder Begrüßungsrede, Epithalamion oder Epitaph, das reine Enkomion oder der Prosapanegyricus, in der Homiletik die Regentpredigt zu entsprechenden Anlässen. Bei den poetischen Formen gibt es Beispiele aus allen wichtigen Groß- und Kleinformen wie Epigramm, Spruchdichtung, metrischer Panegyricus oder historisches Epos. H. findet sich auch in verschiedenen Formen der Prosaliteratur wie Geschichtsschreibung, Biographie und Brief, insbesondere Widmungs- und Geleitschreiben. Gängige Formen in Kunst und Architektur sind Festdekorationen und -architektur wie *tableaux vivants* oder Triumphbögen, dauerhafte Architektur für Feste, Staatsakte etc., repräsentative Herrscherporträts, Herrscherallegorien in Portraits, Dekorationen etc. Hier stehen oft panegyrisch gedeutete Texte im Hintergrund oder erläuternde Texte schlüsseln die Bedeutung des bildlichen H. auf. [4] Musik als Begleitung zeremonieller Handlungen ist selbst Topos herrscherlicher Harmonie. In Huldigungskantaten, der höfischen mythologisch-heroischen Oper und dem mythologischen Ballett tritt die Musik zum Zweck des H. in Zusammenhang mit Bild oder Text.

Bei der Topik des H. ist zwischen der formalrhetorischen Topik der theoretischen Literatur zum Zwecke der *inventio* und der historischen Topik im literaturwissenschaftlichen Sinn zu unterscheiden. Sie sind nicht identisch, auch wenn es Überschneidungen gibt: In der rhetorischen Theorie werden für das Personenlob zwei grundlegende Schemata angeboten, die sich auch für das H. eignen: Das erste bezieht sich, meist nach den Lebensaltern geordnet, auf die Taten der zu lobenden Person, das zweite, systematisch geordnet, auf die verschiedenen Eigenschaften und Tugenden der betreffenden Person. [5] Spezielle Vorschriften zum H. kennt nur der griechische Rhetor MENANDER, der den λόγος βασιλικός (lógos basilikós) als Gattung einführt und eine reichhaltige Differenzierung nach verschiedenen Anlässen vornimmt. [6] In der Praxis überschneiden sich die unterschiedlichen Typen oft, die Wahl von Gattung und Topoi wurde stets der konkreten Situation angepaßt. Man muß sich daher davor hüten, in Texten des H. nur die schematische Anwendung der theoretisch fixierten Topik zu sehen. [7] Dem über Jahrhunderte hinweg stabilen theoretischen Rahmen des Personenlobs stehen vielfältige zeitliche Wandlungen der konkreten Werte und Techniken gegenüber, die Gegenstand der historischen Topik sind. Die Topik der *virtutes* z. B. steht jeweils in enger Verbindung zur jeweils zeitgenössischen Fürstenspiegelliteratur. Verschiedene Topoi, z. B. der beliebte Topos ‹arma et litterae› (Waffen und Wissenschaften) führen ein Eigenleben in der Diskussion der Standesideale. [8] Auch die regelmäßig in der theoretischen Literatur empfohlenen Techniken der *amplificatio* und *comparatio* werden in der Praxis durch vielfältige andere rhetorische Techniken ergänzt, die wichtigste ist hierbei die mythologische Herrscherallegorie. [9] Auch die Exempla und die Mustertexte wechseln im Laufe der Zeit.

Konkrete politische Situation und reale Machtstellung des Herrschers, die Traditionen von antikem Herrscherkult und christlichem Gottesgnadentum [10], d. h. die bis ins 18. Jh. hinein unauflösliche Verbindung von Religion und Politik, die Schlüsselstellung von Mäzenatentum und fürstlicher «Kulturpolitik» bilden den Rahmen des traditionellen H. und sind notwendiger Kontext für dessen Interpretation und Funktionsbestimmung. Es kann andererseits selbst wertvolles historisches Dokument für diese Hintergründe sein, denn das jeweilige aktuelle Wert- und Beziehungssystem ist hier konkret faßbar. Sozialer und funktionaler Rahmen des H. sind bis zum 20. Jh. Zeremoniell und Festkultur der Höfe.

H. ist oftmals Gelegenheitsdichtung und teilt mit dieser die Merkmale Okkasionalität, Repräsentativität und Funktionalität [11]: Das H. ist meist auf eine konkrete *occasio*, einen regelmäßig wiederkehrenden Anlaß bezogen. Typische Anlässe im Leben von Herrscher und Hof sind z. B. Siege und Friedensschlüsse, Krönung, Hochzeit, Genesung nach Krankheit, Tod des Herrschers oder die Geburt eines Thronfolgers. Der häufige Bezug auf repräsentative öffentliche Anlässe erklärt den meist offiziösen Charakter des H., dem nicht immer die persönliche Meinung des Autors zu entsprechen braucht. Das *aptum* der Situation verbietet offene Kritik oder eine persönliche Stellungnahme. Repräsentativität bedeutet aber nicht nur glanzvolle Selbstdarstellung des Hofes gegenüber den Untertanen, sondern zum ersten die symbolische Darstellung eines Herrschaftsverhältnisses (bei einem Hoffest zwischen Herrscher und Hof, bei einem Einzug zwischen Herrscher und Untertanen) durch Herrscher und Beherrschte selbst in einem zeremoniell festgelegten Festakt. [12] Zum zweiten wird die innerweltliche gesellschaftliche Herrschaftsordnung, wie sie sich im gemeinsamen zeremoniellen Handeln darstellt, als Symbolisierung göttlicher Ordnung bzw. Widerspiegelung des Herrschaftsverhältnisses zwischen Gott oder Göttern und Menschen gesehen. Dieser doppelte Verweisungszusammenhang bestimmt auch die Symbolik des H. Dementsprechend ist die künstlerische Realisierung des traditionellen H. kein ästhetischer Selbstzweck, sondern funktional bestimmt: Das H. stellt politische und moralische Normvorstellungen in typisierter und idealisierter Form als realisiert dar und dient der zeremonialen Herrschaftsgewinnung oder -stabilisierung.

Ebenso alt wie seine Topik ist die ihrerseits topische Kritik, das H. sei künstlerisch und vor allem moralisch zweifelhaft. Diese Kritik wirkt bis heute in der Literaturwissenschaft nach. [13] Dies hängt u. a. mit dem langen Vorherrschen und Nachwirken der Erlebnistheorie zusammen, der die oftmals deutliche politische Zweckbindung des H. und seine Okkasionalität [14] gleichermaßen verdächtig waren. Die Zuordnung des H. zur Epideiktik hat zu seiner problematischen Bewertung beigetragen: Die *officia* Lob und Tadel sind Aufgaben des Autors und sagen nichts über den unmittelbaren Zweck seines epideiktischen Textes aus. Die einseitige Identifizierung der Beratungsrede mit politischer Rede überhaupt und die Überbetonung des ‹l'art pour l'art› in der gängigen Auffassung von Epideiktik [15] haben zur Abwertung des H. als politisch irrelevante Schmeichelei beigetragen. Diese Abwertung entspricht nicht dem historischen Befund, denn Lob ist im H. kein Selbstzweck, sondern dient z. B. der Sanktionierung eines bestimmten Wertekanons, der propagandistischen «Sympathiewerbung» oder ist verstecktes Zu- oder Abraten (das Lob in der *captatio benevolentiae* z. B. hat eindeutig deliberative Funktion), selbst versteckte Kritik ist möglich. Die ‹Propaganda›, der das H. oftmals dient, ist dabei vor der Entwicklung der modernen Massenpropaganda am Ende des 19. Jahrhunderts neutral zu verstehen: H. wird als legitimes persuasives Mittel zur Verbreitung und Durchsetzung eines bestimmten Herrschaftsverständnisses verstanden. Auch die jeweils zugrundeliegende Herrschafts-‹Ideologie› ist bis zur Moderne neutral als bestimmte verfestigte Anschauung zu verstehen, die nicht zum Zwecke politischer Täuschung verbreitet wird. [16] H. ist nicht einfach selbstgenügsame Epideiktik, prunkhaftes ‹Aufzeigen› der fraglosen Preiswürdigkeit des Herrschers, sondern ihrem Ideal nach politische Beredsamkeit, die sich nicht in Form der Beratungsrede vollzieht. [17] Das H. ist dann nicht bloße Affirmation, sondern hat, wie immer wieder bekräftigt wurde, normativen und postulativen Charakter, ihre Funktion ist oftmals didaktisch-moralisch. [18] Wichtige Absicht des klassischen H. ist es, den Herrscher an das dort formulierte Werteverständnis zu binden [19], zeremonielle Vorgänge wie z. B. Huldigung oder Akklamation, die regelmäßig von H. begleitet wurden, hatten lange Zeit verbindlichen Rechtscharakter. [20] Was H. bedeutet, ist u. a. auch am jeweiligen Spielraum der Hofkritik zu messen, die ebenfalls literarische Tradition mit eigener Topik ist, als Negativfolie aber auch dem H. dienen kann. [21] Auch und gerade wo Werke des H. konkreten politischen Zwecken dienen, verbindet sich oftmals mit ihnen – der Würde des Adressaten entsprechend – ein hoher künstlerischer oder literarischer Anspruch. Wichtig für den Funktionsrahmen des H. ist die jeweilige Beziehung zwischen dem gepriesenen Herrscher, dem Autor des H. und der realen oder intendierten Öffentlichkeit. H. dient oftmals der sozialen Kontakt- und Beziehungspflege zwischen Dichter und Mäzen oder Herrscher und Klient. Der Übergang von der höfisch-repräsentativen Öffentlichkeit zur kritischen bürgerlichen Öffentlichkeit bedeutet für das H. einen besonderen Einschnitt, weil die Repräsentation im ursprünglichen Sinne mit ihrer stabilisierenden Wirkung allmählich ihre Funktionsfähigkeit einbüßt. Der Übergang von der bürgerlichen Öffentlichkeit zur Massenöffentlichkeit an der Wende vom 19. zum 20. Jh. bedeutet einen weiteren Funktionswandel, parallel dazu vollzieht sich der Übergang vom H. im alten Sinne zum modernen propagandistischen Personenkult. H. als solches läßt sich vom historischen Standpunkt aus weder pauschal rechtfertigen noch verurteilen. Für eine gerechte historische Beurteilung der verschiedenen H.-Formen ist die Kenntnis der jeweiligen historischen Bedingungen notwendig, darüberhinaus die Anwendung zeitgerechter literarischer oder künstlerischer Maßstäbe. [22]

H. ist ebenso wie die verschiedenen Formen monarchischer Herrschaft eine historisch und kulturell übergreifende Konstante. Dies fordert und ermöglicht einen Vergleich mit den außereuropäischen Kulturen. [23]

B.I. *Antike. Alter Orient.* Bereits im Herrscherkult *Mesopotamiens* findet sich formelhaft verfestigtes H. in Königstiteln wie ‹Gesandter Gottes›, ‹Hirte des Volkes›, ‹Vater› oder ‹Großer Mann› und in poetischen Texten, wo der König z. B. als schattenspendender Baum verbildlicht wird. [24] Auch in *Ägypten* gibt es H. in Königshymnen und in formelhaften Titulaturen, die sich auf die rühmenswerten Eigenschaften des Pharao beziehen. Sie enthalten oftmals das politische Programm des jeweiligen Herrschers. [25] Im alten *Israel* findet sich H. in verschiedenen Königspsalmen (Ps 2, 45, 72 u. 89). Sie sind in ihrer Diktion abhängig vom Hofstil Ägyptens und Mesopotamiens. [26] Bei den Psalmen findet sich auch ein Regentenspiegel (Ps 101), in dem in Form lobender Selbstdarstellung die ethischen und religiösen Anforderungen an den König formuliert sind. [27]

Die altorientalischen Formen von Herrscherkult und H. sind Voraussetzung für deren Entwicklung im *Hellenismus*. Kulturelle Brücke war der Heroenkult: Es gab bereits in vorhellenistischer Zeit in den griechischen Stadtstaaten den Brauch, herausragenden Persönlichkeiten kultische Ehren zu erweisen. In der Überhöhung Alexanders des Großen treffen sich orientalischer Herrscherkult und hellenistischer Heroenkult. Beides wurde von seinen Nachfolgern fortgesetzt. [28] Der Herrscherkult der Ptolemäer konnte direkt am ägyptischen Herrscherkult anknüpfen. Für das H. dieser Zeit ist der Katalog von Herrschertugenden ausschlaggebend, der in den zahlreichen Traktaten ‹Perí basileías› (Über das Königtum) entwickelt wurde. An erster Stelle steht dabei die ‹Gnade› des Herrschers, seine φιλανθρωπία (philanthrōpía). Eine besondere Form des H. ist in dieser Zeit die

Darstellung herrscherlicher Tugenden auf Münzen und in Form von Titeln, wie z. B. der ‹Euergetes›-Titel (Wohltäter) bei den Ptolemäern. [29]

ISOKRATES schafft mit seinem ‹Euagoras› das Vorbild für die Gattung des Herrscherenkomions in Prosa. Bisher war H. nur in lyrischen Formen praktiziert worden. [30] Isokrates' H. ist integraler Bestandteil seines Konzeptes politischer Bildung, es dient nicht dem Lob des Euagoras als individuelle Herrscherpersönlichkeit, sondern der Herausarbeitung eines modellhaften Fürstentyps. [31] Die ALEXANDER-RHETORIK empfiehlt als Mittel des Personenlobs besonders Herabsetzung und Steigerung, kennt aber keine speziellen Anweisungen zum H. Tugenden und Taten der zu lobenden Persönlichkeit sind dem Redner als Argumente ohne Anspruch auf Wahrhaftigkeit verfügbar. Im Gegensatz dazu bindet ARISTOTELES in seiner Rhetorik die Topik des Personenlobs an die Güterlehre seiner philosophischen Ethik [32] und weist darauf hin, daß sich ethische Forderungen leicht in die Form des Lobes kleiden ließen. [33] Auch er empfiehlt als Mittel die Amplifikation. Beide Werke kodifizieren eine Praxis, die bei Isokrates bereits fertig ausgebildet vorliegt. Auch XENOPHON folgt in seinem Enkomion auf den spartanischen König Agesilaos dem Vorbild des Isokrates. [34]

In *Rom* nimmt die Ausbildung des Herrscherkultes durch Cäsar ihren Anfang, wird durch Augustus vorsichtig fortgeführt, und ist vor allem im Dominat und in der Spätantike von Bedeutung. Analog zur hellenistischen Literatur bildet sich ein System von Herrschertugenden wie *virtus* (Mut), analog zur griechischen φιλανθρωπία *clementia* (Milde), *iustitia* (Gerechtigkeit) und *pietas* (Pflichtbewußtsein/Gnade). [35] Die Theorie wird erst spät explizit auf die Thematik des H. bezogen: Die HERENNIUS-RHETORIK gibt für das Personenlob detaillierte Anweisungen zur Topik, die nach den Redeteilen geordnet sind. Spezielle Anweisungen zum H. kennt sie nicht. [36] QUINTILIAN diskutiert in seiner ‹Institutio oratoria› ausführlich die Überschneidungen von Beratungsrede und Epideiktik und gibt die üblichen Anweisungen zum Personenlob. Er weist direkt auf die Möglichkeit hin, eine Preisrede chronologisch nach Taten oder systematisch nach Tugenden zu disponieren. [37] Er bringt dort auch ein kurzes H. auf Domitian an. [38] Erst gegen Ende des 3. Jahrhunderts gibt der Rhetor MENANDER in seiner Schrift Περὶ ἐπιδεικτικῶν (Perí epideiktikón) [39] detaillierte Anweisungen auch zum H., er führt den lógos basilikós als Redegattung ein und ordnet die verschiedenen Fälle nach Anlässen. Auch hier folgt die Theorie einer längst verfestigten Praxis: der kaiserliche Panegyricus, der bei verschiedenen festlichen Anlässen gehalten wurde, ist das Vorbild.

Den frühesten Fall rhetorischen H. in der lateinischen Literatur stellt CICEROS an Caesar gerichtete Rede für Marcellus dar. Seit Augustus hat praktisch die gesamte Dichtung, soweit sie höfisch-repräsentativen Charakter hat, auch die Funktion des H. VERGIL preist Augustus in seiner ‹Aeneis›, die vierte Ekloge beschwört den Beginn eines neuen goldenen Zeitalters, das sich mit dem Zeitalter des Augustus identifizieren läßt. OVID preist Caesar in den ‹Metamorphosen›, Augustus in den ‹Epistulae ex Ponto›. MARTIAL hat adulatorische Epigramme an seine kaiserlichen Gönner gerichtet. Auch die Geschichtsschreibung kann mit ihrer enkomiastischen Grundtendenz zum H. werden. [40] Seit Augustus gibt es die zeremoniell geregelte Apotheose des verstorbenen Kaisers, die zur Entwicklung verschiedener Bildformen zur Verherrlichung des Herrschers führt. [41] SENECAS Fürstenspiegel ‹De clementia›, der an seinen Schüler Nero gerichtet war, ist direktes, pädagogisch gemeintes H. Der jüngere PLINIUS eröffnet mit seiner großangelegten Dankrede an Trajan die Gattung des repräsentativen Panegyricus. [42] In diesem Zusammenhang hat er sich auch zur Problematik des H. geäußert: Er schreibt in einem Brief zu seinem ‹Panegyricus›, dieser sei auf Anerkennung gestoßen, weil ein Trajan aufrichtig gelobt werden könne und weist auf die Vorbildfunktion für spätere Herrscher hin. [43] Zentral für Plinius ist die Kritik am Despotismus Domitians, vor dessen Hintergrund sich Trajans Beispiel als Vorbild abhebt. [44] Eine Reihe solcher Lobreden auf Kaiser ist in der Sammlung der *panegyrici latini* erhalten, die aus der Zeit von Diokletian bis Theodosius stammen. [45] Voraussetzung der kaiserlichen Panegyrik ist die Ausbildung eines umfassenden differenzierten Zeremoniells und Herrscherkultes um die römischen Kaiser. [46] Sie dokumentiert die Entwicklung des römischen Kaiserideals in Verbindung mit der Romideologie. [47] Die Panegyrik der Spätantike, z. B. bei Claudian [48], ist ein wertvolles Zeugnis für die politische Geschichte und das Geschichtsverständnis dieser Zeit. [49]

Während die panegyrische Literatur meist nur das begrenzte Publikum des kaiserlichen Hofes erreichte, standen in der Kaiserzeit für eine breite Wirkung auf das Volk andere Kommunikationsmittel zur Verfügung: Ein vergleichbares Repertoire an panegyrischen Formeln ist in der Münz- und Bildpropaganda [50], der H.-Rhetorik in den Arengen der Kaiserurkunden [51] und auf Gedenktafeln zu finden. Eine besondere Form des H. stellen die Akklamationsformeln dar, die zum Zeremoniell von Triumphzug und *adventus imperatoris* (dem feierlichen Einzug in eine Stadt) gehörten, wie es sich in der Kaiserzeit herausbildete.

Herrscherideal, -kult und Zeremoniell der kaiserlichen Spätantike werden mit den zugehörigen Formen des H. in die kurzlebigen Reiche der Völkerwanderungszeit und des Frühmittelalters übernommen. [52] Beispiele sind das Preisgedicht ‹In laudem regis› des FLORENTINUS auf den Vandalenkönig Thrasamund [53] oder das H. des AVITUS im Burgunderreich des frühen 6. Jh. [54]

II. *Mittelalter.* In *Byzanz* hält man an der Kaiser- und Reichsidee Roms fest und geht von der Fortdauer des römischen Reiches aus. Die sorgfältige Pflege des griechischen Erbes und die Hemmung wirklich historischer Entwicklung von Theorie und Praxis durch striktes Festhalten an der *imitatio* führen zu einer geradlinigen Fortsetzung der spätantiken Gebräuche beim H. In der Theorie sind die Anweisungen Menanders weiterhin maßgebend. [55] H. findet sich in Enkomia, Geschichtsschreibung, Akklamationen und Triumphzügen. [56] Die Arengen der Kaiserurkunden sind Mittel der ‹Massenpropaganda› wie in der römischen Kaiserzeit. [57] Auch die in der Geschichtsschreibung häufige Kaiserkritik konnte Medium des H. sein, indem die Kritik an einem verstorbenen Kaiser den lebenden Kaiser in umso besserem Licht erscheinen ließ. [58]

Auch im lateinischen *Westen* wird die Kontinuität zum römischen Reich betont und die spätantike Praxis des H. unter christlichen Vorzeichen fortgesetzt. In der Theorie sind für das *genus demonstrativum* weiterhin die Herennius-Rhetorik, die Anweisungen Quintilians und Ciceros ‹De inventione› maßgeblich, die mittelalterlichen Poetiken gehen über diesen Rahmen nicht wesentlich hinaus. [59] Topische Kritik an «zügellosem Königslob» findet sich bei Isidor von Sevilla. [60] Die Frage nach Aufrichtigkeit und Unaufrichtigkeit des Personenlobs wird immer wieder erörtert. [61] Schon in der Merowingerzeit finden sich zahlreiche Beispiele des H. bei Venantius Fortunatus [62], seit der karolingischen Renaissance [63] wird die H.-Produktion bald unübersehbar. Sie umfaßt z. B. Panegyricus, Historisches Epos, Preislied, Trauergedicht, Ekloge [64], Biographisches, Geschichtsschreibung [65] und häufig Widmungs- und Begleitbriefe. [66] So wie sich die Ethik des mittelalterlichen H. auch an den zeitgenössischen Fürstenspiegeln orientiert [67], ist an den verschiedenen Formen des H. die Entwicklung des Herrscherideals ablesbar. [68] Besondere Formen des H. finden sich im Zusammenhang mit Adventus und Festkultur. [69] Im Zentrum des Adventus-H. steht der messianische Königsmythos, wie er sich im Zusammenhang mit der bewußten Sakralisierung der Königsherrschaft im Investiturstreit herausgebildet hat. [70] Feste liturgische Akklamationsformeln und Lobpreisungen bilden sich in den *laudes regiae* heraus. [71] Die allegorischen Festdekorationen beim fürstlichen Adventus folgen der Technik der typologischen Bibelallegorese und stellen die üblichen panegyrischen Tugenden in personifizierter Form dar. [72]

III. *Renaissance, Humanismus, Reformation.* Die Reduktion kirchlichen Zeremoniells in den reformierten Herrschaftsgebieten führt im Gegenzug zur weiteren Sakralisierung des Herrscherzeremoniells. Die Entwicklung des neuzeitlichen Mäzenatentums verstärkt den Bedarf an H.-Literatur, die wieder stärker an den klassischen Vorbildern orientiert ist. [73] 1433 werden der ‹Panegyricus› des Plinius und die Sammlung der *panegyrici latini* wiederentdeckt. [74] J. C. Scaliger formuliert seine Anweisungen zum H. wieder auf der Grundlage Menanders. [75] Auch die Diskussion um das H. wird wiederaufgegriffen: Erasmus von Rotterdam betont in einem Begleitbrief den versteckten pädagogischen, d. h. fürstenspiegelartigen Charakter seines *Panegyricus* auf Philipp den Schönen. Er bemüht für das Pro und Contra des H. zahlreiche Autoritäten von Plinius bis zu den Kirchenvätern. [76] Auch Ulrich von Hutten betont den pädagogischen Charakter humanistischer Panegyrik. [77] Folgenreich für die weitere Entwicklung war die Erhebung der *magnificentia* durch die florentinischen Humanisten zur fürstlichen Tugend. Verschwenderische Ausgaben zum Zwecke fürstlicher Prunkentfaltung wurden als Entsprechung zur Erhabenheit des Fürsten gerechtfertigt. [78]

Die Praxis des H. ist ist dank neuer Formen und Medien noch vielgestaltiger als die des Mittelalters: Neben plinianischen Prosa – *panegyrici* wie z. B. dem des Erasmus [79] finden sich auch Beispiele in metrischer Form, wie etwa der Panegyricus Ulrichs von Hutten auf Albrecht von Brandenburg oder Sir Thomas Chaloners *carmen panegyricum* auf Heinrich VIII. [80] Auch das Epos, wie z. B. Spensers ‹Fairie Queene› [81] oder Ronsards ‹Franciade›, kann dem H. dienen. Insgesamt ist die panegyrische Literatur ebenso wie im Mittelalter die pädagogisch orientierte Kehrseite der Fürstenspiegelliteratur. [82] Auch das Drama zeigt eine Nähe zur Panegyrik, z. B. enthält Shakespeares ‹Heinrich VIII.› explizites H. auf Jakob I. [83] H. ist integraler Bestandteil auch des dramatischen Festspiels, das wie die bildende Kunst überhaupt von der humanistischen mythologischen Allegorie Gebrauch macht. [84] H. ist immer auch Teil höfischer Festkultur wie z. B. der ‹Court masques›

der Stuarts, die von Künstlern wie Inigo Jones entworfen wurden. [85] Selbst der Karneval in Florenz dient unter den Medici dynastischer Enkomiastik. [86] Die Widmungsvorrede ist weiterhin beliebter Ort panegyrischer Topik. [87] Auch das neuentstandene Flugblatt kann dem H. dienen. [88] Der Adventus verwandelt sich (wieder) in einen mythologisch-allegorischen Triumphzug, die Fortführung der messianischen Königsidee bleibt v. a. in England und Frankreich zentral. [89] Beispiele für die enge Verbindung von Text und Bild bietet die panegyrische Selbstdarstellung Maximilians I. Noch in der mittelalterlichen Tradition stehen die allegorischen Romane ‹Weisskunig› oder ‹Theuerdank›. Humanistisches Gedankengut verarbeiten die monumentalen Holzschnitte der ‹Ehrenpforte› und des ‹Triumphzuges›. [90] In der bildenden Kunst erschließt die Wiederentdeckung der Antike neue Bildinhalte: Antike Bildbeschreibungen (Ekphrasen) von Plinius und Philostrat werden bei Tizian und Leonardo als Quelle für panegyrische Bildkompositionen verwendet. [91] Dynastische Selbstdarstellung und Verwendung antiker Ekphrasen finden sich z. B. auch in zeremonialen Festdekorationen der Renaissancepäpste. [92]

IV. *Barock.* Die Entwicklung des Absolutismus im Frankreich des 17. Jh., in Deutschland und Österreich seit dem Ende des Dreißigjährigen Krieges und im England der Stuartkönige, führen zu einem weiteren Aufschwung des H. Die Theorie des Personenlobs [93] führt die Prämissen der Renaissance fort, die rhetorische Theorie öffnet sich allerdings mehr der höfischen Praxis. Z. B. gibt B. Kindermann in seinem ‹Deutschen Redner› einige knappe Empfehlungen für die Huldigung, die er mit ausführlichen Beispielen illustriert. [94] Die Diskussion über Pro und Contra des H. geht weiter. Fenelon übt in seinen ‹Dialogen über die Beredsamkeit› Kritik an jeder Herrscherpanegyrik, die einer Einzelpersönlichkeit gilt und nicht ausdrücklich als nachahmenswertes Beispiel für die Allgemeinheit gedacht ist. Unter diesen Voraussetzungen tadelt er sogar Plinius' Panegyricus. [95] In der Panegyrik z. B. J. Drydens erscheint die analoge Rechtfertigungstopik, nach der sie Schmeichelei ausschließt und auf moralische Besserung zielt. [96] Die Praxis des H. weist die mit Abstand größte Breite an Medien und Formen auf: In Festkultur [97] und Zeremoniell, Literatur, bildender Kunst, Architektur und Musik wird eine bisher nicht dagewesene repräsentative Prachtentfaltung gepflegt. Panegyrik ist Grundzug barocker Dichtung [98], nach wie vor sind die antiken *panegyrici* häufig nachgeahmtes Vorbild. [99] Das Spektrum reicht von Lobgedichten unterschiedlichster Form [100], den humanistischen lateinischen Formen, Huldigungsreden und Epik bis zur Geschichtsschreibung. Verschiedene Bildnistypen, die dem H. dienen, setzen sich allgemein durch: Mythologische Portraits und allegorische Darstellungen wie Rubens' Medici-Zyklus [101] werden vielfach nachgeahmt. Besonders folgenreich ist der Typus der Apotheose, den Rubens für Karl I. und im Medici-Zyklus vorbildet. [102] Spezielle Papst-Panegyrik stellen der Neptunsbrunnen in Rom dar [103]; sie sind Beispiele für panegyrisch gedeutete klassische Texte als Hintergrund, hier Vergils ‹Quos ego›. [104] H. findet sich selbst im barocken Thesenblatt. [105] Der Adventus wird unter größtmöglicher Prachtentfaltung weiter als mythologischer Triumph gefeiert. [106] Auch Fest- und Schloßarchitektur beuten den Fundus des bildlichen H. aus. Musik ist schon als solche Harmonietopos des H. [107], das sich in Oper,

Ballett oder Huldigungskantate findet. Deren Textgrundlage unterliegt den gleichen Voraussetzungen wie die Gelegenheitsdichtung und bemüht meist denselben mythologischen Apparat. [108]

Deutschland. [109] In der lutherischen Regentenpredigt wird auf die Topik der Königspsalmen zum Zweck des H. zurückgegriffen. [110] Ebenso wie die monumentalen Publikationen zu höfischen Festen erscheinen zum Zwecke des H. repräsentative Text- und Bildsammlungen, die die große Variationsbreite dichterischen H. und die allgegenwärtige Nähe zu allegorischer und emblematischer Bildlichkeit aufzeigen. [111] Die lateinische Panegyrik wird, besonders an den Höfen der Kirchenfürsten, weiterhin gepflegt. [112] Im Dreißigjährigen Krieg entwickelt sich eine enkomiastische Naturtopik, die z. B. bei DACH, OPITZ, OLEARIUS und FLEMING nachzuweisen ist. [113] F. VON LOGAU bietet Beispiele für H. in Epigrammform, wobei auch die Hofkritik indirektes H. bedeuten kann und umgekehrt das Lob nicht vorbehaltlose Affirmation darstellt. [114] Politische Einzelereignisse im Zuge der Durchsetzung des Absolutismus wie z. B. die Unterwerfung der Stadt Braunschweig 1671 hinterlassen auch ihre Spuren in verschiedenen Publikationen, die dem H. dienen. [115] Die absolutistische Inszenierung des Herrscherideals am habsburgischen Kaiserhof bezieht alle Medien wie Herrschaftsarchitektur, Zeremoniell, bildende Kunst, Dichtung, Oper, Fest usw. in eine umfassende Selbstdarstellung ein. Alle diese Formen enthalten auf je eigene Weise die typischen Ingredienzen des H. in der repräsentativen Öffentlichkeit des Hofes. [116] In *England* bedeuten der Bürgerkrieg und die Hinrichtung Karls I. keine Unterbrechung der gängigen H.-Praxis, Cromwell wird in gleicher Form H. zuteil wie den Stuartkönigen. [117] In *Frankreich* bildet sich durch die Regentschaft von Frauen wie Katharina de Medici und Anna von Österreich im Zusammenhang mit der sogenannten ‹Querelle des femmes› eine koventionalisierte Topik für das Herrscherinnenlob aus. [118] Die Ansätze einer systematischen Kulturpolitik unter Ludwig XIV. führen zu einer gezielten Förderung panegyrischer Literatur und massenhaftem H. in der Widmungstopik. [119] Die in ganz Europa nachgeahmte Adaption der Sonnen- bzw. Planetensymbolik findet ihren Eingang sowohl in das ‹Ballet de la Nuit› von 1653 als auch in die ‹Entrée solenelle› von 1660 [120] und begründen den Mythos des ‹Sonnenkönigtums›.

V. Das *18. Jh.* stellt eine Übergangszeit dar: Der ersten Jahrhunderthälfte, die noch den Prämissen der Barockzeit verpflichtet ist, folgt ein langsamer Abbau der höfischen Repräsentation und im Gegenzug das Eindringen bürgerlich-aufklärerischer Wertvorstellungen. Der schrittweisen Entfaltung der kritischen bürgerlichen Öffentlichkeit geht ein allmählicher Bedeutungsverlust der repräsentativen Öffentlichkeit einher. In den politischen Leitvorstellungen vollzieht sich der Wandel von der Loyalität der Untertanen zum Herrscher von Gottes Gnaden zum Patriotismus des freien Bürgers. Die Französische Revolution bedeutet mit ihrer fundamentalen Erschütterung der Monarchie als Herrschaftsprinzip auch einen Einschnitt für das H.

Während sich die hergebrachten Themen und Techniken als relativ beständig erweisen, wird in der rhetorisch-literarischen Theorie rasch Kritik an den *praecepta* und der ‹unnatürlichen› traditionellen Topik laut. In der Kunsttheorie wird Kritik an der konventionellen mythologischen Herrscherallegorie geübt. [121] Der Artikel ‹Lob-Reden› in Zedlers ‹Universal-Lexicon› repräsentiert noch den alten Theoriestand und fußt auf den Prinzipien von Tugenden und Taten, ebenso typisch ist generell an das Personenlob gedacht, spezielle Anweisungen für das H. werden nicht gegeben. [122] GOTTSCHED übt zwar Kritik an der hergebrachten Lobtopik [123], weist aber dem H. in seiner ‹Critischen Dichtkunst› und der ‹Ausführlichen Redekunst› einen festen Platz an. [124] VOLTAIRE adaptiert die pädagogische Tradition des H. für die Aufklärung und bemerkt über Ludwig XIV.: «Er liebte Lobreden, und es ist zu wünschen, daß ein König sie liebt, weil er sich dann anstrengt, sie zu verdienen.» [125]

Die bürgerliche Kritik an literarischer Panegyrik setzt zunächst nicht beim H. als solchem an, sondern unterwirft sie bürgerlichen Normvorstellungen. Tugend und ‹Verdienst› des zu preisenden Fürsten rücken in den Vordergrund. [126] Dementsprechend wird immer wieder die topische Kritik an moralisch zweifelhaftem H. laut. C. H. SCHMID bemerkt z. B. in seiner ‹Theorie der Poesie› von 1767 zur Abgrenzung von Poesie und Beredsamkeit ironisch: «Freylich haben z. B. die Lobreden einen zwiefachen Nutzen, zuerst sind sie dem Panegyristen einträglich, dann setzen sie auch die ohnedem offenbaren Fehler der gepriesenen Mäcenaten in ein noch helleres Licht.» [127] KLOPSTOCK macht in seinem Gedicht ‹Fürstenlob› das H. von den (bürgerlichen) moralischen Qualitäten des Fürsten abhängig. [128]

Die Praxis hält länger an den alten Formen fest als die Theorie. Noch Gottsched läßt z. B. seine Lobreden und -gedichte nach dem Rang der Adressaten geordnet drukken. Voltaire verbindet in seinem Epos ‹Henriade› selbstverständlich H. mit nationaler Programmatik. Noch gegen Ende des Jahrhunderts betrachtet die Generation der Popularphilosophen panegyrische Literatur als rühmenswerte Leistung, wie das Beispiel GARVES zeigt: Er hebt in einem Aufsatz über die literarischen Errungenschaften der Deutschen im Vergleich zum Ausland und zur Antike eine Lobrede auf Friedrich den Großen von J. J. ENGEL als besondere Leistung hervor. [129]

Die Bedeutung des Mäzenatentums nimmt – am schnellsten in der Literatur, sehr viel langsamer in bildender Kunst und Musik – ab, im gleichen Maße verschwindet das H. der Widmungsbriefe. [130] Gegenstand des H. ist mehr und mehr nicht der fürstliche Gönner, sondern Symbolfiguren des entstehenden Nationalbewußtseins und des aufgeklärten Absolutismus wie Friedrich der Große, Joseph II. oder der Markgraf von Baden. [131] Die traditionellen Praxisformen des H. in der bildenden Kunst halten sich zum Teil bis ins beginnende 19. Jh., wie z. B. eine Apotheose Napoleons zeigt. [132]

VI. In der ersten Hälfte des *19. Jh.* setzen sich die Säkularisationstendenzen des 18. Jh. fort: Das Gottesgnadentum, von allen Monarchen Europas noch im Titel geführt und von vielen – z. B. Friedrich Wilhelm IV. – noch als Realität aufrechterhalten, verliert endgültig seine Glaubwürdigkeit für die Gesamtgesellschaft. Zeugnis divergierender staatspolitischer Auffassungen zwischen bürgerlicher Gesellschaft und Herrscher sind die Debatten um Legitimismus, Konstitutionalismus und Parlamentarismus. Der Kampf um die Zensurfreiheit unterstreicht die Bedeutung der erstarkenden bürgerlichen Öffentlichkeit, die von Diskussion und Kritik geprägt ist. Die Hofkunst verliert stark an Bedeutung, höfische Literatur ist bereits zu Anfang des Jahrhunderts ohne Bedeutung, literarisches H. ist allenfalls noch als persönliches Bekenntnis möglich. [133] Dies alles bedeutet allerdings nicht das Verschwinden des H., sondern einen tiefgreifenden Funktionswandel: das 19. Jh. bildet die Übergangszeit vom ‹klassischen› H. zu Propaganda und Personenkult im modernen Sinne.

Die Kontinuität alter Formen bei gleichzeitigem Sinnwandel [134] zeigt sich in der Historisierung traditioneller Formen in der zweiten Hälfte des Jahrhunderts. Das Herrscherportrait wandelt sich vom Repräsentationsbild zum Massenartikel, betont einerseits monarchische Kontinuität und Stabilität, paßt sich aber andererseits bürgerlichen Normvorstellungen an. [135] Der Denkmalskult bietet der Allegorie der bildenden Kunst in historisch-nationalmythologischer Form eine letzte Nische. [136] Die obligatorischen Einweihungsreden geben Gelegenheit zu rhetorischem H., wobei der dynastische Kult z.B. in den zahlreichen Denkmälern für Wilhelm I. Kristallisationspunkt nationalistischer Gesinnung war. [137] Insgesamt gelingt die Aufrechterhaltung des monarchischen Kultes bis ins 20. Jh. hinein. [138] Er kann auf verschiedene Weise wirkungsvoll inszeniert werden: Herrschergeburtstagsfeiern haben Gedichte, Reden usw. zum Zwecke des H. zum festen Bestandteil. [139] Öffentliche Feste wie z.B. die Kölner Dombaufeste sind Forum monarchischer Selbstdarstellung. [140] Solche Feste, historische Festzüge und Einzüge wie z.B. der Wiener Huldigungsfestzug von 1908 zum sechzigjährigen Regierungsjubiläum des Kaisers sind allerdings auch Forum bürgerlicher Selbstdarstellung. [141] Eine reale politische Wirksamkeit des monarchischen Kults ist kaum noch gegeben. [142] Der Bismarckkult – der implizit auch Kritik am Herrscher bedeutete – und seine sozialistische Parallele im Lasalle-Kult sind Beispiele für diesen Bedeutungsverlust und den allmählichen Übergang zum Personenkult, der sich später nicht mehr auf den traditionellen monarchischen Herrscher, sondern den modernen Machthaber richtet. [143]

VII. Obwohl das *20. Jh.* vermutlich die weitaus größte Fülle an Werken aller Art hervorgebracht hat, die der Verherrlichung von Machthabern dienen, läßt sich hierbei nicht mehr ohne weiteres von H. sprechen, die Bezeichnung *Personenkult* ist hier zutreffender. Zwar gibt es zum Sakralherrschertum und H. vergangener Zeiten zahlreiche v. a. religionssoziologische Parallelen: Das ‹H.› des Personenkultes entspringt den innerweltlichen Erlösungsbedürfnissen einer radikal säkularisierten ‹unheilen› Welt, die aus dem religiösen Gefühl in die politische Sphäre projiziert werden. [144] Doch «Kult ist jetzt etwas Machbares, bewegt sich nicht in geformten, gewachsenen Strukturen und Traditionen; er rekurriert zwar auf Elemente des sakralen Königtums und ist auf diese Tradition angewiesen, stellt aber eine Verherrlichung der persönlichen Qualitäten eines Herrschers dar. Personenkult ist nun Antwort auf eine politische Legitimitätskrise, die mit dem Zerfall der alten politischen Ordnung und mit der sozioökonomischen Krise entsteht.» [145] Gegenüber dem klassischen H. hat sich der Charakter der Öffentlichkeit grundlegend gewandelt: Adressat ist keine elitäre (und gut informierte) Hofgesellschaft, die u. a. Voraussetzung für die ethische Rückbindung des H. darstellt, auch kein bürgerliches Publikum, sondern ein modernes Massenpublikum, dem gegenüber die bestehenden Verhältnisse nicht mehr repräsentativ zu Schau gestellt werden können und das nicht ‹erzogen›, sondern indoktriniert werden soll. Auch die traditionelle Trennung von Person und Amt – die Ehrenbezeugungen des H. gelten der Person nur in ihrer Funktion als Amtsträger – ist im Personenkult bewußt verwischt, ausschließlich die Eigenschaften der Person werden propagandistisch in den Vordergrund gestellt. Oftmals hat man für die Zwecke moderner Propaganda bewußt auf antike und mittelalterliche Formen des H. zurückgegriffen, z.B. bei Massenveranstaltungen auf christliche Akklamationsformeln für Mussolini [146] oder Akklamationen im ‹byzantinischen› Stil für Stalin. [147] Dem Personenkult dienen gleichermaßen alle traditionellen und modernen Medien und Formen wie Gedichte, Epen, Zeitungsartikel, Glückwunschadressen, Denkmalskult und Herrscherbilder etc., besonders in den kommunistischen und faschistischen Staaten. [148]

Der moderne Personenkult ist Hintergrund für die wissenschaftliche Diskussion um Wert und Unwert des historischen H.: Dem H. haftet – z. T. bis heute – das Odium künstlerisch wertloser und moralisch bedenklicher Schmeichelei an. Die Vorbehalte gegen das H. betreffen verschiedene Bereiche: Politisch entspringt sie der Ablehnung eines affirmativen Umgangs mit Herrscherpersönlichkeiten und der Personalisierung von Herrschaft überhaupt. Sie resultiert aus den Erfahrungen mit der entleerten monarchischen Propaganda des 20. Jh., der modernen Massenpropaganda, die auf Ausschaltung jeglicher Kritik zielt, und dem unüberbrückbaren Abstand zur Tradition des Sakralherrschertums. Die Ästhetik des Idealismus mit dem Gebot der Zweckfreiheit der Kunst führte zu einer künstlerischen Entwertung des poetischen H. [149], das ja stets dem konkreten Zweck politischer, moralischer und herrschaftstheologischer Repräsentation zu dienen hatte. Hermeneutisch galt die Erlebnistheorie lange als privilegierter Zugang und als Maßstab für die Qualität von Dichtung, stand so einer Würdigung der Anlaßbezogenheit des H. im Wege und führte zur weiteren künstlerischen Abwertung. [150] Moralisch wurde H. als unwürdige Schmeichelei und Lobhudelei betrachtet, weil man die traditionelle didaktisch-moralische Zweckbestimmung des H. nicht beachtete. [151] Die pauschale Abwertung des H. in der wissenschaftlichen Diskussion ist in der jüngeren Forschung einer differenzierteren Betrachtungsweise gewichen, die sich um eine Einbeziehung der religiösen, sozialen, rechtlichen und geistesgeschichtlichen Hintergründe des H. bemüht. [152]

Anmerkungen:
1 vgl. E. R. Curtius: Europäische Lit. und lat. MA (Bern 1948; [10]1984) 184ff. – **2** vgl. A. Michels: Philos. und H. als Bild (o. J.) 96ff. – **3** zur Gattungsproblematik vgl. T. Verweyen: Barockes H., in: DU 28 (1976) 25–45. – **4** vgl. die repräsentativen Veröffentlichungen von Hoffesten und Einzügen; Übersicht bei R. Strong: Feste der Renaissance (1991) 300–303. – **5** Übersicht über die antiken Vorschriften bei H. Lausberg: Hb. der lit. Rhet. ([3]1990) § 245. – **6** D. A. Russell, N. G. Wilson: Menander Rhet. (Oxford 1981). – **7** als Beispiel einer abwertend-konventionellen Einschätzung der enkomiastischen Topik vgl. A. Cizek: Zur Bedeutung der «topoi enkomiastikoi» in der antiken Rhet., in: D. Breuer, H. Schanze (Hg.): Topik (1981) 33–41; gegen ein solches Verständnis vgl. z. B. W. Portmann: Gesch. in der spätantiken Panegyrik (1988) 11ff. – **8** vgl. Curtius [1] 183–188 u. A. Buck: «Arma et litterae» – «Waffen und Bildung» Zur Gesch. eines Topos, in: Sber. der wiss. Ges. an der J. W. Goethe-Univ. Frankfurt am Main Bd. 28, Nr. 3 (1992) 59–75. – **9** vgl. J. Held: Art. ‹Allegorie›, in: RDK, Bd. 1 (1937) Sp. 346–365. – **10** vgl. O. Brunner: Vom Gottesgnadentum zum monarchischen Prinzip, in: ders.: Neue Wege der Verfassungs-

und Sozialgesch. 8 (1968) 160–186 und G. Flor: Gottesgnadentum und Herrschergnade (1991). – **11** vgl. R. Drux: Casualpoesie, in: Dt. Lit. Eine Sozialgesch. Bd. 3 (1985) 415ff. – **12** zum Begriff der Repräsentativität vgl. auch R. Schoch: Das Herrscherbild in der Malerei des 19. Jh. (1975) 11ff. – **13** vgl. z. B. zur antiken Panegyrik W. Kühn (Hg.): Plinius der Jüngere: Panegyrikus, hg. und übers. von W. Kühn (1985) 4, zum barocken H. noch M. Bircher, T. Bürger (Hg.): Alles mit Bedacht. Barockes Fürstenlob auf Herzog August (1579–1666) in Wort, Bild und Musik (1979) 11. – **14** W. Segebrecht: Das Gelegenheitsgedicht (1977) 10 u. 58ff. – **15** vgl. Lausberg [5] § 239 und im Anschluß daran S. Matuschek: Art. ‹Epideiktische Beredsamkeit›, in: HWR Bd. 2, Sp. 1258. – **16** zur hist. Neutralität und Verallgemeinerbarkeit der Begriffe ‹Ideologie› und ‹Propaganda› vgl. M. P. Charlesworth: Die Tugenden eines röm. Herrschers. Propaganda und die Schaffung von Glaubwürdigkeit, in: H. Kloft (Hg.): Ideologie und Herrschaft in der Antike (1979) 364; H. Kloft: Einl., in Kloft: Ideologie und Herrschaft 1ff.; M. Kerner: Zum Ideologieproblem im MA, in: ders. (Hg.): Ideologie und Herrschaft im MA (1982) 1–58; Schoch [12] 15ff. – **17** vgl. Quint. III,4,14ff. u. 7,1ff. – **18** vgl. K. Möseneder: Zeremoniell und monumentale Poesie. Die «Entrée solenelle» Ludwigs-XIV. 1660 in Paris (1983) 35; Beisp. bei Verweyen [3] 37. – **19** vgl. O. Nass: Staatsberedsamkeit (²1980) 102f. – **20** vgl. H. J. Berbig: Zur rechtl. Relevanz von Ritus und Zeremoniell im röm.-dt. Imperium, in: Zs für Kirchengesch. 92 (1981) 204–249, bes. 235f., 239f. u. 243f. – **21** vgl. F. H. Tinnefeld: Kategorien der Kaiserkritik in der byzant. Historiographie (1971) 180ff. u. H. Ludolf: Kritik und Lob am Fürstenhof. Stilunterschiede in den Epigrammen Friedrich von Logaus (1991) v. a. 129ff.; allg. vgl. H. Kiesel: ‹Bei Hof, bei Höll› Unters. zur lit. Hofkritik von S. Brant bis F. Schiller (1979). – **22** zur Auseinandersetzung mit der gängigen Bewertung des H. vgl. H. Gärtner: Einige Überlegungen zur kaiserzeitlichen Panegyrik und zu Ammians Charakteristik des Kaisers Julian, in: Akad. der Wiss. und der Lit. zu Mainz. Abh. der geistes- und sozialwiss. Klasse 10 (1968) 499ff.; P. L. Schmidt: Politik und Dichtung in der Panegyrik Claudians (1976) 6ff.; Verweyen [3] 35ff. – **23** zur hist. und geographischen Universalität des Sakralherrschertums vgl. R. Gundlach: Der Sakralherrscher als hist. und phänomenolog. Problem, in: R. Gundlach, H. Weber (Hg.): Legitimation und Funktion des Herrschers (1992) 1–22; zum afrikanischen H. vgl. I. Schapera (Hg.): Praise-Poems of Tswana-Chiefs (Oxford 1965), T. Cope (Hg.): Izibongo. Zulu Praise-Poems (Oxford 1968); M. Damane, P. B. Saunders (Hg.): Lithoko. Sotho Praise-Poems (Oxford 1974); zu China vgl. H. Schmidt-Glintzer: Gesch. der chinesischen Lit. (1990) 117ff.; zu Japan Beispiele bei S. Kato: Gesch. der japanischen Lit. (1990) 60ff. u. 151ff. – **24** vgl. Flor [10] 18f. – **25** vgl. R. Gundlach: Weltherrscher und Weltordnung – Legitimation und Funktion des ägypt. Königs am Beisp. Thutmosis' III. und Amenophis' III., in: Gundlach, Weber [23] 23–50, bes. 33ff. – **26** vgl. K. H. Bernhardt: Das Problem der altorientalischen Königsideologie im AT (1961) 67–90 u. 262ff. – **27** zum H. in den Königspsalmen vgl. G. v. Rad: Theol. des AT, Bd. 1 (⁹1979) 333. – **28** vgl. LAW s. v. ‹Herrscherkult› Sp. 1284f. – **29** vgl. Flor [10] 35. – **30** vgl. M. Valozza: Art. ‹Enkomion›, in: HWR Bd. 2 (1994) Sp. 1152ff. – **31** vgl. J. Martin: Antike Rhet. (1974) 188ff. – **32** Auct. ad Alex. 1426a, 1440b; Arist. Rhet. 1366bff. – **33** ebd. 1368a. – **34** vgl. Martin [31] 191. – **35** vgl. Flor [10] 43; zu Details und zur Problematik der Übers. vgl. Charlesworth [16] 368ff. – **36** vgl. A. Georgi: Das lat. und dt. Preisgedicht des MA (1969) 11ff.; Überblick über die griech. und röm. Theorie bei R. Volkmann: Die Rhet. der Griechen und Römer (²1885; ND 1963) 314–361. – **37** Quint. III,4,14ff. u. 7,1ff. – **38** ebd. III,7, 9 u. X,1,91. – **39** zu Text, Übers. und Komm. vgl. Menander [6]. – **40** vgl. E. Norden: Die antike Kunstprosa (⁵1958) 82. – **41** vgl. LAW, s. v. ‹Apotheose› Sp. 227; zur bildenden Kunst vgl. C. Sommer: Art. ‹Apotheose›, in: RDK, Bd. 1 (1937) Sp. 842–852. – **42** Text bei Kühn [13]. – **43** Plinius: Epistulae 3, 18,2. – **44** vgl. Kühn [13] 5f. – **45** Übersicht bei B. Müller-Rettig: Der Panegyricus des Jahres 310 an Konstantin den Grossen. Übers. und hist.-philologischer Kommentar (1990) 5f. – **46** vgl. A. Alföldi: Die monarch. Repräsentation im röm. Kaiserreiche (1970). – **47** vgl. L. K. Born: The perfect prince according to the latin panegyrists, in: Amer. J. of Philology 55 (1934) 20–35 und zu den panegyrici latini als politische Publizistik grundlegend J. A. Straub: Vom Herrscherideal in der Spätantike (1939) 146–159; zum Herrscherideal und zur Ideologie der *clementia* vgl. U. Asche: Roms Weltherrschaftsidee und Außenpolitik in der Spätantike im Spiegel der Panegyrici Latini (1983) v. a. 130ff. – **48** vgl. Schmidt [22]. – **49** vgl. Portmann [7], im Anhang Übersicht zu allen wichtigen Autoren und Texten. – **50** vgl. Charlesworth [16] 361–387; R. Scheiper: Bildpropaganda der röm. Kaiserzeit unter bes. Berücksichtigung der Trajanssäule in Rom und korrespondierender Münzen (1982). – **51** vgl. P. Koch: Art. ‹Arenga›, in: HWR, Bd. 2, Sp. 879. – **52** zu Fortwirken und Verbindung von Adventus und Panegyrik von der Spätantike bis zum frühen MA vgl. M. McCormick: Eternal victory. Triumphal rulership in late antiquity, Byzantium, and the early medieval West (Cambridge/Paris 1986). – **53** vgl. LAW s. v. ‹Florentinus› Sp. 985; McCormick [52] 263. – **54** vgl. McCormick [52] 267. – **55** vgl. insges. H. Hunger: Die hochsprachl. profane Lit. der Byzantiner, Bd. 1 (1978) 71ff. und 120ff. – **56** zu Triumph und H. in Byzanz vgl. McCormick [52] 189ff. – **57** vgl. H. Hunger: Prooimion. Elemente der byzantinischen Kaiseridee in den Arengen der Urkunden (1964). – **58** vgl. Tinnefeld [21] bes. 180ff. – **59** vgl. Georgi [36] 11; F. Bittner: Stud. zum H. in der mittelalterl. Dichtung (1962) 161–165. – **60** Isid. Etym. VI,8,7. – **61** Beispiele bei Curtius [1] 172f. u. G. Simon: Unters. zur Topik der Widmungsbriefe mittelalterl. Geschichtsschreiber bis zum Ende des 12. Jh., in: Arch. f. Diplomatik 4 (1958) 100f. – **62** vgl. McCormick [52] 341; Curtius [1] 165. – **63** Überblick zur Praxis der Karolingerzeit bei Bittner [59] 35ff. – **64** Überblick bei Curtius [1] bes. 184ff., Georgi [36] 36 u. Bittner [59]. – **65** vgl. H. Beumann: Die Historiographie des MA als Quelle für die Ideengesch. des Königtums, in: Ideologie und Herrschaft im MA [16] 140–183, bes. 159ff. – **66** vgl. allg. Simon [61], 1. T., in: Arch. f. Diplomatik 4 (1958) 55f. u. 2. T., in: Arch. f. Diplomatik 5/6 (1959/60) 99ff. – **67** vgl. Strong [4] 16. u. W. Berges: Die Fürstenspiegel des hohen und späten MA (1938). – **68** vgl. z. B. E. Kleinschmidt: Herrscherdarstellung. Zur Disposition mittelalterl. Aussageverhaltens, unters. an Texten über Rudolf I. von Habsburg (1974). – **69** Einzelbeisp. bei H. Kühnel: Spätmal. Festkultur im Dienste religiöser, polit. und sozialer Ziele, in: D. Altenburg u. a. (Hg.): Feste und Feiern im MA (1991) 71–85. – **70** vgl. Strong [4] 17, Möseneder [18] 33, G. Koch: Sacrum Imperium, in: Ideologie und Herrschaft im MA [16] 270. – **71** vgl. E. Kantorowicz: Laudes regiae. A Study in Liturgical Acclamations and Medieaeval Ruler Worship (1958); B. Opfermann: Die liturgischen Herrscherakklamationen im *sacrum imperium* des MA (1953). – **72** zur spätmal. Festdekoration des Adventus vgl. R. Strong [4] 15–24; vgl. Held [9] Sp. 351ff. u. K. Tenfelde: Adventus. Zur hist. Ikonologie des Festzugs, in: Hist. Zs 235 (1982) 45–84. – **73** vgl. J.-D. Müller: Dt.-lat. Panegyrik am Kaiserhof und die Entstehung eines neuen höfischen Publikums in Deutschland, in: A. Buck u. a. (Hg.): Europ. Hofkultur im 16. und 17. Jh. Bd. 2 (1981) 133–140. – **74** vgl. Kühn [13] 3. – **75** vgl. die Übersicht bei O. B. Hardison: The enduring monument. A Study of the Idea of Praise in Renaissance Literary Theory and Practice (Westport, Conn. 1962) 195–198. – **76** P. S. Allen (Hg.): Opus epistolarum Desiderii Erasmi Roterodami Bd. 1 (Oxford 1906) 398–403. – **77** vgl. Müller [73] 133f. – **78** vgl. Strong [4] 40f. – **79** E. von Rotterdam: Panegyricus ad Philippum Austriae ducem, in: Opera omnia Desiderii Erasmi Roterodami: Bd. IV, 1 (1974) 26–93. – **80** vgl. H. O. Burger: Renaissance, Humanismus, Reformation (1969) 407; C. C. Schlam: Sir Thomas Chaloner: *In laudem Henrici octavi carmen panegyricum*, in: R. J. Schoeck (Hg.): Acta conventus neo-latini bononiensis (Binghamton/New York 1986) 606–612. – **81** vgl. T. H. Cain: Praise in *The Fairie Queene* (Lincoln/London 1978). – **82** vgl. B. Singer: Die Fürstenspiegel in Dt.land im Zeitalter des Humanismus und der Reformation (1981) 17. – **83** R. D. S. Jack: James VI. and I. as Patron, in: Buck [73] 183. – **84** vgl. Strong [4] 41ff. und B. Gutmüller: Mythos und dramatisches Festspiel an den oberitalienischen Höfen des ausgehenden Quattrocento, in: Buck [73] 103–112. – **85** vgl. Jack [83] u. Strong [4] 263ff. – **86** vgl. LMA s. v. ‹Feste› 404. – **87** vgl. K. Schottenloher: Die Widmungsvorrede im Buch des 16. Jh. (1953) 194ff. – **88** vgl. M.

Schilling: Bildpublizistik der frühen Neuzeit (1990) 42, 267, 271 u. 300. – **89** vgl. Strong [4] 17ff. u. Held [8] Sp. 356ff. – **90** vgl. H. O. Burger: Der Weisskunig als Literaturdenkmal, in: H. T. Musper (Hg.): Kaiser Maximilians I. Weisskunig. Bd. 1 (1956) 15ff.; H. Appuhn (Hg.): Der Triumphzug Kaiser Maximilians I. 1516–1518 (1979); Gesamtdarstellung bei J.-D. Müller: Gedechtnus. Lit. und Hofgesellschaft um Maximilian I. (1982); vgl. auch S. Füssel: Riccardus Bartholinus Perusinus. Humanistische Panegyrik am Hofe Kaiser Maximilians I. (1987). – **91** M. J. Marek: Ekphrasis und Herrscherallegorie (1985) 60ff. und 96ff. – **92** R. Quedenau: Zeremonie und Festdekor – Ein Beispiel aus dem Pontifikat Leos X., in: Buck [73] 349–358. – **93** vgl. Verweyen [3] 25ff.. – **94** B. Kindermann: Der dt. Redner (1660; ND 1974) 294–315. – **95** vgl. F. Fenelon: Dialogues sur l'éloquence en général et sur celle de la chaire en particulier, in: ders.: Œuvres Bd. 1 (Paris 1983) 7ff. – **96** D. Rolle: John Dryden als höfischer Panegyriker, in: Buck [73] 187ff. – **97** vgl. J. J. Berns: Die Festkultur der dt. Höfe zwischen 1580 und 1730, in: GRM, N. F. 34 (1984) 295–311 u. Strong [4] 296ff. – **98** C. Wiedemann: Barockdichtung in Deutschland, in: K. v. See (Hg.): Neues Hb. der Literaturwissenschaft, Bd. 10 (1972) 184ff. – **99** Beispiele bei Kühn [13] 3, Anm. 8. – **100** vgl. G. Braungart: Hofberedsamkeit (1988) 113. – **101** zur Barockallegorie vgl. Held [9] Sp. 358ff. – **102** vgl. Sommer [41] Sp. 847f. – **103** vgl. R. Preimesberger: Ephemere und monumentale Festdekoration im Rom des 17. Jh., in: P. Hugger (Hg.): Stadt und Fest (1987) 109–128. – **104** zur Deutungstrad. des ‹Quos ego› vgl. Marek [91] 86ff. – **105** vgl. Michels [2] v. a. 96ff. – **106** vgl. exemplar. Möseneder [18]; zu Verformung und Funktionalisierung des Adventuszeremoniells im Barock vgl. Tenfelde [72] 61ff. – **107** vgl. Möseneder [18] 132f. – **108** vgl. K. Conermann: Die Kantate als Gelegenheitsgedicht, in: D. Frost, G. Knoll (Hg.): Gelegenheitsdichtung (1977) 69–109. – **109** zum H. in Deutschland vgl. Verweyen [3] u. Braungart [100]. – **110** vgl. Braungart [100] 100ff. – **111** z. B. Bircher, Bürger [13]. – **112** W. G. Marigold: Mainz: Ein musisches Zentrum des Katholischen Deutschland, in: Buck [73] 152; vgl. zum Anteil des lat.sprachigen H. Bircher, Bürger [13] 11 u. 14. – **113** R. Drux: Felix Musarum contubernium. Zum enkomiastischen Zusammenhang von Natur, Fürst und Dichter in der dt. Lyrik zur Zeit des Dreißigjähr. Krieges, in: Buck [73] 141–148. – **114** vgl. Ludolf [21] v. a. 129ff. – **115** Beispiele bei M. Hueck: Die Unterwerfung der Stadt Braunschweig im Jahr 1671 im Spiegel von Huldigungsgedichten auf Herzog Rudolf August von Braunschweig-Wolfenbüttel, in: Frost, Knoll [108] 131–140 und Braungart [100] 67–123. – **116** vgl. H. C. Ehalt: Ausdrucksformen absolutist. Herrschaft. Der Wiener Hof im 17. und 18. Jh. (1980) v. a. 133ff. – **117** vgl. Rolle [96]. – **118** vgl. C. Schlumbohn: Die Glorifizierung der Barockfürstin als ‹Femme forte›, in: Buck [73] 113–122. – **119** vgl. J. Voß: Mäzenatentum und Ansätze systematischer Kulturpolitik im Frankreich Ludwigs-XIV., in: Buck [73] 123–132; W. Leiner: Der Widmungsbrief in der frz. Lit. (1580–1715) (1965). – **120** vgl. Möseneder [18] 83ff., 95f. und 147ff. – **121** vgl. Held [9] Sp. 362; zur bildl. Apotheose im 18. Jh. vgl. Sommer [41] Sp. 849ff. – **122** J. H. Zedler (Hg.): Grosses vollständiges Universal-Lex. Bd. 18 (ND Graz 1961) Sp. 50–54. – **123** vgl. R. Campe: Affekt und Ausdruck (1990) 12ff. – **124** J. C. Gottsched: Versuch einer critischen Dichtkunst (⁴1751; ND 1962) 529–547; ders.: Ausführliche Redekunst, in: Ausg. Werke Bd. 7,2 (1975) 88ff. – **125** A. Adam (Hg.): Voltaire: Le siècle de Louis XIV. Bd. 1 (Paris 1966) 375; Übers. Verweyen [3] 37. – **126** vgl. H.-W. Jäger: Politische Kategorien in Poetik und Rhet. der zweiten Hälfte des 18. Jh. (1970) 34f. – **127** C. H. Schmid: Theorie der Poesie (1767; ND 1972) 3. – **128** vgl. Jäger [126] 35. – **129** C. Garve: Popularphilos. Schr. Bd. 2 (1974) 1193; vgl. J. J. Engel: Lobrede auf den König, in: ders.: Schr. Bd. 4: Reden, Ästhet. Versuche (1802) 1–44. – **130** vgl. Leiner [119] 308f. – **131** in der bild. Kunst vgl. Schoch [12] 47ff. – **132** vgl. Sommer [41] Sp. 848f. – **133** dazu kritisch H. M. Enzensberger: Poesie und Politik, in: ders.: Einzelheiten (1962) 340f. – **134** vgl. zum Adventus Tenfelde [72] 63ff. – **135** vgl. Schoch [12] 9–17. – **136** vgl. W. Lipp: Natur – Gesch. – Denkmal (1987) 271ff. – **137** vgl. W. Hardtwig: Der bezweifelte Patriotismus – nationales Bewußtsein und Denkmal 1786 bis 1933, in: Gesch. in Wiss.

und Unterricht 44 (1993) 773–785 u. M. Arndt: Das Kyffhäuser-Denkmal – Ein Beitrag zur politische Ikonographie des Zweiten Kaiserreiches, in: Wallraff-Richartz-Jb. 40 (1978) 75–127. – **138** vgl. W. K. Blessing: Der monarchistische Kult, Loyalität und die Arbeiterbewegung im dt. Kaiserreich, in: G. A. Ritter (Hg.): Arbeiterkultur (1979) 185–208 u. W. Hardtwig: Bürgertum, Staatssymbolik und Staatsbewußtsein im Dt. Kaiserreich 1871–1914, in: Gesch. u. Ges. 16, H. 3 (1990) 269–295. – **139** vgl. F. Schellack: Sedan- und Kaisergeburtstagsfeste, in: D. Düding u. a. (Hg.): Öffentliche Festkultur (1988) 278–295. – **140** vgl. L. Haupts: Die Kölner Dombaufeste 1842–1880 zwischen kirchlicher, bürgerlich-nationaler und dynastisch-höfischer Selbstdarstellung, in: Düding [139] 191–211. – **141** als Beispiel E. Grossegger: Der Kaiser-Huldigungs-Festzug Wien 1908 (Wien 1992); zum Einzug im wilhelminischen Kaiserreich vgl. Tenfelde [72] 67ff. – **142** vgl. Haupts [140] 207f. – **143** vgl. H. W. Hedinger: Der Bismarck-Kult, in: G. Stephenson (Hg.): Der Religionswandel unserer Zeit im Spiegel der Religionswiss. (1976) 201–215 und G. Korff: Polit. «Heiligenkult» im 19. und 20. Jh., in: Zs f. Volkskunde 71 (1975) 202–220. – **144** zum Begriff der Polit. Rel. vgl. D. Grieswelle: Rhet. und Politik (1978) 105ff. u. 116ff.; zur Kontinuität der Institution des Sakralherrschers vgl. Gundlach, Weber [23]. – **145** Grieswelle [144] 116. – **146** vgl. Kantorowicz [71] 185f. – **147** vgl. H. Hunger: Rhet. als politischer und gesellschaftlicher Faktor in Byzanz, in: G. Ueding (Hg.): Rhet. zwischen den Wiss. (1991) 104f. – **148** Anthologie: G. Koenen: Die großen Gesänge. Lenin, Stalin, Mao, Castro ... Sozialist. Personenkult und seine Sänger von Gorki bis Brecht – von Aragon bis Neruda (1987). – **149** so von Bircher, Bürger [13] 11. – **150** vgl. dazu Segebrecht [14] 8–10. – **151** vgl. Enzensberger [133] 334–353. – **152** zur Antike z. B. Schmidt [22], Portmann [7]; Byzanz Hunger [57] u. [147]; MA Bittner [59] u. Georgi [36]; Renaissance Müller [90]; Barock Verweyen [3].

B. Hambsch

→ Enkomion → Epideiktische Beredsamkeit → Eulogy → Festrede → Lobrede → Propaganda

Heteronymie (dt. Bedeutungsverschiedenheit, -gegensatz; engl. heteronymy; frz. hétéronymie; ital. eteronimia)

A. Der Begriff ‹H.› (griech. ἑτεροῖος, heteroíos; verschieden) verweist auf einen Sonderfall der *Synonymie*. Heteronyme sind Wörter desselben semantischen Bereichs trotz verschiedener Wortstämme (z. B. Farben, Wochentage, Zahlen etc.; vgl. Vetter vs. Base im Gegensatz zu frz. cousin/cousine.) [1] Als H. bezeichnet man zum zweiten aber auch die semantische Relation der *Inkomptabilität*, d. h. des lexikalischen Bedeutungsgegensatzes zweier Ausdrücke (H. in diesem Sinne wird auch *Inkonymie* genannt). [2] Schließlich gelten auch lexikalische Doubletten als Heteronyme. [3] Der Begriff der ‹Heterographie› verweist auf die schriftliche Seite des Phänomens (gleiche Schriftzeichen für verschiedene Laute, unterschiedliche Schriftzeichen für gleiche Aussprache oder Abweichung von der orthographischen Norm). [4] Die damit angezeigten semantisch-lexikalischen Relationen gehören in der Rhetorik zum Bereich der *elocutio* und zur Frage des *res-verba*-Bezuges. Lausberg ordnet mit dem Prädikat ἕτερος, héteros (in der Bedeutung von: verschieden, entgegengesetzt) Erscheinungen der Bedeutungs- und Formverschiedenheit von Wörtern (ἕτερα σημαίνειν, hétera sēmaínein; ἑτέραν λέξιν λαμβάνειν, hetéran léxin lambánein) z. B. in der alltags-/normalsprachlichen oder poetisch-allegorischen Verwendung eines Wortes. [5] Gelten synonyme Bezüge, so kann im Rahmen der *variatio* und nach den Kriterien des *aptum* etwa zwischen alltäglichen, metaphorischen oder dialektalen Varianten gewählt werden, wobei Verstöße gegen die Angemessenheit (Barbarismus, Vulgarismus) legitimiert sein müssen (dichterische *licentia*). Gelten inkompatible Relationen (Bedeutungsgegensätze), muß sprachlogisch entschieden werden *(ratio, iudicium)*. H. kann auch im Rahmen der *argumentatio* funktional eingesetzt werden, d. h. als topisches Muster (Mann-Frau, groß-klein, weniger-mehr) bei definitorisch-differenzierenden Oppositionsbildungen. In beiden Anwendungsfällen *(ornatus* und *argumentatio)* ist das Kriterium der Verstehbarkeit *(perspicuitas* vs. *ambiguitas)* von zentraler Bedeutung.

Die Musikwissenschaft diskutiert heteronyme Phänomene unter dem Begriff ‹Heterophonie› (von griech. ἕτερος, héteros = anderes und φωνή, phōné = Stimme): Er bezeichnet musikalische Phänomene der zufälligen oder beabsichtigten Abweichung, tonale Unterschiede zwischen mehreren Stimmen oder Instrumenten sowie Differenzierungen in Rhythmus oder Tempo bei vorgegebener Melodie, gleicher Thematik und einheitlicher kompositorischer Zielsetzung *(Dissonanz* oder *Variation)*, so daß verschiedene Ausführungen «simultan erklingen» (Mehrklangbildung). [6]

B. 1. *Rhetorik.* Werden Heteronyme (im Sinne von partieller Synonymie und von Doubletten) zugunsten der *variatio* eingesetzt, so lassen sich damit z. B. Wiederholungen vermeiden, besondere Ausdrucksintentionen realisieren oder Intensivierungen erzielen. Ein Kriterium stellt der Anspruch an Genauigkeit dar, der zwischen Redendem und Zuhörern vereinbart ist. [7] Ein Auseinanderklaffen zwischen dem Erwartungshorizont der Rezipienten und einem vom Redner gewähltem Wort, welches nicht dem jeweiligen *genus dicendi* entspricht, kann einen Verstoß gegen das *aptum* darstellen [8], den der Redner in der *elocutio verborum* kraft seines *iudicium* hätte vermeiden sollen (vgl. z. B. das poetische Wort *ensis* vs. das Alltagswort *gladius* [9], aber auch einen Verstoß gegen die *perspicuitas*, wenn das anstelle eines anderen gewählte Wort nicht den in der Situation geforderten Genauigkeitsansprüchen gerecht wird. [10] Auf der anderen Seite kann das *aptum* den synonymischen Ersatz aber gerade fordern. [11] So wird etwa geraten, ein *verbum humile* oder *obscenum* zu meiden, wenn dieses etwa die Glaubwürdigkeit der Rede untergräbt. [12] Synonymischer Ersatz kann aber auch der Lockerung, der Parteilichkeit oder euphonischen Zwecken dienen. [13] Der Verfremdungseffekt, der aus der Verwendung nicht-idiomatischer Wortkörper entsteht, kann allerdings auch als Lizenz vorkommen, wenn er in der Funktion des *ornatus* oder der poetischen *maiestas* steht. [14] Unter bestimmten Voraussetzungen können nen auch Barbarismen, Dialektismen, Neologismen, Fremd- und Bildungswörter eine Lizenz der letztgenannten Art beanspruchen. [15] Heteronyme Phänomene im Rahmen der semantischen Figuren lassen sich auch bei den Operationen mit den Änderungskategorien (Normalbedeutung, emphatisch-verdichtete oder allegorisch-ironische Bedeutung) und bei der *correctio* eigener Äußerungen beobachten: Ersetzung von x durch y (oft im Sinne der Antithese) im gleichen sprachlichen Kontext (non x, sed y). [16]

2. *Linguistik.* Die H. wird hier im Sinne der semantischen Kompatibilität wie folgt nachgewiesen: Zwei Ausdrücke desselben semantischen Bereichs (z. B. Farben, Wochentage, polare Adjektive) gelten als heteronym, wenn sie in strukturell identischen Sätzen die gleiche syntaktische Position besetzen und dabei zwischen diesen Sätzen ein Widerspruch (= Kontradiktion) entsteht: «Martina ist meine Nichte» und «Martina ist meine Schwester.» Der erste Teilsatz impliziert die Negation des zweiten bzw. jene aller weiteren derartigen Teilsätze (ein Individuum kann zu einem anderen Individuum nicht gleichzeitig z. B. im Nichten- und Schwesternverhältnis stehen). [17] Generell kann man sagen, daß dieses Phänomen der Inkompatibilität stets auf sogenannte *Ko-Hyponyme* (Unterbegriffe des gleichen Oberbegriffs) zutrifft, d.h. Hyponyme einer bestimmten Dimension (wie Farbe, Zeit, Raum) sind miteinander unverträglich («Tanja trägt rote Schuhe» impliziert: «Tanja trägt keine weißen/grünen Schuhe») und damit heteronym. [18] Als Sonderfall unter den partiellen Synonymen [19] (= *Homoionyme:* z. B. Bahn, Zug [20]) sind als H. im Sinne lexikalischer Doubletten insofern zu betrachten, als sie denotativ Synonyme, konnotativ aber abweichend sind. [21] Diese Unterschiede können sich nach folgenden Gesichtspunkten ergeben: 1. territoriale/dialektale Varianten: Sonnabend vs. Samstag; 2. Fremdwort/Bildungswort vs. Erbwort: Medikament vs. Arzneimittel; 3. Alltags- und Dichtersprache: Moment vs. Augenblick [22]; 4. Zugehörigkeit zu unterschiedlichen Soziolekten. [23] Heteronyme sind in der automatischen Sprachverarbeitung immer wieder Quelle unfreiwilliger Komik, wenn ein mehrdeutiges Wort durch ein solches – auch semantisch schief genanntes – Synonym für jene Bedeutung ersetzt wird, die in diesen Kontext gerade nicht paßt: z. B. *Landschaft* und *Gespenst* statt *Natur* und *Geist.* [24]

3. *Musik.* Eine musikalisch-klangliche Erscheinung des Heteronymen kennzeichnet der Begriff ‹*Heterophonie*› (Andersklang). Platon führt diesen Begriff (mit ungenau bestimmter Bedeutung) ein und diskutiert ihn im Rahmen der musikalischen Erziehung und unter den Aspekten komplizierter tonaler *Verzierung* und *Variation:* Dabei unterscheidet er den einfachen Fall des Zusammenklingens von Instrument und Gesang von den klanglichen Problemen «abweichender Stimmführung und Verzierung durch die Lyra» und von Tönen, die «zusammen und gegeneinander erklingen». In der Musik gilt heute, daß heterophone Stimmen – im Gegensatz zum Gleichlauf des Unisono – sich scheinbar selbständig bewegen (abgewandelt, nach- oder vorlaufend, sich überschneidend), wobei dieses klangliche Phänomen zwischen Unisono und streng geregelter Polyphonie oder Doppelfuge angesiedelt wird. [25]

Anmerkungen:
1 vgl. H. Bußmann: Lex. der Sprachwiss. (1983) 186. – **2** ebd. 210 – **3** vgl. C. Heupel: Linguistisches Wtb. (1978) 56; W. Ulrich: Wtb. Linguistischer Grundbegriffe (1975) 54. – **4** vgl. Bußmann [1] 185. – **5** vgl. H. Lausberg: Hb. der lit. Rhet. (^{3}1990) S. 859. – **6** M. Honegger, G. Massenkeil (Hg.): Das große Lex. der Musik, 4. Bd. (1981) 85. – **7** H. Lausberg: Elemente der lit. Rhet. (^{10}1990) § 154. – **8** ebd. § 155. – **9** ebd. § 154, 2. – **10** ebd. § 155. – **11** ebd. § 172. – **12** ebd. § 464. – **13** ebd. § 172. – **14** ebd. § 115. – **15** ebd. – **16** vgl. dazu: Alexander, Perí schēmátōn, in: Rhet. Graec. Sp. III, p. 37, 14; 36, 14; 40, 21; Anonymus: Perí poiētikōn, trópōn, in: Rhet. Graec. Sp. III, p. 207, 11; Tryphon, Perí trópōn, in: Rhet. Graec. Sp. III, p. 193, 9; Zonaios, Perí schēmátōn, in: Rhet. Graec. Sp. III, p. 168, 29; 170, 7. – **17** vgl. Bußmann [1] 210. – **18** ebd. 192f. – **19** Ulrich [3] 54. – **20** Heupel [3] 57. – **21** ebd. 56. – **22** ebd. – **23** Ulrich [3] 54. – **24** Goethe, Faust II, I 4897; vgl. Quint. VIII, 6, 37. – **25** Platon, Nomoi VII, 812d; dt.: Werke, Bd. VIII, 2: Gesetze, hg. von G. Eigler (^{2}1990) 75; vgl. MGG, Bd. 6, Sp. 327ff.

Literaturhinweise:
P. Fabri: Le grand et Vrai Art de Pleine Rhétorique (Genf 1521; ND 1969). – E. Coseriu: Die lexematischen Strukturen, in:

ders.: Einf. in die strukturelle Betrachtung des Wortschatzes (1970). – J. Dubois u. a.: Allgemeine Rhet. (1974). – H. Geckeler: Strukturelle Semantik und Wortfeldtheorie (1971). – J. Lyons: Einf. in die moderne Linguistik (1971) Kap. 10. – H.-M. Gauger: Die Anfänge der Synonymik. Ein Beitrag zur Gesch. der lexikalischen Semantik (1973). – L. Schmidt: Wortfeldforschung (1973).

A. Kratschmer

→ Homonymie → Homophonie → Metalepsis → Polysemie → Res-verba-Problem → Semantik → Synonymie → Variation → Wortfeld

Hiat (griech. τὸ χασμῶδες, to chasmódes, χασμωδία, chasmōdía, σύγκρουσις, sýnkrousis, σύμπληξις, sýmplēxis, σύμπτωσις, sýmptōsis, συμβολή, symbolḗ; lat. hiatus, structura hiulca, vocalium concursus; engl. hiatus; frz. hiatus; ital. iato)

A. Mit dem Begriff ‹H.›, dessen griechische Entsprechungen τὸ χασμῶδες (to chasmódes) und χασμωδία (chasmōdía) zum ersten Mal bei APOLLONIOS DYSKOLOS [1] bzw. in einem Scholion zum ‹Plutos› des ARISTOPHANES und bei EUSTATHIOS [2] belegt sind, bezeichnet man die Überlagerung oder das Zusammentreffen zweier Vokale (oder Diphthonge) im Wortinnern *(interner H.)* oder eines auslautenden und eines anlautenden Vokals im Satzzusammenhang *(externer H.)*. Dabei ergibt sich keine Veränderung der Länge, der Vokalqualität oder der Silbenfunktion. Rein phonetisch betrachtet bezeichnet der H., wie man aus der Bedeutung des lateinischen Wortes ableiten kann (hiare: ‹den Mund offen halten›), die Anstrengung beim Aussprechen zweier aufeinanderfolgender, aber zu verschiedenen Silben gehörender Vokale. [3] Was insbesondere die Wortphonetik betrifft, so nimmt die Zahl interner H., die schon im Indogermanischen vorhanden sind [4], im Laufe der Entwicklung der griechischen wie der lateinischen Sprache beträchtlich zu und führt in den verschiedenen Epochen und Dialekten zu jeweils unterschiedlichen Ergebnissen, die in den Bereich der historischen Grammatik gehören (Diphthongierungen, Verkürzungen, quantitative Metathese, echte Zusammenziehungen). Dies führt im ganzen dazu, den H. abzuschwächen oder völlig verschwinden zu lassen. [5] Bezüglich der Satzphonetik dagegen weisen die klassischen Sprachen eine analoge Neigung auf, den H., der als unnatürlich und kakophonisch empfunden wurde, zu vermeiden oder zumindest phonetisch-prosodischen Kunstregeln zu unterwerfen. Dazu gehören die sogenannte ‹Verkürzung im H.› oder ‹correptio epica›, die Elision (ἔκθλιψις, ékthlipsis; *elisio*), die Aphärese (ἀφαίρεσις, aphaíresis; *elisio inversa*), verschiedene Formen der Zusammenziehung oder Verschmelzung zweier Vokale zu einem (κρᾶσις, krásis; συνίζησις, Synizese; συναλοιφή, Synaloiphe), der Gebrauch von beweglichen Konsonanten (z. B. dem sogenannten ν ἐφελκυστικόν, n ephelkystikón), aber auch die sorgfältige Anordnung der Wörter in der Satzkette. All dies gilt sowohl in der Poesie, die diesbezüglich eine beachtliche Freiheit gewährt, als auch, in eingeschränkterem Maße, in der Prosa. Daraus folgt, daß der H., rein rhetorisch betrachtet, eindeutig dem Bereich der Stilistik angehört und dort insbesondere der σύνθεσις ὀνομάτων (sýnthesis onomátōn; *compositio*). Dies stimmt auch mit den antiken Belegen überein, von denen einige ausdrücklich die Möglichkeit einer solchen künstlerisch-expressiven Anwendung erörtern, und läßt sich an den literarischen Texten nachweisen. [6]

B. Schon bei HOMER kann man die Tendenz feststellen, den H. zu vermeiden, besonders (aber nicht ausschließlich) an bestimmten Stellen des Verses. Er tritt jedoch noch relativ häufig auf, auch abgesehen von den Fällen, in denen es sich um ein Digamma handelt. [7] M. Parrys Interpretationsansatz dieser (und anderer) Unregelmäßigkeiten im Hexameter Homers versucht systematisch, eine direkte Verbindung zwischen dem H. und dem oralen und formelhaften Stil der Epik herzustellen; seine Ergebnisse werden weiterhin diskutiert. [8] Schon in der Antike wurde bemerkt, wie Homer den H. absichtsvoll verwendet, um dem Vers Emphase und Feierlichkeit zu verleihen. [9] Es handelt sich also um einen wahrhaft rhetorischen Gebrauch des H., der von der Stilkritik des 4. Jh. v. Chr. mit scharfem Blick theoretisch analysiert wurde. Bei DEMETRIOS heißt es, daß der von dem Zusammentreffen der Vokale erzeugte Klang bei angemessener Dosierung zur Wirkungskraft der Rede beitrage, da er sie wohlklingend, mild und musikalisch mache. Das Zusammentreffen langer Vokale passe besonders gut zur gehobenen Rede, wie bei Homer und THUKYDIDES, während das Zusammentreffen verschiedener Vokale Abwechslung und Erhabenheit erzeuge. [10] Desgleichen gibt DIONYSIOS VON HALIKARNASSOS im 1. Jh. v. Chr. zu bedenken, wie Homer höchst mimetische Effekte durch die kunstvolle Anordnung der Wörter erziele, indem er die H. günstig auf den Vers verteile: in der ‹Odyssee› 11,593–96 stelle die Häufigkeit der H., das dadurch nötige Anhalten des Atems (ψῦγμα, psýgma), das die Grenze zwischen den Wörtern hörbar macht, die lautliche Nachahmung der ungeheuren Anstrengung Sisyphos' dar, der sich unter der Last des Felsens vorwärtsschleppt. [11] Der bewußte Einsatz des H. bei Homer wird im 2. Jh. n. Chr. auch von AULUS GELLIUS erwähnt. [12] Strengere Einschränkungen bezüglich des H. gelten für die Lyrik, wo er normalerweise nur am Ende des Verses, das heißt bei der Pause [13], und manchmal auch am Ende eines Kolons innerhalb eines langen Verses erlaubt ist. [14] Im übrigen bleibt der H. auf einige wenige Ausnahmefälle beschränkt. In der Tragödie und der Komödie ist sein Einsatz auf einige Präpositionen und einsilbige Formen, auf Interjektionen, Ausrufe und Alltagsausdrücke eingegrenzt, und dies sowohl in den jambischen Trimetern als auch in den Chorteilen (wobei die Komödie allerdings freier verfährt). [15] Noch restriktiver sind die Normen, die den Gebrauch des H. bei den hellenistischen Dichtern regeln. Die Verfasser epischer Hexameter halten sich im allgemeinen äußerst streng an das Homerische Paradigma. [16] Die Tendenz, den H. zu vermeiden, erstreckt sich letztlich auch auf die Kunstprosa, so bereits bei THRASYMACHOS und z. T. bei GORGIAS (‹Palamedes›) [17], besonders aber bei ISOKRATES, der durch seinen rhetorischen Unterricht und seine rednerische Praxis dazu beiträgt, diese Tendenz zu verbreiten, zu verstärken und sie zum ersten Mal zu institutionalisieren und zur Vorschrift zu machen. [18] Die Rigorosität, mit der Isokrates den H. auch an Stellen (Ende des Kommas, des Kolons oder des Satzes) vermeidet, wo andere Autoren ihn tolerieren [19], gibt zwar in der Antike manchmal Anlaß zu ironischen Kommentaren [20], beeinflußt aber in der Folgezeit die gesamte griechische und lateinische rhetorisch-stilistische Theoriebildung auf bedeutende Weise. [21] In der zeitgenössischen wie der späteren Praxis dagegen findet die Regel von Autor zu Autor eine unterschiedlich strenge Anwendung. Besonders bei einigen Vertretern der attischen Rhetorik, wie LYSIAS,

DEMOSTHENES, ANTIPHON, ANDOKIDES, ISAIOS, hat man eine gezielte Anwendung des H. festgestellt, der, indem er das Redetempo verlangsamt, dem Inhalt der Rede (und ihrem Vortrag) an den entscheidenden Stellen Emphase und Pathos verleiht. [22] Diese Funktion war im übrigen schon von Dionysios von Halikarnassos hervorgehoben worden, der zwar einerseits den H. als typisches Element des «ernsten Stils» betrachtet, andererseits aber gerade Demosthenes – seiner Ansicht nach der bedeutendste Vertreter des «mittleren Stils» – mit Lob überhäuft wegen der Vielfalt an Ausdrucksformen, die seine Reden in den verschiedenen Situationen und vor allem in den einzelnen Redeteilen prägen: bald schnell und fließend, bald dagegen, wenn das Thema es verlangt, hart und zerstückelt mit aufeinanderfolgenden Vokalen und anderen kakophonischen Figuren, die der Rede ihre Glätte nehmen. [23] Dennoch wird im allgemeinen von Isokrates bis zum *Attizismus* der H. strengstens vermieden: die verbreitete Meinung ist, daß sein Auftreten die Laute verdirbt und deren Wohlklang *(suavitas)* verletzt. [24] Daran halten sich noch POLYBIOS, DIODOROS, PLUTARCH, GALEN, LONGINOS [25] sowie einige Autoren der Zweiten Sophistik. [26] Wenn auch die ältesten lateinischen Autoren eine gewisse Freiheit in der Benutzung des H. zugestehen, wie z. B. seine häufige Verwendung bei PLAUTUS zeigt [27], so dominiert doch in den folgenden Epochen in Lyrik und Prosa wie auch in den theoretischen Überlegungen dieselbe Haltung wie in Griechenland. Der H. ist soweit wie möglich zu vermeiden, da er dem Prinzip der *kalliphonia* widerspricht, wenngleich man ihn in manchen Fällen als Stilmittel erlaubt (der sogenannte ‹logische H.›). [28] Ansonsten wird er – in jeweils unterschiedlichem Maß – durch die Synalöphe und die Elision ersetzt. [29] Unter rein metrischen Gesichtspunkten ist der H. in der lateinischen Versdichtung nicht selten erlaubt, wenn er mit einer rhythmischen Pause, einer Zäsur oder einer Dihaerese zusammenfällt oder auch, besonders in der Komödie, beim Wechsel des Sprechers. [30] In der mittelalterlichen lateinischen Dichtung wird das Gebot der Vermeidung im allgemeinen noch beachtet [31], während in der byzantinischen Phase des Griechischen die rhythmische Poesie, die auf Silbenzahl und Akzent beruht, den H. ohne jede Einschränkung zuläßt. [32]

In der *italienischen Dichtung* des 13. Jh. und bei DANTE tritt der H. (oder Dialöphe) eher häufig auf, seltener dagegen bei PETRARCA, und er wird schließlich im 16. Jh. durch die sprachregulierende Tätigkeit BEMBOS und anderer Verfasser von Traktaten völlig verpönt. An seiner Stelle wird die Synalöphe empfohlen. [33] In neuerer Zeit dagegen erkennt man den stilistischen Wert des H. an. So zählt ihn D'ANNUNZIO zu den raffinierten Mitteln, die Metrik und Stil beleben. [34] In der *französischen Dichtung* ist der H. vor dem 16. Jh. frei zugelassen, wird aber infolge der von MALHERBE eingeleiteten Reform schließlich verbannt. Weniger betroffen von dem Phänomen ist *das Englische*. Es erlaubt ihn nicht nur bei einer Zäsur, sondern an allen Stellen des Verses. [35]

In der *deutschen Literatur* hat sich zuerst OTFRID VON WEISSENBURG (9. Jh.) dem H. theoretisch gewidmet, ihn in seinen Dichtungen jedoch nicht um jeden Preis zu vermeiden gesucht. In den Handschriften lassen sich drei mögliche Verfahrensweisen unterscheiden: 1. der auslautende Vokal bleibt erhalten, wenn die folgende Silbe voll betont wird (sog. Vollform: ‹horta er›); 2. der auslautende Vokal wird mit einem Punkt versehen, eine Lesehilfe, die verdeutlichen soll, daß der Vokal beim Sprechen aus rhythmischen Gründen wegfällt (‹horta er›); 3. der auslautende Vokal fällt ganz weg (‹hort er›). [36] Seit M. OPITZ' Bemühungen um einen geregelten deutschen Vers ist es üblich geworden, diesen letztgenannten Wegfall durch Apostroph zu kennzeichnen. «Das e / wann es vor einem andern selbstlautenden Buchstaben zue ende des wortes vorher gehet / es sey in wasserley versen es wolte / wird nicht geschrieben und außgesprochen / sondern an seine statt ein solches zeichen ' dafür gesetzt.» [37] Dieses Gebot zur Vermeidung des H. findet sich in den nachfolgenden Poetiken des 17. und 18. Jh. vielfach bekräftigt (HARSDÖRFFER, KINDERMANN, VON BIRKEN, WEISE, GOTTSCHED u. a. [38]). Für die dichterische Praxis hat die Vorschrift anfangs verbindlichen Charakter, in der zweiten Hälfte des 18. Jh. setzt sich dann jedoch ein individuell bestimmter Umgang mit dem H. durch – Lessing ist «ziemlich hiatusfrei» [39], ebenso Klopstock, dagegen verwenden oder vermeiden Hölty, Goethe, Schiller den H. durchaus zwanglos; Hölderlin vermeidet ihn streng, ebenso wie noch im 19. Jh. die philologisch orientierten Dichter Platen oder Rückert. Im 20. Jh. läßt S. George, anders als etwa Rilke, eine bewußte Entscheidung erkennen, den H. einzusetzen oder zu vermeiden. [40]

Anmerkungen:
1 Apollonios Dyskolos, De pronominibus 50,11, in: Gramm. Graec. – **2** Scholia in Plutum 696, in: Scholia graeca in Aristophanem; Eustathios, ad Iliadem 11,33ff. – **3** vgl. Longinus, Ars rhetorica, in: Rhet. Graec. Sp. I, 306,9ff.; Eustathios [2]. – **4** vgl. E. Kalinka: Griech.-Röm. Metrik und Rhythmik im letzten Vierteljahrhundert, in: K. Bursian: Jahresber. über die Fortschritte der klass. Alterthumswiss. Bd. 250 (1935) 290ff., bes. 403ff.; E. Schwyzer: Griech. Grammatik I (^{3}1959) 240ff. – **5** vgl. M. Lejeune: Traité de métrique grecque (Paris ^{2}1955) 286ff.; Schwyzer [4]; A. Maniet: La phonétique historique du Latin (Paris ^{5}1975) 76ff. – **6** vgl. Demetrios, De elocutione; Eustathios [2]; P. Fortassier: L'hiatus expressif dans l'Illiade et dans l'Odyssée (Paris 1989); W. B. Stanford: The Sound of Greek (Berkeley/Los Angeles 1967); L. Pearson: Hiatus and Its Effect in the Attic Speech-Writers, in: Transactions and Proceedings of the American Philological Associations 108 (1978) 131ff. – **7** vgl. A. Shewan: Hiatus in Homeric Verse, in: Classical Quarterly 17 (1923) 13ff.; Kalinka [4] 403ff.; P. Chantraine: Grammaire Homérique I (Paris ^{3}1958) 84ff.; W. J. W. Koster: Traité de métrique grecque (Paris ^{3}1962) 42f.; A. G. Tsopanakis: Homeric Researches: from Prosodic Irregularity to the Construction of the Verse (Thessaloniki 1983); C. J. Ruijgh: Le mycénien et Homère, in: A. Morpurgo Davies, Y. Dohoux (Hg.): Linear B: A 1984 Survey... (Cabay/Louvain la Neuve 1985) 143ff. – **8** M. Parry: Les formules et la métrique d'Homère (Paris 1928) = Homeric Formulae and Homeric Metre, in: A. Parry (Hg.): The Making of Homeric Verse (Oxford 1971) 191ff.; Tsopanakis [7] 2ff. – **9** vgl. Eustathios [2] 1076,33ff.; 1106,47ff.; vgl. P. Fortassier [6]. – **10** vgl. Demetrios, De elocutione 68ff., bes. 72; 209; vgl. auch 207; vgl. W. B. Stanford [6] 57ff., bes. 58f. – **11** vgl. Dionysios von Halikarnassos, De compositione verborum 20, II, ed. H. Usener, L. Radermacher (1899) p. 91,5ff.; vgl. B. Gentili: Il ‹De compositione verborum› di Dionigi di Alicarnasso: parola, metro e ritmo nella comunicazione letteraria, in: Quaderni urbinati di cultura classica 65 (NF 36) (1990) 15ff. – **12** vgl. Aulus Gellius, Noctes Atticae XX 1ff. – **13** vgl. H. Weil: Études de littérature et de rythmique grecques (Paris 1902) 185ff.; E. B. Clapp: Hiatus in Greek Melic Poetry (Berkeley 1904) 1ff.; W. J. W. Koster: Studia ad colometriam poëseos graecae pertinentia, in: Mnemosyne 9 (1941) 1ff.; P. Maas: Greek Metre (Oxford ^{4}1962) 32f.; D. Korzeniewski: Griech. Metrik (1968) 9. – **14** L. E. Rossi: Teoria e storia degli asinarteti dagli arcaici agli alessandrini: Problemi di metrica classica (Genua 1978) 30 u. 35ff.; B. M. Palumbo Stracca: La teoria antica degli asinarteti (Rom 1979) bes. 84ff.; B. Gentili: L'asinarteto nella teoria metrico-ritmica degli antichi, in: FS

R. Muth (Innsbruck 1983) 140; ders.: Gli studi di G. Pasquali e la filologia classica del Novecento (Florenz 1988) 96ff. – **15** Maas [13] 89ff.; E. Harrison: Interlinear Hiatus in Greek Tragic Trimeters, in: Classical Review 55 (1941) 22ff.; A.C. Moorhouse: ΕΥ ΟΙΔΑ and ΟΥΔΕ ΕΙΣ: Cases of Hiatus, in: Classical Quarterly 55 (1962) 239ff.; M.L. West: Greek Metre (Oxford 1982) 15 u. 110; Korzeniewski [15] 25; 60; 74; 89. – **16** West [15] 156; 164; 179ff. – **17** F. Blass: Attische Beredsamkeit II (³1892) 139ff.; J.D. Denniston: Hiatus, in: Oxford Classical Dictionary (Oxford ²1970) 513f. – **18** Isokrates, Frg. 10, ed. G. Mathieu (Paris 1962) 231f.; vgl. K. Barwick: Das Problem der isokrateischen Techne, in: Philologus 107 (1963) 43ff. – F. Seck (Hg.): Isokrates (1976) 275ff., bes. 294 Anm. 18; s. auch Anaximenes Rhet. 25, in: Rhet. Graec. Sp. I, 211, 22f.; 212,15ff.; Dionysios Halikarnassos [11] 23, p. 116, 12ff.; ders., De Isocrates 2, p. 57,7ff., ed. H. Usener, L. Radermacher. – **19** Blass [17] 139; L. Pearson: Hiatus and Its Purposes in Attic Oratory, in: American Journal of Philology 96 (1975) 141. – **20** Plutarch, De gloria Atheniensium 350 E; vgl. auch Dionysios von Halikarnassos, Epistula ad Pompeium 6, p. 247,16, ed. H. Usener, L. Radermacher. – **21** vgl. Auct. ad Her. IV, 12,8; Cic. Or. XLIV, 149ff.; Cic. de or. III,43; ders., Brutus 68; Dionysios Thrax, De prosodiis, in: Gramm. Graec. I 1,112,5f.; Dionysios von Halikarnassos, De Demosthene 40, p. 215,8ff.; ed. Usener–Radermacher; Quint. IX, 432ff.; Hermog., Jd. I, p. 308,13ff. u. 340,5ff., ed. Rabe; Longinos [3] I 306,9ff.; vgl. J. Martin: Antike Rhet. (1974) 322f.; A.M. Riggsby: Elision and Hiatus in Latin Prose, in: Classical Antiquity 10 (1991) 339ff. – **22** Pearson [19]; ders. [6] 131ff. – **23** Dionysios von Halikarnassos [21] 43, p. 225,7ff. – **24** ders., De Isocrate 2, p. 57,7ff. (ebd.). – **25** W. von Christ: Gesch. der griech. Lit. II, 1 (⁶1959) 392; ebd. II, 2 (⁶1961) 891; 924 Anm. 1. – **26** M.D. Reeve: Hiatus in the Greek Novelists, in: Classical Quarterly 21 (1971) 514ff. – **27** P. Friedländer: Zum plautinischen H., in: Rheinisches Museum 62 (1907) 73ff.; A. Klotz: Der Hiatus bei Terenz, in: Hermes 60 (1925) 317ff.; C. Questa: Introduzione alla metrica di Plauto (Bologna 1967) 86ff.; vgl. auch Cic. Or. [21]; vgl. J. Pelz: Der prosodische H. (1930). – **28** Cic. Or. XXIII,77; Diomedis, Artis grammaticae II, in: Gramm. Lat. I, 466,26ff.; Riggsby [21] 340ff.; F. Crusius: Römische Metrik. Eine Einf. (²1955) 19, passim; S. Boldrini: La prosodia e la metrica dei Romani (Rom 1992) 70ff. – **29** Cic. [21]; Donatus, Ars Grammatica II, 17, in: Gramm. Lat. IV, 392, 27–393, 1ff.; Mart. Cap. V, 514; 516; Servius, Commentarius in Donati artem, in: Gramm. Lat. IV, 445,8; vgl. E.H. Sturtevant, R.G. Kent: Elision and Hiatus in Latin Prose and Verse, in: Transactions and Proceedings of the American Philological Associations 56 (1915) 129–155; J. Soubiran: L'élision dans la poésie latine (Paris 1966); vgl. H. Lausberg: Hb. der lit. Rhet. (³1990) S. 476ff. – **30** Questa [27] 87; Boldrini [28] 72. – **31** D. Norberg: Introduction à l'étude de la versification médiévale (Uppsala 1958) 33; 36; 69. – **32** K. Krumbacher: Gesch. der byzantinischen Lit. (²1897) 694. – **33** C. Di Girolamo: Teoria e prassi della versificazione (Bologna 1976) 16f.; 19; 98; A. Marchese: Dizionario di retorica e stilistica (Mailand ³1981) 65; 119; M. Ramous: La metrica (Mailand 1984) 134; 168. – **34** D'Annunzio: Il Piacere, in: Prose di Romanzi I (Milano 1959) 149. – **35** G. Gerber: Die Sprache als Kunst I (³1961) 387f.; vgl. A. Stene: Hiatus in English (Kopenhagen 1954). – **36** vgl. W. Hoffmann: Altdt. Metrik (²1981) 34f.; vgl. H. de Boor: Unters. zur Sprachbehandlung Otfrieds (Breslau 1928; ND 1977); vgl. die Einleitung von U. Hennig zu Karl Lachmann, Über ahd. Prosodie und Verskunst (1823/24), hg. von U. Hennig (1990) 47ff. – **37** M. Opitz: Buch von der dt. Poeterey (1624) VII. Cap., hg. von R. Alewyn (1963) 33f. – **38** vgl. W. Scherer: Über den H. in der neueren dt. Metrik, in: ders.: Kleine Schr. (1893) 375–389. – **39** ebd. 384. – **40** vgl. W. Mohr: Art. ‹H.› in: RDL, Bd. 1, 653–656.

L. Lomiento/A. Ka.

→ Aphaerese → Apokope → Euphonie → Metrik → Rhythmus → Virtutes-/Vitia-Lehre

Hierarchien (griech. ἱεραρχίαι, hierarchíai; engl. hierarchies; frz. hiérarchies; ital. gerarchie)

A. Das vor dem 6. Jh. n. Chr. offenbar seltene und in klassischer Zeit überhaupt nicht belegte griechische Substantiv ἱεραρχία (hierarchía) bezeichnet ursprünglich das Amt des Oberpriesters, des ἱεράρχης (hierárchēs). [1] Erst der christliche Autor PSEUDO-DIONYSIUS AREOPAGITA gebrauchte es – um die Wende zum 6. Jh. – in seinen griechisch verfaßten Abhandlungen ‹Über die himmlische Hierarchie› und ‹Über die kirchliche Hierarchie› zur Bezeichnung von Kollektiven, deren Teile in einem mehrfach gestaffelten Über- und Unterordnungsverhältnis zueinander stehen. [2] Im heutigen – letztlich wohl auf Pseudo-Dionysius zurückgehenden – Sprachgebrauch bezeichnet das Wort eine «Rangfolge» sowie die «Gesamtheit der in einer Rangfolge Stehenden». [3] Eingehender läßt sich die Bedeutung des Wortes ‹H.› unter Rückgriff auf die Relationenlogik beschreiben: «Menge von Gegenständen (im weitesten Sinn), insofern sie eine Aufteilung in Untermengen zuläßt, die folgenden Bedingungen genügt: Die Untermengen ordnen sich zu einer Reihe aufgrund einer zweistelligen Relation, die mit der Vorstellung der Überlegenheit assoziiert ist. Diese – transitive, aber nicht symmetrische – Relation besteht entweder zwischen den jeweils benachbarten Untermengen der Reihe oder zwischen beliebigen Elementen benachbarter Untermengen.» Die reihenbildenden Untermengen können im Grenzfall nur ein Element enthalten. So bildet ein Handwerksmeister mit einem einzigen Gesellen und einem einzigen Lehrling eine dreistufige H. Die Anzahl der Elemente kann in den verschiedenen Untermengen derselben Reihe verschieden groß sein. Bei der pyramidenförmigen H. wächst die Anzahl auf dem Wege vom obersten zum untersten Glied – wie im Falle der H. des katholischen Klerus mit dem Papst als oberstem Glied. Die Elemente der Untermengen können ebensogut Konkreta (H. der Kleriker oder der Militärs) wie Abstrakta sein (Wertskalen). Die Reihenglieder bilden die ‹Stufen› der H. Jede H. ist mindestens zweistufig; eine Höchstzahl der erlaubten Stufen ist nicht angebbar. Die Reihe der natürlichen Zahlen bildet eine H. von unbegrenzter Stufenzahl. Die Relation, auf der die Reihung der Untermengen beruht, liefert den Hierarchisierungsgesichtspunkt. Folgende Relationen können hierarchische Reihen begründen: «X hat Befehlsgewalt über Y», «X ist wirkungsvoller als Y», «X ist ein Zweck, der über das Mittel Y verfolgt wird», «X ist begehrter als Y». In jedem Fall muß mit der reihenbegründenden Relation die Vorstellung der Über- und Unterordnung verbindbar sein. Ein und dieselbe H. kann unter mehr als einem Gesichtspunkt begründet sein – z.B. gleichzeitig durch die Relationen «wirkungsvoller als» und «begehrter als». Der Begriff der rangschaffenden Relationenreihe spielt – auch vor und unabhängig von seiner Bindung an das Wort ‹H.› – eine bedeutende Rolle in Ontologie, Psychologie und Soziologie. ARISTOTELES (384–322) erkennt in der Welt eine hierarchische Ordnung von Seinsschichten, die vom materielosen «unbewegten Beweger» bis zur formlosen Materie hinabreicht. Nach PLOTIN (203–269) ist die Welt eine stufenweise abfallende Emanation aus dem Göttlich-Ureinen. Der von Plotin beeinflußte Pseudo-Dionysius Areopagita verbindet um 500 n. Chr. (soweit ersichtlich, als erster) den Gedanken der Rangfolge mit dem Wort ‹H.› und vererbt den neugedeuteten Terminus an die christliche Philosophie des Mittelalters. Im 20. Jh. beschreibt N. HARTMANN die «reale Welt» als H. aus vier

«Seinsschichten». [4] Auf dem Gebiet der Psychologie nimmt PLATON (427–347) eine H. dreier Seelenkräfte an (Vernunft, Mut, Begehrlichkeit), die der H. der Stände seines Idealstaates entspricht (Regenten, Wächter, Gewerbetreibende). [5] Seither ist der Aufbau der Seele immer wieder – und nach wechselnden Gesichtspunkten – als geschichtet dargestellt worden – so etwa von S. FREUD (1856–1939), der in seinem Essay ‹Das Unbehagen in der Kultur› (1930) die Instanzen «Über-Ich», «Ich» und «Es» unterscheidet. Die soziologische Verwendung des H.-Begriffes kann sich – wie bei K. Marx (1818–1883) – auf die Gliederung der kapitalistischen Gesellschaft insgesamt beziehen [6], aber auch auf internationale oder nationale Teilgruppen der Gesellschaft (Klerus, Militär, Beamtenschaft) oder gar – wie bei Pseudo-Dionysius Areopagita – auf die himmlischen Heerscharen. [7]

B. Auch in der Rhetorik spielt der Begriff der Rangfolge lange vor seiner Verbindung mit dem Wort ‹H.› eine unentbehrliche Rolle. Zum einen weisen bestimmte Begriffsfelder der rhetorischen Theorie Ansätze zur hierarchischen Ordnung auf, zum anderen erteilt die Rhetorik Ratschläge über den argumentativen Umgang mit H.

I. Hierarchiebildung im Begriffsapparat der Rhetorik.
1. *H. der Aufgaben des Redners.* Die lateinischen Rhetoriker unterscheiden – innerhalb der übergreifenden Aufgabe der Zustimmungserwirkung – drei spezifische Aufgaben des Redners *(officia oratoris)*: (1) Information und Beweisführung *(docere, probare)*, (2) Erzeugung einer vergnügten Gemütslage, die dem Redner Sympathie einbringt *(delectare)* und (3) Erregung von Leidenschaften, die eine vom Redner befürwortete Entscheidung erzwingen *(movere, flectere)*. [8] CICERO behandelt diese Dreiheit als H.: «Die Beweisführung ist [nichts als] eine notwendige Voraussetzung, die Erzeugung vergnüglicher Stimmung ist eine Sache des Charmes, [aber erst] die Erregung der Leidenschaften gibt den Ausschlag zum Sieg». [9] Ohne die Fähigkeit zur klaren Beweisführung wird, wie die Stelle wohl besagen soll, niemand zum Redner; der vollkommene Redner jedoch muß darüber hinaus den – selteneren – Zauber des amüsanten Erzählers besitzen und vor allem die – noch seltenere – Gabe, über die Leidenschaften der Zuhörer zu gebieten. Die aufgestellte H. beruht auf zwei voneinander unabhängigen Gesichtspunkten: Zum einen wird die zur Erfüllung der Aufgabe nötige Begabung auf dem Weg vom *probare* über das *delectare* zum *flectere* immer seltener und kostbarer, zum anderen wächst auf demselben Wege die Bedeutung der Aufgabe über den Sieg der verfochtenen Sache: Den größten Beitrag zum Persuasionserfolg leistet die Macht des Redners über die Leidenschaften der Zuhörer: «nam id unum ex omnibus ad obtinendas causas potest plurimum» (denn dieses eine leistet von allem den größten Beitrag zum Prozeßgewinn). [10]

2. *Hierarchie der Stilarten.* Den drei hierarchisierten Aufgaben des Redners ordnet Cicero die drei Stilarten *(genera elocutionis)* zu [11], deren Unterscheidung zuerst beim Herennius-Autor belegt ist [12]: Es gibt einen hohen, einen mittleren und einen niederen Stil. Der Herennius-Autor bezeichnet die drei Stilarten als *figura gravis, figura mediocris* und *figura attenuata,* Cicero als *genus vehemens, genus modicum* und *genus subtile.* [13] Schon dieser Autor deutet eine Hierarchisierung der Stilarten an: Vom hohen über den mittleren zum niederen Stil nähert sich der sprachliche Ausdruck der alltäglichen, unfigürlichen Redeweise. In umgekehrter Richtung nehmen Häufigkeit und Kühnheit der aufgewandten rhetorischen Schmuckmittel zu. [14] Einen Nachhall dieses Hierarchisierungsgesichtspunktes spürt man in der mittelalterlichen Einteilung der rhetorischen Figuren in «schwierigen» und «einfachen» Redeschmuck *(ornatus difficilis* und *ornatus facilis).* [15] Cicero überträgt den Gesichtspunkt, unter dem er bereits die Aufgaben des Redners gestaffelt hat, auf die Stilarten, die er ihnen zuordnet. Der hohe Stil ist folglich der am seltensten gelingende, aber im Falle des Gelingens auch der wirkungsvollste. [16] Das Mittelalter übernimmt die rhetorische Dreistillehre in die Poetik, jedoch mit abermals gewandeltem Hierarchisierungsgesichtspunkt [17]: Die Rangfolge der Stilarten entspricht nun einer Rangfolge der dargestellten sozialen Milieus. Der hohe Stil gehört – wie JOHANNES VON GARLANDIA (1195–1272) erläutert [18] – zur Welt des (höfischen) Adels, der mittlere zur Welt der Bauern und der niedere zur Welt der Hirten. Eine mustergültige Verwirklichung der Zuordnung von Stilart und dargestelltem Milieu sehen die mittelalterlichen Poetikverfasser in den drei Werken Vergils: Die ‹Äneis› behandelt im hohen Stil die Heldentaten des aristokratischen Romgründers, die ‹Georgica› das Leben der Bauern und die ‹Bucolica› das der Hirten. [19]

3. *H. der status.* Trotz mancher Verschiedenheit in der Sortierung der Konflikte *(status),* auf die ein Prozeßverlauf sich zuspitzen kann, kehrt bei vielen Rhetorikern eine Aufzählung von vier Konfliktsorten in immer gleicher Reihenfolge wieder, sei es als vollständige Liste aller *status* [20] oder nur als Untergliederung der sog. *status rationales* [21]: (1) Streit um die Täterschaft des Angeklagten *(status coniecturae),* (2) Streit um die juristische Benennung der Tat *(status finitionis),* (3) Streit um die Rechtmäßigkeit der Tat *(status qualitatis)* und (4) Streit um die Rechtmäßigkeit des angestrengten Verfahrens *(status translationis).* In QUINTILIANS Darstellung entspricht diese Reihenfolge einer H. der möglichen Verteidigungspositionen [22]: Im *status coniecturae* bestreitet der Verteidiger die Täterschaft des Angeklagten, im *status finitionis* dagegen gibt er sie zu und bestreitet nur noch die vom Ankläger vorgenommene Subsumtion der Tat unter einen bestimmten Straftatbestand. Im *status qualitatis* gibt der Verteidiger nicht nur die Täterschaft des Angeklagten zu, er läßt auch die vom Ankläger vorgenommene Subsumtion gelten und bestreitet stattdessen die Unrechtmäßigkeit der Tat. Im *status translationis* schließlich bestreitet der Verteidiger weder die Täterschaft seines Mandanten noch die vom Ankläger vorgenommene Subsumtion noch die Unrechtmäßigkeit der Tat, sondern nur noch die Rechtmäßigkeit des Verfahrens. Die in dieser Aufzählung jeweils vorangehende Verteidigungsposition ist stärker als die folgende, weil sie den Angeklagten mit weniger Zugeständnissen belastet. Im *status coniecturae* ist die Verteidigung weitaus am stärksten *(longe fortissima),* weil sie zu keinerlei belastenden Zugeständnissen gezwungen ist. Den *status translationis* dagegen sieht Quintilian als letzte Zuflucht *(ultima [...] salus)* an, von der ein Verteidiger nur dann Gebrauch macht, wenn er die Täterschaft seines Mandanten zugeben, die vorgenommene Subsumtion der Tat gelten lassen und ihre Unrechtmäßigkeit anerkennen muß.

4. *H. der genera causae.* Im Athen des 5. und 4. Jh. v. Chr. ist die Vorstellung geläufig, daß zwei gegensätzliche Standpunkte, die in derselben Verhandlung aufeinandertreffen, nicht immer gleich gut zu vertreten sind.

Es gibt ‹die stärkere Position› (ὁ κρείττων λόγος, ho kreíttōn lógos), die dem Wahrheits- und Gerechtigkeitsempfinden der richtenden Öffentlichkeit von vornherein entgegenkommt, und ‹die schwächere Position› (ὁ ἥττων λόγος, ho héttōn lógos), die ihm widerspricht. Der Sophist PROTAGORAS (488–415) rühmt sich, er könne der schwächeren Position durch rhetorische und dialektische Kunstfertigkeit zum Siege verhelfen (τὸν ἥττω λόγον κρείττω ποιεῖν, tón héttō lógon kreíttō poieîn). [23] Der gewissenlose Gebrauch dieser Fähigkeit wurde den Sophisten insgesamt und auch Sokrates, den seine Ankläger für einen Sophisten hielten, zum Vorwurf gemacht. [24] Spätere Rhetoriker erweitern die zweistufige (wenn man so will: vortechnische) H. der vertretenen Positionen. Der Herennius-Autor zählt vier [25], Quintilian sogar sechs [26] *genera causarum* auf, die sich durch den mehr oder weniger günstigen ersten Eindruck unterscheiden, den sie beim Richter erwecken. Die Vermehrung der Hierarchieglieder beruht auf zwei verschiedenen Verfahren. Zum einen wird zwischen die Position, die der Richter spontan gutheißt (Herennius-Autor: *honestum genus*), und die Position, die er spontan verwirft (Herennius-Autor: *turpe genus*), eine mittlere Position eingeschoben, die der Richter spontan weder gutheißt noch verwirft, weil er in ihr neben Zustimmungswürdigem auch Verwerfliches sieht (Herennius-Autor: *dubium genus*). So ergibt sich eine dreistufige H. unter dem zweifachen Gesichtspunkt abnehmender Übereinstimmung mit dem Vor-Urteil des Richters und zunehmender Schwierigkeit der rhetorischen Vertretung. Die klare Dreistufigkeit wird jedoch durch ein zweites Erweiterungsverfahren verdunkelt: Der Herennius-Autor und Quintilian bringen Rechtsfälle ins Spiel, die den Richter aus anderen Gründen verstimmen als durch den Verstoß gegen sein spontanes Wahrheits- und Rechtsempfinden: den belanglosen Bagatellfall, für den der Richter kein Interesse aufbringt (Herennius-Autor: *humile genus*), und den verworrenen Fall, der seine Auffassungskraft überfordert (Quintilian: *genus obscurum*).

5. *H. der poetischen Gattungen*. Obwohl die lateinischen Klassiker der Rhetorik die Theorie der Gerichtsrede differenzierter ausarbeiten als die Theorie der Beratungs- und der Lobrede, stellen sie keine grundsätzliche Rangfolge der Aristotelischen Redegattungen [27] auf. Allerdings bezeichnet der Herennius-Autor die Gattung der Gerichtsrede als die bei weitem schwierigste. [28] ARISTOTELES wiederum bemerkt beiläufig, die Beratungsrede sei «edler» als die Gerichtsrede. [29] Im Gegensatz zu den Aristotelischen Redegattungen werden die Gattungen der Poesie von alters her hierarchisch geordnet. Aristoteles stellt die Tragödie über das Epos [30], J. C. SCALIGER (1484–1558) umgekehrt das Epos über die Tragödie. [31] Die stufenreiche Gattungshierarchie der französischen Klassik spiegelt sich in der ‹Art poétique› Boileaus (1674) [32]: Die «kleinen» Gattungen (Elegie, Ode, Sonett usw.) zählen insgesamt weniger als die «großen», bei denen wiederum die Rangfolge «Tragödie – Epos – Komödie» gilt.

II. Umgang mit Hierarchien in der rhetorischen Argumentation.

1. *Topoi zur Begründung einer Rangfolge*. Ein Redner kann vor der Aufgabe stehen, eine Rangfolge rechtfertigen zu müssen. Für diesen Fall rüstet ihn Aristoteles mit einer stattlichen Zahl von Argumentationsanweisungen *(Topoi)* aus. In seiner Rhetorik (I, 17) nennt er – unter Rückgriff auf das dritte Buch seiner ‹Topik› – ungefähr vierzig solcher Anweisungen, die – vor allem in Beratungsreden – verwendet werden können, um die Rangfolge zweier Güter zu begründen. Die Topoi geben entweder zweistellige Relationen an, die Rangfolgen stiften, oder sie nennen Bedingungen, unter denen die anerkannte Rangfolge zweier Güter auf ein andersartiges Güterpaar übertragen werden kann. Beispiel der ersten Art: «Das Seltenere ist ein höheres Gut als das reichlich Vorhandene, wie z. B. Gold ein höheres Gut ist als Eisen.» [33] Beispiel der zweiten Art: «Wenn die Wissenschaften von zwei Gegenstandsbereichen nach Ansehen und Bedeutung abgestuft sind, dann auch die Gegenstandsbereiche selbst.» [34] Die aufgrund solcher Topoi vorgenommenen Rangfolge-Übertragungen werden von den Argumentationstheoretikern Perelman und Olbrechts-Tyteca als ‹Argumente der doppelten Hierarchie› erörtert. [35] Die Rangfolge-Übertragung läßt – diesen Autoren zufolge – drei Arten der Widerlegung zu: Man bestreitet entweder die Rangfolge, von der aus die Übertragung erfolgt, oder die Möglichkeit der Übertragung, oder man nimmt eine andere Übertragung mit umgekehrtem Ergebnis vor. [36] Aristoteles führt – zur Verwendung in Gerichtsreden – ein weiteres Dutzend Topoi an, mit deren Hilfe sich Verbrechen nach ihrem Schweregrad ordnen lassen. Beispiel: «Die brutalere Tat wiegt schwerer, ebenso die mit entschiedenerem Vorsatz begangene.» [37]

2. *Das genus conparativum als Ort des Rangfolgestreits*. Die Frage nach der Rangfolge kann das eigentliche Thema einer Rede sein. Der behandelte Streitfall gehört dann in das *genus conparativum* [38], in dem, wie CICERO sagt, vergleichend geprüft wird, welcher von zwei oder mehreren – grundsätzlich erwägenswerten – Vorschlägen der bessere ist: «Soll ein bestimmtes Truppenkontingent nach Makedonien gegen Philipp entsandt werden, um dort die Bundesgenossen zu entlasten, oder soll es in Italien festgehalten werden, damit möglichst viele Truppen gegen Hannibal zur Verfügung stehen?» [39] In das *genus conparativum* gehört auch der Streitfall der *leges contrariae*. [40] Es kommt vor, daß in einer Gerichtsverhandlung beide Parteien ihr gegensätzliches Begehren auf ein gültiges Gesetz stützen können. QUINTILIAN nennt folgendes Beispiel [41]: Ein erstes Gesetz verlangt, daß ein Bildnis des Tyrannenmörders im Gymnasium aufgestellt wird; ein zweites Gesetz verbietet, dort ein Frauenbildnis aufzustellen. Nun hat eine Frau einen Tyrannen getötet und verlangt aufgrund des ersten Gesetzes, daß man ihr Bildnis im Gymnasium aufstelle. Die Gegner dieser Maßnahme berufen sich auf das zweite Gesetz. In diesem Fall bildet die Frage, welches der beiden Gesetze durchschlägt, den Dreh- und Angelpunkt der Verhandlung. Den Anwälten, die das für sie günstige Gesetz als vorrangig hinstellen müssen, liefert Cicero eine Reihe von Gesichtspunkten, die eine Rangfolge unter gleichermaßen einschlägigen Gesetzen begründen: Der Vorrang gebührt dem Gesetz, das sich auf die wichtigere Materie bezieht, das später erlassen wurde, das eine Muß-Vorschrift statt einer Kann-Vorschrift enthält, das die höhere Strafe androht, das spezifischer auf den vorliegenden Fall zugeschnitten ist usw. [42]

3. *Festlegung der Rangfolge als Hilfsargument*. Die Frage nach der Rangfolge kann auch im argumentativen Unterbau einer anderen Thematik auftreten – etwa zur Stützung des «Topos aus dem Mehr und Weniger». [43] Die Anwendung dieses Topos setzt voraus, daß der Adressat zwei Behauptungen anerkennt: (1) Das Merkmal M, dessen Vorhandensein in einem bestimmten

Gegenstand G1 strittig ist, kommt einem beliebigen Gegenstand genau dann zu, wenn ihm auch eine bestimmte graduierbare Eigenschaft E mindestens in dem Intensitätsgrad X (der nicht zahlenmäßig bekannt sein muß) zukommt. [44] (2) Das Merkmal M kommt dem Gegenstand G2 zu. Sind diese Behauptungen anerkannt, kann der Argumentierende vorbringen, daß dem Gegenstand G1 die Eigenschaft E in einem höheren Intensitätsgrad zukommt als dem Gegenstand G2. Da aber G2 schon das für M erforderliche Mindestmaß an E enthält, so erst recht G1. Das u. U. strittige Gefälle zwischen G1 und G2 in bezug auf den Intensitätsgrad der Eigenschaft E läßt sich dann mit einem Aristotelischen oder Ciceronischen Rangfolge-Topos begründen. Beispiel: Ein Ankläger bringt zur Begründung einer geforderten Mindeststrafe vor, daß ein anderer Täter zu genau dieser Strafe bereits verurteilt wurde. Er fährt dann fort: «Die aufgewandte kriminelle Energie, die das Strafmaß rechtfertigt, ist bei unserem Täter jedoch noch größer (Aristotelischer Topos aus dem Mehr und Weniger), da bei gleicher Tat der Vorsatz entschiedener war (Stützung des Aristotelischen Topos durch einen Ciceronischen).»

4. *Hierarchisierung von H.* Die Erfordernisse der Argumentation können den Redner zwingen, H. ihrerseits zu hierarchisieren. Diese Notwendigkeit entsteht insbesondere, wenn das vom Redner befürwortete Verhalten zwar ein hohes Gut einer ersten Güterhierarchie verwirklicht, zugleich aber ein hohes Gut einer zweiten zu verfehlen droht. Der Redner wertet dann – ausdrücklich oder stillschweigend – die zweite H. ab: Ihre Güter sind weniger erstrebenswert und ihre Übel weniger schrecklich als die der ersten. Wenn etwa die Wahl besteht zwischen dem lebensgefährdenden Kampf um die Freiheit und der lebensbewahrenden Ergebung in die Sklaverei, muß eine Rangfolge zwischen zwei Güterhierarchien festgelegt werden. Wer zum Kampf um die Freiheit rät, muß die H., in der das Leben über dem Tod steht, für weniger bedeutend erklären als die H., in der die Freiheit über der Sklaverei steht. Eine geläufige Ausdrucksform der Abwertung einer H. ist die paradox wirkende Betonung einer hierarchiewidrigen Wahl. [45] Wenn der Redner aus einer H., die das Leben über den Tod stellt, überraschend den Tod und nicht das Leben wählt, zeigt er an, daß die so mißachtete H. im Schatten einer mächtigeren steht. Diese kann zweifach angedeutet werden: (1) Der Redner stellt ein niedriges Glied der mißachteten H. über ein gleich niedriges der befolgten: «Lewwer duad üs Slaav». [46] (2) Der Redner stellt von zwei Gliedern einer ersten H. das niedere über das hohe, nennt jedoch zugleich die Glieder einer zweiten H., die in der gegebenen Wahlsituation mit den Gliedern der ersten verbunden sind und deren hierarchische Ordnung gewahrt bleibt: «Besser ein unzufriedener Mensch als ein zufriedenes Schwein, und besser ein unzufriedener Sokrates als ein zufriedener Narr.» [47] Die H. der Lebewesen, die Sokrates über den Narren und die Menschen insgesamt über die Tiere stellt, bleibt gewahrt. Deshalb muß die H. der Gefühlszustände, in der Zufriedenheit mehr wert ist als Unzufriedenheit, mißachtet werden.

Anmerkungen:
1 vgl. W. Pape: Griech.-Dt. Handwtb., Bd. 1 (^{3}1906) 1240. – **2** vgl. G. O'Daly: Art. ‹H.›, in: RAC 15, 41–73. – **3** Duden. Das Große Wtb. der dt. Sprache, Bd. 4 (^{2}1994) 1571. – **4** N. Hartmann: Der Aufbau der realen Welt (1940). – **5** Plat. Pol. 436 a ff. – **6** K. Marx: Das Kapital, Bd. 3, Kap. 51 (London 1894). – **7** Pseudo-Dionysius Areopagita: La Hiérarchie céleste (1958). – **8** Cic. Brut. 49, 185; Cic. Or. 21, 69; Quint. III, 5, 2. – **9** Cic. Or. 21, 69. – **10** ebd. – **11** ebd. – **12** Auct. ad Her. IV, 8, 11. – **13** Cic. Or. 21, 69. – **14** Auct. ad Her. IV, 8, 11ff. – **15** Z. B. bei Geoffroi de Vinsauf, «Documentum de modo et arte dictandi et versificandi», in: E. Faral: Les Arts poétiques du 12e et du 13e siècle (Paris 1924) 285ff. – **16** Cic. Or. 28, 97ff. – **17** Faral [15] 86ff. – **18** Johannes von Garlandia, Poetria, hg. von G. Mari, in: RF 13 (1902) 883ff. – **19** vgl. Faral [15] 87. – **20** Cic. De inv. I, 8, 10ff. – **21** Isid. Etym. II, 5, 2ff. – **22** Quint. III, 6, 83; H. Lausberg: Hb. der lit. Rhet. (^{3}1990) § 91. – **23** Arist. Rhet. II, 24, 11. – **24** Platon, Apologie des Sokrates 18b. – **25** Auct. ad Her. I, 3, 5. – **26** Quint. IV, 1, 40. – **27** Arist. Rhet. I, 3. – **28** Auct. ad Her. II, 1, 1. – **29** Arist. Rhet. I, 1, 10. – **30** Arist. Poet. 26. – **31** J. C. Scaliger: Poetices libri septem (1987) I, 3 und III, 96. – **32** N. Boileau-Despréaux: Œuvres (Paris 1952) SS. 159–188. – **33** Arist. Rhet. I, 7, 14. – **34** ebd. I, 7, 20. – **35** vgl. C. Perelman und L. Olbrechts-Tyteca: Traité de l'argumentation (Brüssel ^{3}1976) 453ff. – **36** ebd. 460. – **37** Arist. Rhet. I, 14, 5. – **38** Quint. III, 10, 3. – **39** Cic. De Inv. I, 12, 17. – **40** Auct. ad Her. II, 10, 15; Cic. De inv. II, 49; Quint. VII, 7. – **41** Quint. VII, 7, 5. – **42** Cic. De inv. II, 49, 155ff. – **43** Arist. Rhet. II, 23, 4f. – **44** H. G. Coenen: «Der Aristotelische Topos aus dem Mehr und Weniger», in: A. Arens (Hg.): Text-Etym. FS für H. Lausberg zum 75. Geburtstag (1987) 74ff. – **45** H. G. Coenen: «Präsuppositionen bestimmter Äußerungen der Form "Lieber X als Y"», in: G. Hindelang, W. Zillig (Hg.): Sprache. Verstehen und Handeln (1981) 99–106. – **46** D. von Liliencron: "Pidder Lüng" in: D. von Liliencron: Bunte Beute (1903). – **47** J. S. Mill: Utilitarianism (Oxford 1949) 172.

H. G. Coenen

→ Argumentation → Nouvelle Rhétorique → Ordo → Ratio → Topik

Historia (griech. ἱστορία(-η), historía(-ē); dt. Erzählung wahrer Ereignisse; engl. historical narrative)

A. Das Wort ‹H.› taucht bereits in der ältesten lateinischen Rhetorik ‹Ad Herennium› (ca. 84 v. Chr.) auf und bezeichnet seitdem in der Rhetorik die Erzählung wahrer Ereignisse. Die antiken Theoretiker sind sich weitgehend einig, daß die H. eines der Interessengebiete des Rhetorikers zu sein hat. Die geschichtsschreibende H. hat ihren Platz in der Ausbildung des Redners als Exempelfundus, spielt aber auch eine Rolle im weiteren literarischen Berufsfeld des Redners als Autor von Prosawerken. Dementsprechend fallen in älterer Zeit die texttheoretischen Probleme der Historiker ins Aufgabengebiet der Rhetorik, nicht der Poetik. Das hat sich erst in der frühen Neuzeit mit Entstehung der Geschichtswissenschaft und Verselbständigung der Textwissenschaften geändert.

Als rhetorischer *terminus technicus* im engeren Sinn wird der Begriff ‹H.› zur Bezeichnung einer Variante des Redeteils *narratio* verwendet. Da dieser rhetorische Funktionsbegriff aber nur eine untergeordnete Rolle spielt, taucht er in vielen Rhetoriken und rhetorischen Wörterbüchern nicht auf.

B. Schon der AUCTOR AD HERENNIUM weist der H. eine Funktionsstelle im spezielleren rhetorischen System bei den *partes orationis* des *inventio*-Kapitels zu. [1] Er verwendet den Begriff also als rhetorischen *terminus technicus* im engeren Sinne. Der Begriff bezeichnet hier neben *fabula* und *argumentum* eine von drei Arten der *narratio*, die die Darlegung von Sachverhalten zu leisten hat. Dieses rhetorische Dreigattungsschema hat sich im Mittelalter, über MARTIANUS CAPELLA (5. Jh.) und andere vermittelt, in der rhetorischen Fachliteratur erhalten. [2] In den mittelalterlichen *artes dictandi* wird dies Verständnis weiterentwickelt. H. kann hier den auf die *salutatio* folgenden Hauptteil des Briefes bezeichnen: «Post salutationem sequitur hystoria, que dividitur in proemium, narrationem, probationem, conclusionem.» [3]

Der AUCTOR AD HERENNIUM bestimmt die rhetorische H. a) im referentiellen Wert als wahr, nicht fiktiv, b) inhaltlich als handlungs-, nicht personenbezogen und c) formal als ‹genus narrationis›, also als narrativ, nicht deskriptiv: «Historia ist ein wirklich geschehenes Ereignis, das aber von unserer Zeit weit entfernt liegt.» (Historia est gesta res, sed ab aetatis nostrae memoria remota.) [4] Für die Gestaltung der *narratio* wahrer Sachverhalte und somit auch der H. gibt der Autor drei rhetorische Stil- bzw. Formmerkmale an: die H. soll «brevis», «dilucida» und «veri similis» sein. [5] Diese Eigenschaften werden später als Stützen möglichst unverfälschter Darstellung von Wahrheit gesehen und regelmäßig bei der Erörterungen zum historiographischen Stil herangezogen. VICTORINUS weitet im 4. Jh. in seinem Kommentar zu Ciceros ‹De inventione› die drei für die oratorische *narratio* gültigen *virtutes* «ut brevis sit narratio, ut aperta, ut probabilis» auf die H. aus. [6] Die Stiltrias lebte auch im Mittelalter. Sie findet sich u. a. bei MARTIANUS CAPELLA [7], in den ‹Excerpta rhetorica› des Pariser Codex 7530 [8] und in der unter dem Namen NOTKERS DES DEUTSCHEN überlieferten ‹Rhetorik› (11. Jh.). Bei Notker werden die drei (übersetzten) wesentlichen Merkmale der H. ausdrücklich in oratorischen Zusammenhang gestellt: «Der Text oder die *narratio* hat in der Prosarede, auch bei den Historiographen, drei Tugenden: [...] daß sie kurz ist, d.h. 'spûetich', klar, d.h. 'offin', glaubhaft, d.h. 'keloûplich'.» (Textus siue narratio in causis oratoriis. et in libris hystoricis tres uirtutes habet: [...] Ut breuis sit. i. 'spûetich'. Lucida. i. 'offin'. probabilis. i. 'keloûplich'.) Im selben Zusammenhang weist Notker auch auf die wichtigsten Bestandteile einer *narratio* hin. Der Redner kennt «tres partes orationis», die sich gleichzeitig «apud hystoriographos» finden. Es sind «prologus, capitula, textus». Was den Prolog betrifft, «beniuolentiam comparare non opus habemus in hystoriis. et in commentariis. sed in causis rhetoricis». Die «capitula» teilen das Buch ein, der «textus» aber «rem expedit». [9]

Die Rhetoriker rekurrieren regelmäßig auch auf den H. - Begriff der Geschichtsschreiber. Bei QUINTILIAN [10] sind diese *historiae* ein für den Redner unverzichtbarer Vorrat an *exempla*, auf die er immer wieder argumentativ zurückgreifen muß. Diese Auffassung gehört über die Jahrhunderte hin zum festen Bestand der rhetorischen H.-Erörterungen. [11] Quintilian hält das Studium der *historiae* schon bei der Rednerausbildung für wichtig. Die Historien sind «als Reservoir für Themen und Musterreden» [12] zentrale Quellen für die Progymnasmata, etwa wenn «Lob und Tadel großer Männer» [13] geübt werden soll. Eine H. ist für solche Zwecke insofern die richtige Quelle, als sie gemäß CICERO «vom Gang der Zeiten Zeugnis gibt, das Licht der Wahrheit ist sowie die lebendige Erinnerung, Lehrmeisterin des Lebens, Künderin von alten Zeiten» und man zu fragen hat, «durch welche Stimmen, wenn nicht die des Redners, sie sonst zur Unsterblichkeit gelangt?» (Historia vero testis temporum, lux veritatis, vita memoriae, magistra vitae, nuntia vetustatis, qua voce alia nisi oratoris immortalitati commendatur?) [14] Für Cicero ist die H. im Berufsleben des Redners als geschichtsschreibende Prosagattung eines der wichtigsten literarischen Betätigungsfelder (opus [...] oratorium maxime [15]), denn hier kann sich die Gestaltungskunst des Prosaisten besonders entfalten. [16] Quintilian teilt diese Auffassung im Grundsatz, mahnt aber, die Prosagattungen nicht zu vermischen. [17]

Die geschichtsschreibende H. wird also mit einer gewissen Berechtigung auch in der rhetorischen Literatur behandelt. Dementsprechend findet eine knappe Abgrenzung des *modus dicendi* der Redner vom Stil der Philosophen, Sophisten, Dichter und Historiker ihren Platz im ‹Orator› Ciceros. In der H. heißt es da, «wird in ausschmückender Form erzählt, oft wird eine Gegend, ein Gefecht beschrieben; auch werden Reden und Ermahnungen eingelegt. Doch strebt man hier einen getragenen fließenden Stil an, nicht jenen pointierten, leidenschaftlichen» (in qua et narratur ornate et regio saepe aut pugna describitur; interponuntur etiam contiones et hortationes. sed in his tracta quaedam et fluens expetitur, non haec contorta et acris oratio). [18]

Auch bei mittelalterlichen Erörterungen zu den Prosaformen, die in den Zuständigkeitsbereich der Rhetorik fallen ging es um die H. [19] Bei HONORIUS AUGUSTODUNENSIS (12. Jh.) sind die historische Prosa, fiktionale Erzählungen sowie sonstige Prosatexte, auch die moralphilosophischen («historia, fabulae, libri oratorie et ethice conscripti»), Einwohner der «Stadt der Rhetorik». [20] Der mittelalterliche Poetiker JOHANNES DE GARLANDIA (13. Jh.) unterscheidet formal «carmina historica» und «prosa historialis». Zunächst bemerkt er allgemein zur Prosa, sie sei «Rede aus Sätzen, schmuckvoll und ohne Metrum komponiert, die durch die gebührenden Schlußglieder der Klauseln unterteilt ist» (sermo sententiosus ornate sine metro compositus, distinctus clausularum debitis intervallis). Spezieller heißt es dann, die «prosa hystorialis» sei jene, die die Kirche verwende, auch die Tragödien- und bisweilen die Komödiendichter sowie viele Philosophen («qua utitur Ecclesia et tragedi et comedi aliquando et alii non nulli phylosophi»). [21] Die Textstruktur ist für Johannes nicht festgelegt. Seiner Meinung nach können die einzelnen Teile einer H., je nach dem Willen des Historiographen oder durch die erzählten Ereignisse bedingt, nicht festgelegt werden. [22]

In den theoretischen Rhetoriklehrbüchern der Renaissance, wie etwa denen von TALAEUS/RAMUS oder SOAREZ im 16. Jh., taucht die H. kaum mehr auf. Anders ist das in den größeren humanistischen Rhetoriktraktaten, wo die antike Tradition ausführlicher behandelt wird, so etwa bei GEORG VON TRAPEZUNT (1. Hälfte 15. Jh.). Wie Quintilian in längeren Exkursen für den Redner lesenswerte griechische und römische Historiographen behandelt hatte [23], so setzt sich auch Georg am Ende des fünften Buchs seiner «Libri quinque rhetoricorum» mit den antiken Historiographen und den Merkmalen der H. auseinander. [24] Wenn es um die literarisch-technische Seite der Gattung H. geht, bleibt auch in der Renaissance die Zuständigkeit der Rhetorik mit ihrer «literaturtheoretischen Begrifflichkeit» in Anlehnung an die immer wieder zitierten antiken Autoritäten verankert. [25] Das wird besonders deutlich in den Progymnasmata-Lehrbüchern. So fügt JOACHIM CAMERARIUS in sein Tübinger Übungsbuch von 1541 zwischen Kapitel wie ‹Fabulae poeticae›, ‹De Oratorum narrationibus› oder ‹De Chriis› einen Abschnitt ‹De Historia› ein. In ihm zitiert er Muster von *historiae*, verstanden als Lebensläufe oder Ereignisberichte, wie sie vor allem Cicero in seinen Werken bietet. [26] Der Zeitgenosse DAVID CHYTRAEUS fügt in seine ‹Rhetorik› einen Abschnitt ‹De Historia› in die Ausführungen zum *genus demonstrativum,* speziell zum Personenlob ein, und erörtert zwei Hauptaspekte: «In historia duo sunt consideranda, Res & Oratio.» Die Sachfragen *(res)* sind generell nach acht *loci* zu bearbeiten. Bei der Vertextung *(oratio)* muß man aber die *praecepta* der geschichtenschreibenden *(narratio)* von denen der H. im rednerischen Vortrag *(concio)* unterscheiden, welch letztere eng an den Argumentationszusammenhang der Rede zu binden sind. [27]

G. J. Vossius unterscheidet in seiner ‹Rhetorice contracta› (1621) bei den *praecepta elocutionis* den poetischen vom historischen und anderen Prosastilen: «Elocutio alia philosophica est, alia oratoria, alia historica, alia poetica.» [28] Und im *narratio*-Kapitel der ‹Commentariorum Rhetoricorum sive Oratoriarum Institutionum libri sex› (1606; ³1630) [29] differenziert er zwischen faktischer *narratio historica* und fiktiver *narratio dramatica.* Der Redner werde seine Worte nicht immer nach der «historischen» Wahrheit ausrichten («non semper orator verba sua allegat fide historica»), aber er muß sie im Interesse der Überzeugungswirkung wenigstens als quasi faktische Erzählung («narratio quasi facti») gestalten. Und Vossius betont, daß alles, was er dazu im einzelnen ausführe, für Oratoren mindestens genauso beachtenswert sei wie für Historiographen («omnia haec considerare non historici modo, sed etiam oratores solent»). [30]

In der Renaissance bahnt sich aber auch schon die in der Neuzeit bestimmend gewordene Entwicklung an, das Spezielle der Gattung H. gegenüber anderen Erzählgattungen, z. B. mit rein fiktionalem Charakter, sehr viel gründlicher gattungs- und wissenstheoretisch herauszuarbeiten [31] und damit die Zuständigkeit der Rhetorik zu relativieren oder ganz aufzuheben. [32] Da der lateinische ‹rhetorische› Terminus ‹H.› auch in der engergefaßten Retoriktheorie immer mehr marginalisiert wurde, ist er für die moderne Rhetorikforschung nur noch von rhetorikhistorischem und philologisch-antiquarischem Interesse.

Anmerkungen:
1 Auct. ad Her. I, 13. – **2** J. Knape: ‹H.› in MA und früher Neuzeit (1984) 58ff. – **3** F. J. Worstbrock: Die Anfänge der mittelalterl. Ars dictandi, in: Frühmittelalterl. Stud. 23 (1989) 1–42; hier 40. – **4** Auct. ad Her. I, 13; vgl. auch Cic. De inv. I, 27. – **5** ebd. I, 14. – **6** Victorinus: Explanationum in rhetoricam M. Tullii Ciceronis libri duo, in: Rhet. Lat. min. 153–304; 203, 22ff. – **7** Rhet. Lat. min. 486. – **8** Rhet. Lat. min. 588. – **9** Die Schr. Notkers und seiner Schule, hg. von P. Piper, Bd. 1 (1882) 651. – **10** Quint. 12, 4; 1, 34. – **11** z. B. reklamieren auch die 'Excerpta rhetorica' die H. ausdrücklich «ad usum eloquentiae», siehe: Rhet. Lat. min. 588. – **12** W. Ax: Die Geschichtsschreibung bei Quintilian, in: W. Ax (Hg.): Memoria rerum veterum. Neue Beitr. zur antiken Historiographie und alten Gesch., FS C. J. Classen (1990) 133–168; hier 137. – **13** Quint. II, 4, 20. – **14** Cic. De or. II, 36. – **15** Cicero: De legibus I, 5. – **16** K.-E. Petzold: Cicero und H., in: Chiron 2 (1972) 253–276; vgl. auch Cic. De or. II, 36; II, 62 und 64; Quint. II, 18, 5. – **17** Ax [12]. – **18** Cic. Or. 66. – **19** Knape [2] 63. – **20** Honorius Augustodunensis: De animae exsilio et patria, in: ML 172, Sp. 1244. – **21** J. de Garlandia: Poetria, hg. von G. Mari, in: RF 13 (1902) 886. – **22** Knape [2] 66. – **23** Quint. X, 1, 73–75 u. 101–104. – **24** G. Trapezuntii rhetoricorum libri quinque (Basel 1522) fol. 169ᵛ–172ᵛ (Ex. Tübingen Dh 21) – **25** R. Landfester: H. magistra vitae. Unters. zur humanistischen Geschichtstheorie des 14. und 16. Jh. (Genf 1972) 80. – **26** J. Camerarius: Elementa rhetoricae, sive capita exercitationum (Leipzig 1562) fol. 130f. (Ex. Tübingen Dh 11) – **27** Davidis Chytraei Rhetorica (Leipzig 1593) fol. 130f. (Ex. Tübingen Dh 11) – **28** G. Vossius: Rhetorica contracta (1621) IV, 1. – **29** ders.: Commentariorum Rhetoricorum sive Oratoriarum Institutionum libri sex (Leiden ³1630; ND 1974) Pars I, p. 355f. – **30** ebd. III, 3, 1. – **31** Landfester [25] 85ff. – **32** E. Keßler: Ars historica, in: HWR, Bd. I (1992) Sp. 1046–1048; hier Sp. 1047.

J. Knape

→ Ars historica → Bericht → Geschichtsschreibung → Gesta → Hypomnema → Narratio → Prosa

Historismus (dt. auch Historizismus; engl. historicism, revivalism; frz. historicisme; ital. storicismo)
A. Def. – B. Systematische Aspekte. – I. Ästhetischer H. – II. Historische Geschichtsschreibung und Rhetorik. – III. Geschichte. – 1. Aufklärung und Idealismus. – 2. 19. Jh. – 3. Moderne.

A. Zwar gibt es «bis heute keinen letztlich verbindlichen Historismus-Begriff» [1], doch sind in der Forschung zwei deutlich unterscheidbare Verwendungsweisen dominierend: eine umfassendere, die ‹H.› als zentrale Denkweise der Moderne ansieht, und eine engere, die ‹H.› lediglich als Bezeichnung für eine Wissenschaftskonzeption begreift. Beide Verwendungen implizieren Vorstellungen von Vermittlungsverfahren historischen Wissens; der H. ist insofern ein wichtiges, wenn auch wenig beachtetes Problem der Rhetorik-Forschung.

Unter ‹H.› wird *im weiteren Sinne* ein «konstitutives Phänomen der Moderne» [2] verstanden, das zentrale Diskurse des 19. und beginnenden 20. Jh. nachhaltig prägt. Es wirkt besonders auf die entstehenden Geistes-, Kunst- und Geschichtswissenschaften sowie auf die «ästhetische Praxis» [3] dieser Zeit (bildende Kunst, Architektur, Literatur und Musik). In dieser allgemeinen Fassung meint H. eine tiefgreifende «Historisierung unseres Wissens und Denkens» [4], speziell «unseres Denkens über den Menschen, seine Kultur und seine Werte» (E. Troeltsch). [5] Im H. wird «in allen kulturellen Feldern» [6] die «Geschichte zum Prinzip» [7] gemacht. Mit der einsetzenden eher pejorativen Verwendung des Begriffs seit der Jahrhundertwende bezeichnet ‹H.› erstens auch einen ‹historischen Positivismus› (nach H. Schnädelbach «Historismus$_1$» [8]), eine «zur Stoffhuberei ausgewucherte Tatsachenforschung und -aufreihung, die alles und jedes Vergangene thematisieren kann, ohne nach Sinn und Beziehung zur Gegenwart zu fragen» [9] und zweitens – als dessen Folge – einen ‹historischen Relativismus› [10] (nach Schnädelbach «Historismus$_2$» [11]), der «mit dem Hinweis auf das historische Bedingtsein und die Variabilität aller kulturellen Phänomene absolute Geltungsansprüche – seien sie wissenschaftlicher, normativer oder ästhetischer Art – zurückweist.» [12]

Im engeren Sinne bezeichnet ‹H.› eine – in Auseinandersetzung mit F. Meinecke konstatierte [13] – wissenschaftliche Vorgehensweise, die die historische Forschung in Europa, vor allem aber in Deutschland geprägt hat. Nach J. Rüsen zeichnet sich die historische Wissenschaftskonzeption vor allem durch ihr Verständnis von geschichtlichen Ereignissen als «Selbsthervorbringung und Selbstdarstellung des den Menschen [...] definierenden Geistes» [14] aus. «Geschichte [...] wird als Wirkung von Ideen aufgefaßt» [15], deren wissenschaftliche Erforschung das Verstehen historischer Momente notwendig ergänzt; es orientiert sich am Eigenwert vergangener Kulturformen, die individuell begriffen werden müssen (Ranke) und deshalb von Bezügen zur Gegenwart möglichst freigehalten werden sollen. Die prinzipiell nicht gänzlich durchschaubaren geschichtlichen Komplexe sind als «ein großer fremder Text» zu sehen, «den zu entziffern eine Hermeneutik helfen muß» [16] (GADAMER). Insofern ist der H. als «verstehende Geisteswissenschaft» [17] zu begreifen, die streng an bestimmte – vor allem von J. G. DROYSEN formulierte – Forschungsregeln gebunden ist.

B. *Systematische Aspekte.* Für die Geschichte der neueren Rhetorik ist der H. in zweierlei Hinsicht von besonderem Interesse: Erstens profiliert er – in seiner weiteren Fassung – zentrale ästhetische Äußerungsformen im 19. und 20. Jh. Hier wird er zum wichtigen Begriff für die Analyse moderner Textverfahren. Zweitens steht er – in seiner engeren Fassung – für eine «antirhetorische Wende der Geschichtswissenschaft» (J. RÜSEN [18]), die parallel zum Verfall der traditionellen Beredsamkeit im 19. Jh. zu sehen wäre [19]; er ist insofern auch heute noch der Ausgangspunkt für die Diskussion um die ästhetischen Elemente der Historiographie.

I. *Ästhetischer H.* Insofern der H. nachhaltig die ästhetischen Kommunikationsformen des 19. und beginnenden 20. Jh. prägt, verdient er Beachtung in der rhetorischen Forschung. Er macht nicht nur einen *Thesaurus* verschiedener historischer Ausdrucksmöglichkeiten und geschichtlicher Gegenstände zugänglich, sondern bietet auch den diskursiven Kontext, Verständigungs- und Systematisierungsverfahren des wissenschaftlichen H. – ästhetisch akkulturiert – zu imitieren: insofern hat es Sinn, *analoge Verfahren* zu konstatieren. Von einem ästhetischen H. [20] kann in drei systematisch unterscheidbaren Fällen gesprochen werden.

Unter dem Stichwort *historiographischer H.* (1.) ist eine Kunst zu subsumieren, die sich vornehmlich mit historischen Stoffen befaßt. Sie versucht – ähnlich wie die wissenschaftliche Geschichtsschreibung – vergangene Zeiten gegenwärtig zu machen, indem sie historische Ereignisse darstellt oder beschreibt. Oft sind solche Geschichts*erzählungen* – wie die traditionelle Historiographie – besonders an nationalen Themen [21] interessiert. Zu dieser Gruppe des ästhetischen Historismus gehören u. a. Geschichtsdramen, historische Romane und Balladen. Ambitionierte Rechtfertigungen historiographischer Verfahren und ihrer spezifischen Rhetorik im Bereich der Literatur finden sich besonders in Paratexten: So behauptet F. LASSALLE im Vorwort seines historischen «Literaturdrama[s]» [22] ‹Franz von Sickingen›, es sei auf «echt wissenschaftlicher Basis» [23] geschrieben und versuche – im Sinne der *perspicuitas* – die Historie in «vollständiger Klarheit dramatisch» [24] zu entfalten. Allein der Umfang des historischen Geschichtsdramen, der wesentlich aus ihrem ‹Bilderbogen›-Charakter, den episierenden Botenberichten und illustrierenden Nebenszenen resultiert, macht deutlich, daß die Authentizitätsillusion und die ideologische Ausrichtung an Bedeutung zunimmt, während die dramatische Spannung verblaßt (O. LUDWIG, E. V. WILDENBRUCH, auch: C. D. GRABBE). Das eigentliche literarische Pendant zur Historiographie ist der Historische Roman (W. SCOTT, F. DAHN, G. FREYTAG). Zwar gehört die Betonung der Differenz zwischen historischer Forschung und geschichtlicher Fiktion zum Genre, doch werden die evozierten «Bilder aus der [...] Vergangenheit» [25] stets am ‹authentisch› Überlieferten (Freytag: «alte Aufzeichnungen» [26]) ausgerichtet; es ist die Basis der *argumentatio* in den programmatischen Paratexten der Romane: sie illustrieren, was die Wissenschaft erforscht. Ähnlich versteht sich auch die Ballade des historiographischen H. (L. UHLAND ‹Graf Eberhard der Reuschebart›, F. FREILIGRATH): Sie evoziert geschichtliche Bilder, wo wissenschaftliche Forschung nur berichten kann. Historische Sujets finden sich auch in der Historienmalerei [27] (E. DELACROIX, K. F. LESSING, H. WISLICENUS oder der *Romanticismo storico:* F. HAYEZ), im Musiktheater und der Oper (K. KREUTZER, M. MUSSORGSKIJ, F. SMETANA, R. WAGNER), aber auch im frühen Stummfilm und wenig später im Spielfilm (S. M. EISENSTEIN, F. LANG ‹Die Nibelungen›). Auch hier verlangen im Kontext des H. die historischen Gegenstände eine entsprechende deutliche – vor allem ‹visuelle› – Rhetorik (Staffage, Sprechweise, Farbgebung, historische Kostüme, ‹Totale› etc.).

Als *simulierender H.* (2.) wäre eine Kunst zu begreifen, die ältere Verfahren nachzuahmen sucht und dadurch – in Zeiten eines historischen Relativismus – einen möglichst *authentisch* wirkenden *simulacre* evozieren will. Zu unterscheiden wären zwei Möglichkeiten: Simulationsverfahren finden sich erstens bei ästhetischen Produkten, die – zum Teil wenigstens – nach historischen Techniken verfertigt wurden. An historisierende Musikkompositionen in der Kirchenmusik wie M. HALLERS Imitationen des ‹Palestrina-Satzes› oder an O. RESPIGHIS ‹Concerto all'antico› wäre hier etwa zu denken oder an die Simulation historischer Maltechniken in der ‹klassizistischen› Malerei (A. FEUERBACH, W. V. KAULBACH, F. V. UHDE) und die monumentale Ringstraßen-Architektur in Wien (M. V. FERSTEL u. a.). In diesem Zusammenhang sind auch die Wiederbelebungsversuche älterer Gattungen um 1900 zu sehen: Ballade (B. V. MÜNCHHAUSEN, L. V. STRAUSS u. TOURNEY), Epos (C. SPITTELER) und antike Odenformen (S. GEORGE). Historische Kunst wird zweitens allein durch Präsentationstechniken simuliert. Zu erinnern wäre hier an Versuche, ältere Musik historisch getreu aufzuführen, *historische Konzerte* (F. J. FÉTIS) zu geben. Die Aufführungspraxis alter Musik wurde parallel zur H.-Debatte der 20er Jahre dieses Jh. diskutiert (H. BESSLER, A. SCHERING). Außerdem ist hier auf historisierende Theaterinszenierungen (etwa der Meiningener Schauspieltruppe) zu verweisen.

Eine kategorielle und begriffliche Bestimmung der 3. Gruppe des ästhetischen H. – des *technischen H.* – ist problematisch und hinsichtlich des Gesamtkomplexes H. wenig erforscht. Die klassische Moderne verwendet ästhetische Verfahren, die den Vorgehens- und Darstellungsweisen der historischen, insbesondere der positivistischen Forschung entsprechen bzw. sie imitieren. Solche analoge Verfahren sind im ästhetischen Kontext freilich sinnentfremdet und entsprechend radikalisiert: der technische H. sammelt und katalogisiert, segmentiert und individualisiert [28] Lexeme, Noeme, Signale, Signifikanten und Töne. Diese Verfahren führen schließlich zur Dekonstruktion systematischer, genetischer und semantischer Strukturen, zur *abstrakten* Kunst, zur *Atonalität* in der Musik, zu partiell unverständlichen Texten in der Literatur – zur «Entdeckung der Textur». [29] Parallel zum Verlust ganzheitlicher Erklärungsmodelle in den historistischen Forschungen tauchen also in der Moderne Kunstwerke auf, die im traditionellen Sinn verständlich sind, die jeden Erklärungsversuch von vornherein suspendieren. Einige Aspekte der sich in der klassischen Moderne verändernden literarischen «Text-Verfahren» [30] machen den historistischen Kontext deutlich: Schon im 19. Jh. finden sich Phänomene, die scheinbar geschlossene Texte aufbrechen: Wissenschaftliche Anmerkungen werden historischen Romanen beigefügt (V. v. SCHEFFEL ‹Ekkehard›) und ausführliche wissenschaftliche *Exkurse* eingeschaltet (J.-K. HUYSMANNS ‹La Cathédrale›). Das inflationär gebrauchte *name-dropping* in den Essays H. v. HOFMANNSTHALS (‹Gabriele d'Annunzio›) erschwert eine inhaltslogische Lektüre; stattdessen produziert es – zusammen mit einem erlesenen Vokabular – einen vagen Stimmungskontext, der allerdings einen möglichen hermeneutischen Zugang zumindest noch suggeriert. [31] *Kataloge*, Aufzählungen und Verzeichnisse, die in fiktionale Passagen inkorporiert werden, verabschieden wegen der Dominanz ihrer ungrammatischen Struktur noch deutlicher eine am semantischen Detail interessierte Lesart; das einzelne Lexem interessiert nicht mehr, nur noch die Anordnung. Daß man sich hierbei auf rhetorische Prinzipien der historistischen Wissenschaft beruft, zeigt F. T. VISCHERS Roman ‹Auch Einer›; «Amplificatio, Ignoranten, Amplificatio!» wird zur rhetorischen Zauberformel, die kombiniert, was nur als Sammlung zusammen getragen wurde. Sie deute «auf eine Klassifikation, auf ein System» [32], auf die bloße – weitgehend inhaltslose – Rhetorik des Katalogs, dessen Wirkung auf der Präsentation des Materials *(copia rerum ac verborum)* beruht. Sehr wohl unterscheidet deshalb der Erzähler zwischen «seinem Aufzählungssystem» [33] und seiner Ästhetisierung, die die *amplificatio* leisten soll. Die reduktionistische Aufzählungs-Prosa R. WALSERS (‹Reisekorb, Taschenuhr, Wasser und Kieselstein›) oder die Epitheta-Häufungen in der Lyrik von A. HOLZ (‹Phantasus›, *Elephantasus*) radikalisieren dieses Katalog-Verfahren: die einzelnen Lexeme erscheinen nicht mehr als fremde, beigefügte Elemente des Textes, sondern konstituieren ihn erst. Die tendenzielle Autonomie einzelner Lexeme in anderen Werken der Moderne führt zu radikaler Unverständlichkeit: In Texten wie T. DÄUBLERS ‹Die Schraube› wird die «logische Argumentationsstruktur [...] durch ein kombinatorisches Verfahren» ersetzt, das aus wenigen Substantiven «mittels Prädikation in einfachen Aussagesätzen eine unendliche Textur [...] generiert.» [34] Mit der Unverständlichkeit der avantgardistischen Literatur rückt ausschließlich das Textverfahren ins Zentrum jeglichen Leseinteresses. Die radikale Dominanz der ästhetischen Anordnung der *verba* verdrängt notwendig die Strukturen der *res*. Zeitgleich mit dieser Literatur etablieren sich auch in der bildenden Kunst und Musik vergleichbare genuin moderne – abstrakte – Formen, so daß es – nicht nur wegen der breiten interdisziplinären Anstrengungen gerade der genannten Autoren – sinnvoll erscheint, hier Parallelerscheinungen zu sehen. C. EINSTEINS Äußerungen sind für die zeitgenössische Diskussion der abstrakten Kunst paradigmatisch; in seinen Analysen wird der Zusammenhang von historischem Relativismus und moderner Ästhetik deutlich, wenn er formuliert, daß «das Kunstwerk [...] Sache der Willkür» sei, «also der Wahl». [35]

II. *Historische Geschichtsschreibung und Rhetorik.* Vor allem bei J. RÜSEN und den Autoren der ‹Bochumer Schule› findet sich immer wieder die aus der Sicht der Geschichtswissenschaft formulierte These, mit dem Historismus beginne die «Austreibung eines fiktionalen Elements aus der Geschichtsschreibung im Namen ihres Wissenschaftlichkeitsanspruchs». [36] Movens dieser Austreibung sei eine mit der Verbannung rhetorischer Mittel einhergehende Versachlichung bzw. Szientifizierung historischer Forschung und Darstellung. An die Stelle der schmückenden Rhetorik trete eine zurückhaltende synthetisierende Ästhetik. Diese These beruht auf programmatisch formulierten Ansprüchen RANKES, vor allem seiner Forderung nach «nackte[r] Wahrheit ohne allen Schmuck» [37], und den Wissenschaftsprinzipien DROYSENS. Die wissenschaftstheoretische Diskussion um den H. und die angemessene Form der Historiographie scheint von einem verengten Rhetorik-Begriff auszugehen, der die tatsächliche «Fortdauer der Rhetorik auch in der sich verwissenschaftlichenden Historie verdunkelt». [38] Der gern im H. gesehene Beginn der «Ästhetisierung der Rhetorik» [39] entspricht tatsächlich die Entdeckung ursprünglicher rhetorischer Prinzipien in der historistischen Historiographie. D. HARTH [40] macht deshalb auf weitreichende strukturelle Übereinstimmungen zwischen den Grundbegriffen der *ars rhetorica* und Droysens ‹Historik› aufmerksam: H. als Wissenschaft beruht auf dem Zusammenspiel von systematisch erfaßtem Quellenbefund und genauer, kritischer Lektüre, die durch ein intuitives Verstehen des geschichtlichen Geschehens ergänzt wird. Dieser Dreiteilung von Heuristik, Kritik und Interpretation entspreche das rhetorische Muster *inventio*, *dispositio* und *elocutio*. Die Darstellungsarten in Droysens Systematik können als Parallelen zu den *genera dicendi* der Rhetorik gesehen werden; das *genus iudiciale* finde sein Pendant in der untersuchenden Darstellung, das *genus deliberativum* in der erörternden, das *genus docile* in der didaktischen und schließlich das *genus demonstrativum* in der erzählenden Darstellung. Die im Umfeld der ‹Bochumer Schule› zu hörende neohistoristische Forderung nach ‹rhetorischer› Enthaltsamkeit und der ungebrochene Glaube an «Normen rationalen Argumentierens» [41] mißversteht die Bedeutung der Rhetorik gerade im wissenschaftlichen Diskurs. Die Rhetorik scheinbarer Objektivität – mit ihrem wichtigsten Werkzeug, der *illusion référentielle* [42] – und die Rhetorik argumentativer Rationalität – mit ihren zentralen, nach Maßgabe der historischen *elocutio* variierten Elementen *signa*, *exemplum*, *auctoritas*, *amplificatio* und *enumeratio* – verdeckt die narrativen und implizit wertenden Spuren in der Historiographie; sie spielt die «Bedeutung der Form» [43] geschichtswissenschaftlicher Aussagen mit rhetorischer Geschicklichkeit herunter.

III. Die *Geschichte des H.* ist geprägt durch die vielfältigen Veränderungen der wissenschaftlichen Diskurse seit dem 18. Jh. Obwohl die vollständige Ausprägung historistischen Denkens erst im 19. Jh. zu konstatieren ist, werden mit der Entwicklung des modernen Geschichtsbewußtseins in der Aufklärung und im deutschen Idealismus wichtige Voraussetzungen für dessen Etablierung geschaffen.

1. *Aufklärung und Idealismus.* Die Vorstellung einer genetisch verlaufenden Geschichte, die unabhängig von theologischen Entwürfen gedacht wird, ersetzt in der Aufklärung das Konzept der *historia magistra vitae*. Zwar finden sich bereits sehr früh Forderungen nach einer wertfreieren Geschichtsbetrachtung (schon um 1700 auf die Konfessionen bezogen bei G. ARNOLD und allgemeiner im Sinne einer vorurteilsfreien Wissenschaft bei C. THOMASIUS), doch öffnet erst das Fortschrittsdenken der Aufklärung den Raum für eine *objektivierende* Beobachtung historischer Ereignisse, die für die H.-Diskussion ein wesentlicher Punkt sein wird. Geschichte ist – nach J. M. CHLADENIUS – vornehmlich die Geschichte der Menschen, die durch die «Regeln der Vernunfft» [44] ausgelegt werden kann. Die Veränderungen

des Menschengeschlechts sind im Sinne der britischen Aufklärung als Geschichte der bürgerlichen Emanzipation, als Fortschrittsgeschichte zu verstehen. Dort zeigen sich insofern erste Versuche, «die Argumentationen des traditionellen Naturrechts in eine historische Theorie der bürgerlichen Gesellschaft» [45] zu transformieren. Die Anfänge modernen historischen Denkens in Deutschland (SULZER, BLANKENBURG, dann: HERDER und GOETHE) orientieren sich in ihren Versuchen, Geschichte zu dechiffrieren, an rhetorischen Prinzipien wie *imitatio*, ‹Fuge› oder *comparatio*; gleichwohl ist Herders Versuch, Geschichte als natürliche Entwicklung der Menschen aufzufassen, als frühes Votum für eine kritisch reflektierende Geschichtsforschung zu sehen, die sich ihrer Grenzen bewußt ist. Die älteren Gesellschaften sollen in ihren Eigenheiten begriffen werden und dürfen nicht mit den Maßstäben der heutigen Zeit bewertet werden. «Gehe in das Zeitalter», schlägt er deshalb vor, «in die Himmelsgegend, die ganze Geschichte, fühle dich in alles hinein.» [46] Ob mit Blick auf das *vor*historistische Denken von Goethe und Herder gesagt werden kann, daß «die Anfänge des Historismus in der Tradition der Rhetorik stehen» (K. Dockhorn [47]), bleibt zumindest umstritten. Wichtige Erklärungsmuster für geschichtliche Vorgänge wie Individualität oder Fortschritt scheinen bei Goethe und Herder noch nicht im Sinne des späteren H. gedacht. [48]

Die Geschichtsphilosophie, die der Idealismus in Deutschland (SCHILLER, FICHTE und besonders HEGEL) entwirft, bereitet hier das Feld. Neben der Beschreibung der *philosophischen Geschichte* als Fortschritt im Bewußtsein der Freiheit, die noch radikaler als die Aufklärungsphilosophie die geistigen Leistungen des Menschen in den Mittelpunkt historischen Denkens stellt, erkennt Hegel auch den Wert der äußeren *historischen Geschichte*. Seine ‹Ästhetik› formuliert Maximen, die im 19. Jh. zum Einmaleins der geschichtlichen Forschung und Historiographie werden: «Zur geschichtlichen Betrachtung gehört die Nüchternheit, das Geschehene für sich in seiner wirklichen Gestalt, seinen empirischen Vermittlungen, Gründen, Zwecken und Ursachen aufzunehmen und zu verstehen.» [49] Seine Bindung prosaischer Geschichtsschreibung an die stabilen Verhältnisse eines Staates [50] findet im steigenden Bedürfnis nach Nationalgeschichte, das den H. in der Entstehungsphase prägt, sein Pendant. Auch W. v. HUMBOLDTS Akademieabhandlung ‹Über das Studium der Geschichte› wirkt auf das Verständnis historischer Forschung im 19. Jh. Bei ihm verbindet sich – wie im späteren H. – die Forderung nach einer kritischen Quellenlektüre mit der Einsicht in die Notwendigkeit eines hermeneutischen Verfahrens: «Zwei Wege also müssen zugleich eingeschlagen werden, [...] die genaue, partheilose, kritische Ergründung des Geschehenen, und das Verbinden des Erforschten, das Ahnden des durch jene Mittel nicht Erreichbaren. [...] Der Geist soll [...] den wirklich erforschbaren Stoff besser verstehen.» [51]

2. *19. Jahrhundert*. Die erste Erwähnung des Wortes ‹H.› findet sich in einem Fragment von NOVALIS, das kurz vor 1800 entstanden ist. Dort wird «Historism» neben anderen Denkformen und Methoden – wie Artistik, «Occasionalism» oder «Mystizism» [52] – genannt, die die Absolutheit des Rationalen relativieren. Auch L. FEUERBACHS kritische Verwendung des Begriffs in seiner Schrift ‹Über das Wunder› (1839), mit der die eigentliche H.-Diskussion des 19. Jh. einsetzt, ist Teil einer Auseinandersetzung mit einem überzogenen Rationalismus. Schon Feuerbach konstatiert einen eklatanten Zusammenhang von schierem «Historismus und Positivismus» [53], der auf einer Überbewertung von «Sache» und «Factum» [54] beruhe. «Die gesunden Blutstropfen der Gegenwart» [55] stehen – wie Feuerbach in ‹Philosophie und Christentum› sagt – dem kranken, «abergläubischen Historismus unserer Zeit» [56] gegenüber. Die philosophische Diskussion über den H. in den folgenden Jahren ist im Wesentlichen eine Auseinandersetzung mit der Geschichtsphilosophie Hegels (C. J. BRANISS, C. PRANTL, R. HAYM).

Der H. prägt nachhaltig die *akademische* Diskussion des 19. Jh. Zuerst in der Jurisprudenz, dann auch in der Theologie, der Geschichtswissenschaft, der Nationalökonomie, den Philologien, der Kunst- und der Musikwissenschaft bilden sich *historische Schulen* aus, die z. T. heftige fachinterne Methodendiskussionen provozieren. Die Bedeutung des H. in den einzelnen Fächern ist zwar unterschiedlich, die Probleme, die in seinem Zusammenhang verhandelt werden, sind aber ähnliche. So zeigen sich bemerkenswerte Analogien in den Argumentationsweisen der historischen Schulen: Die Ablehnung von Naturgesetzen und überhistorischen – systematisch begründeten – Kategorien dient jeweils der Legitimation historischer, weitgehend wertfreier Forschung, die eine Relativierung ästhetischer, juristischer, theologischer oder ökonomischer Aussagen mit sich bringt. Das Entstehen der historischen Schulen im 19. Jh. trägt entscheidend dazu bei, daß sich die einzelnen Forschungsdisziplinen als akademische Institutionen etablieren können. Naturgemäß hat die Auseinandersetzung um den H. in der Geschichtswissenschaft am nachhaltigsten gewirkt. Repräsentanten dieser neuen Denkweise in Deutschland sind B. G. NIEBUHR, T. MOMMSEN, L. v. RANKE und J. G. DROYSEN. Kennzeichnend für den H. ist die Arbeit an bedeutenden Quellensammlungen (etwa: ‹Monumenta Germaniae Historica›). Der H. als Methode geschichtswissenschaftlicher Forschung zeichnet sich durch vier Aspekte [57] aus: Zentral ist erstens eine sich auf Rankes bekanntes Credo beziehende *individualisierende* Sichtweise historischer Ereignisse. «*Jede Epoche ist unmittelbar zu Gott.* [...] Dadurch bekommt die Betrachtung der Historie, und zwar des individuellen Lebens in der Historie einen ganz eigentümlichen Reiz, indem nun jede Epoche als etwas für sich Gültiges angesehen werden muß.» [58] Historische Forschung zeichnet sich zweitens durch eine *quellenkritisch fundierte* Interpretation der Geschichte aus. Dritter Aspekt historistischer Forschung ist die Bedeutung der *historischen Ideenlehre*, die besagt, daß Geschichte sich als Kombination von Ideen zeige; diese könne man aus historischen Quellen extrahieren. Sie würden «den Sinn und die Bedeutung vergangenen menschlichen Tuns und Leidens für die eigene Gegenwart ausmachen.» [59] Viertens: Bezugsgrößen historistischer Forschung sind *Nation* und *Staat,* weil sich auf diese einheitlich scheinenden Institutionen die erforschten Ideen problemlos beziehen lassen. Der H. zeigt sich hier «als Sprache politischer Interessen und Einstellungen.» [60] Gerade die emphatisch ins Zentrum gestellte ‹puristische› Methode der sich etablierenden Geschichtswissenschaft produziert eine *Rhetorik der Verstellung* und der verdeckten Wertung. Die Philologien offenbaren ihre Teilhabe an den Auseinandersetzungen um den H. vor allem durch die Arbeit an umfassend angelegten und historisch orientierten Standardwerken (GRIMMSCHES Wörterbuch), sowie durch groß angelegte Editionsprojekte

(J. KÜRSCHNERS Sammlung deutscher «National-Literatur», Weimarer Goethe-Ausgabe). Eine historisch ausgerichtete Erforschung der Rhetorik setzt mit A. WESTERMANNS ‹Geschichte der Beredsamkeit in Griechenland und Rom› ein, die das Ziel einer «möglichst vollständigen Zusammenstellung des Wissenswürdigsten auf dem Gebiet der griechischen [und römischen] Beredtsamkeit» [61] verfolgt. «Die Darstellung selbst ist aus Quellen geschöpft, wobei gewissenhafte Benutzung Haupterforderniss, und möglichste Vollständigkeit Hauptzweck war.» [62] Den Forderungen historischer Forschung genügend, versucht Westermann eine möglichst wertfreie, zurückhaltende Historiographie; so «lässt er [...] das Alterthum selbst reden, sich [selbst] erklären» [63] und will weder von «blosser Nomenclatur» noch «von hochtrabenden Tiraden und phantastischem Herumirren im Ueberschwenglichen» [64] etwas wissen. Kritikern seiner historischen Rhetorik-Forschung hält Westermann die gemeinsame Arbeit «an einem grossen Bau» [65], nämlich die geschichtliche Erforschung des Altertums, entgegen. R. VOLKMANNS einige Jahre später erscheinende ‹Rhetorik der Griechen und Römer› verfolgt zwar – wie Westermann – eine historisch-kritische Erfoschung der antiken Redekunst, stellt aber deutlicher den praktischen Nutzen des rhetorischen Wissens heraus. War bei Westermann die annähernde Vollständigkeit erklärtes Ziel seiner Ausführungen, tritt bei Volkmann der Praxisbezug in den Vordergrund. Wenig beachtet wird in der H.-Forschung bislang die historische Schule der *Musikwissenschaft*, die davon ausgeht, daß «musikalische Phänomene "durch und durch geschichtlich" – also weder in der Natur noch in einer der Geschichte enthobenen Idee des Schönen – begründet seien». [66] H. V. HELMHOLTZ vertritt in seiner historisch geprägten Musiktheorie die These, «daß das System der Tonleitern, der Tonarten und deren Harmoniegewebe nicht auf unveränderlichen Naturgesetzen beruht.» [67] Musikästhetik und Harmonielehre hätten also grundsätzlich nur eine relative, eine historische Geltung. Eine solche Behauptung der geschichtlichen Verankerung ästhetischer Prinzipien führt in der Musik, aber auch in der Kunst und Architektur zu einer breiten Stildiskussion. Historische Stile werden im 19. Jh. nicht mehr nur aus ihrer Zeit oder ihrem Entstehungsraum heraus erklärt, sondern auch auf ihre soziale Funktion hin bezogen. Sie erhalten insofern einen ‹rhetorischen› Charakter, als die «Grenzen der Anwendbarkeit des [jeweiligen] Stils» [68] zur zentralen Frage wird. Die historische Forschung unterstützt dabei die Rückbesinnung gerade der Kunst und Architektur auf alte Formen und deren funktionale Transformation; sie produziert einen bis dato nicht da gewesenen, theoretisch begründeten Stilpluralismus.

3. *Moderne.* Das kriseologische Verhältnis von Geschichtswissen und Leben ist gegen Ende des 19. Jh. der Kernpunkt einer vorwiegend kritischen H.-Diskussion (MARX/ENGELS, NIETZSCHE, DILTHEY), die im ästhetischen und wissenschaftlichen Bereich zu Versuchen der «Überwindung des Historismus» [69] führt. Zwei Aspekte werden wichtig: das Objektivitätsproblem, die Frage nach den «Bedingungen [...] der Möglichkeit historischer Erkenntnis» [70] und deren möglichst neutraler Präsentation, sowie der historische Relativismus, die sich aus der Gleichwertigkeit der Erkenntnisobjekte ergebende Infragestellung überzeitlicher Werte und Normen. In seiner Schrift ‹Vom Nutzen und Nachteil der Historie für das Leben› (1875) hat Nietzsche auf die Verknüpfung dieser beiden Aspekte hingewiesen: Die Forderung nach Objektivität provoziere nicht nur einen lebensfernen Positivismus, sondern auch ein «Unbeteiligtsein» [71] des Forschers am – relativ gewordenen – Gegenstand. [72] Daß die historistische Lebensferne etwas mit literarischen Textverfahren zu tun hat, macht Nietzsche im ‹Fall Wagner› deutlich; es zeige sich, daß «das Leben nicht mehr im Ganzen wohnt. Das Wort wird souverain und springt aus dem Satz hinaus, der Satz greift über und verdunkelt den Sinn der Seite.» [73] Wird die Semiose im Kontext des technischen H. auf das isolierte Lexem reduziert, tritt die rhetorische Gestaltung der Sprache als Ornat in den Vordergrund. Das «Rotwelsch» [74] der Avantgarde wäre so – mit H. V. HOFMANNSTHAL – als Folge der «Epidemie des Historismus» [75] zu begreifen.

Als «*Höhepunkt* der Historismus-Diskussion in Deutschland» [76] können die Auseinandersetzungen in der ersten Hälfte des 20. Jh. bezeichnet werden; einerseits stehen erneut die positivistischen und relativistischen Folgen des H. zur Debatte (M. WEBER, E. TROELTSCH), anderseits werden Möglichkeiten der Weiterentwicklung historistischen Denkens (F. MEINECKE) erwogen. Webers – mit Worten F. T. Vischers akzentuierter – Angriff auf die ‹Stoff›- und ‹Sinnhuber› macht den ‹rhetorischen› Charakter des H.-Streits deutlich: «Der tatsachengierige Schlund der ersteren ist nur durch Aktenmaterial, statistische Folianten und Enquenten zu stopfen [...]. Die Gourmandise der letzteren verdirbt sich den Geschmack [...] durch immer neue Gedankendestillate.» [77] Aus dem polemischen Ton der Auseinandersetzung wird verständlich, daß Troeltsch sich bemüht, das Wort ‹H.› «von seinem schlechten Nebensinn völlig zu lösen» und bloß im Sinne einer «grundsätzlichen Historisierung [...] zu verstehen.» [78] Die ‹Rettung› des H. durch Meinecke zielt auch auf eine andere Sprechweise, wenn er diesen als ‹idealistische› Methode definiert: er «ist eben zunächst nichts anderes als die Anwendung der in der großen deutschen Bewegung von Leibniz bis zu Goethes Tode gewonnenen neuen Lebensprinzipien auf das geschichtliche Leben. [...] Der Kern des H. besteht in der Ersetzung einer generalisierenden Betrachtung geschichtlich-menschlicher Kräfte durch eine individualisierende.» [79] Der Invidualismus führe allerdings nicht unbedingt «zu einem haltlosen Relativismus». [80]

Nach 1945 knüpfen verschiedene Ideen und Konzepte an die Auseinandersetzungen der Weimarer Republik an. Zu nennen wären die Vorstellungen der neueren H.-Diskussion in der Geschichtswissenschaft, die sich zunächst bewußt eng an die Vorgaben Meineckes hält (W. MOMMSEN, T. NIPPERDEY, J. RÜSEN, mit anderer Akzentuierung: O. F. OEXLE). [81] Im Zentrum steht vor allem die Klärung des wissenschaftlichen Selbstverständnisses. [82] Diese Beschränkung der H.-Forschung auf vorwiegend methodische Probleme steht in neuster Zeit zunehmend in Frage. Und zwar durchaus aus der Sicht der Rhetorik: so wird die Scheinobjektivität einer sich in der «Robe wohlerwogener Urteilsfindung» [83] versteckenden Historiographie kritisiert und eine Geschichtsschreibung gefordert, die sich von der publizistisch orientierten [84] französisch- und englischsprachigen Forschung inspirieren lassen soll. Wichtigster Verfechter dieser neuen Historiographie in den Vereinigten Staaten ist H. WHITE. Er fordert, daß «Historiker das fiktionale Element» in jeder Geschichts*erzählung* «erkennen» [85] sollten. Damit könnten sie – historisch geprägte – methodische und ideologische Vorannahmen sichtbar machen, die diese andernfalls «nicht als solche erkennen, sondern als "richtige" Wahrnehmungen [...], "wie die Dinge *wirklich* sind" nehmen.» [86] Whites Thesen stehen im Kontext der jüngsten amerikanischen Kontroverse um eine neue historisch orientierte Kulturwissenschaft (D. LaCapra u.a.). Ihre wichtigste Annahme – der Zusammenhang einer «History of Texts» und der «Textuality of History» [87] – hat durchaus Ähnlichkeiten mit Formulierungen aus dem Umkreis des hermeneutisch orientierten H. Der *New Historicism* (S. Greenblatt, L. Montrose, T. Kaes [88]) hebt sich zwar ausdrücklich vom älteren H. ab, dem er vor allem vorwirft, er verfolge die objektive Rekonstruierbarkeit von Geschichte. Es gibt jedoch unübersehbare Berührungspunkte [89]; zu diesen zählt die Tendenz, Geschichte in synchronen Zusammenhängen zu begreifen. Sie resultiert bei der älteren H.-Forschung aus der Ablehnung teleologischer Geschichtsmodelle, beim New Historicism aus der Einsicht in die diskursive (und d.h. primär *sprachliche*) Vernetzung historischer Ereignisse. Als radikalste Antwort auf die Überbewertung des Geschichtlichen und damit auch als definitive Ablehnung des H. lassen sich seit A. Gehlen Versuche lesen, die Gegenwart als Zeit der *Posthistoire* zu deuten: als Zeit ohne Geschichte oder zumindest als «End of History» [90] (F. Fukuyama).

Anmerkungen:
1 H. W. Blanke: H. als Wissenschaftsparadigma. Einheit und Mannigfaltigkeit, in: J. Fohrmann, W. Vosskamp (Hg.): Wiss. und Nation: Zur Entstehungsgesch. der dt. Literaturwiss. (1991) 221. – **2** O. F. Oexle: ‹H.›. Überlegungen zur Gesch. des Phänomens und des Begriffs, in: Jb. der Braunschweigischen Wiss. Ges. (1986) 119; vgl. F. Jaeger, J. Rüsen: Gesch. des H. Eine Einf. (1992) 3; F. Meinecke: Die Entstehung des H., hg. von C. Hinrichs (1965) 1. – **3** H. Röttgen: H. in der Malerei – H. in Italien, in: E. Mai, A. Repp-Eckert (Hg.): Historienmalerei in Europa (1990) 275; vgl. C. Dahlhaus: Die Musik des 19. Jh. (1980) 269. – **4** E. Troeltsch: Gesamm. Schr. (1922ff.) Bd. 3, 9. – **5** Troeltsch [4] Bd. 32, 102. – **6** H. Schnädelbach: Philos. in Deutschland 1831–1933 (1983) 53. – **7** ebd. 51. – **8** ebd. – **9** G. Scholtz: H., Historizismus, in: HWPh, Sp. 1142. – **10** vgl. Troeltsch [4] Bd. 4, 628. – **11** Schnädelbach [6] 51. – **12** ebd. 51f. – **13** vgl. F. Meinecke [2]. – **14** J. Rüsen: H., in: H. Braun, H. Rademacher (Hg.) Wissenschaftstheoretisches Lex. (1978) 245. – **15** J. Rüsen: Konfigurationen des H. Stud. zur dt. Wissenschaftskultur (1993) 106f.; ders.: Theorien im H., in: ders., H. Süssmuth (Hg.): Theorien in der Geschichtswiss. (1980) 25f. – **16** H. Gadamer: Hermeneutik und H., in: PhR 9 (1961) 243. – **17** Rüsen (1980) [15] 13. – **18** J. Rüsen: Rhet. und Ästhetik in der Geschichtsschreibung, in: H. Eggers et al. (Hg.): Gesch. als Lit. Grenzen und Formen der Repräsentation von Vergangenheit (1990) 2. – **19** vgl. G. Ueding, B. Steinbrink: Grundriß der Rhet. (1986) 134–156. – **20** vgl. Hl. und H. Schlaffer: Stud. zum ästhetischen H. (1975); H. Röttgen [3] 297. – **21** vgl. E. Schulin: Vom Beruf der Jh. für die Gesch. Das 19. Jh. als Epoche des H., in: A. Esch, J. Petersen (Hg.): Gesch. und Geschichtswiss. in der Kultur Italiens und Deutschlands (1989) 11–38. – **22** F. Lassalle: Franz von Sickingen (1974) 7. – **23** ebd. 9. – **24** ebd. 14. – **25** G. Freytag: Werke, Bd. 1 (1927), Titel. – **26** ebd. Bd. 1, 18. – **27** vgl. Mai, Repp-Eckert [3]; Art. ‹H.›, in: Lex. der Kunst, hg. von W. Stadler (1988) 31–33; Art. ‹H.›, in: Lex der Kunst, hg. von H. Olbrich (1991) 274–276. – **28** vgl. F. Nietzsche: Krit. Gesamtausg., hg. von G. Colli, M. Montinari, Bd. VI/3 (1969) 21. – **29** M. Baßler: Die Entdeckung der Textur. Unverständlichkeit in der Kurzprosa der emphatischen Moderne 1910–1916 (1994). – **30** G. Wunberg: Unverständlichkeit. H. und lit. Moderne, in: Hofmannsthal-Jb. (1993) 311. – **31** vgl. D. Niefanger: Produktiver H. Raum und Landschaft in der Wiener Moderne (1993) 160–176. – **32** F. T. Vischer: Auch Einer, 107. Aufl. (1919) 7. – **33** ebd. 322; vgl. ebd. 326f. – **34** Baßler [29] 65. – **35** C. Einstein: Über den Roman. Anmerkungen, in: Die Aktion 2, 40 (1912) Sp. 1268. – **36** Rüsen (1993) [15] 124. – **37** L. v. Ranke: Zur Kritik neuerer Geschichtsschreiber (^{2}1874) 24. – **38** Rüsen (1993) [15] 126; vgl. Eggers [18] 374–378. – **39** Rüsen (1990) [18] 6. – **40** vgl. D. Hardt: Historik und Poetik, in: Eggers [18] 18f. – **41** Rüsen (1993) [15] 356. – **42** vgl. R. Barthes: Historie und ihr Diskurs, übers. von E. Höhnisch, in: Alternative (1968) 175. – **43** H. White: Die Bedeutung der Form. Erzählstrukturen in der Geschichtsschreibung, übers. von M. Smuda (1990) Titel, 7 passim. – **44** J. M. Chladenius: Einl. zur richtigen Auslegung vernünftiger Reden und Schr. (1742) Vorrede (a2); vgl. ebd. 23ff., 181ff. – **45** Jaeger, Rüsen [2] 13. – **46** Herder: Sämtliche Werke, hg. von B. Suphan (1891) Bd. 5, 503. – **47** K. Dockhorn: Macht und Wirkung der Rhet. (1968) 128; vgl. 105–128. – **48** vgl. R. Bubner: Die Gesetzlichkeit der Natur und die Willkür der Menschengesch. Goethe vor dem H., in: Goethe-Jb. 110 (1993) 135–145. – **49** Hegel: Sämtliche Werke, Bd. 12 (1953) 447. – **50** ebd., Bd. 14 (1954) 257f. – **51** W. v. Humboldt: Gesamm. Schr., hg. von A. Leitzmann (1905; ND 1968). – **52** Novalis: Schr., hg. von R. Samuel (1968) Bd. 3, 446 (§ 927). – **53** L. Feuerbach: Sämtliche Werke, hg. von W. Bolin und F. Jodl (1903ff.) Bd. 7, 1. – **54** ebd. 1. – **55** ebd. 44. – **56** ebd. 2. – **57** Blanke [1] 223f. – **58** L. v. Ranke: Über die Epochen der neueren Gesch., hg. von H. Michael, in: Hist. Meisterwerke, hg. von A. Meyer et al. (1928) 113f. – **59** Blanke [1] 224. – **60** Jaeger, Rüsen [2] 9. – **61** A. Westermann: Gesch. der Beredsamkeit in Griechenland und Rom (1833–1835) Bd. 1. VII. – **62** ebd. Bd. 1. VIII. – **63** ebd. – **64** ebd. – **65** ebd. – **66** Dahlhaus: H., in: Riemann Musiklex. (Brockhaus), hg. von C. Dahlhaus und H. H. Eggebrecht (1978) 554. – **67** H. v. Helmholtz: Die Lehre von den Tonempfindungen (1863), zit. Dahlhaus [3] 271. – **68** K. E. O. Fritsch: Stil-Betrachtungen (1890), in: H. Hammer-Schenk (Hg.): Kunsttheorie und Kunstgesch. des 19. Jh. in Deutschland II (1985) 112. – **69** vgl. L. Köhn: Die Überwindung des H. Zu Problemen einer Gesch. der dt. Lit. zwischen 1918 und 1933, in: DVjs (1974) 704–706; DVjs (1975) 94–165. – **70** O. F. Oexle: Von Nietzsche zu Max Weber: Wertproblem und Objektivitätsforderung der Wiss. im Zeichen des H., in: Rättshistorika Studier, Lund (Rechtsgesch. und Theoretische Dimension) (1990) 97. – **71** Nietzsche [28] Bd. 1, 249. – **72** Zum hist. Relativismus bei Nietzsche vgl. Oexle [2] 130f. – **73** Nietzsche [28] Bd. VI/3,21 – **74** H. von Hoffmannsthal: Reden und Aufsätze I (1979) 175. – **75** ebd. 97; vgl. Niefanger [31] 160–176. – **76** Oexle [2] 127f. – **77** M. Weber: Gesammelte Aufsätze zur Wissenschaftslehre (1968) 214. – **78** Troeltsch [4] Bd. 3, 102. – **79** Meinecke [2] 2. – **80** ebd. 4. – **81** vgl. E. Jäckel, E. Weymar (Hg.): Die Funktion der Gesch. in unserer Zeit (1975). – **82** Rüsen (1993) [15] 331ff. – **83** H. Günther: Historiker ohne Gesch., in: Neue Rundschau 105, 1 (1994) 37. – **84** vgl. Günther [83] 38. – **85** H. White: Auch Klio dichtet oder Die Fiktion des Faktischen. Stud. zur Tropologie des hist. Diskurses (1986) 121. – **86** ebd. – **87** L. Montrose: Renaissance Literary Studies and the Subject of History, in: English Literary Renaissance (1968) 8. – **88** vgl. A. Veeser (Hg.): The New Historicism (New York 1989). – **89** vgl. B. Thomas: The New Historicism and Other Old-fashioned Topics (Princeton, N. J. 1991). – **90** F. Fukuyama: The End of History and The Last Man (New York 1993) IX; vgl. C. Conrad, M. Kessel: Gesch. schreiben in der Postmoderne (1994).

Literaturhinweise:
R. Koselleck, W.-D. Stempel (Hg.): Gesch. – Ereignis und Erzählung (1972) (= Poetik und Hermeneutik 5). – J. Rüsen: Ästhetik und Gesch.: Geschichtstheoretische Unters. zum Begründungszusammenhang von Kunst, Gesell. und Wiss. (1976). – I. Kruse: «More kin than kind» – Die hist. Geschichtswiss. und Lit., in: DVjs (1982) 202–225. – S. Quandt, H. Süssmuth (Hg.): Hist. Erzählen. Form und Funktion (1982). – O. G. Oexle: Die Geschichtswiss. im Zeichen des H. Bemerkungen zum Standort der Geschichtsforschung, in: Hist. Zs 238 (1984) 17–55. – A. Wittkau: H. Zur Gesch. des Begriffs und des Problems (1992). – M. Baßler, C. Brecht, D. Niefanger, G. Wunberg: H. und lit. Moderne (1995).

D. Niefanger

→ Ars historica → Gelehrtenliteratur, -sprache → Geschichtsschreibung → Hermeneutik → Historia → Illusion → Imitatio → Literatur

Hochsprache (engl. standard language; frz. langage écrite; ital. lingua scritta)
A. I. Def. – II. Bezeichnungen. – B. I. Antike. – II. Mittelalter. – III. Humanismus und Barock. – IV. Aufklärung. – V. 19. und 20. Jh.

A. I. Der Begriff ‹H.› hat zwei Bedeutungen: 1. Im engeren Sinne und auch nur noch manchenorts wird unter H. die normierte ideale Aussprache des Hochdeutschen verstanden. Dieser Inhalt des Begriffs leitet sich ab von SIEBS' Werk ‹Deutsche Bühnenaussprache› von 1898, dessen Titel 1922 durch den Begriff ‹H.› ergänzt und später durch ‹Deutsche Hochsprache› ersetzt wird. Seit 1969 erscheint das grundlegende Werk mit einem wiederum geänderten Titel: ‹Siebs. Deutsche Aussprache. Reine und gemäßigte Hochlautung mit Aussprachewörterbuch›. Siebs verfolgt zunächst nur das Ziel, Regeln für eine korrekte Aussprache auf der Bühne festzuhalten. Richtschnur ist ihm dabei, ganz in rhetorischer Tradition, «der bestehende Gebrauch» (consuetudo). [1] Die Siebssche Bühnenaussprache ist eine stark bildungsbürgerliche Norm und für das Theater am pathetischen Tragödienstil ausgerichtet. Die ‹gemäßigten› Lautungsformen, in den 60er Jahren zunächst in der DDR (Krech: Wörterbuch der deutschen Aussprache, Leipzig 1964), dann auch in der Bundesrepublik (Siebs: Duden Aussprachewörterbuch) entwickelt und begründet, berücksichtigen die Bedürfnisse der öffentlichen Kommunikation in der Massengesellschaft, neue normierte Lautformen werden insbesondere für das Mikrofonsprechen wichtig. – Die phonetisch normierte Hochlautung setzt sich ab von ungepflegten, abgeschliffenen wie von mundartlichen Ausspracheformen. Die ‹gemäßigte Hochlautung› umfaßt nunmehr zwar auch landschaftliche und sogar umgangssprachliche Varianten, das Ideal der Höchstnorm für die Aussprache gilt jedoch weiterhin für Aufführungen klassischer Bühnenstücke, für Rezitationen und Gesang. Für die Zwecke der öffentlichen Rede, der Predigt und der Schule stellt eine Hochlautung Orientierungen zur Verfügung.
2. Der umfassende Begriff ‹H.› steht für die genormte, vereinheitlichte sowie gehobene Sprachschicht einer Sprachgemeinschaft. In der H. sind Wortschatz, Grammatik, Stilebene und zumeist auch Aussprache geregelt. Die als ideal anerkannte Sprachschicht setzt sich ab von Dialekten, Alltagssprache, Sonder- und Gruppensprachen. Sie wird zu einem bestimmten Zeitpunkt in der Geschichte einer Sprache ausgewählt, entwickelt und kodifiziert, um für bedeutend erachteten Sprech- und Schreibzwecken zu dienen. Zu diesen zählen etwa die öffentliche Rede (z. B. im antiken Athen und Rom), heilige Texte (z. B. Mohammeds Koran, Luthers Bibelübersetzung), die Dichtung (z. B. das klassische Schauspiel, Epen, die Minnelyrik), allgemeingültige Texte aus den Bereichen Recht, Wissenschaft, Wirtschaft, Medien und Schule. Die H. steht in Wechselwirkung mit der Umgangssprache der Gebildeten (‹educated speakers›), insofern diese einerseits sprachliche Muster vorgeben, andererseits sich aber auch durch eine Sprachnormierung leiten und binden lassen. In einzelnen Ländern wird die Hochsprache staatlich oder halbstaatlich durch sprachpflegende Institutionen betreut, z. B. in Frankreich, Italien, Israel, Deutschland, Sowjetunion. Die europäischen Einrichtungen gehen zumeist auf Gelehrtengesellschaften zurück, die ihre theoretische Grundlage aus der Rhetorik gewonnen haben, so die ‹Accademia della Crusca› (gegründet 1582), die ‹Académie Française› (1635). In Deutschland betreiben heute, in der Nachfolge der deutschen Sprachgesellschaften des 16.–18. Jh., u. a. folgende Einrichtungen sprachpflegerische Arbeit: das Goethe-Institut zur Pflege deutscher Sprache und Kultur im Ausland (gegründet 1932), die Gesellschaft für deutsche Sprache (1947), die Deutsche Akademie für Sprache und Dichtung (1949), das Institut für deutsche Sprache (1964), der Wissenschaftliche Rat der Dudenredaktion.

Anmerkung:
1 T. Siebs: Dt. Bühnenaussprache (1898) Einl.

II. Der deutsche Begriff ‹H.› ist umstritten. Er hat in der bürgerlichen deutschen Germanistik vom Ende des 19. bis in die 70er Jahre des 20. Jh. seinen festen Platz. [1] Die Germanistik der DDR ersetzt ihn in den 60er Jahren mit der Rezeption sowjetischer Forschungsergebnisse durch die Bezeichnung ‹Literatursprache›. [2] Seit den 70er Jahren setzt sich der linguistische Begriff ‹Standardsprache› in der deutschen Forschung wie in deutschen Lexika [3] durch, der aus dem Angloamerikanischen stammt. Als Begründung für die Übernahme von ‹Standardsprache› wird angegeben, daß damit einerseits ein bildungspolitisches Werturteil ausgeschlossen werde [4] und andererseits ‹H.› immer in die Nähe von ‹hochdeutsch› gebracht werde, während das Namenpaar ‹hochdeutsch – niederdeutsch› eine rein geographische Verteilung signalisiere. [5] GLINZ definiert ‹Standardsprache› folgendermaßen: «[…] unter deutscher Standardsprache der Gegenwart verstehe ich die heute gehörte und gelesene, gesprochene und geschriebene deutsche Sprache, soweit sie als allgemein gebraucht, als nicht mundartlich und als nicht-schichtenspezifisch betrachtet wird.» [6] – Statt der vormaligen Dreiteilung: Hochsprache – Umgangssprache – Dialekt ergibt sich durch den angeblich ‹neutralen› Begriff für die synchrone Betrachtungsweise die Zweiteilung: Standardsprache – Dialekt. Kritik an dem Begriff ‹Standardsprache› wird deswegen geübt, weil er einerseits alle Abweichungen von einem ‹Standard› diskriminiere und zum anderen die historische Dimension einer Sprache ausblende. [7]

Je nach wissenschaftlicher Hypothese, welche Bedingungen die Entstehung einer ‹H.› ausgelöst haben und mit welcher Zwecksetzung sie ausgewählt und normiert wurde, finden sich in der Sprachgeschichtsforschung verschiedene Begriffe: ‹Gemeinsprache› [8], ‹Einheitssprache› [9], ‹Nationalsprache› [10], ‹Schriftsprache› [11], ‹Literatursprache› [12] und weitere Bezeichnungen. [13] Vor dem letzten Drittel des letzten Jahrhunderts gibt es den Begriff ‹H.› nicht. OPITZ bezeichnet die ideale Norm mit «Hochdeutsch» [14], GOTTSCHED sagt: «das wahre Hochdeutsche» [15], ADELUNG: «Hochdeutsche Mundart» [16], GOETHE: «reine deutsche Mundart, wie sie durch Geschmack, Kunst und Wissenschaft ausgebildet und verfeinert worden» [17] und CAMPE fordert «reines», «echtes», «zierliches Deutsch». [18]

In der entscheidenden Normierungsphase des Deutschen, die vom 16. bis ins 19. Jh. reicht, ihren eigentlichen Ort aber im 18. Jh. hat, stellte die Rhetorik das theoretische Fundament bereit. Die erstrebte Sprachform des Deutschen sollte eine von den Dialekten abgehobene, grammatisch stimmige, moderne, präzise und reiche Sprache sein. Für dieses Sprachideal eignet sich aber kein anderer Begriff besser als ‹H.›.

Anmerkungen:
1 z. B. Grammatik-Duden (²1966) 25. – **2** W. Fleischer, W. Hartung (Hg.): Kleine Enzyklop., Dt. Sprache (1983) 416; D. Nerius: Unters. zur Herausbildung einer nationalen Norm dt. Literatursprache im 18. Jh. (1967) 16. – **3** Brockhaus Enzyklop. Bd. 10 (1989) 138. – **4** P. von Polenz: Die Sprachkrise der Jahrhundertwende und das bürgerliche Bildungsdeutsch, in: SuL 14 (1983) 12. – **5** H. Glinz, in: LGL², 610. – **6** ebd. – **7** S. Jäger, in: LGL², 376. – **8** H. Paul: Principien der Sprachgesch. (²1886); A. Schmitt: Volksmundart, Gemeinsprache und Schriftsprache, in: GRM (1931) 19, 434–448. – **9** P. von Polenz: Gesch. der dt. Sprache (⁹1978) 131. – **10** zur Erörterung des Begriffs s. K. E. Heidolph u. a. (Hg.): Sprache – Nation – Norm (1973); W. Schmidt: Dt. Sprachkunde (⁷1972) 30. – **11** A. Socin: Schriftsprache und Dialekte (1888); F. Maurer: Schriftsprache und Mundarten, in: DU (1956) H. 2, 6; A. Jedlicka: Die Schriftsprache in der heutigen Kommunikation, übers. von W. Wenzel (1978). – **12** B. Havránek: Die Aufgaben der Literatursprache und die Sprachkultur, in: J. Scharnhorst, E. Ising (Hg.): Grundlagen der Sprachkultur. Beiträge der Prager Linguistik zur Sprachtheorie und Sprachpflege, 2 Bde. (1976); Nerius [2]; M. M. Guchmann: Der Weg zur dt. Nationalsprache, hg. und ins Dt. übertr. von G. Feudel, 2 Bde. (1964–1969). – **13** hierzu weitere Literaturnachweise bei R. Baum: Hochsprache, Literatursprache, Schriftsprache (1987) 45ff. – **14** Opitz: Poeterey (1624) 24. – **15** Gottsched: Sprachkunst (1762) 2f. – **16** Adelung: Grammatisch-kritisches Wtb. der Hochdt. Mundart (²1793–1801). – **17** Goethe: Regeln für Schauspieler (1803) § 1. – **18** Campe: Wtb. der Dt. Sprache (1807) XXIII.

B. I. *Antike.* Die Entstehung des Gemeingriechischen (ἡ κοινὴ διάλεκτος, hē koinḗ diálektos) kann als schrittweise Durchsetzung des abgewandelten attischen Dialektes im 5. und 4. Jh. v. Chr. angesehen werden. Sie steht im Zusammenhang mit der Ausbreitung der griechischen Kultur im Mittelmeerraum. Ehe von einer koiné im Sinne von Hoch- oder Schriftsprache (von einer Sprache der Gebildeten oder hellenistischen Sprache) gesprochen werden kann, umfaßt das Bedeutungsfeld von koiné auch Formen von der Kanzlei- bis zur Alltags- und Vulgärsprache, die zunächst noch unter dem Einfluß von Dialekten (Attisch, Dorisch, Äolisch) stehen. Impulse zur Vereinheitlichung und Normierung des Griechischen gehen Ende des 5. Jh. v. Chr. zunächst von Sprachgebrauch und Sprachreflexion der Sophisten aus. Intensiviert wird dieser Prozeß durch den makedonischen Hof, an dem eine aus dem Attischen entstandene koiné als Verwaltungssprache eingeführt wird. In der Zeit des Hellenismus erfolgt eine Stabilisierung der koiné als Verkehrs- und Amtssprache. Sie setzt sich als allgemeine Gebrauchsform auch gegen (attische) Konkurrenzbewegungen durch. [1]

Neben den politisch-kulturell bedingten Normierungsprozessen sind die mustergebenden Einflüsse der literarischen Exempel und rhetorischen Regelwerke hervorzuheben. Dazu gehören auch die kanonbildenden Text- und Aphorismussammlungen, die Prosa der Historiker sowie die philologisch-grammatischen Studien in den Schulen der Alexandriner (ARISTARCH VON SAMOTHRAKE) – orientiert an einer historisch-kritischen Homerexegese.

Die Ausbildung einer literarischen Klassik, der Rückgriff auf attische Beispiele und die Adaption und Angleichung von dialektalen Besonderheiten sind begleitet von ständigen Bemühungen um ein korrektes Griechisch, d. h. um den ἑλληνισμός, hellēnismós als idiomatisch angemessene und richtige Ausdrucksweise. [2] In der griechischen Rhetorik wird der hellēnismós v. a. im Rahmen der λέξις, léxis als Prinzip der Sprachrichtigkeit thematisiert. Sprachrichtigkeit als Grundlage von Gemein-/Hochsprache und Bedingung der Redewirkung diskutiert der Stoiker ZENON aus philosophisch-logischer und ARISTOTELES aus rhetorischer Sicht: Für Aristoteles ist Sprachrichtigkeit (hellēnismós) begründet auf Korrektheit im Idiombezug, in der Wortwahl, in der Satzverbindung, in der Beachtung der grammatischen Genera sowie in der Vermeidung von Barbarismen und Ambiguitäten. [3]

Daß die Redewirkung nicht nur von der Fundamentalkategorie ‹Angemessenheit› *(aptum)* sondern auch wesentlich von der Sprachrichtigkeit *(Latinitas)* bzw. von einer korrekt gebrauchten lateinischen Sprache *(locutio emendata et Latina)* abhängt, betont auch CICERO. [4] Er tradiert so die Erkenntnisse und Sprachgebrauchsnormierungen der griechischen Rhetorik und damit den bedeutsamen Anteil, den die Redelehre an der Herausbildung hoch- und schriftsprachlicher Standards hat, die als *Latinitas* (AUCTOR AD HERENNIUM, SULPICIUS VICTOR), *elocutio Latina* (IULIUS VICTOR), *oratio emendata, oratio Romana, sermo purus* (QUINTILIAN) oder *puritas sermonis* (HIERONYMUS) begrifflich gefaßt werden. [5] Die römische Rhetorik entfaltet die z. B. von Aristoteles grundgelegten Aspekte der *Latinitas*, indem sie Entscheidungsgründe *(loquendi regulae;* Richtlinien) zur Ermittlung der Sprachrichtigkeit in eine systematische Ordnung bringt: Dazu zählen nach QUINTILIAN [6] die grammatischen und etymologischen Gesetzmäßigkeiten *(ratio),* die Überlieferung *(vetustas),* der Sprachgebrauch anerkannter Autoren *(auctoritas)* und – das wichtigste Argument – der aktuelle Sprachgebrauch der Gebildeten *(consuetudo).*

Die genannten Entscheidungsgründe für den richtigen Ausdruck sind jedoch ein rhetorischer Zugriff, kein grammatischer. Die *ars recte dicendi* hat eine dienende Funktion für die *ars bene dicendi.*

Die Entscheidungsgründe *ratio* und *vetustas* erscheinen insofern für wirkungsvolles und ethisch fundiertes Sprechen nicht ausreichend, als sie eine konstruierte, weltfremde, altertümelnde Sprache rechtfertigen könnten. Dem Redner muß die Bindung an eine beglaubigte Sprache höherwertig sein. Das geschieht beispielsweise durch die Berufung auf die Autorität von einzelnen Rednern, Historikern [7] und auch Dichtern *(auctoritas).* Die Dichter wiederum sind nur bedingt Vorbilder, da sie den üblichen Sprachregeln zuwiderhandeln dürfen, um eine besonders nachhaltige oder gefällige Wirkung zu erzielen. Dieses regelwidrige Sprechen gesteht die Rhetorik dem Dichter ausdrücklich zu. Es ist einer der Inhalte des Begriffs *licentia.* Folgende Verstöße wären jedoch für den Redner bedenklich und sogar gefährlich: der Barbarismus [8], der Gebrauch von onomatopoetischen Neuschöpfungen [9], falsche grammatische Formen beim Einzelwort [10], die Aussprachefehler, z. B. Längungen, Kürzungen, falsche Betonungen [11], der Solözismus (Abweichungen von der korrekten Syntax) [12]. Der aktuelle Sprachgebrauch ist schließlich die letzte Instanz für die *Latinitas.* Hier bieten sich dem Redner vielfältige Schönheit und auch Sprachökonomie an, und er befindet sich in Übereinstimmung mit den Erwartungen der Zuhörerschaft. CICERO drückt diese Einsicht der Rhetorik unmißverständlich aus: «[Es wäre] beim Reden ein ganz massiver Fehler [...], gegen die übliche Ausdrucksweise und die Gewohnheit des allgemeinen Empfindens zu verstoßen.» [13] Daß auch die Sprache der Dichtung dem aktuellen Sprachgebrauch Tribut zu zollen hat, unterstreicht HORAZ. [14] Da sich der Sprachgebrauch aber aus einer Vielzahl von Soziolekten, Dialekten und Sprachstilen, aus Schrift- und Sprechsprache zusammensetzt, ist weiterhin zu bestimmen, welcher von diesen Erscheinungsformen prinzipiell der Vorzug gegeben werden sollte. Die antiken Rhetoriker schließen vorab alle Regionaldialekte als 'altertümlich', 'bäurisch' und 'barbarisch' aus. Für sie hat der mündliche Sprachgebrauch der Hauptstadt, den sie mit dem Begriff *urbanitas* fassen [15], einen höheren Rang. Weiterhin wird die Forderung erhoben, daß vorbildliches Sprechen Wissen über die Sprache und auch Verantwortlichkeit im moralischen Sinne einzuschließen habe. Damit sind nicht mehr alle Bewohner der Hauptstadt Leitbilder, sondern nur noch eine bestimmte Schicht, die Gebildeten. QUINTILIAN sagt: «Aber gerade hierfür [für den Sprachgebrauch] braucht man Urteilskraft *[iudicium]* und muß vor allem festsetzen, was wir denn eigentlich Sprachgebrauch nennen. Wenn er seinen Namen nach dem hat, was die Mehrheit tut, wird er eine höchst gefährliche Vorschrift geben, nicht nur für die Rede, sondern, was mehr bedeutet, für das Leben: Woher nämlich käme das Gute in solcher Fülle, daß der Mehrzahl gefiele, was recht ist? [...] Denn, um zu übergehen, wie im Volk die Ungebildeten sprechen, so wissen wir doch, wie oft schon ein ganzes Theaterpublikum und die ganze Menge im Zirkus barbarisch gebrüllt hat. Also werde ich das Gebräuchliche in der Sprache die Übereinstimmung der Gebildeten *[eruditi]* nennen, so wie im Leben die Übereinstimmung der Guten.» [16] Die so bestimmte ‹H.› hat damit eine sehr deutliche sittliche Dimension. Das Ideal des *vir bonus*, der sein Handeln und alle seine Lebensäußerungen, also auch seine Sprache, an sittlichen Maßstäben ausrichtet, ist auch hier gültig.

Was die Stilhöhe anbelangt, so gesteht die Rhetorik zwar nur dem Gebildeten zu, kritisch auswählen zu können, aber er hat als Redner den gesellschaftlichen Wertmaßstab der Angemessenheit zu erfüllen. Die *Dreistillehre* verlangt z.B. unterschiedliche Sprachverwendungen in der Stilhöhe, die aus dem Zweck der Rede in Relation zu Redegegenstand, Publikum, Ort und Zeit sowie Status des Redners herzuleiten sind. Die Folgerung Quintilians, dem Sprachgebrauch der Gelehrten zu folgen, ist, wenn man diese Komplexität mit berücksichtigt, ein schlüssiges Ergebnis, das sich aus der rhetorischen Wirkungsabsicht ergibt.

Es ist bedeutungsvoll, daß Cicero, Quintilian und Horaz in den Entwicklungsperioden der lateinischen Sprache leben, die die klassische *(goldene)* und *silberne Latinität* genannt werden. Ihre Texte sind theoretisch-normativ und zugleich praktisch-stilbildend.

Anmerkungen:
1 vgl. dazu: LAW, Bd. 1, Sp. 1165ff. – **2** vgl. K. Barwick: Remmius Palaemon und die röm. ars grammatica, Philol. Suppl. 15, 2 (1922); H. Dahlmann: Varro und die hellenistische Sprachtheorie, Problemata 5 (1935); Diogenes Laertios VII, 1, 40. – **3** vgl. Diogenes Laertios VII, 4; Arist. Rhet. III, 5, 1–7; R. Volkmann: Die Rhet. der Griechen und Römer (ND 1987) 158; J. Martin: Antike Rhet. (1974) 85. – **4** Cic. Brut. 74, 258. – **5** Auct. ad Her. 4, 12, 17; Sulpicius Victor, Institutiones oratoriae 15; Iulius Victor, Ars rhetorica 20; Quint. I, 5, 1; V, 14, 33; VIII, 1, 2–3; XI, 1, 53; Hieronymus, Epistulae 57, 2. – **6** Quint. I, 6, 1–3; auch Cic. De or. III, 48f. – **7** Quint. I, 6, 1–3. – **8** Quint. I, 5, 7. – **9** Quint. I, 5, 71f.; Arist. Rhet. III, 2, 5. – **10** Quint. I, 5, 10; Cic. de or. III, 40. – **11** Quint. I, 5, 17–33. – **12** Quint. I, 5, 34–70. – **13** Cic. De or. I, 12. – **14** Horaz: De arte poetica, Vers 70–72. – **15** Quint. I, 8, 6; 74; vgl. G. Neumann: Sprachnormierung im klass. Latein, in: Schr. des Instituts für dt. Sprache, Jb. 1966/67 (68) 96. – **16** Quint. I, 6, 43–45.

II. *Mittelalter.* Die Geschichte hochsprachlicher Normierungen im Mittelalter ist von zwei Theoriegebäuden abhängig, von dem der christlichen Theologie, worin AUGUSTINUS und Papst GREGOR DER GROSSE gegensätzliche Positionen behaupten, und dem der Rhetoriktradition. Im Mittelalter ist die antike Rhetorik nur in Bruchstücken greifbar, vorrangig durch CICEROS ‹De inventione› und die ‹Rhetorica ad Herennium›, die ihm zugeschrieben wird. Die Überlieferung seiner Werke ‹De oratore› und ‹Orator› geschieht durch Vermittlung anerkannter Autoritäten, QUINTILIANS ‹Institutio oratoriae› wird im 10. Jh. studiert, hat im 12. Jh. eine kurze Popularitätsphase und wird erst 1416 wieder vollständig entdeckt; ARISTOTELES' ‹Rhetorica› schließlich gilt nach J.J. Murphy vor allem als Morallehre. Trotz des eingeschränkten Zugriffs, den die Sprachgelehrten demnach auf die theoretischen Schriften haben, sind ihre Wirkungen auf die Sprach-, Kultur- und Bildungspolitik des Mittelalters hoch zu veranschlagen. Das Verdikt Papst Gregors (ca. 540–604) gegen Rhetorik und Grammatik ist damit begründet, daß beide artes heidnischen Ursprungs sind und daß für die christliche Mission eine abgehobene, kunstvolle und damit menschlich erkünstelte Sprache schädlich sei. «Im gleichen Munde können nicht das Lob Juppiters und das Lob Christi wohnen.» [1] Augustinus (354–430) hingegen empfiehlt den christlichen Predigern, die Waffen der Rhetorik wohl zu gebrauchen. «Niemand» könne beredt sein, «der nicht Abhandlungen und Reden beredter Männer gelesen oder gehört hat.» [2] Der Zweck der christlichen Predigt sei, die Menschen zu belehren und die Gemüter zu bewegen. Augustin wiederholt die von Cicero beschriebenen drei Stilarten. Er ordnet aber nicht wie dieser den drei Stilen bestimmte Inhalte zu, denn alles, worüber ein christlicher Redner spreche, sei bedeutend. Der Redner solle, um zu überzeugen, die Stile wechseln, d.h. mit allen sprachlichen Mitteln sein Ziel zu erreichen suchen. Sein Hauptbestreben sei jedoch immer die Eindeutigkeit, die Klarheit. [3]

Die Reichspolitik KARLS DES GROSSEN gründet sich auf Sprach- und Kulturpolitik. Als Helfer holt sich Karl die geistige Elite des Abendlandes an seinen Hof. Eine große Bibliothek bildete das Fundament der Forschung und Lehre. Für Kultur, Wissenschaft und Verwaltung benötigt Karl die Errungenschaften der Antike und eine angemessene und korrekte sprachliche Basis. Das vernachlässigte Latein wird wieder zu Einheitlichkeit und Gesetzmäßigkeit gebracht, und auf diesem klassischen Niveau findet die Überarbeitung der grundlegenden kirchlichen Texte statt (revidiert werden z.B. das von ALKUIN emendierte Meßbuch sowie seine einbändige Bibel und die ‹Vulgata› des Hieronymus, die im Frankenreich Normaltext wird und fürs ganze Mittelalter verbindlich bleibt. Alkuin verfaßt auch eine ‹Ars grammatica› zum richtigen Flektieren des Lateins. Diesen Anstrengungen entspricht es, daß auch die deutsche Sprache Aufmerksamkeit und Pflege erfährt. Karl macht es den Geistlichen und Gelehrten zur Pflicht, das Deutsche im Unterricht und bei Predigten zu gebrauchen. Die deutsche Sprache wird den drei heiligen Sprachen des Hebräischen, Griechischen und Lateinischen hinzugefügt, allerdings nicht in einem Ist-Zustand, sondern als hochsprachlich normierte Sprache. Karl veranlaßt als erster die Abfassung einer deutschen Grammatik mit orthographischen Regeln und beauftragt damit die Gelehrten NANNO, THEOBALD, ALKUIN und BERENGAR. Das Werk bleibt zwar unvollendet, wirkt als Gedanke aber stetig fort. Eine deutsche Grammatik sollte der lateinisch gebildeten Geistlichkeit ein Fundament liefern sowohl für ihre lateinischen Studien als auch für Predigt und katechetischen Unterricht in der Volkssprache. Gebete, Tauf- und Beichtformeln sind bereits ins Deutsche übertragen. Karl fordert nun auch die muttersprachliche Homilie, dazu werden deutsche Predigten wie auch Lieder und Epen gesammelt. [4] Die Bezugsgröße für diese bildungspolitischen Anstrengungen ist die lateinische H. mit ihren Kriterien: *puritas, perspicuitas, ornatus* und *aptum*. Man ist zwar weit davon entfernt, eine einheitliche Reichssprache zu haben, doch in den Schreibstuben der Klöster und Bischofssitze wird nicht die Alltagssprache oder der Stammesdialekt geschrieben, sondern eine gepflegte Literatursprache mit deutlichen Inhalten und mit Abstufungen in der Ausdrucksweise. Man versucht auch, die Orthographie zu normieren, zumal ein einheitliches Schriftbild in karolingischen Minuskeln von Karl bereits verfügt ist.

«Der Zwang zur schriftlichen Fixierung wichtiger und schwieriger Gedanken trug an die wildwachsenden Sprechdialekte schon etwas von den neuen Maßstäben der Einheitlichkeit und Richtigkeit heran.» [5] Neue Maßstäbe im Sinne von neu erfundenen sind es durchaus nicht, die die karolingische Renaissance tragen. Alkuin lehrt im Dialog ‹De arte rhetorica› in den ‹Manuales libelli› [6], indem er Cicero wiederholt, daß menschliche Bildung wie gesellschaftlicher Fortschritt ohne Moral, ohne die tradierten und nunmehr christlich interpretierten Tugenden nicht vorstellbar seien. Gesittung aber werde durch Sprache übermittelt. So schreibt Karl, es sei eine Notwendigkeit, «daß die Streiter der Kirche innerlich fromm, äußerlich aber auch gebildet sind: Menschen reiner Sitten und Meister klarer Rede». [7]

Auch für DANTE ist das Lateinische das bestimmende Leitbild für das Konzept der muttersprachlichen H. Er empfiehlt in seinem Traktat ‹De vulgari eloquentia› (etwa 1305) das Studium bedeutender Autoren, damit man sich einen Maßstab für regelhafte Sprache verschaffe und sich an einem vorbildlichen Sprachgebrauch orientiere. Die weiteren Attribute der geforderten H. sind ihm: ‹cardinale›, ‹aulicum› und ‹curiale› [8], womit der sozial anerkannte Gebrauch in der Hauptstadt oder am Hof gemeint ist. Der mündliche Gebrauch der Gebildeten, ein entscheidendes Kriterium für Quintilian und Cicero, fehlt, da er in Italien um 1300 nicht existiert. Auch Hof und Hauptstadt müssen fiktive Größen bleiben, die aber behauptet werden, um der Schlüssigkeit der antiken Rhetorik zu entsprechen.

HONORIUS AUGUSTODUNENSIS (geb. 1090) stellt in seinem Lehrplan die Rhetorik allegorisch dar: «Die zweite Stadt [die erste ist die Grammatik], durch die man der Heimat zustrebt, ist die Rhetorik. Das Stadttor wird von der Zivilverwaltung mit den drei Torbogen der Darstellung, Beratung und der Urteilsfindung gebildet. In dem einen Teil dieser Stadt verfassen die Oberen der Kirche Dekrete, in dem anderen geben die Könige und Dichter Erlasse heraus. Dort werden Synodalbeschlüsse verkündet, hier Rechtsverhandlungen geführt. Da unterrichtet Cicero die Reisenden in kunstvoller Rede und bildet ihre Sitten durch die vier Tugenden: Weisheit, Stärke, Gerechtigkeit und Mäßigkeit.» [9] In diesem Bild werden die Anwendungsgebiete der *ars rhetorica* im Mittelalter veranschaulicht.

Die mittelalterlichen rhetorischen Gattungen sind: *ars dictaminis, ars praedicandi* und *ars poetriae*. Allen Texten liegt die Überzeugung zugrunde, daß der Kommunikationsprozeß analysiert, seine Prinzipien begrifflich bezeichnet und die Anwendungsmethoden beschrieben werden können. Während die römischen Grammatiken selten präskriptiven Rat gaben, ändert sich das für die Grammatiken des 13. Jh. Man kann sagen, daß nun auch die Grammatik rhetorisch arbeitet. ALEXANDER VON VILLA DEI schreibt 1199 seine große lateinische Grammatik in 2645 Hexametern, das sog. ‹Doctrinale›, mit dem Ziel, das mittelalterliche Latein zu normieren, 1212 kommt der ‹Graecismus› des EBERHARD VON BÉTHUNE heraus, beide verdrängen teilweise sogar ‹Donatus› und ‹Priscian›. Die Ausbildung der Volkssprache geht demnach parallel mit einer sprachpflegenden Fortentwicklung des Lateins, der Respekt vor der Größe der Vergangenheit nimmt ab, die *consuetudo* wird gegenwärtig. Wie selbstverständlich hat die *ars dictaminis* in Italien ihren Ursprung. Die päpstliche Kanzlei entwickelt einen richtunggebenden Stil für Geschäftsbriefe. ALBERICH VON MONTECASSINO gibt 1087 möglicherweise die älteste Anleitung zum kunstmäßigen Verfassen von Briefen. Die Universität Bologna schließlich wird im 12. Jh. das Zentrum der *ars dictaminis*. Überall dort ist die antike Rhetorik mit ihren Formen und Begründungen noch unmittelbar zugänglich, und die Vorbilder bezieht man aus der spätrömischen Rechtspraxis. In den muttersprachlichen Anleitungen wird im Verlauf der Jahrhunderte die Verknüpfung der Dreistil-Lehre mit dem sozialen Status des Briefempfängers immer wichtiger. Die musterhafte H. muß besonders für Anreden, Eingangsformeln *(salutatio)* und Briefschlüsse *(conclusio)* strenge Normen beobachten. [10]

Augustinus' und Gregors Texte sind die Basis der Predigttheorie, die im 13. Jh., als die Laienorden entstehen und die Volkspredigt auflebt, bedeutend ausgearbeitet wird. Die Aufgabe des Predigers ist, der Situation und dem Publikum dadurch Rechnung zu tragen, daß er sich einer Sprache bedient, die einerseits durchaus üblich, andererseits aber wegen Absicht und Inhalt der Predigt vom Alltäglichen abgehoben sein muß. So verschieden einzelne Predigtlehren auch sein mochten, die wohlabgewogene, planvoll gebrauchte Sprache wird durch die rhetorische Tradition gefordert. «Als *ars praedicandi* überträgt die Rh[etorik] die Lehren antiker Beredsamkeit, vor allem Anweisungen, die Stoff und Stil und deren Kongruenz betreffen, auf die christliche Predigt [...], sie gibt dem *concionator Christianus* den Rang eines *orator* und der Predigt die Bedeutung eines Plädoyers.» [11]

Die lateinische Dichtung des Mittelalters hat keine eigene Theorie ausgearbeitet. Die Poetik «deckt sich mit der Rhetorik». [12] Die Frage, ob die Sprache der deutschen höfischen Dichtung in der Staufischen Klassik (1170–1250) auch Bezug auf die rhetorische Lehre nimmt, muß bejaht werden, obschon die wissenschaftliche Forschung zur Theorie im einzelnen noch aussteht. HEINRICH VON VELDEKE, besonders aber WOLFRAM VON ESCHENBACH, HARTMANN VON AUE, GOTTFRIED VON STRASSBURG sind gebildete Dichter, die direkten oder mittelbaren Zugang zu rhetorischen Texten haben und sich an provençalischen, französischen und flämisch-niederländischen Vorbildern schulen. Eine gewisse wissenschaftliche Bildung wird im Mittelalter mehr und mehr für den Adel üblich. Bei JOHANNES ROTHE heißt es im Ritterspiegel kurz nach 1400: «Eyn awisiger, tummer edilmann [...] ist eyme gekronetin esel glich getan.» [13]

Autoren wie Publikum wissen die ausgefeilte Formensprache in der Dichtung zu schätzen. «Dem Einfluß der aus der Antike tradierten und immer aufs neue gepflegten Rhetorik ist es wohl zu danken, daß die deutsche Sprache vor allem durch die höfische Dichtung zur vollendeten Kunstsprache wurde.» [14] Dialektwörter werden aus dieser H. genauso wie derb-bäurische und altväterische ausgeschieden, in der Lyrik insbesondere auch Fremdwörter, damit, der Lehre gemäß, die Ideale der *puritas, perspicuitas*, des *ornatus* und des *aptum* erfüllt werden können. [15] Gottfried von Straßburg preist z. B. an Hartmann von Aue, «wie er mit rede figieret / der âventiure meine! / wie lûter und wie reine / sîn kristallîniu wortelîn / beidiu sint und iemer müezen sîn!» [16]

Gibt es zu Beginn der mittelhochdeutschen Zeit auch dank der immensen Arbeit der Gelehrten und Geistlichen schon eine deutsche H., so muß sie als Material der höfischen Dichtung im Hochmittelalter durch die Dichter neu bestimmt, ausgeweitet und weiter verfeinert werden.

Anmerkungen:
1 Gregor der Gr.: Brief an Desiderius, in: ML, Bd. 77 (Epistola LIV, Lib. XI) Sp. 1171; vgl. dazu auch J. J. Murphy: Rhetoric in the Middle Ages (Berkeley/Los Angeles/London 1974) 101. – 2 Augustinus: Vier Bücher über die christliche Lehre (De doctrina christiana). Des Heiligen Kirchenvaters Aurelius Augustinus Ausgew. Schr. Aus dem Lat. übers., VIII. Bd. Bibl. der Kirchenväter 49 (1925) IV 3, 5 (S. 164). – 3 ders. [2] IV 13, 29 (S. 187); 25, 55 (S. 217). – 4 J. Müller: Quellenschr. und Gesch. des deutschsprachigen Unterrichts bis zur Mitte des 16. Jh. (1882; ND 1969) 189ff. – 5 P. von Polenz: Gesch. der dt. Sprache ([19]1978) 40. – 6 Alkuin: Dialogus de rhetorica et virtutibus, in: E. Garin: Geschichte u. Dokumente der abendländischen Päd., Bd. 1 (1964) 102–109. – 7 aus: Karl d. Gr.: De litteris colendis, abgedruckt in: Garin [6] 9. – 8 Dante: De Vulgari Eloquentia, I, XVIII. – 9 Honorius: De anima exilio, in: ML 172, 1243 A–1246D; nach der Übers. von J. Bühler, in: Dt. Vergangenheit (1925/29) 6, 366–369. – 10 J. J. Murphy: Rhetoric in the Middle Ages (Berkeley 1974) 217. – 11 W. Jens: Rhet., in: RDL², Bd. 3 (²1966–77) 439. – 12 E. R. Curtius: Dichtung und Rhet. im MA, in: DVjs 16. Jg. (1938) Bd. XVI, 436. – 13 J. Rothe: Der Ritterspiegel V. 1465/67, ed. Neumann (1936) 40; vgl. auch A. Dolch: Lehrplan des Abendlandes (³1971) 127ff. – 14 W. Schmidt: Gesch. der dt. Sprache (⁶1993) 89. – 15 H. Eggers: Dt. Sprachgesch. II (³1968) 129, 136f. – 16 Gottfried von Straßburg: Tristan, hg. von R. Bechstein, P. Ganz (1978) V. 4624ff.

III. *Humanismus, Barock.* Die Grundlage des Bildungssystems bildet ausschließlich die rhetorisch-pädagogische Tradition. Im Humanismus emanzipiert sich die Wissenschaft von der Theologie. Doch Wissen erscheint weiterhin nur zugänglich durch Sprache. Höchstes Ziel humanistischer Bildung ist deshalb die Eloquenz. Die Humanisten verbreitern das theoretische Fundament im Vergleich zum Mittelalter: POGGIO findet 1416 in einem 'Kerkerloch' in St. Gallen den kompletten Quintilian, und 1421 wird Ciceros ‹De oratore› vollständig entdeckt. Man übersetzt und eignet sich nun auch – im *trivium* des Systems der *septem artes liberales* – das Griechische an und arbeitet an den muttersprachlichen H. Es entstehen z. B. in der Nachfolge west- und südeuropäischer Vorbilder mehrere deutsche Grammatiken und Orthographien. LUTHER benötigt und nutzt die Rhetorik als hermeneutische Wissenschaft und für seine Predigt. Quintilian folgend interpretiert Luther die Sprache seiner Bibelübersetzung in rhetorischer Perspektive: «Darum soll man sich gewöhnen zu guten, rechtschaffenen und vernehmlichen Worten, die im gemeinen Gebrauch sind, und ein Ding eigentlich und verständlich anzeigen und geben.» [1] Seine Sprache zeichnet sich zum einen durch Flexibilität aus, was die Abhängigkeit von Dialekträumen betrifft: «Ober- und Niederländer» [2] sollen seinen Text verstehen. Zum anderen richtet er sich stilistisch so weit wie möglich nach der Volkssprache, indem er dem «gemeinen Mann [...] aufs Maul» schaut. Er verurteilt «wünderliche, seltsame, ungebräuchliche Worte». [3] Damit ordnet sich Luther im innerrhetorischen Streit zwischen Attizismus und Asianismus der ersteren zu und steht mit dem Plädoyer für den einfachen Stil bei der Sprache der Predigt in rhetorischer Nachfolge christlich-mittelalterlicher Predigtlehre.

Bei ihren gründlichen Studien des klassischen Latein entdecken die italienischen Humanisten, daß ihre eigene Muttersprache eine Geschichte hat, und kommen zu der Auffassung, die Kultur eines Volkes sei um so gediegener und wertvoller, je bewußter sie sich ihre Ursprünge und ihre Eigenarten mache. Die betonte Rückwendung der gelehrten Welt zur Antike fordert schließlich eine dialektische Gegenposition heraus, die z. B. SALUTATI formuliert: «Jetzt sagt mir aber bitte, warum und in welcher Hinsicht Ihr die Alten den Modernen, die Ihr so verachtet, vorzieht? Gebt außer dem nebelhaften Ruhm und dem Ruf des Altertums nur einen einzigen, wenn auch ganz winzigen Grund an, warum wir jene überholten und leblosen Autoren den späteren und neueren voranstellen sollen.» [4] Diese revolutionär wirkende Haltung hat unmittelbare Auswirkungen auf das Verhältnis zur muttersprachlichen Literatur. BOCCACCIO kann bereits berichten, daß «schon einige in wunderbarer Weise in der Muttersprache geschrieben und die einzelnen Bereiche der Poesie durchwandert haben». [5] Die Humanisten nördlich der Alpen folgen der zuerst in den romanischen Ländern eingeschlagenen Richtung in zeitlichem Abstand. Zunächst erwacht das Interesse für die Literatur des eigenen Volkes. Beispielsweise ediert CELTIS 1501 die lateinischen Werke der Roswitha von Gandersheim (935–975) und liest in Wien über althochdeutsche Dichtung. Im Jahre 1639 setzt dann OPITZ einen Markstein durch die Herausgabe des mittelhochdeutschen Annoliedes.

War mit der Reformation eine Reihe von Gelehrten, die Träger der rhetorischen Bildung, in ihren Schriften religiösen Inhalts von der lateinischen zur deutschen Sprache übergewechselt, so wird ab 1600 nun auch weltliche Poesie mehr und mehr deutschsprachig. Dabei sehen sich die wissenschaftlich gebildeten Autoren durch die nationalsprachige Literatur des Auslands, die bereits in hoher Blüte steht, angespornt und bestätigt. Es kommt sogar bald zu nationalistisch wirkenden Tönen und Versuchen, durch wissenschaftliche Argumente die Gleichwertigkeit, wenn nicht sogar die Überlegenheit des Deutschen zu beweisen. Man legt das hohe Alter wie auch die Reinheit, also die Unvermischbarkeit der Muttersprache dar. J. G. SCHOTTEL (1612–1672) etwa führt die deutsche «Haubt-Sprache» über das Keltische als Ursprache bis zur Babylonischen Sprachverwirrung zurück [6], womit ihre Vorrangstellung unanfechtbar erscheint. Doch sind dies Argumente, die aus der rhetorisch geprägten Tradition der Sprachtugend *(Latinitas)* stammen und nun einfach auf das Deutsche übertragen werden.

Das antike Modell der Wesensbestimmungen der H. findet einhellig auch für die abendländische Nationalsprachen Anwendung, und zwar in der Weise, daß man die vorhandene Sprachrealität mit den vorgegebenen Begriffen analysiert und Schlußfolgerungen zieht. Die Ergebnisse der Sprachtheoretiker stimmen untereinander nicht überein, wohl aber ihre Methoden. [7]

Die vorgefundene deutsche Sprache in all ihren Ausprägungen gilt nicht an sich schon als Wert, sondern nur insofern, als sie der formal ausgearbeiteten und künstlerisch veredelten Sprache der lateinischen Dichtung oder den bereits normierten modernen H. entsprechen kann. Nur eine solche Sprache, in der Realität eine besondere Schicht der Muttersprache, ist nach Auffassung der gelehrten Schriftsteller als Mittel der Rede und der Dichtung annehmbar.

Im Gegensatz zu deutschen Gelehrten oder auch zu Dante kann der Franzose VAUGELAS (1585–1650), als im Jahre 1647 sein Buch ‹Remarques sur la langue françoise, utiles à ceux qui veulent bien parler et bien escrire› [8] (Bemerkungen über die französische Sprache, die für diejenigen nützlich sind, die gut sprechen und schreiben wollen) erscheint, bereits von einer recht klar umrissenen Form der H. ausgehen. Die regionalen Sprachen und Dialekte werden in Frankreich seit der Zeit der Renaissance als minderwertig eingestuft. Die Sprache der Hauptstadt und die Sprache des königlichen Hofes haben den ersten Rang inne, es gibt eine Reihe anerkannt vorbildlicher Autoren, und das Geschäft der grammatischen Normierung des Französischen wird in autoritärer Weise von der 1634 unter der Schirmherrschaft Richelieus gegründeten ‹Académie Française› besorgt. – Vaugelas will mit seinen ‹Remarques› nichts anderes, als die alten rhetorischen Lehrsätze bekräftigen und mit Beispielen erläutern, denn seiner Auffassung nach gibt es in der Sprache seiner Zeitgenossen Mißbräuche, die bei einem wachen Theorie-Bewußtsein abgestellt werden können.

Unter Berufung auf Quintilian erinnert er insbesondere daran, daß ‹Pureté› *(puritas)* als absoluter Maßstab lächerlich sein müsse, wenn nicht auf den ‹guten Gebrauch› Rücksicht genommen werde. [9] Es gebe einen guten und einen schlechten Gebrauch; letzterer werde bei der ‹Mehrheit› (la pluralité) bzw. dem ‹Plebs› [10] gefunden und zähle deshalb nicht, der ‹gute Gebrauch› sei ein Charakteristikum allein der Elite (l'élite des voix) [11]. Vaugelas nennt schließlich konkrete Sprechergruppen, die ihre Sprache vorbildlich verwenden: Was das Sprechen anbetrifft, ist es der ‹gesündeste› Teil des Hofes, da dieser ein maßvolles Urteil besitze, und was das Schreiben anbetrifft, ist es der ‹gesündeste› Teil der zeitgenössischen Autoren. [12] Nur in zwei Aussagen unterscheidet sich der Franzose von seinen antiken Lehrmeistern: Sie kennen den Hof als Ort vorbildlichen Sprechens nicht, und ebensowenig verteilen sie Sprechen und Schreiben auf bestimmte Sprachbenutzer. Die tradierte Lehre ist für Vaugelas aber so mächtig, daß er die Höflinge und Schriftsteller nur deswegen lobt, weil sie ihre Bildung aus der Antike beziehen. [13]

Der größte deutsche Sprachwissenschaftler des 17. Jh., der Niedersachse Schottel, spricht von einer ‹Kunstsprache›, die entstehen müsse, und nennt sie ‹Hoch Teutsche Sprache›: «Hochteutsch muß die Kunst hochziehen.» [14] Man ist sich allerdings nicht darüber einig, auf welche Weise die literaturfähige Sprache gefunden werden kann. Schottel und seine Anhänger schlagen den Weg der Festlegung aufgrund sprachwissenschaftlicher Analyse ein, denn sie glauben, daß die ursprüngliche Regelmäßigkeit der Sprache [15] auf diese Weise wieder freizulegen sei. Schottels Auffassung, daß Sprache von Natur regelmäßig sei, fußt auf dem antiken Prinzip der Analogie, das im 17. und 18. Jh. von den Rationalisten neu formuliert wird. Schottel akzeptiert den Sprachgebrauch nur als ‹grundrichtigen› Sprachgebrauch, damit unterscheidet er zwischen *consuetudo* und *ratio* nur noch verbal, nicht mehr inhaltlich: Das geplante Wörterbuch soll «aus den gründen der Sprache und nach grundrichtiger gewonheit» [16] eingerichtet werden.

Die Gegner dieser Position wollen einen bestimmten, sozial und geographisch festgelegten kultivierten Sprachgebrauch zum Vorbild und Muster machen, den es zu verallgemeinern gelte. Fürst LUDWIG VON ANHALT als Oberhaupt der ‹Fruchtbringenden Gesellschaft› und seine Mitstreiter GUEINTZ und VON DEM WERDER propagieren das meißnische Hochdeutsch mit der Einschränkung, daß zum einen nur die Sprache der fürstlichen Höfe und der Gebildeten zähle und zum anderen die Sprache mit wissenschaftlichem Urteil gehandhabt werden müsse. [17] Man verweist weiterhin auf Luthers Sprache und den Gebrauch in Reichsabschieden und Dokumenten aus der kurfürstlichen Kanzlei. [18] Für die Mitglieder der ‹Fruchtbringenden Gesellschaft› besteht die (allerdings niemals wirklich durchgesetzte) Verpflichtung, der Gesellschaft alle Veröffentlichungen vorzulegen, bevor sie im Druck erschienen. Fürst Ludwig organisiert dann mit Einverständnis der Beteiligten gegenseitige Begutachtungen, deren Großteil er aber selbst mit seinen Vertrauten, wie z. B. Dietrich von dem Werder oder BUCHNER bestreitet. Die Texte der Gesellschaftsmitglieder, die neben theoretischen Schriften zum überwiegenden Teil der schönen Literatur angehören, werden auf sprachliche Reinheit und Eleganz überprüft und mit Verbesserungsvorschlägen versehen. Der Schlesier OPITZ, der Nürnberger HARSDÖRFFER, der Niedersachse SCHOTTEL und Schweizer Autoren werden an dem «guten wol hergebrachten gebrauche» [19] gemessen und korrigiert. Da der mitteldeutsche Raum in der Tat im 17. Jh. und späterhin eine kulturelle Führungsrolle innehat, sind die Gegner Schottels vom rhetorischen Standpunkt aus vollkommen im Recht, denn der Erfolg von Rede und Dichtung wäre immer in Frage gestellt, wollte man eben jenes Hauptpublikum mit einer von ihm nicht akzeptierten Sprachform konfrontieren. Im 17. Jh. sieht sich das Niederdeutsche bereits aus der Rolle der H. verdrängt. In Norddeutschland wird fast durchweg in der schönen Literatur und in der Predigt das Hochdeutsche benutzt, es gilt als vornehmer als das Niederdeutsche. Der gelehrte niederdeutsche Dichter J. LAUREMBERG bestreitet mit galligem Humor vergebens die Vorherrschaft des Obersächsischen: Da sich die «Hochdüdsche Sprake» in aller Munde befinde, sei sie nichts anderes als eine gewöhnliche Sprache und der Sprachgebrauch der «Mehrzahl» bekanntlich nur minderwertig. [20] Alle Autoren, auch jene, die die obersächsische Vorherrschaft anfechten, sind sich aber darüber einig, daß Sprachpflege dringend not tue. Harsdörffer drückt die allgemeine Meinung aus: «Wie aber die Griechische und Lateinische Sprache / nach vieler hundert Jahren Arbeit / zu endlicher Vollkommenheit gelanget / so ist solche dieser Zeit bey dem Anfang nicht zu verhoffen / sondern beruhet alles auf genausichtiger Verbesserung glücklich.» [21]

Mit dem Aufblühen der deutschsprachigen Kunstdichtung im 17. Jh. treten auch die gelehrten Sprachgesellschaften auf den Plan, die sich der Entwicklung der Sprache widmen. Man sagt den Fremdwörtern den Kampf an (obwohl sie im höfischen Kreis eher zu- als abnehmen; hier führen die adligen Sprachreiniger ein zwiespältiges Sprachleben), man verfaßt Grammatiken und Orthographielehrbücher und plant, die von Dialekten und der Umgangssprache abgehobenen ‹hochdeutschen› Wörter in Lexika zu sammeln. Die absichtsvoll kultivierte H. und die zugeordnete gelehrte Kunstdichtung schließen die Pflege einer Volksdichtung wie auch die Anerkennung des Dialekts aus. Innerhalb der von der Rhetorik vorgegebenen Bandbreite der *genera dicendi* legt die barocke Dichtung nur auf die ranghöchsten Plätze Wert. «Die eigentliche humanistische Mittellage wird nur selten theoretisch gerechtfertigt und praktiziert» [22], die ‹asianische Manier›, Laut-, Wort-, Figurenspiele, werden erfunden und bewundert. Die gelehrten ‹Manieristen› vermehren den Wortschatz der dichterischen Sprache und behaupten folgenreich für das kommende Jahrhundert den Vorrang der Verssprache vor der Prosa. Diejenigen, die Erfolgsbücher schreiben, wie z. B. HARSDÖRFFER, LOHENSTEIN, ZESEN und HOFMANNSWALDAU tragen nicht zuletzt zur Verbreitung der literarischen H. bei.

Die Ergebnisse der sprachpflegerischen Bemühungen in Theorie und Praxis sind so erfolgreich, daß das 18. Jh. darauf zurückgreifen und das große Werk der Normierung der H. abgeschlossen werden kann, das bis heute die Grundlage aller öffentlichen Rede und aller nichtdialektalen Literatur geblieben ist. Der große Eifer, die Einmütigkeit der barocken Autoren wie das Tempo ihrer Arbeit sind nur aus der Übernahme der rhetorischen Lehrmeinung zu erklären.

Anmerkungen:
1 Luther: Tischreden (Weimarer Ausgabe 1912; ND 1967) Bd. 2, 360. – 2 ebd., Bd. 1, 524. – 3 ebd., Bd. 2, 360. – 4 C. Salutati: Brief an Poggio Bracciollini, zitiert nach E. Garin: Gesch. und Dokumente der abendländischen Päd. (1966) Bd. 2, 140. – 5 Boccaccio: Die Verteidigung der Poesie, zitiert nach Garin [4] Bd. 2, 119. – 6 J. G. Schottel: Ausführliche Arbeit von der Teutschen Haubt-Sprache (1663) I, 27ff. – 7 E. Haas: Rhet. und H. (1980) 58. – 8 C. v. Vaugelas: Remarques sur langue françoise (^{3}1655). – 9 ebd., Preface IX o. Pag. – 10 ebd., VIII. – 11 ebd., II, 2. – 12 ebd. – 13 ebd., VIII. – 14 Schottel [6] Bd. 1, Erklärung des Kupfertituls, o. Pag. – 15 ebd. – 16 Schottel an den Fürsten Ludwig, 7 Octobr. anno 1645 in: G. Krause (Hg.): Der Fruchtbringenden Ges. ältester Ertzschrein (1855; ND 1973) 296. – 17 Gueindtius: Die Dt. Rechtschreibung (1645, ^{2}1666) 25. – 18 J. Mechovius: Brief an Fürst Ludwig o. J., in: Krause [16] 101f. – 19 Fürst Ludwig, Gueintz in: Krause [16] 125, 49, 260, 202, 128. – 20 J. Lauremberg: Veer Schertz Gedichte, IV (1652) 84ff. – 21 G. P. Harsdörffer: Poetischer Trichter, Erster Theil, Die II. Stund (1648–1653) 18. – 22 M. Windfuhr: Die barocke Bildlichkeit und ihre Kritiker (1966) 128.

IV. *Aufklärung.* Reflexionen zur H., die schon ins 18. Jh. vorausweisen, vertritt LEIBNIZ. Er beklagt in seinen Aufsätzen ‹Ermahnung an die Teutsche› und ‹Unvorgreiffliche Gedanken› (beide 1697) den erbarmungswürdigen Zustand der deutschen Muttersprache. Die verderbte Sprache erscheint ihm dort allerdings nur als ein Symptom für einen allgemeinen Tiefstand des deutschen Geisteslebens, deutscher Sittlichkeit und deutscher Kultur. Für Leibniz liegt die Ursache darin, daß Reden, Schreiben, das ganze Leben in einer «Nachäffung» französischen Wesens bestünden [1], das den gebildeten Franzosen selbst abstoße und zum Spott verleite. [2] Der Patriotismus gebiete es, daß dem Unwesen gesteuert werde. Sprachförderung und Sprachpflege seien notwendig, damit Bildung und Erziehung, Wissenschaft und ‹Weltweisheit› verbreitet würden. Mit dieser Zielsetzung schlägt er die Gründung einer ‹Deutschgesinnten Gesellschaft› vor und regt ein umfassendes Wörterbuch an. Leibniz stellt der H. die Aufgabe, vor allem der «Aufklärung des Verstandes» zu dienen wie auch – traditionsgemäß – das Medium der schönen Künste («Dolmetscherin des Gemüts») abzugeben. Leibniz denkt aber auch an die kultivierte Unterhaltung in der Gesellschaft und an den Briefwechsel mit entfernten Partnern. Die verbesserte, bereicherte und gereinigte deutsche Sprache sollte Hofleuten, «Frauenzimmern», Gelehrten und der Jugend hochwillkommen sein. Besonders der Begriff «Jugend» deutet an, daß Leibniz die H. über den Hof und den Gelehrtenstand hinaus ausgebreitet sehen wollte. Diese Öffnung gegen das bildungshungrige Bürgertum ist wichtig. [3]

Diese weitergehenden Vorstellungen lassen sich auf THOMASIUS zurückführen, der 1687 sein ‹Collegium über des Gratians Grund-Regeln, vernünftig, klug und artig zu leben› in deutscher Sprache abhielt. Anders als Leibniz ist er überzeugt davon, daß die deutsche Sprache für den schriftstellerischen Gebrauch noch zu unvollkommen sei, einig sich sind beide Denker jedoch darin, die Vervollkommnung des Deutschen zu fördern. Daß Vernunft und Sprache zusammenzusehen sind, bezeugen auch C. WOLFF und sein konsequenter Anhänger GOTTSCHED. Wolff lehrt, daß die Entfaltung der Vernunft auf die Sprache angewiesen sei, so wie umgekehrt die Sprache mit der Einsicht in rationale Zusammenhänge gefördert werden könne. Wolff schafft deshalb für seine Fächer eine zweckmäßige, eindeutige Wissenschaftssprache, und zwar mit deutschen Begriffen, so daß sich die Wissenschaftssprache in der deutschen H. entfalten kann.

Gottsched (1700–1766) ist der einflußreichste Sprach- und Literaturwissenschaftler der ersten Hälfte des 18. Jh. Die Reihe seiner maßgeblichen Werke beginnt mit dem ‹Grundriß zu einer vernunfftmäßigen Redekunst› (1728), erweitert und bekannt geworden als ‹Ausführliche Redekunst› (1736, ^{5}1759); seine ‹Vorübungen der Beredsamkeit, zum Gebrauche der Gymnasien und größern Schulen› (1754, ^{3}1764) tragen – neben der Schulrhetorik von Johann Jacob Schatz – mit dazu bei, im Verlauf des 18. Jh. die ‹teutsche Oratorie› im Rhetorikunterricht auch an den Lateinschulen als gleichberechtigt neben die lateinische zu stellen. Nacheinander erscheinen die folgenden, jeweils aufeinander bezogenen Werke: ‹Critische Dichtkunst› (1730, 1737, 1742, 1751), ‹Weltweisheit› (1734, ^{8}1778), ‹Deutsche Sprachkunst› (1748, 1752, 1756, 1762, 1776) und ‹Kern der deutschen Sprachkunst› (1753, ^{8}1777). Gottsched reorganisiert die ‹Deutsche Gesellschaft› als Redner-, Poesie- und Sprachgesellschaft und gibt aufklärerische Zeitschriften sowie die ‹Deutsche Schaubühne› heraus. All diese Aktivitäten verbreiten seine sprachnormierenden Setzungen in ganz Deutschland. Gottscheds Theorie steht in der Tradition der Rhetorik. Er versteht sich als ihr Sachwalter: «Ich werde mirs auch allemal für eine Ehre schätzen, wenn meine Vorschriften mit den Regeln Ciceros und Quintilians, des P. Rapin, des P. Lami und Herrn Rollins etc. etc. übereinstimmen werden. […]» [4]

Seine systematischen Werke dienen primär dem

Unterricht der studierenden Jugend an den höheren Schulen und den Universitäten. Die überwiegende Anzahl stammt aus bürgerlichen Familien. Ein theoretisches Verständnis sollte aber nicht den Studenten vorbehalten bleiben. In der Vorrede zu seiner ‹Sprachkunst› [5] weist Gottsched die Nützlichkeit, die deutsche Sprache zu beherrschen, auch für Soldaten, Schreiber, Kaufleute und Landwirte nach, alles Angehörige von Ständen, die wahrscheinlich keine lateinischen Vorkenntnisse hätten und deshalb mit Grammatik kaum in Berührung gekommen seien. Gottscheds besonderes Anliegen ist es schließlich, die 'unstudierten' Frauen zu erreichen. Wenn er sie in den ‹Vernünfftigen Tadlerinnen› nicht zu den Belehrten, sondern zu Lehrerinnen macht, so liegt dem ein feiner pädagogischer Gedanke zugrunde.

Wie Gottsched ‹H.› bestimmt, ist seiner Definition von ‹Sprachkunst› zu entnehmen: «Eine Sprachkunst ist eine gegründete Anweisung, wie man die Sprache eines Volkes, nach der besten Mundart desselben, und nach der Einstimmung der besten Schriftsteller, richtig und zierlich, sowohl reden als schreiben solle.» [6] Hinter dem Begriff ‹richtig› ist das *iudicium* zu sehen, hinter ‹zierlich› die Tugend des *decorum*; interessant und nur aus der Übernahme der antiken Theorie zu erklären ist, daß Gottsched ‹reden› noch vor ‹schreiben› stellt, obschon die H. im 18. Jh. quantitativ eher eine schriftliche Sprachform darstellt. Gottsched will erklärtermaßen der papierenen Beschränktheit der Nur-Gelehrten entgegenwirken, dem verachteten 'Schulfuchs' keinen Vorschub leisten, im Gegenteil, dieser soll sich an der gebildeten Gesellschaft seiner Tage orientieren, deren Sprache Gottscheds vorzüglichste Aufmerksamkeit gehört. [7] Der von ihm benutzte Begriff ‹beste Mundart› bezeichnet in erster Linie den mündlichen Sprachgebrauch, wie ihn z.B. Quintilian verstand [8], obschon inhaltlich im 17. und 18. Jh. die Bedeutung von Dialekt eingeschlossen ist. [9] Bei Gottsched steht ‹Mundart› (ob Soziolekt oder Dialekt) immer in Opposition zum schriftlichen Gebrauch der Sprache. Er will demnach den Lehrsatz bekräftigen, daß für den Redner als Orientierung die mündliche Variante dem Gebrauch bei den ‹guten Scribenten› voranstehe. Damit propagiert er zugleich den *mittleren*, den ‹natürlichen› Stil, schließt den niederen und den hohen für den bürgerlichen Redner und Schreiber, ja auch für den hochadligen aus: «Nein, auch die Erhabenen dieser Welt reden natürlich, und nennen tausend Dinge bey ihren gemeinen Namen». [10] Die vorbildliche, die ‹beste› Mundart lokalisiert Gottsched in der ‹Sprachkunst› von 1748 in Obersachsen:

«Die Festsetzung der heutigen saechsischen Mundart, aber kann nicht anders als durch eine gute Sprachlehre geschehen die den itzigen besten Gebrauch im Reden, in Regeln verwandelt, und den Nachkommen anpreiset.» [11] Interessanterweise steht in der Ausgabe von 1762 an derselben Stelle statt «sächsische Mundart» «hochdeutsche Mundart» zu lesen. Die Frage, ob «sächsisch» und «hochdeutsch» also auswechselbare Charakterisierungen der Sprachform sind, um die es Gottsched geht, ist zentraler Streitpunkt in den sich anschließenden Fehden der deutschen Sprachforscher. Gottsched antwortet in der ‹Sprachkunst› weder ausführlich noch mit rationalen Beweisen. Offenbar geht er von den pragmatischen Tatsachen aus, daß es seit geraumer Zeit eine Vorherrschaft des sächsischen schriftsprachlichen Gebrauchs in der deutschen Literatur gibt, und auch davon, daß sich die Hauptleserschaft seines Buches aus Obersachsen oder aus Provinzlern zusammensetzt, die die Vorherrschaft des Obersächsischen anerkennen. Es geht ihm, wie er wiederholt erklärt, auch nicht um eine unkritische Übernahme einer Sprachform, sondern um eine herausgehobene, genormte Sprachschicht, das «wahre Hochdeutsche», das «in keiner Provinz völlig im Schwange geht, die Mundart der Gelehrten, oder auch wohl der Höfe». [12] Gottscheds ‹Grundlegung einer Deutschen Sprachkunst› ist als Kurzfassung mit dem Titel ‹Kern der Deutschen Sprachkunst› ein erfolgreiches Schulbuch. Nach der ersten Publikation 1753 folgen mindestens acht Auflagen und eine Reihe von Nachdrucken. Als Hand- und Schulbuch «über die beste Mundart» ist es offizielles Unterrichtswerk in schlesischen Volksschulen und bis Adelung die meist benutzte Sprachlehre.

Gottsched will der deutschen H. die gleiche Qualität der *puritas* zuweisen, wie sie die lateinische oder auch die französische Sprache erreicht haben. Deshalb arbeitet er als Grammatiker nach den Prinzipien der Analogie und auch der Etymologie. Höher im Rang steht jedoch bei Entscheidungen der *Gebrauch*. Gottsched gelingt es, der obersächsisch geprägten H. auch im Süden Deutschlands Geltung zu verschaffen. Dieser Erfolg beruht nicht zuletzt auf seinem konsequenten Herausstellen der allgemein akzeptierten Grundsätze der Rhetorik. In Einzelfragen streitet man durchaus miteinander, bei prinzipiellen Fragen der Sprache vermag man sich aber immer zu verständigen.

Das Richteramt Obersachsens und die Vorbildlichkeit des obersächsischen Hofes und der obersächsischen Gelehrten für die H. zweifeln die Schweizer BODMER und BREITINGER an mit dem Argument, daß nur eine demokratische Verfassung – wie die der Schweiz – einen breit anerkannten Sprachgebrauch hervorbringe. [13] Damit wiederholen sie den Topos der Rhetorik, nur in einer Republik könne sich die Redekunst entfalten. Allein «für die Ausputzung und Erweiterung seines [des Schweizer Dialekts] glücklichen und von Alter hergebrachten Schwunges» [14] fehlt es in der Schweiz an kompetenten Sprechern, und die «besten und bewährten Redner und Schrift=Verfasser» [15] orientieren sich bereits an der obersächsischen Norm. Vor diesen pragmatischen Tatsachen kapitulieren die Schweizer.

Gottscheds ‹Grundlegung einer Deutschen Sprachkunst› von 1748 veranlaßt, daß eine Fülle von grammatischen Werken süddeutscher Sprachwissenschaftler verfaßt werden, die ebenfalls seinen Normierungsprinzipien widersprechen. Der Österreicher ANTESPERG will das Richteramt der Grammatiker aufgewertet wissen, die aus den Texten der ‹besten Schriftsteller› und Gelehrten Regeln fertigen sollen. [16] Dieses Konzept der H. läuft auf ein nur in Büchern existierendes Deutsch hinaus. Ähnlich einzuschätzen ist auch die Argumentation des Oberpfälzers AICHINGER. Für ihn gilt nur der Gebrauch der Gelehrten, wobei deren Heimatlandschaft keine Rolle spielen sollte, Streitfälle könnten durch Mehrheitsbeschlüsse geschlichtet werden. [17]

Eine veraltet wirkende Position vertritt der Schwabe DORNBLÜTH, der für ein «gemeines Teutsch» kämpft und den sächsischen Gebrauch verdammt. Alle Übel hätten ihre Wurzel darin, daß Gottsched «ein Todtsfeind des Cantzley-Stili» [18] sei. Dornblüth erklärt die überregionale Verständlichkeit der süddeutschen Kanzleisprache der zweiten Hälfte des 17. Jh. zum nachahmenswerten Vorbild und glaubt zudem, daß Grammatiken und Redekunst-Bücher nicht in die Hände des ‹gemeinen Mannes› gehörten, da diesem die Vorbildung fehle.

Die Schwaben FULDA und NAST berufen sich auf die oberdeutsche schriftliche Überlieferung, gehen dabei aber wissenschaftlich tief in die Sprachgeschichte zurück. Fulda stützt seine Kritik am obersächsischen falschen Gebrauch jeweils auf etymologische Gründe. Analysiert man seine Begründungen, so beruft er sich in erster Linie auf die oberdeutsche schriftliche Überlieferung, in zweiter auf den Gebrauch in der ‹Mundart› (d. h. Mündlichkeit) und drittens auf grammatische Gründe. Resigniert straft er die uneinsichtige Welt, die ihm mehrheitlich nicht folgt, mit Verachtung: «Man mus freilich dem reissenden Strome folgen, aber es ist auch der sterbenden Unschuld nicht verbotten, zu sagen, dass sie Warheit ist. Denn die wahre einzige Quelle der Sprache ist die Natur und das Wesen der Sprache selbst, so wie es die Geschichte der Wortbildung, die Wortabänderung und der Wortverbindung gibt; die Natur, die Entstehung, die Bildung, die Geschichte jedes Wortes, und wo es ja nicht allenthalben selbst zugegen wäre, die Identität desselbigen mit einem andern von ganz vollkommen gleicher Natur [...] kurz die Etymologie.» [19]

Der Brandenburger HEYNATZ erkennt in seinen ‹Briefen die Deutsche Sprache betreffend› in den 70er Jahren des 18. Jh. die Leistung Gottscheds an, besteht aber für die notwendig erscheinende Fortentwicklung der H. auf einer Mitentscheidung auch der Mark Brandenburg. [20] Neben Leipzig erstarkten nach dem 7jährigen Krieg die geistigen Zentren Berlin, Breslau und Königsberg. Insofern entspricht Heynatz der realen soziokulturellen Entwicklung. Gegenüber dem übrigen Deutschland weiß man sich nun auch in Preußen zusammen mit Obersachsen im Besitz des ‹wahren Hochdeutsch›. Gottsched wie auch Heynatz [21] verweisen auf das sprachliche Vorbild des Hofes. Dieses Argument bleibt jedoch insofern wirkungslos, als der Adel französisch spricht und das Deutsche verachtet. FRIEDRICH II. äußert sich in seinem Essay ‹De la littérature allemande› (1780) zu dieser Tatsache, indem er sie bestätigt und darin einen Mangel für den Fortschritt der Deutschen sieht. Als Entschuldigung für die Höfe führt er an, daß nur die spanische, italienische und französische Sprache ‹geregelte Sprachen› (des langues fixées) seien, d. h. grammatisch normierte und zugleich fein differenzierte, ausgeschmückte, die Stilschichten markierende Sprachen. Er fordert die Fürsten auf, zu eigenem nationalen Ruhm Dichter und Gelehrte zu unterstützen und auszuzeichnen, für das Bildungssystem Sorge zu tragen und Einrichtungen wie die ‹Accademia della Crusca› zu inaugurieren. [22] Eine Verherrlichung der nationalen Volkssprache um ihrer selbst willen liegt nicht im Bereich der Vorstellungskraft des Königs. Wenn J. MÖSER ihn dahingehend belehrt, daß die Nationen verschiedene Wege einschlügen und einschlagen müßten, um «zum Tempel des Geschmacks» [23] zu gelangen, so gibt es zwischen beiden Positionen keine Verständigungsmöglichkeit. Während der König die althergebrachten Grundsätze der Rhetorik wiederholt, setzt Möser Nation und Volkssprache absolut und leugnet eine einzige und alleinseligmachende Lehre vom Angemessenen und Schönen. Doch sind mit Mösers Ansatz, der die ‹Mannigfaltigkeit› für das Ideal der Sprache erklärte, die Probleme der H. nicht gelöst.

Rigoros entscheidet gegen Ende des Jahrhunderts ADELUNG, daß die ‹oberen Classen› Obersachsens die hochdeutsche Sprache hervorgebracht hätten und ihre Sachwalter seien. Der Begriff ‹obere Classen› steht in den meisten Fällen dort, wo Gottsched ‹Hof› und ‹Gelehrte› gesagt hätte. Gottsched wie Adelung versuchen, jeder auf seine Weise, Quintilians Begriff des *consensus eruditorum* in ihre Zeit zu übertragen. Die Begründung ist die gleiche wie bei dem Römer: Nicht nur das Publikum, sondern auch die Sachen selbst, die man vorträgt, verlangen, sofern sie Größe und Bedeutung haben, einen differenzierten, reichen Ausdruck. Eine öffentliche Rede auf ein großes Ereignis kann nicht wirken, wenn sie sich mit einem Wortschatz begnügt, der klein, dialektdurchsetzt und grobschlächtig ist. Wenn Adelung Quintilian gerade in diesem Punkt zu berichtigen wünscht, wo die vorbildlichste sprachliche Form aufzusuchen sei, so ist dies nicht ernst zu nehmen. Die ‹Gebildeten› decken sich in Rom weitgehend mit den Klassen der Adligen und Begüterten, entsprechen den ‹obern Classen› Adelungs. Daß Quintilian mit ‹eruditi› etwa ausschließlich die ‹Gelehrten› im Verständnis des 18. Jh. gemeint haben könnte, ist ein Mißverständnis und dient Adelung lediglich als Vorwand, um die eigene Position zu erläutern: «[...] denn was von Roms Sprache die eigentliche Schriftsprache ward, war nicht die Sprache des Volkes, Rusticitas, sondern die der obern Classen, Vrbanitas im engsten Verstande. Qua, nähmlich der Vrbanitate, sagt Fabius B. 6. Kap. 5. significari video, sermonem prae se ferentem in verbis et sono et usu, proprium quendam gustum urbis, et suntam ex conversatione doctorum tacitam eruditionem; denique cui contraria sit rusticitas; wo der gute Fabius mit so vielen anderen nur darin irret, daß er das den Gelehrten zuschreibt, was er von den obern Classen überhaupt hätte sagen sollen, weil nicht Gelehrsamkeit allein, sondern die Feinheit des Geschmackes eine Sprache zur Schriftsprache macht [...].» [24] An manchen Stellen verweist auch Adelung wie Gottsched auf die Bedeutung des Hofes der ‹sächsischen Auguste›, doch bringe der Hof die hochdeutsche Sprache nicht eigentlich hervor, sondern das Bürgertum. [25]

Da das Selbstbewußtsein und die kulturelle und wirtschaftliche Macht des Bürgertums im Laufe einer Generation, die zwischen Gottsched und Adelung liegt, bedeutend anwachsen, kann Adelung den alten Topos, daß die Redekunst in Zeiten der Monarchie und der Diktatur dem Verfall ausgeliefert sei, wiederholen, um dann eine Laudatio auf den ‹Mittelstand›, bei dem sie wieder auflebe und blühe [26] zu formulieren. Daß dieser ‹Mittelstand› inzwischen einem eigenen, sehr strengen Moralkodex folgt, der sich von dem des Adels unterscheidet, den das Bürgertum als lax und verderbt ansieht, läßt sich recht gut verfolgen. In seinem epochemachenden ‹Wörterbuch der Hochdeutschen Mundart› bezeichnet Adelung den Stilwert der einzelnen Wörter denn auch als Hilfe für seine Leser. Jedes Wort wird etikettiert und in eine von fünf Klassen sortiert: «1) die höhere oder erhabene Schreibart, 2) die edle, 3) die Sprechart des gemeinen Lebens und vertraulichen Umgangs, 4) die niedrige, 5) die ganz pöbelhafte.» [27]

Mit diesem Programm kann Adelung aus der Gesamtheit aller Wörter der in Obersachsen gebräuchlichen deutschen Sprache diejenigen ausgrenzen, die rhetorischen Anforderungen nicht genügen. Sie gehören nicht zu der für das gute Reden und Schreiben erforderlichen H. Adelung argumentiert mit rhetorischer Schlüssigkeit: «Man spricht um andern seine Gedanken hörbar zu machen, und von ihnen verstanden zu werden. Die höchste mögliche Verständlichkeit ist daher die einige

Absicht und zugleich das erste und vornehmste Grundgesetz in einer jeden Sprache. Es wird erfüllt, wenn man sich dem Sprachgebrauche jedes Volkes, und derjenigen Classe desselben unterwirft, in welcher man lebt, und für welche man spricht und schreibt [...].»[28]

Warum gerade in Obersachsen die Wiege der hochdeutschen Sprache steht, erklärt Adelung auf fast moderne Weise mit ökonomischen und soziologischen Ursachen. Für ihn ist die Sprache ein Spiegelbild des Zivilisationsstandes, den ein Volk erreicht hat. Obersachsen sei, so erläutert er in seinem «Umständlichen Lehrgebäude der Deutschen Sprache» von 1782, seit Beginn der Neuzeit aufgrund von ‹Bergbau›, ‹Manufacturen, Fabriken und Handlung› zu großem Wohlstand im Deutschen Reich gekommen und habe sich als ‹Sitz nicht allein des verbesserten Lehrgebriffs in der Religion›, sondern auch als ‹Wiege aller Künste und Wissenschaften› ausgezeichnet. Folgerichtig habe es deshalb auch die kultivierteste Sprache entwickeln können.[29] Rhetorische Denkbahnen zwingen Adelung dazu, die Entstehung der hochdeutschen Schriftsprache als eine Folge von Momentaufnahmen zu sehen, in denen sich jeweils die Schriftsteller einer Epoche nach dem mündlichen Sprachgebrauch ihres Publikums ausrichten.

Während das breite Publikum Adelungs Werke wie auch seine dahinterstehenden rhetorisch geprägten Auffassungen bereitwillig entgegennimmt, erhebt sich Protest von seiten bedeutender Dichter wie WIELAND, KLOPSTOCK, VOSS, BÜRGER, HERDER, GOETHE, SCHILLER, SCHUBART, LENZ u.a.m.[30] Adelung behauptet die ‹obern Classen› als Schöpfer der H., die Schriftsteller sollten nur die Rolle von Vorbildern haben und auch nur insoweit, als sie an der «Sprache und dem Geschmack der blühendsten Provinz»[31] Maß nehmen: «So bilden sich der mündliche Ausdruck und die Schrift gegenseitig aus, aber immer nur in und mit derjenigen Einheit, welche in dem engern gesellschaftlichen Bande gegründet ist.»[32]

Um die Frage, was ‹Hochdeutsch› sei, entsteht 1782/83 zwischen Adelung und Wieland ein faszinierender Streit[33], in den weitere Dichter eingreifen. Interessant ist, daß alle Beteiligten rhetorische Argumente benutzen. Die von Gottsched und Adelung normierte H. kann zwar dem breiten Bürgertum für alle Anlässe des formellen Sprechens und Schreibens nützlich sein, den Schriftstellern genügt sie für ihre Zwecke jedoch nicht. Deshalb wehren sie sich und beanspruchen eine gleichberechtigte oder sogar die alleinige Verfügungsgewalt über die H. Der Streit der Dichter mit den Sprachnormierern zeigt überdies an, daß sich Dichtung und Beredsamkeit im Verlauf des 18. Jh. voneinander entfernen.[34]

Die Schriftsteller betonen in der Auseinandersetzung mit Adelung die Überlegenheit des Dichters gegenüber allen anderen Sprachbenutzern, besonders auch gegenüber dem Grammatiker. In entsprechender Weise äußern sich Klopstock, Goethe, Schiller oder auch Herder. Dieser schreibt: «[...] Der Schriftsteller dachte Worte, und spricht Gedanken. Er wollte sich nicht um den Ausdruck allein bekümmern [...] er hat nicht geschrieben, um euch ein Exempel=Magazin zu liefern; er gönnt euch die Freude, ihm hier unsichtbare Fehler des Stils abzulauern; er gönnet euch, ihr Groß- und Kleinmeister der Schreibart, die Ehre, an ihm berühmt zu werden, und ihn nach allen Regeln der Grammatik hochmüthig zu verdammen, und nach allen Privilegien der Poetik und Rhetorik großmüthig loszusprechen; [...] er dachte, und der Gedanke formte den Ausdruck: mit diesem hadert! Jura negat sibi nata -- [...].»[35]

Der Poet erscheint als ein Auserwählter, dem allein die vollkommne Handhabung der Sprache gelingt. Dieses Argument der antiken Schriftsteller, das bis ins 17. Jh. weitergepflegt wird[36], gehört auch im 18. Jh. zum Selbstverständnis der Dichter. Ja sie benutzen es sogar dazu, ihre Urheberschaft hinsichtlich der deutschen H. zu bekräftigen. Wieland macht Adelung den Vorwurf, er habe die Normierung der H. vollzogen, ohne auf die Eigenart der Dichtersprache Rücksicht zu nehmen[37], und bezeichnet die ‹älteren Dialekte› als ‹eine Art Fundgrube› für die ‹allgemeine Schrift=Sprache›. [38]

Lessing zeigt sich bei seinem Wörterbuchvorhaben besonders fasziniert von Archaismen und Provinzialismen. Er sammelt sie aus Luthers Texten, aus mittelalterlichen und barocken sowie niederdeutschen Werken[39]. Klopstock grenzt die Sprache der Poesie von der Alltagssprache ab und wendet sich gegen die Reduzierung der Sprache auf den mündlichen Gebrauch der ‹obern Classen›. Die Poesie habe grundsätzlich ‹schönere und erhabenere Gedanken› zum Inhalt, und um sie auszudrücken, dürften keine im Munde des Volkes abgegriffenen Wörter benutzt werden. [40] Klopstocks Anliegen gilt dem hohen Stil und seiner Pathoserzeugung, er verweist auf die Poesie einer Reihe von Nationalsprachen und empfiehlt eine maßvolle und überlegte Nachahmung bestimmter Eigenschaften wie Würde, Pathos, Lebhaftigkeit, Richtigkeit.[41] Schubart, Lenz und Bürger rechtfertigen Kraftwörter und plebejisches Sprechen, je nach Wirkungsabsicht und Adressatenkreis ihrer Texte.[42] Die Klassiker Schiller und Goethe schließlich stimmen in ihrer Vorstellung einer idealen H. überein. Beide meinen, daß diese sich am vollkommensten in den alten Sprachen und besonders elegant in der französischen Sprache manifestierte.[43] Es gibt das apodiktische Verbot Goethes, daß Schauspieler Dialekt sprechen.[44] Soweit die Normierung der H. aber eine Begrenzung auf die gehobene Umgangssprache darstellt, sehen sie sich nicht gebunden, in Stilhöhe und Wortwahl machen sie sich unabhängig.

Doch wissen alle Kritiker Adelungs sein Normierungswerk bei ihrer schriftstellerischen Arbeit zu schätzen: Wieland soll sich das Buch aufs Pult genagelt haben, Schubart begrüßt es öffentlich, Bürger lobt den ‹größten› ‹Hochdeutschen Sprachlehrer›, Goethe benutzt das Wörterbuch wie auch Adelungs Orthographie. Die vereinte Kritik durch die Schriftsteller des 18. Jh. darf auch nicht darüber hinwegtäuschen, daß Adelungs Arbeiten ein Markstein in der Entwicklung der deutschen H. sind. Sein rigoroses rhetorisches Programm ermöglicht seinen Erfolg, der in der entscheidenden Vereinheitlichung und Normierung des heute gültigen Hochdeutschen besteht.

Anmerkungen:
1 G. W. Leibniz: Ermahnung an die Deutschen, ihren Verstand und ihre Sprache besser zu üben, in: ders.: Dt. Schr., 1. Bd. (1916; ND 1967) 22. – 2 ebd. 16f. – 3 ebd. 24. – 4 J. C. Gottsched: Ausführliche Redekunst (1736) Vorrede, o. Pag. – 5 ders.: Grundlegung einer Deutschen Sprachkunst (1748). – 6 ebd. § 1, 1. – 7 Gottsched [4] 228. – 8 Quint. I, 6, 43–45. – 9 Grimm, VI. Bd. (1885) Sp. 2683. – 10 Gottsched [4] 235. – 11 Gottsched [5] II. Abschnitt, § 11, 13. – 12 ebd., Einl., § 2b, 2f. – 13 J. J. Bodmer, J. J. Breitinger: Mahler der Sitten (Zürich 1764) Bd. II, 625f. 14 ebd. 628. – 15 J. J. Breitinger: Critische Dichtkunst (Zürich, Leipzig 1740) 292. – 16 J. B. von Antesperg: Die Kayserliche Dt. Grammatik (Wien ²1749) § XXXIII.

– **17** C. F. Aichinger: Versuch einer teutschen Sprachlehre (1754) Vorrede, o. Pag. – **18** A. Dornblüth: Observationes oder Gründliche Anmerckungen über die Art und Weise eine gute Übersetzung besonders in die teutsche Sprach zu machen (1755) 354; Vorrede. – **19** Fulda in: M. J. Nast (Hg.): Der teütsche Sprachforscher, Teil 2 (1778) 140f. – **20** J. F. Heynatz: Briefe die Dt. Sprache betreffend. Erster Theil (^{2}1774) 24. – **21** ebd., Dritter Theil, 16. Brief, 8. – **22** Friedrich d. Gr.: De la littérature allemande (1780) 77, 79, 24ff., 30. – **23** J. Möser: Ueber die dt. Sprache und Lit. (1781) 29. – **24** J. C. Adelung: Was ist Hochdeutsch?, in: Magazin für die dt. Sprache I (1782–83) 1, 8. – **25** ders.: Umständliches Lehrgebäude der dt. Sprache (1782) I, 68. – **26** ebd. 47. – **27** ders.: Versuch eines vollständigen grammatisch-kritischen Wtb. der Hochdt. Mundart. Th. 1–5 (1774–86) Bd. 1 (1774) Vorrede. – **28** J. C. Adelung: Auszug aus der Dt. Sprachlehre für Schulen (1782) 2. – **29** Adelung [25] 61f., 14. – **30** E. Haas: Rhet. und H. (1980) 202–258. – **31** J. C. Adelung: Über die schöne Litteratur der Deutschen, in: ders.: Magazin für dt. Sprache, Bd. I (1782–83) 4, 125. – **32** ders.: Ueber den Deutschen Styl (1785) I. Theil, 62. – **33** C. M. Wieland: Über die Frage: Was ist Hochteutsch?, in: ders.: Der Teutsche Merkur (1782) November-, Dezemberheft; 1783 Aprilheft. – **34** G. Ueding, B. Steinbrink: Grundriß der Rhet. (1986) 113f. – **35** J. G. Herder: Dritte Sammlung I, 7, in: Sämtliche Werke, hg. von B. Suphan (1877–1913) Bd. I, 403. – **36** J. Dyck: Ticht-Kunst (^{2}1969) 116ff. – **37** Wieland [33] Dez. 1782, 196. – **38** ebd. Nov. 1782, 170. – **39** G. E. Lessing: Sämtl. Schr., hg. von K. Lachmann, F. Muncker (1886–1924) Bd. V, 447. – **40** F. G. Klopstock: Von der Sprache der Poesie, in: Sämtl. Werke, hg. von A. L. Back, A. R. C. Spindler (1823–1830) 16. Bd., 20–32. – **41** ebd. 29f. – **42** Nachweis bei Haas [30] 248ff. – **43** Tabulae votivae von Goethe und Schiller, in: Schiller: Sämtl. Werke, hg. von G. Fricke, H. G. Göpfert (1958) 1. Bd., 315. – **44** Goethe: Regeln für Schauspieler (1803) § 1.

V. *19. und 20. Jh.* Vom Beginn des 19. Jh. bis etwa zum 1. Weltkrieg konsolidiert sich die deutsche H. Laute, Formen und Syntax haben sich seit etwa 1800 weniger verändert, im Unterschied zum Wortschatz. Bestimmende und anerkannte Grammatiken und normierende Wörterbücher, so diejenigen Adelungs, liegen vor, und die Schriftsteller der deutschen Klassik und Romantik helfen durch ihre große Verbreitung, diese Norm zu festigen. In ganz Deutschland macht sich das Bildungsbürgertum die H. zu eigen. Pflegestätten sind vor allem die humanistischen Gymnasien. Die zunehmende Alphabetisierung und schließlich die Industrialisierung bringen es mit sich, daß immer mehr Menschen die H. nicht nur passiv, sondern aktiv beherrschen lernen. Nicht nur die schöne Literatur sowie Predigt, Wissenschaftstexte und obrigkeitliche Verlautbarungen sind der H. vorbehalten, sondern nun nutzen sie auch Presseleute, Parlamentarier, in ihrer Bildungsarbeit Gewerkschafter, Industrielle, Kaufleute und im wachsenden Staatsapparat Verwaltungsbeamte. Die Einigung Deutschlands 1871 verlangt ‹reichseinheitliche› sprachliche Normen für Post, Fernmeldewesen, Eisenbahnen, Rechtsprechung, Erziehung und Verwaltung, hier macht sich der Staat zum Sprachregler. Die H. wird in den formalgrammatischen Bereichen der Orthographie durch die Orthographische Konferenz von 1901 und durch Siebs' Werk ‹Deutsche Bühnenaussprache› für ganz Deutschland verbindlich normiert. Im 20. Jh. initiieren der Bund und die deutschen Länder 1956 eine Rechtschreibreform (‹Wiesbadener Empfehlungen› 1958), der auch die DDR zustimmt, doch gelingt deren Verwirklichung zunächst nicht. Erst auf der Wiener Orthographiekonferenz vom November 1994 verständigen sich Fachleute und Vertreter aus allen deutschsprachigen Ländern auf eine 'kleine Reform' der Rechtschreibung, die allerdings noch den Weg durch politische Entscheidungsinstanzen zu nehmen hat. Die Einheitlichkeit der Schreibung soll unter allen Umständen im gesamten deutschen Sprachraum bewahrt bleiben.

Während die Anzahl der Deutschen, die heute die H. O passiv oder aktiv beherrschen, durch Schule und allgegenwärtige Medien eher zu- als abnimmt – wobei sich selbstverständlich die heutige H. in ihren Formen, im Stil und besonders im Wortschatz von der des 19. Jh. unterscheidet –, ist das Verhältnis der Wissenschaft und der Bildungspolitik in Deutschland (im Gegensatz etwa zu Frankreich) zu sprachlichen Normen, ja zur H. insgesamt skeptisch bis abwehrend. Es spricht viel für die These, daß die Entfernung der Theorie von der Rhetorik, die mit der deutschen Romantik massiv einsetzt und bis in die Gegenwart beobachtet werden kann, dafür bestimmend ist.

Die historisch-vergleichende Sprachwissenschaft, die die Brüder GRIMM mitbegründen, erteilt der normativen Grammatik eine Absage. J. Grimm wendet sich in seiner ‹Deutschen Grammatik› (1819–1837) der wissenschaftlich beschreibenden Erforschung der deutschen Sprache als System zu und in ihrem ‹Deutschen Wörterbuch› (1854ff.), das erst 1971 abgeschlossen wird, sammeln J. und W. Grimm den Wortschatz der Jahrhunderte. Sie glauben, damit zur Erneuerung der Sprache und auch zur Stärkung des Nationalbewußtseins beizutragen. Dieser Ansatz, genauso wie der J. H. CAMPES in seinem ‹Wörterbuch der Deutschen Sprache›, 6 Bde. (1807–1813), steht in Opposition zu Adelungs Wörterbuch. Campe nimmt bewußt mundartliche, veraltete und neugebildete Wörter auf, spezifiziert sie stilistisch allerdings doch noch genau. [1] Im Grimmschen Wörterbuch heißt es in der Vorrede zum 1. Band:

«[...] doch das erste gebot eines wörterbuchs, die unparteiische zulassung und pflege aller ausdrücke muste einer falschen ansicht weichen, die *Adelung* von der natur unserer schriftsprache gefaszt hatte, nur ein in Obersachsen verfeinertes hochdeutsch, gleichsam die hofsprache der gelehrsamkeit, meinte er, dürfe den ton anstimmen [...] Das wörterbuch ist kein sittenbuch, sondern ein wissenschaftliches, allen zwecken gerechtes unternehmen, selbst in der bibel gebricht es nicht an wörtern, die bei der feinen gesellschaft verpönt sind.» [2]

In der Mitte des 19. Jh. behaupten die gleichfalls historisch ausgerichteten ‹Junggrammatiker›, daß die sprachlichen Entwicklungsgesetze den Status von physikalischen Naturgesetzen hätten. H. PAUL läßt Sprachwissenschaft nur als Sprachgeschichte gelten: «Es ist eingewendet, daß es noch eine andere wissenschaftliche Betrachtung gäbe, als die geschichtliche [...] Was man für eine nichtgeschichtliche und doch wissenschaftliche Betrachtung der Sprache erklärt, ist im Grunde nichts als eine unvollkommene geschichtliche [...].» [3]

Schließlich wird die H. «aufgrund der Überzeugung vernachlässigt, daß das 'eigentliche, echte Leben der Sprache' – der Muttersprache – sich in den untersten Schichten des Volkes abspielt.» [4] Als neuer Zweig der Wissenschaft entwickelt sich die ‹Sprachgeographie› mit der Bestandsaufnahme der räumlichen Verbreitung sprachlicher Erscheinungen. Als Beitrag zur Sprachgeschichte weist FRINGS, in der Fortführung sprachgeographischer Forschung im 20. Jh., die Bedeutung des ostmitteldeutschen Gebietes für die Entstehung der deutschen H. nach. Eine mittelbare Wirkung der sprachwissenschaftlichen Arbeiten besteht in der Stärkung des nationalen Bewußtseins von dem verpflichtenden Erbe der Sprache. Die praktische Pflege und insofern auch die Weiterentwicklung der im 18. Jh. normierten und rhetorisch begründeten H. überläßt die Wissenschaft zum einen dem nationalistischen ‹Allgemeinen Deutschen Sprachverein›, gegründet 1885, der sich mit großer öffentlicher Resonanz der puristischen ‹Sprachreinigung› verschreibt und viele Eindeutschungen fremder Wörter durchsetzt, und zum anderen den Schulleuten.

Den Forderungen der historischen Schule (GRIMM, ANDRESEN, VILMAR, WACKERNAGEL, WEINHOLD), die Rechtschreibung nach sprachhistorischen Lautgesetzen (Kleinschreibung; ß-Schreibung, wo dem Laut im Germ. ein t entspricht; t statt th u. a. m.) zu reformieren, treten Phonetiker entgegen, die nur der richtigen Aussprache folgen wollen. R. VON RAUMER betont, daß erstens das Prinzip der lautgetreuen Schreibung sichtbar bleiben müsse und zweitens neue Festsetzungen das Herkommen berücksichtigen müßten. In dieser Argumentation scheint etwas von den rhetorischen Prinzipien aufbewahrt. «Als Schriftsprache hat sie den Charakter des unveränderlich Feststehenden, das auf den bereits vorhandenen mustergültigen Schriftwerken ruht und sich den aus diesen gezogenen grammatischen Regeln unterwirft. Als lebende Schriftsprache hat sie den Charakter des Werdenden, das sich durch den Einfluß der gesprochenen Mundarten und der Individualität des Schreibenden ändern kann.» [5] DUDEN, ebenfalls ein Vertreter der gemäßigten phonetischen Richtung, gelingt es mit seinem ‹Orthographischen Wörterbuch› von 1880, den Grundstein zu legen für die deutsche Einheitsschreibung. 1901 einigen sich auf der Berliner ‹Orthographischen Conferenz› alle deutschen Bundesstaaten sowie Österreich und die Schweiz auf eine einheitliche Rechtschreibung, die Duden im ‹Orthographicshen Wörterbuch› von 1903 kodifiziert. Dieses Wörterbuch wird ab 1903 für den Schulunterricht in Deutschland und alle staatlichen Texte als verbindlich erklärt. Diese Regelung gilt heute noch. Der Rechtschreib-Duden wird jedoch ständig aktualisiert und erweitert, der Gebrauch in Deutschland, Österreich und der Schweiz jeweils abgeglichen. 1935 erscheint die ‹Grammatik der deutschen Sprache› von O. BASLER, die auf die Schulgrammatiken von F. BAUER und K. Duden zurückgeht, in der Reihe ‹Der Große Duden›. P. GREBE besorgt dann in Zusammenarbeit mit weiteren Wissenschaftlern 1959 und 1973 die 2. und 3. Auflage des Grammatik-Dudens in Bindung an die inhaltsbezogene Sprachbetrachtung; inzwischen ist 1984 die 4. Auflage erschienen, hg. von G. DROSDOWSKI in Zusammenarbeit mit G. AUGST, H. GELHAUS, H. GIPPER, M. MANGOLD, H. SITTA, H. WELLMANN und C. WINKLER. Zielsetzung und Methode des Werks erläutert Drosdowski folgendermaßen: «Gegenstand der Duden-Grammatik ist die gesprochene und geschriebene deutsche Standardsprache (Hochsprache) der Gegenwart. [...] Das Bekenntnis zu einer grundsätzlich deskriptiven Orientierung bedeutet auf der anderen Seite keinen Verzicht auf normative Geltung. [...] Die Duden-Grammatik führt auch die präskriptive Tradition fort, sie bleibt nicht bei der Deskription stehen, sondern klärt – im Rahmen wissenschaftlich begründeter Sprachpflege – auch Normunsicherheiten und wirkt den Zentrifugalkräften in der Sprache entgegen. Die Legitimation dazu leitet sie aus der Überzeugung ab, daß eine Sprachgemeinschaft eine über regionale, soziale, berufliche und andere Schranken hinweg verständliche, in der Schule lehr- und erlernbare Sprache braucht.» [6] Die ‹Grammatik› wie die ‹Rechtschreibung› des Duden folgen mit einer gewissen Verzögerung dem schriftlichen Gebrauch in den Medien, in der schönen Literatur, in wissenschaftlicher Literatur, indem sehr umfangreiche Gebrauchsfeststellungen durchgeführt werden. Im Grunde fehlt hier nur noch die Berücksichtigung der mündlichen Rede jener ‹eruditi› oder ‹Gebildeten›, um die rhetorisch begründeten Normvorbilder der älteren Zeit vollständig zu machen. Daß das Duden-Gesamtwörterbuch (6 Bde., 1976–1981) als einzigen mündlichen Gebrauch die Aufnahme der «Umgangssprache, wie sie z. B. am Arbeitsplatz, in der Stehkneipe oder auf dem Fußballplatz gesprochen wird» [7], vermeldet, kann nicht befriedigen. Tatsächlich fordern auch schon Polenz [8] und mit ihm Jäger, «daß auch die Redeweise klar denkender Menschen im freien ernsthaften Gespräch, ohne den Zwang schriftlicher Vorlagen oder Vorbilder, allein unter dem Gesetz der Sprechbarkeit und Verständlichkeit für den Hörer berücksichtigt werde». [9] Die Sprachnormierer des 18. Jh. haben offen erklärt, bei wem und wo sie den vorbildlichen Gebrauch gefunden hatten. Mit welchen Daten die Computer und Zettelkästen gefüllt werden, wird heute für den Grammatik- und den Rechtschreib-Duden nicht im Vorwort der Regelbücher abgedruckt. So entsteht beim Benutzer der Eindruck einer anonymen, ‹objektiven› Wissenschaftlichkeit. Nur ‹Das große Wörterbuch der deutschen Sprache› der Duden-Reihe stellt ein ‹Quellenverzeichnis› voran, aus dem sich recht schnell gewisse Vorlieben und Abneigungen des Herausgeber und die grundsätzlich eingeschränkte Basis ihrer Bezugstexte erschließen lassen. In Frankreich nimmt sich dagegen der Staat der Pflege des Französischen als ‹Kultursprache› an. Diese Sprache ist das Ergebnis einer zielgerichteten Entwicklung, die seit 1635 in die Hände der Mitglieder der Académie Française gelegt ist. Im 17. Jh. waren sprachliche Normalisierung und Normierung ihre Aufgaben, seit dem 18. Jh. ist es die bewahrende Sprachpflege. Die Akademie sieht sich noch heute in der Tradition von Horaz und Quintilian, insofern sie die Bedeutung der Gebildeten *(eruditi)*: ‹les gens les plus éclairés› [10], für die vorbildliche Sprache (‹le bon usage›) unterstreicht.

Im Gefolge der ‹Sprachbarrieren›-Diskussion mit ihrer grundsätzlichen Normenkritik in den 60er und 70er Jahren sind Ansehen und Gebrauch von Dialekt und Umgangssprache in Deutschland wie in der Schweiz und in Österreich in der Öffentlichkeit gestiegen. [11] Rundfunk, Fernsehen, Schulunterricht, d. h. Bereiche der mündlichen Rede, haben sich diesen sprachlichen Varietäten geöffnet. In der Presse werden Mundart und Regionalsprache in ihrer Ursprünglichkeit und Echtheit gefeiert. In der Deutsch-Didaktik wird die «Förderung der inneren Mehrsprachigkeit» empfohlen. P. KLOTZ und P. SIEBER erklären diesen Ansatz: «‹Norm› gewinnt ihre Funktion aus den Kommunikationssituationen, und so hat – natürlich! – jede Varietät ihre Norm. [...] Und so versteht sich fast von selbst, daß schriftsprachliche Norm und hoch- bzw. standardsprachliche Norm keineswegs in Frage gestellt, wohl aber funktional gesehen werden sollen.» [12] Um Sprache aber funktionstüchtig zu machen, muß die Rede- bzw. die Mitteilungsabsicht reflektiert werden. Das bedeute nichts anderes als die Wiederannäherung an rhetorische Kriterien und Normfeststellungen. Das Ernstnehmen-Wollen von ‹innerer Mehrsprachigkeit› darf auch nicht den Blick dafür verstellen, daß es mit der sprachlichen Kompetenz im einzelnen oft mager bestellt ist. Daß das Dialektpotential häufig geringer als angenommen ist [13], gilt für die meisten Teile Deutschlands, eine Ausnahme bilden hingegen die Schweizer und österreichischen und wohl auch süddeutschen Regionalsprachen sowie das Niederdeutsche. Die Regionalsprachen und auch die ‹nationalen Varianten› [14] haben aber im Gegensatz zur H. keine Sprachbereicherung und -pflege über zwei, drei Jahrhunderte erfahren, ihre Leistungsfähigkeit ist also eingeschränkt.

Die Aufgabe für die Sprachgemeinschaft, die sich überdies demokratisch verfaßt hat, kann also nur lauten, «die Gemeinsprache funktionsfähig zu erhalten und dem sich wandelnden Aufgabenrepertoire gemäß auszubauen». [15] So mahnt etwa auch E. Neuland für die Stilistik im Sprach- und Literaturunterricht die Wiedergewinnung des ‹Adressaten-, Welt- und Wirkungsbezugs› an. [16]

Betrachtet man die Sprachnorm-Forschung in der heutigen Linguistik, so fällt auf, daß sie mit immensem Aufwand wieder dort angelangt ist, wo sich die rhetorisch gebildeten Sprachnormierer des 18. Jh. bereits befunden hatten. Gottsched etwa bezeichnet mit Quintilian die Kriterien der angemessenen Sprachverwendung mit: *aptum, puritas, perspicuitas, ornatus* und stellt eine bestimmte vorbildliche Sprechergruppe fest. K. GLOY kommt zu vergleichbaren Ergebnissen:

«Die häufigsten *Legitimationskriterien* für Sprachnormen [...] sind: (a) der Sprachgebrauch kultureller Autoritäten ('geistiger Eliten', 'Leitbilder'); (b) historisch 'gewachsene' sprachliche Erscheinungen (sog. genetische Normauffassung); (c) regionale Reichweite (insbesondere ganzer Sprachvarietäten); (d) die angesichts ethnischer Heterogenität und/oder sozialer Widersprüche zur nationalen Einheit integrierende Leistung sprachlicher Erscheinungen; (e) Zweckmäßigkeit in bezug auf Verständlichkeit (sog. funktionale Normauffassung); (f) der tatsächliche Sprachgebrauch 'jedermanns' (nach Dokulil: Normauffassung des bürgerlichen Liberalismus); (g) die größere Auftretenshäufigkeit einer Variante gegenüber anderen Varianten; (h) die Strukturgemäßheit einer sprachlichen Erscheinung im Sprachsystem; (i) die soziale (insbesondere: Situations-) Angemessenheit, d. h. die Übereinstimmung mit nichtsprachlichen Interaktionsnormen; (k) die Adäquatheit der Umsetzung von Kommunikationsintentionen (sog. funktionale Normauffassung); (l) die Sicherung gesellschaftlich etablierter Deutungsschemata, die 'Angemessenheit/Korrektheit des Gegenstandsbezugs'); (m) die kognitiven und/oder emotionalen Konsequenzen bestimmter Sprachverwendungen (die Beschaffenheit sprachlicher Erscheinungen als Grundlage der Intelligenz/der Sittlichkeit eines Menschen.» [17]

Die H. ist heute in Deutschland vorrangig Gegenstand historischer Forschung. [18] Für Asien, Afrika, auch Israel und die Sowjetunion war und ist die Entwicklung bzw. Entfaltung einer H. aber immer noch oder wieder von aktueller Bedeutung. Und auch in Europa werden gerade heute im Zuge einer stetigen Demokratisierung Regionalsprachen, die in zentralistisch organisierten Nationalstaaten bislang unterdrückt wurden, zu modernen H. entwickelt, so z. B. in Spanien das Galizische. [19] Es ist bemerkenswert, daß z. B. ein sowjetischer Linguist die gleichen Anschauungen wie der rhetorisch gebildete Adelung vertritt, selbstverständlich ohne dessen Werke zu kennen: J. D. DEŠIRIEV stellt dar, wie für Völker in der Sowjetunion, die keine oder eine erst junge Schriftsprache besitzen, eine solche geplant wurde: «Gewöhnlich wählte man den Dialekt, den der bedeutendste und der am meisten fortgeschrittene Teil der Träger der betreffenden Sprache benutzte, wobei man schon die Aufgabe der Schaffung einer allgemein normierten Sprache auf der Basis dieses Dialekts in Betracht zog.» [20]

Anmerkungen:
1 J. H. Campe: Wtb. der Dt. Sprache, 1. Theil (1807) XXf. – 2 Grimm I, Vorrede, Sp. XXIII, XXXIV. – 3 H. Paul: Prinzipien der Sprachgesch. (1880) 20. – 4 R. Baum: H., Literatursprache, Schriftsprache (1987) 167. – 5 R. von Raumer: Gesamm. sprachwiss. Schr. (1863) 207. – 6 G. Drosdowski: Duden-Grammatik (1984) Vorwort. – 7 Duden, Das große Wtb. der dt. Sprache, Bd. 1 (1976) Vorwort. – 8 P. von Polenz: Sprachnorm, Sprachnormung, Sprachnormkritik, in: LB 17 (1972) 76–84. – 9 S. Jäger: Standardsprache, in: LGL[2], 379. – 10 Vorwort zur 9. Aufl. des Akademiewörterbuchs (1986), abgedruckt in: R. Baum: Sprachkultur in Frankreich, Texte aus dem Wirkungsbereich der Académie française (1989) 178. – 11 P. Sieber, H. Sitta (Hg.): Sprachreflexion in der Öffentlichkeit, in: DU 4 (92) 63ff. – Glinz, in: LGZ[2], 611. – 12 P. Klotz, P. Sieber: Vielerlei Deutsch (1993) 6ff. – 13 H. D. Schlosser: Die Dialektwelle – eine Gefahr für die H.?, in: Der Sprachdienst, Jg. XXVII (1983) H. 3/4, 38ff. – 14 E. W. B. Hess-Lüttich: Grenzziehungen und Brückenschläge – oder: Von der ‹Sprachspaltung› zur ‹Plurizentrischen Sprachkultur›, in: Rhet., Bd. 9 (1990) 108ff. – 15 Baum [4] 172. – 16 E. Neuland, H. Bleckwenn: Stil, Stilistik, Stilisierung (1991) 36. – 17 K. Gloy: Einige grundlegende Gedanken zu 'Norm' und 'Sprachnorm', 1979, abgedruckt in: LGL[2] 366f. – 18 D. Cherubim, K. J. Mattheier (Hg.): Voraussetzungen und Grundlagen der Gegenwartssprache. Sprach- und sozialgesch. Unters. zum 19. Jh. (1989). – 19 U. Esser: Die Entwicklung des Galizischen zur modernen Kultursprache (1990). – 20 J. D. Deseriev: Die sowjetische Methodologie, Theorie und Praxis der Planung und Prognostizierung der sprachlichen Entwicklung, in: R. Kjolseth und F. Sack (Hg.): Zur Soziologie der Sprache (1971) 195.

Literaturhinweise:
K. Vossler: Frankreichs Kultur und Sprache ([2]1929). – K. Kaiser: Mundart und Schriftsprache (1930). – W. Henzen: Schriftsprache und Mundarten (Bern [2]1954). – H. Moser: Dt. Sprachgesch. ([5]1965). – E. A. Blackall: Die Entwicklung des Deutschen zur Literatursprache 1700–1775 (1966). – D. Nerius: Unters. zur Herausbildung einer nationalen Norm der dt. Literatursprache im 18. Jh. (1967). – M. M. Guchmann: Der Weg zur deutschen Nationalsprache, 2 Teile ([2]1970, 1969). – J. Vachek: The Standard Language and the Aesthetic Function of Language, in: The Linguistic School of Prague (London [2]1970). – P. von Polenz: Gesch. der dt. Sprache ([9]1978). – W. Fleischer: Kleine Enzyklop., Dt. Sprache (1983). – W. Schmidt: Gesch. der dt. Sprache ([6]1993).

E. Haas

→ Akademie → Alltagsrede → Angemessenheit → Antibarbarus → Aussprache → Barbarismus → Hellenismus → Idiotismus → Kanon → Latinitas → Latinität, Goldene und Silberne → Muttersprache → Orthographie → Perspicuitas → Purismus → Sprachgebrauch → Sprachgesellschaften → Sprachkritik → Umgangssprache → Vetustas → Vulgärsprache

Hochzeitsrede (griech.: γαμικὸς λόγος, gamikós lógos)
A. Unter dem Begriff ‹H.› wird eine Reihe von Reden zusammengefaßt, die mit dem Ereignis der Vermählung in Verbindung stehen. H. werden zu folgenden Gelegenheiten gehalten: beim Antrag, seiner Erwiderung, der Einladung und deren Erwiderung, der Überreichung der Geschenke und der Danksagung und schließlich als allgemeine Ansprachen im Rahmen des Festes oder nach der Hochzeitsnacht. Prinzipiell kann jeder Gast eine H. halten. Die H. gehört zu den *Gelegenheitsreden*, und es

ist wegen ihrer großen Disparatheit schwer, sie näher zu bestimmen. Neben rein private H. treten solche, die auf größere Öffentlichkeitswirksamkeit angelegt sind, je nach dem gesellschaftlichen Status der Familie, in der die Hochzeit gefeiert wird. Die H. diente der feudalen, später der bürgerlichen Selbstdarstellung; sie kann eng an panegyrische Formen angrenzen. Die tatsächliche Praxis zu rekonstruieren bzw. zu erfassen, wie H. gehalten werden bzw. gehalten worden sind, ist problematisch, da der überwiegende Teil der H. niemals publiziert worden ist. Möglicherweise wird die soziologische und volkskundliche Erforschung der Familie und ihrer Institutionen weitere Klarheit bringen. Die zahlreichen Ratgeber, die zur Anfertigung von H. verfaßt worden sind und die seit dem 17. Jh. bis in die Gegenwart üblich sind, geben eine gewisse Vorstellung von den H. Zwar ist deren Aussagekraft nicht vorbehaltlos anzuerkennen, da sie überwiegend normativ, nicht deskriptiv verfahren. Doch dürfte vor allem die Topik, die diese Ratgeber zugrunde legen, authentisch sein. Häufig enthalten sie auch Musterreden, die auf die unterschiedlichen Redesituationen hin verfaßt sind.

B. Über die *antiken* H. ist wenig bekannt. Offenbar hat sich diese Redegattung aus dem Hochzeitsgedicht entwickelt. Jedenfalls ist der Einfluß des antiken *Epithalamiums* bestimmend gewesen, seitdem die H. literarisch faßbar ist (seit der Zweiten Sophistik). Die dem DIONYSIOS VON HALIKARNASSOS zugeschriebene ‹Ars rhetorica›, in der eine Unterweisung über Inhalt und Aufbau von H. enthalten ist [1], legt von dieser Verbindung zwischen Rhetorik und lyrischer Gattung – die auch sonst für die Zweite Sophistik typisch ist [2] – Zeugnis ab. Bei MENANDER RHETOR wird ganz explizit der Ratschlag gegeben, in den H. aus Sapphos Gedichten zu zitieren. [3] Da die Hochzeitsgedichte die literarisch höherstehende Gattung gewesen sind, ist ihre Überlieferung besser als die der H. Im *Mittelalter* spielte die H. nur eine geringe Rolle. Es gab zwar eine ausgeprägte Festkultur, bei der der Festablauf bis ins einzelne festgelegt wurde [4], zu den H. finden sich jedoch keine Anweisungen. Bei der mittelalterlichen H. scheint es sich meistens um Komplimente, also um kurze Ansprachen gehandelt zu haben, die sich auf die Geschenkübergabe, die Danksagung oder eine Einladung zum Mahl beziehen. Beispiele hierfür finden sich in der Chronik MEGISERS zum Kurfürstentum Kärnten [5] anläßlich der Hochzeit Karls II. von Innerösterreich mit Maria von Bayern 1571. Die mittelalterliche höfische Literatur erwähnt bei Hochzeitsbeschreibungen die H. nicht. Der ‹zweckfreie› Vortrag scheint bei solchen Gelegenheiten den Spielleuten vorbehalten gewesen zu sein, die sich meistens in Gedicht- oder Liedform äußerten.

Die größte gesellschaftliche Bedeutsamkeit hat die H. im Zeitalter des *Barock* erreicht. In das Zeremoniell einer Fürstenhochzeit, bei der die einzelnen Schritte in ihrer Reihenfolge und ihrer Gestaltung genau festgelegt waren, sind immer wieder Reden eingestreut, die den Festakt im ganzen gliedern und zusammenbinden. Die wichtigsten Akte einer fürstlichen Hochzeit waren: Anwerbung, kirchliche Trauung, Beilager, Überreichung der Morgengabe und Heimführung der Braut. Jeder dieser Abschnitte gliederte sich in mehrere Unterteilungen: Begrüßung, Gratulation, Dank, Abschied. [6] Im Zentrum des weltlichen Aktes standen die Übergabe der Braut und das Beilager; im 17. Jh. fand unmittelbar nach der kirchlichen Trauung – dem Höhepunkt im geistlichen Bereich – das Beilager statt, und in diesem Zusammenhang wurde die «wichtigste weltliche Rede gehalten, mit der ein Sprecher der Brauteltern die Braut dem Bräutigam anempfahl». [7] Während der Wortlaut der kirchlichen Trauung, die vor allem in Süddeutschland und Österreich im 16. Jh. von einer lateinischen Predigt begleitet war, feststand [8], war für den weltlichen Teil der Feier nur der äußere Ablauf des Zeremoniells geregelt, die Worte, die ein Redner gebrauchte, waren prinzipiell variierbar. Bis zur Mitte des 17. Jh. wurden jedoch keine «ästhetisch-stilistischen Bemühungen» [9] aufgewandt; eher schien man sich davor gehütet zu haben, «durch sprachliche Variationen unversehens rechtliche und Status-Probleme heraufzubeschwören». [10] Zu sehr kam es offensichtlich bei diesen Reden «auf die Genauigkeit in der Titulatur und die penible Berücksichtigung der Rangverhältnisse» an. [11] Später wurde jedoch der standardisierte formelle Redeakt durch «Komponenten, die dem Fundus einer gelehrten Ausbildung entstammen» [12], aufgelockert. Der Redeschmuck wurde der rhetorischen Tradition entnommen, und Exempel, Argumente, Vergleiche, Gemeinplätze wurden dem Zweck der H. verfügbar gemacht. Hochzeitsgedichte blieben im übrigen lange Zeit im Gebrauch. OPITZ [13] bietet ein Beispiel für diese Tradition, die sich aus den antiken Ursprüngen der H. herleitet. Wahrscheinlich wurden die Hochzeitsgedichte auch bei der Feier zum Vortrag gebracht; oder sie wurden in Heftchen gesammelt, gedruckt und an die Gäste verteilt. [14]

Einen breiten Raum nimmt die Darstellung der zur Hochzeit gehörigen Reden in B. KINDERMANNS ‹Deutschem Redner› ein. Das erste Buch dieses Werks beschäftigt sich ausschließlich mit «Verlöbnüssen und Hochzeiten» und umfaßt in seinen Kapiteln alle einzelnen Schritte von der Werbung (Kapitel 1) und der Beantwortung dieser Werbung (Kapitel 2) über die Einladung zur Hochzeit und die Erwiderung dieser Einladung (5 und 6) bis zur Übergabe der Morgengabe und der Geschenke sowie den hierzu gehörigen Danksagungen (9–17). Kindermann gibt jeweils eine knapp gehaltene Darlegung, wie die Reden bzw. Briefe für die jeweilige Situation verfaßt sein müssen, und erläutert seine Vorschriften durch Musterreden. G. P. HARSDÖRFFER [15] führt in seinen Anleitungen nur den Hochzeitsbrief, nicht aber die H. auf. C. WEISE [16] ordnet die H. der bürgerlichen Rede zu. Für den höfischen Bereich erwähnt er nur «Gratulations-Complimente», und zwar für den Bräutigam [17], den Brautvater [18] und die Braut. [19] Die H. ist für ihn neben der Leichenrede der wichtigste Anlaß, eine Rede zu halten. Er unterscheidet, wie vor ihm schon Kindermann, zwischen Verlöbnis und Hochzeit. Er erwähnt auch den Brauch, daß nach der Eheschließung ein Dritter im Namen der Verlobten und des Brautvaters zu den Anwesenden spricht. [20] Hierzu gibt er inhaltliche Vorschläge zum Aufbau dieser Rede: «1. Lob der Braut, 2. Des Bräutigams, welcher glücklich studiret hat, 3. Die Liebe des Bräutigams, 4. Die Vermählung, 5. Wunsch zum Glück und zur Fruchtbarkeit, 6. Danck und Einladung zum Hochzeitsmahl». [21] Auch Weise verweist auf antike Quellen, um die H. für den jeweiligen Anlaß passend gestalten zu können. Manchmal dürfe man von den an sich erprobten «Allegorien von der Flamme/von dem Spiegel/von dem Herzen/ von dem Magnete» keinen Gebrauch machen und müsse stattdessen etwas «tieffer in die Collectanea oder in die Locos Topicos» greifen. [22] Bei J. C. MÄNNLING [23] finden sich knappe Anweisungen, Beispiele und in seinem 2. Kapitel der 1. Devisio seines zweiten Teils sog. ‹Realien›, die dem Hochzeitsredner helfen, seine Rede auszuarbeiten. Im einzelnen bietet er Zitate und Erzählungen überwiegend aus der Antike, die über einzelne Elemente der Hochzeit reflektieren: über die Notwendigkeit vor einem wichtigen Entschluß richtig nachzudenken; wann man heiraten soll, usw. Der Redenratgeber von E. UHSE [24] führt die H. unter «orationibus Mixtis» auf, das sind «alle diejenigen Reden, welche Leute aus allen dreyen Ständen zu machen und zu halten haben». [25] Neben Antrag und Antwort zählt er den Dank des Brautvaters zur H. Als Disposition schlägt er die Abfolge von *exordium, propositio, tractatio* und *conclusio* vor, geht aber nicht näher ins Detail. Auch GOTTSCHED [26] erwähnt die H. in seiner ‹Redekunst›. Er unterteilt drei Arten: den Antrag, die Beantwortung und die H. am Tage der Vermählung selbst. Als Besonderheit erwähnt er die Strohkranzrede, die am Tag nach der Hochzeitsnacht gehalten wird. Nach Gottsched soll sich die H. im Aufbau nicht von anderen Reden unterscheiden. Er empfiehlt einen Aufbau nach «Art einer Chrie» [27], die möglichst «per Antecedens et Consequens» und nicht nach «Thesin et Hypothesin» aufgebaut sein sollte. [28] Letzteres Aufbauprinzip hält er für gezwungen und gesucht. Als Festredner erwähnt Gottsched den Geistlichen.

Die moderne Ratgeber-Literatur sieht prinzipiell jeden Hochzeitsgast als Festredner vor. Sie enthält Musterreden für jeden Typ von Redner (Arbeits- und Vereinskollege, Trauzeuge, Verwandte, Freunde, Vorgesetzte). Der Antrag und seine Erwiderung fehlen; die H. umfaßt nur noch die Ansprachen am Tag der Eheschließung. Es wird kein einheitliches Schema vorgegeben, sondern Wert auf Individualität gelegt. Auch die aktuellen Ratgeber bieten eine Auswahl von Versatzstücken, Zitaten und topischen Elementen, die das Abfassen einer H. erleichtern sollen.

Anmerkungen:
1 Ps.-Dionysius Halicarnassensis, Ars rhet. IV. – 2 A. Lesky: Gesch. der Griech. Lit. (³1971) 927f. – 3 Menandros Rhetor, Περὶ ἐπιδεικτικῶν 399ff. – 4 N. Bulst: Feste und Feiern unter Auflagen. Mittelalterl. Tauf-, Hochzeits- und Begräbnisordnungen in Deutschland und Frankreich, in: Feste und Feiern im MA, hg. von D. Altenburg u. a. (1991) 39–51; O. Borst: Alltagsleben im MA (1983) 302f., 442–445; J. Bumke: Höfische Kultur, Bd. 1 (1986) 276ff. – 5 H. Megiser: Annalium Carinthiae, pars secunda: das ist / Ander Theil der Chronicken / des löblichen Ertzherzogthumbs Khärndten (1611) 1575. – 6 G. Braungart: Hofberedsamkeit (1988) 181. – 7 ebd. 193. – 8 K. Vocelka: Habsburgische Hochzeiten 1550–1600 (Wien 1976) 39f. – 9 Braungart [6] 198. – 10 ebd. 198. – 11 ebd. – 12 ebd. 199. – 13 M. Opitz: Weltliche Poemata (1644) 2. Teil, hg. v. E. Trunz (1975) 65–110. – 14 Nachwort zu [13] 6. – 15 G. P. Harsdörffer: Der Teutsche Secretarius. Zweyter Theil (1659; ND 1971) 11–13. – 16 C. Weise, Politischer Redner (1683; ND 1974) 722ff. – 17 ebd. 250. – 18 ebd. 264. – 19 ebd. 268. – 20 ebd. 770f. – 21 ebd. 773. – 22 ebd. 729. – 23 J. C. Männling: Expediter Redner (1718; ND 1974). – 24 E. Uhse: Wohl-informirter Redner. (1709; ND 1974) 419f. – 25 ebd. 389f. – 26 J. C. Gottsched: Ausführl. Redekunst (1736) 615–620. – 27 ebd. 618. – 28 ebd. 615–17.

Literaturhinweise:
C. Hofmann zu Hofmannswaldau: Dt. Rede-Übungen, Lob-Schriften vornehmer Standes-Personen und Proben der Beredsamkeit (1695; ND 1974). – J. H. Lochner: Die Kunst sich im gemeinen Umgang (1730). – J. R. Sattler: Werbungsbüchlein (Basel 1611). – K. Plodeck: Hofstruktur und Hofzeremoniell (Diss. Würzburg 1971). – P. Mikat: Art.: ‹Ehe›, in: Handwtb. zur dt. Rechtsgesch., hg. v. A. Erler u. a., Bd. 1 (1971) Sp. 809–833. – B. Deneke: Hochzeit (1971). – Der Reden-Berater. Hb. für erfolgreiche Reden im Betrieb, in der Öffentlichkeit und im Privatleben (o. J.) – P. Pilz (Hg.): Musterreden, die ankommen für alle geschäftlichen und privaten Anlässe (o. J.) – H. Jendral: «Meine sehr verehrten Damen und Herren, liebe Freunde...». Brillante Musterreden für viele Anlässe in Prosa und Reim (1986).

J. Neumann

→ Barock → Epideiktische Beredsamkeit → Epithalamium → Festrede → Gelegenheitsrede

Hodegetik

A. Def., Begriffsbereich: I. universitäre H. – II. H. in der herbartianischen Pädagogik. – B. Gesch. (universitäre H.): I. Antike, mittelalterliche u. frühneuzeitliche Vorläufer. – II. 18. Jh. – III. 19. Jh.

A. I. Der Begriff ‹H.› ist ein ab der Mitte des 18. Jh. faßbarer, im Laufe des beginnenden 20. Jh. veraltender Neologismus zu dem aus griechisch ὁδός (hodós) ‹Weg› und ἡγεῖσθαι (hēgeísthai) ‹führen› komponierten ὁδηγεῖν (hodēgeín) ‹den Weg führen›, metaphorisch ‹anweisen, unterrichten›, u. a. mit der weiteren Ableitung ὁδηγητικός (hodēgētikós) ‹zur Wegführung geeignet, die W. betreffend›. Von der Begriffsbildung her ist H. also als ὁδηγητική sc. τέχνη (téchnē), wörtlich ‹Wegführungskunst, -lehre›, zu verstehen [1] und meint eine in Vorlesungen oder Büchern gegebene, vorwiegend an angehende Studenten gerichtete systematische methodologische Einführung in das akademische Studium und Leben. Von ihren Vertretern als eine zur «practischen Philosophie» gehörende Wissenschaft [2] angesehen, stellt sich die H. somit sowohl eine allgemeine wissenschaftspropädeutische als auch eine standespädagogische Aufgabe: Einerseits erörtert sie Wesen und System der Wissenschaften bzw. der universitären Bildung und gibt Anweisungen zu Wahl und Einrichtung des Studiums. Andererseits behandelt die H. sämtliche Aspekte der akademischen Lebensführung mit dem Ziel der Charakterbildung, läuft also letztlich auf eine akademische Standesethik hinaus. [3]

Mit ihrer allgemeinen Wissenschaftspropädeutik tradiert die H. ein enzyklopädisch-systematisches Wissenschaftskonzept und wurzelt hierin in der Gelehrten- und enzyklopädischen Literatur der Aufklärung. Von dieser hebt sie sich jedoch als eigenständiges, auch rhetorisch abgrenzbares Genre ab, da sie aufgrund der Verbindung des propädeutischen Anliegens mit einem pädagogischen Verständnis konstante protreptisch-paränetische Argumentationsstrategien entwickelt. Dies erklärt auch, daß sich der Begriff ‹H.› nur für die sog. allgemeine H. durchsetzt, während die fachbezogene Einführung, die in der einschlägigen Literatur ‹besondere H.› genannt wird [4], ausschließlich unter den Titeln ‹Methodik› oder ‹Propädeutik› (weiter)läuft.

II. Auf die allgemeine, etymologische Bedeutung des Begriffs ‹H.› greift der Herbartianer K. V. STOY zurück und verwendet ihn in Anlehnung an Herbarts Theorie der ‹Zucht› für die auf Charakterbildung zielende «Lehre von der erzieherischen Führung», im Unterschied zur Didaktik, der «Lehre von dem erzieherischen Unterricht». [5] Ähnlich W. REIN, der unter ‹H.› die Theorie der «Zucht» und der «Regierung» faßt. [6] H. in diesem Sinn wird in der Pädagogik unter dem Terminus «Führungslehre» fortgeführt. [7]

B. I. Als propädeutische Disziplin hat die H. einen

Vorläufer in der *isagogischen Literatur* der Antike, das sind meist ‹τέχνη› (téchnē) oder ‹ars› bzw. ‹εἰσαγωγή› (eisagōgḗ, Einführung) betitelte Unterrichtsbücher und elementare Wissenskompendien. [8] Von ihrer auch standespädagogischen Intention her steht der H. andererseits die antike *Protreptik* nahe. Dies gilt vor allem für das breite paränetische Schrifttum in Form von Briefen, Briefromanen, Reden und Dialogen, das sich im Rahmen der H. entwickelt bzw. fortsetzt [9] und etwa von J. G. KIESEWETTER auch zur «Literatur der H.» gezählt wird. [10] Gewissermaßen hodegetische Zielsetzungen verfolgen schließlich auch die antiken Hauptwerke zum System der Rhetorik und zur Ausbildung des Redners, vor allem etwa CICEROS ‹De oratore› und ‹Orator› sowie QUINTILIANS ‹Institutio oratoria› [11], da sie dem antiken (zumal dem römisch-antiken) Idealbild des Rhetors entsprechend nicht nur einen technischen Bildungsplan entwerfen, sondern damit auch ein literarisch-philosophisches und ethisches Anliegen verbinden.

Das *Mittelalter* führt die Tradition isagogischer Literatur unter dem Begriff ‹Introductio› weiter. Fachliche Einführungen sind allerdings nur spärlich belegt bzw. titeln die verbreiteten rhetorisch-stilistischen Einführungen zu den Schulautoren meist unter ‹accessus ad auctores›. [12] Eine hodegetisch-paränetische Schrift im engeren Sinn ist der PSEUDO-BOETHIUS ‹De disciplina scolarium›. [13] In einem weiteren Sinn als hodegetisch kann darüber hinaus die grundlegende mittelalterliche Literatur zu den Artes liberales angesehen werden, ebenso jene im Kontext der Katechetik angesiedelten, sozusagen theologisch-pädagogischen Schriften wie AUGUSTINUS' ‹De doctrina Christiana› und ‹De catechizandis rudibus›, GREGORS DES GROSSEN ‹Regula pastoralis› oder auch ‹De institutione clericorum› von HRABANUS MAURUS [14], die (kirchliche) bildungspolitische und -programmatische Vorstellungen mit konkreten Lehr- und Lernanweisungen verbinden und dabei in besonderem Maße auch die Rhetorik berücksichtigen. [15]

Mit dem neuen humanistischen Bildungsideal der *Renaissance*, wie es etwa PICO DELLA MIRANDOLA in ‹De hominis dignitate› formuliert [16], entwickelt sich schließlich eine spezifische Reflexion über die Einrichtung des universitären Studiums und Lebens; Beiträge hierzu stammen von so prominenten Humanisten wie ERASMUS. [17] Daneben beginnt sich auch vermehrt das angesprochene paränetische akademische Schrifttum auszubilden.

II. Die *Aufklärung* bringt einen fundamentalen institutionellen und konzeptionellen Wandel der Universität (Lehrfreiheit, Ausbildungsfunktion, Entstehung neuer Disziplinen) und des universitären Unterrichts (neue Unterrichtsmethoden, Deutsch als Unterrichtssprache). [18] Vorbereitet und begleitet wird dieser Wandel von einer extensiv geführten wissenschaftstheoretischen und bildungspolitischen Diskussion; ein beispielhaftes Zeugnis dafür ist VICOS akademische Rede ‹De nostri temporis studiorum ratione›. [19] Hier ist der eigentliche Ursprung der H. zu sehen. Der Veränderungsprozeß schlägt sich auch in einem neuen Gelehrten- und enzyklopädischen Schrifttum nieder, das etwa mit Werken wie jenen von J. J. FAHSIUS oder J. G. WALCH [20] nahtlos in die H. überführt bzw. von dem die frühe H., etwa der ‹Entwurf› von H. A. MERTENS [21], in Aufbau und Intention stark beeinflußt ist. Demgemäß wird auch bei Mertens die Rhetorik noch als eigener Bereich im Wissenschaftssystem abgehandelt und ganz im Sinne ihrer aufklärerischen Konzeption [22] bewertet [23], während sie spätere H. nur mehr als Unterdisziplin der Philologie betrachten.

Wie auch die nun vermehrt auftretenden, im engeren Sinn hodegetischen, aber noch nicht so betitelten Schriften zeigen [24], liegen die Ansätze zu einer H. als universitär verankerter Disziplin im Beginn des 18. Jh. Ihre Einrichtung wird unter dem Begriff ‹H.› zum ersten Mal in der 1753 anonym publizierten Schrift N. Z. SCHADES [25] gefordert (auf ihn könnte der Neologismus auch zurückgehen). Bezeichnend sind die rhetorischen Mittel, mit denen Schade seinen ‹Vorschlag› begründet, etwa das typisch aufklärerische Bild der ‹navigatio› (die H. will dem «seefahrenden» Studenten Kompaß sein) [26], das sich in diesem Kontext noch bei SCHELLING [27] findet. Hier deutet sich der protreptisch-paränetische Duktus als rhetorische Grundhaltung der H. an, aber auch der Hauptzweck ihrer ersten Phase: sie zielt mit ihrem Anweisungsrepertoire auf «Verbesserung [d]er Lernorganisation und [d]es Lernverhaltens» und entspricht hierin ganz der aufklärerischen Vorstellung der Verwertbarkeit universitärer Bildung. [28] In dieser Konzeption etabliert sich die H. im Laufe des ausgehenden 18. Jh. [29] und erreicht mit Beginn des 19. Jh. einen ersten Höhe- und zugleich Endpunkt. Innovative Impulse entwickelt diese frühe H. freilich weder in wissenschaftstheoretischer noch in pädagogischer Hinsicht: Indem sie «allen empirischen Modalitäten des Studiums einen rational deduzierbaren Ort» zuweist, verlängert sie, wie G. Rosenbrock zu Kiesewetters H. bemerkt, «die Standesethik des Gebildeten zur Kasuistik der universitären Lebenswelt.» [30]

III. In der ersten Hälfte des *19. Jh.* gewinnt die H. unter dem Einfluß der idealistischen Universitätskonzeption ein neues Profil, zumal aufgrund der Rezeption der zwar auf den Begriff ‹H.› verzichtenden, aber doch im engeren Sinne hodegetisch-methodischen Beiträge FICHTES, SCHELLINGS und SCHLEIERMACHERS. [31] In deren Tradition sieht sich denn auch explizit der führende Hodegetiker der Zeit, H. SCHEIDLER. [32] Diese neue H., wie sie etwa auch C. F. GOCKEL und M. L. LÖWE formulieren [33], versucht «das universitäre Bildungsgeschehen in seiner Gesamtheit und die Universalität der Wissenschaften [...] zu erfassen», die Frage «nach Wesen und Geschichte der Universität, nach dem Begriff der Wissenschaft» wird extensiver gestellt. [34] In ihrer pädagogischen Intention konzentriert sich die H. nun vor allem auf das Ideal der akademischen Freiheit, als deren «nothwendige[s] Correlat» [35] sie sich versteht. Interessanterweise werden in diesem Zusammenhang die rhetorischen Muster nicht nur beibehalten, sondern erweitert, zumal bei Scheidler, der mit dem fortwährenden Einflechten von Zitaten massiv zum Beweismittel der *auctoritas* greift, um seine «schwache Stimme durch die weit eindringlichere der großen Heroen der Literatur und besonders der Dichtkunst» [36] zu verstärken.

Mit dieser propädeutischen wie pädagogischen Neuorientierung scheint die H. nunmehr die Rolle einer fächerübergreifenden und -verbindenden, den ideellen universitären Überbau vermittelnden Universalwissenschaft zu beanspruchen [37], die nicht auf die Eingangsphase beschränkt bleiben, sondern das gesamte Studium begleiten will. [38] Auch in diesem Kontext ist Scheidlers Forderung nach der Einrichtung hodegetischer Lehrstühle zu sehen. [39] Trotz der neuen Ansätze schafft es die H. aber auch bei Scheidler nicht, sich vom herkömmlichen Schematismus zu entfernen. [40] Erst C. J. BRA-

NISS verwirft in seinen im Revolutionsjahr 1848 erschienenen ‹Hodegetischen Vorträgen› das hodegetische Regelwerk als subjektiv und definiert wieder in Berufung auf Fichte und Schelling die «wahre Hodegetik» als Vermittlerin der Idee der Wissenschaften, des jeweiligen leitenden universalen Wissenschaftsprinzips. [41] Damit beansprucht auch Braniß für die H. eine übergeordnete Rolle, macht aus ihr letztlich aber eine Art Wissenschaftstheorie – ein möglicher Ausweg. Denn aufgrund der Änderungen im universitären Bildungs- und Lebensbereich ab der 2. Hälfte des 19. Jh., vor allem aufgrund der Spezialisierungstendenzen in den Einzelwissenschaften, wird die H. mit ihrer enzyklopädisch-systematischen Wissenschaftsauffassung und ihren standespädagogischen Normen obsolet [42], wenngleich sich entsprechende Literatur bis ins beginnende 20. Jh. findet. Die Aufgabe der allgemeinen Wissenschaftspropädeutik übernehmen ganz die reformierten Gymnasien. Die Tradition der fachspezifischen Einführung reißt nicht ab, stand aber nie unter dem Titel ‹H.›. Die pädagogische Reflexion über die Universität wird gegen Ende des 19. Jh. von der Hochschulpädagogik bzw. Hochschuldidaktik fortgesetzt. Diese hat als Disziplin, die wie die H. einen übergreifenden, sozusagen metauniversitären Anspruch stellt, interessanterweise mit ähnlichen Durch- und Umsetzungsproblemen zu kämpfen.

Anmerkungen:
1 vgl. K. H. Scheidler: Art. ‹H.›, in: J. S. Ersch, J. G. Gruber: Allg. Encyklopädie der Wiss. und Künste, 2. Section, T. 9 (1832; ND Graz 1980) 204–205. – 2 K. H. Scheidler: Grundlinien der H. oder Methodik des akademischen Studiums und Lebens (³1847) 23; vgl. auch J. G. Kiesewetter: Lehrbuch der H. oder kurze Anweisung zum Studieren (1811) 7. – 3 vgl. E. Leitner: Hochschul-Päd. Zur Genese und Funktion der Hochschul-Päd. im Rahmen der Entwicklung der dt. Universität 1800–1968 (1984) 86; vgl. dazu bes. Scheidler [2] 10ff. – 4 vgl. Kiesewetter [2] 7; M. L. Löwe: Grundriß der allg. H. (1839) 2. – 5 K. V. Stoy: Enzyklop., Methodologie und Lit. der Päd. (1861) § 24. – 6 W. Rein: Päd. in system. Darst. II (1906) 555ff. – 7 vgl. W. Kosse: Art. ‹Führungslehre›, in: Lex. der Päd. Hg. Willmann-Institut München–Wien, Bd. 2 (Freiburg/Basel/Wien 1970) 44f. – 8 vgl. M. Fuhrmann: Art. ‹Isagogische Literatur›, in: Der Kleine Pauly. Lex. der Antike. Hg. K. Ziegler, W. Sontheimer, Bd. 2 (1967) Sp. 1454–1456. – 9 vgl. den Abschn. ‹Methode des Studiums und des Unterrichts, hodegetische und paränetische Schriften› bei W. Erman, E. Horn: Bibliogr. der dt. Univ. 1. T. (1904; ND 1965) 288ff. – 10 Kiesewetter [2] 8ff. – 11 Cic. De or., Cic. Or., Quint. – 12 F. Quadlbauer: Art. ‹Introductio›, in: LMA, Bd. 5, Sp. 472; G. Glauche: Art. ‹Accessus ad auctores›, in: LMA, Bd. 1, Sp. 71f. – 13 Pseudo-Boèce: De Disciplina scolarium, hg. O. v. Weijers (Leiden/Köln 1976). – 14 Aug. Doctr.; Augustinus: De catechizandis rudibus, Hg. G. Krüger (³1934); Gregor der Große: Liber regulae pastoralis, ed. H. Hurter (1872); Hrabanus Maurus: De institutione clericorum libri tres, ed. A. Knöpfler (1901); – 15 vgl. J. J. Murphy: Rhetoric in the Middle Ages (Berkeley/Los Angeles/London 1974) passim. – 16 G. Pico della Mirandola: De hominis dignitate. Lat.-dt. Hg. A. Buck, übers. von N. Baumgarten (1990). – 17 Erasmus von Rotterdam: De ratione studii, in: Opera omnia Desiderii Erasmi Roterodami I, 2 (Amsterdam 1971) 79–151. – 18 vgl. F. Paulsen: Gesch. des gelehrten Unterrichts auf den dt. Schulen und Univ. vom Ausgang des MA bis zur Gegenwart, Bd. 2 (³1921) 146f.; ders.: Die dt. Univ. und das Universitätsstudium (1902) 59f. – 19 G. B. Vico: De nostri temporis studiorum ratione. Vom Wesen und Weg der geistigen Bildung. Lat.-dt. Übers. von W. F. Otto (1947; ND 1974). – 20 J. J. Fahsius: Atrium Eruditionis. Oder Vorgemach Der Gelehrsamkeit [...], 3 T. (1718–21); J. G. Walch: Entwurff der allgemeinen Gelehrsamkeit und Klugkeit zu studiren (1718). – 21 H. A. Mertens: Hodegetischer Entwurf einer vollständigen Gesch. der Gelehrsamkeit, 2 Bde. (1779–80). – 22 vgl. G. Ueding, B. Steinbrink: Grundriß der Rhet. (³1994) 100ff. – 23 Mertens [21] 2. Bd., 359ff. – 24 vgl. Erman, Horn [9]. – 25 N. Z. Schade: Höchstnöthig= und nützlicher Vorschlag zur Errichtung einer neuen Profeßion Hodegetica seu Instructoria auf denen gesammten Deutschen Universitäten ... (1753); Auszüge in: J. C. C. Oelrichs: Beitr. zur Gesch. und Litteratur (1760) 172–174. – 26 Schade, nach Oelrichs [25] 173. – 27 F. W. J. Schelling: Vorlesungen über die Methode des akad. Studiums (1803), in: Die Idee der dt. Univ., hg. E. Anrich (1956) 3. – 28 E. Leitner [3] 89. – 29 vgl. z. B. Mertens [21] und E. J. Koch: H. für das Univ.-Studium in allen Facultäten (1792). – 30 G. Rosenbrock: Bildung und Ausbildung. Ansätze zur päd. Theorie der Univ. im 19. Jh., in: ZS f. Päd. 25 (1979) 905–917, hier 906. – 31 J. G. Fichte: Einige Vorlesungen über die Bestimmung des Gelehrten (1794; ND 1954) u. a.; F. W. J. Schelling [27]; F. Schleiermacher: Gelegentliche Gedanken über Univ. im dt. Sinn (1808), in: Anrich [27]. – 32 Scheidler [1] 205 und [2] V passim. – 33 C. F. Gockel: Propädeut. Logik und H. als akad. Studiums und Lebens (1839); M. L. Löwe [4]. – 34 Leitner [3] 88. – 35 Scheidler [2] XV, vgl. ebd. III f. – 36 Ebd., VIII f. – 37 vgl. Leitner [3] 98. – 38 vgl. Scheidler [2] IX. – 39 Ebd. III ff. – 40 vgl. Rosenbrock [30] 911f. – 41 C. J. Braniß: Die wiss. Aufgabe der Gegenwart als leitende Idee im akad. Studium. Hodegetische Vorträge (Breslau 1848) 3ff. – 42 vgl. Leitner [3] 94ff. u. Rosenbrock [30] 915f.

Literaturhinweise:
M. Fuhrmann: Das systemat. Lehrbuch (1960). – G. Glauche: Schullektüre im MA (1970). – W. Winkler: Hochschulpäd. Bestrebungen an der Univ. Jena von den Anfängen bis in die Zeit der dt. Klassik (1548–1806), in: Beitr. zur Hochschulpäd., Friedrich-Schiller-Univ. Jena (1978) 130–149. – G. E. Grimm: Lit. und Gelehrtentum in Deutschland (1983).

M. Kern

→ Akademie → Disciplina → Eruditio → Isagogische Schriften → Lehrbuch → Progymnasmata, Gymnasmata → Propädeutik → Protreptik → Studium

Höfische Rhetorik

A. Def. und Eingrenzung. – B. I. Antike. – 1. Vorgeschichte, Hellenismus. – 2. Rom. – 3. Spätantike, Byzanz. – II. Mittelalter. – III. Frühe Neuzeit, Absolutismus. – 1. Fürstenrhetorik. – 2. Höflingslehren. – 3. Redepraxis. – C. Aktuelle Perspektiven.

A. Nimmt man die Entstehungsbedingungen der abendländischen Rhetorik zugleich als deren Modell, so erscheint der Begriff ‹Höfische Rhetorik› [1] eigentlich als eine contradictio in adjecto, ist die klassische Rhetorik in ihrer idealen Anlage doch an die Umgebung der Polis-Demokratie gebunden. Im Verlauf der Geschichte hat man immer wieder festgestellt, daß Monarchie und Redekunst nicht miteinander verträglich seien, daß sich ‹Untertanenstaat› und ‹freies Wort› eigentlich ausschlössen. [2] Aber: «Betrachtet man ihre Geschichte, stellt sich schnell heraus, daß die Rhetorik zumeist mit andern als freiheitlich-demokratischen Verhältnissen zurechtkommen mußte und auch zurecht kam.» [3] Doch ist für diese Perioden eine latente Spannung zwischen dem auf die Polis bezogenen Lehrsystem und der politisch-gesellschaftlichen Praxis festzustellen, was von den Autoren durchaus registriert und nicht selten als Anlaß zur Modifikation des Systems aufgefaßt wurde. [4] Das klassische System mit seiner Gattungstrias und mit seinem auf die Herstellung von Text-Gebilden angelegten Modell [5] war jedoch derart suggestiv, daß sich kein anderes, möglicherweise praxisnäheres Paradigma im Bereich der Theorie etablieren konnte.

So ist der Begriff ‹H.› eigentlich ein Kunstbegriff, die damit gemeinte Sache aber für die konkrete geschichtliche Entfaltung der Rhetorik ein zentrales Problem: In

Phasen höfisch-zentralistischer Redekultur wurde die klassische Doktrin nicht selten als praxisfern betrachtet, während andererseits die Redepraxis selbst meist ohne durchgearbeitete Systematik auskommen mußte. So stehen in dieser Konstellation (wobei es nur wenige Ausnahmen gibt) einander gegenüber: praxisbezogene Kasuistik ohne System einerseits und Theorie ohne Praxisrelevanz andererseits.[6] In diesen Phasen ist nicht selten eine gewisse ‹Verschulung› und doktrinäre Verfestigung der klassischen Rhetorik festzustellen. – Andererseits finden sich Ansätze für eine konzeptionelle Erfassung des Phänomens ‹H.› in durchaus bedeutsamem Umfang innerhalb der Versuche höfischer Verhaltenslehren, allerdings eben keineswegs in der systematischen Qualität, wie sie der klassischen Rhetorik entspräche. Eine Begriffsbestimmung kann also nur institutionenbezogen sein: H. umfaßt alle diejenigen Redeformen, die im Zusammenhang monarchischer Verfassungen und höfischer Kulturen verwendet werden; und darüber hinaus die entsprechenden Ansätze zur Konzeptualisierung im Rahmen höfischer Verhaltenslehre: Höfisches Sprechen, eingebettet in den umfassenden Kontext höfischer Verhaltensmodellierung. H. spielt sich demnach immer in höfisch-zeremoniellen Kontexten ab. Literarische Verarbeitungen sind demgegenüber zwar sekundär, können jedoch wichtige Wesenszüge der H. deutlich machen. Eine gewisse Nähe besteht zur epideiktischen Rede, insofern es bei vielen Anlässen um Herrscherlob geht. Die Thematik ist dementsprechend häufig von der Topik der Lobrede geprägt, greift aber immer wieder auch auf Staatsrecht oder Tugendlehre zurück.

Zentral für die höfische Rede ist ihr Prozeßcharakter, insofern es um den Vollzug zeremonieller Akte in sprachlicher Form geht. Dies wirkt sich auch auf die zugrunde liegenden Textmodelle aus. [7] So könnte man idealtypisch der klassischen Rhetorik ein ‹Herstellungsmodell› zuschreiben: Es geht um die Produktion des Textes als Gebilde, indem zunächst (argumentatives) Material zusammengestellt wird *(inventio)*, welches in eine sinnvolle Anordnung *(dispositio)* zu bringen ist. Damit wäre eine Tiefenstruktur gewonnen, die sodann in eine sprachliche Gestalt bzw. Oberflächenstruktur zu überführen ist *(elocutio)*. Bei der am Ende stehenden *actio* ginge es nur noch um die Vermittlung eines bereits fertigen Produktes, eines Textes, der nach dem aristotelischen ‹poiesis›-Modell hergestellt wurde. Demgegenüber ist es – wiederum idealtypisch betrachtet – der H. primär um den Vollzug ephemerer zeremonieller Akte zu tun, bei denen kein Text-‹Produkt› jenseits dieses Vollzugs übrig zu bleiben hätte. Vielmehr ginge es dabei um einen Ablauf, um ein pragmatisches Textverständnis, um das Hervorbringen von Texten nach dem aristotelischen ‹praxis›-Modell. [8]

Insofern bringt die H. rhetorisch-theoretische, gattungsspezifische und anwendungsbezogene Aspekte der Beredsamkeit in einen Zusammenhang, der durch die Begriffe der Lobrhetorik (wie epideiktische Rede, Enkomion, Panegyrik oder λόγος βασιλικός, lógos basilikós; Kaiserrede) ebenso konturiert wird wie durch Kategorien, die das Redeverhalten des einzelnen Höflings betreffen: Kompliment, Konversation, Galant homme, oder Gentleman.

Anmerkungen:
1 vgl. insgesamt G. Braungart: Hofberedsamkeit (1988). – **2** W. Jens: Von deutscher Rede (1972) 15. – **3** G. Braungart: Rhet. als Strategie politischer Klugheit, in: J. Kopperschmidt (Hg.): Politik und Rhet. (1995) 146–147. – **4** Braungart [1] 1ff., 258, 287. – **5** G. Braungart, Praxis und poiesis: Zwei konkurrierende Textmodelle im 17. Jh., in: G. Ueding (Hg.): Rhet. zwischen den Wissenschaften (1991) 87–98. – **6** ebd. 88. – Braungart [3] 150. – **7** Braungart [5] und G. Braungart: Die höfische Rede im zeremoniellen Ablauf: Fremdkörper oder Kern?, in: J. J. Berns, T. Rahn (Hg.): Zeremoniell als höfische Ästhetik in Spätmittelalter und Früher Neuzeit (1995) 198–208. – **8** Braungart [5].

B. I. *Antike. 1. Vorgeschichte, Hellenismus.* Mit der Entstehung der Höfe und Metropolen hellenistischer Monarchien seit dem späten 4. Jh. v. Chr. sind die sozialgeschichtlichen Voraussetzungen für eine blühende H. gegeben. Aus dem Hellenismus stammt das aus archäologischen und kunsthistorischen Quellen rekonstruierbare Ideal vom charismatisch-siegreichen Herrscher und der auf seine durch Insignien (Diadem, Szepter, Purpurkleid, Siegelring) ausgezeichnete Person abgestellte Herrscherkult; beides wird – nach Vorstufen in der Zeit des Prinzipats – in der spätantiken und byzantinischen Hofkultur aufgenommen und weiterentwickelt. [1] In einem vollständig überlieferten Werk greifbar wird antike H. indes erst mit dem an Trajan gerichteten ‹Panegyricus› des jüngeren PLINIUS. Vor das Problem spärlicher Überlieferung sieht sich die Beschäftigung mit der gesamten, auch vergleichsweise gut bezeugten spätantiken H. gestellt. Bereits aus vorhellenistischer Zeit stammen die drei Traditionslinien, aus denen sich die antike H. speist [2]:

1. Öffentliche Festreden, die auf πανηγύρεις (panēgýreis; Festversammlungen) gehalten wurden. Während die berühmte olympische Rede des Gorgias verloren ging, ist eine vergleichbare Musterrede des Isokrates erhalten, der ‹Panegyrikos›, in dem Isokrates Athen preist und ermutigt, im Krieg gegen die Perser eine hegemoniale Rolle zu übernehmen (380 v. Chr.). [3] 2. ἐπιτάφιοι λόγοι (epitáphioi lógoi; Leichenreden) im Rahmen öffentlicher Gedenkveranstaltungen, für die zwei literarische genannt seien: Thykydides hat Perikles ein Muster dieses *genus* in den Mund gelegt (Totenrede auf die Gefallenen 431/430 v. Chr.) [4]; Sokrates gibt in Platons ‹Menexenos› eine Grabrede der Aspasia auf die Gefallenen des Korinthischen Krieges (387/386 v. Chr.) wieder. [5] In diesem Dialog lobt er ironisch die Vorzüge des Soldatentodes, der zur Folge habe, daß man, gleichgültig, ob man ein guter oder schlechter Mensch gewesen sei, in einem kunstvollen Epitaph verewigt werde. Diese Tradition greifen dann Cicero und Pseudo-Menander wieder auf. 3. Die Enkomien (ἐγκώμιοι, enkṓmioi): Zur Zeit des Gorgias galt es als besondere rhetorische Leistung, etwas eigentlich Tadelnswertes zu loben; ein berühmtes Beispiel liefert die ‹Helena› von Isokrates, Replik auf das gleichnamige Enkomion des Gorgias. [6] Mit Agathons Lobrede auf Eros in Platons ‹Symposion› [7] liegt ein nach ‹Wesen› und ‹Wohltaten› disponiertes Beispiel epideiktischer Rede vor. Die dort dem Eros zugeschriebenen vier Kardinaltugenden δικαιοσύνη (dikaiosýnē; Gerechtigkeit), σωφροσύνη (sōphrosýnē; Besonnenheit), ἀνδρεία (andreía; Tapferkeit) und φρόνησις (phrónēsis; Weisheit) [8] weisen auf die tugendorientierte Disposition spätantiker H. voraus.

Als eigentlicher Archeget einer herrscherbezogenen H. hat ISOKRATES zu gelten: «Das erste selbständige, von allen Nebenzwecken losgelöste Enkomion auf einen zeitgenössischen, wenn auch kurz zuvor verstorbenen Menschen – das Muster für alle späteren –, ist [...] die Rede des Isokrates auf Euagoras.» [9] Im Proömium dieser dem Nikokles (Sohn und Nachfolger des 374/373 v. Chr. ermordeten zyprischen Königs) gewidmeten Musterrede betont Isokrates, daß im panegyrischen Epitaph die Erinnerung an einen bedeutenden Menschen am besten gewahrt werde. [10] Es folgt ein ins Mythologische ausgreifender Preis der εὐγένεια (eugéneia; hohen Geburt) [11], eine an der Biographie orientierte Darstellung seiner ἀρεταί (aretaí; Tugenden) [12], die auch die vier Kardinaltugenden nennt, und ein chronologischer Tatenbericht. [13] Wenn Isokrates die Heimkehr des Euagoras nach Zypern mit den Heimkehr-Darstellungen der Dichter vergleicht, macht er von einem für die H. typischen literarischen Verfahren Gebrauch, der *comparatio*, die dazu dient, den Umfang und Schmuck der Rede zu ‹steigern› *(amplificatio)*. [14] In diesem wirkungsmächtigen Enkomion hat Isokrates die Tradition der Epitaphien und der (chorlyrischen) Epinikien zur im Rahmen einer repräsentativen Öffentlichkeit kommunizierbaren Herrscherpanegyrik umgeschaffen. Eine weitere dem jungen König von Salamis gewidmete Rede gehört hingegen aufgrund ihres paränetischen Charakters in die Tradition des Fürstenspiegels. [15] In Xenophons nach chronologischem Tatenbericht und systematischem Tugendlob disponiertem ‹Agesilaos› (um 360 v. Chr.) hat Isokrates' ‹Euagoras› einen frühen Nachfolger gefunden. [16]

ARISTOTELES hat in seiner ‹Rhetorik› die epideiktische Beredsamkeit behandelt. Sie wird im Vergleich mit der gerichtlichen und der politischen Rede jedoch nur kurz dargestellt, worin ihm Cicero und Quintilian gefolgt sind. Bei Aristoteles ist zuerst die Unterscheidung zwischen drei *genera orationis* greifbar: γένος συμβουλευτικόν (génos symbouleutikón; Versammlungsrede), γ. δικανικόν (g. dikanikón; Gerichtsrede) und γ. ἐπιδεικτικόν (g. epideiktikón; Lobrede). [17] Mit dieser Unterscheidung beginnt die theoretische Reflexion der epideiktischen Beredsamkeit. Aristoteles profiliert sie hinsichtlich ihres idealtypischen Rezipienten, ihres Inhalts, Zeitbezuges und Zwecks gegen die beiden anderen Redegattungen: Das *genus demonstrativum* verlangt genießende, auf die sprachliche Form achtende Rezipienten, es behandelt Lobens- oder Tadelswertes, bezieht sich vornehmlich auf die Gegenwart und ist auf Verherrlichung oder Verunglimpfung seines Gegenstandes angelegt. [18] Demgemäß kommt Aristoteles auf Tugend und Laster zu sprechen, die er «die Gesichtspunkte für den lobenden und tadelnden Redner» nennt. [19] Um die Tugenden im Enkomion herauszustreichen – der ψόγος (psógos; Tadelrede) wird als Negativum immer mit behandelt [20] –, rät Aristoteles zwar nicht zur Lüge, aber doch zur Beschönigung; in der Festrede soll etwa der Verwegene als tapfer, der Verschwender als freigebig oder das Zufällige als beabsichtigt dargestellt werden. [21] Auch die literarischen Verfahren, die für die Lobrede typisch sind und in der kaiserzeitlichen und spätantiken H. ständig verwendet werden, hat Aristoteles bereits zusammengestellt – Vergleich und Steigerung: «Man muß die Person aber mit berühmten Leuten vergleichen; denn das dient zur Steigerung und ist edel, wenn jemand besser als tüchtige Leute dasteht.» [22] Und: «Die Steigerung aber fällt vernünftigerweise in den Bereich der Lobrede; denn sie besteht im Aufweis des Übertreffens.» [23] Ein solchermaßen definiertes *genus demonstrativum* kommt freilich mit der historischen Erscheinungsvielfalt antiker H. nicht zur Deckung. Indem es epideiktische Reden auf Götter, Heroen, Tiere und Gegenstände miteinbezieht, geht es über die H. hinaus; indem es die Versammlungs- von der Festrede absetzt, bleibt es hinter der Komplexität antiker H. zurück. Zwar verschwindet das *genus deliberativum*, nachdem die liberaleren Rahmenbedingungen der griechischen Polis und der römischen Republik im Hellenismus bzw. im Prinzipat nicht mehr gegeben sind, als eigenständige Redegattung. Da aber im Rahmen höfischer Panegyrik auch politische Anliegen vorgetragen werden, geht dieses *genus* unter monarchistischen Vorzeichen in der H. teilweise auf. [24]

Anmerkungen:
1 vgl. J. Martin: s. v. ‹Monarchie. Griech. – röm. Antike›, in: O. Brunner, W. Conze, R. Koselleck (Hg.): Gesch. Grundbegriffe. Hist. Lex. zur politisch-sozialen Sprache in Deutschland. Bd. 4 (1978) 134–140; H.-J. Gehrke: Der siegreiche König. Überlegungen zur hellenistischen Monarchie, in: Archiv für Kulturgesch. 64 (1982) 247–277. – **2** vgl. Menander Rhetor. Griech.-engl., übers. und hg. von D. A. Russell, N. G. Wilson (Oxford 1981) xi–xxxi. – **3** Isocr. Or. IV; vgl. Isocrate: Discours Bd. 2. Griech. – frz., übers. und hg. von G. Mathieu und E. Brémond (Paris 1961). – **4** Thukydides II, 35–46; vgl. Thucydidis Historiae. Tomus prior, hg. von H. S. Jones, J. E. Powell (Oxford 1966); vgl. T. Fischer: Bemerkungen zum Epitaphios des Perikles bei Thukydides, in: Numismatica e Antichità classiche 18 (1989) 74–84; T. Fischer: Zur Gefallenenrede des Perikles bei Thukydides, in: Gesch., Politik und ihre Didaktik 17 (1989) 103–109. – **5** Platon, Menexenos 236d–249c; vgl. Platonis Opera, Bd. 3. Hg. von J. Burnet (Oxford 1903); C. W. Müller: Platon und der Panegyrikos des Isokrates: Überlegungen zum platonischen Menexenos, in: Philologus 135 (1991) 140–156; M. F. Carter: The ritual functions of epideictic rhetoric: the case of Socrates' funeral oration, in: Rhetorica 9 (1991) 209–232. – **6** Isocr. Or. X; vgl. Mathieu [3] Bd. 1 (Paris 1963); Josef Martin: Antike Rhet. Technik und Methode (1974) 183–184. – **7** Platon, Symposion 194e–197e; vgl. Burnet [5] Bd. 2 (Oxford 1901). – **8** ebd. ebd., 196b–196e; vgl. K. J. Dover: Plato's Symposium (Cambridge 1980) 11f. – **9** Martin [6] 188; Isocr. Or. IX; vgl. Mathieu [3]. – **10** Isocr. Or. IX., 1–11. – **11** ebd., 12–20. – **12** ebd., 21–40. – **13** ebd., 41–72. – **14** ebd. 35–40; vgl. V. Buchheit: Unters. zur Theorie des Genos Epideiktikon (1960) 30. – **15** Isocr. Or. II. – **16** vgl. Xenophontis Opera Omnia. Bd. 5, hg. von E. C. Marchant (Oxford 1920). – **17** Arist. Rhet. I, 3, 1358a–1359a; vgl. P. Hamberger: Die rednerische Disposition in der alten TECHNE RHETORIKE (1914). – **18** Arist. Rhet. I, 3. 1358b. – **19** ebd. I, 9, 41 1366a. – **20** ebd. I, 9, 41 1368a. – **21** ebd. I, 9, 28f. 1368af. – **22** ebd. I, 9, 38 1368a. – **23** ebd. I, 9, 39 1368a; vgl. Auct. ad Alex. III 1425b; Anaximenis Ars Rhetorica. Quae vulgo fertur Aristotelis Ad Alexandrum, hg. von M. Fuhrmann (1966). – **24** vgl. P. L. Schmidt: Die Panegyrik, in: R. Herzog (Hg.): Hb. der lat. Lit. der Antike. Bd. 5: Restauration und Erneuerung: die lat. Lit. von 284–374 n. Chr. (1989) 161; H. G. Beck: Das byzant. Jahrtausend (²1994) 156f.

Literaturhinweise:
J. Kaerst: Stud. zur Entwicklung und theoretischen Begründung der Monarchie im Altertum (1898). – G. Herzog-Hauser: s. v. ‹Kaiserkult›, in: RE Suppl. Bd. 4 (1924) Sp. 806–853. – E. B. Goodenough: The political philosophy of hellenistic kingship, in: Yale Classical Studies 1 (1928) 55–102. – W. Schubart: Das hellenistische Königsideal nach Inschriften und Papyri, in: Archiv für Paryrusforschung 12 (1937) 1–26. – L. Radermacher: Artium Scriptores (Reste der vorarisotelischen Rhet.) (Wien 1951). – G. Kennedy: The Art of Persuasion in Greece (Princeton 1963). – H.-W. Ritter: Diadem und Königsherrschaft. Unters. zu Zeremoniell und Rechtsgrundlagen des Herrschaftsantritts bei den Persern, bei Alexander dem Großen und im Hellenismus (1965). – M. H. MacCall: Ancient rhetorical theories of simile and comparison (Cambridge 1969). – W. Kunkel: Kleine Schriften. Zum röm. Strafverfahren und zur röm. Verfassungsgesch. (1974) 383–404. – B. J. Price: ‹Paradeigma› and ‹Exemplum› in ancient rhetorical theory (Berkeley 1975). – L. Mooren: The Nature of the Hellenistic

Monarchy, in: E. Duck u. a. (Hg.): Egypt and the Hellenistic World. Proceedings of the International Colloquium Leuven – 24.–26. May 1982 (Leuven 1983) 205–240. – L. Mooren: The Ptolemaic Court System, in: Chronique d'Égypte 60 (1985) 214–222. – H.-J. Schalles: Unters. zur Kulturpolitik der pergamenischen Herrscher im 3. Jh. vor Chr. (1985). – J. R. Fears: s. v. ‹Herrscherkult›, in: RAC, Bd. 14 (1988) Sp. 1047–1093. – W. Radt: Pergamon (1988). – H.-J. Gehrke: Gesch. des Hellenismus (1990).

2. *H. in Rom.* Aus dem Prinzipat des Augustus entwickelt sich eine monarchische Staatsform, in der für die Entwicklung einer römischen H. der Boden bereitet ist. Aus dem Senat wird de facto ein Ort repräsentativer Öffentlichkeit. [1] Der Niedergang der politischen Beredsamkeit und die Realitätsferne des rhetorischen Unterrichts werden schon von Zeitgenossen mit diesem Funktionswandel in Zusammenhang gebracht. [2] Spätestens seit Vespasian (Princeps 69–79 n. Chr.) ist der Kaiserkult in den Provinziallandtagen und Städten [3] nicht nur des östlichen Imperium Romanum etabliert und der kommunikative Zusammenhang für höfisch orientierte Rhetorik auch dort gegeben. [4] Die Entwicklung von einer republikanischen zu einer H. zeichnet sich bereits in der rhetorischen Praxis CICEROS ab, der sich auch in seinen theoretischen Schriften zum «laudationum genus» [5] geäußert hat. [6] Während in der ‹Rhetorica ad Herennium› und in Ciceros rhetorischen Frühschriften noch in bis auf Anaximenes von Lampsakos zurückzuverfolgender Weise [7] von zwei Gegenstandsbereichen der Lobrede ausgegangen wird (zufällig erlangte *res externae* und *corporis* neben erworbenen *virtutes animi,* worunter in ‹De inventione› die vier Kardinaltugenden *prudentia, iustitia, fortitudo* und *temperantia* verstanden werden) [8], läßt Cicero in seinem Dialog ‹Über den Redner› Antonius einen ethischen Akzent setzen und das Lob der ‹äußeren› demjenigen der ‹inneren› Werte deutlich nachordnen: «genus, forma, vires, opes, divitiae ceteraque, quae fortuna dat aut extrinsecus aut corpori, non habent in se veram laudem, quae deberi virtuti uni putatur» (Abstammung, Schönheit, Stärke, Pracht, Reichtum und das, was uns das Schicksal sonst an äußerlichen und körperlichen Vorzügen schenkt, trägt keinen wahren Ruhm in sich; von ihm glaubt man, daß er allein der Tüchtigkeit zu danken sei). [9] In ‹De oratore› wird eine Disposition nach Tugenden nahegelegt und die Synkrisis als besonders wirkungsvoll hervorgehoben. [10] Dort kommen auch die römischen Zweckformen zur Sprache, die – analog zu dem über die griechische H. Gesagten – als Vorstufen des *genus laudativum* gelten können: die *laudationes funebres,* die indes mit den geschliffenen Epitaphien der Griechen nicht zu vergleichen seien. [11] Im Hinblick auf die Darstellungstechnik betont Cicero den Vorrang amplifizierender Erzählung gegenüber argumentativer Erörterung. [12] Für die panegyrische H. des jüngeren Plinius und der Spätantike sind v. a. einige Reden des Praktikers Cicero vorbildlich geworden, etwa die stark personenbezogenen Invektiven gegen Verres, Piso und Marc Anton, die der Tadelrede nahe kommen, v. a. aber die späte Rede ‹Pro Marcello›. Mit ihr dankt Cicero Caesar vor dem Senat in überschwenglichem Lob der Taten des Diktators dafür, daß dieser Marcellus, einem ehemaligen Pompeius-Anhänger, die Rückkehr aus dem Exil gestattet habe. [13]

Zwar thematisieren die von Octavians Vertrautem Maecenas geförderten Dichter wie Varius, Vergil und Horaz, sowie eine Generation später Ovid, das Prinzipat, die *pax Augusta* und die damit zusammenhängende Herrscherideologie [14], aber ob ihre Dichtungen deshalb zur H. im eingeführten Sinne zählen können, ist bis heute umstritten. Lucans ‹Laudes Neronis› (60 n. Chr.) sind nicht erhalten; die paränetische Schrift ‹De clementia› Senecas des Jüngeren steht in der Tradition des Fürstenspiegels. Erst mit dem ‹Panegyrikus› des jüngeren PLINIUS kommt ein hofrhetorischer Text in den Blick, der für die Folgezeit so maßgeblich geworden ist wie zuvor der ‹Euagoras› des Isokrates. [15] Im September 100 n. Chr. dankt Plinius in seinem Namen und in dem seines Mitkonsuls Cornutus Tertullus dem Kaiser Trajan für die Verleihung der Konsulatswürde; diese *gratiarum actio* wird im Senat vorgetragen. Wahrscheinlich noch im folgenden Jahr gibt er die Rede in überarbeiteter und erweiterter Form für Roms literarische Öffentlichkeit heraus. Aus der gehaltenen Rede wird so ein Werk epideiktischer Literatur. Dem entspricht eine auf Aristoteles zurückgehende Überlegung Ciceros: «Ipsi enim Graeci magis legendi et delectationis aut hominis alicuius ornandi quam utilitatis huius forensis causa laudationes scriptaverunt; [...]» (Selbst die Griechen haben ja mehr zur Lektüre und zur Unterhaltung oder um jemanden zu verherrlichen als um dieses gerichtlichen Nutzens willen Lobreden geschrieben.) [16] Der überlieferte Text ist im wahrsten Sinne des Wortes eine ‹Prunk›-Rede; es finden sich zahlreiche Parallelkonstruktionen, Pleonasmen, Chiasmen und Antithesen [17]; Plinius' literarischer Anspruch, dank seinem wichtigsten Lehrer Quintilian an Cicero ausgerichtet, ist unschwer zu erkennen. Seine Disposition orientiert sich an der Biographie Trajans. Nach einer Einleitung [18] befaßt er sich mit dessen Werdegang bis zu seinem Einzug als Princeps in Rom [19], mit seiner Regierungstätigkeit [20], seinem dritten Konsulat [21] und seinem Privatleben. [22] Den Epilog bildet eine persönliche Danksagung – eigentlicher Anlaß der Rede – und, wie schon den Beginn, ein Gebet an Jupiter. [23] Dabei wird Trajans Regentschaft immer auf der Folie des der *damnatio memoriae* verfallenen Domitian geschildert, ein Verfahren, das Menander Rhetor in seinem Handbuch ausdrücklich abgelehnt hat.

Plinius' Lehrer Quintilian geht in seinen Überlegungen «de laude ac vituperatione» [24] über Cicero kaum hinaus; er dehnt lediglich den Gegenstandsbereich (wieder) auf Götter und Heroen aus und behandelt auch das Enkomion auf Städte, Gebäude, Plätze und Länder.

Von Plinius dem Jüngeren bis zum Ende des 3. Jh. n. Chr. fehlen schriftliche Zeugnisse der römischen H. weitgehend; die spärlichen Reste (z. B. von Fronto) wurden von K. Ziegler zusammengestellt. [25] Erst mit den ‹Panegyrici Latini› kommt sie wieder in den Blick.

Anmerkungen:
1 vgl. D. Kienast: Augustus. Princeps und Monarch (1982) 67–263; K. Christ: Gesch. der röm. Kaiserzeit von Augustus bis zu Konstantin (1988); W. Dahlheim: Gesch. der röm. Kaiserzeit (²1989). – **2** vgl. Petronius, 1–5 und Tac. Dial. 35; K. Heldmann: Antike Theorien über Entwicklung und Verfall der Redekunst (1982). – **3** vgl. W. den Boer (Hg.): Le culte des souverains dans l'Empire Romain, in: Entretiens sur l'antiquité classique 19 (Genf 1973). – **4** vgl. J. Béranger: Recherches sur l'aspect idéologique du principat (Basel 1953). – **5** Cic. De or. II, 341. – **6** vgl. Cic. De inv. II, 177–178; Cicero, Partitiones Oratoriae 70–82; Cic. De or. II, 340–349; Auct. ad Her. III, 10–15; vgl. M. Tulli Ciceronis Rhetorica. Hg. von A. S. Wilkins (Oxford 1902/1903); Rhetorica ad C. Herennium. Hg. von G. Calboli (Bologna ²1993). – **7** vgl. Auct. ad Alex. 35, 1440b. – **8** Cic. De inv. II, 159. – **9** Cic. De or. II, 342. – **10** ebd. II, 348. –

11 ebd. II, 341; vgl. S. Price: From noble funerals to divine cult: the consecration of Roman Emperors, in: D. Cannadine, S. Price (Hg.): Rituals of Royalty. Power and ceremonial in traditional societies (Cambridge 1987) 56–105. – **12** Cicero, Partitiones oratoriae 70. – **13** vgl. Cicéron: Discours. Bd. 2, hg. von H. De la Ville (Paris 1960) (‹In L. Pisonem›); Cicéron: Discours. Bd. 18, hg. von M. Lob (Paris 1952) (‹Pro Marcello›); M. Tulli Ciceronis in M. Antonium Orationes Philippicae. Hg. von P. Fedeli (1982). – **14** vgl. K. Thraede: Die Poesie und der Kaiserkult, in: Entretiens sur l'antiquité classique (1973) 271–308. – **15** Plinius der Jüngere: Panegyricus. Lobrede auf den Kaiser Trajan. Lat.-dt., übers. und hg. von W. Kühn (1985). – **16** Cic. De or. II, 341; vgl. Arist. Rhet. III, 12, 5 1414a. – **17** vgl. E. Norden: Die antike Kunstprosa vom VI. Jh. v. Chr. bis in die Zeit der Renaissance. Bd. 1 (1898) 320f.; F. Gamberini: Stylistic theory and practice in the younger Pliny (1983) 377–448. – **18** Plinius d. J., Panegyricus, Kap. 1–4. – **19** ebd. Kap. 4–23. – **20** ebd. Kap. 24–55. **21** ebd. Kap. 56–80. – **22** ebd. Kap. 81–89. – **23** ebd. Kap. 90–95. – **24** Quint. III, 7. – **25** K. Ziegler: s. v. ‹Panegyrikos›, in: RE 18, 3 (1949) Sp. 579f.

Literaturhinweise:
W. S. Maguiness: Some methods of the Latin panegyrics, in: Hermathema 47 (1932) 42–61. – W. S. Maguiness: Locutions and formulae of the Latin panegyrics, in Hermathema 48 (1933) 117–138. – M. P. Charlesworth: The Virtues of a Roman Emperor. Propaganda and the Creation of Belief, in: Proceedings of the British Academy 23 (1937) 105–133. – L. Wickert: Der Prinzipat und die Freiheit, in: R. Klein (Hg.): Prinzipat und Freiheit (1969) 94–145 [zuerst 1949]. – ders.: s.v. ‹Princeps›, in: RE 22, 2 (1954) Sp. 1998–2296. – G. Kennedy: The Art of Rhetoric in the Roman World 300 B.C. – A.D. 300 (Princeton 1972). – A. Wlosok (Hg.): Röm. Kaiserkult (1978). – J. R. Fears: The cult of virtues and Roman imperial ideology, in: ANRW 2, 17, 2 (1981) 827–948. – M. Erren: Einf. in die röm. Kunstprosa (1983). – D. Lassandro: Inventario dei manoscritti dei ‹Panegyrici Latini›, in: Invigiliana Lucernis 10 (1988) 107–200. – ders.: Bibliografia dei Panegyrici Latini, in: Invigiliana Lucernis 11 (1989) 219–259. – M. Molin: Le Panégyrique de Trajan: éloquence d'apparat ou programme politique néostoicien?, in: Latomus 48 (1989) 785–797. – G. Calboli: Tra corte e scuola: la retorica imperiale a Roma, in: Vichiana 3a ser. I, 1–2 (1990) 17–39.

3. Spätantike, Byzanz. In der Spätantike, seit dem Regierungsantritt Diocletians (284) und der von ihm errichteten Tetrarchie, entfaltet sich eine vergleichsweise gut überlieferte H. Neben einer Neuordnung des Imperiums hat Diocletian auch das höfische Leben reorganisiert, v. a. ein Hofzeremoniell festgeschrieben, das die absolute Sonderstellung der Augusti und Caesares gegenüber allen anderen Sterblichen betonen sollte. [1] Dieses erinnert an das persische Hofzeremoniell, läßt sich aber weitgehend aus der griechisch-römischen Tradition herleiten. [2] Spätestens seit Konstantin und dem von Eusebios entwickelten Gedanken des Gottesgnadentums [3] wird das charismatische und anerkennungsabhängige Herrscherideal aus dem Hellenismus abgelöst. Den Kaiser legitimiert nun nicht mehr selbst sein Handeln, sondern sein je schon gewährter Status als Christi Nachfolger und Statthalter Gottes auf Erden.

Dementsprechend ist er entrückt in die geheiligte und geschützte Sphäre seines Palastes, in dem geschwiegen werden muß und der Kaiser durch Tücher den Blicken weitgehend entzogen bleibt; er kommuniziert nur noch nach den Regeln eines strengen, *adoratio* (Proskynese) verlangenden Zeremoniells mit seinen Untertanen. Im Zusammenhang der Repräsentation kaiserlicher Macht ist auch die spätantike H. und ihr Publikum zu sehen, wie dies jüngere Untersuchungen für die lateinische Panegyrik gezeigt haben. [4] Die H. stellt ein rhetorisch-akustisches Element im Zusammenspiel mit anderen, optischen Konstituenten (Architektur, Herrscherinsignien [5], Bildern) einer solchen Inszenierung dar. Ihr Anlaß kann ein Regentschaftsantritt oder -jubiläum, der Besuch des Kaisers in einer Stadt, ein Geburtstag, eine Hochzeit, eine Dankabstattung, ein siegreich beendeter Feldzug, eine Gesandtschaft oder eine Bestattung sein.

Die vom 16. bis zum 18. Jh. häufig gedruckten [6] ‹XII Panegyrici Latini› sind eine Sammlung von elf (mit einer Ausnahme) an Kaiser gerichtete Lobreden aus den Jahren 289–389 n. Chr., an deren Spitze der wesentlich längere Panegyrikus von Plinius als Gattungsmuster gestellt wurde. Erst mit ihnen wird der Begriff ‹Panegyrik› in seinem heutigen Sinne auf die Bedeutung höfischen Lobes eingeschränkt; für den ‹Panegyricus Messalae› aus dem Corpus Tibullianum und den des Plinius ist der Terminus überlieferungsgeschichtlich nicht gesichert. [7] *Panegyricus* meint dabei nur den Text, der Redner heißt *panegyrista*. [8] Den Kern dieser Sammlung bilden wohl die bald nach 311 n. Chr. zusammengestellten sieben Reden aus den Jahren 289–311, sämtlich von zumeist anonymen gallischen Rhetoren verfaßt und am Hof in Trier bzw. in Autun gehalten (Panegyrici Latini V–XI, abgesehen von den beiden letzten in umgekehrter Chronologie angeordnet). Ein späterer Redaktor hat dieses Corpus dann um vier weitere Reden ergänzt, die wiederum in zeitlicher Umkehrung angeordnet sind: Auf das Enkomion von PLINIUS folgt ein Panegyricus des PACATUS auf Theodosius (389), eine Dankrede des MAMERTINUS an Julian (362) und eine Lobrede des NAZARIUS auf Konstantin und seine Söhne (321), gehalten in Rom, Konstantinopel und wiederum Rom (Panegyrici Latini II–IV). Ans Ende der Sammlung wurde ein Panegyricus auf Konstantin gestellt, dessen anonymer Autor dem Kaiser zum Sieg über den Rivalen Maxentius gratuliert (313), vielleicht im Rahmen einer Adventus-Zeremonie. [9] Die außerhalb dieser Sammlung überlieferte Panegyrik (SYMMACHUS, AUSONIUS, PAULINUS VON NOLA) ist bei K. Ziegler zusammengestellt. [10] Die Kaiserreden sind je nach Anlaß und rhetorischem Temperament ihrer Verfasser unterschiedlich disponiert und ausgearbeitet. [11] Sie füllen nicht gehorsam das unten dargestellte Formular des λόγος βασιλικός, *lógos basilikós* aus, sondern stellen vielmehr selbst eine Art Mustersammlung für die viel umfangreichere, doch nicht erhaltene H. ihrer Zeit dar. [12] Dies wird durch die Tatsache nahegelegt, daß der Redaktor der ‹Panegyrici Latini› V bis XI die Verfassernamen unterdrückt hat. [13] Wie der von den Theoretikern empfohlene *amplificatio* umgesetzt werden kann, zeigen etwa die *exempla* des zwölften Panegyricus, in dem Konstantin mit Gestalten der römischen Geschichte wie Scipio, Caesar oder Sulla verglichen wird. [14] Das Schema der Kardinaltugenden macht sich der Verfasser der Lobrede auf Maximian und Konstantin zu eigen, der den mit letzterem befaßten Teil nach den Gesichtspunkten *constantia, fortitudo, iustitia* und *prudentia* disponiert. [15] Zuweilen wird der Kaiser mit «sacratissime imperator» (hochheiliger Herrscher) angesprochen; ein inschriftlich bis auf Trajan zurückzuverfolgendes Epitheton, in dem die Vorstellung der Divinität oder Gottähnlichkeit des Kaisers augenfällig wird. [16] Schon Plinius hat Trajan als von einer göttlichen Instanz eingesetzt und als deren Stellvertreter begriffen [17], ein Gedanke, der in den ‹Panegyrici Latini› wiederkehrt. [18]

Hofrhetorisches Neuland betritt CLAUDIANUS mit seinen zwischen 396 und 404 entstandenen zeitgeschichtlichen Epen. [19] Der aus Alexandrien stammende Dichter avancierte am weströmischen Hof zum Günstling Stilichos, des maßgeblichen Ratgebers von Honorius. So sind seine hofrhetorischen Dichtungen entweder Invektiven gegen Persönlichkeiten aus Ostrom wie den Eunuchen Eutropius oder Panegyriken anläßlich von Hochzeiten, Konsulatsverleihungen oder militärischen Erfolgen auf Honorius oder Stilicho. [20] Claudianus' H. verdankt der Epik Vergils und der frühen Kaiserzeit viel; zunächst die Form, den hexametrischen Vers, dann den reichen mythologischen Apparat (während die Prosa-Panegyrik sich mehr an der Historie orientiert), häufige direkte Reden mit inhaltlich zentralen Aussagen, gelehrte Exkurse, detaillierte Beschreibungen (ἐκφράσεις, ekphráseis), Allegorien (z. B. die Göttin Roma für eine Senatsgesandtschaft), Kataloge, Prodigien, Träume, Unterwelts- und Schlachtszenen. [21] Anders als in der Epik wird indes auf Grund der hofrhetorischen Funktionalisierung die Erzählerrolle stärker akzentuiert und das Handlungsgerüst nurmehr skizzenhaft angedeutet. Vor Claudian bestand noch ein deutlicher Unterschied zwischen den an einen Kaiser gerichteten Gelegenheitsgedichten privater Natur und der öffentlichen Prosa-Panegyrik; nach ihm verschwimmen diese Grenzen zusehends. Das Doppelgesicht der Claudianischen Hof-Epik hat in der Forschung Kontroversen darüber ausgelöst, ob es sich bei ihrem Dichter nur um einen raffinierten Propagandisten [22] oder auch um einen meisterlichen Poeten gehandelt habe. [23] Überspitzt man diese Unterscheidung, verfehlt man die ursprüngliche Kommunikationssituation von Claudians Dichtung. Sie wurde einem gebildeten Publikum vorgetragen, dem sowohl die Gattungsgesetze der H., als auch der von Claudian eingearbeitete, literarhistorische Hintergrund bekannt waren. [24] Er hat verschiedene Nachahmer gefunden; MEROBAUDES schreibt ein Lobgedicht auf den Triumph des weströmischen Heermeisters Aetius (437), SIDONIUS eines auf seinen Schwiegervater, den weströmischen Kaiser Avitus (456), auf dessen Nachfolger Maiorianus (458) und auf den Kaiser Anthemius (468). ENNODIUS verfaßt einen Panegyricus auf den Ostgotenkönig Theoderich (504) und CORIPPUS – am Hof von Konstantinopel – ein Preislied auf Justinians Nachfolger Justin (567). Dort hat PRISCIAN auch sein ‹De laude imperatoris Anastasii› (512) verfaßt. Unter den Gedichten des VENANTIUS FORTUNATUS schließlich finden sich etliche Lobgedichte auf Würdenträger des fränkischen Reiches (Ende 6. Jh.). [25]

Das höfische Leben von Byzanz knüpft, wie in Bezug auf Eusebios' ‹Vita Constantini› gesagt worden ist, unter christlichen Vorzeichen an den von Diocletian eingeführten Herrscherkult an. [26] Über den zeremonialen Aspekt informiert das erhaltene Zeremonienbuch Konstantins VII. aus dem 10. Jh. [27] Das Tugendideal und die politische Theologie des byzantinischen Kaisertums [28] schlug sich in vier Textsorten nieder: in der Geschichtsschreibung und (Auto-)Biographie [29], in den von H. Hunger ausgewerteten Arengen zu den ursprünglich öffentlich angeschlagenen Kaiserurkunden, in denen sich der jeweilige Herrscher hinsichtlich seines Verhältnisses zur göttlichen Sphäre, seiner politisch-sozialen Verantwortung und seiner legislativen und exekutiven Funktionen definiert [30], und schließlich in einer umfangreichen H. Diese hängt stärker als die zeitgenössische lateinische Prosa-Panegyrik von rhetorischen Handbüchern ab. Enkomion und Psogos, «das vielleicht wichtigste Progymnasmata-Paar» [31] spielen schon in der rhetorischen Ausbildung eine große Rolle, wie die ‹Téchnē rhētorikḗ› des Hermogenes von Tarsos und ihre umfangreiche byzantinische Kommentierung belegen. [32] Von drei eigens der epideiktischen Beredsamkeit gewidmeten Traktaten MENANDERS, PSEUDO-MENANDERS und PSEUDO-DIONYSIOS' [33] ist der wohl um 300 n. Chr. entstandene von Pseudo-Menander für die byzantinische H., insbesondere die Kaiserreden, maßgeblich geworden. Dort werden in unterschiedlich abstrakten, sich also überschneidenden Rubriken Regeln für Enkomien in verschiedenen Kommunikationssituationen aufgestellt; angefangen beim λόγος βασιλικός (lógos basilikós; Kaiserrede) mit seinem oft benutzten Dispositionsschema (1. Einleitung, 2. Lob des Heimatlandes, der – möglichst auf göttlichen Stammbaum zurückzuführenden – Familie, der Geburtsumstände, der Ausbildung, 3. Hauptteil mit Darstellung der Taten in Krieg und Frieden sowie den entsprechenden Tugenden, 4. Epilog – mit Polychronion, Wunsch für ein langes Leben) [34], gefolgt u. a. von Ratschlägen für Begrüßungs- [35], Geburtstags- [36] oder Beileidsansprachen [37], für Nachrufe [38] oder Gesandtschaftsreden [39]. Im zweiten Kapitel wird von Plinius' Verfahren des Vergleichs mit einer Negativfolie ausdrücklich abgeraten. Im elften Kapitel zum Epitaphios, wo das Modell des ‹Euagoras› wieder aufgerufen wird, findet sich einmal mehr der Ratschlag, die Rede durch Vergleiche zu amplifizieren.

Die frühbyzantinischen Hofrhetoriker kommen diesen Vorschriften weitgehend nach, wie der Panegyricus auf Anastasios I. von PROKOPIOS VON GAZA [40] zeigt: «Von den Klischees des Prooimions führt die Rede zum Lob der Vaterstadt Dyrrhachion. Über die Herkunft des Kaisers, von der nichts Rühmliches zu berichten war, gleitet der Autor mit dem Hinweis auf seine Abstammung von Zeus und Herakles – eine Erinnerung an die Kaiser der diokletianischen Tetrarchie – elegant hinweg. In wenigen Sätzen gelangt er zur Thronbesteigung des Anastasios, um nun dessen Leistungen in Krieg und Frieden breit darzustellen und nach Betonung der Herrschertugenden [...] und den vorgeschriebenen Vergleichen mit berühmten Herrschern der Antike (Kyros, Agesilaos, Alexander d. Gr.) sein Enkomion in einen Lobpreis der *temporum felicitas* und ein Polychronion ausklingen zu lassen.» [41] Der berühmte Rhetorikprofessor LIBANIOS verfaßt u. a. ein Enkomion auf Konstantios und Konstans (348) und einen Epitaph auf Julian (Abfassungszeit unklar), für den er im Namen seiner Heimatstadt Antiochien auch eine Begrüßungsansprache [42] hält (362). Von THEMISTIOS ist unter etlichen hofrhetorischen Schriften z. B. eine Dankesrede an Konstantin erhalten (355). [43] Die H. der Byzantiner mit ihrer tausendjährigen Geschichte, wie sie von H. Hunger dargestellt worden ist [44], steht immer im Zeichen dieser frühbyzantinischen Anfänge und beschränkt sich nicht nur auf Kaiserreden. Andere und sicherlich zahlreiche Gelegenheitsreden etwa an hohe Beamte sind jedoch verloren gegangen. [45]

Anmerkungen:

1 vgl. W. Ensslin: s. v. ‹Valerius Diocletianus›, in: RE 7, 2 (1948) Sp. 2451–2453; P. Schreiner: Omphalion und rota porphyretica. Zum Kaiserzeremoniell in Konstantinopel und Rom, in: Byzance et les Slaves. Mélanges Ivan Dujcev (Paris 1979) 401–410; Panegyrici Latini XI, 11; vgl. XII Panegyrici Latini, hg. von R. A. B. Mynors (Oxford 1964). – **2** vgl. A. Alföldi: Die monarchische Repräsentation im röm. Kaiserreiche. (I. Die Ausgestaltung des monarchischen Zeremoniells am röm. Kaiserhofe, in: Mitteilungen des dt. Archäolog. Instituts in Rom 49 (1934) 1–118; II. Insignien und Tracht der römischen Kaiser, in:ebd. 50 (1935) 1–171 (ND 1970) 3–25. – 3 Eusebius, Vita Constantini; vgl. Eusebius, Werke. Bd. 1, 1. Über das Leben des Kaisers Konstantin, übers. und hg. von F. Winkelmann (²1991); T. D. Barnes: Constantine and Eusebius (Cambridge/ Mass. 1981); T. G. Elliott: Eusebian frauds in the Vita Constantini, in: Phoenix 44 (1990) 162–171. – 4 vgl. B. H. Warmington: Aspects of Constantinian Propaganda in the Panegyrici Latini, in: Transactions and proceedings of the American philological association 104 (1974) 371–384; M. Franzi: La propaganda constantiniana e le teorie di leggitimazione del potere nei ‹Panegyrici Latini›, in: Acta Academiae scientiarum Taurinensis 115 (1981) 25–37; S. G. MacCormack: Art and ceremony in late antiquity (Berkeley 1981); G. Sabbah: De la rhétorique à la communication politique. Les panegyriques latins, in: Bulletin de l'Association Guillaume Budé (1984) 363–388; B. Müller-Rettig: Der Panegyricus des Jahres 310 auf Konstantin den Großen. Übers. und hist.-philol. Kommentar (1990); M.-C. L'Huillier: L'empire des mots: orateurs gaulois et empereurs romains, 3ᵉ et 4ᵉ siècles (Paris 1992). – 5 vgl. Alföldi [2], 121–276. – 6 vgl. Ziegler: s. v. ‹Panegyrikos›, in: RE 18, 3 (1949) Sp. 576f.; L'Huillier [4] 50. – 7 vgl. Ziegler [6] Sp. 570. – 8 vgl. Ziegler [6] Sp. 571f. – 9 vgl. P. L. Schmidt: Die Panegyrik, in: R. Herzog (Hg.): Hb. der lat. Lit. der Antike, Bd. 5: Restauration und Erneuerung: die lat. Lit. von 284 bis 375 n. Chr. (1989) 169; MacCormack [4] 34f. – 10 vgl. Ziegler [6] Sp. 580. – 11 vgl. Schmidt [9] 163. – 12 vgl. J. Mesk: Die anonymen überlieferten lat. Panegyriken und die Lobrede des Jüngeren Plinius, in: Wiener Studien (1912) 246–252; ders.: Zur Technik der lat. Panegyriker, in: Rheinisches Museum N.F. 67 (1912) 569–590; E. Vereecke: Le corpus des panégyriques latins de l'époque tardive – Problèmes d'imitation, in: L'Antiquité Classique 44 (1975) 141–160. – 13 vgl. Schmidt [9] 164. – 14 Panegyrici Latini XII, 15 bzw. 20. – 15 ebd. VII, 3–6; vgl. F. Burdeau: L'empereur d'après les Panégyriques latins, in: Aspects de l'empire romain (Paris 1964) 1–60; H. E. Chambers: ‹Exempla virtutis› in Themistius and the Latin Panegyrists (Indiana 1968); R. H. Storch: The XII Panegyrici Latini and the Perfect Prince, in: AClass 15 (1972) 71–76; R. Seager: Some imperial virtues in the Latin prose panegyrics. The demands of propaganda and the dynamics of literary composition, in: Papers of the Liverpool Latin Seminar 4 (1983) 129–165. – 16 vgl. Müller-Rettig [4] 38f. – 17 vgl. Panegyricus 1, 4 und 80, 5; vgl. D. N. Showalter: The relationship between the emperor and the gods: images from Pliny's Panegyrics and other sources from the time of Traian (Cambridge/Mass. 1989). – 18 vgl. Panegyrici Latini II, 5 und V, 13; vgl. J. Béranger: L'expression de la divinité dans les Panegyriques latins, in: Museum Helveticum 27 (1970) 242–254; C. Castello: Il pensiero politico-religioso di Constantino alla luce dei panegirici, in: Accademia Romanistica Constantiniana. Atti del I Convegno Internazionale, Spello – Foligno – Perugia 18–20 settembre 1973 (Perugia 1975) 49–117; B. S. Rogers: Divine insinuation in the Panegyrici Latini, in: Historia 35 (1986) 69–99. – 19 vgl. Claudii Claudiani Carmina, hg. von J. B. Hall (1985). – 20 vgl. H. L. Levy: Claudian's in Rufinum and the Rhetorical psogos, in: Transactions [4] 77 (1946) 57–65; ders.: Themes of Encomium and Invective in Claudian, in: Transactions [4] 89 (1958) 336–347. – 21 vgl. P. Christiansen: The Use of Images by Claudius Claudianus (Den Haag 1969); A. Fo: Studie sulla tecnica poetica di Claudiano (Catania 1982); H. Hofmann: Überlegungen zu einer Theorie der nichtchristlichen Epik der lat. Spätantike, in: Philologus 132 (1988) 101–159; W. Kirsch: Die lat. Versepik des 4. Jh. (1989). – 22 vgl. A. Cameron: Claudian: Poetry and Propaganda at the court of Honorius (Oxford 1970). – 23 vgl. P. L. Schmidt: Politik und Dichtung in der Panegyrik Claudians (1976); C. Gnilka: Dichtung und Gesch. im Werk Claudians, in: Frühmittelalterliche Stud. 10 (1976) 96–124; S. Döpp: Zeitgesch. in Dichtungen Claudians (1980); B. Moroni: Tradizione letteraria e propaganda: osservazioni sulla poesia politica di Claudiano, in: Scripta Philologica 3 (1982) 213–239. – 24 vgl. H. Schweckendiek: Claudians Invektive gegen Eutrop (In Eutropium). Ein Kommentar (1992) 8f.; M. Fuhrmann: Rom in der Spätantike. Porträt einer Epoche (1994) 108. – 25 Gai Sollii Apollinaris Sidonii Epistulae et Carmina, hg. von C. Luetjohann (1871; ND 1961); Venanti Honori Clementiani Fortunati Presbyteri Italici Opera Poetica, hg. von F. Leo (1881, ND 1961); Venance Fortunat. Bd. 1. Livres I–IV. Lat.-frz., übers. und hg. von M. Reydellet (Paris 1994); Poetae Latini Minores. Bd. 5, hg. von E. Baehrens (1883) 274; Magni Felicis Ennodi Opera, hg. von F. Vogel (1885); Fl. Merobaudis Reliquia, hg. von F. Vollmer (1905); Corippo. In laudem Iustini, hg. von D. Romano (Palermo 1970); Flavius Cresconius Corippus: In laudem Iustini Augusti Minoris, hg. von A. Cameron (London 1976); vgl. R. F. Newbold: Power motivation in Sidonius Apollinaris, Eugippius and Nonnus, in: Florilegium 7 (1985) 1–16; H. S. Sivan: Sidonius Apollinaris, Theoderic II, and Gothic-Roman politics from Avitus to Anthemius, in: Hermes 117 (1989) 85–94; P. Speck: Marginalien zu dem Gedicht In laudem Iustini Augusti Minoris des Corippus, in: Philologus 134 (1990) 82–92. – 26 vgl. G. Dagron: L'empire romain d'orient au IVᵉ siècle et les traditions politiques de l'hellénisme – le témoignage de Themistios, in: Centre de recherche d'histoire et civilisation byzantines. Travaux et mémoires 3 (1968) 1–242. – 27 vgl. Constantin VII Porphyrogénète: Le livre des cérémonies. 4 Bd. Griech.-frz., übers. und hg. von A. Vogt (Paris 1935–1940); K. Dietrich: Hofleben in Byzanz (1912); O. Treitinger: Die oström. Kaiser- und Reichsidee und ihre Gestaltung im höfischen Zeremoniell. Vom oström. Staats- und Reichsgedanken (1938); A. Cameron: The Byzantine «Book of Ceremonies», in: D. Cannadine, S. Price (Hg.): Rituals of Royalty. Power and Ceremonial in traditional societies (Cambridge 1987) 106–136. – 28 vgl. H. G. Beck: Das byzant. Jahrtausend (²1994) 80–86. – 29 vgl. H. Hunger: Rhet. als politischer und gesellschaftlicher Faktor in Byzanz, in: G. Ueding (Hg.): Rhet. zwischen den Wiss. Gesch., System, Praxis als Probleme des HWR (1991) 103–107, hier 105f. – 30 vgl. H. Hunger: Prooimion. Elemente der byzant. Kaiseridee in den Arengen der Urkunden (Wien 1964). – 31 H. Hunger: s. v. ‹Byzant. Rhet.›, in: HWR, Bd. 2 (1994) Sp. 99. – 32 vgl. H. Hunger: Die hochsprachliche profane Lit. der Byzantiner, Bd. 1 (1978) 104–106. – 33 διαίρεσις τῶν ἐπιδεικτικῶν (Diaíresis tōn epideiktikṓn; Einteilung der epideiktischen Beredsamkeit); περὶ ἐπιδεικτικῶν (Perí epideiktikṓn; Über die epideiktische Beredsamkeit); τέχνη περὶ τῶν πανηγυρικῶν (Téchnē perí tōn panēgyrikōn; Hb. über die panegyrischen Reden); vgl. Menander Rhetor. Griech.-engl., übers. und hg. von D. A. Russell, N. G. Wilson (Oxford 1981). – 34 Menander Rhetor, Kap. 1–2. – 35 ebd. Kap. 3. – 36 ebd. Kap. 8. – 37 ebd. Kap. 9. – 38 ebd. Kap. 11. – 39 ebd. Kap. 13. – 40 Procopii Gazaei in imperatorem Anastasium panegyricus, hg. von C. Kempen (1918). – 41 Hunger [32] 121. – 42 Libanios, Orationes 59, 18, 13; vgl. Libanius: Opera, Bd. 2 und 4, hg. von R. Foerster (1904 und 1908, ND 1963); V. Criscuolo: La difesa dell' ellenismo dopo Giuliano: Libanio e Teodosio, in: Koinonia 14 (1990) 5–28. – 43 Libanios, Orationes 2; vgl. Themistii Orationes Quae Supersunt, Bd. 1, hg. von H. Schenkl, G. Downey (1951); J. Vanderspoel: Themistius and the imperial court (Toronto 1989). – 44 vgl. Hunger [32] 120–157. – 45 vgl. ebd. 145.

Literaturhinweise:
A. Grabar: L'empereur dans l'art byzantin (Straßburg 1936). – J. Straub: Vom Herrscherideal in der Spätantike (1939; ND 1964). – W. Enßlin: Gottkaiser und Kaiser von Gottes Gnaden, in: H. Hunger (Hg.): Das byzant. Herrscherbild (1976) 54–85 [zuerst 1943]. – W. Enßlin: Der Kaiser in der Spätantike, in: Historische Zs 177 (1954) 449–468. – F. Bittner: Stud. zum Herrscherlob in der mittellat. Dichtung (1962) 7–34. – E. Kantorowicz: Oriens Augusti - Lever du Roi, in: Dumbarton Oaks Papers 17 (1963) 119–177. – R. Bruère: Lucan and Claudian: The Invectives, in: Classical Philology 59 (1964) 223–256. – F. Dölger: Die Kaiserurkunden der Byzantiner als Ausdruck ihrer politischen Anschauungen, in: ders.: Byzanz und die Europäische Staatenwelt (1964) 9–33. – H. P. L'Orange: Art and Civic Life in the Late Roman Empire (Princeton 1965). – A. Cameron: Notes on Claudian's Invectives, in: Classical Quarterly 62 (1968) 387–411. – H. E. Chambers: ‹Exempla virtutis› in Themistius and the Latin Panegyrists (Indiana 1968). – H.-G. Beck: Staat und Volk von Konstantinopel, in: H. Hunger (Hg.): Das byzant. Herrscherbild (1975) 353–378. – S. G. Mac-

Cormack: Latin prose panegyricis, in: T. A. Dorey (Hg.): Empire and Aftermath. Silver Latin II (London 1975) 143–205. – S. G. MacCormack: Latin prose panegyrics: tradition and discontinuity in the later roman Empire, in: Revue des Etudes Augustiniennes 22 (1976) 29–77. – A. Sideras: Die byzant. Grabreden. Prosopographie, Datierung, Überlieferung. Mit 24 Erstausgaben. Msch. (1982). – C. E. V. Nixon: Latin Panegyric in the tetrarchic and Constantinian period, in: B. Croke, A. M. Emmett (Hg.): History and historians in Late Antiquity (Sydney 1983) 88–99. – J. Martin: Zum Selbstverständnis, zur Repräsentation und Macht des Kaisers in der Spätantike, in: Saeculum 35 (1984) 115–131. – P. Schreiner: Das Herrscherbild in der byzant. Lit. des 9. bis 11. Jh., in: Saeculum 35 (1984) 132–151; P. Schreiner: Byzanz (1986). – J. Martin: Spätantike und Völkerwanderung (1987). – L.-M. Hans: Der Kaiser als Märchenprinz. Brautschau und Heiratspolitik in Konstantinopel 395–882, in: Jb. der österr. Byzantinistik 38 (1988) 33–52. – A. Demandt: Die Spätantike (1989). – A. Dihle: Die griech. und lat. Lit. der Kaiserzeit (1989). – J. F. Long: Claudian's in Eutropium: artistry and practicality (New York 1989). – C. E. Gruzelier: Claudian: court poet as artist, in: Ramus 19 (1990) 89–108. – A. Vassilikopoulou: La rhétorique latine à Byzance, in: Parousia 7 (1991) 169–179.

II. *Mittelalter.* Die Rhetorik wird im Mittelalter einerseits in traditioneller Form im ‹artes›-Unterricht gepflegt, andererseits als praxisbezogene Form vor allem in den ‹artes dictaminis›, den Anleitungswerken für die Verfertigung von Kanzleischreiben und Urkunden, welche meist als Formel- und Mustersammlungen angelegt waren. [1] Diese Form der Redekunst gehört nur im weiteren Sinne zum Bereich der ‹H.›. Darüber hinaus ist für die Erforschung höfischer Sprache in jüngerer Zeit immer wichtiger, daß die nichtsprachlichen, körpersprachlich-zeremoniellen Zeichen eingehender erforscht werden. In der «Adelsgesellschaft des hohen Mittelalters» erfolgt «Sinngebung» weitgehend «direkt und dinglich: durch das Mittel der Stimme, durch die Sprache des Körpers und durch visuelle Signale». [2] Die methodischen Probleme, die sich aus den intermedialen Bezügen ergeben, sind auch durch die Quellenlage fast unüberwindlich. So kann vorerst nur relativ pauschal bestimmt werden: «Das wichtigste Kennzeichen der Hofsprache war offenbar die Ritualisierung des Sprechverkehrs am Hof: die Ausbildung eines sprachlichen Zeremoniells, das den sprachlichen Umgang regulierte und den Geboten des Hofprotokolls unterwarf.» [3]

III. *Frühe Neuzeit* und *Zeitalter des Absolutismus.* Auch für die Frühe Neuzeit fließen die Quellen spärlich oder sind noch nicht so umfassend aufgearbeitet wie etwa im Falle der ‹gedechtnus›-Kultur unter Kaiser Maximilian I. [4] Auch hier ist der lange Zeit vernachlässigte Bereich der *actio* durchaus von entscheidender Bedeutung. [5] Die höfische Sprachkultur der Frühen Neuzeit ist generell von zwei Seiten aus zu erschließen: von der Seite des Sprachverhaltens des einzelnen Höflings her wie von der Seite des Systems ‹Hof› her. Während die höfischen Verhaltenslehren sich aus der Renaissance-Kultur heraus entwickeln, wird auf der Seite der eigentlichen höfischen Rede erst an der Wende zum 17. Jh. eine spezifische Redekultur sichtbar. Noch im 16. Jh. war die humanistisch geprägte Rhetorik nach klassischem Muster auch im Bereich des Hofes als durchaus repräsentativ akzeptiert, während sich jetzt, durch die Entwicklung hin zum Frühabsolutismus, der Bereich effektiver höfischer Redeformen deutlich abkoppelt. Zugleich ist als Nebenerscheinung eine Normierung auch der Fürstensprache zu beobachten, die – ganz parallel – auf Knappheit und Befehlston stilisiert wird.

1. *Fürstenrhetorik.* In der Fürstenspiegelliteratur gehört die Forderung nach einer guten sprachlichen Ausbildung für den Fürsten durchaus mit zum Repertoire. Im ‹Spiegel eines Christlichen Fürsten› von Ludovicus de Malvenda beispielsweise, 1604 in deutscher Übersetzung erschienen, wird gefordert, daß die Fürsten «in der Rhetorica vnderwiesen werden. Dann was kan einem Fürsten löblicher sein/ als wann er zum fall der noth/ in der Gesellschafft vnnd versamblung anderer Fürsten vnnd Potentaten/ oder sonsten in der gegenwertigkeit seiner Vnterthanen/ zu Fridens vnnd Kriegszeiten/ ein zierliche/ wolgesetzte/ bestendige/ annembliche vnnd sinnreiche Rede thut/ vnnd in den Ratschlegen sein Meinung weißlich entdecket?» Und Malvenda schließt ein Argument an, das die Zeit in das Emblem vom ‹Hercules Gallicus› faßt [6], welcher mit Ketten, die aus seinem Mund kommen, die Völker unterjocht und beherrscht: «Zumaln/ weil sein Fürsichtigkeit/ Weißheit vnnd Verstandt auß seiner Rede erscheint/ vnnd er mit seiner hochverstendigen vnnd zierlichen Wolredenheit/ die Gemüther aller Menschen gewint vnd an sich zeucht.» [7] Während hier also noch durchaus von einer Überzeugungsrhetorik des Fürsten gesprochen wird, ist andernorts schon deutlich von einer Befehlsrhetorik die Rede. So formuliert 1609 Henrik van Put lapidar, indem er die für die Herrscherrhetorik des Absolutismus entscheidende Devise ausgibt: «Eloquentia non solùm est ars suadendi, sed etiam imperandi» (Redekunst ist nicht nur die Kunst zu raten, sondern auch zu befehlen). [8] Und in den ‹Fürstlichen Tischreden› von Georg Draud aus dem Jahre 1620 wird zusätzlich die Tatkraft des Herrscher-Helden gegen die Weitläufigkeit traditioneller Redekunst ausgespielt, wenn Draud begründet, daß «in dem Reden alle vornehme Leut sich der Kürze befleissen sollen», wobei die wehrhaften, aber wortkargen Spartaner als Standardexempel dienen: «Es haben solche Fürsten nicht allezeit die Weil / daß sie eines jeden lang Geschwätz außhören können. Jnsonderheit sollen grosse Herren / (auff deren jedes Wort jederman Achtung zu geben pflegt/) sich der Kürtze im Reden befleissen / vnnd das lange Geschwätz den Tiriackel Krämern lassen/ debent enim Principes factis magis quam loquacitate valere, [die Fürsten müssen sich nämlich mehr durch Taten als durch Geschwätzigkeit hervortun] welches die Lacedemonier von sich selbsten geredt.» [9] Noch 1754 verlangt C. A. Beck in seinem ‹Versuch einer Staatspraxis› vom Herrscher den würdevoll-knappen Stil und stellt dieser Forderung dabei in sehr erhellender und charakteristischer Weise die ganz anders begründete *brevitas*-Forderung an den ‹Diener› gegenüber: «Ein Regent läßt überall seine Majestät hervor blicken, und spricht aus dieser Ursache kurz. Ein Minister muß sich aus Ehrfurcht der Kürze bedienen.» [10] Aus den unterschiedlichen Positionen in einem Herrschaftsverhältnis läßt sich, folgt man Beck, noch ein weiteres Stilkriterium ableiten: Der Fürst dürfe sich durchaus einen von Brüchen und Ellipsen geprägten lipsianisch-tacitistischen Stil leisten, während der Minister viel mehr auf rational-durchsichtige Konstruktionen achten müsse: «Kurze, ungezwungene und abgebrochene Sätze schicken sich am besten für Regenten, weil sie dadurch zugleich ihre Größe zu erkennen geben. Ein Minister hingegen muß in seinen Reden mehr Ordnung und Verbindung beobachten.» [11]

2. *Höflingslehren.* Im Kontext der Höflingslehren wird auch das Redeverhalten einer Modellierung unterzogen, und hier bieten Quellen und Forschung ein diffe-

renziertes Bild. Insgesamt geht es in dieser Anweisungs- und Bildungsliteratur um eine umfassende Selbstdarstellung des Höflings auf dem von Konkurrenz um Fürstengunst geprägten glatten Parkett des Hofes. Sprachliches Verhalten ist eingebettet in ein geradezu ganzheitlich zu nennendes Bildungsideal, bei dem eine harmonische, alle Dimensionen sozialen Auftretens vereinende Synthese angestrebt wird. Unter der Devise der ‹Höflichkeit› sind in Deutschland diese Komponenten vielleicht am besten zusammengefaßt.[12] In den Diskurs ‹frühmoderner Höflichkeit› gehen die verschiedensten Traditionen und Gattungen ein: Ständelehren, Ökonomik, Anstandsbücher, Tischzuchten, Hofmeisterlehren und Hofschulen, sowie vor allem die verschiedenen Formen der Komplimentier- und Konversationslehrbücher.[13] So stellt sich das System der ‹Höflichkeit› in der Frühen Neuzeit als eine hochdifferenzierte Grammatik sozialkommunikativen Verhaltens in der höfisch geprägten Gesellschaft dar, die an den Prinzipien des ‹Decorum› als Grundlage einer universalen und keineswegs rein rhetorischen Selbstdarstellung ausgerichtet ist. Die Konversationskultur und die ihr zugeordnete Anweisungsliteratur ist ein gesamteuropäisches Phänomen, von Italien, Spanien, Frankreich [14] bis nach England [15] und in die deutschen Territorien hinein.

Ausgangspunkt und zugleich unerreichtes Vorbild dieser europäischen Bewegung ist ‹Il Libro del Cortegiano›, das ‹Buch vom Hofmann› des Grafen BALDESAR Castiglione (entst. 1508–1524, zuerst erschienen 1528). Hier ist eine wirkliche Synthese von höfischer und klassisch-humanistischer Kultur erreicht. In dem kunstvoll stilisierten Lehrgespräch wird das Bildungs- und Menschenideal der italienischen Renaissancehöfe auf eindrückliche Weise entfaltet.[16] Schlüsselbegriff des dort propagierten neuen und umfassenden Verhaltensideals ist die ‹sprezzatura›, die man als ‹eine gewisse Art von Lässigkeit› umschrieben hat[17]: Alles, «was der Hofmann im geselligen Rahmen tut, soll nicht den geringsten Anschein des Anstrengenden, Schwierigen, Gekünstelten haben. Die Kunst ist es gerade, die Kunst zu verbergen und alles mit einer gewissen Natürlichkeit erscheinen zu lassen».[18] So wird die rhetorische *dissimulatio* zum strategisch eingesetzten Verschleiern der eigentlich doch vorhandenen und nie aus den Augen zu verlierenden Karriereziele. «Die rhetorische Intentionalität wird in der höfischen Metamorphose zur demonstrativ zur Schau getragenen Intentionslosigkeit, die aber paradoxerweise gerade das Prinzip spezifisch höfischer Zweckbestimmungen wird.»[19] So wird «die Insinuation, man habe alle seine Ziele immer schon erreicht»[20] zum zentralen Prinzip sozialer Selbstbehauptung in der höfischen Gesellschaft. Im Kontext des im engeren Sinne sprachlichen Verhaltens finden sich bei Castiglione auch die entscheidenden Ansätze für ein Rede-Ideal, das zum zentralen Theorem der höfisch geprägten europäischen Sprachkultur werden sollte: das Ideal der ‹acutezza›, von M. OPITZ dann mit ‹Spitzfindigkeit› übersetzt. «Im 16. und 17. Jh. wird das Prinzip der scharfsinnigen, pointierten Rede zu einer ‹gemeineuropäischen Rhetorik-Mode›.»[21] Das zentrale Werk zu dieser Thematik ist die ‹Ars nova argvtiarvm› des Jesuiten JAKOB MASEN aus dem Jahre 1649.[22] In Italien entsteht nach dem ‹Cortegiano› von Castiglione eine Fülle weiterer einschlägiger Lehrbücher, von denen die folgenden hervorzuheben sind: ‹De re avlica› (Über die Sache des Hofes, 1534) von AGOSTINO NIFO [23], der ‹Galateo› von GIOVANNI DELLA CASA (geschrieben 1552, posthum publiziert 1558)[24], das große Werk über den ‹gesellschaftlichen Umgang› von STEFANO GUAZZO: ‹La civil conversatione› (zuerst 1574)[25] und schließlich noch die ‹Arte aulica› (Hofkunst, zuerst 1601) von LORENZO DUCCI. [26]

In *Spanien*, wo auch ANTONIO DE GUEVARA, Hofprediger und Diplomat im Dienste Karls V. und später auch Bischof, mit seinen hofkritischen Schriften großen Einfluß ausübt[27], ist die alles überragende Gestalt der Jesuit BALTASAR GRACIÁN, dessen wirkungsreichste Schrift das ‹Handorakel› war, 1647 zuerst als aphoristische Zusammenstellung von Aussprüchen und Maximen aus seinen Schriften erschienen.[28] Gracián ist zweifellos der scharfsinnigste Analytiker von Macht- und Konkurrenzmechanismen in der extrem verdichteten höfischen Gesellschaft, dessen Ratschläge bisweilen das Zynische streifen. Der Aphorismus 160 (hier in der Übersetzung von Schopenhauer) zieht vielleicht am pointiertesten die Summe von Graciáns Modell sprachlicher Selbstbehauptung in einer feindseligen Umgebung, in der man jedoch vorankommen will: «Aufmerksamkeit auf sich im Reden: wenn mit Nebenbuhlern, aus Vorsicht; wenn mit andern, des Anstands halber. Ein Wort nachzuschicken ist immer Zeit, nie eins zurückzurufen. Man rede wie im Testament: je weniger Worte, desto weniger Streit. Beim Unwichtigen übe man sich für das Wichtige. Das Geheimnisvolle hat einen gewissen göttlichen Anstrich. Wer im Sprechen leichtfertig ist, wird bald überwunden oder übersührt sein.» Graciáns Auffassung von H. ist, wie hier erkennbar, an der mündlichen Kommunikation orientiert, und es wird deutlich, daß der Situationsbezug, rhetorisch gesprochen: das *aptum*, eine fast existentielle Aufladung erfährt. Keine Rede davon, daß es bei der Salonkonversation, wie sie in der Gesellschaft des Ancien régime so paradigmatisch für die Erscheinungsformen sprachlicher Kultur ist, um rein spielerische 'Freizeitbeschäftigung' geht. Für den Höfling geht es um eine prekäre Balance: interessant zu erscheinen, ohne aufdringlich zu wirken; sich gut zu 'verkaufen', ohne sich eine Blöße zu geben. Und diese Kunst stellt in Graciáns historischer Situation, so seine These, an den Einzelnen die allerhöchsten Anforderungen. Die Eleganz der Selbstpräsentation und die spielerische Selbstinszenierung täuschen darüber hinweg, daß es dabei ums Ganze geht. Die Kunst sprachlicher Selbstbehauptung ist in einem von negativer Anthropologie geprägten Menschenbild fundiert, und letztlich tendiert dieses System – bei dem die Kunst der Menschenbeobachtung ins Extrem getrieben ist – zur Selbstaufhebung. «Da im Idealfall, wie Gracián ihn skizziert, alle so verfahren, müßte die Verständigung am Hofe eigentlich zusammenbrechen: Nur auf den Empfänger ausgerichtete Appelle voller Hinterlist bei gleichzeitiger Verschleierung [...] des tatsächlichen Informationsstandes konstituieren keine Kommunikationsgemeinschaft.»[29] Insgesamt gesehen ist die Rhetorik des Höflings, wie sie bei Gracián erscheint – eingebettet in eine illusionslose, ja pessimistische Sozialanthropologie – «eigentlich eine Rhetorik, die dem Wort, zumal dem gesprochenen, sehr mißtrauisch gegenübersteht. Es handelt sich um eine Rhetorik der Vermeidung, der Bändigung, des Verbergens; um eine Rhetorik der strategischen Selbstbehauptung, die ihr Ideal nicht in einer entfesselten Suada, sondern in einer disziplinierten Zunge sieht; ‹cave linguam› scheint einer der zentralen Grundsätze dieses verschlossenen und damit auch einsamen Subjekts zu sein, für das es keine Freundschaft geben kann.»[30] Und so lautet auch der Aphorismus Nr. 222:

«Zurückhaltung ist ein sicherer Beweis von Klugheit. Ein wildes Tier ist die Zunge: hat sie sich einmal losgerissen, so hält es schwer, sie wieder anzuketten: sie ist der Puls der Seele, an welchem die Weisen die Beschaffenheit derselben erkennen; an diesem Puls fühlt der Aufmerksame jede Bewegung des Herzens. Das Schlimmste ist, daß, wer sich am meisten mäßigen sollte, es am wenigsten tut.»

Die Entwicklung in England und Frankreich hat Teil an der gesamteuropäischen Entwicklung. [31] Für *England* hat man festgestellt, daß sich – wie in Deutschland – keine «Symbiose von Humanismus und höfischer Welt» erreichen ließ. [32] Vor allem in *Frankreich* unter Ludwig XIV. entsteht eine ganze Fülle von Verhaltenslehren, die sich unter dem Titel der Konversationskunst und der ‹Höflichkeit› mit den Problemen höfischen Sprachverhaltens befassen. [33] Einen besonderen Akzent setzt der ABBÉ DE BELLEGARDE mit seinen ‹Réflexions sur le Ridicule et sur les moyens de l'éviter› (Reflexionen über das Lächerliche und die Mittel, es zu vermeiden, zuerst 1696 erschienen und sogleich mehrfach wiederaufgelegt). Er systematisiert die höfische Verhaltenslehre unter dem Aspekt des immer drohenden sozialen Stigmas: Das Lächerliche erscheint als der zentrale Sanktionsmechanismus im Dienste der elitären Abgrenzung der höfischen Gesellschaft und der internen Regulation. [34]

3. *Redepraxis.* Das Feld der H. ist als Ganzes – wie die höfische Kultur überhaupt – nur schwer zu überschauen. Die Forschung hat aber einige umfassende Bestandsaufnahmen anzubieten. [35] Die Einbettung der H. in das höfische Zeremoniell legt eine typologische Erschließung nahe, die sich an den Anlässen höfischer Kultur orientiert. Zum einen finden sich eher politisch-rechtliche Anlässe – wie Huldigungen, Landtage, diplomatische Gelegenheiten jeder Art – [36]; zum andern die verschiedensten festlichen Gelegenheiten, bei denen Reden ebenfalls einen eigenen Platz beanspruchen. [37]

In beiden Gruppierungen kann man zeremonielle 'Kerne' von mehr oder weniger peripheren zeremoniellen Akten unterscheiden. Diese letzteren sind als ‹Basisakte› höfischer Redekunst meist variabel einsetzbar, wie der Akt der Begrüßung, der Verabschiedung, der Bitte, des Dankes, der Notifikation (also der Bekanntgabe eines Ereignisses wie beispielsweise die Geburt eines Prinzen) und andere mehr. [38] Derartige Akte werden vollzogen durch eine relativ klar organisierte Kurzrede, das ‹Compliment›. Diese höfischen ‹Sprechakte› müssen auf angemessene Weise in das zeremonielle 'Drehbuch' eingepaßt werden, was unter anderem bedeutet, daß gelehrter *amplificatio* meist nicht viel Raum gewährt wird.

Die ‹Kerne› höfischer Gelegenheiten bestehen aber zu einem bedeutenden Teil nicht in disponiblen ‹Basis-Akten›, sondern in spezifischen zeremoniellen Akten, die nicht austauschbar sind und dem Anlaß seine eigentliche Bestimmung geben: Huldigung, Vorstellung einer Landtags-Proposition, Taufe, Brautwerbung, Hochzeit, Begräbnis. Diese ganz spezifischen Akte können mit einem Schema, das bereits die Zeitgenossen gebrauchen, klassifiziert werden [39]: Höfische Gelegenheiten sind entweder a) primär auf den jeweiligen Hof selbst (etwa: Prinzengeburt) oder b) auf einen bzw. mehrere andere Höfe (Friedensschluß, Hochzeit) oder c) auf die Untertanen hin orientiert (etwa: Huldigung).

Aus der strengen Einbindung in zeremonielle Abläufe ergeben sich für die H. einige Strukturmerkmale, die sie von der gelehrt-humanistischen Rede deutlich unterscheiden. Sie ist im Vergleich zu dieser meist erheblich kürzer, geht es doch nur selten um die Entfaltung umfassender Kenntnisse, größerer Perspektiven oder vielfältiger Aspekte eines Themas (hier hätte die gelehrte Topik ihren Platz); stattdessen geht es um den effektiven und zuweilen auch interessanten Vollzug eines zeremoniell-kommunikativen Aktes. Im höfischen Bereich wird die Rede nach dem ‹praxis›-Modell verstanden: als prozeßhaftes, transitorisches und selbst streng in einen zeremoniellen Prozeß eingebundenes kommunikatives Handeln. Die H. ist kein ausgefeiltes Produkt gelehrten Fleißes und umfassender Recherche. Ihr geht es um prägnantes Herausarbeiten des jeweiligen zu vollziehenden Aktes, um einen starken Bezug auf den situativen Kontext (Betonung des ‹situativen *aptum*›), um das Zusammenwirken mit anderen Symbolträgern (Gesten, Einzugs-, Sitz- und Tisch-Ordnungen usw.) und Medien (Musik, Theater, Divertissements usw.) und um die enge Verbindung mit den vorangehenden und mit den folgenden (keineswegs nur sprachlichen) Schritten im zeremoniellen Ablauf. Nicht selten tritt die höfische Rede im Kontext einer Sequenz auf (etwa: Bitte, Zusage, Dank, oder: Brautwerbungsrede, Zusage, Dank), was eine besondere Öffnung vor allem des Redebeginns und des Schlusses auf die Nachbarakte hin mit sich bringt. Die höfische Rede ist also stark von externen Determinanten her strukturiert, weniger intern ausdifferenziert.

Da es im höfisch-zeremoniellen Kontext häufig auf schnelle und effektive, dem sozialen *decorum* angemessene Textproduktion ankommt, weniger auf tiefschürfende und gelehrte Argumentationen, ist das basale Verfahren der Texterzeugung auch nicht das ‹poiesis›-Modell der klassischen Rhetorik, in dem sich der Redner nach dem klassischen Schema von einer Material- und Argumenten-Sammlung über eine Tiefenstruktur hin zu einer sprachlich ausgefeilten Oberflächenstruktur durcharbeitet. Das Textmodell der H. ist davon grundsätzlich verschieden. Es ist in den Verfahren der ‹artes dictaminis›, der Brief- und Kanzleisteller fundiert, welche ja Muster von Texten für die verschiedensten Anlässe liefern, in die je nach Maßgabe der konkreten Situation die aktuellen Daten (Anlaß, Adressaten, Anrede, Titulaturen, Sprecher, Zeitpunkt usw.) einzusetzen sind. Auch in der höfischen Rede werden die aktuellen Komponenten in ein durch wenige, kaum variierte Signalwörter zusammengehaltenes ‹Formular› eingefügt, so daß sich der Hofredner in seiner nicht selten extemporierten Rede schnell auf die je aktuellen Gegebenheiten einstellen kann. Er bewegt sich von vornherein und ganz an der Oberfläche des Textes, der durch das ‹Formular› generiert wird. [40] Der Sprecher muß seine Rede «situativ und sequentiell einpassen, wobei die hochgradige Konventionalisierung hilfreich ist; in dieser Einpassung erfüllt sich der Sinn seiner Rede, ästhetische Qualitäten werden darüber hinaus nicht verlangt». [41] Die spezifische ‹Ästhetik› der höfischen Rede ergibt sich vielmehr aus den Selbstdarstellungs- und Karriereabsichten des jeweils sprechenden Höflings: Selbstverständlich strebt er danach, seine Funktion gut zu erfüllen – aber auch danach, diesen Rede-Akt und damit sich selbst zugleich interessant zu präsentieren. Daß dies nicht in gelehrte Ausführlichkeit münden darf, wodurch genau das Gegenteil erreicht würde, versteht sich beinahe von selbst (und es wird in den Quellen auch durchaus reflektiert). [42] Aus diesen Prämissen ergibt sich eine besondere Variante des Ideals pointierter Kürze:

das ‹argutia›-Ideal, wie es etwa in der Rhetorik der ‹politischen Bewegung› [43] propagiert wird, hat seinen ganz konkreten sozialgeschichtlichen Sinn. Dem Streben nach Originalität – wie es der eigenen Profilierung dienen konnte – steht der Zwang zu extremer Kürze gegenüber. Aus dieser Konstellation ergeben sich polemische Frontstellungen: Aus der Perspektive der neuen höfischen Redekultur, die rasches, flexibles und elegantes sprachliches Agieren fordert, muß der sorgfältig und materialorientiert arbeitende humanistisch sozialisierte Gelehrte als langsam, schwerfällig und pedantisch erscheinen (der Hintergrund für viele Gelehrtensatiren der Zeit). Aus dessen Perspektive andererseits zeigt die höfische Praxis Defizite an Fundiertheit, Genauigkeit und sachlicher Substanz. Schmeichelei und Verstellung werden – nicht ganz zu Unrecht – zum Standardvorwurf. [44] Grundform und Leitgattung der H. ist das *Compliment*, die Kurzrede, mittels derer die jeweiligen zeremoniellen Akte vollzogen werden. Der Terminus, der in den zeitgenössischen Quellen sehr häufig erscheint, signalisiert, daß die H. in enger Verbindung zur höfischen Konversationskultur steht: Ein Gruß, eine Bitte, ein Dank-Compliment kann sich im Salon wie auch im Rahmen eines höfischen Festes finden – in diesem letzteren Falle dann als ausgearbeitete kleine Rede. Ihre Struktur ist im wesentlichen durch zwei Komponenten bestimmt: die *propositio* (wie Christian Weise 1677/1683 die erste nennt) und die *insinuatio*. [45] Mit der *propositio* (Vorhaben) ist – analog zur klassischen Rhetorik – der eigentliche Kern der Rede, hier der zu vollziehende zeremonielle Akt (Bitte, Begrüßung, Dank usw.) gemeint, während die *insinuatio* (Einschmeichelung) die ganzen, auf die ‹Beziehungsaspekte› einer höfischen Kurzrede zielenden Textelemente meint. Unter diesen eines der wichtigsten ist neben dem *votum* (Wohlergehenswunsch) die *servitiorum oblatio*, das Anerbieten der eigenen Dienste. – Ein wichtiger Typus sprachlichen Handelns im höfisch-politischen Rahmen ist der des Redens ‹in Vertretung› bzw. als Instrument fürstlich-hoheitlichen Handelns. Man könnte hierfür den Begriff der (durchaus im Doppelsinne zu verstehenden) ‹repräsentativen Sprachhandlung› einsetzen.

Die historische Entwicklung in *Deutschland* kann grob beschrieben werden als eine Entpolitisierung der Rede in dem Sinne, daß selbst bei hochpolitischen Anlässen in den Reden selbst keine noch offenen Entscheidungen mehr ausgetragen werden (wie es im ‹dualistischen Ständestaat› vor dem Dreißigjährigen Krieg noch durchaus anzutreffen war). [46] Vielmehr wird politisches Handeln dort – im Sinne höfischer Repräsentation – nurmehr dargestellt. Zur Entpolitisierung der Rede kommt eine Emotionalisierung und Personalisierung in dem Sinne, daß die Person (und Familie) des Herrschers in allen ihren Dimensionen nicht nur ins Zentrum rückt, sondern zugleich alle anderen Themen und Perspektiven überformt. «Die zeremonielle Beziehungspflege [zwischen Fürst und Untertanen] ersetzt funktionell die politisch-rechtliche Konfrontation. [...] Man überbietet sich in der gegenseitigen Bekundung von Freude, Treue, Zuneigung, Anteilnahme; ja, ein Großteil der Anlässe selbst, auch in politischen Fragen (vor allem Landtage, Huldigungen), wird – unter Zurückdrängung der rechtlichen und politischen Aspekte – zu ‹rein zeremoniellen› Vorgängen umstilisiert.» [47]

Ein zweites ist in der Entwicklung zu beobachten: «Im Laufe des 17. Jahrhunderts wurden im höfischen Bereich die Reden kürzer, dafür aber häufiger.» Man neigt «offensichtlich dazu, den zeremoniellen Prozeß durch kleinere Akte, auch kleinere sprachliche Akte, immer feiner zu untergliedern und gleichzeitig jedem dieser einzelnen Schritte gerade durch die Kurzreden größeres Gewicht zu geben. Wofür zunächst eine Geste, etwa die stumme ‹Reverenz›, oder ein kurzer Satz genügt hatte, kam jetzt eine genauere sprachliche Ausarbeitung dieses Schrittes hinzu». [48] Die Ursache für das Ende dieser Entwicklung, die sich bis weit ins 18. Jh. hinein fortsetzt, liegt in der Rezeption aufklärerischer und protoaufklärerischer Ideen an den Höfen des Reiches.

Anmerkungen:
1 vgl. F. J. Worstbrock, M. Klaes, J. Lütten: Repertorium der Artes dictandi des MA. T. 1. Von den Anfängen bis um 1200 (1992); G. Ueding, B. Steinbrink: Grundriß der Rhet. (³1994) 63–66. – **2** J. Bumke: Höfische Kultur, in: Beitr. zur Gesch. der dt. Sprache u. Lit. 114 (1992) 478. – **3** ebd. 480; vgl. F. Lebsanft: Stud. zu einer Linguistik des Grußes (1988). – **4** J.-D. Müller: Gedechtnus. Lit. und Hofgesellschaft um Maximilian II. (1982). – **5** V. Kapp: Die Lehre von der actio als Schlüssel zum Verständnis der Kultur der frühen Neuzeit, in: ders. (Hg.): Die Sprache der Zeichen und Bilder. Rhet. und nonverbale Kommunikation in der frühen Neuzeit (1990) 40–64. – **6** D. Till: Der ‹Hercules Gallicus› als Symbol der Eloquenz. Zu einem Aspekt frühneuzeitlicher Rhetorikikonographie, in: S. Füssel, G. Hübner, J. Knape (Hg.): Artibus. Kulturwiss. und dt. Philol. des MA und der frühen Neuzeit, FS Wuttke (1994) 249–274; vgl. auch G. v. Graevenitz: Mythos. Zur Gesch. einer Denkgewohnheit (1987) 135–138 und G. Braungart: Mythos und Herrschaft: Maximilian I. als Hercules Germanicus, in: W. Haug, B. Wachinger (Hg.): Traditionswandel und Traditionsverhalten (1991) 90f., Anm. 65. – **7** zit. n. G. Braungart: Rhet. als Strategie politischer Klugheit, in: J. Kopperschmidt (Hg.): Politik und Rhet. (1995) 152. – **8** ebd. 153. – **9** ebd.; vgl. auch G. Braungart: Hofberedsamkeit (1988) 18ff. – **10** zit. n. Braungart [7] 153. – **11** ebd. – **12** M. Beetz: Frühmoderne Höflichkeit. Komplimentierkunst und Gesellschaftsrituale im altdt. Sprachraum (1990) – **13** ausführliche Übersicht ebd. 32–71. – **14** M. Hinz: Rhet. Strategien des Hofmannes (1992); K.-H. Göttert: Kommunikationsideale. Unters. zur europäischen Konversationstheorie (1988); ders.: Rhet. und Konversationstheorie. Eine Skizze ihrer Beziehung von der Antike bis zum 18. Jh., in: Rhet. 10 (1991) 45–56; C. Strosetzki: Konversation (1978); M. Magendie: La politesse mondaine et les théories de l'honnêteté en France au XVIIe siècle de 1600 à 1660. 2 vols. (Paris 1925); M. Fumaroli: L'Age De L'Eloquence (Genf 1980). – **15** D. A. Berger: Die Konversationskunst in England 1660–1740 (1978); ders.: Aristokratische Lese- und Schreibkultur im England der Restaurationszeit, in: P. Goetsch (Hg.): Lesen und Schreiben im 17. und 18. Jh. (1994) 197–208; H. F. Plett, P. Heath: Aesthetic Constituents in the Courtly Culture of Renaissance England, in: New Literary History 14, 3 (1983) 597–621; F. Whigham: Interpretation at court: Courtesy and the Performer-Audience Dialectic, in: New Literary History 14, 3 (1983) 623–639; vgl. insgesamt: H. F. Plett: Englische Rhet. und Poetik 1479–1660. Eine systematische Bibliogr. (1985). – **16** W. Barner: Barockrhet. (1970) 369ff.; und besonders Hinz [14] 73–220. – **17** Hinz [14] 125. – **18** Braungart [7] 154; vgl. bes. U. Geitner: Die Sprache der Verstellung (1992) 51–80. – **19** Braungart [7] 154. – **20** ebd. – **21** ebd. 155; vgl. Barner [16] 44f. – **22** B. Bauer: Jesuitische ‹ars rhetorica› im Zeitalter der Glaubenskämpfe (1986); zu Masen bes. Kap. VI und VII, 319–545. – **23** C. Uhlig: Moral und Politik in der europäischen Hoferziehung, in: R. Haas, H.-J. Müllenbrock, C. Uhlig (Hg.): Lit. als Kritik des Lebens, FS L. Borinski (1975) 29ff. – **24** Hinz [14] 277–325; vgl. Berger [15] 80–81. – **25** Hinz [14] 327–366; vgl. Berger [15] 81–82. – **26** Hinz [14] 367–385; vgl. auch Uhlig [23] 42ff. und Braungart [9] 17. – **27** H. Kiesel: ‹Bei Hof, bei Höll›. Unters. zur lit. Hofkritik von Sebastian Brant bis Friedrich Schiller (1979) 88–106. – **28** Barner [16] 124ff.; Kiesel [27] 176ff.; Göttert (1988) [14] 44–61; Braungart [7] 155–158; insgesamt: E. Hidalgo-Serna: Das ingeniöse Denken bei Baltasar Gracián (1985). – **29** S. Neumeister:

Höfische Pragmatik. Zu Baltasar Graciáns Ideal des ‹Discreto›, in: A. Buck, G. Kauffmann, B. L. Spahr, C. Wiedemann (Hg.): Europäische Hofkultur im 16. und 17. Jh., 3 Bde. (1981) Bd. 2, 58. – **30** Braungart [7] 157. – **31** vgl. Berger [15] zu England insgesamt und ebd. 82–87 zu Frankreich; vgl. auch Strosetzki [14]; vgl. des weiteren C. Uhlig: Schein und Sein bei Hofe: Deformierter Humanismus und englische Renaissance, in: A. Buck (Hg.): Höfischer Humanismus (1989) 195–214. – **32** ebd. 214. – **33** vgl. insgesamt Strosetzki [14] und Magendie [14]; s. auch V. Kapp: Attizismus und Honnêteté in Farets ‹l'honnête homme, ou l'art de plaire à la cour›. Rhet. im Dienste frühabsolutistischer Politik, in: Romanistische Zs. für Literaturgesch. 13 (1989) 102–116; B. Spillner: Die Rolle des Hofes bei der Herausbildung des ‹bon usage› in der frz. Sprache des 17. Jh., in: Europäische Hofkultur [29] Bd. 2, 13–21. – **34** G. Braungart: Le ridicule, in: L. Fietz, J. O. Fichte, H.-W. Ludwig (Hg.): Semiotik, Rhet. und Soziol. des Lachens (1996) 228–238. – **35** Europäische Hofkultur [29]; V. Bauer: Die höfische Ges. in Deutschland von der Mitte des 17. bis zum Ausgang des 18. Jh. Versuch einer Typologie (1993); R. A. Müller: Der Fürstenhof in der Frühen Neuzeit (1995); umfassend: J. J. Berns, T. Rahn (Hg.): Zeremoniell als höfische Ästhetik in Spätmittelalter und Früher Neuzeit (1995); Forschungsbericht: M. Maurer: Feste und Feiern als historischer Forschungsgegenstand, in: Historische Zs. 253 (1991) 101–130; vgl. auch: P. v. Polenz: Dt. Sprachgesch., Bd. 2: 17. und 18. Jh. (1994) 22–24. – **36** Braungart [9] 67–148. – **37** ebd. 149–222. – **38** ebd. 155f. – **39** ebd. 154f. – **40** ebd. 177f. – **41** ebd. 178. – **42** ebd. 250. – **43** Barner [16] 135ff. – **44** vgl. insgesamt Geitner [18]. – **45** Braungart [9] 225ff. – **46** ebd. 33–49. – **47** ebd. 94. – **48** ebd. 225.

C. *Aktuelle Perspektiven der H.-Forschung.* Für die moderne Rhetorikforschung können vor allem zwei Blickrichtungen in der Untersuchung der H. von besonderer Bedeutung sein:

1. *Kulturwissenschaft.* Es hat sich gezeigt, daß eine sinnvolle Analyse der H. nur mit einem ausgefeilten methodischen Instrumentarium durchgeführt werden kann, das neben den bewährten philologischen und rhetorikgeschichtlichen Ansätzen auch kulturanthropologische (etwa im Sinne der *thick description* [Clifford Geertz]), soziologische (Bourdieu) und mentalitätsgeschichtliche Theorien berücksichtigt. Auch die vielfältigen Anregungen des *New Historicism* wären einzubeziehen [1], ebenso die kunstwissenschaftliche *Ikonologie.* [2] Es geht also insgesamt darum, die Tendenzen zur umfassenderen kulturwissenschaftlichen Perspektive, wie sie sich in der Zeremoniellforschung auf breiter Basis bereits durchgesetzt haben [3], mehr auch für die Rhetorikgeschichte zu nützen. Hier könnte die H. ein methodisches Paradigma abgeben, insofern sie – mehr als andere Bereiche der Rhetorik – nahelegt, den Text der Rede im Zusammenhang und im Dialog mit den anderen umgebenden Zeichensystemen zu deuten. [4] So geht es bei der H. nicht allein um Intertextualität, sondern in ganz dezidierter Weise auch um *Intermedialität.* [5] – Auch in den Altertumswissenschaften gibt es immer mehr Tendenzen zu einer umfassenderen kommunikationswissenschaftlichen Analyse der Texte, insofern der zeremonielle Kontext soweit als möglich rekonstruiert und entschieden mit einbezogen wird. Dabei sind durchaus auch Funktionsbestimmungen für einzelne Formcharakteristika (Schwulst, Pathos usw.) und für inhaltlich-ideologische Komponenten denkbar; wobei es für die Antike v. a. um das Verhältnis der Panegyrik zur Geschichte geht, zeigt sich doch hier ganz besonders deutlich die latente Spannung zwischen den vom System her gegebenen (politischen) Vorgaben einerseits und den eigenen Profilierungs- und Abgrenzungstendenzen der Redner andererseits. [6]

2. *Politische Rhetorik, Panegyrik.* Für die Erforschung der Rhetorik in totalitären Systemen und Zusammenhängen können methodische Anregungen aufgenommen werden, ohne daß jedoch die H. generell unter den Verdacht der Komplizenschaft und der Affirmation gestellt werden dürfte. Selbstverständlich gibt es Techniken und Verfahren der H., die auch im Kontext anderer hierarchischer und monokratischer Systeme Verwendung finden – und eine kontrastive Analyse könnte in vielen Fällen durchaus erhellend sein –, aber die unterschiedlichen historischen und auch mediengeschichtlichen Bedingungen verhindern eine allzu vorschnelle Verbindung. Vielmehr zeigt sich bei genauer Analyse der Erscheinungsweisen von H. immer wieder, wie auch in monarchischen Systemen – und gerade auch im Kontext von Panegyrik – durchaus Mittel und Wege der Kritik und der Überschreitung rein affirmativer Tendenzen vorhanden waren. [7] Damit könnte sich eine Relativierung des Modells klassisch-republikanischer Beredsamkeit verbinden, insofern die historische Analyse jene vorschnell wertende Perspektive aufgeben sollte, unter der alle anderen Formen der Rede, welche diesem Modell nicht entsprechen, als Schwund- und Zerrformen gesehen werden. Die kulturwissenschaftlich-anthropologische Erforschung erlaubt eine weitaus differenziertere Sicht.

Anmerkungen:
1 vgl. M. Baßler (Hg.): New Historicism. Literaturgesch. als Poetik der Kultur (1995). – **2** etwa: A. Beyer (Hg.): Die Lesbarkeit der Kunst. Zur Geistes-Ikonologie der Gegenwart (1992). – **3** J. J. Berns, T. Rahn (Hg.): Zeremoniell als höfische Ästhetik in Spätmittelalter und Früher Neuzeit (1995). – **4** s. etwa R. Posner: Kultur als Zeichensystem, in: A. Assmann, D. Harth (Hg.): Kultur als Lebenswelt und Monument (1991); R. Glaser, M. Luserke (Hg.): Literaturwiss. – Kulturwiss. (1996); exemplarisch in der Vorgehensweise: G. v. Graevenitz: Mythos (1987) 120–208: Die ‹öffentliche Überlieferung›. Zur Mediengesch. der europäischen Mythologie. – **5** G. Braungart: Intertextualität und Zeremoniell, in: W. Kuhlmann, W. Neuber (Hg.): Intertextualität in der Frühen Neuzeit (1994) 314. – **6** vgl. K. Strobel: Zu Zeitgesch. Aspekten im ‹Panegyricus› des jüngeren Plinius: Trajan – «Imperator invictus» und «novum ad principatum iter», in: K. Strobel, J. Knape: Zur Deutung von Gesch. in Antike und Mittelalter (1985) 9–112; W. Portmann: Gesch. in der spätantiken Panegyrik (1988). – **7** G. Braungart: Hofberedsamkeit (1988) 280; T. Verweyen: Barockes Herrscherlob, in: DU 28 (1976) 25–45.

F. Harzer, G. Braungart

→ Arenga → Argutia-Bewegung → Ars dictandi, dictaminis → Decorum → Fürstenspiegel → Galante Rhetorik → Gentleman → Herrscherlob → Höflichkeit → Hofmann → Honnête homme → Komplimentierkunst → Lobrede → Politische Rede → Politische Rhetorik → Zeremonialstil

Höflichkeit (griech. κοσμιότης, kosmiótēs, κομψότης, kompsótēs, ἀστειότης, asteiótēs; lat. humanitas, urbanitas, comitas, affabilitas; engl. politeness, civility, courtesy; frz. politesse, civilité, courtoisie; ital. cortesia, gentilezza, civiltà)

A. Def. – B. I. Antike. – II. Mittelalter. – III. Renaissance, Reformation. – IV. 17. Jh., galante Epoche, Frühaufklärung. – V. 18. Jh. – VI. 19. Jh. – VII. 20. Jh.

A. Der Begriff ‹H.› geht zurück auf das mhd. ‹hovelich›, das ursprünglich – synonym zu ‹höfisch› – «ein Benehmen, wie es sich bei Hof geziemt» bedeutet, seit dem 15. Jh. jedoch im allgemeinen Sinn von ‹wohlerzogen› verwendet wird. [1] Somit bezeichnet H. einen gesellschaftsethischen Maßstab für eine Verhaltensdisposition und die Modalität interaktiver Handlungen. Der Begriff umfaßt einen Komplex kulturspezifischer und historischer Verhaltensstandards, mit denen der Handelnde anhand ritualisierter Formen in der Interaktion demonstriert, daß er sich Interessen des/der Adressaten zu eigen macht. Höflichkeitsverhalten hat in der abendländischen Tradition sowohl einen rituellen wie strategischen Aspekt: Von historisch sich verändernden Konventionen geprägt zielt es darauf, Kommunikationspartner zu gewinnen. H. kann sich in positiver Form (Zuvorkommenheit) oder in negativer H. äußern, die sich bemüht, Anstoß und Imagebedrohungen des Adressaten zu vermeiden. In beiden Fällen obliegt den Beteiligten ein variables Austarieren eigener und fremder Imageansprüche. Auch wenn Höflichkeits- und Anstandsnormen in der Tradition oft ineinander übergehen, lassen sich Differenzkriterien ermitteln: Der Anstandskodex ist deutlicher in Ethik und Rechtslehre verankert, Höflichkeitsverhalten eher in der Privatpolitik. Die Verletzung von Anstandspflichten sich selbst und anderen gegenüber unterliegt teilweise juristischen Sanktionen, während unhöfliches Verhalten weniger justitiabel als politisch unklug erscheint. [2] Zum Höflichkeitsverhalten gehört mindestens ein direkter Interaktionspartner, während bei Anstandsverhalten andere lediglich Zeugen sein können. [3] Takt als Ausdruck negativer Höflichkeit setzt weniger Regelkenntnisse als individuelles Einfühlungsvermögen und perfekte Rollenübernahme in der Schonung spezifischer Verwundbarkeiten von Partnern voraus. [4]

Höflichkeitsverhalten realisiert sich im Ausdruck nichtsprachlicher wie sprachlicher Zeichen, mündlicher wie schriftlicher Äußerungen. Ihre rhetorische Verankerung findet die H. in grundlegenden Soziabilitätskonzepten der Rhetorik wie in Techniken der sprachlichen Insinuation. [5] Von ihren Ursprüngen her galt die Rhetorik als Stifterin der Zivilisation und als Kunst des gesitteten Umgangs. [6] In Überschneidungen mit der Redelehre formuliert die Konversationstheorie wesentliche Prinzipien der H. (vgl. ‹Gespräch›, ‹Gesprächsrhetorik›, ‹Gesprächsspiel›). Die systematische Zugehörigkeit zum Begriff des ‹Ethos› macht H. zu einem Überzeugungsmedium, das auf der Person des Sprechers und seinem Auftreten beruht, wie es in der actio-Lehre vom Ideal der Angemessenheit geprägt wird. Ethoshaltungen wie Liebenswürdigkeit, Sanftheit, Freundlichkeit kommen Überredungsqualitäten zu. Die in der Affektenlehre vermittelte kluge Menschenkenntnis gestattet die Einstellung auf unterschiedlichste Kommunikationspartner. Die Signalisierung positiver Einstellungen gehört zusammen mit der Aufwertung des Adressaten und der Selbstdegradierung des Sprechers zu den Hauptstrategien der Insinuation, die sich aus dem Reservoir des *genus demonstrativum* speist.

Aufgrund seiner Komplexität beschäftigt das Phänomen der H. die unterschiedlichsten Disziplinen: Zivilisations-, Mentalitäts- und Sozialgeschichte; Soziologie, Sozialpsychologie und Linguistik, Rhetorik, Literaturwissenschaft, Pädagogik, Volkskunde, Anthropologie, Philosophie. Ähnlich breit gestreut erweist sich das Gattungsspektrum nichtfiktionaler Zweckformen, die H. vermitteln wollen: Anstandsliteratur, Stände- und Hofmeisterlehren, Frauen- und Tischzuchten, Tranchierbücher, Tanzmeister, Hofschulen, Klugheitslehren, Ehespiegel, Ökonomiken, Apodemiken, Komplimentier- und Konversationsbücher, Briefsteller, Titularien; moralische Traktate und antigrobianische Satire. Selbst fiktionale Großformen widmen sich der Höflichkeitserziehung.

Anmerkungen:
1 H. Paul: Dt. Wtb. (^{9}1992) 415. – **2** C. H. Amthor: Einleitung zur Sittenlehre (1706) 96. – **3** M. Beetz: Frühmoderne H. (1990) 142–145. – **4** R. von Jhering: Der Takt, in: Nachrichten der Akad. der Wiss. in Göttingen I (1968) Nr. 4, 83. – **5** M. Beetz: Soziale Kontaktaufnahme, in: Rhetorik 10 (1991) 30ff. – **6** Cic. De or. I, 8, 32f.

Literaturhinweis:
K.-H. Göttert: Art. ‹Anstandsliteratur›, in: HWR, Bd. 1 (1992) Sp. 658–675.

B. Gesellschaftsethik als Selbstinterpretation des gesellschaftlichen Bewußtseins verändert mit historischen Umbrüchen und Evolutionen ihr Gesicht. Die Auseinandersetzung mit dem Phänomen steht von Anfang an im Spannungsfeld der praktischen Philosophie zwischen ‹innerer› Sittlichkeit *(honestum)* und ‹äußerem› schicklichen Verhalten *(decorum)*, wobei sich im Geschichtsprozeß die Affinität der H. zur Ethik oder Politik verschiebt. Das mit der Frühmoderne erwachte Bewußtsein historischen Decorum-Wandels verschärft sich im 17. Jh.: Man registriert eine beschleunigte Ablösung von Verhaltensstandards. [1] Nach der Begründung von Höflichkeitsprinzipien in der Antike unternimmt im europäischen Zivilisationsprozeß das Mittelalter deren ethisch-religiöse Verankerung. Die italienische Renaissance leistet die zukunftsweisende mundane Begründung der H. Ihre etymologische Ableitung von ‹Hof› bleibt im Zeitalter des Absolutismus präsent; entsprechend wird das Distinktionsverhalten sozialer Rollenträger im Zuge einer Theatralisierung der Kommunikation reich ausdifferenziert. Das 18. Jh. sucht Verhaltenszwänge gemäß bürgerlichem Wertmaßstabe zu verinnerlichen: N. Elias charakterisiert den neuzeitlichen Zivilisationsprozeß durch den Internalisierungsschritt von der Fremd- zur Selbstkontrolle. [2] Die letzten 100 Jahre sind durch Informalisierungsprozesse und die schubweise Lockerung zwischenmenschlicher Umgangsregeln gekennzeichnet. [3]

I. *Antike.* Der soziologische (und etymologische) Sitz der ‹Urbanität› in der Antike ist die Stadt, die Polis. ARISTOTELES situiert im 4. Buch seiner ‹Nikomachischen Ethik› das gesellige Verhalten wie die Tugend insgesamt in der ‹goldenen Mitte› zwischen Extremen. Der Zuvorkommende und Beherrschte behandelt auch Unbekannte freundlich, ohne jedoch Unterschiede im Bekanntheitsgrad und der Statusrelation zu unterschlagen. [4] Der gerühmte Mittelweg wurde von unabsehbarer Tragweite für die Gesellschaftsethik mit seiner Balanceforderung zwischen dem, was jeweilige Epochen für ein Zuviel oder Zuwenig erachten. [5] CICERO begründet den Mittelweg aus seinem Ideal der harmonischen, vernunftgeleiteten Persönlichkeit als vorzüglichster Voraussetzung für die Harmonie und Ordnung der Gemeinschaft. [6] Takt, gewinnendes Auftreten, Selbstkontrolle, Schönheitssinn und – bei aller Beflissenheit – die Orientierung an der eigenen Natur definieren Eckwerte des europäischen Höflichkeitsprogramms, in dessen Grundlegung das *decorum* vom *honestum* untrennbar bleibt. [7] PLUTARCH geht in seinen Moralischen Schriften auf Detailfragen des Umgangsverhaltens ein: Zahlreiche Abhandlungen erörtern Konversationspunkte und Gastgebernormen. [8] Die aus der Spätantike stammenden ‹Disticha Catonis› wurde im Mittelalter zum verbreitetsten Erziehungsbuch und erlebten bis zu Opitz zahlreiche deutsche Übersetzungen und Bearbeitungen. [9]

Anmerkungen:
1 M. Beetz: Frühmoderne H. (1990) 244f. – **2** N. Elias: Über den Prozeß der Zivilisation, 2 Bde. (1977) I, 135, 155, 162f.; 173f.; II, 312ff., 397ff. – **3** H. P. Dreitzel: Peinliche Situationen, in: M. Baethge, W. Eßbach (Hg.): Soziologie: Entdeckungen im Alltäglichen (1983) 153f. – **4** Arist. EN 1126b–1127a, 1145a–1152a. – **5** Beetz [1] 197ff. – **6** M. T. Cicero: De officiis, lat./dt. hg. von H. Gunermann (1980) I, 28, 98–100 u. 31, 111; 36, 130. – **7** ebd. I. 28, 99; 27, 93–96; 31, 110–114; 35, 126. – **8** Plutarch's Werke. Moralische Schr., übers. von J.C.F. Bähr (1828) 20.–23., 26., 31.–34. Bändchen. – **9** Disticha Catonis, hg. von M. Boas (1952); F. Zarncke: Der dt. Cato (1852) 1, 6f.; M. Opitz: Catonis disticha de moribus ad filium (1629).

II. *Mittelalter.* Im Mittelalter stehen eher Anstands- als Höflichkeitsfragen im Zentrum des Interesses. Moraltraktate von AMBROSIUS VON MAILAND, ALKUIN, THOMAS VON AQUIN behandeln die Tugend der H.; ständische Verhaltensmodellierungen wie Hof-, Tisch- oder Frauenzuchten, klerikale Schicklichkeitskodizes, Ritter- und Adelsspiegel verbinden im Leitbegriff der ‹höveschheit› (‹courtoisie›) gesellschaftsethische und moralische Normen. [1] Der mhd. Begriff ‹höveschheit› schließt neben H. und Galanterie auch den Sektor der höfischen Erziehung und Sittlichkeit ein. [2] In der Romania umfaßt die analoge etymologische Herleitung der ‹cortesia›, ‹courtoisie› von ‹corte›, ‹cour› den Gesamtkomplex des höfischgesellschaftlichen Verhaltens und seiner Tugenden in der Oberschicht, einschließlich der höfischen Minne. [3] Der Einfluß französischer Kultur zeichnet sich im deutschsprachigen Raum bereits im 11. Jh. ab. Für die französische Adelskultur schrieben ETIENNE DE FOUGÈRES und GARIN LE BRUN Standardwerke; lateinische und deutsche Hof- und Tischzuchten bieten u. a. der ‹Facetus›, ‹Moretus›, ‹Urbanus›, THOMAS VON ZIRCLAERE, REINER ALLEMAN, RUDOLF VON EMS, ‹Tannhäuser›. [4] Wesentlichen Anteil an der Modellierung der höfischen Etikette nahmen Hofkleriker: Die ‹Disciplina clericalis› des spanischen Arztes PETRUS ALFONSI beeinflußte nachhaltig die volkssprachlichen Tischzuchten des 12. und 13. Jh. Die antiken und christlich-religiösen Wertvorstellungen des «ritterlichen Tugendsystems» (Ehrismann) werden nicht nur in der didaktischen Literatur, sondern ebenso im hochhöfischen Epos vertreten. [5] Ungeachtet der unüberbrückbaren Diskrepanz zwischen höfischen Ritteridealen wie ‹mâze›, ‹staete›, ‹triuwe›, Demut, Dienstfertigkeit und der gesellschaftlichen Realität darf der Appellcharakter der Wertstandards nicht unterschlagen werden. [6] Die Kritik an geistlichen Herren wegen ihrer Weltläufigkeit erhellt die Brisanz einer neuen Wertschätzung mundaner Kultur gegenüber monastischer Diesseitsverachtung. Im Gegensatz zu christlicher und profaner Frauenfeindlichkeit schuf die Gesellschaftsethik des Mittelalters ein neues, idealisiertes Frauenbild, das die reale Geschlechterbeziehung umkehrt und im ritterlichen Minnedienst die Vasallität und Anstelligkeit des Mannes auf das Geschlechterverhältnis überträgt. [7]

Anmerkungen:
1 Göttert, Art. ‹Anstandsliteratur›, in: HWR, 1, Sp. 661f.; J. Bumke: Höfische Kultur, 2 Bde. (1986) II, 425; K.-H. Göttert: Rhet. und Konversationstheorie, in: Rhetorik 10 (1991) 47f. – **2** vgl. Thomasin von Zirclaria: Der Wälsche Gast (1965) V, 183, 302, 657f.; vgl. Bumke ebd. I, 78ff. – **3** H. Krings: Die Gesch. des Wortschatzes der H. im Frz. (1961) 38f., 55–67. – **4** vgl. G. Bebermeyer: Art. ‹Hofzucht›, in: RDL, I (1958); M. Geyer (Hg.): Altdt. Tischzuchten (1882). – **5** vgl. G. Eifler (Hg.): Ritterl. Tugendsystem (1970). – **6** Bumke [1] II, 446f., 430ff. – **7** ebd. 453, 468f.

Literaturhinweis:
J. Bennewitz: Moraldidaktische Lit., in: H. A. Glaser (Hg.): Dt. Lit. 1 (1988).

III. *Renaissance, Reformation.* Im Diskursrahmen der Hausliteratur sucht der Humanist ALBERTI (‹Della Famiglia›, 1434/41) unter Rückgriff auf die Antike die Bildung an Leitvorstellungen der Rhetorik und gesellingen Humanität auszurichten. [1] Der Italiener grenzt nicht mehr die H. wie im Mittelalter gegenüber dem bäurischen Wesen ab, sondern die ‹civiltà› der Gebildeten vom ungebildeten Volk. [2] Der Sekretär und Prinzenerzieher PONTANUS skizziert in seinem Traktat zur Kommunikationskompetenz ‹De sermone› (1499) einen urbanen Rednertyp, der im Alltagsgespräch überzeugt. [3] Der Humanist wagt sich an einen ersten Differenzierungsversuch von Gesellschaftsethik und Moral durch die Trennung von «humanitas» und «comitas». [4] Nach J. WIMPHELINGS ‹Adolescentia› und weiteren humanistischen Erziehungslehren gelang ERASMUS 1529 ein Bestseller unter den Benimmbüchern, der bis ins 18. Jh. 130 Auflagen erlebte. [5] Einschlägig für Kinder wie Erwachsene zielen die einzelnen Regeln von ‹De civilitate morum puerilium› auf eine Harmonie zwischen Körper, Äußerem und Geist unter den Leitlinien der Natur und Vernunft. Nach dem Vordringen bürgerlicher Gelehrter in der Renaissance setzte in Italien zu Beginn des *Cinquecento* eine Rearistokratisierungsbewegung ein, der B. CASTIGLIONE wesentliche Impulse gab. [6] Seinem ‹Libro del Cortegiano› (1528) verdankt sich im Abendland die mundane Begründung der Gesellschaftsethik, insofern der Castiglione-Rezeption das gezeichnete Verhaltensprofil des vollkommenen Hofmanns zum ständeübergreifenden Idealbild des gesitteten und gebildeten Menschen dient. Dem italienischen Grafen glückt eine Verschmelzung von Verhaltensstandards der Nobilität mit humanistischer Rhetorik und antiker Ethik. Die sozialdistinktiven Tugenden der «grazia» (Anmut), «sprezzatura» (Lässigkeit), «temperantia» (Mäßigung) und «mediocrità» (Ausgeglichenheit) finden allein aufgrund ihrer sozialen Akzeptanz Beachtung. [7] Der lässige Umgang des ausgesuchten Gesprächskreises am Hof von Urbino mit der Etikette, die lockere Steuerung der improvisiert wirkenden Konversation vermeiden den pädagogischen Zeigefinger eines Traktates. Einander relativierende Äußerungen fallen in einem kompromißbereiten Gesprächsklima, in dem jeder den anderen respektiert und damit unaufdringlich für Toleranz wirbt. [8] GUAZZOS ‹Civil conversazione› (1574) begründet in ciceronianischer, sprachhumanistischer Tradition das gesellige Gespräch als Nährboden menschlicher Kultur und Soziabilität, als Therapie gegen die melancholiefördernde Einsamkeit. Die erfolgreiche Umgangslehre – sie erzielte in einem halben Jahrhundert über 50 Auflagen – will in Dialogform den höfischen Verhaltenskodex einem breiten, inhomogenen Leserkreis nahebringen und plädiert für Höflichkeit außerhalb des Hofs. [9] ‹Civile› läßt sich nicht mit ‹bürgerlich› übersetzen, weil die den privaten wie öffentlichen Umgang zwischen unterschiedlichsten Kommunikationspartnern normierenden Vorschläge als Zielpublikum den Bürgerstand nach oben wie unten übersteigen. [10] Vom Idealtypus des ‹Cortegiano› setzt sich DELLA CASAS ‹Galateo› in zweifacher Hinsicht ab: Er geht so detailliert auf die Alltagspraxis ein, daß sein Titel nachgerade zum Gattungsbegriff für das Benimmbuch in Italien werden konnte. Zum andern stellt der katholische Kirchenfürst sein auf der thomistischen Tugend- und Klugheitslehre basierendes Anstandsbuch in den Dienst der Gegenreformation. Es wurde nicht nur zum Erziehungsbuch für das katholische Deutschland, sondern erreichte in der Übersetzung von N. Chytraeus auch protestantische Kreise. [11]

Anmerkungen:
1 L. B. Alberti: Über das Hauswesen (1962). – 2 vgl. O. Brunner: Adeliges Landleben und europäischer Geist (1949) 105. – 3 G. Pontanus: De sermone libri sex (1499), hg. von S. Lupi u. A. Risicato (1954); vgl. C. Schmölders (Hg.): Die Kunst des Gesprächs (1979) 107f. – 4 Pontanus ebd. 44–49. – 5 D. Erasmus: Über die Umgangserziehung der Kinder, in: A. J. Gail (Hg.): Ausgew. päd. Schr. (1963); Het boeckje van Erasmus. De Civilitate morum Puerilium (niederl./lat.) (1969); A. Bömer: Anstand und Etikette nach den Theorien der Humanisten, in: Neues Jb. für das klass. Altertum 14 (1904). – 6 E. Loos: B. Castigliones ‹Libro del cortegiano› (1955) 155. – 7 B. Castiglione: Das Buch vom Hofmann (1960) 27ff., 53ff.; vgl. K.-H. Göttert: Kommunikationsideale (1988) 20ff. – 8 M. Beetz: Frühmoderne H. (1990) 67. – 9 E. Bonfatti: La ‹Civil Conversazione› in Germania (1979) 45, 55ff.; vgl. ders.: Verhaltenslehrbücher und Verhaltensideale, in: H. A. Glaser (Hg.): Dt. Lit. 3 (1985) 80. – 10 R. Auernheimer: Gemeinschaft und Gespräch (1973) 17; vgl. S. Guazzo: DE CIVILI CONVERSATIONE, Das ist/ Von dem Bürgerlichen Wandel ..., übers. von N. Rücker (1599). – 11 Nachwort von K. Ley, in: G. della Casa, N. Chytraeus: Galateus (1984) 9*ff.; ders.: Die ‹Scienza civile› des G. della Casa (1984); ders.: G. della Casa (1503–1556) in der Kritik (1984).

IV. *17. Jahrhundert, galante Epoche, Frühaufklärung.* Im Zuge intensiver Übersetzertätigkeit aus dem Italienischen und Spanischen zwischen 1570 und 1620 sowie über neulateinische Fassungen wurde auch in protestantischen und calvinistischen Reichsterritorien neben dem ‹Galateus› u. a. die ‹Civil Conversatione› rezipiert. [1] Französische Übertragungen von DU REFUGE, FARÊT, später COURTIN schlossen sich an. Gegenüber dem 16. Jh. verlagerte sich der Schwerpunkt von der Beschreibung eines exemplarischen Rollentypus zu der von Techniken und (Gracianschen) Strategien der H. Die deutschen Autoren des 17. Jh. verstehen sich weniger als bildungsprägende Erzieher, eher als Protokollanten gesellschaftlicher Verhaltenskodizes. Selbst die bedeutenderen Umgangslehrer wie HARSDÖRFFER, GREFLINGER, VON ALEWEIN, STIELER, C. WEISE, RIEMER, BOHSE, HUNOLD, THOMASIUS, J. G. NEUKIRCH, C. HEUMANN, C. BARTH, J. H. LOCHNER, J. B. VON ROHR fungieren allenfalls als Katalysatoren gesellschaftsethischer Prozesse. [2] Die Transformationen des Moralistikdiskurses vom 16. bis 18. Jh. sind eng mit sozialen, politischen, ökonomischen und ideologischen Entwicklungen verbunden. Die für die Höflichkeitssprache signifikante Selbsterniedrigung und Partnererhöhung realisieren sich im 16. Jh. eher maßvoll, schlagen im 17. Jh. in Extremwerte aus, um im 18. Jh. wiederum abgedämpft zu werden. Das Statusdenken erweist sich im Zeitalter des höfischen Absolutismus wesentlich schärfer ausgeprägt als in der Renaissance. Der Humanismus kennt keine ängstliche Abwehrhaltung gegenüber der Unterschicht und ermuntert gegenüber Höhergestellten zu den Einstellungen der Liebe und des Zutrauens. [3] Durch das gesamte 17. Jh. hingegen ziehen sich als Verhaltensmaximen für die grundlegenden Statusrelationen die Forderungen, gegenüber Ranghöheren Verehrung und Demut zur Schau zu tragen, gegenüber Ranggleichen Bescheidenheit und Freundlichkeit, gegenüber Rangniedrigeren eine von asymmetrischen Rechten abgesicherte Leutseligkeit. [4] Die im Absolutismus akzeptierte Schroffheit sozialer Distinktion findet vor der Folie erhöhter Statusmobilität ihre ordostabilisierende Erklärung. [5] Ehrempfindlichkeit und Titelsucht grassieren im Reich angesichts einer in Bewegung geratenen Ständegesellschaft und der von politischen Zäsuren angestoßenen Titelinflation. Im frühen 18. Jh. wird Achtung gegenüber der Unterschicht propagiert und im späten artikulieren sich gegenüber Höheren gesellschaftskritische Ansätze auch auf Deutsch. [6] Die Verankerung der Gesellschaftsethik in christlich-neustoischen Moralprinzipien gerät nach dem Dreißigjährigen Krieg in den Sog pazifizierender Säkularisierungsströmungen, so daß die Galanten den Fiktionscharakter der H. herausstellen. In Abwehr dieser Veräußerlichung verschafft die Frühaufklärung neuen sozialen Tugenden Geltung, ohne die systematische Differenzierung von Moral und Gesellschaftsethik aufzugeben. [7] Seit THOMASIUS in Deutschland, LOCKE und SHAFTESBURY in England dominieren altruistische Soziabilitätskonzepte, natürliches Wohlwollen über egoistische Triebfedern. N. Elias' Analyse des zivilisatorischen Verfeinerungsprozesses anhand des Vorrückens von Peinlichkeitsschwellen bestätigt sich an Anweisungen zum verbalen Verhalten: Scheute sich die antigrobianische Literatur des 16. und 17. Jh. als Gesellschaftsethik ex negativo bis zur Jahrhundertmitte nicht, mit Grobheiten zur H. und notwendigen Sozialdisziplinierung zu erziehen, so geschieht dies in der zweiten Jahrhunderthälfte anhand der Rezeption französischer Kultur zunehmend unter dem Vorzeichen von Lebensart. [8]

Anmerkungen:
1 E. Bonfatti: Verhaltenslehrbücher und Verhaltensideale, in: H. A. Glaser (Hg.): Dt. Lit. 3 (1985) 77–80. – 2 M. Beetz: Frühmoderne H. (1990) 7ff. – 3 ebd. 259ff., 266. – 4 ebd. 132f. – 5 ebd. 266f. – 6 ebd. 268f., 272. – 7 ebd. 284–290; ders.: Ein neuentdeckter Lehrer der Conduite, in: W. Schneiders (Hg.): C. Thomasius (1989) 208ff. In der Moralisierung der Kommunikation erkennt Vowinckel einen Verlust an kommunikativer Kompetenz. G. Vowinckel: Von politischen Köpfen und schönen Seelen (1983) 103.

Literaturhinweise:
K.-H. Göttert: Art. ‹Anstandsliteratur›, in HWR, Bd. 1 (1992). – T. Pittrof: Umgangslit. in neuerer Sicht, in: IASL, 3. Sonderheft (1992).

V. *18. Jahrhundert.* Die von Elias diagnostizierte Abnahme der Spontaneität und Zunahme der Selbstkontrolle im Zivilisationsprozeß ist durch einen gegenläufigen Informalisierungsprozeß im 18. Jh. zu ergänzen, der die Natur wiederum in ihre Rechte einsetzt und in der Sturm und Drang-Kritik an der Etikette gerade das Archaische, Unverstellte, Originäre feiert. [1] Zwar kehrt in der Geschichte der Gesellschaftsethik das Natürlichkeitspostulat als Richtschnur einer überzeugenden Darstellung refrainhaft wieder, doch bleibt es als Verbergen des Artifiziellen bis zum Ende des 17. Jh. ein Wirkungskriterium der Rhetorik, Politik und Ästhetik. Seit LOCKE und der Aufklärung fällt Affektiertheit einem moralischen Verdikt anheim: Offenheit wird in den Moralischen Wochenschriften zum Geselligkeitsleitbild der Aufklärung. [2] Für ROUSSEAU ist keine andere Autorität als die Natur mehr legitim. An der H. erläutert er im ersten ‹Discours› (1750) seine kulturkritische These von der Depravierung des von Natur guten Menschen durch Zivilisation und Gesellschaft. [3] Als zeitgenössische Entartung sieht er die denaturierende Entfremdung des Menschen von sich selbst durch repressive Konventionen und Prestigedenken. [4] Die Kulturkritik des Genfers und sein Plädoyer für einen zwanglosen, vertrauensvollen Umgang unter Gleichen wurden in Frankreich als Fanal zu den Freiheits- und Gleichheitsforderungen der Revolution gelesen. [5] Diesseits des Rheins spiegelt die Verbürgerlichung der H. das ökonomisch und gesellschaftlich zunehmende Gewicht des Bürgertums wider. [6] Die englischen Leitbilder des *Gentleman*, Kaufmanns, Biedermanns verdrängen die des Hofmanns, *galant homme* und *Politicus*; in der zweiten Jahrhunderthälfte geht das Schrifttum zur Privatpolitik in Pädagogik über. [7] Im traditionsreichen Diskurs der Hofkritik attackiert Lessing zur Begründung einer bürgerlichen deutschen Nationalkultur das französische Höflingswesen. [8] Die zeremoniösen, umständlichen Gesellschaftsrituale des Barock werden unter zeitökonomischen Aspekten auf ihre Funktion reduziert; die unter Bekannten und Verwandten im 17. Jh. noch übliche offiziöse Konvenienzsprache weicht in den Komplimentierbüchern einer privateren, intimeren Gefühlskodierung. [9] In der zweiten Hälfte des 18. Jh. melden Geselligkeitstheoretiker und -lehrer wie FEDER, KNIGGE, BRÜCKNER, GARVE und POCKELS Gesellschaftskritik an. [10] Der sogleich mit der Französischen Revolution sympathisierende Freiherr von Knigge wendet sich in selbstbewußter Bürgerlichkeit gegen «Hofgesindel» und neureiches Großbürgertum. [11] Sein Adressat ist der demokratische Bürger, der «Genuß aus dem Umgange mit allen Classen von Menschen» schöpft. [12] Knigges empirische Betrachtungsweise und sein demokratisches Bildungskonzept setzen in Deutschland die Verbürgerlichung der H. durch. [13] In der sich funktional differenzierenden Gesellschaft des 18. Jh. schafft sich der Einzelne ohne stabile Positionszuweisung seine persönliche Identität über die selbstgewählte Lebensbahn, so daß er sich dem Dilemma gleichzeitiger Tugend- und Karriereansprüche ausgesetzt sieht. [14] Garves popularphilosophische Untersuchung empirischer Gesellschaftsmoral entdeckt aus soziologisch-deskriptiver Perspektive Anstandsverhalten als historische Größe. [15] Gleichwohl vertieft er angesichts zunehmender Arbeitsteilung den humanen Bildungsaspekt der Gesellschaftsethik. KANT begründet in der «Metaphysik der Sitten» den unverzichtbaren Anspruch jedes Menschen auf Achtung und würdigt pädagogisch den Fiktionswert der H. [16] Mit dem Ende der aristotelisch-praktischen Philosophie treten 1788 bei Kant und Knigge die Bereiche des Anstands und der Moral innerhalb historisch-gesellschaftlicher Sittlichkeit definitiv auseinander. [17] Im Dialog mit Rousseau verteidigt SCHILLER die Ästhetik zusagener Manieren in den ‹Kalliasbriefen› (23. 2. 1793) mit einem Schönheitsbegriff, der Freiheit und Natürlichkeit voraussetzt. [18] Im 10. Brief setzt er sich mit Rousseaus Bedenken gegen die Verlogenheit und moralische Korrumpierbarkeit des gefälligen Umgangsstils auseinander, um im 23. Brief ähnlich wie in anderen ästhetischen Abhandlungen die kultivierende Rolle von Geschmack und Anstand für die ästhetische Bildung zu erläutern. [19]

Anmerkungen:
1 M. Schneider: Der Betrug der guten Sitten, in: R. Stäblein (Hg.): H. (1993) 44; N. Elias: Zivilisation und Informalisierung, in: ders.: Stud. über die Deutschen (1989) 33ff. – **2** W. Martens: Die Botschaft der Tugend (1971) 350ff., 360f.; K.-H. Göttert: Kommunikationsideale (1988) 101ff.; M. Beetz: Frühmoderne H. (1990) 304ff. – **3** J. J. Rousseau: Abh. über die Frage, ob die Wiederherstellung der Wiss. und Künste zur Läuterung der Sitten beigetragen hat?, in: ders.: Schr. 1, hg. von H. Ritter (1988) 34ff.; ders.: Emile (1965) 211; Göttert ebd. 130f. – **4** Rousseau: Abh. über den Ursprung und die Grundlagen der Ungleichheit [...], in: Schr. 1, 264f.; ders.: Emile ebd. 65f., 185, 193f., 199, 227, 235. – **5** Rousseau, Emile ebd. 344f.; ders.: Abh. [4] 226f., 236ff., 242f., 259–265. – **6** K. Ehlich: Die Geschichtlichkeit der H. (1991) 26; engl. Fassung in: R. J. Watts, S. Ide, K. Ehlich (Hg.): Politeness in Language (1992). – **7** Beetz [2] 276f., 288; Göttert [2] 101ff.; T. Pittrof: Knigges Aufklärung über den Umgang mit Menschen (1989) 78f. – **8** H. Kiesel: ‹Bei Hof, bei Höll› (1979); M. Claus: Lessing und die Franzosen: H. – Laster – Witz (1982) 26; M. Beetz: Negative Kontinuität, in: K. Garber (Hg.): Europ. Barockrezeption (1991) 281–301. – **9** Beetz [2] 280ff., 309ff. – **10** E. Machwirth: H. (1970) 35. – **11** A. von Knigge: Ueber den Umgang mit Menschen (1978) II 2, 42f. – **12** ebd. III, 222. – **13** G. Ueding: Rhet. Konstellationen im Umgang mit Menschen, in: JbIG IX (1977) 42f., 47. – **14** G. Stanitzek: Blödigkeit (1989) 124, 138. – **15** Göttert [2] 141 u. 152; C. Garve: Über die Moden (1792), in: ders.: Versuche über verschiedene Gegenstände ... (1792–1802); 2. Tl. 117–294; ders.: Über Gesellschaft und Einsamkeit (1797–1800), in: ebd. 3. und 4. Tl. – **16** I. Kant: Die Metaphysik der Sitten, 2. Tl. §§ 38, 48, in: ders.: Werke in 10 Bänden (1968) VII, 600, 613f. – **17** W. Schneiders: Der Verlust der guten Sitte, in: Studia Philosophica 44 (1985) 71. – **18** F. Schiller: Kallias, in: Sämtl. Werke, hg. von G. Fricke, H. G. Göpfert (1967) V, 424f. – **19** ders.: Über Anmut und Würde; Über den moralischen Nutzen ästhetischer Sitten, in: ebd. 434, 446f., 450ff., 464f., 645, 784.

VI. 19. Jahrhundert. Im 19. Jh. trennen sich im Kontext einer Historisierung aller Denk- und Verhaltensformen die deskriptiven Analysen bürgerlichen Verhaltens von normativen Benimmfibeln sowie von Diätetiken der Umgangs- und Lebenskunst oder philosophischer Geselligkeitstheorie. Am Beginn des Jahrhunderts hält W. VON HUMBOLDT einen ausgeprägten Charakter mit reicher ‹Menschenkenntnis› – im anthropologischen, nicht politischen Sinn – für unverzichtbar, um dem Umgang Empfindungs- und Gedankengehalt zu geben. [1] Nicht mehr die Akkomodation an Konventionen und Partner oder der Schliff von Eigentümlichkeiten gelten als konstitutiv für den geselligen Verkehr; er wird im Gegenteil durch die Mannigfaltigkeit der Individualitäten bereichert. [2] Ähnlich ist SCHLEIERMACHER bemüht, «das gesellige Leben als ein Kunstwerk [zu] konstruieren» und entwirft in Reaktion auf die Koalitionskriege einen von bürgerlichen Rollenzwängen entbundenen Konversationsraum als vernunftgemäßen Ort sich wechselseitig bildender und ergänzender Individuen. [3] Der kommunikative Austausch und die freie Aktivität entwickeln erst die Gesellschaft. [4] Geselligkeit als Selbstzweck verlangt die Ausgewogenheit von Selbsttätigkeit und Selbstbeschränkung. [5] Im weltanschaulichen Pessimismus SCHOPENHAUERS artikuliert sich das Krisenbewußtsein des 19. Jh. Eitelkeit und Selbstsucht stellen für den Moralisten die wahren Motive zur Geselligkeit dar. [6] Machen geistige und physische Inferiorität erst den Einzelnen in Gesellschaft attraktiv, erschöpft sich die H. in der stillschweigenden Übereinkunft, «gegenseitig die moralische und intellektuell elende Beschaffenheit von einander zu ignorieren». [7] Die Fabel von den Stachelschweinen desillusioniert ironisch die ‹mediocrità› des

Höflichkeitsdiskurses. [8] NIETZSCHE sieht wie sein Lehrer Schopenhauer den Verlust ansprechender Umgangsformen unter den Landsleuten in Korrelation zum Nachlassen des aristokratischen Einflusses im letzten Drittel des 19. Jh. [9] Weder gründerzeitliche Hast noch Spießerbequemlichkeit gäben einen Nährboden für Formgefühl ab. [10] Sein Mangel werde durch Stolz auf (protestantische) Innerlichkeit kompensiert. [11] Nietzsche steht der Moral des Authentischen skeptisch gegenüber. Er rehabilitiert aus perspektivischem Relativismus den Schein und die ästhetische Contenance beherrschter Höflichkeit. [12] Die von Kühne-Bertram untersuchten popularphilosophischen Leitfäden zu einer praktischen Lebensphilosophie aus der Feder von Pädagogen, Ärzten, Sachbuchautoren versprechen konkrete Orientierungshilfe im modernen Leben, das in seiner verwirrenden Undurchschaubarkeit offenbar problematisch geworden ist. [13] Der irrationale Weltanschauungscharakter der Diätetiken führt zur politisch resignativen Aufwertung der Häuslichkeit als gemütvoll-innigem Lebensvollzug. [14] Von einem Medium gesellschaftlicher Selbstvermittlung im 18. Jh. verlagert sich die kulturelle Stellung der Umgangsliteratur auf die Selbstverleugnung der sozialen Existenz hin. [15] Die typischen Anstandsbücher des 19. Jh. sind sich selten bewußt, wie schichtenspezifisch die von ihnen vermittelten Interaktionsstile und Themen sind. Geschrieben meist für Aufsteiger aus dem Mittelstand propagieren bürgerliche Verfasser adlige Formen geselliger Muse und das Ideal der «vermeidenden Konversation». [16] Die verspätete Industrialisierung in Deutschland erklärt z. T., warum noch im 19. Jh. schlechtes mit ‹bäurischem› Benehmen identifiziert wird. [17] In geschlechtsspezifischer Normierung legt der ‹gute Ton› traditionsgemäß strengere moralische wie ästhetische Maßstäbe an die Mädchenerziehung an. [18] Tendenziell zeichnet sich bei der Vermittlung psychologischen Interaktionswissens eine Umstellung von der Fremd- zur Selbstbeobachtung ab. [19]

Anmerkungen:
1 W. von Humboldt: Über das Studium des Alterthums, in: A. Flitner, K. Giel (Hg.): Werke in fünf Bänden (1980) I, 2f. – 2 ders.: Über die männliche und weibliche Form, in: ebd. I, 313, 315; ders.: Plan einer vergleichenden Anthropologie, in: ebd. 343f. – 3 F. Schleiermacher: Versuch einer Theorie des gesellgen Betragens, in: O. Braun, J. Bauer (Hg.): Werke. Auswahl in 4 Bänden (1967) II, 3f. und 21; vgl. W. Hinrichs: Schleiermachers Theorie der Geselligkeit und ihre Bedeutung für die Päd. (1965); K.-H. Göttert: Kommunikationsideale (1988) 171–179; M. Fauser: Das Gespräch im 18. Jh. (1991) 424ff. – 4 Schleiermacher [3] 8f. – 5 ebd. 10, 13f.; vgl. C. Schmölders (Hg.): Die Kunst des Gesprächs (1986) 173ff.; N. Luhmann: Gesellschaftsstruktur und Semantik I (1980). – 6 A. Schopenhauer: Parerga und Paralipomena, in: L. Lütkehaus (Hg.): A. Schopenhauers Werke in fünf Bänden (1991) IV, 451f. – 7 ebd. 453; ders.: Die beiden Grundprobleme der Ethik, ebd. III, 519f., 554. – 8 ebd. V, 559f. – 9 ebd. IV, 179. – 10 F. Nietzsche: Menschliches, Allzumenschliches, in: K. Schlechta (Hg.): Werke (1969) I, 599f. – 11 Nietzsche: Unzeitgemäße Betrachtungen, in: ebd. I, 234. – 12 ebd. II, 749; III, 445. – 13 G. Kühne-Bertram: Aus dem Leben – zum Leben (1987). – 14 ebd. 94, 130, 141f.; vgl. T. Pittrof: Umgangslit. in neuerer Sicht, in: IASL, 3. Sonderheft (1993) 94f. – 15 Pittrof, ebd. 77. – 16 A. Linke: Die Kunst der ‹guten Unterhaltung›: Bürgertum und Gesprächskultur im 19. Jh., in: ZGL 16 (1988) 139 u. 141. – 17 H.-V. Krumrey: Entwicklungsstrukturen von Verhaltensstandarden (1984) 316. – 18 ebd. 376, 383, 394, 399ff. – 19 N. Luhmann: Soziale Systeme (1984) 335.

Literaturhinweise:
R. Sennett: Verfall und Ende des öffentlichen Lebens (1986). – K.-H. Göttert: Art. ‹Anstandsliteratur›, in: HWR, Bd. 1 (1992) Sp. 658–675.

VII. 20. Jahrhundert. In der pluralistischen Massengesellschaft des 20. Jh. setzt sich die Aufweichungstendenz sozialer Normen zugunsten individueller Bewegungsfreiheit durch. Die Auflösung tradierter Lebensformen und Geschlechterrollen durch Hochindustrialisierung, Verstädterung, neue Verkehrssysteme transformiert das Umgangsverhalten. Anderseits nährt bis zur Mitte des 20. Jh. die Barbarisierung zweier Weltkriege gerade konservative Rettungsversuche des Anstands. [1] Tanzschulen und Benimmbücher überspielen den politischen wie zivilisatorischen Zusammenbruch nach 1945. [2] In der Wirtschaftswunderzeit der 50er Jahre setzt in der Bundesrepublik eine Hochkonjunktur von Anstandsfibeln ein, die den sozialen Aufsteiger im Blick haben. [3] In der Studentenrevolte gilt Ende der 60er Jahre gutes Benehmen als reaktionär und verklemmt. [4] Die sozialistische Solidarisierung sowie Lockerungsübungen der amerikanischen Subkultur fördern den kumpelhaften Umgang und verschieben die Grenze zwischen Privatheit und Öffentlichkeit. Neue Wohngemeinschaften und ‹Sponti›-Zirkel pflegen in den 70er Jahren den betont unkonventionellen Verkehr. Die vermarktete sexuelle Tabulosigkeit, der Sensationsjournalismus und der einträgliche Exhibitionismus zeitgenössischer Talkshows stülpen Inneres ungeniert nach außen. [5] Die Massenmedien als Untersuchungsgegenstand der Kommunikationswissenschaft weisen der Höflichkeitsforschung heute neue Aufgaben zu. Seit Beginn des 20. Jh. nahm sie in multidisziplinären Konzeptualisierungen einen enormen Aufschwung: Vor allem die Ritenforschung in der Kulturanthropologie und französischen Religionssoziologie gab der Soziologie, Linguistik und dem Symbolischen Interaktionismus nach dem 2. Weltkrieg wesentliche Anregungen. [6] Die Einsicht in die unhintergehbare Rollenhaftigkeit menschlicher Kommunikation und die Unverzichtbarkeit von Respekthaltungen gerade in multikulturellen Gesellschaften führen weltweit zu einer wachsenden Beschäftigung mit dem universellen Phänomen der H.

Anmerkungen:
1 vgl. H.-K. Krumrey: Entwicklungsstrukturen von Verhaltensstandarden (1984) 376ff., 400f., 494f., 500ff. – 2 R. Stäblein (Hg.): H. (1993) 7. – 3 A. Linke: Die Kunst der ‹guten Unterhaltung›, in: ZGL 16 (1988) 127. – 4 D. Kerbs, C.W. Müller u. a.: Das Ende der H. (1970). – 5 C. Leggewie: Regelwerke für einen zivilisierten Umgang, in: Stäblein [2] 12ff. – 6 M. Beetz: Frühmoderne H. (1990) 146.

Literaturhinweise:
P. Sennett: Autorität (1990); ders.: Civitas (1991); R.J. Watts, S. Ide, K. Ehlich (Hg.): Politeness in Language (1992); T. Pittrof: Umgangslit. in neuerer Sicht, in: IASL 3. Sonderheft (1993).

M. Beetz

→ Anstandsliteratur → Decorum → Fürstenspiegel → Gespräch → Gesprächsrhetorik → Gesprächsspiel → Honestum → Komplimentierkunst → Konversation → Mitte, Mittelmaß → Tugendkatalog → Urbanitas

Hofmann (lat. aulicus, curialis; engl. courtier; frz. courtisan, homme de cour; ital. corti(e)giano, uomo di corte) **A.** Der H. ist eine an den europäischen Höfen der Renaissance und des Barock sich ausbildende Figur, die universal einsetzbar, d. h. professionell nicht beschränkt zu sein hat und als (fast immer adliges) Mitglied der Hofgesellschaft juristisch zum Hausstand des Prinzen gehört, an denselben also nicht vertraglich, sondern vielmehr durch feudale Abhängigkeitsverhältnisse gebunden ist. Der H. erhält daher keine professionelle Entlohnung, sondern ist auf die ‹Huld› des Herrschers angewiesen, die er durch die rhetorischen Mittel der *captatio benevolentiae* hervorzurufen sucht.

B. I. *Antike.* Die Begriffe *aulicus* (von *aula*) und *curialis* (von curia) treten erstmals in der römischen Kaiserzeit auf. *Aula* findet sich im Sinne von *Hof* schon bei CICERO [1], dann häufiger bei TACITUS. [2] Von der *aulicorum invidia* (Neid der Höflinge) wissen SUETON und CORNELIUS NEPOS [3] zu berichten. *Curialis* kommt als Synonym erst später und seltener bei CASSIODOR, PAULUS DIACONUS und vor allem im ‹Codex Iustinianus› [4] vor. Beide Termini sind also relativ spät ins Lateinische eingeführt worden. Da sich der Wortgebrauch sehr weitgehend auf die Historiker beschränkt, finden sich in der Antike keine Handlungsanleitungen für den Erfolg bei Hof.

II. *Mittelalter.* Erst seit den Karolingern und dem von ALCUIN betriebenen Rückgriff auf das klassische Latein als Verwaltungs- und Bildungssprache erreichte der Hof eine ausreichende Stabilität und Autorität, um sich, vertreten durch Kanzlei und Kapelle, als kulturelles Zentrum vorführen zu können. Damit begriff sich auch die Hofgesellschaft als eine exklusiver Gleichheit, d. h. sie grenzte sich nach außen hierarchisch ab, hob aber im Inneren Rangunterschiede weitgehend auf. Ihre Verhaltensregeln wurden festgelegt in der Minne und der entsprechenden Liebeskasuistik (ANDREAS CAPELLANUS ‹De amore›, zweite Hälfte des 12. Jh.) und selbstverständlich auch in den zahlreichen höfischen Romanen oder Epen implizit mitdiskutiert. Die reiche Fürstenspiegeltradition, paradigmatisch vertreten durch das Standardwerk von AEGIDIUS ROMANUS (COLONNA) ‹De regimine principum› (1287) hält den jeweiligen Herrschern einen ganz abstrakten, christlich-aristotelischen Tugendkatalog vor Augen. Die ebenfalls im höfischen Kontext angesiedelte Hofkritik, die meist von klerikalen Autoren vertreten wird, führt die schon in der Spätantike von BOËTHIUS versammelten Warnungen vor den Gefahren des Hoflebens fort. [5] Topisch sind Invektiven gegen Schmeichler, Lügner, Kuppler, Verschwendung, Neid und sonstige Laster. [6] Diese Tradition wird von DANTE aufgenommen [7] und zu Beginn der Frühen Neuzeit in ‹De curialium miseriis› (1444) von AENEAS SILVIUS (PICCOLOMINI) fortgeführt werden, bis sie in der Schrift ‹Menosprecio de corte y alabanza de aldea› (1529) des spanischen Erzbischofs ANTONIO DE GUEVARA ihre in ganz Europa einflußreichste Artikulation erfährt. Daneben entstehen zahlreiche Verhaltenslehren für die verschiedenen Stände; für das stadtbürgerliche Milieu ist am frühesten BONO GIAMBONIS ‹Libro de' Vizi e delle Virtudi› (1280), für den unteren Adel FRANCESCO DA BARBERINOS ‹Reggimenti e costumi di donna› (1320) oder BONSEVIN DA RIVAS Tischsitten in ‹De quinquaginta curialitatibus ad mensam› (vor 1310). In Spanien legt JUAN MANUELS ‹Libro de los estados› (1324) erstmals ein ganzes Ständepanorama in einer Volkssprache vor. All diese Werke sind jedoch grundsätzlich moralphilosophisch orientiert, eine Rezeption rhetorischer Theorien läßt sich kaum feststellen. Die Hofgesellschaft organisiert sich entweder in fiktiven Liebeshöfen nach den Spielregeln der Minne oder aber in präzisen Ämtern *(officia)*, die ethisch und juridisch bestimmt werden. Es entsteht noch nicht die Figur des professionell nicht gebundenen, aber rhetorisch geschulten und damit universal verwendbaren Hofmannes. Sogar wenn immanente Konflikte in der feudalen Wertordnung zum Ausgleich gebracht werden müssen, wie bei Andreas Capellanus, erweist sich eine letztlich theologisch legitimierte Urteilsinstanz als unverzichtbar.

III. *Renaissance.* Die Figur des H. wurde für ganz Europa maßgeblich erst geprägt durch ‹Il Libro del Cortegiano› (1528) des Grafen B. CASTIGLIONE, einem der großen Bucherfolge des 16. und 17. Jh., das sehr schnell in die maßgeblichen europäischen Sprachen übersetzt wurde: ins Spanische durch J. Boscán 1534, ins Französische erstmals durch J. Colin 1537, ins Englische durch Sir T. Hoby 1561, ins Deutsche durch L. Kratzer 1565 und J. E. Noyse 1593, ins Lateinische erstmals 1571. Zu erwähnen sind schließlich die zahlreichen polyglotten Ausgaben, die das Buch nicht allein als Verhaltens-, sondern auch als Literatur- und Sprachvorbild durchgesetzt haben. Castigliones ‹Buch vom Hofmann› ist daher bis weit in das 17. Jh. hinein auch für die französische Salonkultur mit ihren Zentralgestalten des *honnête homme* bzw. des *gentilhomme* der obligatorische Ausgangspunkt für jede Reflexion über höfisches und dann allgemeiner über elegantes und angemessenes Verhalten geblieben.

Castiglione führt den H. im wesentlichen als Aktualisierung des perfekten Redners von CICERO vor, von dem er nicht allein zahlreiche Textpassagen übersetzt [8], sondern vor allem auch die fünfgliedrige Einteilung der Rhetorik übernimmt: «Was für den Hofmann hauptsächlich nötig und notwendig ist, um gut zu schreiben, ist [...] das Wissen *(inventio)*. Hierauf muß man in schöner Ordnung gliedern *(dispositio)*, [...] dann es mit Worten richtig ausdrücken *(elocutio)*, die geeignet ausgewählt, prächtig, gut gefügt, vor allem aber auch vom Volk gebraucht sein müssen». [9] Weiterhin werden verlangt «eine gute Stimme *(pronuntiatio)* [...], von schicklichen Haltungen und Gebärden *(actio)* begleitet». [10] Wie Ciceros Redner ist auch Castigliones H. professionell nicht beschränkt, d. h. die Hofmannskunst *(cortegiania)* ist ebenso eine Metadisziplin wie die ciceronianische Rhetorik. Der H. muß daher sämtliche Künste bis zu einem gewissen Grad beherrschen, welcher seinerseits vom Kontext der höfischen Konversation bestimmt wird; Castiglione behandelt davon detailliert das Waffenhandwerk [11], die Musik [12], die bildenden Künste [13], den Tanz [14], die Mode [15], vor allem aber die für die höfische Selbstvorführung ausschlaggebende Literatur im weitesten Sinne [16], einschließlich der erforderlichen Kenntnisse der antiken und modernen Sprachen (Spanisch und Französisch [17]). Erst Castiglione hat mit bindender Wirkung für seine Nachfolger sämtliche Verhaltensbereiche rigoros unter rhetorischen Gesichtspunkten, als Zeichensysteme, in die komplexe Persuasionsstrategie des H. integriert. Am wichtigsten ist dabei der strategische Gebrauch der Sprache (parlare e scrivere bene [18]); der Sprache kommt eine paradigmatische Bedeutung für alle anderen Verhaltensbereiche zu. Castiglione kam damit den Bedürfnissen des entmachteten europäischen Kleinadels entgegen, für den die Beherrschung der Waffen nicht mehr ausreichte, sondern der eine gewisse humanistische Bildung benötigte, um bei Hof in den verschiedensten Funktionen, als Diplomat, Prinzenunterhalter, Hofpoet usw., Karriere machen und Repräsentationsaufgaben wahrnehmen zu können.

Der Persuasionszweck des gesamten Unternehmens, auf den alle Zeichensysteme, von der Sprache bis zur Haartracht, zugeschnitten werden, heißt bei Castiglione *grazia*, was entsprechend dem lateinischen Wortgebrauch sowohl mit ‹Anmut› wie mit ‹Huld› oder ‹Gnade› übersetzt werden muß. Listig werden beide Wortbedeutungen in einer kurzen Formel zusammengezogen: «Chi ha grazia quello è grato»: «Wer anmutig ist, ist geschätzt». [19] Man erreicht also die Huld (des Prinzen) durch Anmut (des H.). Die Strategie, Zweck und Mittel der höfischen Rhetorik mit demselben Terminus zu benennen, entspricht der Vorgabe der ciceronianischen Tradition, derzufolge der Persuasionszweck immer dann verfehlt wird, wenn er für das Publikum, im vorliegenden Fall für den Prinzen, erkennbar ist. Wenn die Anmut die Huld produzieren soll, stellt sich sofort die Frage, worin die Anmut ihrerseits bestehe. Castiglione formuliert in dieser Hinsicht erstmals in der Neuzeit eine «allgemeine Regel», die er aus Ciceros ‹De oratore› übernimmt und die als konstitutiv für höfisches bzw. elegantes Verhalten angesehen werden muß. Sie besteht darin, «die Künstelei *(affettazione)* als eine rauhe und gefährliche Klippe zu vermeiden und bei allem eine gewisse Lässigkeit *(sprezzatura)* anzuwenden, die die Kunst verbirgt und bezeigt, daß das, was man tut oder sagt, anscheinend mühelos und fast ohne Nachdenken zustande gekommen ist. [...] Man kann daher sagen, daß wahre Kunst ist, was keine Kunst zu sein scheint [...]. Denn wenn sie offenbar wird, hebt sie allen Ruf auf und macht den Menschen wenig geschätzt». [20] Die vom H. verlangte Kunstleistung zweiter Potenz, aus der die Anmut hervorgehen soll, ist nicht mit spontaner Kunstlosigkeit zu verwechseln [21], vielmehr zielt sie unter Anknüpfung an den Begriff der Ironie in der ‹Nikomachischen Ethik› des Aristoteles [22] auf eine genau berechnete Strategie der rhetorischen *amplificatio*. Lässigkeit und Anmut, fügt Castiglione hinzu, haben nämlich «noch einen anderen Wert, der, jegliche Handlung begleitend, so geringfügig sie auch sei, nicht nur sofort das Können des Ausführenden enthüllt, sondern ihn oft als sehr viel bedeutender erscheinen läßt, als er in Wirklichkeit ist. Denn er erweckt den Eindruck, daß, wer derart leicht gut handelt, viel mehr versteht, als was er tut.» [23] Der H. erscheint demnach gerade deshalb als potentiell unendlich gebildet, befähigt usw., weil er all dies niemals wirklich einlöst. Gleichzeitig zieht Castiglione an dieser Stelle eine scharfe Trennungslinie zwischen dem «lässigen» H. und dem «affektierten» Pedanten, der zu gleicher Zeit zu einer beliebten Komödienfigur aufsteigt. Die verschiedenartigen Fähigkeiten, über die der H. mit Anmut und Lässigkeit verfügen soll, erweisen sich als Spiegelsystem, in dem der eine Bereich jeweils den anderen amplifiziert zurückreflektiert. Da der H. nie Professionalität in Anspruch nimmt, sollen seine Fähigkeiten in bestimmten Bereichen um so mehr Bewunderung erwecken; z.B. soll er behaupten, seine Hauptbeschäftigung seien die Waffen, um das Publikum als Dilettant in der Literatur noch nachhaltiger zu verblüffen und umgekehrt. [24] Während das tatsächliche Verhalten des H. sich in aller Regel innerhalb der Grenzen der *mediocritas* (des Maßes) zu halten habe, geht der Illusionseffekt von Anmut und Lässigkeit weit darüber hinaus. Dieser Vergrößerungseffekt der Selbstzurücknahme läßt sich jedoch nicht als ethisch unzulässiger Betrug bezeichnen, denn die scheinbare Leichtigkeit verleitet nur das Publikum zur Annahme größerer Fähigkeiten, die vom Handelnden jedoch niemals explizit in Anspruch genommen werden, sonst wäre es um die Anmut geschehen. Die Forderung nach scheinbar absichtsloser Lässigkeit aller Handlungen und Äußerungen wird fortan zum Grundbestand aller Hofmannslehren gehören, vor allem das komplementäre Verbot der *affectatio* (Ziererei) wird fast wortgleich von zahlreichen Autoren übernommen werden. [25] Allerdings ist Castigliones Neologismus der *sprezzatura* im Deutschen nur ungenügend durch «Lässigkeit» wiedergegeben, die französischen Versionen übersetzen genauer mit *nonchalance*, *négligence*, aber sogar mit *dédain* und *mépris*. [26] Castiglione hat hiermit gleichzeitig die theoretisch unüberbietbare Distinktionsstrategie der höfischen Gesellschaft entworfen. Alle spezifischen Tugenden und Fähigkeiten sind imitierbar, nicht jedoch Anmut und Lässigkeit. Absichtslos lässig kann nur sein, wer sich bereits als sicheres Mitglied der Kaste der Hofleute verstehen darf, und umgekehrt sähe man jedem Aufsteiger oder Außenseiter die Anstrengung an. Die «allgemeine Regel» der scheinbar natürlichen Lässigkeit und Anmut läuft allerdings der Erlernbarkeit der Hofmannskunst zuwider. Was sich lernen läßt, ist eine spezifische Kunst, nicht aber deren Übersetzung in zweite Natur. [27] Castiglione wendet daher seine Grundregel auch auf seinen eigenen Text an. Lässigkeit und Anmut werden weniger theoretisch angeleitet als exemplarisch vorgeführt, auch hierin folgt er dem Vorbild von Ciceros ‹De oratore›. Der perfekte H., den das Buch entwirft, ergibt sich erst aus dem Zusammenspiel der höfischen Konversation, das der Text entfaltet. Für keinen der genannten Verhaltensbereiche entwickelt der Autor eine präzise Doktrin, er führt vielmehr die verschiedenartigste Sprach-, Verhaltens- und Stilregister vor, aus denen der Benutzer des Buches je nach Angemessenheit *(aptum)* auszuwählen hat. Jede Äußerung in diesem Buch ist daher nicht eine Regel, sondern zunächst ein *exemplum*. Prinzipiell ist am Hof jegliche Handlung oder Äußerung zulässig, sofern sie nur die Bedingung erfüllt, im *modus* von Anmut und Lässigkeit vonstatten zu gehen.

Anmut und Lässigkeit können sich als publikumsbezogene Modalkategorien nur an der Angemessenheit in kontingent gegebenen Gesellschaftskontexten orientieren. Notwendiges Kontrollorgan ist dabei der Geschmack *(gusto)* bzw. die Urteilskraft *(iudicium* und *discretio)*. Schon wegen der Unpräjudizierbarkeit dieser Kategorien scheut Castiglione davor zurück, bindende Verhaltensregeln aufzustellen. [28] In Polemik gegen den offiziellen Vertreter des Ciceronianismus, den Kardinal P. Bembo, hält Castiglione jedoch in jedem Fall an der ciceronianischen Verbindung von *inventio* und *elocutio* fest. [29] Damit wird auch die Stilhierarchie bewahrt: Über große Dinge darf nur im hohen Stil, über niedere nur im niederen gesprochen werden. Da Castiglione ausschließlich an einer mündlichen Konversationssprache interessiert ist, weist er außerdem Bembos archaisierende Literaturdoktrin, die alle künftige volkssprachliche Literatur an die *imitatio* von Petrarca und Boccaccio band, zurück. [30] Statt von starren Imitationsvorschriften geht er von der Existenz einer stilbildenden Klasse der Hofleute aus, die in ihrer faktischen Konversation automatisch auch die Geschmacksnormen mitsetzt. [31] Aus Ciceros ‹De oratore› übernimmt Castiglione weiterhin (häufig wörtlich) die Witztheorie [32] und stellt sie dem H. für seine Konversationsstrategie zur Verfügung, so daß sein Buch von den Zeitgenossen oft einfach als Witzsammlung mit Kommentar rezipiert wurde. Einflußreich für die weitere Entwicklung ist schließlich auch die Übertragung der Regeln für den H. auf die Hofdame *(donna di palazzo,* nicht *cortigiana)* im dritten Buch. Die Hofdame bekommt eine für die höfische Gesellschaft notwendige Unterhaltungsfunktion zugewiesen und darf den männlichen Mitgliedern prinzipiell gleichberechtigt gegenübertreten. Die Konversation der Hofgesellschaft entzündet sich einerseits an den anwesenden Damen, für die Sonette, Madrigale u. dergl. abgefaßt werden, andererseits aber darf die Ehre dieser Damen nicht verletzt werden. Erst im vierten Buch wird bis zu einem gewissen Grad eine ethische Dimension für das Verhalten des H. zurückgewonnen. Unter dem Einfluß von ERASMUS wird der H. nun zum Prinzenerzieher stilisiert, der gegenüber dem Herrscher den aristotelischen Tugendkanon zu vertreten habe, allerdings auch hier nicht als Philosoph, soll es ihm nicht ergehen wie Plato in Syrakus [33], sondern gemäßigt durch die rhetorische *delectatio.* [34] Hat der H. einmal die Huld seines Prinzen errungen, darf er ihm sogar widersprechen. [35] Da sich Castigliones H. nicht so sehr als Untertan des Herrschers, als vielmehr als Mitglied einer übergreifenden Adelsgesellschaft versteht, darf er auch keinem Tyrannen dienen, um seinen Ruf nicht zu gefährden. [36]

In der Zeit nach Castiglione wird die synthetische Figur des H. sehr schnell in sektoriale Spezialtraktate aufgeteilt. Umgekehrt aber wandert Castigliones Grundregel der «Anmut und Lässigkeit» in angrenzende Textgattungen ein. Sie findet sich z. B. fortan durchweg in den Sekretärslehren, also in den *artes epistolandi,* in den Duelltheorien [37], die ansonsten einen Spezialbereich der Juristik darstellen, und sogar in Traktaten der *ars militaria.* Durch diese Diffusion erweist sich Castigliones Strategie noch einmal als konstitutiv für den gesamten Bereich der Adelskultur.

Werke, die in obligatorischer Anknüpfung an Castiglione versuchen, die Gesamtfigur des H. weiterzuführen, sind in der italienischen Spätrenaissance relativ selten. Das einzige Buch, das an Erfolg und Einfluß Castigliones Vorlage womöglich noch übertrifft, ist ‹Il Galateo› (1558) des Erzbischofs G. DELLA CASA. [38] Bis heute ist *Galateo (Galatée)* in allen romanischen Sprachen Synonym für adäquates Verhalten überhaupt. Della Casa bedient sich nicht mehr der literarischen Form der Konversation, sondern legt eine kleine Sammlung an Musternovellen vor; präzise inhaltliche Abgrenzungen zu Castigliones Modell sind daher nur schwer zu treffen. Deutlicher noch als bei Castiglione wird bei Della Casa, in impliziter Polemik gegen Erasmus, zwischen gesellschaftlichen Sitten *(costumi)* und moralischen Tugenden unterschieden, zwischen denen zwar kein Widerspruch bestehen könne, aber auch keine Deckungsgleichheit. Weiterhin grenzen Della Casas Anweisungen für den *gentiluomo costumato* erstmals aus dem gesellschaftlichen Umgang einen privaten Bereich aus, der nicht öffentlich kummunikabel ist. [39] Castigliones H. war demgegenüber eine ausschließlich öffentliche, um nicht zu sagen theatralische Figur gewesen. So darf bei Della Casa über persönliche Leidenschaften, Religion, Träume oder Geld nie gesprochen werden. Grundsätzlich ist alles verboten, was gegen die *mediocritas* (Della Casa übersetzt mit *misura)* und den gesellschaftlichen *usus,* mag er auch noch so absurd erscheinen, verstößt. Es geht Della Casa um den Versuch, jenseits der religiösen, ökonomischen und sonstigen Konflikte einen unangreifbaren Ruhebereich für die soziale Konversation zu retten. Wie Castigliones Buch wurde auch der ‹Galateo› sehr schnell in alle europäischen Sprachen übersetzt, und man faßte beide in aller Regel als gegenseitige Ergänzung auf.

Das letzte italienische Werk, das versucht, auf der Grundlage des Theoriegerüstes der ciceronianischen Rhetorik im Medium der höfischen Konversation die universale Figur des H. weiterzuführen, ist ‹La civil conversatione› (1574) von S. GUAZZO. Auch dieses sehr umfangreiche Buch wurde mit großem Erfolg in sämtliche europäische Sprachen übersetzt. [40] Im Unterschied zu Della Casa lehnt sich Guazzo sehr eng an Castiglione an, von dem er wörtlich sowohl die Grundregel der «Anmut und Lässigkeit» wie das komplementäre Verbot der Affektiertheit übernimmt. Auch sein H. ist der in allen Künsten und Wissenschaften bis zu einem gewissen Grad beschlagene Amateur, der daher auch nicht auf ein bestimmtes Stilregister und einen allzu engen Verhaltenskodex festgelegt werden darf, sondern dem potentiell alle Möglichkeiten zur situationsangemessenen Auswahl *(aptum externum)* offen stehen müssen. Im Gegensatz zu Castiglione entwickelt jedoch Guazzo eine höchst artikulierte Kasuistik des Umgangs der sozialen Stände untereinander (der Adeligen mit Nicht-Adeligen, der Gebildeten mit Ungebildeten, der Reichen mit Armen, der Alten mit Jungen, der Männer mit Frauen etc. und umgekehrt). Während Castiglione noch von der fraglosen Homogenität der Hofmannskaste ausgegangen war, werden bei Guazzo die einzelnen Stände gegeneinander vollkommen undurchlässig. Ethische Dimensionen des höfischen Verhaltens werden zugunsten rhetorischer Durchsetzungsstrategien bei Guazzo womöglich noch weiter zurückgedrängt als bei Castiglione. So ist es z. B. durchaus zulässig, mit Betrügern umzugehen, sofern diese Tatsache nur nicht öffentlich bekannt ist.

Nach Guazzo treten in den italienischen Hofmannslehren zunächst tacitistische (L. DUCCI ‹Arte aulica› 1601), dann neostoische (M. PEREGRINI ‹Al Savio è convenevole il corteggiare› 1624) Paradigmen in den Vordergrund. Duccis Buch wurde noch im Erscheinungsjahr ins Englische übersetzt und hat dort (im Gegensatz zu Italien) zahlreiche Auflagen erlebt. Die Rhetorik verliert damit zunehmend ihren Status als Leitdisziplin höfischen Verhaltens und wird in eine Verstellungstechnik, bzw. umgekehrt in eine Entschlüsselungskunst, überführt, die mit ethischen Normen in einen (für die Autoren selbst) allzu offenen Konflikt gerät. Da jedoch die Verstellungstheorie des Barockzeitalters in anderen Ländern, vor allem in Spanien weiter entwickelt worden ist, soll sie in diesem Zusammenhang dargestellt werden. Insbesondere bei neostoischen Theoretikern verwandelt sich die Hofmannskunst fast schon in eine «Beamtenethik» (M. Weber), wodurch der H. in einen Funktionär der absolutistischen Territorialstaaten verwandelt wird, dem spezifisch juristische und militärische, nicht mehr nur rhetorisch-humanistische Qualifikationen abverlangt werden.

IV. *Barock.* Die Übersetzung von Castigliones Werk durch J. BOSCÁN (1534) hat maßgeblich zum Import italienischer Verhaltens- und Literaturmodelle nach *Spanien* beigetragen. Während des gesamten 16. Jh. versuchten humanistisch gebildete H. verschiedener peripherer Fürstenhöfe Spaniens (z. B. L. PALMIRENO, LUIS

DE MILÁN u. a.) Castigliones Integration der Rhetorik in die höfische Konversationsgesellschaft nachzuvollziehen. Am zentralen Hof von Madrid dagegen waren unter Karl V. und anfangs noch unter Philipp II. Verhaltensmodelle erasmistischer Herkunft ausschlaggebend, wie sie beispielhaft in den zahlreichen Schriften des Erzbischofs ANTONIO DE GUEVARA vertreten wurden. Angesichts der komplexen Verwaltungsgeschäfte des Reiches, die am Hof von Madrid zu bewältigen waren, bildete sich dort die Figur des *consejero* heraus, der in den verschiedenen Räten (Consejo de las Indias, -de hazienda, -de justicia usw.) mit dem entsprechenden Spezialwissen präzis definierte Aufgabenbereiche zugewiesen bekam. Seit F. FURIÓ CERIOLS ‹El Consejo y Consejeros del Príncipe› (1559), welcher seinerseits eine Vielzahl von Nachfolgetraktaten ausgelöst hat, spielten rhetorische Fertigkeiten eine untergeordnete Rolle; sie hatten sich zu beschränken auf die Tugenden der *perspicuitas* oder *brevitas*. Im Gegensatz zum H. geht es dem *consejero* nicht so sehr um Selbstvorführung und -durchsetzung, als vielmehr um sachgerechtes Sprechen. An den ehemals selbständigen, nun aber politisch entmachteten Provinzhöfen dagegen setzt sich Castigliones Vorbild, das vor jeder Professionalisierung des H. zurückweicht, relativ widerstandslos durch.

Vor allem im traditionell nach Italien orientierten *Aragón* (wozu auch Katalonien gehörte) ist Castigliones H. einer Bearbeitung unterzogen worden, deren Auswirkungen sowohl auf den *honnête homme* bzw. *gentilhomme* in Frankreich wie auf den *Politicus* in Deutschland kaum zu überschätzen sind. Die Schriften des Jesuiten B. GRACIÁN sind, vor allem in den ersten drei Kapiteln von ‹El Héroe› (1637) und in ‹El Discreto› (1646), zumindest teilweise als Paraphrasen zu Castigliones Text zu lesen. 1647 hat Gracián dann seine Hofmannslehre in den 300 Aphorismen des ‹Oráculo manual› zusammengefaßt. Genau wie Castiglione sucht auch Gracián einen Ausgleich zwischen *ingenium* und gesellschaftlicher Urteilskraft *(juizio)*. Unter dem Einfluß nicht so sehr der offiziellen Jesuitenrhetorik, als vielmehr der agonistischen Praxis an den jesuitischen Rhetorikschulen und den zeitgenössischen *artes praedicandi* nimmt er allerdings im Gegensatz zu seinem Vorläufer Abschied von der ciceronianischen Stilhierarchie und der entsprechenden Lehre des *aptum*. Statt dessen treten prononciert epigrammatische, zugespitzte Sprachmodelle *(agudezas)* in den Vordergrund. Da Gracián das exemplarische Vorführungsmedium der höfischen Konversation nicht mehr zur Verfügung steht, übersetzt er Castigliones «lässige und anmutige» Verbergung von Arbeit in eine systematische Verstellungskunst, wobei in Übereinstimmung mit der zeitgenössischen juristischen Lehre durchweg zwischen verbotener *simulatio* (Vortäuschung dessen, was nicht ist) und zulässiger *dissimulatio* (Verbergung dessen, was ist) unterschieden wird. [41] Notwendiges Komplement dieser Strategie, die jede Äußerung einerseits bewundernswert «scharfsinnig», andererseits aber für die Zuhörer möglichst undurchsichtig machen soll, ist die vollkommene Affektbeherrschung neostoischer Herkunft. Statt der (scheinbar) entspannt konversierenden Hofgesellschaft Castigliones führt Gracián den Dialog geradezu als Duell vor, in dem «die Vorsicht des Verborgenen mit der Aufmerksamkeit des Verschlagenen ringt». [42] Die rhetorisch angeleitete Konversationstechnik der italienischen Tradition wird auf diese Weise in eine Entschlüsselungskunst gegnerischer Äußerungen, eine Hermeneutik, umgebogen, die letztlich jede Konversation blockieren muß. [43] Graciáns Text ist daher auch selbst höchst verschlüsselt und wurde häufig geradezu als Geheimlehre für den gesellschaftlichen Erfolg gelesen. Indem Gracián die von Castiglione nur exemplarisch vorgeführte Strategie in präzise Regeln zu fassen sucht, macht er automatisch der Reziprozität dieser Verhaltensmuster zunichte, d. h. seine Anweisungen funktionieren nur unter der Bedingung, daß der Gegner sie nicht ebenfalls anwendet. Obwohl Gracián das höfische Verhalten in keiner Weise auf ethische und theologische Transzendenz bezieht, existiert bei ihm auch kein Widerspruch zur gerade von den Jesuiten vertretenen moralischen Orthodoxie. Wie schon bei Castiglione und Della Casa handelt es sich vielmehr um zwei prinzipiell getrennte Sphären, die keine Berührungspunkte aufweisen. Mit Castiglione und Gracián liegen die beiden Paradigmen vor, die fortan jede Hofmannslehre orientieren.

Durch die Vermittlung von MME. DE SABLÉ sind in *Frankreich* Graciáns Aphorismen sowohl inhaltlich wie formal zum Vorbild für die ‹Maximes› (1665) von LA ROCHEFOUCAULD und damit für die gesamte Theorie des *honnête homme* geworden, während wenig zuvor N. FARET in ‹L'art de plaire à la Cour› (1630) sich noch weitgehend nach Castiglione gerichtet hatte. Im Anschluß an La Rochefoucauld und unter Rückgriff auf Montaigne bildet sich dann die Moralistik heraus, der die praktische Dimension für das Verhalten des H. jedoch weitgehend fehlt. In verschiedener Gewichtung treten in den höfischen Konversationsanleitungen im engeren Sinn die schon von Castiglione und Gracián bekannten Themen wieder auf: die Unterscheidung zwischen dem mühelos eleganten H. und dem Bildungswissen ausbreitenden Pedanten, die Lehre von der *mediocritas*, die Orientierung am jeweils geltenden Hofgeschmack usw. [44] Im Begriff der *bienséance*, einer aktualisierten Version des rhetorischen *decorum*, fallen dabei die zentralen ethischen, poetischen und rhetorischen Normen zusammen. Auch Castigliones Problem, angemessenes Verhalten nicht durch Regeln binden zu können, wird wieder aufgenommen. Kontrollorgan ist erneut die stilbildende Schicht der Hofleute selbst, die im Medium der Salonkonversation sich über ihre eigenen Normen verständigt und dieselben zugleich durchsetzt.

In *Deutschland* wurde Graciáns ‹Oráculo› vor allem durch die französische Übersetzung von AMELOT DE LA HOUSSAIE rezipiert, der den schwierigen Originaltext ausführlich durch Passagen aus Tacitus und Seneca kommentierte und ihn auch im Titel ‹L'homme de cour› (1684) im Hauptstrom der Hofmannskunst ansiedelt. Da Amelot gleichzeitig der Übersetzer von Machiavellis ‹Principe› war, überkreuzt sich an dieser Stelle die Strategie des H. mit der Tradition des Machiavellismus, bzw., wo der Name Machiavellis aus politischen Gründen nicht genannt werden durfte, mit der des Tacitismus. Erst mit den deutschen Übersetzungen der Version von Amelot läßt sich von einem Durchbruch der Hofmannslehren in Deutschland sprechen. Zwar gab es (abgesehen von den genannten Übersetzungen Castigliones, Della Casas und Guazzos) schon zuvor einige Traktate aus der Feder von Juristen, die jedoch dem H. nicht so sehr eine rhetorische Orientierung anboten, als sich vielmehr am aristotelischen Tugendkanon orientierten und auch durch ihre lateinische Sprache ihr aristokratisches Zielpublikum weitgehend verfehlten. Zu nennen ist in diesem Zusammenhang das Buch ‹Aulicus politicus› (1596) von E. VON WEYHE (DURUS DE PASCOLO), das auf tacitistischer und neostoischer Grundlage in Form von 360 locker angeordneten Maximen dem H. praktische Ratschläge zu vermitteln sucht. In rhetorischer Hinsicht stützt es sich auf Castiglione, fügt jedoch mit Antonio de Guevara und Aeneas Silvius eine hofkritische Note hinzu. Generell weigert sich der Autor, rhetorische Regeln abgelöst von ethischen Normen zu behandeln. In ähnliche Richtung geht der ‹Palatinus sive aulicus› (1599) von HIPPOLYTUS À COLLIBUS. Viel gelesen in Deutschland wurde auch ‹De re aulica› (1534) des Aristotelikers AGOSTINO NIFO (NIPHUS), der dem H. ausschließlich Unterhaltungsfunktionen zuweist, ihn also weitgehend mit dem Hofnarren identifiziert. Im entscheidenden Kapitel ‹De gratia› jedoch, in dem es darum geht, den aristokratischen H. gegenüber dem Herrscher sozial aufzuwerten, schreibt Nifo Castiglione einfach ab. Interessanterweise wird in Deutschland keine der neostoischen Hofmannslehren rezipiert, aber ein nicht genanntes Mitglied der «Fruchtbringenden Gesellschaft» übersetzt die dagegen gerichtete Polemik des Jesuiten G. B. MANZINI (‹Dem Weisen ist verboten zu dienen› 1671), die die tradierten Topoi der Hofkritik wieder aufnimmt. Die Schriften von C. WEISE übernehmen von Gracián (bzw. von Amelot) die strategische Dimension der Hofmannskunst, bieten aber in Übereinstimmung mit Castiglione und seinen Nachfolgern zugleich umfangreiche Sammlungen an Musterbriefen, -reden, Witzen und sonstigen Kuriositäten zum okkasionellen Gebrauch. [45] Entsprechend seinen italienischen und spanischen Vorlagen muß auch dieser *Politicus* universal einsetzbar, d. h. auf dilettantischem Niveau universal gebildet sein und seine Interessen geschickt, nämlich verborgen, durchsetzen. Eine Sonderstellung nimmt noch K. VON LOHENSTEIN ein, der 1675 Graciáns ‹El Político› aus dem Original übersetzt. Noch in C. THOMASIUS' ‹Hoff-Philosophie› (1712) sind die grundlegenden Koordinaten von Castiglione und Gracián deutlich erkennbar. [46] Der H. wird nach wie vor vom Pedanten unterschieden, welcher «zur galanten Conversation ungeschickt» sei. Die Ausbildung zum H. könne darum auch nicht den Universitäten anvertraut werden, vielmehr müsse man «die Philosophie nach dem Geschmack der Höfe zurichten». Thomasius ist auch Zeuge dafür, wie sehr das Werk Graciáns sich mittlerweile vor den Archetext Castigliones geschoben hat.

V. *Aufklärung.* Bei ihren Überlegungen zur rhetorischen Strategie des H. orientiert sich die Aufklärung nach wie vor an Gracián oder Castiglione, auch wenn die Stilmodelle des ersteren häufig auf Ablehnung stoßen. Unter dem Einfluß von Wolffs Philosophie wird in der Aufklärung aber versucht, diese Strategie in die systematische Fassung einer ‹Ceremoniell-Wissenschafft› (VON ROHR, 1729) zu bringen. Während von Rohr auf einen allgemeinen Begriff gesellschaftlicher Konventionen als Grundlage jedes Zusammenlebens abzielt, haben gleichzeitig auch einfache Bestandsaufnahmen der verschiedenen europäischen Hof-Zeremoniells großen Erfolg (z. B. J. C. LÜNIG: ‹Theatrum Ceremoniale› 1719/20, G. STIEVE: ‹Europäisches Hoff-Ceremoniell› 1715). In rhetorischer Hinsicht blieb das Modell Graciáns, das am Sächsischen Hof, für den von Rohr schrieb, auch zur Prinzenerziehung diente, nach wie vor verbindlich.

VI. *19. Jahrhundert.* Castigliones H. wird erst wieder in F. SCHLEIERMACHERS Entwurf einer romantischen Konversationsgemeinschaft als «interesseloser Geselligkeit» (‹Versuch einer Theorie geselligen Betragens› 1799) zum Bezugspunkt werden. In Übereinstimmung mit der klassizistischen Ästhetik ist sich jedoch auch Schleiermacher der ihrerseits strategischen Bedeutung von scheinbar interesseloser «Anmut und Lässigkeit» nicht mehr bewußt, während Castiglione sie noch klar zur Klassendistinktion eingesetzt hatte. Als posthum 1862 SCHOPENHAUERS bis heute maßgebliche Übersetzung von Graciáns ‹Hand-Orakel› unter Rückgriff auf das spanische Original erscheint, ist seine Bezogenheit auf die Figur des H. kaum noch erkennbar. Es soll das «Handbuch all derer werden, die in der großen Welt leben, ganz vorzüglich aber junger Leute, die ihr Glück darin zu machen bemüht sind». Zur gleichen Zeit wird Castigliones Grundregel der «Lässigkeit», endgültig aus jeder Bezogenheit auf den Adel herausgelöst, zum Lebensprinzip des «Dandy». [47]

Anmerkungen:
1 Cicero, Ep. ad fam. 15,4,6. – **2** Tacitus z. B. Historiae 1,22. – **3** C. Nepos, Datames 5,2. – **4** Codex Iustinianus 1,2,22. – **5** Boëthius, De consolatione philosophiae III,5. – **6** C. Uhlig: Hofkritik im England des MA und der Renaissance (1973). – **7** Dante, Divina Commedia, Inferno XIII, 58–72. – **8** vgl. die Nachweise bei B. Castiglione: Il Libro del Cortegiano, hg. von V. Cian (Florenz ⁴1947). – **9** ebd. I,33. – **10** ebd. – **11** I,17 u. 20, II,8. – **12** I,47, II,13. – **13** I,48–52. – **14** II,11. – **15** II,26. – **16** I,29–46. – **17** I,37. – **18** I,32. – **19** I,24. Die einzig verfügbare dt. Version übersetzt falsch: «Anmutig ist, wer Anmut hat» (‹Buch vom Hofmann› übers. von F. Baumgart (1986) 50. – **20** I,26. – **21** E. Saccone: Grazia, sprezzatura, affettazione, in: R. W. Hanning, D. Rosand (Hg.): Castiglione (Yale University Press 1983) 59. – **22** Arist. EN II,7,12,1108a. – **23** I,28. – **24** I,44. – **25** N. Luhmann: Gesellschaftsstruktur und Semantik I (1980) 72–161. – **26** R. Klesczewski: Die frz. Übers. des ‹Cortegiano› (1966) 168f. – **27** M. Magendie: La politesse mondaine (Paris 1925) 782. – **28** II,6. – **29** I,33. – **30** G. Mazzacurati: Misure del classicismo rinascimentale (Neapel 1966). – **31** I,35. – **32** II,42–99. – **33** IV,47. **34** IV,10. – **35** II,23, IV,5. – **36** IV,47. – **37** F. Ersparmer: La biblioteca di Don Ferrante (Rom 1982). – **38** A. Santosuosso: Vita di G. Della Casa (Rom 1979). – **39** K. Ley: Die «scienza civile» des G. Della Casa (1984) 77–180. – **40** S. Guazzo: La civil conversatione, krit. Ausg. von A. Quondam, 2 Bde. (Ferrara 1993). – **41** P. Werle: El Héroe (1992) 55–61. – **42** B. Gracián, El Discreto VIII. – **43** ders., Oráculo manual 13. – **44** vgl. das Material bei C. Strosetzki: Konversation (Frankfurt/Bern/Las Vegas 1978) u. J.-P. Dens: L'art de la conversation, in: Les lettres romanes. XXVII (1973) 215–224. – **45** K.-H. Mulagk: Phänomene des politischen Menschen im 17. Jh. (1973) 194–306. – **46** K. Borinski: B. Gracián und die Hoflitteratur in Deutschland (1894). – **47** R. Kempf: Dandies (Paris 1977) 178.

Literaturhinweise:
T. F. Crane: Italian Social Custums of the 16th Century and their Influence on the Literature of Europe (New York 1920). – W. Krauss: Graciáns Lebenslehre (1947). – C. Ossola (Hg.): La corte e il «Cortegiano», Bd. I: La scena del testo (Rom 1980). – A. Prosperi: La corte e il «Cortegiano», Bd. II: Un modello europeo (Rom 1980). – E. Saccone, Le buone e le cattive maniere (Bologna 1992). – M. Hinz: Rhetor. Strategien des H. (1992).

M. Hinz

→ Actio → Acutezza → Amplificatio → Anmut → Ciceronianismus → Decorum → Elegantia → Ethik → Fürstenspiegel → Gentilhomme → Gentleman → Geschmack → Höfische Rhetorik → Honnête homme → Imitatio → Konversation → Politicus → Witz

Homiletik (auch Predigtlehre; engl. homiletics, theory of preaching; frz. homilétique, théorie de la prédication; ital. omiletica)
A. Def. – B. I. Antike. – II. Mittelalter. – III. Neuzeit: 1. Evangelische Homiletik von der Reformation bis Schleiermacher. – 2. Evangelische Homiletik von Schleiermacher bis zur

Gegenwart. – 3. Gegenreformation und katholische Homiletik. – 4. Homiletik im außerdeutschen Sprachraum.

A. Die H. als die in lehrhafter Form verbreitete Theorie der Predigt versteht sich als Unterdisziplin der Praktischen Theologie und nicht als Sonderform der Rhetorik. Als deren jüngere Schwester steht sie zu ihr in einem Spannungsverhältnis, das von Abgrenzungsbedürfnis und Selbstbehauptung, von Anlehnung und Rivalität bestimmt ist. Die H. beschäftigt sich mit der Praxis der öffentlichen religiösen Rede im Christentum und grenzt sich damit gegen Theorie und Praxis der didaktischen oder seelsorgerlichen Gesprächsführung ab. Die Praxis geht der Theorie voraus; die Notwendigkeit der Theoriebildung ergibt sich indes aus der einzigartigen Stellung der religiösen Rede im christlichen Kultus. Zwar kommt die Rezitation heiliger Texte in vielen Religionen vor, die freie Rede über religiöse Gegenstände aber hat nur im christlichen Gottesdienst eine zentrale Stellung erreicht. Im Judentum und im Islam fehlt sie zwar nicht, tritt aber hier hinter anderen Elementen der religiösen Praxis zurück.

Der Name H. taucht erst in der 2. Hälfte des 17. Jh. auf. [1] Er leitet sich vom griech. ὁμιλέω (homiléō) ab, was ursprünglich «Gemeinschaft pflegen», speziell dann «sich unterreden» bedeutet. Ob sich hinter der Bevorzugung dieses Terminus die Einsicht in den dialogischen Charakter der christlichen Predigt verbirgt, ist fraglich. Vorher sagte man für H. *ars praedicatoria*, *oratoria sacra*, *ratio concionandi* o. ä. Seit der Mitte des 19. Jh. pflegt man die H. in die prinzipielle, materielle (materiale) und formelle (formale) H. einzuteilen. [2] Die prinzipielle H. beschäftigt sich mit der religiösen Bestimmtheit der Rede als Predigt, dem Verhältnis der H. zu nichttheologischen Wissenschaften und ihrer Stellung im System der Theologie als ganzer. Die materiale H. bestimmt und analysiert den religiösen, insbesondere biblischen Inhalt der Predigt. Die formale H. untersucht die kultischen, kulturellen und kommunikativen Bedingungen der Predigt als öffentlicher Rede. In neuerer Zeit hat man versucht, dies Schema zu erweitern. So wurde etwa eine pastorale H., die die seelsorgerliche und erbauende Funktion der Predigt untersucht, oder eine missionarische H., die sich der Glaubenspropaganda annimmt, hinzugefügt. Eine Medienhomiletik will die besonderen Bedingungen der Verkündigung in Funk und Fernsehen berücksichtigen. Bei genauerer Betrachtung erweisen sich diese Erweiterungen jedoch als unnötig, da sich ihre spezifischen Gegenstände auch im klassischen Einteilungsschema verhandeln lassen.

Anmerkungen:
1 vgl. A. Krämer: «Cursus homileticus». Bibliogr. Anmerkungen zur Frage nach dem Aufkommen des Begriffs «H.», in: Vierteljahresschr. f. neuzeitliches Christentum (MS 1987). – **2** A. Schweizer: H. (1848).

B. I. *Antike*. Die Anfänge der H. finden sich in der Predigtgeschichte; denn es wird längst gepredigt, «ehe die Anweisungen, wie das Werk anzufangen und zu vollbringen sei, den engen Kreis der stillen vereinzelten Überlieferung des Meisters an den Schüler verlassen und als zusammenhängende Lehre öffentlich ans Licht treten». [1] Einen solchen Lehrzusammenhang bieten nach allgemeiner Überzeugung erst AUGUSTINUS' ‹De doctrina christiana libri quattuor›. Doch obwohl in der Frühzeit solche Darstellungen fehlen, findet man reichlich Spuren des Nachdenkens über die Predigt des Evangeliums in der apostolischen und nachapostolischen Literatur, die eine Rekonstruktion der homiletischen Einsichten vor Augustinus erlauben.

Im Neuen Testament steht die «Lehre der Apostel» (διδαχή τῶν ἀποστόλων, didaché tōn apostólōn) unter den Elementen des urchristlichen Gottesdienstes (Apostellehre, Gemeinschaft, Brotbrechen, Gebet; Apg 2,42) an erster Stelle. Ihr Charakter ist nach Inhalt und Form durch die idealtypisch zu verstehenden Reden der Apostelgeschichte und durch die Briefe der Apostel und Apostelschüler normiert: Die erzählende Darbietung des Kreuzestodes und der Auferweckung Jesu von Nazareth von den Toten wird durch den Schriftbeweis aus dem Alten Testament autorisiert und mit Folgerungen für die Lebensgestaltung und die Ewigkeitshoffnung der Christen versehen. Ziel dieser Predigt ist es, den Glauben an Jesus als den Christus Gottes zu wecken und zu stärken, was zugleich Absage an den Dienst der Dämonen und heidnischen Götter bedeutet. Die Predigt ist sowohl vorrangiges Mittel der Mission als auch Zentrum des Kultus der christlichen Gemeinde. Sie ist keine Übermittlung von Geheimlehren, sondern findet in der Öffentlichkeit der Synagoge (Apg 18,4.19.26 u. ö.), des Forums (Apg 17,16–34) oder der christlichen Gemeinde [2] statt. Das Vorbild ist hier die Predigt Jesu (s. a. Joh. 18,20). Zum Öffentlichkeitscharakter der Predigt gehört, daß sie in «vernünftiger» Rede erfolgt, als Rechenschaftslegung und Zeugnis, nicht als rituelle Formel, Orakelspruch, mythische Rede. Damit wird sie geistig nachvollziehbar auch für Ungläubige und Nichteingeweihte. Der Anstoß, den sie erregt, liegt also nicht an ihrer mangelnden Verständlichkeit, sondern im «Wort vom Kreuz»: daß ein zum Schandtod Verurteilter und Gehenkter als von Gott auferweckt und zu seiner Rechten erhoben gepredigt und geglaubt wird. Dieser Glaube ist aber durch menschliche Rede nicht zu erzeugen, sondern gilt als Gottesgabe (χάρισμα, chárisma), wie auch die Predigtvollmacht, die homiletische Kompetenz also, als Charisma aufgefaßt wird. [3] Damit ist eine Überlegung zur rhetorischen Qualität der Predigt aber nicht überflüssig. Denn auch da, wo die Rede nur als Mittel und nicht als Wirkursache erscheint, stellt sich die Frage nach dem angemessenen sprachlichen Ausdruck *(aptum)* bzw. nach den Veränderungen der überlieferten Redeformen durch die spezifisch christlichen Inhalte. [4]

Schon in ihrer Frühzeit mußte die christliche Predigt sich also über ihre Beziehung zur jüdischen und heidnischen Umwelt und damit zu deren Sprach- und Redeformen klar werden. Zur vorgefundenen Praxis der ihr entsprechenden öffentlichen Rede, der jüdischen *derascha* und der popularphilosophischen διατριβή (diatribé) trat die Predigt in ein polemisches und ein konkurrierendes Verhältnis: Die Auslegung eines biblischen Abschnittes (περικοπή, perikopé) nahm im Synagogengottesdienst eine besondere Stellung ein. Sie trug weniger erbaulichen Charakter, sondern zielte auf Ermittlung und Proklamierung des Gotteswillens in praktisch-ethischer Hinsicht. Den Zweck der Lebensberatung teilte sie mit der diatribé, die sich an philosophischen Autoritäten der Weltklugheit orientierte. Die frühchristliche Predigt war sich ihrer Besonderheit gegenüber diesen Erscheinungen der antiken «Redekultur» [5] durchaus bewußt. So charakterisiert sie sich selbst gegenüber der synagogalen Praxis in kritischer Abwehr als «Ärgernis» (σκάνδαλον, skándalon), in Konkurrenz zur diatribé als «Torheit» *(moria)*. [6] In Anlehnung an die traditionelle Rhetorik und in Absetzung von ihr bildete sich allmählich eine «praktische Gebrauchsrhetorik der Predigt» heraus, «gemischt aus Feierlich und Alltäglich, zum Zwecke des Lehrens und Mahnens». [7] Sie beherrscht auch die H. der Kirchenväter und christlichen Schriftsteller. «Aber die biblisch-christliche Substanz war so stark, daß sie sich die Rhetorik unterwarf.» [8] Auch wenn erst Augustinus eine Theorie der christlichen Predigt im eigentlichen Sinn ausarbeitet, so sind diese Grundsätze, die sich in der Frühzeit herausgebildet haben, doch für die folgenden Epochen leitend geblieben. Sie haben auch das Verhältnis von H. und Rhetorik weitgehend bestimmt. «Die Anfänge der christlichen Beredsamkeit stellen nach Art eines Modells das Gesetz vor Augen, das sich in ihrer Geschichte dauernd wiederholt hat. Ein Hervorbrechen aus dem eigensten religiösen und sittlichen Bedürfen des Gemüths und des Lebens, schlicht und rein sachlich gerichtet; Hinzunahme der Kunst bis zu einer Werthung der Form und einem Gebrauch der Kunstmittel hin, dem die berechnete Kraft zur Kraftlosigkeit zu werden droht; Reaktion, welche von der Kunst übersättigt, sich zur Formlosigkeit zurückwendet, um den nämlichen Gang von neuem anzutreten.» [9]

Die Aufmerksamkeit der Autoren gilt jedoch zunächst nicht den spezifisch homiletischen Fragen, sondern der Hermeneutik (ORIGENES) und der für den Predigtdienst wesentlichen Pastoralethik (CHRYSOSTOMUS). Als Auslegung eines biblischen Textes, zu dem sie mehr und mehr geworden war, bedurfte die Predigt einer hermeneutischen Theorie, die sie zur Überwindung der historischen und kulturellen Distanz zu den biblischen Urkunden befähigte. An der alexandrinischen Tradition geschult legte Origenes den Grund zur allegorischen Auslegung, die für die H. der folgenden Jahrhunderte bis über die Reformation hinaus richtungsweisend blieb. «Die Größe der origenistischen Konzeption besteht in der völligen Durchdringung von Theologie, Ontologie und Hermeneutik» [10]: Der inspirierten Schrift entspricht eine durchgeistigte Wirklichkeit, die im vom Heiligen Geist geleiteten Verstehen aufgefaßt wird. Der trichotomisch gedachten Wirklichkeit entspricht ein dreifacher Sinngehalt der Schrifttexte, ein buchstäblicher, ein moralischer und ein mystischer. Augustinus hat später die Trichotomie mit der paulinischen Unterscheidung von *spiritus* und *litera* verbunden und so den Anstoß zum vierfachen Schriftsinn der mittelalterlichen Schriftauslegung gegeben. Ohne seine Rhetorikausbildung zu leugnen, hat sich Chrysostomus in seinen Äußerungen zur Predigttheorie vor allem den damit verbundenen ethischen Problemen zugewandt, die in der antiken Rhetorik im Rahmen von Ethos und Vir-bonus-Ideal thematisiert wurden. Seine Begründung: Nachdem die Kirche die Kraft, Wunder zu wirken, verloren habe, könne sie nur durch das gute sittliche Beispiel und durch das Wort wirken. Die Wortverkündigung aber bedarf der Redefertigkeit. Diese soll – ihrem ernsten Inhalt entsprechend – auf überflüssigen Schmuck verzichten und zur Einfachheit vordringen. Dazu gehören Mut, Selbstkritik, innere Unabhängigkeit und fleißige Arbeit. [11] Augustinus hat die pastoralethischen Grundsätze des Chrysostomus bekräftigt: Ein schlechter Redner kann immerhin noch durch seinen Lebenswandel Gutes bewirken, ein guter wird aber durch sein schlechtes Beispiel die Wirkung seiner Rede zunichte machen.

Auch AUGUSTINUS nähert sich den homiletischen Problemen auf dem Umweg über die philosophisch begründete Hermeneutik. Seine für das Mittelalter maßgebenden und bis in die Neuzeit hinein wirksamen vier Bücher ‹De doctrina christiana› fassen die Art des Lehrens christlicher Wahrheiten, also die Predigtkunst, systematisch zusammen. Sie weist zwei Modi auf, den «modus inveniendi quae intelligenda sunt» und den «modus proferendi quae intellecta sunt» (die Auffindung des zu Verstehenden und die Darstellung des Verstandenen). [12] Die ersten drei Bücher sind der *inventio* gewidmet, die bei Augustinus ausführlich nach ihren theologischen, philosophischen und hermeneutischen Grundlagen behandelt wird. Die Notwendigkeit von Kunstregeln für das Verständnis der christlichen Wahrheit begründet Augustinus mit der Beobachtung, daß niemand ohne mündliche oder schriftliche Vermittlung zu Erkenntnissen gekommen sei. So schildert er in den ersten beiden Büchern die Gewinnung von Erkenntnissen mit Hilfe der Unterscheidung von *res* und *signum*. Die Liebe Gottes um seiner selbst willen (frui Deo) ist dem Menschen als oberstes Ziel gesetzt, sie zu erwecken ist der Sachgehalt (*res*) der biblischen Offenbarung. Sie liegt vor in Form von natürlichen und sprachlichen Zeichen. Um in und hinter den *signa* die *res* zu entdecken, sind die Gaben des Heiligen Geistes nötig: Gottesfurcht, Frömmigkeit, Einsicht, Charakterstärke, Barmherzigkeit, Herzensreinheit, Weisheit. Mit diesen Tugenden ausgerüstet soll man sich die Kenntnis der sprachlichen Zeichen aneignen und kann man sich auch die heidnischen Wissenschaften zunutze machen. Unter ihnen ragt die Dialektik (Schlußverfahren) hervor, die Rhetorik wird instrumental verstanden: «magis ut proferamus ea quae intellecta sunt, quam ut intelligamus, adhibenda est» (sie sollte eher zur Darstellung des Verstandenen als zur Mehrung des eigenen Wissens angewendet werden). [13] Das dritte Buch wendet sich hermeneutischen Einzelheiten der Schrifterklärung zu, vor allem der rechten Unterscheidung von buchstäblicher und allegorischer Bedeutung, wobei Augustinus auch auf die Bedeutung der rhetorischen Tropen hinweist. Das homiletische Thema im engeren Sinn kommt im vierten Buch zur Sprache, das erst dreißig Jahre nach den ersten drei Büchern 426 vollendet wird. Der Einfluß der Rhetoriker, besonders Ciceros, ist deutlich, wenn auch für Augustinus die biblische Weisheit Vorbild ist: Man sieht sie «aus der Brust des Weisen wie aus ihrem Hause hervortreten und die Beredsamkeit ihr auch ungerufen folgen wie eine unzertrennliche Dienerin.» [14] Das Hauptkriterium der homiletischen Darbietung ist die *perspicuitas*, die der *claritas scripturae* entspricht. Die *genera dicendi* der Rhetorik sind auf die Predigt nur bedingt anwendbar. Die christliche Wahrheit ist nur als Lehre (*docendo*) zu vermitteln. Sie müßte nach den Regeln der Rhetorik also im *genus subtile* vorgetragen werden. Weil sie jedoch immer von erhabenen Dingen handelt, wäre aber das *genus grande* angemessen. Dies aber würde die Hörer ermüden; darum soll der Prediger die modi wechseln, «ut veritas pateat, placeat, moveat» (damit die Wahrheit deutlich wird, gefällt und zur Wirkung gelangt). [15] Weil die Wahrheit und nicht die Anmut letzter Maßstab ist, kommt es nicht entscheidend auf die Redekunst an. Minder Begabte sollen sich fremder Predigten bedienen. Für diesen Rat ist Augustinus als Begründer der sog. niederen H. gescholten worden. Er hat jedoch ein geistvolles Beispiel für ihre Berechtigung geliefert: die Schrift ‹De catechizandis rudibus›, in der er für einen rhetorisch Ungebildeten praktische Ratschläge und Beispiele (*exempla*) für Lehrpredigten vor Taufbewerbern gibt. Mit Augustinus erreicht die H. der alten Kirche ihren Höhepunkt. Sein Text ‹De doctrina christiana› fundiert zugleich eine reiche Tradition homiletischer Reflexion in der lateinischen und byzantinischen Kirche, die freilich weniger originell ist, weil abhängig von der *auctoritas* des Augustinus.

Anmerkungen:
1 F. D. E. Schleiermacher: Einige Worte über homiletische Kritik (1821) SW I,5. 466. – **2** vgl. auch 1 Kor 14,23. – **3** vgl. H. M. Müller: Predigt als Charisma, in: Charisma und Institution, hg. v. T. Rendtorff (1985) 439–451. – **4** E. Auerbach: ‹Sermo humilis›, in: RF 64 (1952) 304–364; hier: 309. – **5** H. Rahn: Die rhet. Kultur der Antike, in: Der altsprachliche Unterricht 10 (1967) 23–49. – **6** 1 Kor 1,23. – **7** Auerbach [4] 308. – **8** ebd. 327. – **9** P. Kleinert: Über die Anfänge der christl. Beredsamkeit, in: ders.: Zur christl. Kultus- und Kulturgesch. (1889) 31. – **10** G. Ebeling: Art. ‹Hermeneutik›, in: RGG³ III, 247. – **11** vgl. H. M. Müller: Art. ‹Homiletik›, in: TRE 15, 529. – **12** Aug. Doctr. I, 1. – **13** ebd. II, 37. – **14** ebd. IV, 6, 10. – **15** ebd. IV, 28. – **16** vgl. G. A. Kennedy: Greek Rhetoric under Christian Emperors (1983).

II. *Mittelalter.* Die H. des Mittelalters steht zunächst im Dienst der volkspädagogischen Aufgabe der Predigt. Dabei überwiegt der Einfluß von Augustinus. Zu einer eigenständigen Besinnung über die Predigttheorie kommt es erst in der Scholastik.

Anders als die antike Bildungswelt und Redekultur verlangte die Missionssituation unter den germanischen und slawischen Völkern im Frühmittelalter nach einer Predigt, die auf die Einprägung elementarster Glaubensinhalte (Dekalog, Credo, Vaterunser) und auf die Einschärfung der äußeren liturgischen und sittlichen Regeln sich konzentrierte. Für diese Aufgabe war die Ausbildung einer Theorie unnötig. Der missionierende und die Volkserziehung tragende Klerus mußte eher zu einem vertieften Verständnis der Bibel sowie der rechtlichen und dogmatischen Grundlagen der christlichen Glaubenspraxis geführt werden. Dem suchte die politische und klerikale Führungsschicht Rechnung zu tragen, indem sie durch Vorbild (Homiliare, bischöfliche Predigt) und Vorschriften (Synodalbeschlüsse, kaiserliche Anordnungen) auf den Bildungsstand und die Berufsausübung des Klerus einwirkte. Dabei wurde die altkirchliche Tradition vielfach kopiert, wie etwa die ‹Regula pastoralis› Gregors (gest. 604) zeigt. Im Mittelpunkt seiner und seiner Nachfolger Überlegungen steht die Orthotomie, die Anpassung der Lehrform an die unterschiedlichen Adressatengruppen, und das Ethos des Predigers.

In diesen Bahnen bewegt sich auch die Anleitungsliteratur des Hochmittelalters, die sich in den *artes praedicandi* und den Prothemata der Predigtbeispiele ausdrückt. Jedoch wird nun gemäß den gesteigerten Anforderungen an die Predigt und den gewandelten Bedingungen ihrer Ausführung ein größerer Wert auf die Technik gelegt. So bei Guibert von Nogent (gest. 1124) und Alanus ab Insulis (gest. 1202). Vor neuen Aufgaben stand die Predigt, als die Kirche zu den Kreuzzügen aufrief und die häretischen Bewegungen mit dem Predigtwort zu bekämpfen suchte und als die geistige Auseinandersetzung sich an die Universitäten verlagerte. Da die Predigt hier aber weniger in ihrer kultischen Funktion verstanden wurde, sondern eher als Mittel der Glaubenspropaganda (Kreuzzugspredigt, Bußpredigt) und Ausdrucksmittel der Gelehrtenwelt (Universitätspredigt), geraten die theoretischen Überlegungen zur H. unter den Einfluß der scholastischen Methode und knüpfen dabei vielfach an die antike Rhetoriktradition an. Ob die Leistungen des Humbert von Romans (gest. 1277) oder des Wilhelm von Auvergne (gest. 1249) unter diesen Umständen als eine «homiletische Revolution» [1] gewertet werden können, erscheint fraglich. Auch angesichts der Ketzerbekämpfung mit Hilfe der Ordenspredigt legte man mehr Wert auf die Fernhaltung Nichtautorisierter als auf die Ausbildung einer regelmäßigen gottesdienstlichen Predigtpraxis. Die Predigt der Mystik brachte (vielleicht in Folge ihres durchaus eigenständigen und vielfach esoterischen Charakters) keine eigene H. hervor. Sie wirkte vielmehr durch ihr Beispiel und hat vor allem durch ihre sprachschöpferische Energie Fernwirkungen bis in die Gegenwart gehabt.

Eine starke gegenseitige Befruchtung von Predigt und Schriftexegese hatte in der Verfeinerung der hermeneutischen Methode stattgefunden. Die Auslegung nach dem vierfachen Schriftsinn (*literalis, moralis* oder *tropologicus, allegoricus, anagogicus*) ließ einer phantasievollen *inventio* des Predigtstoffes und der homiletischen Argumentation trotz des ausgefeilten Regelwerks viel freies Spiel.

Vor allem im 15. Jh. bildeten sich in den Städten Stiftungsprädikaturen aus, die die Predigtpraxis stark beförderten. Veranlaßt durch die gesteigerten Bildungsanforderungen an die mit der Predigt betrauten Kleriker brachten sie auch eine Reihe homiletischer Lehrbücher hervor. Häufig genannt wird das ‹Manuale curatorum› von J. U. Surgant (1502). Neben den Fragen nach der Autorisation des Predigers, dem Inhalt der Predigt und ihrem Wesen geht Surgant auch auf das Verhältnis von Rhetorik und H. ein und gibt praktische Ratschläge für die gottesdienstliche Predigt. Auch bedeutende Humanisten wie Reuchlin und Erasmus haben sich um die Predigtlehre bemüht. Der ‹Ecclesiastes› des Erasmus wirkt freilich nach der umstürzenden Neubewertung der Predigt durch die Reformation in seinem die alten *munera rhetoris* entwickelnden Aufbau wie eine Erinnerung an eine bereits überholte antike Rhetoriktradition.

Anmerkung:
1 J. J. Murphy: Rhetoric in the Middle Ages (Berkeley/Los Angeles/London 1974) 310.

III. *Neuzeit. 1. Evangelische H. von der Reformation bis Schleiermacher.* Die Reformation weist der Predigt eine neue und zentrale Stellung in Theologie, Kultus und Praxis der Kirche zu. Die Entwicklung der Predigttheorie entsprach dieser Stellung zunächst jedoch nicht. Das Interesse der Reformatoren galt dem ‹Worte Gottes› im theologischen Verständnis, seiner Heilsbedeutung und im Blick auf die kirchliche Praxis seiner Übersetzung in die Volkssprache. Während so in Theologie und Hermeneutik neue und weitreichende Erkenntnisse formuliert wurden, nahm die Predigttätigkeit einen unübersehbaren Aufschwung, gewann die Predigt eine Mittelpunktstellung im Kultus und im Unterricht. Das kirchliche Amt wurde in erster Linie als Predigtamt, nicht als Priesteramt verstanden. Die Vorbildung der Prediger im Studium der Theologie konzentrierte sich auf die Bibelauslegung und die dazu gehörige Hermeneutik sowie die Vermittlung der einschlägigen dogmatischen Loci. Eine spezielle Ausbildung in der Vermittlung der evangelischen Lehre in öffentlicher Rede wurde allgemein der herkömmlichen Rhetorik überlassen. Indes nahm man durchaus die Spannung zwischen dieser und den Anforderungen des neugeordneten Predigtamtes wahr. Schon Melanchthon genügen in seinen ‹Elementorum rhetorices libri II› die überlieferten drei *genera dicendi* nicht mehr, er fügt für die Predigt ein viertes, das *génos didaskalikón* hinzu. Später scheidet er auch das *genus iudiciale* und das *genus demonstrativum* aus zugunsten eines *genus epitrepticum*, in dem die Belehrung über den Glauben erfolgen soll, und eines *genus paraeneticum*, das der sittlichen Belehrung dient.

An diesen Versuchen wird sichtbar, daß die reformatorische Theologie der Predigt, die besser als Worttheologie zu kennzeichnen ist, mit den traditionellen rhetorischen Kategorien nicht erfaßt werden konnte. Die theologische Unterscheidung von Gesetz und Evangelium, die Zielrichtung der Predigt auf das Gewissen und ihre sakramentale Funktion als Christus-Vergegenwärtigung ließen sich zunächst nicht in eine neue homiletische Theorie integrieren. So hat etwa LUTHER in erster Linie durch das Beispiel auf die Predigerausbildung eingewirkt. Seine Postillen waren Vorbild nicht nur für die Predigtpraxis, sondern auch für die bis in die Gegenwart hineinreichende Tradition evangelischer, nach dem Kirchenjahr geordneter Predigtsammlungen als Anleitungsliteratur. Spätere Generationen haben allerdings seine direkte und persönlich unmittelbar ansprechende Predigtweise und seine völlig ungekünstelte und plastische Predigtsprache als *genus heroicus* bezeichnet und damit als kaum nachahmungsfähig angesehen. [1]

Der erste evangelische Theoretiker der Predigt ist A. HYPERIUS. Wie Melanchthon vom Humanismus herkommend, scheidet Hyperius aber «von vornherein Rhetorik und Homiletik, Forum und Dei ecclesia, dort das Auditorium der Richter, hier congregatio credentium, dort Streitverhandlung, hier doctrina religionis, dort die Überredungskunst, hier der eine Zweck: das Heil der Seele und ihre Versöhnung mit Gott.» [2] Scheint bei ihm die übliche Kritik an der Rhetorik auch durch, so will er dennoch die Prediger in Dialektik und Rhetorik geschult wissen: «Er prüft die dialektischen und rhetorischen Kategorien, ob sie für die Predigt brauchbar sind; sind sie brauchbar, so werden sie verwendet, entweder jedoch so, daß die Legitimität ihrer Verwendung an analogen Erscheinungen in der heil. Schrift gemessen wird, oder so, daß die Kategorien und Argumente der 'Philosophen' als minderwertig mit den der heil. Schrift entnommenen der Theologen zusammengestellt werden.» [3] Er behält in seinem Werk ‹De formandis concionibus sacris seu de interpretatione Scripturarum populari› (1553, neu bearbeitet und erweitert 1562) die alten *munera oratoris* bei, legt aber besonderen Wert auf die *inventio* und sucht abweichend von der Tradition nach neuen *genera dicendi*. Diese findet er in ziemlich willkürlicher Weise in der Bibel: Nach 2 Tim 3,16 und Röm 15,4 sind diese die Lehrpredigt (*doctrina*, didaskalikón), die Streitpredigt (redargutio, elenchikón), die Moralpredigt (*institutio*, paideutikón), die Strafpredigt (*correctio*, epanorthōtikón) und die Trostpredigt (*consolatio*, paraklētikón). Aus pragmatischen Gründen, da in einer Predigt unterschiedliche Dinge behandelt werden, fügt Hyperius noch ein *genus mixtum* hinzu. Durch seinen Fleiß, seine didaktische Begabung und Gelehrsamkeit von großem Einfluß auf seine Zeitgenossen, hat Hyperius aber kaum langfristige Nachwirkungen erzielt. Lediglich die enge Fassung der Predigtaufgabe als Belehrung der *illiterati* und *rudes* hat Schule gemacht.

Sie bestimmte die H. der altprotestantischen Orthodoxie. Diese ist durch ihre Konzentration auf die Kontroverstheologie für die homiletische Theorie nach heutigem Empfinden recht unergiebig, wenn sie auch eine ganze Reihe von Lehrbüchern der H. hervorgebracht hat. [4] Sie beschäftigen sich im wesentlichen mit Formproblemen. Während das Predigtvorbild der Reformation die *Homilie* war, die Darbietung eines biblischen Textes nach dessen eigenem Aufbau, wird jetzt die Lokalmethode bevorzugt, die Herausarbeitung der im Text vermuteten dogmatischen *loci*, sodann die sog. synthetische Methode, die durch Hinzufügung verwandten Materials das durch den Text vorgegebene Thema im Sinne der *amplificatio* auszuschöpfen suchte. «Die Predigt selbst mußte zu einem 'Prachtbau' ausgestaltet werden. Hierfür besaß folgender Aufriß unbedingte Geltung: Lectio sacrae scripturae; Invocatio Spiritus Sancti; Exordium; Propositio und Partitio; Confirmatio oder Tractatio; Applicatio; Conclusio oder Epilogus. Dabei konnte das Exordium zwei- bis dreifach sein, die Applicatio war tatsächlich lange Zeit zu einem fünffachen Usus ausgestaltet, so daß nun jede Predigt lehren, streiten, moralisieren, strafen und trösten mußte.» [5] Die Emblematik, die reichliche Verwendung von Allegorien zur Übersetzung von dogmatischen Begriffen und abstrakter Lehre in Sinnbilder, ergänzte diese Anweisungen. Verständlich werden der methodische Formalismus und der Ballast durch den Perikopenzwang, der den Prediger nötigte, Jahr für Jahr über dieselben Texte zu predigen. Man darf aber auch die allgemeine Neigung des Barock zum kunstvoll gesteigerten *ornatus* nicht übersehen. Hier teilt die H. die Tugenden und Laster der Barockrhetorik z. T. gegen die Intentionen der homiletischen Theorie des Humanismus und der Reformation.

An diese will der Pietismus anknüpfen mit dem Vorwurf an die Orthodoxie, «daß die Predigten nicht im Herzen des Predigers geboren, sondern von ihm höchst kunstvoll gemacht, ja geradezu 'geschneidert' wurden». [6] So fordert die pietistische Predigttheorie – etwa J. LANGES ‹Oratoria sacra ab artis homileticae vanitate repurgata› (1707) oder J. J. RAMBACHS ‹Erläuterung der praecepta homiletica› (posthum 1736): Wie die Predigt sich an den inneren Menschen wenden soll, muß sie aus der Innerlichkeit des Predigers, seiner *habilitas supernaturalis* hervorgehen. Seeleneinfalt beweist sich an ihrer Einfachheit und Texttreue. Künstelei und unfruchtbare Polemik werden abgelehnt. Wirksam werden diese Gedanken gegen den Zeitgeschmack aber nur langsam. Den Bezug zur Frömmigkeits- und Lebenspraxis, die Schlichtheit der Form und die Rücksicht auf die Aufnahmefähigkeit der Hörer kann erst die H. der Aufklärung durchsetzen.

Sie nimmt teil an der «Neuorientierung der Rhetorik» (G. Ueding) im 18. Jh. und versucht unter dem Einfluß des westlichen Auslandes (England, Frankreich, Niederlande) und der Leibniz-Wolffschen Philosophie (Neologen) die Schwächen der orthodoxen wie der pietistischen Predigt zu überwinden. Gegen die erstere dringt sie auf Einfachheit und Natürlichkeit, gegen die letztere auf den Vernunftbeweis und «guten Geschmack». [7] Eine wichtige Voraussetzung für die H. der Aufklärung bildet die Akkomodationstheorie, mit der es J. S. SEMLER unternimmt, das orthodoxe Bibeldogma aufzulösen: die biblischen Schriftsteller haben sich in der Darbietung der ewigen Wahrheiten den Verstehensbedingungen ihrer Zeit akkomodiert und sind entsprechend für die Gegenwart auszulegen. Für die Predigt wird damit die Beweisführung durch eine Harmonisierung von Schrift- und Vernunftgründen wichtig. Dies fordert der Wegbereiter der H. der Aufklärung L. v. MOSHEIM ebenso wie eine Nutzanwendung im Sinne des *explicatio-applicatio*-Schemas. Für die äußere Form der Predigt verlangt er Deutlichkeit des Aufbaus und Gründlichkeit der Beweisführung. [8] Was die praktische Predigttätigkeit anbelangt, wird er von J. J. SPALDING und F. V. REINHARD überragt. Beide haben auch sich über ihre homiletischen Grundsätze geäußert: Spalding möchte durch rechten Verstandesgebrauch die Menschen zur Gottesverehrung führen. Dabei wendet er sich gegen eine nur unfruchtbare Kritik übende Aufklärung, weil «die Furcht vor solch lebloser Kälte, vor einem solchen Wegreißen alles Rührenden und Erweckenden in dem Glauben an Gott eine Menge wohlmeinender Gemüter unausbleiblich zur Schwärmerei hinübertreibt». Die Predigt soll also die Empfindung des Herzens wecken und damit zu wahrer Glückseligkeit, «zur Tugend, zur Redlichkeit, zur Gerechtigkeit, zur Menschenliebe» führen – eine Einkleidung pietistischer Forderungen ins Gewand der Aufklärung. [9] Reinhard bekennt, seine Bildung zum Prediger ausschließlich aus dem Studium der antiken Rhetorik (Cicero und Demosthenes) empfangen zu haben. An ihnen hat er gelernt, daß «die wahre Beredsamkeit etwas ganz anders, als Schönrednerey; etwas ganz anders, als ein Tändeln mit Gegensätzen und witzigen Spitzfindigkeiten; etwas ganz anders, als poetische, oder, wie Kant sie sehr richtig nennt, tollgewordne Prosa; etwas ganz anders endlich, als jener Sturm und Drang» ist. Darum soll der Kanzelvortrag «deutlich für den Verstand, behältlich für das Gedächtniß, erweckend für die Empfindung, ergreifend für das Herz» sein. [10]

2. Von Schleiermacher bis zur Gegenwart. Schon in der H. der Aufklärung wird deutlich, daß die von ihr geforderte Beredsamkeit nicht durch bloßes Erlernen von Techniken zu erreichen ist. Vielmehr handelt es sich auch bei der Redekunst um eine Kunst im wahrsten Sinne des Wortes. F. THEREMIN gibt seinen ‹Grundlinien einer systematischen Rhetorik› gar den Titel ‹Die Beredsamkeit eine Tugend› (1814, 2. Aufl. 1837). Mit dieser Erkenntnis hat Schleiermacher ernst gemacht. Er überwindet die bisherige Anleitungsliteratur durch den Entwurf einer Theorie der Praxis. Die H. wird darin von der Hermeneutik deutlich unterschieden und auf die religiöse Praxis, auf den Kultus bezogen. Die religiöse Redekunst unterscheidet sich von der weltlichen durch das, was Schleiermacher das Epideiktische nennt: Da ist «die Meisterschaft in der Behandlung der Elemente die Hauptsache», während die Kunst in der Religion keine eigenständige, sondern nur eine dienende Funktion hat. [11] Im Unterschied zu anderen Religionen steht die Rede im Mittelpunkt des christlichen Kultus, weil «der christliche Gottesdienst ein geistiger ist und der Geist sich unmittelbar nur durch das Wort verständlich macht». [12] Der Sinn des christlichen Kultus ist die Belebung religiösen Bewußtseins durch dessen «Circulation». Darum ist er auf die Rede als «Mitteilung des objektiven Bewußtseins» angewiesen, sie wird durch die Gebärde ergänzt, weil nur diese als «Mitteilung des subjektiven Bewußtseins» Bewegung hervorbringen kann. [13] Als kultische Rede gehört die Predigt nach Schleiermacher zum «darstellenden» Handeln, das vom «wirksamen» unterschieden wird, wie es z. B. im katechetischen Vortrag vorliegt. [14] Neben den grundsätzlichen Bestimmungen enthält die H. Schleiermachers eine Fülle von technischen Hinweisen, die jedoch streng auf das Grundsätzliche bezogen sind: Zur Einheit der religiösen Rede, die als Einheit von Mittel und Zweck in der Erweckung des religiösen Bewußtseins gefaßt wird; zur *dispositio* (Unterscheidung der rhetorischen von der logischen); zur *inventio* (Meditation) und zur *explicatio* jeweils in eigentümlicher Weise. Schleiermachers Grundansatz hat die H. des 19. Jh. im deutschen Protestantismus trotz mancher Einwände beherrscht. Erst im 20. Jh. hat die Dialektische Theologie durch ihren verengten Offenbarungsbegriff die «Bewußtseinstheologie» Schleiermachers verdrängt und eine Wende in den homiletischen Auffassungen herbeigeführt.

Bis dahin hatte man Schleiermachers H. nur durch eine veränderte Systematik in den Prinzipienfragen weitergeführt oder durch die Aufnahme neuer Gesichtspunkte ergänzt. So verdanken wir A. SCHWEIZER die seither üblich gewordene Einteilung der H. in die prinzipielle, formelle und materielle. C. I. NITZSCH sah in der Predigt auch ein wirksames Mittel der Selbsterbauung der Gemeinde und fügte die H. der Didaktik ein. T. HARNACK hob die sakramentale Funktion der Predigt als Aufgabe des kirchlichen Amtes hervor. Erst in der 2. Hälfte des 19. Jh. wandte man sich von den Prinzipienfragen ab und den drängenden praktischen Problemen zu, die durch die zunehmende Entfremdung von Kirche und Kultus gestellt wurden und die man durch Einbeziehung der neu aufgekommenen empirischen Wissenschaften in die H. zu lösen suchte. Hier ist neben P. DREWS, O. BAUMGARTEN und M. SCHIAN vor allem F. NIEBERGALL zu nennen. Die H. dient ihm zur Heranbildung von guten Predigern auf der Grundlage religiöser, sittlicher und kirchlicher «Seelen- und Volkskunde». [15] Diese hatte er schon in seiner Programmschrift ‹Wie predigen wir dem modernen Menschen?› (1902, ⁴1920) stark hervorgehoben. Während die historischen Forschungen zur Predigt- und Homiletikgeschichte weit vorangetrieben wurden, werden rhetorische Fragen vernachlässigt. Ausnahmen bilden PALMER, BASSERMANN, KRAUß und besonders F.L. STEINMEYER [16], die allerdings bemüht sind, eine gegenüber der klassischen Rhetorik eigenständige homiletische Formenlehre zu entwickeln.

Diese Entwicklungen wurden nach dem 1. Weltkrieg unter dem Einfluß der Wort-Gottes-Theologie zunächst nicht weitergeführt. «Sie erwuchs nach K. Barths Zeugnis (Ges. Vorträge I, 1924, 105) aus der ‹Situation des Pfarrers mit seiner Frage: was heißt predigen? und – nicht: wie macht man das?..., sondern: wie kann man das?› Die Predigt wird so zur methodischen Perspektive der christlichen Theologie durchweg.» [17] Sie erscheint jetzt als eine Sonderform der Exegese. Ihre dogmatische Bestimmung ist Hauptgegenstand der H., die Empirie tritt zurück. Eine Ausnahme bildet – neben H. SCHREINER – O. HAENDLER, der seine H. von der Person des Predigers her auf tiefenpsychologischer Grundlage konzipiert, und E. HIRSCH, der in Weiterführung von Gedanken Kierkegaards besonders die Innerlichkeit des Predigers und den Zusammenhang von Menschlichem und Christlichem betont. [18] Die homiletische Diskussion wird von der Behandlung der Prinzipienfragen beherrscht. Erst in den letzten Jahrzehnten wendet man sich wieder den pragmatischen Problemen der «wirklichen Predigt» (W. TRILLHAAS) zu und will damit die Rhetorik (G. OTTO, M. JOSUTTIS) und die neu entstandenen Kommunikationswissenschaften in die homiletischen Überlegungen einbeziehen. Wegen des hohen Abstraktionsgrades sind diese Versuche (W. DAHM, H. D. BASTIAN) bisher wenig fruchtbar gewesen. Stärkere Impulse sind von einer handlungswissenschaftlich orientierten H. (E. LANGE) einschließlich der Sprechakttheorie (H.W. DANNOWSKI), von der Rezeptionsästhetik (A. Grözinger) oder der empirischen Sozialforschung (K. F. Daiber) ausgegangen. Letztere hat vor allem die Wirkung der Predigt, auch durch Hörerbefragung, zu untersuchen sich vorgenommen.

Anmerkungen:
1 zur H. Luthers vgl. Bonner Ausgabe von Luthers Werken in Auswahl, Bd. 7. – **2** E. C. Achelis: Einl. zu ‹Die Homiletik und die Katechetik des Andreas Hyperius› (1901) 8. – **3** ebd. – **4** vgl. Caspari: Art. ‹Homiletik›, in: Realenzyklop. für protest. Theol. und Kirche 8, 295; M. Schian: Orthodoxie und Pietismus im Kampf um die Predigt (1912) 167ff.; H. M. Müller: Art. ‹Homiletik›, in: TRE, 15, 562. – **5** L. Fendt: Grundriß der Praktischen Theol. I (1938) 131. – **6** Schian [3] 24f. – **7** vgl. dazu P. H. Schuler: Gesch. der Veränderungen des Geschmacks im Predigen, insonderheit unter den Protestanten in Deutschland, mit Actenstücken im Auszug belegt (1792). – **8** L. v. Mosheim: Heilige Reden über richtige Wahrheiten der Lehre Jesu Christi (1725ff.); ders.: Anweisung erbaulich zu predigen (posth. 1763). – **9** J. J. Spalding: Vertraute Briefe die Religion betreffend (1784) 7. Brief. – **10** F. V. Reinhard: Geständnisse seine Predigten und seine Bildung zum Prediger betreffend in Briefen an einen Freund (^{2}1811) 53ff. – **11** F. D. E. Schleiermacher: Die praktische Theol. nach den Grundsätzen der ev. Kirche im Zusammenhange dargestellt, SW I/13 (posth. 1850, ND 1983) 79f. – **12** ebd. 80. – **13** ebd. 82. – **14** Zum Verhältnis Katechetik und H. vgl. W. Jetter: Art. ‹Katechismuspredigt›, in: TRE, 17, 744–786. – **15** F. Niebergall: Praktische Theol. Lehre von der kirchlichen Gemeindeerziehung auf religionswiss. Grundlage (1918/1919). – **16** F. L. Steinmeyer: Die Topik im Dienste der Predigt (1874). – **17** M. Doerne: Art. ‹Homiletik›, in: RGG^3, III, 440. – **18** E. Hirsch: Predigerfibel (1964).

3. Gegenreformation und katholische H. Schon die kirchenreformerischen Bestrebungen des Spätmittelalters hatten die Predigtaufgabe der Kirche neu akzentuiert, die Reformation hat sie dann in das Zentrum des kirchlichen Handelns gestellt. Dem hat sich die tridentinische Reform nicht angeschlossen, die zwar die Predigtpflicht neu einschärfte, sie aber als die lehramtliche Aufgabe verstand, «sacras scripturas divinamque legem annuntiare» (die hl. Schrift und das göttliche Gesetz zu verkünden, Conc. Trid. sess. XXIV, de ref. c. 4). Eine «sakramentale» Bedeutung (Zuspruch der Sündenvergebung) hatte die Predigt nicht. Vielmehr gewann sie in der Gegenreformation ihre Bedeutung aus ihrer missionarischen und apologetischen Funktion. Bei dieser Sachlage konnte sich eine selbständige H. nicht entwickeln. Auch der Höhepunkt der katholischen Kanzelberedsamkeit in Frankreich zur Zeit des Absolutismus bietet eine reiche Predigtliteratur (Bossuet, Fléchier, Bourdaloue, Massillon) [1], dagegen kaum homiletische Abhandlungen von Rang. Eine Ausnahme bildet Fénelons Jugendwerk ‹Dialogues sur l'éloquence›. Als Parallelerscheinung zum Aufschwung der evangelischen H. z. Zt. Schleiermachers können die homiletischen Arbeiten J. M. Sailers und J. B. Hirschers verstanden werden. Das 20. Jh. brachte in ähnlicher Weise eine katholische kerygmatisch orientierte H. hervor, eingeleitet durch J. A. Jungmann, später weitergeführt durch V. Schurr. Da aber die Predigt nur eine begrenzte kultische Funktion besaß und ihr im wesentlichen eine katechetische Aufgabe zugewiesen wurde, konnte sich eine der evangelischen vergleichbare H. nicht ausbilden. Eine gewisse Neuorientierung brachte hier erst das II. Vaticanum. Die Liturgiekonstitution verband «die Predigt, insbesondere die Homilie ‹als Teil der Liturgie› (V. 2.51), wieder fest mit der Opferfeier», so daß man seither auch vom «Tisch des Gotteswortes» sprechen kann. [2] Inwiefern man dann Predigt und Sakramentsfeier als «komplementäre Gestalten kirchlicher Verkündigung» fassen darf, die «sich innerhalb eines gemeinsamen Aktes und Vollzuges bewegen», «aber eine je verschiedene, nicht auf die andere rückführbare Gestalt darstellen» [3], muß einstweilen offen bleiben. Jedenfalls steht die katholische H. mit dieser Öffnung heute vor denselben Problemen wie die protestantische, mit der sich neuerdings eine Zusammenarbeit entwickelt hat.

Anmerkungen:
1 vgl. Drews † (Faber): Art. ‹Predigt I›, in: RGG^2, IV, 1420. – **2** J. B. Schneyer: Gesch. der kath. Predigt (1968). – **3** D. Wiederkehr: Predigt und Eucharistiefeier, in: G. Schüepp: Hb. zur Predigt (1982) 249.

4. H. im außerdeutschen Sprachraum. Die von Calvin ausgehende Reformation in Westeuropa hat für die Predigt ähnliche Grundsätze entwickelt wie die lutherische. Die Predigt ist für sie vielleicht in noch höherem Maß Gnadenmittel als das Sakrament. Auf die Frage «Quomodo fit verbum efficax ad salutem?» (Auf welche Weise wird das Wort heilswirksam?) antwortet der ‹Große Westminster-Katechismus› von 1547: «Spiritus Dei lectionem verbi, praecipue vero praedicationem reddit medium efficax illuminandi, convincendi, humiliandique peccatores, [...] ad Christum autem pertrahendi [...]» (Der Geist Gottes reicht die Lesung des Wortes, vor allem aber die Predigt als ein wirksames Mittel dar, die Sünder zu erleuchten, zu überzeugen, demütig zu machen [...] zu Christus aber hinzuziehen). [1]

Zugleich gibt er deutlich Auskunft über die Predigtweise: «Qui vocati sunt ad laborandum in verbi ministerio, praedicare debent doctrinam sanam, diligenter, tempestive, intempestive; simpliciter, non in allicientibus humanae sapientiae verbis, verum in demonstratione Spiritus, et potentia; fideliter, totum Dei consilium manifestando; prudenter, variae auditorum necessitati et captui semet accommodando; fervide e flagrante Dei animarumque populi eius amore, sincere, in Dei gloriam, populique conversionem, aedificationem, ac salutem collimando.» (Die berufen sind, den Dienst am Wort zu leisten, müssen die gesunde Lehre fleißig, zu gelegener und zu ungelegener Zeit predigen: einfach, nicht mit den verlockenden Worten menschlicher Weisheit, sondern durch den Beweis des Geistes und durch Kraft; treu, indem sie den ganzen Ratschluß Gottes offenbar machen; klug, indem sie sich dem Bedürfnis und der Fassungskraft der Hörer anpassen; feurig aus der brennenden Liebe zu Gott und zu den Seelen seines Volkes, aufrichtig, indem sie (es) zur Ehre Gottes, zur Bekehrung des Volkes, zur Erbauung, zum Heil zuschleifen.) [2] Die Hochschätzung der Predigt ging einher mit einem strengen Schriftdogma und einer Lehre von der Prädestination, die die Wirkung der Predigt unabhängig von der Redekunst der parallelen Mitteilung des heiligen Geistes zuschrieb. Die Predigerausbildung konnte sich auf die klassischen Studien verlassen, zu denen auch die Rhetorik gehörte. Die im angelsächsischen Sprachraum sich ausbreitende evangelikale Richtung legte weniger Wert auf eine wissenschaftliche Vorbildung als die geistlich verstandene Begabung und das Bewußtsein innerer Berufung. So erklärt sich Achelis' Urteil: «So reich England und Schottland an hervorragenden Predigern namentlich unter den Dissenters und außerhalb der Staatskirche stehenden Gemeinschaften ist, so wenig ist dort für die Theorie der Predigt geschehen. Die Geschichte der Predigt hat dort fette Weide, die

Geschichte der Homiletik weder dort, noch in anderen evangelischen Kirchen des Auslandes.» [3]

Die französisch-reformierte Predigt gewann starken Einfluß auf Deutschland, die Niederlande und die Schweiz durch die Vertreibung der Hugenotten aus Frankreich. Sie wirkte indes mehr durch das Beispiel (J. SAURIN) als durch homiletische Erörterungen. Im 19. Jh. erwirbt sich A. VINET weit über die französischsprachige Schweiz hinaus Ansehen. Seine Vorlesungen über Pastoraltheologie und über H. werden im Druck verbreitet und auch ins Deutsche übersetzt. [4] Ähnlich wie Schleiermacher stellt Vinet das Christentum als Religion des Wortes vor; sie «ist» Gedanke und Wort: «Das Christentum, eine Religion des Denkens, muß geredet werden». «Das Kirchengebäude ist [...] ein Hörsaal.» Dabei wird das «Wort» weit und personal aufgefaßt, es ist «mitzuteilendes Leben». [5] Jedoch gilt: «Es ist gewiss, dass die Beredsamkeit Eine ist, [...] es gibt so wenig zwei Rhetoriken, als es zwei Logiken gibt; allein das Wesen der geistlichen Lehre bringt Unterschiede mit sich [...]». [6] Demnach baut VINET seine H. nach dem rhetorischen Schema *inventio, dispositio, elocutio* auf; die Unterschiede zur H. fallen in die Einzelausführung. Sie betreffen im wesentlichen die Wirksamkeit des heiligen Geistes, die Textbindung und die Themenwahl.

Während in den Niederlanden der altprotestantischen Orthodoxie eine der deutschen vergleichbare Scholastik ausbildet [7], stützt man sich in Großbritannien in der Predigttheorie auf eine pragmatische Rhetorik und vertraut im übrigen auf die Übung anhand von Vorbildern. D. FORDYCE: ‹The Art of Preaching› (1745) und H. BLAIR: ‹Lectures on rhetoric and belles-lettres› (1783) werden auch ins Deutsche übersetzt, ebenso im 19. Jh. die an Laienprediger gerichteten ‹Lectures to my Students› des Erweckungspredigers C. II. SPURGEON. [8] An theoretischen Schriften dieser Zeit aus dem angelsächsischen Raum werden beachtet H. E. BEECHER: ‹Yale Lectures on Preaching› (1872-74) und B. CARPENTER: ‹Lectures on Preaching› (1895). Der Akzent auf der Empirie ist bis in die Gegenwart hinein geblieben. Auch in mehr theoretisch ausgerichteten Werken findet die Redetechnik Beachtung. [9] In neuester Zeit gewinnen vor allem in den Vereinigten Staaten Themen wie ‹black preaching› (Sonderformen der Predigt in ethnischer Perspektive), ‹oral tradition› oder die Medienpredigt der ‹electronic church› an Bedeutung.

Anmerkungen:
1 Die Bekenntnisschriften der reformierten Kirche, hg. von E. F. K. Müller (1903) 635. – 2 ebd. 636. – 3 E. C. Achelis: Lb. der Praktischen Theol., II ([6]1912) 114. – 4 ‹A. Vinet's Pastoraltheologie›, dt. bearb. v. H. G. Hasse (1812); ‹Homiletik›, dt. bearb. v. J. Schmid (1857). – 5 zit. nach ‹Alexandre Vinets ausgewählte Werke›, ins. dt. übers. u. hg. v. E. Staehelin, Bd. 3, 78f. (1944). – 6 ebd. 80. – 7 vgl. J. J. van Oosterzee: Praktische Theol. Ein Hb. f. junge Theologen, autor. dt. Ausg. 2 Bde. (1878/79). – 8 ‹Ratschläge für Prediger›, hg. von L. Öhler (1896; ND 1975). – 9 z. B. R. R. Caemmerer: Preaching for the Church ([2]1964); weniger ausgeprägt bei R. Lischer: A Theology of Preaching (1981).

Literaturhinweise:
H.-R. Müller-Schwefe: H. 3 Bde. (1961–1973). – W. Trillhaas: Die wirkliche Predigt, in: H. Gerdes (Hg.): Wahrheit und Glaube (1963) 193–205. – ders.: Ev. Predigtlehre ([5]1964). – ders.: Einf. in die Predigtlehre ([2]1980). – H. Rahn: Die rhet. Kultur der Antike, in: Der altsprachliche Unterricht 10 (1967) 23–49. – F. Wintzer: die H. seit Schleiermacher bis in die Anfänge der dialektischen Theol. in Grundzügen (1969). – U. Nembach: Predigt des Evangeliums. Luther als Pädagoge, Prediger und Rhetor (1972). – W. Grünberg: H. und Rhet. (1973). – W. Steck: Das homiletische Verfahren. Zur modernen Predigttheorie (1974). – E. Lange: Predigen als Beruf (1976, [2]1982). – G. A. Kennedy: Classical Rhetoric and Its Christian and Secular Tradition from Ancient to Modern Times (1980). – G. Otto: Rhet. predigen (1981). – G. Schüepp (Hg.): Hb. der Predigt (1982). – H. W. Dannowski: Kompendium der Predigtlehre (1985). – M. Josuttis: Rhet. und Theol. in der Predigtarbeit (1986). – A. Beutel, V. Drehsen, H. M. Müller (Hg.): Homiletisches Lesebuch (1986). – K. F. Daiber: Predigt als religiöse Rede (1991). – A. Beutel: In dem Anfang war das Wort. Stud. zu Luthers Sprachverständnis, in: Hermeneutische Unters. zur Theol. 27 (1991). – H. M. Müller: H. Eine ev. Predigtlehre (1996).

H. M. Müller

→ Akkomodation → Allegorie, Allegorese → Anagoge → Ars praedicandi → Bibelrhetorik → Christliche Rhetorik → Evangelium → Gleichnis, Gleichnisrede → Homilie → Jesuiten-Rhetorik → Kapuzinade → Kerygma → Kontroverstheologie → Leichenpredigt → Luthersprache → Pietismus → Predigt

Homilie (griech. ὁμιλία, homilía; lat. homilia; dt. auch Textpredigt; engl. homily; frz. homélie; ital. omelia)
A. Def. – B. I. Antike: 1. Bibel. – 2. Kirchenväter. – II. Mittelalter. – III. Humanismus, Reformation, Barock. – IV. 18. bis 20. Jh.

A. 1. Unter H. versteht man einen besonderen Typus der Gattung Predigt, der auf einem signifikanten Auslegungsverfahren basiert, das dem zugrundeliegenden biblischen Text verseise folgt (Textpredigt). Die Konsequenz, mit welcher der jeweilige Prediger dieser Technik folgt, kann verschieden stark ausgeprägt sein. Dementsprechend läßt sich die H. in zwei Gruppen einteilen. Handelt es sich um einen Vortrag, der in erkennbarer Strenge einer biblischen Perikope Vers für Vers bzw. Satz für Satz entlanggeht, um diese zu interpretieren und anzuwenden, dann spricht man von einer exegetischen H. Thematische H. heißt eine Predigt, wenn sie lediglich den inhaltlichen Grundgedanken des Schrifttextes oder ein dort angesprochenes Thema aufgreift, um dieses in freier Weise anzuwenden, ohne jedoch dem logischen Duktus der Textstelle zu folgen.

2. Oftmals ist allerdings eine eindeutige Zuordnung konkreter Predigten nur schwer möglich. Die Klassifizierung von H. verliert im Laufe der geschichtlichen Entwicklung der Predigt, aber auch in der Homiletik v. a. seit dem Mittelalter zunehmend an Profil. Dieser Tendenz können selbst sporadisch in allen Epochen auftretende ausdrückliche Bemühungen um einen Erhalt bzw. die Wiederbelebung der H. keinen nachhaltigen Erfolg entgegensetzen. Dieser Entwicklung leistet insbesondere die Tatsache Vorschub, daß die Variante der thematischen H. trotz ihrer Rückbindung an den Perikopentext vom Typus der Themenpredigt nur schwer unterschieden werden kann. Es bleibt daher grundsätzlich problematisch, die definitorische Unschärfe zwischen der H. und anderen Arten der Predigt aufzulösen, weshalb moderne Predigttheorien auf eine Differenzierung zwischen den verschiedenen Predigtarten in zunehmendem Maße verzichten und sogar die H. mit der Predigt schlechthin identifizieren. [1]

Demgegenüber erscheint es erforderlich, das charakteristische Profil des Auslegungsverfahrens der klassischen altkirchlichen H. ausdrücklich hervorzuheben. Die verseise Bearbeitung einer Schriftstelle verlangt einen kontinuierlichen Wechsel zwischen der Ebene des biblischen Textes (Damals) und dem gegenwärtigen Bewußtsein des Predigers bzw. der zuhörenden Gemeinde (Heute). Auf diese Weise bleibt die H. – allein schon durch den vorgegebenen Gang der *argumentatio* – der Heiligen Schrift, die als geoffenbartes Wort Gottes den hermeneutischen Ausgangspunkt der Verkündigung darstellt, so nahe wie kein anderes Predigtverfahren. Diese Unmittelbarkeit zeigt den Adressaten, welcher Reichtum und welche Kraft im Wort der Bibel beschlossen liegen. Gleichzeitig wird die gegenwärtige Situation der Hörer Satz für Satz thematisiert. Die H. gewährleistet demzufolge nicht nur die größte Nähe zum Text, sondern sie erreicht auch den intensivsten Hörerbezug.

Bedingt durch die materiale Festlegung der christlichen Predigt auf das Wort Gottes als *norma suprema* ist der Prediger bei seinem methodischen Verfügungsspielraum dem Stoff gegenüber viel stärker eingeschränkt als der freie Redner. Der *inventio* sind eindeutige Grenzen gesetzt, insofern der biblische Text mit seiner unbestreitbaren *auctoritas* den thematischen Ausgangspunkt der H. vorgibt. – Während bis vor wenigen Jahren die Hervorhebung des Wortcharakters der Offenbarung Gottes eine Domäne der reformatorischen Kirchen war, setzt sich seit der Offenbarungskonstitution des II. Vatikanischen Konzils (‹Dei Verbum›) diese Auffassung auch in der katholischen Theologie durch, was entsprechende Konsequenzen für die Bedeutung und den Stellenwert der Predigt nach sich zieht. Dennoch sind Wort Gottes und Heilige Schrift nicht einfach identisch. Selbst die H., die versucht, das genannte hermeneutisch-pneumatische Grundprinzip der Verkündigung auch formal stringent umzusetzen, muß bei aller Nähe zum Wortlaut des tradierten Textes darum bemüht sein, den darin liegenden Sinngehalt zu erfassen und zu adaptieren. Andernfalls gäbe es keinen Unterschied mehr zur bloßen Rezitation des Bibeltextes. Der Verfasser einer H. kann bei seiner Auslegung nicht ausschließlich die biblische Perikope in den Blick nehmen. Da sein Vortrag sich nicht auf die Exegese beschränken darf, muß er die bei Aristoteles begründete Trias von Rede, Redner und Auditorium berücksichtigen. Der Gehalt einer H. ergibt sich neben der Erfassung des textimmanenten Sinnes eben erst, wenn zugleich die Orientierung auf den individuellen Verstehenshorizont der jeweiligen Zuhörer berücksichtigt wird und die Person des Predigers als ‹Transmissionsriemen›, der die Verschränkung der beiden Ebenen garantiert, bewußt bleibt. Insofern kann gerade die H. mit ihrer primären Ausrichtung auf die Heilige Schrift deutlich machen, daß zwischen einer an den Text gebundenen und einer an der Situation orientierten Predigt keine Alternative besteht. Mit der prinzipiellen Voraussetzung, daß jede Predigt eine Form der Rede ist und an den Eigengesetzen der Sprache partizipiert [2], erlaubt das oben dargelegte konzeptionelle Verständnis der H. Verbindungen zu zentralen Kategorien des rhetorischen Systems: Die großen Homileten vor allem der frühen Kirche stehen ganz in der Tradition der antiken Rhetorik und sind sich dieses speziellen Zusammenhangs durchaus bewußt. Die Wirkungsformen einer Rede *(docere, delectare, movere)* finden entsprechend der im vorgegebenen Schrifttext angelegten Affektstufe in angemessener Weise Eingang in die H. Was die *inventio* anbelangt, beschränkt sich die thematische Ausgangslage zwar nicht auf die zu behandelnde Perikope im engeren Sinne, aber sie konzentriert sich doch ausschließlich auf den biblischen Stoff, hinter dem sich das Kerygma der Botschaft Gottes verbirgt. Dieser profilierten Grenzziehung hat der Prediger Rechnung zu tragen. Er muß jedoch entscheiden, inwieweit die gedankliche Ordnung eines Textes eine Behandlung als H. erlaubt oder gar um der *perspicuitas* willen nahelegt. In der homiletischen Literatur findet sich häufig die Prämisse, daß die Klarheit der biblischen ‹Ur-Kunde› nicht übertroffen werden kann. Die versweise Auslegungsmethode der H. ist deshalb bestens dazu geeignet, diese Qualität zur Geltung zu bringen. In der Folge obliegt ihr damit aber zugleich die Pflicht, die entsprechende Angemessenheit *(aptum)* der Auslegung zu garantieren, was zumindest eine sensible Handhabung des *ornatus* verlangt.

Etymologisch scheint für die Adaption des Terminus ‹H.› weniger die rhetorische Vorgehensweise beim Predigen wichtig gewesen zu sein als vielmehr das zugrundeliegende «Klima». [3] Das griech. ὁμιλία, homilía nämlich ist in seiner ursprünglichen Bedeutung mit ‹Zusammensein› im Sinne von sozialem Verkehr bzw. gesellschaftlichem Umgang zu übersetzen. Auch in 1 Kor 15,33, der einzigen Stelle im Neuen Testament, bei der das Substantiv homilía überhaupt vorkommt, ist eine Form des zwischenmenschlichen Umgangs gemeint, allerdings mit negativem Akzent. – Neben diesem eher allgemeinen Verständnis von ‹Umgang› existiert eine Bedeutung des Terminus ‹H.›, der auf die sprachlich-kommunikative Seite abhebt und mit ‹Unterricht› oder ‹Unterhaltung› wiedergegeben werden kann. Das zur griech. Wortfamilie gehörige Verbum ὁμιλεῖν, homileín bewahrt diese Sinn-Nuancierung deutlicher. Das seit Homer verbreitete Wort meint die menschliche Weise der Kommunikation auf der vorrangigen Basis von Rede und Erwiderung. In dieser Bedeutung von «sich unterhalten», «jemanden anreden», «miteinander reden» oder gar von «Gedanken austauschen» taucht es auch im Neuen Testament auf (vgl. Lk 24,14f.; Apg 20,11). Dabei ist stets eine Atmosphäre des freundschaftlichen Umgangs gemeint, also ein vorsichtiges, aber zugleich offenherzig-vertrautes Reden ohne figürliche Feinheiten und didaktisches Interesse. Im Laufe der Begriffsentwicklung verengt sich das Moment des Gesprächs auf den religiösen Bereich hin, so daß die H. zum Synonym für die kirchliche Rede bzw. die Predigt schlechthin wird. Der hellenistische Sprachgebrauch übernimmt diese Akzentverlagerung. [4] Schließlich findet sich seit dem 4. Jh. n. Chr. die auch terminologisch saubere Unterscheidung zwischen der homilía als schmuckloser Schriftpredigt einerseits und dem λόγος, lógos als rhetorisch gestaltetem Vortrag andererseits.

B. I. *Antike.* 1. *Bibel.* Entsprechend ihrer Definition kann es die H. in ihrer exegetischen und damit textnahen Variante erst nach der verbindlichen Festlegung auf den als Offenbarungswort Gottes akzeptierten kanonisierten Schrifttext *(auctoritas)* geben. Dessen ungeachtet ist das Anliegen der Schriftauslegung implizit bereits in der Intention der biblischen Autoren fest verankert. Jeder Versuch einer Bestimmung der «funktionell-formalen Struktur der Bibel» [5] lenkt zugleich den Blick auf die Geschichte der Auslegung und der gegenseitigen Bezugnahme innerhalb der heiligen Texte und damit auf die Frage nach der Predigt in der Bibel. Das Buch ‹Nehemia› bezeugt die Praxis der H. in alttestamentlicher Zeit: Im jüdischen Gottesdienst folgte auf die Rezitation des Schrifttextes in Abschnitten jeweils eine Erläuterung bzw. eine Zusammenfassung, «so daß die Leute das Vorgelesene verstehen konnten» (Neh 8,7f.). Das Paradebeispiel für eine Predigt im NT ist der Hebräerbrief, der insgesamt als eine «groß angelegte Schriftauslegung im Lichte des Christusglaubens» [6] zu verstehen ist und sich selber als Paraklese (Hebr 13,22) charakterisiert. Die prinzipiell pastorale Absicht des Hebräerbriefs als einer tröstlichen Mahnrede wird darin deutlich, daß seine Argumentation zwischen »lehrhaft-explizierenden und ermahnend-applizierenden Partien» [7] alterniert. Sein Autor benützt dafür in ausgeprägtem Maße die traditionellen Stilmittel der antiken Rhetorik; zudem sind ihm alle in seiner Zeit ausgeübten Methoden der Exegese vertraut. In Anlehnung an das jüd. ‹Pescher› und in der Tradition der Mönche von Qumran gestaltet er einen Abschnitt seiner Predigt (Hebr 3,7–4,11) als strenge H.: Vers für Vers wird dort Ps 95,7–11 ausgelegt und nach Art eines Kommentars auf die Situation der Adressaten angewandt. – Neben solchen die Schrift erläuternden H., die sich ähnlich in den apostolischen Briefen finden, sind freie Erörterungen üblich (vgl. 1 Kor 11; 15). Außerdem hat bei den Aposteln die missionarische Predigt einen hohen Stellenwert, insofern sich diese durch den Auftrag Christi ergibt (vgl. Mt 28,19).

2. *Kirchenväter.* Die Patristik ist die Blütezeit der exegetischen H. Sie steht dabei ganz in der Tradition der nachapostolischen Predigt und ist wesentlicher Bestandteil des Gottesdienstes. Ihr fester liturgischer Ort ist zwischen Schriftlesung und Gebet. Die zentrale Belegstelle für diese Praxis findet sich bei Justin. [8] Die Bevorzugung des Predigttypus ‹H.› ist unabdingbar mit der Betonung der Exegese in der frühen Kirche verbunden. Durch die feste Anlehnung an den Wortlaut der Hl. Schrift wird verhindert, daß die H. sich auf das Vortragen der Gedankenfülle *(copia rerum)* des Predigers beschränkt oder gar als Forum für die Mitteilung persönlicher Eingebungen mißbraucht wird. Dennoch ermöglicht die H. eine pastorale und praxisorientierte Adaption auf das Leben der Gläubigen und der christlichen Gemeinde sogar in relativ freier Gedankenentfaltung, solange sie auf der Auslegung der vorgegebenen Perikope basiert.

Für ORIGENES, den ersten namentlich bekannten und als Persönlichkeit greifbaren Prediger der Kirche, steht diese Voraussetzung außer Frage: Die Hl. Schrift ist die einzige Erkenntnisquelle der Predigt, die H. die logische Konsequenz. Insgesamt ca. 200 volkstümliche H. zu verschiedenen biblischen Büchern sind von ihm trotz erheblicher Verluste überliefert; daneben viele Tomoi, wissenschaftliche Kommentare, die seine Bedeutung als Exeget unterstreichen, Origenes, der auch 'Vater der H.' genannt wird, verzichtet bei seinen Schriftauslegungen auf stilistische Künstlichkeit und das Pathos des Redners. Stattdessen «plaudert» er auf unterhaltsame Weise mit seinen Zuhörern wie mit Gleichgesinnten. Wo immer möglich «läßt er die Schrift sich selbst erklären». [9] Auf diese Weise stellt er die exegetische Deutung systematisch in den Dienst der homiletischen Erbauung. – Die H. des Origenes sind i. a. dreiteilig angelegt. Der *Prolog* nimmt stets etwas anderes zum Anlaß als die zu behandelnde Perikope: eine freie thematische Idee, ein Bibelzitat aus einem anderen Buch oder eine Beispielerzählung. Das *Corpus* enthält die versweise Erläuterung und ein abschließendes Fazit mit konkret didaktisch-moralischer Intention. Alle H. schließen stereotyp mit der Formel «dem die Herrlichkeit und die Macht ist in alle Ewigkeit» (1 Petr 4,11). Origenes sieht in der von ihm konzipierten Lehre vom dreifachen Schriftsinn, insbesondere in der allegorischen Auslegungsmethode, die einzige Möglichkeit, das Evangelium seiner heidnisch-griechischen Umwelt nahezubringen. Wo das wörtliche Verständnis des Textes keinen unmittelbaren Sinn erschließt, erlaubt es die Allegorese, einen verborgenen, mystischen Sinn zu eruieren. Letztlich sind die H. des Origenes «auch aus der Not des Predigers geboren, der unter der schweren Pflicht steht, die Gemeinde zu erbauen, anhand eines Textes, der im wörtlichen Sinn oft alles andere als erbaulich ist». [10] – Bedeutende Theologen setzen die Tradition des Origenes als Prediger in der Ostkirche fort. Um das Wort Gottes der hellenistischen Welt noch zugänglicher zu machen, erarbeiten die drei Kappadozier (GREGOR VON NYSSA, GREGOR VON NAZIANZ und BASILIUS DER GR.) ihre H. auch unter dem Gesichtspunkt der zeitgenössischen Rhetorik. Die 13 erhaltenen Psalmen-H. von Basilius d. Gr. sind vorwiegend praktisch orientiert, seine Auslegung des Hexaëmeron hingegen zeigt spekulatives Interesse. [11] Gregor von Nazianz und Gregor von Nyssa bestechen durch ihre in klassischer Form rhetorisch meisterhaft konzipierten Predigten, wobei nur von letzterem Zyklen von H. (zu Hld, Koh, Mt und über das Vaterunser) erhalten sind. [12] Der Gipfel geistlicher Eloquenz im Osten wird mit JOHANNES CHRYSOSTOMUS erreicht, dessen stilistisch-rhetorische Ausbildung in seinen H. unverkennbar durchscheint. Zwar ist das Wort Gottes die ausschließliche inhaltliche Basis für die Wirksamkeit des Predigers, aber für deren Vermittlung kann auf die Redefertigkeit nicht verzichtet werden. [13] Diese allerdings muß alle unnötigen Ausschmückungen beiseite lassen und schlicht und kunstlos die Wahrheit sagen. [14] Von der Fähigkeit des Johannes Chrysostomus, das theologische Wissen mit der rhetorischen Gabe geglückt zu verbinden, zeugen seine überaus zahlreich tradierten H. über Gen, Ps, Mt, Lk, Joh, Apg und sämtliche Paulusbriefe. [15] Im Zentrum dieser für gewöhnlich aus versweiser Schrifterklärung und Folgerungen für das Leben als Christen bestehenden H. steht unmißverständlich die moralische Anwendung, die oft mit dem exegetischen Teil nur noch locker verbunden ist. Nach Chrysostomus beginnt der Niedergang der H. im Osten v. a. wegen des übertriebenen Hangs zu rhetorischem Prunk und eines Eklektizismus, der zu Lasten des Inhalts geht. Am Ende des 7. Jh. hat die thematische Predigt (mit einer betont rhetorischen Prägung) die exegetische H. beinahe völlig verdrängt. – In Theorie und Praxis der Predigt ist die Kirche des Westens bis ins 4. Jh. hinein weitgehend vom Osten abhängig. HIPPOLYT VON ROM pflegt seine Vorliebe für die Heilige Schrift durch Auslegungen, die ganz im Sinne der antiochenischen Schule abgefaßt sind. Zwar sind nur wenige Relikte von Predigten erhalten, aber einzelne Partien seiner exegetischen Kommentare lassen sich als ursprüngliche H. identifizieren. Berühmt ist seine homiletische Auslegung der Begegnung zwischen David und Goliath. [16] Vorzügliche Beispiele der rednerischen Begabung des AMBROSIUS VON MAILAND sind seine sechs Bücher über das Hexaëmeron, die in ihrem Kern aus neun gehaltenen H. hervorgehen. Auch seine vielfältigen Bibeltraktate, der umfangreiche Lk-Kommentar und sogar viele seiner dogmatischen und moralischen Schriften haben ihren Ursprung in nicht erhaltenen H., die später zu wissenschaftlichen Traktaten ausgearbeitet werden. Die Überzeugungskraft des Bischofs Ambrosius besteht darin, daß seine profunde Kenntnis der Bibel sich mit einem charismatischen Leben verbindet und auf ansprechende Weise in seinen Predigten zum Ausdruck kommen kann. [17] «Verbis eius suspendebar intentus, [...] et delectabar suavitate sermonis» (Ich hing wohlgespannt an seiner Sprache [...] und freute mich an der einnehmenden Art seines Vortrags). [18] So beurteilt AUGUSTINUS, der größte Prediger der abendländischen Kirche, seinen Freund. Augustinus selbst ist darauf bedacht, die Rhetorik so unauffällig wie möglich in den Dienst der Weisheit zu stellen. Demzufolge ist die *claritas* der Rede ein Hauptstreben der praktischen christlichen Beredsamkeit. Das Ideal einer Verbindung von innerer Wahrheit *(veritas)* und äußerer Darstellung *(aptum)* sieht er auf vorzügliche Weise in der Heiligen Schrift vorgeprägt. [19] Trotzdem richtet Augustinus sein Augenmerk nicht ausschließlich auf die Angemessenheit der H. gegenüber dem Text. Die Reaktionen und das Fassungsvermögen der Hörer, sowie deren Bildungsstand und sozialer Status sind für ihn von entscheidendem Interesse, um eine möglichst wirkungsvolle Darstellungsform der H. zu erreichen. [20] Daraus und aus den verschiedenen Stilebenen der biblischen Texte selber folgert Augustinus die Notwendigkeit der *varietas*. Auch wenn für ihn die drei *genera dicendi* nur bedingt auf die christliche Predigt anzuwenden sind, so ermöglichen gerade sie doch eine differenzierte Weise des Vortrags und des Zuhörens: Zur Ermittlung der Wahrheit steht die Belehrung *(docere)* an erster Stelle, weil das Motiv des Unterrichtens im Material der christlichen Rede selbst begründet liegt. Allerdings muß der Prediger den unausgebildeten Geschmack (der Zuhörer) berücksichtigen und deshalb darauf bedacht sein zu erfreuen *(delectare)*, um in ausreichendem Maße zu fesseln. Will er schließlich einen durchschlagenden Erfolg erzielen und sein Auditorium durch Zustimmung von seinen Darlegungen überzeugen, dann muß er sie auch erschüttern *(flectere)*. [21] Sein rhetorisches Ethos rückt Augustinus in die Nähe des idealen *vir bonus*. Die Zahl der von ihm tradierten Predigten ist beträchtlich. Herausragend sind seine Zyklen von H. über die Ps und Joh. Abhängig von ihm zeigt sich u. a. LEO D. GR., dessen nahezu 100 Predigten ihn als kraftvollen geistlichen Redner ausweisen. Sein filigraner Stil ist trotz der gedanklichen Fülle von einer Klarheit geprägt, welche durch die Treffsicherheit des Ausdrucksvermögens und die Reinheit der Sprache begünstigt wird. Ebenfalls unter dem Einfluß von Augustinus stehen PETRUS CHRYSOLOGUS – der jedoch seine exegetischen H. in stilistisch vielfach überladener und gezierter Aufmachung präsentiert – und GREGOR D. GR. Letzterer ist in seinen H. zu den Sonntags-Evangelien, wo er sich in den Bereichen von Askese, Mystik und Moral als Autorität zu erkennen gibt, ein Vorläufer der volkstümlichen Predigtart des Mittelalters. Das Vorbild des Augustinus bleibt in seiner Verbindung von vielfältigem Gebrauch der Heiligen Schrift mit einer der Schlichtheit verpflichteten Darstellung für seine (direkten) Nachfahren und darüber hinaus bis ins Mittelalter verpflichtend. Je mehr sich allerdings neben der exegetischen H. die thematische H. durchsetzt, desto weniger wird der maßvolle Gebrauch der elocutionellen Mittel *(figurae)* beachtet. Insofern der Prediger sich dabei in seiner Deutung und Darstellung nur noch dem Inhalt nach, nicht jedoch was die formale Struktur seiner Rede angeht, dem biblischen Text verpflichtet fühlt, kann seine persönliche Wirkungsabsicht in den Vordergrund treten.

II. *Mittelalter.* Die Predigttheorie und -praxis des frühen Mittelalters ist weitgehend geprägt durch theologische Vorgaben: Neben der übermächtigen Autorität der Kirchenväter sind dafür die Reichserlasse Karls d. Gr. und die Maßnahmen verschiedener Synoden verantwortlich, die die Predigt an Sonn- und Feiertagen den Pfarrern als Pflicht auferlegen. Die damit intendierte Stärkung des christlichen Glaubens und der Einheit im Fränkischen Reich steht freilich einem ungenügend dafür ausgebildeten Klerus gegenüber. Infolgedessen dominieren in dieser Zeit Missions- und Volkspredigten über die christliche Heilsgeschichte und die grundlegenden Glaubensinhalte, während H. lediglich aus eigens dafür angelegten Sammlungen *(Homiliarien)* vorgelesen oder auswendig vorgetragen werden. Hauptsächlich Augustinus, Leo d. Gr. und Gregor d. Gr. kommen dabei zu Wort. Ergänzend dazu werden im Auftrag des Kaisers neue Homiliarien erarbeitet, von denen die des HRABANUS MAURUS besonders hervorzuheben sind. Außer seinen beiden Predigtsammlungen zu den Sonn- und Festtagen verfaßte er exegetische Kommentare zu allen Büchern der Bibel. [22] Die spezifische Leistung seiner Arbeiten liegt in der Vermittlung zwischen der Vätertheologie und den Erfordernissen der täglichen Seelsorge. Jeglicher spekulative Impetus steht ihm fern, wohl um seine Auslegungen problemlos den Pfarrern seines Sprengels für ihre Predigttätigkeit zugänglich und verstehbar zu machen. – Auch für BERNHARD VON CLAIRVAUX, den vielleicht größten Prediger des Mittelalters [23], ist die Heilige Schrift die Quelle des Wissens und der Ausgangspunkt der Verkündigung. Im Anschluß an seine großen Lehrmeister Ambrosius, Augustinus und Gregor d. Gr. präferiert er die mystisch-allegorische Schriftauslegung, geht aber zugleich mit seiner Vorliebe für die praktische Unterweisung darüber hinaus. Mit Rücksicht auf seine Hörerschaft, der er durch seinen moralischen Rigorismus inhaltlich viel abverlangt, pflegt er einen stilistisch ausgeprägten, aber reinen Sprachgestus mit bildhaften Erklärungen. – Von den Predigtsammlungen, die sich ausdrücklich der H. zuwenden, sind noch das Homiliar des Mönches BOTO VON PRÜFENING mit 29 H. über Ez [24] zu erwähnen, sowie die 92 Sonntags- und 85 Festhomilien des GOTTFRIED VON ADMONT, die allerdings bereits zur thematischen Variante tendieren. [25] Diese Tendenz setzt sich ausgehend von Frankreich im 12. und 13. Jh. mehr und mehr fort; sie steht auf der formalen Grundlage der im Hochmittelalter vollends etablierten Bibelauslegung nach dem vierfachen Schriftsinn (historisch, moralisch, mystisch, allegorisch), welche sich die Scholastik zu eigen macht. Deren theologische Didaktik beeinflußt nachhaltig die Predigttätigkeit. Wesentliche Merkmale sind die Festlegung auf ein einheitliches, aus der Bibel gewonnenes Thema, eine Fülle von Beweisen unter Berufung auf unumstößliche Autoritäten (Bibel, Kirchenväter, Vernunft, Erfahrung) sowie ein betont sachlicher Stil. Die klar gegliederte und von den *artes praedicandi* vorgegebene, aber häufig sehr schematische Disposition steht zwar in der Linie der antiken Rhetorik, weicht aber von der Reihe der tradierten Redeteile wie folgt ab: *Thema/Prothema, divisio, distinctio, dilatatio.* [26] Insbesondere der letzte Schritt neigt immer mehr zur ausufernden Entfaltung eines Themas, dessen ursprünglicher Bezug auf ein Bibelwort bisweilen kaum mehr erkennbar ist (z. B. Wilhelm von Auvergne). Der neue Aufschwung der Predigttätigkeit in der Zeit des hohen Mittelalters – bedingt durch das gestiegene Bildungsstreben in der Scholastik und durch Konflikte innerhalb der Kirche (Ketzer- und Laienbewegungen) – zieht also letztlich den Niedergang der traditionellen exegetischen H. nach sich. Lediglich in den vielen Postillen kann sie sich weiterhin behaupten: als Teil einer

Predigt, der den Schrifttext interpretiert (so bei Gabriel Biel). [27] Die Prediger erkennen, daß die strengen formalen Vorgaben der H. nicht mehr ausreichen, um für ihre Zuhörer angemessen attraktiv zu sein, und beschäftigen sich demzufolge mit Fragen der Publikumswirksamkeit, der Vortragsgestaltung und des Stils. Besonders eindrucksvoll wird diese Entwicklung in den Kreuzzugspredigten, in den mystischen Predigten (Meister Eckhart, Johannes Tauler, Heinrich Seuse) und in den Universitätspredigten. Von herausragender Bedeutung sind für letztere die ansehnlichen Predigtreihen der beiden Wiener Magister Nikolaus Prunczlein von Dinkelsbühl und Thomas Ebendorfer von Haselbach. Paradigmatisch zeigt sich an ihnen, daß im ausgehenden Mittelalter Predigtzyklen auf der Grundlage fortlaufender Perikopentexte zugunsten von thematischen H. über dogmatische und moralische Glaubensinhalte (Glaubensbekenntnis, Vaterunser, Dekalog, Sünden und Tugenden) – oftmals volkstümlich angereichert durch zeitkritische Anmerkungen, Beispielgeschichten, Heiligenlegenden, Fabeln oder Lebenserfahrungen – in den Hintergrund treten.

III. *Humanismus, Reformation, Barock.* Ein unübersehbares, aber letztlich wirkungsloses Intermezzo bleiben die hauptsächlich theoretischen Bemühungen der Humanisten REUCHLIN und ERASMUS, Bedeutung und Errungenschaften der Rhetorik für die Predigt zu sichern. Ihre strenge Orientierung an der Tradition der Antike erweist sich für die fundamentale Neubestimmung der Predigt durch die Reformation allerdings als wenig wirksam. Herausragendes Merkmal der gewandelten Auffassung in der Reformation ist die nunmehr herausgehobene Stellung der Predigt als Zentrum der gottesdienstlichen Feier, bisweilen gar als Mittelpunkt kirchlichen Handelns überhaupt. Auf der Grundlage einer vertieften Besinnung auf die Heilige Schrift als dem geoffenbarten Wort Gottes erlangt die Predigt bei LUTHER sakramentalen Rang. Für ihn ist das Wort der Schrift das entscheidende Heilsmittel, in dem Gott sich dem Menschen zuwenden kann. [28] Infolgedessen prägt eine beständige Auseinandersetzung mit dem Zeugnis der Bibel sein Verständnis von Predigt, eine Auseinandersetzung, die den tradierten Text mit der persönlichen Gewissenserfahrung in Beziehung setzt. Luther hat sich nur vereinzelt und unsystematisch als Theoretiker zu Fragen der Homiletik geäußert. Allerdings erlauben die rund 2000 von ihm überlieferten Predigten sowie die Postillen mit ihren Vorreden Rückschlüsse auf seine Predigtauffassung. So wird das der Schriftauslegung zugrunde liegende christozentrische Prinzip in Luthers Predigten entfaltet und lebendig ausgestaltet: «Nihil nisi Christus praedicandus» (Es gibt nichts außer Christus zu verkündigen). [29] In bezug auf die Form zeigt Luther bereits die eindeutige Präferenz für die Textpredigt, welche in der Folgezeit allgemein in den protestantischen Kirchen üblich wird. Allerdings hält er die strenge exegetische H. nicht für die einzig legitime Weise, um die beabsichtigte kontinuierliche Ausrichtung auf die zugrundeliegende Schriftperikope zu garantieren. Seine Vorstellungen von einer schriftgemäßen Predigt sieht Luther durchaus noch verwirklicht, wenn er sich in seiner Auslegung des Textes einem (übergeordneten) Thema öffnet. – Obwohl Luther zweifellos ein glänzender Redner war, begegnet er der rhetorischen Praxis gerade auch in der H. mit Skepsis. Die noch zu seiner Zeit geläufige scholastische Ausdrucksform sowie jeden rhetorischen Formalismus und übertriebenen Schmuck der Rede (*ornatus*) lehnt er kategorisch ab, weil sie die Ehrfurcht vor dem Worte Gottes verletzen. Einzig zum Zweck der Belehrung (*docere*), um also die Gläubigen von der Wahrheit der in der Heiligen Schrift niedergelegten Offenbarung Gottes zu überzeugen, darf die Beredsamkeit in der H. wirksam werden. – Die beiden Hauptvertreter der helvetischen Reformation halten sich formal stärker an den Duktus des Textes, über den sie predigen. Nach dem Vorbild der Väterhomilie interpretiert ZWINGLI ganze Bücher der Bibel. Ebenso bemüht sich CALVIN, der eine schematische und rigorose Auffassung von der Bindung der Predigt an die Schrift vertritt [30], um eine Auslegung fortlaufender Perikopentexte. In der Form der H., die Calvin selbst meisterhaft praktiziert, sieht er die angemessene Methode, wenn der Prediger im Gehorsam gegen das Schriftwort Gott die Ehre erweisen will. – Auch in der homiletischen Theorie der Reformationszeit findet die wiederentdeckte Notwendigkeit einer stärkeren Bindung der gottesdienstlichen Verkündigung an die Heilige Schrift ihren Niederschlag. In seiner Schrift ‹De modo et arte concionandi› (1537–39) bestimmt MELANCHTHON die Aufgabe der Predigt als *doctrina*, insofern diese unmittelbar aus der Bibel – nicht aus Lehrsätzen! – hervorgeht und die dort überlieferte Heilslehre mitzuteilen hat. Durch eine als notwendig erkannte Modifikation der Gattungen der antiken Rhetorik stellt er ähnlich wie Luther das *genus didascalicum* an die erste Stelle. Unter scharfsinniger Berücksichtigung der volkspädagogischen Erfordernisse betont er daneben die Bußpredigt, um der Gemeinde die gesamte Heilsbotschaft zugänglich zu machen und schafft so die Voraussetzung für eine thematisch orientierte H. auch in der evangelischen Kirche. Einen noch grundlegenderen Zusammenhang zwischen Homiletik und Hermeneutik beschreibt A. HYPERIUS in seinem Werk ‹De formandis concionibus› (1552/1562). Wie Melanchthon leitet er die Predigt als *doctrina religionis* hinsichtlich des Inhalts (*inventio*) und der Methode (Vorbildfunktion der biblischen Autoren) allein aus der Heiligen Schrift ab.

Trotz dieser vielfältigen Ansätze zu einer neuen, profilierten Grundlegung der Predigt kann sich die H. in der Folgezeit nicht durchsetzen. Die theologische Ausbildung der Prediger konzentriert sich auf die Notwendigkeit der kontroverstheologischen Auseinandersetzung mit der römischen Kirche. Dadurch wird die Bindung an die Schrift zunehmend formal, und deren Interpretation dient letztlich dazu, dem Prediger Argumente für den auf der Kanzel ausgetragenen Lehrstreit bereitzustellen. – Für die Gegenreformation gilt ähnliches. Von wenigen Ausnahmen abgesehen – hervorzuheben sind beispielsweise die eher unbekannten, sich an die Tradition der Väter anschließenden H. des Mainzer Dompredigers JOHANNES FERUS (1495–1554) und des Augustinereremiten JOHANNES HOFFMEISTER (1509–47) – benützen die Prediger ihre Verkündigung als Instrument des Kampfes, um die katholische Lehre hervorzuheben und die ‹Irrtümer› der Reformatoren zurückzuweisen. In deutlicher Abgrenzung betont das Konzil von Trient die Verwaltung der Sakramente als zentrale Aufgabe kirchlichen Handelns. Über den Stellenwert und das Wesen der Predigt äußert es sich lediglich am Rande, um eindeutigem Mißbrauch vorzubeugen. [31] Schließlich erfährt diese Tendenz zur Entfernung von der H. in der Barockpredigt ihre Fortsetzung. Die allgemeine Neigung des Barock zur kunstvoll-hypertrophen Ausschmückung der Rede und die aus der Tradition des

Humanismus übernommene Gliederung nach dem Vorbild der antiken Rhetorik üben einen unübersehbaren Einfluß auf die Anlage und den Inhalt der Predigten aus. Der Schriftbeweis behält zwar formal seine vorrangige Stellung, allerdings dient er lediglich zur biblischen Legitimierung der bildhaften Darlegung eines unabhängig davon ausgewählten Themas. Von einer dezidiert exegetischen Grundlegung kann keine Rede sein.

IV. *18. bis 20. Jh.* Gleichzeitig zur Predigt der späten Barockzeit, die geprägt ist von einem ausgeweiteten Füllwerk an Erzählstoffen, lassen sich insbesondere im protestantischen Bereich auch gegenläufige Tendenzen feststellen. J. J. RAMBACH, ein Vertreter des Pietismus, weist in seiner ‹Erläuterung der praecepta homiletica› (posth. 1736) eindringlich auf die Notwendigkeit eines verantworteten Umgangs mit dem Text der Heiligen Schrift hin und fordert eine dementsprechende *perspicuitas* der Darstellung in der Predigt. Sowohl eingehende exegetische Vorüberlegungen zum Verständnis der Perikope als auch Rücksicht auf die Situation der hörenden Gemeinde sind für ihn gleichermaßen unverzichtbar. Zwar findet sich auch bei anderen Pietisten die Überzeugung, daß der biblische Text Ausgangspunkt, Grundlage und Norm der Predigt sein müsse – so etwa bei H. MÜLLER in seinem ‹Orator ecclesiasticus› (1670); allerdings wird daraus nicht wie bei Rambach ein homilieartiger Predigtaufbau abgeleitet. – Die Abkehr von der zum Formalismus neigenden Predigtweise der lutherischen Orthodoxie wird in der Aufklärung fortgesetzt: Ausrichtung auf die Erfordernisse der pastoralen Praxis, Belehrung zum Zweck der moralischen Besserung, Streben nach Kürze und Schlichtheit sind prägende Kennzeichen dafür. Abgesehen von vereinzelten Ausnahmen zeigt sich dabei jedoch kaum eine Neigung zur H. Unter diesen ist L. VON MOSHEIM hervorzuheben. In der für die Aufklärung typischen Verbindung von Offenbarung und Vernunft sieht er in der Heiligen Schrift den «Hauptgrund und die Hauptquelle aller Erkenntnis eines Christen. Daher muß auch die Schrift notwendig der Grund aller Predigten seyn, und was in einer Predigt gesagt wird, muß die hl. Schrift zur Richtschnur haben und sich auf dieselbe beziehen.» [32] Aus dieser materialen Rückbindung an die Bibel folgert Mosheim allerdings nicht die Notwendigkeit einer Satz-für-Satz-H. Lediglich das Thema der Predigt ist aus der Schriftstelle abzuleiten und dann unter Berücksichtigung von Vernunft- und Schriftgründen zu traktieren. Durch die Angemessenheit der *probatio* und eine einleuchtende Gliederung wird so die intendierte Erbauung der Gemeinde nicht verfehlt werden. – Die Überwindung des aufklärerischen Predigtverständnisses vollzieht SCHLEIERMACHER. Sein Ausgangspunkt ist nicht mehr die angestrebte sittliche Besserung (der Gemeinde), sondern das religiöse Selbstbewußtsein des Christen, welches in der Predigt als einem Akt des Kultus zur Darstellung gebracht werden soll. Die Authentizität dieser exemplarischen Mitteilung des Predigers begründet Schleiermacher mit einem zweifach dialogischen Prinzip: Auf der einen Seite steht die Kommunikation der persönlichen religiösen Erfahrung des Predigers mit der ausgewählten Schriftperikope, auf der anderen die Kommunikation mit der Gemeinde. Das Bindeglied für die aus diesem Dialog entstehenden Gedanken besteht darin, «daß es ein Abschnitt aus der Schrift war, ein durch das Ganze gehender Faden». [33] Das erkennbare Bemühen Schleiermachers um einen Bezug zur Heiligen Schrift rückt seine Position in die Nähe der H. Andererseits beeinträchtigt das fehlende Interesse am Historisch-Exegetischen häufig die (formale) Textgemäßheit seiner Predigten. [34] Vergleichbare Standpunkte finden sich auf protestantischer Seite bei A. SCHWEIZER, C. I. NITZSCH, C. PALMER und T. HARNACK. – Neben den genannten evangelischen Theologen ist es v. a. J. B. VON HIRSCHER, ein Vertreter der sog. katholischen ‹Tübinger Schule› des 19. Jh., welcher durch Besinnung auf die biblischen Quellen und eine daraus resultierende biblisch-kerygmatische Ausrichtung einer Erneuerung der Glaubensverkündigung auch in der Predigt deutlichen Auftrieb verleiht. Hirscher bietet zwar keine systematische Homiletik, aber aus den Intentionen seiner Predigtanregungen und Schriftbetrachtungen lassen sich in etwa folgende Prinzipien ablesen, die seine Vorgehensweise in die Nähe der H. rücken: «Benutzung des Urtextes, wörtliches Zitieren, genaues Erfassen des Literalsinnes, jedoch nicht sklavischer Buchstabendienst, sondern Beachtung des Kontextes und der Absicht des Schreibens sowie der Umstände von Ort und Zeit und der verschiedenen literarischen Stilmittel der Bibel.» [35] Die Vermittlung in der Praxis der Verkündigung muß dann so geschehen, daß durch das Ansprechen von Gemüt und Willen die erarbeiteten Grundwahrheiten des Glaubens nicht nur belehrend wirken, sondern auch der sittlichen Erziehung dienlich sind. – Den wohl bedeutendsten Beitrag zur Wiederbelebung und Pflege der H. an der Schwelle zum 20. Jh. leistet P. W. VON KEPPLER. Auf der unverzichtbaren Grundlage einer wissenschaftlichen Exegese betreibt er die Hinführung zur Heiligen Schrift als der zugleich vorrangigen Stoffquelle und Formschule aller Verkündigung – ein Anliegen, das in den von ihm veröffentlichten Predigtbüchern unübersehbar ist. Von der Rückkehr zur H. hat er die Erneuerung der Predigt überhaupt erwartet. – Im weiteren Verlauf des 20. Jh. werden die Anregungen Kepplers in Verbindung mit einer zunehmenden Akzeptanz der historisch-kritischen Exegese von der liturgischen und biblischen Erneuerungsbewegung im Katholizismus aufgegriffen. Weitere positive Impulse für diese Entwicklung gehen von den Überlegungen aus, wie sie sich bei den protestantischen Vertretern der ‹Wort-Gottes-Theologie› finden lassen. Dort kommt dem Prediger unter Absehen von der eigenen Person und bei gleichzeitiger Bindung an den Bibeltext die Aufgabe zu, in der Verkündigung ein aktuell gültiges Zeugnis von Gottes Offenbarung abzulegen. Die wichtigsten Vertreter dieser Richtung sind K. BARTH, R. BULTMANN und W. TRILLHAAS. – Trotz allem geling es erst im Zuge des II. Vatikanischen Konzils mit seiner grundlegenden Neubestimmung des Verhältnisses von «Wort» und «Sakrament», die Predigt auch in der katholischen Kirche als integralen und gleichrangigen Bestandteil des eucharistischen Gottesdienstes zu verstehen. Gemäß der Konzilskonstitution über die göttliche Offenbarung ‹Dei Verbum› muß «unter aller christlichen Unterweisung [...] die liturgische Homilie den ersten Platz einnehmen» (DV 24). Mit H. ist hier allerdings, wie es dem Sprachgebrauch der Liturgiebücher und Erlasse im Gefolge des II. Vatikanums entspricht, nicht mehr die strenge Textpredigt im ursprünglichen Sinne gemeint, sondern allgemein jede in die Liturgie eingebaute Predigt. Dies kann auch eine themengebundene Verkündigung sein, soweit sie im «Anschluß an den Text einer der Lesungen oder auch an eine anderweitige Einzelheit in Wort und Ritus der Liturgie selbst [...] eine gewiß weniger systematische, aber darum nicht unvollständigere Unterweisung für das religiöse und sittliche Leben der

Gläubigen» [36] bietet. Somit bleibt trotz der im 20. Jh. herrschenden terminologischen Unschärfe die Schriftgemäßheit das normative Kriterium für jede Form der H.

Anmerkungen:
1 so z. B. J. Baumgartner: Verkündigung im Rahmen der Liturgie, in: G. Schüepp (Hg.): Hb. zur Predigt (Zürich 1982) 433f. – **2** H. M. Müller: Art. ‹Homiletik›, in: TRE, 15,559. – **3** R. Zerfaß: Grundkurs Predigt, Bd. 2: Textpredigt (1992) 164. – **4** vgl. Justin, Dialog 28,85 und F. Josephus, Vitae 222. – **5** V. Schurr: Art. ‹Predigt›, in: LThK², 8, 705. – **6** F. Laub: Stuttgarter Kleiner Kommentar zum Neuen Testament, Bd. 14 (1988) 16. – **7** H.-F. Weiß: Ein Buch geht mit seinem Leser um, in: Bibel und Kirche 50 (1995) 34. – **8** Justinus, Apologia I,67. – **9** J. B. Schneyer: Gesch. der kath. Predigt (1969) 44. – **10** H. J. Sieben: Origenes. H. zum Lukasevangelium (= Fontes Christiani Band 4/1) (1991) 24. – **11** MG 29,3–494. – **12** MG 44. – **13** J. Chrysostomus, De Sacerdotio IV. – **14** ebd. IV,6. – **15** MG 53–60. – **16** Bibl. der Kirchenväter, Bd. 6. – **17** Schneyer [9] 75. – **18** Augustinus, Confessiones V, 13. 23. – **19** Aug. Doctr. IV 6,10; 8,22. – **20** E. Winkler: Aus der Gesch. der Predigt und Homiletik, in: K. H. Bieritz u. a. (Hg.): Hb. der Predigt (1990) 577. – **21** Aug. Doctr. IV 12,27. – **22** ML 110. – **23** ML 183–184. – **24** Codex Latinus Monachensis = HS der bayerischen Staatsbibl. München Nr. 13097. – **25** ML 174, 21–1133. – **26** vgl. G. Ueding, B. Steinbrink: Grundriß der Rhet. (³1994) 73. – **27** G. Biel: Sermones dominicales IX, 1500. – **28** Winkler [20] 584. – **29** Luther, WA 20,364f. – **30** Calvin: Institutio III,8,9. – **31** H. Denzinger, P. Hünermann: Enchiridion symbolorum et definitionum de rebus fidei et morum (³⁷1991) Nr. 1507, 498. – **32** L. v. Mosheim: Anweisung, erbaulich zu predigen (1763) § 1. – **33** F. D. Schleiermacher: SW I/13 (ND 1983) 228. – **34** vgl. F. D. Schleiermacher: Predigten; ausg. von H. Urner (1969). – **35** W. Fürst: Wahrheit im Interesse der Freiheit, Eine Unters. zur Theol. J. B. Hirschers (1979) 238. – **36** J. A. Jungmann: Kommentar zu Sacrosanctum Concilium, in: LThK², Ergänzungsband I, 55.

Literaturhinweise:
F. Kamphaus: Von der Exegese zur Predigt (1968). – F. Dreher u. a. (Hg.): Hb. der Verkündigung (1970). – W. Schütz: Gesch. der christl. Predigt (1972). – M. Jossutis: Rhet. und Theol. in der Predigtarbeit (1986). – G. Otto: Predigt als rhet. Aufgabe. Homiletische Perspektiven (1987).

T. Steiger

→ Ars praedicandi → Bibelrhetorik → Christliche Rhetorik → Evangelium → Gleichnis → Homiletik → Kerygma → Luthersprache → Patristik → Predigt → Schriftauslegung → Schriftsinn

Homme de lettres (engl. man of letters; ital. uomo di lettere)
A. Als ‹H.› wurde im Frankreich des 17. und 18. Jh. der weltgewandte Schriftsteller bezeichnet, der es verstand, Wissenschaften und Dichtung zu verbinden. Dadurch wurde er zum Ideal des Intellektuellen der französischen Klassik und Aufklärung und machte einen Teil ihrer Originalität aus. Der ‹H.› ist Nachfolger des Grammatikers, Historikers, Redners und Poeten der Renaissance. In der Antike repräsentiert wohl CICERO wegen seiner vielseitigen rhetorischen und literarischen Kompetenzen am ehesten den Typus des H. Tendenziell bezeichnet der H. die selbst nicht Texte produzierenden ‹gens de goût› und umfaßt folglich alle Gebildeten (*les lettrés*). Durch die angestrebte Nähe zum höfischen Ideal des ‹honnête homme› wird gleichzeitig der Gelehrte als ‹pédant› ausgegrenzt. Teilweise identisch mit dem ‹philosophe› des 18. Jh. wird der H. als Aufklärer Prototyp des engagierten Intellektuellen.

B. Die ersten Nachweise für ‹homme de lettres› [1] und ‹gens de lettres› [2], über die wir bisher verfügen, stammen aus der Mitte des 16. und vom Anfang des 17. Jh. Sie verweisen auf die Nähe zu ‹lettrés› und zu ‹poète›. [3] Literarische und rhetorische Bildung waren damals die Voraussetzung, denn der Begriff umfaßte «ceulx qui avoient estudié et estoient gens de lettres» (diejenigen, die studiert hatten und Literaten waren). [4] Dazu gehörten vor allem diejenigen, deren «hauptsächliche Beschäftigung das Schreiben ist». [5] Der Begriff ‹H.› beinhaltet auch den Anspruch an geistige Qualitäten eines wirklichen Gelehrten. Der ABBÉ D'AUBIGNAC z. B. unterscheidet den H. vom Dilettanten: «Die Halbgelehrten wissen wohl die Wahrheiten zu schätzen, die man ihnen zur Begründung [...] sagt, machen aber Einwände, die eines 'homme de lettres' unwürdig sind.» [6] Damit ist die ganze Breite der Wissenschaften, der *lettres*, als Tätigkeitsbereich genannt. C. PERRAULT gebraucht den Begriff 1696 in seiner Einleitung zu ‹Les Hommes illustres qui ont paru en France pendant ce siècle›, wo er sich vornimmt, nach den «ecclésiastiques» (Klerikern), «militaires» (Militärs) und «politiques» (Politikern), «au quatrième rang, les hommes de Lettres distinguez, Philosophes, Historiens, Orateurs et Poètes» (im vierten Rang die berühmten Literaten, Philosophen, Geschichtsschreiber, Redner und Dichter) [7] zu porträtieren. Die Verwendung von «gens de lettres» für den Dichter (insbesondere den *poeta doctus*) und Redner bzw. gelehrten Kritiker kann sich auf die für beide geltende Gelehrsamkeit, die Imitation der antiken Modelle und Befolgung der rhetorischen Regeln, stützen. Dadurch wird in gewisser Weise die bei Horaz zu beobachtende Annäherung von *poeta* und *orator* wieder aufgenommen.

Die ‹gens de lettres› sind vom Mäzenat der weltlichen oder kirchlichen Fürsten abhängig. [8] Die Akademiebewegung und die absolutistische Kulturpolitik Richelieus im 17. Jh. versuchen, christliche und humanistische Rhetorik im höfischen Rahmen zusammenzuführen [9] und den herausragenden Teil der ‹gens de lettres› praktisch zu Staatsdienern zu machen. Ihre vorrangige Aufgabe ist die nationalsprachliche und rhetorische Normierung des Französischen. Seit 1670 vergibt die Académie française in diesem Sinne ihren ‹Prix d'éloquence›. Die staatliche Anerkennung hat eine Stärkung des Selbstbewußtseins der Gelehrten und Literaten zur Folge, deren Verbindung zu den «grands» wichtiger wird als ihre Zugehörigkeit zu den traditionellen Wissenschaftseinrichtungen, den Universitäten. Die Mitglieder der 1635 gegründeten Académie française fordern ein Standesverständnis, das die ‹gens de lettres› den ‹gens d'épée› und den ‹gens de robe› gleichwertig erscheinen läßt. [10] Eine Folge dieser sozialen Aufwertung ist, daß der Begriff ‹gens de lettres› zum Wertbegriff wird. Er nähert sich in seinem mondänen Aspekt dem Ideal des ‹honnête homme› an. Das verstärkt für die ‹gens de lettres› die Pflicht zu leichtverständlichem, angenehmem Ausdruck. Wirkungskreise dieses neuen Typs der ‹gens de lettres› sind neben den Akademien die Salons.

Aus dem im 17. Jh. letztlich utopischen Standesverständnis setzt sich mit der Aufklärungsbewegung des 18. Jh. die Überzeugung von der gesellschaftlichen Schlüsselfunktion, der Mission der ‹gens de lettres›, durch. Diese Überzeugung kann wie bei MONTESQUIEU aus dem Selbstverständnis eines kritischen Philosophen entspringen, denn er schreibt: «Zu allen Zeiten war es die Bestimmung der 'gens de lettres', gegen die Ungerechtigkeit ihrer Zeit anzuschreien.» [11] Sie kann sich aber auch, wie es die Mehrzahl der «philosophes» des 18. Jh. sieht, auf den Nutzen der Gesellschaft stützen. Insofern beruht ihre Funktion auf der kenntnisreichen, aber nicht pedantischen, weltgewandten und praxisorientierten Schreibart. Gesellschaftlich nützlich zu sein heißt nunmehr, durch Belehrung und Bildung des nicht mehr hauptsächlich höfischen, sondern stärker bürgerlichen Publikums zu wirken. Aus dem beurteilenden Publikum der ‹gens de goût› ist ein breiteres, zu bildendes Publikum von Lesern geworden. Das Mäzenat verliert an Bedeutung. Die Kenntnis der Wissenschaften, Erkenntnis und Verbreitung der Wahrheit werden zu entscheidenden Kriterien für den neuen Typ des H. Der Abbé Dubos nennt die allgemeinverständliche Darstellung von Wissen seine vornehmste Aufgabe: «Die wertvollste Begabung, die ein 'homme de lettres' besitzen kann, [ist, wie] ich meine, die Gabe, die abstraktesten Erkenntnisse jedermann zugänglich zu machen und die kompliziertesten Wahrheiten selbst jenen zum Preise mäßiger Aufmerksamkeit zu vermitteln, die die entsprechenden Wissenschaften niemals anders als in seinen Werken studierten.» [12] Voltaire zeichnet in der Mitte des 18. Jh. das Idealbild des H. in dem entsprechenden Artikel für die ‹Encyclopédie›. Er stellt ihn ausdrücklich neben den kämpferischen ‹philosophe›, den Aufklärer par excellence: «Der 'esprit philosophique' [aufklärerischer Geist] scheint das Wesen der 'gens de lettres' auszumachen, und wenn er mit dem guten Geschmack verbunden ist, bildet er einen vollendeten Literaten. [...] Einer der großen Vorzüge unseres Jahrhunderts ist diese große Zahl von gebildeten Männern, die von den Dornen der Mathematik zu den Blüten der Poesie übergehen können und die ebenso gut ein metaphysisches Werk wie ein Theaterstück beurteilen können [...].» Dieser aufklärerische Geist, der ihn leitet, habe vor allem dazu beigetragen, «die Vorurteile, durch welche die Gesellschaft verseucht war» [13], zu zerstören und so dem Staat gedient. Für Voltaire muß der H. keineswegs mehr Schriftsteller sein, da darunter inzwischen zuviele Lohnschreiber fallen; es ist vielmehr der vorurteilsfrei denkende Aufklärer. Ausdrücklich unterscheidet er ihn auch vom Schöngeist, dem ‹bel-esprit›, der nur durch Sprachkunst unterhalten will. D'Alembert betont die gesellschaftsverändernde Rolle des H.: «Aber unter den 'gens de lettres' gibt es vor allem eine Klasse, die die 'gens de goût', die einflußreichen und wichtigen Leute gegen sich vereint, das ist die verderbliche, die verfluchte Klasse der 'philosophes', die denken, man könne ein guter Franzose sein, ohne den Mächtigen zu hofieren, ein guter Bürger, ohne die Vorurteile der Nation zu beweihräuchern, ein guter Christ, ohne jemanden zu verfolgen [...], und zum Beispiel eine Regierung, unter der die Völker nicht versklavt sind, jenen vorziehen, wo sie es sind..» [14] Für die Entwicklung des Begriffs ‹H.› ist wichtig, daß er im 18. Jh. häufig verstärkt wird durch die Erweiterung zu «sociétés de gens de lettres», neuartigen Vereinigungen von Autoren, die zur Verwirklichung von Großprojekten der Wissensvermittlung wie Zeitschriften oder der ‹Encyclopédie› notwendig wurden. [15]

Die spezielle französische Form des Aufklärers als ‹H.› und ‹philosophe› strahlt mit der Ausbreitung des Französischen im Europa des 18. Jh. auch auf Deutschland aus. Hier erscheint sie als Kontrast zur Beschreibung der einheimischen Schriftsteller und als Referenz zur Beschreibung des Mangels – ein begriffliches Äquivalent fehlt jedoch. So läßt F. Nicolai seinen Sebaldus Nothanker feststellen, daß in Frankreich und England die Klasse der Schriftsteller der Klasse der Leser entspricht: «Der Stand der Schriftsteller bezieht sich in Deutschland beinahe bloß auf sich selber, oder auf den gelehrten Stand. Sehr selten ist bei uns ein Gelehrter ein Homme de lettres.» [16] Anders sieht dagegen der in Paris lebende F. M. Grimm diese Situation. Er stellt 1762 in seiner ‹Correspondance littéraire› fest, daß in Deutschland und England «sich die in einer Wissenschaft herausragendsten Männer mit dem Titel Professor» schmücken, während in Paris «die Namen Pedant und Universitätsprofessor synonym geworden sind, weshalb kein 'homme de lettres' einer gewissen Art sich darum sorgt, einen Lehrstuhl an der Universität inne zu haben». [17]

Der Anspruch an den aufklärenden H., Wissenschaftler zu sein und leicht verständlich schreiben zu können, ist mit fortschreitender Spezialisierung der Disziplinen im 18. Jh. immer schwerer einzulösen. Die Bewegung zur Autonomisierung der Literatur und zur Professionalisierung des Schriftstellers hat schließlich eine starke Trennung des Literaten, Kritikers und Wissenschaftlers zur Folge. Die Aufsplitterung der ‹gens de lettres› ist unvermeidlich. Die ‹République des Lettres›, Erbin jener humanistischen ‹Respublica litteraria›, beginnt sich am Ende des Jahrhunderts aufzulösen. Zum Niedergang des Wertbegriffs ‹H.› trägt seine Bindung an den ‹philosophe› bei, der seit dem Ende der Französischen Revolution und in der Restaurationsperiode (bis spätestens um 1830) radikal abgewertet wurde, denn man machte die ‹gens de lettres› und die ‹philosophes› für die Revolution und ihre Exzesse verantwortlich. Ein daraus folgender weitgehender Rückzug der Intellektuellen aus der gesellschaftlichen Verantwortung ist verbunden mit der definitiven Abwertung des Begriffs ‹H.› [18], die mit einer Aufwertung des Dichters einhergeht. Der im Zuge der Dreyfus-Affäre entstehende Begriff des ‹intellectuel› greift auf Merkmale des ‹homme de lettres› als Träger gesellschaftlicher Verantwortung zurück.

Anmerkungen:
1 Saint-François de Sales: Introduction à la vie dévote (Lyon 1610), in: Œuvres, hg. von D. Mackey, Bd. 3 (Annecy 1893) 10. – **2** J. Calvin: Advertissement contre l'astrologie judicaire, hg. von O. Millet (Genf 1985) 100. – **3** C. Sorel: Le Berger extravagant (Paris 1627; ND Genf 1972) 424. – **4** M. de Navarre: Heptameron (Paris 1550). – **5** Sorel [3] 132f. – **6** Abbé d'Aubignac: La Pratique du théâtre (Paris 1657; ND Algier 1927) 98. – **7** zit. A. Viala: Naissance de l'écrivain. Sociologie de la littérature à l'âge classique (Paris 1985) 287. – **8** N. de Peiresc: Lettre à M. D'Aubery, in: Lettres, hg. von P. Tamizey de Larroque, Bd. 7 (Paris 1898). – **9** vgl. M. Fumaroli: L'Age de l'éloquence (Genf 1980); Viala [7] Kap. I. – **10** M. Gaulin: Le concept d'homme de lettres, en France, à l'époque de l'Encyclopédie (New York/London 1991) 10f. – **11** Montesquieu: Discours sur la pésanteur des corps, in: Œuvres complètes, hg. von A. Masson, Bd. 3 (Paris 1955) 89. – **12** J.-B. Dubos: Réflexions critiques sur la poésie et la peinture (Paris 1733) 150. – **13** Art. ‹Gens de lettres›, in: D. Diderot, D'Alembert, J. le Rond: Encyclopédie, ou Dictionnaire raisonné des sciences et des arts, Bd. VII (Paris 1757) 599f. – **14** D'Alembert, J. le Rond: Réflexions sur l'état présent de la République des Lettres pour l'article «gens de lettres» in: C. Henry (Hg.): Œuvres et correspondances inédites de D'Alembert (Paris 1887) 73. – **15** vgl. Gaulin [10] 65–98. – **16** F. Nicolai: Das Leben und die Meinungen des Herrn Magisters Sebaldus Nothanker (1773–1776) 72. – **17** Correspondance littéraire, hg. von M. Tourneux, Bd. V (Paris 1878) 79 [1er mai 1762]. – **18** P. Bénichou: Le Sacre de

l'écrivain, 1750–1830. Essai sur l'avènement d'un pouvoir spirituel laïque dans la France moderne (Paris 1973) 116f.

Literaturhinweis:
D. Roche: Les Républicains des lettres (Paris 1988).

J. Häseler

→ Autor → Dichter → Feuilleton → Gelehrtenrepublik → Honnête homme → Journalismus → Literaturkritik → Öffentlichkeit → Poeta doctus → Redner, Rednerideal

Homoeideia (griech. ὁμοείδεια, homoeídeia)
A. Gebildet aus ὅμοιος (hómoios; gleich) und εἶδος (eídos; Art), bezeichnet ‹H.› allgemein die zwischen Phänomenen derselben Art bestehende Verwandtschaft. In rhetorischen Kontexten ist ‹H.› der Terminus für den der *variatio* entgegengesetzten stilistischen Mangel *(vitium elocutionis)* der Gleichförmigkeit im Ausdruck.
B. *Antike*. Im Sinne von ‹Gleichartigkeit› wird das Wort, ebenso wie das dazugehörige Adjektiv ὁμοειδής (homoeidés), in naturwissenschaftlichen oder philosophischen Kontexten gebraucht. [1] In den Abhandlungen zu *Metrik und Rhythmus* bezeichnen sowohl das Substantiv als auch das Adjektiv nicht so sehr die Abfolge gleicher Elemente innerhalb eines Verses (zum Beispiel die Abfolge dreier jambischen Metren in einem jambischen Trimeter), als vielmehr die Möglichkeit, Metren, die zwar verschiedener Natur, aber rhythmisch verwandt sind, innerhalb desselben Kolons oder Verses zu verwenden (man denke zum Beispiel an den Glykoneus oder an die Asklepiadeen). [2]

In Texten zur *Rhetorik* kann der Terminus allgemein in der Bedeutung ‹ähnlich›, ‹vom gleichen Typus› gebraucht werden: ARISTOTELES sagt über die Metapher: «Ferner muß man nicht von weit her, sondern von dem Verwandten und Gleichartigen (ἐκ τῶν συγγενῶν καὶ τῶν ὁμοειδῶν) das, was noch keine Benennung hat, metaphorisch bezeichnen, wo das Aussprechen klar macht, daß hier eine Verwandtschaft vorliegt.» [3] Aber der Terminus wird vor allem in einem technischen Sinn benutzt, um jene Gleichförmigkeit der Argumente und stilistischen Muster zu bezeichnen, die aufeinanderfolgende Aussagen oder Sätze (auch sehr lange, bis hin zu einer ganzen Rede oder gar dem gesamten Werk des Autors) auf demselben Ausdrucksniveau beläßt, ohne je den Tonfall zu ändern. Eine solche Gleichförmigkeit stellt einen Fehler in der Anwendung des *ornatus* auf die Rede dar: «Peior hac [scil. ταυτολογία] ὁμοείδεια; quae nulla varietatis gratia levat taedium atque est tota coloris unius, qua maxime deprehenditur carens arte orator, eaque et in sententiis et in figuris et in compositione longe non animis solum, sed etiam auribus est ingratissima» (Schlimmer als diese [scil. die Tautologie] ist die H., die Gleichförmigkeit, der es, da sie keine gefällige Abwechslung bietet, nicht gelingt, die Langeweile zu vertreiben, und die ganz in einer einzigen Tonlage gehalten ist; gerade diese Gleichförmigkeit verrät in besonderer Weise den Redner, der über keinerlei Technik und Ausdruckskunst verfügt: in den Gedanken, den Figuren und der Wortstellung ist diese nicht nur dem Geist, sondern auch dem Ohr besonders unangenehm). [4] Das Verharren bei den immer gleichen Argumenten und die spärliche stilistische Ausschmückung sind folglich die hervorstechenden Eigenschaften der H., und ὁμοειδεῖς (homoeideís) sind Redner und Schriftsteller oder die von ihnen behandelten Themenkreise: «und absichtlich übernimmt er [Philistos] kein Material, das mit der Erzählung nichts zu tun hat – auch Thukydides tut dies nicht –, sondern er ist gleichförmig [homoeidés, d. h. er bleibt bei denselben Erzählformen]» [5]; «das geographische Werk, das ich mir vorgenommen hatte zu schreiben, ist ein großes Unternehmen, [...] und es handelt sich, bei Herkules, um schwer zu erklärende und gleichförmige, einander ähnelnde Dinge (res difficiles ad explicandum et ὁμοειδεῖς), die man nicht einmal so blumig ausschmücken kann, wie es scheinen mochte.» [6]

Der Redner oder Schriftsteller, der ständig dieselben thematischen Elemente oder dieselben stilistischen Schemata benutzt, wird negativer Kritik unterworfen: «Die wichtigste aller Redetugenden ist die Angemessenheit (τὸ πρέπον, to prépon): Herodot ist in diesem Punkt gewissenhafter als Thukydides, denn dieser ist in allen Teilen gleichförmig (ὁμοειδής), und dies in den Reden noch mehr als in den narrativen Teilen» [7]; «ἡ δὲ Φιλίστου φράσις ὁμοειδὴς πᾶσα δεινῶς καὶ ἀσχημάτιστός ἐστι· καὶ πολλὰς εὕροι τις ἂν περιόδους ὁμοίως ἐφεξῆς ὑπ᾽ αὐτοῦ σχηματιζομένας» (die Ausdrucksweise des Philistos ist im ganzen schrecklich gleichförmig und ohne jegliche Stilfiguren. Man kann zahlreiche aufeinanderfolgende Satzperioden finden, die alle gleichartig konstruiert sind) [8]; «wenn er in diesen Abschnitten, für die er sich soviel Mühe gegeben hat, weniger auf das Zusammentreffen der Vokale, den Rhythmus der Perioden, die Gleichförmigkeit der Konstruktionen (τῆς ὁμοειδείας τῶν σχηματισμῶν) geachtet hätte, wäre er im Ausdruck besser gewesen). [9]

Es ist deshalb wünschenswert, daß ein Redner oder Schriftsteller seine Rede auch in einem einzelnen Teil lebendig zu gestalten weiß, indem er es sich eventuell sogar erlaubt, ein wenig vom Hauptthema abzuschweifen. So sagt Aristoteles im Zusammenhang mit dem Exordium: «ἅμα δὲ καὶ ἐὰν ἐκτοπίσῃ, ἁρμόττει, καὶ μὴ ὅλον τὸν λόγον ὁμοειδῆ εἶναι» (gleichzeitig ist es vollkommen angebracht, wenn er [scil. der Redner] abschweift, wie es ja nur angemessen ist, daß nicht die ganze Rede gleichförmig ist). [10]

Wie wir gesehen haben, entspringt die angemessene vielfältige Verschönerung der Rede – d. h. die Anwendung des *ornatus* – dem allgemeinen Streben des Menschen nach Schönheit sowie der von ihm empfundenen Notwendigkeit, die Welt, in der er lebt, kreativ darzustellen und seinen Ideen und Gefühlen wirksam Ausdruck zu verleihen. Gleich einem Kunstwerk kann eine Rede mit den angemessenen Techniken die höchsten Gipfel der Vollkommenheit erreichen. Eine gelungene Metapher kann dieselbe Begeisterung hervorrufen wie eine äußerst fein ausgeführte Ziselierung auf einer Vase oder eine elegante Tanzfigur. [11] Das Streben nach Schönheit und Eleganz erhöht anderseits den Wert der Botschaft und macht sie wirksamer dadurch, daß jener ‹Verfremdungseffekt› entsteht in der Gegenüberstellung von Neuem, Andersartigem und Bekanntem, Gewohntem, das in gewisser Weise eintönig, gleichförmig und daher langweilig ist. Die absichtliche Entfernung von der Alltagssprache und die Abkehr vom Gebrauch eigentlicher Begriffe zugunsten übertragener, origineller Ausdrücke und weniger gebräuchlicher Bilder weckt das Interesse des Zuhörers oder Lesers, fesselt ihn zunächst auf der emotionalen Ebene und führt sodann zu seiner Überzeugung. [12] Die richtige Ausschmückung einer Rede kommt nicht von ungefähr, sondern erfordert ein wahrhaft strategisches Vorgehen auf der Ausdrucksebene. Nicht zufällig beinhaltet das Wort *ornare* neben der Idee der Ausschmückung auch die Bedeutung ‹kriegstüchtig machen›: *ornare exercitum* bedeutet ‹ein Heer ausrüsten›. [13] Jedenfalls ist der bedeutendste Aspekt der Wirkung, die die Ausschmückung der Rede erzielt, die abwechslungsreiche Lebendigkeit (Cicero spricht vom *ornatus* als *color*, ‹Farbe› [14]; die Stilfiguren werden in der traditionellen Terminologie *lumina*, ‹Lichter› oder *flores*, ‹Blüten› genannt). «Der *ornatus* verdankt seine Bezeichnung den schmückenden Zubereitungen einer Festtafel, wobei die Rede selbst als zu essendes Gericht aufgefaßt wird. Diesem Bildbereich gehört auch die Bezeichnung des *ornatus* als *condimentum* [Würze] (*condita oratio, conditus sermo* [gewürzte Rede, gewürztes Gespräch])». [15] Wenn man also, um in der Sprache der Gastronomie fortzufahren, eine allzu gleichförmige Rede auftischt, die demnach nicht in allen ihren verschiedenen Teilen goutiert werden kann, wird diese so lang und eintönig erscheinen, daß bei jedem Zuhörer oder Leser sofort der Grad der Sättigung erreicht wird. Deshalb wird die Gleichförmigkeit in den traditionellen rhetorischen Lehren als *vitium elocutionis* eingestuft und dessen negative Wirkung auf die Aufnahme der Botschaft verdeutlicht. Gleichzeitig werden Ratschläge erteilt, um diese zu vermeiden: «Gleichförmigkeit (τὸ [...] ἀεὶ ὁμοίως ἔχον) erzeugt Sättigung, denn für die Menschen ist die Abwechslung (μεταβολή, metabolé) angenehm, während die Sättigung Unlust verursacht. Die Abwechslung und die Verfremdung (τὸ [...] ἐξαλλάττον καὶ ξενίζον, to exalláton kai xenízon) sind angenehmer als eine Rede, die eine und dieselbe Form hat (τὸ μονόσχημον, to monóschēmon) und immer gleich ist, auch deswegen weil die Reden dank den Stilfiguren überzeugender wirken.» [16] Im oben wiedergegebenen Auszug aus QUINTILIAN [17] weist der *Kodex Ambrosianus* E 153 sup. die Lesart ‹ΟΜΟΕΟΛΟΓΙΑ› (ex corr.) auf; im *Kodex Parisinus Latinus* 7530 liest man ‹ομοειδια›, das von Halm in ‹ὁμοείδεια› korrigiert und in die besten kritischen Ausgaben aufgenommen wurde. QUINTILIAN scheint der einzige lateinische Autor zu sein, der ‹ὁμοείδεια› bzw. ‹ὁμοιολογία› benutzt hat. [18] Dazu kommt, was die Lesart ‹ὁμοιολογία› betrifft, daß QUINTILIAN der einzige antike Autor überhaupt wäre, der dieses Wort benutzt hat. [19]

Anmerkungen:
1 z. B. Arist., De anima 411 b 25ff.; De generatione animalium 747 b 31ff.; Physik 249 b 24ff. – 2 siehe Hephaistion, Enchiridion de metris p. 43, 5 f. Consbruch; R. Pretagostini: Le teorie metrico-ritmiche degli antichi, in: G. Cambiano, L. Canfora, D. Lanza (Hg.): Lo spazio letterario della Grecia antica I, 2 (Rom 1993) 375. – 3 Arist. Rhet. III, 1405a 35ff. – 4 Quint. VIII, 3, 52; vgl. H. Lausberg: Hb. der lit. Rhet. (³1990) § 1071f. – 5 Dionysios von Halikarnassos, Epistula ad Pompeium 5. – 6 Cicero, Epistulae ad Atticum II, 6, 1. – 7 Dionysios [5] 3. – 8 ebd. 5. – 9 ebd. 6. – 10 Arist. Rhet. III, 1414b 28ff. – 11 H. Lausberg: Elemente der lit. Rhet. (¹⁰1990) § 162. – 12 siehe Arist. Rhet. III, 1404b 8ff.; Lausberg [11] § 84ff.; A. Marchese: Dizionario di retorica e di stilistica (Mailand 1978) 267. – 13 B. Mortara Garavelli: Manuale di retorica (Mailand ⁷1994) 139. – 14 Cic. Brut. 298; De or. III, 100. – 15 Lausberg [11] § 162. – 16 Phoebammon, in: Rhet. Graec. Sp. III, 43, 10ff.; vgl. Arist. Rhet. I, 1371a 25f.; Phoebammon, in: Rhet. Graec. Rabe XIV, 387, 10ff.; 389, 16ff.; Lausberg [4] § 257, 2 (b). – 17 siehe [4]. – 18 vgl. J. Cousin (Hg.): Quintilien. Institution oratoire, Bd. V (Paris 1978) 74, Anm. 4. – 19 vgl. B. H. G. Liddell, R. Scott, S. Jones: A Greek-English Lexicon (Oxford 1940) s.v.; J. C. T. Ernesti: Lexicon Technologiae Graecorum Rhetoricae (1795; ND 1983) 230; J. Cousin: Etudes sur Quintilien, Bd. II (Paris 1936; ND Amsterdam 1967) 107. Das Adjektiv ὁμοιόλογος, ‹von gleicher Definition› ist nur bei Porphyrios, In Aristotelis Categorias IV.1, 69, 7 belegt.

M. S. Celentano/A. Ka.

→ Compositio → Copia → Elegantia → Elocutio → Figurenlehre → Ornatus → Stil → Stillehre → Variation → Virtutes-/Vitia-Lehre

Homoioprophoron (auch Parhómoeon; griech. ὁμοιοπρόφορον, homoioprόphoron; lat. homoeoprophoron)
A. H. bezeichnet die Wiederholung von ähnlichen oder identischen Phonemen oder Silben in einer aus mindestens zwei Elementen bestehenden Wortgruppe, wodurch ein Gleichklang hervorgerufen wird. Die häufig anzutreffende Bestimmung von ‹H.› als Entsprechungsbegriff zum modernen Terminus ‹Alliteration› ist ungenau. [1] Die einzige antike Belegstelle für den Begriff findet sich bei MARTIANUS CAPELLA. [2] Dort wird das H. zu den «vitia maxima compositionis» gezählt, zu denen auch der Hiat und andere analoge Figuren lautlicher Wiederholung, also auch «cuiuslibet litterae assiduitas in odium repetita» (das beständige lästige Wiederholen irgendeines Buchstabens) [3] gehören. Für die Wiederholung von Buchstaben gibt er als Beispiele das ‹i› (*iotacismus*), das ‹m› (*mytacismus*), das ‹l› (*labdacismus*), das ‹s› (*polysigma*) – wie im Vers «sale saxa sonabant» (weithin hallten vom dumpfen Prall der Wogen die Felsen) [4] –, das ‹c› – wie in «casus Cassandra canebat» (solche Geschicke hat [mir allein] Cassandra geweissagt) [5] – oder auch schwer auszusprechende Lautgruppen (*dysprophoron*) – wie «persuasitrices praestigiatrices atque inductrices striges» (die Hexen, diese Überrederinnen, Betrügerinnen, Verführerinnen). [6] Als Paradebeispiel für das H. zitiert Martianus den berühmten Ennius-Vers «o Tite, tute, Tati, tibi tanta, tyranne, tulisti» (O Titus, du da Tatius, du ertrugst so großes, du Tyrann) [7], wo die Assonanzwirkung außer auf der anaphorischen Wiederholung des Dentallautes ‹t› auch auf der phonetischen Nähe der vom Dichter gewählten Wörter beruht. [8]
B. Insofern sich das H. auf das Grundkonzept der Wiederholung von Lauten, also auf die Ebene des Morphologisch-Phonetischen bezieht, gehört es rhetorisch gesehen in den Bereich der *compositio*, in deren Rahmen es auch, wie gezeigt, von Martianus unter den *vitia* aufgeführt wird. [9] Es unterscheidet sich demnach von jener Figur, die in der *Anapher* desselben Konsonanten oder Vokals oder derselben Silbe am Wortanfang besteht. Diese wird im übrigen von Martianus an anderer Stelle [10] ausdrücklich erwähnt und in der Antike als ὁμοιόαρκτον (homoióarkton) [11], in der Moderne als *Alliteration* bezeichnet. Dagegen ergibt sich, wenn auch keine völlige Übereinstimmung, doch eine enge Verwandtschaft zu einer anderen Stilfigur, dem Parhomoeon, das in den Quellen zweideutig ausgelegt wird, teils als *vitium*, teils als gewählte Ausdrucksform im Zusammenhang mit der *compositio*. [12] Dabei besteht das *Parhomoeon* gleichfalls in der «similitudo verborum», die durch die Wiederholung ähnlicher oder identischer Laute in Wortgruppen bewirkt wird. [13] Im Grunde handelt es sich also beim H. um eine der *Alliteration* sehr nahe, aber nicht identische Stilfigur, wobei letztere eine Sonderform des H. darstellt, die sich auf das anlautende Phonem (oder die anlautende Silbe) eines Wortes beschränkt. Manchmal wirken beide zusammen, wie in dem zitierten Ennius-Vers. [14] Vor Martianus ist der Terminus bei keinem Autor belegt und ebensowenig wird er in den nachfolgenden Abhandlungen zu Grammatik und Rhetorik gebraucht.

Anmerkungen:
1 vgl. C.T. Lewis, C. Short: A Latin Dictionary (Oxford 1955) s. v. ὁμοιοπρόφορον; E. Norden: Die antike Kunstprosa I (1898) 59f. Anm. 1; H. Lausberg: Hb. der lit. Rhet. (³1990) § 974f.; P. Ferrarino: L'alliterazione, in: Rendiconto delle sessioni della R. Accademia delle Scienze dell'Istituto di Bologna, Classe di Scienze Morali, Reihe IV Bd. II (Bologna 1938/39) 104ff.; P. Valesio: Strutture dell'alliterazione (Bologna 1967) 32ff. mit ausführlicher Bibliogr. – **2** Mart. Cap. V, 514. – **3** ebd.; vgl. bereits Auct. ad. Her. IV, 18; Cic. Or. 49. – **4** Vergil, Aeneis V, 866, dt. von E. Staiger (Zürich/München 1981) 143. – **5** Vergil, Aeneis III, 183, dt. von Staiger [4] 67. – **6** Mart. Cap. V, 514–515. – **7** Ennius, Annalen, hg. von J. Vahlen (1854) fr. 109; vgl. O. Skutsch, The Annals of Q. Ennius (Oxford 1985) LX, 253–55. – **8** vgl. Skutsch [7] 253f. Zur Alliteration bei Ennius vgl. A. Grilli: Studi enniani (Brescia 1976) 119ff. – **9** vgl. Lausberg [1]. – **10** Mart. Cap. V, 518. – **11** In einem späten Beleg bei Maximos Planudes, Scholia ad Hermogenis artem, in: Rhet. Graec. W. V, 511. – **12** Ferrarino [1] 108ff. – **13** vgl. ebd.; Valesio [1]. – **14** Zur Nähe der Alliteration zu anderen Stilfiguren vgl. Valesio [1] 43ff.

L. Lomiento/A. Ka.

→ Alliteration → Anapher → Assonanz → Compositio → Hiat → Paronomasie → Wiederholung

Homoioptoton (griech. ὁμοιόπτωτον, homoióptōton, im gleichen Kasus endend; lat. similiter cadens, auch simile casibus, aequeclinatum, similitudo cadens)

A. I. In der *Rhetorik* bezeichnet der Begriff ‹H.› eine Wortfigur, deren Wirkung auf dem gleichklingenden Ausgang mehrerer Nomina im selben Kasus beruht; das H. ist zu unterscheiden vom Homoioteleuton (ὁμοιοτέλευτον, homoiotéleuton; gleich endend), das überhaupt den gleichklingenden Ausgang mehrerer Worte bezeichnet. Die Figur hat, wie das Homoioteleuton, besondere Wirkung für die Gliederung größerer Perioden, wenn nämlich die durch ähnlich klingenden Ausgang in Beziehung stehenden Wörter die gleiche Position in einem Kolon, häufig die Endstellung, einnehmen: «Huic igitur socios vestros criminanti et ad bellum vos cohortanti et omnibus modis, ut in tumultu essetis, molienti» (Für den also, der eure Verbündeten beschuldigt, der euch zu Krieg aufhetzt, der auf jede Weise sich bemüht, daß ihr in Aufruhr seid). [1] Daneben wird aber auch die Wiederholung gleicher Kasus in Ein-Wort-Kommata als ‹H.› bezeichnet: als Standardbeispiel zitieren spätantike Rhetoren Ennius: «Maerentes, flentes, lacrimantes ac miserantes» (Die trauernden, die weinenden, die zu Tränen gerührten und die klagenden). [2]

Die theoretischen Definitionen, die Beispiele und die Verwendung des Begriffs zur Stilanalyse sind bei jeweils verschiedenen Autoren in einigen Aspekten widersprüchlich.

Im System der Rhetorik ergibt sich die Einordnung des ‹H.› zusammen mit verwandten Figuren wie dem Homoioteleuton, der Paronomasie (παρονομασία, paronomasía; Gleichklang) und anderen unter den aufgrund ähnlichen Klanges entstehenden Wortfiguren *(figurae per similitudinem)*, die als Element des Redeschmucks *(ornatus)* unter den Regeln für die sprachliche Gestaltung *(elocutio)* behandelt werden.

II. Als Begriff der *musikalischen Figurenlehre* bezeichnet ‹H.› in der Zeit vom 16. bis zum ausgehenden 17. Jh. bei verschiedenen Autoren unterschiedliche Phänomene: zunächst, genauso wie Homoioteleuton, «eine Art Generalpause», dann aber auch nach einer der Rhetorik näherstehenden Definition «eine gleichartige Beendigung mehrerer Wiederholungen». [3]

B. I. *Antike.* ARISTOTELES beschreibt in einem Abschnitt seiner ‹Rhetorik› über die Kolierung längerer Perioden allein die allgemeinere Erscheinung des Homoioteleuton, obwohl unter seinen Beispielsätzen auch der Sonderfall des ‹H.› vertreten ist. [4] In der ‹Rhetorik an Alexander› findet sich in inhaltlich entsprechenden Passagen ebenfalls keine ausdrückliche Beschreibung oder Benennung des ‹H.› [5] Als technischer Begriff ist ‹H.› erstmals greifbar im 1. Jh. v. Chr. in den Fragmenten der polemischen Schrift des PHILODEM VON GADARA über die Rhetorik [6] und auf lateinisch übersetzt als *similiter cadens* neben dem Homoioteleuton *(similiter desinens)* mit einer Definition in der ‹Rhetorik an Herennius›. [7] Das ‹H.› gehört spätestens seit dieser Zeit zum festen Bestand rhetorischer technischer Begriffe, wie zahlreiche beiläufige Erwähnungen bei Cicero [8] und Definitionen römischer und griechischer Autoren der Kaiserzeit bis in die Spätantike [9] belegen.

Abweichungen in den Definitionen und Beispielen jeweils verschiedener Autoren bestehen unter anderem darin, daß sie sich etwa nur auf Ein-Wort-Kommata beziehen [10], daß sie allein Kasusgleichheit, nicht auch gleichen Klang aufgrund gleicher Deklination als hinreichende Bedingung ansehen [11] oder daß Gleichklang der Wortendungen aufgrund der grammatischen Form überhaupt, nicht des Kasus, zur Bildung eines ‹H.› genügt. [12]

II. Im *Mittelalter* wird der Begriff des ‹H.› als rhetorischer Terminus übernommen, wie eine Definition unter der Bezeichnung *similitudo cadens* in einer Sammlung rhetorischer Figuren des GALFRED VON VINOSALVO [13] oder ein früher Kommentar zu Beispielversen für rhetorische Figuren in Galfreds viel gelesener ‹Poetria nova› [14] zeigt. Die Erklärungen und Beispiele treffen den Gehalt, wie er aus antiken Definitionen hervorgeht, mit unterschiedlicher Genauigkeit.

III. In der *Neuzeit* beschreibt im 16. Jh. C. SOAREZ unter Rückgriff auf antike Quellen das ‹H.› als *similiter cadens* und erörtert auch in antiken Definitionen nicht einheitlich geklärte Einzelfragen, insbesondere, daß das ‹H.› durch Gleichklang aufgrund der grammatischen Form, nicht allein aufgrund des gleichen Kasus, zustande kommt. [15] Genauso beschreibt J. A. FABRICIUS im 18. Jh. das ‹H.› [16]; das deutsche Beispiel, das F. A. HALLBAUER ungefähr zur gleichen Zeit für das von ihm so bezeichnete «Stände=Spiel» nennt, beschränkt sich wieder auf den gleichen Ausgang mehrerer Kola auf Worten im gleichen Kasus: «Er ergötzet sich an seiner zahlreichen Heerde: er belustiget sich an den grünen Feldern: er erquicket sich an den kühlen Wasser=Quellen: er vergnüget sich an dem schönen Vogel=Gesange: er erholet sich an den schattichten Bäumen, etc.» [17]

Anmerkungen:
1 Das Beispiel bei Aquila Romanus 25, in: Rhet. Lat. min. 30, 22ff.; Mart. Cap. 532 (Übers. des Verf.). – **2** etwa bei Diomedes, in: Gramm. Lat. I, 447, 12ff. (Übers. des Verf.) und anderen, vgl. J. Vahlen (ed.): Ennianae poesis reliquiae (²1903) 16. – **3** Vgl. D. Bartel: Hb. der musikalischen Figurenlehre (1985) 189. – **4** vgl. Arist. Rhet. III, 9, 1410a 24–b 4. – **5** vgl. Auct. ad Alex. 27, 1–28,1. – **6** Philodem, Perí rhētorikḗs, ed. Sudhaus (1892–95) 162. – **7** Auct. ad Her. IV,20, 28. – **8** Cic. De or III, 206; or. 84; 135; 220. – **9** Rutilius Lupus II, 13, in: Rhet. Lat. min. 18, 30ff.; Quint. IX,3, 78; Aquila Romanus [1]; Sacerdos, in: Gramm. Lat. VI, 459, 6ff.; Donat, in: Gramm. Lat. IV, 398, 22f.; Charisius, ed. Barwick (1925) 371, 1ff.; Diomedes [2];

Carmen de figuris 103–105, in: Rhet. Lat. min. 67; Pompeius, in: Gramm. Lat. V, 304, 1ff.; Mart. Cap. [1]; Isid. Etym. I, 15; Alexandros, in: Rhet. Graec. Sp. III, 36, 6ff.; Tiberios, in: Rhet. Graec. Sp. III, 75, 6ff.; Herodian, in: Rhet. Graec. Sp. III, 97, 26ff.; Zonaios, in: Rhet. Graec. Sp. III, 169, 14ff. – **10** vgl. Donat [9] – **11** vgl. Quint. [9] – **12** vgl. Rutilius Lupus [9] – **13** Galfred von Vinosalvo: Summa de coloribus rhetoricis, in: E. Faral: Les arts poétiques du XIIe et du XIIIe siècle (Paris 1924; ND Genf/Paris 1982) 322. – **14** An early commentary on the Poetria Nova of Geoffrey of Vinsauf, ed. M. C. Woods (New York/London 1985) 104, zu: Galfred von Vinosalvo: Poetria Nova 1131, in: E. Faral [13] 232. – **15** C. Soarez: De arte rhetorica libri tres (Köln 1590) 114–16. – **16** J. A. Fabricius: Philosophische Oratorie (1724; ND 1974) 195. – **17** F. A. Hallbauer: Anweisung zur verbesserten teutschen Oratorie (^{3}1736) 456.

Literaturhinweise:
R. Volkmann: Die Rhet. der Griechen und Römer in systemat. Übersicht (^{2}1885; ND 1987) 483f. – H. Lausberg: Hb. der lit. Rhet. (^{3}1990) §§ 729–731.

M. Biermann

→ Epipher → Figurenlehre → Homoioteleuton → Isokolon → Parallelismus → Paronomasie → Similitudo → Trikolon → Wortfigur

Homoioteleuton (griech. ὁμοιοτέλευτον, homoiotéleuton; lat. simili modo determinatum, similis terminatio, similiter desinens, similitudo desinens, auch homoeoteleuton; frz. homéotéleute; ital. omeotelèuto, omoteleuto)
A. Der Begriff ‹H.› (dt. gleicher Endlaut, Gleichklang der Wortenden) tritt in drei verschiedenen Verwendungszusammenhängen auf:
1. Als *rhetorische Klangfigur* besteht das H. in der Endungsgleichheit aufeinanderfolgender Glieder, zumeist in der Schlußsilbe.
2. In der *musikalischen Figurenlehre* wird der Begriff verwendet, um einerseits eine Generalpause zu bezeichnen und sich andererseits wieder seiner rhetorischen Bedeutung anzunähern.
3. Schießlich ist ‹H.› der auf den Gebieten der *Paläographie* und der *Textkritik* benutzte Fachausdruck, der eine Hauptfehlerquelle bei der handschriftlichen Übertragung eines Textes beschreibt, nämlich die der Auslassung (Auslassung durch das H. oder Auslassung von Gleichwertigem bei der Abschrift eines Textes).
Zu 1.: Sowohl in der griechischen als auch in der lateinischen Rhetorik wird das H. als die Figur definiert, die aus dem Gleichklang der Endlaute aufeinanderfolgender Glieder resultiert. Der Gleichklang der Endlaute beschränkt sich vor allem auf die letzte Silbe – wie bei dem Beispiel von RUTILIUS LUPUS: «[...] hominum, [...] legum» [1] –, kann sich jedoch über zwei oder mehr Silben erstrecken, wie in dem Beispiel, das QUINTILIAN anführt: «[...] extinguendam, [...] infringendam». [2] Der Gleichklang der Endlaute kann über mehr als ein Wort gehen, wie die Beispiele in der ‹Rhetorica ad Herennium› zeigen: «Turpiter audes facere, nequiter studes dicere; vivis invidiose, delinquis studiose, loqueris odiose» (Schändlich wagst du zu handeln, nichtswürdig bemühst du dich zu sprechen! du lebst voll Neid, du vergehst dich voll Eifer, du sprichst voll Haß) und «Audaciter territas, humiliter placas» (Kühn erschreckst du, unterwürfig versöhnst du). [3] Hierbei handelt es sich um ein Phänomen, das völlig identisch mit der παρομοίωσις (paromoíōsis) ist. [4] Für einige Gelehrte wie DEMETRIUS [5] bezieht sich das H. nicht nur auf gleiche Wortendlaute, sondern auch auf ganze Wörter. Andererseits müssen die durch den Gleichklang der Endlaute in Verbindung gebrachten Glieder wenigstens zwei sein, wie die wichtigste, von Quintilian stammende Bestimmung dieser Figur zeigt. Er schreibt: «ὁμοιοτέλευτον [vocant] similem duarum sententiarum vel plurium finem» (H. heißt Endungsgleichheit zweier oder mehrerer Sätze) [6] und fährt dann fort: «ex quibus fere fiunt, non tamen ut semper utique ultimis consonent, quae τρίκωλα dicunt: ″vicit pudorem libido, timorem audacia, rationem amentia.″ sed in quaternas quoque ac plures haec ratio ire sententias potest. fit etiam singulis verbis: ″Hecuba hoc dolet, pudet, piget″, et ″abiit, excessit, erupit, evasit″.» (Hieraus entstehen, ohne daß jedoch immer unbedingt die Endsilben gleichklingen, die sogenannten τρίκωλα, [tríkōla], z. B.: ″Gesiegt hat über die Scham die Gier, über die Angst die Dreistigkeit, über die Vernunft der Unverstand″. Doch auch auf vier und mehr Sinnesabschnitte kann sich dieses Verfahren ausdehnen. Es findet sich auch bei einzelnen Verben, z. B.: ″Hierüber fühlt Hecuba Schmerz, Scham, Ärger″ und: ″Er ging weg, zog fort, brach aus, entschwand.″) [7] Diese angeführten Beispiele zeigen, daß das H. in Ein-Wort-Kommata auftreten kann. [8]

Das H., das ἰσόκωλον (isókōlon), das ὁμοιόπτωτον (homoióptōton) und die παρονομασία (paronomasía) bilden zusammen die sogenannten *Gorgianischen Figuren*.

Das H. zeigt eine sehr klare Verbindung zum *Isokolon*. Jenes wird vorzugsweise gebraucht, um die Gleichheit (die syntaktische Koordinierung) der Glieder von diesem anschaulich zu machen, und zwar mittels der Homonymie (des Gleichklangs) der Wortkörper, die sie bilden, wobei sie einen mehr oder weniger scharfen Kontrast der Inhalte zulassen, welcher häufig die Formen der Antithese annimmt. [9] ARISTOTELES schreibt dazu: «Es kann ein und derselbe Satz dies alles zugleich aufweisen und derselbe Satz sowohl eine Antithese, Parallelismus und Homoioteleuton darstellen.» [10] Jedoch ist das H. nicht notwendigerweise mit dem Isokolon verknüpft, da die durch das H. verbundenen Glieder von sehr unterschiedlichem Umfang sein können. [11]

Das H., das auf dem Gleichklang der Endlaute basiert, und das *Homoioptoton*, welches in der Gleichheit der Kasusendungen begründet liegt, stehen zueinander in einer glücklichen Beziehung, wie der Autor der ‹Rhetorica ad Herennium› argumentiert. Deshalb gilt: «qui his bene utuntur, plerumque simul ea conlocant in isdem partibus orationis [...]: ″[...] amorem petere, pudorem fugere, diligere formam, neglegere famam″» (wer sie richtig gebraucht, stellt sie aus diesem Grund in der Regel zusammen an die gleiche Stelle des Diskurses [...]: ″[...] Liebe zu erstreben, vor der Ehrbarkeit zu fliehen, zu lieben die Schönheit, zu mißachten den guten Ruf″). [12] Hieraus erklärt sich, daß die beiden Figuren, die gleiche Wortendungen erzeugen – das H. und das *Homoioptoton* – oft verwechselt werden. [13]

Schließlich ist das H. verwandt mit der *Paronomasie*, insofern bei den von beiden Figuren betroffenen Wörtern jeweils am Wortende eine Gleichheit, am Wortanfang eine Ungleichheit besteht. [14] Daher können auch diese beiden Figuren miteinander verwechselt werden [15], etwa in der Formulierung «[...] matrimonium, [...] patrimonium» [16], die als Beispiel sowohl für ein H. wie auch für eine *Paronomasie* gelten kann.
Zu 2.: Als *musikalische Figur* besteht das H. – ebenso wie das *Homoioptoton* – zunächst in einer Generalpause. NUCIUS und THURINGUS sind die Hauptvertreter dieser Auffassung. Nucius benutzt diesen Begriff, um den

Inhalt der Burmeisterschen ἀποσιώπησις (aposiópēsis) zu bezeichnen [17]: «Was ist das Homoioteleuton? Wenn ein allgemeines Schweigen nach einem gemeinsamen Verlauf der Stimmen durch einen Einschub einer semibrevis oder minima Pause angezeigt und die harmonia unterbrochen wird.» [18] Thuringus schlüsselt seinerseits die *Aposiopese*, die er als «ein gänzliches Schweigen in allen Teilen der Komposition» [19] definiert, in zwei Typen auf – den zum H. gehörigen und den auf das *Homoioptoton* bezogenen – und erklärt den ersten, indem er der Definition von Nucius seine eigene hinzufügt: «ein Schweigen in der Mitte einer cantio». [20] Die Definition, die WALTHER von der *Aposiopese* gibt, zeigt deutlich den Unterschied, der in der Musik zwischen dem H. und dem *Homoioptoton* gemacht wird. Ersteres tritt auf, «wenn in der Mitte eines Stücks, vermittelst einer vorhergehenden Final-Cadenz, und darauf folgenden ganzen oder halben Tact-Pause, dergleichen gemacht wird» (finale silentium). [21] Vom zweiten spricht man, «wenn gleichfalls, vermittelst einer ganzen, halben, oder Viertels-Tact-Pause, ohne aber dabey einen formalen Schluß oder Cadenz zu machen, dergleichen Stilschweigen angebracht wird» (generalis pausa). [22]

Eine der Rhetorik näherstehende Definition des H. wird durch KIRCHER und JANOWKA überliefert. Sie verwenden den lateinischen Ausdruck ‹similiter desinens› und verstehen darunter eine gleichartige Beendigung mehrerer Wiederholungen, wobei sie sich vollständig von der Idee dieser Figur als ‹Generalpause› entfernen und sie mit dem *Homoioptoton* gleichsetzen. Kirchers Bestimmung, die sich kaum von der Janowkas unterscheidet, lautet: «Homoioptoton oder similiter desinens figura [...] ist eine musikalische Periode, in der mehrere Wiederholungen auf gleiche Weise enden. Sie wird oft in einer folgenden Bestätigung, Verneinung oder Betonung irgendeiner Sache verwendet wie in "Nos insensati" von Palestrina.» [23]

Zu 3.: Als Fachausdruck der *Paläographie* und der *Textkritik* bezeichnet ‹H.› jenes Phänomen, bei welchem ein Kopist beim Abschreiben eines Textes einen Fehler begeht, indem er einen Satz unterschiedlicher Länge ausläßt, wenn das darauffolgende Element gleich oder ähnlich beginnt oder endet: ‹omissio ex homoioteleuto›. Dies ist einer der häufigsten Fehler bei der Übertragung von Manuskripten und wird von nachfolgenden Kopisten für gewöhnlich nicht bemerkt, wenn nicht deutlich das Textverständnis beeinträchtigt ist. In diesem Zusammenhang ist das H., das aufgrund der Kausalmetonymie so genannt wird, eine spezielle Art der Haplographie. [24]

B. *Antike*. Das H. ist eine der Figuren, die seit GORGIAS – und wenigstens bis hin zum Mittelalter – die antike Kunstprosa kennzeichnen. Weil es sich um eine Figur handelt, die nur an gehobenen, hochpathetischen Stellen anwendbar ist [25], sind das H. wie das *Homoioptoton* «bei Abstandsstellung der Wörter (am Kolon- oder Komma-Ende) *virtus*-haltige Figuren [...], bei Kontaktstellung der Wörter aber sie sind *vitia*». [26] Daraus folgt im Silbengleichklang bei Kontaktstellung von Wörtern «das Verbot der Anreihung mehrerer gleichendender oder in der gleichen Flexionsform stehender Wörter» [27], wie sich aus dem Auctor ad Herennium [28], Quintilian [29], FORTUNATIAN [30], JULIUS VICTOR [31] und MARTIANUS CAPELLA [32] folgern läßt.

Mittelalter. Vor allem seit BEDA VENERABILIS läßt sich die Übertragung des H., das traditionsgemäß als rhetorische Figur der Prosa angesehen wurde, auf den Vers beobachten. Dadurch ist es auch als poetische Figur zu verstehen: «Homoeoteleuton, id est similis terminatio, dicitur, quoties media et postrema versus sive sententiae simili syllaba finiuntur, ut Ecclesiastes: Melius est videre quod cupias quam desiderare quod nescias [...]. Hac figura et poetae et oratores saepe utuntur, poetae hoc modo: Pervia divisi patuerunt caerula ponti» (vom H. oder von *similis terminatio* spricht man, wenn der Mittel- und Endteil des Verses oder des Satzes mit gleicher Silbe enden, wie im *Ekklesiastes*: "Es ist besser zu sehen, was du begehrst, als zu wünschen, was du nicht kennst." Dieser Figur bedienen sich häufig nicht nur die Dichter, sondern auch die Redner; die Dichter aber folgendermaßen: "Das Blau des geteilten Meeres stand offen zum Durchgang.") [33] In diesem Sinne kann man sagen, daß sich hier die Grundlagen der Entwicklung des «Leoninischen Hexameters» und des Reimes der nachantiken und spätklassischen Poesie befinden. In der Forschung geht man zunächst davon aus, daß der Reim ursprünglich nichts anderes als jenes H. im Parallelismus der antiken Kunstprosa ist. [34] Die Mehrzahl der mittelalterlichen *artes poeticae* verzeichnen das H. als poetische Figur oder belegen es mit Versbeispielen. [35]

Die Verwechslung von H. und *Homoioptoton*, die schon in der Antike erkennbar ist, wird in der *Neuzeit* noch verstärkt, hauptsächlich wegen des fortschreitenden Verlustes der Kasusendungen, die die Entwicklung der romanischen Sprachen mit sich bringt, aber auch wegen der immer häufiger werdenden Verbindung beider Figuren mit dem Reim u. ä., etwa der Assonanz. In Spanien bemüht sich z. B. NEBRIJA darum, die ursprüngliche Unterscheidung beizubehalten. [36] SÁNCHEZ DE LAS BROZAS und MAYANS Y SISCAR unterscheiden zwar zwischen dem H. und dem *Homoioptoton*, verwechseln aber in ihren angeführten Beispielen die Figuren. [37] Und HERRERA setzt sie völlig gleich und behauptet, daß das *Homoioptoton* «in unseren Versen das Enden in einem Gleichklang bedeutet». [38]

Was die Verbindung beider Figuren mit der *Assonanz* anbetrifft, verweist FONTANIER darauf, daß DUMARSAIS dieses Phänomen als H. und als *Homoioptoton* vorstellt. [39] Er betont dabei, daß das Charakteristikum «die gleiche Endung [...] oder die gleiche Folge [...] von unterschiedlichen Gliedern eines Satzes oder eines Gefüges von Sätzen ist». [40] Da in diesem Sinne die französische Sprache, die keine Fälle besitzt, keinen Gebrauch vom *Homoioptoton* machen kann, ist das H., das «[...] im Reim mündet, [...] von absoluter Bedeutung für die Poesie». [41] Auf dieses Postulat gründet sich der größte Teil der modernen Annäherungen an das H. Und dieses, im Zusammenhang mit dem vorher zur Verwechslung von H. und *Homoioptoton* Gesagten, verpflichtet dazu, in dem ersteren – wie auch in dem zweiten – eine Figur zu sehen, die jene Art von phonologischen Äquivalenzen mit Beispielen belegt, die von Mayoral «débilmente codificadas» (schwach kodifiziert) [42] genannt und mit dem allgemeinen Ausdruck ‹Gleichklang› bezeichnet werden.

Anmerkungen:
1 P. Rutilii Lupi schemata lexeos II, 14, in: Rhet. Lat. min. 19, 6–8. – **2** Quint. IX, 3, 77. – **3** Auct. ad Her. IV, 20, 28. – **4** vgl. H. Lausberg: Hb. der lit. Rhet. (³1990) §§ 725, 732. – **5** vgl. Δημητρίου περὶ ἑρμηνείας 26, in: Rhet. Graec. Sp. III, 267, 7–12. – **6** Quint. IX, 3, 77. – **7** ebd. – **8** vgl. Lausberg [4] §§ 726, 733. – **9** vgl. Quint. IX, 3, 82–86. – **10** Arist. Rhet. 1410b, 1–3. – **11** vgl. L. Arbusow: Colores rhetorici (²1963) 32, 55, 74f.; Laus-

berg[4] §§ 724, 726, 787, 943. – **12** Auct. ad Her. IV, 20, 28. – **13** vgl. E. H. Guggenheimer: Rhyme effects and rhyming figures (Den Haag/Paris 1972) 76, 125f. – **14** vgl. Lausberg[4] § 726. – **15** vgl. E. Norden: Die antike Kunstprosa (1909) 23; Arbusow[11] 44f.; Lausberg[4] §638; Guggenheimer[13] 125f. – **16** Quint. IX, 3, 80. – **17** vgl. J. Burmeister: Hypomnematum musicae poeticae ... (1599); ders.: Musica poetica (1606). – **18** J. Nucius: Musices poeticae ... (1613), in: D. Bartel: Hb. der musikalischen Figurenlehre (²1992) 187. – **19** J. Thuringus: Opusculum bipartitum (1624), in: ebd. 105. – **20** ebd. 188. – **21** J. G. Walther: Musical. Lex. (1732), in: ebd. 106. – **22** ebd. – **23** A. Kircher: Musurgia Universalis (Rom 1650), in: ebd. 188; vgl. T. B. Janowka: Clavis ad Thesaurum magnae artis musicae (Prag 1701). – **24** vgl. A. Blecua: Manual de crítica textual (Madrid 1983) 21ff. – **25** vgl. Norden[15] 847f.; Arbusow[11] 75. – **26** Lausberg[4] § 965. – **27** ebd. – **28** vgl. Auct. ad Her. IV, 22f. – **29** vgl. Quint. IX, 4, 42. – **30** vgl. Fortun. Rhet. III, 11. – **31** vgl. C. Iulii Victoris ars rhetorica XX, in: Rhet. Lat. min. 433, 4f., 28f. – **32** vgl. Martiani Minnei Felicis Capellae lib. de arte rhetorica 34, 518, in: Rhet. Lat. min. 476, 1ff. – **33** Bedae Venerabilis lib. de schematibus et tropis, in: Rhet. Lat. min. 610, 14–20. – **34** vgl. Norden[15] 829, 871ff.; K. Polheim: Die lat. Reimprosa (1925); Arbusow[11] 78; E. R. Curtius: Europäische Lit. und lat. MA (Bern ¹⁰1984) 158, 160; Lausberg[4] 728; Guggenheimer[13] 76ff., 100ff., 125ff. – **35** vgl. Matthaeus von Vendôme: Ars versificatoria III, 12, in: E. Faral: Les Arts Poétiques du XIIᵉ et du XIIIᵉ siècle (Paris 1924) 170f.; Galfred von Vinosalvo: Summa de coloribus rhetoricis, in: ebd. 323; Gervasius von Melkley: Ars versificaria, in: ebd. 329; Eberhard der Deutsche: Laborintus III, 3, 473f., in: ebd. 353. – **36** vgl. E. A. de Nebrija: Gramática de la lengua castellana (Salamanca 1492) IV, 7. – **37** vgl. F. Sánchez de la Brozas: De arte dicendi lib. unus (Salamanca 1556) III, in: ders.: Obras. I, Escritos retóricos (Cáceres 1984) 134, 459ff.; ders.: Organum dialecticum et rhetoricum (Lyon 1579) III, in: ebd. 356, 314ff.; G. Mayans y Siscar: Rhetórica (Valencia 1757) III, XV, 26ff., in: ders.: Obras completas. III, Retórica (Valencia 1984) 476ff. – **38** F. de Herrera: Obras de Garcilaso de la Vega con anotaciones de F. de Herrera (Sevilla 1580), in: A. Gallego-Morell (Hg.): Garcilaso de la Vega y sus comentaristas (Madrid 1972) 405. – **39** vgl. P. Fontanier: Les tropes de Dumarsais, avec un commentaire raisonné (Paris 1818) II, 21f. – **40** ders.: Traité général des figures du discours autres que les tropes (Paris 1827) II, D, in: ders.: Les figures du discours (Paris 1821–1827) 349f. – **41** ebd. 350. – **42** vgl. J. A. Mayoral: Figuras retóricas (Madrid 1994) 61ff.

Literaturhinweise:
J. Coll y Vehí: Compendio de retórica y poética o nociones elementales de literatura (Barcelona 1926). – R. Lach: Das Konstruktionsprinzip der Wiederholung in Musik, Sprache und Literatur (Wien/Leipzig 1925). – H. Morier: Dictionnaire de poétique et de rhétorique (Paris ³1981). – J. A. Martínez-Conesa: Figuras estilísticas aplicadas al griego y al latín (Valencia 1972). – J. Rico-Verdú: La retórica española de los siglos XVI y XVII (Madrid 1973). – H. Suhamy: Les figures de style (Paris ²1983). – B. Dupriez: Gradus (Paris 1984). – B. Mortara-Garavelli: Manuale di retorica (Mailand 1988). – F. Marcos-Álvarez: Diccionario práctico de recursos expresivos (Cáceres 1989).

F. Chico-Rico/G. W.

→ Aposiopese → Conversio → Figurenlehre → Gorgianische Figuren → Homoioptoton → Homonymie → Isokolon → Metrik → Musikalische Figurenlehre → Parallelismus → Rhythmus → Wiederholung.

Homonymie (gr. ὁμωνυμία, homōnymía; lat. homonymia; dt. (lexikalische) Mehrdeutigkeit; engl. homonymy; frz. homonymie; ital. omonimia)

A. Innerhalb der *Linguistik* bezeichnet man die Übereinstimmung der Signifikanten mehrerer sprachlicher Zeichen bei Verschiedenheit der Signifikate (i. a. eines Lexems, aber auch eines Morphems: vgl. dtsch. *-er*: u. a. Plural- oder Komparativmorphem[1]) bei lautlicher Übereinstimmung als H. Gewöhnlich wird die diachrone H., die Identität eines Zeichens trotz verschiedener etymologischer Wurzeln, von der synchronen H., der inhaltlichen Selbständigkeit trotz gleicher Lautung, unterschieden. [2] Aufgrund dieser Definitionen wird die H. im übrigen auch von der Zeichengleichheit der *Polysemie* abgegrenzt, welche synchron durch inhaltlichen Zusammenhang zwischen den einzelnen Bedeutungen und diachron durch gemeinsame etymologische Abstammung definiert wird. H. kann zudem als Gegenteil des *Doubletten*-Phänomens, des Vorhandenseins mehrerer Zeichen für eine Bedeutung, definiert werden (*Heteronymie, Synonymie* [3]).

Die durch lexikalische H. bedingte Mehrdeutigkeit kann meist durch den Kontext gelöst werden. Etymologisch gesehen entsteht sie durch zufällige lautgeschichtliche (durch Zusammenfallen von zwei verschiedenen Wörtern; sie wird von BALLY als *homonymie étymologique*, etymologische H. bezeichnet [4]) und semantische Entwicklungen (z. B. divergente Bedeutungsentwicklungen aus Polysemie: *homonymie sémantique*, semantische H. nach Bally [5]), aber auch durch äußerliches Zusammenfallen von verschiedenen Wurzeln aufgrund morphologischer Vorgänge [6] (z. B. *Hast du Zeit?* vs. *ohne Hast*). Die Begriffe *Homophonie* (Lautgleichheit) und *Homographie* (Schriftgleichheit) bei verschiedener Bedeutung verweisen auf die phonetische bzw. graphische Seite des Phänomens.

In der Linguistik bezeichnet *homonyme Substitution* zudem noch den Vorgang – speziell im Argot –, einen relativ geheimen Terminus durch ein Wort derselben Form zu ersetzen: z. B. frz. *bêcher* (umgraben) ersetzt *bécher* (verleumden), womit dann auch *débiner* (< *biner* = Erde, Feld etc. – zum zweiten Mal – hacken) im Sinne von 'verleumden' eingesetzt werden kann. [7]

Die *Rhetorik* diskutiert die H. im Rahmen der *virtutes/vitia*-Lehre *(ambiguitas)*, aber auch in der *Stilistik* (*variatio*, Wortspiel, Doppelsinn, Gleichklang) und in der *res-verba*-Problematik. In der *Verslehre* bezeichnet der Begriff ‹*homonymer Reim*› (auch *äquivoker Reim*) einen Reim, bei dem der Laut oder die Laute am Ende eines jeden Verses am Ende eines gleichreimenden Verses wiederholt werden, aber eine andere Bedeutung haben (z. B. Aragon: Je crierai, je crierai les yeux que j'ai*me où* êtes-/ Vous où es-tu mon alouette, ma *mouette*? (Ich werde weinen die Augen die ich li*ebe wo seid* / ihr wo bist du meine Lerche, meine *Möve*? [8]), wobei im Rahmen einer qualifizierenden Reimklassifikation die Verwendung homonymer Lexeme mitunter höher bewertet wird als der Einsatz homonymer (meist allerdings nur homophoner) Syntagmen. [9]

B. *Bereiche, Disziplinen.* Im Rahmen der *Rhetorik* haben homonyme Wörter insofern Bedeutung, als sie – durch Erzeugen von *ambiguitas* – zu einem Verstoß gegen die *virtus* der *perspicuitas* führen können, wobei allerdings im synchronen Bereich der rhetorischen Anwendung Äquivozität als Ergebnis von H. und *Polysemie* als äquivalent anzusetzen ist. [10] Die so erzeugte *obscuritas* zählt LAUSBERG zur richtungsunentschiedenen Art: der Text läßt zwei oder mehrere Möglichkeiten des Verständnisses offen. [11] Die *perspicuitas* verlangt dann gelegentlich nach einer Milderung *(remedium)* der Äquivozität, entweder durch den Kontext oder durch glossierende Erläuterung bzw. Ersatz *(immutatio)* mittels Synonym oder Tropus. [12] Allerdings kann eine derartige *obscuritas* auch als Lizenz des *ornatus* (als Phänomen der Verfremdung; besonders bevorzugt etwa in der Preziosität [13]) vorkommen, redetaktischen Gesichtspunkten (im Dienste der *dissimulatio*) folgen oder als (Wort-)Witz *(ridiculum)* eingesetzt werden. [14] Die Entscheidungskriterien dafür liefern die das *aptum* betreffenden Vorschriften: ein übertriebenes Maß an *perspicuitas* kann etwa eine der betreffenden Gattung nicht angemessene *humilitas elocutionis* nach sich ziehen und die Gefahr der Platitüde in sich bergen. [15] Der durch die Verwendung von zwei oder mehreren homonymen Ausdrücken erzeugte Verfremdungseffekt kann auch im Sinne der *variatio* dazu eingesetzt werden, dem *taedium/fastidium* des Publikums entgegenzuwirken. [16] In Figuren der Wiederholung von gleichen Satzteilen (hier: von Einzelwörtern) kann die Äquivozität, welche durch gleiche Wortkörper mit verschiedener Bedeutung hervorgerufen wird, zu einer gewünschten «Lockerung der Gleichheit» führen (Figur der gelockerten Gleichheit unter Beibehaltung einer Ähnlichkeitsbeziehung der Wortkörper = *traductio* [17]; z. B. cur eam rem tam studiose *curas* (2. pers. praes.), quae tibi multas dabit *curas* (acc. plur.); Warum *kümmerst* du dich so sehr um diese Sache, die dir noch so viel *Kummer* bereiten wird?) [18] Als Wortspiel (Wortwitz/Pointe) kann die *traductio* als *ornatus* im Rahmen des sich intellektuell verfremdender Mittel bedienenden *acutum dicendi genus (elocutionis)* eingesetzt werden: «Is life worth living? It depends on the *liver*.» (Ist das Leben lebenswert? Es hängt von *der Leber*/vom "Leber" (jenem, der es lebt) ab.) [19] Generell ist bezüglich der *genus*-Frage festzuhalten, daß Verfremdungseffekte, die durch H. hervorgerufen werden, v. a. dem *genus humile* (und hier insbesondere dem berichtenden *docere*) zuzuordnen sind [20], welchem nach Lausberg nur milde Verfremdungsphänomene [21] wie die *obscuritas* entsprechen, unter welche eben die durch H. erzeugte *ambiguitas* zu zählen ist. [22] Für alle diese Anwendungen von H. im Bereich der Rhetorik gilt, daß der Hörer zur gedanklichen Mitarbeit (Desambiguierung) aufgefordert ist, zum «Gedanken-Komplizen» des Autors wird [23] und sich dadurch geschmeichelt fühlt. [24]

Die *Linguistik* diskutiert den H.-Begriff u. a. in der *Bedeutungslehre, Lexikologie/-graphie, Sprachgeographie* (v. a. im Zusammenhang mit lexikalischem *Sprachwandel*), aber auch in der *Psycholinguistik*. Die Definition und Abgrenzung (v. a. gegenüber *Vagheit* und *Polysemie*) des Begriffs ‹H.› hängt eng mit der Definition des Bedeutungsbegriffes zusammen. [25] Im Rahmen der *Lexikologie* wird bei der Abgrenzung von H. vs. Polysemie – sofern auf den diachronen Zugang verzichtet wird – zumeist das bloße Vorhandensein unterschiedlicher Bedeutungen eines Zeichens im synchronen Sprachzustand als H. definiert. [26] (Katz und Postal z. B. ziehen zudem semantische Relationen wie *Synonymie* u. *Antonymie* zur genaueren Bestimmung der Bedeutung des Lexikoneintrags heran. [27]) Dies entspricht auch jenem psycholinguistischen Zugang, innerhalb dessen von Polysemie gesprochen wird, sobald sich assoziative Beziehungen zwischen Wörtern im Sprachbewußtsein einer bestimmten Epoche feststellen lassen (vgl. z. B. Schreiber und Sommerfeldt [28]). Anderseits kann der Begriff ‹H.› auch für jene Fälle vorbehalten werden, wo formal-grammatikalische Unterschiede die einzelnen Signifikate deutlich voneinander abheben (z. B. unterschiedliches Genus: *die/der Hut* und/oder Plural: *Menschen/Menscher*, phonologische Unterschiede: '*Tenor/Te'nor*, aber auch divergierende Valenz- bzw. Subkategorisierungseigenschaften: *hängen*; Arsenjewa [29]). In der Lexikographie finden sich sodann meist 1 Eintrag (bei Polysemie, aber auch bei vagen Einheiten) vs. 2–n Einträge (bei H.: 2–n unterschiedliche wörtliche Bedeutungen und/oder unterschiedene syntaktische, morphologische, phonologische Eigenschaften: im Gegensatz zur «Identität des Zeichens».) [30] Zum Problem wird H. insbesondere auch in der *Computerlinguistik*, der *maschinellen Syntaxanalyse* bzw. *maschinellen Übersetzung*. [31] In psycholinguistischen Untersuchungen konnte u. a. McKay meßbare zeitliche Unterschiede zwischen der Perzeption ambiger/homonymer Konstruktionen und Wörter und nicht-ambiger Sequenzen und Wörter nachweisen. [32] Ziehen derlei Perzeptionsschwierigkeiten eine Kommunikationsstörung nach sich, spricht man vom H.-Konflikt (= auch H.-Kollision). [33] Gilliéron bezeichnet diesen als pathologische Erscheinung von H. und sieht dieses Phänomen als eine der primären Ursachen für Sprachwandel an. [34] Mit Gilliéron bekommt der Begriff damit besondere Bedeutung in der historisch orientierten *Dialektologie*. [35] Generell kann man sagen, daß der H.-Konflikt vor allem eine Erscheinung der romanischen Sprachen ist, das Englische ist häufig betroffen, das Deutsche weniger. [36]

C. *Geschichte*. 1. *Philosophie, Rhetorik*. Die Verwendung des Begriffs ‹H.› findet sich erstmals bei Homer (ὁμώνυμος, homónymos), der damit die gemeinsame Bezeichnung der zwei Helden meint, die den Namen ‹Ajax› tragen. [37] Demokrit verwendet statt H. πολύσημον, polýsēmon. [38] Platon benutzt den Begriff vor allem in seinen Spätdialogen zur Bezeichnung der Idee-Abbild-Relation. [39] Die Diskussion um die platonische Ideenlehre in der Akademie führte zur Entwicklung der heutigen semantisch-logischen Bedeutungen des Begriffs. Speusippos unterscheidet die Wörter in diejenigen mit gleicher und verschiedener lautlicher Zusammensetzung. Die gleichlautenden sind aber entweder synonym oder homonym. «‹Homonym› ist *ein Wort*, das im Hinblick auf mehrere, je verschiedene Dinge in je verschiedener Bedeutung gebraucht wird.» [40] Bei Aristoteles finden sich mehrere Verwendungsweisen des Begriffs, die wichtigste am Beginn seiner Kategorienschrift. Homonym sind sowohl zwei oder mehrere Dinge, die durch dasselbe Wort benannt werden, deren Wesensbegriff aber verschieden ist (z. B. wenn der lebende Mensch, aber auch dessen bildliche Darstellung als 'Lebewesen' bezeichnet werden). [41] Gleiche Wörter mit verschiedener Funktion nennt er πολλαχῶς λεγόμενα, pollachós legómena. [42] Das Substantiv H. bezeichnet bei Aristoteles ferner jene Art des Sophismus, welcher innerhalb eines Syllogismus ein Wort in zwei verschiedenen Bedeutungen anwendet, also den Syllogismus auf vier Begriffe erweitert und daher logisch ungültig macht [43] (z. B.: «Jeder *Löwe* ist ein *Tier*. Diese *Statue* ist ein *Löwe*. Daher ist diese *Statue* ein *Tier*.» [44]). Die lateinische Tradition (Augustinus, Martianus Capella, Boethius) übersetzt ‹H.› mit *aequivocatio*. [45] Quintilian kennt die H. einerseits als streng zu vermeidenden Stilfehler (*vitium*), bei dem gegen die Klarheit (*perspicuitas, claritas*) der Rede verstoßen wird [46], räumt aber der Sprache eine unvermeidliche Mehrdeutigkeit ein [47] und läßt geistreiche Amphibolien gelten. [48]

Alle Aristoteles verpflichteten Philosophen übernehmen im wesentlichen dessen H.-Begriff aus der Kategorienschrift. [49] Bis ins späte Mittelalter gilt in der Rhetorik Ambiguität generell als *vitium*, wofür u. a. auch H.-Erscheinungen verantwortlich gemacht werden (so z. B. bei DONAT und PRISCIAN). [50] Die negative sophistische Konnotation, welche der Homonymiebegriff bei Aristoteles erhalten hat, bleibt bis in die Neuzeit bestehen (Zeugnis davon geben etwa Anspielungen auf trügerische Zweideutereien in SHAKESPEARES ‹Macbeth› [51]). Besonders verpönt war die lexikalische H. in der der cartesianischen Forderung nach Eindeutigkeit verpflichteten Rhetorik der französischen Klassik, etwa bei BOILEAU [52] (diese Einstellung kann man in der französischen Rhetorik bis zur *Encyclopédie* weiterverfolgen, wo immer noch streng vor dem Mißbrauch der rhetorischen Möglichkeiten der H. gewarnt wird [53]). Weit positiver beurteilt VOSSIUS die H. Er rät zwar, Ambiguitäten zu vermeiden, wenn sie nichts zur Eleganz der Rede beitragen, hebt jedoch anhand namhafter Autoren wie etwa Cicero die rhetorischen Möglichkeiten geistreicher Ambiguitäten hervor. [54] Seiner Definition nach besteht die Ambiguität der H. im übrigen in einer Mehrdeutigkeit sowohl von Einzelwörtern als auch von Konstruktionen, wobei er allerdings den Terminus für Fälle reserviert wissen möchte, in denen der Kontext die Ambiguität nicht aufhebt. [55] FABRICIUS reiht die H. in seiner Beweisführung unter jene Nominalkonzepte, welche zum Beweisen von Sätzen, die nur die Benennung der Dinge betreffen, nützlich seien, warnt aber ausdrücklich vor Schlüssen wie dem folgenden, den er von HEDERICH [56] übernimmt: «Und wenn schon *Jus* eine suppe und auch das recht heisset, so folgt deswegen nicht, daß man beydes mit löffeln essen könne.» [57] DUBOIS u. a. beschäftigen sich mit der lexikalischen Mehrdeutigkeit (sie sprechen dabei v. a. von *Homophonie*, die diesbezüglichen Beispiele sind aber eindeutig homonym, da auch homograph) besonders bei der Diskussion der Syllepsen, welche sie als Gebrauch ein und desselben Wortes im eigentlichen und im figürlichen Sinn definieren. Sie räumen ein, daß schwer entscheidbar ist, «ob zwei Homophone verschiedene Wörter sind oder nicht». Da die entsprechenden Argumente meist historischer Art seien, treffe man in der im wesentlichen für die Rhetorik relevanten Synchronie auf «eine zuweilen sehr weitgehende Polysemie des Vokabulars». Bei der Antanaklasis, einer Figur, für die der sekundäre Wortgebrauch kein figürlicher sei, entstehe ein Paradoxon durch die Inkompatibilität der Wortbedeutungen, was die Autoren mit einem Beispiel PASCALS illustrieren: «Le cœur a ses *raisons* que la *raison* ne connaît pas» (Das Herz hat seine Gründe, die die Vernunft nicht kennt). [58] In der Figurenlehre bei DUPRIEZ findet sich eine begriffliche Verschiebung im Vergleich v. a. zu den heute gängigen terminologischen Konventionen innerhalb der Linguistik: Seiner Definition gemäß sind *Homonyme* Wörter gleicher Aussprache, aber meist verschiedener Graphie (d. h. *Homophone*, welche für ihn wiederum nur Buchstaben mit gleichem Lautwert oder aber Syntagmen gleicher Aussprache sind [59]). H. im linguistischen Sinne benennt er mit *Diapher* («diaphore» [60]) und dehnt damit den in der Rhetorik üblichen Begriff für das Stilmittel des Spiels mit homonymen Ausdrücken auf das linguistische Phänomen selbst aus. Die Diapher nach Dupriez kann, muß aber nicht zum Wortspiel werden (Vian: «-*Exécutez* cette ordonnance [...] Le pharmacien [...] l'introduisit dans une petite guillotine de bureau.» (Lösen Sie (= exekutieren Sie) dieses Rezept ein [...] Der Apotheker schob es in eine kleine Tischguillotine.) [61]); die Diapher im Dialog, welche u. a. auch dazu dienen kann, dem Dialogpartner das Wort im Munde umzudrehen, indem man einem genannten Wort eine andere Bedeutung gibt, benennt er – in einer engeren Auslegung des Begriffs als z. B. Dubois – unter Berufung auf Lausberg – als *Antanaclasis*. [62] In der neuzeitlichen *Erkenntnistheorie* wird die Mehrdeutigkeit von Sprache/Sprachzeichen zu einem zentralen Anliegen, wobei allerdings ein eher der Polysemie nahestehender Mehrdeutigkeitsbegriff erörtert wird (z. B. bei NIETZSCHE oder JASPERS [63]).

Innerhalb der modernen *formalen Logik*, welche eine biunivoke Verbindung zwischen Zeichen und Bezeichnetem als Voraussetzung für die erwünschte Algorithmisierbarkeit erfordert, stellen die H. natürlicher Sprache ein Problem dar, und die formale Logik bleibt bei der Desambiguisierung homonymer Kontexte unweigerlich auf die Hilfe der Sprachanalyse angewiesen. [64]

2. *Sprachwissenschaft*. ARNAULD und NICOLE unterscheiden zwei Arten von H.: einerseits die Bezeichnung von zwei Sachen, die in keiner Beziehung zueinander stehen (*Widder*, männl. Schaf vs. Sternbild) und daher niemals verwechselt werden [65] und andererseits Doppeldeutigkeiten, welche aus menschlichem Versehen entstanden sind, weil immer wieder Begriffe gebraucht werden, ohne daß die Sprecher sich deren genaue Bedeutung klarmachen (z. B. der Begriff ‹Seele›) und in der Folge mitunter unvereinbare Vorstellungen miteinander verbinden. [66] In der französischen Klassik besteht zudem die Tendenz, Homonyme durch orthographische Reformen unterscheidbar zu machen (sie demnach auf Homophone zu reduzieren), was sogar in Fällen von gleicher Etymologie (nicht mehr erkennbare Polysemie, Anm. d. Verf.) durchgeführt wurde: *compte* 'Rechnung' und *conte* 'Erzählung', beide von lat. *computare*. [67] Die *Encyclopédie* grenzt H. definitorisch von Polysemie ab, ohne letzterer jedoch einen eigenen Terminus zuzuweisen. Ferner unterscheidet sie *homonymie univoque* (= eigentliche H. der heutigen Terminologie) von *homonymie équivoque* (Wörter, die ausschließlich homograph oder homophon sind, aber auch solche, die auf der lautlichen und schriftlichen Ebene minimale Abweichungen voneinander aufweisen [68], wobei homonyme Wörter nicht derselben Kategorie angehören müssen (z. B. frz. *si*: Konjunktion *wenn, falls* vs. Adverb *so*). [69] NIDA verweist auf außereuropäische Beispiele, wo vermeintliche H. mit Hilfe von ethnokulturellen Kontextinformationen doch als Fälle von *Polysemie* (Nachweis von gemeinsamen – kulturspezifischen – Bedeutungselementen) analysiert werden konnten, und spricht sich daher nachdrücklich für eine Semantikforschung aus, welche kulturelle Verwendungszusammenhänge miteinbezieht. [70] ULLMANN argumentiert für den Einsatz operationaler Verfahren (v. a. Substitution) zur Herausarbeitung der verschiedenen Bedeutungen im H.-Fall und illustriert dies mit einem Beispiel von WITTGENSTEIN [71]: So kann im Satz «Zwei mal zwei ist vier» das Verb durch ein Gleichheitszeichen ersetzt werden, nicht aber die Kopula in «Die Rose ist rot». [72] WELLS stellt die Frage nach einer strukturellen Behandlung der Bedeutung, und unter Rückgriff auf HJELMSLEVS Unterscheidung zwischen ‹Ausdruck/Inhalt› und ‹Form/Substanz› verweist er auf die strukturelle Ähnlichkeit zwischen Synonymie und H.: bei ersterer finden sich mehrere Ausdrücke für einen Inhalt, bei letzterer ist dies umgekehrt, wobei allerdings die Synonymie ein verbreitetes, die H. ein Ausnahmephänomen sei. [73] Wells überlegt zudem auch die Abkehr von einer streng dicho-

tomischen Betrachtung der Phänomene H. und Polysemie in Richtung einer Darstellung in Form eines Kontinuums. [74] Auch GEERAERTS sprich sich für eine skalare Repräsentation zwischen den Polen Polysemie und H. aus, wenn auch hinsichtlich eines Modells für das mentale Lexikon, das – gesehen als assoziatives Netzwerk – verschiedene Grade an assoziativer Kraft aufweist, welche durch die psycholinguistische Empirie zu determinieren seien. [75] WEINREICH plädiert (im Rahmen einer Theorie zur generativen Satzbeschreibung) für die generelle Schaffung mehrerer Lexikoneinträge sowohl bei H. als auch bei Polysemie, um sicherzustellen, daß durch das Einsetzen der Lexikoneinträge beim Generierungsprozeß keine Mehrdeutigkeiten hinzugefügt werden. [76]

Anmerkungen:
1 W. Ulrich: Wtb. Linguistischer Grundbegriffe (1975) 55. – 2 vgl. T. Lewandowski: Linguistisches Wtb. 1 (1979) 265. – 3 La Grande Encyclopédie: inventaire raisonné des sciences, des lettres et des arts, Paris, t. 20 (s. a.) 218. – 4 C. Bally: Traité de stylistique française, I (Genf/Paris 1951) 44f.; vgl. S. Ullmann: Grundzüge der Semantik (1967) 121. – 5 Bally [4]; vgl. Ullmann [4] 121. – 6 Enciclopedia Universal Ilustrada Europeo-Americana XXVIII (Bilbao/Madrid/Barcelona 1925) 209; La Grande Encyclopédie [3] 218. – 7 Grand Larousse encyclopédique, t. 5 (Paris 1962) 941. – 8 ebd., t. 4 (1961) 643. – 9 P. Fabri: Le Grand et Vrai Art de Pleine Rhétorique (Genf 1521; ND 1969) 18ff. – 10 H. Lausberg: Elemente der lit. Rhet. (^{10}1990) § 147, § 148. – 11 ebd., § 132. – 12 ebd., § 150, § 151. – 13 B. Dupriez: Gradus (Paris 1984) 234. – 14 Lausberg [10] § 149. – 15 ebd., § 133. – 16 ebd., § 84, § 85. – 17 ebd., § 274. – 18 Auct. ad Her. IV, 14, 21; Lausberg [10] § 286, § 287. – 19 N. Fries: Ambiguität und Vagheit: Einf. u. kommentierte Bibliogr. (1980) 44 n. 30. – 20 Lausberg [10] § 89, 1. – 21 ebd., § 465. – 22 ebd., § 89, 1; § 132, 2; § 145. – 23 ebd., § 166, 6. – 24 ebd., § 133. – 25 Fries [19] 52. – 26 ebd. 58. – 27 J. J. Katz, P. Postal: An Integrated Theory of Linguistic Descriptions (Cambridge/Mass. 1964); vgl. Fries [19] 53 n. 43. – 28 H. Schreiber, K.-E. Sommerfeldt: Wtb. zur Valenz und Distribution der Substantive (1977) 22; vgl. Fries [19] 67 n. 66. – 29 M. G. Arsenjewa et al.: Mnogoznaenost' i omonimija (Leningrad 1966); vgl. Fries [19] 66f. – 30 Fries [19] 49. – 31 ebd. 57. – 32 u. a. D. G. McKay: New Aspects of The Theory of Everyday Psychopathology: Hierarchic Specifications of Words and Actions, unpublished paper, U. C. L. A. (1973); vgl. Fries [19] 58 incl. n. 50. – 33 Lewandowski [2] 264. – 34 J. Gilliéron: Pathologie et thérapeutique verbales. 1–3 (1915–1921); Lewandowski [2] 264; Enciclopedia Italiana di scienze, lettere ed arti, Roma, t. XXV (1949) 349. – 35 Gilliéron [34], zit. nach Enciclopedia Italiana di scienze, lettere ed arti, Roma, t. XXV (1949) 349. – 36 Lewandowski [1] 264. – 37 Homer, Ilias XVII 720. – 38 VS 68 B 26. – 39 Platon, Parmenides 133d 3; ders. Sophistes 234b 7. – 40 HWPh, Bd. 3 (1974) 1182; Simplikios, In Arist. Cat. 1a 12. – 41 Aristoteles, Categoriae 1, 1a 1f. – Arist. EN I, 4 1096b 26. – 43 Enciclopedia [6] 209. – 44 ebd., t. LVI, 1424. – 45 vgl. Mart. Cap. IV, 329, 339; Boethius, In Porphyrium Dialogus I, 15f. – 46 Quint. VII, 9, 2; VIII, 2, 13. – 47 Quint. VII, 8, 7; IX, 1, 14. – 48 Quint. VI, 3, 49. – 49 HWPh, Bd. 3 (1974) 1182f. – 50 Donat: Ars grammatica III, in: Gramm. Lat. 4 (1864) 395, 20ff.; vgl. Priscian, Institutiones grammaticae I, 38, 23f. – 51 Shakespeare: Macbeth II, 3, übers. von Schlegel u. Tieck, hg. von L. L. Schücking (1958) 46f. – 52 N. Boileau-Despréaux: L'Art poétique (1674), in: Œuvres complètes, Bd. II (Paris 1852) 307. – 53 Encyclopédie, ou Dictionnaire raisonné des sciences, des arts et des métiers (Neuchâtel 1751–1780), Faksimileausgabe: Stuttgart/Bad Cannstatt (1967) t. 8, 283. – 54 G. J. Vossius: Commentariorum Rhetoricorum sive Oratoriarum Institutionum liber quartus, in: Opera in tomos sex distributa (Amsterdam 1667) t. 3, 149. – 55 ebd., 148. – 56 S. Hederich, p. 343. l. c. 3. e.; zit. nach J. A. Fabricius: Philos. Oratorie, Das ist: Vernünftige Anleitung zur gelehrten und galanten Beredsamkeit (1724/1974) 88. – 57 Fabricius [56] 88. – 58 J. Dubois u. a.: Allgemeine Rhet. (Paris 1970) 201f. – 59 Dupriez [13] 233. – 60 ebd. 155. – 61 zit. nach Dupriez [13] 269. – 62 Dupriez [13] 50. – 63 F. Nietzsche in seinen Notizen zu seinem einzigen Rhetorikseminar, in: GW Bd. 5 (1925) 297f.; K. Jaspers: Von der Wahrheit (1947) 398f. – 64 vgl. HWPh [49] 1183f. und HWR, Bd. 1 (1992) 442.– 65 A. Arnauld, P. Nicole: Die Logik oder Kunst des Denkens (1662), in: L. Antal: Aspekte der Semantik (1972) 7. – 66 ebd., 7f. – 67 Grand Dictionnaire Encyclopédique Larousse, t. 5 (Paris 1983) 5323. – 68 Encyclopédie [53] 282. – 68 ebd. 283. – 70 E. A. Nida: Ein System zur Beschreibung von semantischen Elementen (1951), in: Antal [65] 139. – 71 S. Ullmann: Der Begriff der Bedeutung in der Sprachw. (1956), in: Antal [65] 164. – 72 L. Wittgenstein: Philos. Unters. (1969) [sic] 458. – 73 R. Wells: Ist eine strukturelle Behandlung der Bedeutung möglich? (1958), in: Antal [65] 204. – 74 ebd., 208. – 75 The Encyclopedia of Language and Linguistics, vol. 3 (Oxford/New York 1994) 1596. – 76 U. Weinreich: Erkundungen zur Theorie der Semantik (1966), in: Antal [65] 274.

Literaturhinweise:
M. Bréal: Essai de sémantique. Science des significations (Paris 1897). – R. Haller: Unters. zum Bedeutungsproblem in der antiken und mittelalterlichen Philos., in: Archiv für Begriffsgesch., 7 (1962) 68f. – A. Martinet: Homonymes et polysèmes, in: La Linguistique, 10 (1974) 37–45. – R. Bergmann: H. und Polysemie in Semantik und Lexigraphie, in: Sprachwiss., 2 (1977) 27–60.

A. Kratschmer

→ Amphibolie, Ambiguität → Grammatik → Homophonie → Obscuritas → Perspicuitas → Res-verba-Problem → Semantik → Stil → Synonymie → Virtutes-/Vitia-Lehre → Wortfeld

Homophonie (auch Gleichklang; engl. homophony; franz. homophonie; ital. omofonia)
A. I. Der Terminus ‹H.› ist eine Neuprägung aus griech. ὁμός, homós (gleich) und φωνή, phōné (Stimme, Laut, Klang). Innerhalb der *Linguistik* wird mit ‹H.› (zuweilen auch *Isophonie* [1]) ein Typ lexikalischer Mehrdeutigkeit bezeichnet, bei den verschiedene sich orthographisch, etymologisch und semantisch unterscheidende Wörter durch phonetisch identische Formen repräsentiert sind (z. B.: Lied – Lid; Namen – nahmen). Der Terminus dient aber auch zur Bezeichnung unterschiedlicher Schriftzeichen, welche (evtl. nur in gewissen Kontexten) gleiche Aussprache aufweisen [2] (z. B. v/f – viel/er fiel, aber auch v/w – vage/Waage), oder gleichlautender Syntagmen (häufig z. B. im Französischen: je voulais *la voir* – je voulais *l'avoir*, ich wollte *sie sehen* – ich wollte *sie haben* [3]; weit seltener, zumeist recht künstlich im Deutschen: schief liegen/Schi-Fliegen). Die H. steht in engem Verhältnis zur *Homonymie* und wird auch gelegentlich als Spezialfall letzterer angesehen. In vielen Fällen liegt der H. eine ursprüngliche *Homographie* zugrunde, die durch offizielle Orthographieregeln beseitigt wurde (mhd. wîse wird zu nhd. weise, in der Folge wird mhd. weise zu Waise im Nhd. [4]; noch weiter gehen die Reformen der französischen Klassik, wo z. T. auch in Fällen von gleicher Etymologie Homophone orthographisch differenzierbar gemacht wurden: compte – Rechnung vs. conte – Erzählung, beide von lat. *computare*. [5] Die durch H. bedingte Mehrdeutigkeit kann meist durch den Kontext aufgelöst werden.

In der *Musik* bezeichnet H. primär eine unisono geführte Mehrstimmigkeit (Gesang oder Spiel) im Gegensatz zur *Polyphonie*, bei der mehrere Stimmen eine je eigene Melodieführung besitzen. [6] Während Mehrstimmigkeit im Oktav- oder Doppeloktavabstand mitunter auch als H. bezeichnet wird [7], kann letztere auch die eigenständige Bezeichnung *Antiphonie* erhalten. [8] Nicht einhellig akzeptiert wird der gelegentliche Gebrauch des H.-Begriffes für das Phänomen der *Homorhythmie* (= polyphone, aber rhythmusgleiche Stimmführung) [9], oder aber für Kompositionen mit einer dominanten und anderen, lediglich begleitenden, Stimmen. [10]

II. *Bereiche und Anwendungen.* In der am mündlichen Vortrag orientierten *Rhetorik* koinzidiert das Phänomen der lexikalischen H. mit jenem der Homonymie, was zur Folge hat, daß die beiden Termini in diesem Bereich teilweise noch stärker ineinanderfließen bzw. anders definiert werden können als in der Linguistik. So beschränkt etwa DUPRIEZ die H. auf gleichlautende Schriftzeichen und Syntagmen, bezeichnet die H. im hier verwendeten Sinne als Homonymie und greift für die Benennung des Phänomens der Homonymie in unserem Sinne wiederum auf den Terminus *Diapher* zurück. [11] Aus praktischer Sicht können homophone Ausdrücke nun einerseits Ambiguitäten erzeugen, welche gegen die *virtus* der *perspicuitas* verstoßen, also unter die zu vermeidenden *vitia* gezählt werden [12], andererseits als poetische Lizenz der absichtlichen Verfremdung (*obscuritas*) dienen, sofern die Kriterien des *aptum* berücksichtigt werden [13], welche nach den gängigen Stilvorschriften insbesondere im *genus humile* gegeben wären. [14] Der Wortwitz, welcher durch das Spiel mit gleichlautenden Lexemen in unterschiedlicher Lesart (= *Diapher* [15]) entstehen kann, kann außerdem – sobald man sich vom mündlichen ins schriftliche Medium begibt – von der semantischen auf die graphische Ebene verlegt werden (wenn orthographisch korrekte Graphien durch homophone Graphien ersetzt werden: frz. «phynance» statt finance; «hénaurme» statt énorme; Beispiele von JARRY und FLAUBERT [16]) oder auf beiden Ebenen transportiert werden (*Paronomasie*; ein beliebtes Stilmittel der Werbesprache: z. B.: «*das Mehrsalz*»).

In der *Poetik* wird die H. vor allem im Zusammenhang mit der Reimklassifikation diskutiert (Reim als «H. des letzten betonten Vokals des Verses, wie auch der eventuell noch nachfolgenden Phoneme» [17]). H. als gesuchtes Stilmittel (Reim etc.) ist allerdings zu unterscheiden von unbeabsichtigtem Gleichklang, welcher als dichtungstechnischer Fehler, der gegen die Tugend der *variatio* verstößt, bewertet werden kann (ADELUNG [18]: z. B. Alliteration – «Man macht mir immer mehr Mühe»). DUBOIS betont zudem, daß der Gleichlaut allein nicht die Wirksamkeit der rhetorischen Erscheinung ausmacht, daß der Effekt der Wiederholung namentlich auch von der Semantik der verwendeten Zeichen abhängt. Laufen phonische und semantische Sequenzen auseinander, wird die Wirkung des Reimes beeinträchtigt (vgl. z. B. das hierzu bei DUBOIS angeführte Beispiel: «Où, dure, Eve d'effort sa langue irrite (erreur!) / Ou du rêve des forts alanguis rit (terreur!) – Wo, hart, Eva ihre Zunge durch Bemühen irritiert (Fehler!) / Oder über den Traum von den entkräfteten Starken lacht (Schrecken!)», wo beide Verszeilen bei schnellem Lesen zwar annähernd homophon sind, die Zeichenverteilung jedoch eine ganz unterschiedliche ist). [19]

Die *Linguistik* beschäftigt sich mit der H. einmal im Rahmen von *Orthographiediskussionen*, was besonders für Sprachen gilt, welche aufgrund historischer Lautentwicklungen besonders viele H. aufweisen (z. B. das Französische [20]). Im Bereich der *Lexikologie* und *Semantik* sind reine H. (also H., die nicht zugleich Homographe sind) als räumlich, aber auch semantisch getrennte Lexikoneintragungen weniger relevant. Für die *Psycholinguistik* stellt sich hingegen die Frage nach der Dekodierung von H. sowie nach einem eventuellen assoziativen Zusammenhang zwischen homophonen Einheiten im mentalen Lexikon. Für die *maschinelle Verarbeitung* (schriftlicher) natürlicher Sprache, welche von Homographen ausgeht [21], sind reine H. ebenfalls kaum relevant, problematisch allerdings für die automatische Erkennung gesprochener Sprache. Ein zentrales Problem stellen H. im Bereich der *Taubstummenpädagogik* dar. Beim Lippenlesen werden alle an derselben Artikulationsstelle gebildeten Laute (so z. B. *t, d, n, l*) und damit eine große Anzahl von Lexemen zu Homophonen, was den gehörlosen Gesprächspartner in noch höherem Maß als einen hörenden Rezipienten von kontextuellen Informationen abhängig macht. [22]

In der *altägyptischen Philologie* bezeichnet der Terminus *homophone Hieroglyphe* jene Hieroglyphe, welche jenen Laut oder jene Aussprache repräsentiert, mit welchem jenes Wort beginnt, das das dargestellte Objekt bezeichnet. [23]

Die *Musikgeschichte* kennt die H. im Sinne einer unisonen oder im Oktavabstand gehaltenen Stimmführung als charakteristisch für die (insbesondere griechische) Antike sowie für die ersten Jahrhunderte der christlichen Ära. Homophone Elemente kommen allerdings auch in den musikalischen Systemen des chinesischen, indischen, arabischen und türkischen Kulturraumes vor. Trotz der Weiterentwicklungen innerhalb der abendländischen Musik (*Polyphonie, Harmonie*) halten sich doch auch homophone Erscheinungen, wie etwa der Gregorianische Gesang und das Volkslied (welches allerdings auch Terzen und Sexten aufweisen kann und damit nicht immer rein homophon ist). [24]

B.I. *Philosophie, Rhetorik, Poetik.* ARISTOTELES bespricht in den ‹Sophistischen Widerlegungen› u. a. jene Trugschlüsse, die im sprachlichen Ausdruck begründet sind. [25] Während er etwa die Homonymie (ὁμωνυμία, homōnymía – lexikalische Mehrdeutigkeit) und die Amphibolie (ἀμφιβολία, amphibolía – syntaktische Mehrdeutigkeit) nennt, bleibt jener Spezialfall der Homonymie, der heute als H. bezeichnet wird, implizit (Referenz zur Lautlichkeit hat einzig der Sophismus der Prosodie (προσῳδία/prosōdía); jener liegt in der willkürlichen Akzentverschiebung und der daraus sich ergebenden Bedeutungsänderung bei der Aussprache eines schriftlich vorliegenden Wortes; damit fällt er jedoch aus einer heutigen strengen Definition von H. heraus). Ähnliches findet sich bei QUINTILIAN: er verwendet die Termini *amphibolia* und *ambiguitas* (zur Bezeichnung von Mehrdeutigkeit im allgemeinen) sowie ὁμωνυμία (homōnymía = Mehrdeutigkeit des einzelnen Wortes), ohne die lautliche Seite speziell definitorisch abzugrenzen. [26]

In der neuzeitlichen Poetik finden Autoren mühelos mit Bezeichnungen wie ‹Gleichklang› (ADELUNG [27]) oder z. B. frz. ‹rithme› (= 'Reim': FABRI [28]) ihr Auskommen, sobald etwa im Rahmen der Reimdiskussion der Bezug zur Lautlichkeit explizit wird. Der Terminus ‹H.›, der schließlich über die Linguistik (wo er ebenfalls eine sehr späte Prägung darstellt, vgl. B.II.) in die Rhetorik und Poetik Eingang findet (etwa bei MORIER [29] oder DUBOIS [30]), kann sich hier wie auch dort nicht mit durchgehendem Erfolg behaupten. Davon zeugen jene zeitgenössischen Rhetoriken, in denen unter Verzicht auf den Terminus ‹H.› weiterhin auf z. B. die üblichen deutschen Äquivalente wie ‹Klanggleichheit› (adj. ‹gleichklingend›; etwa bei ARBUSOW [31]) zurückgegriffen wird oder wo Autoren ihre eigenen, individuellen Definitionen einbringen (wie z. B. DUPRIEZ, vgl. A. II.).

II. *Musikwissenschaft, Sprachwissenschaft.* Den eigentlichen Ursprung hat der Terminus ‹H.› in der *Musikwissenschaft*, wo er seit dem 18. Jh. zur Bezeichnung verschiedener Arten von Einstimmigkeit gebraucht wird (als Zeitpunkt des Erstbeleges wird häufig das Jahr 1752 angeführt [32]). In die *Sprachwissenschaft* eingeführt wird der Terminus erstmalig im Jahre 1822 von dem Ägyptologen CHAMPOLLION [33], der ihn zur Beschreibung des von ihm enträtselten Hieroglyphensystems einsetzt, und dies bereits sowohl in nominaler als auch adjektivischer Form («l'homophonie de ces deux caractères/de ces deux signes» [die H. dieser beiden Buchstaben/dieser beiden Zeichen] bzw. «ces deux caractères homophones» [diese beiden homophonen Buchstaben] [34]). In der heutigen erweiterten Bedeutung wurde ‹H.› im Jahre 1842 erstmalig in die wissenschaftliche Lexikographie aufgenommen (namentlich in BRANDE [35]). Obwohl in der Folge in der philologischen Literatur teilweise rezipiert (etwa bei BRIDGES [36]), setzt sich der Fachausdruck nur sehr langsam durch: Auch Anfang des 20. Jh. wird noch häufig auf ihn verzichtet und auf Umschreibungen wie ‹lautlicher Zusammenfall› zurückgegriffen (z. B. HOLTHAUSEN [37]). Auch in der 2. Hälfte unseres Jh. beschreibt LYONS den Status des Terminus ‹H.› immer noch wie folgt: «The usage of the term ‹homophony› is, if anything, less consistent in the literature than that of ‹homonymy›; and the parallel term ‹homography› is only rarely employed» (Der Gebrauch des Terminus ‹H.› ist, wenn überhaupt, weniger durchgängig in der Literatur als jener der ‹Homonymie›, und der parallele Terminus ‹Homographie› wird nur selten verwendet). [38] Dies spiegelt sich auch in der zeitgenössischen (fach- und nicht-fachspezifischen) Lexikographie wider, wo häufig eine Eintragung ‹H.› fehlt, selbst wenn der Terminus ‹Homonymie› aufgenommen wurde [39]; deutlich ist aber auch die Tendenz, bei generellem Übergehen linguistischer Fachausdrücke (wie etwa auch von ‹Homonymie›) ‹H.› in der musikwissenschaftlichen Bedeutung anzuführen und die linguistische Dimension unerwähnt zu lassen. [40]

Anmerkungen:
1 G. Bonsiepe: Visuell/verbale Rhet., in: Format IV/5 (1968) 11ff.; vgl. H. F. Plett: Textwiss. und Textanalyse (²1979) 141. – **2** Enciclopedia Universal Ilustrada Europeo-Americana (Bilbao/Madrid/Barcelona 1925) Bd. XXVIII, 205; Grand Dictionnaire Encyclopédique Larousse (Paris 1983) Bd. V, 5323; B. Dupriez: Gradus (Paris 1984) 233. – **3** Dupriez [2] 233f. – **4** H. Bußmann: Lex. der Sprachwiss. (1983) 190. – **5** Larousse [2] 5323. – **6** Encyclopédie, ou Dictionnaire raisonné des sciences, des arts et des métiers (Neuchâtel 1751–1780; ND Stuttgart/Bad Cannstatt 1967) Bd. VIII, 284. – **7** Enciclopedia Europea Garzanti (Mailand 1979) Bd. VIII, 278; Diccionario Enciclopédico Salvat (Barcelona/Madrid 1955) Bd. VII, 847; Larousse [2] 5323. – **8** Encyclopédie [6] 284; Enciclopedia Universal [2] 205. – **9** Garzanti [7] 278. – **10** Enciclopedia Universal [2] 205. – **11** Dupriez [2] 233; 155. – **12** H. Lausberg: Elemente der lit. Rhet. (1990) § 132. – **13** ebd. § 133. – **14** ebd. § 89, 1. – **15** Dupriez [2] 155. – **16** zit. J. Dubois: Allg. Rhet. (1974; frz. Original: Rhétorique général, Paris 1970) 109. – **17** H. Morier: Dictionnaire de Poétique et de Rhétorique (Paris ⁴1989) 1010; zit. Dubois [16] 91. – **18** J. C. Adelung: Ueber den Deutschen Styl (1785; ND 1974) 1. Theil, 241f. – **19** Dubois [16] 93. – **20** G. Straka: Französisch: Phonetik und Phonemik, LRL 293, Bd. V, 1 (1990) 1–33; N. Catach: Französisch: Graphetik und Graphemik, LRL 295, Bd. V, 1 (1990) 46ff.; Ch. Beinke, W. Rogge: Französisch: Geschichte der Verschriftung, LRL 320, Bd. V, 1

(1990) 471ff. – **21** N. Fries: Ambiguität und Vagheit: Einf. u. kommentierte Bibliogr. (1980) 58 n. 49. – **22** Enciclopedia Universal [2] 205. – **23** Salvat [7] 847; Enciclopedia Universal [2] 205. – **24** ebd. – **25** Aristoteles: Sophistische Widerlegungen 166b 1–9. – **26** Quint. VII,9,4ff.; VIII,3,57. – **27** Adelung [18] 241. – **28** P. Fabri: Le Grand et Vrai Art de Pleine Rhétorique (Genf 1521; ND 1969) 16ff. – **29** Morier [17]. – **30** Dubois [16] 91. – **31** L. Arbusow: Colores rhetorici (²1963) 41ff. – **32** Trésor de la Langue Française (Paris 1981) Bd. IX, 891; Le Grand Robert de la Langue Française (Paris 1985) Bd. V, 231. – **33** Trésor de la Langue Française [32] 891; Le Grand Robert [32] 231. – **34** J. F. Champollion: Lettre à M. Dacier, secrétaire perpétuel de l'Académie Royale des Inscriptions et Belles-Lettres, relative à l'alphabet des hiéroglyphes phonétiques [...] (Paris 1822; ND 1962) 13. – **35** W. T. Brande: A Dictionary of science, literature and art (1842); vgl. The Oxford English Dictionary (Oxford 1989) Bd. VII, 345. – **36** R. Bridges: On English Homophones (Oxford 1919). – **37** F. Holthausen: Vom Aussterben der Wörter (1919) 193; vgl. Fries [21] 120. – **38** J. Lyons: Semantics (Cambridge 1977) Bd. II, 558. – **39** The Encyclopedia of Language and Linguistics (Oxford 1994) Bd. III, 1595ff.; La Grande Encyclopédie: inventaire raisonné des sciences, des lettres et des arts, (Paris o.J.) Bd. XX, 218ff.; Enciclopedia Italiana di scienze, lettere ed arti (Rom 1949) Bd. XXV, 340ff. – **40** The New Encyclopedia Britannica (Chicago u. a. 1988), Vol. VI, 25ff.; Garzanti [7] 278ff.

Literaturhinweise:
J. Gilliéron: Pathologie et thérapeutique verbales I–III (Paris 1915–1921). – N. S. Trubetzkoy: Grundzüge der Phonologie (1958/1971). – K. Heger: Homographie, Homonymie und Polysemie, in: ZRPh 79 (1963) 5f. – S. Ullmann: Grundzüge der Semantik. Die Bedeutung in sprachwiss. Sicht. Dt. Fassung von S. Koopmann (1967). – L. Antal: Aspekte der Semantik. Zu ihrer Theorie und Geschichte 1662–1970 (1972). – R. A. Ronald, J. F. Kess: On Psycholinguistic Experiments in Ambiguity, in: Lingua 45 (1978) 125–150.

A. Kratschmer

→ Bedeutung → Grammatik → Heteronymie → Homonymie → Kakemphaton → Linguistik → Obscuritas → Perspicuitas → Polysemie → Reim → Res-verba-Problem → Semantik → Stil → Synonymie → Virtutes-/Vitia-Lehre → Wortspiel

Honestum (dt. das Ehrenhafte, Anständige, sittlich Gute; griech. τὸ καλόν, to kalón; engl. honest; frz. honnête; ital. onesto; Gegensatz: turpe)
A. Def. – B. I. Antike. – II. Christliche Spätantike und Mittelalter. – III. Neuzeit.

A. Das von *honos* (Ehre, Ehrenamt) abgeleitete lateinische Adjektiv ‹honestus› bezeichnet im weitesten Sinne Personen und Handlungen, die entweder *honos* tatsächlich erhalten oder ihn nach den Kriterien einer kodifizierten Morallehre bzw. von faktisch gültigen ethischen Normen (Sitte) zu erhalten verdienen. In der klassischen Rhetorik tritt es überall dort auf, wo gegenüber einem rein pragmatischen, erfolgsorientierten Rhetorikverständnis übergeordnete Werte geltend gemacht werden, die den Spielraum des Überzeugens ethisch eingrenzen. Als substantiviertes Adjektiv ist ‹H.› ein ethischer terminus technicus und steht abstrakt für alles Handeln, das sich jenseits der Instrumentalität der Mittel-Zweck-Relation an dem für sich selbst Wertvollen orientiert. Im System der Rhetorik fungiert das H. somit – immer in polarer Spannung zum Nützlichen (*utile*) – als ein Hauptgesichtspunkt (τέλος, télos; *finis*) des Lobens und Tadelns in der epideiktischen Rede (*genus demonstrativum*), des Zu- und Abratens in der Beratungsrede (*genus deliberativum*). Anders als in der Philosophie ist das H. im rhetorischen Diskurs eine flexible Norm, die nicht aus ein für allemal als richtig erkannten Prinzipien deduziert werden kann, sondern in Interaktion mit den je verschiedenen Wertvorstellungen der Zuhörer in jedem einzelnen Überzeugungsprozeß neu konstituiert werden muß. Die große semantische Variationsbreite des H.-Begriffs in seinen historischen Prägungen ergibt sich dabei vor allem aus folgenden Variablen: 1) seinem Rangverhältnis zu konkurrierenden Wertbegriffen, insbesondere zum *utile* (Über-, Unter-, Beiordnung), 2) seiner Extension in bezug auf verwandte, ranggleiche Wertbegriffe wie *rectum* (das Richtige), *iustum* (das Gerechte), *pium* (das Pflichtgemäße) u.a. (generische oder spezifische Bedeutung), 3) seinem Platz auf der Skala zwischen historisch und sozial gebundener, positiv gültiger und universaler, idealer, autonomer Norm, 4) seinem ästhetischen Gehalt im Spannungsfeld zwischen sichtbarem, äußerem Verhalten (*decorum*) und unsichtbarer, innerer Gesinnung.

B. I. *Antike.* Die Aussicht auf Ehre stellt in allen Gesellschaften, insbesondere in aristokratisch und monarchisch verfaßten Gemeinwesen, ein Hauptmotiv politischen und sozialen Handelns dar. Längst vor der Entstehung einer reflektierten rhetorischen τέχνη ist die Ruhmverheißung ein leitender Gesichtspunkt für die Überzeugung von der Richtigkeit individueller und kollektiver Entscheidungen. Odysseus bedient sich ihrer in der ‹Ilias›, um den grollenden Achill zum Kampf zurückzugewinnen. [1] Poseidon überredet Apollon mit Hilfe des Gegensatzpaars καλόν (kalón; edel) – αἰσχρόν (aischrón; niedrig) zum Zweikampf. [2] In einigen seiner beratenden Reden expliziert ISOKRATES bereits mit großer Deutlichkeit die Entscheidungsgesichtspunkte für politisches Handeln, die zugleich Überzeugungsgesichtspunkte für den Redner sind. Im ‹Philippos› (346 v. Chr.) rät er dem Makedonenkönig, auf die Einigung der Griechen hinzuwirken und mit vereinten hellenischen Streitkräften gegen die Perser zu Felde zu ziehen. Diese Maßnahmen seien nützlich [3] und nicht nur nicht unmöglich [4], sondern sogar leicht ausführbar [5], vor allem aber ruhmreich und ehrenvoll [6]. Isokrates sieht in ihnen das höchste Ziel des politischen Planens und Handelns verwirklicht: die Koinzidenz von größtem Gewinn und Vorteil mit unsterblichem Ruhm. [7]

Alle diese und noch weitere Begriffe erscheinen als Gesichtspunkte der Beratungsrede in der ‹Rhetorica ad Alexandrum› (2. Hälfte 4. Jh. v. Chr.): Der Zuratende muß zeigen, daß die von ihm empfohlene Entscheidung gerecht (δίκαιος, díkaios), gesetzmäßig (νόμιμος, nómimos), nützlich (συμφέρων, symphérōn), edel (καλός, kalós), angenehm (ἡδύς, hēdýs) und leicht ausführbar (ῥᾴδιος, rhádios) ist. Wer von etwas abrät, zeige von all dem das Gegenteil. [8] Der Begriff des Edlen (kalón) ist hier sozial-ästhetisch durch die zu erwartende öffentliche Anerkennung definiert: «Edel ist, was den Handlungen Ansehen, Ehre und Ruhm verleiht.» [9]

ARISTOTELES hebt die Pluralität der in den einzelnen Redegattungen zu berücksichtigenden Gesichtspunkte auf, indem er jedem *genus* genau einen Hauptgesichtspunkt (τέλος; télos: Ziel) zuweist. Dieser zeichnet sich vor den jeweils übrigen Gesichtspunkten dadurch aus, daß die Redner i.d.R nicht bereit sind zuzugeben, daß die von ihnen vertretene Sache das télos der jeweiligen Gattung verfehlt, während sie u.U. eingestehen, daß sie einem der übrigen Kriterien nicht gerecht wird. [10] Für die Beratungsrede ist das télos das Nützliche (συμφέρον, symphérón) mit seinem Gegenteil, dem Schädlichen (βλαβερόν, blaberón), für die Gerichtsrede das Gerechte (δίκαιον, díkaion) und das Ungerechte (ἄδικον, ádikon), für die epideiktische Rede das Edle (kalón) und das Niedrige (aischrón). [11] Diese Einteilung hat für das kalón zur Konsequenz, daß der Redner u.U. Personen für edle Taten loben soll, zu denen er ihnen zuvor nicht hätte raten dürfen: «So loben sie beispielsweise den Achilleus, daß er für seinen Freund Patroklos in den Kampf gegangen sei mit dem Bewußtsein, dann selbst sterben zu müssen, obwohl es an ihm lag zu leben. Für ihn war ein solcher Tod aber ehrenvoller (κάλλιον, kállion), das Leben jedoch nur nützlich (symphérōn).» [12] Durch seine Verbindung mit dem Begriff der Tugend (ἀρετή, aretḗ) verleiht Aristoteles dem kalón eine gegenüber der ‹Rhetorica ad Alexandrum› ethisch verfeinerte Bedeutung, ohne dabei dessen herkömmliche quasi-ästhetische Komponente zu verleugnen: «Schön (kalón) ist also das, was um seiner selbst willen als wählenswert Lob verdient oder was gut (ἀγαθόν, agathón) ist und, weil es gut ist, angenehm (ἡδύ, hēdý) ist. Wenn dies nun schön ist, dann muß die Tugend (aretḗ) schön sein; denn sie ist ein Gut und verdient Lob.» [13] In der konkreteren Bestimmung des kalón weichen die Ausführungen der ‹Rhetorik› von denen der ‹Nikomachischen Ethik› ab, insofern diese eine individualethische, am Angemessenen (πρέπον, prépon) und Lobenswerten (ἐπαινετόν, epainetón) orientierte Interpretation vertritt, jene hingegen eine mehr altruistisch-konformistische, auf das Wohl der Polisgemeinschaft gerichtete Auffassung, dergemäß freilich auch Rache und Vergeltung an den Feinden [14] zu den edlen Taten gehören. Erklärlich ist diese Abweichung dadurch, daß Aristoteles in seinem Katalog der kalá [15] den Redner über den ‹common sense› seines potentiellen Publikums, dessen Kenntnis für seine Überzeugungsbemühungen unerläßlich ist, unterrichtet, während er in der ‹Nikomachischen Ethik› seine eigene, ‹philosophische› Auffassung des kalón zum Ausdruck bringt. [16]

Der lateinische Begriff ‹H.› stammt aus der politisch-sozialen Sphäre und bezeichnet in vorterminologischer Bedeutung das von der Öffentlichkeit Geachtete und daher Vorzuziehende. [17] Der polare Gegensatz von Brauchbarkeit, Sicherheit und Nutzen (*utile*) einerseits und zweckfreier, erhabener Größe und Schönheit (H.) andererseits und das Ideal seiner Aufhebung wird in der römischen Dichtung, Geschichtsschreibung und Fachliteratur immer wieder aufgegriffen. [18] In der Rezeption der griechischen Philosophie und Rhetorik setzt sich das Wort ‹H.› vor bedeutungsverwandten Termini wie *rectum*, *laudabile*, *decorum* als lateinisches Äquivalent des griechischen ‹kalón› durch. [19] Das erste erhaltene römische Rhetoriklehrbuch, die ‹Rhetorica ad Herennium› (um 84 v. Chr.), die – hierin Aristoteles folgend – den Nutzen (*utilitas*) zum obersten Ziel (*finis*) der Beratungsrede erklärt, weist dennoch auch dem H. einen wichtigen Platz in der zugehörigen Topik zu: Den Nutzen unterteilt sie in einen sicheren Nutzen (*utilitas tuta*), der sich in der Wahl der Mittel nicht von moralischen Skrupeln leiten läßt, und einen ehrenhaften Nutzen (*utilitas honesta*), der wiederum in das sittlich Richtige (*rectum*) und das Lobenswerte (*laudabile*) zerfällt. [20] Diese begriffliche Trennung der Moral von ihrem Lohn, der Ehre, ist trotz ihrer rein rhetorischen Begründung bemerkenswert, signalisiert sie doch das Bewußtsein von der Möglichkeit, ja Notwendigkeit einer ‹unsichtbaren Tugend›: «Denn das Richtige soll man nicht nur um des Lobes willen verfolgen, aber wenn Lob dazukommt, wird der Wunsch, das Richtige zu erstreben, verdoppelt.» [21] Der Bereich des *rectum* schließlich wird in die vier durch Platon [22] und die Stoa kanonisch gewordenen und auch von Aristoteles [23] bei der Bestimmung des kalón neben anderen Tugenden behandelten Kardinaltugenden Klugheit (*prudentia*), Gerechtigkeit (*iustitia*), Tapferkeit (*fortitudo*) und Selbstbeherrschung (*modestia*) eingeteilt [24], so daß sich für die Topik der Beratungsrede folgendes Schema ergibt:

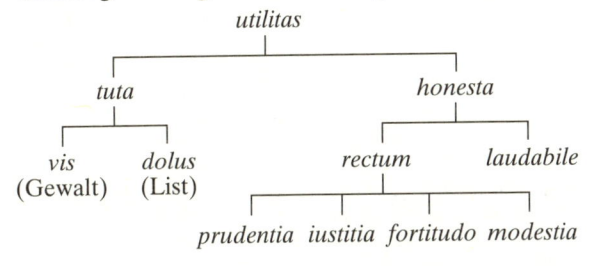

utilitas
├── *tuta*
│   ├── *vis* (Gewalt)
│   └── *dolus* (List)
└── *honesta*
    ├── *rectum*
    │   ├── *prudentia*
    │   ├── *iustitia*
    │   ├── *fortitudo*
    │   └── *modestia*
    └── *laudabile*

Für CICERO, dessen ethisches Denken von der strengen, universalistischen Pflichtethik der Stoa geprägt ist, stellt das H. einen absoluten, autonomen Wert dar. Er befaßt sich mit ihm in seinen philosophischen wie auch in seinen rhetorischen Schriften als einem Hauptkriterium sowohl der ‹einsamen› ethischen als auch der rhetorisch vermittelten politischen Entscheidung. Wie sehr er um eine moralische Fundierung der Rhetorik bemüht ist, zeigt er bereits in seiner etwa gleichzeitig mit der ‹Rhetorica ad Herennium› entstandenen Jugendschrift ‹De inventione›, wo er in ausdrücklicher Abweichung von Aristoteles die *honestas* gleichberechtigt neben die *utilitas* als Ziel des *genus deliberativum* stellt. [25] Seine Aufstellung der wünschenswerten Dinge (*res expetendae*) umschließt ein fein verästeltes Tugendsystem mit bündigen Definitionen der einzelnen Tugenden [26] (vgl. Abb.).

Durch die Identifikation mit der Tugend wird das H. zum umfassenden Begriff für das Sittlich-Gute verabsolutiert, durch seine scharfe Absetzung vom *utile* zur reinen und strengen moralischen Norm. [28] Indem er es zu einer von der Wahrnehmung und Anerkennung der Gesellschaft virtuell unabhängigen Qualität erklärt [29], reinigt er es zugleich von jedem anschaulichen Gehalt. Der stoische Grundsatz, daß es kein echtes Gut (*bonum*) geben kann, das nicht zugleich ein H. ist, ist freilich ein der *communis opinio* zuwiderlaufender Standpunkt (παράδοξον, parádoxon), dessen überzeugende Verteidigung eine anspruchsvolle rhetorische Aufgabe darstellt. [30] Der letztlichen Kongruenz von *utile* und H. widmet Cicero denn auch ein ganzes Buch seines letzten großen philosophischen Werkes ‹De officiis›. [31] Da aber die Notwendigkeit der Beratung sich gerade erst dann ergibt, wenn *utilitas* und *honestas* in Konflikt zu geraten scheinen, empfiehlt Cicero als Rhetor die Anpassung der Argumente an das intellektuelle und moralische Bildungsniveau des Publikums: Rohe und

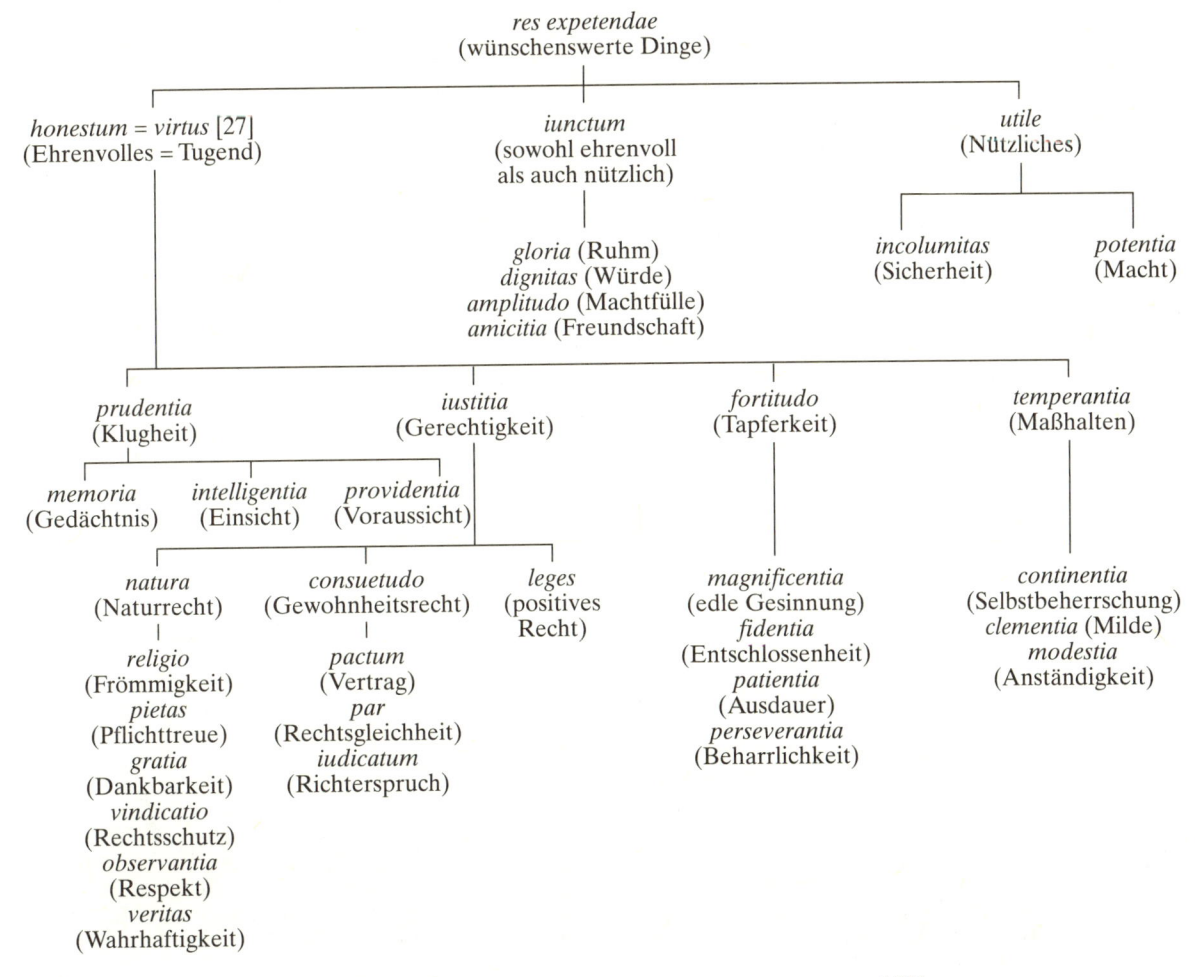

res expetendae (wünschenswerte Dinge)

- *honestum = virtus* [27] (Ehrenvolles = Tugend)
  - *prudentia* (Klugheit)
    - *memoria* (Gedächtnis)
    - *intelligentia* (Einsicht)
    - *providentia* (Voraussicht)
  - *iustitia* (Gerechtigkeit)
    - *natura* (Naturrecht)
      - *religio* (Frömmigkeit)
      - *pietas* (Pflichttreue)
      - *gratia* (Dankbarkeit)
      - *vindicatio* (Rechtsschutz)
      - *observantia* (Respekt)
      - *veritas* (Wahrhaftigkeit)
    - *consuetudo* (Gewohnheitsrecht)
      - *pactum* (Vertrag)
      - *par* (Rechtsgleichheit)
      - *iudicatum* (Richterspruch)
    - *leges* (positives Recht)
  - *fortitudo* (Tapferkeit)
    - *magnificentia* (edle Gesinnung)
    - *fidentia* (Entschlossenheit)
    - *patientia* (Ausdauer)
    - *perseverantia* (Beharrlichkeit)
  - *temperantia* (Maßhalten)
    - *continentia* (Selbstbeherrschung)
    - *clementia* (Milde)
    - *modestia* (Anständigkeit)
- *iunctum* (sowohl ehrenvoll als auch nützlich)
  - *gloria* (Ruhm)
  - *dignitas* (Würde)
  - *amplitudo* (Machtfülle)
  - *amicitia* (Freundschaft)
- *utile* (Nützliches)
  - *incolumitas* (Sicherheit)
  - *potentia* (Macht)

ungebildete Leute überzeugt weniger das H. selbst als der etwa damit verknüpfte Lustgewinn, mehr die Warnung vor Schande als die Verheißung von Ehre. [32] Gerade ihr elitärer Rigorismus, ihre Verachtung all dessen, was gemeinhin als ein Gut angesehen wird, lassen daher die stoische Ethik als für den Redner qua Redner ungeeignet erscheinen. [33]

In der Gewichtung der Ziele des Beratens schließt QUINTILIAN sich eng an Cicero an: *Utile* und H. sind, obwohl wesensmäßig untrennbar, vor dem zum Großteil ungebildeten Volk entsprechend seinem Verständnishorizont zu behandeln. [34] Der Begriff des H. umfaßt dabei alle deontischen Wertbegriffe wie *fas, iustum, pium, aequum* etc. [35] Was das Ethos des Redners selbst und seine Ausbildung angeht, so gehört zum Leitbild des *vir bonus dicendi peritus* (Ehrenmann, der gut zu reden weiß) selbstverständlich die profunde und im Handeln eingeübte Kenntnis des ganzen Gebietes der Ethik. [36] Quintilian bedauert deshalb, daß dieses zum «edelsten Bereich» der Rhetorik gehörige Gebiet mehr und mehr von den Rednern vernachlässigt und den Philosophen überlassen wurde. [37]

Die antike Fachliteratur nach Quintilian beschränkt sich auf die kompendienartige Vermittlung des rhetorisch-technischen Wissens, ohne auf dessen Grundlagen zu reflektieren. Die Differenzen in der Bestimmung des H.-Begriffs sind, soweit erkennbar, rein systematischer und terminologischer Art. Die Zahl der Gesichtspunkte (τελικὰ κεφάλαια, teliká kephálaia; *capitula finalia*) der Beratungsrede wird von einigen Autoren um Begriffe vermehrt, die zuvor dem H. untergeordnet waren [38]; andere ersetzen das kalón durch das ἔνδοξον, éndoxon, (die Übereinstimmung mit dem *sensus communis*) [39] oder durch das Angemessene (prépon). [40]

II. *Christliche Spätantike und Mittelalter.* Den antiken H.-Begriff samt seinen Tugenden, die trotz aller rigoristischer Restriktionen innerweltliches Glück und Ehre versprechen, kann sich die jenseitsorientierte christliche Ethik mit ihrer Betonung der *humilitas* (Demut) nicht unverändert aneignen. AUGUSTINUS verlegt den Bereich des H. ganz ins Innere: «Honestatem voco intellegibilem pulchritudinem, quam spiritalem proprie dicimus» (Ehrbarkeit nenne ich eine gedanklich erfaßbare Schönheit, die wir im eigentlichen Sinne als geistig bezeichnen). [41] Den von Cicero in ‹De inventione› eingeführten Kardinaltugenden unterlegt ALKUIN eine christliche Neudefinition: der *sapientia* als Frömmigkeit und Gottesfurcht, der *iustitia* als Beachtung der Gebote Gottes, der *fortitudo* als Kampf gegen den Satan und Ertragen der irdischen Drangsal, der *temperantia* als Beherrschung der Triebe und Gelüste. [42] Der umgeprägte H.-Begriff wird auch für die Dichtung geltend gemacht, deren Wirkungsabsicht (*intentio*) nach vorherrschender Auffassung die religiöse und moralische Belehrung ist. [43] So richtet sich die Panegyrik, die unter den politischen Bedingungen des Mittelalters auch die paränetische Funktion des *genus deliberativum* übernimmt, formal nach den klassischen Regeln des *genus demonstrativum* und dessen Tugendsystem. [44] Die hochmittelalterlichen Spezialrhetoriken (*artes poetriae, praedicandi, dictaminis*) begnügen sich mit Anweisungen für die persuasive Vermittlung des H. [45]; die inhaltliche Bestimmung des H. bleibt der den Freien Künsten übergeordneten Theologie vorbehalten. Für THOMAS VON AQUIN ist das H. eine unsichtbare Gesinnungsqualität, bezüglich derer das sichtbare Handeln lediglich Verweischarakter hat: «[...] radicaliter honestas consistit in interiori electione: significative autem in exteriori conversatione» (wurzelhaft besteht die Ehrbarkeit in der inneren Wahl: zeichenhaft aber im äußeren Lebenswandel). [46] Der Sache nach fallen H., *utile* und *delectabile* (das Angenehme) in eins, bezeichnen nur verschiedene Aspekte des Guten. [47]

III. *Neuzeit.* In der *Renaissance* greift die Rhetorik aus dem engen Rahmen des mittelalterlichen *artes*-Kanons aus. Nach antikem Vorbild wollen die Humanisten sie als universale Bildungsmacht wiederherstellen, die die anderen Disziplinen an sich heran und in sich hineinzieht. Vom Standpunkt einer besonders für den italienischen Humanismus charakteristischen ‹rhetorischen Philosophie› wendet LORENZO VALLA in seinem Dialog ‹De vero falsoque bono› (Vom wahren und vom falschen Gut; entstanden 1431–41) sich scharf gegen die abstrakte ‹stoische› *honestas* als «vocabulum quoddam inane ac futile, nihil expediens, nihil probans, et propter quod nihil agendum est» (eine leere und eitle Vokabel, die nichts erklärt, nichts beweist und nichts zu tun aufgibt) [48]. Hinter seiner antistoischen Polemik ist unschwer sein wahres Angriffsziel, die rationalistische Ethik der Scholastik, zu erkennen. Ihr setzt er einen spiritualisierten Epikureismus, den alten Kardinaltugenden die christlichen Tugenden Glaube, Liebe und Hoffnung, der *honestas* eine vom ‹Gemeinsinn› bestimmte, mit der *voluptas* identischen *utilitas* entgegen. [49]

In der rhetorischen Fachliteratur behält das H. indessen seinen Rang als Überzeugungsmittel und ethisches Regulativ des Nützlichkeitsprinzips. In seiner Lehre vom *genus deliberativum* verschmelzt GEORG VON TRAPEZUNT das System des H. (*honesti partitio*) aus Ciceros ‹De inventione› mit dem des Auctor ad Herennium. Mit Hilfe des Pflichtbegriffs (*officium*) versucht er eine vorsichtige Anpassung des starren Tugendsystems an anthropologische Variable wie Alter, Geschlecht, Beruf und sozialen Rang. [50] MELANCHTHON beschreibt das H. als einen von drei Topoi (*loci argumentorum*) des *genus deliberativum* (neben *utile* und *facile*), und zwar als den anspruchsvollsten, da er «eine profunde Kenntnis der besten Dinge» und dialektische Geschicklichkeit verlange, denn der Hörer müsse «zuerst belehrt und dann erst aufgefordert werden». [51] Sein aktuelles Anwendungsbeispiel: das H. als Überzeugungsgesichtspunkt bei der Aufforderung der Fürsten zum Türkenfeldzug, weist auf eine erneute politische Bedeutung des H. wie überhaupt des ganzen *genus deliberativum* hin. [52] Folgerichtig erhalten innerhalb des H. die praktischen Tugenden der Sozialibität den Vorrang vor den intellektuellen Tugenden der *vita contemplativa*. [53] Durchgängiger Konsens herrscht auch über die Priorität des H. gegenüber dem *utile*: Nutzloses, aber ehrenwertes Handeln gilt als akzeptabel, nicht aber das Umgekehrte.

Rede und Dichtung werden in der Renaissance gleichermaßen von ihrer (ethischen) Wirkungsfunktion her bestimmt. Mit ihren unterschiedlichen Überzeugungsmitteln werden sie deshalb beide gemeinsam dem Ziel des H. unterstellt. [54] In der inneren Konzeption des H. schließen die Renaissancerhetoriken sich eng an die Bestimmungen der antiken Autoren, vor allem des Aristoteles, an, unter weitgehender Nichtbeachtung der christlichen Auffassung. [55]

G. J. VOSSIUS unterscheidet in seinen ausführlichen, die lateinische und griechische Tradition kritisch aufarbeitenden ‹Commentarii rhetorici› zwischen der Leitnorm (*finis*) einer Redegattung und den Topoi (*loci*), durch die der Parteigegenstand mit dieser Norm in Übereinstimmung gebracht wird. In der Beratungsrede hat ihm zufolge der Redner seine Aufgabe erfüllt, wenn er die Hörer davon überzeugt hat, daß die von ihm geforderte Maßnahme die Leitnorm des Guten (*bonum*) erfüllt. Dies zeigt er vor allem mit Hilfe der *loci* des Nutzens (*utile*), des H. und der Möglichkeit (*possibile*). [56]

In den deutschen Rhetoriken der Frühaufklärung ist ein Wandel in der Auffassung von der Funktion des H. bemerkbar. Hat das H. in der klassischen Rhetorik den doppelten Status einer für Redner und Publikum gleichermaßen verbindlichen ethischen Norm und eines vom Redner zu verwendenden rhetorischen Überzeugungsgesichtspunktes [57], so wird es nun auf die letztere Funktion reduziert, d. h. zu einem rein psychologischen Motiv instrumentalisiert. Neben dem *utile* und dem *iucundum* wird das H. unter den ‹Bewegungsgründen› (*argumenta commoventia*) verzeichnet, mit denen der Redner aus der Distanz auf die drei korrespondierenden menschlichen «hauptneigungen [...] geldgeitz, ehrgeitz, wollust» einzuwirken sucht: «Den ehrgeitzigen schwatzt man vom honesto für; daß sie auf solche art, falls sie unsern fürstellungen gehör geben, andern einen concept ihrer gottesfurcht, honnetete, klugheit, und daher besondere veneration für sie, inspiriren würden.» [58] Einem möglichen Mißbrauch solcher quasimoralischer Motive begegnet man indessen mit der strengen Forderung der moralischen Integrität des Redners. [59] Vico hingegen rechnet nach humanistischer Tradition das H. zu den rationalen Überzeugungsmitteln (*argumenta docentia*) und verweist für dessen Definition und Prinzipien auf die Moralphilosophie. [60]

Eine zentrale Bedeutung erhält das H. in der seit der Renaissance aufkommenden und vor allem in Frankreich blühenden *gesellschaftsethischen Literatur*; diese setzt sich zum Ziel, dem Einzelnen Grundsätze und Verhaltensregeln für den stets wachsenden und sich beschleunigenden sozialen Verkehr in den oberen Schichten an die Hand zu geben, und nimmt so eine Mittelstellung zwischen Rhetorik und philosophischer Ethik ein. [61] Gilt bis zum Ende der Renaissance moralisch richtiges Handeln (H.) als Fundament des anständigen, schicklichen Verhaltens (*decorum*), so vollzieht sich in der galanten Epoche (um 1700) «innerhalb der Höflichkeitstheorie eine Verlagerung von der ethischen und emotionalen Substanz des Benehmens auf das Exterieur». [62] Das Ideal des ‹honnête homme›, ursprünglich ein ethisch-reformerischer Gegenentwurf zum realen schlechten ‹Höfling›, unterliegt trotz mancher Versuche der moralischen Erneuerung und religiöser Vertiefung seitens einzelner Theoretiker (N. Faret, Pascal, La Rochefoucauld u. a.) einer Banalisierung und Veräußerlichung durch den im Absolutismus politisch funktionslos gewordenen Adel. Demokratisierung und naturrechtliche Neubegründung des Leitbildes formen den ‹honnête homme› zum gemeinnützigen Staatsbürger, seine postrevolutionäre Entpolitisierung schließlich zum respektablen Kleinbürger und Biedermann. [63]

In der *Philosophie* der Aufklärung wird das H. als Teil des Naturrechts behandelt. Sein Verhältnis zum Nützlichen und zu anderen Normen wird kontrovers diskutiert. [64] Bei C. Thomasius etwa bildet es mit dem *iustum* und dem *decorum* den dreifachen Grund der Moral. Das H. ist ihm zufolge im Unterschied zum sozialethischen *decorum* ein individualethischer Wert, der in der Beherrschung der Leidenschaften, darunter auch des Ehrgeizes [65], besteht, doch gerade dadurch alle übrigen Werte umfaßt: «Wer ehrbar (*honeste*) lebt, d. h. Herr seiner Leidenschaften, ist, ist der größte Weise, da er notwendig zugleich auch gerecht (*iuste*) und anständig (*decore*) lebt.» [66] Mit der schwindenden Verbindlichkeit der Tradition des klassischen Rhetoriksystems verliert sich auch die Spur des Terminus ‹H.› Die Aufgabe, die er in diesem System erfüllen sollte, die Verknüpfung und Versöhnung von Rhetorik und Ethik, stellt sich aber jedem verantwortlichen Reflektieren über sprachliches Handeln aufs neue. [67]

Anmerkungen:

1 Ilias IX, 300–306. – **2** ebd. XXI, 436–440. – **3** Isocr. or. V, 35–38; 116–132. – **4** ebd. 39–56. – **5** ebd. 57–67; 89–104. – **6** ebd. 68–80; 133–136. – **7** ebd. 71; vgl. 17. – **8** Auct. ad Alex. 1, 4, 1421b 23–33; vgl. R. Volkmann: Die Rhet. der Griechen u. Römer (^{2}1885; ND 1987) 300–314; J. Martin: Antike Rhet.: Technik u. Methode (1974) 169–174. – **9** ebd. 1, 12, 1422a 16f. (Übers. vom Verf.) – **10** Arist. Rhet. I, 3, 1358b 29–1359a 5. – **11** ebd. 1358b 20–29. – **12** ebd. 1359a 3–5. – **13** ebd. I, 9, 1366a 33–36; vgl. Martin [8] 198–200. – **14** Arist. Rhet. I, 9, 1367a 20–23. – **15** ebd. 1366b 23–1367b 21. – **16** vgl. K. Rogers: Aristotle's Conception of tò kalón, in: Ancient Philosophy 13 (1993) 355–371, bes. 361ff.; bereits bemerkt von G. Vico: Institutiones oratoriae (1711), hg. v. G. Crifò (Neapel 1989) 96. – **17** vgl. F. Klose: Die Bedeutung von honos und honestus (Diss. Breslau 1933) 102. – **18** vgl. A. D. Leeman: Orationis ratio, Bd. I (Amsterdam 1963) 22f., 246; K. Büchner: Utile und H., in: Dialog mit der Antike, Bd. VII (1974) 5–21, wieder in ders.: Stud. zur röm. Lit., Bd. IX (1978) 111–127. – **19** vgl. Klose [17] 104–130. – **20** Auct. ad Her. III, 2, 3. – **21** ebd. III, 4, 7. – **22** Plat. Pol. IV, 428ff. – **23** Arist. Rhet. I, 9, 1366b 1–22. – **24** Auct. ad Her. III, 2, 3–3, 6; vgl. Cornifici Rhetorica ad Herennium, hg. u. komm. v. G. Calboli (Bologna 1969) 258–260. – **25** Cic. De inv. II, 51, 156; siehe auch Alain Michel: Rhétorique et philosophie chez Cicéron (Paris 1960) passim; G. Calboli: La formazione oratoria di Cicerone, in: Vichiana 2 (1965) 3–30; L. Alfonsi: Dal proemio del ‹De inventione› alle ‹virtutes› del ‹De officiis›, in: Ciceroniana, N. S. 2 (Rom 1975) 111–120. – **26** Cic. De inv. II, 52, 157–56, 169; ein mehr mit dem Auct. ad Her. übereinstimmendes Topossystem des genus deliberativum bietet Cicero in den ‹Partitiones oratoriae› 24, 83–26, 92. – **27** vgl. Cic. De inv. II, 53, 159; das ‹reine› H. wird vom Kommentator Marius Victorinus (Rhet. Lat. min. p. 162, 7f.) auch ‹H. philosophicum› genannt. – **28** vgl. die Def. des H. in: Cicero, De finibus bonorum et malorum II, 14, 45. – **29** vgl. Cicero, De officiis I, 65. – **30** vgl. Cicero, Paradoxa Stoicorum I. – **31** Cicero, De officiis III. – **32** Cicero, Partitiones oratoriae 25, 89–26, 92; vgl. De or. II, 334. – **33** ebd. III, 65; vgl. J. E. Seigel: Rhetoric and Philosophy in Renaissance Humanism (Princeton, N. J. 1968) 23f. – **34** Quint. III, 8, 1–3; 30–32; 38–47. – **35** ebd. 26; II, 4, 38. – **36** ebd. XII, 2, 1; 16; vgl. Cic. Or. 4, 14. – **37** Quint. X, 1, 35; I pr. 10; vgl. Cic. De or. III, 61. – **38** vgl. die Kritik des Emporius, in: Rhet. Lat. min. p. 571, 5ff.; Martin [13] 173f.; H. Lausberg: Hb. der lit. Rhet. (^{3}1990) § 375 – **39** Apsines, Τέχνη ῥητορική 11, in: Rhet. Graec. Sp. I, p. 380, 23; 384, 2f.; Hermog. Stat. 3, in: Rhet. Graec. Sp. II, p. 149, 7 = p. 52, 20f. Rabe. – **40** Ps.-Hermog. Prog. 6, p. 14, 7f.; 11, p. 26, 1f.; 12, p. 27, 1f. Rabe = Priscian, Praeexercitamina ebd., in: Rhet. Lat. min. p. 555, 11; 559, 31; 560, 2f. – **41** Augustinus, De diversis quaestionibus octoginta tribus, quaestio XXX, in: Corpus Christianorum, Series Latina Bd. XLIV A, hg. v. A. Mutzenbecher (Turnhout 1975) p. 38, 17f. – **42** Alcuinus, Disputatio de rhetorica et de virtutibus, in: Rhet. Lat. min. p. 549, 37–550, 8. – **43** vgl. die St. Galler Hs. 868 (Ende 11. Jh.), Scholion zu Horaz, Ars poetica 305–307, zit. P. Klopsch: Einf. in die Dichtungslehren des lat. MA (1980) 43. – **44** vgl. A. Georgi: Das lat. u. dt. Preisgedicht des MA in der Nachfolge des *genus demonstrativum* (1969), Index S. 203 s. v. ‹H.-honestas›, S. 205 s. v. ‹virtutes cardinales – virtutes animi›. – **45** vgl. z. B. Alberich von Monte Cassino, Dictaminum radii (um 1087) VIII, hg. v. D. H. Inguanez, H. M. Willard: Alberici Casinensis ‹Flores rhetorici› (Montecassino 1938). – **46** Thomas von Aquin, Summa theologica 2–2, quaestio 145: De honestate, art. 1 (Übers. vom Verf.). – **47** ebd. art. 3. – **48** Laurentius Valla: Opera omnia, hg. v. E. Garin (Turin 1962) Bd. I, 941. – **49** ebd. 962; vgl. H.-B. Gerl: Rhet. als Philos.: Lorenzo Valla (1974) 105, 157–173; M. de Panizza Lorch: A Defense of Life: Lorenzo Valla's Theory of Pleasure (1985) 262–266. – **50** Georgius Trapezuntius, Rhetoricorum libri V (Basel 1522) IV, p. 94f. – **51** P. Melanchthon, Elementa rhetorices (1542), hg. v. J. Knape: Philipp Melanchthons ‹Rhetorik› (1994) 136 (Übers. des Verf.). – **52** ebd. 135; zur polit. Bed. der Rhet. vgl. auch B. Cavalcantis ‹Retorica› (Venedig 1574 [^{1}1559] 4f., teilw. abgedr. in: E. Garin, P. Rossi, C. Vasoli: Testi umanistici su la retorica (Rom/Mailand 1953) 40f. – **53** vgl. C. Soarez: De arte rhetorica libri tres ex Aristotele, Cicerone & Quinctiliano praecipuè deprompti (Köln 1577) I, p. 45. – **54** vgl. J.C. Scaliger: Poetices libri septem (1561), Bd. I, hg. u. übers. von L. Deitz (1994) 68, 6–8. – **55** vgl. G.B. Bernardus, Thesaurus rhetoricae (Venedig 1599) p. 65 s.v. H., honesta. – **56** G.J. Vossius, Commentariorum rhetoricorum sive oratoriarum institutionum libri VI (Leiden ^{3}1630 [^{1}1606]; ND 1974) I, p. 17f., 32–34. – **57** vgl. Cicero, Partitiones oratoriae 24, 83. – **58** J.A. Fabricius: Philos. Oratorie ... (1724; ND 1974) 129, 131; vgl. F.A. Hallbauer: Anweisung zur verbesserten teutschen Oratorie (1725; ND 1974) 313; ders.: Anleitung zur polit. Beredsamkeit (1736; ND 1974) 85; J.C. Gottsched: Ausführl. Redekunst (1736; ND 1973) 115ff. – **59** vgl. Gottsched [58] 46, 51–53; ders.: Handlexicon oder kurzgefaßtes Wtb. der schönen Wiss. und freyen Künste (1760; ND Hildesheim/New York 1970) s.v. ‹Ehrlichkeit des Redners›, Sp. 582f. – **60** Vico [16] 98; 106. – **61** vgl. K.-H. Göttert: Rhet. und Konversationstheorie, in: Rhet. 10 (1991) 45–56, 49; G. Ueding, B. Steinbrink: Grundriß der Rhet. (^{3}1994) 115. – **62** M. Beetz: Frühmoderne Höflichkeit (1990) 286. – **63** vgl. A. Höfer, R. Reichardt: Honnête homme, honnêteté, honnêtes gens, in: Hb. polit.-sozialer Grundbegriffe in Frankreich 1680–1820, hg. v. R. Reichardt, E. Schmitt, H. 7 (1986) 7–73. – **64** vgl. J.G. Walch: Philos. Lexicon (^{4}1775) Bd. I, Sp. 890–893 s.v. ‹Ehrbarkeit›. – **65** C. Thomasius: Fundamenta juris naturae et gentium ex sensu communi deducta (^{4}1718) 177f.; vgl. dagegen oben Fabricius [58]. – **66** ebd. 184 (Übers. vom Verf.). – **67** vgl. etwa G. Fey: Das ethische Dilemma der Rhet. in der Theorie der Antike u. der Neuzeit (1990).

B. Wilke, T. Zinsmaier

→ Beratungsrede → Decorum → Epideiktische Beredsamkeit → Ethik → Ethos → Gute, das → Herrscherlob → Honnête homme → Politische Rede → Tugendkatalog → Utilitas → Vertretbarkeitsgrade

Honnête homme (dt. Ehrenmann bzw. Weltmann)
A. Der H. (Mehrzahl: honnêtes gens) wird im Frankreich des 17. Jh. zum bedeutendsten Persönlichkeitsleitbild und kulturprägenden Ideal. Seine in ethischer und ästhetischer Hinsicht gelungene Selbstverwirklichung beruht auf einer distanziert-kritischen Selbsteinschätzung sowie auf der Fähigkeit, das als individuell richtig Erkannte gelassen und natürlich zum Ausdruck zu bringen. Aufgrund der erwähnten Distanz legt sich der H. nicht auf «certaine façon paticulière» (eine besondere Eigenart) fest, sondern bleibt «ploiable et soupple» (biegsam und geschmeidig)[1], und diese Universalität hält ihn offen für unabsehbare eigene Möglichkeiten und Erwartungen der Gesellschaft. Er wird so zum vorbildlichen Gesellschaftsmenschen – immer mit der Gefahr, daß seine mondänen, adaptiven Fähigkeiten und seine gesellschaftliche Rollenvirtuosität gelegentlich die in sich ruhende Selbstverwirklichung überspielen. Das Leitbild ist grundsätzlich ständeübergreifend, unterwirft allerdings Nichtadelige dem kulturellen Stilgesetz des – im Zeichen des höfischen Absolutismus weitgehend entpolitisierten – Adels. Neben dem Hof gewinnen die mondänen Kreise der vornehmen und gebildeten Pariser Gesellschaft *(le monde)*, die aus Salons und preziösen Zirkeln hervorgehen, maßgeblichen Einfluß. In ihnen wird jene Kunst der Konversation eingeübt, in der der H. die ihm gemäße Sphäre geistiger Aktivität, sprachlicher Kommunikation und gesellschaftlicher Annehmlichkeit findet. Die *entretiens* (Unterhaltungen) erfordern einen zwar dilettantisch aber dennoch universell gebildeten, Gelehrsamkeit und Spezialistentum vermeidenden Gesprächspartner, dessen Ausdruck höchster Affektkontrolle unterliegt und in Tonfall, Mimik und Stillage je nach Gegenstand, beteiligten Personen und Situation nuanciert wird. Dabei sollen allerdings weder Regelzwang noch gekünstelte Subtilität den Ausschlag geben, liegt doch «die größte Kunstfertigkeit der guten Rede» im «parler naivement» (naiven Sprechen).[2] Unter den tradierten rhetorischen Zielsetzungen des *docere, delectare* und *movere* dominiert die zweite, während die belehrende Funktion den Aktivitäten des *esprit* bzw. *bel esprit* (Geist, Schöngeist) untergeordnet wird und das Motivieren in ein *toucher le coeur* (emotives Ansprechen) übergeht.
B. I. *Zur Geschichte*. Das Leitbild des H. entwickelt sich im Kontext der europäischen Moralistik, der Hofmannslehre sowie der humanistischen und christlichen Pädagogik des 16. Jh. Es absorbiert im Lauf des 17. Jh. aufgrund seiner universelleren Ausrichtung die Ausstrahlung der älteren, ständespezifischen bzw. funktional stärker festgelegten Leitbilder des *gentilhomme* und des *courtisan*. Die zunehmende Bedeutung der gesellschaftlich-mondänen Interaktionsform des H. – zu Lasten der gesellschaftlich-funktionalen des Hofmanns – führt nach der Mitte des Jahrhunderts zu jener Ästhetisierung, die einerseits die bloße Zweckrationalität des Verhaltens (die Domäne des *habile homme*, des weltgewandten Menschen) transzendiert, andererseits die ethische Erfüllung des *honestum* (Ehrbarkeit) von dessen gefälliger («de bonne grâce») oder schicklicher («bienséances») Vermittlung abhängig macht.[3] Der Rückzug in die Annehmlichkeiten einer den praktischen Bedürfnissen und der Konkurrenz um Status und Einfluß weitgehend enthobenen Gesellschaftlichkeit garantiert einer politisch und ökonomisch zunehmend funktionslosen Adelsschicht immerhin jenen kulturellen Primat, in dem sie ihren Lebensstil als ein gesellschaftlich verbindliches Ideal etabliert. Denn selbst in ihrer universalistischen, ständeübergreifenden Variante weist diese honnêteté-Konzeption das Partikuläre und Professionelle der bürgerlichen Lebensart weit von sich. Während beim CHEVALIER DE MÉRÉ und bei C. DE SAINT-EVREMOND der H. ein neo-epikureisches *savoir-vivre* (Lebenskunst) verwirklicht, sehen andere in ihm nach wie vor den *homme de bien* (rechtschaffener Mensch) oder den *bon chrétien* (guter Christ), bis ihn schließlich die Aufklärungspädagogik auf seine ethische, den gesellschaftlichen Nutzen fördernde Verantwortlichkeit reduziert, indem sie seine mondänen, gesellschaftlich-ästhetischen, dem Fluidum des Aristokratischen verpflichteten Qualitäten marginalisiert.
II. *Autoren*. 1. Nach MONTAIGNE, dessen H. sich durch ethische Selbstverantwortung und freundschaftliche Offenheit in den «privaten Gesprächskreisen» auszeichnet[4], stellt GUEZ DE BALZAC mit seinem «*Honnête* plus humain, plus doux et plus populaire» (humanere, sanftere und populärere Ehrbarkeit) und mit seinem die «sobriété» (Nüchternheit), «modestie» (Bescheidenheit) und «négligence» (Lässigkeit) des Ausdrucks fordernden Ciceronianismus [5] die Weichen für die klassi-

zistische Konzeption des H. Noch herrscht allerdings, bevor die Selbstzweckhaftigkeit der mondänen Geselligkeit entdeckt wird, jene «éloquence d'affaires et de service» (Verhandlungs- und Dienstleistungs-Eloquenz) vor [6], die die mondänen Leitbilder den utilitaristischen Zielsetzungen der höfischen Präzeptistik und den politisch-pädagogischen Anliegen der Fürstenspiegel unterwirft. Entsprechendes gilt für die Schrift des N. FARET ‹L'honneste homme ou l'art de plaire à la court› (1630), die den ethisch nicht immer erbaulichen Strategien der französischen Hofmannsliteratur eine solide ethische Fundierung und jene mondän-gefällige Präsentierung verschaffen will, bei der dann, im Sinn der Tradition Ciceros, die «graces du language et de l'action exterieure» (Anmut der Sprache und des äußeren Verhaltens) zusammenwirken. Durch Anmut erfreuen, ja sogar rühren (délecter und toucher) ist nun das Ziel. [7] Farets Titel belegt die Suche nach einem Kompromiß zwischen dem funktionalistischen Leitbild des Hofmanns und den jegliche berufliche Spezialisierung transzendierenden Zielsetzungen des H., die später den Ausschlag geben werden.

2. Bei B. PASCAL finden die Ideen zeitgenössischer Vertreter der gesellschaftlich-mondänen *honnêteté* (Chevalier de Méré, D. Mitton, die er kennenlernt, deren Schriften aber erst später publiziert werden) Eingang in die Überlegungen zur Überzeugungskunst (‹De l'art de persuader›, vor 1658) [8], die nun die Limitierungen des angedeuteten Praxisbezugs entschieden transzendieren. Im *esprit de finesse* (nuanciertes Denken), der – im Unterschied zum *esprit de géométrie* (geometrisches Denken) – den voluntaristischen und emotionalen, z. T. auch vorbewußten Einstellungen des zu überzeugenden Adressaten gerecht wird, konkretisiert sich das *jugement* (Urteilskraft) und die *délicatesse* (Feingefühl) des mit dem *goût juste* (treffsicherer Geschmack) ausgestatteten H. Ein solches Überzeugen motiviert mittels des *agrément* (Annehmlichkeit) und des *plaire* (Gefallen), und gerade im Erfassen der je verschiedenen und wandelbaren Bedingungen des *plaire* sind die *honnêtes gens* Meister. Pascal fixiert kein Regelsystem für die Kunst des Gefallens, verweist aber auf Bekannte – sicherlich die genannten Vertreter der honnêteté-Konzeption –, die deren Geheimnisse ergründet haben. Seine Überlegungen sprengen den Bereich des Mondänen und treten, ähnlich wie bei anderen Vertretern der jansenistischen Rhetorik (SAINT-CYRAN, C. LANCELOT), in den Dienst der christlichen Apologetik [9]; denn auch die Glaubenswahrheiten gewinnen ihre Überzeugungskraft «par sentiment de coeur» (durch Anteilnahme des Herzens). [10]

Pascals Berufung auf die *finesse* impliziert eine dialektische Selbstaufhebung der Rhetorik: «La vraie éloquence se moque de l'éloquence.» (Die wahre Beredsamkeit pfeift auf die Beredsamkeit.) [11] Eine Reihe von Fragmenten der ‹Pensées› illustriert diese Kritik am professionellen «éloquent» (Rhetor), ebenso wie am «prédicateur» (Prediger), «poète» (Dichter) und «auteur» (Autor), die alle mehr auf das Ohr als auf das Herz achten. Indem Pascal sich auf Petrons Vorwurf «plus poetice quam humane locutus es» (du hast mehr als Dichter denn als Mensch gesprochen) beruft, deutet er dieses *humanum* ganz im Sinn der – unprofessionell-dilettantischen, spontanen und natürlichen – *Universalität* des H.: «Allein diese universelle Qualität gefällt mir.» [12]

In diesem Kontext ist auch Pascals Präferenz für eine die Ordnung sprengende «Abschweifung» zu sehen – bis hin zum «Durcheinander» Montaignes, das immerhin von «angenehmer Art» zeugt –, für jenen «style naturel» (natürlicher Stil), der die Selbstaufhebung der Kunst in die Natur hinein suggeriert und damit die Augustinische, Erasmianische und jansenistische Forderung nach einem *naturel chrétien* (christliche Natürlichkeit) mit den mondänen Erwartungen versöhnt.[13] Der menschlichen Natur zu zeigen, «daß sie über alles reden kann», ist eine Konsequenz dieses sich explizit auf «die Welt» berufenden honnêteté-Humanismus [14], eine andere das Verbot, von sich selbst zu sprechen [15] – nicht nur als Ausdruck der Höflichkeit und Bescheidenheit des H., sondern weil dessen *honnêteté* strukturell, als Form der Interaktion, auf dem Prinzip des Verbergens des *amour-propre* (Eigenliebe) gründet. Das «s'abaisser» (sich Erniedrigen) im Stilniveau [16], als Hinwendung zum *sermo humilis* (niedere Stillage), verrät sowohl mondäne als auch christliche Motivationen.

Das Leitbild des H. färbt auf alle Elemente der Rhetorik Pascals ab, ohne allerdings jenes alternative Regelsystem zu begründen, das er anfangs noch für konzipierbar hält. Obwohl es jedem starren Ordnungsdenken widerstrebt, liefert es den Geschmack dennoch nicht der wandelbaren Mode aus, die lediglich ein konventionelles, außengesteuertes «agrément» erzeugt. [17] Denn das wahre «modèle d'agrément et de beauté» (Modell des Angenehmen und Schönen) resultiert aus dem Bezug zwischen «notre nature» (unserer Natur) und «la chose qui nous plaît» (dem Gegenstand, der uns gefällt). [18] In dieser Konvergenz subjektiver und objektiver Orientierungen liegt das Geheimnis jener H.-Ästhetik, die die verbale und nichtverbale Kommunikation bestimmt.

3. Beim DUC DE LA ROCHEFOUCAULD geben die ‹Réflexions diverses› Aufschluß über gewisse rhetorische Konsequenzen der *honnêteté*-Konzeption. Die an Hobbes erinnernde Begründung der spezifischen Interaktionsform der *honnêtes gens* und ihres «commerce particulier» (besonderer Umgang) verweist auf die Notwendigkeit eines höflichen «cacher» (Verbergen) und «ménager» (Schonen) des «amour-propre» jedes einzelnen. [19] Dieses Modell eines kritischen Optimismus wird konsequent auf die für den H. entscheidende Kommunikationsform der *Konversation* übertragen. Auch hier dominiert jenes «cacher» thematischer Präferenzen und erfolgreicher Durchführungen der Rede, das dem Gesprächspartner Raum läßt und sich auf dessen Vorlieben und Schwächen so sehr einstellt, daß das Überzeugenwollen hinter den höflichen «Schonen eines Starrsinnigen, der sich schlecht verteidigt» rangiert. [20] *Plaire* und *agréer* (Gefallen) des H. hängen vom Treffen jenes richtigen Tonfalls («cadence», «tons», «airs») ab, der nicht nur auf die Situation des Angeredeten, sondern auch auf die individuelle Eigenart des Sprechenden abgestimmt ist [21]; denn «die unverstellte Einheit des Wesens darzustellen wird dem *honnête homme* zur Pflicht gemacht». [22]

4. Der CHEVALIER DE MÉRÉ überführt die honnêteté-Konzeption in eine «Doktrin von der selbstgenügenden rein gesellschaftlichen Existenz des Menschen». [23] Die «honnêteté» ist die dem Menschen als solchem geltende, alles umspannende «Wissenschaft». Ihr Totalitätsanspruch «besteht darin, auf menschliche und rationale Art zu leben und sich mitzuteilen». [24] Sie überwölbt alle ethischen Forderungen, indem sie dieselben konsequent ästhetisiert, d. h. jenem *art de plaire* (Kunst zu gefallen) und *agrément* unterwirft, die das *bonheur* (Glück) im interpersonalen Konsens und Zuspruch ermöglichen.

Méré gefällt sich in der Rolle eines «Meisters» dieser sublimen «Wissenschaft». «Vivre» und «se communiquer», «actions» (Handlungen) und «discours» (Reden) müssen als Einheit gesehen werden, stiftet doch die verbale Kommunikation eben jene gesellschaftliche Interaktion, um die es hier geht – abseits der Sphären «de la Politique, de la Chicane, et des Affaires» (der Politik, der Juristerei und der Geschäftswelt). [25] Méré entwirft das Modell einer dezidiert antiforensischen Beredsamkeit, deren «edelste und liebenswerteste Züge» («ce que l'éloquence a de plus noble et de plus aimable») im Sein des honnête homme («être [...] honnête homme») begründet sind. [26] Diese beruft sich einerseits auf Ciceros «urbanité» (weltmännische Gesinnung) [27], welche bereits nach J. Chapelain und G. de Balzac die mondäne Diktion zu bestimmen hatte. Andererseits moniert sie aber noch im Ausdruck dieses antiken Vorbilds den dozierenden «Maître» (Schulmeister), den «homme de Palais» (Vertreter der Rechtspflege) sowie die Orientierung am Applaus des «peuple» (Volk). [28] Ähnlich wie Pascal distanziert Méré seinen H. vom professionellen Redner bzw. Autor. Denn was nach «art» (Kunstfertigkeit) oder «étude» (Studium) riecht, verdirbt das Flair von «cour» (Hof) und «monde» (Welt). Mit den beiden letzteren sind allerdings eher idealtypische als empirische Instanzen des guten Geschmacks gemeint, da weder die Diktion des französischen Königshofes noch die der mondänen Kreise der Hauptstadt vorbildlich ist. Nur «die große Welt» könnte deren Mängel überwinden. [29] Entsprechendes gilt für die Rückbindung der *honnêteté* an die *bienséances* (Schicklichkeit, *decorum*): auch hier transzendiert eine – letztlich innengesteuerte – «principale bienséance» (vorrangige Schicklichkeit) die bloß äußerliche Orientierung an empirisch-mondänen Konventionen. [30]

Da die bisherige Rhetorik die spezifische Gesellschaftlichkeit der *honnêtes gens*, mit ihrem «besonderen Umgang», links liegen gelassen habe, bemüht sich Méré um eine ganz auf die Prosasprache reduzierte Rhetorik der «Entretiens familiers» (Gespräche im vertrauten Kreis). Hier sind statt methodischer Konsequenz und Regelhaftigkeit Spontaneität, Freiheit und Diversität am Platz, statt schmückender rhetorischer Figuren Einfachheit und Natürlichkeit, bis hin zur Nachlässigkeit – Qualitäten, denen sich auch der schriftliche Ausdruck der *honnêtes* annähern sollte, indem er den «usage naturel» (natürlicher Gebrauch) der Konversationssprache imitiert. [31] Méré bezweifelt, ob man die Rhetorik des H. – jene «haute éloquence» (hohe Beredsamkeit), bei der Höhenflug und Subtilität der Gedanken eine dialektische Einheit bilden – überhaupt noch als «éloquence» bezeichnen solle, unterscheidet sie sich doch grundlegend sowohl von der Kunstlehre jener «Meister» der Rhetorik (Quintilian), deren Regeln in ihrer Mehrzahl falsch sind, als auch von der aktuellen, barocken «éloquence pompeuse» (pompösen Beredsamkeit), in der an Stelle naturhafter Größe zumeist eine borniertere «invention du monde» (mondäner Erfindungsgeist) anklingt. Eine borniertere «invention du monde». [32] Eine Rhetorik des H. im antirhetorischen Gewand ist das Ergebnis solcher Distanzierungsversuche.

Wie bei Pascal sprechen «coeur» und «esprit» (Herz und Geist) ihre je eigene Sprache. Doch im Unterschied zu Pascal und zur Tradition einer kritischen Moralistik kommt nun dem «esprit» eine kontrollierende Bedeutung zu. [33] Die je verschiedene Dosierung der beiden Elemente konstituiert jene «caractères» (Ciceros Affektstufen), deren ganze Breite die Beredsamkeit durch die Auswahl des entsprechenden «air», «tour» oder «ton» (individuelle Prägung, Wendung oder Tonfall) zu treffen hat. [34] Urteilskraft und Geschmack bewähren sich nicht nur im gegenstandsbezogenen «discernement» (Unterscheidungsvermögen), sondern auch im Erfassen jenes «juste rapport» (rechter Bezug), der Gedanken und Ausdruck miteinander verbindet und dadurch die «élocution» (Sprachgestalt) der Rede bestimmt. [35]

In ihrer jede Methodik und Regelhaftigkeit unterlaufenden Über-Nuancierung entgleitet eine solche honnêteté-Konzeption dem Zugriff der Rhetorik als Kunstlehre. Bezeichnenderweise gehen daher ihre Distinktionen über in ein suggestives «secret» (Geheimnis) oder «je ne sais quoi» (gewisses Etwas). So wie das *agrément* einer Person letztlich unerklärbar bleibt und auf ein *unmittelbar* überzeugendes «naturel» verweist, – so wie das *Verstehen* des fremden «coeur» und «esprit» etwas von «sorcellerie» (Hexerei) an sich hat, so vermag auch ein «air imperceptible» (unterschwelliges Fluidum) in der verbalen Kommunikation «comme un charme de magie» (eine Art von magischen Zauber) auszuüben. [36] Hier zeichnen sich bei Méré, dem Jesuitenschüler, Affinitäten mit der Rhetorik des Jesuiten CAUSSIN ab, der die Beredsamkeit bereits mit magisch-okkulten Phänomenen assoziiert hatte. [37]

Anmerkungen:
1 M. de Montaigne: Essais III,13, hg. von M. Rat (Paris 1958) Bd. 3, 334. – **2** F. de Grenaille: La Mode ou Charactère ... (Paris 1642) 267. – **3** Chevalier de Méré, in: La Rochefoucauld: Maximes, hg. von J. Truchet (Paris 1967) 594. – **4** Montaigne [1] III,3, Bd. 3, 40. – **5** Guez de Balzac: Œuvres, hg. von L. Moreau (Paris 1854) Bd. 2, 235, Bd. 1, 279–80. – **6** Balzac [5] Bd. 1, 279. – **7** N. Faret: L'honneste homme [...], hg. von M. Magendie (Paris 1925) 88 und 65. – **8** B. Pascal: Œuvres complètes, hg. von L. Lafuma (Paris 1963) 348–59. – **9** vgl. Pascal: Pensées 512/1 (Lafuma/Brunschvicg). – **10** ebd. 110/282, vgl. 424/278. – **11** ebd. 513/4. – **12** ebd. 647/35, 587/34, 675/29, 610/30, 587/34. – **13** ebd. 298/283, 780/62, 675/29. – **14** ebd. 675/29, 195/37. – **15** A. Arnauld et P. Nicole: La Logique ou l'art de penser, hg. von P. Clair und F. Girbal (Paris 1965) III,20 267. – **16** Pascal [8] 358. – **17** ders.: Pensées 61/309. – **18** ebd. 585/32. – **19** La Rochefoucauld [3] Réfl. II, 185–86, 188. – **20** ders.: Réfl. IV, 193, Version Brotier. – **21** ders.: Réfl. III, 190; IV, 193–94, Version Gilbert. – **22** W. Krauss: Ges. Aufsätze (1949) 335. – **23** G. Hess: Wege des Humanismus im Frankreich des 17. Jh., II. Méré, in: RF 53 (1939) 264. – **24** Chevalier de Méré: Œuvres complètes, hg. von C.-H. Boudhors (Paris 1930) Bd. 3, 72. – **25** ders. Bd. 3, 103, 119. – **26** ders.: Lettres (Paris 1682) X,74. – **27** ebd. LXVIII,304–5. – **28** ebd. X,75; XCI, 372. – **29** ders. [24] Bd. 3, 115–16 und 109; Bd. 2, 111; Bd. 1, 47 u. 76. – **30** ebd. Bd. 2, 129; vgl. 19 und Bd. 3, 74. – **31** ebd. Bd. 3, 105 und 130; Bd. 1, 71, vgl. 52, 67 und 70, sowie Bd. 3, 104. – **32** ebd. Bd. 1, 59–60; Bd. 3, 108–09, 137. – **33** ebd. Bd. 1, 71–72; Pascal: Pensées 298/283. – **34** Méré [24] Bd. 3, 135. – **35** ebd. Bd. 1, 60 und Bd. 3, 129. – **36** ebd. Bd. 3, 133 und 136; Bd. 2, 107. – **37** N. Caussin: De Eloquentia sacra et humana (Paris 1623) Bd. 2, 4.

Literaturhinweise:
P. d'Ortigue de Vaumorière: L'Art de plaire dans la conversation (Paris 1689). – Goussault (abbé): Le Portrait d'un honnête homme (Paris 1692). – La Rhétorique de l'honnête homme (Amsterdam 1700). – M. Magendie: La Politesse mondaine et les théories de l'honnêteté (Paris 1925). – H. Scheffers: Höfische Konvention und Aufklärung (1980). – D. C. Stanton: The Aristocrat as Art. A Study on the Honnête Homme and the Dandy (New York 1980). – J.-P. Dens: L'honnête homme et la critique du goût (Lexington 1981). – O. Roth: Die Gesellschaft der honnêtes gens. La Rochefoucauld (1981). – F. L. Lawrence (Ed.): Actes de New Orleans (Paris/Seattle/Tübingen 1982). –

R. Reichardt, E. Schmitt (Hg.): Hb. politisch-sozialer Grundbegriffe in Frankreich, H. 7: Honnête homme, Honnêteté, Honnêtes gens, Nation (1986). – R. Reichardt: Wandlungen des Honnêteté-Ideals, in: ZS für Literaturgesch. 11 (1987) 174–192. – A. Montandon (Ed.): L'honnête homme et le dandy (1993).

O. Roth

→ Anmut → Ciceronianismus → Ethik → Decorum → Gentilhomme → Gentleman → Geschmack → Geselligkeit → Gespräch → Gesprächsrhetorik → Höfische Rhetorik → Humanitas → Jesuiten-Rhetorik → Kunst → Natürlichkeit

Hörer (griech. ἀκροατής, akroatés; lat. auditor; engl. hearer, listener; frz. auditeur; ital. ascoltatore, uditore)
A. Der H. wird im rhetorischen System seit der Antike entweder als individueller Adressat (z. B. Richter, Staatsmann) oder als Teil des Publikums (*auditor, auditorium*) thematisiert. Die Grundintention des Redners und das Ziel der Rede ist die Gewinnung des H. für den eigenen Parteistandpunkt (*persuasio*). Grundlage ist dabei das Kriterium der Angemessenheit (aptum): Die Beziehung zwischen Redner, H., *res* (Thema) und *verba* (Sprachform, Stil) muß situativ abgestimmt sein. Urteile und Reaktionen der H., ihr Wert- und Wahrheitsempfinden haben Einfluß auf die jeweilige Art der Vertretung eines Parteigegenstandes (Zustimmung, Problematisierung, Betroffenheit, Ablehnung). [1]

Eigenschaften und Verhalten des H. sind vom Redner in den einzelnen Bearbeitungsphasen der Rede zu bedenken. Schon in der *inventio* hat er an die Meinung des H. (*opinio*) anzuknüpfen und ausgehend von ihr den Überzeugungsprozeß zu planen. Dazu gehören z. B. die Wahl der Anrede, die Topik des Publikumslobes und die Erzeugung von Aufmerksamkeit, Wohlwollen und Gelehrigkeit (*attentum, benevolum* und *docilem parare*) als Aufgaben des Prooemiums. [2] Gelingt es dem Redner, eine solche Einstellung des H. hervorzurufen und sie über die Wirkungsfunktion der Rede (*movere, delectare, docere*) zu stabilisieren, dann ist der H. auch zur Aufnahme des Haupt- und Schlußteils einer Rede entsprechend disponiert. Als direkte Hörerbezüge können zur Intensivierung der Redeintention auch Appelle, Imperative, rhetorische Fragen oder Ausrufe in die einzelnen Redestadien eingearbeitet sein.

Die Herstellung eines der Partei-*utilitas* zuträglichen Publikums-Aptum [3] geschieht sowohl über rationale als auch emotionale Mittel (Psychagogie) [4], wobei der Redner z. B. im Rahmen der *evidentia* auch die Augenzeugenschaft des H. mobilisieren kann. [5] Die Wechselwirkung zwischen Redner und H./Publikum ist sowohl eine planbare (*inventio*) als auch eine spontan gestaltbare kommunikative Größe (Interaktion), die den Redner vor die Aufgabe stellt, Glaubwürdigkeit sowohl verbal als auch aktional (Gestik, Mimik) bei situativen Unwägbarkeiten zu erzielen.

In der modernen Kommunikationsforschung gelten H. als «Personen, die eine Rede, einen Vortrag, eine Vorlesung oder eine Rundfunksendung rezipieren». [6] Dabei ist prinzipiell zu unterscheiden zwischen Texten, die von vornherein für H. bestimmt sind (Reden, Predigten, Rezitationen, Rundfunksendungen) und schriftlich fixierter/verbreiteter Literatur, die je nach Bildung, Situation oder Sprechanlässen von H. oder Lesern aufgenommen wird. Die Hörerpsychologie befaßt sich vorwiegend mit dem Einfluß von Tönen, der Aufmerksamkeit, dem Gedächtnis und der emotionalen Lage des H.

Die soziologische Hörerforschung bedient sich spezifischer Fragetechniken (Interviews, schriftliche oder telephonische Befragung, Auswertung von Hörerpost), um Hörerreaktionen, -gewohnheiten und -verhalten zu messen. Neuzeitliche linguistisch-semiotische und pragmatische Modelle integrieren den H. in ein Zeichendreieck (Sender – Empfänger – Botschaft) [7] oder zählen ihn zum situativen Setting von Äußerung, Rede und Gespräch. Zur Bestimmung des Sprecher – H.-Verhältnisses werden u. a. Techniken des Partnerbezuges, das sprachliche Rollenverhalten oder Formen des Feedbacks untersucht. [8]

Anmerkungen:
1 vgl. H. Lausberg: Hb. der lit. Rhet. (³1990) § 64; Iulius Victor, Ars rhetorica XXII, in: Rhet. Lat. min., p. 439, 10. – **2** vgl. Lausberg [1] § 277; Quint. IV, 1, 5; Cic. De inv. I, 15, 20. – **3** Lausberg [1] § 1058. – **4** W. Jens: Art. ‹Rhet.›, in: RDL², Bd. 3, 434. – **5** vgl. Quint. IV, 2, 123. – **6** A. Silbermann: Handwtb. der Massenkommunikation…, Bd. 1 (1982) 162. – **7** vgl. K. Bühler: Sprachtheorie (1934; ND 1982) 24ff. – **8** vgl. R. Glindemann: Zusammensprechen in Gesprächen (1987) 131.

B. I. *Antike*. Bereits in der Antike sind der H. und seine spezifischen Merkmale (z. B. seine Unterschiede zum Leser) ein wichtiges Element produktions- und wirkungsästhetischer Reflexionen. Die ältesten Gattungen der antiken griechischen Literatur (Epos, Lyrik) sind zum Vortrag vor einem hörenden Publikum bestimmt. Auch mit der zunehmenden Etablierung der Schrift seit dem 5. Jh. v. Chr., die eine anwachsende Produktion von Prosaliteratur mit sich bringt und auch auf dem Gebiet der als genuin mündlich empfundenen Rhetorik – trotz mancher Widerstände [1] – vermehrte Anwendung findet, bleibt der H. der Hauptadressat für alle Textgattungen und ist Textrezeption in der Regel ein gesellschaftliches Ereignis. Im 4. Jh. beginnen Autoren verstärkt, ihr künstlerisches Selbstverständnis auch über die Art und Weise der Rezeption zu definieren. So wird von ISOKRATES gezielt die Frage diskutiert, ob Lesen eine adäquatere Rezeptionsform für schriftliche Texte sei als Hören. [2] Bedingt durch die Traditionen einer mündlichen Kultur behält das Hören einen hohen Stellenwert, sei es als wichtigstes Mittel zur Informationsgewinnung, neben das erst seit der zweiten Hälfte des 4. Jh. allmählich und meist speziell situativ bedingt das Lesen tritt, sei es – innerhalb einer Gruppe – als Gemeinschaft stiftendes Erleben von Reden oder Rezitationen. Ein entsprechend großes Interesse gilt neben der physiologischen Erforschung akustischer Vorgänge der Hörerpsychologie und -charakteristik. Da in der Antike zumeist laut gelesen wurde, ist auch ein Leser ein H. (seiner eigenen Stimme). Aus dieser Polysemie des Verbs ‹hören› wird manchmal auf seine Synonymität mit ‹lesen› geschlossen, was sich jedoch fast nur mit spätantiken Beispielen belegen läßt. [3] Daß der vom Autor als Adressat genannte H. eine Fiktion und in Wirklichkeit ein Leser intendiert sei, ist für die klassische Zeit kaum anzunehmen. [4]

Seit GORGIAS' Definition von der Rede als 'mächtigem Herrscher' über die Emotionen der Zuhörer [5] rückt der Aspekt der Psychagogie ins Blickfeld vieler Autoren. In PLATONS Dialogen werden häufig dem durch rhetorische Mittel passiv 'bezauberten' H. die nüchtern-vernünftigen Teilnehmer an dialektischen Erörterungen entgegengesetzt. Isokrates stellt ein hörendes Publikum als prinzipiell irrationaler und leichter beeinflußbar hin und propagiert im Gegenentwurf das Lesen als Zugang zu einem kritischeren und tiefergehenden Textverständnis. [6] Da H. oft Mitglieder einer größeren Gruppe sind, gelten ihnen auch massenpsychologische Betrachtungen. [7] Liegt ein positiver Aspekt der auditiven Rezeption in der Wirkungsmöglichkeit des Redners oder Rezitators durch den gemeinsamen Situationsrahmen – das H.-Feedback und die Möglichkeit zur Spontanreaktion des Sprechers sind ein wichtiges Argument gegen schriftlich vorgefertigte Reden [8] –, so wird andererseits häufig die passive Erwartungshaltung oder Ungeduld der H. als Problem empfunden.

Auditive Textrezeption ist in einen mündlichen Kommunikationskontext eingebunden und somit ein soziales Geschehen: Gespräche über das Gehörte, Diskussionen, Entscheidungen werden unmittelbar möglich. [9]

In der antiken Redelehre, die dem Redner das hörende Publikum als eine mit ihm in ständiger Wechselwirkung stehende Einheit zuordnet, sind drei Aspekte kanonisch geworden: 1. die Funktion des Hörers, 2. das Einwirken des Redners auf ihn, 3. die Anpassung des Redners an ihn. Für ARISTOTELES ist neben Redner und Thema der H. dritter konstitutiver und allein richtunggebender Bestandteil der Rede. [10] Den verschiedenen Redegattungen entsprechend hat der H. entweder die aktive Funktion des Beurteilers (κριτής, krités) in der dikanischen oder symbuleutischen Rede oder die passive Funktion des Betrachters (θεωρός, theōrós) in der epideiktischen Rede; so auch bei CICERO, der den H., der eine Entscheidung treffen soll, von demjenigen unterscheidet, der erfreut werden soll. [11]

Die Überzeugung als Redeziel steht stets im Hintergrund bei allen Überlegungen zu den Mitteln, mit denen die Aufmerksamkeit und das Wohlwollen des H. gewonnen werden sollen. [12] Ein wichtiger Faktor auf der Wirkungsebene ist die Stimmungserzeugung beim H., in der das Sprach- und Klangempfinden eine wesentliche Rolle spielt. [13] Das Gewinnen und Fesseln des H. ist besonders wichtig, wenn er eine Entscheidung treffen soll [14]; psychagogische, auf den *animus audientium* gerichtete Forderungen, die auf emotionale Identifikation abzielen, wie das Erregen von Mitleid oder das ‹Entflammen› des H. [15], gehören zur antiken Redelehre ebenso wie Ratschläge zur Erhaltung der Aufmerksamkeit. Hierzu zählen neben direkten Aufmerksamkeitsappellen und dargebotenen Identifikationsmöglichkeiten interessante Redegegenstände [16] und besondere Anprachestrategien (z. B. *insinuatio*), um den ermüdeten oder voreingenommenen H. für ein Thema zu gewinnen [17], ebenso wie Gedächtnisunterstützung durch kurze Inhaltsüberblicke bzw. Zusammenfassungen oder Wechsel der Stilarten. [18] Bestimmend für den Vertretbarkeitsgrad einer Rede (*genus honestum, humile, dubium* bzw. *anceps, admirabile* bzw. *turpe, obscurum*) ist das Verhältnis des H. zum Redegegenstand (Erwartung, Akzeptanz etc.), was insbesondere für die Gerichtsrhetorik gilt. Nur beim *genus honestum* ist der Idealfall gegeben, daß der Redegegenstand den Erwartungen und Wertvorstellungen des H. entspricht. Bei strittigen Themen (*genus dubium* bzw. *anceps*) muß v. a. das Wohlwollen des H., bei unwichtigen Fällen (*genus humile*) seine Aufmerksamkeit erzeugt werden; schwer verständliche Zusammenhänge (*genus obscurum*) erfordern Belehrung des H., schockierende oder unerwartete Redegegenstände (*genus admirabile* bzw. *turpe*) hingegen Gewinnung des H. durch indirekt einwirkende rhetorische Mittel (z. B. *insinuatio*). [19] Eine weitere wesentliche Rolle spielt die H. für die *actio* bzw. *pronuntiatio* als Maßstab der akustischen (und visuellen) Redewirkung. Außer der Gestik müssen auch Stimmqualität, Lautstärke oder Tonfall sowie die Klangqualität der Worte den Redeinhalt unterstützen und in einer auf die Sinneswahrnehmung harmonisch abgestimmten Form verstärken. [20]

Neben der Fähigkeit, den H. zu lenken, muß der Redner die Gabe besitzen, die Disposition des H. spontan zu erfassen und darauf zu reagieren. Er ist insofern vom H. abhängig, als ihm eine große Zuhörerschaft erst die notwendige Voraussetzung zur Entfaltung seiner *eloquentia* bietet. [21] Bei Thema, Gedanken- und Wortwahl muß berücksichtigt werden, welche Rede zu welchem H. paßt [22]; eine individuell differenzierte Hörertypologie wird jedoch nicht angestrebt. Die Vorbildung des H. ist ebenso miteinzubeziehen wie seine Auffassungsgabe und Erwartung oder seine Schwächen, wie z. B. Ungeduld oder Ablenkbarkeit. [23] Insofern stellt der (lärmende, unaufmerksame, widersprechende) H. auch ein ständiges potentielles Hindernis dar, dem mit besonderen Strategien begegnet werden muß. [24] Die Anpassungsbereitschaft an den Willen der H., die auch durch aktives Miteinbeziehen etwa in Form von Fragen dokumentiert werden soll [25], gilt als Voraussetzung für die spätere erfolgreiche Bewegung und Lenkung der Zuhörer – die Zustimmung der H. wiederum ist Maßstab für den Erfolg und eigentlicher Sinn der Redekunst. [26]

In der Spätantike wird die christliche Predigt zu einer wichtigen Form von Literatur für H., auf die v. a. durch die Vermittlung von AUGUSTINUS (‹De doctrina christiana›), der die physiologischen und psychologischen Vorgänge des Hörens auch innerhalb seiner Musiktheorie untersucht [27], die Regeln der antiken Redelehre übertragen werden.

II. *Mittelalter.* Bibelkenntnis und -exegese verbreiten sich im Mittelalter unter einem Laienpublikum in der Regel durch mündliche Unterweisung und auditive Rezeption. So nehmen in der christlichen Tradition vor allem die Homilie und die Predigt besondere Rücksicht auf die Bedürfnisse ihrer H. Die Predigtrhetorik des Mittelalters (*ars praedicandi*) thematisiert bewußt die Heterogenität ihres H.-Publikums, nachdem die antike Rhetorik stärker den Redeanlaß und den allgemeinen Situationsrahmen berücksichtigte. Kam es dem antiken Redner mehr auf eine überzeugende Breitenwirkung an (wobei die Rücksicht auf die H. der Gesamtheit des Publikums galt), so wird für den christlichen Prediger unter seelsorgerischem Aspekt der individuelle H. wichtig. Als Ziel des Predigens wird generell das Heil der H., nicht der persönliche Erfolg des Redners angesehen. [28] Der im 6. Jh. verfaßte ‹Liber regulae pastoralis› GREGORS D. GR. enthält die in viele homiletische Lehrwerke aufgenommene Forderung, bei einheitlicher Wahrung der Doktrin die Art der Ansprache unter therapeutischem Gesichtspunkt den verschiedenen Verfassungen der H. (*qualitates audientium*) anzupassen. Auf den antiken Postulaten der Angemessenheit und der Psychagogie aufbauend (hier nun aber mit dem Ziel, die H. von ihren Fehlern zu befreien), entwickelt er eine ausführliche H.-Typologie (nach Kriterien wie Alter, Geschlecht, Sozialstatus, Temperament, Charakter; insgesamt werden 36 konträre Typenpaare aufgelistet) und konkrete Vorschläge zur jeweiligen Ansprache. [29] Neun Publikumstypen unterscheidet (nach Sozialstatus, Beruf und Familienstand) ALANUS AB INSULIS um 1200 in seiner Schrift

‹Summa de arte praedicatoria›. Hier wie in ALEXANDERS VON ASHBY etwa zur gleichen Zeit entstandenem Traktat ‹De modo praedicandi› wird – nach dem Vorbild antiker Rhetorik – zunächst vom Prediger gefordert, er müsse seine Zuhörer verständig, wohlwollend und aufmerksam machen. [30] Hierzu wird die Unterscheidung von gebildeten (*eruditi*) und ungebildeten (*simplices*) H. notwendig. Die allegorische Predigt gilt als ideal für ein heterogenes Publikum, da sie durch ihren mehrfachen Sinn den gebildeten H. intellektuell fordert und zugleich durch ihre Anschaulichkeit den einfachen H. zufriedenstellt. [31] Die ab 1200 in Fülle entstehenden systematischen Schriften zur Predigttheorie enthalten meist sehr konkrete und präskriptive Anleitungen zum Umgang mit dem H. Die vom Prediger geforderte Berücksichtigung der H. umfaßt auf intellektueller Ebene Gedächtnisunterstützung durch Zusammenfassungen und Gliederungen [32] oder Anpassung an das Auffassungsvermögen der H. durch Vermeidung von Schwierigem, Verwirrendem u. ä. [33], auf physisch/psychischer Ebene das Postulat, den H. nicht zu überanstrengen [34], und die Forderung, eine angenehm zu hörende Predigt zu bieten: So verlangt THOMAS WALEYS, eine Predigt müsse verständlich (*intelligibilis*) und anziehend (*allectivus*) sein, da die Vortragsart von ebenso großem Nutzen für die H. sei wie der Inhalt [35]; THOMAS VON TODI (spätes 14. Jh.) widmet den Regeln für die Rhythmisierung des Predigttextes, der das Ohr des H. erfreuen soll, besonders große Aufmerksamkeit. [36] Die Predigt als ein Hauptvertreter mündlich verbreiteter Literatur im Mittelalter wirkt auch auf andere Gattungen. So adaptiert z. B. CHAUCER in den ‹Canterbury Tales› in Anpassung an die Bedürfnisse auditiver Rezeption Elemente der Predigtstilistik und -sprache. [37]

Inwieweit auch das mittelalterliche Literaturpublikum als H.-Publikum anzusehen ist, hängt zum einen von sozialen Faktoren wie Bildung und Standeszugehörigkeit, zum anderen von Textgattung und Sprache (lateinisch/volkssprachlich) ab. Mittelalterliche Epik und Dichtung gilt zumeist als H.-Literatur. Als Indiz für die faktische Rezeption dient die relativ geringe und standesbedingte Lesefähigkeit, als Hinweis auf die vom Dichter intendierte Rezeption gelten Aussagen über das Vorlesen, Publikumsbezüge durch Verben des Hörens, Topoi wie Zuhörerkritik und «Aufmerkformeln» [38] und auf Vortragseinheiten berechnete Textgliederungen sowie der ursprünglich mündlich-improvisierende Charakter mittelalterlicher Epik. [39] Ein wichtiger Aspekt für die Ausrichtung der mittelalterlichen Dichtung auf klangliche Wirkung ist ihr musikalischer Vortrag. [40] Auch im Mittelalter wurde in der Regel laut gelesen, weshalb ‹hören› und ‹lesen› Synonyme sein können. Es ist also auch die Möglichkeit von fingierten Sprecher-H.-Dialogen in Betracht zu ziehen, in denen ein gattungsbedingter mündlicher Stil zu Formeln erstarrt ist, während tatsächlich der Leser als Rezipient intendiert ist. [41] Eindeutig Literatur für H. sind die konzeptionell performative Sangspruchdichtung und der Meistersang, bei denen der Autor Dichter, Komponist und Vortragender in einer Person ist. [42] Auch die häufigen Versifikationen von (z. T. lateinischen) Prosaschriften (z. B. theologische, historische oder medizinische Fachliteratur) zu Vortragszwecken tragen den Bedürfnissen eines hörenden Laienpublikums Rechnung. So bekennt sich HANS FOLZ in seinem 1479 gedruckten ‹Beichtspiegel› zur (leicht zu behaltenden) Reimform, um auch ein illiterates Publikum erreichen zu können. [43] Mit der Erfindung des Buchdrucks wird das Lesen verstärkt eine zusätzliche Form der Literaturrezeption, ohne mündliche bzw. audiovisuelle Vermittlungsformen zu verdrängen, die wegen der uneinheitlichen Bildungssituation für die Schaffung von Öffentlichkeit nach wie vor unerläßlich sind.

III. In der *Neuzeit* bleiben weiterhin bei der Literaturrezeption neben der Textsorte auch Bildungsniveau oder Gruppenzugehörigkeit ausschlaggebend für Lesen oder Hören. Durch den situativen Rahmen bestimmt sind die Zuhörer bei institutionalisierten Formen des Vorlesens (Schule, Kirche u. ä.). In der Rhetoriktheorie des 17. und 18. Jh. bleibt die Wirkungsintention der Rede in der Regel nach wie vor auf ein hörendes Publikum bezogen, obwohl die literarische Rhetorik gegenüber der rein mündlichen Rhetorik immer mehr an Bedeutung gewinnt. So sieht nach antikem Vorbild noch WIELAND die Funktion der Redekunst darin, «die Zuhörer zu überzeugen, sich ihrer Affecten zu bemeistern und sie zu dem Zweck zu lenken, den man sich vorgesetzt hat» [44]; nach KLOPSTOCK, der den Aspekt der emotionalen Wirkungskraft sowohl in der Poesie als auch in der Redekunst besonders betont, ist das *movere* nicht nur als höchste Intention des Redners, sondern auch als Erlebnisanspruch des H. zu betrachten. [45] Die Anwendung des rhetorischen Systems auf die Dichtungstheorie der Zeit führt im Hinblick auf die Rezeption zu einer gewissen Gleichsetzung des Publikums von Reden mit dem Publikum von Dichtung und letztlich auch von Hörern mit Lesern. 1724 spricht z. B. FABRICIUS von «denen, die unsere Werke hören oder lesen» [46]; bereits 1576 hatte der Predigtrhetoriker LUIS DE GRANADA den Leser dem H. gleichgestellt. [47] Mit der zunehmenden Etablierung des stillen Lesens wird die Abhängigkeit der Textwirkung von akustischer Rezeption bewußt diskutiert. Seit der zweiten Hälfte des 18. Jh. bildet sich in Deutschland ein größeres Lesepublikum heraus, was sich u. a. in einer Steigerung belletristischer Publikationen und der Gründung zahlreicher ‹Lesegesellschaften› bemerkbar macht. [48] In der in Anlehnung an antike Praxis erhobenen Forderung, Dichtung laut zu lesen, wie sie u. a. bei WIELAND, KLEIST, der selbst Deklamationsunterricht nahm, oder NIETZSCHE anzutreffen ist [49], zeigt sich mit der Auffassung, ein dichterischer Text könne sich nur unter Einbeziehung der Klangebene, mithin vor dem H., voll entfalten, zugleich das Bewußtsein, daß die Tradition des Rezitierens verschüttet ist. Einen eindrucksvollen Versuch, für eine neue Hörkultur zu werben, die mit romantischen Sprach-, Dichtungs- und Kulturtheorien im Einklang steht, stellen A. MÜLLERS 1816 erschienene ‹Zwölf Reden über die Beredsamkeit und deren Verfall in Deutschland› dar, in denen der Verfasser Kritik an der «stummen» Schriftkultur übt und im Verlust der Hörfähigkeit, die einer speziellen Schulung bedarf («mit Verstand und Würde zu empfangen, ist überall eine ebenso große Kunst, als zu handeln») [50], einen wesentlichen Grund für den Niedergang der Rhetorik in Deutschland sieht. Da für Müller ‹Hörenkönnen› als Voraussetzung des ‹Sprechenlernens› gilt, ist der «Kunst des Hörens» eine eigene Rede gewidmet (III). Ausgangspunkt ist Müllers dialektische Rhetorikauffassung («Jede wahre Rede ist also Gespräch») [51], nach der Sprecher und H., ein dualistisches Prinzip verkörpernd, im Dienste einer höheren, überindividuellen Wahrheit, gegen- und miteinander agieren. Die Resonanz, die der H. dem Sprecher durch verschiedene Spielarten der Aufmerksamkeit vermittelt – für Müller ist Hören eine «Manier des Antwortens», ist der H. «mit einer unsichtbaren Beredsamkeit begabt» [52] –, kann allein ausreichen, um einen Sprecher beredt zu machen. Vor einem vergleichbaren Hintergrund steht bereits in KLEISTS Abhandlung ‹Über die allmähliche Verfertigung der Gedanken beim Reden› (1805/06) die Empfehlung, stockende Gedanken durch den mündlichen Vortrag vor einem Zuhörer ins Fließen zu bringen. Antikem Bewußtsein verpflichtet sind sowohl das Gefühl einer Bedrohung dialektischer Kommunikationsfähigkeit durch die Schriftkultur (ALKIDAMAS, PLATON) als auch die Überzeugung, daß erst das Feedback durch die Zuhörer die volle Kraft des Redners zur Entfaltung bringt (CICERO). Als Propädeutikum für die Schaffung einer lebendigen Rhetorik eignet sich nach Müller besonders auch das ‹Hörbarmachen› schriftlicher Sprache durch lautes Lesen, das sich allerdings in der Praxis aufgrund gattungsbedingter Traditionen vor allem auf dramatische, epische oder lyrische Dichtung beschränkte. Anlässe solcher Deklamationen vor Zuhörern konnten private Gesellschaften sein, wie sie z. B. Eichendorff beschreibt [53], oder Probevorträge zur Prüfung der (klanglichen) Wirkung. So pflegte Kleist seine Werke probehalber selbst vorzutragen oder auch von anderen (darunter Müller) rezitieren zu lassen. [54] 1885 beklagt NIETZSCHE, der Deutsche habe beim Lesen «seine Ohren [...] in's Schubfach gelegt», was Mißverständnisse und Unempfänglichkeit für stilistische Feinheiten der Sprache nach sich ziehe. [55] Wichtig ist die Unterscheidung, ob ein Verfasser schriftlicher Werke, der auf akustische Rezeption anspielt, tatsächlich an lautes Lesen bzw. Rezitation denkt oder den H. in metaphorischem Sinn versteht. Geht Nietzsche vermutlich von seinem eigenen Postulat des lauten Lesens aus, wenn er eine mögliche Unverständlichkeit seines Werkes mit den Worten befürchtet, es könne «schlecht zu Ohren» gehen [56], so findet sich ein eher metaphorischer Sprachgebrauch bei HOFMANNSTHAL, der den Leser als Zuhörer bezeichnet, indem er das Lesen eines Buches mit einem mündlichen Kommunikationsvorgang parallelisiert. [57]

Die moderne Rezeptionsforschung greift das Problem von Lesen und Hören mit der Frage nach dem Zusammenwirken von visuellen Elementen (Typographie, Interpunktion u.ä.) und auditiven Elementen (Klang, Rhythmus u.ä.) auf; in bezug auf Dichtung verhält sich Lesen zu Hören wie semantisches Textverstehen zu Texterleben [58], analog zu dem kommunikationspsychologischen Modell, das dem Sehen eine tendenzielle Objektivierung, dem Hören eine Emotionalisierung des Wahrgenommenen zuordnet. [59] Innerhalb der Literaturwissenschaft beschäftigt sich die Rezeptionsästhetik, die sich um eine wirkungsorientierte Literaturbetrachtung bemüht, zwar vor allem mit dem Verhältnis zwischen Leser und Text, bezieht aber zuweilen auch den H. mit ein. Der Position und Funktion des H. im Spannungsfeld zwischen Mündlichkeit und Schriftlichkeit gelten literatur-, sprach- und kommunikationswissenschaftliche Untersuchungen. Hierzu gehören u. a. Themen wie Beeinflussung des Rezeptionsverhaltens oder des Adressatenkreises bei der Verschriftlichung von ursprünglich mündlichen Texten, Beobachtung der kognitiven Vorgänge bei mündlicher und schriftlicher Kommunikation, Hören und Lesen als alternative und sukzessive Stufen der Texterfassung, der H. als interaktives Element im Kommunikationssystem. Eine weniger große Rolle spielt die Differenzierung zwischen geschriebenem und gesprochenem Wort bzw. zwischen Lesern und H. in denjenigen rhetorischen Theorien, die, beispielsweise von den Ansätzen des Strukturalismus oder ‹New Criticism› beeinflußt, das Ziel haben, Kommunikations- und Rezeptionsvorgänge in ihrer generellen Natur zu sehen und ihre allgemeinen Gesetzmäßigkeiten aufzuzeigen. [60] Als Adressat von Reden oder Ansprachen, die für ein weiteres Publikum konzipiert sind, insbesondere der durch Medien (Rundfunk/Fernsehen) verbreiteten Information, ist der H. (bzw. Zuschauer) vor allem für die simultane Schaffung einer großen Öffentlichkeit von Bedeutung. Durch die Vermittlung von Massenmedien kann der H. auch als Bestandteil eines ‹Disperspublikums› erreicht werden. [61] Die Etablierung des Rundfunks bringt zugleich neue literarische Formen für ein H.-Publikum hervor (Hörspiele u. a.).

Fast zeitgleich mit dem Beginn des öffentlichen Rundfunks in Deutschland (1923) setzt ein Kampf um die Nutzung des neuen Massenmediums ein, in dem es v. a. um die Bestimmung der H.-Rolle (aktiv mitgestaltend oder passiv konsumierend) innerhalb des Kommunikationssystems geht. Interessengemeinschaften wie Arbeiterverbände und Gewerkschaften fordern ein (politische Handlungsspielräume einschließendes) Mitbestimmungsrecht für H. und die Abschaffung des Programmonopols der staatlichen Sender. [62] Im Hintergrund steht das prinzipielle Problem des fehlenden unmittelbaren Feedbacks bei Massenmedien, das leicht zu einer einseitigen Ausrichtung des Senders auf den Empfänger führen kann. In seiner ‹Radiotheorie› kritisiert BRECHT die mangelnden Beteiligungsmöglichkeiten der H., da der Rundfunk in seiner bestehenden Form ein einseitiger «Distributionsapparat» sei. Brecht sieht die Möglichkeit, den Rundfunk zum «großartigsten Kommunikationsapparat des öffentlichen Lebens» umzufunktionieren, wenn der H. aus seiner Isolation befreit und als aktiver «Lieferant» gewonnen werde. [63] Die theoretischen Reflexionen früherer Zeiten über die Rolle des H. weichen im 20. Jh. exakten wissenschaftlichen Methoden zur Messung des Feedbacks, die das Instrumentarium für eine empirische H.-Forschung bereitstellen. Die in Deutschland seit der Weimarer Republik bestehende H.-(und Zuschauer-)Forschung versuchte zunächst, im Hinblick auf die Programmplanung der Sendeanstalten, Hörerwünsche zu erfragen. Dabei wurden die H. beispielsweise durch Zeitschriftenaktionen gezielt zur Darlegung ihrer Bedürfnisse und Geschmacksurteile aktiviert. Eine Umfrage aus dem Jahr 1924 ergab eine Präferenz der H. für Musikprogramme und «Tagesneuigkeiten»; ein nur geringer Prozentsatz zeigte Interesse an politischen Vorträgen oder Predigten. [64] Seit dem Beginn der 30er Jahre werden neben Hörerwünschen insbesondere Hörgewohnheiten untersucht, um zusätzlich Auskünfte über Ausmaß und Zusammensetzung der Hörerschaft (Teilnehmerstatistik, Bildung bzw. soziale Stellung der H.) und die Dichte der Rundfunknutzung im Tagesablauf zu erhalten. Auf der Basis solcher Informationen kann die H.-Forschung unter politischem Aspekt, wie im ‹Dritten Reich›, als Kontrollmittel fungieren; ihre Ergebnisse können zu Propaganda- und Manipulationszwecken verwendet werden. Meinungsumfragen zum Programm (z. B. zur Klarheit und Verständlichkeit von Berichten oder Vorträgen zur politischen Lage oder zur emotionalen Wirkung von Unterhaltungsprogrammen) dienen im Zweiten Weltkrieg der Stimmungserkundung; zugleich werden an verschiedenen deutschen Hochschulen Vorlesungen über H.-Psychologie gehalten. Seit den 50er Jahren treten psychologische und soziologische Interessen verstärkt in den Vordergrund der H.-Forschung. [65] Ein wichtiger Untersuchungsbereich der Medienforschung ist heute neben Produkt- und Produktionsanalyse die strukturanalytische Rezeptionsforschung, die neben Strukturelementen wie kulturellem und sozialem Kontext bzw. individuellen Voraussetzungen des H. (oder Zuschauers) Prozeßelemente wie Medienwahl, Gestaltung der Rezeptionssituation, Sinnverstehen [66] und Verarbeitung zum Thema hat. Das insbesondere für das Themenfeld ‹Redeabsicht und -wirkung› bzw. ‹Hörerreaktion und -entscheidung› wichtige Phänomen der verschiedenen Arten des Hörens (beiläufig, intentional/gezielt, zu aktiver Beteiligung führend) ist Gegenstand sowohl psychologisch-soziologischer als auch linguistischer und lexikologischer Untersuchungen. [67]

Anmerkungen:
1 vgl. Alkidamas, Über die Verfasser schriftl. Reden oder Über die Sophisten, hg. von G. Avezzù (Rom 1982). – **2** vgl. Isocr. Or. 5, 25–29; Isocr. Epist. 1, 2f. – **3** vgl. J. Balogh: "Voces paginarum", in: Philologus 82 (1927) 84–109 und 202–240; D.M. Schenkeveld: Prose Usages of ἀκούειν 'To read', in: The Classical Quaterly N.S., 42 (1992) 129–141. – **4** vgl. S. Usener: Isokrates, Platon und ihr Publikum (1994) 6ff.; 72ff. – **5** vgl. Gorgias, Helena 8. – **6** vgl. Usener [4] 98ff.; 150ff. und 69 Anm. 61. – **7** vgl. Platon, Ion 533d ff.; Cic. Brut. 187ff.; Quint. I, 2, 29. – **8** vgl. Alkidamas [1] 9; 22. – **9** vgl. Plat. Phaidr.; ders. Parmenides 126a–128e ff., in: Werke, Bd. 5, hg. von G. Eigler (^{2}1990) 197ff. – **10** vgl. Arist. Rhet. I, 3, 1; 1358b. – **11** vgl. Arist. Rhet. I, 3, 2; 1358b; Cicero, Partitiones oratoriae 10; Quint. III, 4, 6. – **12** vgl. Arist. Rhet. III, 14, 7; 1415a; vgl. Auct. ad Alex. 29, 1ff.; Auct. ad Her. 1, 4ff.; Cic. De inv. 1, 20; Cic. Or. 122; Cicero, Partitiones oratoriae 28; Cicero, Topik 97; Quint. IV, 1, 5ff. – **13** vgl. Arist. Rhet. III, 7, 10; 1408b; Cic. De or. I, 213; Cic. Or. 55, 168ff.; Cicero, Partitiones oratoriae 72. – **14** vgl. Arist. Rhet. I, 1, 10; 1354b. – **15** vgl. Auct. ad Alex. 7, 5; Cic. Brut. 279; Cic. De inv. I, 106; Cic. Or. 132. – **16** vgl. Auct. ad Alex. 19, 1 u.a.; Arist. Rhet. III, 14, 7; 1415b; Cic. De inv. 1, 23ff.; Cicero, Partitiones oratoriae 73. – **17** vgl. Auct. ad Her. 1, 10; Cic. De inv. I, 20, 25; Cicero, Partitiones oratoriae 73. – **18** vgl. Auct. ad Alex. 37, 7; Auct. ad Her. 4, 16, 26; Cic. De inv. 1, 31, 98. – **19** vgl. Quint. IV, 1, 40–42; vgl. G. Ueding, B. Steinbrink: Grundriß der Rhet. (^{3}1994) 257. – **20** vgl. Arist. Rhet. III, 7, 10; 1408b; Auct. ad Her. 3, 21ff.; Cic. Or. 55; Quint. VIII, 3, 17; IX, 4, 126; XI, 3, 40 u. passim. – **21** vgl. Cic. Brut. 191f.; Cic. De or. 2, 338; Quint. I, 2, 29; X, 7, 16. – **22** vgl. Auct. ad Alex. 32, 3; 35, 19; 37, 3; Arist. Rhet. III, 1, 6ff.; 1404a; Cic. De or. 3, 210; Cic. Or. 71. – **23** vgl. Isocr. Or. 10, 30; 15, 12; 7, 63; 12, 135; Auct. ad Alex. 7, 4; Arist. Rhet. III, 1, 5ff.; 1404a; 1415b 1ff.; Cic. Brut. 199; Cic. Or. 24; Cicero, Partitiones oratoriae 15; Quint. XII, 10, 50ff. – **24** vgl. Auct. ad Alex. 18, 4. – **25** vgl. Cic. De inv. 1, 98f.; Cic. Or. 24. – **26** vgl. Cicero, Tusculanae disputationes 2, 3; Auct. ad Her. 1, 2. – **27** vgl. A. Keller: Aurelius Augustinus und die Musik (1993) 128ff. – **28** vgl. Alanus ab Insulis, Summa de arte praedicatoria, Kap. 1, in: ML 210, 111–114; Robert v. Basevorn, Forma praedicandi (1322) Kap. 5. – **29** vgl. Gregor d. Gr., Liber regulae pastoralis, in: ML 77, 50ff. – **30** J.J. Murphy: Rhetoric in the Middle Ages (Berkeley/Los Angeles 1974) 303ff.; 312ff.; 323 mit Anm. 20; 335. – **31** vgl. Alexander v. Ashby, De modo praedicandi, Oxford Magdalen college MS. 168 (XIII cent.) fol 128^v–130^r; Murphy [30] 312ff. – **32** vgl. Murphy [30] 325. – **33** vgl. ebd. 308; 324; 330f. – **34** vgl. ebd. 313; Thomas Waleys, De modo componendi sermones; Murphy [30] 334. – **35** vgl. T.-M. Charland: Artes praedicandi (Paris/Ottawa 1936) 333. – **36** vgl. Murphy [30] 339f. – **37** vgl. S. Volk-Birke: Chaucer and Medieval Preaching. Rhetoric for Listeners in Sermons and Poetry (1991) 304. – **38** I. Spriewald: Lit. zwischen Hören und Lesen. Fallstudien zu Beheim, Folz und Sachs (1990) 14; 44. – **39** vgl. M.G. Scholz: Hören und Lesen. Stud. zur primären Rezeption der Lit. im 12. und 13. Jh. (1980) 35. – **40** vgl. die Beiträge von P. van der Veen und E. Jammers, in: N. Voorwin-den, M. de Haan (Hg.): Oral Poetry. Das Problem der Mündlichkeit mittelalterlicher epischer Dichtung (1979). – **41** vgl. Scholz [39] 9ff.; 70ff.; 84ff.; 104ff. – **42** vgl. Spriewald [38] 6f.; 31. – **43** vgl. ebd. 63f. – **44** vgl. C.M. Wieland: Theorie und Geschichte der Red-Kunst und Dicht-Kunst (1757) Einleitung, in: ders., Ges. Schriften, 1. Abt., Bd. 4 (1916) 301 – **45** vgl. G.F. Klopstock: Von der heiligen Poesie (1756), in: ders., Ausgew. Werke (1962) 1009. – **46** vgl. J.A. Fabricius: Philos. Oratorie (1724) 3; vgl. Ueding, Steinbrink [19] 103. – **47** vgl. Luis de Granada: Ecclesiasticae Rhetoricae sive de ratione concionandi libri sex (Lissabon 1576); vgl. E. Bader: Rede-Rhet., Schreib-Rhet., Konversationsrhet. (1994) 37. – **48** vgl. B. Zimmermann: Lesepublikum, Markt und soziale Stellung des Schriftstellers in der Entstehungsphase der bürgerlichen Ges., in: Propyläen Gesch. der Lit., Bd. 4 (1988) 531ff. – **49** vgl. Balogh [3] 85; Scholz [39] 15; vgl. Kleists Brief an seine Stiefschwester Ulrike (14. März 1803). – **50** vgl. A. Müller: Zwölf Reden über die Beredsamkeit und deren Verfall in Deutschland, hg. von W. Jens (1967) 65. – **51** vgl. ebd. 47. – **52** vgl. ebd. 73f. – **53** vgl. Eichendorffs Tagebuch vom 21.12.1809. – **54** vgl. Kleists Brief vom 17.12.1807 an Wieland; Friedrich Laun, Memoiren, Teil II (1837) 163; vgl. A. Müller: Kritische, ästhetische und philos. Schr. II, hg. von W. Schroeder, W. Siebert (1967) 347. – **55** vgl. F. Nietzsche: Jenseits von Gut und Böse 246/247. – **56** vgl. F. Nietzsche: Zur Genealogie der Moral, Vorrede 8. – **57** vgl. H. von Hofmannsthal: Drei kleine Betrachtungen (Schöne Sprache), in: Ges. Werke, Reden und Aufsätze II, hg. von B. Schoeller (1979) 146–149. – **58** vgl. B. Engler: Reading and Listening. The Modes of Communicating Poetry and their Influence on the Texts (Bern 1982) 109. – **59** vgl. G. Maletzke: Psychol. der Massenkommunikation (1963) 171f. – **60** z.B. R. Barthes; K. Burke; vgl. Ueding, Steinbrink [19] 160; 187f. – **61** vgl. K. Gloy, B. Badura: Soziol. der Kommunikation (1972) 20. – **62** vgl. P. Dahl: Radio. Sozialgesch. des Rundfunks für H. und Empfänger (1983) 53ff. – **63** vgl. B. Brecht: Der Rundfunk als Kommunikationsapparat, in: Ges. Werke, Schr. zur Lit. und Kunst I, Radiotheorie 1927–1932 (1967) 129. – **64** vgl. H. Bessler: H.- und Zuschauerforschung (1980) 21f. – **65** vgl. ebd. 35ff.; 60ff. – **66** vgl. K. Neumann-Braun: Rundfunkunterhaltung. Zur Inszenierung publikumsnaher Kommunikationsereignisse (1993) 188ff. – **67** vgl. ebd. 227; M. Vliegen: Verben der auditiven Wahrnehmung im Deutschen (1988) 265f.

S. Usener

→ Adressant/Adressat → Feedback → Hörfilm → Hörspiel → Kommunikationstheorie → Psychagogie → Publikum → Redesituation → Wirkung → Wirkungsforschung → Zielgruppe

Hörfilm
A. Bezeichnung für Hörspiele, die eine strukturelle und/oder technische Beziehung zum älteren Medium Film betont, an dem sich das Hörspiel in seiner Geschichte neben dem Theater (‹Hörbühne›) wiederholt orientiert hat. Bedeutungsgleich dafür zunächst ‹Akustischer Film›, in neuerer Zeit auch ‹Radiofilm›, ‹Film-Hörspiel› u.a., und, mit Einschränkungen, ‹Hörbild› u.a. Eine historisch und typologisch fundierte Darstellung des H. ist immer noch Desiderat der Hörspielforschung und der rhetorischen Medienanalyse.

Anders als bei der Orientierung des Hörspiels am Theater auf der inzwischen historischen ‹Hörbühne›, läßt sich für die Geschichte der Gattung ein durchgängiges Interesse am Film, an seinen technischen Möglichkeiten, seinen kompositorischen Strukturen, seinen Erzählweisen und seinen Experimenten verfolgen. Typologisch hat dieses Interesse vielfältige Spielmöglichkeiten entwickelt, die sich unter dem Oberbegriff ‹H.› sinnvoll bündeln lassen. Eine systematische Bestandsaufnahme und Zuordnung dieser Spielmöglichkeiten ist bis heute nicht erfolgt. Sie würde wichtige Einsichten in intermediale Wechselwirkungen erbringen und vor allem die Hörspielgeschichtsschreibung neu konturieren.

B. I. *Anfänge.* Bereits 1925 spekuliert der Komponist K. WEILL über eine «akustische Zeitlupe» und fordert eine «absolute Radiokunst», die einer «wirklich eigene(n) Filmkunst (ohne) Handlung, Thema oder auch nur inneren Zusammenhang» entspräche. [1] Dieser am abstrakten Film orientierten Vorstellung korrespondieren in der Programmpraxis Experimente mit dem «Akustischen Film» vor allem in Berlin, «deren Technik», anders als bei den an der Schaubühne orientierten Spielen der «Hörbühne», «dem Film nachgebildet» wurde. Sie definierten sich nach A. BRAUN als «Funkspiel, das in Folge traummäßig bunt und schnell vorübergleitender und springender Bilder, in Verkürzungen, in Überschneidungen – im Tempo – im Wechsel von Großaufnahmen und Gesamtbild mit Aufblendungen, Abblendungen, Überblendungen bewußt die Technik des Films auf den Funk übertrug». Inhaltlich zeichne sich der «Akustische Film» durch «eine einfache, typisch primitive Kientopphandlung» (sic) aus, «mit Verfolgungen, mit Irrungen, Wirrungen und all den unbegrenzten Möglichkeiten und Unwahrscheinlichkeiten, die wir aus den ersten Filmen her kennen». [2] Braun schränkt ein, daß es bei diesen Experimenten «nur um die Form» gegangen sei, die zu füllen den Schriftstellern überlassen bleibe. Regiebücher für die live gesendeten ‹Akustischen Filme› scheinen sich nicht erhalten zu haben.

In der kurze Zeit später einsetzenden Diskussion eventueller Aufzeichnungsmöglichkeiten erwog man u. a., «den Film als Mittler» einzuschalten, um «alle Eventualitäten, alle Störungen, alle Improvisationen» solcher Live-Übertragungen auszuschließen, da «nur der Tonfilm [...] in der Lage» sei, dem Wunsche nach Präzision zu entsprechen. «Bei einem auf Tonfilm aufgenommenen Hörspiel», so H. FLESCH 1928 in einem Vortrag, könne «nach Abhören durch Schneiden, Überblenden, Ansetzen usw. ein Gebilde geschaffen werden, das der Regisseur als vollständig gelungen betrachtet und nunmehr abends dem Hörer darbietet. [...] Wie der Kinofilm, so wird auch der Hörfilm [frühester Begriffsnachweis, R. D.] ateliermäßig gedreht werden müssen». Da der Rundfunk «ein mechanisches Instrument» sei, müßten, davon war Flesch überzeugt, «seine arteigenen künstlerischen Wirkungen von der Mechanik herkommen». [3]

Mit der schrittweisen Einrichtung von Aufnahmestudios (18. 8. 1929 Eröffnung des Studios der Berliner Funkstunde) wurden unter Benutzung von Filmtonstreifen (Tri-Ergon-Verfahren) 1930 erste Versuche unternommen, H. aufzuzeichnen. Als einziger dieser Versuche hat sich W. RUTTMANNS ‹Weekend› als Tondokument erhalten. Ruttman brachte in diese Hörcollage, eine durchaus an Weills Forderungen erinnernde Komposition aus Geräuschen, Musikfetzen und Sprachpartikeln ohne Handlung, Montageprinzipien des russischen Dokumentarfilms (u. a. PUDOWKIN) ein, die er bereits in eigenen ‹Querschnittfilmen› (‹Berlin, Symphonie einer Großstadt›, 1927, ‹Melodie der Welt›, 1929) erprobt hatte.

II. *Zeit des Nationalsozialismus.* Ruttmanns H. ‹Weekend› blieb, auch aus finanziellen Gründen, neben FRIEDRICH W. BISCHOFFS als Tondokument nicht erhaltenem Hörspielexperiment ‹Hallo! Hier Welle Erdball!!› (live 1929; Aufnahme auf Tonfilmstreifen 1930) zunächst eine Ausnahme. Stattdessen griffen die Rundfunkanstalten auf eine neben dem ‹Akustischen Film› relativ früh erprobte Sendeform, das ‹Hörbild›, zurück, indem sie Musik, Gedichte oder Kurzszenen derart mit charakterisierenden Geräuschen verbanden, daß ein akustisches Bild entstand. Vor allem im Rundfunk des Nationalsozialismus beliebt, entwickelt das ‹Hörbild› nach R. KOLB (1932) keine «Handlung» aus «Charakteren», sondern bezieht seinen «inneren Zusammenhang» aus dem «Schicksal des Menschen oder einer Gruppe». [4] Exemplarisch genannt sei aus den «Hörfolgen» W. BLEYS ‹Skagerrak. 12 Tonbilder(!) aus der Skagerrak-Schlacht am 31. 5. 1916› (1936). ‹Hörbilder› dieser Art haben, ähnlich wie der im Berliner Sender entwickelte ‹Aufriß› (E. KOEPPEN), fließende Grenzen zu den Sendeformen der ‹Hörfolge› und des ‹Hörberichts›, nicht zuletzt wegen ihrer Nähe zur Reportage, sind mit Einschränkungen dem Dokumentarfilm vergleichbar und wurden nach 1945 durch das ‹Feature› abgelöst. Dennoch gab es auch im Rundfunk des Nationalsozialismus vereinzelt erwähnenswerte H., vor allem in der Literarischen Abteilung des Berliner Senders, der damals vom späteren Filmregisseur H. BRAUN geleitet wurde. Er verpflichtete wiederholt Drehbuch- als Hörspielautoren, unter ihnen R. REISSMANN, dessen «rossedurchstampfter Dschingis Khan-Hörfilm» (H. Schwitzke) [5] ‹Der gelbe Reiter. Ein Tatsachenspiel(!) aus der Welt des Dschingis-Chan› (1936) sich als Tondokument erhalten hat.

III. *1945 bis Gegenwart.* Auch nach 1945 finden sich – bedingt durch die Dominanz des literarischen Hörspiels der Innerlichkeit – zunächst kaum H. im Programm der Rundfunksender, mit der gewichtigen Ausnahme allerdings von zwei Adaptionen des Filmregisseurs MAX OPHÜLS, der ‹Novelle› nach Goethe (1954) und ‹Berta Garlan› (1956) nach A. Schnitzler. Mit ihnen habe, wirbt Cottas Hörbühne historisch nicht korrekt, Ophüls den Formenkatalog des Hörspiels um die bedeutende Variante des H. bereichert. Richtig ist, daß (wiederum) Erfahrungen des Films, konkret der Verfilmung literarischer Vorlagen auf die Hörspielproduktion übertragen werden, wenn Ophüls die Stimmen (Erzählung und Dialog) miteinander und mit einem weitgehend durchgängigen Soundtrack (Musik und Geräusche) so verbindet, daß seine Hörspiele, dem Film vergleichbar, sowohl erzählen wie akustisch zeigen. Ophüls H., deren Bedeutung heute anerkannt ist, blieben zu ihrer Entstehungszeit nicht ohne Kritik, wurden von Schwitzke z. B. als «Doppelpunktdramatik» abqualifiziert. [6] Erst mit dem Durchbruch des Neuen Hörspiels (1968/69) begegnen H. häufiger in den Programmen, wobei ein sich änderndes Verhältnis von Hörspiel und Musik eine nicht unbedeutende Rolle spielt und zunehmend auch ‹Komponisten als Hörspielmacher› (so eine Hörspielreihe 1970ff. des von K. SCHÖNING geleiteten Hörspielstudios des WDR) in Erscheinung treten, z. B. M. KAGEL mit dem «Film-Hörspiel» ‹Soundtrack› (1975). Als «Hör-Film» will F. MIKESCH 1984 ‹faito. Japanische Schritte› realisiert wissen, als «Radiofilm» ist R. DÖHLS ‹C'era una volta il west (...)› (1986) ausgewiesen. Beides ordnet sich ein in eine Hörspieltendenz zum Epischen mit filmischen Mitteln, die in den 80er Jahren auch Hörspiele H. VON CRAMERS und J. BECKERS auszeichnet. Eine eigene Tradition bilden, in bewußtem und unbewußtem Rückgriff auf Ruttmanns ‹Weekend›, E. TOCHS ‹Fuge aus der Geometrie› sowie die Spekulationen Weills, eine Reihe von akustischen Städteportraits. Unter dem Einfluß der konkreten und elektronischen Musik setzt diese Tradition bereits 1954 ein mit L. BERIOS ‹Ritratto di Città›, in längerem Abstand gefolgt von K. KRÜGERS/H.-U. MINKES kunstkopf-stereophonen Inpressionen ‹Berlin-Hören› (1977) und P. HENRYS ‹La Ville / Die Stadt›. Diese mehrfach wiederholte und intensiv diskutierte Produktion war zugleich das Pilotprojekt für eine Reihe im Auftrag des Hörspielstudios (jetzt Studios für Akustische Kunst des Westdeutschen Rundfunks, Leitung: K. Schöning) entstandener akustischer Portraits der großen Metropolen der Welt. In der noch zu schreibenden Geschichte des H. ist es schließlich mehr als eine Pointe, daß HENRY 1985 in seinem elektronischen Studio in Paris auch eine Filmmusik zu Ruttmanns ‹Berlin, Symphonie einer Großstadt› herstellte.

Anmerkungen:
1 K. Weill: Möglichkeiten absoluter Radiokunst, in: Der dt. Rundfunk 2 (1925) H. 26, 1627. – **2** A. Braun: Hörspiel (1929), in: H. Bredow (Hg.): Aus meinem Archiv (1950) 149f. – **3** H. Flesch: Hörspiel, Film, Schallplatte (1928), in: Rundfunkjb. 1931 (o. J.) 35. – **4** R. Kolb: Das Horoskop des Hörspiels (1932) 87. – **5** H. Schwitzke: Das Hörspiel. Dramaturgie u. Gesch. (1963) 90. – **6** ebd. 38.

Literaturhinweise:
Anon.: Der H. – eine neue Kunstform, in: Der Rundfunk-Hörer 7 (1930) H. 38, 2. – H. Engel: Der rettende H., in: Rundfunk-Rundschau 5 (1930) Nr. 52, 2. – H. M. Cremer: Filmisches Funkhörspiel, in: Der Autor 14 (1939) Nr. 12, 6. – G. Eckert: Hörspiel und Schallfilm. (1939) – R. Döhl: Neues vom Alten Hörspiel, in: Rundfunk und Fernsehen 29 (1981) H. 1, 127ff. – ders.: Musik – Radiokunst – Hörspiel, in: Inventionen '86. Sprachen der Künste III. (1986) S. 10ff. – ders.: Das Neue Hörspiel (1988). – ders.: Das Hörspiel zur NS-Zeit (1992).
R. Döhl

→ Feature → Filmrhetorik → Gesamtkunstwerk → Hörspiel → Radiorhetorik

Hörspiel (engl. radio play, radio drama, listening play, sound play; frz. radio drame, théâtre radiophonique, littérature radiophonique; ital. radiodramma, radiocommedia).
A. Def. – B. Theoretische Aspekte. – C. Geschichte.

A. H. umreißt im Kontext des öffentlich-rechtlichen und des privaten Rundfunks und im Sortiment der Verlage ein fiktionales oder non-fiktionales akustisches Ereignis, das mittels elektromagnetischer Wellen von einem Sender (Rundfunkanstalt) zu einem Empfänger (Hörer) abgestrahlt werden kann. Hörspielrealisationen entstehen ebenfalls im besonderen Umfeld von Schulen, Experimentalstudios der Industrie und von speziellen Werkstätten der Musiker und Komponisten, Autoren, Sprecher und Schauspieler. Technische Voraussetzung des H. ist die Umwandlung von Schallenergie in elektrische Energie. «Mit dem Eingang ins Mikrofon wird das Schallereignis herausgenommen, herausgelöst aus seiner natürlichen Umgebung, in elektrische Spannungen umgewandelt und damit in verschiedener Weise verfügbar und modellierbar gemacht. Es wird ein neuer Aggregatzustand erreicht, der, ästhetisch-dramaturgisch gesehen, eine *völlig neue Darstellungsebene* eröffnet.» [1] Die Mündlichkeit ist in aller Regel konstitutiv für das H. Die in ihm zur Geltung kommenden verschiedenen Formen der Rede *(Dialog, Monolog, Streit, Klage, Bericht)* lassen sich nicht einmal semantisch-linear interpretieren, gleichwohl basiert die Wirkung ganz entscheidend auf der sinnlich-affektiven Wirkung im realisierten und gesprochenen H. Lautstärke, Intonation, Rhythmus und Dynamik des Sprechers sind im Kontext einer bislang kaum ausdifferenzierten Rhetorik des H. zu berücksichtigen. Bei der Dramaturgie des inszenierten und kunstvollen Sprechens handelt es sich oft um nachahmende Rede, eine Nachahmung von Wirklichkeitsebenen, Lebenssituationen oder von Gefühlswelten.

Das H. kann wenigstens vier verschiedene Textfassungen oder Realisationen unterscheiden:
1. Das Autorenmanuskript, das dem Sender oder der Realisationsstätte als Vorlage zur Produktion dient.
2. Das Sendemanuskript. Es berücksichtigt bereits Absprachen und Hinweise für die Regie, den Toningenieur, den Komponisten und die Schauspieler (Sprecher).
3. Die auf Band oder anderen Tonträgern gespeicherte Aufnahme selbst, sofern nicht ausdrücklich eine Live-Sendung vorgesehen ist.
4. Gegebenenfalls die Transkription nach der realisierten Sendung, die für eine weitere Druckfassung bestimmt sein kann. [2]

Obwohl unmittelbar mit der Ausstrahlung des gesprochenen Worts verbunden, versteht sich H. auch als das Zusammentreffen signifikanter akustischer Signale (oder Pausen), das sich auch außerhalb einer semantisch decodierbaren Nachricht ereignen kann. Musik, Geräusch und Ton, jenseits menschlicher Sprechsignale, sofern sie im Kontext des Sendeplatzes ‹Hörspiel› eingebunden sind, können als H. definiert werden. Zum akustischen Ausdrucksmaterial des H. zählen das gesprochene Wort als Handlungs- und Nachrichtenträger und als Klangkörper. Es werden Sinneseindrücke vermittelt, begriffliche Denotationen eröffnet oder konnotative Spannungsfelder evoziert oder in der musikalisch disponierten Hörspielkomposition neu chiffriert. Das Wort ist im H. in aller Regel durch die menschliche Stimme selbst oder auch z. B. einen Syntheziser vermittelt und fungiert dort als komplexes Laut- und Stimmereignis. In der menschlichen Stimme artikuliert sich über das H. auch ‹Vorsprachliches› (Lachen, Schreien, Jammern) und wird zum Instrument der engeren Verlautbarung des Wortes. W. WONDRATSCHEK definiert freilassend: «Ein Hörspiel muß nicht unbedingt ein Hörspiel sein, d. h. es muß nicht den Vorstellungen entsprechen, die ein Hörspielhörer von einem Hörspiel hat. Ein Hörspiel kann ein Beispiel dafür sein, daß ein Hörspiel nicht mehr das ist, was lange ein Hörspiel genannt wurde. Deshalb ist ein Hörspieltext nicht unbedingt ein Hörspieltext.» [3] H. HEISSENBÜTTEL umriß 1968 die Diskussion um den Begriff ‹H.› mit dem Hinweis, man solle «die Mehrdeutigkeit des deutschen Worts Hörspiel als ein Zeichen dafür nehmen, daß die Sache Hörspiel, die mit diesem Wort benannt werden soll, immer noch etwas nicht Festgelegtes ist.» [4]

Die Musik im H. beansprucht traditionell eine zentrale Rolle, doch ist ihr Gewicht von sehr unterschiedlicher Qualität. [5] Die szenische Betonung des H. durch Musik als Untermalung und Gliederung inhaltlicher oder zeitlicher Abläufe, wie sie zumindest bis in die sechziger Jahre zu beobachten ist, scheint aufgehoben zu sein. Stattdessen hat sich seit Ende der siebziger Jahre ein freies musikalisches Hör- und Hörspielereignis in Deutschland etablieren können, in dem das Wort in Gegenströmung zur bisherigen Hörspieltradition, gelegentlich eine beiläufige oder untergeordnete Rolle spielen kann.

Der Begriff ‹H.› existiert schon vor der Entstehung des Unterhaltungsrundfunks und damit auch außerhalb des Massenmediums selbst. F. NIETZSCHE schreibt in ‹Also sprach Zarathustra› (1885) von einem Klangphänomen H.: «Es war aber ein langer vielfältiger seltsamer Schrei, und Zarathustra unterschied deutlich, dass er sich aus vielen Stimmen zusammensetzte: mochte er schon, aus der Ferne gehört, gleich dem Schrei aus einem einzigen Munde klingen. Da sprang Zarathustra auf seine Höhle zu, und siehe! welches Schauspiel erwartete ihn erst nach diesem Hörspiele!» [6] Nietzsche verwendet das Wort für eine unbestimmte Häufung von Stimmen, die aus der Ferne erklingen. Der Begriff benennt akustische Zusammenhänge und Wahrnehmungen, ohne damit bereits das heute geläufige H. in seiner engeren medienspezifischen Form zu umreißen. [7] Nietzsches Hinweise verdeutlichen nach P.M. Meyer «die Differenz zwischen dem Vernommen-Sein des Klangphänomens und dem Vernommenen, als dem Bild, das ihm vom Hörer zugeordnet wird und einer anderen Ordnung angehört als das wirkliche Klangphänomen, das dadurch nicht vernommen sein muß, sondern lediglich Projektionsfläche eigener Phantasien oder strategischer Operationen werden kann, die die Phantasien kanalisieren.» [8] Der Begriff des ‹H.› im Rundfunk hat sich seit 1924, dem Beginn des europäischen Unterhaltungsrundfunks, immer wieder gewandelt. Es ist ein akustisches Ereignis, das anders als das Theater, Fernsehspiel oder die geschriebene Literatur, eine akustische Emotion, eine lineare oder nicht-lineare Geschichte im Zeichensystems des Klangs und der Pausen vermittelt. Die Verwendung der menschlichen Stimme galt lange Zeit als konstitutiv für das H. Diese Prämisse ist aber seit Anfang der sechziger Jahre durch die Entwicklung reiner Schallspiele ohne semantische Botschaft überholt. [9] Die Definition und Charakterisierung von ‹Radio Play› einerseits und ‹Feature› andererseits rührt aus der angelsächsischen Hörfunktradition und hat besonders im deutschen Sprachraum und in der Hörspieltheorie zu gelegentlich kategorischen Disputen geführt. L. Gilliam, erster Leiter des BBC Features Department, wird die Definition zugeschrieben: «Features handeln von Fakten, Hörspiele von Fiktionen.» [10] Andererseits betont D. Cleverdon: «Von niemandem außerhalb der BBC (und auch nur ziemlich wenigen innerhalb) kann man erwarten, daß er den Unterschied zwischen Hörspiel [radio play] und Feature [radio feature] kennt. Ein Hörspiel ist ein dramatisches Werk, das sich aus der Tradition des Theaters herleitet, aber auf das Radio bezogen ist. Ein Feature ist, generell gesagt, jede Art von ausgestaltetem Programm (also etwas anderes als Kurznachrichten, Berichterstattung von Pferderennen usw.), das den technischen Bedingungen des Hörfunks unterliegt (Mikrofon, Bedienungsfeld, Mitschnitt, Aufnahmetechnik, Lautsprecher).» [11]

Die Hörspielforschung im engeren Sinn und die Kommunikations- und Medienwissenschaften im weiteren Rahmen haben bislang auf die Untersuchung rhetorischer Aspekte im H. weitgehend verzichtet und das akustische Kunst- und Medienprodukt überwiegend aus der Tradition der Literatur- und Theaterwissenschaft betrachtet. Dabei hätte eine Rhetorik des H. durchaus die Möglichkeit, die Werk- und Wirkungsanalyse des H. voranzutreiben. Neben der rhetorischen Analyse des Hörgegenstandes und seiner dramatischen und ästhetischen Disponiertheit könnte eine rhetorische Auseinandersetzung mit dem H. vor allem auch Aspekte der *elocutio* und der (rein) akustischen Zeichensysteme berücksichtigen. Das H. als Subsystem im Rundfunk war international bis nach dem Zweiten Weltkrieg Gegenstand phänomenologischer Betrachtungen. H. und seine weiteren akustischen Derivate wurden vorwiegend als Varianten des Bühnendramas ausgeleuchtet, der primär literaturwissenschaftliche Ansatz überwog in der Mehrzahl der Untersuchungen. [12]

B. *Theoretische Aspekte.* Die Begriffe ‹H.›, ‹Sendespiel› oder ‹Senderspiel› kamen in Deutschland nach der Einführung des Unterhaltungsrundfunks zunächst konkurrierend in Anwendung. Das erste dichterische Wort dürfte am 3. 11. 1923 von P. IHLE im deutschsprachigen Radio gesprochen worden sein. Er trug das ‹Seegespenst› von Heine vor. Im weiteren Verlauf beförderte H. S. VON HEISTER eine systematische Scheidung von ‹Sendespiel› (im Rundfunk gesprochene Theatertexte oder schlichte szenische Lesungen, beispielsweise Schillers ‹Wallensteins Tod›, 3. 1. 1925, oder ‹Die Braut von Messina›, 10. 11. 1925) und H. im engeren Verständnis als medienspezifische Radiokunst im Sinne einer ars sui generis, mit eigener radiophoner Dramaturgie und Sprache. [13] Auf der richtungsweisenden «Arbeitstagung Dichtung und Rundfunk», die im September 1929 die ‹Sektion Dichtkunst› der Preußischen Akademie der Künste und die Reichsrundfunkgesellschaft [14] zur näheren Standortbestimmung von Literatur und Rundfunk ausrichtete, war es vor allem A. DÖBLIN, der den Ist-Zustand der Radiokunst beklagte: «Was der Rundfunk an Theaterspielen sendet, sind Reproduktionen von der Art des Schwarzweißdrucks, der von einem farbigen Bild genommen ist.» [15] Sendespiele und Übertragungen seien nicht Kunst, sondern nur «Abklatsch oder Kunsttorso oder der Bericht von Kunst», gab der Romancier zu Protokoll, forderte gleichzeitig eine Radiokunst mit Hilfe der «wirklichen Literatur zu entwickeln» und gab zu bedenken, daß der Unterschied zwischen Epik und Dramatik im Rundfunk aufhöre. «Es ist mir sicher, daß nur auf eine ganz freie Weise, unter Benutzung lyrischer und epischer Elemente, ja auch essayistischer, in Zukunft wirkliche Hörspiele möglich werden, die sich zugleich die anderen Möglichkeiten des Rundfunks, Musik und Geräusche, für ihre Zwecke nutzbar machen.» [16] BRECHT forderte 1927 in seinen ‹Vorschlägen für den Intendanten des Rundfunks› das Radio im Sinne einer umfassenden Revolutionierung zu «eine[r] wirklich demokratische[n] Sache zu machen.» [17] Die Konkretion dieser Überlegungen war folgenreich für seine eigene Hörspielarbeit, vor allem für sein akustisches Modell ‹Der Lindberghflug› (27. 7. 1929), das die Rollenteilung von ‹Sender› und ‹Empfänger› kritisch hinterfragte und in der konzertanten Baden-Badener Aufführung dialektisch aufhob. «Dem gegenwärtigen Rundfunk soll der "Ozeanflug" [18] nicht zum Gebrauch dienen, sondern er *soll ihn verändern*. Die zunehmende Konzentration der mechanischen Mittel sowie die zunehmende Spezialisierung in der Ausbildung – Vorgänge, die zu beschleunigen sind – erfordern eine Art Aufstand des Hörers, seine Aktivierung und seine Wiedereinsetzung als Produzent.» [19] Brechts kleine «Radiotheorie» – von ihm nur in einer Randnotiz als solche apostrophiert – ist in der Nachfolge von dem Germanisten, Hörfunkkritiker und Hörspielautor A. SCHIROKAUER nachdrücklich verfolgt worden. Er proklamierte ganz im Sinne Brechts 1931 ein episch-didaktisch disponiertes H.: «Es stellt nicht dar, sondern stellt klar. Es arbeitet nicht mit Suggestionen, sondern mit Argumenten.» [20] Der Arzt, Bühnenautor und Hörspieldichter F. WOLF, ebenfalls der sozialistischen Tradition verpflichtet, forderte 1929 eine materialgerechte Radio-Komposition «rein funkischer Eindrücke und Geschehnisse». Immer müsse das Thema «typisch funkisch behandelt werden, querschnitthaft durch eine ganze Zeit, durch eine ganze Epoche, und nicht in bühnenmäßigen langen Dialogen.»[21] Eine didaktisch-pädagogische Zielsetzung verfolgte zur selben Zeit u.a. W. BENJAMIN mit einer ganzen Reihe von «Hörmodellen», die praktische ‹Lebenshilfe› für den Hörer offerierten. Stücke unter dem Titel ‹Wie nehme ich meinen Chef?› oder ‹Gehaltserhöhung?! Wo denken Sie hin?› (beide 1931) «blieben im Rahmen der gegebenen technischen und organisatorischen Möglichkeiten des Rundfunks, ohne jedoch gleich dem System entgegenzukommen», konstatiert Schiller-Lerg.[22] Die Tradition einer sozialistischen Hörfunk- und Hörspieltheorie wurde durch den nationalsozialistischen Rundfunk nachhaltig und folgenschwer unterbrochen, und erst H. M. ENZENSBERGER knüpfte 1970 in seinen marxistisch disponierten Überlegungen zu einem «emanzipatorischen Mediengebrauch» an die Theorien der Weimarer Republik wieder an, ohne dabei freilich das Rundfunkmodell durch neue akustische Versuche (H.) in diesem Sinne erprobt zu haben.[23] Enzensberger proklamierte: «Der Autor hat als Agent der Massen zu arbeiten. Gänzlich verschwinden kann er erst dann in ihnen, wenn sie selbst zu Autoren, den Autoren der Geschichte geworden sind.»[24]

Einer der wenigen Hörspielautoren, die sich mit rhetorischen Fragestellungen in der Pionierzeit des H. explizit beschäftigten, war H. KESSER. Er verwies auf «rhetorische Kompositionsgesetze», die im H. noch zu entwickeln seien. «Das Rhetorische, Polemische und Politische steckt noch in den Anfängen. Der rhetorische Stil eignet sich in hervorragender Weise für das Radio-Drama, weil er – Rede gegen Rede, Front gegen Front! – der Inbegriff von Kampf und Konflikt werden kann.»[25] Er favorisierte dabei auch den Monolog im Rundfunk, «wenn dem Monologisierenden als Gegensatz eine andere Welt gegenübersteht.»[26] H. Pongs betonte 1930 ein «inneres seelisches Stimmenerlebnis»[27] des Hörgeschehens im Rundfunk und bereitete aus hörspieltheoretischer Sicht die Indienstnahme des H. als introspektiven oder meditativen Hörvorgang am Radioapparat vor, eine Sicht, die sozialistische Spielarten des Hörgeschehens tendenziell ebenso ausschloß wie das Vordringen in eine experimentelle Akustik, die z.B. F. Bischoff als literarischer Leiter der Schlesischen Funkstunde Breslau ermöglichte. Die Betonung eines transzendentalen Hörraumes, letztlich das «Einswerden des Wortes mit seinem Gegenstand»[28], bestimmten in der Umbruchzeit zwischen 1930 und dem nationalsozialistischen Rundfunk die maßgebliche Hörspieltheorie. R. Kolb reklamierte 1932 die «Verinnerlichung des Wortes»[29] für das H. Die Aufgabe der Radiokunst sei, «uns mehr die Bewegung im Menschen, als die Menschen in Bewegung zu zeigen.»[30] Die restaurative Hörspieltheorie einerseits und die offen völkisch-nationalistisch orientierte Rundfunkreform von 1932 andererseits[31] eröffneten dem H. eine Perspektive, die den Umschwung zu einem nationalsozialistischen H. ohne Widerstände ermöglichte. Jeder einzelne müsse sich, verkündete Kolb 1933, «um zum Volke zu finden verinnerlichen. Nichts kann diesen inneren geistigen Prozeß mehr vorwärtstreiben und vertiefen, als gerade das Hörspiel.»[32] In Konsequenz dieser Hörspieltheorie konnte sich eine explizit propagandistisch disponierte Hörspielrhetorik etablieren, in der die persuasiven Techniken im Vordergrund standen, die propagandistische Feier des Nationalsozialismus. Die ‹H.-Kantaten› im Dienste des Parteiprogramms zählten dazu, das akustische ‹Thingspiel›, das ‹chorische H.›, aber auch das propagandistische Kurzhörspiel während des Krieges. Eine weitere Ausformulierung der hörspieltheoretischen Ansätze über Kolb hinaus fand nur begrenzt statt, und es kam die latente Skepsis des Propagandaministers J. Goebbels gegenüber dem H. generell hinzu. Er favorisierte in seinem Propagandakonzept den Spielfilm ganz entschieden und verweigerte dem H. schließlich die institutionelle Protektion. Hörspieltheoretiker wie G. Eckert erblickten dagegen in dem H. nach 1933 ein Instrumentarium zur manipulativen Steuerung der Hörerschaft: «Es ist nicht zuviel gesagt, wenn man im Hörspiel neben der Nachricht, der Übertragung und dem Hörbericht die wichtigste Form der politischen Führung im Rundfunk erblickt.»[33] Eine differenzierte Auseinandersetzung mit der Typologie des H. im ‹Dritten Reich› und seiner Theorie liefert R. Döhl.[34]

H. Jedele systematisierte 1952 die «produktiven» und «reproduktiven» Aspekte des Mediums Rundfunk und sah im H. die Möglichkeit zur Schaffung eines raumzeitlichen Kontinuums.[35] E. Wickert definierte: «Das Hörspiel kann die äußere Zeit der Handlung zu einer inneren umwandeln. Das Hörspiel kann die Handlung assoziativ verbinden, vorantreiben und vertiefen. Die Handlung des Hörspiels spielt auf einer Inneren Bühne.»[36] H. Schwitzke sah unter weitgehender Ausklammerung der Vorgeschichte die «Geburtsstunde» des H. mit der Ausstrahlung von G. EICHS ‹Träumen› (1951) gegeben.[37] Die nachdrückliche Betonung eines introspektiven Hör- und Wortgeschehen in der Nachfolge der theoretischen Ansätze von Kolb und Pongs bestimmte die Hörspielforschung Ende der fünfziger Jahre. Doch neben dem traditionellen H. konnte sich in Westdeutschland[38] seit Ende der sechziger Jahre eine avantgardistische Hörspielschule etablieren, die, angeregt durch französische Experimente im ‹Club d'Essai›, den Autoren im Umfeld des *nouveau roman* und den stereophonen Versuchen, die Entwicklung zum sogenannten ‹Neuen H.› eröffnete. H. Hostnig umriß 1968 die experimentelle Verfahrensweise, die Ablösung der alten Hörspielmodelle mit der Frage nach den veränderten Intentionen im Neuen H.: «Wenn die Stereophonie das Theatralische des Hörspiels zu seinem Nachteil betont, dann, meine ich, müßten sich ihr doch jene vorhandenen literarischen Modelle zum Versuch anbieten, die nichts mehr abschildern wollen, keine Psychologie, keine Figur, keinen Gedankenverlauf, keine Geschichte, keine innere oder äußere Handlung, sondern allein Sprachliches ins Bewußtsein rücken: Sätze, Wörter, Silben, Laute, Phrasen, Sprichwörter, Sprachfloskeln, Sprechhaltungen.»[39] Parallel zur Etablierung der Verfahrensweisen im Neuen H. erprobten die westdeutschen Hörspieldramaturgien auch das Spektrum des Originalton-H. Im Kampf gegen eine manipulative ‹Innerlichkeits-Dramaturgie› im H. versprach das O-Tonverfahren zunächst größere Transparenz und Durchsichtigkeit des Produktionsprozesses im Studio. Die notwendige ‹Manipulation› am Schneidetisch sollte im Sinne der Autor-Produzenten (P. WÜHR, L. HARIG, F. MON, M. KAGEL, K. WÜNSCHE u.v.a.) hörbar werden. Schöning formulierte: «Originalton (auf Sprache bezogen) heißt: reden, öffentlich reden oder nicht öffentlich reden. Das Problem, das der Originalton aufdeckt, ist das Problem des veröffentlichten Redens, im Radio, im Fernsehen.

Durch das Tonband wird der Originalton verfügbar für den, der O-Ton aufgenommen hat (dies sind zumeist jene, die am wenigsten gesprochen haben): die professionellen Medienarbeiter, die den O-Ton verarbeiten, manipulieren, Sendungen herstellen.» [40] Die Akzeptanz des Neuen H. scheiterte Anfang der siebziger Jahre an der Technikscheu der Konsumenten einerseits [41] und an einer Rückbesinnung der Dramaturgien auf traditionelle Spielmuster im Kontext des H. Gleichwohl konnte sich in kleinerem Umfang H. als musikalisches Klangereignis ohne lineares semantisches Anliegen etablieren. ‹Komponisten als Hörspielmacher› definierten die Grenzen des H. außerhalb der Spielregeln des Wort-H. und übersprangen die traditionellen Hörspielmuster. M. Kagel sprach 1961 davon: «Wird Musik als Hörspiel deklariert, dann ist man grundsätzlich vom Zwang befreit, alles Sprechbare singen zu lassen, oder die Worte so zu artikulieren, daß Verzerrungen unvermeidbar sind. Das Komponieren von Hörspielen soll kein Ersatz für alle anderen Möglichkeiten der Verwendung von Sprache in der Musik sein, sondern eine legitime Form mehr, welche allerdings eine semantische Entschärfung des Wortes vermeidet. Das musikalische Material kann im Kontakt mit dem Hörspiel bereichert werden und vice versa.» [42] In der Breite der Produktion ist seit Mitte der achtziger Jahre der Rückgriff auf traditionelle Hörspielmuster auffällig, doch gibt es praktische und theoretische Ansätze, mit denen ein aleatorisch operierendes Hörspielgeschehen die alten Erfahrungen der frühen Live-Produktion aufnimmt und die klassische Determiniertheit der Studiopraxis zu durchbrechen sucht. In diesem Kontext entwickelten sich Anfang der neunziger Jahre Versuche mit einem «interaktiven Hörspiel als nicht-erzählende Radiokunst». [43] Offenheit bestimmt dabei die Form. ‹Wüstensturm - Texte für ein Hörspielprojekt› (BR/SR 1991) war ein solcher Versuch der disparaten akustischen Verknüpfungen: «Ein Titel wird vorgegeben. Ein Sendeplatz wird zur Verfügung gestellt. Auf Vorgaben wird verzichtet. Ein Sendetermin wird vorgeschlagen. [...] Die Offenheit der politischen Situation überträgt sich auf die Arbeit der eingeladenen Autoren und auf das Ergebnis: die Sendung. Wie immer weiß niemand, was auf ihn zukommt.» [44] Der neue Hörspielraum wird nach Geerken als «existentielle Herausforderung» begriffen, er sei «offen, fließend, instabil, chaotisch, wild, abweichend, individuell vernetzt.» [45]

C. R. Hughes «listening play» ‹A Comedy of Danger› wurde am 15.1.1924 von der BBC ausgestrahlt und gilt als die Geburtsstunde des europäischen H. Der Autor betonte: «Indem wir versucht haben, Gefühle anzusprechen und eine vollständige Geschichte über ein einzelnes Sinnesorgan, das Ohr, zu erzählen, haben wir offensichtlich nichts anderes versucht als das, was das Kino bereits durch das Auge getan hat.» [46] Die Handlung spielt im Dunkeln eines Bergwerkschachts; alles Sichtbare wird in die Raumkonstellation des Unsichtbaren transponiert. Hörer und handelnde Personen sollten sich in einer «ähnlichen» [47] Situation befinden. Die ‹verdunkelte› oder ‹blinde› Bühne war konstituierend für den Beginn des europäischen H. und ist auch für den spektakulären französischen Versuch ‹Marémoto› (21.10.24) von P. Cusy und G. Germinet festzuhalten, einem akustischen Spektakel, das als Fiktion vor den Ohren eine Schiffskatastrophe als imaginiertes Realgeschehen entstehen ließ und daraufhin vom Marine-Ministerium mit Sendeverbot belegt wurde. [48] Auch im deutschen Reich dominierten zunächst akustische ‹Hörsensationen›, d.h. affektiv beladene *Katastrophen*-H. oder *Pionier*-H., die u.a. die Polarfahrten oder die Ozeanüberquerungen zum Gegenstand hatten. [49]

Der *Monolog* als solitäre Radiostimme im Diskurs mit dem Radiohörer wurde im internationalen H. früh eingeführt. Aus Frankreich ist in diesem Zusammenhang der Monolog eines Sterbenden – ‹Agonie› (1924) von P. Camille – überliefert; H. Kesser adaptierte seine Erzählung ‹Schwester› (1926) mit den Mitteln des Monologs für das H. und stellte fest: «Der Monolog bietet die Möglichkeit, sich auf die Höhe eines echten und eindrucksvollen Ich-Dramas zu erheben. [...] Und schließlich kommt im Monolog auch das zustande, was ich, um ein Bild von der Filmkunst anzuwenden, eine Großaufnahme nennen möchte, – aber eine Großaufnahme des inneren Menschen, der denkt, fühlt und handelt.» [50] Das Experiment mit einem verschränkten Doppelmonolog unternahm erstmals H. Kasack 1929 in ‹Stimmen im Kampf›. [51]

A. Döblin adaptierte 1930 seinen Berlin-Roman für das Radioprogramm in einer aufwendigen und markanten Produktion, doch kam es in der Weimarer Republik nie zur Ausstrahlung des H. ‹Die Geschichte vom Franz Biberkopf›, eine Produktion, die gleichwohl als Plattenmitschnitt erhalten ist. [52] Die Akzentuierung experimenteller Akzente und die Unterstreichung einer radiospezifischen Hörspielrhetorik ist in der Produktion auffällig. H. Bodenstedt und F. Bischoff und W. Ruttmann experimentierten mit den neuen akustischen Möglichkeiten am nachdrücklichsten. Ruttmanns Studie ‹Weekend› (13.6.1930) verzichtete auf epische Handlungsstränge und operierte im assoziativen Klangraum: «Hauptziel Ruttmanns ist aber die Ausgestaltung des Raums, das Näherkommen und Absterben des Tons. Ruttmann bemüht sich um Dreidimensionalität – der Ton soll sich Raum schaffen.» [53] Die Jahre zwischen 1929 und 1932 sind in der Forschung einheitlich als erster Höhepunkt der deutschen Hörspielgeschichte verstanden worden. Produktionen von E. Johannsen, E. Kästner, H. Kasack, H. Kesser, F. Wolf, A. Schirokauer, W. Benjamin und Brecht dienen als akustische Modelle, die die Diskussion bestimmen. [54]

Vorbereitet durch eine völkisch-nationale Ideologie, die das H. für die Propaganda instrumentalisierte, sorgten H. von E. W. Möller oder H. Ehrke schon vor 1933 für die Abdankung einer autonomen Radiokunst in Deutschland. Die Abschottung des deutschen H. erfolgte nach den sogenannten Säuberungen in den Rundfunkhäusern auch durch die Ausstrahlung von propagandistischen ‹Thingspielen› und ‹H.-Kantaten›, die das nationalsozialistische Gedankengut in pompösen Sendungen zum Inhalt hatten (Autoren: R. Euringer, H. Johst, J. Nierentz, T. Goote, W. Brockmeier, P. Hagen, H. Kyser). Das H. hatte sich der Propagierung des ‹Gemeinschaftserlebnis› und der neuen Schollenromantik verpflichtet. Hörspielautoren wie G. Eich oder F. von Hoerschelmann versuchten abseits des ideologischen Auftrags sich der propagandistischen Vereinnahmung nach Kräften zu entziehen [55]; die erreichten Hörspielergebnisse sind in dieser Hinsicht zwiespältig und weiterhin in der Diskussion. [56] Die Etablierung eines *Science-Fiction*-H., wie in Amerika 1938 spektakulär mit ‹The Invasion from Mars› demonstriert [57], war folgerichtig unter den Bedingungen des NS-Rundfunks nicht denkbar.

Nach 1945 entwickelte sich im geteilten Deutschland

zunächst eine ‹westliche› und eine ‹östliche› Hörspielkultur. Die DDR bezog sich auf das sozialistische Hörspielerbe der Weimarer Republik, auf B. BRECHT, F. WOLF, J. R. BECHER, G. W. PIJET, E. TOLLER u. a. [58] Die staatlich reglementierte und mit Zensur belegte Radiokunst der DDR spiegelte über weite Strecken ‹realistische› Themen und Stoffe, die, anders als im Westen, den introspektiven Diskurs mieden. Internationale Anerkennung des DDR-H. signalisierte der ‹Prix Italia 1977› für ‹Die Grünstein-Variante› von W. KOHLHAASE. Autoren wie G. KUNERT, H. und I. MÜLLER, R. SCHNEIDER, J. WALTHER, S. HERMLIN bestimmten das gefestigte Ansehen des DDR-H. bis Mitte der achtziger Jahre. [59]

Der Auftakt des westdeutschen H. mit BORCHERTS ‹Draußen vor der Tür› (NWDR, 13. 2. 1947), die akustische Abrechnung mit der Vätergeneration des ‹Dritten Reichs›, ist gekennzeichnet durch die Auseinandersetzung mit der Vergangenheit. Klage und Anklage sind im akustischen Raster signifikanter Klänge und Geräusche eingefangen, die *fictio personae* eröffnet einen Tanz der Toten und Lebenden, die den Wechsel der Orte, Beziehungen und Konflikte spielend in das Spektrum der inneren akustischen Bühne einbezieht. [60] EICHS ‹Träume› (NWDR, 19. 4. 1951) galten im Blickwinkel der maßgeblichen ‹Hamburger Schule› unter Hörspieldramaturg H. Schwitzke als die Geburtsstunde des Nachkriegshörspiels schlechthin. Die Verstrickung der Menschen in Schuld verknüpfte Eich mit akustischen Szenarien kollektiver Teilhabe an der Vernichtung des Menschen. Die affektive Komposition bezieht das hörende Individuum als Verursacher des Elends ein. Die *narratio* macht den Hörer zum Komplizen der Schuld. Die Inszenierung (F. Schröder-Jahn) unterstreicht das *genus grande* der Hörspielsprache. Eichs H. wurden später als Radiokunst der ‹Innerlichkeit› in gleicher Weise gefeiert wie getadelt. Doch «der Tendenz zu normativen Urteilsbildungen muß entschieden begegnet werden, um die Möglichkeiten dieser Form nicht einzuschränken», betont Würffel [61] schlüssig. Das H. zwischen 1950 und Mitte 1960 orientierte sich immer wieder an dem von der Kritik gesetzten ‹Eich-Maß›, an einer Hörspielrhetorik introspektiven Zuschnitts. Autoren im Umkreis des ‹Hörspielpreis der Kriegsblinden› setzten Maßstäbe, aber auch solche Autoren, die außerhalb des Preises das dialogische Worthörspiel und den Rekurs auf die deutsche Geschichte exemplarisch vorantrieben: E. WICKERT, W. HILDESHEIMER, L. AHLSEN, H. KASPER, H. BÖLL, P. HIRCHE, W. JENS, H. MÖNNICH u. a. Das H. der ‹Innerlichkeit› und der linearen Hörspielfabel geriet in den Funkhäusern durch die Autoren der 68er-Bewegung (P. O. CHOTJEWITZ, F. MON, L. HARIG, R. WOLF, P. HANDKE, F. KRIWET u. a.) zunehmend in Bedrängnis, obwohl das quantitativ dominierende H. des *genus subtile* oder *genus medium* stets den Hörspielalltag dominierte. H. aus dem Umfeld des *nouveau roman* (M. BUTOR, C. OLLIER, R. PINGET, N. SARRAUTE, J. THIBAUDEAU), deren Ursendungen seit 1961 auch in der ARD stattfanden, beeinflußten maßgeblich die Entwicklung zum Neuen H. in Deutschland, d. h.: «Hörspiel ist für alle diese [französischen, C. H.] Schriftsteller – im Unterschied zu zahlreichen anderen Autoren – keine Frage der akustischen Adaption, der Anpassung ans Ohr: Hörspiel stellt, durch das Problem der Mündlichkeit, ganz neue Aufgaben, die in dieser Art vorher gar nicht möglich waren.» [62] Die Einführung der Stereophonie und die damit verbundene Variabilität des Raumes und seiner darin agierenden Personen erweiterte die rhetorischen Aspekte: Die Gleichzeitigkeit rhetorischer Aktionen und Disputationen ließ sich in neu erschlossenen Hörachsen nahezu beliebig erhöhen. Die damit verbundene Entindividualisierung des sprechenden Subjekts im H. erfuhr eine neue akustische Dimension, JANDL/MAYRÖCKER erprobten die Verfahren signifikant in ‹Fünf Mann Menschen› (1968). Im Neuen H. experimentierten die Autoren mit politischer Sprachkritik einerseits (W. WONDRATSCHEK, K. HOFFER, L. HARIG, P. PÖRTNER, J. CAGE, J. C. WÜHR) und zeigten die Isolierung der Hörer vor dem Massenmedium Radio (W. ADLER, U. WIDMER). «Wer seine Hörer in neue Erfahrungen verstricken, sie in bisher unbekannte Vorstellungsräume einführen, wer Sprachlosigkeit mildern, Abhängigkeiten lockern und Selbständigkeit steigern will, der muß die Wirkung der von ihm gewählten Ausdrucksmittel ständig überprüfen» [63], betont der Autor und Hörspieldramaturg C. BUGGERT. Im Kontext der Sprach- und Ideologiekritik kam es Anfang der siebziger Jahre zu einer Blüte des O-Ton-H. Mit dem neuen Dokumentarismus im H. sollten die ‹Sprachlosen› und Deklassierten – dabei anknüpfend an die Brechtsche «Radiotheorie» – zu einer unverfälschten «nicht-manipulierten» Ausdrucksform finden. «O-Ton», so führte M. Scharang aus, «ist keine Methode, um Literatur zu machen, sondern eine Methode zur Untersuchung der Realität». [64] Die Verfahren des Neuen H. spielen in den achtziger und neunziger Jahren in Deutschland keine entscheidende Rolle mehr. Das traditionelle epische H. ist weiterhin ausschlaggebend in der öffentlich-rechtlichen Radiokunst; trotz des Vormarschs von Fernsehen und privaten Anbietern ist der Bestand der Hörspielsendungen quantitativ nicht gesunken. Der Karl-Sczuka-Preis des SWF scheint im übrigen die experimentelle Verknüpfung von Musik/Klang mit Wort/Sprache in den letzten Jahren vorangetrieben zu haben. Hörspielkompositionen von H. GOEBBELS, R. STECKEL, L. FERRARI, A. AMMER oder J. CAGE belegen die erweiterte rhetorische Sinnlichkeit im H. und den kalkulierten Medientransfer zwischen Musik und Wort, die Symbiose und Vernetzung traditionell getrennter Gattungen und Spielorte. Festzustellen sei, so der Hörspieldramaturg H. Kapfer, ein neues Interesse an «avantgardistischen Hörstücken, musikalischen Adaptionen und jenen Produktionen, die ihren Reiz aus der Auflösung der Scheidelinie zwischen Sprache und Musik beziehen». [65]

Anmerkungen:
1 W. Klippert: Elemente des H. (1977) 15. – **2** vgl. A. P. Frank: Das englische und amerikanische H. (1981) 21. – **3** W. Wondratschek: Paul oder die Zerstörung eines Hörbeispiels, Co-Produktion WDR/BR/HR/SR, Sendung: 6. 11. 1969. – **4** H. Heißenbüttel: Horoskop des H., in: K. Schöning: Neues H., Essays, Analysen, Gespräche (1970) 19. – **5** vgl. C. Timper: Hörspielmusik in der dt. Rundfunkgeschichte (1990); E. Schoen: Musik und H., in: Rundfunk-Jahrbuch (1930) 133–135. – **6** F. Nietzsche: Sämtl. Werke, Krit. Studienausg. (KSA), hg. von G. Colli, M. Montinari (1980) Bd. 4, 346. – **7** vgl. D. Hasselblatt: H. bei Nietzsche und Lessing, in: ders.: Rundfunk und Fernsehen (1958) 391f.; J.-E. Berendt: Das Dritte Ohr. Vom Hören der Welt. (1985). – **8** P. M. Meyer: Die Stimme und ihre Schrift. Die Graphophonie der akustischen Kunst (Wien 1993) 72. – **9** vgl. F. Knilli: Das H. Mittel und Möglichkeiten eines totalen Schallspiels (1961). – **10** V. Gielgud: British Radio Drama, 1922–1956 (London 1957) 48. – **11** D. Cleverdon: The Groth of Milk Wood (New York 1969) 17. – **12** vgl. E. Breitinger: Rundfunk und H. in den USA. 1930–1950 (1992) 11. – **13** vgl. H. S. von Heister: Zur Frage des Sendespiels, in: Der Deutsche Rundfunk (1924) H. 32, 1779;

ders.: Das H. Klangraum – Akustische Kulisse, in: Der Deutsche Rundfunk (1925) H. 16, 993f. ders.: Nochmals: Das H., in: Der Deutsche Rundfunk (1925) H. 40, 2541.; A. Soppe: Der Streit um das H. 1924/25 (1978). – **14** vgl. W. B. Lerg: Rundfunkpolitik in der Weimarer Republik, in: H. Bausch (Hg.): Rundfunk in Deutschland, Bd. 1 (1980) 252ff.; H. Pohle: Der Rundfunk als Instrument der Politik (1955) 47ff. – **15** A. Döblin: Dichtung und Rundfunk. Reden und Gegenreden (1930) 13f. – **16** ebd. 15. – **17** B. Brecht: Vorschläge für den Intendanten des Rundfunks, in: B. Brecht Werke, Bd. 21 (1992) 215. – **18** Brecht hat den Titel des H. in zunehmend kritischer Distanz zur historischen Figur Lindberghs mehrfach geändert: ‹Lindbergh› (1929), ‹Der Lindberghflug› (1929), ‹Der Flug der Lindberghs› (1930), ‹Der Ozeanflug› (1950); vgl. N. Schachtsiek-Freitag: Bertolt Brecht's Beitrag zur Gesch. des dt. H., in: Brecht Heute. Brecht Today. Jb. der Internationalen Brecht-Gesellschaft 2 (1972) 174ff.; C. Hörburger: Das H. der Weimarer Republik. Versuche einer krit. Analyse (1975) 324ff. P. Groth, M. Voigts: Die Entwicklung der Brechtschen Radiotheorie 1927–1932, in: Brecht-Jahrbuch 1976, hg. von J. Fuegi u. a. (1976) 9ff.; P. Groth: H. und Hörspieltheorien in der Weimarer Republik (1980). – **19** B. Brecht: Gesamm. Werke, Bd. 18 (1967) 125f. – **20** A. Schirokauer: Der Kampf um den Himmel, H. in acht Teilen (1931) 6; vgl. ders.: Frühe H., hg. von W. Paulsen (1976). – **21** 3F. Wolf über Rundfunk und H. Aus einem Gespräch mit dem Verfasser von «Cyankali» von K. Walter, in: Schwäbische Thalia der Stuttgarter Dramaturgischen Blätter (1929) Nr. 24, 4. – **22** S. Schiller-Lerg: W. Benjamin und der Rundfunk. Programmarbeit zwischen Theorie und Praxis (1984) 202; vgl. Dt. Rundfunkarchiv (Hg.): Tondokumente des deutschsprachigen H. 1928–1945 (1975); F. Hiesel: Repertoire 999. Literaturdenkmal-H., 2 Bde. (Wien o.J.); H. Schmitthenner: Erste dt. Hörspieldokumente, in: Rundfunk und Fernsehen 26 (1978) 229–249; R. Döhl: Nichtliterarische Bedingungen des H., in: Wirkendes Wort 32 (1982) H. 3 154–179. – **23** H. M. Enzensberger: Baukasten zu einer Theorie der Medien, in: Kursbuch 20 (1970) 159ff.; vgl. Enzensbergers H. ‹Der Tote Mann und der Philosoph› (WDR 1978) ‹Untergang der Titanic› (BR/SDR 1979), ‹Wohnkampf› (WDR 1982). – **24** H. M. Enzensberger: Kursbuch 20 (1970) 186. – **25** R. Kesser: Bemerkungen zum Hör-Drama, in: Die Sendung (1931) Nr. 29, 554. – **26** ebd. 555. – **27** H. Pongs: Das H. (1930) 9. – **28** ebd. 13. – **29** R. Kolb: Das Horoskop des H. (1932) 41. – **30** ebd. 41. – **31** vgl. W. B. Lerg [14] 438ff. – **32** R. Kolb: Der Rundfunk, Vermittler der alten und Schöpfer einer neuen Kultur, in: R. Kolb, H. Siekmeier (Hg.): Rundfunk und Film im Dienste nationaler Kultur (1933) 75. – **33** G. Eckert: Der Rundfunk als Führungsmittel (1941) 136; vgl. W. Wessels: H. im Dritten Reich (1985). – **34** R. Döhl: Das H. zur NS-Zeit (1992). – **35** vgl. H. Jedele: Reproduktivität und Produktivität im Rundfunk (msch. Diss. 1952) 95. – **36** E. Wickert: Die Innere Bühne, in: Akzente (1954) 509. – **37** H. Schwitzke: Das H. Dramaturgie und Gesch. (1963) 303; vgl. ders. (Hg.): Reclams Hörspielführer (1969) 5–20. – **38** zur Entwicklung des H. in der DDR vgl. S. Bolik: Das H. in der DDR. Themen und Tendenzen (1994); P. Gugisch: Ein dreifacher Beginn. Das H. in der DDR, in: C. W. Thomsen, I. Schneider (Hg.): Grundzüge der Gesch. des europäischen H. (1985) 158ff. – **39** H. Hostnig: Überlegungen zum Stereo-H., in: Dt. Akademie der Darstellenden Künste/HR (Hg.): Int. Hörspieltagung (1968) 162; vgl. R. Döhl: Das Neue H., Gesch. und Typologie des H. (^{2}1992); K. Schöning (Hg.): Neues H., Essays, Analysen, Gespräche (1970); ders.: Neues H. O-Ton. Der Konsument als Produzent. Versuche. Arbeitsberichte (1974); ders.: Spuren des Neuen H. (1982). – **40** K. Schöning: Der Konsument als Produzent?, in: ders.: Neues H. O-Ton, 36. – **41** vgl. R. Döhl [39] 138. – **42** M. Kagel, in: H. im Westdt. Rundfunk (1961, 1. Halbjahr) 60. – **43** H. Geerken: Das interaktive H. als nicht-erzählende Radiokunst (1992). – **44** Bayerischer Rundfunk, Hörspiel 1991, 2. Halbjahr, 27f. – **45** H. Geerken [43] 15. – **46** R. Hughes: The Birth of Radio Drama, in: Atlantic Monthly, 200/6 (December 1957) 146. – **47** E. Breitinger [12] 37; vgl. H. P. Prießnitz: Das englische «radio play» seit 1945. Typen, Themen und Formen (1978). – **48** Abdruck in: P. Cusy, G. Germinet: Théâtre Radiophonique (Paris 1926) 39ff.; vgl. R. Richard: Théâtre radiophonique en France, in: Larousse Mensuel (Paris XIII.1952) 63f. – **49** R. Gunolds zunächst zensiertes H. ‹Bellinzona› (1925) zählt dazu, ‹Malmgren› (1929) von E. W. Schäfer, ‹SOS... Rao rao Foyn – "Krassin" rettet "Italia"› (1929) von F. Wolf, ‹Der Lindberghflug› (1929) von B. Brecht, ‹Magnet Pol› (1930) von A. Schirokauer, ‹Station D im Eismeer› (1932) von H. Braun und andere Versuche. – **50** H. Kesser: Bemerkungen zum Hör-Drama, in: Die Sendung 8 (1931) H. 29, 555. – **51** Abdruck in: W. Killy (Hg.): Die dt. Lit. Texte und Zeugnisse. 1880–1933, Bd. 7 (1967) 1019–1028. – **52** vgl. C. Hörburger: Nachtrag zu einer hörspielgeschichtlichen Sensation, in: Funk-Korrespondenz (7. 1. 1981). – **53** W. G. in: Der Dt. Rundfunk H. 21 (23. Mai 1930). – **54** vgl. R. Döhl: Art. ‹H.›, in: Metzler Literatur Lexikon (^{2}1990) 207f. – **55** vgl. die neuerdings kritische Einschätzung der frühen Eich-Hörspiele bei H. – U. Wagner: Kein Ende im «Fall Eich» absehbar, in: Funk-Korrespondenz (1993) Nr. 44, 27f.; M. Hametner: Nicht nur der Vollständigkeit halber. Ein Nachtrag zu Günter Eichs Tätigkeit in Kriegszeiten, ebd. (1995) Nr. 5, 32. – **56** vgl. S. B. Würffel: «... denn heute hört uns Deutschland.» Anmerkungen zum H. im Dritten Reich, in: Literaturwiss. und Sozialwiss. (1981) 129ff.; G. Coumo: Günter Eichs Rundfunkbeiträge in den Jahren 1933–1940, in: Rundfunk und Fernsehen (1984) 83; G. Hay: Rundfunk und H. als «Führungsmittel» des Nationalsozialismus, in: Die dt. Lit. im Dritten Reich, hg. von H. Denkler und K. Prümm (1976) 366f. – **57** vgl. H. Cantril: The Invasion from Mars: A Study in the Psychology of Panic (Princeton 1940; ND New York 1966). – **58** S. B. Würffel: Frühe sozialistische H. (1982); ders.: Die Vergangenheit der Gegenwart. Erinnerungen und Projektion als Kongreßmittel der neueren DDR-H., in: Wirkendes Wort (1982) H. 2. – **59** vgl. S. B. Würffel (Hg.): H. aus der DDR (1982). – **60** vgl. W. Klose: Didaktik des H. (1977) 38. – **61** S. B. Würffel: Das dt. H. (1978) 95. – **62** W. Spies: Der nouveau roman und das H., in: K. Schöning, Neues H. [39] 74. – **63** C. Buggert: Rede zur Verleihung des Hörspielpreis der Kriegsblinden, in: Schöning (Hg.): Schriftsteller und H. (1981) 112. – **64** M. Scharang: O-Ton ist mehr als eine Hörspieltechnik, in: Schöning, Neues Hörspiel O-Ton [39] 271. – **65** H. Kapfer: Sounds like H. Neue Impulse für eine alte Gattung, in: Geerken [43] 112.

C. Hörburger

→ Dialog → Feature → Hörer → Hörfilm → Massenmedien → Monolog → Radiorhetorik

Artikelverzeichnis

Euphemismus
Euphonie
Euphuismus
Eurhythmia → Concinnitas
Evangelium
Evasio
Evidentia, Evidenz
Exaggeratio → Indignatio
Exallage → Alloiosis
Exegese → Schriftauslegung
Exhortatio → Adhortatio
Excitatio
Exclamatio
Exclusio
Excusatio
Exempelsammlungen
Exemplum
Exercitatio
Exergasia
Exkurs
Exordium
Expeditio
Experientia
Explanatio
Explication de texte
Expolitio
Exposition
Expressio
Expressionismus
Exprobratio
Exsecratio
Exsuscitatio → Expolitio
Exzerpt
Fabel
Facetiae
Fachprosa
Fachsprache
Factum → Statuslehre
Fallazien
Familiaritas
Fangfrage, Fangschluß
Farce
Fastidium → Abominatio
Feature
Feedback
Feldherrnrede
Feministische Rhetorik
Fernsehrhetorik
Festivitas → Ornatus
Festrede
Feuilleton
Fibel
Fictio → Fiktion
Fides
Figura etymologica

Figurengedicht
Figurenlehre
Fiktion
Filmrhetorik
Finitio → Definitio; Definition
Flectere → Movere
Flexio → Stimme
Flexus
Flickwörter
Florilegium
Floskel
Flugblatt, Flugschrift
Folgerung
Forensische Beredsamkeit
Forma tractandi, Forma tractatus
Formalismus
Formel
Formelbücher
Formulierungstheorie → Generative Rhetorik
Frage
Frage finite, infinite → Frage
Frage, rhetorische
Fragment
Fremdwort
Frequentatio → Accumulatio; Enumeratio
Freundschaftsalbum
Fucus oratorius
Funeralrhetorik
Fünfsatz
Funktionalstil
Furor poeticus
Fürstenspiegel
Galante Rhetorik
Galimathias
Gattungslehre
Gebärde
Gebet
Gebrauchsliteratur
Gebundene/ungebundene Rede
Geburtstagsrede
Gedankenfigur
Gedenkrede
Geflügelte Worte
Geheimsprache
Gelegenheitsgedicht
Gelegenheitsrede
Gelehrtenliteratur, -sprache
Gelehrtenrepublik
Gemeinplatz → Locus communis
Gemeinwohl
Geminatio
Genera causarum
Genera dicendi → Dreistillehre; Stil; Stillehre
General semantics
Generalia/Specialia

Generative Rhetorik
Genie
Genrestil
Gentilhomme
Gentleman
Genus deliberativum → Politische Rede; Politische Rhetorik
Genus demonstrativum → Epideiktische Beredsamkeit; Lobrede
Genus iudiciale → Forensische Beredsamkeit; Gerichtsrede
Gerichtsrede
Germanistik → Philologie
Gesamtkunstwerk
Gesang
Geschichtsschreibung
Geschmack
Geschmacksurteil
Geselligkeit
Gesellschaft
Gesetz der wachsenden Glieder
Gespräch
Gesprächserziehung
Gesprächsrhetorik
Gesprächsspiel
Gesta
Gestik
Ghostwriter
Glaubwürdige, das
Gleichnis, Gleichnisrede
Glosse
Gnome, Gnomik
Gongorismus
Gorgianische Figuren
Gradatio → Klimax
Grammatik
Grammatikunterricht
Grands rhétoriqueurs
Gravamen
Gravitas → Pathos, Würde
Grazie → Anmut
Gräzismus
Grobianismus
Groteske
Groupe μ
Gründerzeit
Gruppensprache
Gutachten
Gute, das

Gymnasialrede
Gymnasium
Gymnasmata → Progymnasmata, Gymnasmata
Habitus
Hagiographie
Handlungstheorie
Harmonie
Häßliche, das
Heiligenlegende → Hagiographie; Legende
Heilige Sprachen
Heldenlied → Chanson de geste
Hellenismus
Hendiadyoin
Hermeneutik
Hermeneutischer Zirkel
Hermetik → Manierismus; Obscuritas
Herrscherlob
Heteroiosis → Alloiosis
Heteronymie
Heuresis → Inventio
Hiat
Hierarchien
Historia
Historiographie → Geschichtsschreibung
Historismus
Hochsprache
Hochzeitsrede
Hodegetik
Höfische Rhetorik
Höflichkeit
Hofmann
Homiletik
Homilie
Homoiologia → Homoeideia
Homologia → Konvenienz
Homme de lettres
Homoeideia
Homoioprophoron
Homoioptoton
Homoioteleuton
Homonymie
Homophonie
Honestum
Honnête homme
Hörer
Hörfilm
Horismos → Definition
Hörspiel

Autorenverzeichnis

Adamietz, Joachim (Fides: Antike)
Asmuth, Bernhard (Gebundene/ungebundene Rede)
Barnett, Dene (Gestik)
Barthel, Georges (Explication de texte)
Becker, Hans-Jürgen (Forensische Beredsamkeit)
Beetz, Manfred (Höflichkeit)
Berger, Dieter A. (Gentleman)
Bernecker, Roland (Gruppensprache; Handlungstheorie)
Bernt, Günter (Hagiographie: Lat. MA)
Biermann, Martin (Homoioptoton)
Binder, Vera (Floskel)
Blasberg, Cornelia (Gründerzeit)
Braungart, Georg (Höfische Rhetorik)
Briesemeister, Dietrich (Gongorismus: Rhetorik, Poetik)
Buchheim, Thomas (Gorgianische Figuren)
Celentano, Maria S. (Homoeideia)
Chico-Rico, Francisco (Homoioteleuton)
Coenen, Hans-Georg (Gedankenfigur; Hierarchien)
Daxelmüller, Christoph (Exempelsammlungen)
Dietl, Cora (Euphemismus)
Dietz, Richard (Formel)
Döhl, Reinhard (Hörfilm)
Drux, Rudolf (Gelegenheitsgedicht)
Eco, Umberto (Geheimsprache)
Eggs, Ekkehard (Grammatik)
Eigenwald, Rolf (Festrede)
Engels, Johannes (Genera causarum; Gymnasium: Geschichte)
Erhart, Walter (Expressionismus)
Evers, Dirk (Gebet)
Eybl, Franz (Funeralrhetorik)
Febel, Gisela (Figurengedicht; Flickwörter)
Fichte, Joerg O. (Exposition)
Fick, Monika (Geschmack; Geschmacksurteil)
Fix, Ulla (Funktionalstil)
Frickenschmidt, Dirk (Evangelium)
Fürbeth, Frank (Grobianismus)
Gast, Wolfgang (Generalia/Specialia)
Geißner, Hellmut (Fünfsatz; Gesprächserziehung; Gesprächsrhetorik; Gesprächsspiel)
Geus, Klaus (Evasio; Exclusio)
Gondos, Lisa (Facetiae)
Göttert, Karl-Heinz (Geselligkeit)
Grondin, Jean (Hermeneutik)
Gutknecht, Dieter (Gesang: Barock und frühes 18. Jh.)
Haage, Bernhard F. (Fachprosa)
Haas, Elke (Hochsprache)
Hambsch, Björn (Feldherrnrede; Galimathias; Herrscherlob)
Harth, Dieter (Geschichtsschreibung)
Harzer, Friedmann (Höfische Rhetorik)
Häseler, Jens (Homme de lettres)
Haspel, Michael (Fides: Christentum; Gedenkrede)
Hasubek, Peter (Fabel)
Haueis, Eduard (Fibel)
Heininger, Bernd (Gleichnis, Gleichnisrede)
Hess, Peter (Galante Rhetorik)
Hess-Lüttich, Ernest W. B. (Gespräch)
Hilgendorff, Wilhelm (Gelegenheitsrede)
Hinz, Manfred (Hofmann)
Hirschmann, Wolfgang (Harmonie)
Hohmann, Hanns (Gerichtsrede)
Holly, Werner (Fernsehrhetorik)
Hörburger, Christian (Hörspiel)
Huber, Peter (Gelehrtenrepublik)
Hummel, Adrian (Geflügelte Worte; Gnome, Gnomik: Geschichte)
Isenmann, Eberhard (Gravamen)
Jacob, Roger (Exergasia; Expolitio; Excerpt; Gräzismus)
Joseph, John E. (General semantics)
Kalivoda, Gregor (Feedback: Kommunkation; Formalismus: Def., Rhetorik; Gnome, Gnomik: England; Gongorismus: Def.; Grammatikunterricht; Gymnasium: Def.; Heilige Sprachen: Def.)
Kelly, Douglas (Explanatio; Forma tractandi; Gesta)
Kemman, Ansgar (Evidentia, Evidenz; Fides: Rechtswesen; Gutachten)
Kern, Manfred (Hodegetik)
Klarer, Mario (Formalismus: Philosophie u. Literaturwiss., Russischer Formal.)
Klein, Josef (Exemplum)
Klinkert, Thomas (Excusatio; Gesetz der wachsenden Glieder)
Klose, Wolfgang (Freundschaftsalbum)
Knape, Joachim (Figurenlehre; Historia)
Knoblauch, Hubert (Gattungslehre: Kommunikationswissenschaft)
Komfort-Hein, Susanne (Gattungslehre: Poetik, Rhetorik)
Košenina, Alexander (Gebärde; Habitus)
Krämer, Jörg (Euphonie: Musik)
Kratschmer, Alexandra (Heteronymie; Homonymie; Homophonie)
Kraus, Manfred (Exercitatio)
Krones, Hartmut (Gesang: 1750 – Gegenwart)
Lay, Rupert (Folgerung)
Lindner, Hermann (Genrestil: Roman. Sprachraum)
Lohmeier, Anke-Marie (Filmrhetorik)
Löhner, Michael (Fallazien; Fangfrage, Fangschuß)
Lomiento, Liana (Hiat; Homoioprophoron)
Mai, Hans-Peter (Euphuismus)
Mainberger, Gonsalv K. (Glaubwürdige, das; Gute, das)
Malinar, Angelika (Heilige Sprachen: Vedische Relig.)
Matuschek, Stefan (Exkurs)
Mayer, Heike (Figura etymologica)
Mielke, Ulrike (Ghostwriter)

Möllendorff, Peter von (Familiaritas; Hendiadyoin)
Müller, Hans M. (Homiletik)
Müller, Jan-Dirk (Gebrauchsliteratur)
Neuber, Wolfgang (Gymnasialrede)
Neumann, Johanna (Furor poeticus; Hochzeitsrede)
Neumann, Uwe (Gesellschaft)
Neuwirth, Angelika (Heilige Sprachen: Islam)
Niefanger, Dirk (Gelehrtenliteratur, -sprache; Historismus)
Niemöller, Klaus Wolfgang (Gesang: Antike, Mittelalter, Humanismus und Renaissance)
Ostermann, Eberhard (Fragment)
Ostheeren, Klaus (Generative Rhetorik; Groupe µ)
Pekar, Thomas (Feature)
Peters, Günther (Genie)
Philipp, Michael (Fürstenspiegel)
Riedl, Rita (Euphonie: Antike, Feedback: Def., Kybernetik)
Robling, Franz-Hubert (Excerpt; Fucus oratorius)
Rohmer, Ernst (Glosse)
Rommel, Bettina (Grands rhétoriqueurs)
Roth, Oskar (Gentilhomme; Honnête homme)
Schanze, Helmut (Gesamtkunstwerk)
Schenkeveld, Dirk-Marie (Hellenismus)
Schiffer, Elisabeth (Hagiographie: Def., Byzanz)
Schirren, Thomas (Expeditio)
Schneider, Jakob H. J. (Expressio)
Schoenthal, Gisela (Feministische Rhetorik)
Schöpsdau, Klaus (Exordium; Frage, rhetorische)
Sentker, Andreas (Geburtstagsrede)
Sieber, Armin (Florilegium)
Sowinski, Bernhard (Genrestil: Def., Antike, Mittelalter, Neuzeit)
Spillner, Bernd (Fachsprache)
Stammen, Theo (Fürstenspiegel)
Steiger, Thomas (Homilie)
Stengl, Britta K. (Formelbücher)
Stieglitz, Uwe (Hermeneutischer Zirkel)
Till, Dietmar (Exclamatio; Exsecratio; Geminatio)
Todorow, Almut (Feuilleton)
Tröger, Thilo (Fremdwort)
Tschopp, Silvia S. (Flugblatt, Flugschrift)
Umbach, Silke (Euphonie: Def., Mittelalter–Gegenwart)
Usener, Sylvia (Hörer)
Valenti, Rossana (Excitatio; Exprobratio)
Veit, Walter F. (Frage)
Vogt, Hermann-Josef (Heilige Sprachen: Christentum)
Vollmann, Konrad (Hagiographie: Lat. MA)
Vollrath, Ernst (Gemeinwohl)
Walter, Uwe (Experientia; Flexus)
Weisstein, Ulrich (Farce; Groteske)
Wilke, Brigitte (Honestum)
Zelle, Carsten (Häßliche, das)
Zinsmaier, Thomas (Fiktion; Honestum)

Übersetzerinnen

Gondos, Lisa (L. G., engl.)
Katzenberger, Andrea (A. Ka., ital.)
Merger, Andrea (A. M., frz.)

Nurmi-Schomers, Susan (SNS, engl.)
Wawerla, Gabriele (G. W., span.)

Zur formalen Gestaltung

I. Titel

Angeführt ist das Stichwort und – wenn vorhanden – Synonym(e) und fremdsprachige Entsprechungsbegriffe.
In Doppel- und Mehrfachtiteln werden die Stichwörter, wenn sie Gegensätze bezeichnen, durch Schrägstrich, wenn sie einander ergänzen, durch Komma getrennt:

[1] ADVOCATUS DEI/ADVOCATUS DIABOLI
[2] WAHRHEIT, WAHRSCHEINLICHKEIT

Die Anfangsbuchstaben Ä, Ö, Ü (nicht aber Ae, Oe, Ue) der Titelstichwörter werden alphabetisch wie A, O, U behandelt.

II. Text

1. Artikelstruktur

Alle Artikel sind in einen Definitionsteil (**A.**) und einen historischen Teil (**B.**) unterteilt. Der historische Teil kann weiter nach Epochen bzw. Jahrhunderten gegliedert sein (**I./II./III.** usw.).
Bei Stichwörtern, deren historischer Teil kürzer ausfällt, da sie z. B. keine reine chronologische Darstellung erlauben, ist eine Gliederung nach anderen Gesichtspunkten möglich.

Beispiele: **Annonce**
A. Def. – B. Anwendungsbereiche. – C. Historische Entwicklung

Byzantinische Rhetorik
A. Def. – B.I. Antike Vorgeschichte. – II. Theorie und Praxis. – III. Mimesis. – IV. Literarische Gattungen. – V. Zum Verständnis der Byzantinischen Rhetorik heute.

2. Hervorhebungen, Eigennamen, Begriffe

Fettdruck ist nur für das Stichwort am Anfang des Artikels sowie für die Gliederungsbuchstaben und -ziffern (**A., I.**) am Beginn eines neuen Abschnitts vorgesehen.
Kapitälchen werden nur zur Hervorhebung von Eigennamen verwendet, und zwar nur dann, wenn diese Eigennamen in einem Gedankengang zum ersten Mal vorkommen.
Nicht in Kapitälchen werden die Verfasser von Untersuchungen zum Gegenstand des Artikels gesetzt.
Kursivierung wird verwendet, um die besondere Bedeutung eines Wortes oder Begriffes im Rahmen der Darstellung hervorzuheben. Kursiv gesetzt sind besonders die lateinischen rhetorischen Begriffe.

Kursive Wörter übernehmen im fortlaufenden Text auch die Funktion von Zwischenüberschriften. Vor allem bei kürzeren Artikeln ohne Inhaltsübersicht (also bei Definitions- und größtenteils Sachartikeln) dient die Kursivierung der Zeit- bzw. Epochenangaben auch zur historisch-chronologischen Gliederung des Artikels.
Bei bekannten Autoren ist nur der Nachname angegeben (GOETHE, HEGEL, GOTTSCHED, NIETZSCHE).
Bei weniger bekannten Autoren und wenn Verwechslungsmöglichkeiten bestehen, wird der Nachname durch die vorangestellten Initialen der Vornamen (T. HEINSIUS, A. MÜLLER, W. SCHLEGEL) ergänzt.
Die Schreibweise von Autorennamen (Altertum und Mittelalter) richtet sich nach:

TUSCULUM-LEXIKON griech. und lat. Autoren des Altertums und des Mittelalters, hg., neu bearbeitet und erweitert von Wolfgang Buchwald u. a. (München ^{3}1982).

Lateinische und griechische Begriffe werden, außer am Satzanfang, klein geschrieben.
Bei der ersten Nennung sind griechische Begriffe in griechischen Buchstaben abgedruckt. Unmittelbar nach dem griechischen Wort steht in Klammern die lateinische Umschrift und eventuell die deutsche Bedeutung.

Beispiel: ὁρισμός (horismós, Definition)

In der Umschrift wird die Betonung stets durch (´) angezeigt.

Beispiel: ῥητορικὴ τέχνη (rhētoriké téchnē)

3. Zitierweise, Anmerkungen

Zitate stehen nun in «doppelten» Anführungszeichen. Für Zitate im Zitat werden ”doppelte hochgestellte“ Anführungszeichen verwendet.
‹Einfache› Anführungszeichen werden nur für Werktitel sowie Teil- und Kapitelüberschriften von Werken verwendet. Außerdem dienen sie zur Kennzeichnung dafür, daß ein Wort als ‹Begriff› gebraucht wird.
Einfügungen [Erläuterungen] des Autors innerhalb eines Zitates werden in **[eckige Klammern]** gesetzt. Auslassungen in Zitaten werden durch drei Punkte in eckigen Klammern [...] markiert.
Anmerkungen und Literaturhinweise befinden sich am Ende des Artikels. Bei größeren Artikeln können sie auch längere Unterkapitel abschließen. Wenn sich eine spätere auf eine frühere, nicht unmittelbar vorausgehende Anmerkung bezieht, wird nur der Autor und die Ziffer der früheren Anmerkung angegeben:

Anmerkungen:
1 H. Lausberg: Hb. der lit. Rhet. (^{3}1990) § 27. – ... **5** Lausberg [1] § 90. – ...

Der Verlagsort ist nur dann angegeben, wenn das Werk *nicht* in der Bundesrepublik Deutschland oder der ehemaligen DDR erschienen ist.

4. Abkürzungen

Im laufenden Text werden nur das *Titelstichwort* und das Wort *Jahrhundert* abgekürzt (Ausnahmen sind Abbreviaturen wie z. B., etc., usw.). Die Flexion ist in den Abkürzungen nicht markiert. Für die Abkürzungen im Literatur- und Anmerkungsapparat gilt das nachfolgende Abkürzungsverzeichnis.

5. Übersetzungen

Jedem fremdsprachigen Zitat ist eine Übersetzung angefügt, wenn der Sinn nicht aus dem Kontext hervorgeht. Sofern nicht anders angegeben, stammt die Übersetzung vom Verfasser des Artikels oder aus den unten genannten Werkausgaben.

Fremdsprachige Artikel wurden ins Deutsche übertragen. Die Übersetzerkürzel sind mit Schrägstrich dem Autorennamen angefügt (vgl. Übersetzerverzeichnis).

III. Abkürzungen

1. Werkausgaben und Textsammlungen

Alkuin	Alkuin (= Albinus), Disputatio de rhetorica et de virtutibus, in: Rhet. Lat. min., p. 523–550
Arist. EN	Aristoteles, Ethica Nicomachea
Arist. Poet.	Aristoteles, De arte poetica
	Übers.: Aristoteles: Poetik. Griech.-dt., hg. und übers. von M. Fuhrmann (Stuttgart 1982)
Arist. Pol.	Aristoteles, Politica
Arist. Rhet.	Aristoteles, Ars rhetorica
	Übers.: Aristoteles: Rhetorik. Übers. und erl. von F. G. Sieveke (München [4]1993)
Auct. ad Alex.	Pseudo-Aristoteles, Rhetorica ad Alexandrum
	Übers.: Die Lehrschriften, hg., übertragen und in ihrer Entstehung erl. von P. Gohlke, 3,3: Rhetorik an Alexander (Paderborn 1959)
Auct. ad Her.	Auctor ad Herennium
Aug. Doctr.	Augustinus, De doctrina christiana
	Übers.: Vier Bücher über die christliche Lehre, in: Des Hl. Kirchenvaters A. A. ausgew. prakt. Schriften/homilet. und katechet. Inhalts; aus dem Lat. übers. und m. Einl. vers. von S. Mitterer (= Bibl. der Kirchenväter Bd. 49) (München 1925) 6–225
Aug. Rhet.	Pseudo-Augustinus, De rhetorica liber, in: Rhet. Lat. min., p. 135–151
Cassiod. Inst.	Magnus Aurelius Cassiodorus, Institutiones divinarum et saecularium litterarum, ed. R.A.B. Mynors (Oxford 1961)
Cic. Brut.	Cicero, Brutus
	Übers.: Cicero: Brutus. Lat.-dt., übers. und erl. von B. Kytzler (Darmstadt [4]1990)
Cic. De inv.	Cicero, De inventione
Cic. De or.	Cicero, De oratore
	Übers.: Cicero: De oratore. Lat.-dt., übers. und hg. von H. Merklin (Stuttgart [2]1986)
Cic. Or.	Cicero, Orator
	Übers.: Cicero: Orator. Lat.-dt., übers. und erl. von B. Kytzler (Darmstadt [3]1988)
FDS	Die Fragmente zur Dialektik der Stoiker. Neue Sammlung der Texte mit dt. Übers. und Kommentaren von K. Hülser, 4 Bde. (Stuttgart–Bad Cannstatt 1987/88)
Fortun. Rhet.	Consulti Fortunatiani Ars rhetorica, hg. und komm. von L. Calboli Montefusco (Bologna 1979)
Gramm. Graec.	Grammatici Graeci, edd. R. Schneider, G. Uhlig et al., 4 Teile in 11 Bdn. (Leipzig 1878–1910)
Gramm. Lat.	Grammatici Latini, ed. H. Keil, 8 vol. (Leipzig 1855–80; ND Hildesheim 1961)
Hermog. Prog.	Hermogenes, Progymnásmata, in: Rhet. Graec. VI, ed. H. Rabe (Leipzig 1913) p. 1–27
Hermog. Stat.	Hermogenes, Perí stáseōn, in: Rhet. Graec. VI, ed. H. Rabe (Leipzig 1913) p. 28–92
Isid. Etym.	Isidorus Hispalensis episcopus (= Isidor von Sevilla), Etymologiarum sive originum libri XX, ed. W. M. Lindsay (Oxford 1911; [9]1991)
Isocr. Epist.	Isocrates, Epistulae
Isocr. Or.	Isocrates, Orationes
Iul. Vict.	C. Iulii Victoris ars rhetorica, edd. R. Giomini, M. S. Celentano (Leipzig 1980)
KU	I. Kant, Kritik der Urteilskraft (Königsberg 1790, [2]1793)
Mart. Cap.	Martianus Capella, De nuptiis Mercurii et Philologiae, ed. J. Willis (Leipzig 1983)
MG	J. P. Migne (Ed.): Patrologiae cursus completus, Series Graeca 1–167 (mit lat. Übers.) (Paris 1857–1866)
MGH. Poet.	Poetae Latini medii aevi = Die lateinischen Dichter des deutschen Mittelalters/Monumenta Germaniae Historica (Berlin/Weimar/München 1880ff.)

ML	J. P. Migne (Ed.): Patrologiae cursus completus, Series Latina 1−217 (218−221 Indices) (Paris 1841−1864)
Plat. Gorg.	Platon, Gorgias
Plat. Phaidr.	Platon, Phaidros
Plat. Pol.	Platon, Politeia
Ps.-Long. De subl.	Pseudo-Longinos, De sublimitate Übers.: Pseudo-Longinos: Vom Erhabenen. Griech.-dt., übers. und hg. von R. Brandt (Darmstadt 1966)
Quint.	Quintilian, Institutio oratoria Übers.: Quintilianus, Marcus Fabius: Institutionis oratoriae libri XII. Ausbildung des Redners, 12 Bücher. Lat.-dt., übers. und hg. von H. Rahn, 2 Bde. (Darmstadt ^{3}1995)
Rhet. Graec. Sp.	Rhetores Graeci, ed. L. Spengel, 3 vol. (Leipzig 1853−1856; ND Frankfurt/M. 1966)
Rhet. Graec. Sp.-H.	Rhetores Graeci ex recog. L. Spengel, ed. C. Hammer, vol. I, pars II (Leipzig 1894)
Rhet. Graec. W.	Rhetores Graeci, ed. C. Walz, 9 vol. (Stuttgart/Tübingen 1832−1836; ND Osnabrück 1968)
Rhet. Lat. min.	Rhetores Latini minores, ed. C. Halm (Leipzig 1863; ND Frankfurt/M. 1964)
Sulp. Vict.	Sulpitii Victoris institutiones oratoriae, in: Rhet. Lat. min., p. 311−352
SVF	Stoicorum veterum fragmenta collegit I. ab Arnim, 4 Bde. (Leipzig ^{2}1921−1923)
Tac. Dial.	Tacitus, Dialogus de oratoribus
VS	H. Diels, W. Kranz (Hg.): Die Fragmente der Vorsokratiker, griech.-dt., 3 Bde. (Berlin ^{13}1968)

2. Lexika und Handbücher

ANRW	Aufstieg und Niedergang der römischen Welt, hg. von H. Temporini und W. Haase, Bd. I, 1 ff. (Berlin/New York 1972 ff.)
Grimm	J. und W. Grimm, Deutsches Wörterbuch (Leipzig 1854 ff.; ND München 1984, Neubearbeitung Leipzig ^{2}1983 ff.)
HWPh	Historisches Wörterbuch der Philosophie, hg. von J. Ritter und K. Gründer (Darmstadt 1971 ff.)
HWR	Historisches Wörterbuch der Rhetorik, hg. von G. Ueding (Tübingen 1992 ff.)
LAW	Lexikon der Alten Welt, hg. von C. Andresen u. a. (Zürich/Stuttgart 1965; ND Stuttgart 1990)
LGL^2	Lexikon der germanistischen Linguistik, hg. von H. P. Althaus, H. Henne und H. E. Weigand (Tübingen ^{2}1980)
LMA	Lexikon des Mittelalters (München/Zürich 1980 ff.)
LThK^2, LThK^3	Lexikon für Theologie und Kirche, hg. von J. Höfer und K. Rahner (Freiburg ^{2}1957 ff.). Neubearb. und hg. von W. Kasper u. a. (Freiburg ^{3}1993 ff.)
LRL	Lexikon der romanistischen Linguistik, hg. von G. Holtus, M. Metzeltin und C. Schmitt (Tübingen 1988 ff.)
MGG, MGG^2	Die Musik in Geschichte und Gegenwart, hg. von F. Blume (Kassel/Basel 1949 ff.). Neubearb. und hg. von L. Finscher (Kassel/Stuttgart ^{2}1994 ff.)
RAC	Reallexikon für Antike und Christentum, hg. von T. Klauser, E. Dassmann u. a. (Stuttgart 1950 ff.)
RDK	Reallexikon zur deutschen Kunstgeschichte, hg. von O. Schmitt, fortgeführt von E. Gall, ab Bd. 6 hg. vom Zentralinstitut für Kunstgeschichte München (München 1937 ff.)
RDL^2	Reallexikon der deutschen Literaturgeschichte, hg. von W. Kohlschmidt, W. Mohr u. a. (Berlin ^{2}1958 ff.)
RE	Paulys Realencyclopädie der classischen Altertumswissenschaft. Neubearb. und hg. von G. Wissowa, W. Kroll u. a., Reihe 1.2. [nebst] Suppl. 1 ff. (Stuttgart 1893 ff.)
RGG^3	Religion in Geschichte und Gegenwart, hg. von H. von Camphausen, E. Dinkler u. a. (Tübingen ^{3}1957−65; ND Tübingen 1986)
TRE	Theologische Realenzyklopädie, hg. von G. Krause und G. Müller (Berlin/New York 1976 ff.)

3. Periodika

AAA	Arbeiten aus Anglistik und Amerikanistik, Tübingen
ABg	Archiv für Begriffsgeschichte, Bonn
AGPh	Archiv für Geschichte und Philosophie, Berlin
AL	American Literature, Duke University Press
AS	American Speech, University of Alabama
BRPh	Beiträge zur romanischen Philologie, Berlin
Cel	Communication et langages, Paris
CM	Communication monographs, Falls Church, Virg.

CQ	Communication quarterly, West Chester, Pa.
DS	Deutsche Sprache, München
DU	Der Deutschunterricht, Stuttgart
DVjs	Deutsche Vierteljahresschrift für Literaturwissenschaft und Geistesgeschichte, Halle 1923 ff., Stuttgart 1949 ff.
Euph	Euphorion. Zeitschrift für Literaturgeschichte, Heidelberg
Fol	Folia linguistica, Berlin
GRM	Germanisch-Romanische Monatsschrift, Heidelberg 1909 ff.
IdS	Forschungsberichte des Instituts für deutsche Sprache, Mannheim
IJSL	International Journal of the Sociology of Language, The Hague
JbIG	Jahrbuch für Internationale Germanistik, Frankfurt
JPr	Journal of Pragmatics, Amsterdam
Lang	Languages, Paris
LBi	Linguistica Biblica, Bonn
LPh	Linguistics and Philosophy, Dordrecht
Ling	La Linguistique, Paris
LiS	Language in Society, London
LiLi	Zeitschrift für Literaturwissenschaft und Linguistik, Göttingen
LS	Language et société, Paris
Mind	Mind. A Quarterly Review of Psychology and Philosophy, Oxford
Mu	Muttersprache, Wiesbaden
NPhM	Neuphilologische Mitteilungen, Helsinki
PhR	Philosophische Rundschau, Tübingen
PaR	Philosophy and Rhetoric, University Park, Pa.
Poetica	Poetica, München
Poetics	Poetics, Amsterdam
Poetique	Poetique, Paris
Publ	Publizistik, Konstanz
RF	Romanische Forschungen, Frankfurt
Rhetorica	Rhetorica, Berkeley, Ca.
Rhetorik	Rhetorik, Stuttgart 1980 ff. und Tübingen 1986 ff.
RJB	Romanistisches Jahrbuch, Berlin/New York
Rom	Romania, Paris
SC	Speech Communication, Amsterdam
SdF	Studi di filologia italiana, Firenze
Sem	Semiotica, The Hague
StL	Studium Linguistik, Kronberg
SuL	Sprache und Literatur in Wissenschaft und Unterricht, Paderborn
SuS	Sprache und Sprechen, München/Basel
WJS	Western Journal of Speech Communication, Portland
Word	Word, New York
WW	Wirkendes Wort, Düsseldorf
ZDPh	Zeitschrift für deutsche Philologie, Berlin
ZDS	Zeitschrift für deutsche Sprache, Berlin
ZfG	Zeitschrift für Germanistik, Berlin
ZGL	Zeitschrift für germanistische Linguistik, Berlin
ZPSK	Zeitschrift für Phonetik, Sprachwissenschaft und Kommunikationsforschung, Berlin
ZRPh	Zeitschrift für romanische Philologie, Tübingen
ZS	Zeitschrift für Sprachwissenschaft, Göttingen

4. Häufig verwendete Abkürzungen

Abh.	Abhandlung(en)	Anm.	Anmerkung(en)
Abschn.	Abschnitt	Anon.	Anonymus
Abt.	Abteilung	Anthropol., anthropol.	Anthropologie, anthropologisch
adv.	adversus		
ästhet.	ästhetisch	Anz.	Anzeiger
ahd.	althochdeutsch	Arch.	Archiv(es)
Akad., akad.	Akademie, akademisch	Art.	Artikel
allg.	allgemein	Ass.	Association
alttest.	alttestamentlich	AT	Altes Testament
amerik.	amerikanisch	Aufl.	Auflage
Amer.	American	Ausg.	Ausgabe
Anal.	Analyse, Analytica	ausg. Schr.	ausgewählte Schriften
angels.	angelsächsisch	B.	Buch

Abkürzungen

Bd.	Band
Bed.	Bedeutung
Beih.	Beiheft
Ber.	Bericht
bes.	besonders
Bespr.	Besprechung
Bez.	Bezeichnung
Bibl.	Bibliothek
Bibliogr., bibliogr.	Bibliographie, bibliographisch
bild. Kunst	bildende Kunst
Biogr., biogr.	Biographie, biographisch
Bl., Bll.	Blatt, Blätter
Br.	Briefe
byzant.	byzantinisch
c.	caput, capitulum
chin.	chinesisch
conc.	concerning
corp.	corpus
Darst.	Darstellung
Dial., dial.	Dialektik, dialektisch
dicht.	dichterisch
Dict.	Dictionnaire, Dictionary
Diss.	Dissertatio(n)
dt.	deutsch
ebd.	ebenda
Ed., ed.	Editor, edited (lat. editio, edidit)
ehem.	ehemalig
Einf.	Einführung
Einl.	Einleitung
eingel.	eingeleitet
engl.	englisch
Enzyklop., enzyklop.	Enzyklopädie, enzyklopädisch
Ep.	Epistula(e)
Erg. Bd.	Ergänzungsband
Erl., erl.	Erläuterung, erläutert
etym.	etymologisch
ev.	evangelisch
fol.	folio
Frg.	Fragment
frz.	französisch
FS	Festschrift für ...
G.	Giornale
gen.	genannt
gén.	général(e)
german.	germanisch
germanist.	germanistisch
Gesamm. Schr.	Gesammelte Schriften
Ges.	Gesellschaft
Gesch., gesch.	Geschichte, geschichtlich
griech.	griechisch
GW.	Gesammelte Werke
H.	Heft
Hb.	Handbuch
hebr.	hebräisch
Hg., hg.	Herausgeber, herausgegeben
hist.	historisch
Hs., Hss.	Handschrift, Handschriften
idg.	indogermanisch
int.	international
Int.	Introductio(n)
interpr.	interpretiert
ital.	italienisch
J.	Journal(e)
Jb.	Jahrbuch
Jg.	Jahrgang
Jh.	Jahrhundert
Kap.	Kapitel
kath.	katholisch
Kl.	Klasse
klass.	klassisch
krit.	kritisch
lat.	lateinisch
Lex.	Lexikon
lib.	Liber
ling.	Lingua
Lit., lit.	Literatur, literarisch
Lit.gesch.	Literaturgeschichte
MA, ma.	Mittelalter, mittelalterlich
Med(it).	Meditationes
Met.	Metaphysik
Mh.	Monatshefte
mhd.	mittelhochdeutsch
Mitt.	Mitteilungen
mlat.	mittellateinisch
Ms., Mss.	Manuskript, Manuskripte
Msch., msch.	Maschinenschrift, maschinenschriftlich
Mus.	Museum
nat.	national
ND	Nachdruck
NF	Neue Folge
nhd.	neuhochdeutsch
nlat.	neulateinisch
NT	Neues Testament
p.	pagina
Päd., päd.	Pädagogik, pädagogisch
Philol., philol.	Philologie, philologisch
Philos., philos.	Philosophie, philosophisch
post.	posteriora
pr.	priora
Pr.	Predigt
prakt.	praktisch
Proc.	Proceedings
Prol.	Prolegomena
Prooem.	Prooemium
prot.	protestantisch
Ps	Psalm
Psychol., psychol.	Psychologie, psychologisch
publ.	publiziert
quart.	quarterly
quodl.	quodlibetalis, quodlibetum
r.	recto (fol. 2r = Blatt 2. Vorderseite)
Rdsch.	Rundschau
Red.	Redaktion
red.	redigiert
Reg.	Register
Rel.	Religion
Rev.	Revue
Rez.	Rezension
Rhet., rhet.	Rhetorik, rhetorisch
russ.	russisch
S.	Seite
Sber.	Sitzungsbericht(e)
Schr.	Schrift(en)
Sci.	Science(s)
Slg., Slgg.	Sammlung(en)
Soc.	Sociéte, Society
Soziol., soziol.	Soziologie, soziologisch
Sp.	Spalte
span.	spanisch

Sprachwiss.	Sprachwissenschaft	Verf.	Verfasser(in)
Stud.	Studie(n)	Verh.	Verhandlungen
Suppl.	Supplement (um)	Vjschr.	Vierteljahresschrift
s.v.	sub voce	Vol.	Volumen
systemat.	systematisch	Vorles.	Vorlesung
T.	Teil	WA	Weimarer Ausgabe
Theol., theol.	Theologie, theologisch	Wtb.	Wörterbuch
Trad., trad.	Tradition, traditionell	Wiss., wiss.	Wissenschaft(en), wissenschaftlich
u.a.	und andere		
UB	Universitätsbibliothek	Wschr.	Wochenschrift
Übers., übers.	Übersetzung, übersetzt	Z.	Zeile
übertr.	übertragen	zit.	zitiert nach
Univ.	Universität	Zs	Zeitschrift
Unters.	Untersuchung(en)	Ztg.	Zeitung
v.	verso (fol. 2v = Blatt 2. Rückseite)		

Corrigenda zu Band 1
(Nachtrag)

In den folgenden Spalten muß es richtig heißen:

1. Artikel:
- 43 Actio, 2. Zeile: ... frz. action, prononciation...
- 64 14. Zeile von unten: das sich ...
- 68 Literaturhinweise, 6. Zeile: ... Abbé Dinouart: L'Eloquence du corps dans le ministère de la Chaire ou l'action du prédicateur (Paris 1754). – ...
- 149 Text, 11. Zeile von unten: ... AULUS GELLIUS ...
- 199 Verweise: → Amphibolie, Ambiguität ...
- 209 Anm. 59: ... the Arts of ...
- 226 Anm. 3: ... In Defence of ... (ebenso in 795: Anm. 19 und 836: Literaturhinweise, 5. Zeile)
- 236 9. Zeile von unten: ... elles se présentent ...
- 253 Affictio, 14.–17. Zeile: ... (Schésis ist eine der Anthypophora nächststehende Figur, mit welcher wir einen beliebigen Affekt der Gegner fingieren, auf den wir dann antworten ...
- 254 32.–35. Zeile: ... (Redefiguren liegen dann vor, wenn der Redner sich auf vielfache Weise wendet, ... daß er gleichsam auf seine eigene Frage antwortet) ...
- 363 6. Zeile von unten: ... J. CHAPELAIN ...
- 364 34. Zeile: ... A. HOUDART DE LA MOTTE
- 406 Alliteration, 5. Zeile: ... Dichter des 15./16. Jh....
- 407 25./26. Zeile: ... (von Kassandra prophezeites Geschick).
- 409 20. Zeile von unten: ... in Anlautstellung 5. Zeile von unten: ... swertes swanc» ...
- 410 Anm. 4: vgl. G. N. Leech ...
- 420 Anm. 1: ... F. de Saussure ...
- 482 Anaklasis, 1. Zeile: ... auch ἀντανάκλασις ...
- 536 Anm. 18: ... Mission, in: G. Ueding ...
- 581 32. Zeile: ... SULPICIUS ...
- 583 1. Zeile: ... *commodus* ...
- 592 III., 6. Zeile: ... MELANCHTHON ...
- 593 7. Zeile von unten: ... plus tribuunt ...
- 713 Anm. 40: R. Whately ...
- 731 Literaturhinweise, 5. Zeile: ... ΣΧΗΜΑΤΩΝ
- 816 20. Zeile: ... ‹Heptaphus› ...
- 829 Anm. 19: ... dianoeas ...
- 852 Anm. 25: ... Gauguin ...
- 861 Anm. 18 = Anm. 19 et v. v.
- 929 Anm. 7: ... Greece (Princeton, N. J. 1963) ...
- 973 Anm. 5: ... L'umanesimo italiano ...
- 974 Anm. 45: B. de Condillac ...
- 985 Anm. 57: J. Habermas ...
- 1054 Anm. 1: ... medioevali ...
- 1055 III., 19. u. 20. Zeile: ... hinzu. JODOCUS BADIUS ASCENSIUS ...
- 1058 22. Zeile: ... JOHANN VON WATT ...
- 1071 Ars versificatoria, 2. Zeile: ... poetria, poetria nova)
- 1195 19. Zeile: ... (περὶ ... Perí hýpsous) ...
- 1376 5./6. Zeile, Anm. 8: ... Semiotics, in: Versus. Quaderni ...
- 1377 3./2. Zeile von unten: ... ‹Ersten Analytiken› ...
- 1380 7./6. Zeile von unten, 11./10. Zeile von unten: ... das / Das lékton ...
- 1387 3. Zeile: ... ‹Summulae ... 14. Zeile von unten: ... (rhḗma) ...
- 1391 V., 5. und 8. Zeile: ... REISIG ... Reisig ...

2. Autorenverzeichnis:
- 1578 Kelly, Douglas (Accesus ...
- 1580 Strosetzki, Christoph ...

3. Abkürzungen:
- 1583/84 Arist. Poet.   Aristoteles, Poetica
- 1587/88 Poétique, Paris

Corrigenda zu Band 2

In den folgenden Spalten muß es richtig heißen:

1. Artikel:
- 13   Anm. 15: ... III, 4; III, 10 ...
  Anm. 15a: ... VI, 2, 139b ...
- 15   Literaturhinweise, 6. Zeile: ... früher Neuzeit (1992).
- 17   Anm. 35: ... (1990) ...
- 43   Bittrede, 1., 4., 10. und 19. Zeile und Spalte 44: 4., 16. und 41. Zeile: ... ἐντευκτικόν, ... enteuktikón ...
- 51   B., 1. u. 2. Zeile: ... ‹imperatoria brevitas› ...
- 57   III., 10. Zeile: ‹Rhetoricorum ...
- 70   III., 2. Absatz, 16. Zeile: ... aus dem frühen 13. Jh. ...
- 136 Anm. 7: ... Rhetoricorum ...; Anm. 10: ... Rhetoricorum ...; Anm. 12: ... F. Buonacorso ..., in: K. M. Kumaniecki ...
- 153 2./3. Zeile: ... Politicorum, ... Doctrinae ...
  19./20. Zeile: ... (Wir haben uns darum bemüht, damit ...
- 185 Anm. 6 und Anm. 8: ... Sonkowsky ...
- 212 2., Zeile 4: ... Augustinusausgabe ...
- 235 6.–3. Zeile von unten: ... besten lateinischen Autoren, selbst wenn die schriftlichen Denkmäler der Übrigen noch da wären, würde dennoch keiner Cicero den 1. Rang streitig machen ...
- 245 5. Zeile: ... ‹Elementorum ...
  20. Zeile: ... verbis uti ...
- 246 6./5. Zeile von unten: ... die Philosophie, verbunden mit der Beredsamkeit zu beherrschen/umfassen.) ...
- 257 Close reading, 8. Zeile: ... texte›).
- 273 5. Zeile von unten: ... er Cato ...
- 278 Anm. 6: Cic. Brut. 87, 298. –
- 279 Anm. 35: ... Guido Faba: ...
- 324 12. Zeile von unten: ... orationi ...
  10. Zeile von unten: ... Einleitung einer Rede ... und 6. Zeile von unten: ... weil dadurch der Verdacht des Gesuchten und Künstlichen entsteht.
- 326 2. Absatz, 6. Zeile: ... (zwischen 1221 und 1226 ...
- 330 17. Zeile von unten: ... zu consensus
- 334 2. Zeile: ... Furietti ...
- 351 2. Absatz, 17. Zeile: ... Essais (1. Ausg. 1580), wenn ...
- 355 B., 2. Zeile; 2. Absatz, 2. und 6. Zeile; Sp. 356, 18. und 10./9. Zeile von unten: ... Auctor ad Herennium ...; ... Auctor ad Herennium ...
- 367 B.I., 4. Zeile: ... nach der Verwundung des Aeneas
- 390 22. Zeile von unten: Zu den Quellen ...
- 397 Cursus, 2. Absatz, 2. Zeile; Sp. 400, 2. Absatz, 8. u. 22. Zeile; Sp. 401, 7. Zeile: ... -spondiacus ...
- 439 Anm. 10: ... Summa de Bono
- 441 3. Absatz, 7./8. Zeile und Sp. 443, Anm. 21: ... aedificatoria ...
- 454 3. Zeile von unten: ... Diogenes Laertios ...
- 459 3. Absatz, 1. Zeile: ... als locus a finitione eines
  16. Zeile: ... a coniugatis
- 473 Teil A., 9. Zeile: Furetières ...
- 476 2. Absatz; 12. Zeile: ... Petrus Azarius ...
  2. Zeile von unten: ... (‹Historiarum ...
- 479 2. Absatz, 4. Zeile: ... T. Coutures ...
- 486 13. Zeile von unten: Ennodius von Pavia ...
- 488 11. Zeile von unten: ... (Astrolog) von Bernardus Silvestris. [18]
- 489 Anm. 3: ... Manuale Curatorum ...
- 495 Literaturhinweise, 1. Zeile: ... Redekunst (1634) ...
- 508 A., Anm. 2: C. Petzsch ...
- 544 2. Zeile und Sp. 546, Anm. 29: ... Ars Apophthegmatica ...
  35. Zeile: ... des saints›
- 545 Anm. 20: ... der Wiss. 20 (1894) 1. Halbb., 365 ...
- 555 5. Zeile von unten: ... Tütsch rhetorica ...
- 562 Anm. 5: ... τὴν δικαιοσύνην ...
- 577 6. Zeile von unten: ... (abgeschlossen 1479, gedr. 1552) ...
- 631 9. Zeile von unten: ... Westen waren ...
- 720 37. Zeile: ... in seiner Heidelberger
  17. Zeile von unten: ... in Wien treibt ...
- 748 Anm. 47: ... prooem ... prooem ...
- 755 3. Zeile: ... und Abweichung von regelmäßiger Wortstellung); 6. Zeile von unten: ... einer Einschränkung beginnt ... und 3./2. Zeile von unten: ... den weniger bedeutsamen Satz an den Anfang und gewichtigeren an den Schluß setzt.)
- 887 Anm. 9: ... Despréaux ...
- 891 7. Zeile von unten: ... et brevibus ...
- 892 2. Zeile: ... unius cuiusque argumentationis ...
- 896 Doctrina, 2. Zeile und 12. Zeile von unten: ... τέχνη ...
- 900 2. Absatz, 8. Zeile: ... Notker Labeo (der Deutsche)
- 912 11. Zeile von unten: ... Robortello ...
- 915 Anm. 10a: ... Robortello ...
- 944 2. Absatz, 7.–9. Zeile: ... similior ... Romanos ... und 12. Zeile: ... steht der Römerbrief und ...;
  3. Absatz, 5. Zeile: ... (1433/34) ...
- 945 7. Zeile: ... von 1527 ...
- 991 Elegantia, 1. Zeile: ... ital. eleganza)

1000　7. Zeile: ... Rolle. J. P. Perpinian ...; 2. Absatz, 5. Zeile: ... Arnauld ...
1004　Anm. 102: A. Arnauld ...
1019　4./3. Zeile von unten u. Sp. 1022, Anm. 19: ... Claudius Sacerdos ...
1032　Anm. 12: vgl. Quint ...
1045　Anm. 1: ... works (New York 1959) ...; Anm. 2: ... dictandi des MA, T. I (1992) ...; Anm. 9: Alanus ab Insulis, Anticlaudianus ...; Anm. 22: ... Les arts ...; Anm. 24: ... et extraits ...; Anm. 44: ... beata Dorothea ...; Anm. 48: ... aus scholastischen ...; Anm. 49: ... Caplan ... Rhetoric ...
1046　Anm. 51: ... bibliotheca veterum ...; Anm. 58: ... Tractate on Preaching, in: Caplan [57] ...; Anm. 71: ... A. Gaudentius ...; Anm. 73: ... (... London 1978) ...
1070　2. Absatz, 2. Zeile: ... einer Art ‹linguistic ...
1124　Teil A., 3. Zeile: *Grammatik*, die als «recte ... definiert wird. [1] ...
　　13./12. Zeile von unten: ... (Kunde von dem, was bei den Dichtern und Schriftstellern in der Regel gesagt wird).
1127　5. Zeile: ... (erster Klasse) ...
1128　2. Absatz, 16. Zeile: ... M. Valerius Probus ...
1130　7./6. Zeile von unten: ... Theoretisieren über die modi ...
1131　17.−13. Zeile von unten: ... (Was das betrifft, daß sie dazu auch die Aufgabe der Interpretation der Autoren gezählt haben: diese gehört keinesfalls zu den Aufgaben des Grammatikers.) ...
1184　Anm. 9: G. Reisch: Margarita philosophica nova (Straßburg 1508) ...
1295　Anm. 1: Dionysios von Halikarnaß, ...
1313　13. Zeile von unten u. Sp. 1314, Anm. 12: ... Sidonius Apollinaris
1342　Anm. 16: ... Ulrichs von Etzenbach ...
1357　Erhabene, das; A., 3. Zeile: ... σεμνή, semné ...
1361　9. Zeile von unten: ... Fortunatianus ...
1362　23. Zeile: ... Dingen von Rang gehandelt ...
1363　23. Zeile: ... *medius* ...

　　1. Absatz, 16./15. Zeile von unten: ..., durch häufige Pausen und kraftvollen Rhythmus in den Satzgefügen ... und 8. Zeile von unten: ... den Zuhörer, auch wenn er widerstrebt ...
1399　Anm. 19: ... et respondendi ...
1400　28. Zeile: ... feliciores ...; 32. Zeile: ... instructi ...; 34. Zeile: ... invictos ...; 12. Zeile von unten: ... omnes ...
1401　24. Zeile: ... corruptarum ...
1444　19.−17. Zeile von unten: ... kunst, spezialisiert ... *praedicandi*) eingeht. [19] ...
　　9.−7. Zeile unten: ... sensus litteralis (buchstäblich), sensus allegoricus (übertragen), tropologia (moralisch) und anagoge (eschatologisch). Die ...
1445　Anm. 5: ... Gregor der Gr., Epistola ad Leandrum (mit Hiobkommentar), in: ...
1459　32./31. Zeile von unten: ... Sprachhandeln ... *kommunikatives Sprachhandeln* ...
1487　2. Absatz, 1. Zeile: ... Guarino Veronese
　　1. Absatz, 20. Zeile und Spalte 1492, Anm. 11: ... Johannes Scotus Eriugena ...
1547　2. Absatz, 10./11. Zeile: ... (es zustandebringen, daß der dichterische Wortlaut fixiert ist).
1549　2. Absatz, 9.−12. Zeile: ... (Etymologie aber ist der wahre oder wahrscheinliche Nachweis der Herkunft der Wörter.)
　　8. Zeile von unten: ... vim eius ...
1550　5. u. 6. Zeile: ... Verrius Flaccus, Remmius Palaemon ...
　　4. Zeile von unten: ... von 1540, ...
1550　1. Zeile: ... rudimentis ...
1557　10. Zeile: ... Plancius

2. Abkürzungen
1579/80　Arist. Poet.　　Aristoteles, Poetica

3. Corrigenda Bd. 1
1589　591: ... plus tribuunt ...
1590　1227: Baeumler: Das Irrationalitätsproblem ...
　　1518: 14. Zeile von unten: ... Garniers von St. Viktor ...